# Handbuch frühkindliche Bildungsforschung

Margrit Stamm • Doris Edelmann (Hrsg.)

# Handbuch frühkindliche Bildungsforschung

 Springer VS

*Herausgeberinnen*
Prof. em. Dr. Margrit Stamm
Universität Fribourg Swiss Institute
   for Educational Issues Bern, Schweiz

Prof. Dr. Doris Edelmann
Pädagogische Hochschule St.Gallen, Schweiz

ISBN 978-3-531-18474-6
DOI 10.1007/978-3-531-19066-2

ISBN 978-3-531-19066-2 (eBook)

Die Deutsche Nationalbibliothek verzeichnet diese Publikation in der Deutschen Nationalbibliografie;
detaillierte bibliografische Daten sind im Internet über http://dnb.d-nb.de abrufbar.

Springer VS
© Springer Fachmedien Wiesbaden 2013

*Lektorat:* Stefanie Laux, Yvonne Homann

Gedruckt auf säurefreiem und chlorfrei gebleichtem Papier

Springer VS ist eine Marke von Springer DE. Springer DE ist Teil der Fachverlagsgruppe Springer
Science+Business Media.
www.springer-vs.de

# Inhaltsverzeichnis

## VII Forschungsmethoden

# Vorwort der Herausgeberinnen

Die Entdeckung der frühen Kindheit als zentrale Phase des lebensgeschichtlichen Bildungserwerbs hat in den letzten Jahren zu enormen wissenschaftlichen Anstrengungen geführt, die sich in vielfältigen Themenbereichen niederschlagen. Die einzelnen Bereiche sind jedoch bisher eher unverbunden geblieben. Die starke Nachfrage der interessierten Fachöffentlichkeit, aber auch von Bildungs- und Sozialpolitik, Ausbildungsinstitutionen und interessierten Laien und haben uns zur Herausgabe dieses Handbuchs zur frühkindlichen Bildungsforschung motiviert. In diesem Handbuch werden die aktuell vorliegenden, teils sehr ausdifferenzierten Forschungserträge bilanzierend zusammengefasst und ebenso die wesentlichen Wege skizziert, die zu diesem Status Quo geführt haben. Durch die Auswahl der Themen, Forschungsrichtungen sowie der beteiligten Autorinnen und Autoren haben wir versucht, dem interdisziplinären Charakter der frühkindlichen Bildungsforschung gerecht zu werden. Entsprechend werden internationale Erkenntnisse aus den Bereichen Erziehungswissenschaft, Sozialpädagogik, Psychologie, Philosophie, Soziologie, Bildungsökonomie und Medizin berücksichtigt. Methodologisch werden sowohl theoretische als auch qualitative und quantitative Ansätze einbezogen.

Allen Autorinnen und Autoren, die an diesem Handbuch mitgewirkt haben, möchten wir an dieser Stelle ganz herzlich für ihre wertvollen Beiträge danken. Ihre produktive Mitarbeit hat dazu geführt – wie wir meinen –, dass mit diesem Handbuch nun nicht nur ein wichtiger und in dieser Dichte bisher im Arbeitsfeld der frühkindlichen Bildungsforschung nicht geleisteter Beitrag, sondern auch eine zuverlässige Übersicht über den aktuellen Diskussions- und Erkenntnisstand vorliegt. Die Qualität der Beiträge der Nachwuchswissenschaftler/innen ist unter anderem auch unseren anonymen Reviewerinnen und Reviewern zu verdanken, welche diese Beiträge kritisch gegengelesen und Hinweise zur Überarbeitung gegeben haben.

Die Planung und Erstellung eines solchen Werks mit insgesamt 59 Beiträgen ist stets auch ein zeitintensives ambitioniertes Vorhaben mit ungewissem Ausgang. Wir möchten deshalb verschiedenen Personen unseren ausdrücklichen Dank aussprechen, die uns bei der erfolgreichen Edition dieses Handbuchs in organisatorischer und redaktioneller Hinsicht tatkräftig unterstützt haben. Es sind dies Kathrin Brandenberg, Kaspar Burger, Karin Fasseing Heim, Judith Fehr, Alex Knoll, Jakob Kost, Klaudia Mayr, Christoph Müller, Lucio Negrini, Miriam Pegoraro und Marina Wetzel.

Ebenso möchten wir uns bei Frau Stefanie Laux vom Springer/VS Fachverlag bedanken. Sie hat unsere Idee, ein Handbuch zur frühkindlichen Bildungsforschung zu verfassen, sofort aufgegriffen, von Beginn an enthusiastisch unterstützt und die Erstellung sehr kompetent und umsichtig begleitet.

Mit diesem Handbuch, das sich sowohl an Forschende, im Lehrbereich tätige Fachpersonen und Studierende als auch Vertreter/innen der Bildungs- und Sozialpolitik, an interessierte Laien und Eltern richtet, verbinden wir den Wunsch, dass es einen schnellen Überblick und einen zuverlässigen Einblick in die relevanten Themenbereiche der frühkindlichen Bildungsforschung ermöglicht. Wenn es uns damit gelingt, die dargestellten, empirisch und theoretisch fundierten Tatsachen in die pädagogische, bildungs- und sozialpolitische Diskussion einzubringen, dann lässt sich mit diesem Handbuch auch die Intention nach handlungsbezogenen Wirkungen verbinden. Auf diese Weise wird die Erkenntnis gestützt, dass mit frühkindlicher Bildung die entscheidende Grundlage für zukünftige Bildungskarrieren und soziale Mobilität gelegt wird und der Anspruch, allen Kindern einen frühen Bildungszugang zu eröffnen und sie für das Lernen zu begeistern, selbstverständlich werden muss.

Fribourg, Bern und St.Gallen im Mai 2013
Margrit Stamm und Doris Edelmann

# Einleitung ins Handbuch

## Margrit Stamm und Doris Edelmann

Dieses Handbuch thematisiert in einer systematischen Darstellung den aktuellen theoretischen und empirischen Erkenntnisstand im Bereich der frühkindlichen Bildungsforschung. Zu diesem Themenbereich sind in den letzten Jahren mehrere Sammelbände sowie eine Vielzahl von Aufsätzen, Handbuchartikeln, Monographien sowie auch Literatur- und Forschungsberichte erschienen. Eine umfassende aktuelle Darstellung des Wissens- und Forschungsstandes zur frühkindlichen Bildungsforschung gibt es unseres Wissens allerdings bislang nicht. Ein wichtiges Sammelwerk, das die Konzeption dieses Handbuchs anregte, ist das zweibändige Werk von Dollase (1978). Das aktuelle Handbuch von Pianta, Barnett, Justice und Sheridan (2012) vermittelt einen guten Überblick über die Diskussion im angloamerikanischen Sprachraum und erlaubt aufgrund seines ähnlichen Aufbaus einen Vergleich mit den in unserem Handbuch erörterten Themen.

Einleitend ist darauf Bezug zu nehmen, was mit dem bereits im Titel des Handbuches verwendeten Begriffs «Frühkindliche Bildung» gemeint ist. Er basiert auf die von der OECD (2006) verwendete Trias von Bildung, Betreuung und Erziehung. Die drei Begriffe gehören immer zusammen und bilden das Kürzel «FBBE». Auch in der internationalen Perspektive umfasst «education» traditionellerweise sowohl Bildung als auch Betreuung und Erziehung. In der Vergangenheit ist zwar verschiedentlich versucht worden, andere Begriffe zu finden. So verweist Hayes (2007) auf die Wortschöpfung «educare», mit der versucht wurde, eine Balance zwischen den beiden Begriffen herzustellen und einen Zugang zu Bildung zu beschreiben, der eine entwicklungsangemessene Mischung von Betreuung (care) und Bildung (education), von Stimulation und Pflege, offeriert. Obwohl sich der Begriff bis heute nicht durchgesetzt hat, zeigt er zumindest, wie «care», also Betreuung, rekonzeptualisierbar wird, so dass sie gleichwohl mit Bildung in die frühkindlichen Prozesspraktiken eingeordnet werden kann.

## 1    Aufgaben und Probleme der frühkindlichen Bildungsforschung

Die Bemühungen um frühkindliche Bildung, Betreuung und Erziehung haben in den letzten Jahren eine breite wertschätzende Zustimmung erfahren, insbesondere auch in der Wissenschaft. Dennoch sind wir – trotz klaren Indizien auf ihren bedeutenden Beitrag für die langfristige positive Entwicklung von Kindern im Hinblick auf ihre Partizipation, Integration und Schulvorbereitung sowie die Unterstützung der Eltern bei der Vereinbarkeit von Familie und Beruf – weit davon entfernt, von einem entwickelten System frühkindlicher Bildungsförderung sprechen zu können.

Versteht man unter frühkindlicher Bildung einen Prozess, in dem sich das Kind ein Bild von der Welt macht und seinen Erfahrungen Sinn verleiht, so muss der Begriff folglich sowohl selbstbildende als auch ko-konstruktive und befähigende Elemente seitens der Erwachsenen beinhalten. Die oftmals deutliche Diskrepanz zwischen diesem Verständnis und seiner tatsächlichen Verwendung darf nicht übersehen werden. Entsprechende Hinweise finden sich beispielsweise in der OECD-Studie von 2006, der UNICEF-Studie (2009) oder der UNESCO-Studie (vgl. Stamm et al., 2009) sowie im Gutachten der Vereinigung der Bayerischen Wirtschaft (vgl. vbw, 2012) zur Professionalisierung in der Frühpädagogik.

Obschon in den letzten Jahren in allen deutschsprachigen Ländern enorme Anstrengungen im Hinblick auf den quantitativen Ausbau von Betreuungsplätzen, der Ausbildung pädagogischer Fachkräfte, der Lancierung von Initiativen und Modellversuchen und auch der Forschungsförderung unternommen wurden, hat diese beeindruckende *glänzende* Seite der Medaille auch eine etwas *problematischere* Rückseite. Sie betrifft erstens die Partizipation benachteiligter Kinder in vorschulischen Förderangeboten, zweitens die Black Box an Wissen zur Wirksamkeit solcher Angebote und drittens die Professionalisierungsfrage des Fachpersonals:

- Während allgemein eine deutliche Zunahme der Teilnahme von Kindern in vorschulische Angeboten festgestellt werden kann, stimmt es nachdenklich, dass dies für Kinder aus benachteiligten Familien und / oder aus Familien mit Migrationshintergrund in beeindruckendem Ausmass gerade nicht zutrifft (vgl. Edelmann, 2011; vbw, 2012; Stamm, 2013). Demzufolge gerät nicht nur die vielfach proklamierte Startchancengleichheit in Gefahr, zu welcher frühkindliche Bildungsförderung beitragen soll, sondern auch die damit verbundene Hoffnung der angestrebten Integrationsförderung.
- Überblickt man die Fördermassnahmen, die in den letzten Jahren in den deutschsprachigen Ländern lanciert wurden, dann zeigt sich in quantitativer und inhaltlicher Hinsicht eine beeindruckende Vielfalt, wobei auch die finanziellen Aufwendungen durchaus beachtenswert sind. Diese Aktivitäten stehen aber in einem bemerkenswerten Gegensatz zum verfügbaren Wissen über die Wirksamkeit der implementierten Förderangebote. Dies gilt nicht zuletzt bezüglich der Frage, wie kompensatorische Sprachförderprogramme wirksam umgesetzt werden können.

- Auch die Frage der Professionalisierung des Fachpersonals hat in den letzten Jahren einen beachtlichen Entwicklungsschub verzeichnet. Im internationalen – vor allem im anglo-amerikanischen – Vergleich fällt allerdings die geringe Forschungsbasis im deutschsprachigen Raum auf. Besonders deutlich ist der Mangel an Studien, welche diese Professionalisierung – die häufig mit Akademisierung gleich gesetzt wird – auf einer empirisch gesicherten Grundlage diskutieren (vgl. zusammenfassend vbw, 2012). Diese Diskussion verläuft in den USA anders. Dort wird ein vielversprechender Ansatz aus der Expertiseforschung gewählt, der sich damit beschäftigt, welche Merkmale Expertinnen und Experten, d.h. Fachkräfte, die sich durch eine professionelle Praxis im Umgang mit Eltern und ihren Kindern auszeichnen, charakterisieren. Pianta, Barnett, Burchinal und Thornburg (2009) kommen dabei zum Schluss, dass die Frage zur Bedeutung des Ausbildungsniveaus nur beantwortet werden kann, wenn nicht nur der Entwicklungsfortschritte der Kinder, sondern auch persönliche Merkmale und Fähigkeiten des Fachpersonals kontrolliert werden, unabhängig davon, ob sie einen akademischen Abschluss haben oder nicht.

Diese drei Problematiken relativieren die insgesamt feststellbare Aufbruchsstimmung und verdeutlichen, wie wichtig auf Forschungsbefunde basierende Diskussionen im Bereich der frühkindlichen Bildung sind. Das vorliegende Handbuch nimmt deshalb bewusst auch Fragestellungen auf, die bislang noch nicht umfassend diskutiert worden sind, denen aber eine objektive und forschungsbasierte Thematisierung gebührt. Es sind dies unter anderem Fragen zur frühkindlichen Bildungsforschung in Entwicklungsländern, zur Bedeutung der Familie und ihrer Einflussfaktoren, zur pädagogischen Qualität und Professionalisierung im Kontext gesellschaftlicher Diversität sowie zur Verbindung von frühkindlicher Bildungsförderung und Schulfähigkeit.

Die im Folgenden dargelegten Schwerpunkte des Handbuches verdeutlichen, dass diese in Anlehnung an Tippelt und Schmidt (2009) auf dem Verständnis von Bildungsforschung als „Orientierungsforschung" basieren, die *im Allgemeinen* „durchgeführt wird, um den sozialen und pädagogischen Wandel in seiner ökonomischen, sozialen, politischen und kulturellen Bedeutung besser einzuschätzen" (S. 12). Entstanden aus einem wahrgenommenen besonderen Informationsbedürfnis einer interessierten (Fach-) Öffentlichkeit wird in diesem Handbuch *im Besonderen* die frühkindliche Bildungsforschung mit der Intention fokussiert, Erkenntnisse in verschiedenartiger Weise direkt und indirekt gesellschaftlich wirksam werden zu lassen.

## 2    Konzeption des Handbuchs

Das Handbuch bezweckt, den Status Quo der Diskussion in den Teilbereichen der frühkindlichen Bildungsforschung aufzuzeigen und deutlich werden zu lassen, wie sich die frühkindliche Bildung in den letzten Jahren weiterentwickelt hat. Es möchte den aktuellen Erkenntnisstand mit internationalen Bezügen für alle deutschsprachigen Staaten repräsentieren. 93 ausgewiesene Fachleute aus den Disziplinen Erziehungswissenschaft, Psychologie, Philosophie, Soziologie, Medizin und Bildungsökonomie, die mit insgesamt 59 Beiträgen an diesem Projekt mitgewirkt haben, leisten einen wichtigen Beitrag, um der interdisziplinären Charakteristik der frühkindlichen Bildungsforschung gerecht zu werden. Ein besonders Merkmal dieses Handbuchs ist dabei die Verpflichtung von sowohl etablierten Wissenschaftlerinnen und Wissenschaftlern als auch wissenschaftlichem Nachwuchs.

Das Handbuch umfasst insgesamt sieben Schwerpunkte, denen jeweils verschiedene Aufsätze zugeordnet sind. Es sind dies: Theoretische Grundlagen und Bezugsdisziplinen; Internationale Perspektiven; Institutionalisierung, Professionalisierung und Qualität; Frühkindliche Bildung und Familie; fachdidaktische Ausrichtungen; Entwicklung, Prävention und Wirksamkeit frühkindlicher Bildung sowie Forschungsmethoden.

Der erste Schwerpunkbereich «**Theoretische Grundlagen und Bezugsdisziplinen**» umfasst zehn Beiträge. Im ersten Beitrag erfolgt eine Diskussion der frühkindlichen Bildungsforschung im Fokus der Wissenschaftsdisziplinen von *Werner Thole, Sabrina Göbel* und *Björn Milbradt*. Unter anderem diskutieren sie den soziologischen, entwicklungspsychologischen und erziehungswissenschaftlichen Blick auf die Kindheit und die Pädagogik der Kindheit. *Maria Fölling-Albers* geht in ihrer erziehungswissenschaftlichen Betrachtung der frühkindlichen Bildung der Frage nach, inwiefern die Erziehungswissenschaften und die sozialwissenschaftliche Kindheitsforschung das komplexe Feld der frühkindlichen Bildung differenziert erfassen und für die Förderung der Kinder nutzen. *Claus Stieve* konzentriert sich in seinem Beitrag auf die Auseinandersetzung mit der Entwicklung bildungstheoretischer Ansätze im Kontext einer Pädagogik der frühen Kindheit. Aus einer soziologischen Perspektive untersucht anschliessend *Andreas Lange* Theorien und Ansätze frühkindlicher Bildung und befasst sich dabei auch mit der Bedeutung der frühen Bildung in Familien und öffentlichen Institutionen. Entwicklungspsychologische Aspekte frühkindlichen Lernens stehen im Beitrag von *Karin M. Keller, Larissa Trösch und Alexander Grob* und im Mittelpunkt. Ausgehend vom ökologischen Entwicklungsmodell Bronfenbrenners diskutieren sie proximale und distale Einflussfaktoren auf frühkindliche Entwicklungsprozesse. *Henrik Saalbach, Roland H. Grabner* und *Elsbeth Stern* widmen sich der Frage, welche Beiträge die Hirnforschung und die Kognitionspsychologie zum Verständnis der frühkindlichen Bildung leisten können. Im Mittelpunkt ihres Beitrages stehen die Unterstützung des Erwerbs von anschlussfähigem Wissen und die Förderung junger Kinder in der (kognitiven) Auseinandersetzung mit Phänomenen ihrer Umwelt. *Oskar Jenni* stellt die Rolle der Kindermedizin in der frühkindlichen Bildungsforschung in den Mittelbpunkt seines Beitrages. Er diskutiert ihre Aufgaben und Rollen beispielsweise in Bezug auf Vorsorgeuntersuchungen und ihren Nutzen für die Früherkennung von kindlichen Krankheiten und Entwicklungsbeeinträchtigungen. *C. Katharina Spieß* verfolgt in ihrem Beitrag bildungsökonomische Perspektiven frühkindlicher Bildungsforschung und fokussiert die Bedeutung von Kosten-Nutzen-Analysen. Mit der Bedeutung der frühkindlichen Bildung zwischen politischer Gestaltung und rechtlicher setzen sich *Reinhard Wiesner, Thomas Rauschenbach und Christian Bergmann* auseinander und befassen sich insbesondere mit der wachsende Bedeutung der ausserfamilialen Betreuung von Kindern unter drei Jahren. Den Abschluss des ersten Schwerpunktes bildet der Beitrag von *Frithjof Grell*. In seinem Überblick über den Wandel der Vorstellungen von der Bildsamkeit des Kindes und den pädagogischen Praktiken verdeutlicht er, dass die historische Perspektive unverzichtbar ist für die frühpädagogische Theoriebildung, Lehre und Forschung.

Der zweite Schwerpunkt des Handbuches «**Internationale Perspektiven**» gibt auf der Grundlage von sechs Beiträgen einen Überblick über die frühkindliche Bildungsforschung in unterschiedlichen Staaten. Im ersten Beitrag geben *Doris Edelmann, Kathrin Brandenberg* und *Klaudia Mayr* einen Einblick in den aktuellen Stand der frühkindlichen Bildungsforschung in der Schweiz. *Yvonne Anders und Hans-Günther Roßbach* beleuchten anschliessend die Forschungslandschaft in Deutschland im Bereich der frühkindlichen Bildung. Nachfolgend beschreibt *Elisabeth Stanzel-Tischler* die Forschungsschwerpunkte des Vorschulbereichs in Österreich und gibt zudem einen Einblick in die aktuelle Professionalisierungsdebatte. Wie sich die frühkindliche Bildungsforschung in Grossbritannien präsentiert, diskutiert *Edward Melhuish* in seinem Beitrag, indem er auf zahlreiche Kurz- und Langzeitstudien aus verschiedenen wissenschaftlichen Disziplinen Bezug nimmt. *Milagros Nores* und *W. Steven Barnett* analysieren in ihrem Aufsatz empirische Erkenntnisse zu Frühförderprogrammen in den USA. Den Abschluss des internationalen Schwerpunkts bildet der Beitrag von *Rudolf Tippelt, Meltem Alkoyak-Yildiz* und *Christina Buschle*. Sie verdeutlichen die Relevanz der frühkindlichen Bildung in asiatischen, afrikanischen und südamerikanischen Entwicklungs- und Schwellenländern. Bezug nehmend auf universelle Normen und Empfehlungen (z.B. das Recht auf Bildung) verdeutlichen sie, dass Fragen zur frühkindlichen Bildung weltweit thematisiert werden.

Mit dem dritten Schwerpunkt «**Institutionalisierung, Professionalisierung und Qualität**» befassen sich sechs Aufsätze. Der erste Beitrag von *Tanja Betz* formuliert die Anforderungen, welche an frühpädagogische Fachkräfte in Kindertageseinrichtungen gestellt werden, um einen Beitrag zur Chancengerechtigkeit zu leisten, wie er von sozial- und bildungspolitischer Seite immer wieder eingefordert wird. Anschliessend setzt sich *Margrit Stamm* kritisch mit dem Konzept der Schulfähigkeit im Kontext frühkindlicher Bildung auseinander. *Renate Niesel und Wilfried Griebel* befassen sich in ihrem Beitrag mit Transitionen im frühkindlichen Bereich. Im Mittelpunkt stehen der erste Eintritt von Kindern in ausserfamiliäre Einrichtungen sowie der Übergang von der Kita in die Grundschule. Darauf folgt eine Abhandlung von *Carine Burkhardt Bossi* und *Claudio Zingg* zu den Entwicklungen im Bereich der Professionalisierung des frühpädagogischen Personals in der Schweiz an. Nachfolgend beleuchtet *Hilmar Hoffmann* die Professionalisierungsdebatte des frühpädagogischen Personals in Deutschland. Abschliessend untersucht ein Beitrag von *Margrit Stamm und Doris Edelmann* die pädagogische Qualität frühkindlicher Bildungsprogramme. Darin werfen die Autorinnen einen kritischen Blick auf die oftmals ethnozentrische Perspektive, welche aktuell verwendete Erhebungsinstrumente zur Qualität prägen.

Unter dem Titel «**Frühkindliche Bildung und Familie**» werden im vierten Schwerpunkt zehn Aufsätze präsentiert, die sich mit der Bedeutung der Familie als primären Bildungsort auseinander setzen. Einleitend befassen sich *Marianne Schüpbach und Benjamin von Allmen* mit frühkindlichen Bildungsorten innerhalb und ausserhalb der Familie und betrachten dabei auch die Bedeutung des familialen Wandels der letzten Jahrzehnte. Im anschliessenden Beitrag gibt *Klaus Fröhlich-Gildhoff* einen Überblick über die empirischen Erkenntnisse und praktizierten Konzepte zur Professionalisierung der Zusammenarbeit zwischen frühpädagogischen Fachkräften und Familien. Danach erläutert *Yves Hänggi* die Relevanz der Elternbildung zur Stärkung schulischer Kompetenzen, wobei er sich unter anderem auf das Triple P Programm bezieht. *Hans-Rüdiger Müller* diskutiert auf der Grundlage von empirischen Fallstudien unterschiedliche Strukturen und Praktiken von Familien und ihre Bildungspotentiale und -begrenzungen. Die Relevanz der Eltern-Kind-Bindung erläutern anschliessend *Peter Zimmermann, Fatma Çelik und Alexandra Iwanski*. Dabei thematisieren sie, wie diese gefördert werden und welche Wirkung sie auf die Lernbereitschaft von Kindern haben kann. Auf den Übergang von der Kita in die Grundschule aus Elternsicht konzentriert sich der Beitrag von *Gabriele Faust, Franziska Wehner, Sanna Pohlmann-Rother* und *Jens Kratzmann*. Dabei analysieren sie insbesondere auch Gründe für vorzeitige und verspätete Übergänge. *Birgit Becker* befasst sich in ihrem Beitrag mit der Entstehung und Manifestation von Bildungsaspirationen bei Eltern von Vorschulkindern. *Lucio Negrini* stellt die Frage ins Zentrum seines Aufsatzes, wie Eltern das bildende Potenzial von Medien optimal ausschöpfen und gleichzeitig negative Einflüsse vermeiden können. *Lena Friedrich und Manuel Siegert* analysieren Effekte von Programmen zur Eltern- und Familienbildung und fokussieren ihre Potenziale zur Förderung von Kindern mit Migrationshintergrund. Abschliessend vermittelt *Jakob Kost* einen Überblick über das Feld von Elternratgebern für Kinder im Vorschulalter.

Der fünfte Schwerpunkt stellt «**Fachdidaktische Ausrichtungen**» frühkindlicher Bildung ins Zentrum. Acht Aufsätze verfolgen je unterschiedliche Perspektiven – sprachliche, mathematische, naturwissenschaftliche, ästhetische sowie motorische – auf die frühkindliche Entwicklungsförderung. Der erste Aufsatz von *Britta Juska-Bacher* widmet sich den leserelevanten Kompetenzen und ihrer Förderung in der frühen Kindheit. *Sven Nickel* befasst sich in seinem Aufsatz mit der Förderung von Literacy, d.h. der produktiven Schrift- bzw. Schreibkompetenzen sowie der frühen und elementaren Teilhabe an der Schriftkultur von Kindern. *Gisela Kammermeyer und Susanna Roux* thematisieren in ihrem Beitrag sprachliche Vorläuferfähigkeiten. Im Mittelpunkt stehen entwicklungspsychologische Grundlagen von Sprachförderung, nationale und internationale Forschungsarbeiten sowie aktuelle Sprachförderansätze. *Karin Fasseing Heim* nimmt in ihrem Artikel zur Förderung der Bilingualität die Debatte zur Mehrsprachigkeit in den Blick und unterzieht aktuelle Forschungsergebnisse sowie Programme zur Förderung der

Mehrsprachigkeit einer kritischen Diskussion. In ihrem Beitrag zur frühen mathematischen Bildung zeigen *Theresa Deutscher und Christoph Selter* auf der Basis zentraler Forschungsergebnisse auf, wie sich mathematisches Denken ab Geburt bis zum sechsten Lebensjahr entwickelt und wie frühe mathematische Förderung gestaltet werden kann, so dass langfristige Lernprozesse möglich werden. *Gisela Lück* stellt in ihrem Beitrag zur naturwissenschaftlichen Bildung aktuelle Untersuchungsergebnisse vor. Dazu gehören insbesondere Ergebnisse zu Langzeitwirkungen, zum Zusammenhang naturwissenschaftlicher Bildungsprozesse und sprachlicher Fähigkeiten sowie zur Arbeit mit lernbehinderten Kindern. Die Ausführungen im Beitrag von *Vanessa-Isabelle Reinwand* machen deutlich, wie grundlegend die ästhetische Erziehung und Bildung in den frühen Entwicklungsjahren ist. Der Schwerpunkt wird mit dem Beitrag von *Renate Zimmer* zur Förderung von Bewegung abgerundet. Dieser erläutert ihre Bedeutung für die Entwicklung des Kindes aus anthropologischer und entwicklungspsychologischer Sicht und stellt Bezüge zu anderen Bildungsbereichen her.

Der sechste Schwerpunkt konzentriert sich auf die «**Entwicklung, Prävention und Wirksamkeit frühkindlicher Bildung**». Zunächst stellen *Andrea Lanfranchi und Andrea Burgener Woeffray* die Problematik benachteiligter Familien vor und zeigen insbesondere Möglichkeiten und Methoden des Zugangs zu Familien in Risikosituationen auf. *Beate Sodian und Daniela Mayer* widmen sich der Entwicklung wissenschaftlichen Denkens im Vorschul- und Grundschulalter und erläutern dafür neuere entwicklungspsychologische Forschungserkenntnisse. Mit dem Begriff der sozialen Entwicklung setzt sich *Susanne Viernickel* auseinander und diskutiert dazu insbesondere die Bedeutung von Peer-Beziehungen. Anschliessend befasst sich *Gertrud Nunner-Winkler* in ihrem Beitrag mit der Entwicklung des Moralverständnisses in der frühen Kindheit. Die frühe Begabtenförderung steht im Mittelpunkt des Beitrages von *Michaela Hajszan, Birgit Hartel, Waltraut Hartmann und Martina Stoll*. Dabei definieren sie den Kindergarten als geeigneten Ort für eine begabungssensible Pädagogik. *Margrit Stamm* fragt in ihrem Beitrag, ob frühkindliche Bildung soziale Mobilität ermöglichen kann. Sie kommt zum Schluss, dass die Diskussion um ihre Wirksamkeit weder Chancengleichheit noch Bildungsungleichheiten, sondern die soziale Mobilität in den Mittelpunkt stellen sollte. *Melanie Stutz* geht anhand der Daten einer Langzeitstudie der Frage nach, inwiefern frühes Lesen und Rechnen eine Bedeutung für die spätere Schul- und Ausbildungslaufbahn haben. *Edith Kotitschke und Rolf Becker* befassen sich mit der Fragestellung, inwieweit die vorschulische Kinderbetreuung zur späteren Leistungsentwicklung beitragen und damit Bildungschancen von sozial benachteiligten und bildungsfernen Kindern verbessern kann. Der abschliessende Beitrag von *Silvia Wiedebusch und Franz Petermann* beschreibt die Entwicklung und Förderung emotionaler Schlüsselkompetenzen in den ersten sechs Lebensjahren. Dabei werden ihre Auswirkungen auf das Wohlbefinden sowie auf das Sozial- und Lernverhalten diskutiert.

Im letzten Schwerpunkt des Handbuches «**Forschungsmethoden**» befassen sich zehn Aufsätze mit unterschiedlichen Methoden, die im Bereich der frühkindlichen Bildungsforschung eingesetzt werden. Zunächst diskutiert *Alex Knoll* vor dem Hintergrund gross angelegter empirischer Studien quantitative Forschungsdesigns und Auswertungsmethoden im Feld der frühkindlichen Bildung. *Iris Nentwig-Gesemann* stellt in ihrem Beitrag die Möglichkeiten von qualitativ-rekonstruktiven Forschungsansätzen in Bezug auf verschiedene frühpädagogische Forschungsfelder in den Mittelpunkt. Der Ertrag ethnographischer Feldstudien für die frühkindliche Bildungsforschung steht im Zentrum des Beitrages von *Argyro Panagiotopoulou*. Der Beobachtung und Dokumentation von Bildungsprozessen als Methode zur Förderung von Vorschulkindern widmen sich *Marc Schulz und Peter Cloos*. *Annegert Hemmerling* zeigt mit ihren Fallstudien im Kindergarten auf, wie mit soziologischen Forschungsinstrumenten eine qualitative Analyse durchgeführt werden kann. *Anke König* erläutert in ihrem Beitrag die Möglichkeiten der Videographie als Forschungsmethode. *Liliane Fried* befasst sich in ihrem Beitrag mit der frühkindlichen Diagnostik domänenspezifischer Entwicklung im Hinblick auf den naturwissenschaftlichen Bereich. *Fabienne Becker-Stoll und Monika Wertfein* diskutieren in ihrem Beitrag zur Qualitätsmessung und Qualitätsentwicklung in Kindertageseinrichtungen die Chancen und Einschränkungen der Messskalen für Kindergärten (KES-R) und Krippen und (KRIPS-R). Mit der Evaluationsmethodik für frühkindliche Bildungsprogramme setzen sich *Ursula Carle und Heinz Metzen* auseinander, indem sie praxisnahe Formen der Untersuchung von institutionellen Entwicklungsprozessen aufzeigen. Den Schlusspunkt dieses Schwerpunktbereichs setzen *Urs Moser und Carole Studer*. Sie legen dar, was unter Bildungsstatistik und Bildungsmonitoring mit Blick auf die frühkindliche Bildungsforschung zu verstehen ist.

## 3    Literatur

Dollase, R. (Hrsg.). (1978). *Handbuch der Früh- und Vorschulpädagogik. Zwei Bände*. Düsseldorf: Schwann.

Edelmann, D. (2011). Frühkindliche Bildung von Kindern mit Migrationshintergrund. In M. Matzner (Hrsg.), *Handbuch Migration und Bildung* (S. 182–196). Weinheim: Beltz.

Hayes, N. (2007). *Perspectives on the relationship between education and care in early childhood – a background paper*. Dublin: National Council for Curriculum and Assessment.

OECD (2006). *Starting strong II. Early childhood education and care*. Paris: OECD.

Pianta, R.C., Barnett, S.W., Burchinal, M.G., Thornburg, K.R. (2009). The effects of preschool education: What we know, how public policy is or is not aligned with the evidence base, and what we need to know. *Psychological Science in the Public Interest, 2*, 49–88.

Pianta, R.C., Barnett, W.S., Justice, L.M. & Sheridan, S.M. (eds.). (2011). *Handbook of Early Childhood Education*. New York: Guilford Press.

Stamm, M. (2013). Frühe Kindheit in Mittelschichtfamilien. In W. Thole, H.-R. Müller & S. Bohne (Hrsg.), *Erziehungswissenschaftliche Grenzgänge. Beiträge zum 23. Kongress der Deutschen Gesellschaft für Erziehungswissenschaft*. Opladen & Farmington Hills: Barbara Budrich, in Druck.

Stamm, M., Reinwand, V., Burger, K., Schmid K., Viehhauser, M. & Muhheim, V. (2009). *Früh-kindliche Bildung in der Schweiz. Eine Grundlagenstudie im Auftrag der Schweizer UNESCO-Kommission.* Universität Fribourg: Departement für Erziehungswissenschaften.

Tippelt, R. & Schmidt, B. (2009). Einleitung der Herausgeber. In R. Tippelt & B. Schmidt (Hrsg.), *Handbuch Bildungsforschung* (2. Aufl.) (S. 9–18). Wiesbaden: VS Verlag für Sozialwissenschaften.

Vereinigung der Bayerischen Wirtschaft e. V. [vbw] (Hrsg.). (2012). *Professionalisierung in der Frühpädagogik. Qualifikationsniveau und -bedingungen des Personals in Kindertagesstätten.* Gutachten. Münster: Waxmann.

# Kinder und Kindheiten im Blick unterschiedlicher Fachkulturen

Werner Thole, Sabrina Göbel und Björn Milbradt

## 1 Einleitung

„Alle Vorstellungen und Entwürfe von Kindheiten sind Erwachsenenbilder", schreibt Christa Berg (1991, S. 15) und ergänzt, dass diese Bilder „von Erwachsenen erinnert und nicht ohne diese Erinnerung für Kinder projektiert werden können." Diese auf den ersten Blick schlichte Markierung präsentiert der Perspektive auf Kinder und Kindheiten zwei grundlegende Bestimmungen. *Erstens* wird empfohlen, von Kindern und Kindheiten im Plural zu sprechen, weil es seit der Herausbildung einer eigenständigen Kindheitsphase niemals „die" Kinder oder „die" Kindheit gab. Immer existierten verschiedene Gestaltungsformen von Kindheit nebeneinander und konkurrierten auch miteinander. *Zweitens* wird vorgeschlagen, sich von einem vorgefertigten oder gar normativ gesetzten Bild von Kindheit zu verabschieden und stattdessen davon auszugehen, dass die über Kinder und Kindheiten entwickelten Vorstellungen im Kern immer mehr oder weniger gelungene, empirisch fundierte Ideen, Konzepte und Konstruktionen von Kindern und Kindheit darstellen. In diesen Bildern schwingen historische und biographische, klassen-, milieu- und schichtenspezifische, ethnizitäts- und geschlechtsspezifische wie auch kulturelle und soziale Erfahrungen und Reflexionen mit. Aber auch die jeweils herangezogenen fachlichen, theoretischen und disziplinären Perspektiven modellieren die favorisierten Bilder von Kindern und Kindheiten mit. Das Bild, das eine entwicklungspsychologische Perspektive von Kindern und Kindheiten entwirft, ist nicht unbedingt oder zumindest nicht durchgehend identisch mit erziehungs- oder sozialwissenschaftlichen, sozialisationstheoretischen oder medizinischen Thematisierungen von Kindern und Kindheiten. Inzwischen erfahren Kindheiten und Kinder selbst in betriebs- und volkswirtschaftlichen, neurophysiologischen und -biologischen Beobachtungen eine eigenständige Aufmerksamkeit. In diesem Beitrag werden die soziologischen, psychologischen und erziehungswissenschaftlichen Blicke auf Kinder und Kindheit als die immer noch zentralen Perspektiven vorgestellt (2). Anschließend wird danach gefragt, welche Bedeutung diesen disziplinären Bestimmungen für die theoretische wie praktische Konzeptualisierung einer „Pädagogik der Kindheit" zukommt (3).

## 2      Kinder und Kindheiten im disziplinären Blick

Seit Beginn des vergangenen Jahrhunderts ist die Generationsphase und sind die Gestaltungen von Kindheit ausgewiesener Forschungsgegenstand der Entwicklungspsychologie, Biologie und Anthropologie sowie seit spätestens den 1990er Jahren auch der Soziologie und der Erziehungswissenschaft (vgl. zusammenfassend Krüger & Grunert, 2006). Nachdrücklich wird zudem herausgestellt, dass Kindheit zu Beginn des 21. Jahrhunderts historisch, kulturell und sozial ein vielgestaltiges Phänomen ist, das möglicherweise mit biologisierenden Deutungen allein nicht zu verstehen ist (vgl. Honig, 1999a). Insbesondere sozialhistorische Forschungen der zurückliegenden dreißig Jahre (vgl. u.a. Neumann, 1993) zeigen, wie sich die Lebenssituation der Kinder mit dem Beginn der Neuzeit kontinuierlich und dynamisch veränderte. In den sozialgeschichtlichen Rekonstruktionen und theoretischen Diskussionen zur Entstehung der Kindheit offenbaren sich jedoch auch die Ambivalenzen dieser Entwicklung, insbesondere in den beiden zentralen Untersuchungen zur Geschichte der Kindheit (vgl. Ariès, 1978; de Mause, 1979). Übereinstimmung besteht allerdings insofern, dass sich Kindheit als Lebenslaufphase in den letzten Jahrzehnten *erstens* verkürzt hat, also der Übergang in das Jugendalter immer frühzeitiger erfolgt, sowie *zweitens* inhaltlich neu konturiert und die Lebensphase von Kindern zunehmend selbstständiger ausgestaltet wird.

## 2.1     Kindheit und Aufwachsen aus Sicht der Entwicklungspsychologie

Im Kontext der Psychologie beschäftigt sich vor allem die Entwicklungspsychologie mit dem kindlichen Aufwachsen, den körperlichen Veränderungen, der Ausbildung kognitiver Fähigkeiten und mit dem emotionalen Verhalten und Erleben von Kindern. Als einer der ersten Versuche, die Entwicklung von Kindern festzuhalten, kann die Arbeit von Dietrich Tiedemann angesehen werden. Er beschreibt 1787 den kindlichen Entwicklungsprozess seines Sohnes tagebuchartig als Herausbildung kindlicher Fähigkeiten und Fertigkeiten (vgl. Keller, 2003). Seine Studie markiert zusammen mit der von William Thierry Preyer, er publizierte 1882 seine Tagebuchbeobachtungen unter dem Titel „Die Seele des Kindes" (Preyer, 1989), als die Geburt der „Seelenlehre von der frühen Kindheit als Wissenschaft" (Stern, 1921, S. V). Die kindliche Entwicklung wird in diesen Studien, wie auch in den ersten systematischen Gesamtdarstellungen der „Psychologie der frühen

Kindheit" (vgl. Stern & Stern, 1907), vor allem als ein naturgemäßer, nach bestimmten Regeln voranschreitender Prozess angesehen. Insbesondere die von Clara und William Stern (1907) zu Beginn des 20. Jahrhunderts realisierte Langzeitstudie gilt bis heute als eine der einflussreichsten empirischen Arbeiten der Entwicklungspsychologie. Eine andere Konzeption von Kindheit stellt die psychosexuelle Nachzeichnung der Auseinandersetzung von Kindern mit Körper, Sexualität und Geschlecht von Sigmund Freud dar (vgl. Freud, 1905/1989, S. 39). Nach S. Freud durchlaufen Kinder in ihrer Entwicklung fünf aufeinander aufbauende Phasen, in denen sie sexuelle Handlungen im Sinne lustbringender Aktivitäten vollziehen. Mit diesem Vorschlag korrigiert S. Freud die bis dahin vorherrschende gesellschaftliche Vorstellung, dass Sexualität erst mit der Pubertät beginne und die frühe Kindheit sexualitätsfrei beziehungsweise asexuell sei und trägt auf diese Weise schon früh zu einem modernen Verständnis von Kindheit sowie infantiler Sexualitätsentwicklung bei (vgl. Stein-Hilbers, 2000, S. 64). Ausgehend von diesem Modell der psychosexuellen Entwicklung entwickelt Erik H. Erikson ein achtstufiges, lebensphasenübergreifendes Modell der Identitäts- und Persönlichkeitsentwicklung (vgl. Erikson, 1988; 1999 & 2000). Nach E. H. Erikson durchläuft jeder Mensch in seiner individuellen und in ihm angelegten Entwicklung diese aufeinander aufbauenden Phasen, in denen jeweils altersspezifische psychosoziale Krisen und Entwicklungsaufgaben bewältigt werden müssen (vgl. auch Kegan, 1986). In Bezug auf die frühkindliche Entwicklung sind insbesondere die vier ersten Entwicklungsphasen relevant. E. H. Erikson beschreibt, wie sich das Kind von Geburt an mit der äußeren Welt auseinandersetzt, eine Ich-Identität ausbildet und sich in den darauffolgenden Jahren in Auseinandersetzung mit seiner soziokulturellen Umwelt zunehmend zu einem eigenständigen Wesen entwickelt.

Während sich die Überlegungen von S. Freud auf die psychosexuelle Entwicklung und die von E. H. Erikson auf die Herausbildung von Eigenständigkeit konzentrieren, konzipiert Jean Piaget eine Theorie kognitiver Entwicklung (vgl. Piaget, 1972; 1973; 1974 & 1995). Das kindliche Denken entwickelt sich danach von Geburt bis etwa zum 12. Lebensjahr vom anfangs konkreten, handlungsnahen und egozentrischen hin zum abstrakt-symbolischen und multiperspektivischen Denken in mehreren Entwicklungsstufen. J. Piaget gelangt zu der Erkenntnis, dass Denken, Wissen, Intelligenz und ähnliche komplexe Persönlichkeitscharakteristika des Kindes nicht von außen vermittelt werden können, sondern im Verlauf des kindlichen Entwicklungsprozesses vom Kind selbst aktiv konstruiert werden. Diese selbsttätige Konstruktionsleistung erfolgt dabei immer in Interaktion mit der jeweiligen sozialen und materiellen Umwelt (vgl. Montada, 1987). Damit stellt er biologistischen Reifungstheorien und behavioristischen Lerntheorien eine konstruktivistische Theorie gegenüber, die als entscheidende Entwicklungsaktivität das Wechselspiel zwischen der Integration neuer Erfahrungen in bereits konstruierte Realitätsdeutungen und der Abänderung dieser durch neue Erfahrungen und Deutungsmuster sowie der Umwelt ansieht. Ähnlich wie Charlotte Bühler (1928) bezieht sich J. Piaget in seinen Analysen auf die Beobachtung von Kindern bei der Verrichtung alltäglicher kindlicher Aktivitäten. Auf dieser Grundlage schreibt er dem gemeinsamen Spiel und der Interaktion unter Gleichaltrigen eine besondere Bedeutung für den kindlichen Entwicklungsprozess zu. An diese Vorstellung schließen vor allem heutige Konzepte der Ko-Konstruktion unter Kindern an (vgl. u.a. Youniss, 1994).

In den 1950er und 1960er Jahren ist dann eine Ausdifferenzierung dieser ersten, erfahrungswissenschaftlichen Konzepte des kindlichen Verhaltens und Erlebens und zudem eine Intensivierung der entwicklungspsychologischen Kindheitsforschung festzustellen. Durch den Bedeutungsgewinn der US-amerikanischen Psychologie, die hauptsächlich quantitative Verfahren einsetzt, rücken die bis dato favorisierten qualitativen Methoden, mit denen die ersten Modelle kindlicher Entwicklung empirisch abgesichert werden konnten, in den Hintergrund des forschenden Interesses. Das jüngere entwicklungspsychologische Konzept hat zudem die universelle Sicht auf die kindlichen Entwicklungsphasen durch eine differenzielle Perspektive ergänzt, die auch die unterschiedlichen Verläufe des menschlichen Aufwachsens zu reflektieren sucht. Dabei wird von den Grundannahmen ausgegangen, dass erstens unabhängig von den gesellschaftlichen Rahmenbedingungen es während der Kindheit zu biologisch bedingten Veränderungen kommt, zweitens durch soziale Normen sich neue Entwicklungsimpulse ergeben und drittens heterogenes Erleben und Verhalten ein Ergebnis des Wechselspiels zwischen biologischen und sozialen Einflüssen sind (vgl. Hasselhorn, Lehmann & Titz, 2008, S. 50). Weitgehend geteilt wird von der Entwicklungspsychologie zudem die Prämisse, dass „Kindheit als Phase biologisch prädisponierter Veränderungen" (ebd., S. 51) zu verstehen ist. Auch aufgrund der damit verbundenen Annahme, dass Kindheit sich nicht als eine Abfolge „biogenetisch vorprogrammierter Stufen oder Phasen" realisiert, werden beispielsweise Säuglinge nicht mehr als „physiologische Frühgeburt" bezeichnet, die nicht ohne die Hilfe von Erwachsenen überleben können, sondern gelten als kompetente Individuen, die sich mit ihren Fähigkeiten die Welt aktiv aneignen. Erkenntnisse aus der Humanembryologie bestärken diese Annahme, indem sie schon der vorgeburtlichen Entwicklung einen eigenständigen Status des Menschseins zusprechen (vgl. Blechschmidt, 1974; Portmann, 1959).

Insbesondere in neueren entwicklungspsychobiologischen Studien wird hieran angeknüpft und empirisch belegt, dass das Kind schon unmittelbar nach der Geburt im Stande ist, sich aktiv an Interaktionsprozessen zu beteiligen (vgl. Papoušek, 1994). Auch die moderne Gehirnforschung richtet ihren Aufmerksamkeitsfokus mit der Theorie der Neuroplastizität weg von einer defizitären Beschreibung des Kindes und beschreibt die enormen Anpassungsfähigkeiten des zentralen Nervensystems in Abhängigkeit von den Lebenserfahrungen und betont gleichsam, dass sich diese Lern- und Veränderungsprozesse auf den gesamten Lebenslauf erstrecken (vgl. Spitzer, 2003). Neben dieser neuropsychologischen Hinwendung zu Informationsverarbeitungsprozessen gerät auch der gesellschaftliche Kontext von Entwicklungsprozessen verstärkt in den Blickpunkt der entwicklungspsychologischen Forschung. Die Studien des Anthropologen Michael Tomasello etwa legen nahe, davon auszugehen, dass die menschliche Entwicklung auf einer geteilten Intentionalität basiert und damit von Anfang an intersubjektiv und gesellschaftlich ist (vgl. Tomasello, 2010a, S. 51f.; 2010b). Beachtung erfahren in diesem Zusammenhang auch die Arbeiten des russischen Psychologen Lev Vygotskij (2002), der die kindliche Entwicklung nicht als einen individuellen, sondern gesellschaftlich vermittelten

Prozess skizziert, in dem Denk- und Verhaltensmuster intergenerational weitergegeben und verändert werden (vgl. Berk, 2005, S. 30f.).

Die entwicklungspsychologischen Konzepte entwerfen ein dynamisches Bild von Kindheit und vom Aufwachsen. Das Kind wird als selbstbestimmtes, sich aktiv mit der Welt auseinandersetzendes Individuum vorgestellt. Seit Beginn des 20. Jahrhunderts gewinnen solcherart Konzeptionen nochmals an Bedeutung und bilden einen zentralen Ausgangspunkt für Theorien und empirische Forschungen der Lern- und Entwicklungspsychologie sowie daran anknüpfend auch der Neuropsychologie und der modernen Hirnforschung (vgl. Eliot, 2002; Singer, 2002). Insgesamt orientiert sich die kindheitsbezogene psychologische Forschung jedoch weiterhin an Stufen- oder Phasenmodellen, wie schon S. Freud und J. Piaget sie entwarfen. Auch wenn herausgestellt wird, dass über die Erziehung deutliche Entwicklungsgrenzen gesetzt werden können, wird davon ausgegangen, dass das „Aufwachsen markanten biologischen Gesetzmäßigkeiten folgt" und „individuelle Entwicklungsverläufe biologischen und sozialen Einschränkungen unterliegen" (Hasselhorn et al., 2008, S. 62).

## 2.2    Kinder und Kindheiten im soziologischen Fokus

Soziologische Perspektiven auf Kindheit setzen dort an, wo Kinder ein gesellschaftliches Thema werden. Dass Kinder und Kindheiten zum Forschungsfeld einer Bindestrich-Soziologie werden konnten, lässt sich von der Beobachtung eines gesellschaftlichen Wandels nicht abtrennen. Kindheit ist in stetigem sozialen Wandel begriffen, kein feststehendes Faktum und kann nur in Relation mit Erwachsenheit gedacht werden (vgl. Honig, 2009, S. 30). Gesellschaftliche Modernisierungsprozesse sind letztendlich verantwortlich dafür, dass Kindheit in der Gesellschaft von einem kaum beachteten Faktum zu einer wandelbaren und von ihrem Status her stets umkämpften Kategorie wurde. „Die Entdeckung und Markierung des großen kulturellen Unterschieds zwischen Erwachsenen und Kindern hat immer deutlicher zur Ausgestaltung einer zeitlich gedehnten und gesamtgesellschaftlich anerkannten, eigenen Lebensphase Kindheit geführt. Ihr folgte die Erfindung und die soziale Konstruktion einer ‚Lernkindheit' durch die ‚Revolution der Erziehung' (Snyders) […], die sich aus einer beiläufigen Sozialisation im Familienhaushalt zu einer gezielten, intentionalen, professionalisierten, öffentlich legitimierten und staatlich kontrollierten Veranstaltung mit unterschiedlichen sozialen Karrieren herausschälte." (Schweizer, 2007, S. 81)

Für die Soziologie stellt sich demnach historisch zunächst die Frage, wie aus Kindern, die noch nicht umfänglich zur gesellschaftlichen Teilhabe in der Lage sind, voll handlungsfähige und erwachsene Gesellschaftsmitglieder werden (vgl. Durkheim, 1972; 1973; Parsons, 1951). Damit konzentriert sich die Soziologie statt auf die Rekonstruktion kindlichen Aufwachsens auf die analytische Beschreibung von Kindheit als eine gesellschaftliche Strukturkategorie (vgl. Corsaro, 2005, S. 30f.; Wyness, 2006, S. 28f.). Die sich in dieser Perspektive wiederfindende Sozialisationsperspektive hat seit den frühen 1970er

Jahren in der Soziologie – und auch in der Erziehungswissenschaft – Bedeutung. In diesem Konzept von Aufwachsen werden „Kinder und das Heranwachsen […] im Hinblick auf den Erwerb von Kompetenzen zur Teilhabe an Gesellschaft" (Bühler-Niederberger & Sünker, 2006, S. 32) thematisiert und zudem gelangen auch gesellschaftliche Akteure – Familien, Verwaltung, Politik und beispielsweise Wissenschaft – in verschiedenerlei Hinsichten mit in den reflektierenden Blick. Einerseits erlaubt dieser – klassische soziologische, sozialisationstheoretische – Blick überhaupt erstmals, „Kindheit im historischen Wandel oder im interkulturellen Vergleich sichtbar" zu machen und „neue Wege des Denkens über den Status der Kindheit im Vergleich zu anderen generationalen Formen wie Erwachsenheit oder hohes Alter" (Qvortrup, 2005, S. 29) zu beobachten. Andererseits reklamiert dieser Blick einen Expertenstatus, der beansprucht, dass Erwachsene über den gesellschaftlichen Status von Kindern reden und schreiben, ohne die Perspektive der Kinder selbst hinreichend zu beachten. Dass Kinder nicht nur passiv agieren, also erst noch zu sozialisieren sind, sondern eigentlich immer eben auch kompetente Akteure und Interpreten ihrer Welt sind, geriet erst mit dem Aufkommen der neuen kindheitssoziologischen Perspektiven in den zurückliegenden anderthalb Jahrzehnten verstärkt in den Blick der soziologischen Forschung.

Dieser neue Blick auf Kindheit und Sozialisation stellt eine Ergänzung der bisherigen entwicklungspsychologischen und sozialstrukturell ausgerichteten soziologischen Perspektiven auf Kinder und Kindheiten dar. Während Konzepte der Entwicklungspsychologie und Sozialisation eher die Entwicklungsprozesse von Kindern hin zum gesellschaftlichen Erwachsenenstatus rekonstruieren und die sozialstrukturell ausgerichtete Forschung auch und vor allem „die ökonomische, soziale, politische, rechtliche, kulturelle und ideologische Position der Kinder" (Hengst & Zeiher, 2005, S. 17; vgl. auch Betz, 2008) betrachtet, thematisiert die Soziologie der Kindheit Kinder als „vollwertige Subjekte und gesellschaftliche Akteure" (Lange, 2008, S. 66). Mit dieser Akzentuierung grenzt sich eine Soziologie der Kindheit auch gegenüber der soziologischen Sozialisationstheorie und -forschung ab, sieht sich zugleich jedoch mit dem Vorwurf konfrontiert, die kindliche Handlungsautonomie zu stark zu akzentuieren. In Reflexion dieser Kritik heben erst jüngere kindheitssoziologische Reflexionen nachdrücklich hervor, dass weder die individuellen Sozialisationsprozesse noch die aktiven Gestaltungskompetenzen und die „Perspektive von Kindern" (vgl. Honig, 1999b) unabhängig von den gesellschaftlichen Rahmenbedingungen analysiert werden können. Die Rahmenbedingungen stellen die vielfältigen Grundlagen für die Entfaltung und Lebensbewältigungsvarianten von Kindern zur Verfügung und damit auch für die Formen und Settings, in denen Kinder als kompetente Akteure agieren können. Die Notwendigkeit einer Vermittlung zwischen strukturellen und akteursbezogenen, zwischen systemischen und interaktionistischen Perspektiven wird für die Kindheitssoziologie insbesondere dann evident, wenn die gesellschaftlichen Tendenzen und Entwicklungen – Auflösung von Normalbiographien, Individualisierung, Konsumorientierung, die Entkopplung biologischer und sozialer Elternschaft (vgl. Schweizer, 2007) oder der Alltag von Kindern und die Gestaltungsformen von Kindheit – in den Blick des forschenden Interesses gelangen. Denn diese Gestaltungsformen, folgt man neuen kindheitssoziologischen Ansätzen, laufen nicht nach immer gleichen Sozialisations- oder Entwicklungsschritten ab, sondern hängen eng mit dem jeweiligen gesellschaftlichen Kontext zusammen, in dem das jeweilige Kind aufwächst.

Dieser Kontextualität der Entwicklung versucht auch die empirische Forschung in den letzten Jahren verstärkt Rechnung zu tragen, indem sie eine Kritik an der Sozialberichterstattung und Alternativen formuliert, die beispielsweise verstärkt auf die Mitglieder der Familie und nicht auf Haushalte als Untersuchungseinheiten setzen. Die Perspektive, so Christian Alt im Hinblick auf das DJI-Kinderpanel, habe sich dahingehend verändert, „dass Eltern und Familie, aber auch die Gesamtheit der sozialökologischen Bestimmungsfaktoren als Bezugspunkte einer am Kind orientierten Sozialberichterstattung angesehen werden" (Alt, 2005, S. 9; vgl. auch Betz, 2008). Die Persönlichkeitsentwicklung des Kindes wird hier also kontextualisiert und die Sozialberichterstattung dergestalt zu modifizieren versucht, dass das methodische Design entsprechender Studien psychologische und soziologische Perspektiven miteinander in Beziehung zu setzen sucht. So kann es beispielsweise gelingen, neben der Erwerbssituation der Eltern auch deren mögliche Auswirkungen auf die Kinder sichtbar zu machen (vgl. Strehmel, 2005) und den soziologischen Blick auf die Familie und deren Funktion als Vermittlerin zu lenken, in der gesellschaftliche Tendenzen, individuelle Entwicklungschancen und Persönlichkeitsentwicklung zusammengedacht werden können (vgl. zur Sozialberichterstattung über Kinder und das DJI-Kinderpanel Betz, 2008).

## 2.3 Kinder und Kindheiten im erziehungswissenschaftlichen Blick

Schon die vormodernen Gesellschaften verfügten über eine Idee von Kindheit, auch wenn das „Phänomen Kindheit" erst mit dem Übergang ins Zeitalter der Moderne eine deutlichere Kontur erhält. Ein Blick zurück zeigt, dass sich Gesellschaften schon seit Jahrtausenden auf jeweils spezifische Weisen der jüngeren Generation zuwendeten (vgl. Marrou, 1977; auch Platon, 1989). Neben alltagsweltlichen Vorstellungen von Kindheit wird in Texten und Dokumenten auch über die Zugriffsweisen der älteren Generationen auf Kinder und Kindheit und über erzieherische, unterstützende oder schützende Handlungen berichtet. Deutlich wird, dass historisch keineswegs ein einheitliches Verständnis dazu vorliegt, bis zu welchem Alter Heranwachsende als Kinder bezeichnet werden und was Kindheit kulturell auszeichnet (vgl. Gstettner, 1984). Nicht einmal für ein und denselben historischen Zeitpunkt liegen identische Auffassungen und Konzepte von Kindheit vor (vgl. Winkler, 2006). Die gesellschaftlich möglichen Vorstellungen von Kindheit und die begrifflich daraus entstehenden Äquivalente bilden einen weiten Rahmen beziehungsweise ein Integral möglicher Bedeutungen innerhalb der Gesellschaft, die dann auch die vorliegenden differierenden Erziehungs- und Bildungsansprüche zu begründen ermöglichen (vgl. Lenzen, 1989, S. 855; auch Honig, 1999a, S. 195). Die differenten Lokalisierungen von Kindheit haben den erziehungswissenschaftlichen Blick auf Kinder und

Kindheiten und die theoretischen Konzepte zur Konstruktion von Kindheitsbildern folglich entscheidend beeinflusst.

Historische Erziehungswissenschaft, Sozialisationsforschung und Bildungsforschung zeichnen diese unterschiedlichen Bilder von Kindheit und Erziehungskonzepten nach und heben hervor, dass in traditionalen Gesellschaften Kinder ohne gesonderte Erziehungsinstanzen und über direkte Teilhabe an den alltäglichen Lebensvollzügen der Erwachsenen aufwuchsen. Erst mit der Relativierung beziehungsweise der Auflösung der ständisch-feudalen Ordnung und der einsetzenden Industrialisierung änderten sich diese Bedingungen des Aufwachsens. Die Bewältigung der industriellen, kulturellen und gesellschaftlichen Modernisierung erfordert neue, von vielen beherrschte Qualifikationen, wie das Lesen und Schreiben, die nicht mehr durch Mitwirkung erworben werden konnten. Schon im Übergang zur frühen Neuzeit beschäftigt sich Johann Amos Comenius in seiner „Didactica magna" (1657/1982) und seinem darin formulierten revolutionären Anspruch, allen Menschen alles gründlich auf alle Weise zu lehren, mit der frühkindlichen Erziehung. In seinem Entwurf eines vierstufigen Schulwesens fordert er als erste Bildungsstufe die „Mutterschule" und mit der frühpädagogischen Programmschrift „Informatorium der Mutterschul" (1633/1962) legt er einen methodischen Erziehungsplan für eine Pädagogik der frühen Kindheit vor. Seine Vorstellungen einer allumfassenden Menschenerziehung sind allerdings noch weitgehend theologisch begründet. Ursprung, Grund und Ziel aller Erziehung liegen in Gott. Die fortschreitende Säkularisierung und der damit einhergehende Verlust einer mittelalterlich-religiösen und geschlossenen Ordnungsvorstellung von Welt begünstigen die Ausdifferenzierung unterschiedlicher wissenschaftlicher Disziplinen und die Pluralisierung von Weltbildern. Rationalisierungs- und Technisierungsprozesse, wie Helmuth Plessner eindrücklich beschreibt (1932/2001), führen zu der modernen Auffassung der Machbarkeit und Erweiterungsfähigkeit der Welt durch den Menschen. Dem entspricht die Idee der Machbarkeit und Perfektibilität des Menschen durch die Erziehung, eindrucksvoll formuliert von Immanuel Kant (vgl. Kant, 1968, S. 700). Kategorien der Vernunftfähigkeit, Urteilsfähigkeit und Mündigkeit markieren anthropologische Grundpositionen des Aufklärungsgedankens im 18. Jahrhundert (das „pädagogische Jahrhundert") und begründen gleichzeitig die Notwendigkeit von Erziehung.

Erst Jean-Jacques Rousseau (1712-1778) jedoch bringt mit seiner These vom „Eigenrecht des Kindes" eine einschneidende Veränderung in die neuzeitliche Betrachtung von Kindheit und frühkindlicher Erziehung. In seinem Erziehungsroman „Emile oder über die Erziehung" (1762, dt. 1789-91) folgt er dem anthropologischen Grundgedanken von der „natürlichen Gutheit des Kindes", die erst durch gesellschaftliche Einflüsse verdorben wird. Daraus folgernd entwickelt er sein Modell einer natürlichen beziehungsweise „negativen" Erziehung, welche schon beim neugeborenen Kind ansetzt. Ebenso wie bei I. Kant beschreibt J. J. Rousseau die Grundkontur und Möglichkeiten einer pädagogischen Erziehung zur Mündigkeit. Innerhalb des pädagogischen Arrangements des Erziehers kann der Zögling seine eigenen Erfahrungen sammeln und die „wohlgeordnete Freiheit" erlangen, bevor mit Beginn der Pubertät die „positive" Erziehung und die Auseinandersetzung mit Gesellschaft beginnen (vgl. Rousseau, 1762/1971). Diese Idee von Erziehung und Bildung wird auch von Johann Heinrich Pestalozzi (1746-1827) herausgestellt. Ihm zufolge entwickeln sich die Menschen in konzentrischen „Lebenskreisen", die aufeinander aufbauen und ihren Ursprung in der häuslichen „Wohnstube" haben (vgl. Pestalozzi, 1780/1935). Das Ideal der häuslichen Familienerziehung wird zum Vorbild der hieran anschließenden Konzepte von Erziehung und stellt für J. H. Pestalozzi die Grundlage allgemeiner Menschenbildung dar. Einen Höhepunkt findet das Interesse am Kind um die Wende vom 19. zum 20. Jahrhundert. Die aufgrund ihrer rassistisch-biologistischen Überlegungen durchaus auch kritisch zu sehende Schwedin Ellen Key (1849-1926) gibt in ihrem 1900 (dt. 1902) erschienenem Buch „Das Jahrhundert des Kindes" entscheidende Impulse für die Reform der pädagogischen Ideen. In einer radikalen Übersteigerung der Thesen J. J. Rousseaus zur „negativen" Erziehung plädiert sie für eine konsequente Pädagogik des Wachsenlassens. Erziehung soll zugunsten der natürlichen Entwicklung des Kindes auf jegliche Formen des Eingriffs und der Disziplinierung verzichten. Gegen die „Seelenmorde in den Schulen" (Key, 1900/1902, S. 221) setzt sie die Unterstützung der natürlichen Selbstentfaltungskräfte und sieht in der selbsttätigen Entwicklung des Kindes die Erfüllung des Ideals eines „neuen Menschen". Gegen diese Konzeptionen von Kindheit und Reflexionen zu Kindern wird vorgetragen, dass in den reformpädagogischen und romantisierenden Verklärungen des Kindes nicht nur Gottes- und Zukunftssemantik fusionieren, sondern ebenso „das" Kind mit „diesem" Kind in eins gesetzt wird (vgl. Bühler-Niederberger, 2005).

Festzuhalten bleibt, dass seit der Aufklärung verschiedene Versuche zu beobachten sind, die das Kind als Subjekt zu konzipieren suchen. Doch festzuhalten ist auch, dass pädagogische Ideen und Konzepte Kinder immer auch als noch zu erziehende Wesen konzipieren und infolgedessen die Heranwachsenden als Objekt erzieherischer Eingriffe adressieren (vgl. Bernfeld, 1925/1967, S. 51; auch Lenzen, 1994, S. 360). Erst jüngere erziehungswissenschaftliche Perspektiven und pädagogische Konzepte suchen diese erwachsenenzentrierte und erziehungsobjekthafte Perspektive auf Kindheit zu vermeiden. Neuere erziehungswissenschaftliche Ansätze orientieren sich vermehrt an der sozialwissenschaftlichen beziehungsweise soziologischen Kindheitsforschung, die sich seit den 1970er Jahren etabliert hat (vgl. Herzberg, 2003; Honig, 1988). Weitere Befunde der neueren pädagogischen Forschung richten ihr Augenmerk auf die Rekonstruktion der pädagogischen Alltagspraxis und beschreiben, wie sich Kindheiten im Rahmen pädagogischer Arrangements konstituieren. Einerseits schließen die Studien, dass das Kind als „Akteur/in seiner Entwicklung" angesehen wird, andererseits stellen sie heraus, dass die pädagogische Praxis einen hohen Routinisierungsgrad und eine starke Konzentration auf das Alltägliche aufweist (vgl. Cloos, 2008; Giebeler, 2008; König, 2009; vgl. auch Honig, Joos & Schreiber, 2004).

Wissenschaftstheoretisch operationalisiert die erziehungswissenschaftliche Kindheitsforschung Kindheit folglich als soziale Konstruktion beziehungsweise als eigenständige Lebensphase mit einem eigenen sozialen Status (vgl. Liegle, 2003, S. 39; 2008; Scholz, 1994). Kindheit wird in dem erziehungswissenschaftlich gefärbten Blick als Teil der Sozialstruktur innerhalb ihres institutionellen, sozialen und kulturellen Kontexts beschrieben und die vielseitigen Bedingungen des Aufwachsens innerhalb der modernen Gesellschaft werden erforscht und reflektiert (vgl. Honig, 1999b). Weiterhin hat die Kindheitsforschung in der Erziehungswissenschaft damit die Herausforderung zu bewältigen, empirisch zu sondieren und theoretisch zu markieren, wie Selbsttätigkeit, Autonomie und Subjektstatus des Kindes in den pädagogischen Praxen sich konkret herstellen und wie Kindheit im Kontext institutionalisierter Formen der Erziehung, Bildung, Hilfe und Förderung sich konturiert.

## 3    Plädoyer für eine interdisziplinäre Perspektive auf die Pädagogik der Kindheit – Herausforderungen und Ausblick

Die Reflexionen zu den disziplinären theoretischen Konzeptionen von und empirischen Erträgen zu Kindheiten und Kindern zeichnen ein sehr disparates Bild. Die erziehungswissenschaftlich grundgelegte Perspektive präsentiert vornehmlich Erkenntnisse zur historischen Entstehung dieser Generationsphase, ihren jeweils konkreten Ausformungen und programmatisch-theoretischen Grundlagen, zu den Bedingungen und den Kulturen des Aufwachsens in pädagogischen Settings, Institutionen und institutionalisierten Handlungsfeldern sowie zu den pädagogischen Praktiken in diesen institutionellen Arrangements. Demgegenüber reflektiert die Soziologie der Kindheit insbesondere die gesellschaftlichen, kulturellen, sozialen Bedingungen des Aufwachsens und die Entwicklungspsychologie betrachtet Kindheit als biologisch prädisponierte Phase der Entwicklung von individuellen Verhaltensweisen, Erlebensformen und Verläufen des Aufwachsen.

Mit Blick auf das Handlungsfeld der Pädagogik der Kindheit scheinen die mit diesen fachlichen Perspektiven aufzuschließenden Wissensdomänen mit ihren jeweiligen Wissensanteilen alle von Bedeutung zu sein. In Bezug auf unterschiedliche Zusammenhänge und Herausforderungen generieren sie Antworten, die die jeweils anderen disziplinären Perspektiven nicht anzubieten vermögen. Wird etwa nach der Herausbildung von sprachlichen, emotionalen, mathematischen oder sozialen Kompetenzen bei Kindern gefragt, so kann eine soziologisch inspirierte Antwort zwar Auskunft zu den gesellschaftlichen Ermöglichungsbedingungen der Konstituierung dieser Kompetenzen geben, vielleicht auch noch zu den sozialisatorischen Rahmenbedingungen, die eine optimale Entwicklung dieser Kompetenzen befördern oder behindern, sie kann jedoch nicht beantworten, welche Entwicklungsprozesse Kinder in welchem Alter erfolgreich zu durchlaufen haben, um sich die Kompetenzen auch konkret anzueignen. Und die Entwicklungspsychologie ist wahrscheinlich überfordert, Fragen danach zu beantworten, welche familialen und institutionellen Settings die Aneignung der genannten Kompetenzen unter Beachtung der von den Kindern mit zu verarbeitenden sozialen Ungleichheitslagen am gelungensten fördern können.

Die Komplexität der Identifizierung der Bedingungen des Aufwachsens und das gesellschaftliche Programm, Kindern ein optimales Aufwachsen zu ermöglichen und dieses durch Schaffung von Bildungsgelegenheit zu fördern, macht ein Überschreiten disziplinärer Grenzen unabdingbar. Über eine souveräne Reflexion der Erkenntnisse der unterschiedlichen Betrachtungsweisen können produktive und innovative Interferenzen zwischen den Disziplinen hergestellt werden. Demnach votieren gute Argumente dafür, eine fachlich und curricular gut fundierte Pädagogik der Kindheit interdisziplinär auszurichten und neben erziehungswissenschaftliche und pädagogische auch auf sozialwissenschaftliche, entwicklungspsychologische – und darüber hinaus sogar auf neurophysiologische und neurobiologische – Erkenntnisse zurückzugreifen. Die erziehungswissenschaftliche Fundierung der Pädagogik der Kindheit hätte dann das über die wissenschaftlichen Fächer zur Verfügung stehende Wissen in ihre Perspektive zu integrieren. Damit konzipiert sich die Pädagogik der Kindheit äußerst anspruchsvoll als ein zwar erziehungswissenschaftlich grundgelegtes, im Weiteren aber multidisziplinär angelegtes und entsprechend wissenschaftlich auszubuchstabierendes Feld in Praxis und Forschung.

## 4    Literatur

Alt, C. (2005). Das Kinderpanel. Einführung. In C. Alt (Hrsg.), *Kinderleben – Aufwachsen zwischen Familie, Freunden und Institutionen* (S. 7–23). Wiesbaden: VS Verlag für Sozialwissenschaften.

Ariès, P. (1978). *Geschichte der Kindheit*. München: Deutscher Taschenbuchverlag.

Berg, C. (1991). *Kinderwelten*. Frankfurt a.M.: Suhrkamp.

Bernfeld, S. (1967). *Sisyphos oder die Grenzen der Erziehung*. Frankfurt a.M.: Suhrkamp.

Berk, L. (2005). *Entwicklungspsychologie* (3., aktualisierte Auflage). München: Pearson Studium.

Betz, T. (2008). *Ungleiche Kindheiten. Theoretische und empirische Analysen zur Sozialberichterstattung über Kinder*. Weinheim: Juventa.

Blechschmidt, E. (1974). *Humanembryologie*. Stuttgart: Hippokrates.

Bühler, C. (1928). *Kindheit und Jugend. Genese des Bewusstseins*. Leipzig: Hirzel-Verlag.

Bühler-Niederberger, D. (Hrsg.) (2005). *Macht der Unschuld. Das Kind als Chiffre*. Wiesbaden: VS Verlag für Sozialwissenschaften.

Bühler-Niederberger, D. & Sünker, H. (2006). Der Blick auf das Kind. Sozialisationsforschung, Kindheitssoziologie und die Frage nach der gesellschaftlich-generationalen Ordnung. In S. Andresen & I. Diehm (Hrsg.), *Kinder, Kindheiten, Konstruktionen. Erziehungswissenschaftliche Perspektiven und sozialpädagogische Verortungen* (S. 25–53). Wiesbaden: VS Verlag für Sozialwissenschaften.

Cloos, P. (2008). *Die Inszenierung von Gemeinsamkeit. Eine vergleichende Studie zu Biografie, Organisationskultur und beruflichem Habitus von Teams in der Kinder- und Jugendhilfe*. Weinheim: Juventa.

Comenius, J.A. (1962). *Informatorium der Mutterschul*. Heidelberg: Quelle & Meyer.

Comenius, J.A. (1982). *Große Didaktik* (5. Auflage). Stuttgart: Klett-Cotta.

Corsaro, W.A. (2005). *The Sociology of Childhood* (2nd edition). Thousand Oaks, London & New Delhi: Sage Publications Inc.

De Mause, L. (Hrsg.) (1979). *Über die Geschichte der Kindheit*. Frankfurt a.M.: Suhrkamp.

Durkheim, E. (1972). *Erziehung und Soziologie.* Düsseldorf: Schwann.

Durkheim, E. (1973). *Erziehung, Moral und Gesellschaft. Vorlesung an der Sorbonne 1902/1903.* Neuwied: Luchterhand.

Eliot, L. (2002). *Was geht da drinnen vor? Die Gehirnentwicklung in den ersten fünf Jahren.* Berlin: Berlin-Verlag.

Erikson, E. (1988). *Jugend und Krise. Die Psychodynamik im sozialen Wandel.* München: Klett-Cotta im Deutschen Taschenbuchverlag.

Erikson, E. (1999). *Kindheit und Gesellschaft* (13., durchgesehene Auflage). Stuttgart: Klett-Cotta.

Erikson, E. (2000). *Identität und Lebenszyklus* (18. Auflage). Frankfurt a.M.: Suhrkamp.

Freud, S. (1989). *Drei Abhandlungen zur Sexualtheorie und verwandte Schriften.* Frankfurt a.M.: Fischer Taschenbuch Verlag.

Giebeler, C. (2008). Kindertageseinrichtungen. In H. Sünker & P. Swiderek (Hrsg.), *Basiswissen Soziale Arbeit* (79–101). Hohengehren: Schneider Verlag.

Gstettner, P. (1984). *Die Eroberung des Kindes durch die Wissenschaft.* Reinbek: Rowohlt.

Hasselhorn, M., Lehmann, M. & Titz, C. (2008). Kindheit und das Verständnis vom Aufwachsen. In W. Thole u.a. (Hrsg.), *Bildung und Kindheit. Pädagogik der Kindheit in Wissenschaft und Lehre* (S. 49–63). Opladen & Farmington Hills: Barbara Budrich.

Hengst, H. & Zeiher, H. (2005). Von Kinderwissenschaften zu generationalen Analysen. Einleitung. In H. Hengst & H. Zeiher (Hrsg.), *Kindheit soziologisch* (S. 9–25). Wiesbaden: VS Verlag für Sozialwissenschaften.

Herzberg, I. (2003). Kindheit, Kinder und Kinderkultur. Zum Verhältnis „alter" und „neuer" Perspektiven. In B. Stickelmann & H.-P. Frühauf (Hrsg.), *Kindheit und sozialpädagogisches Handeln. Auswirkungen der Kindheitsforschung* (S. 37–77). Weinheim: Juventa.

Honig, M.-S. (1988). Kindheitsforschung – Abkehr von der Pädagogisierung. *Soziologische Revue 11,* 169–178.

Honig, M.-S. (1999a). *Entwurf einer Theorie der Kindheit.* Frankfurt a.M.: Suhrkamp.

Honig, M.-S. (Hrsg.) (1999b). *Aus der Perspektive von Kindern? Zur Methodologie der Kindheitsforschung.* Weinheim: Juventa.

Honig, M.-S. (2009). Das Kind der Kindheitsforschung. Gegenstandskonstitution in den childhood studies. In M.-S. Honig (Hrsg.), *Ordnungen der Kindheit. Problemstellungen und Perspektiven der Kindheitsforschung* (S. 25–53). Weinheim: Juventa.

Honig, M.-S., Joos, M. & Schreiber, N. (2004). *Was ist ein guter Kindergarten? Theoretische und empirische Analysen zum Qualitätsbegriff in der Pädagogik.* Weinheim: Juventa.

Kant, I. (1968). *Über Pädagogik.* In ders., Werkausgabe Bd. XII, hrsg. v. W. Weischedel. Frankfurt a.M.: Suhrkamp.

Kegan, R. (1986). *Die Entwicklungsstufen des Selbst. Fortschritte und Krisen im menschlichen Leben.* München: Kindt Verlag.

Keller, H. (Hrsg.) (2003). *Handbuch der Kleinkindforschung* (3., überarbeitete & erweiterte Auflage). Bern: Hans Huber.

Key, E. (1902). *Das Jahrhundert des Kindes.* Berlin: Fischer.

König, A. (2009). *Interaktionsprozesse zwischen ErzieherInnen und Kindern.* Wiesbaden: Springer.

Krüger, H.-H. & Grunert, C. (2006). *Kindheit und Kindheitsforschung in Deutschland.* Opladen & Farmington Hills: Barbara Budrich.

Lange, A. (2008). Soziologie der Kindheit und frühkindliche Bildung. In W. Thole u.a. (Hrsg.), *Bildung und Kindheit. Pädagogik der Kindheit in Wissenschaft und Lehre* (S. 65–83). Opladen & Farmington Hills: Barbara Budrich.

Lenzen, D. (Hrsg.) (1989). *Pädagogische Grundbegriffe.* Bd. 1 & 2. Reinbek: Rowohlt.

Lenzen, D. (1994). *Erziehungswissenschaft. Ein Grundkurs.* Reinbek: Rowohlt.

Liegle, L. (2003). Kind und Kindheit. In B. Dippelhofer-Stiem u.a. (Hrsg.), *Einführung in die Pädagogik der frühen Kindheit* (S. 14–51). Weinheim & Basel: Beltz.

Liegle, L. (2008). Erziehung als Aufforderung zur Bildung. In W. Thole u.a. (Hrsg.), *Bildung und Kindheit. Pädagogik der frühen Kindheit in Wissenschaft und Lehre* (S. 85–113), Opladen & Farmington Hills: Barbara Budrich.

Marrou, H.I. (1977). *Geschichte der Erziehung im klassischen Altertum.* München: Deutscher Taschenbuchverlag.

Montada, L. (1987). Die geistige Entwicklung aus der Sicht Jean Piagets. In R. Oerter & L. Montada (Hrsg.), *Entwicklungspsychologie. Ein Lehrbuch* (2., völlig neubearbeitete & erweiterte Auflage) (S. 413-462). München: Psychologie-Verlag-Union.

Neumann, K. (1993). Zum Wandel der Kindheit vom Ausgang des Mittelalters bis an die Schwelle des 20. Jahrhunderts. In M. Markefka & B. Nauck (Hrsg.), *Handbuch der Kindheitsforschung* (S. 191-205). Neuwied: Luchterhand.

Papoušek, M. (1994). *Vom ersten Schrei zum Wort.* Bern & Göttingen: Hans Huber.

Parsons, T. (1951). *The Social System.* Glencoe: Free Press.

Pestalozzi, J.H. (1935). *Die Abendstunde eines Einsiedlers.* Zürich: Fretz.

Piaget, J. (1972). *Die Psychologie des Kindes.* Olten: Walter.

Piaget, J. (1973). *Das moralische Urteil beim Kinde.* Frankfurt a.M.: Suhrkamp.

Piaget, J. (1974). *Der Aufbau der Wirklichkeit beim Kinde.* Stuttgart: Klett.

Piaget, J. (1995). *Intelligenz und Affektivität in der Entwicklung des Kindes.* Frankfurt a.M.: Suhrkamp.

Platon (1989). *Der Staat* (11., erneut durchgesehene Auflage). Hamburg: Meiner.

Plessner, H. (2001). Wiedergeburt der Form im technischen Zeitalter (Vortrag zum 25. Jubiläum des Deutschen Werkbundes, 14.10.1932). In H. Plessner (Hrsg.), *Politik – Anthropologie – Philosophie. Aufsätze und Vorträge* (S. 71–86). München: Fink.

Portmann, A. (1959). *Zoologie und das neue Bild des Menschen.* Reinbek: Rowohlt.

Preyer, W.T. (1989). *Die Seele des Kindes. Beobachtungen über die geistige Entwicklung des Menschen in den ersten Lebensjahren.* Berlin: Springer.

Qvortrup, J. (2005). Kinder und Kindheit in der Sozialstruktur. In H. Hengst & H. Zeiher (Hrsg.), *Kindheit soziologisch* (S. 27–49). Wiesbaden: VS Verlag für Sozialwissenschaften.

Rousseau, J.J. (1971). *Emile oder über die Erziehung.* Paderborn: Schöningh.

Scholz, G. (1994). *Die Konstruktion des Kindes. Über Kinder und Kindheit.* Opladen: Westdeutscher Verlag.

Schweizer, H. (2007). *Soziologie der Kindheit. Verletzlicher Eigensinn.* Wiesbaden: VS Verlag für Sozialwissenschaften.

Singer, W. (2002). *Der Beobachter im Gehirn. Essays zur Hirnforschung.* Frankfurt a.M.: Suhrkamp.

Spitzer, M. (2003). *Lernen: Gehirnforschung und Schule des Lebens.* Heidelberg: Spektrum.

Stein-Hilbers, M. (2000). *Sexuell werden. Sexuelle Sozialisation und Geschlechterverhältnisse.* Opladen: Leske & Budrich.

Stern, W. (1921). *Psychologie der Frühen Kindheit* (2. Auflage). Leipzig: Quelle & Meyer.

Stern, C. & Stern, W. (1907). *Monographien über die Seelenentwicklung des Kindes.* Leipzig: Quelle & Meyer.

Strehmel, P. (2005). Weniger gefördert? Elterliche Arbeitslosigkeit als Entwicklungskontext der Kinder. In C. Alt (Hrsg.), *Kinderleben – Aufwachsen zwischen Familie, Freunden und Institutionen. Bd. 2, Aufwachsen in Familien* (S. 217–238). Wiesbaden: VS Verlag für Sozialwissenschaften.

Tomasello, M. (2010a). *Warum wir kooperieren.* Frankfurt a.M.: Suhrkamp.

Tomasello, M. (2010b). *Origins of Human Communication.* Cambridge: MIT Press.

Vygotskij, L.S. (2002). *Denken und Sprechen: Psychologische Untersuchungen.* Weinheim: Beltz.

Winkler, M. (2006). Weder Hexen noch Heilige – Bemerkungen zum Verhältnis von Pädagogik und der neueren soziologischen Kindheitsforschung. In S. Andresen & I. Diehm (Hrsg.), *Kinder, Kindheiten, Konstruktionen – Erziehungswissenschaftliche Perspektiven und sozialpädagogische Verortungen* (S. 83–109). Wiesbaden: VS Verlag für Sozialwissenschaften.

Wyness, M. (2006). *Childhood and Society. An Introduction to the Sociology of Childhood.* Houndsmills: Palgrave.

Youniss, J. (1994). *Soziale Konstruktion und psychische Entwicklung.* Frankfurt a.M.: Suhrkamp.

# Erziehungswissenschaft und frühkindliche Bildung[1]

Maria Fölling-Albers

## 1 Einführung

Seit den internationalen Leistungsvergleichsstudien PISA und IGLU ist die frühkindliche Bildung (wieder) Gegenstand der bildungspolitischen und pädagogischen Diskussionen. Es werden von einer früheren und verbesserten institutionalisierten Bildung bessere Entwicklungschancen gerade für Kinder aus eher bildungsfernen Elternhäusern erwartet. „Auf den Anfang kommt es an", so lautet das Motto des Bildungsberichts über Kindertageseinrichtungen (vgl. Bundesministerium für Familien, Senioren, Frauen und Jugend, 2003). Zudem soll es Frauen mit jungen Kindern durch eine vorzeitigere institutionalisierte Kleinkinderziehung erleichtert werden, erwerbstätig zu werden, zumal aufgrund des demografischen Wandels künftig ein erheblicher Arbeitskräftemangel erwartet wird. Der quantitative Ausbau von Kindertagesplätzen wurde seit den 1970er Jahren in Deutschland gravierend forciert. Während im Jahr 1970 im Bundesdurchschnitt nur für 32,9 % der Drei- bis Sechsjährigen ein Kindergartenplatz zur Verfügung standen (Franke-Meyer & Reyer, 2010, S. 37), besuchen jetzt etwa 96 % der Kinder dieser Altersgruppe einen Kindergarten (vgl. Rauschenbach, 2011). Bis zum Jahre 2013 soll in Deutschland für jedes dritte Kind vom ersten bis dritten Lebensjahr ein Rechtsanspruch auf einen Betreuungsplatz in einer Kindertagesstätte oder in einer Tagespflege durchgesetzt werden (vgl. auch Aktionsrat Bildung, 2011, S. 41). Doch nicht allein der quantitative Ausbau der Kindertageseinrichtungen ist bemerkenswert, sondern vielmehr die Veränderung des Profils. Bildung wird (neben Erziehung und Betreuung) heute in der Regel als erste Auf-

1 Ich danke Gisela Kammermeyer, Astrid Rank und Ewald Terhart für die Anregungen zu diesem Beitrag.

gabe für die Kindertagesstätten genannt. Alle Bundesländer haben in den letzten Jahren für die Kindergärten neue Bildungs- und Erziehungspläne formuliert. Diese Entwicklungen verweisen einerseits auf eine enorme bildungspolitische Dynamik, andererseits führen sie auch zu erheblichen Erwartungen an das, was frühkindliche Bildung leisten soll.

Im nachfolgenden Kap. 2 wird der Frage des Selbstverständnisses frühkindlicher Bildung nachgegangen. Es geht einerseits um das Konzept einer Selbstbildung, aber auch um die Frage einer gezielten (kompensatorischen) Frühförderung und eines Präventionsanspruchs an die Kindertagesstätten. Frühkindliche Bildung geschieht keineswegs nur oder gar vorwiegend in den Kindertagesstätten; vielmehr sind für die Bildungsentwicklung der Kinder vor allem die Familie und das von ihr gestaltete Alltagsleben bedeutsam. Die Untersuchung der Alltagswelt von Kindern ist ein genuines Forschungsfeld der sozialwissenschaftlichen Kindheitsforschung. Es wird im Kap. 3 der Stellenwert der sozialwissenschaftlichen Kindheitsforschung für die von ihr bislang wenig beachteten Bildungsoptionen in der Alltagswelt und ‚Freizeit‘ der Kinder analysiert. Das abschließende Kap. 4 fokussiert auf die Gefahr einer Instrumentalisierung einer forcierten Institutionalisierung frühkindlicher Bildung für gesellschaftliche, (bildungs-)politische und ökonomische Zwecke. Es wird auf die Bedeutung einer erziehungswissenschaftlichen Reflexion einer zunehmenden Institutionalisierung von Kindheit verwiesen.

## 2      Frühkindliche (Selbst-)Bildung, (kompensatorische) Förderung, Prävention

Bildung ist dadurch gekennzeichnet, dass sie einerseits unverzichtbar mit Inhalten verknüpft ist, die angeeignet werden sollen; andererseits ist Persönlichkeitsbildung nur als Selbstbildung möglich ist (vgl. Frost, 2008). Man kann Bildung (durch erzieherische Vorgänge, durch eine „vorbereitete Umgebung" – Maria Montessori) ermöglichen, aber nicht erzwingen. Wenn sich das Individuum auf die erzieherischen Einwirkungen, auf die Angebote der Umgebung, nicht einlässt, laufen sie ins Leere. Es bedarf aber einer Umgebung, die Bildung (erst) möglich macht – und diese Umgebung wird in der Regel von Erwachsenen hergestellt. Neben den Inhalten, die im Bildungsprozess angeeignet werden sollen, geht es um die Frage, wie der Aneignungsprozess (optimal) unterstützt werden sollte. Im Zusammenhang mit Zielen, Inhalten und Methoden zur Unterstützung frühkindlicher Bildungsprozesse werden für die Kindertagesstätten unterschiedliche Konzepte vertreten – eher ‚freiheitliche‘, in denen die Selbstbildung der Kinder den Kern des Ansatzes darstellt, oder eher Konzepte, die auch gezielte Anregungen und/oder Interventionen als unverzichtbar ansehen – insbesondere für bildungsbenachteiligte Kinder, die in ihren Bildungsmöglichkeiten in ihrer primären Umwelt (Familie) benachteiligt sind (vgl. zu Konzepten frühkindlicher Bildung z.B. Fthenakis & Textor, 2000; Fried, 2003; Schäfer, 2005; Liegle, 2006; Laewen, 2007).

## 2.1 Frühkindliche Bildung, Selbstbildung

Eher ,freiheitliche' Positionen gehen meist von der anthropologischen Annahme aus, dass der Mensch von sich aus neugierig ist und das Bestreben hat, sich die Welt anzueignen. Wenn Kinder in ihrem Entwicklungsdrang nicht gehindert, sondern unterstützt werden, wenn auf ihre Initiativen und Fragen eingegangen wird, ist eine gezielte Förderung überflüssig. Eine anregende Umwelt ist im Wesentlichen hinreichend für eine „aneignende Tätigkeit des Subjekts", wie Liegle (2003, S. 17) Bildung kennzeichnet. Für Schäfer, der einen psychoanalytischen Zugang zum Verständnis kindlicher Bildungsprozesse vertritt, ist vor allem die leiblich-ästhetische Auseinandersetzung des Kindes mit seiner Umwelt von Bedeutung. Die Erwachsenen haben für den kindlichen Bildungsprozess weniger die Aufgabe, „den Kindern das Wissen vorzuordnen, das sie zur Bewältigung ihrer Zukunft zu benötigen scheinen, als dafür, dass sie ihnen den Rahmen vorstrukturieren, innerhalb dessen sie selbstständig handeln und denken können" (2006, S. 43; vgl. insbesondere auch Schäfer, 2005).

Ein solches Bildungskonzept setzt voraus, dass die Erwachsenen bereit und in der Lage sind, den Kindern eine Umwelt bereit zu stellen, die diese für ihre emotionale, soziale und kognitive Entwicklung und für eine anschlussfähige Bildung benötigen. Das betrifft die sprachliche Umwelt ebenso wie die räumliche und materielle Ausstattung. Das ist aber nicht immer der Fall. So unterstellt Grell (2010, S. 163) aktuellen ,modernen' pädagogischen Selbstbildungskonzepten ein ,romantisches Kindheitsbild' (vgl. dazu auch Baader, 2004), wenn sie davon ausgehen, dass schon eine vielseitige und anregende Umgebung für eine aktive Aneignung bildungsrelevanter Inhalte ausreiche. Gerade bildungsbenachteiligte Kinder seien häufig von offenen Beschäftigungsangeboten ohne zielgerichtete Unterstützung durch die Erzieherinnen überfordert. Sie benötigten spezifische und gezielte Anregungen, damit sie sich auf die Inhalte einlassen, die für ihren weiterführenden Bildungsweg erforderlich seien. Da sich seit den internationalen Leistungsvergleichsstudien PISA und IGLU die These durchgesetzt hat, dass die frühkindliche Bildung für die weitere, insbesondere die schulische Entwicklung einen herausragenden Stellenwert hat – vor allem mit Blick auf eine Verbesserung der Bildungschancen für Kinder aus eher bildungsfernen Elternhäusern –, kommt den Kindertagesstätten angesichts der ungleichen familialen Bildungsoptionen eine besondere Bedeutung zu.

## 2.2 Bildung als Auftrag an die Kindertagesstätten

,Bildung' war bis zur Bildungsreform Anfang der 1970er Jahre kein Schwerpunkt in (west-)deutschen Kindergärten. „Aus einem Raum der Behütung soll eine bewusst gestaltete […] Lebensumwelt für Lernerfahrungen werden" – so formulierte der Deutsche Bildungsrat (1970, S. 45) seine Empfehlungen zur Veränderung der pädagogischen Arbeit im Kindergarten. Tietze, Roßbach und Grenner bescheinigen dem Kindergarten in Westdeutschland bis zur Bildungsreform eine „Notlagenindikation" (2005, S. 17). Erst danach, mit der Forderung nach einem Ausbau der Begabungsreserven und der kompensatorischen Erziehung für Kinder aus benachteiligten Elternhäusern sowie zur Frühförderung in spezifischen Bildungsbereichen, erhielt der Kindergarten als Elementarbereich des Bildungswesens in Westdeutschland auch eine bildungspolitische Bedeutung (vgl. Deutscher Bildungsrat, 1970). In der DDR hatte der Kindergarten von Beginn an die Aufgabe der Volksbildung; auch wurden die Mütter als Arbeitskräfte in den Betrieben benötigt (vgl. Tietze et al., 2005; Baader, 2004). Mit dem Situationsansatz wurde in Westdeutschland in der Phase der Bildungsreform ein pädagogisches Konzept für die Kindergartenerziehung entwickelt, das spezifische Ziele für die pädagogische Arbeit im Kindergarten formulierte und vor allem das soziale Lernen in den Mittelpunkt stellte (vgl. Zimmer, Preissing, Thiel, Heck & Krappmann, 1997; Zimmer, 2000). Neben dem Freispiel, das als zentrale Beschäftigung von Kindern in der frühen Kindheit gilt, sollten die Kinder mit Hilfe ausgearbeiteter Curricula zu Themen aus der Alltagswelt für die Bewältigung von Lebenssituationen unterstützt werden.

Allerdings ist es in den beiden darauffolgenden Jahrzehnten nicht gelungen, die pädagogische Qualität der Kindergärten nachdrücklich zu verbessern. So bescheinigten Tietze u.a. auf der Basis ihrer Untersuchungen den deutschen Kindergärten im Durchschnitt nur eine „gehobene Mittelmäßigkeit" (Tietze u.a., 1998, S. 337). Insbesondere die Prozessqualität, die vor allem die für Bildungsprozesse relevanten Aspekte beschreibt, wurde als unzureichend erkannt. Merkmale der Prozessqualität waren vor allem: individuelle Zuwendung, Fragen, Anregungen, Aufgreifen der Interessen der Kinder. So konnten Ergebnisse aus Längsschnittuntersuchungen nicht überraschen, die zeigten, dass für die kognitive und leistungsbezogene Entwicklung der Kinder „die Unterschiede zwischen den Familien zwei- bis dreimal so bedeutsam [sind] wie die Unterschiede zwischen den untersuchten Kindergärten" (Roßbach, 2011, S. 176). D.h., dass vor allem die Familie die Entwicklung der Kinder beeinflusst und eine Kindertagesstätte, sofern sie sich nicht durch eine besondere pädagogische Qualität auszeichnet, nur geringe Kompensationen leistet. Es stellt sich daher die Frage, in welcher Weise den ungleichen Bildungschancen und damit der Bildungsungerechtigkeit begegnet werden kann.

## 2.3    Kompensatorische und bereichsspezifische Förderung

Zur Förderung bildungsbenachteiligter Kinder lassen sich verschiedene pädagogische Konzepte unterscheiden: Ansätze, die von einer kompensatorischen Förderung ausgehen – also von der Vorstellung, dass erkannte Defizite durch gezielte Programme kompensiert, also ausgeglichen werden sollen; solche Ansätze betonen vor allem das Prinzip des Ausgleichs von Bildungschancen. Andere lehnen an Defizitvorstellungen ausgerichtete Konzepte ab und plädieren für eine ‚ganzheitliche' Förderung, die eher Vorstellungen einer Bildung als Selbstbildung entsprechen und statt einer Kompensation die Prävention als Auftrag an die Kindertagesstätten formulieren.

Kompensatorische Frühförderprogramme für bildungsbenachteiligte Kinder wurden erstmals in größerem Umfang in den USA in den 1960er Jahren im Rahmen der Headstart-Programme vor allem zur Unterstützung von Kindern unterprivilegierter sozialer Schichten durchgeführt, in Deutschland-West im Zusammenhang mit der Bildungsreform der späten 1960er und 1970er Jahre. Siraj-Blatchford und Moriarty (2004) berichten in ihrem Überblicksbeitrag, dass durch Förderprogramme, die eine stark instruktive und vorstrukturierte Unterweisung praktizierten, zwar kurzfristig bessere, aber langfristig und nach Beendigung der Maßnahmen keine Verbesserung der Leistungen mehr nachgewiesen werden konnte. Roßbach (2005) geht in seinem Forschungsüberblick über Auswirkungen nicht-elterlicher Betreuung auf die Entwicklung von Kindern u.a. der Frage nach, in welcher Weise sich der Besuch von Kindertagesstätten auf die Entwicklung benachteiligter Kinder auswirkt. Es zeigte sich, dass es in den meisten Untersuchungen keine Interaktionseffekte zwischen familialem Hintergrund und nicht-elterlicher Betreuung gab, d.h. dass alle Kinder dann vom Besuch der Einrichtungen profitierten, wenn ihnen eine gute Qualität bescheinigt werden konnte (S. 149ff.), dass aber der Besuch einer Kindertagesstätte als solche eine Bildungsbenachteiligung nicht ausgleicht. Damit benachteiligte Kinder von den Kindertagesstätten kompensatorisch profitieren können, bedarf es, so Schnurrer, Tuffentsammer und Roßbach (2010, S. 104), aufwändigerer Interventionen, die neben den Kindertagesstätten auch eine Familienkomponente enthalten. Kinder aus bildungsfernen Elternhäusern konnten nur dann von den Kindertagesstätten kompensatorisch profitieren, wenn in ihnen eine herausragende pädagogische Qualität praktiziert wurde – und für diese ist die pädagogische Kompetenz des Fachpersonals von besonderer Bedeutung (vgl. Roßbach, 2011, S. 175f.; Aktionsrat Bildung, 2012). Auch Liegle betont, dass kompensatorische Möglichkeiten in den Kindergärten nur zu erwarten seien, wenn die Qualität in ihnen hervorragend sei und einher gehe mit einer verbesserten Bildungsqualität in den Familien. Deshalb plädiert auch er für eine Verbindung von hoher pädagogischer Qualität in den Kindergärten mit familialer Bildungsunterstützung (vgl. Liegle, 2006, S. 147ff.). Zwar wird die Bedeutung einer Erziehungspartnerschaft zwischen Elternhaus und Kindertagesstätte immer wieder betont. Cloos und Karner weisen in ihrem Beitrag über Erziehungspartnerschaften allerdings darauf hin, dass „sich dieses Konstrukt bei näherer Betrachtung als weder theoretisch noch empirisch hinreichend abgesichert [erweist]" (2010, S. 185).

## 2.4    Prävention

Nicht nur angesichts der nur mäßigen Erfolge kompensatorischer Frühförderprogramme als nachholende, ausgleichende Programme, sondern auch wegen des hier zugrundeliegenden Defizit-Konzepts wird in der Frühpädagogik zunehmend gefordert, dass die Kindertagesstätten präventiv tätig werden (vgl. Fried, 2003; Laewen, 2006). Das Kinder- und Jugendhilfegesetz (KJHG) formuliert Förderung und Prävention als Aufgaben der Jugendhilfe. Laewen (2006) lehnt in einem vor allem programmatischen Beitrag (kompensatorische) Programme ab, die mit einer Ausgrenzung der Kinder verbunden sind. Es gelte „nicht nur ein Zurückbleiben hinter durchschnittlichen Erwartungen an die Bildung von jungen Kindern [...] zu verhindern." Vielmehr müsse auch „ein Übertreffen solcher Erwartungen systematisch ermöglicht, unterstützt und herausgefordert werden" (S. 102). Prävention bedeutet für Laewen, dass die Bildungsressourcen jedes einzelnen Kindes in den Tageseinrichtungen ausgeschöpft werden. Es liegen derzeit allerdings noch keine empirischen Untersuchungen vor, die die Effekte einer entsprechenden gezielten präventiven Frühpädagogik messen bzw. (positive) Wirkungen nachweisen. Es kann angesichts der vorliegenden Untersuchungsbefunde aber angenommen werden, dass einerseits generell eine hohe pädagogische Prozessqualität in den Kindertagesstätten gegeben sein muss; diese sollte aber verknüpft werden mit förderdiagnostischen Kompetenzen der Erzieherinnen, damit sie auch gezielte Fördermaßnahmen vornehmen können.

Angesichts der kritischen Erfahrungen mit kompensatorischen Programmen, die vielfach allgemeine intellektuelle Fähigkeiten fördern sollten, sowie der noch fehlenden Befunde über Erfolge präventiver Programme ist zu fragen, welche anderen Unterstützungsmaßnahmen in den Kindertagesstätten erfolgversprechend sind. Dies scheinen aus heutiger Sicht Förderprogramme zu sein, die bereichsspezifisch ausgerichtet sind und auf einer soliden pädagogischen Diagnostik basieren. Hasselhorn (2010) deutet mit Hinweis auf Frühförderung bei Vorschulkindern zur Vermeidung von Lese- und Rechtschreibschwierigkeiten und von Problemen im mathematischen Bereich an, dass ein „gedämpfter Optimismus" (S. 168) für Möglichkeiten der Frühförderung realistisch sei. Auch Kammermeyer (2006; 2010) plädiert für eine frühzeitige Diagnose der schulnahen Entwicklungsbereiche in den Kindertagesstätten. Es liege eine Vielzahl an praktikablen Diagnoseinstrumenten und an Förderprogrammen vor, die gut von den Erzieherinnen zur Frühförderung der Kinder genutzt werden könnten. Eine relativ große Anzahl an Studien weist übereinstimmend darauf hin, dass solche gezielten (bereichsspezifischen) Programme bei den geförderten Kindern deutliche Verbesserungen bis zum Ende des ersten Schuljahres, vielfach sogar bis zum Ende der Grundschulzeit zeigen (vgl. zur Förderung der phonologischen Bewusstheit z.B. Schneider & Küspert, 2004; Hasselhorn 2010). Angesichts des erheblichen Stellenwerts der (schrift-)sprachlichen Kompetenzen für die schulische Entwicklung der Kinder sollte deshalb eine gezielte Förderung von bildungsbenachteiligten Kindern ein zentraler Auftrag an die Kindertagesstätten sein. Eine erfolgreiche bereichsspezifische Förderung kann dann auch als Prävention gekennzeichnet werden, zumal Lernschwierigkeiten in der Schule bei einem hohen Anteil an Kindern verhindert und bei vielen anderen zumindest vermindert werden können. Gerade Eltern mit geringen schulischen und beruflichen Qualifikationen erwarten vom Kindergarten eine Vorbereitung auf die Schule und dadurch für ihre Kinder bessere Bildungschancen (vgl. Schreiber, 2004). Allerdings kann nicht zuletzt mit Blick auf entwicklungs- und gedächtnispsychologische Forschungsergebnisse eine gezielte lernbereichsspezifische Förderung nicht eine Vorverlegung schulischer Lernkonzepte und Lehrmethoden bedeuten (vgl. Hasselhorn, 2005; Hasselhorn, Lehmann & Titz, 2008).

## 3    Frühkindliche Bildung und sozialwissenschaftliche Kindheitsforschung – Optionen und Desiderate

Die meisten Publikationen zur Bildung in früher Kindheit haben ihren Schwerpunkt auf der Bildung in Kindertageseinrichtungen (vgl. u.a. Fthenakis & Textor, 2000; Fthenakis & Oberhuemer, 2004; Fried & Roux, 2006; Laewen & Andres, 2007; Thole, Roßbach, Fölling-Albers & Tippelt, 2008; Cloos & Karner, 2010). Auch die Bedeutung der Familie für Bildungsprozesse der Kinder wird untersucht (z.B. Roßbach, 2005). Bildung im Rahmen von Freizeit- und Fördereinrichtungen hingegen wird bislang vernachlässigt. Während in den ostdeutschen Bundesländern die institutionelle Kinderbetreuung in der Regel ganztags organisiert war und ist, besucht mehr als die Hälfte der Kinder in Westdeutschland bis zum Alter von sechs Jahren die Tagesstätten nur halbtags. Am Nachmittag, in den Ferien und an Wochenenden werden die Kinder von Eltern, Geschwistern, Großeltern oder anderen Personen betreut, sie besuchen Kurse oder andere Freizeitangebote; es findet ein Betreuungsmix statt (vgl. Betz, 2010).

Der nicht-institutionalisierte Kinderalltag, insbesondere die Freizeitkultur, ist ein genuines Feld der sozialwissenschaftlichen Kindheitsforschung, die sich etwa ab den 1980er Jahren verstärkt mit der Lebensphase Kindheit beschäftigt. Es gibt in der Zwischenzeit eine nahezu unüberschaubare Fülle an empirischer Forschung zur außerschulischen Lebenswelt von Kindern, auch umfangreiche, regelmäßige Surveys wie das LBS-Kinderbarometer und die World Vision Studien. Diese erfassen über Zeitreihenuntersuchungen Veränderungen bei den Einstellungen und Verhaltensweisen von Kindern in den verschiedenen Lebensbereichen und vergleichen systematisch Kinder, die in unterschiedlichen Milieus und Regionen aufwachsen und Kinder unterschiedlicher kultureller Herkunft. Dabei ist zum einen bemerkenswert, dass diese Studien zur Kindheit bislang meist nur Kinder vom Grundschulalter an berücksichtigen – die Zeitreihenuntersuchungen sogar erst Kinder vom höheren Grundschulalter an (ab 8 oder 9 Jahre). Die frühe Kindheit (0 - 6 Jahre) ist in der sozialwissenschaftlichen empirischen Kindheitsforschung bislang weitgehend noch eine tabula rasa – Ausnahmen sind das Kinderpanel und die AID-A-Studie des Deutschen Jugendinstituts (vgl. z.B. Alt, 2007; Rauschenbach & Bien, 2012). Zum anderen bleiben Aspekte der Bildung in der sozialwissenschaftlichen Kindheitsforschung weitgehend ausgespart. Die Nicht-Berücksichtigung der frühen Kindheit einerseits und der Bildung im speziellen ist ein kaum nachvollziehbares Defizit (und Desiderat) der empirischen Kindheitsforschung. So fordert Büchner (2011), die Kindheitsforschung solle sich auch mit Bildungsaspekten, und hier insbesondere mit Fragen der Bildung im privaten Bereich beschäftigen: mit der Bildungsrelevanz des gelebten Familienlebens. Denn hier würden ‚kulturelles Kapital' (nach Bourdieu) und Bildungshabitus qua Status erzeugt. Es gehe dabei nicht nur um die Erforschung von Bildungsleistungen einzelner Familien, vielmehr sollten auch die Beziehungen zwischen Familien im Hinblick auf das familiale Bildungsgeschehen genauer in den Blick genommen werden. Denn in der Privatheit des Familienlebens vollzögen sich auch ein Wettstreit und eine Rivalität zwischen Familien (Distinktionsmotiv). Kindliche Bildungsprozesse familienbezogen nur als Privatsache zu interpretieren, blende das elterliche Wettbewerbsdenken in au-ßerschulischen Bildungsangelegenheiten aus bzw. verschleiere es sogar. Man müsse ne-ben den formalen Bildungsaspekten auch das informelle Bildungsgeschehen in den Blick nehmen – und hier die verschiedenen Angebote und Nutzungen aus dem Betreuungsmix untersuchen – hinsichtlich der Frage: Welche (Förder-)Angebote werden von welchen El-terngruppen mit welcher Absicht für die Kinder favorisiert (vgl. Büchner, 2011, S. 77f.)? In diesem Zusammenhang konstatiert Betz (2010, S. 128f.), dass der Betreuungsmix zu wei-terer sozialer Benachteiligung und Ungleichheit führe. Leu (2012) fokussiert in Hinsicht auf die ungleichen Bildungschancen von Kindern aus unterschiedlichen sozialen Milieus auf einen weitergehenden Aspekt. Für ihn liegt das Problem der bildungsbenachteiligten Kinder weniger in einem Mangel an Bildung, sondern an der qualitativ ganz anderen Bildung, die diese Kinder in ihrem Alltag erfahren und praktizieren und die den Ver-suchen, hier kompensatorisch zu wirken, so zähen Widerstand leisten (vgl. Leu, 2012, S. 130). Deshalb gehe es darum, „milieuspezifische Bildungsformen zu entschlüsseln", um „Akzeptanz und Öffnung von Bildungsinstitutionen für andere Bildungskulturen zu ver-bessern" (ebd., S. 131), aber auch darum, die Familien darin unterstützen, in „ihrem täg-lichen Zusammenleben eine Alltagspraxis zu entwickeln, die es Kindern erlaubt, für eine vorteilhafte gesellschaftliche Platzierung relevante Kompetenzen zu erwerben" (ebd.).

Es wäre somit zu fragen, welche sozialen Folgen die unterschiedlichen Bildungsorien-tierungen und Nutzungen zusätzlicher (nachmittäglicher) Förderangebote auf Haltun-gen (Distinktion, s. Büchner, 2011) und auf Bildung haben. Die sozialwissenschaftliche Kindheitsforschung und eine erziehungswissenschaftliche frühkindliche Bildungsfor-schung könnten ‚im Verein' differenziertere Informationen zur Beschreibung und Erklä-rung bildungsrelevanter Unterschiede zwischen Kindergruppen liefern. Möglicherwei-se ist es nicht einfach die Familie (im engeren Sinne), die die in Kapitel 2 beschriebene Dominanz der Familie auf die Entwicklung und Bildung der Kinder erklärt, sondern ein vielschichtiges ‚Panorama' an Strukturen und Prozessen, wie z.B. der Betreuungsmix sowie sozio-kulturelle und milieuspezifische Bildungsformen, das die Unterschiede aus-macht und vor allem Ungleichheit (als Chancenungerechtigkeit) erzeugt.

## 4      Erziehungswissenschaft und frühkindliche Bildung – Desiderate

Im Bereich der frühen Kindheit haben sich im vergangenen Jahrzehnt gravierende Ver-änderungen vollzogen – zum einen hat eine Umgestaltung der Kindertagesstätten „von Betreuungseinrichtungen mit Bildungsauftrag zu Bildungseinrichtungen mit Betreu-ungsauftrag" stattgefunden (Laewen, 2006, S. 103), zum anderen soll vor allem in West-deutschland ein erheblicher Ausbau an Kindertagesplätzen für Kinder unter drei Jahren erfolgen. Diese Entwicklungen erfordern eine Auseinandersetzung mit der Frage, wie Kindheit (künftig) konzeptionalisiert werden soll und welche Erziehungs- und Bildungs-vorstellungen dabei zugrunde gelegt werden.

Die frühe Kindheit galt in Westdeutschland noch bis vor wenigen Jahrzehnten als Familienkindheit. Wenn die Kinder überhaupt einen Kindergarten besuchten, dann fast immer nur halbtags. Kindergärten hatten die Funktion einer Familienergänzung; sie zeigten oftmals eine Abwehr gegenüber funktionsorientierten, ‚schulnahen' Inhalten. In der DDR hingegen wurde von Anfang an ein Konzept durchgesetzt, das den Kindertagesstätten auch Bildungsaufgaben zuschrieb und sie als eine der Familie gleichberechtigte Institution sah. In der Regel besuchten die ein- bis sechsjährigen Kinder eine Kindertagesstätte ganztägig (vgl. dazu Baader, 2004). Im letzten Jahrzehnt hat sich auch in Westdeutschland nicht nur der Anteil der drei- bis sechsjährigen Kinder, der einen Kindergarten besucht, auf etwa 96 % erhöht; vielmehr stieg der Anteil der Kinder, der eine Krippe besucht, auf 14,6 % im Jahr 2009; die Prognose für 2013 liegt bei 38 % (vgl. Rauschenbach, 2011, S. 164). Für ein Drittel der Kinder vom ersten bis zum dritten Lebensjahr gibt es ab 2013 einen Rechtsanspruch auf einen Plätz in einer Kindertagesstätte.

Dass es auf den Anfang ankomme, ist in der Politik angekommen. Allerdings sind die Motive für den forcierten Ausbau an Krippenplätzen durchaus nicht nur oder gar vorwiegend pädagogisch begründet. Es soll dem verstärkten Wunsch von Frauen nach Vereinbarkeit von Beruf und Familie Rechnung getragen werden – und das ist in der Regel nur zu gewährleisten, wenn die Kinder außerhalb der Familie zuverlässig für mehrere bzw. für möglichst viele Stunden am Tag betreut werden können. Ein weiterer Grund ist angesichts des jahrzehntelangen Geburtenrückgangs die politische Sorge um hinreichende Arbeitskräfte in der Wirtschaft. Die meist hoch-qualifizierten Frauen sind zunehmend als Arbeitskräfte unverzichtbar (vgl. Aktionsrat Bildung, 2011, S. 41). Und nicht zuletzt werden der volkswirtschaftliche Nutzen und die hohe Rendite für Investitionen in frühe Bildung angeführt: Entwicklung von Humankapital, verringerte Bildungsarmut und damit weniger Mittel für Sozialsysteme, erhöhtes Wirtschaftswachstum etc. (vgl. Stamm, 2010, S. 210ff.).

Für Honig bedeutet diese Entwicklung eine zunehmende De-Familialisierung von Kindheit. Und diese sei politischer Wunsch und politische Präferenz und ein „Element eines Umbaus von Kindheit [.], der die Interessen an und Erfahrungsfelder von Kindern neu figuriert" (Honig, 2011, S. 193). Es geht hier aber nicht nur um eine De-Familialisierung als Reduzierung und Begrenzung des Einflusses der Familie auf ihre Kinder, vielmehr sind von dieser Entwicklung weitergehende Fragen betroffen. So ist z.B. zu fragen, ob und inwieweit gesellschaftliche, politische und ökonomische Interessen evtl. zu Lasten des Kindeswohls gehen – in welcher Weise dieses gegenüber anderen Nutzenserwägungen hinreichend berücksichtigt wird. So merkt Liegle kritisch an, dass, wenn im Kontext der internationalen Schulleistungsvergleiche für die frühe Kindheit höhere Bildungsansprüche formuliert und mehr institutionalisierte Frühförderung mit der besseren Nutzung des ‚Humanvermögens' eingefordert werden, dann könne das Merkmale der Instrumentalisierung aufweisen (2006, S. 102).

Honig (2011) mahnt angesichts einer zunehmenden Institutionalisierung früher Kindheit eine „Theorie betreuter Kindheit" an, die die verschiedenen Perspektiven konzeptuell berücksichtige. Wesentliche Aspekte einer solchen Theorie betreffen dann Fragen der Erziehung und Bildung. Eine Theorie betreuter Kindheit müsste sowohl die Bedeutung und die Auswirkungen einer Betreuung in Kindertagesstätten auf die Bildung und Erziehung der Kinder als auch die unterschiedlichen Praktiken der Betreuung (z.B. Betreuungsmix) und ihre entsprechenden Auswirkungen in den Blick nehmen. Zum letztgenannten Aspekt könnte wesentlich eine auch an Bildungsfragen orientierte Kindheitsforschung beitragen. Dies würde einen erweiterten Blick auf die Ungleichheitsdebatte im Zusammenhang mit der frühen Kindheit eröffnen. So verknüpft Honig seine Forderung nach einer Theorie betreuter Kindheit mit einem Anspruch an eine „gute Kindheit", die auch die alltäglichen sozialen Beziehungen und Erfahrungen von Kindern berücksichtige – der Familie ebenso wie der Freizeit (vgl. 2011, S. 190f.). Doch die Frage, was ‚gute Kindheit' ausmacht, ist durchaus nicht einfach zu beantworten, zumal damit schnell auch Ausgrenzungsaspekte verknüpft sein können. Ist eine Kindheit, in der weniger erfolgreich Bildungsmöglichkeiten wahrgenommen werden (können), eine ‚schlechte Kindheit'? Welche Bildungsvorstellungen sollten einem solchen Konzept zugrunde liegen und wie sollen diese realisiert werden? Eine Beschreibung und Analyse ‚guter Kindheit', die nicht zuletzt erziehungswissenschaftlich und bildungstheoretisch begründete Kriterien als Maßstab für auch empirisch zu erfassender Merkmale der unterschiedlichen ‚Kinderwelten' (Betreuungsmix und den auch dadurch erzeugten ungleichen Bildungschancen) in den Blick nimmt, steht allerdings noch aus. Die Erziehungswissenschaft könnte mit Blick auf die historischen und normativen Grundlagen ihrer Disziplin zudammen mit der sozialwissenschaftlichen Kindheitsforschung wesentlich zu diesem Anliegen beitragen.

## 5    Literatur

Aktionsrat Bildung (2011). *Bildungsreform 2000–2010–2020. Jahresgutachten 2011.* Wiesbaden: VS-Verlag für Sozialwissenschaften.

Aktionsrat Bildung (2012). *Professionalisierung in der Frühpädagogik. Qualifikationsniveau und -bedingungen des Personals in Kindertagesstätten. Gutachten.* Münster: Waxmann.

Alt, C. (Hrsg.). (2007). *Kinderleben. Start in die Grundschule,* Bd. 3. Wiesbaden: VS Verlag für Sozialwissenschaften.

Baader, M.S. (2004). Der romantische Kindheitsmythos und seine Kontinuitäten in der Pädagogik und in der Kindheitsforschung. *Zeitschrift für Erziehungswissenschaft, 7*(3), 416–430.

Betz, T. (2010). Kompensation ungleicher Startchancen. Erwartungen an institutionalisierte Bildung, Betreuung und Erziehung für Kinder im Vorschulalter. In P. Cloos & B. Karner (Hrsg.), *Erziehung und Bildung von Kindern als gemeinsames Projekt. Zum Verhältnis von familialer Erziehung und öffentlicher Kinderbetreuung* (S. 113–134). Hohengehren: Schneider.

Betz, T. (2011). Multikulturelle Kindheit im Spiegel der Kindersurveys. In S. Wittmann, T. Rauschenbach & H.R. Leu (Hrsg.), *Kinder in Deutschland. Eine Bilanz empirischer Studien* (S. 248–266). Weinheim und München: Juventa.

Bundesministerium für Familie, Senioren, Frauen und Jugend (Hrsg.). (2003). *Auf den Anfang kommt es an. Perspektive für die Weiterentwicklung des Systems der Tageseinrichtungen für Kinder in Deutschland.* Weinheim, Basel, Berlin: Beltz.

Büchner, P. (2011). Bildung im Kindesalter – eine Privatsache? Oder. Bildung von Anfang an – ein Anspruch ohne Realität? In S. Wittmann, T. Rauschenbach & H.R. Leu (Hrsg.), *Kinder in Deutschland. Eine Bilanz empirischer Studien* (S. 74–81). Weinheim & München: Juventa

Cloos, P. & Karner, B. (Hrsg.). (2010). *Erziehung und Bildung von Kindern als gemeinsames Projekt. Zum Verhältnis von familialer Erziehung und öffentlicher Kinderbetreuung.* Hohengehren: Schneider.

Cloos, P. & Karner, B. (2010). Erziehungspartnerschaft? Auf dem Weg zu einer veränderten Zusammenarbeit von Kindertageseinrichtungen und Familien. In P. Cloos & B. Karner (Hrsg.), *Erziehung und Bildung von Kindern als gemeinsames Projekt. Zum Verhältnis von familialer Erziehung und öffentlicher Kinderbetreuung* (S. 169–191). Hohengehren: Schneider.

Deutscher Bildungsrat (1970). *Strukturplan für das Bildungswesen.* Stuttgart: Klett.

Diskowski, D. (2004). Das Ende der Beliebigkeit? Bildungspläne für den Kindergarten. In D. Diskowski & E. Hammes-Di Bernardo (Hrsg.), *Lernkulturen und Bildungsstandards* (S. 75–104). Hohengehren: Schneider.

Franke-Meyer, D. & Reyer, J. (2010). Das Verhältnis öffentlicher Kleinkinderziehung zur Familie und Schule aus historisch-systematischer Sicht. In P. Cloos & B. Karner (Hrsg.), *Erziehung und Bildung von Kindern als gemeinsames Projekt. Zum Verhältnis von familialer Erziehung und öffentlicher Kinderbetreuung* (S. 26–40). Hohengehren: Schneider.

Fried, L., Dippelhofer-Stiem, B., Honig M.-S. & Liegle, L. (Hrsg.). (2003). *Einführung in die Pädagogik der frühen Kindheit.* Weinheim, Basel, Berlin: Beltz.

Fried, L. (2003). Pädagogische Programme und subjektive Orientierungen. In L. Fried, B. Dippelhofer-Stiem, M.-S. Honig & L. Liegle (Hrsg.), *Einführung in die Pädagogik der frühen Kindheit* (S. 54–85). Weinheim, Basel, Berlin: Beltz.

Fried, L. & Roux, S. (Hrsg.). (2006). *Pädagogik der frühen Kindheit. Handbuch und Nachschlagewerk.* Weinheim und Basel: Beltz.

Frost, U. (2008). Bildung als pädagogischer Grundbegriff. In G. Mertens, U. Frost, W. Böhm & V. Ladenthien (Hrsg.), *Handbuch der Erziehungswissenschaft, Bd. 1: Grundlagen. Allgemeine Erziehungswissenschaft* (S. 297–311). Paderborn u.a.: Schöningh.

Fthenakis, W.E. & Textor, M. (Hrsg.). (2000). *Pädagogische Ansätze im Kindergarten.* Weinheim und Basel: Beltz.

Fthenakis, W.E. & Oberhuemer, P. (Hrsg.). (2004). *Frühpädagogik international. Bildungsqualität im Blickpunkt.* Wiesbaden: VS-Verlag.

Grell, F. (2010). Über die (Un-)Möglichkeit, Früherziehung durch Selbstbildung zu ersetzen. *Zeitschrift für Pädagogik* 56(2) 154–167.

Hasselhorn, M. (2005). Lernen im Altersbereich zwischen 4 und 8 Jahren: Individuelle Voraussetzungen, Entwicklung, Diagnostik und Förderung. In T. Guldimann & B. Hauser (Hrsg.), *Bildung 4- bis 8-jähriger Kinder* (S. 77–88). Münster: Waxmann.

Hasselhorn, M. (2010). Möglichkeiten und Grenzen der Frühförderung aus entwicklungspsychologischer Sicht. *Zeitschrift für Pädagogik* 56, 168–177.

Hasselhorn, M., Lehmann, M. & Titz, C. (2008). Kindheit und das Verständnis vom Aufwachsen. In W. Thole, H.-G. Roßbach, M. Fölling-Albers & R. Tippelt (Hrsg.), *Bildung und Kindheit. Pädagogik der frühen Kindheit in Wissenschaft und Lehre* (S. 49–64). Opladen: Barbara Budrich.

Honig, M.-S. (2011). Auf dem Weg zu einer Theorie betreuter Kindheit. In S. Wittmann, T. Rauschenbach & H.-R. Leu (Hrsg.), *Kinder in Deutschland. Eine Bilanz empirischer Studien* (S. 181–197). Weinheim und München: Juventa.

Kammermeyer, G. (2006). Kognitive Förderung: In L. Fried & S. Roux (Hrsg.), *Pädagogik der frühen Kindheit. Handbuch und Nachschlagewerk* (S. 178–184). Weinheim und Basel: Beitz.

Kammermeyer, G. (2010). Persönlichkeitsentwicklung und Leistungsförderung als gemeinsame Aufgaben von Kindergarten und Grundschule. In A. Diller, H.-R. Leu, & T. Rauschenbach (Hrsg.), *Wie viel Schule verträgt der Kindergarten? Annäherung zweier Lernwelten* (S. 153–180). München: DJI.

Kinder- und Jugendhilfegesetz (2005). *Sozialgesetzbuch (SGB) Achtes Buch (VIII) – Kinder und Jugendhilfe* vom 8. September 2005 (BGBI.I S. 2729).

Laewen, H.-J. (2006). Funktionen der institutionellen Früherziehung: Bildung, Erziehung, Betreuung, Prävention. In L. Fried & S. Roux (Hrsg.), *Pädagogik der frühen Kindheit. Handbuch und Nachschlagewerk* (S. 96–107). Weinheim und Basel: Beltz.

Laewen, H.-J. (2007). Bildung und Erziehung in Kindertageseinrichtungen. In H.-J. Laewen & B. Andres (Hrsg.), *Bildung und Erziehung in der frühen Kindheit. Bausteine zum Bildungsauftrag von Kindertagesstätten* (S. 16–102). Berlin: Cornelsen, Scriptor.

Laewen, H.-J. & Andres, B. (Hrsg.). (2007). *Bildung und Erziehung in der frühen Kindheit. Bausteine zum Bildungsauftrag von Kindertagesstätten* (S. 16–102). Berlin: Cornelsen, Scriptor.

Leu, H.-R. (2008). Früher, schneller, besser? Grenzen der Instrumentalisierung frühkindlichen Lernens. In H. Zeiher & S. Schroeder (Hrsg.), *Schulzeiten, Lernzeiten, Lebenszeiten. Pädagogische Konsequenzen und zeitpolitische Perspektiven schulischer Zeitordnungen* (S. 45–55). Weinheim und München: Juventa.

Leu, H.-R. (2012). Betreuungsrendite oder Bildungsrendite? Zum Ertrag der frühkindlichen Bildung, Betreuung und Erziehung. In T. Rauschenbach & W. Bien (Hrsg.), *Aufwachsen ind Deutschland. AID:A – Der neue DJI-Survey* (S. 119–134. Weinheim und Basel: Beltz Juventa.

Liege, L. (2003). Kind und Kindheit. In L. Fried, B. Dippelhofer-Stiem, M.-S. Honig & L. Liegle (Hrsg.), *Einführung in die Pädagogik der frühen Kindheit* (S. 14–53). Weinheim, Basel, Berlin: Beltz.

Liegle, L. (2006). *Bildung und Erziehung in früher Kindheit.* Stuttgart: Kohlhammer.

Liegle, L. (2010). Familie und Tageseinrichtungen für Kinder als soziale Orte der Erziehung und Bildung. Gemeinsamkeiten, Unterschiede, Wechselwirkung. In P. Cloos & B. Karner (Hrsg.), *Erziehung und Bildung von Kindern als gemeinsames Projekt. Zum Verhältnis von familialer Erziehung und öffentlicher Kinderbetreuung* (S. 63–79). Hohengehren: Schneider.

Rauschenbach, T. (2011). Betreute Kindheit. Zur Entgrenzung öffentlicher Erziehung. In S. Wittmann, Rauschenbach, T. & Leu, H.-R. (Hrsg.), *Kinder in Deutschland. Eine Bilanz empirischer Studien* (S. 160–172). Weinheim und München: Juventa.

Rauschenbach, T. & Bien, W. (Hrsg.). (2012). *Aufwachsen in Deutschland. AID:A – Der neue DJI-Survey.* (S. 160–172). Weinheim und Basel: Beltz Juventa.

Reyer, J. & Franke-Meyer D. (2008). Muss der Bildungsauftrag des Kindergartens ,eigenständig' sein? *Zeitschrift für Pädagogik 54*(6), 888–905.

Roßbach, H.-G. (2005). Effekte qualitativ guter Betreuung, Bildung und Erziehung im frühen Kindesalter auf Kinder und ihre Familien. In Sachverständigenkommission Zwölfter Kinder- und Jugendbericht (Hrsg.), *Bildung, Betreuung und Erziehung von Kindern unter sechs Jahren* (S. 55–174). München: DJI Verlag.

Roßbach, H.-G. (2006). Institutionelle Übergänge in der Frühpädagogik. In L. Fried & S. Roux (Hrsg.), *Pädagogik der frühen Kindheit. Handbuch und Nachschlagewerk* (S. 280–292). Weinheim: Beltz.

Roßbach, H.-G. (2011). Auswirkungen öffentlicher Kindertagesbetreuung auf Kinder. In S. Wittmann, T. Rauschenbach & H.-R. Leu (Hrsg.), *Kinder in Deutschland. Eine Bilanz empirischer Studien* (S. 173–180). Weinheim und München: Juventa.

Schäfer, G.E. (2005). *Bildungsprozesse im Kindesalter. Selbstbildung, Erfahrung und Lernen in der frühen Kindheit* (3. Auflage). Weinheim und München: Juventa.

Schäfer, G.E. (2006). Der Bildungsbegriff in der Pädagogik der frühen Kindheit. In L. Fried & S. Roux (Hrsg.), *Pädagogik der frühen Kindheit. Handbuch und Nachschlagewerk* (S. 33–43). Weinheim: Beltz.

Schneider, W. & Küspert, P. (2004). Förderung Phonologische Bewusstheit. In G.W. Lauth, M. Grüske & J.C. Brunstein (Hrsg.), *Interventionen bei Lernstörungen* (S. 219–227). Göttingen: Hogrefe.

Schnurrer, M., Tuffentsammer, M. & Roßbach, H.-G. (2010). Bilden und fördern? Die Neubestimmung öffentlicher Erziehung und ihre beabsichtigten und gemessenen Wirkungen. In P. Cloos & B. Karner (Hrsg.), *Erziehung und Bildung von Kindern als gemeinsames Projekt. Zum Verhältnis von familialer Erziehung und öffentlicher Kinderbetreuung* (S. 98–112). Hohengehren: Schneider.

Schreiber, N. (2004). Qualität von was, Qualität wozu? Zur Perspektivität von Eltern- und Erzieherinnenurteilen. In M.S. Honig, M. Joos & N. Schreiber (Hrsg.), *Was ist ein guter Kindergarten? Theoretische und empirische Analysen zum Qualitätsbegriff in der Pädagogik* (S. 39–59). Freiburg, Basel, Wien: Herder.

Siraj-Blatchford, I. & Moriarty, V. (2004). Pädagogische Wirksamkeit in der Früherziehung. In W.E. Fthenakis & P. Oberhuemer (Hrsg.), *Frühpädagogik international. Bildungsqualität im Blickpunkt* (S. 87–104). Wiesbaden: VS Verlag.

Stamm, M. (2010). *Frühkindliche Bildung, Betreuung und Erziehung.* Bern, Stuttgart, Wien: Haupt.

Thole, W., Roßbach, H.-G., Fölling-Albers, M. & Tippelt, R. (Hrsg.). (2008*). Bildung und Kindheit. Pädagogik der frühen Kindheit in Wissenschaft und Lehre.* Opladen: Barbara Budrich.

Tietze, W. u.a. (Hrsg.). (1998). *Wie gut sind unsere Kindergärten? Eine Untersuchung über die Qualität in deutschen Kindergärten.* Neuwied: Luchterhand.

Tietze, W., Roßbach, H.-G. & Grenner, K. (2005). *Kinder von 4 bis 8 Jahren. Zur Qualität der Erziehung und Bildung in Kindergarten, Familie und Schule.* Weinheim und Basel: Beltz.

Wittmann, S., Rauschenbach, T. & Leu, H.-R. (Hrsg.). (2011). *Kinder in Deutschland. Eine Bilanz empirischer Studien.* Weinheim und München: Juventa.

Zimmer, J. (2000). Der Situationsansatz in der Diskussion und Weiterentwicklung. In W.E. Fthenakis & M. Textor (Hrsg.), *Pädagogische Ansätze im Kindergarten* (S. 94–114). Weinheim & Basel: Beltz.

Zimmer, J., Preissing, C., Thiel, T., Heck, A. & Krappmann, L. (1997). *Kindergärten auf dem Prüfstand. Dem Situationsansatz auf der Spur.* Seelze-Velber: Kallmeyer.

# Anfänge der Bildung

## Bildungstheoretische Grundlagen der Pädagogik der frühen Kindheit

Claus Stieve

Der Begriff der ‚Bildung' markiert seit Ende der neunziger Jahre geradezu den Gegenstand der Pädagogik der frühen Kindheit im deutschsprachigen Raum. Kindertageseinrichtungen hatten auch in der Tradition der Jugendhilfe und Sozialpädagogik einen ‚eigenständigen Bildungsauftrag'. In der neueren Diskussion verbindet sich damit aber explizit, die Frühpädagogik als grundlegenden und curricular auszuarbeitenden Teil des Bildungswesens sowie als Basis einer lebenslangen Bildungsbiographie zu fassen. Diese Verschiebung, vom deutschen Bildungsrat bereits Anfang der 1970er Jahre gefordert, scheint endlich der besonderen Bedeutung der frühkindlichen Welt- und Selbstaneignung Rechnung zu tragen. Doch stimmt sie zugleich verdächtig, denn die erhöhte gesellschaftliche Aufmerksamkeit für alle formellen und informellen Lernprozesse von Geburt an enthält unübersehbare Tendenzen einer funktionalen Rationalisierung und einer politisch-ökonomischen Instrumentalisierung der frühen Kindheit. So läuft die Betonung früher Bildung Gefahr, eher den Interessen einer hochtechnologisierten und flexiblen Wissensgesellschaft, denn denen des einzelnen Kindes zu entsprechen (vgl. Liegle, 2006, S. 7ff., Peukert, 1997, S. 277 ff.; Moss & Urban, 2010, S. 8; 43).

Bildungstheoretische Ansätze wollen und müssen in ihrer aufklärerischen Tradition solchen Instrumentalisierungen des Menschen begegnen, und sich den „Widersprüchen moderner Vergesellschaftung stellen, die sich im Bildungsbegriff zu Wort melden" (Pongratz & Bünger, 2008, S. 126). Frühpädagogische Konzepte fragen dabei besonders nach den ‚Anfängen' von Bildung. „Strukturmerkmale" der Welt- und Selbstzugänge in der frühen Kindheit (Liegle, 2002, S. 51) werden in der leiblich-sinnlichen Wahrnehmung, der Selbsttätigkeit und ihrem informellen, zufälligen Charakter sowie den besonderen Ausdrucksformen von Kindern, wie ihrem Spiel, erkannt. Aktuelle Konzepte richten sich entsprechend auf die Hervorhebung einer vom Kind ausgehenden, individuellen „Selbstbildung" (vgl. Schäfer, 1995; 2005) oder auf Bildung als Verwirklichung demokratischer Praxis in der Achtung vor der „Andersheit" von Kindern aus (Dahlberg & Moss, 2005, S. 73ff.; 97ff.).

Im Folgenden wird der Frage nachgegangen, wie sich die frühpädagogischen Konzepte im Kontext von Bildung als Projekt der Aufklärung mit seinen Brüchen in der Moderne verorten lassen. Welche Ausrichtungen und theoretischen Argumentationen lassen sich unterscheiden und welche Besonderheiten früher Bildung herausarbeiten? Wo tauchen Widersprüche und offene Fragen auf, besonders, wenn sich mit bildungstheoretischen Ansätzen der Anspruch verbindet, den ‚Gegenstand' einer Pädagogik der frühen Kindheit zu erfassen?

## 1      Das ‚Projekt' Bildung im Kontext der Aufklärung

Um einen Bezugsrahmen für Darstellung und Befragung frühpädagogischer Ansätze zu gewinnen, bedarf es zunächst einer Vergewisserung der Ausrichtungen des Bildungsbegriffs in der Aufklärung. Mit seiner Entwicklung an der Wende zum 18. Jahrhundert wird nicht eine irgendwie geartete, immer auch selbsttätige Welt- und Selbstaneignung thematisiert, wie sie jeder Mensch im Kontext seiner historisch-kulturellen Lebensverhältnisse vollzieht (vgl. Thiersch, 2002, S. 59f.). Die Argumentationen kreisen um Motive der freien Gestaltungsmöglichkeit von Selbst- und Welt, der Mündigkeit, der selbstständigen Lebensführung und Lebenszeitgestaltung (vgl. Dörpinghaus &Uphoff, 2011, S. 59). Sie bringen zum Ausdruck, dass das Verhältnis des Menschen zu sich und zur Welt als offener Prozess einer lebensgeschichtlich-subjektiven Tätigkeit zu verstehen ist. Ein solches „lebendiges Wirken" wird in der berühmten Wendung Humboldts (2002, Bd. I, S. 235f.) nur durch die „Verknüpfung unseres Ichs mit der Welt zu der allgemeinsten, regesten und freiesten Wechselwirkung" möglich (ebd.), in der ästhetischen Anschauung, literarischen Bearbeitung, rationalen Erkenntnis, moralischen Praxis oder kritischen Reflexion. So umschreibe die aufklärerischen Argumentationslinien keine willkürliche, individuelle Entfaltung, sondern die Verwirklichung eines ‚guten', ‚gelingenden' Lebens, orientiert an vernünftigen, über das Individuelle hinaus als allgemein gelten können denden Maximen. Bildung zielt auf Autonomie in Abgrenzung zur erlebten Heteronomie der Ständegesellschaft (vgl. Meyer-Drawe, 1990, S. 8), die jedem Menschen möglich werden soll und die der Verbesserung der menschlichen Verhältnisse dient. Der Begriff der Bildung steht für ein normatives Projekt, das sich in der Thematisierung stützender, fördernder und verhütender Arrangements äußert (vgl. Thiersch, 2002, S. 61f.), wie der Familie, dem Kindergarten oder der Schule.

Für die frühe Bildung und ihre Verortung zwischen Bildungswesen und Sozialpädagogik wird dabei besonders relevant, in welche Richtungen sich das Bildungsverständnis der Aufklärung ausdifferenziert:

**Zuerst meint Bildung eine Tätigkeit des Subjekts**: Als Aufforderung zur Bildung kann Kants Maxime gelesen werden, dass Aufklärung der Ausgang des Menschen aus selbstverschuldeter Unmündigkeit sei. Das Selbstverschulden ergibt sich aus dem fehlenden Mut und Entschluss, sich seines Verstandes ohne Leitung eines anderen zu bedienen (Kant, 1968, Bd.XI, S. 53). Dieses Selbstdenken ist mit Kategorien wie „Differenz und Kritik, Reflexivität und Spontaneität" verbunden (vgl. Heydorn, 2004, S. 49ff.). Für die frühe Kindheit erscheint eine solche reflexive Vernunft am wenigsten selbstverständlich, doch wird bedeutsam, dass die Selbstzuständigkeit eine ihrer Grundlagen im Konstrukt einer ‚Natur' des Menschen findet. Rousseau fragt nach ihr, um den Widerspruch zwischen der „gedachten ‚natürlichen' und der faktischen ‚gesellschaftlichen' Existenz" des Menschen herauszuarbeiten (Böhm, 2010, S. 71). Humboldt spricht von ihren Kräften (vgl. Humboldt, 2002, Bd. I, S. 64; 235) und beschreibt damit das grundsätzliche menschliche Vermögen, selbsttätig zu erkennen, zu handeln, zu urteilen, und schöpferisch zu gestalten. Bei Rousseau entspricht dem die Vorstellung, dass der Mensch „von Natur gut ist und die Gerechtigkeit und Ordnung liebt" (Rousseau, 1978, S. 508).

**Zweitens bezieht sich Bildung auf eine örtliche Praxis**: Für Rousseau bedarf das Kind einer „negativen Erziehung", die hinter seine Natur zurücktritt (vgl. Böhm & Soëtard, 2012, S. 29). Deshalb entwickelt er die Fiktion eines besonderen Ortes, der einem natürlichen Verhältnis zu den Dingen Raum gibt (vgl. Stieve, 2008, S. 43f.). Das bewusste Arrangement pädagogischer Orte, wie Kindergarten oder Schule, soll ähnlich eine natürliche Vernunft, die Selbsttätigkeit oder die proportionierliche Bildung aller Kräfte ermöglichen. Zugleich verbindet sich mit diesen Orten der Anspruch gesellschaftlicher Veränderung: In ihrer bewussten Praxis werden sie als Modelle einer anderen Gesellschaftsform gedacht, wenn sie z.B. Pestalozzi oder Fröbel dazu dienen, „neue gesellige und Lebensverhältnisse" (Fröbel, 1982b, S. 294) zu erfinden und Geschwisterlichkeit zu leben (vgl. Pestalozzi, 1997, S. 18f.).

**Drittens gewinnt Bildung den Anspruch von Universalität**: Wenn Rousseau die Natur des Kindes in der Freiheit von traditionellen Zugehörigkeiten und der Vision eines „nicht-entfremdeten Lebens" denkt, so entsteht ein Kind, das „ganz auf Authentizität und Selbst-Verwirklichung als Realisierung seines Gattungswesens gerichtet" ist (Honig, 1999, S. 41; 45.). Von konkreten Lebensverhältnissen wird abgesehen. Humboldts Gedanke, dass der Zweck des Menschen die Bildung ist, soll diesen ähnlich von den Einschränkungen seiner Herkunft befreien, damit er sein Leben wählen kann. Der Leitgedanke, dass der Mensch „soviel Welt als möglich zu ergreifen" sucht, findet seinen Widerhall in der Scholarisierung und Curricularisierung von Bildung (vgl. Humboldt, 2002, Bd. IV, S. 218; 235).

**Viertens wird Bildung als Fähigkeit zur Lebensbewältigung thematisiert:** Davon differenzieren lässt sich ein Bildungsverständnis, das sich unmittelbar auf konkrete Lebensverhältnisse bezieht. Pestalozzi thematisiert vielfach eine elementare und allgemeine Bildung. Anders als Humboldt sucht er aber hierfür die Familie, das Gemeinwesen oder Orte, die nicht vom alltäglichen Leben abstrahieren, sondern es, z.B. in Form der „Wohnstubenatmosphäre", nachahmen sollen (Pestalozzi, 1997, S. 11f.). In dieser, für Gertrud Bäumer die Sozialpädagogik geradezu charakterisierenden Perspektive will Pestalozzi, aus der Einsicht der Eingebundenheit des Menschen in konkrete Erfahrungszusammenhänge, das Leben selbst „bildend gestalten" (Bäumer 1929, S. 11). Auffällig wählt er hierfür den Begriff der Bildung, während später häufig eher von Erziehung gesprochen wird, wenn informelle, familiäre oder sozialräumliche Prozesse im Kontext des konkreten konflikthaften Lebens von einer allgemeinen, von objektivierten gesellschaftlichen Anforderungen ausgehenden Bildung unterschieden werden (vgl. Thiersch, 2002, S. 64f.; Mollenhauer, 1998, S. 314ff.).

## 2    Klassische Argumentationen früher Bildung

Die unterschiedlichen Richtungen weisen auf ein Spannungsverhältnis hin, in dem sich besonders bildungstheoretische Entwürfe zur vorschulischen Kindheit verorten. Mit ihnen verbinden sich gleichermaßen Fragen nach den Anfängen des Subjekts, nach der Begründung seiner reflexiven Autonomie, nach den Anfängen der Ausgestaltung einer humanen Praxis gesellschaftlicher Sozialität, nach den ersten elementaren Welt- und Selbsterfahrungen, die eine universale Bildung begründen, und schließlich nach den Möglichkeiten von Kindern und Familie, sich in ihrer konkreten Lebenswelt als gestaltend und partizipierend zu erleben. Diese Fragen spiegeln sich schon in den klassischen Entwürfen von Comenius, Pestalozzi und Fröbel.

*Comenius* hob schon vor der Aufklärung, im 17. Jahrhundert, mit dem „Informatorium der Mutterschul" (1987) hervor, dass das kleine Kind neben der Pflege und Ernährung der frühen Bildung fähig ist und bedarf. So orientiert sich die Erziehung am Prinzip der Anschaulichkeit und der Nähe zu seinen sinnlichen Erfahrungen (Konrad, 2004, S. 18). Die Bildung bezieht sich auf das Ganze der Welt, nicht in der Aneignung lexikalischen Wissens, sondern als Suchbewegung einer „offenen Seele" gegenüber einem sie übersteigenden Weltzusammenhang (vgl. Patočka, 1981). Die Verknüpfung mit den konkreten Lebenszusammenhängen wird offensichtlich, wenn Comenius sich mit dem Informatorium ‚familienbildnerisch' an die Mütter wendet und so die Familie als besonderen Ort der frühen Erziehung und Bildung hervorhebt.

*Pestalozzi* arbeitet konkrete Stufen einer „sittlichen Elementarbildung" aus, die die frühe Kindheit besonders umfassen, so erstens die liebende „allseitige Besorgung" der täglichen Bedürfnisse (Pestalozzi, 1997, S. 12; 18), zweitens die Vermittlung von Fertigkeiten zur „geschwisterlichen" und „häuslichen Selbständigkeit" (ebd., S. 25, vgl. 18) oder wie Klafki schreibt, zur „Bewältigung und Gestaltung des gemeinsamen Lebens" (ebd.,

S. 61), und drittens, darauf aufbauend, die Formung einer sittlichen Ansicht durch das Nachdenken, sprich die Reflexion, über die voranzugehenden, „sittlichen" Erfahrungen (vgl. ebd., S. 23). Pestalozzis Bildungsgedanke ist damit sowohl auf das Elementare als auch ‚sozialpädagogisch', auf eine performative, soziale Praxis des alltäglichen Lebens und dessen sittliche Gestaltung ausgerichtet. Bildung soll ermöglichen, dass die Menschen (in diesem Kontext Kind wie Eltern) sich als Subjekte innerhalb ihrer Lebensverhältnisse, als „Werk ihrer selbst" erfahren können (vgl. Thiersch, 2002, S. 64) und dies in einem sozialen Miteinander verwirklichen.

*Fröbels* theoretischer Entwurf einer frühen Bildung zeigt besonders, trotz des vielfach beklagten mystisch-spekulativen Charakters, das Spannungsverhältnis der sich ergänzenden, aber auch widersprüchlichen subjekt- und praxisorientierten, universalen und sozialpädagogischen Perspektiven auf die frühe Kindheit.

Auf der Selbsttätigkeit, dem „zufälligen" Selbstunterricht, liegt das Hauptaugenmerk Fröbels (vgl. 1982a, S. 185). Sie findet ihren Ursprung im „Ahnen" des Kindes um das eigene Sein-können im Kontext der in sich vernünftigen Schöpfung. Es wird ihm durch Erziehung lediglich bewusst gemacht, um ihm die „höchste Selbständigkeit, Freiheit und Unabhängigkeit zu geben" (zitiert nach Heiland, 2010, S. 65). Dem Ahnen entspricht eine Suchbewegung, ein am Spiel beschriebener „Bildungstrieb" (Fröbel, 1951, S. 30; vgl. Stieve, 2008, S. 49f.), weshalb die Erziehung nicht vorauseilend, sondern nachgehend sein soll. Für Heiland reiht sich Fröbels Bildungsverständnis deshalb in die Tradition der Aufklärung ein – „als in Freiheit gewonnene ‚Subjektivität' in ihrer ‚Geschichtlichkeit' und Rationalität" und als „Programm planbarer Verbesserung aller menschlichen Verhältnisse" (2010, S. 54).

Diese Verbesserung weist auf die Orte hin. Besonders durch die von Fröbel erstmals systematisch entwickelte gegenständliche Ordnung und die mit ihr verbundene Didaktik wird das kleine Kind zur selbsttätigen Bildung angeregt. Mit dem gestalteten Ort verbindet sich zugleich eine Utopie des Zusammenlebens, denn Erziehung und Bildung haben hier weniger das fernliegende Ziel Menschen zur Autonomie zu führen, sondern sie dienen der aktuellen Gestaltung einer lebendigen, sinnlichen Praxis, „in der wir als vernünftige Wesen tätig sind" (Winkler, 2010, S. 41; vgl. S. 45). Fröbel sucht danach, „neue gesellige und Lebensverhältnisse, ganz neue Wissenschaft und Kunst, wie ganz neue Lebensweisen" zu erfinden (Fröbel, 1982b, S. 294).

Diese Lebensweisen finden ihre Bedeutung in der Rückbindung des Menschen an eine universale, seine Vernunft ermöglichende (göttliche) Gesetzmäßigkeit. Sie begreift Fröbel als Bedingung der Möglichkeit, „dass wir uns selbst erkennen, begreifen und über uns verfügen können" (Winkler, 2010, S. 33). Erziehung und Bildung sind eingebunden in einen umfassenden Zusammenhang des ganzen Kosmos, der natürlichen und gegenständlichen Welt wie des sozialen Miteinanders (ebd., S. 41). Besonders im Spiel bringt das Kind sein eigenes Inneres zum Ausdruck und verinnerlicht die, dem Inneren scheinbar entsprechenden Gesetzmäßigkeiten der äußeren Welt in „Lebens"-, „Erkenntnis" und „ästhetischen" Formen (vgl. Stieve, 2008, S. 47f.).

Als sozialpädagogisch bezeichnet Michael Winkler schließlich das „differenzierte Verständnis von Erziehung in einem Spannungsfeld von Pädagogik und Politik" bei Fröbel, das wiederum zuallererst das Spiel ermöglicht (2010, S. 30). Fröbel hebt es nicht nur als grundlegende und damit besonders zu fördernde Bildungsform des kleinen Kindes hervor, sondern seine Thematisierung weist eine gedankenstrukturelle Parallele zu Schillers „Briefen über die ästhetische Erziehung des Menschen" auf. In ihnen wird das Spiel zur eigentlichen „Praxis des Humanen", in der „sich Subjektivität und Autonomie zeigen" (ebd., S. 33). Ähnlich denkt Fröbel das Spiel als Ausdruck einer „freien Tätigkeit der Selbstdarstellung, die sich doch den Notwendigkeiten des Materials nicht entzieht, mit welchem man spielt" (ebd., S. 46). Daraus folgt ein radikaler pädagogischer Anspruch: „Das pädagogische Geschehen [...] muss befreiend sein, vom ersten Blick des Lebens an, weil Freiheit die existenzielle Grundbestimmung humaner Existenz ist" (ebd., S. 49). Für Winkler liegt in diesem Grundgedanken das Sozialpädagogische Fröbels, denn Bildung und Erziehung werden als soziale „Praxis" verstanden, in der wir uns ständig der Welt vergewissern müssen, „wohl wissend, dass sie sich selbst wie auch wir uns verändern können", dass die Welt also unsicher ist (ebd., S. 42). In diese Praxis ist die Familie, wiederum ‚familienbildnerisch', unmittelbar einbezogen, denn erst später wird Fröbels Kindergarten zu einer Institution neben der Familie (vgl. Reyer, 2004, S. 518). Zuerst ist seine Praxis ein „pädagogisches Vermittlungsprinzip lebensweltlicher Überwindung der Dissoziationen zwischen Erwachsenen und Kindern, zwischen Privatheit und Öffentlichkeit" (ebd.).

Fasst man die klassischen Argumentationen zusammen, so ist die Entstehung eines frühpädagogischen Bildungsbegriffs wesentlich in einem aufklärerischen Verständnis verankert. Auch wenn Humboldt und manch anderer Bildung expliziter oft erst zu einem viel späteren Alter thematisieren und es aufgrund dessen bis heute einer besonderen Begründung zu bedürfen scheint, in früher Kindheit überhaupt von Bildung zu sprechen, wird bei Comenius, Rousseau, Pestalozzi und Fröbel ein Kontinuum zwischen den frühen Prozessen der sinnlichen Anschauung, der elementaren Selbsttätigkeit sowie der gelebten Praxis sozialer Räume und den späteren bewussten, reflektierenden Auseinandersetzungen mit Kultur und Gesellschaft sichtbar. Bildung wird nicht nur in der Ausrichtung auf ein zukünftiges Ziel, sondern als aktuell zu lebende Praxis gedacht. Für die frühe Kindheit erscheint dabei besonders charakteristisch, dass sich die Spannung einer universalen, von konkreten Verhältnissen befreienden und einer auf die Subjektwerdung in der Bindung an sie bezogenen Bildung nicht auflösen lässt.

## 3    Brüche im Bildungsbegriff

Es lässt sich über bildungstheoretische Grundlagen der Frühpädagogik im Kontext der Aufklärung nicht schreiben, ohne die Widersprüche zu thematisieren, in die das idealistische Projekt mit seinem Glauben an eine lineare Herstellbarkeit menschlicher Autonomie gerät. Die Freiheitsperspektive mündet in eine unabsehbare Entfesselung ökonomischer, technologischer und bürokratischer Kräfte, die ihren Gipfel in der Todesmaschinerie von

Auschwitz findet, aber auch in demokratischen Gesellschaftsformen wirksam bleibt. Es gelingt nicht, den Menschen aus Abhängigkeiten zu befreien, sondern diese verlagern sich nur. Der Widerspruch der rationalen, universalen Ideale der Aufklärung, der sich in der Frühpädagogik spiegelt, führt so zu einer Reihe kritischer Anfragen:

**Anfrage an Autonomie und Identität:** Erstens erweisen sich die aufklärerischen Ideale, Selbstbestimmung und Autonomie, in Gesellschaften, die durch „Disziplinar- und Überwachungsmaßnahmen" sowie „Stabilitätsverlust, Auflösungsprozesse und systemische Vereinnahmungen" gekennzeichnet sind, zunehmend als Illusion, so Käte Meyer-Drawe (1993, S. 196). Selbst- und Fremdbestimmung sind aufgrund der „ungeheuren Integrationskraft" der Gesellschaft immer weniger unterscheidbar (vgl. 1990, S. 8), wie sich auch in der Individualisierung, Institutionalisierung und Mediatisierung der frühen Kindheit zeigt. Diese Undurchsichtigkeit entspricht kaum dem aufklärerischen Subjekt, dessen Autonomie an die Gewinnung einer stabilen Identität gebunden ist und das sich abhebt von einer Welt zu ordnender Dinge (vgl. ebd., S. 89f.). Vernunft lässt sich deshalb nicht aus einem klaren Gegenüber zur Welt begreifen, sondern als „Griff im Element der Welt, aus dem sie nur auftauchen kann, weil sie in eminenter Weise dazugehört" (ebd., S. 90). In einer solchen Kritik wird ein Überschuss an Nicht-Identität deutlich, mit dem das Bewusstsein seine Macht als Konstitutionszentrum einbüßt und Bildung ein unüberwindbares Motiv von Fremdheit enthält (vgl. Schäfer, A., 2005, S. 163ff.).

**Anfragen an die universale Linearität von Bildungsverläufen:** Zweitens zeigt sich gerade an der frühen Kindheit, dass Bildung nicht zu einem linear verlaufenden Zugewinn an Wissen, Fähigkeiten und Selbstbestimmung führt. Bildung und Lernen haben mit Negativität zu tun, z.B. mit dem Bruch von Erfahrungsmöglichkeiten in der frühen Kindheit zugunsten eines wissenschaftlichen (und gesellschaftlich geforderten) Wissenszuwachses (vgl. Lippitz, 1989, S. 146f.). Lassen sich klassische Bildungskonzepte, wie das Fröbels, noch als mögliche Versöhnung von Individuum und universaler Ordnung lesen, weil Gesellschaft sich durch das Zusammenfinden der naturgemäßen Selbsttätigkeit, der Freiheit des Individuums und der allgemeinen Vernunft zum Besseren entwickelt, kritisieren moderne Theorien die Rationalisierung, Standardisierung und Funktionalisierung des Menschen und seines Wissens in der Moderne. Sie widerspricht seiner Freiheit und umgekehrt führt Freiheit in bloßer Zurückweisung vorgegebener Normen zur Willkür und erlangt ihre Grenze an der Freiheit der anderen (vgl. Schäfer, A., 2005, S. 120). Bedeutet aber Bildung nicht die gegenseitige Versöhnung der bei sich seienden Selbsttätigkeit mit einer gegebenen, alles umfassenden Ordnung, so hat sie einen „transformatorischen" Charakter (vgl. Koller, 2012), weil sie durch Krisen- und Fremdheitserfahrungen veranlasst wird, die das Für-sich-sein sprengen und sich zugleich jeder Ordnung entziehen (ebd., S. 79f.; 85f., in Anlehnung an Waldenfels).

**Anfragen an die Widersprüchlichkeit der Bildung ermöglichenden Institutionen:** Drittens erweist sich der geschützte Raum, der neue Lebensformen ermöglichen soll, als Trugschluss pädagogischer Machbarkeit. Die Metapher des Kinder-‚gartens' als „Sinnbild eines eingegrenzten und von der Gesellschaft abgeschiedenen Ortes ursprünglicher Natürlichkeit" (Nießeler, 2005, S. 81f.) steht, ähnlich wie die Schule, für eine Ausklammerung der Lebenswirklichkeit (vgl. Zimmer, 1973, S. 11ff.). Institutionen wie Schule und Kindergarten weisen Kindern einen gesellschaftlichen Ort und eine Rolle zu und dies nicht autonom, „sondern als Moment eines strukturellen Wandels, der die ‚Verfassung' von Kindheit berührt" (Honig, 2002, S. 187). Damit wird eine freie authentische Selbstbildung immer schon unterlaufen. Gesellschaftliche Ansprüche, Normen, Rollenzuweisungen und Geschlechterverhältnisse präsentieren sich präreflexiv über die Sprache wie über den Habitus im Umgang miteinander und mit den Dingen, den räumlichen Ordnungen und zeitlichen Gliederungen des Alltags.

**Anfragen an den Verlust sozialen Rückhalts:** Viertens hat die Hervorhebung des freien Subjekts ihre Kehrseite. Moderne Gesellschaften setzen den Einzelnen zwar frei, sagen aber nicht, wozu er frei ist. Sie bieten ihm immer weniger soziale Orte, an denen er in seinen Freiheiten Halt und Sicherheit finden kann (Böhnisch, 1997, S. 25, anknüpfend an C. Mennicke), wenn beispielsweise die gesellschaftliche Flexibilisierung den Zusammenhalt von Familien bedroht. Es wird nicht nur ermöglicht, sondern verlangt, dass der Mensch Individualität und ‚Freiheit' lebt, weil er sonst am gesellschaftlichen Optionsdruck scheitert.

Solche kritischen Anfragen an den Bildungsbegriff weisen auf ein passives Moment jeder selbsttätigen Bildung hin. Ein zentrales Motiv wird der reflexive Umgang mit Indifferenzen und Nicht-Identität. Die aufklärerische „Illusion" von Autonomie bleibt notwendig, ohne sie kann der Mensch nicht leben, Autonomie zeigt sich aber nicht als Lösung, sondern als „moderne Problematisierungsform von Subjektivität" (Meyer-Drawe, 1998, S. 48).

## 4    Grundfiguren in aktuellen bildungstheoretischen Konzepten der Frühpädagogik

Wie werden die genannten Brüche des Bildungsbegriffs in aktuellen bildungstheoretischen Argumentationen der Frühpädagogik thematisiert? Folgt man der Semantik der öffentlichen Diskussion, wie sie sich beispielsweise in den Bildungsplänen spiegelt, so erscheint das kleine Kind in immer umfassenderer Weise ein aktiver, Theorien entwerfender Welt- und Selbstkonstrukteur zu sein. Es ähnelt damit auffällig der neuzeitlichen Vorstellung eines vorausgesetzten Subjekts, das seiner selbst gewiss und in klarer Subjekt-Objekt-Dichotomie die Welt konstituiert und ordnet. In aktuellen Bildungskonzepten der Frühpädagogik werden die verschiedenen Ausrichtungen des Bildungsbegriffs und die Anfragen an ihn vielschichtiger und mit unterschiedlicher Akzentuierung herausgearbeitet. In ihrer Heterogenität und Gesamtheit wird ein Bezugsrahmen sichtbar, der für die Frage nach dem Gegenstand der Pädagogik der frühen Kindheit Bedeutung gewinnen kann:

**Bewältigung heteronomer Lebenssituationen – Sozialpädagogische Ansätze.** Als ausgesprochen sozialpädagogische theoretische Konzepte lassen sich der bereits Anfang der 1970er-Jahre entstandene Situationsansatz und die u.a. darauf Bezug nehmende Pädagogik der Lebensalter von Lothar Böhnisch (1997) bezeichnen, weil sie beide die konkrete Lebenssituation und Lebensbewältigung als Bildungsziel in den Mittelpunkt rücken.

*Der Situationsansatz* favorisierte in seiner Entstehungszeit bildungskritisch eher Begrifflichkeiten wie das „Soziale Lernen", gemeint als Verortung jeden Lernens in sozialen Erfahrungszusammenhängen. Dennoch kann er mit seinen Leitlinien Autonomie und Kompetenz als ein bildungstheoretisches Konzept der Frühpädagogik begriffen werden. Er markiert einen Wendepunkt, der sich auch aus einer Abkehr von der Fröbelpädagogik ergibt. Während für Henriette Schrader-Breymann, die Gründerin des Berliner Pestalozzi-Fröbelhauses, der Alltag von Proletarierkindern noch durch die Vermittlung ländlichen Lebens kompensiert werden sollte, fordert der Situationsansatz, die tatsächliche Lebenssituation von Kindern ernst zu nehmen. Er kritisiert die „gettoähnliche Orte" Schule und Kindergarten, in denen „wenig Gelegenheit besteht, im Alltag des *eigenen* Lebens verdinglichtes Alltagsbewusstsein aufzubrechen, die *eigene* Lebenswirklichkeit als paradigmatische zu begreifen und aufzuklären" (Zimmer, 1973, S. 12, Hervorheb. J. Z.). Ein Bezugspunkt wird die Pädagogik Paolo Freires, der dieses Alltagsbewusstsein als „naives Verständnisses sozialer Wirklichkeit" oder als „politischen Analphabetismus" bezeichnet (ebd., S. 28; vgl. Freire, 1973, S. 17). Damit ist der aufklärerische Anspruch ausgedrückt. Es geht darum, „ob und wie [...] in durch Heteronomie gekennzeichneten Handlungsfeldern, in denen Kinder und Eltern sich bewegen, Autonomieansprüche vertreten und in Handeln umgesetzt werden können" (Zimmer, 1973, S. 28). Auf diese Ansprüche bezieht sich der Erwerb von „Kompetenz": Sie dient nicht zuerst gesellschaftlichen Zwecken, sondern dem Anspruch auf Selbstbestimmung (vgl. ebd., S. 28f.). Um Kindern eine autonome Handlungsfähigkeit zu vermitteln, wird in Anlehnung an Freire die Thematisierung und Bearbeitung von Schlüsselsituationen relevant, die für einen Ausschnitt von Realität als Erfahrungs- und Lernfeld stehen. Sie haben für Kinder eine besondere Bedeutsamkeit, weil sie z.B. Ängste und Konflikte im Kinderalltag spiegeln (vgl. Bambach & Gerstacker, 1973, S. 154ff.). Zugleich verbergen sich in ihnen Fremdbestimmungen der eigenen Lebenssituation, wie sie sich in der Abhängigkeit familiären Lebens von Produktionsverhältnissen, in der Funktion von Institutionen innerhalb von Herrschaftssystemen oder in „hinter der Raum- und Konsumplanung stehenden Interessen" äußern (vgl. ebd., S. 161).

Die besondere Bedeutung des Situationsansatzes liegt also darin, dass er von einer universalen Vorstellung des Kindes abrückt und stattdessen die konkrete gesellschaftlich-kulturelle Eingebundenheit thematisiert, in der es zurechtkommen muss. Damit bringt er eine sozialwissenschaftliche Perspektive in den frühpädagogischen Bildungsdiskurs ein. Die Frage nach Autonomie stellt sich nicht erst am Ende eines längeren, eher entwicklungsorientierten Bildungsprozesses, sondern sie ergibt sich aus dem ständigen Versuch, handlungsfähig zu werden. Lebenssituationen werden damit nicht als private, psychisch zu verarbeitende Erfahrung von Kindern betrachtet, sondern sie spiegeln fremdbestimmte gesellschaftliche Prozesse, denen gegenüber möglich werden soll, im konkreten Alltag mit den dazu nötigen Kenntnissen und Fähigkeiten Gestaltungsmöglichkeiten zu gewinnen.

*Die „Sozialpädagogik der Lebensalter" von Lothar Böhnisch* (1997) ergibt sich aus Kritik an Begriffen wie Autonomie und Identität, die für den Situationsansatz besondere Relevanz hatten. „Identitätsfindung galt als strukturierende Linie eines Bildungsprozesses, als dessen Ergebnis ein Bewusstsein von der Grenze zwischen dem Ich und der sozialen Welt herauskommen, in dem der Einzelne sich kritisch in Bezug zur Außenwelt setzen sollte. Diese so gedachte Balance ist heute von der neuen, ökonomisierten Vergesellschaftungsform der Flexibilisierung und sozialen Entbettung gestört oder außer Kraft gesetzt" (ebd., S. 328). Die Entstrukturierung des Lebenslaufs mit den stetigen Risiken der Desintegration zwingt den Einzelnen, Biographie und Identität ständig neu zu entwerfen (vgl. ebd., S. 35ff.). Der Begriff der „Handlungsfähigkeit" tritt deshalb für Böhnisch an die Stelle der Autonomie (ebd., S. 328), denn der Mensch bleibt in einen Entfremdungsapparat eingebunden, dem er nicht entfliehen kann. Die Bewältigungsthematik von Kindern siedelt sich daher für Böhnisch besonders in der Spannung ihres Eigenlebens und ihrer Erziehung an (vgl. ebd., S. 107ff.). Als „Erziehungsphase" ist Kindheit mit der Intention behaftet, „etwas anderes aus ihnen werden zu lassen, als sie sind", als Eigenleben stellt es eine „Lebenform" um ihrer selbst willen dar (ebd., S. 118). Die „Erfahrung des Selbst" bedarf dieses Eigenlebens und ist zugleich „nur in der Auseinandersetzung mit der Umwelt möglich, in die Definitionen von Kindheit und Umgangsmuster mit Kindern eingelassen sind" (ebd., S. 109). Böhnisch nimmt also den Grundgedanken des Situationsansatzes nach Handlungsfähigkeit auf, berücksichtigt aber expliziter die Brüche, nämlich die Unüberwindbarkeit der Einbindung in strukturelle Heteronomien, auch in pädagogischen Handlungsformen selbst.

**Die Hervorhebung der Selbstbildung – Subjektorientierte Konzepte:** Am Situationsansatz kritisiert Gerd E. Schäfer, dass er zwar (neben dem situationsbezogenen Ansatz NRW) das Kind aus der Anonymisierung psychologischer Entwicklungs- und Lerntheorien befreit, aber die Hervorhebung einer aktiven Aneignung seiner Lebenssituation nicht durch ein psychisches Modell seiner subjektiven Tätigkeit konkretisiert (2006, S. 38f.). So geht es ihm und ähnlich Ludwig Liegle besonders um die innere Struktur des Kindes. Mit dem Begriff der „Selbstbildung" begreifen beide das Kind als unverfügbares Subjekt seiner Selbst- und Weltaneignung in Abgrenzung gesellschaftlicher Bemächtigungsversuche.

*Schäfer* verbindet mit der Betonung der Selbstbildung die von Geburt an miteinander verflochtene Suche nach einem Sinn innerhalb der Erfahrungen mit der Umwelt, wie auch nach einem Entwurf seiner selbst im Zusammenhang des jetzigen Ich-Erlebens und vergangener Selbstbezüge (vgl. Schäfer 1995, S. 27f.). Das Subjekt bildet sich demnach aus einem „Ensemble aus Szenen" (ebd., S. 244). Besonders im Spiel des Kindes, das Schäfer anknüpfend an das Übergangsobjekt in der Psychoanalyse Winnicotts als „intermediären Raum" erforscht, sind Welt und Subjekt noch nicht klar geschieden. Im Spiel verbinden sich „Momente subjektiven Erlebens mit solchen nichtsubjektiver Wirklichkeit" (ebd., S. 179). Von Erfahrungen werden in Szenen wie denen des Spiels Repräsentationen gebildet, die Schäfer in Anknüpfung an Katherine Nelson als „Handlungsschemata von Menschen und Objekten" bezeichnet (Schäfer, 2011, S. 126). Sie organisieren sich in

komplexen Mustern, die den Kontext für neue Erfahrungen bilden und zu „generalisier-
ten *Konzepten*", zu einem subjektiven „Kind-Welt-Modell" zusammengebunden werden (ebd., Hervorheb. G. S.). Schäfers Ansatz enthält gleichermaßen eine individuelle
wie universale Deutung früher Bildung, wenn er die Entwicklung dieser „Denkformate"
immer wieder in systematische Gliederungen und Stufungen zu bringen sucht, z.B. in
ein „szenisch handelndes (konkretes) Denken", ein „szenisch bildhaftes (aisthetisches)
Denken", ein „szenisch sprachliches (narratives) Denken", und schließlich ein „theoretisches Denken" (ebd., S. 72ff.). Die frühe Bildung ist innerhalb dieser Stufung für Schäfer
vorrangig durch eine dem analytischen, rationalen Denken ebenbürtige, als „ästhetisch"
benannte Dimension der inneren Erfahrung bestimmt (vgl. u.a. 1995, S. 248ff.). Schäfer
bezeichnet sie anknüpfend an Gregory Bateson als „Aufmerksamkeit für das Muster das
verbindet" (2011, S. 125).

Schäfers Verständnis von Selbstbildung knüpft u.a. an das autopoietische Konzept
Maturanas und Varelas an (2005, S. 45; 2011, S. 21), denn es verdeutlicht für ihn besonders die Unverfügbarkeit frühkindlicher Bildungsprozesse. Bildung wird im Gegensatz
zu normativen Vorstellungen von außen an das Kind herangetragener Ziele im Sinne
eines „evolutionären Denkmodells" verstanden (2011, S. 85; 89f.). So spricht Schäfer von
einer „verkörperten Erkenntnistheorie" des Kindes, die sich aus der „Strukturierung des
Gehirn-Körpers" ergibt: „Wir nehmen […] Wirklichkeit so wahr, wie sie mit Hilfe des
Zentralnervensystems wahrgenommen werden kann. Außerhalb dieser Möglichkeiten
und Begrenzungen wissen wir nicht, was Wirklichkeit ist" (2002, S. 65).

*Ludwig Liegle,* der Erziehung als unabschließbare Herausforderung eines „Umgangs
mit Andersheit" (2006, S. 11; 17) beschreibt, charakterisiert diese Andersheit des Kindes,
ähnlich wie Schäfer, als inneres „Erleben" im Sinne einer Autopoiesis (vgl. ebd., S. 21; 38).
Die Autopoiesis stelle „gewissermaßen eine Radikalisierung" von „Konzepten der Eigenaktivität und Selbsttätigkeit" dar, die das Nachdenken über Strukturmerkmale der frühen Kindheit von der Aufklärung bis heute durchziehen (2002, S. 62). Deshalb geht Liegle
soweit, dass für ihn an die Stelle der Selbstbildung Begriffe wie „Selbstorganisation" oder
„ein Sich-Selbst-Hervorbringen" treten (ebd., S. 62f.). Mit diesem Strukturmerkmal verbinden sich, ähnlich wie für Schäfer, institutionelle und praxisbezogene Konsequenzen.
Anknüpfend u.a. an Fröbel hebt Liegle die lebensweltlichen Bildungsprozesse in der Familie hervor und plädiert zugleich für eine Didaktik der indirekten Erziehung, deren
Aufgabe vor allem im Arrangement einer zur Selbsttätigkeit auffordernden Lernumgebung und einer dialogischen Begleitung des Kindes besteht.

Schäfers und Liegles bildungstheoretische Ansätze betonen also nicht nur die, einer
direkten Erziehung entzogene Selbst-Aktivität des kleinen Kindes, sondern auch die ihm
eigenen, präreflexiven Bildungsformen. Die frühe Kindheit wird von ihrem defizitären
Modus befreit und das kleine Kind als Subjekt seiner Bildung begriffen. Damit wird es
zu einer Aufgabe, sich der Eigenart kindlicher Bildungs- und Lernwelten in einer ethnographischen Haltung anzunähern. Lebensweltbezogene Momente tauchen besonders
dadurch auf, dass die informelle, immer schon stattfindende Bildung von Kindern ins
Blickfeld rückt.

**Bildung als ethisch und demokratisch-experimentelle Praxis – Ein sozialkonstruk-
tivistischer Ansatz:** Der häufig als co-konstruktivistisch bezeichnete Ansatz von Gunilla
Dahlberg und Peter Moss[1] wurde in Deutschland vor allem von W. Fthenakis eingeführt.
Aus seiner Deutung resümiert Fthenakis in Kritik an Schäfer, dass das Kind seine Entwicklung und Bildung nicht von selbst, sondern mit Erwachsenen und anderen Kindern
co-konstruiere und dass die Erziehenden es „auf eine Welt hin zu bilden und zu erziehen
haben, die in hohem Maß kulturell divers und sozial komplex geworden ist" (2002, o. S.).
Doch Dahlberg und Moss betonen weniger die Beteiligung der Erwachsenen an der Bildung des Kindes, sondern umgekehrt dessen Partizipation an der sozialen Konstruktion
von Wirklichkeit. Die Deutungen von Kindern bilden nicht nur Anknüpfungspunkte für
die Vermittlung einer durch Diskontinuität bestimmten Wirklichkeit: „(…) a pedagogue
working with a social constructionist perspective would give the child the possibility to
produce alternative constructions […]. The child can then place constructions in relation
to scientific constructions, and make choices und meanings […]. This is understood to be
a learning process not only for the child but also for the pedagogue, if he or she ist able to
encounter the child's ideas, theories and hypotheses with respect, curiosity and wonder"
(Dahlberg, Moss & Pence, 1999, S. 55).

Die Wurzeln des bildungstheoretischen Konzepts von Dahlberg und Moss liegen in
einer soziologischen Diskursanalyse. Am Anfang steht nicht, wie das Kind durch selbstbildende Konstruktionen Welt hervorbrächte, sondern wie Kind und Kindheit gesellschaftlich konstruiert werden und wie daraus entstehende Konventionen den Rahmen
von Bildung und Erziehung bestimmen. Der soziale Konstruktivismus Berger und Luck-
manns geht davon aus, dass Alltagswelten von Objektivationen bestimmt sind, die als
situativer Sinn in Vis-à-vis-Situationen mit anderen konstruiert werden, sich durch Wie-
derholungen habitualisieren und institutionalisieren und von nachwachsenden Generationen als Konvention und scheinbare Objektivität internalisiert werden (vgl. Berger &
Luckmann, 1969, S. 37; 49ff.; 139ff.). Dahlberg und Moss bezeichnen die Prämissen der
Moderne als solche Konventionen. Mit ihrem universalen Objektivitäts- und Fortschritts-
anspruch entwickelt sich die Moderne zu einem „Regime des Wissens", das dazu ten-
diert, alternative Wege des Verstehens auszuschließen, indem es wie eine Sprache vorgibt,
was als „Wahrheit" angesehen und als „gutes Leben" erachtet werden kann (Dahlberg,
2004, S. 16f.). Diese Prämissen spiegeln sich in der für die Frühpädagogik so relevant
gewordenen entwicklungspsychologischen Fortschrittsmetaphorik als einem linear fort-
schreitenden Prozess innerhalb universeller Stufenabläufe. Mit ihm verbindet sich die
Weiterentwicklung der Konstruktion einer Natur des Kindes zu einem standardisierten
biologischen Kind, ohne Kontext und Geschichte (vgl. ebd., S. 21f.). Das Kind wird zum
Objekt einer normativen Messung und Beurteilung von Abweichungen, die den von Michel Foucault beschriebenen Teilungspraktiken entspricht, und tendenziell eine Kultur
der Diagnose, Therapie, Separation und Kontrolle hervorbringt (vgl. ebd., S. 23). Mit den

---

1  Dahlberg und Moss stehen hier stellvertretend für weitere beteiligte Autoren wie Alan Pence
   oder Mathias Urban.

Kernprämissen der Moderne und ihrer kompensatorischen Erziehung verbindet sich die einseitige Ausrichtung an einer sich entwickelnden „Autonomie" des Menschen, die sich als „janusköpfiger" Begriff erweist (vgl. Dahlberg & Moss, 2005, S. 20ff.). Autonomie hebt zwar die Freiheit und Selbsttätigkeit des Menschen hervor, entspricht aber zugleich allzu sehr einem neuzeitlichen Subjekt, das die Dinge und sich erforscht und beherrscht und die marktwirtschaftlichen Erfordernisse nach einem flexiblen, risikobereiten und wählenden Produzenten und Konsumenten spiegelt.

Der Begriff der Konstruktion versteht sich bei Dahlberg und Moss also aus einer Gesellschaftsanalyse und implizit auch aus einer Kritik des aufklärerischen Bildungsbegriffs heraus. In der Dekonstruktion der Konventionen wird möglich, alternative Vorstellungen zu rekonstruieren. Im „Projekt der Postmoderne" sehen beide ein Konzept, „das Ungewissheit, Komplexität, Vielfalt, Multiperspektivität sowie eine zeitliche und räumliche Situationsbezogenheit akzeptiert, sogar begrüßt" (Dahlberg, 2004, S. 13). Gerade durch die Akzeptanz einer solchen Unsicherheit und Multiperspektivität gewinnen die Perspektiven von Kindern ihre Gleichberechtigung. Aus einer „Ethik der Begegnung" heraus, die anknüpfend an Emanuel Lévinas „Diversität voraussetzt und den Anderen niemals unterordnet", fordern Dahlberg und Moss eine grundsätzlich ethisch begründete Pädagogik (ebd., S. 28). Sie suchen nach einer pädagogischen Haltung, die sich in Anknüpfung an Reggio Emilia als „pedagogy of listening […], foregrounds the idea of respecting otherness" versteht (Dahlberg & Moss, 2005, S. 100). Aus diesem Grund lässt sich Bildung bei Dahlberg und Moss weniger mit einer individuellen Selbstbildung, denn mit der Verwirklichung einer „demokratischen" und „experimentellen" Praxis (vgl. Moss & Urban, 2010) der Anerkennung verbinden. Kindheit wird als gesellschaftlicher Aushandlungsprozess verstanden, an dem Kinder als Bürger ‚bildend' zu beteiligen sind. Dahlberg und Moss kritisieren, dass Institutionen früher Bildung vorrangig als Produzenten von Hilfe und standardisierten „outcomes" konstruiert werden (vgl. Dahlberg, Moss & Pence, 1999, S. 62ff.). Als Alternative denken sie ein, gegenüber Familie und Sozialraum offenes, ethisch begründetes Forum, „situated in civil society in which children and adults participate together in projects of social, cultural, political and economic significance" (ebd., S. 73). Gerade darin wird ihr Bildungsgedanke offensichtlich. Auch er weist Parallelen zu Fröbels Anspruch an den Kindergarten auf, reflektiert aber dessen gesellschaftliche Eingebundenheit.

## 5  Differenzen im Welt-Selbstverhältnis

Fasst man zusammen, dann wird gerade in der Mehrschichtigkeit und Widersprüchlichkeit der dargestellten frühpädagogischen Bildungsargumentationen ein Bezugsfeld erkennbar. So durchzieht alle Konzepte die Grundfrage danach, wie schon das kleine Kind als Subjekt begriffen werden kann, das sich von Geburt an in einer aktiven und vielschichtigen Auseinandersetzung ‚mit' seiner Umwelt – oder ‚innerhalb' seiner widersprüchlichen Lebenswelt befindet und das nach Orientierung innerhalb seiner Erfahrungen sucht. Grundgedanke ist, diese Erfahrungen des kleinen Kindes nicht als defizitäre Vorstufe einer späteren reflexiven Bildung zu begreifen, sondern die ihm eigenen Zugänge anzuerkennen, es dialogisch mit seinen Perspektiven an der Deutung von Welt oder der gesellschaftlichen Wirklichkeit zu beteiligen und ihm Räume für ein geschütztes Eigenleben, für selbsttätige Bildungsprozesse oder für eine ethisch-demokratische Praxis zu ermöglichen. Zugleich zeigen sich Widersprüche:

So bleibt der *Situationsansatz* zumindest in seiner Anfangszeit einer relativ eindeutig verstandenen ‚Realität‘ verhaftet. Sein Ziel ließe sich als Erlernen rationalen Denkens und Handelns zusammenfassen, als „Bewußtwerden" eigener Gefühle und als Erwerb kommunikativer Fähigkeiten, sie verbal auszudrücken und zu verstehen (vgl. Bambach & Gerstacker, 1973, S. 170 f.). Schäfer kritisiert zu Recht, dass der Situationsansatz sich nur wenig mit den fremden kindlichen Erfahrungs- und Deutungsformen befasst. Die ‚Realität‘ gewinnt eine Eindeutigkeit, die sie in der Erfahrung des Kindes nie besitzt. Damit gerät der Situationsansatz in unüberwindbare Schwierigkeiten, Kindern tatsächlich gesellschaftliche Zusammenhänge durchschaubar zu machen (vgl. ebd., 1973, S. 161).

*Schäfers* wertvolle Betonung dagegen, dass sich Selbst und Welt aus einem intermediären Geschehen heraus gewinnen, in dem sie noch nicht klar geschieden sind, ordnet sich der Steuerung eines autopoietisch verstandenen „Gehirnkörpers" unter. Weitgehend ausgespart bleiben nicht nur die normativen Implikationen, gesellschaftlichen Vorbedingtheiten und kulturellen Diversitäten kindlicher Bildungsprozesse (Dietrich, 2011, S. 14). Die Selbstbildung läuft bei Schäfer und Liegle Gefahr, sich zu einem dem Menschen innewohnenden Programm zu verengen, das sich vollzieht, wenn der äußere Rahmen dafür gegeben wird. In der Evolutionsbiologie Maturanas und Varelas beschreibt die Autopoiesis kein Subjekt, sondern lebende Organismen (vgl. 1987, S. 7; S. 55). Der Mensch ist demnach nicht durch die äußere Umgebung, aber durch seine organische Struktur determiniert (vgl. ebd., S. 106). Damit beschreibt die Autopoiese eher den „Prototyp des Automaten", der sich zwar „von selbst" einschaltet und steuert, aber nicht „als Selbst" in seine Geschichte einschaltet (Meyer-Drawe 2009, S. 27ff.; 31f.).

*Dahlberg und Moss* schließlich reflektieren, ähnlich wie Böhnisch, wie soziale Konstruktionen das Selbst immer schon unterlaufen, ihre Wirklichkeit in sozialer Praxis aber aufgegriffen und verändert werden kann. Gleichwohl zielt die frühe Bildung hier auf einen Dialog allzu leicht korrespondierender Konstruktionen. Sie sind in den Erfahrungen fundiert, werden aber vorrangig kognitiv, als ein Bilden von Theorien und Hypothesen über sich und die Welt gefasst, ohne ausreichend die Konkurrenz ambivalenter Erfahrungsstile bei Kindern und Erwachsenen zu bedenken. So wertvoll die Argumentation ist, dass auch das kleine Kind schon über reflexive Zugänge zu seiner Welt verfügt, so sehr bleibt ausgespart, in welchen Erfahrungsweisen denn der Sinn des Respekt und Anerkennung verdienenden Weltzugangs von Kindern begründet sein könnte und aus welchen Momenten in der frühen Kindheit Reflexivität entsteht.

Um sich gerade den Charakteristika einer frühen Bildung anzunähern, könnte deshalb bedeutsam werden, nach den Dimensionen des kindlichen Erfahrungsfelds ‚zwischen' Selbst und Welt und seinen Differenzen zu fragen, in die Prozesse einer Reflexivität eingeflochten sind.

*Leibliche Dimension*: Leibliche Weltzugänge werden in ihrer besonderen Bedeutung für die frühe Kindheit in bildungstheoretischen Argumentationen durchgehend hervorgehoben, bleiben aber häufig auf die entwicklungspsychologische Beschreibung einer Sensomotorik beschränkt. In der Philosophie der Phänomenologie bringt die Leiblichkeit des Menschen dagegen zum Ausdruck, dass die Welt nicht zuerst und ausschließlich dem Bewusstsein eines geradezu extramundanen Subjekts als Objekt gegenübersteht. Der Mensch ist leiblich in sie als Lebenswelt ‚verwoben', wie besonders das kleine Kind in seiner vorwissenschaftlichen Erfahrungsweise spiegelt. „Das Kind lebt in einer Welt, die es in eins allen es Umgebenden zugänglich glaubt, es hat weder von sich noch von den Anderen ein Bewusstsein als privaten Subjektivitäten (…)", schreibt Merleau-Ponty (1966, S. 406). Der Leib bildet einen Zwischenbereich, denn er ist Subjekt und Objekt zugleich. Einerseits drückt er den Stil menschlichen Zur-Welt-Seins aus (vgl. Patočka, 1990, S. 127). So erfährt das Kind, eindringlicher und verletzbarer noch als der Erwachsene, dass seine Wahrnehmung unvollständig, seine Handlungen unfertig sind, dass es leiblich abhängig, mitunter hilflos ist, dass es über Kräfte verfügt, aber diese Grenzen haben. Andererseits ist der Leib selbst Ding (ebd.), wir sehen durch ihn und sind sichtbar, hören durch ihn und sind hörbar. Im Versteckspiel, im Verweilen vor dem Spiegelbild, im Nachgehen der Resonanz der eigenen Stimme äußert sich diese Ambiguität. So zeigen gerade Ausdrucksformen des kleinen Kindes, dass der Mensch nie nur Geist oder nur Stoff ist. Der Leib als Ausdrucksgestalt bildet eine Sphäre, aus der sich Bewusstsein und Gegenstand erst vermitteln. Eine Differenz zeigt sich, weil ein Zugang zum Selbst nur über den Umweg zum einem Anderen zu finden ist, von dem aus es allererst erfahrbar wird.

*Performative Dimension*: Die Leiblichkeit bedeutet, dass das Selbst, das Andere und der Andere als Ausdrucksgestalten miteinander verflochten sind. Was sie sind, ist durch konkrete Szenerien, in denen sich das kleine Kind vorfindet, unmittelbar motiviert. Performative Theorien machen auf diese Verflochtenheit aufmerksam. Sie heben die Mimesis in der Welt- und Selbstaneignung hervor, durch die sich Kinder mit vorausgehenden Situationen und Ordnungen eigener und fremder Welten in Beziehung setzen, indem sie soziale Handlungen und Ordnungen leiblich in-Szene-setzen und sie gleichzeitig variieren und verändern (vgl. Wulf, 2005, S. 16). Das symbolische Spiel von Kindern führt fort, dass sich die Wirklichkeit mit ihren Ordnungen, Normen und Regeln nicht einfach als etwas zeigt, das entweder registriert oder konstruiert wird, sondern dass sie als inszenierte da ist, ohne dass jemand alleine Regie führen könnte. „Etwas setzt sich in Szene" (vgl. Waldenfels 2004, S. 197). Solche Szenerien enthalten ein Moment der Freiheit, das sich gerade beim kleinen Kind nicht aufgrund einer Tätigkeit, die aus einer äußeren Betrachtung eingreift, sondern aus der Eingeflochtenheit selbst ergibt: „Wir leben immer schon in bestimmten Strukturen, selbst das Kind fängt nie am Nullpunkt an, sondern es lebt in einer Welt von Erwachsenen, die immer schon gestaltet und organisiert ist. Die Freiheit besteht nicht in einer willkürlichen Setzung, sondern in einer Umgestaltung und Umstrukturierung der Situation" (Waldenfels, 2000, S. 197).

*Appellative Dimension:* Der Begriff der Szenerie ermöglicht zu erkennen, dass die Welt nicht nur konstruiert wird, sondern widerfährt. Als widerfahrende Appelle von Anderen und Anderem geht die Wirkung ihrer Ursache immer schon voraus (vgl. Waldenfels, 2002, S. 99). Jeder Aktivität wohnt eine Passivität inne, die ihr erst auf die Sprünge hilft (vgl. Waldenfels, 2009, S. 31). Wenn Schäfer oder Liegle thematisieren, dass Bildungsmomente sich dem Zugriff von außen entziehen, so verdeutlichen Phänomene wie das Aufmerken, die Neugierde, das Staunen oder der Schrecken, die uns beim kleinen Kind besonders auffallen, dass sie sich ebenso der inneren Verfügung widersetzen. Sie lassen sich nicht herstellen sondern ergreifen einen. Die Appelle der Lebenswelt enthalten eine weitere Differenz: So wirken gesellschaftliche und kulturelle Ordnungen und Normierungen schon über die Aufforderungscharaktere der Dinge und die Gebärden der Anderen. Zugleich gehen Dinge und Gesten in diesen Ordnungen nicht auf, sondern enthalten Überschüsse, die gerade das kleine Kind animieren, seine Bezüge zu ihnen ständig zu verändern (vgl. Stieve, 2008, S. 212ff.). Eine „Verzögerung", die einen Spielraum ermöglicht (vgl. Dörpinghaus, 2003, S. 457f.), liegt zwischen dem, was appelliert, und dem eigenen Antworten.

In der Beschreibung solcher Differenzen wird Bildung weniger als Konstruktion denn als ein Antwortgeschehen beschreibbar (vgl. Dörpinghaus, 2003, S. 456; Stieve, 2010). Als Antwortendes hat das Kind gleichermaßen einen Bezug zu sich, als es auf etwas ausgerichtet ist, das nicht von ihm konstituiert wird. Solche Differenzen gewinnen ihre Relevanz für ein frühpädagogisches Bildungsverständnis, weil Reflexivität aus ihnen allererst entsteht – als Differenz im eigenen Selbst, als Differenz zwischen den, sich im Handeln vermittelnden Ordnungen und den Überschüssen der Phänomene der Lebenswelt und als Verzögerung, dem Spielraum zwischen dem, was an das Kind appelliert und der Antwort, die es darauf finden kann.

## 6 Bezugsrahmen für einen weiteren bildungstheoretischen Diskurs

Aus den verschiedenen bildungstheoretischen Argumentationen soll abschließend thesenhaft ein möglicher Bezugsrahmen für einen fortzuführenden bildungstheoretischen Diskurs in der Pädagogik der frühen Kindheit angedeutet werden. So trägt der Bildungsbegriff gerade in seinen verschiedenen Ausrichtungen und Widersprüchen dazu bei, sich dem diffusen ‚Gegenstand' der Pädagogik der frühen Kindheit weiter anzunähern. Wenn ‚Bildung' zu ihrem Leitbegriff erklärt wird, dann verortet sich die Pädagogik der frühen Kindheit in einem aufklärerischen Verständnis mit all seinen Brüchen in der Moderne. Ihr Bezugsrahmen und Fragehorizont könnte demnach liegen:

*Erstens* in der Frage nach lebensgeschichtlichen Anfängen des Subjekts und damit der Herausarbeitung von Strukturmerkmalen früher Bildung. Diese meinen allerdings nicht nur die subjektive Konstruktionsleistung und innere Verarbeitung. Sie beziehen sich phänomenologisch auf die Verflochtenheit von Selbst und Welt in den Differenzen, die sich zwischen den heteronomen Strukturen im Welt-Selbstbezug und der Suche nach Handlungsfähigkeit, Partizipation und Deutungs- und Gestaltungsmöglichkeiten eines auftauchenden und brüchigen Selbst auftun.

*Zweitens* in der Analyse einer performativen Bildungspraxis inter- und intragenerationaler Beziehungen, die der Gewinnung sozialer Frei- und Gestaltungsräume dient, sich aber nicht als von der Gesellschaft abgesonderter Raum herstellen lässt. In der Suche nach einer Vermittlung zwischen dem Schutz eines ‚Eigenlebens' von Kindern und der Gestaltung gemeinsamer ‚demokratischer' Orte hätten frühpädagogische Argumentationen die Aufgabe, sich immer wieder kritisch der gesellschaftlichen Bedingungen und der ihre Praxis unterlaufenden Konstrukte und Funktionalisierungen zu vergewissern.

*Drittens* in der Suche nach Verständigungsmöglichkeiten der präreflexiven, lebensweltlichen Zugänge von Kindern mit einer ihnen widerfahrenden, vorgängigen aber auch überschüssigen und immer wieder neu zu strukturierenden kulturell, politisch und wissenschaftlich bestimmten Wirklichkeit. Die Pädagogik der frühen Kindheit kann damit nicht nur die elementaren, universal erscheinenden Vermittlungsschritte und -formen zur Aneignung einer curricular umrissenen Wirklichkeit zum Gegenstand haben, aber auch nicht ein in seiner Konstruktion von Welt geradezu selbstreferentielles Kind. Ihr Gegenstand liegt in den Diskontinuitäten und Brüchen der kindlichen Erfahrung, also der Sperrigkeit von Welt und Selbst in ihren heterogenen Deutungsmöglichkeiten und damit zugleich in der Vielgestaltigkeit von Ausdrucksmöglichkeiten im Verhältnis zu den Dingen, den Anderen und zu sich.

*Viertens* schließlich auf den Erfahrungszusammenhang von Kindern zwischen ihrer Lebenswelt und den kulturellen, gesellschaftlichen, politischen und ökonomischen Strukturen, in die diese eingebettet ist. Der frühpädagogische Gegenstand ist deshalb nicht zuerst ein institutionelles pädagogisches Handeln. Gerade darum darf der Wert eines sozialpädagogischen Denkens nicht aus dem Blick geraten, mit dem nicht nur die Bildung des Selbst im Gegenüber zu einer sich vielfältig erfassbaren Wirklichkeit thematisiert wird, sondern die von Geburt an erlebten Konflikte ein Bezugsmoment bilden und die Einbeziehung des Umfelds, der Familie, des Sozialraums den unabdingbaren Zusammenhang der theoretischen Vergewisserung bilden.

Soll mit dem Begriff der Bildung also die freie Subjektivität des Kindes, seine selbsttätige Erschließung von Welt und Selbst und seine Partizipation an der Deutung und Gestaltung von Wirklichkeit wie an einer sozialen gesellschaftlichen Praxis ermöglicht werden, so lohnt es sich, die Brüche zu analysieren, die sich im Bildungsbegriff zu Wort melden. Gerade daraus lassen sich Anhaltspunkte gewinnen, das Handlungsfeld und den Gegenstand der Pädagogik der frühen Kindheit zu klären.

## 7    Literatur

Bambach, H. & Gerstacker, R. (1973). Der Situationsansatz als didaktisches Prinzip. In J. Zimmer (Hrsg.), *Curriculumentwicklung im Vorschulbereich* (S. 154–206) (1. Bd.). München: Piper.

Bäumer, G. (1929). Die historischen und sozialen Voraussetzungen der Sozialpädagogik und die Entwicklung ihrer Theorie. In H. Nohl & L. Pallat (Hrsg.), *Handbuch der Pädagogik* (5. Bd.) (S. 3–17). Bad Langensalza: Beltz.

Berger, P.L. & Luckmann, T. (1969). *Die gesellschaftliche Konstruktion der Wirklichkeit. Eine Theorie der Wissenssoziologie.* Frankfurt am Main: Fischer.

Böhm, W. (2010). *Geschichte der Pädagogik. Von Platon bis zur Gegenwart.* (3., verbesserte Aufl.). München: Beck.

Böhm, W. & Soëtard, M. (2012). *Jean-Jacques Rousseau. Der Pädagoge. Einführung mit zentralen Texten.* Paderborn: Schöningh.

Böhnisch, L. (1997). *Sozialpädagogik der Lebensalter. Eine Einführung.* Weinheim, München: Juventa.

Comenius, J.A. (1987). *Informatorium Maternum, Mutterschul.* Stuttgart: Hirt-Reger.

Dahlberg, G. (2004). Kinder und Pädagogen als Co-Konstrukteure von Wissen und Kultur. Frühpädagogik in postmorderner Perspektive. In W. Fthenakis & P. Oberhuemer (Hrsg.), *Frühpädagogik international. Bildungsqualität im Blickpunkt* (S. 13–30). Wiesbaden: VS Verlag für Sozialwissenschaften.

Dahlberg, G. & Moss, P. (2005). *Ethics and Politics in Early Childhood Education. Contesting Early Childhood.* London, New York: Routledge.

Dahlberg, G., Moss, P. & Pence, A. (1999). *Beyond Quality in Early Childhood Education and Care: Postmodern Perspectives.* London, New York: Routledge.

Dietrich, C. (2011). Bildung – das handelnde Subjekt. *Skript der Osnabrücker Ringvorlesung „Pädagogisches Handeln im Feld der frühen Kindheit".* Online-Publikation. www.nifbe.de. (abgerufen am 01.07.2012)

Dörpinghaus, A. (2003). Von bewegten und unbewegten Bewegern. Bildungstheoretische Vermerke zur Frage nach dem Anfang. *Vierteljahresschrift für wissenschaftliche Pädagogik 79*(4), 449–461.

Dörpinghaus, A. & Uphoff, I.K. (2011). *Grundbegriffe der Pädagogik.* Darmstadt: WBG.

Freire, P. (1973). Politische Alphabetisierung. *betrifft: erziehung 6*(7), 15–21.

Fröbel, F. (1951). *Die Menschenerziehung* (2. Bd.). Hrsg. von E. Hoffmann. Düsseldorf: Küpper. [1826].

Fröbel, F. (1982a). Brief an Cantor Carl (1839). Zitiert v. E. Hoffmann. *Zeitschrift für Pädagogik 28*, 177–192. [1839].

Fröbel, F. (1982b). „Kommt, lasst uns unsern Kindern leben!" (2. Bd.). Hrsg. von K.-H. Günther & H. König. Berlin: Volk und Wissen. [1844]

Fthenakis, W. (2002). Der Bildungsauftrag in Kindertageseinrichtungen: ein umstrittenes Terrain? *Online-Publikation.* Download am 01.07.2012 von www.familienhandbuch.de.

Heiland, H. (2010). „Bildung" und „Freiheit" bei Friedrich Fröbel. Fröbels Philosophie des „späteren" Lebens. In K. Neumann, U. Sauerbrey & M. Winkler (Hrsg.), *Fröbelpädagogik im Kontext der Moderne. Bildung, Erziehung und soziales Handeln* (S. 53–71). Jena: IKS Garamond.

Heydorn, H.-J. (2004). Über den Widerspruch von Bildung und Herrschaft. In Ders., *Werke* (S. 8–301) (3. Bd.). Studienausgabe. Hrsg. v. I. Heydorn. Wetzlar: Büchse der Pandora.

Honig, M.-S. (1999). *Entwurf einer Theorie der Kindheit.* Frankfurt M.: Suhrkamp.

Honig, M.-S. (2002). Instituetik frühkindlicher Bildung – Ein Forschungsansatz. In L. Liegle & R. Treptow (Hrsg.), *Welten der Bildung in der Pädagogik der frühen Kindheit und in der Sozialpädagogik* (S. 181–194). Freiburg Brsg.: Lambertus.

Humboldt, W. v. (2002). *Werke in fünf Bänden.* Hrsg. v. A. Flitner und K. Giel. Darmstadt: Wissenschaftliche Buchgesellschaft.

Kant, I. (1968). *Werke in 12 Bänden.* Hrsg. v. W. Weischedel. Frankfurt M.: Suhrkamp.

Koller, H.-C. (2012). *Bildung anders denken. Einführung in die Theorie transformatorischer Bildungsprozesse.* Stuttgart: Kohlhammer.

Konrad, F.-M. (2004). *Der Kindergarten – seine Geschichte von den Anfängen bis in die Gegenwart.* Freiburg Brsg.: Lambertus.

Liegle, L. (2002). Über die besonderen Strukturmerkmale frühkindlicher Bildungsprozesse. In L. Liegle, & R. Treptow (Hrsg.), *Welten der Bildung in der Pädagogik der frühen Kindheit und in der Sozialpädagogik* (S. 51–64). Freiburg Brsg.: Lambertus.

Liegle, L. (2006). *Bildung und Erziehung in früher Kindheit.* Stuttgart: Kohlhammer.

Lippitz, W. (1989). Lernen im Kontext kindlicher Lebenswelt – Bruchstücke einer phänomenologischen Theorie des Lernens. In H.S. Rosenbusch (Hrsg.), *Artikulation der Wirklichkeit. Festschrift für Siegfried Oppolzer zum 60. Geburtstag* (S. 146–155). Frankfurt M. u.a.: Lang.

Maturana, H.R. & Varela, F.J. (1987). *Der Baum der Erkenntnis. Die biologischen Wurzeln des menschlichen Erkennens.* Bern, München: Scherz. [1984].

Merleau-Ponty, M. (1966). *Phänomenologie der Wahrnehmung.* Berlin: de Gruyter.

Meyer-Drawe, K. (1990). *Illusionen von Autonomie. Diesseits von Ohnmacht und Allmacht des Ich.* München: Kirchheim.

Meyer-Drawe, K. (1993). Das Ich im Spiegel des Nicht-Ich. *Bildung und Erziehung* 46(2), 195–205.

Meyer-Drawe, K. (1998). Streitfall „Autonomie". Aktualität, Geschichte und Systematik einer modernen Selbstbeschreibung von Menschen. In W. Bauer u.a. (Hrsg.), *Fragen nach dem Menschen in der umstrittenen Moderne. Jahrbuch f. Bildungs- u. Erziehungsphilosophie* (S. 31–49) (1. Bd.). Baltmannsweiler: Schneider.

Meyer-Drawe, K. (2009). „Sich einschalten". Anmerkungen zum Prozess der Selbststeuerung. In U. Lange, S. Rahn, W. Seitter & R. Körzel (Hrsg.), *Steuerungsprobleme im Bildungswesen. Festschrift für Klaus Harney* (S. 19–34). Wiesbaden: VS Verlag für Sozialwissenschaften.

Mollenhauer, K. (1998). Was heißt „Sozialpädagogik". In W. Thole, M. Galuske & H. Gängler (Hrsg.), *KlassikerInnen der Sozialen Arbeit* (S. 307–320). Neuwied, Kriftel: Luchterhand. [1966].

Moss, P. & Urban, M. (2010). Democracy and Experimentation. Two fundamental values for education. *Online-Publikation.* Download am 01.07.2012 von www.bertelsmann-stiftung.de.

Nießeler, A. (2005). *Bildung und Lebenspraxis. Anthropolog. Studien zur Bildungstheorie.* Würzburg: Ergon.

Patočka, J. (1981). Comenius und die offene Seele. In J. Patočka, J.A. Komensky. *Gesammelte Schriften zur Comeniusforschung* (S. 414–421). Hrsg. von K. Schaller. Bochum: Ruhr-Universität Bochum.

Patočka, J. (1990). *Die natürliche Welt als philosophisches Problem. Phänomenologische Schriften I.* Hrsg. von K. Nellen und J. Němec. Übersetzt von E. und R. Meville. Stuttgart: Klett-Cotta.

Pestalozzi, J.H. (1997). *Pestalozzi über seine Anstalt in Stans. Mit einer Interpretation und neuer Einleitung von Wolfgang Klafki* (7., neu ausgestattete und eingeleitete Auflage). Weinheim, Basel: Beltz. [1799/1807].

Peukert, U. (1997). Der demokratische Gesellschaftsvertrag und das Verhältnis zur nächsten Generation. Zur kulturellen Neubestimmung und zur gesellschaftlichen Sicherung frühkindlicher Bildungsprozesse. *Neue Sammlung. Vierteljahres-Zeitschrift für Erziehung und Gesellschaft* 37(2), 277–293.

Pongratz, L.A., Bünger, C. (2008). Bildung. In H. Faulstich-Wieland & P. Faulstich (Hrsg.), *Erziehungswissenschaft. Ein Grundkurs* (S. 110-129). Reinbek bei Hamburg: Rowohlt.

Reyer, J. (2004). Kindergarten. In D. Benner & J. Oelkers (Hrsg.), *Historisches Wörterbuch der Pädagogik* (S. 518–526). Weinheim, Basel: Beltz.

Rousseau, J.-J. (1978). Brief an Beaumont. In H. Ritter (Hrsg.), *Schriften in zwei Bänden* (S. 497–589) (1. Bd.). München, Wien: Hanser. [1762].

Schäfer, A. (2005). *Einführung in die Erziehungsphilosophie.* Weinheim, Basel: Beltz.

Schäfer, G.E. (1995). *Bildungsprozesse im Kindesalter. Selbstbildung, Erfahrung und lernen in der frühen Kindheit.* Weinheim, München: Juventa.

Schäfer, G.E. (2002). Bildung als verkörperte Erkenntnistheorie. In L. Liegle & R. Treptow (Hrsg.), *Welten der Bildung in der Pädagogik der frühen Kindheit und in der Sozialpädagogik* (S. 65–73). Freiburg Brsg: Lambertus.

Schäfer, G.E. (2005). *Bildung beginnt mit der Geburt. Ein offener Bildungsplan für Kindertageseinrichtungen in Nordrhein-Westfalen* (2., erweiterte Auflage). Weinheim, Basel: Beltz.

Schäfer, G.E. (2006). Der Bildungsbegriff in der Pädagogik der frühen Kindheit. Handbuch und Nachschlagewerk. In L. Fried (Hrsg.), *Pädagogik der frühen Kindheit* (S. 33–44). Weinheim, Basel: Beltz.

Schäfer, G.E. (2011). *Was ist frühkindliche Bildung? Kindlicher Anfängergeist in einer Kultur des Lernens.* Weinheim, München: Juventa.

Stieve, C. (2008). *Von den Dingen lernen. Die Gegenstände unserer Kindheit.* München: Fink.

Stieve, C. (2010). Bewegte Beweger – Bildung in früher Kindheit aus phänomenologischen Perspektiven. In G.E. Schäfer, R. Staege & K. Meiners (Hrsg.), *Kinderwelten – Bildungswelten. Unterwegs zur Frühpädagogik* (S. 131–146). Berlin: Cornelsen Scriptor.

Thiersch, H. (2002). Bildung – alte und neue Aufgaben der sozialen Arbeit. In R. Münchmeyer, H.-U. Otto & U. Rabe-Kleberg (Hrsg.), *Bildung und Lebenskompetenz. Kinder- und Jugendhilfe vor neuen Aufgaben* (S. 57–71). Opladen: Leske und Budrich.

Waldenfels, B. (2000). *Das leibliche Selbst. Vorlesungen zur Phänomenologie des Leibes.* Frankfurt M.: Suhrkamp.

Waldenfels, B. (2002). *Bruchlinien der Erfahrung. Phänomenologie, Psychologie, Phänomenotechnik.* Frankfurt M.: Suhrkamp.

Waldenfels, B. (2004). *Phänomenologie der Aufmerksamkeit.* Frankfurt M.: Suhrkamp.

Waldenfels, B. (2009). Lehren und Lernen im Wirkungsfeld der Aufmerksamkeit. In N. Ricken u.a. (Hrsg.), *Umlernen. Festschrift für Käte Meyer-Drawe* (S. 23–33). München: Fink.

Winkler, M. (2010). Der politische und sozialpädagogische Fröbel. In K. Neumann, U. Sauerbrey & M. Winkler (Hrsg.), *Fröbelpädagogik im Kontext der Moderne.* (S. 27–51). Jena: IKS Garamond.

Wulf, C. (2005). Spiel. Mimesis und Imagination, Gesellschaft und Performativität. In: J. Bilstein, M. Winzen, C. Wulf (Hrsg.), *Anthropologie und Pädagogik des Spiels* (S. 15–22). Weinheim, Basel: Juventa.

Zimmer, J. (Hrsg.) (1973). *Curriculumentwicklung im Vorschulbereich* (1. Bd.). München: Piper.

# Frühkindliche Bildung: Soziologische Theorien und Ansätze

Andreas Lange

## 1 Soziologie und „kleine Kinder": Ein Problemaufriss

Unbestritten stellt frühkindliche Bildung ein interdisziplinäres Feld dar, an dem sich Entwicklungspsychologie, Entwicklungspsychopathologie, Ökonomie, etliche Bindestrichpädagogiken, Sozialarbeit, Sozialmedizin, Neurowissenschaften und Bewegungswissenschaften beteiligen. All diese Disziplinen sollen Erkenntnisse beisteuern, die dann in die mehrheitlich geforderte Professionalisierung und Akademisierung der Erzieherinnenausbildung einfließen (vgl. Leu & von Behr, 2010). Auch der interessierten Öffentlichkeit werden in popularisierten, oftmals dramatisierenden Darstellungen die Relevanz des frühkindlichen Lernens und Förderns sowie die Gefährdungen des Aufwachsens näher gebracht.

Was aber ist und was kann der Beitrag der Soziologie in diesem Feld sein? Auf den ersten Blick ist es durchaus nicht selbstverständlich, dass die Soziologie sich überhaupt mit „Bildung" und mit den kleinen Kindern befasst, operiert sie doch bevorzugt mit dem Sozialisationsbegriff, der eher funktional geschnitten ist und weniger die ermöglichenden als die restriktiven Faktoren des Wissens- und Normerwerbs umschreibt, und untersucht sie mittlerweile in Form der Soziologie der Kindheit zwar schon intensiv die „mittlere" Kindheit, aber aufgrund des Sprachdefizits und der damit fehlenden „Interviewfähigkeit" noch sehr wenig die „kleinen Kinder". Diesen Vorbehalten und möglichen Beschränkungen gegenüber wird im vorliegenden Aufsatz aufgezeigt, dass ein ansehnliches Arsenal an theoretischen Ansatzpunkten und empirischen Befunden sowie Aspekten so genannter „Bindestrichsoziologien" zum Verständnis frühkindlicher Bildung als sozialem Phänomen und als Entwicklungsprozess einer Kinderpopulation vorliegen.

Den Auftakt bildet eine Skizze für die gesellschaftstheoretische und diskursanalytische Durchdringung des Themenkomplexes. Nicht jede gesellschaftliche Formation befasst sich nämlich in einer solchen Ausdrücklichkeit mit dem Thema, wie möglichst früh das Humanpotenzial der jungen Heranwachsenden systematisch gefördert, ja optimiert werden kann. Auf diese gesellschaftsanalytische Verortung folgt eine dichte Beschreibung einer der wesentlichsten Rahmenbedingungen für das Gelingen oder Nichtgelingen frühkindlicher Bildung, ausdrücklich verstanden als Element eines guten Lebens von Kindern (vgl. Andresen, 2012). Gemeint sind die familialen Bedingungen des Heranwachsens, die nicht nur von milieuspezifischen Präferenzen und Ressourcen gekennzeichnet sind, sondern auch von gesellschaftlichen Zumutungen. Letztere machen Elternschaft heute zu einer anforderungsreichen Unternehmung und prägen so das Aufwachsen von Kindern, damit aber auch wiederum deren Lebens- und Bildungschancen. Aufzuzeigen wird auch sein, dass die Betrachtung von Familien und Kindertageseinrichtungen durch eine genuin kindheitssoziologische Perspektive, die das hier und jetzt mit dem zukünftigen Leben in produktive Beziehungen bringt, neue anregende Impulse für die Debatte anzubieten in der Lage ist. Hier ist auch die Stelle, an der sich die Produktivität des Aufgreifens neuer konzeptioneller Ansätze aufweisen lässt – namentlich jene der Theorien sozialer Praxis und Lebensführung.

## 2    Die Gesellschaft und ihre Kinder oder auf der Suche nach den neuen Ressourcen in der vollinklusiven Aktivierungsgesellschaft

In der Soziologie geben sich die einschlägigen Beschreibungen der Gesamtgesellschaft seit längerer Zeit gleichsam die Türklinke in die Hand: Das Repertoire reicht von der Erlebnis- über die Risiko-, Wissens- bis hin zur Mcdonaldisierten Gesellschaft (vgl. Engelhardt & Kajetzke, 2010; Volkmann & Schimank, 2002). Oft wird argumentiert, dass es gar nicht mehr darum gehen könne, die Triftigkeit einzelner Gesamt- oder bereichsspezifischer Diagnosen zu beurteilen, sondern das Interessante an diesem Spiel der Benennung liege doch darin, welcher gesellschaftliche Akteur welche Zeitdiagnose für welchen Zweck einsetze. Nun soll diesem eleganten wissenssoziologischen Argument nicht vollständig widersprochen werden, aber für die Zwecke der vorliegenden Abhandlung und im Dienste eines vertieften Verständnis der neuen Stellung des Kindes macht es durchaus Sinn, einzelne ausgewählte Dimensionen des Gesellschaftswandels seit den 1960-er Jahren herauszugreifen und dann zu nutzen, um „die" Gesellschaft insgesamt zu typisieren.

Ein solcher Blick zeigt, dass die moderne, „fordistische" Massengesellschaft der 60er Jahre nicht nur strukturell, sondern vor allem ideologisch, also auf der Ebene der die Gesellschaft dominierende Deutungsmuster abgelöst wird von einer „ökonomisierten, vollinklusiven Aktivierungsgesellschaft": Und darin wird den kleinen Kindern ein bevorzugter, wichtiger, wenn auch nicht unbedingt mehr nur „behaglicher" Platz zugewiesen:

Aufschlussreich für die Betrachtung frühkindlicher Lebensbedingungen ist demzufolge die Beobachtung eines Übergangs von einem sogenannten fordistischen zu einem postfordistischen Produktions- und Lebensparadigma (vgl. Busch & Land, 2012, S. 116). Das Paradigma der 60-er Jahre fußte zum einen auf einer Massenproduktion, typischerweise am Fließband und der Massenkonsumption. Der wirtschaftliche Erfolg basierte also auf der Verknüpfung der Produktion standardisierter Güter mit Masseneinkommen vor allem der Arbeitnehmerinnen. „Fordistische Massenproduktion und produktivitätsorientierte Lohnentwicklung gehören zusammen" (Busch & Land, 2012, S. 117). Damit einher ging der bis heute die alltägliche Lebensführung aller Altersgruppen prägende sich qualitativ und quantitativ erweiternde Konsum (vgl. Kleinschmidt, 2008) in allen relevanten Feldern angefangen vom Wohnen über das Reisen bis hin zur Ausstattung mit langlebigen Konsumgütern.

Kinder waren in diesem Gesellschaftsmodell als in dieses Modell langfristig einzusozialisierende spätere Erwerbsbürger gedacht und vor allem die schulisch-formale Bildung wurde spätestens nach dem Sputnik-Schock intensiv debattiert. Dominant war zusammenfassend gesehen im Fordismus die Orientierung an der Masse und am Standard. Dies hat sich grundlegend geändert: in Produktion und Konsum vollzog sich ein folgenschwerer Schwenk hin zu Spezialisierung und Besonderung. Das Individuum wird als Potenzial und als jemand, der Verantwortung zu tragen hat, aufgewertet und in Dienst genommen zugleich (vgl. Bröckling, 2007).

Die Ölkrisen 1973 und 1979 waren die äußerlichen Zeichen für einen dramatischen Umbauprozess des fordistischen Erfolgsmodells, das ersetzt wurde durch eine Reihe neuer Einzelstrategien. Sie alle sind daran orientiert, in veränderten Wettbewerbsbedingungen die Folgen des drastischen Rückgangs des Wirtschaftswachstums und der daran gekoppelten Entwicklungen zu kompensieren. So wurde einerseits eine neue, restriktive Lohnpolitik gefahren, Sozialabgaben wurden als „Kosten" verbucht und drastisch zurückgefahren (vgl. Lessenich, 2008), neue Weltmarktstrategien setzen sich durch. Auf breiter Fläche kam es vor allem zu einer Auflösung der fordistischen Massenproduktionsverhältnisse durch neue betriebliche, nationale und transnationale Formen des auf Originalität bzw. Einzigartigkeit setzenden Wirtschaftens und Arbeitens. Forciert wurde die Brisanz dieser Entwicklungen erstens durch die Ausrichtung gesellschaftlicher Leitlinien an den Vorgaben des Finanzkapitalismus (vgl. Vogl, 2011) und zweitens dem Einsickern der kulturellen Logik des Erfolgs auf den Finanzmärkten in die kulturellen Deutungsmuster. Demnach muss man sich auf alle Fälle anstrengen, um überhaupt in einer Gesellschaft anerkannt zu werden, aber noch wichtiger ist es, Erfolg zu haben (vgl. Neckel, 2010).

Folgen für den einzelnen Erwerbstätigen und damit potenziell für alle Personen in seinem bzw. ihren Umkreis sind bis heute zunehmende Flexibilitätsanforderungen, neue Ansprüche an die Qualifikation, die weit über die engere Fachlichkeit hinausgehen, prekärer werdende Bedingungen des Arbeitens (Zeitarbeit, befristete Beschäftigung), vor allem am Beginn der Erwerbskarriere, veränderte Muster der Arbeitszeitregulierungen und der Orte des Arbeitens. Sie können zur Folge haben, dass auch die alltägliche Lebensführung immer mehr in den Ökonomisierungssog gerät, dass hier versucht wird, Prinzipien der Effizienzsteigerung, Erfolgsmaximierung und Rationalisierung zu übernehmen (vgl. Seithe, 2012, S. 100) und sie ziehen auch Phänomene der Menschenfeindlichkeit zumindest auf der Ebene von Deutungen und Ideologien nach sich (vgl. Gross, Gundlach & Heitmeyer, 2010). Dies alles bleibt den Erwerbstätigen nicht äußerlich und nicht nur als mentale Prägung, sondern schreibt sich in sie ein als massive Bedrohung ihrer Selbstsorge, die sich dann wiederum als Mangel an Fähigkeit und Energie zur Selbstsorge niederschlagen kann (vgl. Jurczyk u.a., 2009). Müdigkeit und Erschöpfung prägen das Leben der Familien in vielen Milieus und Schichten (vgl. Lutz, 2012); Abstiegsängste nehmen zu (vgl. Lengfeld & Hirschle, 2009), was sich dann in vielfältiger Weise in die Interaktionen mit dem Nachwuchs manifestieren kann.

Parallel zu diesen Verschiebungen in der Erwerbssphäre, teilweise sicherlich dadurch mitbedingt (vgl. Zerle-Elsäßer, Cornelißen & Bien, 2012, S. 197), haben sich elementare Koordinaten der demographischen Zusammensetzung der Bevölkerung verschoben. Sie können zusammenfassend als Pluralisierung der Lebensformen, Monopolverlust der Kernfamilie, sinkende Geburtenraten und gleichzeitiger Ausdehnung der Lebenserwartung, in eine Formel gebracht, als Alterung der Gesellschaft beschrieben werden (vgl. Frick u.a., 2012).

## 3      Kinder als früh zu bearbeitende Ressource im Rahmen der „vollinklusiven Aktivitätsgesellschaft"

Das Konglomerat wirtschaftlicher und demographischer Veränderungen wird in zweifacher Weise in der aktuell gesteigerten gesellschaftlichen Relevanzzuschreibung der frühen Phasen der menschlichen Biographie, der Umdeutung der frühen Kindheit als gesellschaftliche Ressource, in den Diskursen der Politik sowie der Wirtschaft, aufgegriffen (vgl. Tervooren, 2010, S. 181).

Erstens muss eine wie auch immer zu quantifizierende Wirtschaftsleistung darauf aufbauen können, dass geringere einheimische Geburtskohortenstärken mit komplexeren und auf jeden Fall „schwierigeren" Bedingungen der Sicherung der Grundlagen der Wirtschaftsleistung konfrontiert sein werden. Hierfür werden dann nicht nur steigende fachlich-qualifikatorische Kompetenzen notwendig sein, sondern weil diese komplexen Leistungen unter turbulenteren Bedingungen und wahrscheinlich über einen längeren Lebenszeitraum zu erbringen sein werden, müssen ebenso komplexe überfachliche Kompetenzen und Motivationen vermittelt werden. Dazu gehören Anstrengungsbereitschaft, nachhaltige „Bewirtschaftungen" der eigenen Arbeitskraft, Weiterbildungsbereitschaft u.v.a.m. All dies soll zweitens grundgelegt werden in den frühen Bildungsprozessen. Die Begründung bezieht man aus der Kombination entwicklungspsychologischer und humankapitaltheoretischer Argumente: Schon in der frühen Kindheit werden, noch größtenteils in der Familie, die Kompetenzen und Dispositionen etabliert, welche die Grundlage für den Schul- und Arbeitsmarkterfolg darstellen. Die familien- und sozialstrukturspezifischen Unterschiede in der Verfügbarkeit unterschiedlichster Ressourcen können demzufolge kaum mehr aufgeholt werden (vgl. Pfeiffer, 2010). Vielfältigste sozial-pathologische Phänomene wie Schulversagen, Jugendarbeitslosigkeit, und die Zunahme der Ungleichheit der Arbeitsverdienste werden als Indiz genommen, dass in Deutschland zu wenig in die Entwicklung von Fähigkeiten im frühen Kindesalter investiert wird.

Verwiesen wird auch auf die der Gesellschaft entstehenden Kosten, unter anderem im Gesundheits- und Sozialsystem. Die Effizienz später im Lebenslauf einsetzender Maßnahmen wird bestritten und daher eine frühe Förderung als Teil einer neuen Sozialpolitik gefordert (vgl. Esping-Andersen, 2003; Klinkhammer, 2010). Daher sei es eine vordringliche Aufgabe auch der Bildungspolitik, den Zugang zu einer angemessenen Förderung, vor allem im kognitiven Bereich, aber auch hinsichtlich derjenigen „non-kognitiven Funktionen", die dies stützen, wie etwa Belohnungsaufschub und Durchhaltefähigkeiten, von Anfang an weiter zu verbessern. Darüber hinaus ist es notwendig, den betroffenen Kindern bis ins Jugendalter altersgemäß und individuell zur Seite zu stehen. Bei den vielfältigen Bemühungen und Programmen zur Förderung im Vorschulalter wird die Notwendigkeit einer Förderung darüber hinaus oftmals übersehen. Für Jugendliche und Erwachsene, die während der Kindheit nur unzureichend gefördert wurden, sollten Maßnahmen erforscht werden, die helfen können, vielfältige Benachteiligungen aus der Kindheit im späteren Lebenszyklus zu bewältigen.

Zweitens sollen diese neuen von Anfang an auf Optimierung eingestellten Humanbiographien nicht nur für Männer und Frauen gelten, angesprochen ist das sogenannte „dual-worker"-Modell der europäischen Sozialpolitik, sondern es soll ebenfalls prinzipiell für alle gesellschaftlichen Schichten und Milieus gelten – angestrebt ist eine „Vollinklusion". Diese Vision einer Vollinklusion bleibt im Übrigen nicht bei den jungen, zu bildenden Bürgern und den erwerbstätigen Bürgern stehen, sondern weist auch den aus dem offiziellen Erwerbsgeschehen ausgeschiedenen „älteren Mitbürgern" Funktionen für den gesamtgesellschaftlichen Produktionsprozess unter Bedingungen „leerer Staatskassen" und moralisch hoch aufgeladener „Verantwortungsübernahme" zu (vgl. Auth, 2009).

Olk und Hübenthal (2011, S. 164ff) weisen zusätzlich darauf hin, dass die aktuellen fachimmanenten Diskurse der Frühpädagogik hoch-kompatibel sind mit den neuen Anforderungen im sozial-investiven Staat in einer hochturbulenten Wirtschaftsumwelt: Das Prinzip des Selbstlernens, die Zuschreibung von Verantwortlichkeit schon ab früher Kindheit in den Kitas sind demnach die beste Vorbereitung auf einen unsicheren Markt der Zukunft. Diese gesellschaftskritischen Argumente sind ernst zu nehmen, dürfen aber nicht pauschal gegen neue Befunde aus der Frühpädagogik zur Bedeutung der Selbstbildung (vgl. Schäfer, 2012) ausgespielt werden, sondern sollen vorsichtig machen gegenüber der Einschätzung, das frühpädagogische System sei den Zumutungen der postfordistischen Entgrenzungen gegenüber „widerständig" und resistent.

# 4        Die Neuformatierung der sozialen Ökologien des Aufwachsens

Aus diesen beiden Prämissen einer möglichst frühen Vorbereitung auf ein komplexes, wissensintensives und langes Arbeitsleben und derjenigen einer „Vollinklusion" der nachrückenden Geburtskohorten in die Erwerbswelt ergibt sich dann eine Neuformatierung des Verhältnisses der sozialen Ökologien des Aufwachsens: Die Familien als naturwüchsige Orte frühkindlichen Aufwachsens müssen vielfältig beobachtet, unterstützt und wenn notwendig „reglementiert" werden, damit sie den Kindern die Basiskompetenzen für einen wirtschaftlich erfolgreichen und sozialpolitisch wenig kostenträchtigen Lebenslauf vermitteln können. Eine Aufwertung und Neudefinition von Orten der Betreuung und des Spielens erfahren die Kindertageseinrichtungen, welche an die Basisvermittlungsleistungen der Familien anknüpfen müssen, diese aber entscheidend vertiefen und inhaltlich verbreitern sollen (vgl. Leu, 2012), um ihrerseits dann den Schulen möglichst anschlussfähige Kinder weitergeben zu können. Ausdruck dieser neuen Akzentuierung von Bildung, eigentlich aber von Qualifikation und Grundlegung verwertbarer Kompetenzen, sind die formalisierten Bildungspläne, die vielfältig neu eingerichteten Studiengänge zu frühkindlicher Bildung und ein mittlerweile großes Konglomerat von Forschungsprojekten. „Das kann offensichtlich dazu führen, dass in Erziehung und Bildung nur noch Fähigkeiten gefördert werden, die als unmittelbar funktional relevant gelten und dass Kinder schon früh in ein hartes Konkurrenz- und Auslesesystem eingespannt werden... damit aber wird man dem komplexen Geschehen der Entwicklung gerade des kleinen Kindes nicht gerecht" (Peukert, 2010, S. 199).

# 5        Frühkindliche Bildung und frühkindliche Gefährdung –
#          ein expandierendes Feld professioneller Problemdefinition

Damit ist neben einer ideologiekritischen Gesellschaftsanalyse eine zweite wichtige soziologische Strömung angesprochen, die das Thema frühkindliche Bildung reflexiv distanziert und kritisch bearbeiten kann: Soziologische Professionstheorien und Ansätze der Analyse sozialer Probleme (vgl. Groenemeyer, 2012). Sie interessieren sich für die Interessen und Problemartikulationen sozialer Akteure und für deren „Politiken" sozialer Probleme, deren Rhetoriken und massenmediale Umsetzungen (vgl. Schetsche, 2008) und schlussendlich ihrer Institutionalisierungen als Ergebnis der Durchsetzung gesellschaftlicher Problematisierungsdiagnosen (vgl. Groenemeyer, 2012, S. 73) Im Feld früher Bildung liegt „das Problem" zum einen in der diagnostizierten Überforderung aller Familien, das Bildungspotenzial der Kinder angesichts der Herausforderung des postfordistischen Globalisierungswettkampfes zu heben

In einem speziellen Fokus stehen zum anderen vor allem Eltern aus Milieus, die den Anforderungen der globalisierten Wissengesellschaft scheinbar nicht entsprechen können oder wollen. So heißt es im Vorwort einer Publikation zu den familiären Belastungen in früher Kindheit. „Kinder im Vorschulalter scheinen in den letzten Jahren zunehmenden Herausforderungen, Risiken und Belastungen ausgesetzt zu sein, die ihre Entwicklung behindern und erschweren und ihr Wohl beeinträchtigen. Sowohl die unterschiedlichen Fachwissenschaften als auch die verschiedenen Praxisfelder tragen dieser Entwicklung Rechnung, indem sie die aktuellen Aufgaben in ihren Fokus nehmen und durch intensive Forschungsarbeit bzw. die Entwicklung von neuen Praxiskonzepten zur Lösung der vielfältigen Fragen und Probleme beizutragen suchen" (Kißgen & Heinen, 2011, o.S.).

Ein weiteres „Problem" liegt dann in der unzureichenden Wissensbasis der Elementarpädagogik und ihrer Implementierung in entsprechenden Studiengängen und drittens wird ein Sonderproblem in Falle von denjenigen Familien konstatiert, deren Kinder nicht nur gebildet werden müssen, sondern denen aufgrund einer Vielzahl von Individual- und Sozialpathologien spezielle Hilfe zukommen muss. Diese Kinder kommen dem Kalkül zufolge vor allem aus den „sozial schwachen" Milieus, aber auch aus den Milieus mit Migrationshintergrund. Diese Kinder können der Gesellschaft also nicht den erwarteten Nutzen bringen, also müssen die zu erwartenden Kosten möglichst gering gehalten werden. Aus verschiedensten Gründen sind diese Kinder aber in puncto Betreuung doppelt benachteiligt: Ihnen wird sowohl weniger öffentliche als auch private Betreuung zuteil (vgl. Alt, Berngruber & Riedel, 2012).

## 6    Potenziale sozialer „Praxistheorien"

Um die Bildungspotenziale heben zu können und die kostenträchtigen Pathologien möglichst kostensparend frühzeitig identifizieren zu können, bedarf es folgerichtig eines differenzierten und zugriffsmächtigen Diagnoseapparates (vgl. Kelle, 2009) und im positiven Sinne muss der Fortschritt der Kinder in den institutionellen Orten der Kleinkinderziehung sowie in den informellen Lernorten dokumentiert werden. Der genuine Beitrag der Soziologie besteht dabei nun nicht darin, diese Diagnostik zu verfeinern; er verbleibt auch nicht auf der Ebene der bloßen Kritik an einer dadurch ermöglichten Standardisierung früher Kindheit, sondern es kann gezeigt werden, dass mit Hilfe dieser und anderer sozialer Praxen (vgl. Reckwitz, 2003) die frühe Kindheit heute erst als solche in den vielen Mikroprozessen zwischen Eltern und Experten hergestellt wird (vgl. Bollig & Tervooren, 2009). Und es wird deutlich, wie sozialwissenschaftliche Disziplinen an der Erschaffung neuer Formen des Kindseins heute beteiligt sind und sich dadurch selbst verändern: „Die beobachtende Objektivierung des Kindes als sich-selbstbildendes Kind ist gleichermaßen die Form, in der sich die sozialpädagogische Praxis ihre eigene Wirksamkeit vergegenwärtigt und die Antwort, die sie auf die aktuellen bildungspolitischen Herausforderungen konstruiert. Damit ist Soziale Arbeit aber nicht wie das Einzelwesen Kind, auf das sich Programmatik und Praxis beziehen, bloß ein ‚Objekt' sozial- und bildungspolitischer Effektivierungsstrategien. Sie ist vielmehr aktiver Teil jenes wohlfahrtssystematischen Effektivierungsprozesses, den sie einerseits bedient und andererseits dazu nutzt, um ihre gesellschaftliche Reputation zu steigern" (Sandermann u.a., 2011, S. 46).

Weitere relevante soziale Praxen können beobachtet werden in den Konsumwelten heutiger Familien, in der Interaktion mit anderen sozialen Netzwerken, mit neuen Medien. Dafür ist die aktuelle soziologische Diskussion von Praxistheorien, die auch die Bedeutung von Dingen und Artefakten ernst nimmt, ein hervorragender Gesprächspartner (vgl. Gugutzer, 2012; Nohl, 2011). Und selbstverständlich lassen sich die vielfältigen Interaktionen unter Kindern in der Peergroup ebenso den neuen praxistheoretischen Suchrichtungen folgend modellieren (s. ausführlich Schmid, 2012). Dann stehen nicht mehr nur das einzelne Kind mit unterstellten Motiven, Intentionen und Kompetenzen im Vordergrund, sondern die das Setting jeweils dominierenden sozialen Praktiken des Stuhlkreises, des Spiels, des Tobens, des Musizierens und des Tanzens mit vielen nicht direkt beabsichtigten, aber trotzdem plausiblen rekonstruierbaren „Bildungseffekten" (vgl. Stenger, 2012). Hierbei geht es jeweils um die Frage, wie sich diese Praktiken in der Zeit entfalten, welche Rolle der kindliche Körper hierbei spielt und es rückt in den Erkenntnishorizont, welch konstitutive Rolle bestimmte Dinge als Speicher sozialen Wissens und ermöglichende Strukturen für das Alltagsleben in der Kindheit einnehmen können. In der Interaktion mit den erwachsenen Bezugspersonen vollzieht sich dann auch das „doing generation" (vgl. Bollig & Tervooren, 2009), die gegenseitige Positionierung von „Kind" und „Erwachsener" durch Akte des Klassifizierens, Benennens. Und es vollzieht sich Bildung als soziale Praxis im Alltag auch der Kindertagesstätten mit dann wiederum durchaus individuell zurechenbaren Ergebnissen.

Die Eigenart sozialer Praxis und die Spezifik kindbezogener sozialer Interaktionen liegt darüber hinausgehend auch in deren „als-ob"-Charakter, der Kinder sukzessiv in Form kollektiver Anrufung und Anleitung befähigt, neue Rollen einzunehmen. Dafür sind Übergänge wie der Eintritt in den Kindergarten wie auch ganz besonders aufschlussreich der Schuleintritt überzeugende Beispiele: erst durch eigenes Erleben und Erfahren und damit auch im Können und Kennen der schulischen Praktiken im Rahmen der institutionellen Struktur der Schule wird man vom „Kind" zum „Schulkind" (vgl. Kellermann, 2008). Überdies lenkt die Praxistheorie den Blick auf die frühe Kindheit heute „konstituierenden" Artefakte wie Kinder-Computer, Kinderfahrräder.

Schließlich könnten soziologische Praxistheorien in der Forschung fruchtbar gemacht werden für die Auseinandersetzung mit der neuen sozialen und ethnischen Pluralität, denen sich heute Kindertagesstätten gegenüber sehen. Interreligiöse und interkulturelle Bildung wäre dann nicht mehr nur ein Problem für den „Bildungsplan", sondern eine an bestehende sozialen Praktiken anknüpfende, neu zu entwerfende soziale Praktik des frühkindlichen Erfahrens von Pluralität und Diversität (vgl. Leu, 2011): auch hier wäre nicht mehr nur auf die Intentionen und Ziele zu schauen, sondern auf das tatsächliche Umgehen miteinander in Ritualen, Spielen etc.

## 7 Familiale Bedingungen früher Bildung: Zwischen Fürsorglichkeit und Effizienz

Familien kommt eine eigentümliche Bedeutungszuweisung im gegenwärtigen Kräftefeld gesellschaftlicher Aufgaben- und Bedeutungszuweisung zu: Sie werden auf der einen Seite immer noch als die natürlichen Orte des Aufwachsens gefeiert, die mit dem Betreuungsgeld für ihre Sozialisationsarbeit „belohnt" werden sollen. Auch die Familienakteure selbst reproduzieren immer wieder traditionelle, insbesondere geschlechtsspezifische Zuweisungen von Aufgaben der Bildung, Betreuung und Erziehung (vgl. Ott & Rehaus, 2012) trotz der medial ebenso plakativ inszenierten Phänomene neuer Partnerschaftlichkeit und des neuen Vaters (vgl. Jurczyk & Lange, 2009). Selbst Erzieherinnen und Lehrerinnen in Ganztagsschulen verfolgen in ihren Kindbildern stark familialistisch ausgeprägte Auffassungen, nach denen Kinder, vor allem in ihrer Freizeit, „am besten" in „der Familie" aufgehoben sind (vgl. Oehlmann, 2012).

Parallel und gleichzeitig gehen vielfältige fachliche Diskurse davon aus, dass die Familien zu unterstützen seien bei der Bildung ihrer kleinen Kinder. Zum einen, damit Mütter und Väter unbesorgt ihrer Erwerbstätigkeit nachgehen können, zum anderen weil Mütter und Väter nicht in der Lage sind, das gesamte Spektrum an Förderungsmöglichkeiten zu bieten, das Fachkräfte liefern können. Zusätzlich wird mit der Entwicklungsförderlichkeit der Peergroup in der Kita die besondere Bildungsrelevanz von Kindertageseinrichtungen begründet. Sieht man sich nun die neueste Untersuchung zur Betreuungsqualität NUBEK an (vgl. Tietze u.a., 2012), dann ist zum einen an der „hohen Qualität" der Förderung der Kinder hierzulande zu zweifeln. Die einzelnen Komponenten, insbesondere aber die Prozessqualität sind nur durchschnittlich.

Über diese Zuweisungen an Aufgaben hinaus zeigen nun zum anderen eine Vielzahl konzeptioneller Ansätze und empirischer Befunde, dass erstens der Bildungsimperativ in Familien angekommen ist (vgl. Bude, 2011), Elternschaft heute als intensive Leidenschaft verstanden wird (vgl. Shirani, 2012) und dass dieser sich in einer Vielzahl von Versuchen niederschlägt, Kinder außerhalb des Familiensettings zusätzlich durch Babyschwimmen und Kinderturnen sowie eine Vielzahl musischer Aktivitäten zu fördern und fit zu machen (vgl. Müller & Spieß, 2010). Dieser übergreifende Bildungsimperativ führt beispielsweise auch dazu, dass arbeitslose Eltern daran leiden, ihre Kinder dementsprechend nicht fördern zu können (vgl. Sondermann, 2010).

Zweitens existieren Evidenzen dafür, dass Familien selbst sehr weitgehende bildungsförderliche Strukturen aufweisen (vgl. Müller, Ecarius & Herzberg, 2010). Im Alltag der Familie sind demnach eine Vielzahl von potenziellen Bildungsepisoden (vgl. Lange & Xyländer, 2011; Liegle, 2006) eingelassen: bei den gemeinsamen Mahlzeiten, kleinen Ritualen, Ausflügen etc. Moderne hochgebildete Eltern sind sich auch der Relevanz dieser Bildungsgelegenheiten bewusst und widmen sich, im Zeitverlauf der letzten Jahrzehnte betrachten, demgemäß immer mehr den fürsorglichen und bildenden Interaktionen mit ihren Kindern, über die bloße Versorgung hinaus (vgl. Sayer, Bianchi & Robins, 2004). Das nicht unwichtige Resultat dieses zeitlich und inhaltlich dichten Engagements lautet: es geht heutigen Kindern bis auf eine Problemgruppe von etwa 20 % auch im historischen Vergleich sehr gut (vgl. Dornes, 2012). Der defizitorientierte Blick auf Familie unterschlägt dies und er verstellt die wichtige Möglichkeit, Familien in ihren zeitlichen und „energetischen" Möglichkeiten zu fördern bzw. sie von den Restriktionen und Überfrachtungen anderer gesellschaftlicher Systeme zu befreien. Familien mit Kindern heute sind eingespannt in permanente Entscheidungsdilemmata zwischen gewollter Fürsorge und Förderung und strukturell erzwungener Flexibilität (vgl. King & Busch, 2012), was die „Qualitätszeiten" für Bildung und Sozialisation eintrübt. Hier hat die Politik mit unterschiedlichen Maßnahmen anzusetzen.

## 8      Kindertageseinrichtungen als Orte der Demokratie und Partizipation

Stehen Kitas in den einschlägigen Debatten als Orte der bereichsspezifischen Bildung und übergreifender funktionaler Kompetenzen im Fokus, weitet eine soziologische Perspektive das Blickfeld. Sie fragt nach den Handlungsspielräumen und Partizipationsmöglichkeiten des Nachwuchses.

Lutz u.a. (2012) legen hierzu eine aktuelle, aufschlussreiche Studie vor. Angeknüpft wird an aktuelle Diskurse zur Frühpädagogik, welche Bildung und Partizipation als wichtige Kenngrößen eines guten Aufwachsens verwenden. Speziell geht es darum, den Zusammenhang zwischen früher Partizipation und Resilienz, also der Widerstandsfähigkeit von Kindern zu untersuchen. Gefragt wird also, ob frühzeitige Partizipation eine Stärkung der Resilienz ermöglicht. Hierfür sieht man es als unerlässlich an, die Sicht der Erzieherinnen zu untersuchen; was diese unter Mitbestimmung verstehen und wie sie diese im Alltag der Kindertageseinrichtung verankern. Dabei sei vorab in Rechnung zu stellen, dass das Wissen, die Wahrnehmung und die Einstellungen der Erzieherinnen in einem Spannungsverhältnis stehen, zwischen dem Wissen, dass Mitbestimmung wichtig ist und dem Alltag der Umsetzung, der dem aus verschiedensten Gründen auch entgegenstehen kann. Damit weist diese Untersuchung darauf hin, dass Kindertagesstätten wichtige Orte der Ausbildung einer Befähigung von Kindern zur Partizipation sind, welche ihrerseits nicht nur eine Vielzahl von positiven Begleiteffekten aufweist, sondern, so die hier vertretene These, auch ein wichtiges Element eines guten Lebens (vgl. Andresen, 2012) in der frühen Kindheit markiert. Über den Tageslauf und die Aktivitäten mitbestimmen zu dürfen ist eine nicht zu unterschätzende Größe im gesamten Prozess der „Produktion" kindlicher Wohlfahrt – ihrem „Glück"! Dieses Glück ist ebenso wie die Realisierung von Kinderrechten (vgl. Maywald, 2012) ein wichtiger Zielparameter für die Praxis wie für die Forschung.

In den qualitativen Interviews konnte gezeigt werden: „Offenkundig gibt es keine einheitliche Vorstellung zur Beteiligung von Kindern im Alltag. Dies wird völlig unterschiedlich praktiziert, diskutiert und interpretiert – jeweils abhängig von der Person der Erzieherin oder dem Alltag in der Einrichtung bzw. dem Konzept. Dabei lassen sich, und das wird im Kontext der Beschreibung weiter verdichtet, verschiedene Grade der Beteiligung und Mitgestaltung konkretisieren – und somit auch unterschiedliche Grade der Wahrnehmung hinsichtlich der Förderung von Resilienz durch Mitbestimmung" (Lutz u.a., 2012, S. 103). In allen Einrichtungen gibt es dabei einen starken Akzent auf der Förderung des eigenständigen Spiels. Das eigenständige Spiel markiert so etwas wie eine Chiffre für das Zusammendenken klassischer Vorstellungen von den speziellen „Bedürfnissen" der Kinder und den sich gesellschaftlich immer weiter vordrängenden Zielorientierungen in Richtung Beteiligung und Partizipation. Entscheidend ist nun, dass starke Evidenzen dafür vorliegen, dass das intensive Beteiligen von Kindern in der Kita diese als Persönlichkeiten zu stärken scheint: „Erzieherinnen erzählen beim Einstieg in die Gespräche von unterschiedlichen Formen der Beteiligung von Kindern; das reicht von konzeptionell festgelegten bis hin zu eher marginalen und zufälligen Formen, die hinter der Struktur der Einrichtung verschwinden. Sie bestätigen aber auch immer wieder die These, dass Mitbestimmung die Förderung von Resilienz ermöglicht. Erkennbar wird, dass Kinder desto stärker und resilienter werden, je mehr sie an Entscheidungen, Planungen und Abläufen der Kindergärten beteiligt werden: Mitbestimmung ermöglicht Resilienz, das ist ein klares Ergebnis der Gespräche […]" (Lutz u.a., 2012, S. 112).

Auch wenn man mit Olk & Hübenthal (2011) sensibel gegenüber möglichen Instrumentalisierungen von Aspekten des Einbezugs von Kindern in Gestaltung und Planung sein sollte, spricht diese Untersuchung doch, wie anderen ähnlich angelegte Studien und Befunde (vgl. Betz, Gaiser & Pluto, 2010) dafür, dem formalen und inhaltlichen Aspekt von Beteiligung zukünftig verstärkt Beachtung in der Debatte um frühkindliche Bildung zu schenken. Zum einen kann gut ausgestaltete Partizipation bestimmte Persönlichkeitsaspekte von Kindern stärken. Zum anderen führt die Beteiligung der Kinder an der Planung des Alltags dazu, dass die dort potenziell verfügbaren Bildungsepisoden stärker eigenständig ausgestaltet und genutzt werden können.

Abschließend ist aber zu unterstreichen: es muss aber auch Kindern gestattet werden, ein Leben in der Familie, in der Kindertagesstätte und an anderen Orten zu führen, dass neben Bildung weitere Facetten eines guten Kinderlebens beinhaltet. Die Förderung von frühkindlicher Bildung darf nicht umschlagen in eine „Kolonialisierung" frühkindlicher Lebenswelten.

## 9    Literatur

Alt, C., Berngruber, A. & Riedel, B. (2012). Kinderbetreuung. Auf einem guten Weg zu Bildungsgerechtigkeit und Vereinbarkeit? In T. Rauschenbach (Hrsg.), *Aufwachsen in Deutschland. AID:A – Der neue DJI-Survey* (S. 86–99). Weinheim: Beltz Juventa.

Andresen, S. (2012). *Was unsere Kinder glücklich macht. Lebenswelten von Kindern verstehen.* Freiburg: Kreuz.

Auth, D. (2009). Die ‚neuen Alten' im Visier des aktivierenden Wohlfahrtsstaates: Geschlechtsspezifische Implikationen des produktiven Alter(n)s. In S. Van Dyk & S. Lessenich (Hrsg.), *Die Jungen Alten. Analysen einer neuen Sozialfigur* (S. 296–315). Frankfurt am Main: Campus.

Betz, T., Gaiser, W. & Pluto, L. (2010). Partizipation von Kindern und Jugendlichen. Diskussions-stränge, Argumentationslinien, Perspektiven. In T. Betz, W. Gaiser & L. Pluto (Hrsg.), *Partizipation von Kindern und Jugendlichen. Forschungsergebnisse, Bewertungen, Handlungsmöglichkeiten* (S. 11–31). Schwalbach: Wochenschau.

Bollig, S. & Tervooren, A. (2009). Die Ordnung der Familie als Präventionsressource. *Zeitschrift für Soziologie der Erziehung und Sozialisation 29*(2), 157–173.

Bröckling, U. (2007). *Das unternehmerische Selbst. Soziologie einer Subjektivierungsform.* Frankfurt am Main: Suhrkamp.

Bude, H. (2011). *Bildungspanik. Was unsere Gesellschaft spaltet.* München: Hanser.

Busch, U. & Land, R. (2012). Teilhabekapitalismus. Fordistische Wirtschaftsentwicklung und Umbruch in Deutschland 1950 bis 2009. In Forschungsverbund Sozioökonomische Berichterstattung (Hrsg.), *Zur sozioökonomischen Entwicklung in Deutschland* (S. 111–151). Wiesbaden: VS Verlag für Sozialwissenschaften

Dornes, M. (2012). *Die Modernisierung der Seele. Kind – Familie – Gesellschaft.* Frankfurt am Main: Fischer.

Engelhardt, A. & Kajetzke, L. (Hrsg.). (2010). *Handbuch Wissensgesellschaft. Theorien, Themen und Probleme* (S. 7–17). Bielefeld: transcript.

Esping-Andersen, G. (2003). Herkunft und Lebenschancen. Warum wir eine Politik gegen soziale Vererbung brauchen. *Berliner Republik* (6/03), 42–57.

Frick, J.R., Grabka, M.M., Rasner, A., Schmitt, M., Schuth, M. & Westermeier, C. (2012). Familienbiographische Verläufe im Kohortenvergleich. *SOEP-Paper 439*, Berlin: DIW.

Groenemeyer, A. (2012). Soziologie sozialer Probleme – Fragestellungen, Konzepte und theoretische Perspektiven. In G. Albrecht & A. Groenemeyer (Hrsg.), *Handbuch Soziale Probleme* (S. 17–115). Wiesbaden: Springer VS.

Gross, E., Gundlach, J. & Heitmeyer, W. (2010). Die Ökonomisierung der Gesellschaft. Ein Nährboden für Menschenfeindlichkeit in oberen Status- und Einkommensgruppen. In W. Heitmeyer (Hrsg.), *Deutsche Zustände. Folge 9* (S. 138–157). Frankfurt am Main: Suhrkamp.

Gugutzer, R. (2012). *Verkörperungen des Sozialen. Neophänomenologische Grundlagen und soziologische Analysen.* Bielefeld: transcript.

Jurczyk, K. & Lange, A.(Hrsg.). (2009). *Vaterwerden und Vatersein heute. Neue Wege – neue Chancen.* Gütersloh: Bertelsmann Stiftung.

Jurczyk, K., Schier, M., Szymenderski, P., Lange, A. & Voß, G.-G.(2009). *Entgrenzte Arbeit – entgrenzte Familien. Grenzmanagement im Alltag als neue Herausforderung.* Berlin: edition sigma.

Kelle, H. (2009). Kindliche Entwicklung und die Prävention von Entwicklungsstörungen. Die frühe Kindheit im Fokus der childhood studies. In M.-S. Honig (Hrsg.), *Ordnungen der Kindheit. Problemstellungen und Perspektiven der Kindheitsforschung* (S. 79–102). Weinheim: Juventa.

Kellermann, I. (2008). *Vom Kind zum Schulkind. Die rituelle Gestaltung der Schulanfangsphase. Eine ethnographische Studie.* Opladen: Barbara Budrich.

King, V. & Busch, K. (2012). Widersprüchliche Zeiten des Aufwachsens – Fürsorge, Zeitnot und Optimierungsstreben in Familien. *Diskurs Kindheits- und Jugendforschung 7*(1), 7–23.

Kißgen, R. & Heinen N. (2011). Vorwort. In R. Kißgen & N. Heinen (Hrsg.), *Familiäre Belastungen in früher Kindheit. Verlauf, Begleitung, Intervention* (o.S.). Stuttgart: Klett-Cotta.

Kleinschmidt, C. (2008). *Konsumgesellschaft.* Göttingen: Vandenhoeck & Ruprecht.

Klinkhammer, N. (2010). Frühkindliche Bildung und Betreuung im „Sozialinvestitionsstaat". In D. Bühler-Niederberger, J. Mierendorff & A. Lange (Hrsg.), *Kindheit zwischen fürsorglichem Zugriff und gesellschaftlicher Teilhabe* (S. 205–228). Wiesbaden: VS.

Lange, A. & Xyländer, M. (Hrsg.). (2011). *Bildungswelt Familie. Theoretische Rahmung, empirische Befunde und disziplinäre Perspektiven.* Weinheim: Juventa.

Lengfeld, H. & Hirschle, J. (2009). Die Angst der Mittelschichten vor dem sozialen Abstieg. Eine Längsschnittanalyse 1984–2007. *Zeitschrift für Soziologie 38*(5), 379–398.

Lessenich, S. (2008). *Die Neuerfindung des Sozialen. Der Sozialstaat im flexiblen Kapitalismus.* Bielefeld: transcript.

Liegle, L. (2006). *Bildung und Erziehung in früher Kindheit.* Stuttgart: Kohlhammer.

Leu, H.R. & Von Behr, A. (2010). Neuentdeckung der Krippe – Herausforderung für Ausbildung, Praxis und Forschung. In H.R. Leu & A. von Behr (Hrsg.), *Forschung und Praxis der Frühpädagogik. Profiwissen für die Arbeit mit Kindern von 0-3 Jahren* (S. 11–25). München: reinhardt.

Leu, H.R. (2011). Kommentar zu den Befunden aus der Erzieherinnenbefragung zur religiösen und interreligiösen Bildung in Kindertagesstätten aus der Sicht von Kindheitsforschung und Frühpädagogik. In F. Schweitzer, A. Edelbrock & A. Biesinger (Hrsg.), *Interreligiöse und interkulturelle Bildung in der Kita. Eine Repräsentativbefragung von Erzieherinnen in Deutschland - interdisziplinäre, interreligiöse und internationale Perspektiven* (S. 55–69). Münster: Waxmann.

Leu, H.R. (2012). Betreuungsrendite oder Bildungsrendite? Zum Ertrag der frühkindlichen Bildung, Betreuung und Erziehung. In T. Rauschenbach (Hrsg.), *Aufwachsen in Deutschland. AID:A – Der neue DJI-Survey* (S. 119–134). Weinheim: Beltz Juventa.

Lutz, R. (2012). Soziale Erschöpfung – Erschöpfte Familien. In R. Lutz (Hrsg.), *Erschöpfte Familien* (S. 11–67). Wiesbaden: VS Verlag für Sozialwissenschaften.

Lutz, R., Frey, C., Nürnberg, C. & Schmidt, M. (2012). *Kinderreport 2012. Mitbestimmung in Kindertageseinrichtungen und Resilienz.* Berlin, familymedia.

Maywald, J. (2012). *Kinder haben Rechte! Kinderrechte kennen – umsetzen – wahren.* Weinheim: Beltz.

Müller, G. & Spieß, K.C. (2010). Informelle Förderangebote – Eine empirische Analyse ihrer Nutzung in der frühen Kindheit. In H.-G. Roßbach & H.-P. Blossfeld (Hrsg.), *Frühpädagogische Förderung in Institutionen. Sonderheft 11 der Zeitschrift für Erziehungswissenschaft* (S. 29–46). Wiesbaden. VS.

Müller, H.-R., Ecarius, J. & Herzberg, H. (2010). Einleitung. In H.-R. Müller, J. Ecarius & H. Herzberg (Hrsg.), *Familie, Generation und Bildung. Beiträge zur Erkundung eines informellen Lernfeldes* (S. 7–13). Opladen: Barbara Budrich.

Neckel, S. (2010). *Refeudalisierung der Ökonomie. Zum Strukturwandel kapitalistischer Wirtschaft.* Köln: Max-Planck-Institut für Gesellschaftsforschung. MPIfG Working Paper.

Nohl, A.-M. (2011). *Pädagogik der Dinge.* Bad Heilbrunn: Klinkhardt.

Oelkers, N. (2012). Erschöpfte Eltern? Familie als Leistungsträger personenbezogener Wohlfahrtsproduktion. In R. Lutz (Hrsg.), *Erschöpfte Familien* (S. 155–170). Wiesbaden: VS Verlag.

Oehlmann, S. (2012). *Kindbilder von pädagogischen Fachkräften. Eine Studie zu den Kindbildern von Lehrkräften und Erzieherinnen.* Weinheim, Beltz Juventa.

Olk, T. & Hübenthal, M. (Hrsg.). (2011). Kinder als Effective Citizens? Zur Reform der frühkindlichen Bildung, Betreuung und Erziehung im investierenden Sozialstaat. In Kommission Sozialpädagogik (Hrsg.), *Bildung des Effective Citizen. Sozialpädagogik auf dem Weg zu einem neuen Sozialentwurf* (S. 157–167). Weinheim: Juventa.

Ott, M. & Seehaus, R. (2012). „Es ist halt durchs Stillen, dadurch ergibt es sich einfach." Familiale Arbeitsteilungsmuster und Naturalisierungseffekte von Stilldiskursen. In V. Moser & B. Rendtorff (Hrsg.), *Riskante Leben? Geschlechterordnungen in der Reflexiven Moderne* (S. 131–140). Opladen: Barbara Budrich.

Peukert, U. (2010). Eine neue Kultur des Aufwachsens für Kinder. Zur Sicherung frühkindlicher Bildungsprozesse. In A. Liesner & I. Lohmann (Hrsg.), *Gesellschaftliche Bedingungen von Bildung und Erziehung* (S. 192–203). Stuttgart: Kohlhammer.

Pfeiffer, F. (2010). Entwicklung und Ungleichheit von Fähigkeiten: Anmerkungen aus ökonomischer Sicht. In H.-H. Krüger, U. Rabe-Kleberg, R.-T. Kramer & J. Budde (Hrsg.), *Bildungsungleichheit revisited- Bildung und soziale Ungleichheit vom Kindergarten bis zur Hochschule* (S. 25–44). Wiesbaden: VS.

Reckwitz, A. (2003). Grundelemente einer Theorie sozialer Praktiken. *Zeitschrift für Soziologie* *32*(4), 282–301.

Sandermann, P., Dollinger, B., Heyer, B., Messmer, H. & Neumann, S. (2011). Die Praxis der Citizen-Effektivierung. Oder: Wie ernst nimmt die Forschung zur sozialen Arbeit ihren Gesellschaftsbezug? In Kommission Sozialpädagogik (Hrsg.), *Bildung des Effective Citizen. Sozialpädagogik auf dem Weg zu einem neuen Sozialentwurf* (S. 35–51). Weinheim: Juventa.

Sayer, L.C., Bianchi, S.M. & Robins, J.P. (2004). Are parents investing less in children? Trends in mother's and fathers' time with children. *American Journal of Sociology* *110*(1), 1–43.

Schäfer, G.E. (2012). Ethnografische Bildungsforschung in der frühen Kindheit – erkenntnistheoretische Anmerkungen. In S. Viernickel, D. Edelmann, H. Hoffmann & A. König (Hrsg.), *Krippenforschung. Methoden, Konzepte, Beispiele* (S. 89–99). München: Reinhardt.

Schetsche, M. (2008). *Empirische Analyse sozialer Probleme. Das wissenssoziologische Programm.* Wiesbaden: VS.

Schmidt, R. (2012). *Soziologie der Praktiken. Konzeptionelle Studien und empirische Analysen.* Frankfurt am Main: Suhrkamp.

Seithe, M. (2012). *Schwarzbuch Soziale Arbeit.* (2., durchgesehene und erweiterte Aufl.). Wiesbaden: VS.

Shirani, F. (2012). Meeting the Challenges of Intensive Parenting Culture: Gender, Risk Management and the Moral Parent. *Sociology* *46*(1), 25–40.

Stenger, U. (2012). Komplexe Bildungsprozesse von Kindern erforschen: Musikkulturen in Krippen als Bildungskontexte. In S. Viernickel, D. Edelmann, H. Hoffmann & A. König (Hrsg.), *Krippenforschung. Methoden, Konzepte, Beispiele* (S. 100–109). München: reinhardt.

Tervooren, A. (2010). Bildung in der frühen Kindheit. In A. Liesner & I. Lohmann (Hrsg.), *Gesellschaftliche Bedingungen von Bildung und Erziehung* (S. 179–191). Stuttgart: Kohlhammer.

Tietze, W., Becker-Stoll, F., Bensel, J., Eckhardt, A., Haug-Schnabel, G., Kalicki, B., Keller, H. & Leyendecker, B. (2012). *NUBBEK. Nationale Untersuchung zur Bildung, Betreuung und Erziehung in der frühen Kindheit. Fragestellungen und Ergebnisse im Überblick.* (Vorfassung). Weimar: das netz.

Vogl, J. (2010). *Das Gespenst des Kapitals.* Zürich: Diaphanes.

Volkmann, U. & Schimank, U. (Hrsg.). (2002). *Soziologische Gegenwartsdiagnosen II.* Opladen: Leske + Budrich.

Zerle-Elsäßer, C., Cornelißen, W. & Bien, W. (2012). Frühe und späte Elternschaft. Das Timing der Familiengründung und seine Folgen. In T. Rauschenbach (Hrsg.), *Aufwachsen in Deutschland. AID:A – Der neue DJI-Survey* (S. 178–200). Weinheim: Beltz Juventa.

# Entwicklungspsychologische Aspekte frühkindlichen Lernens

Karin Keller, Larissa M. Trösch und Alexander Grob

## 1    Einleitung

Die Psychologie ist in der aktuellen Debatte um frühkindliche Bildungsprozesse ein wichtiger Bezugspunkt. Oft stützt man sich ganz selbstverständlich auf die Psychologie, um den Wert der frühkindlichen Bildung hervorzuheben. Dabei wird vielfach argumentiert, dass das Lernpotenzial im frühkindlichen Alter besonders gross sei und dass deswegen gerade mit früher Bildung ein Beitrag zur Verringerung der schulischen Chancenungleichheit geleistet und einer Kumulierung von Entwicklungsrisiken entgegengewirkt werden könne. Im Lichte dieser verheissungsvollen Thesen scheint es angebracht, die Befundlage zur frühkindlichen Bildung aufzubereiten und zu würdigen.

Die psychologische Wissenschaft gliedert sich in Teildisziplinen wie die klinische, die differentielle, die allgemeine, die pädagogische Psychologie sowie die Entwicklungspsychologie, die unterschiedliche Fragestellungen im Lebensabschnitt der frühen Kindheit behandeln. Sie beschäftigt sich mit Gesetzmässigkeiten des menschlichen Denkens und Erlebens, mit Entwicklungsveränderungen und -stabilitäten über die Zeit, mit Lernprozessen sowie mit Entwicklungsauffälligkeiten. Die Psychologie sieht den Kernakteur frühkindlicher Bildungsprozesse im Kind, das in ein System von Beziehungen eingebettet ist. Die frühkindliche Bildung ist insbesondere Gegenstand der Entwicklungspsychologie und wird hier vor allem unter der Perspektive des Lernens und der Lernvoraussetzungen betrachtet. Es geht darum, Veränderungen im Erleben und Verhalten von Personen sowie deren Möglichkeiten und Voraussetzungen zur Interaktion mit der sozialen und materiellen Welt zu verstehen und zu erklären. Während unter Entwicklung sämtliche relativ überdauernden Veränderungsprozesse im Verhalten und Erleben über die Lebensspanne eines Individuums verstanden werden, grenzt sich der Begriff des Lernens von biologisch determinierten Reifeprozessen ab und führt die betrachteten Phänomene auf umwelt- und selbstangestossene Prozesse zurück.

In diesem Beitrag wird der Diskussionsstand zu zentralen entwicklungspsychologischen Aspekten frühkindlicher Bildung dargestellt. Grundsätzlich gilt, dass hinsichtlich des Lernens in Bezug auf die Phase zwischen dem Säuglingsalter und dem Schulalter grosse Wissenslücken bestehen (vgl. Siegler, DeLoache, & Eisenberg, 2011). Zudem bezieht sich das gesicherte Wissen häufig auf den durchschnittlichen Entwicklungsverlauf. Hingegen besteht wenig Wissen zu differentiellen Entwicklungsverläufen sowie zur Entwicklung von Kindern mit unterschiedlichen sozialen und kulturellen Hintergründen. Bei der frühen Kindheit handelt es sich aus entwicklungspsychologischer Perspektive um eine eigenständige Phase, in der Lernprozesse *nicht* gleichzusetzen sind mit dem Lernen im Schulalter.

Zuerst beschäftigt sich der Beitrag mit der Einbettung von Lernprozessen in soziale Beziehungen (1). Auch wenn nicht jeder Lernschritt im Rahmen einer Interaktion stattfindet, ist das Lernen insbesondere im Säuglingsalter und der frühen Kindheit ohne Beziehungen zu anderen Menschen nicht denkbar. Die verschiedenen Facetten und Charakteristiken des sich über die Lebensjahre verändernden Beziehungsnetzes des Kindes werden aufgezeigt. Dieses Beziehungsnetz gibt den sozialen und kulturellen Rahmen vor, in welchem Bildung stattfindet. Das Beziehungsnetz definiert dadurch Chancen, Möglichkeiten und Grenzen der Bildung für das Individuum. Im Anschluss daran werden Lernvoraussetzungen des Kindes beleuchtet. Diese sind im Laufe der ersten Lebensjahre markanten altersbedingten Veränderungen unterworfen, die mitunter abhängig von kontextuellen Bedingungen sind. Die Aufmerksamkeit gilt hier dem Gedächtnis (2), das als Instanz der Informationsaufnahme, -speicherung und -verarbeitung eine zentrale kognitive Voraussetzung für das Lernen darstellt. Im Wissen darum, dass für erfolgreiches Lernen kognitive Voraussetzungen nicht ausreichen, wird abschliessend das Thema Selbstkonzept (3) beleuchtet, da Vorstellungen von sich selber und den eigenen Fähigkeiten das Lernverhalten einer Person massgeblich strukturieren.

## 2    Lernen im Kontext von Beziehungen

In den ersten Lebensjahren bildet die Familie den wichtigsten sozialen Kontext des Kindes. Zusätzlich zur Familie werden in der Schweiz (SAKE, 2009) und in Deutschland (OECD, 2006, S. 334) die meisten Kinder in der frühen Kindheit familienergänzend betreut, sei es durch Verwandte, Bekannte oder in Institutionen. Die meisten Kinder kommen also bereits vor der obligatorischen Einschulung in Kontakt mit mehr als einem Betreuungskontext und erhalten somit die Möglichkeit, in verschiedene Lebenswelten einzutreten und ein Beziehungsnetz aufzubauen, das den Raum bildet, in dem Lernprozesse stattfinden.

Im Folgenden wird darauf eingegangen, inwiefern soziale Beziehungen das frühkindliche Lernen unterstützen können. Zuerst wird die Beziehungsqualität zwischen Kind und erwachsener Bezugsperson und das Lernpotenzial dieser Beziehung beleuchtet um anschließend die Einflussfaktoren auf diese Beziehungen darzustellen. Des Weiteren wird darauf eingegangen, inwiefern die verschiedenen Beziehungskontakte zusammenspielen und sich ergänzen. Schliesslich wird erläutert, welche Lernerfahrungen durch Beziehungen zu Peers ermöglicht werden.

Als besonders wichtiger sozialer Lernkontext in der frühen Kindheit gilt die Beziehung zwischen Kind und seiner Bezugsperson, welche mit dem Begriff Bindung umschrieben wird (Bowlby, 1969, S. 194). Die Bindung entsteht phasenweise und in einem gegenseitigen Anpassungsprozess zwischen dem Kind und seiner Bezugsperson (Ainsworth, 1972; Bowlby, 1969). Während das Kind vorerst auf alle Personen in ähnlicher Weise reagiert, lernt es im ersten Lebensjahr zwischen den Bezugspersonen zu unterscheiden und bildet eine Präferenz für einzelne Personen heraus. Ainsworth et al. (1978) konnten anhand des ‚Fremde Situation'-Paradigmas verschiedene Bindungstypen erkennen, wobei sich der sichere Bindungstyp, charakterisiert durch ein hohes Mass an Emotionsregulation seitens des Kindes, im Vergleich zu der unsicher-vermeidenden Bindung, der unsicher-ambivalenten sowie der desorganisierten Bindung als am günstigsten für die spätere Entwicklung erwiesen hat (NICHD, 2006). In Bezug auf Lernprozesse hilft eine sichere Bindung dem Kind, mit der Umwelt in Kontakt zu treten. Sie dient als sichere Basis, zu der das Kind zurückkehren kann, wenn es sich verunsichert oder überfordert fühlt (Ainsworth et al., 1978, S. 22). Durch Zuwendung, Sicherheit und Hilfe zur Stressreduktion wird das Kind in seiner Selbstständigkeit und in seinem Selbstvertrauen gestärkt, neue Lernerfahrungen zu machen (Ahnert & Gappa, 2008, S. 87f.). Eine gelungene Beziehung zwischen Kind und Bezugsperson gilt entsprechend als eine wichtige Voraussetzung, damit das Kind seine Umwelt exploriert. Des Weiteren unterstützen Bezugspersonen das Kind im Lernprozess, indem sie ihm bei der Ausführung einer Handlung helfen, wenn es diese nicht alleine ausführen kann. Dieses angeleitete Lernen ist am hilfreichsten, wenn die angebotene Lernanregung auf den Entwicklungsstand des Kindes so abgestimmt ist, dass der nächst höhere Entwicklungsschritt des Kindes angesprochen wird (Vygotsky, 1978, S. 86). Zudem unterstützen Bezugspersonen den Lernprozess des Kindes in ihrer Reaktion auf die Äusserungen und Handlungen des Kindes, zum Beispiel in Form von Mimik, Gestik oder sprachlichen oder verbalen Äusserungen, welche das Kind anleiten, unerwünschte Verhaltensweisen zu unterlassen und gewünschte häufiger zu zeigen.

Soziale Beziehungen stellen also eine wichtige Ressource dar für die Bildungsprozesse des Kindes. Dies setzt voraus, dass das Kind in verlässliche Beziehungen und sichere Bindungen eingebettet ist. Lange wurde der Bindungsbegriff insbesondere auf die Beziehung zwischen Kind und seinen Eltern angewandt. In neuester Zeit wurde jedoch auch die Beziehung des Kindes zur Erzieher/in als bindungsähnlich diskutiert, die ähnliche Funktionen erfüllt wie die Eltern-Kind-Bindung (Ahnert, 2007, S. 31ff.). Die Faktoren, welche beeinflussen, ob sich zwischen dem Kind und seiner Bezugsperson eine tragende Beziehung herausbildet, sind abhängig vom jeweiligen Kontext, in dem die Beziehung stattfindet. Sowohl die Eltern-Kind- als auch die Erzieher/in-Kind-Bindung wird massgeblich geprägt durch das Einfühlungsvermögen und die Verfügbarkeit der Bezugsperson (Ainsworth et al., 1978; Ahnert, Pinquart, & Lamb, 2006; De Schipper, Tavecchio, & van IJzendoorn, 2008). Während die Eltern-Kind-Bindung zusätzlich durch das Temperament des Kindes beeinflusst wird, entwickelt sich die Erzieher/in-Kind-Bindung im Gegensatz dazu relativ unabhängig vom Temperament des Kindes und hängt vor allem von den pädagogischen Kompetenzen der Erzieher/in und den strukturellen Gegebenheiten der Institution ab (Ahnert, 2007, S. 37ff; Ahnert et al., 2006).

Ob die Inanspruchnahme der familienergänzenden Betreuung die Eltern-Kind-Beziehung beeinträchtigt, ist seit längerem Gegenstand der öffentlichen Diskussion. Es bleibt ungeklärt, inwiefern koexistierende Bindungsbeziehungen zueinander in Zusammenhang stehen (Ahnert, 2008, S. 387f.). Jedoch kann davon ausgegangen werden, dass Kinder, die regelmässig familienergänzend betreut werden, nicht eine weniger tragende Bindung zu den Eltern entwickeln. Relevant ist jedoch, in welchem Alter die familienergänzende Betreuung erfolgt und inwiefern die Eltern mit dem Kind umgehen. Die gross angelegte amerikanische NICHD-Studie konnte zeigen, dass eine familienergänzende Betreuung vor dem ersten Lebensjahr einen negativen Einfluss auf die Eltern-Kind-Beziehung ausüben kann, jedoch nur dann, wenn sich die Mutter wenig einfühlsam gegenüber dem Kind verhält. Es gilt jedoch zu bedenken, dass sich die familienergänzende Betreuung nicht auf jedes Kind gleich auswirkt (Belsky, 2009).

Oftmals rückt in der Diskussion zu den Auswirkungen der familienergänzenden Betreuung die enorme Bedeutung des geteilten Betreuungsfeldes, zwischen dem familiären wie dem familienergänzenden Betreuungskontext aus dem Blickfeld. Dabei wird ein Kind nie ausschliesslich extrafamilial betreut. Vielmehr erfahren Kinder verschiedene Entwicklungskontexte, die sich aus der Perspektive des Kindes als kontrastierend erweisen können (Ahnert & Gappa, 2008, S. 89). Während zu Hause das Kind die oft ungeteilte Aufmerksamkeit seiner Bezugsperson erfährt, lernt es in der familienergänzenden Betreuung sich in einer Gruppe einzufügen, in der gegebenenfalls andere Regeln gelten als zu Hause. Auch kann die kognitive Anregung in der familienergänzenden Betreuung anders als in der Familie ausfallen: andere Spielsachen stehen zur Verfügung oder gegebenenfalls wird eine andere Sprache gesprochen. Insbesondere Kinder aus sogenannten bildungsfernen Kontexten können dabei entscheidend von qualitativ hochwertigen Kindertageseinrichtungen profitieren, da sie hier ein vielfältigeres und breiteres Anregungsniveau für neue Erfahrungen vorfinden als im Elternhaus (OECD, 2006; Sylva et al., 2004).

Die unterschiedlichen Bildungs- und Betreuungskontexte können sich für das Kind als komplementär und bereichernd erweisen. Die Begleitung und Diskussion der Entwicklung extrafamilial betreuter Kinder muss deshalb unter Berücksichtigung des gemeinsamen Einflusses von Familie und familienergänzendem Betreuungsangebot erfolgen. Dies erfordert eine wertschätzende Zusammenarbeit zwischen den betreuenden ErzieherInnen und den Eltern, was in der Praxis jedoch oftmals vernachlässigt wird (Ahnert, 2008, S. 383).

Die frühkindliche Bindung ist eine komplementäre, aber zugleich asymmetrische Beziehung, die durch eine kompetente erwachsene Person dominiert wird. Im Gegensatz dazu bietet die symmetrische Beziehung zu Peers dem Kind Möglichkeiten, soziale Fertigkeiten einzuüben – etwa das Lösen von Konflikten oder das Aushandeln von Kompromissen, das Eingehen auf die Wünsche und Bedürfnisse des Gegenübers oder das Erkunden von Vertrauen und Gefühlen. Analog zu den Erwachsenen-Kind-Beziehungen nehmen die Peer-Interaktionen in der frühen Kindheit an Komplexität zu (Rubin, Bukowski, & Parker, 2007). Bereits im ersten Lebensjahr reagieren Kinder auf ihre Peers in Form von Gestik, Mimik und Vokalisation. Im Verlauf des zweiten Lebensjahrs lernt das Kind sein Verhalten mit jenem eines anderen Kindes zu koordinieren, es entwickelt prosoziales Verhalten und reagiert positiver auf bekannte als auf unbekannte Peers. Ab dem Alter von zwei Jahren entwickeln sich erste Freundschaften. Zudem lernt das Kind sich in eine Gruppe zu integrieren, in der bereits im Vorschulalter Hierarchien entstehen. (Hay, Payne, & Chadwick, 2004; Rubin, Bukowski, & Parker, 2007). Auch die Qualität der Peer-Beziehung hängt zum Teil vom Temperament und den kognitiven und motorischen Kompetenzen des Kindes ab (Hay, Payne & Chadwick, 2004), wird jedoch auch durch die Qualität der Beziehung des Kindes zu seinen Bezugspersonen beeinflusst (Clark & Ladd, 2000; Schneider, Atkinson, & Tardif, 2001). Im Erwachsenen-Kind-Kontext können dabei Verhaltensweisen eingeübt werden, die auf den Peer-Kontext übertragen werden. Des Weiteren beeinflussen Erwachsene die Peer-Beziehungen, indem sie es sind, die in der frühen Kindheit den Kontakt des Kindes zu Peers ermöglichen (Ladd & Hart, 1992).

Zusammenfassend wurde in diesem Teil dargestellt, dass soziale Beziehungen dem Kind den Rahmen bieten, die Welt zu explorieren und entsprechend vielfältige Lernerfahrungen zu machen. Dies setzt voraus, dass die Beziehungen qualitativ hochwertig sind. Die Familie und innerfamiläre Beziehungen bilden nach wie vor den wichtigsten Lernkontext in der frühen Kindheit. Die Beziehungen in familienergänzenden Bildungsinstitutionen sowohl zu ErzieherInnen als auch zu Peers nehmen jedoch über die Lebensjahre eines Kindes an Bedeutung zu und können den familiären Kontext ergänzen.

## 3    Kognitive Aspekte von Lernprozessen: Das Gedächtnis

Neben der Qualität der Beziehungen wird der Lernprozess auch durch individuelle Voraussetzungen bestimmt. Von Geburt an verfügen Kinder nicht nur über ein sehr differenziertes und spezialisiertes Sinnessystem, sondern auch bereits über basale Gedächtnisfähigkeiten, die ihnen von Anfang an erlauben, aus den zahlreichen Erfahrungen zu lernen. Dem Gedächtnis kommt dabei eine Schlüsselrolle zu, da es mit der Aufnahme, der Speicherung und dem Abruf von Informationen an sämtlichen Lernprozessen beteiligt ist. Das Gedächtnis gibt Aufschluss über das Lernpotenzial und stellt einen zentralen Prädiktor für den späteren Lernerfolg dar (z.B. Alloway & Alloway, 2010, S. 25; Krajewski & Schneider, 2009, S. 524). Das Gedächtnis umfasst eine Reihe unterschiedlicher Komponenten und Prozesse (vgl. Goschke, 1996, S. 366ff; Roebers & Zölch, 2005, S. 113ff.). Häufig wird nach Gedächtnisspeichern differenziert und zwischen Gedächtnisinhalten unterschieden, die zielgerichtet abgerufen werden (explizit), und solchen, die – auch wenn sie das Verhalten prägen – nicht bewusst mobilisiert werden (implizit).

Der Entwicklungsverlauf der verschiedenen Gedächtnisspeicher ist nicht identisch. Aktuell wird davon ausgegangen, dass sich das explizite Gedächtnis über die Lebensspanne stärker verändert, während das implizite Gedächtnis weniger altersabhängig ist und bereits im ersten Lebensjahr eine zentrale Stellung einnimmt (Knopf, Goertz & Kolling, 2011, S. 86; Schneider & Pressley, 1997, S. 76). Implizite Gedächtnisleistungen wie das Wiedererkennen von Gesichtern, Bildern und Spielsachen konnten mittels Habituationsparadigma bereits wenige Tage nach der Geburt nachgewiesen werden. Über den Beginn expliziter Gedächtnisleistungen besteht weniger Einigkeit Die frühesten Nachweise beziehen sich auf das Alter von sechs Monaten. Insgesamt kann festgestellt werden, dass mit zunehmendem Alter die Gedächtniseinträge dauerhafter werden und sich die Speicherkapazität über die ersten Lebensjahre vervielfacht (vgl. Knopf et al., 2011; Rovee-Collier, Hayne, & Colombo, 2001, S. 231ff.).

Das Gedächtnis in der frühen Kindheit zeichnet sich darüber hinaus durch eine beträchtliche Diskrepanz zwischen Wiedererkennungs- und Reproduktionsleistungen aus. Die freie Reproduktion führt häufiger zu Schwierigkeiten als das Wiedererkennen, da Merkmale der Ausgangssituation sowohl innerlich repräsentiert als auch wieder hervorgerufen werden müssen (Schneider & Büttner, 2008, S. 483). Eine besondere Bedeutung für Erinnerungsleistungen kommt sogenannten *Scripts* zu. Dies sind eine Art mentaler Drehbücher von vertrauten Handlungsabläufen (z.B. Abendessen, sich ankleiden), die sich aufgrund von Alltagserfahrungen herausbilden. Seit Jahrzehnten ist bekannt, dass Scripts eine gedächtnisstützende Funktion erfüllen, doch erst in jüngerer Zeit wurde die besondere Bedeutung von Scripts für Kinder im frühen Kindesalter nachgewiesen und gezeigt, dass sie eine wichtige Unterstützung für das langfristige Behalten von Ereignissen darstellen (Weinert & Schneider, 1999). Eine wichtige Rolle beim Aufbau von Gedächtnisrepräsentationen kommt der Kommunikation zwischen dem Kind und der Bezugsperson zu. Kinder mit denen häufiger gesprochen wird, weisen nicht nur einen grösseren Wortschatz auf, sondern können sich auch besser an Ereignisse erinnern (z.B. Hudson & Fivush, 1991; Huttenlocher et al., 2010, S. 355).

Neben verschiedenen Langzeitspeichern sind im Gedächtnis für das Lernen vor allem auch Informationsverarbeitungsfähigkeiten entscheidend. Gemäss dem Arbeitsgedächtnismodell von Baddeley (1990) kann zwischen einer zentralen Steuerungseinheit und zwei Hilfssystemen für die Aufrecherhaltung und Verarbeitung räumlich-visueller und phonologischer Information unterschieden werden. Die einzelnen Komponenten weisen eine beschränkte Kapazität auf und geben dadurch vor, wie viel Information aufgenommen und verarbeitet werden kann. Ein für informationsverarbeitende Gedächtnisstrukturen häufig eingesetztes Mass ist die Behaltensspanne, die durch den Umfang einer Zahlen- oder Wörterserie, die kurzfristig behalten werden kann, bestimmt wird. Im Alter von zwei Jahren ist die Behaltensspanne noch relativ bescheiden, erweitert sich jedoch bis ins Jugendalter stetig (Dempster, 1981, S. 66). Die zunehmende Gedächtniskapazität ist nicht nur hinsichtlich der Aufnahmemenge relevant, sondern geht auch mit der Möglichkeit einher, immer komplexere Probleme zu erfassen und zu bearbeiten. Die Ursachen für die Erweiterung der Gedächtniskapazität sind vielschichtig und reichen von reifungsbedingten Veränderungen bis zum Einsatz von Behaltensstrategien und der Rolle des Vorwissens (vgl. Hasselhorn, 1995, S. 445f.). Ein qualitativer Sprung im Behalten von sprachlichen Informationen vollzieht sich, wenn es zu einer Automatisierung des „inneren Rehearsalprozesses" kommt, was in der Regel im Alter von fünf Jahren der Fall ist. Dieser innere Wiederholungsprozess sorgt dafür, dass aufgenommene sprachliche Informationen länger verfügbar sind, was die Behaltens- und Verarbeitenswahrscheinlichkeit vergrössert.

Ein weiterer zentraler Faktor der Zunahme der Gedächtnisleistung stellt das anwachsende Wissen über die Welt dar (Hasselhorn & Grube, 2006). Den Netzwerktheorien zufolge kann davon ausgegangen werden, dass die Aufnahme und Integration neuer Informationen umso besser gelingt, je reicher das Vorwissen ist. Das Vorwissen wächst mit zunehmendem Alter an, variiert aber je nach Lernkontext auch zwischen Individuen.

Zusammenfassend kann festgehalten werden, dass Kinder mit Geburt über Gedächtnisfähigkeiten verfügen, welche die Voraussetzung für Lernprozesse darstellen. Über die ersten Lebensjahre ist eine beträchtliche Zunahme der Gedächtniskapazität zu beobachten, die ihnen Möglichkeiten und Mittel an die Hand geben, zunehmend mehr und immer komplexere Informationen aufzunehmen und zu verarbeiten. Im Hinblick auf frühkindliche Bildungsprozesse besonders bedeutsam ist die Berücksichtigung interindividueller Unterschiede. Es kann davon ausgegangen werden, dass Kinder mit einem reichen Vorwissen von Bildungsanregungen mehr profitieren, da es ihnen leichter fällt, neue Inhalte aufzunehmen und zu integrieren. Es gibt jedoch wenige Befunde zu den differentiellen Effekten der Bildung in Abhängigkeit zu den unterschiedlichen Vorwissensgraden.

## 4    Bedeutung des Selbstkonzepts für das Lernen

Ein Kind eignet sich über die ersten Lebensjahre nicht nur ein sehr grosses Wissen über die Welt an, sondern erwirbt auch Wissen über sich selbst. Diese Vorstellungen, Gedanken und Gefühle über sich selbst werden mit dem Begriff *Selbstkonzept* umschrieben. Das Selbstkonzept beinhaltet sowohl eine beschreibende als auch eine bewertende Komponente. Es hat in der pädagogisch-psychologischen Literatur seit den 1980er Jahren eine verstärkte Beachtung gefunden, da es zum einen das Lernverhalten einer Person strukturiert und zum anderen Dispositionen des Lernens bündelt. Die Entwicklung des Selbstkonzepts zieht sich von der frühen Kindheit bis ins Erwachsenenalter. In den ersten Lebensjahren ist das Selbstkonzept eines Kindes noch relativ variabel und erfährt mit dem Schuleintritt des Kindes und den zunehmenden sozialen Vergleichen eine grössere Festigkeit (Trzesniewski, Donnellan, & Robins, 2000, S. 209).

Eine elementare Voraussetzung für den Aufbau des Selbstkonzepts besteht darin, zwischen sich und anderen unterscheiden zu können. In den ersten Lebensmonaten ist dies nicht gegeben. Ein zentrales Moment dabei stellt das Erkennen der eigenen Wirkung auf die Umwelt dar, in dem zum Ausdruck kommt, dass das Kind zumindest eine rudimentäre Vorstellung des Selbst entwickelt hat. Dies ist ab einem Alter von vier Monaten an den unterschiedlichen Reaktionen auf selbst- und fremdverursachte Effekte festzustellen (Siegler, DeLoache, & Eisenberg, 2011, S. 430). Noch deutlicher tritt die Entwicklung des Selbst hervor, wenn sich das Kind im Alter von 18 bis 20 Monaten im Spiegel erkennt (z.B. Brooks-Gunn & Lewis, 1984, S. 220ff.). Ebenfalls gut beobachtbar ist der Prozess der Selbstentwicklung in Handlungen des „Selbermachenwollens", mit dem das Kind die Urheberschaft seiner Handlungen und Wirkungen bekräftigt.

Sobald das Kind eine Vorstellung von sich als Person aufgebaut hat, beginnt es Wissen über sich selber anzueignen und dieses zu bewerten. Dies geschieht zum einen durch Selbstbeobachtungsprozesse und zum anderen durch Interaktionen mit anderen. Dabei erhält das Kind implizite und explizite Rückmeldungen zu seinem Verhalten und internalisiert Vorstellungen, die an es herangetragen werden (Dweck, 2002, S. 60f.).

Die kindliche Selbstwahrnehmung und -bewertung ist von hoher Relevanz, da diese in starker Verbindung mit der Freude am Lernen und der Anstrengungsbereitschaft steht. Zudem entwickeln Kinder mit einem positiven Selbstkonzept seltener eine Leistungsängstlichkeit (vgl. Roebers, 2007, S. 386ff.). In Studien mit Schulkindern zeigt sich, dass das Selbstkonzept nicht nur mit der Lernorientierung eines Kindes in einem Zusammenhang steht, sondern auch mit den tatsächlichen Schulleistungen korreliert. Kinder mit einem positiven Selbstkonzept weisen höhere Leistungen auf im Vergleich zu Kindern, die sich geringere Fähigkeiten zuschreiben. Bei der Frage, wodurch dieser Zusammenhang bedingt ist, bestehen in der Forschung unterschiedliche Positionen: Der *Self-Enhancement-Ansatz* sieht die Ursache dieses Zusammenhangs im Selbstkonzept (Calsyn & Kenny, 1977), während der *Skill-Development-Ansatz* postuliert, dass die Leistungen über Feedback-Prozesse hauptsächlich das Selbstkonzept beeinflussen (Guay, Marsh, & Boivon, 2003). Da in Bezug auf beide Annahmen Evidenz vorliegt, wird gegenwärtig von einem reziproken Wirkzusammenhang ausgegangen (vgl. Roebers, 2007, S. 387f.).

In der frühen Kindheit bildet sich das Selbstkonzept erst allmählich heraus und scheint noch nicht von denselben Faktoren abzuhängen wie im Schulalter. Forschungen zeigen, dass in der frühen Kindheit erst ein geringer Zusammenhang zwischen dem Selbstkonzept und den effektiven Leistungen besteht und auch die Stabilität des Selbstkonzepts in den Vorschuljahren noch deutlich geringer ist im Vergleich zum Schul- und Erwachsenenalter (Helmke, 1999, S. 211f.; Trzesniewski et al., 2000, S. 209). Typisch für Kinder im Vorschulalter ist, dass sie ihre eigenen Fähigkeiten überschätzen. In der Forschungsliteratur wird von einem „kindlichen Überoptimismus" gesprochen, der sich erst im Laufe der Schulzeit allmählich reduziert (Helmke, 1999, S. 204). Die Überschätzung der eigenen Fähigkeiten scheint sich durch die Konfundierung zwischen Fähigkeiten und Anstrengung, die mangelnde Differenzierung zwischen Wunsch und Realität sowie den noch seltener vorliegenden sozialen Vergleichen mit Peers zu erklären (Dweck, 2002, S. 60ff.).

Auch wenn die Fähigkeitseinschätzung nicht der Realität entspricht, hat sie für das Lernen einen funktionalen Charakter. Denn gerade weil Vorschulkinder ihre Fähigkeiten überschätzen und der Überzeugung sind, mit Anstrengung alles erreichen zu können, weisen sie eine sehr hohe Lernbereitschaft und Lernfreude auf (Hasselhorn, 2011, S. 16ff.).

Obwohl im Vorschulalter bei Kindern ein grundsätzlich positives Selbstkonzept festgestellt werden kann, bestehen beträchtliche interindividuelle Unterschiede zwischen den Kindern. Die Unterschiede zeigen sich im Neugier- und Explorationsverhalten, in der Freude, neue Dinge auszuprobieren, im Initiieren neuer Aktivitäten und im Stolz über das eigene Werk. Ebenso reagieren Kinder mit einem ungünstigen Selbstkonzept stärker auf Stress, Frustration und Kritik (Harter, 2006). Die Differenzen im Selbstkonzept von Vorschulkindern scheinen in hohem Mass durch soziale Beziehungen geprägt und mit unterschiedlichen Erziehungsstilen verknüpft zu sein. Kinder, die eine akzeptierende, gefühlvolle und ermutigende Erziehung erleben und von den Erwachsenen ernst genommen werden, scheinen ein günstigeres Selbstkonzept zu entwickeln (Brown et al., 2009, S. 184ff.; Harter, 2006).

Auch wenn verschiedene Befunde den zentralen Stellenwert des Selbstkonzepts für frühkindliche Bildungsprozessen aufgezeigt haben, bestehen beträchtliche Lücken bezüglich der genauen Wirkzusammenhänge. Interessant scheinen besonders die Frage der Rolle von Erziehenden in der Entwicklung des Selbstkonzepts und die Frage, wie Kinder mit einem ungünstigen Selbstkonzept unterstützt werden können.

## 5    Schluss

Dieser Beitrag hat aus entwicklungspsychologischer Perspektive das Lernen im frühen Kindesalter beleuchtet. Es wurde aufgezeigt, dass Kinder in den ersten Lebensjahren sehr grosse Entwicklungsfortschritte vollziehen. Bereits Säuglinge sind mit basalen Fähigkeiten und Fertigkeiten ausgestattet, mit denen sie von Anfang an aus Erfahrungen lernen können. Eingebettet in ein soziales Umfeld eignen sich Kinder in den ersten Lebensjahren ein immenses Wissen an und erweitern ihre Fähigkeiten stetig. Diese beträchtlichen Entwicklungsveränderungen als Ausdruck eines quasi grenzenlosen Lern- und Bildungspotenzials in der frühen Kindheit zu interpretieren, zielt jedoch an der Wirklichkeit vorbei. Vielmehr findet die Entwicklung in einem spezifischen Rahmen und damit in bestimmten Grenzen statt. Wie hier exemplarisch an den Dimensionen Beziehungsnetz, Gedächtnis und Selbstkonzept dargelegt wurde, bestehen kontextuelle und altersspezifische Lernvoraussetzungen. Konzepten wie „kompetenter Säugling" oder „immenses frühkindliches Lernpotenzial" kommt gewiss das Verdienst zu, mit Vorstellungen vom Kind als einem passiven Wesen gebrochen zu haben. Jedoch verhindert die häufig pauschale Verwendung dieser Begriffe eine differenzierte Erfassung der tatsächlich bestehenden individuellen und kontextuellen Lernvoraussetzungen. Im Hinblick auf die Gestaltung frühkindlicher Bildungsprozessen sind ihre Kenntnis von hoher Relevanz.

Aus diesem Beitrag geht ebenfalls hervor, dass der frühen Kindheit eine grosse Bedeutung hinsichtlich der Herausbildung von Lerndispositionen zukommt. Bereits in Interaktionen mit der Bezugsperson bilden sich entsprechende Verhaltensweisen heraus, die beispielsweise in der Art und Weise des kindlichen Explorierens zum Ausdruck kommen. Es kann davon ausgegangen werden, dass die in der frühkindlichen Kindheit angeeigneten Lerndispositionen relativ dauerhaft sind und aktuelle und künftige Lernprozesse beeinflussen. Die Fokussierung auf Bildungs*inhalte*, welche der vorherrschende Bildungsdiskurs vollzieht, scheint hier Wesentliches auszublenden. Während ein Grossteil von vermittelten Bildungsinhalten auch in späteren Lebensphasen angeeignet werden kann, lassen sich hingegen einmal erwobene Bildungsdispositionen nur sehr schwer verändern. Frühkindliche Bildungsprozesse sollten daher vermehrt auch auf die Aneignung von Lerndispositionen und nicht nur auf den Erwerb eines bestimmten Wissensbestandes ausgerichtet sein.

Hinsichtlich früher Bildungsprozesse gilt es ebenfalls zu bedenken, dass zwischen Kindern deutliche Unterschiede in den Lernvoraussetzungen und Lernausgangslagen bestehen. Wird mit der frühkindlichen Bildung das Ziel verfolgt, Ungleichheiten in den Ausgangsbedingungen der Kinder entgegenzuwirken, ist es erforderlich, differenzielle Effekte frühkindlicher Bildung und früher Interventionen zu überprüfen. Zwar besteht in einzelnen Entwicklungsbereichen (z.B. bei mathematischen Vorläuferfähigkeiten und phonologischer Bewusstheit) Wissen zu wirksamen Bildungsprogrammen, die insbesondere auch Kindern mit ungünstigen Voraussetzungen zugute kommen. Häufig wird jedoch der Frage, inwiefern frühe Bildungsangebote dazu beigetragen, den Rückstand von Kindern mit ungünstigen Entwicklungsvoraussetzungen aufzuholen, wenig Beachtung geschenkt. Ebenso steht die systematische Erforschung von Entwicklungsverläufen von Kindern unterschiedlicher sozialer oder kultureller Herkunft weiterhin aus.

## 6    Literatur

Ahnert, L. (2007). Von der Mutter-Kind- zur Erzieherinnen-Kind-Bindung. In F. Becker-Stoll & M.R. Textor (Hrsg.), *Die Erzieherin-Kind-Beziehung. Zentrum von Bildung und Erziehung* (S. 31–41). Berlin, Düsseldorf & Mannheim: Cornelsen Scriptor.

Ahnert, L. (2008). Entwicklung in kombinierter familiärer und außerfamiliärer Kleinkind- und Vorschulbetreuung In M. Hasselhorn & W. Schneider (Hrsg.), *Handbuch der Psychologie, Band 7 Handbuch der Entwicklungspsychologie* (S. 373–408). Göttingen: Hogrefe.

Ahnert, L. & Gappa, M. (2008). Entwicklungsbegleitung in gemeinsamer Erziehungsverantwortung. In Maywald, J. & Schön, B. (Hrsg.), *Krippen: Wie frühe Betreuung gelingt* (S. 74–95). Weinheim: Beltz.

Ahnert, L., Pinquart, M. & Lamb, M.E. (2006). Security of children's relationships with non- parental care providers: A meta-analysis. *Child Development, 74*, 664–679.

Ainsworth, M.D.S. (1972). Attachement and dependency: A comparison. In J.L. Gewitz (Hrsg.), *Attachement and dependency* (S. 97–137). New York: Wiley.

Ainsworth, M.D.S., Blehar, M.C., Waters, E. & Wall, S. (1978). *Patterns of attachment: A Psychological study of the strange situation.* Hillsdale, NJ: Erlbaum.

Alloway, T. & Alloway, R. (2010). Investigating the predictive roles of working memory and IQ in academic attainment. *Journal of Experimental Child Psychology, 106*(1), 20–29.

Baddeley, A.D. (1990). *Human Memory Theory and Practice.* Boston: Allyn and Bacon.

Belsky, J. (2009). Early day care and infant-mother attachment security. In R.E. Tremblay, R.G. Barr, R.D.V. Peters & M. Boivin (Hrsg.). *Encyclopedia on Early Childhood Development* [online]. Montreal, Quebec: Centre of Excellence for Early Childhood Development. Download 31.01.2012 von http://www.child-encyclopedia.com/documents/BelskyANGxp-Attachment.pdf.

Bowlby, J. (1969), *Attachment and loss, Vol. 1: Attachment.* New York: Basic Books.

Brooks-Gunn, J. & Lewis, M. (1984). The development of early visual self-recognition. *Developmental Review, 4*(3), 215–239.

Brown, G., Mangelsdorf, S., Neff, C., Schoppe-Sullivan, S. & Frosch, C. (2009). Young children's self-concepts: Associations with child temperament, mothers' and fathers' parenting, and triadic family interaction. *Journal of Developmental Psychology, 55*(2), 184–216.

Calsyn, R. & Kenny, D. (1977). Self-concept of ability and perceived evaluation of others: Cause or effect of academic achievement? *Journal of Educational Psychology, 69*(2), 136–145.

Clark, K. & Ladd, G. (2000). Connectedness and autonomy support in parent-child relationships: Links to children's socioemotional orientation and peer relationships. *Developmental Psychology, 36*, 485–498.

De Schipper, J.C., Tavecchio, L.W.C. & van IJzendoorn, M.H. (2008). Children's attachment relationships with day care caregivers: Associations with positive caregiving and the child's temperament. *Social Development, 17*(3), 454–470.

Dempster, F. (1981). Memory span: Sources of individual and developmental differences. *Psychological Bulletin, 89*(1), 63–100.

Dweck, C. (2002). The development of ability conceptions. In A. Wigfield & J. Eccles (Hrsg.), *Development of achievement motivation (S. 57–88).* San Diego, CA: Academic Press.

Goschke, T. (1996). Lernen und Gedächtnis:Mentale Prozesse und Gehirnstrukturen. In G. Roth & W. Prinz (Hrsg.), *Kopf-Arbeit.* Heidelberg: Spektrum Akademischer Verlag.

Guay, F., Marsh, H. & Boivin, M. (2003). Academic self-concept and academic achievement: Developmental perspectives on their causal ordering. *Journal of Educational Psychology, 95*(1), 124–136.

Harter, S. (2006). The Self. In N. Eisenberg, W. Damon & R. Lerner (Hrsg.), *Handbook of child psychology. Social, emotional, and personality development* (S. 505–570). New York: John Wiley.

Hasselhorn, M. (1995). Individuelle Differenzen im Bereich des Lernens und des Gedächtnisses. In M. Amelang (Hg.), *Verhaltens- und Leistungsunterschiede. Enzyklopädie der Psychologie* (S. 435–468). Göttingen: Hogrefe.

Hasselborn, M. (2011). Lernen im Vorschul- und frühen Schulalter. In F. Vogt, M. Leuchter, A. Tettenborn, U. Hottinger, & E. Wannack (Hrsg.), *Entwicklung und Lernen junger Kinder (S. 11–22).* Münster: Waxmann.

Hasselborn, M. & Grube D. (2006). Gedächtnisentwicklung. In W. Schneider & B. Sodian (Hrsg.), *Kognitive Entwicklung. Enzyklopädie der Entwicklungspsychologie* (S. 271–325). Göttingen: Hogrefe.

Hay, D.F., Payne, A. & Chadwick, A. (2004). Peer relations in childhood. *Journal of Child Psychology and Psychiatry, 45*(1), 84–108.

Helmke, A. (1999). From optimism to realism? Development of children's academic self-concept from kindergarten to grade 6. In F.E. Weinert & W. Schneider. (Hrsg.), *Individual development from 3 to 12.* (S. 198–221). Cambridge: Cambridge University Press.

Hudson, J. & Fivush, R. (1991). As time goes by: Sixth graders remember a kindergarten experience. *Applied Cognitive Psychology, 5*(4), 347–360.

Huttenlocher, J., Waterfall, H., Vasilyeva, M., Vevea, J. & Hedges, L. (2010). Sources of variability in children's language growth. *Cognitive Psychology, 61*(4), 343–365.

Knopf, M., Goertz, C., & Kolling, T. (2011). Entwicklung des Gedächtnisses bei Säuglingen und Kleinkindern. *Psychologische Rundschau, 62,* 85–92.

Krajewski, K. & Schneider, W. (2009). Early development of quantity to number-word linkage as a precursor of mathematical school achievement and mathematical difficulties: Findings from a four-year longitudinal study. *Learning and Instruction, 19*(6), 513–526.

Ladd, G.W. & Hart, C.H. (1992). Creating informal play opportunities: Are parents' and preschoolers' initiations related to children's competence with peers? *Developmental Psychology, 28*(6), 1179–1187.

NICHD Early Child Care Research Network (2006). Infant-mother attachment classification: Risk and protection in relation to changing maternal caregiving quality. *Developmental Psychology, 42*(1), 38–58.

OECD Organisation for Economic Co-operation and Development(2006). *Starting strong II: early childhood education and care.* Paris: Organisation for Economic Co-operation and Development.

Roebers, C. (2007). Entwicklung des Selbstkonzeptes. In M. Hasselhorn & W. Schneider (Hrsg.), *Handbuch der Entwicklungspsychologie.* Göttingen: Hogrefe.

Roebers, C. & Zoelch, C. (2005). Erfassung und Struktur des phonologischen und visuell-räumlichen Arbeitsgedächtnisses bei 4-jährigen Kindern. *Zeitschrift für Entwicklungspsychologie und Pädagogische Psychologie, 37*(3), 113–121.

Rovee-Collier, C., Hayne, H. & Colombo, M. (2001). *The development of implicit and explicit memory.* Amsterdam: John Benjamins Pub. Co.

Rubin, K.H., Bukowski, W. & Parker, J. (2007). Peer interactions, relationships, and groups. In W. Damon & R.M. Lerner (Hrsg.), *Handbook of Child Psychology* (S. 571–645). Hoboken, NJ: John Wiley & Sons.

Schneider, B.H., Atkinson, L. & Tardif, C. (2001). Child-parent attachement and children's peer relations: A quantiative review. *Developmental Psychology, 37*(1), 86–100.

Schneider, W. & Buettner, G. (2008). Entwicklung des Gedächtnisses. In R. Oerter & L. Monatada (Hrsg.), *Entwicklungspsychologie.* Weinheim: Beltz.

Schneider, W. & Pressley, M. (1997). *Memory development between two and twenty (2nd ed.).* Mahwah (N.J.): Lawrence Erlbaum.

(SAKE) Schweizerische Arbeitskräfteerhebung (2009). *Gleichstellung von Frau und Mann – Daten, Indikatoren: Familienergänzende Kinderbetreuung.* Neuchâtel: Bundesamt für Statistik. Download 10.02.2012 von http://www.bfs.admin.ch/bfs/portal/de/index/themen/20/05/blank/key/Vereinbarkeit/05.html

Siegler, R.S., DeLoache, J. & Eisenberg, N. (2011). *Entwicklungspsychologie im Kindes- und Jugendalter (3. Aufl.).* Heidelberg: Spektrum Akademischer Verlag.

Sylva, K., Melhuish, E., Sammons, P., Siraj-Blatchford, I., & Taggart, B. (2004). *The effective provision of preschool education (EPPE) project: Final Report – A longitudinal study funded by the DfES 1997–2004.* London: The Institute of Education.

Trzesniewski, K., Donnellan, M. & Robins, R. (2003). Stability of self-esteem across the life span. *Journal of Personality and Social Psychology, 84*(1), 205–220.

Vygotsky, L.S. (1978). Interaction between learning and development. In M. Cole, V. John-Steiner, S. Scribner & E. Souberman (Hrsg.), *Mind in society: The development of higher psychological processes* (S. 79–91). Cambridge, MA: Harvard University Press.

Weinert, F.E. & Schneider, W. (1999). *Individual development from 3 to 12. Findings from the Munich longitudinal study.* Cambridge: University Press.

# Lernen als kritischer Mechanismus geistiger Entwicklung: Kognitionspsychologische und neurowissenschaftliche Grundlagen frühkindlicher Bildung

Henrik Saalbach, Roland H. Grabner und Elsbeth Stern

## 1    Einleitung

Unterricht entspricht einem komplexen Zusammenspiel zwischen dem Angebot der Lehrpersonen und dessen „Lernnutzung" durch die Kinder (Helmke, 2006). Dabei haben sowohl die Qualität des unterrichtlichen Angebots, die in enger Beziehung zu den professionellen Kompetenzen der Lehrperson steht, als auch die psychischen, physischen und soziodemographischen Eingangsvoraussetzungen der Kinder einen großen Einfluss auf die Effektivität der Angebotsnutzung. Das gilt in besonderer Weise für den Unterricht von jungen Kindern, die massiven Veränderungen etwa im kognitiven, sozialen und emotionalen Bereich unterliegen. Im vorliegenden Beitrag möchten wir uns aus Richtung der kognitiven und neurowissenschaftlichen Entwicklungspsychologie der Frage nach dem Potential und den Bedingungen der Bildung junger Kinder nähern. Diese Perspektiven unterstützen Lehrpersonen dabei, den stufenbezogenen Anforderungen der ersten Bildungsjahre gerecht zu werden, da die entwicklungsbedingten Besonderheiten dieser Altersstufe bestimmend für die charakteristischen Anforderungen an den Unterricht und an die Lehrpersonen sind. ‚Unterricht' bezieht sich hier selbstverständlich nicht auf das klassische Klassenzimmer-Setting, sondern auf das gezielte Anregen von Lernprozessen durch die Lehrperson. In diesem Sinne kann also auch das gemeinsame Betrachten eines Buches, die Unterhaltung über den gestrigen Zooausflug oder das Ankleiden und Aufräumen ‚Unterricht' sein.

Zunächst skizzieren wir kurz die neuronalen Veränderungen durch Entwicklung und Lernen, die oft als Referenz für Motivation und Marketing von Programmen zur frühen Bildung dienen. Dabei machen wir allerdings deutlich, dass es zwar eine sensible Phase zur Vermittlung bildungsrelevanten Wissens zu geben scheint, diese aber viel länger Bestand hat, als bisher angenommen. Statt neuronale Zeitfenster abzupassen, sollte es vielmehr darum gehen, den Erwerb von anschlussfähigem Wissen zu unterstützen etwa durch Differenzieren und Elaborieren veranlagter Wissenselemente oder durch die Förderung der (kognitiven) Auseinandersetzung junger Kinder mit Phänomenen ihrer Umwelt. Tatsächlich haben die Wissensbestände, über die Kinder in bestimmten Bereichen bereits verfügen, einen großen Einfluss auf ihr Lernen und damit auf ihre geistige Entwicklung. Lernen kann daher auch als ein langwieriger Prozess der Umstrukturierung und Ausdifferenzierung bestehender Wissenseinheiten konzeptualisiert werden. Je nach Lern- und Übungsgelegenheiten kann die Kompetenzentwicklung in den einzelnen Wissensbereichen ganz unterschiedlich verlaufen. Die herausragende Bedeutung bereichsspezifischen Vorwissens verdeutlichen wir anhand von Bespielen aus verschiedenen Domänen. Obwohl dabei betont wird, dass es keine zentrale übergreifende Kompetenz gibt, deren Entwicklung einen Wissenszuwachs in verschiedenen Bereichen ohne weiteres zur Folge hat, gibt es doch wichtige Voraussetzungen für erfolgreiche Lernprozesse. Zwei Faktoren sollen dabei im Fokus stehen, deren Berücksichtigung in den Bildungsangeboten für junge Kinder besonders wichtig ist: die Sprache und das Arbeitsgedächtnis. Schließlich möchten wir noch aufzeigen, welche praktischen Implikationen aus den Ergebnissen der kognitiven und neurowissenschaftlichen entwicklungspsychologischen Forschung für den Unterricht mit jungen Kindern abgeleitet werden können.

## 2    Lernen und Entwicklung aus Sicht der kognitiven Neurowissenschaft: Die gesamte Kindheit ist eine sensible Phase

Durch den breiten Einsatz moderner neurowissenschaftlicher Verfahren wie der Magnetresonanztomografie hat sich unser Wissen über entwicklungs- und lernbedingte Veränderungen im Gehirn in den letzten zwei Jahrzehnten dramatisch vergrößert. Mit diesem Wissenszuwachs einher ging die Frage, inwieweit die beobachteten Veränderungen bei der pädagogischen Arbeit mit Kindern zu berücksichtigen seien. Ist es der Fall, dass Kindern bestimmte Lernerfahrungen in vorgelegten Entwicklungsphasen ermöglicht werden sollten, da sie die entsprechenden Inhalte andernfalls schlechter oder gar nicht erwerben können? Hinter dieser Frage verbirgt sich meist die Besorgnis, dass kritische Phasen existieren, die man verpassen könnte. Wie die folgenden Ausführungen zeigen, ist diese Besorgnis unter normalen Entwicklungsbedingungen jedoch nicht begründet.

Ein charakteristisches Merkmal in der Entwicklung des menschlichen Gehirns (wie auch in jeder anderer Spezies) besteht in der Abfolge von progressiven und regressiven Veränderungen, die letztendlich die Reorganisation neuronaler Verschaltungen ermöglichen (für Überblicksartikel, vgl. Andersen, 2003; Goswami, 2004; Munakata, Casey,

& Diamond, 2004). Progressive Veränderungen zeigen sich vor allem in der steigenden Produktion synaptischer Verbindungen (Synaptogenese) nach der Geburt bis nach einer gewissen Zeit ein Maximum erreicht wird. Zum Zeitpunkt des Maximums ist jedes Neuron im Gehirn junger Kinder mit einer größeren Zahl anderer Neuronen verschaltet als im Erwachsenengehirn. Beispielsweise ist im Alter zwischen 4 und 12 Monaten die Dichte der synaptischen Verbindungen in der Gehirnregion für visuelle Informationsverarbeitung (dem visuellen Kortex) etwa eineinhalbmal so groß wie bei Erwachsenen. Dieser Phase der Überproduktion folgt eine regressive Veränderung in Form der Elimination synaptischer Verbindungen, welcher auch als neuronale Bereinigung ('neural pruning') bezeichnet wird (Huttenlocher & Dabholkar, 1997). Im visuellen Kortex dauert diese Bereinigung ungefähr bis zum 4. Lebensjahr an, dann ist bereits das Erwachsenenniveau erreicht.

Dieser umgekehrte U-förmige Verlauf in der Entwicklung synaptischer Verbindungen wurde sowohl in histologischen Post-Mortem-Untersuchungen als auch in den strukturellen Bildern aus der Magnetresonanztomographie gefunden. In letzteren dient das Ausmaß der grauen Substanz als Indikator für die Zahl von Neuronen und synaptischen Verbindungen. Diese steigt ebenso bis zu einem gewissen Alter an und nimmt danach ab (z.B. Giedd et al., 1999; Gogtay et al., 2004; Sowell et al., 2003). Bemerkenswert ist hierbei der Befund, dass sich dieser Prozess in verschiedenen Gehirnregionen unterschiedlich schnell vollzieht. Jene Teile des Gehirns, die für grundlegende sensorische und motorische Funktionen zuständig sind (wie beispielsweise der visuelle Kortex), erreichen das Maximum an grauer Substanz und schließlich das geringere Erwachsenenniveau deutlich früher als jene Areale, die komplexere kognitive Funktionen (wie das Arbeitsgedächtnis) unterstützen. Im präfrontalen Kortex – ein zentrales Areal für Arbeitsgedächtnis- und exekutive Funktionen – finden sich sogar bis ins frühe Erwachsenenalter Abnahmen in der grauen Substanz.

Heute besteht weitgehender Konsens darin, dass im Lauf der regressiven Veränderungen jene synaptischen Verbindungen eliminiert werden, die nicht genutzt werden ('use it or lose it'). Die verbleibenden, genutzten Verbindungen hingegen werden verstärkt und durch die Myelinummantelung der Axone sogar beschleunigt. Dies gilt auch für neue synaptische Verbindungen, die im Zuge von Lernprozessen gebildet werden. Je häufiger bestimmte Neuronen gemeinsam aktiviert werden, desto höher ist die Wahrscheinlichkeit einer stabilen synaptischen Verschaltung. Hebb (1949) beschrieb dies mit den Worten: What fires together, wires together (vgl. Cooper, 2005).

Lernerfahrungen schlagen sich somit sowohl im Abbau nicht genutzter Verbindungen als auch im Aufbau neuer Verbindungen nieder. Doch gibt es Phasen, in denen dies besser von statten geht? Zur Beantwortung dieser Frage ist es hilfreich zwei Arten von Lernerfahrungen und deren Zusammenhang mit der Plastizität des Gehirns zu unterscheiden (Greenough, Black, & Wallace, 2008). Auf der einen Seite stehen jene Lernerfahrungen, die erforderlich sind, um genetisch festgelegte Entwicklungsmechanismen in Gang zu setzen. Da vom Gehirn bestimmte Lernerfahrungen erwartet werden, spricht man auch von erfahrungserwartender Plastizität. Bleiben die Erfahrungen aus, finden keine Um-

strukturierungen im Gehirn statt. Diese Form von Plastizität wurde mehrfach in Tierexperimenten nachgewiesen und prägte den Begriff der kritischen Phasen. Beispielsweise
wurde gezeigt, dass die postnatale mehrwöchige Deprivation visueller Reize bei Katzen-
babys (z.B. durch Zukleben der Augenlider) zu einer Beeinträchtigung der Sehfähigkeit
führt, die nicht mehr reversibel ist. Mit anderen Worten erwartet das Gehirn in kritischen Phasen bestimmte Lernerfahrungen, ohne die die entsprechenden Entwicklungsprozesse nicht (vollständig) ablaufen können. Außerhalb dieser Zeitfenster können diese
auch nicht mehr nachgeholt werden. Daher sind Altersabhängigkeit und Irreversibilität
die zentralen Charakteristika von kritischen Phasen.

Kritische Phasen wurden praktisch ausschließlich in Tierexperimenten beobachtet, in
denen natürlich vorkommende Reize vorenthalten wurden. Auch wenn die Übertragbarkeit dieser Befunde auf die menschliche Gehirnentwicklung fraglich ist, kann daraus der
Schluss gezogen werden, dass man sich nicht aktiv darum bemühen muss, Kindern während bestimmter Entwicklungsphasen besonders viele Reize einer Art zu präsentieren.
Die für die Entwicklung relevanten Reize kommen überall vor. Man muss lediglich darauf achten, dass diese Reize unter gewissen Umständen nicht vorenthalten werden – wie
dies zum Beispiel der Fall sein könnte, wenn während der Entwicklung der für das Hören
zuständigen auditorischen Hirnregionen Mittelohrentzündungen unerkannt bleiben.

Für die pädagogische Arbeit mit Kindern relevanter ist die zweite Art der Plastizität
des Gehirns, die sogenannte erfahrungsabhängige Plastizität. Vereinfacht ausgedrückt
bedeutet dies, dass sich das Gehirn in Abhängigkeit von Lernerfahrungen verändert, für
die es kein festgelegtes genetisches Programm gibt. Dies betrifft all jene Lernerfahrungen, um die es im Schulunterricht geht – wie Lesen, Schreiben oder Rechnen. Auf diese
Kulturtechniken konnte sich unser Gehirn genetisch nicht vorbereiten, weil es sie erst seit
einem entwicklungsgeschichtlich relativ kurzen Zeitraum gibt. Wie weiter unter dargestellt, werden im Zuge dieser Lernerfahrungen gewisse biologisch fundierte Ressourcen
genutzt und massiv ausgebaut (z.B. die angeborene Fähigkeit zur Quantifizierung sehr
kleiner Mengen für die Entwicklung mathematischer Kompetenz). Hervorzuheben ist,
dass es für diese Art von Lernerfahrungen keine Belege für die Existenz kritischer Phasen
gibt, außerhalb derer Lernen nicht mehr möglich wäre und Entwicklungsdefizite grundsätzlich nicht mehr nachgeholt werden könnten.

Die Unterscheidung von Lernen im Rahmen der erfahrungserwartenden und erfah-
rungsabhängigen Plastizität spiegelt sich letztlich auch in den oben kurz dargestellten
Befunden über die Gehirnentwicklung wider. Gehirnareale, die für grundlegende sensorische und motorische Funktionen zuständig sind, reifen vergleichsweise früh heran
und dürften dafür – auch wenn dies aus ethischen Gründen bei Menschen experimentell
nicht nachgewiesen werden kann – lediglich die universell vorkommenden Umweltreize
benötigen. Jene Teile des Gehirns, die für höhere kognitive Prozesse zuständig sind (wie
z.B. frontale Regionen) zeigen einen langandauernden Reifungsprozess, der nach aktuellen Befunden bis ins frühe Erwachsenenalter reicht. Ungeachtet der Tatsache, dass in
jedem Lebensabschnitt Lernen und die damit verbundenen Veränderungen im Gehirn
möglich sind, deuten diese Befunde zumindest darauf hin, dass lernförderliche Zeitfens-

ter beim Menschen sehr lange offen sind und sich nur langsam schließen. Daher wird häufig von sensitiven Phasen gesprochen, in denen – im Gegensatz zu kritischen Phasen – die Effekte von Lernerfahrungen lediglich größer sein könnten als in anderen Phasen (Bailey, 2002). Vor diesem Hintergrund macht es Sinn, die gesamte Kindheit als sensible Phase zu betrachten, in der geeignete Rahmenbedingungen für die erfahrungsabhängige Plastizität geschaffen werden sollten.

## 3 Lernen und Entwicklung aus Sicht der kognitiven Entwicklungspsychologie: *It's the knowledge stupid!*

Wer sich mit Entwicklung und Lernen junger Kinder beschäftigt, kommt an den Theorien Vygotskys und Piaget nicht vorbei. Auf deren Arbeiten gründet die moderne Entwicklungspsychologie. Vygotsky (1962) erkannte in der Sprache, dem primären symbolischen System, eine der wichtigsten Unterstützerin der kognitiven Entwicklung: Wenn Sprache internalisiert wird ('innere Sprache'), ist sie grundlegend für die Organisation der kognitiven Aktivitäten des Kindes. Weiter unten wird noch näher auf die herausragende Rolle der Sprache für die Entwicklung und das Lernen junger Kinder eingegangen. Ein weiterer wichtiger Aspekt in den Schriften von Vygotsky ist der Begriff der 'Zone der nächsten Entwicklung', der sich auf jenes Lernpotential des Kindes bezieht, das nur mit Unterstützung eines Erwachsenen bzw. einer Lehrperson genutzt werden kann (Lev S. Vygotsky, 1978). Lehrpersonen müssen daher die Zone der nächsten Entwicklung eines Kindes erkennen können und die Instruktion entsprechend darauf ausrichten. Mit anderen Worten: Das Lernen des Kindes richtet sich nach dem, was es schon weiß.

Im Zusammenspiel zwischen bestehenden Wissensstrukturen und neuen Informationen sah auch Piaget die entscheidende Quelle der intellektuellen Entwicklung des Kindes. In seiner genetisch-konstruktivistischen Erkenntnistheorie postuliert er das Streben nach einem kognitiven Gleichgewicht als entscheidende Motivation für das Lernen des Kindes. Können neue Informationen in bestehende Wissensstrukturen nicht integriert (oder: assimiliert) werden, wird dieses Gleichgewicht gestört, und die Wissensstrukturen müssen verändert bzw. differenziert (oder: akkomodiert) werden. Zentral für das Werk Piagets ist der Begriff der Konstruktion. Demnach ist das Zusammenspiel zwischen Assimilation und Akkomodation, also zwischen Integration und Anpassung, kein passives Geschehen, sondern ein im Austausch mit der sozialen und natürlichen Umwelt stehender aktiver Konstruktions- und Selbstorganisationsprozess (Reusser, 2006).

Piagets Konzeption des Wissenserwerbs als individuelle Konstruktion hatte und hat nach wie vor einen entscheidenden Einfluss auf die Lernpsychologie und Pädagogik. Hingegen erfuhr seine strukturalistische Entwicklungstheorie – insbesondere die Vorstellung von einer sich in Stufen vollziehenden Entwicklung vom Konkreten zum Abstrakten – eine deutliche Relativierung. Beispielsweise schrieb Piaget Kindern im Vorschul- und Grundschulalter eine sehr beschränkte Abstraktionsfähigkeit zu. Jedoch konnte vielfach gezeigt werden, dass sich bei Umformulierungen oder Einbettungen der von Piaget entwickelten

Aufgaben in andere Kontexte die Lösungsraten dramatisch erhöhen. Ob Aufgaben eines bestimmten Abstraktions- und Komplexitätsgrades gelöst werden können oder nicht, hängt entscheidend vom bereichsspezifischen Vorwissen ab. Leistungsunterschiede in unterschiedlichen schulischen Kompetenzbereichen wie Mathematik und Schriftspra-cherwerb lassen sich besser durch bereichsspezifisches Wissen als durch allgemeine Ab-straktionsfähigkeit erklären (vgl. Stern, 2008; Weinert, 1998; Weinert & Helmke, 1997).

Die große Bedeutung von bereichsspezifischem Wissen gegenüber einer allgemeinen domänenübergreifenden Kompetenz zur Vorhersage von bereichsspezifischer Leistung wurde auch durch die Expertiseforschung deutlich. So konnte gezeigt werden, dass die Voraussetzung für Höchstleistung in Bereichen wie Schachspielen, Mathematik oder Physik eine breite und flexibel zugängliche Wissensbasis ist. Interessant ist in diesem Zusammenhang auch, dass es bereits Kindern gelingen kann, in speziellen Bereichen eine Expertise aufzubauen. Beispielsweise untersuchte Chi (1978) die Gedächtnisleistung von etwa 10-jährigen schacherfahrenen Kindern und verglich diese mit der von wenig schacherfahrenen Erwachsenen. Die Aufgabe bestand darin, eine für 10 Sekunden prä-sentierte Schachkonstellation anschließend aus der Erinnerung zu rekonstruieren. Chi fand, dass die Expertenkinder die Novizenerwachsenen in ihrer Gedächtnisleistung deutlich übertrafen (siehe auch Schneider, Gruber, Gold, & Opwis, 1993). Der Erwerb von umfangreichem und gut vernetztem Wissen resultiert jedoch nicht zwangsläufig in besseren Leistungen in anderen Bereichen. Selbst sogenannte Zahlenkünstler, die sich eine unglaublich hohe Anzahl an Zahlen merken können, zeigen bei verbalem Material keine besseren Gedächtnisleistungen (Stern, 1998).

## 4    Bereichsspezifisches Wissen und seine Veränderung

Forschungsergebnisse aus dem Bereich der kognitiven Entwicklungspsychologie geben wichtige Einblicke in die Differenzierung und Umstrukturierung von Wissen, die dem Kompetenzerwerb in unterschiedlichen Domänen zugrunde liegt. Zudem erlaubt die Unterscheidung zwischen prozeduralem und deklarativem Wissen, hochautomatisiertes und deshalb schwer veränderbares Wissen von solchem Wissen abzugrenzen, welches der verbalen Beschreibung zugänglich ist und bewusst umstrukturiert werden kann. Die aktive Umstrukturierung, Differenzierung und Integration deklarativer Wissenseinhei-ten wird oft als Konzeptwandel bezeichnet (z.B. Carey, 1985; 2000; Vosniadou, 2008). Konzeptwandel bedeutet, dass mit einem bestimmten Begriff neue Eigenschaften und Merkmale verbunden werden beziehungsweise schon bekanntes Wissen ein neues Ge-wicht bekommt. Bei wissenschaftlichen und analytischen Begriffen werden im Laufe der Zeit definitorische Merkmale immer wichtiger, während charakteristische Merkmale wie etwa die äußere Form in den Hintergrund treten. Für das Verstehen anspruchsvoller und hochkomplexer Inhaltsbereiche wie zum Beispiel Physik ist Konzeptwandel unumgäng-lich.

Der Aufbau einer elaborierten Wissensbasis, welche die Grundlage für das Verstehen von begrifflichen Zusammenhängen bildet, ist ein aktiver, zeitaufwendiger Prozess. Konstruktivistische Theorien des menschlichen Lernens – wie zum Beispiel die von Piaget und Theorien des Konzeptwandels – tragen dieser Tatsache Rechnung. Altersadäquate Aufgaben beziehungsweise Lernumgebungen können Kinder anregen, ihr Vorwissen zu aktivieren und es eventuell zu modifizieren, umzustrukturieren und zu erweitern. Auf Grundlage der Theorie des konzeptuellen Wandels verstehen wir nämlich, dass die Schwierigkeiten, die Kinder beim Verstehen des zu vermittelten Wissens haben, nicht unbedingt darauf zurückzuführen sind, was den Lernenden fehlt, sondern auf das, was sie schon haben, nämlich, eigene alternative Erklärungen, die mit den wissenschaftlichen Theorien nicht übereinstimmen. Schwer zu ändern sind sie deshalb, weil sie im Alltag der Kinder zunächst gut funktionieren. Auf Grundlage der Theorie des konzeptuellen Wandels leitet Carey (2000) eine Reihe von Vorschlägen für die Unterrichtsgestaltung ab, die auch für frühe Bildung von Relevanz sind. Danach ist erfolgreicher Unterricht ohne eine Aktivierung und eine Diagnose des Vorwissens der Lernenden in Bezug auf den zu vermittelnde Stoff nicht zu erreichen. Relevantes, zur Bearbeitung einer Aufgabe erforderliches Vorwissen wird oft nicht spontan abgerufen und genutzt; junge Kinder müssen dabei unterstützt werden (siehe auch Saalbach & Schalk, 2011). Ferner sollten Kinder häufiger dazu gebracht werden, Erklärungen zu geben, um so ein explizites Verständnis aufbauen zu können. Schließlich schlägt Carey vor, dass Lehrpersonen das Lernen der Kinder als einen konzeptuellen Wandel begreifen. Dadurch können Fehlvorstellungen als unabwendbare Begleiterscheinung des Lernprozesses gesehen werden. Ein sofortiges wissenschaftlich korrektes Verständnis ist sehr unwahrscheinlich. Stattdessen konstruieren die Lernenden Zwischenstufen beziehungsweise Fehlvorstellungen (sogenannte synthetische Modelle, vgl. Vosniadou, 2008) auf dem Weg zu einem wissenschaftlich adäquaten Verständnis.

Die Quellen des Vorwissens, die das ‚Rohmaterial' für die Konstruktion neuer Wissensstrukturen bilden, liegen in den Erfahrungen des Kindes in der Interaktion mit seiner natürlichen und sozialen Umgebung oder sogar in angeborenen Wissenselementen. Menschen müssen nicht in allem bei null anfangen. Wie Vögel mit Wissen über das Fliegen und Löwen mit Wissen über das Jagen ausgestattet sind, so bringen auch die Menschen Wissen mit, das sie nicht allein durch Erfahrung und Lernen erwerben konnten. Bereiche, in den dieses ‚Kernwissen' vor allem angesiedelt ist, werden in der Entwicklungspsychologie als fundamentale Domänen der Entwicklung (‚foundational developmental domains') bezeichnet (Wellmann & Gelman, 1998). Dazu gehören die naive Physik, Mathematik, sowie Wissen über das Verhalten von anderen Lebewesen, darunter auch Menschen. Letzteres kann man als naive Biologie und Psychologie bezeichnen. Schon als wenige Monate alte Kinder wissen sie mehr über die Welt als Piaget in seiner strukturalistischen Entwicklungstheorie annahm. Allerdings können sie zu dem Zeitpunkt ihr Wissen weder durch Sprache noch durch Handlung ausdrücken. Im so genannten Habituationsparadigma, das Entwicklungspsychologinnen wie Elisabeth Spelke (1991) und Renée Baillargeon (1991) zur Erforschung der naiven Physik ausgiebig eingesetzt haben, zeigte sich, über welche erstaunlichen Kompetenzen kleine Kinder bereits verfügen. In diesem Forschungsparadigma werden Säuglinge zunächst für einen längeren Zeitraum mit einem für sie interessanten Ereignis konfrontiert, etwa einem rollenden Ball (siehe Abbildung 1).

## Experimentalgruppe

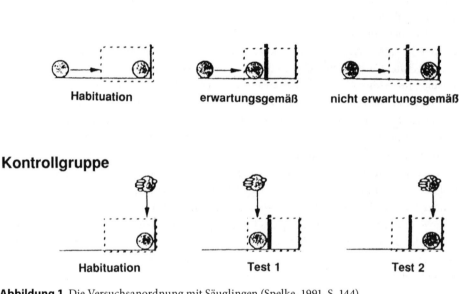

## Kontrollgruppe

**Abbildung 1** Die Versuchsanordnung mit Säuglingen (Spelke, 1991, S. 144)

Die Dauer, mit der die Kinder das Ereignis beobachten, gilt als Indikator für ihr Interesse. Nachdem das Kind durch kurze Blickdauer signalisiert hat, dass es nicht länger an dem Ball interessiert ist, stellt der Versuchsleiter in der Experimentalgruppe unter Anwendung eines Tricks ein physikalisch unmögliches Ereignis her. Im Beispiel der obigen Abbildung wird der Eindruck vermittelt, als hätte der Ball eine feste Wand durchdrungen, während in der Kontrollgruppe der Ball über die Wand gehoben wird. Wenn die Kinder der Experimentalgruppe das neue Ereignis deutlich länger fixieren als die Kinder der Kontrollgruppe, signalisieren sie damit Erstaunen über ein nicht erwartungsgemäß eingetretenes Ereignis. Diese Methode der Messung der Aufmerksamkeitsspanne hat den entscheidenden Vorteil, dass mit ihr auch die Reaktionen von Kindern untersucht werden können, die noch nicht zu koordinierten Handlungen in der Lage sind. Wie das Erstaunen der Kinder im dargestellten Fall erkennen lässt, wissen sie bereits, dass feste Körper einander nicht durchdringen können. Folglich belegt dieses Experiment, dass Kinder bereits im Säuglingsalter über das Konzept der Undurchdringlichkeit fester Körper verfügen. Dass wenige Monate alte Säuglinge anhand von Bewegungen zwischen belebten und unbelebten Objekten unterscheiden können, hat die Entwicklungspsychologin Jean Mandler schon vor Jahrzehnten gezeigt und in dem Aufsatz mit dem schönen Titel „How to build a baby" veröffentlicht (Mandler, 1992). Auch hier ging es um die Frage, was Kinder von Natur aus an Wissen mitbekommen haben, also nicht von Grund auf lernen mussten. Das Habituationsparadigma wurde von Wynn (McCrink & Wynn, 2007; Wynn, 1998) auch auf das Verständnis mathematischer Konzepte wie Addition, Multiplikation und Größenschätzung übertragen. Inzwischen gibt es Belege für angeborene Grundlagen im Umgang mit kleinen diskreten Mengen und dem Abschätzen von nicht-abzählbaren großen Mengen, die unabhängig voneinander sind (Feigenson, Dehaene, & Spelke, 2004). Erst durch den Erwerb eines symbolischen Zahlensystems werden diese geistigen Ressourcen integriert und bilden so die Grundlagen für mathematische Kompetenzen. Diese Integration erfordert allerdings systematische Unterstützung und Instruktion.

Dass Menschen nicht nur als kleine Physiker, Mathematiker und Biologen, sondern auch als Psychologen auf die Welt kommen, wird insbesondere von Paul Bloom und Karen Wynn an der Yale-University erforscht (Hamlin, Wynn, & Bloom, 2007). Wenige Monate alte Babys, die kaum Gelegenheit zur sozialen Erfahrung hatten, können zwischen Situationen unterscheiden, in denen sich zwei Interaktionspartner unterstützen oder nicht. An dieser Stelle sei auf einen Artikel aus der New-York Times und ein sehr unterhaltsames Video verwiesen[1]. Menschen werden also mit Wissen über die physikalische und soziale Welt geboren, das ihnen bei Orientierung und beim Lernen hilft. Deshalb lernen sie die Bewältigung mancher Anforderungssituationen sehr schnell. Man spricht von *fast-mapping*. Menschliche Kompetenzen, die sich erst im Laufe der kulturellen Entwicklung herausgebildet haben, wie der Erwerb von Schriftsprache, der Gebrauch mathematischer Symbolsysteme, die Konstruktion wissenschaftlicher Theorien oder die Schaffung sozialer Institutionen können auf den angeborenen Strukturen beruhen, gehen aber immer weit über diese hinaus. Um Kinder auf ein Leben in einer komplexen Wissens- und Informationsgesellschaft vorzubereiten, brauchen wir institutionalisierte Lerngelegenheiten, die an das biologisch verankerte Wissen anknüpfen und dieses fortführen.

Wissen über mentale Zustände, Absichten und Überzeugungen von sich und anderen Personen ist eine wichtige Voraussetzung für institutionelles Lernen (Wellman & Lagattuta, 2004; Ziv & Frye, 2004). Die Forschung zur Entwicklung der sogenannten *Theory of Mind* zeigt, dass Kinder erst ab dem 4. Lebensjahr die Fähigkeit entwickeln, die eigene Perspektive als subjektiv zu erkennen und diejenige eines anderen Menschen zu übernehmen, indem auf seinen Wissensstand Bezug genommen wird (Berk, 2005; Flavell, 1999; Siegler, DeLoache, & Eisenberg, 2008). Dies wird durch den folgenden sogenannten ‚False-Belief'-Versuch verdeutlicht (Gopnik & Astington, 1988): 3-jährigen Kindern wird eine verschlossene Pralinenschachtel gezeigt, danach werden sie gefragt, was sie enthalte, und die Kinder antworten: Pralinen. Nun wird die Schachtel geöffnet und die Kinder sehen, dass die Schachtel Buntstifte enthält. Wenn nun 3-Jährige gefragt werden, welchen

---

1 http://www.nytimes.com/2010/05/09/magazine/09babies-t.html?_r=1&ref=magazine.

Inhalt ein anderes Kind vermuten würde, werden sie Buntstifte sagen und behaupten, das selbst auch vorher geglaubt zu haben. Mit 6 bis 7 Jahren sagen hingegen die meisten Kinder, dass andere Kinder ebenfalls glauben, dass die Schachtel Pralinen enthalte (vgl. für weitere Versuche: Arbinger, 2001). Mit dieser Fähigkeit hängt unter anderem die Entwicklung des Verständnisses dafür zusammen, dass unterschiedliche Personen das gleiche Ereignis unterschiedlich interpretieren (jemand kann glücklich sein, einen Hund zu erhalten, ein anderer ängstlich), und dass Intention und Handlungswirkung nicht in einem kausalen Verhältnis stehen (ein Kind kann unabsichtlich ein anderes umstoßen). Inzwischen gibt es sogar Indizien, dass eine implizite Sensitivität im Hinblick auf das Verständnis von Überzeugungen und Intentionen sogar schon im Babyalter erworben werden kann (Onishi & Baillargeon, 2005). In ‚babygerechten' Versionen der ‚False-Belief'-Aufgaben konnte gezeigt werden, dass Babies deutlich längere Blickzeiten in jenen Fällen zeigen, in denen der Protagonist ein Verhalten zeigt, das einer falschen Überzeugung entspringt. Die Entwicklung einer *Theory of Mind* wird daher zu einem nicht geringem Teil auf angeborene Wissensstrukturen zurückgeführt. Dennoch bieten sich auch hier Unterstützungs- und Förderungsmöglichkeiten an. Erklärungen und Gespräche können den Kindern helfen, etwa die Fähigkeiten zur Perspektivübernehme zu üben und zu vertiefen (Astington, 2000). Dabei kommt vor allem der Sprache eine wichtige Rolle zu.

## 5     Sprache als kognitive Voraussetzungen des Wissenserwerbs

Sprache hat einen enormen transformativen Einfluss auf die kognitiven Fähigkeiten des Kindes (Tomasello, 1999). Nach Vygotsky führt das Lernen einer Sprache zu einer dramatischen Entwicklung der vorsprachlichen kognitiven Fähigkeiten des Kindes hin zu neuen Kompetenzen, wie etwa der fokussierten Aufmerksamkeit, größerer Gedächtniskapazität und symbolischem Bewusstsein, die schließlich das Kind in die Lage versetzen, seine eigenen mentalen Prozesse zu kontrollieren. Tomasello (1999) sieht vor allem drei Dimensionen, in denen Sprache die geistige Entwicklung des Kindes beeinflusst. Zunächst wird Wissen durch sprachliche Kommunikation vermittelt. Erwachsene in den meisten Kulturen wenden sich mit Instruktionen und Erklärungen an ihre Kinder. Zum anderen lenkt die Struktur der sprachlichen Kommunikation und der Sprache selbst die Aufmerksamkeit der Kinder auf bestimmte Aspekte der Wirklichkeit. So macht es einen Unterschied, ob das Kind etwas über ‚Katzen' im Allgemeinen erfährt oder über ‚die Katze', die gerade über den Weg läuft und schwarzes Fell hat. Kleine grammatikalische Variationen können entscheiden, wie Kinder ihr Wissen organisieren (Imai, Saalbach, & Stern, 2010; Saalbach, Imai, & Schalk, 2012). Schließlich bringt die sprachliche Interaktion Kinder dazu, andere Perspektiven einzunehmen. Gibt es etwa zwei in Konflikt stehende Standpunkte zu dem gleichen Thema, ist das Kind gezwungen, diese aufeinander abzustimmen. Das Koordinieren zweier verschiedener Perspektiven unterstützt die Entwicklung eines selbstreflektierenden Denkens (Tomasello, 1999).

Der enorme transformative Einfluss der Sprache auf die kognitiven Fähigkeiten des Kindes konnte durch eine Reihe von wichtigen Studien verdeutlicht werden. So wurde beispielsweise herausgefunden, dass das Benennen von Objekten Kindern am Anfang des Spracherwerbs (ca. 12 bis 13 Monate alt) hilft, übergeordnete Kategorien zu bilden (z.B. Waxman & Markow, 1995). Wenn die Kinder verschiedene Mitglieder der gleichen Kategorie (z.B. Tiere) sahen und währenddessen den entsprechenden Namen hörten (z.B. „Schau mal dieses Tier an!") hatten die Kinder einen deutlichen Vorteil bei der Bildung von Kategorien gegenüber Kinder, die nur das Objekt sahen aber keinen Namen präsentiert bekamen. Die sprachlichen Bezeichnungen von Kategorien unterstützt Kinder im Vorschulalter bei induktiven Schlussfolgerungen, d.h. sie nehmen an, dass Objekte mit dem gleichen Namen wichtige Eigenschaften teilen (Gelman & Markman, 1986; Imai et al., 2010). Gentner (2003) mutmaßt, dass es in der frühen Kindheit einen wichtigen Entwicklungsschritt von einem Fokus auf oberflächliche Ähnlichkeiten hin zur Fähigkeit, tieferliegende Ähnlichkeiten zu erkennen gibt, und dass dies durch Sprache gefördert werden kann. So unterstützt etwa die Aneignung relationaler Sprache (d.h. Wörter, die Beziehungen benennen, wie z.B. größer, kleiner, Mama, Papa, schenken, unterrichten, etc.) das Erkennen relationaler Ähnlichkeit (Opa verhält sich zu Papa wie Papa zum Kind), das eine wichtige Voraussetzung für die Entwicklung analogen Schließens darstellt.

Sprache scheint zudem auch ein Katalysator für die Entwicklung einer *Theory of Mind* zu sein. Wie oben erwähnt, erwerben Kinder mit etwa vier Jahren die Fähigkeit, andere Menschen als mental Handelnde zu verstehen, die Ideen und Überzeugungen besitzen, welche sich von den eigenen unterscheiden können. Bartsch und Wellman (1995) bemerkten etwa, dass Kinder zu dem Zeitpunkt Wissen und Überzeugungen anderer Menschen berücksichtigen können, zu dem sie auch anfangen, mentale Verben wie ‚denken', ‚möchten' und ‚glauben' aktiv zu nutzen. Um zu prüfen, ob es sich bei dem Zusammenhang zwischen Sprachentwicklung und Entwicklung der *Theory of Mind* um eine kausale Beziehung handelt, wurden typische *Theory-of-Mind*-Aufgaben (wie die oben beschriebene Pralinenschachtelaufgabe) mit gehörlosen Kindern durchgeführt (de Villiers, 2000). Die sprachlichen Fähigkeiten der Kinder mit gehörlosen Eltern wird als normal entwickelt betrachtet, da sie von früh auf der Gebärdensprachen ausgesetzt waren. Die sprachliche Entwickelung gehörloser Kinder hörender Eltern wird jedoch als verzögert betrachtet, da sie normalerweise die Gebärdensprache erst mit Eintritt in die Primarschule lernen. De Villiers fand heraus, dass Kinder mit verzögerter sprachlicher Entwicklung in den *Theory-of-Mind*-Aufgaben schlechter abschnitten als ihre gebärdensprachlich normal entwickelten und hörenden Altersgenossen. Dieser Rückstand wurde am Fehlen grammatikalischer Elemente zur Komplementbildung bei den entwicklungsverzögerten Kindern festgemacht. Komplementbildung ist notwendig, um in die Satzstruktur eingebettete Falschaussagen zu markieren. Beispielsweise ist die Aussage „Die Welt ist das Zentrum des Universums" falsch. Aber ein Satz, der diese Aussage enthält, ist nicht notwendigerweise falsch, sofern diese Aussage in mentale Zustandswörter eingebettet ist (z.B. „Er glaubt, die Welt sei das Zentrum des Universums"). Dass die Verfügbarkeit bestimmter sprachlicher Strukturen die *Theory of Mind* tatsächlich fördert, konnten Hale und Tager-Flusberg (2003) überzeugend nachweisen. Sie führten ein sprachliches Trainingsprogramm mit solchen Kindern durch, die die False-Belief-Aufgaben noch nicht richtig lösen konnten. Dabei konzentrieren sie sich speziell auf die Bildung von Komplementsätzen. Hale und Tager-Flusberg konnten feststellen, dass das sprachliche Training einen deutlichen Einfluss auf die Entwicklung der *Theory of Mind* teilnehmender Vorschulkinder hatte. Ein Zusammenhang zwischen dem Verständnis von mentalen Zustandswörtern und *Theory-of-Mind*-Fähigkeiten konnte sogar noch auf Primarschulstufe nachgewiesen werden (Grazzani & Ornaghi, 2012).

## 6    Arbeitsgedächtnis als kognitive Voraussetzung des Wissenserwerbs

Eine weitere wichtige Voraussetzung des Wissenserwerbs stellt das Arbeitsgedächtnis dar (vgl. Baddeley, 2003). Diesem psychologischen Konstrukt wird das Steuern zielgerichteter und planvoller Handlungen zugeschrieben, indem etwa irrelevante Information ausgeblendet und relevante Information mit Aufmerksamkeit bedacht und an bestehendes Wissen angebunden werden. Zielgerichtetes und planvolles Handeln ist grundlegend für schulisches Lernen – komplexe Aufgaben erfordern die Fähigkeit, längerfristig und planvoll zu denken und zu handeln und mehrere Ziele gleichzeitig aktiv zu halten. Die Begrenzung der Arbeitsgedächtniskapazität steht natürlich auch mit dem im Vergleich zu Erwachsenen geringeren Begriffswissen im Zusammenhang. Steht mehr Vorwissen zur Verfügung, kann neue Information angebunden, das heißt gelernt werden. Es gibt aber auch gute Gründe für die Annahme, dass sich im Laufe der Kindheit (bis in die Pubertät) bestimmte Funktionen im Frontalhirn herausbilden, die die Kapazität der aufzunehmenden Information beeinflussen (Diamond, Prevor, Callender, & Druin, 1997). Eine alters- und nicht nur wissensbedingte Komponente der Gedächtnisleistungsentwicklung wird auch durch die abnehmende Gedächtnisleistung im hohen Alter verdeutlicht, die in der Regel nicht mit einem Wissensabbau erklärbar ist (Hasselhorn & Schneider, 2007).

Eine geringere Arbeitsgedächtniskapazität schränkt jedoch nicht zwangsläufig die Lernfähigkeit in bestimmten Inhaltsgebieten ein. Zum einen zeigen Ergebnisse der Säuglingsforschung, dass Kinder beim Erwerb von Wissen in Inhaltsbereichen wie Mathematik, Physik und Biologie auf universelle Grundlagen zurückgreifen können (siehe oben). Die Orientierung in der physikalischen Umwelt, das Zählen von Objekten und das Erkennen von Lebewesen werden bis zu einem gewissen Grad durch genetisch verankerte Programme gesteuert. Das im kulturellen Kontext entstandene mathematische, physikalische und biologische Wissen erfordert eine Erweiterung oder auch Umstrukturierung dieses Wissens in professionellen, institutionalisierten Lerngelegenheiten. Zum anderen kann Inhaltswissen die altersbedingte Kapazitätsgrenze des Arbeitsgedächtnisses mehr als kompensieren. Dies wird durch die oben erwähnten Schach-Studien (Chi, 1978; Schneider et al., 1993), in denen schacherfahrene Kinder mit wenig schacherfahrenen

Erwachsenen verglichen wurden, deutlich. Aufgrund ihres Wissens und vor allem dessen Organisation waren junge Kinder in der Lage, eine deutlich bessere Gedächtnisleistung für Schachkonstellationen zu zeigen als die Erwachsenen. Dies zeigt, dass auch Kinder durch eine gut organisierte und vernetzte Wissensbasis, in der die einzelnen Wissenseinheiten in hierarchisch angeordneten Bündeln (*chunks*) zusammengefasst sind, ihre geringere Arbeitsgedächtnisleistung kompensieren können (Stern, 2002). Mit anderen Worten: Die altersbedingten Defizite in der Nutzung des Arbeitsgedächtnisses halten Kinder keineswegs vom Lernen ab. Kinder können sich schon in anspruchsvolle Inhaltsgebiete einarbeiten, nur werden solche Lernprozesse durch Einschränkungen im Arbeitsgedächtnis verlangsamt und erschwert.

## 7    Implikation für die frühe Bildung

Wie aus den vorangegangenen Abschnitten deutlich wurde, bringt das menschliche Gehirn viele Voraussetzungen mit, die bereits sehr kleinen Kindern helfen, sich in der physikalischen und sozialen Welt zurechtzufinden. Sofern die Lebenswelt der Kinder nicht massiv beschnitten wird, werden auf diesen Kompetenzen basierende Lernprozesse ohne besondere Unterstützung und Anstrengung der Umgebung initiiert. Damit sich die in den Genen vorgesehenen Kompetenzen entwickeln können, werden Erwartungen an die Umwelt gestellt: Man braucht Licht, um Gegenstände visuell wahrnehmen zu können; man braucht Mitmenschen, die mit einem interagieren, um die sozialen Fertigkeiten auszubilden. Diese Anforderungen werden praktisch in jedem Winkel der Welt erfüllt. Aufwendige Frühförderprogramme, um das zu initiieren, was die Biologie sowieso vorgesehen hat, sind weder nötig noch dienlich. Lediglich für Kinder mit untypischen Mustern in der Gehirnentwicklung sollte man rechtzeitig kompensatorische Förderangebote bereitstellen.

Auf die Anforderungen einer Wissens- und Informationsgesellschaft ist das menschliche Gehirn hingegen nicht direkt vorbereitet. Zwischen der Entwicklung der Schriftsprache sowie den mathematischen Symbolsystemen und der Herausbildung des Genoms, welche die Architektur des menschlichen Gehirns steuert, liegen geschätzte 35.000 Jahre. Da das menschliche Gehirn nicht direkt auf Kulturtechniken vorbereitet wurde, kann nicht davon ausgegangen werden, dass es ganz bestimmte Erwartungen an die Umgebung stellt. Es gibt nicht die geringsten Indikatoren dafür, dass das Lernen von Lesen, Schreiben und Rechnen an kritische Phasen der Gehirnentwicklung gebunden ist. Selbstverständlich müssen grundlegende visuelle und motorische Fertigkeiten ausgebildet sein, doch diese sind von allgemeiner Funktion. Vor diesem Hintergrund ist die Angst vor verpassten Zeitfenstern kein Argument für frühe Bildung, das Argument „carpe diem', also ‚Nutze die Zeit' hingegen schon. Kulturtechniken wie Lesen, Schreiben und Rechnen zu lernen ist möglich, weil biologisch fundierte aber zunächst unabhängig voneinander agierende geistige Ressourcen integriert werden können. Dies bedarf jedoch der besonderen Unterstützung. Schriftsprache wird ermöglicht, weil Menschen die Fähigkeit zur Symbolverarbeitung, zur differenzierten akustischen Diskriminierung und visuellen Mustererkennung sowie eine ausgebildete Feinmotorik mitbringen. Diese verschiedenen und zunächst unabhängigen Ressourcen müssen in gezielt darauf abgestimmten Lerngelegenheiten zusammen gebracht werden. Ein Training der phonologischen Bewusstheit im Kindergarten erleichtert etwa den späteren Schriftspracherwerb. Auch Zeichnen und Malen kann die Integration der genannten Fähigkeiten fördern. An der Entwicklung der mathematischen Fähigkeit ist die angeborene Kompetenz zur Quantifizierung konkreter Mengen ebenso beteiligt wie die Fähigkeit zur ungefähren Abschätzung von großen Mengen. Hinzu müssen noch sprachliche Kompetenzen für das Benennen von Zahlen und die Beschreibung mathematischer Operationen kommen. Auch hier sollte die Kindergartenzeit zur Integration von Kompetenzen genutzt werden, etwa durch das Einbauen von Zählen, die Abbildung von Größenverhältnissen oder das Abschätzen von Mengen in typische Alltagsaktivitäten.

Kinder auf natürliche und spielerische Weise in Gespräche zu verwickeln, ihnen Wege zu zeigen, wie man sich die Welt durch Quantifizierung und Bilder zugänglich macht, sind wichtige Elemente einer frühkindlichen Bildung. Eine entspannte frühkindliche Bildung ermöglicht es, späteres Lernen gelassener anzugehen.

## 8    Literatur

Andersen, S.L. (2003). Trajectories of Brain Development: Point of Vulnerability or Window of Opportunity? *Neuroscience and Biobehavioral Reviews, 27*(1-2), 3–18.

Arbinger, R. (2001). *Entwicklung des Denkens* (3.,überarb. Aufl. ed.). Landau: Empirische Pädagogik.

Astington, J.W. (2000). *Wie Kinder das Denken entdecken*. München: Reinhardt.

Baddeley, A. (2003). Working memory: Looking back and looking forward. *Nature Reviews Neuroscience, 4*(10), 829–839. doi: Doi 10.1038/Nrn1201

Bailey, D.B. (2002). Are Critical Periods Critical for Early Childhood Education? The Role of Timing in Early Childhood Pedagogy. *Early Childhood Research Quarterly, 17*(3), 281–294.

Baillargeon, R. (1991). Reasoning about the height and location of hidden objects in 4.5–6.5 month-old infants. *Cognition, 38*(13–42).

Bartsch, K. & Wellmann, H. (1995). *Children talk about the mind*. New York: Oxford University Press.

Berk, L.E. (2005). *Entwicklungspsychologie*. München: Pearson.

Carey, S. (1985). *Conceptual change in childhood*. Cambridge, MA: Bradford Books, MIT Press.

Carey, S. (2000). Science education as conceptual change. *Journal of Applied Developmental Psychology, 21*(1), 13–19.

Chi, M.T.H. (1978). Knowledge structures and memory development. In R.S. Siegler (Ed.), *Children's thinking: What develops?* (pp. 73–96). Hillsdale: Lawrence Erlbaum.

Cooper, S.J. (2005). Donald O. Hebb's synapse and learning rule: a history and commentary. *Neuroscience & Biobehavioral Reviews, 28*(8), 851–874.

de Villiers, J.G. d. (2000). Language and theory of mind: what are the developmental relationships. In S. Baron-Cohen, H. Tager-Flusberg & D. Cohen (Eds.), *Understanding other minds: Perspectives from developmental cognitive neuroscience*. Oxford: Oxford University Press.

Diamond, A., Prevor, M.B., Callender, G. & Druin, D. P. (1997). Prefrontal cortex cognitive deficits in children treated early and continuously for PKU. *Monographs of the Society for Researching Child Development, 64*(4), 1–208.

Feigenson, L., Dehaene, S. & Spelke, E. (2004). Core systems of number. *Trends in Cognitive Sciences, 8*(7), 307–314.

Flavell, J.H. (1999). Cognitive development: Children's knowledge about the mind. *Annual Review of Psychology, 50*, 21–45.

Gelman, S.A. & Markman, E.M. (1986). Categories and induction in young children. *Cognition, 23*(3), 183–209.

Gentner, D. (2003). Why we're so smart *Language in mind: Advances in the study of language and thought.* (pp. 195–235). Cambridge, MA: MIT Press.

Giedd, J.N., Blumenthal, J., Jeffries, N.O., Castellanos, F.X., Liu, H., Zijdenbos, A., . . . Rapoport, J.L. (1999). Brain development during childhood and adolescence: a longitudinal MRI study. *Nature Neuroscience, 2*(10), 861–863.

Gogtay, N., Giedd, J.N., Lusk, L., Hayashi, K M., Greenstein, D., Vaituzis, A.C., . . . Thompson, P. M. (2004). Dynamic Mapping of Human Cortical Development During Childhood Through Early Adulthood. *Proceedings of the National Academy of Sciences of the United States of America, 101*(21), 8174–8179.

Gopnik, A. & Astington, J.W. (1988). Children's understanding of representational change and its relation to the understanding of false belief and the appearance-reality distinction. *Child Development, 59*(1), 26–37.

Goswami, U. (2004). Neuroscience and education. *British Journal of Educational Psychology, 74*, 1–14.

Grazzani, I. & Ornaghi, V. (2012). How do use and comprehension of mental-state language relate to theory of mind in middle childhood? *Cognitive Development, 27*(2), 99–111. doi: 10.1016/j.cogdev.2012.03.002

Greenough, W.T., Black, J.E. & Wallace, C.S. (2008). Experience and Brain Development *Brain Dovelopement and Cognition* (pp. 186–216): Blackwell Publishers Ltd.

Hale, C.M. & Tager-Flusberg, H. (2003). The influence of language on theory of mind: a training study. *Developmental Science, 6*(3), 346–359.

Hamlin, J.K., Wynn, K. & Bloom, P. (2007). Social evaluation by preverbal infants. [10.1038/nature06288]. *Nature, 450*(7169), 557–559. doi: http://www.nature.com/nature/journal/v450/n7169/suppinfo/nature06288_S1.html

Hasselhorn, M. & Schneider, W. (2007). Gedächtnisentwicklung. In M. Hasselhorn & W. Schneider (Eds.), *Handbuch der Psychologie* (pp. 26–37). Göttingen: Hogrefe

Hebb, D.O. (1949). *The organisation of behavior. A neuropsychological theory.* New York: Wiley.

Helmke, A. (2006). *Unterrichtsqualität: Erfassen, Bewerten, Verbessern* (4 ed.). Seelze: Kallmeyersche Verlagsbuchhandlung.

Huttenlocher, P.R. & Dabholkar, A.S. (1997). Regional differences in synaptogenesis in human cerebral cortex. *Journal of Comparative Neurology, 387*(2), 167–178.

Imai, M., Saalbach, H. & Stern, E. (2010). Are Chinese and German children taxonomic, thematic or shape biased?: Influence of classifiers and cultural contexts. *Frontiers in Psychology, 1*:194, 1-10. doi: 10.3389/fpsyg.2010.00194

Mandler, J.M. (1992). How to build a baby: II. Conceptual primitives. *Psychological Review, 99*(4), 587–604.

McCrink, K. & Wynn, K. (2007). Ratio Abstraction by 6-Month-Old Infants. *Psychological Science, 18*(8), 740–745.

Munakata, Y., Casey, B.J. & Diamond, A. (2004). Developmental cognitive neuroscience: progress and potential. *Trends in Cognitive Sciences, 8*(3), 122–128. doi: DOI 10.1016/j.tics.2004.01.005

Onishi, K.H. & Baillargeon, R. (2005). Do 15-Month-Old Infants Understand False Beliefs? *Science, 308*(5719), 255–258. doi: 10.1126/science.1107621

Reusser, K. (2006). Jean Piagets Theorie der Entwicklung des Erkennens. In W. Schneider & F. Wilkening (Eds.), *Enzyklopädie der Psychologie. Serie Entwicklungspsychologie. Band 1: Theorien, Modelle und Methoden der Entwicklungspsychologie* (pp. 91–189).

Saalbach, H., Imai, M. & Schalk, L. (2012). Grammatical Gender and Inferences About Biological Properties in German-Speaking Children. *Cognitive Science, 36*(7), 1251–1267. doi: DOI 10.1111/j.1551-6709.2012.01251.x

Saalbach, H. & Schalk, L. (2011). Fragen stellen hilft: Die Aktivierung von Vorwissen fördert die Nutzung kategorialer Beziehungen in Wortlernaufgaben bei jungen Kindern. In F. Vogt, M. Leuchter, A. Tettenborn, U. Hottinger, M. Jäger & E. Wannack (Eds.). Münster: Waxmann.

Schneider, W., Gruber, H., Gold, A. & Opwis, K. (1993). Chess expertise and memory for chess positions in children and adults. *Journal of Experimental Child Psychology, 56*(3), 328–349.

Siegler, R., DeLoache, J. & Eisenberg, N. (2008). *Entwicklungspsychologie im Kindes- und Jugendalter.* Heidelberg: Spektrum Akademischer Verlag.

Sowell, E.R., Peterson, B.S., Thompson, P.M., Welcome, S.E., Henkenius, A.L. & Toga, A.W. (2003). Mapping cortical change across the human life span. *Nature Neuroscience, 6*(3), 309–315. doi: Doi 10.1038/Nn1008

Spelke, E.S. (1991). Physical knowledge in infancy: Reflections on Piaget's theory. In S. Carey & R. Gelman (Eds.), *The epigenesis of mind: Essays on biology and cognition* (pp. 133–169). Hillsdale, NJ: Erlbaum.

Stern, E. (1998). Die Entwicklung schulbezogener Kompetenzen: Mathematik. In F.E. Weinert (Ed.), *Entwicklung im Kindesalter* (pp. 95–113). Weinheim: Psychologie Verlagsunion.

Stern, E. (2002). Wie abstrakt lernt das Grundschulkind? In H. Petillon (Ed.), *Individuelles und soziales Lernen in der Grundschule – Kinderperspektive und pädagogische Konzepte* (pp. 27–42). Opladen: Leske + Budrich.

Stern, E. (2008). Verpasste Chancen? Was wir aus der LOGIK-Studie über den Mathematikunterricht lernen können. In W. Schneider (Ed.), *Entwicklung von der Kindheit bis zum Erwachsenenalter: Befunde der Münchner Längsschnittstudie LOGIK* (pp. 187–202). Weinheim: Beltz.

Tomasello, M. (1999). *The cultural origins of human cognition.* Cambridge, MA: Harvard University Press.

Vosniadou, S. (Ed.). (2008). *International handbook of research on conceptual change.* New York: Routledge.

Vygotsky, L.S. (1962). *Thought and language.* Oxford, England: Wiley.

Vygotsky, L.S. (1978). *Mind in Society.* Cambridge, Massachusetts: Harvard University Press.

Waxman, S.R. & Markow, D.B. (1995). Words as invitations to form categories: Evidence from 12- to 13-month-old infants. *Cognitive Psychology, 29*(3), 257–302.

Weinert, F.E. (Ed.). (1998). *Entwicklung im Kindesalter.* Weinheim: Beltz.

Weinert, F.E. & Helmke, A. (1997). *Entwicklung im Grundschulalter.* Weinheim: Beltz.

Wellman, H. & Lagattuta, K. (2004). Theory of mind for learning and teaching: The nature and role of explanation. *Cognitive Development, 19*, 479–497.

Wellmann, H. & Gelman, S.A. (1998). Knowledge acquisition in foundational domains. In W. Damon, D. Kuhn & R. Siegler (Eds.), *Handbook of child psychology* (Vol. 2: Cognition, Perception & Language, pp. 523–573). New York: Wiley.

Wynn, K. (1998). Psychological foundations of number: numerical competence in human infants. *Trends Cogn Sci, 2*(8), 296–303. doi: 10.1016/s1364-6613(98)01203-0

Ziv, M. & Frye, D. (2004). Children's understanding of teaching: The role of knowledge and belief. *Cognitive Development, 19*(4), 457–477.

# Die Rolle der Kindermedizin in der frühkindlichen Bildung

Oskar Jenni

## 1 Einleitung

Kinderärztinnen und Kinderärzte spielen eine entscheidende Rolle in der medizinischen Versorgung von Säuglingen und kleinen Kindern. So dienen zum Beispiel kinderärztliche Vorsorgeuntersuchungen dem Zweck der frühen Erkennung von kindlichen Krankheiten und Entwicklungsbeeinträchtigungen sowie der Beratung der Eltern in Erziehungs- und Entwicklungsfragen. Es scheint besonders wichtig, dass die verschiedenen Akteure in den Gesundheits- und Bildungssystemen voneinander wissen, was ihnen gemeinsam ist, was sie leisten können und was nicht. Dieser Beitrag behandelt Aufgaben und Rollen der Pädiatrie in der frühkindlichen Bildungslandschaft.

## 2 Paradigmenwechsel in der modernen Pädiatrie

In den letzten 50 Jahren haben Fortschritte in der Pädiatrie dazu geführt, dass zahlreiche Erkrankungen von Kindern frühzeitig diagnostiziert und erfolgreich behandelt werden können. Dadurch nahm die Kindersterblichkeit in den westlichen Industrienationen markant ab. Im Gegenzug haben Entwicklungsauffälligkeiten und Verhaltensstörungen (so genannte ‚neue' Kinderkrankheiten) an Häufigkeit und Bedeutung zugenommen (Schlack, 2006; Scriba, 2007).

Kinder leiden heute an Lernstörungen, Sprachbehinderungen, Teilleistungsschwächen, Verhaltensauffälligkeiten, Bewegungsstörungen, Konzentrationsdefiziten oder Hyperaktivität. Epidemiologische Studien zeigen, dass solche Störungen sehr verbreitet sind. So werden bei etwa 5 % aller Kinder eine Aufmerksamkeitsdefizit-/Hyperaktivitäts-störung (ADHS) diagnostiziert. Auch Entwicklungsstörungen motorischer Funktionen treten häufig auf. Mit anderen Worten: Die Prävalenz der ‚neuen' Kinderkrankheiten liegt im zweistelligen Prozentbereich.

Die über die letzten Jahrzehnte veränderten Diagnosen führten zu einer Neuorientierung der Kinder- und Jugendmedizin, zu einer verstärkten interprofessionellen Zusammenarbeit zwischen Pädiatrie und nicht-ärztlichen Fachbereichen, besonders auch aus dem Bildungsbereich und zu einer zunehmenden Bedeutung von Gesundheits- und Bildungsförderung in der kinderärztlichen Praxis. Es kam zu einem eigentlichen Paradigmenwechsel: von einem somatisch-organisch ausgerichteten Zugang zu einer ganzheitlichen Kinderheilkunde mit Einbezug von medizinischen, psychologischen, sozialen und pädagogischen Gesichtspunkten.

## 3      Kindermedizin in der Praxis

Kinderärztinnen und Kinderärzte in der Praxis versorgen nicht nur junge Patienten mit akuten und chronischen Krankheiten oder Verletzungen, sondern sie kümmern sich auch um Kinder, die Störungen und Risiken in ihrer Entwicklung aufweisen. Zudem beinhaltet etwa ein Drittel der kinderärztlichen Tätigkeit die Untersuchung von gesunden Kindern im Rahmen von Vorsorgeuntersuchungen. Diese Untersuchungen dienen dem Zweck, Krankheiten und Entwicklungsbeeinträchtigungen bei Kindern frühzeitig zu erkennen.

Pädiatrische Vorsorgeuntersuchungen sind eine präventive Leistung der Gesundheitssysteme vieler Länder und werden von den meisten Familien in Anspruch genommen (Chung, Lee, Morrison, & Schuster, 2006). In manchen Ländern werden diese durch interdisziplinäre Fachgruppen geleistet (zum Beispiel in Schweden und Grossbritannien durch fachärztliche Spezialisten und Pflegende), während in Deutschland und der Schweiz ärztliche Grundversorger (Kinder- und Hausärzte) dafür verantwortlich sind (Kuo et al., 2006). In der Schweiz wurden die Vorsorgeuntersuchungen 1988 eingeführt und finden zu folgenden Zeitpunkten statt: 1, 2, 4, 6, 12, 18 und 24 Monate sowie mit 4, 6, 10, 12 und 14 Jahren. Mit Einführung des Bundesgesetzes über die Krankenversicherung (KVG) im Jahre 1994 wurde die Gesundheitsförderung und Prävention zu einer Pflichtleistung der Krankenkassen; bis zum 6. Altersjahr gehören Vorsorgeuntersuchungen zum Pflichtleistungskatalog (PLK). Mit den Untersuchungen zeitlich gekoppelt sind die Impfprogramme, was zu hohen Besuchsraten im Vorschulalter führt. Laut der deutschen Bundeszentrale für gesundheitliche Aufklärung (Erhebung Jahr 2000, siehe Ptok, 2011) liegt in Deutschland die Besuchsrate im Alter von einem Monat bei 92,6 % aller Kinder und nimmt bis zum 6. Lebensjahr auf 79,1 % ab. Vergleichbare Zahlen wurden für die Schweiz bisher nicht erhoben. Ein kürzlich publizierter Artikel fasst den aktuellen Stand des Wissens bezüglich der Evidenz für ausgewählte Bereiche der kinderärztlichen Vorsorgeuntersuchungen auf der Basis einer selektiven Literatursuche zusammen (Weber & Jenni, 2012).

Der PLK schreibt keine definierten Bestimmungen zur Durchführung von Vorsorgeuntersuchungen vor. Als Referenzwerke der Vorsorgeuntersuchungen dienen in der Schweiz das Manual ‚Prävention in der Pädiatrie' (Baumann & Joss, 2004) der Schweizerischen Gesellschaft für Pädiatrie (SGP), der ‚Atlas der Entwicklungsdiagnostik' von Thomas Baumann (Baumann, 2006) und die Checklisten der SGP (Baumann & Pellaud, 2011), welche erst kürzlich neu aufgelegt wurden.

Es besteht in der Schweiz keine Vorsorgepflicht für Eltern. Allerdings sind zurzeit in verschiedenen Ländern Europas Bestrebungen im Gang, welche die kinderärztlichen Vorsorgeuntersuchungen verpflichtend einführen wollen. Grund dafür sind verschiedene erschreckende Beispiele von Kindsmisshandlung und Vernachlässigung. Rechtsverbindliche und praktikable Lösungen stehen derzeit aber noch aus.

Durch die Vorsorgeuntersuchungen kennen die pädiatrischen Fachärztinnen und Fachärzte das Kind und dessen Familie oft seit Geburt und geniessen bei den Eltern meist grosses Vertrauen und Glaubwürdigkeit. Die Vorsorgeuntersuchungen fördern zudem die Normerfahrung von Kinderärztinnen und Kinderärzten, erweitern den Blick für die Variabilität gesunder Kinder und verbessern dadurch die Einschätzung des kindlichen Entwicklungsstandes und die Erkennung von Auffälligkeiten und Störungen.

Die Vorsorgeuntersuchungen in der kinderärztlichen Praxis eignen sich ideal als Zugang für Bildungsprogramme und Bildungsforschung in den ersten Lebensjahren, besonders weil die Inanspruchnahme von Vorsorgeuntersuchungen sehr hoch ist und das schulische System in den frühen Lebensjahren noch nicht als Tor zur Bildung zur Verfügung steht. Eine verbesserte Zusammenarbeit zwischen Bildungsinstitutionen und der Pädiatrie ist darum wünschenswert.

## 4    Spezialisierte Kindermedizin

Zahlreiche Fachärztinnen und Fachärzte für Kinder- und Jugendmedizin verfügen über eine Zusatzweiterbildung, zum Beispiel in Entwicklungspädiatrie, einem Weiterbildungsschwerpunkt der Verbindung der Schweizer Ärztinnen und Ärzte (FMH). Die Entwicklungspädiatrie befasst sich mit der Entwicklung und dem Verhalten von gesunden und kranken Kindern vom Säuglingsalter bis in die Adoleszenz. Der Begriff ‚Entwicklungspädiatrie' stammt ursprünglich aus den USA und wurde vom Kinderarzt und Entwicklungspsychologen Arnold Gesell (1880 bis 1961) eingeführt. Die Anfänge der Entwicklungspädiatrie in der Schweiz gehen in die 1950er Jahre zurück, als am Kinderspital Zürich die Zürcher Longitudinalstudien über die kindliche Entwicklung initiiert wurden. In diesen Studien wurde bei mehr als 800 Kindern die Entwicklung von der Geburt bis ins Erwachsenenalter untersucht. Die Studien leisteten einen wichtigen Beitrag zu einem vertieften Verständnis für Gesetzmässigkeiten und Vielfalt in der kindlichen Entwicklung (Largo, 1999; 2007). Gestützt auf den Erkenntnissen der entwicklungspädiatrischen Forschung wurden am Kinderspital Zürich entwicklungspädiatrische Nachsorgeprogramme aufgebaut. In diesen Programmen werden Kinder mit schweren chronischen oder akuten Krankheiten begleitet, damit frühzeitig Unterstützungsmassnahmen und Therapien eingeleitet und die Eltern beraten werden können.

Entwicklungspädiatrische Fachärzte arbeiten meist in Institutionen (zum Beispiel Kinderkliniken) oder in spezialärztlichen Praxen. Sie sind für umfassende und vertiefte medizinische Abklärungen bei Kindern mit komplexen Entwicklungs- oder Verhaltensstörungen im Kindesalter zuständig. Sie untersuchen Kinder und Jugendliche bezüglich der Körperfunktionen, Sinnesorgane, Wachstum, Motorik und Neurologie, Sprache, kognitiver Entwicklung und Sozialverhalten, veranlassen bei Bedarf weitergehende diagnostische Abklärungen in Zusammenarbeit mit anderen medizinischen Spezialitäten (zum Beispiel der Kinder- und Jugendpsychiatrie, Neuropädiatrie, Genetik, Neuroradiologie), leiten medizinisch-therapeutische, aber auch sonderpädagogische Massnahmen ein und koordinieren diese in enger Zusammenarbeit mit anderen ärztlichen und nichtärztlichen Diensten (Jenni, 2011).

Die Entwicklungspädiatrie sichert ebenso die Weiterbildung von Kinderärztinnen und Kinderärzten im Bereiche der Gesundheits- und Bildungsförderung. In den letzten Jahren wurden vermehrt berufsbegleitende Weiterbildungsformate ausgearbeitet, welche diese modernen Aspekte der Kinder- und Jugendmedizin vermitteln (z.B. das Diploma of Advanced Studies DAS Entwicklungspädiatrie der Universität Zürich, vgl. Benz und Jenni, 2012). Entwicklungspädiatrische Fortbildungen werden aber nicht nur von Ärztinnen und Ärzten rege besucht, sondern auch von Fachleuten anderer Professionen aus dem Gesundheits- und Bildungswesen.

## 5    Kindermedizin und frühkindliche Bildung

Vorsorgeuntersuchungen dienen nicht ausschliesslich dem Zweck der Früherkennung von kindlichen Krankheiten und Entwicklungsbeeinträchtigungen. Auch die Beratung der Eltern in Erziehungs- und Entwicklungsfragen spielt während den Untersuchungsterminen eine grosse Rolle. Tatsächlich erhöht die Elternberatung im Rahmen von Vorsorgeuntersuchungen die elterlichen Erziehungskompetenzen (Chung et al., 2006; Hakim & Ronsaville, 2002). So vermindern zum Beispiel Beratungen in Bezug auf das Schlafverhalten von Säuglingen häufiges nächtliches Erwachen und elterlichen Stress (Adachi et al., 2009; Adair, Zuckerman, Bauchner, Philipp, & Levenson, 1992). In zwei kontrollierten Studien konnte gezeigt werden, dass kurze Aufklärungsgespräche und die Abgabe von Informationsmaterial im Rahmen der pädiatrischen Vorsorgevisiten zu einer Verbesserung des Schlafverhaltens der Kinder führt (36 % weniger häufig nächtliches Erwachen in der Interventionsgruppe im Vergleich zur Kontrolle, siehe dazu (Adachi et al., 2009; Adair et al., 1992).

Die Tätigkeit in Erziehungs- und Elternberatung von Kinderärztinnen und Kinderärzten beschränkt sich nicht nur auf präventive Aspekte, das heisst auf Tätigkeiten, die darauf ausgerichtet sind, die Gesundheit und Entwicklung von Kindern so zu unterstützen, dass mögliche Risiken erkannt und vermieden werden, sondern sie schliesst eine Beratung hinsichtlich kindlicher Förderung mit ein. Das heisst, Familien werden von Kinderärztinnen und Kinderärzten auch darüber aufgeklärt, welche Fördermassnahmen sinnvoll und angemessen sind, damit die Entwicklung von Kindern unterstützt und angeregt wird. So haben verschiedene Studien gezeigt, dass eine kinderärztliche Empfehlung bezüglich des Vorlesens im Vorschulalter anlässlich der pädiatrischen Vorsorgeuntersuchungen die Sprachkompetenz der Kinder verbessert. Die Abgabe von Büchern und die Aufklärung über die Wichtigkeit des gemeinsamen Lesens gerade auch bei Familien aus bildungsferner Schicht führte zu einem veränderten Leseverhalten (40 % häufigeres Lesen im Vergleich zu 16 % in der Kontrollgruppe) und zu einer generellen Verbesserung der Sprachentwicklung der Kinder im Kleinkindalter (siehe dazu High, LaGasse, Becker, Ahlgren, & Gardner, 2000; Minkovitz et al., 2003; Theriot et al., 2003). Dieses Beispiel zeigt, dass neben der Erziehungswissenschaft und der Entwicklungspsychologie auch die Pädiatrie eine wichtige Bezugsdisziplin in der frühkindlichen Bildungslandschaft ist.

## 6    Kindermedizin und besonderer Bildungsbedarf

In den letzten Jahren wurden in der Schweiz neue Konzepte für die Massnahmen bei Kindern mit besonderen Bildungsbedürfnissen ausgearbeitet. Die Neugestaltung des Finanzausgleichs und der Aufgabenteilung zwischen Bund und Kantonen (NFA) hatte zur Folge, dass sich die Invalidenversicherung (IV) aus der Finanzierung und Regelung der Sonderschulung und der sonderpädagogischen Massnahmen zurückzog und diese Aufgabe den Kantonen übertragen wurde. In einer interkantonalen Vereinbarung über die Zusammenarbeit im Bereich der Sonderpädagogik, dem Sonderpädagogik-Konkordat, legten die Kantone das Grundangebot an sonderpädagogischen Massnahmen und die für diese Massnahmen berechtigten Kinder und Jugendliche fest. Dieses Grundangebot umfasst heilpädagogische Früherziehung (einschliesslich spezifischer Angebote für hör- und sehbehinderte Kinder), Logopädie, Psychomotoriktherapie, Psychotherapie, behinderungsspezifische Beratung und Unterstützung, verschiedene Formen von integrativer Regel- und Sonderschulung mit heilpädagogischer Begleitung und Eingliederungsmassnahmen. Es wurden zudem gemeinsame Instrumente für die Sonderschulung geschaffen. Besonders erwähnenswert ist das standardisierte Abklärungsverfahren (SAV) für die Indikation zu sonderpädagogischen Massnahmen.

Die Ausarbeitung der sonderpädagogischen Konzepte in den einzelnen Kantonen fand weitgehend unter Ausschluss von medizinischen Fachleuten statt (Jenni, 2011). Seit Einführung der NFA liegt die Zuständigkeit für die Bedarfsabklärung und Zuweisung von Kindern mit sonderpädagogischen Bedürfnissen ausschliesslich bei den Bildungsdirektionen der Kantone. Die Pädiatrie ist allerdings ein wichtiger Partner in der kindlichen Bildungslandschaft. Ärztinnen und Ärzte stellen häufig als Erste eine Entwicklungsbehinderung oder eine Verhaltensstörung fest und die Eltern wenden sich in der Folge auch mit Fragen zum Entwicklungs- und Bildungsbedarf an diese Fachpersonen. Ärztliche Berichte, Diagnosen und Gutachten sind ausserdem eine Grundlage für die Indikation von medizinischen Therapien und bilden häufig eine Voraussetzung für die Bewilligung von sonderpädagogischen Massnahmen.

Das SAV umfasst eine ganzheitliche Beurteilung der Situation des Kindes mit Entwicklungs- oder Verhaltensauffälligkeiten. Das Verfahren wurde gleichermassen für den Schul- und Frühbereich ausgearbeitet. Die Anwendbarkeit im Vorschulalter ist allerdings wenig erprobt und muss hinsichtlich notwendiger Anpassungen und Ergänzungen überprüft werden. Besonders in den ersten Lebensjahren verläuft die kindliche Entwicklung ausgesprochen variabel und dynamisch. Eine isolierte biologische, psychologische und soziale Betrachtungsweise ist weder sinnvoll noch möglich und damit eine Trennung zwischen Bildungs- und Gesundheitssystemen nicht wünschbar. Ein enger Einbezug von medizinischen Fachpersonen ist zwingend. Es gibt deshalb Bestrebungen in verschiedenen Kantonen, die Kindermedizin stärker in die Beurteilung des sonderpädagogischen Bedarfs im Frühbereich einzubeziehen, und sogar Projekte (wie zum Beispiel im Kanton Zürich), bei welchen medizinische Fachstellen hauptverantwortlich für die interdisziplinäre Abklärung des Bedarfs für besondere Bildungsmassnahmen zuständig sind (unter Wahrung der notwendigen Interprofessionalität zwischen Medizin, Logopädie, Heilpädagogik und Psychologie).

## 7    Fazit

Die Schnittstellen zwischen Bildungs- und Gesundheitswesen sind gross und Synergien zwischen den Systemen werden oft ungenügend genutzt. Es scheint besonders wichtig, dass die verschiedenen Akteure in den Gesundheits- und Bildungssystemen voneinander wissen, was ihnen gemeinsam ist, was sie leisten können und was nicht. Eine Klärung der Aufgaben der verschiedenen Berufsgruppen ist dabei wichtig. Dieser Artikel zeigt die Rolle der Pädiatrie in der frühkindlichen Bildungslandschaft auf.

## 8    Literatur

Adachi, Y., Sato, C., Nishino, N., Ohryoji, F., Hayama, J. & Yamagami, T. (2009). A brief parental education for shaping sleep habits in 4-month-old infants. *Clin Med Res, 7*(3), 85–92.

Adair, R., Zuckerman, B., Bauchner, H., Philipp, B. & Levenson, S. (1992). Reducing night waking in infancy: a primary care intervention. *Pediatrics, 89*(4 Pt 1), 585–588.

Benz, C. & Jenni, O. (2012). Zertifikatsstudiengänge in Entwicklungspädiatrie an der Universität Zürich. *Paediatrica,* 23; 5: 31-32.

Baumann, T. (2006). *Atlas der Entwicklungsdiagnostik: Vorsorgeuntersuchungen U1 bis U10/J1* (2 ed.). Stuttgart.

Baumann, T. & Joss, E. (2004). *Prävention in der Pädiatrie – ein Manual.* Fribourg: Schweizerische Gesellschaft für Pädiatrie.

Baumann, T. & Pellaud, N. (2011). Die neuen Checklisten für die Vorsorgeuntersuchungen der SGP sind fertiggestellt. *Paediatrica, 22*(1), 26.

Chung, P.J., Lee, T.C., Morrison, J.L. & Schuster, M.A. (2006). Preventive care for children in the United States: quality and barriers. *Annu Rev Public Health, 27*, 491–515.

Hakim, R.B. & Ronsaville, D.S. (2002). Effect of compliance with health supervision guidelines among US infants on emergency department visits. *Archives of Pediatrics & Adolescent Medicine, 156*(10), 1015–1020.

High, P.C., LaGasse, L., Becker, S., Ahlgren, I. & Gardner, A. (2000). Literacy promotion in primary care pediatrics: can we make a difference? *Pediatrics, 105*(4 Pt 2), 927–934.

Jenni, O. (2011). Das Kind im Brennpunkt: über die notwendige Zusammenarbeit zwischen Medizin und Sonderpädagogik. In G. Riemer-Kafka (Ed.), *Kinder und Jugendliche mit Behinderungen – Zwischen Sozialversicherunug und Sonderpädagogik* (pp. 105–125). Zürich: Schulthess Juristische Medien AG.

Kuo, A.A., Inkelas, M., Lotstein, D.S., Samson, K.M., Schor, E. L. & Halfon, N. (2006). Rethinking well-child care in the United States: An international comparison. *Pediatrics, 118*(4), 1692–1702.

Largo, R.H. (1999). *Kinderjahre – Die Individualität des Kindes als erzieherische Herausforderung.* München: Piper.

Largo, R.H. (2007). *Babyjahre* (4. Auflage). München: Piper Verlag.

Minkovitz, C.S., Hughart, N., Strobino, D., Scharfstein, D., Grason, H., Hou, W., et al. (2003). A practice-based intervention to enhance quality of care in the first 3 years of life the – Healthy steps for young children program. *Journal of the American Medical Association, 290*(23), 3081–3091.

Ptok, M. (2011). Early detection of hearing impairment in newborns and infants. *Dtsch Arztebl Int, 108*(25), 426–431.

Schlack, H.G. (2006). Die Zukunft des Kinder-Vorsorgeporgramms. *Kinderärztliche Praxis, 77*, 320–323.

Scriba, P.C. (2007). The results of the German Health Interview and Examination Survey for Children and Adolescents (KiGGS) – a unique data collection concerning the health of the rising generation. *Bundesgesundheitsblatt-Gesundheitsforschung-Gesundheitsschutz, 50*(5-6), 531–532.

Theriot, J.A., Franco, S.M., Sisson, B.A., Metcalf, S.C., Kennedy, M.A. & Bada, H.S. (2003). The impact of early literacy guidance on language skills of 3-year-olds. *Clinical Pediatrics, 42*(2), 165–172.

Weber, P. & Jenni, O. (2012). Screening in child health: studies of the efficacy and relevance of preventive care practices. *Dtsch Arztebl Int, 109*(24), 431–435.

# Bildungsökonomische Perspektiven frühkindlicher Bildungsforschung

C. Katharina Spieß

Die frühkindliche Bildungsforschung ist in der Ökonomie erst in jüngster Vergangenheit zu einem bedeutenderen Forschungsthema geworden, nachdem sich die klassische Bildungsökonomie viele Jahre ausschließlich auf den Schulbereich, das Erwachsenenalter oder Bildungsprozesse im Allgemeinen konzentriert hat. Insgesamt bietet die Bildungsökonomie unterschiedliche Perspektiven auf die frühkindliche Bildung, die in diesem Beitrag lediglich beispielhaft und keinesfalls mit dem Anspruch auf Vollständigkeit skizziert werden können. Dabei erfolgt eine Schwerpunktsetzung auf den Bereich der frühkindlichen Bildung, der außerhalb der Familie in institutionellen Settings, wie z.B. Kindertageseinrichtungen stattfindet. Dies bedeutet aber nicht, dass die Bildungsökonomie den hohen Stellenwert anderer Bildungsorte in der frühen Kindheit verkennt. Insbesondere die Familie hat für die frühkindliche Bildung eine zentrale Bedeutung. Für eine detaillierte Bearbeitung dieses Themas bietet neben der Bildungsökonomie auch die Ökonomie der Familie einschlägige Ansatzpunkte, die jedoch nicht Gegenstand dieses Beitrags sind. In diesem Beitrag sollen zunächst frühkindliche Bildungsprozesse aus ökonomischer Perspektive kurz beschrieben werden, um dann in einem zweiten Schwerpunkt des Beitrags ‚Märkte' für außerfamiliale Kinderbetreuung zu betrachten.

## 1    Bildungsprozesse und ihre Bewertung

Die Analyse von Bildungsprozessen wird in der Bildungsökonomie zum einen auf gesamtwirtschaftlicher Ebene vorgenommen: In makroökonomischen Modellen wird Bildung im Sinne des Humankapitals einer Volkswirtschaft als ein Faktor für wirtschaftliches Wachstum betrachtet. Bei Berücksichtigung der qualitativen Dimensionen des Humankapitals wird in sogenannten wachstumstheoretischen Modellen gezeigt, dass Investitionen in das Humankapital volkswirtschaftliche Renditen erwirtschaften (vgl. Hanushek & Kimko, 2000). In diesem Sinne hat Erziehung bzw. Bildung einen hohen volkwirtschaftlichen Nutzen.

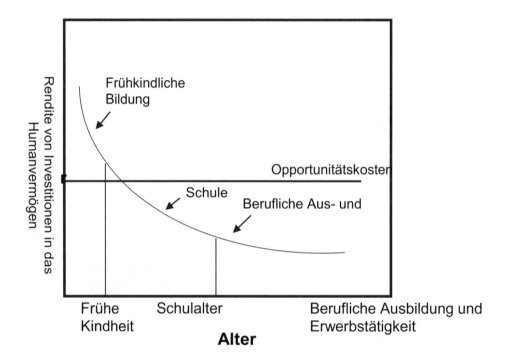

**Abbildung 1**  Rendite von Bildungsinvestitionen über den Lebensverlauf (eigene Darstellung nach Heckman, 2007)

Zum anderen sind Bildungsprozesse auf der Ebene des Individuums Gegenstand der Mikroökonomie, die Bildungsprozesse auch über den Lebenszyklus hinweg betrachtet. In diesem Sinne wird die Kindesentwicklung als (Produktions-)prozess verstanden, der zu bestimmten Zeiten bestimmte Inputs (wie z.B. Anregung und Zuwendung) benötigt. Das Ergebnis dieses Prozesses sind Fähigkeiten. Dabei unterscheidet die ökonomische Forschung zwischen kognitiven und nicht-kognitiven Fähigkeiten (wie z.B. Motivation oder das sozio-emotionale Verhalten von Kindern). Die Ökonomie analysiert, inwiefern es sensible Perioden gibt, in denen bestimmte Inputs geleistet werden müssen, um spätere Fähigkeiten zu entwickeln. Fähigkeiten sind selbstproduktiv, d.h. eine erworbene Fähigkeit erhöht die Wirkung späterer Inputs (vgl. Cunha & Heckman, 2007). Insgesamt weist die neue Bildungsökonomie auf die hohe Effizienz früher Inputs hin und betont, dass die

Rendite von Bildungsinvestitionen im Vergleich zu anderen Phasen im Lebenszyklus in der frühen Kindheit am höchsten ist, d.h., mit zunehmendem Alter geringer wird (vgl. dazu Graphik 1).

Dieser Zusammenhang wird insbesondere aufgrund US-amerikanischer Forschungsergebnisse für Kinder aus bildungsbenachteiligten Familien konstatiert (vgl. Heckman, 2006; 2007). Von daher erscheint es aus einer Lebensverlaufsperspektive besonders effizient, Bildungsinvestitionen im frühen Kindesalter zu tätigen, insbesondere bei Kindern aus bildungsbenachteiligten Familien. Darüber hinaus sind diese Investitionen nicht nur besonders effizient, sondern sie sind auch vor dem Hintergrund von Gerechtigkeitsüberlegungen sinnvoll, denn sie erhöhen die Chancengerechtigkeit einer Gesellschaft (vgl. Heckman, 2006). Dies unterscheidet sie von Bildungsinvestitionen zu einem späteren Zeitpunkt im Lebensverlauf. Dann besteht häufig ein Zielkonflikt zwischen der Effizienz von Maßnahmen und Gerechtigkeitsüberlegungen. Diese theoretischen und in Teilen empirisch abgeleiteten Überlegungen beruhen auf einer Lebensverlaufsperspektive. Die Betonung der Bedeutung frühkindlicher Bildungsinvestitionen besagt nicht, dass Investitionen zu einem späteren Zeitpunkt im Lebensverlauf keine Wirkung zeigen bzw. ökonomisch nicht effektiv sind. Diese Investitionen sind allerdings umso rentabler, je eher in der frühen Kindheit in eine gelingende Entwicklung und Bildung von Kindern investiert wurde.

Die hohe Wirksamkeit frühkindlicher Bildungsinvestitionen kann in der Bildungsökonomie auf Basis zahlreicher Effektivitätsstudien (z.B. Nores & Barnett, 2010; Barnett, 2011) und insbesondere auf Effizienzanalysen zurückgeführt werden. Effizienzstudien, die auf der Basis von Individualdaten die Wirkung von Bildungsinvestitionen in der frühen Kindheit untersuchen, existieren bisher vorrangig im anglo-amerikanischen Raum (vgl. zusammenfassend Barnett, 2011; Karoly, 2012).

Effizienzstudien sind ein für die Ökonomie typischer Ansatzpunkt, da sie nicht nur die Effektivität, d.h. die Wirkung von Maßnahmen per se bewerten, sondern dieser Wirkung den Input gegenüberstellen, der dazu notwendig war, um sie zu erreichen. Effizienzüberlegungen sind insbesondere von daher relevant, da grundsätzlich von knappen Ressourcen bzw. Inputs ausgegangen werden muss und entschieden werden muss, für welche Maßnahmen knappe Ressourcen verwandt werden sollen – es geht also darum, die Maßnahmen auszuwählen, die am effizientesten sind. Dabei geht die Ökonomie von einem breiten Ressourcenbegriff aus, der sowohl fiskalische als z.B. auch zeitliche Ressourcen umfasst. Der Verbrauch von Ressourcen ist immer mit Kosten verbunden und zwar im Sinne von Opportunitätskosten. Dies meint z.B., dass die Zeit, die in die Bildung von Kindern investiert wird, z.B. nicht für die Ausübung einer Erwerbstätigkeit verwandt werden kann. Mit Effizienzanalysen ist es grundsätzlich möglich die individuelle, die fiskalische und die soziale Rendite von Maßnahmen zu berechnen.

Eine sehr spezifische Form der Effizienzanalyse ist die Kosten-Nutzen-Analyse. In Kosten-Nutzen-Analysen im Bereich der frühen Kindheit werden die Kosten von Bildungs- und (Betreuungs)programmen mit deren Nutzen verglichen. Methodisch werden im Sinne von Kosten-Nutzen-Analysen die Kosten von Maßnahmen den monetär bewerteten Nutzenkomponenten gegenübergestellt. Insbesondere die monetäre Bewertung unterschiedlicher Nutzenkomponenten ist eine große Herausforderung, die mit vielfachen Schwierigkeiten und Annahmen verbunden ist. So sollten idealerweise z.b. alle messbaren (tangiblen) Nutzenströme erfasst und bewertet werden. Um die Effizienz zu messen muss außerdem ein Konzept für die Frage vorliegen, in welcher Beziehung Outputs oder Outcomes und Inputs stehen, d.h. es sind Konzepte zum konkreten ‚Produktionsprozess' notwendig. Trotz des großen Interesses an diesen Fragen ist der Erkenntnisstand darüber bis heute beschränkt. Das hängt auch mit der Komplexität der Bildungsprozesse und – systeme zusammen (vgl. Wolter, 2002).

Neben diesen Schwierigkeiten besteht die Herausforderung auch darin, nicht nur den kurzfristigen, sondern auch den langfristigen Nutzen – idealerweise den Nutzen über den gesamten Lebensverlauf – zu bewerten. In der Ökonomie wird dabei insbesondere auf die spätere Arbeitsmarktperformance von Individuen aber auch andere Ergebnis-Größen, wie z.B. die Abhängigkeit von sozialen Fürsorgeleistungen, die Gesundheit oder die Delinquenz abgestellt. Sämtliche Nutzenkomponenten, die nach Abschluss der Maßnahme anfallen, werden in Kosten-Nutzen-Analysen auf den Zeitraum des Kostenanfalls diskontiert. Dahinter steckt die Überlegung, dass ein vom Zeitpunkt der Investition aus betrachteter künftiger Nutzen umso weniger Wert ist, je weiter er in der Zukunft anfällt. Zu den Chancen und Herausforderungen von Kosten-Nutzen-Analysen im Bereich der frühen Kindheit, vgl. aktuell Karoly (2012).

Die vorliegenden Kosten-Nutzen-Analysen frühkindlicher Bildungsmaßnahmen bewerten in der Regel spezifische Programme für spezifische Zielgruppen, die regional sehr begrenzt waren (z.B. Barnett, 2011; Karoly, 2012). Einige der Programme sind in ihrer Evaluation als klassische Interventionsstudien mit einem randomisierten Experimental- und Kontrollgruppendesign konzipiert und andere als quasi-experimentelle Gruppenstudien ohne Randomisierung, aber mit der Absicherung gegen mögliche sonstige Einflussgrößen. Die bekannteste unter diesen Studien ist das Perry-Preschool-Projekt, dass noch heute die Effekte einer Intervention misst, die in den 60er Jahren des letzten Jahrhunderts in Ypsilanti/Michigan erfolgte (für eine aktuelle Analyse vgl. Heckman et al., 2010; Belfield et al., 2006). Teilnehmer an dem Programm waren 123 Kinder aus benachteiligten Gruppen. Die Experimentalgruppe wurde zwei Jahre am Vormittag in einer Einrichtung mit einer sehr hohen pädagogischen Qualität betreut, dies wurde ergänzt durch ‚Familienbesuche' von Fachkräften. In den Kosten-Nutzen-Analysen wurden die Kosten und der Nutzen für die Teilnehmer und ihre Familien (privater Nutzen) sowie der Nutzen für den Steuerzahler und die Gesellschaft erfasst. Die Kosten-Nutzen-Analyse für das Perry-Preschool-Projekt ergibt, dass der Nutzen die Kosten deutlich übersteigt, dabei wurden u.a. der höhere Schulerfolg, das höhere Lebenseinkommen, die höheren Steuereinnahmen, die niedrigere Abhängigkeit von der sozialen Fürsorge und die geringere Delinquenz der Experimentalgruppe monetär bewertet. Ähnliche Kosten-Nutzen-Analysen liegen für die Abecedarian Studie vor, einer ebenfalls regional begrenzten Studie, die allerdings ein ganztägiges Bildungs- und Betreuungsprogramm für benachteiligte Kinder auf ihre Effizienz hin untersuchte (vgl. Masse & Barnett, 2007). Mit einem quasi-experimentellen Ansatz wurde das Chicago-Child-Parent Programm evaluiert. Die mit diesem Programm verbundene Kosten-Nutzen-Analyse basiert auf einem größeren Sample von über 1.000 Kindern. Spezifisch für dieses Programm ist, dass eine Intervention nur in der frühen Kindheit, eine weitere nur im Grundschulalter und eine dritte Intervention in der frühen Kindheit und im Grundschulalter durchgeführt und auf ihre Effizienz hin geprüft wurde. Im Ergebnis zeigte sich, dass die frühkindliche Intervention die höchste Rendite einbrachte (Reynolds et al., 2002; 2012).

Diese Effizienzanalysen haben im Gegensatz zu anderen Effizienzanalysen (vgl. z.B. Blau und Currie 2006 oder Karoly, 2012) den Vorteil, dass sie nicht nur auf kurz- sondern auch langfristige Effekte fokussiert sind. Allerdings bewerten sie ausschließlich Programme von einer sehr hohen pädagogischen Qualität, während Wirkungsanalysen anderer Programme, wie z.B. Effektivitäts- und Effizienzanalysen des US-amerikanischen Head-Start Programms geringere Effektgrößen oder keine langfristigen Effekte zeigen (vgl. z.B. U.S. Department of Health and Human Services, 2010). Es lässt sich zusammenfassend festhalten, dass die Bewertung der Wirkung qualitativ weniger guter Programme im Gegensatz zu den oben dargestellten Befunden, zu keinem eindeutigen Ergebnis kommt (vgl. auch Barnett, 2011).

Unabhängig davon können die Ergebnisse dieser Studien nicht 1:1 auf Deutschland oder auch andere Regionen und Zielgruppen übertragen werden. Vielmehr muss bei einer Bewertung dieser Analysen miteinbezogen werden, dass es sich um sehr kostenintensive, qualitativ hochwertige Maßnahmen für bildungsbenachteiligte Kinder in sehr speziellen räumlichen Kontexten handelt. Allein die Fokussierung auf bestimmte Zielgruppen mit spezifischen Programmen und Einrichtungen steht dem Grundsatz einer universellen frühkindlichen Bildung und Betreuung für alle Kinder im deutschen Elementarsystem gegenüber. Solange jedoch für den deutschen Forschungsraum keine vergleichbaren Effizienzanalysen vorliegen[1], können die genannten Studien durchaus Hinweise auf die Bedeutung zielgerichteter und qualitativ hochwertiger frühkindlicher Bildungsinvestitionen geben.

## 2    Der Markt für frühkindliche Bildung und Betreuung[2]

Grundsätzlich geht die Ökonomie davon aus, dass Märkte ohne staatliche Eingriffe zu effizienten Ergebnissen kommen. Allerdings gibt es Märkte, auf denen Güter gehandelt werden, bei denen es zu Marktversagen kommt – dies ist zum Beispiel bei Humandienstleistungen der Fall. Bildung wird in der Ökonomie als eine Humandienstleistung betrachtet, die ähnlich, wie andere Humandienstleistungen z.B. im Gesundheits- oder Pflegebereich

---

1   Im deutschsprachigen Forschungsraum liegen bisher Kosten-Nutzen-Analysen bzw. ähnliche Studien vor, die vorrangig den Nutzen bewerten, der aus der Betreuungsfunktion von Kindertagseinrichtungen entsteht, vgl. dazu Spieß (2009).

2   Vgl. für die Ausführungen in diesem Abschnitt Spieß (1998) und Kreyenfeld et al. (2001).

nicht auf Märkten gehandelt werden sollten, die frei von staatlicher Regulierung sind – ansonsten kommt es zu Marktversagen. Zum einen liefert die ökonomische Theorie Argumente, warum dem so ist und zum anderen kann auf diesen Argumenten aufbauend untersucht werden, welche staatlichen Eingriffe ökonomisch sinnvoll sind. Diese Fragen sind eng mit der Frage nach dem Charakter dieses Dienstleistungsgut verbunden: Welche Besonderheiten machen die außerfamiliale Kindertagesbetreuung als Dienstleistungsgut aus? Bei der außerfamilialen Kindertagesbetreuung handelt es sich um eine Humandienstleistung, die ein Vertrauens- bzw. Glaubensgut und kein Erfahrungsgut darstellt. D.h. die Nachfrager, sowohl die Eltern als auch die Kinder, können die Qualität des Gutes nicht eigenständig in vollem Umfang vor dem ‚Konsum' der Dienstleistung bewerten, sondern sie müssen dem Anbieter, was die Qualität betrifft, weitgehend ‚glauben'. Hinzu kommt, dass insbesondere kleine Kinder im laufenden ‚Bildungsprozess' die Qualität der Dienstleistung auch nicht bewerten und auch nicht über den ‚Bildungsprozess' berichten können – dies ist bei älteren Schulkindern anders.

Für die Analyse von Bedeutung ist außerdem, dass sich die Nachfrageseite dieses ‚Dienstleistungsmarktes' aus direkten Nachfragern, den Eltern, und indirekten Nachfragern, den Kindern, die gleichzeitig Konsumenten sind und zudem am Produktionsprozess mitwirken, zusammensetzt. Im Gegensatz zu den Eltern sind sie keine (voll)souveränen Wirtschaftssubjekte und auf ihre Eltern angewiesen, die im Sinne von Stellvertretern handeln (vgl. Ziegelmeyer 2012). Wie oben bemerkt, können jedoch auch Eltern die pädagogische Qualität einer Einrichtung nicht vollständig erfassen und bewerten. Dies belegen auch empirische Untersuchungen (vgl. Mocan, 2007): Eltern überschätzen tendenziell die pädagogische Qualität von Kindertageseinrichtungen. Ökonomisch formuliert liegt ein asymmetrisches Informationsverhältnis, ein Marktmangel vor. Dieser Marktmangel ist gravierend, da der Konsum einer schlechten Qualität teilweise erst sehr viel später erkannt werden kann und hinzu kommt, dass er häufig irreversibel ist, d.h. bestimmte Entwicklungsergebnisse nicht einfach rückgängig gemacht werden können. Deshalb muss der Staat die Rahmenbedingungen für einen effizienten und effektiven Qualitätsnachweis bei den Anbietern außerfamilialer Kinderbetreuung setzen. Er kann diese durch Markteintrittsbarrieren und weitere regulative Eingriffe zur Sicherung der pädagogischen Qualität tun.

Ein weiterer ‚Marktmangel', der für ‚Bildungsdienstleistungen' typisch ist, besteht darin, dass der private Nutzen, den die Nachfrager erzielen, tendenziell kleiner ist als der gesamte volkswirtschaftliche Nutzen aus dem Konsum dieses Gutes. Oder anders formuliert die private Rendite aus Bildung ist kleiner als die soziale Rendite. In diesem Fall spricht die Ökonomie von positiven externen Effekten. Wenn positive externe Effekte vorliegen, wird ceteris paribus, die entsprechende Dienstleistung nur in dem Umfang nachgefragt, wie es dem privaten Nutzen entspricht. Damit kommt es am Optimum gemessen zu einer zu geringen Nachfrage, da der Einzelne nur seinen eigenen Nutzen und nicht den der gesamten Gesellschaft im Fokus hat. Im Kontext der Kosten-Nutzen-Analysen wurde darauf hingewiesen, dass qualitativ hochwertige Bildungs- und (Betreuungs-)Angebote eine hohe gesellschaftliche Rendite haben können. Eine qualitativ gute außerfamiliale Kindertagesbetreuung kann demnach dazu führen, dass vermehrt staatliche Einnahmen erzielt (insbesondere Steuereinnahmen) und staatliche Ausgaben (z.B. im Bildungsbereich oder im Bereich der staatlichen Fürsorge) reduziert werden können. Das heißt auch vor diesem Hintergrund sollte der Staat eingriffen, er sollte einen höheren Konsum z.B. über eine öffentliche Förderung der Einrichtungen herbeiführen. Dieses Argument gilt insbesondere in einem Wohlfahrtsstaat, der sich durch andere Sozialleistungen im späteren Lebensverlauf auszeichnet.

## 3    Finanzierungsinstrumente und Instrumente der Qualitätssicherung[3]

Mit dem Ergebnis, warum es in Märkten für Kindertagesbetreuung zu Marktversagen kommt, ist allerdings noch nicht festgelegt, welche Steuerungs- und Finanzierungsinstrumente vor dem Hintergrund einer ökonomischen Perspektive sinnvoll wären. Grundsätzlich kann der Staat selbst diese Humandienstleistung anbieten, wie es im Schulbereich weitgehend üblich ist bzw. in Deutschland agieren viele Kommunen als Träger von Kindertageseinrichtungen. Der Staat kann aber auch andere Anbieter fördern – er kann z.B. gemeinnützige und privat-gewerbliche Träger subventionieren. Dies wird in der Ökonomie als Objektförderung bezeichnet. Der Staat kann aber ebenso die Nachfrager finanziell fördern, was unter dem Begriff der Subjektförderung diskutiert wird, oder er kann Mischmodelle praktizieren, was im deutschsprachigen Raum häufig Praxis ist. Aus ökonomischer Perspektive sprechen viele Argumente für eine Subjektförderung im Bereich der frühkindlichen Bildung, da sie direkt bei den Nachfragern und ihren Bedarfen ansetzt. Vielfach verspricht man sich von ihr eine größere ‚Kundenorientierung' der Anbieter. Die Subjektförderung bedarf allerdings einer detaillierten staatlichen Planung und Steuerung. Einer Objektsteuerung wird eine größere Planungssicherheit der Anbieter zugesprochen, was im Sinne der Sicherung einer guten pädagogischen Qualität auch Vorteile haben kann.

Eine Förderung der Subjekte kann über zweckungebundene Transfers (z.B. in Form von einem Betreuungsgeld), steuerlichen Maßnahmen (z.B. der Möglichkeit die Kosten für die Kindertagesbetreuung steuerlich absetzen zu können) oder zweckgebundenen Transfers (z.B. in Form von Kinderbetreuungsgutscheinen) erfolgen. Es sprechen einige Argumente für zweckgebundene Transfers, da sie zum einen eine Zweckbindung gewährleisten und zum anderen allen Nachfragern, auch denen, die keine Steuern zahlen grundsätzlich zugutekommen. Solche Modelle können sehr unterschiedlich ausgestaltet sein – hier liegt eine Herausforderung und staatliche Gestaltungsverantwortung. In der Bundesrepublik überwiegt auf der Ebene der Bundesländer die subjektbezogene Objektfinanzierung, die eine Mischung beider Finanzierungs- und Steuerungsinstrumente

---

3   Vgl. für die Ausführungen in diesem Abschnitt Spieß (1998) und Spieß (2010a).

darstellt. Lediglich Berlin und Hamburg praktizieren eine reine Subjektförderung in der Form von Kinderbetreuungsgutscheinen (vgl. auch Spieß, 2010b).

Grundsätzlich geht die Ökonomie davon aus, dass allen Anbietern, eine staatliche Förderung zukommen kann, sofern sie eine gute pädagogische Qualität (siehe unten) anbieten. Dies bedeutet, dass sowohl sogenannte ‚Non-profit-Einrichtungen' als auch ‚For-Profit-Einrichtungen' über eine Subjekt- oder auch Objektförderung gefördert werden sollten. In der bundesdeutschen Förderpraxis, die sich zwischen den Bundesländern stark unterscheidet, überwiegt allerdings eine alleinige Förderung der sogenannten freien Träger der Jugendhilfe, viele Bundesländer fördern privat-gewerbliche Einrichtungen (‚For-Profit-Einrichtungen') nicht. Entsprechend haben sie in Deutschland einen sehr geringen Marktanteil.

Angesichts der beschriebenen unzureichenden Informationen der Nachfrager über die Qualität der außerfamilialen frühpädagogischen Angebote muss, unabhängig von der Art des Förderinstrumentes, von staatlicher Seite eine Qualitätskontrolle und -sicherung der Anbieter gewährleistet sein. Der Staat muss diese allerdings nicht selbst durchführen – dies ist in der Ökonomie ein zentraler Aspekt; vielmehr kann er diese Aufgabe delegieren. Ökonomisch spricht einiges für eine solche Delegation, da es in der Regel staatliche Instanzen sind, die über die Mittelvergabe entscheiden und sie vor dem Hintergrund potentieller Interessenkonflikte nicht auch noch diejenigen sein sollten, die darüber ‚wachen', ob mit diesen Mitteln eine zufriedenstellende Qualität gewährleistet wird.

Klassische Instrumente der Qualitätssicherung sind Markteintrittsbarrieren, z.B. in der Form einer Betriebserlaubnis und die Setzung von Qualitätsmindeststandards. Die Ökonomie selbst muss sich hinsichtlich der Beurteilung dieser Qualitätsmindeststandards auf die Expertise anderer Disziplinen, insbesondere aus dem Bereich der Pädagogik der frühen Kindheit berufen. Aus ökonomischer Perspektive spricht einiges für einheitliche Standards, sofern unter Experten ein Konsens darüber besteht, was eine pädagogisch gute Qualität ausmacht. Aufbauend auf entsprechenden Standards, die eine gute Mindestqualität für alle Kinder sichern, kann ein ‚Qualitätswettbewerb' zwischen Anbietern sinnvoll sein, wenn er auch dazu beiträgt Nachfragern vielfältige Angebote mit unterschiedlichen frühpädagogischen Konzepten zu offerieren. Es könnten auch bestimmte Anteile der Fördermittel von einer guten pädagogischen Qualität abhängig gemacht werden. Von zentraler Bedeutung ist ebenfalls, dass *alle* Anbieter solchen Qualitätsstandards unterliegen – hier darf es keine Ausnahmen geben.

Wenn die Vorteile eines Qualitätswettbewerbs allerdings in vollem Umfang zum Tragen kommen sollen, müssen Eltern die Qualität von Kindertageseinrichtungen in ausreichendem Maße beurteilen können. Der Staat sollte aus ökonomischer Perspektive auch Instrumente etablieren, die Eltern eine bessere Qualitätsbeurteilung ermöglichen. Hier sind vielfache Ansatzpunkte möglich. Ein Beispiel ist ein mehrstufiges Qualitätsgütesiegel für Kindertageseinrichtungen, wie es in der Literatur diskutiert wird (z.B. Spieß & Tietze, 2001).

# 4    Schlussbetrachtung

Die ökonomische Analyse frühkindlicher Bildungsprozesse ist in der Ökonomie ein relativ junges Forschungsfeld. Nicht zuletzt dadurch, dass sich prominente Ökonomen, wie der US-amerikanische Ökononomienobelpreisträger James Heckman damit befassen, hat es in der letzten Zeit an Bedeutung gewonnen. Zunehmend wird auf die hohe Rendite frühkindlicher Bildungsinvestitionen hingewiesen. Darüber hinaus bietet die ökonomische Theorie Argumente, wie in frühe Bildung investiert werden sollte. Die Analyse real existierender Systeme der frühkindlichen Bildung oder auch ein internationaler Vergleich der staatlichen Bildungsinvestitionen über den Lebensverlauf gemessen am Bruttoinlandsprodukt zeigt jedoch, dass viele dieser Erkenntnisse nicht mit der bildungspolitischen Praxis einhergehen. Nach wie vor, investieren nahezu alle Länder am wenigsten in die frühe Kindheit, wenn Bildungsinvestitionen über den Lebensverlauf hinweg betrachtet werden – gleichwohl es große Unterschiede zwischen den Ländern gibt (OECD, 2006). Und immer noch wird dem Aspekt der pädagogischen Qualität, die letztlich die Voraussetzung dafür ist, dass die grundsätzlich hohe Rendite frühkindlicher Bildungsinvestitionen realisiert werden kann, ein vergleichsweise geringer Stellenwert beigemessen. Aus polit-ökonomischer Perspektive spricht einiges dafür, dass die Diskrepanz zwischen wissenschaftlichen Erkenntnissen und der praktischen Bildungspolitik auch damit in Verbindung steht, dass Investitionen in die frühe Kindheit in ihrem vollem Umfang erst nach vielen Jahren rentabel werden – was mit kurzfristigen Wahlzyklen und der Rationalität von Entscheidungsträgern in der Bildungspolitik nicht immer kompatibel ist. Fest steht, dass auch aus bildungsökonomischer Perspektive verstärkt Anstrengungen zur Sicherung einer guten Bildungsqualität von Anfang an ein sehr hoher Stellenwert zukommen sollte.

# 5    Literatur

Barnett, W.S. (2011). *Effectiveness of Early Educational Intervention, in: Science.* 333, 975–978.

Belfield, C.R., Nores, M., Barnett, S. & Schweinhart, L. (2006). The High/Scope Perry Preschool Program: Cost-Benefit Analysis Using Data from the Age-40 Follow up. *Journal of Human Resources 41* (1), 162–190.

Blau, D.M. & Currie, J. (2006). Pre-School Care, Day Care, and After-School Care: Who's minding the Kids? In E.A. Hanushek & F. Welch (Hrsg.), *Handbook of the Economics of Education*, Volume 2 (S. 1163–1278). Amsterdam: Elsevier.

Cunha, F. & Heckman, J.J. (2007). The technology of skill formation. *American Economic Review 97* (2), 31–47.

Hanushek, E.A. & Scholling, K. (2000). Labor-Force-Quality, and the Growth of Nations. *American Economic Review 90* (5) 1184–1208.

Heckman, J.J. (2007). The economics, technology, and neuroscience of human capability formation. *Proceedings of the National Academy of Sciences* (104), 13250–13255.

Heckman, J.J. (2006). Skill formation and the economics of investing in disadvantaged children. *Science* (312), 1900–1902.

Heckman, J.J., Moon, S.H., Pinto, R., Savelyev, P.A. & Yavtz, A. (2010). The rate of return to the High/Scope Perry Preschool Program. *Journal of Public Economics 94* (1-2), 114–128.

Hummelsheim, S. & Timmermann, D. (2002). Bildungsökonomie. In R. Tippelt & B. Schmidt (Hrsg.), *Handbuch zur Bildungsforschung* (S. 93-134). Wiesbaden: VS Verlag für Sozialwissenschaften.

Kreyenfeld, M., Spieß, C.K. & Wagner, G.G. (2001). *Finanzierungs- und Organisationsmodelle institutioneller Kinderbetreuung. Analysen zum Status quo und Vorschläge zur Reform.* Neuwied.

Masse, L.N. & Barnett, W.S. (2007). Comparative benefit-cost analysis of the Abecedarian program and its policy implications. *Economics of Education Review* (26), 113–125.

Müller Kucera, K. & Bauer, T. (2001). Volkswirtschaftlicher Nutzen von Kindertagesstätten. Edition *Sozialpolitik.* (5) (Hrsg. Sozialdepartement der Stadt Zürich). Regensdorf.

Mocan, N. (2007). Can consumers detect lemons? An empirical analysis of information asymmetry in the market for child care. *Journal of Population Economics* (20), 743–780.

OECD (2006). *Starting Strong II, Early Education and Care.* Paris.

Reynolds, A.J., Temple, J.A., Robertson, D.L. & Mann, E.A. (2002). Age 21 Cost-Benefit Analysis of the Title I Chicago Child-Parent Centres. *Educational Evaluation and Policy Analysis 24* (4), 267–304.

Spieß, C.K. (1998). *Staatliche Eingriffe in Märkte für Kinderbetreuung. Analysen im deutsch-amerikanischen Vergleich.* Frankfurt a.M., New York.

Spieß, C.K. (2009). Volkswirtschaftliche Bedeutung der Kinderbetreuung: Wie ist diese zu bewerten und was können wir dabei aus dem Ausland lernen? In U. von Leyen, & Spidla, V. (Hrsg.), *Voneinander lernen – miteinander handeln. Aufgaben und Perspektiven der Europäischen Allianz für Familien.* (S. 251–263). Baden-Baden.

Spieß, C.K. (2010). Sieben Ansatzpunkte für ein effektiveres und effizienteres System der frühkindlichen Bildung in Deutschland. In T. Apolte & U. Vollmer (Hrsg.), *Bildungsökonomik und Soziale Marktwirtschaft* (S. 3–18). Stuttgart: Lucius & Lucius.

Spieß, C.K. (2010). Zehn Mythen über Kinderbetreuungsgutscheine. In T. Betz, A. Diller & T. Rauschenbach (Hrsg.), *Kita-Gutscheine. Ein Konzept zwischen Anspruch und Realisierung* (S. 99–112). München.

Spieß, C.K. & Tietze, W. (2002). Qualitätssicherung in Kindertageseinrichtungen – Gründe, Anforderungen und Umsetzungsüberlegungen für ein Gütesiegel. *Zeitschrift für Erziehungswissenschaft* (1), 139–162.

Wolter, S.C. (2001). Ökonomie. In S. Andresen, R. Casale, T. Gabriel, R. Horlacher, S. Larcher Klee & J. Oelkers (Hrsg.), *Handwörterbuch Erziehungswissenschaft* (S. 606–620). Weinheim und Basel.

Ziegelmeyer, Franziska (2012). *Elterliche Stellvertreterentscheidungen*, Optimus Mostafa Verlag.

# Frühkindliche Bildung zwischen Politik und Recht

Reinhard Wiesner, Thomas Rauschenbach und Christian Bergmann

## 1 Frühkindliche Bildung als Gestaltungaufgabe

Die frühen Lebensjahre und ihre Bedeutung für den Bildungs- und Lebensweg eines Menschen sind seit der ersten PISA-Studie in Deutschland Gegenstand intensiver Erörterungen (vgl. OECD, 2001). Demzufolge werden in den ersten Lebensjahren eines Kindes – in seinem Aufwachsen zwischen Familie und Kindertagesbetreuung – wichtige Weichenstellungen für den künftigen Bildungsweg getroffen (vgl. OECD, 2012). Galt die Aufmerksamkeit der empirischen Bildungsforschung, soweit sie sich nicht ohnehin auf die Schule beschränkte, zunächst vor allem dem Kindergarten, also der Bildung, Betreuung und Erziehung von Drei- bis Sechsjährigen, so rückt in den letzten Jahren zunehmend die Kindertagesbetreuung für die Jüngsten, für die unter Dreijährigen, in das Blickfeld empirischer Analysen (vgl. Geier & Riedel, 2009; Büchner & Spieß, 2007).

Mit dieser ‚Entdeckung der frühen Kindheit' im öffentlichen Diskurs gehen politische wie juristische Veränderungen einher. Frühkindliche Bildung wurde (und wird) immer stärker als staatliche Gestaltungaufgabe betrachtet. Um diese Entwicklung zu analysieren, bieten sich zwei Blickrichtungen an. Zum einen stellt sich die Frage nach dem Handeln der Politik: Was unternahmen (und unternehmen) staatliche Institutionen in Deutschland, um Kinder vor der Einschulung zu bilden, zu betreuen und zu erziehen? Welche Motive haben diese politischen Aktivitäten, welche Begrenzungen erfahren sie? Die zweite Frage konzentriert sich auf die rechtliche Kodifizierung des politischen Tuns: Welche Gesetze regeln welche Inhaltsbereiche der frühkindlichen Bildung? Welche rechtssystematischen Entscheidungen werden dabei getroffen, welche Steuerungsmechanismen werden entwickelt, welche fehlen möglicherweise noch?

Eine Betrachtung des Wechselspiels von Politik und Recht – die Rechtsordnung stellt ein Produkt der politischen Willensbildung dar und bildet gleichzeitig einen Rahmen für politische Prozesse – zeigt, wie prägend die Neujustierungen der Frühpädagogik in den letzten beiden Jahrzehnten waren. Aus einem Themengebiet, das lange Zeit allenfalls als Randbereich der Familien- und Sozialpolitik galt, entstand ein zentrales Handlungsfeld politischen und rechtlichen Handelns.

Um diese Entwicklung nachzuzeichnen, beschreibt der nächste Abschnitt dieses Beitrags die historischen Entwicklungslinien der Frühpädagogik in Deutschland vom 19. Jahrhundert bis zur Neuordnung des Kinder- und Jugendhilferechts in den 90er-Jahren des 20. Jahrhunderts. Dem folgt eine Analyse der politischen und rechtlichen Entwicklungslinien des letzten Jahrzehnts. Schließlich wird die Frage gestellt, wie eine künftige Entwicklung dieses Feldes erfolgen und welche Rolle die Sozial- und Bildungsberichterstattung dabei spielen kann.

## 2    Politische Entwicklungslinien der öffentlichen Kleinkindererziehung und ihre rechtliche Verortung

Mitte des 19. Jahrhunderts entstand in Deutschland zur Bekämpfung der Folgen der Massenarmut eine Vielzahl an Einrichtungen der öffentlichen Kleinkindererziehung (vgl. Reyer, 1987, S. 60), die stark von einem privat-bürgerlichen Engagement getragen wurde. Dieses Engagement beruhte wesentlich auf zwei Motiven: Erstens ging es um unversorgte Kinder aufgrund der existenziell notwendigen Erwerbstätigkeit der Mütter, damit diese die häufig fatale wirtschaftliche Situation ihrer Familien verbessern konnten. Zweitens sollten diese Kinder aber auch vor Gefährdung und Verwahrlosung geschützt und erzieherisch geformt werden (vgl. Reyer, 1987, S. 43f.).

Nur unwesentlich später, ebenfalls in der Mitte des 19. Jahrhunderts, entwickelte Friedrich Fröbel – später weitergetragen und weiterentwickelt durch die Fröbel-Bewegung – eine stark kindbezogene pädagogische Konzeption, die den Schwerpunkt noch deutlicher auf den zweiten Aspekt des Doppelmotivs legte: auf den Aspekt der pädagogischen Förderung des Kleinkinds. Diese Konzeption betrachtete den Kindergarten als unterste Stufe des Bildungssystems. Nicht nur Kleinkinder bedürftiger Familien, deren Mütter einer außerhäuslichen Erwerbstätigkeit nachgehen mussten, sondern *alle* Kinder sollten einen Kindergarten besuchen.

Trotz dieser offenkundigen Motive hielt sich der Staat aus diesem Politikfeld lange Zeit zurück. Auf dem Feld der öffentlichen Kleinkindererziehung trat er bis Ende des 19. Jahrhunderts als Akteur nicht in Erscheinung. Einfluss erlangte er damals nur mittelbar über das Vereinsrecht und das Schulaufsichtsrecht. Der in den 80er-Jahren des 19. Jahrhunderts beobachtete Geburtenrückgang änderte dies allmählich; ab diesem Zeitpunkt engagierte sich der Staat im Bereich der Mutter-, Säuglings- und Kleinkinderfürsorge unter dem Leitbegriff der ‚Sozialhygiene'. Mit Inkrafttreten des Reichsjugendwohlfahrtsgesetzes einige Jahrzehnte später, im Jahre 1924, wurde die öffentliche Kleinkindererziehung rechtlich dann der Jugendhilfe zugeordnet. Dabei wurde dem Jugendamt die Aufgabe zugewiesen, Einrichtungen und Veranstaltungen für „Mutterschutz vor und nach der Geburt", „Wohlfahrt der Säuglinge" und „Wohlfahrt der Kleinkinder" (§ 4 Nr. 2-4 RJWG) anzuregen, zu fördern und gegebenenfalls zu schaffen (vgl. Neumann, 1987, S. 90).

Das Motiv der Sozialfürsorge behielt bis in die 60er-Jahre des 20. Jahrhunderts hinein Geltung. Erst im Zuge der diagnostizierten „Bildungskatastrophe" (vgl. Picht, 1964) und einer damit ausgelösten Bildungsoffensive (vgl. Dahrendorf, 1965) erfuhr das öffentliche Bildungs- und Erziehungssystem einen generellen Aufschwung, der sich auch in der vorschulischen Erziehung niederschlug. Der Kindergarten und die vorschulische Erziehung galten nunmehr als Vorreiter von überfälligen Bildungs- und Gesellschaftsreformen.[1] Zu den richtungsweisenden Vorschlägen dieser Zeit gehörte der Strukturplan des Deutschen Bildungsrats von 1970, in dem der Kindergarten als ‚Elementarbereich' dem künftigen Bildungssystem zugeordnet wurde (vgl. Deutscher Bildungsrat, 1970). Neben die herkömmliche sozialpolitische Aufgabe, Kinder tagsüber zu versorgen, trat deutlicher als zuvor die Aufgabe der allgemeinen pädagogischen Förderung möglichst *aller* Kinder, um so eine Grundlage für alle weiteren Bildungsprozesse zu schaffen.

Der Bildungsbericht aus dem Jahr 1970 nahm die vorgeschlagenen Reformmaßnahmen auf und erklärte die gezielte Einbeziehung der Elementarerziehung „zum ersten und wichtigsten Schritt in der Schulreform" (BMBW, 1970, S. 38). Insofern fasste der 1973 verabschiedete Bildungsgesamtplan der Bund-Länder-Kommission für Bildungsplanung (vgl. Deutscher Bundestag, 1973) die quantitativen und qualitativen Perspektiven der Reform in dieser Phase zusammen und bekräftigte noch einmal die Verortung der öffentlichen Kleinkindererziehung als Elementarbereich im Bildungssystem. Doch dieser Zuordnungsvorschlag, der an Vorstellungen der Reichsschulkonferenz der 1920er-Jahre anknüpfte, war für die politische und rechtliche Weiterentwicklung keineswegs prägend.

## a.    Kindertagesbetreuung in der Diskussion um die Reform des Jugendhilferechts

Fast zur gleichen Zeit begann in den 1970er-Jahren die Diskussion um die Neuordnung des Jugendhilferechts, die beinahe 20 Jahre dauern sollte. Der Diskussionsentwurf eines Jugendhilfegesetzes – ein im Jahre 1973 erstellter Gesetzentwurf, der die Ergebnisse der unter der damaligen Bundesministerin Käthe Strobel im Jahre 1970 eingerichteten Sachverständigenkommission zur Reform des Jugendhilferechts widerspiegelt – sah für jedes Kind ab dem vollendeten 3. Lebensjahr einen Rechtsanspruch auf einen Kindergartenplatz vor und verstand den Kindergarten als „eine vorbeugende familienergänzende und -unterstützende Einrichtung der Jugend- und Familienhilfe" (vgl. BMJFG, 1973, S. 110). Eine analoge Wertschätzung der kindlichen Erziehung und Bildung im Kindergarten

---

1   Zu erwähnen ist in diesem Kontext auch die 1968er-Bewegung, wenn auch mit ambivalent zu bewertenden Anteilen (vgl. Greiffenhagen & Greiffenhagen, 1993, S. 221ff.).

als förderliche und kompensatorische Sozialisationsinstanz fand sich in den gleichzeitig verabschiedeten Thesen des Deutschen Vereins für öffentliche und private Fürsorge zu einem neuen Jugendhilferecht (DV, 1973, S. 88). Diese Vorschläge fanden 1974 und 1977 Eingang in die Referentenentwürfe eines Jugendhilfegesetzes des Bundesministeriums für Jugend, Familie und Gesundheit, doch sie scheiterten beide im Gesetzgebungsverfahren. Bayern hingegen ordnete den Kindergarten bereits in seinem Kindergartengesetz von 1972 dem Bildungswesen zu, für das die Länder die Gesetzgebungskompetenz besitzen.[2] Auch andere Bundesländer entwickelten eine spezifische Kindertageseinrichtungspolitik, die meist auf den Kindergarten konzentriert blieb. Dennoch kam es in der ehemaligen Bundesrepublik nirgendwo sonst zu einer solch offensichtlichen Abkehr von der Jugendhilfe wie in Bayern.

**b.      Die Neuordnung des Jugendhilferechts und der Rechtsanspruch auf einen Kindergartenplatz**

Als nach 20-jähriger Reformdiskussion Ende der 1980er-Jahre das neue Jugendhilfegesetz vor der Verabschiedung stand, sollte in diesem – wie in früheren Entwürfen schon vorgesehen – auch der Rechtsanspruch auf einen Kindergartenplatz für alle Kinder ab dem dritten Lebensjahr verankert werden. Aufgrund massiver Vorbehalte einzelner Länder musste der Bund, um die Zustimmung im Bundesrat zu erreichen, diesen Anspruch zurückstellen und sich auf eine allgemeine Klausel beschränken, die auf die Zuständigkeit der Länder für diesen Bereich verwies.

Diese Zurückhaltung hatte nicht lange Bestand. Im Kontext der Diskussion um die Neuordnung des Rechts auf einen Schwangerschaftsabbruch erhielt die alte kinderpolitische Forderung bereits zwei Jahre nach der Verabschiedung des Kinder- und Jugendhilfegesetzes (KJHG) im Jahr 1992 neuen Auftrieb. Nunmehr ergab sich für den Bund die Gelegenheit, mit einer breiten parlamentarischen Mehrheit einen Rechtsanspruch auf einen Kindergartenplatz zu verabschieden. In Verbindung mit der Neuordnung des Rechts auf Schwangerschaftsabbruch passte dies zur Programmatik aller politischen Parteien, welche den Schutz des ungeborenen Lebens nicht mehr über strafrechtliche Vorschriften, sondern im Wesentlichen über sozial- und familienrechtliche Regelungen erreichen wollten (vgl. Struck & Wiesner, 1992, S. 454).

Mit dieser gesetzlichen Regelung, so schien es, war die Zuordnung der Kindertagesbetreuung zur Kinder- und Jugendhilfe, die bereits im Reichsjugendwohlfahrtsgesetz angelegt war, besiegelt. Dennoch ist bei einer rechtssystematischen Betrachtung festzustellen,

---

2   Der Bayerische Verfassungsgerichtshof bestätigte in seiner Entscheidung vom 4. November 1976 die Entscheidung des Bayerischen Gesetzgebers und berief sich dabei auf ein modernes Verständnis des Kindergartens als Bildungseinrichtung in Abkehr von einer „fürsorgerischen Wohlfahrtseinrichtung" (vgl. Bay. Verfassungsgerichtshof, 1977). Der Bayerische Sonderweg hinterließ seine Spuren bis in das KJHG, wo er aufgrund der Klausel in § 26 ausdrücklich respektiert wird.

dass sich der Gesetzgeber mit dem KJHG ein wenig von einer ausschließlich fürsorgerischen Ausrichtung des Kindergartens löste, indem er den Auftrag zur Förderung von Kindern in Tageseinrichtungen mit der Trias Erziehung, Bildung und Betreuung umschrieb (§ 22 Abs. 2 Satz 1 SGB VIII).

## c.     Unvollständige Integration des Politikfeldes in die Kinder- und Jugendhilfe

Zwar ist die Kindertagesbetreuung in Deutschland historisch und rechtssystematisch bis heute eindeutig der Kinder- und Jugendhilfe – und als Sachgebiet der öffentlichen Fürsorge der konkurrierenden Gesetzgebungskompetenz des Bundes – zugeordnet, dennoch ist sie letzten Endes nicht vollständig in dieses Politikfeld integriert. Diese „Unschlüssigkeit" äußert sich in verfassungsrechtlichen Kompetenzfragen, in Sonder- und Ausnahmeregelungen im KJHG sowie einer Praxis, welche die Bereitstellung von Einrichtungen eher als kommunale Daseinsvorsorge denn als Umsetzung des Kinder- und Jugendhilfegesetzes begreift.

Die spätestens mit Inkrafttreten des Bayerischen Kindergartengesetzes aufgeworfene Frage nach der kompetenzrechtlichen Zuordnung der Tagesbetreuung ist mit der Verabschiedung des Kinder- und Jugendhilfegesetzes nicht abschließend beantwortet, sondern nur ausgeklammert worden. Der Bundesgesetzgeber regelte zwar im Rahmen seiner konkurrierenden Kompetenz zur Gesetzgebung im Bereich der öffentlichen Fürsorge (Art. 74 Abs. 1 Nr.7 GG) auch die Förderung von Kindern in Tageseinrichtungen in den §§ 22 bis 26 SGB VIII, doch er respektierte in § 26 auch eine ‚abweichende Meinung'. Rechtsdogmatisch erscheint diese Regelung zweifelhaft, da der Bundesgesetzgeber sich hier auf seine Kompetenzen beruft und gleichzeitig die abweichende Meinung eines Landes bzw. mehrerer Länder toleriert.

Erst im Jahr 1998, also acht Jahre später, thematisierte das Bundesverfassungsgericht diese Kompetenzfrage anlässlich einer Verfassungsbeschwerde. Das Gericht sah den Schwerpunkt des „Kindergartenwesens" nach wie vor „in einer fürsorgenden Betreuung mit dem Ziel einer Förderung sozialer Verhaltensweisen und damit (präventiver) Konfliktvermeidung" (BVerfG, 2000, S. 20). Hinter dieser – dem Bereich der öffentlichen Fürsorge zuzuordnenden – Aufgabe stehe der vorschulische Bildungsauftrag zurück. Damit negierte das Bundesverfassungsgericht nicht den im KJHG ausdrücklich formulierten Bildungsauftrag, wies ihm aber eine nachrangige Funktion zu.

Diskussionswürdig erscheint die Integration der Kindertagesbetreuung in die Struktur der Kinder- und Jugendhilfe auch im Hinblick auf die Schaffung von Plätzen in Einrichtungen. Das Achte Buch regelt als Teil des Sozialgesetzbuchs Sozialleistungen. Sozialrechtlich wird zwischen der Leistungserbringung und der Leistungsgewährung unterschieden, wobei letztere – jedenfalls im Grundsatz – den Trägern der öffentlichen Jugendhilfe vorbehalten bleibt. Dies bedeutet, dass der Bedarf im Einzelfall zunächst dem Jugendamt bekannt gemacht werden muss, damit dort eine Entscheidung über die Deckung des Bedarfs erfolgen kann. Eine unmittelbare Bedarfsdeckung durch den Leistungsberechtigten in Form der direkten Inanspruchnahme einer Einrichtung – sogenannte Selbstbeschaffung – ist deshalb nicht ohne Weiteres zulässig.

Im Bereich der Tageseinrichtungen ist dieses Verfahren – jedenfalls solange Plätze vorhanden sind – jedoch weithin üblich und für die Leistungsberechtigten auch kaum mit Risiken verbunden, da zumindest für die Inanspruchnahme eines Kindergartenplatzes keine individuelle Bedarfsprüfung erforderlich ist. Die Finanzierung erfolgt zudem in den meisten Fällen nicht auf dem Weg der individuellen Kostenübernahme (sogenannte Pflegesatz- oder Kostensatzfinanzierung), sondern durch institutionelle Zuwendung (Zuwendungsfinanzierung). Dies bedeutet, dass die Einschaltung des Jugendamts in vielen Fällen erst dann und nur dann erfolgt, wenn Eltern nicht in der Lage sind, den vorgeschriebenen Kostenbeitrag zu leisten. Somit kann fälschlicherweise der Eindruck entstehen, die Aufgabe des Trägers der öffentlichen Jugendhilfe bestehe im Bereich der Tagesbetreuung von Kindern nicht darin, Plätze bereitzustellen, sondern (nur) darin, sozialhilferechtliche Aufgaben zu erfüllen, indem auf Eltern entfallende Kosten ganz oder teilweise übernommen werden.

## 3    Neue Ansprüche, neue Gesetze: Die schnellen politischen und rechtlichen Veränderungen des letzten Jahrzehnts

Trotz aller Fragen der kompetenzrechtlichen Verortung der Kindertageseinrichtungen zwischen Fürsorge und frühkindlicher Bildung ist die weitere rechtliche Entwicklung nach Verabschiedung des Kinder- und Jugendhilfegesetzes ein guter Indikator für den Wandel der politischen Willensbildung in Sachen Kindertagesbetreuung, der seinerseits wiederum in mehreren gesetzlichen Schritten zum Ausdruck kommt (vgl. Tab. 1).

**Tabelle 1**  Wesentliche Gesetzesänderungen in der deutschen Kindertagesbetreuung seit 1990

| Inkraft-treten | Gesetz | Verbesserungen zur Regelung der Kindertageseinrichtungen im SGB VIII |
|---|---|---|
| 01.01.1999 | Schwangeren- und Familienhilfegesetz | Rechtsanspruch auf einen Kindergartenplatz |
| 01.01.2005 | Tagesbetreuungsausbaugesetz (TAG) | Formulierung gemeinsamer Qualitätsmerkmale für die Tageseinrichtungen und Kindertagespflege Qualitätsentwicklung in Tageseinrichtungen (§ 22 a) Aufwertung der Tagespflege (§ 23) Konkretisierung der Pflicht zur Vorhaltung eines bedarfsgerechten Angebots (§ 24) Übergangsregelung für die alten Länder (§ 24 a) |

**Tabelle 1** Fortsetzung

| Inkraft-<br>treten | Gesetz | Verbesserungen zur Regelung<br>der Kindertageseinrichtungen im SGB VIII |
|---|---|---|
| 01.10.2005 | Kinder- und Jugend-<br>hilfeweiterentwick-<br>lungsgesetz (KICK) | Kooperations- und Informationspflichten (§§ 22 a, 24)<br>Neuregelung des Erlaubnisvorbehalts für die Kinder-<br>tagespflege (§ 43)<br>Einführung sozial gestaffelter Elternbeiträge für die<br>öffentlich finanzierte Tagespflege (§ 90)<br>Neuordnung der Statistik für Kinder in Tageseinrich-<br>tungen und in öffentlich finanzierter Kindertages-<br>pflege (§§ 99 ff.)<br>Einbeziehung der Tageseinrichtungen in den Schutz-<br>auftrag bei Kindeswohlgefährdung (§ 8a) |
| 16.12.2008 | Kinderförderungs-<br>gesetz (KiföG) | Ausbau der Tagesbetreuung für Kinder unter drei<br>Jahren in zwei Stufen<br>Weitere Qualifizierung der Tagespflege, Förderung in<br>Tagespflege als Leistung der Jugendhilfe (§§ 23, 24)<br>Modifizierung des Erlaubnisvorbehalts in der Kinder-<br>tagespflege (§ 43)<br>Stärkere Einbeziehung privatgewerblicher Anbieter<br>(§ 74 a)<br>Beteiligung des Bundes an den Kosten des Ausbaus<br>durch Finanzhilfen für die Länder (Art. 3 KiföG) und<br>Verzicht auf Anteile an der Umsatzsteuer gegenüber<br>den Ländern (Art. 2 KiföG) |

Im Folgenden werden die wichtigsten Inhalte der gesetzlichen Veränderungen skizziert:

**Das Schwangeren- und Familienhilfegesetz** legte mit dem Rechtsanspruch auf einen Kindergartenplatz den Grundstein für ein umfassendes soziales Schutzkonzept zugunsten des ungeborenen Lebens, mit dem die strafrechtliche Sanktion eines Schwangerschaftsabbruchs zurückgenommen werden konnte (vgl. Struck & Wiesner, 1992, S. 452). Im Hinblick auf die damit verbundenen Kostenfolgen trat der Anspruch jedoch vollumfänglich, also ohne einschränkende Maßgaben, erst mehr als sechs Jahre später am 1. Januar 1999 in Kraft. Bis heute wird damit allerdings kein Ganztagsplatzangebot garantiert.

Mit dem Tagesbetreuungsausbaugesetz (TAG) tat die Bundesregierung einen ersten Schritt, um die Versorgung mit Plätzen für Kinder unter drei Jahren (in den alten Bundesländern) schrittweise zu verbessern. Zwar waren die Jugendämter als örtliche Träger der Jugendhilfe bereits vorher verpflichtet, ein „bedarfsgerechtes" Angebot an Betreuungsplätzen vorzuhalten (§ 24 Satz 2 SGB VIII a.F.). Der Begriff ‚bedarfsgerecht' wurde jedoch im Gesetz an keiner Stelle näher definiert – mit der Folge, dass es in den Kreisen und kreisfreien Städten zu völlig unterschiedlichen Interpretationen und Ausbauniveaus kam. Die objektiv-rechtliche Vorhaltepflicht von Betreuungsplätzen in Tageseinrichtungen und in Tagespflege wurde nun für Kinder im Alter unter drei Jahren durch Bedarfskriterien unterlegt, die an die Erwerbstätigkeit beider Elternteile bzw. des allein erziehenden Elternteils sowie an den Unterstützungsbedarf des Kindes anknüpfen (§ 24 Abs. 3 SGB VIII). Dies bedeutet, dass das Jugendamt in den Fällen, in denen ein den Kriterien entsprechender Bedarf nachgewiesen wird, zur Bereitstellung und Finanzierung eines Betreuungsplatzes verpflichtet ist und die Eltern dabei zwischen Tageseinrichtung und Tagespflege im Rahmen des vorhandenen Angebots wählen können (vgl. Wiesner, 2004).

Im **Kinder- und Jugendhilfeweiterentwicklungsgesetz (KICK)** finden sich weitere Verbesserungen für den Ausbau der Tagesbetreuung. Ursprünglich war es ein Bestandteil des Tagesbetreuungsausbaugesetzes; aus strategischen Gründen wurde es jedoch im Bundestag abgetrennt und als eigenständiges (zustimmungsbedürftiges) Gesetz verabschiedet. Dabei sollten insbesondere die Rechtsgrundlagen der Statistik für Kinder in Tageseinrichtungen und in öffentlich finanzierter Kindertagespflege neu geordnet werden (§§ 99 ff. SGB VIII). Der politischen Bedeutung dieses Aufgabenfeldes entsprechend wurde die Statistik deutlich verbessert; ab 2007 wurden die Daten jährlich erhoben. Zugleich gibt die Statistik nicht mehr nur Auskunft über die Zahl der Plätze, sondern auch über den tatsächlichen zeitlichen Umfang der Inanspruchnahme der Kinder. Neu einbezogen in die Erhebung wurden auch die Kinder in öffentlich geförderter Kindertagespflege. Außerdem wurde im KICK der Schutzauftrag des Jugendamtes zur Abwendung einer Gefährdung des Kindeswohls strukturiert und konkretisiert. Dabei wurden auch Einrichtungen und Dienste, die Leistungen der Kinder- und Jugendhilfe erbringen – darunter die Kindertageseinrichtungen –, in das Schutzkonzept einbezogen (vgl. Wiesner, 2005).

**Das Kinderförderungsgesetz (KiföG),** das vorläufig letzte Gesetz zum Ausbau der Kindertagesbetreuung auf Bundesebene, formuliert in zwei Stufen ambitionierte Ziele für einen weiteren Ausbau der Tagesbetreuung für Kinder unter drei Jahren. Mit dem Tagesbetreuungsausbaugesetz (TAG) hatte der Gesetzgeber einen ersten Schritt zu einem stufenweisen Ausbau von Plätzen in Tageseinrichtungen und der Tagespflege für Kinder im Alter unter drei Jahren unternommen und dabei den kommunalen Gebietskörperschaften als Trägern der öffentlichen Jugendhilfe das Datum des 30. September 2010 (§ 24 a) für das neue Versorgungsniveau (§ 24 Abs. 2) vorgegeben. Aufbauend auf diesen Zielvorgaben und noch während des Umsetzungsprozesses des TAG wurde mit dem KiföG eine deutlich höhere Zielmarke vereinbart, zugleich aber der Umsetzungszeitraum bis zum 31. Juli 2013 verlängert (erste Stufe). Schließlich hat der Gesetzgeber im KiföG bereits für die Zeit nach dem 1. August 2013 – zweite Stufe – die bis dahin bestehende öffentlich-rechtliche Verpflichtung zum Nachweis eines Betreuungsplatzes bei Erfüllung der Bedarfskriterien in einen Rechtsanspruch auf frühkindliche Förderung für alle Kinder, die das erste Lebensjahr vollendet haben, „umgewandelt" (§ 24 Abs. 2). Zu diesem Zweck enthält Art. 1 KiföG hintereinander zwei – auf verschiedene Zeitpunkte bezogene – Änderungen des § 24 SGB VIII (Art. 1 Nr. 6 und 7 KiföG).

Darüber hinaus beteiligt sich der Bund an den investiven Kosten für den Ausbau der Kindertagesstätten und der Kindertagespflege in der Ausbauphase bis 2013 in Höhe von 2,15 Mrd. Euro durch sog. Finanzhilfen gegenüber den Ländern (Gesetz über Finanzhilfen des Bundes zum Ausbau der Tagesbetreuung für Kinder – Art. 3 KiföG) sowie dauerhaft an den Betriebskosten (in der Ausbauphase in Höhe von 1,85 Mrd. Euro und ab 2014 dauerhaft in Höhe von 770 Mio. Euro). Dies geschieht durch eine Neuverteilung der Einnahmen aus der Umsatzsteuer zwischen Bund und Ländern durch Änderungen des Finanzausgleichsgesetzes (Art. 2 KiföG). Eine zweckgebundene Mitfinanzierung von Betriebskosten der Länder und Kommunen ist dem Bund auf Grund der Finanzverfassung des Grundgesetzes versagt (vgl. Wiesner 2009).

Allein diese letzte Entwicklung macht deutlich, dass in dem Wechselspiel zwischen Politik und Recht für das Arbeitsfeld der Kindertagesbetreuung in zwei Jahrzehnten etwas Neues entstanden ist: die Notwendigkeit einer vorausschauenden Planung. Ohne Planungsprozesse und damit ohne regelmäßige, gezielte Beobachtung wäre das, was durch das KiföG verbindlich in Aussicht gestellt wurde – ein uneingeschränktes, bedarfsdeckendes Angebot an Plätzen für Ein- und Zweijährige – nicht möglich. Infolgedessen wurden vom Deutschen Bundestag auch die jährlichen sogenannten „KiföG-Berichte" (vgl. zuletzt BMFSFJ, 2012) beschlossen. Das Instrument der Sozial- und Bildungsberichterstattung hat vor diesem Hintergrund eine völlig neue Funktion erlangt.

## 4     Zukünftige Herausforderungen: Sozial- und Bildungsberichterstattung als Politikberatung

Die Kindertagesbetreuung stellt inzwischen ein ebenso wichtiges wie unübersichtliches Politikfeld dar. Länder und Kommunen haben in den letzten Jahren sehr unterschiedliche Prioritäten gesetzt, und die Ausbaudynamik divergiert regional stark (vgl. Hüsken, 2010). Daher sind die politischen Entscheidungsträger und die umsetzenden Akteure mehr denn je auf Rahmeninformationen und auf die Beobachtung der Entwicklungen in der frühkindlichen Bildung angewiesen. In diesem Sinne fungiert die Sozialberichterstattung ebenso wie die Bildungsberichterstattung als eine unerlässliche Quelle der Politikberatung (vgl. Krüger, Rauschenbach & Sander, 2007).

### a.     Sozialberichterstattung

Die Sozialberichterstattung hat – anders als die noch junge Bildungsberichterstattung – in Deutschland eine rund 50-jährige Tradition. Eine erste Hochkonjunktur erfuhr sie in den 1970er-Jahren im Zuge eines aufkommenden Interesses an den Wirkungen der Sozialpolitik, die sich seinerzeit noch optimistisch als Beitrag zur aktiven Gestaltung und Verbesserung der sozialen Verhältnisse verstand (vgl. DV 1986). Auch heute, unter schwieriger gewordenen fiskalischen Bedingungen, die vielfach einen Perspektivenwechsel von der Effektivität zur Effizienz sozialpolitischen Handelns mit sich brachten, kann man im Kern immer noch drei Funktionen der Sozialberichterstattung ausmachen:

- Aufklärung der Öffentlichkeit,
- Hinweise auf Handlungs- und Gestaltungsbedarfe für Politik und Verwaltung,
- Evaluation sozialpolitischer Interventionen.

Insbesondere die beiden letzten Punkte sind bedeutsam für die Kindertagesbetreuung. Ganz abgesehen von der Frage, ob Kindertagesbetreuung zu bestimmten Wirkungen führt, steht die Politik vor der Herausforderung, zu klären, inwieweit die formulierten politischen Ziele überhaupt empirisch nachweisbar erreicht werden. Als Grundlage hierfür bieten sich amtliche Statistiken (vgl. Rauschenbach & Schilling, 2011) und empirische Erhebungen an (vgl. Rauschenbach & Bien, 2012).

Die Kinder- und Jugendhilfe – und damit auch die Kindertagesbetreuung – verfolgt meist mehrere Ziele gleichzeitig: die Förderung von Kindern, Jugendlichen und jungen Erwachsenen, die Herstellung von Chancengerechtigkeit, die Unterstützung von Eltern – aber gegebenenfalls auch den Schutz von Kindern gegenüber ihren Eltern. Sie hat mithin unter dem Strich den Anspruch, positive Lebensbedingungen für junge Menschen und ihre Familien zu schaffen.

Zur Überprüfung der Zielerreichung existiert in Deutschland als eine Form der Politikberatung das Instrument der Berichterstattung. Dazu gibt es inzwischen verschiedene Berichtsformen und -formate. Auf Bundesebene sind es für den Bereich der Frühpädagogik die im SGB VIII gesetzlich verankerten Kinder- und Jugendberichte, die den gesetzgebenden Körperschaften (Bundestag und Bundesrat) jede Legislaturperiode vorgelegt werden (vgl. zuletzt Sachverständigenkommission, 2005; Sachverständigenkommission, 2009). Diese Berichte sind thematisch offen – auch wenn jeder dritte Bericht ein Gesamtbericht sein soll – und nicht zwingend empirisch fundiert, datenbasiert oder gar indikatorengestützt. Zudem handelt es sich nicht um einen fortgeschriebenen oder fortschreibbaren Text eines wie auch immer verschränkten und aufeinander bezogenen Berichtswesens, das beispielsweise auf einer abgestimmten, verbindlichen Datengrundlage als zuverlässiger Gradmesser für die Entwicklung der Kinder- und Jugendhilfe dienen könnte.

Auf Länderebene besteht keine entsprechende Tradition der Berichterstattung zur Kinder- und Jugendhilfe. Allenfalls sporadisch veröffentlichten bislang einzelne Bundesländer in unregelmäßigen Zeitabständen entsprechende Berichte – lediglich Nordrhein-Westfalen pflegt eine entsprechende Tradition. Das Inkrafttreten des SGB VIII stellte allerdings auch für die Kinder- und Jugendberichte der obersten Landesjugendbehörden eine Zäsur dar. Im Rahmen der Landesausführungsgesetze wurde Anfang der 1990er-Jahre zwar nicht flächendeckend, aber doch in vielen Bundesländern die Möglichkeit genutzt, die Erstellung eines Kinder- und Jugendberichts für das jeweilige Bundesland ebenfalls rechtlich zu kodifizieren. In der Regel handelt es sich dabei um Berichte, die nicht von einer unabhängigen Sachverständigenkommission verfasst werden – eine Ausnahme bilden bislang Sachsen und in gewisser Weise Rheinland-Pfalz und das Saarland –, vielmehr werden sie von der Landesregierung selbst, wie etwa in Nordrhein-Westfalen, auf der Basis von Vorarbeiten und Expertisen erstellt.

Eine Verbesserung etwa der empirischen Datengrundlage für die kommunale Planung, für die Gestaltung lokaler Kinder- und Jugendhilfelandschaften und damit auch für das Feld der Kindertagesbetreuung ist in diesen Länderberichten bislang nicht systematisch verankert (vgl. von Hehl, 2011). Infolgedessen benötigt das kommunale Berichtswesen der Kinder- und Jugendhilfe eigene Berichtskonzepte, die insbesondere ungenutzten Erkenntnis-, Gestaltungs- und Steuerungsmöglichkeiten auf der kommunalen Ebene Rechnung tragen.

## b.    Bildungsberichterstattung

Bildungsberichterstattung ist die kontinuierliche, datengestützte Information der bildungspolitisch interessierten Öffentlichkeit über Rahmenbedingungen, Verlaufsmerkmale, Ergebnisse und Erträge von Bildungsprozessen. Sie macht das Bildungsgeschehen in der Gesellschaft systematisch zugänglich und transparent und kann als Grundlage für Zieldiskussionen und politische Entscheidungen genutzt werden (vgl. Konsortium Bildungsberichterstattung, 2006; Autorengruppe Bildungsberichterstattung 2008; 2010; 2012).

Im Zentrum der Bildungsberichterstattung steht die Bildung im Lebenslauf, fokussiert – aber nicht darauf beschränkt – auf die Institutionen des Bildungswesens von der Kinderkrippe bis zur Erwachsenenbildung. Über die einzelnen Bildungsstufen hinweg werden Umfang und Qualität der institutionellen Angebote, aber auch deren Nutzung „im Lebenslauf" dargestellt. Als Datenquelle dient im Wesentlichen die amtliche Statistik. Während den Kinder- und Jugendberichten bislang kein eigenes Datenkonzept zugrunde liegt, ja diese noch nicht einmal zwingend auf Daten basieren, wurde das seit 2006 existierende Konzept der nationalen Bildungsberichterstattung von Anfang an als indikatorengestützte Berichterstattung angelegt (vgl. Klieme u.a., 2007).

So enthält der Bildungsbericht ein Set an Indikatoren, die
- erstens empirisch belastbare Informationen über relevante Ausschnitte des Bildungswesens enthalten müssen,
- sich zweitens auf fortschreibbare Datensätze stützen (amtliche Daten oder fortschreibbare große Surveys) und
- drittens bundesweite sowie länderspezifische bzw. soweit realisierbar und sinnvoll auch tiefer regionalisierte Vergleiche ermöglichen.[3]

---

3   Die Indikatoren sollen zudem möglichst nach folgenden Differenzierungsaspekten dargestellt werden: (a) soziökonomischer Hintergrund, Geschlecht, Migration, (b) Bundesländer, Regionen, (c) internationaler Vergleich und (d) Zeitreihen. Dabei sollen und können nicht bei jedem Indikator alle Aspekte gleichwertig dargestellt werden. Die Vorteile einer solchen Vorgehensweise bestehen darin, dass im Vorhinein eine Klärung und Festlegung von aussagekräftigen Indikatoren erfolgen muss und dass die in einem Bericht dargestellten Indikatoren in den nächsten Berichten gezielt weitergeführt werden und damit systematisch über die Entwicklung eines

Für die politische Weiterentwicklung der frühkindlichen Bildung, Betreuung und Erziehung entscheidend sind die Indikatoren des Teilbereichs C (vgl. zuletzt Autorengruppe Bildungsberichterstattung, 2012):

- C1 Bildung in der Familie
- C2 Angebote frühkindlicher Bildung, Betreuung und Erziehung
- C3 Bildungsbeteiligung von Kindern in Tageseinrichtungen und Tagespflege
- C4 Pädagogisches Personal im frühkindlichen Bereich
- C5 Übergang in die Schule

Dank dieser gegenstandsspezifischen, indikatorisierten Betrachtungsweise im zweijährigen Turnus über mehrere Jahre hinweg steht inzwischen für die politisch Zuständigen eine gute Datenbasis für Zwecke der Beobachtung und Planung zur Verfügung. Vertiefende Analysen mit spezifischen Indikatoren wie der Bildungsbeteiligung von Kindern mit Migrationshintergrund in der Kindertagesbetreuung machen Handlungs- und Gestaltungsbedarfe für Politik und Verwaltung deutlich.

## 5    Ausblick

Der Ausbau der Tagesbetreuung von Kindern folgte von Anfang an mehreren Motiven. In den Frühzeiten der öffentlichen Kleinkinderziehung stand die soziale Frage der Versorgung von Kindern im Vordergrund, weil ‚Mütter arbeiten gehen mussten'. Dieses Thema wurde aber nur in Familien virulent, in denen die mütterliche Erwerbstätigkeit von existenzieller Bedeutung war. Dementsprechend hatte die Betreuung der betroffenen Kinder in erster Linie fürsorgerischen Charakter. Der von Fröbel postulierte Bildungsanspruch für jedes Kind auch vor der Schule konnte sich in der Praxis durch zwei wichtige Entwicklungen durchsetzen: erstens durch die fortschreitende Gleichstellung der Frauen (im Erwerbsleben) und zweitens durch die bildungspolitische Aufwertung frühkindlicher Institutionen in den letzten Jahrzehnten. Heute beansprucht die Kindertagesbetreuung, mehreren Motiven gleichermaßen gerecht zu werden.

Fragt man vor dem Hintergrund dieser unterschiedlichen Funktionen nach der Verortung der Kindertagesbetreuung heute, so gehört sie mittlerweile rechtlich eindeutig zur Kinder- und Jugendhilfe nach SGB VIII. Dennoch ist die vollständige Integration der öffentlichen Kleinkindbetreuung in das System der Kinder- und Jugendhilfe noch nicht abgeschlossen. Diese Integration kann kompetenzrechtlich hinterfragt werden, da die Zuordnung der Kindertagesbetreuung zur öffentlichen Fürsorge und damit zur Gesetz-

---

Themengebiets Aufschluss geben können. Das gilt auch dann, wenn bei der Darstellung der Indikatoren wechselnde Perspektiven eingenommen werden (z.B. Aufgliederung nach Region und nach soziodemografischen Merkmalen, Zeitreihen und internationale Vergleiche), um den Berichten jeweils Neuigkeitswert zu verleihen (vgl. vertiefend hierzu: Döbert & Klieme, 2010).

gebungskompetenz des Bundes nicht unumstritten ist. Die Struktur der Kindertagesbetreuung würde sich möglicherweise ändern, wenn die Kindertagesbetreuung eines Tages nicht mehr dem Sachgebiet öffentliche Fürsorge und damit nicht mehr der konkurrierenden Gesetzgebungskompetenz des Bundes zugeordnet werden sollte. Die Länder könnten dann autonom entscheiden, ob sie die Kindertagesbetreuung (weiterhin) als Aufgabe der kommunalen Selbstverwaltung und als Teil der Jugendhilfe (aber außerhalb der öffentlichen Fürsorge) erfüllen oder dem System Schule zuordnen. Im zweiten Fall könnten die Länder ggf. den Zeitpunkt für den Beginn der Schulpflicht um ein oder zwei Jahre vorverlegen, eine ‚Krippenpflicht' ließe sich aber wohl nicht aus dem eigenständigen Erziehungsauftrag der Schule (Art.7 GG) ableiten, sondern ließe sich nur als vorverlagerte Begrenzung des Elternrechts aus dem staatlichen Wächteramt (Art. 6 Abs.2 GG) herleiten. Eine generelle, einzelfallunabhängige Begrenzung des Elternrechts im Rahmen des staatlichen Wächteramts wird aber in Literatur und Rechtsprechung abgelehnt.

„Die Politik bringt das Recht hervor, und sie muss sich gleichzeitig dem Recht unterwerfen" (von Alemann & von Alemann, 2007, S. 7). Dieses dynamische Wechselverhältnis von Politik und Recht lässt sich am Beispiel der Kindertagesbetreuung in Deutschland plastisch beschreiben. So hat sich die Politik in den Jahren von 2007 bis 2009 durch die Formulierung eines Rechtsanspruchs für Ein- und Zweijährige ab August 2013 und einem infolgedessen notwendig werdenden, ambitionierten Ausbauprogramm selbst unter Druck gesetzt, mit allen Risiken, dieses Ziel auch zu verfehlen (vgl. Wiesner 2012). Umso wichtiger erweist sich daher unter den heutigen Rahmenbedingungen das Instrument der Planung und der Berichterstattung. Vor allem der Bildungsbericht, aber auch eine kleinräumige, kommunale Planung wird in dieser Hinsicht auf Dauer von hoher Relevanz sein. Ob die Politik zur Umsetzung dieser Aufgabe wieder gesetzliche Normierungen einführen muss, wird sich zeigen.

# 6    Literatur

Alemann, U. v. & von Alemann, F. v. (2007). *Staatsrecht für die Politik*. Baden-Baden: Nomos.

Autorengruppe Bildungsberichterstattung (2008). *Bildung in Deutschland 2008*. Bielefeld: Bertelsmann Verlag.

Autorengruppe Bildungsberichterstattung (2010). *Bildung in Deutschland 2010*. Bielefeld: Bertelsmann Verlag.

Autorengruppe Bildungsberichterstattung (2012). *Bildung in Deutschland 2012*. Bielefeld: Bertelsmann Verlag.

Bayerischer Verfassungsgerichtshof (1977). Entscheidung vom 4. November 1976, *Bayerische Verwaltungsblätter* 1977 (81).

BMBW (1970). *Bildungsbericht 1970*. Bericht der Bundesregierung zur Bildungspolitik. Bonn: Bundesminister für Bildung und Wissenschaft.

BMFSFJ Bundesministerium für Familie, Senioren, Frauen und Jugend (Hrsg.). (2012). *Dritter Zwischenbericht zur Evaluation des Kinderförderungsgesetzes*. Berlin: Eigenverlag.

BMJFG (1973). Bundesminister für Jugend, Familie und Gesundheit, *Diskussionsentwurf eines Jugendhilfegesetzes*. Bonn: C.F. Müller.

Büchner, C. & Spieß, C.K. (2007). *Die Dauer vorschulischer Betreuungs- und Bildungserfahrungen. Ergebnisse auf der Basis von Paneldaten.* Berlin: Deutsches Institut für Wirtschaftsforschung.

Bundesverfassungsgericht (2000). Beschluss vom 10.3.1998 mit Anm. Wiesner, *Zentralblatt für Jugendrecht 87* (1), 21.

Dahrendorf, R. (1965). *Bildung ist Bürgerrecht. Plädoyer für eine aktive Bildungspolitik.* Hamburg: Nannen.

Deutscher Bildungsrat (1970). *Empfehlungen der Bildungskommission. Strukturplan für das Bildungswesen.* Bad Godesberg: Dt. Bildungsrat.

Deutscher Bundestag (1973). *Unterrichtung durch die Bundesregierung: Bildungsgesamtplan,* Bundestagsdrucksache 7/1474 vom 20.12.1973.

Döbert, H. & Klieme, E. (2010). Indikatorengestützte Bildungsberichterstattung. In R. Tippelt & B. Schmidt (Hrsg.), *Handbuch Bildungsforschung* (S. 317–336), Wiesbaden: VS Verlag für Sozialwissenschaften / GWV Fachverlage.

DV Deutscher Verein für öffentliche und private Fürsorge (Hrsg.). (1973). *Thesen des Deutschen Vereins zu einem neuen Jugendhilferecht.* Frankfurt/Main 1973: DV Eigenverlag.

DV Deutscher Verein für öffentliche und private Fürsorge (Hrsg.). (1986). *Handbuch der örtlichen Sozialplanung,* Schrift 265. Frankfurt: Schriften des DV.

Geier, B. & Riedel, B. (2009). Ungleichheiten der Inanspruchnahme öffentlicher frühpädagogischer Angebote. Einflussfaktoren und Restriktionen elterlicher Betreuungsentscheidungen. In H.-G. Roßbach & H.-P. Blossfeld (Hrsg.), *Frühpädagogische Förderung in Institutionen. Sonderheft Zeitschrift für Erziehungswissenschaft,* 11–28.

Greiffenhagen, M. & Greiffenhagen, S. (1993). *Ein schwieriges Vaterland. Zur politischen Kultur im vereinigten Deutschland* (S. 221–237). München & Leipzig: List Verlag.

Hehl, S. v. (2011). *Bildung, Betreuung und Erziehung als neue Aufgabe der Politik. Steuerungsaktivitäten in drei Bundesländern.* Wiesbaden: VS Verl. für Sozialwissenschaften.

Hüsken, K. (2010). *Kindertagesbetreuung 2008. Kennziffern auf Ebene der Jugendamtsbezirke.* München. http://www.dji.de/bibs/Betreuungsatlas.pdf

Klieme, E. u.a. (2007). Grundkonzeption der Bildungsberichterstattung für Deutschland. In H.-H. Krüger, Th. Rauschenbach & U. Sander (Hrsg.), Bildungs- und Sozialberichterstattung. *6. Beiheft der Zeitschrift für Erziehungswissenschaft,* 129–145.

Konsortium Bildungsberichterstattung (2006). *Bildung in Deutschland 2006.* Bielefeld: Bertelsmann Verlag.

Krüger, H.-H., Rauschenbach, Th. & Sander, U. (Hrsg.) (2007). Bildungs- und Sozialberichterstattung. *6. Beiheft der Zeitschrift für Erziehungswissenschaft.*

Neumann, K. (1987). Geschichte der öffentlichen Kleinkindererziehung von 1945 bis in die Gegenwart. In G. Erning, K. Neumann & J. Reyer (Hrsg.), *Geschichte des Kindergartens* (Band 1) (S. 83–116). Freiburg: Lambertus.

OECD (Hrsg.) (2001). *Lernen für das Leben: Erste Ergebnisse von PISA 2000.* Paris: OECD.

OECD (2012). *Bildung auf einen Blick 2012.* Bielefeld: Bertelsmann.

Neumann, V. & Mönch-Kalina, S. (1997). *Jugendhilferechtliche Sozialleistungs- und Teilhabeansprüche im Kindergartenbereich.* Stuttgart: Vereinigung der Waldorfkindergärten e.V.

Picht, G. (1964). *Die deutsche Bildungskatastrophe.* Olten und Freiburg: Walter-Verlag.

Rauschenbach, Th. & Bien, W. (Hrsg.). (2012). *Aufwachsen in Deutschland. AID:A – Der neue DJI-Survey.* Weinheim: Beltz-Juventa.

Rauschenbach, Th. & Schilling, M. (Hrsg.). (2011). *Kinder- und Jugendhilfereport 3. Bilanz einer empirischen Wende.* Weinheim & München.

Reyer, J. (1987). Geschichte der öffentlichen Kleinkindererziehung im Deutschen Kaiserreich, in der Weimarer Republik und in der Zeit des Nationalsozialismus. In G. Erning, K. Neumann & J. Reyer (Hrsg.), *Geschichte des Kindergartens* (Band 1) (S. 43–82). Freiburg: Lambertus.

Sachverständigenkommission zum 13. Kinder- und Jugendbericht (2009). *13. Kinder- und Jugendbericht*. Bundestagsdrucksache 16/12860 vom 2009.

Sachverständigenkommission zum Zwölften Kinder- und Jugendbericht (2005). *Zwölfter Kinder- und Jugendbericht*. Bundestagsdrucksache 15/6014 vom 10.10.2005.

Struck, J. & Wiesner, R. (1992). Der Rechtsanspruch auf einen Kindergartenplatz. Wirkungen und Nebenwirkungen einer Entscheidung des Gesetzgebers. *Zeitschrift für Rechtspolitik* 25 (12), S. 452–456.

Wiesner, R. (2004). Das Tagesbetreuungsausbaugesetz. *Zentralblatt für Jugendrecht* 91(12), 441–452.

Wiesner, R. (2005). Das Gesetz zur Weiterentwicklung der Kinder- und Jugendhilfe. *Forum Erziehungshilfen* 11 (4), 254–250.

Wiesner, R. (2009) Das Kinderförderungsgesetz. *Zeitschrift für Kindschaftsrecht und Jugendhilfe* 4 (6), S. 224–227.

Wiesner, R. (2012). Der Rechtsanspruch auf frühkindliche Förderung – ein Versprechen für die Zukunft? *Kita aktuell Recht* 10 (2012) 4, 110–114.

# Frühkindliche Bildung in historischer Perspektive

Frithjof Grell

## 1 Antike, Mittelalter und Frühe Neuzeit

In den pädagogischen Traditionen des alten China, Indiens und Japans, der antiken Kulturen des Mittelmeerraums (Ägypten, Israel, Griechenland, Rom) und selbst noch im europäischen Mittelalter und der frühen Neuzeit ist so etwas wie ‚frühkindliche Bildung' dem Begriff und der Sache nach unbekannt. ‚Kindheit' und ‚Bildung' gehören gleichsam zwei strikt voneinander getrennten Sphären an: Der Sphäre des *Kindes*, die mit Spiel und zwanglosem Tun, und der Sphäre der *Bildung*, die mit schulischem Lernen und formellem Unterricht konnotiert ist. Ungeachtet einiger Unterschiede im Detail, weisen die aus fast allen Epochen und den meisten Kulturen bekannten Phasenmodelle der Kindheit nicht nur erstaunlich große Übereinstimmungen in den entsprechenden Alterseinteilungen auf (Martin & Nitschke, 1986, S. 12ff.). Die Beschreibungen zeigen auch große Ähnlichkeiten in der Wahrnehmung der frühen Kindheit als eine hochgradig gefährdete, von Krankheiten, Unfällen und Tod bedrohte Lebensphase, die von schwerer körperlicher Arbeit und den Anstrengungen schulischen Lernens möglichst freizuhalten ist. Das Kriterium des Spracherwerbs, das die frühe Kindheit (lat. *infantia*, wörtl. Unvermögen zu sprechen) und das Knabenalter (*pueritia*) voneinander trennt, ist eher äußerlicher Natur. Entscheidender ist das pädagogische Kriterium der Unterrichtsfähigkeit, von der man wusste, dass sie von Kindern frühestens ab dem fünften Lebensjahr zu erwarten ist, und deshalb von Kleinkindern auch nicht erwartet wurde.

So wird in Aristoteles' *Politica* (345-325v.Chr.) die frühe Kindheit geradezu als das Alter bestimmt (bis 5 bzw. 7 Jahre), in der Kinder noch nicht am „förmlichen Lernen" des schulischen Unterrichts teilnehmen können, ohne zu kontraproduktiven Zwangsmaßnahmen greifen zu müssen, unter denen „das Wachstum leidet"(Arist. Pol., 1336a, 25f.).

Von der Warte der Schule und des ‚förmlichen Lernens' aus betrachtet, sind kleine Kinder Wesen, die durch ihre dauernde Unruhe den geordneten Unterricht mit älteren Kindern stören, nicht die erforderliche Aufmerksamkeit aufbringen und denen sich schulische Inhalte ohnehin nicht dauerhaft einprägen lassen: Man ließ sie deshalb weitgehend in Ruhe (‚wachsen').

Dabei haben auch schon Antike, Mittelalter und frühe Neuzeit durchaus Vorstellungen bezüglich der *Bildsamkeit* kleinerer Kinder hervorgebracht. Diese beziehen sich aber nur auf den kindlichen *Körper*, von dem man annahm, dass seine wachsartige Konsistenz zwar Umformungen von Armen, Beinen, Kopf, Nase, Ohren, Augenstellung etc. zulasse (vgl. Shahar, 2004, S. 104f.), aus dem gleichen Grund Formungen des kindlichen *Geistes* dagegen ausschließe: „Betrachte […] einen Knaben, gering an Jahren und an Wissen, der Gut und Böse noch nicht unterscheiden kann und dich nicht versteht, wenn Du mit ihm über solche Dinge sprechen willst: Das Wachs ist zweifelsohne noch zu weich, noch halb flüssig, und kann das Siegelbild auf keine Weise behalten. Dazwischen steht der Jugendliche und der junge Mann, genau richtig zwischen Weichheit und Härte; wenn Du diesen erziehst, kannst Du ihn nach Deinem Willen formen" (Vita des hl. Anselm von Canterbury, um 1100; zit. n. Arnold, 1980, S. 102).

## 2    Die Herausbildung des Begriffs der frühkindlichen Bildung

### 2.1    Der Begriff der *formatio* und die Idee der *Mutter-Schul: Komenský*

Angesichts der Disjunktionen zwischen dem Kleinkind und allem, was mit Bildung, Schule und ‚förmlichen Lernen' zusammenhing, ist die Bedeutung des *Informatorium Maternum*[1] (1633/36) bzw. des 7., 27. und 28. Kapitels der *Didactica magna* (1657) des tschechischen Schulreformers Jan Amos Komenský (lat. Johann Amos Comenius 1592-1670) kaum hoch genug einzuschätzen. Im bewussten Gegensatz zu den scholastischen Traditionen des Spätmittelalters entwerfen die beiden Schriften das Programm einer ‚Schule der Kindheit in den ersten sechs Lebensjahren' (*Schola infantia primo sexennio educationis*), dessen Neuartigkeit nicht lediglich darin zu sehen ist, dass es die zuvor strikt getrennten Sphären *infantia* und *schola* überhaupt in einen begrifflichen und sachlichen Zusammenhang brachte. Komenskýs bildungsgeschichtliche Bedeutung ergibt sich vielmehr aus einer grundlegenden Revision (fast) aller bis dahin geltenden Vorstellungen von Schule und Lernen, die dem Programm zugrunde liegt und seine (theoretische)

---

1   Der vollständige Titel der (2. Nürnberger) Ausgabe lautet: Informatorium Maternum, Der Mutter-Schul. Das ist: Ein richtiger und augenscheinlicher Bericht/wie fromme Eltern/theils selbst/theils durch ihre Ammen/Kinderwärterin/und andere Mitgehülffen/ihr allerwerthestes Kleinod/die Kinder/in den ersten sechs Jahren/ehe sie den Praeceptoren übergeben werden/ recht vernünfftiglich Gott zu ehren/ihnen selbst zu Trost/den Kindern aber zur Seligkeit aufferziehen und üben sollen. Es folgt das Bibelzitat: Marc. 10.14 Lasset die Kindlein zu mir kommen und wehret ihnen nicht/den solcher ist das Reich Gottes.

Durchführung erst möglich machte: Es bedurfte einer radikalen Neufassung, inhaltlichen Ausweitung und zeitlichen Ausdehnung des Bildungsbegriffs, um den Widerspruch von ‚Kleinkind' und ‚Schule' im Begriff der *Mutter-Schul* aufzuheben, die zwar auch eine Art Schule darstellt, deren Aufgaben, Zielsetzungen und Methoden sich aber wesentlich von denen der (nachfolgenden und darauf aufbauenden) *Knaben-Schul* unterscheiden.

Komenskýs entscheidende theoretische Neuerung ist die Ausweitung des Gedankens der plastischen *Formung* des kindlichen *Körpers* auf den Vorgang der *Menschwerdung* in einem denkbar weiten und umfassenden Sinne. Die fundamentale Unterscheidung zwischen ‚gelehrter Bildung' (*eruditio*) einerseits und ‚Prozess der Formung' (*formatio*) andererseits (vgl. Flitner, 2007, S.VIII), ermöglichte es, die überkommenen Vorstellungen von Bildung und Lernen aus ihrem schulischen Kontext zu lösen und so auch jene sehr viel tieferen und früher beginnenden Formungs-, Aus- und Umformungsprozesse in den Blick zu nehmen, die den Menschen als Menschen ausmachen und ihn überhaupt erst zum Menschen machen bzw. werden lassen. Mit dem Satz „Der Mensch muss *zum* Menschen erst *gebildet* werden" (Comenius, 2007, S. 40, Hervorh. F.G.), beginnt eine bildungstheoretische Tradition, deren durch und durch plastische, auf Form(ung) und Gestalt(ung) abhebende Konnotationen im deutschen Wort ‚Bildung' zwar immer noch aufgehoben sind (Rittelmeyer, 2012, S. 18ff.). Durch seine erneute Verengung auf einen Kanon schulförmig erworbenen Wissens ist dieser Bezug aber im und seit dem 19. Jahrhundert ebenso wieder verloren gegangen wie sein konstitutiver Bezug auf das Programm jener *allgemeinen* Bildung des Menschen, auf die jeder Mensch als *Mensch*, d.h. unabhängig von allen Besonderheiten und Anforderungen seiner individuellen Lage (Geschlechts- und Klassenzugehörigkeit, Begabungen, Behinderungen etc.) einen unverlierbaren und durch nichts zu verwirkenden Anspruch hat (Comenius 2007, S. 51ff.). Und es sind eben diese erneuten *scholastischen Engführungen*, die bis heute (und heute wieder) ein angemessenes Verständnis von frühkindlicher Bildung so sehr erschweren – womit der unverzichtbare Wert schulischen Wissens und ‚gelehrter Bildung' in keiner Weise geschmälert werden soll: ganz im Gegenteil.

Nicht bloß *Gelehrte*, alle Menschen sind Produkte von Formungsprozessen und Prägungsvorgängen, die als solche nicht erst in der Schule, sondern schon sehr viel eher, nicht einmal erst ‚mit der Geburt', sondern schon im und mit dem Akt der Zeugung beginnen.[2] *Gelehrsamkeit*, *Sittlichkeit* und *Religiosität* umschreiben zwar höchste Ziele des menschlichen Daseins. Aber obwohl jeder Mensch „von Natur aus die Anlagen zu diesen drei Dingen" hat (Comenius, 2007, S. 42), ist das Erreichen schon sehr viel niedrigerer Entwicklungsstufen und der Erwerb auch nur der vermeintlich selbstverständlichsten Fähigkeiten nicht wirklich sicher, weswegen *alle* Menschen von Beginn an die Bildung ihrer körperlichen und geistigen Anlagen nötig haben. „Soviel über die [allgemeine] Notwendigkeit einer solchen Wartung (*cultura*) für alle" (Comenius, 2007, S. 43): – „sehen wir doch, dass nur die *nackte Fähigkeit* dazu ihm angeboren ist; schrittweise muss er

---

2  In der (lange verschollenen) Pampaedia (um 1650) hat Komenský der Schule der frühen Knabenzeit deshalb noch eine Schule des vorgeburtlichen Werdens vorangestellt.

gelehrt werden zu sitzen, zu stehen, zu gehen und die Hände zum Schaffen zu rühren. Warum sollte denn gerade unser Geist so bevorzugt sein, dass er *ohne vorangehende Vorbereitung* durch sich und aus sich selbst vollendet wäre?" (ebd., S. 42, Hervorh. F.G.).

Neben der gestiegenen Aufmerksamkeit, die Kleinkinder in den entstehenden Vorformen bürgerlicher Kleinfamilien aufgrund größerer räumlicher und zwischenmenschlicher Nähe erfuhren (vgl. Ariés, 2007, S. 502ff.), stellt vor allem auch die allmähliche Herausbildung des modernen, erfahrungsbasierten Wissenschaftsideals ein wichtiges Motiv der neuen pädagogischen Vorstellungen dar. Obwohl selbst stark in den älteren theologischen und philosophischen Traditionen verwurzelt, belegen die Beispiele von ‚Wolfskindern' im 6. Kapitel der *Didactica magna* die allmähliche Hinwendung zu einer Anthropologie, die den Menschen nicht mehr ‚von oben her', d.h. seiner in der Vernunft begründeten Verwandtschaft mit Gott erklärte, sondern ‚von unten her', d.h. als Lebewesen unter anderen Lebewesen zu verstehen und auch die Wahrnehmung pädagogischer Phänomene zu verändern begann: „Es gibt Beispiele von Menschen, die in ihrer Kindheit von wilden Tieren geraubt und aufgezogen wurden, mit ihrem Wissen ganz in der Roheit steckengeblieben sind; sie vermochten mit der Sprache, mit den Händen und mit den Füßen nichts, was sie von den wilden Tieren unterschieden hätte, bevor sie sich wieder einer Zeitlang unter Menschen aufgehalten hatten" (ebd., S. 42f.).

Vor dem Hintergrund der sich allmählich abzeichnenden gesellschaftlichen und wissenschaftlichen Transformationen der ‚europäischen Sattelzeit' (R. Koselleck) entwirft Komenský erstmals den Plan einer *allgemeinen* Pädagogik der frühkindlichen Bildung, deren systematischer Gehalt bis heute ebenso wenig erschlossen ist, wie ihre Vor-, Wirkungs- und Rezeptionsgeschichte.

Da die Aufgabe *jeder* Schule darin besteht, Kinder, Jugendliche und junge Erwachsene auf die Anforderungen der jeweils folgenden Stufe *vorzubereiten*, hat auch die *Mutter-Schule* eine *vorbereitende* und, mit Blick auf alle anderen Stufen der Bildung, zugleich eine *grundlegende* Funktion. Ihre inhaltliche Aufgabe besteht darin, *Sinnesfunktionen* „zu üben", die Kinder dazu anzuhalten, ihre *Aufmerksamkeit* auf „die sie umgebenden Gegenstände zu richten und zu unterscheiden" und die durch die „äußere Wahrnehmung eingeprägten Bilder […] wieder *auszudrücken* und *darzustellen*, sowohl innerlich als auch äußerlich *mit der Hand* und der *Sprache*" (ebd., S. 191, Hervorh. F.G.).

Aufmerksamkeit, Vorstellungsvermögen, sprachliche und bildliche Ausdruckfähigkeit sind Voraussetzungen des späteren *Unterrichts*. Da alle wichtigen ‚Gebiete des Wissen' *(disciplina)* aber bereits von klein an *gelehrt* werden sollen, ist *Mutter-Schule* zugleich selbst *eine Art* Unterricht. Die Forderung, wissenschaftlichen Unterricht bereits in der frühen Kindheit anfangen zu lassen, sorgte bereits bei den Zeitgenossen für Kopfschütteln und dürfte bis heute auf Unverständnis stoßen, wird die frühpädagogische Orientierung an Schulfächern doch bis heute (bzw. heute wieder) in seltener Einmütigkeit abgelehnt.[3] Dabei ist Komenskýs Entwurf eines wissenschaftlichen Elementarunterrichts

---

3  „Eine Fächerorientierung oder Orientierung an Wissenschaftsdisziplinen ist dem Elementarbereich fremd" (Gemeinsamer Rahmen der Länder für die frühe Bildung in Kindertageseinrichtungen, Beschluss der Jugendministerkonferenz vom 13./14.05. 2005/ Beschluss der

seine vielleicht erstaunlichste und zugleich die bis heute am wenigsten verstandene Idee: Ihrer Motivation nach sind die modernen Wissenschaften aus der (im Mittelalter höchst verdächtigen) Neugierde (*curiositas*) hervorgegangen (vgl. Blumenberg, 1988, S. 263ff.). Ihre typisch neuzeitliche Ausprägung verdanken sie aber dem kaum weniger starken Bedürfnis des menschlichen Verstandes, die gewonnenen Eindrücke, Erfahrungen und Vorstellungen sinnvoll zu *strukturieren* und rational zu *ordnen*. Der *Anfang* des *wissenschaftlichen* Unterrichts liegt deshalb weder allein in der kindlichen *Neugier* (heute: ‚Forscherdrang') noch in den *Resultaten* der *Disziplinen*, die in der Tat nur schulförmig angeeignet werden können (daher die Bezeichnung: von *discipulus*, Schüler). Seine Grundlage bilden vielmehr jene sehr einfachen und elementaren ‚Unterscheidungen', ‚Benennungen' und ‚Fertigkeiten' aus denen *Naturkunde, Optik, Astronomie, Geometrie Geographie, Chronologie, Geschichtswissenschaft, Arithmetik, Geometrie, Statik, Mechanik, Dialektik, Grammatik, Rhetorik, Poesie, Musik, Haushaltslehre, Politik, Ethik, Religion* historisch betrachtet hervorgegangen sind.

Kleinkinder lernen Unterscheidungen wie *Licht und Dunkel, Schatten, Hauptfarben [Optik], Berg, Tal, Feld, Fluss, Feld, Dorf, Burg, Stadt [Geographie], Bürgermeister, Ratsherr, Großrat [Politik], Vater, Mutter, Magd, Knecht, Flur, Küche, Teller, Messer [Oekonomie]*, (vermeintlich) einfache Fertigkeiten wie *Verknüpfen, Lösen, Aufbauen, Ordnen [Mechanik], sowie* wie die Fähigkeit, das alles sprachlich zu bezeichnen, in der Regel zwar ohne direktes und bewusstes Zutun der Erwachsenen gleichsam (wie) von selbst: selbstverständlich ist ihre ‚Ausbildung' dennoch nicht und muss deshalb durch die Schaffung günstiger Rahmenbedingungen *sichergestellt* werden. Denn nur ihre Beherrschung befähigt Kleinkinder tatsächlich, die Vielfalt ihrer sinnlichen Eindrücke und inneren Vorstellungen zu *ordnen*, sprachlich zu *benennen* und anderen *mitzuteilen* – und dereinst einmal selbst ein guter *Vater* bzw. *Mutter, Bauer* oder *Handwerker* und vielleicht sogar, wenn alles gut geht, *Astronom, Bürgermeister*, ein *Poet* oder *Musiker* zu werden.

So wurde bei Komenský erstmals nicht nur die *Bedeutung* der frühkindlichen Bildung bewusst. Zugleich wurde deutlich, dass die Begriffe Bildung, Schule und Unterricht in diesem Kontext eine andere als die übliche Bedeutung annehmen müssen und ohne Ausnahme jede pädagogische Frage von Belang, wie die nach den spezifischen Formen der *Mitteilung*, der Auswahl der *Inhalte*, der Gestaltung der *Bildungsmittel*, neu gestellt werden muss.

Dabei war Komenský zweifellos selbst viel zu tief von den spätmittelalterlichen Lehrtraditionen geprägt, um die Theorie und Praxis der frühkindlichen Bildung ganz aus ihrem scholastischen Korsett zu lösen, in das sie seit zwei Jahrtausenden eingeschlossen war. Neben der Bezeichnung ‚Mutter-*Schule*' und ihrer *klassenförmigen* Einteilung in die ‚Klasse der Neugeborenen', ‚Säuglingsklasse', ‚Klasse des Plapperns' usw. zeigt sich das auch in der  Präferenz des *Buches* als „Hilfsmittel" (Comenius, 2007, S. 193) und ver-

---

Kultusministerkonferenz vom 03./04. 06. 2004). Wie das Beispiel Komenský zeigt, ist die Wissenschaftsorientierung dem Elementarbereich nicht ganz so fremd, wie die beiden deutschen Ministerien das gerne ‚beschließen' möchten.

meintlich *ideales* Medium der frühkindlichen Bildung. Ganz ohne Zweifel stellt die 1658 im *Orbis sensualium pictus* (*Die sichtbare Welt in Bildern*) realisierte Idee eines *Bilderbuches*, das die „Hauptgegenstände aus Naturkunde, Optik, Astronomie, Geometrie usw." (ebd., S. 198) *abbildet*, eine herausragende elementarpädagogische Leistung dar, die es möglich machte, auch kleinen, des Lesens noch unkundigen Kindern wesentliche Dimensionen der *Welt* in einer *zusammenhängenden* und zugleich *anschaulichen* Form zu zeigen (vgl. Mollenhauer, 1983, S. 52ff.). Gleichwohl zeigt Komenskýs feste Überzeugung, Kleinkindern mit Hilfe eines wie auch immer gestalteten Bilderbuchs zu wirklich *prägenden Eindrücken* verhelfen zu können, dass er sich nicht nur über die frühpädagogischen Möglichkeiten von Bilderbüchern täuschte, sondern auch über die Natur und den Charakter dieser ‚Prägungen' noch weitgehend im Unklaren war.

## 2.2    Der Begriff der *perfectibilité* und die Idee der *ordre convenable: Rousseau*

Aus heutiger Sicht ist es nur zu bedauern, dass der Autodidakt Rousseau (1712 - 1778) Komenský offenbar nicht kannte. Denn es ist fraglich, ob Rousseau seine eigene Überzeugung, mit der frühkindlichen Bildung eine „ganz neue Materie" (*sujet tout neuf*) (Rousseau, 1979, S. 6) entdeckt zu haben, mit dem gleichen Nachdruck vorgetragen hätte. Aus der historischen Distanz gebührt ihm dieser Anspruch dennoch mit einem gewissen Recht, denn erst Rousseau ist es gelungen, die aristotelisch-scholastischen Lehrtraditionen, mit all ihren Vorstellungen von ‚Gelehrsamkeit' und ‚förmlichem Unterricht' hinter sich zu lassen und die Aufgaben der frühen Bildung aus der anthropologischen Bedeutung und die Eigenlogik frühkindlicher Lern- und Bildungsprozesse verständlich zu machen und zu begründen.

Wie bereits bei Komenský – und in der Anthropologie der Aufklärung überhaupt (vgl. Moravia, 1989) – spielen auch bei Rousseau ‚Wolfskinder' eine ganz entscheidende Rolle (Rousseau, 1984, S. 278ff.). Zugleich wird auch der entscheidende Unterschied deutlich: Während Komenský den Zustand der ‚Wolfskinder' als notwendige Folge *ausgebliebener* Lernprozesse gedeutet hatte, sieht Rousseau darin einen Beleg für das genaue Gegenteil: Bei der Art ihrer Fortbewegung, ihren Lauten, dem Gebrauch ihrer Hände zum Klettern, zum Graben, zum Fangen und Zerlegen von Beutetieren, und ihren in manchen Bereichen erstaunlich hoch entwickelten Sinnesleistungen (Geruch, Gehör) *kann* es sich nur um Ergebnisse höchst *erfolgreicher* Lern- und Anpassungsprozesse handeln. ‚Wolfskinder' können die *tierartigen* Kreaturen nicht sein, als die sie in der zeitgenössischen Literatur behandelt wurden[4] und als die sie auch Komenský gesehen hatte. Schon ihre

---

4   In Linnés, vier Jahre nach (!) Rousseaus Discours sur l`inégalité (1754) erschienenem Systema Naturae (1758), werden ‚Wolfskinder' zwar unter die menschartigen Lebewesen gerechnet, aber neben homo americanus, europaeus, asiaticus, afer, monstrous als eine eigene Klas-

bloße Existenz ist Beleg ihrer Menschenartigkeit, die es ihnen ermöglichte, trotz *fehlender* Belehrung alles zu *lernen*, was sie zum Überleben benötigt hatten.

Rousseau zieht aus seinen „Beobachtungen" außerordentlich weitreichende anthropologische „hypothetische Schlussfolgerungen" (*raisonnemens hypothétiques*) (Rousseau, 1984, S. 71), die nicht nur eine erhebliche philosophische Wirkung entfaltet,[5] sondern auch bis heute auch nichts von ihrer Stichhaltigkeit eingebüßt haben (vgl. Buck, 1984, S. 98ff.). Demnach muss die „Wurzel" (Rousseau, 1984, S. 161) sämtlicher Fähigkeiten des Menschen in einer neuen Qualität von ‚Fähigkeit' liegen, die Menschen in ganz anderer Weise als Tiere befähigt, auf Herausforderungen und Veränderungen ihrer Umwelt mit der Ausbildung passender neuer Fähigkeiten zu reagieren. Wie die ‚Wolfskinder', aber auch die Vielfalt der kulturellen Erscheinungsweisen und die Tatsache der kulturellen Evolution des Menschen überhaupt, zeigt, verfügt der Mensch über diese eine „sehr spezifische Eigenschaft, […] *die mit Hilfe der Umstände, sukzessive alle anderen entwickelt* und die bei uns sowohl der *Art* als auch dem *Individuum* innewohnt – während ein Tier nach einigen Monaten ist, was es sein ganzes Leben lang sein wird, und seine Art nach tausend Jahren, was sie im ersten dieser tausend Jahre war" (Rousseau, 1984, S. 103, Hervorh. F.G.).

Der Mensch stellt unter den Tieren nicht lediglich eine *weitere*, sondern eine ganz *neue* Gattung dar: Die von Rousseau *perfectibilité* genannte *sehr spezifische* „Fähigkeit, Fähigkeiten hervorzubringen" (Benner & Brüggen, 1996, S. 21), ermöglicht dem Menschen Entwicklungen, die alle bekannten Vorstellungen von ‚Natur' sprengen, einschließlich des Vermögens, aus ihr herauszutreten und das Reich der Natur zu verlassen. Die anthropologische Differenz seiner spezifischen Lernfähigkeit erklärt zugleich das Scheitern aller vorangegangenen (und zukünftigen) Versuche, dem Menschen ‚von Natur aus' bestimmte Eigenschaften (aufrechter Gang, Sprache, Vernunft, Sozialität etc.) oder ‚natürliche Anlagen' (zur Selbstbestimmung, zur Bildung, zum Wissen-wollen etc.) zuzuschreiben: besteht die Natur des Menschen doch gerade darin, ‚von Natur aus' keine Natur zu haben, die ihn auf irgendeine Bestimmung oder Entwicklung festlegt: „Wir wissen nicht, was die Natur uns zu sein erlaubt" (Rousseau 1981, S. 38).

Die Entdeckung der *reflexiven*, und aus diesem Grund unbestimmten und offenen Grundstruktur der spezifischen menschlichen Lernfähigkeit, zwingt notwendig auch dazu, alle Vorstellungen von Bildung einerseits als Prozess rein *passiver Prägung*en und andererseits als *spontane Leistung* eines aktiv lernenden, über seine Bildungsprozesse frei verfügendes Subjekts zu revidieren: Menschen, insbesondere Kinder, sind im Prozess ihrer Bildung immer *beides*, sowohl aktiv lernende Subjekte als auch passiv empfangende

---

se (homo ferus) behandelt und dabei als trapus (vierbeinig), mutus (stumm) und hirsutus (behaart) beschrieben.

5   Kein geringerer als Kant hat Rousseau als Newton der Anthropologie und Moral bezeichnet. So wie dieser die Ordnung in der Natur entschlüsselt habe, entdeckte „Rousseau zu allererst unter der Mannigfaltigkeit der menschlichen angenommenen Gestalten die tief verborgene Natur derselben" (Bemerkungen in den ‚Beobachtungen über das Gefühl des Schönen und Erhabenen', 1764/65).

Objekte, die *durch* ihre und *von* ihren eigenen (Lern-)erfahrungen geprägt und *gebildet werden*: aktiv und passiv, frei und unfrei zugleich.

Aufgrund ihrer gesteigerten Aktivität und hochgradigen Empfänglichkeit für sinnliche Eindrücke, trifft das reflexive Wechselspiel von (aktivem) *Lernen* und (passivem) *belehrt werden* in ganz besonderem Maße auf die Bildungsprozesse von Kleinkindern zu. Wie Rousseau durch eine scharfsinnige bildungstheoretische Analyse des kindlichen „Aktivitätsprinzips" (*principe active*) (Rousseau, 1969, S. 289f.) zu zeigen versucht, erweist sich das, was auf den ersten Blick wie ein natürlicher Drang des Kleinkindes erscheint, *sich bilden* und *lernen* zu *wollen*, bei genauerem Hinsehen als Ergebnis der hochgradigen Empfänglichkeit kleiner Kinder für sinnliche Reize, die sie geradezu zwingt, ihre Aufmerksamkeit dem Neuen und noch Unbekannten zuzuwenden. „Alle neuen Gegenstände erregen ihre Aufmerksamkeit" (Rousseau, 1979, S. 47). *Subjektiv* erleben Kinder ihre Beschäftigungen nicht als Zwang; *objektiv* betrachtet übt der Tätigkeits- und Beschäftigungstrieb[6] allerdings sehr wohl einen Zwang auf Kinder aus, nämlich den, sich mit ihrer Umwelt zu beschäftigen, um auf diese Weise, gleichsam durch eine List der Natur, durch die Erfahrungen, die sie selbst *machen*, über die Beschaffenheit ihrer Umwelt *belehrt* und somit (im übertragenen und uneigentlichen Sinne) von dieser ‚erzogen'[7] zu *werden*: „Die Erziehung eines Menschen fängt mit seiner Geburt an; ehe er redet, ehe er noch versteht, lernt er schon. Die Erfahrung kommt der Belehrung (durch den Menschen F.G.) zuvor" (l'éducation de l'homme commence á sa naissance; avant de parler, avant que d'entendere il s'instruit déja) (Rousseau, 1979, S. 46; 1969, S. 281).

Annährend zweitausend Jahre hatte man geglaubt, dass Kinder zwar *wachsen* und *reifen*, aber wenig bis nichts *lernen*, weil sie aufgrund der Unstetigkeit und Sprunghaftigkeit ihrer Aufmerksamkeit durch ‚förmlichen Unterricht' nicht zu *belehren* sind. Indem Rousseau die Funktion von Neugier und Tätigkeitstrieb durchschaute, wurde deutlich, dass Kinder paradoxerweise deswegen durch ‚förmlichen Unterricht' nicht zu *belehren* sind, *weil* sie (von Schlafphasen abgesehen) ohne Unterlass *lernen* (und aus diesem Grund auch so viel Schlaf brauchen). „Es will alles anfassen, alles in die Hände nehmen. Man widersetze sich dieser Unruhe nicht. So lernt es die Hitze, die Kälte, die Härte, die Weich-

---

6    Umgekehrt ist die nachlassende Lernfähigkeit älterer Menschen nicht auf Aushärtungen (Komenský) ihres Gehirns zurückzuführen, sondern auf deren ‚abnehmenden Tatendrang' (Rousseau, 1969, S. 289): Viele ältere Menschen lernen nicht mehr viel, weil sie nicht mehr viel Neues erfahren (wollen).

7    Neben der naiven Verwendung des polaren Schemas Aktivität vs. Passivität, das die reflexive Grundstruktur kindlicher Bildungsprozesse schon im Kern verfehlt, liegt der Hauptfehler aktueller Selbstbildungskonzepte in der Verwechslung von Ursachen und Folgen: die ursprüngliche Motivation des Kindes ist kein irgendwie gearteter ‚Forscherdrang' (der Blumenbachs ‚Bildungstrieb' (nisus formativus) übrigens verdächtig ähnlich sieht), sondern ein unbestimmt-offener Beschäftigungsdrang und ungerichteter, keinesfalls ‚selbstbestimmter' Aufmerksamkeitszwang. Auch die leichte Ablenkbarkeit von Kleinkindern ist die Folge ihrer hochgradigen Affizierbarkeit. Es geht weniger um ein ‚sich-bilden-wollen' als vielmehr um ein ‚sich-beschäftigen-müssen': Lernen ist lediglich die ‚von Natur aus' vorgesehene Folge (vgl. Grell, 2010).

heit, die Schwere, die Leichtigkeit der Körper empfinden, ihre Größe, ihre Gestalt und ihre sinnliche Beschaffenheit beurteilen, indem es ansieht, betastet, hört, vornehmlich indem es das Gesehene mit dem Ertasteten vergleicht und mit dem Auge die Empfindungen abschätzt, die die Dinge in seinen Fingern hervorrufen werden" (Rousseau, 1979, S. 49).

Mit der Aufforderung, sich *der Unruhe der Kinder nicht zu widersetzen*, und ihr unter allen Umständen genügend Raum und Zeit zu geben, werden die Konturen eines pädagogisch *strukturierten* und *strukturierenden* Raumes „wohlgeordneter Freiheit" (vgl. Hentig, 2003) sichtbar, in dem weder *Belehrungen* noch passive *Prägungen* das zentrale Medium frühkindlicher Bildung darstellen, sondern *Erfahrungen*: Erfahrungen, die kleine Kinder durch eigene Aktivität selbst machen, machen dürfen und machen müssen: weil ihnen nur auf diese Weise gelingen kann, *mit Hilfe der Umstände, sukzessive* jene grundlegenden körperlichen und geistigen Fähigkeiten auszubilden, die jede andere Form von Erziehung und Bildung (durch Schule, Unterricht, Selbststudium) erst möglich macht.

Die „erste und wichtigste Erziehung, eben diejenige, welche jedermann vergisst" (Rousseau, 1978, S. 589), ist deshalb noch gar keine Erziehung, zumindest nicht in dem üblichen und eigentlichen Sinne: ihre fundamentale Bedeutung und gleichsam transzendentale Hauptaufgabe besteht vielmehr darin, „dass man Kinder *befähigt erzogen zu werden* (ebd., Hervorh. F.G.). Die spezifischen Probleme der frühkindlichen Bildung resultieren deshalb weniger aus der heutzutage merkwürdigerweise so umstrittenen Frage, „was man von den Kindern verlangen soll" (ebd., Fn.). Für Rousseau ist sie mit der Aufgabe der Sicherstellung jener „allgemeinen Errungenschaften" (*acquisitions générales*), die unter normalen Umständen jedes Kind seines Alters ewerben kann, hinreichend klar beantwortet (Rousseau, 1979, S. 46). Die entscheidenden Herausforderungen haben vielmehr mit der Frage zu tun, „was man tun muss, um es zu erhalten" (Rousseau, 1978, S. 589 Fn.).

Die Aufgabe, durch (Elementar-)Bildung *für* (Schul-)Bildung zugänglich (gemacht) zu werden, kann nur durch „indirekte" (vgl. Liegle, 2010) Formen von Erziehung gelöst werden, die Kleinkinder erst gar nicht ‚direkt' zu erziehen oder zu belehren versuchen, sondern ihnen die Gegenstände ihrer sinnlichen Erfahrungswelt in einer „angemessenen und zweckmäßigen Ordnung" (*ordre convenable*) darbietet (Rousseau, 1969, S. 284) und auf indirektem Wege die Erfahrungen, die Kinder in und mit den Gegenständen ihrer Erfahrungswelt machen, zu ihren bevorzugten *Lehrern* macht.

Das konstitutive Prinzip der frühkindlichen Bildung, vor allem kleineren Kindern die Gegenstände ihrer Erfahrungswelt in einer *ordre convenable* zu präsentieren, ergibt sich dabei zwingend aus der Logik der kindlichen Selbstbildungstätigkeit: Diese resultiert aus dem starken kindlichen ‚Trieb', sich mit seiner Umwelt zu beschäftigen. Außer dem Regulativ, dass Kinder von allem *Neuen* affiziert werden, verfügen sie selbst nur über wenige natürliche Mechanismen, die Auswahl der Gegenstände oder die Dauer ihrer Aufmerksamkeit und Beschäftigungen selbst aktiv, willentlich, geschweige denn selbstbestimmt zu steuern. Die Natur hat Kinder mit einer fast unbegrenzten Lernfähigkeit ausgestattet, die dafür sorgt, *dass* Kinder lernen (sie lernen *immer*, und sie lernen immer *irgendetwas*). *Was*, und *ob* Kinder das *Richtige* und *Erforderliche* lernen, dafür können diese nicht selbst, sondern dafür müssen diejenige sorgen, die ihnen am nächsten sind. Und dafür müssen sie *dadurch* sorgen, *wie* sie *die* Kultur, in das Kind zufällig hineingeboren wurde, für das Kind erfahrbar machen, und nicht zuletzt, wie sie diese in und durch ihre eigene Person *re-präsentieren* (vgl. Mollenhauer, 1983, S. 22ff.).

Die Aufgabe der ‚ersten Erziehung‘, Kindern die Welt, in die sie hineinwachsen, in einer zusammenhängenden und zugleich sinnlich-anschaulichen Form erfahrbar zu machen, kann deshalb nicht mit Hilfe eines oder mehrere Bilderbücher gelöst werden, wie Komenský gehofft hatte, sondern – wie schwierig das auch sein mag[8] – nur durch die pädagogische Umgestaltung der kindlichen Erfahrungswelt als Ganze: „Seine ganze Umgebung“, „alles was das Kind sieht, alles was es hört“ muss zum *Buch* umgestaltet werden, „aus welchem es, ohne daran zu denken, sein Gedächtnis beständig bereichert“ (Rousseau, 1978, S. 609).

## 3    Die Herausbildung der Praxis der frühkindlichen Bildung

### 3.1    Der *Kinder-Garten* als *reflektierte* Praxis frühkindlicher Bildung: Fröbel

Sofern es zulässig ist, in der Geschichte überhaupt von Anfängen zu sprechen – „Was wir als Anfänge glauben nachweisen zu können“, sind „doch bloße Konstruktionen, […] ja Reflexe von uns selbst“ und meist „ohnehin schon ganz späte Stadien“ (Burckhardt, 1978, S. 4) – handelt es sich bei der Gründung des ersten *Allgemeinen Deutschen Kinder-Gartens* am 28. Juni 1840 im thüringischen Bad Blankenburg um einen wirklichen An-fang in der bis auf die Antike zurückgehenden Geschichte institutionalisierter Lern- und Bildungsformen. Nicht dass es in ganz Europa seit Beginn des 19. Jahrhunderts nicht bereits eine Vielzahl von *Kleinkinderbewahr-Anstalten*, *Kleinkinderpflege-Anstalten*, *Kleinkinderbeschäftigungs-Anstalten*, *Warteschulen*, *Bewahrschulen*, *Kleinkinderschulen*, *Vorschulen*, *Spielschulen* (vgl. Erning, 1976, S. 101ff.) zur ‚Aufbewahrung‘, ‚Wartung‘ oder auch ‚Schulung‘ von Kleinkindern gegeben hätte. Aber erst im *Kinder-Garten* Friedrich Fröbels (1782-1852) erfuhren die veränderten und vertieften Erkenntnisse jene „Anwen-dung“ (*application*), die Rousseau im *Vorwort* des *Emile* gefordert, aber „anderen zur Be-schäftigung aufgegeben“ hatte (Rousseau, 1979, S. 7), weil er sich selbst der „nützlichsten Aufgabe, […] Hand ans Werk zu legen“ (ebd., S. 29) nicht gewachsen fühlte.

Die praktische Neuausrichtung deutet sich schon in der Bezeichnung *Kinder-Garten* an, die keineswegs, wie ein zeitgenössischer Kritiker meinte, lediglich „aus einer senti-

---

8   Was die praktische Lösbarkeit dieser Aufgabe angeht, war Rousseau selbst zwar eher skeptisch, hat sie aber nicht grundsätzlich ausgeschlossen. „Ich habe nicht behauptet, dass dies in dem jet-zigen Zustand der Dinge durchaus möglich ist, ich habe aber behauptet, und behaupte es noch, dass es, um dies zu bewerkstelligen, keine anderen Mittel gibt als die, welche ich vorgeschlagen habe.“ (Brief an Christophe de Beaumont, 1763)

mental-unklaren Aufregung hervorging, die gern eine neuen Namen finden möchte" (zit. n. Erning, 1976, S. 104). Der Begriff (!) *Kinder-Garten* ist vielmehr Ausdruck und Ergebnis der terminologischen Anstrengungen Fröbels, den neuen Erkenntnissen durch eine neue pädagogische Sprache Rechnung zu tragen, die alle Assoziationen mit den überkommenen Vorstellungen von Schule und Unterricht vermeidet und den spezifischen Aufgaben, Inhalten und Vermittlungsformen frühkindlicher Bildung einen auch sprachlich angemessenen Ausdruck (und zugleich eine sinnlich anschauliche Form) zu geben versucht. Das gilt für die Neologismen der *Spiel-Gaben* (anstelle von Spielsachen), der *Spiel-Pflege* (anstelle von Unterricht) und auch für den Ausdruck *Kinder-Garten*, den Fröbel zwar nicht erfunden, aber (erst relativ spät) gefunden hat (vgl. Erning & Gebel, 2001, S. 38), um damit den systematischen Fokus aller wesentlichen Aufgaben zu bezeichnen, die sich im Umkreis der frühkindlichen Bildung ergeben.

Auch wenn sich Fröbel über den metaphorischen Gehalt der Gartenmetapher offenbar selbst nicht restlos im Klaren war, so liegt deren Bedeutung zweifellos weniger (zumindest nicht nur) in ihren handlungstheoretischen und anthropologischen Implikationen (,Pflege' der ,Pflanze' Kind), der Akzentuierung des pädagogischen Werts von Beeten und kindlicher Gartenarbeit, oder gar ihrer romantischen Überhöhung zum Paradies für Kinder. Die Pointe der Gartenmetapher liegt vielmehr bereits im Begriff des *Gartens* als solchem, dessen wesentliches Kennzeichen es ist, *umgrenzter* und *besonderer Aufmerksamkeit* bedürftiger *Raum* zu sein.[9]

Das hervorstechende Strukturmerkmal des pädagogischen Raums des *Kinder-Gartens* ist die spezifische Form seiner Grenzsetzung zur Realität der Erwachsenenwelt: Sie ist so beschaffen, dass sie sowohl ausreichend Schutz gewährt als auch Teilnahme zulässt und durch den „Filter" (vgl. Mollenhauer, 1983, S. 34ff.) des *Zaunes* (also weder ,Mauer' noch ,Entgrenzung' und unbegrenzte ,Öffnung') von innen und außen sichtbar ist. Sein zweites wesentliches Merkmal ist die Herstellung und ,Pflege' einer *angemessenen und zweckmäßigen Ordnung* im *Innern*: Letztere zeigt sich in der Gestaltung der Innen- und Außenräume sowie in der ,Pflege' des Miteinanders von Erziehern und Kindern und des Umgangs der Kinder untereinander. Die besondere räumliche und zeitliche (!) Anordnung und Ausgestaltung aller wesentlichen Elemente dieses pädagogischen Mikrokosmos ergibt sich dabei aus dem Prinzip, die natürliche, soziale und kulturelle Erfahrungswelt der Kinder so zu strukturieren, dass diese ihre „geistigen und leiblichen" Fähigkeiten, *mit Hilfe der Umstände, sukzessive* genau *so* gut und genau *so* weit „ausbilden"

---

9  „Garten' (vermutl. aus got. gards, garda ,Gerten'), ursprünglich das durch Zäune aus Gerten von der umgebenden Wildnis eingehegte und bestellte Land [...] Mehr oder weniger künstlerisch oder aufwendig gestaltet ist der G. immer ein vom Menschen künstlich angelegtes Landstück, das durch die Gestaltung ebenso wie durch die Einfassung von der es umgebenden ,natürlichen' Landschaft abgegrenzt ist." (Uerscheln & Kalusok, 2003, S. 113); Garten hat somit dieselbe Ursprungsbedeutung wie Paradies, das vom persischen bzw. altgriechischen paradeisos ebenfalls auf die ,Umzäunung' als Strukturmerkmal des Gartens abhebt (ebd. S. 194). Fröbels Selbstauslegung seiner Wortfindung als „Garten-Paradies"(Erning & Gebel, 2001, S. 28) ist also streng genommen eine Tautologie.

können, wie es ihren jeweils *„jetzigen"* altersbedingten Entwicklungsmöglichkeiten und zugleich ihren *„künftigen* Verhältnisse(n) zur *Schule* und zum *Leben"* (Fröbel, 1982, III, S. 184, Hervorh. F.G.) entspricht.

In zeitlicher Hinsicht endet die Aufgabe des *Kinder-Gartens* mit (und *erst* mit!) „völlig erlangter Schulfähigkeit" (ebd. S. 255). Mit der Forderung, (potentiell) jedem Kind die Entwicklung aller seiner altersbedingt möglichen körperlichen und geistigen Fähigkeiten auch tatsächlich zu ermöglichen, weist die Aufgabe des Kinder-Gartens jedoch weit über Aufgaben der ‚Schulvorbereitung' im engeren Sinne hinaus. Das Herzstück des *Kinder-Gartens* bildet ein System von *Spiel-Gaben,* in dem sein elementarpädagogisches Grundprinzip, Kindern eine ‚wohlgeordnete' Ausbildung ihrer Fähigkeiten ‚mit Hilfe' der vorgängigen Strukturierung ihrer materiellen, sozialen und kulturellen Erfahrungswelt zu ermöglichen, ein Höchstmaß an plastisch-anschaulicher Realisierung erfahren hat. Bereits Rousseau hatte die Bedeutung der Dinge als die eigentlichen *Bücher* und *Lehrer* des Kleinkindes unterstrichen und die „Wahl der Gegenstände" zur „wahren Kunst, die erste seiner Fähigkeiten auszubilden" (*le véritable art, de cultiver la premiére des ses facultés*) (Rousseau, 1978, S. 609) erklärt: Da Rousseau zwar um die *Bedeutung* der Dinge als Lehrer des Kindes wusste, aber nur über schwache Kriterien für ihre *Auswahl* und über keinerlei Kriterien für ihre *Gestaltung* verfügte, war seine Idee einer ‚Erziehung durch die Sache' (vgl. Inversini, 1977) nur ein sehr vages Programm geblieben. Eine überzeugende Lösung der Aufgabe, Kindern im Vorschulalter die Welt in einer geordneten und zugleich sinnlich erfahrbaren Form zugänglich zu machen, die bereits Komenský gesucht, die aber, wie Rousseau gezeigt hatte, nicht in einer bloß *bildlichen* Darstellung der Welt gefunden werden kann, ist erst Fröbel gelungen: Im System der *Spiel-Gaben* sind es die Dinge selbst, die durch ihre *Auswahl,* ihre ‚elementarische' *Gestaltung* und ihren *Zusammenhang* an und durch sich selbst eine kategorial-welterschließende Funktion (Klafki, 1959, S. 85ff; Heiland, 2010) als sinnlich erfahrbare „Erkenntnis-Erfassungs-Mittel"[10] der elementaren frühkindlichen Bildung übernehmen.


### 3.2    Die *vorbereitete Umgebung* als *experimentelle* Praxis frühkindlicher Bildung: Montessori

Blickt man von der, an dieser Stelle naturgemäß nur in groben Strichen skizzierten, da weitgehend unbekannten und so gut wie unerforschten Geschichte der frühkindlichen Bildung auf das annähernd 1000 Schriften (vgl. Böhm, 1999) umfassende Werk Maria Montessoris (1870-1952), dann zeigen sich in den grundsätzlichen (früh-)pädagogischen Überzeugungen so weitgehende Übereinstimmungen, dass man versucht sein könnte, in

---

10 Als ein autobiographisches „Erkenntnis-Erfassungs-Mittel" hat Fröbel sein „früheres Leben" im Hinblick auf sein „späteres" bezeichnet. (Aus einem Briefe an den Herzog von Meiningen, 1829) . Der Ausdruck ist aber auch gut geeignet, um die kategoriale Struktur und Funktion der Spiel-Gaben, und m.E. von Bildungsmitteln überhaupt, zu bezeichnen.

Montessoris Pädagogik geradezu die Summe der frühpädagogischen Entwicklungen seit Komenský, Rousseau und Fröbel zu sehen.

Wie bereits der recht treffende (deutsche) Titel ihres bekanntesten Werkes *Kinder sind anders* (orig. *Il segreto dell'infanzia, 1950*) sehr deutlich macht, betont Montessori mit großer Entschiedenheit die ganz eigene Funktion und andere Logik frühkindlicher Bildungsprozesse, die keinesfalls mit denjenigen von Erwachsenen verwechselt werden darf: Das Kind bildet durch seine Erfahrungen, und d.h. *mit Hilfe der Umstände, sukzessive* Strukturen *aus*; der Erwachsene nutzt diese Strukturen und baut auf ihnen *auf*. „Wir sind Aufnehmende; wir füllen uns mit Eindrücken und behalten sie in unserem Gedächtnis, werden aber nie eins mit ihm, so wie das Wasser vom Glas getrennt bleibt. Das Kind hingegen *erfährt eine Veränderung*: Die Eindrücke dringen nicht nur in seinen Geist ein, sondern *formen* ihn. Die Eindrücke inkarnieren sich in ihm. Das Kind schafft gleichsam sein ‚eigenes Fleisch‘ im Umgang mit den Dingen seiner Umgebung" (Montessori, 1996b S. 23. Hervorh. F.G.). Mit dem Satz „Das Kind formt von sich aus den zukünftigen Menschen, indem es seine Umwelt absorbiert" (Montessori, 1996b S. 14) hat Montessori den Ertrag der vorangegangenen anthropologischen und bildungstheoretischen Anstrengungen in einer geradezu aphoristischen Verdichtung auf seinen Begriff gebracht und die reflexiv-wechselseitige Struktur kindlicher Bildungsprozesse in eine auch sprachlich angemessene Form gebracht. Auch die daraus mit innerer Notwendigkeit resultierenden Forderung, Kindern eine *angemessene und zweckmäßigen Ordnung* (vor)zu bereiten, hat Montessori mir großer Konsequenz in die „positive Konstruktion" (Montessori, 2010, S. 20) einer spezifisch *vorbereiteten Umgebung* (*l'ambiente preparato*) transformiert: „Um die Freiheit des Kindes zu verwirklichen (!), ist es notwendig, vorher eine für seine Entwicklung geeignete Umgebung vorzubereiten" (Montessori, 2010a, S. 20). „Von der Vorbereitung einer Umgebung hängt alles ab" (Montessori, 2010b, S. 156). Durch die Vorbereitung gestalten die Erwachsenen die faktisch vorhandene *Umwelt* des Kindes zur *pädagogischen Umgebung* (*l'ambiente educativo*) des Kindes um: Die räumliche Umwelt des Kindes wird zum *Kinderhaus*, Spielsachen zum *Entwicklungsmaterial*[11] und aus biologischen Eltern und ‚pädagogischen Fachkräften' wird ein neuer Typus von *Lehrerin bzw. Lehrer,* der den ihm anvertrauten Kindern grundlegende Entwicklungen ermöglicht und ‚mit Hilfe' des pädagogischen Arrangements der Umgebung, gezielten Anregungen und geeigneten Materialien zugleich *sukzessive* erste Vorstellungen auch von *den* Elementen der Welt vermitteln, die deren Erfahrung (noch) *nicht* zugänglich sind.[12]

---

11 Die Gemeinsamkeit Fröbels und Montessoris liegt in der überragenden Bedeutung, die sie der Auswahl und Gestaltung der Dinge als ‚Lehrer' des Kindes beimessen. Der Unterschied liegt dagegen in den Prinzipien, die Auswahl und Gestaltung bestimmen. In starker Vereinfachung: Fröbel: Bildungstheoretisch; synthetisch; kategorial-symbolisch; Montessori: Lernzielorientiert; analytisch; konkret-anschaulich.

12 Eine Folge der Situationsansätze der 70er bis 90er Jahre ist wohl darin zu sehen, dass die für die moderne Pädagogik grundlegende Perspektive des Weltbezuges der (frühkindlichen) Bildung zugunsten des Lebensweltbezuges aufgegeben wurde. Damit ging zugleich der Gedanke verloren, dass die elementaren Grundfähigkeiten der Kinder notwendigerweise allgemeinen

Wie weitgehend die Übereinstimmungen aber auch sonst noch gehen mögen: Es wäre grundfalsch in Montessoris Theorie und Praxis der frühkindlichen Bildung lediglich eine Zusammenfassung der Elementarpädagogik von Komenský, Rousseau und Fröbel zu sehen. Das ist schon deshalb verfehlt, weil Montessori die Theorie- und Problemgeschichte der frühen Bildung kaum kannte und überhaupt der ‚Pädagogik' gegenüber beinahe feindselig eingestellt war. So finden sich bei Montessori, der wissenschaftlich ausgebildeten Medizinerin, nicht nur viele Belege für die ‚Verachtung', die Wilhelm Dilthey in seinem berühmten Akademievortrag *Über die Möglichkeit einer allgemeingültigen pädagogischen Wissenschaft* (1888) als eine ebenso verbreitete wie berechtigte Haltung gegenüber der damaligen Pädagogik konstatierte. In erklärtem Gegensatz zur zeitgenössischen Pädagogik (der auch Friedrich Nietzsche nur mit ‚Entsetzen' begegnete), hat Montessoris mit der *Antropologia Pedagogica (1910, Pedagogical Anthropology, 1913)* zugleich einen *erziehungswissenschaftlichen* Gegenentwurf vorgelegt, der einen Großteil des damals verfügbaren anthropologische, biologische, physiologische, anatomische (u.a.) Wissen heranzieht und unter pädagogischen Gesichtspunkten zu integrieren versucht.

Schon aus dieser Sicht geht die Leistung Montessoris über die Zusammenfassung und Explikation der praktischen Konsequenzen der modernen Frühpädagogik weit hinaus: In disziplingeschichtlicher Perspektive besteht Montessoris nicht geringstes Verdienst darin, dass sie die Pädagogik der frühen Kindheit wieder in den Umkreis jener erfahrungsbasierten ‚Anthropologie von unten her' hereingeholt hat, die nach Anfängen bei Komenský und Rousseau im Dunst(-kreis) von Fröbels spekulativer ‚Sphärenphilosophie' ebenso verschwunden war aus der Realität des Fröbelianischen Kindergartens.

Umso erstaunlicher ist es, dass Montessori trotz ihrer mangelhaften Kenntnisse der pädagogischen Literatur zu solchen, im Kern ganz ähnlichen Überzeugungen gelangte. Den entscheidenden Anstoß dazu gaben allerdings weniger ihre anthropologischen Studien, die wohl eher den ‚Hintergrund' (vgl. Böhm, 1991) abgeben, auch nicht ihre systematischen Beobachtungen an Kindern oder gar ihre kaum vorhandenen praktisch-pädagogischen Erfahrungen. Die entscheidende pädagogisch-‚pragmatische' Wendung

---

Charakter in dem Sinne haben müssen, dass alle Kinder auf ihre Ermöglichung ein Recht als Mensch (und nicht nur als Bewohner eines Stadtteils, Angehöriger einer Kultur, Klasse etc.) und damit einen universalen Anspruch haben. Weder Komenský, Rousseau, Fröbel oder Montessori ging es um die Verfertigung eines „Allgemeinkind(es)" (G.E. Schäfer, 2006, S. 42.), sondern um die Sicherstellung jener allgemeinen Grundfähigkeiten, die in hochkomplexen und freiheitlichen Gesellschaften die Voraussetzung für personale Entwicklung und interindividuelle Verständigung darstellen. Das grobe Missverständnis des in der aktuellen Kleinkindpädagogik verbreiteten ‚diffusen Postmodernismus' (W. Welsch) liegt in dem Grundirrtum, auf den schon Rousseau aufmerksam gemacht hat, dass er im Kind bereits alles das voraus zu setzen scheint (‚Kreativität', ‚Selbstbestimmung', ‚Individualität', ‚Freiheit' etc.), was im günstigsten Falle Resultate von Bildungsprozessen darstellt. Auch ‚Individualität' und ‚Differenz' sind keine schlichten biologischen oder soziale Gegebenheiten, sondern kulturelle Errungenschaften, die auch durch Erziehung und Bildung erst sichergestellt und ermöglicht werden müssen.

nahmen Montessoris dahin primär anthropologisch-,physiologische' Interessen[13] erst durch die ,Entdeckung' der ,Polarisation der Aufmerksamkeit' die als *Montessori-Phänomen* Eingang in das pädagogische Bewusstsein gefunden hat. Wie sie selbst angibt (vgl. etwa Montessori 1976, S. 69ff.; 2010b, S. 161ff.), sei sie erst durch die auffälligen Veränderungen, die sie an Kindern beobachtet hatte, zum einen auf die bildenden Wirkungen konzentrierter Aufmerksamkeit aufmerksam geworden. Zum anderen habe sie erst jetzt sowohl die grundlegende Bedeutung der ,äußeren Bedingungen' für das Zustandekommen frühkindlicher Bildungsprozesse verstanden als auch die Bedeutung, die deren systematischer Variation für die Möglichkeit einer wissenschaftlich fundierten pädagogischen Praxis zukommt. „Dieses Phänomen (der Aufmerksamkeit, F.G.) wurde allgemein bei den Kindern. Es konnte als eine beständige Reaktion festgestellt werden, die im Zusammenhang mit bestimmten äußeren Bedingungen auftritt, die bestimmt werden können" (Montessori, 1976 S. 70).

Die Authentizität von Montessoris Beschreibung ist verschiedentlich bestritten und der Stellenwert für die Entwicklung ihrer Pädagogik von prominenter Seite sogar grundlegend in Zweifel gezogen worden (vgl. Böhm, 2010, S. 30, 48): Die wissenschaftstheoretische Relevanz von Montessoris Überlegungen zur Grundlegung einer experimentellen frühpädagogischen Praxis bleiben davon gänzlich unberührt. Mit der ,positiven Konstruktion' der ,vorbereiteten Umgebung' hat Montessori nicht nur das frühpädagogische Prinzip der *angemessenen und zweckmäßigen Ordnung* der kindlichen Lernumwelt wieder in der Zentrum der frühen Bildung gerückt. Im Unterschied zu ihren Vorgängern hat Montessori zugleich auch verstanden, dass die ,positive Konstruktion' dieser Ordnung zwar auf prinzipiellen theoretischen Vorüberlegungen aufruhen und aus praktischen Vorerfahrungen hervorgehen, ihre inhaltliche Konkretisierung aber durch experimentelles Probehandeln erst gefunden werden muss, d.h. nicht apriori aus einer ,Natur des Kindes' deduziert, sondern nur auf empirischem Wege gefunden werden kann. „Und ich studierte mit großer Sorgfalt, wie jene Umgebung herzustellen sei, die die günstigsten äußeren Bedingungen enthielte, um diese Konzentration zu wecken. Und auf diese Weise begann ich meine Methode zu schaffen" (Montessori, 2010b, S. 162; Hervorh. F.G.).

In Montessoris Pädagogik werden so die ersten Umrisse einer wissenschaftlich-experimentell fundierten Praxis der frühen Bildung und zugleich einer (früh-)pädagogischen Bildungsforschung entworfen, deren Aufgabe darin bestehen wird, die Gegenstände und äußeren Bedingungen „experimentell zu ermitteln, die die Konzentration des Kindes (und damit seine Bildung, F.G) ermöglichen" (ebd.). Im Mittelpunkt einer so verstandenen *Pädagogik des Kleinkindes* steht deshalb nicht ,das Kind', sondern die Frage nach den *Bedingungen der Möglichkeit seiner Bildung*. Die Pädagogik der frühen Bildung wird „somit zu einer Art Bindestrich zwischen dem Kind und seiner Umgebung": Um die Auf-

---

13 Ich bediene mit hier Kants Unterscheidung zwischen einer physiologischen und einer pragmatischen Anthropologie (Vorrede zur Anthropologie in pragmatischer Hinsicht, 1800), die Montessoris Verlagerung ihrer Interessen von dem, ,was die Natur aus dem Menschen macht' auf das, ,was er aus sich selber machen kann' sehr treffend bezeichnet.

merksamkeit des *Kindes* zu ermöglichen, muss sie die Bedingungen ihrer Möglichkeit zu studieren und die Umgebung entsprechend gestalten. Deshalb richtet die *Pädagogik* ihre *eigene* Aufmerksamkeit zunächst nicht auf das Kind, sondern „zuerst auf diese (die Umgebung F.G.), um deren praktische Bedeutung zu verstehen und nutzen zu können" (Montessori, 2010, S. 21). Frühkindliche *Bildungs*forschung kann sich nicht damit begnügen, *Kindheits*forschung zu sein, sondern muss lernen, sich mehr für die Wirkungen ihrer eigenen pädagogischen Arrangements zu interessieren, d.h. zur „Pädagogikfolgenforschung" werden (Honig, 2010, S. 99).

## 4 Die *historische Perspektive* in der Pädagogik der frühen Kindheit

Muss man von alledem etwas wissen? Ist die ‚historische' eine notwendige Perspektive, wenn es um theoretische und praktische Fragen der frühkindlichen Bildung geht? So scheint doch Montessori selbst das beste historische Beispiel dafür abzugeben, dass man nicht unbedingt über historisches pädagogisches Vorwissen verfügen muss, um zu angemessenen Vorstellungen von frühkindlicher Bildung und den pädagogischen und erziehungswissenschaftlichen Aufgaben zu gelangen, die sich daraus ergeben. Montessori hat sich zu keinem Zeitpunkt mit ihren Vorgängern Rousseau oder Fröbel eingehender beschäftigt, weshalb sie die tiefe Verwandtschaft zwischen *Kinderhaus* und *Kindergarten*, *Entwicklungsmaterial* und *Spiel-Gaben* nicht bemerkte. Sie musste nicht – und niemand muss – Rousseau gelesen haben, um die pädagogische und wissenschaftliche Bedeutung systematischer Beobachtungen einzusehen, und schon gar nicht hatte sie – und niemand hat – Rousseau nötig, um die Beobachtung von Kindern ‚historisch' zu legitimieren: Vielleicht hätte aber eine auch nur etwas genauere Lektüre Rousseaus durchaus dazu beigetragen können, nicht nur etwas über die generelle *Bedeutung* von Beobachtungen zu erfahren, sondern auch die besonderen methodologischen Probleme, Schwierigkeiten und Aufgaben, d.h. den spezifischen Sinn der pädagogischen Beobachtung zu begreifen. So benötigte die wissenschaftlich exzellent ausgebildete, anthropologisch bestens bewanderte und methodisch geschulte Beobachterin von Kindern, erst einer sehr besonderen Form von *Hilfe der Umstände*, nämlich der „Offenbarung" (Montessori, 1976, S. 70) von San Lorenzo, um die anthropologischen und bildungstheoretischen Zusammenhänge zu durchschauen und (gewissermaßen mit höherem Beistand) eine spezifisch *pädagogische* Perspektive auszubilden.

Die ‚historische Perspektive' *kann* dazu beitragen, „falsche Vorstellungen" (Rousseau, 1981, S. 5) von frühkindlicher Bildung zu korrigieren, die sich nicht zuletzt aufgrund der „scheinbaren Leichtigkeit, mit der Kinder lernen" (ebd., S. 89) so leicht einstellen und die Kinder immer wieder zu Opfern falscher Projektionen, sei es als ‚kleine Philosophen', ‚Künstler' und ‚Forscher' oder sei es als ‚Investition in die Zukunft', macht. Sie *kann* dazu beitragen, und vielleicht ist sie dazu sogar etwas besser geeignet als andere ‚Perspektiven', die Kinder naturgemäß und richtigerweise unter den wissenschaftstheoretischen und forschungspraktischen Interessen ihrer je eigenen fachlichen Traditionen in den Blick nehmen. Damit die ‚historische Perspektive', wie sie hier in Ansätzen entwickelt wurde, zu einem ‚Hilfsmittel' zur Bildung der (vermeintlich) jungen Disziplin werden kann, müsste sie diese erst einmal *kennen*, ihre historischen Details sowie die größeren sozial-, problem- und wissenschaftsgeschichtlichen Zusammenhänge *erforschen*, von ihrer derzeit bevorzugten Behandlung in mehr oder weniger gelungenen Beschreibungen ‚pädagogischer Ansätze' Abstand nehmen, und sie durch die fachkundige *Auswahl*, *Bearbeitung* und *Kommentierung* geeigneter *Texte* sowie deren (hochschul-)didaktische *Gestaltung*, ‚sukzessive' zu einem für die elementarpädagogische Aus-, Fort- und Weiterbildung tauglichen ‚Erkenntnis-Erfassungs-Mittel' (Fröbel) umgestalten.

Dafür fehlen derzeit allerdings so gut wie alle Voraussetzungen.

Und so möchte man die vor nunmehr genau 250 Jahren ausgesprochene Aufforderung Rousseaus: „Fangen Sie also damit an, dass Sie ihre Kinder besser studieren" (étudier), gerne an die Disziplin weitergeben: „Fangen Sie also damit an", dass Sie (auch) ihre eigenen fachlichen Traditionen „besser studieren; denn ganz gewiss, Sie kennen sie nicht" (Rousseau, 1979, S. 6).

## 5    Literatur

Ariès, Ph. (2007). *Geschichte der Kindheit* (16. Auflage). München: Deutscher Taschenbuch Verlag.

Arnold, K. (1980). *Kind und Gesellschaft in Mittelalter und Renaissance. Beiträge und Texte zur Geschichte der Kindheit*. Paderborn: Schöningh.

Benner, D. & Brüggen, F. (1996). Das Konzept der Perfectibilité bei Jean-Jacques Rousseau. In O. Hansmann (Hrsg.), *Der pädagogische Rousseau. Kommentare, Interpretationen, Wirkungsgeschichte* (S. 12–48). Weinheim: Deutscher Studienverlag.

Blumenberg, H. (1988). *Die Legitimität der Neuzeit. Erneuerte Ausgabe*. Frankfurt am Main: Suhrkamp.

Böhm, W. (1991). *Maria Montessori. Hintergrund und Prinzipien ihres pädagogischen Denkens* (2. unveränderte Aufl.). Bad Heilbrunn: Julius Klinkhardt.

Böhm, W. (1999). *Maria Montessori Bibliographie 1896-1996*. Bad Heilbrunn: Julius Klinkardt.

Böhm, W. (2010). *Maria Montessori. Einführung mit zentralen Texten*. Paderborn: Schöningh.

Buck, G. (1984). *Rückwege aus der Entfremdung. Studien zur Entwicklung der deutschen humanistischen Bildungsphilosophie*. Paderborn: Schöningh.

Burckhardt, J. (1978). *Weltgeschichtliche Betrachtungen. Über das geschichtliche Studium*. München: dtv-bibliothek.

Comenius, J.A. (2007). *Große Didaktik. Übersetzt und herausgegeben von Andreas Flitner* (10. Aufl.). Stuttgart: Klett-Cotta.

Erning, G. (1976). *Quellen zur Geschichte der öffentlichen Kleinkindererziehung*. Kastellaun: Aloys Henn Verlag.

Erning, G. & Gebel, M. (2001). ‚Kindergarten' *nicht von Fröbel? Zur Wortgeschichte des ‚Kindergartens'*. In Sind Kinder kleine Majestäten? (S. 23–51). Bad Blankenburg: Friedrich-Fröbel-Museum.

Flitner, A. (2007). Vorwort zur zweiten Auflage. In Johann Amos Comenius, *Große Didaktik*. (S. VIIf.) (10. Aufl.). Stuttgart: Klett-Cotta.

Fröbel, F.W.A. (1982). ‚Kommt lasst uns unsern Kindern leben'. Aus dem pädagogischen Werk eines Menschheitserziehers (3 Bände). Berlin: Volk und Wissen.

Grell, F. (2010). Über die (Un-)Möglichkeit Früherziehung durch Selbstbildung zu ersetzen. Zeitschrift für Pädagogik 56 (2), 154–167.

Heiland, H. (2010). Fröbels Pädagogik der Kindheit – didaktische Überlegungen zu einer Spielpädagogik. In D. Kasüschke (Hrsg.), Didaktik in der Pädagogik der frühen Kindheit (S. 15–44). Kronach: Carl Link Verlag.

Honig, M. (2010). Beobachtung (früh-)pädagogischer Felder. In G.E. Schäfer & R. Staege, Frühkindliche Lernprozesse verstehen (S. 91–101). Weinheim und München: Juventa.

Inversini, M. (1977). Erziehung durch die Sache – Sachlichkeit in der Erziehung. Ein Beitrag zur pädagogischen Rousseau-Interpretation. Bern & Frankfurt & LasVegas: Lang.

Klafki, W. (1959). Das pädagogische Problem des Elementaren und die Theorie der kategorialen Bildung. Weinheim: Beltz.

Komenský, J.A. (1987). Informatorium der Mutterschul. Leipzig: Philipp Reclam.

Liegle, L. (2010). Didaktik der indirekten Erziehung. In G.E. Schäfer, R. Stäge & K. Meiners (Hrsg.), Kinderwelten – Bildungswelten. Unterwegs zur Frühpädagogik (S. 11–25). Berlin: Cornelsen Scriptor.

Martin, J. & Nitschke, A. (1986). Zur Sozialgeschichte der Kindheit. Freiburg & München: Karl Alber.

Mollenhauer, K. (1983). Vergessene Zusammenhänge. Über Kultur und Erziehung. München: Juventa.

Montessori, M. (1976). Schule des Kindes. Montessori-Erziehung in der Grundschule. Freiburg. Herder.

Montessori, M. (1996a). Die Entdeckung des Kindes (12. Aufl.). Freiburg: Herder.

Montessori, M. (1996b). Das kreative Kind. Der absorbierende Geist (11. Aufl.). Freiburg: Herder.

Montessori, M. (2008). Kinder sind anders (24. Aufl.). München: dtv.

Montessori, M. (2010a). Praxishandbuch der Montessori-Methode. Freiburg i. Br.: Herder.

Montessori, M. (2010b). Winfried Böhm: Maria Montessori. Einführung mit zentralen Texten. Paderborn: Schöningh.

Moravia, S. (1989). Beobachtende Vernunft. Philosophie und Anthropologie der Aufklärung. Frankfurt a. M.: Fischer Wissenschaft.

Rittelmeyer, Ch. (2012). Bildung. Ein pädagogischer Grundbegriff. Stuttgart: Kohlhammer.

Rousseau, J.-J. (1969). Œuvre complètes, Bd. IV: Émile – Éducation – Morale – Botanique, Édition publiée sous la direction de Bérnard Gagnebin et Marcel Raymond. Paris: Galimard.

Rousseau, J.-J. (1978). Julie oder die Neue Heloise. Briefe zweier Liebenden aus einer kleinen Stadt am Fuße der Alpen. München: Winkler.

Rousseau, J.-J. (1979). Emile oder Von der Erziehung. Emile und Sophie oder Die Einsamen. München: Winkler.

Rousseau, J.-J. (1984). Diskurs über die Ungleichheit – Discours sur l'inégalité, Kritische Ausgabe des integralen Textes. mit sämtlichen Fragmenten und ergänzenden Materialien nach den Originalausgaben und den Handschriften neu ediert, übersetzt und kommentiert von Heinrich Meier. Paderborn & München & Wien & Zürich: UTB-Schöningh.

Rousseau, J.-J. (1988). Schriften (2 Bände). München &Wien: Carl Hanser Verlag.

Schäfer, G.E. (2006). Der Bildungsbegriff in der Pädagogik der frühen Kindheit. In L. Fried & S. Roux (Hrsg.), Pädagogik der frühen Kindheit. Handbuch und Nachschlagewerk (S. 33–44). Weinheim & Basel: Beltz.

Shahar, S. (2004). Kindheit im Mittelalter (4. Aufl.). Düsseldorf: patmos paperback.

Uerscheln, G. v. & Kalusok, M. (2003). Kleines Wörterbuch der europäischen Gartenkunst. Stuttgart: Reclam.

# Frühkindliche Bildungsforschung in der Schweiz

Doris Edelmann, Kathrin Brandenberg und Klaudia Mayr

## 1    Einleitung

In der Schweiz ist die frühkindliche Bildungsforschung eine relativ junge Forschungs-
richtung, die erst in den letzten Jahren ein wachsendes wissenschaftliches und (bildungs-)
politisches Interesse erfahren hat. Sie steht in einem engen Zusammenhang mit dem starken Ausbau der familienergänzenden Kinderbetreuung, der auf nationaler Ebene insbesondere durch Bundesfinanzhilfen gefördert wird (vgl. Menegale & Stern, 2010). Einen
umfassenden Überblick über die Entwicklungen im Bereich der frühkindlichen Bildung,
Betreuung und Erziehung im Allgemeinen und den bestehenden Forschungsstand im
Besondern ermöglicht die Grundlagenstudie ,Frühkindliche Bildung in der Schweiz',
die im Auftrag der UNESCO-Kommission am Departement Erziehungswissenschaften
der Universität Fribourg durchgeführt wurde (vgl. Stamm et al., 2009). Darin wird unter
anderem der grosse Entwicklungsbedarf deutlich, der auf strukturelle Schwierigkeiten
aufgrund unterschiedlicher politischer Verantwortlichkeiten sowie fehlende Studiengänge und einem darin einhergehenden Mangel an wissenschaftlichem Nachwuchs im
frühkindlichen Bereich basiert. Eine weitere Bestandsaufnahme zur Situation der fami-
lien- und schulergänzenden Kinderbetreuung in der Schweiz wurde im Auftrag der Eidgenössischen Koordinationskommission für Familienfragen durchgeführt, in der auch
Empfehlungen für die Bildungspolitik formuliert werden (vgl. EKFF, 2008). Zu erweiterten Einsichten in den Stand der Forschung, Praxis und Politik im Bereich der Frühförderung von Kindern mit Migrationshintergrund trägt die Studie von Schulte-Haller
(2009) bei, die sie im Auftrag der Eidgenössischen Kommission für Migrationsfragen
verfasste. Was die Schweiz vor dem Hintergrund des bestehenden (inter-)nationalen Forschungsstands und bildungspolitischer Entwicklungen im frühkindlichen Bereich für

den weiteren Ausbau ‚lernen‘ kann, wird aus der Perspektive zahlreicher Wissenschaftler/innen und Fachpersonen für den frühkindlichen Bereich im bislang umfassendsten Herausgeberwerk von Stamm und Edelmann (2010) verdeutlicht.

Im Folgenden werden die zentralen Entwicklungen im Bereich der frühkindlichen Bildungsforschung in der Schweiz aufgezeigt. Dazu werden zunächst gesellschaftliche Hintergründe skizziert, die zur wachsenden Bedeutung dieses Forschungsfeldes beitragen. Danach erfolgt ein Einblick in relevante Forschungsprojekte mit Bezug zur Qualität frühkindlicher Bildungsangebote und zur Nutzung familienergänzender Betreuungsangebote. Anschliessend werden Studien zur frühen Sprachförderung sowie zur kognitiven, sozialen und emotionalen Entwicklung von jungen Kindern erläutert sowie Untersuchungen zur Grund- und Basisstufe dargelegt. Abschliessend werden zukünftige Herausforderungen und Desiderate für den frühkindlichen Forschungsbereich diskutiert.

## 2 Gesellschaftliche Hintergründe, die zur Bedeutung der frühkindlichen Bildungsforschung beitragen

Es sind insbesondere vier Entwicklungslinien, die in der Schweiz zu einer verstärkten Forschungstätigkeit im frühkindlichen Bereich beitragen. An erster Stelle ist diesbezüglich der gesellschaftliche Wandel zu nennen, der zu neuen Rollenverständnissen in der Familie, zu veränderten Lebensgemeinschaften sowie einer wachsenden Erwerbsbeteiligung von Frauen und einem darin einhergehenden Bedarf an familienergänzender Kinderbetreuung führt. Da die Mutterschaftsversicherung in der Schweiz den Frauen nach der Geburt einen Mutterschaftsurlaub von gerade mal vier Monaten zuspricht, werden folglich zunehmend Betreuungsplätze für Säuglinge benötigt (vgl. Nay, Grubenmann & Larcher, 2008; Grubenmann, 2012). Mit dieser Entwicklung sind nicht nur die Forderungen nach einem quantitativen, sondern auch einem qualitativen Ausbau der Betreuungsangebote verbunden.

Zweitens bestärkten Erkenntnisse aus den internationalen Vergleichsstudien im Rahmen von PISA das Interesse am Potenzial frühkindlicher Bildungsprozesse, um damit einerseits schulische Startchancen und die Bildungsgerechtigkeit in der Gesellschaft zu erhöhen, andererseits die internationale Wettbewerbsfähigkeit zu stärken. Hintergrund dafür ist die Tatsache, dass Nationen, die in den PISA-Tests Spitzenpositionen einnehmen, über ein etabliertes qualitativ hochstehendes System der frühkindlichen Betreuung, Erziehung und Bildung verfügen, das allen Familien zugänglich ist (z.B. OECD, 2006; 2012). In neuester Zeit werden diese Einforderungen auch vom Schweizerischen Wissenschafts- und Technologierat (2011) unterstützt, der ausdrücklich für eine effizientere und nachhaltigere Nachwuchsförderung in der Schweiz plädiert. Dabei besteht Konsens, dass im Kontext aktueller bildungspolitischer Debatten die zentrale Fragestellung gelöst werden muss, wie die „drohende Bildungslücke", so Egger (2011, S. 23), geschlossen werden und die Schweiz dadurch international konkurrenzfähig bleiben kann.

Drittens führen neurobiologische Erkenntnisse, dass junge Kinder besonders lernfähig sind, zu einer verstärkten wissenschaftlichen Beachtung der frühen Bildung. Als besonders bedeutsam wird die Tatsache erachtet, dass entscheidende Entwicklungsversäumnisse während der frühen Kindheit später nur mit grossem Aufwand kompensiert werden können. Darin gehen auch Argumentationslinien der frühen Prävention einher, die dazu beitragen soll, mögliche spätere Probleme, wie beispielsweise die soziale Ausgrenzung, relativ kostengünstig zu verhindern (vgl. Hafen, 2012; Schlanser, 2011). In diesem Zusammenhang wird auch die frühe Förderung von Kindern aus Familien mit Migrationshintergrund als immer wichtiger erachtet, die bei Bedarf dazu beitragen soll, sozio-ökonomische Benachteiligungen auszugleichen und integrative Prozesse in die lokale Gesellschaft zu unterstützen (vgl. Schulte-Haller, 2009; Edelmann, 2010a). Somit wird deutlich, dass die bewusste Förderung der kognitiven, emotionalen, motorischen, sprachlichen und sozialen Entwicklung bereits während der frühen Kindheit als wichtige Etappe auf dem Weg des lebenslangen Lernens aufgefasst wird.

Die vierte Entwicklungslinie resultiert aus volkswirtschaftlichen Ergebnissen, die nachweisen, dass sich finanzielle Investitionen in die frühe Förderung lohnen, da ein deutlicher Zusammenhang besteht zwischen dem Bildungsstand der gesamten Bevölkerung und der wirtschaftlichen Prosperität eines Landes (z.B. Heckman & Masterov, 2007; Heckman, 2011). So zeigen „ökonometrische Modellrechnungen", dass mit einem „volkswirtschaftlichen return on education" zu rechnen ist, „der die getätigten Investitionen in frühkindliche Förderung um mindestens das Doppelte übersteigt" (Egger, 2011, S. 36). Studien aus verschiedenen Kantonen der Schweiz schätzen die Kosten-Nutzen-Relation der Investitionen in die frühe Kindheit sogar zwischen eins zu knapp drei respektive eins zu vier ein (z.B. Fritschi, Stutz & Strub, 2007). Dieser finanzielle Nutzen kann sich beispielsweise in einer höheren Erwerbsbeteiligung der Mütter, einem geringeren Bezug von Sozialleistungen aufgrund eines höheren Ausbildungsniveaus sowie positiveren Sozialisations- und Integrationseffekten von Kindern manifestieren (vgl. Stamm, 2010; Stamm, Burger, Brandenberg, Edelmann u.a., 2011). Vor diesem Hintergrund wird frühkindliche Bildung zunehmend als „gesellschaftliche Ressource" verstanden, die bedeutsam ist für die „wettbewerbsfähige Zukunft einer Nation in einer globalisierten Welt" (Nay, Grubenmann & Larcher, 2008, S. 9). Finanzielle Ausgaben im Frühbereich gelten folglich als „Investitionen in Humankapital" die dazu beitragen sollen, dass „grössere volkswirtschaftliche Wachstumspotentiale erschlossen werden können" (Egger, 2011, S. 38).

Allerdings gehört die Schweiz bislang hinsichtlich ihrer Investitionen in die familienergänzende Betreuung von Kindern bis zum Alter von vier Jahren im internationalen Vergleich der OECD-Länder zu den schwächeren. Während der OECD-Durchschnitt bei 0,65 % des Bruttoinlandproduktes liegt, investiert die Schweiz gerade mal 0,25 % des BIP in öffentliche Ausgaben für Kinderbetreuung und vorschulische Bildung (vgl. Tab. 1). Dies entspricht einem Viertel der von der OECD empfohlenen Mittel. Im Vergleich dazu investieren Island, Dänemark, Frankreich, Schweden und Finnland über 1,0 % ihres BIP in den frühkindlichen Betreuungsbereich (vgl. Schweizerischer Wissenschafts- und Technologierat [SWTR], 2011, S. 20).

**Öffentliche Ausgaben für Kinderbetreuung und vorschulische Bildung im Prozent des BIP (2005)**

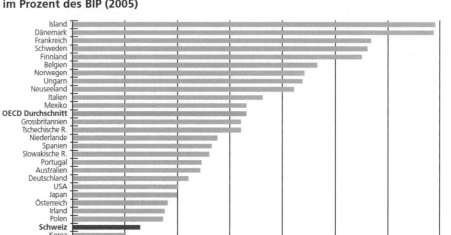

**Tabelle 1** Investitionen der Schweiz in den Bereich der frühkindlichen Bildung und Erziehung (Quelle: SWTR, 2011, S. 20)

## 3      Untersuchungen zur Qualität frühkindlicher Bildungsangebote

Der entscheidende Grund für die grosse Bedeutung, die der Qualität in Kindertagesstätten nicht nur in wissenschaftlichen, sondern zunehmend auch bildungspolitischen Debatten zukommt, liegt in der empirisch nachgewiesenen Tatsache, dass sie die zentrale Bedingung dafür ist, dass sich Kinder in familienergänzenden Einrichtungen positiv entwickeln oder dass sie sogar mögliche Defizite ausgleichen können. Somit kann eine gute Qualität zu erhöhten Chancen auf einen erfolgreichen Schulstart, eine höhere Bildungsbeteiligung und letztlich zu einer erfolgreicheren Bildungslaufbahn beitragen (vgl. Stamm, 2010; 2012). Repräsentative Untersuchungen, die diesen Zusammenhang stützen, liegen in der Schweiz bislang nicht vor, allerdings gibt es einige regionale Studien, die verdeutlichen, dass die Strukturqualität (also Räumlichkeiten, Betreuungsschlüssel sowie das Ausbildungsniveau der pädagogischen Fachkräfte) in der Schweiz auf einem relativ hohen Niveau liegt (vgl. Stamm, 2012). Dieser geringe empirisch gesicherte Erkenntnisstand zur Qualität – vor allem in pädagogischen Bereichen wie die Beziehung der Fachkräfte zu den Kindern oder die Elternarbeit – steht in einem deutlichen Gegensatz zu zahlreichen normativen Qualitätsvorgaben, die in den vergangenen Jahren in allen Kantonen für Kindertagesstätten – deutlich seltener dagegen für Tagesfamilien – sowie durch verschiedene Verbände erlassen wurden (vgl. Menegale & Stern, 2010; Stamm, 2012).

Eine wegweisende mehrheitlich ethnografisch angelegte Studie zur Qualität der Betreuung von Säuglingen in Kindertagesstätten in der Stadt Zürich wurde von Nay, Grubenmann und Larcher Klee (2008) durchgeführt. Von besonderer Relevanz ist dabei die Untersuchung von institutionellen und personellen Voraussetzungen, die als Bedingung einer qualitativ hochstehenden Betreuung von Säuglingen und Kleinstkindern fungieren (vgl. Grubenmann, 2012).

In der französischsprachigen Schweiz untersuchten Pierrehumbert und Mitarbeitende (2002) den Einfluss familialer und ausserfamilialer Betreuungsqualität auf die soziale Entwicklung von Kindern im Alter von zwei bis drei Jahren. Dabei konnten sie aufzeigen, dass die Qualität der Betreuungsangebote der ausschlaggebende Faktor für eine positive Entwicklung darstellt.

Von Bedeutung für die weitere Entwicklung der pädagogischen Qualität ist die Tatsache, dass in der Schweiz demnächst erstmalig ein gesamtschweizerisches Qualitätslabel für Kindertagesstätten implementiert werden soll. Seit Ende 2012 läuft das Partnerprojekt von KiTaS[1] und der Jacobs Foundation, die das Universitäre Zentrum für Frühkindliche Bildung Fribourg (ZeFF[2]) mit der Entwicklung entsprechender Qualitätsstandards für das Qualitätslabel beauftragten. Ab Mitte 2013 soll das in unterschiedliche Qualitätsstufen ausdifferenzierte Qualitätslabel mithilfe einer Zertifizierungsstelle in der Schweiz eingeführt werden. Es ist davon auszugehen, dass dieses Label die Auseinandersetzungen mit der Qualität im frühkindlichen Bereich in Forschung und Praxis massgeblich beeinflussen wird (vgl. Jacobs Foundation, 2012; Stamm, 2012).

## 4      Quantität – Nutzung familienergänzender Betreuungsangebote

Der Kenntnisstand über die aktuelle Nutzung und den potenziellen Bedarf an familienergänzenden Betreuungsangeboten ist in der Schweiz nach wie vor lückenhaft. Für die statistischen Erhebungen ist dabei die Tatsache erschwerend, dass gewisse Betreuungsangebote gleichzeitig von Kindern im Vorschulalter und im Schulalter genützt werden (z.B. Kinderhorte). Einzig zehn Kantone publizieren in regelmässigen Abständen Daten bezüglich „der Anzahl Einrichtungen, Anzahl Plätze, evtl. Anzahl betreuter Kinder und geleisteter Betreuungsstunden" (Menegale & Stern, 2010, S. 48). Für den Bereich der Tagesfamilien werden Kennzahlen bislang nur in wenigen Kantonen erfasst (vgl. ebd.).

Die vorhandenen Daten weisen jedoch deutlich darauf hin, dass in der Schweiz während der vergangenen Jahre sowohl die Nachfrage als auch das Angebot an familienergänzender Betreuung deutlich gestiegen ist (z.B. Stern, Banfi & Tassinari, 2006; Menegale & Stern, 2010). So hat sich die Anzahl der Kindertagesstätten und Kinderhorte in der

---

1   vgl. http://www.kitas.ch (Verband Kindertagesstätten der Schweiz)
2   vgl. http://www.unifr.ch/pedg/zeff/de/home.php (Universitäres Zentrum für Frühkindliche Bildung Fribourg)

Schweiz von 2001 bis 2008 beinahe verdoppelt. Die grösste Betreuungsarbeit wird allerdings immer noch von Verwandten geleistet, insbesondere von Grosseltern. Deutlich seltener werden Kinder von Tagesfamilien betreut (vgl. Bundesamt für Statistik, 2010a; b; c). Insgesamt lassen mehr Einelternhaushalte als Paarhaushalte ihre Kinder im Alter zwischen null bis sieben Jahren öfters als einen Tag pro Woche ausserfamiliär betreuen. Im Jahr 2009 waren dies 70 % aller Alleinerziehenden und rund 52 % aller Paarhaushalte. Ebenso wirken sich ein hohes Einkommen und eine gute Ausbildung der Mutter positiv auf die Höhe der Inanspruchnahme von familienergänzenden Betreuungsangeboten aus (vgl. Bundesamt für Statistik, 2010a; b; c). Ein weiteres Unterscheidungsmerkmal bezüglich der Nutzung familienergänzender Betreuung zeigt sich in der nationalen Herkunft der Familien, wie Schlanser (2011) in ihrer Studie aus dem Jahr 2008 feststellte. In ihrer Untersuchung schätzte sie auf der Grundlage einer repräsentativen Stichprobe die Wahrscheinlichkeit ein, mit der in der Schweiz lebende Paarhaushalte verschiedener Nationalitäten mit mindestens einem Kind im Alter von null bis vier Jahren eine Kindertagesstätte in Anspruch nehmen. Dabei zeigte sich, dass die Nationalität der Eltern die Wahrscheinlichkeit, eine Kindertagesstätte zu nutzen, stark beeinflusst. Während Schweizer Familien diese mit einer Wahrscheinlichkeit von rund 17 % nutzen, sind es bei türkischen Familien der ersten Generation rund 10 % und Familien aus dem ehemaligen Jugoslawien knapp 5 %, die für ihre Kinder eine Kindertagesstätte in Anspruch nehmen. Bei Kindern aus Familien mit italienischem (18 %) und portugiesischem Hintergrund (17 %) liegt die Wahrscheinlichkeit des Besuchs einer Kindertagestätte etwa gleich hoch wie bei Schweizer Kindern. Im Gegensatz dazu ist davon auszugehen, dass über 40 % aller deutschen Familien, rund 34 % aller Familien aus Frankreich sowie knapp 30 % der Familien aus Grossbritannien, die in der Schweiz leben, für die familienergänzende Betreuung ihrer Kinder auf eine Kindertagesstätte zurückgreifen. (vgl. Schlanser, 2011, S. 140ff.). Die Studie zeigt somit deutlich, dass es in der Schweiz zwei Gruppen von Kindern gibt, die aufgrund ihrer Herkunft geringere Chancen auf die Teilnahme an einer familienergänzenden Betreuung haben. Da es sich dabei um Kinder aus Familien mit türkischem und südosteuropäischem Migrationshintergrund handelt, „deren Integration", so Schlanser (2011), „in die schweizerische Gesellschaft als schwierig gilt" (S. 141), sind diese Erkenntnisse von hoher Relevanz für die zukünftige Ausrichtung der Integrationspolitik im frühkindlichen Bereich.

## 5      Untersuchungen zur frühen Sprachförderung in der Schweiz

In der Schweiz verweisen zahlreiche Leistungsstudien (vgl. zusammenfassend Bildungsbericht, 2010) auf die Tatsache, dass sprachliche Kompetenzen für den Schulerfolg besonders relevant sind. Allerdings ist es bislang nicht gelungen, bei allen Schüler/innen bis zum Ende ihrer obligatorischen Schulzeit die entsprechenden Sprachkompetenzen zu fördern, wobei sprachliche Entwicklungsunterschiede bereits im Vorschulalter deutlich zum Ausdruck kommen. In der Schweiz wird es daher seit längerem als bildungspolitische Priorität verstanden, den Spracherwerb in der Erst-, Zweit- und Fremdsprache aller Schüler/innen früher und intensiver zu fördern (z.b. Schulte-Haller, 2009; Edelmann, 2010a; b).

Vor diesem Hintergrund wurde unter anderem das nationale Förderprogramm NFP 56 entwickelt, deren Studien sich aus verschiedenen interdisziplinären Perspektiven mit dem Spracherwerb befassten. Im Bereich der frühen Kindheit wurde von Moser, Bayer, Tunger & Berweger (2008) eine Untersuchung über Effekte der Erstsprachförderung auf die Kompetenzen in der deutschen Sprache (= Zweitsprache) bei Kindergartenkindern in der Stadt Zürich durchgeführt. Die Ergebnisse zeigen, dass sich die Förderung in der Erstsprache auf die allgemeinen kognitiven Grundfähigkeiten und das Fähigkeitsselbstkonzept positiv auswirkten, jedoch zu keinen besonderen Effekten auf die Entwicklung in der deutschen Sprache führten. Die Forscher/innengruppe kommt daher zum Schluss, dass die Förderung der deutschen Sprache (respektive lokalen Landessprache) weiterhin die prioritäre Massnahme sein sollte.

Eine Intensivierung der frühen sprachlichen Förderung wird auch mit den in den vergangenen Jahren vor allem in der Deutschschweiz entwickelten Spielgruppenprojekten angestrebt, die neben den herkömmlichen Spielmöglichkeiten eine gezielte Förderung in der deutschen Sprache anbieten. Diese Massnahme soll dazu beitragen, die schulischen Startchancen sowie die soziale Integration der teilnehmenden Kinder zu erhöhen. Inzwischen liegen Evaluationsergebnisse zu Projekten in Zürich und St.Gallen vor, die nachweisen, dass die teilnehmenden Kinder ihre sprachlichen Kompetenzen verbessern und die Akzeptanz dieser Angebote bei den Eltern grundsätzlich gut ist (vgl. Diez Gieser & Simoni, 2008; Vogt, Abt, Urecht, Zumwald & Ammann, 2010a). Für das Projekt „Mit ausreichenden Deutschkenntnissen in den Kindergarten", das in Basel gefördert wird und das neben einer Weiterbildung der beteiligten Spielgruppenleiterinnen auch ein Obligatorium vorsieht, welches diejenigen Eltern verpflichtet, ihre Kinder in eine Sprachspielgruppe anzumelden, die 18 Monate vor Schuleintritt nicht über entsprechende Deutschkompetenzen verfügen, werden laufende Begleituntersuchungen mit verschiedenen Schwerpunkten seitens der Universität Basel und der Fachhochschule Nordwestschweiz durchgeführt.

Vor dem Hintergrund, dass frühkindliche Förderprojekte nur dann gelingen können, wenn die Zusammenarbeit zwischen den Familien und den frühpädagogischen Fachkräften harmoniert, wurden mit dem Projekt CANDELA (= Chancenförderung durch angemessene Deutschkenntnisse), das vom Schweizerischen Nationalfonds gefördert wurde (Laufzeit 2009-2012), die Bedürfnisse, Erwartungen und Erfahrungen von Familien mit Migrationshintergrund, deren Kinder eine Sprachspielgruppe besuchen, sowie die beteiligten Spielgruppenleiterinnen untersucht (vgl. Edelmann, 2010b; Edelmann, Fehr, Moll, Schilter & Wetzel, 2013).

Neben der Tatsache, dass die teilnehmenden Kinder ihre sprachlichen Kompetenzen erweitern konnten und ihnen der Übertritt in den Kindergarten erfolgreich gelang, zeigte sich in den Untersuchungsergebnissen, dass es für die weitere Entwicklung dieses Angebots vor allem von Bedeutung sein wird, die Spielgruppenleiter/innen (noch) besser für die Aufgabe der Sprachförderung zu qualifizieren. Zudem wurde deutlich, dass es zukünftig von grosser Relevanz sein wird, die Eltern stärker in die Förderung der Erstsprache ihrer Kinder sowie in die allgemeine Förderung einzubeziehen. Weiterhin gilt es darauf zu achten, dass die Angebote in einer Weise konzipiert werden, dass sie für eine heterogene Gruppe von Eltern attraktiv sind, da sonst die Gefahr besteht, dass Sprachspielgruppen ausschliesslich von Kindern besucht werden, die Deutsch als Zweitsprache erwerben, was neben der Beeinträchtigung der Lernchancen im Umgang mit anderen Kindern auch die bildungspolitische Zielsetzung der Förderung von Integrationsprozessen verunmöglicht und letztlich sogar zu einer Stigmatisierung dieser Programme führen könnte (vgl. Edelmann et al., 2013).

Da es in der Schweiz aktuell ein Kennzeichen der frühkindlichen Sprachförderung ist, dass diese geprägt ist durch regionale und kantonale Massnahmen sowie Evaluationen, ist es an dieser Stelle nicht möglich, dem Anspruch einer vollständigen Aufzählung laufender Projekte gerecht zu werden. Fest steht hingegen, dass die Mehrheit der laufenden Studien in der Mitverantwortung von Pädagogischen Hochschulen liegt, wie die nachfolgende Aufzählung verdeutlicht.

Mit dem Projekt SPRIMA[3] (= Sprachförderung im Alltag von Spielgruppe, Kita und Kindergarten, Laufzeit 2012 bis 2013) wird eine Weiterbildung zur sprachlichen Förderung entwickelt, implementiert und evaluiert, die in den pädagogischen Alltag integriert stattfindet (Verantwortung: PH St.Gallen, PH Weingarten und Schweizer Hochschule für Logopädie). Mit dem Projekt ProSpik[4] (= Prozesse der Sprachförderung im Kindergarten, Laufzeit 2012 bis 2015) werden Angebot und Nutzen von anforderungsreichen (auch) sprachlich vermittelten Kognitionen mit Bezug auf den Erwerb der Bildungssprache analysiert (Verantwortung: PH FHNW). Mit Mehrsprachigkeit befasst sich die vergleichende ethnografische Längsschnittstudie MEMOS[5] (= Mehrsprachigkeit und Mobilität im Übergang vom Kindergarten in die Primarschule in der Schweiz; Laufzeit seit 2011; Verantwortung: PH FHNW) und auf der Grundlage des Projektes MEKI[6] (= Frühe sprachliche Förderung von mehrsprachigen Kindern ab 3 Jahren, Laufzeit 2012 bis 2014) werden evidenzbasierte Materialien für den Frühförderbereich entwickelt (Verantwortung: PH FHNW).

---

3   vgl. http://www.phsg.ch/web/forschung-entwicklung/institut-fuer-lehr-und-lernforschung/
    sprachfoerderung.aspx (Stand Oktober 2012)

4   vgl. http://www.fhnw.ch/ppt/content/prs/dieter-isler-6060151/projekte (Stand Oktober 2012)

5   vgl. http://www.fhnw.ch/ph/ip/forschung/memos-mehrsprachigkeit-und-mobilitaet-im-
    uebergang-vom-kindergarten-in-die-primarschule-in-der-schweiz (Stand Oktober 2012)

6   vgl. http://www.fhnw.ch/ppt/content/prj/T999-0264 (Stand Oktober 2012)

## 6 Studien zur kognitiven, sozialen und emotionalen Entwicklung von Kindern

Eine der ersten Schweizer Untersuchungen zu den Auswirkungen familienergänzender Betreuung auf den Schulerfolg wurde von Lanfranchi (2002) durchgeführt. Er wies nach, dass Kindern, die familienergänzend betreut wurden, der Übergang in die Schule erfolgreicher gelang als denjenigen, die keine solche Erfahrung machen konnten. In der Follow-up-Studie, die vom Schweizerischen Nationalfonds gefördert wurde (= SNF 39), erforschten Lanfranchi und Sempert (2009) mögliche Langzeiteffekte der familienergänzenden Betreuung. Die im Rahmen der ersten Studie festgestellten positiven Effekte auf die sprachlichen, kognitiven und sozialen Fähigkeiten von Kindern, die ausserfamiliär betreut wurden, konnten allerdings nicht mehr nachgewiesen werden. Dafür zeigte sich als alles überlagernder Einflussfaktor die Bildungserwartung der Eltern, die sich insbesondere auf die Zuweisungsentscheidungen beim Übergang von der Primar- in die Sekundarstufe auswirkte (vgl. ebd.)

Kurzfristige Auswirkungen frühkindlicher Bildungsprozesse auf die kognitive Entwicklung von Kindern untersuchte Burger (2012). Er analysierte die Einflüsse von soziokulturellen Hintergründen und Besuchen von Kindertagesstätten auf die Entwicklung von rund 1.600 Kinder, deren Kompetenzen nach Übertritt in die erste Primarschulklasse im Kanton Zürich in einer Studie von Moser, Stamm und Hollenweger (2005) erhoben wurden. Seine Auswertungen verdeutlichen, dass der Besuch einer Kindertagesstätte, unabhängig von Dauer und Intensität, keine Auswirkungen auf das kognitive Kompetenzniveau von Kindern zu Beginn der Primarschule zeigt. Aussagen über den Einfluss der Qualität des frühkindlichen Betreuungsangebotes konnten jedoch nicht gemacht werden, da diese nicht erhoben wurde. Als entscheidender und signifikanter Einflussfaktor bestätigt Burger (2012) erneut die Bedeutung des familialen Hintergrunds: Je privilegierter ein Kind aufwächst, desto höher ist sein kognitives Kompetenzniveau in der ersten Klasse der Primarstufe.

Im Rahmen der am Departement Erziehungswissenschaften der Universität Fribourg durchgeführten Längsschnittstudie FRANZ (= Früher an die Bildung – erfolgreicher in die Zukunft, 2010 bis 2012), werden Auswirkungen verschiedener Betreuungssettings auf die Entwicklung von Schweizer Vorschulkindern in allen Regionen der Deutschschweiz untersucht (N = 309 Familien mit Kindern im Alter von drei bis sechs Jahren). Die Ergebnisse lassen darauf schliessen, dass die familienexterne Kinderbetreuung kaum Auswirkungen auf intellektuelle sowie sozial-emotionale Fähigkeiten hat. Dieses Resultat ist jedoch unter dem Vorbehalt zu verstehen, dass sich in der untersuchten Stichprobe mehrheitlich Familien mit mittlerem und hohem Sozial- und Bildungsstatus befinden und die Qualität der Betreuungssettings nicht erhoben wurde. Es besteht die Vermutung, dass die untersuchten Kinder zu Hause ausreichend gefördert werden und die familienexterne Betreuung deshalb nur wenig Einfluss auf deren Entwicklung hat (vgl. Stamm, Brandenberg, Knoll, Negrini & Sabini 2012).

Das laufende Forschungsprojekt ZEPPELIN (= Zürcher Equity Präventionsprojekt Elternbeteiligung und Integration, Laufzeit von 2009 bis vorerst 2015) legt den Fokus auf Kinder, die in psychosozialen Risikosituationen aufwachsen. Untersucht wird, ob sich ihre Bildungschancen durch gezielte frühe Fördermassnahmen ab Geburt erhöhen und ob sich diese auch auf die elterlichen Erziehungskompetenzen auswirken. Die Studie ist longitudinal angelegt und umfasst eine Interventionsgruppe (= 132 Familien) sowie eine Kontrollgruppe (= 120 Familien). Die wissenschaftliche Untersuchung der Kinder und ihrer Familien erfolgt ab Geburt bis in die Sekundarstufe I (vgl. Lanfranchi, Neuhauser, Caflisch, Kubli & Steinegger, 2011; Neuhauser & Lanfranchi, 2010).

Ein weiteres Projekt, das sich auf die umfassende Förderung von benachteiligten Kindern konzentriert, ist das Projekt „primano", das von 2007 bis 2012 in der Stadt Bern mit dem Ziel durchgeführt wurde, die Bildungschancen der geförderten Kinder zu erhöhen (vgl. Stadt Bern, Direktion für Bildung, Soziales und Sport, 2011; Tschumper et al., 2012). Es setzte sich aus drei Teilprojekten zusammen: Erstens wurde das Hausbesuchsprogramm „schritt:weise" implementiert, das für Familien mit Kindern ab 18 Monaten konzipiert ist und Eltern dabei unterstützt, ihre Kinder spielerisch zu fördern. Zweitens wurden Fördermodule zu den Themen Motorik, Ernährung, Sprache und Sozialkompetenz in Kindertagesstätten, Spielgruppen sowie Mutter-Kind-Deutschkursen durchgeführt. Drittens wurden die Vernetzungen der frühkindlichen Förderangebote in den einzelnen Stadtteilen gefördert. Die wissenschaftliche Evaluation weist darauf hin, dass die Massnahmen wirksam sind, weshalb das Projekt weitergeführt wird und in weitere Gemeinden implementiert werden soll (vgl. Tschumper et al., 2012).

Weitere laufende Interventionsprojekte, die wissenschaftlich begleitet werden, fokussieren die Erhöhung der pädagogischen Professionalität der frühpädagogischen Fachkräfte mit der Intention, dass sich diese positiv auf die Förderung kognitiver, sozialer und/oder emotionaler Kompetenzen der Kinder auswirken wird. Exemplarisch kann hierzu das Projekt PRIMEL[7] (= Professionalisierung von Fachkräften im Elementarbereich, Laufzeit 2012 bis 2014) genannt werden, bei dem verschiedene Situationen im Kindergartenalltag videografiert und daraus Materialien für die Aus- und Weiterbildung des pädagogischen Fachpersonals entwickelt werden (Verantwortung: PH St.Gallen, PH Schaffhausen, PH Weingarten, Universität Koblenz-Landau, Goethe Universität Frankfurt und Leibniz Universität Hannover). Im Projekt SpiMaF[8] (= Spielintegrierte Mathematische Frühförderung, Laufzeit 2012 bis 2013; Verantwortung: PH St.Gallen, PH Weingarten, Universität Zürich) werden in je 10 Kindergärten in der Schweiz, Österreich und in Deutschland spielintegrierte Fördermöglichkeiten für Vorläuferfertigkeiten in Mathematik optimiert und die Erfahrungen damit evaluiert. Mit dem vom Schweizerischen Nationalfonds (= NFP 60) geförderten Projekt „Puppenstuben, Bauecken und

---

7   vgl. http://www.phsg.ch/web/forschung-entwicklung/institut-fuer-lehr-und-lernforschung/
    professionalisierung-im-elementarbereich.aspx (Stand: Oktober 2012)

8   vgl. http://www.phsg.ch/web/forschung-entwicklung/institut-fuer-lehr-und-lernforschung/
    spiel-mathematik.aspx (Stand Oktober 2012)

Waldtage: «(Un)doing» gender in Kinderkrippen[9]" (Laufzeit 2011 bis 2013) wird auf der Grundlage von Interviews und videobasierten Beobachtungen Grundlagenwissen für Gleichstellungsprozesse im Bereich der frühen Kindheit generiert (Verantwortung: PH St.Gallen und Universität St.Gallen).

Drei weitere laufende Forschungsprojekte zur Professionalisierung nennen sich „Spielumwelten für Kinder unter zwei Jahren", „Professionalität in der Elementarpädagogik" sowie „Eltern-Kind-Interaktionen im Kulturvergleich" (Laufzeit 2012 bis 2013). Das erste Projekt befasst sich mit spielerischer Sprachförderung bei Kleinkindern. Im zweiten Projekt werden verschiedene Ausbildungsgänge im Bereich der pädagogischen Diagnostik verglichen und das dritte Projekt hat zum Ziel, Schulungsmaterial zur Verbesserung der interkulturellen Kompetenzen von Elternbildnerinnen zu entwickeln (Verantwortung: Zentrum für Frühkindliche Bildung Fribourg[10]). In einem Projekt des Marie Meierhofer Instituts für das Kind, genannt „Bildungs- und Resilienzförderung im Frühbereich[11]" (Laufzeit 2009 bis 2012), geht es einerseits darum, pädagogischen Fachpersonen die Bedeutung frühkindlicher Bildung und ihre Rolle als Bildungsinstitution vor Augen zu führen. Andererseits sollen „belastete Kinder in ihrer psychisch gesunden Entwicklung präventiv" (Marie Meierhofer Institut für das Kind, 2009, S. 1) unterstützt werden. Erreicht werden sollen diese Ziele durch die Einführung des Beobachtungsverfahrens ‚Bildungs- und Lerngeschichten' in Kindertagesstätten (vgl. Spirig-Mohr, 2011).

## 7    Studien zur Grund- und Basisstufe

Im Zusammenhang mit bildungspolitischen Diskussionen um die Einführung der Grund- oder Basisstufe wurden in der Schweiz einige Untersuchungen durchgeführt. Diese Schuleingangsmodelle, welche zwei Kindergartenjahre und das erste Jahr der Primarschule (= Grundstufe) respektive die ersten zwei Jahre der Primarschule (= Basisstufe) verbinden und von Kindern im Alter zwischen vier bis acht Jahren besucht werden, wurden im Rahmen des Pilotprojektes „EDK-Ost 4bis8" von 2003 bis 2010 in verschiedenen Schweizer Kantonen (AG, BE, FR, GL, NW, LU, TG, SG und ZH) sowie im Fürstentum Liechtenstein erprobt. Das Ziel der Umgestaltung der Schuleingangsphase besteht darin, den Übergang zwischen Kindergarten und Primarstufe flexibler zu gestalten, so dass Kinder die Eingangsstufe ihrer Entwicklung entsprechend schneller oder langsamer durchlaufen können (vgl. EDK-Ost, 2010).

Die summative Evaluation von Moser und Bayer (2010) verdeutlicht, dass sich die kognitive Entwicklung von Kindern, die eine Grund- oder Basisstufe besuchten am Ende der zweiten Klasse nicht von derjenigen unterscheidet, die das traditionelle Modell von zwei

---

9   vgl. http://www.nfp60.ch/D/projekte/bildung_karriere/gender_kinderkrippen/Seiten/default.
    aspx (Stand Oktober 2012)

10  vgl. http://www.unifr.ch/pedg/zeff/de/home.php (Stand November 2012)

11  vgl. http://www.mmizuerich.ch/bildungsprojekt.html (Stand Oktober 2012)

Jahren Kindergarten und zwei Jahren Primarschule absolvierten. Ebenso konnten in Bezug auf die sozial-emotionalen Fähigkeiten, das Wohlbefinden, die Akzeptanz durch die Mitschüler/innen und das Selbstvertrauen nur geringe Unterschiede festgestellt werden.

Des Weiteren weisen die Ergebnisse der summativen Evaluation darauf hin, dass die unterschiedlichen Fähigkeiten der Kinder in Bezug auf Buchstabenkenntnisse, Zahlenkenntnisse und den Wortschatz beim Eintritt in den Kindergarten oder in die Grund- und Basisstufe in erster Linie durch die Erstsprache und die soziale Herkunft der Kinder zu erklären sind. Kinder mit Deutsch als Zweitsprache oder aus sozioökonomisch benachteiligten Verhältnissen konnten sprachliche und mathematische Entwicklungsrückstände bis zum Ende der dritten Klasse nicht aufholen (Moser & Bayer, 2010). Insgesamt gelingt es keinem der drei Modelle (Grundstufe, Basisstufe, Kindergarten/Primarschule), die Ungleichheit der Startbedingungen zu verringern.

Die formative Evaluation des Projekts (vgl. Vogt, Zumwald, Urech & Abt, 2010b) erfolgte anhand von Fragebögen, videobasierten Unterrichtsbeobachtungen sowie Team- und Gruppeninterviews. Das Erkenntnisinteresse lag auf dem Prozess der Einführung der Grund- und Basisstufe, den Rahmenbedingungen sowie den methodisch-didaktischen Prinzipien, die für eine erfolgreiche Umsetzung erforderlich sind (vgl. ebd., S. 102). Auch in dieser Studie wurden die neuen Schuleingangsmodelle mit dem herkömmlichen Modell verglichen. Die Ergebnisse weisen darauf hin, dass die Einführung der Grund- und Basisstufe grundsätzlich gelungen ist, da sowohl die beteiligten Lehrkräfte als auch die Eltern die Grund- und Basisstufe positiv einschätzten.

Aufgrund der formativen Evaluation wurde allerdings deutlich, dass die pädagogische Nutzung der altersgemischten Lerngruppen, die erfolgreiche Förderung von Kindern aus sozial benachteiligten Familien oder von Kindern mit Migrationshintergrund sowie der flexible Übergang in die Primarstufe noch nicht im gewünschten Ausmass gelingen (vgl. Vogt, Zumwald, Urech, Abt, Bischoff, Buccheri & Lehner, 2008). Zudem durchliefen 80 % der Kinder die Grund- und Basisstufe in der vorgesehenen Zeit. Die übrigen 20 % der Kinder, die von der Flexibilität des Übergangs in die Primarstufe Gebrauch machten, nutzten dies vor allem dazu, erst später in die Schule überzutreten. Die Gründe dafür, dass in den neuen Eingangsstufen die frühere Einschulung unter den Erwartungen blieb, werden unter anderem dem Umstand zugeschrieben, dass Lehrpersonen „das Vertrauen und die Erfahrungen mit flexiblen Übertrittsprozessen fehlten" (Grossenbacher, 2008, S. 9).

Auch Neuenschwander, Röthlisberger, Michel und Roebers (2011) untersuchten die Auswirkungen der Basisstufe auf die kindliche Entwicklung. Dazu fokussierten sie ausgewählte Bereiche der Schulfähigkeit und verglichen diese zwischen Basisstufen- und Kindergartenkindern in zwei Schweizer Kantonen. Die Ergebnisse zeigen, dass sechsjährige Basisstufenkinder im Allgemeinen signifikant bessere schreibnahe Fertigkeiten und Buchstabenkenntnisse aufweisen. Weiterhin wurden in den Untersuchungsergebnissen deutliche Entwicklungsvorsprünge von Basisstufenkindern in zwei Bereichen der ‚Exekutiven Funktionen' ersichtlich. Die Ergebnisse lassen allerdings auf leicht tiefere Werte in Bezug auf das Selbstkonzept und die sozial-emotionale Anpassung von Basisstufenkindern schliessen. Da diese Ergebnisse auf einer Querschnittsanalyse beruhen, kann nicht von einem kausalen Zusammenhang zwischen dem Besuch einer Basisstufe und den besseren Leistungen der Basisstufenkinder ausgegangen werden (ebd.).

## 8    Ausblick

Der Einblick in den Stand der frühkindlichen Bildungsforschung in der Schweiz verdeutlicht, dass dieser Bereich noch längst nicht ausreichend erforscht ist. Vor diesem Hintergrund und auf der Erkenntnisbasis bestehender Studien können für die frühkindliche Bildungsforschung in der Schweiz insbesondere drei Themenbereiche für zukünftige Forschungsschwerpunkte abgeleitet werden.

Da es erstens auffällig ist, dass aktuell viele kleinere Projekte auf regionaler, bestenfalls kantonaler Ebene durchgeführt werden, ist es für die zukünftige Weiterentwicklung der frühkindlichen Bildungsforschung als wichtig zu erachten, die Erkenntnisse dieser Einzelprojekte im Sinne von Metastudien zu bündeln. Ausgehend von dieser Erkenntnisgrundlage gilt es dann anzustreben, umfassendere longitudinale Studien sowie Untersuchungen mit Kontrollgruppendesign zu lancieren, die sich wenn möglich über alle Sprachregionen der Schweiz erstrecken.

Zweitens kommt in fast allen Studien zum Ausdruck, dass sich der familiale Hintergrund entscheidend auf die kindliche Entwicklung auswirkt. Mit Blick auf Bourdieus Kapitaltheorie (1983) wird damit deutlich, dass der Bildungsweg von Kindern umso erfolgreicher verläuft, je besser die Lernvoraussetzungen in der Familie sind und inwiefern sich die dort vorhandenen ökonomischen, sozialen und kulturellen Kapitalien als Ressourcen für den Bildungserfolg erweisen. Wie in diesem Beitrag deutlich wird, gibt es in der Schweiz bislang noch zu wenig Studien, die sich umfassend damit beschäftigen, welche bildungsbezogenen Anregungs- und Unterstützungsprozesse das Familienleben prägen und wie sich diese auf den späteren Bildungserfolg von Kindern auswirken. Ausgehend von einer solchen empirischen Grundlage könnten effektive Massnahmen zur familialen Förderung entwickelt und damit familiale Benachteiligungen zumindest abgefedert werden.

Drittens gilt es als empirisch gesichert, dass vorschulische Bildungsbemühungen vor allem dann wirksam werden, wenn die Angebotsqualität überdurchschnittlich hoch und das Personal – zumindest die Leitung – sehr gut qualifiziert ist. Das erwähnte, sich in Planung befindende gesamtschweizerische Qualitätslabel von KiTaS und der Jacobs Foundation ist diesbezüglich sicher ein wertvoller Schritt (vgl. Kap. 3). Die Überprüfung der Implementierung und die Sicherstellung ihrer Wirksamkeit bedingt allerdings eine umfassende wissenschaftliche Begleitung.

Darüber hinaus wird auch ein Ausbau der Angebote notwendig sein, da bislang deutlich mehr Kinder aus privilegierten Verhältnissen von einer familienergänzenden Betreuung profitieren und damit die Zielsetzung, dass frühkindliche Förderung zum Abbau sozialer Disparitäten beitragen soll, nicht erreicht werden kann. Es wird davon ausgegangen, dass dies unter anderem damit zusammenhängt, dass sozial benachteiligte Eltern weniger Chancen haben, für ihr Kind einen qualitativ guten Betreuungsplatz zu finden respektive zu finanzieren. Über die Annahme von Angebots- und Nachfragemechanismen (vgl. Lanfranchi, 2010; Schlanser, 2011) hinaus gilt es sicher auch zu untersuchen, inwiefern sich sozial benachteiligte Familien von den bestehenden Angeboten überhaupt angesprochen fühlen und inwiefern es frühkindlichen Förderangeboten gelingt, der soziokulturellen Diversität tatsächlich gerecht zu werden (vgl. Prengel, 2010).

Die Realisierung dieser Forschungsdesiderate kann allerding nur gelingen, wenn seitens der Bildungspolitik ein klares Interesse zum Ausdruck gebracht und die entsprechende Unterstützung sichergestellt wird. Nur dann kann mit frühkindlicher Bildungsforschung (vgl. Edelmann, Schmidt & Tippelt, 2012) dazu beitragen werden, tatsächliche Zusammenhänge zu erkennen und ideologische Verschleierungen zu durchschauen und damit zu rationalen Begründungen bildungspraktischer und -politischer Entscheidungen im frühkindlichen Bildungsbereich beizutragen.

## 9    Literatur

Bildungsbericht Schweiz (2010). *Schweizerische Koordinationsstelle für Bildungsforschung*. Aarau.
Bourdieu, P. (1983). Ökonomisches Kapital – kulturelles Kapital – soziales Kapital. In: ders.: *Die verborgenen Mechanismen der Macht* (S. 49–75). Hamburg: VSA.
Bundesamt für Statistik (2010a). Familienergänzende Kinderbetreuung. Download am 06.05.2012 von http://www.bfs.admin.ch/bfs/portal/de/index/themen/20/05/blank/key/Vereinbarkeit/05.html
Bundesamt für Statistik (2010b). Anteil Haushalte mit familienergänzender Kinderbetreuung nach Haushaltstyp und Alter des jüngsten Kindes. Download am 13.04.2012 von http://www. bfs.admin.ch/bfs/portal/de/index/themen/20/05/blank/key/Vereinbarkeit/05.html
Bundesamt für Statistik (2010c). Anzahl Kinderkrippen und Kinderhorte nach Kantonen und pro 1000 Kinder unter 7 Jahren. Download am 13.04.2012 von http://www.bfs.admin.ch/bfs/portal/ de/index/themen/05/blank/key/Vereinbarkeit/06.html
Burger, K. (2012). A quasi-experimental study into the relations between families' social and cultural background and children's crèche experience and global cognitive competence in primary school. *Early Child Development and Care*, iFirst Article 1-32. DOI: 10.1080/03004430.2011.590938
Diez Grieser, M.T. & Simoni, H. (2012). Kurzbericht zur Basisevaluation des Programms schritt:weise in der Deutschschweiz. Download am 06.04.2012 von http://www.a-primo.ch/cms/ fileadmin/user_upload/files/aktuelles/Kurzbericht_Basisevaluation_2012.pdf
Edelmann, D. (2010a). Frühe Förderung von Kindern aus Familien mit Migrationshintergrund – von Betreuung und Erziehung hin zu Bildung und Integration. In M. Stamm & D. Edelmann (Hrsg.), *Frühkindliche Bildung, Betreuung und Erziehung. Was kann die Schweiz lernen?* (S. 199– 221). Zürich: Rüegger.
Edelmann, D. (2010b). CANDELA – Chancenförderung und Integration durch Deutschkurse im Elementarbereich. *Vierteljahresschrift für Heilpädagogik und ihre Nachbargebiete 79*(1), 78–80.
Edelmann, D., Schmidt, J. & Tippelt, R. (2012). *Einführung in die Bildungsforschung*. Stuttgart: Kohlhammer.
Edelmann, D., Fehr, J., Moll, R., Schilter, M. & Wetzel, M. (2013). Chancengerechtigkeit und Integration durch frühkindliche Bildung? Erkenntnisse für die Professionalisierung des pädagogischen Personals auf der Grundlage einer empirischen Längsschnittstudie. In B. Grubenmann & M. Schöne (Hrsg.), *Frühe Kindheit im Fokus. Entwicklungen und Herausforderungen (sozial-) pädagogischer Professionalisierung* (S. 109-190). Berlin: Timme.

EDK-Ost (Hrsg.). (2010). *Projektschlussbericht 2010 : Erziehung und Bildung in Kindergarten und Unterstufe im Rahmen der EDK-Ost und Partnerkantone (Projekt EDK-Ost 4bis8)*. Schulverlag plus.

Egger, S. (2011). *Woher kommt unser Nachwuchs? Bildungsstrukturen, Bildungsdisparitäten und die schweizerische „Bildungslücke"*. Bern: Schweizerischer Wissenschafts- und Technologierat SWTR.

Eidgenössische Koordinationskommission für Familienfragen [EKFF] (2008). *Familien- und schulergänzende Kinderbetreuung.: Eine Bestandesaufnahme der Eidgenössischen Koordinationskommission für Familienfragen* Bern: EKFF.

Fritschi, T., Stutz, H. & Strub, S. (2007). *Volkswirtschaftlicher Nutzen von Kindertageseinrichtungen in der Region Bern*. Bern: Verein Region Bern.

Grossenbacher, S. (2008). *Das Projekt «EDK-Ost 4bis8» im nationalen und internationalen Kontext.* Aarau: Schweizerische Koordinationsstelle für Bildungsforschung.

Grubenmann, B. (2012). Was passiert wirklich im Krippenalltag? Beobachtung als Methodik in der Krippenforschung. In S. Viernickel, D. Edelmann, H. Hoffmann & A. König (Hrsg.), *Krippenforschung. Methoden, Konzepte, Beispiele* (S. 110–118). München: Ernst Reinhardt.

Hafen, M. (2012). *‚Better Together' – Prävention durch Frühe Förderung. Präventionstheoretische Verortung der Förderung von Kindern zwischen 0 und 4 Jahren*. Luzern: Hochschule Luzern-Soziale Arbeit.

Heckman, J.J. & Masterov, D.V. (2007). The productivity argument for investing in young children. Download am 04.05.2012 von http://jenni.uchicago.edu/humaninequality/papers/Heckman_final_all_wp_2007-03-22c_jsb.pdf

Heckman, J.J. (2011). Effective Child Development Strategies. In E. Zigler, W.S. Gilliam & W.S. Barnett (eds.), *The Pre-K Debates. Current Controversies & Issues* (pp. 2–9). Baltimore: Paul H. Brookes Publishing.

Jacobs Foundation. (2012). Medienmitteilung: Erstmals Qualitätslabel für Schweizer Kitas. Download am 12.04.2012 von http://www.jacobsfoundation.org/cms/fileadmin/jacobs/news/2012-01-11_Qualitatslabel_Medienmitteilung_final_DT.pdf

Lanfranchi, A. & Sempert, W. (2009). *Familienergänzende Kinderbetreuung und Schulerfolg. Eine Follow-up-Studie zur Bedeutung transitorischer Räume bei Kindern aus bildungsbenachteiligten Familien*. Bad Heilbrunn: Klinkhardt.

Lanfranchi, A. (2002). *Schulerfolg von Migrationskindern. Die Bedeutung familienergänzender Betreuung im Vorschulalter*. Opladen: Leske + Budrich.

Lanfranchi, A. (2010). Familienergänzende Betreuung. In M. Stamm & D. Edelmann (Hrsg.), *Frühkindliche Bildung, Betreuung und Erziehung: Was kann die Schweiz lernen?* (S. 97–121). Bern: Haupt.

Lanfranchi, A., Neuhauser, A., Caflisch, J., Kubli, B. & Steinegger, B. (2011). *Förderung ab Geburt – Machbarkeitsstudie ZEPPELIN/M (2009-2011)*. Schlussbericht vom 22. Dez. 2011. Zürich: Hochschule für Heilpädagogik und Amt für Jugend und Berufsberatung, unveröff. Typoskript. Download am 06.04.2012 von http://www.zeppelin-hfh.ch/webautor-data/29/10_ZEPM_SB-abstr.pdf

Menegale, S. & Stern, S. (2010). *Familienergänzende Kinderbetreuung im Frühbereich, Stand in den Kantonen. Auswertung der Daten der Informationsplattform ‚Vereinbarkeit Beruf und Familie': Massnahmen der Kantone und Gemeinden des SECO und des BSV*. Schlussbericht. Zürich: INFRAS.

Moser, U. & Bayer, N. (2010). Grund- und Basisstufe: Umsetzung, Unterrichtsentwicklung und Akzeptanz bei Eltern und Lehrpersonen. Zusammenfassung der formativen Evaluation. In EDK-Ost (Hrsg.), *Projektschlussbericht 2010 : Erziehung und Bildung in Kindergarten und Unterstufe im Rahmen der EDK-Ost und Partnerkantone* (S. 92–101). Zürich: Schulverlag plus.

Moser, U., Bayer, N., Tunger, V. & Berweger, S. (2008). *Entwicklung der Sprachkompetenzen in der Erst- und Zweitsprache von Migrantenkindern.* Schlussbericht NFP 56. Zürich: Institut für Bildungsevaluation. Assoziiertes Institut der Universität Zürich.

Moser, U., Stamm, M. & Hollenweger, J. (2005). *Für die Schule bereit? Lesen, Wortschatz, Mathematik und soziale Kompetenzen beim Schuleintritt.* Oberentfelden: Sauerländer.

Nay, E., Grubenmann, B. & Lacher Klee, S. (2008). *Kleinstkindbetreuung in Kindertagesstätten.* Bern: Haupt.

Neuenschwander, R., Röthlisberger, M., Michel, E. & Roebers C.M. (2011). Unterschiede in ausgewählten Bereichen der Schulfähigkeit: ein Vergleich von Kindergarten und einem neuen Schuleingangsmodell in der Schweiz. *Psychologie in Erziehung und Unterricht 58,* 30–40.

Neuhauser, A. & Lanfranchi, A. (2010). Frühe Förderung ab Geburt: ZEPPELIN. *Schweizerische Zeitschrift für Heilpädagogik 16*(4), 16–20.

OECD (2006). *Starting Strong II. Early childhood education and care.* Paris: OECD.

OECD (2012). *Integration von Zuwanderern: OECD-Indikatoren 2012.* Paris. OECD:

Pierrehumbert, B., Ramstein, T., Karmaniola, A., Miljkovitch, R. & Halfon, O. (2002). Quality of child care in the preschool years: A comparison of the influence of home care and day care characteristics on child outcome. *International Journal of Behavioral Development 26,* 385–396.

Prengel, A. (2010). *Inklusion in der Frühpädagogik. Bildungstheoretische, empirische und pädagogische Grundlagen.* WiFF-Expertise. München: DJI.

Schlanser, R. (2011). Wer nutzt in der Schweiz Kinderkrippen? *Soziale Sicherheit* (3), 139–143.

Schulte-Haller, M. (2009). *Frühe Förderung. Forschung, Praxis und Politik im Bereich der Frühförderung: Bestandesaufnahme und Handlungsfelder.* Bern: Eidgenössische Kommission für Migrationsfragen EKM.

Schweizerischer Wissenschafts- und Technologierat (2011). *Empfehlungen des SWTR zur Förderung von Bildung, Forschung und Innovation. Beitrag zur Ausarbeitung der BFI-Botschaft für die Periode 2013 – 2016.* Bern: Schweizerischer Wissenschafts- und Technologierat SWTR.

Spirig-Mohr, E. (2011). Gute Kindertagesstätten für Kinder mit Migrationshintergrund. *vpodbildungspolitik 171,* 26–30.

Stadt Bern, Direktion für Bildung, Soziales und Sport (2011). Pilotprojekt Primano. Zwischenbericht zur Frühförderung in der Stadt Bern. Ergebnisse und Erfahrungen 2007-2010. Download am 24.03.2012 von http://www.primano.ch/fileadmin/user_upload/PDF/BSS_GSD_Zwischenbericht_Primano_NEU_web.pdf

Stamm, M. & Edelmann, D. (Hrsg.). (2010). *Frühkindliche Bildung, Betreuung und Erziehung. Was kann die Schweiz lernen?* Zürich/Chur: Rüegger.

Stamm, M. (2010). *Frühkindliche Bildung, Betreuung und Erziehung.* Bern: Haupt.

Stamm, M. (2012). *Qualität und Frühkindliche Bildung. Grundlagen und Perspektiven für die Qualitätsentwicklung von vorschulischen Angeboten. Dossier 12/3.* Fribourg: Departement Erziehungswissenschaften der Universität Fribourg.

Stamm, M., Burger, K., Brandenberg, K., Edelmann, D., Holzinger-Neulinger, M., Mayr, K. et al. (2011). *Integrationsförderung im Frühbereich: Was frühkindliche Bildung, Betreuung und Erziehung (FBBE) benötigt, damit sie dem Anspruch an Integration gerecht werden kann.* Fribourg: Departement Erziehungswissenschaften der Universität Fribourg.

Stamm, M., Brandenberg, K., Knoll, A., Negrini, L. & Sabini, S. (2012). *FRANZ. Frühe an die Bildung – erfolgreicher in die Zukunft. Familiäre Aufwachsbedingungen, familienergänzende Betreuung und kindliche Entwicklung. Schlussbericht.* Universität Fribourg: Departement Erziehungswissenschaften.

Stamm, M., Reinwand, V., Burger, K., Schmid K., Viehhauser, M. & Muhheim, V. (2009). *Frühkindliche Bildung in der Schweiz. Eine Grundlagenstudie im Auftrag der Schweizer UNESCO-Kommission,* Departement für Erziehungswissenschaften. Download am 15.04.2012 von http://perso.unifr.ch/margrit.stamm/forschung/fo_downloads/fo_dl_publ/Grundlagenstudie_FBBE_090220.pdf

Stern, S., Banfi, S. & Tassinari, S. (2006). *Krippen und Tagesfamilien in der Schweiz. Aktuelle und zukünftige Nachfragepotentiale.* Bern: Haupt.

Tschumper, A., Gantenbein, B, Alsaker, F.D., Baumann, M., Scholer, M. & Jakob, R. (2012). *Schlussbericht primano – Frühförderung in der Stadt Bern: Erkenntnisse aus Wissenschaft und Praxis zum Pilotprojekt 2007-2012.* Bern: Direktion für Bildung Soziales und Sport der Stadt Bern.

Vogt, F., Zumwald, B., Urech, C., Abt, N., Bischoff, S., Buccheri, G. & Lehner, M. (2008). *Zwischenbericht: Formative Evaluation Grund- und Basisstufe.* St. Gallen: Pädagogische Hochschule, Kompetenzzentrum, Forschung, Entwicklung und Beratung.

Vogt, F., Abt, N., Urech, C., Zumwald, B. & Amann, K. (2010a). *Bericht zur formativen Evaluation des Projekts SpiKi. Evaluation im Auftrag der Stadt St. Gallen.* St. Gallen: Institut für Lehr- und Lernforschung der Pädagogischen Hochschule St. Gallen.

Vogt, F., Zumwald, B., Urech, C. & Abt, N. (2010b). Grund- und Basisstufe: Umsetzung, Unterrichtsentwicklung und Akzeptanz bei Eltern und Lehrpersonen. Zusammenfassung der formativen Evaluation. In EDK-Ost (Hrsg.), *Projektschlussbericht 2010: Erziehung und Bildung in Kindergarten und Unterstufe im Rahmen der EDK-Ost und Partnerkantone* (S. 102–113). Zürich: Schulverlag plus.

# Frühkindliche Bildungsforschung in Deutschland

Yvonne Anders und Hans Günther Roßbach

Noch vor wenigen Jahren war die frühkindliche Bildungsforschung in Deutschland im Vergleich zur schulischen Bildungsforschung stark unterrepräsentiert. Die Resultate der international vergleichenden Schulleistungsstudien, insbesondere PISA 2000 (Baumert et al., 2001), haben allerdings auch in Deutschland zu einem größeren Interesse für die Potenziale der institutionellen Erziehung, Bildung und Betreuung von Kindern ab der Geburt bis zum Beginn der Pflichtschule geführt. Vorschulische Einrichtungen sollen hierbei nicht nur einen Beitrag zur besseren Vereinbarkeit von Familie und Beruf leisten. In den letzten Jahren sind vor allem auch die Erwartungen in Bezug auf die Förderung schulischer Vorläuferkompetenzen (z.B. in den Bereichen Sprache, Mathematik, Naturwissenschaften) gestiegen, sowohl für alle Kinder als auch in besonderem Maße in Bezug auf den Ausgleich der Benachteiligungen von Kindern aus sozial schwachen oder bildungsfernen Familien. Diese Erwartungen haben sich schließlich auch in der Entwicklung von Bildungsplänen für den vorschulischen Bildungsbereich niedergeschlagen (Diskowski, 2008). Hiermit einhergehend war und ist eine verstärkte Forschungstätigkeit festzustellen, so dass sich die Forschungsperspektiven im Elementarbereich erheblich verbreitert haben und sich größere Forschungsstrukturen herausgebildet haben. In diesem Beitrag wird zunächst ein kurzer Einblick in die Entstehungsgeschichte frühpädagogischer Bildungsforschung und die heutige Infrastruktur gegeben. Im Anschluss werden vier Forschungsstränge der frühkindlichen Bildungsforschung vorgestellt, Ergebnisse diskutiert, und es wird ein Ausblick auf zukünftige Herausforderungen des Forschungsfeldes gegeben.

Eine Darstellung bedeutender Forschungsrichtungen muss – bedingt durch die Breite des Forschungsfeldes – eine thematische Auswahl treffen. Schließlich findet frühkindliche Bildung in der Familie, in Institutionen, aber auch in weiteren formellen und infor-

mellen Kontexten statt. Darüber hinaus ist frühkindliche Bildungsforschung interdisziplinär angelegt, wobei in Deutschland zunächst vor allem Pädagogen und Psychologen
vertreten waren. In letzter Zeit haben aber auch Ökonomen, Soziologen und Fachdidak-
tiker dieses Feld mehr und mehr für ihre Disziplinen erschlossen. Die Auswahl der vier
Forschungsstränge ist geprägt durch die subjektiv wahrgenommene Bedeutsamkeit aus
der Perspektive der Autoren und erhebt keinen Anspruch auf Vollständigkeit.

# 1    Entstehungsgeschichte frühkindlicher Bildungsforschung und heutige Infrastruktur

Die frühkindliche Bildungsforschung ist als Disziplin in Deutschland als vergleichsweise
jung zu bezeichnen. Sie wurde zunächst stark von Forschungsaktivitäten in den USA
der 1960er Jahren beeinflusst. Ausgehend vom Sputnik-Schock 1957 und von der nach
dem Zweiten Weltkrieg weit verbreiteten Armut in den USA wuchs das politische Interesse für Maßnahmen, die in Bezug auf die Benachteiligungen von sozial schwachen
Kindern kompensatorisch wirken sollten. Verstärkt wurde das Interesse durch die Zunahme der mütterlichen Erwerbstätigkeit und die Bürgerrechtsbewegung. Mit einigen
Jahren Verzögerung erreichte diese Entwicklung (West-)Deutschland. Auch hier wurden Forschungsaktivitäten durch die Hoffnung gelenkt, mittels kompensatorischer Erziehung Entwicklungsdefizite von sozial benachteiligten Kindern noch vor Schulbeginn
ausgleichen zu können. Entsprechend waren in der frühkindlichen Bildungsforschung
Schulfähigkeitsstudien und Studien zur Entwicklung und Evaluation frühpädagogischer
Förderprogramme und Curricula vorherrschend (vgl. Schmidt, Roßbach & Sechtig,
2010). Diese Studien wurden schnell ins Leben gerufen und umgesetzt, zum Teil unter
Inkaufnahme von erheblichen methodischen Mängeln. In der zweiten Hälfte der 1970er
Jahre wurden die öffentlich geförderten Forschungsprojekte im Bereich der frühkindlichen Bildungsforschung abgebaut. Die damals geschaffene Infrastruktur war noch nicht
stark genug, um die wissenschaftliche Arbeit trotz sinkender öffentlicher Investitionen
aufrechtzuerhalten. Geringes politisches Interesse für frühkindliche Bildungsforschung
und eingeschränkte Forschungsaktivitäten waren schließlich für Deutschland viele
Jahre lang ebenso charakteristisch wie eine Vernachlässigung der Förderung akademischer Fähigkeiten im Kindergarten.

Dieser Zustand wurde erst durch die Folgen der Veröffentlichung der international
vergleichenden Schulleistungsstudien PISA beendet. Seitdem hat sich nicht nur eine rege
Forschungstätigkeit entwickelt, es haben sich auch größere Forschungsstrukturen herausgebildet. Als Beispiele lassen sich an dieser Stelle der Forschungsverbund Frühkindliche
Bildung und Erziehung in Niedersachsen (nifbe), das Center for Individual Development
and Adaptive Education of Children at Risk – IDeA – am Deutschen Institut für Internationale Pädagogische Forschung (DIPF) in Kooperation mit der Goethe-Universität und
dem Sigmund-Freud-Institut (SFI) in Frankfurt sowie die DFG-Forschergruppe ‚BiKS
– Bildungsprozesse, Kompetenzerwerb und Formation von Selektionsentscheidungen

im Vor- und Grundschulalter' an der Universität Bamberg nennen. Am Standort Bamberg ist auch das nationale Bildungspanel (NEPS) angesiedelt. Das Projekt untersucht Bildungsprozesse und Kompetenzentwicklung in Deutschland, beginnend von früher Kindheit bis ins hohe Erwachsenenalter. Für die frühkindliche Bildungsforschung in besonderem Maße relevant sind die Etappe 1 ‚Neugeborene und Eintritt in frühkindliche Betreuungseinrichtungen' sowie die Etappe 2 ‚Kindergarten und Einschulung'.

## 2    Empirische Befunde zur Nutzung frühkindlicher institutioneller Bildung

Die Frage der Nutzung frühkindlicher Einrichtungen ist eng mit der Frage der Entwicklung sozialer Disparitäten verbunden. Die soziale Lage einer Familie wird ganz entscheidend durch die Erwerbstätigkeit der Eltern beeinflusst, und die Möglichkeit mütterlicher Erwerbstätigkeit hängt in den ersten Lebensjahren von der Verfügbarkeit von außerfamilialen Betreuungsmöglichkeiten ab.

Für die Gruppe der Kinder von 3 bis 6 Jahren besteht bundesweit ein Rechtsanspruch auf einen Platz in einem Kindergarten oder einer Kindertagesstätte. Insgesamt lässt sich eine hohe Inanspruchnahme einer Betreuung für diese Altersgruppe feststellen, im Jahr 2010 lag sie im Bundesdurchschnitt bei insgesamt 93 % (Bock-Famulla & Lange, 2011). In der Gruppe, die keinen Kindergartenplatz in Anspruch nehmen oder ihre Kinder erst spät in Betreuung geben, sind Kinder mit Migrationshintergrund (Böttcher, Krieger & Kolvenbach, 2010) ebenso überrepräsentiert wie Kinder von Eltern, die ein geringeres Bildungsniveau aufweisen (z.B. Becker, 2009; Büchel & Spieß, 2002; Kreyenfeld, 2007). Für Kinder unter 3 Jahren hat das im Jahr 2008 in Kraft getretene Kinderförderungsgesetz (KiFög) zu einem starken Wandel des Angebots geführt. Ab dem Jahr 2013 wird ein Rechtsanspruch auf einen Betreuungsplatz in Kindertageseinrichtungen oder Kindertagespflege für alle Kinder ab dem vollendeten ersten Lebensjahr gelten. Bis zum Jahr 2013 soll für jedes dritte Kind unter drei Jahren ein Platz zur Verfügung stehen. Im Jahr 2010 befanden sich 23 % der Kinder unter 3 Jahren in Kindertagesbetreuung (19,5 % in Einrichtungen und 3,5 % in Tagespflege). Historisch bedingt gibt es große regionale Unterschiede zwischen Ost und West, so dass die Betreuungsquoten für diese Altersgruppe auf Länderebene zwischen 14,0 % (Nordrhein-Westfalen) und 56,0 % (Sachsen-Anhalt) variieren. Darüber hinaus sind folgende Merkmale positiv mit einer Inanspruchnahme von Kinderbetreuung in den ersten drei Lebensjahren assoziiert: hoher Bildungsstand der Mutter, hohe wöchentliche Arbeitszeit der Mutter, alleinerziehend, kein Migrationshintergrund sowie hohes Einkommen (Schmidt, Roßbach & Sechtig, 2010).

Eine weitere Forschungsfrage bezieht sich auf einen möglicherweise selektiven Zugang zu Angeboten hoher Qualität. Es gibt mittlerweile belastbare empirische Evidenz dahingehend, dass die Qualität einer Einrichtung darüber entscheidet, ob der Besuch mittel- und langfristig positive Auswirkungen auf die kindliche Entwicklung hat (vgl. Roßbach, Kuger & Kluczniok, 2008). Daher sollten alle Kinder gleichermaßen – unabhängig von

ihrer kulturellen oder sozialen Herkunft – Zugang zu qualitativ hochwertiger Betreuung haben. Während diese Frage in den USA breit untersucht und diskutiert wurde (vgl.
z.B. Lamb & Ahnert, 2006), gibt es in Deutschland bislang nur einige wenige empirische
Studien zu dieser Thematik. Auf der einen Seite führt die Segregation der Wohngebiete
zu einer Kumulation von Kindern mit sozial ungünstigeren Hintergrundmerkmalen in
einzelnen Einrichtungen (Friedrichs & Triemer, 2008), und ein hoher Anteil an Kindern
mit Migrationshintergrund in den Gruppen geht mit tendenziell schlechterer Prozessqualität einher (Kuger & Kluczniok, 2008). Als Begründung für diesen Zusammenhang
wird bisweilen angeführt, dass erschwerte Umstände in solchen Einrichtungen auch die
Schaffung eines anregenden Umfelds beeinträchtigen können. Resultate aus England
zeigen hingegen, dass bei entsprechender Qualifikation der Fachkräfte in Einrichtungen
mit einem multikulturellen und diversen Klientel auch höhere Qualität realisiert werden
kann (Sylva, 2010). Es bleibt abzuwarten, ob die Professionalisierungsentwicklungen in
Deutschland auch zu einer Abschwächung des Zusammenhangs von strukturellen Merkmalen der Gruppen und der Qualität führen werden.

## 3    Untersuchungen zu frühpädagogischen Ansätzen und Modellprojekten

Studien zu frühpädagogischen Ansätzen und Modellprojekten stellen einen weiteren
Schwerpunkt der frühkindlichen Bildungsforschung in Deutschland dar. Verschiedene
Bereiche können an dieser Stelle lediglich skizziert und beispielhaft durch Projektergeb-
nisse illustriert werden.

Ein Bereich bezieht sich auf die Untersuchung der Umsetzung spezifischer frühpädagogischer Konzeptionen und der Rahmenpläne. Hier ist z.B. die Evaluation des Modellvorhabens ‚Kindersituationen‘ zu nennen, in dem die Umsetzung des Situationsansatzes
längsschnittlich untersucht wurde (Roux, Wolf & Becker, 2001). Auch andere pädagogische Ansätze (z.B. Waldorf-, Montessori-, Reggio- oder Waldpädagogik) waren schon
Gegenstand empirischer Untersuchungen. Jedoch handelt es sich hierbei zumeist um
sehr kleine Projekte, die auch in ihren methodischen Ansätzen noch optimierbar sind.
Aktuell ist rege Forschungstätigkeit in Bezug auf die Implementation der in allen Bundesländern eingeführten Bildungspläne festzustellen. In einigen Bundesländern werden
hierzu wissenschaftliche Begleit- und Evaluationsstudien durchgeführt (z.B. Schreiber,
2009). In Bezug auf das Bundesland Sachsen wurden kürzlich umfassende Evaluationsergebnisse zur Umsetzung des Sächsischen Bildungsplans veröffentlicht (Carle, Košinar
& Leineweber, 2011), die auf eine gute Rezeption und Akzeptanz, aber eine hohe Varianz
in der Umsetzungsqualität hinweisen. Insgesamt ist die Umsetzung der Rahmenpläne
noch nicht systematisch-umfassend empirisch überprüft.

Als weiterer Bereich können Studien zu Modellprogrammen und -projekten identifiziert werden, die sich entweder auf bereichsspezifische Förderung, spezifische Themen
(z.B. Übergang Kindergarten/Grundschule) oder spezifische Zielgruppen (z.B. Kinder

mit Migrationshintergrund, Kinder mit besonderen Lernbedürfnissen) beziehen. In Bezug auf die Förderung bereichsspezifischer Kompetenzen existiert eine Vielzahl von Modellprogrammen und -projekten zum Bereich der Sprachentwicklung und Early Literacy (z.B. Jampert et al., 2007), zum Bereich mathematisch-naturwissenschaftlicher Förderung (z.B. Pauen & Herber, 2007) sowie zum Bereich der Förderung sozialer Kompetenzen (z.B. Scheithauer & Mayer, 2011). Am wohl intensivsten werden seit einiger Zeit Ansätze zur Sprachentwicklung und Early Literacy untersucht. Die Befunde von Evaluationsstudien in diesem Bereich sind allerdings bislang wenig vielversprechend. So fassen Wolf, Felbrich, Stanat und Wendt (2011) zusammen, dass lediglich für verschiedene Förderansätze der ‚emergent literacy', bei denen es um die Ausbildung von Erfahrungen geht, die in einem engen Zusammenhang mit dem Erwerb schriftsprachlicher Kompetenzen stehen, weitgehend konsistent moderate Effekte auf die sprachliche Entwicklung und den Schriftspracherwerb nachgewiesen werden konnten (Bus & van Ijzendoom, 1999; Weber, Marx & Schneider, 2007; Whitehurst et al., 1994). Ein prominentes Thema von Modellprojekten stellt auch der Übergang von der Kindertagesstätte in die Grundschule dar. Modellansätze versuchen die Kooperation der beiden Bildungsstufen zu verbessern und so den Übergang zu optimieren, z.B. das BLK-Programm ‚Stärkung der Bildungs- und Erziehungsqualität in Kindertageseinrichtungen und Grundschule und Gestaltung des Übergangs Trans KiGS' (Lenkungsgruppe TransKiGS in Zusammenarbeit mit der Koordinierungsstelle TransKiGs & Hofmann, 2009) oder das Modellprojekt ‚KIDZ – Kindergarten der Zukunft in Bayern' (Roßbach, Sechtig & Freund, 2010; Sechtig, Freund, Roßbach & Anders, in Druck). Das Kernelement von KIDZ ist die gemeinsame Bildungs-, Betreuungs- und Erziehungsarbeit im Teamteaching von Kinderpflegerinnen, Erzieherinnen und Grundschullehrkräften in den Kindergartengruppen. Eine weitere Besonderheit ist die längsschnittlich angelegte Evaluation im Kontrollgruppendesign, die neben kurzfristigen Effekten auch mittelfristige Effekte bis in die Grundschulzeit hinein betrachtet. Die Evaluation konnte eine gute Akzeptanz des Projekts bei Eltern und Fachkräften belegen. Ferner wurde die bereichsspezifische Förderqualität in den Interventionsgruppen erhöht, die sich auch in Vorteilen bei der Entwicklung früher mathematischer und sprachlicher Kompetenzen sowie in höherer Lernfreude und verbessertem Wohlbefinden niederschlug.

Insgesamt ist in Bezug auf frühpädagogische Konzepte und Modellprojekte eine rege Forschungstätigkeit festzustellen. Systematische und längerfristig angelegte Begleitstudien sind in Deutschland aber noch selten.

## 4 Ausgewählte Ergebnisse zu den Auswirkungen frühkindlicher, institutioneller Bildung

Neben der Frage der Wirksamkeit spezifischer pädagogischer Ansätze stellt auch die Frage nach den Auswirkungen des Besuchs einer regulären vorschulischen Bildungseinrichtung eine zentrale Frage der frühkindlichen Bildungsforschung dar. Die Resultate aus groß angelegten, kontrollierten Längsschnittstudien aus den USA und England unterstützen mittlerweile zunehmend die Hypothese, dass der Besuch einer vorschulischen Bildungseinrichtung mit positiven Auswirkungen auf die kognitive und soziale Entwicklung verbunden ist (Gorey, 2001; Sylva et al., 2004). Mittel- und langfristig positive Effekte sind allerdings nur beim Besuch von Einrichtungen, die sich durch eine hohe Prozessqualität auszeichnen, wahrscheinlich (Roßbach et al, 2008; Sammons et al., 2008). In Bezug auf die Frage, ob Kinder aus benachteiligten Kontexten in besonderer Weise von vorschulischer Bildung profitieren, liegen international widersprüchliche Befunde vor (Roßbach, 2005).

In Bezug auf die Auswirkungen des Besuchs einer Einrichtung in Deutschland können zunächst Analysen von Sekundärdaten wie das Sozioökonomische Panel (SOEP) herangezogen werden. Auf der Basis der SOEP-Daten konnte ein signifikant negativer Zusammenhang zwischen der Dauer des Kindergartenbesuchs und der Wahrscheinlichkeit, später eine Hauptschule zu besuchen, festgestellt werden (Büchner & Spieß, 2007). Eine weitere Datenquelle stellen Schulleistungsstudien wie die Internationale Grundschul-Lese-Untersuchung (IGLU) dar (Bos et al., 2003a). Die Resultate belegen, dass die mittlere Leseleistung der Kinder, die länger als ein Jahr einen Kindergarten besucht haben, signifikant besser ist als die von Kindern mit weniger als einem Jahr Kindergartenerfahrung. Insbesondere Kinder aus sozial schwachen Familien scheinen von dem Besuch eines Kindergartens von mehr als einem Jahr zu profitieren (Bos et al., 2003b). Darüber hinaus weisen Reanalysen von Daten aus Schuleingangsuntersuchungen auf einen positiven Effekt der Dauer des Besuchs eines Kindergartens auf die Schulfähigkeit hin (vgl. zusammenfassend Biedinger & Becker, 2006). Bei den bislang angeführten Untersuchungen handelt es sich um Analysen von Daten, die im Rahmen von Studien entstanden sind, die nicht primär das Ziel hatten, gezielt die Effekte des Besuchs einer vorschulischen Einrichtung zu untersuchen. Daher sind alle bislang angeführten Untersuchungen mit spezifischen methodischen Mängeln behaftet. In der Regel können nur sehr wenige und rein quantitative Merkmale des Kindergartenbesuchs betrachtet werden, aber es liegen keine Informationen über die Qualität der Einrichtungen vor. Ebenso ist nicht sichergestellt, dass die Selektivität des Zugangs zu Einrichtungen und ihrer Qualität angemessen kontrolliert ist.

Studien, die systematisch die Auswirkungen des Besuchs einer Kindertageseinrichtung im Längsschnitt untersuchen und neben quantitativen Indikatoren auch qualitative Aspekte erfassen, sind in Deutschland sehr selten. Ein Beispiel ist der deutsche Teil der European Child Care and Education – ECCE – Study (Tietze et al., 1998; Tietze, Roßbach & Grenner, 2005). In dieser Studie wurden Kinder von vier bis acht Jahren und die Qualität der Förderung in Familie, Kindergarten und Grundschule analysiert. Es zeigte sich, dass die Qualität der von den Kindern im Alter von vier Jahren besuchten Kindergartengruppen in positivem Zusammenhang mit dem kindlichen Entwicklungsstand im Alter von acht Jahren im sozial-emotionalen und im kognitiv-leistungsbezogenen Bereich steht. Besondere kompensatorische Effekte für Kinder aus benachteiligten Familien konnten nicht ausgemacht werden. Seit dem Jahr 2005 untersucht die Studie BiKS 3-10

(Bildungsprozesse, Kompetenzentwicklung und die Formation von Selektionsentscheidungen) ebenfalls die Auswirkungen der vorschulischen Anregungsbedingungen auf die kognitive und sozio-emotionale Entwicklung (von Maurice et al., 2007). Es werden etwa 550 Kinder aus 97 Kindergartengruppen in ihrer Entwicklung verfolgt. Auf Basis der BiKS-Daten konnte kürzlich gezeigt werden, dass die Prozessqualität der Kindergartengruppe positiv verbunden ist mit der Entwicklung früher mathematischer Fähigkeiten über die Kindergartenzeit (3 bis 5 Jahre) (Anders, Rossbach et al., 2012). Hierbei ist insbesondere die Qualität der Anregungsbedingungen für die Förderung früher akademischer Fähigkeiten ausschlaggebend. Kinder, die in anregungsarmen Familien aufwachsen, profitieren nicht in besonderem Maße von einer hohen Qualität des Kindergartens. Im Gegenteil, die Befunde sprechen dafür, dass eine zumindest moderate Qualität der Anregungsbedingungen in der Familie eine Voraussetzung dafür zu sein scheint, dass Kinder von einer hohen Prozessqualität im Kindergarten profitieren können. Der Effekt der Prozessqualität ist im Sinne von Effektgrößen als eher gering einzustufen, allerdings in seiner Größenordnung mit anderen internationalen Studien vergleichbar. Eine Folgestudie belegt, dass die positiven Effekte der Qualität auch am Ende der ersten Grundschulklasse im Alter von 7 Jahren noch nachweisbar sind (Anders, Brosse et al., 2012). Dabei scheint ein qualitativ hochwertiger Kindergarten nicht nur für bessere Ausgangskompetenzen bei Schuleingang zu sorgen. Vielmehr scheint er die Kinder in einer Art vorzubereiten, dass sie im ersten Grundschuljahr eine bessere Entwicklung zeigen als Kinder, die Kindergartengruppen mit geringerer Qualität besucht haben.

## 5 Untersuchungen zu professionellen Kompetenzen von frühpädagogischen Fachkräften

Gestiegene Anforderungen und Erwartungen an den frühkindlichen Bildungsbereich haben auch zu einer Debatte über die notwendigen Voraussetzungen auf Seiten der frühpädagogischen Fachkräfte, den notwendigen professionellen Kompetenzen, geführt. Es besteht weitestgehend Konsens darüber, dass die zu bewältigenden Aufgaben hohe Anforderungen an das frühpädagogische Fachpersonal stellen und ein breites Spektrum an professionellen Kompetenzen notwendig ist, um die Aufgaben erfüllen zu können. Hierbei werden sowohl Wissenskomponenten als auch pädagogische Einstellungen und Orientierungen, emotionale und motivationale Aspekte, Komponenten der professionellen Haltung und personale Kompetenzen diskutiert (Fröhlich-Gildhoff, Nentwig-Gesemann & Pietsch, 2011; Siraj-Blatchford et al., 2002). Mit der gewachsenen Überzeugung über den hohen Anspruch, den die Tätigkeit mit sich bringt, wurde auch eine Debatte über eine möglicherweise notwendige Akademisierung der Ausbildung von Erzieher/-innen lebendig (vbw, 2012), und in den letzten Jahren wurden zahlreiche Bachelor- und Masterstudiengänge im Bereich der frühkindlichen Bildung insbesondere an Fachhochschulen geschaffen. Diese Entwicklung vollzog sich in vielerlei Hinsicht ohne hinreichende empirische Evidenz.

Ein Bereich, zu dem es allerdings bereits eine nennenswerte Anzahl an Untersuchungen gibt, ist der der pädagogischen Orientierungen und Einstellungen. Hierunter versteht man allgemein pädagogische Vorstellungen, Haltungen, Werte und Überzeugungen der Fachkräfte, wie z.b. pädagogische Ziele und Normen, das Rollenverständnis gegenüber den Kindern, Vorstellungen über die kindliche Entwicklung sowie Aufgaben des Kindergartens aus Sicht der Erzieher/-innen (vgl. Tietze et al., 1998). Pädagogische Einstellungen gelten als Komponente der professionellen Haltung der pädagogischen Fachkraft und damit als zentrale professionelle Kompetenzen von Erzieher/-innen (z.b. Dippelhofer-Stiem & Frey, 2002; Siraj-Blatchford et al., 2002). Da das Konstrukt der pädagogischen Einstellungen und Orientierungen breit angelegt ist, kann hier nur ein exemplarischer Einblick in den Forschungsstand gegeben werden. In Deutschland ist eine der bedeutsamen Studien in diesem Bereich eine Längsschnittstudie von Kahle, Nakath und Dippelhofer-Stiem (1997), in der rund 800 Schülerinnen am Ende ihrer Fachschulausbildung erstmals befragt und dann über zwei weitere Messzeitpunkte weiter untersucht wurden Beim Eintritt in die Berufspraxis liegen ambitionierte Berufsziele vor, die sich mehr und mehr an die in der Realität erreichbaren Ziele anpassen. Gerade zu Beginn der Berufstätigkeit bestehen Unsicherheiten beim Umgang mit Verhaltensauffälligkeiten von Kindern und Unsicherheiten bei der Umsetzung neuer pädagogischer Konzepte. Darüber hinaus wurden insbesondere Planungs- und Verwaltungsaufgaben und der Umgang mit Eltern und Behörden zu Beginn der Berufstätigkeit ebenso wie zu große Gruppen, die Bezahlung und das wahrgenommene geringe Ansehen des Berufs als belastend wahrgenommen. Diese Faktoren konnten auch in anderen Studien identifiziert werden (z.B. Dartsch, 2001). Aktuell untersucht die Gruppe um Mischo im Projekt AVE (Ausbildung und Verlauf von Erzieherinnenmerkmalen) pädagogische Orientierungen längsschnittlich an einer Stichprobe von frühpädagogischen Fachschul- und Hochschulabsolventen. Erste Befunde zu epistemologischen Überzeugungen zeigen, dass alle Absolventen generell eher über konstruktivistische (‚Kinder verstehen die meisten Sachverhalte dann besser, wenn sie selbstständig Erklärungsmöglichkeiten suchen') und ko-konstruktivistische Überzeugungen (‚Kinder verstehen die meisten Sachverhalte besser, wenn sie ihre eigenen Erklärungsmöglichkeiten mit anderen Personen austauschen') als über instruktivistische Überzeugungen (z.B. ‚Kinder begreifen besser, wie etwas funktioniert, wenn es vorgemacht wird') verfügen (Mischo, Wahl, Hendler & Strohmer, 2012). Eine weitere Untersuchung von Kluczniok, Anders und Ebert (2011) verweist auf Zusammenhänge zwischen Orientierungen, Prozessqualität und der Kompetenzentwicklung von Kindern. Sie untersuchten anhand der Datenbasis der Studie BiKS Fördereinstellungen von Erzieherinnen, und sie fanden, dass eine grundlegend pädagogische Fördereinstellung mit der Prozessqualität im Kindergarten assoziiert ist. Ferner scheint eine solche Fördereinstellung, vermittelt über die Prozessqualität, positiv auf die Entwicklung früher mathematischer Kompetenzen zu wirken.

Betrachtet man das Gesamtspektrum professioneller Kompetenzen von frühpädagogischen Fachkräften, so ist der Forschungsstand in Bezug auf Struktur, Genese und Auswirkungen professioneller Kompetenzen von frühpädagogischen Fachkräften insgesamt als dünn zu bezeichnen. Dieses liegt an vielen Stellen am Fehlen validierter Instrumente zur Erfassung zentraler Kompetenzfacetten (z.b. im Bereich des Professionswissens). Kürzlich sind eine Reihe von Projekten angelaufen, die diesen Entwicklungsbedarf aufgreifen. Es ist zu hoffen, dass sich die Datenlage zu professionellen Kompetenzen von frühpädagogischen Fachkräften auch in Deutschland bald verbreitert.

## 6    Aktuelle Entwicklungen und Desiderata

Die Entwicklung in der frühkindlichen Bildungsforschung in Deutschland ist insgesamt positiv zu bewerten. Noch vor einiger Zeit musste in Bezug auf viele Fragen ausschließlich der Forschungsstand anderer Länder, insbesondere der US-amerikanische Forschungsstand, herangezogen werden, und eine Übertragbarkeit ist aufgrund anderer Bildungssysteme, Bildungstraditionen und unterschiedlicher kultureller Perspektiven nicht immer gegeben. Mittlerweile kann Deutschland auf eine eigene substanzielle frühkindliche Bildungsforschung verweisen. Der zu konstatierende Forschungsbedarf ist dennoch nach wie vor groß.

Offene Forschungsfragen bestehen im Hinblick auf die elterlichen Gründe der Inanspruchnahme frühkindlicher Bildungseinrichtungen für unter dreijährige Kinder; ebenso ist über die Qualität der Betreuung für diese Altersgruppe wenig bekannt. Hier werden Resultate des Nationalen Bildungspanels und der laufenden multizentrischen Nationalen Untersuchung zur Bildung und Betreuung in der frühen Kindheit (www.nubbek. de) wichtige Wissenslücken schließen. Der Wissensstand in Bezug darauf, was in den vorschulischen Bildungs- und Betreuungseinrichtungen passiert, ist insgesamt ebenfalls noch als gering einzustufen. Das ist insbesondere deshalb bedeutsam, da die frühpädagogische Praxis derzeit durch diverse Faktoren (z.B. Ausbau, Umbau zu Familienzentren, Implementierung von Bildungsplänen, Akademisierung) einem elementaren Wandel unterliegt, so dass Untersuchungen, die vor einigen Jahren durchgeführt wurden, die aktuelle Praxis kaum angemessen widerspiegeln können.

Hinsichtlich der Auswirkungen regulärer Einrichtungen oder spezifischer frühpädagogischer Konzepte zeichnen sich drei Forschungsnotwendigkeiten ab. Die erste bezieht sich auf weitere systematische Untersuchungen zu Struktur, Qualität und Auswirkungen der Regeleinrichtungen. Zweitens ist die Frage nach einem Ausgleich der Benachteiligungen von Kindern aus bildungsfernen Familien so drängend, dass ein Warten auf die Resultate kontrollierter, experimenteller Längsschnittstudien nicht realisierbar ist bzw. sinnvoll erscheint. Dementsprechend zeigt sich derzeit auch ein großes politisches Engagement, in diesen Bereich zu investieren und entsprechende Modellprojekte zu implementieren. Ein Beispiel stellt die ‚Offensive Frühe Chancen' dar, die vom Bundesministerium für Familie, Senioren, Frauen und Jugend (BMFSFJ) seit 2011 umgesetzt wird. Im Rahmen dieses Programms werden 4.000 Einrichtungen in sozialräumlich schwachen Gebieten durch eine zusätzliche Sprachförderfachkraft unterstützt. Hierdurch soll die alltagsintegrierte, frühe sprachliche Bildung in den Einrichtungen gefördert werden (http://fruehe-chancen.de/schwerpunkt_kitas/dok/360.php). Solche Modellprogramme stellen aus wissenschaftlicher Perspektive ein natürliches Experiment dar, wobei die Bedingungen nur schwer kontrollierbar sind. Dennoch ist die wissenschaftliche Begleitung und Evaluation von solchen Maßnahmen für die Bewertung der Effektivität von pädagogischen Programmen bzw. Initiativen von höchster Relevanz. Aufgrund der mangelnden Möglichkeit der Kontrolle bei der Umsetzung solcher breiten Interventionsprogramme kann die Bewertung der Effektivität von einzelnen Merkmalen pädagogischer Konzepte aber mitunter erschwert sein. Aus diesem Grund ist drittens die Fortführung von sorgfältig kontrollierten, experimentellen Studien unverzichtbar.

In Bezug auf die Professionalisierung des frühpädagogischen Fachpersonals lässt sich die bereits angedeutete Notwendigkeit der empirischen Untermauerung erfolgreicher Praxiskonzepte nur unterstreichen. Bei der stattfindenden Akkumulation von Forschungsprojekten und -befunden wäre bisweilen eine stärkere Koordinierung wünschenswert. Ferner ist auf eine stärkere Dissemination von Ergebnissen auch in internationalen Fachzeitschriften zu hoffen.

Abschließend bleibt die Frage, ob ein erneutes Einschlafen der Forschungsaktivitäten in der frühkindlichen Bildungsforschung zu befürchten ist, wie es in Deutschland bereits einmal in den 1970er Jahren beobachtet wurde. Hierzu lassen sich natürlich nur Mutmaßungen anstellen. Aber die Tatsache, dass nicht nur Forschungsprojekte angestoßen wurden, sondern auch weitreichende, bedeutsame Infrastrukturen geschaffen wurden, spricht dafür, dass die frühkindliche Bildungsforschung in Deutschland auch mittelfristig Bestand haben wird.

# 7    Literatur

Anders, Y., Grosse C., Roßbach, H.-G., Ebert, S. & Weinert, S. (2012). Preschool and primary school influences on the development of children's early numeracy skills between the ages of 3 and 7 years in Germany. *School Effectiveness and School Improvement*. Doi: 10.1080/09243453.2012.749794

Anders, Y., Roßbach, H.-G., Weinert, S., Ebert, S., Kuger, S., Lehrl, S. & von Maurice, J. (2012). Learning environments at home and at preschool and their relationship to the development of numeracy skills. *Early Childhood Research Quarterly, 27*, 231–244.

Baumert, J., Klieme, E., Neubrand, M., Prenzel, M., Schiefele, U., Schneider, W., Stanat, P., Tillmann, J. & Weiß, M. (2001). *PISA 2000. Basiskompetenzen von Schülerinnen und Schülern im internationalen Vergleich*. Opladen: Leske und Budrich.

Becker, B. (2009). Welche Kinder gehen früher in den Kindergarten? Ein Vergleich zwischen deutschen und türkischen Familien. *Zeitschrift für Soziologie der Erziehung und Sozialisation, 29*(4), 387–402.

Biedinger, N. & Becker, B. (2006). Der Einfluss des Vorschulbesuchs auf die Entwicklung und den langfristigen Bildungserfolg von Kindern: Ein Überblick über internationale Studien im Vorschulbereich. *Mannheimer Zentrum für Europäische Sozialforschung, 97*.

Bock-Famulla, K. & Lange, J. (2011). *Länderreport frühkindliche Bildungssysteme 2011: Transparenz schaffen – Governance stärken*. Gütersloh: Verlag Bertelsmann-Stiftung.

Bos, W., Lankes, E.-M., Prenzel, M.S.K., Valtin, R. & Walther, G. (2003a). *Erste Ergebnisse aus IGLU. Schülerleistungen am Ende der vierten Jahrgangsstufe im internationalen Vergleich: Zusammenfassung ausgewählter Ergebnisse.* Retrieved from http://www.erzwiss.uni-hamburg.de/IGLU/kurz-end.pdf

Bos, W., Lankes, E.-M., Schwippert, K., Valtin, R., Voss, A., Badel, I. & Plaßmeier, N. (2003b). Lesekompetenzen deutscher Grundschülerinnen und Grundschüler am Ende der vierten Jahrgangsstufe im internationalen Vergleich. In W. Bos, E.-M. Lankes, M. Prenzel, K. Schwippert, G. Walther & R. Valtin (Hrsg.), *Erste Ergebnisse aus IGLU. Schülerleistungen am Ende der vierten Jahrgangsstufe im internationalen Vergleich* (S. 63–142). Münster: Waxmann.

Böttcher, A., Krieger, S.M. & Kolvenbach, F.J. (2010). Kinder mit Migrationshintergrund in Kindertagesbetreuung. *Wirtschaft und Statistik, 2010*(2), 158–164.

Büchel, F. & Spieß, C.K. (2002). *Form der Kinderbetreuung und Arbeitsmarktverhalten von Müttern in West- und Ostdeutschland.* Schriftenreihe des Bundesministeriums für Familie, Senioren, Frauen und Jugend, Band 220. Stuttgart: Kohlhammer.

Büchner, C. & Spieß, C.K. (2007). *Die Dauer vorschulischer Betreuungs- und Bildungserfahrungen. Ergebnisse auf der Basis von Paneldaten.* DIW-Diskussionspapiere 687. Retrieved from http://hdl.handle.net/10419/18419

Bus, A. & van IJzendoorn, M. (1999). Phonological Awareness and Early Reading: A Meta-Analysis of Experimental Training Studies. *Journal of Educational Psychology, 91*, 403–414.

Carle, U., Košinár, J. & Leineweber, S. (2011). *Evaluierung der Umsetzung des Sächsischen Bildungsplans, des Schulvorbereitungsjahres und der Verzahnung mit der Schuleingangsphase: Abschlussbericht der WissenschaftlichenEvaluation.* Retrieved from http://www.sachsen-macht-schule.de/kita/download/download_smk/bp_abschlussbericht_2011_07_01.pdf

Dartsch, M. (2001). *Erzieherinnen in Beruf und Freizeit.* Opladen: Leske und Budrich.

Dippelhofer-Stiem, B. & Frey, A. (Hrsg.) (2002). *Kontextuelle Bedingungen, Kompetenzen und Bildungsvorstellungen von Erzieherinnen.* Landau: Verlag Empirische Pädagogik.

Diskowski, D. (2009). Bildungspläne für Kindertagesstätten – ein neues und noch unbegriffenes Steuerungsinstrument. In H.-G. Roßbach & H.-P. Blossfeld (Hrsg.), *Bildungspläne für Kindertagesstätten — ein neues und noch unbegriffenes Steuerungsinstrument* (S. 47–61). Wiesbaden: VS Verlag für Sozialwissenschaften.

Friedrichs, J. & Triemer, S. (2008). *Gespaltene Städte? Soziale und ethnische Segregation in deutschen Grossstädten.* Wiesbaden: VS Verlag für Sozialwissenschaften.

Fröhlich-Gildhoff, K., Nentwig-Gesemann, I. & Pietsch, S. (2011). *Kompetenzorientierung in der Qualifizierung frühpädagogischer Fachkräfte: Weiterbildungsinitiative Frühpädagogische Fachkräfte (WiFF).* München: Verlag Deutsches Jugendinstitut.

Gorey, K.M. (2001). Early childhood education: A meta-analytic affirmation of the short- and long-term benefits of educational opportunity. *School Psychology Quarterly, 16*, 9–30.

Jampert, K., Best, P., Guadatiello, A., Holler, D. & Zehnbauer, A. (2007). *Schlüsselkompetenz Sprache. Sprachliche Bildung und Förderung im Kindergarten: Konzepte – Projekte – Maßnahmen.* Weimar/Berlin: verlag das netz.

Kahle I., Nakath, J. & Dippelhofer-Stiem, B. (1997). *Design, Stichprobe und Erhebungsinstrumente der Panelstudie „Berufliche Sozialisation von Erzieherinnen im Übergang von der Fachschule in das Tätigkeitsfeld Kindergarten"* (Arbeitsbericht 2 des DFG-Projekts), Magdeburg.

Kluczniok, K., Anders, Y. & Ebert, S. (2011). Fördereinstellungen von Erzieher/-innen – Einflüsse auf die Gestaltung von Lerngelegenheiten im Kindergarten und die kindliche Entwicklung am Beispiel von frühen Rechenfertigkeiten. *Frühe Bildung, 0*(1), 13–21.

Kreyenfeld, M. (2007). Soziale Ungleichheit und Kinderbetreuung. Eine Analyse der sozialen und ökonomischen Determinanten der Nutzung von Kindertageseinrichtungen. In R. Becker & W. Lauterbach (Hrsg.), *Bildung als Privileg. Erklärungen und Befunde zu den Ursachen der Bildungsungleichheit* (S. 99–123). Wiesbaden: VS Verlag für Sozialwissenschaften.

Kuger, S. & Kluczniok, K. (2008). Prozessqualität im Kindergarten – Konzept, Umsetzung und Befunde. *Zeitschrift für Erziehungswissenschaft, Sonderheft 11*, 159–178.

Lamb, M.E. & Ahnert, L. (2006). Nonparental child care: context, concepts, correlates and consequences. In W. Damon, I.E. Sigel, R.M. Lerner & K.A. Renninger (Eds.), *Handbook of child psychology: Vol. 4. Child psychology in practice.* (pp. 950–1016). New York: John Wiley & Sons.

Lenkungsgruppe TransKiGs in Zusammenarbeit mit der Koordinierungsstelle TransKiGs, & Hofmann, J. (2009). Übergang Kita – Schule zwischen Kontinuität und Herausforderung: Materialien, Instrumente und Ergebnisse des TransKiGs-Verbundprojekts. Weimar/Berlin: verlag das netz.

Mischo, C., Wahl, S., Hendler, J. & Strohmer, J. (2012). Pädagogische Orientierungen angehender frühpädagogischer Fachkräfte an Fachschulen und Hochschulen. *Frühe Bildung, 1*, 34–44.

Pauen, S. & Herber, V. (2007). *Vom Kleinsein zum Einstein: Offensive Bildung.* Mannheim: Cornelsen Verlag.

Roßbach, H.G., Kuger S. & Kluczniok, K. (2008). Auswirkungen eines Kindergartenbesuchs auf den kognitiv-leistungsbezogenen Entwicklungsstand von Kindern – Ein Forschungsüberblick. *Zeitschrift für Erziehungswissenschaft, Sonderheft 11*, 139–158.

Roßbach, H.-G. (2005). Effekte qualitativ guter Betreuung, Bildung und Erziehung im frühen Kindesalter auf Kinder und ihre Familien. In Zwölfter Kinder- und Jugendbericht (Hrsg.), *Bildung, Erziehung und Betreuung von Kindern unter sechs Jahren* (S. 55–174). München: Verlag Deutsches Jugendinstitut.

Roßbach, H.-G., Sechtig, J. & Freund, U. (2010). *Empirische Evaluation des Modellversuchs „Kindergarten der Zukunft in Bayern – KiDZ": Ergebnisse der Kindergartenphase*: University of Bamberg Press.

Roux, S., Wolf, B. & Becker, P. (2001). Zur Verbindung von qualitativen und quantitativen Strategien in der Externen Empirischen Evaluation des Modellprojekts Kindersituationen. *Empirische Pädagogik, 15, 3*, 483–499.

Sammons, P., Anders, Y., Sylva, K., Melhuish, E., Siraj-Blatchford, I., Taggart, B. & Barreau, S. (2008). Children's cognitive attainment and progress in English primary schools during Key Stage 2.: Investigating the potential continuing influences of pre-school education. *Zeitschrift für Erziehungswissenschaft, Sonderheft 11*, 179–198.

Scheithauer, H. & Mayer, H. (2011). Papilio – Ein Programm für Kindergärten zur Primärprävention von Verhaltensproblemen und zur Förderung sozial-emotionaler Kompetenz. In Landeskommission Berlin gegen Gewalt (Hrsg.), *Berliner Forum Gewaltprävention. Evaluation und Qualitätsentwicklung in der Gewalt- und Kriminalitätsprävention. Dokumentation des 10. Berliner Präventionstages.* BFG, 41, 40–49.

Schmidt, T., Roßbach, H.G. & Sechtig, J. (2010). Bildung in frühpädagogischen Institutionen. In R. Tippelt & B. Schmidt (Hrsg.), *Handbuch Bildungsforschung* (3. Aufl., S. 351–363). Wiesbaden: VS Verlag für Sozialwissenschaften.

Schreiber, N. (2009). Die Einführung der neuen Bildungspläne in Kindertageseinrichtungen – Ergebnisse von Begleitstudien in drei Bundesländern. In Diskurs Kindheits- und Jugendforschung, 3, 431–437.

Sechtig, J., Freund, U., Roßbach, H.-G. & Anders, Y. (in Druck). Das Modellprojekt „KiDZ – Kindergarten der Zukunft in Bayern" – Kernelemente, zentrale Ergebnisse der Evaluation und Impulse für die Gestaltung des Übergangs vom Kindergarten in die Grundschule. In S. Pohlmann-Rother & U. Franz (Hrsg.), *Handbuch Übergang Kindergarten – Grundschule.* Köln: Carl Link.

Siraj-Blatchford, I., Sylva, K., Muttock, S., Gilden, R. & Bell, D. (2002). *Researching Effective Pedagogy in the Early Years.* London: Department for Education and Skills.

Sylva, K. (2010). Quality in early childhood settings. In K. Sylva, E. Melhuish, P. Sammons, I. Siraj-Blatchford & B.Taggart (Hrsg.). *Early Childhood Matters. Evidence from the Effective Pre-school and Primary Education Project*, pp. 70–91. London, New York: Routledge.

Sylva, K., Melhuish, E., Sammons, P., Siraj-Blatchford, I. & Taggart, B. (2004). *The Effective Provision of Pre-school Education Project (EPPE): Technical Paper 12: The Final Report.* London: Institute of Education, University of London.

Tietze, W., Meischner, T., Gänsfuß, R., Grenner, K., Schuster, K.-M., Völkel, P. & Roßbach, H. G. (1998). *Wie gut sind unsere Kindergärten? Eine Untersuchung zur pädagogischen Qualität in deutschen Kindergärten.* Neuwied: Luchterhand.

Tietze, W., Roßbach, H.-G. & Grenner, K. (2005). *Kinder von 4 bis 8 Jahren: Zur Qualität der Erziehung und Bildung in Kindergarten, Grundschule und Familie.* Weinheim: Beltz.

Vbw – Vereinigung der Bayerischen Wirtschaft e.V. (Hrsg.) (2012). *Professionalisierung in der Frühpädagogik.* Münster: Waxmann.

von Maurice, J., Artelt, C., Blossfeld, H.-P., Faust, G., Roßbach, H.-G. & Weinert, S. (2007). *Bildungsprozesse, Kompetenzentwicklung und Formation von Selektionsentscheidungen im Vor- und Grundschulalter: Überblick über die Erhebung in den Längsschnitten BiKS-3-8 und BiKS-8-12 in den ersten beiden Projektjahren.* Retrieved from http://psydok.sulb.uni-saarland.de/volltexte/2007/1008

Weber, J., Marx, P. & Schneider, W. (2007). Die vorschulische Förderung der phonologischen Bewusstheit. In H. Schöler & A. Welling (Hrsg.), *Sonderpädagogik der Sprache* (S. 746–761). Göttingen: Hogrefe.

Whitehurst, G.J., Epstein, J.N., Angell, A.L., Payne, A.C., Crone, D.A. & Fischel, J.E. (1994). Outcomes of an emergent literacy intervention in headstart. *Journal of Educational Psychology,* 86(4), 542–555.

Wolf, K.M., Felbrich, A., Stanat, P. & Wendt, W. (2011). Evaluation der kompensatorischen Sprachförderung in Brandenburger Kindertagesstätten. *Empirische Pädagogik,* 25(4), 423–438.

# Frühkindliche Bildungsforschung in Österreich

Elisabeth Stanzel-Tischler

## 1 Das Kinderbildungs- und -betreuungswesen in Österreich

Die Jahre der frühen Kindheit – darunter wird in diesem Beitrag in einer pädagogischen Perspektive die Lebensphase von der Geburt eines Kindes bis zu seinem Eintritt in die Grundschule verstanden – verbringen fast alle in Österreich lebenden Kinder mit ihren Eltern oder zumindest mit einem Elternteil (Münz & Reiterer, 2010). Daneben besuchen sie aber auch institutionelle Kinderbildungs- und Betreuungseinrichtungen (Krippen, Kindergärten, altersgemischte Betreuungseinrichtungen) oder verschiedene Formen der Tagesbetreuung (Tageseltern, Spielgruppen). Im Kindergartenjahr 2010/11 waren 17 % der unter 3-Jährigen in einer institutionelle Kinderbildungs- und -betreuungseinrichtung angemeldet. Bei den 3-Jährigen lag die Betreuungsquote bei 80 %, bei den 4-Jährigen bei 96 % und bei den 5-Jährigen – unter Berücksichtigung der vorzeitigen Einschulung – bei 98 % (Statistik Austria, 2011, S. 84). Die Teilnahme an einer nicht-institutionellen Tagesbetreuung – Kaindl et al. (2009, S. 62) berechnen einen Anteil von unter 2 % – ist dagegen in allen Altersgruppen selten. Bis zum Kindergartenjahr 2008/09 erfolgte der Besuch von Kinderbildungs- und Betreuungseinrichtungen auf freiwilliger Basis. Gegenwärtig sind jedoch alle 5-Jährigen verpflichtet, zumindest halbtägig einen Kindergarten zu besuchen (vgl. Bundesgesetzblatt I Nr. 99/2009). Eine Ausweitung der Kindergartenpflicht auf zwei Jahre wird vor allem unter dem Gesichtspunkt der Integration und sprachlichen Förderung von Kindern mit anderen Erstsprachen diskutiert.

Die Zuständigkeit für die Gesetzgebung und Verwaltung des Kinderbildungs- und -betreuungswesen liegt bei den Bundesländern, was Unterschiede in den Rahmenbedingungen für die pädagogische Arbeit mit sich bringt. Die Ausbildung des pädagogischen Personals obliegt allerdings dem Bund und stellt somit ein einendes Element dar.

Gegenwärtig erfolgt die Ausbildung auf Ebene der Sekundarstufe II in Bildungsanstalten für Kindergartenpädagogik (fünfjährig, Abschluss mit Reife- und Diplomprüfung) oder – nach Erlangen der Reifeprüfung an einer anderen Schulart – in zweijährigen Kollegs. Im Rahmen der „PädagogInnenbildung NEU" wird aktuell an einer Veränderung der Ausbildungsarchitektur sowohl für den schulischen als auch den elementarpädagogischen Bereich gearbeitet. Die Vorbereitungskommission (2011, S. 8) sieht für den allgemeinbildenden Bereich zwei Bachelorstudien vor: Die Pädagogik des Elementar- und Primarbereichs (Altersbereich 0–12 Jahre) sowie die Pädagogik des Sekundarbereichs (Altersbereich 8–19 Jahre). An das Bachelorstudium sollen eine Berufsinduktionsphase sowie die Möglichkeit eines Master- bzw. Dokoratsstudiums anschließen.

Die Kinderbildungs- und -betreuungseinrichtungen sind in Österreich klar von den Schulen getrennt und stehen – nach einem kurzen Intermezzo Mitte der 1960er-Jahre mit einer starken Betonung kognitiver Vorschulförderung – in einer Tradition, in der die Sozialisations- und Betreuungsfunktion stärker betont wird als die Bildungsfunktion (Berger, 2005). Sie bewegen sich in einem Spannungsfeld verschiedener Anforderungen, die sich aus Bedürfnissen der Familien-, der Frauen-, der Wirtschafts-, der Integrations- und nicht zuletzt der Bildungspolitik ableiten und teilweise miteinander in Widerstreit stehen (Textor, o. J.). Der Bildungsfunktion des Kindergartens wurde in den letzten Jahren verstärkte Aufmerksamkeit zuteil. Ausdruck dafür ist, dass der Begriff Bildung – neben Entwicklung, Betreuung, Obsorge, Erziehung, Lernen und Förderung – zunehmend häufiger mit der Phase der frühen Kindheit in Verbindung gebracht wird: So wird in den Regierungsprogrammen seit 2007 der Kindergarten auch im Abschnitt Bildung behandelt und in der 2011 festgelegten Strategie zum lebensbegleitenden Lernen eine Stärkung der vorschulischen Bildung mit der Vision eines flächendeckenden, inklusiven und beitragsfreien Bildungsangebots angestrebt (Republik Österreich, 2011, S. 14). Die Einführung des verpflichtenden Kindergartenjahres erfolgte unter dem Gesichtspunkt einer Ausweitung des Bildungsangebotes, wobei als wesentliche Triebfeder das Bemühen um die Verbesserung der sprachlichen Kompetenzen insbesondere von Kindern mit anderen Erstsprachen als Deutsch zu sehen ist. Auch die Einigung der Bundesländer auf einen Bildungsrahmenplan für elementare Bildungseinrichtungen (Ämter der Landesregierungen et. al., 2009) weist auf die verstärkte Bildungsorientierung hin.

Die Wahrnehmung, dass Bildung nicht erst mit dem Schuleintritt beginnt, wurde vor allem durch die Einbindung Österreichs in internationale Kontexte und Vergleichsstudien gesteigert. Wichtige Anregungen gingen sowohl von Europäischen Union als auch von den Ländervergleichen der OECD zur frühkindlichen Bildung, Bildung, Betreuung und Erziehung (FBBE) aus. Der Länderbericht für Österreich (OECD, 2006) übte Kritik an den Strukturen und gesetzlichen Rahmenbedingungen der FBBE, forderte eine Anhebung des Ausbildungsniveaus auf den tertiären Bereich sowie eine deutliche Intensivierung der Forschung und die Erstellung eines bundesweit gültigen Bildungsplans. Die Verbesserungsvorschläge wurden sowohl im fachlichen (z.B. Unsere Kinder, 2008) als auch im bildungspolitischen Diskurs aufgegriffen. Auch das nicht zufriedenstellende Abschneiden Österreichs bei international vergleichenden Schulleistungsstudien führte zu einer Thematisierung von Fragen nach Bedingungen und Auswirkungen der Teilnahme an vorschulischen Bildungsangeboten: Häufigerer bzw. länger andauernder Kindergartenbesuch von Kindern, deren Eltern höhere Bildungsabschlüsse aufweisen (Lang, 2006, S. 214) und von Kindern aus einheimischen Familien im Vergleich zu Migrantenfamilien (Breit, 2009a, S. 141) sowie positive Zusammenhänge zwischen Dauer des Kindergartenbesuchs und Testleistungen bei PISA und PIRLS (Lang, 2006, S. 213f; Breit, 2009b, S. 162ff.) rückten den Kindergarten insbesondere als Institution der sprachlichen Förderung ins Zentrum der Aufmerksamkeit.

## 2    Frühkindliche Bildungsforschung in Österreich – ein Desideratum

Obwohl in den gesetzlichen Grundlagen gefordert wird, dass die pädagogische Arbeit in den Kinderbildungs- und -betreuungeinrichtungen auf der Basis wissenschaftlich fundierter Erkenntnisse erfolgen soll, wird für Österreich sowohl in der Außensicht als auch in der Wahrnehmung österreichischer Forscher/innen Forschungsbedarf im frühkindlichen Bereich festgestellt. Der im Rahmen der OECD-Studie „Starting Strong" erstellte Länderbericht bewertet die mangelnde Forschungstätigkeit zur frühen Kindheit als eine große Schwäche des österreichischen Systems der FBBE. Als zentrale Ursache für das Forschungsdefizit wird gesehen, dass die Ausbildung des pädagogischen Personals auf Ebene der Sekundarstufe II und nicht – wie beinahe in allen anderen europäischen Ländern – auf tertiärem Niveau erfolgt, wodurch eine Weiterentwicklung der Frühpädagogik als wissenschaftliche Disziplin unterblieb (OECD, 2006, S. 38f.).

Der Lebenssituation der Kinder sind in Österreich keine eigenen Berichte gewidmet. Im aktuellen Familienbericht stellen Fuchs & Kränzl-Nagl (2010, S. 510ff.) zwar die Zunahme einer stärker auf das Kind bezogenen Perspektive in der Diskussion um die Kinderbetreuung fest, merken aber auch kritisch an, dass sich Diskurse und Forschungsarbeiten rund um die ‚Kinderbetreuung' vorrangig elternzentriert gestalten. Im ersten nationalen Bildungsbericht für Österreich werden sowohl im Beitrag zur frühkindlichen Bildung (Stanzel-Tischler & Breit, 2009) als auch in einigen Artikeln zu anderen Scherpunktthemen Forschungs- und Evaluationsbedarf für den frühkindlichen Bereich konstatiert (vgl. Stanzel-Tischler, 2009).

Die Randständigkeit der frühkindliche Bildungsforschung in Österreich findet ihren Ausdruck u.a. auch darin, dass sich in der Projektdatenbank des Wissenschaftsfonds FWF, Österreichs zentrale Einrichtung zur Förderung der Grundlagenforschung, für den Zeitraum 1995 bis 2011 nur zwei Forschungsprojekte aus dem elementarpädagogischen Bereich finden, nämlich „Public Fathers – Männer als Kindergartenpädagogen" und „Die Eingewöhnungsphase von Kleinkindern in Kinderkrippen". Auch in den ersten sechs Ausgaben der von der Österreichischen Gesellschaft für Bildungsforschung seit 2011 herausgegebenen Zeitschrift für Bildungsforschung sind keine Beiträge zu elementarpädagogischen Themen enthalten.

# 3 Frühkindliche Bildungsforschung an den Universitäten: Von den Anfängen bis in die Gegenwart

## 3.1 Die Anfänge der frühkindlichen Bildungsforschung

Österreich kann auf eine große Forschungstradition im Bereich der psychologischen, psychoanalytischen und individualpsychologischen Forschung zur frühen Kindheit zurückblicken, die allerdings durch die Vertreibung der wichtigsten Wissenschaftler/innen dieser Forschungstraditionen 1938 unterbrochen und teilweise erst mit Verzögerungen wieder aufgenommen wurde. Adam (2009, S. 49) ortet die Wurzeln in der Heilpädagogik bei Theodor Heller, der 1906 die Österreichische Gesellschaft für Kinderforschung gründete. Die psychologisch ausgerichtete Forschung entwickelte sich in Folge der Berufung von Karl und Charlotte Bühler an das Psychologische Institut der Universität Wien. Charlotte Bühler begann im Jahr 1923 ihre Lehr- und Forschungstätigkeit und widmete sich vor allem der empirischen Entwicklungspsychologie, wodurch an der Universität Wien eine „inoffizielle Abteilung für Kinderpsychologie" (Brezinka, 2000, S. 390) entstand. Die Zusammenarbeit mit der Städtischen Kinderübernahmestelle, für welche das Psychologische Institut diagnostische Arbeit leistete, bot die Möglichkeit zu umfangreicher Forschungstätigkeit. Die Bühler-Schülerin Lili Roubiczek-Peller, die die Montessori-Bewegung nach Österreich brachte und in Wien einen an den Prinzipien von Maria Montessori orientierten Kindergarten gründete, ließ sich auch als Psychoanalytikerin ausbilden. Sie stellte ein Bindeglied zwischen der psychologisch und der psychoanalytisch orientierten Kleinkindforschung dar, deren Hauptvertreter in Wien Siegmund und Anna Freud, August Aichhorn und Siegfried Bernfeld waren. Die psychoanalytischen Forschungen erfolgten im außeruniversitären Bereich und zeichneten sich durch ihren therapeutischen und pädagogischen Praxisbezug aus (Adam, 2009, S. 55).

## 3.2 Forschungsschwerpunkte von 1945 bis zur Jahrtausendwende

Nach Beendigung des 2. Weltkriegs trugen Schülerinnen und Mitarbeiterinnen von Charlotte Bühler ihre Forschungstradition weiter. So etwa Lotte Schenk-Danzinger, die in den 1970er Jahren an den Universitäten Innsbruck und Graz lehrte und deren Bücher zur Entwicklungspsychologie (z.B. Schenk-Danzinger, 2006) teilweise nach wie vor an den österreichischen Bildungsanstalten für Kindergartenpädagogik und Sozialpädagogik Verwendung finden. In Wien forschte und lehrte zwischen 1945 und 1961 Sylvia Klimpfinger in der Tradition von Charlotte Bühler und Hildegard Hetzer. Sie widmete sich insbesondere Fragen der Kindergartenerziehung und gründete einen Forschungs- und Übungskindergarten (Brezinka, 2000, S. 456ff.). Ihre Forschungsergebnisse fanden durch die Zusammenarbeit mit Agnes Niegl, die im Unterrichtsministerium für das Kindergartenwesen zuständig war, über Filme und Beratungsliteratur (z.B. Bayr-Klimpfinger & Niegel, 1966) rasch Eingang in die österreichischen Kindergärten. Nach der Emeritierung von Bayr-Klimpfinger wurde der Lehrstuhl 1979 mit Brigitte Rollett besetzt. Sie beteiligte sich u.a. an einem internationalen Forschungsprojekt zur Bedeutung von Rollenauffassungen junger Eltern für den Übergang zur Elternschaft (Nickel & Quaiser-Pohl, 2001) und setzte dieses Längsschnittprojekt in Österreich bis in die jüngste Vergangenheit (Rollett & Werneck, 2008) mit dem Ziel fort, günstige und ungünstige Bedingungskonstellationen für das familiäre Zusammenleben und die kindliche Entwicklung zu erforschen.

Eine weitere am Institut für Psychologie der Universität Wien durchgeführte Längsschnittstudie ist die „Wiener Entwicklungsstudie" (Spiel, 1996). Dabei wurde ausgehend von einer in Wiener Kinderkrippen erfassten Stichprobe die Frage nach Auswirkungen leichter biologischer und sozialer Entwicklungsrisiken auf kognitive und soziale Kompetenzen im Schulalter untersucht. Auf Interventionsmaßnahmen und eine Etikettierung der Kinder als „Risikokinder" wurde bewusst verzichtet. Es konnte gezeigt werden, dass Auswirkungen sehr leichter, kumulativ auftretender biologischer Risiken nicht von selbst verschwinden, sondern sich noch im Grundschulalter auf die intellektuelle Entwicklung, Schulleistungen und Arbeitsverhalten der Kinder auswirken (Spiel et al., 2001, S. 169f.).

An der Universität Salzburg liegt der Schwerpunkt der Forschungstätigkeit zur Bildung in der frühen Kindheit im Bereich der Qualitätsentwicklung im Kindergarten. Die Befunde aus dem „Early Childhood Care and Education"-Projekt attestierten den österreichischen Kindergärten im Vergleich mit Deutschland, Portugal, Spanien und den USA gute Prozessqualität bei vergleichsweise geringen Unterschieden zwischen den einzelnen Einrichtungen (Tietze et al., 1996, S. 462f.). Wetzel et al. (1997, S. 17ff.) stellten für Österreich hohe Zusammenhänge zwischen Strukturvariablen und Prozessqualität fest und schlugen folglich vor, weitere Verbesserungen der Prozessqualität über die Verbesserung der Strukturqualität anzustreben. Auch auf die Notwendigkeit der Berücksichtigung der Situation von Kindern mit spezifischen Bedürfnissen (Behinderung, anderen Erstsprachen als Deutsch) bei den Verbesserungsmaßnahmen wurde hingewiesen (Wetzel, 2000, S. 151f.).

## 3.3 Aktuelle Forschungsschwerpunkte

Die Wiener Forschungstradition im frühkindlichen Bereich findet an der Universität Wien sowohl an der Fakultät für Psychologie als auch an der Fakultät für Philosophie und Bildungswissenschaft ihre Fortsetzung. Seit 2008 forscht und lehrt Lieselotte Ahnert am Institut für Entwicklungspsychologie und Psychologische Diagnostik der Universität Wien. Sie beschäftigt sich unter anderem mit der außerfamiliären Betreuung von Kleinkindern und deren Auswirkungen auf die Entwicklung der Kinder (z.B. Ahnert, 2003; Lamb & Ahnert, 2003). Außerfamiliäre und familiäre Anteile der gesamten Betreuungsökologie aufeinander zu beziehen (Ahnert & Gappa, 2008) ist für Lieselotte Ahnert ebenso wichtig wie die Frage, wie frühe Bildung organisiert und gestaltet werden muss, damit sie Wirksamkeit entfalten kann (z.B. Ahnert, 2010). In ihrer Analyse von Auswirkungen der Bindungsgestaltung auf frühkindliche Bildungsprozesse weisen Ahnert & Gappa (2010,

S. 109f.) auch darauf hin, dass Fragen des Zusammenhangs zwischen Bildungsangeboten und ihrer Vermittlung bislang wenig Eingang in die Debatte um die frühe Bildung gefunden haben. Die Autorinnen heben die Notwendigkeit eines geschlechtssensitiven Erzieherverhaltens hervor und sehen diesbezüglich Handlungsbedarf nicht nur für die Aus- und Weiterbildung, sondern auch die alltägliche Reflexion des Erzieherhandelns in der frühpädagogischen Alltagspraxis. Im Bereich der Bindungsforschung beschäftigt Ahnert sich sowohl mit der Mutter-Kind-Bindung als auch der Bindung zwischen Erzieherin und Kind und verknüpft diese Forschungsbereiche mit Fragestellungen zur Bildungsmotivation und zu Bildungserfolgen am Beginn der Schullaufbahn (z.B. Ahnert & Harwardt, 2008).

Der Arbeitsbereich für Psychoanalytische Pädagogik am Institut für Bildungswissenschaft (Fakultät für Philosophie und Bildungswissenschaft) setzt sich in seinen aktuellen Forschungsaktivitäten in hohem Maß mit der frühen Kindheit auseinander. Seit 2007 beschäftigt sich eine Forschungsgruppe unter der Leitung von Wilfried Datler (in Kooperation mit Lieselotte Ahnert) mit der Eingewöhnungsphase in die Kinderkrippe ("Wiener Krippenstudie"). Dabei wird der Frage nachgegangen, welche Zusammenhänge zwischen dem Belastungserleben der Kinder, der Qualität der Einrichtungen und dem Verhalten der Eltern und Betreuerinnen besteht. In einem multiperspektivischen Forschungsdesign wurden bei 104 neu in Krippen eingetretenen Kindern über ein Jahr zu sechs Zeitpunkten Daten erfasst, die sowohl psychoanalytisch orientierte Einzelfallstudien als auch inferenzstatistische Auswertungen zulassen. Neben Buch- und Zeitschriftenartikeln entstand im Rahmen des Forschungsprojekts auch eine Reihe von Qualifikationsarbeiten, die einzelne Aspekte des Eingewöhnungsprozesses beleuchten.[1] Eine gelungene Eingewöhnung sehen Datler et al. (2010, S. 162ff.) dann als gegeben an, wenn die Kinder Verhaltensweisen zeigen, die darauf schließen lassen, dass sie (1) ihre Situation in der Krippe zunehmend als angenehm und lustvoll erleben, (2) sich den Menschen und Gegenständen, die sie in der Krippe vorfinden, konzentriert und explorativ zuwenden und (3) zusehends in dynamische soziale Austauschprozesse mit Kindern und Erwachsenen eintreten. Die Erfahrungen im Rahmen des Projekts führten zur Einschätzung, dass die Teams in den Krippen ihr Handeln kaum an wissenschaftlich fundierten Eingewöhnungskonzepten orientieren (Datler et al., 2011, S. 48). In Folge entstand das Forschungsprojekt "WiKO – Ein Wiener Projekt zur Entwicklung von standortbezogenen Konzepten der Eingewöhnung von Kleinkindern in die Kinderkrippe und den Kindergarten" mit dem Ziel, zur Steigerung der pädagogischen Qualität der Eingewöhnungsphase spezielle Weiterbildungsangebote für die in den Einrichtungen tätigen Teams zu entwickeln und zu realisieren. Weiters wird gemeinsam mit dem Institut für Sprachwissenschaft im Projekt "Spracherwerb und lebensweltliche Mehrsprachigkeit im Kindergarten" in einem interdisziplinären Team sowohl Fragen zu konkreten Möglichkeiten sprachlicher Förderung als auch zur Bedeutung von Beziehungserfahrungen und emotionalem Erleben von

---

1   Vgl. http://www.univie.ac.at/bildungswissenschaft/papaed/forschung/x1_FWF_Eingewoehnungsphase_in_KinderKrippe.htm (Stand 15.03.2012)

Kindern für den Erwerb sprachlicher Kompetenzen nachgegangen (Granitschnig et al., 2011). Erhebungen des Sprachenprofils der betrachteten Kindergärten, vier Einzelfallstudien mit Kindern mit Erstsprache Türkisch sowie Weiterbildung und Elternbegleitung bilden die Basis.[2]

An der Universität Salzburg wird seit 2001 – angeregt aus den Bedürfnissen der Kindergartenpraxis – das Salzburger Beobachtungskonzept (SBK) entwickelt (Paschon, 2008). Dieses ursprünglich für den Kindergarten konzipierte, mittlerweile aber auf Kinder zwischen dem 1. und 15. Lebensjahr erweiterte Screenig-Verfahren unterstützt das pädagogische Personal in Bildungs- und Betreuungseinrichtungen bei der professionellen Beobachtung der Entwicklungsverläufe in zwölf Entwicklungsbereichen. Ziel des SBK ist es, Beobachtungen zeitökonomisch, effizient, individuell und theoretisch fundiert durchzuführen. Laufende Evaluierungen und Anpassungen an die Bedürfnisse der Praxis erfolgen. Die Entwicklung und der Einsatz des SBK, das auch in Bayern und Luxemburg Verbreitung gefunden hat, werden von umfangreichen Forschungs- und Evaluationsprojekten begleitet.[3]

An der Universität Innsbruck wurde in den Jahren 2008-2010 das Forschungsprojekt „Elementar – Männer in der pädagogischen Arbeit mit Kindern" umgesetzt.[4] Projektziele waren die Erforschung des Profils und der Erfahrungen von in Kinderbetreuungseinrichtungen tätigen Männern sowie die Identifizierung von Faktoren, die eine Steigerung des Männeranteils in diesem Berufsfeld begünstigen. In mehreren Teilstudien wurde bei verschiedenen Zielgruppen Einschätzungen und Erfahrungen zum Themenbereich erhoben, diese auch zusammenschauend analysiert und schließlich auf verschiedenen Ebenen (Veränderungen des öffentlichen Bewusstseins, Berufsorientierung, Ausbildung, Praxis, Forschung, politische Strategien) Empfehlungen für die Erhöhung des Anteils von Männern im Kindergarten abgeleitet (vgl. Aigner & Rohrmann, 2012). Aktuell beschäftigt sich eine Innsbrucker Forschergruppe mit der Frage, wie sich die Präsenz männlicher Kindergartenpädagogen, die in Österreich mit einem Anteil von nicht einmal 2 % eine verschwindende Minderheit darstellen, auf spezifische Entwicklungsprozesse von Kindern auswirken.

Ein wichtiger Schritt zur Verwirklichung der OECD-Empfehlungen bezüglicher der Verstärkung der Forschungstätigkeit im Bereich der FBBE wurde im Jahr 2010 mit der Einrichtung der ersten Professur für Elementarpädagogik am Institut für Erziehungs- und Bildungswissenschaft der Karl-Franzens-Universität Graz gesetzt. Die Forschungsvorhaben des von Cornelia Wustmann geleiteten Arbeitsbereichs Elementarpädagogik sind sowohl grundlagen- als auch anwendungsorientiert. Die erste praxisorientierte Studie des neuen Arbeitsbereichs setzt sich mit den Auswirkungen der Lebenslagen von Mädchen und Buben auf die Arbeitsbedingungen von Pädagoginnen und Pädagogen auseinander. In Gruppendiskussionen mit Kindergartenleiterinnen wurden eine Reihe

---

2   Vgl. http://www.forschungskindergarten.at (Stand 15.03.2012)

3   Vgl. https://sbk.sbg.ac.at/f_qualifikation.html (Stand 15.03.2012)

4   Vgl. http://www.uibk.ac.at/psyko/forschung/elementar (Stand 15.03.2012)

von Problemfeldern (z.B. Anforderungen durch sozialraumspezifisch unterschiedliche Beratungsbedürfnisse von Eltern, mangelnde Zeitressourcen für die Leitungstätigkeit) identifiziert und Handlungsempfehlungen erarbeitet (Wustmann et al., 2010).

Das Team des neuen Arbeitsbereichs sieht die vielfältigen an die Wissenschafter/innen herangetragenen Forschungsthemen und Erwartungen unter dem Dach der Professionalisierung vereint (Geissler et al., 2011, S. 69). Cornelia Wustmann hat sich schon vor ihrer Berufung nach Graz mit Fragen der Professionalisierung im Elementarbereich auseinandergesetzt (z.B. Wustmann, 2007) und ist nun in Österreich auch als Mitglied der Vorbereitungsgruppe für die „PädagoInnenbildung NEU" eine wichtige Proponentin in der Diskussion um Neugestaltung der elementarpädagogischen Ausbildung (z.B. Wustmann, 2012). Da für die im Rahmen der „PädagoInnenbildung NEU" geplanten Studiengänge akademisch qualifiziertes Personal für den Elementarbereich benötigt wird, fällt es dem neuen Arbeitsbereich Elementarbildung auch zu, entsprechende Schwerpunkte in der Lehre zu setzen bzw. Qualifikationsarbeiten zu betreuen. Aktuelle Dissertationsvorhaben beschäftigen sich folglich mit didaktischen Fragen der Ausbildung, der geschlechtsspezifischen Wahrnehmung der Lebenswelt der Kinder sowie peerbezogenen Aneignungsmöglichkeiten von Deutsch als Zweitsprache (Geissler et al. 2011, S. 75f.). Geissler et al. (2011, S. 78) weisen darauf hin, dass neben der Veränderung der Ausbildungsarchitektur durch die „PädagogInnenbildung NEU" es eine notwendige Voraussetzung für das Gelingen des angestrebten Professionalisierungsprozesses sein wird, eine Didaktik für die verschiedenen elementarpädagogischen Ausbildungszusammenhänge zu etablieren.

## 4    Frühkindliche Bildungsforschung an außeruniversitären Einrichtungen

Im Bereich der außeruniversitären Forschung im Elementarbereich nimmt das 1992 gegründete Charlotte-Bühler-Institut für praxisorientierte Kleinkindforschung[5] eine zentrale Rolle ein. Ein Schwerpunkt der Forschungsarbeit liegt in den Bereichen Qualitätsentwicklung und Qualitätssicherung. Nach einer empirisch fundierten Standortbestimmung des österreichischen Kindergartenwesens (Charlotte-Bühler-Institut, 1994; 1995) haben Hartmann & Stoll (1996) unter Bezugnahme auf internationale Studien einen Katalog mit Mindeststandards sowie Empfehlungen zur Qualitätssicherung und Qualitätsoptimierung für den österreichischen Kindergarten vorgelegt. Hartmann et al. (2000) propagieren einen transaktionsanalytischen Ansatz der Qualitätsentwicklung und forcieren die Überprüfung von Qualitätsstandards (Charlotte-Bühler-Institut & PädQUIS, 2007).

Auch die Themenbereiche Sprache, Kommunikation und Literacy werden am Charlotte-Bühler-Institut bearbeitet. So geben Hartmann et al. (2009) in ihrem für den Unterricht

---

5   Vgl. http://www.charlotte-buehler-institut.at/profil/index.htm (Stand 15.03.2012)

an Bildungsanstalten für Kindergartenpädagogik zugelassenen Lehrbuch eine Einführung in den Forschungsstand und stellen auch den Praxisbezug her, indem sie einzelne
Abschnitte mit Erfahrungsberichten aus Kindergärten illustrieren und jeweils durch eine
Auswahl thematisch passender Bilderbücher und Spiele ergänzen. Nicht zuletzt weist die
Betrauung des Charlotte-Bühler-Instituts mit der Entwicklung des Bildungsplan-Anteils
zur frühen sprachlichen Förderung (Charlotte-Bühler-Institut, 2009) und des Bildungs-
rahmenplans auf die große praktische Relevanz dieser Forschungseinrichtung hin.

An den primär für die Aus- und Weiterbildung der Pflichtschullehrer/innen zuständigen Pädagogischen Hochschulen erfolgt die Auseinandersetzung mit dem Elementarbereich seit längerem in Verbindung mit Fragen der Gestaltung des Übertritts vom Kindergarten in die Schule (z.B. Hollerer & Seel, 2005; Schwarz-Herda, 2011). Die Förderung von
Vorläuferfähigkeiten für das schulische Lernen (z.B. Monschein, 2010) ist ein weiteres
Themenfeld der Forschungs- und Entwicklungsarbeit. Seit Einführung der verpflichtenden Sprachförderung im Kindergarten im Jahr 2008 werden für die Pädagoginnen und
Pädagogen aus Grundschulen und Kindergärten gemeinsame Fortbildungsveranstaltungen zum Themenbereich Sprachförderung angeboten und auch für beide Berufsgruppen
zugängliche Lehrgänge, die umfassend das Lernen von 4- bis 8-Jährigen fokussieren, entwickelt und umgesetzt (Fajtak, 2009; Holzinger, 2009). Damit in Zusammenhang stehen
empirische Forschungsprojekte, die sich mit der gegenwärtigen Ausbildungsreform und
der Kooperation von Kindergarten und Schule beschäftigen (Reicher-Pirchegger, 2012)
bzw. die Entwicklung von Instrumenten zur Beobachtung und Dokumentation frühkindlichen Lernens zum Ziel haben (Hollerer & Amtmann, 2012).

In Verbindung mit der verpflichtenden sprachlichen Förderung im Kindergarten setzten sich auch das Bundesinstituts für Bildungsforschung, Innovation & Entwicklung des
österreichischen Schulwesens mit dem Bereich der frühen Kindheit auseinander. Es wurden Beobachtungsinstrumente zur Sprachstandfeststellung entwickelt (Rössl et al., 2011;
Rössl & Wanka, 2011) und das Ausmaß des Sprachförderbedarf in Kindergärten erhoben.
Dabei zeigte sich, dass gut ein Jahr vor dem Schuleintritt 60 % der Kinder mit anderen
Erstsprachen als Deutsch und 10 % der Kinder mit deutscher Erstsprache Sprachförderbedarf aufweisen und dass sich der Besuch elementarpädagogischer Einrichtung positiv
auf die Sprachkompetenz auswirkt (Breit, 2009c, S. 24). Weiterhin wurden die Maßnahmen der frühen sprachlichen Förderung unter besonderer Berücksichtigung des Übergangs vom Kindergarten in die Schule begleitend evaluiert (zusammenfassend Stanzel-
Tischer, 2011).

## 5    Ausblick

Als Zeichen des zunehmenden Interesses der Wissenschaft an der frühkindlichen Bildungsforschung kann die im März 2012 erfolgte Gründung einer eigenen Sektion für
Elementarpädagogik in der Österreichischen Gesellschaft für Bildungsforschung gesehen werden. Auch die im Rahmen der 'PädagogInnenbildung NEU' vorgesehene Terti-

ärisierung der Ausbildung des pädagogischen Personals im Elementarbereich wird neue Anstöße für die frühkindliche Bildungsforschung bringen. Der in Zusammenhang mit der ‚PädagogInnenbildung NEU' geforderte Auf- und Ausbau der Forschungskompetenzen und die Realisierung einer forschungsgeleiteten Lehre wird im Bereich der Elementarbildung nur durch die Einrichtung weiterer Universitätsprofessuren erreicht werden können. Kooperationsmodelle zwischen Universitäten und Pädagogischen Hochschulen wie sie gegenwärtig bereits in Graz realisiert werden, können dabei einen Initialbeitrag zur Stärkung der Forschungskompetenz an den Pädagogischen Hochschulen leisten, zu einer besseren Vernetzung der Wissenschaftler/innen beitragen und damit die Bildungsforschung im Bereich der frühen Kindheit intensiviert.

# 6    Literatur

Adam, E. (2009). Kindheitsforschung und Österreichische Reformpädagogik. In G. Knapp & G. Salzmann (Hrsg.), *Kindheit, Gesellschaft und Soziale Arbeit. Lebenslagen und soziale Ungleichheit von Kindern in Österreich* (S. 48–69). Klagenfurt: Hermagoras.

Ahnert, L. (2003). Die Bedeutung von Peers für die frühe Sozialentwicklung des Kindes. In H. Keller (Hrsg.), *Handbuch der Kleinkindforschung. Dritte, korrigierte, überarbeitete und erweiterte Auflage* (S. 489–524). Bern: Hans Huber.

Ahnert, L. (2010). *Wieviel Mutter braucht ein Kind?* Heidelberg: Spektrum.

Ahnert, L. & Gappa, M. (2008). Entwicklungsbegleitung in gemeinsamer Erziehungsverantwortung. In J. Maywald & B. Schön (Hrsg.), *Krippen: Wie frühe Betreuung gelingt* (S. 74–95). Weinheim: Beltz.

Ahnert, L. & Gappa, M. (2010). Bindung und Beziehungsgestaltung in öffentlicher Kleinkindbetreuung – Auswirkungen auf die frühe Bildung. In H.R. Leu & A. von Behr (Hrsg.), *Forschung und Praxis der Frühpädagogik* (S. 109–120). München: Reinhard.

Ahnert, L. & Harwardt, E. (2008). Die Beziehungserfahrung der Vorschulzeit und ihre Bedeutung für den Schuleintritt. *Empirische Pädagogik*, 22 (2), 145–159.

Aigner, J. & Rohrmann, T. (2012). *Elementar – Männer in der pädagogischen Arbeit mit Kindern.* Opladen: Budrich.

Ämter der Landesregierungen der österreichischen Bundesländer, Magistrat der Stadt Wien & Bundesministerium für Unterricht, Kunst und Kultur (2009). *Bundesländerübergreifender BildungsRahmenPlan* für elementare Bildungseinrichtungen in Österreich. Wien: BMUKK.

Bayr-Klimpfinger, S. & Niegl, A. (1966). *Erzähl mir was! Geschichten für Kleinkinder. Ausgewählt, bearbeitet und kommentiert.* Wien: Österreichischer Bundesverlag.

Berger, M. (2005). *Recherchen zum Kindergarten in Österreich: Gestern – Heute – Morgen.* Download am 19.12.2011 von http://www.kindergartenpaedagogik.de/1240.html

Breit, S. (2009a). Sozialisationsbedingungen von Schülerinnen und Schülern mit Migrationshintergrund. In Schreiner, C. & Schwantner, U. (Hrsg.), *PISA 2006. Österreichischer Expertenbericht zum Naturwissenschaftsschwerpunkt* (S. 136–145). Graz: Leykam.

Breit, S. (2009b). Elementarbildung. In Suchan, B., Wallner-Paschon, C. & Schreiner, C. (Hrsg.), *PIRLS 2006. Die Lesekompetenz am Ende der Volksschule* (S. 158–164). Graz: Leykam.

Breit, S. (Hrsg.) (2009c). *Frühkindliche Sprachstandsfeststellung. Konzepte und Ergebnisse der systematischen Beobachtung im Kindergarten.* Graz: Leykam.

Brezinka, W. (2000). *Pädagogik in Österreich. Band 1.* Wien: Verlag der österreichischen Akademie der Wissenschaften.

Charlotte-Bühler-Institut (1994). Öffnungszeiten und Aufenthaltsdauer im Kindergarten – Erforschung von entwicklungsfördernden bzw. entwicklungshemmenden Rahmenbedingungen. Wien: Charlotte-Bühler-Institut.

Charlotte-Bühler-Institut (1995). *Bildungsziele und Funktionen des Kindergartens aus der Sicht der Kindergärtnerinnen.* Wien: Charlotte-Bühler-Institut.

Charlotte-Bühler-Institut (2009). *Bildungsplan-Anteil zur sprachlichen Förderung in elementaren Bildungseinrichtungen.* Aktualisierte Version, Juni 2009. Wien: BMUKK.

Charlotte-Bühler-Institut & PädQUIS (2007). *Dimensionen pädagogischer Qualität in Kindergärten.* Wien, Berlin: Charlotte-Bühler-Institut & PädQUIS.

Datler, M., Datler, W., Fürstaller, M. & Funder, A. (2011). Hinter verschlossenen Türen. Über Eingewöhnungsprozesse von Kleinkindern in Kindertagesstätten und die Weiterbildung pädagogischer Teams. In M. Dörr, R. Göppel & A. Funder (Hrsg.), *Reifungsprozesse und Entwicklungsaufgaben im Lebenszyklus.* Jahrbuch für Psychoanalytische Pädagogik 19 (S. 30–54). Gießen: Psychosozial-Verlag.

Datler, W., Hover-Reisner, N. & Fürstaller, M. (2010). Zur Qualität der Eingewöhnung als Thema der Transitionsforschung. Theoretische Grundlagen und forschungsmethodische Gesichtspunkte unter besonderer Bezugnahme auf die Wiener Krippenstudie. In F. Becker-Stoll, J. Berkic & B. Kalicki (Hrsg.), *Bildungsqualität für Kinder in den ersten drei Jahren* (S. 158–167). Berlin: Cornelsen.

Fajtak, U. (2009). Der Übergang Kindergarten – Grundschule im Nahtstellenkonzept der Kirchlich Pädagogischen Hochschule Wien/Krems. *Erziehung & Unterricht,* 9-10, 983–987.

Fuchs, M. & Kränzl-Nagl, R. (2010). Zur Realität außerfamiliärer Kinderbetreuung im Spannungsfeld gesellschaftlicher und familialer Ansprüche. In BMWFJ (Hrsg.), *5. Familienbericht 1999 – 2009. Die Familie an der Wende zum 21. Jahrhundert, Band I* (S. 363–402). Wien: BMWFJ.

Garnitschnig, I., Sobczak, E. & Studener-Kuras, R. (2011). Was brauchen Kinder beim Spracherwerb in einem Umfeld lebensweltlicher Mehrsprachigkeit? Zugänge eines laufenden Forschungsprojekts an Wiener Kindergärten. In K. Rosenberger (Hrsg.), *Sprache aufbauen – Grenzen abbauen* (S. 55–58). Wien: Lernen mit Pfiff.

Geissler, C., Giener-Grün, A., Karber, A. & Wustmann, C. (2011). Elementarpädagogische Diskurse in Österreich. In R. Mikula & H. Kittl-Satran (Hrsg.), *Dimensionen der Erziehungs- und Bildungswissenschaft* (S. 69–88). Graz: Leykam.

Hartmann, W., Hajszan, M., Pfohl-Chalaupek, M., Stoll, M. & Hartel, B. (2009). *Sprache, Kommunikation und Literacy im Kindergarten.* Wien: öbvhtp.

Hartmann, W. & Stoll, M. (1996). *Mehr Qualität für Kinder. Qualitätsstandards und Zukunftsperspektiven für den Kindergarten.* Wien: öbvhpt.

Hartmann, W., Stoll, M., Christé, N. & Hajszan, M. (2000). *Bildungsqualität im Kindergarten.* Wien: öbvhtp.

Hollerer, L. & Amtmann, E. (2012). Neue Wege für die Beobachtung und Dokumentation kindlicher Entwicklung. In A. Holzinger (Hrsg.), *Frühe Bildung. Projekte, Befunde, Perspektiven* (S. 142–151). Graz: Leykam.

Hollerer, L. & Seel, A. (Hrsg.) (2005). *Schultütenkinder.* Graz: Leykam.

Holzinger, A. (2009). Konzepte zur Professionalisierung von ElementarpädagogInnen im Spiegel internationaler Modelle. *Erziehung & Unterricht,* 9-10, 975–982.

Kaindl, M., Kinn, M., Klepp, D. & Tazi-Preve, I. (2009). *Tageseltern in Österreich.* Wien: ÖIF.

Lamb, M. & Ahnert, L. (2003). Institutionelle Betreuungskontexte und ihre entwicklungspsychologische Relevanz für Kleinkinder. In H. Keller (Hrsg.), *Handbuch der Kleinkindforschung.* Dritte, korrigierte, überarbeitete und erweiterte Auflage (S. 525–564). Bern: Hans Huber.

Lang, B. (2006). Die formale Schulbildung der PISA-Schüler/innen. In G. Haider & C. Schreiner (Hrsg.), *Die PISA-Studie. Österreichs Schulsystem im internationalen Wettbewerb* (S. 211–219). Wien: Böhlau.

Monschein, M. (2010). Lernausgangslagen für den Schriftspracherwerb erkennen und fördern. *Integration in der Praxis*, 30, 55–65.

Münz, R. & Reiterer, A. (2010). Demographische Entwicklung im 20. Jahrhundert. In BMWFJ (Hrsg.), *5. Familienbericht 1999 – 2009. Die Familie an der Wende zum 21. Jahrhundert. Band I* (S. 1–90). Wien: BMWFJ.

Nickel, H. & Quaiser-Pohl, C. (Hrsg.) (2001). *Junge Eltern im kulturellen Wandel*. Weinheim: Juventa.

OECD (2006). *Starting Strong. Early Childhood Education And Care Policy. Länderbericht für Österreich*. Download am 28.09.2011 von http://www.oecd.org/dataoecd/57/58/36657509.pdf

Paschon, A. (2008). Die Grundlagen des „Salzburger Beobachtungskonzepts" (SBK). Zwischenbericht zur Entwicklung eines Beobachtungsinstruments. *Salzburger Beiträge zur Erziehungswissenschaft*, 2, 23–49.

Reicher-Pirchegger, L. (2012). Aufbruch oder Umbruch. Reformabsichten und Berufsbild im elementarpädagogischen Kontext. In A. Holzinger (Hrsg.), *Frühe Bildung. Projekte, Befunde, Perspektiven* (S. 15–39). Graz: Leykam.

Republik Österreich (2011). Strategie zum lebensbegleitenden Lernen in Österreich. Wien: BMUKK, BMWF, BMASK, BMWFJ. Download am 07.01.2012 von http://www.bmukk.gv.at/medienpool/20916/lllarbeitspapier_ebook_gross.pdf

Rollett, B. & Werneck, H. (2008). *Das Längsschnittprojekt Familienentwicklung im Lebenslauf (FIL): Familienbezogene und individuelle Entwicklungsaufgaben und ihre Bewältigung im Jugendalter (Forschungsbericht)*. Wien: Universität, Fakultät für Psychologie.

Rössl, B., Stadlmair, M. & Wanka, R. (2011). *Beobachtungsbogen zur Erfassung der Sprachkompetenz in Deutsch von Kindern mit Deutsch als Erstsprache (BESK), Version 2.0*. Salzburg: BIFIE.

Rössl, B. & Wanka, R. (2011). *Beobachtungsbogen zur Erfassung der Sprachkompetenz in Deutsch von Kindern mit Deutsch als Zweitsprache (BESK-DaZ) – Version 2.0*. Salzburg: BIFIE.

Schenk-Danzinger, L. (2006). *Entwicklungspsychologie*. Völlig neu bearbeitet von Karl Rieder. Wien: G&G Verlagsgesellschaft.

Schwarz-Herda. M. (2011). Vom Kindergarten in die Schule – Gedanken zur Nahtstellenproblematik. *Erziehung & Unterricht*, 1-2, 75–81.

Spiel, C. (1996). Effekte leichter biologischer und leichter sozialer Risiken auf Leistungsverhalten im Schulalter – Ergebnisse der Wiener Entwicklungsstudie (WES). In C. Spiel, U. Kastner-Koller & P. Deimann (Hrsg.), *Motivation und Lernen aus der Perspektive lebenslanger Entwicklung* (S. 41–59). Münster: Waxmann.

Spiel, C., Sirsch, U. & Wagner, P. (2001). Langfristige Effekte leichter Entwicklungsrisiken auf die Bewältigung schulischer Anforderungen. In G. Klammer & B. Milkosz (Hrsg.), *Psychologie in der Jugendwohlfahrt, Konzepte, Methoden, Positionen* (S. 164–175). Wien: WUV.

Stanzel-Tischler, E. (2009). Die Elementarbildung im Nationalen Bildungsbericht Österreich 2009. *Erziehung & Unterricht*, 9-10, 909–916.

Stanzel-Tischler, E. (2011). *Frühe sprachliche Förderung im Kindergarten. Begleitende Evaluation. Executive Summary zu den BIFIE-Reports 1 & 2/2009, 5/2010 und 8/2011*. Graz: Leykam.

Stanzel-Tischler, E. & Breit, S. (2009). Frühkindliche Bildung, Betreuung und Erziehung und die Phase des Schuleintritts. In W. Specht (Hrsg.), *Nationaler Bildungsbericht Österreich 2009, Band 2* (S. 15–31). Graz: Leykam.

Statistik Austria (2011). *Kindertagesheim-Statistik 2010/11*. Wien: Statistik Austria.

Textor, M. (o. J.). Österreich: der Kindergarten als Bildungs- und Dienstleistungseinrichtung. Download am 19.12.2011 von http://www.kindergartenpaedagogik.de/1090.html

Tietze, W., Cryer, D., Bairrão, J., Palacios, J. & Wetzel, G. (1996). Comparisons of Observed Process Quality in Early Child Care und Education Programs in Five Countries. *Early Childhood Research Quarterly*, 11, 447–475.

Unsere Kinder (2008). *Sonderausgabe Tagungsdokumentation*, zum Kongress Frühe Bildung – große Chance am 25.10.2007 in Salzburg.

Vorbereitungskommission (2011). *PädagogInnenbildung Neu – Die Zukunft der pädagogischen Berufe. Empfehlungen der Vorbereitungskommission.* Download am 05.12.2011 von http://www. bmukk.gv.at/medienpool/20840/pbneu_endbericht.pdf

Wetzel, G. (2000). Qualitätsmerkmale von Kindergärten und soziale Integration von Kindern mit besonderen Bedürfnissen. In H. Hovorka & M. Sigot (Hrsg.), *Integration(spädagogik) am Prüfstand* (S. 129–155). Innsbruck: Studienverlag.

Wetzel, G., Itzlinger, U. & Krumm, V. (1997). Struktur- und Prozessqualitäten von Kindergärten – österreichspezifische Ergebnisse einer international vergleichenden Studie. *Salzburger Beiträge zur Erziehungswissenschaft*, 2, 66–86.

Wustmann, C. (2007). Quo vadis ErzieherInnenausbildung? *Sozial Extra*, 5/6, 16–19.

Wustmann, C. (2012). Wissen – Können – Tun. In A. Holzinger (Hrsg.), *Frühe Bildung. Projekte, Befunde, Perspektiven* (S. 61–76). Graz: Leykam.

Wustmann, C., Bodi, O., Gerhart, H. & Geißler, C. (2010). *Wissen, was so los ist! Mit Kindergartenleiterinnen reden und Bedarfe ermitteln.* Graz: Karl-Franzens-Universität Graz.

# Research on Early Childhood Education in the UK

Edward Melhuish

## 1    Introduction

Virtually every developed country has set up some form of early childhood education for children below the age of compulsory schooling. The differences lie in the organisational forms, the level of state subsidy, the responsible authorities and the age at which children access provision. In many countries public authorities offer subsidised places from a very early age, often from the end of statutory maternity leave. However, this does not necessarily mean that demand for these places is fully met. In the UK school starts at age 5 so early childhood education concerns children under 5 years of age. Early childhood education in the UK occurs in several types of provision. Some types of provision including playgroups, nursery schools and nursery classes provide for older preschool children, typically 3-5 year olds, while some such as day nurseries will also have facilities for younger children. While these forms of provision are designed for the over-threes it is quite common for children to start in these forms of care a little earlier. Playgroups are provided by voluntary or local authority sectors and are used by all sections of the population. Almost all nursery schools and classes are provided by local authorities and are used by all sections although they are often targeted, particularly nursery schools, on more disadvantaged communities. Private nursery schools also exist and are used by affluent families, although they may register under regulations for playgroups. Provision varies across the UK and in Northern Ireland children from three upwards in rural areas can also be found in reception groups or reception classes within primary schools.

There has been increasing emphasis on early childhood learning in the UK. As a result of evidence from the Effective Provision of Preschool Education (EPPE) project (e.g. Sylva, Melhuish, Sammons, Siraj-Blatchford & Taggart, 2004), in 2004 the government made a publicly-funded, part-time preschool place a statutory right for all 3 and 4 year old children. So universal early childhood education in the UK had arrived. The 15 hours a week of free early childhood education is not compulsory and is used by over 95 % of 3- and 4-year-olds. From 2005 the government also has provided for Early Years curriculum guidance on delivering quality integrated education and care for children from birth to age 6; and a reformed regulatory framework to raise quality. The guidelines are part of the Early Years Foundation Stage (EYFS) documents produced by the Department for Education (DfE, 2012). The aim of the EYFS is to document what is regarded good practice in early years provision, including curriculum guidance. Also every early years setting is inspected by the government-funded Office for Standards in Education (Ofsted; http://www.ofsted.gov.uk/) to ensure minimum standards are met. The results of Ofsted inspections are publicly available on the internet.

## 2      Research Evidence

Preschool provision for children 3-5 years old typically has some level of educational orientation but this varies in type and amount between preschool centres. This section will consider evidence on the effects for children's development of experience in such preschool provision.

There have been several birth cohort studies in the UK, notably cohorts born in 1958; 1970 and 2000/01 and their data can be used to investigate child development difference that may be linked to early childhood education. In 1970 Osborn & Milbank (1987) analysed cohort data from a sample of 8,500 children, with additional information merged in from a census of all preschool institutions. They assess separately the effects on cognitive and behavioural development at ages 5 and 10 of several types of ordinary preschool programmes, finding similar types of effects for nearly all. Based on 'analyses of variance' controlling for a number of important socio-economic and family factors, they find that preschool generally boosts cognitive attainment at ages 5 and 10, when the impact of socio-economic status and maternal educational level was controlled. Goodman & Sianesi (2005) found that investments in early childhood education before the age of 5 appear to have had long-lasting and positive effects on the children from the 1958 birth cohort. Early childhood education was associated with improvements in cognitive test scores, including both maths and reading at age 7; these effects diminish in size but remain significant throughout the schooling years, up to age 16. In adulthood, early childhood education was found to increase the probability of obtaining qualifications and to be employed at 33, with a 3 to 4 % wage gain at 33. Using another cohort, the millennium cohort study (MCS, born 2000/01) data Becker (2011) found that early childhood education helped the language development of children from low education mothers.

## 3  The EPPE study

The most recent UK research is dominated by the Effective Provision of Preschool Education (EPPE) project, later called Effective Preschool & Primary Education (EPPE) and Effective Preschool, Primary & Secondary Education (EPPSE) (Melhuish et al., 2008a; Sylva et al., 2010). This is a longitudinal study of a nationally-representative sample of young children's development (intellectual and social/behavioural) from age 3 upwards. The EPPE team collected a wide range of information on over 3,000 children, their parents, their home environments and the preschool settings they attended. Subsequent stages of the project also collected data on primary and secondary schools attended by the sample. Preschool centres (141) were randomly sampled to include the full range in England (local authority day nursery, integrated children's centres, playgroups, private day nurseries, nursery schools and nursery classes). A sample of 'home' children (who had no or minimal preschool experience) was recruited to the study at entry to school for comparison with the preschool group. The study has applied multi-level modeling, in a school effectiveness design, to investigate the separate effects of personal and social and family background, the quality of the learning support provided in the home and the quality of the learning environment provided by the children's early childhood education centre, primary and secondary schools. In addition to collecting demographic data through parental interviews and questionnaires, a developmental profile was established for each child, which included cognitive assessments and social developments assessments at regular intervals. The quality of the preschool centres was assessed through standardised observation-based rating scales, which were the Early Childhood Ratings Scales- Revised (ECERS-R) (Harms, Clifford & Cryer, 1998) and the Early Childhood Rating Scales- Extended (Sylva et al., 2010). In addition the quality of the Home Learning Environment (HLE) was assessed through interview (Melhuish et al., 2001; Melhuish et al., 2008b).

The methodology allowed the study to measure the effectiveness of individual preschools in terms of improving child outcomes. This enabled the project to investigate explore effective practice through intensive case studies of twelve preschool centres chosen because they varied in their effects upon children. Subsequent qualitative studies investigated children succeeding against the odds.

At the start of school demonstrated there were beneficial effects of high quality provision on children's development (Sammons et al., 2002; 2003; 2004a). The main findings were:

*Impact of attending a preschool centre*
- Preschool experience, compared to none, enhances children's development.
- Duration (number of months) is related to better intellectual development and improved independence, concentration and sociability.
- Full-time attendance led to no better gains than part-time attendance.

- Disadvantaged children in particular benefit significantly from good quality preschool experiences, especially if they attend centres that cater for a mixture of children from different social backgrounds.

*The quality and practices in preschool centres*
- The quality of preschool centres is directly related to better intellectual and social/behavioural development in children.
- Good quality can be found across all types of preschool. However quality was higher overall in integrated children's centres, nursery schools and nursery classes.
- Settings that have staff with higher qualifications, especially trained teachers, show higher quality and their children make more progress.
- Where settings view educational and social development as complementary and equal in importance, children make better all round progress.
- Effective pedagogy includes interaction traditionally associated with the term 'teaching', the provision of instructive learning environments and 'sustained shared thinking' to extend children's learning.

*Type of preschool*
- Some individual preschool settings are more effective for positive child outcomes.
- Children tend to make better intellectual progress in fully integrated children's centres nursery schools, where the observed quality of provision was usually higher.

When the EPPE children took national assessments at age 7 (Key Stage 1) again the children who had received higher quality early childhood education showed better educational attainment and also better social development (Sammons et al., 2004b). A similar pattern of results occurred at the end of primary school when children who had received higher quality early childhood education showed better results in national assessments (Sammons et al., 2008a) and in social development (Sammons et al., 2008b). At the end of primary school the effect size associated with 18 months of high quality preschool (compared to no preschool) was equivalent to that of 6 years of highly effective primary school (roughly 0.2 SD for literacy, and 0.4 SD for numeracy), having controlled for child, family and neighbourhood characteristics. When the children had been in secondary school for 3 years (age 14) analysis of data on national assessments and social development again indicated that the longer-term beneficial effects of higher quality early childhood education were persisting into secondary school and the teenage years (Sammons et al., 2012a,b). Low quality early childhood education had no effects (Sylva et al., 2011). Subsequent follow-ups are planned to investigate longer-term effects at 16 and 18 years of age.

The qualitative studies of effective preschool centres in the EPPE project provide strong evidence that a well-planned curriculum and pedagogy with specific learning goals, delivered by responsive educators, improves children's intellectual and social/behavioural development. Children made more progress in centres where cognitive and social goals were complementary and viewed as equally important. In centres rated as excellent, educators and children engaged in more sustained shared thinking. Educators intentionally extended children's thinking by working together to solve a problem, clarify a concept, expand a narrative or explore a question. (Siraj-Blatchford et al., 2003).

One of the findings of the EPPE project was the very powerful influence of the learning opportunities provided in the home in the early years, which was called the Home Learning Environment (Melhuish et al., 2001; 2008). Qualitative studies (Siraj-Blatchford, 2010; Siraj-Blatchford et al., 2011) revealed how important these early educationally relevant experiences within the child's home were very important for children in succeeding against the odds.

## 4    The EPPNI study

These results for the EPPE study have largely been replicated in the effective preschool provision in Northern Ireland (EPPNI) study of 850 children covering the full range of preschool centre experience in Northern Ireland (Melhuish et al., 2006). In the EPPNI study the positive effects of high quality early childhood education upon academic and social development are apparent up to 8 years of age. Subsequent follow-up at 11 years of age demonstrated that early childhood education was related to age 11 performance in English and mathematics on national assessments. High quality preschools show consistent effects that are reflected not only in improved attainment in English and mathematics at age 11, but also improved progress in mathematics over primary school. Children who attended high quality preschools were 2.4 times more likely in English, and 3.4 times more likely in mathematics, to attain level 5 than children without preschool experience (Melhuish et al., 2010, in press). All of these effects occur after controlling for the demographic characteristics of the family and neighbourhood as well as other experiences of the child. In the EPPNI study the beneficial effects of early childhood education only occurred for nursery classes, nursery schools and playgroups, which had higher quality of provision as measured by the observational instruments ECERS-R and ECERS-E. The preschool settings with lower quality provision, which were private day nurseries, reception classes and reception groups, did not show beneficial effects.

In England and Northern Ireland the evidence indicates that part-time provision produces equivalent effects to full-time provision and that the more months of provision from 2 years of age onwards the stronger the improvement.

## 5    Sure Start

In 1999 the UK government announced a new early years programme for children from disadvantaged families. By 2004 524 Sure Start programmes targeted families with children 0-4 years of age in the 20 % most deprived communities. Sure Start was meant to provide a range of early childhood services, including early childhood education. An evaluation of Sure Start programmes produced early findings (NESS, 2005) that indicated that Sure Start programmes were not having the impact hoped for. Also, evidence from the EPPE project indicated that a type of early years provision, integrated children's centres, was particularly beneficial to children's development. Therefore the government decided that this combination of evidence justified changing Sure Start programmes into children's centres, which offer comprehensive early education and family support services in the most deprived communities. Following the change to children's centres, the results for the evaluation of Sure Start improved with better outcomes for parenting and child social development at 3 years of age (Melhuish et al., 2008; NESS, 2008). However when the same children were followed up at age 5 the beneficial effects for child social development had disappeared (NESS, 2010). This was probably because almost all children in the country, whether in Sure Start areas or not, were receiving free part-time early childhood education from age 3 onwards. This early childhood education probably led to an equalising of development for children whether in Sure start areas or not. The latest results from the Sure Start programme indicate positive effects upon parents but no significant effects upon child outcomes overall up to age 7 years (NESS, 2012). However a study of 1,000 children in Sure Start children's centres did show that where the quality of preschool centre provision from age 3 to 5 years was of higher quality then there was better language development at the start of school whether this was measured by researchers using standardised assessments or by teachers using a national assessment called the Foundation Stage Profile, which assesses children overall on development related to school readiness (Melhuish et al., 2010). This strongly indicates that to produce better language development the quality of early childhood education needs to be improved. Also earlier research (Melhuish et al., 1990) showed how higher quality childcare 0-3 years also was associated with improved language development.

## 6    Discussion

Research on early childhood education in the UK has produced strong evidence of the long term beneficial effects of high quality early childhood education. This research is supported by research from other parts of the world. Studies of population-representative samples in the USA find benefits for school readiness (Gormly, Phillips & Gayer, 2008; Magnuson, Meyers, Ruhm, & Waldfogel (2004) and later educational attainment (Vandell et al., 2010) from early childhood education. In France preschool (école maternelle) is a universal, free, education program with access from age 3. During the 1960s and 1970s large-scale expansion led to the enrollment of 3-year-olds increasing from 35 % to 90 % and of 4-year-olds from 60 % to 100 %. Based on state-collected data of representative samples there were sizeable and persistent effects indicating that preschool helps children succeed in school and obtain higher wages in the labor market. Preschool also appeared to reduce socioeconomic inequalities as children from less advantaged backgrounds benefitted more than the more advantaged (Dumas & Lefranc, 2010). Likewise in Switzerland the impact of preschool expansion was associated with improved intergenerational educational mobility with children from disadvantaged backgrounds benefiting most (Bauer & Ripahn, 2009). Further evidence comes from the expansion of preschool education for 3-6 year olds in Norway during the 1970s, where examining differential implementation of preschool by municipalities and population education and employment data, it was found that preschool participation was associated with strong benefits for later educational and labour market outcomes across the population (Havnes & Mogstad, 2011). Also in Denmark Bauchmüller, Gørtz and Rasmussen (2011) used register data on the whole population to demonstrate that higher quality early childhood education has effects on educational attainment at age 16, i.e. 10 years are leaving early childhood education.

Similar evidence exists outside of North America and Europe. Preschool boosted primary school achievement in Bangladesh (Aboud, 2006), with similar results reported for ten other countries (Montie, Xiang, & Schweinhart, 2006). During preschool expansion in Uruguay comparisons of a) siblings with and without preschool and b) regions varying in preschool expansion, revealed clear benefits from preschool up to secondary school (Berlinski, Galiani, & Manacorda, 2008). Similar analyses in Argentina found that 1 year of preschool was associated with primary school attainment increases of 0.23 of a standard deviation (Berlinski, Galiani & Gertler, 2009).

A meta-analysis of 125 early childhood education studies (Camilli et al., 2010) found that early childhood education was associated with substantial effects for both cognitive and socio-emotional outcomes. Preschool programs with an emphasis in educational experiences directly delivered to the child appeared to have larger effect sizes. Most of the research upon ECEC has occurred in developed countries. However some research has focused on the potential for ECEC to improve general population outcomes for developing countries. Engle et al., (2011) have reviewed the available evidence and concluded that increasing preschool enrolment was amongst the most effective ways of improving child outcomes and would have substantial benefits with a very favourable benefit-to-cost ratio.

In conclusion the evidence for the benefits of high quality early childhood education is substantial and increasing (Melhuish, 2011). For example the Organisation for Economic Cooperation and Development (OECD, 2011) examined educational attainment data for 65 countries, finding that literacy at age 15 was strongly associated with preschool participation in countries where a large proportion of the population use preschool, where preschool is for more months, and where there were measures to maintain the quality of preschool. They concluded that widening access to preschool can improve performance and equity by reducing socioeconomic disparities, if extending coverage does not compromise quality. It can be argued that early childhood education is critical for children's future competence, coping skills, health, success in the labor market, and consequently the social and economic health of the nation (e.g. McCain, Mustard & McCuaig, 2011; Heckman, 2006). In a technologically sophisticated world a population's educational attainment is likely to be increasingly important for a nation's economic development, as argued by the US Federal Reserve chair, "Research increasingly has shown the benefits of early childhood education and efforts to promote the lifelong acquisition of skills for both individuals and the economy as a whole. The payoffs of early childhood programs can be especially high" (Bernanke, 2011). Thus early childhood education is a means of advancing educational and social development for all and it becomes part of the infrastructure for economic development. Some countries, e.g. China (Shenglan, 2006) appear to have taken this perspective on board in their focused development of early childhood education.

# 7    References

Aboud, F.E. (2006). Evaluation of an early childhood pre-school in rural Bangladesh. *Early Child-hood Research Quarterly, 21,* 46–60.

Bauchmüller, R., Gørtz, M. & Rasmussen, A.W. (2011). Long-Run Benefits from Universal high-quality pre-schooling. AKF Working Paper, 2011(2), AKF.

http://www.cser.dk/fileadmin/www.cser.dk/wp_008_rbmgawr.pdf

Bauer, P.C. & Riphahn, R.T. (2009). Age at school entry and intergenerational educational mobility. *Economics Letters, 103,* 87–90.

Becker, B. (2011). Social disparities in children's vocabulary in early childhood: Does pre-school education help to close the gap? *British Journal of Sociology, 62,* 69–88.

Berlinski, S., Galiani, S. & Gertler, P. (2009). The effect of pre-primary education on primary school performance. *Journal of Public Economics, 93,* 219–234.

Berlinski, S., Galiani, S. & Manacorda, M. (2008). Giving children a better start: Preschool attendance and school-age profiles. *Journal of Public Economics, 92, 1416–1440.*

Bernanke, B.S. (2011). *Challenges for State and Local Governments,* Speech, New York, 2nd March 2011.

Camilli, G., Vargas, S., Ryan, S. & Barnett, W.S. (2010). Meta-analysis of the effects of early education interventions on cognitive and social development. *Teachers College Record, 112,* 579–620.

Department for Education (2012). *Early Years Foundation Stage (EYFS). London: Department for Education.* http://www.education.gov.uk/schools/teachingandlearning/curriculum/a0068102/early-years-foundation-stage-eyfs

Dumas, C. & Lefranc, A. (2010). *Early schooling and later outcomes: Evidence from preschool extension in France.* Thema Working Paper n°2010-07. (Université de Cergy Pontoise, France, 2010). http://thema.u-cergy.fr/IMG/documents/2010-07.pdf.

Engle P.L., Fernald L., Alderman, H. et al, and the Global Child Development Steering Group. (2011). Strategies for reducing inequalities and improving developmental outcomes for young children in low-income and middle-income countries. *Lancet, 378,* 1339–53.

Goodman, A. & Sianesi, B. (2005). Early education and children's outcomes: How long do the impacts last? *Fiscal Studies, 26,* 513–548.

Gormley, W., Phillips, D. & Gayer, T. (2008). Preschool programs can boost school readiness. *Science, 320,* 1723–1724.

Harms, T., Clifford, R.M. & Cryer, D. (1998). *Early Childhood Environmental Rating Scale, Revised Edition (ECERS-R),* New York, Teachers College Press.

Havnes, T. & Mogstad, M. (2011). No Child Left Behind: Subsidized Child Care and Children's Long-Run Outcomes. *American Economic Journal: Economic Policy,* 3(2), 97–129.

Heckman, J.J. (2006). Skill formation and the economics of investing in disadvantaged children. *Science, 132,* 1900–1902.

Magnuson, K., Meyers, M., Ruhm, C. & Waldfogel, J. (2004). Inequality in preschool education and school readiness. *American Educational Research Journal, 41*, 115–157.

McCain, N., Mustard, J.F. & McCuaig, K. (2011). *Early Years Study 3: Making decisions, taking action.* Toronto, ON: McCain Family Foundation.
http://earlyyearsstudy.ca/media/uploads/report-pdfs-en/eys3_en_full_report.pdf

Melhuish, E.C. (2011). Preschool matters. *Science, 333*, 299–300.

Melhuish, E.C., Lloyd, E., Martin, S. & Mooney, A. (1990). Type of childcare at 18 months: II Relations with cognitive and language development. *Journal of Child Psychology and Psychiatry, 31*, 861–870.

Melhuish, E.C., Sylva, K., Sammons, P., Siraj-Blatchford, I. & Taggart, B. (2001). *The Effective Provision of Preschool Education Project, Technical Paper 7: Social/behavioural and cognitive development at 3-4 years in relation to family background.* London: Institute of Education/DfES.

Melhuish, E.C., Quinn, L., Hanna, K., Sylva, K., Siraj-Blatchford, I., Sammons, P. & Taggart, B. (2006). *The Effective Preschool Provision in Northern Ireland Project, Summary Report.* Belfast, N.I.: Stranmillis University Press. http://www.deni.gov.uk/researchreport41.pdf

Melhuish, E.C., Sylva, K., Sammons, P., Siraj-Blatchford, I., Taggart, B., Phan, M. & Malin, A. (2008a). Preschool influences on mathematics achievement. *Science, 321*, 1161–1162.

Melhuish, E.C., Sylva, K., Sammons, P., Siraj-Blatchford, I., Taggart, B. & Phan, M. (2008b). Effects of the Home Learning Environment and preschool center experience upon literacy and numeracy development in early primary school. *Journal of Social Issues, 64*, 95–114.

Melhuish, E.C. Belsky, J., Leyland, A.H., Barnes, J. & NESS Research Team (2008c). Effects of fully-established Sure Start Local Programmes on 3-year-old children and their families living in England: a quasi-experimental observational study. *Lancet, 372*, 1641–1647.

Melhuish, E.C., Quinn, L., Sylva, K., Sammons, P., Siraj-Blatchford, I. & Taggart, B. (2010). *Preschool Experience and Key Stage 2 performance in English and Mathematics.* Belfast: Dept for Education, Northern Ireland.www.deni.gov.uk/no_52_2010.pdf

Melhuish, E.C., Belsky, J., MacPherson, K., & Cullis, A. (2010a). *The quality of group childcare settings used by 3-4 year old children in Sure Start local programme areas and the relationship with child outcomes*: Research report DFE-RR068. London:DfE. ISBN 978-1-84775-828-6.
http://publications.education.gov.uk/default.aspx?PageFunction=productdetails&PageMode=publications&ProductId=DFE-RR068&

Melhuish, E.C., Quinn, L., Sylva, K., Sammons, P., Siraj-Blatchford, I. & Taggart, B. (2012). Preschool affects longer-term literacy and numeracy: Results from a general population longitudinal study in Northern Ireland. *School Effectiveness and School Improvement*, DOI: 10.1080/0924353.2012.749796.

Montie, J.E., Xiang, Z. & Schweinhart, L.J. (2006). Preschool experience in 10 countries: cognitive and language performance at age 7. *Early Childhood Research Quarterly, 21*, 313–331.

NESS (2005). *Early Impacts of Sure Start Local Programmes on Children and Families. Surestart Report 13.* London: DfES. http://www.ness.bbk.ac.uk/impact/documents/1183.pdf

NESS (2008). *The impact of Sure Start Local Programmes on three year olds and their families.* London: DCSF.http://www.ness.bbk.ac.uk/impact/documents/41.pdf

NESS (2010). *The impact of Sure Start Local Programmes on five year olds and their families*: Research report DFE-RR067. London: DfE. ISBN 978-1-84775-826-2.
http://publications.education.gov.uk/eOrderingDownload/DFE-RR067.pdf

NESS (2012). *The Impact of Sure Start Local Programmes on Child Development and Family Functioning: Report of the Longitudinal Study of 7-year-old Children and their Families.* London: DfE.

OECD (2011). *Pisa in Focus 2011/1: Does participation in pre-primary education translate into better learning outcomes at school?.* Paris: OECD. http://www.pisa.oecd.org/dataoecd/37/0/47034256.pdf

Osborn, A.F. & Milbank, J.E. (1987). *The Effects of Early Education: A Report from the Child Health and Education Study*, Oxford: Clarendon Press.

Sammons, P., Sylva, K., Melhuish, E.C., Siraj-Blatchford, I., Taggart, B. & Elliot, K. (2002). *The Effective Provision of Preschool Education Project, Technical Paper 8a: Measuring the impact on children's cognitive development over the preschool years.* London: Institute of Education/DfES.

Sammons, P., Sylva, K., Melhuish, E.C., Siraj-Blatchford, I., Taggart, B. & Elliot, K. (2003). *The Effective Provision of Preschool Education Project, Technical Paper 8b: Measuring the impact on children's social behavioural development over the preschool years.* London: Institute of Education/DfES.

Sammons, P., Elliot, K., Sylva, K., Melhuish, E.C., Siraj-Blatchford, I. & Taggart, B. (2004a). The impact of preschool on young children's cognitive attainments at entry to reception. *British Educational Research Journal, 30,* 691–712.

Sammons, P., Sylva, K., Melhuish, E.C. Siraj-Blatchford, I., Taggart, B, Elliott, K. & Marsh, A. (2004b). *The Effective Provision of Pre-school Education (EPPE) Project: Technical Paper 11: The continuing effect of pre-school education at age 7 years.* London: Institute of Education.

Sammons, P., Sylva, K., Melhuish, E., Siraj-Blatchford, I., Taggart, B. & Hunt, S. (2008a). *Influences on Children's Attainment and Progress in Key Stage 2: Cognitive outcomes in Year 6.* London: DCSF. https://www.education.gov.uk/publications/eOrderingDownload/DCSF-RR048.pdf

Sammons, P., Sylva, K., Melhuish, E., Siraj-Blatchford, I., Taggart, B. & Jelicic, H. (2008b). *Influences on Children's Development and Progress in Key Stage 2: Social/behavioural outcomes in Year 6.* London: DCSF. https://www.education.gov.uk/publications/eOrderingDownload/DCSF-RR049.pdf

Sammons, P., Sylva, K., Melhuish, E., Siraj-Blatchford, I., Taggart, B., Toth, K., Draghici, D. & Smees, R. (2012a). *Effective Preschool, Primary and Secondary Education Project (EPPSE 3-14) – Influences on students' attainment and progress in Key Stage 3: Academic outcomes in English, maths and science in Year 9.* London: DfE. https://www.education.gov.uk/publications/RSG/NewRsgPublications/Page1/DFE-RB184A

Sammons, P., Sylva, K., Melhuish, E., Siraj-Blatchford, I., Taggart, B., Draghici, D., Smees, R. & Toth, K. (2012b). *Effective Preschool, Primary and Secondary Education Project (EPPSE 3-14) – Influences on students' development in Key Stage 3: Social-behavioural outcomes in Year 9.* London: DfE.
https://www.education.gov.uk/publications/RSG/AllPublications/Page1/DFE-RB184B

Shenglan, L. (2006). Reformation and Development of Kindergarten Care and Education in the People's Republic of China Since the 1990s. In E .C. Melhuish & K. Petrogiannis (eds.), *Early Childhood Care and Education: International Perspectives on Policy and Research* (pp. 151–166). Routledge: London.

Siraj-Blatchford, I. (2010) Learning in the home and at school: how working class children succeed against the odds, *British Educational Research Journal, 36,* 463–482,

Siraj-Blatchford, I., Sylva, K., Taggart, B. Sammons, P., Melhuish, E. & Elliot, K. (2003). The Effective Provision of Preschool Education (EPPE) Project, Technical Paper 10 : Intensive Case Studies of Practice across the Foundation Stage. London: DfEE / Institute of Education, University of London.

Siraj-Blatchford, I., Mayo, A., Melhuish, E., Taggart, B., Sammons, P. & Sylva. K. (2011). *Performing against the odds: developmental trajectories of children in the EPPSE 3-16 study.* London: DfE.

Sylva, K., Melhuish, E., Sammons, P., Siraj-Blatchford, I., & Taggart, B. (2004). *The Effective Provision of Preschool Education (EPPE) Project: Findings from Preschool to the end of Key Stage 1.* London: DfES. https://www.education.gov.uk/publications/eOrderingDownload/SSU-FR-2004-01.pdf

Sylva, K., Melhuish, E., Sammons, P., Siraj-Blatchford, I. & Taggart, B., (eds). (2010). *Early Childhood Matters: Evidence from the Effective Preschool and Primary Education Project.* London: Routledge

Sylva, K., Siraj-Blatchford, I. & Taggart, B. (2010). *The Early Childhood Environment Rating Scales: Curricular extension to the ECERS_R. (3rd ed.).* Stoke: Trentham Books.

Sylva, K., Melhuish, E., Sammons, P., Siraj-Blatchford, I. & Taggart, B. (2011). Preschool quality and educational outcomes at age 11: low quality has little benefit, *Journal of Early Childhood Research, 9*(2) 109–124.

Vandell, D.L., Belsky, J., Burchinall, M., Steinberg, L. & Vandergrift, N. (2010). Do Effects of Early Child Care Extend to Age 15 Years? Results From the NICHD Study of Early Child Care and Youth Development. *Child Development, 81,* 737–756.

# Early Child Development Programs and Research in the United States

Milagros Nores and W. Steven Barnett

Research in the United States on the potential for early intervention to enhance child development dates back to the 1930's, and has advanced steadily since several landmark studies began in the 1960s (Skeels et al., 1938; Consortium for Longitudinal Studies,1983). Decades of research provide evidence that intensive, high-quality early childhood interventions have direct and persistent effects on cognitive and social development (Barnett, 2008; 2011; Camilli, Vargas, Ryan & Barnett, 2010; Heckman & Masterov, 2007). Some of the strongest evidence is from randomized trials with long-term follow-up. These find short- and long-term effects on knowledge and skills, pro-social and anti-social behaviors, executive function, delinquency and crime, and even depression. These trials have included interventions that have varied in duration from 2.5-hour-a-day programs over one or two school years to 10 hours a day, year-round for the first five years of life. Some home visitation programs that improve parenting behavior (including prenatal care) also have produced persistent positive effects on child development. Such research has shown that long-term consequences can include fewer schooling difficulties that result in less grade repetition and special education, increased educational attainment, higher productivity of the labor force, reduced dependence on public welfare, reduced crime and criminal justice costs, and increased tax payments. Estimations of benefit-to-cost ratios indicate a high rate of return as the discounted net present value of benefits equals many multiples of cost.

Despite the research, government support for early childhood development programs is severely limited. Many children still do not have access to programs (particularly before age 4). Quality remains relatively low in the private sector and in many publicly subsidized programs, including some directly provided by government. Debate continues about key issues relating to who should receive public subsidies, the design of effective programs, and the extent to which broader contexts affect program impacts. Examples include: whether public funding and provision should be means-tested or universal; optimal timing of developmental interventions including formal child care and education; and the extent to which the persistence of effects over time may depend on parental involvement or the quality of later schooling. A substantial body of research has been developed to address these questions though it is not always conclusive and has not necessarily led to policy changes even when it produced clear findings.

# 1    Summarizing the Evidence

A multiplicity of studies in the United States over the last 40 years have shown that good quality early childhood interventions have direct effects on cognitive and non-cognitive development. The most comprehensive summary of the evidence is a meta-analysis of all the research on center-based preschool programs since 1960 (Camilli et al., 2010). Findings from this study are consistent with the findings of earlier meta-analyses, some of which have included a broader range of early interventions. Immediate effects on cognitive development average about half (0.50) a standard deviation on cognitive development (Camilli, et al., 2010; Gorey, 2001; Guralnick & Bennett, 1987; McKey, Condelli, Ganson, Barrett, McConkey & Planz, 1985; Nelson, Westhues & MacLeod, 2003; Ramey, Bryant & Suarez, 1985; White & Casto, 1985). This is the equivalent of 7 to 8 points on an IQ test. Cognitive effects tend to decline over time, suggesting that there is some truth to the notion of fade-out. However, long-term cognitive effects do not entirely disappear, and remain about half the size of initial effects until adulthood (Camilli et al., 2010). In addition, some of the 'decline' in effects appears to result from greater compensatory efforts by public schools for children who did not benefit from high-quality preschool programs (Barnett, 2011).

Beyond providing evidence of the large impacts of early childhood programs, these studies have shown differential effects related to program quality, quantity, content, type or emphases (e.g., home visiting, parent education, center-based), range of services and type of instruction (e.g., Anderson et al., 2003; Camilli, et al., 2010; Gorey, 2001; Karoly, Kilburn & Cannon, 2005; Nelson et al., 2003; NICHD Early Childcare Research Network Study, 2002a and 2002b). Camilli and colleagues (2010) demonstrate through simulations that programs with more optimal designs could produce substantially larger cognitive effects. Preschool programs that emphasize intentional teaching, small group time, and individualization could close half the achievement gap between disadvantaged children and their peers in the United States through the end of primary school.

Estimated effects have been somewhat smaller in the social and emotional domain, but still average about 0.33 standard deviations (Camilli et al., 2010; McKey et al., 1985; White & Casto, 1985). One potential explanation for smaller average effects in this domain may be that many of the programs studied were not specifically designed to enhance social and emotional development. Programs primarily focused on cognitive outcomes might be expected to produce weak or null effects on social and emotional development. Indeed, randomized trials designed to address this question indicate that alternative approaches to preschool education can have similar effects on cognitive development while having very different effects on social and emotional development (Schweinhart & Weikart, 1997; Barnett et al., 2008). In conjunction with the meta-analysis finding, they indicate that programs combining intentional teaching (but not dominated by whole group instruction) with substantial time for child initiated activities including dramatic play, can produce large social-emotional, as well as cognitive, gains.

In addition to the cognitive and social-emotional child development dimensions, some studies have assessed the effects of preschool on children's later educational success. Various studies provide evidence of effects into the elementary school years and beyond (Aos, Lieb, Mayfield, Miller & Pennucci, 2004; Barnett, 2008; Karoly et al., 2005). Recent meta-analyses show significant lasting effects on classroom behavior, grade repetition, special education placement, and high school graduation (Aos et al., 2004; Camilli et al., 2010). Estimated effects are modest, in the neighborhood of 0.15 sd on school progress. As will be discussed below, the value of the effects on social behavior and school progress is large despite the small effect size.

## 2    Typical Large Scale Program Performance

Early care and education programs in the United States can be roughly divided into three categories. Child care consists of informal and formal care provided by relatives and non-relatives in the child's own home, in another home, or in a center. The mix shifts toward center care as children become older, with home care predominating before age three and centers later. All of these forms of child care may be subsidized by government, but even for subsidized care regulatory standards are quite low compared to the Nordic countries, for example. Head Start is a national program sponsored by the federal government for children in poverty ages three and four (public school begins at age five). Head Start is a comprehensive child and family support program that provides part-day or school-day classes for children about 180 days per year. An Early Head Start program is provided to very small numbers of children birth to age three. Forty states fund pre-K primarily at age four. These programs vary widely in their standards. Some states offer pre-K to all children while others target children from low-income families.

Ordinary child care has the smallest effects on children's learning and development. Family day care homes often have no positive effect on cognitive development, while child care centers produce small short-term effects (0.10 to 0.15 sd) on cognitive and language development (Bernal & Keane, 2006; NICHD ECCRN, 2002a). Some studies find modest negative effects of child care on social-emotional development and behavior, in particular, increased aggression (Baker, Gruber & Milligan, 2008; Magnuson, Ruhm & Waldfogel, 2007; NICHD ECCRN 2003). These negative effects may lessen if children attend higher quality programs (Love et al., 2002; NICHD ECCRN, 2003). Given the small initial effects of child care, it is not surprising that long-term effects of child care in the United States are very small (Belsky et al., 2007).

Two recent randomized trials estimated the effects of Head Start, the major federally funded program for children in poverty (Abbott-Shim, Lambert & McCarty, 2003; Puma et al., 2005; U.S. Department of Health and Human Services, Administration for Children and Families, 2010). The Head Start National Impact Study (NIS) is a national randomized trial (Puma et al., 2005). It finds effects of 0.15 to 0.35 sd depending on the outcome measured. Effects tended to be smaller for cognitive measures of broad domains and larger for measures of limited sets of literacy skills that are more easily taught and mastered in a brief time. No evidence was found of any negative effects on social or emotional development, and behavior problems and hyperactivity were slightly reduced. By the time children are in kindergarten and first grade no persistent effects are found. Follow-up data suggest that part of the reason could be that elementary schools produced large gains in kindergarten that enabled children who did not attend Head Start to make up the small initial differences (U.S. Department of Health and Human Services, Administration for Children and Families, 2010).

Other Head Start research suggests that larger gains are possible. An earlier randomized trial of Head Start that focused on one particular large Head Start program with a reputation for quality found somewhat larger effects than did the national study (Abbott-Shim, Lambert & McCarty, 2003). Another recent rigorous study of Head Start, examined the effects of Head Start when it is provided by public school teachers (which is not typical) as part of universal preschool in Tulsa, Oklahoma. The Tulsa study finds effects on achievement from Head Start with licensed teachers that are several times larger than the effects found for Head Start nationally (Gormley, Phillips & Gayer, 2008). Other studies suggest modest, but meaningful, long-term effects from Head Start in contrast to the national randomized trial (Ludwig & Phillips, 2010). These could be artifacts of design limitations as all of these studies use weaker research designs. Alternately, these larger effects could reflect limitations of the national randomized trial including noncompliance and participation in other preschool programs by the control group (though the analyses do adjust for noncompliance).

High-quality, well-defined preschool education programs, most often provided by public schools have consistently been found to produce the largest effects on child development among typical large-scale programs (Consortium for Longitudinal Studies, 1983; Deutsch, Deutsch, Jordan & Grallow, 1983; Deutsch, Taleporos & Victor, 1974; Frede, 1998; Jordan, Grallo, Deutsch & Deutsch, 1985; Schweinhart, Montie, Xiang, Barnett et al., Belfield & Nores, 2005). In randomized trials, these strong positive effects are both short and long-term. Long-term gains from the most intensive programs are as much as 0.50sd for children in poverty, which is consistent with the findings of the meta-analyses. The only randomized trial with follow-up for advantaged children (average IQ of control children at the 97th percentile) found substantial gains (Larsen, Hite & Hart, 1983). In second and third grade, the estimated effect size for boys on achievement was 0.82 sd (Larsen & Robinson, 1989).

More recent studies of large-scale, state-funded pre-K programs provide credible estimates of short-term effects on subgroups, as well as overall. Effect sizes range from about 1.0 sd for basic literacy measures to about .25 to .35 sd for language and mathematics (Barnett, Howes & Jung, 2008; Gormley, Gayer, Phillips & Dawson, 2005; Gormley et al., 2008; Hustedt, Barnett, Jung & Figueras, 2008; Hustedt, Barnett, Jung & Thomas, 2007; Lipsey, Farran, Bilbrey, Hofer & Dong, 2011; Wong, Cook, Barnett & Jung, 2008). These initial effects are larger than those found for Head Start, and the difference seems likely to be only partially accounted for by noncompliance and access to other programs in the Head Start study. Positive effects are found for boys and girls, for all ethnicities, and for children from families at all income levels. Effects tend to be larger for children from lower-income families and for children from minority language backgrounds.

The studies cited above indicate that it is common for better state pre-K programs to have large effects on the achievement gap for basic literacy skills and to close a quarter to half the achievement gap on broader measures of achievement at school entry. Their results are consistent with the findings of the meta-analyses, which would suggest substantive long-term effects (Camilli et al., 2010). One follow-up study of a program for disadvantaged children with especially high standards found at least a quarter of the achievement gap closed by one year and 40 percent of that gap closed by two years of pre-K through second grade, which is the most recent follow-up (Frede & Barnett, 2011). This program has smaller classes, better qualified teachers, and more extensive supports for teacher development than many other state pre-K programs. The program also was found to reduce grade retention, with the effect of two years twice as large as the effect of one year of pre-K.

The findings of differentiated effects by type of program are broadly consistent with the findings of the meta-analyses (Camilli et al., 2010). One perplexing finding from the meta-analysis is that multi-purpose programs that deliver a mix of services to children and families had smaller effects than those with a focus on direct education. This result is consistent with what is found comparing the results of Head Start to the results of higher-quality school-related programs. Possibly, Head Start is required to do too much with its funding and is spread so thin that its educational effectiveness is weakened. Possibly, low-income families access health and social services elsewhere when school-based programs do not provide them. It is also possible that such services simply do not contribute much to child development of low-income children in the United States. This result does not appear to generalize to other countries, lower- and middle-income countries in particular (Nores & Barnett, 2010).

## 3     High-Quality Studies: The Big Three

While the previous section summarized the evidence, it is important to disentangle from the universe of studies, studies that are rigorous in design and provide a strong basis for benefit-cost analysis, which requires long-term follow-ups. Three studies standout in this regard. Two are randomized trials of very intensive programs that produce larger effects than even the strongest large-scale public programs. The third is a quasi-experimental study of a large-scale public program that is similar to the best programs currently offered on a large scale (e.g., Gormley et al., 2008; Frede & Barnett, 2011). All three served low-income populations. In generalizing from these studies both the intensity of services and population served should be taken into account.

The Perry Preschool Program is probably the most cited study of an early childhood program. When the participants were around three and four years of age, they were randomly assigned to 'treatment' and 'control' groups. The treatment group received half-day high-quality pre-K and home visitation for two years. The study followed these 123 low-income children through age 40 (Schweinhart et al., 2005). The program consisted of half-day classes held five days a week and weekly home visits. The teachers had bachelor's degrees and certification and the child-teacher ratios were 1 to 6 or 7. The curriculum used a participatory education model centered on self-initiated learning by children and direct instruction. Strong short-term effects were found. The Perry Preschool study also found substantial long-term effects including higher secondary school completion rates, higher employment rates, and significantly higher median annual earnings. With respect to social outcomes, preschool participation substantially reduced arrest rates and had a strong impact on crime. The Perry Preschool study also provided indications of reductions in smoking and other risky behaviors. Benefit-cost studies of the Perry Preschool have taken into account educational, crime, welfare, and labor market outcomes. These have shown an estimated return between six and fifteen dollars per dollar invested with much of the return due to reductions in crime (Belfield, Nores, Barnett & Schweinhart, 2006; Heckman, Moon, Pinto, Savelyev & Yavitz, 2010).

The Abecedarian Study followed more than 100 at-risk children randomly assigned to a program at birth through age 30 (Campbell et al., 2012). Economic analysis was conducted based on data through age 21 (Masse & Barnett, 2002; Barnett & Masse, 2007). The treatment group attended intensive, high-quality center-based child care eight hours a day through the age of five. The typical family in the study was poor and single-headed by a mother who lacked a high school degree. Children in the program group received an intensive intervention starting in early infancy. The program used a child-centered, individualized approach and emphasized development of cognition and language skills. It operated a full-day schedule in a child care setting. Families in both the program and control groups received supportive social services. The Abecedarian program increased high school graduation rates at age 19 and increased enrollment in higher education. Abecedarian program participants were also significantly more likely to be in school or holding a skilled job at age 21 and less likely to smoke or use drugs. Effects on health behaviors and health were found at age 30 (Muennig et al., 2011). Benefit-cost analyses for the Abecedarian study have found an estimated return of about 4 dollars per dollar invested (Barnett & Masse, 2007). No effects on crime were found for the Abecedarian program, which is one reason for its low return in comparison to the other studies discussed here.

The Chicago Child-Parent Center relied on matched neighborhoods and statistical controls to produce estimates of program effects (Reynolds, Temple & Ou, 2010). This quasi-experimental study compared nearly 1,000 children who completed preschool and kindergarten in the Child-Parent Centers (CPC) operated by Chicago Public Schools to more than 500 children in similar neighborhoods who did not attend the preschool program. The preschool and comparison groups were of comparable socioeconomic backgrounds. The program provided center-based half-day pre-schooling for three-and four-year-olds, a ratio of 17:2, teachers with early childhood certification, regular staff development activities, health and social services, as well as free meals. The curriculum was a structured set of educational activities emphasizing reading and math skills, parent participation opportunities, and parent support. The Chicago CPC study found a significant increase in high school completion and reductions in crime. Both of these were the result of pre-K impacts on cognitive and social-emotional development. Cost-benefit analyses of the CPC have shown an estimated return of about 11 dollars per dollar invested, and as in the Perry study, both increased earnings and decreased crime contributed substantially to benefits (Reynolds, Temple, White, Ou & Robertson, 2011).

The Chicago CPC program is similar in structure and cost to a number of state pre-K programs, so that it is more readily generalized to common programs. Generalizability is further supported by the observation that initial effects of some of today's large-scale state pre-K programs on literacy and math tests are highly similar to the effects of the Chicago program (Barnett, 2011). The Chicago study is also the most recent and largest of the three studies. Compared to the Perry Preschool – which is a similar half-day preschool program except that it has three times as many qualified teachers per child – the Chicago study has all of the same types of effects but of smaller magnitude. This suggests a clear dose-response relationship and that the Chicago study provides a realistic basis for estimating the economic returns to similar large-scale public programs in the United States. Such estimates would likely need to be reduced somewhat to the extent that programs serve less-disadvantaged populations. For example, if crime rates are low there is little crime to be prevented. If graduation rates are high, there is little room for improvement. In most states, unfortunately, high school dropout, crime, and risky behaviors like smoking and drug use are sufficiently common in the general population that there is ample opportunity for substantial benefits, even if they may not be quite as large as those in Chicago's poorer neighborhoods

## 4    Starting Early

Less of the research has focused on the effects of early education and child care before age three. However, this includes several randomized trials other than the Abecedarian study and rigorous quasi-experimental studies of child care. Project CARE compared a program much like the Abecedarian to a home visiting model and a control group (Wasik, Ramey, Bryant & Sparling, 1990). Despite a very small sample, the CARE study found similar patterns and magnitude of effects on IQ over time for the center group compared to the others. Similarly, the Milwaukee study (Garber, 1988; Barnett, 1995) provided full-day educational child care for highly disadvantaged children aged one through kindergarten. Despite following only 53 children, the study found large initial gains in IQ that declined due to increases in the control group IQ after school entry, but which remained even at age 14. There were twice as many grade retentions (10 v. 5) and substantially more special education for the control group by grade 4.

The Infant Health and Development Program (IHDP) provides a large multi-site randomized trial of home visitation for a child's first year followed by child care modeled on the Abecedarian program from ages one to three (Ramey, Bryant, Wasik, Sparling, Fendt & La Vange, 1992; McCormick, Brooks-Gunn, Buka, Goldman, Yu, Salganik et al., 2006). The 985 children in the IHDP study were low birth weight. At age three, the treatment group had a higher IQ, fewer behavior problems, and a higher rate of maternal employment. Although no effects persisted beyond age three for the sample as a whole, long-term gains were found for the heavier group of the low birth weight children. They showed cognitive advantages at ages five and eight, higher cognitive ability and language at age 18, higher math achievement and less risky behavior. No significant effects were found on grade retention, special education, high school graduation, or arrest rates. It is noteworthy that effects were less robust in this study where intervention did not continue beyond age three. However caution is warranted as this was not a highly disadvantaged population.

A large-scale multi-site randomized trial of Early Head Start (a program for children birth to three delivering center-based and home visitation services) found small effects on child development and parent outcomes and small effects in children's behavior problems, parenting, and maternal depression (Zill, 2010). These effects do not persist beyond age three to age five or age eight (Zill, 2010). These findings are consistent with the weaker findings of the IHDP study compared to Abecedarian, suggesting that continuity in care and education beyond age three is important for producing lasting gains. However, it is also the case that other comprehensive social services programs delivering similar models birth to five have failed to produce long-term gains for children (St. Pierre, Layzer & Barnes 1995).

One model of home visitation that has substantial success in randomized trials is the Nurse Family Partnership (Olds & Kitzman, 1990; Olds, 2010), which targets first-time mothers and their children. Women were recruited for study prior to their 30th week of pregnancy and participated in several randomized trials of the home visitation program.

The program provides parent education through home visits by nurses, social support, and referrals to social services until children reach two years of age. The program has been found to reduce the number of pregnancies and births, increase intervals between births, produce a variety of positive outcomes for the mothers and improve their care of children. A key benefit is reduction in child maltreatment or accidental injury. Nurse-visited children demonstrated higher intellectual functioning and receptive vocabulary scores and fewer behavior problems (Olds, Kitzman, Cole, Robinson, Sidora, Luckey et al., 2004). It is as yet unclear how broadly beneficial the program is with some research suggesting greater benefits for the subset of the low-income population with low maternal psychological resources. Cost-benefit analyses have shown an estimated return of about seven dollars per dollar invested (Karoly et al., 1998).

## 5 Program features: why do they matter and what about them matters?

In addition to the program features discussed earlier, research in the United States illuminates the contributions of other aspects of program design, through both within-study and cross-study comparisons. Pianta and colleagues (2009) summarize much of this research and emphasize the importance of high-quality teaching, the role of professional development in facilitating teaching, and supporting structural features that facilitate but do not guarantee quality. The quality of the teaching matters considerably for program outcomes, and quality has larger impacts on learning and development at the upper ends of widely used measures (good to excellent) than at the lower ends (Burchinal, Kainz & Cai, 2011). Frede (1998) highlights more specific teaching practices and program features found in studies where programs produced large gains for children. These include reflective teaching practices, intensity and continuity of the interventions, strong emphasis on language development, and a school-like discourse pattern including initiation-reply-evaluation sequences and categorization among other things. Consistent with Camilli et al., (2010), small class sizes and high teacher to child ratios helped ensure sufficient engagement between teacher and child. Additional support for the value of class size and ratio comes from a large-scale randomized trial with class size in kindergarten and the early grades and from the Chicago study (Chetty et al., 2010; Reynolds & Temple, 2008).

A substantial history of curriculum studies has produced little useful guidance beyond that provided above. In part this is due to inconsistencies in results across studies. Difficulties interpreting these results are due to such common study limitations as a focus on simple easily taught outcomes (e.g., letter or number knowledge), poorly defined comparisons (the 'control' curriculum is often ill-defined), and allowance of little time for teachers to learn and become expert users of sophisticated curricula. Such approaches to research favor highly structured, narrowly focused curricula. When a broad view is taken, it is difficult to obtain clear guidance from the research on specific curricula. A nuanced assessment of what has been learned lies beyond the scope of this paper, but recent reviews are available regarding language and mathematics (Clements & Sarama, 2011; Dickinson, 2011).

One politically sensitive and current issue in the United States is the most effective approach for the education of children whose primary home language is not English. Generally, what is good for all children in terms of preschool education practice has been found to be effective for these children, as well (Espinosa, 2010). English Language Learners benefit even more than young children generally do from active engagement in conversation with teachers individually and from small group interactions (Collins, 2010). However, some other enhancements of preschool programs are specifically important for success with English Language Learners including strategic use of their primary language in the classroom, providing more explanations and opportunities for practice, focusing on similarities and differences between English and their home language, and teaching that builds on the home language (Espinosa, 2010). Dual language immersion programs have been found to be as effective as English immersion in promoting English acquisition while also promoting progress in the home language (Barnett et al., 2008; Castro, Paez, Dickinson & Frede, 2011).

## 6    Benefits from Scale and Scope (Saturation)

Much of the research on preschool education's effects in the United States has focused on effects on individual children of attending a program, often a very small-scale program. For at least two reasons preschool education might have a larger long-term effect when it is provided on a large enough scale such that the vast majority of children in a community receive an effective preschool education. First, there are important peer learning opportunities due preschool programs (Henry & Rickman, 2006; Neidell & Waldfogel, 2010). Children benefit from interactions with more advantaged students in preschool from having mor preschool-educated classmates in later grades. Benefits may include changes in the ways they interact with other children including language experiences. Second, if the classroom is easier to manage, this changes the environment for teaching as well as learning. Teachers can spend more time on instruction. Teacher satisfaction with the workplace should be higher enabling preschools and schools to hire better teachers at the same salary level (or more teachers for the same total salary), and teacher turnover should be lower reducing the costs of hiring and training teachers as well as resulting in fewer newly hired (less productive) teachers. Similarly, teacher absenteeism should be lower resulting in lower costs for substitutes and more continuity in the child's experiences.

## 7    Conclusions

Early childhood research in the United States has a long history. To date, the research provides strong evidence that high-quality early childhood care and education can have large and persistent effects on children's cognitive and social-emotional development. A variety of longitudinal randomized trials have shown short- and long-term effects associated with quality early childhood programs. A group of such trials have provided the basis for cost-benefit analyses that find strong positive returns associated with high-quality programs. These benefits derive from improved cognitive development and social behavior in the early years that translate into benefits that include higher educational achievement and attainment, reduced crime, better labor market outcomes, and better health behaviors. Although the specific estimates from these programs may not apply to programs more broadly, it is reasonable to conclude that the return to high-quality programs is substantially higher than costs for low-income populations and even the population as a whole (Barnett, 2011b).

Research is less clear about the impacts of specific features of policy and programs on children's learning and development. Even something as basic as the optimal age to begin intensive center-based care is unclear. There are benefits, but are they worth the cost? Yet, there is some useful guidance. Continuity does matter, and providing intensive interventions in the first three years that are not followed up by quality programs from ages three to five would be folly. Quality and intensity matter. Intentional teaching increases the effects on learning, and specific descriptions of effective teaching practices are available. Although it is beyond our knowledge to correctly identify all of the approaches and practices that are and are not effective, it is possible to identify some that are highly effective. This does not mean that other practices are not equally effective, but the willingness of policy makers to design programs based on (low) cost alone without any evidence that these cheaper programs can produce the desired outcomes for children has led to an array of early care and education programs in the United States that are weakly effective and may sometimes be harmful.

Overall, quality has moved to the fore as a topic for research as is evidenced by a recent summary of the debates in the United States among researchers (Zigler, Gilliam & Barnett, 2011). Program quality and the program features that influence quality are being studied more carefully and in greater detail than ever before. Major aspects of policy design also continue to be debated including the role of quality measures in public program accountability and improvement systems, whether eligibility for services should be means-tested or otherwise targeted at various ages, how best to prepare teachers, and the qualifications and compensation levels appropriate for teachers (Zigler, Gilliam & Barnett, 2011).

## 8    References

Abbott-Shim, M., Lambert, R. & McCarty, F. (2003). A comparison of school readiness outcomes for children randomly assigned to a Head Start program and the program's wait list. *Journal of Education for Students Placed at Risk, 8*(2), 191–214.

Anderson, L.M., Shinn, C., Fullilove, M.T., Scrimshaw, S.C., Fielding, J.E., Normand, J. et al. (2003). The effectiveness of early childhood development programs:A systematic review. *American journal of preventive medicine, 24*(3), 32–46.

Aos, S., Lieb, R., Mayfield, J., Miller, M. & Pennucci, A. (2004). *Benefits and costs of prevention and early intervention programs for youth.* Olympia, WA: Washington State Institute for Public Policy.

Baker, M., Gruber, J. & Milligan, K. (2008). Universal Child Care, Maternal Labor Supply, and Family Well-Being. *Journal of Political Economy, 116*(4), 709–745.

Barnett, W.S. (1995). Long-term effects of early childhood programs on cognitive and school outcomes. *The future of children*, 25–50.

Barnett, W.S. (2008). *Preschool education and its lasting effects: Research and policy implications.* Education and Public Interest Center & Education Policy Research Unit.

Barnett, W.S. (2011) Effectiveness of early educational intervention. *Science, 333*(6045), 975–978.

Barnett, W.S. (2011b). Four reasons the United States should offer every child a preschool education. In E. Zigler, W. Gilliam & W. S. Barnett (Eds.), *The pre-k debates: Current controversies and issues* (p. 34–39). Baltimore: Brookes Publishing.

Barnett, W.S. & Masse, L.N. (2007). Early childhood program design and economic returns: Comparative benefit-cost analysis of the Abecedarian program and policy implications. *Economics of Education Review, 26*, 113–125.

Barnett, W.S., Howes, C. & Jung, K. (2008). California's state preschool program: Quality and effects on children's cognitive abilities at kindergarten entry. *Final Report to the First 5 California Children and Families Commission.*

Barnett, W.S., Jung, K., Yarosz, D.J., Thomas, J., Hornbeck, A., Stechuk, R. & Burns, S. (2008). Educational effectiveness of the Tools of the Mind curriculum: a randomized trial. *Early Childhood Research Quarterly, 23*, 299–313.

Belfield, C.R., Nores, M., Barnett, W.S. & Schweinhart, L.J. (2006). The High/Scope Perry Preschool program: Cost-benefit analysis using data from the age-40 follow-up. *Journal of Human Resources, 41*(1), 162–190.

Belsky, J., Vandell, D.L., Burchinal, M., Clarke-Stewart, K.A., McCartney, K. & Owen, M.T. (2007). Are there long-term effects of early child care? *Child development, 78*(2), 681–701.

Bernal, R., & Keane, M. (2006). *Child Care Choices and Childrens Cognitive Achievement: The Case of Single Mothers*: Northwestern University, Working Paper.

Burchinal, M., Kainz, K. & Cai, Y. (2011). How well do our measures of quality predict child outcomes? A meta-analysis and coordinated analysis of data from large-scale studies of early childhood settings. In M. Zaslow (Ed.), *Reasons to take stock and strengthen our measures of quality* (11-31.). Baltimore, MD: Brooks Publishing.

Camilli, G., Vargas, S., Ryan, S. & Barnett, W.S. (2010) Meta-analysis of the effects of early education interventions on cognitive and social development. *The Teachers College Record, 112*(3).

Campbell, F.A., Pungello, E.P., Burchinal, M., Kainz, K., Pan, Y., Wasik, B.H., Barbarin, O., Sparling, J.J. & Ramey, C.T. (2012). Adult outcomes as a function of an early childhood educational program: An Abecedarian Project follow-up. *Developmental Psychology,* advance online publication no page numbers, doi: 10.1037/a0026644.

Castro, D.C., Páez, M., Dickinson, D. & Frede, E. (2011). Promoting language and literacy in young dual language learners: Research, practice, and policy in *Child Development Perspectives, 5*(1), 15–21.

Chetty, R., Friedman, J., Hilger, N., Saez, E., Schanzenbach, D.W. & Yagan, D. (2010). How does your kindergarten classroom affect your earnings? Evidence from Project STAR. *NBER Working Paper* No. 16381.

Clements, D.H. & Sarama, J. (2011). Early childhood mathematics intervention. *Science, 333*(6045), 968-970.

Collins, M.F. (2010). ELL preschoolers' English vocabulary acquisition from storybook reading. *Early Childhood Research Quarterly, 25*(1), 84–97.

Consortium for Longitudinal Studies (Eds.). (1983). *As the twig is bent...lasting effects of preschool programs.* Hillsdale, NJ: Erlbaum.

Deutsch, M., Deutsch, C.P., Jordan, T.J. & Grallow, R. (1983). The IDS program: An experiment in early and sustained enrichment. In Consortium for Longitudinal Studies (Ed.). *As the Twig is Bent: Lasting Effects of Preschool Programs* (p. 377–410). Hillsdale, NJ: Lawrence Erlbaum.

Deutsch, M., Taleporos, E. & Victor, J. (1974). A brief synopsis of an initial enrichment program in early childhood. In S. Ryan (Ed.), *A report on longitudinal evaluations of preschool programs Volume 1: Longitudinal evaluations* (p. 49–60). Washington, DC: Office of Child Development, US Department of Health, Education, and Welfare.

Dickinson, D.K. (2011). Teachers' language practices and academic outcomes of preschool children. *Science, 333*, 964–967.

Espinosa, L. (2010). *Getting it right for young children from diverse backgrounds.* Boston: Pearson Learning Solutions.

Frede, E.C. (1998). Preschool program quality in programs for children in poverty. *Early care and education for children in poverty,* 77–98.

Frede, E.C. & Barnett, W.S. (2011). New Jersey's Abbott pre-k program: A model for the nation. In E. Zigler, W. Gilliam, & W. S. Barnett (Eds.), *The pre-k debates: Current controversies and issues,* p. 191–196. Baltimore: Brookes Publishing.

Garber, H.L. (1988). *The Milwaukee Project: Preventing mental retardation in children at risk.* Washington, DC: American Association on Mental Retardation.

Gorey, K.M. (2001). Early childhood education: A meta-analytic affirmation of the short- and long-term benefits of educational opportunity. *School Psychology Quarterly, 16* (1), 9–30.

Gormley, W.T., Gayer, T., Phillips, D. & Dawson, B. (2005). The effects of universal pre-k on cognitive development. *Developmental Psychology, 41*(6), 872–884.

Gormley, W.T., Phillips, D. & Gayer, T. (2008). Preschool programs can boost school readiness, *Science, 320*, 1723–24.

Guralnick, M.J. & Bennett, F.C. (Eds.). (1987). *The effectiveness of early intervention for at-risk and handicapped children.* New York, NY: Academy Press.

Heckman, J.J. & Masterov, D.V. (2007). *The Productivity Argument for Investing in Young Children.* Massachusetts: National Bureau of Economic Research Cambridge.

Heckman, J.J. Moon, S.H., Pinto, R., Savelyev, P.A. & Yavitz, A. (2010). The rate of return to the HighScope Perry Preschool Program. *Journal of Public Economics, 94*(1-2), 114–128.

Henry, G.T. & Rickman, D.K. (2006). Do peers influence children's skill development in preschool? *Economics of Education, 26*, 100–112.

Hustedt, J.T., Barnett, W.S., Jung, K. & Figueras, A. (2008). *Impacts of New Mexico PreK on children's school readiness at kindergarten entry: Results from the second year of a growing initiative.* New Brunswick, NJ: National Institute for Early Education Research, Rutgers University.

Hustedt, J.T., Barnett, W.S., Jung, K. & Thomas, J. (2007). *The effects of the Arkansas Better Chance Program on young children's school readiness.* New Brunswick, NJ: National Institute for Early Education Research, Rutgers University.

Jordan, T.J., Grallo, R., Deutsch, M. & Deutsch, C.P. (1985). Long-term effects of early enrichment: A 20-year perspective on persistence and change. *American Journal of Community Psychology, 13*(4), 393–415.

Karoly, L.A. , Greeenwood, P., Everingham, S., Hoube, J., Kilburn, M.R., Rydell, C.P., Sanders, M. & Chiesa, J. (1998). *Investing in our children: What we know and don't know about the costs and benefits of early childhood interventions.* Santa Monica, CA: The RAND Corporation.

Karoly, L.A., Kilburn, M.R. & Cannon, J.S. (2005). *Early childhood interventions: Proven results, future promise.* Santa Monica, CA: The RAND Corporation.

Larsen, J.M. & Robinson, C.C. (1989). Later effects of preschool on low-risk children. Early *Childhood Research Quarterly, 4*, 133–144.

Larsen, J.M., Hite, S.J. & Hart, C.H. (1983). The effects of preschool on educationally advantaged children: First phases of a longitudinal study. *Intelligence, 7*, 345-352.

Lipsey, M.W., Farran, D.C., Bilbrey, C., Hofer, K.G. & Dong, N. (2011). Initial Results of the Evaluation of the Tennessee Voluntary Pre-K Program. Peabody Research Institute, Vanderbilt University, Nashville, TN.

Love, J.M., Kisker, E.E., Ross, C.M., Schochet, P.Z., Brooks-Gunn, J., Paulsell, D., et al. (2002). *Making a difference in the lives of infants and toddlers and their families: The impacts of Early Head Start. Volume I: Final technical report.* Princeton, NJ: Mathematica Policy Research Inc.

Ludwig, J., & Phillips, D. (2007). The benefits and costs of Head Start. *Social Policy Report, 21*(3), 3–13.

Magnuson, K.A., Ruhm, C. & Waldfogel, J. (2007). Does prekindergarten improve school preparation and performance? *Economics of Education Review, 26*, 33–51.

Masse, L.N. & Barnett, W.S. (2002). A benefit-cost analysis of the Abecedarian early childhood intervention. *Cost-Effectiveness and Educational Policy* (p. 157–173). Larchmont, NY: Eye on Education, Inc.

McCormick, M.C., Brooks-Gunn, J., Buka, S.L., Goldman, J., Yu, J., Salganik, M., et al. (2006). Early intervention in low birth weight premature infants: results at 18 years of age for the Infant Health and Development Program. *Pediatrics, 117*(3), 771–780.

McKey, R.H., Condelli, L., Ganson, H., Barrett, B.J., McConkey, C. & Planz, M.C. (1985). *The impact of Head Start on children, families, and communities.* Washington, DC: Head Start Evaluation Synthesis and Utilization Project.

Muennig P., Roberston, D., Johnson, G., Campbell, F., Pungello, E.P. & Neidell, M. (2011). The effect of an early education program on adult health: The Carolina Abecedarian Project Randomized Controlled Trial. *Amercian Journal for Public Health (101)*, 512–516.

Neidell, M. & Waldfogel, J. (2010). Cognitive and noncognitive peer effects in early education. The *Review of Economics and Statistics, 92*(3), 562–576.

Nelson , G., Westhues, A. & MacLeod, J. (2003). A meta-analysis of longitudinal research on preschool prevention programs for children. *Prevention and Treatment, 6*, 1–34.

NICHD Early Child Care Research Network. (2002). Child care structure→ process→ outcome: Direct and indirect effects of child-care quality on young children's development. *Psychological Science, 13*, 199–206.

NICHD Early Child Care Research Network. (2002). Early child care and children's development prior to school entry: results from the NICHD study of early child care. *American Educational Research Journal*, 133–164.

NICHD Early Child Care Research Network. (2003). Does amount of time spent in child care predict socioemotional adjustment during the transition to kindergarten? *Child Development, 74*(4), 976–1005.

Nores, M. & Barnett, W.S. (2010). Benefits of early childhood interventions across the world: (Under)Investing in the very young. *Economics of Education Review, 29*(2), 271–282.

Olds, D.L. & Kitzman, H. (1990). Can home visitation improve the health of women and children at environmental risk? *Pediatrics, 86*(1), 108–116.

Olds, D.L., Kitzman, H., Cole, R., Robinson, J.A., Sidora, K., Luckey, D.W., et al. (2004). Effects of nurse home-visiting on maternal life course and child development: age 6 follow-up results of a randomized trial. *Pediatrics, 114*(6), 1550–1559.

Olds, D.L. (2010). The Nurse Family Partnership. In R. Haskins & W.S. Barnett (Eds.), *Investing in young children—New directions in federal preschool and early childhood policy* (p. 69–78). Washington, DC: Center on Children and Families at Brookings and the National Institute for Early Education Research.

Pianta, R.C., Barnett, W.S., Burchinal, M. & Thornburg, K.R. (2009). The effects of preschool education: What we know, how public policy is or is not aligned with the evidence base, and what we need to know. *Psychological Science in the Public Interest, 10*, 49–88.

Puma, M., Bell, S., Cook, R., Heid, C., Lopez, M., Zill, N., et al. (2005). *Head Start impact study: First year findings*. Washington, DC: US Department of Health and Human Services, Administration for Children and Families.

Ramey, C.T., Bryant, D.M., Wasik, B.H., Sparling, J.J., Fendt, K.H. & La Vange, L.M. (1992). Infant Health and Development Program for low birth weight, premature infants: Program elements, family participation, and child intelligence. *Pediatrics, 89*(3), 454–465.

Ramey, C.T., Bryant, D.M. & Suarez, T.M. (1985). Preschool compensatory education and the modifiability of intelligence: A critical review. In D. Detterman (Ed.), *Current topics in human intelligence* (p. 247–296). Norwood, NJ: Ablex.

Reynolds, A.J. & Temple, J.A. (2008). Cost-effective early childhood development programs from preschool to third grade. *Annual Review of Clinical Psychology, 4*, 109–139.

Reynolds, A.J., Temple, J.A. & Ou, S.R. (2010). Preschool education, educational attainment, and crime prevention: Contributions of cognitive and non-cognitive skills. *Children and Youth Services Review, 32*(8), 1054–1063.

Reynolds, A.J., Temple, J.A., White, B.A.B., Ou, S.R. & Robertson, D.L. (2011). Age 26 Cost-Benefit analysis of the Child-Parent Center early education program. *Child Development, 82*(1), 379–404.

Schweinhart, L.J. & Weikart, D.P. (1997). The High/Scope preschool curriculum comparison study through age 23. *Early Childhood Research Quarterly, 12*(2), 117–143.

Schweinhart, L.J., Montie, J., Xiang, Z., Barnett, W.S., Belfield, C.R. & Nores, M. (2005). *Lifetime effects: The High/Scope Perry Preschool study through age 40*. Ypsilanti, MI: High/Scope Press.

Skeels, H.M. Updegraff, R., Wellman, B.L. &. Williams, H.M. (1938). A study of environmental stimulation: An orphanage preschool project. University of Iowa studies: *Studies in child welfare, 15*(4), 37–74.

St. Pierre, R.G., Layzer, J.I. & Barnes, H.V. (1995). Regenerating Two-Generation Programs. In W.S. Barnett and S.S. Boocock (Eds.). *Early care and education for children in poverty: Promises, programs, and long-term results* (99–121). Albany, NY: SUNY Press.

U.S. Department of Health and Human Services, Administration for Children and Families (2010). *Head Start Impact Study. Final report*. Washington, DC.

Wasik, B.H., Ramey, C.T., Bryant, D.M. & Sparling, J.J. (1990). A longitudinal study of two early intervention strategies: Project CARE. *Child development, 61*(6), 1682–1696.

White, K. & Casto, G. (1985). An integrative review of early intervention efficacy studies with at-risk children: Implications for the handicapped. Analysis and Intervention in *Developmental Disabilities, 5*, 7–31.

Wong, V.C., Cook, T.D. Barnett, W.S. & Jung, K. (2008). An effectiveness-based evaluation of five state pre-kindergarten programs. *Journal of Policy Analysis and Management, 27*(1), 122–154.

Zigler, E., Gilliam, W.S. & Barnett, W.S. (2011) *The Pre-K Debates: Current Controversies and Issues*. Baltimore: Brookes.

Zill, N. (2010). Ten ideas for improving Early Head Start. In R. Haskins & W.S. Barnett (Eds.), *Investing in young children—New directions in federal preschool and early childhood policy* (39–48). Washington, DC: Center on Children and Families at Brookings and the National Institute for Early Education Research.

# Frühkindliche Bildung in Entwicklungsländern

Rudolf Tippelt, Meltem Alkoyak-Yildiz und Christina Buschle

Die Bedeutung frühkindlicher Bildung sowie die Debatte um die Förderung der frühkindlichen Bildung, Betreuung und Erziehung ('Early Childhood Care and Education', ECCE) ist vor allem darin begründet, dass vielfach davon ausgegangen wird, dass innerhalb dieser Lebensphase der „individuelle Verlauf über die nachfolgenden schulischen und damit direkt auch über die weiteren Lebenschancen entscheidet" (Grell & Roßbach, 2010, S. 151). In diesem Zusammenhang werden die Verankerungen frühkindlicher Bildungsprogramme unterschiedlichster Fachrichtungen thematisiert und diskutiert. In Deutschland spielen dabei unter anderem die Bildungspläne oder die Reform der Ausbildung der Erzieher/innen eine wesentliche Rolle, wenn es beispielsweise um die Verbesserung der pädagogischen Qualität von Kindertagesstätten geht (z.B. Oberhuemer, Schreyer & Neumann, 2010). Wesentliches Ziel ist es durch Qualitätsverbesserungen Benachteiligungen in familiären, sozialen, kulturellen oder geschlechtsspezifischen Bereichen sowie Disparitäten ausgleichen zu können (vgl. Grell & Roßbach, 2010). Das allgemeine Bildungsniveau und die Qualität der allgemeinen und beruflichen Bildung wirken sich später sowohl auf die Beschäftigungs-, Weiterbildungs- und Aufstiegschancen als auch auf das zu erwartende Nettoeinkommen aus. „Bildung ist ein wichtiger Schlüssel zur Armutsbekämpfung und zur menschlichen Entwicklung. Sie ist eine entscheidende Voraussetzung für bessere Lebensstandards und demokratische Gesellschaften" (Hermle, 2010, S. 3; BMZ, 2012). Vor diesem Hintergrund ist ‚Bildung für alle' auch das wesentliche Ziel der internationalen Gemeinschaft und damit von enormer Bedeutung für Länder die wirtschaftlich, sozial und politisch hinter hoch entwickelten Ländern zurückstehen. Entwicklungsländer sind vor allem dadurch gekennzeichnet, dass große Teile der Bevölkerung nicht ausreichend mit Lebensmitteln versorgt werden können und Mangelernährung und Hunger die Folge sind. Wesentliche Kennzeichen sind auch das niedrige Pro-Kopf-Einkommen sowie eine schlecht ausgestattete Gesundheitsversorgung und eine daraus resultierende hohe Kindersterblichkeitsrate ebenso wie eine geringere Lebenserwartung. Es muss auch heute kritisch darauf hingewiesen werden, dass nach wie vor in weiten Teilen eine qualitativ schlechtere Bildung und eine geringe Alphabetisierungsrate der Bevölkerung Merkmale vieler Entwicklungsländer sind. Hohe Arbeitslosigkeit und ein geringer Lebensstandard gehören zu den Folgeerscheinungen. Eine aktuelle Liste der Entwicklungsländer findet sich auf der Homepage des Bundesministeriums für wirtschaftliche Zusammenarbeit und Entwicklung (BMZ).

Nach Nohlen (1998) war die Erforschung von Bildungs- und Erziehungsproblemen in Entwicklungsländern zunächst durch westliche und vor allem nordamerikanische Sozialwissenschaftler/innen geprägt. Während bildungsökonomisch geprägte Forschungsergebnisse u.a. über die Weltbank bildungspolitischen Einfluss erlangten, war der deutsche Beitrag zur internationalen Bildungsforschung vor allem dadurch beeinflusst, dass hier „die praktischen Maßnahmen der Bildungs- und Ausbildungshilfe [...] begleitet und evaluiert" (Tippelt, 2010, S. 249) wurden. Die Schwerpunkte der Entwicklungspolitik liegen heute in der Bekämpfung der Armut, im Umwelt- und Ressourcenschutz sowie in der Bildung und Ausbildung zu der sowohl die Förderung frühkindlicher Bildung als auch die Unterstützung von Grund-, Berufs- und Hochschulbildung gehören (vgl. Tippelt, 2010). Mit Blick auf die Förderung frühkindlicher Bildung muss beachtet werden, dass das Recht aller Kinder auf Bildung nicht nur ein allgemeiner Leitgedanke sondern vor allem ein fundamentales Menschenrecht ist. Dies wurde 1989 in der Kinderrechtskonvention der Vereinten Nationen durch den Artikel 28 und 29 festgehalten (vgl. BMFSFJ, 2007, S. 20f.) und bis heute von den meisten Mitgliedsstaaten ratifiziert (vgl. UNESCO, 2006b, S. 9; UNICEF, 2009, S. 1). Allerdings wird dabei nicht direkt auf die Gruppe der Kleinkinder Bezug genommen (vgl. BMFSFJ, 2007, S. 20). Daher hat der zuständige UN-Ausschuss 2005 diesen Punkt aufgegriffen und sich erneut für die Rechte des Kindes eingesetzt. Gefordert wurde, dass Bildung von Geburt an darauf gerichtet sein muss die geistigen und körperlichen Fähigkeiten der Heranwachsenden zu entwickeln. Besonders die frühkindliche Bildung fördert kognitive und soziale Kompetenzen, die als Voraussetzungen für alle weiteren Bildungsprozesse über die Lebensspanne gelten (vgl. BMZ, 2012, S. 3f.; UNESCO, 2004c, S. 12; IEA, 2007). Frühkindliche Lernaktivitäten wirken sich positiv auf die Bildungsbiografie, genauer den Schulerfolg von Kindern in den ersten Schuljahren aus. Sozioökonomisch benachteiligte Gruppen, die schlechtere Startchancen im Bildungssystem haben, profitieren hierbei besonders stark (vgl. UNESCO, 2006b, S. 10). Das Recht auf Bildung der Kinder wird jedoch nicht immer von den Unterzeichnerstaaten in die Praxis umgesetzt (vgl. UNESCO, 2006b, S. 9).

Bildungsarmut widerspricht den Menschenrechten, da die Persönlichkeitsentwicklung, die Selbstbestimmung, die gesellschaftliche Partizipation und die Gesundheit der Menschen nachhaltig beschnitten werden. Wie relevant dieses Thema ist, wird durch folgende Zahlen deutlich: Laut UNESCO macht die Gruppe der Kinder bis fünf Jahre mit ca. 738 Millionen 11 % der Weltbevölkerung aus (vgl. UNESCO, 2009 S. 9). Aufgrund der Relevanz hat die Initiative ‚Education for All' der UNESCO im Jahr 2000 einen Aktionsplan entworfen, indem 164 Unterzeichnerstaaten sich bis 2015 sechs Bildungszielen verpflichtet haben. Eines der Ziele ist der Ausbau der frühkindlichen Förderung und Erziehung und das im Besonderen für benachteiligte Kinder. Die Aufnahme sowie der erfolgreiche Abschluss der Grundschulbildung sollten bis 2015 für alle Kinder möglich gemacht werden. Die Voraussetzungen für den Zugang zu Lernangeboten und Trainings von Basisqualifikationen sollen geschaffen werden, so dass die Lernbedürfnisse der Jugendlichen und Erwachsenen befriedigt werden können und die Analphabetenquote als viertes Ziel bis 2015 um die Hälfte gesenkt werden kann. Ziel bis 2005 war es, das Geschlechtergefälle zu bezwingen und die Gleichberechtigung der Geschlechter über den gesamten Bildungsbereich hinweg bis 2015 durchzusetzen. Das sechste Ziel stand für die Verbesserung der Qualität von Bildung (vgl. UNESCO, 2011b). Seither werden jährlich durch den Weltbildungsbericht der UNESCO die Entwicklungen der Ziele evaluiert und veröffentlicht und es muss davon ausgegangen werden, dass die Ziele noch nicht in vollem Umfang realisiert werden können. Im Folgenden werden anhand von unterschiedlichen Forschungsergebnissen die auf Ländervergleichen basieren, Fragen der frühkindlichen Bildungsforschung, wie Gerechtigkeit und Partizipation, Gesundheit, Schule und Qualitätssicherung in Entwicklungs- und Schwellenländerländern diskutiert.

## 1    Frühkindliche Bildung für alle – Fragen der Gerechtigkeit und Partizipation

Im Laufe der letzten Jahre konnten mit internationaler Unterstützung Fortschritte in der Bildungsinklusion erzielt werden. So erhielten unter anderem mehr Kinder die Möglichkeit eines Zugangs zu Bildung, wodurch die Einschulungsraten für Mädchen gestiegen sind und für Erwachsene neue Lernchancen generiert werden konnten. Dennoch sind heute weltweit immer noch 72 Millionen Kinder trotz Kinderrechtskonventionen ohne Zugang zu Bildung. Wenn dieser Trend nicht gebrochen werden kann, werden im Jahr 2015 weiterhin 56 Millionen Kinder nicht zur Schule gehen können (vgl. BMZ, 2012). Betrachtet man nun die frühkindliche Förderung in den Entwicklungsländern – also die Bildung und Betreuung im vorschulischen Bereich –, so wird die Zahl der Kinder unter fünf Jahren die ihre kognitiven Grundfähigkeiten nicht voll entfalten können, auf 200 Millionen geschätzt (vgl. UNICEF, 2012). Zwar hat sich zwischen 1970 und 2004 die Bruttovorschulrate von ca. 10 % auf ca. 32 % verdreifacht, jedoch ist hier ein genauerer Blick hinsichtlich der Bildungschancen erforderlich: Kinder aus der Sub-Sahara Zone Afrikas sind im Vergleich zu den lateinamerikanischen und Süd-Ost asiatischen Staaten am meisten von Kinderarmut und Bildungsexklusion betroffen (vgl. UNESCO, 2006; Grantham-McGregor, 2007; UNICEF, 2012, S. 5).

Ausgrenzung im Bildungssystem ist einer der stärksten Wirkmechanismen sozialer und wirtschaftlicher Ungleichheit. Gerade von der Geburt an benachteiligte Kinder sind dieser Gefahr besonders hoch ausgesetzt und brauchen folglich umso dringlicher eine frühkindliche Förderung, damit sich die Startchancen für die Schullaufbahn verbessern und die aktuell hohen Drop out Raten verringert werden können. Vor diesem Hintergrund fordert der Weltbildungsbericht der UNESCO 2010 einen stärkeren Fokus auf bildungsferne Gruppen zu legen, da Bildung soziale Ungleichheiten ausräumen und nicht verstärken soll (vgl. UNESCO, 2010, S. 150; zu den Drop-Out Raten im Deutschen Bildungssystem vgl. Tippelt, 2011).

Um im internationalen Kontext von bildungsfernen Gruppen zu sprechen, wird ein gemeinsames wissenschaftliches und bildungspolitisches Verständnis benötigt. Aufgrund der wenig aussagekräftigen Daten aus den einzelnen Ländern, hat die UNESCO 2010 ein neues Instrument zur Messung von Bildungsarmut entwickelt und die Ergebnisse in drei Kategorien zusammengefasst: In insgesamt 80 Entwicklungs- und Schwellenländern ist demnach jene Gruppe von Bildungsarmut betroffen, die weniger als vier Jahre zur Schule gegangen ist. Sie weisen mit hoher Wahrscheinlichkeit keine grundlegenden Schreib-, Lese- und Rechenkompetenzen auf. Extreme Bildungsarmut unterschreitet diese Grenze mit weniger als zwei Jahren Schulbildung noch gravierend. Diese Gruppe ist zusätzlich gefährdet, keinen wirtschaftlichen Anschluss zu finden und zudem ist sie höheren Gesundheitsrisiken ausgesetzt. Die größte Bildungsarmut hat jene Gruppe, die weniger als ein Jahr Schulbildung aufweisen – das waren 20 % der Altersgruppen zwischen 17 und 22 Jahren (vgl. UNESCO, 2010, S. 153).

Welche Faktoren können nun diese negativen Situationen hervorrufen? Zum einen sind es nur rudimentär vorhandene oder gar fehlende politische und wirtschaftliche Rahmenbedingungen der jeweiligen Länder (auf die jedoch an dieser Stelle nicht weiter eingegangen werden kann). Zum anderen ergeben sie sich aus gesundheitlichen, sozialen, kulturellen und finanziellen Barrieren. Aber auch regionale Faktoren wie das Land-Stadt-Gefälle oder ethnische Konfliktzonen wirken sich negativ auf die Chancengleichheit aus. Im Folgenden werden ausgewählte Wirkmechanismen näher erläutert.

Der gesundheitliche Zustand und der Bildungsgrad der Mutter bzw. der Familie beeinflussen die Teilnahme an frühkindlicher Förderung erheblich. Je gebildeter die Mutter, umso höher die Wahrscheinlichkeit des Kindes an diesen Programmen teilzunehmen (vgl. dazu Kap. 3.1).

Aber nicht nur der gesundheitliche Zustand und der Bildungshintergrund der Familien, auch deren Lebensort ist ein einflussreiches Kriterium. Ob ein Kind auf dem Land oder in der Stadt wohnt ist, wie die folgenden Zahlen zeigen, nicht zu unterschätzen. Der Anteil der Kinder in frühkindlichen Bildungsprogrammen aus den Städten ist je nach Region ca. 10-30 % höher als der Anteil der Kinder aus ländlichen Gegenden. Die schlechte Infrastruktur behindert die soziale Entwicklung und Versorgung und die fern gelegenen Bildungsinstitutionen haben u.a. zur Folge, dass eine aktive und regelmäßige Partizipation in frühkindlichen Bildungsinstitutionen erschwert wird. Interessant ist, dass das Geschlecht einen vergleichsweise schwachen Einfluss bei der Teilnahme an frühkindlichen Förderprogrammen hat. Der Lebensort und die Land-Stadt-Differenz beeinträchtigen dagegen meist sehr viel stärker die Chance an frühkindlichen Fördermaßnahmen teilzunehmen (vgl. UNESCO, 2007a, S 155). Mit der nachfolgenden Abbildung (vgl. Abb. 1) wird dies verdeutlicht:

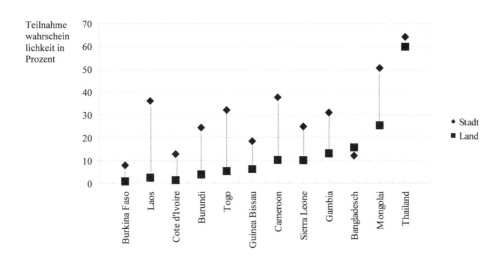

**Abbildung 1** Einfluss der Stadt-Land-Differenz auf die Teilnahme frühkindliche Bildung von drei- und vierjährigen Kindern

[Quelle: Eigene Darstellung nach Nonoyama & Ota, 2010]

Es muss in diesem Kontext jedoch auch darauf hingewiesen werden, dass die Situation vieler Kinder aus den Städten ebenso von Kinderarbeit, Verelendung (z. B in Slums) und Kriminalität gekennzeichnet ist, welche dann neue Hindernisse gegenüber Bildungs-chancen aufbauen (UNICEF, 2012). Gerade in Krisengebieten der Entwicklungsländer ist die Bildungszusammenarbeit besonders gefährdet (keine Lehrergehälter, Rekrutierung der Kinder zu Soldaten). In diesen fragilen Staaten stehen aufgrund massiver interner Konflikte laufende und geplante entwicklungspolitische Maßnahmen stark auf dem Spiel, sodass hier mit rückläufigen Entwicklungen zu rechnen ist (vgl. UNESCO, 2011a/b).

Exklusion aufgrund der ethnischen Herkunft ist ein weiterer Faktor, der für viele Kinder das Recht auf Bildung beschneidet. Gehören die Kinder einer Minorität an und zählen sie laut der dominierenden Gesellschaftsgruppen zu einer niederen Kaste oder einem stigmatisierten Milieu, so ist dies ein zusätzliches Ausschlusskriterium aus dem Bildungssystem. Verstärkt wird dieser Faktor durch fehlende Sprachkenntnisse der Kin-der bei Eintritt in die Grundschule. Die ethnische Heterogenität bringt eine Vielfalt der Sprachen hervor. Sprechen Familien in den eigenen vier Wänden und im sozialen Umfeld hauptsächlich eine andere Sprache als die Mehrheit der Bevölkerung, werden dadurch Kommunikations- und Verständnisschwierigkeiten zwischen Lehrern und Schülern begünstigt (vgl. UNESCO, 2010, S. 165ff.). Oft sind benachteiligte Gruppen und Völker nicht nur sozial sondern auch wirtschaftlich benachteiligt. Armut ist der am stärksten negativ wirkende Faktor. Rund 1,4 Milliarden Menschen sind gezwungen ihre Familien mit weniger als insgesamt 1,25 US-Dollar pro Tag zu versorgen. Unter diesen Umstän-

den fällt die Investition in frühkindliche Bildung weit hinter die grundlegenden Bedürfnisse wie Ernährung und Gesundheitsversorgung zurück (vgl. Abb. 2). In den meisten
Ländern ist die Chance für ein Kind aus den oberen Schichten und Milieus gegenüber
einem Kind aus den ärmsten Milieus um ein Vielfaches höher an frühkindlicher Bildung
teilzunehmen. Die genannten Faktoren wirken keinesfalls isoliert, sondern können sich
gegenseitig bedingen und verstärken (vgl. UNESCO, 2010).

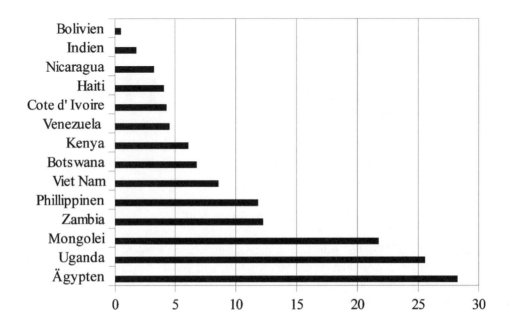

**Abbildung 2:** Finanzieller Hintergrund der Familien und dessen Einfluss auf die Teilhabe an
frühkindlicher Bildung der Drei- und Vierjährigen

Chancenverhältnis (Odds Ratio) zwischen den Reichsten 20 % und den Ärmsten 20 %
[Quelle: Eigene Darstellung nach Nonoyama-Taurumi et al., 2009; UNESCO, 2010, S. 66]

In fast allen Entwicklungsländern machen Kinder und Jugendliche mit bis zu 70 % die
absolute Mehrheit der Bevölkerung aus (vgl. BMZ, 2011). Schon deshalb sind die Investition in frühkindliche Fördermaßnahmen und die verstärkte Beachtung unterprivilegierter und marginalisierter Kleinkinder eine nachhaltige Investition in Gesellschaft und
Wirtschaft.

## 2    Frühkindliche Bildung – ein Länderüberblick

Die frühkindliche Bildung und Förderung ist ein Sammelbegriff für eine Reihe von unterschiedlichen Programmen und Angeboten, die Teil des formalen Bildungssystems
sind, sie kann aber ebenso in non-formalen Bildungsstrukturen stattfinden. Die Art der
Betreuung umfasst sowohl Förderung und Pflege in Gruppen als auch Einzelbetreuungen
direkt in den Familien (vgl. UNESCO, 2010). Programme frühkindlichen Lernens haben
das Ziel, die Kinder hinsichtlich ihrer Gesundheit, ihrer kognitiven, emotionalen und
sozialen Entwicklungen zu unterstützen.

Um einen guten internationalen Überblick zu gewinnen, eignen sich die Länderver-
gleiche von Nonoyama-Tarumi et al. (vgl. Nonoyama, Loaiza & Engle, 2006; Nonoyama-
Tarumi & Ota, 2010). Im Folgenden wird die Teilnahme an organisierten Lernaktivitäten
in Bildungseinrichtungen, die weiter nach Altersgruppen und den verbrachten Stunden
differenziert wurden, vorgestellt. Die methodische Grundlage waren hierbei repräsentative nationale Haushaltsbefragungen durch das von der UNICEF entwickelte Verfahren
des ‚Multiple Indicator Cluster Surveys' (= MICS). Dieses Verfahren soll einen besseren Datenvergleich der Länder ermöglichen. Die Zielgruppe der Befragten setzte sich
hauptsächlich aus Müttern zusammen, die bezüglich einer bestehenden Teilnahme ihrer
Kinder an frühkindlichen Förderprogrammen befragt wurden. Insgesamt untersuchte
die Forschergruppe 30 Staaten u.a. aus den Regionen Sub-Sahara Afrika, Süd-Ost Asien,
Lateinamerika und Karibik.

Die Ergebnisse zeigen starke Unterschiede in den jeweiligen Regionen auf: Die Teilnahmequote liegt in der in Sub-Sahara Afrika mit 1,0 % im Tschad am niedrigsten und
mit 44,5 % in Äquatorial Guinea am höchsten. In Indien liegt dieser Wert bei 37,7 %,
wohingegen Laos mit 6,9 % eine nur sehr niedrige Teilnahmequote in der frühkindlichen
Bildung erreicht. Die Werte in den lateinamerikanischen Staaten und der Karibik liegen
bei 17,6 % in Bolivien, über 54,6 % in Kolumbien bis hin zu dem Ausreißer in Trinidad
Tobago mit 70,2 %, der höchste Wert im gesamten Ländervergleich. Die Region mit der
höchsten Benachteiligung stellt die afrikanische Sub-Sahara dar (vgl. Nonoyama et al.,
2006; UNESCO, 2007a).

Betrachtet man in einem weiteren Schritt den Unterschied der Teilnahme zwischen
den drei- und vierjährigen Kindern, zeigt sich, dass die prozentuale Teilnahmequote der
Altersstufen stark variiert: In fast allen Ländern weisen die Vierjährigen eine höhere Par-
tizipationsrate an frühkindlichen Förderprogrammen auf als dreijährige Kinder, wobei
die Dauer des Aufenthaltes und der Betreuung eine geringe Diskrepanz zwischen den
Gruppen aufzeigt (vgl. Nonoyama-Tarumi & Ota, 2010).

| Land | Teilnahme in Prozent | | | Verbrachte Stunden (letzte sieben Tage) | | |
|---|---|---|---|---|---|---|
| | 3-Jährige (%) | 4-Jährige (%) | Gesamt (%) | 3-Jährige | 4-Jährige | Gesamt |
| **Subsahara Afrika** | | | | | | |
| Burkina Faso | 1,4 | 3,4 | 2,2 | 10,8 | 17,7 | 14,8 |
| Côte d'Ivoire | 3,7 | 7,4 | 5,4 | 17,9 | 16,1 | 16,6 |
| Sierra Leone | 8,4 | 19,5 | 13,2 | 14,7 | 16,1 | 15,6 |
| **Süd/Ost Asien** | | | | | | |
| Laos | 5,9 | 10,5 | 8,0 | 29,3 | 24,4 | 26,5 |
| Mongolei | 32,6 | 43,3 | 38,0 | 37,0 | 37,0 | 37,0 |
| Thailand | 48,5 | 73,3 | 61,0 | 25,4 | 25,1 | 25,2 |
| Vietnam | 48,1 | 73,3 | 60,5 | 33,4 | 32,1 | 32,7 |
| **Latein- Amerika** | | | | | | |
| Guyana | 22,4 | 75,6 | 50,2 | 14,8 | 12,8 | 13,2 |
| Jamaika | 79,7 | 93,6 | 87,0 | 23,3 | 21,6 | 22,3 |

**Abbildung 3** Teilnahme der Kinder, die in frühkindlichen Förderprogrammen teilnehmen und
die durchschnittlich verbrachten Stunden (ausgewählte Länder)

[Quelle: Eigene Darstellung nach Nonoyama-Tarumi & Ota, 2010]

Wird die Gruppe der Kinder unter drei Jahren mit in den Blick genommen, zeigt sich,
dass diese am geringsten in den frühkindlichen Programmen vertreten ist (vgl. UNESCO,
2007b). Weltweit bestehen in fast 70 % der Länder keine formalen frühkindlichen Bildungsangebote für Kinder dieser Altersgruppe. Die Verantwortung der frühkindlichen
Betreuung und Förderung wird hauptsächlich in die Hände der Eltern, privaten Ver-
bänden oder NGO's (Non-governmental Organizations) gelegt. Oft ist es für die Eltern
schwierig, eine Betreuung für ihren Nachwuchs zu gewährleisten. Gerade die privaten
Initiativen und Gruppen unterstützen oder übernehmen viele frühkindliche Fördermaßnahmen in Entwicklungsländern (UNESCO, 2007b, S. 34ff.). Der Trend zeigt, dass
immer mehr Regierungen in die frühkindliche Förderung investieren (vgl. UNESCO,
2007b) – in Deutschland wird ein Gesetz den Rechtsanspruch auf eine Betreuung in frühpädagogischen Einrichtungen ab August 2013 sichern (vgl. Aktionsrat Bildung, 2012,
S. 20). Auf diese Weise sollen die Eltern entlastet und die Kinder in ihrer Entwicklung
optimal gefördert werden.

Trotz viel versprechender Zahlen, verläuft der Ausbau von frühkindlichen Bildungsprogrammen weltweit weiterhin sehr zäh (vgl. Nonoyama-Tarumi, Loaiza & Engle, 2009;
UNESCO, 2011, S. 33). Zwar geben internationale Erhebungen einen guten Über- und
Einblick in die Teilnahme an frühkindlichen Bildungsprogrammen der Kinder unter
fünf Jahren, jedoch muss bei der Dateninterpretation auf die erhobene Adressatengruppe
geachtet werden. Setzt sich der Datenpool ausschließlich aus den Veröffentlichungen der

Bildungsministerien zusammen, die ihre Informationen wiederum aus den Institutionen beziehen, können Verzerrungen entstehen: Dies kann eintreten wenn Kleinkinder, die zwar eingeschrieben sind aber nur unregelmäßig bis gar nicht an frühpädagogischen Programmen teilnehmen in die Erhebung mit einbezogen werden oder wenn Studien ausschließlich auf die öffentlichen Institutionen gerichtet sind. Private Anbieter oder Elterninitiativen werden dann häufig aus der Befragung ausgeschlossen (vgl. Nonoyama-Tarumi & Ota, 2010), wobei gerade diese einen Großteil der frühkindlichen und vorschulischen Förderung abdecken (vgl. Kap. 4.).

## 3 Inhaltliche Schwerpunkte der frühkindlichen Förderung

Im Folgenden sollen kurz die Bedeutung der gesundheitlichen Voraussetzungen, die Vorbereitung auf und Kooperation mit der Schule sowie die Mitwirkung der Eltern auf die Möglichkeiten frühkindlicher Förderung und deren Auswirkungen auf Bildung aufgegriffen und analysiert werden.

## 3.1 Gesundheit

Faktoren für den Lernerfolg stellen unter anderem Einkommen der Eltern sowie deren Bildung, Sprache, ethnische Zugehörigkeit und der Ort des Lernens dar (vgl. UNESCO, 2011b). Als zwei der wesentlichsten Grundlagen für erfolgreiche Bildung sind aber vor allem Gesundheit und ausreichende Ernährung zu nennen. Mangelernährung bedeutet für die betroffenen Kinder, dass sie oft weder in der Lage sind ihre physischen noch ihre geistigen Fähigkeiten vollständig zu entfalten und auszuschöpfen. Eine spätere Einschulung – wenn überhaupt –, die wesentlich höhere Wahrscheinlichkeit eines Schulabbruchs im Vergleich zu normal ernährten Kindern, sind die Folge. Nach Angaben des Weltberichts ‚Bildung für Alle' (2011b), starben im Jahr 2008 insgesamt 8,8 Millionen Kinder unter fünf Jahren. Weltweit gibt es ca. 195 Millionen Kinder, die unterentwickelt sind oder für ihr Alter eine zu geringe Körpergröße aufweisen. Als Beispiel soll hier die Situation in Süd- und Westasien dienen, zu denen die Länder Afghanistan, Bangladesch, Bhutan, Indien, Iran, Malediven, Nepal, Pakistan und Sri Lanka zählen (vgl. UNESCO, 2011). Hier sterben jährlich allein drei Millionen Kinder unter fünf Jahren aufgrund mangelnder Hygienebedingungen, Infektionen und Hunger. Die Sterblichkeitsrate ist dabei in Afghanistan deutlich höher als in einem Land wie beispielsweise. Sri Lanka (vgl. dazu UNESCO, 2009b). In diesem Zusammenhang wurden in den letzten Jahren vor allem „Maßnahmen zur Bekämpfung der Sterblichkeit und Unterernährung von Kindern" als ein „erster Schritt hin zu einer umfassenden frühkindlichen Förderung und Erziehung" (UNESCO, 2007b, S. 10) getan. Denn der „Zugang zu angemessenen Gesundheitsangeboten für arme Bevölkerungsgruppen und ihre Absicherung gegen finanzielle, gesundheitliche und gesellschaftliche Risiken von Krankheit" (BMZ, 2009, S. 4) wird als wesentlich für die menschliche Entwicklungsfähigkeit und gleichermaßen zur Bekämpfung von Armut angesehen. Programme, die sich mit der frühkindlichen Förderung und Ernährung befassen, geben den Kindern bessere Aussichten für das spätere Berufsleben und greifen schon frühzeitig in soziale und geschlechtsspezifische Benachteiligungen ein.

Doch nicht nur die Gesundheit und Ernährung der Kinder, auch die Gesundheit der Mütter bzw. der Familien der betroffenen Kinder spielt eine entscheide Rolle für deren weitere Bildungschancen und Lernerfolge und beeinflusst die Teilnahme an frühkindlicher Förderung erheblich. Eine Mutter mit einem höheren Bildungsniveau ist leichter in der Lage die Anforderungen für eine gesunde Ernährung der Kinder zu gewährleisten und kann sich mit der Notwendigkeit des Schulbesuches des eigenen Kindes auseinandersetzen sowie die Teilnahme an frühkindlichen Förderprogrammen positiv beeinflussen. Kinder von Müttern mit mindestens einem Schulabschluss des sekundären Bildungsbereichs haben eine höhere Wahrscheinlichkeit an frühkindlichen Förderprogrammen teilzunehmen als Kinder von Müttern ohne formalen Bildungsabschuss. In Burundi beispielsweise haben Kinder deren Mütter einen Abschluss aus dem sekundären Bildungsbereich aufweisen 10-mal höhere Chancen an einem frühkindlichen Förderprogramm teilzunehmen als Kinder deren Mütter keinen Schulabschluss haben (vgl. Abb. 4). Auch das Überleben und der gesundheitliche Zustand des Kleinkindes werden durch den mütterlichen Bildungshintergrund erheblich beeinflusst.

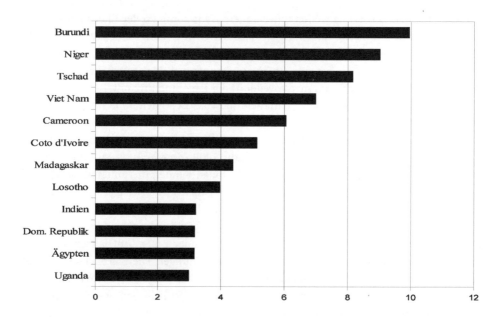

**Abbildung 4** Bildungshintergrund der Mutter und Chancenverhältnis (Odds Ratio) der Wahrscheinlichkeit, an einem frühkindlichen Förderprogramm teilzunehmen

[Quelle: Eigene Darstellung nach Nonoyama-Tarumi et al. 2008; UNESCO, 2010, S. 155]

Besonders der Gesundheitszustand der schwangeren Mutter ist für die fötale Entwicklung der Kinder von Relevanz. Mütter mit höheren Bildungsabschlüssen suchen aktiver nach medizinischer Information und Versorgung (vgl. UNICEF, 2009, S. 15ff.). Viele Kinder kommen aufgrund von schlechten Lebensumständen zu früh oder unterversorgt auf die Welt. Werden diese Defizite nicht ausgeglichen (z.B. unzureichendes Stillen), können Entwicklungsstörungen bei dem Kind auftreten (vgl. UNESCO, 2006a, S. 155ff.). Untergewichtige, unterernährte und kranke Kinder sind hohen Risiken bezüglich der kognitiven und körperlichen Entfaltung ausgesetzt (vgl. UNESCO, 2010, S. 61).

Aber auch die Aufklärung der Eltern in Bezug auf Infektionskrankheiten wie HIV/ AIDS kann wesentlich sein, um die Gesundheit der Eltern ebenso wie der Kinder positiv zu beeinflussen und damit die Lebens- und Bildungschancen der Kinder gleichermaßen zu erhöhen (vgl. BMZ, o.J.). Als Beispiel sollen die Entwicklungen in Thailand angeführt werden. Hier haben mangelnde Aufklärung und niedrige bis gar keine Bildung der Eltern dazu geführt, dass einige Kinder nur mit einem oder gar keinem Elternteil aufwachsen müssen. Auf diese Weise werden die Chancen der betroffenen Kinder minimiert, eine grundlegende Bildung zu erlangen (vgl. UNESCO, 2004c).

## 3.2 Vorbereitung auf Schule und Kooperation mit Schulen

Die Vorbereitung auf die Schule gestaltet sich in Entwicklungsländern deutlich schwieriger als in hoch entwickelten Ländern. Hier müssen zunächst grundlegende Faktoren wie Armut, die hohe Kindersterblichkeitsrate, unzureichende Bildung der Eltern oder Kinderarbeit berücksichtigt werden, damit die Vorbereitung auf die Schule und die Einschulung der Kinder im Anschluss an frühkindliche Programme erfolgreich gelingen kann. 2008 gab es noch 67 Millionen Kinder, die keine Schule besuchten. Allein in Nigeria besuchten im Jahr 2008 rund 9,6 Millionen Kinder keine Schule (vgl. UNESCO, 2011b). Auch die Geschlechterunterschiede müssen in den unterschiedlichen Ländern Beachtung finden. Zwar zeigen sich diese im Primarbereich weitaus seltener als in anderen schulischen Bereichen, dennoch ist die Zahl der Mädchen in der Grundschulbildung vor allem in Afghanistan, Bhutan, Nepal und Pakistan noch zu gering (vgl. UNESCO, 2009).

Generell hat sich die Zahl der weltweit eingeschulten Mädchen erhöht, um das Ziel der EFA einer universellen Grundschulbildung erreichen zu können, muss allerdings darauf geachtet werden, dass die Kinder nicht nur eingeschult werden, sondern auch bis zum Ende der Grundschule in der Schule verweilen. Beispielsweise liegt die Rate der Grundschulabbrecher/innen in Sub-Sahara Afrika bei 10 Millionen Kindern, die damit nicht den „erforderlichen Lernstand" (UNESCO, 2011b, S. 4) erreichen. Vor allem die Eltern müssen lernen zu verstehen, welche Bedeutung der erfolgreiche Besuch der Schule für die weitere Bildungslaufbahn der Kinder haben kann. Zu diesem Zweck ist es von entscheidender Bedeutung, dass die frühkindlichen Förderprogramme und Initiativen sowohl mit den Eltern als auch den Schulen intensiv zusammenarbeiten, um die Schulbeteiligung zu erhöhen und den Kindern so eine grundlegende Bildung zu ermöglichen. Einige

Initiativen arbeiten daher eng mit den Grundschulen zusammen. Der Vorteil hierbei ist, dass durch die Kooperation die Übergänge der Kinder in die Grundschule erleichtert werden. Gerade diese Projekte können durch Langzeitstudien bezüglich von Klassenwiederholungen und Dropout-Raten evaluiert werden (z.B. The Philippine Department of Education, Culture, and Sports, http://www.deped.gov.ph). Frühkindliche Förderung durch Netzwerkbildung kann einen wichtigen Beitrag für die Vorbereitung auf die Schule und die anschließende Bildungsbeteiligung leisten.

## 3.3 Mitwirkung der Eltern

Dass der familiäre Hintergrund und die Unterstützung der Eltern bei der Entwicklung der Kinder zentral sind, ist weltweit unbestritten, insbesondere die Rolle der Frau/Mutter, die Gesundheit und die Schulbildung der Eltern, die Anzahl der Geschwister und die Lebensumstände innerhalb der Familie sind von Bedeutung. Im asiatischen Raum wie bspw. Thailand war es bereits ein entscheidender Fortschritt, dass sich die Zahl der Kinder innerhalb einer Familie von sechs Kindern auf zwei Kinder in vielen städtischen Familien stark reduziert hat (vgl. UNESCO, 2004c). Eltern mit einem geringen Einkommen haben in kleineren Familien die Chance, die Grundbedürfnisse der Kinder zu erfüllen. Voraussetzung hierfür ist allerdings, dass die Eltern Arbeit finden. Meist kümmern sich die Frauen um den Haushalt und die Familie und da sich die armen Familien keine außerfamiliären Betreuungsangebote leisten können, befinden sich – wie in Vietnam – knapp 90 % der Kinder in familiärer Betreuung. Der immense Anstieg der HIV/AIDS Raten bereitet den Familien große Probleme (z.B. in Thailand). Die Regierung hat diesbezüglich bereits 1996 Familienentwicklungsprogramme ('Family Development Programme') ins Leben gerufen, welche Familien bei den Betreuungsaufgaben unterstützen sollen. Aber auch Hausbesuche, Workshops oder Diskussionsrunden gehören in solche Familienförderprogramme. Bei Hausbesuchen arbeiten ausgebildete Betreuer wöchentlich mit den Eltern intensiv bei Ernährungs- Gesundheits- und Erziehungsfragen zusammen. Gerade bildungsferne Familien profitieren von dieser Art der Unterstützung. Ziel und Fokus ist die Hilfe zur Selbsthilfe der Eltern, um die Kompetenzen bei der Kindererziehung zu stärken. Diese Hilfe wird auch in anderen Ländern angeboten. Ein Beispiel hierfür ist das *Home-Based Initial Education Project* in Peru (vgl. Evans et al., 2000, S. 134ff.). Entscheidend ist hierbei auch die Öffentlichkeitsarbeit, damit Eltern über diese Programme informiert werden und sie auch in Anspruch nehmen. Inzwischen hat sich auch die Anzahl der öffentlich und privat geförderten Zentren in Thailand vervielfacht, die Regierung hat Standards für deren Mitarbeiter festgelegt und es werden zertifizierte Kurse und Trainings angeboten (vgl. UNESCO, 2004c). „There is a real need, therefore, to develop adequate in-service training programs to help turn the large community-led human resource base working in early childcare and education into a well-qualified, knowledgeable cadre of ECCE providers who can meet the goals set by educational policy-makers and stakeholders" (UNESCO, 2004c, S. 11). Familienentwicklungsprogramme, die Schulung der Mitarbeiter/innen sowie entsprechende Curricula und damit die Erhöhung der Bildungschancen der Kinder von Beginn an, sind vor allem vor dem Hintergrund von Bedeutung, dass Kinder von Eltern vielfach noch als passive Lerner gesehen werden, die unter autoritärer elterlicher Kontrolle stehen müssen (vgl. UNESCO, 2004c). Die Programme helfen den Eltern die eigene Rolle bei der Förderung ihrer Kinder zu verdeutlichen und die Notwendigkeit von Bildung, aktivem Lernen und Explorieren nachvollziehen zu können.

## 4   Qualitätssicherung und Anbieter in der frühkindlichen Bildung

Die ‚Education for All'- Initiative hat eines ihrer Ziele der Qualitätssicherung gewidmet und betrachtet Qualität als die Grundvoraussetzung für alle anderen Ziele. Der aktuelle Weltbericht der UNESCO (vgl. UNESCO, 2011a/b) betont, dass die Qualitätsverbesserung seit 2000 gerade im frühkindlichen Bereich zu kurz gekommen ist (vgl. UNESCO, 2011a, S. 37). Unterschiedliche internationale Organisationen und Initiativen haben mittlerweile Rahmenempfehlungen und Leitfäden formuliert sowie Untersuchungsinstrumente entwickelt, um einen hohen Qualitätsstandard in der frühkindlichen Bildung zu etablieren (vgl. Evans et al., 2000; Vargas-Baron, 2005).

Alleine durch die Teilnahme an frühkindlichen Bildungsprogrammen ist noch keine adäquate Förderung zu erreichen und noch keine positive Weichenstellung für die Zukunft von Kindern gelegt. Zwar sind die frühkindlichen Bildungs- und Fördermaßnahmen weltweit expansiv, jedoch besteht in diesem Zusammenhang noch ein Problem zwischen wachsenden Angeboten und deren Qualitätsstandards (vgl. UNESCO, 2004, S. 107; UNESCO, 2011, S. 29f.). In einigen Fällen kann es sogar vorteilhafter für das Kind sein, nicht an einem dieser Programme teilzunehmen, denn manchmal sind die hygienischen Zustände in den Betreuungsstätten unzulänglich, manchmal ist eine Grundversorgung schon personell nicht gewährleistet oder die Betreuungskompetenzen der Erzieherinnen sind unzureichend ausgebildet (vgl. Myers, 2006). Aber nur hochwertige Erziehungs- und Fördermaßnahmen sind einer nachhaltigen Entwicklung der Persönlichkeit und Gesellschaft zuträglich. Qualitätssicherung kann hierbei verstanden werden als ein allgemeiner Prozess innerhalb einer Organisation, welcher „sicherstellen soll, dass eine Dienstleistung ein zuvor festgelegtes Qualitätsniveau erreicht" (Tenorth & Tippelt 2007, S. 593).

Es ist in internationaler Perspektive wichtig Unterschiede und Gemeinsamkeiten im Qualitätsverständnis einzelner Länder bzw. der unterschiedlichen Kulturen in den Blick zu nehmen. Die Befunde des fünften Weltberichts der EFA Initiative zeigen, dass es durchaus eine Herausforderung ist, ein gemeinsames Verständnis und einen Rahmen der Qualität von Bildung zu generieren (vgl. UNESCO, 2004). Wenn es darum geht, die vorhandenen Daten auszuwerten und international zu vergleichen, sollte eine unterschiedliche Interpretation aufgrund verschiedener Qualitätsauffassungen und -definitionen vermieden werden (vgl. Myers, 2006, S. 11). In der Kinderrechtskonvention der UNICEF wurden bereits im Jahr 2000 bestimmte Qualitätskriterien festgelegt, um auf internationaler Ebene zu einem gemeinsamen Verständnis beizutragen. Demnach ergibt sich eine hochwertige Bildung nur durch die Berücksichtigung der gesamten Lernumwelt eines Individuums. In dieser holistischen Perspektive geraten sowohl Lernende, Erzieher/ innen, soziales Umfeld, Curriculum und Ressourcen, als auch politische, kulturelle und wirtschaftliche Rahmenbedingungen in das Blickfeld (vgl. UNICEF, 2000, S. 5). Dabei ist eine formative und summative Evaluation durch angemessene Methoden ein wichtiger Bestandteil von Qualitätssicherung (vgl. UNESCO, 2004b, S. 21). Aber genau hier trifft die Qualitätsforschung im frühkindlichen Bereich auf Herausforderungen. Bildungsqualität im vorschulischen Bereich bedarf im Vergleich zur Schule anderer Indikatoren. Zur Evaluation der Frühpädagogik ewrden vor allem die Professionalität des pädagogischen Personals und das Curriculum in das Forschungsinteresse gerückt (vgl. Tietze, 2008). Gerade der Professionalität der Betreuer/innen oder der Erzieher/innen wird eine besondere Schlüsselrolle zugeschrieben (vgl. Große & Roßbach, 2011; von Hippel & Grimm, 2010). Professionalität versteht sich als Qualitätskriterium, das sowohl Kompetenzen und Wissen, als auch die innere Haltung von pädagogisch Handelnden umfasst und im Sinne des prozesshaften lebenslangen Lernens befindet sich Professionalität in einem stetigen Wandel. Leitbild ist dabei das Zusammenspiel von Bildung, Erziehung und Betreuung, wobei die Umsetzung in einem Raum emotionaler und zwischenmenschlicher Beziehungen stattfinden sollte, in dem sich die Kinder gebunden und sicher fühlen (vgl. Wildgruber & Becker-Stoll, 2011). Professionalisierungsprozesse sind jedoch keine reinen Angelegenheiten des Personals, sondern sind in die Qualitätsebenen der Orientierungs-, Struktur- und Prozessqualität eingebettet (vgl. Tietze, 2008; Klieme & Tippelt, 2008). Dies setzt ein vernetztes Verständnis von Qualitätssicherung voraus, welches neben einer Outputorientierung ebenso die Prozesse der Qualitätsgenerierung evaluiert und diskutiert.

Viele Untersuchungsergebnisse zeigen, dass sich Kleinkinder, die in qualitativ hochwertigen Programmen teilnehmen, kognitiv, sozial und emotional vorteilhaft entwickeln (vgl. UNESCO, 2004a, S. 29; vgl. UNESCO, 2006a; UNESCO, 2011, S. 37ff.). Der Bildungshintergrund der Kinder muss jedoch bei der Interpretation dieser Ergebnisse mitbeachtet werden. Oft nehmen sozioökonomisch privilegierte Kinder an höherwertigen Förderprogrammen teil und haben daher eine bessere Grundbildung als Kinder aus bildungsfernen Elternhäusern (vgl. UNESCO, 2004a, S. 57). Hochwertige Qualität darf keinesfalls mit hohen Kosten für Familien und Initiativen verbunden sein. Einige Maßnahmen und Programme konnten zeigen, wie mit geringen finanziellen Mitteln ebenso gute Erfolge erzielt werden können (vgl. UNESCO, 2004a, S. 57).

Eine dieser Initiativen ist das *Entry Point Program* in Nepal. Hier organisieren sich jeweils fünf bis sieben Mütter einer Gemeinde zu einer Arbeitsgruppe und übernehmen für bestimmte Tage in der Woche die Aufsicht ihrer Kinder. Um die pädagogischen Kompetenzen der Frauen zu verbessern, bildet eine lokale NGO die Frauen in einem viertägigen Workshop weiter (vgl. Evans et al., 2000, S. 150). Das Besondere ist vor allen Dingen, dass auch Mütter ohne Schreib- und Lesefähigkeiten an dieser Weiterbildung partizipieren können, da vieles mit Bildern erklärt und vermittelt wird (Myers, 1993, S. 81). Die Self *Employed Women's Association* (www.sewa.org) in Indien, die sich auch als eine Frauenrechtsbewegung versteht, ist dem Projekt in Nepal ähnlich und ermöglicht Frauen durch organisierte Eigeninitiativen Stellen zu schaffen und dadurch vom unorganisierten und unsicheren Arbeitssektor der Straße wegzukommen. Eine Stärke der genannten Initiativen ist das Engagement der Mütter in den frühkindlichen Förderprogrammen. Durch die organisierte Aufteilung der Aufsicht haben nun die älteren Geschwister der Kleinkinder, die vorher Zeit und Verantwortung einbringen mussten, die Möglichkeit in die Schule zu gehen und so ihren eigenen Bildungsaufgaben nachzukommen. Diese Initiativen unterstützen Mütter finanziell unabhängig zu sein, weil sie ihrer beruflichen Arbeit nachgehen können, fördern das gemeinschaftliche Miteinander und fokussieren die Fürsorge für die jüngsten Kinder ohne die älteren Kinder zu vernachlässigen. Es existiert eine Vielzahl solcher nicht-formalen Initiativen, die sich in der aufgezeigten Weise der frühkindlichen Erziehung und Bildung annehmen (vgl. UNESCO, 2003, S. 183).

Die Strategien und Ziele der Programme gestalten sich nach wirtschaftlichen, kulturellen und regionalen Bedingungen und Notwendigkeiten (Stadt, Land oder Krisengebiet). Träger können aus dem öffentlichen sowie aus dem privaten Sektor kommen und setzen unterschiedliche Schwerpunkte im Rahmen der bedarfsbezogenen regionalen Förderung. Möglichkeiten der Förderung bestehen auch in integrierten frühkindlichen Bildungs- und Förderprogrammen, denn hier arbeiten Regierungsinitiativen, internationale Organisationen und Gemeinden des jeweiligen Landes längerfristig zusammen. Durch die breite Vernetzung sind Hilfestellungen in Gesundheit, Bildung und holistischer Entwicklung möglich. Ein Beispiel ist der Integrated Child Development Service in Indien. Unterschiedliche Ministerien (z.B. Department of Women and Child Development) und internationale Institutionen wie UNICEF, World Bank oder die Aga Khan Foundation arbeiten hier Hand in Hand zusammen. Eine weitere Besonderheit der Projekte sind die (mehr oder weniger) gut ausgebildeten Sozialarbeiter, genannt Anganwadi Worker, die selbst aus den jeweiligen Gemeinden stammen und vor Ort mit den Kindern oder Müttern arbeiten (vgl. Evans et al., 2000). Aber auch die nachbarschaftliche Betreuung stellt eine viel versprechende Möglichkeit der Förderung dar (z.B. die Homes of Well-being in Kolumbien, vgl. dazu Myers, 1993).

Enorm wichtige Anbieter und stakeholder sind die internationalen Organisationen, die mit großen und vielfältigen Initiativen die frühkindliche Bildung auf globaler Ebene unterstützen. Zu diesen Institutionen gehören die Unterorganisationen UNICEF und UNESCO der Vereinten Nationen, die Welt-Gesundheits-Organisation (WHO), die Weltbank, und diverse Stiftungen.

## 5 Lebenslanges Lernen, Nachhaltigkeit und frühkindliche Bildung

Lebenslanges Lernen (LLL) beinhaltet alle Formen des Lernens über die gesamte Lebensspanne eines Menschen hinweg. Es handelt sich nach Hof (2009) um ein „alltägliches Phänomen" (ebd., S. 15), welches zu den „Grunderfahrungen" (ebd., S. 15) eines Menschen gehört. In Deutschland zählt das Lernen im Lebenslauf zu den wesentlichen Herausforderungen in den politischen und gesellschaftlichen Bereichen, dessen Realisierung einen wichtigen Beitrag für die unterschiedlichen Lebensphasen und Perspektiven jedes Einzelnen leistet und sich als relevant für das Gelingen von wirtschaftlichen und gesellschaftlichen Zielen erwiesen hat. „Die nachhaltige und erfolgreiche Entwicklung eines Landes hängt [...] wesentlich von einem funktionierenden, qualitativ hochwertigen und zugangsgerechten Bildungssystem ab" (BMZ, 2011, S. 2). Gerade frühe Sozialisationsprozesse und Lernprozesse im Kindes- und Jugendalter haben starken Einfluss auf erfolgreiches Lernen in unterschiedlichen Phasen des Erwachsenenalters. „Lernmotivation und -interesse, eine aktive und bewusste Auseinandersetzung mit neuen Anforderungen und metakognitive Kompetenzen entwickeln sich vor allem aufgrund früher Lernerfahrungen in Schule und Elternhaus" (Tippelt 2007, S. 445). Das Bundesministerium für wirtschaftliche Zusammenarbeit und Entwicklung (BMZ) sieht das LLL mit Blick auf Entwicklungs- und Schwellenländer als das Leitbild für die Bildungsförderung. Zentral ist hierbei der freie Zugang aller Menschen zu qualitativ hochwertiger Bildung über alle Lebensphasen hinweg. „Es muss jedem Menschen möglich sein [...], das ganze Leben lang entsprechend der Lebenssituation und der Lernbedarfe zu lernen" (BMZ, 2011, S. 5). Das bedeutet, dass das Lernen auch über die schulische Ausbildung hinaus gelingen soll. Der Ansatz der ganzheitlichen Förderung und Unterstützung beinhaltet, dass alle Bildungsbereiche integriert werden sollen und sowohl formale, non-formale Bildung sowie das informelle Lernen im Fokus der Aufmerksamkeit sind. Ziel des BMZ (2012) ist es, alle in der Bildung tätigen Akteure einzubeziehen und nicht nur diejenigen Kompetenzen eines Menschen zu fördern, welche dessen Allgemeinbildung und beruflicher Bildung dienen, sondern auch Bezug zu lebensweltlichen Kompetenzen haben. Frühkindliche Bildung hat im Rahmen der PISA-Ergebnisse internationale Aufmerksamkeit erlangt um mit Hilfe gezielter Förderung die Chancengleichheit der Kinder bei Schulbeginn zu erreichen und soziale Differenzen abzubauen. Förderung muss nach Stamm (2010, S. 20) als ein „sozialer und kulturell bestimmter Prozess verstanden werden, an dem das gesamte gesellschaftliche Umfeld beteiligt ist".

Wesentlich für die nachhaltige Entwicklung ist es, die besonderen Voraussetzungen und Bedingungen in einzelnen Ländern zu verstehen und somit auf die unterschiedlichen Bedürfnisse regieren zu können. Armut, Hunger und Krankheiten müssen beseitigt und zumindest reduziert werden, damit erfolgreiche Förderung gelingen kann und Kinder und Eltern auf den Prozess des Lebenslangen Lernens vorbereitet werden können. Auch prägen Gewalt oder bewaffnete Konflikte das Leben der Kinder, Jugendlichen und Erwachsenen, so dass diese davon abgehalten werden an Bildungsmaßnahmen oder Betreuungsangeboten teilzunehmen um sich so für einen Beruf zu qualifizieren und für ihr Leben günstige Ausgangsbedingungen zu sichern (vgl. dazu u.a. BMZ, 2011; UNESCO, 2011a). Dabei ist gerade die grundlegende Bildung wichtig, denn immer noch verfügen bis zu einem Fünftel der Menschen in Entwicklungsländern über 15 Jahren nicht über die Grundkenntnisse im Lesen, Schreiben und Rechnen. Dies gilt vor allem für Frauen, denn obwohl sich in den letzten Jahren ein deutlicher Aufwärtstrend abgezeichnet hat, sind noch immer zwei Drittel der Betroffenen weiblich (vgl. BMZ, 2011).

Entscheidend für die Nachhaltigkeit ist die Qualität der Bildung. Hierbei ist es bedeutsam, dass genügend und vor allem entsprechend ausgebildetes Erziehungspersonal im Bereich der frühen Bildung zur Verfügung steht und ausreichend Lehr und Lernmaterialen für ein gelingendes Arbeiten vorhanden sind. Diese Voraussetzung ist in den Entwicklungsländern vor allem deshalb so schwer zu bewerkstelligen, weil die Bildungshaushalte der Länder größtenteils unterfinanziert sind, keine hinreichenden Gehälter für das pädagogische Personal gezahlt oder auch Schulen renoviert werden können (vgl. BMZ, 2011). Zudem gestaltet sich die Infrastruktur der einzelnen Länder oft mangelhaft. Es muss versucht werden die Geschlechterungleichheiten in Entwicklungsländern zu überwinden und ein Gleichgewicht für den Zugang zu Bildung bei Mädchen und Jungen zu erreichen. Entscheidend ist auch die Zusammenarbeit mit den Eltern. Wenn die Eltern verstehen, wie wichtig frühe Lernprozesse für den weiteren Lebensverlauf ihrer Kinder sind und gleichzeitig Anreize geschaffen werden wie bspw. ärztliche Betreuung im Rahmen der frühkindlichen Bildung und des Grundschulbesuches oder integrierte Schulspeisungen, dann haben die Kinder bereits früh die Chance Fähigkeiten zu erwerben, um lebensbegleitend kognitive, soziale und emotionale Kompetenzen zu erlangen.

# 6 Literatur

Aktionsrat Bildung (2012). *Professionalisierung in der Frühpädagogik. Qualifikationsniveau und -bedingungen des Personals in Kindertagesstätten*. Jahresgutachten. Münster. Waxmann.

Bracey, G., Montie, J.E., Xiang, Z. & Schweinhart, L.J. (2007). *The IEA Preprimary Study: Findings and Policy Implications*. High Scope Educational Research Foundation.

Bundesministerium für Familie, Senioren, Frauen und Jugend (BMFSFJ) (2007). *Übereinkommen über die Rechte des Kindes. UN-Kinderrechtskonvention mit Wortlaut und Materialien*. Berlin: BMFSFJ.

Bundesministerium für wirtschaftliche Zusammenarbeit und Entwicklung (BMZ) (2009). BMZ KONZEPTE 183. Sektorkonzept „Gesundheit in der deutschen Entwicklungspolitik". Download am 30.03.2012 von http://www.bmz.de/de/publikationen/reihen/strategiepapiere/Konzepte183.pdf.

Bundesministerium für wirtschaftliche Zusammenarbeit und Entwicklung (BMZ) (2011). *Kinder- und Jugendrecht konkret, Informationen zu den Rechten junger Menschen und der entwicklungspolitischen Zusammenarbeit*. BMZ-Informationsbroschüre.

Bundesministerium für wirtschaftliche Zusammenarbeit und Entwicklung (BMZ) (2012). Zehn Ziele für mehr Bildung. BMZ-Bildungsstrategie 2010-2013. Berlin BMZ.

Bundesministerium für wirtschaftliche Zusammenarbeit und Entwicklung (BMZ) (o.J.). Nachhaltige Entwicklung in Entwicklungs- und Schwellenländern durch Bildung. Der Beitrag der deutschen Entwicklungspolitik. Nachhaltigkeitsbericht des Bundesministeriums für wirtschaftliche Zusammenarbeit und Entwicklung. Download am 30.03.2012 von http://www.bundesregierung.de/Webs/Breg/nachhaltigkeit/Content/_Anlagen/bmz-nachhaltigkeitsbericht-2011.pdf?__blob=publicationFile.

Engle, P., Black, M.M., Berham, J.R., de Melleo, M.C., Gertler, P., Kapiriri, L., Marorell, R. & Eming Young, M. (2007). Child development in developing countries 3. Strategies to avoid the loss of developmental potential in more than 200 million children in the developing word. *The Lancet* *369*, 229–242.

Evans, J.L, Myers, R.G. & Illfeld, E.M. (2000). *Early Childhood Counts. A Programming Guide for an Early Childhood Care for Development*. Washington: Word Bank.

Grantham-McGregor, S., Cheung, Y.B., Cueto, S., Glewwe, P., Richter, L. & Strupp, B. (2007). Child development in developing Countries 1. Developmental potentials in the first 5 years for children in developing countries. *The Lancet 369*, 60–70.

Grell, F. & Roßbach, H.-G. (2010). Einführung in den Thementeil. *Zeitschrift für Pädagogik 56*(2), 151–153.

Große, C. & Roßbach, H.-G. (2011). Frühpädagogik. In H. Reinders; H. Ditton; C. Gräsel & B. Gniewarz (Hrsg.), *Empirische Bildungsforschung. Gegenstandsbereiche* (S. 75–86). Wiesbaden: VS Verlag.

Hermle, R. (2010). Bildung für alle –Eine kleine Geschichte großer Versprechen. Ein kritischer Blick auf den deutschen Beitrag zur Bildungsförderung in der Entwicklungszusammenarbeit. Globale Bildungskampagne Deutschland. Download am 30.03.2012 von www.bildungskampagne.org

Hof, C. (2009). *Lebenslanges Lernen*. Stuttgart: Kohlhammer.

Kamerman, S. (2002). Early Childhood Care and Education and other Family Policies and Programs in South-East Asia. UNESCO Early Childhood and Family Policy Series, Nr. 4.

Klieme, E. & Tippelt, R. (2008). Qualitätssicherung im Bildungswesen. Eine aktuelle Zwischenbilanz. *Zeitschrift für Pädagogik*. Beiheft 53, 7–15.

Myers, R. (2006). *Quality in program of early childhood care and education (ECCE). Background paper Education for all Global Monitoring Report 2007, Strong foundations: early childhood care and education*. United Nations.

Nohlen, D. (1998). Entwicklung. In. D. Nohlen (Hrsg.), *Lexikon Dritte Welt. Länder, Organisationen, Theorien, Begriffe, Personen* (S. 216–218). Reinbeck bei Hamburg: Rowohlt.

Nonoyama, Y., Loaiza, E., Engle, P. (2006). *Participation in organized early learning centers: findings from household surveys. Background Paper Education for all Global Monitoring Report 2007, Strong foundations: early childhood care and education*. United Nations.

Nonoyama-Tarumi, Y., Loaizaa E. & Engle P. (2009). Inequalities in attendance in organized early learning programmes in developing societies: findings from household surveys. *Compare 39*(3), 385-409.

Nonoyama-Tarumi, Y. & Ota, Y. (2010). Early Childhood Development in Developing Countries: Pre-Primary Education, Parenting, and Health Care. Background Paper Education for all. *Global Monitoring Report 2011*.

Oberhuemner, P., Schreyer, I. & Neumann, M.J. (Hrsg.). (2010). *Professionals in early childhood education and care systems. European profiles and perspectives*. Opladen: Barbara Budrich.

Stamm, M. (2010). *Frühkindliche Bildung, Betreuung und Erziehung*. Bern: Haupt Verlag.

Tenorth, H.-E. & Tippelt (2007). *Lexikon Pädagogik*. Weinheim: Beltz.

Tietze, W. (2008). Qualitätssicherung im Elementarbereich. *Zeitschrift für Pädagogik*. Beiheft 53, 16–35.

Tippelt, R. (2007). Lebenslanges Lernen. In H.-E. Tenorth & R. Tippelt (Hrsg.), *Lexikon Pädagogik* (S. 444–447). Weinheim: Beltz.

Tippelt, R. (2010). Bildung in Entwicklungsländern und internationale Bildungsarbeit (3. aktualisierte und überarbeitete Auflage). In R. Tippelt & B. Schmidt (Hrsg.), *Handbuch Bildungsforschung* (S. 249–274). Wiesbaden: VS Verlag.

Tippelt, R. (2011). Drop out im Bildungssystem – Situation und Prävention. *Zeitschrift für Pädagogik 57*(2), 145–152.

UNESCO (2003). *EFA Global Monitoring Report 2003/4*. Education for All. Gender and Education for All. The Leap to Equality. Paris, UNESCO.

UNESCO (2004a). *EFA Global Monitoring Report 2005*. Education for All. The Quality Imperative. Paris, UNESCO.

UNESCO (2004b). *Report by the Director Gener on the Strategiec Review of UNESCO's Post-Dakar Role in Education for All*. Paris, UNESCO.

UNESCO (2004c). *Early Childhood Care and Education in South – East Asia: Working for Access,Quality and Inclusion in Thailand, the Philippines and Viet Nam*. Bangkok: UNESCO.

UNESCO (2006a). *EFA Global Monitoring Report 2007*. Education for All. Strong foundations. Early childhood care and education. Paris, UNESCO

UNESCO (2006b). *Weltbericht „Bildung für alle" 2007, Solide Grundlagen: Frühkindliche Förderung und Erziehung*. Bonn, Deutsche UNESCO Kommission.

UNESCO (2009). (Hrsg.). *EFA Global Monitoring Report. Education for All. Overcoming Inequality: why governance matters*. Paris, UNESCO.

UNESCO (2010). (Hrsg.). *EFA Global Monitoring Report. Education for All. Reaching the marginalized*. Paris, UNESCO.

UNESCO (2011a). *EFA Global Monitoring Report 2011*. Education for All. The Hidden Crisis: Armed Conflict and Education. Paris, UNESCO.

UNESCO (2011b). *EFA Global Monitoring Report 2011*. Weltbericht Bildung für alle. Kurzfassung. Die unbeachtete Krise: Bewaffneter Konflikt und Bildung. Bonn, BMZ.

UNICEF (2000). Defining Quality in Education. United Nations: New York.

UNICEF (2009). *The State of the World's Children. Maternal and Newborn Health*. New York.

UNICEF (2012). *The State of the World's Children. Children in an Urban World*. Executive Summary. New York.

Vargas-Barón, E. (2005). *Planning Policies for Early Childhood Development: Guidelines for Action*. Paris, UNESCO.

Von Hippel, A. & Grimm, R. (2010). *Qualitätsentwicklungskonzepte in der Weiterbildung Frühpädagogischer Fachkräfte*. WiFF Expertisen Nr. 3. München, DJI.

Wildgruber, A. & Becker-Stoll, F. (2011). Die Entdeckung der Bildung in der Pädagogik der frühen Kindheit – Professionalisierungsstrategien und -konsequenzen. *Zeitschrift für Pädagogik 57*(2), 60–76.

# Anforderungen an Fachkräfte in Kindertageseinrichtungen

Tanja Betz

## 1    Einleitung

Das deutsche Bildungssystem tut sich schwer, Bildungsabschlüsse oder Kompetenznachweise unabhängig von der Herkunft der Schüler/innen zu vergeben. Das ist keine neue Einsicht, vielmehr deutet sie auf eine fast zeitlose Problematik hin, die viele Bildungsreformen zu überdauern scheint und die Forschung seit Jahrzehnten beschäftigt. In diesem Zusammenhang wird auf politischer Ebene darüber nachgedacht, ob Benachteiligungen nicht (verstärkt auch) außerhalb des Bildungssystems und insbesondere bereits *vor* Eintritt in das System Schule entgegengetreten werden könnte. Eine Schlüsselrolle wird hierbei den frühpädagogischen Fachkräften in Kindertageseinrichtungen zugeschrieben. „Faire Teilhabechancen von Anfang an – Frühkindliche Betreuung und Bildung fördern", so lautet denn auch der Antrag der Fraktionen der CDU/CSU und FDP, den der Ausschuss für Familie, Senioren, Frauen und Jugend des Deutschen Bundestages in seiner Sitzung vom 15.12.2010 angenommen und dem Bundestag als Beschlussempfehlung übermittelt hat (Deutscher Bundestag, 2010a). Darin werden zahlreiche Forderungen expliziert, wie die Bundesregierung zukünftig darauf hinwirken soll, die Qualität frühkindlicher Bildung zu verbessern. Denn gute frühkindliche Bildung, insbesondere in Einrichtungen und durch Angebote öffentlich verantworteter Bildungs- und Betreuungsinstitutionen wie Familienzentren oder Kindertageseinrichtungen, wird als „einer der entscheidenden Faktoren für mehr Chancengerechtigkeit" gesehen (Deutscher Bundestag, 2010b, S. 1). Dieses Beispiel ist in eine ganze Reihe ähnlich lautender Forderungen einzureihen. Sie verdeutlichen, dass in den gegenwärtigen (fach-)politischen Reden und

Schriften, die frühe Kindheit mit den Themen ‚Benachteiligung' und ‚Teilhabechancen' sowie ‚frühkindliche Bildung' und ‚(Sprach-)Förderung' verknüpft wird.

Aber nicht nur im politischen Feld, auch in Wissenschaft und Praxis, in den Bereichen Kindheitspädagogik, empirische Bildungsforschung und Pädagogik der frühen Kindheit, sind in den letzten Jahren eine Reihe von Erwartungen an Einrichtungen, v.a. aber (Qualifikations-)Anforderungen an frühpädagogische Fachkräfte vorgebracht worden, die ganz unterschiedliche Aspekte des Handlungsfeldes betreffen. Diese meist praxisorientierten Anforderungskataloge, die häufig als Checklisten und Merkposten für die pädagogische Arbeit im Elementarbereich ausgestaltet werden (u.a. List, 2010; von Behr, 2011), rekurrieren dabei meist auf den Begriff der Kompetenz. Dabei wird dargelegt, was das pädagogische Personal Wissen und Können muss um Garant für die hohe Qualität der pädagogischen Arbeit in Kindertageseinrichtungen u.a. mit Blick auf die Herstellung von Chancengerechtigkeit und gleichen Startchancen zu sein bzw. dies über die eigene Fort- und Weiterbildung zu werden.

Im Kontext dieser politischen und fachwissenschaftlichen Debatten wird im Forschungsprojekt EDUCARE[1] der Frage nachgegangen, wie die den frühpädagogischen Fachkräften und Institutionen von politischer Seite zugeschriebene Rolle sprachlich und symbolisch in politischen Berichten und Plänen konstruiert wird. Konkret geht es darum, wie Fachkräfte im gegenwärtigen politischen Diskurs konstruiert werden, welche Rolle sie mit Blick auf die Herstellung von Chancengerechtigkeit spielen (sollen) und damit auch welche Problemstellungen aufgrund der politischen Schwerpunktsetzungen derzeit nicht in den Blick der (fach-)politischen Debatte geraten.

Zur Bearbeitung dieser Fragen werden zunächst Ausschnitte aus der frühpädagogischen Fachdebatte und ihre konzeptionellen Grundannahmen skizziert. Darauf folgend werden die Annahmen und das empirische Vorgehen der EDUCARE-Studie vorgestellt, deren Befunde zur Konstruktion der ‚guten' Fachkraft in frühpädagogischen Handlungsfeldern danach im Mittelpunkt stehen. Abschließend werden die Ergebnisse vor dem Hintergrund der Frage diskutiert worin blinde Flecken in der Debatte liegen.

## 2    Anforderungen an pädagogische Fachkräfte und der Kompetenzbegriff in der Frühpädagogik

Die ständig wachsende Literatur zur Rolle von frühpädagogischen Fachkräften und zu ihrem Arbeitsfeld offenbart ein sehr heterogenes Bild. Betrachtet man die konkret benannten Anforderungen an Fachkräfte, werden zahlreiche Themen diskutiert, die hier knapp skizziert werden sollen.

---

1   Informationen zum Projekt das an der Goethe-Universität Frankfurt im Forschungsverbund IDeA durchgeführt und von der VolkswagenStiftung finanziert wird, gibt es auf der Website http://www.uni-frankfurt.de/fb/fb04/we2/professionalisierung/Projekt_educare.html.

Einer der neuen Schwerpunkte in der Debatte um das notwendige Wissen und Können von Fachkräften im Elementarbereich liegt in der Herausforderung der pädagogischen Arbeit mit Kindern in den *ersten drei Lebensjahren* (exemplarisch: Jooß-Weinbach, 2012; von Behr, 2011): Kinder verschiedenen Alters müssen gemeinsam gebildet, erzogen und betreut werden was spezifische Kompetenzen der Fachkraft wie entwicklungspsychologisches Wissen im Bereich Eingewöhnung, Bindungsbeziehung, Kontakt zu anderen Altersgruppen etc. oder auch Expertise in der Raumgestaltung erforderlich macht (Nied, Niesel, Haug-Schnabel, Wertfein & Bensel, 2011). Hinzu kommt die Aufgabe, Anzeichen für eine *Kindeswohlgefährdung* bei Kindern frühzeitig wahrzunehmen, zu erkennen und richtig zu interpretieren (Maywald, 2011). Weitere Herausforderungen liegen im *Umgang mit der kulturellen Vielfalt* von Kindern, die u.a. mit unterschiedlichen Bildern vom (Klein-)Kind, von Elternschaft und Vorstellungen von der Autonomie des Kindes oder aber stärkerer Verbundenheit einher geht und u.a. interkulturell sensitive Kommunikationsstrategien erforderlich macht um unterschiedliche Sichtweisen, u.a. zwischen Fachkraft und Eltern zu erkennen und zu thematisieren (Borke, Döge & Kärtner, 2011). Darüber hinaus werden mit Blick auf die *Zusammenarbeit mit Eltern* als weitere zentrale Aufgabe der Fachkräfte vielfältige Anforderungen angeführt (u.a. Friederich, 2011; Viernickel & Schwarz, 2009). Hierzu gehören u.a. die Kompetenz eine Erziehungs- und Bildungspartnerschaft aufzubauen und aufrechtzuerhalten oder die Erziehungskompetenz der Eltern zu stärken. Zudem werden als zentrale Themen die frühe *Sprachförderung* und damit einher gehende sprachdiagnostische Kompetenzen (List, 2010) angemahnt. Auch die Umsetzung von *inklusiver Pädagogik* (Sulzer & Wagner, 2011) wird an das pädagogische Personal herangetragen was u.a. die Reflexionskompetenz bezüglich der „eigenen soziografischen Situiertheit zu Einseitigkeiten, Privilegierung und Diskriminierung und deren Bedeutung für pädagogisches Handeln" (ebd., S. 27) erforderlich mache. Die genannten Themen ließen sich fast beliebig erweitern. In den Bildungs- und Erziehungsplänen der Länder werden noch *Beobachtung und Dokumentation, Übergangsgestaltung, Qualitätssicherung und -entwicklung* (vgl. Viernickel & Schwarz, 2009) vorgebracht oder auch die notwendigen didaktischen Kompetenzen der Fachkraft sowie ihre bildungsbereichsspezifischen Kompetenzen u.a. in den Naturwissenschaften.

Deutlich wird in den formulierten (Qualifikations-)Anforderungen die Orientierung am Kompetenzbegriff. Sie soll, so Leu (2011), dazu beitragen, „dass das Lernen auf die Bewältigung von Anforderungen statt auf den Aufbau von zunächst ungenutztem Wissen ausgerichtet wird. Es geht vorrangig darum, sowohl die notwendige Eigenaktivität des Subjektes als auch die möglichen Veränderungen situativer Anforderungen zu beachten" (ebd., S. 74) oder wie Fröhlich-Gildhoff, Nentwig-Gesemann und Pietsch (2011) festhalten: Kompetenz bezeichnet „*individuelle Fähigkeits- und Fertigkeitsbündel*, die den Menschen dazu befähigen, Situationen zu bewältigen oder zu erzeugen" (ebd., S. 12, Hervorh. i. O.). Dabei legen die Autoren, die ein verbreitetes Kompetenzmodell entworfen haben (u.a. vbw, 2012), Wert darauf, dass Kompetenzen sowohl Dispositionen als auch die Performanz, d.h. das tatsächlich gezeigte (kompetente) Handeln umfassen. Das Ziel der (Weiter-)Qualifizierung sei daher der Erwerb von Kompetenzen, der die pädagogische Fachkraft dazu befähigt, auf der Basis von wissenschaftlich theoretischem Wissen und reflektiertem Erfahrungswissen, *„selbst organisiert, kreativ* und *reflexiv* „Neues" zu schaffen […], aktuellen Anforderungen zu begegnen und Probleme zu lösen" (ebd., S. 17, Hervorh. i. O.). Entscheidend für die Bereitschaft zu handeln, z.B. Probleme im Alltag zu lösen, sei dabei die Wahrnehmung der Situation (als problematisch), die aktuelle Motivation der Fachkraft und ihre Haltung, d.h. ihre handlungsleitenden Orientierungen, Einstellungen und Werthaltungen (ebd.). Hierzu gehört beispielsweise ob die Ausrichtung der eigenen Arbeit an den Grundsätzen des jeweiligen Bildungs- und Erziehungsplans erfolgen soll oder nicht.

Die themenspezifischen Anforderungen und Kompetenzmodelle (vgl. auch Qualifikationsrahmen wie der DQR: Fröhlich-Gildhoff, Nentwig-Gesemann & Pietsch, 2011; vbw 2012), sind vielschichtig und haben zugleich zumindest eine Gemeinsamkeit: Sie sind weitgehend nicht empirisch fundiert. Dies geht damit einher, dass es zwar mittlerweile eine Fülle an theoretisch elaborierter Literatur u.a. zur pädagogischen Professionalität und Kompetenz sowie insbesondere an pragmatischer, stark praxisorientierter Literatur gibt, aber sehr wenig empirisch fundiertes (Grundlagen-)Wissen darüber, wie das Wissen der Fachkräfte ihr pädagogisches Handeln strukturiert (vgl. Thole, 2008). Empirisch nicht geklärt ist beispielsweise wie die aktuellen Anforderungen innerhalb der Kindertageseinrichtungen aufgegriffen und umgesetzt werden (Peucker, Gragert, Pluto & Seckinger, 2010) oder auch wie frühpädagogische Fachkräfte in unterschiedlichen Diskursen, u.a. in der Politik, konstruiert werden und welche Rückwirkungen dies auf das Selbstverständnis der Fachkräfte und ihre pädagogische Arbeit hat. Ein Beitrag zu letzterer Forschungsfrage wird im Folgenden skizziert.

## 3    Die Studie EDUCARE: Konzeptionelles Verständnis und empirisches Vorgehen

Das Projekt EDUCARE („Leitbilder ‚guter Kindheit' und ungleiches Kinderleben") geht von der Annahme aus, dass in politischen Diskursen Leitbilder ‚guter', bildungsbezogener Kindheit hervorgebracht und verhandelt werden (Betz, 2010; Klinkhammer, 2010), die in Zusammenhang stehen mit der Gestaltung von Kindheit innerhalb und außerhalb pädagogischer Institutionen. Dabei werden auch Vorstellungen einer ‚guten' Fachkraft entworfen, da sich das gegenwärtige Kinderleben auch in Einrichtungen der Frühpädagogik abspielt bzw. (immer früher) abspielen soll. Damit einhergehend werden Erwartungen und Vorstellungen debattiert, wie mit Kindern umzugehen ist, wie diese (zukünftig) erzogen, gebildet und betreut werden sollen und welche Rolle der Fachkraft zukommt um gleiche Startchancen für alle Kinder zu gewährleisten (Bischoff, Gil Carpes, de Moll, Pardo-Puhlmann & Betz, 2012). Unter Leitbildern werden dabei aus einer konstruktivistisch-ungleichheitstheoretischen Perspektive sozial geteilte nicht begründungspflichtige Vorstellungsmuster von einer erwünschten und akzeptierten Zukunft oder vom Erhalt eines erwünschten Status-Quo innerhalb einer sozialen Gruppierung verstanden (Pardo-

Puhlmann & Betz, 2013 i. E.). Leitbilder sind z.B. im (fach-) politischen Feld sozial geteilte Vorstellungsmuster von einer ‚guten' Kindertageseinrichtung, die die Wahrnehmungs-, Denk-, Bewertungs- und Handlungsorientierungen der Akteure durch ihre Ausrichtung auf einen gemeinsam geteilten Zukunftshorizont im Sinne eines normativen, zukünftigen Soll-Zustands synchronisieren und strukturieren. Diese Zukunft soll durch entsprechendes Handeln realisiert werden bzw. soll der gewünschte Status Quo erhalten bleiben (ebd.). Leitbilder werden dabei von Akteuren in Herrschaftspositionen, hierzu gehören politische Handlungsträger oder wissenschaftliche Expertinnen und Experten, ausgehandelt und in Form von willkürlichen Klassifikationen der sozialen Welt (z.B. die Forderung, dass eine frühpädagogische Fachkraft sprachdiagnostische Kompetenzen benötige) als natürlich und legitim festgelegt. Diese Prozesse können sich ebenso vollständig unbewusst vollziehen wie auch die Akzeptanz von und Zustimmung zu diesen Klassifikationen von Akteuren in beherrschten Positionen (ebd.). Bezieht man diese Überlegungen auf die Konstruktion der ‚guten' Fachkraft, so sind in Kap. 2 bereits Elemente dieses gemeinsam geteilten Zukunftshorizonts, des zukünftigen Soll-Zustands, skizziert worden. Sie beziehen sich auf das breite Aufgabenspektrum der frühpädagogischen Fachkräfte, ihren Handlungsauftrag und die dafür als erforderlich angesehenen und, so der dominante Diskurs, nicht zur Disposition stehenden Kompetenzen.

Leitend für das empirische Vorgehen in der EDUCARE-Studie sind die Fragen wie Fachkräfte im gegenwärtigen politischen Diskurs konstruiert werden und welche Rolle sie mit Blick auf die Herstellung von Chancengerechtigkeit spielen (sollen). Grundlage hierfür ist die inhalts- und diskursanalytische Teilstudie, die die empirische Basis der Befunde in Kap. 4 bildet und hier knapp skizziert wird.

Der Analysefokus liegt auf dem aktuellen politischen Diskurs als spezifischen Wissensbereich (Höhne, 2008), eingegrenzt im Sinne der Projektfragestellung auf die Themen ‚Kindheit' und ‚Bildung'. Innerhalb dieser Themenfelder und den Politikbereichen, in denen diese Themen explizit verhandelt werden, geht es um die Analyse der Konstruktionen von Fachkräften in Kindertageseinrichtungen bzw. des Bildes einer ‚guten' Fachkraft. Aus über 70 thematisch einschlägigen Dokumenten auf Bundes- und Länderebene aus den Jahren 2000 bis 2010 wurden die Diskursformen Berichte und Pläne ausgewählt und durch die Analyse der institutionellen Rahmen der Dokumente (u.a. die selbsterklärte Zielsetzung, die rechtlichen Grundlagen, die Bestimmung der – i. T. auch wissenschaftlichen – Autorinnen und Autoren) auch die Zahl der zu analysierenden Dokumente reduziert. Relevant war, dass die Dokumente einem hohen Grad an institutioneller Einbindung wie z.B. die Bildungs- und Erziehungspläne vorweisen und in offiziell festgeschriebene Verfahrensformen eingebettet sind wie die Nationalen Bildungsberichte oder die Kinder- und Jugendberichte der Bundesregierung. Letztlich wurden empirisch 25 Dokumente aus fünf Politikbereichen (Integration, Bildung, Kinder und Jugend, Familie, Soziales) für die Analysen bestimmt. Dazu gehören u.a. der Zwölfte Kinder-und Jugendbericht der Bundesregierung, der Nationale Aktionsplan für ein kindergerechtes Deutschland (NAP), der Nationale Integrationsplan (NIP), der Dritte Nationale Bildungsbericht, der Hessische Bildungs- und Erziehungsplan und der Sächsische Bildungsplan.

Die Dokumente wurden inhalts- und diskursanalytisch bearbeitet (zu den methodologischen Grundannahmen und dem methodischen Vorgehen: Bischoff & Betz, 2013 i. E.). Die Rekonstruktion der Darstellungsweisen von Fachkräften erfolgte in vier methodischen Schritten: Zunächst gab es, wie dargestellt, eine systematische Sichtung aller Dokumente mit dem Fokus auf die Thematisierung von Fachkräften im Zusammenhang mit Kindheit und Bildung, dann erfolgte eine qualitativ-inhaltliche Analyse aller relevanten Textstellen. Anschließend erfolgte eine Feinanalyse ausgewählter Sequenzen u.a. mit Blick auf Differenzsetzungen und semantische Verknüpfungen in Anlehnung u.a. an die Thematische Diskursanalyse (Höhne, 2008; Höhne, Kunz & Radtke 2005) um mit einer zusammenfassenden Analyse und Interpretation zu enden, die nachstehend in Auszügen dargestellt wird.

## 4    Ergebnisse

Im Folgenden werden zentrale Befunde aus dem gesamten Sample vorgestellt, die Einblick in die Konstruktion der Fachkraft in den politischen Dokumenten geben. Abschließend (Kap. 5) wird thematisiert, welche blinden Flecken es derzeit in der (fach-)politischen Debatte gibt.

### 4.1    Hohe Erwartungen an die Kindertagesbetreuung angesichts aktueller Entwicklungen und vor dem Hintergrund von mehr Chancengerechtigkeit

Bei einer Analyse der Dokumente wird deutlich, dass die gegenwärtige Situation als in starker Veränderung begriffen konstruiert und dies mit hohen und neuen Erwartungen an die Kindertagesbetreuung verknüpft wird. Diese Beobachtung unterstreicht der folgende Auszug aus dem *Dritten Nationalen Bildungsbericht*:

> „Im Vergleich mit anderen Bereichen des Bildungswesens ist *gegenwärtig eine besonders starke Dynamik* im Kontext des U3-Ausbaus zu beobachten. Zugleich wird die Kindertagesbetreuung mit *vielfältigen Erwartungen einer stärkeren frühkindlichen Bildungsförderung*, insbesondere mit Blick auf den *Spracherwerb*, konfrontiert. Dies gilt vor allem für die *wachsende Zahl an Kindern mit Migrationshintergrund*. Aber auch die Integration und Förderung von Kindern mit Behinderung hat in jüngster Zeit *neue Bedeutung* erlangt" (Autorengruppe Bildungsberichterstattung, 2010, S. 45, Hervorh. T. B.).

Im Zuge der konstruierten Veränderungen, die auch in weiteren Dokumenten aufzufinden sind (u.a. Hessisches Sozialministerium & Hessisches Kultusministerium, 2007; Sächsisches Staatsministerium für Soziales, 2007), sehen sich die Fachkräfte neuen, gestiegenen Anforderungen („stärkere frühkindliche Bildungsförderung") gegenübergestellt. Sie stehen, so der Diskurs, vor großen Herausforderungen wie dies u.a. durch die

Betonung der „wachsenden Zahl von Kindern mit Migrationshintergrund" symbolisiert wird (Presse- und Informationsamt der Bundesregierung, 2007, S. 52, vgl. ebenso im o.g. Zitat). Der politische Blick wird auf die frühe Kindheit und hierbei insbesondere auf die Herstellung von mehr Chancengerechtigkeit gerichtet (vgl. auch: BMFSFJ, 2005; Presse- und Informationsamt der Bundesregierung, 2007; Sächsisches Staatsministerium für Soziales, 2007). Im *Nationalen Aktionsplan für ein kindergerechtes Deutschland* wird hierzu festgehalten:

> „Gerade in den ersten Lebensjahren werden *entscheidende Weichen für die Bildungszukunft* von Kindern gestellt. Kindertageseinrichtungen haben einen besonderen Bildungs- und Erziehungsauftrag: Hier können Begabungen frühzeitig gefördert sowie Benachteiligungen *rechtzeitig* erkannt und abgebaut werden. Davon profitieren alle Kinder, insbesondere aber Kinder aus Familien mit geringeren ökonomischen und kulturellen Ressourcen, wie aktuelle Studien zeigen. Ziel der Bundesregierung ist es daher, jedes Kind in Tageseinrichtungen oder in der Kindertagespflege *von Anfang an optimal zu fördern und zu bilden und damit Chancengerechtigkeit zu schaffen.* Kinder brauchen anregende Bildungsorte. Eine stärkere Verzahnung von frühkindlicher und schulischer Bildung dient dem Ziel einer *besseren Bildung „von Anfang an".* Die Festlegung von Bildungsstandards liegt in der Verantwortung der Länder. Gleichwohl unterstützt die Bundesregierung deren Bestreben um eine *bessere Qualität* in Kindertageseinrichtungen und in der Kindertagespflege" (BMFSFJ, 2008, S. 9f., Hervorh. T. B.).

Erkennbar ist zum einen die Relevanz, die der frühen Kindheit für spätere Phasen zugeschrieben wird (,entscheidende Weichen', ,rechtzeitig'; vgl. auch die Rede von „Bildungsversäumnisse(n)" im Hessischen Bildungs- und Erziehungsplan: Hessisches Sozialministerium & Hessisches Kultusministerium, 2007, S. 24) und dabei zum anderen insbesondere die Wichtigkeit, die der frühkindlichen – optimalen – Förderung und Bildung beigemessen wird. Dieses Ziel wird auch im Hessischen Bildungs- und Erziehungsplan formuliert, wenn es darum geht durch den Plan einen zentralen Beitrag zur „Optimierung der Bildungschancen für die heranwachsende Generation" zu leisten (ebd., S. 5). Durch diese Darstellungsweisen und thematischen Verknüpfungen rückt die Fachkraft ins Zentrum des Interesses: Sie und ihr pädagogisches Handeln stehen im Fokus der Aufmerksamkeit.

## 4.2    Darstellungsweisen der Fachkraft im politischen Diskurs

Ausgehend von den dargestellten Veränderungen und der Bedeutungszuschreibung der frühen Phase für eine gelingende „Bildungszukunft von Kindern" (BMFSFJ, 2008, S. 9) werden Fachkräfte als eine überwiegend homogene Personengruppe konstruiert, die einen hohen Qualifizierungsbedarf angesichts der bereits beobachtbaren und anstehenden Herausforderungen hat. Dabei wird ihre Ausbildung als unzureichend eingestuft. Zugleich scheint es, als hätten die Fachkräfte selbst den Ernst der Lage noch nicht ausreichend erkannt, wie dies im Zitat aus dem *Nationalen Integrationsplan* deutlich wird:

„Angesichts der wachsenden Zahl von Kindern mit Migrationshintergrund stehen die Kindertageseinrichtungen als Bildungs- und Erziehungseinrichtungen, aber auch die Kindertagespflege, vor einer großen Herausforderung. Kindertageseinrichtungen sind zentrale Orte
für die frühkindliche Sprachförderung. Dabei ist zu beachten, dass die Rahmenbedingungen in den Kindertageseinrichtungen, insbesondere die Gruppengröße, der Erzieher-Kind-
Schlüssel, ein hoher Geräuschpegel und ungünstige sprachliche Gruppenzusammensetzun-
gen, eine angemessene Förderung von Kindern mit besonderem Förderbedarf erschweren.
*Auch die Ausbildung der Fachkräfte trägt der Thematik nicht überall ausreichend Rechnung.
Gelingende Ansprache* und die *Zusammenarbeit mit den Eltern mit Migrationshintergrund* ist
nicht in allen Kindertageseinrichtungen Selbstverständlichkeit. *Maßnahmen zur Stärkung
der Elternkompetenz*, die *Einbeziehung der Eltern in den Sprachförderprozess* und *verlässliche institutionenübergreifende Kooperationsstrukturen* aller an der Bildung und Erziehung
von Kindern beteiligten Akteure *fehlen vielfach*. [...] Die Notwendigkeit einer umfassenden
sprachlichen Bildung und von Erziehungs- und Bildungspartnerschaften mit den Eltern, die
geprägt sind von einer Wertschätzung der Kompetenzen der Kinder und Eltern sowie der
kulturellen Vielfalt als Ressource, ist *nicht allen Erzieherinnen und Erziehern bewusst*. Die
Fachkräfte sind Sprachvorbild für die Kinder und Hauptakteure bei der Zusammenarbeit
mit Eltern (Presse- und Informationsamt der Bundesregierung, 2007, S. 52, Hervorh. T. B.).

Viele Notwendigkeiten (,Zusammenarbeit mit den Eltern mit Migrationshintergrund';
,institutionenübergreifende Kooperationsstrukturen') werden von den Fachkräften nicht
realisiert, was mit einem mangelnden Bewusstsein der Fachkräfte für diese entscheidenden Maßnahmen für mehr Chancengerechtigkeit (insb. durch frühe Sprachförderung) in
Verbindung gebracht wird. Interessant ist diese Konstruktion v. a. vor dem Hintergrund,
dass die Fachkraft trotz der ihr zugeschriebenen Defizite (,mangelndes Bewusstsein',
,wird hohen Anforderungen nicht gerecht') als entscheidender Faktor für mehr Chancengerechtigkeit konzeptualisiert wird der zugleich direkte Auswirkungen auf die Bildung
und das Lernen von Kindern hat, wenn z.B. im *Hessischen Bildungs- und Erziehungsplan*
(ähnlich: BMFSFJ, 2008, S. 10f.) festgehalten wird:

„Fachkräfte von hoher Professionalität tragen maßgeblich zur pädagogischen Qualität der
Kindertageseinrichtung bei und erhöhen die Lernchancen der Kinder. Eine hohe Professionalisierung der Fachkräfte trägt maßgeblich zur pädagogischen Qualität der Einrichtung
und somit zum Gelingen wichtiger Bildungs- und Lernprozesse bei" (Hessisches Sozialministerium & Hessisches Kultusministerium, 2007, S. 37).

## 4.3    Die Konstruktion der ,guten' Fachkraft und der Defizit-
und Kompetenzdiskurs

Übergreifend lassen sich zwei dominante Grundmuster der Darstellung frühpädagogischer Fachkräfte herausarbeiten, die sich in unterschiedlich starker Ausprägung in allen
untersuchten politischen Dokumenten wiederfinden lassen (vgl. Bischoff, Gil Carpes, de
Moll, Pardo-Pullmann & Betz, 2012).

Zum einen ist, wie bereits in den Zitaten deutlich wurde, ein *Defizitdiskurs* beobachtbar. Er lässt sich dadurch beschreiben, dass die pädagogischen Fachkräfte als grundsätzlich unzureichend qualifiziert konzeptualisiert werden, die zudem unzureichende Unterstützung erfahren (z.b. durch eine entsprechende Finanzierung der Einrichtungen, der Arbeitsbedingungen) und (daher) ihre ‚neuen' Aufgaben vielfach nur unzureichend wahrnehmen. Maßnahmen zur Beseitigung dieses diskursiv konstruierten Defizits werden u.a. in der Reformierung der Ausbildung bzw. der stärkeren Teilnahme an Fortbildungen und der Orientierung der Fachkräfte an standardisierten Vorgaben/Rahmenplänen gesehen.

Zum anderen ist ein *Kompetenzdiskurs* auffindbar, der an den Defizitdiskurs anschließt. Die herausragende Lösungsstrategie zur Überwindung der konstruierten Defizite und zur Bewältigung vorhandener ‚Herausforderungen', ist der Kompetenzerwerb durch die Aus- und Weiterbildung der Fachkräfte, dem in den Dokumenten großen Platz eingeräumt wird (u.a. BMFSFJ, 2008). Bedeutsam ist dabei die Dokumentation der Kompetenzen in Form von (akademischen) Abschlüssen. Die Fokussierung auf formale Zertifikate und die Defizite der Fachkräfte – im Folgenden dargestellt am Tagespflegepersonal – werden im *Dritten Nationalen Bildungsbericht* deutlich:

> „Eine weitere Entwicklungsperspektive ist mit einer *verbesserten Qualifizierung des Personals* verbunden. Auf der einen Seite hat sich zwar die Anzahl an Personen, deren *Ausbildungsabschluss* unterhalb dem der Erzieherin liegt, im Laufe der Jahre erfreulich verringert; jedoch bestehen hier weiterhin deutliche Länderdifferenzen. Der *Akademisierungsgrad des Personals* hat sich nur unwesentlich erhöht. [...] In Folge der allgemein gewachsenen Anforderungen an das frühpädagogische Personal kommt daher der *Weiterbildung* eine wichtige Bedeutung zu. Besondere Aufmerksamkeit muss darüber hinaus der Qualifizierung des Tagespflegepersonals gewidmet werden. Mehr als die Hälfte dieser Personen haben *weder eine formale Qualifikation noch einen Qualifizierungskurs* im Umfang von mindestens 160 Stunden vorzuweisen. Dieses *Qualifikationsdefizit*, das vor allem in den westdeutschen Flächenländern anzutreffen ist, gilt es deutlich zu reduzieren" (Autorengruppe Bildungsberichterstattung, 2010, S. 60, Hervorh. T. B.).

Dabei handelt es sich erstens v. a. um den erforderlichen Erwerb spezifischer Kompetenzen, die ebenso wie die Qualifizierung allgemein als unabwendbares Faktum dargestellt werden wie dies u.a. mit folgendem Zitat aus dem *Nationalen Integrationsplan* gezeigt werden kann:

> „Ihre *Kenntnisse* (diejenigen der Erzieherinnen und Erzieher) über Sprachentwicklung, die Zielsprache Deutsch, sprachliche Regelsysteme und über die Zusammenhänge von Sprache, Kognition und sozialer Kompetenz sind *zentrale Voraussetzungen* für eine professionelle Sprachförderung. [...] Benötigt werden gute verlässliche Instrumente zur pädagogischen Sprachdiagnostik, Beobachtungs- und Dokumentationsverfahren des sprachlichen Verhaltens von Kindern als Grundlage der Förderung sowie Maßnahmen zur Sprach- und Entwicklungsförderung in Kindertageseinrichtungen und in der Kindertagespflege. Dies bedeutet zugleich eine *entsprechende Schwerpunktsetzung* in der Aus-, Fort- und Weiter-

bildung des pädagogischen Personals (Presse- und Informationsamt der Bundesregierung, 2007, S. 52f., Einschub und Hervorh. T. B.).

Wie deutlich wird sollen die Fachkräfte sich (weiter-)bilden wobei zweitens die Orientierung an wissenschaftlichen Standards und Debatten und hier insbesondere an der Spracherwerbsforschung, der Entwicklungspsychologie sowie der Bildungsforschung und der Pädagogik der frühen Kindheit, als wesentlich erachtet wird (vgl. auch Viernickel & Schwarz, 2009, S. 48). Im *Nationalen Integrationsplan* und im *Zwölften Kinder- und Jugendbericht* der Bundesregierung heißt es hierzu:

> „Eine pädagogische, auf den Erkenntnisse der *Spracherwerbsforschung* basierende Sprachdiagnostik, die die valide Einschätzung des Sprachstandes ermöglicht und mit Blick auf die Entwicklungsprozesse und die Mehrsprachigkeit des Kindes angewendet, interpretiert und dokumentiert wird, erlaubt die Feststellung des individuellen konkreten Förderbedarfs" (Presse- und Informationsamt der Bundesregierung, 2007, S. 52, Hervorh. T. B.).

> „Das *Wissen von Erzieherinnen und Erziehern über Grundbedürfnisse und Entwicklungserfordernisse in früher Kindheit* muss ebenso vergrößert werden wie das *Wissen über altersphasentypische Entwicklungsschritte und -merkmale*, um auf Entwicklungsverzögerungen und -störungen rechtzeitig und effektiv eingehen zu können. Erzieher und Erzieherinnen müssen insbesondere auch durch ihre Basisqualifikation in die Lage versetzt werden, *sich ständig weiterbilden zu können*, u.a. damit sie sich mit neuen Forschungserkenntnissen, die für die nächsten Jahre zu erwarten sind, auseinandersetzen können" (BMFSFJ, 2005, S. 34, Hervorh. T. B.).

Zusammenfassend lässt sich festhalten, dass das Bild der ‚guten' pädagogischen Fachkraft wie folgt konstruiert wird. Die ‚gute' Fachkraft, insbesondere mit Blick auf die Herstellung von Chancengerechtigkeit,

- ist hohen Anforderungengewachsen, symbolisiert durch (mehr) Kinder mit Migrationshintergrund, Kinder unter drei Jahren etc., gestiegener Bedarf an Förderung
- ist auf der Basis ihrer einschlägigen wissenschaftlichen Expertise kompetent durch ihre optimale Aus- und Fortbildung und bildet sich selbst immer weiter
- arbeitet mit Eltern zusammen, stärkt deren Kompetenzen und ist (vielfältige) Kooperationspartnerin (u.a. an Übergängen)
- orientiert ihr pädagogisches Handeln an anerkannten, legitimierten Vorgaben und setzt Pläne und Verfahren in ihrem pädagogischen Handeln um (wie Bildungs- und Erziehungspläne, Rahmenpläne; Verfahren zur Sprachstandsfeststellung, Beobachtung und Dokumentation)

- beachtet und gestaltet verschiedene Bildungsbereiche[2] und fördert (dabei) alle Kinder individuell angemessen[3].

In dieser Konstruktion wird deutlich, dass es sich bei dieser Sollensvorstellung einer ‚guten' Fachkraft nicht um den Erhalt des Status Quo handelt, sondern eine erwünschte, chancengerechte Zukunft im Vordergrund steht wobei weder das Ziel noch der Weg dorthin begründungspflichtig erscheinen. Diese Zukunft wird, so sind sich alle einig und eine Problematisierung im Diskurs unterbleibt, durch das entsprechende kompetente Handeln der frühpädagogischen Fachkräfte realisierbar.

## 5   Fazit und Ausblick

Fachkräfte werden im gegenwärtigen politischen Diskurs als eine weitgehend homogene, vor großen Herausforderungen stehende und zugleich defizitäre Gruppe konstruiert. Die Erwartungen und Anforderungen an ihre Rolle als Dreh- und Angelpunkt für Chancengerechtigkeit bzw. als „zentraler Qualitätsfaktor elementarpädagogischer Einrichtungen" (Brandes, Friedel & Röseler, 2011, S. 9) sind hoch. Dabei wird davon ausgegangen, dass die frühpädagogischen Fachkräfte – als zukünftige, kompetente Kräfte – den Anforderungen nachkommen und damit für Chancengerechtigkeit sorgen können (vgl. auch Betz, 2013). Diesen Konstruktionen wird im Projekt EDUCARE weiter nachgegangen – auch im Hinblick darauf inwiefern sie dem Selbstverständnis der Fachkräfte entsprechen und inwiefern die artikulierten Erwartungen Eingang in ihr pädagogisches Handeln finden. Darüber hinaus wäre empirisch der Frage nachzugehen, inwiefern die Aus- und Fortbildung Effekte auf die unmittelbare pädagogische Arbeit in Kindertageseinrichtungen hat, u.a. im Sinne eines unmittelbaren Einflusses auf die Bildungsprozesse von Kindern (vgl. Hessisches Sozialministerium & Hessisches Kultusministerium, 2007, Kap. 4.2). Hierzu wäre – theoretisch und empirisch – die Rolle der frühpädagogischen Fachkraft im engen Konnex von sozialer Herkunft und (Bildungs-)Chancen zu bestimmen und zu fragen inwiefern sie einen Beitrag zur Chancengerechtigkeit leisten (können).

---

2  Im *Sächsischen Bildungsplan* sind dies die somatische, ästhetische, soziale, mathematische, naturwissenschaftliche und kommunikative Bildung (Sächsisches Staatsministerium für Soziales, 2007); im *Hessischen Bildungs- und Erziehungsplan* ist die Rede von individuumsbezogenen Kompetenzen, Kompetenzen zum Handeln im sozialen Kontext, Lernen und lernmethodische Kompetenz, kompetenter Umgang mit Veränderung und Belastung: Widerstandsfähigkeit (Resilienz) (Hessisches Sozialministerium & Hessisches Kultusministerium, 2007).

3  Dies kann am *Nationalen Aktionsplan* verdeutlicht werden: „Für die Bundesregierung ist die individuelle Förderung jedes einzelnen Kindes ein vordringliches Ziel. Qualitativ hochwertige Bildung muss früher beginnen und wesentlich individueller ausgerichtet sein" (BMFSFJ, 2008, S. 8).

Abschließend sollen drei Problemstellungen skizziert werden, die aufgrund der politischen Schwerpunktsetzungen derzeit nicht in den Blick der (fach-)politischen Debatte geraten, aber diskussionswürdig sind:

*Erstens* wird in der Konstruktion des unabdingbaren Fortbildungsbedarfs ausgeklammert, dass die Qualifizierung und stetige Weiterbildung nicht durch entsprechende Rahmenbedingungen abgefedert wird. In ihrer Studie zu Ansprüchen an eine Förderung von Kindern, problematisieren Peucker et al. (2010) z.B., dass es häufig Probleme in der Finanzierung von Fortbildungen gibt, meist keine Vertretungsregelungen getroffen werden und die Fortbildungstage bei der Personalbemessung nicht beachtet werden (ebd., S. 124f.). Auch Viernickel & Schwarz (2009) problematisieren, dass jegliche Fortbildungsteilnahme, die von den Kindern erlebte Fachkraft-Kind-Relation negativ beeinflusse und empfehlen daher eine entsprechende „Überprüfung der Angemessenheit der strukturellen Rahmenbedingungen im Verhältnis zu den Anforderungen" (ebd., S. 47). Überträgt man dies auf die bereits skizzierten Befunde, zeigt sich, dass derzeit die Fachkräfte im Spannungsfeld zwischen den (fach-)politisch artikulierten Erwartungen an ihre stetige Fort- und Weiterbildung und den realen Möglichkeiten ihrer Umsetzung stehen – gerade auch im Hinblick auf die (politische) Hoffnung, Fachkräfte könnten durch ihr Handeln zu mehr Chancengerechtigkeit beitragen.

*Zweitens* wird das Bild einer ‚guten' Fachkraft insbesondere so konstruiert, dass diese ihr pädagogisches Handeln an politisch und meist auch wissenschaftlich legitimierten Vorgaben, wie den Bildungs- und Erziehungsplänen oder Sprachstandsfeststellungs-, Beobachtungs- und Dokumentationsverfahren etc. ausrichtet und damit die pädagogische Praxis nicht eigenwillig gestaltet. Diese Vorstellung steht nicht nur im Gegensatz zu professionstheoretischen Positionen, die die Eigenwilligkeit, die Unvorhersehbarkeit und die Paradoxien des pädagogischen Geschehens betonen und ignoriert eine Fülle an empirischen Forschungsdesideraten in der Kindheitspädagogik (Betz & Cloos, 2013 in Vorb.), sondern sie unterscheidet sich auch von den eingangs skizzierten Kompetenzmodellen, die auf die „Eigenaktivität des Subjektes" (Leu, 2011) abzielen und den Situationsbezug und die je aktuellen Anforderungen im Alltag betonen, denen die kompetente Fachkraft selbst organisiert, kreativ und reflexiv zu begegnen habe (Fröhlich-Gildhoff, Nentwig-Gesemann & Pietsch, 2011). Hier wäre genauer zu untersuchen welche Vorstellungen von kompetentem, professionellem Handeln und von der frühpädagogischen Fachkraft im politischen Diskurs stark gemacht werden und damit auch welche Professionalisierungsmodelle hier favorisiert werden (zu einem Überblick: Thole & Polutta, 2011).

*Drittens* gilt die in den Dokumenten herausgearbeitete, erforderliche Orientierung der Fachkraft in ihrem Handeln an wissenschaftlich-theoretischem Wissen in der politischen, aber auch der wissenschaftlichen Debatte als Allgemeinplatz (vgl. u.a. vbw, 2012). Dabei zeigt sich eine klare Priorisierung zugunsten der Spracherwerbsforschung, der Entwicklungspsychologie sowie der empirischen Bildungsforschung in ihrer pädagogisch-psychologischen Ausrichtung und der Pädagogik der frühen Kindheit. Im Umkehrschluss bedeutet dies, dass stärker sozialwissenschaftliches Wissen in den Bereichen Kindheit und/oder Ungleichheit, wenn überhaupt, eine untergeordnete Rolle spielt. Zum einen zeigt dieses Ungleichgewicht die unterschiedliche Nähe von Vertretern des wissenschaftlichen und denjenigen des politischen Feldes. Zum anderen könnte ein sozialwissenschaftlich fundiertes Wissen zu einer Reflexion der eigenen Rolle als Fachkraft beitragen insbesondere mit Blick auf die eigenen Möglichkeiten, aber auch Grenzen zu mehr Chancengerechtigkeit beizutragen.

# 6    Literatur

Autorengruppe Bildungsberichterstattung (2010). *Bildung in Deutschland 2010. Ein indikatorengestützter Bericht mit einer Analyse zu Perspektiven des Bildungswesens im demografischen Wandel.* Bielefeld: W. Bertelsmann.

Bundesministerium für Familie, Senioren, Frauen und Jugend (BMFSFJ) (2008). *Nationaler Aktionsplan. Für ein kindergerechtes Deutschland 2005–2010.* Zwischenbericht. Berlin.

Bundesministerium für Familie, Senioren, Frauen und Jugend (BMFSFJ) (2005). *Zwölfter Kinder- und Jugendbericht. Bericht über die Lebenssituation junger Menschen und die Leistungen der Kinder- und Jugendhilfe in Deutschland: Bildung, Betreuung und Erziehung vor und neben der Schule.* Berlin.

Betz, T. (2013). Ungleichheit im Vorschulalter: Einrichtungsbezogene Bildungs- und Betreuungsarrangements unter sozialwissenschaftlicher Perspektive. In M.A. Wolf, E. Dietrich-Daum, E. Fleischer & M. Heidegger (Hrsg.), *Child Care. Kulturen, Konzepte und Politiken der Fremdbetreuung von Kindern* (S. 117–131). Weinheim: Beltz Juventa.

Betz, T. (2010). Kindertageseinrichtung, Grundschule, Elternhaus: Erwartungen, Haltungen und Praktiken und ihr Einfluss auf schulische Erfolge von Kindern aus prekären sozialen Gruppen. In D. Bühler-Niederberger, J. Mierendorff & A. Lange (Hrsg.), *Kindheit zwischen fürsorglichem Zugriff und gesellschaftlicher Teilhabe* (S. 117–144). Wiesbaden: VS Verlag für Sozialwissenschaften.

Betz, T. & Cloos, P. (2013 in Vorb.). Kindheit und Profession. Konturen und Befunde eines Forschungsfeldes. Weinheim: Beltz Juventa.

Bischoff, S. & Betz, T. (2012, i. E.). „Denn Bildung und Erziehung der Kinder sind in erster Linie auf die Unterstützung der Eltern angewiesen". Eine diskursanalytische Rekonstruktion legitimer Vorstellungen ‚guter Elternschaft' in politischen Dokumenten. In S. Fegter, F. Kessl, A. Langer, M. Ott, D. Rothe & D. Wrana (Hrsg.), *Diskursanalytische Zugänge zu Bildungs- und Erziehungsverhältnissen.* Wiesbaden: VS.

Bischoff, S., Gil Carpes, M., de Moll, F., Pardo-Puhlmann, M. & Betz, T. (2012). *(Fach-)Politische Erwartungen an die 'gute' Fachkraft in Kindertageseinrichtungen.* Poster auf der Wissenschaftlichen Fachtagung „Kindheit und Profession", Goethe-Universität, Frankfurt am Main, 29.-30.3.2012.

Borke, J., Döge, P. & Kärtner, J. (2011). *Kulturelle Vielfalt bei Kindern in den ersten drei Lebensjahren. Anforderungen an frühpädagogische Fachkräfte.* München: DJI.

Brandes, H., Friedel, S. & Röseler, W. (2011). *Gleiche Startchancen schaffen! Bildungsbenachteiligung und Kompensationsmöglichkeiten in Kindergärten. Eine repräsentative Erhebung in Sachsen.* Opladen: Budrich UniPress.

Deutscher Bundestag (2010a). Drucksache 17/4249 vom 15.12.2010. *Beschlussempfehlung und Bericht des Ausschusses für Familie, Senioren, Frauen und Jugend (13. Ausschuss).* Berlin.

Deutscher Bundestag (2010b). Drucksache 17/3663 vom 10.11.2010. Antrag „Faire Teilhabechancen von Anfang an – Frühkindliche Betreuung und Bildung fördern". Berlin.

Friederich, T. (2011). *Zusammenarbeit mit Eltern – Anforderungen an frühpädagogische Fachkräfte.* München: DJI.

Fröhlich-Gildhoff, K., Nentwig-Gesemann, I. & Pietsch, S. (2011). *Kompetenzorientierung in der Qualifizierung frühpädagogischer Fachkräfte*. München: DJI.

Hessisches Sozialministerium & Hessisches Kultusministerium (2007). *Bildung von Anfang an. Bildungs- und Erziehungsplan für Kinder von 0 bis 10 Jahren in Hessen*. Wiesbaden.

Höhne, T. (2008). Die Thematische Diskursanalyse – dargestellt am Beispiel von Schulbüchern. In R. Keller, A. Hirseland, W. Schneider & W. Viehöver (Hrsg.), *Handbuch Sozialwissenschaftliche Diskursanalyse*. Band 2: Forschungspraxis (S. 423–453). Wiesbaden: VS.

Höhne, T., Kunz, T. & Radtke, F.-O. (2005). *Bilder von Fremden. Was unsere Kinder aus Schulbüchern über Migranten lernen sollen*. Frankfurt a.M.: Books on Demand GmbH.

Jooß-Weinbach, M. (2012). *Erzieherinnen in der Krippe. Modi, Motive und Konstitutionen professionellen Handelns*. Weinheim: Beltz Juventa.

Klinkhammer, N. (2010). Frühkindliche Bildung und Betreuung im 'Sozialinvestitionsstaat' – mehr Chancengleichheit durch investive Politikstrategien? In D. Bühler-Niederberger, A. Lange & J. Mierendorff (Hrsg.), *Kindheit zwischen fürsorglichem Zugriff und gesellschaftlicher Teilhabe* (S. 205–228). Wiesbaden: VS Verlag für Sozialwissenschaften.

Leu, H.R. (2011). Das Verständnis von Kompetenzorientierung in der Weiterbildungsinitiative Frühpädagogische Fachkräfte (WiFF). In DJI (Hrsg.), *Frühe Bildung – Bedeutung und Aufgaben der pädagogischen Fachkraft. Grundlagen für die kompetenzorientierte Weiterbildung* (S. 74–77). München: DJI.

List, G. (2010). *Frühpädagogik als Sprachförderung. Qualifikationsanforderungen für die Aus- und Weiterbildung der Fachkräfte*. München: DJI.

Maywald, J. (2011). *Kindeswohlgefährdung. Die Rolle der Kindertageseinrichtung – Anforderungen an Fachkräfte*. München: DJI.

Nied, F., Niesel, R., Haug-Schnabel, G., Wertfein, M. & Bensel, J. (2011). *Kinder in den ersten drei Lebensjahren in altersgemischten Gruppen. Anforderungen an frühpädagogische Fachkräfte*. München: DJI.

Pardo-Puhlmann, M. & Betz, T. (2013 i. E.). *Leitbilder aus konstruktivistisch-ungleichheitstheoretischer Perspektive*. EDUCARE WORKING PAPER 3/2013. Frankfurt: Goethe-Universität.

Presse- und Informationsamt der Bundesregierung (2007). *Der Nationale Integrationsplan. Neue Wege – Neue Chancen*. Berlin.

Peucker, C., Gragert, N., Pluto, L. & Seckinger, M. (2010). *Kindertagesbetreuung unter der Lupe. Befunde zu Ansprüchen an eine Förderung von Kindern*. München: DJI.

Sächsisches Staatsministerium für Soziales (2007). *Der Sächsische Bildungsplan – ein Leitfaden für pädagogische Fachkräfte in Krippen, Kindergärten und Horten sowie für Kindertagespflege*. Dresden.

Sulzer, A. & Wagner, P. (2011). *Inklusion in Kindertageseinrichtungen – Qualifikationsanforderungen an die Fachkräfte*. München: DJI.

Thole, W. (2008). „Professionalisierung" der Pädagogik der Kindheit. In W. Thole, H.-G. Roßbach, M. Fölling-Albers & R. Tippelt (Hrsg.), *Bildung und Kindheit. Pädagogik der frühen Kindheit in Forschung und Lehre* (S. 271–294). Opladen: Barbara Budrich.

Thole, W. & Polutta, A. (2011). Professionalität und Kompetenz von MitarbeiterInnen in sozialpädagogischen Handlungsfeldern. Professionstheoretische Entwicklungen und Problemstellungen der Sozialen Arbeit. *Zeitschrift für Pädagogik* (57. Beiheft: Pädagogische Professionalität), 104–121.

vbw – Vereinigung der Bayerischen Wirtschaft e. V. (2012). *Modelle professioneller Kompetenzen für frühpädagogische Fachkräfte. Aktueller Stand und ihr Bezug zur Professionalisierung*. München.

Viernickel, S. & Schwarz, S. (2009). *Expertise. Schlüssel zu guter Bildung, Erziehung und Betreuung – Wissenschaftliche Parameter zur Bestimmung der pädagogischen Fachkraft-Kind-Relation*. Berlin.

von Behr, A. (2010). *Kinder in den ersten drei Jahren. Qualifikationsanforderungen an Frühpädagogische Fachkräfte*. München: DJI.

# Das Konzept der Schulfähigkeit

Analysen und Reflexionen vor dem Hintergrund
frühkindlicher Bildungsförderung

Margrit Stamm

Wozu müssen Kinder zum Zeitpunkt ihres Schuleintritts in der Lage sein, und was sollen sie wissen, um erfolgreich am Anfangsunterricht teilnehmen zu können? Diese Frage ist wichtig, weil wir heute wissen, dass das Kompetenzniveau von Schulneulingen einen entscheidenden Einfluss auf den späteren Schul- und Lebenserfolg hat. Allerdings ist eine Antwort alles andere als einfach, denn es ist bis heute kein Schulfähigkeitskonzept verfügbar, das einheitliche und systematische Überlegungen erlauben würde. Dies wird allein schon an den verwendeten Begrifflichkeiten deutlich, die von «Schulreife» über «Schulfähigkeit» bis zu «Schulbereitschaft» reichen. Da sich in diesen Begriffen unterschiedliche Vorstellungen spiegeln, wann ein Kind unter welchen Bedingungen den Anforderungen des Schuleingangsunterrichts genügt, verwundert es kaum, dass die (Früh-)Einschulungs- resp. Rückstellungsquoten enorm schwanken und sich sogar von Gemeinde zu Gemeinde und von Schule zu Schule unterscheiden. Kammermeyer (2000) spricht somit zu Recht von unterschiedlichen «Schulfähigkeitsphilosophien». Angesichts des erklärten Ziels der aktuellen Vorschulreform, allen Kindern durch frühe Bildungsförderung einen chancengerechteren Schulstart zu ermöglichen (vgl. Becker-Stoll, 2008), ist es jedoch von zentraler Bedeutung, dass die Schulfähigkeitsthematik forschungs- und theoriebasiert und nicht von individuellen Überzeugungen geleitet und reflektiert wird.

Der vorliegende Aufsatz diskutiert solche Grundlagen auf der Basis der Frage, inwiefern frühkindliche Bildungsförderung die Schulfähigkeit verändert. In einem ersten

Schritt fragt er nach den Interessen und Zielen, welche die verschiedenen Interessengruppen mit dem Konzept Schulfähigkeit verbinden. Sodann diskutiert er seine theoretischen Grundlagen und die damit verbundenen empirischen Erkenntnisse, bevor er abschliessend einige Perspektiven formuliert, welche für seine Weiterentwicklung auf der Basis vorschulischer Förderanstrengungen nötig sind.

## 1 Anspruchsgruppen und ihre unterschiedlichen Vorstellungen von Schulfähigkeit

Darüber, dass alle Kinder bis zu einem bestimmten Zeitpunkt schulfähig werden sollen, besteht weitgehend Einigkeit. Was unter diesem Begriff zu verstehen ist, wie Schulfähigkeit erreicht und anhand welcher Merkmale sie beurteilt werden kann, ist jedoch aufgrund der verschiedenen Meinungen der beteiligten Anspruchsgruppen stark umstritten. Als Anspruchsgruppen bezeichnet man Personen oder lose Vereinigungen mehrerer Personen (bspw. Eltern, Erzieher/-innen, Kindergartenpersonal, Lehrkräfte, Schulpsychologinnen und -psychologen, bildungspolitisch Tätige), die mit der Schulfähigkeitsfrage in unterschiedlicher Art und Weise verknüpft sind. Die Vorstellungen von Schulfähigkeit und das Interessen an ihr sind jedoch normativ geleitet und dementsprechend je nach Interessengruppen unterschiedlich.

Solche unterschiedlichen Interessen zeigen sich beispielsweise daran, dass Bildungspolitikerinnen und Bildungspolitiker vor allem auf das Einschulungsalter als zentralem Kriterium setzen und darauf, dass die Kinder lernbereit zur Schule kommen, während es für die Eltern in erster Linie wichtig ist, dass ihr Kind ebenso erfolgreich ist wie die anderen Kinder. Für das Kindergartenpersonal und Lehrkräfte wiederum sind ganz andere Kriterien zentral. Nach Moser, Stamm und Hollenweger (2005) tendieren Erzieher/-innen dazu, soziale und emotionale Aspekte – wie Konzentration und Sozialverhalten – stärker zu gewichten, während diese für Lehrkräfte zwar auch bedeutsam sind, sie jedoch sprachliche und mathematische Vorläuferfähigkeiten stärker betonen. In neuester Zeit scheinen sich die Ansichten dieser beiden Gruppen allerdings zunehmend anzugleichen, erachten doch Erzieherinnen die sprachlichen Vorläuferfähigkeiten nun ebenfalls als zunehmend wichtig (vgl. Mauron Schäppi, 2010). Ähnliche Befunde liefern die Daten des Maryland School Readiness Report (2011).

Die je nach Interessengruppen unterschiedlichen Erwartungshaltungen und Interessen müssten in einem Schulfähigkeitskonzept abgebildet werden. Aktuell ist dies jedoch kaum der Fall, wird Schulfähigkeit doch vor allem auf der Basis dessen definiert, was gemessen werden kann. Notwendig ist infolgedessen eine theoriebasierte Identifikation der Schlüsselkomponenten von Schulfähigkeit, um die Interessen der verschiedenen Anspruchsgruppen konzeptionell berücksichtigen zu können.

# 2    Theoretische Grundlagen und empirische Erkenntnisse

Wird nun der Versuch unternommen, die theoretischen Grundlagen zur Schulfähigkeit zu systematisieren, so lassen sich verschiedene Zugänge unterscheiden, die vier Erklärungsmustern zugeordnet werden können: dem reifungstheoretisch-nativistischen, umweltorientiert-schulvorbereitenden, dem sozial-konstruktivistischen und dem interaktionistischen Erklärungsmuster. Sie werden nachfolgend im Hinblick auf die diesen Aufsatz leitende Frage – inwiefern frühkindliche Bildungsförderung die Schulfähigkeit verändert – diskutiert und mit empirischen Ergebnissen untermauert.

## 2.1    Das reifungstheoretisch-nativistische Erklärungsmuster

Dieses Erklärungsmuster basiert auf dem Begriff der «Schulreife» und versteht darunter, dass ein Kind genügend weit entwickelt sein muss, um die mit der Einschulung verbundenen Aufgaben bewältigen zu können. Demzufolge hängt der beste Zeitpunkt für die Einschulung von der Reifung und damit vom Alter des Kindes ab (vgl. Kern, 1951). Deshalb können Kinder früher eingeschult, zurückgestellt oder der Einschulungsklasse zugewiesen werden.

Eine spezifische Version dieser Reifungsperspektive sind bestimmte Formen von Schulreifetests, Screenings (z.B. Lernstandserhebungen), Assessments (z.B. Checklisten) und Tests. Schulreifetests haben sich allerdings wiederholt als unzuverlässig erwiesen. Erstens haben sie eine unzulängliche, zumindest eine widersprüchliche prognostische Validität im Hinblick auf den Schulerfolg. So konnte eine Meta-Analyse von La Paro und Pianta (2001) eine prädiktive Korrelation von lediglich .27 zwischen Testergebnissen und späteren Schulleistungen ermitteln und darüber hinaus nachweisen, dass viele der üblicherweise als nicht schulreif bezeichneten Kinder das erste Schuljahr trotzdem erfolgreich bewältigten. Solche Ergebnisse sind auch aus der älteren deutschsprachigen Forschung bekannt (vgl. zusammenfassend Kammermeyer, 2000).

Obwohl allgemein angenommen wird, dass das reifungstheoretische Modell überwunden sei, gilt das Alter auch heute noch als das zentrale Schuleintrittskriterium. Blickt man allerdings auf die grosse Bandbreite des Einschulungsalters in westlichen Staaten, dann wird die Komplexität der Thematik nur allzu deutlich. Bereits mit fünf Jahren werden Kinder in den Niederlanden, in England und in Malta eingeschult. Mit sieben Jahren schulen neben der Schweiz auch die skandinavischen Länder Finnland, Schweden und Dänemark ein, aber auch Slowenien, Bulgarien, Liechtenstein, Estland, Polen, Rumänien und Lettland. Solche Differenzen lassen sich nicht nur als Indikatoren für die unterschiedlichen kulturellen Vorstellungen von Kindheit heranziehen, sondern auch als Indikatoren dafür, dass unter der «Bereitschaft zum Lernen» sehr Unterschiedliches verstanden wird (vgl. Puhani & Weber, 2006). So hat gerade die neuere Hirnforschung zu einer grösseren Akzeptanz der Annahme geführt, Kinder seien viel früher als bisher üblich zum Lernen anzuregen, soll ihr Schulerfolg langfristig gesichert werden. Ein derartiges Verständnis von Lernen und Förderung hat die Einschulungspraxis teilweise auf paradoxe Weise verändert. Laut Bildungsbericht (vgl. Autorengruppe Bildungsberichterstattung, 2010) hat sich der Anteil an Früheinschulungen von knapp 3 % im Jahr 2001 auf 9 % im Jahr 2009 erhöht. In der Schweiz zeigt sich dieser Trend noch viel ausgeprägter: Allein im Kanton Zürich sind Früheinschulungen im Jahr 2010 gemäss der kantonalen Bildungsstatistik (2010) deutlich. Im Gegensatz zu Deutschland haben in der Schweiz auch spätere Einschulungen – in Form von Überweisungen in Einschulungsklassen – in einzelnen Regionen deutlich zugenommen.

Solche Ergebnisse legitimieren die Annahme, dass die Einschulungspraxis nach wie vor weitgehend auf der Basis der reifungstheoretischen Sichtweise erfolgt. Dafür spricht auch die empirische Tatsache, dass deutlich mehr Jungen als Mädchen spät, jedoch deutlich mehr Mädchen als Jungen frühzeitig eingeschult werden, obwohl viele Forschungsreviews zur Schulfähigkeit – beispielsweise diejenige von Snow (2006) oder von Carle (2009) – keine geschlechtsspezifischen Befunde berichten.

## 2.2    Das umweltorientiert-schulvorbereitende Erklärungsmuster

Basierend auf dem Begriff «Schulfähigkeit» geht dieses Erklärungsmuster davon aus, dass es ein Set an Fähigkeiten (wie etwa Buchstaben- und Zahlenkenntnisse, phonologische Bewusstheit, Wissen über die Schrift) gibt, welche vor Schuleintritt erworben werden sollen, um Herkunftseffekte auszugleichen und benachteiligten Kindern bessere Startchancen zu ermöglichen. Die unzähligen neuen Sprachförderprogramme stehen beispielhaft für solche Intentionen, Kinder mit den notwendigen Kompetenzen auszustatten und kompensatorische Wirksamkeit zu entfalten.

Hierzu liegen verschiedene empirische Befunde vor. Als Referenz herangezogen werden meist die Modellprogramme aus den USA (wie etwa das Carolina Abecedarian Project, das High/Scope Perry Preschool Program sowie das Chicago Child-Parent Program, vgl. Barnett, 2008). Sie weisen bedeutsame Auswirkungen auf *benachteiligte* Kinder nach, die sich kurzfristig in einer guten Schulfähigkeit, langfristig in vermehrten Bildungsabschlüssen, geringerem Drogenkonsum und weniger Kriminalität manifestierten. Die deutschsprachige Forschung hat solche Ergebnisse als Hinweise rezipiert, wonach Schulfähigkeit bereits im frühen Kindesalter gefördert und «Bildung von Anfang an» (vgl. Hessisches Sozial- und Kultusministerium, 2007) als Grundlage für den späteren Schulerfolg verstanden werden muss. Angesichts der allgemein fast euphorischen Grundhaltung scheint etwas in Vergessenheit geraten zu sein, dass die kompensatorischen Programme der 1970er Jahre zum Lesetraining, zur kognitiven Frühförderung oder zum Frühlesen (vgl. zusammenfassend Stamm, 2005) insgesamt wenig wirksam waren und viele Kinder zwar als «schulreif» zeitgemäss eingeschult wurden, ihren Vorsprung jedoch schon bald wieder verloren (vgl. Heckhausen, 1974). Bedenken stammen auch aus der klinischen Forschung. So warnen beispielsweise Elkind (2001) oder Dornes (2009) explizit vor einer gezielten schulvorbereitenden Förderung. Wohl sichere sie die Schulfähigkeit, produziere im Ergebnis jedoch gehetzte, fremdgesteuerte Kinder und überfordernde Eltern. Ähnlich argumentiert Largo (2009). Auf der Basis seiner Langzeitbefunde ortet er negative Auswirkungen früher Schulvorbereitung in späterer Leistungsängstlichkeit, beeinträchtigter Leistungsmotivation, Schwierigkeiten in der Bindung an Gleichaltrige oder gar in Depressionen.

Diese Befunde machen insgesamt deutlich, wie schwierig eine Einschätzung dieses Erklärungsmusters auf der Basis der zur Verfügung empirischen Ergebnisse ist. Zwar ist die Relevanz des schulvorbereitenden Lernens für einen gelingenden Schulstart gerade vor der eindrücklichen Erfolgsgeschichte der amerikanischen Modellprojekte bemerkenswert, doch gilt Gleiches auch für die kritischen, ebenfalls empiriebasierten Stimmen. Erhellend ist deshalb ein Blick in das sozial-konstruktivistische Erklärungsmuster.

## 2.3   Das sozial-konstruktivistische Erklärungsmuster

Basierend auf dem Begriff der «Schulbereitschaft» geht dieses Erklärungsmuster von der Annahme aus, dass die Umgebung, in welcher das Kind aufwächst, zentral für dessen Entwicklungsstand beim Schuleintritt ist. Dabei besteht Konsens, dass Schulfähigkeit sowohl motivationale (Leistungs- und Arbeitsverhalten, Aufmerksamkeit, Konzentration) als auch soziale und kognitive Faktoren (Selbststeuerung, Selbstbewusstsein, Selbstständigkeit, Intelligenz) sowie motorische Voraussetzungen (grob- und feinmotorische Fähigkeiten, manuelle Geschicklichkeit, Körperbeherrschung) und körperliche Merkmale (allgemeine Gesundheit inkl. Seh-/Hörvermögen) umfasst, darüber hinaus jedoch auch familiäre und schulische Bedingungen berücksichtigen muss. Damit anerkennt dieser Ansatz erstmals, dass Schulbereitschaft nicht nur vom Kind und seiner Familie, sondern auch vom Anforderungsniveau und den Einstellungen der Schule abhängig ist. Nickel (1999) versteht Schulbereitschaft dementsprechend als einen Entwicklungs- und Konstruktionsprozess. Solche Überlegungen finden ihre Parallele auch in der sozio-kulturellen Tradition von Wygotski (1987) und seiner Zone der nächsten Entwicklung. Für ihn wird das pädagogisch Mögliche nicht durch die selbständige Tätigkeit des Kindes definiert, sondern durch das, was es in einem interaktiven Zusammenhang und unter Anleitung Erwachsener zu erfassen vermag. Die Differenz zwischen dem Niveau, auf dem Aufgaben unter Anleitung, unter Mithilfe der Erwachsenen gelöst werden, und dem Niveau, auf dem das Kind Aufgaben selbständig löst, macht die Zone der nächsten Entwicklung aus.

Insgesamt lassen sich nur wenige Studien zu den Auswirkungen des konstruktivistischen Erklärungsmusters auf die Schulfähigkeit finden, die empirisch verlässliche Antworten liefern können. Am ehesten sind es Studien, welche die Auswirkungen des sozial-konstruktivistischen Ansatzes mit dem umgebungsorientiert-schulvorbereitenden Ansatz vergleichen. So weisen Studien von Hirsh-Pasek, Hyson und Rescorla (1990), Stipek, Recchia und MacClintic (1992) Vorteile für den konstruktivistischen Ansatz nach, der im Gegensatz zum umweltorientiert-schulvorbereitenden Zugang weniger motivationsreduzierend ist und die Entwicklung von Schulängstlichkeit hemmt. Nimmt man allerdings die Wirksamkeitsstudien der amerikanischen Modellprojekte zur vorschulischen Förderung von benachteiligten Kindern in den Blick, so erscheint der schulvorbereitende Ansatz in einem deutlich günstigeren Licht. Denn gerade benachteiligt aufwachsende Kinder benötigen gezielte Lernstimuli und gestaltete Lernumgebungen, wenn sie mit erhöhter Wahrscheinlichkeit beim Schuleintritt über die erforderlichen Kompetenzen verfügen sollen. Solche Gedanken sind inzwischen auch im deutschen Sprachraum aufgenommen worden. So plädieren Rauschenbach (2006) oder Diehm und Magyar-Haas (2011) explizit für ein Bildungsverständnis, das sich im Hinblick auf die Schulfähigkeit nicht ausschliesslich auf konstruktivistische Elemente beschränkt, sondern die instruktiv-schulvorbereitende Perspektive einbezieht und damit der pädagogischen Fachperson eine neue, ‚befähigende' Rolle überantwortet.

## 2.4    Das interaktionistische Erklärungsmuster

Dieses Erklärungsmuster basiert zwar ebenfalls auf dem Verständnis der ‚Kindfähigkeit der Schulen' (vgl. Niesel, 2010; Pianta, Rimm-Kaufmann & Cox, 1999) und der menschlichen Entwicklung als Produkt des das Kind umgebenden Systems, doch geht es deutlich weiter. Als so genanntes bi-direktionales Erklärungsmuster (vgl. Meisels, 1999) umfasst es nicht nur Kind, Familie und Schule, sondern auch die Gemeinde und ihre Angebote, welche sie als Aufwachsbedingungen und -möglichkeiten zur Verfügung stellt. Dieses Erklärungsmuster verdeutlicht somit ein Verständnis, wonach die Schulfähigkeit eines Kindes nicht nur die Bemühungen der Mikrosysteme abbildet. Sie wird vielmehr zum Index dessen, wie gut eine Gemeinde Kinder über die gesamte Vorschulzeit hinweg fördert, damit sie tatsächlich schulfähig werden. Hierzu gibt es bedeutsame Ansätze in Kanada (Early Development Instrument, EDI; vgl. Janus & Duku, 2007), den USA (vgl. Piotrkowski, 2004) und Australien (Australian Early Development Index, AEDI; vgl. Centre for Community Child Health and Telethon Institute for Child Health Research, 2009). Ihr Ziel ist es, die Schulfähigkeit der Kinder in den Gemeinden zu erheben und die Wirksamkeit ihrer vorschulischen Förderung zu eruieren. Da keine individuellen Testwerte an die Familie zurückgemeldet werden, besteht ein entscheidender Vorteil dieses Erklärungsmusters darin, dass zwar alle Kinder – und nicht nur die risikogefährdeten – getestet werden, weder das einzelne Kind noch seine Familie jedoch etikettiert und stigmatisiert wird. Vielmehr bezweckt das Instrument, den Gemeinden und der Bildungspolitik zu helfen, diejenigen frühkindlichen Angebots- und Dienstleistungsstrukturen zu lokalisieren, welche Familien und ihre Vorschulkinder brauchen, damit ein erfolgreicher Schulstart gelingen kann.

Erste empirische Befunde von Janus und Offord (2007) belegen beispielsweise, dass Gemeinden, die über qualitativ hochstehendere Betreuungs- und Bildungsangebote und auch über effektivere Familienbildungsprogramme als andere verfügen, mehr Kinder haben, die schulfähig in die Schule eintreten. Janus und Duku (2007) konnten ferner nachweisen, dass vorschulische Förderung, die als allgemeine Prävention und nicht lediglich als individuelle Massnahme eingesetzt wird, höhere Wirksamkeitschancen hat als individuelle Intervention.

## 3    Konsequenzen und Perspektiven

Die vier Erklärungsmuster der theoretischen Bestandesaufnahme bilden die Varianz ab, die das heutige Verständnis von Schulfähigkeit ausmacht. Es reicht von der Vorstellung, Schulfähigkeit sei ein vorwiegend genetisch bedingtes Merkmal, das den Kontext nicht weiter berücksichtigt bis zum Erklärungsmuster, das gerade diesen ins Zentrum stellt. Wie in Tabelle 1 ersichtlich, lassen sich die Unterschiede anhand von zwei Dimensionen darstellen: die eine Dimension ist auf die Rolle ausgerichtet, welche dem Kind zugeschrieben wird (eher aktiv oder eher passiv), die andere Dimension auf die Frage der Fokussierung (eher auf das Kind oder eher auf den Kontext). Daraus ergeben sich vier Felder, in denen die Erklärungsmuster platziert sind. Sowohl das sozial-konstruktivistische als auch das reifungstheoretisch-nativistische Muster legt den Fokus auf das Kind. Ersteres spricht ihm eine vorwiegend aktive, letzteres jedoch eine eher passive Rolle zu. Die beiden anderen Erklärungsmuster – das interaktionistische und das umweltorientiert-schulvorbereitende – fokussieren eher den Kontext, wobei das erste Muster dem Kind eine aktive, das zweite eher eine passive Rolle zuspricht.

**Tabelle 1**  Taxonomie der Erklärungsmuster von Schulfähigkeit

|  |  | Fokussierung | |
|  |  | Eher Kind | Eher Kontext |
|---|---|---|---|
| Rolle des Kindes | **Eher aktiv** | Sozial-konstruktivistisches Muster | Interaktionistisches Muster |
|  | **Eher passiv** | Reifungstheoretisch-nativistisches Muster | Umweltorientiert-schulvorbereitendes Muster |

Erweisen sich diese vier Erklärungsmuster als gewinnbringend für die zukünftige Weiterentwicklung des Schulfähigkeitskonzepts? Mit Blick auf das reifungstheoretisch-nativistische Modell ist zu kritisieren, dass Schulfähigkeit weder im Kopf des Kindes, gewissermassen als genetische Anlage, steckt noch allein aufgrund seines Geburtsdatums bestimmt werden kann. Aber auch das umweltorientiert-schulvorbereitende Modell setzt zu sehr auf die Machbarkeit der externen Förderung, ohne dabei weitere, person- und kontextspezifische Komponenten zu berücksichtigen. Das sozial-konstruktivistische Modell stellt hingegen einen grossen Fortschritt dar, weil es sowohl den sozio-emotionalen Kontext als auch Komponenten spezifischer sprachlicher und mathematischer Vorläuferfähigkeiten einschließt. Trotzdem trägt es dem Umstand zu wenig Rechnung, dass sich Kinder aus unterschiedlichen Milieus enorm unterscheiden und gerade für solche aus benachteiligten Familien oder anderer kultureller Herkunft eine ausschliesslich konstruktivistisch orientierte Förderung häufig ungeeignet ist. Auf dieser Basis erscheint das interaktionistische Modell das zurzeit am besten geeignete Erklärungsmuster, weil es sowohl die unterschiedlichen Milieus als auch die zunehmende Bedeutung familienergänzender Betreuung und Bildung in den Blick nimmt. Allerdings ist es in erster Linie eher ein Instrument des Bildungsmonitorings statt der individuellen Schulfähigkeitsdiagnostik. Deshalb müsste es um individuumzentrierte Aspekte ergänzt werden.

Vor diesem Hintergrund sollen nun abschliessend einige Perspektiven von Schulfähigkeit diskutiert werden, welche einen Beitrag zu seiner theoriebasierten Weiterentwicklung leisten können und dabei die neuen Entwicklungen frühpädagogischer Bildungsförderung berücksichtigen. Dabei handelt es sich lediglich um Annahmen über Schulfähigkeit, welche für eine empirische Überprüfung offen sind und weiterer konzeptueller Verfeinerung bedürfen.

## 3.1    Schulfähigkeit ist ein kontinuierlicher, früh einsetzender Prozess

Bisher haben sich die wissenschaftlichen Arbeiten zur Schulfähigkeit fast ausschliesslich auf fünf- bis siebenjährige Kinder konzentriert. Obwohl es eine Reihe von Gründen für diesen engen Fokus gibt, hat er sowohl unser Denken als auch unser Theorieverständnis, wie Kinder auf die Schule vorzubereiten sind, stark eingeschränkt. Das Hauptproblem liegt darin, dass der Kindergarten bis vor kurzem als alleiniges schulvorbereitendes Setting galt. Heute wissen wir aus Entwicklungspsychologie und Neurobiologie, dass bedeutsame Entwicklungsschritte bereits vor dem dritten Lebensjahr stattfinden und dass beispielsweise frühkindliche emotionale Erfahrungen die funktionelle Entwicklung des Gehirns und damit auch die kindliche Lernfähigkeit beeinflussen. Schulfähigkeit muss folgedessen als kontinuierlicher, früh einsetzender Prozess verstanden werden, der die Grundlage für das spätere Lernen bildet. Ganz spezifisch gilt dies für risikogefährdete Kinder. Weil hierzulande jedoch vor allem auf die Verhütung der Verstärkung des Problemverhaltens im Schulalter gesetzt wird, haben sich in den meisten Fällen die Probleme bereits verfestigt, wenn erste Massnahmen eingesetzt werden (vgl. Shonkoff & Philipps, 2000). Dies bedeutet, dass tertiäre Interventionen nicht nur weniger effektiv, sondern auch substanziell teurer sind als primäre und sekundäre Prävention. Sowohl für die USA (vgl. Heckman & Masterov, 2007) als auch für den deutschsprachigen Raum hat sich gezeigt (vgl. Spiess, 2010), dass für jeden Dollar respektive Euro, der in die primäre Prävention gesteckt wird, das Siebenfache für die tertiäre Intervention gespart werden kann. Schulfähigkeit, die früh gefördert wird, kann deshalb als primäre Prävention verstanden werden.

## 3.2     Schulfähigkeit ist multidimensional

Schulfähigkeit wird zwar insbesondere im sozial-konstruktivistischen Erklärungsmuster als «multidimensional» bezeichnet. Meist ist es bisher jedoch bei dieser Feststellung geblieben. So wissen wir heute noch wenig darüber, wie die unterschiedlichen Dimensionen den Schulerfolg von Kindern beeinflussen oder wie die eine Dimension die Ausprägung der anderen begünstigt oder beeinträchtigt. Gerade die aktuell grosse Aufmerksamkeit gegenüber der sprachlichen Entwicklung junger Kinder müsste eigentlich die Frage beantwortbar machen, inwiefern es Komponenten von *Literacy* gibt, welche die frühe mathematische Entwicklung begünstigen. Oder: Gibt es bestimmte sozio-emotionale Kompetenzen wie etwa die Verhaltens- und Aufmerksamkeitsregulation, welche mit der Qualität der sprachlichen Entwicklung verknüpft sind?

Aktuell ist zu solchen Interaktionen und ihrem Ausmass, aber auch zu Ursache-Wirkungsketten kaum empirisches, geschweige denn konzeptionelles Wissen vorhanden. Um solche Beziehungen zu eruieren, wären empirische Querschnitts- und Längsschnittstudien notwendig. Würde man über entsprechende Resultate verfügen, so hätte man nicht nur empirisch basierte Erkenntnisse zur frühkindlichen Bildung allgemein, sondern auch zur Entwicklung von Messinstrumenten. Denn, wenn frühe mathematische, sprachliche oder sozio-emotionale Fähigkeiten voneinander unabhängige Bereiche wären, dann müssten Instrumente zur Messung dieser Fähigkeiten entwickelt werden, welche keine Elemente enthalten, die zur Messung einer anderen Fähigkeit zum Zug kommen.

## 3.3     Die Förderung von Schulfähigkeit ist eine Aufgabe aller Settings

Bevor Kinder in die Schule eintreten, haben sie unterschiedlich viel Zeit in ihrer Familie oder in familienergänzender Betreuung, möglicherweise auch in spezifisch auf frühkindliche Bildungsförderung ausgerichteten Angeboten, verbracht. Aktuell ist davon auszugehen, dass in den deutschsprachigen Staaten Europas fast 80 % der unter dreijährigen Vorschulkinder familienergänzend betreut werden (vgl. OECD, 2006). Deshalb ist die Vermutung berechtigt, dass auch familienergänzende Betreuungseinrichtungen insgesamt erhebliche Beiträge zu den Bildungschancen von Kindern leisten, bislang wahrscheinlich jedoch unterschätzt worden sind. Gestützt auf neuere Untersuchungen, welche ältere Befunde bestätigen, wonach etwa 80 % der Unterschiede im Leistungsniveau von Kindern auf das Elternhaus zurückzuführen sind (vgl. zusammenfassend Stamm, 2010), ist anzunehmen, dass zumindest ein Anteil der verbleibenden 20 % ihre Ursache in der Anregungsqualität von Kindertageseinrichtungen hat. Tietze, Roßbach und Grenner (2005) weisen nach, dass kindliche Entwicklungsunterschiede von bis zu einem Jahr bei Kindern auf die Qualität der familienergänzenden Einrichtung zurückzuführen sind.

Demzufolge sind in die Überlegungen zur Schulfähigkeit auch familienexterne Betreuungs- und Fördersettings einzubeziehen. Hierzu ist jedoch weder Literatur noch

Forschung verfügbar (vgl. Kammermeyer, 2008). Wenn Vorschulangebote zu Bildungs-stätten eigener Art werden und sie eine auf Kontinuität ausgerichtete Förderarbeit leisten sollen, dann ist eine Kooperation mit Grundschullehrkräften unumgänglich und ver-pflichtend. Eine gelingende Kooperation ist allerdings auf Informationen zum Lern- und Entwicklungsstand des einzelnen Kindes angewiesen. Die aktuellen Datenschutzbestim-mungen lassen dies jedoch kaum zu. Deshalb gehen wertvolle, für eine kontinuierliche Förderung unabdingbare, Informationen verloren.

## 4    Fazit

Obwohl die Schulfähigkeitsthematik in den letzten Jahren angesichts der Entwicklung neuer Schuleingangsmodelle etwas an Bedeutung verloren zu haben scheint, rückt sie vor dem Hintergrund neuester Forschungserkenntnisse zur frühkindlichen Bildung wieder stärker ins Zentrum. Die Problematik ist jedoch dieselbe geblieben. Überblickt man die aktuelle Diskussion, so scheint die Schulfähigkeit zwar das Ziel frühkindlicher Bildungs-förderung zu sein. Was jedoch unter Schulfähigkeit verstanden werden soll, ist aufgrund der Entwicklungen im Vorschulbereich deutlich komplizierter geworden. Dieser Beitrag ist ein Versuch, die aktuelle Diskussion auf der Basis theoretischer und empirischer Er-kenntnisse zu systematisieren und einige Perspektiven als mögliche Entwicklungslinien zu formulieren.

## 5    Literatur

Autorengruppe Bildungsberichterstattung (2010). *Bildung in Deutschland. Ein indikatorengestütz-ter Bericht mit einer Analyse zu Perspektiven des Bildungswesens im demografischen Wandel.* Bielefeld: Bertelsmann.

Barnett, W.S. (2008). *Preschool education and its lasting effects: Research and policy implications (EPRU Policy Brief).* Boulder and Tempe: Education and the Public Interest Center & Education and Policy Research Unit.

Becker-Stoll, F. (2008). Welche Bildung brauchen Kinder? In W. Thole et al. (Hrsg.), *Bildung und Kindheit. Pädagogik der Frühen Kindheit in Wissenschaft und Lehre* (S. 115–125). Opladen: Bar-bara Budrich.

Bildungsdirektion (2010). *Kantonale Bildungsstatistik.* Zürich: Bildungsdirektion. Download am 30.03.2012 von http://www.bista.zh.ch/vs/VS_Schuljahr.aspx

Carle, U. (2009). Früheinschulung aus internationaler und nationaler Perspektive. In C. Röhner, M. Hopf & C. Henrichwark (Hrsg.), *Europäisierung der Bildung – Herausforderungen und Kon-sequenzen für die Grundschulpädagogik. Jahrbuch Grundschulforschung, Band 13* (S. 221–225). Wiesbaden: VS Verlag für Sozialwissenschaften.

Centre for Community Child Health and Telethon Institute for Child Health Research (2009). *A snapshot of early childhood development in Australia – AEDI National Report 2009.* Australian Government: Canberra.

Diehm, I. & Magyar-Haas, V. (2011). (Sprachliche) Bildung und Befähigung: Reichweite und Leistungsfähigkeit des Capability Approach für die Pädagogik der Frühen Kindheit. In L. Ludwig, H. Luckas, F. Hamburger & S. Aufenanger (Hrsg.), *Bildung in der Demokratie II. Tendenzen – Diskurse – Praktiken* (S. 212–228). Opladen & Farmington Hills: Verlag Barbara Budrich.

Dornes, M. (2009). *Die frühe Kindheit*. Frankfurt a. M.: Fischer.

Elkind, D. (2001). Early childhood education: developmental or academic? Download am 10.01.2012 von http://media.hoover.org/documents/ednext20012unabridged_elkind.pdf

Heckhausen, H. (1974). *Leistung und Chancenungleichheit*. Göttingen: Hogrefe.

Heckman, J.J. & Masterov, D.V. (2007). The productivity argument for investing in young children. NBER Working Papers. National Bureau of Economic Research Inc.

Hessisches Sozial- und Kultusministerium (2007). *Bildung von Anfang an*. Paderborn: Bonifatius.

Hirsh-Pasek, K., Hyson, M.C. & Rescorla, L. (1990). Academic environments in preschool: Do they pressure or challenge young children? *Early Education and Development* 1(6), 401–422.

Janus, M. & Duku, E. (2007). The school entry gap: socioeconomic, family, and health factors associated with children's school readiness to learn. *Early Education and Development* 18(3), 375–403.

Janus, M. & Offord, D. (2007). Development and psychometric properties of the Early Development Instrument (EDI): A measure of children's school readiness. *Canadian Journal of Behavioural Science 39*, 1–22.

Kammermeyer, G. (2000). *Schulfähigkeit – Kriterien und diagnostische / prognostische Kompetenz von Lehrerinnen, Lehrern und Erzieherinnen*. Bad Heilbrunn: Klinkhardt.

Kammermeyer, G. (2008). Förderung von Schulfähigkeit. In K.-H. Arnold, O. Graumann & A. Rakhkochkine (Hrsg.), *Handbuch Förderung* (S. 322–330). Weinheim.

Kern, A. (1951). *Sitzenbleiberelend und Schulreife*. Freiburg: Herder.

La Paro, K.M. & Pianta, R.C. (2001). Predicting children's competence in the early school years: A meta-analytic review. *Review of Educational Research 70*, 443–484.

Largo, R. H. (2009). *Kinderjahre*. München: Piper.

Maryland School Readiness Report (2011). *Children entering school ready to learn*. Baltimore: The Maryland State Department of Education.

Mauron Schäppi, A. (2009). *Frühkindliche Bildung in Kindertagesstätten? Die Sichtweise pädagogischer Fachkräfte zum Auftrag der Kindertagesstätten*. Unveröffentlichte Masterarbeit, Universität Fribourg, Schweiz.

Meisels, S.J. (1999). Assessing readiness. In R.C. Pianta & M. Cox (Eds.), *The transition to kindergarten* (pp. 39–66). Baltimore: Paul Brookes.

Moser, U., Stamm, M. & Hollenweger, J. (2005). *Für die Schule bereit? Lesen, Wortschatz, Mathematik und soziale Kompetenzen beim Schuleintritt*. Aarau: Sauerländer.

Nickel, H. (1999). Einschulung. In C. Perleth & A. Ziegler (Hrsg.), *Pädagogische Psychologie. Grundlagen und Anwendungsfelder* (S. 149–159). Bern: Huber.

Niesel, R. (2010). Schulreife oder Schulfähigkeit – was ist darunter zu verstehen? Familienhandbuch. Download am 10.01.2012 von https://www.familienhandbuch.de/schule/schulfahigkeits-chulreife/schulreife-oder-schulfahigkeit-was-ist-darunter-zu-verstehen

OECD (2006). *Starting strong II. Early childhood education and care*. Paris: OECD.

Pianta, R., Rimm-Kaufman, S. & Cox, M. (1999). An ecological approach to conceptualizing the transition to kindergarten. In R. Pianta & M. Cox (Eds.), *The transition to kindergarten* (pp. 3–10). Baltimore: Brookes.

Piotrkowski, C.S. (2004). A community-based approach to school readiness in Head Start. In E. Zigler & S.J. Styfco (Eds.), *The Head Start debates* (pp. 129–142). Baltimore: Brookes.

Puhani, P.A. & Weber, A.M. (2006). *Fängt der frühe Vogel den Wurm? Eine empirische Analyse des kausalen Effekts des Einschulungsalters auf den schulischen Erfolg in Deutschland.* Diskussionspapiere der Wirtschaftswissenschaftlichen Fakultät der Universität Hannover. Universität Hannover, Wirtschaftswissenschaftliche Fakultät.

Rauschenbach, T. (2006). Bildung, Erziehung und Betreuung vor und neben der Schule. Konzeptionelle Grundlagen des 12. Kinder- und Jugendberichts. *Zeitschrift für Erziehungswissenschaften (6)*, 66–80.

Shonkoff, J.P. & Phillips, D.A. (2000). *From neurons to neighborhoods: The science of early childhood development.* Washington, DC: National Academy Press.

Snow, K.L. (2006). Measuring school readiness: conceptual and practical considerations. *Early Education and Development 17*(1), 7–41.

Spiess, K. (2010). Ökonomie frühkindlicher Bildung und Betreuung – Aktuelle Ergebnisse aus dem deutschsprachigen Forschungsraum. *Vierteljahrsheft zur Wirtschaftsforschung 79*(3), 5–19.

Stamm, M. (2005). Zwischen Exzellenz und Versagen. Schullaufbahnen von Frühlesern und Frührechnerinnen. Zürich/Chur: Rüegger.

Stamm, M. (2010). *Frühkindliche Bildung, Betreuung und Erziehung. Eine Einführung.* Reihe UTB-M: Bern.

Stipek, D., Recchia, S. & McClintic, S. (1992). Self-evaluation in young children. Monographs of the Society for Research in Child Development, *57*(1), 1–98.

Tietze, W., Roßbach, H.-G. & Grenner, K. (2005). *Kinder von 4 bis 8 Jahren. Zur Qualität der Erziehung und Bildung im Kindergarten, Grundschule und Familie.* Weinheim: Beltz.

Wygotski, L. S. (1987). *Ausgewählte Schriften. Arbeiten zur psychischen Entwicklung der Persönlichkeit.* Bd. II. Berlin: Volk und Wissen.

# Transitionen in der frühkindlichen Bildungsforschung

Renate Niesel und Wilfried Griebel

Die strikte Einteilung in Krippe für Kinder bis zur Vollendung des dritten Lebensjahres und Kindergarten für Kinder ab drei Jahre bis zum Schuleintritt gilt zunehmend nicht mehr. Vermehrt öffnen sich Kindergärten und nehmen auch jüngere Kinder auf, so dass Kindertageseinrichtungen mit einer erweiterten Altersmischung entstehen. Allerdings ist wegen der mangelnden Qualifizierung des Personals für die Pädagogik der ersten Lebensjahre (vgl. Fröhlich-Gildhoff & Viernickel, 2010) nicht immer eine Praxis der kind- und elternorientierten Eingewöhnung (vgl. Griebel u.a., 2010) gewährleistet. Umgekehrt profitieren auch die älteren Kinder, wenn im Rahmen einer Neuorientierung im Hinblick auf die Jüngsten erprobte Eingewöhnungsmodelle für alle Kinder eingeführt werden.

## 1 Theoretische Grundlagen von Eingewöhnungsmodellen für Kinder bis drei Jahre

Die Bindungstheorie und die Stressforschung bilden die maßgeblichen Grundlagen von Eingewöhnungsmodellen für die jüngste Altersgruppe. Die Entstehung und die Qualität von Bindungen zwischen Kindern und ihren Bindungspersonen sind Gegenstand der Bindungstheorie (vgl. Grossmann & Grossmann, 2011). Die Bindungsperson ermöglicht es dem Kind, nach verunsichernden oder ängstigenden Eindrücken sein inneres Gleichgewicht wiederherzustellen und die Erkundung der Umwelt zu beginnen oder fortzusetzen. Beide Verhaltenssysteme – Bindung und Exploration – stehen somit in enger Beziehung zueinander (Becker-Stoll, Niesel & Wertfein, 2010). In der neueren Bindungsforschung (Booth, Kelly & Spieker, 2003) wird als weiteres System ‚Unterstützung' beim Erkunden der Umwelt als wichtig für die Bindungsqualität erkannt. Meta-Analysen zeigen, dass nur ein moderater Teil der Varianz von Bindungssicherheit durch mütterliche Feinfühligkeit erklärt wird (Atkinson u.a., 2000; de Wolff & van IJzendoorn, 1997). Feinfühligkeit und Autonomieunterstützung sind nach dieser Auffassung voneinander unabhängige Konzepte, die beide zur Qualität einer Beziehung beitragen. Schon sehr junge Kinder können Bindungen an die Eltern und an Erzieherinnen gleichzeitig oder sukzessiv aufbauen. Jede Beziehung muss jedoch in der Interaktion mit der jeweiligen Person entwickelt werden und ist einzigartig. Stabil betreuende Erzieher/innen scheinen eine sicherheitsgebende Funktion erfüllen zu können – eine wichtige Voraussetzung dafür, dass Kinder sich explorierend ihrer dinglichen und sozialen Umwelt zuwenden, d.h. sich auf Lernprozesse einlassen (vgl. Ahnert, 2007; 2010).

Stress und dessen Bewältigung wird zur seelischen Gesundheit (Lazarus, 1995) und zum Wohlbefinden in Beziehung gesetzt. Bei der Bewältigung von Veränderungen ist von entscheidender Bedeutung, ob

- diese Veränderungen größeren Ausmaßes und von längerer Dauer sind,
- die Veränderungen erwünscht sind und kontrollierbar sind und
- welche Ressourcen zur Verfügung stehen, die entweder in der Person selber liegen und/oder die sie als Unterstützung erfährt.

Reichen die Ressourcen zur Bewältigung der Anforderungen nicht aus, werden die Anforderungen zu Überforderungen (Stress). Die Trennung eines Kindes von seinen Eltern gilt als der wichtigste Stressor in der frühen Kindheit. Kindliche Alltagsängste haben mit dem Unvermögen zu tun, eine schutz- und sicherheitsgebende Person aufzusuchen (Ahnert, 2010, S. 186). Weitere theoretische Grundlagen zum Verständnis des Übergangsgeschehens bieten das Konzept der Entwicklungsaufgaben (Havighurst, 1982; Waters & Sroufe, 1983) sowie die Temperamentsforschung (Zentner, 2008).

Die wichtigsten Folgerungen aus diesen Theorien für eine pädagogische Eingewöhnung bzw. Gestaltung des Übergangs sind:

- Die Nutzung der Bindungsperson(en) des Kindes als unterstützende Ressource, bis eine Person in der neuen Umgebung eine vergleichbare Funktion übernehmen kann.
- Die Kontrolle über Veränderungen, z.B. durch überschaubare Zeitabschnitte in der noch fremden Umgebung.
- Die Berücksichtigung der Bedürfnisse des jeweiligen Entwicklungsalters und anderer individueller Unterschiede, wie z.B. Temperamentsmerkmale, um Verhaltensweisen während der Eingewöhnung richtig zu interpretieren und angemessen zu reagieren.

## 2      Erprobte Eingewöhnungsmodelle für Kinder bis drei Jahre

Wenn Kinder vor Vollendung ihres dritten Lebensjahres in eine Kindertageseinrichtung aufgenommen werden, gehört die Orientierung an erprobten Eingewöhnungsmodellen zu den Qualitätsstandards (Tietze & Viernickel, 2003). Am bekanntesten sind das „Berliner Modell" und das „Münchner Modell". Im Berliner Eingewöhnungsmodell (= Infans-Modell) ist das Ziel der Eingewöhnung die Konstruktion eines Beziehungsdreiecks. In der Regel „werden seine ‚Ecken' […] durch das Kind, seine Mutter und die Erzieherin gebildet. Die ‚Seitenlinien' repräsentieren die Bindungsbeziehungen des Kindes zu Mutter und Erzieherin bzw. die Beziehung zwischen Erzieherin und Mutter" (Laewen, Andres & Hédervári, 2000, S. 106). Beller (2002, S. 2) setzt im Münchner Modell zur Frühförderung von Kleinstkindern, das ebenfalls in den 1980er-Jahren entwickelt wurde, auf die „Unterstützung der aktiven Auseinandersetzung aller Beteiligten mit Veränderungsstress" sowie auf Stress reduzierende Maßnahmen durch allmähliche Veränderungen, was „die Eigeninitiative des Kindes an die Stelle seiner von Trennungsangst ausgelösten inaktiven und passiven Haltung treten lässt". Zudem betont Beller den Einfluss der Gruppe auf das Kind. In beiden Modellen baut jedes Kind, nach ersten Tagen in der Begleitung einer Bindungsperson, eine vertrauensvolle Beziehung mit seiner Bezugserzieherin auf, so dass eine allmähliche Verlängerung des Zeitabschnittes, die das Kind ohne Eltern in der Kita verbringt, weitgehend ohne Trennungsstress möglich wird. Untersuchungen belegten, dass allmählich eingewöhnte Kinder sich längerfristig besser entwickelten – trotz anfänglich vermehrter Stressäußerungen (Beller, 2002; Laewen, 1989; Winner & Erndt-Doll, 2009).

## 3      Praxis zur Eingewöhnung nach Vollendung
##        des dritten Lebensjahres

Während sich für Kinderkrippen die Praxis einer sorgsamen Eingewöhnung als Qualitätsstandard weitgehend etabliert hat, ist für Kinder über drei Jahre eher eine heterogene Praxis zu beobachten (Griebel & Niesel, 2011). Die neuen Kinder werden zumeist nacheinander oder zu zweit mit zeitlichem Abstand aufgenommen, um ihnen die Orientierung in dem neuen Umfeld zu erleichtern und dem Fachpersonal eine verstärkte Aufmerksamkeit auf die einzelnen Kindergartenanfänger zu ermöglichen. Haefele & Wolf-Filsinger (1994) haben den Eintritt in den Kindergarten auf der Basis der Stresstheorie untersucht. Ihre Arbeit gibt Auskunft über die Verhaltensweisen in den ersten Tagen der Orientierung, über die Eingliederungsbemühungen in den ersten Wochen und die Integration in die Gruppe in den folgenden Monaten. Beelmann (2006) untersuchte den Eintritt in den Kindergarten als normatives kritisches Lebensereignis im Sinne von Filipp (1995). Generell war der Übergang in den Kindergarten nur mit geringfügigen Belastungen verbunden. Der Prozess der Anpassung an die neuen Anforderungen war bei den meisten Kindern nach drei Monaten abgeschlossen, und allenfalls in der akuten Eingewöhnungs-

respektive Eingliederungsphase waren kurzfristige Anpassungsprobleme zu beobachten (Beelmann, 2006, S. 192ff.). Beelmann weist auf die Notwendigkeit längsschnittlicher Untersuchungen hin, um längerfristige Entwicklungsprozesse verfolgen zu können. Möglich sei, dass sich die Wahrscheinlichkeit für Probleme bei den nachfolgenden Übergängen erhöhe, wenn bei den ersten Schwierigkeiten bestünden und diese nicht adäquat bewältigt würden oder sich bereits Entwicklungsstörungen manifestiert hätten. Erhöhte Bewältigungsanstrengungen könnten aber auch zum Erwerb spezifischer Kompetenzen führen mit der Folge, dass nachfolgende Übergänge besser gemeistert würden.

## 4    Das IFP-Transitionsmodell als Instrument zur Transitionsgestaltung

Als Transition werden Lebensereignisse bezeichnet, die die Bewältigung von Veränderungen auf mehreren Ebenen erfordern, wobei in der Auseinandersetzung des Einzelnen und seines sozialen Systems mit gesellschaftlichen Anforderungen Entwicklung angeregt wird. In Transitionsprozessen verdichten sich Entwicklungsanforderungen und die Betroffenen reagieren darauf mit intensiven Lernprozessen (Griebel, 2012). Die prozessuale Sicht verweist darauf, dass im Übergang gelernt werden muss, was der neue Lebensabschnitt für die eigene Entwicklung bedeuten kann. Das IFP-Transitionsmodell, entwickelt am Staatsinstitut für Frühpädagogik (IFP), fußt auf den theoretischen Grundlagen der Transitionsforschung und ist der Familienentwicklungspsychologie verpflichtet (Griebel & Niesel, 2011). Zu den wichtigsten theoretischen Strängen gehören das ökopsychologische Modell der Systemebenen nach Bronfenbrenner (1989), die Stressforschung (Lazarus, 1995) und die Theorie der kritischen Lebensereignisse (Filipp, 1995). Weitere theoretische Wurzeln sind der Sozialkonstruktivismus und die Entwicklung im Erwachsenenleben (vgl. zusammenfassend Griebel & Niesel, 2011). Das Modell sieht die Bewältigung der Transition nicht als Folge der Kompetenz der individuellen Person allein, sondern als Resultat des Zusammenwirkens aller an der Transition beteiligten Menschen – als Kompetenz des sozialen Systems. In empirischen Untersuchungen wurde das Modell zum Übergang in den Kindergarten und zum Übergang vom Kindergarten in die Schule angewendet (Griebel & Niesel, 2011).

Das IFP-Transitionsmodell kann als Arbeitsinstrument für eine fachlich fundierte Gestaltung der Transition von der Familie in eine Tageseinrichtung genutzt werden. Es ermöglicht die damit verbundenen Anforderungen genauer zu bestimmen, individuelle Ressourcen und Unterstützungsbedarfe zu erkennen, und passende pädagogische Angebote zu entwerfen. Der Fachbegriff „Transition" wurde gewählt, um die theoretische Fundierung und eine Abgrenzung zum alltagssprachlichen Begriff „Übergang" zu verdeutlichen, auch wenn im fachlichen Diskurs beide Begriffe synonym verwendet werden (Niesel & Griebel, 2010).

Aktive Bewältiger sind bei der Transition in die Kindertageseinrichtung das Kind und seine Eltern. Die frühpädagogischen Fachkräfte bzw. die Lehrkräfte der Schule moderieren oder begleiten den Übergang, erleben aber selbst keine Transition, da für sie das Erleben der Erst- oder Einmaligkeit fehlt. Vielmehr stellt die Übergangsbegleitung für sie eine besondere fachliche Herausforderung dar, die innerhalb des Teams bzw. zwischen den pädagogischen Institutionen sorgfältiger Abstimmungsprozesse bedarf und als besonders arbeitsintensive Phase in der Routine des Jahresablaufs erlebt wird.

# 5 Entwicklungsanforderungen für Kinder und Eltern beim Übergang in eine Kindertageseinrichtung

Das Transitionsmodell liefert eine Struktur von Entwicklungsanforderungen auf verschiedenen Ebenen, die für einen erfolgreichen Übergang bewältigt werden müssen. Diese Systematik gilt für Transitionen im Allgemeinen und ist für den infrage stehenden Übergang, z.B. von der Familie in die Kindertagesstätte zu spezifizieren. Eltern werden nicht nur als Unterstützer ihres Kindes gesehen, sondern als Erwachsene, die selber auch einen Übergang zu bewältigen haben, nämlich den Übergang von „Familieneltern" zu Eltern eines Krippen- oder Kindergartenkindes (vgl. Griebel & Niesel, 2011).

## 5.1 Auf der individuellen Ebene

Der für die Transitionsbewältigung typische Identitätswandel, d.h. nicht nur Familienkind, sondern auch Kita-Kind zu sein, sich zugehörig und wohl zu fühlen und die Einrichtung als selbstverständlichen Teil des Lebens kompetent für die eigene Entwicklung und Bildung nutzen zu können, braucht Zeit und Sicherheit auf der Beziehungsebene. Je jünger Kinder sind, desto weniger lässt sich während einer Transition die Ebene der individuellen Entwicklung von der Beziehungsebene trennen. Dabei ist nicht nur das Wohlbefinden des Kindes wichtig, sondern die Identität eines Kita-Kindes entwickelt sich auch durch die Unterstützung und Förderung der wachsenden Kompetenzen, zu denen u.a. das Austragen von Konflikten und das Ertragen von Frustrationen gehören (Ahnert & Gappa, 2010). Mit dem Eintritt in eine Kindertageseinrichtung müssen die Entwicklungsaufgaben in der Familie und in der Einrichtung, d.h. unter den Bedingungen von zwei sehr unterschiedlichen Entwicklungsumgebungen, bewältigt werden. Gelingt die Bewältigung, so kann angenommen werden, dass Kinder davon mit Kompetenzerwerb profitieren.

Auch die elterliche Identität wird durch die Transition stark berührt. Wenn Säuglinge oder Kleinstkinder aufgenommen werden, müssen sich die Eltern mit gesellschaftlichen Erwartungen, mit Vorurteilen und unter Umständen mit Schuldgefühlen auseinandersetzen. Handelt es sich um das erste Kind, ist möglicherweise in der Familienentwicklung die Transition von der Partnerschaft zur Elternschaft und damit die Identitätsentwicklung als Vater oder Mutter noch nicht vollständig abgeschlossen, wenn bereits die nächste Transition, von der Familie in die Kita, zu bewältigen ist.

Charakteristisch für Transitionen ist das Auftreten starker Emotionen. Bei älteren Kindern und Erwachsenen sind es häufig ambivalente Gefühlslagen: Freude und Stolz im Hinblick auf den neuen Lebensabschnitt, Trauer über Abschiede oder auch Ängste wegen der Ungewissheiten, die mit jedem Neuanfang verbunden sind. In den ersten Lebensjahren ist die emotionale Befindlichkeit von Kindern an die jeweils aktuelle Situation gebunden und noch nicht in die Zukunft gerichtet. Daher können die positiven Aspekte zunächst verborgen sein, da die jungen Kinder sich noch keine Vorstellung davon machen können, dass sie sich schon bald in ihrer Kindertageseinrichtung wohl fühlen werden.

Eltern der Kindergartenkinder erleben außer Vorfreude, Stolz und Neugier auch Unsicherheiten und Ängste, wie ihr Kind mit den komplexen neuen Anforderungen umzugehen vermag. Sie berichten von Verlustgefühlen in Bezug auf den Abschied von einer Zeit der behüteten, ausschließlich familialen Lebensumwelt mit dem Kind und damit auch über einen gewissen Kontrollverlust. Die Einbindung der Eltern in den Transitionsprozess dient also nicht nur dem Kind, sondern anerkennt und stärkt die elterliche Kompetenz, so dass der Identitätswandel ('Ich bin Mutter/Vater und mein Kind besucht eine Kindertagesstätte, was seiner Entwicklung förderlich ist') unterstützt und ein positives Selbstbild entwickelt werden kann. Zum Identitätswandel der Eltern gehört es, ein Zugehörigkeitsgefühl zu 'ihrer' Einrichtung zu entwickeln. Sie beginnen ihr Kind mit seinen sich verändernden Bedürfnissen innerhalb der Gruppe der Kindergartenkinder wahrzunehmen. Ihre Zugehörigkeit zur Gruppe der 'Miteltern' müssen sie akzeptieren und sich auf neue Erfahrungen einlassen. Für Eltern mit Zuwanderungsgeschichte mag dieses Empfinden von Zugehörigkeit schwerer zu erreichen sein. Vorurteilsbewusste Pädagogik bezieht sich nicht nur auf Kinder, sondern gehört zu einer gelingenden Zusammenarbeit mit allen Eltern (Şikcan, 2008).

Noch ist wenig ist über die Identitätsentwicklung von Kindern aus Migrationsfamilien in den frühen Lebensjahren bekannt. Langfristig müssen sich die Heranwachsenden mit der Entwicklung ihrer Identität als Mitglied einer Minderheit auseinandersetzen. Auch wenn für junge Kinder die Frage ihrer Herkunftsnationalität für ihr Selbstbild noch keine Rolle spielt, kann sie die Identitätsentwicklung beeinflussen, z.B. wenn der Beziehungsaufbau zu den Erzieher/innen nicht gelingt oder wenn das Kind seine Eltern, anders die Eltern der deutschen Kinder, kaum im Gespräch mit den Erzieher/innen erlebt. Die Kompetenzentwicklung von Kindern aus Migrationsfamilien ist bei der Übergangsbewältigung in besonderem Maße gefordert. Angenommen wird, dass die Differenzen zwischen den beiden Systemen Familie und Kita für Kinder aus Familien mit Zuwanderungsgeschichte größer sind als für deutsche Kinder, für deren Familien das deutsche Bildungssystem vertrauter ist (vgl. Herwartz-Emden; 2008; Niesel, 2009). Eine besondere Rolle spielt dabei der Erwerb von Erst- und Zweitsprache (Reichert-Garschhammer & Kieferle; 2011).

## 5.2    Auf der Ebene der Beziehungen

Kinder stehen vor der Aufgabe, ihr Beziehungsnetz zu erweitern. Sie müssen die Fürsorge noch fremder Personen allmählich akzeptieren (Ahnert, 2010, S. 194). Kinder zeigen dabei unterschiedliche Strategien. Neben dem Temperament, dem Geschlecht, dem familialen und kulturellen Hintergrund ist für die jüngsten Kinder das ‚innere Arbeitsmodell‘ bedeutsam. Kinder haben gelernt, wie sie die Beziehung zu ihrer Bindungsperson am effektivsten aufrechterhalten. Kinder mit sicheren Bindungserfahrungen haben verinnerlicht, dass auf ihre Hilferufe wie z.B. Weinen tröstend reagiert wird. Sie werden auch während des Transitionsprozesses deutliche Stressreaktionen zeigen. Wenn das Kind sich von seiner Bezugserzieherin trösten lässt, zeigt das, dass das Kind begonnen hat, Vertrauen in die Fürsorge dieser Person aufzubauen und eine positive bindungsähnliche Beziehung im Entstehen ist. Das Kind ist bereit, die Erzieherin als seine sichere Basis in der Einrichtung zu akzeptieren.

Nicht immer ist jede Mutter jederzeit in der Lage, die Sicherheitsbasis für ihr Kind zu sein. Bindungsforscher gehen davon aus, dass unsichere Bindungen die Folge sind. Das innere Arbeitsmodell führt dann eher dazu, nicht zu weinen, keine Stressreaktionen zu zeigen und sich scheinbar problemlos an die neue Situation anzupassen. Ein solches Vermeidungsverhalten des Kindes kann durchaus im Dienst der Bindungsbeziehung stehen (Ahnert, 2010, S. 54), denn das Kind hat gelernt, dass es positive Zuwendung am ehesten bekommt, wenn es seine Stressreaktionen nicht offen zeigt. Die Fähigkeiten zur Stressregulierung sind bei Kleinkindern jedoch noch ungenügend entwickelt und ihre Stressbelastung bleibt hoch (vgl. Becker-Stoll u.a., 2010). So kann die scheinbar paradoxe Situation entstehen, dass sicher gebundene Kinder schwieriger einzugewöhnen sind als unsicher gebundene Kinder. Unsicher gebundene Kinder könnten so aber weniger Aufmerksamkeit bekommen und die Erwachsenen weniger in den Beziehungsaufbau ‚investieren‘. Als Folge davon kann es zu einem Verzögerungseffekt kommen, einem ‚Einbrechen‘ der Kinder nach vier bis sechs Wochen, bei dem sie genau den Kummer und die Überforderung zeigen, die man am Beginn erwartet hatte (Bensel, 2010).

## 5.3    Auf der Ebene der Lebensumwelten

Die Anpassungsleistungen, die mit dem täglichen Wechsel zwischen den beiden sehr unterschiedlichen Entwicklungsumgebungen Familie und Kindertageseinrichtung verbunden sind, stellen für das Kind eine neue Anforderung dar. Das Kind wechselt für feste Zeiten des Tages und des Wochen- und Jahresablaufs regelmäßig zwischen der häuslichen Umgebung und der Einrichtung. Es muss sich auf neue Räume einstellen, auf eine bestimmte Gestaltung der Zeit, auf neue Regeln. Der Tagesablauf der Familie wird von der Kindertageseinrichtung mitbestimmt, außerdem fällt eine zusätzliche Beanspruchung wegen der Zusammenarbeit der Eltern mit der Einrichtung an. Beelmann (2006)

konnte die Alltagsbeobachtung belegen, dass es i.d.R. die Mütter sind, die für die Passung
im Zusammenspiel von Familie, Berufstätigkeit und Kita sorgen.

## 6      Von der Kindertageseinrichtung in die Schule

Der Anspruch an Kindertageseinrichtungen hat sich gewandelt: von der Betreuungsein-
richtung zur Bildungseinrichtung. Für die erste Transition von der Familie in eine Bildungseinrichtung heißt das, dass deren pädagogische Gestaltung als Dialog von Anfang
an die Basis für zukünftige Bildungserfahrungen konzipiert. Damit stellt sich die Frage
der Anschlussfähigkeit vorschulischer und schulischer Bildungsprozesse im Transitionsprozess von der Kindertageseinrichtung in die Schule bei einer zunehmenden Heterogenität der Schulanfänger unterschiedlichen Geschlechts und Alters und nicht zuletzt
durch die wachsende Zahl der Kinder aus Familien mit einer Zuwanderungsgeschichte.
D.h. Kindertageseinrichtungen sind nicht nur für die erste Transition von der Familie in
eine Tageseinrichtung, sondern auch für die folgende Transition von der Kita in die Schule mitverantwortlich. Aufgrund von nationalen und internationalen Forschungsarbeiten
lässt sich detailliert beschreiben, welche Veränderungen beim Eintritt in das formale
Schulsystem von Kindern bei ihrer Entwicklung vom Kindergartenkind zum Schulkind
bewältigt werden müssen (Griebel & Nierd, 2011). Kurz zusammengefasst lassen sich die
Anforderungen entsprechend dem IFP-Transitionsmodell folgendermaßen beschreiben:
    Auf der Ebene der individuellen Entwicklung gilt es das Selbstbild eines kompeten-
ten Schulkindes zu entwickeln. Dabei müssen positive Gefühle (Vorfreude, Stolz) und
negative Emotionen (Unsicherheit, evtl. Ängste) bewältigt werden. Ein starkes Merkmal
der Übergangsbewältigung ist der Kompetenzerwerb. Basiskompetenzen wie Selbstwertgefühl, Kommunikationskompetenz u.a. werden gestärkt und neue unterrichtsnahe
Kompetenzen wie Literacy und Numeracy sowie Belohnungsaufschub und Konfliktlöse-
fertigkeiten sind zu entwickeln. Zur Identitätsentwicklung gehört der Aufbau eines Ge-
fühls von Zugehörigkeit zur Schülerschaft als einer Gemeinschaft von Lernenden (Wir-
Gefühl).
    Auf der Ebene der Beziehungen sind Verluste im Hinblick auf die vertrauten Personen
im Kindergarten sowie die Aufnahme neuer Beziehungen zu Lehrkräften und zu gleichaltrigen sowie älteren Schulkindern zu nennen. Evtl. kommt der Eintritt in eine schul-
oder familienergänzende Einrichtung (z.B. Hort) hinzu.
    Auf der Ebene der Lebensumwelten muss die Integration der Anforderungen der un-
terschiedlichen Lebensbereiche Familie und Schule gelingen. Der Wechsel des Curriculums von Elementarpädagogik zum Lehrplan der Schule ist ein weiteres Merkmal von
Diskontinuität bei diesem Übergang. Evtl. geschehen weitere zeitnahe familiale Übergänge wie die Geburt von Geschwistern, Aufnahme oder Verlust einer Erwerbstätigkeit
der Eltern, Trennung der Eltern.
    Fachlich fundierte Übergangskonzepte von Kindertageseinrichtungen berücksichti-
gen den Beginn und das Ende des Abschnittes der Bildungsbiographie von Kindern. Mit

der Eingewöhnung bzw. Übergangsgestaltung bei der Aufnahme wird durch Sicherheit auf der Beziehungsebene, durch eine anregungsreiche Umgebung und die Zusammenarbeit mit den Eltern die Basis für Lernprozesse gelegt. Es wird davon ausgegangen, dass Eltern, die sich „ihrer" Kita zugehörig fühlen, auch beim Übergang in die Schule eher in der Lage sind, ihre Rolle als Bildungsbegleiter ihres Kindes zu erfüllen[1]. Bei der Transition am Ende der Kita-Zeit und zu Beginn der Schulzeit erweitert sich der Kreis der Akteure durch die schulischen Lehrkräfte, die nun die aufnehmende Bildungseinrichtung vertreten. Beide Bildungseinrichtungen haben einen eigenständigen Bildungsauftrag, beide Bildungsstufen sind zur individuellen Förderung jedes Kindes verpflichtet. Somit stellt sich die Frage, welche Kompetenzen für den Schulerfolg in der Frühpädagogik sinnvollerweise gefördert werden sollten und wie die Anschlussfähigkeit frühpädagogischen und schulischen Lernens gesichert werden kann.

Die Förderung von Basiskompetenzen gilt als Kernbereich der Frühpädagogik. Der Zusammenhang zwischen dem sozial-emotionalen Entwicklungsstand und dem frühen Schulerfolg eines Kindes ist vielfach belegt (vgl. Petillon, 1993). Kinder mit prosozialen Verhaltensweisen können sich gut in den Klassenverband integrieren, erfahren Unterstützung und bewältigen den Aufbau neuer Beziehungen, auch zu ihren Lehrkräften, leichter. Als förderlicher Faktor für den Schulerfolg wurde die Fähigkeit zum Belohnungsaufschub als ein Aspekt der Selbstregulation erkannt (Hasselhorn, v. Goldammer & Weber, 2008). Zur Förderung unterrichtsnaher Kompetenzen sind Programme zum Schriftspracherwerb (z.B. Küspert & Schneider, 2008) und zur Förderung von Mathematik (z.B. Krajewski & Schneider, 2006) am bekanntesten. Ausgangsüberlegung für die bereichsspezifische Förderung ist die Erkenntnis, dass es sich beim Erlernen von Lesen, Schreiben und Rechnen um Entwicklungsprozesse handelt, die lange vor der Einschulung beginnen und für den Schulerfolg eine große Rolle spielen. Jedoch ist nicht der Einsatz einzelner Programme entscheidend. Wichtig für eine qualitativ hochwertige Frühpädagogik ist es, im Alltag der Kindertageseinrichtung die vielfältigen Spiel- und Erfahrungsmöglichkeiten zu nutzen. Der Erfolg einer rechtzeitigen Förderung durch eine sinnvolle Verankerung in der Frühpädagogik in Verbindung mit einem darauf aufbauenden Anfangsunterricht ist überprüft worden (vgl. dazu Kammermeyer, 2010; Faust, 2010).

# 7        Transitionsbewältigung als Kompetenz des sozialen Systems

Die pädagogische Handlungsleitlinie „Dialog von Anfang an" (Niesel & Griebel, 2000) wurde formuliert, um den Prozess des Übergangs von der Familie in eine Kindertageseinrichtung und nachfolgend in die Schule unter Einschluss aller Betroffenen zu gestal-

---

1   Die von Eltern bei ihrem Übergang zu Schulkindeltern wahrgenommene Unterstützung bei der Kooperation von Kindertagesstätte und Schule wurde in einem Projekt des Staatsinstituts für Frühpädagogik in München zwischen 2010 und 2012 untersucht (vgl. http://www.ifp.bayern.de/projekte/laufende/Schul-Eltern.html).

ten. Ansätze der Ko-Konstruktion (zusammenfassend Griebel & Niesel, 2011) streben an, Konsens über Sinn und Bedeutung einzelner Maßnahmen sowie das Gesamtgeschehen herzustellen. Die Offenlegung gegenseitiger Erwartungen kann Ängste und Unsicherheiten sowohl in der Zusammenarbeit mit Familien als auch zwischen den Berufsgruppen abbauen. Zu klären ist, wie die Transition am besten durch alle Beteiligten vorbereitet und gestaltet werden kann. Die Kompetenzen, die Kinder und Eltern aufgrund ihrer Lebenserfahrungen, ihres Temperaments oder ihrer sozialen Erfahrungen mitbringen, treffen auf die Bedingungen, die die jeweilige Bildungseinrichtung bietet. Wenn durch eine Kommunikation, in der die Eltern als Experten für ihr Kind und die Fachkräfte als Expertinnen für die Kinder der jeweiligen Bildungsinstitution auf Augenhöhe miteinander reden und durch Partizipation Übereinstimmung in der Bedeutung der einzelnen Schritte hergestellt wird, sind die besten Voraussetzungen für eine erfolgreiche Übergangsbewältigung der Kinder und damit auch für eine Entwicklung der Eltern als Erwachsene gegeben. Nicht zuletzt wird die Kompetenz eines sozialen Systems mitbestimmt durch von Trägern und politischen Entscheidungsträgern bestimmte Qualität der Rahmenbedingungen, innerhalb derer pädagogische Fachkräfte arbeiten (Bertelsmann Stiftung, 2007).

## 8　　Forschungsperspektiven

Da die sprachlich-kulturelle Heterogenität von Kindergruppen und ihren Familien zunimmt, müsste sich weitere Forschung zur Interaktion von Familien und Bildungseinrichtungen kulturtheoretisch und kultursensibel ausrichten. Es wird darum gehen, Überzeugungen von Eltern, Fach- und Lehrkräften über Bildung und Erziehung von Kindern, materielle Bedingungen und aktuelle Praxis und ihre Wirkungen auf Bildungsprozesse aufzuklären. Eine wissenschaftstheoretische Methode der systematischen Zusammenstellung und Analyse empirischer Daten zur Theoriegewinnung im Sinne der Grounded Theory (Strauss & Corbin, 1996), ließe mehr Aufklärung erwarten über Transitionen, die an der Schnittstelle von gesellschaftlichen Anforderungen und persönlichen Handlungsmöglichkeiten aller Beteiligter liegen (Welzer, 1993). Zur Untersuchung der komplexen Fragen von frühkindlicher Bildungsforschung schlagen Clark & Moss (2001) einen „Mosaik-Ansatz" vor, der multi-methodal, multiperspektivisch und partizipatorisch, reflexiv und adaptiv sein soll, die Lebenserfahrungen der Kinder – und, wie wir ergänzen müssen, ihrer Eltern – fokussiert und in die Praxis eingebettet sein soll. So kann Forschung zur Erfassung von Bedingungen für eine den UN-Kinderrechten entsprechende Bildung und Möglichkeiten zu ihrer Umsetzung beitragen.

# 9 Literatur

Ahnert, L. (2007). Von der Mutter-Kind- zur Erzieherinnen-Kind-Bindung? In F. Becker-Stoll & M.R. Textor (Hrsg.), *Die Erzieherin-Kind-Beziehung* (S. 31–41). Berlin: Cornelsen-Scriptor.

Ahnert, L. (2010). *Wieviel Mutter braucht ein Kind?* Heidelberg: Spektrum.

Ahnert, L. & Gappa, M. (2010). Bindung und Beziehungsgestaltung in öffentlicher Kleinkindbetreuung. In H.R. Leu & A. von Behr (Hrsg.), *Forschung und Praxis der Frühpädagogik* (S. 109–120). München: Reinhardt.

Atkinson, L., Niccols, A., Paglia, A. u.a. (2000). A meta-analysis of time between maternal sensitivity and attachment assessments: Implications for internal working models in infancy/toddlerhood, *Journal of Social and Personal Relationships 17*(6), 791–810.

Becker-Stoll, F., Niesel, R. & Wertfein, M. (2010). *Handbuch Kinder in den ersten drei Lebensjahren* (3. Aufl.). Freiburg/B.: Herder.

Beelmann, W. (2006). *Normative Übergänge im Kindesalter.* Hamburg: Dr. Kovač.

Beller, K. (2002). Eingewöhnung in die Krippe, *Frühe Kindheit 5*(2), 9–14.

Bensel, J. (2010). Von der Familie in die Krippe, *TPS*, 3, 16–19.

Bertelsmann Stiftung (2007). *Von der Kita in die Schule. Handlungsempfehlungen an Politik, Träger und Einrichtungen.* Gütersloh: Verlag Bertelsmann Stiftung.

Booth, C.L., Kelly, J.F., Spieker, S.J. u.a. (2003). Toddlers' attachment security to child care providers: The Safe and Secure Scale, *Early Education & Development 14*(1), 83–100.

Bronfenbrenner, U. (1989). *Die Ökologie der menschlichen Entwicklung.* Frankfurt/M.: Fischer.

Clark, A. & Moss, P. (2001). *Listening to young children: The mosaic approach.* London: National Children's Bureau.

de Wolff, M.S. & van IJzendoorn, M.H. (1997). Sensitivity and attachment. A meta-analysis on parental antecedents of infant attachment, *Child Development 68*(4), 571–591.

Faust, G. (2010). Kindergarten oder Schule? Der Blick der Grundschule. In A. Diller, H.R. Leu & T. Rauschenbach (Hrsg.), *Wie viel Schule verträgt der Kindergarten?* (S. 43–62). München: DJI-Verlag.

Filipp, H.-S. (1995). Ein allgemeines Modell für die Analyse kritischer Lebensereignisse. In H.S. Filipp (Hrsg.), *Kritische Lebensereignisse* (3. Aufl.) (S. 3–52). Weinheim: Beltz.

Fröhlich-Gildhoff, K. & Viernickel, S. (2010). Die Arbeit mit Kindern unter drei Jahren in akademischen und fachschulischen Ausbildungsgängen. In F. Becker-Stoll, J. Berkic & B. Kalicki (Hrsg.), *Bildungsqualität für Kinder in den ersten drei Jahren* (S. 106–127). Berlin: Cornelsen Scriptor.

Griebel, W. (2012). Transitionen. In K. Horn, H. Kemnitz, W. Marotzki, & U. Sandfuchs, U. (Hrsg.), *Klinkhardt Lexikon der Erziehungswissenschaft.* Bd. 3 (S. 322). Stuttgart/Bad Heilbrunn: Klinkhardt.

Griebel, W. & Niesel, R. (2011). *Übergänge verstehen und begleiten.* Berlin: Cornelsen Scriptor.

Griebel, W., Hartmann, R. & Thomsen, P. (2010). Gelingende Praxis der Eingewöhnung in die Kinderkrippe – eine Entwicklung auch für die Eltern. In F. Becker-Stoll, J. Berkic & B. Kalicki (Hrsg.), *Bildungsqualität für Kinder in den ersten drei Jahren* (S. 170–179). Berlin: Cornelsen Scriptor.

Grossmann, K. & Grossmann, K. (Hrsg.). (2011). *Bindung und menschliche Entwicklung.* (3. Aufl.) Stuttgart: Klett-Cotta.

Haefele, B. & Wolf-Filsinger, M. (1994). *Aller Kindergarten-Anfang ist schwer.* (5. Aufl.). München: Don Bosco.

Hasselhorn, M., v. Goldammer, A. & Weber, A. (2008). Belohnungsaufschub als volitionale Kompetenz: Ein relevanter Bereich für die Schuleingangsdiagnostik?, *Psychologie in Erziehung und Unterricht 55*(2), 123–131.

Havighurst, R.J. (1982). *Developmental tasks and education*. New York: Longman.

Herwartz-Emden, L. (2008). Interkulturelle und geschlechtergerechte Pädagogik für Kinder im Alter von 6 bis 16 Jahren. Expertise für die Enquêtekommission des Landtages von Nordrhein-Westfalen: „Chancen für Kinder". Download am 9.09.2009 von http://www.landtag.nrw.de

Kammermeyer, G. (2010). Persönlichkeitsentwicklung und Leistungsförderung als gemeinsame Aufgaben von Kindergarten und Grundschule. In A. Diller, H.R. Leu & T. Rauschenbach (Hrsg.), *Wie viel Schule verträgt der Kindergarten?* (S. 153–180) München: DJI-Verlag.

Krajewski, K. & Schneider, W. (2006). Mathematische Vorläuferfertigkeiten im Vorschulalter und ihre Vorhersagekraft für die Mathematikleistungen bis zum Ende der Grundschulzeit, *Psychologie in Erziehung und Unterricht 53*(4), 246–262.

Küspert, P. & Schneider, W. (2008). *Hören, lauschen, lernen*. (6. Aufl.). Göttingen: Vandenhoeck & Ruprecht.

Laewen, H.J. (1989). Zur außerfamiliären Tagesbetreuung von Kindern unter drei Jahren, *Zeitschrift für Pädagogik 35*(6), 869–888.

Laewen, H.J., Andres, B. & Hédervári, E. (2000). *Ohne Eltern geht es nicht* (3. Aufl.). Weinheim: Beltz.

Lazarus, R.S. (1995). Stress und Stressbewältigung – ein Paradigma. In H.S. Filipp (Hrsg.), *Kritische Lebensereignisse* (3. Aufl.) (S. 198–232). Weinheim: Beltz.

Niesel, R. (2009). Endlich ein Schulkind? Identitätsentwicklung und Migration am Beginn der Bildungsbiographie. In H. Knauf (Hrsg.), *Frühe Kindheit gestalten* (S. 75–88). Stuttgart: Kohlhammer.

Niesel, R. & Griebel, W. (2000). *Start in den Kindergarten*. München: Don Bosco.

Niesel, R. & Griebel, W. (2010). Transitionen. In R. Pousset (Hrsg.), *Handwörterbuch für Erzieherinnen und Erzieher* (2. Aufl.) (S. 447–450). Berlin: Cornelsen Scriptor.

Petillon, H. (1993). *Das Sozialleben des Schulanfängers*. Weinheim: Beltz.

Reichert-Garschhammer, E. & Kieferle, C. (Hrsg.). (2011). *Sprachliche Bildung in Kindertageseinrichtungen*. Freiburg/Br.: Herder.

Şikcan, S. (2008). Zusammenarbeit mit Eltern: Respekt für jedes Kind – Respekt für jede Familie. In P. Wagner (Hrsg.), *Handbuch Kinderwelten* (S. 184–202). Freiburg/B.: Herder.

Strauss, A. & Corbin, J. (1996). *Grounded Theory: Grundlagen qualitativer Sozialforschung*. Weinheim: PVU.

Tietze, W. & Viernickel, S. (Hrsg.). (2003). *Pädagogische Qualität in Tageseinrichtungen für Kinder*. Weinheim: Beltz.

Waters, E. & Sroufe L.A. (1983). Social competence as a developmental construct, *Developmental Review*, 3, 79–97.

Welzer, H. (1993). *Transitionen*. Tübingen: edition discord.

Winner, A. & Erndt-Doll, E. (2009). *Anfang gut? Alles besser!* Weimar: das netz.

Zentner, M.R. (2008). Der Einfluss des Temperamentes auf das Bindungsverhalten. In L. Ahnert (Hrsg.), *Frühe Bindung* (2. Aufl.) (S. 175–197). München: Reinhardt.

# Professionalisierung im Frühbereich in der Schweiz

Carine Burkhardt Bossi und Claudio Zingg

## 1 Einleitung

Der Bedarf an frühkindlichen Bildungs- und Betreuungseinrichtungen in der Schweiz ist unbestritten. In der politischen Diskussion ist jedoch umstritten, wie weit die Professionalisierung im Bereich der frühkindlichen Bildung und Erziehung gehen soll. Einige Akteure sind der Ansicht, dass eine kostengünstige und möglichst flächendeckende Variante ohne vertiefte Professionalisierung des Personals die richtige Antwort auf die aktuell hohe Nachfrage ist. Sie argumentieren, dass für die Erbringung dieser Leistung die Erfahrung in der Familienarbeit als Qualifikation reiche. Beispielsweise meint Nationalrat Otto Ineichen (zit. nach Pomper, 2011):„Ich sehe nicht ein, warum eine Bauernfrau, die sieben Kinder aufgezogen hat, nicht fähig sein soll, auf ihrem Hof eine Krippe zu leiten. Dazu braucht es Herzblut und kein Unidiplom". In dieser professionskritischen Haltung treffen und stützen sich laut Rabe-Kleberg (1996) patriarchale, ökonomische und sozialstaatliche Interessen, welche die meist weibliche (Berufs-) Arbeit unangemessen wertschätzen. Laut Stamm (2009) ist es notwendig, die aktuelle Ausbildungssituation und -qualität unter dem Aspekt der Professionalisierung zu diskutieren. Dabei stellt sich die Frage, ob die Qualität und Anerkennung durch eine zunehmende Ausbildung auf Tertiärniveau insgesamt gesteigert werden.

## 2      Entwicklung von Einrichtungen frühkindlicher Bildung und Betreuung

Die Schweiz ist bezüglich der Abdeckung mit Einrichtungen frühkindlicher Bildung und Betreuung noch wenig entwickelt[1]. Mit 0,25 % sind die öffentlichen Ausgaben für Kinderbetreuung und vorschulische Bildung weit unter dem Durchschnitt der OECD-Länder von etwas mehr als 0,6 % des BIP (vgl. Schweizerische Wissenschafts- und Technologierat SWTR[2], 2011, S. 20).

Der Titel in der ‚Neuen Zürcher Zeitung‘ vom 22.10.2011, der wie folgt lautete: „Statt die Krippe lieber die Nachbarn – Kleine Gemeinden tun sich schwer mit der Umsetzung des Gegenvorschlags zur Initiative *Kinderbetreuung Ja*", betont eine vor allem in ländlichen Gegenden stark verankerte schweizerische Grundhaltung, welche die Verantwortung für die Kinderbetreuung bei der Familie oder dem nächsten Umfeld sieht. Dies zeigt sich auch darin, dass 2007 etwa 60 % der Haushalte mit Kindern angaben, dass Verwandte oder in viel geringerem Masse Bekannte und Nachbarn für die vorschulische familienergänzende Betreuung eingesetzt werden (vgl. Stamm, 2009, S. 38).

Der Schweizerischer Wissenschafts- und Technologierat (SWTR) hat 2011 in seinen Empfehlungen zur Förderung von Bildung, Forschung und Innovation explizit die Stärkung im Bereich frühkindliche Förderung herausgehoben. Nur so sei es möglich die Chancengleichheit und eine bessere Ausschöpfung des Potenzials durch Verringerung der soziokulturellen Selektivität des Bildungssystems zu erreichen. Daraus leitet der SWTR folgende Empfehlungen ab: „Um die Bildungsbeteiligung in der Schweiz zu erhöhen, sollen Bund und Kantone ein umfassendes Entwicklungs- und Bildungskonzept ausarbeiten, das auch den Frühbereich berücksichtigt. Auf der frühkindlichen Stufe (ein- bis dreijährige Kinder) sollen Betreuungsstätten ausgebaut und qualifiziertes Betreuungspersonal in genügender Zahl verfügbar werden" (Schweizerische Wissenschafts- und Technologierat SWTR, 2011, S. 21).

Damit stellt sich auch zunehmend die Frage der Professionalisierung. Die Aussage des SWTR wurde erst auf dem Hintergrund einer veränderten Sichtweise in Gesellschaft und Politik möglich, die seit Beginn des Jahrtausends eingeleitet wurde. Der langjährige politische Dissens über die Notwendigkeit von Einrichtungen frühkindlicher Bildung und Betreuung wurde seither aufgeweicht. Die Trendwende basiert wahrscheinlich auf dem stärkeren Zusammenspiel von pädagogischer, gesellschaftspolitischer und ökonomischer Argumentation. Sowohl die ökonomische wie auch pädagogische Argumentation, dass frühe Förderung den Betroffenen und damit auch dem Staat mehr Einkommen und weniger Reparaturaufwand verschafft, als auch die gesellschaftspolitische, wonach

---

1   Die folgenden Ausführungen beziehen sich auf den vorschulischen Bereich der Altersgruppe der 0- bis 4- bzw. 5-Jährigen. In vielen Schweizer Kantonen gehört der Kindergarten unterdessen zur obligatorischen Schulzeit.

2   Der Schweizerische Wissenschafts- und Technologierat (SWTR) ist das Konsultativorgan des schweizerischen Bundesrates (Exekutive) in allen Fragen der Wissenschaftspolitik.

die bessere Beteiligung der Frauen die dringend notwendigen Fachpersonen im Arbeitsprozess hält und damit Mehrwert schafft, wurden in der politischen Diskussion nach und nach angenommen (vgl. Stamm, 2010, S. 217f.). Ein wichtiger Meilenstein war der Bericht zum volkswirtschaftlichen Nutzen von Kindertagesstätten, der im Auftrag des Sozialdepartements der Stadt Zürich erstellt wurde (vgl. Müller Kucera, 2001). Die Aussage: „Jeder Franken bringt vier Franken an die Gesellschaft zurück" war ein wichtiges Argument, den Ausbau der Einrichtungen frühkindlicher Bildung voranzutreiben (Stadt Zürich, 2001). Untersuchungen mit ähnlichen Ergebnissen wurden im gleichen Zeitraum für die Region Bern und die französischsprechende Schweiz vorgelegt (vgl. Stamm, 2010, S. 219ff.).

Mit dem nach dem Jahr 2000 zunehmenden Engagement von grossen schweizerischen Stiftungen für die Belange der frühen Kindheit erhielt dieser Trend sowohl in der gesellschaftspolitischen Wahrnehmung als auch auf der Ausbildungs- und Forschungsebene zunehmende Aufmerksamkeit (vgl. Stamm, 2010, S. 52). Eine wichtige Rolle spielte auch das bereits 1957 gegründete Marie Meierhofer Institut für das Kind in Zürich. Als Ausbildungs-, Weiterbildungs- und Forschungsinstitut mit hohem Ansehen und langjähriger Tradition spielte das Institut die Rolle eines Katalysators und Verstärkers in der politischen Verständigung. Im Jahre 2006 begannen sich dann verschiedene Akteure im „Netzwerk Kinderbetreuung" zu organisieren (vgl. netzwerk-kinderbetreuung.ch). Damit erhielt das Thema national eine stärkere Lobby oder *Institutionalisierung*", wie es Kornbeck (2000) bezeichnen würde (vgl. Kapitel 2).

Auf nationaler Ebene war das Bundesgesetz vom 4. Oktober 2002 über Finanzhilfen für familienergänzende Kinderbetreuung (vgl. Schweizerische Eidgenossenschaft, 2002) ein entscheidender Schritt. Mit der damit ermöglichten Anschubfinanzierung sollte die familienergänzende Betreuung massiv gestärkt werden. Die Anschubfinanzierung wurde bezüglich Nachhaltigkeit der direkt geförderten Betreuungsplätze positiv evaluiert. Hingegen konnte eine Impulswirkung auf das Handeln von Kantonen und Gemeinden nur punktuell nachgewiesen werden. Die Autorin und der Autor dieses Beitrages vermuten jedoch einen Sensibilisierungseffekt in Bezug auf familienergänzende Kinderbetreuung (vgl. Evaluation Anstossfinanzierung Nachhaltigkeit und Impulseffekte der Finanzhilfen für Familienergänzende Kinderbetreuung Schlussbericht, 2010, S. 105). Begründet wird die Massnahme mit der Ermöglichung einer besseren Vereinbarkeit von Familie und Beruf. Trotz dieser Anschubfinanzierung und der Schaffung von 23.000 neuen Betreuungsplätzen bleibt der Versorgungsgrad in der Schweiz immer noch relativ tief. Zudem sind die Unterschiede zwischen den Kantonen und zwischen Stadt und Land bei den Einrichtungen im Vorschulbereich erheblich. Der Versorgungsgrad der relativ gut versorgten Kantone mit 17,6 % (Kanton Zug) und 16,7 % (Kanton Zürich 2010) ist im europäischen Kontext gering (Stamm, 2010, S. 25). Dagegen hat z.B. der Kanton St. Gallen einen Versorgungsgrad von 5 % (Simon & Zogg, 2011). Im Durchschnitt besuchten 2010 3 % der 3 jährigen Schweizer Kinder eine Einrichtung frühkindlicher Bildung und Erziehung (OECD Durchschnitt: 79 %). Bei den 4-Jährigen besuchten in diesem Zeitraum 41 % der Schweizer Kinder eine solche Einrichtung (OECD Durchschnitt: 81 %) (vgl. OECD 2012, 345).

## 3        Betreuung ohne Bildung?

Während in den letzten Jahren bezüglich der Zahl der Einrichtungen verhältnismässig grosse Fortschritte gemacht wurden, wird die inhaltliche Diskussion vor allem um die Frage von Bildungsplänen in der frühkindlichen Bildung und Erziehung nach wie vor sehr kontrovers geführt. Es ist nicht anzunehmen, dass der politische Diskurs hier bald zu einer Einigung führen wird. Mit einem Grundlagenpapier hat das ‚Netzwerk Kinderbetreuung' die Frage um die Einführung von Bildungsplänen in der Schweiz lanciert und vorangetrieben (vgl. Netzwerk Kinderbetreuung Schweiz, 2010). Seit Mai 2012 ist nun der Orientierungsrahmen für frühkindliche Bildung, Betreuung und Erziehung in der Schweiz veröffentlicht. Dieser wurde im Auftrag der schweizerischen Unesco-Kommission und des Netzwerks Kinderbetreuung Schweiz vom Marie Meierhofer Institut für das Kind in Zürich entworfen. Der Orientierungsrahmen wird als Arbeitsinstrument zur Anwendung und Erprobung verstanden und soll als Diskussionsgrundlage für Praxis, Ausbildung und Wissenschaft sowie für die interessierte Öffentlichkeit zur Verfügung stehen. Alle inhaltlichen Empfehlungen bauen auf dem aktuellen Wissensstand der Forschung auf (vgl. Orientierungsrahmen für frühkindliche Bildung, Betreuung und Erziehung in der Schweiz, 2012). Die Stadt Zürich mit einem Versorgungsgrad von rund 33 %, ist im Moment daran, in einem Projekt die Bildungsorientierung in KiTaS aufzubauen (vgl. Stadt Zürich, 2011). Obwohl der Orientierungsrahmen keinen verbindlichen Charakter für die Arbeit in den frühkindlichen Bildungseinrichtungen hat, ist anzunehmen, dass diese Empfehlungen eine Wirkung auf die Qualifizierungsmassnahmen der Fachkräfte erzeugen wird.

### 3.1     Betreuungsformen

Im Bereich der frühen Kindheit kann zwischen formell institutionalisierter und informell familienergänzender Betreuung unterschieden werden (Stamm, 2010, S. 93). Zu den formell institutionalisierten Einrichtungen gehören Kinderkrippen, Kindertagesstätten und teilweise Tagesfamilien und Spielgruppen. Die ursprünglich in der Schweiz verwendete Bezeichnung *Kinderkrippe* wird immer mehr durch die aus Deutschland stammende Bezeichnung *Kindertagesstätte* (KiTa) ersetzt. Die beiden Begriffe bezeichnen das gleiche bewilligungspflichtige Angebot für mehr als fünf Betreuungsplätze für null bis vier- bzw. fünfjährige Kinder mit einer Öffnungszeit von mindestens 225 Betriebstagen pro Jahr und mindestens 9 Stunden Öffnungszeit pro Tag. Viele Kinder bzw. Eltern nutzen das Angebot teilzeitlich.

An der Grenze von formellem und informellem Bereich befinden sich die Spielgruppen, ‚Chrabelgruppen' und die Tagesfamilien. Auf private Initiative hin ist ein relativ grosses Netz von Spielgruppen für Kinder ab 3 Jahren bis zum Kindergarteneintritt entstanden. Die Kinder besuchen dieses Angebot flexibel zwischen ein- bis dreimal pro Woche während jeweils etwa drei Stunden. Für die Führung einer Spielgruppe brauchte es bisher keine Bewilligung. Nur in seltenen Fällen wird das Angebot von Kommunen und Kirchen finanziell unterstützt.

In Tagesfamilien werden Kinder vom Säuglingsalter bis zum Eintritt in die Schule und während dem Schulalter betreut. Bewilligungspflichtig ist die Betreuung eines Kindes auswärts, wenn gleichzeitig mehr als 5 Kinder unter 12 Jahren für mindestens 2,5 Tage/Woche betreut werden oder ab dreimonatigen (auch unentgeltlichen) und längeren Tagespflegeverhältnissen (Pflege und Erziehung).

Zum informellen Bereich gehören Babysitter, Nannies und vor allem auch familiäre und nachbarschaftliche Netzwerke (inkl. Betreuungssharing). Durch die geringe Dichte von Kindertagesstätten und die relativ grosse Anzahl von teilzeitlich arbeitenden Eltern[3] haben, wie weiter oben erwähnt, vor allem die nicht formellen nachbarschaftlichen und familiären Netzwerke in der Schweiz einen grossen Stellenwert (vgl. auch Stamm, 2010, S. 92ff.).

Entscheidend für die quantitative und qualitative Entwicklung ist die Regelung der Bewilligungspflicht in der ‚Verordnung über die Aufnahme von Kindern zur Pflege und zur Adoption (PAVO)' (vgl. Schweizerische Eidgenossenschaft, 1977). Da die Regelung nicht mehr den heutigen Anforderungen entspricht, versuchten die nationalen Behörden eine neue ‚Verordnung über die ausserfamiliäre Betreuung von Kindern (Kinderbetreuungsverordnung, KiBeV)' zu erlassen. Der Dissens der verschiedenen Einflussgruppen bezüglich Regelungsdichte und Anspruch an die Professionalisierung war jedoch derart gross, dass nach fünf Jahren Auseinandersetzung und zwei Verordnungsentwürfen im Jahre 2011 der politische Entscheidungsprozess mit einer Teillösung für das Adoptionsrecht abgebrochen wurde. Nun wird versucht über ein neues Gesetz eine Lösung zu finden (vgl. Schweizerische Eidgenossenschaft, 2011).

## 4    Auf dem Weg zur Professionalisierung

Professionalisierungsmassnahmen haben u.a. zum Ziel eine angemessene kompetenzorientierte Aus- und Weiterbildung für Fachpersonen der frühkindlichen Bildung und Erziehung aufzubauen, um den vielfältigen Anforderungen im beruflichen Alltag angemessen begegnen zu können. Der Ruf nach Professionalisierung erweckt auch den Eindruck, dass die bisherige Praxis der Berufsgruppe ungenügend sei, was zu Abwehrreflexen führen kann. In der Schweizer Presse sind die Befürchtungen der überhöhten Erwartungen beispielsweise in einer tertiären Ausbildung, welche als nicht notwendig betrachtet wird, spürbar.

---

3  Die Schweiz hat mit 61 % eine vergleichsweise hohe Frauenarbeitsquote. Jedoch gehen 58 % dieser erwerbstätigen Frauen nur einer Teilzeitarbeit nach. Vor allem im Alter von 30 bis 44 Jahre ist die Erwerbsquote der Frauen deutlich niedriger als die der Männer. Generell ist in der Schweiz die Teilzeitarbeit seit 1991 gestiegen. Dies gilt auch für die Männer. Allerdings liegt hier der Anteil nur bei 14 % (vgl. Bundesamt für Statistik, 2010).

Zur Analyse der Professionalisierung der Fachpersonen der frühkindlichen Bildung und Entwicklung in der Schweiz wird an dieser Stelle das Modell von Kornbeck (2000) herangezogen. Es beinhaltet drei parallele Transformationsprozesse (Institutionalisierung, Kommodifizierung, Verwissenschaftlichung) und drei Stufen (Vereinigung, Lizenzierung, Monopolisierung).

Unter ‚Institutionalisierung' versteht Kornbeck die Anerkennung eines Berufes. Mit der Einführung des Berufs ‚Fachfrau / Fachmann Betreuung' wurde diesbezüglich eine wichtige Hürde genommen. Die Notwendigkeit qualitativ hoher Betreuung und Bildung in der frühen Kindheit als Schlüsselfaktor für die Bildungsfähigkeit, besonders auch für benachteiligte Kinder, ist erkannt. Beispielsweise verfolgt die Schweizerische UNESCO-Kommission, neben dem ZeFF (= Zentrum für Frühkindliche Bildung der Universität Fribourg) und dem Kompetenznetzwerk Frühe Kindheit[4], das Ziel frühkindliche Bildung und deren Qualität nachhaltig in Gesellschaft, Politik und Wissenschaft zu verankern. Ebenso fördern diese Initiativen den Aufbau eines interdisziplinären Netzwerkes mit Partnern aus Forschung und Praxis sowie Politik und der öffentlichen Hand (vgl. Stamm et. al., 2009).

‚Kommodifizierung' beinhaltet gemäss Kornbeck (2000), dass für die geleistete Arbeit ein Lohn bezahlt wird. Die Profession im Bereich der frühen Bildung ist historisch meist aus unbezahlter Haus- und Familienarbeit hervorgegangen. Die Kinderbetreuung verlagert sich auch in der Schweiz immer mehr von der individuell-privaten Ebene zur Ebene der (Erwerbs-)Arbeit und somit vom Laien zur Fachperson. Zudem verändern sich Institutionen der frühkindlichen Bildung in der Schweiz mehr und mehr von der Betreuungsinstitution zu Lern- und Lebensorten der Kinder. Für die Professionalisierungsentwicklung ist es wesentlich, dass sich die Fachpersonen gegenüber den Laien als überzeugende ‚Problemlöser' präsentieren, indem Sie über ein umfassendes Wissen in ihrem Arbeitsgebiet verfügen, welches ihnen effektives Handeln ermöglicht.

Der Begriff 'Verwissenschaftlichung' von Kornbeck sollte in diesem Zusammenhang eher mit 'Wissenschaftsorientierung' ersetzt werden. 'Wissenschaftsorientierung' ist meist ein letzter Schritt im Transformationsprozess auf dem Weg zur Professionalisierung. Damit wird der Prozess der Vertiefung der fachlichen Ausbildung von der Berufsausbildung hin zum Studium auf Tertiärniveau beschrieben. Teil dieses Prozesses ist der Aufbau eines wissenschaftlichen und forschungsbasierten Fachwissens. In der Schweiz wird für gewisse Spezialisierungen die Aneignung von wissenschaftlichem Fachwissen durchaus befürwortet. Es wird jedoch keine generelle Verlagerung der Berufslehre zum Studium angestrebt. Die Professionalisierungsangebote zielen auf eine kompetenzorientierte Aus- und Weiterbildung für Fachpersonen der frühkindlichen Bildung und Erziehung, um eine qualitativ hochwertige Kleinkinderbetreuung und Bildung zu ermög-

---

4   Die Universität Konstanz und die Pädagogische Hochschule Thurgau bilden mit weiteren spezialisierten Institutionen und Organisationen ein Netzwerk eng verknüpft mit dem Masterstudiengang Frühe Kindheit und bauen Brücken zwischen Wissenschaft und Praxis www. fruehekindheit.ch.

lichen. Der Schwerpunkt in der Tertiärausbildung liegt bei den höheren Fachschulen (Tertiärstufe B) mit den Ausbildungen zur Kindererzieherin HF / zum Kindererzieher HF. Nur für spezifische und besonders spezialisierte Funktionen im Bereich Frühe Kindheit wird eine wissenschaftliche Ausbildung auf Stufe Hochschule angestrebt.

Die vorangehenden drei Prozessschritte auf dem Weg zur Professionalisierung werden im Modell von Kornbeck (2000) von drei Stufen überlagert: ‚Vereinigung', ‚Lizenzierung', ‚Monopolisierung'. Bei weniger regulierten Berufen gestaltet sich die Bildung von ‚Vereinigungen' tendenziell eher langsam. Auf der Stufe Vereinigung spielen die Institutionen, in denen die Fachfrauen und Fachmänner der frühkindlichen Bildung arbeiten, eine wichtige Rolle, um von der Öffentlichkeit als zuständig für diesen Bereich anerkannt zu werden. Hier spielen in der Schweiz der Verband Kindertagesstätten Schweiz (KiTaS) und der Verband SAVOIRSOCIAL eine massgebliche Rolle (vgl. Kapitel 3.1).

Mit ‚Lizenzierung' wird die Anerkennung und Schutz des Berufstitels verstanden. Diese erfolgte in der Schweiz durch den Erlass der Verordnung über die berufliche Grundbildung zur Fachfrau/zum Fachmann Betreuung vom 16. Juni 2005 mit Anpassungen vom 2. Dezember 2010 (vgl. BBT, 2005). Die dritte Stufe, die ‚Monopolisierung' des Tätigkeitsfeldes würde bedeuten, dass die Personen der frühkindlichen Bildung einen (staatlich) anerkannten Titel hätten, welcher bewirken würde, dass dieses bestimmte Tätigkeitsfeld nur diesem einen Beruf vorbehalten wäre (vgl. Kornbeck, 2000). Dieser Stand der Professionalisierung wurde in der Schweiz bisher nicht angestrebt.

## 4.1 Ausbildung und Weiterbildung der Fachpersonen für frühkindliche Bildungseinrichtungen

Laut Berufsbildungsgesetz (Art. 1) ist in der Schweiz die Berufsbildung eine gemeinsame Aufgabe von Bund, Kantonen und Organisationen der Arbeitswelt. Die Organisationen der Arbeitswelt vertreten die Anliegen der Lehrbetriebe. Unter Organisationen der Arbeitswelt werden einzelne Sozialpartner, Berufsverbände, Arbeitgeber- und Arbeitnehmer-Organisationen sowie Anbieter der Berufsbildung verstanden. Gleichzeitig gibt es auch übergeordnete Vereinigungen dieser unterschiedlichen Akteure. Im Berufsfeld «Soziales» haben sich verschiedene kantonale Rechtskörperschaften der Organisationen der Arbeitswelt etabliert. Die im Dezember 2004 gegründete Schweizerische Dachorganisation der Arbeitswelt Soziales SAVOIRSOCIAL übernimmt eine zentrale und steuernde Rolle bei der Gestaltung und Weiterentwicklung der Berufsbildung im Sozialbereich auf nationaler Ebene. Ebenfalls vertritt sie die Interessen ihrer Mitglieder und setzt sich für die Anerkennung und Wertschätzung der sozialen Berufe in der Schweiz ein. Sowohl SAVOIRSOCIAL wie auch der Verband Kindertagesstätten Schweiz (KiTaS) haben für den Bereich der Kinderbetreuung Ausbildungskonzepte entwickelt.

Der Beruf ‚Fachfrau/ Fachmann Betreuung' kann je nach Interesse in den drei Bereichen Behinderten-, Betagten- oder Kinderbetreuung erlernt werden. Diese Berufslehre ist dem Berufsfeld ‚Soziales' zugeordnet. Die berufliche Grundbildung dauert in der Regel 3

Jahre und wird mit einem eidgenössischen Fähigkeitszeugnis (EFZ) mit dem Titel ‚Fachfrau Betreuung EFZ/Fachmann Betreuung EFZ' abgeschlossen. Es ist möglich die Ausbildung fachrichtungsspezifisch oder generalistisch zu absolvieren. Im fachrichtungsspezifischen Ausbildungsmodell wird die praktische Ausbildung ausschliesslich in der Kinderbetreuung vollzogen. Im generalistischen Ausbildungsmodell erfolgt die praktische Ausbildung in allen drei genannten Fachrichtungen. Die berufliche Grundbildung findet für die Lernenden an drei unterschiedlichen Lernorten statt – Lehrbetrieb, Berufsfachschule und in den überbetrieblichen Kursen, welche von der Organisation der Arbeitswelt organisiert und durchgeführt werden. Themen der Ausbildung sind: Begleiten und Betreuen im Alltag, Alltagsgestaltung, Kommunikation, Gesprächsführung, professionelle Gestaltung von Beziehungen, Entwicklungsphasen des Menschen, Berufsrolle, Entwicklung sozialer Berufe, Sozialversicherungen etc. (vgl. SAVOIRSOCIAL – Schweizerische Dachorganisation der Arbeitswelt Soziales).

Das Personal in deutschschweizerischen Kindertagesstätten setzt sich jedoch nur zu einem Teil aus ausgebildeten Personen zusammen. Lernende und ungeschultes Personal (meist Praktikantinnen und Praktikanten) machen noch einen grossen Anteil aus. Weniger als 50 % der in einer Kindertagesstätte in der Deutschschweiz tätigen Personen verfügen über einen tertiären, einschlägigen Bildungsabschluss. Wobei in der französischsprachigen Schweiz etwa 50 % eine tertiäre Ausbildung (Bachelor einer Fachhochschule) mitbringen (gem. UNICEF, 2008; zit. nach Muheim & Reinwand, 2010).

## 5      Entwicklung von Lehre und Forschung auf Hochschulebene

Die Aus- und Weiterbildung sowie Forschung im Bereich frühkindliche Bildung und Erziehung auf Hochschulniveau – der Transformationsprozess ‚Verwissenschaftlichung' gemäss dem Modell von Kornbeck (2000) – steht in der Schweiz am Anfang (vgl. Abbildung 1). Der duale Bildungsweg von Berufslehre und Berufsschule und Ausbildungen höherer Fachschulen wird auch über die nächsten Jahre hinweg der Regelweg zum Einstieg in die berufliche Tätigkeit im Bereich frühkindliche Bildung und Betreuung bleiben (vgl. Stamm, 2009, S. 49ff). Dies ist vor allem mit dem hohen Niveau und der gut ausgestalteten Berufsbildung in der Schweiz zu erklären.

Die Ausbildung und Weiterbildung auf Hochschulniveau wird als Spezialisierungsschritt für eine kleine Population gesehen, ist aber ein weiterer wichtiger Schritt in Richtung Professionalisierung des Berufsfeldes. Der grosse Nachholbedarf an Personal im Bereich frühkindliche Bildung und Erziehung erfordert zukünftig auch mehr gut ausgebildete Dozierende für die Aus- und Weiterbildung des Personals und Forschende. Zudem werden Expertinnen und Experten für den Aufbau und die Sicherung der Qualität von grösseren Entwicklungsprojekten gefragt sein.

Während das Bundesamt für Berufsbildung und Technologie (BBT) sowie Branchenorganisationen diese Professionalisierung zumindest bis auf Niveau höhere Fachschulen unterstützen, gibt es in der Deutschschweiz politische Lager, die dieser Entwicklung sehr kritisch gegenüber stehen und ausschliesslich einen quantitativen Ausbau befürworten (vgl. Roth 2012, 26).

**Durchlässigkeit im Bildungssystem**

| Höhere Berufsbildung | | Hochschulen | | |
|---|---|---|---|---|

Tertiärstufe

| Höhere Fachprüfung (eidg. Diplom) Dipl. Institutionsleiter/in | | Fachhoch-schulen FH | Pädagogische Hochschulen PH M.A. of Arts Frühe Kindheit oder in Special Needs Education | Universitäten ETH M.A. of Science in Education |
|---|---|---|---|---|
| | Höhere Fachschulen HF Dipl. Kindererzieher/in | | | |
| Berufsprüfung (eidg. Fachausweis) Teamleiter/in | | | | |

Sekundarstufe II

| | Berufsmaturität | Fachmaturität | Gymnasiale Maturität |
|---|---|---|---|
| Eid. Berufsattest | Eid. Fähigkeitszeugnis Fachfrau/-mann Betreuung | Fachmittel-schule z.B. Soziale Arbeit | Mittelschule |

Berufliche Grundbildung                    Allgemein bildende Schulen

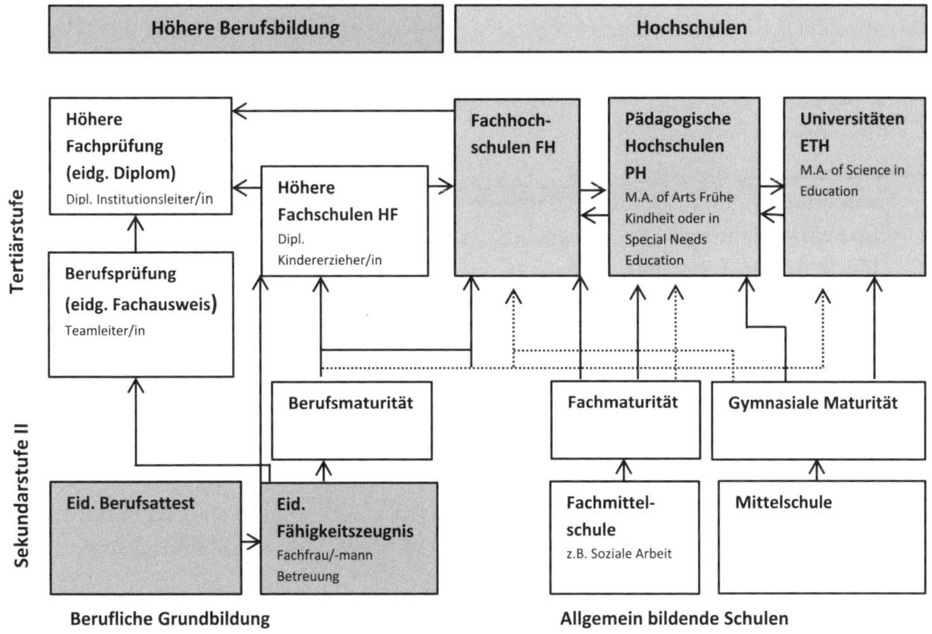

**Abbildung 1** Durchlässigkeit im Bildungssystem (adaptiert nach SAVOIRSOCIAL 2012)

Die verhältnismässig grosse Durchlässigkeit des schweizerischen Bildungssystems (vgl. Abbildung 1) an der Schnittstelle von Sekundarstufe II und Hochschulsystem wird in den nächsten Jahren auch im Bereich frühkindlicher Bildung und Erziehung zu einer Zunahme höherer Abschlüsse führen. Eine wichtige Rolle spielen dabei die nach 2000 entstandenen Fachhochschulen und Pädagogischen Hochschulen. Die Einführung dieser beiden Hochschultypen hat zu einer starken Ausweitung der Studierenden im Tertiär A Bereich geführt (vgl. OECD 2012, 38). Auf tertiärem Niveau sind neben den Angeboten an Höheren Fachschulen nach 2009 folgende Masterstudiengänge auf Tertiärniveau A im Bereich frühkindlicher Bildung und Erziehung entstanden (vgl. Burkhardt & Koch, 2012):

- **Masterstudiengang ‚Frühkindliche Bildung und pädagogische Beratung' – Departement Erziehungswissenschaften der Universität Fribourg (CH)**
Seit 2009 bietet die Universität Fribourg den einzigen rein universitären Masterstudiengang in der Schweiz an. Der Studiengang ist auf eine Spezialisierung im Bereich frühkindliche Bildung, Betreuung und Erziehung ausgerichtet und fokussiert Kinder zwi-

schen 0 und 8 Jahren. Neben entwicklungspsychologischen, kognitionspsychologischen und neurowissenschaftlichen Erkenntnissen werden auch zentrale Sozialisationsinstanzen und institutionelle Kontexte thematisiert. Hervorgehoben wird auch der Erwerb umfassender Kompetenzen in der frühpädagogischen Forschung. Mögliche künftige Berufsfelder der Absolventinnen und Absolventen sind Forschung und Lehre an Hochschulen, selbstständige Tätigkeit in der Bildungsforschung und Bildungskonzeption, Bildungsmanagement und Bildungsinnovation. Der Studiengang schliesst mit einem ‚Master of Science in Education Frühkindliche Bildung und pädagogische Beratung' ab. Der erfolgreiche Abschluss berechtigt zur Promotion (vgl. Universität Freiburg – Departement Erziehungswissenschaften, 2011).

- **Masterstudiengang ‚Sonderpädagogik mit Vertiefungsrichtung Heilpädagogische Früherziehung' – Pädagogischen Hochschule der Fachhochschule Nordwestschweiz, Institut Spezielle Pädagogik und Psychologie, und Hochschule für Heilpädagogik Zürich**

Der Masterstudiengang Sonderpädagogik mit Vertiefungsrichtung Heilpädagogische Früherziehung wird seit dem Studienjahr 2009/2010 sowohl in Basel an der Pädagogischen Hochschule der Fachhochschule Nordwestschweiz Institut Spezielle Pädagogik und Psychologie als auch in Zürich an der Hochschule für Heilpädagogik Zürich angeboten. Heilpädagogische Früherzieherinnen und Früherzieher werden für spezielle, individualisierte Förderung im direkten familiären Umfeld, sowie entsprechende Familieninterventionen ausgebildet. Fachleute der HFE sind in ambulanten und stationären Frühberatungsdiensten tätig und können mit ihrem Kompetenzprofil auch beratende Funktionen in anderen Einrichtungen ausüben. Der Studiengang schliesst mit einem ‚Master of Arts Hochschule für Heilpädagogik in Special Needs Education' ab (vgl. HfH – Interkantonale Hochschule für Heilpädagogik Zürich, 2011).

- **Binationaler Masterstudiengang ‚Early Childhood Studies' – Pädagogische Hochschule St.Gallen (CH) und Pädagogische Hochschule Weingarten (D)**

Der seit 2010 angebotene Masterstudiengang ‚Early Childhood Studies' qualifiziert zur Expertise im Bereich der frühkindlichen Bildung von Kindern im Alter von 3 bis 10 Jahren. Der Schwerpunkt des Studiums liegt auf Modulen in Bildungswissenschaften, Forschung und Praxis. Der erfolgreiche Abschluss des Masterstudiengangs ‚Early Childhood Studies' befähigt zur Tätigkeit in den Bereichen Steuerung, Planung, Beratung, Forschung, Evaluation, Aus- und Weiterbildung in den Berufsfeldern der Elementar- und Primarbildung (vgl. Pädagogische Hochschule St. Gallen, 2011). Dieser konsekutive Masterstudiengang wird mit einem ‚Joint Degree' der beiden Hochschulen mit einem Master of Arts (M.A.) abgeschlossen. Die Absolventinnen und Absolventen dieses Studiengangs erwerben die Promotionsmöglichkeit.

- **Binationaler nicht-konsekutiver Masterstudiengang ‚Frühe Kindheit' – Pädagogische Hochschule Thurgau (CH) und Universität Konstanz (D)**

Der 2011 eröffnete interdisziplinäre Spezialisierungsmaster ‚Frühe Kindheit' ist ausgerichtet auf das Lebensalter 0 bis 5 Jährige und wird von den beiden Hochschulen in Zusammenarbeit mit dem Marie Meierhofer Institut für das Kind in Zürich und der Kinder- und Jugendpsychiatrie des Universitätsklinikums Ulm angeboten. Die Studierenden sollen ein hohes wissenschaftliches Wissen und Können und gleichzeitig praxisrelevante Kompetenzen mit folgenden Schwerpunkten entwickeln: Fachspezifische Forschungsmethoden und Diagnostik, Frühe Entwicklung sowie Förderungs- und Betreuungsansätze. Mögliche künftige Berufsfelder der Absolventinnen und Absolventen sind Lehraufgaben in der Aus- und Weiterbildung, Programm- und Konzeptentwicklung, Forschung sowie Institutions- und Politikberatung im Arbeitsgebiet der frühen Kindheit. Der Studiengang führt zum akademischen Grad Master of Arts (M.A.) beider Hochschulen (Joint Degree). Dieser Masterabschluss einer schweizerischen PH und einer deutschen Universität berechtigt zur Promotion.

- **Master der Pädagogik, spezialisiert auf die frühkindliche Bildung – Pädagogische Hochschule Waadt (CH) und Universität Genf (CH)**

Der ab Herbst 2012 neu startende Masterstudiengang, welcher auf die frühkindliche Bildung von Kindern im Alter von 0 bis 6 Jahren spezialisiert ist, wird von der Pädagogischen Hochschule Waadt in Lausanne und der Universität in Genf angeboten. Im Fokus dieses Masterlehrgangs steht neben den wissenschaftlichen Grundlagen der präventive Ansatz. Die Studierenden werden für eine individualisierte Förderung im direkten familiären Umfeld ausgebildet. Der Studiengang wird mit einem ‚Master of Science in Special Needs Education, Early Childhood Special Education' beider Hochschulen abgeschlossen und ermöglicht eine Promotion (hep – haute école pédagogique vaud, 2012).

# 6    Ausblick

Der im Auftrag der UNESCO-Kommission Schweiz von Margrit Stamm et al. (2009) erstellte Grundlagenbericht zur frühkindlichen Bildung in der Schweiz zeigt klar auf, wo der Entwicklungsbedarf in der Schweiz liegt:

- Internationale Anschlussfähigkeit bezüglich des Angebots
- Förderung benachteiligter Kinder und solcher mit besonderen Bedürfnissen
- Sicherung der pädagogischen Qualität familienergänzender Betreuungsangebote
- Qualifikation des Personals
- Steuerung und Strategie der Entwicklung auf den Ebenen Politik, Institutionen und Wissenschaft
- Stärkung des politischen, gesellschaftlichen und volkswirtschaftlichen Diskurses (vgl. Stamm et al., 2009, S. 10).

Eingangs wurde die Frage gestellt: Werden die Qualität und die Anerkennung durch eine Ausbildung auf Tertiärniveau insgesamt gesteigert? Der empirische Nachweis für eine Beantwortung dieser Frage fehlt. Es ist jedoch davon auszugehen, dass durch Professionalisierungsmassnahmen auf allen Ebenen der Berufsstand gestärkt wird. Dazu gehört, dass die Öffentlichkeit anerkennen muss, dass die Fachpersonen in der frühkindlichen Bildung und Betreuung eine sehr wichtige Aufgabe übernehmen und somit eine angemessene Anerkennung finden sollten (vgl. Muheim & Reinwand, 2010). Die frühkindliche Bildung und Erziehung in der Schweiz benötigt repräsentative Untersuchungen, da dieser Bereich empirisch, konzeptuell und praktisch vernachlässigt wurde (vgl. u.a. Stamm et al., 2009; Viernickel & Simoni, 2008). Wünschenswert sind weitere Forschungsprojekte beispielsweise zum Bildungs- und Berufsverständnis sowie zur pädagogischen Qualität von Kindertagesstätten und insbesondere zur Wirkung der zunehmenden Professionalisierung des Personals in der Schweiz. Dazu bieten die beiden noch jungen Forschungsnetzwerke des Zentrums für Frühkindliche Bildung der Universität Fribourg und des Kompetenznetzwerks Frühe Kindheit der Pädagogischen Hochschule Thurgau und der Universität Konstanz eine gute Basis.

## 7    Literatur

Bundesamt für Berufsbildung und Technologie [BBT] (2005). Berufliche Grundbildung. http://www.bbt.admin.ch/bvz/grundbildung/index.html?lang=de&detail=1&typ=EFZ&item=283 (abgerufen am 9. März 2012 )

Bundesamt für Statistik. (2010). Statistik Schweiz – Teilzeitarbeit. http://www.bfs.admin.ch/bfs/portal/de/index/themen/20/05/blank/key/erwerbstaetigkeit/teilzeitarbeit.html (abgerufen am 5. Februar 2012

Burkhardt Bossi, C. & Koch Gerber, C. (2012). Masterstudiengänge im Frühbereich. *Schweizerische Zeitschrift für Heilpädagogik, Nr. 4, April 2012*, 36–40.

Frey, M., Koch, P., Waeber, P. & Kägi, W. (2010). *Evaluation „Anstossfinanzierung". Nachhaltigkeit und Impulseffekte der Finanzhilfen für familienergänzende Kinderbetreuung. Forschungsbericht Nr. 1/10*. Bern: Bundesamt für Sozialversicherungen BSV.

Haute école pédagogique vaud [hep] (2012). https://www.hepl.ch/files/live/sites/systemsite/files/comite-direction/reglement-etudes-maitrise-education-precoce-specialisee-df-2012-hep-vaud.pdf (abgerufen am 17. Oktober 2012)

Interkantonale Hochschule für Heilpädagogik Zürich [HfH] (2011). Schulische Heilpädagogik. http://www.hfh.ch/schulische-heilpaedagogik (abgerufen am 5. Februar 2012)

Kornbeck, J. (2000). Professionalisierung ist mehr als Verwissenschaftlichung. *Soziale Arbeit 5/2000*, 170–175.

Muheim, V. & Reinwand, V.-I. (2010). Kindertagesstätten in der Schweiz. In M. Stamm & D. Edelmann (Hrsg.), *Handbuch Frühkindliche Bildung, Bereuung und Erziehung: Was kann die Schweiz lernen?* (S. 377–396). Zürich/Chur: Rüegger Verlag.

Müller Kucera, K. (2001). *Volkswirtschaftlicher Nutzen Von Kindertagesstätten Welchen Nutzen lösen die privaten und städtischen Kindertagesstätten in der Stadt Zürich aus? Schlussbericht zuhanden des Sozialdepartementes der Stadt Zürich*. Edition Sozialpolitik. Bern: Büro für Arbeits- und Sozialpolitische Studien.

Netzwerk Kinderbetreuung Schweiz. (2010). *Grundlagenpapier Bildungspläne für die familien- und schulergänzende Kinderbetreuung.* http://netzwerk-kinderbetreuung.ch/index.cfm/37149624-C286-6622-C61B647C3D228B39/?id=5EEB68BF-A156-EF68-987B7A31E4B91119&method=objectdata.detail (abgerufen am 5. Februar 2012 )

OECD (2012). Education at a Glance 2012: *OECD Indicators*, OECD Publishing. http://dx.doi.org/10.1787/eag-2012-en (abgerufen am 15. Oktober 2012)

Pädagogische Hochschule Thurgau (2010). Master Frühe Kindheit. http://www.phtg.ch/weiterbildung/master-fruehe-kindheit/ (abgerufen am 5. Februar 2012)

Pädagogische Hochschule St. Gallen. (2011). Masterstudiengang Early Childhood Studies. http://www.phsg.ch/desktopdefault.aspx/tabid-1775 (abgerufen am 5. Februar 2012)

Pomper, D. (2011). Die FDP startet Kinderkrippen-Initiative. *20 Minuten Online vom 18. September 2012.* http://www.20min.ch/finance/news/story/16294945 (abgerufen am 15. Oktober 2012)

Rabe-Kleberg, U. (1996). Professionalität und Geschlechterverhältnis Oder: Was ist „semi" an traditionellen Frauenberufen? In A. Combe & W. Helsper (Hrsg.). *Pädagogische Professionalität. Untersuchungen zum Typus pädagogischen Handelns* (S. 276–302). Frankfurt a. M.: Surkamp Taschenbuch.

Roth, Th. (2012). FDP Nationalrat Otto Ineichen will kostengünstige Krippen aufbauen. *SozialAktuell 5/5/2012*, 26-27.

SAVOIRSOCIAL – Schweizerische Dachorganisation der Arbeitswelt Soziales. http://savoirsocial.ch/ (abgerufen am 5. Februar 2012)

SAVOIRSOCIAL: Höhere Berufsbildung110816-bildungssystematik-grafik.pdf. http://savoirsocial.ch/hoehere_berufsbildung/110816-bildungssystematik-grafik.pdf. (abgerufen am 15. Oktober 2012 )

Schweizerische Eidgenossenschaft. (1977). *Verordnung vom 19. Oktober 1977 über die Aufnahme von Kindern zur Pflege und zur Adoption (PAVO).* http://www.admin.ch/ch/d/sr/c211_222_338.html (abgerufen am 3. Februar 2012 )

Schweizerische Eidgenossenschaft. (2002). *Bundesgesetz vom 4. Oktober 2002 über Finanzhilfen für familienergänzende Kinderbetreuung.* http://www.admin.ch/ch/d/sr/8/a861.html (abgerufen am 3. Februar 2012)

Schweizerische Eidgenossenschaft. (2011). *Kinderbetreuung: zuerst die gesetzliche Grundlage, dann die Verordnung.* http://www.ejpd.admin.ch/content/ejpd/de/home/dokumentation/mi/2011/2011-06-290.html (abgerufen am 3. Februar 2012)

Schweizerische Wissenschafts- und Technologierat SWTR. (2011). *Empfehlungen des SWTR zur Förderung von Bildung, Forschung und Innovation 2013‑2016.* http://www.news.admin.ch/message/index.html?lang=de&msg-id=41655 (abgerufen am 1. Februar 2012)

Simon, S. & Zogg, C. (2011). *Abschlussbericht Familienergänzende Kinderbetreuung im Kanton St. Gallen: Frühkindliche Bildung in der Schweiz.* http://www.fruehkindliche-bildung.ch/startseite/detail/abschlussbericht-familienergaenzende-kinderbetreuung-im-kanton-st-gallen.html?tx_ttnews%5Bcat%5D=15&cHash=aa1673b2deff19d5b45027702ee3a9f2 (abgerufen am 1. Februar, 2012)

Stadt Zürich. (2001). *Kindertagesstätten zahlen sich aus. Jeder eingesetzte Franken bringt vier Franken an die Gesellschaft zurück.* Edition Sozialpolitik. Zürich: Sozialdepartement der Stadt Zürich.

Stadt Zürich. (2011). *Fachpublikation zur Bildungsorientierung in Kitas – Stadt Zürich.* http://www.stadt-zuerich.ch/sd/de/index/ueber_das_departement/medien/medienmitteilungen_aktuell/2010/januar/100121c.html (abgerufen am 3. Februar 2012)

Stamm, M. et al. (2009). *Frühkindliche Bildung in der Schweiz. Eine Grundlagestudie im Auftrag der UNESCO-Kommission Schweiz.* http://www.fruehkindliche-bildung.ch/forschung/studien.html (abgerufen am 5. Februar 2012)

Stamm, M. (2010). *Frühkindliche Bildung, Betreuung und Erziehung.* UTB Pädagogik. Bern: Haupt.

Universität Freiburg – Departement Erziehungswissenschaften. (2011). Master of Science in Education Frühkindliche Bildung und pädagogische Beratung. http://www.unifr.ch/pedg/ (abgerufen am 5. Februar 2012 )

Viernickel, S. & Simoni, H. (2008). Frühkindliche Erziehung und Bildung. In Eidg. Koordinationskommission für Familienfragen EKFF (Hrsg), *Familien, Erziehung, Bildung*. (S. 22–34). Bern: EKFF.

Wustmann Seiler, C. & Simoni, H. (2012). *Orientierungsrahmen für frühkindliche Bildung, Betreuung und Erziehung in der Schweiz*. Erarbeitet vom Marie Meierhofer Institut für das Kind, erstellt im Auftrag der Schweizerischen UNESCO-Kommission und des Netzwerks Kinderbetreuung Schweiz. Zürich.

# Professionalisierung der frühkindlichen Bildung in Deutschland

Hilmar Hoffmann

## 1 Professionalisierung der frühkindlichen Bildung als Mainstream

Professionalisierung der frühkindlichen Bildung ist in Deutschland sowohl in der Erziehungswissenschaft als auch gesamtgesellschaftlich ein intensiv diskutiertes Thema mit mittlerweile großer gesellschaftlicher Beachtung. Als Teil einer seit etwa 20 Jahren intensiver geführten Debatte um Qualität in Kindertageseinrichtungen gerät die Bedeutung des Personals und seiner Qualifizierung im Bereich frühkindlicher Bildung immer deutlicher in den Mittelpunkt der Auseinandersetzungen. Ursachen dafür gibt es viele, wenngleich sich eindimensionale Erklärungsversuche verbieten. Dennoch lassen sich zumindest einige Begründungsansätze festhalten:

Erstens sind da der bundesdeutsche bildungspolitische Schock nach Pisa, der darauf folgende Ausbau der Kindertageseinrichtungsplätze vor allem für Kinder bis zu 3 Jahren verbunden mit dem Kinderförderungsgesetz von (2008) und der Fachkräftemangel. Begleitet wird dies durch eine immer stärker werdende Diskussion um die Zukunft der Altersversorgung, womit institutionelle Erziehung und damit verbunden die Möglichkeit der Erwerbsarbeit breiter Bevölkerungsgruppen als gesellschaftspolitische Problemlösung relevant wird. Damit handelt es sich um Begründungsphänomene, die makroökonomischen Charakter haben. Neben dem quantitativen Ausbau erscheint also Professionalisierung der frühkindlichen Bildung als ein Weg der Lösung der genannten

Problemlagen. Professionalisierung der frühkindlichen Bildung in Deutschland ist also auch politisch en vogue und wird in vielen Projekten zurzeit gefördert.[1]

Zweitens bietet das Thema auch innerhalb der Erziehungswissenschaft selbst ausreichend Anschlussmöglichkeiten. Der Professionalisierungsbegriff erscheint zunächst so neutral, dass er erst einmal fast nichts sagt oder, positiv gewendet, auf alles anzuwenden ist. Schließlich wäre nahezu jede Frage, die sich zum Bereich Kindertageseinrichtungen stellen ließe, auch in Professionalisierungsterminologie umformbar. Egal nun, ob es um die Qualität einer Einrichtung, um Betreuungs- oder Bildungsqualität, um die Qualität der Geschlechterbeziehung oder der gesellschaftlichen Integration oder nur der Qualität des Essens geht, nahezu kein Thema und die sie vertretenden Experten und Expertinnen stehen in der Gefahr, nicht auch anschlussfähig an die damit verbundene Personaldiskussion zu sein. Die Koppelung mit der positiven politischen Bewertung bedeutet zudem eine starke Partizipationsmöglichkeit an Finanzmittel für Forschungs- und Entwicklungsvorhaben.

Drittens eröffnet der Professionalisierungsdiskurs die Thematisierung eines sich durch die Geschichte der Pädagogik durchziehenden Themas, nämlich das der ‚Machbarkeit' von Erziehung. Verknüpft mit der Debatte um Erzeugung von Kompetenzen kommt es zwangsläufig zur Operationalisierung auf Teilbereiche, z.B. Qualifizierung in Domänen (z.B. die Bildungsbereiche der Länder) und ihrer Relevanz für Aus-, Fort- und Weiterbildung, da letztlich nur kleinste Einheiten annähernd bestimmbar sind. Dies wiederum suggeriert die Machbarkeit von Pädagogik und bedient damit die Auflösung eines pädagogischen Urtraumas, nämlich die Angst vor dem letztendlichen Beweis der Unauflösbarkeit des Technologiedefizites der Erziehung (vgl. Luhmann & Schorr, 1982, S. 13f.). Die Suche nach Qualität und die vermeintliche Gewissheit der Operationalisierung nährt somit die Illusion, Pädagogik vollständig im Griff zu haben. Dies wiederum erinnert an ideologische und bildungspolitische Allmachtsfantasien, die zumindest im wissenschaftlichen Bereich schon überwunden schienen und dem sich z.B. auch die Pisa-Studie deutlich widersetzt.

Theoretische Reflexion der Grenzen und der Machbarkeit von Erziehung scheinen also geboten, zumal es sich dabei um eine der Kernaufgaben einer Erziehungswissenschaft handelt, die die Selbstbeobachtung als Kriterium ihrer eigenen Reflexivität betrachtet (vgl. Tenorth, 2005, S. 126ff; Honig, 2002; 2012). Die Professionalisierungssemantik löst also die Grundsatzproblematik der Messbarkeit von Erziehung nicht wirklich auf, sondern wiederholt oder aktualisiert alte Grundsatzstreits der Sozialwissenschaften im Kontext pädagogischer Machbarkeitsfragen (vgl. Adorno, 1989).

Insofern bleibt festzuhalten, dass der jeweils gewählte Professionalisierungsbegriff selbst immer eine Qualität hat, die nicht selten schnell programmatisch wird. Das heißt, der Begriff ist besonders geeignet, auch im erziehungswissenschaftlichen Raum selbst politisch verwendet zu werden.

---

1  Gut erkennbar ist dies z.B. im Förderkatalog des Bundesministeriums für Forschung: http://
   foerderportal.bund.de/foekat/jsp/SucheAction.do?actionMode=searchmask. Letzter Zugriff:
   25.10.2012.

Dabei ist das, was mit Professionalisierung der frühkindlichen Bildung gemeint ist, keineswegs so klar, wie es auf den ersten Blick scheint. Dem nahezu inflationären Gebrauch des Begriffes, stehen nur wenige Definitionsversuche gegenüber, in denen überhaupt beschrieben ist, was gemeint sein könnte (z.B. Thole, 2010; Vereinigung der Bayrischen Wirtschaft, 2012; Balluseck, 2008). So lässt sich feststellen, dass Professionalisierung als Wort zwar häufig explizit verwendet wird, aber nur implizit konturiert wird. Eine begriffliche Annäherung erscheint also notwendig. Dies gilt gleichermaßen für die frühkindliche Bildung selbst, handelt es sich doch um einen auf das Subjekt gerichteten Begriff, der nicht zwangsweise institutionelle Erziehung impliziert.[2] Folglich macht es Sinn, sich in einer ersten Annäherung den Begriffen der frühkindlichen Bildung, insbesondere ihres institutionellen Referenzrahmens sowie dem der Professionalisierung zu nähern. Dabei wird hier die Diskussion um Professionalität nur gestreift und nicht differenziert ausgeführt. In einem zweiten Schritt folgt dann ein kurzer historischer Exkurs, um Professionalisierung exemplarisch in ihrer Genese und Relationalität zwischen Feld- und Berufsentwicklung zu verdeutlichen. In einem dritten Schritt erfolgen Perspektiven auf die gegenwärtige Professionalisierungsentwicklung in Deutschland. Insgesamt geht es folglich in diesem Artikel stärker darum, die Dynamiken des Feldes und ihre Genese ins Blickfeld zu rücken, als den zentralen Fokus auf den Status quo zu richten.

## 2    Frühkindliche Bildung in ihrer institutionellen Verortung

Frühkindliche Bildung ist ein Prozess, der vom Subjekt selbst gestaltet wird. Im Kontext institutioneller Erziehung bedeutet dies, dass als Schwerpunkt die Einrichtungen zu wählen sind, in denen Kindern Angebote für ihre Bildungsprozesse gemacht und sie in diesen unterstützt werden. Thole (2010, S. 206) weist in seinem Überblicksartikel zur Professionalität und Professionalisierung des pädagogischen Arbeitsfeldes der Kindertageseinrichtungen zu Recht darauf hin, dass sich diese „Vermessung der institutionalisierten Pädagogik der Frühen Kindheit auf den Bereich der Tageseinrichtungen für Kinder konzentrieren" könne. Diesem ist grundsätzlich zu folgen, wenngleich Ergänzungen zukünftig evident werden könnten. Betrachtet man nämlich die angedachten Konsequenzen des ‚Gesetzes zum qualitätsorientierten und bedarfsgerechten Ausbau der Tagesbetreuung für Kinder' (TAG) und des „Gesetzes zur Weiterentwicklung der Kinder- und Jugendhilfe" (Kick) in Verbindung des immer lauter werdenden Rufes nach Tarifverträgen für Tagesmütter und -väter, so zeigen sich auch hier Tendenzen der Verberuflichung und ungeachtet qualitativer Aspekte das Entstehen eines weiteren Ortes mit Angeboten frühkindlicher Bildung in Deutschland. Das Feld unterliegt also auch hier einer rasanten Entwicklung. Dennoch: Hier handelt es sich um einen noch nicht so weit fortgeschrittenen Prozess, dessen Ende zumindest offen ist. Folglich wird an dieser Stelle der Fokus auf

---

2  Auch wenn dies die Diskussion um Bildungsbeteiligung mit dem Tenor auf institutionelle Bildung suggeriert.

Kindertageseinrichtungen als Orte von Angeboten frühkindlicher Bildung von Kindern gesehen, die in Deutschland von ihrer funktionalen Zuschreibung her normativ im SGB VIII Kinder- und Jugendhilfegesetz in einer Trias von Erziehung, Bildung und Betreuung verankert sind und damit den fachpolitischen und juristischen Rahmen von der Professionsseite setzen.

Dies eröffnet die Frage nach dem disziplinären Referenzrahmen frühkindlicher Bildung, der traditionell Rückgriffe auf entwicklungspsychologische Erkenntnisse und Kindheitsforschung in soziologischer Perspektive vornimmt, und für den sich im erziehungswissenschaftlichen Raum vor allem der Begriff der Frühpädagogik, englisch ‚early childhood education' etabliert (vgl. Mischo & Fröhlich-Gildhoff, 2011, S. 5). Dabei unterliegt die Begrifflichkeit selbst einer historischen Wandlung. War noch in den 1950er und 1960er Jahren der Begriff der Vorschulerziehung vorherrschend, wurde dieser wegen seiner einseitigen semantischen Orientierung hin auf ‚Schule' bereits Anfang der 1970er Jahre kritisiert (vgl. Leu, 2012; Tietze, 2012). Der spätestens mit dem Strukturplan des Deutschen Bildungsrates (1973) etablierte Begriff des Elementarbereiches führte auch zu einer Bezeichnung einer Elementarpädagogik, die ihrerseits wiederum als zu einseitig auf den Bereich des Kindergartens, mithin der Altersgruppe der 3 bis 6-jährigen Kinder rekurrierte. Mit dem weiteren Einbezug der Kinder bis 3 Jahren durch das Gesetz zur Förderung von Kindern unter drei Jahren in Tageseinrichtungen und in Kindertagespflege (Kifög, 2008) scheint sich der Begriff der Frühpädagogik weiter zu etablieren. Er meint nun „alle pädagogischen Fragestellungen vom Zeitpunkt der werdenden Elternschaft bis nach dem Eintritt in die Grundschule (0-8 Jahre)" (Tietze, 2012, S. 435).[3] Eine Betrachtung dieser semantischen Veränderungen ist deshalb von Relevanz, weil sie unmittelbar auf das Verständnis institutionalisierter frühkindlicher Bildung sowohl bezüglich der Altersgruppe als auch in ihrer Zielsetzung und damit auch für die Planung von Professionalisierungsbemühungen durchschlägt.

Inwieweit sich der disziplinäre Referenzrahmen und seine begriffliche Konturierung durch die 2011 von der Jugend- und Familienministerkonferenz beschlossene Berufsbezeichnung ‚Kindheitspädagoge oder Kindheitspädagogin' verändern wird, bleibt abzuwarten. „Professional wars" (vgl. Abott, 1988) zwischen einer eher sozialpädagogisch orientierten Forschungsperspektive und einer auf Eigenständigkeit der Frühpädagogik setzenden Positionierung, dürften unausweichlich sein. Und auch eine disziplinäre Annäherung an die Primarpädagogik scheint heute nicht ausgeschlossen. Ungeachtet des Ergebnisses dürften diese Entwicklungen aber das Profil der frühkindlichen Bildung hinsichtlich ihres Gegenstandsbereiches eher schärfen.

---

3  Diese altersbezogene Rahmung wird auch von der Kommission der Pädagogik der Frühen Kindheit in der Deutschen Gesellschaft für Erziehungswissenschaft (DGfE) favorisiert (vgl. Kommission Pädagogik der Frühen Kindheit).

# 3 Was ist Professionalisierung und was wird unter ihr verstanden?

Im Gegensatz zur Sozialen Arbeit (vgl. Dewe & Otto, 2011) kann man im Bereich der frühkindlichen Bildung von einem expliziten theoriebezogenen Umgang mit dem Begriff der Professionalisierung nur schwer sprechen. Insofern handelt es sich in den Veröffentlichungen auch weniger um eine Analyse der Genese und des Entwicklungsverlaufes von Professionalisierungsprozessen, sondern stärker um die Beschreibung und Analyse von bereichsspezifischen Entwicklungen oder Programmatiken, die selbst als Teil eines Professionalisierungsprozesses gesehen werden wie Veröffentlichungen zur Entwicklung domänenspezifischer Programme zur Aus-, Fort- und Weiterbildung (z.B. Thoma, Ofner, Seybel & Tracy, 2012).[4] Explizite Beschreibungen und Kontextualisierungen zum Professionalitätsbegriff werden daher eher von anderen Subdisziplinen der Erziehungswissenschaft, wie z.b. der Sozialpädagogik – insbesondere im Kontext von Kinder- und Jugendhilfeforschung – für die Frühpädagogik relevant gemacht. So beschreibt Thole (2008) unterschiedliche Professionalitätsmodelle im Professionalisierungskontext:

- Z.B. an berufsständischen Definitionen geknüpfte indikatorengestützte Modelle: Ein Beispiel für eine solche formale, struktur- und indikatorenorientierte Fassung bildet die Kinder- und Jugendhilfestatistik ab. Sie rekurriert in ihrem Professionalisierungsverständnis auf statusabhängige Indikatoren. Der Professionalisierungsgrad des Feldes wird daher am Grad der Beteiligung von diplomierten Sozialpädagoginnen und -pädagogen, Diplom-Sozialarbeiter/innen und Diplom-Pädagoginnen und Pädagogen gemessen. Akademisierung bezieht zusätzlich Lehrkräfte und sonstige Hochschulabschlüsse mit ein. Der Beruf der staatlich anerkannten Erzieherin ist dort wiederum Teil eines Verfachlichungsgrades, der sich in dieser Perspektive unterhalb der der Professionalisierungsebene (vgl. Autorengruppe, 2012, Tab. C4) befindet.
- Z.B. merkmal- oder indikatorenbasierte Modelle anhand festgelegter Kriterien. Sie rekurrieren beispielsweise auf ein dokumentiertes Fachwissen, geregelte Zugangsberechtigung, am Gemeinwohl orientiertes pädagogisches Handeln, das Vorhandensein von Standesorganisationen uvm. (vgl. Combe &Helsper, 1996).
- Demgegenüber seien empirisch ausgerichtete Modelle zu zeigen, die Professionalität und ihren Entwicklungsprozess „über die pädagogischen Beziehungen, über die Genese, Konsistenz, Kontinuität und Ausgestaltung der pädagogischen Interaktionen zwischen professionellen und Kindern" (Thole, 2010, S. 211) beschreiben, beispielsweise durch Fallverstehen.
- Letztlich bleiben Modelle, denen „Messbarkeitsorientierte, wirksamkeitsevaluierende respektive qualitätssichernde Prämissen" (Thole, 2010, S. 211) zugrunde liegen, beispielsweise Positionen, die nicht das Fallverstehen als Ausgangspunkt für erfolgrei-

---

4  So wird häufig unter Professionalisierung verhandelt, was mit der Auseinandersetzung mit Professionalität zu beschreiben wäre.

ches Handeln sähen, sondern in einer Planung, die empirisch gesättigte und fachlich ausgewiesene Deutungs- und Handlungsmuster berücksichtige.

Diese Modelle bilden gleichermaßen potentielle Möglichkeiten ab, den Stand der Professionalität zu beschreiben oder zu messen und in Summe von Teilbereichen den Status quo des Professionalisierungsprozesses unter den vorgegebenen Prämissen zu analysieren (vgl. hierzu Thole 2008; 2010 und Vereinigung der Bayrischen Wirtschaft, 2012; Autorengruppe Bildungsberichterstattung, 2012). Weit weniger betrachtet werden die damit verbundenen individuellen und gesellschaftlichen Aushandlungs- und Markterschließungsstrategien (vgl. Dewe & Otto, 2012b, S. 1144). Nimmt man diese Perspektive ein, zeigt sich, dass unterschiedliche Modelle dann gleichzeitig, z.B. im Kontext wissenschaftlicher Beratung von Politik auch mit normativen Schlussfolgerungen über die Entwicklung von Professionalisierungsstrategien verbunden sind, seien sie betont auf Akademisierung als Struktur setzend, seien sie auf domänenspezifische Qualifizierung (z.B. Sprache oder Mint- Fächer in Kompetenzkatalogen) von Personal gerichtet und vieles mehr.

Das heißt, Professionalisierung ist nicht nur in ihrer Abbildung different, sondern ist grundsätzlich auch von Form, Inhalt und strukturellen Folgen beeinflusst – hier nur am Beispiel wissenschaftlicher Modelle beschrieben – von Strategien, die sich im Wettbewerb um die Teilhabe und Partizipation an Forschungsmitteln und/oder zur Durchsetzung von pädagogischen Konzepten und Ideologien befinden.

Ähnliches ließe sich auch über andere Akteure analysieren, ginge man im Kontext von Professionalisierungsforschung weg von einer berufsbezogenen, hin zu einer feldbezogenen Forschung. Gerade hier fehlt es aber im Kontext der Frühpädagogik noch an Untersuchungen, die selbstreflexiv die eigenen Konstitutionsbedingungen der Diskurse und ihrer Folgen für das Feld untersuchen. Mithin: es fehlt an Selbstreflexivität der Wissenschaftsdisziplin selbst.

Geht man zu einer Feldperspektive über, wäre der Kreis dessen, was als Professionalisierungsprozess zu untersuchen wäre, erheblich breiter. Insofern wären für das gesamte Feld der Kindertageseinrichtungen zumindest folgende Felder in den Blick zu nehmen, in denen in Deutschland hierzu fachliches Wissen und Können verhandelt wird (vgl. Tab. 1):

**Tabelle 1** Bereiche der Professionalisierungsprozesse

| | |
|---|---|
| Aus-, Fort- und Weiterbildung | z.B. Universitäten, Hochschulen, Fachschulen/Fachakademien, Berufsfachschulen, Fort- und Weiterbildungsträger |
| Personal (auf allen Ebenen) | z.B. Hochschullehrer/innen, Fachschullehrer/innen, Berufsfachschullehrer/innen, Erwachsenenbildner/innen, Erzieher/innen, Kinderpfleger/innen |

**Tabelle 1** Fortsetzung

| Institution | Tageseinrichtungen für Kinder |
|---|---|
| Träger | Kommunen, Wohlfahrtverbände usw. |
| Weitere gesellschaftliche Steuerungsebenen | Bund, Länder und Gemeinden |
| Weitere Einflussfaktoren | Fachzeitschriften, Websites, Medien usw. |

Löst man sich nämlich von einem reinen Strukturmodell von Professionalisierung und nimmt ein spezifisches notwendiges Wissen hinzu, welches hilft, spezifische Probleme zu lösen (vgl. Rabe-Kleberg, 2008, S. 243), dann sind unterschiedliche Fragen zu stellen, z.B. unter anderem

- wie dieses Wissen dem Personal überhaupt fachlich in einer Weise zur Verfügung gestellt wird, die den Ansprüchen der Profession gerecht wird,
- von wem dies angeboten wird,
- wie dieses Wissen zu den normativen Zielen, z.B. gesetzliche Vorgaben passt,
- wie es an die Realität der Strukturen und Rahmenbedingungen des Feldes rück-gebunden ist
- und selbstverständlich, wie sich der Einfluss dieses o.g. Wissen zeigt und wie es in welche Institutionen übergeht (machtpolitische Perspektive).

Es geht mithin dann eben nicht mehr nur um eine an normativen Kriterien festgelegte Messung des ,status quo' von Professionalisierung, sondern um die Suche nach Entwick-lungspotentialen und hemmenden Faktoren im Feld selbst. Professionalisierung wird dann als relationales Konstrukt deutlich und nicht als formale Beschreibung derselben. Solche Untersuchungen zur Professionalisierung stehen aber noch aus und sind auch in der Wissenschaftsdisziplin selbst kaum als Anspruch erhoben. Insofern bleibt es hier bei einer Arbeitsdefinition. Mit Dewe und Otto (2011, S. 1131) soll Professionalisierung hier als berufsgruppenspezifischer sozialer Handlungsprozess verstanden werden, der den ambivalenten Verlauf der Etablierung von Professionen als besondere Berufsform der Gesellschaft thematisiert, die die soziale Makroebene betrifft. Dabei wird hier die oben genannten Punkte ergänzend dazu von einem relationalem Prozess ausgegangen, der sich in einem abgegrenzten Feld empirisch konstituiert und über die originäre Berufsgruppe hinausgeht, insofern die Genese und die Konstitutionsbedingungen des Feldes selbst be-wusst einbezieht.[5] Die Relevanz soll hier exemplarisch an einem historischen Exkurs auf-gezeigt werden, handelt es sich doch bei der frühkindlichen Bildung eben nicht um ein Feld, in dem eine Berufsgruppe aus sich heraus professionalisiert, sondern über öffentlich

---

5  Das heißt beispielsweise, dass diese Entwicklungen ohne eine differenzierte Analyse der beson-deren Dynamiken eines Arbeitsmarktes, in dem vor allem Frauen tätig sind, kaum erfolgver-sprechend sein dürften.

geförderter Impulse ein solcher Prozess initiiert wird (vgl. Freidson, 2001). Grundlagen dieses Prozesses waren in Deutschland sehr früh angelegt.

## 4    Exkurs: Fröbel und die Folgen

Der Name Fröbels wird nicht selten unmittelbar mit seinen Gaben, mit dem Namen Kindergarten selbst oder mit seiner Spieltheorie verbunden. In der Bedeutung für das Feld weniger diskutiert wird, dass Fröbel ein einheitliches Bildungssystem vom Kindergarten bis zur Hochschule forderte, bei dem der Kindergarten konzeptionell in die Volksschule integriert war. Die Verbindung mit der Schule ist also elementarer Bestandteil der Vorstellung Fröbels über ein Bildungssystem. Insofern ist Fröbels Ansatz der Mütterbildung nicht loszulösen von der Schaffung des Berufsbildes einer auf Bildung des Kindes hin orientierten Fachkraft. Damit unterschied sich Fröbel deutlich von Kindereinrichtungen und deren Personal, in denen es vor allem um Bewahren, fürsorgliche Tätigkeiten und moralische Vermittlung ging. Insofern ist es nachvollziehbar, dass einige Mitglieder des Deutschen Fröbelverbandes bis zur endgültigen konzeptionellen Abtrennung des Kindergartens vom sonstigen Bildungssystem mit dem Reichsjugendwohlfahrtsgesetz von 1922 für eine Annäherung an die Grundschule kämpften (vgl. Reyer & Franke-Meyer, 2012).

In Folge dieser Entscheidungen kam es dann auch zur Konzipierung eines eigenständigen Bildungsauftrages des Kindergartens. Dieser wiederum ging einher mit einer Fixierung in das Sozialsystem und damit direkt verbunden mit der Abkoppelung von akademischer Ausbildung. Die Funktion der Einrichtungen bestimmte also wesentlich das Berufsbild des Personals. Dies ist nahezu selbstverständlich, ist aber verbunden mit der Frage nach Ursachen[6] insofern relevant, als es nicht nur um die Frage Bildungsangebot versus Fürsorgeprinzip ging, sondern auch um Polarisationen zwischen

- privater Hilfe und/oder Integration in ein zumindest partiell öffentliches Schul- oder Bildungssystemsystem,
- damit private und öffentliche Trägerschaft und
- damit letztlich um gesellschaftliche Teilhabe respektive Macht.

Die Folgen sind bis heute vorhanden:

---

6  Wo lagen die Ursachen, dass dieser Weg nicht weiter gegangen worden ist? Zunächst sind ist der Ausbau der fröbelschen Kindergärten durch das Verbot von 1851 jäh gestoppt worden. Zum zweiten ist das fürsorgerische Prinzip von konfessionellen Einrichtungen offensichtlich attraktiver gewesen. Zwischen diesen beiden Positionen trennen Reyer und Franke-Meyer (2012) auch, nämlich denjenigen die stärker eine Integration in das Schulsystem und denen, die sich stärker an den Familien orientieren wollten und den Bildungsaspekt doch deutlich zurückstellen. Dies waren damals vor allem konfessionelle Träger.

- fachschulische Ausbildung und nahezu Abkoppelung von akademischer Ausbildung, die erst seit 10 Jahren aufbricht,
- ein nahezu vollständig weiblich dominierter Arbeitsmarkt,
- schlechtere Bezahlung gegenüber dem Lehramtsberuf,
- der so genannte ‚eigenständige Bildungsauftrag‘ [7],
- trägerabhängige Beratungsstrukturen,
- trägerabhängiges Fortbildungsangebot und
- ein minimal ausgebautes Wissenschaftssystem, dass sich erst jetzt konsolidiert, aber an den Universitäten quantitativ immer noch unterentwickelt ist.

Wenn man dies genauer betrachtet, dann lässt sich leicht erkennen, dass die Verberuflichung mit der Entwicklung der Kleinkindererziehung und ihrer Aufgaben selbst entsteht. Nämlich in einem Armuts- und einem bildungspolitischen Motiv, dass sie aber gleichermaßen verlangsamt wird, als das Ziel einer Integration in einer einheitlichen Volksschule aufgegeben worden ist. Die Profession und der Professionalisierungsprozess stehen also in unmittelbarem Zusammenhang mit der zugewiesenen Rolle der Institutionen selbst, aber eben auch mit denen, die hier Gestaltungs- und Verhinderungsmacht jenseits demokratisch gewählter Volksvertreter haben.

## 5 Eckdaten und Entwicklungen heute

Die oben genannten Mechanismen sind bislang unzureichend aufgearbeitet und in ihren Funktionsweisen transparent gemacht. Sie wären aber notwendig, um Professionalisierungsschritte in ihren Ursachen erfassen zu können. Das ist umso wichtiger, als in Deutschland die Einflüsse der Steuerung im internationalen Vergleich eher gering sind. Jenseits dessen lassen sich aber Aspekte festhalten, die die gegenwärtige Entwicklung verdeutlichen:

1. Einerseits ist eine stark auf konzeptionelle Entwicklung setzende Diskussion, die sich wie in anderen Arbeitsfeldern der Pädagogik auch stark um die Frage der Kompetenzorientierung fassen lässt, zu beobachten. Dabei ist festzustellen, dass domänenspezifische Veröffentlichungen einen großen Anteil haben. Während die Domänenspezifik in den letzten Jahren für Deutschland eher unüblich war, so entspricht die Dominanz der auf Konzeptionen bezogenen Veröffentlichungen durchaus der bundesdeutschen

---

7   Dieser ist dann spätestens nach der Reichschulkonferenz und in den Nachkriegsjahren in der Bundesrepublik stark von Erika Hoffmann herausgearbeitet worden. Er ist aber historisch betrachtet, auch ein Rettungsversuch der Fröbelbewegung, die Abkehr von kognitiven Inhalten zumindest abzumildern, damit überhaupt noch etwas vom Bildungsgedanken im Kindergarten bleibt und die Bewahranstalt nicht das Vorbild dieser Institution werden würde.

Tradition. Spätestens mit der Entwicklung der unterschiedlichen Situationsansätze (Curriculum Soziales Lernen, Arbeitshilfen Soziales Lernen und Elementare Sozialerziehung) in den 1970er Jahren bestimmten vor allem konzeptionelle Streits die Debatte um die Verbesserung der Arbeit in Kindertageseinrichtungen. Sowohl die das Einsetzen der Bildungsdebatte in den 1990er Jahren als auch Diskussion um Qualität in Kindertageseinrichtungen, die letztlich in die Konzipierung von höchst unterschiedlich Bildungsplänen in 16 Bundesländern führte, endete im Gegensatz zu der Breite der Diskussion letztlich kaum zu einer flächendeckenden Etablierung und Implementation der konzeptionellen Grundlagen. Es dürfte fast als deutsches Markenzeichen betrachtet werden, dass in dem Augenblick in dem ein Konzept vorliegt, an dem nächsten gearbeitet wird. Das dürfte nicht zuletzt auch daran liegen, dass bei den vorliegenden Konzepten ein immer deutlicher werdendes gestiegenes Anforderungsprofil deutlich wird, dass nahezu zwangsläufig strukturelle Verbesserungen der Rahmenbedingungen mit sich bringen müsste (vgl. Viernickel & Schwarz, 2011). Polarisiert formuliert setzt sich Politik mit neuen Anforderungen und Plänen selbst unter Handlungszwang, der zeitlich aufhebbar wird, in dem man entweder etwas Neues produziert oder wie im bundesdeutschen System die Verantwortung an den öffentlichen Träger der Kinder-und Jugendhilfe, zumeist die Kommunen delegiert, die dies wiederum an die Träger der Einrichtungen weitergeben, die wiederum darauf verweisen, dass die Mittel nicht ausreichen, um diese Anforderungen adäquat umzusetzen.

2. Das pädagogische Personal in Kindertageseinrichtungen steigt weiter an: Die Anzahl der Beschäftigten in diesem Feld ist seit 2006 von knapp 80.000 Personen auf knapp 400.000 Beschäftigte angestiegen, was einer Steigerung von 24 % entspricht. Die zentrale Berufsgruppe ist immer noch die Erzieherin. Mit über 70 % der Beschäftigten dominieren sie das Feld (vgl. Autorengruppe Bildungsberichterstattung, 2012).

3. Im bundesdeutschen Kindergartensystem arbeiten Kräfte mit und ohne Abschlüsse. Entsprechend der Kommentare zum SGB VIII gelten als Fachkräfte Personen mit mindestens einem Abschluss einer Fachschule/Fachakademie für Sozialpädagogik. Die Abschlüsse Sozialassistentin und Kinderpflegerinnen werden also nicht als Fachkraftabschluss gewertet. Legt man bei aller oben gezeigten Problematik diese rein strukturelle Qualifizierung zu Grunde ergibt sich folgendes Bild: Der von der KJHG-Statistik zugrunde gelegte Definitionsrahmen für Verfachlichung zeigt an, dass dieser minimal auf nun 74,6 % angestiegen ist. Er zeigt aber auch, dass im Bundesdurchschnitt rund ein Viertel der Beschäftigten unterhalb dieser Grenze sind, in Westdeutschland sogar knapp ein Drittel, in Bayern sogar fast die Hälfte. Die Kindertageseinrichtungen sind also immer noch ein Arbeitsmarkt, der zu großen Teilen von Beschäftigten unterhalb der Fachkraftbeschreibung belegt wird (vgl. Autorengruppe Bildungsberichterstattung, 2012, Tab. C-4-12).

4. Die Akademisierung steigt gegenüber 2006 von 2,8 % auf 3,7 % an. Nimmt man nur die einschlägigen Ausbildungen als Messinstanz für Professionalisierung so stieg dieser Wert von 2,3 % auf 3,2 %. Das entspricht innerhalb von fünf Jahren einem Anstieg

um knapp 40 % allerdings auf niedrigem Niveau (vgl. Autorengruppe Bildungsberichterstattung, 2012).

5. Dies korrespondiert auch mit den Zahlen für Leitungskräfte. Etwas mehr als 20 % von ihnen verfügen über ein Hochschulstudium. Auch hier dominieren mit fast 80 % Erzieher/innen mit Fachschul-/Fachakademieabschluss (vgl. Autorengruppe Bildungsberichterstattung, Tab. C4-18).

6. Der Personalbedarf steigt weiter an. Allein in Westdeutschland werden bis 2013 ca. 12.400 Personen zusätzlich für die Deckung der Personalkapazitäten benötigt, die aus den vorhandenen Ausbildungsstrukturen nicht zu rekrutieren sind.

Nimmt man diese Ergebnisse zusammen, so verwundet der Kanon des Aktionsrates Bildung nicht (vgl. Vereinigung der Bayrischen Wirtschaft, 2012, S. 74f.), der ein Programm zur Steigerung der Attraktivität des Berufsfeldes Kindertageseinrichtungen einfordert, unter anderem durch

- ein koordiniertes Gesamtkonzept für die Aus-, Fort- und Weiterbildung,
- Verstärkung der Forschungsförderung,
- Verdoppelung bis Verdreifachung der Ausbildungskapazitäten an Hochschulen,
- Ausweitung berufsbegleitender Hochschulstudiengänge,
- Entwicklung eines systematischen und zertifizierten Weiterbildungsprogrammes,
- Ausbau der Forschungs- und Ausbildungsstrukturen an Universitäten,
- Vereinheitlichung der frühpädagogischen Studiengänge,
- Weiterqualifizierung von Kinderpfleger/innen,
- Anhebung der Vergütung,
- verpflichtende Fort- und Weiterbildung des pädagogischen Personals,
- der Verzicht auf eine weitere Einstellung von Kinderpfleger/innen und Sozialassistentinnen und -assistenten sowie
- die Verpflichtung zur Einstellung mindestens einer Hochschulkraft pro Einrichtung.

Ungeachtet der notwendigen Diskussion über die Einzelpunkte, erste Schritte einer umfassenderen Betrachtung des Feldes sind erkennbar. So zeigt sich z.B. in der „Weiterbildungsinitiative Frühpädagogische Fachkräfte", dass erstmals überhaupt eine Großzahl der beteiligten Akteure in Untersuchungen wie auch in Entwicklung mit einbezogen werden. Dies zeigt sich an den dort herausgegebenen Studien und Expertisen, die rein von ihrem thematisch-inhaltlichen Zuschnitt sowohl unterschiedliche Aus-, Fort- und Weiterbildungsinstitutionen in das Blickfeld rücken und diese in Verbindung mit inhaltlich-systematischen Fragestellungen bringen (vgl. http://www.weiterbildungsinitiative.de/). Das ‚Wie' eines solchen Entwicklungsprozesses stellt das Projekt ‚Professionalisierung, Transfer und Transparenz im elementarpädagogischen Praxis- und Ausbildungsfeld' in den Vordergrund (vgl. http://nifbe.de/pages/das-institut/ko-stelle/professionalisierung/hintergrund.php). Ob diese Schritte letztlich sehr positive Effekte für den Professionalisierungsprozess haben werden, hängt auch davon ab, inwieweit es gelingt, fördernde und bremsende Faktoren hierfür zu identifizieren. Dazu sind allerdings die Handlungsmechanismen zwischen den Akteuren des Feldes in ihrer Relevanz für den Prozess genauer in den Blick zu nehmen, was ein eigenes relational orientiertes Forschungsprogramm darstellen würde.

## 6    Literatur

Abbott, A. (1988). *The System of Professions: An Essay on the Division of Expert Labor.* Chicago: University Of Chicago Press

Adorno, T.W. (1989). *Der Positivismusstreit in der deutschen Soziologie.* (13. Aufl.). Frankfurt a. M.: Luchterhand Verlag.

Autorengruppe Bildungsberichterstattung (2012). *Bildung in Deutschland. Ein indikatorengestützter Bericht mit einer Analyse zur kulturellen Bildung im Lebenslauf.* Berlin: wbv.

Balluseck, H. v. (Hrsg.). (2008). *Professionalisierung der Frühpädagogik. Perspektiven – Entwicklungen – Herausforderungen.* Opladen & Farmington Hills: Verlag Barbara Budrich.

Balluseck, H. v. (2008). Frühpädagogik als Beruf und Profession. In dies. (Hrsg.), *Professionalisierung in der Frühpädagogik* (S. 15–36). Opladen: Verlag Barbara Budrich.

Deutscher Bildungsrat (1973). *Strukturplan für das Bildungswesen. Empfehlungen der Bildungskommission.* Stuttgart: Klett-Cotta Verlag.

Dewe, B. & Otto, H.-U. (2011a). Profession. In H.-U. Otto & H. Thiersch (Hrsg.), *Handbuch Soziale Arbeit* (4. Aufl.) (S. 1131–1142). München: Reinhardt.

Dewe, B. & Otto, H.-U. (2011b). Professionalität. In H.-U. Otto & H. Thiersch(Hrsg.), *Handbuch Soziale Arbeit,* (4. Aufl.) (S. 1143–1153). München: Reinhardt.

Freidson, E. (2001). *Professionalism. The third logic.* Cambridge: Polity Press.

Fröhlich-Gildhoff, K. (2008). Wirkt was? – Was wirkt? Gegenstandsangemessene Wirkungsforschung in der Frühpädagogik. In H. Balluseck, *Professionalisierung in der Frühpädagogik* (S. 279–290). Opladen: Verlag Barbara Budrich.

Honig, M.S. (2002). Instituetik frühkindlicher Bildungsprozesse – Ein Forschungsansatz. In L. Liegle & R. Treptow, *Welten der Bildung in der Pädagogik der frühen Kindheit und in der Sozialpädagogik* (S. 181–194). Freiburg i.B.: Lambertus-Verlag.

Honig, M.S. (2012). Instituetik von Kindertageseinrichtungen. http://www.kitaundco.de/fachbeitrage/129-multimedia-bibliothek-zur-einfuehrung-in-die-elementarpaedagogik/259-instituetik-von-kindertageseinrichtungen-prof-dr-michael-sebastian-honig (abgerufen am 20.10.2012)

Jugend- und Familienministerkonferenz (2011). Staatliche Anerkennung von Bachelorabschlüssen im Bereich der Kindertagesbetreuung und Berufsbezeichnung. Beschluss vom 26./27. Mai in Essen. http://www.mbjs.brandenburg.de/sixcms/media.php/5527/TOP_7_2_endg__ltig.pdf (abgerufen am 4.10.2012)

Kommission Pädagogik der Frühen Kindheit in der Deutschen Gesellschaft für Erziehungswissenschaft. http://www.pdfk.de/ (abgerufen am 30.09.2012)

Leu, H.R. (2012). Vorschulerziehung. In K.-P Horn u.a. (Hrsg.), *Klinkhardt Lexikon Erziehungswissenschaft.* (Band 3) (S. 383–385). Bad Heilbrunn: Verlag Julius Klinkhardt.

Luhmann, N. & Schorr, K.E. (1982). Das Technologiedefizit der Erziehung und der Pädagogik. In N. Luhmann & K.E. Schorr (Hrsg.), *Zwischen Technologie und Selbstreferenz* (S. 11–40). Frankfurt a.M.: Suhrkamp.

Mischo, C. & Fröhlich-Gildhoff (2011). Professionalisierung und Professionsentwicklung im Bereich der frühen Bildung. *Frühe Bildung* (Heft 0), 4–12.

Otto, H.-U. & Thiersch, H. (Hrsg.). (2008). *Handbuch Soziale Arbeit* (4. völlig neu bearb. Aufl. 2011). München: Reinhardt.

Rabe-Kleberg, U. (2008). Zum Verhältnis von Wissenschaft und Profession in der Frühpädagogik. In H. Balluseck, *Professionalisierung in der Frühpädagogik* (S. 237–249). Opladen: Verlag Barbara Budrich.

Reyer, J. & Franke-Meyer, D. (2012). Die Geschichte des Kindergartens im Bezug zur Schule. http://www.kitaundco.de/fachbeitrage/129-multimedia-bibliothek-zur-einfuehrung-in-die-elementarpaedagogik/168-die-geschichte-des-kindergartens-im-bezug-zur-schule-prof-dr-juergen-reyer-prof-dr-diana-franke-meyer-die-geschichte-des-kindergartens-im-bezug-zur-schule-prof-dr-juergen-reyer-prof-dr-diana-franke-meyer-die-geschichte-des-kindergartens-im-bezug-zur-schul1 (abgerufen am 4.10.2012)

Reyer, J. & Franke-Meyer (2010). Vorschulreform und der wissenschaftliche Status der „Pädagogik der Frühen Kindheit" als Teildisziplin der Erziehungswissenschaft. *Zeitschrift für Pädagogik* ,56, H. 5, 725–743.

Tenorth, H.-E. (2005). Erziehungswissenschaft in Deutschland – Skizze ihrer Geschichte von 1900 bis zur Vereinigung 1990. In K. Harney & H.H. Krüger, *Einführung in die Geschichte der Erziehungswissenschaft und Erziehungswirklichkeit,* (3. erw. u. akt. Aufl.) (S. 133–173). Opladen: Leske + Budrich.

Thoma, D., Ofner, D., Seybel, C. & Tracy, R. (2011).Professionalisierung in der Frühpädagogik: Eine Pilotstudie zur Sprachförderkompetenz. *Frühe Bildung: Schwerpunkt Professionalisierung* 0 (1), 31–36.

Tietze, W. (2012). Frühpädagogik. In K.-P. Horn u.a. (Hrsg.), *Klinkhardt Lexikon Erziehungswissenschaft.* (Band 1) ( S. 435–437). Bad Heilbrunn: Verlag Julius Klinkhardt.

Vereinigung der Bayrischen Wirtschaft (Hrsg.). (2012). Aktionsrat Bildung. Professionalisierung in der Frühpädagogik. Qualifikationsniveau und -bedingungen des Personals in Kindertagesstätten. Letzter Zugriff: 4.10.2012 von http://www.aktionsrat-bildung.de/fileadmin/Dokumente/Gutachten_Professionalisierung_in_der_Fruehpaedagogik.pdf

Viernickel, S. & Schwarz, S. (2009). Schlüssel zu guter Bildung, Erziehung und Betreuung – Wissenschaftliche Parameter zur Bestimmung der Fachkraft-Kind-Relation. http://www.der-paritaetische.de/uploads/tx_pdforder/expertise_gute_betreuung_web2_02.pdf (abgerufen am 2. 10. 2012)

# Zur pädagogischen Qualität frühkindlicher Bildungsprogramme: Eine Kritik an ihrer ethnozentrischen Perspektive

Margrit Stamm und Doris Edelmann

In den letzten zehn Jahren ist die frühkindliche Bildung und Betreuung zu einem wichtigen Thema der pädagogischen Diskussion geworden. Dabei hat sich zunehmend die Auffassung durchgesetzt, dass die frühe Kindheit für das weiterführende Lernen besonders wirkungsvoll ist und vorschulische Interventionen deshalb verstärkt auf ‚Bildungsqualität' (vgl. Fthenakis & Oberhuemer, 2004) respektive auf ‚pädagogische Qualität' (vgl. Tietze & Lee, 2009) ausgerichtet werden sollen. Im Kontext der Diskussion um die Folgen anhaltender Migrationsprozesse und der Annahme, wonach frühe Bildungsförderung auch integrierend wirken soll (vgl. Stamm et al., 2012), wird sie zunehmend mit der Hoffnung verbunden, solche Erwartungen zu erfüllen und folglich einen massgeblichen Beitrag zur Bildungsgerechtigkeit zu leisten (vgl. Diehm, 2008; Edelmann, 2010). Deshalb konzentriert sich die Diskussion verstärkt auf die Verbesserung der Qualität von frühpädagogischen Förderangeboten. Dies geschieht auf der Grundlage empirischer Erkenntnisse, die aufzeigen, dass sich qualitativ hochwertige Vorschulprogramme positiv auf die kindliche Entwicklung auswirken können (vgl. Barnett, 2008; OECD, 2006; Tietze, 1998).

Zwar ist der aktuelle internationale Qualitätsdiskurs vielstimmig und variantenreich, doch haben sich inzwischen diejenigen Modelle pädagogischer Qualität durchgesetzt, die von den Dimensionen der Strukturqualität, Orientierungsqualität und Prozessqualität ausgehen und sie zusammengenommen als Angebotsqualität verstehen (vgl. Tietze & Lee, 2009). Da viele internationale Studien, so auch der Starting Strong II-Bericht der OECD (2006) oder die Studie der UNICEF (2008) sowie verschiedene Skalen zur Qualitätsfeststellung (vgl. zusammenfassend Tietze & Viernickel, 2003) auf diese Dimensionen basieren, gelten sie heute als allgemein gültige Basis. Neben der Tatsache, dass der Qualitätsbegriff bisher kaum theoretisch begründet, sondern lediglich durch seinen Gebrauch bestimmt wird und ein umfassender wissenschaftlicher Diskurs bisher ausgeblieben ist (vgl. Honig et al., 2004; Grochla, 2008), scheint eine weitere Problematik ausser Acht gelassen worden zu sein (vgl. Pierrehumbert et al., 1997; Rosenthal, 1999; 2003): die Tatsache, dass dieses Basismodell im Wesentlichen ein Abbild von individualisierten westlichen Gesellschaften darstellt und demzufolge ihre Denk-, Handlungs- sowie Kommunikationsmuster als selbstverständliche und verbindliche Grundlage betrachtet werden. Gemäss Keller (2011) verwischt diese einseitige Orientierung nicht nur, dass in verschiedenen Gesellschaften unterschiedliche Kindheitsbilder und damit verbunden auch verschiedene Erziehungs- und Bildungsziele sowie Förderpraxen existieren, sondern ebenso, dass diese Vielfalt zunehmend auch *innerhalb* von Gesellschaften besteht.

Diese Einseitigkeiten analysiert der vorliegende Beitrag. Im Mittelpunkt steht die These, dass das vorherrschende Konzept über pädagogische Qualität frühkindlicher Bildungsprogramme durch eine einseitige ethnozentrische Perspektive geprägt ist und aufgrund seiner Dominanz andere Qualitätsvorstellungen ignoriert oder sogar deklassiert werden. Deshalb scheint es problematisch, wenn einseitig geprägte Konzepte unhinterfragt für international vergleichende Qualitätsstudien oder als allgemeingültige Instrumente zur Messung pädagogischer Qualität im Vorschulbereich eingesetzt werden.

Der Beitrag beginnt mit der Frage nach der Definition von Qualität und ihrer kulturellen Dimensionen in frühkindlichen Bildungsangeboten. Dies geschieht anhand der Individualismus/Kollektivismus-Dichotomie nach Hofstede (2001; 2007). Auf dieser Grundlage wird dann die Beziehung zwischen kulturellem Kontext und Orientierungsqualität sowie kulturellem Kontext und Prozessqualität untersucht. In einem dritten Teil wird aufgezeigt, welche Verbindungen sich damit für die Definition und Interpretation der Strukturqualität und für die pädagogische Qualität insgesamt ergeben. Abschließend werden einige Konsequenzen formuliert, die den aktuellen Qualitätsdiskurs erweitern können.

## 1    Qualität und ihre kulturellen Variationen in frühkindlichen Bildungsprogrammen

Die Qualität frühkindlicher Bildungsprogramme fokussiert die Angebotsqualität. Diese ist einerseits abhängig von der Strukturqualität (d.h. die situationsunabhängigen, zeitlich stabilen Rahmenbedingungen wie Gruppengrösse, Betreuungsschlüssel, Räumlichkeiten und Ausstattung) und der Orientierungsqualität (d.h. den pädagogischen Vorstellungen, Werten und Überzeugungen des Personals sowie dem Leitbild resp. dem pädagogischen Programm der Einrichtung), andererseits von der Prozessqualität (d.h. die Interaktionen und Erfahrungen, die ein Kind in seiner sozialen und räumlich-materialen Umwelt macht).

Zur Messung der pädagogischen Qualität stehen zahlreiche Instrumente zur Verfügung. Dazu gehören die US-amerikanischen CLASS-Skalen (Classroom Assessment

Scoring Systems) von Pianta et al. (2004) sowie die ECERS-R Skalen von Harms, Clifford und Cryer (2005). Übersetzt in die deutsche Sprache kommen letztere im deutschsprachigen Raum als Kindergarteneinschätzskala KES-R (vgl. Tietze, Schuster et al., 2007) zum Einsatz. Darüber hinaus werden die Krippenskala KRIPS-R (vgl. Tietze et al., 2007), die Tagespflegeskala TAS (vgl. Tietze, Knobeloch & Gerszonowicz, 2005) sowie die Hort- und Ganztagsangebote-Skala HUGS (vgl. Tietze et al., 2007) zur Feststellung und Unterstützung pädagogischer Qualität in Horten und ausserunterrichtlichen Angeboten eingesetzt.

Insbesondere die ECERS-S- und die CLASS-Skalen werden allerdings seit längerem mit dem Vorwurf belegt, sich ausschliesslich an den Bildungs- und Erziehungszielen von individualistisch geprägten Gesellschaften zu orientieren. In diesem Zusammenhang kritisieren etwa Broberg et al. (1997), Lamb (1998) sowie Pierrehumbert et al. (1997) den Einsatz der Skalen in Portugal (Sylva & Nabuco, 1996) oder Singapur (Kwan & Sylva, 1996) als unangemessen. In neuerer Zeit sind es Rogoff (2003), Rosenthal (2003), Trommsdorff et al. (2004), Woodhead (2005) oder Gonzalez-Mena (2008), die solche Kritiken wieder aufnehmen und zur Debatte stellen. An je unterschiedlichen Beispielen zeigen sie auf, dass in einer Gesellschaft einerseits Förderpraktiken verfolgt werden können, welche solche Skalen nicht abdecken und dass andererseits Erziehungs- und Bildungsziele auf eine andere als die in den Skalen postulierte Art umgesetzt werden können. Deshalb beurteilen sie solche Skalen und die ihnen zugrunde gelegten Merkmale zur Bestimmung dessen, was ein qualitativ hochstehendes frühkindliches Umfeld konstituiert, als zu eng und einseitig auf Werte von individualistisch orientierten Gesellschaften ausgerichtet und deshalb im Kern als ethnozentrisch. Da Werte und Normen mittels Enkulturation und Sozialisation geprägt und verinnerlichte Standards sowohl wegweisend für Verhaltensweisen als auch für Wahrnehmungen werden, ist die ethnozentrische Perspektive grundsätzlich als anthropologische Grundkonstante und nicht als Störung zu verstehen (vgl. Moosmüller, 1996). Ihre Wirkung ist allerdings kaum zu unterschätzen, da sie „das gesamte Spektrum von Erkennen, Wahrnehmen, Bewerten, Fühlen und Reagieren umfassen" und „von der Einstellung über den Diskurs bis zum konkreten Handeln reichen kann" (Antweiler, 1994, S. 149). Problematisch wird die ethnozentrische Sichtweise folglich dann, wenn sie sich einseitig auf die Wahrnehmung und Beurteilung entfaltet, indem nur eigene Werte und Normen sowie darauf basierende Lebensweisen als natürlich und selbstverständlich aufgefasst werden und von diesem Standpunkt aus – häufig unbewusst – alle anderen Menschen und Gruppen eingeschätzt und bewertet werden. Dabei ist es von besonderer Relevanz, dass sich in global vernetzten postmodernen Gesellschaften keine rationalen Begründungen mehr dafür finden lassen, dass nur eine Perspektive „als Orientierungs- und Bewertungsmaßstab für richtiges Handeln gelten kann" (Thomas, 2000, S. 64).

Rosenthal (1999; 2003) erachtet jedoch nicht nur die kulturelle Verflochtenheit des Qualitätsmodells als kritisch, sondern auch die ihm inhärente evaluative Konnotation. Wirft man einen differenzierten Blick in die erwähnten Skalen, so sind die meisten Masse tatsächlich derart standardisiert, dass das erwartete Ausmass eines Qualitätsmerkmals mittels Begriffen wie ‚positiv/negativ' respektive ‚gut/schlecht' bewertend definiert wird.

Würde auf dieser Basis die Bewertung der pädagogischen Qualität lediglich eine vorschulische Institution mit einer homogenen, dem westlichen Kulturmodell angehörenden Klientel betreffen, wäre dies nicht weiter problematisch. Denn solche Bewertungen reflektieren berechtigte Erwartungen der Forschung, dass die Effektivität frühkindlicher Bildungsförderung mit einer höheren Angebotsqualität in Verbindung steht. Problematisch ist dagegen, dass in postmodernen Gesellschaften in den meisten institutionellen Vorschulsettings Kinder sehr unterschiedlicher kultureller Herkunft und sozialer Milieus vertreten sind und sie demzufolge aus Familien mit variablen Handlungs-, Interaktions- und Überzeugungsmustern stammen. Demzufolge führt der sowohl universalistische als auch evaluative Anspruch der bestehenden Qualitätsmodelle ungewollt dazu, dass andere Qualitätsvorstellungen aufgrund der einseitigen Perspektive der Messinstrumente ignoriert oder negativ bewertet, wenn nicht sogar abgewertet werden.

Als Zwischenfazit lässt sich somit festhalten, dass die pädagogische Qualität kein derart eindeutig definierbares und messbares Produkt sein kann, um für alle Gesellschaften und Kulturen universale Gültigkeit zu beanspruchen. Im Kern kann daher das, was als Differenz in der pädagogischen Qualität resultiert, ebenso in unterschiedlich bewerteten kulturellen Merkmalen liegen. Es gilt somit, das Verzerrungspotenzial ethnozentrischen Denkens zu analysieren, das den vorherrschenden Qualitätsmodellen zu Grunde liegen kann.

## 2    Dimensionen kulturell geprägter Erziehungs- und Bildungsmuster

Wenn also davon auszugehen ist, dass Auffassungen zur Qualität und zur frühen Kindheit als kulturelle Konstrukte verstanden werden müssen, dann stellt sich die Frage, ob relevante Dimensionen gefunden werden können, welche einen Vergleich von Erziehungs- und Bildungszielen unterschiedlicher Kulturen erlauben und auf diese Weise Unterschiede sichtbar machen. Rosenthal (2003) hat diese Frage anhand der Figur der kulturellen Skripte beantwortet. Hofstede bezeichnet sie als „mentale Software" (2001, S. 3), d.h. als Programme, die zum Ausdruck bringen, was Menschen einer Gruppe wollen und was sie zugleich vom Denken, Fühlen oder Handeln anderer Gruppen unterscheidet. Beide Konzepte erinnern an das Habitus-Konzept Bourdieus (1982), bei dem die ‚Prägung' durch die Zugehörigkeit eines Menschen zu einer bestimmten Gruppe respektive sozialen Klasse erfolgt. Im Zusammenhang mit der dem vorliegenden Beitrag zu Grunde gelegten These, spiegeln kulturelle Skripte somit auch das gesellschaftliche Verständnis über die Bedeutsamkeit von Bildung, Förderung und Entwicklung von Kindern. Die ersten kulturellen Skripte, die junge Kinder erwerben, beziehen sich beispielsweise auf die Art und Weise, wie Konflikte mit Geschwistern gelöst werden können, wie Vater und Mutter miteinander umgehen oder welche Tischmanieren in der Familie gelten.

Zur Thematik der kulturellen Skripte hat es in den letzten Jahren eine umfassende Auseinandersetzung gegeben. Am bekanntesten geworden sind die Arbeiten von Hofstede (2001; 2007) zur kulturellen Prägung. Mit dem Ziel, Unterschiede zwischen nationalen Kulturen zu erfassen, interviewte er in den 1970er Jahren in mehr als 50 Industriestaaten die Werthaltungen von mehreren tausend Angestellten der Firma IBM. In der Folge kam er zur empirisch belegten Erkenntnis, dass sich Werthaltungen den folgenden fünf Dimensionen zuordnen lassen: Individualismus/Kollektivismus; Femininität/Masku-linität; Unsicherheitsvermeidung; Machtdistanz sowie Langzeit-/Kurzzeitorientierung. Die Individualismus/Kollektivismus-Dimension erfuhr durch zahlreiche vergleichende Untersuchungen zwischen Angehörigen von individualistisch eingestuften Kulturen und Angehörigen von kollektivistisch eingestuften Kulturen den größten Einfluss. Gemäß Hofstede (2001; 2007) beschreibt der Kollektivismus Gesellschaften, die durch eine hie-rarchische Verbundenheit geprägt sind, in denen der einzelne Mensch von Geburt an in starke geschlossene Wir-Gruppen integriert ist, die ihn ein Leben lang schützen, dafür allerdings eine bedingungslose Loyalität verlangen. Mitglieder solcher Gesellschaften be-tonen ihre Zugehörigkeit zur Gruppe durch die Einhaltung von Normen und Pflichten und sind bereit, den Zielen des Kollektivs gegenüber ihren individuellen Zielen Priorität einzuräumen.

Der Individualismus beschreibt hingegen Gesellschaften, die durch eine individuel-le Autonomie gekennzeichnet sind und in denen die Bindungen zwischen den Mitglie-dern locker und freiwillig sind. Die Mitglieder dieser Gesellschaften erachten sich selbst vorwiegend unabhängig von Kollektiven, sie sind vorrangig durch eigene Vorlieben und Bedürfnisse motiviert und stellen ihre persönlichen Ziele über diejenigen anderer. Ent-sprechend wird in individuellen Gesellschaften von jedem Mitglied erwartet, dass es für sich selbst die Verantwortung übernimmt (vgl. Hofstede 2001; 2007).

Dadurch, dass diese Dichotomisierung Hofstedes zwei Prototypen unterschiedlicher Vorstellungen von Erziehung und Bildung darstellt, hilft sie, überhaupt ein Bewusstsein über die Existenz von verschiedenen Kulturen und ihren unterschiedlichen Werten, Nor-men, Lebensstilen und Umgangsformen innerhalb von Gesellschaften zu schaffen. Für die politisch korrekte Bezeichnung der Vielfalt von Orientierungen innerhalb einer Ge-sellschaft gibt es viele Bezeichnungen: Man spricht von Multikulturalität, Interkulturali-tät, Transkulturalität oder Hybridität (vgl. Keller, 2011).

Allerdings erfährt die Dichotomisierung in Individualismus und Kollektivismus seit längerem auch Kritik. So vertreten beispielsweise Schmid (1996) oder Tromsdorff, Mayer und Albert (2004) die Ansicht, dass individualistische und kollektivistische Werthal-tungen häufig ineinander verwoben seien und es somit zu Überschneidungen komme. Weiterhin wird von Kagitcibasi (1994) oder Triandis (1994) die Bipolarität der Dimensio-nen kritisiert und moniert, dass beide Dimensionspole innerhalb einer Kultur koexistie-ren können. Schließlich kritisiert Hofbauer (2009), dass das Konzept des Kollektivismus ebenso wie das des Individualismus den gesellschaftlichen Vorstellungen der westlichen Welt entlehnt sei.

Der hier geführten Thesendiskussion wurde die Individualismus/Kollektivismus-Di-chotomie aus zwei Gründen trotzdem zugrunde gelegt: Erstens, weil es kaum ein Alter-nativkonzept zu geben scheint, das den Zusammenhang von Kultur und Individuum auf einer theoretischen Basis und unter Berücksichtigung verschiedener Analyseeinheiten ermöglicht. Zweitens lässt sich diese Herangehensweise mit Radtke (2000) legitimieren, der den Umgang mit dem kulturell Anderen geprägt durch eine „Zweiwertigkeit der Logik" (S. 15) zu Gunsten unserer individualistischen Mehrheitsgesellschaft sieht, ohne dass eine „Mehrwertigkeit" (ebd.) sichtbar würde, welche unserer kulturell pluralen Gesellschaft angemessen wäre. Diese Zweiwertigkeit tritt auch im Universalismusanspruch des pädagogischen Qualitätsmodells markant zu Tage.

Obwohl die Dichotomie nachfolgend verkürzt dargestellt wird, liefert sie auf der Basis der Kontrastierung von Individualismus und Kollektivismus und anhand der kulturellen Skripte eine heuristische Grundlage für die Diskussion unserer These und das Denken über pädagogische Qualität.

## 3    Orientierungsqualität und kulturelle Skripte

Erziehungs- und Bildungsziele einer Gesellschaft widerspiegeln ihre sozio-ökonomische Geschichte und grundlegende kulturelle Werte (vgl. Rogoff, 2003). Besonders deutlich treten kulturelle Unterschiede zu Tage, wenn es um die Bestimmung der Ziele und Inhalte frühpädagogischer Förderung sowie entwicklungsförderlicher Kontexte geht. Sie führen folglich zu unterschiedlichen Vorstellungen, was pädagogische Qualität ausmacht.

Im Hinblick auf die Orientierungsqualität haben sich in kulturvergleichenden Studien drei Zielbereiche als universal herausgestellt (vgl. Sternberg, 2002; Rogoff, 2003): kognitive Fähigkeiten, soziales und emotionales Verhalten sowie Motivation. Sie sind somit sowohl in individualistischen als auch in kollektivistischen Gesellschaften bedeutsam, obwohl sich ihre kulturellen Skripte massgeblich unterscheiden. Dies wird in Tabelle 1 ersichtlich. Die kulturellen Skripte individualistischer Gesellschaften wurden den deutschen Bildungsplänen entnommen, so wie sie von Stamm (2010) zusammenfassend dargestellt worden sind, während diejenigen kollektivistischer Gesellschaften aus verschiedenen kulturvergleichenden Studien zusammengetragen wurden (vgl. Grigorenko et al., 2001; Hofstede, 2001; Rogoff, 2003; Rosenthal, 1999; 2003). Zu beachten ist dabei, dass es sich um typisierende Beschreibungen handelt und demzufolge in der sozialen Realität sowohl Abweichungen als auch Überschneidungen vorfindbar sind.

**Tabelle 1** Orientierungsqualität im Fokus kultureller Skripte: Erziehungs- und Bildungsziele von Erzieherinnen (vgl. Grigorenko et al., 2001; Hofstede, 2001; Rogoff, 2003; Rosenthal, 1999; 2003; Stamm, 2010)

| Indikatoren | Kulturelle Skripte | |
| --- | --- | --- |
| | Individualistische Gesellschaften | Kollektivistische Gesellschaften |
| Kognitive Fähigkeiten | Neugier und Erfahrung als Grundlagen des Wissenserwerbs aufbauen und ermöglichen | Autoritäten und Traditionen als Quelle des Wissenserwerbs nutzen |
| | Problemlösefähigkeiten erwerben und nutzen | Traditionelles Denken anwenden lernen |
| | Rationales und kritisches Denken lernen | Den Gruppennormen entsprechendes Denken übernehmen |
| | Lernstrategien erwerben: Wie lernt man etwas? | Fähigkeiten zum Memorieren erwerben und verstehen lernen, was richtige Antworten sind: Wie macht man etwas? |
| Soziales und emotionales Verhalten | Zielstrebig werden und in «Ich»-Begriffen denken lernen | Beziehungsfähig werden und in «Wir»-Begriffen denken lernen |
| | Konfliktfähig werden | Harmonie bewahren und direkte Auseinandersetzung vermeiden lernen |
| | Sich in eine Gruppe integrieren können | Die Gruppenharmonie unterstützen lernen und von ihr Loyalität erhalten |
| | Lernen, kommunikativ zu sein | Lernen, zuhören zu können |
| | Lernen, Kinder und Erwachsene zu respektieren | Lernen, Autoritäten (Lehrkräfte und Erwachsene) zu respektieren |
| Motivation | Individuelle Leistungsbereitschaft aufbauen | Leistungsbereitschaft in Bezug auf die soziale Gruppe aufbauen |
| | Gefühle der Selbstwirksamkeit aufbauen | Kooperation mit anderen lernen |
| | Unabhängige und selbstbestimmte Entscheidungen treffen lernen | Sich als verantwortliches Mitglied mit einer sozialen Rolle in einer Gruppe verstehen zu lernen |
| | Individuelle Identität aufbauen | Identität im sozialen Netzwerk aufbauen |

Im Hinblick auf die kognitiven Prozesse stellt die Entwicklung intelligenten Verhaltens zwar in den meisten Gesellschaften ein allgemeines Erziehungsziel dar, doch wird unter Intelligenz sehr Unterschiedliches verstanden. So wissen wir beispielsweise aus den Studien von Grigorenko und seiner Forschungsgruppe (2001), dass in kollektivistisch ausgerichteten Staaten kognitive Fähigkeiten in erster Linie mit der geschickten Nutzung von Autoritäten und Traditionen als Quelle des Wissenserwerbs, des Verstehens, was richtige Antworten sind sowie mit der verantwortungsvollen Partizipation in Familie und Gesellschaft gleichgesetzt werden. Ebenso zeigt Hofstede (2001; 2007) in seinen Untersuchungen auf, dass es in kollektivistisch orientierten Gesellschaften vor allem wichtig ist zu lernen, *wie* man etwas macht und *wie* man einen angemessenen Platz in der Gruppe findet. In unserem Sprachraum sind es jedoch eher auf das Individuum ausgerichtete Ziele, die es zu erreichen gilt, wie etwa, das Kind zu rationalem und kritischem Denken zu ermuntern und ihm zu ermöglichen, Neugier und Erfahrung sowie individuelle Problemlösefähigkeiten zu erwerben (vgl. Keller, 2011).

Auch im Hinblick auf die sozialen und emotionalen Erziehungs- und Bildungsziele sehen die kulturellen Skripte je nach gesellschaftlicher Zugehörigkeit andere Entwicklungen vor. So wird in unserer individualistisch geprägten Kultur das Lernen in ‚Ich-Begriffen' als bedeutsam erachtet und mit dem Erwerb von Zielstrebigkeit, Konflikt-, Integrations- und Kommunikationsfähigkeit sowie Respekt vor anderen Menschen gleich welchen Alters verbunden (vgl. Rosenthal, 2003). Der Betreuungsperson wird dabei die Verantwortung für die Gestaltung eines anregungsreichen Lernkontextes und auch einer förderlichen Beziehung zum Kind zugesprochen. In kollektivistischen Kulturen geht es hingegen viel stärker um die Aufgabe, den Kindern zu vermitteln, wie man in ‚Wir-Begriffen' denken lernt, die Gruppenharmonie bewahren und direkte Auseinandersetzungen vermeiden kann, wie man zuhören lernt, erwachsene Autoritäten respektiert und einen Sinn für Gruppenidentität sowie die Sorge für andere oder Konformität und Folgsamkeit entwickeln kann.

Diese unterschiedlichen kulturellen Skripte verweisen darauf, dass sich auch die Vorstellungen darüber, was eine gute frühkindliche Bildung, Betreuung und Erziehung kennzeichnet, völlig unterschiedlich manifestieren können. Exemplarisch zeigt dies Keller (2011) in ihren Untersuchungen über „Kulturen der Kindheit und ihre Bedeutung für Bildung, Betreuung und Erziehung" auf: Eine Erzieherin, welche kollektivistisch ausgerichteten Eltern zurückmeldet, dass ihr Kind eher still und wenig zielstrebig sei sowie kaum eigene Bedürfnisse äussere, wird die Eltern mit Bestimmtheit irritieren, wenn diese Verhaltensweisen als veränderungsbedürftig eingeschätzt werden, gehören sie doch gerade zum Kern angestrebter Erziehungsziele von Mitgliedern kollektivistisch orientierter Gesellschaften. Gleiches gilt bezüglich der Vorstellungen über die Verantwortung für die Bildung und Erziehung der Kinder. Da kollektivistisch geprägte Eltern dazu tendieren, eine strikte Trennung zwischen familiärer und institutioneller Verantwortung zu machen, werden sie sich vor allem für die soziale und emotionale Entwicklung ihres Kindes verantwortlich fühlen. Bildung und kognitive Förderung verantworten sie daher deutlich stärker den staatlichen (Bildungs-)Institutionen, während dies in individualistisch geprägten Gesellschaften als Verantwortung der Eltern aufgefasst wird.

## 4 Prozessqualität und kulturelle Skripte

Von Erziehungs- und Bildungszielen wird angenommen, dass sie durch entsprechende Betreuungs- und Förderstrategien umgesetzt werden können. Die pädagogische Qualität frühkindlicher Bildungsprogramme kommt somit auch in der Dynamik des Geschehens, d.h. in den sozialen Beziehungen und Interaktionen innerhalb des Settings, zum Ausdruck. Folgt man der Forschungsliteratur zu kulturvergleichenden Studien, so wie sie Rosenthal (1999) aufgearbeitet und Keller (2011) differenziert hat, dann unterscheiden sich auch Erziehungs- und Förderpraktiken je nach kulturellen Kontexten. In Tabelle 2 sind drei Indikatoren aufgeführt, anhand derer die unterschiedlichen kulturellen Skripte in individualistischen und kollektivistischen Gesellschaften differenziert werden können: wie Erzieherin-Kind-Interaktionen gestaltet, Lern- und Entwicklungsumgebungen aufbereitet und Aktivitäten organisiert werden. Wiederum sind die kulturellen Skripte individualistischer Gesellschaften den deutschen Bildungsplänen (vgl. Stamm, 2010), diejenigen kollektivistischer Gesellschaften verschiedener kulturvergleichenden Studien (vgl. Gonzalez-Mena, 2008; Hofstede, 2001; 2007; Kagitcibasi, 1996; Rosenthal, 1999; 2003) entnommen.

**Tabelle 2** Prozessqualität im Lichte kultureller Skripte: Betreuungs- und Förderpraxen (vgl. Gonzalez-Mena, 2008; Hofstede, 2001; 2007; Rosenthal, 1999; 2003; Kagitcibasi, 1996; Stamm, 2010)

| Indikatoren | Kulturelle Skripte | |
| --- | --- | --- |
| | Individualistische Gesellschaften | Kollektivistische Gesellschaften |
| Erzieherin-Kind-Interaktion | Die Erzieherin richtet ihre Aufmerksamkeit auf das individuelle Kind und auf seine Fähigkeiten. | Die Erzieherin bemüht sich darum, dass sich das Kind an den Aktivitäten der Erwachsenen orientiert. |
| | Die Erzieherin verwendet eine elaborierte differenzierte Sprache und ermuntert das Kind, seine Gefühle und Gedanken auszudrücken. | Die Erzieherin nutzt die verbale Interaktion zur Instruktion des Kindes und achtet auf korrekte Antworten. |
| | Die Erzieherin unterstützt die Neugier des Kindes, damit es seine Umgebung exploriert. | Die Erzieherin motiviert das Kind, ihren Anleitungen gegenüber aufmerksam zu sein. |
| | Das Verhältnis der Erzieherin zum Kind ist getragen von gegenseitigem Respekt und Symmetrie. | Das Verhältnis der Erzieherin zum Kind ist hierarchisch und basiert auf grossem kindlichem Respekt. |

**Tabelle 2** Fortsetzung

| Indikatoren | Kulturelle Skripte | |
| --- | --- | --- |
| | Individualistische Gesellschaften | Kollektivistische Gesellschaften |
| Lern- und Entwicklungsumgebung | Lernen findet in altersgleichen oder altersgemischten Gruppen statt. | Lernen findet durch Partizipation an Aktivitäten Erwachsener und älterer Kinder statt. |
| | Spielmöglichkeiten und -räumlichkeiten sowie Lernmaterialien sind auf das Spiel und die autonome Wahl der Aktivität ausgerichtet. | Spielmöglichkeiten und -räumlichkeiten sowie Lernmaterialien sind auf das strukturierte, von der Erzieherin bestimmte Lernen ausgerichtet. |
| Aktivitäten | Lernen geschieht durch geplante Aktivitäten. | Lernen geschieht durch Anleitung und Imitation. |
| | Aktivitäten erlauben fortlaufende individuelle Interaktionen des Kindes mit der Erzieherin. | Aktivitäten erlauben fortlaufende individuelle Interaktionen des Kindes mit anderen Kindern der Gruppe. |
| | Das freie Spiel bietet Möglichkeiten für exploratives Lernen. | Das freie Spiel gilt nicht als Lernen, sondern als Spass und Vergnügen. |
| | Die sozialen Aktivitäten stärken die kindliche Sozialkompetenz. | Die sozialen Aktivitäten stärken das kindliche Zugehörigkeitsgefühl. |

In individualisierten Gesellschaften spielen Erwachsene eine bedeutende Rolle in der Definition und Gestaltung der Beziehung und der Lernumgebung. Dies kommt auch im Bindungskonzept von Bowlby (1969) zum Ausdruck, das die Kindzentriertheit und die exklusive dyadische Aufmerksamkeit mit den im Mittelpunkt stehenden kindlichen Signalen fokussiert. Obwohl Bindung ein universelles Verhaltenssystem darstellt, entscheidet der kulturelle Kontext über seine Qualität. Deshalb wird hierzulande, abgesehen davon, ob sich eine Erzieherin nun eher Fröbels ,zufälligem Unterricht', Montessoris ,vorbereiteter Umgebung' oder einer ,Pädagogik des Dialogs' nach Vygotsky verpflichtet fühlt, von ihr erwartet, dass sie sich auf das Kind, seine Fähigkeiten und Bedürfnisse einstellt, mit einer bewusst differenzierten Sprache mit ihm interagiert und es ermuntert, seine Gefühle und Gedanken auszudrücken. Auf diese Weise verantwortet und unterstützt sie die Entwicklung der kindlichen Neugier und damit die Fähigkeit des Kindes, die Umgebung autonom und spielerisch zu explorieren. Idealtypisch ist das Verhältnis zwischen den beiden getragen von gegenseitigem Respekt und interaktiver Symmetrie. Das Lernen findet in altersgleichen oder beschränkt altersheterogenen Gruppen statt. Die Erzieherin arrangiert dabei Spielmöglichkeiten und Lernmaterialien derart, dass das Kind seine Aktivitäten autonom wählen kann. Das Spiel, ausgerichtet auf den Erwerb kognitiver Kompetenzen, gilt als wichtigste Lernquelle.

Im Gegensatz dazu werden in kollektivistischen Gesellschaften andere Verhaltensweisen und Bindungsrituale als ,entwicklungsangemessen' verstanden. So geschieht Lernen vor allem durch Anleitung und Imitation sowie als Partizipation an Aktivitäten Erwachsener und älterer Kinder. Deshalb steht die Interaktion zwischen Erzieherin und Kind kaum im Mittelpunkt des Geschehens, sondern vielmehr die hierarchische Struktur einer Gruppe. Durch diese soll das kindliche Zugehörigkeitsgefühl gestärkt werden. Eine professionelle Erzieherin zeichnet sich somit dadurch aus, dass sie das Kind gut instruiert, damit es sich aufmerksam an den Aktivitäten älterer Kinder und Erwachsener orientiert und das Gelernte reproduzieren kann. Das gegenseitige Verhältnis ist hierarchisch und basiert auf großem kindlichem Respekt den Erwachsenen gegenüber. Insgesamt wird vom Kind erwartet, dass es sich aktiv um den Wissenserwerb bemüht, sich dabei an den Alltagsaktivitäten der Kultur orientiert und sich angepasst verhält. Das freie Spiel wird nicht als Lernen aufgefasst, sondern ausschließlich als Spaß und Vergnügen.

Folglich ist ein Kind aus einer kollektivistisch orientierten Familie nicht gewohnt, im Mittelpunkt zu stehen, aktiv auf andere – zumal Ältere – zuzugehen oder ihnen Spielangebote zu machen. Es wartet, bis es aufgefordert wird, sich hinzusetzen, zuzuhören und das zu tun, was man ihm sagt. Es versteht sich somit von selbst, dass eine Erzieherin, welche derartiges Verhalten aufgrund ihrer Unkenntnis der kollektivistischen Kultur nicht verstehen und interpretieren kann, möglicherweise zum Schluss kommt, dass ein solches Kind unkooperativ und wenig sozialkompetent sei (vgl. Keller, 2011).

## 5      Verbindungen zur Strukturqualität

Kulturell bedingte Unterschiede in der Orientierungs- und Prozessqualität sind aufs Engste mit strukturellen Qualitätsmerkmalen verflochten. Die Strukturqualität bezeichnet Rahmenbedingungen, die der Praxis vorgegeben sind und vorwiegend politisch geregelt werden. Obwohl solche Merkmale sowohl in individualistischen als auch in kollektivistischen Kulturen wichtige Qualitätsindikatoren darstellen, kann ihr Ausprägungsgrad eine qualitativ unterschiedliche Bedeutung haben. So erhalten in individualistischen Gesellschaften diejenigen Strukturen das Prädikat ,gute Qualität', welche dem Personal ermöglichen, den Kindern individuelle Aufmerksamkeit zu schenken und sie unterstützend und auf ihre Bedürfnisse abgestimmt zu begleiten. Demzufolge gelten kleine Gruppen und ein günstiger Betreuungsschlüssel, eine räumliche Ausstattung mit vielen Möglichkeiten zur individuellen Betätigung und eine den wechselnden kindlichen Bedürfnissen angepasste Tagesstruktur als Merkmale hoher Qualität. Fast diametral Entgegengesetztes trifft für kollektivistische Gesellschaften zu. ,Gute Qualität' garantieren solche Strukturen, welche die Identitätsentwicklung im sozialen Netzwerk unterstützen. Dies sind beispielsweise grössere Gruppen mit wenig Erwachsenen und ein Erzieherin-Kind-Verhältnis, das auf die Gruppensozialisation und die gegenseitige Abhängigkeit ausgerichtet ist.

Vor diesem Hintergrund verdeutlicht bereits ein kurzer Blick in die verfügbaren Mess-skalen wie KES, ECERS oder CLASS, dass solche unterschiedlichen Qualitätsbedeutun-gen kaum ausreichend abgebildet und auch wenig reflektiert werden. Deshalb sollten sie nur in individualistischen Gesellschaften als Messinstrumente eingesetzt werden. Dass dem jedoch kaum so ist, wurde bereits in der Forschungsübersicht im ersten Kapitel auf-gezeigt. Legt man nun eine entsprechende Folie über massgebende internationale Be-richte wie den Starting Strong II-Bericht (OECD, 2006) oder die UNICEF-Studie (2008), dann fällt auf, dass die internationalen Vergleiche aus einer ‚universalistischen' Perspek-tive erfolgen und die jeweils vorherrschenden kollektivistischen oder individualistischen Orientierungen in den untersuchten Staaten wenig berücksichtigt – zumindest wenig kommuniziert und transparent dargelegt – werden, was die Ergebnisse demzufolge ver-zerren dürfte. Dazu zwei Beispiele:

- Im Starting Strong II-Bericht (OECD, 2006) wird ausgeführt, dass allgemeiner Kon-sens darüber bestehe, dass günstige Betreuungsschlüssel mit erfolgreichen Programm-men verknüpft seien (S. 262). In den Reports über die einzelnen Staaten werden dann folgerichtig die Erzieherin-Kind-Betreuungsschlüssel sowohl für Korea (1:25 bei Drei-jährigen) als auch Mexiko (1:30 bei Dreijährigen) kritisiert, ohne dabei auch nur an-satzweise auf die Tatsache zu verweisen, dass es sich bei diesen beiden Staaten um kollektivistisch orientierte Gesellschaften handelt, die andere Qualitätskriterien ver-folgen als die OECD ihrer Review zu Grunde gelegt hatte. Problematisch erscheinen auch Aussagen, wonach die kindliche Persönlichkeit (agency), die natürlichen Lern-strategien sowie die kindliche Eigenständigkeit zu kurz kommen und Erzieherinnen den Kindern viel zu wenig zuhören würden (OECD, 2006, S. 7).
- Eine ähnliche Problematik zeigt sich auch in der UNICEF-Studie (2008). Sie gibt als einen von zehn Indikatoren ebenfalls den Betreuungsschlüssel als Benchmark mit ei-nem Minimum 1:15 vor, ohne jedoch die problematische Vergleichbarkeit unterschied-licher Kulturen im Hinblick auf solche Indikatoren zu diskutieren. Logischerweise führen individualistische Gesellschaften wie skandinavische Staaten oder Frankreich die Rangliste an, während kollektivistische Gesellschaften wie Japan, Portugal, Korea oder Mexico am Schluss platziert sind (z.B. UNICEF-Studie, 2008, S. 2).

Natürlich wäre es zu kurzsichtig, die Qualitätsdebatte lediglich vor diesem Hintergrund zu führen. Zwar schreiben aktuelle Untersuchungen wie etwa der Starting Strong II-Be-richt (OECD, 2006) solchen strukturellen Qualitätsdimensionen einen besonderen, die prozessualen Aspekte übertreffenden Stellenwert zu. Doch wissen wir aus zahlreichen Studien, dass eine korrelative Beziehung zwischen struktureller und prozessualer Quali-tät besteht und deshalb in vergleichbaren Settings signifikante Variationen der pädago-gischen Erziehungs- und Förderarbeit sichtbar werden (vgl. Dunn, 1993; Scarr, Eisenberg & Deater-Deckard, 1994; Stamm, 2009). Deshalb kann auch ein in einem bestimmten kulturellem Setting als ‚günstig' erachteter Betreuungsschlüssel nicht per se als Garant für eine hohe Angebotsqualität verstanden werden.

## 6    Fazit und pädagogische Konsequenzen

In diesem Aufsatz stand die pädagogische Qualität frühkindlicher Bildungsangebote und ihre kulturelle Verflochtenheit im Mittelpunkt. Ausgangspunkt bildete ein international akzeptiertes Modell, das Orientierungs-, Prozess- und Strukturqualität unterscheidet und vielen deutschsprachigen und anglo-amerikanischen Messinstrumentarien zu Grunde liegt. Basierend auf der These, dass dieses Basismodell in vielerlei Hinsicht durch eine ethnozentrische Weltsicht individualistischer Gesellschaften geprägt ist und Qualitätsvorstellungen kollektivistisch orientierter Gesellschaften ignoriert, werden solche Einseitigkeiten analysiert. Anhand der Individualismus/Kollektivismus-Dichotomie von Hofstede (2001; 2007) wurde aufgezeigt, dass verschiedene Gesellschaften, aber auch Gruppen innerhalb einer bestimmten Gesellschaft, sowohl unterschiedliche Erziehungs- und Bildungsziele als auch Betreuungs- und Förderpraktiken verfolgen und dementsprechend das, was Orientierungs-, Prozess- und Strukturqualität ausmacht, auch unterschiedlich definieren.

Was bedeuten solche Erkenntnisse für die frühkindliche Förder- und Bildungspraxis und welche Konsequenzen sind daraus zu ziehen? Zum Ersten dürften aufgrund der individualistischen Ausrichtung des Modells die Aussagen von Qualitätsmessungen auf die Struktur-, Prozess- und Orientierungsqualität individualistischer Gesellschaften eingeschränkt sein. Daraus folgt zweitens, dass demzufolge auch die Möglichkeiten des pädagogischen Fachpersonals eingeschränkt sind, die Qualität der eigenen Praxis zu optimieren und ein kultursensitives Verständnis für die Bedürfnisse von Kindern aus kollektivistisch orientierten Familien zu entwickeln respektive Wege für deren angemessene Förderung zu finden. Denn solange die den Messskalen zu Grunde liegenden kulturellen Skripte ausschließlich individualistisch ausgerichtet und mit sowohl normativem als auch universalistischem Charakter versehen sind, dürfte es ausgesprochen schwierig sein, ein kultursensitives Verständnis zu entwickeln. Deshalb bleiben Forderungen plakativ, dass das pädagogische Fachpersonal über Kompetenzen zur Wertschätzung kultureller Differenzen verfügen müsse und dass Kinder ihrer kulturellen Herkunft entsprechend gefördert werden sollen. Folglich kann ‚Inklusion' oder eine ‚Pädagogik der Vielfalt' nicht anders verstanden werden, als Kinder anderer kultureller Herkunft unserem System ‚anzupassen'.

Damit ist eine weitere grundlegende Schwierigkeit verbunden: Wenn ein universales Qualitätsmodell normativ vorgibt, was unter guter Qualität verstanden wird, dann können auch vielversprechende, wissenschaftsgestützte Intentionen wie etwa der Capability-Ansatz im Sinne einer Befähigungsgerechtigkeit (vgl. Sen, 1992; Robeyns, 2006; Nussbaum, 2011) nur unter dem Primat dieses Basismodells angedacht und entwickelt werden. Damit die Frühpädagogik jedoch ihren „integrativen Bildungsauftrag" (Diehm, 2008, S. 208) wahrnehmen kann, müsste sie solche normativen Beschränkungen thematisieren und Wege aufzeigen, wie sie überwunden werden können. Dabei ist allerdings mit Moosmüller (1996) die grundlegende Erkenntnis zu akzeptieren, dass Ethnozentrismus immer als anthropologische Grundkonstante verstanden werden muss. Da er das

Verhältnis einer Gesellschaft zu ihr fremden Kulturen unvermeidlich beeinflusst, kann er nie eliminiert, jedoch immer reflektiert werden.

Obwohl die Aktivitäten zur Qualitätsentwicklung im frühpädagogischen Bereich vorangetrieben werden, greifen sie auf der Folie der hier dargestellten Problematik zu kurz. Soll dieser Bereich nicht nur mit einem besseren empirie- und theoriebasierten Fundament ausgerüstet werden, sondern ebenfalls in der Diskussion grosser Themen wie Diversität, Interkulturalität, Inklusion oder Bildungsgerechtigkeit einen gewichtigen Beitrag leisten, dann ist das gängige Qualitätsmodell zu überarbeiten. Wenn das, was unter guter frühkindlicher Erziehungs- und Bildungspraxis verstanden wird, in einer Kultur als entwicklungsangemessen, in einer anderen jedoch als entwicklungsunangemessen beurteilt wird, dann kommt die Diskussion um die frühpädagogische Qualität nicht darum herum, sich solchen Herausforderungen anzunehmen. Im Mittelpunkt hat dabei das Ziel zu stehen, die Welt *auch* mit anderen Augen zu sehen und zu akzeptieren, dass das, was anders ist, nicht zwangsläufig ein Defizit darstellt – selbst wenn wir dies mit unserer kulturellen Brille bezweifeln.

## 7    Literatur

Antweiler, C. (1994). Eigenbilder, Fremdbilder, Naturbilder. *Anthropos* 89, 137–168.

Barnett, W.S. (2008). *Preschool education and its lasting effects: Research and policy implications (EPRU Policy Brief)*. Boulder and Tempe: Education and the Public Interest Center & Education and Policy Research Unit.

Bourdieu, P. (1982). *Die feinen Unterschiede – Kritik der gesellschaftlichen Urteilskraft*. Frankfurt: Suhrkamp.

Bowlby, J. (1969). *Attachment and loss. Attachment (Vol. 1)*. London: Hogarth Press (deutsch 1975: *Bindung*. München: Kindler).

Broberg, A.G., Wessels, H., Lamb, M.E. & Hwang, C.P. (1997). The effects of day care on the development of cognitive abilities in eight-year-olds: A longitudinal study. *Developmental Psychology 33*, 62–69.

Diehm, I. & Magyar-Haas, V. (2011). (Sprachliche) Bildung und Befähigung. In L. Ludwig (Hrsg.), *Bildung in der Demokratie II. Tendenzen – Diskurse – Praktiken* (S. 217–228). Opladen: Barbara Budrich.

Diehm, I. (2008). Pädagogik der frühen Kindheit in der Einwanderungsgesellschaft. In W. Thole, H.-G. Rossbach, M. Fölling-Albers & R. Tippelt (Hrsg.), *Bildung und Kindheit. Pädagogik der frühen Kindheit in Wissenschaft und Lehre* (S. 203–213). Opladen & Farmington Hills: Barbara Budrich.

Dunn, L. (1993). Proximal and distal features of day care quality and childrens development. *Early Childhood Research Quarterly 2*, 167–192.

Edelmann, D. (2010). Frühe Förderung von Kindern aus Familien mit Migrationshintergrund – von Betreuung und Erziehung hin zu Bildung und Integration. In M. Stamm & D. Edelmann (Hrsg.), *Frühkindliche Bildung, Betreuung und Erziehung – Was kann die Schweiz lernen?* (S. 199–220). Chur/Zürich: Rüegger.

Fthenakis, W.E. & Oberhuemer, P. (Hrsg.). (2004). *Frühpädagogik international. Bildungsqualität im Blickpunkt*. Wiesbaden: VS Verlag für Sozialwissenschaften.

Gonzalez-Mena, J. (2008*). Diversity in early care and education. Honoring differencces.* Washington: NAEYC.

Greenfield, P. (1997). You can't take it with you. Why ability assessments don't cross cultures. *American Psychologist 52*(10), 1115–1124.

Grigorenko, E.L., Geissler, P.W., Prince, R., Okatcha, F., Nokes, C., Kenny, D.A., Bundy, D.A. & Sternberg, R.J. (2001). The organization of Luo conceptions of intelligence: A study of implicit theories in a Kenyan village. *International Journal of Behavioral Development 25*(4), 367–378.

Grochla, N. (2008). Qualität und Bildung. Eine Analyse des wissenschaftlichen Diskurses in der Frühpädagogik. Münster: Lit.

Harms, T., Clifford, R.M. & Cryer, D. (2005). *Early Childhood Environment Rating Scale-Revised.* Übersetzt von W. Tietze, K.M. Schuster, K. Grenner & H.G. Roßbach, Kindergarten-Skala, Revidierte Fassung (KES-R). Weinheim: Beltz.

Hofbauer, H. (2009). *Interkulturelle Kommunikation – philosophisch betrachtet. Eine (Her-)Ausführung aus der Interkulturellen Kommunikation.* Wroclaw: Oficyna Wydawnicza ATUT.

Hofstede, G. (2001). *Lokales Denken, globales Handeln: Interkulturelle Zusammenarbeit und globales Management.* München: Verlag C.H. Beck.

Hofstede, G. (2007). Der kulturelle Kontext psychologischer Prozesse. In G. Trommsdorff & H.J. Kornadt (Hrsg.), *Theorien und Methoden der Kulturvergleichenden Psychologie. Enzyklopädie der Psychologie* (S. 385–405). Göttingen: Hogrefe Verlag für Psychologie. (Themenbereich C, Serie VII, Band 1).

Honig, M., Joos, M. & Schreiber, N. (Hrsg.). (2004). *Was ist ein guter Kindergarten? Theoretische und empirische Analysen zum Qualitätsbegriff in der Pädagogik.* Weinheim: Juventa.

Kagitcibasi, C. (1994). A critical appraisal of individualism and collectivism: toward a new formulation. U. Kim, H.C. Triandis & C. Kagitcibasi (Hrsg.), *Individualism and collectivism–theory, method and applications* (S. 52–65). Thousand Oaks: Sage Publications.

Kagitcibasi, C. (1996). *Family and human development across cultures.* Maheah, NJ: Erlbaum.

Keller, H. (2011). *Kinderalltag. Kulturen der Kindheit und ihre Bedeutung für Bindung, Bildung und Erziehung.* Berlin: Springer.

Kwan, C. & Sylva, K. (1996). *Effects of day care environment in Singapore.* Paper presented in the XIVth meetings of International Society for the Study of Behavioral Development, Quebec City, Canada.

Lamb, M. (1998). Nonparental child care: Context, quality, correlates and consequences. In I. Sigel & K.A. Renninger. Child psychology in practice (5), W. Damon (Series Ed.), *Handbook of Child Psychology* (S. 73–133). New York: Wiley.

Moosmüller, A. (1996). Interkulturelle Kompetenz und interkulturelle Kenntnisse. Überlegungen zu Ziel und Inhalt im auslandsvorbereitenden Training. In K. Roth (Hrsg.), *Mit der Differenz leben. Europäische Ethnologie und Interkulturelle Kommunikation* (S. 271–290). Münster: Waxmann.

Nussbaum, M.C. (2011). *Creating capabilities. The human development approach.* Cambridge, MA: The Belknap Press of Harvard University.

OECD (2006). *Starting Strong II. Early Childhood Education and Care.* Paris: OECD.

Pianta, R.C., La Paro, K. & Hamre, B. (2005). *The Classroom Assessment Scoring System Pre-K Manual.* Unpublished manuscript. University of Virginia.

Pierrehumbert, B., Ramstein, T. & Karmaniola, A. (1997). *The effects of quality of childcare settings on developmental outcomes: The comparative importance of home vs day care.* Paper presented at the European Conference on Developmental Psychology, Rennes, France.

Prengel, A. (2010). Inklusion in der Frühpädagogik. Bildungstheoretische, empirische und pädagogische Grundlagen. Download am 14.01.2012 von http://www.weiterbildungsinitiative.de/uploads/media/WiFF_Expertise_5_Prengel_Internet.pdf

Radtke, F.O. (2000). Fremde und Allzufremde – Prozesse der Ethnisierung gesellschaftlicher Konflikte. In *Ethnisierung gesellschaftlicher Konflikte: eine Tagung der Friedrich-Ebert-Stiftung am 11. Oktober 1995 in Erfurt* (S. 7–19). Bonn: Forschungsinstitut der Friedrich-Ebert-Stiftung.

Robeyns, I. (2006). Three models of education. Rights, capabilites and human capital. *Theory and Research in Education 4,* 69–84.

Rogoff, B. (2003). *The cultural nature of human development.* Oxford: University Press.

Rosenthal, M. (1999). Child care research: A cultural perspective. *International Journal of Behavioral Development 23*(2), 477–518.

Rosenthal, M. (2003).Quality in early childhood education and care: A cultural context. *European Early Childhood Education Research Journal 11*(2), 101–116.

Scarr, S., Eisenberg, M. & Deater-Deckard, K. (1994). Measurement of quality in child care centers. *Early Childhood Research Quarterly 9,* 131–151.

Schmid, S. (1996). *Multikulturalität in der internationalen Unternehmung: Konzepte, Reflexionen, Implikationen.* Wiesbaden: Gabler.

Sen, A. (1992). *Inequality re-examined.* Oxford: University Press.

Stamm, M. (2009). Qualität in Vorschulsettings. *Zeitschrift für Grundschulforschung 2,* 111–125.

Stamm, M. (2010). *Frühkindliche Bildung, Betreuung und Erziehung. Ein Lehrbuch.* UTB-Taschenbuch.

Stamm, M. et al. (2012). *Integrationsförderung im Frühbereich. Was Frühkindliche Bildung, Betreuung und Erziehung (FBBE) benötigt, damit sie dem Anspruch an Integration gerecht werden kann.* Fribourg: Departement Erziehungswissenschaften (Universität).

Sternberg, R.J. (2002). Cultural explorations of human intelligence around the world. In W.J. Lonner, D.L. Dinnel, S.A. Hayes & D.N. Sattler (Hrsg.), *Online readings in psychology and culture* (Unit 5, Chapter 1). (http://www.wwu.edu/culture), Center for Cross-Cultural Research, Western Washington University, Bellingham, Washington USA.

Sylva, K. & Nabuco, M.E. (1996). *Childen's learning in day care: How shall we study it?* Paper presented in the XIVth meeting of International Society for the Study of Behavioral Development,Quebec City, Canada.

Thomas, A. (2000). Globalisierung und interkulturelle Managerkompetenz. In C. Harteis, H. Heid & S. Kraft (Hrsg.), *Kompendium Weiterbildung. Aspekte und Perspektiven betrieblicher Personal- und Organisationsentwicklung* (S. 51–67). Opladen: Leske+Budrich.

Tietze, W. (Hrsg.). (1998). *Wie gut sind unsere Kindergärten? Eine Untersuchung zur pädagogischen Qualität in deutschen Kindergärten.* Weinheim: Beltz.

Tietze, W. & Viernickel, S. (Hrsg.). (2003). *Pädagogische Qualität in Tageseinrichtungen für Kinder. Ein nationaler Kriterienkatalog.* Weinheim: Beltz.

Tietze, W., Roßbach, H.-G. & Grenner, K. (2005). *Kinder von 4 bis 8 Jahren. Zur Qualität der Erziehung und Bildung im Kindergarten, Grundschule und Familie.* Weinheim: Beltz.

Tietze, W., Knobeloch, J. & Gerszonowicz, E. (2005). *Tagespflege-Skala (TAS). Feststellung und Unterstützung pädagogischer Qualität in der Kindertagespflege.* Berlin: Cornelsen Verlag Scriptor.

Tietze, W., Bolz, M., Grenner, K., Schlecht, D. & Wellner, B. (2007). *Krippen-Skala (KRIPS-R). Feststellung und Unterstützung pädagogischer Qualität in Krippen.* Berlin: Cornelsen Verlag Scriptor.

Tietze, W., Roßbach, H.-G., Stendel, M. & Wellner, B. (2007). *Hort/ Ganztagsangebote-Skala (HUGS). Feststellung und Unterstützung pädagogischer Qualität in Horten und außerunterrichtlichen Angeboten.* Berlin: Cornelsen Verlag Scriptor.

Tietze, W., Schuster, K.-M., Grenner, K., Roßbach, H.-G. (2007). *Kindergarten-Skala (KES-R). Feststellung und Unterstützung pädagogischer Qualität in Kindergärten.* Berlin: Cornelsen Verlag Scriptor.

Tietze, W. & Lee, H.-J. (2009). Ein System der Evaluation, Verbesserung und Zertifizierung pädagogischer Qualität von Kindertageseinrichtungen in Deutschland. In K. Altgeld & S. Stöbe-Blossey (Hrsg.), *Qualitätsmanagement in der frühkindlichen Bildung, Erziehung und Betreuung. Perspektiven für eine öffentliche Qualitätspolitik* (S. 43–62). Wiesbaden: Verlag für Sozialwissenschaften.

Triandis, H.C. (1994). Theoretical and methodological approaches to the study of collectivism and individualism. In U. Kim, H.C. Triandis & C. Kagitcibasi (Hrsg.), *Individualism and collectivism–theory, method and applications* (S. 41–51). Thousand Oaks: Sage Publications.

Trommsdorff, B. Mayer S. & Albert I. (2004). Dimensions of culture in intra-cultural comparisons. Individualism/collectivism and family-related values in three generations. In H. Vinken, J. Soeters & P. Ester (Hrsg.), *Comparing cuitum. Dimensions in a comparative perspective* (S. 157–184). Leiden, The Netherlands: Brill Academic Publishers.

UNICEF (2008). *The child care transition. A league table of early childhood education and care in economically advanced countries.* Florence: UNICEF Innocenti Research Centre.

Woodhead, M. (2005). Early childhood development: A question of rights. *International Journal of Early Childhood 37*(3), 79–98.

# Frühkindliche Bildungsorte in und ausserhalb der Familie

Marianne Schüpbach und Benjamin von Allmen

## 1    Einleitung

In den letzten Jahren wurde zunehmend eine Diskussion um frühkindliche Bildung geführt. Bildung wird dabei nicht mehr nur als bewusste Anregung des Kindes durch Erwachsene zur Informations- und Wissensaneignung verstanden, sondern wird heutzutage viel breiter aufgefasst (vgl. Stamm, 2010). Bildung umfasst die Erfahrung, die zu „vorausschauendem und kompetentem Handeln befähigt" und geht über den „Erwerb von Schlüsselkompetenzen jenseits von Sprache und Mathematik" hinaus (ebd., S. 140). Darüber hinaus beinhaltet Bildung die „Entwicklung einer allgemeinen Lebensführungs- und Lebensbewältigungskompetenz" (Rauschenbach, 2009, S. 94). Auf dem Hintergrund eines solchen Bildungsverständnisses beginnt Bildung bereits ab der Geburt eines Kindes und geschieht in allen kindlichen Lebenswelten, in denen es das Bereitstellen einer möglichst anregungsreichen Umwelt für eine optimale Entwicklung des Kindes bedarf (vgl. Stamm & Edelmann, 2010, S. 11).

Dieser Beitrag beschäftigt sich mit den (früh-)kindlichen Bildungsorten: der Familie (Kapitel 2) und den ausserfamilialen Bildungsorten, der frühkindlichen Bildung, Betreuung und Erziehung (FBBE) (Kapitel 3). Es wird aufgezeigt, welche Rolle der Familie zukommt und welchem Wandel die Familie zurzeit unterworfen ist. Der familiale Wandel, der im Zusammenhang mit gesellschaftlichen Veränderungen in den letzten Jahrzehnten betrachtet wird, liefert zusammen mit neueren (erziehungs-)wissenschaftlichen Erkenntnissen zur (frühkindlichen) Bildung eine Erklärung für den vermehrten Bedarf und die zunehmende Investition in FBBE. Der Beitrag soll im Weiteren den Ausbau und die Nutzung entsprechender Angebote im deutschsprachigen Raum in den letzten Jahren beleuchten. Abschliessend wird ein Fazit gezogen (Kapitel 4).

## 2    Familie

### 2.1    Bildungsort Familie

Im Verlaufe der Menschheitsgeschichte wies die Familie unterschiedliche Ausprägungen auf und nahm eine unterschiedliche gesellschaftliche Relevanz ein. In der modernen Familienforschung wird die Familie durch drei konstitutive abstrakte Merkmale, die zeit- und kulturunabhängig sind, definiert (Nave-Herz, 2009, S. 15.):

- Die biologisch-soziale Doppelnatur aufgrund der Übernahme der Reproduktions- und zumindest der Sozialisationsfunktion neben anderen, die kulturell variabel sind,
- ein besonderes Kooperations- und Solidaritätsverhältnis; denn über die üblichen Gruppenmerkmale hinaus (wie z.B. gemeinsames Ziel, begrenzte Zahl, Struktur, Wir-Gefühl) wird in allen Gesellschaften der Familie eine ganz spezifische Rollenstruktur mit nur für sie geltenden Rollendefinitionen und Bezeichnungen (z.B. Vater/Mutter/Tochter/Sohn/Schwester usw.) zugewiesen [...],
- die Generationsdifferenzierung. Es darf insofern hier nur die Generationsdifferenzierung (also das Eltern- bzw. Mutter- oder Vater-Kind-Verhältnis) und nicht das Ehesubsystem als essenzielles Kriterium gewählt werden, weil es zu allen Zeiten und in allen Kulturen auch Familien gab (und gibt), die nie auf einem Ehesubsystem beruht haben oder deren Ehesubsystem im Verlaufe der Familienbiographie durch Rollenausfall, infolge von Tod, Trennung oder Scheidung, entfallen sind. Damit bilden alleinerziehende Mütter und Väter sowie nichteheliche Lebensgemeinschaften mit Kindern auch Familiensysteme.

Die primäre Sozialisationsinstanz „Familie", die im Zusammenhang mit dem neuen Bildungsverständnis frühkindlicher Bildung im Zentrum des Interesses steht, spielt eine wichtige Rolle für selbstbestimmte Partizipationschancen am gesellschaftlichen Leben (vgl. Schneewind, 2010, S. 132). Die Familie erfüllt die Funktion eines „Gatekeepers" (von Hehl, 2011, S. 41). Der Zugang zu Bildungsorten wie der Schule und anderen Bildungsinstitutionen setzt gewisse Fähigkeiten und Kompetenzen voraus, damit sie erfolgreich genutzt werden können. Die familiale Sozialisation erweist sich dazu als eine wichtige Vorbereitungs-, Begleitungs- und Unterstützungsleistung, die über eine Zulieferungsfunktion hinausgeht (vgl. Brake & Büchner, 2011, S. 144). Auch von der Hagen-Demszky (2011) betont die bildungsrelevante Funktion der Familie. Bildungsprozesse in der Familie beschränken sich nicht auf einzelne Bereiche, sondern sind idealerweise ganzheitlich und beziehen alle Fähigkeiten mit ein (vgl. Eidgenössische Koordinationskommission für Familienfragen [EKFF], 2008, S. 8). Die Qualität des Anregungspotentials und der pädagogischen Interaktionen, die einem Kind in seiner Familie, primär im Umgang mit seinen Eltern, zuteilwird, wird verbreitet unter familialer Prozessqualität subsumiert. Diese steht in Abhängigkeit von der sozialen Herkunft der Familie (vgl. Tietze, 1997). Zahlreiche Studien in den USA und einige wenige in Deutschland untersuchten verschiedene Entwicklungsbereiche von Kleinkindern, wie sprachliche, soziale Fähigkeiten oder Problemlösefähigkeiten, in Abhängigkeit von der familialen Prozessqualität. Die Befunde neuerer US-amerikanischer Studien zeigen, dass die kindliche Entwicklung positiv mit der familialen Prozessqualität zusammenhängt. Die familiale Prozessqualität wiederum erweist sich als abhängig von den ökonomischen Ressourcen einer Familie, also dem Einkommen oder dem Bildungsstand der Eltern. Das heisst, hohe ökonomische Ressourcen gehen mit einem lernförderlicheren Umfeld in der Familie und somit einer hohen familialen Prozessqualität einher (vgl. Crosnoe, Wirth, Pianta, Leventhal & Pierce 2010; Lugo-Gil & Tamis-LeMonda, 2008; Rodriguez & Tamis-LeMonda, 2011). Auch die Längsschnittstudie von Tietze, Rossbach und Grenner (2005) aus Deutschland weist nach, dass die Prozessqualität in der Familie von Bedeutung für die Entwicklung des Kindes vor und während des Kindergartenalters ist. Übereinstimmend mit der US-amerikanischen Forschung bestätigt sich bei der deutschen BIKS-Studie der Zusammenhang zwischen der familialen Prozessqualität und deren ökonomischen Ressourcen für Familien mit Kindern ab drei Jahren (vgl. Kluczniok, Schmitt, Kuger & von Maurice, 2011). Insgesamt wird deutlich, dass bereits beim Vorschuleintritt unterschiedliche Kompetenzen in Abhängigkeit des familialen Hintergrunds der Kinder und somit soziale Disparitäten vorhanden sind. Die Wurzeln der durch die Herkunft bedingten Ungleichheit der Chancen im Bildungssystem sind somit bereits in der frühen Kindheit zu finden (vgl. Rabe-Kleberg, 2010, S. 51). Die Familie gilt als sozialer Ungleichheitsfaktor für den Schulerfolg (vgl. von der Hagen-Demszky, 2011, S. 126). Verschiedene Studien weisen nach, dass es der Schule nicht gelingt, diese bereits bei Schuleintritt bestehenden primären sozialen Disparitäten zu kompensieren (vgl. z.B. Ditton & Krüsken, 2009).

## 2.2    Familialer Wandel

In den vergangenen Jahren lassen sich gesellschaftliche Veränderungen beobachten, die insbesondere die Familie, aber auch deren Verhältnis zur frühkindlichen Bildung anbelangen. Seit Mitte der 1960er Jahren kann man in Europa einen Wandel der Familie feststellen, der insbesondere die Heranwachsenden und deren Bildung beeinflusst. Dies drückt sich in verschiedenen Bereichen des familialen Lebens aus. Nave-Herz (2009) stellt die These auf, dass in den letzten Jahren eine zunehmende Individualisierung und Pluralisierung familialer Lebensformen voranschreitet. Diese Vielfältigkeit der Lebensformen kann dabei sowohl auf die Familienbildungsprozesse (wie Geburt, Verwitwung, Scheidung) als auch auf die Rollenzusammensetzung (Zwei-Eltern-Familie und verschiedene Ein-Eltern-Familien) bezogen werden. Die Bedeutung der Ehe als Lebensform hat in den letzten Jahrzehnten immer weiter abgenommen und die Zahl der Ehescheidungen nahm zu (vgl. Peuckert, 2007, S. 37-40).

Verändert hat sich in den letzten Jahrzehnten auch der Lebens- und Familienzyklus. Immer mehr Menschen werden älter und gleichzeitig sank die Kinderzahl pro Familie. So lag etwa die Geburtenhäufigkeit in der Schweiz 1964 noch bei 2.7 Kindern pro Frau und war somit beinahe doppelt so hoch wie 2010 mit 1.54 Kindern pro Frau (vgl. Bundesamt für Statistik [BFS] 2011). In Deutschland und in Österreich lag die Geburtenziffer 2010 bei 1.39 bzw. 1.44 Kindern pro Frau (vgl. EUROSTAT 2012). In diesen Ländern fand in den letzten Jahrzehnten eine vergleichbare Entwicklung statt. Diese Veränderungen führen zu einer veränderten zeitlichen Strukturierung des individuellen Lebensverlaufs. Zudem folgen immer weniger Menschen den bisher traditionellen verbindlichen Stationen wie „Heirat, Elternschaft, ununterbrochene Erwerbstätigkeit des männlichen Elternteils und abge- und unterbrochene Erwerbstätigkeit von Müttern" (Gerlach, 2010, S. 87). Im Wandel befinden sich nicht nur die Abfolge dieser Stationen (z.B. die Zunahme von Elternschaft vor oder nicht erfolgender Heirat), sondern auch die Dauer der einzelnen Zyklen. So werden die Familienphase, in der Kinder grossgezogen werden, immer kürzer und die nachelterliche Phase immer länger (vgl. Nave-Herz, 2009, S. 26). Dies hängt mit dem veränderten generativen Verhalten zusammen. Das durchschnittliche Alter bei der Erstgeburt ist – bei einer gleichzeitig sinkenden Kinderzahl pro Familie – in den meisten Ländern Europas angestiegen. So lag das durchschnittliche Erstgeburtsalter der Frauen in allen deutschsprachigen Ländern im Jahr 2010 bei ca. 30.2 Jahren, was im Vergleich zum Jahr 2000 einen Anstieg um mindestens ein Jahr oder im Vergleich zu 1990 einen Anstieg um mindestens 2.5 Jahren bedeutet (vgl. BFS, 2012; Österreichisches Institut für Familienforschung [ÖIF], 2011, S. 6; Statistisches Bundesamt, 2012, S. 10-15). Der Geburtenrückgang und das steigende Alter bei der Erstgeburt sind auf verschiedene Ursachen zurückzuführen, wobei diese Veränderungen nicht durch eine grundsätzliche Ablehnung von Familie und Kindern zu erklären sind. Ein Grund ist die steigende Bildungs- und Erwerbsbeteiligung der Mütter (vgl. Peuckert, 2007, S. 48). Zahlreiche internationale Studien konnten als Hinderungsgrund für die Entscheidung, Kinder zu bekommen, u.a. Probleme der Vereinbarkeit von Familie und Beruf aufgrund unzureichender Kinderbetreuungsmöglichkeiten nachweisen. Das heisst, es liegen zu wenig Krippen- und Hortangebote, Ganztagsplätze in Kindergärten sowie Ganztagsschulen vor, die zudem eine zu geringe zeitliche Flexibilität aufweisen (vgl. Bonoli, 2008; DiPrete, Morgan, Engelhardt & Pacalova 2003). Es besteht jedoch Einigkeit, dass die Erklärung der Kinderzahl ein multifaktorielles Bedingungsgeflecht mit vielfältigen Entscheidungsprozessen ist (vgl. Nave-Herz, 2009).

Im Weiteren kann festgehalten werden, dass Mütter zwar wegen der steigenden Bildungs- und Erwerbsbeteiligung weniger zu Hause sind, sie jedoch für ihre Kinder immer mehr Leistungen was „die Intensität der Beziehungen als auch die ökonomischen Aufwendungen und den zeitlichen Umfang für die Betreuung der Kinder anbetrifft" (Nave-Herz 2009, S. 34) mobilisieren. Entsprechend befinden sich auch die lebensweltlichen und institutionellen Räume der Kinder in einem Wandel. Den Kindern stehen heutzutage weniger Freiräume in der Natur zur Verfügung, da Grund und Boden (z.B. steigender Strassenverkehr) intensiver genutzt werden. Hingegen können Kinder heutzutage eine

Vielzahl an Freizeitangeboten (z.B. im Bereich Sport, Musik, Medien) nutzen. Neben Familie und (Vor-)Schule kann in diesem Zusammenhang von weiteren Bildungsorten gesprochen werden, die sich in den letzten Jahren entwickelt haben (vgl. Fuhs, 2002).

# 3      Ausserfamiliale Bildungsorte: Frühkindliche Bildung, Betreuung und Erziehung (FBBE)

## 3.1     FBBE im Fokus des Interesses

Im Zuge des familialen und des demographischen Wandels findet seit wenigen Jahren eine gesellschafts- und bildungspolitische sowie eine wissenschaftliche Diskussion über den Ausbau von FBBE statt. Ein zunehmender Ruf nach FBBE ist insbesondere einem veränderten Bildungsverständnis – Bildung geschieht bereits ab der Geburt eines Kindes und in allen kindlichen Lebenswelten – zuzuschreiben. Einen wichtigen Beitrag zur neuen positiven Einschätzung von FBBE leistet die Wissenschaft. Entwicklungspsychologie und Erziehungswissenschaft konnten in den letzten Jahren nachweisen, dass FBBE keine schädlichen Effekte auf die Bindung zwischen Eltern und Kind hat. Heute findet man eine Neuausrichtung des wissenschaftlichen Erkenntnisinteresses mit Fokus auf die Effektivität der FBBE (vgl. Lanfranchi, 2010). Insgesamt zeigen die Befunde, dass bei guter pädagogischer Betreuungsqualität positive Wirkungen auf Bildungs- und Entwicklungsprozesse zu erwarten sind (vgl. Burger, 2010). Ausserdem wird die FBBE in den letzten Jahren mit der Erhöhung der Bildungsgerechtigkeit in Verbindung gebracht. Aus bildungspolitischer Sicht sollen im Speziellen Kinder aus Familien mit niedrigem sozioökonomischem Status und/oder Migrationshintergrund mittels FBBE gefördert und frühzeitig auf den Schuleintritt und die spätere Schullaufbahn vorbereitet werden. Das heisst, mit FBBE soll den primären sozialen Disparitäten hinsichtlich des späteren Schulerfolgs begegnet werden. Wie Befunde empirischer Studien aus Deutschland zeigen, konnte dieses Ziel bisher nicht erreicht werden (vgl. Keupp, 2011; Kreyenfeld & Krapf, 2010).

Lanfranchi (2010) spricht insgesamt von einem Sinneswandel, der in den letzten Jahren stattfand und die FBBE in ein besseres Licht rücken lies. Diesen Sinneswandel kann man z.B. an der veränderten Terminologie erkennen. So wird beispielsweise anstelle früherer geläufiger Begriffe wie „Fremdplatzierung" oder „familienexterne Betreuung" in der aktuellen Diskussion von „Bildung für Kinder" oder von „familienergänzender Betreuung" gesprochen (ebd., S. 97). Die Begriffe Bildung, Betreuung und Erziehung werden zunehmend zusammen gedacht, weshalb sich im deutschsprachigen Raum die Bezeichnung „Frühkindliche Bildung, Betreuung und Erziehung" (FBBE) verfestigt hat (vgl. Stamm & Edelmann, 2010, S. 9).

## 3.2    Rechtliche Situation

Die rechtliche Situation bezüglich FBBE in den deutschsprachigen Ländern muss im Kontext der gesellschaftlichen Paradigmen der Betreuung betrachtet werden. Die Schweiz, Deutschland und Österreich legen alle Wert auf den freien Markt. Die soziale Verantwortung soll nur „zurückhaltend, bedürfnisorientiert und selektiv" (Stamm, 2010, S. 143) gestaltet werden. Deshalb liegen die Bildung und Betreuung „in der privaten Verantwortlichkeit der Eltern und gelten als Dienstleistung für arbeitende Mütter" (ebd.). Vor diesem Hintergrund überrascht es nicht, dass FBBE wenig gesetzlich geregelt ist. In der Schweiz liegt eine landesweite „Verordnung über die Aufnahme von Kindern zur Pflege und zur Adoption" (PAVO) vor, die unter anderem eine Bewilligungspflicht von Kindertagesstätten und eine Meldepflicht von Tagesfamilien vorschreibt (vgl. EKFF, 2009, S. 15). Die Verordnung ist zurzeit in Revision. Auf der Gemeindeebene bestehen Regelungen für Kindertageseinrichtungen. In Deutschland ist im Sozialgesetzbuch (SGB) ein Tagesbetreuungsausbaugesetz (TAG) vorhanden, welches einen „qualitätsorientierten und bedarfsgerechten Ausbau der Tagesbetreuung und [...] Weiterentwicklung der Kinder- und Jugendhilfe" gesetzlich verankert (Bundesministerium für Familie, Senioren, Frauen und Jugend [BMFSFJ], 2004, S. 1). In diesem ist unter anderem der Förderauftrag von Kinderkrippen und Kindertagespflege für ganz Deutschland gesetzlich festgehalten, der ab August 2013 einen Rechtsanspruch auf einen Krippenplatz für Kinder ab dem ersten Lebensjahr festlegt (vgl. BMFSFJ, 2012, S. 1). Weitere Bestimmungen sind in den einzelnen Bundesländern und auf kommunaler Ebene festgehalten. Bemerkenswert ist, dass in Deutschland bereits seit 1999 alle Kinder ab dem vollendeten dritten Lebensjahr einen Rechtsanspruch auf einen Kindergartenplatz bis zum Schuleintritt haben (vgl. BMFSFJ, 2005, S. 175). In Österreich ist das Kinderbetreuungswesen in den einzelnen Bundesländern geregelt. Die neun Bundesländer halten in ihren Landesrechten sämtliche Regelungen betreffend der Kinderkrippen wie das Personalwesen oder den pädagogischen Auftrag fest (vgl. Rechtsinformationssystem des Bundes 2012).

## 3.3    Das Angebot im Früh- und Vorschulbereich

Das ausserfamiliale Bildungs- und Betreuungsangebot im Früh- und Vorschulbereich hat in den letzten Jahren in Deutschland, Österreich und der Schweiz stark zugenommen (vgl. Bundesministerium für Bildung und Forschung [BMBF], 2010, S. 46; ÖIF, 2007, S. 10; Staatssekretariat für Bildung und Forschung & Schweizerische Konferenz der kantonalen Erziehungsdirektoren, 2007, S. 4). In der deutschen Fachliteratur ist in Bezug auf FBBE von einem Boom um die Frühförderung die Rede (vgl. Wustmann, 2009, S. 323). Das Angebot an FBBE für Kinder bis zum sechsten Lebensjahr kann grundsätzlich nach formeller und informeller Bildung und Betreuung differenziert werden. Der formelle Bereich umfasst institutionalisierte Einrichtungen, währenddessen der informelle Bereich privat organisierte Betreuungsformen wie die Betreuung durch Verwandte oder durch Haushaltshilfen subsumiert (vgl. Stamm, 2009, S. 35).

Die Bezeichnungen der verschiedenen formellen Betreuungsformen variieren zwischen den deutschsprachigen Ländern und teilweise sogar innerhalb eines einzelnen Landes. Die in der Schweiz am häufigsten vorkommenden Formen formeller FBBE sind Kindertagesstätten (Kita), Spielgruppen, Horte und Tagesfamilien (vgl. Stamm, 2009, S. 36). Kitas, die in der Schweiz auch Kinderkrippen genannt werden, betreuen Kinder ab dem Säuglingsalter bis etwa zum vierten oder fünften Lebensjahr ganztägig oder teilzeitlich. Spielgruppen können von Kindern ab dem dritten Lebensjahr bis zum Kindergarteneintritt mit vier oder fünf Jahren für mehrere Stunden pro Woche besucht werden. Sie dienen nicht primär der substantiellen Entlastung der Eltern, sondern „der Erweiterung der Begegnungs- und Erfahrungswelt der Kinder" z.B. durch Basteln, Spielen oder Singen (ebd., S. 37). Ab dem Kindergarteneintritt kann ein Kind einen Hort besuchen, in dem Kinder ganztags in der kindergarten- oder schulfreien Zeit betreut werden. Schliesslich können Kinder ab dem Säuglings- bis zum Schulalter in Tagesfamilien – meist von Personen mit eigenen Kindern in deren Haushalt – betreut werden (vgl. ebd., S. 37). Die Strukturen der FBBE in Deutschland und Österreich sind derjenigen in der Schweiz sehr ähnlich. Jedoch sind in diesen Ländern Kinderkrippen für Kinder ab dem Säuglingsalter bis zum dritten Lebensjahr eingerichtet. Ab dem vollendeten dritten Lebensjahr bis zum Schuleintritt mit sechs Jahren besuchen Kinder in Deutschland und Österreich den Kindergarten (vgl. BMFSFJ, 2005, S. 189; Specht, 2009, S. 21). Vergleichbar mit der Betreuung in Tagesfamilien in der Schweiz werden in Deutschland Kinder in der Kindertagespflege (vgl. BMFSFJ, 2005, S. 177) und in Österreich von Tageseltern betreut (vgl. Specht, 2009, S. 17).

Nennenswert ist der massive Ausbau von FBBE-Angeboten während des vergangenen Jahrzehnts. 2001 gab es in der Schweiz 2.2 Kinderkrippen und -horte pro 1.000 Kinder unter sieben Jahren. 2008 waren es bereits 3.7 Einrichtungen, was einem Zuwachs von 66 Prozent in nur sieben Jahren entspricht (vgl. Bundesamt für Statistik [BFS], 2010). In Deutschland war ein grosses Wachstum bei den Kinderkrippen für die bis Dreijährigen zu beobachten. Zwischen 2002 und 2009 wuchs die Anzahl Kinderkrippen für Zweijährige um 116 Prozent (vgl. BMBF, 2010, S. 233). Gleichzeitig schrumpfte in den letzten Jahren das Kinderkrippenangebot für Kinder zwischen drei und sechs Jahren, da nun der Kindergarten deutschlandweit von über 85 Prozent der Kinder dieser Altersgruppe besucht wird (vgl. Deutsches Jugendinstitut, 2008, S. 16). Auch in Österreich wurde das Angebot an Kinderkrippen ausgebaut. Der Kindertagesheimstatistik ist zu entnehmen, dass zwischen den Jahren 2000 und 2010 die Anzahl Kinderkrippen um 110 Prozent zugenommen hat (vgl. ÖIF, 2011, S. 31). Ohne Zweifel hat sich das Angebot an Kindertagesstätten in den deutschsprachigen Ländern während den letzten Jahren deutlich vergrössert.

Die Kindertagespflege, die zeitweise Betreuung durch eine Tagesfamilie bzw. durch Tageseltern, ist aufgrund ihrer geringeren Organisationsstruktur statistisch weniger gut erfasst. Hochrechnungen zufolge nahm die Anzahl Tagesfamilien in der Schweiz von 2006 bis heute tendenziell zu (vgl. Schweizerischer Verband Tagesfamilien, 2010). In

Deutschland lag die Zunahme der Tagespflege zwischen 2006 und 2010 bei 1.9 Prozent (vgl. BMFSFJ, 2012, S. 8). In Österreich ist zwischen 2005 und 2010 eine Zunahme von rund 6 Prozent zu verzeichnen (vgl. ÖIF, 2011, S. 33). Der Zuwachs an Tagesfamilien erweist sich somit als deutlich geringer als bei den Kinderkrippen.

## 3.4    Nutzung

Die Nutzung von FBBE-Angeboten stieg mit zunehmendem Angebot. 2009 nahmen in der Schweiz 35 Prozent aller Haushalte mit mindestens einem Kind im Alter von null bis sechs Jahren eine Kinderkrippe in Anspruch, wohingegen es im Jahr 2001 erst 23 Prozent waren. Tagesfamilien wurden 2009 mit 14 Prozent vergleichsweise deutlich weniger besucht. Deren Nutzung sank sogar im Vergleich zum Jahr 2001. Die Nutzungsdauer lag 2007 bei Kinderkrippen und Tagesfamilien bei durchschnittlich 2.3 Tagen pro Woche (vgl. BFS, 2008, S. 72). Ein ähnliches Bild zeigt sich in Deutschland und in Österreich (vgl. Tabelle 1). Die Nutzung von Kinderkrippen von unter Dreijährigen hat zwischen 2006 und 2009 bedeutsam zugenommen. Das Angebot Kindertagespflege/Tageseltern wird – vergleichbar mit den Schweizer Verhältnissen – auch in Deutschland und Österreich weniger genutzt als Kinderkrippen. Zu erwähnen ist die unterschiedliche Nutzung frühkindlicher Betreuungsangebote zwischen Ost- und Westdeutschland. Kindertagesstätten in Ostdeutschland sind aufgrund von „regionalen Gegebenheiten sowie landespolitischen Schwerpunktsetzungen" viel verbreiteter als in Westdeutschland (BMBF, 2010, S. 51).

**Tabelle 1**  Deutsche und Österreichische Betreuungsquoten von Kindern unter drei Jahren in Kinderkrippen und Kindertagespflege/Tageseltern (vgl. BMBF, 2010, S. 235; Statistik Austria, 2011, S. 85)

|  |  | Kinderkrippen | | Kindertagespflege/Tageseltern | |
|---|---|---|---|---|---|
|  |  | 2006 | 2009 | 2006 | 2009 |
| **Deutschland** | Ostdeutschland | 36 % | 41 % | 3 % | 4 % |
|  | Westdeutschland | 7 % | 12 % | 1 % | 1 % |
| Österreich |  | 11 % | 16 % | 2 % | 2 % |

Der zunehmende Ausbau und die ansteigende Nutzung von FBBE impliziert nicht, dass für die Bevölkerung aller Regionen ein Zugang zu den Angeboten besteht. So liegt eine ungleiche Verbreitung und Nutzung von FBBE-Angeboten zwischen Stadt und Land vor. In der Schweiz wurden in den letzten Jahren überdurchschnittlich viele neue Kinderkrippen in städtischen Kantonen eröffnet, in denen es bereits vorher verhältnismässig viele Einrichtungen gab (vgl. BFS, 2008, S. 22). In Deutschland zeigt sich, dass ein Kind aus einer Region mit hoher Bevölkerungsdichte mit grösserer Wahrscheinlichkeit eine Kinderkrippe besucht als ein Kind aus einer weniger stark besiedelten Region (vgl. Deutsches Jugendinstitut, 2008, S. 40). Weitere Ungleichheiten bestehen in allen drei Ländern bezüglich der Nutzung der Angebote verschiedener Bevölkerungsgruppen. So werden insbesondere in Deutschland und in Österreich Kinderkrippen von Kindern aus Familien mit Migrationshintergrund deutlich weniger genutzt als von Einheimischen (vgl. BMFSFJ 2012, S. 10; Specht 2009, S. 23). Dies erweist sich insofern als problematisch, als dass oftmals im Speziellen bei dieser Gruppe von Kindern der Bildungsbedarf als besonders hoch eingeschätzt wird. Man erhofft sich, dass gerade diese Kinder von den FBBE-Angeboten im Besonderen profitieren könnten (vgl. Lanfranchi, 2010; Schlanser, 2011; Specht, 2009).

## 3.5    Nachfragepotential

Den beiden vorhergehenden Unterkapiteln ist zu entnehmen, dass sowohl das Angebot von FBBE als auch dessen Nutzung gestiegen sind. Es stellt sich die Frage, ob das Nachfragepotential an FBBE-Angeboten bereits erschöpft ist. In der Schweiz wurde 2004 eine vom Schweizerischen Nationalfonds unterstützte Studie zum Nachfragepotential von FBBE durchgeführt (vgl. Infras, Mecop & Tassinari, 2005). Mittels Simulationsmodell wurde berechnet, dass die Nachfrage hinsichtlich FBBE für Kinder zwischen null und vier Jahren bedeutend grösser ist als das bereits vorhandene Angebot. Basierend auf diesen Analysen fehlten im Jahr 2005 in der Schweiz 50.000 Betreuungsplätze, womit knapp 40 Prozent der geschätzten Nachfragepotentiale gedeckt werden konnten (vgl. ebd., S. 136). Die Autoren arbeiteten im Weiteren drei wichtige Faktoren heraus, die eher zu einem Nichtbesuch einer FBBE-Einrichtung führen. Dabei handelt es sich um den Preis, die Distanz und die Anzahl Kinder pro Betreuungsperson einer Einrichtung (vgl. ebd., S. 114). Auf das vorhandene Nachfragepotential müsste demnach mit einem quantitativen Ausbau an Einrichtungen unter Berücksichtigung der erwähnten Faktoren reagiert werden. Zwischen 2003 und 2011 wurde nun eine Anstossfinanzierung für 35.600 neue Betreuungsplätze durch das Bundesamt für Sozialversicherung geleistet, was einer Erhöhung des geschätzten Platzangebots von gut 70 Prozent gleichkommt (vgl. Bundesamt für Sozialversicherungen, 2012, S. 1).

In Deutschland berechnete das Deutsche Jugendinstitut für das Jahr 2004/2005 einen bundesweiten Betreuungsbedarf an institutionalisierter Betreuung von 36 Prozent für Kinder unter drei Jahren (Elternbedarfsquote) (vgl. Bien & Riedel, 2006, S. 274). Eine wiederholte Befragung im Jahr 2009/2010 wies einen Bedarf von 39 Prozent nach, der auch für das nachkommende Jahr konstant blieb (vgl. BMFSFJ, 2012, S. 18). Die regionalen Bedarfe, insbesondere zwischen West- und Ostdeutschland, können jedoch deutlich differieren. In Bezug auf den zeitlichen Betreuungsbedarf kann festgehalten werden, dass die Eltern vermehrt flexible Lösungen und meist Betreuungsumfänge unterhalb eines Ganztagsplatzes bis zu 25 Stunden pro Woche wünschen (vgl. ebd., S. 20).

Aus Österreich sind keine Schätzungen des Nachfragepotentials bekannt. Im österreichischen Mikrozensus 2003 wurden jedoch Familien mit Kindern unter drei Jahren, die nicht ausserfamilial betreut wurden, nach ihren Gründen für die Nichtnutzung gefragt. Die meistgenannten Antworten waren die Entfernung zu Einrichtungen, die Kosten, die ungünstigen Betreuungszeiten und mangelnde freie Plätze (vgl. ÖIF, 2007, S. 27). Diese Ergebnisse bestätigen die Faktoren, die in der Schweizer Studie von Infras et al. (2005) eruiert wurden. Offenbar würden in den deutschsprachigen Ländern mehr FBBE-Angebote genutzt, wenn ein breiteres und flexibleres Angebot vorhanden wäre, das stärker regionalisiert und preislich günstiger wäre.

## 4     Fazit

Die Familie spielt eine wichtige Rolle für selbstbestimmte Partizipationschancen am gesellschaftlichen Leben. Sie ist ein wichtiger kindlicher Bildungsort und Gatekeeper für den Zugang zu weiteren Bildungsorten wie der Kinderkrippe, der Schule und anderen Bildungsinstitutionen. In den vergangenen Jahren lassen sich gesellschaftliche Veränderungen beobachten, die insbesondere die Familie, aber auch deren Verhältnis zur FBBE anbelangen. Daraus folgend ist ein zunehmender Ruf nach FBBE feststellbar. Man erhofft sich von der FBBE eine zeitlichen Entlastung der Eltern, aber auch eine frühere Förderung der Kinder und somit weniger soziale Disparitäten und eine höhere Chancengleichheit im Bildungssystem. So haben verschiedene Studien gezeigt, dass bereits beim Vorschuleintritt unterschiedliche Kompetenzen in Abhängigkeit des familialen Hintergrunds der Kinder und somit soziale Disparitäten vorhanden sind. FBBE-Angebote wurden in den letzten Jahren im deutschsprachigen Raum stark ausgebaut. Neben den klassischen Kindergärten werden vermehrt auch Krippenangebote für Kinder unter drei Jahren eingerichtet, die immer mehr in Anspruch genommen werden. Schätzungen zu Folge ist die Nachfrage immer noch grösser als das verfügbare von den Eltern gewünschte flexible Angebot. An diesem Punkt wird die Sozial- und Bildungspolitik in den kommenden Jahren noch vermehrt ansetzen müssen. Nebst dem quantitativen Ausbau bedarf es insbesondere den verstärkten Fokus auf die pädagogische Qualität der Angebote. Weitere Forschung im deutschsprachigen Raum muss die differenzierten Wirkmechanismen von FBBE unter Berücksichtigung von Merkmalen pädagogischer Struktur-, Prozess- und Orientierungsqualität der Angebote sowie individueller und familialer Merkmale der Nutzenden analysieren. Es muss überprüft werden, ob die FBBE die an sie gestellten hohen Erwartungen erfüllen kann. Ein weiterer Zugang zu einer gezielten kindlichen Förderung bildet die Familienbildung und -förderung. Angesichts der veränderten Ansprüche an die Kinder und die hohen Erwartungen an die Eltern kommt der Familienbildung mehr Bedeutung zu. In einer zielgruppengerechten und einem ökosystemischen Ansatz („Quartieransatz") folgenden Art und Weise birgt die Familienbildung hohes Potenzial für eine frühere Förderung der Kinder und somit weniger soziale Disparitäten.

# 5 Literatur

Bien, W. & Riedel, B. (2006). Wie viel ist bedarfsgerecht? Betreuungswünsche der Eltern für unter 3-jährige Kinder. In: W. Bien, T. Rauschenbach & B. Riedel (Hrsg.), *Wer betreut Deutschlands Kinder? DJI-Kinderbetreuungsstudie* (S. 267–280). Weinheim und Basel: Beltz.

Bonoli, G. (2008). The Impact of Social Policy on Fertility: Evidence from Switzerland. *Journal of European Social Policy*, 18, 64–77.

Brake, A. & Büchner, P. (2011). Bildungsort Familie. Habitusgene im Netzwerk gelebter Familienbeziehungen. In A. Lange & M. Xyländer (Hrsg.), *Bildungswelt Familie. Theoretische Rahmung, empirische Befunde und disziplinäre Perspektiven* (S. 142–166). Weinheim und München: Juventa.

Bundesamt für Sozialversicherungen (2012). *Finanzhilfen für familienergänzende Kinderbetreuung: Bilanz nach neun Jahren (Stand 1. Februar 2012)*. Bern: Bundesamt für Sozialversicherungen.

Bundesamt für Statistik [BFS] (2008). *Familien in der Schweiz. Statistischer Bericht 2008*. Neuchâtel: Bundesamt für Statistik.

Bundesamt für Statistik [BFS] (2010). *Anzahl Kinderkrippen und Kinderhorte*. Verfügbar unter: <http://www.bfs.admin.ch/content/bfs/portal/de/index/themen/20/05/blank/key/Vereinbarkeit/06.html> [10.08.2012].

Bundesamt für Statistik [BFS] (2011). *Bevölkerungsbewegung. Zusammengefasste Geburtenziffer*. Verfügbar unter: <http://www.bfs.admin.ch/bfs/portal/de/index/themen/01/06/blank/key/02/05.html> [11.09.2012].

Bundesamt für Statistik [BFS] (2012). *Bevölkerungsstand und –struktur. Übersicht*. Verfügbar unter: <http://www.bfs.admin.ch/bfs/portal/de/index/themen/01/02/blank/key/bevoelkerungsstand.html> [03.09.2012].

Bundesministerium für Bildung und Forschung [BMBF] (2010). *Bildung in Deutschland 2010. Ein indikatorengestützter Bericht mit einer Analyse zu Perspektiven des Bildungswesens im demographischen Wandel*. Bielefeld: W. Bertelsmann.

Bundesministerium für Familie, Senioren, Frauen und Jugend [BMFSFJ] (2004). *Das Tagesbetreuungsausbaugesetz (TAG)*. Berlin: BMFSFJ.

Bundesministerium für Familie, Senioren, Frauen und Jugend [BMFSFJ] (2005). *Zwölfter Kinder- und Jugendbericht. Bericht über die Lebenssituation junger Menschen und die Leistungen der Kinder- und Jugendhilfe in Deutschland*. Berlin: BMFSFJ.

Bundesministerium für Familie, Senioren, Frauen und Jugend [BMFSFJ] (2012). *Dritter Zwischenbericht zur Evaluation des Kinderförderungsgesetztes*. Berlin: BMFSFJ.

Burger, K. (2010). Frühkindliche Bildungsforschung: Nationale und internationale Bestandsaufnahme und Konsequenzen für Bildungspraxis und -politik in der Schweiz. In: M. Stamm & D. Edelmann (Hrsg.), *Frühkindliche Bildung, Betreuung und Erziehung. Was kann die Schweiz lernen?* (S. 271–289). Zürich: Rüegger.

Crosnoe, R., Wirth, R.J., Pianta, R.C., Leventhal, T. & Pierce, K.M. (2010). Family Socioeconomic Status and Consistent Environmental Stimulation in Early Childhood. *Child Development*, 81, 3, 972–987.

Deutsches Jugendinstitut (2008). *Zahlenspiegel 2007. Kinderbetreuung im Spiegel der Statistik*. München: DJI.

DiPrete, T.A., Morgan, S.P., Engelhardt, H. & Pacalova, H. (2003). *Do Cross-National Differences in the Costs of Children generate Cross-National Differences in Fertility Rates?* Verfügbar unter: <www.diw.de/deutsch/produkte/publikationen/diskussionspapiere/docs/papers/dp355.pdf> [6.8.2012].

Ditton, H. & Krüsken, J. (2009). Denn wer hat, dem wird gegeben werden? Eine Längsschnittstudie zur Entwicklung schulischer Leistungen und den Effekten der sozialen Herkunft in der Grundschulzeit. *Journal für Bildungswissenschaft Online*, I, 1, 33–61.

Eidgenössische Koordinationskommission für Familienfragen [EKFF] (2008). *Familien- und schulergänzende Kinderbetreuung. Eine Bestandesaufnahme der Eidgenössischen Koordinationskommission für Familienfragen EKFF.* Bern: EKFF.

EUROSTAT (2012). *Geburten- und Sterberaten.* Verfügbar unter: <http://wko.at/statistik/eu/europa-geburtenrate.pdf> [11.09.2012].

Fuhs, B. (2002). Kindheit, Freizeit und Medien. In: H.-H. Krüger & C. Grunert (Hrsg.), *Handbuch Kindheits- und Jugendforschung* (S. 637–651). Opladen: Leseke und Budrich.

Gerlach, Irene (2010). *Familienpolitik.* 2. aktualisierte und überarbeitete Auflage. Wiesbaden: VS Verlag für Sozialwissenschaften.

Infras; Mecop; Tassinari (2005). *Familienergänzende Kinderbetreuung in der Schweiz: Aktuelle und zukünftige Nachfragepotentiale. Wissenschaftlicher Bericht.* Zürich: Infras.

Keupp, H. (2011). Verwirklichungschancen von Anfang an: Frühe Förderung als Beitrag zur Befähigungsgerechtigkeit. In: R. Günther; K. Pfeifer & T. Drössler (Hrsg.), *Aufwachsen in Dialog und sozialer Verantwortung. Bildung – Risiken – Prävention in der frühen Kindheit* (S. 49–70). Wiesbaden: VS Verlag für Sozialwissenschaften.

Kluczniok, K.; Schmitt, M.; Kuger, S. & von Maurice, J. (2011). Familiale Anregungsbedingungen im Spiegel ökonomischer Ressourcen. In: A. Lange & M. Xyländer (Hrsg.), *Bildungswelt Familie. Theoretische Rahmung, empirische Befunde und disziplinäre Perspektiven* (S. 190–207). Weinheim und München: Juventa.

Kreyenfeld, M.; Krapf, S. (2010). Soziale Ungleichheit und Kinderbetreuung – Eine Analyse der sozialen und ökonomischen Determinanten der Nutzung von Kindertageseinrichtungen. In: R. Becker & W. Lauterbach (Hrsg.), *Bildung als Privileg. Erklärungen und Befunde zu den Ursachen der Bildungsungleichheit.* 4. aktualisiert Auflage (S. 107–128). Wiesbaden: VS Verlag für Sozialwissenschaften.

Lanfranchi, A. (2010). Familienergänzende Betreuung. In: M. Stamm & D. Edelmann (Hrsg.), *Frühkindliche Bildung, Betreuung und Erziehung. Was kann die Schweiz lernen?* (S. 93–117). Zürich: Rüegger.

Lugo-Gil, J. & Tamis-LeMonda, C.S. (2008). Family Resources and Parenting Quality: Links to Children's Cognitive Development Across the First 3 Years. *Child Development,* 79, 4, 1065–1085.

Nave-Herz, R. (2009). *Familie heute. Wandel der Familienstrukturen und Folgen für die Erziehung.* 4. Auflage. Darmstadt: Wissenschaftliche Buchgesellschaft.

Österreichisches Institut für Familienforschung [ÖIF] (2007). *Situation der Kinderbetreuung im Bundesländervergleich. Angebot, Nutzung und Rahmenbedingungen für Kinder unter sechs Jahren (Working Paper Nr. 62).* Wien: ÖIF.

Österreichisches Institut für Familienforschung der Universität Wien [ÖIF] (2011). *Familien in Zahlen. Statistische Informationen zu Familien in Österreich.* Wien: ÖIF.

Peuckert, R. (2007). Zur aktuellen Lage der Familie. In: J. Ecarius (Hrsg.), *Handbuch Familie* (S. 36–56). Wiesbaden: VS Verlag für Sozialwissenschaften.

Rabe-Kleberg, U. (2010). Bildungsarmut von Anfang an? Über den Beitrag des Kindergartens im Prozess der Reproduktion sozialer Ungleichheit. In: H.-H. Krüger; U. Rabe-Kleberg; R.-T. Kramer & J. Budde (Hrsg.), *Bildungsungleichheit revisited. Bildung und soziale Ungleichheit vom Kindergarten bis zur Hochschule* (S. 45–54). Wiesbaden: VS Verlag für Sozialwissenschaften.

Rauschenbach, T. (2009). *Zukunftschance Bildung. Familie, Jugendhilfe und Schule in neuer Allianz.* Weinheim und München: Juventa.

Rechtsinformationssystem des Bundes (2012). *Landesrecht in konsolidierter Fassung.* Verfügbar unter: <www.ris.bka.gv.at> [ 22.02.2012].

Rodriguez, E.T. & Tamis-LeMonda, C.S. (2011). Trajectories of the Home Learning Environment Across the First 5 Years: Associations With Children's Vocabulary and Literacy Skills at Prekindergarten. *Child Development,* 82, 4, 1058–1075.

Schlanser, R. (2011). Wer nutzt in der Schweiz Kinderkrippen? *Soziale Sicherheit,* 3, 139–143.

Schneewind, K.A. (2010). *Familienpsychologie, 3., überarbeitete und erweiterte Auflage*. Stuttgart: W. Kohlhammer.

Schweizerischer Verband Tagesfamilien (2010). *Zahlen und Fakten*. Verfügbar unter: <http://www.tagesfamilien.ch/Default.aspx? tabid=317> [30.01.2012].

Specht, W. (2009). *Nationaler Bildungsbericht Österreich 2009. Band 2. Fokussierte Analysen bildungspolitischer Schwerpunktthemen*. Graz: Leykam.

Staatssekretariat für Bildung und Forschung & Schweizerische Konferenz der kantonalen Erziehungsdirektoren (2007). *Schweizer Beitrag für die Datenbank „Eurybase – The Database on Education Systems in Europe"*. Verfügbar unter: <http://www.edk.ch/dyn/ bin/12961-13429-1-eurydice_00d.pdf> [10.08.2012].

Stamm, M. (2009). *Frühkindliche Bildung in der Schweiz. Eine Grundlagenstudie im Auftrag der Schweizerischen UNESCO-Kommission*. Fribourg: Universität Fribourg.

Stamm, M. (2010). Bildung und Betreuung kontrovers. Probleme und Perspektiven des frühpädagogischen Diskurses. In: M. Stamm & D. Edelmann (Hrsg.), *Frühkindliche Bildung, Betreuung und Erziehung. Was kann die Schweiz lernen?* (S. 137–153). Zürich und Chur: Rüegger.

Stamm, M. & Edelmann, D. (2010). Bildung und Betreuung für die Jüngsten – was kann die Schweiz lernen? In: M. Stamm & D. Edelmann (Hrsg.), *Frühkindliche Bildung, Betreuung und Erziehung. Was kann die Schweiz lernen?* (S. 9–18). Zürich und Chur: Rüegger.

Statistik Austria (2011). *Kindertagesheimstatistik 2010/11*. Wien: Statistik Austria.

Statistisches Bundesamt (2012). *Geburten in Deutschland. Ausgabe 2012*. Wiesbaden: Statistisches Bundesamt.

Tietze, W. (1998). *Wie gut sind unsere Kindergärten? Eine Untersuchung zur pädagogischen Qualität in deutschen Kindergärten*. Berlin: Luchterhand.

Tietze, W., Rossbach, H.-G., Grenner, K. (2005). *Kinder von 4 bis 8 Jahren. Zur Qualität der Erziehung und Bildung in Kindergarten, Grundschule und Familie*. Weinheim und Basel: Beltz.

Von der Hagen-Demszky, A. (2011). Familiale Bildungswelten – Familiale Lebensführung als Ressource oder Restriktion? In: A. Lange & M. Xyländer (Hrsg.), *Bildungswelt Familie. Theoretische Rahmung, empirische Befunde und disziplinäre Perspektiven* (S. 117–141). Weinheim und München: Juventa.

Von Hehl, S. (2011). *Bildung, Betreuung und Erziehung als neue Aufgabe der Politik. Steuerungsaktivitäten in drei Bundesländern*. Wiesbaden: VS Verlag für Sozialwissenschaften.

Wustmann, C. (2009). Frühkindliche Erziehung. In: S. Andresen, R. Casale, T. Gabriel, R. Horlacher, S. Larcher Klee & J. Oelkers (Hrsg.), *Handwörterbuch Erziehungswissenschaft* (S. 322–335). Weinheim, Basel: Beltz.

# Kooperation von Familien und familienergänzenden Einrichtungen[1,2]

Klaus Fröhlich-Gildhoff

## 1 Einführung: Die Bedeutung der Zusammenarbeit zwischen Fachkräften in Kitas und den Eltern

Die Zusammenarbeit mit (den) Eltern und weiteren Bezugspersonen in Kindertageseinrichtungen, ist – neben der ‚direkten' pädagogischen Arbeit mit den Kindern und der Vernetzung mit anderen Institutionen – eines von drei wesentlichen Bestimmungsmomenten moderner Frühpädagogik; dies spiegelt nicht nur der fachwissenschaftliche Diskurs (z.B. Wolf, 2006; Viernickel, 2006; Fried & Roux, 2006; Kasüschke & Fröhlich-Gildhoff, 2008), sondern zeigt sich in Deutschland auch in den normativen Vorgaben des Sozialgesetzbuch VIII (§ 22, Abs. 2 und 3) und in fast allen Bildungs- bzw. Orientierungsplänen der Bundesländer für Kindertageseinrichtungen (vgl. die Zusammenstellungen bei Textor, 2006a; Roth, 2010) .

Diese Zusammenarbeit hat deshalb eine hohe Bedeutung, weil

- Eltern und pädagogische Fachkräfte gemeinsam für das Wohl des Kindes in verschiedenen Lebensbereichen Verantwortung tragen.

---

1 Teile dieses Beitrags basieren auf einer deutlich überarbeiteten und aktualisierten Fassung eines Artikels von Fröhlich-Gildhoff et al. (2011a).

2 Ein besonderer Dank geht an Sibylle Fischer für ihre Anregungen und Anmerkungen zu diesem Beitrag.

- Längsschnittuntersuchungen (vgl. z.B. Sylva, Melhuish, Sammons & Siraj-Blatchford, 2004) und Befunde aus der Bindungsforschung (u.a. Ahnert, 2004; 2010) zeigen, dass familiale Sozialisationsbedingungen tendenziell einen größeren Einfluss auf die Entwicklung von Kindern haben als die pädagogischen Fachkräfte in Kindertageseinrichtungen. Eltern sind jedoch aufgrund der gesellschaftlichen Veränderungen und deren Auswirkungen auf das Familienleben zunehmend belastet und hinsichtlich ihrer Erziehungsvorstellungen verunsichert (z.B. Henry-Huthmacher, 2008). Sie nehmen die Fachkräfte in den Institutionen der Frühpädagogik als kompetente Unterstützer/innen und Berater/innen in Erziehungs- und Bildungsfragen an (z.B. Fröhlich-Gildhoff, Kraus & Rönnau, 2005; 2006).
- Eltern über die Kindertagesstätten niedrigschwellig erreicht, für Themen der Elternbildung sensibilisiert und zur Wahrnehmung entsprechender Angebote vor Ort motiviert werden können (vgl. Rönnau & Fröhlich-Gildhoff, 2008, S. 21f., Thiersch, 2006, S. 90). Dies hat gerade angesichts der Veränderung familialer Lebenslagen und wachsender Unsicherheit von Eltern in Erziehungsfragen eine besondere Bedeutung (vgl. z.B. Textor, 2010; Henry-Huthmacher, 2008).
- alle Eltern, unabhängig von ihrem kulturellen und sozioökonomischen Hintergrund eine Atmosphäre des Willkommenseins und der Integration erfahren können.
- über eine enge Zusammenarbeit möglichen Entwicklungsrisiken und -Auffälligkeiten der Kinder vorgebeugt werden kann (z.B. Hess, 2011; Bengel, Meinders-Lücking & Rottman, 2009).

## 2    Grundsätzliches zu Zusammenarbeit mit Eltern und Erziehungspartnerschaft

Kindertageseinrichtungen haben den Auftrag, familienergänzend tätig zu werden. Das bedeutet, dass sie ihre inhaltlichen und strukturellen Angebote an der Situation und den Bedürfnissen von Familien ausrichten müssen.

> „Um an den Bedürfnissen der Familien anknüpfen zu können und eine individuelle Förderung des Kindes zu gewährleisten, ist der Austausch mit Eltern unabdingbare Voraussetzung. Den Fachkräften kommt dabei als Vertreter/innen der Einrichtungen eine gewichtige Rolle zu, da sie auf den Prozess der Zusammenarbeit großen Einfluss nehmen. Sie gestalten die Rahmenbedingungen, interagieren mit den Eltern und beziehen gewonnene Informationen in ihre Arbeit ein. Ihre Kenntnisse, Orientierungen und Kompetenzen sind demnach entscheidende Faktoren in der Ausgestaltung der Zusammenarbeit" (Friederich, 2011, S. 8).

Der lange Zeit vorherrschende Begriff der ‚Elternarbeit' – der von der Semantik her Eltern eher als Gegenstand betrachtet, an dem herum gearbeitet wird – wird in der Fachdiskussion zunehmend durch die Begriffe ‚Zusammenarbeit mit Eltern' bzw. ‚Erziehungspartnerschaft' ersetzt, die auf das Grundverhältnis einer (gleichwertigen) Kooperation verweisen.

Unter dem Begriff der ‚Erziehungspartnerschaft' oder ‚Bildungspartnerschaft' (vgl. Textor, 2009) wird die Notwendigkeit beschrieben, dass sich Eltern und pädagogische Fachkräfte (Erzieher/innen, Kindheitspädagoginnen und -pädagogen oder Lehrkräfte) gemeinsam im Interesse der Kinder austauschen und partnerschaftlich die Entwicklung des Kindes fördern. Das bedeutet, dass beide wichtigen Bezugssysteme der Kinder eng kooperieren, ihr Handeln und ihre Haltung gegenseitig austauschen und sich gemeinsam im Interesse der Kinder unterstützen. Textor (2009, S. 157f.) beschreibt Erziehungs- und Bildungspartnerschaft wie folgt:

> „Die Grundhaltung ist hier, dass die Erziehung und Bildung eines Kindes die ‚Co-Produktion' von Eltern, Erzieher/innen, Lehrkräften und dem Kind selbst ist. Daraus ergibt sich die Zusammenarbeit zwischen allen Erwachsenen, basierend auf einem intensiven dialoghaften Informations- und Erfahrungsaustausch. Je mehr die Familie als Co-Produzent von Bildung wahrgenommen und je intensiver die Kooperation mit ihr wird, umso mehr müssen Erzieher/innen und Lehrkräfte ihre Erziehungs- und Bildungsziele mit den Eltern abstimmen und ihre Bildungsangebote in die Familie hineintragen".

Rabe-Kleberg (2008, S. 10) bezeichnet die Bildungsgemeinschaft Kita und Familie als „Lern- und Forschungsgemeinschaft". „Die Erzieherinnen gehen mit den Eltern eine Lern- und Forschungssituation gegenüber dem Kind ein, die gelingt, wenn eine gemeinsame Sprache gefunden wird und sich die Haltung zum Kind auch als Haltung unter den Erwachsenen fortsetzt" (ebd.). Die Interaktionen zwischen Eltern und pädagogischen Fachkräften beeinflussen die Lernatmosphäre, die Inhalte der Förderung und die Interaktionen mit dem Kind selbst (vgl. Larrá, 2005, S. 240). Die Qualität dieser Prozesse wirkt sich unmittelbar auf die Entwicklungsprozesse der Kinder aus (vgl. Viernickel, 2006; Strehmel, 2008; Ott et al., 2007).

Pädagoginnen und -pädagogen, Eltern und Kind(er) bewegen sich in einem ‚Beziehungsdreieck' (vgl. Abb. 1). Dies bedeutet, dass sich die Erwachsenen immer wieder bewusst machen müssen, dass sie aufeinander bezogen die Kontakte zum Kind gestalten und ausbalancieren sollten.

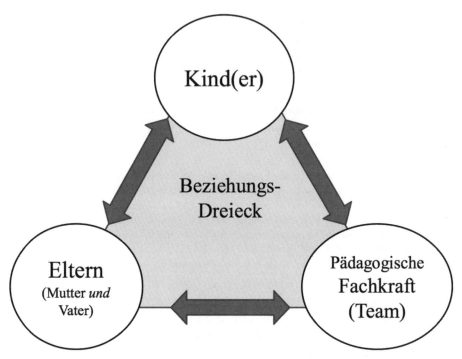

**Abbildung 1** Beziehungsdreieck der Erziehungspartnerschaft

Erzieher/innen sind nach den (Ehe-)Partner/innen für die Eltern die wichtigsten Ansprechpersonen bei Erziehungsfragen, wie die Studie von Fröhlich-Gildhoff, Kraus und Rönnau (2006) zeigte; sie sind wichtiger als andere Personen, wie z.B. Kinderärzte oder Verwandte. Besondere Wünsche nach Unterstützung zeigten sich bei Fragen hinsichtlich der Entwicklung des Kindes, bei der Erziehung oder auch beim Betrachten möglicher Verhaltensauffälligkeiten [Befragung von 1.147 Eltern]. Eine ähnlich hohe Bedeutung der Lehrkräfte und Erzieher/innen zeigte sich in der ifb-Elternbefragung 2002 (vgl. Smolka, 2006).

Auch wenn die Forderung nach dem Erreichen einer ‚Partnerschaft auf Augenhöhe' zwischen pädagogischen Fachkräften und Eltern positiv besetzt ist, wird der Begriff der ‚Erziehungspartnerschaft' im Fachdiskurs allerdings z.T. auch kritisch hinterfragt. So weisen z.B. Cloos und Karner (2010) darauf hin, dass der Begriff der ‚Partnerschaft' ein grundsätzlich asymmetrisches Verhältnis zwischen Eltern und Fachkräften nicht ausreichend reflektiert. Beide Gruppen haben unterschiedliche Sichtweisen, Ziele und z.T. auch unterschiedliche Interessen, die nicht immer partnerschaftlich oder gar ‚auf Augenhöhe' abzugleichen sind. Nicht selten sehen sich Erzieher/innen und Eltern als Konkurrenz, schieben sich wechselseitig die Schuld für Probleme der Kinder zu und ähnliches. Ebenso betont Brock (2011, S. 16) ausdrücklich, dass es von Bedeutung ist, mögliche existierende Machtasymmetrien und Hierarchien in den Blick zu nehmen, zu reflektieren und zu bearbeiten.

## 3　　Die Bedeutung der Haltung der Fachkräfte

Eine entscheidende Bedeutung für eine gelingende Zusammenarbeit zwischen pädagogischen Fachkräften und Eltern haben die professionellen Haltungen, also handlungsleitenden Orientierungen der Fachkräfte.

> „Mit dem Terminus ‚professionelle Haltung‘ sind also konkret Orientierungsmuster, im
> Sinne von handlungsleitenden (ethisch-moralischen) Wertorientierungen, Normen, Deu-
> tungsmustern und Einstellungen gemeint, die Pädagoginnen und Pädagogen in ihre Arbeit
> und den pädagogischen Bezug einbringen. Das Bild vom Kind und das eigene professionelle
> Rollen- und Selbstverständnis gehören im Kern zu dieser Haltung. Haltungen stellen die
> Grundlage für Verhalten, für die Gestaltung von Praxis und von pädagogischen Beziehun-
> gen dar" (Nentwig-Gesemann et al., 2011, S. 10).

Da pädagogische Situationen immer von einem hohen Grad von Komplexität, Mehrdeu-
tigkeit und Ungewissheit gekennzeichnet und daher im Detail auch nur begrenzt planbar
sind (ebd.), müssen die Fachkräfte in besonderer Weise die eigenen – auch biografisch
geprägten – Einstellungen und (Vor)urteile in der jeweiligen Interaktionssituation reflektieren (vgl. auch Fischer, 2011).

Die Bedeutung der Haltung der Fachkräfte in der Zusammenarbeit mit Eltern, konnte
in der Studie von Fröhlich-Gildhoff, Kraus & Rönnau (2005; 2006), die im Rahmen des
Projekts „Stärkung der Erziehungskraft der Familie durch und über den Kindergarten",
gefördert von der Landesstiftung Baden-Württemberg[3], empirisch nachgewiesen werden.
Eine wesentliche Erkenntnis bestand darin, dass eine veränderte Haltung der Erzieher/
innen gegenüber den Eltern, den Erfolg der Zusammenarbeit zwischen Eltern und ErzieherInnen positiv beeinflusst bzw. gewährleistet:

> „Dort wo Konkurrenz bestand, Berührungsängste den wechselseitigen Umgang prägten
> und/oder vorrangig die Defizite der Erziehungsberechtigten gesehen wurden, gelang es
> durch ein verändertes und gestärktes Selbstverständnis der Fachkräfte, den Blick vom ein-
> zelnen Kind zur gesamten Familie zu weiten. Die ErzieherInnen sahen, dass sie als Professi-
> onelle auf die Eltern zugehen und sich an deren Stärken und Interessen orientieren sollten.
> Dabei ist es wichtig, die je einzelne Familie mit ihren Ressourcen aber auch Problemen in
> den Blick zu nehmen" (Fröhlich-Gildhoff, Kraus & Rönnau, 2006, S. 14).

Aus der empirischen Analyse von Teamprozessen zur Verbesserung der Zusammenarbeit zwischen Eltern und Fachkräften in 146 Einrichtungen ließ sich eine „Wirkungskette
zur Gestaltung einer erfolgreichen Zusammenarbeit" (ebd.) beschreiben:

---

3　Heute: Baden-Württemberg Stiftung

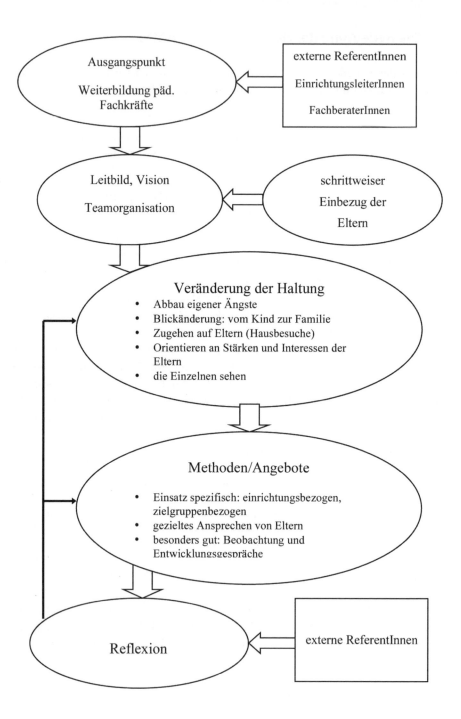

**Abbildung 2** Wirkungskette zur Gestaltung einer erfolgreichen Zusammenarbeit zwischen Eltern und pädagogischen Fachkräften (Fröhlich-Gildhoff, Kraus & Rönnau, 2005, S. 28)

Den Ausgangspunkt dieser Wirkungskette bilden *Team*weiterbildungen der pädagogischen Fachkräfte; dabei stehen die Entwicklung eines Leitbildes und eines Konzepts zur Zusammenarbeit mit den Eltern im Mittelpunkt. Sehr gezielt arbeiten die Teams – oft mit externer Unterstützung – an der Änderung/Weiterentwicklung der eigenen Haltung. Diese ist gekennzeichnet durch eine Blickänderung vom Kind zur Familie, durch das aktive Zugehen auf die Eltern und das Orientieren an den Stärken und Interessen der Eltern. Auf dieser Grundlage können dann Methoden und Angebote etabliert werden, die sehr spezifisch auf die Situation der Einrichtung und v.a. auf die Bedarfe der unterschiedlichen Elterngruppen zugeschnitten sein müssen. Beides, Haltungsänderung wie Methoden, führen zu einer stärkeren Öffnung der Eltern und damit zu einem sich gegenseitig positiv verstärkenden Kreislauf der partnerschaftlichen Zusammenarbeit.

Roth (2010, S. 23ff.) führt ferner aus, dass eine pädagogische Haltung, welche getragen ist durch die Komponenten a) Respekt und Wertschätzung, b) Vorurteilsbewusstsein, c) Ressourcenorientierung, d) Dialoghaftigkeit sowie e) Selbstreflexion, die kommunikative Beziehungsgestaltung zu den Eltern begünstigen Dabei ist „neben einer respektvollen Haltung gegenüber den Eltern die reflexive Haltung gegenüber den eigenen Wertvorstellungen maßgeblich, um in der pädagogischen Arbeit mit Eltern nicht in die Pädagogisierung [oder gar Belehrung] von Eltern abzugleiten" (Wiezorek, 2006, S. 57f.). In Aus- und Weiterbildungszusammenhängen stellt es eine besondere Herausforderung dar, mit Pädagoginnen und Pädagogen reflexiv an ihrer Haltung und deren Weiterentwicklung zu arbeiten (vgl. WiFF, 2011).

## 4 Methoden und Funktionen der Zusammenarbeit zwischen Eltern und frühpädagogischen Fachkräften

### 4.1 Die verschiedenen Formen der Zusammenarbeit

Die Formen und Angebote in der Zusammenarbeit mit den Eltern sind vielfältig. Dabei ist es unabdingbar, für die jeweils passende Zielgruppe auf der Basis einer systematischen (Bedarfs-)Analyse passgenaue Angebote zu gestalten. Grundsätzlich ist bei der großen Diversität von Lebenslagen davon auszugehen, dass es *die* Eltern nicht gibt – Professionalität ist dadurch gekennzeichnet, dass die jeweiligen Interaktionen und die Angebote zielgruppenspezifisch adaptiert werden.

Die verschiedenen Formen der Zusammenarbeit mit Eltern lassen sich folgendermaßen kategorisieren.

- Informationen
  Hierzu zählen beispielsweise die ersten Elternkontakte (Aufnahmegespräch, erste Hausbesuche bei der Aufnahme), schriftliche Informationen über Abläufe im Kita-

Alltag oder über zielgruppenspezifische Institutionen im Stadtteil, allgemeine Elternabende und besonders die wichtigen ‚Tür- und Angelgespräche'.

- Austausch und enge Kooperation hinsichtlich der Entwicklung des Kindes
  Eine besondere Bedeutung haben hier die Entwicklungsgespräche auf der Basis vor-
  hergehender dokumentierter Beobachtungen, die den zentralen Anknüpfungspunkt
  der Kooperation darstellen. Bedeutsam sind auch die gemeinsam gestalteten Über-
  gangsphasen, dabei sind die Eingewöhnungsphase in die Kita und der Übergang in die
  Grundschule zentrale Schlüsselprozesse. Insbesondere mit Eltern von Kindern unter
  drei Jahren ist eine regelmäßige Kommunikation für die Herstellung von Sicherheit
  bedeutend (z.B. Hédervári-Heller, 2009).
- Mitbestimmung
  Hierbei geht es um die Beteiligung der Eltern an Entscheidungsprozessen z.B. über
  die Mitarbeit im Elternbeirat oder durch die Mitarbeit bei dem Entwickeln der Konzeption
- Mitwirkung
  Die mögliche Mitwirkung der Eltern umfasst ein breites Spektrum von Möglichkeiten,
  bei denen sie direkt in besondere Vorhaben (wie z.B. Öffentlichkeitsarbeit bei besonderen Anlässen, Gestaltung des Außengeländes, Angebote von Eltern für Eltern, Feste) oder alltägliche Aktivitäten (z.B. Mitwirkung als „Lesepatin", eigene Hobbys oder
  berufliche Kompetenzen in den pädagogischen Alltag einbringen) eingebunden sind.
  Auch kommunikative Gelegenheiten, wie z.B. ein Elterncafé oder eine „Kita-Zeitung"
  sollten i.d.R. nur durch die Mitwirkung von Eltern oder anderen Bezugspersonen ver-
  wirklicht werden.
- Elternbildung im engeren Sinne
  Hierunter werden gezieltere Angebote, wie Elternsprechstunden, themenbezogene Elternabende oder/und Gruppen/Kursangebote zur Stärkung der Erziehungskompetenz
  gefasst. Gerade letztgenannte *Elternkurse* werden zunehmend in Kitas – von den dortigen Fachkräften oder in Kooperation mit externen Partnern, z.B. Familienbildungs-
  stätten – angeboten.
  Mittlerweile existiert eine Vielzahl von Programmen, die das Ziel haben, Eltern in
  ihrer Erziehungs- und Beziehungsfähigkeit zu stärken, um Fehlentwicklungen bei den
  Kindern zu verhindern oder die Erziehungskompetenzen der Eltern zu verbessern
  (z.B. Heinrichs, Krüger & Guse, 2002; Tschöpe-Scheffler, 2003; 2006).
  Grundsätzlich lassen sich diese Kurse unterscheiden in solche, die allgemein präventiv
  ausgerichtet sind, also Eltern in jenen Kompetenzen stärken, die ein besseres Zusammenleben von Kindern und Eltern ermöglichen. Ein Beispiel für ein grundlegendes
  Elternbildungsprogramm, das speziell auf die Arbeit in Kindertageseinrichtungen zugeschnitten wurde, ist das Konzept von Fröhlich-Gildhoff, Rönnau & Dörner (2008).
  Der zweite Kurstyp ist konzipiert für Eltern, deren Kinder bereits Störungen bzw.
  spezifische Auffälligkeiten zeigen (z .B. Grimm & Mackowiak, 2006). Interventionen
  orientieren sich bei diesen Modellen an dem Ziel, Auffälligkeiten zu reduzieren bzw.
  Verhaltensänderungen herbeizuführen, um künftig diese Störungen zu vermeiden.

Dabei ist zu beachten, dass mit derartigen Ansätzen vor allem bildungsferne Familien nur schwer erreicht werden können. Als Problemfall eingestuft zu werden oder sich mit spezifischen familiären Problemlagen zu outen, stellt neben anderen Gründen eine Zugangshürde für diese Eltern dar (vgl. Haug-Schnabel & Bensel, 2003, S. 13).

Die verschiedenen Elternkurse sind unterschiedlich gut evaluiert (z.B. Heinrichs et al., 2006a,b; Grimm & Mackowiak, 2006). Insgesamt zeigt sich dabei, dass solche Kurse, die praktische Übungselemente beinhalten oder Praxisbeobachtungen in einer wertschätzenden Atmosphäre ermöglichen, die besten Effekte zeigen (Grimm & Mackowiak, 2006; Plück et al., 2000; Haug-Schnabel & Bensel, 2003).

- Auf einer institutionellen Ebene entwickeln sich Kindertageseinrichtungen weiter zu *Familienzentren,* z.T. angelehnt an die englischen Modelle der ‚Early Excellence Center'. In Deutschland spielt hier das Pestalozzi-Fröbelhaus in Berlin eine Vorreiterrolle (z.B. Hbenstreit-Müller & Lepenies, 2007) und einige Bundesländer haben hier einen systematischen Entwicklungsprozess angestossen (z.B. Nordrhein-Westfalen: www.familienzentren.nrw.de). Im Rahmen dieses Beitrags kann auf die wichtige Thematik nicht vertiefend eingegangen werden.

## 4.2    Die Bedeutung von Bedarfserhebungen und -analysen

Einer gelingenden Zusammenarbeit mit Eltern oder der Entscheidung für eines der o.g. Angebote sollte grundsätzlich auf der Basis von Bedarfserhebungen und gezielten Analysen erfolgen. Da es nicht *den* idealen Zugangsweg zu allen Eltern gibt, gilt es passgenaue Angebote für die jeweils spezifischen Familiensituationen bzw. Elterngruppe(n) herauszufinden. Dabei sind die individuellen und allgemeinen Zugangsmöglichkeiten der Eltern, ihre momentane Lebenssituation und Problemlage oder anstehenden Entwicklungsaufgaben (z.B. die Gestaltung von Übergängen) zu berücksichtigen. Hinsichtlich der verschiedenen Elterngruppen in der Institution gilt es zu differenzieren, denn bedarfsgerechte Arbeit setzt Angebote, beispielsweise spezifisch entwickelte Konzepte (vgl. Blank, 2006, S. 64ff.), für die verschiedenen Zielgruppen voraus – z.B. die Einbindung von Vätern oder von Eltern mit Migrationshintergrund. Dabei sind Stigmatisierungen selbstverständlich zu vermeiden. Es hat sich bewährt, dass sich Einrichtungsteams auf die Etablierung von eher wenigen Arbeitsschwerpunkten konzentrieren und diese dann entsprechend realisieren.

Thiersch (2006, S. 96) hat verschiedene „Modi der Zusammenarbeit" charakterisiert, die die unterschiedlichen Erwartungen und Bedürfnisse der Eltern bzw. Familien beschreiben (Modus der Delegation, Modus der Identifikation, Modus der Beratungsbedürftigkeit bzw. Modus der Unterstützung) und entsprechend notwendige Formen der ‚Antwort' oder Begegnung durch die pädagogischen Fachkräfte (Modus der Abgrenzung, Modus der persönlichen Zuwendung, Modus der Belehrung sowie Modus der Ressourcenorientierung) aufzeigen. Die Bewusstmachung dieser Modi dient einer Analyse des momentanen Zustandes und ermöglicht Veränderungsprozesse (vgl. Thiersch, o.J., S.

15f.). Ein wesentliches Element ist dabei die Passung von Angebot und Bedarf – bzw. umgekehrt –, die eine sorgfältige und systematische Reflexion der Fachkräfte, bezogen auf die eigene Haltung den Eltern gegenüber und auf die Umsetzung aller Formen der Zusammenarbeit mit den Eltern, voraussetzt.

## 4.3    Eine besondere Herausforderung: Familien mit unterschiedlichen kulturellen Hintergründen

Es ist eine besondere Aufgabe für die pädagogischen Fachkräfte, den Zugang zur Kinder-tageseinrichtung für Familien mit Migrationshintergrund, bzw. mit unterschiedlichem kulturellen Hintergrund zu erleichtern. Folgende Arbeitsansätze fördern die interkultu-relle Verständigung und das Erreichen der entsprechenden Eltern (z.B. Makey & Bayram, 2008; Textor, 2009; Fischer, 2011):

- der Einsatz pädagogischer Fachkräfte mit Migrationshintergrund,
- die systematische Einbeziehung von aktiven Eltern mit Migrationshintergrund, damit diese eine Mittler- oder Brücken-Funktion – bis hin zum Anbieten von Elterngruppen – übernehmen können
- integrierte Sprachförderung durch niedrigschwellige Angebote, z.B. Eltern-Kind-Gruppen, die von Sprachförderkräften begleitet werden oder parallele Eltern- und Kinderkurse mit abgestimmten Inhalten (z.B. Rucksack-Projekt; vgl. RAA, o.J.); so konnten Hildenbrand und Köhler (2010, S. 212) in einer Längsschnittstudie in 22 Ein-richtungen mit 350 Kindern mit Migrationshintergrund zeigen, „dass Kinder sprach-lich kompetenter sind, wenn sich ihre Eltern an der Sprachförderung in der Kita in-teressiert zeigen. Zum Ausdruck kommen kann dieses Interesse beispielsweise durch eine rege Beteiligung an Elternabenden, Elterngesprächen oder sonstigen Aktivitäten der Kita".
- gemeinsame Begegnungsveranstaltungen (z.B. interkulturelle Feste, gemeinsames Er-forschen des Sozialraums, Kulturbörsen) für Kita-Eltern mit und ohne Migrations-hintergrund.

## 5    Die Bedeutung der Rahmenbedingungen

Um eine gelingende Zusammenarbeit mit Eltern bzw. Familien zu gestalten, sind neben einer reflektierten Haltung der Fachkräfte und zielgruppenspezifischen Ausrichtung der Zusammenarbeit angemessene Rahmenbedingungen erforderlich. Dazu gehören unab-dingbar ausreichende zeitliche Möglichkeiten (insbesondere zur Vor- und Nachbereitung von Angeboten – und dies beginnt bei den so bedeutsamen Entwicklungsgesprächen) sowie qualifizierte Fortbildungen und Reflexionsgelegenheiten. „Rahmenbedingungen und Qualitätsmerkmale der Zusammenarbeit mit Eltern in Kindertageseinrichtungen" (Friedrich, 2011, S. 48f) (im Hinblick auf die Qualitätsdimensionen Struktur-, Prozess-

und Orientierungsqualität als auch auf die Management-, Kontext- und Ergebnisqualität) sowie daraus resultierende Qualifikationsanforderungen für die Erarbeitung eines Kompetenzprofils – insbesondere aus der bzw. für eine Perspektive der Weiterbildung – werden ausführlich von Friederich (2011) beschrieben.

## 6 Standards in der Zusammenarbeit mit Eltern

Aus den vorliegenden Studien, theoretisch abgesicherten Handlungsempfehlungen und Qualitätsanalysen lassen sich abschließend neun Mindest-Standards für die Zusammenarbeit der Institution Kindertageseinrichtung in der Zusammenarbeit mit den Eltern formulieren:

1. Schriftlich fixiertes Eingewöhnungskonzept, das regelmäßig evaluiert und reflektiert wird.
2. Systematische Information der Eltern über die Abläufe in der Kita auf verschiedenen Wegen (Gespräche, schriftliche Informationen – in mehreren Sprachen, möglichst Hausbesuche). Auch informelle Informationswege, z.B. Gespräche in Eltern-Cafès, sind hier einzubeziehen.
3. Regelmäßige Bedarfsanalysen, um Wünsche und Bedürfnisse der Eltern bzw. der verschiedenen Subgruppen zu erfassen und darauf zielgruppenspezifisch Angebote planen zu können.
4. Qualifizierte Tür- und Angelgespräche: Diese sind der Kern des Kontakts zwischen Fachkraft und Eltern. Hierfür müssen die Fachkräfte qualifiziert sein und ein dafür ausgewiesener Zeitrahmen muss nicht nur zur Verfügung stehen, sondern als bewusstes Element in Arbeitszeitberechnungen einbezogen werden.
5. Mindestens halbjährlich stattfindende Entwicklungsgespräche mit den Eltern und ggfls. weiteren Bezugspersonen auf der Basis systematischer Beobachtung und Dokumentation.
6. Regelmäßige Formen der Elternbildung z.B. durch Informationsnachmittage/-abende zu zielgruppenspezifischen oder allgemeinen Themen; das Angebot von Elternkursen – für alle Eltern – zur Stärkung der Erziehungskompetenz ist dabei eine sinnvolle Zusatzmaßnahme.
7. Regelmäßige Eltern-Kind-Aktivitäten zur Verbesserung des Kontakts und zum gemeinsamen Erleben von Interaktionen im Beziehungsdreieck.
8. Pläne für ein „Krisenmanagement" bei besonderen Problemen (z.B. Verdacht auf Kindeswohlgefährdung), damit die zuständige Fachkraft schnell Unterstützung erhält.
9. Gezielte Übergangskonzepte und systematische Übergangsberatung der Eltern (Übergang Krippe – Kita; Kita – Grundschule).

Wird die Zusammenarbeit mit Eltern auf dieser strukturell-organisatorischen Ebene angesiedelt, die gemeinsame Ziele, Transparenz und systematische Planung von Aktivitäten und Interventionen, Absprachen mit Vertretungen aller Elterngruppen sowie eine kontinuierliche Weiterqualifizierung der Fachkräfte berücksichtigt, erlangen pädagogische Fachkräfte Handlungssicherheit im Umgang mit divergenten Familienformen und sind in der Lage die Qualität der Zusammenarbeit kontinuierlich zu verbessern.

## 7      Literatur

Ahnert, L. (Hrsg.). (2004). *Frühe Bindung. Entstehung und Entwicklung.* München: Ernst Reinhardt.

Ahnert, L. (2010). *Wieviel Mutter braucht ein Kind? Bindung – Bildung – Betreuung: öffentlich und privat.* Heidelberg: Spektrum Akademischer Verlag.

Bengel, J., Meinders-Lücking, F. & Rottmann, N. (2009). Schutzfaktoren bei Kindern und Jugendlichen. Stand der Forschung zu psychosozialen Schutzfaktoren für Gesundheit. Forschung und Praxis der Gesundheitsförderung, Bd. 35. Köln: Bundeszentrale für gesundheitliche Aufklärung.

Bernitzke, F. & Schlegel, P. (2004). *Das Handbuch der Elternarbeit* (korr. Nachdruck). Troisdorf: Bildungsverlag EINS.

Blank, B. (2006). Die Zusammenarbeit mit Eltern planen – Bedarf und Bedürfnissen Gehör verschaffen. In M.R. Textor (Hrsg.), *Erziehungs- und Bildungspartnerschaft mit Eltern* (S. 64–71). Freiburg: Herder.

Brock, I. (2011). *Die Beziehung zwischen Eltern und frühpädagogischen Fachkräften in Kindertageseinrichtungen. Psychodynamische Aspekte der Beziehungsgestaltung.* Expertise. München: WiFF.

Cloos, P. & Karner, B. (2010). Erziehungspartnerschaft? Auf dem Weg zu einer veränderten Zusammenarbeit von Kindertageseinrichtungen und Familien. In P. Cloos & B. Karner (Hrsg.), *Erziehung und Bildung von Kindern als gemeinsames Projekt. Zum Verhältnis familialer Erziehung und öffentlicher Kinderbetreuung* (S. 169–189). Baltmannsweiler: Schneider Verlag Hohengehren.

Dusolt, H. (2008). *Elternarbeit als Erziehungspartnerschaft. Ein Leitfaden für den Vor- und Grundschulbereich* (3., vollständig überarbeitete Aufl.). Weinheim: Beltz.

Fischer, S. (2011). Grundlagen für eine kultursensible Zusammenarbeit mit Eltern. In K. Fröhlich-Gildhoff, S. Pietsch, M. Wünsche & M. Rönnau-Böse (Hrsg.), *Zusammenarbeit mit Eltern in Kindertageseinrichtungen. Ein Curriculum für die Aus- und Weiterbildung* (S. 236–262). Freiburg: FEL.

Fried, L. & Roux, S. (Hrsg.). (2006). *Pädagogik der Frühen Kindheit.* Weinheim: Beltz.

Friederich, T. (2011). *Zusammenarbeit mit Eltern. Anforderungen an frühpädagogische Fachkräfte.* München: DJI/WiFF: http://www.weiterbildungsinitiative.de/uploads/media/WiFF_Expertise_Friederich.pdf [abgerufen am 29.3.2012].

Fröhlich-Gildhoff, K., Kraus, G. & Rönnau, M. (2005). *Abschlussbericht der Evaluation des Projekts „Stärkung der Erziehungskraft der Familie durch und über den Kindergarten".* Freiburg: Evangelische Fachhochschule, Eigendruck.

Fröhlich-Gildhoff, K., Kraus, G. & Rönnau, M. (2006). Gemeinsam auf dem Weg. Eltern und ErzieherInnen gestalten Erziehungspartnerschaft. *kindergarten heute, 10,* 6–15.

Fröhlich-Gildhoff, K., Rönnau, M. & Dörner, T. (2008). *Eltern stärken mit Kursen in Kitas.* München Reinhardt.

Fröhlich-Gildhoff, K., Pietsch, S., Wünsche, M. & Rönnau-Böse, M. (2011a). Die Bedeutung der Zusammenarbeit mit Eltern in Kindertageseinrichtungen. In Fröhlich-Gildhoff, K., Pietsch, S., Wünsche, M. & Rönnau-Böse, M. (Hrsg.). *Zusammenarbeit mit Eltern in Kindertageseinrichtungen. Ein Curriculum für die Aus- und Weiterbildung* (S. 15–24). Freiburg: FEL.

Fröhlich-Gildhoff, K., Pietsch, S., Wünsche, M. & Rönnau-Böse, M. (Hrsg.). (2011b). *Zusammenarbeit mit Eltern in Kindertageseinrichtungen. Ein Curriculum für die Aus- und Weiterbildung.* Freiburg: FEL.

Grimm, K. & Mackowiak, K. (2006). Kompetenztraining für Eltern sozial auffälliger und aufmerksamkeitsgestörter Kinder (KES). *Praxis der Kinderpsychologie und Kinderpsychiatrie, 55*(5), 363–383.

Haug-Schnabel, G. & Bensel, J. (2003). *Niedrigschwellige Angebote zur Elternbildung.* Eine Recherche im Auftrag der Katholischen Sozialethischen Arbeitsstelle (KSA) in Hamm, Arbeitsstelle der Deutschen Bischofskonferenz. URL: http://www.verhaltensbiologie.com/publizieren/online/elternbildung.pdf (abgerufen am 29.10.2012)

Hebenstreit-Müller, S. & Lepenies, A. (Hrsg.). (2007). *Early Excellence: Der positive Blick auf Kinder, Eltern und Erzieherinnen: Neue Studie zu einem Erfolgsmodell.* Berlin: Dohrmann.

Hédervári-Heller, È. (2009). Eingewöhnung des Kindes in die Krippe. In J. Maywald & B. Schön (Hrsg.), *Krippen: Wie frühe Betreuung gelingt. Fundierter Rat zu einem umstrittenen Thema* (S. 65–73). Weinheim: Beltz.

Heinrichs, N., Saßmann, H., Hahlweg, K. & Perrez, M. (2002). Prävention kindlicher Verhaltensstörungen. *Psychologische Rundschau, 53* (4), 170–183.

Heinrichs, N. Hahlweg, K., Bertram, H., Kuschel, A., Naumann, A. & Harstick, S. (2006a). Die langfristige Wirksamkeit eines Elterntrainings zur universellen Prävention kindlicher Verhaltensstörungen. Ergebnisse aus Sicht der Mütter und Väter. *Zeitschrift für klinische Psychologie und Psychotherapie, 35* (2), 82–96.

Heinrichs, N., Krüger, S. & Gruse, U. (2006b). Der Einfluss von Anreizen auf die Rekrutierung von Eltern und auf die Effektivität eines präventiven Elterntrainings. *Zeitschrift für klinische Psychologie und Psychotherapie, 35* (2), 97–108.

Henry-Huthmacher, C. (2008). Eltern unter Druck. Die wichtigsten Ergebnisse der Studie. In T. Merkle, C. Wippermann, C. Henry-Huthmacher & M. Borchard (Hrsg.), *Eltern unter Druck. Selbstverständnisse, Befindlichkeiten und Bedürfnisse von Eltern in verschiedenen Lebenswelten* (S. 1–24). Stuttgart: lucius & lucius.

Hess, S. (2011). Befähigung zur Zusammenarbeit mit Eltern – Professionalisierung von Pädagoginnen zur Unterstützung von Familien mit behinderten Kindern und Familien in sozialer Benachteiligung. *Zeitschrift für Heilpädagogik, 62* (9), 346–354.

Hildenbrand, C. & Köhler, H. (2010). Kooperation mit den Eltern als Bestandteil der Sprachförderung in Kindertageseinrichtungen. In K. Fröhlich-Gildhoff, I. Nentwig-Gesemann & P. Strehmel (Hrsg.). *Forschung in der Frühpädagogik III – Sprachentwicklung und Sprachförderung* (S. 193–217). Freiburg: FEL-Verlag.

Kasüschke, D. & Fröhlich-Gildhoff, K. (2008). *Frühpädagogik heute: Herausforderungen an Disziplin und Profession.* Köln: Link.

Larrá, F. (2005). Ansätze zur Steuerung pädagogischer Qualität in vorschulischen Einrichtungen. In Sachverständigenkommission 12. Kinder und Jugendbericht (Hrsg.), *Entwicklungspotenziale institutioneller Angebote im Elementarbereich* (S. 235–268). München: Verlag Deutsches Jugendinstitut.

Makey, N. & Bayram, V. (2008). Mit Familien auch mal zu Ikea fahren. Zusammenarbeit mit Eltern im interkulturellen Kontext. *Theorie und Praxis der Sozialpädagogik, 6,* 32–33.

Nentwig-Gesemann, I., Fröhlich-Gildhoff, K., Harms, H. & Richter, S. (2011). *Professionelle Haltung/Identität der Fachkraft für die Arbeit mit Kindern unter drei Jahren.* München: DJI/WiFF.

Ott, B., Käsgen, R., Ott-Hackmann, H. & Hinrichsen, S. (2007). *Die systemische Kita. Das Konzept und seine Umsetzung.* Weimar: das netz.

Plück, J., Döpfner, M. & Lehmkuhl, G. (2000). Internalisierende Auffälligkeiten bei Kindern und Jugendlichen in Deutschland – Ergebnisse der PAK-KID-Studie. *Kindheit und Entwicklung,* 9, 133–142.

RAA – Regionale Arbeitsstellen zur Förderung von Kindern und Jugendlichen aus Zuwandererfamilien (o. J.). *Rucksack-Projekt. Ein Konzept zur Sprachförderung und Elternbildung im Elementarbereich.* http://www.raa.de/fileadmin/dateien/pdf/produkte/RAA-Flyer-Rucksack_Allgemein_LR.pdf (abgerufen am 23.05.2011)

Rabe-Kleberg, U. (2008). Zur Qualität professioneller Arbeit in Kitas. In B.E. Mohn & S. Hebenstreit-Müller, *Wie lernt mein Kind? Erziehungspartnerschaft im Early Excellence Zentrum.* Kamera-Ethnographische Studien des Pestalozzi-Fröbel-Hauses Berlin. DVD 3. Begleitpublikation zur DVD-Video C 13 138 (S. 10–13). Göttingen: IWF Medien.

Rönnau, M. & Fröhlich-Gildhoff, K. (2008). *Elternarbeit in der Gesundheitsförderung. Angebote und Zugangswege unter besonderer Berücksichtigung der Zielgruppe „schwer erreichbare Eltern".* Expertise. Handlungsempfehlung. Stuttgart: Landesgesundheitsamt.

Roth, X. (2010). *Handbuch Bildungs- und Erziehungspartnerschaft. Zusammenarbeit mit Eltern in der Kita.* Freiburg: Herder.

Smolka, A. (2006). Welchen Orientierungsbedarf haben Eltern? In K. Wahl & K. Hees (Hrsg), *Helfen ‚Super Nanny" & Co.? Ratlose Eltern – Herausforderung für die Elternbildung* (S. 44–58). Weinheim: Beltz.

Strehmel, P. (2008). Frühe Förderung in Kindertageseinrichtungen. In F. Petermann & W. Schneider (Hrsg.), *Angewandte Entwicklungspsychologie* (Enzyklopädie der Psychologie, Serie Entwicklungspsychologie, Bd. 7, S. 205–236). Göttingen: Hogrefe.

Sylva, K., Melhuish, E., Sammons, P., Siraj-Blatchford, I. & Taggart, B. (2004). *The Effective Provision of Pre-School Education (EPPE) Project. Final Report.* London: Institute of Education (www.ioe.ac.uk/projects/eppe).

Textor, M.R. (2010).*Erziehungspartnerschaft mit Eltern unter Dreijähriger.* http://www.kindergartenpaedagogik.de/2084.html (abgerufen am 23. 5. 2011).

Textor, M.R. (2009). *Elternarbeit im Kindergarten. Ziele, Formen, Methoden.* Norderstedt: Books on Demand GmbH.

Textor, M.R. (2006a). Elternarbeit mit Migrant/innen. In ders. (Hrsg.), *Kindergartenpädagogik Online-Handbuch.* www.kindergartenpaedagogik.de/1438.html (abgerufen am 01.05.2010).

Textor, M.R. (2006b). *Erziehungs- und Bildungspartnerschaft mit Eltern. Gemeinsam Verantwortung übernehmen.* Freiburg: Herder.

Thiersch, R. (2006). Familie und Kindertageseinrichtung. In P. Bauer & E.J. Brunner (Hrsg.), *Elternpädagogik. Von der Elternarbeit zur Erziehungspartnerschaft* (S. 80–105). Freiburg: Herder.

Thiersch, R. (o.J.). *Elternbildung und Erziehungspartnerschaft.* http://amargo.de/kunden/ipff/download/texte/Elternbildung_und_Erziehungspartnerschaft.pdf (abgerufen am 24.05.2011)

Tschöpe-Scheffler, S. (2003). *Elternkurse auf dem Prüfstand. Wie Erziehung wieder Freude macht.* Opladen: Leske + Budrich.

Tschöpe-Scheffler, S. (2006). *Konzepte der Elternbildung – eine kritische Übersicht* (2., durchgesehene Aufl.). Opladen: Budrich.

Viernickel, S. (2006). *Qualitätskriterien und -standards im Bereich der frühkindlichen Bildung und Betreuung.* Remagen: Ibus.

Wiezorek, C. (2006). Elternpädagogik jenseits der Pädagogisierung – Überlegungen zum pädagogischen Elternbezug aus anerkennungs-theoretischer Perspektive. In P. Bauer & E.J. Brunner (Hrsg.), *Elternpädagogik. Von der Elternarbeit zur Erziehungspartnerschaft* (S. 42–60). Freiburg: Lambertus.

WiFF/Deutsches Jugendinstitut (2011). Zusammenarbeit mit Eltern. Grundlagen für die kompetenzorientierte Weiterbildung. München: DJI/WiFF, Eigendruck. Online: http://www.weiterbildungsinitiative.de/uploads/media/WiFF_Wegweiser_3_Zusammenarbeit_mit_Eltern_Internet.pdf [abgerufen am 29.3.2012].

Wolf, B. (2006). Elternarbeit. In L. Fried & S. Roux (2006). *Pädagogik der Frühen Kindheit* (S. 168–172). Weinheim: Beltz.

# Der Beitrag der Elternbildung zur Stärkung schulischer Kompetenzen

Yves Hänggi

## Einleitung

Eltern und primäre Bezugspersonen wirken durch ihr Erziehungsverhalten massgeblich auf die körperliche, psychische, sozial-emotionale und kognitive Entwicklung des Kindes ein (Petermann & Petermann, 2006; van Bakel & Risken-Walraven, 2002) und tragen dadurch bedeutsam zu dessen Schulleistung bei (Stamm, 2010). Kompetentes Erziehungsverhalten fördert nach Schneewind (2002a) die Entwicklung des Kindes hin zu einer selbstbewussten, emotional stabilen, sozial kompetenten, selbstverantwortlichen und leistungsfähigen Persönlichkeit. Kompetente Persönlichkeiten sind nicht nur beruflich erfolgreicher (Schneewind, 2002a), sondern entwickeln seltener psychische Störungen (Reichle & Gloger-Tippelt, 2007). Besonders förderlich ist für das Kind, wenn *beide* Elternteile einen funktionalen Erziehungsstil anwenden und sie bei der Kindererziehung im Sinne des Coparenting zusammenarbeiten (Jaursch, Lösel, Beelmann & Stemmler, 2003; Papp, Cummings & Schermerhorn, 2004; Teubert & Pinquart, 2003). Demgegenüber gilt dysfunktionales Erziehungsverhalten als bedeutender Risikofaktor für kindliche Störungen (Koglin & Petermann, 2008; Petermann & Petermann, 2008). Die Qualität der Umweltbedingungen und das Temperament des Kindes moderieren den Einfluss der Erziehung.

Durch Elternbildung, gezielte Fördermassnahmen und sozial sowie ökonomisch unterstützende Umweltstrukturen kann der Entwicklungsverlauf und damit der Schulerfolg von Kindern massgeblich positiv unterstützt werden. Die Stärkung elterlicher Kompetenzen sollte möglichst früh ansetzen, denn bereits im ersten Lebensjahr werden wichtige Grundsteine für die ganze spätere Entwicklung gelegt. Im Folgenden wird der Fokus auf ausgewählte Elternbildungsangebote gelegt und deren möglicher Beitrag zum Bildungserfolg der Kinder skizziert. Zudem wird gefragt, welche Anforderungen heute an die Eltern in punkto Erziehung ihrer Kinder gestellt werden, wie wirksam Elternbildungsangebote sind und wie es um deren Inanspruchnahme steht. Das Fazit plädiert für eine zusätzliche Verankerung primär-präventiver Elternbildungsangebote im Schulsystem.

## 1    Aktuelle Anforderungen an die Erziehungskompetenz

Die Erziehung von Kindern und Jugendlichen hat sich in den vergangenen Dekaden beachtlich verändert und stellt heute besondere Herausforderungen an Eltern. Bis zu den 1970er Jahre des vergangenen Jahrhunderts war Elternschaft ein klares, unhinterfragtes Lebensmodell für die grosse Mehrheit der Bevölkerung (Henry-Huthmacher & Borchard, 2008). Das klassische Familienmodell war geprägt durch enge Bindungen und überdauerndem Zusammenhalt. Die Individualisierung und Globalisierung fordern demgegenüber Kurzfristigkeit, Flexibilität und eine möglichst uneingeschränkte Verfügbarkeit. Hinzu kommen die Macht der Bildung, um wettbewerbsfähig zu werden und zu bleiben, und die grundlegende Aufwertung der gesellschaftlichen Stellung des Kindes. Das Kindeswohl wurde eine wichtige Grösse, sowohl in staatlichen Institutionen (z.B. Kinderrechtscharta), wie auch als geforderter Grundsatz in der Erziehung von Kindern. Eltern haben ein Bedürfnis und Pflichtgefühl, in der Erziehung alles richtig machen zu wollen (ebd.).

Individualisierte und oft nicht vorherbestimmbare Lebensverläufe stellen an die Bildung der Kinder laufend grössere Anforderungen. Moderne Dienstleistungsgesellschaften erfordern von Arbeitnehmenden zunehmend hohe berufliche und persönliche Qualifikationen (Sacchi et al., 2005). Sozialen, motivationalen und emotionalen Kompetenzen kommen einen besonderen Stellenwert zu. Dieser Wandel schlägt sich in den Antworten der Eltern zu ihren Erziehungszielen nieder (Institut für Demoskopie Allenbach, 2006). Ging es Eltern aus Deutschland 1991 am deutlichsten um „Sich durchsetzen, sich nicht so leicht unterkriegen lassen", so war es 2006 „Höflichkeit und gutes Benehmen". Bei der Frage, was besonders wichtig sei, was Kinder im Elternhaus lernen sollen, kam es zu einem deutlichen Anstieg der Anzahl Nennungen in den Bereichen Höflichkeit/gutes Benehmen (68 % zu 89 %), Gewissenhaftigkeit (67 % zu 80 %), Toleranz (62 % zu 74 %), Wissenserwerb (55 % zu 71 %), Sparsamkeit (44 % zu 69 %), Anpassungsfähigkeit (28 % zu 41 %), technisches Verständnis und Können (23 % zu 39 %) und religiöse Bindung (13 % zu 25 %).

Die Zahlen sprechen für eine Zunahme an Ungewissheit der Eltern für die Zukunft ihrer Kinder und eine steigende Bedeutung der Bildung, die den Erwerb im Umgang mit neuen Medien einschliesst. Entsprechend haben für Eltern der Schulerfolg und die intensive Auseinandersetzung mit Fragen der beruflichen Lebensplanung ihrer Kinder eine grosse Relevanz. In einer repräsentativen Befragung in Deutschland bewerteten 75 % von 502 Eltern mit Kindern zwischen 0 und 17 Jahren den Schulabschluss ihres Kindes als persönlich sehr wichtig (Henry-Huthmacher & Borchard, 2008). Nur 3 % halten ihn für nicht oder weniger wichtig. Damit die Kinder den Anforderungen der Schule gerecht werden können, helfen fast 40 % der Eltern quasi täglich bei den Hausaufgaben. Die Förderung von Kindern beginnt sehr früh und setzt sich in der Schulzeit und Grundausbildung fort. Besonders Eltern der bürgerlichen Mitte investieren viel Geld und Zeit, um den Anschluss nicht zu verlieren – eine Dynamik, die durch die Diskussion über die Ergebnisse der PISA-Studien verstärkt wurde. Innerfamiliär kann dem Bildungsabschluss ein überragender Stellenwert zukommen. In dem Masse, in dem der erreichte Schulabschluss zum Schlüsselbegriff für gesellschaftlichen Erfolg oder Misserfolg wird, avanciert das Ideal der bestmöglichen Entwicklung aller kindlichen Fähigkeiten zum allgemeinen Leitwert. Vielen Eltern dürfte heute die Bedeutung von Bildung und Schule als der zentralen Zuweisungsstelle von sozialen Lebenschancen präsent sein (Henry-Huthmacher & Borchard, 2008).

Nebst dem Schulabschluss sind soziale Kompetenzen für den Berufserfolg unerlässlich. Eltern formen die sozialen Kompetenzen ihrer Kinder durch die Vorbildrolle und eine Erziehung, die den Selbstwert, das Selbstvertrauen, geeignete Lernstrategien und Lebenskompetenzen fördert. Für die bestmöglichen Zukunftschancen von Kindern sind Eltern heute nicht nur finanziell und zeitlich gefordert, sondern besonders auch in ihren Erziehungskompetenzen.

## 2 Erlebte Herausforderungen für Familien

Aktuelle Studien bestätigen gestiegene Anforderungen an die Erziehungskompetenz und die Herausforderung durch die Bildung der Kinder. Der steigende Druck auf die Eltern zeigt sich in einer Zunahme erlebter Belastungen. Es kristallisieren sich drei Bereiche heraus, welche für die Eltern in den vergangenen Jahren zunehmend problematischer geworden sind und in denen sie heute mehr Schwierigkeiten wahrnehmen. Der Tabelle 1 ist zu entnehmen, dass die Frage der Erziehung der Kinder für Eltern schwieriger geworden ist und heute über die Hälfte der Eltern vor Probleme stellt. Aktuell fühlen sich rund 15 % in der Elternrolle überfordert. Der Umgang mit Medien und die Kinderbetreuung sind zwei weitere Bereiche, die heute grössere Anforderungen an Eltern stellen, wie noch vor 10 Jahren. In Bezug auf die Gesundheit kann ein leichter Trend hin zu einer Zunahme ausgemacht werden. Denkbar ist, dass die Gesundheit der Kinder real schlechter geworden ist (z.B. Zunahme an Allergien) und/oder die Eltern heute bewusster eine gute Gesundheit anstreben. Die Bildung der Kinder mit rund 40 % und die Finanzen mit 30 % sind eher stabile Problemfelder von Familien (vgl. Tab. 1).

**Tabelle 1** Verlauf der Problemeinschätzung durch Eltern zwischen 1996 und 2011.

|  | 1996 | 2001 | 2009 | 2011 | 2011 |
|---|---|---|---|---|---|
| N = | 194[a] | 1.013[b] | 880[b] | 1.000[b] | 807[c] |
| Erziehung | 20 % | 17 % | 66 % | 45 % | 56 % |
| Schule |  | 46 % | 39 % | 37 % | 41 % |
| Freizeit | 4 % |  | 42 % |  | 40 % |
| Medien | 13 % | 7 % | 46 % | 31 % | 37 % |
| Kinderbetreuung | 16 % |  |  |  | 32 % |
| Finanzen | 22 % |  |  | 37 % | 30 % |
| Gesundheit |  | 20 % | 25 % |  | 29 % |
| Ferien | 3 % |  |  |  | 26 % |
| Ausbildung |  |  |  | 19 % | 23 % |
| Überforderung |  |  |  | 14 % | 16 % |
| Stress | 80 % |  |  | 40 % |  |
| Konflikte/ Streit | 53 % |  |  | 39 % |  |
| Vereinbarkeit | 36 % |  |  | 17 % |  |
| Datenerhebung | Fragebogen | repräsentative Telefonbefragung | Online-Befragung | repräsentative Telefonbefragung | Online-Befragung |
| Quelle | Laux & Schütz (1996) | Smolka (2002) | Hänggi, Cina Jossen & Bodenmann (im Druck) | Fritz+ Fränzi (2011) | Pro Juventute (2011) |

Anmerkung: [a]Elternpaare aus denselben Familien; [b]Eltern; [c]Eltern und Grosseltern (15 %).

2011 hat Pro Juventute eine quantitative Online-Befragung in Auftrag gegeben, mit dem Ziel, die Elternschaft und die aktuell damit verbundenen Probleme und Bewältigungsmöglichkeiten detailliert zu erfassen (Pro Juventute, 2011). Es haben 807 Personen der Deutsch- und Westschweiz (25 %) mit mindestens einem Kind teilgenommen. 29 % der Eltern hatten Kinder bis 5 Jahre, 15 % im Alter von 6 bis 10 Jahren, 17 % von 11 bis 16 Jahren und 15 % von 17 bis 22 Jahren. 13 % der Eltern hatten Kinder im durchmischten Alter bis höchstens 10 Jahre und 11 % im durchmischten Alter zwischen 11 und 22 Jahren. Das Bildungs-, Einkommens- und Kaufkraftniveau war breit gestreut und situierte die Familien im mittleren bis oberen Mittelstand. Als Herausforderungen im vergangenen halben Jahr nannten mehr als die Hälfte aller Befragten Probleme rund um die Themen Erziehung und Ernährung. Weitere häufige Themen waren Schule, Freizeit, Medien, Kinderbetreuung und Finanzen (vgl. Tab. 1). Nur 7 % der Befragten berichteten, mit keiner dieser Herausforderungen konfrontiert gewesen zu sein. Gefragt nach den grössten Problemen im Zusammenhang mit den Kindern antworteten die Eltern die Schule (25 %), die Erziehung (17 %), die Entwicklung des Kindes (16 %) und Krankheiten (15 %). Die Finanzen und die Elternbeziehung wurden mit je 3 % relativ selten als grösste Herausforderungen genannt. 12 % gaben an, keine schwerwiegenden Probleme gehabt zu haben. Die Herausforderungen, mit denen Eltern konfrontiert waren, konnten unterschiedlich gut bewältigt werden. Abbildung 1 zeigt die Antworten für die Bewältigung, wenn die Eltern angaben, im vergangenen halben Jahr durch den jeweiligen Bereich herausgefordert gewesen zu sein (vgl. Tab. 1; Pro Juventute, 2011). Die Verteilungen beziehen sich daher stets auf eine Teilmenge aller Studienteilnehmer. Probleme mit der psychischen Gesundheit, den Finanzen, der Kinderbetreuung und der Ausbildung waren für die befragten Eltern am schwierigsten zu bewältigen. Danach folgten Herausforderungen im Zusammenhang mit der Erziehung und der Schule. Ein Fünftel der betroffenen Eltern kam an die Grenzen bei der Bewältigung von Erziehungsschwierigkeiten. Knapp zwei Drittel konnten die Erziehungsaufgabe nun teilweise leicht bewältigen. Die Resultate der Pro Juventute Befragung fielen für die Deutsch- und Westschweiz vergleichbar aus und wurden durch die Ergebnisse einer repräsentativen Telefonbefragung im Auftrag von Fritz+Fränzi (2011) bestätigt (vgl. Tab. 1).

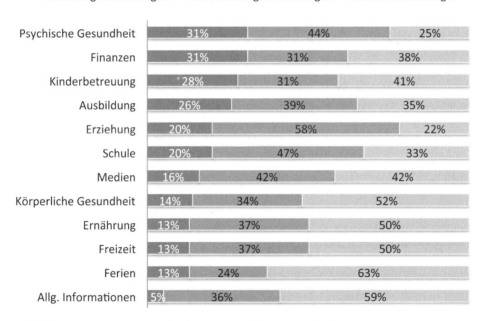

**Abbildung 1** Bewältigungsmöglichkeiten von erlebten Herausforderungen (Pro Juventute, 2011).

Die Schlussfolgerungen im Gesamtverlauf müssen aufgrund der Diversität der Studien mit Vorsicht und Vorbehalten bedacht werden. Es handelt sich um eine Zusammenstellung unabhängiger Studien mit unterschiedlichen Designs und Stichproben. Beispielsweise wurden die Fragen zu den Belastungen von Eltern sehr unterschiedlich gestellt. In einigen Studien wurden längere (z.B. Laux & Schütz, 1996) oder kürzere Listen vorgegeben (z.B. Smolka, 2002). Die Fragen richteten sich dabei auf Herausforderungen im vergangenen halben Jahr, auf momentane Belastungen oder auf den Wunsch nach Veränderung als Indikator für aktuelle Belastungen. Die Erhebungsmethoden waren traditionelle Papier-Bleistift Erhebung, Selbstauskünfte via Internetbefragung oder Telefonbefragung. Einhergehend mit diversen Studiendesigns fielen die Stichproben entsprechend unterschiedlich aus und waren mehr und weniger repräsentativ. Die Unterschiede in den Studienergebnissen können und müssen teilweise auf methodische Unterschiede zurückgeführt werden. Einige Unterschiede im zeitlichen Verlauf sind wohl durch einen Methodenartefakt verursacht. Die Schlussfolgerungen für den zeitlichen Verlauf sind daher primär als Hypothesen zu verstehen, die mit einer prospektiven Langzeitstudie überprüft werden müssten. Dennoch zeigt die Gesamtschau Tendenzen auf, die mit den Beobachtungen und Vermutungen der Fachwelt übereinstimmen.

Zusammenfassend lässt sich festhalten, dass die Anforderungen an die Erziehung durch den erhöhten Druck, die Kinder „gut" zu erziehen und bestmöglich auf eine ungewisse Zukunft vorzubereiten, in den vergangenen Dekaden zugenommen haben. Normativ hat ein offenes, am Leben der Kinder interessiertes Erziehungsverhalten, bei dem Regeln aufgestellt werden und gelten, alte Erziehungsziele wie Gehorsam, Anpassung und Pflichtbewusstsein abgelöst (Fuhrer, 2007). Der geforderte egalitäre bzw. autoritative Erziehungsstil stellt jedoch grosse emotionale und kommunikative Kompetenzen an Eltern (Schneewind, 2002b). In der Praxis zeigt sich, dass gerade das Aushandeln von Regeln und Abmachungen im Familienalltag die Eltern immer wieder an die Grenzen ihres erzieherischen Könnens bringen. Ferner reduziert Stress, bedingt durch Arbeitsbelastung, Vereinbarkeitsprobleme, Zeitmangel, technologischen Wandel, Sorgen um die finanzielle Lage, somatische bzw. psychische Erkrankungen von Familienmitgliedern, etc., die Fähigkeit von Eltern, ihre Kinder funktional zu erziehen (Cina, 2005). Zwischen den Extremen von verwöhnten Wunschkindern und sich selbst überlassenen, zum Teil vernachlässigten Kindern versuchen Eltern das individuell richtige Mass an Freiheit und Grenzen für ihr Kind zu finden (Henry-Huthmacher & Borchard, 2008).

## 3      Elternbildung zur Stärkung kindlicher Kompetenzen

Eine Antwort auf die Frage, wie Eltern bei ihrer Erziehungsaufgabe unterstützt werden können, bieten eine Fülle von Kursen, Workshops und Trainings, die der Elternbildung subsummiert werden können (Elternbildung Schweiz, 2009). Unter dem Begriff „Elternbildung" wird allgemein die Unterstützung der Eltern verstanden, welche die „Entfaltung und Entwicklung der geistig-seelischen Werte und Anlagen" ihrer Kinder durch Erziehung zu fördern versuchen (vgl. Hoffmann, 2003, S. 127). Der Schweizerische Bund für Elternbildung situiert die Elternbildung im Schnittbereich der Erwachsenenbildung und der familienorientierten Gemeinwesenarbeit (Frank, 2010). Die Aufgaben und Ziele der Elternbildung bestehen in der Vermittlung von Kenntnissen und Fähigkeiten und setzen Prozesse in Gang, in denen sich Eltern bewusst und reflektierend mit ihren Erziehungs- und Beziehungsaufgaben sowie mit den politischen und sozialen Rahmenbedingungen, die das Elternsein prägen, auseinandersetzen. Die Elternbildung zeigt Wege auf, wie Eltern ihre eigenen Ressourcen nutzen und ausschöpfen können und hilft mit, dass sich Kinder und Erwachsene in den Familiengemeinschaften entfalten und entwickeln können. Die Elternbildung erfolgt dabei durch gezielte Informationsvermittlung (vgl. Kost, in diesem Band) und/oder durch Einüben des zu Lernenden (Kurs, Training). Als informelle Elternbildung bezeichnet der SBE Elternbriefe, Zeitschriften, Beiträge im Internet, Radio- und Fernsehsendungen zu Erziehungs- und Familienthemen.

Der Beitrag der Elternbildung zur Bildungsgerechtigkeit und zum Bildungserfolg der Kinder können von den Anforderungen an das Lernen im schulischen Kontext hergeleitet werden. Im weiteren Sinne werden die geforderten Kompetenzen auch im Zusammenhang der Schulfähigkeit (Stamm, in diesem Band) und Schulleistung (Schrader & Helmke, 2008) diskutiert. Um möglichst erfolgreich lernen und am Unterricht teilnehmen zu können, benötigen Kinder bestimmte emotionale, motivationale, volitionale, kognitive und motorische Kompetenzen. Hinzu kommen körperliche Merkmale des Kindes wie die allgemeine Gesundheit, die Qualität des Unterrichts inklusive des Klassenmanagements sowie kulturelle und soziale Kontextbedingungen, welche durch die primär-präventive Elternbildung nur marginal beeinflusst werden können. Im Folgenden wird auf diejenigen Variablen vertieft Bezug genommen, die durch die Elternbildung im Vorschulbereich beeinflussbaren sind.

## 4    Sensitivitätstrainings zur Stärkung des kindlichen Selbstvertrauens

Ein positives Selbstkonzept ist eine wichtige, wenn auch nicht hinreichende Voraussetzung für das Lernen und den schulischen Erfolg. Ein positives Selbstkonzept zeichnet sich aus durch ein grundlegendes Vertrauen in die eigenen Fähigkeiten, einem positiven Selbstwertgefühl und einer positiven Selbstwirksamkeitserwartung, was sich letztlich in einem gesunden Selbstvertrauen zeigt (Schrader & Helmke, 2008). In einer allgemeinen Form geht die Broaden-and-build Theorie nach Fredrickson (2004) vom Optimismus als wesentlichen Aspekt eines positiven Selbstkonzepts aus. Optimismus ist mit positiven Emotionen assoziiert, die ihrerseits unterstützend auf viele Lebensbereiche ausstrahlen, u.a. auf die Lernmotivation. Eltern können in hohem Mass diesen Resilienzfaktor von Geburt weg stärken.

Die Stärkung des kindlichen Selbstvertrauens beginnt bereits im ersten Lebensjahr mit der Entwicklung der Bindungssicherheit (z.B. Aschersleben, 2008; Hirsh-Pasek & Burchinal, 2006; Simo, Rauh & Ziegenhain, 2000). Eltern unterstützen die Bindungssicherheit ihrer Kinder, indem sie die kindlichen Signale und Bedürfnisse möglichst präzise wahrnehmen und unmittelbar und adäquat auf diese reagieren (Shin, Park & Kim, 2006). Die Selbstsicherheit zeigt sich im Krabbelalter, indem sicher gebundene Kinder ihre Umwelt mehr und intensiver erkunden als unsicher gebundene Kinder (Grossmann & Grossmann, 2002; Stams, Juffer, van IJzendoorn & Hoksbergen, 2001). Zudem zeigen sicher gebundene Kinder bereits in diesem Alter eine höhere Kooperationsbereitschaft (Grossmann & Grossmann, 2002) und später höheren Folgsamkeit gegenüber den Eltern (Ward, Lee & Lipper, 2000). Wenn das Kind an Selbstständigkeit gewinnt oder wenn das Kind altersabhängige Entwicklungsaufgaben zu lösen hat (z.B. Spracherwerb, Kindergarteneintritt, Pubertät, etc.), spielt die elterliche Feinfühligkeit weiterhin eine wichtige Rolle (Klemenz, 2007; Schultheis, Perrig-Chiello & Egger, 2008). Es kommen jedoch erzieherische Aufgaben hinzu, welche neue elterliche Kompetenzen erforderlich machen (Fuhrer, 2007).

In den 1990er Jahren wurde damit begonnen, spezifische Trainings zur Förderung der elterlichen Sensitivität für kindliche Signale zu entwickelt, mit dem Ziel, eine sicher Bindung des Kindes zu fördern. Trainings mit Video-Feedback als zentraler Wirkfaktor haben sich zur Stärkung der elterlichen Sensitivität und zur Steigerung der Bindungssicherheit als besonders wirksam erwiesen (Bakermans-Kranenburg, van IJzendoorn & Juffer, 2003). Dabei dürften kürzere, auf die elterliche Sensitivität fokussierte Interventionen im Alter des Kindes von etwa sechs Monaten die besten Erfolge erzielen. Ein Beispiel für ein solches Training ist das „**Freiburger Feinfühligkeitstraining für Eltern**" (FFTE; Hänggi, Schweinberger, Perrez, 2011). Das modular aufgebaute Training geht zuerst auf die markanten Signale wie das Schreien und Weinen ein, vertieft danach das Wissen um die Feinzeichen durch die Betrachtung von Videosequenzen mit fremden Kindern und unterstützt die Sensitivität der Eltern schliesslich durch ein Video-Feedback mit eigenen Aufnahmen der Eltern und ihrer Kinder. Mit den Eltern werden mehrere kurze Sequenzen gemeinsam betrachtet, möglichst viele unterschiedliche Signale und Feinzeichen herausgelesen, die Bedeutung hinterfragt und falls angezeigt, die elterliche Sensitivität unterstützt. Die Arbeitsweise basiert auf der angeleiteten Zusammenarbeit, bei der die Lernprozesse und eine möglichst eigenständige Erarbeitung angeregt werden. Beim Video-Feedback wird beispielsweise gefragt „welche Signale konnten Sie bei Ihrem Kind entdecken?" oder fokussiert „welche Signale können Sie im Gesicht Ihres Kindes erkennen?". Sensitivitätstrainings und insbesondere das Videofeedback erleichtern die Perspektivenübernahme und damit das Erkennen der kindlichen Bedürfnisse. Indem Eltern lernen, angemessen auf diese Bedürfnisse zu reagieren, steigern sie die Bindungssicherheit und schaffen eine Grundlage für ein positives Selbstkonzept der Kinder.

## 5      Erziehungstrainings zur Stärkung der kindlichen Lernmotivation

Schrader und Helmke (2008) messen der Motivation aufgrund empirischer Studien eine ungewisse Bedeutung als Indikator für Schulerfolg bei. Erst im Zusammenspiel mit weiteren Faktoren, welche die Lernmotivation in einen grösseren Kontext stellen, gewinnen motivationale Aspekte an Einfluss. Eltern tragen zur Lernmotivation bei, indem sie das kindliche Selbstkonzept über das erste Lebensjahr hinaus positiv unterstützen und dem Kind Erfolgserlebnisse ermöglichen. Im Rahmen der Erziehungsstilforschung hat sich gezeigt, dass ein autoritativer Erziehungsstil für die Entwicklung und Aufrechterhaltung eines gesunden Selbstkonzeptes förderlich ist (Fuhrer, 2007). Der autoritative Erziehungsstil besteht aus einer Kombination von hohen Erwartungen, klaren Regeln und einer dem Alter des Kindes angepassten Übergabe von Verantwortung einerseits und einer Förderung altersgemässer Autonomie sowie emotionaler Unterstützung andererseits. Dieser autoritative Stil grenzt sich ab gegen den autoritären (hohe Erwartungen, strikte Regeln, wenig Unterstützung, wenig Wärme) und den permissiven (wenig Erwartung und Regeln, viel Unterstützung und Wärme). Bei der autoritären Erziehung wird der Selbstwert aufgrund hoher, oft nicht zu erfüllenden Erwartungen minimiert. Beim permissiven Stil hingegen besteht die Gefahr, dass Kinder aufgrund fehlender Grenzen ein überhöhtes Selbstbild erwerben, das später an der Wirklichkeit durch Selbstüberschätzung scheitert. Erfolgserlebnisse stärken das kindliche Selbstkonzept ebenfalls, indem das Kind die Erfahrung macht, etwas Wünschenswertes bewirken zu können und es dadurch eine hohe Selbstwirksamkeitserwartung aufbauen kann. Auf Seiten der Eltern setzt dies eine angemessene Gewährung von Autonomie voraus sowie das Bereitstellen einer interessanten und anregungsreichen Umwelt. Weiter bedarf es einer emotionalen Unterstützung (Mut machen, etwas auszuprobieren) und Ermunterung zur Aufrechterhaltung der Motivation, insbesondere bei Rückschlägen und wenn das Kind an (seine) Grenzen stösst. Damit verbunden ist ein grundlegendes Vertrauen in das Kind, das auf einer positiven Eltern-Kind Beziehung beruht.

Viele Elternbildungsangebote setzen die Anliegen des autoritativen Erziehungsstils um und stärken entsprechende Erziehungskompetenzen. Explizit stützen sich die interaktiven DVD-ROMs von Schneewind und Böhmert (2009a;b; 2010) auf diesen Erziehungsstil, die unter dem Titel „**Freiheit in Grenzen**" (Schneewind, 2002a,b) für die drei Altersstufen Vorschulkinder, Schulkinder und Jugendliche entwickelt wurden. Vermittelt wird der autoritative Erziehungsstil in kurzen Video-Sequenzen, in denen zu spezifischen Erziehungsproblemen elterliches Verhalten gezeigt wird. Die Anwender werden dabei gebeten, zu einer Fallgeschichte eine von drei Verhaltensalternativen zu wählen. Die Konsequenzen der gewählten Lösung werden wiederum in einer Videoeinspielung aufgezeigt und anschliessend kritisch beurteilt. Den Eltern wird bewusst gemacht, was die Kinder oder Jugendlichen durch die gewählte Variante mit grosser Wahrscheinlichkeit lernen. Günstige und ungünstige, unmittelbare und längerfristige Konsequenzen durch die gewählte Alternative werden aufgezeigt. Hat sich der Anwender für eine weniger günstige Alternative entschieden, hat er die Möglichkeit, eine andere Alternative zu wählen und zu prüfen, was diese zur Folge hat.

Andere Elternbildungsprogramme fördern implizit einen autoritativen Erziehungsstil. Beispiele für zwei strukturierte Elterntrainings sind das „**Systematischen Training für Eltern und Pädagogen**" (STEP; Ehrlich, 2011) oder das „**Positive Elternprogramm – Triple P**" (Cina, Bodenmann, Hahlweg, Dirscherl & Sanders, 2006). Der durch STEP vermittelte Erziehungsstil beruht auf demokratischen Prinzipien, die gegenseitigen Respekt und die Gleichwertigkeit aller Familienmitglieder postulieren (Kluwe & Trompetter, 2010). Wichtig ist es demnach, dass Eltern ihren Kindern die Möglichkeit geben, altersangemessen und innerhalb bestimmter Grenzen Entscheidungen zu treffen sowie für ihre eigenen Entscheidungen Verantwortung zu übernehmen. STEP fokussiert ausserdem auf die Kommunikation innerhalb der Familie anhand von Strategien des Aktiven Zuhörens, die Ermutigung des Kindes und die Fertigkeit, die Perspektive des Kindes einzunehmen, um ein verständnisvolles und einfühlsames Erziehungshandeln zu fördern. Ein zentrales Ziel von Triple P ist Kinder zu fördern (Sanders et al., 2008). Das positive Erziehungskonzept unterstützt Eltern bei der Kindererziehung und baut dabei auf den Stärken der Familie auf. Triple P bietet den Eltern eine hilfreiche Auswahl konkreter Strategien zur Entwicklung einer positiven Beziehung zum Kind (z.B. wertvolle Zeit mit dem Kind verbringen; mit ihm sprechen; Zuneigung zeigen), zur Förderung von wünschenswertem Verhalten (z.B. loben; Aufmerksamkeit schenken; für spannende Beschäftigung sorgen) und zur Vermittlung neuer Fertigkeiten oder Verhaltensweisen (z.B. durch Vorbild sein; beiläufiges Lernen, wenn das Kind sich für bestimmte Dinge interessiert oder Fragen stellt; komplizierte Handlungen in kleine Schritte unterteilen und dem Kind durch Fragen und Erläuterungen einzelne Schritte beibringen). Eine positive Beziehungsgestaltung, die Ermunterung und der Einsatz gezielter Lernstrategien erleichtern dem Kind das Aneignen neuer Fertigkeiten, erhöht die Lernmotivation und ermöglicht Erfolgserlebnisse.

Der autoritative Erziehungsstil ist also geeignet, die Lernmotivation des Kindes bereits im Vorschulalter zu fördern und während der Schulzeit aufrechtzuerhalten (Neuenschwander, Lanfranchi, & Ermert, 2008). Die Motivierung geschieht direkt über förderliche Erziehungsstrategien und indirekt über Vorwissen, soziale Kompetenzen und Lernstrategien, die das Kind durch eine funktionale Erziehung mit grosser Wahrscheinlichkeit erwirbt (Schrader & Helmke, 2008). Eine aktive Auseinandersetzung mit dem Kind, wertvolle Zeit und eine spannende, abwechslungsreiche Umwelt sind gute Voraussetzungen für eine breite Wissensbasis, die dem Kind das Aneignen neuer Kenntnisse in der Schule erleichtern kann. Der autoritative Erziehungsstil geht mit höheren sozialen Fertigkeiten einher, die sich in der Schule durch kompetentes kooperatives Lernen zeigen (Fuhrer, 2007; Schneewind, 2002a). Das gemeinsame Problemlösen innerhalb der Familie unterstützt soziale Fertigkeiten und vermittelt den Kindern zudem Strategien zur Lösungsfindung, die auf das Lernen übertragen werden können (z.B. Teilziele definieren). Daher kommt der Erziehung eine zentrale Bedeutung für eine zufriedenstellende Schulkarriere zu.

## 6    Anti-Stress-Trainings für Eltern und Stärkung der kindlichen Emotionsregulation

Schrader und Helmke (2008) grenzen die Volition von der Motivation ab. Während die Motivation zu Beginn einer Aktivität handlungssteuernd ist, bedarf es zur Aufrechterhaltung der Aktivität die Volition. Volitionale Kompetenzen helfen dem Kind, sich von inneren und äusseren Störeinflüssen abzuschirmen, beispielsweise beim Lernen. Zu diesen Störeinflüssen zählen nebst Aktivitäten mit grösserem Anreiz und Potential zur unmittelbaren Bedürfnisbefriedigung negative Emotionen wie Frustration, Ärger oder Stress. Eltern können ihre Kinder bei der Emotionsregulation unterstützen, indem sie selber einen funktionalen Umgang mit negativen Emotionen vorleben, ihre Kinder bei der Stressbewältigung begleiten und sie eine angemessene Kommunikation über stress- und konfliktreiche Ereignisse pflegen. Im breiten Feld der Elternbildung zielen zwei Ansätze auf die Stressbewältigungskompetenzen. Das „**Online-Elterntraining zur Bewältigung von Familienstress**" (Hänggi, 2006; 2007) orientiert sich am Freiburger Modell sozialer Belastungssituationen (Perez, 2000). Es beinhaltet vier Module. Zwei eher theoretische Module vermitteln Grundwissen über Stress im Allgemeinen und Stress in der Familie und erklären, wie dem Stress präventiv vorgebeugt und was bei akutem Stress unternommen werden kann. Konkret wird empfohlen, Termine gut zu planen, Prioritäten zu setzen, Aufgaben zu delegieren, Nein-sagen zu können, angemessene Erwartungen und Denkmuster zu kultivieren und sich regelmässig zu erholen. Die zwei weiteren Module sind demgegenüber mehr Praxis orientiert und beleuchten die Kommunikation in der Familie und das gemeinsame Problemlösen. Während sich das Online-Elterntraining an Erziehende richtet, ist „**Paarlife**" (Bodenmann, 2006; 2008) ein zweitägiges Stresspräventionstraining für Paare. Ziel des Trainings ist die Förderung der Kommunikations-, Problemlöse- und Stressbewältigungskompetenzen des Paares. Eltern lernen durch dieses Training, wie sie über ihre Emotionen und Bedürfnisse sprechen und wie sie das Gegenüber bei der Bewältigung von Stress konstruktiv unterstützen können. Zudem fördert das Training die Elternallianz, indem sie Kommunikationswerkzeuge zum konstruktiven Aushandeln von Erziehungszielen erhalten. Stressbewältigungskompetenzen kommen den Kindern zugute, wenn die Eltern selber weniger gestresst sind, mehr Geduld und Einfühlungsvermögen haben (Cina, 2005), den Kindern funktionale Modelle vorleben und die Kinder direkt bei der Bewältigung ihres Stresses unterstützen können.

## 7    Trainings zur Stärkung motorischer Kompetenzen

Elternbildungsangebote haben einen Effekt auf die kindliche Grob- und Feinmotorik, die durch eine Anregung der kindlichen Aktivitäten automatisch gefördert werden. Zwei Elternbildungsprogramme begünstigen die kindliche Motorik ganz besonders. Im Frühbereich lernen Eltern mit Babys ab der 4. – 6. Lebenswoche durch den Besuch des „**Prager-Eltern-Kind-Programms**" (PEKiP®; Höltershinken & Scherer, 2011) die Entwicklung des Kindes sensibel wahrzunehmen, zu begleiten und zu fördern. Im Mittelpunkt stehen in der Gruppenarbeit Spiel-, Bewegungs- und Sinnesanregungen für Eltern und ihre Babys. Das „**Opstapje**"-Programm (Sann & Thrum, 2005; in der Schweiz bekannt unter dem Titel „schritt:weise") wurde als präventives Spiel- und Lernprogramm für Kleinkinder aus sozial benachteiligten Familien konzipiert. Beim Lernprogramm „Opstapje" besuchen geschulte Laienhelferinnen die Eltern zu Hause und zeigen, wie durch gemeinsames Spielen die motorische, soziale und kognitive Entwicklung des Kindes unterstützt werden kann.

## 8 Wirksamkeit und Inanspruchnahme der Elternbildungsangebote

Wie das vorangegangene Kapitel zeigt, besteht ein weites Spektrum an Zielsetzungen in der Elternbildung. Es stellt sich die berechtigte Frage, wie gut es durch Elternbildungsangebote gelingt, das Verhalten und die Kompetenzen der Eltern in erwünschter Weise kurz und langfristig zu beeinflussen. Die empirische Wirksamkeitsprüfung von Elternbildungsangeboten hat gezeigt, dass diejenigen Elterntrainings besonders grosse Effekte haben, welche eine positive Eltern-Kind-Interaktion sowie -Kommunikation fördern, eine konsequente und konsistente Erziehungshaltung vermitteln und die praktische Umsetzung der Kompetenzen einüben (Kaminski, Valle, Filene & Boyle, 2008). Der Einbezug der Väter verstärkt die Trainingseffekte (Lundahl, Tollefson, Risser & Lovejoy, 2008). Aktuelle Metaanalysen zur Wirksamkeit von Elterntrainings unterstreichen deren kurz- und langfristigen Wirksamkeit in Bezug auf die elterlichen Kompetenzen (Lundhal, Risser & Lovejoy, 2006; Maughan, Christinasen, Jenson, Olympia & Clark, 2005; Müller, Hager & Heise, 2001; Thomas & Zimmer-Gembeck, 2007). Im deutschen Sprachraum sind es derzeit vor allem „Tripel P" und „Starke Eltern – Starke Kinder", die wissenschaftliche evaluativ begleitet werden (Heinrichs, Behrmann, Härtel & Nowak, 2007; Nowak & Heinrichs, 2008; Perrez, Hilti, Abt, Aragon & Cina, 2004; Tschöpe-Scheffler, 2003). Für das paarlife-Training konnte die kurz- und langfristige Wirksamkeit in mehreren Studien belegt werden (Bodenmann, Perrez, Cina & Widmer, 2002; Bodenmann, Widmer & Cina, 1999; Ledermann, Bodenmann & Cina, 2007). Paare, welche die Trainings besucht haben, wiesen signifikant höhere Werte in der Partnerschaftsqualität und -zufriedenheit im Vergleich zur Kontrollgruppe auf. Sie erlebten ihre Beziehung als weniger problematisch und äusserten weniger Trennungsabsichten als Paare ohne Kurserfahrung. Ebenso konnte die Kommunikationsqualität der Paare signifikant verbessert werden. Positive Effekte durch die Implementierung des Elternbildungsprogramms „Triple P" konnten Prinz und Mitarbeiter (2009) ausserdem auf der Populationsebene nachweisen. Nach der Implementierung nahm der Bekanntheitsgrad des Präventionsangebots zu, die Teilnahmerate stieg an und die Anzahl registrierter Fälle von Kindesmisshandlungen ging signifikant zurück. Zusammenfassend lassen die Studien die Schlussfolgerung zu, dass Elternbildungsangebote das Wissen, die Einstellung und insbesondere Trainings auch das Erziehungshandeln positiv verändern können. Zudem vermögen die erfolgreichsten Trainings, wie beispielsweise Triple P, nachweislich das Problemverhalten und die emotionalen Probleme der Kinder zu reduzieren und kindliche Kompetenzen zu stärken.

Die wissenschaftliche Beschäftigung mit der Wirksamkeit von präventiven Elternbildungsangeboten hat jedoch auch gezeigt, dass zwischen der Angebotsbreite und der

Inanspruchnahme derzeit eine Kluft besteht. Einerseits sind nicht alle Eltern über bestehende Angebote informiert und andererseits nutzen nur wenige Eltern die Angebote (Sanders et al., 2008). Eine 2004 durchgeführte, repräsentative Umfrage bei 906 Haushalten der Stadt Basel ergab ein durchschnittlicher Bekanntheitsgrad von 53 % für Elternbildungsangebote (Watzek, Bucher, Hänggi, Schoebi & Perrez, 2005). Rund die Hälfte aller befragten Eltern wusste also nicht, wo sie an Weiterbildungsangeboten teilnehmen konnten. Eltern mit Schweizer Nationalität kannten signifikant mehr Möglichkeiten als Eltern anderer Nationalität (58 % gegenüber 34 % bei der Elternbildung). Die Befragung von Watzek und Mitarbeitern (2005) ergab weiter, dass 60 % der Eltern, welche Elternbildungsangebote kannten, nie daran teilnahmen. Nur gerade 17 % nahmen manchmal oder häufig an einer Elternbildung teil. Bei Erziehungsproblemen suchen Eltern primär Rat bei Personen aus dem privaten Umfeld und wenden sich erst bei grösserem Leidensdruck an Fachpersonen. In der Studie von Bergold und Mitautoren (2009) gaben 85 % der Eltern an bei Erziehungsproblemen zuerst den eigenen Partner um Rat zu fragen. Professionelle Anlaufstellen wurden nur in 19 % der Fälle kontaktiert. Medien wie Bücher oder das Internet wurden von den befragten Eltern nur selten zu Rate gezogen (analoge Zahlen berichteten Hänggi et al., im Druck). Die Autoren gehen von einer prozesshaften Dynamik aus, wie Eltern Rat suchen. Zuerst wird versucht mit geringem Aufwand Hilfe aus dem sozialen Umfeld zu erhalten. Ergänzend oder in einem nächsten Schritt werden Informationen in Medien gesucht (z.B. im Internet). Erst wenn dies keine Lösung bringt, wird eine Fachperson kontaktiert.

Wir können also schlussfolgern, dass Eltern trotz bestehendem und teilweise gut ausgebautem Unterstützungssystem in der Schweiz dieses zu wenig oft in Anspruch nehmen. Ein Grund dürften organisatorische, ökonomische und zeitliche Barrieren sein (Bergold et al., 2009; Heinrichs, Bertram, Kuschel & Hahlweg, 2005; Prinz et al., 2001; Seefeldt, Heinrichs & Eggert, 2008). Die künftige Herausforderung ist, die bestehenden Barrieren zu minimieren.

## 9    Fazit

Die Erziehung von Kindern war und ist seit jeher eine herausfordernde Aufgabe für Eltern und Erziehende. Sie hat zum Ziel, das Kind auf das Leben in der Gesellschaft bestmöglich vorzubereiten. Dies verlangt von Eltern ein grosses Mass an persönlichen Fertigkeiten und Ressourcen, um eine möglichst optimale emotionale, motivationale, kognitive und körperliche Entwicklung der Kinder zu ermöglichen. Heute sind die Erwartungen von und an Eltern sehr gross, dass sie all diese zum Wohl des Kindes leisten können. Hinzu kommen neue Herausforderungen, gegeben durch die Globalisierung, Individualisierung und Technologisierung. Eltern stellen sich die Aufgaben, ihre Erziehungsziele selber zu stecken, ihre Elternrollen zu definieren und sich und ihren Nachwuchs auf eine eher ungewisse Zukunft mit vielen Eventualitäten vorzubereiten. Viele Eltern sind durch diese Aufgaben verunsichert und teilweise überfordert.

Die Gesellschaft reagiert auf die wachsenden Herausforderungen an Eltern u.a. durch Bereitstellen einer breiten Palette an Elternbildungsangeboten. Das primäre Ziel der Elternbildung besteht in der funktionalen Veränderung elterlicher Merkmale. Eltern wirken als Mediatoren und ermöglichen als sekundäres Ziel eine bestmögliche, entwicklungsförderliche Umwelt der Kinder. Eine kompetente Begleitung der kindlichen Entwicklung erhöht des emotionalen, motivationalen, kognitiven und motorischen Kompetenzen, die in einem direkten Zusammenhang mit dem Lernverhalten und dem Schulerfolg stehen (Schrader & Helmke, 2008). Insbesondere hat sich der autoritative Erziehungsstiel als förderlich für die kindliche Entwicklung herauskristallisiert (vgl. auch Barquero & Geier, 2008). Die vorschulische Elternbildung stärkt also kindliche Kompetenzen, die für eine wünschenswerte Schulkarriere erforderlich sind, und trägt damit zur Chancengerechtigkeit bei. Allerdings nur dann, wenn diejenigen Elternpopulationen zur Teilnahme an Elternbildungsangeboten motiviert werden können, die Risikomerkmale für geringere Bildungschancen der Kinder aufweisen. Es sind dies Risikomerkmale wie mangelnde Kenntnisse der Landes- bzw. Unterrichtssprache, ökonomisch schlechter situierte Familien und/oder nicht-bildungsinteressierte Eltern. Die Krux ist, dass genau diese Merkmale auch als Hürden zur Teilnahme an Elternbildungsangeboten gelten.

Um die Inanspruchnahme bestehender Elternbildungsmöglichkeiten zu erhöhen, werden niederschwellige Angebote für Eltern gefordert, die für Eltern bekannt, gut erreichbar, bezahlbar und nicht stigmatisierend sind und eine kostenlose Kinderbetreuung anbieten (Oberndorfer & Mengel, 2003). Schulen hätten das Potential, niederschwellig Elternbildungsangebote anzugliedern. Schulen als Bildungsstätten bieten den Bezug, stehen für Kompetenz sowie Qualität und können viele Familien erreichen. Durch die Mitwirkung von Eltern kann die Schwelle zur Teilnahme zusätzlich gesenkt werden. Der schulisch-spezifische Nutzen für die Kinder und der aktive Beitrag zur Chancengerechtigkeit dürften die benötigten Ressourcen bei weitem rechtfertigen.

# 10    Literatur

Aschersleben, G. (2008). Der Einfluss der frühen Mutter-Kind-Interaktion auf die sozial-kognitive Entwicklung. In K.H. Brisch & T. Hellbrügge (Hrsg.), *Der Säugling – Bindung, Neurobiologie und Gene. Grundlagen für Prävention, Beratung und Therapie* (S. 298–312). Stuttgart: Klett-Cotta.

Bakermans-Kranenburg, M.J., van IJzendoorn, M.H. & Juffer, F. (2003). Less is more: Meta-analyses of sensitivity and attachment interventions in early childhood. *Psychological Bulletin 129*, 195–215.

Barquero, B. & Geier, B. (2008). Elterliches Erziehungsverhalten. Wie werden kindliche Verhaltensauffälligkeiten und Persönlichkeitsmerkmale beeinflusst? In C. Alt (Hrsg.), *Kinderleben – Individuelle Entwicklungen in sozialen Kontexten. Band 5: Persönlichkeitsstrukturen und ihre Folgen* (S. 125–147). Wiesbaden: Verlag für Sozialwissenschaften.

Bergold, P., Rupp, M. Schneewind, K.A. & Wertfein, M. (2009). *Wirksamkeit der CD-ROM „Freiheit in Grenzen" zur Stärkung von Elternkompetenzen – eine kontrollierte Vergleichsstudie.* Bamberg: ifb-Materialien 2-2009.

Bodenmann, G. (2006). *Stress und Partnerschaft: Gemeinsam den Alltag bewältigen* (4. überarbeit. Auflage ed.). Bern: Huber.

Bodenmann, G. (2008). *paarlife. Fit für das Leben zu zweit. Kompetenzen für die Partnerschaft. Das Trainermanual zum Paarkurs.* Universität Fribourg.

Bodenmann, G., Perrez, M., Cina, A. & Widmer, K. (2002). The effectiveness of a coping-focused prevention approach: A two-year longitudinal study. *Swiss Journal of Psychology, 61(4),* 195–202.

Bodenmann, G., Widmer, K. & Cina, A. (1999). Das Freiburger Stresspräventionstraining für Paare (FSPT): Selbstwahrgenommene Verbesserungen innerhalb von 6 Monaten. *Verhaltenstherapie, 9(2),* 87–94.

Cina, A. (2005). *Stress der Eltern und kindliches Problemverhalten. Zusammenhang zwischen Stress und Erziehungsverhalten von Eltern sowie kindlichem Problemverhalten.* Unveröffentlichte Dissertation. Universität Fribourg.

Cina, A., Bodenmann, G., Hahlweg, K., Dirscherl, T. & Sanders, M. (2006). Positive Parenting Program (Triple P): Theoretischer und empirischer Hintergrund und erste Erfahrungen im deutschsprachigen Raum. *Zeitschrift für Familienforschung, 18,* 66–88.

Ehrlich, B. (2011). *STEP-Elterntraining. Wege zu erfüllten familiären Beziehungen. Eine praktische Einführung für Eltern und Fachleute.* Stuttgart: Kohlhammer.

Elternbildung Schweiz (2009). Standardisierte Elternkurse in der Schweiz. Online: http://www.elternbildung.ch/images/4_Übersicht_Elternkurse_Feb_09.pdf (1.4.2012).

Frank, S. (2010). *Elternbildung – ein kompetenzstärkendes Angebot für Familien. Effektivität der Intervention: „Starke Eltern – Starke Jugend".* München: Herbert Utz.

Fredrickson, B.L. (2004). The broaden-and-build theory of positive emotions. *Philosophical Transactions of the Royal Society B, 359,* 1367–1377.

Fritz+Fränzi (2011). *Familien Barometer 2011. Ergebnisse aus der Familienbefragung.* Online: http://www.fritz-und-fraenzi.ch/downloads/FuF_FamilienBarometer_2011_full.pdf (1.4.2012).

Fuhrer, U. (2007). *Erziehungskompetenz. Was Eltern und Familien stark macht.* Bern: Huber.

Grossmann, K.E. & Grossmann, K. (2002). Klinische Bindungsforschung aus der Sicht der Entwicklungspsychologie. In B. Strauss, A. Buchheim & H. Kächele (Hrsg.), *Klinische Bindungsforschung* (S. 295–318). Stuttgart: Schattauer.

Hänggi, Y. (2006). Kann web-basierte Stressprävention erfolgreich sein? Erfahrungen mit dem Online-Elterntraining gegen Familienstress. *Zeitschrift für Klinische Psychologie, 35,* 169–177.

Hänggi, Y. (2007). Online-Prävention am Beispiel des Online-Elterntrainings zur Bewältigung von Familienstress. In B. Röhrle (Hrsg.), *Prävention und Gesundheitsförderung Band III. für Kinder und Jugendliche* (S. 245–256). Tübingen: dgvt-Verlag.

Hänggi, Y., Cina Jossen, A. & Bodenmann, G. (im Druck). Inanspruchnahme der Elternbildung und -beratung in der Schweiz. Ergebnisse einer Online-Befragung. *Psychologie in Erziehung und Unterricht.*

Hänggi, Y., Schweinberger, K. & Perrez, M. (2011). *Feinfühligkeitstraining für Eltern. Kursmanual zum Freiburger Trainingsprogramm «Wie sagt mein Kind, was es braucht?».* Bern: Huber.

Heinrichs, N., Behrmann, L., Härtel, S. & Nowak, C. (2007). *Kinder richtig erziehen – aber wie? Eine Auseinandersetzung mit bekannten Erziehungsratgebern.* Göttingen: Vandenhoeck & Ruprecht.

Heinrichs, N., Bertram, H., Kuschel, A. & Hahlweg, K. (2005). Parent recruitment and retention in a universal prevention program for child behavior and emotional problems: Barriers to research and program participation. *Prevention Science, 6 (4),* 275–286.

Henry-Huthmacher, C. & Borchard, M. (2008). *Eltern unter Druck. Selbstverständnisse, Befindlichkeiten und Bedürfnisse von Eltern in verschiedenen Lebenswelten.* Stuttgard: Lucius & Lucius.

Hirsh-Pasek, K. & Burchinal, M. (2006). Mother and caregiver sensitivity over time: Predicting language and academic outcomes with variable- and person-centered approaches. *Merrill-Palmer Quarterly, 52(3),* 449–485.

Hoffmann, B. (2003). *Medienpädagogik. Eine Einführung in Theorie und Praxis.* Paderborn: Schöningh

Höltershinken, D. & Scherer, G. (2011). *PEKiP Das Prager-Eltern-Kind-Programm, theoretische Grundlagen: Ursprung und Weiterentwicklung.* Bochum : Dortmunder Beiträge zur Pädagogik.

Institut für Demoskopie Allenbach (2006). *Einstellungen zur Erziehung. Kurzbericht zu einer repräsentativen Bevölkerungsumfrage.* Online: http://www.ifd-allensbach.de/pdf/akt_0601.pdf (1.4.2012).

Jaursch, S., Lösel, F., Beelmann, A. & Stemmler, M. (2003). Inkonsistenz im Erziehungsverhalten zwischen Müttern und Vätern und Verhaltensprobleme des Kindes. *Psychologie in Erziehung und Unterricht, 3,* 172–186.

Kaminski, J.W., Valle, L.A., Filene, J.H. & Boyle, C.L: (2008). A meta-analytic review of components associated with parent training program effectiveness. *Journal of Abnormal Child Psychology, 36(4),* 567–589.

Klemenz, B. (2007). *Ressourcenorientierte Erziehung.* Tübingen: dgvt-Verlag.

Kluwe, S. & Trompetter, E. (2010). Evaluation setting basierter STEP Elternkurse. In S. Hartung, S. Kluwe & D. Sahrai (Hrsg.), *Elternbildung und Elternpartizipation in Settings. Eine programmspezifische und vergleichende Analyse von Interventionsprogrammen in Kita, Schule und Kommune. Abschlussbericht* (S. 213–284). Bielefeld: Universität Bielefeld.

Koglin, U. & Petermann, F. (2008). Inkonsistentes Erziehungsverhalten. Ein Risikofaktor für aggressives Verhalten? *Zeitschrift für Psychiatrie, Psychologie und Psychotherapie. 56(4),* 285–291.

Laux, L. & Schütz A. (1996). *Stressbewältigung und Wohlbefinden in der Familie.* Köln: Kohlhammer.

Ledermann, T., Bodenmann, G. & Cina, A. (2007). The efficacy of the couples coping enhancement training (CCET) in improving relationship quality. *Journal of Social and Clinical Psychology, 26(8),* 940–959.

Lundahl, B., Risser, H.J. & Lovejoy, M.-C. (2006). A meta-analysis of parent training: Moderators and follow-up effects. *Clinical Psychology Review, 26(1),* 86–104.

Lundahl,-B.W., Tollefson, D., Risser, H. & Lovejoy, M.-C. (2008). A meta-analysis of father involvement in parent training, *Researche on Social Work Practice, 18(2),* 97–106.

Maughan, D.R., Christiansen, E., Jenson, W.R., Olympia, D. & Clark, E. (2005). Behavioral Parent Training as a Treatment for Externalizing Behaviors and Disruptive Behavior Disorders: A Meta-Analysis. *School Psychology Review, 34 (3),* 267–286.

Müller, C.T., Hager, W. & Heise, E. (2001). Zur Effektivität des Gordon-Elterntrainings (PET) – eine Metaevaluation. *Gruppendynamik und Organisationsberatung,32,* 339–364.

Neuenschwander, M.P., Lanfranchi, A. & Ermert, C. (2008). Spannungsfeld Schule – Familie. In Eidgenössische Koordinationskommission für Familienfragen EKFF (Hrsg.), Familien – Erziehung – Bildung (S. 68–79). Online: www.ekff.admin.ch/c_data/d_Pub_Erziehung_08.pdf (1.4.2012).

Nowak, C. & Heinrichs, N. (2008). A comprehensive meta-analysis of Triple P-Positive Parenting Program using hierarchical linear modeling: Effectiveness and moderating variables. *Clinical Child and Family Psychology Review, 11(3),* 114–144.

Oberndorfer, R. & Mengel, M. (2003). Familienbildung heute – präventiv, bedarfsgerecht und niederschwellig. In M. Rupp (Hg.), *Niederschwellige Familienbildung* (S. 13–22). Bamberg: ifb.

Papp, L.M., Cummings, E.M. & Schermerhorn, A.C. (2004). Pathways among marital distress, parental symptomatology, and child adjustment. *Journal of Marriage and Family, 66,* 368–384.

Perez, M. (2000). Psychologie des Familien- und Paarstresses: Forschungsentwicklungen. In K.A. Schneewind (Hrsg.), *Familienpsychologie im Aufwind. Brückenschläge zwischen Forschung und Praxis* (S. 69–88). Göttingen: Hogrefe.

Perrez, M., Hilti, N., Abt, U., Aragon, M. & Cina A. (2004). *Verbesserung der Eltern-Kind-Beziehung (Schlussbericht der Kollektiven Expertise zur Sekundärprävention im Auftrag des BAG)*. (FB Nr. 161). Fribourg: Departement für Psychologie, Universität

Petermann, F. & Petermann, U. (2008). Prävention von externalisierenden Verhaltensstörungen. In C. Leyendecker (Hrsg.), *Gemeinsam Handeln statt Behandeln. Aufgaben und Perspektiven der Komplexleistung Frühförderung* (S. 277–285). München: Reinhardt.

Petermann, U. & Petermann, F. (2006). Erziehungskompetenz. *Kindheit und Entwicklung, 15(1)*, 1–8.

Prinz, R.J., Sanders, M.R., Shapiro, S.J., Whitaker, D.J., Lutzker, J.R. (2009). Population-based prevention of child maltreatment: the U.S. Triple p system population trial. *Prevention science, 10(1)*, 1–12.

Pro Juventute (2011). *Pro Juventute „Nationaler Elternclub". Online-Zielgruppenbefragung. Nielsen Consumer Research. Juni 2011*. Unveröffentlichtes Dokument.

Reichle, B. & Gloger-Tippelt, G. (2007). Familiale Kontexte und sozial-emotionale Entwicklung. *Kindheit und Entwicklung, 16*, 199–208.

Sacchi, S., Salvisberg, A. & Buchmann, M. (2005). Long-term dynamics of skill demand in Switzerland 1950-2000. In H. Kriesi, P. Farago, M. Kohli & M. Zarin-Nejadan (eds.), *Contemporary Switzerland. revisiting the special case* (S. 105–134). Houndmills: Palgrave.

Sanders, M.R., Ralph, A., Sofronoff, K., Gardiner, P., Thompson, R. & Dwyer, S. (2008). Every Family: A population approach to reducing behavioral and emotional problems in children making the transition to school. *The Journal of Primary Prevention, 23(3)*, 197–222.

Sann, A. & Thrum, K. (2005). *Opstapje – Schritt für Schritt. Praxisleitfaden*. München: Deutsches Jugendinstitut e.V..

Schneewind, K.A. & Böhmert, B. (2009a). *Grundschulkinder kompetent erziehen. Der interaktive Elterncoach „Freiheit in Grenzen"* (2. Aufl.). Bern: Huber.

Schneewind, K.A. & Böhmert, B. (2009b). *Jugendliche kompetent erziehen. Der interaktive Elterncoach „Freiheit in Grenzen"*. Bern: Huber.

Schneewind, K.A. & Böhmert, B. (2010). *Kinder im Vorschulalter kompetent erziehen. Der interaktive Elterncoach „Freiheit in Grenzen"*. (2. Aufl.). Bern: Huber.

Schneewind, K.A. (2002a). Freiheit in Grenzen – Wege zu einer wachstumsorientierten Erziehung. In H.-G. Krüsselberg & H. Reichmann (Hrsg.), Zukunftsperspektive Familie und Wirtschaft (S. 213–262). Grafschaft: Vektor-Verlag.

Schneewind, K.A. (2002b). „Freiheit in Grenzen" – die zentrale Botschaft zur Stärkung elterlicher Erziehungskompetenz. In H.-G. Krüsselberg & H. Reichmann (Hrsg.), *Zukunftsperspektive Familie und Wirtschaft* (S. 393–404). Grafschaft: Vektor-Verlag.

Schrader, F.-W. & Helmke, A. (2008). Determinanten der Schulleistung. In M. Schweer (Hrsg.), *Lehrer-Schüler-Interaktion. Inhaltsfelder, Forschungsperspektiven und methodische Zugänge* (2. Aufl., S. 285–302). Wiesbaden: VS Verlag für Sozialwissenschaften.

Schultheis, F., Perrig-Chiello, P. & Egger, S. (2008). *Kindheit und Jugend in der Schweiz*. Weinheim: Belz.

Seefeldt, W.L., Heinrichs, N. & Eggert, F. (2008). Gründe für und gegen die Teilnahme an einem Elterntraining in sozial benachteiligten Nachbarschaften. *Zeitschrift für Gesundheitspsychologie, 16 (2)*, 61–72.

Shin, H., Park, Y.J. & Kim, M.J. (2006). Predictors of maternal sensitivity during the early postpartum period. *Journal of Advanced Nursing, 55 (4)*, 425–434.

Simo, S., Rauh, H. & Ziegenhain, U. (2000). Mutter-Kind-Interaktion im Verlaufe der ersten 18 Lebensmonate und Bindungssicherheit am Ende des 2. Lebensjahres. *Psychologie in Erziehung und Unterricht, 47(2)*, 118–141.

Smolka, A. (2002). *Beratungsbedarf und Informationsstrategien im Erziehungsalltag. Ergebnisse einer Elternbefragung. ifb-Materialien 5-2002*. Bamberg: ifb.

Stamm, M. (2010). Frühkindliche Bildung: Fakten, Widersprüche und offene Fragen. *Frühförderung interdisziplinär, 4,* 147–153.

Stams, G.J., Juffer, F., van IJzendoorn, M.H. & Hoksbergen, R.C. (2001). Attachment-based intervention in adoptive families in infancy and children's development at age 7: Two follow-up studies. *British Journal of Developmental Psychology, 19(2),* 159–180.

Teubert, D. & Pinquart, M. (2003). Coparenting: Das elterliche Zusammenspiel in der Kindererziehung. *Psychologie in Erziehung und Unterricht, 3,* 161–171.

Thomas, R. & Zimmer-Gembeck, M.J. (2007). Behavioral outcomes of Parent-Child Interaction Therapy and Triple P – Positive Parenting Program: A review and meta-analysis. *Journal of Abnormal Child Psychology,* 35, 475–495.

Tschöpfe-Scheffler, S. (2003). *Elternkurse auf dem Prüfstand. Wie Erziehung wieder Freude macht.* Oplade: Leske + Budrich.

Van Bakel, H.J.A. & Risken-Walraven, M. (2002). Parenting and Development of One-Year-Olds: Links with Parental, Contextual, and Child Characteristics. *Child Development, 73(1),* 256–273.

Ward, M.J., Lee, S.S. & Lipper, E.G. (2000). Failure-to-thrive is associated with disorganized infant-mother attachment and unresolved maternal attachment. *Infant Mental Health Journal, 21(6),* 428–442.

Watzek, D., Bucher, N., Hänggi, Y., Schoebi, D. & Perrez, M. (2005). *Bericht über die Situation der Familien im Kanton Basel-Stadt. Eine Vergleichsstudie der Jahre 1999 und 2004 in vier ausgewählten Quartieren (Band 2).* Basel: Justizdepartement Basel Stadt.

# Familienerziehung und Familienkultur

Hans-Rüdiger Müller

## 1 Familie, Erziehung, Kultur

Familienerziehung und Familienkultur stehen empirisch gesehen in einem unauflöslichen Zusammenhang miteinander. Die Besonderheit der Familie gegenüber anderen Erziehungsinstitutionen wird vor allem in ihrer „bio-sozialen Doppelnatur" (König, 1946/2002, S. 66; Kaufmann, 1996, S. 7; Nave-Herz, 2004, S. 30; Reyer, 2004, S. 384) gesehen. Über ihre sozialmorphologische Varianz hinweg verbindet sich im Kontext von Familie (Verwandtschaft, Partnerbeziehung, Elternschaft) die biologische Reproduktion mit der sozialen Reproduktion der Gesellschaft. Im System Familie (wie immer ihre soziale Gestalt auch sei) entsteht die Nachkommenschaft einer Gesellschaft; es ist der Ort der primären Vergesellschaftung und Enkulturation sowie der Regeneration. Hier werden zentrale materielle und psychosoziale Versorgungsleistungen erbracht, mögen diese auch mehr oder weniger stark von gesellschaftlichen Hilfen oder komplementären Institutionen unterstützt, ergänzt oder partiell ersetzt werden. Aufgrund der Vielfalt der damit verbundenen Ansprüche, Erwartungen und Funktionen weist die Familie als Erziehungsfeld eine große Komplexität auf, sowohl im Hinblick auf ihre innere Struktur als auch im Hinblick auf ihre Beziehungen zur Außenwelt. Familie, wie wir sie hier und heute kennen, ist eine Lebensgemeinschaft von Erwachsenen und Kindern; sie ist eine Erziehungsgemeinschaft, in der Kinder aufwachsen; sie ist in wirtschaftlicher Hinsicht eine Haushaltsgemeinschaft zur materiellen Reproduktion ihrer Mitglieder; sie ist zumeist auch eine Ehegemeinschaft oder Ort einer Lebenspartnerschaft zweier Erwachsener; sie ist ein Bereich der Privatheit und der Intimität von Beziehungen, in dem sich die Menschen als individuelle, „ganze" Personen begegnen, nicht nur in der Spezifität sozialer Rollenfunktionen. Die interpersonalen Beziehungen sind in der Familie wie kaum in einem anderen Bereich körperbezogen, emotional getönt und bei aller Konflikthaftigkeit in der Regel von einer grundsätzlichen Zuneigung getragen; sie sind zugleich geprägt von sozialen und kulturellen Mustern der Partnerschaft, der Elternschaft und der Kindheit.

Aber Familie ist auch eingebunden in Nachbarschaft, Wohngegend und soziales Umfeld, in Freundschaftsbeziehungen und Freizeitaktivitäten, die sie nach außen hin öffnet. Über die Erwerbstätigkeit der Erwachsenen steht sie in Verbindung mit der Arbeitswelt, über die öffentliche Erziehung der Kinder mit dem Bildungssystem und über ihre kulturellen Orientierungen und Aktivitäten mit einem spezifischen sozialkulturellen Milieu. Diese vielfachen Verflechtungen innerhalb der Familie wie auch zwischen ihrem Binnenraum und ihrer sozialkulturellen Außenwelt lassen sich mit Norbert Elias (1970) im Sinne einer dynamischen „sozialen Figuration" verstehen, in der sich das Tun ihrer Mitglieder mit den Strukturen der Familiengemeinschaft und mit anderen sozialen Gebilden überlagern. Methodologisch bietet dies die Möglichkeit, über eine empirisch-ethnographische Analyse des familialen Binnenmilieus und der darin sichtbar werdenden Praxisformen die Art der Verflechtungen und praktischen Bezüge der Mitglieder untereinander wie auch die Wechselwirkungen mit weiteren sozialen Räumen oder übergreifenden Kulturmustern zu rekonstruieren, um von hier aus zu Erkenntnissen über die Familie als sozial und kulturell geprägtem Erziehungsfeld zu gelangen.

Das familiale Binnenmilieu ist mit seinen sozialen und kulturellen Strukturierungen das Ergebnis eines permanenten Zusammenspiels von aktiven Herstellungsleistungen der in der Familie lebenden Personen („doing family") und den inneren und äußeren Bedingungen und Herausforderungen. Dem entspricht ein Begriff von Familienkultur, der neben deren objektiv vergegenständlichter Seite (kulturelle Objekte wie Wohnungseinrichtung, Familientraditionen, Essgewohnheiten, Familiendokumente, DVD-, CD- oder Bücherbestände, Fotoalben, wiederkehrende Familiengeschichten usw.) insbesondere auch die Prozesse der aktiven Hervorbringung von Kultur und der darin sich zeigenden Praktiken und Deutungen der Akteure in den Blick nimmt. Familienkultur ist diesem Verständnis nach – so wie Kultur überhaupt – „das Geflecht von Bedeutungen, in denen Menschen ihre Erfahrungen interpretieren und nach denen sie ihr Handeln ausrichten" (Geertz, 1983, S. 99). Kulturelle Objektivationen und die kulturellen „Bestände" des Familienmilieus prägen somit nicht von sich aus schon die Familienkultur, sondern erst in dem Sinne, wie sie im praktischen Familienalltag relevant werden, also in den familialen Praxisformen und Deutungsleistungen als sinnvolle Objekte hervorgebracht und immer wieder bestätigt werden. Je vitaler die objektive Seite der Kultur mit der subjektiven und intersubjektiven Praxisseite der Kultur verbunden ist, umso mehr Relevanz besitzt sie im Familienmilieu, je mehr sich beides voneinander entfernt, um so unbedeutender erscheinen die Objekte, ihr kultureller Sinn ist gleichsam eingefroren – und kann allenfalls in Prozessen der aktiven Erinnerung und Neuentdeckung „revitalisiert" werden. (vgl. zur epochalen Problematik des Auseinanderdriftens von objektiver und subjektiver Kultur in der Moderne Simmel, 1900/1991 sowie – bildungstheoretisch akzentuiert – Adorno, 1959 und Mollenhauer, 1987). Die Abhängigkeit der Familienkultur von den Praxisformen ihrer Mitglieder und dem „praktischen Sinn", der ihrem Tätigsein zugeschrieben werden kann, verweist auf die Familie als einen gemeinsamen Erfahrungsraum. Auch wenn kultureller Sinn an die aktuelle Praxis der Familie konstitutiv gebunden ist, ergibt er sich ja nicht fortwährend neu aus den spontanen Handlungen ihrer Mitglieder, sondern sedimentiert sich über die Zeit hinweg in einem gemeinsamen Wissen, über das die Mitglieder intuitiv verfügen (praktisches Wissen), indem sie es in ihrem Tätigsein aktualisieren. Mit Karl Mannheim kann man daher von der Familie auch als einem „konjunktiven Erfahrungsraum" (Mannheim, 2003, S. 239) sprechen, der ihre Mitglieder zu einer Gemeinschaft zusammenschließt, die ihr Tun und Denken auf der Grundlage eines gemeinsamen, praktischen Wissens in einen spezifischen, kollektiven Sinnhorizont stellt. Die Metapher des Horizonts soll deutlich machen, dass es sich dabei um eine dynamische, durchaus veränderbare, aber doch jeweils orientierende Vorstrukturierung des Sinngehalts handelt, die Spielraum auch für situative Anpassungen und Modifikationen im konkreten Tun ermöglicht, wie auch nachhaltigere Verschiebungen im kollektiven Alltagswissen. Im Zusammenleben mit den anderen Mitgliedern der Familie lernen Kinder schon sehr früh, an diesem gemeinsamen Erfahrungsraum zu partizipieren und wachsen so in die Kultur der Familie hinein. Sie sind aber zugleich auch Akteure in diesem Prozess. Ihre Anwesenheit und ihre Beteiligung am interaktiven Geschehen in der Familie, die besonderen Verhaltens- und Sinnvarianten, die sie aufgrund des Wechselspiels von Spontaneität und Rezeptivität (Schleiermacher, 1826/2000) im Entwicklungsprozess hervorbringen, üben auch einen strukturierenden Einfluss auf den Erfahrungsraum der Familie aus, man denke nur an die gravierenden Folgen, die sich in den ersten Monaten nach der Geburt des ersten Kindes für den Familienalltag und seine Bedeutungsstruktur ergeben (vgl. Wulf u.a., 2008).

Damit ist nun auch die Familienerziehung angesprochen. Während im Allgemeinen unter Familienerziehung das elterliche intentionale Erziehungshandeln verstanden wird, legen die bisherigen Überlegungen einen weiteren Begriff von Erziehung nahe. Wenn mit Erziehung die Weitergabe der sozialkulturellen Lebensform an die nachwachsende Generation gemeint ist, dann beschränkt sich diese Weitergabe nicht auf einzelne Erziehungshandlungen, wenngleich diese natürlich Teil dieser Praxis der Weitergabe sind. Das Zusammenleben von Kindern und Erwachsenen insgesamt ist ja immer schon Teil dieser (familialen) Lebensform und konstituiert den gemeinsamen Erfahrungsraum, in dem sich die Familie ihren Kindern ständig präsentiert. Neuere Versuche, das spezifisch erzieherische Moment dieser gemeinsamen Lebenspraxis (wie überhaupt allen pädagogischen Handelns) im Unterschied zu anderen Momenten dieser Praxis (Sozialisation, Entwicklung, Kommunikation) auf den Begriff zu bringen, rekurrieren auf die Operation des auf Lernprozesse bezogenen „Zeigens" (Prange, 2005) bzw. des Zusammenwirkens von Darstellungsformen der „Präsentation" und der „Repräsentation" (Mollenhauer, 2008). Ob die erwachsenen Mitglieder der Familie (und übrigens auch die Geschwister) wollen oder nicht, sie „zeigen" sich dem Kind mit ihrer Art, zu leben, den Alltag zu organisieren, Probleme zu definieren und Konflikte zu lösen, mit ihren Wertmaßstäben und dem Maß an Toleranz gegenüber dem Ungewohnten und Fremden, mit ihren Interessen und Vorlieben, ihrer Begeisterung für bestimmte Kulturerfahrungen, für Musik oder

Sport, für den „Tatort" oder die Vorabend-Soaps im Fernsehen, mit ihrem ästhetischen
Geschmack und ihren Ernährungspraktiken, mit ihrer sozialen Feinfühligkeit und ihren
sozialen Handlungsstrategien, mit ihrem Wohnambiente, mit ihren Erzählungen aus der
Berufswelt und der Bedeutung, die diese im Familienkontext einnimmt, mit ihrer Form
der Nachbarschaft und der Freundschaft und mit vielem mehr. Dabei zeigen sie sich und
ihre Lebensform im mindestens intuitiven Wissen um die Kindlichkeit des Kindes. Sie
zeigen all dies in einer bestimmten Weise. Und sie denken – mehr oder weniger – über
diese Weise des Zeigens nach. Wo und wann in der Wohnung gespielt oder gearbeitet
oder ausgeruht oder gegessen wird; welches Zimmer das Kinderzimmer sein soll; wie
im Tagesablauf die individuellen Zeitrhythmen des Kindes mit den institutionellen Zeit-
strukturen von Berufsarbeit, Hausarbeit, Bildungseinrichtungen und den Öffnungszeiten von Supermarkt und Arztpraxis abgestimmt wird, sind Beispiele für die Präsenz des
Kindes in der praktischen Strukturierung des Familienalltags. Familienerziehung und
Familienkultur sind aufs Engste miteinander verbunden. Erziehung ist weniger eine An-
gelegenheit spezifischer Handlungen; sie ist vor allem eine spezifische Sichtweise auf die
Familie, sei diese Perspektive nun von externen Beobachtern oder von den Mitgliedern
der Familie selbst eingenommen.

## 2    Bildungsort Familie

Trotz ihrer fundamentalen Bedeutung für die primäre Sozialisation und Erziehung des
Kindes hat die Familie im erziehungswissenschaftlichen Diskurs vergleichsweise wenig
Beachtung gefunden.[1] Das mag seinen Grund in der Tatsache haben, dass es sich hier
um ein quasi natürliches, nicht professionalisiertes Erziehungsfeld handelt, von dem
zunächst angenommen werden kann, dass es seine Erziehungs- und Sozialisationsleis-
tungen grundsätzlich auch ohne ein entsprechendes Forschungs- und Professionswissen
erbringt. Allenfalls dort, wo die erzieherische Leistungsfähigkeit der Familie gefährdet
scheint, zieht sie die professionelle und disziplinäre Aufmerksamkeit der Pädagogik auf
sich (Erziehungsberatung, sozialpädagogische Familienhilfe; z.B. Lenz & Böhnisch, 1999,
S. 58). Nur vereinzelt wurde in den zurückliegenden Jahrzehnten die Familie in ihrer
allgemeinen Bedeutung als Erziehungs- und Sozialisationsfeld zum Gegenstand tiefer
gehender erziehungs- und sozialwissenschaftlicher Analysen (Claessens, 1979; Mollenhauer, Brumlik & Wudtke, 1975; Allert, 1998), allerdings ohne eine nachhaltige Resonanz
im wissenschaftlichen Diskurs zur Familie zu entfalten. In der öffentlichen Diskussion
füllte stattdessen eine expandierende Ratgeber- und Feuilleton-Literatur die Lücke, die
sich zwischen den wachsenden und oftmals verunsichernden Ansprüchen an die Eltern-

---

1   Anders verhält es sich in der Soziologie, die sich vor allem mit dem Formenwandel der Fami-
    lie, den wachsenden Scheidungsraten und der These des Funktionsverlustes der Familie sowie
    ihrer sozialstrukturellen Bedeutung für die Reproduktion sozialer Ungleichheit beschäftigt
    hat. Vgl. hierzu Nave-Herz, 2009; Hill & Kopp, 2004; Peuckert, 2008.

schaft einerseits und die relative Zurückhaltung im wissenschaftlichen Diskurs andererseits auftat. Das änderte sich relativ schlagartig mit dem Erscheinen der ersten PISA-Studie 2001 und der nachfolgenden politischen und fachlichen Diskussion über den (längst schon bekannten, aber nun aufgrund der alarmierenden Ergebnisse im internationalen Vergleich politisch hoch relevanten) Zusammenhang zwischen Bildungserfolg und sozialer Herkunft. Die hohe soziale Selektivität des Bildungssystems mit der Folge des Ausschlusses eines großen Teils der nachwachsenden Generation aus Berufsarbeit, sozialer Integration und kultureller Teilhabe war offenbar innerhalb des Systems allein nicht wirksam zu bekämpfen und führte zu einer Erweiterung der wissenschaftlichen und politischen Aufmerksamkeit über die Grenzen des Schul- und Hochschulbereichs hinaus insbesondere auf die Bildungsbedeutung der frühen Kindheit und der Familie (BMBF, 2012, S. 48; BMFSJ, 2012, S. 29ff.; BMFSJ, 2006, S. 30ff.; Rauschenbach, 2009). Längst schon bereitstehendes Theorie- und Forschungswissen, wie etwa die zwischen den 60er und beginnenden 80er Jahre des vergangenen Jahrhunderts erschienenen Studien Pierre Bourdieus zum Zusammenhang von sozialem Habitus, sozialer Lage und Erfolgen im Bildungssystem, dient als Ausgangsbasis für ein neues interdisziplinäres Interesse am „Bildungsort Familie" (z.B. Büchner & Brake, 2006; Büchner, 2009). Die terminologische Verschiebung vom familialen Erziehungs- und Sozialisationsfeld zum „Bildungsort" Familie zeigt die besondere Richtung des Interesses an. Auf Familie richtet sich nun die Aufmerksamkeit der „Bildungsforschung" vor allem aufgrund eines „bildungspolitischen" Interesses an der Aufklärung der „Bildungsdefizite" (wie zum Beispiel eine unzureichende Sprachkompetenz), die vielen Kindern aus „bildungsfernen" Milieus den Erfolg im „Bildungssystem" erschweren oder gar unmöglich machen. Maßgeblich für die Aufmerksamkeit auf die Familie als Lern- und Erziehungsfeld ist dabei insbesondere die Frage, inwieweit die Kinder beim Übergang in das Bildungssystem und darüber hinaus in der Lage sind (oder in die Lage versetzt werden können), diejenigen Bildungserwartungen zu erfüllen, die für einen erfolgreichen Schulbesuch vorausgesetzt werden. Aber so wichtig die Klärung derartiger Fragen auch ist, droht doch bei der dominanten Ausrichtung des Forschungsinteresses am Bildungsort Familie auf den Aspekt der Passung zwischen Familie und Schulsystem (Kramer u.a., 2009) eine Engführung, die den Blick auf den besonderen Eigensinn des familialen Bildungsmilieus verstellt. Schließt man hier an die im vorangehenden Abschnitt ausgeführte Breite und Vielschichtigkeit des familialen Handlungs- und Erfahrungsraums an, dann legt dies nahe, die Rekonstruktion des Bildungssinns der Familie sowohl in der theoretischen Modellierung als auch in der Formulierung der Forschungsfragen entsprechend weiter anzulegen. Dazu kann sowohl auf Anregungen aus den oben erwähnten frühen Studien zur Familie als Erziehungs- und Sozialisationsfeld (Claessens, 1979; Mollenhauer u.a., 1975) zurückgegriffen werden, als auch auf neuere Untersuchungen zur Bildungsrelevanz familialer Alltagssituationen und Alltagsrituale (vgl. Wulf u.a., 2004; Wulf & Zirfas, 2007) und zur aktiven „Herstellung" von Familie als Bildungswelt (doing family) im tagtäglichen Zusammenleben ihrer Mitglieder (Lange & Xyländer, 2011; Lange & Soremski, 2012).

Folgt man zunächst der sozialisationstheoretischen Perspektive Bourdieus (1987), dann stellt die Familie den sozialen Ort dar, in dem im intergenerationalen Verhältnis das kulturelle Kapital der Familie vererbt wird. Dieser Prozess der sozialen Vererbung beruht maßgeblich auf der Herausbildung und Weitergabe eines Familienhabitus, einer für die Familie und ihr soziales Milieu charakteristischen Form des Verhaltens, der Wahrnehmung, des Urteilens und der grundlegenden Orientierungen, die einen milieuspezifischen Lebensstil repräsentieren. Dieser – nicht nur durch das kulturelle, sondern auch durch das soziale und das ökonomische Kapital der Familie bedingte – Lebensstil verbindet die Mitglieder der Familie nicht nur untereinander, sondern auch über die Grenzen der Familie hinaus mit einem sozialen Milieu, das sich eben mit diesem Lebensstil gegen andere soziale Milieus abgrenzt und damit eine bestimmte Position in der Gesellschaft mit entsprechenden materiellen Möglichkeiten, beruflichen Chancen und kulturellen Ausdrucksformen markiert und stabilisiert. Aus soziologischer Perspektive trägt die Weitergabe dieses sozialen Habitus über die familiale Alltagspraxis so zu einer Reproduktion sozialstruktureller Lagen und damit auch zu einer Reproduktion sozialer Ungleichheit, insbesondere auch ungleicher Bildungschancen, bei. Doch hat schon Claessens (1979) in seiner Studie über Familie und Wertsystem die These vertreten, dass die gesellschaftliche Bedeutung der Familie sich nicht in einer einfachen Funktionalität erschöpft, sondern dass die Familie in einem paradox-funktionalen Verhältnis zur Gesellschaft steht, das ihr eine „relative Autonomie" ermöglicht. Damit ist gemeint, dass die Familie die Anforderungen, Widersprüche und Legitimationsprobleme, mit denen die Gesellschaft sie konfrontiert, unter den spezifischen Bedingungen ihres alltäglichen, personal (und nicht formell) strukturierten Zusammenlebens auf eine eigene Weise bearbeitet. Die Familie bildet so einen Handlungs- und Erfahrungsraum aus, der zwar nicht unabhängig von der Gesellschaft (und der sozialstrukturellen Positionierung der Familie) besteht, aber doch in einer operativen Distanz zu ihr, die einen gewissen Spielraum für den aktiven und kreativen Umgang mit den sozialen Bedingungen ihrer Existenz eröffnet. Und genau dieser Spielraum ermöglicht zumindest potentiell den Aufbau einer relativen Souveränität im Verhältnis zu den sozialen und kulturellen Vorgaben des eigenen Lebens, die wiederum Voraussetzung dafür ist, sich in einer von strukturellen Widersprüchen und paradoxen Wertorientierungen durchzogenen Gesellschaft konstruktiv zu verhalten. Führt man das habitustheoretisch begründete Reproduktionsargument (Bourdieu) mit dem Moment der „paradoxen Funktionalität" (Claessens) zusammen, dann ergibt dies für die Analyse der Familie als Bildungsort eine interessante Perspektive (Müller, 2007): Wie konstituiert sich die Familie als bildender, die aktive Gestaltungskraft ihrer Mitglieder herausfordernder Handlungs- und Erfahrungsraum? Welche Praxisformen bildet sie in der Bearbeitung grundlegender Differenzerfahrungen (Generationendifferenz, Geschlechterdifferenz, unterschiedliche Herkunftslinien des Elternpaars, Differenzerfahrungen zwischen familialem Binnenmilieu und sozialkultureller Außenwelt) aus, die ihren Familienalltag durchziehen? Welche Möglichkeitsräume (Bildungschancen, Lerngelegenheiten) ergeben sich dabei für die Kinder und deren künftige Lebensführung? Geraten so die Bildungspotentiale in den Blick, die in der spezifischen Alltagspraxis der

Familie implizit enthalten sind, dann lässt sich unter dem Gesichtspunkt der Familienerziehung fragen, wie die Familie sich selbst auf dieses ihr inhärente Bildungspotential
bezieht.

## 3    Familienstil, Erziehungsgestus und Bildungskonfiguration

Am Beispiel einer qualitativ-ethnographischen Untersuchung von acht Familien (Krinninger u.a., 2011; Krinninger & Müller, 2012; Müller u.a., 2012) lässt sich der Zusammenhang von Familienerziehung und Familienkultur weiter spezifizieren.[2] In einer Kombination von sinnrekonstruktiven und hermeneutischen Forschungsstrategien versucht die
Studie in unterschiedliche Familienmilieus und deren inhärenten Bildungssinn Einblick
zu gewinnen. Ausgangspunkt ist die Annahme, dass die Familien vor dem spezifischen
Hintergrund ihrer jeweiligen sozialstrukturellen Lage und familienbiographischen Herkunftslinien eine Alltagspraxis ausbilden, in der grundlegende Differenzerfahrungen
innerhalb des Familienzusammenhangs (Generationendifferenz, Entwicklungsdifferenz,
Geschlechterdifferenz, Geschwisterdifferenz, Partnerdifferenz) und im Verhältnis der
Familie zu ihrer Umwelt (innen – außen) in einer Weise bearbeitet werden, die Auskunft
über den kulturellen Eigensinn der Familie gibt. Dieser Eigensinn offenbart sich den Beobachtern wie auch den Familienmitgliedern selbst in den Praktiken und Strategien, mit
denen die Familie auf ihre inneren und äußeren Herausforderungen reagiert. Als erzie-
hend und bildend wird dabei im Sinne der eingangs gegebenen Erläuterungen das Milieu
insgesamt betrachtet, wobei sich die sozialkulturellen Bedingungen des familialen Handlungsfeldes und die habituellen Prädispositionen mit dem kreativen Gestaltungspoten-
tial der familialen Akteure zu einem relationalen Geflecht verschränken. Unterschieden
werden die familialen Bildungs- und Erziehungsmilieus nicht vertikal (hohes/niedriges
Bildungspotential) sondern horizontal (nach Art des jeweiligen Bildungspotentials). Die
Untersuchungsgruppe ist nach dem Prinzip des theoretical sampling (Glaser & Strauss,
1998) sukzessive zusammengestellt und enthält eine breite Streuung sowohl im Hinblick
auf die soziale Milieuzugehörigkeit der Familien als auch im Hinblick auf sozialmorphologische Unterschiede. Sie umfasst Familien mit eher prekärem sozialen Status aus
unteren und mittleren Sozialschichten ebenso wie gut situierte Akademikerfamilien und
es finden sich in ihr Alleinerziehende und Stieffamilien mit einem oder zwei Kindern
ebenso wie Familien mit vier oder fünf Kindern und ihren leiblichen Eltern. Im Rahmen eines drei- bis sechsmonatigen Forschungskontaktes wurden je fünf Besuche ver-

---

2    Es handelt sich um ein von DFG gefördertes Forschungsprojekt zum Thema „Familie als kul-
     turelles Erziehungsmilieu. Studien zum Bildungssinn familialer Kulturerfahrungen am Bei-
     spiel des Spiels, des Fernsehens und der Familienmahlzeiten", das unter der Leitung von Hans-
     Rüdiger Müller und Dominik Krinninger an der Universität Osnabrück durchgeführt wird
     und kurz vor dem Abschluss steht. Die Ergebnisse beruhen auf der gemeinsamen Arbeit der
     Projektleiter mit den Projektmitarbeiter/innen Simone Bahr, Kathrin Borg, Dorothee Falken-
     reck, Martin Lüders und Hanno Su.

einbart, in denen ethnographische Erhebungen mittels Interview, Videoaufzeichnung und teilnehmender Beobachtung erfolgten. Darüber hinaus dokumentierten die Familien auch selbst ihren Alltag mittels Foto- und Videoaufnahmen. Die Auswertung des erhobenen Materials orientierte sich am Konzept der grounded theory (Glaser & Strauss, 1998), also einer wechselseitigen Entwicklung von materialnahen Auswertungskategorien und gegenstandstheoretischer Modellierung. Sinnrekonstruktive, am inhärenten Bedeutungsgehalt des Materials ausgerichtete Auswertungsstrategien (Bohnsack, 2009; Dinkelaker & Herrle, 2009) wurden aus Rücksicht auf das spezifisch erziehungs- und bildungstheoretische Interesse mit hermeneutischen, stärker theorieorientierten Forschungsoperationen (Ricoeur, 1972; 1970; 2005) kombiniert. Die von den Familien im Auftrag der Forschungsgruppe erstellten Fotos (zu den drei Untersuchungsbereichen „Mahlzeit", „Spiel" und „Fernsehen" und weiteren frei gewählten Motiven) dienten einer ersten vorläufigen Hypothesenbildung zur Charakteristik der jeweiligen Familie. Dazu wurden in Anlehnung an die dokumentarische Methode der Bildinterpretation von Bohnsack anhand ausgewählter Fotografien die fotografische Konstruktion der Bildfläche (planimetrische Analyse) und das inszenierte Bildsujet (szenische Interpretation) untersucht. Die Auswertung des umfangreichen Videomaterials erfolgte im ersten Schritt über eine Segmentierungsanalyse, in der nach Maßgabe der Beobachtungsdimensionen „Bewegung im Raum", „Sprecherwechsel" und „Themenwechsel" das Material in verschiedene Segmente unterteilt wurde, die einen strukturierten Überblick über den Verlauf der Interaktion gaben. In einem zweiten Schritt wurden dann einzelne Sequenzen ausgewählt („Fokussierungsakte"), um sie einer Feinanalyse zu unterziehen. Die Konzentration auf besondere familiale Alltagssituationen (Mahlzeit, Spiel, Fernsehen) erleichterte auch den fallübergreifenden Vergleich der Familienvideos. Zur Kontrolle und Vertiefung der sukzessive entwickelten Hypothesen zu den Charakteristika der familialen Erziehungs- und Bildungsmilieus wurden ein Eingangsinterview mit den Familien und ein gegen Ende der Erhebungsphase durchgeführtes Elterninterview (teils ergänzt um Kinderinterviews) inhaltsanalytisch ausgewertet. Die Interviews ermöglichten neben einem übergreifenden Bild des Familienalltags (zum Beispiel typischer Tages- oder Wochenablauf) und relevanten Detailinformationen (zur Familienbiographie und zu aktuellen Themen der Familie) auch die zuweilen sehr aufschlussreiche Konfrontation von (idealen) Einstellungen zur Familienerziehung und Familienkultur mit der beobachteten realen Interaktion. Effekte der Beobachtungssituation (teils durch die Präsenz der Forscherinnen im Feld, teils über die Videokamera repräsentiert) können insoweit kontrolliert werden, als das Moment des displaying family (Finch, 2007) selbst als aussagekräftige Quelle für das Selbstverständnis der Familien und ihre Versuche der Realisierung dieses Selbstverständnisses interpretierbar ist. Dennoch sind im Hinblick auf die Repräsentanz des Materials zwei Einschränkungen zu bedenken. Zum einen ist anzunehmen, dass die freiwillige Bereitschaft, an der Untersuchung teilzunehmen, grundsätzlich von einer positiven Selbsteinschätzung der Eltern getragen wurde; und zum zweiten wird über die drei ausgewählten Beobachtungsbereiche der Blick der Forschung sehr stark auf die häusliche Binnenwelt der Familie konzentriert, während außerhäusliche Erfahrungsbereiche (die durchaus zum Binnenmilieu der Familie zu zählen wären, wie etwa Urlaub, gemeinsame Unternehmungen oder Besuche) eher marginal bleiben.

In der sukzessiven Bearbeitung der einzelnen Fälle kristallisierten sich drei zentrale Analysekategorien heraus, mit denen die relationalen Bezüge zwischen Familienkultur, Familienerziehung und Familienkontext erfasst werden konnten: der Familienstil, der Erziehungsgestus und die Bildungskonfiguration.

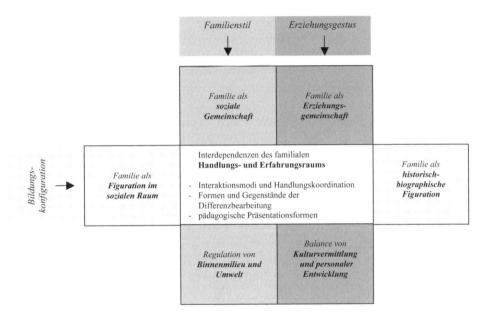

**Abbildung 1** Familienstil, Erziehungsgestus und Bildungskonfiguration

Die Kategorie des Familienstils zielt auf die Praktiken und Reaktionsformen, mit denen die Familie ihre inneren und äußeren Herausforderungen bearbeitet und so ihr Binnenmilieu aktiv als Erfahrungs- und Handlungsraum strukturiert. Natürlich spielt auch hierbei der Familienhabitus (Büchner & Brake, 2006) eine Rolle, denn die Weise, in der die Familie ihre soziale Situation, ihre Aufgaben, ihre künftige Entwicklung bearbeitet, ist selbstverständlich durch Vorerfahrungen und durch kulturelle Muster ihres Lebensumfeldes geprägt. Aber so, wie der Begriff des „Stils" etwa in der Literatur oder in der Kunstgeschichte zwar auf typische, den Einzelfall übergreifende Muster verweist, dabei aber die Originalität der kreativen Bearbeitung in einzelnen Werken nicht verkennt und neben dem Epochenstil eben auch den persönlichen Stil des Künstlers oder einer Künstlergruppe als individuierende Ausprägung einer allgemeinen Form betrachtet, so kann auch der interpersonelle und sachbezogene Umgangsstil der Familie als eine gesellschaftlich und kulturell vorstrukturierte, in seiner Spezifität aber von den Mitgliedern der Familie selbst aktiv hervorgebrachte Gestalt verstanden werden, die sich in den kon-

kreten Erfahrungen und Handlungen des Alltags zu erkennen gibt. Welche kulturellen
Gehalte und gesellschaftlichen Anforderungen werden von der Familie aufgegriffen, in
welchen Formen setzt sich die Familie mit diesen Themen auseinander? Wie strukturiert
die Familie dadurch objektiv ihr Binnenmilieu und welche Richtungen oder Formen sind
damit der Subjektivierung ihrer Mitglieder gegeben?

So ließ sich beispielsweise für Familie A ein Familienstil herausarbeiten, der eher auf
der handlungspraktisch-performativen Bearbeitung ihrer inneren und äußeren Herausforderungen beruht und durch situative Regulierungen auf der Grundlage eines von allen
geteilten Sets an selbstverständlichen Orientierungen charakterisiert ist. Damit hat die
Familie A, die mit dem ersten Sohn aus Russland immigriert war und hier drei weitere
Kinder bekam, eine Form gefunden, wie sie ihren anforderungsreichen Alltag (materielle
Sicherung trotz nicht anerkannter Berufsabschlüsse, berufliche Weiterbildung der Mutter
und Förderung der schulischen Perspektiven der Kinder, Organisation des sechsköpfigen
Haushalts mit Kindern im Alter zwischen einem und siebzehn Jahren unter beengten
räumlichen Bedingungen, Erhaltung der gemeinschaftsstiftenden kulturellen Tradition
und Integration in die Einwanderungskultur, Pflege von Freundschaften und Nachbar-
schaftskontakte, Kontaktpflege zur russischen Verwandtschaft) pragmatisch, mit hoher
interpersonaler Achtsamkeit und mit ausgeprägter situativer Flexibilität bewältigen
konnte. Demgegenüber zeichnet sich die Familie B durch einen eher diskursiv-reflexiven
Umgang miteinander aus. Die gesellschaftlich und materiell gut situierte „Arztfamilie"
mit fünf Kindern im Alter von ein bis zehn Jahren gestaltet ihren Alltag einem relativ
stark wertbezogenen Idealentwurf entsprechend. Orientierend ist die Vorstellung einer
auf individuelle Entfaltung und gegenseitige Rücksichtnahme ausgerichteten Familiengemeinschaft, die bestrebt ist, ihre Lebensumstände nach den Entwicklungsbedürfnissen
der Kinder und den kulturellen Interessen der Eltern auszurichten. Die stark wertbezo-
gen-idealistische Grundorientierung, die selbst schon auf einer vorwiegend sprachlich-
kommunikativen Artikulation und Abstimmung der unterschiedlichen Perspektiven
beruht, steht faktisch oftmals mit den konkreten situativen Anforderungen des Familienalltags in einem Spannungsverhältnis, das wiederum den Bedarf an diskursiver Abstimmung erhöht. Dieser Stil erfordert und trainiert sozial-kommunikative Kompetenzen
ebenso wie auch Strategien der Selbstbehauptung und Durchsetzung eigener Interessen.

Während der Familienstil sich auf die Weise bezieht, in der die Familie sich als kulturelle Gestalt (bzw. als symbolische Kulturform; vgl. Weinert Portmann, 2009, in Anlehnung an die Kulturtheorie Cassirers) hervorbringt, bedarf es zur Erfassung der Familie
als Erziehungsgemeinschaft noch einer spezielleren Kategorie, die die Aufmerksamkeit
auf das Familienmilieu unter dem Blickwinkel der Erziehungsfunktion konzentriert. Dabei handelt es sich eigentlich nicht um einen anderen Ausschnitt der familialen Praxis,
sondern eher um ein besonderes thematisches Interesse, von dem aus diese Praxis (von
den Mitgliedern der Familie oder auch den wissenschaftlichen Beobachten) interpretiert
wird. Im Rahmen der hier vorgenommenen theoretischen Modellierung der Familie als
Untersuchungsfeld handelt es sich um den Erziehungsgestus der Familie. Der Gestus
(lat.: Haltung) ist eine Ausdrucksform des Verhaltens, die im Rahmen der wechselseitig

aufeinander bezogenen Interaktion kollektive Bedeutungen vermittelt. G. H. Mead gründet seine gesamte Theorie der symbolischen Interaktion auf den sozialen Austausch von signifikanten Gesten (von der leibgebundenen Andeutung eines Handlungsbeginns, z.B. der Drohgebärde oder der einladenden Handbewegung, bis zum komplexen sprachlichen Ausdruck). Als Gestus lässt sich eine die einzelnen Gesten übergreifende, sozial geteilte Formcharakteristik bezeichnen, mit der eine Haltung zum Geschehen eingenommen und zugleich mitgeteilt wird. Im Falle des Erziehungsgestus handelt es sich um die allgemeine, die einzelnen Erziehungshandlungen wie auch die Struktur des Erziehungsfeldes übergreifende pädagogische Haltung, die den Familienalltag durchzieht. Eine solche Haltung lässt sich in jeder Familie finden, denn überall dort, wo Erwachsene mit Kindern zusammenleben, nehmen Erwachsene zwangsläufig eine Haltung zu der Tatsache des Aufwachsens von Kindern in dieser Gemeinschaft ein; es macht keinen Sinn, hinter diese Kulturtatsache des biologisch bedingten Generationenwechsels zurückzugehen (Schleiermacher, 1826/2000; Mannheim, 1928/1970; Bernfeld, 1925/1976; Tenorth, 2011). Für die Moderne (und die in ihr ausgeprägten Familienformen) lässt sich diese „Erziehungstatsache" so spezifizieren, dass sie den „Gestus", den die Erwachsenen zu ihr einnehmen, strukturell in einer bestimmten Hinsicht herausfordert: die Weitergabe der Kultur, d.h. die Einführung der nachwachsenden Generation in den kulturellen Horizont der Gesellschaft resp. der Familie, ist verbunden mit dem Anspruch der bestmöglichen Entwicklung des Kindes zu einer selbstständig handelnden, mündigen Person. Der Erziehungsgestus der (modernen) Familie lässt sich also näher bestimmen als diejenige spezifische Haltung, die die Familie in ihrem Alltag zu den Ansprüchen der Kulturvermittlung und der Entwicklung des kindlichen Subjekts einnimmt.

Der mit dem Familienstil der Familie B korrespondierende Erziehungsgestus setzt auf Teilhabe der Kinder an der Regulierung des Familienalltags und auf direkte Ansprache in Form von Aufforderungen, Adressierungen, Ermahnungen, Ermunterungen usw. Die Kinder stehen als individuierte Subjekte im Vordergrund, die ihren je eigenen Weg finden und gehen sollen. Sachliche Gesichtspunkte werden soweit es geht dem Ziel der Persönlichkeitsentwicklung zu- oder untergeordnet. Elemente des Familienstils und des Erziehungsgestus der Familie B finden sich auch in Familie H wieder, allerdings in Kombination mit anderen Merkmalen, die eine weitere Differenzierung erforderlich erscheinen lassen. Familie H besteht aus einer allein erziehenden Mutter mit ihrem sechsjährigen Sohn, dessen Vater in unmittelbarer Nähe mit seiner neuen Lebensgefährtin wohnt und bei dem der Sohn regelmäßig mindestens einmal in der Woche und jedes zweite Wochenende auch übernachtet. Der Umgangsstil zwischen Mutter und Kind ist ebenfalls sehr sprachbezogen-diskursiv, und zwar besonders geprägt durch die häufigen direkten Ansprachen vonseiten der Mutter. Während jedoch bei Familie B die hohe Diskursivität des Umgangsstils mit einer starken Tendenz zum (kollektiven) Individualismus verbunden ist, präsentiert sich die Familie H vor allem als „Team", das den hohen Organisations- und Synchronisierungsaufwand, den die Doppelbelastung der Mutter als allein Erziehende und berufstätige Logopädin sowie die Bilokalität des kindlichen Alltags mit sich bringt, gemeinsam meistert. Während bei B die erzieherische Aufmerksamkeit primär

der Entwicklungsförderung und dem kindlichen Subjekt gilt, ist für Familie H die pädagogische side-by-side-Interaktion charakteristisch, die auf die Bewältigung des Haushalts und der Alltagsorganisation ausgerichtet ist und den sachlichen Gegenstandsbezug
– als die eine Seite der zwischen Ich und Welt vermittelnden Bildungsbewegung – stärker
betont als den Bezug zum Subjekt (was gelegentlich dazu führt, dass der sechsjährige
Sohn offensiv und erfolgreich die egalitäre Teamstruktur unterläuft und seine kindlichen
Bedürfnisse geltend macht).

*Bildungskonfiguration*
Auch wenn das familiale Binnenmilieu als pädagogisches Feld im Fokus der hier vorgestellten Untersuchung liegt, würde es zu einer unangemessenen Verkürzung der Perspektive führen, wenn nicht auch der sozialkulturelle Kontext des beobachteten Familienalltags Berücksichtigung fände. Zwar bringt die Familie sich in ihren alltäglichen
Interaktionen als Lebens- und Erziehungsgemeinschaft selbst hervor. Aber sie tut dies
unter bestimmten sozialen Bedingungen, in einer besonderen historischen Situation und
im Rahmen einer spezifischen (familien-) biographischen Vorgeschichte. Die Kategorie
der Bildungskonfiguration dient dazu, die vorstrukturierende Kraft dieser Kontextbedingungen mit zu erfassen. Sie geht zurück auf den bereits erwähnten figurationssozio-
logischen Ansatz von Norbert Elias (1970; 2003) und überträgt die dort ausgearbeitete
Grundidee eines interdependenten Zusammenhangs von individuellem Verhalten und
gesellschaftlichen Strukturen auf die Familie als Erziehungs- und Bildungsmilieu. Der
Vorteil dieses Ansatzes liegt darin, dass er von vornherein die schlichte Opposition von
Individuum und Gesellschaft bzw. von sozialer Gruppe und Gesellschaftssystem meidet
und stattdessen deren wechselseitige Konstitution in interdependenten Verflechtungen
als soziale „Figurationen" in den Vordergrund stellt. In diesem Sinne betont Elias (1970,
S. 135), „daß […] der Begriff ‚Individuum' sich auf interdependente Menschen in der Ein-
zahl, der Begriff der ‚Gesellschaft' sich auf interdependente Menschen in der Mehrzahl
bezieht." So wird es möglich, gesellschaftliche Vorstrukturierungen beispielsweise der
Familie in den Blick zu nehmen, ohne diesen gleich eine determinierende Bedeutung
zuzuweisen. Was beispielsweise die Gleichzeitigkeit von Elternschaft und Berufstätigkeit
oder die strukturellen Zugangsbedingungen des Bildungssystems oder der soziale Status der beiden Elternteile konkret für die Familie und ihre innere Verfassung bedeuten,
oder welche Ressourcen und welche Risiken sich aus den biographischen Herkünften
der Eltern oder aus der zurückliegenden Geschichte der Familie tatsächlich ergeben, das
hängt nicht nur von den äußeren Bedingungen, sondern entscheidend auch von der Weise ab, wie diese von den Mitgliedern der Familie aufgenommen, gedeutet und bearbeitet
werden. Und auch umgekehrt können die Familienmitglieder in der Gestaltung ihres
Familienalltags ihre sozialstrukturelle Lage und ihre gemeinsame Geschichte nicht einfach überspringen, sondern müssen sich damit, als gleichsam in ihren Erfahrungs- und
Handlungsraum eingelagerte Vorstrukturierungen, aktiv auseinandersetzen.

Bei allen drei hier kurz vorgestellten Familien lässt sich der jeweilige Familienstil und
der ihm entsprechende Erziehungsgestus plausibel auf die sozialstrukturellen und bio-

graphischen Figurationen zurück beziehen, in denen die Familien ihre Praxisformen ausbilden: bei der Familie A auf die Balance zwischen kultureller Tradition, sozialer Integration und sozialem Aufstieg sowie die generationenübergreifende Bewältigung eines hochkomplexen Alltags; bei der Familie B auf die Voraussetzungen, Bedingungen und Perspektiven des Lebens und Aufwachsens in einem stabil abgesicherten und chancenreichen Mittelschichtsmilieu; und bei Familie C auf die familienstrukturelle, soziale und berufliche Situation, deren Organisations- und Abstimmungserfordernisse in die Haushalts- und Familiengemeinschaft pädagogisch transformiert werden.

*Vorläufige Ergebnisse der Studie*
Anhand des sukzessiv in der Auswertung des qualitativen Datenmaterials entwickelten Modells der Familie als kulturellem Erziehungsmilieu konnten bisher unterschiedliche Familienstile ermittelt und der jeweilige Erziehungsgestus der Familie entsprechend differenziert werden. Dabei unterschieden sich die Familienstile und die Ausprägungen des familialen Erziehungsgestus entlang der folgenden Merkmalsräume.

**Tabelle 1**  Merkmalsdimensionen der Kategorien „Familienstil" und „Erziehungsgestus"

| **Familienstil** | handlungsbezogen-präsentativ | vs. | sprachbezogen-diskursiv |
|---|---|---|---|
| | situationistisch-reaktiv | vs. | institutionalistisch-antizipativ |
| | kollektivistisch | vs. | individualistisch |
| | realistisch | vs. | idealistisch |
| | pragmatisch | vs. | wertbezogen |
| | sach- und umweltzentriert | vs. | pädagogisch-transformativ |
| **Erziehungsgestus** | inklusiv | vs. | exklusiv |
| | indirekt | vs. | direkt |
| | side-by-side | vs. | face-to-face |
| | funktional-subsumptiv | vs. | intentional-volontativ |
| | gegenstandsbezogen | vs. | subjektbezogen |

Die Merkmalsdimensionen sind bipolar definiert, wobei es sich in der Realität der Familien stets um Tendenzen in die eine oder andere Richtung handelt und nicht um eine ausschließliche Zuordnung zum einen oder anderen Pol. Die familienspezifischen Familienstile und der jeweils dazu gehörende Erziehungsgestus ergeben sich aus dem je besonderen Profil der Merkmalsausprägungen (vgl. die oben kommentierten Fälle). Im Fortgang der Studie ist eine weitere theoretische Systematisierung der fallspezifischen

Untersuchungsergebnisse, insbesondere auch im Hinblick auf den Zusammenhang spezifischer Merkmalsprofile in den Kategorien „Familienstil" und „Erziehungsgestus" mit typischen Bildungskonfigurationen angestrebt.

Die vorgestellten Untersuchungsergebnisse zeigen, dass sich die Familie als ein Ort frühkindlicher Bildungsprozesse rekonstruieren lässt, der nicht nur im Hinblick auf den Erwerb von Kenntnissen und Fähigkeiten für das schulische Lernen von Bedeutung ist, sondern darüber hinaus – in Abhängigkeit von den sozialstrukturellen, kulturellen und biographischen Interdependenzen einer familienspezifischen Bildungskonfiguration – auch ein differenziertes Feld unterschiedlicher Bildungspotentiale bereit hält, die funktional auf unterschiedliche Lebenslagen bezogen sind und von den Akteuren der Familie aktiv hervorgebracht werden. Von daher scheint es ratsam, bei der Analyse und Bewertung familialer Bildungserfahrungen nicht allein externe Maßstäbe, die sich am schulischen Lernen orientieren, anzulegen, sondern familienspezifische Zusammenhänge von Erziehung und Kultur mit zu bedenken.

## 4    Literatur

Adorno, T.W. (1959). Theorie der Halbbildung. In Ders.: *Soziologische Schriften 1.* Frankfurt am Main: Suhrkamp.

Allert, T. (1998). *Die Familie. Fallstudie zur Unverwüstlichkeit einer Lebensform.* Berlin: de Gruyter.

Bernfeld, S. (1925/1976). *Sisyphos oder die Grenzen der Erziehung* (2. Aufl.). Frankfurt: Suhrkamp.

BMBF (2012). *Bildung in Deutschland 2012. Ein indikatorengestützter Bericht mit einer Analyse zur kulturellen Bildung im Lebenslauf. Vierter Bildungsbericht.* Bielefeld: WBV.

BMFSFJ (2006). *Familie zwischen Flexibilität und Verlässlichkeit Perspektiven für eine lebenslaufbezogene Familienpolitik. Siebter Familienbericht.* Online abrufbar unter: http://www.bmfsfj.de/doku/Publikationen/familienbericht/download/familienbericht_gesamt.pdf

BMFSFJ (2012). Zeit für Familie. Familienzeitpolitik als Chance einer nachhaltigen Familienpolitik. *Achter Familienbericht.* Online abrufbar unter: http://www.bmfsfj.de/RedaktionBMFSFJ/Broschuerenstelle/Pdf-Anlagen/8.-Familienbericht,property=pdf,bereich=bmfsfj,sprache=de,rwb=true.pdf

Böhnisch, L. & Lenz, K. (1999). *Familien: eine interdisziplinäre Einführung* (S. 7-63)(2., korrigierte Aufl.). Weinheim [u.a.]: Juventa.

Bohnsack, R. (2009). *Qualitative Bild- und Videointerpretation. Die dokumentarische Methode.* Opladen und Farmington Hills: Barbara Budrich.

Büchner, P. (2009). ‚Familien bilden – aber bilden Familien immer ‚richtig'? Zur Notwendigkeit einer famlienunterstützenden Bildungspolitik'. In C. Beckmann, H.-U. Otto, M. Richter & M. Schrödter (Hrsg.), Neue Familialität als Herausforderung der Jugendhilfe. *Neue Praxis, Sonderheft* 9, 119–130.

Büchner, P. & Brake, A. (Hrsg.). (2006). *Bildungsort Familie: Transmission von Bildung und Kultur im Alltag von Mehrgenerationenfamilien.* Wiesbaden: VS Verlag für Sozialwissenschaften.

Bourdieu, P. (1987). *Die feinen Unterschiede. Kritik der gesellschaftlichen Urteilskraft.* Frankfurt a.M.: Suhrkamp.

Claessens, D. (1979). *Familie und Wertsystem: eine Studie zur „zweiten, sozio-kulturellen Geburt" des Menschen und der Belastbarkeit der „Kernfamilie".* Berlin: Duncker & Humblot.

Dinkelaker, J. & Herrle, M. (2009). *Erziehungswissenschaftliche Videographie. Eine Einführung.* Wiesbaden: VS Verlag für Sozialwissenschaften.

Elias, N. (1970). *Was ist Soziologie?* München: Juventa.

Elias, N. (2003). Figuration. In B. Schäfers (Hrsg.), *Grundbegriffe der Soziologie* (S. 88–91) (8. Aufl.). Stuttgart: Leske und Budrich.

Finch, J. (2007). Displaying families. *Sociology, 41* (1), 65–81.

Geertz, C. (1983). *Dichte Beschreibung. Beiträge zum Verstehen kultureller Systeme.* Frankfurt am Main: Suhrkamp.

Glaser, B.G. & Strauss, A.L. (1998). *Grounded Theory. Strategien qualitativer Forschung.* Bern: Huber.

Hill, P.B. & Kopp, J. (2004). *Familiensoziologie. Grundlagen und theoretische Perspektiven* (3. Aufl.). Wiesbaden: VS Verlag für Sozialwissenschaften.

Kaufmann, F.-X. (1996). *Modernisierungsschübe, Familie, Sozialstaat.* München: R. Oldenbourg Verlag.

König, R. (2002). Versuch einer Definition der Familie (1946/1974). In R. Nave-Herz (Hrsg.), *Familiensoziologie* (S. 91–118).Opladen: Leske & Budrich.

Kramer, R.-T., Helsper, W., Thiersch, S. & Ziems, C. (2009). *Selektion und Schulkarriere. Kindliche Orientierungsrahmen beim Übergang in die Sekundarstufe I.* Wiesbaden: VS Verlag für Sozialwissenschaften.

Krinninger, D. & Müller H.-R. (2011). *Familie als kulturelles Erziehungsmilieu. Zwischenbericht zu einem pädagogisch-ethnographischen Forschungsprojekt.* Universität Osnabrück.

Krinninger, D. & Müller, H.-R. (2012). Die Bildung der Familie. Zwischenergebnisse aus einem ethnographischen Forschungsprojekt. *Zeitschrift für Soziologie der Erziehung und Sozialisation, 32,* 233–249.

Lange, A. & Soremski, R. (Hrsg.). (2012). Bildungswelt Familie/ Familie als Bildungswelt. *Themenheft der Zeitschrift für Soziologie der Erziehung und Sozialisation (ZSE, 3/2012).*

Lange, A. & Xyländer, M. (Hrsg.). (2011). *Bildungswelt Familie. Theoretische Rahmung, empirische Befunde und disziplinäre Perspektiven.* Weinheim und München: Juventa.

Mannheim, K. (1970). Das Problem der Generation. In K. Mannheim, *Wissenssoziologie. Auswahl aus dem Werk.* Hg. von Kurt H. Wolff. (2. Aufl.). Neuwied: Luchterhand.

Mannheim, K. (2003). *Strukturen des Denkens.* Frankfurt am Main: Suhrkamp.

Mollenhauer, K. (1987). Die Dinge und die Bildung. In K.-H. Braun & D. Wunder (Hrsg.), *Neue Bildung – Neue Schule (Wolfgang Klafki zum sechsigsten Geburtstag)* (S. 32–46). Weinheim und Basel: Beltz.

Mollenhauer, K. (2008). *Vergessene Zusammenhänge: Über Kultur und Erziehung.* München: Juventa.

Mollenhauer, K., Brumlik, M. & Wudtke, H. (1975). Die Familienerziehung. München: Juventa.

Müller, H.-R. (2007). Differenz und Differenzbearbeitung in familialen Erziehungsmilieus. Eine pädagogische Problemskizze. *Zeitschrift für Soziologie der Erziehung und Sozialisation,* 27. Jg., H. 2, 143–159.

Müller, H.-R. u.a. (2012). Erziehung und Bildung in der Familie. Pädagogische Grenzgänge in einem interdisziplinären Forschungsfeld. *Zeitschrift für Pädagogik.* 56(1), 55–68.

Nave-Herz, R. (2004). *Ehe- und Familiensoziologie. Eine Einführung in Geschichte, theoretische Ansätze und empirische Befunde.* Weinheim und München: Juventa.

Nave-Herz, R. (2009). *Familie heute: Wandel der Familienstrukturen und Folgen für die Erziehung* (2. Aufl.) Darmstadt: Primus Verlag.

Peuckert, R. (2008). *Familienformen im sozialen Wandel* (7. Aufl.). Wiesbaden: VS Verlag für Sozialwissenschaften.

Prange, K. (2005). *Die Zeigestruktur der Erziehung. Grundriss der operativen Pädagogik.* Paderborn: Schöningh.

Rauschenbach, T. (2009). *Zukunftschance Bildung: Familie, Jugendhilfe und Schule in neuer Allianz.* Weinheim [u.a.]: Juventa.

Reyer, J. (2004). Kindergarten. In D. Benner & J. Oelkers (Hrsg.), *Historisches Wörterbuch der Pädagogik* (S. 518–526). Weinheim und Basel: Beltz.

Ricoeur, P. (1970/2005). Was ist ein Text? In P. Ricoeur & P. Welsen (Hrsg.), *Vom Text zur Person. Hermeneutische Aufsätze* (S. 79–108). Hamburg: Meiner.

Ricœur, P. (1972). Der Text als Modell: hermeneutisches Verstehen. In W. Bühl (Hrsg.), *Verstehende Soziologie. Grundzüge und Entwicklungstendenzen* (S. 252–283). München. Nymphenburger Verlagshandlung.

Schleiermacher, F (1826/2000). *Texte zur Pädagogik: Kommentierte Studienausgabe.* Band I. Hrsg. von M. Winkler. Frankfurt am Main: Suhrkamp.

Simmel, G. (1990/91). *Philosophie des Geldes* (2. Aufl.). Frankfurt am Main: Suhrkamp.

Tenorth, H.-E. (2011). „Bildung" – ein Thema im Dissens der Disziplinen. *Zeitschrift für Erziehungswissenschaft,* 14, 351–362.

Weinert Portmann, S. (2009). *Familie – ein Symbol der Kultur. Perspektiven sozialpädagogischer Arbeit mit Familien.* Wiesbaden: VS Verlag.

Wulf, C. & Zirfas, J. (Hrsg.). (2007). *Pädagogik des Performativen. Theorien, Methoden, Perspektiven.* Weinheim und Basel: Beltz.

Wulf, C. u.a. (2004). *Bildung im Ritual. Schule, Familie, Jugend, Medien.* Wiesbaden: VS Verlag für Sozialwissenschaften.

Wulf, C. u.a. (2008). *Geburt in Familie, Klinik und Medien: Eine qualitative Untersuchung.* Opladen & Farmington Hills: Verlag Barbara Budrich.

# Bindung, Erziehung und Bildung: Entwicklungsgrundlagen des Kompetenzaufbaus

Peter Zimmermann, Fatma Çelik und Alexandra Iwanski

Die Beurteilung von Bildungs- und Erziehungsprozessen in der frühen Kindheit wie auch die Konzeptualisierung, Entwicklung und Prüfung von altersspezifischen Programmen zur Förderung von Kindern in diesem Altersbereich setzt voraus, dass man wesentliche individuelle Entwicklungsprozesse von Kindern, deren Beeinflussbarkeit durch altersangemessene Erziehung und Bildungsangebote, sowie die Auswirkungen für den weiteren Lebenslauf der Kinder berücksichtigt. Ebenso ist die kulturelle und soziale Heterogenität zu berücksichtigen und in konkreten Lehr-Lernsituationen die individuellen Vorkenntnisse und Arbeitsweisen (Stamm, 2004). In der Bildungsforschung werden oftmals kognitive, motivationale, soziale und emotionale Bereiche getrennt voneinander betrachtet (vgl. Götz, Frenzel & Pekrun, 2009), zum Teil aus taxonomischen Überlegungen heraus. Empirisch wird z.B. die Auswirkungen früher kognitiver Förderprogramme auf die geistige Leistungsfähigkeit geprüft. Beginnend in der frühen Kindheit, führen soziale und emotionale Erfahrungen im familiären Kontext jedoch auch zu Konsequenzen im kognitiven und motivationalen Bereich. Für die Bildungsforschung der frühen Kindheit kann ein transaktionales Entwicklungsmodell (Sameroff, 2010) daher forschungsleitend sein, da Sozialisationserfahrungen, Bildungs- und Lernprozesse nicht nur domänenspezifisch Auswirkungen auf sich ausbildende Reaktionsmuster und Erwartungsmuster haben können, sondern diese Reaktionsmuster wiederum die Reaktion auf weitere Lernangebote, Erziehungsprozesse oder soziale Situationen beeinflussen. Der Einfluss von Bindung auf die weitere Entwicklung kann dies verdeutlichen.

# 1 Bindung als Entwicklungsgrundlage

Die Bindungstheorie ist eine sozio-emotionale Entwicklungs- und Sozialisationstheorie, welche die Auswirkungen von emotionalen Fürsorgeerfahrungen oder deren Fehlen im Lebenslauf auf die Entwicklung von Kompetenzen, die Persönlichkeit und die psychische Gesundheit thematisiert (Bowlby, 2011).

## 1.1 Bindung

Der Aufbau von engen emotionalen Bindungen resultiert aus einem Bedürfnis des Menschen, in Momenten, in denen die eigenen Fähigkeiten überfordert sind, Nähe, Schutz und Hilfe bei vertrauten Personen zu suchen oder Fürsorgereaktionen auszulösen. Das Bindungsverhaltenssystem wird durch erlebte Gefahren, intensive negative Gefühle verbunden mit Überlastung, bei Krankheit oder Müdigkeit aktiviert. Das dadurch ausgelöste Verhalten hat das Ziel, den eigenen negativen Zustand den Bindungspersonen mitzuteilen und zur Beruhigung beizutragen. Bei für das individuelle Kind ausreichender Feinfühligkeit der Bezugspersonen und bei ausreichendem Verständnis für die Bedürfnisse und Beweggründe des Kindes, gelingt es der Bindungsperson, das Kind wieder zu beruhigen (Grossmann & Grossmann, 2012). Dann können andere Verhaltenssysteme des Kindes wieder aktiviert werden und das Kind kann sich z.B. der Umwelt wieder zuwenden und diese erkunden. Dieser Prozess einer effektiven sozialen Emotionsregulation des Kindes durch die Bezugsperson ist das Kennzeichen einer sicheren Bindung (Zimmermann, 2007). Es gibt auch Kinder, bei denen Bindungsverhalten und vor allem der Ausdruck negativer Gefühle sehr schnell ausgelöst werden, die einen intensiven und oft länger andauernden Wunsch nach Nähe haben und gleichzeitig durch den Kontakt zur Bezugsperson nicht oder erst sehr spät emotional beruhigt werden. Die Nähe und der Körperkontakt lösen Ärger oder Passivität bei den Kindern aus, so dass es zu einem Wechsel von Nähe und Kontaktwiderstand kommt. Diese Kinder haben eine unsicher-ambivalente Bindung an den Elternteil entwickelt und ihr Bindungsmuster entspricht einer ineffektiven sozialen Emotionsregulation. Kinder, mit einer unsicher-vermeidenden Bindungsorganisation versuchen weiteren Zurückweisungen zu entgehen, kommunizieren ihre negativen Gefühle nicht der Bezugsperson und lenken ihre Aufmerksamkeit eher auf Objekte, ohne der Bezugsperson gegenüber zurückweisend zu sein. Diese Kinder haben eine ineffektive individuelle Emotionsregulation im Kontakt mit der Bezugsperson gelernt, die jedoch den Stress, den sie erleben nicht wirkungsvoll reduziert (Zimmermann, 2007; Spangler & Grossmann, 1993). Manche Kinder zeigen keine klare Strategie in emotionalen Belastungssituationen gegenüber den Bezugspersonen. Ihr Verhalten wirkt teilweise bizarr, wie plötzliches Erstarren oder unterbrochenes Nähe suchen (s. Übersicht in Zimmermann & Spangler, 2008). Dies sind Kennzeichen einer Bindungsdesorganisation, die teilweise aufgrund von Gewalterfahrungen oder Vernachlässigung auftreten kann, teilweise jedoch auch aufgrund von genetischen Dispositionen, die durch mütterliche Responsivität ausgeglichen werden können (Spangler, Johann, Ronai & Zimmermann, 2009). Solche Bindungsdesorganisation zeigt sich später oftmals in freundlich- oder strafend-kontrollierendem Verhalten gegenüber der Bezugsperson.

## 1.2    Bindung als Entwicklungsgrundlage

Die Bindungserfahrungen von Kindern zeigen sich in den Bindungsmustern, die sie entwickeln. Dabei können Kinder, je nach erlebter Feinfühligkeit oder Zurückweisung ihrer emotionalen Bedürfnisse, zu verschiedenen Bindungspersonen unterschiedliche Bindungsmuster entwickeln (Grossmann & Grossmann, 2012). Entwicklung kann als ein transaktionaler Prozess betrachtet werden, bei dem langfristige Veränderungen im Erleben und Verhalten eines Menschen durch die Einflüsse von Anlage und Umwelt auf die Person wirken, aber der Mensch mit seinen dann entwickelten Verhaltensmustern, Erwartungen, Interpretationsschemata, biologischen Reaktionstendenzen wieder auf die Umwelt oder zum Teil die genetische Aktivierung zurückwirkt (Sameroff, 2010). Dieses Prinzip kann man auch bei der Erklärung der Wirkung von Bindung für den weiteren Kompetenzaufbau heranziehen. Die Bindungsmuster basieren auf der Erfahrung mit den Bezugspersonen, wirken sich dann aber auf die Interaktion mit der sozialen Umwelt und auch mit der Sachwelt aus.

Bindung ist ein wichtiger Einflussfaktor auf die spätere Kompetenzentwicklung, da es (a) eine frühe Entwicklungsthematik ist und (b) durch den Aufbau internaler Arbeitsmodelle Auswirkungen bei der Selbststeuerung des Menschen in emotionalen oder sozial bedeutsamen Situationen hat (Zimmermann, 1999). Dies wird im Folgenden kurz skizziert.

### 1.2.1    Entwicklungsthematiken
Der Aufbau selektiver Bindungen an einzelne Bezugspersonen ist eine frühe Entwicklungsthematik, die zwischen dem sechsten und zwölften Lebensmonat besonders salient und häufig beobachtbar ist. Ein Kind lernt in dieser Phase, wie es eigene Bindungsbedürfnisse in der jeweiligen Beziehung ausdrücken kann und welche Konsequenzen dies hat. Das Bindungsmuster als Muster der Emotionsregulation negativer Gefühle dient nun als Basis für die Bewältigung der nächsten Entwicklungsthematik, der Entwicklung von Autonomie im zweiten Lebensjahr und auch noch späterer Entwicklungsthematiken (vgl. Zimmermann, 2000). Die Möglichkeit sich durch die Nähe und erwartete Unterstützung in einer Beziehung sicher zu fühlen, erlaubt es dem Kind eigenständiger zu explorieren, eigene Ziele zu entwickeln und diese zu verfolgen, selbst wenn dies nicht sofort gelingt, kurz gesagt autonom zu sein. So gelingt es dem Kind mit sicherer Bindung leichter, auch die Entwicklungsthematik der Autonomieentwicklung erfolgreich zu bewältigen. Für die nächsten Entwicklungsthematiken, beginnend im Alter von etwa drei bis fünf Jahren, dem Aufbau sozialer Kompetenzen im Gleichaltrigenbereich und der Entwicklung von Selbstkontrolle, kann das Kind nun im positiven Fall auf die bereits erworbenen Kom-

petenzen der sicheren Bindung und der echten Autonomie zurückgreifen, also auf sozio-emotionale Regulationsfähigkeit und effektive und sozial verträgliche Zielerreichung. Diese Kompetenzen des Kindes erleichtern die Nutzung und den Rückgriff auf soziale Ressourcen ohne diese Ressourcen zu sehr zu belasten. Somit beeinflusst dies die Reaktionen und Angebote der sozialen Umwelt auch außerhalb der Eltern-Kind-Beziehung. Empirische Belege zu den Einflüssen von Bindungssicherheit beim Kompetenzaufbau werden im zweiten Teil dieses Beitrags ausführlicher dargestellt.

### 1.2.2 Internale Arbeitsmodelle

Der Aufbau internaler Arbeitsmodelle von sich und den Betreuungspersonen basiert nach der Bindungstheorie auf den tatsächlich erlebten Fürsorgeerfahrungen und dient in der Beziehung zu Beginn der Entwicklung der kurzfristigen Anpassung an den jeweiligen Entwicklungskontext. Diese Anpassung hat jedoch unterschiedliche Entwicklungskonsequenzen außerhalb der Eltern-Kind-Beziehung. Die Funktion von internalen Arbeitsmodellen in der Bindungsbeziehung besteht zum einen in der Informationsverarbeitung auf der Basis von Erfahrungen, also der Lenkung der Wahrnehmung auf bindungsrelevante Hinweisreize, deren Interpretation und der Vorhersage der Verhaltensweisen der Bezugspersonen. Zum anderen besteht die Funktion von internalen Arbeitsmodellen in der Regulation eigener Emotionen in bindungsrelevanten Situationen (Zimmermann, 1999). Kinder mit unsicherer Bindung erwarten wenig emotionale Verfügbarkeit, Zurückweisung, geringe Vorhersagbarkeit der Bezugsperson oder gar Belastung durch sie (Zimmermann & Scheuerer-Englisch, 2013). Dies beeinflusst ihre soziale Informationsverarbeitung auch in anderen sozialen Umwelten, anderen Betreuungspersonen oder Gleichaltrigen gegenüber (Dykas & Cassidy, 2011). Ein Beispiel für die Wirkung von Erfahrungen auf die soziale Wahrnehmung ist die niedrige Wahrnehmungsschwelle von Ärger in Gesichtern von Erwachsenen bei misshandelten Kindern und die Schnelligkeit, mit der Kinder Emotionen erkennen, wenn die Eltern besonders feindselig sind (Pollak & Sinah, 2009). Internale Arbeitsmodelle beeinflussen somit die Informationsverarbeitung und die Handlungssteuerung in sozial und emotional relevanten Bereichen.

## 2 Bindungseinflüsse bei spezifischen Kompetenzen

Es gibt eine große Anzahl an empirischen Befunden, die den zeitgleichen oder längsschnittlichen Einfluss von Eltern-Kind-Bindung auf unterschiedliche Kompetenzbereiche zeigen und die im Folgenden zusammengefasst werden. Der Einfluss von Bindung ist hierbei jedoch nicht deterministisch zu verstehen, sondern als ein förderlicher Schutzfaktor im Fall sicherer Bindung oder eine Vulnerabilität im Falle der unsicheren Bindung im Zusammenspiel mit anderen Schutz- und Risikofaktoren im Entwicklungsverlauf (Zimmermann, 1999).

## 2.1    Bindung und die Entwicklung kognitiver Kompetenzen

Im kognitiven Bereich kann man Auswirkungen der jeweiligen Bindungsqualität vor allem durch die Sicherheit bei der Exploration und die positive Reaktion auf Hilfs- und Lehrangebote erwarten (vgl. Grossmann et al., 1999). Forschungsergebnisse zeigen, dass einjährige Kinder bei gegebener sicherer Bindung eher in der Lage sind, vorhandene Fähigkeiten im Spiel auch anzuwenden (Belsky, Garduque & Hrncir, 1984), im Kindergartenalter längeres, konzentrierteres Spiel zu zeigen (Suess, Grossmann & Sroufe, 1992) und mehr aufgabenorientiertes Verhalten und mehr Anzeichen von Metakognition zeigen (Moss, Gosselin, Parent, Rousseau & Dumont, 1997). Granot und Mayseless (2001) konnten Effekte auch im Grundschulalter feststellen. In einer prospektiven Längsschnittstudie konnten schlechtere kognitive Fähigkeiten in der ersten Klasse durch eine unsichere Bindung in der frühen Kindheit vorhergesagt werden. Bei unsicher-ambivalent gebundenen Kindern zeigte sich, dass der vermittelnde Prozess hierbei die selten gelingende Kooperation mit der Mutter war, während bei unsicher-vermeidend gebundenen und bei Kindern mit Bindungsdesorganisation das Anleitungsverhalten der Mütter ein vermittelnder Faktor war (O'Connor & McCartney, 2007). Dies zeigt den transaktionalen Charakter von Entwicklung.

Die kognitiven Unterschiede gehen nicht darauf zurück, dass Kinder mit sicherer Bindung einen höheren IQ oder einen höheren kognitiven Entwicklungsstand haben (z.B. MDI). Sie haben aber eine etwas höhere Sprachkompetenz (van IJzendoorn, Dijkstra & Bus, 1995). Ein Erklärungsmodell für diese Befunde bietet möglicherweise die Plastizität des präfrontalen Cortex, vor allem in der für die Bindungsentwicklung entscheidende Lebensspanne (Sowell, Trauner, Gamst & Jernigan, 2002). Umwelteinflüsse, wie die elterliche Fürsorge können hier den Grundstein für die spätere kognitive Entwicklung legen. Der präfrontale Cortex wird assoziiert mit den höheren exekutiven Funktionen, wie kognitiver Flexibilität, Handlungsplanung und Arbeitsgedächtnis (Bernier, Carlson, Deschênes & Matte-Gagné, 2012). In ihrer Studie mit 3-jährigen konnten Bernier und Mitarbeiter (2012) zeigen, dass Bindungssicherheit 11 % der Varianz der exekutiven Kompetenz bei Problemlöseaufgaben erklärt.

Das Verhalten in primär kognitiven Aufgaben basiert jedoch nicht nur auf den Anforderungen der Aufgabe, sondern auch auf den Emotionen, die entstehen, wenn es keine einfachen Lösungen gibt, man nicht weiter weiß und die individuellen Ressourcen überfordert sind. Dann sind emotionale Regulationsprozesse, welche die adaptive Verhaltenssteuerung beeinflussen, bei kognitiven Aufgaben notwendig. Je jünger die Kinder sind, umso mehr benötigen sie dann auch externe emotionale Regulation. Schieche (1996) konnte zeigen, dass sicher gebundene Zweijährige in einer Problemlösesituation eine bessere Bindungs-Explorations-Balance, d.h. ein ausgewogenes Verhältnis von Aufgabenorientierung und Rückgriff auf die Hilfe der Mutter aufwiesen, während bei unsicher-vermeidend gebundenen Kindern nur wenig Orientierung auf die Bezugsperson zu beobachten war, vor allem auch, wenn sie mit der Aufgabe nicht zurechtkamen. Ähnliche Ergebnisse zeigten auch Studien aus den USA (Weinfeld, Sroufe, Egeland &

Carlson, 2008). Auch bei Jugendlichen konnten unterschiedliche Vorgehensweisen bei der Lösung von komplexen Problemen in Abhängigkeit von der gegebenen Bindungsrepräsentation festgestellt werden (Zimmermann, Maier, Winter & Grossmann, 2001). Jugendliche mit sicherer Bindungsrepräsentation unterschieden sich von Jugendlichen mit unsicher-distanzierter Bindungsrepräsentation in einer komplexen Problemlöseaufgabe nicht in ihrer Exploration der Aufgabe (Ausdauer, Informationssuche), zogen aus der aufgenommenen Information jedoch eher die richtigen Schlüsse für die Lösung des Problems. Eher planloses Handeln und geringe Effektivität war in dieser Studie auch bei den unsicher-verwickelten Jugendlichen zu beobachten, obwohl diese sehr in die Problemlösung involviert schienen.

Das Erleben intensiver Emotionen beeinträchtigt das gleichzeitige Lernen und Verstehen neuer Inhalte. Dies scheint besonders bei einer unsicheren Bindung ausgeprägt zu sein und sollte bei der Vermittlung von Wissen oder Kompetenzen berücksichtigt werden (Englisch, Scheuerer-Englisch, Walk & Zimmermann, 2010).

## 2.2    Bindung, Exploration und Leistungsmotivation

Sichere Bindung ermöglicht die Exploration, sofern die Umwelt etwas Interessantes für das Kind zu bieten hat (Grossman & Grossmann, 2012). In der Selbstbestimmungstheorie gilt das Bedürfnis nach „Eingebunden sein", neben dem Autonomiebedürfnis und dem Bedürfnis danach, sich kompetent zu fühlen als wichtige Voraussetzung für das Auftreten von intrinsischer Motivation (Ryan & Deci, 2003). Studien zeigen nun, dass in der Kindheit sicher gebundene Kinder eigenständiger und autonomer sind und ihre Potentiale besser entfalten können. Bindungsunsicherheit hingegen verringert in der Regel die Freude und die innere Bereitschaft des Kindes, auf die Welt neugierig zu sein, diese zu erkunden, sich mit neuen Inhalten zu beschäftigen und sich auf diese zu konzentrieren, gerade bei Misserfolg (Englisch, Scheuerer-Englisch, Walk & Zimmermann, 2010). Lütkenhaus, Grossmann und Grossmann (1985) konnten in einer Studie mit dreijährigen Kindern sowohl motivationale Unterschiede als auch Unterschiede im Emotionsausdruck in einer Wettbewerbssituation nachweisen. Kinder mit sicherer Bindungsqualität erhöhten in einem Turmbauwettbewerb gegen einen erwachsenen Versuchsleiter bei drohendem Misserfolg ihre Anstrengungen, während Kinder mit unsicherer Bindungsqualität langsamer wurden. Nach dem Misserfolg gab es zwar keinen Unterschied im Ausmaß an negativen Gefühlen bei den Kindern, allerdings zeigten sicher gebundene Kinder ihre negative Befindlichkeit direkt in Richtung des erwachsenen Versuchsleiters, während unsicher gebundene Kinder ihre negative Stimmung nur abgewandt vom Versuchsleiter im Gesichtsausdruck zeigten, nicht aber, wenn sie ihm zugewandt waren. Kinder mit unsicherer Bindungsqualität reagierten bei drohendem Misserfolg mit Rückzug von der Aufgabenbearbeitung und Vermeidung des direkten negativen Emotionsausdrucks. In der Kindheit ist damit ein Vermeiden der Situation bei Misserfolg beim Spiel als analoges Muster der Emotionsregulation in der Fremden Situation festzustellen. Im Alter von drei bis vier Jahren zeigen Kinder mit sicherer Bindung mehr Ausdauer als Kinder mit unsicherer Bindung (Matas et al., 1978; Moss, Gosselin, Parent, Rousseau & Dumont, 1997). Kinder mit einer sicheren Bindung im Alter von sechs Jahren zeigen mit acht Jahren eine höhere Leistungsmotivation als unsicher gebundene Kinder (Moss, 2001). Autonomieförderung von Jugendlichen im Sinne einer Unterstützung ihrer Selbstbestimmung ist häufiger bei Jugendlichen mit gleichzeitig sicherer Bindungsrepräsentation (im AAI) zu finden (Zimmermann, 2007). Bei Jugendlichen mit einer unsicher-verwickelten Bindungsrepräsentation zeigt sich hingegen eine besonders geringe Förderung im Hinblick auf die Kompetenz- und Autonomieentwicklung durch die Mütter (Zimmermann, 2007). Auch im Bereich Motivation ergeben sich somit altersübergreifend Zusammenhänge zur Bindungssicherheit.

## 2.3 Bindung und schulische Kompetenz

Bindungseinflüsse lassen sich ebenfalls im schulischen Kontext nachweisen. So konnten West, Mathews und Kerns (2012) zeigen, dass die Bindungssicherheit im Alter von 24 oder 36 Monaten längsschnittlich mit einer besseren schulischen Leistung in der mittleren Kindheit einhergeht. Dieser Zusammenhang erklärt sich durch die gelingende elterliche Unterstützung im Schulbereich, die verbesserte kindliche Selbstregulationsfähigkeit sowie die gute Qualität der sozialen Beziehungen des Kindes. Schulische Leistung ist somit auch ein Entwicklungsergebnis, bei dem individuelle Fähigkeiten und der Aufbau unterstützender sozialer Beziehungen zum erfolgreichen Umgang mit Anforderungen beitragen. Ebenfalls längsschnittlich konnten Jacobsen und Hofmann (1997) zeigen, dass Kinder, die im Alter von sieben Jahren eine sichere Bindung hatten, mit neun, zwölf und 15 Jahren von den Lehrpersonen als aufmerksamer und aktiver im Unterricht wahrgenommen wurden, selbstsicherer waren und einen besseren Notendurchschnitt aufwiesen. Zeitgleiche Studien replizieren diese Ergebnisse. Kinder, mit einer sicheren Bindung im Alter von sechs bis elf Jahren nehmen sich selbst als kompetenter im Schulkontext wahr (Russell & Diener, 2010). Ebenfalls im Alter von neun bis zwölf Jahren konnten Granot und Mayseless (2001) zeigen, dass Kinder mit einer sichereren Bindung signifikant bessere Noten und eine bessere schulische Anpassung aufwiesen als Kinder mit einer unsicheren Bindung.

## 2.4 Bindung und Sozialverhalten

Die Zusammenhänge zwischen Bindungsqualität und dem Sozialverhalten gegenüber den Eltern wie auch gegenüber Gleichaltrigen sind sehr umfangreich untersucht worden. Die Bindungstheorie geht davon aus, dass sicher gebundene Kinder eine hohe soziale Kompetenz besitzen, da sie bereits sehr früh lernen Emotionen und eigenen Bedürfnisse offen kommunizieren zu dürfen, aber auch, dass sie sozial verträglich reguliert werden können. Daraus entstehen spezifische Erwartungen darüber was Freundschaft bedeutet und seltener die Erwartung von Zurückweisung. Schon am Ende des ersten Lebensjahres zeichnen sich sicher gebundene Kinder durch subtilere und vielfältigere Kommunikationsfähigkeiten aus (Ainsworth & Bell, 1974; Grossmann et al., 1999). Im Alter von zwei Jahren kommunizieren sie klarer, wenn sie Unterstützung brauchen (Matas et al., 1978; Schieche, 1996).

Eine unsichere Bindung geht mit geringerer sozialer Kompetenz (Urban, Carlson, Egeland & Sroufe, 1991) und bei gleichzeitigem Auftreten weiterer Risikofaktoren (z.B. Arbeitslosigkeit oder Armut) auch mit mehr Verhaltensauffälligkeiten oder emotionalen Störungen der Kinder einher (vgl. Zimmermann, 2010). Im Kindergarten wurde bei sicher gebundenen Kindern weniger aggressives bzw. feindseliges Verhalten gegenüber anderen Kindern, weniger emotionale Isolation und Abhängigkeit von den Erzieherinnen beobachtet, dagegen mehr Kompetenz im Umgang mit anderen Kindern und eine positivere Wahrnehmung von sozialen Konfliktsituation (Suess, Grossmann & Sroufe, 1992). Dies wurde in Studien mit Kindern zwischen vier und acht Jahren repliziert (Barone & Lionetti, 2012). Das geringere Verständnis für Emotionen anderer Personen und auch für gemischte Emotionen im Vorschulalter und im beginnenden Schulalter erklärt einen Teil der Verhaltensprobleme, die Kinder mit unsicherer Bindung zeigen (Laible & Thompson, 1998; Steele, Steele, Croft & Fonagy, 1999).

Auch im späteren Kindesalter und im Jugendalter zeichnen sich sicher gebundene Kinder durch positive soziale Wahrnehmung, hohe soziale Kompetenz, beziehungsorientiertes Verhalten, bessere Freundschaftsbeziehungen mit Gleichaltrigen und Vertrauens- und Liebesbeziehungen aus (Elicker et al. 1992; Grossmann, Grossmann, Zimmermann, 1999; Zimmermann, 2011; Booth-Laforce, Oh, Kim, Rubin, Rose-Krasnor & Burgess, 2006; DeMulder, Denham, Schmidt & Mitchell, 2000). Sicher gebundene Kinder sind besser im Gleichaltrigensystem integriert, haben mehr Freunde und weniger Probleme mit ihnen im Vergleich zu unsicher gebundenen Kindern (Scheuerer-Englisch, 1989). Sicher gebundene Kinder im Alter von sechs bis elf Jahren schätzen sich selbst als sozial kompetenter ein (Russell & Diener, 2010), dieser Zusammenhang zeigt sich sowohl für die Bindung an die Mutter als auch den Vater (Diener, Russell, Behunin & Wong, 2007). Kinder mit einer sicheren Bindung zu beiden Elternteilen schätzten sich selbst als kompetenter im Umgang mit Gleichaltrigen ein, als Kinder mit nur einer sicheren Bindungsbeziehung oder einer unsichereren Bindung (Diener et al., 2007). Auch in der späten Kindheit zeigte sich, dass sicherere Bindung zur Mutter, aber auch zum Vater, mit weniger aggressivem Verhalten zusammenhängt (Booth-Laforce et al., 2006; Zimmermann, Mohr & Spangler, 2009; Zimmermann & Scheuerer-Englisch, 2013). Auch aus der Sicht von Mitschülern und Lehrern werden unsicher gebundene Jungen als weniger sympathisch und aggressiver wahrgenommen (Cohn, 1990). Manchmal zeigen sich die Zusammenhänge eher geschlechtsspezifisch, so dass Jungen eher körperlich aggressiv sind und Mädchen sich bei Konflikten eher zurückziehen. Dies gilt für Konflikte mit Eltern als auch mit Gleichaltrigen, so dass man geschlechtsspezifische Aggressionsformen berücksichtigen muss.

Die Metaanalyse von Fearon, Bakermans-Kranenburg, van IJzendoorn, Lapsley und Roisman (2010) ergab, dass eine unsichere Bindung längsschnittlich mit signifikant mehr externalisierendem Verhalten (z.B. Aggression, oppositionelles Verhalten, Feindseligkeit) einhergeht. Die Effektstärke liegt im mittleren Bereich und ist bei klinischen Stichproben höher als bei nicht-klinischen Stichproben. O'Connor, Collins und Supplee (2012) machen in ihrer längsschnittlichen Analyse deutlich, dass sich die Auswirkungen früher Bindungsmuster als transaktionale Entwicklungsprozesse zeigen. Frühe unsichere Bindung, insbesondere Bindungsdesorganisation beeinträchtigt die Interaktionen mit den Lehrkräften, so dass diese zurückweisender und weniger förderlich reagieren und dies wiederum die Entwicklung von externalisierenden Symptomen bei Kindern bis zur mittleren Kindheit verstärkt.

Die Bindungsmuster beeinflussen nur dann das Sozialverhalten, wenn negative Emotionen ausgelöst werden. Zimmermann, Maier, Winter und Grossmann (2001) konnten zeigen, dass Jugendliche mit sicherer Vaterbindung und mit sicherer Bindungsrepräsentation, gegenüber ihrem besten Freund beim Problemlösen ihr Verhalten hin zu mehr Gemeinsamkeit bei negativen Gefühlen von Hilflosigkeit, Enttäuschung oder Unsicherheit verändern. Bei unsicherer Vaterbindung hingegen, führten diese negativen Gefühle zum Rückzug vom besten Freund und dazu, dass dessen Vorschläge übergangen oder abgewertet wurden. Gerade bei negativen Gefühlen führt eine unsichere Bindung zu beziehungsunterbrechendem Verhalten und somit zu einer geringen Nutzung sozialer Ressourcen als potentielle Hilfe.

## 2.5    Bindung und Persönlichkeit

Bindungsunterschiede manifestieren sich entsprechend den Vorstellungen über die Struktur internaler Arbeitsmodelle auch im Selbstbild bzw. in spezifischen Persönlichkeitsmerkmalen. Bei sicher gebundenen Kindern kann häufiger ein hohes Selbstwertgefühl und großes Selbstvertrauen festgestellt werden (Sroufe, 1983). Verschueren und Marcoen (1999) konnten zeigen, dass Fünfjährige mit einer sichereren Bindung zum Vater, nicht jedoch zur Mutter, extern als selbstbewusster eingeschätzt wurden. Bei zehnjährigen Kindern hingegen wurde der Zusammenhang zwischen Bindung und Selbstwert für die Bindung an beide Eltern gezeigt (Booth-Laforce et al., 2006). Unsichere Bindung führte bei Fünfjährigen zu mehr Selbstabwertungen im Kontext von Aufgabenlösungen (Coleman & Thompson, 2002). Studien zum Selbstbild zeigen jedoch auch, dass die Selbstauskunft der Kinder und Jugendlichen über eigene negative Eigenschaften ebenfalls vom Bindungsmuster beeinflusst ist. Bei unsicherer Bindung zeigen diese häufiger entweder ein stark idealisiertes oder ein sehr negatives Selbstbild (Cassidy, 1988; Kobak & Sceery, 1988). Das Selbstbild scheint bei sicher gebundenen Kindern eher realistisch zu sein, d.h. sie können neben positiven Eigenschaften auch Schwächen berichten (Cassidy, 1988; Verschueren, Marcoen & Schoefs, 1996).

Sicher gebundene Kinder verfügen außerdem über eine höhere Ich-Flexibilität, sind also eher in der Lage, ihre Neigung zu Impulsivität oder Gehemmtheit, ihre Bedürfnisse und Emotionen an die aktuelle Situation anzupassen (Urban, Carlson, Egeland & Sroufe, 1991; Suess, 1987). Zimmermann und Scheuerer-Englisch (2013) konnten bei acht bis zwölfjährigen Kindern und Jugendlichen ebenfalls zeigen, dass Kinder mit einer sicheren Bindungsrepräsentation der Eltern mehr Ich-Flexibilität und Feldunabhängigkeit aufwiesen, als Kinder und Jugendliche mit einer Bindungsrepräsentation der Eltern als nicht verfügbar oder nicht unterstützend (unsichere Bindungsrepräsentation). Jugendliche mit unsicherer Bindungsrepräsentation im Adult Attachment Interview zeigen ebenfalls weniger Ich-Flexibilität und ein negativeres Selbstkonzept, darüber hinaus mehr Hilflosigkeit, Ängstlichkeit und Feindseligkeit (Kobak & Sceery, 1988; Zimmermann, Gliwitzky & Becker-Stoll, 1996; Zimmermann, 1999). So zeigt sich also auch im Jugendalter der Zusammenhang zwischen unsicherer Bindungsorganisation und mangelnder Emotionsregulation.

## 2.6 Wirksamkeit von Erziehung in Abhängigkeit von Bindungserfahrungen

Entwicklungspsychologisch betrachtet machen Kinder erst grundlegende emotionale Beziehungserfahrungen, bevor sie die Regeln der Erwachsenen und deren Wünsche und Erwartungen in die eigenen Pläne mit einbeziehen und befolgen können. Beziehung kommt also immer vor Erziehung. So ist es nicht erstaunlich, dass sich die Beziehungsqualität auch auf die Erziehung auswirkt. Aus transaktionaler Sicht ist die Effektivität von Erziehung durch die Bindungsqualität des Kindes beeinflusst. So kann die Wirksamkeit von direktiven, verhaltenssteuernden Erziehungsdimensionen wie Anerkennung (z.B. Lob), Motivationsstrategien (besonders für sozial akzeptiertes Verhalten), Zwang (z.B. körperliche und harte verbale Beeinflussung des Kindes, spezifisches Verhalten zu zeigen) und Einschränkung (z.B. Aufstellen von Regeln) durch die Bindungsqualität des Kindes moderiert werden (Zimmermann, 2007). Dies zeigt sich z.B. empirisch darin, dass hohe mütterliche Kontrolle bei Jugendlichen mit erhöhtem Risiko für Schulversagen nur dann reduzierend auf deren externalisierendes Verhalten wirkt, wenn eine sichere Bindung der Jugendlichen vorliegt (Allen, Moore, Kuperminc & Bell, 1998).

Eine erfolgreiche Moralentwicklung geht mit der Internalisierung eines von im Kleinkindalter durch die Eltern vermittelten Wertesystems einher. Die Vermittlung dieser sozialen Normen und Werte ist ein im Rahmen der Erziehung stattfindender Prozess, der von den Bindungsmustern der Kinder beeinflusst wird. So konnten Kochanska, Aksan, Knaack und Rhines (2004) zeigen, dass positives Erziehungsverhalten von Müttern in den ersten drei Lebensjahren, moralisches Verhalten mit 56 Monaten nur bei sicher gebundenen Kindern vorhersagt. Nach Kochanska und Mitarbeitern (2004) haben sicher gebundene Kinder eine höhere Empfänglichkeit und Akzeptanz gegenüber elterlichen Erziehungspraktiken als Kinder mit einer unsicheren Bindungsorganisation. Dieser differenzielle Effekt zeigt sich auch in anderen Domänen. So sagt elterliche Machtausübung sowohl für die Mütter als auch für die Väter späteres antisoziales Verhalten von Kindern voraus, allerdings nur bei unsicherer Bindungsorganisation. Hier wirkt eine sichere Bindung kompensatorisch als eine Art Schutzfaktor gegen weniger günstige elterliche Erziehungspraktiken (Kochanska, Barry, Stellern & O'Bleness, 2009). Als vermittelnder Faktor wird hierbei die höhere Folgsamkeit und das bessere Einlenken bei sicher gebundenen Kindern diskutiert, was die Interaktionsqualität beeinflusst. Frühe Bindungssicherheit moderiert den Zusammenhang zwischen der Compliance von Kindern im Alter von 14 und 22 Monaten gegenüber Verboten der Mutter und Internalisieren von Verhaltensregeln mit 33, 45, 56 Monaten und externalisierendem Verhalten im Alter von 73 Monaten. Sichere Bindung wirkt als eine Art Katalysator für den Zusammenhang zwischen früher Compliance und späterer psychosozialer Anpassung – bei unsicherer Bindung gibt es keinen Zusammenhang (Kochanska, Woodard, Kim, Koenig, Yoon & Barry, 2010). Für die Compliance gegenüber dem Vater konnten keine solchen Zusammenhänge gefunden werden. Vergleichbar zeigt sich dies für die Beziehung zu Erzieherinnen. Frühe unsichere Bindung, vor allem desorganisierte Bindung, ist ein Prädiktor für eine negative oder belastete Beziehung zu den Erzieherinnen bis zum Alter des Kindes von 54 Monaten (O'Connor & McCartney, 2007).

## 3    Fazit

Bindungssicherheit ermöglicht es Kindern negative Emotionen auch bei Misserfolg sozial effektiv zu regulieren und eine vertrauensvolle und positive Erwartungshaltung gegenüber den Reaktionen und Bildungsangeboten ihrer sozialen Umwelt aufzubauen. Empirisch betrachtet, ist dies ein Einflussfaktor, der obgleich er in der sozialen und emotionalen Beziehung des Kindes entsteht, in der sachbezogenen Welt der Wissensvermittlung ebenfalls Auswirkungen zeigt. Emotionale und soziale Prozesse spielen deshalb auch bei Vermittlung von Wissen und Regeln eine wichtige Rolle, da dies in sozialen Kontexten geschieht und viele unterschiedliche Emotionen auslöst. Das Wissen um die oft automatischen Reaktionen von Kindern aufgrund der entstehenden Emotionen, auch beim Vermitteln von Wissen, hilft dabei, auf die Kinder adäquat zu reagieren und macht, wie sich zeigt, Erziehung offensichtlich effektiver und vielleicht auch leichter.

Lebenslanges Lernen beginnt also möglicherweise bereits in der frühen Kindheit, aber zunächst weniger in der Vermittlung von Bildungsinhalten als in der Förderung der sozio-emotionalen Entwicklungsgrundlagen des Kompetenzaufbaus. Die Berücksichtigung von Entwicklungskaskaden, wie sie in der Bindungsforschung deutlich werden, könnte auch für die Bildungsforschung im Bereich der frühen Kindheit hilfreich sein, denn die Effektivität der Nutzung altersangemessener, anregender Lehr-Lernumgebungen und die Moderation des selbst entdeckenden Lernens der Kinder (Stamm, 2004), wird durch vorhergehende sozio-emotionale Erfahrungen beeinflusst. Aus bindungstheoretischer Sicht und ausgehend von der empirischen Befundlage, könnten folgende Punkte durch die Bildungsforschung mit einbezogen werden:

a) Familiäre Vorerfahrungen von Kindern im sozio-emotionalen Bereich in den ersten Lebensjahren wirken sich auch später in institutionalisierten Bildungskontexten aus. Die Bildungsforschung sollte sich mit den vermittelnden Prozessen (z.b. Explorationsbereitschaft) und deren Beeinflussbarkeit beschäftigen und in Lehrkonzepte einbauen.

b) Die schon sehr alte Idee, dass Wissensvermittlung und Erziehung über den Beziehungskontext vermittelt und durch dessen Qualität beeinflusst werden, erscheint für die frühe Kindheit besonders relevant. Die Bildungsforschung sollte somit spezifische Faktoren der Interaktionsqualität zwischen Kindern und den Betreuungspersonen in validen Kontexten eruieren und prüfen. Die Frage danach, welche Art von Responsivität, Feinfühligkeit oder Scaffolding altersspezifisch zu welchen Entwicklungsveränderungen der Kinder führen, wäre ein Beispiel für einen solchen Forschungsansatz. Die Tatsache, dass Kinder nur zu wenigen Personen Bindungen aufbauen, erfordert eine Anpassung der Betreuung und Förderung für das individuelle Kind. Die Erforschung des Aufbaus, der Wirkung und der Kompatibilität oder Konkurrenz spezifischer Bindungen an Eltern oder Erzieher und Erzieherinnen, wäre notwendig. Im Rahmen der Debatte um die Tagesbetreuung fehlen immer noch verlässliche Daten aus verschiedenen Ländern, die die Eingangsbedingungen bei Kind und Familie bei Eintritt in die Krippe, die Qualität von Fremdbetreuung, den familiären Hintergrund und die Gründe für Fremdbetreuung gleichzeitig mit einbeziehen. Die sozio-emotionalen Auswirkungen auf das Lernen könnten aufschlussreich sein.

c) Bildungs-, Erziehungs- und Sozialisationseinflüsse wirken altersspezifisch unterschiedlich. Bereits für andere Altersbereiche bekannte pädagogische oder psychologische Ansätze oder Interventionen sind deshalb nicht ohne weiteres auf die frühe Kindheit zu übertragen, sondern bedürfen der empirischen Erforschung vor ihrer Dissemination.

d) Die Wirkung von Bildungs-, Erziehungs- und Sozialisationseinflüssen muss sich nicht immer in der gleichen Altersstufe, in der sie durch das Kind erlebt werden bereits zeigen. Die Idee der Entwicklungskaskaden, wie sie in der Entwicklungspsychologie genutzt wird, könnte auch im Bereich der Bildungsforschung ein nützliches Werkzeug werden.

Der Einbezug sozio-emotionaler Faktoren in der Bildungsforschung ist eher selten. Für die frühe Kindheit scheint er jedoch von zentraler Bedeutung und altersangemessen zu sein.

## 4 Literatur

Ainsworth, M. & Bell, S. (1974). Mother-infant interaction and the development of competence. In K. Connolly & J. Bruner (Eds.), *The growth of competence* (pp. 97–118). New York: Academic Press.

Allen, P., Moore, C.M., Kuperminc, G.P. & Bell, K.L. (1998). Attachment and adolescent psychosocial functioning. *Child Development, 69,* 1406–1419.

Barone, L. & Lionetti, F. (2012). Attachment and social competence: A study using MCAST in low-risk Italian preschoolers. *Attachment & Human Development, 14,* 391–403.

Belsky, J., Garduque, L. & Hrncir, E. (1984). Assessing performance, competence, and executive capacity in infant play relations to home environment and security of attachment. *Developmental Psychology, 20,* 406–417.

Bernier, A., Carlson, S.M., Deschênes, M. & Matte-Gagné, C. (2012). Social factors in the development of early executive functioning: A closer look at the caregiving environment. *Developmental Science, 15,* 12–24.

Booth-Laforce, C., Oh, W., Kim, A., Rubin, K., Rose-Krasnor, L. & Burgess, K. (2006). Attachment, self-worth, and peer-group functioning in middle childhood. *Attachment & Human Development, 8,* 309–325.

Bowlby (2011). Bindung: Historische Wurzeln, theoretische Konzepte und klinische Relevanz. In G. Spangler & P. Zimmermann (Hrsg.), *Die Bindungstheorie: Grundlagen, Forschung und Anwendung* (S. 17–26). Stuttgart: Klett-Cotta.

Cassidy, J. (1988). Child-mother attachment and the self in six-year-olds. *Child Development, 59,* 121–134.

Cohn, D. (1990). Child-mother attachment of six-year olds and social competence at school. *Child Development, 61,* 152–162.

Coleman, R. & Thompson, R. (2002). Attachment security and the problem-solving behaviors of mothers and children. *Merrill-Palmer Quarterly, 48,* 337–359.

DeMulder, E., Denham, S., Schmidt, M. & Mitchell, J. (2000). Q-sort assessment of attachment security during the preschool years: Links from home to school. *Developmental Psychology, 36,* 274–282.

Diener, M., Russell, I., Behunin, M. & Wong, M. (2007). Attachment to mothers and fathers during middle childhood: Associations with child gender, grade, and competence. *Social Development, 17,* 84–101.

Dykas, M. & Cassidy, J. (2011). Attachment and the processing of social information across the life span: Theory and evidence. *Psychological Bulletin, 137,* 19–46.

Elicker, J., Englund, M. & Sroufe, L. (1992). Predicting peer competence and peer relationships in childhood from early parent-child relationships. In R. Parke & G. Ladd (Eds.), *Family-peer relationships: Modes of linkage* (pp. 71–106). Hillsdale NJ: Erlbaum.

Englisch, M., Scheuerer-Englisch, H., Walk, B. & Zimmermann, P. (2010). Das Bindungskonzept in der Schule. Aufgaben und Herausforderungen für Lehrerinnen und Lehrer. *Schulmagazin 5-10, 2,* 11–14.

Fearon, R., Bakermans-Kranenburg, M., van IJzendoorn, M., Lapsley A.M. & Roisman, G. (2010). The significance of insecure attachment and disorganization in the development of children's externalizing behavior: A meta-analytic study. *Child Development, 81,* 435–456.

Götz, T., Frenzel, A.C. & Pekrun, R. (2010). Psychologische Bildungsforschung. In R. Tippelt & B. Schmidt (Hrsg.), *Handbuch Bildungsforschung* (S. 71–91). Wiesbaden: VS Verlag für Sozialwissenschaften.

Granot, D. & Mayseless, O. (2001). Attachment security and adjustment to school in middle childhood. *International Journal of Behavioral Development, 25,* 530–541.

Grossmann, K.E., Grossmann, K. & Zimmermann, P. (1999). A wider view of attachment and exploration: Stability and change during the years of immaturity. In J. Cassidy & P. Shaver (Eds.), Handbook of attachment theory and research (pp. 760–786). New York: Guilford.

Grossmann, K. & Grossmann, K.E. (2012). Bindungen – das Gefüge psychischer Sicherheit. Stuttgart: Klett-Cotta.

Jacobsen, T. & Hofmann, V. (1997). Children's attachment representations: Longitudinal relations to school behavior and academic competency in middle childhood and adolescence. *Developmental Psychology, 33,* 703–710.

Kobak, R. & Sceery, A. (1988). Attachment in late adolescence: Working models, affect regulation, and representations of self and others. *Child Development, 59,* 135–146.

Kochanska, G., Aksan, N., Knaack, A. & Rhines, H.M. (2004). Maternal parenting and children's conscience: Early security as moderator. *Child Development, 75,* 1229–1242.

Kochanska, G., Barry, R.A., Stellern, S.A. & O'Bleness, J.J. (2009). Early attachment organization moderates the parent–child mutually coercive pathway to children's antisocial conduct. *Child Development, 80,* 1288–1300.

Kochanska, G., Woodard, J., Kim, A., Koenig, J.L., Yoon, J.E. & Barry, R.A. (2010). Positive socialization mechanisms in secure and insecure parent-child dyads: Two longitudinal studies. *Journal of Child Psychology and Psychiatry, 51,* 998–1009.

Laible, D., & Thompson, R. (1998). Attachment and emotional understanding in preschool children. *Developmental Psychology, 34,* 1038–1045.

Lütkenhaus, P., Grossmann, K.E. & Grossmann, K. (1985). Transactional influences of infants' orienting ability and maternal cooperation on competition in three-year-old children. *International Journal of Behavioral Development, 8,* 257–272.

Moss, E. (2001). Attachment at school age and academic performance. *Developmental Psychology, 37,* 863–874.

Moss, E., Gosselin, C., Parent, S., Rousseau, D. & Dumont, M. (1997). Attachment and joint problem-solving experiences during the preschool period. *Social Development, 6,* 1–17.

O'Connor, E. & McCartney, K. (2007). Attachment and cognitive skills: An investigation of mediating mechanisms. *Journal of Applied Developmental Psychology, 28,* 458–476.

O'Connor, E., Collins, B. & Supplee, L. (2012). Behavior problems in late childhood: The roles of early maternal attachment and teacher–child relationship trajectories. *Attachment & Human Development, 14,* 265–288.

Pollak, S.D. & Sinha, P. (2002). Effects of early experience on children's recognition of facial displays of emotion. *Developmental Psychology, 38,* 784–791.

Russell, I. & Diener, M. (2010). Self-representations of social and academic competence: Contextual correlates in middle childhood. *Journal of Research in Childhood Education, 24,* 315–331.

Ryan, R. & Deci, E. (2003). On assimilating identities to the self: A self-determination theory perspective on internalization and integrity within cultures. In M. Leary & J. Tangney (Eds.), *Handbook of self and identity* (pp. 253–272). New York, NY, US: Guilford Press.

Sameroff, A. (2010). A unified theory of development: A dialectic integration of nature and nurture. *Child Development, 81,* 6–22.

Scheuerer-Englisch, H. (1989). *Das Bild der Vertrauensbeziehung bei zehnjährigen Kindern und ihren Eltern. Bindungsbeziehungen in längsschnittlicher und aktueller Sicht.* Universität Regensburg: Unveröffentlichte Dissertation.

Schieche, M. (1996). *Exploration und physiologische Reaktionen bei zweijährigen Kindern mit unterschiedlichen Bindungserfahrungen.* Universität Regensburg: Unveröffentlichte Dissertation.

Sowell, E.R., Trauner, D.A., Gamst, A. & Jernigan, T.L. (2002). Development of cortical and subcortical brain structures in childhood and adolescence: a structural MRI study. *Developmental Medicine and Child Neurology, 44,* 4–16.

Spangler, G. & Grossmann, K.E. (1993). Biobehavioral organization in securely and insecurely attached infants. *Child Development, 64,* 1439–1450.

Spangler, G., Johann, M., Ronai, S. & Zimmermann, P. (2009). Genetic and environmental influence on attachment disorganization. Journal of Child Psychology and Child Psychiatry, 50, 952–961.

Sroufe, L.A. (1983). Infant-caregiver attachment and patterns of adaptation in preschool: The roots of maladaptation and competence. In M. Perlmutter (Ed.), *Minnesota Symposium in Child Psychology* (Bd. 16, pp. 41–81). Hillsdale, N.J.: Erlbaum.

Steele, H., Steele, M., Croft, C. & Fonagy, P. (1999). Infant–mother attachment at one year predicts children's understanding of mixed emotions at six years. *Social Development, 8,* 161–178.

Suess, G. (1987). *Auswirkungen frühkindlicher Bindungserfahrungen auf die Kompetenz im Kindergarten.* Universität Regensburg: Unveröffentlichte Dissertation.

Suess, G., Grossmann, K.E. & Sroufe, L. (1992). Effects of infant attachment to mother and father on quality of adaptation in preschool: From dyadic to individual organization of self. *International Journal of Behavioral Development, 15,* 43–65.

Stamm. M. (2004). Bildungsraum Vorschule. Theoretische Überlegungen und Perspektiven zu den Möglichkeiten des früher als bisher üblichen kognitiven Kompetenzerwerbs. *Zeitschrift für Pädagogik, 50,* 865–881.

Urban, J., Carlson, E., Egeland, B. & Sroufe, L. (1991). Patterns of individual adaptation across childhood. *Development and Psychopathology, 3,* 445–560.

vanIJzendoorn, M.H., Dijkstra, J. & Bus, A.G. (1995). Attachment, intelligence, and language: A meta-analysis. *Social Development, 4,* 115–128.

Verschueren, K. & Marcoen, A. (1999). Representation of self and socioemotional competence in kindergartners: Differential and combined effects of attachment to mother and father. *Child Development, 70,* 183–201.

Verschueren, K., Marcoen, A. & Schoefs, V. (1996). The internal working model of the self, attachment, and competence in five-year-olds. *Child Development, 67,* 2493-2511.

Weinfield, N.S., Sroufe, L.A., Egeland, B. & Carlson, E.A. (2008). Individual differences in infant-caregiver attachment. In J. Cassidy & P. Shaver (Hrsg.), *Handbook of attachment: Theory, research and clinical applications* (2nd ed., pp. 78–101). New York: Guilford Press.

West, K., Mathews, B. & Kerns, K. (2012). Mother–child attachment and cognitive performance in middle childhood: An examination of mediating mechanisms. *Early Childhood Research Quarterly.*

Zimmermann, P. (2011). Bindungsentwicklung von der frühen Kindheit bis zum Jugendalter und ihre Bedeutung für den Umgang mit Freundschaftsbeziehungen. In G. Spangler & P. Zimmermann (Hrsg.), *Die Bindungstheorie: Grundlagen, Forschung und Anwendung* (S. 41–81). Stuttgart: Klett-Cotta.

Zimmermann, P. (1999) Structure and functioning of internal working models of attachment and their role during emotion regulation. *Attachment and Human Development, 1,* 291–307.

Zimmermann, P. (2000). Bindung, internale Arbeitsmodelle und Emotionsregulation: Die Rolle von Bindungserfahrungen im Risiko-Schutz-Modell. *Frühförderung Interdisziplinär, 19,* 119–129.

Zimmermann, P. (2007). Bindung und Erziehung – gleiche oder sich ergänzende Beziehungsfaktoren? Zusammenhänge zwischen elterlicher Autonomie- und Kompetenzunterstützung, Bindungsrepräsentation und Selbstregulation im späten Jugendalter. *Psychologie in Erziehung und Unterricht, 54,* 147–160.

Zimmermann, P. (2010). Bindung und Beziehungserfahrungen. Auswirklungen im Schulkontext. *Schulmagazin 5-10, 2,* 7–10.

Zimmermann, P., Gliwitzky, J. & Becker-Stoll, F. (1996). Bindung und Freundschaftsbeziehungen im Jugendalter. *Psychologie in Erziehung und Unterricht, 43,* 141–154.

Zimmermann, P., Maier, M., Winter, M. & Grossmann, K.E. (2001). Attachment and adolescents'
emotion regulation during a joint problem-solving task with a friend. *International Journal of
Behavioral Development, 25,* 331–342.

Zimmermann, P., Mohr, C. & Spangler, G. (2009). Genetic and attachment influences on adolescents' regulation of autonomy and aggressiveness. *Journal of Child Psychology and Child Psychiatry, 50,* 1339–1347.

Zimmermann, P. & Scheuerer-Englisch, H. (2013). Unterschiede in Bindung und Persönlichkeit
bei Kindern in Erziehungsberatung, in Kinder- und Jugendpsychiatrie und in Kontrollfamilien.
*Praxis der Kinderpsychologie und Kinderpsychatrie, 62,* 5–29.

Zimmermann, P. & Spangler, G. (2008). Bindung, Bindungsdesorganisation und Bindungsstö-
rungen in der frühen Kindheit: Entwicklungsbedingungen, Prävention und Intervention. In R.
Oerter & L. Montada (Hrsg.), *Lehrbuch Entwicklungspsychologie.* (S. 689–704). Weinheim: Beltz.

# Der Übergang in die Grundschule aus Elternsicht

Gabriele Faust, Franziska Wehner, Sanna Pohlmann-Rother
und Jens Kratzmann

## 1    Einleitung: Die Rolle der Eltern beim Übergang in die Grundschule

Beim Übergang in die Grundschule wechselt das Kind die Bildungsinstitution. An die Stelle des Kindergartens, den z.B. in Deutschland derzeit fast alle Kinder zumindest im Jahr vor der Einschulung besuchen (vgl. Autorengruppe Bildungsberichterstattung, 2010, S. 49), tritt die Grundschule. Mit der Einschulung beginnt die Bildungslaufbahn im Pflichtschulsystem. In ökopsychologischer Sicht sollen Familie, Kindertageseinrichtung und Grundschule zusammenwirken, um dem Kind und seiner Familie den Übergang zu erleichtern (vgl. Nickel, 1988). In manchen Staaten kommt auf die Eltern im Zusammenhang mit dem Schuleintritt ihres Kindes auch eine Entscheidung über den geeignetsten Zeitpunkt des Übertritts zu. In Deutschland z.B. können die Eltern beantragen, dass ihr Kind vorzeitig, d.h. ein Jahr früher, eingeschult wird. Bei verzögerter Entwicklung oder schlechtem Gesundheitszustand kann das Kind ein Jahr entweder eine sog. „schulvorbereitende" Einrichtung oder den Kindergarten besuchen und erst dann verspätet eingeschult werden (Zurückstellung). Die entscheidende Frage dabei ist, inwiefern der Entwicklungsstand des Kindes und die Anforderungen der Schule eine „Passung" aufweisen. Der folgende Beitrag behandelt die Sicht der Eltern auf den Übergang.

## 2    Theoriehintergrund: Wert-Erwartungsmodell zur Einschulungsentscheidung

Die Einschulungsentscheidungen werden in Anlehnung an andere Arbeiten zur Übergangsforschung auf der Basis von soziologischen und psychologischen Wert-Erwartungsmodellen analysiert (vgl. Eccles, 2005; vgl. Maaz, Hausen, McElvany & Baumert, 2006). Sie sind dabei direkt von der „Erfolgserwartung" und dem „subjektiven Wert" abhängig (vgl. Abb. 1). Die Erfolgserwartung bezieht sich darauf, dass die Eltern für ihr Kind einen gelingenden, erfolgreichen Start in der Schule anstreben, was die Passung von schulischen Anforderungen und dem Entwicklungsstand des Kindes voraussetzt. Dafür wird üblicherweise der Begriff der „Schulfähigkeit" verwendet. Sowohl die Erfolgserwartung als auch der subjektive Wert sind von einem Geflecht von weiteren Bedingungen beeinflusst. Hierbei spielen die Ziele der Eltern für ihr Kind und ihre Einschätzung der Fördermöglichkeiten in Kindergarten und Grundschule eine Rolle, aber auch ihre Informiertheit über die Einschulungsmodalitäten und ihr „Umgang mit der Zeitschiene". Dies bezieht sich darauf, dass die Einschulung u.a. von der rechtzeitigen Schulanmeldung abhängt. Noch weiter zurückliegend werden Weichen z.B. durch die Teilnahme an Vorschulangeboten im Kindergarten gestellt. Zudem sind Kindergarten und Grundschule beratend und/oder entscheidend beteiligt. Die drei Komponenten familiäres Bildungsniveau, individuelle Merkmale des Kindes wie Geschlecht, Alter und Kompetenzen sowie die Einschulungsregelungen der zwei einbezogenen Bundesländer Bayern und Hessen liegen als zentrale Rahmenvariablen dem Entscheidungsprozess zugrunde (vgl. Faust, Kluczniok & Pohlmann, 2007).

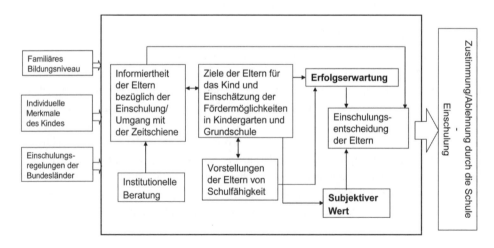

**Abbildung 1** Wert-Erwartungsmodell zur Einschulungsentscheidung (in Anlehnung an Faust et al., 2007)

## 3      Der BiKS-Längsschnitt 3-10 und die qualitativen Interview-studien als Datengrundlage

Die Datengrundlage dieses Beitrags ist der Längsschnitt 3-10 der Bamberger Forscher-gruppe in der empirischen Bildungsforschung „BiKS" („Bildungsprozesse, Kompeten-zerwerb und Selektionsentscheidungen im Vorschul- und Schulalter", 2005-2013). Die Kinder werden vom Eintritt in den Kindergarten bis zum Abschluss der vierten Grund-schulklasse begleitet. Die Kinder stammten aus 97 Kindergärten in je vier Stadt- und Landkreisen der Bundesländer Bayern und Hessen (vgl. Kurz, Kratzmann & von Maurice, 2007). In die Stichprobe wurden alle Kinder aufgenommen, die zum Schuljahr 2008/09 regulär schulpflichtig wurden (n = 554). Der überwiegende Teil der Kinder begann die Schule fristgerecht. Die Anteile der im Schuljahr 2007/08 vorzeitig bzw. 2009/10 verspätet eingeschulten Kinder betrugen fünf bzw. sechs Prozent (n = 21 bzw. 27). Nach der Ein-schulung wurde ein großer Teil der Kinder im schulischen Kontext weiterbegleitet. Die BiKS-Studie umfasst sowohl Kompetenzmessungen der Kinder als auch Beobachtungen in Kindergärten und Familien und Befragungen von Eltern, pädagogischen Fachkräften im Kindergarten und Lehrer/-innen.

Auf der Grundlage des oben dargestellten Wert-Erwartungsmodells wurde unter-sucht, wie sich die Einschulungsentscheidungen der Eltern herausbilden. Dazu wurden in einem „Concurrent Mixed Model Design" (vgl. Tashakkori & Teddlie, 2003; vgl. Kratz-mann, Wehner & Faust, 2012) quantitative und qualitative Methoden verbunden. Die qualitativen Befragungen klären die Entscheidungsprozesse von ausgewählten Eltern-subgruppen im Detail auf, die quantitativen Erhebungen prüfen u.a. die Verteilung der herausgearbeiteten Merkmale in der Stichprobe aller Eltern des BiKS-Längsschnitts 3-10. Durch die umfangreichen quantitativen Daten der BiKS-Studie können weitere Informa-tionen zu den Familien wie z.B. ihr Bildungsniveau herangezogen werden.

Zur Aufklärung der Formation der Einschulungsentscheidungen wurden drei Inter-viewstudien durchgeführt: jeweils eine zur vorzeitigen und zur verspäteten Einschulung bei autochthonen Kindern und eine Studie zu Einschulungsentscheidungen bei Kindern mit türkischem Migrationshintergrund. In allen drei Studien wurden die ausgewählten Subgruppen jeweils dreimal leitfadengestützt befragt: Zunächst in einem längeren, dann in einem kürzeren Abstand *vor* der Einschulung des Kindes und schließlich *drei Monate danach.* Da die BiKS-Längsschnittkinder sowohl vorzeitig als auch fristgerecht und ver-spätet eingeschult wurden, zogen sich die Interviews mit den Eltern über drei Jahre hin (zur Übersicht vgl. Abb. 2). Die Erhebungen aller drei Interviewstudien sind abgeschlos-sen. Die Auswertung der Leitfadeninterviews erfolgte inhaltsanalytisch (vgl. Mayring, 2003, computergestützt mit den Programmen MaxQDA2 bzw. MaxQDA2007): Im Rah-men der strukturierenden Inhaltsanalyse wurde ein deduktiv-induktives Kategoriensys-tem mit Ankerbeispielen und Codierregeln, auf der Basis der theoretischen Grundlagen und des Leitfadens, erstellt. Aus den Interviews wurden die relevanten Textpassagen den Kategorien zugeordnet und im Anschluss die jeweiligen Textstellen der einzelnen Kategorien eingeschätzt. Um die Intercoderreliabilität zu gewährleisten, wurde der gesamte Auswertungsprozess von zwei Personen durchgeführt. Insgesamt wurden bislang 181 Interviews in den drei Teilstudien ausgewertet. Im Folgenden werden Ergebnisse aus den *zwei Interviewstudien* mit den *autochthonen Subgruppen* berichtet, der *Teilstudie 1*, bei der die Eltern vor der Alternative vorzeitige oder fristgerechte Einschulung standen, und der *Teilstudie 2* mit Eltern vor der Entscheidung zwischen einem fristgerechten und einem verspäteten Schuleintritt. Wir beschränken uns in diesem Beitrag auf die jeweils zwei Gespräche *vor* der Einschulung.

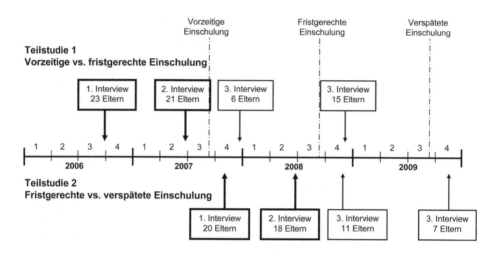

**Abbildung 2**   Erhebungsdesign qualitative Teilstudien 1 und 2 zur Formation der Einschulungs-entscheidung der Eltern (die Interviewserie der Teilstudie 1 ist *über* dem Zeitstrahl, die der Teilstudie 2 *darunter* eingezeichnet; in beiden Teilstudien gab es nach dem 1. Interview zwei Ausfälle)

## 4      Ausgewählte Forschungsergebnisse

### 4.1      Schulfähigkeit als Einschulungsvoraussetzung in der Sicht der Eltern

Die folgenden Befunde stammen aus dem jeweils ersten Interview beider Teilstudien im Herbst 2006 bzw. Herbst 2007. Da ein erfolgreicher Schulstart grundlegend von der Passung von Anforderungen und Voraussetzungen abhängig ist, lag ein Schwerpunkt auf der Exploration der Schulfähigkeitsauffassungen der Eltern. Die Aussagen wurden sowohl hinsichtlich des angestrebten Einschulungszeitpunkts als auch mit Blick auf das Bildungsniveau[1] (abgekürzt Bn) der Eltern analysiert (vgl. ausführlicher Pohlmann-Rother, Kratzmann & Faust, 2011).

## 4.1.1 Schulfähigkeitsauffassung und Einschulungspräferenz der Eltern

Die Interviews begannen mit einer offenen Frage nach den Fähigkeiten, über die die Kinder bei der Einschulung verfügen sollten. Im Anschluss sollten die Eltern die von ihnen benannten Kriterien in eine Rangfolge bringen. Offen gefragt nennen beide Elterngruppen zunächst eine ganze Bandbreite von Aspekten, wie z.B. Selbstständigkeit, soziale Kompetenzen, Konzentrationsfähigkeit, Interesse des Kindes an der Schule, sozial-emotionale Reife, körperliche Entwicklung und Feinmotorik. Als wichtigstes Schulfähigkeitskriterium hebt die Mehrheit der Eltern beider Teilstudien *Konzentrationsfähigkeit* bzw. *Ausdauer* hervor:

> Ich glaube, am zentralsten für die Schule ist eine gewisse Konzentrationsfähigkeit. Die sollte da sein. Wenn eine gute Konzentration da ist, kann es sehr viel in kürzester Zeit nachholen und lernen. (Bn hoch, Teilstudie 1)

Ganz oben stehen darüber hinaus *soziale Fähigkeiten*, *Selbstständigkeit* und *sozial-emotionale Kompetenzen*: Unterstrichen wird z.B. die „Konfliktfähigkeit, die Fähigkeit, sich mit Problemen auseinander zu setzen und auch Lösungsmöglichkeiten parat zu haben" für den künftigen Schulalltag.

In der *Teilstudie 1* äußern sich beinahe alle Eltern, die eine vorzeitige Einschulung beabsichtigen, zu kognitiven Kompetenzen der Kinder als wichtige Kriterien i.S. schulnaher *Vorläuferfähigkeiten und Vorkenntnisse*. Sie akzentuieren das „Neugierig-Sein, dieses Lernen-Wollen" und die Freude auf die Schule als essentielle Kriterien. Daneben wird auch dem *Wunsch des Kindes*, d.h., ob es selbst in die Schule will oder noch nicht, ein hoher Stellenwert zugeschrieben.

> Sie sollten die Zahlen bis zehn können und auch dieses simultane Erfassen bis fünf. Also, wenn sie die Würfelaugen sehen, müssen sie nicht zählen, sondern sehen gleich, dass das fünf sind. (Bn hoch, Teilstudie 1)

In der *Teilstudie 2* sprechen die Eltern, die eine Zurückstellung in Betracht ziehen, ebenfalls die Bedeutung kognitiver Kompetenzen zu Schulbeginn an. Sie betrachten allerdings ihr Kind in diesem Bereich stärker aus einer Defizitperspektive und stellen dessen verzögerte Entwicklung z.B. im Hinblick auf Mengenverständnis, mathematisches Vorstellungsvermögen, Wahrnehmung und Merkfähigkeit heraus. Gleichzeitig relativieren sie die Bedeutung schulnaher Vorkenntnisse für ihre Einschulungsentscheidung durch

---

1  Das Bildungsniveau wurde anhand des höchsten beruflichen Bildungsabschlusses der Eltern erfasst und in einer dreistufigen Skala eingeordnet: hoch (FH- oder Universitätsabschluss), mittel (Berufsfachschule, Meister, Techniker), niedrig (ohne Abschluss, Lehre, in Ausbildung).

die gleichzeitige Betonung der Selbstständigkeit, des Sozialverhaltens oder der Freude an der Schule. Zudem gehen sie darauf ein, dass die Einführung in die Anfänge des Lesens, Schreibens und Rechnens Aufgabe der Grundschule sei und nicht der vorschulischen Einrichtungen. Dadurch schränken sie die Bedeutung der Vorläuferfähigkeiten als Schulfähigkeitskriterium und damit als Entscheidungsgrundlage für die verspätete Einschulung ein:

> Die Selbstständigkeit ist am wichtigsten. [...] Ich kümmere mich um meine Sachen, weiß, was ich aufhabe, und schaue darauf, dass ich meine Hefte immer wieder mit heimbringe. Diese Sachen, das ist das Wichtigste, weil ich denke, zum Schreiben und Rechnen lernen ist eigentlich die Schule da. Das muss er nicht unbedingt schon vorher können. (Bn hoch, Teilstudie 2)

### 4.1.2 Schulfähigkeitsauffassungen und Bildungsniveau der Eltern

Unabhängig vom Einschulungszeitpunkt betonen in beiden Teilstudien insbesondere die bildungsnahen Eltern *personale Kriterien*, wie emotionale Stabilität, Selbstbewusstsein und Belastbarkeit. Diese Aspekte werden als eine wichtige Voraussetzung für einen erfolgreichen Schulstart angesehen und erhalten mit Blick auf die schulischen Anforderungen und organisatorischen Rahmenbedingungen (z.B. mit dem Schulbus fahren, den Schulweg finden) eine besondere Relevanz:

> Für mich ist eine emotionale Stabilität ganz wichtig, das heißt auch, in diesem großen Klassenverband bestehen zu können. Ein gewisses Durchsetzungsvermögen. [...] Es ist mir ganz wichtig, dass sie da das Rüstzeug mitbringt, dem standzuhalten. [...] Auch ein gewisses Konfliktmanagement. (Bn hoch, Teilstudie 1)

Im Gegensatz dazu gewichten Eltern mit niedrigem Bildungsniveau stärker den *körperlichen Entwicklungsstand* als relevantes Schulfähigkeitskriterium. Die Größe des Kindes, sein Gewicht oder sein gesundheitlicher Zustand werden beispielsweise als wichtig erachtet, um gegenüber Mitschülern bestehen oder den Schulranzen tragen zu können:

> Es sollte körperlich groß genug sein und auch kräftig genug, um den Schulweg und den Schulranzen überhaupt tragen zu können. [...] Es ist schon schwer das Ganze. (Bn niedrig, Teilstudie 2)

### 4.2 Wie kommt es zu vorzeitigen und verspäteten Einschulungen?

Bislang ist gut belegt, dass nicht-fristgerechte Einschulungen sowohl mit dem Alter und dem Geschlecht des Kindes als auch mit dem familiären Bildungsniveau zusammenhängen: Relativ kurz nach dem Stichtag sechs Jahre alt werdende Mädchen aus bildungsnahen Familien sind bei der vorzeitigen Einschulung überrepräsentiert, bei der Zurückstellung trifft dies quasi spiegelbildlich auf relativ kurz vor dem Stichtag das sechste Lebensjahr vollendende Jungen aus bildungsfernen Familien zu (vgl. Faust & Roßbach, 2012). Durch die BiKS-Interviewstudien wird nun aufgeklärt, wie sich diese Entscheidungen in den Familien formieren.

### 4.2.1 Vorzeitige Einschulung

Da die Weichen für eine vorzeitige Einschulung sehr früh gestellt werden müssen, ist die *Informiertheit* der Eltern eine wichtige Voraussetzung. Üblicherweise werden Eltern von zukünftigen Schulkindern erst im Jahr vor der Einschulung von den Institutionen informiert. Bei einem vorzeitigen Schuleinstieg müssen die Eltern selbst aktiv werden und schon zwei Jahre vor dem Beginn der Schulpflicht Kontakt zur Schule aufnehmen. Vor allem Eltern mit einem hohen Bildungsniveau sind deutlich besser informiert und geben beispielsweise mehr Informationsquellen an. Darüber hinaus können diese Eltern auch detaillierter über das Vorgehen bei der Einschulung berichten:

> Also ich war dann einfach in der Schule und habe mich da erkundigt, was ich da zu tun habe, bezüglich der Einschulung. Und dann musste ich die Z. anmelden, da gab es ein Formular. Und da habe ich mich auch erkundigt, wie das ist. [...] Ja, dann musste man sie noch für den Schulbus anmelden. Also, ich wende mich für diese Informationen direkt an die Schule. (Bn hoch, Teilstudie 1)

Unabhängig vom Bildungsniveau sind Familien mit mindestens einem älteren Kind, das bereits die Schule besucht, ebenfalls besser informiert, weil ihnen der Ablauf der Einschulung aufgrund dieser Erfahrungen bereits bekannt ist.

Ein weiteres Kriterium, welches bei der Entscheidung eine Rolle spielt, sind die *Erfolgserwartungen* der Eltern (vgl. Abb.1). Eine vorzeitige Einschulung wird dann angestrebt, wenn die Eltern vermuten, dass ihr Kind mit Erfolg am Unterricht teilnehmen wird, also „schulfähig" ist. Dabei kommen sowohl ihre Vorstellungen von Schulfähigkeit (vgl. Kap. 4.1) als auch die Einschätzungen, die sie von ihrem Kind haben, zum Tragen. Eltern, die eher zu einer vorzeitigen Einschulung tendieren, nehmen ihre Kinder hinsichtlich ihrer kognitiven Fähigkeiten und ihrer allgemeinen Entwicklung als weit fortgeschritten wahr. Eltern, die noch unentschlossen sind, heben die noch nicht vorhandene Konzentration und Ausdauer der Kinder hervor und benennen zum Teil auch ein noch nicht ausreichendes Sozialverhalten. Im Gegensatz zur Informiertheit zeigen sich bezüglich der Erfolgserwartungen keine Unterschiede aufgrund des Bildungshintergrundes (vgl. ausführlicher Pohlmann, Kluczniok & Kratzmann, 2009).

Die Entscheidung für oder gegen eine vorzeitige Einschulung wird weiterhin vom *Bild der Grundschule* sowie der Wahrnehmung des Schulsystems im Allgemeinen beeinflusst. Zwei unterschiedliche Wahrnehmungsmuster lassen sich festhalten – eine eher enge und eine eher weite Bildungsauffassung. Erstere nimmt hauptsächlich den Leistungsdruck und das gleichschrittige Lernen in der Grundschule wahr. Die eher weite Bildungsauffassung betont hingegen die „allgemeine Anregung und Förderung der Kinder" und sieht den Schuleintritt als neue Erfahrungsmöglichkeit an (Faust et al., 2007, S. 470). Vorzeitig einschulende Eltern haben eher ein positives Bild von Schule, sie befürworten eine gezielte Förderung im Kindergarten stärker und lehnen eine lediglich spielerische Förderung während dieser Zeit entschiedener ab. Auch hier zeigen sich zusätzlich zu den Unterschieden aufgrund der Einschulungstendenz Differenzen bezüglich des Bildungshintergrundes. Eltern mit einem niedrigen Bildungsniveau haben eine eher enge Bildungsauffassung:

> Weil zu viel verlangt wird in der Schule. Und ich denke, dass man das erst, wenn man ein Jahr älter ist, bewältigen kann oder leichter bewältigen kann, sagen wir mal so. (Bn niedrig, Teilstudie 1)

Hingegen ist bei Eltern mit hohem oder mittlerem Bildungsniveau sowohl eine enge als auch eine weite Bildungsauffassung vorhanden.

### 4.2.2 Verspätete Einschulung

Im Unterschied zu einer vorzeitigen Einschulung bedarf es bei einer Zurückstellung vom Schulbesuch keiner frühzeitigen Eigeninitiative der Eltern. Die Entscheidung kann bis zur Schulanmeldung aufgeschoben werden. In den meisten Fällen von Zurückstellungen sind es nicht die Eltern, von denen diese Überlegung ausgeht, sondern die Institutionen, d.h. Erzieherinnen[2], Lehrkräfte oder Schulärzte, geben den Anstoß dazu (vgl. ausführlicher Wehner, 2011).

Gleichwohl sind einige Entscheidungsaspekte ähnlich. Wie auch bei der vorzeitigen Einschulung spielt die Auffassung von Schulfähigkeit (vgl. Kap. 4.1) in Verbindung mit der *Wahrnehmung der kindlichen Fähigkeiten* eine wichtige Rolle. Eltern, die eine fristgerechte Einschulung planen, schätzen den allgemeinen Entwicklungsstand ihrer Kinder als ausreichend ein und betonen das Interesse ihrer Kinder an der Schule und den schulischen Inhalten. Eltern, die ihr Kind zurückstellen lassen, beschreiben demgegenüber eher ein Desinteresse ihrer Kinder an schulischen Themen und einen verzögerten allgemeinen Entwicklungsstand. Als entscheidend für eine Zurückstellung wird die noch fehlende Konzentration und Ausdauer angesprochen:

> Die unruhige Art, die er einfach noch an sich hat. Er ist noch zu sehr Kind, zu verspielt. [...] Und Schule sollte einfach Spaß machen. Und er hat im Moment noch einfach nicht diesen Drang, sich mal hinzusetzen und mal für längere Zeit als nicht nur zehn Minuten, sondern anhaltend eine halbe Stunde was konkret zu machen. (Bn niedrig, Teilstudie 2)

---

2  In der Gesamtstichprobe der BiKS-Studie lag der Anteil der männlichen Erzieher bei knapp über fünf Prozent und in der qualitativen Teilstudie beziehen sich die Aussagen der Eltern ausschließlich auf weibliches Kindergartenpersonal. Aus diesem Grunde wird im Folgenden der Begriff ‚Erzieherin bzw. Erzieherinnen' verwendet.

Die bei den allgemeinen Schulfähigkeitsvorstellungen hervorgehobenen sozialen Fähigkeiten werden beim eigenen Kind nur selten benannt. Möglicherweise sehen die Eltern ihre Kinder als sozial ausreichend kompetent an.

Daneben ist das *Alter* des Kindes bei Zurückstellungsentscheidungen ein bedeutsames Argument. Während fristgerecht einschulende Eltern ihr Kind als alt genug ansehen, geben viele der zurückstellenden Eltern an, dass ihr Kind noch zu jung für den Schulbesuch sei. Dies bezieht sich sowohl auf das Alter beim Schuleintritt als auch auf die erwartete große Altersspanne in den Klassen. Hier befürchten die Eltern bei jüngeren Kindern Nachteile gegenüber älteren Klassenkameraden:

> Und bei unserem Schulsystem, denke ich, dass sich ein Kind, was noch jünger ist, schwer tut. Und diese Altersspanne von den Kindern, die eingeschult werden, wird halt immer größer. Da sitzt eine 4-Jährige dabei, da sind 7-Jährige dabei, und das finde ich an sich nicht gut. (Bn hoch, Teilstudie 2)

Die Zurückstellung wird in den meisten Fällen von den Institutionen angeregt, vor allem vom Kindergarten. Die *Erzieherinnen* sind nach Angaben der Eltern die häufigsten Gesprächspartner bezüglich der Einschulung. Darüber hinaus werden sie auch von fast allen Befragten als die wichtigste Informationsquelle und als kompetente Beraterinnen wahrgenommen. Beratungsgespräche zur Einschulung finden meist in Form von Einzelgesprächen oder als allgemeine Elternabende statt. Sowohl fristgerecht als auch verspätet einschulende Eltern bewerten den Rat der Erzieherin, ein Jahr vor und auch kurz vor der möglichen fristgerechten Einschulung, als bedeutsam:

> Vom Kindergarten bin ich überzeugt, das finde ich sehr wichtig. Die ist sehr gut, diese Informationsquelle. Was man da so gesagt kriegt, da lege ich sehr viel Wert drauf. (Bn hoch, Teilstudie 2)

Wie bei der Entscheidung zwischen einer vorzeitigen und fristgerechten Einschulung spielt auch bei der Zurückstellung die *Wahrnehmung der Grundschule* eine Rolle. Im Vergleich zu den fristgerecht einschulenden Eltern wurde bei den zurückstellenden eine enge Bildungsauffassung deutlich. Ein sehr kritisches Bild der Grundschule sowie Unzufriedenheit mit strukturellen Gegebenheiten wurden vor allem in Bezug auf die in Bayern stattfindende Stichtagsverlegung und die damit einhergehende hohe Altersspanne in den Anfangsklassen[3] geäußert. Auch die starren und nicht individuell am Kind ausgerichteten Einschulungsregelungen wurden als negativ benannt. Die enge Bildungsauffassung

---

3  In Bayern war ab dem Schuljahr 2005/06 eine schrittweise Verschiebung des Stichtages, um jeweils einen Monat, vorgesehen. Mit dem Schuljahr 2010/11 sollte der neue Stichtag der 31. Dezember sein. Die zunehmenden verspäteten Einschulungen veranlasste die bayrische Regierung, von ihrem geplanten Vorhaben Abstand zu nehmen. Ab dem Schuljahr 2009/2010 wurde der 30. September als neuer endgültiger Stichtag eingeführt (vgl. Bayerisches Staatsministerium für Unterricht und Kultus, 2000, BayEUG, Art. 37 Abs. 1).

spiegelt sich ebenso in der Erwartung hoher Leistungsanforderungen und eines hohen Lerntempos zu Beginn der Grundschule:

> Aber heute wird halt in der Schule mehr verlangt, entweder friss oder stirb! Die gehen weiter mit dem Stoff, und wenn er es nicht begreift, dann bist du hintennach und dann hast du mit dem Kind ein Problem. (Bn mittel, Teilstudie 2)

Bei den fristgerecht einschulenden Eltern lässt sich hingegen kein einheitliches Bild von Schule feststellen. Unter ihnen finden sich sowohl Eltern mit einer weiten als auch engen Bildungsauffassung.

## 5    Zusammenfassung und praktische Konsequenzen

Die Auswertung zweier längsschnittlicher qualitativer Interviewstudien im Rahmen der BiKS-Studie gab Aufschluss sowohl über die Schulfähigkeitsauffassungen der Eltern als auch über ihre Entscheidungsgesichtspunkte bei der Abwägung zwischen nicht-fristgerechten und fristgerechten Einschulungen. Sowohl in Abhängigkeit vom Einschulungszeitpunkt als auch vom familiären Bildungsniveau werden unterschiedliche Schulfähigkeitskriterien akzentuiert: Für vorzeitig einschulende Eltern spielen die kognitiven Fähigkeiten ihrer Kinder und deren Wunsch, in die Schule zu kommen, eine wichtige Rolle. Zurückstellende Eltern gewichten die Vorläuferfähigkeiten im Verhältnis zu anderen Merkmalen geringer. Bildungsnahe Eltern stellen personale Kriterien an die oberste Stelle, bildungsferne eher körperliche Merkmale. Die Eltern machen Schulfähigkeit allein am Entwicklungsstand ihres Kindes fest. Dies widerspricht dem ökopsychologischen Modell des Übergangs vom Kindergarten in die Grundschule, wonach über die Schulfähigkeit des Kindes nur mit Bezug auf die Anforderungen der Schule entschieden werden kann. Jedoch bleibt den Eltern angesichts der häufig bis zum ersten Schultag anhaltenden Unklarheit über die genauen Rahmenbedingungen in der ersten Klasse ihres Kindes – z.B. hinsichtlich der Lehrperson, der Klassengröße und -zusammensetzung – häufig keine andere Wahl.

Im Hinblick auf die Einschulungsentscheidungen stellte sich heraus, *auf welche Weise* sich das unterschiedliche Bildungsniveau der Eltern auswirkt. Eltern mit hohem Bildungsniveau und auch Eltern, die bereits ein Kind eingeschult haben, sind im Vorteil, wenn es um Informiertheit und vorausschauenden Umgang mit der Zeitschiene der Einschulung geht, die für vorzeitige Einschulungen benötigt werden. Dieser Einschulungszeitpunkt kommt außerdem nur dann infrage, wenn der Entwicklungsstand des Kindes als passend zu den schulischen Anforderungen beurteilt wird. Verstärkend kommt hinzu, dass diese Eltern ihre Kinder als weit in ihrer Entwicklung fortgeschritten und die Schule als einen Ort der Förderung und Anregung wahrnehmen. Zurückstellungen gehen häufig auf die Initiative von Institutionen zurück, vornehmlich des Kindergartens, wobei der Rat der Erzieherinnen im Hinblick auf die Einschulung sehr hoch gewichtet wird. Zurückstellende Eltern beurteilen den Entwicklungsstand ihrer Kinder als eher niedrig und schätzen diese zudem als noch „zu jung" für den Schuleinstieg ein. Dies trifft vor allem auf Kinder zu, die relativ kurz vor dem Stichtag das sechste Lebensjahr vollenden und im Einschulungsjahrgang zu den jüngsten gehören würden. Hinzu kommt bei diesen Eltern ein eher negatives Bild der Schule. Dieses ist wiederum eher in Familien mit einem niedrigen Bildungsniveau verbreitet.

Der derzeitige bisher unveröffentlichte Auswertungsstand der BiKS-Daten zur Bewährung von nicht-fristgerechten Einschulungen zeigt, dass Kinder mit gleichen Voraussetzungen sowohl fristgerecht eingeschult als auch zurückgestellt werden. Übereinstimmend mit dem internationalen Forschungsstand haben die zurückgestellten Kinder gegenüber vergleichbaren fristgerecht eingeschulten Kindern zunächst Vorteile in der ersten Klasse, die jedoch im weiteren Verlauf der Grundschulzeit wieder verschwinden. Kurzfristig könnte eine Zurückstellung vom Schulbesuch den Schuleintritt folglich erleichtern, langfristig führt sie jedoch nicht zu einem höheren Schulerfolg. Im Zusammenhang mit der neuen Schuleingangsstufe, die in fast allen deutschen Bundesländern derzeit entweder noch in Versuchen oder auch schon als Regeleinrichtung besteht, wird die Einschulung von der Schulfähigkeit als Voraussetzung getrennt. Als Kompensation wird eine flexible Verweildauer eingeführt: Die ersten zwei Klassenstufen können in zwei oder auch in drei Jahren durchlaufen werden. Für sehr weit entwickelte Kinder ist eine verkürzte Verweildauer möglich. Noch mehr Möglichkeiten in der Dauer der ersten beiden Klassenstufen und in der Wahl des passenden Einschulungszeitpunkts ergeben sich, wenn die Schule zwei Einschulungstermine im Schuljahr anbietet.

## 6    Literatur

Autorengruppe Bildungsberichterstattung (Hrsg.). (2010). *Bildung in Deutschland 2010: Ein indikatorengestützter Bericht mit einer Analyse zu Perspektiven des Bildungswesens im demografischen Wandel.* Bielefeld: Bertelsmann.

Bayerische Staatsministerium für Unterricht und Kultus. (2000). Bayerisches Gesetz über das Erziehungs- und Unterrichtswesen. BayEUG. Zugriff am 20.02.2012. Verfügbar unter http://www.gesetze-bayern.de/jportal/portal/page/bsbayprod.psml?showdoccase=1&doc.id=jlr-EUGBY2000rahmen&doc.part=X&doc.origin=bs&st=lr.

Eccles, J.S. (2005). Subjektive task value and the Eccles et al. model of achivement-related choices. In A. Elliot & C. Dweck (Hrsg.), *Handbook of competence and motivation* (S. 105–121). New York: Guilford Press.

Faust, G., Kluczniok, K. & Pohlmann, S. (2007). Eltern vor der Entscheidung über vorzeitige Einschulung. *Zeitschrift für Pädagogik, 53* (4), 462–476.

Faust, G. & Roßbach, H.-G. (2012). *Herkunft und Bildungserfolg beim Übergang vom Kindergarten in die Grundschule.* Manuskript eingereicht zur Publikation.

Kratzmann, J., Wehner, F. & Faust, G. (2012). Rekonstruktion von Einschulungsentscheidungen mittels eines Mixed-Method-Designs. In M. Gläser-Zikuda (Hrsg.), *Mixed Methods in der empirischen Bildungsforschung* (S. 121–134). Münster u.a: Waxmann.

Kratzmann, J., Faust, G. & Wehner, F. (2012). *Schulerfolg am Ende der ersten Klasse bei nichtfristgerechten Einschulungen.* Manuskript eingereicht zur Publikation.

Kurz, K., Kratzmann, J. & Maurice, J. von. (2007). *Die BiKS-Studie: Methodenbericht zur Stichprobenziehung.* Verfügbar unter http://psydok.sulb.uni-saarland.de/volltexte/2007/990/pdf/Methodenbericht_2007.pdf.

Maaz, K., Hausen, C., McElvany, N. & Baumert, J. (2006). Stichwort: Übergänge im Bildungssystem: Theoretische Konzepte und ihre Anwendung in der empirischen Forschung beim Übergang in die Sekundarstufe. *Zeitschrift für Erziehungswissenschaften, 9* (3), 299–327.

Mayring, P. (2003). *Qualitative Inhaltsanalyse: Grundlagen und Techniken* (8. Aufl.). Weinheim und Basel: Beltz Verlag.

Nickel, H. (1988). Die „Schulreife" – Kriterien und Anhaltspunkte für Schuleingangsdiagnostik und Einschulungsberatung. In R. Portmann (Hrsg.), *Kinder kommen zur Schule. Hilfen und Hinweise für eine kindorientierte Einschulungspraxis* (S. 44–58). Frankfurt: Arbeitskreis Grundschule.

Pohlmann, S., Kluczniok, K. & Kratzmann, J. (2009). Zum Prozess der Entscheiduungsfindung zwischen vorzeitiger und fristgerechter Einschulung. *Journal für Bildungsfoschung Online, 1* (1), 135–153.

Pohlmann-Rother, S., Kratzmann, J. & Faust, G. (2011). Schulfähigkeit in der Sicht von Eltern, Erzieher/innen und Lehrkräften. *Diskurs Kindheits- und Jugendforschung,* 6, 1, 59–75.

Tashakkori, A. & Teddlie, C. (2003). The Past and Future of Mixed Methods Research: From Data Triangulation to Mixed Model designs. In A. Tashakkori & C. Teddlie (Hrsg.), *Handbook of mixed methods in social & behavioral research* (S. 671–701). Thousand Oaks, Calif.: Sage Publ.

Wehner, F. (2011). Einschulung oder Zurückstellung? – Die Formation der Einschulungsentscheidung aus Sicht der Eltern. In A. Raev, M. Wagner-Braun & I. Hermann (Hrsg.), *Kolloquium 2011: Beiträge Bamberger Nachwuchswissenschaftlerinnen – Band 4* (S. 9–37). Bamberg: University of Bamberg Press.

# Eltern von Vorschulkindern und ihre Bildungsaspirationen

Birgit Becker

## 1    Einleitung

In der Bildungssoziologie wird dem Konzept der Bildungsaspirationen schon lange ein wichtiger Stellenwert zugesprochen. Dabei werden die Bildungsaspirationen als wichtiger Prädiktor für den Bildungserfolg von Kindern angesehen. Besonders häufig angewendet wird das Konzept der Bildungsaspirationen zur Erklärung sozialer Bildungsungleichheit. Zum einen zeigen zahlreiche Studien, dass ein positiver Zusammenhang zwischen dem sozialen Status der Familie und den Bildungsaspirationen von Eltern und Kindern besteht (vgl. Ditton et al., 2005; Hossler & Stage, 1992; Paulus & Blossfeld, 2007; Spera et al., 2009). Zum anderen haben insbesondere Längsschnittstudien empirisch nachweisen können, dass die Bildungsaspirationen von Eltern und Kindern bzw. Jugendlichen mit späteren Schulleistungen und den später tatsächlich realisierten Bildungsergebnissen einen signifikanten positiven Zusammenhang aufweisen (vgl. Beal & Crockett, 2010; Fergusson et al., 2008; Marjoribanks, 2005). Ob dabei die Bildungsaspirationen der Eltern und/oder diejenigen der Kinder betrachtet werden, hängt vor allem vom Alter der Kinder ab, wobei die Bildungsaspirationen der Kinder stark von denen der Eltern geprägt sind (vgl. Cheng & Starks, 2002; Hong & Ho, 2005; Hossler & Stage, 1992; Marjoribanks, 1998). Ähnlich wie bei tatsächlichen Bildungsentscheidungen ist davon auszugehen, dass den Aspirationen der Kinder bzw. Jugendlichen mit zunehmendem Alter eine größere Rolle zukommt, während der elterliche Einfluss gleichzeitig abnimmt.

In diesem Kapitel werden die Bildungsaspirationen von Eltern mit Vorschulkindern behandelt. Da sich die bisherige Forschung zu Bildungsaspirationen fast ausschließlich auf Schulkinder konzentriert, existiert relativ wenig Wissen darüber, ob Eltern auch bereits dann schon über Bildungsvorstellungen und -wünsche für ihr Kind verfügen, wenn ihr Kind noch gar nicht die Schule besucht. Wie bilden sich solche elterlichen Vorstellungen über die Bildungskarriere ihres Kindes bereits zu diesem frühen Zeitpunkt? Besonders interessant ist dabei die Fragestellung, ob sich auch schon in diesem frühen Alter der Kinder die typischen Gruppenunterschiede in den Bildungsaspirationen der Eltern nach dem sozioökonomischen Status finden lassen. Der vorliegende Beitrag berichtet über den aktuellen Stand der Forschung zu diesen Themen.

Das Kapitel gliedert sich dabei wie folgt: Zunächst werden die konzeptionellen Grundlagen sowie die wichtigsten theoretischen Grundlagen zum Konzept der Bildungsaspirationen kurz dargestellt. Es folgt eine Beschreibung von Studienergebnissen zu den Bildungsaspirationen von Eltern mit Vorschulkindern. Dabei werden auch exemplarische Ergebnisse aus einem aktuellen Forschungsprojekt vorgestellt. Der Beitrag schließt mit einer Diskussion der Ergebnisse und dem Aufzeigen von Forschungslücken in diesem Bereich für zukünftige Forschung.

## 2    Theoretischer Hintergrund

Der Begriff „Aspiration" wird allgemein definiert als „cognitive orientational aspect of goal-directed behavior" (Haller, 1968, S. 484). „Bildungsaspirationen" beziehen sich dabei auf Bildungsverhalten.

Beim Konzept der Bildungsaspirationen hat sich eine analytische Trennung zwischen „realistischen" und „idealistischen" Aspirationen etabliert (in der internationalen Literatur auch: expectations vs. aspirations), d.h. zwischen realistisch erwarteten Bildungsergebnissen unter Berücksichtigung der gegebenen Rahmenbedingungen auf der einen Seite und Bildungswünschen, die relativ unabhängig von den Möglichkeiten der Erreichbarkeit dieser Wünsche sind, auf der anderen Seite (vgl. Haller, 1968; Alexander & Cook, 1979; Morgan, 2006; Stocké, 2009a, 2009b). Diese Konzepte basieren auch auf jeweils unterschiedlichen theoretischen Grundlagen (s.u.).

### 2.1    Werthaltungen

Der sicher bekannteste theoretische Ansatz zum Thema Bildungsaspirationen ist das Wisconsin-Modell. Die Wisconsin-Schule hat in der Tradition der Status-Attainment-Forschung das Blau-Duncan Modell der intergenerationalen Statusvererbung um sozialpsychologische vermittelnde Faktoren erweitert (vgl. Sewell et al., 1969; 1970). Es wird davon ausgegangen, dass die Einstellungen und Werthaltungen von Individuen durch ihre Stellung im Statusgefüge geprägt sind, was auch für ihre Werte in Bezug auf Bildung gilt (vgl. Sewell et al., 1957, S. 73). Das Anspruchsniveau der Eltern bezüglich der Bildung ihres Kindes wird demnach stark von ihrer sozialen Herkunft beeinflusst. Im Zentrum des Wisconsin-Modells stehen die Bildungsaspirationen der Kinder, die jedoch durch signifikante Andere beeinflusst werden. Dazu zählen in erster Linie die Eltern, aber auch andere Personen wie Lehrpersonen oder Peers. Die soziale Herkunft wirkt damit indirekt auf die Bildungsaspirationen der Kinder, wobei die Werthaltungen und Erwartungen der signifikanten Anderen (v.a. der Eltern) diese Beziehung vermitteln.

Die prinzipielle Idee, dass die Position im Statusgefüge die Werthaltungen von Eltern prägt, was sich auch auf deren Werte im Bereich Erziehung und Bildung auswirkt, findet sich auch bei anderen Klassikern (vgl. Hyman, 1961; Kohn, 1963; 1969). Hyman (1961) argumentiert, dass neben strukturellen Bedingungen vor allem ein klassenspezifisches Wertesystem Aufwärtsmobilität der unteren Klassen verhindert, da die unteren Klassen weniger Wert auf Erfolgsziele legten. Kohn (1963; 1969) führt unterschiedliche Anfordernisse und Merkmale der jeweils typischen Berufe als Hauptgrund für die Herausbildung schichtspezifischer Werte an. Diese Werte, die sich systematisch nach der sozialen Herkunft unterscheiden, werden in diesen theoretischen Ansätzen als stabil betrachtet. Eine explizite Bezugnahme auf idealistische und realistische Bildungsaspirationen erfolgt hier nicht, jedoch kann aus diesen Ansätzen das Grundargument abgeleitet werden, dass sich insbesondere die idealistischen Bildungsaspirationen von Eltern aufgrund der jeweiligen Werthaltungen nach der sozialen Herkunft der Eltern unterscheiden (vgl. Paulus & Blossfeld, 2007).

## 2.2    Rational Choice Modelle

Realistische Bildungsaspirationen können theoretisch auch als Bildungspläne bzw. „antizipierte Bildungsentscheidungen" aufgefasst werden (vgl. Kleine et al., 2009; Kurz & Paulus, 2008). Damit ist es nahe liegend, dass sie von den gleichen Faktoren beeinflusst werden wie tatsächliche Bildungsentscheidungen und dass damit allgemeine Theorien zu Bildungsentscheidungen in analoger Weise auch für die Entstehung realistischer Bildungsaspirationen angewendet werden können (vgl. Stocké, 2009b). In diesem Bereich haben sich vor allem Rational Choice Modelle etabliert, die die Bildungsentscheidung als Ergebnis einer Kosten-Nutzen-Kalkulation auffassen (vgl. Breen & Goldthorpe, 1997; Erikson & Jonsson, 1996; Esser, 1999). Die Grundannahme dieser Ansätze ist, dass rationale Akteure die Kosten der verschiedenen Bildungsalternativen, deren jeweiligen Erträge und Realisierungswahrscheinlichkeiten abwägen und dann die Alternative mit dem höchsten subjektiv wahrgenommenen Gesamtnutzen wählen.

Beispielhaft wird hier das Modell von Erikson und Jonsson (1996) kurz erläutert (für einen Überblick über ähnliche Ansätze vgl. Kristen, 1999). Erikson und Jonsson treffen die Annahme, dass sich die Akteure über die Vorteile, die ein erfolgreicher Abschluss eines bestimmten Bildungsweges mit sich bringt (z.B. erwartetes Einkommen, Arbeitsbedingungen etc.), zumindest im Groben bewusst sind. Diese Bildungserträge (benefits) werden mit B bezeichnet. Neben den Erträgen berücksichtigen die Akteure auch die Gesamtkosten C (costs) des jeweils betrachteten Bildungswegs sowie dessen Realisierungswahrscheinlichkeit P (probability of success). Der subjektiv eingeschätzte Gesamtnutzen

U dieses Bildungswegs ergibt sich dann aus der Formel: U = PB – C. Diese Kalkulation wird für alle möglichen Bildungsalternativen durchgeführt und es wird diejenige ausgewählt, die den höchsten Gesamtnutzen U aufweist. Unterschiede in den Bildungsentscheidungen nach der sozialen Herkunft werden über verschiedene Bewertungen der Bildungsabschlüsse, Unterschiede in den Belastungen durch Bildungsinvestitionen und unterschiedliche Erfolgserwartungen bei der Wahl anspruchsvollerer Schulformen erklärt.

## 2.3    Erwartungen zu Bildungsaspirationen von Eltern mit Vorschulkindern

Entsprechend der theoretischen Ansätze zu stabilen schichtspezifischen Werthaltungen lässt sich erwarten, dass schichtspezifische Unterschiede in den Werten der Eltern zum Thema Bildung auch bereits in einem frühen Alter der Kinder zu beobachten sind. Daraus lässt sich die Hypothese ableiten, dass sich die idealistischen Bildungsaspirationen auch bereits bei Eltern, deren Kinder die Schule noch gar nicht besuchen, in Abhängigkeit von ihrem sozioökonomischen Status unterscheiden.

Die Vorhersagen bezüglich der realistischen Bildungsaspirationen sind schwieriger. Einen zentralen Einflussfaktor stellen hier die schulischen Leistungen des Kindes dar, weil diese die wahrgenommenen Erfolgserwartungen verschiedener Bildungsalternativen stark prägen. Bei Kindern im Vorschulalter sind ihre späteren schulischen Leistungen jedoch noch nicht absehbar. Eine mögliche Konsequenz daraus könnte sein, dass Eltern in diesem Alter auch bei den realistischen Bildungsaspirationen die spätere Realisierungswahrscheinlichkeit vernachlässigen und sich die idealistischen und realistischen Bildungsaspirationen daher stark gleichen (vgl. Raleigh & Kao, 2010, S. 1087). Eine andere Möglichkeit wäre, dass sich Eltern von Vorschulkindern zur Abschätzung der späteren schulischen Leistung am momentanen (kognitiven) Entwicklungsstand ihres Kindes orientieren. In beiden Fällen würden auch hier Unterschiede in den realistischen Bildungsaspirationen nach der sozialen Herkunft der Eltern prognostiziert. Eine Alternative wäre, dass Eltern von Vorschulkindern aufgrund der unbekannten Erfolgswahrscheinlichkeit noch über keine realistischen Bildungsaspirationen verfügen.

## 3    Studien zu Bildungsaspirationen von Eltern mit Vorschulkindern

### 3.1    Ergebnisse aus ECLS-K und ECLS-B

Die Forschung zu elterlichen Bildungsaspirationen hat sich bisher fast ausschließlich auf Eltern von Schulkindern konzentriert. Zu den wenigen Ausnahmen gehören die „Early Childhood Longitudinal Study – Kindergarten Class 1998-99" (ECLS-K) und die „Early

Childhood Longitudinal Study – Birth Cohort" (ECLS-B). In der ECLS-K-Studie wurden die realistischen Bildungsaspirationen der Eltern erhoben, als die Kinder im (amerikanischen) Kindergarten waren, d.h. im letzten Jahr vor Beginn der ersten Klasse. In der ECLS-B-Studie wurden die Eltern nach ihren Bildungserwartungen gefragt, als ihre Kinder etwa vier Jahre alt waren. Ausführliche Studienbeschreibungen zu ECLS-K und ECLS-B finden sich auf der Webseite des National Center for Education Statistics (nces. ed.gov/ecls/).

Raleigh und Kao berichten, dass in der ECLS-K-Studie nur sehr wenige Eltern (<0,5 Prozent) die Frage nach ihren Bildungserwartungen für ihr Kind nicht beantworten konnten (vgl. Raleigh & Kao, 2010, S. 1087). In den multivariaten Analysen zu den Bildungserwartungen der Eltern für ihre Kinder finden die Autorinnen einen signifikanten positiven Zusammenhang zwischen der Bildung der Mutter und der Erwartung, dass das Kind später einmal ein College besuchen wird. Dieser Zusammenhang findet sich in allen ethnischen Gruppen und auch unter Berücksichtigung weiterer demografischer Hintergrundmerkmale (vgl. Raleigh & Kao, 2010, S. 1093). Ein signifikant positiver Einfluss des Einkommens auf die elterlichen Bildungsaspirationen ist hingegen nur bei weißen und schwarzen Familien festzustellen, nicht jedoch bei hispanischen und asiatischen Familien.

Suizzo und Stapleton (2007) bestätigen in ihren Auswertungen der ECLS-K-Daten, dass Mütter mit höheren Bildungsabschlüssen signifikant höhere Bildungserwartungen an ihr Kind haben als Mütter mit niedrigeren Bildungsabschlüssen. Dieser positive Zusammenhang zeigt sich auch dann, wenn Merkmale der Familienstruktur und einige weitere demografische Variablen berücksichtigt werden. Auch das Einkommen weist einen signifikant positiven Zusammenhang mit den elterlichen realistischen Bildungserwartungen auf. Die Autorinnen berichten zudem von geringeren Bildungserwartungen der Eltern, wenn das Zielkind ein Junge ist, mehr Geschwister vorhanden sind, die Mutter stärker unter Depression leidet und die Nachbarschaft der Familie als unsicher eingeschätzt wird, während ethnische Minderheiten generell höhere Bildungserwartungen aufweisen (vgl. Suizzo & Stapleton, 2007, S. 544).

Weinberg (2009) untersucht in ihrer Dissertation mit den ECLS-K-Daten, inwiefern die frühen Bildungserwartungen der Eltern durch ihren sozioökonomischen Status (SES) geprägt sind. Dazu vergleicht sie Familien unterschiedlicher SES-Quintile, wobei zur Konstruktion des sozioökonomischen Status die Bildung und berufliche Stellung von Vater und Mutter sowie das Haushaltseinkommen einfließen. In multivariaten Analysen, in denen noch einige demografische Merkmale sowie die ethnische Gruppenzugehörigkeit berücksichtigt werden, findet die Autorin einen signifikant positiven Zusammenhang zwischen dem sozioökonomischen Status der Familie und den elterlichen Bildungserwartungen. Dieser reduziert sich nur geringfügig, wenn zusätzlich auch die akademischen und sozialen Kompetenzen des Kindes statistisch kontrolliert werden (vgl. Weinberg, 2009, S. 27). Diese Kompetenzen der Kinder haben ebenfalls einen positiven Einfluss auf die elterlichen Bildungserwartungen, was als Indiz dafür gewertet werden kann, dass Eltern sich bezüglich ihrer Bildungserwartungen durchaus auch auf den aktuellen Entwicklungsstand ihres Kindes beziehen.

Mit den ECLS-B-Daten findet Fetalvero (2010), dass auch Eltern von 4-jährigen Kindern bei der Frage nach ihren Bildungserwartungen im Durchschnitt sehr hohe Erwartungen äußern. Dabei sind die Bildungserwartungen in Familien mit höher gebildeten Müttern signifikant höher als in Familien mit niedriger gebildeten Müttern. Auch mit dem Familieneinkommen sowie mit der häuslichen Lernumwelt wird eine signifikante positive Korrelation festgestellt (vgl. Fetalvero, 2010, Table 3).

Insgesamt zeigen die Ergebnisse auf Basis der ECLS-K- und ECLS-B-Daten, dass Eltern bereits zu einem frühen Zeitpunkt, wenn ihr Kind noch gar nicht die 1. Klasse begonnen hat, über Bildungserwartungen für ihr Kind verfügen. Jedoch muss angemerkt werden, dass in diesen Studien nicht als explizite Antwortkategorie angeboten wurde, dass man aktuell noch keine Erwartung bezüglich des späteren Bildungsabschlusses des Kindes hat. Zudem muss offen bleiben, inwiefern sich in diesem Alter der Kinder die realistischen Bildungsaspirationen überhaupt von den idealistischen Bildungswünschen unterscheiden. Immerhin hat sich gezeigt, dass die Eltern bei ihren frühen Bildungserwartungen durchaus auch den aktuellen Entwicklungsstand ihres Kindes berücksichtigen (vgl. Hill, 2001, S. 692; Englund et al., 2004, S. 727). Eine klare Bestätigung hat sich für die Hypothese eines positiven Zusammenhangs zwischen dem sozioökonomischen Status der Familie und der frühen elterlichen Bildungserwartungen gezeigt.

## 3.2    Ergebnisse aus dem Projekt ESKOM-V

In Ergänzung dieser bisher sehr spärlichen Befunde aus den USA werden im Folgenden noch einige Ergebnisse aus einem aktuellen Forschungsprojekt in Deutschland berichtet, dem Projekt „Erwerb von sprachlichen und kulturellen Kompetenzen von Migrantenkindern in der Vorschulzeit" (ESKOM-V) (für eine Studienbeschreibung vgl. Becker, 2012). In diesem Projekt wurden Eltern von 3-4-jährigen Kindern unter anderem zu ihren Vorstellungen bezüglich der Bildung ihres Kindes befragt.

Tabelle 1 präsentiert die Verteilung der Antworten auf die Frage, ob die Eltern bereits jetzt eine Vorstellung vom späteren Schulabschluss ihres Kindes haben, getrennt nach der Bildung der befragten Hauptbetreuungsperson. Die hier präsentierten Ergebnisse beziehen sich nur auf Kinder ohne Migrationshintergrund.

**Tabelle 1** Bildungsaspirationen von Eltern für ihr 3-4-jähriges Kind nach Bildungsabschluss der Eltern (in Prozent)

| Vorstellung über späteren Schulabschluss des Kindes | Höchster Bildungsabschluss befr. Elternteil | | |
|---|---|---|---|
| | Kein/HS | Real/Abitur | FH/Uni |
| Noch keine Vorstellung | 45,88 | 52,63 | 44,00 |
| Haupt- oder Realschulabschluss | 31,77 | 9,29 | 4,50 |
| Abitur | 22,35 | 38,08 | 51,50 |
| Insgesamt | 100,00 | 100,00 | 100,00 |

*Quelle:* Projekt „Erwerb von sprachlichen und kulturellen Kompetenzen von Migrantenkindern in der Vorschulzeit" (ESKOM-V), eigene Berechnungen
*Anmerkungen:* N=608; nur Kinder ohne Migrationshintergrund

*Fragetext:* Haben Sie jetzt schon eine Vorstellung davon, welchen Schulabschluss [Name des Kindes] später einmal machen wird? [Wenn „ja" geantwortet, nachfragen:] Welchen? (offene Frage; Haupt- und Realschulabschluss nachträglich zusammengefasst aufgrund sehr geringer Fallzahlen bei Aspiration nach Hauptschulabschluss)

In Tabelle 1 zeigt sich, dass bei dieser Art der Frageformulierung etwa die Hälfte der Eltern antwortet, dass sie zum jetzigen Zeitpunkt noch keine Vorstellung davon haben, welchen Bildungsabschluss ihr Kind später einmal machen wird. Somit erscheint es keineswegs als selbstverständlich, dass Eltern von Vorschulkindern immer bereits über realistische Bildungsaspirationen verfügen.

Tabelle 1 macht auch deutlich, dass bei denjenigen Eltern, die bereits in diesem jungen Alter ihres Kindes eine Vorstellung über dessen späteren Bildungsabschluss äußern, sehr starke Unterschiede in Abhängigkeit von der Bildung der Betreuungsperson festzustellen sind: Eltern ohne Schulabschluss oder mit Hauptschulabschluss können sich für ihr Kind häufiger einen Haupt- oder Realschulabschluss vorstellen als ein Abitur. Hingegen nennen über 90 Prozent der Eltern mit FH- oder Universitätsabschluss, die jetzt schon eine Vorstellung bezüglich der späteren Bildung ihres Kindes haben, das Abitur und nur eine kleine Minderheit einen niedrigeren Schulabschluss.

Wird nur betrachtet, ob Eltern sich bereits für ihr 3-4-jähriges Kind ein Abitur als späteren Schulabschluss vorstellen oder nicht, so zeigen weitergehende multivariate Analysen, dass Eltern dabei den aktuellen kognitiven Entwicklungsstand ihres Kindes durchaus berücksichtigen. Dies variiert jedoch nach der sozialen Herkunft (vgl. Abbildung 1).

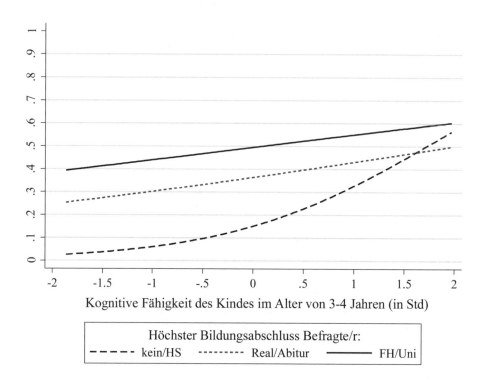

**Abbildung 1** Vorhergesagte Wahrscheinlichkeit für die Erwartung eines Abiturs bei Eltern von
3-4-jährigen Kindern

*Quelle:* Projekt „Erwerb von sprachlichen und kulturellen Kompetenzen von
Migrantenkindern in der Vorschulzeit" (ESKOM-V), eigene Berechnungen

*Anmerkungen:* Vorhergesagte Werte aus einer logistischen Regression. Die kognitive Fähigkeit des Kindes ist für den Wertebereich +/- 2 Standardabweichungen dargestellt.

In Abbildung 1 zeigt sich, dass bei Befragten mit mittlerer und hoher Bildung die Wahrscheinlichkeit, für ihr Kind ein Abitur zu erwarten, mit zunehmender kognitiver Fä-
higkeit des Kindes ansteigt. Jedoch äußern diese Befragten selbst bei sehr unterdurch-
schnittlichen kognitiven Fähigkeiten ihres Kindes (-2 Standardabweichungen) mit einer
Wahrscheinlichkeit von 39 bzw. 25 Prozent die Vorstellung, dass ihr Kind später einmal
Abitur machen wird. Niedrig gebildete Eltern haben hingegen nur eine vorhergesagte
Wahrscheinlichkeit von 2 Prozent, unter diesen Bedingungen die Erwartung für ein
Abitur zu äußern. Nur wenn ihr Kind deutlich überdurchschnittliche kognitive Fähig-
keit aufweist, steigt bei ihnen die Wahrscheinlichkeit für die Erwartung eines Abiturs
deutlich an. Bei Kindern mit sehr überdurchschnittlichen kognitiven Fähigkeiten (+2
Standardabweichungen) unterscheidet sich dann die Erwartung der Eltern kaum noch in
Abhängigkeit von der Bildung der Hauptbetreuungsperson.

Ein weiteres interessantes Ergebnis der ESKOM-V-Studie ist, dass über die Hälfte der Eltern mit FH- oder Universitätsabschluss die Meinung bekundet, dass sich Eltern spätestens ab dem zweiten Lebensjahr um die Bildung ihres Kindes kümmern sollten. Hingegen äußern nur knapp 30 Prozent der Eltern mit höchstens Hauptschulabschluss diese Meinung. Auf der anderen Seite ist die Hälfte der Eltern mit Hauptschulabschluss der Meinung, dass man sich erst mit dem sechsten Lebensjahr oder noch später um die Bildung des Kindes kümmern müsse. Diese Meinung teilen bei den Eltern mit FH-/Universitätsabschluss weniger als 20 Prozent der Befragten. Damit sind große Unterschiede nach der sozialen Herkunft dahingehend festzustellen, ab wann für die Eltern „Bildung" überhaupt ein Thema ist.

## 4    Zusammenfassung und Diskussion

Der knappe Überblick in diesem Beitrag zum Thema Bildungsaspirationen von Eltern mit Vorschulkindern hat vor allem eines gezeigt: Es gibt zu diesem Thema bisher kaum Forschung. Dies ist eigentlich erstaunlich, denn das Konzept der Bildungsaspirationen ist sowohl in der Soziologie als auch in anderen Disziplinen schon lange etabliert. Für Kinder im Schulalter existiert viel Forschung zu den Themen, welche Eltern und Schüler/innen typischerweise höhere bzw. niedrigere Bildungsaspirationen aufweisen (z.B. Buchmann & Dalton, 2002; Marjoribanks, 1998; Qian & Blair, 1999; Spera et al., 2009), wie sich solche Bildungsaspirationen im Laufe der Schulkarriere verändern (z.B. Ditton & Krüsken, 2009; Kleine et al., 2009; Hanson, 1994; Raleigh & Kao, 2010) und wie sich Bildungsaspirationen schließlich in Bildungsergebnisse umsetzen (z.B. Beal & Crockett, 2010; Englund et al., 2004; Fergusson et al., 2008; Marjoribanks, 2005). An den „Anfang", wann und wie genau die Bildungsaspirationen der Eltern eigentlich entstehen, wird dabei bisher kaum geschaut. Im Folgenden werden die bisherigen (wenigen) Erkenntnisse zu Bildungsaspirationen von Eltern mit Vorschulkindern zusammengefasst, wobei jeweils weitergehender Forschungsbedarf aufgezeigt wird.

Es hat sich gezeigt, dass Eltern von Kindern, die noch gar nicht die Schule begonnen haben, durchaus schon über Bildungsaspirationen für ihr Kind verfügen. Allerdings trifft dies wohl nicht auf alle Eltern zu. Die Ergebnisse könnten hierbei vom genauen Alter der Kinder und vor allem auch von der genauen Frageformulierung abhängen. In Zukunft sollte genauer erforscht werden, unter welchen Bedingungen welche Eltern in welchem Alter ihrer Kinder bereits über Bildungsaspirationen verfügen. Insbesondere interessant ist hierbei die Frage, ob Eltern, die noch nicht über realistische Bildungserwartungen verfügen, vielleicht aber sehr wohl schon idealistische Bildungswünsche hegen.

Empirisch am besten abgesichert ist bisher das Ergebnis, dass es auch bereits bei Eltern mit sehr jungen Kindern einen klaren Zusammenhang zwischen dem sozioökonomischen Status der Familie und den Bildungsaspirationen der Eltern gibt. Höher gebildete Eltern, Eltern in besseren beruflichen Positionen und Eltern mit mehr Einkommen haben im Durchschnitt höhere Bildungserwartungen an ihr Kind als Eltern mit jeweils weniger vorteilhaftem sozioökonomischem Hintergrund. Zukünftige Forschung sollte hier die entsprechenden Wirkmechanismen hinter diesem Zusammenhang genauer ergründen: Ist die Grundlage hierfür die Existenz unterschiedlicher Wertvorstellungen, so wie es im Wisconsin-Modell nahe gelegt wird? Antizipieren die Eltern bereits in diesem frühen Alter ihres Kindes unterschiedliche Bildungserträge, Kosten und Realisierungswahrscheinlichkeiten, so wie das die Rational Choice Modelle für spätere Bildungsentscheidungen annehmen? Auch hier müsste eine Trennung zwischen idealistischen und realistischen Bildungsaspirationen erfolgen.

Das letzte Ergebnis schließt daran unmittelbar an. Es hat sich ein positiver Zusammenhang zwischen dem aktuellen Entwicklungsstand des Kindes im Vorschulalter und den elterlichen Bildungsaspirationen gezeigt. Eltern scheinen also durchaus den Entwicklungsstand des Kindes auch schon im frühen Alter bei ihren Bildungsaspirationen einzubeziehen. Allerdings ist hier noch weitergehende Forschung dahingehend notwendig, welche Kausalrichtung hier vorherrschend ist und ob es sich dabei nicht sogar um eine Scheinkorrelation handelt (z.B. könnte es sein, dass besonders motivierte und engagierte Eltern sowohl höhere Bildungsaspirationen haben als auch weiter entwickelte Kinder). Zu klären ist dabei auch, ob Eltern bei ihren Kindern in diesem Alter den Entwicklungsstand überhaupt adäquat beurteilen können und ob diese Einschätzung systematisch mit der Zugehörigkeit zu bestimmten Gruppen, z.B. mit der sozialen und ethnischen Herkunft, variiert.

Die kurze Ergebniszusammenfassung hat verdeutlicht, dass es zum Thema Bildungsaspirationen von Eltern mit Vorschulkindern noch viele offene Fragen gibt.

## 5    Literatur

Alexander, K.L. & Cook, M.A. (1979). The Motivational Relevance of Educational Plans: Questioning the Conventional Wisdom. *Social Psychology Quarterly 42*(3), 202–213.

Beal, S.J. & Crockett, L.J. (2010). Adolescents' Occupational and Educational Aspirations and Expectations: Links to High School Activities and Adult Educational Attainment. *Developmental Psychology 46*(1), 258–265.

Becker, B. (2012). Ethnische Bildungsungleichheit in der frühen Kindheit: Ergebnisse aus dem Projekt ESKOM-V. *Frühe Bildung 1*(3), 150–158.

Breen, R. & Goldthorpe, J.H. (1997). Explaining Educational Differentials. Towards a Formal Rational Action Theory. *Rationality and Society 9*(3), 275–305.

Buchmann, C. & Dalton, B. (2002). Interpersonal Influences and Educational Aspirations in 12 Countries: The Importance of Institutional Context. *Sociology of Education 75*(2), 99–122.

Cheng, S. & Starks, B. (2002). Racial Differences in the Effects of Significant Others on Student's Educational Expectations. *Sociology of Education 75*(4), 306–327.

Ditton, H., Krüsken, J. & Schauenberg, M. (2005). Bildungsungleichheit – der Beitrag von Familie und Schule. *Zeitschrift für Erziehungswissenschaft 8*(2), 285–304.

Ditton, H. & Krüsken, J. (2009). Bildungslaufbahn im differenzierten Schulsystem – Entwicklungsverläufe von Laufbahnempfehlungen und Bildungsaspirationen in der Grundschulzeit. *Zeitschrift für Erziehungswissenschaft 12*(Sonderheft 12-09), 74–102.

Englund, M.M., Luckner, A.E., Whaley, G.J.L. & Egeland, B. (2004). Children's Achievement in Early Elementary School: Longitudinal Effects of Parental Involvement, Expectations, and Quality of Assistance. *Journal of Educational Psychology 96*(4), 723–730.

Erikson, R. & Jonsson, J.O. (1996). Introduction. Explaining Class Inequality in Education: The Swedish Test Case. In: R. Erikson & J.O. Jonsson (Hrsg.), *Can Education Be Equalized? The Swedish Case in Comparative Research* (S. 1–63). Boulder, Colorado: Westview Press.

Esser, H. (1999). *Soziologie. Spezielle Grundlagen. Band 1: Situationslogik und Handeln.* Frankfurt a.M.: Campus Verlag.

Fergusson, D.M., Horwood, L.J. & Boden, J.M. (2008). The Transmission of Social Inequality: Examination of the Linkages between Family Socioeconomic Status in Childhood and Educational Achievement in Young Adulthood. *Research in Social Stratification and Mobility 26*(3), 277–295.

Fetalvero, A.F. (2010). *How Parents' Beliefs and Expectations Influence their Investments in Children's Early Learning Environments: A Social Exchange Perspective. Master Thesis at the University of North Carolina at Greensboro (UNCG ).* Greensboro.

Haller, A.O. (1968). On the Concept of Aspiration. *Rural Sociology 33*(4), 484–487.

Hanson, S.L. (1994). Lost Talent: Unrealized Educational Aspirations and Expectations Among U.S. Youths. *Sociology of Education 67*(3), 159–183.

Hill, N.E. (2001). Parenting and Academic Socialization as They Relate to School Readiness: The Roles of Ethnicity and Family Income. *Journal of Educational Psychology 93*(4), 686–697.

Hong, S. & Ho, H.-Z. (2005). Direct and Indirect Longitudinal Effects of Parental Involvement on Student Achievement: Second-Order Latent Growth Modeling Across Ethnic Groups. *Journal of Educational Psychology 97*(1), 32–42.

Hossler, D. & Stage, F.K. (1992). Family and High School Experience Influences on the Postsecondary Educational Plans of Ninth-Grade Students. *American Educational Research Journal 29*(2), 425–451.

Hyman, H.H. (1961). The Value Systems of Different Classes: A Social Psychological Contribution to the Analysis of Stratification. In: R. Bendix & S.M. Lipset (Hrsg.), *Class, Status and Power. A Reader in Social Stratification* (S. 426–442). New York: The Free Press of Glencoe.

Kleine, L., Paulus, W. & Blossfeld, H.-P. (2009). Die Formation elterlicher Bildungsentscheidungen beim Übergang von der Grundschule in die Sekundarstufe I. *Zeitschrift für Erziehungswissenschaft 12*(Sonderheft 12-09), 103–125.

Kohn, M.L. (1963). Social Class and Parent-Child Relationships: An Interpretation. *American Journal of Sociology 68*(4), 471–480.

Kohn, M.L. (1969). *Class and Conformity. A Study in Values.* Homewood, Illinois: The Dorsey Press.

Kristen, C. (1999). *Bildungsentscheidungen und Bildungsungleichheit – ein Überblick über den Forschungsstand.* Mannheim: Arbeitspapier des Mannheimer Zentrum für Europäische Sozialforschung (MZES), Nr. 5.

Kurz, K. & Paulus, W. (2008). Übergänge im Grundschulalter: Die Formation elterlicher Bildungsaspirationen. In: K.-S. Rehberg (Hrsg.), *Die Natur der Gesellschaft: Verhandlungen des 33. Kongresses der Deutschen Gesellschaft für Soziologie in Kassel 2006* (S. 5489–5503). Frankfurt: Campus Verlag.

Marjoribanks, K. (1998). Family Background, Social and Academic Capital, and Adolescents' Aspirations: A Mediational Analysis. *Social Psychology of Education 2*(2), 177–197.

Marjoribanks, K. (2005). Family Background, Academic Achievement, and Educational Aspirations as Predictors of Australian Young Adults' Educational Attainment. *Psychological Reports 96*(3), 751–754.

Morgan, S.L. (2006). Expectations and Aspirations. In: G. Ritzer (Hrsg.), *The Blackwell Encyclopedia of Sociology* (S. 1528–1531). Malden, MA: Blackwell.

Paulus, W. & Blossfeld, H.-P. (2007). Schichtspezifische Präferenzen oder sozioökonomisches Entscheidungskalkül? Zur Rolle elterlicher Bildungsaspirationen im Entscheidungsprozess beim Übergang von der Grundschule in die Sekundarstufe. *Zeitschrift für Pädagogik 53*(4), 491–508.

Qian, Z. & Blair, S.L. (1999). Racial/Ethnic Differences in Educational Aspirations of High School Seniors. *Sociological Perspectives 42*(4), 605–625.

Raleigh, E. & Kao, G. (2010). Do Immigrant Minority Parents Have More Consistent College Aspirations for Their Children? *Social Science Quarterly 91*(4), 1083–1102.

Sewell, W.H., Haller, A.O. & Straus, M.A. (1957). Social Status and Educational and Occupational Aspiration. *American Sociological Review 22*(1), 67–73.

Sewell, W.H., Haller, A.O. & Portes, A. (1969). The Educational and Early Occupational Attainment Process. *American Sociological Review 34*(1), 82–92.

Sewell, W.H., Haller, A.O. & Ohlendorf, G.W. (1970). The Educational and Early Occupational Status Attainment Process: Replication and Revision. *American Sociological Review 35*(6), 1014–1027.

Spera, C., Wentzel, K.R. & Matto, H.C. (2009). Parental Aspirations for Their Children's Educational Attainment: Relations to Ethnicity, Parental Education, Children's Academic Performance, and Parental Perceptions of School Climate. *Journal of Youth and Adolescence 38*(8), 1140–1152.

Stocké, V. (2009a). Idealistische Bildungsaspiration. In: A. Glöckner-Rist (Hrsg.), *Zusammenstellung sozialwissenschaftlicher Items und Skalen. ZIS Version 13.00*. Auf CD-Rom. Bonn: GESIS.

Stocké, V. (2009b). Realistische Bildungsaspiration. In: A. Glöckner-Rist (Hrsg.), *Zusammenstellung sozialwissenschaftlicher Items und Skalen. ZIS Version 13.00*. Auf CD-Rom. Bonn: GESIS.

Suizzo, M.-A. & Stapleton, L.M. (2007). Home-based Parental Involvement in Young Children's Education: Examining the Effects of Maternal Education across U.S. Ethnic Groups. *Educational Psychology 27*(4), 533–556.

Weinberg, L.M. (2009). Parents' Educational Expectations for Their Young Children: SES, Race/ethnicity, and School Feedback. Electronic Theses, Treatises and Dissertations (ETDs). Paper 1216. The Florida State University. Download am 16.03.2012 von http://diginole.lib.fsu.edu/etd/1216

# Medienbildung und Familie

Lucio Negrini

## 1    Einleitung

Die Alltagsrelevanz der Medien hat in den letzten Jahren stark zugenommen. Nicht nur verfügen Familien über eine breite Medienpalette, diese wird auch öfter und länger gebraucht (vgl. Van Eimeren & Ridder, 2005, S. 495f.). Dieses Phänomen kann auch bei Kleinkindern (0 bis 4 Jahre) und bei Vorschulkindern (4 bis 6 Jahre) beobachtet werden. Fast 40 % der Zwei- bis Fünfjährigen besitzen Kassetten oder Tonbänder, 17 % haben ein Radio im Zimmer, 13 % einen eigenen Walkman, 7 % ein Fernsehgerät und 6 % verfügen über eine Spielkonsole (vgl. Feierabend & Mohr, 2004, S. 455). Folglich nimmt die Mediennutzung auch quantitativ zu. Nach der ARD/ZDF-Studie von Feierabend und Mohr (2004) liegt die gesamte Mediennutzung der Zwei- und Dreijährigen bei 2,39 Stunden am Tag und bei den Vier- und Fünfjährigen bei 2,42 Stunden am Tag. Da Medien einen hohen Teil des Tagesablaufes von Kindern begleiten, ist die Frage nach deren Wirkungen auf die Bildungsprozesse von grosser Bedeutung. Zu dieser Frage hat die Wissenschaft allerdings noch keine empirisch robusten Antworten gegeben. Nach dem aktuellen Forschungsstand kann gesagt werden, *dass* von Medien gelernt werden kann, *was* ist hingegen noch umstritten. Die Diskussion über die Wirkungen der Mediennutzung auf die Kompetenzen der Klein- und Vorschulkinder findet zwischen zwei Polen statt: Auf der einen Seite stehen Argumente der Kritiker/innen, welche vor allem die negativen Wirkungen von Medien betonen und kritisieren, dass Medien andere förderliche Aktivitäten wie Sporttreiben oder Zeichnen verdrängen, Hyperaktivität verursachen oder das aggressive Verhalten bei Kindern erhöhen. Auf der anderen Seite stehen Argumente der Befürworter/innen, welche die positive Seite der Medien hervorheben, z.B. positive Effekte auf die kognitiven und sprachlichen Kompetenzen, eine Erhöhung der prosozialen Verhaltensweisen oder die Verbesserung der Problemlösungsstrategien bei Kindern, die Medien optimal nutzen.

Ob die durch die Medien verursachten Effekte positiv oder negativ ausfallen, hängt von der Art und Weise ab, wie mit diesen umgegangen wird (vgl. z.B. Neuss, 2008; Negrini, 2011). Neben strukturellen Merkmalen (z.B. Alter, Geschlecht, sozioökonomischem Status der Familie), die mehr oder weniger unbeeinflussbar sind, haben auch familiale Praktiken wie die Wahl der Medieninhalte, die Festlegung der Mediennutzungsdauer und die Besprechung der Mediennutzung einen Einfluss auf die Medienbildungsprozesse. Eine kompetente Bestimmung der zuletzt genannten Merkmale ermöglicht es, das bildende Potenzial der Medien optimal auszuschöpfen und die negativen Effekte zu vermeiden. Dabei spielt die Familie (vor allem die Eltern und ggf. auch ältere Geschwister oder andere Personen, die in demselben Haushalt wohnen), eine wichtige Rolle und kann anhand ihres Umgangs mit den Medien Bildungsprozesse fördern oder hemmen.

In diesem Beitrag werden zuerst die Medienbildung und die Medienbildungsforschung definiert, gefolgt von einer Ausführung über die klassischen Lerntheorien, die erklären, wie Bildungsprozesse durch Medien ermöglicht werden. Danach wird der internationale Forschungsstand über die Mediennutzung und -wirkung im Klein- und Vorschulalter vorgestellt. Die Befunde dieser Studien zeigen, wie familiale Merkmale (sowohl strukturelle Aspekte als auch familiale Praktiken) die Bildungsprozesse durch Medien beeinflussen. Im Fazit wird schliesslich die vorgestellte Thematik zusammengefasst sowie Forschungsdesiderata formuliert.

## 2        Medienbildung und Medienbildungsforschung

In der Medienpädagogik ist Medienbildung ein immer häufiger verwendeter Ausdruck, der den Begriff Medienkompetenz ersetzen sollte (vgl. Pietrass, 2009, S. 499). Vor allem in der Erziehungswissenschaft ist das Bemühen um eine Differenzierung dieser zwei Begriffe gross (vgl. Schorb, 2009, S. 50). Der Begriff wurde von Baacke (1973) eingeführt und hat zu einem Perspektivenwechsel in der Medienforschung beigetragen. Waren Medien vorher mit einem bewahrpädagogischen Blick untersucht worden, so stellte der Begriff Medienkompetenz nun die Forderung nach einem kompetenten Medienumgang ins Zentrum (vgl. Aufenanger, 1999, S. 21). Ziel war, eine kompetente Mediennutzung zu fördern, indem das Publikum lernte, wie Medien funktionieren, und gleichzeitig eine kritische Distanz zu diesen aufbaute. Heutzutage sind diese Fähigkeiten nicht mehr ausreichend, um Medien optimal zu nutzen, da ein grosser Teil der Kommunikation über Medien läuft und neue Herausforderungen und Potenziale damit verbunden sind. So sollte nach Aufenanger (1999) die Fähigkeit, mit den Medien zu lernen, im Zentrum stehen. Der Begriff Medienkompetenz wäre dann veraltet. Um dem entgegenzuwirken, wird der Begriff Medienbildung vorgeschlagen, da „der Bildungsbegriff nicht auf die Relation Mensch-Medien, sondern auf jene von Mensch-Welt gerichtet ist" (Pietrass, 2005, S. 44) und somit eine erweiterte Sichtweise auf Bildungsprozesse ermöglicht. Alle inneren und äusseren Veränderungsprozesse von Individuen, die durch Medien verursacht werden, lassen sich unter dem Begriff Medienbildung zusammenfassen und werden in der Medienbildungsforschung untersucht, welche Ansätze aus der Medieninhaltsforschung, aus der Nutzungsforschung, aus der Wirkungsforschung und aus der Rezeptionsforschung einsetzt (vgl. Pietrass, 2009, S. 502ff.). Diese werden hier kurz erläutert:

- Die Medieninhaltsforschung interessiert sich für die Inhalte, die über Medien verbreitet werden. Analysiert werden die Medienbotschaften selbst sowie deren Vermittlungsart (vgl. Pürer, 2003, S. 186). Die Medieninhalte sind von grosser Bedeutung, da diese die Bildungsprozesse fördern oder hemmen können (vgl. Kirkorian, Wartella & Anderson, 2008, S. 45). Auch im Klein- und Vorschulalter spielen die Inhalte eine wichtige Rolle und werden oft untersucht. Dabei wird zwischen informativen Inhalten (z.B. ‚Sesamstrasse') und unterhaltsamen Inhalten (z.B. ‚Tom und Jerry') differenziert (vgl. Anderson, Huston, Schmitt, Linebarger, Wright & Larson, 2001, S. 27).
- Die Mediennutzungsforschung untersucht das Publikum. Dabei werden unter anderem die Medienausstattung in der Familie, die Nutzungszeit sowie der Umgang mit den Medien erfasst. Diese Erkenntnisse ermöglichen es, Aussagen über den Stellenwert und die Nutzung der Medien in der Gesellschaft zu machen. Um präzisere Aussagen zu treffen, wird das Publikum in Altersgruppen eingeteilt. Immer häufiger werden auch die Klein- (0-4 Jahre) und die Vorschulkinder (4-6 Jahre) berücksichtigt, wobei die meisten Studien sich mit Kindern ab Schulalter beschäftigen.
- Die Wirkungen der Medien auf die Personen werden in der Wirkungsforschung untersucht. Über diese Thematik wurde viel geforscht, die Befunde sind aber widersprüchlich. Auf der einen Seite berichten Studien über positive Wirkungen der Medien auf die kindliche Entwicklung (vgl. z.B. Anderson et al., 2001), andere Untersuchungen weisen auf negative Medienwirkungen hin (vgl. z.B. Zimmermann & Christakis, 2005). Die meisten dieser Untersuchungen fokussieren auf die Effekte von Bildschirm- und interaktiven Medien auf Schulkinder oder Adoleszente. Die Wirkungen auf Klein- und Vorschulkinder sowie die Wirkungen von Audio- und Druckmedien wurden seltener erforscht.
- Ein letzter wichtiger Bereich der Medienbildungsforschung ist die Rezeptionsforschung. Diese befasst sich mit der Verarbeitung der Medieninhalte und mit der Frage, was passiert, wenn Menschen Angebote aus den Medien nutzen (vgl. Gehrau, 2008, S. 341). Dieser Bereich ist von der Medienwirkungsforschung zu unterscheiden, da hier vor allem Fragen über die Art und Weise, wie Medienbotschaften verarbeitet und erlebt werden, im Zentrum stehen, während die Wirkungsforschung mehr an den Auswirkungen der Medienbotschaften interessiert ist (vgl. ebd.). Solche Untersuchungen setzen bereits pränatal ein, indem die Reaktionen des Fötus auf die Mediennutzung der Mutter untersucht werden (vgl. Götz, 2007, S. 15).

Die Medienbildungsforschung ist ein breites Forschungsfeld, das unterschiedliche Ansätze und Vorgehensweisen vereinigt. Die Verbindung der Befunde aus diesen unterschiedlichen Feldern ermöglicht es, die durch die Medien initiierten Bildungsprozesse besser zu beschreiben und zu verstehen. In der Medienbildungsforschung können Medien in Audiomedien (Radio, Walkmann, Kassetten-/CD-/MP3-Player und Stereoanlage), Bildschirmmedien (Fernseher, Video und DVD), interaktive Medien (Computer, Spielkonsole und Handy) und Druckmedien differenziert werden (vgl. z.B. Roberts & Foehr, 2004). Da in den letzten Jahren vor allem die Audio-, Bildschirm- und interaktiven Medien an Bedeutung gewonnen haben und öfter untersucht wurden, werden sich die Ausführungen in den nächsten Kapiteln auf diese drei Medienbereiche beschränken.

## 3    Bildungsprozesse als Resultat der Mediennutzung

Angesichts der zunehmenden Wichtigkeit der Medien in der alltäglichen Kommunikation ist die Frage, wie aus Medien gelernt werden kann und wie diese erfolgreich eingesetzt werden müssen, um Bildungsprozesse zu fördern, sehr wichtig. Diese Fragen werden in der Mediendidaktik thematisiert. Dabei werden die klassischen Lerntheorien des Behaviorismus, Konstruktivismus und Kognitivismus sowie die Theorien des Modell-Lernens oder des situierten Lernens erweitert und an die Medienwelt angepasst.

Eine der klassischen Lerntheorien ist der Behaviorismus. Nach dieser Theorie wird das Verhalten des Individuums durch äussere Reize und Verstärkungen verändert (vgl. Gage & Berliner, 1996, S. 229ff.). Die Vertreter/innen des Behaviorismus arbeiten mit einem Reiz-Reaktions-Modell. Die wiederholte Auseinandersetzung mit bestimmten Reizen führt zu einer bestimmten Reaktion. Lernen geschieht durch ständige Übung (Reize) und durch eine angemessene Verstärkung. Was hingegen in dieser Theorie nicht berücksichtigt wird, sind die Vorgänge, die sich im Innern einer Person abspielen (vgl. ebd.). Diese Form des Lernens findet auch in den Medien Anwendung. Tulodziecki und Herzig (2004) sprechen in diesem Zusammenhang von ‚Drill-and-practice'-Programmen. Bei diesen Lern- und Übungsprogrammen auf dem Computer müssen die Lernenden Fragen beantworten oder Aufgaben lösen, die aufeinander folgen. Bei einer richtigen Antwort wird das Verhalten durch Belohnung (z.B. positive Rückmeldungen, Punkte usw.) verstärkt. Bei falschen Antworten wird die Aufgabe solange wiederholt, bis sie richtig gelöst ist.

Die internen Prozesse, welche bei den Vertretern/innen des Behaviorismus nicht berücksichtigt werden, finden Platz in den konstruktivistischen Lerntheorien. Diese betonen die Bedeutung der individuellen Wahrnehmungen und der Verarbeitung von Erlebnissen (vgl. Mietzel, 2002, S. 24f.). Deshalb wird die Vorstellung, dass Lernen durch die Medien angeregt, unterstützt und gesteuert wird, skeptisch aufgenommen und postuliert, dass Medien höchstens als Informationsquellen genutzt werden können (vgl. Tulodziecki, 1996, S. 6).

Die internen Prozesse treten auch bei der kognitionstheoretischen Orientierung in den Vordergrund: Das Individuum nimmt Informationen in selektiver Weise auf und verarbeitet diese aktiv und selbständig (vgl. Mietzel, 2002, S. 24f.). Eine bedeutende Rolle spielen dabei sein Hintergrund, seine Erfahrungen und seine Kenntnisse. Lernen findet als Interaktion zwischen dem Lernenden und dem Lernmaterial statt und ist erfolgreich, wenn das vorhandene Wissen in Form von bestehenden Wissensstrukturen und Schemata durch neue Informationen geändert und ergänzt wird (vgl. ebd.). Medienprogramme, die nach einer kognitionstheoretisch orientierten Konzeption streben, sollen intern ablaufende Prozesse, die zum Aufbau geordneten Wissens führen, ermöglichen, beispielsweise durch eine geeignete Strukturierung und Reihenfolge der Lerninhalte (vgl. Tulodziecki, 1996, S. 3).

In der Medienwelt wird neben diesen klassischen Lerntheorien oft auch das Modell-Lernen von Bandura genannt. Nach diesem Modell lernen Kinder, indem sie gesehene Verhaltensweisen imitieren. Das beobachtete Verhalten fungiert als Modell, welches Kinder verinnerlichen. Medienbotschaften, die gut beobachtbar sind, werden von den Lernenden erschlossen und aufgenommen (vgl. Tulodziecki & Herzig, 2004, S. 132). Leider zeigen die meisten Studien, dass Kinder auch aggressive und gewalttätige Verhaltensweisen aus Filmen und Fernsehen nachahmen (vgl. z.B. Bandura, Ross & Ross, 1963).

Der letzte behandelte Ansatz thematisiert das situierte Lernen. Vertreter/innen dieses Ansatzes gehen davon aus, dass nur durch authentische bzw. realistische Problemstellungen gelernt werden kann. Lernende konstruieren das Wissen in der Auseinandersetzung mit alltäglichen Lebenssituationen (vgl. Mietzel, 2002, S. 26f.). Dabei werden sie von den Lehrenden unterstützt, welche die Rolle eines Coaches einnehmen. Wichtig sind daher anwendungsorientierte Probleme, die den Wissenstransfer auf andere Bereiche ermöglichen. Nach dieser Theorie findet Lernen durch Medien statt, wenn die Medieninhalte realistische Situationen reproduzieren und eine graduelle Steigerung der Komplexität haben. Beispiele dazu sind verschiedene Lernprogramme, aber auch Videos, die Geschichten erzählen und Probleme aus dem Alltag vorstellen, welche die Lernenden dann lösen sollen (vgl. Tulodziecki & Herzig, 2004, S. 152f.).

Aus diesen Ausführungen folgt, dass Medien für die Unterstützung und Förderung von Lernprozessen eingesetzt werden können. Die Medienbotschaften sollten aber je nach theoretischem Ansatz anders vorbereitet werden, damit eine Aktivierung der Lernprozesse stattfindet. Weiter sollte auch das Alter der Lernenden berücksichtigt werden. Die vorgestellten Theorien wurden für alle Altersgruppen formuliert und nicht ausschliesslich für Klein- und Vorschulkinder. Nach den Erkenntnissen, dass die Lernprozesse von Entwicklungsveränderungen beeinflusst werden und somit nicht zu jedem Zeitpunkt des Lebenslaufes gleich ablaufen (vgl. z.B. Hasselhorn, 2011), ist in den zukünftigen Untersuchungen eine Differenzierung der Lernprozesse nach Altersgruppen wünschenswert.

## 4    Empirische Forschungsergebnisse

Obwohl die Mediennutzung und deren Effekte in zahllosen Studien thematisiert werden, liegen noch keine einheitlichen Schlüsse zu den Wirkungen von Medien auf die

Entwicklung von Klein- und Vorschulkindern vor. Grund dafür ist zum einen, dass die meisten dieser Studien nur auf bestimmte Medien (z.B. Fernseher oder Computer) und auf bestimmte Wirkungsbereiche (z.B. Gewalt oder Schulleistung) fokussieren und zum anderen, dass die Stichproben dieser Studien oft Schulkinder und Adoleszente umfassen, während Vorschulkinder selten berücksichtigt werden.

Trotz dieser Einschränkungen werden in diesem Kapitel zuerst die wichtigsten Befunde der Nutzungsforschung und danach die Studien zu den Wirkungen der Mediennutzung auf die kindliche Entwicklung im Klein- und Vorschulalter erläutert.

## 4.1    Nutzungsforschung

### 4.1.1    Bildschirmmedien

Die meisten Studien in diesem Bereich stammen aus den USA, wo Medien öfter gebraucht werden als hierzulande (vgl. Close, 2004, S. 8). Rideout, Foehr und Roberts (2010) stellen beispielsweise dar, dass heutzutage 99 % der Familien in den USA mindestens einen Fernseher besitzen und 97 % einen Video- oder DVD-Player. Die gleiche Studie zeigt auch, dass in jedem Haushalt im Durchschnitt 3,8 Fernsehapparate und 2,8 Video- oder DVD-Player vorhanden sind. Folglich nimmt auch die quantitative Nutzung zu. Je nach Studie und Methoden, die für die Erhebung der quantitativen Mediennutzung angewendet werden, sieht diese anders aus. Die Tendenz zeigt aber, dass zwei- und dreijährige Kinder in den USA ungefähr 2 Stunden und 30 Minuten am Tag Bildschirmmedien nutzen, diese Zahl nimmt mit dem Alter zu. So verdeutlichen Dalzell, Msall und High (2000), dass die quantitative Fernsehernutzung bei den zweijährigen Kindern in den USA bei 97 Minuten am Tag liegt und die Video oder DVD-Nutzung bei 67 Minuten. Eine aktuellere amerikanische Studie liefert weitere Daten dazu. Nach dieser Studie sehen die meisten eineinhalbjährigen Kinder zwischen 0 und 2 Stunden am Tag fern und die meisten dreieinhalbjährigen zwischen 2 und 3 Stunden (vgl. Christakis, Zimmerman, Di Giuseppe & McCarty, 2004, S. 711). Laut Vandewater, Rideout, Wartella, Huang, Lee und Shim (2007) liegt die durchschnittliche tägliche Nutzung der Bildschirmmedien bei den Null- bis Zweijährigen bei 142 Minuten und bei den Drei- bis Vierjährigen bei 176 Minuten. Amerikanische Kinder kommen sehr früh in Kontakt mit Medien. Rideout und Hamel (2006) berichten, dass 79 % der Kinder in den USA bereits vor ihrem zweiten Geburtstag fernsehen. Dieses Phänomen widerspiegelt sich auch in den Programmkonzeptionen. Im Jahr 2006 wurde das erste Programm für Babys konzipiert, das ,Baby First TV', das den ganzen Tag Sendungen für Säuglinge ausstrahlt (vgl. Christakis, 2008, S. 9). Vergleiche zur durchschnittlichen Mediennutzung in den USA und in Europa zeigen, dass hierzulande Medien weniger oft genutzt werden (vgl. Ennemoser & Schneider, 2009, S. 424). Feierabend und Mohr (2004) berichten beispielsweise, dass zwei- bis dreijährige Kinder in Deutschland 83 Minuten am Tag Bildschirmmedien nutzen und vier- bis fünfjährige 102 Minuten. Zu ähnlichen Ergebnissen sind Feierabend und Klingler (2010) gelangt. Laut diesen Autoren sehen drei- bis fünfjährige Kinder 71 Minuten am Tag fern.

In der Schweiz sieht die tägliche Mediennutzungszeit von Klein- und Vorschulkindern ähnlich aus: Die UPC-Studie (2007) beispielsweise belegt, dass 77 % der Kinder zwischen null und fünf Jahren höchstens 1,5 Stunden am Tag fernsehen, 20 % bis 3 Stunden und nur 3 % 3 Stunden oder mehr.

### 4.1.2  Audiomedien

Audiomedien werden von Klein- und Vorschulkindern auch oft genutzt. Rideout, Vandewater und Wartella (2003) zeigen beispielsweise, dass 81 % der null- bis zweijährigen Kinder in den USA 95 Minuten am Tag Musik hören. Vandewater et al. (2007) kommen in einer weiteren Studie zu ähnlichen Ergebnissen: So nutzen 87 % der null- bis zweijährigen Kinder nach dieser Studie 63 Minuten am Tag Audiomedien und 85 % der drei- bis vierjährigen 57 Minuten am Tag. Für den deutschsprachigen Raum berichten Feierabend und Mohr (2004), dass zwei- bis dreijährige Kinder durchschnittlich 62 Minuten pro Tag und vier- bis fünfjährige durchschnittlich 48 Minuten pro Tag Audiomedien verwenden. Anders als bei den Bildschirmmedien nimmt die Nutzung der Audiomeiden mit der Zunahme des Alters der Kinder ab (vgl. Feirabend & Mohr, 2004, S. 458).

### 4.1.3  Interaktive Medien

Die Nutzung der interaktiven Medien wurde im Vergleich zu der Nutzung der Bildschirmmedien und Audiomedien weniger untersucht. Solche Medien werden von Klein- und Vorschulkindern nicht so oft genutzt. So zeigen Rideout et al. (2003), dass nur 8 % der null- bis zweijährigen Kinder jeden Tag interaktive Medien (Computer oder Spielkonsole) nutzen, bei den vier- bis sechsjährigen sind es 27 %. Auch Vandewater et al. (2007) berichten von ähnlichen Zahlen. Nach diesen Autoren nutzen 6 % der null- bis zweijährigen Kinder und 33 % der drei- bis vierjährigen interaktive Medien. Die durchschnittliche tägliche Nutzungszeit liegt bei 3 Minuten Spielkonsole und 5 Minuten Computer bei den Zwei- bis Dreijährigen und bei 10 Minuten Spielkonsole und 12 Minuten Computer bei den Vier- bis Sechsjährigen (vgl. Rideout & Hamel, 2006, S. 9). Im deutschsprachigen Raum werden interaktive Medien selten gebraucht. Feierabend und Mohr (2004) berichten von nur 1 Minute täglich bei den zwei- und dreijährigen und 6 Minuten täglich bei den vier- und fünfjährigen Kindern. Interaktive Medien scheinen für diese Altersgruppe noch irrelevant zu sein, wobei sich in den letzten Jahren eine steigende Tendenz zeigt (vgl. Negrini, 2011, S. 87f.).

Verschiedene Faktoren beeinflussen die Mediennutzungszeit wie beispielsweise das Geschlecht. Jungen nutzen Medien bis zu 1 Stunde pro Tag länger als Mädchen (vgl. Rideout et al., 2010, S. 11). Auch die Medienwahl ist je nach Geschlecht unterschiedlich: Mädchen wählen Radio oder gedruckte Medien häufiger als Jungen, welche sich etwas stärker dem Fernsehen zuwenden (vgl. Feierabend & Mohr, 2004, S. 458). Weiter spielt auch das Alter der Kinder eine entscheidende Rolle: Mit zunehmendem Alter steigt der Medienkonsum (vgl. ebd.). Eine weitere wichtige Variable ist die Familienstruktur. Eine Studie von Jordan und Woodard (2001) beweist, dass Kinder mit älteren Geschwistern mehr Medien nutzen als Kinder, die keine älteren Geschwister haben. Vandewater et al. (2007)

stellen hingegen fest, dass vor allem Kinder aus Einelternhaushalten öfter Medien nutzen, dies ist bei Kindern ab vier Jahren der Fall. Auch der sozioökonomische Status (SES) der Familie beeinflusst die Mediennutzung der Kinder. Ennemoser, Schiffer, Reinsch und Schneider (2003) zeigen, dass die Mediennutzung bei Kindern aus Familien mit niedrigem SES höher ist, als bei Kindern aus gut situierten Familien. Dabei spielt auch die Bildung der Eltern eine wichtige Rolle: Anand und Krosnick (2005) verdeutlichen nämlich, dass Kinder mit Eltern, die einen tieferen Abschluss besitzen, mehr Medien nutzen. Nicht nur die Ausbildung und der SES der Eltern beeinflussen die Mediennutzung der Kinder, sondern auch die Einstellungen der Eltern zu den Medien und die familieninterne Mediennutzungsregeln. Laut Vandewater et al. (2007) nutzen Kinder, deren Eltern denken, dass die Mediennutzung positive Effekte auf die kognitive Entwicklung haben, auch länger Medien. Die gleiche Studie zeigt weiter, dass die Mediennutzung tiefer in denen Familien ist, wo auch Regeln zu der Verwendung der Medien existieren. Ein letzter Faktor, der in der internationalen Forschung thematisiert wird, ist die Betreuungsform der Kinder. Kinder, die zu Hause betreut werden, sei es von den Eltern, Grosseltern, Babysittern oder Bekannten, sehen signifikant mehr fern als Kinder, welche in Institutionen betreut werden (Christakis & Garrison, 2009, S. 1627).

## 4.2    Auswirkungen der Mediennutzung

Angesichts der hohen Mediennutzung im Vorschulalter stellt sich die Frage nach deren Auswirkungen auf die Fähigkeiten und Kompetenzen der Kinder. Die Forschung hat sich dabei fast ausschliesslich auf die Effekte der Bildschirm- und der interaktiven Medien konzentriert, während die Audio- und die Druckmedien kaum untersucht wurden. Dies kann sein, da den Bildschirm- und interaktiven Medien die höchsten, vorwiegend negative Einflüsse auf die Entwicklung eines Kindes zugeschrieben werden, während Audio- und Druckmedien als harmloser wahrgenommen werden (vgl. KIM, 2008, S. 58).

### 4.2.1    Bildschirmmedien

Die Tendenz aus den Forschungsergebnissen beweist, dass sich bei einer erhöhten Mediennutzung Defizite im Wortschatz und bei den Sprachkenntnissen zeigen (vgl. Götz, 2007, S. 16). Zimmermann und Christakis (2005) berichten beispielsweise, dass Kinder, die vor ihrem dritten Geburtstag mehr als 3 Stunden täglich ferngesehen haben, bei Tests zur Lesefähigkeit und zum Leseverständnis signifikant schlechter abschneiden als Kinder, die weniger ferngesehen haben. Ob dieser Zusammenhang linear ist, ist umstritten. Ennemoser und Schneider (2009) behaupten nämlich, dass es eine kurvlineare Beziehung zwischen Fernsehkonsum und Schulleistung gebe. Ihrer Ansicht nach führt der Medienkonsum erst ab einem kritischen Grenzwert, der bei 3-4 Stunden täglich liegt zu Leistungseinbussen. Eine erhöhte Mediennutzung kann auch zu Schlafstörungen (vgl. z.B. Thompson & Christakis, 2005), Aufmerksamkeitsproblemen (vgl. z.B. Christakis et al., 2004) oder zu einem erhöhten Risiko für das spätere Auftreten von ADHS (vgl.

ebd.) führen. Diese negativen Effekte werden unterschiedlich begründet: Spitzer (2005) argumentiert beispielsweise mit medizinischen und neurokognitiven Argumenten und sagt, dass die Medienreize die Synapsenverbindungen im Gehirn verhindern und somit auch deren Entwicklung hemmen. Koolstra, van der Voort und van der Kamp (1997) suchen die Gründe für die negativen Auswirkungen der Medien auf die Leistung in der Verdrängung von anderen förderlichen Aktivitäten wie Lesen, Sporttreiben oder Zeichnen. Zwei weitere wichtige Variablen, die berücksichtigt werden sollten, sind die Medieninhalte und deren Besprechung. Unter Berücksichtigung dieser Faktoren können Medieneffekte differenziert werden. So zeigen Anderson et al. (2001), dass Programme mit informativen Inhalten eine positive Wirkung auf Kinder haben, während Programme, welche nicht-adäquate, unterhaltsame und Gewalt darstellende Inhalte zeigen, negative Effekte verursachen können. Die positive Wirkung von informativen Inhalten wird auch in anderen Studien nachgewiesen. Diese Studien beschäftigen sich oft mit bestimmten Kinderprogrammen, die mit der Intention entwickelt wurden, den Kindern bestimmte Fähigkeiten beizubringen, wie beispielsweise ‚Sesamstrasse' (vgl. z.B. Anderson et al., 2001), ‚Mister Roger' ‚Bob the Builder' oder ‚Dora the Explorer' (vgl. z.B. Kirkorian et al., 2008) und belegen, wie das regelmässige Sehen von solchen informativen Sendungen die Problemlösungsstrategien der Kinder verbessert, positive Effekte im Bereich der Buchstaben- und Ziffernkenntnis hat oder den Wortschatz der Kinder erweitert. Eine Längsschnittstudie von Anderson et al. (2001) berichtet sogar über signifikant bessere Noten in der (amerikanischen) ‚High School' bei denjenigen Studierenden, die in der Kindheit mehr informative Programme konsumiert haben. Weitere positive Effekte der Nutzung solcher Sendungen sind eine Verbesserung der Lesebereitschaft (vgl. z.B. Anderson et al., 2001) oder die Förderung prosozialer Verhaltensweisen der Kinder (vgl. z.B. Cole, Arafat, Tidhar, Tafesh, Fox, Killen, Ardila-Rey, Leavitt, Lesser, Richman & Yung, 2003). Zu den negativen Wirkungen von Gewalt darstellenden Sendungen auf Kinder und Jugendliche, wurden hingegen zahlreichen Untersuchungen in den 1960er Jahren in den USA durchgeführt (vgl. z.B. Bandura et al., 1963). Solche Studien behaupten, dass Gewaltdarstellungen in den Medien Aggression verursachen.

Diese Ergebnisse können aber nicht generalisiert werden, da sie von verschiedenen Faktoren beeinflusst sind. Die Inhalte alleine reichen somit nicht aus, um positive oder negative Effekte auszulösen. So zeigen Koolstra et al. (1997), dass der SES der Familie eine wichtige Rolle spielt. Informative Sendungen führen zu positiven Effekten vor allem bei Kindern aus benachteiligten Milieus. Aus diesem Befund kann die These formuliert werden, dass die Mediennutzung eine kompensatorische Wirkung hat. Kinder, welche in einem anregungsarmen familiären Umfeld aufwachsen, können Medien als Stimulationsquelle nutzen, während für Kinder aus sozial privilegierten Familien, der Medienkonsum eher negativ ist, da ein Teil des Anregungsgehaltes des familiären Umfelds ungenutzt bleibt (vgl. Ennemoser & Schneider, 2009, S. 429). Eine weitere wichtige Variable ist die Rolle der Eltern bei der Mediennutzung. Zu dieser letzten Variable zeigt eine Studie von Wright, St. Peters und Huston (1990) zur ‚Sesamstrasse', dass Kinder, deren Eltern mit ihnen über das Gesehene sprechen, grössere Lernfortschritte aufweisen, als Kinder, die das Programm alleine anschauen.

### 4.2.2 Interaktive Medien

Die Effekte der quantitativen Nutzung von interaktiven Medien wurden in den Studien von Bansal (1997) und Clements (1995) untersucht. Die beiden Studien, die sich mit der Computernutzung beschäftigen, belegen, dass Grundschulkinder durch die Arbeit mit dem Computer ihre kognitiven Fähigkeiten und ihre Kreativität verbessern. Auch Aufenanger und Gerlach (2008) betonen die positiven Effekte des Computers. Demzufolge können Vorschulkinder, wenn sie genügend Zeit am Computer verbringen, ihre Selbststeuerungsfähigkeit erweitern. Das Spielen am Computer hat weiter keine negativen Auswirkungen auf das soziale Verhalten bei Kleinkindern (vgl. z.B. Gerlach, 2001).

Andere Studien thematisieren hingegen die negativen Effekte der interaktiven Medien und mit ihnen die gewaltdarstellenden Inhalte. Untersuchungen zu den Zusammenhängen zwischen interaktiven Medien, vor allem Videospielen und aggressivem Verhalten stellen fest, dass das Spielen von gewaltverherrlichenden Videospielen negative Folgen für die sozial-emotionale Entwicklung des Kindes hat (vgl. z.B. Irwin & Gross, 1995). Die Diskussion über die Einflüsse von gewaltdarstellenden Medieninhalten ist noch heute aktuell und akzentuiert sich vor allem nach Gewalttaten, wie beispielsweise den Schulmassakern an der ‚Columbine High School', an der ‚Virgina Tech' oder am ‚Gutenberg-Gymnasium' in Erfurt. In Zusammenhang mit solchen Amokläufen werden oft gewalttätige Computerspiele oder Filme als mögliche Ursache genannt (vgl. Andree, 2007). Die aktuellen Studien zur Interaktion zwischen Medien und Gewalt schreiben den Medien aber nicht mehr so starke negative und gleichförmige Effekte zu, wie die ersten Studien in den 1960er Jahren. So zeigt beispielsweise Ferguson (2007) anhand einer Metaanalyse, dass zwischen gewalttätigen Computerspielen und Aggression lediglich eine schwache Korrelation existiert. Anderson (2004) hingegen stellt fest, dass starke Zusammenhänge zwischen gewalttätigen Videospielen und Aggression zwar immer noch existieren, dass diese aber kurzfristig sind. Langfristige negative Medienwirkungen von Computerspielen hat dagegen Huesmann (2007) festgestellt, jedoch nur bei jüngeren Nutzern/innen. Unterschiedliche Faktoren, wie das Temperament des Zuschauers/der Zuschauerin, die Art der gewaltdarstellenden Inhalte (Zeichentrickfilme oder realistische Situationen) oder familiäre Merkmale, wie die Besprechung des Gesehenen mit den Eltern beeinflussen die Stärke und die Art der Medieneffekte auf die Aggression (vgl. z.B. Anderson, Berkowitz, Donnerstein, Huesmann, Johnson, Linz, Malamuth & Wartella, 2003).

## 5     Fazit

Ob Medien Bildungsprozesse bei Klein- und Vorschulkindern positiv oder negativ beeinflussen, kann nicht schlüssig gesagt werden. Es liegen sowohl Ergebnisse vor, welche die positiven Effekte betonen, als auch einige, welche die negativen Wirkungen zeigen, je nachdem, wie mit Medien umgegangen wird. Fasst man die vorgestellten empirischen Ergebnisse zusammen, dann erweist sich eine nicht zu lange Nutzung von adäquaten Inhalten, die mit den Eltern besprochen werden, als positiv. Negative Effekte betreffen hingegen die Vielnutzer/innen und treten vor allem bei der Nutzung von nicht-adäquaten Inhalten ohne Begleitung und Besprechung auf. Diese Ergebnisse können aber nicht generalisiert werden, da verschiedene Studien darauf hinweisen, dass die Nutzung der Medien und deren mögliche Einflüsse von weiteren Variablen beeinflusst werden. Die familialen Merkmale spielen dabei eine wichtige Rolle. So beeinflusst die Familie nicht nur die Mediennutzungsdauer, sondern auch die Effekte der Medien auf die Entwicklung des Kindes. Medien werden in Familien mit tieferem SES und tieferen Bildungsabschlüssen sowie in Einelternfamilien öfter genutzt. Auch ältere Geschwister können zu einer erhöhten Mediennutzung führen. Familiale Praktiken beeinflussen hingegen die Effekte der Medien auf die Kinder. Je nachdem ob die Eltern oder andere wichtige Bezugspersonen die Mediennutzung mit den Kindern besprechen und je nach gewählten Inhalten, zeigen sich andere Effekte. Die Familie kann somit die Bildungsprozesse durch die Medien ermöglichen und gleichzeitig deren negative Effekte verhindern oder diese mit einem falschen Umgang verstärken.

In der Medienbildungsforschung sind jedoch bis heute noch viele Fragen offen und es bestehen einige Forschungslücken. Vor allem die Medieneffekte im Klein- und Vorschulalter wurden noch zu wenig differenziert untersucht. So fehlen Studien, welche die gesamte Medienpalette berücksichtigen. Unklar ist auch, wie Kinder durch Medien lernen können. Die Anpassung der klassischen Lerntheorien für die Medien versucht diese Aspekte zu berücksichtigen, wurde aber zu wenig an das Klein- und Vorschulalter angepasst. Die Klärung dieser Fragen würde auch die Rolle der Familie bei der Unterstützung der Bildungsprozesse im Klein- und Vorschulalter durch die Medien genauer definieren.

## 6    Literatur

Anand, S. & Krosnick, J.A. (2005). Demographic Predictors of Media Use Among Infants, Toddlers, and Preschoolers. *American Behavioral Scientist 48*(5), 539–561.

Anderson, C.A. (2004). An Update on the Effects of Playing Violent Video Games. *Journal of Adolescence 27*(1), 113–122.

Anderson, C.A., Berkowitz, L., Donnerstein, E., Huesmann, L.R., Johnson, J.D., Linz, D., Malamuth, N.M. & Wartella, E. (2003). The Influence of Media Violence on Youth. *Psychological Science in the Public Interest 4*(3), 81–110.

Anderson, D.R., Huston, A.C., Schmitt, K.L., Linebarger, D.L., Wright, J.C. & Larson, R. (2001). Early Childhood Television Viewing and Adolescent Behavior: The Recontact Study. *Monographs of the Society for Research in Child Development 66*(1), 1–154.

Andree, M. (09. November 2007). Der Amokläufer in uns. *Die Welt*.

Aufenanger, S. (1999). Medienkompetenz oder Medienbildung? Wie die neuen Medien Erziehung und Bildung verändern. *Bertelsmann Briefe 142*, 21–24.

Aufenanger, S. & Gerlach, F. (2008). Vorschulkinder und Computer. Sozialisationseffekte und pädagogische Handlungsmöglichkeiten in Tageseinrichtungen für Kinder. *Endbericht*. Download am 20.10.2010 von http://www.lpr-hessen.de/files/Forschungsbericht_VersionInternet.pdf.

Baacke, D. (1973). *Kommunikation und Kompetenz. Grundlegung einer Didaktik der Kommunikation und ihrer Medien*. München: Juventa.

Bandura, A., Ross, D. & Ross, S.A. (1963). Imitation of Film-mediated Aggressive Models. *Journal of Abnormal and Social Psychology 66*, 3–11.

Bansal, I.S. (1997). Computer as a Tool for Cognitive Development of Primary Grade Children. *Indian Journal of Psychometry & Education 28*(2), 95–100.

Christakis, D.A. (2008). The Effects of Infant Media Usage: What Do we Know and What Should we Learn? *Acta Pediatrica 98*, 8–16.

Christakis, D.A. & Garrison, M.M. (2009). Preschool-Aged Children's Television Viewing in Child Care Settings. *Pediatrics 124*(6), 1627-1632.

Christakis, D.A., Zimmerman, F.J., Di Giuseppe, D.L. & McCarty, C.A. (2004). Early Television Exposure and Subsequent Attentional Problems in Children. *Pediatrics 113*(4), 708–713.

Clements, D.H. (1995). Teaching Creativity with Computers. *Educational Psychology Review 7*(2), 141–161.

Close, R. (2004). *Television and Language Development in the Early Years. A Review of the Literature*. London: National Literacy Trust.

Cole, C.F., Arafat, C., Tidhar, C., Tafesh, W.Z., Fox, N.A., Killen, M., Ardila-Rey, A., Leavitt, L.A., Lesser, G., Richman, B.A. & Yung, F. (2003). The Educational Impact of Rechov Sumsum/Shara'a Simsim: A Sesame Street Television Series to Promote Respect and Understanding among Children Living in Israel, the West Bank, and Gaza. *International Journal of Behavioral Development 27*(5), 409–422.

Dalzell, V.P., Msall, M.E. & High, P.C. (2000). Parental Attitudes of Television and Videocassette Viewing of Children Aged Birth to 36 Months. *Journal of Developmental and Behavioral Pediatrics 21*(5), 390.

Ennemoser, M., Schiffer, K., Reinsch, C. & Schneider, W. (2003). Fernsehkonsum und die Entwicklung von Sprach- und Lesekompetenzen im frühen Grundschulalter. *Zeitschrift für Entwicklungspsychologie und Pädagogische Psychologie 35*(1), 12–26.

Ennemoser, M. & Schneider, W. (2009). Fernsehen im Kindesalter. Risikofaktor für die Entstehung von Lern- und Aufmerksamkeitsstörungen oder wirksames Medium zur Lernförderung? *Monatschrift Kinderheilkunde 5*, 423–432.

Feierabend, S. & Klingler, W. (2010). Was Kinder sehen. Eine Analyse der Fernsehnutzung Drei- bis 13-Jähriger 2009. *Media Perspektiven 4*, 182–194.

Feierabend, S. & Mohr, I. (2004). Mediennutzung von Klein- und Vorschulkindern. Ergebnisse der ARD/ZDF-Studie ‚Kinder und Medien 2003'. *Media Perspektiven 9*, 453–462.

Ferguson, C.J. (2007). The Good, the Bad and the Ugly: A Meta-Analytic Review of Positive and Negative Effects of Violent Video Games. *Psychiatric Quarterly 78*, 309–316.

Gage, N.L. & Berliner, D.C. (1996). *Pädagogische Psychologie*. Weinheim: Beltz.

Gehrau, V. (2008). Rezeptionsforschung. In U. Sander, F. Von Gross & K.U. Hugger (Hrsg.), *Handbuch Medienpädagogik* (S. 341–346). Wiesbaden: VS Verlag.

Gerlach, F. (2001). Bildung und Lernen in der Wissensgesellschaft. Qualität der neuen Medien in Tageseinrichtungen für Kinder. In Bundeszentrale für politische Bildung (Hrsg.), *Handbuch Medien: Medienerziehung früh beginnen* (S. 123–132). Bonn.

Götz, M. (2007). Fernsehen von -0.5 bis 5. Eine Zusammenfassung des Forschungsstands. *Televizion 20*, 12–17.

Hasselhorn, M. (2011). Lernen im Vorschul- und frühen Schulalter. In F. Vogt, M. Leuchter, A. Tettenborn, U. Hottinger, M. Jäger & E. Wannack (Hrsg.), *Entwicklung und Lernen junger Kinder* (S. 11–21). Münster: Waxmann.

Huesmann, L.R. (2007). The Impact of Electronic Media Violence: Scientific Theory and Research. *The Journal of Adolescent Health 41*(6), 6–13.

Irwin, A.R. & Gross, A.M. (1995). Cognitive Tempo, Violent Video Games, and Aggressive Behavior in Young Boys. *Journal of Family Violence 10*, 337–350.

Jordan, A.B. & Woodard, E.H. (2001). Electronic Childhood. The Availability and Use of Household Media by 2- to 3-Years-Old. *Zero to Three 22*(2), 4–9.

KIM (2008). *Kinder + Medien, Computer + Internet. Basisuntersuchung zum Medienumgang 6- bis 13-Jähriger in Deutschland*. Stuttgart. Download am 27.10.2010 von http://www.mpfs.de/fileadmin/KIM-pdf08 /KIM2008.pdf.

Kirkorian, H.L., Wartella, E.A. & Anderson, D.R. (2008). Media and Young Children's Learning. *The Future of Children 18*(1), 39–61.

Koolstra, C.M., Van der Voort, T.H.A. & Van der Kamp, L.J. Th. (1997). Television's Impact on Children's Reading Comprehension and Decoding Skills: A 3-Year Panel Study. *Reading Research Quarterly 32*(2), 128–152.

Mietzel, G. (2002). *Wege in die Entwicklungspsychologie. Kindheit und Jugend*. Weinheim: Beltz PVU.

Negrini, L. (2011). *Medien im Vorschulalter. Eine empirische Studie zum Medienumgang von drei- und vierjährigen Kindern in der Deutschschweiz und dessen Zusammenhang mit ihrer Entwicklung*. Unveröffentlichte Masterarbeit. Universität Fribourg.

Neuss, N. (2008). Medienbildung und Bildung im Kindergarten. In U. Sander, F. Von Gross & K.U. Hugger (Hrsg.), *Handbuch Medienpädagogik* (S. 489–498). Wiesbaden: VS Verlag.

Pietrass, M. (2005). Für alle alles Wissen jederzeit. Grundlage von Bildung in der Mediengesellschaft. In H. Kleber (Hrsg.), *Perspektiven der Medienpädagogik in Wissenschaft und Bildungspraxis* (S. 39–50). München: kopaed.

Pietrass, M. (2009). Medienbildung. In R. Tippelt & B. Schmidt (Hrsg.), *Handbuch Bildungsforschung* (S. 499–512). Wiesbaden: VS Verlag.

Pürer, H. (2003). *Publizistik und Kommunikationswissenschaft*. Konstanz: UVK.

Rideout, V.J., Foehr, U.G. & Roberts, D.F. (2010). *Generation M2: Media in the Lives of 8- to 18-Year-Olds*. Menlo Park: Kaiser Family Foundation.

Rideout, V.J. & Hamel, E. (2006). *The Media Family. Electronic Media in Lives of Infants, Toddlers, Preschoolers and their Parents*. Menlo Park: Kaiser Family Foundation.

Rideout, V.J., Vandewater, E.A. & Wartella, E.A. (2003). *Zero to Six. Electronic Media in the Lives of Infants, Toddlers and Preschoolers*. Menlo Park: Kaiser Family Foundation.

Roberts, D.F. & Foehr, U.G. (2004). *Kids & Media in America*. Cambridge: University Press.

Schorb, B. (2009). Gebildet und kompetent. Medienbildung statt Medienkompetenz? *Zeitschrift für Medienpädagogik 53*(5), 50–56.

Spitzer, M. (2005). *Vorsicht Bildschirm. Elektronische Medien, Gehirnentwicklung, Gesundheit und Gesellschaft*. Stuttgart: Klett.

Thompson, D.A. & Christakis, D.A. (2005). The Association between Television Viewing and Irregular Sleep Schedules among Children Less than 3 Years of Age. *Pediatrics 116*(4), 851–856.

Tulodziecki, G. (1996). *Lehr- und lerntheoretische Konzepte und Software-Entwicklung*. Download am 16.02.2011 von http://www.mediaculture-online.de/fileadmin/bibliothek/tulodziecki_software/tulodziecki _software1.pdf.

Tulodziecki, G. & Herzig, B. (2004). *Handbuch Medienpädagogik. Band 2: Mediendidaktik*. Stuttgart: Klett-Cotta.

UPC (2007). *UPC European Television Survey: Role of TV for Households with Children*. Download am 17.02.2011 von http://www.cablecom.ch/graphs_-_switzerland_-_upc_european_tv_survey_2007.pdf.

Vandewater, E.A., Rideout, V.J., Wartella, E.A., Huang, X., Lee, J.H. & Shim, M. (2007). Digital Childhood: Electronic Media and Technology Use Among Infants, Toddlers, and Preschoolers. *Pediatrics 119*(5), 1006–1015.

Van Eimeren, B. & Ridder, C.M. (2005). Trends in der Nutzung und Bewertung der Medien: 1970 bis 2005. Ergebnisse der ARD/ZDF-Langzeitstudie Massenkommunikation. *Media Perspektiven 10*, 490–504.

Wright, J.C., St. Peters, M. & Huston, A.C. (1990). Family Television Use and its Relation to Children's Cognitive Skills and Social Behavior. In J. Bryant (Hrsg.), *Television and the American Family* (S. 227–251). Hillsdale: Erlbaum.

Zimmermann, F.J. & Christakis, D.A. (2005). Children's Television Viewing and Cognitive Outcomes. A Longitudinal Analysis of National Data. *Archives of Pediatrics and Adolescent Medicine 159*(7), 619–625.

# Frühe Unterstützung benachteiligter Kinder mit Migrationshintergrund: Effekte von Konzepten der Eltern- und Familienbildung

Lena Friedrich und Manuel Siegert

## 1 Einleitung

Seit nunmehr knapp dreißig Jahren ist bekannt, dass Kinder mit Migrationshintergrund in Deutschland im Vergleich zu Kindern ohne Migrationshintergrund hinsichtlich Bildungsbeteiligung und -erfolg häufig benachteiligt sind (z.B. Diefenbach, 2007; Becker, 2010). Dabei ist zu berücksichtigen, dass ein Migrationshintergrund nicht grundsätzlich auf Unterstützungsbedarf hinweist bzw. nicht per se Schwierigkeiten im Bildungssystem mit sich bringt. Vielmehr ist die Heterogenität von Familien mit Migrationshintergrund (z.B. BMFSFJ, 2005) und die damit verbundene Vielfalt kindlicher Lebenswelten stets zu berücksichtigen. Ungeklärt ist jedoch, wie Kinder mit Migrationshintergrund und schulischen Schwierigkeiten bestmöglich gefördert bzw. schulische Schwierigkeiten verhindert werden können (Stanat, 2006; 2009). In dieser Diskussion ist auch die Familie als primärer Bildungsort der Kinder in den Fokus gerückt (Bundesregierung, 2007). Über Angebote der Familienbildung sollen Eltern mit Migrationshintergrund unterstützt werden, ihre Kinder bereits im frühkindlichen Alter in schulrelevanten Kompetenzbereichen zu fördern, um so die Basis für eine erfolgreiche Schullaufbahn zu legen. Diese Angebote sollen insbesondere jene Eltern erreichen, denen es aufgrund mangelnder Erfahrungen mit dem deutschen Bildungssystem, geringer Ressourcenausstattung oder schwieriger Lebensumstände nicht möglich ist, ihre Kinder ausreichend auf den Schuleintritt vorzubereiten.

Auf der Grundlage empirischer Forschungsergebnisse befasst sich dieser Beitrag mit der Frage, ob und inwieweit Familienbildungsangebote einen Beitrag dazu leisten können, die schulische Performanz von Kindern mit Migrationshintergrund zu verbessern. Einleitend wird zunächst die Notwendigkeit einer möglichst früh ansetzenden Förderung von Kindern aus benachteiligten Familien mit Migrationshintergrund begründet. Im zweiten Kapitel verorten wir die Unterstützung von Eltern bei der frühen Förderung ihrer Kinder als Handlungsfeld der Familienbildung und geben einen Überblick über das Feld entsprechender Angebote in Deutschland, die sich speziell an Familien mit Migrationshintergrund richten. Das dritte Kapitel widmet sich vorliegenden empirischen Erkenntnissen über die Effekte familienbezogener Interventionen, wobei Forschungsergebnisse aus Deutschland im Vordergrund stehen. Im vierten Kapitel werden die wesentlichen Ergebnisse des Beitrags kurz zusammengefasst.

## 2      Familiäre Herkunft und Bildungserfolg

Für die Analyse des Zusammenhangs zwischen familiärer Herkunft und Bildungserfolg hat sich die von Boudon (1974) vorgeschlagene Differenzierung von primären und sekundären Herkunftseffekten als fruchtbar erwiesen. Demnach verfügen Eltern aus höheren sozialen Schichten über mehr und bessere Möglichkeiten, ihren Kindern schon früh ein entwicklungsförderliches Umfeld zu schaffen sowie ihnen schulrelevante Wissensinhalte und Motivationen zu vermitteln, als Eltern aus niedrigeren sozialen Schichten. Dies führt dazu, dass Kinder aus höheren sozialen Schichten den Anforderungen der Institution Schule besser gewachsen sind und entsprechend bessere Leistungen erbringen als Kinder aus niedrigen Schichten (primärer Herkunftseffekt).

Der sekundäre Herkunftseffekt bezieht sich auf die elterlichen Bildungsentscheidungen sowie deren Bedeutung für den Bildungsweg der Kinder. Je nach sozioökonomischem Status verbinden Familien mit unterschiedlichen Bildungswegen spezifische subjektive Kosten und Nutzen, die zu schichtspezifischen Bildungsentscheidungen führen. Eltern aus höheren sozialen Schichten wählen für ihre Kinder in aller Regel akademisch anspruchsvollere Bildungswege als Eltern aus niedrigen sozialen Schichten, da für sie u.a. die Kosten einer langen Bildungslaufbahn leichter zu tragen sind. (Schulischer) Bildungserfolg ergibt sich somit aus dem Zusammenspiel von schulrelevanten Kompetenzen und Leistungen auf der einen Seite und Bildungswünschen, die sich in den entsprechenden Entscheidungen manifestieren, auf der anderen Seite.

Die Unterscheidung von primären und sekundären Herkunftseffekten hat sich auch bei der Analyse ethnischer Bildungsunterschiede bewährt (z.B. Becker, 2010). Dabei zeigt sich, dass hinsichtlich der relativen Bedeutung der beiden Effekte zwischen Migranten und Nicht-Migranten ein bedeutsamer Unterschied besteht: Während schichtspezifische Bildungsungleichheiten besonders auf das Entscheidungsverhalten zurückgeführt werden (z.B. Müller-Benedict, 2007; Neugebauer, 2010), spielen für die ethnische Bildungsungleichheit in erster Linie die primären Herkunftseffekte eine Rolle. Die sekundären

Herkunftseffekte sind bei vielen Migranten – und insbesondere bei türkischstämmigen Eltern – sogar positiv (z.B. Relikowski et al., 2009; Kristen & Dollmann, 2010; Becker & Schubert, 2011), das heißt viele Eltern mit Migrationshintergrund haben für ihre Kinder sehr hohe Bildungsziele (vgl. Relikowski et al., 2009; Kristen & Dollmann, 2010; Becker & Schubert, 2011; Becker, 2010). Die angesprochene vergleichsweise problematische Situation vieler Kinder mit Migrationshintergrund im deutschen Bildungssystem deutet somit darauf hin, dass viele Eltern Schwierigkeiten haben, diese hohen Bildungswünsche auch zu realisieren.

Eine Unterstützung der Familien bei der schulbezogenen Förderung ihrer Kinder mittels Angeboten der Familienbildung wird zunehmend gefordert (z.B. Bundesregierung, 2007). Diese Angebote sollen den Eltern vertiefende Informationen über eine möglichst optimale schulbezogene Förderung der Kompetenzen und Fertigkeiten ihrer Kinder zur Verfügung zu stellen. Aus der empirischen Bildungsforschung ist zudem bekannt, dass solche Unterstützungsangebote bereits im frühen Alter der Kinder ansetzen sollten. So zeigen Becker & Biedinger (2006) anhand von Daten der Schuleingangsuntersuchungen der Stadt Osnabrück aus den Jahren 2000 bis 2005, dass Kinder mit Migrationshintergrund, insbesondere türkischstämmige Kinder, bereits vor dem Schuleintritt in ihrer Entwicklung hinter Kindern ohne Migrationshintergrund liegen und daher eine geringere Chance haben, als uneingeschränkt schulfähig beurteilt zu werden. Biedinger (2009) zeigt darüber hinaus, dass bereits im Kindergarten die allgemeine (kognitive) Entwicklung türkischstämmiger Kinder weniger weit vorangeschritten ist als bei Kindern ohne Migrationshintergrund. Ursächlich hierfür scheint die Anregungsqualität in den betroffenen Familien mit Migrationshintergrund zu sein, wobei sich insbesondere Unterschiede bezüglich der Häufigkeit bestimmter Förderaktivitäten, wie gemeinsamem Singen oder Vorlesen, zeigen.

Eltern- und familienbildende Projekte setzen an diesen entwicklungsfördernden häuslichen Bedingungen und Aktivitäten der Eltern an und sollten daher einen Beitrag leisten können, die Schulfähigkeit von Kindern zu verbessern. Dabei ist jedoch darauf hinzuweisen, dass die häuslichen Erfahrungswelten von Kindern aus zugewanderten Familien noch immer wenig erforscht sind (vgl. Leyendecker, 2008, S. 93) und entsprechend auch nur wenige Erkenntnisse dazu vorliegen, welchen konkreten Förderbedarf benachteiligte Familien mit Migrationshintergrund haben.

## 3 Familienbildung zur Prävention von Schulversagen

Die Unterstützung von Eltern bei der Erziehung und Förderung ihrer Kinder ist traditionell ein Aufgabenbereich der Familienbildung.

### a. Eltern- und Familienbildung

Bis heute hat sich keine allgemein akzeptierte Definition von Eltern- und Familienbildung und den darunter zu fassenden Angeboten durchgesetzt. Vielmehr lassen sich in der wissenschaftlichen und (bildungs-)politischen Diskussion unterschiedliche Perspektiven ausmachen, welche mit je spezifischen Zielsetzungen, einem bestimmten Verständnis von Bildungsprozessen sowie Bildern der lernenden Personen verbunden sind (vgl. Rupp et al., 2010, S. 51ff.). Folgt man Minsel (2007), so sollen familienbildende Angebote dazu beitragen, das „Zusammenleben in der Familie so zu gestalten, dass die Kinder in einer gesunden und entwicklungsförderlichen Lernumwelt aufwachsen" (S. 300), wobei die gemeinsame Unterstützung von Eltern und Kindern als Familienbildung bezeichnet wird. Elternbildung ist Teil der Familienbildung und richtet sich ausschließlich an die Eltern (vgl. Tan, 2011, S. 169). Familienbildung ist in Deutschland als präventives Angebot im Kinder- und Jugendhilfegesetz (SGB VIII) verankert, wird jedoch auch auf Basis der Erwachsenenbildungsgesetze der Bundesländer umgesetzt.

Die passgenaue Unterstützung von Eltern bei schulbezogenen Themen ist ein wichtiges Betätigungsfeld der Familienbildung, welches insbesondere in Folge der Pisa-Ergebnisse an Relevanz gewonnen hat (vgl. Schrader & Preißer, 2003). Programme, die sich speziell an benachteiligte Familien mit Migrationshintergrund richten, um sie bei der frühen Förderung der Kinder und damit bei deren Vorbereitung auf den formalen Bildungsweg zu unterstützen, lassen sich unterschiedlichen Ansätzen zuordnen.

## b.        Familienbildende Angebote für Migranten – ein Überblick

Das Feld familienbildender Angebote für Familien bzw. Eltern mit Migrationshintergrund in Deutschland ist äußerst unübersichtlich. Bei vielen Angeboten handelt es sich um kleine Initiativen, welche überregional kaum bekannt sind. Selten sind umfangreiche Informationsmaterialien verfügbar. Aus diesem Grund erhebt der folgende Überblick über familienbildende Ansätze weder einen Anspruch auf Vollständigkeit noch auf Repräsentativität.

Familienbildende Angebote für zugewanderte Eltern mit Kindern unter sechs Jahren lassen sich grob danach unterscheiden, ob sie ausschließlich elternzentriert oder eltern- und kindzentriert sind sowie ob ihnen eine Komm- oder eine Gehstruktur zugrunde liegt (vgl. Friedrich & Siegert, 2009; Leseman, 2008). Tabelle 1 weist der oben angeführten Kategorisierung exemplarisch Projektkonzepte zu (zu den Projektkonzepten im Einzelnen siehe auch Friedrich & Siegert, 2009).

**Tabelle 1** Familienbildende Konzepte für Familien mit Migrationshintergrund

| Fokus | Elternzentriert | | Eltern- und kindzentriert | |
|---|---|---|---|---|
| **Struktur** | Kommstruktur | Gehstruktur | Kommstruktur | Gehstruktur |
| **Exemplarische Beispiele** | Mama lernt Deutsch Elterncafé | Stadtteilmütter HIPPY (Home Instruction for Parents of Preschool Youngsters) | Sprachförderung in Eltern-Kind-Gruppen (Samenspel) Rucksack Kita | PAT (Parents As Teachers) Opstapje |

Quelle: Eigene Darstellung

## 4 Effekte familienbildender Angebote für Migranten

Nach dem vorangegangenen kurzen Überblick über die unterschiedlichen Ansätze der Familienbildung für Familien mit Migrationshintergrund in Deutschland, widmen wir uns im Folgenden der Frage nach deren Effekten. Der Fragestellung des vorliegenden Beitrags folgend konzentrieren wir uns auf die Programmeffekte bei den Kindern, insbesondere im schulrelevanten kognitiven Entwicklungsbereich. Die Bedeutung anderer Entwicklungsbereiche für die Schulfähigkeit von Kindern soll damit jedoch weder geleugnet noch in Frage gestellt werden (vgl. Burger, 2009, S. 69). Folgt man der Logik familienbildender Ansätze zur Bildungsförderung von Kindern, so sollten sich die kindlichen Entwicklungsfortschritte auf Veränderungen im elterlichen Verhalten zurückführen lassen (vgl. Brooks-Gunn & Markman, 2005).

### a. Studienergebnisse aus Deutschland

Auch wenn in Deutschland in den letzten Jahren ein gewachsenes Bewusstsein über die Relevanz empirisch gesicherter Wirksamkeitsbelege familienbildender Projekte festzustellen ist (vgl. Lösel et al., 2006, S. 141), lassen sich bislang nur wenige Studien zu den Effekten familienbildender Programme zur Unterstützung von Eltern mit Migrationshintergrund bei der frühen Förderung ihrer Kinder finden. Die wenigen gesichteten Untersuchungen beziehen sich vielfach auf international verbreitete Hausbesuchsprogramme (Gehstruktur), wie Opstapje und HIPPY (Home Instruction for Parents of Preschool Youngsters). Opstapje richtet sich an Eltern mit Kindern im Alter von zwei bis vier Jahren und basiert im ersten Programmjahr auf dem Konzept des Modelllernens, im zweiten Programmjahr übernimmt die Hausbesucherin die Beobachtung – und gegebenenfalls auch Korrektur – der Mutter/Vater-Kind-Interaktion (vgl. Sann & Thrum, 2003). HIPPY richtet sich an Eltern mit Kindern von vier bis sechs Jahren, ist im Vergleich zu Opstapje inhaltlich schulnaher gestaltet und basiert auf der Methode des Modelllernens (Lombard, 1981). Vorliegende Programmevaluationen zu Opstapje und HIPPY belegen insgesamt eher positive Effekte für die Entwicklung der Kinder (z.B. Bierschock et al., 2008; Kiefl, 1996; Bergs-Winkels & Halves, o. J.). Im Rahmen einer Längsschnittstudie mit Multi-Methoden-Design zeigen beispielsweise Bierschock et al. (2008) auf der Basis von Einschätzungen der Eltern, der Hausbesucherinnen sowie externer Experten (Erzieherinnen oder Ärzte), dass HIPPY zu Verbesserungen im Bereich der kindlichen Sprachentwicklung sowie im sozialen und kognitiven Entwicklungsbereich beiträgt. Kinder mit guten bis mittleren Ausgangsbedingungen profitierten jedoch stärker als Kinder mit schlechten Ausgangsvoraussetzungen. Die als Längsschnittstudie mit Multi-Methoden- und quasi-experimentellem Design konzipierte Evaluationsstudie von Opstapje zeigt, dass die Kinder aus der Interventionsgruppe im Vergleich zur Kontrollgruppe nach Programmabschluss im Bereich der kognitiven Entwicklung deutliche Fortschritte gemacht haben. Allerdings wurde bei einer Follow-up-Untersuchung ein Jahr später im Vergleich zur Messung am Programmende eine Verschlechterung des kognitiven und motorischen Entwicklungsstandes der Kinder festgestellt, welcher mit dem Rückfall der Eltern in alte Erziehungsmuster erklärt wurde (vgl. Lund & Erdwien, 2004, S. 4f.).

Auch Evaluationen anderer familienbildender Ansätze, welchen eine Kommstruktur zugrunde liegt, wie ‚Rucksack Kita', einem Elternbildungs- und Sprachförderprogramm für den Elementarbereich und ‚Sprachförderung in Eltern-Kind-Gruppen', einem Sprachförderprogramm im Gruppensetting für Eltern mit Kindern im Alter von ein bis drei Jahren, belegen die (kurzfristigen) positiven Programmeffekte auf die Entwicklung der Kinder. Die Evaluationsstudie zu ‚Rucksack Kita' war formativ angelegt und bediente sich eines Multi-Methoden-Designs. Die standardisierte Befragung von 79 Müttern zeigte eine positive Einschätzung hinsichtlich der Mutter-Kind-Interaktion sowie der deutschen Sprachkompetenzen der Kinder (vgl. Breitkopf & Schweitzer, 2004). Auch die Untersuchung der Umsetzung von ‚Sprachförderung in Eltern-Kind-Gruppen' gibt Hinweise darauf, dass die Kinder von einer Teilnahme profitieren.[1] Sie zeigt, dass alle 100 Kinder, die im Untersuchungszeitraum (2003-2004) an der Eltern-Kind-Gruppe teilgenommen haben und in dieser Zeitspanne drei Jahre alt geworden sind, im Kindergarten angemeldet wurden. Nach Einschätzung der dortigen Erzieherinnen waren die Deutschkenntnisse dieser Kinder besser als von Kindern mit Migrationshintergrund, die nicht an dem Angebot teilgenommen hatten.

Vorliegende Evaluationsstudien familienbildender Angebote für Familien mit Migrationshintergrund liefern somit sowohl für Hausbesuchsprogramme, als auch für Angebote mit Kommstruktur positive Belege für die kurzfristigen Programmeffekte auf die kindliche Entwicklung. Langfristige Effekte wurden jedoch kaum untersucht bzw. konnten nicht nachgewiesen werden. Insgesamt liegen in Deutschland jedoch selten Evaluationen vor, welche den strengen Anforderungen einer Wirkungsevaluation durch ein entsprechendes methodisches Vorgehen genügen (vgl. Lengning, 2010). Die Überprüfung

---

1   Die folgenden Ausführungen basieren auf einer Zusammenfassung der Ergebnisse der Evaluationsstudie, die den Autoren auf Anfrage von der Vereinigung Hamburger Kindertagesstätten gGmbH zugeschickt wurde. Angaben zum Studiendesign waren nicht enthalten.

der anvisierten Effekte erfolgt nahezu ausschließlich auf der Basis subjektiver Einschätzungen von unmittelbar am Projekt Beteiligten, insbesondere den Eltern oder den Elternbegleiterinnen. Die positiven Studienresultate können aufgrund des zu vermutenden sozial erwünschten Antwortverhaltens nur mit Einschränkungen als Beleg einer Wirksamkeit angesehen werden. Darüber hinaus sind die Fallzahlen der Studien sehr niedrig.

Diese Befundlage gilt analog für das gesamte Feld der familienbildenden Angebote in Deutschland. Eine bundesweite Bestandsaufnahme präventiver, kursförmig organisierter Angebote zur Förderung der elterlichen Erziehungskompetenz für das Jahr 2004 ergab, dass nur knapp ein Prozent der durchgeführten Angebote einer Wirkungsevaluation unterzogen wurden, wobei durchgängig auf die Einbeziehung einer Kontrollgruppe verzichtet wurde (Lösel et al., 2006, S. 108). Im Rahmen einer Metaevaluation von 27 Wirksamkeitsstudien, die diesen strengen Kriterien der Wirksamkeitsmessung entsprechen und in Deutschland in den Jahren 1976 bis 2005 erarbeitet wurden, können Lösel et al. (2006) jedoch auf insgesamt positive Effekte der Maßnahmen auf die Kinder hinweisen: Feststellen ließen sich „moderate, aber relevante Wirkungen der untersuchten Maßnahmen" (ebd., S. 143). Nachgewiesen wurde zudem ein deutlicher Zusammenhang zwischen eltern- und kindbezogenen Effekten: Programme, welche positive Effekte bei den Eltern erzielen konnten, erreichten auch bei den teilnehmenden Kindern positivere Veränderungen. Auch einige Zeit nach der Maßnahme konnten noch positive Wirkungen der Programme nachgewiesen werden, wobei diese schwächer ausfielen als unmittelbar nach Programmabschluss (ebd., S. 129ff.).

Bezogen auf Deutschland lässt sich somit festhalten, dass im Bereich der Familienbildung insgesamt, insbesondere aber im Bereich der Familienbildung für Eltern mit Migrationshintergrund, wenige methodisch anspruchsvolle Wirksamkeitsstudien vorliegen. Die Frage nach den langfristigen Effekten der Programme auf die schulische Performanz der Kinder wird in keiner gesichteten Studie untersucht. Auf Basis der vorliegenden empirischen Befunde ist die Frage, ob familienbildende Angebote in Deutschland zur Verringerung ethnischer Bildungsungleichheit führen, nicht zu beantworten. Möglicherweise lassen sich Anhaltspunkte dafür in empirischen Studien aus dem angloamerikanischen Sprachraum finden, wobei diese Befunde jedoch nur bedingt übertragbar sind (Stamm et al., 2009, S. 227).

## b.      Studienergebnisse aus dem angloamerikanischen Raum

Auch im angloamerikanischen Sprachraum finden sich kaum Studien, welche sich explizit mit der Frage nach den Wirkungen von Familienbildungsangeboten auf den Schulerfolg von Kindern mit Migrationshintergrund befassen. Anhaltspunkte für die Effektivität von Elternbildungsprogrammen in Bezug auf schulische Vorläuferfertigkeiten von Kindern geben jedoch Metaevaluationen präventiver Familienbildungsprogramme, die jedoch nicht ausschließlich Angebote zur Bildungsförderung berücksichtigen. Basierend auf 60 Evaluationsstudien US-amerikanischer Hausbesuchsprogramme belegen Sweet & Appelbaum (2004) positive kurzfristige Wirkungen von Hausbesuchsprogrammen für die kognitive und sozioemotionale Entwicklung von Kindern. Die Untersuchung von

McElvany et al. (2010) zeigt auf der Grundlage von fünf Evaluationsstudien für den Bereich Literacy positive kindbezogene Programmwirkungen. Demnach haben familiäre Frühförderprogramme einen kleinen aber statistisch signifikanten Effekt auf die Literacy-Fähigkeiten der Kinder. Einschränkend muss dabei jedoch auf den signifikanten Einfluss des Studiendesigns hingewiesen werden. So steht die Entscheidung, wie Stichproben auf Teilnehmer- und Kontrollgruppen aufgeteilt werden, in einem signifikanten Zusammenhang mit den gemessenen Effektstärken. Studien ohne Randomisierung oder Matching der Gruppenmitglieder weisen die höchsten Effektstärken auf, während bei Studien mit Randomisierung oder Matchingverfahren keine signifikanten Effekte des familienorientierten Förderprogramms festgestellt werden konnten (vgl. Mc Elvany et al., 2010).

Über langfristige Wirkungen familienbildender Programme, insbesondere im Hinblick auf die schulische Laufbahn der Kinder, finden sich jedoch auch in der angloamerikanischen Forschung keine ausreichenden empirischen Belege. Zahlreiche US-amerikanische Evaluationsstudien zeigen jedoch für den Bereich frühkindliche Bildung insgesamt, dass Frühförderprogramme für Kinder aus sozial benachteiligten Familien langfristig zur Verbesserung ihrer Bildungschancen beitragen (für eine Zusammenfassung siehe Burger, 2010; Stamm et al., 2009; Biedinger & Becker, 2006). Neben einer intensiven institutionellen Förderung der Kinder ist bei diesen Programmkonzepten auch eine kontinuierliche Elternbildung bzw. Elternbegleitung vorgesehen (Barnett, 1995). In ihrer Untersuchung von 19 nach 1985 durchgeführten Programmevaluationen können Blok et al. (2005) zeigen, dass diese eltern- und kindzentrierten Programme, also die Kombination von institutioneller frühkindlicher Förderung und elternbezogener Hausbesuche, größere Effekte auf die kognitive Entwicklung sozial benachteiligter Kinder haben, als reine Hausbesuchsprogramme. Diese Resultate sprechen dafür, frühkindliche Förderprogramme speziell zur Prävention sozialer oder ethnischer Bildungsungleichheiten nicht als reine Elternbildungsprogramme zu konzipieren. Vielversprechend scheint die Kombination einer indirekten Förderung der Kinder über die Bildung und Begleitung der Eltern mit einer direkten, kindbezogenen institutionellen Förderung. So zeigen Blok et al. (2005) weiter, dass Frühförderprogramme mit einer elternbezogenen Programmkomponente deutlich positivere Effekte auf die kognitive kindliche Entwicklung haben als Programmkonzepte, die kein Modul zur Elternbildung umfassen. Um die Programmeffekte zu sichern, bedarf es jedoch passgenauer Anschlussangebote, um eine aufeinander abgestimmte Unterstützung von Kindern und deren Eltern über die einzelnen kindlichen Entwicklungsphasen und schulischen Bildungsstufen hinweg zu gewährleisten (vgl. Edelmann, 2010).

## 5 Fazit

Bildungssoziologische Studien belegen, dass eine schulbezogene Unterstützung von Kindern aus benachteiligten Familien mit Migrationshintergrund bereits früh und möglichst noch vor Einritt in den Kindergarten ansetzen sollte. Als primärer Bildungsort von Kindern kommt der Familie eine große Bedeutung zu. Über Angebote der Familienbildung erhalten Eltern ergänzendes Wissen über Möglichkeiten der frühkindlichen Förderung ihrer Kinder. Dadurch sollen Eltern noch besser in die Lage versetzt werden, eine möglichst förderliche häusliche Lernumwelt für ihre Kinder zu schaffen und so langfristig deren Bildungserfolg zu sichern. Bislang liegen für Deutschland jedoch kaum methodisch angemessene Evaluationsstudien vor, welche insbesondere die langfristigen Effekte familienbildender Maßnahmen auf die kindliche Entwicklung und die schulische Laufbahn untersuchen. Selbst im angloamerikanischen Sprachraum, in welchem die Evaluationsforschung eine längere Tradition hat, finden sich explizit zu dieser Fragestellung kaum Untersuchungen. Studien zu inhaltlich ähnlichen Fragestellungen deuten darauf hin, dass eine Prävention schulischer Schwierigkeiten von Kindern aus sozioökonomisch benachteiligten Familien neben der elternbezogenen Unterstützung eine institutionelle kindzentrierte Förderung umfassen sollte. Darüber hinaus scheint eine frühe institutionelle Förderung der Kinder erfolgsversprechender, wenn sie auch eine elternbezogene Komponente umfasst. Vor diesem Hintergrund ist die in Deutschland zu beobachtende Ausweitung der Kindertagesbetreuung um elternzentrierte Angebote zu begrüßen.

## 6 Literatur

Barnett, S.W. (1995). Long-Term Effects of Early Childhood Programs on Cognitive and School Outcomes. *The Future of Children, 5 (3)*, 25–50.

Becker, B. (2010). *Bildungsaspirationen von Migranten. Determinanten und Umsetzung in Bildungsergebnisse.* Mannheim: Arbeitspapier 137 des Mannheimer Zentrums für Europäische Sozialforschung (MZES).

Becker, B. & Biedinger, N. (2006). Ethnische Bildungsungleichheit zu Schulbeginn. *Kölner Zeitschrift für Soziologie und Sozialpsychologie, Jg. 58* (4), 660–684.

Becker, R. & Schubert, F. (2011). Die Rolle von primären und sekundären Herkunftseffekten für Bildungschancen von Migranten im deutschen Schulsystem. In R. Becker (Hrsg.), *Integration durch Bildung* (S. 161–194). Wiesbaden: VS Verlag für Sozialwissenschaften.

Bergs-Winkels, D. & Halves, E. (o.J.). Kurzbericht über die Evaluation des HIPPY-Programms in Hamburg. Download am 13.03.2012 von www.hippy-deutschland.de/aktuelles/2010/Eval%20Hippy%20Hamburg%20Kurzfassung.pdf

Biedinger, N. (2009). Der Einfluss von elterlichen Investitionen auf die Entwicklung deutscher und türkischer Kinder. *Berliner Journal für Soziologie*, 268–294.

Biedinger, N. & Becker, B. (2006). *Der Einfluss des Vorschulbesuchs auf die Entwicklung und langfristigen Bildungserfolg von Kindern. Ein Überblick über internationale Studien im Vorschulbereich.* Mannheim: Arbeitspapier des Mannheimer Zentrums für Europäische Sozialforschung.

Bierschock, K., Dürnberger, A. & Rupp, M. (2008). *Evaluation des HIPPY-Programms in Bayern.* Bamberg: ifb-Materialien 3-2008.

Blok, H, Fukkink, R.G., Gebhardt, E.C. & Leseman, P.P.M. (2005). The relevance of delivery mode and other programme characteristics for the effectiveness of early childhood intervention. *International Journal of Behavioral Development 29* (1), 35–47.

BMFSFJ (Hrsg.) (2005). *Zwölfter Kinder- und Jugendbericht. Bericht über die Lebenssituation junger Menschen und die Leistungen der Kinder- und Jugendhilfe.* Berlin: BMFSFJ.

Boudon, R. (1974). *Education, Opportunity, and Social Inequality.* New York: Wiley.

Breitkopf, T. & Schweitzer, H. (2004). *Stadtteilmütter-Projekt. Interkulturelle Sprachförderung und Elternbildung im Elementarbereich. Abschlussbericht.* Essen: Stadt Essen.

Brooks-Gunn, J. & Markman, L.B. (2005). The Contribution of Parenting to Ethnic and Racial Gaps in School Readiness. *The Future of Children, 15* (1), 139–168.

Bundesregierung (2007). Der nationale Integrationsplan. Neue Wege – neue Chancen. Berlin.

Burger, K. (2010). How Does Early Childhood Care and Education Affect Cognitive Development? An International Review of the Effects of Early Interventions for Children from Different Social Backgrounds. *Early Childhood Quarterly 25* (2), 140–165.

Burger, K. (2009). Frühkindliche Bildung und der Ausgleich von Bildungschancen. In: N. Flindt & K. Panitz (Hrsg.): Frühkindliche Bildung. Entwicklung und Förderung von Kompetenzen (S. 67–74). Saarbrücken: Südwestdeutscher Verlag für Hochschulschriften.

Diefenbach, H. (2007). *Kinder und Jugendliche aus Migrantenfamilien im deutschen Bildungssystem – Erklärungen und empirische Befunde.* Wiesbaden: VS Verlag für Sozialwissenschaften.

Edelmann, D. (2010). Frühe Förderung von Kindern aus Familien mit Migrationshintergrund – von Betreuung und Erziehung hin zu Bildung und Integration. In M. Stamm & D. Edelmann (Hrsg.), *Frühkindliche Bildung, Betreuung und Erziehung. Was kann die Schweiz lernen?* (S. 199–221).Zürich: Rüegger.

Friedrich, L. & Siegert, M. (2009). *Förderung des Bildungserfolgs von Migranten: Effekte familienorientierter Projekte.* Nürnberg: Bundesamt für Migration und Flüchtlinge.

Kiefl, W. (1996). *HIPPY. Bilanz eines Modellprojekts zur Integration von Aussiedler- und Ausländerfamilien in Deutschland.* München: Deutsches Jugendinstitut.

Kristen, C. & Dollmann, J. (2010). Sekundäre Effekte der ethnischen Herkunft: Kinder aus türkischen Familien am ersten Bildungsübergang. In B. Becker & D. Reimer (Hrsg.). *Vom Kindergarten bis zur Hochschule. Die Generierung von ethnischen und sozialen Disparitäten in der Bildungsbiographie* (S. 117–144). Wiesbaden: VS Verlag für Sozialwissenschaften. .

Lengning, A. (2010). Goldstandards für einen wissenschaftlichen Nachweis der Wirksamkeit und Effektivität einer Intervention im Bereich Früher Hilfen als Voraussetzung für ihre Verbreitung. *Bundesgesundheitsblatt 53/2010,* 1056–1060.

Leseman, P. (2008). Integration braucht frühkindliche Bildung: Wie Einwandererkinder früher gefördert werden können. In: Bertelsmann Stiftung Migration Policy Institute (Hrsg.), *Migration und Integration gestalten. Transatlantische Impulse für globale Herausforderungen* (S. 125–150). Gütersloh: Bertelsmann.

Leyendecker, B. (2008). Frühkindliche Bildung von Kindern aus zugewanderten Familien – die Bedeutung der Eltern. *IMIS-Beiträge 34/2008,* 91–102.

Lösel, F., Schmucker, M., Plankensteiner, B. & Weiss, M. (2006). *Bestandsaufnahme und Evaluation von Angeboten im Elternbildungsbereich. Abschlussbericht.* Erlangen: Lehrstuhl Psychologie I.

Lombard, A. (1981). *Success begins at Home: Educational Foundations for Preschoolers.* Lexington, Mass: Lexington Books.

Lund, K. & Erdwien, B. (2004). *Opstapje Schritt für Schritt. Teilbericht 5 der wissenschaftlichen Begleitung. Entwicklungspsychologische Untersuchungen: Entwicklung der Kinder.* Download am 15.03.2012 von www.opstapje.de/docs/Teilbericht_5.pdf

McElvany, N., Herppich, S., van Steensel, R. & Kurvers, J. (2010). Zur Wirksamkeit familiärer Frühförderungsprogramme im Bereich Literacy – Ergebnisse einer Meta-Analyse. *Zeitschrift für Pädagogik 56* (2), 178–192.

Minsel, B. (2007). Stichwort Familie und Bildung. *Zeitschrift für Erziehungswissenschaft 10* (3), 299–316.

Müller-Benedict, V. (2007). Wodurch kann die soziale Ungleichheit des Schulerfolgs am stärksten Verringert werden? *Kölner Zeitschrift für Soziologie und Sozialpsychologie, Jg. 59* (4), 615–639.

Neugebauer, M. (2010). Bildungsungleichheit und Grundschulempfehlung beim Übergang auf das Gymnasium: Eine Dekomposition primärer und sekundärer Herkunftseffekte. *Zeitschrift für Soziologie, Jg. 39, Heft* (3), 202–214.

Relikowski, I., Schneider, T. & Blossfeld, H.-P.(2009). Primary and Secondary Effects of Social Origin in Migrant and Native Families at the Transition to the Tracked German School System. In Cherkaoui, M. & Hamilton, P. (Hrsg.). *Raymond Boudon: A Life in Sociology. Essays in Honour of Raymond Boudon* (S. 149–170). Oxford: Bardwell Press. .

Rupp, M., Mengel, M. & Smolka, A. (2010). *Handbuch zur Familienbildung im Rahmen der Kinder- und Jugendhilfe in Bayern.* Bamberg: ifb-Materialien 7-2010.

Sann, A. & Thrum, K. (2003). Wissenschaftliche Begleitung des Programms Opstapje – mehr als trockene Zahlen. In: DJI (Hrsg.). *Eine Kultur des Aufwachsens, Potentiale und Grenzen von Opstapje.* Dokumentation der Fachtagung 27./28.02.03 in Freising. Download am 12.03.2012 von www.dji.de/bibs/351_2511tagdok.pdf

Schrader, J. & Preißer, R. (2003). Elternbildung ‚nach Pisa‘. Neue Aufgaben der Erwachsenen- und Familienbildung. *DIE – Zeitschrift für Erwachsenenbildung 10* (3), 35–37.

Stamm, M., Burger, K. & Reinwand, V. (2009). Frühkindliche Bildung als Prävention gegen Schulversagen? *Zeitschrift für Sozialpädagogik 3*, 226–243.

Stanat, P. (2006). Disparitäten im schulischen Erfolg: Forschungsstand zur Rolle des Migrationshintergrunds. *Unterrichtswissenschaft, Jg. 36* (2), 98–124.

Stanat, P. (2009). Schülerinnen und Schüler mit Migrationshintergrund. In S. Blömeke, T. Bohl, L. Haag, G. Lang-Wojtasik & W. Sacher (Hrsg.), *Handbuch Schule. Theorie – Organisation – Entwicklung* (S. 478–481). Bad Heilbrunn: Verlag Julius Klinkhardt.

Sweet, M.A. & Appelbaum, M.I. (2004). Is Home Visiting an Effective Strategy? A Meta-Analytic Review of Home Visiting Programs for Families with Young Children. *Child Development 75* (5), 1435–1456.

Tan, D. (2011). Elternbildung. In B. Marschek & H.U. Brinkmann (Hrsg.), *Handbuch Migrationsarbeit* (S. 169–178). Wiesbaden: VS Verlag für Sozialwissenschaften.

# Erziehungsratgeber

Jakob Kost

## 1    Einleitung

Erziehungsratgeber, mit einem expliziten Fokus auf Entwicklung und Bildung in der frühen Kindheit, liegen erst seit drei Dekaden vor. Die Erziehungswissenschaft nähert sich diesem Medium jedoch nur zögerlich an und so liegt im Verhältnis zur grossen Anzahl an Ratgebern nur eine verhältnismässig kleine Anzahl an Untersuchungen vor. Aus historischer Perspektive wissen wir, dass in Zeiten verbreiteter Illiteralität hauptsächlich Angehörige gehobener Gesellschaftsschichten Adressaten schriftlicher Ratschläge (z.B. über Prinzenspiegel) waren. Als frühe Form von Ratschlägen wird meist die Hausväterliteratur genannt, die sich ab dem 17. Jahrhundert entwickelte (Höffer-Mehlmer, 2008). Schriften über gelingende Erziehung setzten nicht erst mit Pestalozzi oder Rousseau ein. Die breite Rezeption dieser und anderer Schriften verstärkte sich aber sicherlich im laufe des 19. Jahrhunderts mit der Verstaatlichung des Bildungswesens und der damit einhergehenden Steigerung der Alphabetisierung in der Bevölkerung. Mit der expliziten Ausformulierung von Erziehungsratschlägen für breitere Bevölkerungsschichten setzte sich ein Literaturgenre durch, das explizit die Pflege und Erziehung in der frühen Kindheit in den Fokus nahm. In Rousseaus Emil (erschienen 1762) finden sich im ersten Buch vielfältige Erziehungsratschläge für die frühe Kindheit, so thematisiert er Wickeln und Ernähren, Abhärtung des Kindes und den Beginn der geistigen Entwicklung (Rousseau, 1998, S. 9ff.). Christian Struves (1803) Ratgeber „Über Erziehung und Behandlung der Kinder in den ersten Lebensjaren" ist ein weiteres Beispiel für diesen Fokus. Eine ebenfalls weit verbreitete Auseinandersetzung mit der vorschulischen Erziehung legte Pestalozzi um 1818 vor. In seinen Briefen über Vorschulerziehung (die Briefe erscheinen zuerst nur auf Englisch) referiert er sowohl über die sittliche Erziehung von Kleinkindern, aber auch über die Wichtigkeit von Turnen und die bildende Wirkung des Musizierens für Augen und Ohren (Pestalozzi, 1978, S. 64ff.). Die seit den 1960er Jahren anhaltende Konjunktur von Erziehungsratgebern, mit explizitem Fokus auf die kognitive, soziale und emotionale Entwicklung in der frühen Kindheit, ist wohl massgeblich auf die Entdeckung des ‚kompetenten Säuglings' zurückzuführen. Obwohl es die genannten Vorläufer gibt, wurde erst seit durch die entwicklungspsychologische Forschung die Aneignungstätigkeit und -fähigkeit kleiner Kinder und Babies systematisch erforscht wurde, die Erziehungs- und Bildungsratschläge auf diesen Bereich flächendeckend ausgeweitet. Dieser Anstieg an Ratgebern blieb durch die Erziehungswissenschaft nicht unentdeckt, auch wenn die Konjunktur dieses Genres ohne eine Entsprechung auf der Seite der pädagogischen Forschung blieb. Dies hat sicher auch mit dem niederen Stellenwert populärpädagogischen Wissens in der erziehungswissenschaftlichen Forschung zu tun. Mit Blick auf den historischen Zeitpunkt kann die These aufgestellt werden, dass die empirische Wende in der Erziehungswissenschaft zu einer Abwertung nicht-empirischer Analysen führte und Ratgeber mit unter deshalb wenig Beachtung erhielten.

Der vorliegende Beitrag versucht in vier Schritten etwas Licht in dieses wenig bearbeitete Feld zu bringen. Zuerst wird kurz auf die Stellung populärpädagogischen Wissens in der erziehungswissenschaftlichen Forschung eingegangen. Weiter werden unterschiedliche Formen von Ratgebern für die frühe Kindheit vorgestellt und systematisiert, aktuelle Forschungszugänge zum Feld der Erziehungsratgeber erörtert und der Forschungsstand ausgebreitet. Im abschliessenden Kapitel werden mögliche Themen und Forschungszugänge künftiger Projekte skizziert.

## 2      Populärpädagogisches Wissen und Erziehungswissenschaft

Wissen, wie es sich in Ratgebern für die frühe Kindheit präsentiert, wird erst seit gut zwanzig Jahren von der Erziehungswissenschaft und ihren Bezugsdisziplinen erforscht. Dabei ist ein Wandel weg von rein historischen, hin zu Analysen mit zeitdiagnostischer Ausrichtung zu beobachten.

Offensichtlich hat die Erziehungswissenschaft ein distanziertes Verhältnis zur ‚vulgarisierten' Form ihres Wissens in Ratgebern. Christian Lüders bezeichnete die Analyse von pädagogischem Wissen für Eltern als „Gehversuche auf unwegsamen Gelände" (1994a). Er stellt in seinem Beitrag auch gleich fest: die Erziehungswissenschaft wisse über „die Aspekte der Produktion, Verbreitung und Inanspruchnahme pädagogischen Wissens für und von Eltern [...] recht wenig" (S. 164). Dieser Umstand scheint sich bis heute, fast 20 Jahre später, nicht fundamental gewandelt zu haben. Ausnahmen bilden die Analysen von Keller (2008) und Schmid (2011).

Dies ist insbesondere deshalb interessant, weil die Untersuchung von Elternratgebern als Quelle zeitgenössischen Erziehungsdenkens als unproblematisch angesehen wird, sofern beachtet wird, dass es sich dabei nicht um deskriptive Quellen handelt, sondern Ratgeber vielmehr eine normative Darstellung dessen liefern, wie Erziehung zu einem historischen Zeitpunkt idealtypisch gedacht wurde (vgl. Höffer-Mehlmer, 2008, S. 149). Die Wichtigkeit ihrer Analyse wird auch von Forschenden betont, die pädagogischen Ratgebern insgesamt sehr kritisch gegenüberstehen (z.B. Oelkers, 1995). Trotzdem besteht, auch nachdem in den letzten zwanzig Jahren vermehrt Analysen zu Erziehungsratgebern vorgelegt wurden, ein Missverhältnis zwischen der Anzahl neu erscheinenden Ratgebern und ihrer Erforschung.

## 3    Formen von Erziehungsratgebern

So heterogen wie die Themen sind, die in Erziehungsratgebern angesprochen werden, so vielfältig sind auch ihre Formen. In Anlehnung an Höffer-Mehlmer (2008) handelt es sich um Bücher „in denen Fragen der Kindererziehung und –pflege für den Leserkreis Eltern bzw. Mütter oder Väter behandelt werden" (S. 135). Im Folgenden werden einigen Möglichkeiten und Kriterien dieses Feld zu systematisieren vorgelegt.

In Deutschland und der Schweiz werden viele Eltern noch vor der Geburt ihres ersten Kindes mit umfangreichem Informationsmaterial über die frühkindliche Entwicklung und mit Beratungsmaterial für die Erziehung ihres Kindes versorgt. Bereits die Gratisratgeber, welche in Gynäkologiepraxen aufliegen oder in Babypflegekursen und beim Schwangerschaftsturnen abgegeben werden, thematisieren Entwicklungsschritte des Kindes, ab der Empfängnis. Neben dieser Gratisliteratur und den durch grosse Babyartikelhersteller finanzierten Heften, Katalogen etc. besteht ein kaum überblickbarer Markt an Erziehungsratgebern ab Geburt. Aus inhaltlicher Perspektive lässt sich das Angebot wie folgt strukturieren: (1) Ratgeber, die vorrangig die körperliche, soziale und emotionale Entwicklung von Babies bis ins Vorschulalter thematisieren (z.B. Borgenicht & Borgenicht, 2004; Largo, 2008;) (2) Ratgeber, die vorrangig ausgesuchte Themen in der Entwicklung eines Säuglings bis ins Vorschulalter thematisieren, wie u.a. Schlaf(-probleme), Trotz, Scheidung, Tod eines Elternteils, trocken oder sauber werden etc. (z.B. Fassbender & Bauer, 2004), sowie (3) Ratgeber, die weder die Entwicklung im Allgemeinen noch ausgewählte Probleme thematisieren, sondern noch globaler ‚gute' Aufwachsbedingungen sowie Erziehungsstile und -ziele darstellen und zeigen, wie sich ‚gesunde' Babies und Kleinkinder in Familien entwickeln (z.B. Bueb, 2006; Elschenbroich, 2002; Suess & Burat-Hiemer, 2009). Eine ähnliche Typologie wurde auch von Höffer-Mehlmer (2008) vorgeschlagen. Kritik an der Rethorik der letztgenannten Ratgeber ist in der Erziehungswissenschaft weit verbreitet (z.B. Brumlik, 2007; Göppel, 2009)

Neben den Buchratgebern gibt es Elternzeitschriften und -briefe. Da hier die Auswahl etwas kleiner ist, wird auf die bekanntesten Formen eingegangen. Nicht weiter ausgeführt wird in dieser Darstellung das Angebot an kommunalen und kantonalen/länderspezifischen Beratungszentren für Eltern. Seit einiger Zeit bestehen auch Beratungshotlines und online Foren, bei denen sich Eltern Rat einholen können. Zudem ist in vielen Fällen die Kinderärztin die erste professionelle Anlaufstelle für Eltern.

Elternzeitschriften thematisieren wechselnde Themen von der Geburt bis in die Adoleszenz. Neben der körperlichen, kognitiven und sozio-emotionalen Entwicklung von Kindern und Erziehungsfragen stehen Themen wie Familienorganisation, Vereinbarkeit von Familie und Beruf, rechtliche Fragen etc. im Zentrum. In der Schweiz besteht seit 1924 die Monatszeitschrift „Wir Eltern", in Deutschland die ähnlich ausgerichtete Zeitschrift „Eltern" seit 1966. Im Gegensatz zu „Eltern" erteilt „Wir Eltern" noch expliziter Ratschläge. Auch sind die Einzelhefte stärker auf verschiedene Altersstufen ausgerichtet.

Ein Schweizer Spezifikum sind die Konsumentenmagazine der beiden Grossverteiler Migros und Coop. Die wöchentlich erscheinenden Gratiszeitschriften greifen in loser Folge Erziehungs- und Bildungsthemen auf. Das Migros-Magazin hatte bis 2004 hierfür sogar eine eigene Rubrik „Ratgeber Kids". Zudem erscheinen mehrmals jährlich Reportagen zu aktuellen Themen im Erziehungs- und Bildungsbereich. Das Themenspektrum reicht von Fragen der Babypflege über Kinder mit Schulproblemen bis hin zu Drogenkonsum im Jugendalter.

Eine weitere Form von Erziehungsratgebern sind Elternbriefe. Sie verbreiteten sich im deutschsprachigen Raum bereits in den 1950er Jahren. Die Idee stammt vom US-Amerikaner Lloyd W. Rowland, welcher mit namhaften Fachleuten eine Serie für das erste Lebensjahr zusammenstellte und im Staat Louisiana vertrieb (vgl. Lüscher, Giehler & Stolz, 1978, S. 324f.). Elternbriefe erhält man in regelmässigen Abständen (meist vierzehntäglich bis einmal im Quartal). Auch sie enthalten Tipps und Ratschläge zu Kindererziehung, Gesundheit, Entwicklung und Familienorganisation. Bei der Bestellung von Elternbriefen gibt man das Alter des eigenen Kindes an und erhält so jeweils altersgerechte Ratschläge.

Ein breit rezipierter Vorschlag unterschiedliche Ratgebermedien zu typologisieren, ist jener von Lüders (1994a, S. 167ff.). Er macht transparent, dass mit einem Fokus auf Vermittlungsformen zwangsläufig andere Perspektiven keine Berücksichtigung finden, so z.B. jene der Produzenten oder auch jene der thematisierten Diskurse (vgl. ebd.). Ohne die einzelnen Vermittlungsformen detailliert zu beschreiben wird mit der Vierfeldertabelle ersichtlich, dass über die Dimensionen Mediale/Professionell-personale Vermittlung und Kommerzielle/nicht-kommerzielle Angebote eine Typisierung erzeugt wird, die eine trennscharfe Teilung der Vermittlungsformen ermöglicht.

**Tabelle 1** Vermittlungsformen pädagogischen Wissens (Lüders, 1994a, S. 168)

|  | Kommerzielle Angebote | Nicht-kommerzielle Angebote |
|---|---|---|
| Mediale Vermittlung | (a)<br>Zeitschriften,<br>Elternratgeber,<br>kommerzielles<br>Fernsehen | (b)<br>öffentlich-rechtliches<br>Fernsehen/Rundfunk,<br>Elternbriefe,<br>Informations-materialien |
| Professionell-personale Vermittlung | (c)<br>Buchhandel | (d)<br>alle Formen der<br>Beratung, Elternkurse |

Die im Folgenden präsentierten Ratgeberanalysen fokussieren ausschliessliche auf die beiden medialen Vermittlungsformen.

Die Autorinnen und Autoren von Erziehungsratgebern scheinen sich mit Blick auf die historische Entwicklung etwas gewandelt zu haben. Waren es bis in die Mitte des 20. Jahrhunderts meist Ärzte und Theologen die Ratgeber verfassten, werden seit einiger Zeit Erziehungsratgeber hauptsächlich von Personen verfasst, die „man als den beruflich qualifizierten und in der Kindererziehung erfahrenen Praktiker bezeichnen kann" (Höffer-Mehlmer, 2008, S. 139). Interessant ist zudem, dass die Anzahl an Ratgebern, die von Erziehgungswissenschaftler/-innen verfasst wurden, seit den Philantropisten konstant tief ist (Höffer-Mehlmer, 2007).

## 4    Forschungszugänge und Forschungsstand

Lüders (1994a) sieht angesichts dreier Entwicklungen eine intensivere Beschäftigung der Erziehungswissenschaft mit Elternratgebern für angezeigt. Die Frage, mit Hilfe welcher Wissensformen die elterlichen Erziehungsbemühungen beschrieben werden können, werde vor dem Hintergrund der These der gesellschaftlichen Konstruktion von Wirklichkeit virulent. Weiter könne die These, dass unsere Lebenswelt pädagogisiert werde nur mit einer systematischen Erforschung der Einflussfaktoren, und damit auch den Ratgebern und ihren Konstruktionen von Kindern und Kindheit, Rechnung getragen werden. Und im Zusammenhang mit der reflexiven Modernisierung sei zu klären, wie und über welche Wege erziehungswissenschaftliches Wissen pädagogisches Wissen für Eltern beeinflusse und hervorbringe (vgl. Lüders, 1994a, S. 180f.). Solche und weitere Thesen und Fragen werden massgeblich über vier Forschungszugänge bearbeitet. Es sind dies historische Zugänge, inhaltsanalytische Zugänge, Diskursanalysen und empirisch-quantitative Untersuchungen. Historische Analysen rekonstruieren meist Epochenbezogen ein Phänomen und seine Repräsentation in Ratgebern wie z.B. die Sauberkeitserziehung oder Erziehung zum Gehorsam. Inhaltsanalytische Untersuchungen engen den Untersuchungszeitraum meist deutlich stärker ein und vergleichen dann u.a. Erziehungsziele in unterschiedlichen Ratgebern. Diskursanalytische Verfahren versuchen dagegen hegemoniale Konstruktionen z.B. von Kindheit oder Elternschaft zu rekonstruieren. Und empirisch-quantitative Untersuchungen fokussieren meist auf das Nutzungs- oder Kaufverhalten und fragen nach den Kaufmotiven für den Erwerb von Ratgebern. Diese Strukturierung entlang einer vermeintlich methodischen Achse birgt vielfältige Probleme. Einerseits sind einzelne Kategorien nicht trennscharf (historische vs. vergleichende Untersuchungen) oder befinden sich auf unterschiedlichen Ebenen (empirisch-quantitative vs. diskursanalytische Untersuchungen), andererseits, werden so thematisch ähnlich gelagerte Studien neben- und nicht miteinander betrachtet. Angesichts des insgesamt bescheidenen Forschungsstandes schien die vorliegende Strukturierung jedoch am gewinnbringendsten.

Mollenhauer setzte sich erstmals 1965 mit dem pädagogischen Phänomen der Beratung auseinander und stellte erste Theorieangebote für ein damals neues Phänomen zur

Verfügung. Er interessierte sich für das Verhältnis von Beratung und Erziehung und versuchte Spezifika, eines pädagogischen Beratungsprozesses herauszuarbeiten. Gut zehn Jahre später griff Hornstein (1976) einige Argumente von Mollenhauer auf und forderte erziehungswissenschaftliche Untersuchungen zum Phänomen Beratung. Im Anschluss daran legten unterschiedliche Autor/innen in loser Folge Einzeluntersuchungen zum Themenfeld Erziehungs-/Elternratgeber vor (Hefft, 1978; Lüscher, Giehler & Stolz, 1978; Lüscher, Koebbel & Fisch, 1982; Berg, 1991; Oelkers, 1991; Lüders, 1994a, 1994b; Oelkers, 1995; Fuchs, 1997; Keller, 2000; Höffer-Mehlmer, 2007; 2008; Keller, 2008; Schmid, 2008; Kost, 2010; Schmid, 2011). Diese werden im Folgenden anhand der genannten Systematik ausgebreitet. Bezeichnend für den aktuellen Forschungsstand ist, dass nur in vereinzelten Arbeiten systematisch auf die zu Grunde liegenden Theorien verwiesen wird.

## 4.1    Historische Analysen

Die historische Entwicklung des Ratgebergenres wird von Höffer-Mehlmer (2007) ausführlich nachgezeichnet. Dabei beschreibt er die Hausväterliteratur als Frühform von Ratgebern und geht in der weiteren Entwicklung insbesondere auf die Aufklärung und die Repräsentationen ihrer Ideen in Ratgebern ein. Zudem liefert er für die Zeit ab dem 19. Jahrhundert ein differenziertes Bild für die Entwicklung des Genres. In einer historischen Analyse konnte Berg (1991) einige bedeutsame Aspekte von Ratgebern festmachen, welchen auch in späteren Auseinandersetzungen viel Aufmerksamkeit geschenkt wurde. Sie beschreibt die „verblüffende Ausweitung und Tragweite der beanspruchten Kompetenz [von Ratgebern, d. Verf.] nicht nur für Probleme, sondern geradezu für alle Lebenslagen" (Berg, 1991, S. 709). Sie spricht damit das Phänomen an, dass Erziehungsratgeber zwar für spezifische Probleme (z.B. mangelnde Gehorsamkeit) Lösungen anbieten, aber gleichzeitig und zusätzlich vorgeben viele andere Probleme ebenfalls zu lösen.

Berg konstatiert nach einer Sichtung der Ratgeberliteratur der letzten Jahrhunderte – welche deutlich selektiver ist, als jene von Höffer-Mehlmer (2007; 2008) –, dass solche immer dann gehäuft auftauchten, wenn die Ursachen für gesellschaftliche Probleme auf die Erziehung abgeschoben wurden. Berg führt weiter aus, dass aus wissenschaftlicher Perspektive Ratgeber immer als „mindere Reflexionsstufe" einer Auseinandersetzung dargestellt wurden. Sie wurden faktisch aus dem wissenschaftlichen Diskurs ausgeschlossen und damit zu einer „quantité négligeable" (Berg, 1991). Neben möglichen Gründen für die wissenschaftliche Ignoranz gegenüber Ratgebern zeigt Berg ein weiteres Spezifikum von Ratgebern auf, nämlich dass diese „Ausdruck erziehender Lebensformen sind" (ebd., S. 725). Das heisst, dass die in den Ratgebern thematisierten Vorstellungen als konsensfähige „Wissensbestände, die sich auf Erziehungsprozesse beziehen" gelten (ebd., S. 725f.). Berg verfolgt damit die These, dass historische Analysen von Ratgebern Einblicke in hegemoniale Wissensbestände über Erziehungsprozesse erlauben, und betont damit das zeitdiagnostische Potential solcher Analysen.

Wie bereits angetönt liegen bisher aber kaum Untersuchungen mit einem Fokus auf die frühe Kindheit vor. Ein Grund dafür ist sicherlich auch, dass sich Erziehungsratgeber für die frühe Kindheit bis weit ins 20. Jahrhundert auf die körperliche Pflege und dann mit zunehmendem Alter auch auf die sittliche Erziehung beschränkten und Bildungsprozesse ausblendeten. Dies zeigt sich u.a. auch in der Untersuchung von Fuchs (1997) zu populärpädagogischen Erziehungsratgeber im 19. Jahrhundert.

Die Untersuchungen von Schmid (2008; 2011) greifen die Idee von Berg zum zeitdiagnostischen Potential von Ratgeberanalysen auf. Sie analysierte in einer ersten Arbeit Erziehungsratgeber aus der Weimarer Republik und der NS-Zeit und gewann dabei interessante Einblicke in die Entwicklung des Mutterbildes und auch frühkindlichen Pflege- und Erziehungsvorstellungen in der ersten Hälfte des 20. Jahrhundert. In der zweiten, deutlich umfangreicheren Untersuchung, widmet sich Schmid (2011) dem Verhältnis von Theorie und Praxis in populärpädagogischen Schriften und zeigt auf, wie in Ratgebern unterschiedliche Theorien (1.-3. Grades, sensu Weniger) Eingang finden. Im Gegensatz zu Oelkers, sieht Schmid das Problem der Ratgeber vielmehr in einer Psychologisierung als in einer Trivialisierung von Theorie (vgl. ebd., S. 375).

## 4.2 Vergleichende/Inhaltsanalytische Zugänge

Neben dieser historischen Perspektive wurde bei der Analyse von Erziehungsratgebern immer wieder eine vergleichende Perspektive eingenommen.

Hefft (1978) entwickelte auf der Basis einer theoretischen Auseinandersetzung ein Erziehungskonzept und analysierte Erziehungsratgeber aus dem Jahr 1974 inhaltsanalytisch nach den darin propagierten Erziehungszielen. Sie konnte dabei verschiedene inhaltliche Gemeinsamkeiten der Ratgeber aufzeigen. So fordern im Ergebnis viele Ratgeber einerseits die stärkere Einbindung der Väter in den Erziehungsprozess, propagieren andererseits jedoch eine klare geschlechtsspezifische Erziehung. Zudem beziehen sich die Erziehungsziele meist bloss auf die individuelle Ebene und legen wenig Wert auf das Umfeld der Kinder (vgl. ebd., S. 262f.). Mit Verweis auf Berg (1991) lässt sich festhalten, dass Heffts Ergebnisse auf die ungeklärte Position des Geschlechts (Väter einbinden vs. geschlechtsspezifische Erziehung) im Erziehungsprozess hinweisen. Dieses Spannungsverhältnis könnte als „Ausdruck erziehender Lebensform" (Berg, 1991, S. 725) interpretiert werden.

Rerrich (1983) versucht in einem Beitrag über den Wandel der Elternschaft seit 1950 aufzuzeigen, dass sich die These der Pädagogisierung der Kindheit auch in der Zunahme von Elternratgebern widerspiegelt und verweist darauf, dass bereits Mitte der 1970er Jahren über 10.000 deutschsprachige Elterbratgeber zum Thema Kindermedien erschienen. Die Autorin wirft dabei die These auf, dass mit der Verbreitung von Ratgebern die Erziehungsanforderungen an Eltern massiv ansteigen würden.

Oelkers (1991) stellt in einer frühen Arbeit dar, wie der Topos der Sorge als Erziehungsmittel und Argument wirksam eingesetzt wird. In seiner Analyse, welche Kataloge und Werbematerialien einschloss, arbeitete er verschiedene Positionen heraus, welche für die Erhellung des Forschungsfeldes der Ratgeber nützlich scheinen. Dabei zeigte er, wie „pädagogisches Wissen" in den untersuchten Medien verwendet wird. „Pädagogisches Wissen" meint in diesem Zusammenhang „eine typische Mischung aus Rethorik und Argument, die nahe der Alltagssprache und der ihr verbundenen Emotionalität verwendet wird, jedoch im Konfliktfall zugleich als Theorie behauptet und nachgewiesen werden kann" (Oelkers, 1991, S. 213). In seiner Analyse zeigt Oelkers, dass Erziehung dabei „sensualistisch als feste Prägung verstanden [wird, d. Verf.] von der man sich nur schwer und auch dann nur mit grosser ‚Hilfe' von Aussen [sic] befreien kann" (ebd., S. 221).

Oelkers Untersuchungen zu pädagogischem Wissen finden in einer der wohl am umfangreichsten Analysen von Erziehungsratgebern ihre Fortführung (Oelkers, 1995). Seine Analyse bringt ihn auf drei Elemente, welche Ratgeber im Besonderen auszeichnen: Erstens beanspruchen Ratgeber, allzuständig zu sein, zweitens haben sie für alle Probleme eine patente Lösung bereit, und drittens sind Ratgeber gebrauchsorientiert und können nicht durch Erfahrungen korrigiert werden (vgl. ebd., S. 81). „Die *Allzuständigkeit* kann am Themenspektrum und an den Verhaltensmustern des Genres beschrieben werden; die Präferenz für *patente Lösungen* reagiert auf die Konsumerwartung und hat zur Folge, dass Ratgeber wie *fast food* verbraucht werden und ständig Platz für die eignen Nachfolger schaffen; ihr Gebrauch ist davon bestimmt, dass die Aussagen *unkorrigierbar* erschienen, als seien sie tatsächliche Verkündungen des richtigen Weges" (ebd., S. 82, Hervorheb. im Orig.).

Oelkers berichtet, dass Erfahrungen der Eltern oftmals durch Modelle psychologischer oder pädagogischer Disziplinen ersetzt würden, wodurch Ratgeber zu Autoritäten würden, welche Ursachen definieren und Handlungsanweisungen vorschreiben

Im Fazit zu seiner Analyse hält Oelkers fest, dass „die Semantik des Rates und der Prozess, auf den er sich bezieht" (Erziehung), nicht kongruent seien (ebd., S. 214). Damit fasst er ein den Ratgebern inhärentes Problem zusammen, das sich in fast allen Untersuchungen zeigt.

Die Hinweise auf Allzuständigkeit und patente Lösungen, verweisen auf Aspekte, welche bereits bei Berg (1991) Erwähnung fanden. Ebenso sind viele der Ergebnisse als eine Weiterentwicklung seiner Untersuchung von 1991 zu betrachten.

Lüders (1994b) analysiert in einer Arbeit aus vergleichender Perspektive, wie Ratgeber mit pluralistischen Bedingungen umgehen, also mit dem Problem, dass der formulierte Rat zutreffend, aber genauso gut unzutreffend sein kann. Dafür analysiert er in Anlehnung an Goffmans Rahmenanalyse (1980) Einleitungen und hinführende Kapitel dreier Ratgeber (vgl. Lüders, 1994b, S. 151). Die Resultate der Untersuchung weisen darauf hin, dass die Ratgeber zwar Pluralität ansprechen, diese aber nur auf mögliche Lebensformen von Eltern und Kindern beziehen, nicht aber „im Hinblick auf die in Anspruch genommenen pädagogischen Prinzipien und Verfahren" (Lüders, 1994b, S. 157). Diese Hinweise sind insofern interessant, als mit dem Verweis auf Pluralität – im Sinne von unterschiedlichen Aufwachsensbedingungen – ebenfalls Einblicke in die über Ratgeber transportierte „erziehende Lebensform" gewährt werden. Dass die pädagogischen Prinzipien dieser

Pluralität offensichtlich nicht ausgesetzt sind, erstaunt vor dem Hintergrund von Oelkers (1991; 1995) Arbeiten kaum.

## 4.3     Diskursanalytische Zugänge

Die bisher einzige diskursanalytische Arbeit zu Erziehungsratgebern für die frühe Kindheit wurde von Kost (2010) vorgelegt. In seiner an Michel Foucault (1981) angelehnten Diskursanalyse zeigt er, welche hegemonialen, diskursiven Formationen sich in Ratgebern (Elternbriefen und –zeitschriften) finden. Im Ergebnis zeigen sich drei diskursive Formationen, welche die Professionalisierung der Eltern propagieren, Kindheit als Transitionsphase ins Erwachsenenalter thematisieren und Spezifika kindlicher Lernprozesse beschreiben. Dabei zeigt der Autor, dass die Eltern dazu angeregt werden ihr „professionelles" Wissen (z.B. über Entwicklungsprozesse) stetig zu erweitern. Eine ähnliche Beobachtung macht auch Höffer-Mehlmer (2008, S. 143) wenn er schreibt: „Die Verbreitung und Poularisierung wissenschaftlichen Wissens wird zu einer wesentlichen Herausforderung und Aufgabe, die Vorstellung, dass sich hiermit einer Verbesserung der Erziehung und des Aufwachsens erreichen lassen, zu einem bis heute wirkenden Motiv für das Ratgeben".

## 4.4     Empirisch-quantitative Zugänge

Die lange Zeit einzige verfügbare quantitativ-empirische Untersuchung im Feld der Erziehungsratgeber ist eine Studie zu Elternbriefen von Lüscher et al. (1982). Die Autoren untersuchten im Auftrag des deutschen Bundesamtes für Jugend Familie und Gesundheit ab dem Jahre 1974 die Rezeption von Elternbriefen durch Eltern. Die Untersuchung erstreckte sich über zwei Zeiträume, wobei zum ersten Erhebungszeitpunkt eine nicht repräsentative Stichprobe von 234 Müttern befragt wurde. Die zweite Erhebung schloss 321 Mütter und Väter ein. Dabei zeigte sich, dass Haus- und Kinderärztinnen und -ärzte am häufigsten um Rat in Erziehungs-, Entwicklungs- und Gesundheitsfragen gebeten wurden (55 %). Das Niveau der Ratschläge der Ärztinnen und Ärzte wurde als sehr hoch eingestuft. Am zweithäufigsten wurden Elternbriefe (42 % der Befragten nutzten diese häufig) als Informationsquelle genannt, wobei auch diese sehr positiv bewertet wurden. Seltener wurde angegeben, dass die eigenen Eltern häufig um Ratschläge gebeten würden (38 %). Die Bewertung der Qualität dieser Ratschläge lag im Durchschnitt unter der Qualität der Elternbriefe oder der Ratgeber in Buchform (vgl. ebd., S. 765ff.). Als erwartungswidrig erwiesen sich die Befunde, wonach die Nutzung der Elternbriefe nicht von der Bildung der Mütter oder der Berufsgruppe abhängig war. Es zeigte sich aber ein leichter Effekt in Bezug auf die Erwerbstätigkeit (erwerbstätige Mütter konsultierten seltener Elternbriefe als nicht erwerbstätige Mütter). Im Fazit des Berichts halten die Autoren fest, dass die Beliebtheit der Elternbriefe vor allem auf deren Verzicht auf einen wissenschaftlichen Sprachduktus zurückzuführen sei.

Lüders (1994a) versucht in einem Aufsatz den Markt von Ratgeberliteratur für Eltern zu rastern, um so einen ersten Einblick in ein „pädagogisch unwegsames Gelände" zu erhalten. Da auf der Basis seiner Recherche keine qualitativ hochstehenden Untersuchungen vorliegen, listet er nach einer Situierung des Angebots Mediennutzungsdaten, Verkaufszahlen sowie Werbekosten für Anzeigen in verschiedenen Ratgebermedien auf. Lüders fordert am Ende seines Beitrags „[...] dass den Spuren dieses Wissens auch in scheinbar abgelegenen Winkeln gefolgt werden sollte" (S. 179). Damit verweist er, wie dies Oelkers 1991 und 1995 tat, auf den Umstand, dass sich populärpädagogisches Wissen und pädagogischer Rat nicht nur in Erziehungsratgebern in Buchform findet, sondern ebenso in scheinbar unpädagogischen Schriftstücken.

Neueren Datums sind die Arbeiten von Keller (2000; 2008), die sich vorrangig mit der Leserschaft von Erziehungsratgebern auseinandersetzt und eine umfangreiche Interviewstudie vorlegte. In ihrer Arbeit aus dem Jahr 2000 konnte sie zeigen, dass u.a. Personen mit einer pädagogischen Ausbildung bei den befragten überrepräsentiert waren. Die Kaufmotive waren meist konkrete Herausforderungen in der aktuellen Erziehungsarbeit. In der weiterführenden qualitativen Studie von 2008, konnte die Autorin deutliche Leserinnen- resp. Käuferinnenprofile eruieren und aufzeigen, aus welchen Motiven (aktuelle Erziehungsherausforderungen vs. die kindliche Entwicklung verstehen) Ratgeber gekauft werden und welchen Autor/innen Kompetenz attestiert wird (vgl. Keller, 2008, S. 301ff.)

Mit Blick auf diesen Forschungsstand kann festgehalten werden, dass bisher zwar einige Analysen von Ratgebern vorgelegt wurden, bei Weitem aber nicht von einem systematisch erschlossenen Forschungsfeld gesprochen werden kann. Untersuchungen mit einem expliziten Fokus auf Bildungs- und Erziehungsprozesse in der frühen Kindheit liegen, mit einer Ausnahme (Kost, 2010), bisher nicht vor.

Die vier skizzierten Zugänge sind nicht trennscharf, bieten aber eine erste Strukturierung in einem Feld lose zusammenhängender und kaum aufeinander aufbauender Arbeiten.

Dabei üben die vorgestellten Untersuchungen tendenziell viel Kritik an den Ratgebern. Sie werden oftmals als simplifizierende Medien dargestellt, die den Erziehungsprozess als eindimensional beschreiben und für jedes Problem eine Lösung bereitstellen. Diese Erkenntnis wird sowohl in historischen als auch in vergleichenden Analysen mehrfach gezogen.

## 5    Perspektiven zukünftiger Forschung zu Elternratgebern

Eine Kernherausforderung der erziehungswissenschaftlichen Erforschung von Erziehungsratgebern stellt wohl auch in Zukunft die quantitative Zunahme von Werken dar, welche die Forschenden vor nicht zu unterschätzende Recherche-, Auswahl und Gewichtungsprobleme stellt (Höffer-Mehlmer, 2008).

Im Weiteren scheinen folgende Zugangsweisen richtungweisend für die künftige Forschung zu Erziehungsratgebern und populärpädagogischem Wissen zu sein (siehe dazu auch die Ausführungen bei Schmid, 2011). Die bisherigen historischen und vergleichenden Analysen scheinen das zeitdiagnostische Potential von Ratgeberanalysen bei weitem nicht auszuschöpfen, insbesondere mit Blick auf die letzten 20 Jahre, in denen das Angebot an Ratgebern mit expliziter Ausrichtung auf die frühe Kindheit massiv zugenommen hat.

Die erste kleine Arbeit von Kost (2010) zeigt eine Möglichkeit auf, wie Ratgeberliteratur als Datenkorpus in Diskursanalysen verwendet werden könnte. Auch hier scheint noch grosses Potential vorzuliegen, insbesondere wenn man berücksichtigt welche Fortschritte mit Diskurs- und Dispositivanalysen in den letzten Jahren in anderen Disziplinen (z.B. Disabilitystudies) erreicht wurden.

Das anhaltend hohe Interesse von Bildungspolitik und Bildungswissenschaft am Themenkreis der frühkindlichen Integration, Bildung, Betreuung und Erziehung (FIBBE), wird dazu führen, dass auch weiterhin Verlage Ratgeber in hohen Auflagen verlegen werden. Es ist die Aufgabe der Erziehungswissenschaft diese Entwicklung, und die über die Ratgeber transportieren Inhalte wissenschaftlich zu untersuchen.

## 6    Literatur

Berg, Ch. (1991). „Rat geben". Ein Dilemma pädagogischer Praxis und Wirkungsgeschichte. In *Zeitschrift für Pädagogik 37*(5), 709–734.

Borgenicht, L. & Borgenicht, J. (2004). *Das Baby. Inbetriebnahme, Wartung und Instandhaltung.* München: Sanssouci.

Brumlik, M. (Hrsg.). (2007). *Vom Missbrauch der Disziplin. Antworten der Wissenschaft auf Bernhard Bueb.* Weinheim: Beltz.

Brunner E.J. & Schönig E. (Hrsg.). (1990). *Theorie und Praxis der Beratung. Pädagogische und Psychologische Konzepte.* Freiburg im Breisgau: Lambertus-Verlag.

Bueb, B. (2006). *Lob der Disziplin. Eine Streitschrift.* Berlin: List.

Elschenbroich, D. (2002). *Weltwissen der Siebenjährigen. Wie Kinder die Welt entdecken.* München: Goldman.

Fassbender, U. & Bauer, I. (2004). *Es geht auch ohne Windeln! Der sanfte Weg zur natürlichen Babypflege.* München: Klösel.

Foucault, M. (1981). *Archäologie des Wissens.* Frankfurt am Main: Suhrkamp.

Fuchs, M. (1997). „*Wie sollen wir unsere Kinder erziehen?". Bürgerliche Kindererziehung im Spiegel der populärpädagogischen Erziehungsratgeber des 19. Jahrhunderts.* Wien: Edition Praesens.

Göppel, R. (2009). Von der Tyrannei der Erziehungsratgeber. Oder: Die Abschlaffung der Sachlichkeit. In *Zeitschrift für Sozialpädagogik 7*(2), 114–130.

Goffman, E. (1980). *Rahmen-Analyse. Ein Versuch über die Organisation von Alltagserfahrungen.* Frankfurt am Main: Suhrkamp.

Hefft, G. (1978). *Elternbücher. Eine pädagogische Analyse.* München und Zürich: R. Piper & Co Verlag.

Höffer-Mehlmer, M. (2008). Erziehungsdirskurse in Elternratgebern. In W. Marotzki & L. Wigger (Hrsg.), *Erziehungsdiskurse* (S. 135–153). Bad Heilbrunn: Klinkhardt.

Höffer-Mehlmer, M. (2007). Erziehungsratgeber. In J. Ecarius (Hrsg.), *Handbuch Familie* (S. 669–687). Wiesbaden: VS.

Hornstein, W. (1976). Beratung in der Erziehung: Aufgaben der Erziehungswissenschaft. In *Zeitschrift für Pädagogik 22*(5), 673–697.

Keller, N. (2000). *Pädagogische Ratgeber in Buchform – Leserschaft und Leseverhalten eines Erziehungsmediums.* Unveröffentlichte Lizentiatsarbeit. Institut für Pädagogik, Universität Bern.

Keller, N. (2008). *Pädagogische Ratgeber in Buchform – Leserschaft eines Erziehungsmediums.* Bern: Peter Lang.

Kost, J. (2010). *Erziehungsratgeber für die frühe Kindheit. Eine diskursanalytische Untersuchung.* Unveröffentlichte Masterarbeit: Departement Erziehungswissenschaften der Universität Fribourg.

Largo, R.H. (2008). *Babyjahre. Die frühkindliche Entwicklung aus biologischer Sicht.* München: Piper.

Lüders, Ch. (1994a). Pädagogisches Wissen für Eltern. Erziehungswissenschaftliche Gehversuche in unwegsamem Gelände. In H.-H. Krüger & Th. Rauschenbach (Hrsg.), *Erziehungswissenschaft. Eine Disziplin am Beginn einer neuen Epoche* (S. 163–183). Weinheim: Juventa.

Lüders, Ch. (1994b). Elternratgeber oder: Die Schwierigkeit, unter pluralistischen Bedingungen einen Rat zu geben. Im F. Heyting, H.-E. Thenorth (Hrsg.), *Pädagogik und Pluralismus. Deutsche und niederländische Erfahrungen im Umgang mit Pluralität in Erziehung und Erziehungswissenschaft* (S. 149–158). Weinheim: Deutscher Studien Verlag.

Lüscher, K., Giehler, W. & Stolz, W. (1978). Elternbildung durch Elternbriefe. In K. Schneewind & H. Lukesch (Hrsg.), *Familiäre Sozialisation* (S. 324–351). Stuttgart: Klett-Cotta.

Lüscher, K., Koebbel, I. & Fisch, R. (1982). Elternbriefe und Elternbildung. Eine familienpolitische Massnahme im Urteil der Eltern. In *Zeitschrift für Pädagogik 28*(5), 763–774.

Mollenhauer, K. (1965). Das pädagogische Phänomen der „Beratung". In Ders. & C.W. Müller. (Hrsg.), *„Führung" und „Beratung" in pädagogischer Sicht* (S. 25–50). Heidelberg: Quelle & Meyer

Oelkers, J. (1991). Topoi der Sorge. Beobachtungen zur Verwendung pädagogischen Wissens. In *27. Beiheft der Zeitschrift für Pädagogik,* 213–231.

Oelkers, J. (1995). *Pädagogische Ratgeber. Erziehungswissen in populären Medien.* Frankfurt am Main: Verlag Moritz Diesterweg

Pestalozzi, J.H. (1978). *Texte für die Gegenwart* (Bd. 3). Herausgegeben von H. Roth. Zug: Klett & Balmer.

Rerrich, M. (1983). Veränderte Elternschaft: Entwicklungen in der familialen Arbeit mit Kindern seit 1950. In *Soziale Welt 34*(4), 420–449.

Rousseau, J.J. (1998). *Emil oder über Erziehung.* Paderborn: Ferdinand Schöningh.

Schmid, M. (2008). *Erziehungsratgeber in der ersten Hälfte des 20. Jahrhunderts – eine vergleichende Analyse.* Berlin: Wiesenseeverlag.

Schmid, M. (2011). *Erziehungsratgeber und Erziehungswissenschaft. Zur Theorie-Praxis-Problematik populärpädagogischer Schriften.* Bad Heilbrunn: Klinkhardt.

Struve, C. (1803). *Über die Erziehung und Behandlung der Kinder in den ersten Lebensjaren. Ein Handbuch für Mütter, denen die Gesundheit ihrer Kinder am Herzen liegt.* Hannover.

Suess, G.J. & Burat-Hiemer, E. (2009). *Erziehung in Krippe, Kindergarten und Kinderzimmer.* Stuttgart: Klett-Cotta.

# Leserelevante Kompetenzen und ihre frühe Förderung

Britta Juska-Bacher

## 1 Die Bedeutung schriftsprachlicher Bildung

Der (schrift-)sprachlichen Bildung wird ein zentraler Stellenwert für den Schulerfolg, den Bildungsverlauf und die Lebenschancen des Einzelnen beigemessen (Whitehead, 2004, S. 295). In den letzten Jahren ist der Kompetenzbereich Lesen durch große Leistungsvergleichsstudien wie PISA (= Programme for International Student Assessment) und IGLU (= Internationale Grundschul-Lese-Untersuchung) mit Schulkindern unterschiedlichen Alters ins Licht der Öffentlichkeit gerückt. Erstklässler beginnen aber ihre Schullaufbahn bereits mit großen individuellen Unterschieden u.a. im Lesen (z.B. Moser et al., 2005, S. 49) und damit einer deutlichen Chancenungleichheit. Gründe dafür sind in unterschiedlichen Bedingungen und Entwicklungen in der frühen Kindheit zu suchen. Eine wirksame Förderung der (Proto-)Literalität sollte daher erstens möglichst früh ansetzen (Eurydice, 2009, S. 63) und zweitens – vor dem Hintergrund dieser Heterogenität und des Alters der Kinder – möglichst auf die individuellen Bedürfnisse abgestimmt erfolgen (ebd. S. 42).

Entsprechend führt ein „Gemeinsamer Rahmen der Länder für die frühe Bildung in Kindertageseinrichtungen" (Kultusministerkonferenz, 2004, S. 4) – und wie er viele andere vorschulische Curricula im deutschsprachigen Raum – einen Bildungsbereich „Sprache, Schrift und Kommunikation" an. Einen zentralen Stellenwert in diesem Bereich nimmt die *literacy* ein.

Der vorliegende Artikel beschäftigt sich mit dem Erwerb und der Förderung des rezeptiven Teils von Literalität, d.h. mit dem Erwerb und der Förderung von Lesen und seinen Vorläuferkompetenzen vor Schuleintritt. In der angelsächsischen Forschung wird dieser Bereich als *early literacy* bezeichnet.

## 2    Frühe Literalität

Die UNESCO (2004, S. 13) definiert den Begriff *literacy* als rezeptive oder produktive Verwendung von geschriebener Sprache zur Erreichung individueller Ziele, zur Erweiterung von Wissen und zur Teilhabe an der Gesellschaft. Im Hinblick auf die frühe Kindheit wurde diese Definition im deutschen Sprachraum von Ulich deutlich weiter gefasst, indem sie um sog. Vorläuferfähigkeiten ergänzt wurde. So möchte Ulich (2003, S. 7) unter *literacy* (hier gleichgesetzt mit Literalität) nicht nur literale Praktiken wie das Lesen und Schreiben, sondern auch den protoliteralen Bereich verstanden wissen, d.h. alle „kindliche[n] Erfahrungen rund um die Buch-, Erzähl- und Schriftkultur".

In Abgrenzung vom frühen *reading-readiness*-Ansatz, der davon ausging, dass der Erwerb des Lesens erst im Alter von ca. 6 ½ Jahren beginnt, wenn das Kind bereit dazu ist (Gillen & Hall, 2007, S. 4), wurde der Begriff *emergent literacy* (frühe, sich entwickelnde Literalität) bzw. auf das Lesen beschränkt *emergent reading* geprägt. Diesem Ansatz zufolge stellt Literalität eine kontinuierliche Entwicklung dar, die deutlich vor der schulischen Unterweisung beginnt (Whitehurst & Lonigan, 1998, S. 848ff.). Oder wie Ferriero & Teberosky (1982, S. 12) es formulieren:

> „It is absurd to imagine that four- or five-year-old children growing up in an urban environment that displays print everywhere [...] do not develop any ideas about this cultural object until they find themselves sitting before a teacher."

Im Deutschen wurde versucht, dieses Entwicklungskontinuum durch die Begriffe *Protoliteralität* und *Literalität* (Feilke, 2006, S. 179) auszudrücken und damit auch Übergangsphänomene einzuschließen.

Sowohl in der Ontogenese als auch in der Phylogenese geht der Literalität die Oralität voraus. Dabei wird Schrift nicht einfach als graphische Darstellung gesprochener Sprache, sondern als prinzipiell anders konzipiert gesehen (Koch & Oesterreicher, 1994). Die beiden Varietäten unterscheiden sich sowohl auf der medialen als auch der konzeptionellen Ebene. Sprache kann entweder phonisch oder graphisch, d.h. im Medium Laut oder Schrift, realisiert werden und sie kann mündlich oder schriftlich konzipiert sein (Kontinuum, das von der kommunikativen Situation der Nähe bis zur Distanz reicht). Konkret zeichnet sich konzeptionell schriftliche Sprache u.a. durch Kontextunabhängigkeit, eine monologische kommunikative Situation, einen teilweise anderen Wortschatz und durch komplexere Satzstrukturen aus (Koch & Oesterreicher, 1994).

Der Erstspracherwerb des Kindes, der in der linguistischen Fachliteratur in der Regel nur den Erwerb im Medium der Mündlichkeit umfasst, gilt mit 4 bis 5 Jahren in den wichtigsten Zügen als abgeschlossen (z.B. Szagun, 2008). Medial bewegt sich das Kind bis zum Erlernen des Lesens und Schreibens ausschließlich in der Mündlichkeit. Konzeptionell kommt es neben dem großen Anteil mündlicher Sprache allerdings auch bereits mit der Schriftsprache in Berührung (z.B. beim Vorlesen) und erwirbt dabei wichtiges (proto-)literales Wissen konzeptioneller Schriftlichkeit.

# 3 Leserelevante Kompetenzen[1]

## 3.1 Vorläuferfähigkeiten

Voraussetzung für den Erwerb der Lesefertigkeit sind sog. Vorläuferfähigkeiten. Besonderes Interesse gilt in der bisherigen Forschung phonologischer Bewusstheit und Buchstabenkenntnis. Insbesondere zur englischen Sprache, aber auch zum Deutschen gibt es eine reichhaltige Literatur, die im Artikel von Kammermeyer/Roux in diesem Band detailliert behandelt wird. Es konnte gezeigt werden, dass diese Kompetenzen notwendige, aber nicht hinreichende Bedingungen für die Lesefertigkeit darstellen (z.B. Storch & Whitehurst, 2002, S. 935). Das Interesse für Buchstaben setzt häufig im Kindergartenalter ein, die Freude an Reimspielen u.ä. meist schon früher.

## 3.2 Entwicklung der Lesefertigkeit

Lesekompetenz beschränkt sich im frühkindlichen Bereich auf die hierarchieniedrige Ebene der Lesefertigkeit, d.h. auf den technischen Aspekt des Lesens. Die hierarchiehöhere Ebene des Leseverständnisses, das die Ermittlung des Sinngehaltes von Sätzen und Texten durch ihre Verknüpfung mit „Vor-, Welt- und Sprachwissen" des Lesenden (Artelt et al., 2002, S. 56) beinhaltet, gewinnt erst im Schulalter zunehmend an Bedeutung und bleibt deshalb hier aus der Betrachtung ausgeschlossen.

Die Worterkennung setzt sich aus den Prozessen des Rekodierens und Dekodierens (Übersetzung von Buchstaben in Laute und Zugriff auf die im mentalen Lexikon gespeicherte Bedeutung der Lautfolge) zusammen. Diese Grundzüge der Lesefertigkeit werden in der Regel im Kindergarten und am Anfang der Schulzeit erworben (z.B. Moser et al., 2005, S. 49). Geschieht dies bereits vor Schulbeginn (sog. Frühleser) und auf eigene Initiative hin, behalten die Kinder in der Regel Anderen gegenüber auch später einen Vorsprung (Stamm, 1998, S. 24).

---

1 Unter Kompetenz werden „die bei Individuen verfügbaren oder von ihnen erlernbaren kognitiven Fähigkeiten und Fertigkeiten, bestimmte Probleme zu lösen, sowie die damit verbundenen motivationalen, volitionalen und sozialen Bereitschaften und Fähigkeiten, die Problemlösungen in variablen Situationen erfolgreich und verantwortungsvoll nutzen zu können" verstanden (Weinert 2001, S. 27f). Groeben (2006, S. 13) definiert Fähigkeiten als übersituative Voraussetzungen und Fertigkeiten als „konkrete, situations- bzw. aufgabenbezogene Verhaltensweisen".

Zum Entwicklungsverlauf der Lesefertigkeit wurden – ausgehend von Frith (1985) zum Englischen – eine Reihe von Stufenmodellen, entwickelt (z.B. Günther, 1995; Scheerer-Neumann, 2006; Valtin, 2000). Als Beispiel für den hier fokussierten frühkindlichen Bereich möge das Modell von Scheerer-Neumann (2006, S. 517ff.) mit sieben Stufen zum Worterkennen, auf das sich dieser Artikel konzentriert, dienen (siehe Tab. 1). Im Modell wird eine weitgefasste Definition von Lesen als Rezeption eines konventionellen, nicht notwendigerweise alphabethischen Zeichensystems zugrunde gelegt (Symbolbewusstsein und -erkennung). Es beginnt daher mit der Stufe der Symbolerkennung.

**Tabelle 1** Zusammenfassung des Stufenmodells des Wortlesens von Scheerer-Neumann (2006, S. 517ff.)

| Entwicklungsstufen | vorherrschende Strategie | Alter |
|---|---|---|
| 1. Das Kind erkennt Symbole. | präliteral-symbolisch | bereits bei 2-Jährigen |
| 2. Das Kind erkennt ganze Wörter logographisch, d.h. das Wort als Bild. | logographisch | Vorschulalter |
| 3. Das Kind erkennt ganze Wörter logographisch und stützt sich dabei bereits auf erste Buchstaben. Dabei erkennt es auch Buchstaben wie Bilder, es erfolgt noch keine Rekodierung. | logograpisch | Vorschulkinder, frühes 1. Schuljahr |
| 4. Das Kind liest einfache kurze Wörter auf der Grundlage des Alphabets, d.h. über Graphem-Phonem-Korrespondenzen. | alphabetisch | 1. Schuljahr |
| 5. Das Kind liest mehr und schwierigere Wörter ganz auf der Grundlage des Alphabets. | alphabetisch | 1. Schuljahr |
| 6. Das Kind erliest größere funktionale Einheiten als Buchstaben, d.h. Silben oder Morpheme. | orthographisch | ab 2. Schuljahr |
| 7. Das Kind erliest größere funktionale Einheiten, dazu zählen Silben, Morpheme und häufige ganze Wörter. Sichtwörter, die automatisch als ganze erkannt werden, gewinnen an Bedeutung. | orthographisch | ab 2. Schuljahr |

Die Autorin selbst weist auf individuelle Unterschiede beim Erreichen dieser Entwicklungsstufen hin und spricht einige Unsicherheiten dieses ursprünglich für das Englische entwickelten Modells an. Unterschiede zwischen dem Englischen und dem Deutschen lassen sich über das Konzept der *orthographischen Tiefe* darstellen. Demnach ist die Abbildung von Lauten in Buchstaben im Deutschen sehr viel regulärer als im Englischen (Seymour et al., 2003, S. 143ff.) und damit leichter erlernbar. Bei der Übertragbarkeit von Forschungsergebnissen aus anderen Sprachen ist daher prinzipiell eine gewisse Vorsicht geboten.

So ist nicht sicher, ob im Deutschen tatsächlich alle Stufen durchlaufen werden müssen und ob die Stufen sequentiell aufeinander folgen oder sich auch überlappen können. Prinzipiell lassen sich diese Stufenmodelle nicht als Norm für individuelle Erwerbsprozesse verwenden, sondern geben vielmehr eine Orientierung des tendenziellen Verlaufs der Leseentwicklung in gewissen Phasen, in denen bestimmte Strategien dominieren.

Zweifel bestehen vor dem Hintergrund neuerer empirischer Studien an der Zuordnung der Altersklassen. Scheerer-Neumann geht davon aus, dass die Stufen 1 bis 3 in den frühkindlichen Bereich fallen und die alphabetische Phase erst mit Schulbeginn eingeleitet wird. Obwohl die gesteuerte Vermittlung der Lesefertigkeit im deutschsprachigen Raum allgemein in den schulischen Bereich gehört (Ulich, 2003, S. 14), belegt eine Studie von Moser et al. (2005, S. 49), dass viele Kinder vor Schulbeginn bereits entsprechende Fertigkeiten erworben haben: ein Drittel der Kinder kann Wörter oder Sätze lesen, ein Drittel kennt bereits eine Reihe von Buchstaben (inklusive der Graphem-Phonem-Verbindungen) und nur das letzte Drittel kennt erst einige wenige bzw. keine (5 %) Buchstaben. Ein nicht geringer Anteil der Kinder hat also bei Eintritt in die erste Klasse bereits Stufe 4 oder 5 erreicht. Wenn die Ergebnisse dieser Studien verallgemeinerbar sind, ist für den frühkindlichen Bereich auch die alphabetische Phase, d.h. der Beginn der Lesefertigkeit, bereits von Relevanz.

## 3.3   Entwicklung schriftlich-konzeptualer Fähigkeiten

Lange Zeit war die Untersuchung der Lesekompetenzen im frühen Bereich auf die Lesefertigkeiten und ihre Vorläuferkompetenzen (siehe 3.1) beschränkt, was Leseman & Van Tuijl (2006, S. 212) scharf kritisiert haben. Auf diese Weise sei eine Verfälschung des Bildes von Literacy und Lesen erfolgt und Bereiche, die Auslöser für Leseschwierigkeiten seien (z.B. eingeschränkte schriftbasierte Interaktionen im Elternhaus) und bei denen Förderung ansetzen müsse, seien vernachlässigt worden.

Für den frühkindlichen Bereich relevant ist neben dem technischen Aspekt und seinen Vorläufern die Entwicklung erster „schriftlich-konzeptualer Fähigkeiten" (nach Feilke, 2006, S. 178). Diese hier noch protoliteralen Fähigkeiten – prinzipiell handelt es sich bei Literacy-Erfahrungen und den daraus entstehenden Fähigkeiten um einen lebenslangen Prozess (Whitehead, 2007, S. 61) – werden bereits in der frühen Kindheit durch Begegnungen mit konzeptioneller Schriftlichkeit (im Medium Mündlichkeit) erworben. Über die wichtige Bedeutung dieses Bereichs ist man sich in der Leseforschung inzwischen prinzipiell einig. Bisher erfolgte jedoch weder eine Einigung hinsichtlich der Begrifflichkeit (Feilke, 2006, S. 178: „Entwicklung schriftlich-konzeptualer Fähigkeiten", Lenel 2005, S. 155: „Schrifterfahrung"; Ulich, 2003, S. 8: „Literacy-Erfahrungen"; Whitehurst & Lonigan, 1998, S. 848: „outside-in skills") noch über den genauen Inhalt der daraus zu erwerbenden Fähigkeiten.

Dazu gerechnet wird eine nicht abgeschlossene Vielfalt von Erfahrungen mit der Schriftkultur, auf deren Grundlage das Kind sein (meta-)sprachliches Wissen erweitert, den Zusammenhang sowie prinzipielle Unterschiede zwischen gesprochener und geschriebener Sprache erkennt. Es erhält grundlegende Einblicke in die Funktion (z.B. Konservieren, Informieren), den Gebrauch (z.b. strengere Normierung, auf lexikalischer Ebene die Verwendung spezifischer literarischer Wendungen, auf grammatischer Ebene die Verwendung von Präteritalformen und einer komplexeren Syntax) und die Konventionen von Schriftlichkeit (z.b. Buchstaben als Symbole für Laute, Leserichtung), die für die Beherrschung des Lesens und Schreibens grundlegend sind (Whitehurst & Lonigan, 1998, S. 854).

Diese Fähigkeiten werden in sozialen Handlungssituationen erworben. Die Beurteilung und Messung dieser Fähigkeiten anhand normierter Tests ist schwierig (einige Aspekte werden anhand von Indikatoren in Diagnoseinstrumenten von Probst, 2002 sowie Ulich & Mayr, 2006 erfasst). Im Vergleich zur mit Tests gut messbaren Lesefertigkeit und ihren Vorläuferfähigkeiten sind die schriftlich-konzeptualen Fähigkeiten – wegen der nicht abgeschlossenen und damit nicht genau definierbaren Menge von Erfahrungen mit der Schriftkultur und der schwierigen Messbarkeit – bisher wenig erforscht (z.B. Lenel, 2005, S. 155ff. zum positiven Einfluss von Schrifterfahrung im Kindergarten auf spätere schulische schriftliche Leistungen).

Für die frühe Kindheit ergeben sich damit im Hinblick auf das Lesen drei relevante Entwicklungs- und Förderbereiche (Tab. 2).

**Tabelle 2** Leserelevante Kompetenzen für den Frühbereich

| Lesekompetenzbereich | Kompetenz |
| --- | --- |
| mediale Mündlich- bzw. Schriftlichkeit | (proto-)literale Fähigkeiten wie phonologische Bewusstheit und Buchstabenkenntnis |
| mediale Schriftlichkeit | literale Fähigkeit der Worterkennung |
| konzeptionelle Schriftlichkeit | protoliterale schriftlich-konzeptuale Fähigkeiten, d.h. Wissen zu Funktion, Gebrauch und Konventionen von Schrift |

Die Entwicklung dieser leserelevanten Kompetenzen steht in engem Zusammenhang mit der Schreibkompetenz (siehe Nickel in diesem Band).

# 4    Lesemodell für die frühe Kindheit

Unter Einbeziehung der im vorangehenden Kapitel entwickelten leserelevanten Kompetenzen wird für die weiteren Ausführungen ein Lesemodell zugrunde gelegt, das drei in der Lesesozialisationsforschung etablierte Einflussfaktoren einbezieht. Dies sind die Sozialisationsinstanzen Familie und Bildungsinstitution sowie individuelle Faktoren des Kindes (siehe Abb. 1).

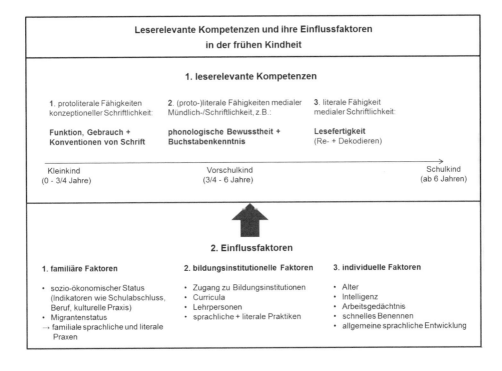

**Abbildung 1** Leserelevante Kompetenzen, deren Einsetzen und Einflussfaktoren in der frühen Kindheit (eigene Darstellung)

Anmerkungen zum Modell:

1. Der frühkindliche Bereich wurde grob in die drei Stufen Kleinkind, Vorschul-/Kindergartenkind und Schulkind unterteilt. Diese Einteilung entspricht den Stufen der Bildungsinstitutionen in den deutschsprachigen Ländern. In Deutschland und Österreich beginnt der Kindergarten ab 3 Jahren, in der Deutschschweiz i.d.R. mit 4-5 Jahren. In der Schweiz gehört der Kindergarten zum formalen Bildungssystem, ein mindestens einjähriger Besuch ist in den meisten Kantonen obligatorisch.
2. In dieses vereinfachte Modell wurden nur die am häufigsten untersuchten Einflussfaktoren einbezogen. Vernachlässigt werden bspw. im Bereich der Vorläuferfähigkeiten weitere metasprachliche Kompetenzen (wie Wortbewusstheit), die visuelle Wahrnehmung sowie schriftbezogene Motivationen.
3. Das Einsetzen der leserelevanten Kompetenzen (dargestellt durch die Zeitachse) ist individuell sehr unterschiedlich und kann daher nur schematisch angegeben werden.

Nachdem im vorangehenden Kapitel die leserelevanten Kompetenzen beschrieben und zeitlich grob eingeordnet wurden, soll im folgenden Kapitel der Bereich der Einflussfaktoren dargestellt werden.

# 5    Einflussfaktoren

Schriftsprachliche Bildung beinhaltet die Herausbildung und Förderung (proto-)literaler Kompetenzen sowohl von informeller Seite, i.e. im Frühbereich insbesondere die Familie, als auch von formeller Seite, i.e. eine institutionelle Förderung durch Kindertagesstätten und den Kindergarten. Neben diesen Sozialisationsinstanzen stellen individuelle Faktoren des Kindes einen wichtigen Einflussbereich dar.

## 5.1    Familie

Die Familie ist diejenige Instanz, deren Einfluss am frühsten einsetzt und am längsten wirksam ist. Sie kann dem Kind von Anfang an ein stimulierendes sprachliches Umfeld bieten und damit seine sprachliche Entwicklung fördern. Im Bereich der leserelevanten Kompetenzen liegt ihre Bedeutung bereits früh in der Förderung protoliteraler Fähigkeiten konzeptioneller Schriftlichkeit. Diese grundlegenden Vorerfahrungen werden in prä- und paraliterarischer Kommunikation (z.B. beim gemeinsamen Betrachten von Bilderbüchern, beim Vorlesen, mit Kinderliedern oder Sprachspielen), aber auch durch den Gebrauch von Schriftsprache im Alltag (z.B. Einkaufszettel) erworben. Häufig bereits in Verbindung mit diesen Erfahrungen setzt auch die Förderung phonologischer Bewusstheit ein (z.B. durch Reimspiele), während Buchstabenkenntnis und erste Lesekompetenzen – durch das Kind oder die Betreuungsperson initiiert – oft erst ab dem Kindergartenalter gefördert werden.

Als zentrale familiale Einfluss- und potentielle Risikofaktoren wurden der sozioökonomische und ein eventueller Migrationshintergrund dokumentiert (z.B. Schaffner, 2009, S. 36). Diese Faktoren beeinflussen leserelevante Kompetenzen in der frühen Kindheit nicht auf direktem Wege, sondern indirekt über den Zusammenhang mit vorhandenen Bildungsressourcen. Als Indikatoren für dieses kulturelle Kapital der Familie gelten Bildungsabschlüsse der Eltern, ihr Leseverhalten, Bücherbesitz, Bibliotheksbesuche und familiale Praxen im Alltag (Purcell-Gates, 2000, S. 854). In der Regel wird der Einfluss der Eltern untersucht, andere Familienmitglieder wie Geschwister oder Großeltern (oder auch familienergänzende Betreuungspersonen) können selbstverständlich ähnliche Förderaufgaben übernehmen.

Familiale sprachliche und literale Praxen sind sehr unterschiedlich und verlaufen oft schichtabhängig (Ulich, 2003, S. 8). Der Bereich, der in der Forschung als effektivste Förderung schriftlich-konzeptualer Fähigkeiten von Kindern durch die Familie angesehen wird, ist die gemeinsame Buchlektüre von Eltern und Kind (Leseman & Van Tuijl, 2006, S. 212). Wichtig ist die Einbettung dieser Lektüresituationen in soziale Interaktionen und ihr affektives Erleben (ebd. S. 213). Die Vorlesesituation, in der in geteilter Aufmerksamkeit medial mündlich konzeptionell schriftliche Texte vermittelt werden, bietet verschiedene literale Erfahrungsmöglichkeiten: es können sowohl inhaltliche Aspekte reflektiert, als auch Form-, Gebrauchsmerkmale und Konventionen von Schriftsprache thematisiert werden. Auf diese Weise werden die allgemeine sprachliche Entwicklung, leserelevante Kompetenzen sowie die Motivation der Kinder, sich mit Geschriebenem zu beschäftigen, gefördert. Sonnenschein & Munsterman (2002, S. 318) konnten zeigen, dass – je positiver die Interaktion beim Vorlesen für 5-Jährige, desto größer die Lesemotivation am Anfang der Grundschulzeit war.

Deutliche schichtspezifische Differenzen hat bspw. Wieler (1997, S. 297) bei der Untersuchung solcher buchbezogenen Interaktionen mit 4-Jährigen zeigen können. Mütter aus bildungsnahem Milieu beziehen demnach ihre Kinder deutlich stärker ins Erzählgeschehen ein als Mütter aus bildungsfernem Milieu. Erstere regen die Kinder im Dialog zu eigenaktivem Sprachgebrauch an, während Letztere das Vorlesen stark monologisch gestalten (vgl. auch Groeben & Schroeder, 2004, S. 314ff.). Allein die Tatsache, dass vorgelesen wird, scheint für eine Förderung früher (schrift-)sprachlicher Fähigkeiten also nicht auszureichen (Phillips et al., 2008, S. 84). Neben der Konzentration auf interaktives, affektives Erleben gibt es gegenwärtig auch Stimmen, denen zufolge Eltern bereits auch gezielt Vorläuferkompetenzen für den Erwerb von Lesefertigkeiten, d.h. phonologische Bewusstheit, Buchstabenkenntnis, die Kenntnis von Graphem-Phonem-Korrespondenzen fördern sollten (Philips et al. 2008, S. 82).

Verschiedene Studien haben einen Zusammenhang zwischen familialen buchbezogenen Interaktionen mit den genannten leserelevanten Kompetenzen, d.h. erster schriftlich-konzeptualer Fähigkeiten, der Buchstabenkenntnis und den frühen Lesefertigkeiten (Leseman & Van Tuijl, 2006, S. 224) sowie Wortschatzkompetenzen (Sénéchal et al., 1995, S. 218) festgestellt. Das (spätere) Wortlesen wird insbesondere durch die Aufmerksamkeitslenkung der Kinder auf formale Aspekte der Schrift gefördert (Sénéchal & LeFevre, 2002, S. 447). Neben der Beschäftigung mit Kinderliteratur ist die Bedeutung von „Alltagserfahrungen" mit Schrift nicht zu vernachlässigen – dies gilt sowohl für die Familie als auch für Institutionen (Isler & Künzli, 2008, S. 86).

Wenn nun die Forschung das Vorlesen in der frühen Kindheit als so bedeutsamen literalen Bildungsfaktor herausstellt, wirft dies die Frage auf, wie viele Eltern diesem Bildungsauftrag auch tatsächlich nachkommen. In der Leseforschung wurde eine Tendenz festgestellt, der zufolge Unterschichteltern die lesebezogene Qualifikation ihrer Kinder prinzipiell den Bildungsinstitutionen überlassen, während Mittelschichteltern eine aktivere Rolle bei der Einführung in die Literalität übernehmen (Purcell-Gates, 2000, S. 856). Eine Elternbefragung der Stiftung Lesen et al. (2007) zum Vorleseverhalten ergab, dass Vorlesesituationen keineswegs selbstverständlich zur allgemeinen familiären Praxis gehören: gut 40 % der Kinder unter 3 Jahren und gut 30 % der Kinder zwischen 3 und 6 Jahren wurde nicht oder nur sporadisch vorgelesen (Stiftung Lesen et al., 2007, S. 10f.; siehe Tab. 3).

**Tabelle 3** Zusammenfassung der Ergebnisse der Stiftung-Lesen-Studie (2007) zur Frage: Wie häufig lesen Eltern vor?

|                  | Eltern lesen vor | Eltern lesen nur gelegentlich vor | Eltern lesen nicht vor |
|------------------|------------------|-----------------------------------|------------------------|
| Kinder < 3 Jahre | 58 %             | 21 %                              | 21 %                   |
| Kinder 3-6 Jahre | 67 %             | 22 %                              | 11 %                   |

Dieselbe Studie wies einen Zusammenhang zwischen sozialer Schicht und Vorlesen sowie Migrationshintergrund und Vorlesen aus. Je einfacher der berufliche Status und je geringer die Schulbildung der Eltern, desto weniger lasen Eltern ihren Kindern vor (ebd. S. 20). Von den befragten fremdsprachigen Eltern lasen 80 % ihren Kindern (deutschsprachige Eltern: 42 %) nicht regelmäßig vor (ebd. S. 24).

Dieser schichtabhängig hohe Anteil von Kindern, deren familiale literale Förderung hinter den Erwartungen zurückbleibt, in Kombination mit späteren eindeutig schichtabhängigen Leseschwächen (z.B. Bos et al., 2003, S. 283), erklärt, warum immer häufiger gefordert wird, Elternbildung in die frühkindlichen Bildung einzubeziehen und damit den familialen und den institutionellen Bildungsort zu verbinden (siehe auch Fröhlich-Gildhoff in diesem Band).

## 5.2    Bildungsinstitutionelle Faktoren

Die Entwicklung des Kindes verläuft vor dem Hintergrund einer engen Verzahnung familialer und bildungsinstitutioneller Instanzen. Tendenziell ist festzustellen, dass je jünger die Kinder sind, desto weniger offizielle Bildungsvorgaben gemacht werden. Die Kinderkrippe (als Bezeichnung für alle Betreuungsinstanzen vor Kindergartenbeginn, 0-3/4 Jahre) ist in den deutschsprachigen Ländern weitgehend auf den Betreuungsauftrag beschränkt (Eurydice, 2009, S. 135). Der Kindergarten, der im Folgenden wegen seines expliziten Bildungsauftrags (ebd. S. 131) im Zentrum steht, nimmt eine Scharnierfunktion zwischen Elternhaus und Schule ein, mit dem Ziel, Kinder in ganzheitlichem Ansatz auf die Schule vorzubereiten und familial bedingte Bildungsungleichheiten möglichst weitgehend auszugleichen (Nickel, 2007, S. 101).

Tabelle 4 zeigt, dass der Anteil der Kinder, die einen Kindergarten besuchen, in Deutschland früher beginnt und anfänglich größer ist als in Österreich und in der Schweiz (Eurydice, 2009, S. 65 bzw. BFS 2011, S. 36). Bei 5-Jährigen ist der Anteil in diesen Ländern gleich groß und bei 6-Jährigen in der Schweiz wegen späterer Einschulung vergleichsweise am höchsten.

**Tabelle 4** Kindergartenbesuch in Prozent in Deutschland, Österreich und der Schweiz

|              | Deutschland | Österreich | Schweiz |
|--------------|-------------|------------|---------|
| 3-Jährige    | 82 %        | 49 %       | 4 %     |
| 4-Jährige    | 93 %        | 83 %       | 40 %    |
| 5-Jährige    | 93 %        | 93 %       | 93 %    |
| 6-Jährige    | 39 %        | 30 %       | 56 %    |

Das erste Kapitel dieses Beitrags endete mit der Forderung nach einer möglichst frühen und möglichst individuellen Förderung der Bedürfnisse des Kindes. In Bezug auf die Leseförderung stellen diese Forderungen die Sprachdidaktik vor neue Anforderungen (Huneke, 2008, S. 106). Während die Schwerpunkte des vorschulischen Bereichs lange auf Selbst- und Sozialkompetenzen lagen und die Sachkompetenz Sprache sich auf die Förderung mündlicher Kompetenzen wie Ausdrucksfähigkeit und Kommunikationsregeln konzentrierten, sind heute Curricula und Diagnose- wie Fördermittel gefragt, die sich mit der frühen Förderung von (Proto-)Literalität beschäftigen.

Verbindliche Standards bestehen bisher nicht. Ein Blick in die aktuellen vorschulischen Curricula des deutschsprachigen Raumes[2] zeigt – neben deren sehr unterschiedlicher Anlage und Konkretheit – aber, dass Aspekte der Literalität in vielen Bundesländern und Kantonen in die Bildungspläne aufgenommen sind, um bereits im vorschulischen Bereich Ungleichheiten der sprachlichen Bildung zu erkennen und Förderansätze zu ermöglichen. So enthält bspw. der umfangreiche Bildungs- und Erziehungsplan des Landes Bayern (Bayerisches Staatsministerium für Arbeit und Sozialordnung, 2006, S. 207ff., Kapitel 7.3: Sprache und Literacy) für den frühkindlichen Bereich explizit die Förderung „Literacy-bezogener Kompetenzen" (inklusive der schriftbezogenen Motivation). Dieser Bildungsanspruch lässt sich für die übrigen Kindergärten des deutschsprachigen Raums verallgemeinern.

---

2  Zugang zu den bundesdeutschen Orientierungs- und Bildungsplänen unter:
   http://www.bildungsserver.de/Bildungsplaene-der-Bundeslaender-fuer-die-fruehe-Bildung-in-Kindertageseinrichtungen-2027.html
   zum übergreifenden österreichischen Bildungsrahmenplan unter
   http://www.bmukk.gv.at/medienpool/18698/bildungsrahmenplan.pdf
   und für die Schweiz i.d.R. über die Erziehungsdirektionen, z.B. Aargau
   http://www.ag.ch/lehrplan/de/pub/lehrplan_kindergarten.php
   Basel  http://www.ed-bs.ch/bildung/pzbs/unterricht/lehrplaene/kindergarten
   Bern http://www.erz.be.ch/erz/de/index/kindergarten_volksschule/kindergarten_volksschule/lehrplaene/kindergarten.assetref/content/dam/documents/ERZ/AKVB/de/03_Lehrplaene_Lehrmittel/lehrplaene_lehrmittel_lp_kg_d.pdf
   etc.

Nach Baumann Schenker & Schneider (2010, S. 137) soll(en) in diesem Alterssegment insbesondere:

1. Interesse geweckt und zu weiterer Auseinandersetzung mit Schrift motiviert werden,
2. Einsicht in den Symbolcharakter von Schrift und den Zusammenhang von gesprochener und geschriebener Sprache gewährt werden,
3. Sprachbewusstheit gefördert werden (phonologisch, grammatisch, lexikalisch, schriftbezogen) und
4. Kenntnisse zur konzeptionellen Schriftlichkeit (z.B. zur Funktion von Schrift) erweitert werden.

Inwieweit dieser Bildungsauftrag umgesetzt wird, hängt – wie später in der Schule – stark von den einzelnen Lehrpersonen, ihrem Fachwissen, ihren subjektiven Theorien und Interessen und den von ihnen initiierten sprachlichen und literalen Praktiken ab (zu förderlichen Prinzipien siehe Juska-Bacher et al., 2011, S. 78ff.). Es wird davon ausgegangen, dass die Rolle von Peers im Frühbereich noch zu vernachlässigen ist (Groeben & Schroeder, 2004, S. 319).

Einen Schritt in Richtung frühe und individualisierte Förderung stellt auch das Basisstufenmodell dar, das in den Jahren 2004-2010 im Rahmen eines Schulversuchs in der Schweiz und in Liechtenstein erprobt wurde. In diesem Modell werden zwei Kindergartenjahre und das erste und zweite Schuljahr in einer Klasse institutionell zusammengefasst und altersgemischt unterrichtet. In der Basisstufe haben Kinder tendenziell früher und intensiver Kontakt mit literalen Materialien und Tätigkeiten und erhalten – bei Interesse – bereits ab 4 Jahren Zugang zu (vorher) schulischen Lerninhalten wie der Vermittlung von Lesefertigkeiten. Dieser frühere Zugang scheint durch das bei vielen Kindern deutlich vor Schulbeginn festzustellende Interesse am Lesen durchaus gerechtfertigt.

## 5.3    Individuelle Faktoren

Zahlreiche Studien haben den Zusammenhang zwischen einer Reihe von individuellen Faktoren des Kindes und seiner (späteren) Leseleistung nachgewiesen, z.B.:

- Alter (z.B. Schneider et al., 2010, S. 13)
- sprachübergreifende kognitive Fähigkeiten wie auch die sprachliche Subkomponente der verbalen Intelligenz (z.B. Schneider & Näslund, 1993, S. 285)
- Arbeitsgedächtnis (Schneider & Näslund, 1993, S. 285)
- schnelles Benennen (Lervåg et al., 2009, S. 765)

Ein weiterer wichtiger Faktor ist die allgemeine sprachliche Entwicklung des Kindes. Wenn auch bisher eher zurückhaltend erforscht, wird dieser Zusammenhang verschiedentlich ganz selbstverständlich herausgestellt, z.B.

„There is now a great deal of evidence showing that children's early progress in learning to read depends critically on their oral language skills."
Muter et al. (2004, S. 665)

Für das Deutsche belegen u.a. die sog. Logik- und Scholastik-Studien des Max-Planck-Instituts für psychologische Forschung (z.B. Weinert, 1998), dass (sprach-)domänenspezifisches Wissen, i.e. allgemeine Sprachkompetenz und Vorläuferfähigkeiten, in der Vorschulzeit zentrale Prädiktoren des späteren sprachlichen Schulerfolgs in Wort und Schrift darstellen. In verschiedenen Stadien der Leseentwicklung sind dabei verschiedene Aspekte der sprachlichen Entwicklung wichtig. In der Forschung geht man bisher besonders von einem Zusammenhang allgemeiner Sprachkompetenzen mit dem späteren Leseverständnis, weniger mit der basalen Lesefertigkeit aus (Storch & Whitehurst, 2002, S. 935). Auf der Ebene des Wortlesens sind neben phonologischer Bewusstheit besonders Wortschatzkompetenzen relevant (Whitehurst & Lonigan, 1998, S. 849). Empirische Ergebnisse zum Zusammenhang von Lexikon und Lesefertigkeit ergeben bisher ein disparates Bild: Während Neuhaus-Siemon (1993, S. 116) für Frühleser feststellte, dass gute Leseleistungen von Vorschulkindern an einen größeren Wortschatz gekoppelt waren und Lonigan et al. (2000, S. 597) für Vorschulkinder einen Zusammenhang nicht nur zwischen Wortschatz und Lesefertigkeit, sondern auch zwischen Wortschatz und den Vorläuferkompetenzen phonologische Bewusstheit und Buchstabenkenntnis nachweisen konnte, ließen sich diese Zusammenhänge von Moser et al. (2005, S. 74) nicht bestätigen. Gezielte Untersuchungen zu dieser Beziehung stehen noch aus.

## 6 Literatur

Artelt, C., Schneider, W. & Schiefele, U. (2002). Ländervergleich zur Lesekompetenz. In Deutsches Pisa-Konsortium (Hrsg.), *PISA 2000 – Die Länder der Bundesrepublik Deutschland im Vergleich* (S. 55–94). Opladen: Leske + Budrich.

Baumann Schenker, S. & Schneider, H. (2010). Sprachförderung im Unterricht mit 4- bis 8-jährigen Kindern. In M. Leuchter (Hrsg.), *Didaktik für die ersten Bildungsjahre. Unterricht mit 4- bis 8-jährigen Kindern*. Zug: Klett und Balmer.

Bayerisches Staatsministerium für Arbeit und Sozialordnung, Familie u. Frauen (2006). Der Bayerische Bildungs- und Erziehungsplan für Kinder in Tageseinrichtungen bis zur Einschulung. Weinheim und Basel: Beltz. Download am 24.01.2012 von http://www.ifp.bayern.de/imperia/md/content/stmas/ifp/bildungsplan_endfassung.pdf

BFS (2011). *Schülerinnen, Schüler und Studierende 2009/10*. Neuchâtel: BFS.

Bos, W., Lankes, E.-M., Prenzel, M., Schwippert, K., Walther, G. & Valtin, R. (2003). *Erste Ergebnisse aus IGLU*. Münster/New York/München/Berlin: Waxmann.

Eurydice. (2009). Frühkindliche Betreuung, Bildung und Erziehung in Europa: ein Mittel zur Verringerung sozialer und kultureller Ungleichheiten. Brüssel: Exekutivagentur Bildung, Audiovisuelles und Kultur. Download am 24.01.2012 von http://eacea.ec.europa.eu/education/eurydice/documents/thematic_reports/098DE.pdf

Feilke, H. (2006). Entwicklung schriftlich-konzeptualer Fähigkeiten. In U. Bredel, H. Günther, P. Klotz, J. Ossner & G. Siebert-Ott (Hrsg.), *Didaktik der deutschen Sprache* (S. 178–192). Paderborn, Müchen, Wien, Zürich: Schöningh.

Ferriero, E. & Teberosky, A. (1982). *Literacy before Schooling*. Portsmouth, NH: Heinemann.

Frith, U. (1985). Beneath the surface of developmental dyslexia. In K.E.M. Patterson, John C. & Coltheart, Max (Hrsg.), *Surface dyslexia. Neuropsychological and cognitive studies of phonological reading* (S. 301–330). London: Erlbaum.

Gillen, J. & Hall, N. (2007). The Emergence of Early Childhood Literacy. In N. Hall, Larson, J. & Marsh, J. (Hrsg.), *Handbook of Early Childhood Literacy* (S. 3–12). London: Thousand Oaks.

Groeben, N. & Schroeder, S. (2004). Versuch einer Synopse: Sozialisationsinstanzen – Ko-Konstruktion. In G. Norbert & B. Hurrelmann (Hrsg.), *Lesesozialisation in der Mediengesellschaft*. Weinheim/München: Juventa.

Günther, K.B. (1995). Ein Stufenmodell der Entwicklung kindlicher Lese- und Schreibstrategien. In H. Balhorn & H. Brügelmann (Hrsg.), *Rätsel des Schriftspracherwerbs* (S. 98–121). Lengwil: Libelle.

Huneke, H.-W. (2008). Schriftkultur und früher Schrifterwerb in Bildungs- und Erziehungsplänen der Bundesländer und in der Ausbildung von Fachkräften für Kindertageseinrichtungen. In B. Hofmann & R. Valtin (Hrsg.), *Checkpoint Literacy. Tagungsband 1 zum 15. Europäischen Lesekongress 2007 in Berlin* (S. 90–109). Berlin: Deutsche Gesellschaft für Lesen und Schreiben.

Isler, D. & Künzli, S. (2008). Lernwelten – Literacies. Förderung konzeptioneller Literalität im Kindergarten. In B. Hofmann & R. Valtin (Hrsg.), *Checkpoint Literacy. Tagungsband 1 zum 15. Europäischen Lesekongress 2007 in Berlin*. (S. 77–88). Berlin: Deutsche Gesellschaft für Lesen und Schreiben.

Juska-Bacher, B., Bertschi-Kaufmann, A., Knechtel, N. & Schneider, H. (2011). Literale Praktiken im Unterricht der Schuleingangsstufe. *SZBW Jg. 33* (1), 69–87.

Koch, P. & Oesterreicher, W. (1994). Schriftlichkeit und Sprache. In H. Günther & O. Ludwig (Hrsg.), *Schrift und Schriftlichkeit* (S. 587–604). Berlin: De Gruyter.

Kultusministerkonferenz. (2004). Gemeinsamer Rahmen der Länder für die frühe Bildung in Kindertageseinrichtungen. Download am 24.01.2012 von http://www.kmk.org/fileadmin/veroeffentlichungen_beschluesse/2004/2004_06_04-Fruehe-Bildung-Kitas.pdf

Lenel, A. (2005). *Schrifterwerb im Vorschulalter*. Weinheim/Basel: Beltz Verlag.

Lervåg, A., Bråten, I. & Hulme, C. (2009). The Cognitive and Linguistic Foundations of Early Reading Development: A Norwegian Latent Variable Longitudinal Study. *Developmental Psychology 45* (3), 764–781.

Leseman, P.P.M. & Van Tuijl, C. (2006). Cultural Diversity in Early Literacy: Findings in Dutch Studies. In D.K. Dickinson & S.B. Neuman (Hrsg.), *Handbook of early literacy research* (S. 211–228). New York: The Guilford Press.

Lonigan, C.J., Burgess, S.R. & Anthony, J.L. (2000). Development of Emergent Literacy and Early Readings Skills in Preschool Children: Evidence From a Latent-Variable Longitudinal Study. *Developmental Psychology 36* (5), 596–613.

Moser, U., Stamm, M. & Hollenweger, J. (2005). *Für die Schule bereit? Lesen, Wortschatz, Mathematik und soziale Kompetenzen bei Schuleintritt*. Oberentfelden: Sauerländer.

Muter, V., Hulme, C., Snowling, M.J. & Stevenson, J. (2004). Phonemes, rimes, vocabulary, and grammatical skills as foundation of early reading development: Evidence from a longitudinal study. *Developmental Psychology 40*, 665–681.

Neuhaus-Siemon, E. (1993). *Frühleser in der Grundschule*. Bad Heilbrunn/Obb: Verlag Julius Klinkhardt.

Nickel, S. (2007). Beobachtungen kindlicher Literacy-Erfahrungen im Übergang von Kindergarten und Schule. In U. Graf & E. Moser Opitz (Hrsg.), *Diagnose und Förderung im Elementarbereich und Grundschulunterricht* (S. 87–104). Baltmannsweiler: Schneider.

Phillips, L.M., Norris, S.P. & Anderson, J. (2008). Unlocking the Door: Is Parents´ Reading to Children the Key to Early Literacy Development? *Canadian Psychology 49* (2), 82–88.

Probst, H. (2002). *Testaufgaben zum Einstieg in die Schriftsprache.* Horneburg: Persen.

Purcell-Gates, V. (2000). Family Literacy. In M.L. Kamill, P.B. Mosenthal, P.D. Pearson & R. Barr (Hrsg.), *Handbook of Reading Research* (S. 853–870). Mahwah NJ: Lawrence Erlbaum.

Schaffner, E. (2009). Determinanten des Leseverstehens. In W. Lenhard & W. Schneider (Hrsg.), *Diagnostik und Förderung des Leseverständnissess* (S. 19–44). Göttingen: Hogrefe.

Scheerer-Neumann, G. (2006). Entwicklung der basalen Lesefähigkeit. In U. Bredel, H. Günther, P. Klotz, J. Ossner & G. Siebert-Ott (Hrsg.), *Didaktik der deutschen Sprache* (S. 513–524). Paderborn et al.: Schöningh.

Schneider, H., Bertschi-Kaufmann, A., Juska-Bacher, B. & Knechtel, N. (2010). Literale Förderung und Entwicklung von Kindern in der Schuleingangsstufe, *Leseforum Schweiz: Literalität in Forschung und Praxis.* http://www.leseforum.ch/fokusartikel_1.cfm

Schneider, W. & Näslund, J.C. (1993). The impact of early metalinguistic competencies and memory capacity on reading and spelling in elementary school: results of the Munich longitudinal study on the genesis of individual competencies (LOGIC). *European Journal of Psychology of Education VIII* (3), 273–287.

Sénéchal, M. & LeFevre, J.-A. (2002). Parental Involvement in the Development of Children´s Reading Skill: A Five-Year Longitudinal Study. *Child Development 73* (2), 445–460.

Sénéchal, M., Thomas, E. & Monker, J.-A. (1995). Individual Differences in 4-Year-Old Children's Acquisition of Vocabulary During Storybook Reading. *Journal of Educational Psychology 87* (2), 218–229.

Seymour, P.H.K., Aro, M.A. & Erskine, J.M. (2003). Foundation literacy acquisition in European orthographies. *British Journal of Psychology 94*, 143–174.

Sonnenschein, S. & Munsterman, K. (2002). The Influence of Home-Based Reading Interactions on 5-Year-Olds´ Reading Motivations and Early Literacy Development. *Early Childhood Research Quarterly 17* (3), 318–337.

Stamm, M. (1998). *Frühlesen und Frührechnen als soziale Tatsachen. Leistung, Interessen, Schulerfolg und soziale Entwicklung von Kindern, die bei Schuleintritt bereits lesen und/oder rechnen konnten.* Aarau: Institut für Bildungs- und Forschungsfragen.

Stamm, M., Reinwand, V., Burger, K., Schmid, K., Viehhauser, M. & Muhheim, V. (2009). Frühkindliche Bildung in der Schweiz. Eine Grundlagenstudie im Auftrag der Schweizer UNESCO-Kommission. Fribourg: Departement für Erziehungswissenschaften. Download am 24.01.2012 von http://perso.unifr.ch/margrit.stamm/forschung/fo_downloads/fo dl publ/Grundlagenstudie_FBBE_090220.pdf

Stiftung Lesen, Die Zeit & D.B. AG (2007). Vorlesen in Deutschland 2007. Eine Forschungsinitiative der Deutschen Bahn AG, der Zeit und der Stiftung Lesen. Download am 24.01.2012 von http://www.stiftunglesen.de/materialarchiv/pdf/1.

Storch, S.A. & Whitehurst, G.J. (2002). Oral Language and Code-Related Precursors to Reading: Evidence From a Longitudinal Structural Model. *Developmental Psychology 18*, 934–947.

Szagun, G. (2008). *Sprachentwicklung beim Kind.* Weinheim/Basel: Beltz.

Ulich, M. (2003). Literacy – Sprachliche Bildung im Elementarbereich. *Kindergarten heute 3*, 6–18.

Ulich, M. & Mayr, T. (2006). *SELDAK. Sprachentwicklung und Literacy bei deutschsprachig aufwachsenden Kindern.* Freiburg: Herder.

UNESCO. (2004). The Plurality of Literacy and its Implication for Policies and Programmes. Unesco Education Sector Position Paper. http://unesdoc.unesco.org/images/0013/001362/136246e.pdf (24.01.2012).

Valtin, R. (2000). Stufen des Lesen- und Schreibenlernens. In D. Haarmann (Hrsg.), *Handbuch Grundschule* (S. 76-88). Weinheim/Basel: Beltz.

Weinert, F.E. (1998). *Entwicklung im Kindesalter.* Weinheim: Beltz.

Weinert, F.E. (2001). Vergleichende Leistungsmessung in Schulen – eine umstrittene Selbstverständlichkeit. In F.E. Weinert (Hrsg.), *Leistungsmessungen in Schulen* (S. 17–31). Weinheim/ Basel: Beltz.

Whitehead, M. (2004). Sprachliche Bildung und Schriftsprachkompetenz (literacy) in der frühen Kindheit. In W.E. Fthenakis & P. Oberhuemer (Hrsg.), *Frühpädagogik international* (S. 295– 311). Wiesbaden: VS Verlag für Sozialwissenschaften.

Whitehead, M. (2007). *Sprache und Literacy von 0 bis 8 Jahren*. Troisdorf: Bildungsverlag EINS.

Whitehurst, G.J. & Lonigan, C.J. (1998). Child Development and Emergent Literacy. *Child Development 69*, 848-872.

Wieler, P. (1997). *Vorlesen in der Famlie: Fallstudien zur literarisch-kulturellen Sozialisation von Vierjährigen*. Weinheim: Juventa.

# Der Erwerb von Schrift in der frühen Kindheit

Sven Nickel

## 1    Einleitung: Emergent Literacy

Schrift ist ein zentrales Merkmal unserer Kultur, in unserer Gesellschaft wachsen Kinder in einer durch und durch literal geprägten Umgebung auf. Dieses frühe Hineinwachsen in eine Welt der Schriftlichkeit wird durch den Terminus Emergent Literacy begrifflich markiert. Er grenzt die frühen Formen von Literacy vom konventionellen Lesen und Schreiben ab. Der frühe Literacy-Erwerb gilt als Teil des Spracherwerbs, weswegen zahlreiche Gemeinsamkeiten zwischen Sprach- und Literacyerwerb festzustellen sind. Beide Prozesse werden als Hypothesen testende Aneignungsvorgänge beschrieben, bei denen Kinder in der Auseinandersetzung mit ihrer sozialen Umwelt Erfahrungen machen, die sie zu Mustern und Schemata ordnen, fortlaufend ausdifferenzierten und weiterentwickelten. Lerntheoretisch handelt es sich um ein sozialkonstruktivistisches Verständnis, spracherwerbstheoretisch ist ein interaktionistisches Paradigma zu verorten.

Im Rekurs auf Whitehurst & Lonigan (1998; 2002) wird Emergent Literacy als psychologisches Konstrukt meist zweidimensional konzeptionalisiert, d.h. die zahlreichen Komponenten, die die Entwicklung der frühkindlichen Literacy beeinflussen, werden in zwei getrennten Faktorenbündel zusammengefasst. Es handelt sich einerseits um metasprachliche Teilfertigkeiten des Kindes (inside-out-skills) und andererseits um die Teilhabe an einer elementaren literalen Praxis (outside-in-skills). Beide Zugriffe auf Schrift werden für die Entwicklung der frühkindlichen Literacy benötigt.

- Inside-out-skills zielen auf Fertigkeiten zur sprachlichen Analyse, wie sie für das Umgehen mit der graphischen Repräsentation von Sprache benötigt werden (hierzu zählen: allgemeines Sprachbewusstsein, phonologisches Bewusstsein, Buchstabennamen, Phonem-Graphem-Korrespondenzen);

- Outside-in-skills beschreiben das kindliche Erfahrungswissen über den soziokulturellen Gebrauch von Schrift (dazu gehören: das Erkennen der Funktion von Schrift, die Entwicklung eines Buchstaben- bzw. Schriftkonzepts, die Ausbildung narrativer Fertigkeiten).

Beide Perspektiven bilden sich im Diskurs um die frühkindliche Literacy ab. Dabei stehen entweder die Entwicklung metasprachlicher Fertigkeiten oder die Lesesozialisation der frühen Kindheit im Mittelpunkt der Betrachtung. Dem frühen Schreiben als einem möglichen Ausdruck von Literacy wird traditionell weniger Aufmerksamkeit zuteil (vgl. Yaden et al., 2000).

Purcell-Gates (2001; 2004) hingegen beschreibt Emergent Literacy als die sich entwickelnde Fähigkeit, geschriebene Texte zu lesen und zu schreiben. Die Beobachtung der frühkindlichen Literacy müsse vornehmlich das Wissen der Kinder um Schrift umfassen. Dieses Wissen erwerben Kinder durch beiläufige Erfahrungen mit Schrift in ihrem Alltag.

- Zunächst machen Kinder Erfahrungen mit Schrift innerhalb ihrer sozialen und kulturellen Umgebung. Sie lernen auf diese Weise die Funktionen der Schrift sowie die Wertigkeit, die schriftlichem Handeln zugeschrieben wird, kennen (vgl. Abb. 1).
- Innerhalb dieses Rahmens erkennen sie sowohl die zentralen Charakteristiken und Organisationsmerkmale von Schrift (Lautbezug der Schrift, Schreibrichtung etc.) als auch das von der mündlichen Sprache abweichende Register der geschriebenen Sprache.
- Zudem erkennen Kinder im Rahmen ihrer Teilhabe an schriftlichen Aktivitäten die einzelnen Regularitäten, nach denen sich gesprochene Sprache graphisch abbildet.

**Abbildung 1**
Dimensionen von Schrift
und Schriftlichkeit.

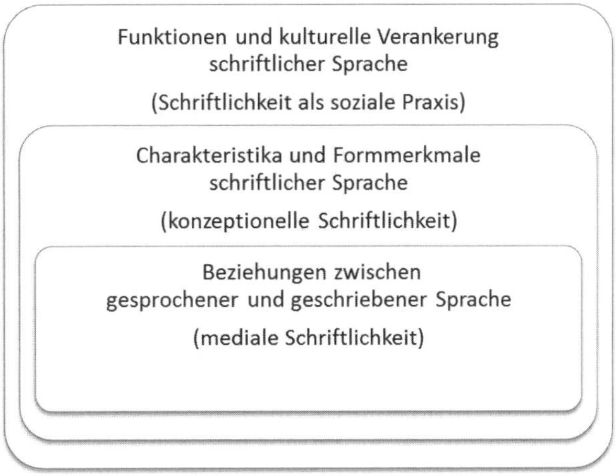

Funktionen und kulturelle Verankerung
schriftlicher Sprache

(Schriftlichkeit als soziale Praxis)

Charakteristika und Formmerkmale
schriftlicher Sprache

(konzeptionelle Schriftlichkeit)

Beziehungen zwischen
gesprochener und geschriebener Sprache

(mediale Schriftlichkeit)

## 2 Linguistische Merkmale

Grundsätzlich kann Schrift als Mittel zur Bedeutungsrepräsentation gelten. Die Geschichte kennt ganz unterschiedliche Entwicklungsformen von Schriften. Die überwiegende Mehrheit heutiger Schriftsysteme steht in einer Beziehung zur Lautsprache. Die deutsche Orthographie ist eine solche alphabetische Schrift, die sich durch einen Lautbezug und eine silbische Gliederung auszeichnet. Die Bedeutung von Wörtern wird in alphabetischen Schriften nicht direkt, sondern vermittelt über deren Lautung abgebildet.

Das zugrunde liegende Strukturprinzip alphabetischer Schriften ist das phonographische. Phoneme als kleinste Einheiten des Lautsystems werden in der Schrift durch ein- oder mehrgliedrige Grapheme repräsentiert. Die Zuordnung von Phonemen und Graphemen ist nicht eindeutig-umkehrbar. Phoneme können durch verschiedene Grapheme verschriftet werden, ebenso können unterschiedliche Phoneme durch dasselbe Graphem abgebildet werden. Das phonographische Prinzip wird zudem durch das morphematische und das syntaktische Prinzip überformt. Allerdings sind diese Überformungen und die hieraus abzuleitenden orthographischen Schreibregeln ausschließlich für den späteren, schulisch intendierten Schriftspracherwerb interessant.

Die geschriebene Sprache materialisiert und fixiert die gesprochene Sprache in einer graphischen Form. Unterschiede zwischen der gesprochenen und geschriebenen Sprache existieren in mehrfacher Hinsicht (vgl. Feilke, 2006). Temporal vollziehen sich Schreiben und Lesen wesentlich langsamer als Sprechen und Hören. Semiotisch nutzt die gesprochene Sprache paraverbale und nonverbale Merkmale wie Intonation, Mimik und Gestik. Die Schrift kennt diese Mittel nicht, sie benötigt alternative Formen wie Satzzeichen. Anders als in der gesprochenen Sprache wird in der Schrift die Trennung von Wörtern durch Spatien deutlich markiert und sichtbar gemacht. Kommunikativ wird gesprochene Sprache als flüchtige Form meist dialogisch-interaktiv innerhalb situativer Kontexte verwendet, während geschriebene Sprache stärker monologisch organisiert ist.

Damit wäre jedoch nur die mediale Seite der Schrift beschrieben. Eine Unterscheidung von Mündlichkeit und Schriftlichkeit kann jedoch nicht nur auf der Ebene der Medialität, sondern muss auch auf der Ebene der Konzeption erfolgen (vgl. Günther, 1997). Die schriftliche Sprache stellt meist – auch wenn die digitalen Online-Medien diesen Aspekt ein wenig auflösen – eine Kommunikation ohne direkten Gesprächspartner dar und wird als „Sprache der Distanz" beschrieben. Allein die fehlende Nutzungsmöglichkeit paraverbaler und nonverbaler Mittel sowie die kontextfreie Verwendung von Schrift zwingen dazu, beim Schreiben die Sprache wesentlich stärker zu entfalten. Die konzeptionell schriftliche Sprache unterscheidet sich von der mündlichen Sprache u.a. durch die notwendige Explizitheit, komplexere Satzstrukturen, die Nutzung eines alltagsfernen Wortschatzes und die intensive Verwendung des Präteritums sowie von Konjunktionen und Passivkonstruktionen.

Im Übergang zur Schriftlichkeit stellt sich Kindern somit neben der Aneignung von Schriftzeichen (als mediale Seite der Schriftlichkeit) die Aufgabe, den ihnen vertrauten, situationsgebundenen Sprachgebrauch mit Blick auf die Entfaltung einer sogenannten bildungssprachlichen, konzeptionell schriftlichen Sprachform zu überwinden. Schriftliches Handeln erfordert es, den Formaspekt von Sprache zu beachten. Der Erwerb der Schrift ist daher von Anfang an durch ein höheres Maß an Bewusstheit und Absicht gekennzeichnet (vgl. Wygotski, 1995).

## 3    Schriftlichkeit als eine soziale und kulturelle Praxis

Einer ‚vertexteten' Sprache, die verstärkt unter dem Stichwort ‚Bildungssprache' (vgl. Gogolin & Lange, 2011; Dehn, 2011; Hüttis-Graff et al., 2010) diskutiert wird, begegnen Kinder zunächst im Medium der Mündlichkeit. Kinderreime, Sprachspiele, Gedichte und Lieder oder das narrative Erfinden und Erzählen von Geschichten können den Kindern den Übergang von der Mündlichkeit zur Schriftlichkeit erleichtern. Diese Kommunikationsformen sind medial mündlich, machen aber mit einem für sie neuen Register von Sprache vertraut, das in seiner literaten Ausprägung vom alltäglichen und situationsorientierten Sprachgebrauch abweicht. Auch das Rollenspiel ermöglicht Kindern durch seinen Wechsel von situiertem Spiel und metasprachlicher Aushandlung komplexe sprachliche Leistungen. Diese Formen mündlicher Sprachkultur werden im Gebrauch angeregt und können durch Erwachsene unterstützt werden. Ihre Wirksamkeit profitiert „von der Herstellung einer Atmosphäre dichter emotionaler Verbundenheit zwischen Bezugsperson und Kind in gemeinsamer, lustvoller Beschäftigung mit Sprache" (Hurrelmann, 2004, 178f.). Gleiches gilt auch für das dialogische Vorlesen, eine Situation emotionaler Zuwendung. Das Bilderbuch verkörpert das gemeinsame Referenzobjekt, auf das sich die Interaktion zwischen Kind und Erwachsenem bezieht. Das dialogische Vorlesen hat sich als äußerst wirksame Sprachfördersituation erwiesen, besonders im Hinblick auf eine Erweiterung des Wortschatzes sowie auf den Erwerb grammatischer Strukturen (vgl. die Übersicht bei Schönauer-Schneider, 2012).

Allerdings handelt es sich bei den geschilderten Handlungssituationen um sprachliche Interaktionsformate, wie sie vorwiegend in den Milieus der sozialen Mittel- und Oberschicht praktiziert werden (vgl. Wieler, 1995). Zudem sind diese Formate kulturell bedingt und gestalten sich in den verschiedenen Kulturräumen sehr unterschiedlich (vgl. Kuyumcu, 2006). Kinder wachsen im Kontext sozial gebildeter Traditionen auf, die es ihnen in unterschiedlichem Maße ermöglichen, an literalen Praxen zu partizipieren. Im Rahmen dieser Praxen erwerben Kinder grundlegende Kenntnisse, Fähigkeiten und Fertigkeiten im Umgang mit der Schrift, vor allem aber bilden sie Orientierungen und Einstellungen gegenüber Schriftlichkeit aus. Diese frühen Erfahrungen, die sich zu Vorkenntnissen und Prädispositionen verdichten, prägen den Zugang der Kinder zu weiteren literalen Angeboten. Die empirische Forschung bestätigt den Zusammenhang zwischen Home Literacy Environment und sprachlich-literalen Fähigkeiten der Kinder (vgl. Niklas & Schneider, 2010; Bracken & Fischel, 2008; Farver et al., 2006; van Steensel, 2006). Frühe Schriftlichkeitserfahrungen wirken somit wie ein Filter auf weitere Bildungsprozesse.

Als maßgeblicher Ort der frühkindlichen Schriftsozialisation gilt eindeutig die Familie (vgl. Hurrelmann, 2004). Dabei wird von einem erweiterten Familienbegriff ausgegangen, der Großeltern, Geschwister oder Tagesmütter explizit einschließt. Die Familie gilt als Ort der sozialen und kulturellen Praxis von Schriftlichkeit (vgl. Purcell-Gates, 2004). In ihr erleben Kinder lesende und schreibende Modelle und sie erfahren sowohl Anregungen zu einem eigenen explorativen Umgang mit Schrift als auch Aufmerksamkeit und Bestätigung für diese Aktivitäten. Der Lesesozialisationsforschung zufolge gilt dies besonders für Familien aus bildungsnahem Milieu, in denen Kinder durch die Mitglieder ihrer Familie in der Konstruktion ihrer eigenen Schriftsprachlichkeit unterstützt werden (vgl. Hurrelmann, 2006; Groeben & Schroeder, 2004). Ein deutliches Forschungsdesiderat ist im Bereich der Lesesozialisation für Familien mit Migrationshintergrund zu konstatieren. Vieles deutet darauf hin, dass unterschiedliche Zugänge zur Schriftlichkeit möglich sind, beispielsweise durch die Weitergabe oraler Erzähltraditionen oder durch die Situierung von Literalität in Moscheen und an anderen religiösen Orten.

Eine ethnographisch-deskriptive Emergent Literacy-Forschung hebt die kindlichen Zugänge zur Schrift in Familien hervor, die die genannten bildungsnahen Schriftaktivitäten nicht aufweisen. Dort finden Kinder ihren Zugang zu Schrift in der Auseinandersetzung mit Aufschriften, Labels, TV-Zeitschriften, Katalogen oder Kassenzetteln (vgl. Teale, 1986; Purcell-Gates, 1996). Auch diese Kinder machen Erfahrungen mit medialer Schriftlichkeit in einer sozialen Situierung, ihnen fehlt jedoch weitestgehend die Auseinandersetzung mit dem sprachlichen Register der konzeptionellen Schriftlichkeit. Bildungseinrichtungen stehen vor der Aufgabe, diese Heterogenität literaler Erfahrungen zu berücksichtigen und allen Kindern anknüpfungsfähige Angebote zu machen (vgl. Duke & Purcell-Gates, 2003). Gefordert sind dabei eine Haltung der Anerkennung und Wertschätzung familiärer Schrifterfahrungen einerseits und Angebote zur Erweiterung der bisherigen Erfahrungen in Richtung der Entwicklung einer konzeptionellen Schriftlichkeit andererseits.

# 4        Entwicklungspsychologische Modellierungen

Die Modelle zur allgemeinen Entwicklung von Emergent Literacy (für einen Überblick der Modelle vgl. Rhyner et al., 2009) betonen, dass die Schrift zunächst als tragendes Medium von Bedeutung erkannt wird, bevor ein Verständnis für ihre Formseite entsteht. Entsprechend stellt sich Kindern in der Phase der frühen Kindheit zunächst die Aufgabe, Schrift als Repräsentationssystem zu erkennen und anschließend seine grundlegenden Organisationsmerkmale (Buchstabenbindung, Schreibrichtung etc.) und das Prinzip der Lautorientierung zu erfassen. In der Folge werden dann sukzessive die einzelnen Zuordnungsregeln des konkreten Schriftsystems erkannt.

Aufbauend auf entsprechenden ethnographischen Arbeiten in englischsprachigen Kontexten wurden verschiedene Modelle entwickelt, die den kindlichen Schriftspracherwerb als eine Abfolge von Phasen oder Stufen beschreiben. Ursprünglich entstanden diese Modelle als Rekonstruktion aus Falluntersuchungen und Querschnittserhebungen, sie konnten jedoch auch in Längsschnitterhebungen bestätigt werden. Die einzelnen Modellierungen belegen übereinstimmend eine entwicklungslogische Abfolge, die trotz Unterschieden in Details als universell angesehen wird. Lesen als Rezeption und Schreiben als Produktion von Schrift stehen dabei in einem engen Wechselverhältnis, je nach Entwicklungsstand gilt dabei eine der beiden Modalitäten als Triebkraft der weiteren Entwicklung (vgl. K.-B. Günther, 1986). Die verschiedenen Phasen gehen mit zentralen Einsichten einher und drücken sich in der Bevorzugung unterschiedlicher Strategien aus (zu den elementaren Einsichten vgl. Nickel, 2007).

## 4.1     Symbolisierungsphase (präliteral-symbolische Strategie)

Der Erwerb der Schriftsprache beginnt mit der zentralen Erkenntnis von präliteralen Repräsentations- und Symbolisierungsformen jenseits sprachlichen Zeichenmaterials. Die Auseinandersetzung mit ersten Bilderbüchern, den sogenannten Early Concept Books (vgl. Kümmerling-Maibauer, 2011; Rau, 2007), in denen auf jeder Seite des Buches ein Gegenstand aus kindlichen Lebenswelt abgebildet wird, ermöglicht Kindern die Einsicht, dass ein Gegenstand oder eine Aktivität durch etwas anderes repräsentiert werden kann. Sie lernen, das Symbol vom Gegenstand und den ihn umgebenden Kontext zu lösen und erfassen somit das Prinzip der Dekontextualität. Zu den neuen Fähigkeiten in dieser Phase gehören die Bildanschauung sowie die Entwicklung einer dekontextualisierten Sprache durch Rollen-, Sprach- und Symbolspiele.

Das graphische Gestalten spielt eine besondere Rolle. Gegen Ende dieser Phase ahmen Kinder in Ergänzung zu Mal- und Zeichenaktivitäten das Schreiben nach, die Orientierung ist dabei auf die Oberflächenstruktur der Handlung gerichtet. Die Beobachtung von Schreibsituationen hat großen präfigurierenden Einfluss. Sie äußert sich im Malen von Kritzelbildern, aus denen zunehmend Kritzeltexte oder -briefe werden. Damit sprechen Kinder ihren frühen präliteralen Darstellungen einen kommunikativen Charakter zu, was das Erfassen der grundlegenden Funktion der Schrift bedeutet (vgl. Baghban, 1984; 2007; Gorman & Brooks, 1996). Allmählich erkennen Kinder im Zuge eines wachsenden Symbolbewusstseins Grapheme als spezifische Symbole, wobei schriftliche Zeichen von anderen graphischen Formen unterschieden werden. Kinder erfassen somit an dieser Stelle die geschriebene Modalität von Sprache. Prinzipiell konstatieren Barkow (2012) und Graf (2012) ein Forschungsdesiderat in diesem Bereich der sehr frühen graphischen kindlichen Repräsentationsformen im Spannungsfeld von Bild und Schrift.

## 4.2 Funktions- und Emblemphase (logographemische Strategie)

Die zentrale Einsicht in dieser Phase ist die in den von anderen Zeichensystemen unterschiedlichen Charakter der Schrift. Kinder entdecken durch eine visuelle Vorgehensweise markante und/oder individuell bedeutsame graphische Merkmale. Dies äußert sich im Erkennen von Logos, Emblemen etc., wobei die Kinder noch stark auf den Kontext angewiesen sind. Schrift wird zunehmend zu einem Gegenstand der Betrachtung.

Besonders bedeutsam ist die Auseinandersetzung mit der geschriebenen Form des eigenen Namens, insbesondere mit dem Initialgraphem. Dieses ist Ausgangspunkt für das Merken der Formen anderer Buchstaben. Kinder produzieren zu diesem Zeitpunkt häufig willkürliche Buchstabenfolgen und weisen ihnen eine Bedeutung zu. Da der Zugriff auf Schrift in dieser Phase rein visueller Natur ist, kommt es bei der (Re)Produktion gespeicherter Schriftbilder häufig zu Vertauschungen, Auslassungen und Verdrehungen von Buchstaben. Eine lautlich orientierte Strategie zur akustischen Kontrolle steht noch nicht zur Verfügung.

Kinder stehen in dieser Phase vor der Herausforderung, sich von der Inhaltsseite der Sprache ab- und der Formseite zuzuwenden. Recht bekannt ist der sogenannte Wortlängenvergleich, bei dem Kinder bestimmen sollen, welches der Wörter ‚Kuh' oder ‚Eichhörnchen' das längere sei. Wenn Kinder noch die Inhaltsseite der Sprache fokussieren, gehen sie davon aus, dass das größere Tier auch durch das längere Wort symbolisiert wird. Erst mit der zentralen Einsicht in den Lautbezug unserer Schrift sind die Ausbildung einer phonemischen Strategie und der Übergang in die nächste Phase möglich.

## 4.3 Strukturphase (phonemische Strategie)

Diese Phase hält länger an und wird allgemein in mehrere Stadien unterteilt. Zu Beginn der Phase (beginnende phonemische Strategie) erkennen Kinder das grundlegende phonographische Prinzip unserer Schrift und erwerben sukzessive erste phonemisch-graphemische Zuordnungen. Sie entwickeln damit einen willkürlichen Zugriff auf sprachliche Elemente.

Der Erwerb einer phonemischen Strategie ist eng verknüpft mit der Entwicklung der phonologischen Bewusstheit im engeren Sinne, also der Fähigkeit, Phoneme zu isolieren und mit ihnen zu operieren. Durch das frühe phonematische Verschriften wird diese Fähigkeit weiterentwickelt. Da Kinder zunächst die markant wahrnehmbaren konsonantischen Phoneme verschriften, stellt die konsonantische ‚Skelettschrift' ein typisches Kennzeichen der Anfangsphase dar. Röber (2009) betont, dass meist schon zu Beginn phonemisch orientierter Verschriftungen jede Silbe durch mindestens ein Graphem repräsentiert wird; dabei scheint die Reihenfolge zu gelten, dass der konsonantische Anfangsrand der betonten Silbe zuerst verschriftet wird. Die phonemische Strategie wird sukzessive verfeinert und auf diese Weise entfaltet. Das Schreiben wird häufig durch ein gedehntes Sprechen begleitet, auch Vokale werden nun abgebildet. Bei dem Versuch, diesen Zugriff auf Schrift zu perfektionieren, bilden Kinder nicht selten phonetische Nuancen ab, die in unserem Schriftsystem nicht relevant sind (Beispiel: *Aeima für »Eimer«; *EICH für »Ich«; *Gahtn für »Garten«). Ergänzend zu den regelgeleiteten Konstruktionen bedienen sich Kinder bereits einiger weniger Lernwörter (Sichtwortschatz). Regelgeleitete Konstruktionen überformen zeitweise die bisherige Speicherung von Lernwörtern, eigentlich beherrschte Wortschreibungen aus dem Sichtwortschatz werden nun immer wieder neu konstruiert und es kommt zu Übergeneralisierungen. Später nimmt der Anteil der abgerufenen Sichtwörter wieder zu.

Die ersten Wortgrenzen werden, wenn auch noch selten, berücksichtigt, die Links-Rechts-Orientierung wird sicherer, Raumlageveränderungen der Grapheme treten jedoch noch recht häufig auf. Wenn gegen Ende der Phase auch bei unbetonten Silben immer häufiger der notwendige Vokal verschriftet wird, ist die phonemische Phase voll entwickelt. Bei bilingual aufwachsenden Kindern kann es infolge der differenten Phonem-Graphem-Korrespondenzen in der Erstsprache gelegentlich zu Interferenzen kommen. Prinzipiell jedoch lässt sich ein Einfluss der Erstsprache auf den Schriftspracherwerb kaum belegen (vgl. Jeuk, 2012).

Wenn Kinder ihre individuelle Lautung verschriften, bezieht sich dies jedoch nur auf den medialen Aspekt von Schriftlichkeit. Feilke (2006) umschreibt diese Verschriftungen als „(auf)-geschriebene Sprache", also als graphisch notierte Sprache. Um den entsprechenden Text, der noch keine Anzeichen einer konzeptionellen Schriftlichkeit enthält, verstehen zu können, muss ein Leser in aller Regel den Kontext kennen, auf den er sich bezieht. Eine „schriftliche Sprache" (Feilke, 2006) hingegen ist zunehmend konzeptionell schriftlich, was sich in der Verwendung spezifischer schriftsprachlicher Mittel wie Spatien, einer phonologischen Explizitsprache oder einer morphologischen Gliederung von Wörtern auszeichnet.

Die Verwendung von Gemischtantiqua sowie das einsetzende Gespür für erste orthographische Regelmäßigkeiten verweisen auf einen nahenden Übergang in die anstehende Normphase.

## 4.4 Normphase (orthographische Strategie)

In der folgenden Normphase erkennen Kinder die orthographische Eigenständigkeit der Schrift und erwerben die morphologischen und syntaktischen Prinzipien, die das grundlegende phonographische Prinzip überformen und sich beispielsweise in Markierungen der Auslautverhärtung am Silbenende oder der Vokalquantität äußern. Diese Entwicklung fällt in den Zeitraum des schulisch intendierten Schriftspracherwerbs und wird hier lediglich genannt, um die Perspektivität der Schreibentwicklung aufzuzeigen.

## 5 Frühes Schreiben im frühpädagogischen Kontext

Abschließend soll ein kurzer Blick auf die pädagogische Arbeit im Elementarbereich geworfen werden. Während Trainings einzelner Literacy-Komponenten, insbesondere der phonologischen Bewusstheit, sehr umfassend wissenschaftlich überprüft wurden, liegen empirische Wirksamkeitsstudien mit dem Fokus auf ein umfassendes Verständnis von Emergent Literacy bislang kaum vor (vgl. Sauerborn-Ruhnau, 2011). Diese Einseitigkeit in der Forschung gilt es zukünftig zu überwinden. Hier scheint eine Integration von kognitionspsychologischen Zugängen einerseits und soziokulturellen Zugängen andererseits zwingend notwendig zu sein. Eine isolierte Förderung einzelner meta-sprachlicher Fertigkeiten (inside-out-skills) ist ebenso wenig zielführend wie ein bloßes Angebot des Umgangs mit Schrift (outside-in-skills).

Für die Ausbildung der medialen Schriftlichkeit wirkt sich bereits die bloße Bereitstellung von Printmaterialien und Schreibutensilien förderlich aus (vgl. Lenel, 2005), was in der Praxis vielfältig aufgegriffen wird (z.B. Ulich, 2005, Brinkmann & Brügelmann i.V.). Speziell eingerichtete Schreibecken strukturieren zwar das angebotene Material, stellen jedoch letztendlich lediglich pädagogisch-didaktisch inszenierte Ergänzungen zu den authentischen Schriftmomenten aus der Lebenswelt der Kinder dar. Authentische Momente der Schriftverwendung werden unter dem gemeinsamen Dach des Sprach- und Schrifterfahrungsansatzes breit diskutiert und praktiziert. Der zentrale Gedanke des Ansatzes ist, die vorhandenen Sprach- und Schrifterfahrungen der Kinder aufzunehmen und ihnen die Möglichkeit zur Erweiterung dieser Erfahrungen zu geben. Dies vor dem Hintergrund, dass die schriftlichen Erfahrungen in der Familie sehr stark variieren (vgl. Adams, 1990) und dass sich diese unterschiedlichen Schrifterfahrungen in den schriftsprachlichen Fähigkeiten der Kinder widerspiegeln (vgl. Purcell-Gates, 1996; 2004). Morrow (1990) ergänzte die Perspektive des Spiels für das kindliche Lernen. Er konnte belegen, dass themenspezifische Literacy-Handlungen dem Angebot allgemeiner Lese- und Schreibmaterialien überlegen sind. Als besonders bedeutsam erwies sich zudem die Rolle der pädagogischen Fachkraft: Die Wirksamkeit sprachlicher Angebote wurde durch Spielvorschläge der Pädagogin stark beeinflusst. Morrow entwickelte daraufhin den Ansatz der Literacy-Center (Morrow, 2002; Neuman & Roskos, 1990), bei dem thematisch fokussierte Spielumgebungen (beim Friseur, beim Arzt, im Restaurant usw.)

zum Rollenspiel, zum dekontextualiserten Sprachgebrauch und zum Schriftgebrauch mit Formularen, Kalendern, Kochbüchern, Speisekarten, Spielgeld etc. einladen.

Für die Ausbildung der konzeptionellen Schriftlichkeit ist der reichhaltige und vielfältige Kontakt mit vertexteter Sprache notwendig. Neben den mündlichen Formen der prä- und paraliterarischen Kommunikation nimmt das dialogische Lesen eine Schlüsselrolle ein. Neben den allgemein sprachfördernden Aspekten wird dem dialogischen Lesen eine Wirkung auf die Entfaltung von Bildungssprache zugesprochen. Kinder, die im Spiel einer Puppe ‚vorlasen‘, veränderten ihre Sprache, sie wählten ein schriftnahes Register und betonten zudem Wörter und Wortendungen besonders (vgl. in: Purcell-Gates, 2004).

Ähnliches berichten Hüttis-Graff (2011a; 2011b) und Merklinger (2011) vom Diktieren zu Bilderbüchern und Medienfiguren. Sofern die Skriptorin entsprechende Prozesse durch Langsamkeit des Schreibens, durch schreibbegleitendes Sprechen und durch Erfragen präzisier Formulierungen herausfordert, sind Kinder in der Lage, beim Diktieren von Texten ihre Artikulation und ihre Formulierungen den Erfordernissen eines schriftnahen Registers anzupassen. Sie sprechen betonter, artikulieren Endungen mit und erschaffen, um über räumlich und zeitlich entfernte Dinge kommunizieren zu können, mit Sprache einen Kontext, d.h. sie nehmen in ihren Formulierungen zunehmend eine Adressatenperspektive ein. „Wie dialogische Interaktionsformate mit erwachsenen Bezugspersonen als Gerüst für den mündlichen Spracherwerb eine zentrale Bedeutung haben (…), so unterstützt ein distanzsprachliches Interaktionsformat beim Diktieren den Erwerb der konzeptionellen Schriftlichkeit" (Hüttis-Graff, 2011a, S. 222). Zugleich erhalten die Kinder beim Verschriften durch SkriptorInnen die Chance, den Prozess der graphischen Codierung des Erzählten zu beobachten und auf diese Weise einen Einblick in die Aufzeichnungsfunktion von Schrift zu gewinnen.

Aus strukturell-organisatorischer Sicht sei abschließend auf die Bedeutung der Kooperation von Elementarbildung und Familie hingewiesen. Eine wirksame Förderung von Kindern aus gering literalisierten Milieus erfordert eine Koppelung dieser beiden Sozialisationsinstanzen. Denkbar ist es, literacybezogene und generationenübergreifende Erfahrungsgelegenheiten zu ermöglichen, wie es in Family Literacy-Projekten praktiziert wird (vgl. Elfert & Rabkin, 2007; Nutbrown, Hannon & Morgan, 2005). Derartige Projekte und Ansätze ermöglichen eine sensible Verknüpfung von sozial und kulturell geprägten, in der Familie situierten Alltagserfahrungen einerseits und schulisch orientierten Bildungssprachangeboten andererseits.

# 6    Literatur

Adams, M.J. (1990). *Beginning to Read. Thinking and Learning about Print.* Massachusetts: MIT.

Andresen, H. (2005). *Vom Sprechen zum Schreiben. Sprachentwicklung zwischen dem vierten und siebten Lebensjahr.* Stuttgart: Klett-Cotta.

Baghban, M. (1984). *Our daughter learns to read and write: A case study from birth to three.* Newark: International Reading Association.

Baghban, M. (2007). Scribbles, Labels and Stories. The Role of Drawing in the Development of Writing. *Young Children 62*(1), 20–26.

Barkow, I. (2012). Wie schreiben Kinder bevor sie schreiben? Eine empirische Untersuchung des „Kritzelstadiums" unter schriftlinguistischen Aspekten. In D. Isler & W. Knapp (Hrsg.), *Sprachliche und literale* Fähigkeiten im Vorschulalter fördern *(S. 17–32).* Stuttgart: Fillibach bei Klett.

Bracken, S. & Fischel, J. (2008). Family reading behavior and early literacy skills in preschool children from low-income backgrounds. *Early Education and Development 19*(1), 45–67.

Brinkmann, E. & Brügelmann, H. (i.V.). Lese- und Schreibversuche fördern vor der Schule – Kindern Zugänge zur Schriftsprache eröffnen ohne Lese- und Schreiblehrgang. In Bildungsressort Südtirol (Hrsg.), *Abenteuer Sprache.* Bozen.

Dehn, M. (2011). Elementare Schriftkultur und Bildungssprache. In S. Fürstenau & M. Gomolla (Hrsg.), *Migration und schulischer Wandel: Mehrsprachigkeit* (S. 129–152). Wiesbaden: VS Verlag für Sozialwissenschaften.

Duke, N. & Purcell-Gates, V. (2003). Genres at home and at school: bridging the known to the new. *The Reading Teacher 57*(1), 30–37.

Elfert, M. & Rabkin, G. (Hrsg.) (2007). Gemeinsam in der Sprache baden: Family Literacy. Internationale Konzepte zur familienorientierten Schriftsprachförderung. Stuttgart: Klett.

Farver, J., Xu, Y., Eppe, S. & Lonigan, C. (2006). Home environments and young Latino children's school readiness. *Early Childhood Research Quarterly 21*(2), 196–212.

Feilke, H. (2006). Literalität. Kultur – Handlung – Struktur. In A. Panagioutopoulou & M. Wintermeyer (Hrsg.), *Schriftlichkeit interdisziplinär. Voraussetzungen, Hindernisse und Fördermöglichkeiten (S. 13–30).* Frankfurt a.M.: Johann-Wolfgang-Goethe-Universität.

Gogolin, I. & Lange, I. (2011). Bildungssprache und Durchgängige Sprachförderung. In S. Fürstenau & M. Gomolla (Hrsg.), *Migration und schulischer Wandel: Mehrsprachigkeit (S. 107–128).* Wiesbaden: VS Verlag für Sozialwissenschaften.

Gorman, T. & Brooks, G. (1996). Assessing Young Children's Writing. London.

Graf, A. (2012). Falldarstellungen zur Entwicklung des Kritzelns und Schreibens von drei- bis vierjährigen Kindern im Kindergarten. In D. Isler & W. Knapp (Hrsg.), *Sprachliche und literale* Fähigkeiten im Vorschulalter fördern *(S. 33–48).* Stuttgart: Fillibach bei Klett.

Groeben, N. & Schroeder, S. (2004). Versuch einer Synopse: Sozialisationsinstanzen – Ko-Konstruktion. In N. Groeben & B. Hurrelmann (Hrsg.), *Lesesozialisation in der Mediengesellschaft. Ein Forschungsüberblick (S.* 306–348). Weinheim und München: Juventa.

Günther, H. (1997). Mündlichkeit und Schriftlichkeit. In H. Balhorn & H. Niemann, H. (Hrsg), *Sprachen werden Schrift. Mündlichkeit – Schriftlichkeit – Mehrsprachigkeit (S.* 64–73). Lengwil: Libelle.

Günther, K.-B. (1986). Ein Stufenmodell der Entwicklung kindlicher Lese- und Schreibstrategien. In: H. Brügelmann (Hrsg.), *ABC und Schriftsprache* (S. 32–54). Konstanz: Libelle.

Hannon, P. (1995). *Literacy, Home, and School.* London: Falmer.

Hüttis-Graff, P. (2011a). Diktierte Texte zu Medienfiguren. Chancen und Grenzen des Diktierens. In P. Hüttis-Graff & P. Wieler (Hrsg.), *Übergänge zwischen Mündlichkeit und Schriftlichkeit im Vor- und Grundschulalter (S.* 205–225). Freiburg: Fillibach.

Hüttis-Graff, P. (2011b). Implizites Lernen in frühen Bildungseinrichtungen. Vorschulkinder schreiben für den Löwen. In P. Hüttis-Graff & P. Wieler (Hrsg.), Übergänge zwischen Mündlichkeit und Schriftlichkeit im Vor- und Grundschulalter (S. 249–272). Freiburg: Fillibach.

Hüttis-Graff, P., Merklinger, D., Klenz, S. & Speck-Hamdan, A. (2010). Bildungssprache als Bedingung für erfolgreiches Lernen. In H. Bartnitzky & U. Hecker (Hrsg.), *Allen Kindern gerecht werden. Aufgabe und Wege* (S. 238–265). Frankfurt, Grundschulverband.

Hurrelmann, B. (2004).Informelle Sozialisationsinstanz Familie. In N. Groeben & B. Hurrelmann (Hrsg.), *Lesesozialisation in der Mediengesellschaft (S. 69–202). Ein Forschungsüberblick.* Weinheim und München: Juventa.

Hurrelmann, B. (2006). Ko-Konstruktion als Theorierahmen historischer Lesesozialisationsfor-
schung: sozialhistorische Prämissen. In B. Hurrelmann, S. Becker & I. Nickel-Bacon (Hrsg.),
*Lesekindheiten. Familie und Lesesozialisation im historischen Wandel (S.* 15–30). Weinheim und
München: Juventa.

Jeuk, S. (2012). Orthographieerwerb mehrsprachiger Kinder in der ersten Klasse. In W. Grießha-
ber & Z. Kalkavan (Hrsg.), *Orthographie- und Schriftspracherwerb bei mehrsprachigen Kindern*
(105–123). Freiburg: Fillibach.

Kuyumcu, R. (2006). „Jetzt male ich dir einen Brief". Literalitätserfahrungen von (türkischen) Migrantenkindern im Vorschulalter. In B. Ahrenholz (Hrsg.), *Kinder mit Migrationshintergrund.
Spracherwerb und Fördermöglichkeiten (S.* 34–45). Freiburg: Fillibach.

Kümmerling-Meibauer, B. (2011). Emergent literacy and children's literature. In B. Kümmerling-
Meibauer (Hrsg.), Emergent Literacy. Children's Books from 0 to 3 (S. 1–14). Amsterdam: John
Benjamins.

Lenel, A. (2005). Schrifterwerb im Vorschulalter. Beltz: Weinheim, Basel.

Merklinger, D. (2010). ‚Lernendes' Schreiben am Übergang von Mündlichkeit zu Schriftlichkeit. In
T. Pohl & T. Steinhoff (Hrsg.), *Textformen als Lernformen (117–142).* Duisburg: Gilles & Francke.

Morrow, L. (1990). Preparing the classroom environment to promote literacy during play. *Early
Childhood Research Quarterly* 5, 537–554.

Morrow, L. (2002). *The Literacy Center. Contexts for Reading and Writing.* Portland: Stenhouse.

Neuman, S. & Roskos, K. (1991). The influence of literacy-enriched play centers on preschoolers'
Engagement conceptions of the functions of print. In J. Christie (Hrsg.), *Play and early literacy
development S. (169–187). Albany: State University of New York.*

Nickel, S. (2007). Beobachtung kindlicher Literacy-Erfahrungen im Übergang von Kindergarten
und Grundschule. In U. Graf (Hrsg.), Diagnostik und Förderung im Elementarbereich und
Grundschulunterricht. Lernprozesse wahrnehmen, deuten und begleiten (S. 87–104). Baltmannsweiler: Schneider Hohengehren.

Niklas, F. & Schneider, W. (2010). Der Zusammenhang von familiärer Lernumwelt mit schulrelevanten Kompetenzen im Vorschulalter. *Zeitschrift für Soziologie der Erziehung und Sozialisation*
30(2), 149–165.

Nutbrown, C., Hannon, P., Morgan, A. (2005). Early *Literacy Work with Families. Policy, Practice
and Research.* London: Sage.

Purcell-Gates, V. (1996). Stories, coupons, and the TV Guide. Relations between home literacy
experiences and emergent literacy knowledge. In: Reading Research Quarterly 31(4), S. 406–428.

Purcell-Gates, V. (2001). Emergent Literacy Is Emerging Knowledge of Written, Not Oral, Language. In P. Britto & J. Brooks-Gunn (Hrsg.), *The Role of Family Literacy Environments in Promoting Young Children's Emerging Literacy Skills (S.* 7–22). San Francisco: Jossey-Bass.

Purcell-Gates, V. (2004). Family Literacy as the Site for Emerging Knowledge of Written Language.
In B. Wasik (Hrsg.), *Handbook of Family Literacy (S.* 101–115). Mahwah NJ: Lawrence Erlbaum.

Rau, M.-L. (2007). Literacy. Vom ersten Bilderbuch zum Erzählen, Lesen und Schreiben. Haupt:
Bern.

Rhyner, P., Haebig, E. & West, K. (2009). Understanding Frameworks for the Emergent Literacy
Stage. In P. Rhyner (Hrsg.), *Emergent Literacy and Language Development (S.* 5–35). New York:
Guilford.

Röber, C. (2009). Die Leistungen der Kinder beim Lesen- und Schreibenlernen. Grundlagen der
Silbenanalytischen Methode. Baltmannsweiler: Schneider Hohengehren.

Schönauer-Schneider, W. (2012). Sprachförderung durch dialogisches Bilderbuchlesen. In H. Günther & W.R. Bindel (Hrsg.), Deutsche Sprache in Kindergarten und Vorschule (S. 238–266). Baltmannsweiler: Schneider Hohengehren.

Sauerborn-Ruhnau, H. (2011). Bedeutung der Early Literacy – Zur Komplexität des Schriftspracherwerbs. In K. Fröhlich-Gildhoff, I. Nentwig-Gesemann & Leu, H.-R. (Hrsg.), *Forschung in der Frühpädagogik*. Band 4. (S. 265–292). Freiburg: FEL.

Teale, W. (1986). Home background and young children's literacy development. In W. Teale & E. Suzby (Hrsg.), *Emergent Literacy: Writing and Reading (S. 173–206)*. Norwood NJ: Ablex.

Ulich, M. (2005). Literacy und sprachliche Bildung im Elementarbereich. In S. Weber (Hrsg.), *Die Bildungsbereiche im Kindergarten (S. 106–124)*. Freiburg: Herder.

Van Steensel, R. (2006). Relations between socio-cultural factors, the home literacy environment and children's literacy development in the first years of primary education. *Journal of Research in Reading 29*(4), 367–382.

Wieler, P. (1995). Vorlesegespräche mit Kindern im Vorschulalter. Beobachten zur Bilderbuch-Rezeption mit Vierjährigen in der Familie. In C. Rosebrock (Hrsg.), *Lesen im Medienzeitalter. Biographische und historische Aspekte literarischer Sozialisation (S. 45–64)*. Weinheim und München: Juventa.

Whitehurst, G. & C. Lonigan (1998). Child Development and Emergent Literacy. *Child Development 69* (3), 848–872.

Wygotski, L.S. (1995). Die Besonderheit der Schriftsprache. In G. Schorch (Hrsg.), *Schreibenlernen und Schriftspracherwerb (S. 13–16)*. Bad Heilbrunn: Klinkhardt.

Yaden, D., Rowe, D. & MacGillivray, C. (2000). Emergent Literacy. A Matter (Polyphony) of Perspectives. In M. Kamil, P. Mosenthal, P. Pearson & R. Barr (eds.), Handbook of Reading Research, Volume III (S. 425–454). Mahwah NJ: Lawrence Erlbaum.

# Sprachbildung und Sprachförderung

Gisela Kammermeyer und Susanna Roux

## 1 Begriffliche Grundlagen

Die Begriffe Sprachbildung und Sprachförderung werden sehr uneinheitlich verwendet. Sprachförderung wird zum einen als Oberbegriff verstanden und beinhaltet Sprachbildung, zum anderen wird Sprachbildung von Sprachförderung klar unterschieden. Fried (2013) bezeichnet als ‚Sprachbildung' Angebote, die darauf ausgerichtet sind, die Entwicklung ‚aller' *Kinder* im pädagogischen Alltag anzuregen, was auch als ‚universelle oder primäre Prävention' bezeichnet wird. Hier kommen meist ‚ganzheitliche, auf alle Sprachentwicklungsbereiche gleichermaßen ausgerichtete Ansätze' zum Einsatz. ‚Sprachförderung' hingegen richtet sich ‚selektiv' an bestimmte Risikogruppen, bei denen bereits sprachliche Auffälligkeiten bekannt sind. Sie hat das Ziel kompensatorisch bzw. ‚sekundär präventiv' potentielle Sprachentwicklungsprobleme zu vermeiden. Die Maßnahmen werden gezielt und systematisch über einen begrenzten Zeitraum hinweg regelmäßig und meist außerhalb der Kindergartengruppe, also additiv (Lisker, 2011), in kleinen Gruppen durchgeführt. Zum Einsatz kommen hier sowohl strukturierte Programme, die spezifisch auf bestimmte Sprachentwicklungsbereiche (z.B. auf die phonologische Bewusstheit oder den Wortschatz) ausgerichtet sind als auch Materialsammlungen, die mitunter (auch in Kombination mit Elementen aus Programmen) eklektizistisch verwendet werden. Der Begriff ‚Sprachtherapie' wird verwendet für die Förderung von Kindern, die bereits eine Sprachentwicklungsstörung ausgebildet haben. Diese Kinder benötigen spezifisch-systematische Fördermaßnahmen, die ausschließlich von Experten (Logopäden, Psychologen) und nicht von Erzieherinnen oftmals in Eins-zu-eins-Fördersituationen durchgeführt werden.

Der vorliegende Beitrag bezieht sich sowohl auf Sprachbildung als auch auf Sprachförderung, nicht jedoch auf Sprachtherapie. Die Ausführungen beschränken sich auf den Kontext Kindertagesstätten und blenden den Kontext Familie aus. Auch auf Fragen der Sprachförderdiagnostik (z.B. Welche Kinder benötigen welche Sprachförderung?) wird nicht speziell eingegangen, wenngleich sprachförderdiagnostische Erkenntnisse Grundlage für Sprachförderentscheidungen sein sollten.

## 2    Sprachförderung in frühpädagogischen Ansätzen

Sprachbildung und Sprachförderung gehören seit Anfang der außerfamiliären institutionellen Kleinkindbetreuung zu den zentralen Aufgaben vorschulischer Erziehung und Bildung. Nahezu alle frühpädagogischen Ansätze beinhalten Überlegungen zu Sprachbildung und Sprachförderung, wobei sich die Umsetzungen in Bezug auf Ziele, Gegenstandbereiche, Methoden oder Materialien teilweise sehr voneinander unterscheiden.

Die Bedeutsamkeit einer spielerisch angelegten, aktiven und frühen sprachlichen Erziehung und Förderung durch Mütter und Kinderfrauen durch Sprechhandlungen und auch durch Schreibübungen unterstrich schon Johann Amos Comenius lange vor den ersten Institutionen der Kleinkindbetreuung in seinem Werk die Mutterschule (Comenius, 1633/1921).

Friedrich Fröbel betonte knapp 200 Jahre später in seinen Mutter- und Koseliedern (Fröbel, 1883) die Bedeutung des Sprachvorbilds des Erwachsenen. Erzieherinnen und Eltern sollen nicht nur passives Sprachvorbild sein, sondern eine aktive Rolle einnehmen und bewusst Reime, Verse und Lieder einsetzen und Anschauungsmaterialien verwenden, um gezielt Begriffe einzuführen und sogar sogenannte „Anschau-Sprechübungen" durchführen. Dabei erkannte er bereits, dass sowohl „nachgehende", also beiläufige Sprachförderung, als auch „vorschreibende", also systematisch herausfordernde Spracherziehung notwendig sei (Fried, 2013, S. 176f.). Dies bezog sich jedoch nur auf die gesprochene Sprache, die Beschäftigung mit der Schriftsprache erachtete Fröbel dagegen als „gefährlichen Sprach-Abstraktor" (Richter, 1926, S. 91 ff.; zitiert nach Fried, 2013, S. 176; Hervorhebung dort).

In der Pädagogik von Maria Montessori spielt knapp 60 Jahre später vor allem der Schriftspracherwerb, für den sie spezifische Materialien entwickelte (z.B. Sandpapierbuchstaben, bewegliches Alphabet) eine bedeutende Rolle. Dieses Material soll den Kindern zur Sinnesschulung dienen und ihre Selbsttätigkeit und Selbständigkeit ermöglichen. Die Einführung der Materialien erfolgt durch die „Drei-Stufen-Lektion", in der die Bezeichnung der Materialien und ihrer Eigenschaften systematisch und gezielt gefördert wird (z.B. Böhm, 1996).

Im seit den 1970er Jahren in Deutschland weit verbreiteten Situationsansatz wird vor allem die Bedeutung der ganzheitlichen Sprachbildung im Rahmen von Schlüsselsituationen betont (vgl. Knauf, 2013, S. 121). Es wird eine aktive, dialogorientierte Mitwirkung der Kinder bei Planungsaktivitäten, die Förderung der Vielfalt der kindlichen

Ausdrucksmöglichkeiten und die Mitwirkung von Kindern an der Gestaltung von Situationen gefordert, systematische gezielte aktive sprachliche Herausforderungen werden jedoch nicht explizit aufgegriffen (FU-Projekt Kindersituationen, 1995, S. 3; vgl. Conrad, 1999, S. 12).

In der Reggio-Pädagogik (z.B. Dreier, 2012; Krieg, 2002; Rieber, 2002), einem seit den 1980er Jahren zunehmend im deutschsprachigen Raum bekannten Ansatz, der ursprünglich aus Italien stammt, stehen Kommunikation und Sprache in einem besonderen Fokus. Zentrale Elemente der Reggio-Pädagogik sind der Austausch mit der Welt über „100 Sprachen" und das Lernen in Projekten und deren Dokumentation. Sie sind auf die Förderung der handelnden (enaktiv), sinnlichen (ikonisch) und sprachlichen (symbolisch) Repräsentationsebene bezogen (Knauf, 2013, S. 123).

Bei aller Unterschiedlichkeit der vorgestellten pädagogischen Ansätze, war und ist Sprachbildung und Sprachförderung in der deutschsprachigen Elementarpädagogik bislang in erster Linie alltagsintegriert angelegt.

## 3    Rahmenbedingungen in Deutschland

Das Thema Sprachbildung und Sprachförderung erhielt im deutschsprachigen Elementarbereich vor allem im Anschluss an die großen Schulleistungsstudien eine herausragende Bedeutung. Im Nachgang zu PISA und PISA-E benannte die deutsche Kultusministerkonferenz im Dezember 2001 sieben vorrangige Handlungsfelder und dabei als ersten Punkt „Maßnahmen zur Verbesserung der Sprachkompetenz bereits im vorschulischen Bereich" (KMK, 2002). Sprachförderung als Prinzip zur Sicherung von Chancengerechtigkeit wurde im Anschluss daran dann im gemeinsamen Rahmen der Länder für die frühe Förderung in deutschen Kindertageseinrichtungen festgeschrieben (JMK/ KMK, 2004, S. 9). Dies führte zum einen dazu, dass in allen Bildungsplänen der deutschen Bundesländer dem Bereich Sprache und Kommunikation eine Priorität eingeräumt wird (z.B. Sens, 2007; Stoltenberg, 2008): In der Hälfte der Bundesländer wird in diesem Bereich auch die Einbeziehung von Schrift explizit erwähnt, ein Drittel verwendet den Begriff ‚Sprachen' und drückt damit aus, dass es nicht darum geht, nur eine einzige Sprache zu thematisieren. Schwerpunkt der meisten Bildungspläne sind Ziele, Inhalte und Prinzipien der Bildungsarbeit. Im Bayerischen Erziehungs- und Bildungsplan (Bayerisches Staatsministerium für Arbeit und Sozialordnung, Familie und Frauen, 2006) beispielsweise ist das Ziel der Förderung das „sprach- und medienkompetente Kind". Im Vordergrund der Ausführungen steht die soziale Funktion von Sprache, weniger die konkrete methodische Umsetzung der Förderung. Sprachförderung wird im Sinne von Sprachbildung als ganzheitliche, alltagsintegrierte Querschnittsaufgabe verstanden. Präventive Sprachförderung spielt eine untergeordnete Rolle und zielgerichtete systematische Angebote werden kaum gefordert (Fried, 2013). Es wird davon ausgegangen, dass Kinder sprachliche Kompetenzen nicht isoliert, sondern stets im Kontext von Kommunikation erwerben (Bayerisches Staatsministerium für Arbeit und Sozialordnung, Familie und Frauen, 2006, S. 210). Nur wenige Bildungspläne beziehen sich explizit auf gezielte additive Sprachfördermaßnahmen (z.B. Niedersachsen). Trotzdem werden in den meisten Bundesländern solche Sprachfördermaßnahmen durchgeführt, um Kindern einen guten Start in die Schule zu ermöglichen, in den meisten Fällen ist die Teilnahme sogar verpflichtend. Nach Redder, Schwippert, Hasselhorn, Forschner et al. (2011) fördern 14 Länder Kinder für mindestens sechs Monate in Kindertageseinrichtungen bzw. Vorschulen. Die Bundesländer stellen somit erhebliche finanzielle Mittel für die Sprachförderung bereit. Die Rahmenbedingungen (z.B. Anzahl der Förderstunden) sind in den einzelnen Bundesländern verbindlich festgelegt. Nach Redder et al. (2011) reicht die Bandbreite von zwei Stunden pro Woche hin zu einer täglichen Förderung von drei Stunden. Vor allem die additive Sprachförderung bezieht sich schwerpunktmäßig auf das letzte Kindergartenjahr, erst in jüngster Zeit wird der Blick auch auf die jüngeren Kinder sowie die unter Dreijährigen gerichtet. Die beschrittenen Maßnahmen und Methoden unterscheiden sich mitunter sehr (Lisker, 2011), u.a. da die Umsetzung in den meisten Bundesländern in der Verantwortung der Träger der Kindertageseinrichtungen liegt, die verschiedene Schwerpunkte haben.

## 4    Sprachförderansätze im Überblick

Einen Überblick über die Fülle unterschiedlichster Ansätze oder Programme, die den Erzieherinnen zur Verfügung stehen, geben Jampert, Best, Guadatiello, Holler und Zehnbauer (2007, Tab. 1)[1]. Neben unterrichtsähnlichen Konzepten finden sich auch solche zur individuellen Förderung im Alltag der Kindertageseinrichtung (Redder et al., 2011). Die meisten Ansätze beziehen sich fast ausschließlich auf die Förderung der deutschen Sprache. Für viele Sprachförderkräfte dienen diese Ansätze jedoch höchstens als Ausgangspunkt, 72 % der Sprachförderkräfte gaben bei einer Evaluation der zusätzlichen Sprachförderung in Rheinland-Pfalz beispielsweise an, die Sprachförderung nach einem eigenen Konzept durchzuführen (Kammermeyer, Roux & Stuck, 2011a, S. 62).

---

1    vgl. auch (www.bildungsserver.de)

**Tabelle 1** Sprachförderansätze im Überblick: Unterscheidungskriterien, Beschreibung, Beispiele (z.B. Jampert et al., 2007; Kany & Schöler, 2007; Redder et al., 2011; Ruberg & Rothweiler, 2012)

| | Unterscheidungs-kriterium | Beschreibung | Beispiele |
|---|---|---|---|
| **Organisation** | additiv | außerhalb der Regelgruppe, zusätzliches Angebot | |
| | alltagsintegriert | innerhalb des Gruppenalltags | |
| **Adressaten** | universell | alle Kinder betreffend | |
| | kompensatorisch | Kinder mit bestimmten Sprachförderbedarfen, z.B. Kinder im Zweitspracherwerbsprozess | |
| **Inhalt** | linguistisch-strukturorientiert „focus on structure" | auf bestimmte sprachliche Strukturen bezogen (z.B. die phonologische Bewusstheit) | Würzburger Training ‚Hören lauschen lernen' (Küspert & Schneider, 2006) Neue Wege der sprachlichen Förderung von Migrantenkindern (Penner, 2003) Deutsch für den Schulstart (Kaltenbacher & Klages, 2007) Sprachliche Frühförderung (Tracy, 2003) |
| | pädagogisch-kommunikativ „focus on meaning" | Sprachliche Mitteilung im Vordergrund | Wir verstehen uns gut (Schlösser, 2001) Lust auf Sprache (Ulich, 2003) |
| | an Schrift orientiert „focus on print" | | Würzburger Training ‚Hören lauschen lernen 2' (Plume & Schneider, 2004) |
| **Methodik** | Training der Kinder | feste Abfolge von Fördereinheiten; unterrichtsähnlich | |
| | Sprachförderstrategien der Erzieherinnen | Sprachförderkompetenz der pädagogischen Fachkraft im Fokus | |

Sprachförderansätze können hinsichtlich verschiedener Kriterien eingeteilt werden: Der organisatorische Rahmen steht bei der Unterscheidung zwischen ‚additiver' und ‚alltags-integrierter' Förderung im Mittelpunkt, je nach Adressatengruppe wird unterschieden zwischen universellen und kompensatorischen Programmen.

Sprachförderansätze können darüber hinaus dadurch charakterisiert werden, worauf sie ihren Fokus legen, auf die Bedeutung des Gesprochenen, auf Sprachstrukturen oder auf Schrift. Darüber hinaus können sie auch im Hinblick auf die methodische Gestaltung unterschieden sowie im Hinblick auf den Einbezug anderer Erstsprachen gekennzeichnet werden. Die in der Tabelle dargestellte Unterschiedlichkeit der Sprachförderansätze ist nicht verwunderlich, wurden sie doch im Rahmen verschiedener Fachdisziplinen auf der Grundlage unterschiedlicher theoretischer Überlegungen entwickelt (z.B. Kany & Schö-ler, 2007, S. 202; Ruberg & Rothweiler, 2012, S. 12).

Nachdem die Vielfalt der vorhandenen Sprachförderansätze aufgezeigt wurde, ist es notwendig die Frage zu beantworten, was gute Sprachförderung auszeichnet.

Ruberg und Rothweiler (2012) stellen folgende Leitlinien guter Sprachförderung vor: Sprachförderung soll sich in Situationen abspielen,

1. in denen Kinder Sprache als Instrument zum Erreichen persönlicher Ziele einsetzen können;
2. die zum Sprechen anregen sowie inhaltlich und thematisch an der Lebenswelt des Kindes anknüpfen;
3. in denen Sprachförderung zielorientiert ist und sich am natürlichen Entwicklungsver-lauf orientiert nach dem Prinzip der Entwicklungsproximalität;
4. in denen die Umsetzung strukturzentriert erfolgt;
5. die implizite Sprachlehrstrategien in natürlichen Kommunikationssituationen nut-zen;
6. in denen die diagnostische Erfassung des Erwerbshintergrundes, des Sprachstandes und der Spracherwerbsbedingungen eines Kindes die Grundlage bilden.

Kany und Schöler (2007) stellen als Bewertungskriterien die Transparenz, die metho-dische Konstruktion, die Durchführung, die Evaluation, die Implementierung und die Anwenderkosten in den Fokus der Betrachtung.

## 5    Forschungsbefunde

Die förderliche Wirkung des Kindergartenbesuchs auf die Entwicklung sprachlicher Kompetenzen ist sowohl national als auch international gut belegt (z.B. Roßbach, Klu-czniok & Kuger, 2008). Diese Wirkung hängt einerseits von der Dauer des Kindergar-tenbesuchs, aber vor allem von der *Qualität* der Einrichtung ab. Zwar hat die Familie auf die sprachlichen Kompetenzen der Kinder am Ende der Kindergartenzeit den größten Einfluss, dennoch gehen von den Entwicklungsunterschieden zwischen den Kindern im

Fall der Sprachentwicklung 18 % auf die Kindergartenqualität zurück (Tietze, Roßbach & Grenner, 2005, S. 135). Ob und welche Fördereffekte darüber hinaus unterschiedlichen Sprachförderansätzen zugeschrieben werden können, soll im Folgenden dargelegt werden.

## 5.1    Additive Sprachförderung

In Deutschland gibt es bisher erst wenige Studien, die differenzierten Aufschluss über die Wirksamkeit einer additiven vorschulischen Sprachförderung geben:

Im Rahmen des Programms ‚Sag‘ mal was‘ wurden zwei Studien in Baden-Württemberg durchgeführt. In der *Heidelberger Studie* von Roos, Polotzek und Schöler (2010) zeigte sich, dass im unmittelbaren Vergleich die Kinder, die eine *additive* Förderung durch Sprachförderkräfte und spezielle Programme erhalten haben, keine besseren Leistungen erzielten als die Kinder mit einem vergleichbaren Sprachförderbedarf ohne eine solche Förderung. Es wurde auch deutlich, dass es zwischen drei strukturorientierten Sprachförderprogrammen keine differenziellen Effekte gibt. Am Ende der zweiten Klasse erzielten die Kinder, die eine additive explizite und spezifische Förderung erhalten hatten, ähnliche Leistungen wie die Kinder mit vergleichbarem Förderbedarf, die nicht gefördert wurden. Zu einem vergleichbaren Ergebnis kommt die Weingartner Studie von Gasteiger-Klicpera, Knapp und Kucharz (2010).

Auch in der Studie ‚Deutsch-Sprachförderung vor der Schule‘ (DACHS; u.a. Sachse, Bude, Rinker & Groth, 2012) in Hessen wurde kein Unterschied zwischen dem herkömmlichen Vorgehen und dem stark strukturierten sprachwissenschaftlich orientierten Sprachförderprogramm ‚Deutsch für den Schulstart‘ (Kaltenbacher & Klages, 2007; Kaltenbacher, Klages & Pagonis, 2009), das auch in der Heidelberger Studie untersucht wurde, festgestellt. Gering ausgeprägte, unmittelbare Effekte auf die Fähigkeit zur Satzbildung, aber keine positiven Langzeiteffekte der Sprachförderung zeigten sich mit dem Programm ‚Handlung und Sprache‘ von Häuser und Jülisch (2006) in einer Studie in Brandenburg von Wolf, Felbrich, Stanat und Wendt (2011). Das am besten evaluierte Sprachförderprogramm ist derzeit in Deutschland das Würzburger Trainingsprogramm ‚Hören, lauschen, lernen‘ (Küspert & Schneider, 2006) zur phonologischen Bewusstheit, welches jedoch auf den Schriftspracherwerb ausgerichtet ist.

Die additive Sprachförderung in Rheinland-Pfalz wurde von Kammermeyer, Roux und Stuck (2011a, 2011b) an einer repräsentativen Stichprobe untersucht. Es wurde u.a. der Frage nachgegangen, wie die Qualität der Sprachfördergruppen beschaffen ist. In den bisherigen Analysen zeigte sich, dass die Qualität der emotionalen Unterstützung und der Gruppenführung von externen Beobachtern in Videoanalysen als gut bis sehr gut eingeschätzt wird, die Anregungsqualität hingegen, die explizit auch den Einsatz von Sprachförderstrategien beinhaltet, wird nur als niedrig beurteilt.

## 5.2    Alltagsintegrierte Sprachförderung

Explizit alltagsintegrierte Förderung untersuchten Beller und Beller (2009) in einer Interventionsstudie mit drei- bis fünfjährigen Kindern mit erhöhtem Förderbedarf. Es zeigte sich in den darin enthaltenen Videoanalysen, dass das sprachliche Anregungsniveau der Erzieherinnen durch aufwändige Fortbildungen signifikant erhöht werden konnte, auf der Ebene der Kinder war die Intervention jedoch nur für die vierjährigen Kinder erfolgreich.

Auch die Studie zum ‚Heidelberger Trainingsprogramm' von Buschmann, Jooss, Simon und Sachse (2010) sowie Buschmann, Simon, Jooss und Sachse (2010) ist auf die Optimierung täglich wiederkehrender natürlicher Interaktionssituationen ausgerichtet. Es stellt ‚spezifische Sprachförderstrategien' in den Mittelpunkt und bezieht sich nur auf Kinder, die in ihrer sprachlichen Entwicklung verzögert sind. Die Krippenstudie mit 28 sprachverzögerten Kleinkindern ergab, dass die Kinder, deren Bezugserzieherinnen an einem aufwändigen Training teilgenommen hatten, drei Monate nach der Intervention einen signifikant größeren aktiven Wortschatz aufwiesen und signifikant bessere sprachproduktive Leistungen in einem standardisierten Sprachentwicklungstest zeigten als die Kinder der Vergleichsgruppe. In der Kindergartenstudie mit ‚sprachlich schwachen drei- bis fünfjährigen Kindern' (Simon & Sachse, 2011) wurde anhand von Videointeraktionsanalysen festgestellt, dass die Kinder erhöhte Sprechfreude zeigen und sich sprachlich häufiger beteiligen.

## 5.3    Sprachförderstrategien

Die Qualität alltagsintegrierter Sprachbildung und -förderung hängt maßgeblich mit dem gezielten Einsatz von Sprachförderstrategien durch die Erzieherin zusammen, mit denen sie die Kinder zu Sprachäußerungen in der Zone der nächsten Entwicklung herausfordert. Bereits 1985 haben Brophy und Hancock darauf hingewiesen, dass die Verbesserung der Qualität des sprachlichen Inputs ein viel versprechender Weg der Sprachförderung sei. Auch die Arbeit von Early, Maxwell, Burchinal, Alva et al. (2007), in der die Ergebnisse von sieben großen amerikanischen Studien zusammengefasst werden, belegt den Zusammenhang zwischen der Qualität der Erzieherin-Kind-Interaktion und den sprachlichen Kompetenzen der Kinder. Explizit wird der ‚Einsatz von Sprachförderstrategien' (language modeling) herausgestellt, d.h. inwieweit die Erzieherin durch ihren sprachlichen Input die Kinder durch häufige Gespräche, offene Fragen, Wiederholung und Erweiterung, handlungsbegleitendes Sprechen und durch die Komplexität ihrer Sprache sprachlich herausfordert und unterstützt.

Die Verbesserung der Qualität der Erzieherin-Kind-Interaktion durch spezifische Interventionen wurde von Girolametto, Weitzman und Greenberg (2003) untersucht. In dieser Studie erhielten die Erzieherinnen ein Training, das auch sprachförderliche Strategien wie Erweiterung der kindlichen Äußerung und den ‚Gebrauch von Fragen' beinhaltete. Kinder der Experimentalgruppe produzierten mehr Äußerungen bzw. Mehrwortäußerungen und beteiligten sich häufiger an Interaktionen mit Gleichaltrigen als die Kinder der Kontrollgruppe. Die Wirkungen sowohl von Sprachförderstrategien, die den kindlichen Äußerungen vorausgehen (z.B. Parallelsprechen und Alternativfragen) als auch von Sprachförderstrategien, die den kindlichen Äußerungen nachfolgen (z.B. Expansion, Umformung, Korrektives Feedback, Modellierte Selbstkorrektur und Extension) sind bei sprachunauffälligen und sprachauffälligen Kindern belegt (Dannenbauer, 1994).

Eine hohe Qualität des sprachlichen Inputs im deutschen Kindergartenalltag wurde jedoch in den deutschen Studien von König (2009) und Albers (2009) eher selten beobachtet (vgl. auch Gasteiger-Klicpera, Knapp & Kucharz, 2010). Sie zeigen, dass ‚Kommentieren‘ und ‚Begründungen bzw. Rechtfertigen des eigenen Handelns‘ sowie ‚Handlungsanweisungen‘ im Vordergrund stehen. Vor allem die häufigen ‚Handlungsanweisungen‘ lassen vermuten, dass die Kinder eher instruiert werden als dass Interaktionsprozesse dazu genutzt werden, gemeinsam mit den Kindern Ideen zu entwickeln.

## 6 Qualifikation von Erzieherinnen zur Sprachförderung

Die angeführten empirischen Befunde führen zu der Annahme, dass ein viel versprechender Weg zur Verbesserung der sprachlichen Kompetenzen von Vorschulkindern in der Qualifizierung von Erzieherinnen liegt. Die potentielle Wirkung eines Sprachförderansatzes hängt schließlich auch davon ab, mit welcher Qualität dieser von der pädagogischen Fachkraft umgesetzt wird. Hinzu kommt, dass damit gerechnet werden kann, dass Erzieherinnen bestehende Sprachförderansätze aufgrund ihrer eigenen Erfahrungen verändern. Auch für die Qualifizierung von Erzieherinnen und Sprachförderkräften gibt es sehr unterschiedliche Konzepte, über die bisher noch wenig bekannt ist. Nach Redder et al. (2011, S. 29) differieren die zeitlichen Anteile für Sprachförderung in der Ausbildung von Erzieherinnen markant: in Bayern etwa ist ein 60-stündiges Teilmodul für das Modul „Bildung und Bildungsprozesse“, in Hamburg sind 180 Stunden für das Lernfeld „Kompetenz im Bereich Sprache und Schriftkultur fördern“ vorgesehen. Mit Fortbildungsangeboten von Fachkräften für die Sprachförderung schulen zehn Länder ihre Sprachförderkräfte systematisch (Redder et al., 2011, S. 29).

Ein professionelles Tool zur Selbst- und Teamqualifizierung pädagogischer Fachkräfte zur Analyse der Sprachförderqualität wurde von Fried und Briedigkeit (2008) vorgelegt. Die **DO**rtmunder **R**atingskala zur **E**rfassung **s**prachförderrelevanter **I**nteraktionen (DO-RESI) beinhaltet eine Einschätzskala nebst Booklet sowie eine DVD. Mit Hilfe von Videosequenzen, die die einzelnen Dimensionen konkretisieren, kann die eigene Wahrnehmungs-, Kommunikations- sowie Reflexionsfähigkeit geschult werden, um so die eigene sprachförderrelevante Interaktionsqualität zu verbessern. Die DO-RESI beinhaltet folgende Dimensionen:

1. Beziehung Erzieherin-Kind(er),
2. soziale Organisation bzw. Management der Sprachfördermaßnahmen,
3. adaptive Unterstützungstechniken und
4. sprachlich-kognitiven Herausforderungstechniken.

## 7    Ausblick

Über die Bedeutung vorschulischer Sprachförderung besteht heute weitgehende Übereinstimmung. Viele Praxiseinrichtungen und viele Institutionen und Initiativen befassen sich mittlerweile mit dieser wichtigen Aufgabe. Es wird eine Menge Zeit, Geld
und Energie investiert, um Beobachtungs- und Sprachstandverfahren sowie Sprachförderprogramme und -materialien zur sprachlichen Unterstützung der Kinder zu entwickeln. Trotz dieser vielfältigen Bemühungen sind jedoch die derzeitigen Erkenntnisse zur
Sprachförderung in Deutschland noch sehr begrenzt. Noch liegt beispielsweise zu wenig
Wissen vor über die alltagsintegrierte Sprachförderung, die zentraler Bestandteil des Bil-
dungs- und Erziehungsauftrags in Kindertagesstätten ist, wie sie durchgeführt wird und
welche Wirkungen sie hat. Auch wenn es eine Fülle verschiedenster sprachdiagnostischer
Verfahren gibt, fehlen zudem Ansätze, die Sprachdiagnostik und Sprachförderung systematisch verbinden.

Benötigt werden vor allem koordinierte Studien, in denen die Sprachentwicklung von
Kindern, die mit verschiedenen Maßnahmen gefördert wurden, im Längsschnitt systematisch verglichen wird. Weiterführend hierzu ist die Bilanz und Konzeptualisierung
strukturierter Forschung zu Sprachdiagnostik und -förderung, die von einer interdisziplinär zusammengesetzten Arbeitsgruppe verfasst wurde (Redder et al., 2011). Es ist
zu hoffen, dass von dieser Bilanz Impulse für die weitere Forschung ausgehen. Darüber
hinaus besteht jedoch auch ein großer Bedarf an didaktischer Entwicklungsforschung,
die praxisbedeutsam ist und methodischen Standards entspricht (Einsiedler, 2010).

In jüngster Zeit gibt es viel versprechende Entwicklungen: Bedeutsame Ergebnisse zur
alltagsintegrierten Sprachbildung und -förderung sind von der Evaluation der „Offensive
Frühe Chancen" zu erwarten, die seit ihrem Beginn im Jahr 2011 mittlerweile bundesweit
in knapp 4.000 Kindertagesstätten durchgeführt und systematisch evaluiert wird. Zu erwarten ist auch, dass die Weiterbildungsinitiative Frühpädagogische Fachkräfte (WIFF)
die Professionalisierung auch im Bereich Sprachförderung vorantreibt. Letztendlich besteht auch die Hoffnung, dass eine gemeinsame Initiative von Bund und Ländern zur
Weiterentwicklung der Sprachförderung, Sprachdiagnostik und Leseförderung (schneider, Baumert, Becher-Mrotzek, Hasselhorn et al., 2012) erfolgreich ist.

# 8    Literatur

Albers, T. (2009). *Sprache und Interaktion im Kindergarten – Eine quantitativ-qualitative Analyse der sprachlichen und kommunikativen Kompetenzen von drei- bis sechsjährigen Kindern.* Bad Heilbrunn: Klinkhardt.

Bayerisches Staatsministerium für Arbeit und Sozialordnung, Familie und Frauen, Staatsinstitut für Frühpädagogik München (Hrsg.).(2006). *Der Bayerische Bildungs- und Erziehungsplan für Kinder in Tageseinrichtungen bis zur Einschulung.* Weinheim: Beltz.

Beller, S. & Beller, K.E. (2009). *Systematische sprachliche Anregung im Kindergartenalltag zur Erhöhung der Bildungschancen 4- und 5-jähriger Kinder aus sozial schwachen und Migrantenfamilien – ein Modell der pädagogischen Intervention (Abschlussbericht).* http://www.stiftung-jugendmarke.de/upload/pdf/Berichte/2009/Abschlussbericht-52-36-06-INA.pdf (15.02.2010).

Böhm, W. (Hrsg.).(1996). *Maria Montessori – Texte und Gegenwartsdiskussion* (5. Aufl.). Bad Heilbrunn: Klinkhardt.

Brophy, K. & Hancock, S. (1985). Adult-child interaction in an integrated preschool programme: Implications for teacher training. *Early Child Development and Care,* 22, 275–294.

Buschmann, A., Jooss, B., Simon, S. & Sachse, S. (2010). Alltagsintegrierte Sprachförderung in Krippe und Kindergarten. Das „Heidelberger Trainingsprogramm". Ein sprachbasiertes Interaktionstraining für den Frühbereich. L.O.G.O.S. *Interdisziplinär,* 18, 2, 84–95.

Buschmann A., Simon, S., Jooss B. & Sachse, S. (2010). Ein sprachbasiertes Interaktionstraining für ErzieherInnen („Heidelberger Trainingsprogramm") zur alltagsintegrierten Sprachförderung in Krippe und Kindergarten – Konzept und Evaluation. In K. Fröhlich-Gildhoff, I. Nentwig-Gesemann & P. Strehmel (Hrsg.), *Forschung in der Frühpädagogik III. Schwerpunkt: Sprachentwicklung & Sprachförderung* (S. 107–133). Freiburg: FEL.

Comenius, J.A. (1633/1921). *Mutterschule* (4. Aufl.). Leipzig: Brandstetter.

Conrad, S. (1999). Theoretische Einführung. In B. Wolf, P. Becker & S. Conrad (Hrsg.), *Der Situationsansatz in der Evaluation. Ergebnisse der Externen Empirischen Evaluation des Modellvorhabens „Kindersituationen"* (S. 3–13). Landau: Empirische Pädagogik.

Dannenbauer, F.M. (1994). Zur Praxis der entwicklungsproximalen Intervention. In H. Grimm & S. Weinert (Hrsg.), *Intervention bei sprachgestörten Kindern. Voraussetzungen, Möglichkeiten und Grenzen* (S. 83–104). Stuttgart: Fischer.

Dreier, A. (2012). *Was tut der Wind, wenn er nicht weht? Begegnungen mit der Kleinkindpädagogik in Reggio Emilia* (7. Aufl.). Berlin: Cornelsen Scriptor.

Early, D.M., Maxwell, K.L., Burchinal, M., Alva, S., Bender, R.H., Bryant, D., Cai, K., Clifford, R.M., Banks, C., Griffin, J.A., Henry, G.T., Howes, C., Iriondo-Perez, J., Jeon, H.J., Mashburn, A.J., Peisner-Feinberg, E., Pianta, R.C., Vandergrift, N. & Zill, N. (2007). Teachers' education, classroom quality, and young children's academic skills: Results from seven studies of preschool programs. *Child Development,* 78, 2, 558–580.

Einsiedler, W. (2010). Didaktische Entwicklungsforschung als Transferförderung. *Zeitschrift für Erziehungswissenschaft,* 13, 59–81.

Fried, L. (2013; im Druck). Sprachförderung. In L. Fried & S. Roux (Hrsg.), *Handbuch Pädagogik der frühen Kindheit.* (S. 175–181). Berlin: Cornelsen Scriptor.

Fried, L. & Briedigkeit, E. (2008). *Sprachförderkompetenz – Selbst- und Teamqualifizierung für Erzieherinnen, Fachberatungen und Ausbilder.* Berlin: Cornelsen Scriptor.

Fröbel, F. (1883). *Mutter- und Koselieder. Dichtung und Bilder zur edlen Pflege des Kindheitslebens. Ein Familienbuch.* Wien: Pichler.

FU-Projektgruppe Kindersituationen (1995). *Informationen aus dem Projekt, Nr. 2* (November 1995). Berlin: Freie Universität.

Gasteiger-Klicpera, B., Knapp, W. & Kucharz, D. (2010). *Abschlussbericht der Wissenschaftlichen Begleitung des Programms „Sag' mal was – Sprachförderung für Vorschulkinder".* http://www.ph-weingarten.de/zep/Projekte/Abschlussbericht_Sprachfoerderung_Landesstiftung_PH_Weingarten.pdf (25.06.2010).

Girolametto, L., Weitzman, E. & Greenberg, J. (2003). Training day care staff to facilitate children's language. *American Journal of Speech-Language Pathology*, 12, 299–311.

Häuser, D. & Jülisch, B.-R. (2006). *Handlung und Sprache. Das Sprachförderprogramm.* Berlin: NIF.

Jampert, K., Best, P., Guadatiello, A., Holler, D. & Zehnbauer, A. (Hrsg.).(2007). *Schlüsselkompetenz Sprache. Sprachliche Bildung und Förderung im Kindergarten. Konzepte, Projekte und Maßnahmen* (2., aktual. u. überarb. Aufl.). Weimar: das netz.

JMK/KMK (2004). *Gemeinsamer Rahmen der Länder für die frühkindliche Bildung in Kindertagesstätten. Beschluss der Jugendministerkonferenz vom 13./14.05.2004 / Beschluss der Kultusministerkonferenz vom 03./04.06.2004.* www.kmk.org (07.06.2006).

Kaltenbacher, E. & Klages, H. (2007). Deutsch für den Schulstart: Zielsetzungen und Aufbau eines Förderprogramms. In B. Ahrenholz (Hrsg.), *Deutsch als Zweitsprache* (S. 135–150). Freiburg: Fillibach.

Kaltenbacher, E., Klages, H. & Pagonis, G. (2009). *Projekt Deutsch für den Schulstart – Arbeitsbericht April 2009.* http://www.deutsch-fuer-den-schulstart.de/upload/arbeitsbericht.pdf (08.04.2010).

Kammermeyer, G., Roux, S. & Stuck, A. (2011a). *"Was wirkt wie? – Evaluation von Sprachfördermaßnahmen in Rheinland-Pfalz. 2. Zwischenbericht (Juli 2011).* Landau: Universität. http://kita.bildung-rp.de/fileadmin/dateiablage/Themen/Downloads/Zweiter_Zwischenbericht_Endfassung.pdf (28.05.2012).

Kammermeyer, G., Roux, S. & Stuck, A. (2011b). Additive Sprachförderung in Kindertagesstätten – wann ist sie erfolgreich? Ergebnisse der Evaluation in Rheinland-Pfalz. In S. Roux & G. Kammermeyer (Hrsg.), Sprachförderung im Blickpunkt (Themenheft). *Zeitschrift für empirische Pädagogik*, 25, 4, 439–461.

Kany, W. & Schöler, H. (2007). *Fokus: Sprachdiagnostik. Leitfaden zur Sprachstandsbestimmung im Kindergarten.* Berlin: Cornelsen Scriptor.

Knauf, T. (2013; im Druck). Moderne Ansätze der Pädagogik der frühen Kindheit. In L. Fried & S. Roux (Hrsg.), *Handbuch Pädagogik der frühen Kindheit* (S. 119–129). Berlin: Cornelsen Scriptor.

König, A. (2009). *Interaktionsprozesse zwischen ErzieherInnen und Kindern. Eine Videostudie aus dem Kindergartenalltag.* Wiesbaden: VS.

Krieg, E. (2002). *Lernen von Reggio. Theorie und Praxis der Reggio-Pädagogik im Kindergarten.* Lage: Jakobs.

Küspert, P. & Schneider, W. (2006). *Hören, lauschen, lernen. Sprachspiele für Kinder im Vorschulalter. Würzburger Trainingsprogramm zur Vorbereitung auf den Erwerb der Schriftsprache* (5. Aufl.). Göttingen: Vandenhoeck & Ruprecht.

Kultusministerkonferenz (KMK)(2002). *Pisa 2000 – Zentrale Handlungsfelder. Beschluss der 299. Kultusministerkonferenz vom 17./18.10.2002.* Vorrangige Handlungsfelder im Nachgang zu PISA und PISA-E. http://www.kmk.org/fileadmin/pdf/PresseUndAktuelles/2002/massnahmen.pdf (28.05.2012).

Lisker, A. (2011). *Additive Maßnahmen zur vorschulischen Sprachförderung in den Bundesländern. Expertise im Auftrag des Deutschen Jugendinstituts.* München: DJI. http://www.dji.de/bibs/Expertise_Sprachfoerderung_Lisker_2011.pdf (07.06.2011).

Penner, Z. (2003). *Neue Wege der sprachlichen Frühförderung von Migrantenkindern.* Berg: Konlab.

Plume, E. & Schneider, W. (2004). *Hören, lauschen, lernen 2. Spiele mit Buchstaben und Lauten für Kinder im Vorschulalter – Würzburger Buchstaben-Laut-Training*. Göttingen: Vandenhoeck & Ruprecht.

Redder, A., Schwippert, K., Hasselhorn, M., Forschner, S., Fickermann, D., Ehlich, K., Becker-Mrotzek, M., Krüger-Potratz, M., Roßbach, H.-G., Stanat, P. & Weinert, S. (2011). Bilanz und Konzeptualisierung von strukturierter Forschung zu „Sprachdiagnostik und Sprachförderung". *ZUSE Berichte, Band 2*. Hamburg: Hamburger Zentrum zur Unterstützung der wissenschaftlichen Begleitung und Erforschung schulischer Entwicklungsprozesse (ZUSE). www.zuse.unihamburg.de/501publikation/zuse_berichte_02.pdf (15.06.2011).

Richter, G. (1926). *Deutsche Spracherziehung bei Friedrich Fröbel*. Unveröffentlichte Dissertation. Halle: Universität.

Rieber, D. (2002). *Der Kultur der Kinder auf der Spur. Ein Vergleich von Reggio-Pädagogik und Situationsansatz*. Freiburg: Lambertus.

Roßbach, H.-G., Kluczniok, K. & Kuger, S. (2008). Auswirkungen des Kindergartenbesuchs auf den kognitiv-leistungsbezogenen Entwicklungsstand von Kindern. In H.-G. Roßbach & H.-P. Blossfeld (Hrsg.), Frühpädagogische Förderung in Institutionen. *Zeitschrift für Erziehungswissenschaft*, 10, Sonderheft 11, 139–158.

Roos, J., Polotzek, S. & Schöler, H. (2010). *EVAS. Evaluationsstudie zur Sprachförderung von Vorschulkindern*. Wissenschaftliche Begleitung der Sprachfördermaßnahmen im Programm „Sag' mal was – Sprachförderung für Vorschulkinder". Abschlussbericht. Unmittelbare und längerfristige Wirkungen von Sprachförderungen in Mannheim und Heidelberg. http://www.sagmal-was-bw.de/media/WiBe%201/pdf/EVAS_Abschlussbericht_Januar2010.pdf (25.03.2010).

Ruberg, T. & Rothweiler, M. (2012). *Spracherwerb und Sprachförderung in der KiTa*. Stuttgart: Kohlhammer.

Sachse, S., Budde, N., Rinker, T. & Groth, K. (2012). Evaluation einer Sprachfördermaßnahme für Vorschulkindeer, frühe Bildung, 1, 4, 194–201.

Schlösser, E. (2001). *Wir verstehen uns gut. Spielerisch Deutsch lernen. Methoden und Bausteine zur Sprachförderung für deutsche und zugewanderte Kinder als Integrationsbeitrag in Kindergarten und Grundschule*. Münster: Ökotopia.

Schneider, W., Baumert, J., Becker-Mrotzek, M., Hasselhorn, M., Kammermeyer, G., Rauschenbach, Th., Roßbach, H.-G., Roth, H.-J., Rothweiler, M. & Stanat, P. (2012). *Expertise „Bildung durch Sprache und Schrift (BISS)"*. Bund-Länder-Initiative zur Sprachförderung, Sprachdiagnostik und Leseförderung. Berlin: BMBF.

Sens, A. (2007). Zusammengestellt und kommentiert: Die Schwerpunkte der Länder zur Sprachförderung im Elementarbereich. In K. Jampert, P. Best, A. Guadatiello, D. Holler & A. Zehnbauer, A. (Hrsg.), *Schlüsselkompetenz Sprache. Sprachliche Bildung und Förderung im Kindergarten. Konzepte, Projekte und Maßnahmen* (2., aktual. und überarb. Aufl.)(S. 275–297). Weimar: das netz.

Simon, S. & Sachse, S. (2011). Sprachförderung in der Kindertagesstätte – Verbessert ein Interaktionstraining das sprachförderliche Verhalten von Erzieherinnen? Empirische Pädagogik, 25, 4, 462–480.

Stoltenberg, U. (2008). Bildungspläne im Elementarbereich. Ein Beitrag zur Bildung für nachhaltige Entwicklung? Eine Untersuchung im Rahmen der UN-Dekade „Bildung für nachhaltige Entwicklung". Bonn: Deutsche UNESCO-Kommission. http://www.unesco.de/fileadmin/medien/Dokumente/Bibliothek/Bildungspl_C3_A4ne_20im_20Elementarbereich.pdf (28.05.2012).

Tietze, W., Roßbach, H.-G. & Grenner, K. (2005). Kinder von 4 bis 8 Jahren. Zur Qualität der Erziehungs- und Bildungsinstitutionen Kindergarten, Grundschule und Familie. Weinheim: Beltz.

Tracy, R. (2003). *Sprachliche Frühförderung – Konzeptuelle Grundlagen eines Programms zur Förderung von Deutsch als Zweitsprache im Vorschulalter*. Mannheim: Universität.

Ulich, M. (2003). Lust auf Sprache – sprachliche Bildung. Deutsch lernen in Kindertageseinrichtungen (DVD). München: Staatsinstitut für Frühpädagogik.
Wolf, K.M., Felbrich, A., Stanat, P. & Wendt, W. (2011). Evaluation der kompensatorischen Sprachförderung in Brandenburger Kindertagesstätten. In S. Roux & G. Kammermeyer (Hrsg.), Sprachförderung im Blickpunkt (Themenheft). *Zeitschrift für empirische Pädagogik*, 25, 4, 423–438.

# Förderung von Bilingualität

Karin Fasseing Heim

## 1    Einleitung

Der Sprache als ureigenes Phänomen menschlichen Daseins kommt eine vielfältige Bedeutung zu. Sprache dient der Verständigung, dem persönlichen Ausdruck, ist Erkenntnismittel und Trägerin intensionaler Bedeutung. Sprache verbindet, grenzt aus, spezifiziert und verleiht Macht, während Sprachlosigkeit oft mit Ohnmacht einhergeht. In der heutigen transnationalen Welt ist die Verständigung in verschiedenen Sprachen zu einer Selbstverständlichkeit geworden. Weltweit wächst mehr als die Hälfte aller Kinder zwei- oder mehrsprachig auf (vgl. Hesse, 2007, S. 2). Dennoch ist die Mehrheit der europäischen und aussereuropäischen Bildungssysteme monolingual ausgerichtet (vgl. Triarchi-Herrmann, 2006, S. 9). Für viele Kinder wird ihre Mehrsprachigkeit damit in der Schule nicht zur Bildungschance, sondern zum Problem. Die ganz unterschiedlichen familiären und öffentlichen Sprachkonstellationen werden von der Schule kaum berücksichtigt (vgl. Radtke, 2008, S. 659). Dieser Tatsache wird aktuell in Wissenschaft und pädagogischer Praxis mit der Forderung nach frühkindlicher Förderung der Bilingualität begegnet. Wie aber sind Bemühungen bilingualer Sprachförderung in der frühen Kindheit zu bewerten? Und woran hat sich die frühkindliche Förderung von Bilingualität zu orientieren, wenn sie wirksam sein will?

Der vorliegende Beitrag gibt einen Überblick zu häufig diskutierten Perspektiven aus Wissenschaft und Forschung auf mehrsprachig aufwachsende Kinder. Zunächst werden zentrale Begriffe definiert und es wird dargestellt, in welchen Kontexten Mehrsprachigkeit zum Alltag gehört. Weiter wird die Mehrdimensionalität von Sprache verdeutlicht und damit gezeigt, wie zentral Sprache für die menschliche Existenz ist, über welche Vielfalt an Funktionen sie verfügt und wie komplex sich das vorliegende Thema präsentiert.

Ebenfalls im 2. Kapitel werden Kennzeichen bilingualer Spracherwerbsprozesse sowie sprachwissenschaftliche Modellvorstellungen zum Zweitspracherwerb dargestellt, was eine fachspezifische Grundlage für die weiteren Ausführungen schafft. Es wird gezeigt, welche Bedeutung der Bildungssprache für den schulischen Erfolg zukommt. Im 3. Kapitel des Beitrags wird eine eigene empirische Untersuchung zum bilingualen Bildungsangebot BiLiKiD vorgestellt und deren internationaler Forschungskontext beschrieben. Das 4. Kapitel beschäftigt sich mit Aspekten der Legitimation bilingualer Sprachförderung sowie Orientierungspunkten für eine wirksame frühkindliche Förderung der Mehrsprachigkeit. Abschliessend werden Forschungsdesiderate formuliert und damit ein empirisches Fazit gezogen. Zu Gunsten einer mehrperspektivischen Betrachtung des Gegenstands wird darauf verzichtet, einzelne Theoriekonstrukte aus Linguistik bzw. Soziolinguistik, Psychologie, Soziologie, Neurobiologie und Pädagogik einander gegenüberzustellen. Diese werden unabhängig von ihrer Herkunftsdomäne dann herangezogen, wenn sie den Diskurs um die Förderung frühkindlicher Bilingualität substantiell erweitern.

## 2 Frühe Mehrsprachigkeit: Perspektiven aus Wissenschaft und Forschung

Das Konstrukt der Mehrsprachigkeit wird erwartungsgemäss wissenschaftlich nicht einheitlich definiert. Merkmale sind auf zwei unterschiedlichen Ebenen zu finden: der *Sprachbeherrschung* sowie der *Funktionen*, welche die Sprachen für das Individuum einnehmen. Bloomfield (1933) betont den ersten Aspekt, indem er Zweisprachigkeit einer Person dann attestiert, wenn sie beide Sprachen sowohl mündlich wie auch schriftlich beherrscht, also in keiner der beiden Sprachen als fremdsprachig, sondern als Nativespeaker wahrgenommen wird. Weinreich (1977) dagegen fokussiert den zweiten Aspekt. Eine Person ist seiner Ansicht nach bilingual, wenn sie sich in ihrem Alltag je nach Situation und Kommunikationspartner einer anderen Sprache bedient (vgl. Nodari & De Rosa, 2006, S. 13). Oksaar (2003) betont darüber hinaus als zentrales Merkmal die sprachliche Flexibilität, die beispielsweise als Sprachwechsel innerhalb eines Gesprächs beobachtet werden kann (vgl. Lengyel, 2009, S. 28). Weinreich und Oksaar betonen Aspekte, die für diesen Beitrag besonders relevant sind, da mit dem Fokus auf bilinguale Sprachförderung in der frühen Kindheit Sprachlernprozesse und damit die Funktionen, die Sprachen für die betroffenen Kinder einnehmen, im Vordergrund stehen.

### 2.1 Bilingualität als Lebenswirklichkeit

Bilingualität kommt als natürliche Erscheinung dort zu Stande, wo sich Menschen verständigen wollen, sei dies aufgrund politischer, ökonomischer oder persönlicher Motive. Entsprechend lassen sich unterschiedliche Situationen bilingualer Lebenswirklichkeit benennen. Die weltweite Migration bringt verschiedene Sprachen miteinander in Kontakt.

Bereits die zweite Generation eingewanderter Familien wächst gewöhnlich bilingual auf. Die Kinder lernen zuerst die Familiensprache(n) und oft mit dem Eintritt in den Kindergarten als Zweitsprache die Mehrheitssprache. Das Leben in einer kulturell vielfältigen Gesellschaft begünstigt zudem Lebenspartnerschaften verschiedensprachiger Menschen. Ihre Kinder wachsen dann mit zwei Erstsprachen auf. Weiter ist Mehrsprachigkeit in zweisprachigen Regionen, an Sprachgrenzen oder als Folge der Kolonialisierung eine alltägliche Selbstverständlichkeit (vgl. Nodari & De Rosa, 2006, S. 14ff). Weltweit bestehen dazu zahlreiche zweisprachige Schulen, die neben der Landessprache den Unterricht in Englisch führen und vorwiegend von Kindern besucht werden, deren Eltern häufig ihren Aufenthaltsort wechseln, da sie in Management oder Wissenschaft tätig sind.

## 2.2    Die Mehrdimensionalität von Sprache

Sprache ist eines der zentralsten Elemente für die menschliche Existenz. Sie dient nicht alleine der Verständigung, sie steht in Interdependenz zur 1) kognitiven Entwicklung, zur 2) Identität sowie zur 3) gesellschaftlichen und kulturellen Sozialisation. Sprache ist demzufolge einerseits *Kommunikationsmittel* und *Gegenstand des Wissens und Erkennens*. Sie ermöglicht Begriffsbildung und Kognition, indem sie hilft, die spezifische Art einer Sprachgemeinschaft und ihre Lebenswelt zu erfassen und zu reflektieren (vgl. Lengyel, 2009, S. 18; Olariu, 2007, S. 305). Andererseits wirkt Sprache *identitätsstiftend*, wie Krumm (2005) im Rahmen seiner sprachbiographischen Forschung zeigt. Mehrsprachigkeit vollzieht sich in sozialhistorischen biografischen Situationen, bestimmt von emotionsbezogenen zwischenmenschlichen Interaktionen und ist dynamischer Bestandteil der Selbstvorstellung und des Selbstkonzepts (vgl. Krumm, 2005, S. 233ff). Sprache schafft weiter *Identifikation* mit nationalen, regionalen und lokalen *Gesellschaftsgruppen* und verdeutlicht, welche Privilegien, Rechte und Pflichten mit der Gruppenzugehörigkeit oder dem -ausschluss verbunden sind (vgl. Oksaar, 2001, S. 23). Darüber hinaus wird Sprache als *kulturgebundenes* gesellschaftsspezifisches und höchst dynamisches Zeichensystem definiert. Sprachliche Sozialisation ist immer auch kulturelle Sozialisation. Kultur liefert Handlungsorientierung in verschiedenen Lebensbereichen, ist an bestimmte Erkenntnisformen gebunden und beinhaltet ein Repertoire an Kommunikations- und Repräsentationsmitteln. Vor dem Hintergrund dieser Mehrdimensionalität ist Sprache massgebend für das Erlangen von Handlungskompetenz, für die gesellschaftliche Teilhabe und Schlüssel für Bildungschancen und Bildungserfolg (vgl. Fürstenau & Gomolla, 2011, S. 15; Lengyel, 2009, S. 18).

## 2.3    Kennzeichen bilingualer Spracherwerbsprozesse

In der frühen Kindheit wird zwischen *simultaner* und *sukzessiver* Zweisprachigkeit[1] unterschieden. Die Zweitsprache wird bis etwa ins Alter von drei Jahren beiläufig in *natürlichen* Kommunikationssituationen erworben und kann später zusätzlich sogenannt *gesteuert* durch Instruktionen erlernt werden (vgl. Lengyel, 2009, S. 36ff; Günther & Günther, 2007, S. 58; List, 2007, 12ff; Triarchi-Herrmann, 2006, S. 22ff; Oksaar, 2003, S. 58). Im Vordergrund des Spracherwerbs steht für die Kinder die Teilhabe am sozialen Geschehen, worin ihre Orientierung an der mündlichen Kommunikation begründet liegt. Sie beobachten das Verhalten anderer Kinder und memorieren durch das Nachahmen alltägliche und häufige Ausdrücke in Form von ganzen Wortketten (vgl. List, 2007; S. 16; Nodari & De Rosa, 2006, S. 50f). Die Kinder gehen beim Spracherwerb selektiv vor, indem sie für die Verständigung wichtige Satzstrukturen und Zeitformen schneller erwerben. In sozialen Interaktionen entdecken sie durch Dekompositionsleistungen Regelmässigkeiten und erarbeiten sich auf dieser Grundlage die grammatikalische Struktur der Zielsprache.

Der Spracherwerbsprozess erfolgt nicht linear, sondern stufenweise. Kinder eignen sich sogenannte *Interimssprachen* an, die hinsichtlich der Zielsprache je typische Fehler aufweisen. Der Lernzuwachs geht mit einer Umstrukturierung der aktuellen Interimssprache einher. Oft kommt es im Verlauf des Zweitspracherwerbs zu einer *Fossilierung*, einem frühzeitigen Stillstand, noch bevor die Zielsprache fehlerfrei internalisiert ist. Die erreichte Sprachkompetenz ist für die alltägliche Verständigung ausreichend und es werden keine weiteren Lernschritte vollzogen. Problematisch ist eine Fossilierung, die bereits im Kindesalter einsetzt (vgl. Nodari & De Rosa, 2006, S. 49).

Mehrsprachige Kinder verfügen unabhängig vom Prestige ihrer Erstsprache über *metalinguistische Kompetenzen*, die sich im alltäglichen Sprachgebrauch beispielsweise als 1) Sprachmischen, 2) Interferenzen und 3) Codeswitching zeigen. *Sprachmischen* geschieht ausschliesslich in Sprachgemeinschaften, welche die Lehnwörter verstehen, was auf eine bewusste Strategie hindeutet. *Interferenzen* treten in Aussprache, Endungen, Satzbau oder Wortschatz auf, indem Sprachregeln der einen Sprache entliehen werden, die in der anderen keine Gültigkeit haben. Interferenzen können als kreativer Umgang mit Interimssprachen interpretiert werden. Das *Codeswitching*, der Sprachwechsel, ist als spielerisches Element in Sprachgemeinschaften zu deuten, das Erzählungen akzentuiert und als Gestaltungselement der Kommunikation dient (vgl. Tracy nach Heide, 2009, S. 2; Nodari & De Rosa, S. 55ff). Diese sprachlichen Besonderheiten sind entsprechend nicht Ausdruck fehlender Sprachkompetenz sondern Zeichen metalinguistischer Kreativität.

---

1   Simultaner Zweitspracherwerb meint das gleichzeitige Erlernen mehrerer Sprachen von Anfang an. Von sukzessiver Zweisprachigkeit wird gesprochen, wenn das Kind die zweite Sprache ab dem dritten oder vierten Lebensjahr erlernt, wenn der Erstspracherwerb zumindest teilweise abgeschlossen ist. Kinder, die mit ihrem Eintritt in den Kindergarten erstmals mit der Mehrheitssprache in Kontakt kommen, erlernen die Zweitsprache sukzessive und meist gesteuert.

## 2.4 Sprachwissenschaftliche Modellvorstellungen zum Zweitspracherwerb

Bereits in den 1970er Jahren wurde die Hypothese des *Semilingualismus* von Toukomaa und Skutnabb-Kangas im Zusammenhang mit eingewanderten Kindern aus Arbeiterfamilien diskutiert, die weder in ihrer Muttersprache noch in der Ortssprache ausreichend vielfältige und herausfordernde Sprachanregungen erhielten. Es wurde festgestellt, dass ihre muttersprachliche Entwicklung kein komplexes Niveau erreicht, während sie gleichzeitig nur mangelnde Kenntnisse der Umgebungssprache erwerben, dies vor dem Hintergrund erlebter Diskriminierung und Identitätskonflikte (vgl. unter anderen List, 2007, S. 35; Nodari & De Rosa, 2006, S. 54f; Toukomaa & Skutnabb-Kangas, 1977 in Fthenakis et al., 1985, S. 19). Allerdings ist kritisch anzumerken, dass hier die mangelnde Sprachkompetenz nicht in der Zweisprachigkeit, sondern vielmehr in den sozialen Umständen von Familien in prekären Verhältnissen begründet liegt. Cummins (1979) entwickelte in diesem Zusammenhang die *Interdependenz-* bzw. *Schwellenhypothese*, welche die Frage thematisiert, in welchem Alter bei einem sukzessiven Zweitspracherwerb die zweite Sprache gelernt werden soll und wie sich dieser Zeitpunkt auf die Spracherwerbsbiographie des Kindes auswirken kann (vgl. Günther, 2010, S. 119; Nodari & De Rosa, 2006, S. 52).

## 2.5 Bildungssprache – Bildungschance?

Heute findet in vielen Untersuchungen die Unterscheidung der Sprachfertigkeit nach Cummins (2000; 2006) in BICS (basic interpersonal communication skills) und CALP (cognitive academic language proficiency) Verwendung. Das CALP-BICS-Modell ist im Kontext der Debatte um Bildungssprache und Migration einzuordnen. In den Schulleistungsvergleichsstudien PISA, IGLU und TIMSS wurden die Auswirkungen der unzureichenden Lesekompetenz in Deutsch auf die Leistungen in Mathematik und naturwissenschaftlichen Fächern nachgewiesen (vgl. Bos et. al., 2007; Bos et. al., 2008; PISA-Konsortium, 2007). Die Bildungssprache bezieht sich auf spezifische sprachliche Fähigkeiten, auf ein formelles Sprachregister, auf bestimmte formale Anforderungen und in der Regel auf den Schriftsprachgebrauch (vgl. Gogolin & Lange, 2011, S. 110f; Wojnesitz, 2009, S. 79; Gogolin, 2007, S. 22). Für den Erwerb der Bildungssprache sind das Eröffnen und Erweitern von Zugängen zu elementarer Schriftkultur wesentlich (vgl. Dehn, 2011, S. 131f). Vielfältige anregende und herausfordernde Literalitätserfahrungen von Anfang an sind jeder Sprachentwicklung förderlich (vgl. Neumann, 2008, S. 36f). Im Zusammenhang mit der Debatte um die Förderung der Bildungssprache wird die Frage diskutiert, in welcher Sprache die Kinder alphabetisiert werden sollen. Gewöhnlich erfolgt dies im Rahmen der Einschulung in der nationalen bzw. regionalen Schriftsprache. Erschwerte Bedingungen sind mit einer relativ spät einsetzenden sukzessiven Zweisprachigkeit gegeben, wenn diese im Bereich der BICS kaum fortgeschritten ist. Von zusätzlichen

Schwierigkeiten ist auszugehen, wenn in der Erstsprache kaum Zugang zu elementaren Formen der Schriftkultur besteht (vgl. Lengyel, 2009, S. 55).

## 3       Empirische Untersuchung zum bilingualen Bildungsangebot BiLiKiD

Seit den medial intensiv verwerteten und politisch vielseitig instrumentalisierten Ergebnissen von PISA in den Jahren 2001 bis 2006 hält das öffentliche Interesse in Deutschland, Österreich und der Schweiz für die ersten Bildungsjahre an. Frühe Sprachförderung, so scheint es, sei die geeignete Massnahme, den festgestellten Bildungsdisparitäten zu begegnen. Im Zusammenhang mit dem Erwerb der Mehrheitssprache ‚Deutsch‘ von Kindern mit Migrationshintergrund wird eine Vielzahl an Projekten zur Förderung der Zweitsprache bereits im Alter von drei bis fünf Jahren realisiert. Deren lokale Verankerung ist eines der prägenden Merkmale. Eine aufschlussreiche Übersicht zur Förderung der Zwei- und Mehrsprachigkeit für Deutschland, England, Kanada und die USA legt Gogolin (2007) in ihrer Expertise vor. Einschlägige Sprachförderprojekte im Frühbereich werden für die Schweiz im Kontext einer eigenen Untersuchung beschrieben (vgl. Fasseing Heim, 2011, S. 12ff). Demgegenüber zeigt sich für das deutschsprachige Europa aber auch international ein eher bescheidener Fundus an empirischen Untersuchungen zur spezifischen, frühen und sukzessiven Sprachförderung (vgl. List, 2007, S. 8). Bereits in den 1960er Jahren wurden in verschiedenen Ländern empirische Untersuchungen und Programme zum Zweitspracherwerb durchgeführt. Aufgrund forschungsmethodischer Kritik werden mittlerweile Aussagekraft und Übertragbarkeit älterer nordamerikanischer Metaanalysen, wie beispielsweise des viel rezipierten kanadischen ‚Immersionsprogramms‘ von St. Lampert (1965), in Frage gestellt (vgl. Esser, 2009, S. 18; Limbrid & Stanat, 2006, S. 277ff; Söhn, 2005, S. 2). Neuere Studien, wie beispielsweise die Untersuchung von Dixon, Wu und Daraghmeh (2012), welche in Singapur den Erwerb von Englisch als Zweitsprache bei Kindern mit den Familiensprachen Mandarin, Malai oder Tamilisch untersucht haben, kommen erneut zur Einsicht, dass der sozialökonomische Status der Familien als stärkster Einflussfaktor auf die Sprachfertigkeiten der Kinder wirkt. Weiter konnten Farver, Lonigan und Eppe (2009) in ihrer experimentellen Vergleichsstudie zeigen, dass Programme transitionaler bilingualer Instruktion gegenüber ausschliesslich englischer Sprachförderung bei Spanisch sprechenden Kindern in den USA positiv zu bewerten sind. Kinder, die an bilingualen Sprachprogrammen teilnahmen, erreichen in ihrer Muttersprache bessere Resultate, während sie in Englisch ebenso gut abschnitten wie die Gruppe, die ausschliesslich englische Instruktion erhalten hatte. Eine Studie von Leseman (2000), die mit türkischsprachigen Kindern und einer muttersprachigen Vergleichsgruppe in den Niederlanden durchgeführt wurde, kommt zum Schluss, dass die türkischen Kinder von der gängigen Sprachförderung in den niederländischen Kindergärten weniger profitieren als die muttersprachigen Probanden, obwohl die Kinder beider Untersuchungsgruppen aus Familien stammen, die in prekären Verhältnissen leben.

Es wird davon ausgegangen, dass die türkischen Kinder auf Grund ihrer niedrigen Kompetenz in der Landessprache im Vergleich zu den muttersprachigen Kindern die Sprachanregungen nicht produktiv nutzen können, da diese für sie zu hohe Anforderungen stellen, und es wird weiter vermutet, dass die türkischsprachigen Kinder zuerst ein Umfeld benötigen, in dem sie ihre muttersprachliche Kompetenz aufbauen können. Genau an diesem Punkt setzt das in der deutschsprachigen Schweiz realisierte Projekt BiLiKiD an, das türkische Kinder bilingual in ihrer Herkunftssprache und der Landessprache fördert. Nachfolgend wird die empirische Untersuchung ‚Erfolgreich im Kindergarten starten?‘ vorgestellt, die als Teilprojekt der Programmevaluation von BiLiKiD realisiert wurde (ausführliche Angaben zur Programmevaluation siehe Evaluationsbericht von Walter-Laager, Pfiffner, Luthardt & Fasseing Heim, 2012).

## 3.1    Untersuchungsgegenstand und Forschungsfragen

Das Bildungsangebot BiLiKiD (BiLinguales KinD) wird von einer türkisch- und einer schweizerdeutschsprachigen Spielgruppenpädagogin im Teamteaching geführt mit dem Ziel der Förderung und Integration der fremdsprachigen Kleinkinder und ihrer Familien. Im Rahmen der empirischen Untersuchung ‚Erfolgreich im Kindergarten starten?‘ wurde die Bewältigung des Kindergarteneintritts von vier-dreiviertel jährigen türkischen Kindern untersucht, die vor dem Kindergarteneintritt für mindestens ein Jahr einmal wöchentlich die bilinguale schweizerdeutsch-türkische Integrationsspielgruppe BiLiKiD besucht haben. Der Kindergarten zählt in der deutschsprachigen Schweiz zur obligatorischen Schulzeit und wird ab dem vierten bzw. fünften Lebensjahr für zwei Jahre besucht. Im Kindergarten wird gewöhnlich Mundart gesprochen. Ziel der Studie war festzustellen, welche Merkmale die Transitionen der türkischen BiLiKiD-Kinder (Untersuchungsgruppe) von der Familie in den Kindergarten grundsätzlich charakterisieren im Vergleich zu Kindern mit Migrationshintergrund ohne BiLiKiD-Erfahrung (Vergleichsgruppe). Es wurde folgenden Fragestellungen nachgegangen: 1) Wie bewältigen BiLiKiD-Kinder den Kindergarteneintritt? 2) Sind Merkmale zu beobachten, die in ihren Vorerfahrungen durch den Besuch der schweizerdeutsch-türkischen Integrationsspielgruppe begründet liegen? Es wurde davon ausgegangen, dass für die Bewältigung des Kindergarteneintritts die sprachlichen Fertigkeiten der Kinder relevant sind.

## 3.2    Untersuchungsdesign mit Daten-Triangulation

Vor dem Wechsel von BiLiKiD in den Kindergarten wurden die ‚Ausgangsbedingungen‘ der Untersuchungsgruppe erhoben, indem drei Pädagoginnen von BiLiKiD in einem Gruppeninterview zu den Elementen des pädagogischen Alltags der Integrationsspielgruppe sowie charakteristischen Merkmalen der einzelnen Kinder befragt wurden. Weiter wurden wenige Wochen nach dem Schuljahresstart 9 Kindergartenlehrpersonen in problemzentrierten Einzelinterviews dazu befragt, wie sie die Anfangssituation im Kindergarten gestalten und wie sie die Kinder der Untersuchungs- sowie die der Vergleichsgruppe in den ersten Wochen erlebt haben. Ergänzend wurden auch hier charakteristische Merkmale der einzelnen Kinder erfragt. Zum selben Zeitpunkt wurden die 10 Kinder der Untersuchungs- sowie die 9 Kinder der Vergleichsgruppe zu ihren Spielaktivitäten, sozialen Kontakten und ihrem Befinden im Kindergartenalltag an Hand eines kombinierten Verfahrens sozialer Netzwerk-Karten und Zuordnungsaufgaben mit der Hilfe von Bildmaterial interviewt. An der Befragung der türkischen Probanden war eine türkischsprachige Forschungsassistentin beteiligt. Die Datenanalyse erfolgte an Hand der strukturierenden Inhaltsanalyse nach Mayring und Brunner (2010). Befragung und Analyse ermöglichten es, die Elemente des pädagogischen Alltags von BiLiKiD festzuhalten und damit zu erfahren, welche Erfahrungsfelder den türkischen Kindern vor ihrem Kindergarteneintritt bereits zugänglich waren. Sie ermöglichten, die individuellen Daten der BiLiKiD-Kinder in Einzelfallbeschreibungen darzustellen, die zeitlich ihren Transitionsprozess rahmten. Weiter konnten Informationen zur Gestaltung des Transitionsprozesses der Kindergartenlehrpersonen gewonnen werden und es wurden ihre Erfahrungen dazu festgehalten, wie sie die Kinder der Untersuchungs- und Vergleichsgruppe in der Anfangssituation erleben. Letztlich war es möglich, von den Kindern selbst zu hören, was sie im Kindergarten gerne tun, mit welchen Kindern sie spielen und was ihnen besonders schwerfällt.

## 3.3    Ergebnisse der BiLiKiD-Untersuchung

Die empirische Untersuchung hat gezeigt, dass die BiLiKiD-Kinder im Vergleich zu den untersuchten fremdsprachigen Altersgenossen ohne BiLiKiD-Erfahrung in der Anfangssituation des Kindergartens mehr Selbstsicherheit zeigen, sich aktiver verhalten, mehr explorieren, bereits über Spielskripts verfügen und die Kindergartenlehrpersonen teilweise auch nonverbal auf ihre Bedürfnisse aufmerksam machen können. Auch konnten vermehrt Interessen in Aktivitätsbereichen festgestellt werden, welche die Kinder aus BiLiKiD bereits kannten. Weiter wurde deutlich, dass das bilinguale Angebot neben der Sprachförderung den Übergang in den Kindergarten erleichtert, weil BiLiKiD eine mit dem Kindergarten vergleichbare Angebotsstruktur und Halbtagesgestaltung aufweist (vgl. Walter & Fasseing, 2002, S. 151ff). Eine besondere Stärke des bilingualen Programms liegt in einer intensiven Zusammenarbeit mit den fremdsprachigen Familien, die mit der gemeinsamen Nutzung lokaler Literacy-Angebote und Museumsbesuchen sowie Informationsveranstaltungen zum schweizerischen Schulsystem deutlich über den gängigen Kontakt hinausgeht (vgl. Fasseing Heim, 2011, S. 90). Kritisch diskutiert werden muss, dass die bilinguale Sprachförderung noch wenig bewusst auf den Aufbau bildungssprachlicher Kompetenz zielt, was bereits für deutsche Kindergärten festgestellt wurde (vgl. Fried, 2006, S. 175f). Letztlich zeigt sich auch hier, dass neben einer vielfältigen Sprachförderung Aspekte wie die pädagogische Qualität, die hohe Professionalität des Personals, ein vorteilhafter Betreuungsschlüssel sowie ein intensiver Einbezug der Eltern für den Erfolg der frühen Förderung relevant sind, wie dies beispielsweise in der UNESCO-Grundlagenstudie zur frühkindlichen Bildung in der Schweiz von Stamm (2009) sowie in den Anliegen des Programms FörMig (Förderung von Kindern und Jugendlichen mit Migrationshintergrund) der Universität Hamburg (vgl. Gogolin & Lange, 2011, S. 109) zum Ausdruck kommt. Gefordert wird von FörMig eine durchgängige Sprachbildung und die Ausgestaltung neu akzentuierter Modellprogramme, welche die Bildungssprache ins Blickfeld nehmen.

# 4 Förderung von Bilingualität: Legitimation und Orientierungspunkte

Untersuchungen im Kontext bilingualer Sprachförderung weisen in der Regel kurzfristig beobachtbare Effekte hinsichtlich der Intervention auf, was auch die Untersuchung von Farver, Lonigan und Eppe (2009) zeigt. Spezifische Förderung hat im Normalfall spezifische Wirkung zur Folge. Sprachentwicklung vollzieht sich entsprechend nicht ausschliesslich biologisch, sondern auch unter umweltspezifischen Einflussfaktoren. Das angelegte Sprachvermögen kleiner Kinder entwickelt sich in Abhängigkeit von den Sprachanregungen ihrer sozialen Umwelt. Ihre Sprachfähigkeit variiert je nach sozioökonomischen Verhältnissen, nach kulturellen Besonderheiten sowie nach Merkmalen der Inputsprache, wie zahlreiche empirische Untersuchungen nahelegen (vgl. Fried, 2009, S. 173).

Wie in diesem Beitrag gezeigt werden konnte, ist Bilingualität heute für viele Kinder Normalität. Allerdings geht diese Normalität nicht automatisch mit einer hohen bilingualen Sprachkompetenz einher. Kinder aus Familien, die in prekären Verhältnissen leben, sowie Kinder mit Migrationshintergrund sind spätestens in der Schule ungleich mehr von Sprachschwierigkeiten betroffen, wie beispielsweise Interferenzen und Fossilierung. Frühe bilinguale Sprachförderung ist als Massnahme zur Erhöhung der Startchancengerechtigkeit zu verstehen und nimmt die individuelle Ebene ins Blickfeld. Sollen jedoch tatsächlich Bildungserfolge für mehrsprachig aufwachsende Kinder ermöglicht werden, muss sich auch auf institutioneller Ebene grundlegend etwas verändern. Der schulische Umgang mit der Herausforderung der Mehrsprachigkeit darf nicht länger Quelle institutioneller Diskriminierung sein in einem selektiven Schulsystem, das Monolingualität voraussetzt (vgl. Radtke, 2008 S. 659). Woran aber hat sich die frühkindliche Förderung von Bilingualität zu orientieren?

## 4.1 Orientierungspunkt 1: Vorrang bilingualer Sprachförderung

Wie neuere Untersuchungen zeigen, konnte festgestellt werden, dass entgegen der Hypothese des Semilingualismus bilinguale Sprachförderung positiv auf den kompetenten

Erwerb beider Sprachen wirkt (vgl. Farver, Lonigan & Eppe, 2009, S. 703ff). Bilinguale Sprachförderung eröffnet den Kindern die Möglichkeit, metalinguistische Kompetenzen aufzubauen. Kinder lernen Sprachen innerhalb intensiver anspruchsvoller und vielfältiger Sprachkontakte in alltäglichen sowie zielgerichteten Settings mit erwachsenen Bezugspersonen und unter Peers. Problematisch sind anregungsarme Sprachumwelten, die den Kindern kaum Entwicklungsanregungen bieten. Kinder nehmen im Spracherwerbsprozess eine aktive Rolle ein. Dabei gilt nach Nodari und De Rosa (2006) für das Kind das *Prinzip der freien Sprachwahl*. Dieses ermöglicht, dass auch die Zweitsprache zur Beziehungssprache werden kann, wenn sie nicht einseitig mit Leistung verbunden gefordert wird (vgl. Nodari & De Rosa, 2006, S. 62f). Das Prinzip der freien Sprachwahl trägt der Mehrdimensionalität von Sprache und damit ihrem identitätsstiftenden Charakter Rechung (vgl. Krumm, 2005, S. 125ff). Auf Seiten der Eltern, Pädagoginnen und Pädagogen sind dagegen variantenreiche differenzierte und dem Sprachstand der Kinder angepasste Sprachvorbilder zielführend.

## 4.2 Orientierungspunkt 2: Frühe Literacy-Erziehung für Kind und Eltern

Wie in empirischen Studien durchgängig festgestellt wird, ist einer der stärksten Einflussfaktoren für den Erwerb hoher Sprachfertigkeiten ein hoher sozioökonomischer Status der Herkunftsfamilien der Kinder. Probleme treten vorwiegend bei Kindern aus Familien auf, die in prekären Verhältnissen leben (vgl. Dixon, Wu & Daraghmeh, 2012, S. 25ff). Entsprechend ist eine *frühe* und *intensive* bilinguale Sprachförderung angezeigt. Die Zeit, die Qualität und die Kontinuität des spezifischen Sprachkontakts in beiden Sprachen sind für den bilingualen Spracherwerbsprozess ausschlaggebend (vgl. Gogolin & Lange, 2010, S. 17; List, 2007, S. 53; Nodari & De Rosa, 2006, S. 64). Je länger ein Kind variantenreiche und differenzierte Sprachvorbilder erlebt, also Sprache hört, aber auch selber spricht, desto besser lernt es diese. Wie die Ergebnisse der BiLiKiD-Untersuchung nahelegen, ist dazu eine *bildungsbezogene Zusammenarbeit mit den Eltern* zentral. Literacy-Erziehung betrifft nicht nur die Kinder, sondern auch ihre Eltern, wobei Kulturvermittlerinnen bzw. Kulturvermittler, also Personen, welche die Familiensprache beherrschen, Schlüsselfiguren für das Gelingen der Elternzusammenarbeit darstellen (vgl. Fasseing Heim, 2011, S. 90f).

## 4.3 Orientierungspunkt 3: Systematische Förderung der Bildungssprache in abgestimmten Settings

Ein zentrales Anliegen bleibt die *frühe systematische Heranführung an die Bildungssprache*. Wie gut dies gelingt, scheint für den späteren Schulerfolg ausschlaggebend zu sein. Forschungsbefunde legen weiter nahe, dass der Zugang zur Schriftkultur in allen Sprachen der Kinder bedeutsam ist (vgl. Gogolin, Lange, 2011, S. 114; Dehn, 2011, S. 130ff). So ist vor diesem Hintergrund die daran anschliessende Forderung nach einem Schriftspracherwerb in der Erst- und Zweitsprache weit mehr als eine nette Geste gegenüber bilingualen Kindern. Manche Autoren gehen sogar so weit, dass sie verlangen, Kinder zuerst in ihrer Muttersprache zu alphabetisieren, da sie über eine grössere muttersprachliche BICS verfügen und ihnen daher das Lesen- und Schreibenlernen in ihrer Muttersprache leichter fällt. Beherrschen Kinder erst einmal die Kulturtechniken, sind sie fähig, die erlernten Kompetenzen auf die Zweitsprache zu übertragen (vgl. Gombocz, 2004, S. 78ff). Auch wenn diese Argumentation überzeugt, während die institutionelle Realisierung beinahe unmöglich scheint, kann an dieser Stelle unabhängig von diesem Spannungsfeld darauf hingewiesen werden, dass auf der institutionellen Systemebene eine *durchgängige Sprachbildung* zukunftsweisend ist, die vertikale wie horizontale Verbindungsstellen einschliesst und ein Gesamtkonzept sprachlicher Bildung fokussiert.

## 4.4 Orientierungspunkt 4: Professionalisierung des pädagogischen Personals

Die zentrale Rolle der Professionalisierung des pädagogischen Fachpersonals wird in der wissenschaftlichen Debatte um frühkindliche Sprachförderung durchgehend betont. Auch die Befunde der eigenen Studie unterstreichen die Bedeutung professioneller pädagogischer Fachkräfte (vgl. Fasseing Heim, 2011, S. 90). Fried (2009) geht in ihren Arbeiten auf die Relevanz hoher Sprachförderkompetenz pädagogischer Fachkräfte ein und betont in diesem Zusammenhang die Wichtigkeit einer sprachförderrelevanten professionellen Haltung unter Einbezug einschlägigen Fachwissens (vgl. Fried, 2009, S. 177). Entsprechend ressourcenorientiert wird beispielsweise die Sprachproduktion bilingualer Kinder von Professionellen bewertet, so dass Sprachmischen als sinnvolle Strategie erkannt und nicht als Anzeichen eines niedrigen Sprachniveaus beurteilt wird.

## 5 Forschungsdesiderate

Abschliessend ist mit Nachdruck zu betonen, dass neben einer vielfältigen pädagogischen Praxis die Zahl empirischer Untersuchungen zur Wirksamkeit früher bilingualer Sprachförderung bescheiden ausfällt. Nicht nur die geringe Quantität, sondern auch das Fehlen empirischer Untersuchungen zum sukzessiven Spracherwerb unter wenig begünstigten Migrationsbedingungen wird beklagt (vgl. List, 2007, S. 8). Wodurch sind frühe, spezifische und sukzessive Sprachlernsituationen charakterisiert? Es sind dazu kaum Studien zu finden, die differenziert Zusammenhänge von bilingualen Interventionen und deren Langzeiteffekte abbilden. Weiter bleibt vor dem Hintergrund der Forderung einer frühen systematischen Förderung der Bildungssprache bisher weitgehend offen, was dies bei Kindern vor dem zweiten Lebensjahr konkret bedeutet, also bevor der Spracherwerbsprozess erstmals komplexere Äusserungen der Kinder zulässt. Für die weitere Entwicklung des Frühbereichs und insbesondere die wissenschaftliche Fundierung der Debatte um Förderung der Bilingualität sind entsprechend weitere Forschungsaktivitäten zu früher, bildungssprachlicher und sukzessiver Sprachförderung dringend notwendig. Hier konnte gezeigt werden, wie facettenreich sich die Thematik gestaltet. Die Förderung der Mehrsprachigkeit kommt nicht alleine mit dem sprachlichen Aspekt aus, es muss immer auch der damit verbundene kulturelle Hintergrund und die Lebensgeschichte der Kinder und ihrer Familien mitberücksichtigt werden. Nur wer als Mensch angenommen wird und Wertschätzung erfährt, kann Motivation, Lernfreude und Engagement zeigen. Förderung von Bilingualität bedeutet in diesem Sinn umfassende Förderung der kleinen Kinder. Es geht darum, die Kinder zu befähigen, ihre mehrsprachige Zukunft aktiv partizipierend und kommunizierend gemeinsam zu gestalten.

# 6    Literatur

Bos, W., Hornber, S., Arnold, K., Faust, G., Fried, L., Lankers, E.M., Schwippert, K. & Valtin, R. (2007). *IGLU 2006. Lesekompetenzen von Grundschulkindern im internationalen Vergleich.* Münster: Waxmann.

Bos, W., Bonsen, M., Baumert, J., Prenzel, M., Selter, Ch. & Walther, G. (2008). *TIMSS 2007. Mathematische und naturwissenschaftliche Kompetenzen von Grundschulkindern in Deutschland im internationalen Vergleich.* Münster: Waxmann.

Bloomfield, L. (1933). *Language.* New York, Henry Holt and Co.

Cummins, J. (1979). Linguistic interdependence and the educational development of bilingual children. *Review of Educational Research 79*(49), 222–251.

Dehn, M. (2011). Elementare Schriftkultur und Bildungssprache. In S. Fürstenau & M. Gomolla (Hrsg.), *Migration und schulischer Wandel: Mehrsprachigkeit* (S. 129–151). Wiesbaden: Verlag für Sozialwissenschaften.

Dixon, L.Q., Wu S. & Daraghmeh, A. (2012). Profiles in Bilingualism: Factors Influencing Kindergartners' Language Proficiency. *Early Childhood Education Journal, 40*(12), 25–34.

Esser, H. (2009). Der Streit um die Zweisprachigkeit: Was bringt Bilingualität? In I. Gogolin & U. Neumann (Hrsg.), *Streitfall Zweisprachigkeit – The Bilingualism Controversy* (S. 69–88). Wiesbaden: Verlag für Sozialwissenschaften.

Farver, J.A.M., Lonigan, C.J. & Eppe, S. (2009). Effective Early Literacy Skill Development for Young Spanish-Speaking English Language Learners: An Experimental Study of Two Methods. *Child Development, 80*(3), 703–719.

Fasseing Heim, K. (2011). *Erfolgreich im Kindergarten starten? Eine empirische Untersuchung zur Bewältigung des Kindergarteneintritts von türkischen Kindern einer bilingualen schweizerdeutsch-türkischen Integrationsspielgruppe.* Unveröffentlichte Masterarbeit, Universität Fribourg, Schweiz.

Fried, L. (2009). Sprachförderung. In L. Fried & S. Roux (Hrsg.), *Pädagogik der frühen Kindheit. Handbuch und Nachschlagewerk* (S. 173–178). Berlin: Cornelsen.

Fürstenau, S. & Gomolla, M. (2011). *Migration und schulischer Wandel: Mehrsprachigkeit.* Wiesbaden: Verlag für Sozialwissenschaften.

Fthenakis, W.E., Sommer, A., Thrul, R. & Walbiner, W. (1985). *Bilinguale-bikulturelle Entwicklung des Kindes. Ein Handbuch für Psychologen, Pädagogen und Linguisten.* München: Max Hueber.

Gogolin, I., Neumann, U., Reich, H., Roth, H.J. & Schwippert, K. (2006). *Eine falsche Front im Kampf um die Sprachförderung. Stellungnahme des FÖRMIG-Programmträgers zur aktuellen Zweisprachigkeitsdebatte.* http://www.foermig.uni-haburg.de/cosmea/core/corebase/mediabase/foermig/pdf/Presse/Endfassung_Kampf_um_Sprachfoerderung.pdf (abgerufen am 15.03.2011)

Gogolin, I. (2007). *Institutionelle Übergänge als Schlüsselsituationen für mehrsprachige Kinder.* München: DJI.

Gogolin, I. & Lange, I. (2011). Bildungssprache und durchgängige Sprachbildung. In S. Fürstenau & M. Gomolla (Hrsg.), *Migration und schulischer Wandel: Mehrsprachigkeit* (S. 107–127). Wiesbaden: Verlag für Sozialwissenschaften.

Gombocz, W.L. (2004). Für das allgemeine Menschenrecht auf mehrsprachige Alphabetisierung als nächster Phase der Schulpflicht. In M. Sertl, G. Khan-Svik & J. Zuber (Hrsg.), *Integration? Migration – Rassismus – Zweisprachigkeit. Schulheft 114* (S. 78–89). Wien: Studienverlag.

Günther, B. & Günther, H. (2007). *Erstsprache, Zweitsprache, Fremdsprache.* Weinheim: Beltz.

Günther, H. (2010). *Individuelle Sprachförderung. Orientierungsrahmen für Ausbildung, Studium und Praxis.* Stuttgart: Kohlhammer.

Heide, J. (2009). Mehrsprachigkeit in der frühen Kindheit: Bedingungen, Risiken und Chancen. Eine Zusammenfassung des Vortrages von Rosemarie Tracy (Universität Mannheim). In J. Heide, S. Hanne, O.C. Brandt, T. Fritzsche & M. Wahl (Hrsg.), *Spektrum Patholinguistik 09*(2), 1–8.

Hesse, H. (2007). Die künftigen Europäerinnen und Europäer sind mehrsprachig. Erwartungen und Initiativen der Europäischen Kommission. *Dipf informiert. Journal des Deutschen Instituts für Internationale Pädagogische Forschung* 11(07), 2–5.

Krumm, H.J. (2005). Ungarisch sitzt bei mir in den Ohren, weil ich oft was höre – Mehrsprachigkeit und Sprachbewusstsein von Kindern und Jugendlichen. In I. Gogolin, M. Krüger-Potratz, K. Kuhs, U. Neumann & F. Wittek (Hrsg.), *Migration und sprachliche Bildung. Interkulturelle Bildungsforschung* (S. 129–137). Münster: Waxmann.

Lengyel, D. (2009). *Zweitspracherwerb in der Kita. Eine integrative Sicht auf die sprachliche und kognitive Entwicklung mehrsprachiger Kinder.* Münster: Waxmann.

Leseman, P.P.M. (2000). Bilingual Vocabulary Development of Turkish Preschoolers in the Netherlands. *Journal of Multilingual and Multicultural Development 21*(2), 93–112.

Limbrid, Ch. & Stanat, P. (2006). Sprachförderung bei Schülerinnen und Schülern mit Migrationshintergrund: Ansätze und ihre Wirksamkeit. In J. Baumert, P. Stanat & R. Waltermann (Hrsg.), *Herkunftsbedingte Disparitäten im Bildungswesen. Vertiefende Analyse im Rahmen von PISA 2000* (S. 258–307) Wiesbaden: Verlag für Sozialwissenschaften.

List, G. (2007). *Förderung von Mehrsprachigkeit in der Kita.* München: DJI.

Neumann, U. (2008). Schulisch lernen. Die Bildungssprache der Schule können (Migranten-)Kinder nur in der Schule lernen. *Grundschule 40*(2), 36–38.

Nodari, C. & De Rosa, R. (2006). *Mehrsprachige Kinder. Ein Ratgeber für Eltern und andere Bezugspersonen.* Bern: Haupt.

Oksaar, E. (2001). Mehrsprachigkeit, Multikulturalismus, Identität und Integration. In P.H. Nelde & R. Rindler Schjerve (Hrsg.), *Minderheiten und Sprachpolitik* (S. 21–35). St. Augustin: Asgard.

Oksaar, E. (2003). *Zweitspracherwerb. Wege zur Mehrsprachigkeit und zur interkulturellen Verständigung.* Stuttgart: Kohlhammer.

Olariu, A. (2007). Individuelle Mehrsprachigkeit und begriffliche Gegenüberstellung von: Erstsprache, Muttersprache, Zweitsprache und Fremdsprache. *Philologica Jassyensia*, An III, *07*(2), 301–306.

Prenzel. M., Artelt, C., Baumert, J., Blum, W., Hammann, M., Klieme, E. & Pekrun, R. (2007). PISA-Konsortium Deutschland (Hrsg.), *PISA 2006. Die Ergebnisse der dritten internationalen Vergleichsstudie.* Münster: Waxmann.

Radtke, F. (2008). Schule und Ethnizität. In W. Helsper & J. Böhme (Hrsg.), *Handbuch der Schulforschung* (S. 651–672). Wiesbaden: Verlag für Sozialwissenschaften.

Söhn, J. (2005). Zweisprachiger Schulunterricht für Migrantenkinder: Die AKI-Forschungsbilanz 2 kurz gefasst. http://www2000.wzb.eu/alt/aki/files/aki_forschungsbilanz_2_kurz.pdf (abgerufen am 16.10.2012).

Stamm, M., Reinwand, V., Burger, K., Schmid, K., Viehauser, M. & Muheim, V. (2009). *Frühkindliche Bildung in der Schweiz. Eine Grundlagenstudie im Auftrag der Schweizerischen UNESCO-Kommission.* Fribourg: Departement für Erziehungswissenschaften, Universität Fribourg.

Triarchi-Herrmann, V. (2006). *Mehrsprachige Erziehung: Wie Sie Ihr Kind fördern.* München: Reinhardt.

Walter, C. & Fasseing, K. (2002) *Kindergarten. Grundlagen aktueller Kindergartendidaktik.* Winterthur: ProKiga.

Walter-Laager, C., Pfiffner, M.R., Luthardt, J. & Fasseing Heim, K. (2012). *Evaluationsbericht zur Arbeit in den «BiLiKiD»-Spielgruppen.* Lindau: Institut für Elementar- und Schulpädagogik.

Weinreich, U. & de Vincenz, A. (1977). *Sprachen in Kontakt. Ergebnisse und Probleme der Zweisprachigkeitsforschung.* München: C.H. Beck.

Wojnesitz, A. (2009). *Sprachbewusstsein und Einstellungen zur Mehrsprachigkeit an Wiener AHS im Kontext von Migration.* Unveröffentlichte Dissertation Universität Wien, Österreich.

Wustmann, C. (2009). *Resilienz. Widerstandsfähigkeit von Kindern in Tageseinrichtungen fördern.* Berlin: Cornelsen.

# Frühe mathematische Bildung – Forschungsbefunde und Förderkonzepte

Theresa Deutscher und Christoph Selter

## 1 Einleitung

Die Entwicklung und Erforschung früher mathematischer Bildung hat im deutschsprachigen Raum mit den Arbeiten im 19. Jahrhundert von Friedrich Fröbel (1782-1852) (vgl. Hebenstreit, 2003; Winter, 2011) und im 20. Jahrhundert von Jean Piaget (1896-1980) (vgl. Piaget & Szeminska, 1965; Wittmann, 1982) tiefe Wurzeln. Doch nie zuvor war das Ausmaß des Interesses und der Forschungsaktivitäten in diesem Bereich so groß wie in den letzten zehn bis fünfzehn Jahren.

Sicherlich auch als Reaktion auf die Ergebnisse der internationalen Vergleichsuntersuchungen TIMSS und interessanterweise insbesondere PISA (Zielgruppe 15-jährige Schülerinnen und Schüler!) rückten in den deutschsprachigen Ländern Ausgangsbedingungen und Fördermöglichkeiten im Kontext einer frühen mathematischen Bildung – wieder – ins Zentrum sowohl des bildungspolitischen als auch des öffentlichen Interesses.

Zwei Indikatoren: So haben erstens die deutschen Bundesländer mittlerweile Bildungs- oder Orientierungspläne für die vorschulischen Bildungseinrichtungen. Die Kooperation zwischen Vorschule und Grundschule wird zweitens in Projekten wie ,Brückenjahr' (Niedersachsen) oder ,TransKiGs' (Berlin mit fünf weiteren Bundesländern) gefördert, um die Anschlussfähigkeit der Bildungsprozesse zu erhöhen.

Entwicklungen wie diese waren längst überfällig; in Nachbarländern wie beispielsweise Frankreich oder den Niederlanden ist die frühe (mathematische) Bildung schon seit langem ein Thema, was sich auch in ihren Förderangeboten widerspiegelt. Was aber wissen wir über das mathematische Denken im Vorschulalter? Über welche Fähigkeiten verfügen die Kinder, und wie kann man diese fördern? Mehr dazu in den folgenden Kapiteln.

## 2      Forschungsbefunde zur Entwicklung mathematischer Kompetenzen im Vorschulbereich

Die Entwicklung früher mathematischer Fähigkeiten wurde bisher sowohl aus entwicklungspsychologischer als auch mathematikdidaktischer Perspektive insbesondere in Bezug auf den Inhaltsbereich ‚Mengen, Zahlen und Operationen' in den Blick genommen. National wie international liegen erheblich weniger Untersuchungen im Zusammenhang mit anderen Inhaltsbereichen wie ‚Raum und Form' (vgl. Clements, 2004), ‚Größen und Messen' (vgl. Schmidt & Weiser, 1986), ‚Muster und Strukturen' (vgl. Lüken 2012) oder ‚Daten und Zufall' vor (vgl. Clements & Sarama, 2007a). Die folgenden Ausführungen konzentrieren sich daher auf Phasen der Entwicklung des kindlichen Umgangs mit Zahlen und Mengen, wenngleich in Studien nachgewiesen werden konnte, dass auch visuell-räumliche Kompetenzen offenbar bedeutsam für den Lernerfolg im mathematischen Anfangsunterricht sind (vgl. z.B. Kaufmann, 2003). Die im Weiteren angegebenen Altersangaben sollen im Übrigen nicht mehr als eine grobe Orientierung geben.

Bereits Säuglinge verfügen über anscheinend angeborene Fähigkeiten, die ihnen erlauben, kleine Mengen (bis zu vier Gegenständen) zu unterscheiden und Veränderungen von Mengen zu erkennen (vgl. Antell & Keating, 1983; Starkey & Cooper, 1980). Wynn (1992) beispielsweise zeigt auf, dass vier bis fünf Monate alte Babys registrieren, wenn bei einer verdeckten Vereinigung zweier Objekte nur ein Objekt übrig bleibt bzw. wenn die Menge gleich bleibt, obwohl offensichtlich ein Objekt weggenommen wurde. Erstgenannte Fähigkeiten sind jedoch auch bei Tieren zu beobachten, und die zweit genannten Kompetenzen weniger auf Additions- bzw. Subtraktionsfähigkeiten zurückzuführen, als auf intuitive Erwartungen in Zusammenhang mit physikalischen Gegebenheiten (vgl. Feigenson, Carey & Spelke, 2002; Peter-Koop, 2010a). Mathematische Fähigkeiten im eigentlichen Sinne sind daher erst beim kindlichen Umgang mit größeren Mengen zu beobachten (vgl. Dehaene, 1997).

Das Lernen der Zahlwörter beginnt mit dem zweiten Lebensjahr, auch wenn die Kinder in der Regel erst einmal keine konkreten Mengen mit diesen verbinden. Bis zum Alter von dreieinhalb Jahren lernen die meisten Kinder die Zahlwörter bis 10 und bis viereinhalb Jahren die Zahlwörter bis 20 (vgl. Fuson, 1988). Bis etwa zum dritten Lebensjahr erfassen Kinder kleine Mengen durch *subitizing*, d.h. durch das spontane Erfassen der Anzahl einer Menge bis zu vier Objekten.

Die Entwicklung des Zählens im eigentlichen Sinne umfasst die Komponenten der Erschließung der *Sequenz*, des *Zählens* und der *kardinalen Bedeutung* (vgl. Moser-Opitz, 2001). Mit Sequenz ist das *verbale Zählen* gemeint. Anfangs wird die Zahlenreihe wie ein Gedicht aufgesagt („einszweidreivier..."). Daran schließt sich mit zirka vier Jahren das *asynchrone Zählen* an, bei dem oftmals Objekte vergessen bzw. mehrfach gezählt werden. Beim *synchronen Zählen* zeigen die Kinder immer genau auf ein Objekt und beim anschließenden *resultativen Zählen*, im Alter von etwa fünf Jahren, wird der Zählprozess beim Zahlwort eins begonnen, jedes Objekt nur einmal gezählt und nach dem zuletzt gezählten Objekt die Gesamtanzahl genannt. Nach der Verinnerlichung des *Kardinalitätsprinzips* können Kinder kleine Additions- und Subtraktionsaufgaben lösen. Carpenter und Moser (1983) weisen solche Rechenfähigkeiten unter Zuhilfenahme von Material bereits schon bei vierjährigen Kindern nach.

Ausgehend von der Zahlerwerbstheorie nach Resnick (1983) entwickelte Krajewski (2008) ein Entwicklungsmodell früher mathematischer Kompetenzen, bei der die Zählfertigkeiten auf das Verständnis für Mengen und Mengenoperationen bezogen und somit in einen Zusammenhang gebracht werden. Die Entwicklung wird in drei Kompetenzebenen unterteilt: In Kompetenzebene 1 ,*Ausbildung numerischer Basisfertigkeiten*' weisen die Fähigkeiten der Kinder in Zusammenhang mit dem Aufsagen der Zahlwortreihe und dem Umgang mit Mengen noch keine Verbindung zueinander auf, was die jeweiligen Fähigkeiten sehr beschränkt. Ab dem dritten bis vierten Lebensjahr verbinden die Kinder dann die Zahlworte mit Mengen. Zunächst geschieht das aufgrund grober Mengenkategorien wie „wenig", „viel", „sehr viel", zunehmend wird das Anzahlkonzept jedoch präziser und konkrete Mengen können mit den entsprechenden Zahlwörtern verbunden werden (Kompetenzebene 2 ,*Mengenbewusstheit von Zahlen*'). Die Kompetenzebene 3 ,*Verständnis für Beziehungen zwischen Zahlen*' zeichnet sich dadurch aus, dass die Kinder zu der Erkenntnis kommen, dass der Unterschied zwischen zwei Zahlen wieder eine Zahl ist, d.h. das Teil-Ganzes-Beziehungen zwischen Mengen mit Zahlen aufgezeigt werden können. Die Beherrschung der Kompetenzen kann sich je nach Größe der Zahlen und Repräsentationsform dieser (konkretes Material, bildliches Material, Zahlsymbole) auf unterschiedlichen Kompetenzebenen befinden.

Zusammenfassend kann festgehalten werden, dass wir einerseits relativ viel über die Entwicklung numerischer Kompetenzen im Vorschulalter wissen, andererseits, dass diesbezüglich die Forschungslage in den anderen für die mathematische Entwicklung relevanten Inhaltsbereichen recht lückenhaft ist.

## 3 Forschungsbefunde zu mathematischen Kompetenzen von Schulanfängern

Das bestehende Interesse an den mathematischen Vorerfahrungen von Schulanfängern – als Resultat von häufig nicht angeleiteten vorschulischen Lernerfahrungen – wurde in den 80er- und 90er-Jahren insbesondere durch die Erkenntnis hervorgerufen, dass Kinder bereits zu Schulbeginn über überraschend hohe, wenngleich auch sehr heterogene, mathematische Lernstände verfügen (vgl. bspw. Hengartner & Röthlisberger, 1994; Schmidt, 1982; Schmidt & Weiser, 1982; Selter, 1995; van den Heuvel-Panhuizen, 1995; zusammenfassend Schipper, 1998 oder Schmidt, 2003).

Ergänzt wurde das Forschungsfeld in den letzten Jahren insbesondere durch weiterführende Studien zu den Lernständen von Schulanfängern in zentralen arithmetischen Inhaltsbereichen wie dem Zählen und Rechnen (vgl. Caluori, 2004; Gaidoschik, 2010; Hasemann, 2001; Keller & Pfaff, 1998). Die Lernstände der Kinder in den übrigen arithmetischen Gebieten sowie in den anderen Inhaltsbereichen wurden bisher nur vereinzelt untersucht (vgl. etwa zur Geometrie: Deutscher, 2012a; Eichler, 2004; Grassmann, 1996; Mulligan et al., 2005).

Im Bereich der Arithmetik können die Lernstände der Schulanfänger in zentralen Inhaltsbereichen folgendermaßen skizziert werden:

*Zahlenreihe:* Das fehlerfreie Zählen bis 20 gelingt circa 80 % der Schulanfänger, ungefähr 20 % der Kinder können den Zählvorgang bis zur 100 durchführen (vgl. Deutscher, 2012a; Keller & Pfaff, 1998). Wenn Konzentrationsfehler nicht mitgewertet werden, sind es zu Schulbeginn sogar knapp 35 % der Schülerinnen und Schüler, die bis 100 zählen können (vgl. Gaidoschik, 2010). Das Auslassen von Zahlen im Zählprozess, insbesondere von Zahlen mit gleicher Zehner- und Einerstelle, stellt einen Hauptfehler der Kinder beim Zählen in den aufgeführten Studien dar.

*Zahlsymbole:* Fast alle Schulanfänger (ca. 95 %) können kleine Zahlen wie 5 oder 7 benennen bzw. dem richtigen Zahlsymbol zuordnen. Auch im Zwanzigerraum fällt die Erfolgsquote mit 70 % bis 80 % nicht wesentlich geringer aus (vgl. Deutscher, 2012a; Grassmann, Mirwald, Klunter & Veith, 1995; van den Heuvel-Panhuizen, 1995). Fehler sind häufig auf die Verwechslung ähnlicher Zahlsymbole wie beispielsweise 9 und 6 bzw. ähnlicher Zahlwörter und Zahlschreibweisen, z.B. 12 und 21, zurückzuführen.

*Operieren mit Mengen:* Das Bestimmen und Legen von Anzahlen gelingt bei kleinen Mengen bis 10 ungefähr 70 % bis 90 % der Kinder zu Schulbeginn (vgl. Clarke, Clarke, Grüßing & Peter-Koop, 2008; Deutscher, 2012a; Grassmann et al., 1995). Bei den Anzahlbestimmungen kann jedoch eine sehr stark variierende Geläufigkeit und ein differierendes Geschick beim Erfassen und Legen der Plättchenmengen ausgemacht werden. So können bei einigen Schulanfänger lange Abzählprozesse beobachtet werden, während andere Kinder bereits routinierte Zähl- und Rechentechniken bei der Anzahlermittlung nutzen. Kleine Additionsaufgaben wie ,2 und 2' oder ,5 und 5' können ebenfalls bereits 80 % bis 90 % der Schulanfänger lösen. Etwas schwierigere Aufgaben wie ,6 und 5' oder ,5 und 7' können von knapp der Hälfte bzw. einem Drittel der Schulanfänger gelöst werden (vgl. Caluori, 2004; Deutscher, 2012a; Gaidoschik, 2010). Die Lösungs*prozesse* der Kinder unterscheiden sich dabei jedoch teilweise erheblich. So nehmen einige Kinder ihre Finger zur Hilfe und ermitteln das Ergebnis durch zählendes Rechnen – entweder durch vollständiges Abzählen oder durch das Zählen vom ersten Summanden aus. Andere Kinder haben die Ergebnisse der Additionsaufgaben bereits automatisiert und nennen diese auswendig.

Es wird deutlich, dass neben den anfangs genannten Vorläuferfähigkeiten auch schon viele Kinder zu Schulbeginn über weiterführende mathematische Fähigkeiten verfügen, die in ihrer Geläufigkeit jedoch erheblich variieren können.

Inwieweit Unterschiede in den Lernständen von Vorschulkindern bzw. Schulanfängern mit dem Geschlecht der Kinder zusammenhängen, wird durch Studien uneinheitlich beantwortet. Auf durchschnittlich höhere mathematische Fähigkeiten der Jungen wird durch Hengartner & Rötlisberger (1994) sowie Krajewski (2003) hingewiesen. Bei der Längsschnittuntersuchung von Krajewski (2003) zeigt sich jedoch, dass im zweiten Schuljahr keine signifikanten Unterschiede mehr zwischen den Lernständen der Jungen und Mädchen festgestellt werden können. In anderen Studien werden gegenteilige Ergebnisse zugunsten der Mädchen ermittelt (vgl. Kesting, 2005; Rea & Reys, 1970; Waldow & Wittmann, 2001). Darüber hinaus liegen auch Untersuchungsergebnisse vor, die weder die mathematische Überlegenheit der Jungen noch die der Mädchen belegen können (vgl. Caluori, 2004). In der Studie von Deutscher (2012a) bestehen zwar im Bereich der Arithmetik signifikant höhere Leistungen der Jungen, im Bereich der Geometrie liegen jedoch keine Leistungsunterschiede zwischen den Mädchen und Jungen vor.

Aus den Befunden kann gefolgert werden, dass zunächst einmal kein Unterschied zwischen Jungen und Mädchen in der mathematischen Frühförderung gemacht werden sollte und bei ihnen gleichermaßen das Interesse an Mathematik und der Beschäftigung mit mathematikhaltigen Anforderungen sichergestellt und gegebenenfalls geweckt werden sollte.

Zur Feststellung der mathematischen Fähigkeiten von Kindern im Vor- und Einschulalter wurden in den letzten Jahren verschiedene mündliche Diagnoseverfahren für ErzieherInnen und LehrerInnen entwickelt, wobei sich auch hier viele Angebote auf den Bereich der Arithmetik beschränken (für eine Übersicht siehe Lorenz, 2012). Die Diagnoseinstrumente lassen sich hinsichtlich ihrer verschiedenen Zielsetzungen unterscheiden: Der *Osnabrücker Test zur Zahlbegriffsentwicklung* (vgl. van Luit, van de Rijt & Hasemann, 2001) weist sich dadurch aus, dass er standardisiert ist und insbesondere die pränumerischen Fähigkeiten von Kindergartenkindern und Schulanfängern erhebt. Mit den *GI-Eingangstests* (vgl. Deutscher, 2012b/c) lassen sich sowohl die arithmetischen als auch die geometrischen Fähigkeiten vor bzw. bei Schulanfang erfassen. Anstatt von Vorläuferfähigkeiten werden in den klinischen Interviews hauptsächlich Vorerfahrungen zu Inhalten des Anfangsunterrichts erhoben. Somit geben die Tests Aufschluss darüber, bei welchen Inhaltsbereichen das Kind zusätzlichen Förderbedarf hat, um den vorgesehenen Unterrichtsinhalten folgen zu können. Die Inhaltsbereiche sind hierbei systematisch von den Grundideen der Arithmetik und Geometrie abgeleitet und erfassen somit die Kompetenzen der Kinder auf breiter inhaltlicher Ebene. Die *ElementarMathematischen BasisInterviews* (vgl. Peter-Koop, Wollring, Spindler, Grüßing, 2007; Peter-Koop, Grüßing, Enstipp & Remmerssen, 2011; Peter-Koop, Wollring, Becker, Haberzettl & Spindler, 2012) kennzeichnen sich dadurch aus, dass neben vornehmlich arithmetischen (Vorläufer-)Fähigkeiten von Kindergartenkindern auch weiterführende Kompetenzen in den Bereichen Zählen, Stellenwerte, Rechnen, Raum und Form sowie Größen und Messen von Schulkindern erhoben werden. Somit können diese Erhebungsinstrumente auch fortgeführt für Diagnosen in den ersten beiden Grundschuljahren eingesetzt werden. Die beiden zuletzt aufgeführten Diagnoseinstrumente ermöglichen den Kindern das Handeln an

Material, was ihnen bei der Bearbeitung der Aufgaben und der Erläuterung ihrer Lösungswege helfen kann.

Zusammenfassend kann festgehalten werden, dass die Befundlage über die Vielfalt und die Heterogenität der arithmetischen Vorkenntnisse von Schulanfängern recht gut ist. Wie im vorschulischen Bereich sind jedoch auch Forschungslücken in den anderen Inhaltsbereichen zu konstatieren. Außerdem gibt es noch Entwicklungsbedarf im Hinblick auf alltagstaugliche Diagnoseverfahren, insbesondere in den nicht-arithmetischen Bereichen.

## 4     Notwendigkeit einer mathematischen Frühförderung

Eine im Kindergarten systematisch verankerte mathematische Frühförderung hat im Sinne des kumulativen Lernens das primäre Ziel, allen Kindern die notwendigen Vorerfahrungen für einen erfolgreichen Start in den Anfangsunterricht zu ermöglichen. Bereits Piaget hat mit seinen frühen Untersuchungen zum mathematischen Denken von Vorschulkindern aufgezeigt, dass Kinder bei der aktiven Auseinandersetzung mit mathematikhaltigen Anforderungen grundlegende Erfahrungen sammeln können, die wiederum eine wichtige Ausgangsbasis für weitere Lernprozesse darstellen (vgl. Wittmann 1982, S. 24ff.). Das bedeutet einerseits, dass der Aufbau des mathematischen Verständnisses nicht erst in der Grundschule beginnt, andererseits aber auch, dass es sich um den Erwerb von später lernwirksamen *Vorerfahrungen* und *nicht* um eine Vorverlagerung des Unterrichtsstoffes handeln sollte.

Die Bedeutsamkeit der stabilen Entwicklung mathematischer Vorerfahrungen im Kindergartenalter wird durch entsprechende empirische Ergebnisse untermauert. So haben die sogenannten *mathematischen Vorläuferfähigkeiten* von Kindern einen entscheidenden Einfluss auf den weiteren schulischen Lernerfolg im Fach Mathematik (vgl. Chard, Clarke, Baker, Otterstedt, Braun & Katz, 2005; Jordan, Kaplan, Ramineni & Locuniak, 2009; Krajewksi, 2003; Krajewski & Schneider, 2009; Weißhaupt, Peucker & Wirtz, 2006). Insbesondere das *zahlbezogene* als auch das *mengenbezogene* Vorwissen der Kinder stellen sich dabei sogar als aussagekräftigere Prädiktoren heraus, als allgemein kognitive Fähigkeiten, wie etwa die Intelligenz (vgl. Dornheim, 2008). Kinder, die zu Schulbeginn eher bessere oder eher schlechtere Leistungen zeigen, werden dieses vermutlich auch zu Ende der Grundschulzeit tun – so auch ein Hauptergebnis der SCHOLASTIK-Studie (vgl. Stern, 1997).

Eine zentrale Folgerung aus dieser Erkenntnis ist, dass Kinder, die nicht über die erforderlichen Vorerfahrungen verfügen, bereits im Vorschulalter eine gezielte, präventive Förderung erhalten sollten. Die Wirksamkeit einer mathematischen Frühförderung von ‚gefährdeten' Kindern im Vorschulalter wurde in den letzten Jahren in Zusammenhang mit unterschiedlichen Förderkonzepten belegt (vgl. Clements & Sarama, 2007b; Ennemoser, 2010; Griffin, Case & Siegler, 1994; Krajewski, Nieding & Schneider, 2008; Peter-Koop, Grüßing & Schmitman gen. Pothmann, 2008; Peucker & Weißhaupt, 2005).

Welche Rolle kann das Elternhaus bei der mathematischen Frühförderung spielen? Peter-Koop (2010b, S. 8) fasst in ihrer Expertise die Forschungslage wie folgt zusammen, dass im Vergleich etwa zu den USA bislang kaum umfassende über-regionale Aktivitäten oder breiter angelegte Forschungsvorhaben zur frühen mathematischen Bildung im Elternhaus existieren. Angesichts der im Ausland vorliegenden Befunde hinsichtlich des förderlichen Effekts solcher Maßnahmen auf die mathematischen Kompetenzen – so Peter-Koop (ebd.) weiter – bieten sich im deutschsprachigen Raum bislang noch wenig beachtete Handlungs- und Forschungsfelder.

Die Notwendigkeit einer mathematischen Frühförderung für benachteiligte Kinder in Elternhaus wie vorschulischer Bildungseinrichtung ergibt sich insbesondere auch aus folgenden Befunden, nach denen der soziale Hintergrund von Kindern in einem nachweisbaren Zusammenhang mit ihren mathematischen Fähigkeiten steht. Für den Vorschulbereich zeigt sich, dass Kindergartenkinder aus sozial benachteiligten Familien im Allgemeinen über niedrigere mathematische Fähigkeiten verfügen als Kinder aus Familien mit einem stärkeren sozialen Umfeld (vgl. Jordan, Kaplan, Olah & Locuniak, 2006; Sarama & Clements, 2009). Alarmierender Weise eignen sich Kinder aus sozial benachteiligten Familien auch während der Vorschulzeit vergleichsweise geringere mathematische Fähigkeiten an, was sich im ersten Schuljahr fortsetzt (vgl. Jordan, Kaplan, Locuniak & Ramineni, 2007). Für den Primarbereich weisen Krajewski & Scheider (2009) ebenfalls geringe, jedoch signifikante Korrelationen zwischen dem sozioökonomischen Status von Erst- und Viertklässlern nach. Ihren Untersuchungen entsprechend lassen sich 13 % der Varianz des mathematischen Schulerfolgs von Viertklässlern durch ihre soziale Herkunft erklären.

Die fachliche Auffächerung möglicher Inhalte für die mathematische Frühförderung steht jedoch in einem Spannungsverhältnis mit dem schmalen Zeitkontingent, welches der mathematischen Frühförderung im Kindergarten zukommt. Umso wichtiger scheint es, sich innerhalb dieses Rahmens auf das fachlich Wesentliche zu konzentrieren (vgl. Wittmann & Müller, 2009, S. 2). Auf die Fragen, was im Zentrum der mathematischen Frühförderung stehen sollte und auf welche Weise diese sinnvollerweise erfolgt, wird im letzten Kapitel dieses Betrags genauer eingegangen.

Zusammenfassend kann zuvor festgehalten werden, dass eine ganze Reihe von Forschungsbefunden über die positiven Wirkungen einer planvollen mathematischen Frühförderung im arithmetischen Bereich existieren. Inwieweit eine Frühförderung in den anderen Inhaltsbereichen kompensatorisch wirken kann, ist jedoch erst ansatzweise erforscht wie gleichermaßen die Auswirkungen einer Förderung im Elternhaus.

# 5 Verschiedene Konzepte zur mathematischen Frühförderung

Theoretische Diskussionen und empirische Befunde über die Bedeutsamkeit sowie die Inhalte und Ziele früher mathematischer Bildung resultierten innerhalb der letzten Jahre in einer Verankerung des Lernbereichs Mathematik in den Bildungsplänen für den

Kindergarten, wenngleich die Mathematik hier nicht immer einen Stellenwert erhält, der aus unserer Sicht im Hinblick auf den langfristigen Lernprozess angemessenen ist (vgl. Peter-Koop, 2009).

Als Konsequenz folgte eine hohe Nachfrage an Konzepten zur Umsetzung mathematischer Frühförderung und veranlasste in diesem Bereich vielfältige Entwicklungen, die bei aller Unterschiedlichkeit eines gemeinsam haben: Der strukturbezogene Ansatz in der Nachfolge von Piaget, der einen pränumerischen Vorkurs vorsah anstatt die frühen, in der Regel alltagsbezogenen Vorerfahrungen der Kinder aufzugreifen, ist abgelöst worden durch Ansätze, die das Zählen, die Zahlen in ihrem Beziehungsreichtum und in ihrer Aspektvielfalt, die Mengenbewusstheit und die Anzahlerfassung ins Zentrum stellen (zur Begründung siehe etwa Fuson, 1988 oder Moser-Opitz, 2001).

Das Wissen über ausschlaggebende Vorläuferfähigkeiten beeinflusst neben den weiteren Erkenntnissen und Modellen zur Zahlbegriffsentwicklung konsequenterweise auch die Auswahl der Inhalte früher mathematischer Bildung. Daher stellt der Umgang mit Zahlen und Mengen den zentralen Inhaltsbereich der mathematischen Frühförderung dar. Aber: Im Sinne eines langfristigen Kompetenzaufbaus sollten auch die anderen in den schulischen Bildungsstandards (Kultusministerkonferenz, 2005) verankerten Inhaltsbereiche ‚Raum und Form', ‚Größen und Messen', ‚Muster und Strukturen' und ‚Daten und Zufall' eine angemessene Berücksichtigung finden.

Da sich die zahlreichen Konzepte zur mathematischen Frühförderung im Kindergarten in ihren grundlegenden Ausrichtungen teilweise stark unterscheiden, scheint es zur Orientierung angebracht, das Spannungsfeld anhand einiger exemplarischer Förderkonzepte mittels einordnenden Leitfragen näher zu beleuchten (vgl. Peter-Koop, 2007). Zum Vergleich werden die folgenden vier Förderkonzepte herangezogen.

- ‚Natur-Wissen schaffen: Frühe mathematische Bildung' (vgl. Fthenakis, 2009)
- ‚Komm mit ins Zahlenland' (vgl. Friedrich, Galgóczy & Schindelhauer, 2011; Preiß, 2006)
- ‚Das Zahlenbuch Frühförderprogramm' (vgl. Wittmann & Müller, 2009)
- ‚Mengen, zählen, Zahlen' (vgl. Krajewski, Nieding & Schneider, 2007)

Aus Platzgründen kann auf andere Konzeptionen wie etwa von Benz (2010), Hoenisch & Niggemeyer (2004), Hülswitt (2007), Keller & Noelle Müller (2007), Peter-Koop & Grüßing (2007) oder Royar & Streit (2010) nicht eingegangen werden.

*Förderung einzelner oder Förderung aller*: Die Konzepte zur mathematischen Frühförderung trennen im Wesentlichen zwischen einer für die gesamte Lerngruppe vorgesehenen Förderung, die sich meist über mehrere Jahre erstreckt, und einer individuellen Förderung für Kinder, die im weiteren Bildungsgang potenziell Schwierigkeiten haben, die meist kurz vor Schulbeginn einsetzt und lediglich einige Wochen bzw. Monate umfasst. Das Programm ‚Mengen, zählen, Zahlen' zeichnet sich durch die zuletzt beschriebene Intention aus und unterscheidet sich somit auch im Kern von den drei anderen Frühförderkonzepten. Ein Halbjahr vor Schuleintritt wird das Programm mit ausgewählten Risikokindern durchgeführt, um Defizite in den frühen Mengen-Zahlen-Kompetenzen gezielt aufzuheben. Das Anliegen der anderen Konzepte ist es hingegen, die mathematische Entwicklung aller Kinder von Anfang an zu unterstützen, so dass es zu solchen Defiziten erst gar nicht kommt und sich mathematische Fähigkeiten und Interessen auch über das nötige Mindestniveau heraus ausbilden können.

*Förderung in Arithmetik oder Förderung in Mathematik*: Die Auswahl der Lerninhalte hängt eng mit der Zielgruppe und der Intention der Förderung zusammen. So werden im Förderprogramm ‚Mengen, zählen, Zahlen' ausschließlich die zentralen Vorläuferfähigkeiten angesprochen. ‚Komm mit ins Zahlenland' konzentriert sich im Wesentlichen auf den Bereich ‚Zahlen und Zählen'. Einem facettenreicherem Bild der Mathematik wird bei ‚Natur-Wissen schaffen' und dem ‚Zahlenbuch Frühförderprogramm' nachgegangen, wobei die oben angemahnte Konzentration auf das Wesentliche nicht verloren geht. Hier werden sowohl arithmetische als auch geometrische Inhalte angesprochen und unter vielfältigen Perspektiven betrachtet. Insbesondere werden auch prozessbezogenen Kompetenzen angesprochen.

*Vorstrukturiertheit oder Offenheit*: Während die Lerneinheiten bei ‚Mengen, zählen, Zahlen' und ‚Komm mit ins Zahlenland' nach einer klaren Abfolge und einem definierten Zeitrahmen behandelt werden, die beim zweit genannten Konzept bis hin zu einem detaillierten Durchführungsleitfaden strukturiert ist, sind die Lerneinheiten bei ‚Natur-Wissen schaffen' und dem ‚Zahlenbuch Frühförderprogramm' flexibel und weitgehend unabhängig voneinander durchführbar. Die Projekte aus ‚Natur-Wissen schaffen' knüpfen dabei in der Regel an Alltagsphänomene an und bauen diese mit einem zum Teil hohen Organisationsaufwand für die ErzieherInnen in entsprechende Lernumgebungen aus, welche zahlreiche, auch fachübergreifende Lernanlässe schaffen. Beim ‚Zahlenbuch Frühförderprogramm' werden neben einer allerdings eingeschränkteren Auseinandersetzung mit der Alltagswelt auch rein mathematische Zusammenhänge in den Blick genommen (z.B. regelgebundene Spiele), die einen weiteren wesentlichen Bestandteil der Mathematik und des Mathematiklernens darstellen. Die Lernangebote benötigen hierbei nicht immer der Begleitung durch die ErzieherInnen.

*Eingeschränktes oder umfassendes Mathematikverständnis*: Das zugrunde liegende Verständnis von Mathematik variiert in den Förderprogrammen zum Teil erheblich. Das ‚Zahlenbuch Frühförderprogramm' beruht auf einem positiven Bild von Mathematik als Wissenschaft von den schönen Mustern, die in lebensweltlichen sowie rein mathematischen Zusammenhängen auftreten, so wie es zeitgemäße Fachdidaktik und Bildungspläne fordern. Auch beim Programm ‚Natur-Wissen schaffen' wird die Mathematik als spannendes Feld dargestellt, welches zahlreiche interessante Entdeckungen in der Umwelt bereithält. Im Gegensatz dazu steht die künstlich verpackte Mathematik bei ‚Komm mit ins Zahlenland'. Diese findet in der Personifizierung der Zahlen ihren Höhepunkt („Die 5 feiert Geburtstag.") – ein Umstand, der sich schädlich auf das Lernen und das Bild von Mathematik auswirken kann.

*Instruktion oder (Ko-)Konstruktion*: Die Motivation zur Beschäftigung und Identifikation mit den Inhalten – zwei wesentliche Grundlagen für Lernerfolg – können dadurch angeregt werden, dass sich alle Kinder der Lerngruppe an der Auswahl und der aktiven Mitgestaltung der Inhalte beteiligen können. In diesem Sinne lassen Mathematikprojekte, wie sie bei ‚Natur-Wissen schaffen' vorliegen, viel Platz für die Ideen der Kinder, welche eigenen Fragestellungen und Interessen im Lernangebot nachgehen und die Zielrichtung und Durchführung der Projekte mit gestalten. Auch beim ‚Zahlenbuch Frühförderprogramm' geht die Auskundschaftung der mathematischen Lernumgebung von den Kindern aus, die ihren eigenen Ideen nachgehen, diese ausdifferenzieren und so mehr über den mathematischen Gegenstand erfahren. Neben dem „Aktivsein" der Kinder spielt der kommunikative Austausch der Kinder im Sinne des *sozialen Lernens* bei beiden Förderkonzepten aus gutem Grund ebenfalls eine entscheidende Rolle. Der enge Durchführungsleitfaden beim Programm ‚Komm mit ins Zahlenland' erschwert das Eingehen auf die individuellen Interessen und Ideen der Kinder. Die wesentliche Herausforderung für ErzieherInnen bei der Begleitung mathematischer Lernprozesse besteht darin, die Kinder mit geeigneten Fragen in ihrem mathematischen Tun und Denken gezielt anzuregen.

*Orientierung am kurzfristigen oder am langfristigen Lernprozess*: Das langfristige Lernen stellt das vielleicht wichtigste Kriterium in Zusammenhang mit der Qualität von Frühförderkonzepten dar. Bei der frühen Auseinandersetzung mit mathematischen Inhalten ist es das Ziel, grundlegende Erfahrungen mit dem Fach zu ermöglichen, so dass langfristig stabile Vorstellungen aufgebaut werden. Dass das nicht durch die Personifizierung von Zahlen – wie im Zahlenland – erreicht werden kann, ist offenkundig. Die zwei Ansätze ‚Das Zahlenbuch Frühförderprogramm' und ‚Natur-Wissen schaffen' leisten hierzu einen wesentlichen Beitrag, indem die Kinder ein realistisches und positives Bild von den Mustern und Wirklichkeitsbezügen der Mathematik sowie der aktiven und produktiven Auseinandersetzung mit dieser erhalten, welches auch den wesentlichen Kern des Faches im weiteren Bildungsverlauf darstellt.

Aufgrund der Analyse der Merkmale der vier Programme kann abschließend festgehalten werden, dass das ‚Zahlenland'-Konzept in verschiedener Hinsicht am wenigsten mit den Erkenntnissen zeitgemäßer Mathematikdidaktik und (Früh-)Pädagogik in Einklang zu bringen ist. Andererseits ist es in vorschulischen Bildungseinrichtungen vergleichsweise verbreitet und beliebt. In diesem Zusammenhang: Die Einstellungen und die Vorerfahrungen des pädagogischen Personals sind sicherlich ein interessantes Thema, dem in diesem Beitrag aber nicht nachgegangen werden kann.

Empirische Ergebnisse zur (vergleichenden) Evaluation der mathematischen Frühförderkonzepte zeigen einen erheblichen und teilweise auch langfristig nachgewiesenen Lernzuwachs bei den beteiligten Kindern auf. Leider liegen solche Studien (vgl. Ennemoser, 2010; Grüßing & Peter-Koop, 2008; Krajewski, Nieding & Schneider, 2008; Pauen & Pahnke, 2008; Peter-Koop, Grüßing & Schmitman gen. Pothmann, 2008) zum einen bislang nur vereinzelt vor, zum anderen wäre es wünschenswert, wenn die Selbstevaluationen durch unabhängige Beurteilungen der Konzepte ergänzt werden würden. Zusammenfassend kann festgehalten werden, dass es möglich ist, anhand von Kriterien die

Güte verschiedener Konzepte zur frühen mathematischen Bildung zu bewerten. Trotz aller methodischen Einschränkungen, die Interventionsstudien mit sich bringen, wäre es zukünftig lohnenswert, noch überzeugender nachzuweisen, inwieweit die theoretische Analyse auch durch empirische Daten gestützt wird.

# 6 Literatur

Antell, S.E. & Keating, D.P. (1983). Perception of numerical invariance in neonates. *Child Development 54*, 695–701.

Benz, Ch. (2010). *Minis entdecken Mathematik*. Braunschweig: Westermann.

Caluori, F. (2004). *Die numerische Kompetenz von Vorschulkindern. Theoretische Modelle und empirische Befunde*. Hamburg: Kovač.

Carpenter, T.P. & Moser, J.M. (1983). The aquisition of addition and subtraction concepts. In R. Lesh & M. Landau (Hrsg.), *Aquisition of Mathematics Concepts and Process* (S. 7–44). New York: Academic Press.

Chard, D.J., Clarke, B., Baker, S., Otterstedt, J., Braun, D. & Katz, R. (2005). Using measures of number sense to screen for difficulties in mathematics: Preliminary findings. *Assessment for Effective Intervention 30*(2), 3–14.

Clarke, B., Clarke, D., Grüßing, M. & Peter-Koop, A. (2008). Mathematische Kompetenzen von Vorschulkindern: Ergebnisse eines Ländervergleichs zwischen Australien und Deutschland. *Journal für Mathematik-Didaktik 29*, 259–286.

Clements, D.H. (2004). Geometric and spatial thinking in early childhood education. In D.H. Clements & J. Samara (Hrsg.), *Engaging Young Children in Mathematics. Standards for Early Childhood Mathematics Education* (S. 267–297). Mahwah, New Jersey: Lawrence Erlbaum Associates.

Clements, D.H. & Sarama, J. (2007a). Early Childhood Mathematics Learning. In F.K. Lester (Hrsg.), *Second Handbook of Research on Mathematics Teaching and Learning* (S. 461–555). New York: Information Age Publishing.

Clements, D.H. & Sarama J. (2007b). Effects of a Preschool Mathematics Curriculum: Summative Research on the Building Blocks Project. *Journal for Research in Mathematics Education 38*(2), 136–163.

Dehaene, S. (1997). *The Number Sense: How the Mind Creates Mathematics*. New York: Oxford University Press.

Deutscher, T. (2012a). *Arithmetische und geometrische Fähigkeiten von Schulanfängern. Eine empirische Untersuchung unter besonderer Berücksichtigung des Bereichs Muster und Strukturen*. Wiesbaden: Vieweg.

Deutscher, T. (2012b). *Die GI-Schuleingangstests Mathematik: Vorkenntnisse feststellen und nutzen*. Herausgegeben von G.N. Müller & E.Ch. Wittmann. Stuttgart: Klett.

Deutscher, T. (2012c). Die GI-Eingangstests (Minimalversionen). In E.Ch. Wittmann & G.N. Müller (Hrsg.), *Das Zahlenbuch 1. Materialband* (S. 3–17). Stuttgart: Klett.

Dornheim, D. (2008). *Prädiktion von Rechenleistung und Rechenschwäche: Der Beitrag von Zahlen-Vorwissen und allgemein-kognitiven Fähigkeiten*. Berlin: Logos.

Eichler, K.-P. (2004). Geometrische Vorerfahrungen von Schulanfängern. *Praxis Grundschule 2*, 12–20.

Ennemoser, M. (2010). Training mathematischer Basiskompetenzen als unterrichtsintegrierte Maßnahme in Vorklassen. *Empirische Pädagogik 24*(4), 336–352.

Feigenson, L., Carey, S. & Spelke, E. (2002). Infant's discrimination of number vs. continuous extent. *Cognitive Psychology 44*, 33–66.

Friedrich, G., Galgóczy, V. & Schindelhauer, B. (2011). *Komm mit ins Zahlenland. Eine spielerische Entdeckungsreise in die Welt der Mathematik.* Freiburg: Herder Verlag.

Fthenakis, W. (2009). *Natur-Wissen schaffen. Band 2: Frühe mathematische Bildung.* Troisdorf: Bildungsverlag Eins.

Fuson, K.C. (1988). *Children's Counting and Concept of Number.* New York: Springer.

Gaidoschik, M. (2010). *Die Entwicklung von Lösungsstrategien zu den additiven Grundaufgaben im Laufe des ersten Schuljahres.* Dissertation. Universität Wien.

Grassmann, M., Mirwald, E., Klunter M. & Veith, U. (1995). Arithmetische Kompetenzen von Schulanfängern – Schlussfolgerungen für die Gestaltung des Anfangsunterrichtes. *Sachunterricht und Mathematik in der Primarstufe 23*(7), 302–321.

Grassmann, M. (1996). Geometrische Fähigkeiten der Schulanfänger. *Grundschulunterricht 43*(5), 25–27.

Griffin, S., Case, R. & Siegler, R.S. (1994). Classroom lessons: Integrating cognitive theory and classroom practice. In K. McGilly (Hrsg.), *Rightstart: Providing the central conceptual prerequisites for first formal learning of arithmetic to students at risk for school failure* (S. 25–50). Cambridge, MA: MIT Press.

Grüßing, M. & Peter-Koop, A. (2008). Effekte vorschulischer mathematischer Förderung am Ende des ersten Schuljahres: Erste Befunde einer Längsschnittstudie. *Zeitschrift für Grundschulforschung 1*, 65–82.

Hasemann, K. (2001). Early numeracy – results of an empirical study with 5 to 7 year-old children. In H.G. Weigand, A. Peter-Koop, N. Neill, K. Reiss, G. Törner & B. Wollring (Hrsg.), *Developments in Mathematics Education in German-speaking Countries. Selected Papers From the Annual Conference on Didactics of Mathematics, Munich,1998* (S. 31–40). Hildesheim: Franzbecker.

Hebenstreit, S. (2003). *Friedrich Fröbel – Menschenbild, Kindergartenpädagogik, Spielförderung.* Jena: IKS Garamont.

Hengartner, E. & Röthlisberger, H. (1994). Rechenfähigkeiten von Schulanfängern. *Schweizer Schule 4*, 3–25.

Hoenisch, N. & Niggemeyer, E. (2004). *Mathe-Kings. Junge Kinder fassen Mathematik an.* Berlin: Das Netz.

Hülswitt, K.L. (2007). Freie mathematische Eigenproduktionen: Die Entfaltung entdeckender Lernprozesse durch Phantasie, Ideenwanderung und den Reiz unordentlicher Ordnungen. In Graf, U. & Moser Opitz, E. (Hrsg.), *Diagnostik und Förderung im Elementarbereich und Grundschulunterricht* (S. 150–164). Baltmannsweiler: Schneider.

Jordan, N.C., Kaplan, D., Olah, L. & Locuniak, M. (2006). Number sense growth in kindergarten: A longitudinal investigation of children at risk for mathematics difficulties. *Child Development 77*, 153–175.

Jordan, N.C., Kaplan, D., Locuniak, M. & Ramineni, C. (2007). Predicting first-grade math achievement from developmental number sense trajectories. *Learning Disabilities Research & Practice 22*(1), 36–46.

Jordan, N.C., Kaplan, D., Ramineni, C. & Locuniak, M.N. (2009). Early math matters: Kindergarten number competence and later mathematics outcomes. *Developmental Psychology 45*(3), 850–867.

Kaufmann, S. (2003). *Früherkennung von Rechenstörungen in der Eingangsklasse der Grundschule und darauf abgestimmte remediale Maßnahmen.* Frankfurt/Main: Lang.

Keller, B. & Noelle Müller, B. (2007). *Kinder begegnen Mathematik. Erfahrungen sammeln.* Zürich: Lehrmittelverlag des Kantons Zürich.

Keller, K.-H. & Pfaff, P. (1998). *Arithmetische Vorkenntnisse bei Schulanfängern.* Offenburg: Mildenberger Verlag.

Kesting, F. (2005). *Mathematisches Vorwissen zu Schuljahresbeginn bei Grundschülern der ersten drei Schuljahre – eine empirische Untersuchung.* Hildesheim: Franzbecker.

Krajewski, K. (2003). *Vorhersage von Rechenschwäche in der Grundschule.* Hamburg: Kovač.

Krajewski, K., Nieding, G. & Schneider, W. (2007). *Mengen, zählen, Zahlen: Die Welt der Mathematik verstehen (MZZ).* Berlin: Cornelsen.

Krajewski, K. (2008). Vorschulische Förderung mathematischer Kompetenzen. In F. Petermann & W. Schneider (Hrsg.), *Enzyklopädie der Psychologie, Reihe Entwicklungspsychologie, Band Angewandte Entwicklungspsychologie* (S. 275-304). Göttingen: Hogrefe.

Krajewski, K., Nieding, G. & Schneider, W. (2008). Kurz- und langfristige Effekte mathematischer Frühförderung im Kindergarten durch das Programm „Mengen, zählen, Zahlen". *Zeitschrift für Entwicklungspsychologie und Pädagogische Psychologie 40,* 135-146.

Krajewski, K. & Schneider, W. (2009). Early development of quantity to number-word linkage as a precursor of mathematical school achievement and mathematical difficulties: Findings from a four-year longitudinal study. *Learning and Instruction 19,* 513-526.

Kultusministerkonferenz (2005). *Bildungsstandards im Fach Mathematik für den Primarbereich.* München: Luchterhand.

Lorenz, J.H. (2012). *Kinder begreifen Mathematik. Frühe Mathematische Bildung und Förderung.* Stuttgart: Kohlhammer.

Lüken, M. (2012). *Muster und Strukturen im mathematischen Anfangsunterricht.* Münster: Waxmann.

Moser-Opitz, E. (2001). *Zählen Zahlbegriff Rechnen.* Stuttgart: Paul Haupt.

Mulligan, J., Prescott, A., Mitchelmore, M. & Outhred, L. (2005). Taking a closer look at young students' images of area measurement. *Australian Primary Mathematics Classroom 10*(2), 4-8.

Pauen, S. & Pahnke, J. (2008). Mathematische Kompetenzen im Kindergarten: Evaluation der Effekte einer Kurzzeitintervention. *Empirische Pädagogik 22*(2), 193-208.

Peter-Koop, A. (2007). Frühe mathematische Bildung: Grundlagen und Befunde zur vorschulischen mathematischen Förderung: In A. Peter-Koop & A. Bikner-Ahsbahs (Hrsg.), *Mathematische Bildung – Mathematische Leistung* (S. 63-76). Hildesheim: Franzbecker.

Peter-Koop, A. & Grüßing, M. (2007). Bedeutung und Erwerb mathematischer Vorläuferfähigkeiten. In C. Brokmann-Nooren, I. Gereke, H. Kiper & W. Renneberg (Hrsg.), *Bildung und Lernen der Drei- bis Achtjährigen* (S. 153-166). Bad Heilbrunn: Klinkhardt.

Peter-Koop, A., Wollring, B., Spindler, B. & Grüßing, M. (2007). *Elementarmathematisches Basisinterview (EMBI).* Offenburg: Mildenberger.

Peter-Koop, A., Grüßing, M., Schmitman gen. Pothmann, A. (2008). Förderung mathematischer Vorläuferfähigkeiten: Befunde zur vorschulischen Identifizierung und Förderung von potenziellen Risikokindern in Bezug auf das schulische Mathematiklernen. *Empirische Pädagogik 22*(2), 209-224.

Peter-Koop, A. (2009). Orientierungspläne Mathematik für den Elementarbereich – ein Überblick. In A. Heinze & M. Grüßing (Hrsg.), *Mathematiklernen vom Kindergarten bis zum Studium. Kontinuität und Kohärenz als Herausforderung für den Mathematikunterricht* (S. 47-52). Münster: Waxmann.

Peter-Koop, A. (2010a). Entwicklungsbedingungen und Formen mathematischer Kompetenz im außer-schulischen und vorschulischen Bereich – insbesondere vor dem Hintergrund außerdeutscher Entwicklungen, Befunde und Programme. Download am 01.03.12 von http://www.telekom-stiftung.de/dtag/cms/content/Telekom-Stiftung/de/1258288

Peter-Koop, A. (2010b). Aktivitäten und Forschungsbefunde zur Beteiligung von Eltern am (vor-) schulischen Mathematiklernen ihrer Kinder. Download am 01.03.12 von http://www.telekom-stiftung.de/dtag/cms/content/Telekom-Stiftung/de/1258288

Peter-Koop, A., Grüßing, M., Enstipp, M. & Remmerssen, T. (2011). *Elementarmathematisches Basisinterview für den Einsatz im Kindergarten.* Offenburg: Mildenberger.

Peter-Koop, A., Wollring, B., Becker, N., Haberzettl, N. & Spindler, B. (2012). *Elementarmathematisches Basisinterview (EMBI). Größen und Messen, Raum und Form.* Offenburg: Mildenberger.

Peucker, S. & Weißhaupt, S. (2005). FEZ – Ein Programm zur Förderung mathematischen Vorwissens im Vorschulalter. *Zeitschrift für Heilpädagogik 8*, 300–305.

Piaget, J. & Szeminska, A. (1965). *Die Entwicklung des Zahlbegriffes beim Kinde.* Stuttgart: Klett.

Preiß, G. (2006). *Guten Morgen, liebe Zahlen. Eine Einführung in die „Entdeckungen im Zahlenland".* Kirchzarten: Klein Druck.

Rea, R.E. & Reys, R. (1970). Mathematical competencies of entering kindergarteners. *The Arithmetic Teacher 17*, 65–74.

Resnick, L.B. (1983). A developmental theory of number understanding. In H. Ginsburg (Hrsg.), *The Development of Mathematical Thinking* (S. 109–151). New York: Academic Press.

Royar, Th. & Streit , Ch. (2010). *Mathelino. Kinder begleiten auf mathematischen Entdeckungsreisen.* Seelze: Kallmeyer.

Sarama, J. & Clements, D.H. (2009). *Early Childhood Mathematics Education Research: Learning Trajectories for Young Children.* New York: Routledge.

Schipper, W. (1998). „Schulanfänger verfügen über hohe mathematische Kompetenzen". Eine Auseinandersetzung mit einem Mythos. In A. Peter-Koop (Hrsg.), *Das besondere Kind im Mathematikunterricht der Grundschule* (S. 119–140). Offenburg: Mildenberger.

Schmidt, R. (1982). *Zahlenkenntnisse von Schulanfängern. Ergebnisse einer zu Beginn des Schuljahres 1981/82 durchgeführten Untersuchung.* Wiesbaden: Hessisches Institut für Bildungsplanung und Schulentwicklung.

Schmidt, S. & W. Weiser (1982). Zählen und Zahlverständnis von Schulanfängern: Zählen und der kardinale Aspekt natürlicher Zahlen. *Journal für Mathematik-Didaktik 3*, 227–263.

Schmidt, S. & Weiser, W. (1986). Zum Maßzahlverständnis von Schulanfängern. *Journal für Mathematik-Didaktik 7*(2/3), 121–154.

Schmidt, S. (2003). Arithmetische Kenntnisse am Schulanfang. Befunde aus mathematikdidaktischer Sicht. In A. Fritz, G. Ricken & S. Schmidt (Hrsg.), *Rechenschwäche. Lernwege, Schwierigkeiten und Hilfen bei Dyskalkulie* (S. 26–47). Weinheim: Beltz.

Selter, C. (1995). Zur Fiktivität der ‚Stunde Null' im arithmetischen Anfangsunterricht. *Mathematische Unterrichtspraxis 2*, 11–19.

Starkey, P. & Cooper, R.G. (1980). Preception of numbers by human infants. *Science 210*, 1033–1035.

Stern, E. (1997). Ergebnisse aus dem SCHOLASTIK-Projekt. In F.E. Weinert & A. Helmke (Hrsg.), *Entwicklung im Grundschulalter* (S. 157-170). Weinheim: Beltz.

Van den Heuvel-Panhuizen, M. (1995). Leistungsmessung im aktiv-entdeckenden Mathematikunterricht. In H. Brügelmann & H. Balhorn (Hrsg.), *Am Rande der Schrift. Zwischen Sprachenvielfalt und Analphabetismus* (S. 87–107). Lengwil: Libelle.

Van Luit, J., van de Rijt, B. & Hasemann, K. (2001). *Osnabrücker Test zur Zahlbegriffsentwicklung.* Göttingen. Hogrefe.

Waldow, N. & Wittmann, E. (2001). Ein Blick auf die geometrischen Vorkenntnisse von Schulanfängern mit dem mathe 2000-Geometrie-Test. In W. Weiser & B. Wollring (Hrsg.), *Beiträge zur Didaktik für die Primarstufe* (S. 247-261). Hamburg: Kovač.

Weißhaupt, S., Peucker S. & Wirtz, M. (2006). Diagnose mathematischen Vorwissens im Vorschulalter und Vorhersage von Rechenleistungen und Rechenschwierigkeiten in der Grundschule. *Psychologie in Erziehung und Unterricht 53*, 236–245.

Winter, H. (2011). Mathematikunterricht in der Grundschule im Geiste Friedrich Fröbels. Download am 05.03.12 von http://www.sinus-an-grundschulen.de/fileadmin/uploads/Material_aus_SGS/Handreichung_Winter_2011-1.pdf

Wittmann, E.Ch. (1982). *Mathematisches Denken bei Vor- und Grundschulkindern.* Braunschweig: Vieweg.

Wittmann, E.Ch. & Müller, G.N. (2009). *Das Zahlenbuch. Handbuch zum Frühförderprogramm.* Stuttgart: Klett.

Wynn, K.M. (1992). Addition und Subtraction by Human Infants. *Nature 358*, 749–750.

# Förderung naturwissenschaftlicher Bildung

Gisela Lück

## 1 Vom biologischen Blickwinkel der Naturbetrachtung zur vielperspektivischen Sicht der Naturphänomene

Nimmt man den Begriff *naturwissenschaftliche Bildung* genau, so umfasst er streng genommen alle Naturwissenschaftsdisziplinen, die für das Kind Deutungszusammenhänge zu seinem Umfeld herstellen – das sind die Fachwissenschaften Biologie, Geologie, Physik, Chemie, Astronomie und es ließen sich – je nach Fragestellung der Kinder – noch weitere finden.

Die Fragestellungen der Kinder an die Natur orientieren sich jedoch nicht an den Fachdisziplinen und ihren jeweiligen Grenzen, eigentlich noch nicht einmal daran, ob die Frage überhaupt in den Bereich der Naturwissenschaften allgemein fällt, sondern an ihrer Umwelt und wie sie von ihnen wahrgenommen wird. Manche dieser Fragen sind eindeutig bestimmten Wissenschaften zuzuordnen. So ist die Frage, warum es nachts dunkel wird, astronomischer Natur, die Frage nach dem Wachstum und der Veränderung von Flora und Fauna eindeutig der Biologie zuzuordnen. Bei der Frage, warum sich ein angeschnittener Apfel braun färbt, warum ein Ei beim Kochen hart wird oder warum sich eine fast verwelkte Blume im Wasser wieder aufrichtet, bewegen wir uns schon im weiten Grenzgebiet zwischen Biologie, Physik und Chemie. Viele dieser klassischen Warum-Fragen des Kindergartenalters befinden sich auf dieser Gratwanderung entlang der Naturwissenschaftsdisziplinen.

Noch vor wenigen Jahren wurde die Naturwissenschaftsvermittlung im Elementarbereich in der Regel jedoch ausschließlich auf biologische Themen begrenzt. Dabei standen Begründungszusammenhänge weniger im Mittelpunkt als phänomenologische Betrachtungen: Beobachtung der Pflanzen- und Tierwelt im jahreszeitlichen Wechsel,

Identifizieren von Tierspuren im Wald, Bestimmung von Bäumen anhand ihrer Blätter oder Wahrnehmung von Vogelstimmen. Die Nachbardisziplinen der Biologie, Physik und Chemie – im Folgenden auch unter dem Begriff ‚unbelebte Natur' zusammengefasst – wurden dabei nicht selten vernachlässigt und die kindlichen Warum-Fragen auf den Grenzgebieten der belebten und unbelebten Natur oftmals nicht beantwortet. Die Gründe dafür waren vielfältig und lagen nicht zuletzt auch an Vorbehalten der pädagogischen Fachkräfte gegenüber chemischen und physikalischen Inhalten, ausgelöst durch negative Erinnerungen an den eigenen Chemie- oder Physikunterricht.

Seit etwa zehn Jahren hat sich mit der Einführung der sogenannten Bildungsempfehlungen oder -pläne in allen Bundesländern der Bildungsbereich ‚naturwissenschaftliche Bildung' im Elementarbereich etabliert. Dabei wird nun ausdrücklich der Schwerpunkt nicht mehr nur auf biologische Themen gelegt, sondern auch die unbelebte Natur als Bildungsinhalt berücksichtigt. Weiter unten schauen wir uns den Kontext, in dem der Bildungsbereich ‚Natur' in den einzelnen Ländern verankert ist, genauer an, zuvor sollen jedoch die Gründe dargestellt werden, die zu der Ausweitung des naturwissenschaftlichen Bildungsbereichs geführt haben – und die liegen in der Entwicklung der Kinder selbst.

## 2    Lern- und entwicklungspsychologische Aspekte zur frühkindlichen naturwissenschaftlichen Bildung

Die Auseinandersetzung mit der Umwelt beginnt bereits am ersten Lebenstag eines Säuglings und bei allen Erkundungen des ihn umgebenden Umfelds – etwa durch motorischen oder sinnlichen Kontakt – werden die Beobachtungen anhand des intuitiven Wissens der Kinder gedeutet.

### 2.1    Das intuitive Wissen der Kinder

Seit etwa 20 Jahren werden im Rahmen aufwendiger Säuglingsforschung die kognitiven Fähigkeiten schon bei Neugeborenen untersucht. Die Forschungsergebnisse legen nahe, dass sehr früh ein konzeptionelles Wissen in Form von Theorien vorhanden ist. Daraus resultiert eine bis heute nicht eindeutig beantwortete Diskussion, ob ein Teil des Wissens oder Verarbeitungsmodule angeboren sein könnte (vgl. Carey, 2004, S. 60ff.). Spelke etwa favorisiert die Annahme, dass ein gewisses physikalisches Grundwissen zur angeborenen ‚Ausstattung' eines Menschen gehört (vgl. Spelke et al., 1992, S. 62), andere Wissenschaftler wiederum gehen davon aus, dass Kinder über spezialisierte Lernmechanismen verfügen, mit deren Hilfe sie Stück für Stück physikalisches Wissen erwerben (vgl. Luo & Baillargeon, 2005, S. 297ff.). Unbestritten ist jedoch, dass physikalisches Wissen bereits sehr früh und in erstaunlichem Umfang vorhanden ist und Kinder bereits im Säuglingsalter über die Fähigkeit verfügen, kausal zu denken (vgl. Pauen, 2003, S. 283ff.). In eigenen Untersuchungen konnten wir auch zeigen, dass bereits Dreijährige über ein Konzept zu Saugfähigkeit von Stoffen oder zu den Aggregatzuständen von Wasser verfügen (vgl. Krahn, 2005).

## 2.2 Kontroversen der aktuellen Kindheitsforschung mit dem ‚Klassiker' Jean Piaget

Die in Kapitel 2.1. dargestellten neueren Untersuchungsergebnisse zur frühen Kindheitsforschung stehen im Widerspruch zu lern- und entwicklungspsychologischen Aussagen Jean Piagets, der noch heute in vielen Bereichen der Erziehungswissenschaften einen festen Platz hat und zu den klassischen Lehrinhalten vieler pädagogischer Berufe zählt. Zu einer seiner bedeutsamsten Aussagen für die frühkindliche Naturwissenschaftsförderung wird immer wieder seine Erkenntnis angeführt, dass Kinder im Kindergartenalter noch nicht in der Lage sind, logisch zu denken. In seinem epistemologisch orientierten Stadienmodell wird diese Entwicklungsphase auch als prä-operational bezeichnet und erstreckt sich auf das Alter der Fünf- bis Siebenjährigen. Diese empirisch auf seinen ‚Invarianzversuchen' basierende Aussage Piagets war schon in den frühen 1980er Jahren umstritten und wurde etwa von Donaldson, Novak und Collins heftig kritisiert, hielt sich aber trotz zahlreicher stichhaltiger Einwände hartnäckig – zum Teil bis heute (vgl. Donaldson, 1982, S. 9; Novak, 1990, S. 941; Collins, 1984, S. 73 f). Rückblickend kann die Ausblendung chemisch-physikalischer Phänomene und deren Deutung im Elementarbereich auf die Einschätzung Piagets zurückgeführt werden, dass Kindergartenkinder die Operation des logischen Denkens nicht beherrschen. Daher hatte auch die Mathematik, die heute ebenso wie die naturwissenschaftliche Bildung mit Furore Einzug im Elementarbereich hält (vgl. Peter-Koop, 2009, S. 17ff.), im ‚logikfreien Raum' Kindergarten keinen Platz.

## 3 Kriterien für ein gelingendes frühkindliches Heranführen an Naturphänomene

Allein die Fähigkeit zum kausalen Denken reicht allerdings nicht aus, um Kinder an Naturphänomene heranzuführen; entscheidend ist zudem die eigene Auseinandersetzung mit den Dingen, d.h. durch das Experiment sowie die kindgerechte Deutung des Beobachteten.

### 3.1 Das Experiment

Einer der ganz großen englischen Physikochemiker, Michael Faraday (1791-1867), hat sich mit seinen jährlich durchgeführten, experimentell ausgerichteten Weihnachtsvorlesungen an die Londoner Bevölkerung gerichtet und zog dabei ganz besonders auch Kinder in den Bann der Chemie und Physik (vgl. Day, 1994, S. 409). Damit gelang es ihm, den Naturwissenschaften in England zu großer Popularität zu verhelfen. Trotz seines Erfolges mit seinen Experimentalvorlesungen war ihm die Bedeutung der selbst durchgeführten Experimente wohl bewusst, denn ihm wird folgendes Bonmot zugeschrieben: „Der einfachste Versuch, den man selbst durchführt, ist besser, als das schönste Experiment, das man nur sieht."

Legt man die Theorien zur Bedeutung der Handlungsorientierung zugrunde, wie sie z.B. von Dewey oder den meisten Reformpädagogen – so etwa Rousseau, Pestalozzi, aber auch Montessori – vertreten wurden, so liegt einer der möglichen Gründe für die Ablehnung des oftmals theorielastigen Chemie- und Physikunterrichts genau darin, dass die Schülerinnen und Schüler zu wenig Gelegenheit erhielten, Experimente im Unterricht selbst durchzuführen. Auch im Elementarbereich ist eine Heranführung an Naturphänomene zum Scheitern verurteilt, wenn die Kindergartenkinder die Phänomene nicht selbst ‚begreifen' können.

### 3.1.1 Kriterien für das Experimentieren im Elementarbereich

Gerade weil dem Experiment eine so entscheidende Rolle bei der Hinführung zu Naturphänomenen zukommt, sind bei der Auswahl geeigneter Versuche eine Reihe von Aspekten zu berücksichtigen: Ohne Frage muss der Umgang mit den für die Durchführung der Experimente erforderlichen Materialien völlig ungefährlich sein und die Experimente sollten sicher gelingen, wenn die Kinder die Phänomene beobachten sollen. Wichtig ist auch, dass die für die Durchführung der Experimente erforderlichen Materialien preiswert zu erwerben und leicht erhältlich oder sogar ohnehin in jeder Kindertagesstätte vorhanden sind, so z.B. Luft, Wasser, Salz, Zucker, Essig oder Teelichter. Es ist förderlich, wenn die Versuche einen Alltagsbezug zum Leben der Kinder haben, um ihnen durch die Begegnung mit den Gegenständen eine Erinnerungsstütze zu bieten. Die Versuche sollten von den Kindern selbst durchgeführt werden können. Es hat sich zudem bewährt, dass die Experimente innerhalb einer überschaubaren Zeit von ca. 20 bis 25 Minuten abgeschlossen sind, um die Konzentrationsfähigkeit nicht zu sehr zu ‚strapazieren', individuell gibt es aber große Unterschiede, was die Ausdauer der Kinder beim Beobachten und Hinterfragen betrifft. Der sowohl für die pädagogischen Fachkräfte als auch für die Kinder schwierigste Teil des Experiments liegt in dessen Deutung, die in der Regel sprachlich formuliert wird, Anforderungen an das Abstraktionsvermögen der Kinder stellt, aber zugleich auch die Antworten auf die Warum-Fragen der Kinder liefert und ihnen ermöglicht, den Transfer von einem Phänomen zu einem anderen zu leisten – ausführlicher dargestellt in Kapitel 3.2. Die naturwissenschaftlichen Hintergründe zu den Versuchen sollten für Kinder im Kindergarten- und Vorschulalter verständlich vermittelbar sein, um den Eindruck von ‚Zauberei' zu vermeiden.

Eine solche Kriterienliste, auf die hier im Einzelnen nicht eingegangen werden soll (vgl. Lück, 2000a, S. 129ff.; 2000b, S. 20ff.; 2009, S. 148ff.) grenzt die Auswahl deutlich ein; dennoch konnten inzwischen zahlreiche Versuche zusammengestellt werden, die diese

Voraussetzungen erfüllen – eventuell mehr, als manche Lesende jemals im Schulunterricht selbst durchführen konnten.

### 3.1.2 Förderung von Kompetenzen durch das naturwissenschaftliche Experimentieren im Elementarbereich

Experimentieren fördert die Kindergartenkinder nicht nur im Bereich der naturwissenschaftliche Bildung, sondern zudem in vielfältigen anderen Kompetenzen: Neben dem Experimentieren, das schon ein wenig Geschicklichkeit erfordert, kommen der Gesichtssinn, der akustische Sinn, aber auch die taktile Wahrnehmung zum Einsatz und werden geschult. Gleichzeitig muss konzentriert und genau beobachtet werden, und zwar zu einem vorgegebenen Zeitpunkt, denn ein wenig später ist vielleicht schon alles vorbei. Damit auch die anderen Kinder der Experimentiergruppe alles mitbekommen können, müssen sich alle für die Zeit des Experimentierens so ruhig wie möglich verhalten und dürfen den anderen nicht die Sicht nehmen. Es spielen also auch soziale Komponenten eine Rolle. Werden die Kinder aufgefordert, das Beobachtete zu formulieren, sind zugleich auch sprachliche Kompetenzen gefordert. Schon allein das Aufzählen der zum Experimentieren erforderlichen Gegenstände, die in der Regel bereits auf dem Experimentiertisch vorbereitet sind, bereitet manchem Kind Schwierigkeiten, wenn es den genauen Begriff *Glas* anstelle von *Becher* oder den Begriff *Teelicht* anstelle von *Kerze* wählen soll. Auf den sprachlichen Aspekt wird später noch gesondert eingegangen.

Das Experimentieren hat neben der sinnlichen Erfahrung sowie der sozialen und der sprachlichen Kompetenz zudem vor allem auch noch einen kognitiven Aspekt: Das Experiment bedarf nämlich einer Deutung – vor allem dann, wenn das Ergebnis verblüfft und Anlass zum Hinterfragen gibt. Genau dieses Hinterfragen entspricht dem großen Wissensdrang der Vorschulkinder, den sie mit zahlreichen Warum-Fragen zum Ausdruck bringen. Gerade Phänomene der unbelebten Natur lassen sich durch Kausalbeziehungen, also Wenn-dann-Bezüge deuten. So etwa: ‚Immer, wenn einer Kerze Luft entzogen wird, dann erlischt sie.' oder ‚Wenn Luft aus einem Gefäß nicht entweichen kann, dann kann auch kein anderer Stoff – etwa Wasser – nachströmen.'

## 3.2 Die Deutung des Experiments

Die kindgerechte Deutung eines Naturphänomens ist entscheidend, um dem Kind die Zuverlässigkeit der Naturgesetze näherzubringen und ihnen zudem die Möglichkeit zu bieten, diese Naturgesetze auf noch unbekannte Problemfelder zu übertragen, d.h. einen Transfer des neuerworbenen Wissens auf Unbekanntes zu ermöglichen. Bei der Deutung haben sich zwei naturwissenschaftliche Zugänge im Elementarbereich bewährt: die Analogie und der Animismus (Beseelung).

### 3.2.1   Analogie

Einer der wichtigsten Zugänge zu einer kindgerechten Deutung liegt in dem Vergleich des Neuen mit bereits Vertrautem – der Analogie. Warum bleibt beispielsweise eine Serviette, die in ein ,leeres', also mit Luft gefülltem, Glas gesteckt wird, trocken, wenn man das Glas mit der Öffnung nach unten in Wasser taucht? Orientiert man sich bei der Erklärung an der Welt der Kinder, wird es einfach, eine Analogie zu finden: Dort, wo sich ein Kind befindet, kann zur selben Zeit nicht auch ein anderes Kind stehen. Dies gelingt nur, wenn sich das erste Kind vom Platz bewegt. Die Luft im Glas kann nicht entweichen (erst wenn das Glas schräg gehalten wird). Daher kann Wasser nicht nachströmen.

### 3.2.2   Beseelung

Formulierungen wie ,Wasser und Öl mögen sich nicht und können sich daher nicht vermischen', waren über lange Jahre hinweg in den Naturwissenschaftsdeutungen verpönt. Stattdessen beschränkte man sich auf möglichst naturwissenschaftlich sachliche Erklärungen, in denen jegliche Beseelung vermieden wurde – auch wenn dies auf Kosten des Verständnisses und damit letztlich einer erfolgreichen ersten Hinführung zur Deutung des Naturphänomens ging

Heute ist die Einstellung gegenüber Beseelungen in den Naturwissenschaften deutlich offener, sicherlich auch, weil erkannt wurde, dass die Fachwissenschaft ohnehin nie ganz auf sie verzichten kann, wenn beispielsweise Fachbegriffe wie ,gesättigte Lösung' oder ,einsame Elektronenpaare' verwendet werden..

Kinder im Kindergartenalter verfügen über die Fähigkeit, sich parallel in ,beiden Welten', nämlich den fachwissenschaftlichen und den animistischen Erklärungsmodelle bewegen zu können und zwischen diesen unterscheiden zu können(vgl. Mähler, 1995, S. 212ff.). Es ist daher im frühen Kindesalter durchaus noch sinnvoll, sich bei komplexen Sachverhalten beider Erklärungsmodelle zu bedienen, allerdings nie der Verzicht auf eines der Modelle. Eine ausschließlich beseelende Naturdeutung würde ein Weltbild erzeugen, in dem der Mensch zu stark in den Mittelpunkt rückt (egozentristisch), eine zu einseitig rationale Naturdeutung würde – wie unsere eigenen Naturwissenschaftserfahrungen zeigen – eine Distanz zu den Naturphänomenen aufkommen lassen, die schließlich zu Gleichgültigkeit führt (Lück, 2003, S. 80ff.).

## 4   Sprachbezug der frühkindlichen naturwissenschaftlichen Bildung

Die Orientierungspläne für den Elementarbereich sind – notgedrungen zur besseren Verständlichkeit der Bildungsinhalte – in unterschiedliche Disziplinen gegliedert. Neben dem Bildungsbereich *Natur und kulturelle Umwelt* gibt es beispielsweise im Bundesland NRW die Bildungsbereiche *Bewegung, Sprache* sowie Spielen*, Gestalten und Medien*. Dabei kann leicht übersehen werden, dass für das Kind die Disziplinierung der Umwelt in die genannten Bildungsbereiche nicht existiert und zu Recht als willkürlich erlebt wird, ähnlich wie manche Unterrichtsfächer durch eine Orientierung an den Fachwissenschaften den Blick für das Inter- oder besser Transdisziplinäre verlieren. Gerade die Heranführung an die Phänomene der unbelebten Natur bietet eine Fülle an Sprechanlässen und somit zugleich Überschneidungen zum Bildungsbereich *Sprache*, auf den im Folgenden näher eingegangen werden soll.

## 4.1    Naturwissenschaftliche Bildung – ein Sprechanlass

Die frühe Heranführung an naturwissenschaftliche Bildung bietet unter dem Aspekt der Sprachförderung insbesondere einen Sprechanlass. Diese Sprechgelegenheit wird von den Kindern spontan aufgegriffen, wenn sie das Experiment verblüfft, zu Fragen anregt oder einfach so tief bewegt, dass über den Verlauf des Experiments noch lange danach – sei es in der Gruppe oder zu Hause – berichtet werden muss. Sehen wir uns im Folgenden die Möglichkeiten der Sprechanlässe einmal genauer an.

• *Das Benennen der erforderlichen Materialien*
Für jedes naturwissenschaftliche Experiment werden Alltagsmaterialien benötigt. Für ein Experiment, bei dem es um die Löslichkeit von Salz und Zucker geht, benötigt man darüber hinaus zwei mit Wasser gefüllte Gläser sowie einen Löffel. Die Sprechförderung kann mit der Aufforderung beginnen, dass jedes an der Experimentiereinheit teilnehmende Kind einen der bereit liegenden Gegenstände benennen soll. Nun sind Zuhören und Sprechen gefragt: Welche Gegenstände wurden bereits genannt? Wie heißen wohl die noch nicht genannten Gegenstände? Natürlich wählen die Kinder häufig auch unzutreffende Begriffe; das ist dann eine gute Gelegenheit für die Pädagogin/ den Pädagogen, beiläufig korrigierend die exakte Bedeutung zu wiederholen – einer der Wege von effektiver Sprachförderung.

• *Was wird wohl geschehen? – Kinder formulieren ihre Vermutung*
Die vorbereiteten Gegenstände beinhalten eine Handlungsaufforderung, sie liegen offensichtlich nicht einfach so auf dem Tisch. Aber was könnte wohl mit den Gegenständen sinnvoll gemacht werden und vor allem, was wird geschehen, wenn die Materialien so genutzt werden? Nun haben die Kinder die Gelegenheit – jedes auf seiner sprachlichen Kompetenzstufe – Vorgehensweisen zu beschreiben und Hypothesen über den Ausgang des Experiments zu formulieren. Auch in dieser Phase spielt das gegenseitige Zuhören, nicht nur aus sozialen Gründen, eine entscheidende Rolle.

• *Der Vorschlag für die Versuchsdurchführung – Genaues Zuhören ist erforderlich*
Häufig enden die Kinder in ihren Überlegungen mit dem Vorschlag, alle Materialien zusammenzuschütten, vor allem dann, wenn der Experimentieraufbau noch ohne eine Problemdarstellung erfolgt, wie sie etwa beim Storytelling (vgl. Kap. 4.3) gegeben ist.

Deshalb ist es manchmal erforderlich, dass die Pädagogin/der Pädagoge entscheidende Hinweise gibt, damit das Experiment einen naturwissenschaftlich sinnvollen Verlauf nehmen kann, wenn auch ausdrücklich eingeräumt werden soll, dass der eine oder andere Vorschlag der Kinder durchaus einmal durchgeführt werden sollte.

Wiederum ist in dieser Phase des Experiments intensives Zuhören erforderlich. Auch wenn nicht alle Details auf Anhieb verständlich sind, wird durch das anschließende Tun die sprachliche Formulierung erhellt, sie erhält ihren Sinn.

- Was ist passiert? – Kinder formulieren ihre Beobachtung

Die sprachintensivste Phase des Experimentierens liegt wohl in der Formulierung der Beobachtung, vor allem, wenn das Experiment einen ganz überraschenden Verlauf genommen hat: Das Salz war ja gar nicht verschwunden: Es taucht beim Verdunsten des Wassers aus der Salzlösung wieder auf. Die Kerze erlischt durch Kohlenstoffdioxidgas und die Gummibärchen bleiben unter Wasser trocken, wenn ihr ‚Boot' mit Hilfe eines Glases so unter Wasser gedrückt wird, dass die Glasglocke das Eindringen des Wassers verhindert.

Natürlich sind die sprachlichen Formulierungen noch ungenau, aber der Sprechanlass ‚Staunen' wird von den Kindern genutzt und bietet die Gelegenheit des sprachlichen Ausbaus.

- Die Warum-Frage

Die Warum-Frage ist entwicklungspsychologisch vor allem bei den Kindern im so genannten Spielalter stark ausgeprägt. Gefördert wird sie beim Experimentieren in den Augenblicken des Staunens. Warum bleiben die Gummibärchen trocken? Warum geht die Kerze aus? Warum taucht das Salz aus der Salzlösung wieder auf? Die Formulierung der Warum-Frage kostet die Kinder sprachliche Anstrengung. Ein einfacher Ein-Wort-Satz „Warum?" würde eventuell zu einer unbefriedigenden Antwort führen. Hier muss schon genauer formuliert werden, was eigentlich beantwortet werden soll. Bei der Beantwortung der Warum-Frage sind die Kinder wieder sprachlich herausgefordert – sei es, dass sie erneut zuhören oder aber, dass sie ihre eigenen Vermutungen über das Beobachtete äußern.

Sprechanlässe ergeben sich beim naturwissenschaftlichen Experimentieren in jeder Phase des Experiments ganz 'nebenbei'. Wichtig ist aber zugleich, dass die kontemplativen Augenblicke des Verharrens, des genauen Beobachtens, des Wiederholens um zu 'begreifen' ausreichend Raum erhalten, eben damit der Sprechanlass sich entwickeln kann. Ansonsten droht die Gefahr, dass das naturwissenschaftliche Experiment lediglich als 'Mittel zum Zweck' verkümmert. Das wäre sowohl für die Entwicklung des Forscherdrangs als auch für die Sprachförderung fatal.

## 4.2    Naturwissenschaftliche Bildung in Sprachförderschulen

In Deutschland haben ca. 20-25 % der Kinder vor oder bei Einschulung Sprachförderbedarf (BMBF, 2008). Der Sprachförderbedarf ist neben dem Lernförderbereich derjenige mit den höchsten Wachstumsraten in den letzten Jahren. In einer Interventionsstudie in zwei ersten Klassen an Förderschulen wurde der Frage nachgegangen, inwieweit neben der Förderung naturwissenschaftlicher Bildung durch das Experimentieren zugleich auch Sprachförderung beobachtet werden kann. Die Ergebnisse sind vielversprechend: Die Experimentier-Items verzeichneten mit über 30 Prozentpunkten den höchsten Zuwachs an Wortschatz, gefolgt von den „passiven" Gegenständen mit knapp 17 Prozentpunkten und 7,5 Prozentpunkten für nicht verwendete Gegenstände (vgl. Gottwald 2012).

## 4.3    Kinder brauchen Geschichten – auch beim naturwissenschaftlichen Experimentieren

In unserer eigenen Schulzeit haben wir die Fächer Chemie und Physik oftmals als sehr theorielastig erlebt; es fehlte der Lebens- und Alltagsbezug, so dass wir allenfalls – wenn überhaupt – einen kognitiven Zugang zu den chemischen und physikalischen Inhalten gewonnen haben, der meistens im Laufe der Zeit wieder verloren ging. Das Begreifen mit ‚Herz und Verstand', d.h. mit affektivem und kognitivem Bezug ist deutlich länger anhaltend und hinterlässt darüber hinaus auch einen tieferen und positiveren Eindruck in uns.

Wie aber lässt sich das Affektive wecken, wenn es um Themenfelder der unbelebten Natur geht? Der angelsächsische Sprachraum hat darauf schon seit längerem eine Antwort: Durch Storytelling – wobei mit diesem Anglizismus mehr gemeint ist als die schlichte Übersetzung ‚Geschichten erzählen' vermuten lässt – geht es nicht nur um eine gefällige Verpackung des betreffenden Naturphänomens oder des naturwissenschaftlichen Hintergrunds, sondern es soll zugleich auch eine Einstellung, ein Engagiert-Sein beim kindlichen Zuhörer geweckt werden. Dass dies gerade durch das Erzählen einer Geschichte ausgelöst werden kann, soll im Folgenden näher beleuchtet werden.

Betrachten wir folgende Ausgangssituation: Auf einem Tisch im Kindergarten befinden sich folgende Gegenstände: mehrere Gläser, eine mit Wasser gefüllte Kanne, ein Stein, Alufolie und Frischhaltefolie, Zucker, Salz und ein Löffel – also all diejenigen Materialien, die wir für ein Experiment benötigen, um die Wasserlöslichkeit unterschiedlicher Materialien zu erkunden.

Nachdem die Kinder die Materialien benannt haben, könnte die Frage im Raum stehen: Was löst sich wohl in Wasser: Salz, Zucker, ein Stein, Alufolie oder Frischhaltefolie? Möchtet ihr das einmal ausprobieren? Sicherlich werden die meisten Kinder auch oder besser – trotz – dieser nüchternen Einführung das Experiment mit Freude durchführen und begeistert von ihren Beobachtungen erzählen.

Möglich wäre aber auch folgender Einstieg: Ein kleiner Ameisenjunge lebt im Wald zusammen mit seinen vielen Freunden und Verwandten in einem Ameisenhügel. Dort ist ein ständiges Kommen und Gehen und manchmal ist es dort so laut und unruhig, dass der kleine Ameisenjunge sogar nachts kein Auge zumachen kann: Da wird geschnarcht, über die letzten Tageserlebnisse geplappert und Spätheimkehrer krabbeln so ungeschickt über ihn her, dass sie ihn dabei unsanft aufwecken. In solchen Nächten träumt unser Ameisenjunge von einem eigenen, stabilen kleinen Haus, in dem er es sich gemütlich machen kann und in dem nur er allein wohnt. Aber aus welchem Material sollte er sich ein solches Haus am besten bauen?

Auf einem nahe gelegenen Picknickplatz hat unser Ameisenjunge schon nach verschiedenen Baumaterialien Ausschau gehalten: Dort hat er Zucker, Salz, Frischhaltefolie, Alufolie und kleine Steine gefunden. Da es in dem Wald sehr oft regnet, sollte das kleine Haus natürlich wasserfest sein. Ob die Kinder wohl helfen können herauszufinden, aus welchem Baumaterial der Ameisenjunge am besten sein Haus bauen sollte? (in Anlehnung an Geschichten aus: Lück, 2007; Lück, 2009). Welches Kind will da nicht mitmachen, der Ameise bei der Lösung ihres Problems zu helfen?

Der Wunsch, Geschichten zuhören zu können, ist bei Kindern bereits früh verankert: die Gutenachtgeschichte vor dem Einschlafen, das versonnene, intensive Zuhören, wenn jemand ein Märchen erzählt. Beim Geschichten-Zuhören sind Kinder ‚ganz Ohr'. Dabei geht es nicht allein um den Inhalt des Vorgetragenen, sondern auch um die besondere Form der Zuwendung beim Erzählen: der Blickkontakt zwischen Erzähler und Kind, die Stimmmodulation des Sprechenden, die intensivere Gestik. Im Erzählen der Geschichte bilden Zuhörer und Erzähler eine Einheit, die durch nichts unterbrochen wird – sonst endet die Geschichte. Hinzu kommt die Welt der Imagination, die sich vor dem geistigen Auge des Kindes – entsprechend seiner Erfahrungswelt – entfalten kann, während es sich zugleich der behütenden Gegenwart des vertrauten Erzählers gewiss sein kann.

Auch wir Erwachsenen lassen uns gerne darauf ein, wenn uns jemand eine Geschichte erzählt und wir folgen einem frei gesprochenen Vortrag deutlich lieber als einer abgelesenen Rede. Nicht von ungefähr waren die Erzähler der Epen Homers, der Ilias und der Odyssee, nur dann gefragte ‚Stars', wenn es ihnen gelang, die viele, viele Zeilen umfassenden Gedichte völlig frei auswendig zu sagen; wer ablesen musste, hatte verloren. Manche Klassiker der Weltliteratur, ob das Dekameron von Boccaccio oder die Geschichten aus 1001 Nacht, bedienen sich einer Rahmenhandlung, bei der die Erzählungen bzw. Märchen unterhalten und in eine andere Welt entführen sollen. Dabei ging es allerdings nie um naturwissenschaftliche Inhalte und erst recht nicht um die Heranführung an Naturphänomene! Auch wenn die narrative Didaktik in anderen Bildungsbereichen – etwa der Geschichtswissenschaft oder aber beim Erlernen von Fremdsprachen – seit längerem eingesetzt und diskutiert wird, machten die Naturwissenschaftsdidaktiken um das Storytelling über lange Zeit hinweg einen großen Bogen.

Schauen wir uns im Folgenden einmal genauer an, wie die Geschichten beschaffen sein sollten, um den Weg für eine naturwissenschaftliche Fragehaltung zu ebnen. Im Elementarbereich bietet sich natürlich nicht jede beliebige Geschichte an, um das narrative, d.h. erzählende Element zur Geltung zu bringen. Die Geschichte soll neben einem thematischen Bezug zum Naturphänomen auch den Alltagsbezug der Kinder berücksichtigen und – wenn möglich – auch noch das geplante naturwissenschaftliche Experiment integrieren.

Zudem dürfen die Geschichten nicht zu lang sein, damit sich nicht die gesamte Konzentration der Kinder auf das Zuhören der Geschichte richtet und das eigentliche Experiment und dessen naturwissenschaftliche Deutung in den Hintergrund rücken. Welche Art von Erzählung soll es aber dann sein, die all diesen Kriterien genügt? Leider kann an dieser Stelle kein Rezept für das Geschichtenerzählen gegeben werden. Da das Storytelling immer Affekte und Emotionen wecken soll, oder wie Kubli, der schon seit langem im deutschsprachigen Raum zu diesem Thema forscht, es zum Ausdruck bringt „mit Emotionen spielen soll" (Kubli, 2002, S. 113), ist für das erfolgreiche Erzählen von Geschichten viel Fingerspitzengefühl und Einfühlungsvermögen erforderlich. Auch Reinhardt nimmt von einer allzu präzisen Anleitung in seinem Buch „Storytelling in der Pädagogik" eher Abstand (vgl. Reinhardt, 2003).

Dennoch gibt es bewährte Spannungsbögen, nach denen eine Geschichte im Rahmen der narrativen Didaktik aufgebaut werden könnte. So sollte eine Identifikationsfigur vorgestellt werden – etwa eine neugierige Ameise, ein Regenwurm oder ein anderes noch nicht allzu oft verwendetes Wesen, das den Kindern durch andere Kontexte vertraut ist (etwa ein Elefant oder eine Maus aus der ‚Sendung mit der Maus'), dann sollte das zu lösende Problem dargestellt werden, bei dem die Kinder aufgefordert werden mitzuhelfen. Schließlich löst der Held, die Identifikationsfigur das Problem dank der Hilfe der Kinder.

## 4.4    Storytelling – weg vom Faktenlernen und vom Pauken

Roth beschreibt in seinem Buch ‚Aus Sicht des Gehirns' sehr anschaulich, wie sich die einzelnen Gedächtnisleistungen voneinander unterscheiden und wie sinnentleertes Pauken durch sinnhafte Verknüpfungen ergänzt bzw. ersetzt werden kann. Schauen wir uns diese Kategorien von Gedächtnis einmal genauer an (vgl. Roth, 2003, S. 89ff.).

Grundsätzlich werden drei Arten von Gedächtnisleistungen unterschieden, die jeweils mit der Aktivität ganz unterschiedlicher Zentren des Gehirns verbunden sind: das deklarative Gedächtnis, das emotionale Gedächtnis sowie das Fertigkeitsgedächtnis oder prozedurale Gedächtnis. Diese grundlegenden Gedächtnisarten werden wiederum in viele Untergedächtnisse untergliedert.

• Das emotionale Gedächtnis
Es umfasst Gefühle wie Glück, Angst, Mitleid, Trauer, Freude sowie körperliche Bedürfnisse wie Hunger, Durst oder Müdigkeit. Auch Affekte wie Wut, Zorn oder Aggression werden hier aktiviert. Darauf soll im Folgenden nicht näher eingegangen und statt dessen auf einschlägige Literatur verwiesen werden (vgl. etwa Roth, 2003, S. 138ff.).

- Das prozedurale Gedächtnis

Diese Form des Gedächtnisses entzieht sich dem Detailbewusstsein des Menschen und wird daher auch als implizites Gedächtnis bezeichnet, da man Erinnertes nicht bewusst beschreiben kann. Fertigkeiten wie Schwimmen, Fahrradfahren oder Klavierspielen sind hier abgespeichert und je besser wir diese Fertigkeiten beherrschen, umso weniger Aufmerksamkeit müssen wir der Ausübung der Tätigkeiten schenken. Das Bewusstsein zieht sich wie Roth es formuliert „aus der Sache zurück" (Roth, 2003, S. 92). Gleichzeitig ist dieses Zurückziehen des Bewusstseins mit einer Sinnentleerung des Gelernten verbunden.

Auch Pauken ist ein solches prozedurales, mechanisch ablaufendes Lernen und führt zu einem Gedächtnis, das die Bedeutung des Gelernten nicht mehr in den Mittelpunkt stellt. Formeln, Gedichte, historische Daten oder Vokabeln zählen ebenso hierzu. Daher fällt es so schwer, Auswendiggelerntes bei Problemlösungen anzuwenden, denn der Inhalt des ‚Gepaukten' kann im Detail nicht erinnert werden.

- Das deklarative Gedächtnis

Es ist das bislang am besten untersuchte Gedächtnis, da es für Schule, Ausbildung und die meisten beruflichen Tätigkeiten besonders bedeutsam ist. Es wird in drei Unterbereiche untergliedert: Das episodische Gedächtnis umfasst alle Geschehnisse, die in unserem Leben mit wichtigen Ereignissen zu tun haben. Autobiographische Details werden hier beispielsweise gespeichert. Das Faktengedächtnis zählt ebenso zum deklarativen Gedächtnis und wird einerseits in Weltwissen und andererseits in Expertenwissen unterteilt. Die dritte Untergruppe wird als Vertrautheitsgedächtnis bezeichnet und ist dafür verantwortlich, dass wir etwa Personen, Landschaften oder Gebäude wieder erkennen.

Obwohl die drei deklarativen Gedächtnisarten unabhängig voneinander arbeiten, stehen sie miteinander in Kontakt. Gerade in dieser Vernetzung zwischen Faktengedächtnis, Vertrautheitsgedächtnis und episodischem Gedächtnis liegt der Sinn des Storytellings bei der Heranführung von Kindergartenkindern an Naturphänomene: Geschichten bilden eine Brücke zwischen den oftmals unpersönlichen wenig lebensnahen Fakten sowie dem eigenen Erleben und über die Geschichten können die Fakten wieder ins Gedächtnis gerufen werden. Diese Brückenbildung lässt sich gut mit neueren neurophysiologischen Befunden untermauern. Eine Speicherung des neu Erlernten im so genannten episodischen Gedächtnis erleichtert das Abrufen des erworbenen Wissens mehr als das durch Auswendiglernen im Faktengedächtnis gespeicherte sinnentleerte Wissen (Brand, Markowitsch 2004).

Auch eigene jüngste Untersuchungen zeigen, dass Grundschulkinder, die mit Storytelling an naturwissenschaftliche Themen herangeführt werden, affektiv sehr stark angesprochen werden und manche Kinder die naturwissenschaftlichen Hintergründe erst über die didaktische Methode des Geschichtenerzählens rekapitulieren (Schekatz-Schopmeier, 2010).

## 5      Die bundesdeutschen Bildungsvereinbarungen in Bezug auf naturwissenschaftliche Bildung

Tabelle 1 gibt einen Überblick über alle Bildungspläne, und zeigt, in welchem Kontext der Bildungsbereich ‚Natur' bzw. ‚naturwissenschaftliche Grunderfahrung' verankert ist.

**Tabelle 1** Übersicht über Bildungspläne im Elementarbereich, die den Bildungsbereich ‚Natur' bzw. ‚Naturwissenschaftliche Grunderfahrung' berücksichtigen (Stand: Juni 2008)

| Bundesland | Stand | Titel | Themen zur unbelebten Natur |
|---|---|---|---|
| Baden-Württemberg | 2011 | Orientierungsplan für Bildung und Erziehung für die baden-württembergischen Kindergärten und weiteren Tageseinrichtungen | Motivation des Kindes: (B) Die Welt entdecken und verstehen; Bildungs- und Entwicklungsfeld: Sinne; Denken |
| Bayern | 2012 | Der Bayerische Bildungs- und Erziehungsplan für Kinder in Tageseinrichtungen bis zur Einschulung | Themenbezogene Bildungs- und Erziehungsbereiche: Naturwissenschaften und Technik |
| Berlin | 2004 | Berliner Bildungsprogramm für die Bildung, Erziehung und Betreuung von Kindern in Tageseinrichtungen bis zu ihrem Schuleintritt | Bildungsbereich: Naturwissenschaftliche und technische Grunderfahrung |
| Brandenburg | 2006 | Grundlagen für die Kindertagesbetreuung in Brandenburg; Grundsätze elementarer Bildung, Grenzsteine der Entwicklung | Bildungsbereich 5: Mathematik und Naturwissenschaft |
| Bremen | 2004 | Rahmenplan für Bildung und Erziehung im Elementarbereich | Bildungsbereich: Natur, Umwelt und Technik |
| Hamburg | 2012 | Hamburger Bildungsempfehlungen für die Bildung und Erziehung von Kindern in Tageseinrichtungen | Bildungsbereiche: Natur – Technik – Umwelt |
| Hessen | 2012 | Bildung von Anfang an – Bildungs- und Erziehungsplan für Kinder von 0 bis 10 Jahren | Lernende, forschende und entdeckungsfreudige Kinder: Mathematik, Naturwissenschaften, Technik |
| Mecklenburg-Vorpommern | 2010 | Bildungskonzeption für 0-10-jährige Kinder in Mecklenburg-Vorpommern zur Arbeit in Kindertageseinrichtungen und Kindertagespflege | (Inter)kulturelle und soziale Grunderfahrung; Welterkundung und naturwissenschaftliche Grunderfahrung |

**Tabelle 1** Fortsetzung

| Bundesland | Stand | Titel | Themen zur unbelebten Natur |
|---|---|---|---|
| Nieder-sachsen | 2011 | Orientierungsplan für Bildung und Erziehung im Elementar-bereich niedersächsischer Tageseinrichtungen für Kinder | Lernbereich 8: Natur und Lebenswelt |
| Nordrhein-Westfalen | 2003 | Fundament stärken und erfolg-reich starten | Bildungsbereich: Natur und kulturelle Umwelt(en) |
| Rheinland-Pfalz | 2005 | Bildungs- und Erziehungsemp-fehlungen für Kindertagesstätten in Rheinland-Pfalz | Bildungs- und Erziehungs-bereich: Mathematik – Natur-wissenschaft – Technik |
| Saarland | 2006 | Bildungsprogramm für saarländische Kindegärten | Bildungsbereich 7: Naturwissenschaftliche und technische Grunderfahrungen |
| Sachsen | 2011 | Der sächsische Bildungsplan – ein Leitfaden für pädagogische Fachkräfte in Krippen, Kinder-gärten und Horten sowie für Kindertagespflege | Bildungsbereich 2.5: Naturwissenschaftliche Bildung |
| Sachsen-Anhalt | 2004 | Bildung als Programm | Bildungsbereich: Welterkundung und naturwis-sen-schaftliche Grunderfahrung |
| Schleswig-Holstein | 2004 | Erfolgreich starten – Leitlinien zum Bildungsauftrag von Kindertageseinrichtungen | Bildungsbereich: Mathematik, Naturwissenschaft und Technik oder: Die Welt und ihre Regeln erforschen |
| Thüringen | 2010 | Thüringer Bildungsplan für Kinder bis 10 Jahre | Bildungsbereiche: Naturwissenschaftliche und technische Bildung |

Was die Konkretisierung dieses Bildungsbereichs Natur betrifft, so differieren die ein-zelnen Bildungspläne von Bundesland zu Bundesland sehr stark voneinander. Manche gehen sehr instruktiv vor und beschreiben die einzelnen Bildungsinhalte recht detail-liert. Hier ist etwa der Bayerische Bildungsplan zu nennen, in dem auf über 12 Seiten allein zum Themenfeld unbelebte Natur sieben Experimente konkret beschrieben wer-den. Andere Bundesländer – so etwa Nordrhein-Westfalen – geben in wenigen Sätzen Anregungen, wie naturwissenschaftliche Bildung im Kontext mit kultureller Bildung im Elementarbereich eingeführt werden kann. Damit verknüpft werden kann auch die Fra-ge, ob eine 'Angebotspädagogik gegenüber dem Selbst-Entdecken des Kindes favorisiert werden soll.

Die Befürworter einer instruktiven Herangehensweise argumentieren, dass insbeson-dere im Falle von evaluierten, mit Kindern bereits erprobten Angeboten eine Art Qualitätssicherung vorliegt und den Pädagogen Handreichungen gegeben werden, um sich auf dem noch z.T. unbekannten Terrain bewegen können. Dass dagegen das Selbstentdecken der Naturzusammenhänge einen kindgerechteren Bildungsweg darstellt, ist unbestritten. Welcher Weg ist denn nun der Richtige? Das Kind alleine auf Entdeckungs- und Forschungsreisen gehen zu lassen und allenfalls hilfreich die Hand ausstrecken oder das Interesse der Kinder durch Angebote zu lenken und durch konkrete Vorgaben die Vermittlung von Bildungsinhalten zu kanalisieren?

Wie so oft liegt der Königsweg genau in der Mitte! Natürlich sollten Prozesse des entdeckenden Lernens der Kinder gefördert werden. Warum sollte aber nicht darüber hinaus im Rahmen eines Angebots auch der Blick auf andere Entdeckungen gelenkt werden, die nicht im ‚Forschergeist‘ der Kinder liegen? Fragen wie ‚Was löst sich in Wasser, was nicht‘, ‚Was ist Luft?‘ ‚Gibt es noch andere Gase als Luft?‘, zählen eher nicht zu den Fragen, die sich ein Kind stellt, weil Luft eben unsichtbar ist, Salz und Zucker weiß sind und andere Gase in der Regel gar nicht bekannt sind. Es ist daher sinnvoll, das entdeckende Lernen der Kinder durch Erfahrungen auf dem Gebiet des gezielten Experimentierens zu fördern und zu unterstützen. Auch die gemeinsame Erarbeitung einer Deutung kann den Kindern eine erste Ahnung darüber vermitteln, dass ihre Fragen an die Natur durchaus zuverlässig beantwortet werden können, wenn es auch nicht immer gelingt. Zudem gibt es immer noch große Unsicherheiten bei denjenigen, die die Bildungsvereinbarungen umsetzen sollen. Gerade dann, wenn die Erfahrungen auf dem Gebiet der Naturwissenschaften nur gering oder die eigenen Schul- und Ausbildungserfahrungen in Chemie und Physik lange zurückliegen, ist die Hürde, das entdeckende Lernen der Kinder als Naturforscher zu fördern, noch recht groß. Dann bieten konkrete Vorschläge eine erste Hilfestellung bei der Heranführung der Kindergartenkinder an naturwissenschaftliche Bildung.

## 6    Literatur

Blaseio, B. (2009). Natur in den Bildungsplänen des Elementarbereichs. In R. Lauterbach, H. Giest & B. Marquardt-Mau (Hrsg.), *Lernen und kindliche Entwicklung. Elementarbildung und Sachunterricht* (S. 85–92). Bad Heilbrunn: Klinkhardt.

Bundesministerium für Bildung und Forschung [BMBF] (Hrsg.). (2008). *Referenzrahmen zur altersspezifischen Sprachaneignung* (= Bildungsforschung Bd. 29/1). Bonn: BMBF

Brand, M. & Markowitsch, H.-J. (2004). Lernen und Gedächtnis. *Praxis der Naturwissenschaften. Biologie in der Schule, 53(7)* 1–7.

Carey, S. (2004). Bootstrapping and the origins of concepts. *Daedalus 133* (1), 59–68.

Collins, A. (1984). *Development during middle childhood. The years from six to twelve.* Washington D.C.: National Academic Press.

Day, P. (1994). The Royal Institution – creating and communicating science. *Physics world*, p. 409.

Donaldson, M. (1982). *Wie Kinder denken. Intelligenz und Schulversagen.* Bern: Huber.

Gottwald, A. (2012). *Vom Phänomen zum Begriff. Auswirkungen von naturwissenschaftlichem Experimentieren auf die Sprachentwicklung von Grundschulkindern.* Universität Bielefeld: Dissertation.

Krahn, S. (2005). *Untersuchungen zum intuitiven naturwissenschaftlichen Wissen von Kindern im Alter zwischen zwei und sieben Jahren.* Universität Bielefeld: Dissertation.

Kubli, F. (2002). *Plädoyer für Erzählungen im Physikunterricht.* Köln: Aulis Verlag Deubner.

Lück, G. (2000a). *Naturwissenschaften im frühen Kindesalter. Untersuchungen zur Primärbegegnung von Vorschulkindern mit Phänomenen der unbelebten Natur.* Erschienen in der Reihe: Naturwissenschaften und Technik – Didaktik im Gespräch. Bd. 33. Münster: LIT.

Lück, G. (2000b). *Leichte Experimente für Eltern und Kinder.* Freiburg im Breisgau: Herder-Spektrum.

Lück, G. (2006). Geschichten erzählen im naturwissenschaftlichen Sachunterricht. Ein Plädoyer für eine narrative Didaktik. *Grundschule 38 (3),* 43–45.

Lück, G. (2004). Von einsamen Elektronenpaaren – Oder: Warum es auch in der Chemie ‚menschelt'. In K. Griesar, *Wenn der Geist die Materie küsst* (S. 163–175). Verlag Harri Deutsch, Frankfurt.

Lück, G. (2007). *Forschen mit Fred. Naturwissenschaften im Kindergarten.* Oberursel: Finken-Verlag.

Lück, G. (2009). *Handbuch der naturwissenschaftlichen Bildung. Theorie und Praxis für die Arbeit in Kindertageseinrichtungen.* Freiburg im Breisgau: Herder.

Luo, Y. & Baillargeon, R. (2005). When the ordinary seems unexpected: Evidence for incremental knowledge in young infants. *Cognition 95 (3),* 297–328.

Mähler, C. (1995*) Weiß die Sonne, dass sie scheint? Eine experimentelle Studie zur Deutung des animistischen Denkens bei Kindern.* Waxmann, Münster.

Novak, J.D. (1990). Concept Mapping: A useful tool for Science Education. *Journal of research in science teaching 27* (10), 937–949.

Pauen, S. (2003). Säuglingsforschung aus kognitiver Sicht. In H. Keller, *Handbuch der Kleinkindforschung* (S. 283–318). Bern: Hans Huber Verlag.

Peter-Koop, A. (2009). Orientierungspläne Mathematik für den Elementarbereich – ein Überblick. In A. Heinze & M. Grüßing (Hrsg.), *Mathematiklernen vom Kindergarten bis zum Studium. Kontinuität und Kohärenz als Herausforderung für den Mathematikunterricht* (S. 17–34). Münster: Waxmann.

Reinhardt, I. (2003). *Storytelling in der Pädagogik. Eine Einführung in die Arbeit mit Geschichten.* Stuttgart: Ibidem-Verlag.

Roth, G. (2003). *Aus Sicht des Gehirns.* Frankfurt: Suhrkamp-Verlag.

Schekatz-Schopmeier, S. (2010). *Storytelling – eine narrative Methode zur Vermittlung naturwissenschaftlicher Inhalte im Sachunterricht der Grundschule.* Göttingen: Cuvillier.

# Ästhetische Bildung – Eine Grundkategorie frühkindlicher Bildung

Vanessa-Isabelle Reinwand

## 1 Einleitung

Das Wahrnehmen und Gestalten der Umwelt über die Sinne, wie es der Ästhetischen Erziehung und Bildung zu eigen ist, beschreibt elementare Denk- und Verarbeitungsprozesse in der frühen Kindheit, die eine wesentliche Grundlage für weitere Lern- und Bildungsprozesse darstellen.

> „Das Ergebnis eines [sinnlichen] Wahrnehmungsprozesses sind Wahrnehmungs*muster* – als geistige Ordnungen des Wahrgenommenen, die neurobiologischen Verarbeitungs*mustern* zu entsprechen scheinen und in tomographischen Aufnahmen des tätigen Gehirns wenigstens andeutungsweise auch bildlich dargestellt werden können. Sie fallen umso vielfältiger und umso reichhaltiger aus, je vielfältiger und reicher die Erlebnis-, Denk- und Verknüpfungsprozesse waren, die sich daran beteiligen konnten" (Schäfer, 2005, S. 116).

Künstlerische und ästhetische Formen eignen sich demnach in besonderer Weise zur Anregung dieser grundlegenden Denk- und Verarbeitungsprozesse, da sie komplexe Wahrnehmungsmuster beinhalten, die jedoch auf spielerische Art und Weise präsentiert werden können. Aus pädagogischer Sicht ist damit eine Ästhetische Erziehung und Bildung nicht nur notwendig, um kulturelle Orientierungsmuster auszubilden und damit wesentlicher und unverzichtbarer Teil einer allgemeinen Elementarbildung, sondern eine frühe ästhetische Förderung ist ebenso geeignetes Mittel, um Verarbeitungsmuster der sozialen Umwelt grundzulegen, d.h. das ‚Lernen zu lernen'.

Im Folgenden soll nun genauer auf die Begriffe der Ästhetischen Erziehung und Bildung eingegangen werden, die sich inhaltlich wie auch in Bezug auf das Alter des Kindes unterscheiden. Wenn im Weiteren von früher Kindheit die Rede ist, bezieht sich das – wo nicht anders gekennzeichnet – generell auf eine Altersspanne von null bis ca. zehn Jahren. Nach einer theoretischen Einführung in die Begrifflichkeit und der pädagogischen Begründung einer frühen Ästhetischen Bildung, wird auf ausgewählte Studien in diesem leider wenig fortgeschrittenen Forschungsfeld eingegangen und auf den Stand der frühkindlichen Bildungspraxis anhand deutscher Bildungs- und Erziehungspläne und deren Umsetzung geblickt.

## 2        Ästhetische Erziehung oder Ästhetische Bildung?

Die Begriffe der Ästhetischen Bildung oder Ästhetischen Erziehung implizieren unterschiedliche pädagogische Inhalte je nachdem, auf welches Lebensalter sie Bezug nehmen. Für einen Menschen im dritten Lebensalter, d.h. in einer nachberuflichen Phase, kann Ästhetische Bildung oder auch Ästhetische Erziehung etwas anderes bedeuten und praktisch ausgestaltet sein, als die Ästhetische Bildung oder Erziehung eines Kindes. Aber worum geht es in der Ästhetischen Bildung/Erziehung?

Berühmt geworden ist der Begriff wohl durch die Briefe Friedrich Schillers an den Augustenburger Prinzen, gebündelt in der Schrift „Über die ästhetische Erziehung des Menschen in einer Reihe von Briefen". In der Ästhetischen Erziehung, d.h. einer Erziehung mittels und in Anschauung und Reflexion der Künste, sieht Schiller einen Weg, den „sinnlichen Menschen vernünftig zu machen" (Schiller, 1795/1964, S. 126). Schiller denkt in einer harmonischen Vereinigung der Affekte und der Rationalität des Menschen über das Spiel, den prototypischen Zustand einer freien Wechselwirkung zwischen Sinnlichkeit und Vernunft, einen Weg zur Umsetzung seines Humanitätsideals der Gattung Mensch. Durch ästhetische Erziehung erlangt der Mensch also die Möglichkeit, ein Leben in Würde zu führen und wird erst ganz Mensch. Schiller bringt dies in dem bekannten Satz „der Mensch spielt nur, wo er in voller Bedeutung des Worts Mensch ist, und er ist nur da ganz Mensch, wo er spielt" (ebd., S. 107) auf den Punkt.

Das Spiel führt uns direkt zum kindlichen Spiel, das aber nicht per se gleichzusetzen ist mit der Bedeutung und dem Inhalt, den Schiller dem menschlichen Spiel bemisst. Kindliches Spiel ist, wie die wissenschaftliche Pädagogik längst weiß und belegt hat (z.B. Flitner, 2011), ein Mittel des Kindes um zu lernen. Das Kind erfährt im Spiel die Welt, sich selbst und die Beziehung dieses Wechselspiels. Es macht sinnliche Erfahrungen im Umgang mit alltäglichen Objekten, erprobt als-ob-Zustände, führt indirekt physikalische Experimente durch, wenn z.B. die Widerstandskraft und Geschwindigkeit bestimmter Objekte getestet wird, lernt über die Reaktionen seiner Mitmenschen auf die eigene Person, erlebt unterschiedliche Gefühlszustände wie Staunen, Freude, Ärger, Wut und erprobt die Möglichkeiten und Grenzen des eigenen Körpers im spielerischen Wettbewerb mit anderen oder an selbst gesetzten Hindernissen. Das freie kindliche Spiel stellt also ein selbst gewähltes Lernprogramm dar, das über die (soziale) Umwelt eines Kindes mit ausgestaltet und umgesetzt wird. Das kindliche Spiel ist dann am effektivsten, d.h.

am lernintensivsten, wenn das Kind aufgrund von Wahlfreiheit und Freiwilligkeit emotional stark beteiligt ist und Lust hat, zu spielen (vgl. z.B. Braun & Stern, 2007, S. 6). Dieser Zustand der Freiheit ist ausschlaggebend für den Begriff von ‚Spiel' in Schillers Texten. Er sieht das erwachsene Spiel als einen freien Zustand der Gemütskräfte, der – ähnlich dem kindlichen Spiel – am besten durch die Künste zu erreichen ist. Der Mensch schafft den Schritt zur Humanität und zu einem moralischen Staat also nicht durch die eigenen Kräfte, sondern nur durch den Erzieher namens ‚Kunst', durch ein Programm der Künste. Was heißt aber Ästhetische Erziehung/Bildung in der Kindheit, wenn Kinder sowieso ‚von sich aus' spielen und also nicht über die Künste angeregt werden müssen, in einen freien Zustand zwischen Sinnlichkeit und Vernunft zu geraten, den Schiller als notwendig für eine humanes Wesen ansieht?

An dieser Stelle ist es sinnvoll, zwischen einem Konzept der Ästhetischen Erziehung und einem Konzept der Ästhetischen Bildung zu unterscheiden (vgl. Dietrich, Krinninger & Schubert, 2012, S. 22ff.):

*Erziehung* setzt immer das intentionale oder auch unbewusste Einwirken eines Erziehers auf den zu Erziehenden voraus (vgl. Marotzki et al., 2005). Meist wird mit dieser pädagogischen Beziehung auch ein Generationenverhältnis beschrieben, auf alle Fälle jedoch ist ein Wissens- oder Erfahrungsvorsprung der erziehenden Person vorhanden. Erziehung ist dann abgeschlossen, wenn der Zögling einen gewissen Grad an Autonomie erreicht hat. Es ist also ein Prozess, der nicht lebenslang andauert, sondern an einem gewissen Punkt zu einem Abschluss kommt. Als Ästhetische Erziehung kann also die Vermittlung dessen durch eine erwachsene Person aufgefasst werden, dass es dem zu Erziehenden ermöglicht, sich autonom mit ästhetischen Inhalten auseinanderzusetzen. Dazu gehört beispielsweise die ‚ästhetische Alphabetisierung' wie sie Klaus Mollenhauer beschreibt. Dieser Lernprozess geschieht, wenn „nicht-sprachliche kulturell produzierte Figurationen in einem historisch bestimmten Bedeutungsfeld lokalisiert, das heißt als bedeutungsvolle Zeichen ‚lesbar' werden" (Mollenhauer, 1990, S. 11). D.h. bestimmte Zeichen wie z.B. die weiße Taube, können in einem Theaterstück als Friedenszeichen interpretiert werden. Diese kulturell bestimmte, ästhetische Alphabetisierung ist meist notwendig, um einen Zugang zu Kunstwerken schaffen. Eine bestimmte Symbol- oder Bildsprache muss also erst erlernt werden und gehört wie z.B. der Schriftspracherwerb zur elementarsten Grundbildung des heutigen Menschen, die meist durch ein Generationenverhältnis, das einen Erfahrungsvorsprung markiert, gelehrt wird.

Im Gegensatz zur Ästhetischen *Erziehung* handelt es sich bei der Ästhetischen *Bildung* um einen nicht durch eine bestimmte Zielerreichung abzuschließenden, lebenslänglichen Prozess, den das Individuum selbst aus eigener Kraft vornehmen muss. Bildung heißt, bezogen auf das Bildungsverständnis des deutschen Idealismus, Selbsttätigkeit, Prozess der Selbstentfaltung und selbstständige Aneignung. Dies geschieht nach Wilhelm von Humboldt in der Auseinandersetzung zwischen Selbst und Welt, um „die proportionierlichste Bildung seiner Kräfte zu einem Ganzen" (von Humboldt, 1792/1991, S. 22) zu ermöglichen. Ästhetische Bildung bezeichnet demnach einen Prozess oder ein Resultat, in dem durch selbsttätige (reflexive oder produktive) Auseinandersetzung mit „kunstförmigen und [...] ästhetisch qualifizierten Gegenständen und Formen" (Liebau, Klepacki & Zirfas, 2009, S. 104) sich der Mensch auf sein eigenes Ziel hin entwickelt. Ein Erzieher kann hierbei Vorbildcharakter einnehmen, allerdings nicht selbst intentional bilden.

Ob man tatsächlich in der frühesten Kindheit, d.h. in der folgenden engeren Betrachtung vor dem Erreichen des vierten Lebensjahres, von einem Konzept der *Bildung* sprechen kann, ist unter Forschern umstritten und abhängig von dem jeweiligen Bildungsverständnis. Je nachdem wie stark man die Reflexivität innerhalb der eigentätigen Wechselwirkungen zwischen Selbst und Welt betont, kommt man zu unterschiedlichen Ergebnissen. Jörg Zirfas erkennt zu Recht, dass man umgangssprachlich nicht von einem ,gebildeten Säugling' spricht, aber sehr wohl von frühkindlicher Bildung. Folgt man Schäfer, dann betont dieser, dass „der Säugling von Anfang an aktiv mit der Bewältigung seiner Umwelt und mit der Konstitution seines Selbst beschäftigt [ist]. D.h. der Säugling nimmt nicht nur seine Umwelt, sondern auch sich selbst wahr" (Schäfer, 2005, S. 29). Der „kompetente Säugling" (Dornes, 2009) bildet sich also von Anfang an vor allem aisthetisch (im Bezug auf die Sinne) und emotional. „ Solange man aisthesis und Ästhetik als Synonyme verwendet und mit Schäfer davon ausgeht, dass ästhetische Erfahrung nichts mit Kunst zu tun habe, dass vielmehr der ästhetische einen generellen, gerade die frühe Kindheit auszeichnenden Weltzugang darstellt" (Dietrich, 2010, S. 1f.), kann man durchaus von früher Ästhetischer *Bildung* sprechen. Das Kind ist durch diesen ästhetischen Weltzugang schon in den ersten zwei Lebensjahren in der Lage, Fremd- und Selbstverhältnisse non-verbaler und verbaler Form (Sprache) aufzubauen. Dadurch entsteht Intersubjektivität, welche die Voraussetzung für den Aufbau von bewusstem Nachdenken über das eigene Handeln und das Handeln anderer ist. Ein Bildungsbegriff, der eine reflexive Gestaltung dieser Beziehungen voraussetzt, erfolgt allerdings erst durch die Entwicklung von Kognition und Metakognition (Denken über das Denken). Kinder sind dazu erst im Alter von ca. vier Jahren (vgl. Dornes, 2004, S. 176) in der Lage, weshalb Zirfas davon ausgeht, dass von *Bildung* erst mit der Entwicklung von Sprache und der daraus resultierenden Metakognition gesprochen werden kann.

Wann auch immer man den Startpunkt eines sich bildenden Individuums und der Bildung des Menschen ontogenetisch festsetzt, kann nicht bestritten werden, dass „Aisthetische und emotionale Erfahrungen [...] als Basis frühkindlicher Bildung verstanden werden [können] und die hiermit verbundenen Situationen des Spiels, des Sammelns und der Phantasie, die aktive Unterstützung und Anerkennung dieser Aktivitäten durch die Eltern [...] in hohem Maße für Bildungsprozesse von Kleinkindern bedeutsam" (Zirfas, 2009, S. 173) sind. Nicht ohne Grund, ist die Ästhetische bzw. genauer Aisthetische Erziehung fester Bestandteil aller elementarpädagogischen Bildungspläne, auch wenn belastbare empirische Forschungsergebnisse in diesem Feld schwer zu erbringen sind.

## 3 Forschungsergebnisse zu ästhetischer frühkindlicher Bildung

Im diesem Kapitel sollen beispielhaft Studien mit unterschiedlicher Methodik und Zielsetzung kurz dargestellt werden, um zu verdeutlichen, wo die Schwierigkeiten einer empirischen Unterfütterung der theoretischen Ableitungen für die frühe Ästhetische Bildung liegen. Neben phänomenologischen Grundlagenstudien (vgl. Dietrich, 2004) oder der Überprüfung von Transfereffekten in Laborversuchen (vgl. Braun & Stern, 2007) sind qualitative (Reinwand & Speckmann, 2012) wie quantitative (Mühlpforte, 2009) Praxisprojekte interessant, die durch längerfristige ästhetische Interventionen konkreten Wirkungen nachgehen.

In der frühen Kindheit werden, wie bereits in der Einleitung dargelegt, die neurobiologischen Grundlagen für die zukünftige Lernpotenz des Gehirns gelegt. Neurowissenschaftler gehen dabei von dem Grundsatz „Use it or lose it" aus, „d.h. das Gehirn kann sich nur dann in seiner Leistungsfähigkeit optimieren, wenn ihm in früher Kindheit in ausreichendem Maße Leistung abgefordert wird" (Braun & Stern, 2007, S. 5f.). Die Künste sind also in besonderem Maße geeignet, vielfältigste, nicht-alltägliche Anregungen zu schaffen.

Cornelie Dietrich beispielsweise beschreibt die Erfahrung eines Kindes, das eine melodisch aufsteigende Melodie im Decrescendo (leiser werdend) auf einem Instrument spielt. Schon in diesem simplen Beispiel wird eine Tätigkeit deutlich, die von unseren alltäglichen Erfahrungen abweicht. „Überall dort, wo in alltäglichen Kontexten Intensität, Geschwindigkeit und Lautgebung einer Bewegungsgeste miteinander verbunden sind, findet man spezifische Koppelungen dieser Parameter" (Dietrich, 2004, S. 203). Das Kind durchbricht im Spiel diese gewohnte Einheit und dies „bedeutet [...] den Verzicht auf Gewohntes, eine eigentümliche Art der Selbstdistanzierung. Je komplexer die Arten der alltäglichen Verbindung, der Trennung und im musikalischen Material vorgenommenen Neuverknüpfungen, desto weitreichender ist auf Seiten der Spieler die Entfernung vom Alltäglichen, auf Seiten des ‚Werks' der Grad der Interessantheit, oder mit Martin Seel der ästhetischen Relevanz" (ebd., S. 204).

Solche komplexen sinnlichen Prozesse und Erfahrungen, die eben nur in ästhetischen Zusammenhängen trainiert werden, können sich neuronal mit anderen Aktivitäten wie z.B. der Konzentrations- und Aufmerksamkeitsfähigkeit oder der Motorik und Schriftfähigkeit überschneiden, d.h. bei einer Aktivierung der einen Fähigkeit, wird die andere mit gesteigert. So führt laut Braun und Stern (2007, S. 63f.) eine gut ausgebildete symbolische Repräsentation bei Vorschulkindern, wie sie durch ästhetische Alphabetisierung trainiert werden kann, zu einer besseren Aufmerksamkeitssteuerung und damit auch zu einer erhöhten Selbstkontrolle, die sich auch in Abhängigkeit zum Sprachvermögen und zum Alter entwickelt. In dem entsprechenden Versuch mussten dreijährige Kinder auf eine kleinere Menge an Süßigkeiten zeigen, um die größere Menge zu erhalten.

> „Während den Kindern in der einen Gruppe direkt die Süßigkeiten gezeigt wurden, mussten die Kinder der anderen drei Gruppen auf Symbole wie zum Beispiel Steine, Punktmus-

ter oder Tiere (eine Maus oder einen Elefanten) zeigen, die die betreffenden Mengen von Süßigkeiten repräsentierten. Dabei stellte sich heraus, dass die Kinder, die auf relativ abstrakte Repräsentationen deuten mussten, deutlich besser abschnitten, als die Kinder, die auf die Süßigkeiten oder die Steine deuten mussten. Die Dreijährigen, denen die Tiersymbole präsentiert wurden, schnitten dabei sogar fast so gut ab wie die vierjährigen Kinder aus der ersten Untersuchung!" (ebd.)

Die Forscher folgern daraus, „dass sich die Fähigkeit zur Selbstkontrolle in Abhängigkeit von den Fähigkeiten zur Symbolverwendung entwickelt" (ebd.). Die Verwendung und Zuordnung von Symbolen, die anscheinend weitere Transfereffekte nach sich zieht, kann in der alltäglichen Bildungspraxis wohl kaum effektiver geübt werden, wie durch ästhetische Bildungserfahrungen. Diese direkten Wirkzusammenhänge sind aber schwer eindeutig wissenschaftlich zu belegen.

Ein passendes Beispiel für eine quantitative Untersuchung der Wirkungen ästhetischer Bildung im Praxiskontext bildet die Studie von Nicole Mühlpforte, welche den Zusammenhang von kreativem Kindertanz und graphomotorischen Fertigkeiten bei Erstklässlern erforscht. Anhand eines Kontrollgruppendesigns ließ sich eine hochsignifikante Verbesserung der Tanzgruppe nachweisen, welche durch die Graphomotorische Testbatterie nach Rudolf und durch eine computergestützte Analyse in Bezug auf Schreibgeschwindigkeit, Schreibfrequenz, Korrektheit der Formwiedergabe und Automationsgrad ermittelt wurde (vgl. Mühlpforte, 2009, S. 141). Die Forscherin kommt u.a. zu dem Schluss, dass die durch den Kindertanz unterstützte Körpererfahrung der Kinder „nicht nur der besseren Körperorientierung [dient], sondern […] darüber hinaus Voraussetzung einer verbesserten Raumorientierung [ist], die besonders für die qualitativen Schriftaspekte (Richtigkeit der Formwiedergabe) von großer Bedeutung ist" (ebd.). Mühlpforte weist des Weiteren darauf hin, dass bei einer längeren Interventionszeit, die hier auf zwei Mal pro Woche 45 Minuten über fünf Monate begrenzt war, und bei einem fortgeschrittenen Schriftspracherwerb wahrscheinlich auch eine Verbesserung der quantitativen Schriftmerkmale zu erwarten wäre. Diese Studie liefert interessante Hinweise auf die Förderung von spezifischen Fertigkeiten durch Ästhetische Bildung, in diesem Fall kreativem Kindertanz, zeigt aber auch, wie viel Forschungsbedarf in diesem Feld noch besteht. Sind alle Arten von Kindertanz gleichermaßen geeignet dazu, o.g. Fertigkeiten anzuregen? Wie lange muss eine Intervention andauern, um positive Effekte zu erzielen? Welche Methode muss verwendet werden, um optimale Ergebnisse zu erzeugen und wie ändern sich diese Parameter mit dem Alter der Kinder?

Ein Gegenbeispiel lässt sich im Bereich der Bildenden Kunst anführen, nämlich in dem Projekt ‚Von Piccolo zu Picasso', das von Januar 2006 bis Dezember 2007 in Ludwigshafen durchgeführt wurde. Der Schwerpunkt des Projektes lag auf der Anregung der gestalterischen Fähigkeiten der Kindergartenkinder durch Kinderateliers mit unterschiedlichen künstlerischen Materialien. Neben einer Fortbildung der beteiligten Erzieher waren künstlerische Berater in den neun beteiligten Kitas mit den Kindern im Einsatz. Die Fortbildungen in den Themen Ästhetik, Kreativität und Bildung, Biografie der eigenen Kindheit, Kreativität und Gestaltung und Methoden künstlerischen Gestaltens erfolgten im ersten Jahr in vier dreitägigen Modulen. Zusätzlich wurden von Künstlern geleitete Eltern-Kind-Workshops durchgeführt. Die wissenschaftliche Begleitung wurde vom ‚Institut für Bildungs- und Sozialmanagement an der Fachhochschule Koblenz – Kompetenzzentrum für Frühpädagogik' durchgeführt und hatte vor allem die sozialen Rahmenbedingungen, die pädagogisch-künstlerischen Angebote und Einschätzungen sowie Beurteilungen der Erzieher und Eltern im Blick, während die Transferforschung die Auswirkungen der Intervention auf Zahlbegriffsentwicklung, Wortschatz, Konzentrations- und Aufmerksamkeitsleistungen unter der Leitung des ‚Transferzentrum für Neurowissenschaften und Lernen Ulm' (ZNL) anhand unterschiedlicher Testverfahren und einer Kontrollgruppe durchführte. Die Ergebnisse dieses aufwändigen Projektes fallen im Bereich der Transferforschung eher enttäuschend aus:

> „Die [pädagogischen, V.R.] Untersuchungsergebnisse in Verbindung mit den Aktivitäten machen deutlich, dass das Projekt die Kinder angeregt und herausgefordert, Lernprozesse initiiert und somit einen bedeutsamen Einfluss auf den Selbst-Bildungsprozess der Kinder hatte. Obwohl die Kinder in der Vergleichsgruppe bei der Prämessung und Postmessung teilweise stärkere Kompetenzen aufwiesen und sich auch ohne Projektangebot weiter entwickelt haben, kann anhand des Vergleichs der Einschätzung der Projekteltern zur Kreativität ihrer Kinder mit den Einschätzungen der Vergleichseltern dennoch befunden werden, dass sich die Kreativität der Zielkinder des Projektes durch die Intervention erhöht hat, die Eltern der Zielkinder die kreativen Kompetenzen ihrer Kinder nach dem Projekt deutlich höher einschätzen als die Vergleichseltern es getan haben" (Braun u.a, 2008, S. 96).

Dieser Befund einer veränderten Einschätzung der kindlichen Fähigkeiten durch die Eltern könnte aus konstruktivistischer Perspektive eventuell positive Förderaspekte im Bereich der Transferfähigkeiten nach sich ziehen, die empirisch zum Messzeitpunkt aber nicht nachzuweisen waren. Ob die Ergebnisse anders ausgefallen wären, wenn Künstler die Intervention selbst durchgeführt hätten oder wenn die Methode bzw. Kunstsparte anders gewählt worden wäre, bleibt offen. Dennoch ziehen die Verfasser der Evaluation eine grundsätzlich positive Bilanz des Projektes wenn sie anführen: „Im Kontext der Diskussion um Bildungsqualität in Kindertageseinrichtungen zeigt dies auch, das Kreativität und ästhetische Bildung ein Bildungsbereich ist, der gleichrangig mit den anderen eher kognitiv orientierten Bildungsbereichen zu sehen ist " (ebd., S. 97).

Diese Beispiele zum Forschungsstand von Transferwirkungen zeigen, wie schwierig Auswirkungen von frühen künstlerischen Tätigkeiten auf nicht-künstlerische Kompetenzfelder nachzuweisen sind, und wie unerforscht die Rahmenbedingungen sind, die gegeben sein müssen, um bestimmte Transferwirkungen zumindest in dieser Altersgruppe hervorzurufen. Auch die spezifische Wirkung unterschiedlicher Kunstsparten ist nicht differenziert genug untersucht. Deutlich wird aber auch, dass Ästhetische Bildung geeignet ist, mindestens auf der allgemeinen pädagogischen Ebene, äußerst positive Reaktionen und Effekte hervorzurufen. Dies bestätigt auch ein relativ aktuelles Praxisprojekt, das umfassend und spartenübergreifend angelegt war.

Reinwand und Speckmann, Wissenschaftlerinnen der Universität Hildesheim, begleiteten von 2010 bis Anfang 2012 ein Projekt ‚Zeig mal – lass hören! Mit allen Sinnen sprechen‘ mit 5-6jährigen Kindern in einer Modellschule und drei Kitas in Springe, Niedersachsen. Über zwei Jahre lang arbeiteten Künstler(-paare) aus vier Sparten, Bildende Kunst, Musik, Tanz und Theater, mit den Kindern am Übergang des letzten Kindergarten- in das erste Schulhalbjahr. Der künstlerische Schwerpunkt lag auf einer Förderung der Sprach-, Ausdrucks- und Kommunikationsfähigkeit der Kinder. Pro Halbjahr fanden vier Workshops jeweils drei Vormittage der Woche über drei Wochen statt. Insgesamt nahmen am Projekt ca. 100 Kinder mit deren Eltern und Pädagogen teil. Die Interventionen wurden ausschließlich von den Künstlern durchgeführt, zusätzlich wurden künstlerische Workshops für Pädagogen und Eltern angeboten.

Das wissenschaftliche Untersuchungsdesign folgte einer formativen Evaluation und konzentrierte sich auf teilnehmende Beobachtungen vor allem an zehn ausgewählten Zielkindern sowie auf Leitfadeninterviews mit den Pädagogen und den Eltern. Gemeinsame Feedback-Runden aller Akteure wurden moderiert und protokolliert und flossen ebenfalls in die Datenauswertung ein.

Die Ergebnisse divergierten in zwei unterschiedliche Richtungen: Strukturell scheiterte das Projekt an der intensiven Intervention, da es nicht gelang, die Ästhetische Bildung nachhaltig im Alltag von Kindergärten und Grundschule zu etablieren. Das System ‚Kunst‘ scheint einer anderen Logik als den gewohnten Schulrhythmen zu folgen, was im Projekt zu einer zunehmenden subjektiven zeitlichen und institutionellen Belastung der Teilnehmenden führte. Auch in anderen ähnlichen Projekten, an denen Kultureinrichtungen und Schulen beteiligt sind, zeigt sich immer wieder, dass wenn die Bildungsinstitutionen nicht bereit sind, etablierte Paradigmen wie feste Unterrichtszeiten, etablierte Gruppengrößen oder Lernmethoden dauerhaft zu transformieren, es durch die künstlerische Intervention immer wieder zu Brüchen und Widersprüchen kommen wird, die alle Beteiligten Kraft kosten.

Aus pädagogischer und sozialer Sicht wurde das Projekt dagegen überwiegend erfolgreich beurteilt. Es ließen sich zahlreiche positive Effekte auf Kinder und Erwachsene beobachten und durch die subjektive Wahrnehmung der Teilnehmenden bestätigen: individuelle positive Wirkung auf Sprach-, Kommunikations- und Ausdruckfähigkeit der Kinder unterschiedlicher Leistungsniveaus; Veränderungen der ästhetischen Selbstwahrnehmung in Bezug auf körperliche, sprachliche und soziale Selbstbilder durch die Künste und die Persönlichkeit der Künstler; Erfahrungen unterschiedlicher Sprachstile und Kommunikationsarten über den Kontakt mit verschiedenen Künstlerpersönlichkeiten; Stärkung der sozialen (Klassen-)Gemeinschaft schon vor Schuleintritt; Abbau von Aggressionspotenzial und Aufbau von Vertrauen der Kinder untereinander sowie Steigerung des Solidaritätsgefühls und ein sicherer Umgang mit unterschiedlichen Möglichkeitsräumen und Fremdem sowie ein konstruktiver Umgang mit Irritation sind nur einige Förderaspekte, die anhand individueller Entwicklungsverläufe der Kinder, analysierter Interaktionen und durch die Aussagen der Erwachsenen bestätigt werden konnten (vgl. Reinwand & Speckmann, 2012). Die Erforschung dieses Praxisprojektes macht sichtbar, welche bildungsalltagsverändernden Potenziale in einem radikalen, professionellen ästhetisch-künstlerischen Bildungsansatz liegen und wie sehr die dahinterstehende Haltung und Anthropologie der Künstler, die auf maximale (Gestaltungs-)Freiräume und sehr individuelle Bildungssituationen Wert legen, den gewohnten institutionellen Alltag stören kann. Ästhetische Bildung ernst genommen und als Bildungsansatz zu Ende gedacht, ist also mehr als ein Unterrichten in den künstlerischen Fächern – es ist eine eigene Bildungskultur, die nicht selten bestehende Kulturen in Frage stellt.

Theoretische und phänomenologische wie auch qualitativ empirische Studien, welche positive Auswirkungen früher Ästhetischer Bildung beschreiben, gibt es einige (z.B. Mollenhauer, 1996; Peez, 2005; Reinwand & Speckmann, 2012). Sie machen die unmittelbare Bedeutung ästhetischer Tätigkeiten für eine gesunde und ganzheitliche Entwicklung des Menschen deutlich, die gerade weil sie sich von den Fördermethoden der Basisfähigkeiten wie Zahlenverständnis oder Literarität unterscheiden, Gegenwelten und damit vielfältige Erfahrungen ermöglichen. Ein Nachweis der Transferwirkungen künstlerischer Aktivitäten durch quantitative Testverfahren ist jedoch gleichsam schwieriger zu erbringen und damit sind belastbare Ergebnisse spartenspezifischer Forschungsstudien, zumindest im deutschsprachigen Raum, wesentlich seltener zu finden. Die insgesamt schlechte Forschungslage wird vom Nationalen Bildungsbericht des Deutschen Instituts für Internationale Pädagogische Forschung (DIPF) mit dem Schwerpunkt ‚Kulturelle Bildung‘ im Lebenslauf bestätigt (Autorengruppe Bildungsberichterstattung, 2012a, S. 159ff.). Dennoch hat sich die frühkindliche Ästhetische Bildung als elementarer Bestandteil einer qualitativ hochwertigen frühkindlichen Bildung, Betreuung und Erziehung durchgesetzt, wie die deutschen Bildung- und Orientierungspläne für diese Zielgruppe zeigen,

## 4    Ästhetische Bildung als elementarer Bestandteil frühkindlicher Bildung

Die Bildungs-, Orientierungs- oder Erziehungspläne für die Elementarstufe der deutschen Bundesländer betonen alle mehr oder weniger intensiv die Bedeutung einer sinnlichen Anregung über künstlerische Tätigkeiten für die frühe Entwicklung der Kinder. „Kunst, Musik und Theater bieten den Kindern im Alltag die Mittel, sich schöpferisch und damit aktiv mit sich selbst, den Spielpartnern und ihrer Umgebung auseinander zu setzen. Dabei werden ihre Sinne sensibilisiert und die Persönlichkeitsentwicklung gefördert. Es wird gelauscht, gespürt, beobachtet und das eigene Empfinden und die inneren Bilder werden mit den jeweils unterschiedlichen Ausdrucksmitteln der Kunst, der Musik und des Theaters gestaltet" (Baden-Württemberg Ministerium für Kultus, Jugend und Sport, 2006, S. 84).

Die Begründungen sind dabei vielfältig, stützen sich aber meist auf pädagogische, entwicklungspsychologische oder neurowissenschaftliche Erkenntnisse, wie z.B. der Bildungsplan Sachsens. „Das Gehirn bedarf mannigfaltiger Empfindungen und das Kind möchte eine Bedeutung von Dingen direkt über Sinneseindrücke erfassen und mit dem eigenen Körper in Beziehung setzen (sensomotorische Entwicklung). Alle geistigen und sozialen Reaktionen bauen auf diese (sic!) sensomotorischen Tätigkeiten auf" (Sächsisches Staatsministerium für Soziales, 2007, S. 99).

Musik, Bewegung (Tanz) und die bildenden Künste nehmen dabei eine herausgehobene Stellung ein, aber auch Theater, Darstellendes Spiel oder Medien werden vereinzelt erwähnt. Den Künsten werden dabei zahlreiche fördernde Aspekte, auch im Bezug auf nicht-künstlerische Fähigkeiten (sogenannte Transfereffekte) zugeschrieben: „Musik fördert die kindliche Intelligenz und die innere Ausgeglichenheit" (Senatsverwaltung für Bildung, Jugend und Sport, 2004, S. 81) oder „Durch ästhetisch-künstlerische Auseinandersetzung in unterschiedlicher Form, wie etwa mit Bildern oder Worten [...] oder durch darstellendes Spiel, sammeln die Kinder Eindrücke und Erfahrungen. Diese ermöglichen es, dass die Kinder eine Position zu sich selbst, zu ihrer Umwelt und Lebenswelt finden können" (Hessisches Sozialministerium und Hessisches Kultusministerium, 2011, S. 72).

Nicht alle Bildungspläne verwenden die Bezeichnung ‚ästhetische Bildung'. Es wird von künstlerischer Tätigkeit, musischem Tun oder einfach nur von Musik oder Bewegung gesprochen. Damit bleibt häufig unklar, was genau mit einer fördernden Ästhetischen Bildung gemeint ist. Reicht es aus, wenn eine Erzieherin (in Deutschland sind über 95 % der Frühpädagogen in Kindergärten weiblich) mit den Kindern ab und zu ein Kinderlied singt oder sollte eine musikalische Fachkraft diese Anregung bieten? Welche unterschiedlichen Wirkungen auf die Entwicklung des Kindes stecken in den jeweiligen Kunstsparten? Wie sieht ein altersgerechtes Angebot qualitativ hochstehender Ästhetischer Bildung aus?

Die Bildungspläne äußern sich in Hinblick auf diese Fragen und in Bezug auf konkrete Ergebnisse der Wirkungsforschung nur unzureichend, durchaus unterschiedlich oder überhaupt nicht. Dies macht es den Adressaten (Erziehern und Lehrern) schwer, die Bildungspläne bezüglich der eigenen Ästhetischen Erziehung und Bildung angemessen zu beurteilen und in die alltägliche Praxis zu übertragen. Ein Grund für diese unzureichenden Handlungsempfehlungen liegt in der Tatsache, dass die Forschungslage über Wirkungen Ästhetischer Bildung in der Kindheit nicht besonders gut ist, wie oben bereits gezeigt werden konnte.

## 5    Ästhetische Bildung im Alltag deutscher Kindertagesstätten

Ästhetische Erziehung und Bildung, in allen deutschen Bildungsplänen enthalten, wird als wesentlicher Teil einer frühen Allgemeinbildung identifiziert. Daher wird man auch kaum eine Institution der frühkindlichen Bildung, Erziehung und Betreuung finden, die diesem Bereich keinerlei Beachtung schenkt. Allerdings zeigen sich in der Ausbildung der Fachkräfte hier eklatante Mängel. Die wenigsten Erzieher erlangen in ihrer Ausbildung eine Grundkompetenz in elementaren Kunsttechniken wie Singen, Instrument spielen, Gestaltungs- und Farblehre oder Darstellendem Spiel. Ein altersgerechter Einsatz künstlerischer Methoden ist dabei unabdingbar und häufig sogar Erziehern nicht möglich, die sich selbst in der Freizeit diese Fähigkeiten als Hobby angeeignet haben. Häufig mangelt es also an grundlegenden künstlerisch-didaktischen Fähigkeiten, so dass die Kinder im Alltag vermutlich wenig qualifizierte ästhetische Anregungen erhalten. „Wie viele der intendierten Ziele aus den Bildungsplänen tatsächlich realisiert werden, ist nicht bekannt. So können auch keine Aussagen dazu getroffen werden, wie kulturelle/musisch-ästhetische Bildung in Kindertageseinrichtungen konkret umgesetzt wird" (Autorengruppe Bildungsberichterstattung, 2012a, S. 176). Ausnahmen bilden an dieser Stelle Einrichtungen, die einen Schwerpunkt in diesem Bereich und damit ein künstlerisches Profil entwickelt haben (z.B. spezielle Musik- oder Theaterkindergärten) und meist mit kulturellen Einrichtungen und künstlerischem Fachpersonal zusammenarbeiten, da sich die Erzieher in der Vermittlung des ästhetischen Bereiches unsicher fühlen. Der nationale Bildungsbericht 2012 kommt hier zu dem Schluss: „Die zunehmend erkennbaren Bestrebungen, beispielsweise über Kooperationen mit Musikschulen, Fachkompetenz aus dem kulturellen Bereich für Bildungseinrichtungen zu nutzen, verweisen auf einen entsprechenden Bedarf" (Autorengruppe Bildungsberichterstattung, 2012b, S. 11).

Die meisten Erzieher erkennen in der Praxis, vor allem auch nach der Einführung und Diskussion der länderspezifischen Bildungs- und Orientierungspläne diesen Mangel an einer qualifizierten ästhetischen Vermittlung, weshalb einschlägige Fort- und Weiterbildungen, z.B. an der Bundesakademie für kulturelle Bildung in Wolfenbüttel oder der Akademie Remscheid für musische Bildung und Medienerziehung sehr nachgefragt sind. Diese Fort- und Weiterbildungen werden vor allem im Bereich der Musikvermittlung angeboten und ermöglichen es den Erziehern Grundlagen in der jeweiligen Kunstsparte und adäquate Vermittlungsformate für die Zielgruppe der Kindergartenkinder kennen und anwenden zu lernen wie z.B. das Singen in geeigneter Tonlage und Tonart oder die Technik der Solmisation zur leichten Vermittlung unterschiedlicher Tonhöhen.

Eine weitere Möglichkeit, den Kindern ästhetische Anregungen zu bieten, die im Fachkräftestab nicht vorhanden sind, bietet sich in den bereits angesprochenen Kooperationen mit ortsansässigen Künstlern, die sich auf das Arbeiten mit ,den Kleinen' spezialisiert haben. Seit einigen Jahren und zeitgleich mit der politischen Stärkung des Bereiches Kultureller Bildung, existieren in Deutschland zahlreiche Förderprogramme für Kooperationen zwischen Kultur- und Bildungseinrichtungen. Im frühkindlichen Bereich ist das nordrhein-westfälische Modellprojekt ,Künstler in die Kitas' (LKD NRW, 2010) zu nennen oder das niedersächsische Projekt ,Mobiles Atelier' (Mobiles Atelier, 2008/2009), in dem bildende Künstler – wie die Dokumentation zeigt – auf hohem Niveau mit Kindergartenkindern zum Thema ,Öffentlicher Raum' arbeiten. Da es aber nur wenige Künstler gibt, die speziell auf diese Altersgruppe spezialisiert sind und sowohl hohe künstlerische wie auch pädagogische Kompetenzen mitbringen, sind Projekte wie die o.g., welche sichtbar hohe künstlerische Ansprüche stellen, selten. Diese Modellprojekte stellen zudem immer nur temporäre Aktivitäten dar und verändern kaum nachhaltig und flächendeckend den Bildungsalltag in den frühkindlichen Einrichtungen. Um die Forderungen der Bildungs- und Orientierungspläne umzusetzen, wäre eine bessere (Weiter-)Qualifizierung des Fachpersonals im ästhetischen Bereich von Nöten und eine Förderung von Künstlern, die vor allem im frühkindlichen Bereich tätig sein möchten.

Allem voran mangelt es jedoch im deutschsprachigen Raum an praxisrelevanter Forschung und einem gelungenen Wissenstransfer, so dass die Bedeutung Ästhetischer und Künstlerischer Bildung für die frühe Entwicklung nicht nur theoretisch und praktisch erkannt, sondern auch wissenschaftlich empirisch untermauert werden kann. Eine spartenspezifische Wirkungsforschung, gekoppelt mit neurowissenschaftlichen, entwicklungspsychologischen und pädagogischen Erkenntnissen könnte Aufschluss geben über geeignete Formate, Methoden, Intensitäten und Transfereffekte früher Ästhetischer Bildungsprozesse.

# 6   Literatur

Autorengruppe Bildungsberichterstattung (2012a). *Bildung in Deutschland 2012. Ein indikatorengestützter Bericht mit einer Analyse zur kulturellen Bildung im Lebenslauf.* Bielefeld: W. Bertelsmann.

Autorengruppe Bildungsberichterstattung (2012b). *Bildung in Deutschland 2012. Die wichtigsten Ergebnisse im Überblick.* Bielefeld: W. Bertelsmann.

Baden-Württemberg Ministerium für Kultus, Jugend und Sport (2006). *Orientierungsplan für Bildung und Erziehung für die baden-württembergischen Kindergärten.* Pilotphase. Weinheim/Basel: Beltz.

Braun, A.K. & Stern, E. (2007). *Neurowissenschaftliche Aspekte der Erziehung, Bildung und Betreuung von Kleinkindern.* Expertise z.-H. der Enquetekommission ‚Chancen für Kinder‘ Landtag Nordrhein-Westfalen. Düsseldorf: Landtag NRW.

Braun, u.a. (2008). „Von Piccolo bis Picasso". Kreatives Gestalten als Bildungsansatz. Projektphase 2006/2007. Dokumentation, Koblenz. Download am 18.5.2012 von http://fh-koblenz.de

Dietrich, C. (2004). Unsagbares machbar machen? Empirische Forschung zur musikalischen Erfahrung von Kindern. In G. Mattenklott & C. Rora, (Hrsg.), *Ästhetische Erfahrung in der Kindheit. Theoretische Grundlagen und empirische Forschung* (S. 195–208). Weinheim und München: Juventa.

Dietrich, C. (2010). Anfänge Ästhetischer Bildung. Von der sensumotorischen Spur zur Sinn-Struktur. *zeitschrift ästhetische bildung*, 2(1).

Dietrich, C.; Krinninger, D. & Schubert, V. (2012). *Einführung in die Ästhetische Bildung.* Weinheim/Basel: Beltz Juventa.

Dornes, M. (2009). *Der kompetente Säugling. Die präverbale Entwicklung des Menschen.* (9. Aufl.). Frankfurt am Main: Fischer.

Dornes, M. (2004). Über Mentalisierung. Affektregulierung und die Entwicklung des Selbst. *Forum der Psychoanalyse, 20,* 175–200.

Flitner, A. (2011). *Spielen – Lernen: Praxis und Deutung des Kinderspiels.* (4. Aufl.). Beltz: Weinheim.

Hessisches Sozialministerium und Hessisches Kultusministerium (2011). *Bildung von Anfang an. Bildungs- und Erziehungsplan für Kinder von 0 bis 10 Jahren in Hessen.* Mainz-Kastel.

Von Humboldt, W. (1792/1991). *Ideen zu einem Versuch, die Grenzen der Wirksamkeit des Staats zu bestimmen.* Reclam: Stuttgart.

Liebau, E.; Klepacki, L. & Zirfas, J. (2009). *Theatrale Bildung. Theaterpädagogische Grundlagen und kulturpädagogische Perspektiven für die Schule.* Bielefeld: transcript.

LKD NRW e.V. (2010). *Künstler in die Kitas. Modellvorhaben des MFKJKS zur Kulturellen Bildung im Vorschulbereich. Projektrevue. Einblick in die Praxis Projektblitzlichter, Akteure, O-Töne.* Download am 14.7.2012 von http://kulturundschule.de

Marotzki, W., Nohl, A. & Ortlepp, W. (Hrsg.). (2005). *Einführung in die Erziehungswissenschaft.* Wiesbaden: VS Verlag für Sozialwissenschaften.

Mobiles Atelier (2008/2009). *24 Kunstprojekte in 24 Kindergärten in Braunschweig und Salzgitter.* Hannover: Internationalismus Verlag. (siehe auch www.mobilesatelier.info)

Mollenhauer, K. (1990). Die vergessene Dimension des Ästhetischen in der Erziehungs- und Bildungstheorie. In D. Lenzen (Hrsg.), *Kunst und Pädagogik. Erziehungswissenschaften auf dem Weg zur Ästhetik?* (S. 3–17). Darmstadt: Wissenschaftliche Buchgesellschaft.

Mollenhauer, K. (1996). *Grundfragen ästhetischer Erziehung.* Weinheim und München: Juventa.

Mühlpforte, N. (2009). Kreativer Kindertanz als Möglichkeit der ressourcenorientierten Förderung grafomotorischer Fertigkeiten bei Erstklässlern. In Arbeitsgruppe Evaluation und Forschung des Bundesverbandes Tanz in Schulen e.V. (Hrsg.), *Empirische Annäherungen an Tanz in Schulen. Befunde aus Evaluation und Forschung.* (S. 131–146). Oberhausen: Athena.

Peez, G. (2005). *Evaluation ästhetischer Erfahrungs- und Bildungsprozesse. Beispiele zu ihrer empirischen Erforschung.* München: Kopaed.

Reinwand, V. & Speckmann, J. (2012). *Die Sprachen der Künste „Zeig mal – lass hören!" – Ein Projekt zur frühen künstlerischen Sprachbildung.* Oberhausen: Athena.

Sächsisches Staatsministerium für Soziales (2007). *Der Sächsische Bildungsplan, ein Leitfaden für pädagogische Fachkräfte in Krippen, Kindergärten und Horten sowie für Kindertagespflege.* Berlin: verlag das netz.

Schäfer, G.E. (2005). *Bildungsprozesse im Kindesalter. Selbstbildung, Erfahrung und Lernen in der frühen Kindheit.* (3. Aufl.). Weinheim: Juventa.

Schiller, F. (1795/1964). *Über die ästhetische Erziehung des Menschen in einer Reihe von Briefen.* Wilhelm Goldmann: München.

Senatsverwaltung für Bildung, Jugend und Sport (2004). *Das Berliner Bildungsprogramm für die Bildung, Erziehung und Betreuung von Kindern in Tageseinrichtungen bis zu ihrem Schuleintritt.* Berlin: verlag das netz.

Zirfas, J. (2009). Wann fängt Bildung an? Pädagogische Notizen zu Humboldt, der Psychoanalyse und der Säuglingsforschung. In L. Klepacki, A. Schröer & J. Zirfas (Hrsg.), *Der Alltag der Kultivierung. Studien zu Schule, Kunst und Bildung.* (S. 171–190). Münster u.a.: Waxmann.

# Bildung durch Bewegung – Motorische Entwicklungsförderung

Renate Zimmer

## 1 Einleitung

Frühkindliche Entwicklung ist ein Prozess, der geprägt ist durch die aktive sinnliche Aneignung der Welt und der eingebettet ist in soziale Interaktionen des Kindes mit seiner Umwelt. Das Kind ist Subjekt und aktiver Gestalter seiner Entwicklung (Kautter, 1998). Von Anfang an ist es ein aktiv lernendes, kompetent handelndes Wesen, das seine eigene Entwicklung vorantreibt und seine Umwelt erkundet und deutet. Eine besondere Rolle spielen bei diesem Prozess die körperlich-sinnlichen Erfahrungen des Kindes.

In keiner anderen Lebensphase hat Bewegung eine so große Bedeutung wie in den ersten Lebensjahren. Die frühe Kindheit ist gekennzeichnet durch Neugier, Entdeckerlust und einen großen Betätigungs- und Bewegungsdrang. In der körperlich-sinnlichen Auseinandersetzung mit seiner materialen und räumlichen Umwelt, in der Interaktion mit Personen und Objekten erwirbt das Kind Erkenntnisse über sich selbst und seine Umwelt. Es eignet sich die räumliche und materiale Umwelt über seinen Körper und seine Sinne an und gewinnt Erfahrungen über das eigene Tun. Bildung ist eine ästhetische Erkenntnistätigkeit.

Im folgenden Beitrag wird die Bedeutung der Bewegung für die kindliche Entwicklung dargestellt. Zunächst wird die Entwicklung grundlegender motorischer Funktionen am Beispiel des Greifens und des Sich-Fortbewegens herausgearbeitet. Inwieweit ein inaktiver Lebensstil und Bewegungsmangel bereits in den ersten Lebensjahren zu einer Veränderung der motorischen Leistungsfähigkeit führen wird anschließend diskutiert. Im zweiten Teil steht die Bewegungsförderung in den Institutionen der Frühpädagogik im Vordergrund. Begründungen für eine am Kind und seinen individuellen und sozi-

alen Bedürfnissen ansetzende Bewegungserziehung weisen auf den Stellenwert der Bewegungserziehung als Querschnittaufgabe frühkindlicher Bildung hin. Ein Bezug von
Bewegung zu anderen grundlegenden Bildungsbereichen wird im letzten Kapitel hergestellt: So können Bewegungsaktivitäten auch zu Sprachanlässen werden und zur Förderung sprachlicher Kompetenzen beitragen. Erste Forschungsergebnisse deuten auf die
Chancen einer in den Alltag integrierten Sprach- und Bewegungsbildung hin.

## 2        Entwicklung grundlegender motorischer Funktionen

Zu den wichtigsten motorischen Funktionen, die das Kind bis zum Ende des Säugling-
salters erwirbt, gehören das zielgerichtete Greifen, die eigenständige Fortbewegung und
der aufrechte Gang. Sie stellen nicht nur einen Fortschritt in der Motorik des Kindes
dar, sondern unterstützen sein Explorationsverhalten und sind Voraussetzung für seine
ständig wachsende Selbstständigkeit (Haug-Schnabel & Bensel, 2006; Zimmer, 2009a)

### 2.1      Greifen – Begreifen – Eingreifen

Die ersten intentionalen Greifversuche des Kindes bauen auf der Fähigkeit auf, visuelle
Informationen für die Steuerung der Hand- und Fingerbewegungen heranzuziehen (ca.
vierter/fünfter Lebensmonat). Die Entwicklung der Auge – Hand – Koordination ermöglicht dem Kind ein gezieltes Erfassen und Festhalten auch sich bewegender Objekte. Von
Hofsten (1983) beobachtete bei Säuglingen im Alter von acht bis neun Monaten bereits
geschickte Bewegungen beim Greifen eines sich bewegenden Gegenstandes und eine Anpassung der Handöffnung an die Größe des Objektes (von Hofsten & Rönnquvist, 1988).
      Sobald das Kind zu Greifbewegungen imstande ist, werden interessante Gegenstände
nicht nur mit den Augen betrachtet, sondern ebenso mit den Händen ‚be-griffen‘. Die
Hände erfüllen so auch Wahrnehmungs- und Kontaktfunktionen. So gelangt das Kind
über die Bewegung des Greifens auf motorischer Ebene zum kognitiven Be-Greifen seiner Umgebung.
      Das intentionale Greifen ermöglicht dem Kind die aktive Erforschung der Welt. Ge-
zielt nach Objekten zu greifen, sie zu betrachten, taktil ihre Beschaffenheit zu erfassen,
durch Bewegung weitere physikalische Eigenschaften zu erkunden – dies ermöglicht dem
Kind ein Ein-Greifen in die es umgebende Welt der Objekte und Personen (vgl. hierzu
Kasten, 2007, Rauh, 2008, von Hofsten, 1989; Zimmer, 2011b).

## 2.2    Aufrechter Gang und Fortbewegung

Die Entwicklung der Fortbewegung und des aufrechten Ganges sind einerseits durch genetische Dispositionen vorgegeben, andererseits werden sie aber auch durch Umwelteinflüsse beeinflusst.

Die früheste Form der selbstständigen Fortbewegung ist das Robben, gekennzeichnet durch alternierende Stütz- bzw. Zugbewegungen auf den Unterarmen (ca. siebter/achter Lebensmonat). Bis ca. zum elften Lebensmonat bewegt sich das Kind hauptsächlich im Krabbeln fort, es setzt hierzu Hände und Knie ein, der Rumpf ist vom Boden abgehoben. Gut entwickeltes Krabbeln wird im „gekreuzten Bewegungsmuster" (Holle, 2000, S. 28) ausgeführt: Arm und Bein der jeweils entgegengesetzten Seite werden gleichzeitig bewegt. Das Krabbeln bereitet den aufrechten Gang vor, indem die Gleichgewichtsfähigkeit ohne Abstützen trainiert wird. Einige Kinder kommen jedoch auch ohne Krabbeln zum Gehen.

Mit ca. neun Monaten kann das Kind stehen, indem es sich z.B. an einem Möbelstück festhält. Zwischen dem zehnten und elften Monat kann das Kind – wenn es festgehalten wird – einige Schritte vorwärts gehen. Der Bewegungsradius – und damit auch der Explorationsspielraum – erweitert sich insbesondere durch den Erwerb der aufrechten Haltung und das Erlernen des Gehens und Laufens. Das Kind macht vielfältige Erfahrungen mit der eigenen Schwerkraft und fordert diese durch ständiges Erproben des Gleichgewichts heraus (vgl. Largo, 2007, Rauh, 2008).

Das Kind wendet sich aktiv der Umwelt zu und setzt sich über Bewegung mit ihr auseinander. In dieser Zeit entwickeln sich die sog. ‚Bewegungsgrundformen' (s.u.), die die Basis für die darauf aufbauenden Bewegungsfertigkeiten bilden.

Der Bereich der Bewegung bzw. der motorischen Fähigkeiten spielt bei diesem Prozess eine bedeutende Rolle. Jede motorische Weiterentwicklung, von der Kontrolle des Säuglings über seine Kopfhaltung, später über die gesamte Körperhaltung, über das visuell gesteuerte Greifen und dessen Ausdifferenzierung bis hin zum Gehen, eröffnet dem Kind die Möglichkeit, seine Umwelt immer differenzierter wahrzunehmen, sie zu erkunden und mit ihr zu kommunizieren. Sobald sich das Kind selbstständig fortbewegen kann, wird aus dem Gehen selbst einer der wichtigsten „Motoren für die weitere Entwicklung im kognitiven, sozial-kommunikativen und sprachlichen Bereich" (Zollinger, 2007, S. 19).

## 2.3    Erweiterung der Grundbewegungsformen

Die neu erworbenen Fertigkeiten des Greifens, des Laufens und des Gehens erweitern sich in den ersten Lebensjahren. Zusätzlich modifiziert das Kind bereits erlernte Bewegungsabläufe und erwirbt dadurch im Laufe des zweiten Lebensjahres viele neue Fertigkeiten. Dazu gehören Bewegungsformen wie das Springen über Gegenstände, das Hindurchkriechen unter Hindernissen, das Rollen von einer erhöhten Fläche auf den

Boden oder erste Formen des Werfens. Es schiebt oder zieht Gegenstände, hängt sich an Turnstangen, balanciert auf Bordsteinkanten oder steigt Treppen, wenn auch noch im Nachstellschritt. Zwar lassen die Kinder beim Laufen und Hüpfen noch keinen Bewegungsrhythmus erkennen, nehmen aber Musik sehr intensiv auf. In keiner anderen Altersstufe ist die intuitive Wiedergabe von Rhythmen durch Bewegungen des Körpers wie Wippen oder Klatschen so deutlich erkennbar.

Kennzeichen dieser Entwicklungsstufe ist die Anstrengungsbereitschaft des Kindes, der ausgeprägte Bewegungsdrang und die Motivation zum Üben und Vervollkommnen gerade erworbener Fertigkeiten. Zwar sind der aufrechte Gang und das Laufenlernen weitgehend genetisch vorgegeben, der Grad ihrer Ausformung ist jedoch abhängig von den Gelegenheiten des Kindes, sie zu üben und die motorischen Fertigkeiten zu erweitern. Die Grundformen der Bewegung, die sich in den ersten Lebensjahren entwickeln, lassen sich in unterschiedliche Bereiche unterteilen (Zimmer, 2012a, S. 159 f.):

- Bewegungen, anhand derer eine Ortsveränderung oder eine Lageveränderung des Körpers erreicht wird *(sich bewegen und fortbewegen)*. Hierzu gehören das Gehen, Laufen, Springen, Steigen, Kriechen, Krabbeln, Robben, Gleiten, Rollen und Wälzen.
- Bewegungen, mit denen Objekte, Geräte und Gegenstände befördert oder in Bewegung versetzt werden *(etwas fortbewegen/Objekte bewegen)*: Ziehen, Schieben, Tragen, Werfen, Stoßen, Schlagen, Heben, Drücken und Rollen.
- Bewegungen, bei denen sich das Kind feststehenden Geräten anpasst und *sich an oder auf Geräten bewegt*; z. B. Hängen, Stützen, Schwingen, Drehen, Schaukeln, Springen, Balancieren.
- Bewegungen, bei denen sich das Kind *mit Hilfe von Geräten bewegt,* z.B. Fahren mit Bobbycar und Dreirad, Rollerfahren, sich auf einem Rollbrett bewegen, später auch Fahrrad fahren und Rollschuh laufen.
- Bewegungen, die unter verschiedenen *räumlichen Bedingungen* ausgeführt werden (Wasser, Schnee, Eis, Waldboden)

Grundsätzlich kann man zwar von einem altersspezifischen Fortschreiten der motorischen Entwicklung ausgehen, allerdings gibt es in jeder Altersstufe auch eine große Variabilität, die durch die individuelle Disposition, vor allem aber durch Übung und durch Gelegenheiten zum täglichen ‚Training' erklärbar ist (Kasten, 2008, Largo, 2007). Ein Mangel an Bewegungserfahrungen im Alltag kann zu einer Beeinträchtigung der motorischen Leistungsfähigkeit führen (vgl. Bös et al., 2008).

## 3      Bewegungsmangel – Auswirkungen auf die kindliche Entwicklung

Bewegungsmangel und ein damit verbundener inaktiver Lebensstil gehören sowohl bei Kindern als auch bei Erwachsenen zu den größten gesundheitlichen Risikofaktoren. Nach

Corbin, Pangrazi und Le Masurier (2004) gehen die meisten publizierten internationalen Empfehlungen davon aus, dass Kinder sich täglich mindestens 60 Minuten mit einer moderaten Intensität bewegen sollten. Diese Forderung erfüllen nach den Ergebnissen der MoMo-Studie (Bös et al., 2008) – einem Teil des Kinder- und Jugendgesundheitssurveys des Robert Koch-Instituts Berlin – nur knapp ein Drittel der vier- bis sechsjährigen Kinder. Dabei zeigt sich ein deutlicher Geschlechtsunterschied: Bei den Jungen sind es 32,2 %, bei den Mädchen 25 %, die der international geforderten Empfehlung nachkommen.

Die sich verändernde Lebens- und Bewegungswelt von Kindern (zunehmende Technisierung und Motorisierung, Medienkonsum etc.) wirkt sich auf die Alltagsgestaltung und auch auf die motorische Leistungsfähigkeit der Kinder aus. So wird allgemein eine Verschlechterung der motorischen Leistungen bei Kindern beklagt. Die Ergebnisse einer Sekundäranalyse von Bös (2003), die auf der Grundlage von 54 Untersuchungen mit mehr als 100.000 Kindern und Jugendlichen erstellt wurde, zeigt auf, dass die körperliche Fitness in den letzten 25 Jahren um etwa 10 % abgenommen hat.

Wichtige Indikatoren für die Auswirkungen von Bewegungsmangel beziehen sich auf gesundheitsbezogene Merkmale wie z.B. die Zunahme der Prävalenz von Übergewicht und Adipositas. Nach dem Kinder- und Jugendgesundheitssurvey (KIGGS) des Robert-Koch-Instituts sind heute 6,2 % der drei- bis sechsjährigen Kinder übergewichtig, 2,9 % sind adipös (Kurth & Schaffrath Rosario, 2007). Diese Werte steigen mit zunehmendem Alter an.

Völker (2008), der aus medizinischer Sicht zwischen Alltagsbewegungen (Physical Activity) und Sportaktivitäten (Physical Fitness) differenziert, kommt anhand seiner Tracking-Befunde (Vorhersagen von Kindheit zur Jugend bis ins Erwachsenenalter) zu dem Gesamtergebnis,

- dass Alltags- und Sportbewegungen im Kindesalter als wesentliche risikomindernde Gesundheitsgrößen für die Zukunft gelten;
- dass körperlich-sportliche Aktivität vor der Entstehung von Übergewicht und Adipositas schützt.

Die Ergebnisse verdeutlichen, dass mit hoher Wahrscheinlichkeit aus inaktiven und ‚unfitten‘ Kindern auch ‚unfitte‘ Erwachsene werden (Völker, 2008).

## 4    Auswirkungen von Bewegungsförderung auf die motorische Leistungsfähigkeit

Im Kontext der Diskussion um eine immer stärker abnehmende motorische Leistungsfähigkeit von Kindern bereits im frühkindlichen Alter ist die Forderung nach motorischer Förderung und auch die Frage nach deren Effektivität hoch aktuell. So berichtet Krombholz (2004) über ein Projekt, das eine qualitative und quantitative Verbesserung des Bewegungsangebots im Kindergarten über einen Zeitraum von zwei Jahren zum Ziel hatte.

Dazu gehörten eine bewegungsfreundliche Umgestaltung der Innen- und Außenräume der Kindertageseinrichtungen und eine Qualifizierung des Personals durch regelmäßige Praxisfortbildungen. An diesem Modellversuch „Bewegungsförderung im Kindergarten" nahmen elf Münchener Einrichtungen als Versuchskindergärten teil (n= 339), elf weitere Einrichtungen dienten als Kontrollgruppen (m= 430). In die Effektivitätsüberprüfung wurde die motorische, kognitive und soziale Entwicklung der Kinder einbezogen. Überprüfungen der motorischen Leistungsfähigkeit wurden am Anfang, nach einem Jahr und am Ende des zweijährigen Modellversuchs durchgeführt. Insgesamt zeigten sich in fast allen durchgeführten motorischen Tests stärkere Leistungszuwächse bei den Kindern der Versuchsgruppen.

Eine Untersuchung von Rethorst (2004) differenziert die Effekte motorischer Förderung hinsichtlich des Alters und des Geschlechts der Adressatengruppe. An der Untersuchung nahmen 164 Kinder im Alter zwischen dreieinhalb und sieben Jahren teil. Die Interventionsgruppe bestand aus 107 Kindern, diese besuchten Kindergärten, in denen jeden Tag eine pädagogisch angeleitete Bewegungszeit durchgeführt wurde, darüber hinaus wurden auch den Eltern in spezifischen Informationsveranstaltungen die Bedeutung der Bewegung für die kindliche Entwicklung nahegebracht. In der Einrichtung wurden zudem die Gruppenräume und das Außengelände bewegungsfreundlich gestaltet. Die Kontrolleinrichtungen wurden von 57 Kindern besucht. Der Untersuchungszeitraum betrug ein Jahr, dabei fanden drei Messzeitpunkte am Anfang der Maßnahme und nach jeweils sechs Monaten statt. Als Messinstrument wurde der MOT 4-6 (Zimmer & Volkamer, 1987) eingesetzt. Bei vergleichbaren Anfangswerten zeigten die Kinder in den Interventionseinrichtungen zum zweiten wie auch zum dritten Messzeitpunkt signifikant bessere Leistungen in dem Motoriktest. Von dem Programm profitierten Jungen und Mädchen gleichermaßen. Beachtenswerte Unterschiede zeigten sich allerdings bei der Berücksichtigung der Altersvariable: Die jüngeren Kinder wiesen höhere Leistungszuwächse auf als die älteren.

Ein über die Verbesserung motorischer Leistungen hinausgehender Effekt zeigte eine Studie von Kambas et al. (2004) in griechischen Kindergärten: Sie gingen der Frage nach, inwieweit eine Schulung der Bewegungskoordination bei Kindergartenkinder die Unfallhäufigkeit verringern kann. 71 Kinder der Interventionsgruppe nahmen über einen Zeitraum von sieben Monaten an einem Bewegungsangebot, welches zweimal in der Woche für 45 Minuten stattfand, teil. Die Kontrollgruppe bestand ebenfalls aus 75 Kindern. Ziele des Programms waren die Schulung koordinativer Fähigkeiten und elementarer Bewegungsformen. Zur Evaluation wurde der MOT 4-6 (Zimmer & Volkamer, 1987) eingesetzt. Zusätzlich wurde das Unfallgeschehen in einem Fragebogen erhoben. Interessant war an den Ergebnissen, dass 77 % der Unfälle im Kindergarten auf motorische Defizite zurückzuführen sind, nur 14 % gingen auf technische Ursachen zurück, 9 % hatten andere Ursachen. Bei den Ergebnissen des Motoriktests erreichten die Kinder der Interventionsgruppe erheblich größere Verbesserungen ihrer koordinativen Leistungen (7,38 Punkte) als die Kinder der Kontrollgruppe (1,04 Punkte). Dabei profitierten die Kinder mit dem schwächeren Ausgangsniveau besonders von der Intervention. Die Anzahl der

Unfälle verringerte sich in der Interventionsgruppe im Verlauf des Programms deutlich, während die Unfallhäufigkeit in der Kontrollgruppe unverändert hoch blieb.

## 5 Bewegung – der Motor der Entwicklung

Bewegungserfahrungen dürfen nicht nur unter dem Aspekt der motorischen Leistungsfähigkeit betrachtet werden. Bewegung ist vom ersten Lebenstag an Motor der kindlichen Entwicklung. Dabei geht es nicht alleine um die Verbesserung motorischer Funktionen. Die kindliche Freude an Bewegung, die Motivation, Neues zu entdecken und zu explorieren, wirken sich auf alle anderen Entwicklungsbereiche aus und beeinflussen diese positiv. Bewegung und Bewegungshandlungen sind von grundlegender Bedeutung für die Gesamtentwicklung des Kindes.

### 5.1 Bewegung und kognitive Entwicklung

Kognitive Prozesse des Denkens, Erkennens und Erinnerns sind eng mit Wahrnehmungen und Bewegungshandlungen verknüpft. Thelen (2000) betont die Zusammenhänge zwischen Handlung, Wahrnehmung und Kognition und wendet sich ausdrücklich gegen eine Trennung von Kognition und sensomotorischem Verhalten. Im Kontext ihres als „Dynamische Entwicklungstheorie" bezeichneten Ansatzes betont sie, dass „mental activity is embodied – though is always grounded in perception and action" (Spencer et al., 2006, S. 1529). Auch von Hofsten (2009) betont den Zusammenhang der kognitiven Entwicklung des Kindes mit seiner Motivation, Handlungsprobleme lösen zu wollen und hierfür motorische und sensorische Möglichkeiten zu aktivieren.

Sinnliche Erfahrungen –vor allem die der körpernahen Sinne – spielen eine wesentliche Rolle bei der Vernetzung des Gehirns. Programmiert ist der Ablauf der neuronalen Entwicklung zwar durch die genetische Ausstattung, die Qualität dieser Entwicklung wird aber maßgeblich durch Umweltfaktoren geprägt (Eliot, 2002). Das Denken des Kindes ist daher eng an die Erfahrungsprozesse geknüpft, die es durch sein Handeln erwirbt.

Das menschliche Gehirn wird ganz wesentlich durch die Erfahrungen strukturiert, die ein Mensch vor allem in der Phase seiner Hirnentwicklung macht. „Immer dann, wenn Kinder etwas Neues erleben, wenn sie etwas hinzulernen, werden die dabei in ihrem Gehirn aktivierten Verschaltungsmuster der Nervenzellen und Synapsen gebahnt und gefestigt (Hüther, 2007, S. 12). Wie Hüther weiter ausführt

> „entstehen die ersten Verknüpfungen zwischen den motorischen und den sensorischen Bahnen, zunächst im Rückenmark und später auch in den übergeordneten, für die Bewegungskoordination zuständigen Schaltzentralen im Gehirn. Hier werden aus einem zunächst bereitgestellten, viel zu großen Angebot an synaptischen Verbindungen allmählich diejenigen Verhaltensmuster stabilisiert und gebahnt, die bei den zunehmend koordinierter

werdenden Bewegungsabläufen regelmäßig aktiviert werden. Von Anfang an findet Lernen
also durch Nutzung und Übung der entsprechenden Körperfunktionen statt" (S. 13f.).

Das Gehirn ist das Zentrum aller Denkprozesse und die Schaltstelle aller Handlungen.
Dies betont noch einmal die Wichtigkeit aktiver Prozesse und Stimulation für die Hirnentwicklung, vor allem in den ersten Lebensjahren (vgl. Bourgeois, 2001). Die Plastizität des Gehirns ist zu keinem späteren Zeitpunkt der Entwicklung wieder so ausgeprägt
(Eliot, 2002). Je häufiger eine Synapse aktiviert wird, desto schneller kann sie Reize wei-
terleiten. Sensorische Reize können somit als „Nahrung für das Gehirn" (Ayres, 2002;
Zimmer, 2009a, S. 44) angesehen werden. Durch Bewegungsaktivitäten kommt es zu
einer vermehrten Ausschüttung von Transmittern, so dass die Bildung neuer synaptischer Verknüpfungen unterstützt wird. Dies fördert Lernprozesse. Die Entwicklung von
entsprechenden neuronalen Netzwerken kann sich nicht optimal vollziehen, wenn diese
Bewegungsreize in der frühen Kindheit fehlen.

Bewegungshandlungen sind zudem mit Strategien der Problemlösung verbunden. Das
Kind macht sich ein Bild von den Gesetzmäßigkeiten und der Beschaffenheit von Dingen
über Bewegungsaktivitäten, die als explorative Handlungen dienen. Es überprüft die Ergebnisse am eigenen Tun. Bewegung dient hier als Mittel zum Zweck, wenn das Kind auf
der Suche nach Lösungswegen die eigenen Handlungen so lange variiert, bis es zu einem
zufriedenstellenden Ergebnis kommt (vgl. Zimmer, 2009b, S. 38f.).

Ein weiterer Aspekt wird von Korte (2010, S. 215) angeführt in dem er auf die Bedeutung körpereigener Opiate, die sog. Endorphine hinweist, die bei intensiven Bewegungsaktivitäten produziert werden. Sie spielen für das emotionale Empfinden, aber auch für
Motivation und Antrieb – eine wichtige Komponente des Lernens – eine Rolle.

## 6        Bewegungserziehung als Bestandteil frühkindlicher Bildung

In den letzten Jahren wurden von allen Bundesländern Bildungspläne für den Elementarbereich herausgegeben. Sie thematisieren Bildung unter dem Aspekt der Förderung
grundlegender Kompetenzen und Ressourcen, die Kindern ein stabiles Fundament für
ihre Entwicklung vermitteln und sie befähigen, ein Leben lang zu lernen. Bewegung ist in
allen Bildungsplänen – meist im Kontext von Körper und Gesundheit – gleichberechtigt
neben anderen Bildungsbereichen vertreten. Eine Bestandsaufnahme von Konzepten aus
der Pädagogik der frühen Kindheit und der Bewegungserziehung im Elementarbereich
wird von Ungerer-Röhrich et al. (2012) vorgelegt.

Die Notwendigkeit einer gezielten, regelmäßigen Bewegungsförderung in der Elementarerziehung kann aus unterschiedlichen Perspektiven begründet werden (vgl. Zimmer,
2008, S. 66ff.).

• Aus anthropologischer Sicht ist der Mensch ein auf Bewegung und Erfahrung angelegtes Wesen, das des Einsatzes aller Sinne und insbesondere seines Körpers bedarf,

um sich ein Bild über die Welt und sich selbst in ihr zu machen. Der Körper ist dabei Mittler der Erfahrungen, er ist aber zugleich auch Gegenstand, über den Erfahrungen gemacht werden. Die Welt erschließt sich dem Kind über Bewegung. Mit Hilfe von körperlichen Erfahrungen und Sinneserfahrungen bildet es Begriffe; im Handeln lernt es Ursachen und Wirkungszusammenhänge kennen und begreifen. So liefern die taktil-kinästhetische Wahrnehmung, die vestibuläre Wahrnehmung sowie das auditive und das visuelle Sinnessystem dem Kind viele Informationen und Eindrücke über seine Umwelt und über sich selbst in Zusammenhang mit ihr (Zimmer, 2012b).

- Aus entwicklungspsychologischer Sicht haben Körpererfahrungen für das Kind eine wichtige identitätsbildende Funktion. Der Körper ist das Mittel der Ich-Entwicklung und des Selbstständigwerdens. Körperliche Fähigkeiten und Möglichkeiten dienen dem Kind als Mittel und Symbole seines ‚Größerwerdens', sie sind Medien zur Erweiterung seines Handlungs- und Erfahrungsraumes.

- In Bewegung macht das Kind Erfahrungen der eigenen Wirksamkeit, es erlebt sich als Verursacher von Effekten. Im Umgang mit Objekten und Bewegungsaufgaben ruft es eine Wirkung hervor und führt diese auf sich selbst zurück. Das (sichtbare, spürbare) Ergebnis verbindet es mit der eigenen Anstrengung, dem eigenen Können – und so entsteht ein erstes Konzept eigener Fähigkeiten, das die Basis für Selbstvertrauen und Selbstwertgefühl bildet (Zimmer, 2012 c, S. 64ff.).

- Aus lernpsychologischer und neurophysiologischer Sicht bilden Wahrnehmung und Bewegung die Grundlage kindlichen Lernens. Die zunehmende Differenziertheit des Gehirns beruht auf den Wachstumsreizen, die von den Sinnesorganen ausgehen. In der frühen Kindheit werden durch Sinnestätigkeit und körperliche Aktivität Reize geschaffen, die die Verknüpfungen der Nervenzellen – die Bildung der sog. Synapsen – unterstützen. Die Verbindungen zwischen den Nervenzellen werden komplexer, je mehr Reize durch die Sinnesorgane zum Gehirn gelangen. Die Plastizität des Gehirns ist groß, es muss jedoch in der Kindheit durch möglichst vielseitige Sinnestätigkeiten angeregt werden (Ayres, 2002, Spitzer, 2002; 2012).

- Aus sozialökologischer Sicht sind Bewegungsangebote notwendig, um die durch den gesellschaftlichen Wandel bedingten Defizite der heutigen Lebenssituation auszugleichen. Bewegungsarmut prägt das Alltagsleben unserer Gesellschaft. Die Lebensbedingungen in unserer hochtechnisierten, motorisierten Gesellschaft engen den kindlichen Bewegungsraum zunehmend ein. Steigender Medienkonsum und eine Verarmung der unmittelbaren kindlichen Erfahrungswelt tragen dazu bei, dass das Kind in seinem Bedürfnis nach Eigentätigkeit und Selber-Ursache-Sein immer mehr eingeschränkt wird (Burrmann, 2008, Heim, 2008, Schmidt, 1997; 2008).
Aus gesundheitspädagogischer Sicht ist es unerlässlich, der Vielzahl der Bewegungsmangelerkrankungen, die viele Kinder bereits bei der Einschulung aufweisen, entgegenzuwirken. Gerade im vorschulischen Alter werden grundlegende Entwicklungsvorgänge vollzogen, die den Grundstock der späteren Haltung und Gesundheit bilden. Es besteht jedoch auch eine erhöhte Anfälligkeit gegen Störfaktoren, bedingt durch Zivilisationseinflüsse, wie z.B. Bewegungsmangel oder falsche Ernährung. Bewegungs-

erziehung kann bereits in der Kindheit zu einem gesunden Lebensstil anregen. Sie gilt als eine wichtige Säule der Prävention von Bewegungsmangelerkrankungen und trägt zum Aufbau gesundheitsrelevanter personaler Ressourcen bei (Fischer, 2007, Ungerer-Röhrich et al., 2007; Zimmer, 2012c).

## 7  Konzepte der Bewegungserziehung

Der Bildungsbereich Bewegung umfasst in der Kindertagesstätte sowohl situative Gelegenheiten, die sich durch eine bewegungsfreundliche Raumgestaltung und eine permissive Erzieherinnenhaltung ergeben als auch offene Bewegungsangebote, die den Kindern in Form von Bewegungsbaustellen oder frei zugänglichen Bewegungsräumen zur Verfügung stehen und vor allem auch angeleitete Bewegungsangebote, die regelmäßig von der Erzieherin angeboten werden und eine eher intentionale Ausrichtung an pädagogischen Zielvorstellungen aufweisen. In den letzten Jahren haben sich Konzepte der Bewegungserziehung in Kindertageseinrichtungen entwickelt, die sich durch ihre jeweils unterschiedlichen Zielvorstellungen voneinander abgrenzen.

## 7.1  Orientierung an der Ausbildung sportmotorischen Fähigkeiten und Fertigkeiten

Ausgehend von der Notwendigkeit der Ausbildung und Übung grundlegender motorischer Fähigkeiten und Fertigkeiten wird nach diesem Ansatz vor allem eine Förderung der Grundformen der Bewegung gefordert. Diese auch als ‚Grundtätigkeiten‘ bezeichneten Bewegungsformen umfassen das Laufen, Springen, Rollen, Wälzen, Schieben usw. In ihnen sollen Kinder sich bereits in frühen Lebensjahren üben, da hierauf die sportliche Fertigkeitsentwicklung aufbaue (Blumenthal, 1996).

Bewegung in der frühen Kindheit soll eine lebenslange Teilhabe an Bewegungs-, Spiel- und Sportkulturen ermöglichen (vgl. Fikus, 2012). Die Inhalte sind in erster Linie sportbezogen und fertigkeitsorientiert, damit soll bei Kindern die Grundlage für künftiges aktives Sporttreiben geschaffen werden. Nickel (1999) stellt die Forderung nach einem „kindgerechten Sport", den er vor allem aus der Erfüllung der sogenannten „Primärbedürfnisse" der Kinder ableitet. Dazu gehören z.B. das „Hochspringen und von oben herabspringen", das „Schaukeln und weit durch den Raum schwingen" (Nickel, 1999, S. 13f.). Entsprechende Gerätekonstruktionen wie die ‚Kinderkletterwand‘ sollen die Sportstätten auch für Kinder attraktiv und herausfordernd machen.

## 7.2 Orientierung an kompensatorischen Zielen

Zivilisationsbedingter Bewegungsmangel wird als Grund für zunehmende gesundheitliche Beeinträchtigungen und psycho-soziale Fehlentwicklungen gesehen (BZgA, 2002; Bös, 2003). Dieses Argument ist seit Jahren im Rahmen der Diskussion um eine ganzheitliche Gesundheitserziehung außerordentlich aktuell, es wird auch von der Öffentlichkeit und von politischen Entscheidungsträgern angenommen. So werden in Kindergärten verstärkt Modellmaßnahmen durchgeführt, die Bewegung als wesentlichen Baustein einer Gesundheits- und Entwicklungsförderung von Kindern betrachten (Krombholz, 2005).

Um der Gefahr einer übermäßigen ‚Funktionalisierung' der Bewegungsangebote für Kinder zu entgehen, werden Konzepte einer ressourcenorientierten Gesundheitsförderung gefordert (Fischer, 2007). So entwickelten Ungerer-Röhrich et al. (2007, S. 27) das Konzept „Schatzsuche im Kindergarten". Es will darauf hinwirken, dass Kindergärten sich zu „bewegten, gesundheitsfördernden Kindergärten entwickeln" (ebd.).

## 7.3 Orientierung an anthropologischen Vorannahmen

Andere Konzepte der Bewegungserziehung im Elementarbereich gehen in ihrer Begründung eher von anthropologischen Überlegungen aus: Bewegung wird eine ‚identitätsbildende Funktion' zuerkannt. Aufgrund seiner Körper- und Bewegungserfahrung gewinnt das Kind ein Bild von sich selbst, über Bewegung und Wahrnehmung bemächtigt es sich seiner Umwelt und wirkt auf sie ein. Der Körper stellt das Bindeglied zwischen der Außen- und Innenwelt des Kindes dar (Zimmer, 2012a). Ein Bild des Kindes als selbstständig handelndes Wesen ist auch für die Psychomotorik kennzeichnend (Beins & Cox, 2002; Fischer, 2009; Zimmer, 2011; 2012c). Durch erlebnisorientierte Bewegungs- und Wahrnehmungserfahrungen sollen grundlegende Lernprozesse in Gang gesetzt werden, die zum Aufbau eines positiven Selbstkonzeptes beitragen und die Auseinandersetzung des Kindes mit seinem Körper, seiner dinglichen und sozialen Umwelt unterstützen.

## 8 Bewegung und Sprache

Wie Bewegung so ist auch der Spracherwerb ein Lernprozess, der durch die aktive Auseinandersetzung des Kindes mit seiner materialen und sozialen Umwelt geprägt ist. Durch das Handeln gewonnene Erfahrungen werden in Verbindung mit der Sprache zu ‚Begriffen'. Diese Begriffe ermöglichen dem Kind die innere Abbildung der Welt (Zimmer, 2012d). Zeitliche Begriffe wie ‚langsam' und ‚schnell', räumliche Begriffe wie ‚hoch' und ‚tief' erfährt das Kind z.B. in Bewegungshandlungen, die es in Raum und Zeit variiert. So erweitert es seinen Wortschatz und erwirbt die Voraussetzung für das Verständnis sprachlicher Klassifizierungen.

Bewegung und Sprache werden in den von den Bundesländern herausgegebenen Bildungs- und Orientierungsplänen für den Elementarbereich als unterschiedliche Lern- und Erfahrungsfelder angesehen (vgl. im Überblick Schuster, 2006), explizite Verbindungen werden nur vereinzelt aufgezeigt. Dabei liegen gerade in der Verknüpfung von Bewegungshandeln und Sprachhandeln besondere motivationale Chancen und auch Möglichkeiten, ihre sprachlichen Kompetenzen zu erweitern (Jampert et al., 2006, Madeira Firmino, 2011).

Die Möglichkeiten zur Förderung sprachlicher Kompetenzen im Kindergartenalltag durch spielerische aber doch systematische Bewegungsanlässe wurde in folgendem Forschungsprojekt überprüft: In einem Untersuchungszeitraum von zehn Monaten wurde in zehn Kindergärten mit insgesamt 244 drei- bis fünfjährigen Kindern ein Bewegungsangebot durchgeführt, durch das insbesondere Bereiche der Sprachentwicklung (Wortschatzerweiterung, Prosodie, Phonologie und allgemeine Kommunikationsförderung) angeregt werden sollten. Die Erzieherinnen waren durch regelmäßige Fortbildungsveranstaltungen und durch schriftliche Begleitmaterialien in dieses Konzept „Bewegte Sprache" (Zimmer, 2012d) eingeführt worden und wurden durch Projektmitarbeiterinnen regelmäßig in ihrer pädagogischen Arbeit begleitet. Die Kontrollgruppe setzte sich aus 135 Kindern dreier Kindergärten zusammen.

Zu Beginn und am Ende des Versuchszeitraumes wurde bei allen Kindern neben einem Screeningverfahren zur Ermittlung der motorischen Fähigkeiten (MOT 4-8 Screen, Zimmer, i. D.) ein Sprachscreening durchgeführt (Sprachscreening für das Vorschulalter [SSV], Grimm, 2003). Die Auswertung der gewonnenen Daten wies auf die positiven Effekte der Intervention hin: Bei den Kindern der Versuchsgruppen zeigten sich im Vergleich zur Kontrollgruppe signifikant höhere Ergebnisse sowohl in den Motorikquotienten als auch in den Werten des Sprachscreenings.

Eine differenziertere Analyse der Ergebnisse machte deutlich, dass vor allem die Kinder, deren Werte zum ersten Messzeitpunkt zu den unteren 16 % ihrer Altersgruppe gehörten von der bewegungsorientierten Sprachförderung profitierten: Signifikante Veränderungen zeigten sich im Bereich des phonologischen Arbeitsgedächtnisses, das eine bedeutsame Komponente der Sprachentwicklung darstellt. Die Ergebnisse der Sprachfördergruppe fielen signifikant höher aus als die der Kontrollgruppe (vgl. Zimmer, 2012d).

## 9    Schlussbemerkung

Bewegung besitzt ein entwicklungsförderndes Potenzial, das sich insbesondere in den ersten Lebensjahren positiv auf viele Bereiche, z.B. auf die Sprachentwicklung auswirken kann. Bewegungserziehung gehört damit zu den Querschnittaufgaben der Institutionen des Elementarbereichs und kann einen wichtigen Beitrag zur Erfüllung ihres Bildungsauftrags leisten. Für Kinder ist Bewegung Motor der Entwicklungsförderung, sie bietet gleichzeitig aber auch viele Chancen für das Erleben einer ‚erfüllten Gegenwart'.

# 10    Literatur

Ayres, A.J. (2002). *Bausteine der kindlichen Entwicklung* (4. Aufl.). Berlin: Springer.

Beins, H.J. & Cox, S. (2002). *"Die spielen ja nur!?" Psychomotorik in der Kindergartenpraxis*. Dortmund: Borgmann.

Blumenthal, E. (1996). *Bewegungsspiele für Vorschulkinder: Ein Beitrag zur Entwicklungsförderung der 3- bis 5jährigen*. Schorndorf: Hofmann.

Bös, K. (2003). Motorische Leistungsfähigkeit von Kindern und Jugendlichen. In W. Schmidt, I. Hartmann-Tews & W.-D. Brettschneider (Hrsg.), *Erster Deutscher Kinder und Jugendsportbericht* (2. Aufl.). (S. 85–107). Schorndorf: Hofmann.

Bös, K., Worth, A., Opper, E., Oberger, J., Romahn, N., Woll, A., Wagner, M. & Jekauc, D. (2008). *Das Motorik-Modul: Motorische Leistungsfähigkeit und körperlich-sportliche Aktivität von Kindern und Jugendlichen in Deutschland*. Baden-Baden: Nomos-Verlag.

Bourgeois, J.-P. (2001). Synaptogenesis in the neocortex of the newborn: the ultimate frontier for individuation? In C.A. Nelson & M. Luciana (Hrsg.), *Handbook of developmental cognitive neuroscience* (S. 23–34). Cambridge: Bradford Book.

Burrmann, U. (2008). Bewegungsräume und informelle Bewegungs-, Spiel- und Sportaktivitäten für Kinder. In W. Schmidt (Hrsg.), *Zweiter Deutscher Kinder- und Jugendsportbericht* (S. 391–408). Schorndorf: Hofmann.

BZgA (2002). Bewegungsförderung im Kindergarten. Kommentierte Medienübersicht. Herausgegeben von der Bundeszentrale für gesundheitliche Aufklärung. Köln: BZgA.

Corbin, C.B., Pangrazi, R.P. & Le Masurier, G.C. (2004). Physical activity for Children: Current Patterns & Guidelines. *President's Council of Physical Fitness and Sports – Research Digest, 5*(2), 1–8.

Eliot, L. (2002). *Was geht da drinnen vor? Die Gehirnentwicklung in den ersten fünf Lebensjahren*. Berlin: Berlin.

Fikus, M. (2012). *Bewegung im Elementarbereich*. Handreichungen zum Berufseinstieg von Elementar-und KindheitspädagogInnen, Heft B07. Universität Bremen. http://www.fruehpaedagogik.uni-bremen.de/handreichungen/B07Bewegung%28MF%29.pdf [abgerufen am 26.11.2012]

Fischer, K. (2007). Die Bedeutung der Bewegung für Salutogenese und Resilienz. In I. Hunger & R. Zimmer (Hrsg.), *Bewegung. Bildung. Gesundheit. Entwicklung fördern von Anfang an* (S. 117–125). Schorndorf: Hofmann.

Fischer, K. (2009). *Einführung in die Psychomotorik* (3. Aufl.). München: Reinhardt.

Grimm, H. (2003). *SSV. Sprachscreening für das Vorschulalter. Kurzform des SETK 3-5. Manual*. Göttingen: Hogrefe.

Haug-Schnabel, G. & Bensel, J. (2006). Kinder unter 3 – Bildung, Erziehung und Betreuung von Kleinstkindern. *Kindergarten heute spezial*. Freiburg: Herder.

Heim, R. (2008). Bewegung, Spiel und Sport im Kontext von Bildung. In W. Schmidt (Hrsg.), *Zweiter Deutscher Kinder- und Jugendsportbericht* (S. 21–42). Schorndorf: Hofmann.

Holle, B. (2000). *Die motorische und perzeptuelle Entwicklung des Kindes*. München: Beltz.

Hüther, G. (2007). Sich zu bewegen heißt fürs Leben lernen. In I. Hunger & R. Zimmer (Hrsg.), *Bewegung – Bildung – Gesundheit. Entwicklung fördern von Anfang an* (S. 12–22). Schorndorf: Hofmann.

Jampert, K., Leuckefeld, K., Zehnbauer, A. & Best, P. (2006). Sprachliche Förderung in der Kita. Berlin: das Netz.

Kambas, A., Antoniou, P., Xanthi, G., Heikenfeld, R., Taxildaris, K. & Godolias, G. (2004). Unfallverhütung durch Schulung der Bewegungskoordination bei Kindergartenkindern. *Deutsche Zeitschrift für Sportmedizin, 55*(2), 44–47.

Kasten, H. (2007). *0 – 3 Jahre. Entwicklungspsychologische Grundlagen*. Berlin: Cornelsen.

Kautter, H. (1998). *Das Kind als Akteur seiner Entwicklung* (4. Aufl.). Heidelberg: Winter.

Korte. M. (2010). *Wie Kinder heute lernen*. München DVA.

Krombholz, H. (2004). Bewegungsförderung im Kindergarten – Ergebnisse eines Modellversuchs. Teil 1: Ziele, Inhalte und Umsetzung. *Motorik, 27*(3), 130–137.

Krombholz, H. (2005). *Bewegungsförderung im Kindergarten – Ein Modellversuch*. Schorndorf: Hofmann.

Kurth, B.-M. & Schaffrath Rosario, A. (2007). Die Verbreitung von Übergewicht und Adipositas bei Kindern und Jugendlichen in Deutschland. Ergebnisse des bundesweiten Kinder- und Jugendgesundheitssurveys (KiGGS). *Bundesgesundheitsblatt – Gesundheitsforschung – Gesundheitsschutz, 50*(5/6), 736–743.

Largo, R. (2007). *Babyjahre*. München: Piper.

Madeira Firmino, N. (2011a). Zur Sprache kommen – durch Bewegung. In R. Zimmer (Hrsg.) *Psychomotorik für Kinder unter 3 Jahren* (S. 123–134). Freiburg: Herder.

Nickel, U. (1999*). Kinder brauchen ihren Sport*. Celle: Pohl.

Rauh, H. (2008). Vorgeburtliche Entwicklung und frühe Kindheit. In. R. Oerter & L. Montana (Hrsg.). *Entwicklungspsychologie* (S. 149–224). Weinheim: Beltz.

Rethorst, S. (2004). „Kinder in Bewegung" – Welche Chancen bieten bewegungsfreundliche Kindergärten für die motorische Entwicklung im Kindergarten? *sportunterricht, 53*(3), 72-78.

Schmidt, W. (1997). Veränderte Kindheit – Veränderte Bewegungswelt: Analysen und Befunde. *In Sportwissenschaft* 27 (2) S. 143-160.

Schmidt, W. (Hrsg.). (2008). Zweiter Deutscher Kinder- und Jugendsportbericht). Schorndorf: Hofmann.

Schuster, K. (2006). Rahmenpläne für die Bildungsarbeit. In L. Fried & S. Roux (Hrsg.). *Pädagogik der frühen Kindheit* (S. 146–157). Weinheim: Beltz.

Spencer, J.P., Corbetta, D., Buchanan, P., Clearfield, M., Ulrich, B. & Schöner, G. (2006). Moving Toward a Grand Theory of Development: In Memory of Esther Thelen. *Child Development, 77*(6), 1521–1538.

Spitzer, M. (2002). *Lernen. Gehirnforschung und die Schule des Lebens*. Berlin: Spektrum

Spitzer, M. (2012). Geist in Bewegung – Gehirnforschung zur ganzheitlichen Entwicklung von Körper und Geist. In I. Hunger & R. Zimmer (Hrsg.), *Bewegung. Bildung. Gesundheit. Entwicklung fördern von Anfang an* (S. 18–41). Schorndorf: Hofmann.

Thelen, E. (2000). Motor development as foundation and future of developmental psychology, *International Journal of Behavioral Development, 24*(4), 385–397.

Ungerer-Röhrich, U., Eisenbarth, I., Thieme, I., Quante, S., Popp, V. & Biermann, A. (2007). Schatzsuche im Kindergarten – ein ressourcenorientierter Ansatz zur Förderung von Gesundheit und Bewegung. *Motorik, 30*(1), 27–34.

Ungerer-Röhrich, U. (2012). „Schatzsuche" – Ressourcen stärken in Kita und Schule. In I. Hunger & R. Zimmer (Hrsg.), *Frühe Kindheit in Bewegung. Entwicklungspotentiale nutzen. Das Buch zum 7. Osnabrücker Kongress Bewegte Kindheit 2011* (S. 181–191). Schorndorf: Hofmann.

Völker, K. (2008). Wie Bewegung und Sport zur Gesundheit beitragen – Tracking-Pfade von Bewegung und Sport zur Gesundheit. In W. Schmidt (Hrsg.), *Zweiter deutscher Kinder- und Jugendsportbericht. Schwerpunkt: Kindheit* (S. 89–106). Schorndorf: Hofmann.

Von Hofsten, C. (1983). Catching skills in infancy. *Journal of Experimental Psychology, 18,* 450–461.

Von Hofsten, C. & Rönnquvist, L. (1988). Preparation for grasping an object: A developmental study. *Journal of Experimental Psychology: Human Perception and Performance, 14,* 610–621.

Von Hofsten, C. (2009). Action, the foundation for cognitive development. *Scandinavian Journal of Psychology, 50,* 617–623.

Zimmer, R. (2008). Lernen durch Wahrnehmung und Bewegung – Grundlagen der Bewegungserziehung. In S. Ebert (Hrsg.), *Die Bildungsbereiche im Kindergarten* (S. 65–85). Freiburg: Herder.

Zimmer, R. (Hrsg.). (2011a). *Psychomotorik für Kinder unter 3 Jahren*. Freiburg: Herder.

Zimmer, R. (2011b). *Vom Greifen zum Begreifen. Entwicklungsförderung durch Bewegung.* Freiburg: Herder.

Zimmer, R. (2012a). *Handbuch der Bewegungserziehung. Grundlagen für die Ausbildung und pädagogische Praxis.* Freiburg: Herder.

Zimmer, R. (2012b). *Handbuch der Sinneswahrnehmung. Grundlagen einer ganzheitlichen Bildung und Erziehung.* Freiburg: Herder.

Zimmer, R. (2012c). *Handbuch der Psychomotorik: Theorie und Praxis der psychomotorischen Förderung von Kindern .* Freiburg: Herder.

Zimmer, R. (2012d). *Handbuch Sprachförderung durch Bewegung.* Freiburg: Herder.

Zimmer, R. (in Druck). *MOT 4-6 Screen. Motoriktest für vier- bis achtjährige Kinder Screening-Version.* Göttingen: Hogrefe.

Zimmer, R. & Volkamer, M. (1987). MOT 4-6. Motoriktest für vier- bis sechsjährige Kinder. Göttingen: Hogrefe.

Zollinger, B. (2007). *Die Entdeckung der Sprache* (7. Aufl.). Bern: Haupt.

# Familien in Risikosituationen durch frühkindliche Bildung erreichen

Andrea Lanfranchi und Andrea Burgener Woeffray

## 1    Einleitung

Bildungschancen sind schon bei der Geburt ungleich verteilt. Das ist auch in der Schweiz so. Es besteht eine enge Verknüpfung zwischen der sozialen Herkunft und dem Bildungserfolg (Moser & Lanfranchi, 2008). Besonders benachteiligt sind Kinder aus Familien in psychosozialen Risikosituationen, wie beispielsweise Arbeitslosigkeit und Armut, Migrationshintergrund, belastete familiäre Beziehungen, psychische Erkrankungen oder Sucht. Treten solche Merkmale gehäuft auf oder fehlt es an ‚abfedernden‘ Schutzfaktoren wie Unterstützungssystemen im sozialen Umfeld steigt das Risiko, dass das (an sich gesunde) Kind durch die ungünstigen Bedingungen des Aufwachsens in seiner Entwicklung gefährdet ist. In diesem Beitrag wird der Forschungsstand im Bereich der Risikoentwicklung und deren Früherkennung anhand von Verfahren der indizierten und selektiven Prävention aufgearbeitet. Es sollen Möglichkeiten und Methoden vorgestellt und begründet werden, wie Zugang zu Familien geschaffen werden kann, die bisher mit den üblichen Ansätzen kaum erreicht werden konnten. Die Gefahr, dass neue Muster der Stigmatisierung und sicherheitsideologische Dispositive etabliert werden, ist zwar vorhanden. Sie kann zum einen dadurch verringert werden, dass die Prozeduren nicht auf einer Logik des Verdachts, sondern auf einer Kultur der Anerkennung (Hildenbrand, 2011), zum anderen nicht aufgrund von Vermutungen sondern erhobenen Feststellungen basieren. Eine Selektion findet wohl statt: sie dient der Verringerung späterer Exklusion.

## 2 Entwicklung im Kontext von Risiko- und Schutzfaktoren

Mit dem Begriff ‚psychosoziale Risiken' sind psychische, soziale und ökonomische Bedingungen in der Umwelt von Kindern gemeint, die deren Entwicklung in einem solchen
Mass hemmen oder stören können, dass sie Gefahr laufen, später deutliche Entwicklungsverzögerungen, Lernbehinderungen oder Verhaltensstörungen zu zeigen (Klein,
2002). Aus der Grundlagenforschung über die kindliche Entwicklung sowie aus mindestens 16 Längsschnittstudien mit replizierten vorhersagekräftigen Faktoren für frühe
Erziehungsschwierigkeiten und Entwicklungsauffälligkeiten (Kindler, 2009) lassen sich
mehrere relevante psychosoziale wie personale Prädiktoren einer Risikoentwicklung ableiten (Tabelle 1):

**Tabelle 1** Vorhersagefaktoren früher Entwicklungsauffälligkeiten (in Klammer: zusätzliche Vorhersagefaktoren für Vernachlässigung und Misshandlung); adaptiert nach Kindler (2010,
S. 1074)

| | | |
|---|---|---|
| **Familie** | *Soziale Lage* | Niedriger Bildungsstand (+ Bezug von Fürsorge-leistungen) |
| | Lebenssituation | Partnerschaftsprobleme, -gewalt, hohe Stress-belastung (+ häufige Umzüge, soziale Isolation) |
| | Betreuungssituation | Fremdbetreuung von geringer Qualität |
| **Eltern** | *Erziehungskompetenz* | Mutter sehr jung, geringe Bewältigungs-möglichkeiten Mutter/Vater ‚Broken Home', strafrechtlich ver-urteilt (+ Mutter geringe Intelligenz, hat selbst Gefährdung erfahren, geringes Selbstvertrauen, als Kind in Fremdunterbringung) |
| | Erziehungsverhalten | Mutter problematisches Interaktionsverhalten, ungünstiges Bindungsmuster (+ problemati-sches Fürsorgeverhalten) |
| | Psychische Gesundheit | Mutter psychisch auffällig, Anzeichen von De-pression, impulsiv (+ Mutter emotional instabil) |
| | Haltung / Schwangerschaft | (+ ungewolltes Kind, negativ gegenüber Kind, lückenhafte Vorsorgeuntersuchungen) |
| **Kind** | *Erziehungsanforderungen* | Geringes Geburtsgewicht, Kind ist ein Junge (+ Regulationsstörungen beim Kind, mehrere jüngere Kinder in der Familie) |

Nun wird in der breiten Rezeption des Risikobegriffs allerdings oft übersehen, dass es neben Belastungs- auch psychosoziale wie personale Schutzfaktoren gibt, die berücksichtigt
und vor allem – da wo möglich – gefördert werden sollen (Tabelle 2):

**Tabelle 2** Schutzfaktoren im Kindesalter (adaptiert nach Egle, Hardt, Nickel, Kappis & Hoffmann, 2002, S. 415)

| | |
|---|---|
| **Familie, Eltern** | familiärer Zusammenhalt |
| | offenes und unterstützendes Erziehungsklima |
| | verlässliche Beziehung und sichere Bindung, die eine stabile emotionale Beziehung zu einer Person ermöglicht |
| **Ausserfamiliäre Lebenswelt** | soziale Unterstützung |
| | positive Freundschaftsbeziehungen |
| | positive Schulerfahrungen |
| **Kind** | positives Temperament (flexibel, offen, kontaktfreudig) |
| | intellektuelle Fähigkeiten |
| | Selbstwirksamkeit und aktives Bewältigungsverhalten |
| | Geschlecht: Mädchen weniger vulnerabel |

Auch hier soll noch einmal der vielverbreitete Trugschluss ausgeräumt werden, nämlich die etwas naiv-mechanistische Überlegung, wonach bestehende Risiken mit der Nutzung und Stärkung, eventuell auch dem Ausbau von Schutzfaktoren neutralisiert werden können. Schutzfaktoren haben erst dann einen nachweisbaren Puffereffekt, wenn sie stark sind und die kumulierten Belastungen nicht allzu hoch ausfallen. Bei einem sehr hohen Belastungsgrad spielen die protektiven Faktoren keine bedeutsame Rolle mehr in der Kompensation von Entwicklungsproblemen (für den Bereich der psychischen Gesundheit vgl. Wille, Bettge, Ravens-Sieberer & BELLA study group, 2008, S. 142).

Aus der Resilienzforschung ist bekannt, wie schwierig es ist, genau zu bestimmen, wie sich die Wechselwirkung von Risiko- und Schutzfaktoren abspielt (Fingerle, 2011; Lösel & Bender, 2008). Resilienz als relationales Konstrukt ist die Aufrechterhaltung der biopsychosozialen Gesundheit trotz hoher Störungsanfälligkeit, ja sogar die Fähigkeit, aus den widrigsten Umständen von Not und Elend (adversity) gestärkt hervorzugehen (Walsh, 2003). Gemäss empirisch validierter Resilienzmodelle (Übersicht in Wustmann, 2004) liegen Widerstandskräfte gegenüber Risikofaktoren sowohl in konstitutionellen und erworbenen personalen Merkmalen als auch in den Ressourcen des Umfeldes. Entscheidend scheint die dynamische Modulation zwischen risikoerhöhenden und risikomildernden Bedingungen, das heisst zwischen Risiko- und Schutzfaktoren zu sein (Lanfranchi, 2006a). Aus dieser Komplexität heraus sollten daher immer dann, wenn mit dem Risikobegriff operiert wird, das erwähnte komplementäre Verhältnis berücksichtigt und die protektiven Faktoren einbezogen werden.

## 3        Begriffe im Kontext von Risiko und Entwicklung

Ein Verzicht auf die einseitige Betrachtung von Risikophänomenen führt auch zu einem
Verzicht auf problematische Begriffe, die sich im wissenschaftlichen Diskurs eingebür-
gert habe. So möchten wir dezidiert vom Begriff ‚Risikokinder' oder ‚Risikofamilien' Abstand nehmen, genau so wie vom Begriff ‚Risikogruppe', das von der ersten PISA-Studie
in die Bildungsforschung eingeführt wurde und nun auch in den Erziehungswissenschaften prädominant ist (kritisch dazu Roth & Terhart, 2010). Nicht die Kinder sind ein
Risiko, auch nicht ‚ihre Familie' sondern die Umstände bzw. die Umgebung, in der sie
leben. Wir denken auch an die späteren Risiken, welche die Schule für Kinder aus sozial benachteiligten Familien, insbesondere mit Migrationshintergrund, beinhalten kann
(zur institutionellen Diskriminierung vgl. die „practice testing"-Studie von Lanfranchi,
2007). Korrekterweise ist deshalb allgemein von Kindern resp. Familien *in Risikosituati-*
*onen* zu sprechen.

Längsschnittstudien wie die Mannheimer Risikokinderstudie (Laucht, Esser &
Schmidt, 2007, S. 82) haben einen engen Zusammenhang zwischen einer Belastung
aufgrund vorliegender Risikofaktoren oder fehlender Schutzfaktoren und auffälliger
Entwicklungsresultate in den Bereichen der Motorik, der Kognition oder auch des Sozialverhaltens aufdecken können. Sie zeigen auf, dass belastete Kinder oftmals Entwicklungsresultate im Grenzbereich zur normalen Entwicklung aufweisen, was als Signal für
eine sich anbahnende Fehlentwicklung gewertet werden muss. Diese Kinder sind *ent-*
*wicklungsgefährdet* (Burgener & Meyer, 2011).

## 4        Strategien zur Prävention von entwicklungsgefährdeten
         Kindern

Wie können entwicklungsgefährdete Kinder bzw. Kinder und ihre Familien in Risikosituationen frühzeitig identifiziert werden und welche Verfahren sind bei vorliegender
Indikation am besten geeignet? In einer Zeit knapper öffentlicher Haushalte für die frühe
Prävention von sich anbahnenden Entwicklungsbeeinträchtigungen bei kleinen Kindern
bzw. für den Ausbau von Massnahmen der frühkindlichen Bildung, Betreuung und Erziehung (FBBE) empfiehlt es sich, Klarheit über Anspruchsgruppen, geeignete Verfahren
der Früherkennung, Massnahmen der frühen Förderung und Zuständigkeiten zu erlangen. Ein Blick auf die verschiedenen Ebenen von Prävention bringt eine erste Klärung
(siehe Abbildung 1; erstellt in Anlehnung an die zielgruppenorientierte Einteilung von
Gordon, 1983, zit. in Uhl, 2005, S. 40).

Unter *indizierter Prävention* sind Massnahmen für eher wenige Kinder zu verstehen,
bei denen bereits Manifestationen von Problemverhalten (im vorliegenden Zusammenhang: Entwicklungsstörungen oder -verzögerungen) festgestellt werden können und bei
denen eine Verbesserung ihrer zukünftigen Entwicklung angestrebt wird. Indizierte
Prävention setzt eine Indikation voraus und umfasst Intervention und Therapie, soweit

damit das Vermeiden oder Vermindern weiterer Fehlentwicklungen angestrebt wird. In diesem Fall sind primär sonderpädagogische Massnahmen einzuleiten.

Unter _selektiver Prävention_ werden Massnahmen für eine besondere Teilgruppe oder Kinder zusammengefasst, die durch vorliegende Risikosituationen und eingeschränkte protektive Elemente erkennbar belastet sind. Diese Kinder sind potentiell entwicklungsgefährdet. Es mag aber mitunter eine Frage der Zeit sein bis sich Auffälligkeiten (wie zum Beispiel schulische Lern- und Verhaltensprobleme) manifestieren. Verfahren der Früherkennung und frühen Förderung sollen im Rahmen selektiver Prävention dazu dienen, gezielt die Auswirkungen von Risikofaktoren zu mindern resp. Schutzfaktoren zu stärken und aufzubauen, damit die Kinder sich möglichst unbeschadet (weiter-)entwickeln können. Hier bieten sich primär sozialpädagogische Massnahmen an.

_Universelle Prävention_ zielt auf eine Gesamtgruppe und bietet dieselben Massnahmen allen Kindern der Gruppe an, ohne dass besondere Risikosituationen vorliegen müssen. Ein Vorteil universeller Prävention ist, dass sie eine grosse Breitenwirkung erzielt und dabei niemand stigmatisiert wird. Ein Nachteil besteht in einem oft bescheidenen ‚return of investment'. Weil die verfügbaren Mittel auf viele Personen verteilt werden, die von vornherein ein geringes Risiko aufweisen, sind die ausgelösten Wirkungen eher gering. Ein Berufsfeld mit universell präventivem Auftrag ist in der Schweiz die Mütter- und Väterberatung (vgl. Candido, 2010).

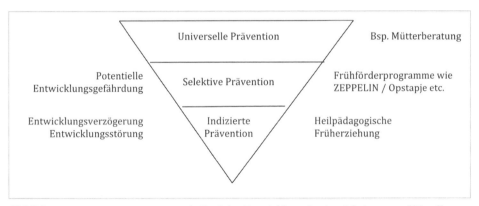

**Abbildung 1** Präventionsansätze nach Grad der Entwicklungsbeeinträchtigung und Handlungsfelder

Wir unterstützen die Aussagen des OECD-Berichtes _Doing Better for Families_ (OECD, 2011. S. 57-58), wonach wohlfahrtsstaatliche Ausgaben für Familien folgendermaßen umgelenkt werden sollten: von universellen Maßnahmen und Leistungen zu selektiven, zielgruppenspezifischen Maßnahmen für Kinder in sozial benachteiligten Familien; von Investitionen in spätere Kindheitsphasen zu früheren Phasen; von Geldleistungen zu Sach- und Dienstleistungen, wobei FBBE-Massnahmen eine herausragende Relevanz zugesprochen wird.

## 5        Verfahren im Rahmen indizierter und selektiver Prävention

Privilegiertes Berufsfeld indizierter Prävention im Bereich des frühen Kindesalters ist die heilpädagogische oder interdisziplinäre Frühförderung, die in der Schweiz Heilpädagogische Früherziehung (HFE) heisst und schon lange vor der Entstehung des aktuellen Diskurses rund um die frühkindliche Bildung über eine bewährte institutionelle und wissenschaftliche Tradition verfügte (Tobler & Grond, 1985; Thurmair & Naggl, 2003). In der Heilpädagogischen Früherziehung werden Kinder mit Behinderungen, mit Entwicklungsverzögerungen, -einschränkungen oder -gefährdungen ab Geburt bis maximal zwei Jahre nach Schuleintritt mittels Abklärung, präventiver und erzieherischer Unterstützung sowie angemessener Förderung im familiären Kontext behandelt (EDK, 2007).

Programme der frühen Förderung wie ZEPPELIN (www.zeppelin-hfh.ch) oder Opstapje/schritt:weise (www.aprimo.ch) sind auf Zielgruppen in Risikosituationen und damit auf selektive Prävention ausgerichtet. Sie haben den Vorteil, dass die Mittel gezielt dort eingesetzt werden, wo probabilistisch argumentiert messbare Effekte hervorgebracht werden können. Dem steht der Nachteil gegenüber, dass allenfalls Familien und Kinder stigmatisiert werden, obwohl keine Risikosituation vorliegt. Deshalb hat die Einschätzung der Risiko- und Schutzfaktoren sorgfältig zu erfolgen. Auch zur Festlegung allenfalls erforderlicher Massnahmen wird insbesondere hinsichtlich des Grades der Risikobelastungen zu differenzieren sein.

Die vorausgegangen Überlegungen sowie die dargelegten empirisch validierten Vorhersagefaktoren zur Bestimmung von Risikolagen haben Eingang gefunden in Screenings resp. Verfahren zur Früherkennung:

Förderung ab Geburt, ZEPPELIN 0-3 (Lanfranchi & Neuhauser, 2011)

In diesem Projekt wird in einer ersten Phase ein so genanntes Kurz-Screening angewendet, das die persönliche, familiäre, soziale und materielle Belastung erfasst. In einem zweiten Schritt wird entlang der gleichen Subskalen ein komplexes, mehrere Punkte umfassendes Einschätzungsverfahren eingesetzt, das neben Belastungsfaktoren auch Schutzfaktoren berücksichtigt, um somit eine ganzheitliche und ausgewogene Beurteilung zu ermöglichen. Im Projekt ZEPPELIN 0-3 wird diese differenzierte Einschätzung mittels der Heidelberger Belastungsskala (HBS) vorgenommen (Stasch, 2007). Die Interreliabilität ist hoch und die Konstruktvalidität zufriedenstellend (Sidor, Eickhorst, Stasch & Manfred, 2012).

Früherfassung entwicklungsgefährdeter Kinder, FegK 3-6 (Burgener & Meier, 2011)

In diesem Verfahren sollen frühzeitig Kinder erfasst werden, bei denen bereits erste Zeichen einer Entwicklungsauffälligkeit festzustellen sind (vgl. Burgener Woeffray & Meier, 2011; 2012). Das Verfahren faltet die Komplexität von Entwicklungsgefährdung im Kontext von Risiko- und Schutzfaktoren in einem vierstufigen Vorgehen systematisch auf. Die einzelnen Verfahrensschritte Vorabklärung, Erfassung des Entwicklungsstandes sowie die Einschätzung der Risiko- und Schutzfaktoren werden in einem letzten Schritt so zusammengeführt, dass Grundlagen gegeben sind, um geeignete Unterstützungs-massnahmen abzuleiten und vorzuschlagen.

# 6    Präventionsdilemmata

Ein erstes Problem der Präventionsarbeit besteht darin, dass innerhalb einer Gruppe von Personen mit unterschiedlicher Risiko-Ausprägung in der Regel jeweils diejenigen von den Angeboten am meisten profitieren, die vergleichsweise über befriedigende sozioöko-nomische und kulturelle Ressourcen verfügen (was man auch Matthäus-Effekt nennt: „Wer hat, dem wird gegeben", vgl. Stamm, 2010). Im Kontext der frühkindlichen Bildung besteht das Problem also darin, „dass Eltern von sich aus umso weniger Hilfe annehmen, je mehr sie – aus gesellschaftlich-normativer Sicht – brauchen würden, damit ihre Kinder (...) gesund aufwachsen" (Helming, Sandmeir, Sann & Walter, 2007, S. 42).

Als zweites Dilemma kommt·erschwerend hinzu, dass sich Programme der selektiven Prävention an Kinder richten, die (noch) nicht in irgendeiner Art und Weise auffällig oder behindert, sondern allenfalls risikobelastet sind. Infolgedessen besteht für deren Eltern kein unmittelbarer Handlungsbedarf (Klein, 2002, S. 59). Grösste Herausforde-rung ist es deshalb, den Zugang zu den Familien zu organisieren und auch zu realisieren. Nachfolgend sollen diesbezügliche Hindernisse aber auch Wege aufgezeigt werden.

# 7    Hindernisse und Wege des Zugangs zu Familien in Risikosituationen

## 7.1    Institutionelle Barrieren

Aus institutionellen Gründen sind Nutzungschancen von Hilfssystemen ungleich ver-teilt, wie etwa im Bereich der familienergänzenden Familienbetreuung, wo Familien mit Migrationshintergrund systematisch benachteiligt sind, einen Betreuungsplatz in einer Kindertagesstätte zu finden (Lanfranchi & Sempert, 2012, S. 149f.). Andererseits sind sie oft nicht an Studien beteiligt: Eltern ohne gute Deutschkenntnisse werden bei manchen öffentlich finanzierten Interventionsstudien und Forschungsprojekten sogar von vornherein ausgeschlossen, weil deren Rekrutierung als erschwert vorweggenom-men und die Arbeit mit interkulturellen Übersetzerinnen wegen der damit verbundenen Umständen und Kosten vermieden wird, so zum Beispiel im (ansonsten vorbildlichen) Hausbesuchsprogramm „Pro Kind" (Jungmann, 2010, S. 183) und in der (ansonsten weg-weisenden) Mannheimer Risikokinderstudie (Laucht, Esser & Schmidt, 2007, S. 74). Wei-tere Schranken liegen in der fehlenden bzw. nur teilweise vorhandenen interkulturellen Kompetenz des Personals (Lanfranchi, 2009), sowie in den Programmmaterialien, die nicht an die besondere Zielgruppe angepasst und in Migrationssprachen übersetzt sind, wie Flyers zur Rekrutierung oder Informationsunterlagen für die Eltern.

## 7.2    Kulturelle Abschottung

Gerade wenn psychosozialen Belastungen wie Arbeitslosigkeit und Armut, Paarkonflikte und Gewalt oder Erziehungsprobleme vorliegen, schämen sich viele Eltern und ziehen sich in den Binnenraum der Familie zurück. Ganz besonders Migranten möchten vor allem im Falle eines laufenden Verfahrens wie Asyl- oder Einbürgerungsantrag aber auch beim Vorliegen einer regulären Aufenthaltsbewilligung nicht öffentlich auffallen. Manchmal interpretieren sie Einwirkungen von aussen als Bedrohung der Familienkohäsion durch staatliche Einmischung (vgl. am Beispiel von Migranten aus Kriegsgebieten: Lanfranchi, 2006b). Auch im Zusammenhang mit lebensbiographischen oder kulturspezifischen Eigenschaften halten manche Migranten an tradierten Sinnstrukturen fest, weichen einer real veränderten existentiellen Lage aus und möchten sich auf nötige Anpassungen des Lebensentwurfs nicht einlassen (Lanfranchi, 2004). In der Folge bleiben solche Eltern oft und lange misstrauisch-distanziert. Das ist verständlich, weil Unterstützungsangebote immer auch einen Aspekt sozialer Kontrolle beinhalten (Hildenbrand, 2011). Im Grunde genommen gelten die Nutzer von frühen Hilfen ja als ‚hilfsbedürftig‘ und ‚defizitär‘. Umso mehr werden solche Eltern „fürsorglich belagert" (Bröckling, 2004; zit. in Holthusen, Hoops, Lüders & Ziegleder, 2011, S. 24). Die Kontaktnahme und der Aufbau einer tragfähigen und vertrauensvollen Beziehung zu ihnen kann nur dank einer ressourcenorientierten und wertschätzenden Fachperson gelingen, welche Transformationspotenziale entdeckt, sich für die Lebensrealität *dieser* Familie interessiert, die spezifischen Stärken *dieser* Eltern widerspiegelt und alltagspraktische Unterstützung bietet. Es braucht mit anderen Worten Kompetenz statt Kulturalisierung (Lanfranchi, 2009). Bleiben Fachpersonen in der Logik des Verdachts eingefroren, ist die Gefahr gross, dass sich die Familie gar nicht auf eine Beziehung einlässt, bzw. aus dem Arbeitsbündnis rasch aussteigt.

Wege in die Angebote
Bei Interventions- und Forschungsprojekten der frühkindlichen Bildung gibt es verschiedene Möglichkeiten, wie die Zielgruppe den Weg in die Angebote vor Ort findet:

a)  Die Familie bzw. die Eltern melden sich selbständig für ein bestimmtes Unterstützungsprogramm. Eventuell wurden sie von Vertrauenspersonen aus ihrem Umfeld auf bestimmte Angebote aufmerksam gemacht. Das kommt im Falle der anvisierten Zielgruppe von Eltern in psychosozialen Risikosituationen nur ganz vereinzelt vor.
b)  Die Familie wird von Fachpersonen, etwa aus sozialen Diensten, auf bestimmte Einrichtungen mit Unterstützungsangeboten hingewiesen. Je nach Situation geschieht dies mit mehr oder weniger sanftem Druck, wie im Falle der Verordnung von Massnahmen im Rahmen eines Verfahrens zur Sicherung des Kindeswohls. Diese Zuweisungspraxis scheint nun in den Bildungsbereich überzuschwappen: So plant das Erziehungsdepartement des Kantons Basel Stadt ab August 2013 ein ‚Selektives Obligatorium‘ zur Teilnahme an einer frühen sprachlichen Förderung für Kinder, die ein Jahr vor dem Kindergarteneintritt über keine oder wenige Deutschkenntnisse verfü-

gen (Erziehungsdepartement, 2012, S. 5); als zweites aktuelles Beispiel plant die Bildungsdirektion des Kantons Zürich bzw. die Fachstelle für Elternbildung im Amt für Jugend und Berufsberatung eine ‚Angeordnete Elternbildung im schulischen Kontext' (Elternbildung, 2011).

c) Die Familie wird über bestehende Einrichtungen im Kleinkindbereich über ein bestimmtes Angebot informiert und zur Teilnahme eingeladen. Eine breite und systematische Vollerfassung anhand eines Screeningverfahrens wäre etwa bei der Geburtsklinik und den akkreditierten Kinderärzten im Rahmen der Vorsorgeuntersuchungen denkbar, allerdings nur schwer realisierbar, weil Anliegen der frühen Förderung nicht im primären Auftrag des medizinischen Personals liegen und institutionelle Koppelungen zum Sozial- und Bildungssystem kaum existieren (kritische Überlegungen zu dieser Zugangsform in Helming, Sandmeir, Sann & Walter, 2007, S. 30).

## 7.3    Programmreichweite

Die Qualität von Programmen der frühkindlichen Bildung misst sich u.a. an der Frage, inwiefern die anvisierte Zielgruppe von ca. 10 bis 15 Prozent Kinder in Vernachlässigungsstrukturen (Deegener 2005) erkannt, ihre Eltern erreicht und zur Partizipation an einem Programm der frühen Förderung gewonnen und auch „gehalten" werden können (vgl. Heinrichs, Bertram, Kuschel & Hahlweg, 2005). Auch in der neusten Fachliteratur sucht man vergeblich nach genauen Angaben zur Programmreichweite, und dies auch bei Projekten, die sich einen flächendeckenden Erreichbarkeitsgrad auf die Fahne und sogar im Projekttitel geschrieben haben, wie bei „Keiner fällt durchs Netz" (Cierpka, 2009). Damit möglichst keine Familie mit besonderem Unterstützungsbedarf tatsächlich durchs Netz fällt braucht es kooperierende Institutionen und Organisationen.

## 7.4    Aufbau interdisziplinärer Netzwerke

Um Eltern in psychosozialen Risikosituationen zur Teilnahme an einem langfristig angelegten Programm zu bewegen, genügt eine Fachperson alleine, wie kompetent und engagiert sie auch sein mag, in der Regel nicht. Eine Strategie der Frühintervention muss sich deshalb nicht nur auf die Kinder und ihre Familie einstellen, sondern die Vernetzung fragmentierter Arbeitsfelder angehen (Arnkil, 2003). Es sind dialogisch orientierte Verfahren einer gemeinsam verantworteten Praxis zu entwickeln (Seikkula & Arnkil, 2007). Die Investitionen an Zeit und Energie in der Überbrückung der disziplinären Kluft zwischen Systemen wie Geburtshilfe, Pädiatrie, soziale Dienste, sozialpädagogische Familienbegleitung oder heilpädagogische Früherziehung sind nicht zu unterschätzen, zumal für diese Kooperationen zumeist auch keine finanziellen Mittel bereit stehen. Auch machen sie sich nicht in einer kurzfristigen, sondern eher in einer mittel- und längerfristigen Perspektive bezahlbar (Lanfranchi, Neuhauser, Caflisch, Kubli & Steinegger, 2011).

## 7.5    *Drop-outs* vermeiden

Eine Herausforderung von Frühförderprogrammen mit sozial benachteiligten Familien in Risikosituationen ist schliesslich nicht nur, diese für das jeweilige Angebot zu motivieren, sondern auch im Programm zu halten. Dazu müssen einige, allerdings zum Teil noch wenig erforschte Eigenschaften der Programmqualität berücksichtigt werden, wie beispielsweise die Intensität der Durchführung. Bekannt ist, dass eine hohe Intensität in Form häufiger Hausbesuche über eine längere Zeit Veränderungen in Familien und im Verhalten der Eltern im Umgang mit ihren Kindern eher ermöglicht als seltene Kontakte für eine kürzere Zeit (Powell & Grantham-McGregor, 1989). Je nach Fallspezifik kann es aber auch sein, dass wöchentliche Hausbesuche in manchen Fällen einen zu starken Eingriff in die Autonomie der Familie darstellen und deshalb zu *drop-outs* führen; genau so wie Hausbesuche, die weniger als in monatlichem Abstand stattfinden, weil in einem solchen Fall eine enge Arbeitsbeziehung gar nicht entstehen kann.

Besser erforscht sind Fragen rund um die Professionalität des Personals. Die Analyse von 19 US-amerikanische Hausbesuchsprogrammen für einkommensschwache Familien hat ergeben, dass von den sechs erfolgreich durchgeführten Projekten mit nachgewiesenen Effekten auf die Entwicklung der Kinder, fünf auf die Arbeit von sehr gut ausgebildetem Personal wie Familienhebammen oder diplomierte Pädagogen oder Psychologen zurückgreifen (Olds & Kitzman, 1993).

Im Weiteren können *drop-outs* mit einem Anreizsystem vermieden oder zumindest minimiert werden, wie Geschenke bei Geburtstagen sowie weitere Möglichkeiten des *trackings* wie SMS zur Erinnerung an Termine. Für die langfristige Partizipationsbereitschaft ist letztlich entscheidend, dass die teilnehmenden Familien ein bestimmtes Förderprogramm als hilfreich erfahren, und dass sich eine positive Beziehung zwischen der Förderperson und den Eltern entwickelt wie folgender Abschnitt zeigt.

## 8    Qualitätskriterien des Zugangs

In der ganzen Diskussion rund um das Gelingen oder Misslingen von Programmen der frühkindlichen Bildung steht die Person im Zentrum, die in direktem Kontakt mit den Eltern und dem Kind unterstützend wirkt. Die je nach Ansatz und Programm so genannte Hausbesucherin, Elterntrainerin oder Familienbegleiterin muss in der Dialektik von Hilfe und Kontrolle, von Nähe und Distanz so balancieren können, dass der Zugang zur Familie auch unter schwierigen Bedingungen wie Misstrauen und Widerstand gelingt und eine Vertrauensbeziehung über längere Zeit aufrechterhalten werden kann. Im Zentrum steht der hohe Anspruch einer Erziehungs- und Bildungspartnerschaft mit den Eltern, damit eine gesunde Entwicklung und kindliches Wohlbefinden gelingen. Das setzt neben Kompetenz und Professionalität auch sehr viel Fingerspitzengefühl voraus, sowie die Fähigkeit, Begegnung emotional zu rahmen (Welter-Enderlin & Hildenbrand, 2000) und Gespräche nach den Grundhaltungen der Empathie, Kongruenz und Wertschätzung zu führen (Rogers, 2007). Ein allzu forsches, wenig respektvolles Vorgehen kann gerade in den ersten Phasen der Annäherung nicht nur zu Fehlinterpretationen führen, sondern sogar den Anschluss an die Eltern verbauen (Galm, Hees & Kindler, 2010, S. 98f.). Verunsicherte Eltern mit Scham und Schuldgefühlen, die in einer Situation der Not stecken und jede Hoffnung auf Veränderung verloren haben, schützen sich vor Eindringlingen von aussen und wehren Hilfsangebote zunächst einmal ab. Ob ein Arbeitsbündnis entsteht, oder auch nicht, hat viel damit zu tun wie eine Fachperson in der Phase der Kontaktnahme den Widerstand interpretiert, also ob sie diesen von vornherein pathologisiert oder normalisiert (Lanfranchi, 2009). Situationen des Widerstands bei Familien in Not können darüber hinaus eher dann überwunden werden, wenn die Fachperson selber auf eine interdisziplinäre Kooperation mit den involvierten Akteuren zurückgreifen kann.

Aber nicht ist immer alles möglich, was man sich aufgrund professioneller Kriterien der Planung und Beurteilung vorgenommen hat. Fachpersonen in Praxis und Forschung müssen gerade im Umgang mit belasteten Zielgruppen auch lernen, dass sie trotz Beharrlichkeit in den Zugangsmethoden, trotz Strategien der Ermutigung und trotz Kooperation in einem interdisziplinären Netzwerk doch nicht zu allen Eltern Zugang finden, die man gemäss vorliegender Risikoeinschätzung so dringend erreichen sollte.

Um Familien in Risikosituationen zur Partizipation an Programme der frühkindlichen Bildung zu gewinnen, sind im Sinne einer Synthese folgende Punkte zu beachten:

1. An bestehende Einrichtungen im Frühbereich anknüpfen;
2. Interdisziplinäre Netzwerke aufbauen;
3. Gehstrukturen (home-based) mit Kommstrukturen (center-based) kombinieren;
4. Familien zur Partizipation ermutigen: dazu sind besondere Anstrengungen nötig;
5. Familien im Programm halten: dazu ist ein Anreizsystem nötig, und:
6. Eine Kultur der Anerkennung statt eine Logik des Verdachts pflegen.

# 9     Literatur

Arnkil, T.E. (2003). *Early intervention – anticipation dialogues in the grey zone of worry* (unveröff. Kongressbeitrag in Reykjavik, Island, vom 30.8.2003).

Bröckling, U. (2004). Prävention. In U. Bröckling, S. Krasmann & T. Lembke (Hrsg.), *Glossar der Gegenwart* (S. 210–215). Frankfurt a.M.: Suhrkamp.

Burgener Woeffray, A. & Meier, S. (2011). Entwicklungsgefährdete Kinder – frühe Erfassung – geeignetes Verfahren zur Diskussion. *Schweizerische Zeitschift für Heilpädagogik, 17* (10), 39–45.

Burgener Woeffray, A. & Meier, S. (2012). Früherfassung entwicklungsgefährdeter Kinder von 3-6 Jahren – FegK 3-6. Kurzbericht zur Phase 2 (Sept. 2010 – Nov. 2011) Zürich: Interkantonale Hochschule für Heilpädagogik. Internet: http://www.hfh.ch/webautor-data/70/Burgener_Meier_FegK_3-6_Kurzversion_April_2012-1.pdf [Stand 1.7.12]

Candido, I. (2010). Präventive Intervention in der Praxis. Die Schweizerische Mütter- und Väterberatung. In R. Kissgen & N. Heinen (Hrsg.), *Frühe Risiken und Frühe Hilfen. Grundlagen, Diagnostik, Prävention* (S. 175–182). Stuttgart: Klett Cotta.

Cierpka, M. (2009). „Keiner fällt durchs Netz" – Wie hoch belastete Familien unterstützt werden können. *Familiendynamik, 34* (2), 156–167.

Deegener, G. (2005). Formen und Häufigkeiten der Kindesmisshandlung. In G. Deegener & W. Körner (Hrsg.), *Kindesmisshandlung und Vernachlässigung. Ein Handbuch* (S. 37–58). Göttingen: Hogrefe.

EDK (2007). Konkordat „Interkantonale Vereinbarung zur Zusammenarbeit im Bereich Sonderpädagogik". Bern: Schweiz. Konferenz der kantonalen Erziehungsdirektoren. Internet: http://www.edk.ch/dyn/12917.php [Stand 1.7.12]

Egle, U.T., Hardt, J., Nickel, R., Kappis, B. & Hoffmann, S.O. (2002). Früher Stress und Langzeitfolgen für die Gesundheit – Wissenschaftlicher Erkenntnisstand und Forschungsdesiderate. *Zeitschrift für Psychosomatik und Medizinische Psychotherapie, 48*, 411–434.

Elternbildung Kanton Zürich (2011). Angeordnete Elternbildung im schulischen Kontext. *Merkblatt des Amts für Jugend und Berufsberatung Zürich, Internet:* http://www.lotse.zh.ch/documents/ajb/fj/ambu/eb/documents/M_angeordnete_EB.pdf [Stand 1.7.12].

Erziehungsdepartement des Kantons Basel Stadt (2012). Projekt: Mit ausreichenden Deutschkenntnissen in den Kindergarten (Stand 11. April 2012). *Unveröff. Dokument, vom Projektleiter Herbert Knutti per E-Mail am 11.4.2012 zugestellt.*

Fingerle, M. (2011). Die Verwundbarkeit des Resilienzkonzepts und sein Nutzen. *Sonderpädagogische Förderung heute, 56*, 122–135.

Galm, B., Hees, K. & Kindler, H. (2010). *Kindesvernachlässigung – verstehen, erkennen, helfen.* München: Reinhardt:

Gordon, R. (1983). An Operational Classification of Disease Prevention. *Public Healh Report, 98* (2), 107–109.

Heinrichs, N., Bertram, H., Kuschel, A. & Hahlweg, K. (2005). Parent recruitment and retention in a universal prevention program for child behavior and emotional problems: Barriers to research and program participation. *Prevention Science, 6*, 275-286.

Helming, E., Sandmeir, G., Sann, A. & Walter, M. (2007). *Kurzevaluation von Programmen zu Frühen Hilfen für Eltern und Kinder und sozialen Frühwarnsystemen in den Bundesländern. Abschlussbericht.* München: Deutsches Jugendinstitut DJI. Internet: http://www.bmfsfj.de/RedaktionBMFSFJ/Abteilung5/Pdf-Anlagen/evaluation-fruehe-hilfen-kurzbericht,property=pdf,bereich=,rwb=true.pdf [Stand 1.7.12].

Hildenbrand, B. (2011). Hilfe zwischen Kontrollauftrag und Hilfebeziehung. In Kinderschutz-Zentren (Hrsg.), *Hilfe…! Über Wirkungen, Risiken und Nebenwirkungen im Kinderschutz* (S. 45-66). Köln: Bundesarbeitsgemeinschaft der Kinderschutz-Zentren.

Holthusen, B., Hoops, S., Lüders, C. & Ziegleder, D. (2011). Über die Notwendigkeit einer fachgerechten und reflektierten Prävention. *DJI IMPULSE, 84* (2), 22–25.

Jungmann, T. (2010). Das Hausbesuchsprogramm des Modellprojekts „Pro Kind". In R. Kissgen & N. Heinen (Hrsg.), *Frühe Risiken und Frühe Hilfen. Grundlagen, Diagnostik, Prävention* (S. 183–193). Stuttgart: Klett Costa.

Kindler, H. (2009). Wie könnte ein Risikoinventar für frühe Hilfen aussehen? In T. Meysen, L. Schönecker & H. Kindler (Hrsg.), *Frühe Hilfen im Kinderschutz* (S. 170–261). Weinheim: Juventa.

Kindler, H. (2010). Risikoscreening als systematischer Zugang zu Frühen Hilfen. *Bundesgesundheitsblatt, 53* (10), 1073–1079.

Klein, G. (2002). *Frühförderung für Kinder mit psychosozialen Risiken.* Stuttgart: Kohlhammer.

Lanfranchi, A. (2004). Migration und Integration – Gestaltung von Übergängen. In J. Radice von Wogau, H. Eimmmacher & A. Lanfranchi (Hrsg.), *Therapie und Beratung von Migranten. Systemisch-interkulturell denken und handeln (Praxishandbuch)* (S. 13–30). Weinheim: Beltz.

Lanfranchi, A. (2006a). Resilienzförderung von Kindern bei Migration und Flucht. In R. Welter-Enderlin & B. Hildenbrand (Hrsg.), *Resilienz – Gedeihen trotz widriger Umstände* (S. 119–138). Heidelberg: Carl-Auer.

Lanfranchi, A. (2006b). Kinder aus Kriegsgebieten in europäischen Einwanderungsländern. Trauma, Flucht, Schule und Therapie. *systeme. Interdisziplinäre Zeitschrift für systemtheoretisch orientierte Forschung und Praxis, 20* (1), 82–102.

Lanfranchi, A. (2007). Sonderklassenversetzung und integrative Förderung: Denken und handeln Lehrpersonen kulturell neutral? *Vierteljahresschrift für Heilpädagogik und ihre Nachbargebiete (VHN), 2,* 128–141.

Lanfranchi, A. (2009). Kompetenz statt Kulturalisierung. Ein mehrdimensionales Analysemodell für Gewalt in Migrationsfamilien. *psychoscope,* 30 (5), 8–11.

Lanfranchi, A. & Neuhauser, A. (2011). ZEPPELIN 0-3 – Förderung ab Geburt mit „PAT – Mit Eltern lernen". *Sonderpädagogische Förderung heute,* 437–442.

Lanfranchi, A., Neuhauser, A., Caflisch, J., Kubli, B. & Steinegger, B. (2011). Förderung ab Geburt – *Machbarkeitsstudie ZEPPELIN/M (2009-2011). Schlussbericht vom 22. Dez. 2011.* Zürich: Hochschule für Heilpädagogik und Amt für Jugend und Berufsberatung. Internet: http://edudoc.ch/record/102005/ [Stand 1.7.12].

Lanfranchi, A. & Sempert, W. (2012). *Wirkung frühkindlicher Betreuung auf den Schulerfolg. Follow-up der Studie „Schulerfolg von Migrationskindern".* Bern: Edition SZH.

Laucht, M., Esser, G. & Schmidt, M.H. (2007). Was wird aus Risikokindern? Ergebnisse der Mannheimer Längsschnittstudie im Überblick. In G. Opp, M. Fingerle & A. Freytag (Hrsg.), *Was Kinder stärkt. Erziehung zwischen Risiko und Resilienz* (S. 71–93). München, Basel: Reinhardt (2. neu bearb. Aufl.).

Lösel, F. & Bender, D. (1999). Von generellen Schutzfaktoren zu spezifischen protektiven Prozessen: Grundlagen und Ergebnisse der Resilienzforschung. In G. Opp & M. Fingerle (Hrsg.), *Was Kinder stärkt. Erziehung zwischen Risiko und Resilienz* (S. 57–78). München: Reinhardt (3. Aufl.).

Moser, U., & Lanfranchi, A. (2008). Ungleich verteilte Bildungschancen. In Eidgenössische Koordinationskommission für Familienfragen (Hrsg.), Familien – Erziehung – Bildung (S. 10–21). Bern: EKFF. Internet: http://www.ekff.admin.ch/c_data/d_Pub_Erziehung_08.pdf [Stand 1.7.12].

OECD (2011). *Doing Better for Families.* Paris: Organisation for economic co-operation and development (OECD Publishing).

Olds, D.L. & Kitzman, H. (1993). Review of research on home visiting for pregnant women and parents of young children. *The Future of Children, 3* (3), 53–92.

Powell, C. & Grantham-McGregor, S. (1989). Home vistiting frequency and child development. *Pediatrics, 84,* 157–164.

Rogers, C. (2007). *Die nicht-direktive Beratung.* Frankfurt a. M.: Fischer TBV (12. Aufl.).

Roth, H.-J. & Terhart, H. (2010). Migrationshintergrund – (k)ein frühes Risiko? In R. Kissgen & N. Heinen (Hrsg.), *Frühe Risiken und Frühe Hilfen. Grundlagen, Diagnostik, Prävention* (S. 68–83). Stuttgart: Klett Cotta.

Seikkula, J. & Arnkil, T.E. (2007). Dialoge im Netzwerk. Neue Beratungskonzepte für die psychosoziale Praxis. Neumünster: Paranus.

Sidor, A., Eickhorst, A., Stasch, M. & Manfred, C. (2012). Einschätzung der Risikobelastung in Familien im Rahmen von Frühen Hilfen: Die Heidelberger Belastungsskala (HBS) und ihre Gütekriterien. *Praxis der Kinderpsychologie und Kinderpsychiatrie, 61* (10), 766–780.

Stamm, M. (2010). Wer hat, dem wird gegeben? Zur Problematik von Matthäuseffekten in Förderprogrammen. *Schweizerische Zeitschrift für Bildungswissenschaften, 32* (3), 511–531.

Stasch, M. (2007). *Heidelberger Belastungs-Skala (HBS).* Heidelberg: Universitätsklinikum Heidelberg.

Thurmair, M. & Naggl, M. (2003). *Praxis der Frühförderung: Einführung in ein interdisziplinäres Arbeitsfeld.* München: Reinhardt.

Tobler, G. & Grond, J. (Hrsg.), (1985). *Früherkennung und Frühförderung behinderter Kinder.* Bern: Huber.

Uhl, A. (2005). Präventionsansätze und -theorien. *Wiener Zeitschrift für Suchtforschung, 28* (3/4), 39–45.

Walsh, F. (2012). Family resilience: Strengths forged through adversity. In F. Walsh (Ed.), *Normal family processes: Growing diversity and complexity (4th ed.) (pp. 399–427).* New York: Guilford.

Welter-Enderlin, R. & Hildenbrand, B. (Hrsg.), (2000). *Gefühle und Systeme. Die emotionale Rahmung beraterischer und therapeutischer Prozesse.* Heidelberg: Carl-Auer-Systeme.

Wille, N., Bettge, S., Ravens-Sieberer, U. & BELLA study group (2008). Risk and protective factors for children's and adolescent's mental health: results of the BELLA study. *European Child and Adolescence Psychiatry, 17* (Suppl 1), 133–147.

Wustmann, C. (2004). *Resilienz. Widerstandsfähigkeit von Kindern in Tageseinrichtungen fördern.* Weinheim, Basel: Beltz.

# Entwicklung des wissenschaftlichen Denkens im Vor- und Grundschulalter

Beate Sodian und Daniela Mayer

## 1 Wissenschaftliches Denken – Forderung nach frühem Lernen

Um an einer von Naturwissenschaften und Technik geprägten und sich ständig verändernden Gesellschaft teilhaben zu können, ist naturwissenschaftliche Grundbildung notwendig und bedeutsam (Prenzel, Rost, Senkbeil, Häußler & Klopp, 2001). Naturwissenschaftliche Grundbildung oder – im englischen Sprachraum – scientific literacy ist spätestens seit der Rezeption der Ergebnisse der internationalen Schulleistungsstudien wie PISA[1], TIMSS[2] und IGLU-E[3] in den Fokus der Bildungsdiskussion in Deutschland gerückt. Nicht nur im Sekundar- und Primarschulbereich, sondern auch im Bereich der Frühpädagogik sind in den letzten Jahren Bildungsstandards für die naturwissenschaftliche Grundbildung definiert worden (z.B. Bos et al; 2003, Gesellschaft für die Didaktik des Sachunterrichts [GDSU], 2002; Bybee, 1997; Bayerischer Bildungs- und Erziehungsplan, 2006).

In nationalen (z.B. PISA, Prenzel et al., 2001) wie internationalen Konzeptionen (z.B. American Association for the Advancement of Science [AAAS], 1993; Bybee, 1997) stehen zwei Hauptaspekte naturwissenschaftlicher Grundbildung im Vordergrund: (1) das Verständnis naturwissenschaftlicher Konzepte (inhaltsbezogenes wissenschaftliches

---

1  Program for International Student Assessment (Baumert et al., 2001)

2  Third International Mathematics and Science Study (Baumert et al., 1997; TIMSS 2007 / Bos et al., 2008)

3  Erweiterungsstudie zu IGLU: Erhebung des mathematischen und naturwissenschaftlichen Verständnisses von Grundschülern (Bos et al., 2003)

Denken, naturwissenschaftliches Wissen) und (2) die Kenntnis naturwissenschaftlicher Untersuchungsmethoden und Denkweisen sowie das Verständnis der Natur der Naturwissenschaften (formales wissenschaftliches Denken, Wissen über Naturwissenschaften). Das inhaltsbezogene wissenschaftliche Denken beinhaltet das Verständnis von und Denken über Phänomene und Prozesse in den Domänen Physik, Biologie und Chemie. Das formal-wissenschaftliche Denken fokussiert auf den wissenschaftlichen Erkenntnisprozess selbst. Der wissenschaftliche Erkenntnisprozess kann als ein zyklischer und kumulativer Prozess mit vier Hauptelementen angesehen werden (vgl. Kuhn, 2002, siehe Abb. 1): Basierend auf Theorien werden Hypothesen über das interessierende Phänomen aufgestellt, Experimente zur Prüfung der Hypothesen geplant und durchgeführt, gewonnene Daten interpretiert und Schlussfolgerungen mit Bezug auf die Hypothesen gezogen mit dem Ziel, Theorien weiter zu entwickeln und/oder zu revidieren. Dieser Prozess ist als absichtliche und bewusste Suche nach Erkenntnis der Reflexion zugänglich (Wilkening & Sodian, 2005; Zimmerman, 2007). Das abstrahierbare, verbalisierbare Wissen über den wissenschaftlichen Erkenntnisprozess wird als Wissenschaftsverständnis bezeichnet, im Sinne eines epistemologischen Verständnisses der Natur der Naturwissenschaften (Kuhn, 2002).

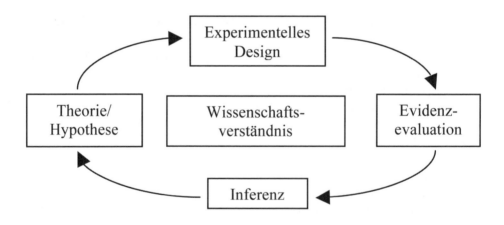

**Abbildung 1** Zyklus des wissenschaftlichen Erkenntnisprozesses (Quelle: Kuhn, 2002)

Dem Wissen über Naturwissenschaften wird als bereichsübergreifende Schlüsselkompetenz Bedeutung für den Erwerb bereichsspezifischen, naturwissenschaftlichen Inhaltswissens zugeschrieben (Kuhn & Pearsall, 2000; Zimmerman, 2007). Empirisch sind die Zusammenhänge von inhaltlichem und formalem wissenschaftlichen Denken unzureichend erforscht (vgl. jedoch Chen & Klahr (1999) und Grygier (2008) für positive Zusammenhänge).

## 2 Das Kind als Wissenschaftler – traditionelle und neuere entwicklungspsychologische Forschung zum wissenschaftlichen Denken im Vor- und Grundschulalter

Die Metapher vom ‚Kind als Wissenschaftler' geht auf den Schweizer Entwicklungspsychologen Jean Piaget zurück und wird vielfach in entwicklungspsychologischen und elementarpädagogischen Publikationen aufgegriffen (z.B. Gopnik, Kuhl & Meltzoff, 2001; Elschenbroich, 2005). Dabei wird die kognitive Entwicklung in der Kindheit mit dem Prozess der Erkenntnissuche, der Theoriebildung, -prüfung und -revision, in den Wissenschaften verglichen. Auf der Suche nach Erklärungen für physikalische, chemische, biologische und psychologische Phänomene bilden Kinder intuitive Theorien. Diese Theorien werden modifiziert und gegebenenfalls revidiert, sobald neue Evidenzen auftauchen. Diese Prozesse der Konstruktion und Revision intuitiver Theorien sind jedoch in aller Regel nicht der Reflexion zugänglich. Der wissenschaftliche Erkenntnisprozess unterscheidet sich von der kindlichen Wissenskonstruktion in der Regel dadurch, dass absichtlich und explizit Erkenntnis gewonnen wird, und dass der Prozess der Theoriebildung und -prüfung der bewussten Reflexion zugänglich ist. Piaget vertrat die Ansicht, dass diese intentionale, reflektierende Suche nach Erkenntnis erst im Jugendalter möglich sei.

Inhelder und Piaget (1958) postulierten, dass es Jugendlichen ab etwa 12 Jahren mit dem Erreichen des Stadiums der formalen Operationen möglich sei, Problemstellungen systematisch und analytisch zu erkunden und so rationale Erkenntnis zu gewinnen. Piagets Theorie der Denkentwicklung stellt die kognitive Entwicklung als eine Sequenz qualitativ unterschiedlicher Stadien des logischen Denkens dar. Das Denken des Vorschulkindes im präoperationalen Stadium und das des Grundschulkindes im Stadium der konkreten Operationen werden als defizitär beschrieben, so z.B. im kausalen, perspektivischen und mehrdimensionalen Denken. Inhelder und Piaget prüften in einer Reihe von Aufgaben aus verschiedenen Inhaltsbereichen die Fähigkeit von Kindern, Jugendlichen und Erwachsenen, Hypothesen über kausale Zusammenhänge zu entwickeln und zu prüfen sowie die Ergebnisse der Tests zu interpretieren. Im Gegensatz zu Jugendlichen stellten Kinder nicht systematisch Versuchpläne auf. Sie manipulierten die relevanten Variablen unsystematisch und zogen voreilige, konfirmatorische Schlussfolgerungen aus nicht aussagekräftigen Tests. Statt die Ursachen für das Zustandekommen von Effekten herauszufinden und zu erklären, waren die Kinder eher an der Produktion positiver Effekte interessiert. Inhelder und Piaget nahmen daher an, dass das konkret-operatorische Denken des Grundschulkindes eine strukturelle Einschränkung für das wissenschaftliche Denken darstelle.

Die neuere entwicklungspsychologische Forschung hat eine Vielzahl von Belegen für frühe kognitive Kompetenzen des Kindes erbracht. Vor allem wird die Denkentwicklung heute als variabler, kontinuierlicher und bereichsspezifischer gesehen als in traditionellen Stadientheorien (Sodian, 1998; 2005). Auch im Hinblick auf das wissenschaftliche Denken fanden neuere Studien Kompetenzen bereits im Vor- und Grundschulalter. Zimmerman (2007) kam aus einer Zusammenschau neuerer, entwicklungspsychologischer Forschung zum wissenschaftlichen Denken zu der Schlussfolgerung, dass die Fähigkeiten von Kindern unterschätzt wurden, wohingegen die Fähigkeiten von Erwachsen überschätzt wurden. Bereits im Vorschulalter beginnt die Entwicklung von grundlegenden Fähigkeiten der Hypothesenprüfung und Evidenzevaluation und dauert bis ins Jugend- und Erwachsenenalter an; zudem sind in allen Altersbereichen individuelle Unterschiede stärker ausgeprägt als früher angenommen wurde (Sodian & Bullock, 2008). Die neuere Forschung führt Schwierigkeiten von Kindern in Aufgaben zum wissenschaftlichen Denken weniger auf strukturelle Einschränkungen zurück, als auf Defizite im Verständnis der Konzepte Theorie und Hypothese einerseits und empirische Evidenz andererseits als distinkte epistemologische Kategorien (z.B. Kuhn, Amsel & O'Loughlin, 1988; Kuhn & Pearsall, 2000; Kuhn & Franklin, 2006) sowie auf die mangelnde Fähigkeit, die Problemlösesituation vollständig zu repräsentieren (Dunbar & Klahr, 1989; Klahr, 2000).

Im Folgenden wird anhand ausgewählter Beispiele neuerer entwicklungspsychologischer Forschung und eigener Forschungsergebnisse zum wissenschaftlichen Denken aufgezeigt, dass Kompetenzen im wissenschaftlichen Denken nicht erst im Sekundarschulalter bestehen, sondern dass Kinder bereits im Vor- und Grundschulalter über ein Grundverständnis der Hypothesenprüfung, Evidenzevaluation und der Konstruktion wissenschaftlicher Erkenntnis verfügen.

## 2.1    Hypothesenprüfung

Ein zentraler Aspekt des wissenschaftlichen Denkens ist die Prüfung von Theorien und Hypothesen. Diese gedanklichen Konstrukte müssen Gegenstand der Reflexion werden, um überhaupt die Notwendigkeit eines kritischen Tests zu verstehen. Erst auf der Basis einer solchen begrifflichen Differenzierung von Hypothese und Evidenz kann experimentelle Methodik nachvollzogen werden und die Logik der Hypothesenprüfung auf verschiedene Arten von Hypothesen angewandt werden. Variablen müssen isoliert, manipuliert und kontrolliert werden, um einen schlüssigen und validen Test für eine Hypothese zu erhalten.

Sodian, Zaitchik und Carey (1991) untersuchten, ob Erst- und Zweitklässler zwischen Hypothesenprüfung und Effektproduktion unterscheiden können. In der Studie wurde eine Geschichte von zwei Kindern präsentiert, die eine Maus in ihrem Haus bemerkt hatten, sie aber nicht sehen konnten, da die Maus nur nachts aus ihrem Versteck kam. Die Kinder wollten nun entweder durch ein Experiment herausfinden, ob eine Maus groß oder klein war (find-out-condition: Hypothesenprüfung), oder die Maus füttern (feed-condition: Effektproduktion). Die Kinder sollten in beiden Versuchsbedingungen jeweils zwischen zwei Schachteln mit großer und kleiner Öffnung, in die jeweils Käse gelegt worden war, wählen und ihre Wahl begründen. Wenn Kinder in der Lage sind, zwischen Hypothesenprüfung und Effektproduktion zu unterscheiden, sollten sie in den beiden Bedingungen unterschiedliche Schachteln wählen. Mehr als die Hälfte der Erstklässler und 86 % der Zweitklässler konnten die beiden Aufgabenstellungen unterscheiden: In der find-out-Bedingung konnten die Kinder zwischen einem unschlüssigen Test (große Öffnung) bzw. einem schlüssigen Test (kleine Öffnung) differenzieren, sowie ihre Wahl der Schachtel korrekt begründen. In der feed-Bedingung wählten diese Kinder dagegen die Schachtel mit der großen Öffnung, um sicherzustellen, dass die Maus, ob groß oder klein, den Käse bekommt. Die Ergebnisse können dahingehend interpretiert werden, dass Kinder schon im frühen Grundschulalter zwischen einem inkonklusiven und einem konklusiven Test unterscheiden können und die Prüfung einer einfachen Hypothese durch ein Experiment von der Produktion positiver Effekte abgrenzen können. Die Ergebnisse widersprechen der Annahme, dass präadoleszente Kinder nicht zwischen Hypothesen/Theorien und empirischer Evidenz/Daten unterscheiden könnten (Kuhn et al., 1988; Kuhn & Pearsall, 2000). Diese Annahme basierte vor allem auf dem schlechten Abschneiden von Kindern in Aufgaben, in denen Kausalhypothesen geprüft und Muster von Kovariationsdaten interpretiert werden müssen. Auch im Bereich von Kausalität und Kovariation deuten jedoch neuere Studien mit einfachen Aufgaben auf frühe Kompetenzen hin.

Schulz und Gopnik (2004) fanden schon bei Vierjährigen Kompetenzen, Ursachevariablen in multivariaten Kontexten zu isolieren. Die Kinder beobachteten eine Äffchen-Handpuppe, die an Blumen (eine rote, eine gelbe und eine blaue Blume) in einer Vase schnupperte und bei manchen Blumen immer niesen musste. Als erstes gab der Versuchsleiter die rote und die blaue Blume in die Vase und das Äffchen musste jedes Mal, wenn es an den Blumen schnupperte, niesen. Als nächstes nahm der Versuchsleiter die rote und die blaue Blume aus der Vase und gab dieses Mal die gelbe zusammen mit der blauen Blume in die Vase. Das Äffchen schnupperte wieder zweimal an den Blumen und musste jeweils niesen. Schließlich entfernte der Versuchsleiter die blaue Blume und gab die gelbe und die rote Blume zusammen in die Vase. Als das Äffchen nun an den Blumen schnupperte, musste es nicht niesen. Die Kinder sollten nun angeben, welche Blume das Äffchen zum Niesen brachte. 79 % der Vierjährigen wählten korrekt die blaue Blume als Ursache.

Um in multivariaten Umgebungen Ursache-Wirkungs-Beziehungen zwischen Variablen zu entschlüsseln, ist der Einsatz der Variablenkontrollstrategie nötig: Die fokale Variablendimension wird manipuliert und gleichzeitig werden alle anderen Variablendimensionen konstant gehalten, um aus dem resultierenden unkonfundierten Experiment valide Schlussfolgerungen über die Ursache-Wirkung-Beziehung zwischen Variablen abzuleiten. Bullock und Kollegen (Bullock & Ziegler, 1999; Bullock, Sodian, & Koerber, 2009) untersuchten in einer Langzeitlängsschnittstudie (LOGIC; Weinert & Schneider, 1999; Schneider & Bullock, 2009) die Entwicklung des wissenschaftlichen Denkens vom Grundschul- bis ins Erwachsenenalter. Insbesondere wurden das Verständnis und der Einsatz der Variablenkontrollstrategie untersucht. Beispielsweise ging es in einer Aufgabe um einen Flugzeugkonstrukteur, der Flugzeuge bauen wollte, die möglichst wenig Treibstoff verbrauchen. Der Flugzeugkonstrukteur betrachtete drei Variablen, die er für den Treibstoffverbrauch als relevant erachtete: die Form der Nase (spitz oder rund), die Art der Flügel (einfach oder Doppeldecker) und die Stellung der Höhenruder (oben oder unten). Der Flugzeugingenieur wollte dann seine Hypothese, dass die Stellung der Höhenruder (fokale Variable) einen Effekt auf den Treibstoffverbrauch hat, testen. Das Verständnis der Logik des systematischen Experimentierens wurde durch zwei Leistungsmaße erfasst: Zuerst sollten die Kinder spontan einen Test selbst produzieren. Das zweite Maß war eine Wahlaufgabe: Den Kindern wurden die acht möglichen Variablenkombinationen in Form von Bildkärtchen präsentiert, um zu untersuchen, ob sie mit etwas Unterstützung die Notwendigkeit eines kontrollierten Tests zur Hypothesenprüfung verstehen. Die Mehrheit der Dritt- und Viertklässler produzierte einen kontrastiven Test, indem sie die fokale Variable (Stellung der Höhenruder) isolierten und manipulierten, allerdings nicht berücksichtigten, dass die anderen Variablendimensionen (Form der Nase, Art der Flügel) dabei konstant gehalten werden müssen. Dieses Ergebnis zeigt, dass schon Kinder ab der dritten Klassenstufe das Testen von Hypothesen durch einen kritischen Bedingungsvergleich verstanden und nicht nur positive Effekte produzierten. Allerdings wurde erst ab der fünften Klassenstufe von etwa einem Drittel der Probanden spontan ein kontrollierter Test produziert. Erst im Alter von 17 Jahren produzierten ca. 80 % der Probanden spontan ein kontrolliertes Experiment. Im Gegensatz dazu erkannten in der Wahlaufgabe 30 % der Drittklässler, 60 % der Viert- und Fünftklässler und 80 % der Sechstklässler ein kontrolliertes Experiment und konnten mehrheitlich diese Wahl auch korrekt begründen. Diese Befunde deuten darauf hin, dass schon Grundschüler ein implizites Verständnis der experimentellen Methode besitzen. Diese Kinder setzten die Variablenkontrollstrategie zur Produktion eines kontrollierten Experiments noch nicht spontan ein, aber konnten einen kontrollierten Test wählen und die Wahl meist auch korrekt begründen (beginnendes explizites Verständnis). Die Studie zeigte ferner deutliche individuelle Unterschiede schon in der Grundschulzeit, die bis ins Jugend- und junge Erwachsenenalter stabil blieben. Diese Unterschiede waren nicht auf unterschiedliche Beschulung zurück zu führen; vielmehr zeigten die Kinder, die später ins Gymnasium wechselten, bereits in der vierten Grundschulklasse ein Niveau der spontanen Nutzung der Variablenkontrollstrategie, das von den späteren Hauptschülern erst mit 17 Jahren erreicht wurde.

Zusammenfassend kann festgehalten werden, dass bereits Vor- und Grundschulkinder über ein beginnendes Verständnis der Logik der Hypothesenprüfung verfügen: Sie können schlüssige, kontrollierte Experimente auswählen und Ursachefaktoren identifizieren. Im Verständnis von Experimentierstrategien treten während der Vor- und Grundschulzeit deutliche Verbesserungen auf.

## 2.2    Evidenzevaluation

Die zweite wichtige Teilkomponente des wissenschaftlichen Denkens ist die Fähigkeit zur Datenanalyse und Evidenzevaluation: Daten sollen interpretiert und aus der Evidenz Schlussfolgerungen gezogen werden. Dafür ist es notwendig, zwischen Theorien/Hypothesen und Evidenz zu unterscheiden sowie Theorie und Evidenz zu koordinieren und systematisch in Bezug zu setzen (Kuhn & Pearsall, 2000; Kuhn, 2002).

Kuhn und Kollegen (1988) untersuchten in einer Reihe von Studien zur Evaluation von Kovariationsdaten die Fähigkeit von Kindern, Jugendlichen und Erwachsenen, Theorie und Evidenz zu koordinieren. Die Probanden sollten in multivariaten Kontexten Kovariationsdatenmuster interpretieren, die mit den eigenen intuitiven Theorien über Kausalzusammenhänge konsistent oder inkonsistent waren. Beispielsweise hingen zwei Variablen (Fruchtsorte, Müslisorte) mit Erkältungen zusammen und zwei Faktoren (Kartoffelsorte, Gewürzsorte) nicht. Die Antworten der Probanden wurden als evidenzbasiert bzw. theoriebasiert bewertet: d.h. die Antworten bezogen sich entweder auf die Kovariationsmuster oder auf die Theorien, Überzeugungen und das Vorwissen der Probanden. Die Grundschulkinder antworteten eher theoriegeleitet. Das bedeutet, sie ließen sich bei der Interpretation der Daten von ihren eigenen Überzeugungen über Zusammenhänge leiten, statt evidenzbasiert zu antworten. Sie beachteten die Daten nur selektiv. Evidenz wurde vor allem dann ignoriert oder verzerrt, wenn die Daten mit ihren eigenen Theorien inkonsistent waren. Häufig passten Kinder die eigene Theorie unbewusst an die Evidenz an. Entwicklungsschritte in den Fähigkeiten zur Differenzierung und Koordination von Theorie und Evidenz und zur Inhibition der eigenen Überzeugungen bei der Evidenzevaluation traten von der Kindheit bis ins Jugend- und Erwachsenenalter auf. Kuhn und Kollegen diskutierten die Ergebnisse dahingehend, dass die Probanden ihre Theorien und Überzeugungen über die Ursache-Wirkung-Zusammenhänge nicht zum Gegenstand der bewussten Reflexion machen und nicht zwischen Theorien und Evidenz als distinkte epistemologische Repräsentationen differenzieren konnten (Kuhn, 2002; Kuhn & Franklin, 2006).

Ruffman, Perner, Olson und Doherty (1993) verwendeten bei Vier- bis Siebenjährigen statt multivariaten Aufgabenkontexten weniger komplexe Aufgabenstellungen mit einer geringeren Anzahl an Ursachevariablen. Wenn nur ein Kausalfaktor (rotes oder grünes Essen) mit einem Ergebnis (gute oder schlechte Zähne) perfekt oder teilweise kovariierte, konnten bereits Sechsjährige einfache Kovariationsevidenz korrekt interpretieren. Die Mehrheit der Kinder konnte außerdem basierend auf der präsentierten Evidenz die Kausalannahme einer Geschichtenfigur vorhersagen.

Koerber, Sodian, Thoermer und Nett (2005) replizierten die Befunde von Ruffman und Kollegen (1993) für Vierjährige. Die Kinder verstanden auch, dass eine Geschichtenfigur eine ursprüngliche Annahme über einen Kausalzusammenhang aufgrund von Gegenevidenz ändern kann. Allerdings hatten auch sechs Jahre alte Kinder Schwierigkeiten, Daten zu interpretieren, die keinen Zusammenhang zwischen dem angenommenen Ursachefaktor und der Ergebnisvariable darstellten (Non-Kovariationsdaten). Die Evidenzevaluation von Kovariationsmustern war von den eigenen Kausalannahmen beeinflusst: In einem artifiziellen Aufgabenkontext (z.B. Marsmenschen), in dem die Kinder keine eigenen Vorstellungen und Überzeugungen über eine Ursache-Wirkung-Relation hatten, erzielten die Kinder bessere Leistungen als in einem realistischen Kontext, in dem die Evidenz im Widerspruch zu den eigenen subjektiven Theorien stand.

Ein weiterer Aspekt der Datenevaluation ist die Fähigkeit zur Interpretation von Kovariationsmustern aus bildlichen Repräsentationsformen wie Diagrammen und Graphen (Koerber & Sodian, 2009). Diagramme und Graphen sind ein wichtiges Werkzeug in den Wissenschaften, um die Art und das Ausmaß der Beziehungen zwischen zwei oder mehreren Variablen abzubilden. Beispielsweise werden Balkendiagramme dafür verwendet, um Quantitäten und deren Beziehung zueinander darzustellen, und Liniendiagramme, um den zeitlichen Verlauf einer oder mehrerer Variablen (z.B. Wachstumsrate) abzubilden. Bereits Kinder im Alter von vier Jahren zeigten die Fähigkeit, nicht räumliche Beziehungen (z.B. Quantität und Zeit) auf räumliche Beziehungen und somit auf den Abbildungsmodus von Diagrammen und Graphen abzubilden (Koerber & Sodian, 2008). Sechsjährige konnten in Liniendiagrammen die Quantität auf die Höhe (y-Achse) und die Wachstumsrate auf die Steigung des Graphen übertragen (Gattis, 2002). In einer Studie von Koerber und Sodian (2008) konnten Vierjährige Kausalbeziehungen zwischen perfekt kovariierenden Variablen aus Balkendiagrammen ablesen. Fünf- und Sechsjährige konnten auch imperfekte Kovariationsdaten interpretieren.

In den dargestellten Studien wurde deutlich, dass bereits Vorschulkinder einfache Kovariationsmuster evaluieren und auch Graphen interpretieren können (Ruffman et al., 1993; Koerber et al., 2005; Koerber & Sodian, 2008; Koerber 2006). Allerdings hatten Vor- und Grundschulkinder Schwierigkeiten bei der Interpretation von Daten, wenn Effekte von mehr als zwei Faktoren auf ein Ergebnis berücksichtigt werden mussten (Kuhn et al., 1988), die Daten nicht perfekt kovariierten und zusätzlich noch den eigenen Überzeugungen über Kausalbeziehungen widersprachen (Koerber et al., 2005).

## 2.3    Wissenschaftsverständnis

Das begriffliche Verständnis von Wissenschaft ist eine übergeordnete Dimension des wissenschaftlichen Denkens, die zentral ist für die Anwendung von Strategien des Experimentierens und der Datenevaluation. Wissenschaftsverständnis beinhaltet u.a. das Verständnis der Konzepte Theorie, Hypothese, Experiment und der Ziele von Wissenschaften. Wissenschaftsverständnis wurde im Vor- und Grundschulalter bisher kaum untersucht. Der Fokus der Forschung lag im Sekundarschulalter.

In einer Interviewstudie untersuchten Carey, Evans, Honda, Jay und Unger (1989) das Verständnis epistemologischer Konzepte von Siebtklässlern. In dem sogenannten Nature-of Science-Interview stellten Carey und Kollegen Fragen zu wissenschaftstheoretischen Aspekten, wie z.B. Worum geht es in Wissenschaften? Was sind Ziele von Wissenschaften? Wie kommen Wissenschaftler zu neuen Erkenntnissen? Was ist eine Hypothese/Theorie? Was ist ein Experiment? Entsprechend dem mehrstufigen Kodierschema befand sich die Mehrheit der Schüler auf dem untersten Verständnisniveau (Level 1a-1b): Sie hatten ein Verständnis von Wissenschaft als Aktivität zur Produktion positiver Effekte oder als Sammlung faktischer Information und stellten keine Beziehungen zwischen Hypothesen, Experimenten und Evidenzen her. Nur wenige Kinder zeigten ein Verständ-

nis von Wissenschaft als Suche nach überprüfbaren Erklärungen und ein Verständnis
der Hypothesenprüfung (Level 2). Folgestudien (z.b. Thoermer & Sodian, 2002; Carey
& Smith, 1993) kamen zu dem Ergebnis, dass auch naturwissenschaftlich gebildete Erwachsene selten die höchste, epistemologische Verständnisstufe (Level 3) erreichten, d.h.
ein Verständnis des Hypothese-Evidenz-Bezugs, der forschungsleitenden Funktion von
Theorien und des zyklischen, kumulativen Charakters von wissenschaftlicher Erkenntnis
bei der Suche nach überprüfbaren Erklärungen.

Sodian und Kollegen (Sodian, Thoermer, Kircher, Grygier & Günter, 2002; Sodian,
Jonen, Thoermer & Kircher, 2006; Grygier, 2008) führten Studien zum Wissenschaftsverständnis von Viertklässlern mit einer für die Altersstufe adaptierten Version des Na-
ture-of-Science-Interviews nach Carey et al. (1989) durch. Die Grundschulkinder zeigten
erwartungsgemäß ein naives Verständnis von Wissenschaft als Sammlung faktischer Information oder als Aktivität (Experimente als Prozedur zur Produktion positiver Effekte). Eine kurzzeitige Instruktion durch Einsatz eines explizit wissenschaftstheoretischen
Curriculums hatte bereits bei Viertklässlern positive Effekte auf das Wissenschaftsverständnis: Das Verständnisniveau konnte angehoben werden und ein Grundverständnis
von Wissenschaft als Suche nach Erklärungen und ein Verständnis von wissenschaftlichem Wissen als Ergebnis der Prüfung von Hypothesen und Theorien vermittelt werden.

## 2.4    Modellierung naturwissenschaftlicher Kompetenzen

Mit der Modellierung naturwissenschaftlicher Kompetenzen, sowohl der domänenübergreifenden Dimension Wissen über Naturwissenschaften (Methodenkompetenzen und
Wissenschaftsverständnis) als auch der domänenspezifischen Dimension des naturwissenschaftlichen Wissens im Bereich Physik, beschäftigt sich das von der Deutschen
Forschungsgemeinschaft seit 2007 geförderte Forschungsprojekt Science-P. Basierend
auf der oben dargestellten entwicklungspsychologischen Forschung zum wissenschaftlichen Denken und der Forschung zum begrifflichen Wandel im Bereich des naturwissenschaftlichen Lernens (z.B. diSessa, 2001; Vosniadou, Ioannides, Dimitrakopoulou &
Papademetriou, 2001) sowie in Anlehnung an das Stufenmodell zur scientific literacy
von Bybee (1997) wurde ein Kompetenzmodell naturwissenschaftlicher Kompetenz für
das Grundschulalter postuliert (Hardy et al., 2010). Im Rahmen des Projektes wurden
schriftliche Testaufgaben für beide Kompetenzdimensionen entwickelt und validiert, um
naturwissenschaftliche Kompetenzen breit, effizient und ökonomisch zu erfassen (Koerber, Sodian, Kropf, Mayer & Schwippert, 2011; Kropf, 2010; Pollmeier, Hardy, Koerber
& Möller, 2011), sowie die Zusammenhänge zwischen dem Erwerb naturwissenschaftlichen Inhaltswissens und dem Wissen über Naturwissenschaften systematisch analysieren zu können. Die Analysen zeigten, dass reliable, raschkonforme Testinstrumente
zur Erfassung des Wissens über Naturwissenschaften und des naturwissenschaftlichen
Wissens im Grundschulalter entwickelt werden konnten (Kleickmann, Hardy, Pollmeier
& Möller, 2011; Mayer, 2011): Es zeigten sich signifikante Verbesserungen von der zweiten

zur vierten Klassenstufe sowohl im Wissen über Naturwissenschaften als auch im naturwissenschaftlichen Wissen (auch unter Kontrolle von Leseverständnis und Intelligenz).
Außerdem bestanden substantielle Zusammenhänge sowohl innerhalb der Komponenten des Wissens über Naturwissenschaften (Methodenkompetenzen und Wissenschaftsverständnis) als auch zwischen den Kompetenzdimensionen Wissen über Naturwissenschaften und naturwissenschaftliches Inhaltswissen. Als kognitive Bedingungsfaktoren
der Kompetenzentwicklung im Bereich des Wissens über Naturwissenschaften konnten
neben Intelligenz und Leseverständnis vor allem Problemlöse- und räumliche Fähigkeiten identifiziert werden (Mayer, 2011). Entgegen den Befunden aus Studien im Sekundarschulalter oder zur selbstgesteuerten Exploration komplexer Mikrowelten (Kuhn &
Franklin, 2006; Kwon & Lawson, 2000) fanden sich keine konsistenten Zusammenhänge
zu inhibitorischen Fähigkeiten. Weiter zeigten sich Zusammenhänge zu motivationalen
Aspekten der Kompetenzentwicklung, wie naturwissenschaftsbezogenes Selbstkonzept,
Einstellungen zu Naturwissenschaften und Interesse an forschenden Aktivitäten.

## 2.5    Fazit

Basisfähigkeiten im Wissen über Naturwissenschaften, speziell im Bereich der Hypothesenprüfung und Evidenzevaluation, sind schon im Vor- und Grundschulalter vorhanden. Kompetenzen von Kindern im wissenschaftlichen Denken konnten vor allem
dann gezeigt werden, wenn statt multivariaten Aufgaben vereinfachte, kindgerechte
Aufgabenstellungen mit kontextueller Unterstützung verwendet wurden, die weniger
Anforderungen an die Informationsverarbeitungsprozesse der Kinder stellten und Ant-
wortmöglichkeiten zur Auswahl gaben (z.B. Sodian et al., 1991; Bullock & Ziegler, 1999).
Bereits im Vor- und Grundschulalter bestanden individuelle Unterschiede; es wurden
keine Geschlechterdifferenzen gefunden. Des Weiteren ist hervorzuheben, dass schon
während der Vor- und Grundschulzeit deutliche Verbesserungen in und substantielle
Zusammenhänge zwischen den verschiedenen Teilkompetenzen des wissenschaftlichen
Denkens gefunden wurden (Bullock et al., 2009, Koerber et al., 2011; Mayer, 2011). Darüber hinaus zeigten sich bereits im Grundschulalter Zusammenhänge zwischen dem
Erwerb naturwissenschaftlichen Inhaltswissens und domänenübergreifendem wissenschaftlichen Denken (Chen & Klahr, 1999; Grygier, 2008).

Es gibt also neuere entwicklungspsychologische Befunde, die die Metapher vom „Kind
als Wissenschaftler" stützen: Kinder nutzen empirische Beobachtungen und können Experimente durchführen, um Daten zu gewinnen und Hypothesen zu prüfen. Sie verwenden Daten als empirische Belege, um Hypothesen zu bilden, zu prüfen und zu revidieren.
Auch können Kinder schon zwischen Hypothesen/Theorien und Evidenz unterscheiden
und besitzen daher grundlegende Fähigkeiten, um über den Prozess der wissenschaftlichen Erkenntnissuche zu reflektieren.

Jedoch zeigen sich markante Entwicklungsfortschritte im wissenschaftlichen Denken
zwischen dem Grundschul- und Jugendalter und bis ins Erwachsenenalter: Spätere Ent-

wicklungsfortschritte zeigen sich beispielsweise in der spontanen Verwendung der Variablenkontrollstrategie zur Produktion kontrollierter Experimente (Bullock et al., 2009), in der Interpretation von komplexen Kovariationsmustern in multivariaten Aufgaben (Kuhn et al., 1988) sowie im expliziten Wissenschaftsverständnis (Thoermer & Sodian, 2002; Bullock et al., 2009).

## 3    Implikationen für die Frühpädagogik

Die dargestellten neueren entwicklungspsychologischen Arbeiten zeigen, dass bereits Vor- und Grundschulkinder ein beginnendes Verständnis des wissenschaftlichen Erkenntnisprozesses, der experimentellen Methode sowie der Evaluation von Daten besitzen und sich schon in diesem Altersbereich Kompetenzzuwächse zeigen. Daher ist die Fähigkeit zum wissenschaftlichen Denken nicht notwendigerweise an die Entwicklung formal-operatorischer Fähigkeiten im Sinne von Piaget gebunden und wird nicht erst im Jugendalter erworben.

Interventionsstudien belegen, dass wissenschaftliches Denken schon früh gefördert werden kann: Beispielsweise konnte bei Grundschulkindern durch einfache Trainings der Variablenkontrollstrategie die Kompetenz, unkonfundierte Experimente zu produzieren und valide Schlussfolgerungen zu ziehen, verbessert werden (Bullock & Ziegler, 1999; Chen & Klahr, 1999; Klahr & Nigam, 2004). Eine konstruktivistische und wissenschaftstheoretische Unterrichtsintervention in der vierten Jahrgangsstufe der Grundschule hatte eine positive Wirkung sowohl auf das Wissenschaftsverständnis, im Sinne einer konstruktivistischen Vorstellung wissenschaftlicher Erkenntnis, als auch auf die Produktion der Variablenkontrollstrategie, obwohl das Curriculum kein Strategietraining beinhaltete (Sodian et al., 2006). In der Interventionsstudie traten sowohl kurzfristige Effekte als auch Langzeiteffekte in follow-up-Messungen nach einem Jahr auf. Auch in einer Studie von Smith, Maclin, Houghton und Hennessey (2000) zeigten sich positive Effekte eines langfristigen, wissenschaftstheoretisch reflektierten und konstruktivistischen Curriculums auf das Wissenschaftsverständnis der Schüler der ersten bis zur sechsten Klassenstufe im Vergleich zu dem eher traditionell, induktivistischen Unterricht. Auch hatte ein gezieltes Training der bereichsübergreifenden Variablenkontrollstrategie bei amerikanischen Grundschulkindern einen förderlichen Einfluss auf den Erwerb domänenspezifischen naturwissenschaftlichen Inhaltswissens (Chen & Klahr, 1999). Es gibt also Hinweise darauf, dass sich Interventionen zur Förderung des formal-wissenschaftlichen Denkens zusätzlich positiv auf den Erwerb naturwissenschaftlichen Inhaltswissens auswirken können.

Kompetenzen im wissenschaftlichen Denken sind also bereits im Vor- und Grundschulalter vorhanden und können gefördert werden. Daher ist es notwendig, formalwissenschaftliches Denken in die Bildungspläne und -leitlinien für das Vor- und Grundschulalter zu integrieren. Bei der Förderung wissenschaftlichen Denkens kommt der Fach- und Handlungskompetenz der pädagogischen Fach- und Lehrkräfte eine entschei-

dende Bedeutung zu: Auf der einen Seite ist fachspezifisches Wissen, d.h. Wissenschaftsverständnis, Methodenkompetenzen und naturwissenschaftliches Inhaltswissen, auf der
anderen Seite entwicklungspsychologisches Wissen über die Kompetenzentwicklung im
Vor- und Grundschulalter notwendig, um Vor- und Grundschulkinder in sozialen Bildungsprozessen an den Prozess der wissenschaftlichen Erkenntnissuche altersangemessen heranführen zu können.

Bei der Gestaltung der kokonstruktiven Bildungsbegleitung ist es wichtig, Lerngelegenheiten in alltagsnahen Kontexten zu bieten und den Prozess der Erkenntnisgewinnung anzuleiten, zu unterstützen und zu begleiten, z.B. indem eine Auswahl an Experimenten bereit gestellt wird, statt die Kinder selbst spontan ein Experiment produzieren
zu lassen. Es ist bedeutsam, die Kinder zu ermutigen, Fragen zu stellen, ihre Ideen und
Vermutungen auszudrücken und Aussagen und Sachverhalte kritisch zu hinterfragen.
Dabei ist es wichtig, den Kindern verständlich zu machen, dass Aussagen falsch sein
können, es mehrere alternative Sichtweisen geben kann und man herausfinden muss,
welche Sichtweise richtig ist. Den Kindern muss deutlich werden, dass das Ziel von Wissenschaften, die Suche nach neuer Erkenntnis und die Prüfung von Hypothesen ist und
es nicht einfach nur darum geht, das zu bestätigen, was man bereits weiß. Während der
Erkenntnissuche sollten die pädagogischen Fachkräfte Evidenzen einfordern. Dabei ist
es bedeutsam, die Kinder dabei zu begleiten, eine aufgestellte Hypothese zu prüfen, Experimente zu planen und durchzuführen, die gewonnenen Daten zu interpretieren und
in Bezug zur Hypothese zu stellen. Die neu gewonnene Evidenz muss schließlich in das
bestehende Wissen integriert werden. Während und auch am Ende dieser Bildungsprozesse sollte eine gemeinsame Reflexion der Ergebnisse in Zusammenhang mit den vorher
aufgestellten Hypothesen stehen. Des Weiteren sollten die Kinder während der gesamten
Exploration dazu angeregt werden, sich Notizen über ihre Beobachtungen, Experimente,
den Untersuchungsverlauf sowie die Ergebnisse zu machen. Wie Studien zeigten, können schon im Vor- und Grundschulalter hochstrukturierte Repräsentationsformen wie
Tabellen und Diagramme zur Abbildung von Daten eingeführt und verwendet werden.
Sowohl bei der Durchführung von Experimenten als auch bei der Notation von Daten ist
es bedeutsam, den Kindern zu vermitteln, *warum* man solche Methoden und Notationen
einsetzt. Bildungsprozesse im wissenschaftlichen Denken sind vor allem dann nachhaltig, wenn sowohl auf der Verhaltensebene als auch auf der Reflexionsebene in altersad-
äquater Form angesetzt wird (vgl. Kuhn, 2002).

## 4    Literatur

American Association for the Advancement of Science (Eds.). (1993). *Benchmarks for science literacy. Project 2061.* New York: Oxford University Press.
Baumert, J., Klieme, E., Neubrand, M., Prenzel, M., Schiefele, U., Schneider, W., Stanat, P., Tillmann, K.-J. & Weiß, M. (Hrsg.). (2001). *PISA 2000: Basiskompetenzen von Schülerinnen und
Schülern im internationalen Vergleich.* Opladen: Leske + Budrich.

Baumert, J., Lehmann, R.H., Lehrke, M., Schmitz, B., Clausen, M., Hosenfeld, I., Köller, O. & Neubrand, J. (1997). *TIMSS – Mathematisch-naturwissenschaftlicher Unterricht im internationalen
Vergleich: Deskriptive Befunde.* Opladen: Leske + Budrich.

Bayerisches Staatsministerium für Arbeit und Sozialordnung, Familie und Frauen & Staatsinstitut
für Frühpädagogik (2006). *Der Bayerische Bildungs- und Erziehungsplan für Kinder in Tageseinrichtungen bis zur Einschulung.* Berlin: Cornelsen Verlag Scriptor.

Bos, W., Bonsen, M., Baumert, J., Prenzel, M., Selter, C. & Walther, G. (Hrsg.). (2008). *TIMSS 2007.
Mathematische und naturwissenschaftliche Kompetenzen von Grundschulkindern in Deutschland im internationalen Vergleich.* Münster: Waxmann.

Bos, W., Lankes, E.-M., Prenzel, M., Schwippert, K., Walther, G. & Valtin, R. (Hrsg.). (2003). *Erste
Ergebnisse aus IGLU – Schülerleistungen am Ende der vierten Jahrgangsstufe im internationalen
Vergleich.* Münster: Waxmann.

Bullock, M., Sodian, B. & Koerber, S. (2009). Doing experiments and understanding science: De-
velopment of scientific reasoning from childhood to adulthood. In W. Schneider & M. Bullock
(Eds.), *Human development from early childhood to early adulthood. Findings from the Munich
Longitudinal Study* (pp. 173–197). Mahwah, NJ: Erlbaum.

Bullock, M. & Ziegler, A. (1999). Scientific reasoning: Developmental and individual differences.
In F.E. Weinert & W. Schneider (Eds.), *Individual development from 3 to 12. Findings from the
Munich Longitudinal Study* (pp. 38–60). Cambridge: Cambridge University Press.

Bybee, R.W. (1997). Toward an understanding of scientific literacy. In W. Gräber & C. Bolte (Eds.),
*Scientific Literacy* (pp. 37–68). Kiel: IPN.

Carey, S., Evans, R., Honda, M., Jay, E. & Unger, C. (1989). An experiment is when you try it and
see if it works. A study of junior high school students' understanding of the construction of scientific knowledge. *International Journal of Science Education, 11*, 514–529.

Carey, S. & Smith, C. (1993). On understanding the nature of scientific knowledge. *Educational
Psychologist, 28* (3), 235–251.

Chen, Z. & Klahr, D. (1999). All other things being equal: Acquisition and transfer of the control
of variables strategy. *Child Development, 70* (5), 1098–1120.

diSessa, A. (2006). A history of conceptual change research. In K. Sawyer (Eds.), *The Cambridge
Handbook of the Learning Sciences* (pp. 265–281). Cambridge: Cambridge University Press.

Dunbar, K. & Klahr, D. (1989). Developmental differences in scientific discovery processes. In D.
Klahr & K. Kotovsky (eds.), *Complex informaton processing: The impact of Herbert A. Simon* (pp.
109–143). Hillsdale, NJ: Erlbaum.

Elschenbroich, D. (2005). *Weltwunder. Kinder als Naturforscher.* München: Verlag Antje Kunst-
mann.

Gattis, M. (2002). Structure mapping in spatial reasoning. *Cognitive Development, 17,* 1157–1183.

Gesellschaft für Didaktik des Sachunterrichts (2002). *Perspektivenrahmen Sachunterricht.* Bad
Heilbrunn: Klinkhardt.

Gopnik, A., Kuhl, P. & Meltzoff. A. (2001). *Forschergeist in Windeln.* München: Piper.

Grygier, P. (2008). *Wissenschaftsverständnis von Grundschülern im Sachunterricht.* Bad Heilbrunn: Klinkhardt.

Hardy, I., Kleickmann, T., Koerber, S., Mayer, D., Möller, K., Pollmeier, J., Schwippert, K. & Sodi-
an, B. (2010). Die Modellierung naturwissenschaftlicher Kompetenz im Grundschulalter. In
E. Klieme, D. Leutner & M. Kenk (Hrsg.), *Kompetenzmodellierung. Zwischenbilanz des DFG-
Schwerpunktprogramms und Perspektiven des Forschungsansatzes. 56. Beiheft der Zeitschrift für
Pädagogik* (S. 115–125). Weinheim: Beltz.

Inhelder, B. & Piaget, J. (1958). *The growth of logical thinking from childhood to adolescence.* New
York: Basic Books.

Klahr, D. (2000). *Exploring science.* Cambridge, MA: MIT Press.

Klahr, D. & Nigam, M. (2004). The equivalence of learning paths in early science instruction. *Psychological Science, 15* (10), 661–667.

Kleickmann, T., Hardy, I., Pollmeier, J. & Möller, K. (2011). Zur Struktur naturwissenschaftlichen Wissens von Grundschulkindern. Eine personen- und variablenzentrierte Analyse. *Zeitschrift für Entwicklungspsychologie und Pädagogische Psychologie*, 43 (4), 200–212.

Koerber, S. (2006). Entwicklung des wissenschaftlichen Denkens bei Vier- bis Achtjährigen. *Beiträge zur Lehrerbildung, 24* (2), 193–201.

Koerber, S. & Sodian, B. (2008). Preschool children's ability to visually represent relations. *Developmental Science, 11* (3), 390–395.

Koerber, S. & Sodian, B. (2009). Reasoning from graphs in young children: Preschoolers' ability to interpret covariation data from graphs. *Journal of Psychology of Science & Technology, 2* (2), 73–86.

Koerber, S., Sodian, B., Kropf, N., Mayer, D. & Schwippert, K. (2011). Die Entwicklung des wissenschaftlichen Denkens im Grundschulalter. Theorieverständnis, Experimentierstrategien, Dateninterpretation. *Zeitschrift für Entwicklungspsychologie und Pädagogische Psychologie, 43* (1), 16–21.

Koerber, S., Sodian, B., Thoermer, C. & Nett, U. (2005). Scientific reasoning in young children: Preschoolers' ability to evaluate covariation evidence. *Swiss Journal of Psychology, 64* (3), 141–152.

Kropf, N. (2010). *Entwicklung und Analyse von Messinstrumenten zur Erfassung des wissenschaftlichen Denkens im Grundschulalter*. Dissertation, Ludwig-Maximilians-Universität München.

Kuhn, D. (2002). What is scientific thinking and how does it develop? In U. Goswami (Eds.), *Handbook of childhood cognitive development* (pp. 371–393). Oxford: Blackwell.

Kuhn, D., Amsel, E. & O'Loughlin, M. (1988). *The development of scientific thinking skills*. Orlando, FL: Academic Press.

Kuhn, D. & Franklin, S. (2006). The second decade. What develops (and how). In D. Kuhn & R.S. Siegler (Vol. Eds.), *Handbook of child psychology: Vol. 2. Cognition, perception and language* (pp. 953–993). Hoboken, NJ: Wiley.

Kuhn, D. & Pearsall, S. (2000). Developmental origins of scientific thinking. *Journal of Cognition and Development, 1*, 113–129.

Kwon, Y.-J. & Lawson, A.E. (2000). Linking brain growth with the development of scientific reasoning ability and conceptual change during adolescence. *Journal of Research in Science Teaching, 37* (1), 44–62.

Mayer, D. (2011). *Die Modellierung des wissenschaftlichen Denkens im Grundschulalter. Zusammenhänge zu kognitiven Fähigkeiten und motivationalen Orientierungen*. Dissertation, Ludwig-Maximilians-Universität München.

Pollmeier, J., Hardy, I., Koerber, S. & Möller, K. (2011). Lassen sich naturwissenschaftliche Lernstände im Grundschulalter mit schriftlichen Aufgaben valide erfassen? *Zeitschrift für Pädagogik, 57* (6), 834–853.

Prenzel, M., Rost, J., Senkbeil, M., Häußler, P. & Klopp, A. (2001). Naturwissenschaftliche Grundbildung: Testkonzeption und Ergebnisse. In J. Baumert et al. (Hrsg.), *PISA 2000 – Basiskompetenzen von Schülerinnen und Schülern im internationalen Vergleich* (S. 191–248). Opladen: Leske + Budrich.

Ruffman, T., Perner, J., Olson, D.R. & Doherty, M. (1993). Reflecting on scientific thinking: Children's understanding of the hypothesis-evidence relation. *Child Development, 64*, 1617–1636.

Schneider, W. & Bullock, M. (2009). *Human development from early childhood to early adulthood. Findings from the Munich Longitudinal Study*. Mahwah, NJ: Erlbaum.

Smith, C.L., Maclin, D., Houghton, C. & Hennessey, M.G. (2000). Sixth-grade students' epistemologies of science: The impact of school science experiences on epistemological development. *Cognition & Instruction, 18* (3), 349–422.

Sodian, B. (1998). Entwicklung bereichsspezifischen Wissens. In R. Oerter & L. Montada (Hrsg.), *Entwicklungspsychologie* (S. 622–653). Weinheim: Beltz.

Sodian, B. (2005). Entwicklung des Denkens im Alter von vier bis acht Jahren – was entwickelt sich? In T. Guldimann & B. Hauser (Hrsg.), *Bildung 4- bis 8-jähriger Kinder* (S. 9–28). Münster: Waxmann.

Sodian, B., Jonen, A., Thoermer, C. & Kircher, E. (2006). Die Natur der Naturwissenschaften verstehen: Implementierung wissenschaftstheoretischen Unterrichts in der Grundschule. In M. Prenzel & L. Allolio-Näcke (Hrsg.), *Untersuchungen zur Bildungsqualität von Schule. Abschlussbericht des DFG-Schwerpunktprogramms* (S. 147–160). Münster: Waxmann.

Sodian, B. & Bullock, M. (2008). Scientific reasoning – Where are we now? *Cognitive Development, 23,* 431–434.

Sodian, B., Thoermer, C., Kircher, E., Grygier, P. & Günther, J. (2002). Vermittlung von Wissenschaftsverständnis in der Grundschule. *Zeitschrift für Pädagogik, 45. Beiheft,* 192–206.

Sodian, B., Zaitchik, D. & Carey, S. (1991). Young children's differentiation of hypothetical beliefs from evidence. *Child Development, 6,* 753–766.

Schulz, L. & Gopnik, A. (2004). Causal learning across domains. *Developmental Psychology, 40*(2),162–176.

Thoermer, C. & Sodian, B. (2002). Science undergraduates' and graduates' epistemologies of science: The notion of interpretive frameworks. *New Ideas in Psychology, 26,* 263–283.

Vosniadou, S., Ioannides, C., Dimitrakopoulou, A. & Papademetriou, E. (2001). Designing learning environments to promote conceptual change in science. *Learning and Instruction, 15,* 317–419.

Weinert, F.E. & Schneider, W. (Eds.) (1999). *Individual development from 3 to 12. Findings from the Munich Longitudinal Study.* Cambridge: Cambridge University Press.

Wilkening, F. & Sodian, B. (Eds.) (2005). Special Issue on "Scientific reasoning in young children". *Swiss Journal of Psychology, 64* (3), 137–217.

Zimmerman, C. (2007). The development of scientific thinking skills in elementary and middle school. *Developmental Review, 27* (2), 172–223.

# Soziale Entwicklung

Susanne Viernickel

## 1 Soziale Entwicklung und soziale Kompetenz

Der Oberbegriff der sozialen Entwicklung umfasst eine Reihe sehr unterschiedlicher Phänomene. Übergreifend meint *soziale Entwicklung* alle Veränderungen in den Beziehungen zu anderen Menschen oder zur sozialen Umwelt über die Zeit (Schmidt-Denter, 2005). Da sich Beziehungen auf der Grundlage wiederholter Erfahrungen in sozialen Interaktionen ausbilden, ist der Erwerb von Kompetenzen, die der für alle Beteiligten positiven Gestaltung von Interaktionen dienlich sind, eine wichtige Entwicklungsaufgabe. Eine allgemeine Definition *sozialer Kompetenz* beschreibt diese als Effektivität in sozialen Interaktionen (Rose-Krasnor, 1997). Effektivität beinhaltet dabei die Komponenten des Erreichens persönlicher Ziele, der Befriedigung persönlicher Bedürfnisse, der Wahrung allgemeingültiger sozialer Regeln und Normen und der Aufrechterhaltung positiver Beziehungen zu anderen Personen.

Ergebnisse aus experimentell angelegten Vergleichsstudien des Verhaltens von Primaten und Kleinkindern legen nahe, dass beim Menschen von einer biologisch bedingten Kooperationsfähigkeit und Sozialität ausgegangen werden kann. Besonderheiten der menschlichen Spezies liegen demnach in den sozialen Verhaltensweisen des Helfens, Informierens und Teilens. Diesen einmaligen Kooperationsformen liegen evolutionäre Prozesse zu Grunde, die beim Menschen die Fähigkeit zur ‚geteilten Intentionalität' entwickeln ließen, also mit anderen in kooperativen Unternehmungen gemeinsame Absichten zu verfolgen und Verpflichtungen einzugehen: „Ausgestattet mit einer speziellen Art der kulturellen Intelligenz, die artspezifische sozial-kognitive Fähigkeiten und Motivationen zu Zusammenarbeit, Kommunikation, sozialem Lernen und anderen Formen der geteilten Intentionalität umfaßt, können Kinder im Laufe ihres Heranwachsens zunehmend an diesem kooperativen Gruppendenken teilhaben" (Tomasello, 2010, S. 13).

Diese evolutionär verankerte, von Geburt an vorhandene Disposition wird im Laufe der ontogenetischen Entwicklung durch kulturelle und soziale Erfahrungen überformt. Deshalb muss die o.g. allgemeine Definition sozialer Kompetenz entwicklungs- und kulturspezifisch konkretisiert werden. So setzen beispielsweise sehr junge Kinder Verhaltensweisen von geringerer Komplexität und Vielfalt ein als ältere Kinder, um positive Beziehungen zu ihren Peers aufrecht zu erhalten (vgl. Viernickel, 2000). Normen dafür, was als sozial angemessenes Verhalten gilt, sind ebenso kulturell geprägt wie die Vorstellungen darüber, in welchem Alter von Kindern die Einhaltung sozialer Regeln und Konventionen erwartet und eingefordert werden kann (vgl. Leyendecker & Schölmerich, 2007). Soziale Kompetenz ist deshalb in weitaus stärkerem Ausmaß als andere Entwicklungsparameter ein soziales, gesellschaftliches und kulturelles Konstrukt.

## 1.1 Die Anfänge sozialer Entwicklung und sozialer Kompetenz

Bereits Neugeborene verfügen über ein Repertoire an Verhaltensweisen, mit denen sie emotionale Zustände ausdrücken, Signale an ihre soziale Umwelt senden und ihre Aufmerksamkeit – wenn auch zunächst nur kurzzeitig – auf soziale Stimuli richten können. Gesichtsmuskulatur und motorische Schaltkreise sind so weit entwickelt, dass innerhalb der ersten Lebensmonate die Basisemotionen Freude, Trauer, Ekel, Überraschung, Interesse, Wut und Zuneigung mimisch dargestellt und Hunger, Schmerz oder Kummer durch voneinander unterscheidbares Schreien signalisiert werden können (vgl. Eliot, 2000, S. 426).

Innerhalb der ersten zwei Lebensmonate spielen sich Säuglinge und ihre Bezugspersonen so aufeinander ein, dass ihre Interaktionen bereits alle Merkmale eines gesprächsähnlichen Austauschs über Blicke, Mimik, Gestik und Lautierung zeigen. Zu den Abstimmungsprozessen, die für das Gelingen dieser als ‚Proto-Konversation' bezeichneten Interaktionen erforderlich sind, tragen die Säuglinge durch das Suchen des Blickkontakts, den Einsatz von Vokalisation, Lächeln und Motorik aktiv bei. Ihr Verhalten wird hierbei von sozialen Erwartungen gesteuert. Reagiert der Erwachsene nicht bzw. untypisch, verstärkt das Kind zunächst seine Bemühungen und zeigt höchste Irritation, wenn eine adäquate soziale Reaktion weiter ausbleibt – bis hin zum Kontaktabbruch.

Als Meilensteine der sozialen Entwicklung im ersten Lebensjahr gelten das soziale Wiederlächeln, das etwa fünf bis acht Wochen nach dem errechneten Geburtstermin auftritt, die sich in der zweiten Hälfte des ersten Lebensjahres entwickelnden Fähigkeiten, den Interaktionspartner auf etwas aufmerksam zu machen und mit ihm über etwas Drittes, einen ‚gemeinsamen Gegenstand', zu kommunizieren (= joint bzw. shared attention) sowie sich bei ihm durch fragende Blicke in verunsichernden und potenziell gefährlichen Situationen (= social referencing) rückzuversichern (zusammenfassend Rauh, 2002, S. 157ff.).

Das Repertoire sozialen Verhaltens mit Erwachsenen und mit Gleichaltrigen, den Peers, erweitert und differenziert sich im Verlauf der nächsten Lebensjahre enorm. Kinder erwerben Kompetenzen, die es ihnen unter anderem ermöglichen, soziale Interaktionen zu initiieren und aufrecht zu erhalten, im Spiel zu kooperieren und Konflikte zu lösen, Regeln zu verstehen, auszuhandeln und sich daran zu orientieren, Zuneigung und Abgrenzung angemessen auszudrücken und freundschaftliche Beziehungen aufzubauen. Hierbei spielen soziale Lernvorgänge (Nachahmung, Erfahrungslernen), die Ausbildung emotionaler Kompetenzen und Informationsverarbeitungsprozesse eine zentrale Rolle.

## 1.2 Sozial-kognitive und sozial-emotionale Grundlagen sozialer Kompetenz

Um in sozialen Situationen erfolgreich handeln zu können, werden spezifische Wahrnehmungs- und Verarbeitungsfunktionen benötigt (vgl. u.a. Crick und Dodge, 1994). Hierbei spielt die schrittweise Entwicklung einer ,theory of mind' eine besondere Rolle. Schon einjährige Kinder können zufällige von absichtsvollen Handlungen unterscheiden. Kinder im zweiten Lebensjahr vervollständigen begonnene Handlungssequenzen von Erwachsenen, das heißt, sie haben bereits eine Vorstellung von Handlungsabfolgen entwickelt und darüber hinaus den sozialen Impuls, die Handlungen anderer zu einem Abschluss zu bringen. Dies bedeutet jedoch noch nicht, dass sie zuverlässig auf die Handlungsabsichten anderer Personen schließen können. Vielmehr setzen sie bis mindestens zum dritten Lebensjahr den in ihren Augen gewünschten Handlungsausgang mit der Intention des Gegenübers gleich. Im vierten Lebensjahr setzt ein fundamentaler Wandel in den kindlichen Denkmöglichkeiten ein. Sie beginnen, mentale Operationen als Auslöser für Verhalten zu begreifen und ein kausales Verständnis für deren Entstehung und Verbindung zu entwickeln. Damit einher geht die Einsicht, dass verschiedene Individuen unterschiedliche Repräsentationen von der Welt haben können, z.B. falsche Überzeugungen aufgrund mangelnder Informationen hegen oder absichtlich lügen und täuschen können (vgl. u.a. Barr, 2006, S. 194f.).

Für Zusammenhänge zwischen sozial-kognitiven Fähigkeiten und Kompetenz in sozialen Situationen gibt es vielfältige Belege. So wählen Kinder, die Schwierigkeiten mit der Wahrnehmung und Dekodierung sozialer Stimuli haben, aufgrund ihrer Fehlinterpretationen häufig unangemessenes – reaktiv-aggressives oder Rückzugs- Verhalten – aus, wenn sie mit Peers interagieren. Autistischen Kindern ist es erschwert, das Verhalten Anderer vorherzusagen und zu interpretieren, weil sie nur unzureichend in der Lage sind, sich kognitiv und emotional in deren mentale Welt hinein zu versetzen (Barr, 2006, S. 198f.).

Von mindestens ebenso großer Bedeutung für sozial kompetentes Verhalten sind Fähigkeiten im Bereich der emotionalen Entwicklung. Dazu gehört, Emotionen bei sich und anderen zu erkennen, eigene Emotionen klar auszudrücken und zu regulieren und sich auch gefühlsmäßig in die Lage des Interaktionspartners hinein versetzen zu können, also Mitgefühl zu entwickeln. Bereits im ersten Lebensjahr können Babies positive

Gefühle wie Freude von negativen Gefühlen wie Ärger oder Trauer im mimischen und stimmlichen Ausdruck voneinander unterscheiden. Zwei- und dreijährige Kinder kennen zu typischen Gesichtsausdrücken passende Emotionsbezeichnungen und sie können emotionsauslösende Situationen zu den primären Emotionen Freude, Ärger, Traurigkeit, Angst, Überraschung und Interesse benennen (Wellmann, Phillips & Rodriguez, 2000), wobei sie Emotionen bereits als die subjektive Erfahrung einer Person interpretieren. Zwischen dem zweiten und fünften Lebensjahr wächst das kindliche Emotionsvokabular deutlich. Kinder lernen in sozialen Situationen auch, ihre emotionale Reaktion sozialen Erwartungen und Konventionen anzupassen. So werden in Gegenwart von Peers negative Emotionen wie Traurigkeit oder Schmerz mit zunehmendem Alter immer ausgeprägter kontrolliert, während sie in der familiären Interaktion eher offen gezeigt oder sogar maximiert werden. Mit vier bis fünf Jahren können Kinder bei normaler Sprachentwicklung schon ausführliche Gespräche über Gefühle, auch über deren Ursachen und Konsequenzen führen. Schließlich haben Kinder mit dem Schuleintritt ein differenziertes Emotionsvokabular, auch für komplexe Emotionen, erworben (z.B. eifersüchtig, empört, nervös); sie können den emotionalen Ausdruck anderer Personen spontan und korrekt benennen und entwickeln ein Verständnis darüber, dass widerstreitende Emotionen manchmal zeitgleich auftreten können (vgl. Petermann & Wiedebusch, 2003, S. 36ff.).

## 2      Empirische Zugänge und Forschungsmethoden

Die Anfänge der empirischen Erforschung sozialer Verhaltensweisen und Kompetenzen sind eng verknüpft mit den Arbeiten der Entwicklungspsychologin Charlotte Bühler (1893-1974) und ihren Mitarbeiterinnen Hildegard Hetzer und Charlotte Schenk-Danziger, die Entwicklungstagebücher anfertigten und systematische Verhaltensbeobachtungen in natürlichen Situationen durchführten, um z.B. das soziale Verhaltensrepertoire im ersten Lebensjahr zu dokumentieren (Bühler, Hetzer & Tudor-Hart, 1927). Diese frühen Arbeiten waren gekennzeichnet durch ein methodisch reflektiertes Bemühen um die Abgrenzung von Beobachtungseinheiten. Bühler und Hetzer strukturierten hierfür Verhaltenssequenzen nach ihren elementarsten Sinneinheiten (Bürmann & Herwartz-Emden, 1993).

Heute werden in der frühkindlichen Bildungsforschung eine Vielzahl von Erhebungsmethoden und -verfahren eingesetzt, die nicht nur auf Verhaltensaspekte zielen, sondern auch auf die oben genannten sozial-kognitiven und sozial-emotionalen Grundlagen sozialer Kompetenzen. Das Fehlen eines übergeordneten theoretischen Gerüsts macht es schwierig, wenn nicht unmöglich, Ergebnisse verschiedener Studien miteinander in Beziehung zu setzen, weil soziale Kompetenz in Abhängigkeit von dem verwendeten Instrumentarium sehr unterschiedlich operationalisiert und erfasst wird. Da junge Kinder nur sehr eingeschränkt zu Selbstauskünften fähig sind, werden am häufigsten standardisierte Beobachtungsverfahren (überwiegend im Feld) und skalenbasierte Report-Verfahren eingesetzt, bei denen Auskunftspersonen aus dem häuslichen oder institutionellen Umfeld (in der Regel Mütter, Erzieherinnen oder Lehrerinnen) verschiedene Aspekte des sozialen Verhaltens beurteilen (vgl. Reinders, 2008, S. 39). Beide Herangehensweisen sind auch in Entwicklungstestbatterien im Bereich sozialer Entwicklung bzw. sozialer Kompetenz üblich. Kritisch ist anzumerken, dass die Mehrzahl der verfügbaren Instrumente aus dem klinischen Bereich stammt und deshalb auf Problemverhalten, Verhaltensauffälligkeiten und -störungen fokussiert.

Im Kontext des Nationalen Bildungspanels, das Bildungsprozesse und Kompetenzentwicklung in Deutschland beginnend von früher Kindheit bis ins hohe Erwachsenenalter untersucht, wird der Bereich der sozialen Kompetenz über die beiden zentralen Dimensionen „Durchsetzungsfähigkeit/Autonomie" und „Anpassungsfähigkeit/Zugehörigkeit" beschrieben (vgl. Bayer, Ditton & Wohlkinger, 2012). Basierend auf dieser konzeptionellen Folie sollen zur Messung sozialer Kompetenzen im Kleinkind- und Vorschulalter zwei auch international breit genutzte und erprobte Verfahren mit guten psychometrischen Eigenschaften zum Einsatz gelangen. Mit dem „Social Skills Improvement System" (SSIS, Gresham & Elliott, 2008), lassen sich Fähigkeiten von Kindern ab drei Jahren in sieben Dimensionen sozialer Kompetenz (Selbstbehauptung, Kooperation, Empathie, Verantwortung, Kommunikation, Engagement und Selbstkontrolle) untersuchen und gezielt fördern. Die erfragten Items stellen eine valide und reliable Operationalisierung des Konstrukts „Autonomie-Durchsetzungsfähigkeit" dar. Das Verfahren wurde auch in der ‚Nationalen Untersuchung zur Bildung, Betreuung und Erziehung in der Kindheit' (NUBBEK) eingesetzt.

Der in Großbritannien entwickelte und in zahlreichen Studien zur Anwendung gelangte „Strengths and Difficulties Questionnaire" (SDQ, Goodman, 2001) dient der Erfassung von Verhaltensstärken und -auffälligkeiten bei Kindern und Jugendlichen im Alter von 4 bis 16 Jahren. Der kurze Fragebogen kann in etwa fünf Minuten von Eltern und Lehrern, sowie in einer Selbstbericht-Version von Jugendlichen ausgefüllt werden. Der Fragebogen besteht aus 25 Items zu den Bereichen Emotionale Probleme, Verhaltensauffälligkeiten, Hyperaktivität, Probleme im Umgang mit Gleichaltrigen sowie Prosoziales Verhalten. Bei der Formulierung wurde auf eine Ausgewogenheit positiver und negativer Verhaltensaspekte geachtet. Das Instrument wurde 1997 in die deutsche Sprache übersetzt und für den deutschsprachigen Raum normiert und validiert.

Für noch jüngere Kinder im Alter von 12 bis 36 Monaten stellt das „Infant-Toddler Social and Emotional Assessment" (ITSEA, Carter & Briggs-Gowan, 1933) ein dem SDQ vergleichbares Verfahren dar, wenngleich es noch stärker auf den klinischen Einsatz zugeschnitten ist. Es erfragt das Auftreten und die Regelmäßigkeit frühkindlicher Verhaltensweisen, die den vier Domänen ‚Externalisierung' (z.B. Impulsivität, aggressives Verhalten gegenüber Peers), ‚Internalisierung' (z.B. Trennungsangst, Zurückgezogenheit), ‚Disregulation' (z.B. Ess- oder Schlafprobleme) und ‚Kompetenzen' (z.B. Aufmerksamkeit, Spielverhalten) zugeordnet werden.

Häufigen Einsatz findet im internationalen wie deutschsprachigen Forschungsraum auch die „Child Behavior Checklist" (CBCL, Achenbach, 1991), die in mehreren altersnormierten Fassungen vorliegt und von Eltern sowie pädagogischen Fach- und Lehrkräften beantwortet werden kann. Sie fokussiert allerdings eindeutig auf die Entdeckung von Verhaltensauffälligkeiten sowie psychischen und emotionalen Störungen (Beispielitems: „Kind gehorcht nicht"; „Kind denkt nur an sich") und kann soziale Entwicklung deshalb nicht kompetenzorientiert beschreiben, sondern nur in ihren Abweichungen darstellen.

Die Einschätzskala „Positive Entwicklung und Resilienz im Kindergartenalltag" (PE-RIK, Mayr & Ulich, 2006) ist ein eher im pädagogischen Kontext als in der Forschung eingesetztes Report-Verfahren zur Beurteilung der sozial-emotionalen Entwicklung. Sie erfasst die sechs „Basiskompetenzen" Kontaktfähigkeit, Selbststeuerung/Rücksichtnahme, Selbstbehauptung, Stressregulierung, Aufgabenorientierung und Explorationsfreude bei Kindern im Alter von ca. dreieinhalb Jahren bis zum Schuleintritt. Im Gegensatz zu den meisten anderen Instrumenten geht es nicht in erster Linie um das Aufdecken von Entwicklungsverzögerungen oder Verhaltensauffälligkeiten, sondern darum, ein umfassendes Bild zu gewinnen und Ansatzpunkte für die Stärkung der kindlichen Persönlichkeit und der Unterstützung positiven Verhaltens zu bestimmen.

## 3    Soziale Entwicklung im familiären Kontext

Die Erfahrungen, die Kinder mit ihren Eltern machen, und die Qualität der Beziehungen, die sie innerhalb der Familie erleben, beeinflussen in hohem Maße ihre soziale und emotionale Entwicklung. Die Forschung in diesem Bereich folgt verschiedenen Ansätzen. Soziale Entwicklung bzw. die Entwicklung sozialer Kompetenzen wird zum einen in Bezug gesetzt zur Beziehungsqualität zwischen Eltern und Kindern, insbesondere unter dem bindungstheoretischen Paradigma (vgl. Kap. 3.1); zum anderen werden Erziehungsklima und Erziehungsstil (Baumrind, 1989) oder, etwas differenzierter, konkrete Erziehungspraktiken und pädagogisches Verhalten der Eltern in den Blick genommen (Kap. 3.2). Ein anderer Forschungszweig untersucht die Entwicklungsbedeutsamkeit von Geschwisterbeziehungen (Kap. 3.3).

### 3.1    Bindungsbeziehungen, soziale Entwicklung und soziale Kompetenz

Nach der ethologischen Bindungstheorie (Bowlby, 1975) wird der Beziehungsaufbau zwischen einem Säugling und den ihn versorgenden Personen – in erster Instanz in der Regel die Mutter – durch ein evolutionsbiologisch angelegtes Verhaltensprogramm angestoßen, das Nähe, Kontakt und Interaktion sicher stellt. Im Wechselspiel von Bindungsverhalten des Babies bei Verunsicherung, Schmerz oder Angst (Weinen, Rufen, Anklammern, Nachfolgen) und Fürsorgeverhalten des Erwachsenen entwickelt sich innerhalb der ersten Lebensmonate eine Bindung als ein stabiles emotionales Band, das sich im Laufe der Zeit als überdauernde kognitiv-emotionale Repräsentation, als so genanntes inneres Arbeitsmodell, ausbildet und damit nicht nur aktuelle, sondern langfristige Bedeutung für die kindliche Entwicklung hat.

Für die Vorhersage der Qualität dieser Bindungsbeziehung lassen sich spezifische sozialkognitive Kompetenzen und Handlungsbereitschaften der betreuenden Personen als besonders bedeutsam herauskristallisieren, die durch regelmäßige Interaktionserfahrungen verfeinert werden und sowohl verlorengehen als auch gezielt trainiert werden können. Die klassische Bindungstheorie arbeitet mit dem Konstrukt der Feinfühligkeit (Ainsworth et al., 1974), die durch die vier Merkmale „Wahrnehmung und korrekte Interpretation der Signale des Kindes sowie Promptheit und Angemessenheit der Reaktion" charakterisiert ist. Ähnliche Merkmale beschreiben Papoušek & Papoušek (1987) in ihrem Konzept des „intuitiven Elternverhaltens", das als komplementär zu den frühen Interaktionsfähigkeiten des Säuglings betrachtet wird. Papoušek & Papoušek betonen darüber hinaus die Bedeutsamkeit einer deutlichen Verhaltensstrukturierung in der Kommunikation mit dem Säugling z.B. durch Vergrößerung von Mimik und Gestik oder durch Veränderungen in der Stimmlage und Sprachstruktur, um dem Säugling die Informationsaufnahme zu erleichtern, das Herstellen und Aufrechterhalten von Blickkontakt und die Prüfung und Regulation des Wachheits- und Erregungszustand des Kindes z.B. durch kurzes Berühren der Hände, Streicheln oder Singen.

Während die mütterliche Feinfühligkeit in den klassischen Studien von Ainsworth et al. (1974) hoch mit der Bindungsqualität korrelierte, konnten diese Zusammenhänge in nachfolgenden Studien nicht in vergleichbarer Stärke repliziert werden. Anscheinend stehen weitere Interaktionsmerkmale ebenfalls in engem Bezug zur Bindungsqualität (de Wolff & van IJzendoorn, 1997). Dies gilt zum einen für das Ausmaß an Synchronisation bzw. gelingender Abstimmung zwischen den Verhaltensweisen des Säuglings und denen der Bezugsperson, zum anderen für das Erleben von Gegenseitigkeit, womit von positiven Affekten begleitete Interaktionen gemeint sind, bei denen sich Bezugsperson und Kind auf einen dritten Gegenstand beziehen. Aus Untersuchungen zur Vater-Kind-Bindung ist hervorgegangen, dass Verhaltensweisen, die die Explorationsbereitschaft des Kindes befördern, ebenfalls zur Beziehungssicherheit beitragen (Kindler & Grossmann, 2004). Eine sichere Vater-Kind-Bindung ist mit guten schulischen Anpassungsleistungen, geringerer Ängstlichkeit und geringerem sozialem Rückzug assoziiert worden (vgl. Lohaus et al., 2010, S. 196).

Kinder mit sicheren Bindungsbeziehungen scheinen eine Reihe von entwicklungsmäßigen Vorteilen zu haben. Sie zeigen in sozialen Situationen Selbstsicherheit und häufiger prosoziales Verhalten als Kinder mit unsicheren Bindungen, sind sozial kompetenter und engagierter, gestalten ihre Freundschaftsbeziehungen positiver und kooperativer und nehmen oftmals eine Führungsposition unter Gleichaltrigen ein. Unsicher-vermeidend gebundene Kinder zeigen sich Fremden gegenüber häufiger als kontaktscheu und sozial eher distanziert. Ihnen fällt es schwerer, mit Peers zu kooperieren und sie werden von Eltern und pädagogischen Fachkräften als weniger gehorsam und anpassungsfähig beschrieben (vgl. zusammenfassend Siegler et al., 2005).

## 3.2    Erziehungsklima und elterliches Erziehungsverhalten

Eltern können die emotionale und soziale Entwicklung ihrer Kinder befördern, indem sie deren Selbstvertrauen und Selbstwirksamkeitserwartungen stärken, sie bei der Verhaltens- und Emotionsregulation und bei der Anbahnung bedeutungsvoller sozialer Beziehungen zu anderen Personen – Erwachsenen wie Kindern – unterstützen (vgl. Amato & Ochiltree, 1986). Ihr eigener Umgang mit Gefühlen und ihr Erziehungsverhalten haben hierfür eine besondere Bedeutung. Ist der Zugang zu den eigenen Gefühlen für die Eltern eher schwierig, haben sie auch Probleme, angemessen auf den Gefühlsausdruck ihres Kindes zu reagieren. Insbesondere negative Gefühle werden ignoriert oder ihr Ausdruck wird massiv unterbunden, so dass sich für das Kind nur wenig Lernmöglichkeiten ergeben, um sich über die Auslöser seiner Gefühle klarer zu werden und seinen Gefühlsausdruck zu steuern. Dieser „ablehnend-geringschätzende" emotionale Stil steht im Kontrast zum „coachenden" emotionalen Stil (vgl. Gottmann & DeClaire, 1997), der sich dadurch auszeichnet, dass Eltern ein Bewusstsein über die Bedeutung emotionalen Erlebens und emotionaler Ausdrucksfähigkeit entwickeln. Sie akzeptieren die Gefühle ihres Kindes und begreifen deren Ausdruck als Anlass, über Gefühle zu sprechen, dem Kind zu helfen, diese zu regulieren und die Eltern-Kind-Beziehung zu stärken. Nach Gottmann und DeClaire (1997) zeigen Kinder von Eltern mit coachendem emotionalem Stil ein höheres Selbstbewusstsein, bessere schulische Leistungen und haben positivere soziale Beziehungen zu Peers.

Kleinkinder und Kinder im Vorschulalter mit Müttern, deren Interaktionsverhalten als sensitiv, warm, responsiv und involviert beschrieben wurde, zeigen im Entwicklungsverlauf häufiger empathische und prosoziale Reaktionen auf Erwachsene und verhalten sich kooperativer in Bezug auf elterliche Anweisungen und Gebote. Es gelingt ihnen besser, Peer-Beziehungen einzugehen und Peer-Interaktionen kooperativ und emotional positiv zu gestalten, auch mit ihnen unbekannten Kindern Ein besonderes Übungsfeld ist das gemeinsame Spiel von Eltern und Kindern, da es viele Gelegenheiten bietet, Prinzipien des Abwechselns, des Abwartens und der Handlungsabstimmung kennen zu lernen und positive Emotionen zu teilen. Mehrere Studien belegen den förderlichen Einfluss solcher Erfahrungen – auch und insbesondere mit Vätern – auf die Involviertheit und soziale Kompetenz in Peer-Interaktionen (vgl. zusammenfassend Hastings et al., 2006).

Die Erkenntnis, dass elterliches Verhalten sich zwar interindividuell unterscheiden kann, jedoch intraindividuell über verschiedene Situationen hinweg auf bestimmten Dimensionen relativ stabil bleibt und die Etablierung eines spezifischen Erziehungsklimas nach sich zieht, führte zur Beschreibung unterschiedlicher Erziehungsstile (Baumrind, 1989), die sich anhand der beiden Dimensionen (1) Responsivität und (2) Kontrolle trennscharf differenzieren lassen. Der *autoritative Erziehungsstil* ist gekennzeichnet durch eine hohe Responsivität und persönliche Involviertheit der Eltern, warmherzige Interaktion, die Akzeptanz und Berücksichtigung der kindlichen Bedürfnisse und Perspektiven, klare Verhaltens- und Leistungserwartungen und eine flexible, entwicklungsmäßig und situativ angepasste Ausübung von Kontrolle bei gleichzeitiger Gewährung angemessener Handlungsspielräume. Demgegenüber verhalten sich *autoritäre* Erziehungspersonen dem Kind gegenüber wenig responsiv, aber häufig kalt, ablehnend oder abwertend. Sie setzen Anforderungen eher mit Strenge und Rigidität durch und beachten hierbei sehr viel seltener die Standpunkte, Meinungen bzw. Bedürfnisse des Kindes. Der *permissive Erziehungsstil* ist durch eine Mischung aus – manchmal sprunghafter – Zuwendung und Wärme auf der einen Seite und wenig oder keinen Regeln und Anforderungen auf der anderen Seite gekennzeichnet; die Verantwortung für Entscheidungen wird in der Regel dem Kind selbst überlassen. Eltern mit einem *vernachlässigenden Erziehungsstil* erhalten niedrige Werte auf beiden Dimensionen; sie sind emotional distanziert und eher gleichgültig gegenüber Interessen, Bedürfnissen, Meinungen und der Förderung ihres Kindes (vgl. zusammenfassend Berk, 2005, S. 363).

Mehrfach konnte empirisch belegt werden, dass der autoritative Erziehungsstil, bei dem Eltern Wärme und Kontrolle bzw. Anforderungen in eine gute Balance bringen, mit höheren kindlichen sozialen Kompetenzen über die gesamte Kindheit und das Jugendalter einhergeht, und zwar unter Berücksichtigung verschiedener kultureller und ökonomischer Hintergrundvariablen. Unter diesen Bedingungen aufwachsende Kinder werden als unabhängig, selbstbewusst, freundlich und kooperativ beschrieben, gleichzeitig als weniger abhängig und ängstlich und mit geringeren internalisierenden und externalisierenden Verhaltensproblemen behaftet (vgl. Denham et al., 2000).

## 3.3    Gezielte Förderung elterlichen Erziehungsverhaltens

Zur Förderung des elterlichen Erziehungsverhaltens existiert ein unübersichtlicher Markt von strukturierten, auf unterschiedlichen theoretischen Grundlagen basierenden Programmen (vgl. für einen Überblick Tschöpe-Scheffler, 2005). Als Klassiker gilt mittlerweile die Familienkonferenz nach Thomas Gordon, die auf Grundannahmen der Humanistischen Psychologie aufbaut und die Beziehung zwischen Eltern und Kindern vor allem durch die Etablierung einer wertschätzenden, empathischen und klaren Kommunikation stärken will. Speziell auf Eltern mit jüngeren Kindern zielt das Programm STEEP (Steps Towards Effective Enjoyable Parenting; vgl. Suess & Kißgen, 2005), das bindungstheoretische Grundlagen hat und insbesondere auf die Erhöhung der elterlichen Feinfühligkeit im Umgang mit ihrem Säugling und Kleinkind fokussiert. Verhaltenstheoretisch ausgerichtet ist das aus Australien stammende Programm Triple P (Positive Parenting Program), das Eltern dabei unterstützt, Verhaltens- und Kommunikationsweisen zu erwerben, die eine positive Beziehung zum Kind unterstützen sowie entwicklungsförderlich und geeignet sind, kindliches Problemverhalten zu reduzieren. Ein weiteres in Deutschland bekanntes Elterntraining ist das vom Deutschen Kinderschutzbund angebotene Programm „Starke Eltern – Starke Kinder" (vgl. Möller-Frommann, 2005). Gezielt für den Einsatz in Kindertageseinrichtungen wurde der ‚Elternkurs" konzipiert (Fröhlich-Gildhoff, Rönnau & Dörner, 2008).

Effekte von Elterntrainings sind vielfach evaluiert worden; ihr Nutzen allerdings ist umstritten. Eine breite Meta-Analyse von insgesamt über 650 amerikanischen Untersuchungen zu den Effekten von in ihrer theoretischen Grundlegung, der avisierten Zielgruppe, der Organisation und Dauer sowie den eingesetzten Methoden ganz unterschiedlich angelegten Programmen zeigte zwar, dass sich geringe (= Effektstärken .22 bis .26), aber statistisch signifikante Effekte auf die soziale und emotionale Entwicklung bei den Kindern nachweisen lassen, genauso auch geringe Wirkungen in Bezug auf elterliche pädagogische Orientierungen und elterliches Erziehungsverhalten (vgl. Layzer, Goodson, Bernstein & Price, 2001). Marginale Effekte blieben auch nach Ende der Interventionen bestehen. Die Autoren resümieren wie folgt: „It is sobering to realize that much of this effort may not produce even the modest effects that programs hope for. Almost two-thirds of the programs we studied had very small or no effects on parents' understanding of child development, attitudes about childrearing or behavior with their children." (ebd., S. 5-42). Um die Wirksamkeit solcher Programme auf die soziale und emotionale kindliche Entwicklung, elterliche Orientierungen und elterliches Erziehungsverhalten zu erhöhen, gelten ein frühzeitiger Beginn, der Zuschnitt auf eine spezifische Zielgruppe (wie z.B. jugendliche Mütter oder Kinder mit Verhaltensauffälligkeiten), Elemente, die zur elterlichen Rollenklärung und Selbstentwicklung beitragen, eine Durchführung in Gruppensettings (und nicht durch Hausbesuche), um den Kontakt mit anderen Eltern zu befördern, sowie der Einsatz geschulter, professioneller Trainer und Trainerinnen als besonders wichtig.

## 3.4    Geschwisterbeziehungen und soziale Entwicklung

Die Beziehung zwischen Geschwistern bildet ein eigenständiges Subsystem innerhalb des Familiensystems (Lohaus et al., 2010), das in seinen spezifischen Dynamiken und Sozialisationswirkungen bisher nicht hinreichend empirisch erforscht ist. Charakteristisch für Geschwisterbeziehungen ist, dass sie von Intimität, intensiven positiven, negativen und manchmal ambivalenten Emotionen und Themen wie Unterstützung, Macht, Kontrolle und Rivalität geprägt sind, wobei – u.a. in Abhängigkeit von der Eltern-Kind-Bindungen, dem elterlichen Erziehungsstil, Persönlichkeitseigenschaften der Kinder und dem Alters- und Geschlechtsverhältnis – große individuelle Unterschiede bestehen.

Generell werden Geschwisterbeziehungen in der Kindheit als Übungsfelder für die Entwicklung sozialer Interaktionskompetenz und Regulationsfähigkeit betrachtet, wo Konflikte ausgetragen werden, gleichzeitig aber der Fortbestand der Beziehung gewährleistet werden muss. Geschwister spielen auch eine wichtige Rolle für die Entwicklung einer ‚theory of mind', was das Verständnis von Emotionen, Gedanken, Absichten und Überzeugungen anderer einschließt (vgl. Dunn, 2002). Einige Studien belegen Zusammenhänge zwischen dem Aufwachsen mit Geschwistern und sozial kompetenterem Verhalten mit Peers im Vergleich zu Einzelkindern (u.a. Downey & Condron, 2004).

Ältere Geschwister sind Verhaltensvorbilder für die jüngeren Kinder; gleichzeitig stehen nachgeborene Kinder vor der Herausforderung, sich im familiären System eine Nische in Abgrenzung zu den Eigenschaften und Kompetenzen der älteren Geschwisterkinder zu suchen (Dunn & Plomin, 1996). Regelmäßige und heftige Konflikte zwischen Geschwistern, die manchmal aggressiv und sogar gewalttätig werden, sind deshalb nicht selten. Es wird diskutiert, dass gerade das Rivalisieren zwischen Geschwistern, sofern es in einer Balance mit Gefühlen der Verbundenheit und positiven Vertrautheit steht, zu hohen Kommunikations- und Konfliktlösungskompetenzen beitragen kann (Sohni, 2012), während extreme Rivalität und häufiger Streit die Geschwisterbeziehung belasten und sich negativ auf die Verhaltensanpassung und Emotionsregulation auswirken können.

## 4 Soziale Entwicklung im Kontext familienergänzender Erziehung, Bildung und Betreuung

In Krippen und Kindertageseinrichtungen oder in der Kindertagespflege erfahren eine wachsende Anzahl junger Kinder eine weitere Bildungs- und Erziehungsumwelt, die neben und in Wechselwirkung mit den in der Familie gemachten Erfahrungen die soziale Entwicklung und die Entwicklung sozialer Kompetenzen beeinflusst. Für die frühkindliche Bildungsforschung ist hinsichtlich der Entwicklung sozialer Beziehungen und Kompetenzen sowohl von Interesse, ob die Bindungsbeziehungen zu den primären Bindungspersonen durch den frühen und regelmäßigen Besuch einer familienergänzenden Institution beeinträchtigt werden (vgl. Ahnert, 2007), als auch, wie sich Beziehungen in diesem Kontext gestalten und ob bzw. unter welchen Bedingungen Kinder hiervon entwicklungsmäßig profitieren können. Die Betrachtung der Entwicklungsbedeutung von Erfahrungen, die die Kinder miteinander im Kontext der Peer-Sozialwelt machen, nimmt hierbei eine wichtige Stellung ein.

## 4.1 Frühkindliche Bildungs- und Betreuungseinrichtungen und soziale Entwicklung

Während für Kinder ab drei Jahren vielfach ein positiver Einfluss des Kindergartenbesuchs auf die kindliche Sozialkompetenz unterstellt wird, diskutiert man die Frage kontrovers, ob auch jüngere Kinder in gleicher Weise profitieren oder ob frühe Krippenbetreuung im Gegenteil sogar nachteilige Effekte auf die soziale und emotionale Entwicklung haben kann. Betrachtet werden hierbei zum einen die Auswirkungen zeitlich ausgedehnter früher familienergänzender Betreuung – vorrangig unter dem Aspekt der mütterlichen Trennung und damit einhergehender emotionaler Überforderung der Kinder -, zum anderen die Rolle, die die Rahmenbedingungen und die pädagogische Qualität der Einrichtungen spielen.

Ältere Untersuchungen zum Einfluss eines frühen und zeitlich ausgedehnten Krippenbesuchs erbringen inkonsistente Befunde. Eine große Meta-Analyse (Erel u.a., 2000) fand keine Auswirkungen von Betreuungsdauer, Betreuungsbeginn und –umfang auf verschiedene Aspekte der sozialen und emotionalen Entwicklung. Die Ergebnisse der NICHD Study of Early Child Care legen dagegen in der Gesamtschau nahe, dass die kumulierte Betreuungszeit eines Kindes in institutionellen Settings zu verschiedenen Zeitpunkten negativ mit der Einschätzung der sozialen Kompetenzen und positiv mit berichteten Verhaltensproblemen (z.B. Ungehorsam, Konflikte mit Erwachsenen, Wutausbrüche, sozialer Rückzug, unangemessenes Durchsetzungsverhalten) durch die Mütter, die Erzieherinnen und/oder die Grundschullehrkräfte korreliert; die Effektstärken, also die Anteile der Varianz, die hierdurch erklärt werden können, sind für die sozialen Kompetenzmaße sehr niedrig; für die Verhaltensanpassung erreichen sie die Größenordnungen der Effekte des mütterlichen Bildungsstands, ihrer Feinfühligkeit oder des häuslichen Anregungsniveaus (zusammenfassend NICHD ECCRN, 2006). In ebenfalls großangelegten Forschungsprojekten in Australien und England zeigten sich diese Zusammenhänge nicht. Bei Kindern, die mit drei Jahren oder später eine Kindertageseinrichtung besuchen, sind in der britischen EPPE-Studie Vorsprünge in der sozialen Kompetenz gegenüber Kindern, die ausschließlich in der Familie betreut werden, gefunden worden. Diese – vermutlich auf Erfahrungslernen im Gruppen- und Gleichaltrigenkontext beruhenden Unterschiede – schwächen sich mit Schuleintritt jedoch in der Regel ab oder verschwinden ganz (vgl. Sammons et al., 2003).

Als wichtige, den Faktor der ‚Dosierung' möglicherweise moderierende Einflussvariable gilt die Qualität des Betreuungssettings. Es erscheint plausibel, dass in Einrichtungen mit einer guten Strukturqualität, also u.a. adäquat ausgebildetem Fachpersonal, einem günstigen Erzieher-Kind-Schlüssel und eher geringen Gruppengrößen, pädagogische Fachkräfte den Gruppenalltag und ihre Beziehung zu den Kindern so gestalten können, dass diese eher in ihrer sozialen Entwicklung profitieren. In verschiedenen Untersuchungen finden sich entsprechende Hinweise, nach denen eine gute Strukturqualität die Entwicklung sozialer Kompetenzen befördert und das Ausmaß an Verhaltensproblemen reduziert (vgl. Roßbach, 2005, S. 131). Allerdings erweisen sich in den verschiedenen Untersuchungen unterschiedliche Aspekte als bedeutsam oder weniger bedeutsam, mit einer insgesamt etwas stärkeren Gewichtung der Qualifikation des pädagogischen Fachpersonals.

Die wissenschaftliche Befundlage zum Zusammenhang zwischen der Qualität pädagogischer Prozesse, wie dem Interaktionsverhalten der Fachkräfte und dem Anregungsgehalt der materiellen Umwelt, und sozialen und emotionalen Entwicklungsparametern der betreuten Kindern, ist widersprüchlich (zusammenfassend Roßbach, 2005, S. 119ff.). In Tageseinrichtungen für Kinder in den ersten drei Lebensjahren fanden sich in der NICHD-Studie keine durchgängigen Effekte der Prozessqualität. Dies änderte sich, als die Kinder älter wurden. Dann konnten der Qualität der nicht-elterlichen Betreuungsformen (hierunter fielen auch Tagespflegearrangements) kurz- und längerfristig positive Auswirkungen auf verschiedene Aspekte des Sozialverhaltens, Peer-Beziehungen und die

Bewältigung von Alltagssituationen zugeschrieben werden, wenn auch mit abnehmender Stärke über die Zeit (Roßbach 2005, S. 131). Die Qualität der Beziehung zwischen den pädagogischen Fachkräften und den Kindern scheint hierbei ein stärkerer Prädiktor zu sein als die globale Prozessqualität. Generell treten Zusammenhänge zwischen der Qualität von Betreuungs- und Bildungseinrichtungen und der kindlichen Entwicklung stärker im kognitiv-sprachlichen Bereich als im sozial-emotionalen Bereich hervor.

## 4.2 Beziehungsaufbau zu pädagogischen Fachkräften

Sobald Kinder regelmäßig in Krippen, Kindertageseinrichtungen oder bei Tagesmüttern betreut werden, findet auch ein Beziehungsaufbau zu den dort tätigen pädagogischen Fachkräften statt. Ob hierbei grundsätzlich die selben Zusammenhangsmuster zwischen Interaktionsgestaltung und Beziehungsqualität gelten wie für die Mutter-Kind-Dyade, konnte von der Forschung noch nicht klar beantwortet werden. Fest steht, dass Erzieherinnen in der Lage sind, mindestens ebenso sensitiv und feinfühlig mit Kindern zu interagieren wie deren Eltern (u.a. Goossens & van IJzendoorn, 1990), und dass sie von den Kindern in Alltagssituationen einer Kindertageseinrichtung ebenfalls als ‚sichere Basis‘ genutzt werden. Dennoch konnte der für die Mutter-Kind-Beziehung empirisch klar ermittelte Zusammenhang zwischen Feinfühligkeit und Bindungsqualität für pädagogische Fachkräfte nicht eindeutig repliziert werden. In den wenigen Studien, in denen Bindungsmaße auch für die Erzieherin-Kind-Beziehung eingesetzt wurden, zeigten sich insgesamt nicht weniger sichere Bindungen als zu den Eltern (vgl. Suess, 2010).

Beide Befunde legen die Vermutung nahe, dass eine gute Beziehungsqualität in einem professionellen pädagogischen Gruppenkontext anders definiert werden muss als in der Familie und auch – zumindest zum Teil – über andere Wirkzusammenhänge bestimmt wird. Ahnert (2007) postuliert, dass sich sichere Erzieherin-Kind-Bindungen vor allem in stabilen Betreuungsarrangements entwickeln, in denen die Gruppenatmosphäre durch ein empathisches, auf die Gesamtgruppe ausgerichtetes Verhalten der pädagogischen Fachkraft geprägt ist. Im Kontakt mit dem einzelnen Kind identifiziert sie fünf Aspekte eines beziehungsförderlichen Erzieherinnenverhaltens: Regelmäßig Zuwendung zeigen durch liebevolle und emotional warme verbale und non-verbale Kommunikation; Sicherheit geben durch emotionale Verfügbarkeit (Ansprechbarkeit) und körperliche Erreichbarkeit; Hilfe bei der Stressbewältigung durch Unterstützung der Emotionsregulation und bei der Überwindung von Irritationen und Ängsten; Unterstützung der Explorationstätigkeit des Kindes durch Rückversicherung, Ermutigung und Bestätigung, angemessene Herausforderungen zu bewältigen; sowie Assistenz, d.h. sensibles und wohldosiertes Unterstützen und Helfen, wenn das Kind an seine Grenzen stößt oder um Hilfe bittet. Eine der wenigen Studien zum Zusammenhang zwischen Bindungsqualität zur Erzieherin und sozialer Kompetenz von Kindern in Kindertageseinrichtungen fand positive Zusammenhänge zwischen sicherer Bindung, längeren und komplexeren Peer-Interaktionen und Spielverhalten (vgl. Howes, Matheson & Hamilton, 1994).

Zusammenhänge zwischen einem Interaktionsverhalten von pädagogischen Fachkräften, das die oben beschriebenen Merkmale aufweist, und sozialen Kompetenzen bzw. Entwicklungsparametern der betreuten Kinder konnten vor allem im Rahmen der NICHD Study of Early Child Care nachgewiesen werden (vgl. zusammenfassend Roßbach, 2005, S. 89ff.). Ein positives Interaktionsverhalten der Erzieherinnen, das u.a. durch Elemente wie positive Gefühlsäußerungen, positiver Körperkontakt, regelmäßige angemessene Initiierung von und Reaktion auf sprachliche Äußerungen gekennzeichnet ist, ging in den ersten drei Lebensjahren einher mit prosozialem und kooperativem Verhalten der Kinder gegenüber Erwachsenen, positiven Aspekten der Interaktionen zwischen Peers und mit geringeren Verhaltensproblemen aus Sicht von Müttern und Erzieherinnen. Später fanden sich allerdings keine Beziehungen mehr zwischen dem erlebten Interaktionsverhalten in den ersten viereinhalb Jahren und dem Sozialverhalten in der Grundschule.

## 4.3 Interaktionen und Beziehungen zwischen Kindern in frühkindlichen Bildungseinrichtungen

In frühpädagogischen Einrichtungen haben junge Kinder meist erstmalig Gelegenheit, in regelmäßigen Kontakt mit anderen Kindern, abgesehen von ihren Geschwistern, zu treten. Die dort stattfindenden Prozesse unterscheiden sich von denen, in die Kinder mit Erwachsenen involviert sind. Eine wichtige Rolle spielt hierfür die Gleichartigkeit oder zumindest Ähnlichkeit der Interaktionspartner, was Vorwissen, Status, die Verfügung über Macht über den anderen etc. angeht und die dadurch begünstigte Symmetrie der Beziehung zwischen ihnen (Youniss, 1994).

Die Forschung zu den sozialen Kompetenzen im Kontext von Peer-Beziehungen sehr junger Kinder konnte aufzeigen, dass diese bereits im ersten Lebensjahr einander als Ziele ihrer sozialen Signale wahrnehmen. Im letzten Viertel des ersten Lebensjahres können erste Interaktionen, u.a. der Austausch von Spielobjekten, gegenseitige Nachahmung und erste einfache Spiele – wie einen Ball hin- und her rollen – bereits regelmäßig beobachtet werden. Gleichzeitig beginnen die Kleinkinder, um Spielzeug zu streiten, und auch aggressives Verhalten tritt auf. Das zweite Lebensjahr ist eine Periode, in der sich im Verhalten gegenüber Gleichaltrigen rasche Entwicklungen vollziehen (vgl. Viernickel, 2000). Der wechselseitige Austausch wird häufiger und komplexer. Eine zentrale Rolle spielen dabei die Imitation bzw. Nachahmung des Verhaltens anderer Kinder sowie das Anbieten bzw. Überreichen eines Spielobjekts als wichtige Kontaktstrategie. Auch sind Kinder unter bestimmten Umständen bereits in der Lage zu kooperieren, und zwar sowohl um Probleme zu lösen, als auch im Spiel.

Kontakte und Interaktionen zwischen Kindern im Alter von zwei bis sechs Jahren vollziehen sich überwiegend im Rahmen sozialen Spiels, und komplexes soziales Spiel gilt als ein Indikator für die soziale Kompetenz eines Kindes (vgl. Howes, 1988). Es beinhaltet ähnliche, aufeinander bezogene und einander ergänzende Spielaktivitäten mit geplanten

Spielhandlungen und gemeinsamen Zielen und ist durch einen hohen Anteil symboli-
scher Elemente gekennzeichnet. Im dritten Lebensjahr beginnen Kleinkinder, Themen,
Rollen und Regeln zu vereinbaren wie auch fortlaufend zu erweitern. In mehreren Studien konnte gezeigt werden, dass soziales und imaginäres Spiel einer verschränkten Ent-
wicklungsabfolge unterliegt und soziales Symbolspiel immer etwas später auftritt als soziales Spiel ohne symbolische Inhalte oder imaginäres Alleinspiel. Kinder, die elaborierte
soziale Spielformen zu einem früheren Zeitpunkt entwickelten, als es ihrem Alter nach
zu erwarten gewesen wäre, werden als geselliger, prosozialer, weniger zurückgezogen, weniger aggressiv und als problemloser im Umgang mit Peers eingeschätzt als Kinder, die
diese Spielformen später zeigten (vgl. Howes & Matheson, 1992).

Auch die Entwicklung so genannter prosozialer Verhaltensweisen, die darauf abzielen, dem Interaktionspartner zu nutzen, ohne dass ein direkter eigener Vorteil erkennbar
ist (wie Helfen, Teilen oder Trösten), vollzieht sich im Kontext von Gleichaltrigenbezie-
hungen in frühpädagogischen Institutionen. Bereits im zweiten Lebensjahr helfen und
trösten Kleinkinder in Krippen sich gegenseitig und teilen Besitz mit ihren Peers (vgl.
Simoni, Herren, Kappeler & Licht, 2008). Dies erfolgt zunächst noch ohne Berücksichtigung der tatsächlichen Hilfsbedürftigkeit des Gegenübers; außerdem können Kleinkinder bis zum ca. dritten Lebensjahr noch nicht abschätzen, welche Form der Hilfe oder
des Trostes aus der Perspektive des anderen angemessen wäre. Im Alter zwischen drei
und sechs Jahren entwickeln Kinder dann Regeln und Überzeugungen bezüglich des
Teilens, berücksichtigen den Grad der Vertrautheit und der Gegenseitigkeit beim Teilen
und entwickeln Vorstellungen darüber, wer aus welchen Gründen und in welchen Situationen Hilfe verdient. Im Verlauf des Kindergartenalters differenzieren sich prosoziale
Verhaltensweisen; so wirken sich Faktoren wie (angenommene) Bedürftigkeit, Schuldlo-
sigkeit, Reziprozität, Vertrautheit sowie Peer-Status positiv auf das Gewähren von Hilfe
und Trost aus. Mädchen werden in der Regel prosozialer eingeschätzt als Jungen, was sich
bei einer differenzierten Betrachtungsweise jedoch nur bedingt als empirisch unterlegt
erweist (vgl. Eisenberg & Fabes, 1998).

Konflikte sind ein regelmäßiger Bestandteil von Peer-Interaktionen. Sie sind meist
kurz und entstehen aus vielfältigen Anlässen, wobei im zweiten und dritten Lebensjahr
Besitzkonflikte dominieren (vgl. Viernickel, 2000). Dittrich u.a. (2001) betonen, dass sich
in Peer-Konflikten bestimmte Hintergrundthemen manifestieren, die für die soziale
Struktur der Gruppe und die sozialen Beziehungen zwischen einzelnen Kindern relevant
sind (wie z.B. einander kennen lernen; Positionen in der Gruppe finden, festigen oder
ändern). Dabei entwickeln Kinder ein breites Repertoire von Aushandlungsformen, die
verbal, mimisch und gestisch kommuniziert werden. Neben direkten körperlichen und
symbolischen Angriffen sind Hilfegesuche an die Erzieherin, das Berufen auf Regeln,
Kompromisse anbieten und Argumentieren beobachtet worden. In diesen Aushand-
lungen vollziehen sich wichtige soziale Lernprozesse, insbesondere wenn sie im Zusammenhang mit gemeinsamen Spielvorhaben der Kinder auftreten, z.B. wenn es um die
Verteilung und die Ausführung von Spielrollen geht. Die Häufigkeit, mit der Kinder in
Konflikte involviert sind, gilt deshalb nur im Zusammenhang mit den verwendeten Kon-

fliktstrategien und den erzielten Konfliktlösungen als Indikator für eine geringe soziale Kompetenz.

Viele Studien zeigen, dass Mädchen und Jungen unterschiedliche Formen aggressiven Verhaltens präferieren, wobei Mädchen eher verdeckt aggressiv sind und dementsprechend relationale Formen bevorzugen. Aggressive Kinder werden von ihren Peers als weniger beliebt eingestuft und eher gemieden. Manche erleben dennoch wechselseitige Freundschaftsbeziehungen und können sich ein Netzwerk sozialer Beziehungen aufbauen, zumeist mit Kindern, die sich auch aggressiv bzw. dissozial verhalten. Sowohl Ablehnung innerhalb der Peer-Gruppe als auch der Einfluss ebenfalls devianter Peers gilt als ein – wenn auch nicht dominanter – Risikofaktor für die Entwicklung aggressiv-dissozialer Verhaltenstörungen (vgl. zusammenfassend Petermann u.a., 2004).

## 4.4    Training sozialer Kompetenzen im Kindergarten

Seit einigen Jahren ‚boomen' auch im deutschsprachigen Raum strukturierte Programme, die pädagogischen Fachkräften in Kindertageseinrichtungen die Prävention von Defiziten und Auffälligkeiten durch gezielte Unterstützung und Förderung von sozialen und emotionalen Kompetenzen der betreuten Kinder ermöglichen sollen. Verbreitung gefunden haben u.a. die Programme „Papilio" (Mayer, Heim und Scheithauer, 2007), „Faustlos" (Cierpka, 2003), Kindergarten plus (Maywald & Valentien, 2009) und „PRiK-Prävention und Resilienförderung in Kindertageseinrichtungen" (Fröhlich-Gildhoff, Dörner & Rönnau, 2012), die teilweise von unterschiedlichen theoretischen Grundlagen ausgehen, jedoch alle einen primärpräventiven Ansatz verfolgen.

Jedes dieser Programme besteht aus einem individuellen Repertoire an Basiselementen und Methoden, welche in entsprechenden Handbüchern bzw. Informationsmaterialien beschrieben werden. Ebenso gibt es zu jedem Programm spezifische Medien und Materialien, wie Bildkarten, Handpuppen, Spiele oder Lieder. Auch der Umfang bzw. die zeitliche Dauer der Programme unterscheiden sich stark. Gemeinsamkeiten bestehen darin, dass alle Programme eine systematische Anwenderschulung voraussetzen und dass nicht nur – wenn auch in erster Linie – Kinder, sondern auch deren Eltern in Aktivitäten und Angebote einbezogen werden.

Alle vier Programme sind für sich evaluiert worden bzw. im Prozess der Evaluierung; dennoch sind vergleichende Bewertungen aufgrund ihrer Heterogenität in Bezug auf die formulierten Ziele, Inhalte, Methoden und Durchführungsmodalitäten wie zeitlicher Umfang, Anzahl der teilnehmenden Kinder usw. und der spezifisch für jedes Programm mit unterschiedlichen Designs und Methoden durchgeführten Evaluationen problematisch. Generell gilt, dass breit und langfristig angelegte Konzepte, die verschiedene Systemebenen (Kind, Eltern, Kindergartenumfeld) einbeziehen, eine größere Wirksamkeit als Einzelstrategien und eher kurzfristige Maßnahmen zeigen. Von Bedeutung für den messbaren Erfolg eines Programms erwiesen sich in anderen Studien außerdem – teilweise analog zu den Ergebnissen für Elterntrainings – eine zielgruppenspezifische Anlage (insbesondere Kinder mit multiplen Risiken konnten profitieren), ein fundiertes Training der durchführenden Personen und Maßnahmen zur Sicherung der Nachhaltigkeit (vgl. Beelmann, 2003). Zum jetzigen Zeitpunkt fehlen jedoch empirisch belastbare Daten, die einen klaren Vorteil solcher strukturierter Programme gegenüber einem generalistischen Ansatz pädagogischer Arbeit nahe legen, der die Förderung entsprechender Fähigkeiten von Kindern an ihren Bildungs- und Entwicklungsthemen orientiert, entweder in die Bewältigung alltäglicher Situationen integriert und/oder projektförmig aufgreift.

## 5 Fazit

Die soziale Entwicklung und die Ausbildung sozialer Kompetenzen vollziehen sich von Geburt an. Daran beteiligt sind komplexe Wechselwirkungsprozesse zwischen evolutionär entstandenen, biologisch angelegten Dispositionen, individuellen Aneignungs- und Verarbeitungsmodi, den Interaktions-, Beziehungs- und Bildungserfahrungen, die Kinder in ihrer Familie und in gesellschaftlichen Institutionen machen, sowie sozialen und kulturellen gesellschaftlichen Rahmungen. Für die Frühpädagogische Bildungsforschung stellt diese Komplexität eine besondere Herausforderung dar, der sie mit durchdachten Forschungsdesigns und angemessener, möglichst triangulativer Methodik begegnen sollte. Aufschlussreich für ein vertieftes Verständnis kultureller und sozialer Einflussfaktoren auf die Entwicklung, aber auch die Einordnung und Bewertung sozialen Verhaltens und sozialer Kompetenzen erscheinen kulturvergleichende Untersuchungen. Augenmerk sollte zukünftig auch auf die (Weiter-)entwicklung angemessener Erhebungsverfahren gelegt werden, die nicht auf die Identifikation von Auffälligkeiten und Störungen, sondern auf die Erfassung eines breiten Spektrums sozialer Verhaltensweisen hin angelegt sind. Hierbei ist es von zentraler Bedeutung, dass deren theoretische Grundlagen ebenso wie die herangezogenen Konstrukte sozialer Kompetenz transparent gemacht werden. Wie auf allen Forschungsgebieten bleibt jedoch letztlich den Forschenden die Verantwortung, ihre Interpretationen und Schlussfolgerungen immer wieder sorgfältig in Bezug zur Qualität ihrer Daten und der Gültigkeit und Reichweite der gewonnenen Ergebnisse zu setzen.

## 6 Literatur

Achenbach, T.M. (1991). *Manual for the Child Behavior Checklist 14–18 and 1991 Profile.* Burlington, VT: University of Vermont Department of Psychiatry.

Ahnert, L. (2007). Von der Mutter-Kind- zur Erzieherinnen-Kind-Bindung? In F. Becker-Stoll & M. Textor (Hrsg.), *Die Erzieherin-Kind-Beziehung. Zentrum von Bildung und Erziehung* (S. 31–41). Berlin Mannheim: Cornelsen Scriptor.

Ainsworth, M.D.S., Bell, S.M. & Stayton, D.J. (1974). Infant-Mother-Attachment and Social Development: 'Socialisation' as a Product of reciprocal Responsiveness to Signals. In M.P.M. Richards (Ed.), *The Integration of a Child into a Social World* (S. 99–136). Cambridge: University Press.

Amato, P.R. & Ochiltree, G. (1986). Family resources and the development of child competence. *Journal of Marriage and the Family, 48*, 47–56.

Barr, R. (2006). Developing social understanding in a social context. In K. McCartney & D. Phillips (Eds.), *The Blackwell Handbook of Early Childhood Development* (S. 188–207). Oxford: Wiley-Blackwell.

Bayer, M., Ditton, H. & Wohlkinger, F. (2012). *Konzeption und Messung sozialer Kompetenz im Nationalen Bildungspanel* (NEPS Working Paper No. 8). Bamberg: Otto-Friedrich-Universität, Nationales Bildungspanel.

Baumrind, D. (1989). Rearing competent children. In W. Damon (Ed.), *Child development today and tomorrow* (S. 349–378). San Francisco: Jossey-Bass.

Beelmann, A. (2006). Wirksamkeit von Präventionsmassnahmen bei Kindern und Jugendlichen. *Zeitschrift für Klinische Psychologie und Psychotherapie, 35*(2), 151–162.

Berk, L.E. (2005). *Entwicklungspsychologie*. München: Pearson Education.

Bowlby, J. (1975). *Bindung*. München: Kindler.

Bühler, Ch., Hetzer, H. & Tudor-Hart, B. (Hrsg.). *Soziologische und psychologische Studien über das erste Lebensjahr*. Quellen und Studien zur Jugendkunde, 5. Jena: Fischer.

Bürman, I. & Herwartz-Emden, L. (1993). Charlotte Bühler: Leben und Werk einer selbstbewußten Wissenschaftlerin des 20. Jahrhunderts. *Psychologische Rundschau, 44*, 205–225.

Carter, A.S., Briggs-Gowan, M.J., Jones, S.M. & Little, T.D. (2003). The Infant–Toddler Social and Emotional Assessment (ITSEA): Factor Structure, Reliability, and Validity. *Journal of Abnormal Child Psychology, 31*(5), 495–514.

Cierpka, M. (Hrsg.). (2003). *FAUSTLOS. Ein Curriculum zur Förderung sozial-emotionaler Kompetenzen und zur Gewaltprävention für den Kindergarten*. Göttingen: Hogrefe.

Crick, N. & Dodge, K. (1994). A review and reformulation of social information processing mechanisms in children's social adjustment. *Psychological Bulletin, 115*, 74–101.

Damon, W. (1989). *Die soziale Welt des Kindes*. Stuttgart: Klett-Cotta.

De Wolff, M.S. & van IJzendoorn, M.H. (1997). Sensitivity and attachment: A meta-analysis on parental antecedents of infant attachment. *Child Development, 68*(4), 571–591.

Denham, S.A., Workman, E., Cole, P.M., Weissbrod, C., Kendziora, K.T. & Zahn Waxler, C. (2000). Prediction of behavior problems from early to middle childhood: The role of parental socialisation and emotion expression. *Development and Psychopathology, 12*, 23–45.

Dittrich, G., Dörfler, M. & Schneider, K. (2001). *Wenn Kinder in Konflikt geraten. Eine Beobachtungsstudie in Kindertagesstätten*. Neuwied, Kriftel, Berlin: Luchterhand.

Downey, D.B. & Condron, D.J. (2004). Playing Well with Others in Kindergarten: The Benefit of Siblings at Home. *Journal of Marriage and Family, 66*(2), 333–350.

Dunn, J. (2002). Sibling relationships. In P.K. Smith & C.H. Hart (eds.), *Blackwell handbook of childhood social development* (S. 223–237). Malden, Mass: Blackwell Publishing.

Dunn, J. & Plomin, R. (1996). *Warum Geschwister so verschieden sind*. Stuttgart: Klett.

Eisenberg, N. & Fabes, R.A. (1998). Prosocial Development. In W. Damon (Ed.), *Handbook of Child Psychology (3)* (p.. 701–778). New York: Wiley.

Eliot, L. (2000). *Was geht da drinnen vor? Gehirnentwicklung in den ersten vier Lebensjahren*. Berlin: Berlin.

Erel, O., Oberman, Y. & Yirmiya, N. (2000). Maternal vs. nonmaternal care and seven domains of children's development. *Pychological Bulletin, 126* (5), 727–747.

Fröhlich-Gildhoff, K., Rönnau, M. & Dörner, T. (2008). *Eltern stärken mit Kursen in Kitas*. München: Ernst Reinhardt.

Fröhlich-Gildhoff, K., Dörner, T. & Rönnau-Böse, M. (2012). *Prävention und Resilienzförderung in Kindertageseinrichtungen – PRiK*. München: Ernst Reinhardt.

Goodman, R. (1997). The Strengths and Difficulties Questionnaire: A Research Note. *Journal of Child Psychology and Psychiatry, 38* (5), 581–586.

Goossens, F.A. & van IJzendoorn, M.H. (1990). Quality of infants' attachments to professional caregivers: Relation to infant-parent and day-care characteristics. *Child Development, 61(3)*, 832–837.

Gottman, J. & DeClaire, J. (1997). *The Heart of Parenting: Raising an Emotionally Intelligent Child.* New York: Simon & Schuster.

Gresham, F. & Elliott, S. (2008). *Social Skills Improvement System (SSIS). Rating Scales.* San Antonio: Pearson.

Hastings, P.D., Vyncke, J., Sullivan, C., McShane, K.E., Benibgui, M. & Utendale, W. (2006). *Children's Development of Social Competence Across Family Types.* Report presented to the Family, Children and Youth Section Department of Justice, Canada. http://en.wikisource.org/wiki/Page:Children%27s_Development_of_Social_Competence_Across_Family_Types.djvu/2 (abgerufen am 14.10.2012)

Howes, C. (1988). Peer interaction of young children. *Monographs of the Society for Research in Child Development, 53 (1*, Serial No. 217)

Howes, C. & Matheson, C.C. (1992). Sequences in the development of competent play with peers: Social and social pretend play. *Developmental Psychology, 28 (5)*, 961–974.

Howes, C., Matheson, C.C. & Hamilton, C.E. (1994). Maternal, teacher, and child care history correlates of children's relationships with peers. *Child Development, 65(1)*, 264–273.

Layzer, J.L., Goodson, B.D., Bernstein, L. & Price, C. (2001). *National Evaluation of Family Support Programs.* Final Report. Volume A: The Meta-Analysis. http://www.acf.hhs.gov/programs/opre/resource/national-evaluation-of-family-support-programs-final-report-volume (abgerufen am 20.10.2012).

Leyendecker, B. & Schölmerich, A. (2007). Interdependente und independente Orientierungen in Kindheit und Jugend. In G. Trommsdorf & H.-G. Konradt (Hrsg.), *Enzyklopädie der Psychologie. Erleben und Handeln im kulturellen Kontext.* Kulturvergleichende Psychologie 2 (S. 557–598). Göttingen: Hogrefe.

Lohaus, A., Vierhaus, M. & Maass, A. (2010). *Entwicklungspsychologie des Kindes- und Jugendalters.* Berlin: Springer.

Mayer, H., Heim, P. & Scheithauer, H. (2007). *Papilio: Ein Programm für Kindergärten zur Primärprävention von Verhaltensproblemen und zur Förderung sozial-emotionaler Kompetenz. Ein Beitrag zur Sucht- und Gewaltprävention.* Augsburg: beta.

Mayr, T. & Ulich, M. (2006). *Perik. Positive Entwicklung und Resilienz im Kindergartenalltag (Beobachtungsbogen und Begleitheft).* Freiburg: Herder.

Maywald, J. & Valentien, S. (2009). *Kindergarten plus. Handbuch für Erzieherinnen.* Berlin: Deutsche Liga für das Kind.

Möller-Frommann, G. (2005). „Starke Eltern – Starke Kinder"®. Elternkurse des Deutschen Kinderschutzbundes. *Forum Gewaltprävention, 19*, 16–19.

NICHD Early Childcare Research Network (2004). Trajectories of physical aggression from toddlerhood to middle childhood. *Monographs of the Society for Research in Child Development, 69* (Serial No. 278).

NICHD Early Child Care Research Network (2006). Child-care effect sizes for the NICHD Study of Early Child Care and Youth Development. *American Psychologist, 61(2)*, 99–116.

Papoušek, H. & Papoušek, M. (1987). Intuitive parenting: A dialectic counterpart to the infant's integrative competence. In J.D. Osofsky (ed.), *Handbook of Infant Development* (2nd ed.) (p. 669–720). Wiley: New York.

Petermann, F., Niebank, K. & Scheithauer, H. (2004). *Entwicklungswissenschaft.* Berlin, Heidelberg: Springer.

Petermann, F. & Wiedebusch, P. (2003). *Emotionale Kompetenz bei Kindern.* Göttingen: Hogrefe.

Rauh, H. (2002). Vorgeburtliche Entwicklung und Frühe Kindheit. In R. Oerter & L. Montada (Hrsg.), *Entwicklungspsychologie* (5. Aufl.) (S. 131–208). Weinheim Basel: Beltz.

Reinders, H. (2008). Erfassung sozialer und selbstregulatorischer Kompetenzen bei Kindern und Jugendlichen – Forschungsstand. In N. Jude, J. Hartig & E. Klieme (Hrsg.), *Bildungsforschung Band 26. Kompetenzerfassung in pädagogischen Handlungsfeldern. Theorien, Konzepte und Methoden* (S. 27–46). Bonn Berlin: Bundesministerium für Bildung und Forschung.

Rose-Krasnor, L. (1997). The nature of social competence: A theoretical review. *Social Development, 6 (1)*, 111–135.

Roßbach, H.-G. (2005). Effekte qualitativ guter Betreuung, Bildung und Erziehung im frühen Kindesalter auf Kinder und ihre Familien. In Sachverständigenkommission Zwölfter Kinder- und Jugendbericht (Hrsg.), *Bildung, Betreuung und Erziehung von Kindern unter sechs Jahren* (S. 55–174). München: Deutsches Jugendinstitut.

Sammons, P., Sylva, K., Melhuish, E., Siraj-Blatchford, I., Taggart, B. & Elliot, K. (2003). *Measuring the Impact of Pre-school on children's social/behavioural development*. PPE Technical Paper 8b.

Schmidt-Denter, U. (2005). *Soziale Beziehungen im Lebenslauf* (4. vollst. überarb. Aufl.). Weinheim Basel: Beltz.

Siegler, R.S., DeLoache, J. & Eisenberg, N. (2005). *Entwicklungspsychologie im Kindes- und Jugendalter*. Heidelberg: Spektrum.

Simoni, H., Herren, J., Kappeler, S. & Licht, B. (2008). Frühe soziale Kompetenz unter Kindern. In T. Malti & S. Perren (Hrsg.), *Soziale Kompetenz bei Kindern und Jugendlichen. Entwicklungsprozesse und Fördermöglichkeiten* (S. 15–34). Stuttgart: Kohlhammer.

Sohni, H. (2012). Geschwisterdynamik. Impulse aus Psychoanalyse, Familientheorie und Entwicklungspsychologie. *Frühe Kindheit, 2*, 12–19.

Suess, G.J. (2010). *Missverständnisse über Bindungstheorie*. WiFF Expertise Nr. 14. München: Deutsches Jugendinstitut.

Suess, G.J. & Kißgen, R. (2005). STEEP – ein bindungstheoretisch und empirisch fundiertes Frühinterventionsprogramm. *Psychologie in Erziehung und Unterricht, 52(4)*, S. 287–292.

Tomasello, M. (2010). *Warum wir kooperieren?* Berlin: Suhrkamp.

Tschöpe-Scheffler, S. (Hrsg.) (2005). *Konzepte der Elternbildung – eine kritische Übersicht*. Opladen: Barbara Budrich.

Viernickel, S. (2000). *Spiel, Streit, Gemeinsamkeit. Einblicke in die soziale Kinderwelt der unter Zweijährigen*. Landau: VEP.

Wellmann, H.M., Phillips, A.T. & Rodriguez, T. (2000). Young children's understanding of perception, desire, and emotion. *Child Development, 71*, 895–912.

Youniss, J. (1994). *Soziale Konstruktion und psychische Entwicklung*. Frankfurt a.M.: Fischer.

# Moralische Entwicklung

Gertrud Nunner-Winkler

## 1 Der Begriff der Moral

Moral überhaupt bezeichnet verbindliche Verhaltensregeln, deren Übertretung sanktioniert wird. Traditionale Moralen leiten Normen aus Vorgegebenem ab – aus Gottes Wort, geheiligten Traditionen, naturrechtlichen Vorstellungen. Die säkulare Moral gründet im menschlichen Wollen: Gültig sind jene Normen, denen alle aus der Unparteilichkeitsperspektive zustimmen könnten, d.h. wenn sie nicht um eigene askriptive Merkmale (z.B. Geschlecht, Rasse) oder persönliche Präferenzen (z.B. religiöse Überzeugungen, sexuelle Orientierung) sondern allein um universelle Merkmale der menschlichen Existenz wüssten (vgl. Rawls, 1972). Menschen sind verletzlich, fähig, andere aus Eigennutz zu verletzen, dies aber auch zu unterlassen, und im Normalfall interessiert, dass sie selbst oder ihnen Nahestehende keinen Schaden erleiden. So stimmen sie Normen zu, die Schädigungen verbieten, aber sonst Freiheit soweit zugestehen, wie dies mit der gleichen Freiheit anderer verträglich ist. So ergibt sich eine *Minimalmoral*. Sie umfasst negative Pflichten, die die direkte Schädigung anderer untersagen (,du sollst nicht – andere töten, bestehlen, der Freiheit berauben...') und die – entgegen Kants (noch religiös gestützter) gesinnungsethischer Vorstellung – Ausnahmen zulassen, denn nicht strikter Gehorsam gegen höhere Mächte ist der Sinn dieser verantwortungsethischen Moral sondern innerweltliche Schadensminimierung. Dazu kommt die positive Pflicht, die in einem arbeitsteiligen Kooperationszusammenhang übernommenen Aufgaben getreulich zu erfüllen (,do your duty') sowie das Gebot, in einem akuten Notfall in zumutbarem Umfang Hilfe zu leisten. Weitergehende 'supererogatorische Pflichten' (z.B. ,übe Wohltätigkeit') sind moralische Ideale, deren Erfüllung Lob, deren Nichterfüllung jedoch keine Strafe nach sich zieht (vgl. Gert, 1988).

## 2    Modelle moralischer Erziehung und Entwicklung

Jede Generation von Neugeborenen – so Parsons leicht überspitzte Formulierung – ist
eine Invasion von Barbaren. Die Frage, wie es gelingt, sie in die Gesellschaft zu integrieren, wird in verschiedenen Ansätzen unterschiedlich beantwortet.

### 2.1    Verhalten

Im Behaviorismus gilt das Kind als passives Objekt von Erziehung, die auf normkonfor-
mes Verhalten abzielt und dazu Konditionierung nutzt. Bei der klassischen Konditionierung folgt auf jedes Vergehen unmittelbar die Züchtigung, und bald löst schon der bloße
Gedanke an eine Übertretung die an die Straferfahrung gekoppelte Furchtreaktion aus.
Dabei bleibt das Individuum sich seiner asozialen Impulse bewusst – es unterdrückt sie
nur aus Strafangst. Operante Konditionierung setzt an spontan initiierten Verhaltensweisen an und belohnt selektiv die erwünschten. So wird das Verhalten sukzessive überformt
und im Ergebnis zwanglose Konformität erzeugt. Der manipulativen Erziehungsstrate-
gie wird das Kind nicht gewahr, da es ja nur den ersehnten Belohnungen nachzustreben
vermeint. Der Determinismus und die Passivitätsannahme des klassischen behavioristischen Ansatzes werden in der Weiterentwicklung zur sozialen Lerntheorie mit dem Konzept der Nachahmung abgeschwächt: Ohne zusätzliche Verstärkung imitieren Kinder –
aktiv und freiwillig – mächtige, interessante oder der eigenen Sozialkategorie zugehörige
(z.B. geschlechtsgleiche) Modelle, um die eigene Attraktivität zu erhöhen.

Tierdressuren und verhaltenstherapeutische Erfolge belegen die Effektivität systematischer Verstärkungsprogramme. Bei der Moralerziehung ist die Bilanz allerdings weniger
eindeutig. Strafe ist problematisch: Sie bietet kein alternatives Verhaltensmodell, garantiert keine Einsicht und provoziert Widerstand, falls sie als ungerecht wahrgenommen
wird. Für die Nachahmung sind Sichtbarkeit des Verhaltens und Art des Vorbilds entscheidend: Wenn Eltern physische Gewalt einsetzen oder prosozial handeln, erhöht sich
die Wahrscheinlichkeit, dass ihre Kinder aggressive oder altruistische Verhaltensweisen
zeigen. Hingegen ist die für moralische Motivation konstitutive Bereitschaft, abweichende Impulse aus moralischen Erwägungen zu unterdrücken, nicht direkt beobachtbar, also
kaum imitierbar. Auch muss das Kind, soll ein Modell seine Aufmerksamkeit gewinnen,
der relevanten Dimension (Kompetenz, Erfolg, Ähnlichkeit etc.) vorgängig Bedeutung
zugewiesen haben. Die am Vorbild abgelesenen Verhaltensweisen oder Standards kann
es dann auch aus nicht-instrumentellen Motiven befolgen.

### 2.2    Emotionen

Der psychoanalytische Ansatz behandelt den Aufbau generalisierter Motive durch Internalisierung oder kulturelle Überformung der Bedürfnisstruktur. Nach Freud gibt der

Knabe in der ödipalen Phase aus Angst vor Kastration das Begehren der Mutter auf, übernimmt die vom Vater vertretenen Normen und baut ein strikt kontrollierendes Überich auf (Identifikation mit dem Aggressor). Unerwünschte Triebansprüche werden hinfort unterdrückt, um Scham und Schuldgefühle zu vermeiden. Nach Parsons beginnt schon der Säugling, sein Verhalten an den Erwartungen der Bezugspersonen zu orientieren, um sich deren Zuwendung zu erhalten (anaklitische Identifikation). So wird Konformität mit herrschenden Standards zu einem persönlichen Bedürfnis. Freud und Parsons lassen sich als Verallgemeinerung und Verinnerlichung der im Behaviorismus beschriebenen Lernmechanismen lesen: Gelernt werden nicht mehr einzelne Verhaltensweisen aufgrund spezifischer Erziehungsmaßnahmen, sondern generalisierte Verhaltensdispositionen aufgrund von Beziehungserfahrungen und Handeln ist nicht länger durch externe Strafen oder Belohnungen sondern durch internalisierte Gewissensangst bzw. eine habitualisierte Konformitätsdisposition bestimmt. Dabei entspricht das Überich der klassischen Konditionierung (abweichende Impulse werden bewusst unterdrückt), die Es-Überformung der operanten Konditionierung (Konformität wird als ‚spontanes‘ Bedürfnis erfahren). In der an das Konzept der anaklitischen Identifikation anknüpfenden Bindungstheorie erwächst das Gewissen nicht aus Angst vor Liebesverlust sondern aus früh gestifteter positiver Gefühlsbindung.

Die in psychoanalytischen Ansätzen beschriebenen Kontrollmechanismen – striktes Überich und habitualisierte Konformitätsbereitschaft – sind eher für vorauslaufende Generationen charakteristisch. Heute aufwachsende Kinder entwickeln eine stärker ich-nahe Motivstruktur: Reue, Bedauern und das Streben nach Wiedergutmachung treten an die Stelle von Angst vor Gewissensbissen und Schamgefühlen (vgl. Nunner-Winkler, 2008a). Dafür sind zwei Veränderungen verantwortlich: Mit der inhaltlichen Eingrenzung auf eine innerweltlich begründete Minimalmoral beanspruchen nur noch solche Normen Verbindlichkeit, deren Sinn bereits Kindern nachvollziehbar ist. Zugleich hat sich Erziehung gewandelt – von Unterordnung und Gehorsam hin zu Gleichachtung, Aushandlung und Normerklärung.

Die Annahmen der Bindungstheorie haben eine gewisse Bestätigung erfahren: Eine desorganisierte Bindung, die aus der Erfahrung harscher Strafen und psychischer Vernachlässigung erwächst, erhöht das Risiko von Aggressivität und späterer Devianz. Hingegen fördert eine sichere Bindung, die das Kind zu einer feinfühlig seine Bedürfnisse wahrnehmenden Mutter aufbaut, die Fähigkeit zur Perspektivenübernahme, empathische Sensibilität und prosoziales Verhalten, kooperatives Spielverhalten (vgl. Ahnert, 2011) und ‚committed compliance‘ im Kleinkindalter (vgl. Kochanska, Foreman, Aksan & Dunbar, 2005). Damit sind mögliche Wurzeln für Moral grundgelegt – verbürgt ist sie jedoch nicht. Perspektivenübernahme kann – wie das Beispiel des erfolgreichen Heiratsschwindlers zeigt – strategisch eingesetzt werden, Empathie, prosoziales und kooperatives Verhalten auf den Nahbereich begrenzt bleiben und freiwillige Folgebereitschaft Ausdruck unmittelbarer Bedürfnisse sein. Von Moral kann man erst sprechen, wenn Kinder sich von spontanen Impulsen distanzieren können und ihr Handeln aus einem Gefühl innerer Verpflichtung heraus an moralischen Standards orientieren (vgl. Blasi, 2000).

Empirisch hat sich zudem gezeigt, dass die moralische Motivation im Kindesalter die im Jugend- und frühen Erwachsenenalter nicht vorhersagt (vgl. Nunner-Winkler, 2008b).

## 2.3    Moralisches Urteil

In den klassischen Varianten des behavioristischen und des psychoanalytischen Ansatzes wird das kindliche Verhalten durch erzieherische Trainings- und Indoktrinationsbemühungen geprägt. Soziale Lerntheorie und Bindungsforschung eröffnen einen gewissen Freiheitsspielraum. Insgesamt werden erfolgreiche Erziehungstechniken und Lernmechanismen beschrieben: Konditionierung und Imitation, Internalisierung und Identifikation erzeugen Konformitätsbereitschaft über Belohnungsanreize, Überichkontrollen, Gewohnheitsbildung. Allerdings wird zumeist unterstellt, dass der Handelnde sein Tun an Konsequenzen orientiert (Strafe oder Belohnung, Gewissensbisse oder soziale Zuwendung). Auch wird Moral mit den je herrschenden Standards gleichgesetzt. Diese Engführungen überwindet der kognitivistische Ansatz, der die Entwicklung moralischer Urteilsfähigkeit behandelt. Von Anbeginn an gilt das Kind als aktives Subjekt, das eigenständig die seinen Erfahrungen zugrundeliegenden Regelstrukturen rekonstruiert. Und es orientiert sich nicht allein an persönlichen Vor- und Nachteilen, sondern auch an Werten wie Wahrheit und Richtigkeit, an denen es auch tradierte Normen zu bemessen lernt.

Diesen Ansatz hat Piaget (1954) entwickelt. In klinischen Interviews explorierte er die Entwicklung des kindlichen Verständnisses von Spielregeln, von Verteilungs- und Strafgerechtigkeit. Im heteronomen Stadium – so seine Interpretation – zeigen 4-8-jährige Kinder einseitige Achtung und Gehorsam gegenüber den von den Autoritäten gesetzten Regeln, die sie als unabänderlich wahrnehmen. Dabei bewerten sie Übertretungen nach der Schadenshöhe, nicht den Intentionen des Täters. Im autonomen Stadium begreifen sie ab etwa 10 Jahren Regeln als Ergebnis wechselseitiger Vereinbarungen. Das heteronome Regelverständnis entspricht dem Egozentrismus jüngerer Kinder und dem Autoritätsgefälle zu Erwachsenen, das autonome den erhöhten Denkfähigkeiten und der egalitären Struktur der Beziehung zu Gleichaltrigen.

Kohlberg (1984) hat Piagets Ansatz erweitert. Er diskutierte moralische Dilemmata (z.B. ‚Soll der Ehemann einbrechen, wenn er allein so das lebensrettende Medikament für seine Frau erlangen kann?‘). Anhand der Urteilsbegründungen beschrieb er die moralische Entwicklung als irreversible Abfolge von sechs zunehmend komplexeren Stufen, wobei die Geltungsgründe von Normen und die Motive ihrer Befolgung jeweils strukturgleich sind. Im prae-konventionellen Stadium glauben Kinder bis etwa 10-11 Jahre, Normen gälten, weil sie von Autoritäten gesetzt und mit Sanktionen ausgestattet sind und würden befolgt, um Strafen zu vermeiden (Stufe 1) bzw. Belohnungen zu erringen (Stufe 2). Auf dem für die meisten Erwachsenen typischen konventionellen Niveau glauben Menschen, Normen gälten, weil sie in ihrer Gruppe (Stufe 3) bzw. Gesellschaft (Stufe 4) faktisch herrschen, und würden befolgt, um soziale Akzeptanz zu finden bzw. Gewissensbisse zu vermeiden. Erst auf dem nur selten erreichten postkonventionellen Niveau erkennen Menschen, dass Normen aus bindenden Verträgen (Stufe 5) bzw. universellen Moralprinzipien (Gleichheit, Achtung vor der Würde der Person) (Stufe 6) abgeleitet sind und aus Vertragstreue bzw. Einsicht befolgt werden. Struktureller Kern ist die Entwicklung der Fähigkeit zur Perspektivenübernahme. Höhere Stufen sind ‹besser›: Es erweitert sich der Kreis der einbezogenen Perspektiven (Aktor, Dyade; Kleingruppe, Gesellschaft; Vertragsteilnehmer, Vernunftwesen überhaupt). Und es werden zunehmend mehr moralrelevante Aspekte berücksichtigt (Folgen für den Aktor bzw. den Interaktionspartner; Rollenpflichten und partikularistische Loyalitäten bzw. Gesetzestreue und soziale Ordnung; Selbstbindung bzw. Achtung vor unveräußerlichen Rechten). So werden die für eine Verantwortungsethik konstitutiven Prinzipien von Unparteilichkeit und Schadensminimierung zunehmend angemessener realisiert.

In Kohlbergs Stufenbeschreibung sind drei Dimensionen amalgamiert – das Verständnis der kategorischen Sollgeltung moralischer Normen, der Aufbau moralischer Motivation, die Entwicklung soziokognitiver Fähigkeiten. Und mit der Fokussierung allein auf die Struktur der Urteilsbegründung wird eine vierte Dimension – die Bedeutung inhaltlicher Wissenssysteme – ignoriert.

## 3 Das präkonventionelle Stadium – Befunde und Methoden

Insbesondere Kohlbergs Charakterisierung des kindlichen Moralverständnisses als rein instrumentell geriet unter Kritik. Turiel (1983) legte Kindern konventionelle und moralische Regeln vor (z.B. ,Man soll Erwachsene nicht mit Vornamen anreden', ,Ein anderes Kind darf man nicht schlagen') und fragte: ,Stell dir vor, es gibt eine Familie/eine Schule/ ein Land, da darf man Erwachsene mit dem Vornamen ansprechen/ein anderes Kind schlagen. Ist es richtig, wenn man das dann tut?'. Bereits Vorschulkinder unterschieden angemessen: ,Wenn es üblich ist, Erwachsene mit Vornamen anzusprechen, dann ist das in Ordnung. Aber auch wenn der Vater/Direktor/König es erlauben – ein anderes Kind schlagen darf man nicht. Nicht einmal der liebe Gott darf das!' Zugleich belegt die Altruismusforschung, dass Kinder schon früh Anderen uneigennützig helfen, sie trösten, mit ihnen teilen.

Die Widersprüchlichkeit der Befunde könnte Unterschieden in den Erhebungsmethoden geschuldet sein. Kohlberg erfragte Handlungsempfehlungen in Dilemmata, Turiel explorierte das Verständnis moralischer Normen, die Altruismusforschung beobachtete spontanes Verhalten. Nun wäre denkbar, dass Kinder zwar um die intrinsische Gültigkeit moralischer Normen wissen, ihre Handlungsempfehlungen aber, solange ihnen Moral nicht wichtig ist, an Klugheitserwägungen orientieren (z.B. ,Der Ehemann soll nicht einbrechen, sonst kommt er ins Gefängnis'). Auch wäre denkbar, dass Kinder zwar spontan Gutes tun – aber vielleicht nur, wenn sie gerade Lust haben. Um dies zu klären, sind moralisches Wissen und moralische Motivation getrennt zu erheben und zwar in Situationen, in denen spontane Bedürfnisse und Normen kollidieren.

So wurde in LOGIK verfahren. Im Kontext einer Längsschnittstudie, in der ich die Entwicklung moralischer Motivation einer repräsentativen Stichprobe von anfänglich 200 4-Jährigen bis zum Alter von 22 Jahren beobachten konnte (vgl. Nunner-Winkler, 1988; 2008b) wurden den Kindern im Alter von 4, 6 und 8 Jahren moralische Konflikte vorgelegt: Der (geschlechtsgleiche) Protagonist gerät in Versuchung, eine Norm zu übertreten, um ein Bedürfnis zu befriedigen (er erwägt, begehrte Süßigkeiten zu entwenden, das eigene Getränk nicht mit einem durstigen Bittsteller, den zu Unrecht erhaltenen Preis nicht mit dem benachteiligten Kind zu teilen, einem anderen Kind in einer Wettbewerbssituation Hilfe zu verweigern). In der Versuchungssituation wurde moralisches Wissen exploriert (‚Darf man die Süßigkeiten nehmen oder darf man das nicht? Sollte man teilen/helfen oder braucht man das nicht?'). Dann wurde gezeigt, dass der Protagonist die Regel übertritt (stiehlt; nicht teilt/hilft) und danach moralische Motivation erhoben: ‚Wie fühlt sich der Protagonist? Warum?'. Die Idee, moralische Motivation durch Emotionszuschreibungen zu einem Übeltäter zu erfassen, ist aus einem kognitivistischen Emotionsverständnis abgeleitet. Danach sind Emotionen zwar rasche und globale, gleichwohl kognitiv gehaltvolle Urteile über die subjektive Bedeutsamkeit objektiver Sachverhalte (vgl. Solomon, 1976). Im vorliegenden Fall hat der Protagonist eine Norm übertreten und sein Bedürfnis befriedigt. Mit ihrer Emotionszuschreibung können die Kinder anzeigen, welchem dieser beiden zugleich zutreffenden Sachverhalte sie höhere Bedeutung beimessen.

## 4      Das kindliche Moralverständnis

### 4.1      Kognitive Dimension

Bereits 98 % der 4-Jährigen wissen, dass man nicht stehlen darf und mit 6-8 Jahren urteilen weit über 80 %, dass man in den vorgelegten Situationen teilen und helfen sollte. Verweise auf positive oder negative Folgen für den Täter waren selten (z.B. ‚Kindergärtnerin/ Lehrerin lobt/straft'; ‚Die andern teilen/helfen das nächste Mal auch/auch nicht'). Die meisten Begründungen waren deontologisch, i.e. Verweise auf die Geltung der Regel (z.B. ‚Stehlen darf man nicht') oder negative Bewertungen der Tat oder des Täters (z.B. ‚Das ist gemein/ungerecht', ‚Der ist ein Dieb/geizig'). Nur in der Getränkegeschichte benannten viele opferorientierte Erwägungen (z.B. ‚sonst verdurstet der'), während sie in der – auf der Oberfläche ähnlichen – Preisgeschichte auf die vorauslaufende Ungerechtigkeit verwiesen. Die Wahl von Gerechtigkeits- versus Fürsorgeerwägungen war also abhängig vom Inhalt des Konflikts, und – entgegen Gilligan (1984) – nicht vom Geschlecht des Urteilenden. Auch lassen heute aufwachsende Kinder Ausnahmen zu. Im Alter von 11 Jahren hielten alle LOGIK Befragten den Bruch eines Versprechens für geboten, wenn so größerer Schaden vermieden werden konnte. Und Weyers et al.. (2007) fanden, dass bereits im Vorschulalter viele eine Notlüge empfahlen, um einen bedrohten Freund zu schützen.

Das frühe Verständnis kategorischen Sollens ist vielfach belegt (vgl. Smetana, 2006). Schon ab 3 Jahren verurteilen Kinder moralische Vergehen unabhängig von vorgegebenen Regeln oder Strafandrohungen allein unter Verweis auf inhärente Handlungsfolgen, die das Wohl anderer betreffen, und ab etwa 5 Jahren halten sie moralische Normen für universell. Konventionelle Übertretungen bewerten Vorschulkinder in Abhängigkeit von Regeln und Strafen und verweisen in ihren Begründungen auf die soziale Ordnung, explizite Anweisungen und Sanktionen. Bei Verletzungen berücksichtigen sie zugrundeliegende Absichten und fokussieren nur dann allein auf die Folgen, wenn bloß materieller Schaden entstand. Entgegen Piaget verstehen sie also Intentionalität, können jedoch in ihrem moralischen Urteil die beiden Dimension noch nicht koordinieren. Auch entwickeln sie schon früh ein Verständnis universeller, autoritätsunabhängiger individueller Rechte (z.B. auf Freiheit der Meinungsäußerung) sowie eines persönlichen Bereichs, für den sie Autonomie beanspruchen (z.B. Wahl von Freunden). Allerdings können erst ältere Kinder diese Konzepte angemessen in unterschiedlichen sozialen Kontexten anwenden.

Schon Vorschulkinder verstehen also die intrinsische, universelle Gültigkeit moralischer Normen. Missdeutungen entstehen aus unterschiedlichen Gründen. Zuweilen wird nicht klar zwischen Domänen – Moral, Konvention, persönlicher Bereich – und entsprechenden Regelarten unterschieden: Piaget etwa wählte das Murmelspiel als Beispiel für die Entwicklung des Regelverstehens. Defizite in soziokognitiven Fähigkeiten und Wissenssystemen werden dem Moralverständnis zugerechnet: Kontextbezogen angemessene Urteilsbildung erfordert die Fähigkeit, mehrere Dimensionen simultan auszubalancieren und komplexere soziale Situationen zu verstehen. Das können jüngere Kinder nicht. Und – wie im Folgenden zu zeigen ist – kognitive und motivationale Dimensionen werden häufig konfundiert.

## 4.2    Motivationale Dimension

98 % der 4-Jährigen verstehen das Diebstahlsverbot. 80 % aber erwarten, der Dieb fühle sich gut. Dies ist ein überraschender Befund. Aber er ist robust: Kinder schreiben positive Emotionen zu, obwohl sie die Norm kennen und wissen, dass das Opfer sich schlecht fühlt und ein reuiger Sünder besser ist als ein fröhlicher. Sie erwarten, dass sich gut fühlt, wer tut, was er will (z.B. das Kind verletzt, das er ärgern will) und sich schlecht fühlt, wer nicht tut, was er will (z.B. die Süßigkeiten nicht nimmt, die er haben will) oder tut, was er nicht will (z.B. jemanden versehentlich verletzt) (vgl. Nunner-Winkler & Sodian, 1988). Unter dem Etikett ‚happy victimizer' wurde das Phänomen vielfach repliziert (für Reviews vgl Arsenio et al., 2006; Krettenauer et al., 2008). Allerdings ist seine Interpretation kontrovers. Etliche Autoren deuten es als Korrelat kognitiver Defizite, insbesondere unzureichend entwickelter Rollenübernahmefähigkeiten. Mehrere Gründe sprechen jedoch für eine motivationale Interpretation: Emotionen und Handlungsabsichten sind theoretisch eng verknüpft. Amoralische Emotionszuschreibungen finden sich auch bei

Erwachsenen. Deren Verhaltensrelevanz ist gut belegt. Bei Kindern gehen sie einher mit Mogeln und rücksichtsloser Interessendurchsetzung, sozial auffälligem und aggressivem Verhalten, bei Jugendlichen mit höherer Delinquenz.

Soweit die motivationale Interpretation triftig ist, folgt zum einen, dass das moralische Bewusstsein sich in zwei Schritten entwickelt. Im ersten erwerben alle Kinder früh ein angemessenes Verständnis moralischer Normen. In einem zweiten zeitlich verzögerten Lernprozess bauen sie unterschiedlich erfolgreich moralische Motivation auf. Im Alter von 22 Jahren ist fast ein Fünftel aller LOGIK Befragten moralisch indifferent. Zum andern geben die Begründungen moralbezogener Emotionszuschreibungen Aufschluss über die Merkmale moralischer Motivation. Danach ist sie:

– intrinsisch: Negative Emotionserwartungen werden selten auf mögliche Folgen für den Täter, sondern zumeist auf die Verwerflichkeit der Tat zurückgeführt (z.B. ‚weil das falsch war; weil er hätte teilen/helfen sollen‘ ).

– formal: Wie oben angemerkt (4.1) wurde die Pflicht zu teilen in der Getränke- und Preisgeschichte unterschiedlich – fürsorglichkeits- bzw. gerechtigkeitsorientiert – begründet. Eine negative Emotionserwartung aber wird in beiden Geschichten in gleicher Weise erklärt – ‚weil es falsch war, nicht zu teilen‘. Die Motivation ist also eine rein formale Bereitschaft das Rechte zu tun. Was dies jeweils ist, ist in einem je konkret kontextbezogenen Urteil zu ermitteln.

– ein ‚second order desire‘ (vgl. Frankfurt, 1988). Dies setzt kognitive und volitionale Fähigkeiten sowie moralisches Engagement voraus. Ab 4-5 Jahren haben Kinder ein explizites Verständnis für Bewusstseinsvorgänge (theory of mind) und entwickeln ein Zeitverständnis. Somit werden sie fähig, zu spontanen Impulsen in Distanz zu treten, konfligierende Motive zu hierarchisieren und Bedürfnisbefriedigung aufzuschieben (vgl. Bischof-Köhler, 2011). Nun wird moralische Motivation möglich. Sie funktioniert wie eine Art Filter, das nur jene Impulse, Interessen oder außermoralischen Werte passieren lässt, die mit moralischen Überzeugungen kompatibel sind.

– ich-nahe: Insbesondere jüngere Kinder verwenden häufig das Wort ‚traurig‘ für die negative Emotion. Erst bei den 8-Jährigen verwiesen einige wenige auf Schuld oder Scham. Bedauern und Reue zeigen an, dass der Handelnde das Rechte aus Einsicht und Selbstbindung, nicht aus Angst vor inneren Sanktionen tun will. Wie oben (2.2) angemerkt, ist dies ein moderner Modus moralischer Motivation: Ältere Generationen erklären negative Emotionserwartungen nach Übertretungen mit Angst vor Gewissensbissen und Schamgefühlen.

Nach dieser Analyse ähnelt moralische Motivation der Leistungsmotivation, sofern sie formal ist und der intrinsischen Selbstverpflichtung des Gerechtigkeitsmotivs (vgl. Dalbert, 2001), sofern sie eine Selbstbindung aus Einsicht ist.

## 4.3     Empathie und prosoziales Handeln

Forschungen zu Empathie und prosozialem Verhalten behandeln das inhaltliche Anliegen, das der These einer ‚weiblichen Moral' zugrunde lag – die moralische Relevanz von Fürsorge und Mitgefühl. Insbesondere Hoffmann (2000) erstrebt dabei eine Integration mit Kohlbergs Theorie. Auch er stellt die Fähigkeit zur Rollenübernahme ins Zentrum, aber weniger das Wissen um Perspektivendifferenzen als das Einfühlungsvermögen in die Empfindungen anderer. Ausgangspunkt ist die natürliche Fähigkeit schon des Säuglings zu Empathie, die sich im Verlauf der soziokognitiven Entwicklung differenziert und aus der anfänglichen egozentrischen Befangenheit löst. Das Problem partikularistischer Voreingenommenheit – Empathie fällt leichter mit Nahestehenden und bleibt häufig auf das Hier und Jetzt begrenzt – sieht Hoffmann. Durch die Reflexion auf moralische Erwägungen und unter Rückgriff auf moralische Ideale aber lasse sich Empathie in generalisierte Hilfsbereitschaft transformieren, die sich jedem Notleidenden zuwendet. Empirisch zeigt sich, dass Empathie mit höheren Stufen prosozialer Begründungen einhergeht und zu prosozialem Verhalten beiträgt. Moralische Motivation ersetzt sie allerdings nicht: Prosoziales Verhalten war bei Kindern mit niedriger moralischer Motivation abhängig vom Mitgefühl, bei Probanden mit hoher moralischer Motivation unabhängig (vgl. Malti, Gummerum, Keller & Buchmann, 2009).

## 5     Moralisches Lernen und Erziehen

In modernen westlichen Gesellschaften spielt Selbstsozialisation eine zunehmend größere Rolle. Moralerziehung gewinnt damit vorrangig die Aufgabe, die eigenständigen kindlichen Lernprozesse zu ermöglichen und zu unterstützen – durch komplementäre Interventionen und durch die Gestaltung moralförderlicher Kontextbedingungen.

## 5.1     Moralisches Wissen

Kinder erwerben Normkenntnis auch durch direkte Unterweisung. Wichtiger aber sind aktive Rekonstruktionsleistungen. Sie lesen ihr Wissen an ihren Interaktionserfahrungen ab. Erziehende lassen sich bei Konflikten um konventionelle Regeln auf Kompromisse ein, bleiben aber bei moralischen Verstößen unnachgiebig und verweisen auf die Folgen für andere (z.B. ‚ein anderes Kind schlagen – das gibt es nicht. Das tut dem weh'). Schon Vorschulkinder erkennen, ob Erzieher bei Interventionen und deren Begründung konventionelle und moralische Übertretungen angemessen unterscheiden und Schulkinder bewerten jene, die dies nicht tun, als inkompetent. Kinder lesen Moral auch am kollektiv geteilten moralischen Sprachspiel ab: ‚Mord' etwa bezeichnet eine absolut verwerfliche Tat; wären irgendwelche Entschuldigungen oder Rechtfertigungen denkbar, verwendeten wir andere Worte – Tötung in Notwehr, im Krieg, im Duell (vgl. Putnam, 1995). So antworten denn auch etliche auf die Frage, warum man die Süßigkeiten Anderer nicht nehmen dürfe: ‚Das ist Diebstahl!'

## 5.2   Moralische Motivation

Beim Aufbau moralischer Motivation spielen Erfahrungen in zunehmend erweiterten sozialen Interaktionskontexten zusammen. Einige seien kurz benannt.

Familie. Wie oben angemerkt (2.2) haben frühkindliche Extremerfahrungen – Gewalt und Vernachlässigung – großen Einfluss auf Aggressivität und Delinquenz. Im Normalbereich ist die Familie für die Ausbildung moralischer Motivation nicht bestimmend. So fand sich in LOGIK eine bis zum Alter von 22 Jahren stabil hohe oder niedrige moralische Motivation ab 4 Jahren bei weniger als 5 %, ab 6 bei weniger als 10 %, ab 8 bei weniger als 20 %.

Peers. Schon im Vorschulalter tragen enge Freunde Konflikte häufiger und intensiver, aber zugleich verständigungsorientierter aus. In solch egalitären Beziehungen setzen sie sich explizit mit differierenden Sichtweisen auseinander. So schulen sie ihre Rollenübernahmefähigkeiten – eine moralförderliche Kompetenz. Aber auch aggressive Kinder schließen sich schon früh freundschaftlich zusammen und verstärken einander (vgl. Ahnert, 2011). Bei der Zusammenstellung von Spiel- oder Arbeitsgruppen können Erzieherinnen versuchen, moralabträglichen Selbstselektionsprozessen entgegenzusteuern.

Kindergarten. Günstig ist ein Zusammenspiel von lerntheoretisch, bindungstheoretisch und kognitivistisch angeleitetem Erziehungsverhalten (vgl. Oser, 2009). Für moralförderliche Gewohnheitsbildung – etwa in Bezug auf Ordentlichkeit oder Pünktlichkeit – sind Routinen und Ritualisierungen hilfreich. Empathie und prosoziale Verhaltensbereitschaft nehmen zu, wenn die Erzieherinnen die Kinder warmherzig unterstützen und ein Vertrauensklima schaffen. Wichtig ist auch, dass Erzieherinnen vertrauensvoll zusammenarbeiten und etwa gemeinsam den Umgang mit kultureller Vielfalt reflektieren und so alle Kinder ungeachtet ihrer ethnischen Herkunft gleich achten (vgl. Wagner, 2008). Für den Aufbau moralischer Motivation spielt die interne Organisationsstruktur eine wichtige Rolle. Werden Betroffene demokratisch an der Aushandlung und Festlegung der für die Gruppe geltenden Konventionen, an der Ahndung von Regelübertretungen und an diskursiver Konfliktlösung beteiligt, so gehen Gewalt und Vandalismus deutlich zurück und die wechselseitige Verantwortlichkeit füreinander steigt. An selbst gesetzte Normen fühlen sich alle stärker gebunden. Solche Partizipationsmöglichkeiten können bereits Vorschulkindern mit guten Erfolgen eingeräumt werden (vgl. Sturzbecher & Großmann, 2003). Allerdings dominieren tendenziell Mädchen solche Beratungen – wohl aufgrund ihrer rascher entwickelten verbalen Fähigkeiten und höheren sozialen Interessen. Bruner et al. (2001) schlagen deshalb vor, aktive Formen der Mitgestaltung zu nutzen, etwa das von A. Boal entwickelte ‚legal theatre': Einzelne tragen Beschwerden, Konflikte, Probleme in einer Art Theateraufführung vor und andere beteiligen sich dann mit Lösungsangeboten.

Gesellschaft. Familien und Kindergärten bieten keinen Schonraum. Kinder lesen ihr Wissen weniger an Modellen aus dem sozialen Nahbereich als vielmehr an herrschenden Standards und verbreiteten Praktiken ab. So etwa übernehmen selbst Kinder aus liberalen US-Elternhäusern zunächst die gängige Abwertung Schwarzer. Insbesondere eignen Kinder sich sehr früh Geschlechterstereotype an: Schon mit 2 Jahren können sie Kleidungstücke und Gerätschaften geschlechtsspezifisch zuordnen und ab 3 erwerben sie ein Wissen um geschlechtstypische Aktivitäten und Berufe. In LOGIK fanden sich im Alter von 4, 6, und 8 Jahren keine, im Alter von 17 und 22 Jahren hingegen deutliche Unterschiede in der Stärke moralischer Motivation zugunsten der Mädchen. Der späte Zeitpunkt spricht gegen die (von Gilligan vertretene) psychoanalytische Erklärung, in der ödipalen Krise lösten sich Jungen von der ersten Bezugsperson und bildeten ein ‚autonomes Selbst' aus, während Mädchen in der Beziehung verblieben und ein moralisch sensitives 'beziehungsorientiertes Selbst' aufbauten. Soziologische Rollentheorie ist erklärungskräftiger. Geschlechterstereotype sprechen den Männern eher moralabträgliche (z.B. Durchsetzungsfähigkeit, Rücksichtslosigkeit), den Frauen eher moralförderliche Eigenschaften zu (z.B. Kompromissbereitschaft, Empathie). Entscheidend jedoch ist nicht das Wissen um geteilte Stereotype, sondern die persönliche Identifikation mit dem eigenen Geschlecht. In LOGIK sind unter den Jungen mit starker Geschlechtsidentifikation überproportional viele mit niedriger moralischer Motivation – insbesondere auch solche, die entgegen dem allgemeinen Trend einer mit dem Alter kontinuierlich zunehmenden moralischen Motivation in der Adoleszenz einen Abbau erlebten. Unter Befragten mit geringer Geschlechtsidentifikation fanden sich keine Geschlechtsunterschiede in der Stärke moralischer Motivation. Erzieherinnen können Geschlechterstereotype nicht aufheben, aber zumindest versuchen, sie nicht noch zu verstärken. So etwa können sie Aufgaben geschlechtskonträr verteilen, Spiel- oder Arbeitsgruppen geschlechtsgemischt zusammensetzen, geschlechtsbezogene Anreden vermeiden.

## 6 Schlussbemerkung

Moral ist nicht nur im Nahbereich eine wichtige Ressource. Eine international vergleichende Studie von 160 Ländern zeigt, dass in korrupten Ländern die wirtschaftliche Produktivität, die Unterstützung demokratischer Verfahren und die Zufriedenheit der Menschen deutlich niedriger sind als in korruptionsfreien Ländern (vgl. Delhey, 2002). Der Erhalt sauberer demokratischer Institutionen ist auf die moralische Motivation der Bürger angewiesen, die aus Fairness das Ihre tun. Damit ist es von großer Bedeutung, dass die Kontexte, in die die künftigen Generationen hineinwachsen, moralförderlich gestaltet werden – denn an ihnen lesen sie herrschende Standards ab.

## 7 Literatur

Ahnert, L. (2011). Die Bedeutung von Personen für die frühe Moralentwicklung. In H. Keller (Hrsg.), *Handbuch der Kleinkindforschung* (S. 310–329). Bern: Hans Huber.

Arsenio, W., Gold, J. & Adams, E. (2006). Children's conceptions of moral emotions. In M. Killen & J. Smetana (Hrsg.), *Handbook of moral development* (S. 581–610). Matwah: Lawrence Erlbaum.

Bischof-Köhler, D. (2011). *Soziale Entwicklung in Kindheit und Jugendalter*. Stuttgart: W.Kohlhammer.

Blasi, A. (2000). Was sollte als moralisches Verhalten gelten? Das Wesen der „frühen Moral" in der kindlichen Entwicklung. In W. Edelstein & G. Nunner-Winkler (Hrsg.), *Moral im sozialen Kontext* (S. 116–145). Frankfurt a. M.: Suhrkamp.

Bruner, C., Winklhofer, F. & Zinser, U. (2001). *Partizipation – ein Kinderspiel?* Bundesministerium für Familie, Senioren, Frauen und Jugend (Hrsg.). Berlin.

Dalbert, C. (2001). *The justice motive as a personal resource*. New York: Kluwer Academic/Plenum-Press.

Delhey, J. (2002). Korruption in Bewerberländern. *Soziale Welt 53*(3), 345–366.

Frankfurt, H.G. (1988). *The importance of what we care about: Philosophical essays*. Cambridge: Cambridge University Press.

Gert, B. (1988). *Morality. A new justification of the moral rules*. New York, Oxford: Oxford UP.

Gilligan, C. (1984). *Die andere Stimme*. München: Pieper.

Hoffman, M.L. (2000). *Empathy and Moral Development*. Cambridge: UK: Cambridge UP.

Kochanska, G., Forman, D.R., Aksan, N. & Dunbar, S.B. (2005). Pathways to conscience: early mother-child mutually responsive orientation and children's moral emotion, conduct, and condition. *Journal of Child Psychology and Psychiatry, 46*(1), 19–34.

Kohlberg, L. (1984). *Essays on moral development*: Vol.2. San Francisco: Harper & Row.

Krettenauer, T., Malti, T., Sokol, B.W. (2008). The development of moral emotion expectancies and the happy victimizer phenomenon: A critical review and application. *European journal of developmental science 2*(3), 221–235.

Malti, T., Gummerum, M., Keller, M. & Buchmann, M. (2009). Children's moral motivation, sympathy, and prosocial behaviour. *Child Development 80*(2), 442–460.

Nunner-Winkler, G. (2008a). From Super-Ego and Conformist Habitus to Ego-Syntonic Moral Motivation. Sociohistoric Changes in Moral Motivation. *European Journal of Developmental Science 2*(3), 251–268.

Nunner-Winkler, G. (2008b). Zur Entwicklung moralischer Motivation. In W. Schneider (Hrsg.), *Entwicklung von der Kindheit bis zum Erwachsenenalter* (S. 103–123). Weinheim, Basel: Beltz PVU.

Nunner-Winkler, G. & Sodian, B. (1988). Children's understanding of moral emotions. *Child Development 59*(5), (1323–1338).

Oser, F. (2009). Moralische Erziehung. In G. Mertens (Hrsg.), *Handbuch der Erziehungswissenschaften*. Bd. 3 (S. 665–678). Paderborn: Schöningh.

Piaget, J. (1954). *Das moralische Urteil beim Kinde*. Zürich: Rascher.

Putnam, R.D. (1995). *Words and life*. Cambridge MA/London: Hravard University Press.

Rawls, J. (1972). *A theory of justice*. Oxford: Oxford University Press.

Smetana, J.G. (2006). Socio-cognitive domain theory: Consistencies and variations in children's moral and social judgements. In M. Killen & J.G. Smetana (Hrsg.), *Handbook of Moral Development*. Mahwah, N.J.: Erlbaum.

Solomon, R.C. (1976). *The passions*. Garden City:Anchor Press.

Sturzbecher, D. & Großmann, H. (Hrsg.), (2003). *Soziale Partizipation im Vor- und Grundschulalter*. München, Basel: Ernst Reinhardt.

Turiel, E. (1983). *The development of social knowledge. Morality and convention.* Cambridge, Cambridge UP.

Wagner, P. (2008). Vielfalt respektieren, Ausgrenzung widerstehen – aber wie? Anforderungen für pädagogische Fachkräfte. In P.Wagner (Hrsg.), *Handbuch für Kinderwelten* (S. 203–219). Freiburg: Herder.

Weyers, S., Sujbert, M. & Eckensberger, L. (2007). *Recht und Unrecht aus kindlicher Sicht.* Münster: Waxmann.

# Inklusive Begabtenförderung

Michaela Hajszan, Birgit Hartel, Waltraut Hartmann und Martina Stoll

## 1 Konzeptioneller Rahmen

Inklusive Begabtenförderung beruht auf den bildungstheoretischen Annahmen, dass Heterogenität die Norm darstellt und Begabung jedem Menschen inhärent ist (vgl. Schenz, 2011). Ziel einer inklusiven Pädagogik ist es, durch Individualisierung und Differenzierung eine Passung zwischen jedem Individuum und seiner Umwelt herzustellen – unabhängig von Art und Ausprägungsgrad der Begabung. Eine inklusive Grundhaltung schließt somit Angebote für besonders begabte Kinder ein. Begabtenförderung als umfassende Persönlichkeitsbildung strebt die Entwicklung der Selbstbestimmungsfähigkeit des Menschen mit dem Ziel des verantwortungsvollen Umgangs mit den eigenen Begabungen an (vgl. Weigand, 2011).

Die im folgenden Beitrag vorgestellten Förderstrategien beruhen mehrheitlich auf Studien und Berichten über besonders begabte Kinder und berücksichtigen vorrangig deren Lern- und Entwicklungsbedürfnisse. Nach Weinert (2000) zeichnen sich die Lernprozesse besonders begabter Kinder meist durch höheres Lerntempo, größere Tiefe und Komplexität des Verständnisses, effizientere Wissensorganisation, höhere metakognitive Kompetenzen sowie Kreativität aus. Diese vielfältigen besonderen Fähigkeiten erfordern spezielle Fördermaßnahmen und Anregungen, die aber auch die Lernerfahrungen aller anderen Kinder in einer Bildungsinstitution bereichern können (vgl. Charlotte Bühler Institut [= CBI], 2011).

Voraussetzung einer individuell begleiteten Begabungsentwicklung ist eine förderorientierte Diagnostik, die auf Informationen zum Kind und seinen Umwelten beruht (vgl. Ziegler, 2008). Mögliche Verfahren sind Intelligenz-, Entwicklungs- und Kreativitätstests ebenso wie Beobachtungs- und Fragebögen. Für Pädagoginnen und Pädagogen sind vor allem Beobachtungsinstrumente und Verfahren zur Diagnostik von Spiel- und Lernumwelten bedeutsam. Das Einbeziehen mehrerer Quellen, wie etwa Beobachtungen der Eltern und der pädagogischen Fachkräfte, trägt zu einer validen Identifikation von Begabungen bei.

Aufgrund der dynamischen und häufig asynchronen Entwicklung, der eingeschränkten Testfähigkeit junger Kinder sowie der geringen Prognosegüte einer frühzeitigen Identifikation erweist sich in der frühkindlichen Bildung die inklusive Begabtenförderung im Sinne der Chancengerechtigkeit als besonders empfehlenswert (vgl. zusammenfassend CBI, 2011).

## 2     Definition von Begabung

Trotz zahlreicher unterschiedlicher Definitionsansätze ist das Verständnis von Begabung als individuellem Fähigkeitspotenzial weit verbreitet (vgl. Heller & Perleth, 2007). Zur adäquaten Umsetzung des jeweiligen Potenzials bedarf es spezifischer Persönlichkeitsmerkmale sowie förderlicher Umwelteinflüsse. Beispielsweise wurde der positive Einfluss von Ausdauer und Konzentration (vgl. Schneider, 2002) sowie von metakognitiven Kompetenzen auf die Begabungsentwicklung belegt (vgl. Sternberg, 2002). Studien der Expertiseforschung betonen zudem den hohen Stellenwert regelmäßigen zielgerichteten Übens für die Entwicklung von Leistungsexzellenz (= Deliberate Practice; vgl. Ericsson, Krampe & Tesch-Römer, 1993) und fokussieren die Optimierung der Lernprozesse in der Begabtenförderung.

Aus Kritik an personzentrierten Begabungstheorien entstanden systemische Modelle, die die transaktionalen Wechselwirkungen zwischen Individuum und Umwelt in den Mittelpunkt rücken. So werden beispielsweise im Aktiotop-Modell von Ziegler (2005) Wissens- und Kompetenzzuwächse als immer komplexer werdende (Lern-)Handlungen verstanden, die durch die Weiterentwicklung eines gesamten Aktiotops (Individuum-Umwelt-Handlungssystem) vorangetrieben werden.

Das Kindergarten- und Vorschulalter wird nur in wenigen Begabungsmodellen explizit berücksichtigt (z.B. Fischer, 2008; Perleth, 2001). Nach Perleth (2001) werden im Zeitraum von der Geburt bis zum Schuleintritt sowohl eine allgemeine Wissensbasis als auch bereichsspezifische Kompetenzen grundgelegt. Auch Frühindikatoren einer besonderen Begabung, wie große Neugier und ausgeprägtes Explorationsverhalten, lassen sich bereits vor Schuleintritt beobachten. Begabungen sind nicht auf den intellektuellen Bereich beschränkt. Das Münchner Hochbegabungsmodell von Heller, Perleth und Lim (2005) führt neben Sprachen, Technik und Mathematik auch Kunst, soziale Beziehungen oder Sport als Leistungsbereiche an.

# 3 Didaktik der inklusiven Begabtenförderung

Ausgehend von einem ko-konstruktiven Bildungsverständnis (vgl. Fthenakis, 2003) erfolgt die Aneignung der Welt im sozialen Austausch und erfordert eine gemeinsame Gestaltung von Bildungsprozessen durch Kinder und Erwachsene. In dieser wechselseitigen, dynamischen Beziehung mit der Umwelt erwerben Kinder personale, sozial-kommunikative, fachliche und lernmethodische Kompetenzen. Auch besonders begabte Kinder sind dabei im Vorschulalter auf die Unterstützung durch Erwachsene (Pädagoginnen und Pädagogen, Eltern) angewiesen. Dies gilt insbesondere für die Entwicklung metakognitiver Lernstrategien. Deshalb sind für dieses Alter angemessene Maßnahmen, Modelle und Methoden der Begabtenförderung zu entwickeln.

Während für den Schulbereich Forschungsergebnisse über die Wirkungen von Enrichment, Akzeleration, innerer Differenzierung und sozial-emotionaler Unterstützung auf die Entwicklung und den Lernerfolg besonders begabter Kinder vorliegen (vgl. Rogers, 2007; VanTassel-Baska & Brown, 2009), sind die didaktischen und pädagogischen Strategien zur gezielten Förderung junger besonders begabter Kinder weitgehend unerforscht (vgl. Koshy & Robinson, 2006; Walsh, Hodge, Bowes & Kemp, 2010).

Gibson und Mitchell (2005) identifizierten jedoch, basierend auf einer Metaanalyse von Ansätzen der Frühpädagogik und Curricula der Begabtenförderung, Faktoren, die als Komponenten einer effektiven und entwicklungsangemessenen Didaktik der Begabtenförderung nicht nur im vorschulischen Alter, sondern auf allen Altersstufen anwendbar sind:

- ein deklariertes Konzept
- eine bewusst gestaltete Umwelt
- lernförderliche persönliche Beziehungen
- ein entwicklungsangemessenes Curriculum
- Instruktionsansätze, die die individuellen Lernbedürfnisse stimulieren
- systematische Beobachtung und Dokumentation
- Evaluation

Dieses Critical Curriculum Components Model von Gibson und Mitchell (2005) steckt den Rahmen für ein effektives und ganzheitliches Lernumfeld für alle Kinder, inklusive der besonders begabten Kinder, ab. Ebenso ist Königs (2010) Forderung nach einer Bildungsdidaktik für junge Kinder auch auf die Arbeit mit besonders begabten Kindern auszudehnen, die ein Anrecht auf die bewusste Begleitung ihrer individuellen Lernprozesse haben.

## 3.1 Grundlagen einer begabungssensiblen Pädagogik

- **Pädagogische Orientierung**

Viele Pädagoginnen und Pädagogen stehen der frühen Förderung besonders begabter Kinder ambivalent gegenüber (vgl. Walsh et al., 2010). Spezifische, kognitiv orientierte Angebote, etwa im Sinne einer Akzeleration, werden häufig als Widerspruch zu einer kindzentrierten bedürfnisorientierten Pädagogik gesehen. In einer Studie von Falls (2006) gaben australische Fachkräfte zu bedenken, formale Lernprozesse könnten zu einer Verschulung vorschulischer Settings führen und Langeweile nach Schuleintritt zur Folge haben. Im Weiteren wird die Arbeit mit begabten Kindern als befriedigend, aber auch als fordernd und schwierig zu realisieren beschrieben.

Eine begabungssensible Pädagogik setzt voraus, die Einstellungen gegenüber begabten Kindern und deren Bedürfnissen sowie gegenüber Maßnahmen der Begabtenförderung im Sinne einer vorurteilsbewussten Pädagogik zu reflektieren (vgl. Harrison, 2005; Oswald, 2007). Bergs-Winkels (2010) empfiehlt eine spezifische Haltung der Fachkräfte, die auf Toleranz für Vielfalt basiert und sich durch Offenheit für neue Ideen sowie durch die Förderung von Neugier und Kreativität auszeichnet. Eine „begabungsfreundliche Lernkultur" (Oswald, 2007, S. 71) kann dort entstehen, wo Pädagoginnen und Pädagogen eigene Einstellungen und Verhaltensweisen hinterfragen und einen offenen Blick für die Begabungen der anderen entwickeln.

- **Qualifizierung des pädagogischen Personals**

Eine hohe Qualifikation des Personals korreliert positiv mit der Kompetenzentwicklung sowie den Lernerfolgen von Kindern (vgl. Fthenakis & Oberhuemer, 2002; Munton et al., 2002). Dies gilt auch für besonders begabte Kinder (vgl. Hansen & Feldhusen, 1994). Die Professionalisierung der Fachkräfte bildet daher die Voraussetzung für eine effektive und vor allem frühzeitige Begabtenförderung (vgl. Palermo, Hanish, Martin, Fabes & Reiser, 2007; Schenker, 2010; Ziegler, 2008). Analog dazu wird im systemischen Modell der Learner Community von Finsterwald und Grassinger (2006) betont, dass effektive Begabtenförderung nicht nur auf die Unterstützung der Kinder abzielt, sondern ebenso die kontinuierliche Erweiterung des theoretischen und methodischen Wissens der Fachkräfte umfasst.

Wichtige Bestandteile der Qualifizierung sind nach Perleth (2010) grundlegende Kenntnisse der Forschungslage bezüglich der Identifikation Begabter, adäquater Förderansätze und -methoden sowie Möglichkeiten der Kooperation und der Qualitätsentwicklung. Die Qualifizierung umfasst auch die Sensibilisierung für Risikogruppen, die Gefahr laufen, nicht oder erst spät als begabt identifiziert und daher inadäquat gefördert zu werden. Dies betrifft etwa Kinder aus Familien mit niedrigem sozialen Status, Kinder mit Migrationshintergrund sowie Mädchen (vgl. Baudson, 2010; Olszewski-Kubilius, 2003; Preckel & Eckelmann, 2008; Stamm, 2009).

- **Beziehungsqualität**

Ziel einer begabungssensiblen Pädagogik ist es, junge begabte Kinder sowohl aufgrund ihrer Kompetenzen als auch um ihrer selbst willen wertzuschätzen und eine Atmosphäre zu schaffen, die ihr Wohlbefinden ebenso wie ihre intellektuelle Stimulierung garantiert (vgl. Sankar-DeLeeuw, 2002; Walsh et al., 2010). Verstecken Kinder aus Gründen der sozialen Anpassung ihre Begabungen, laufen sie Gefahr, emotionale oder intellektuelle

Frustration zu erfahren (vgl. Gross, 1998; Roedell, 1989, zitiert nach Walsh et al., 2010). Die Anerkennung ihres Wissens und ihrer spezifischen Kompetenzen bildet die Voraussetzung für ein positives Selbstkonzept und eine angemessene Identitätsentwicklung.

In Untersuchungen an Eltern sowie an Fachkräften zum Einfluss des Erziehungs- und Kommunikationsverhaltens auf die sozialen Kompetenzen und Lernerfolge von Kindern erwiesen sich Wärme und Bedürfnisorientierung in Zusammenhang mit adäquaten Herausforderungen als besonders günstig. Pädagogische Impulse und das Sprachverhalten der Erwachsenen sollten so gestaltet sein, dass sie die Kinder zum Nachdenken, Reflektieren und Argumentieren anregen (vgl. Howes et al., 2008; zusammenfassend Stöger, Schirner & Ziegler, 2008). Riksen-Walraven und Zevalkink (2000) betonen, dass pädagogische Interaktionen, die das Erleben von Autonomie und Selbstwirksamkeit ermöglichen, die Lernmotivation von Kindern und die Entfaltung ihrer Potenziale unterstützen. Förderlich dafür ist ein günstiger Betreuungsschlüssel, der nachweislich zu einer größeren Bandbreite an Aktivitäten sowie zu mehr individuellen Interaktionen führt (vgl. Thomas Coram Research Unit, 2002).

- **Kooperationen und Netzwerke**

Eine enge Kooperation zwischen Familien und Bildungsinstitutionen trägt dazu bei, die Nachhaltigkeit spezifischer Fördermaßnahmen zu optimieren und ist daher ein wichtiger Bestandteil der Begabtenförderung (vgl. Cukierkorn, Karnes, Manning, Houston & Besnoy, 2007; Finsterwald & Grassinger, 2006; Koop & Steenbuck, 2011; Walsh et al., 2010). Die Zusammenarbeit bezieht sich unter anderem auf die Beratung der Eltern, die Begleitung des Schuleintritts, die Weitervermittlung der Familien an Fachdienste sowie die gemeinsame Entwicklung individueller Spiel- und Förderangebote.

Externe Partnerinnen und Partner, wie Schulen oder Beratungsstellen, erweitern das Netzwerk im Rahmen einer ganzheitlichen und inklusiven Begabtenförderung (vgl. Solzbacher & Welzien, 2010). Walsh et al. (2010) betonen die Bedeutung gegenseitiger Akzeptanz und Verständigung aller Beteiligten im Feld der Begabtenförderung. Die Vielfalt an Maßnahmen und Konzepten wird als Ressource verstanden, die eine optimale, an den individuellen Bedürfnissen besonders begabter Kinder orientierte Zusammenarbeit ermöglicht.

## 3.2    Lernförderliche Interaktionen

- **Sustained Shared Thinking**

Sustained Shared Thinking ist eine empirisch erforschte Interaktionsform (vgl. Siraj-Blatchford, Sylva, Muttock, Gilden & Bell, 2002), die auf wechselseitigen Austausch- und Aushandlungsprozessen, auf geteilten Denkprozessen und gemeinsam getroffenen Entscheidungen von Kindern sowie Pädagoginnen und Pädagogen aufbaut. Diese gelten nach König (2007) als Schlüsselvariablen erfolgreicher Instruktionsprozesse. Ausgehend von den Gedanken der Lernenden ermöglichen pädagogische Fachkräfte durch eine offene, unterstützende Fragehaltung die Entwicklung weiterer Lernprozesse. Dies erfordert eine Kombination von Instruktion und Konstruktion (vgl. König, 2010).

Sustained Shared Thinking basiert auf dem Konzept des Scaffolding nach Wood, Bruner und Ross (1976) sowie auf Vygotskijs (1987) Zone der nächsten Entwicklung. Scaffolding bedeutet, an kindliche Lernerfahrungen geschickt anzuknüpfen, diese bewusst zu erweitern und auszubauen (vgl. König, 2007). Dies findet in einer dialogischen Situation zwischen einem Kind bzw. einer Kleingruppe von Kindern und einem Erwachsenen statt, in der intellektuelle Probleme gelöst, Begriffe und Gedankengänge geklärt, Aktivitäten abgesprochen und evaluiert oder Geschichten erfunden werden. Alle Beteiligten sind am Gedankenaustausch beteiligt und führen diesen weiter. Das Interesse der Kinder, definiert als „Beziehung zu einem Gegenstand" (vgl. Krapp, 2001, zitiert nach König, 2007, S. 12), gilt als Basis der Lernmotivation und ermöglicht durch eine intensive und konstruktive Auseinandersetzung die Ausdifferenzierung von Wissen.

- **Entwicklungspädagogischer Ansatz**

Der entwicklungspädagogische Ansatz (vgl. Pramling Samuelson & Asplund Carlsson, 2007) als empirisch untermauertes frühpädagogisches Konzept integriert spielorientierte, kindzentrierte Zugänge und bewusst initiierte Lerngelegenheiten. Der bloßen Selbstregulierung des Kindes wird die Stimulierung und Unterstützung von Lernprozessen durch Erwachsene gegenübergestellt. Pädagogische Fachkräfte sind verantwortlich dafür, die in den Bildungsplänen angesprochenen Inhaltsbereiche im Alltag erfahrbar zu machen und Kinder im Sinne metakognitiver Prozesse zum Nachdenken über bestimmte Inhalte und Phänomene anzuregen.

Im Vordergrund stehen das Verbalisieren und Rekonstruieren von Gedankengängen in einer Atmosphäre der Offenheit und Partizipation anstelle des bloßen Tuns. Die Denkprozesse der Kinder zu spezifischen Phänomenen und Lernerfahrungen werden fokussiert und zum Vergleich unterschiedlicher Perspektiven genutzt. Dabei wird auf den Gegenstand des Lernens, die Struktur des Inhalts (Zusammenhänge zwischen Phänomenen) und die metakognitive Ebene Bezug genommen.

Davon ausgehend entwickelte Gisbert (2004) ein Konzept zur Förderung lernmethodischer Kompetenzen. Dieses berücksichtigt die intuitiven Theorien der Kinder als Ausgangspunkte für angeleitete Lernprozesse. Das Lernen an sich wird in den Mittelpunkt der Aufmerksamkeit gestellt und die Metakognition als Nachdenken über das eigene Denken durch reflexive Phasen unterstützt.

## 3.3   Enrichment

Durch Enrichment wird die Spiel- und Lernumwelt gemäß den Bedürfnissen und Interessen besonders begabter Kinder angereichert (vgl. Ziegler, 2008). Dadurch werden unter anderem Prozesse der Selbstgestaltung, Eigeninitiative und Selbststeuerung initiiert (vgl. Walden & Borrelbach, 2002). Um auch anspruchsvollere Themen oder Lernschritte zu ermöglichen, können altersuntypische Materialien oder das Einbeziehen externer Expertinnen und Experten erforderlich sein.

- **Anreicherung der Spiel- und Lernumwelt**

Eine pädagogisch gestaltete Umwelt beeinflusst die Bildungsprozesse der Kinder positiv. Für individualisierte und differenzierte Angebote eignen sich multifunktionale Räumlichkeiten. Clark (2002) empfiehlt flexibel nutzbare Räume, um verschiedenen Gruppen von Kindern unterschiedliche Spiel- und Lernaktivitäten zu ermöglichen. Für Bergs-Winkels (CBI, 2011, S. 67) ist es wichtig, dass der Raum so gestaltet ist, „dass man Lust hat, Fragen an ihn zu stellen". Recherchierzentren unterstützen Kinder durch ein breit gefächertes Materialangebot bei selbstinitiierten Lernprozessen.

Eine vielfältige Ausstattung mit strukturierten und unstrukturierten Spielmaterialien fördert entdeckende und kreative Lernprozesse. Bergs-Winkels (2006) empfiehlt Materialien, die an der Entwicklung der Kinder orientiert und frei zugänglich sind. Lernmaterialien mit immanenter Fehlerkontrolle fördern die Selbstständigkeit. Bei der Auswahl von Materialien ist auch auf Genderinteressen zu achten.

Begabte interessieren sich für herausfordernde Materialien, die einen steigenden Schwierigkeitsgrad aufweisen. Die National Association for Gifted Children entwickelte Kriterien für die Auswahl und den Einsatz von begabungsfördernden Materialien, die sich z.B. auf Anzahl und Art unterschiedlicher Gegenstände und Medien (Bücher, audiovisuelle und digitale Medien etc.) und die Bedeutung von Originalmaterialien, wie z.B. historische Gegenstände, beziehen (vgl. Purcell, Burns, Tomlinson, Imbeau & Martin, 2002). Adäquate Materialien sollten nicht direktiv sein, keinen Leistungsdruck erzeugen und Spielprozesse ermöglichen (vgl. Hartmann & Stoll, 2010). Sie sprechen die Interessen der Kinder an und fördern das Experimentieren sowie die Kreativität (vgl. Cukierkorn et al., 2007). Auch Kulturgüter aus der Erwachsenenwelt sowie Möglichkeiten zum Arbeiten mit echtem Werkzeug bereichern das Angebot (vgl. Stapf, 2010).

- **Projektarbeit**

Projektarbeit umfasst als Sammelbegriff alle Formen des eigenverantwortlichen Arbeitens an einem Thema alleine oder in einer Gruppe (vgl. zusammenfassend Schenker, 2010). Je ausgeprägter die Partizipation der Kinder an der Auswahl und Bearbeitung sowie Präsentation eines Themas ist, umso eher werden Verantwortungsübernahme, Selbststeuerung und Reflexion der Lernprozesse gefördert (vgl. Schenker, 2010).

Obwohl empirische Studien noch ausstehen, nennt Harrison (2005) Projekte als günstige Methode der frühen Begabtenförderung. In der Projektarbeit sind sowohl Selbstbestimmung als auch Kooperation gefordert. Weiterhin werden individuelle Interessen sowie spezifisches Vorwissen berücksichtigt und die Strukturierung sowie die Erarbeitung eines komplexen Themas erlernt (vgl. Frey, 2007; Schenker, 2010). Dadurch entwickeln sich unter anderem Vorläuferfähigkeiten des selbstgesteuerten Lernens (vgl. Bergs-Winkels, 2010).

- **Portfolios**

Portfolios stellen systematische Sammlungen ausgewählter Dokumente dar, die von Kindern oder über Kinder angelegt werden. In der pädagogischen Arbeit mit Begabten verfolgen Portfolios vor allem den Zweck der Dokumentation von Entwicklungsfortschritten, der Identifikation von Begabungen, der spezifischen Förderung, der Reflexion von Lernprozessen und der Ableitung von weiteren individuell abgestimmten Fördermaßnahmen (vgl. Häcker, 2006; Renzulli, Reis & Stedtnitz, 2001; Wright & Borland, 1993).

Die Portfolioarbeit kommt dem Bedürfnis besonders begabter Kinder nach selbstinitiiertem Lernen entgegen (vgl. Schenker, 2010). Die regelmäßige Reflexion eigener Lernprozesse anhand des Portfolios fördert nach Wright und Borland (1993) die Entwicklung von kritischem Denken, Metakognition sowie lernmethodischen Kompetenzen. Als positive Begleiterscheinungen der Portfolioarbeit werden die Orientierung an den Stärken der Kinder, die deutlichere Wahrnehmung individueller Entwicklungen sowie die Verbesserung des Kontakts zwischen Eltern und Institution genannt (vgl. Wright & Borland, 1993).

- **Mentoring**

Unter Mentoring wird eine Arbeitsbeziehung zwischen älteren Expertinnen und Experten und weniger erfahrenen Mentees verstanden (vgl. Bisland, 2001). Mentoring setzt an den Stärken einer Person an und zielt auf deren ganzheitliche Entwicklung ab (vgl. Shevitz, Weinfeld, Jeweler & Barnes-Robinson, 2003). Aufgrund der individuellen Begleitung gilt Mentoring als eines der erfolgreichsten pädagogischen Instrumente, um die Bedürfnisse besonders begabter Kinder zu erfüllen (vgl. Siegle, McCoach & Wilson, 2009). Es bewirkt umfassende positive Effekte wie Wissenszuwachs (z.B. Adelson et al., 2007), aber auch Stärkung des Selbstvertrauens, des Aufgabencommitments sowie eines positiven Selbstbildes (vgl. zusammenfassend Siegle et al., 2009).

Für Mentees im Kindergartenalter empfiehlt Bisland (2001) ältere Kinder oder Jugendliche, engagierte Lehrerinnen und Lehrer oder Eltern bzw. Großeltern anderer Kinder als Mentorinnen bzw. Mentoren. Vor allem für Mädchen sowie Kinder aus sozial benachteiligten Familien oder ethnischen Minderheiten können möglichst ähnliche Mentorinnen und Mentoren einflussreiche Vorbilder darstellen (vgl. Bisland, 2001).

### 3.4 Akzeleration am Beispiel der vorzeitigen Einschulung

Akzeleration stellt eine pädagogische Maßnahme dar, die besonders begabten Kindern einen rascheren Lernfortschritt ermöglicht, indem diese Lernerfahrungen machen können, die sich im Vergleich zu altersgleichen Kindern durch mehr Tiefe und Komplexität auszeichnen (vgl. Feldhusen & Feldhusen, 1998). Unterschiedliche Formen der Akzeleration gelten nachweislich als besonders effektiv (vgl. zusammenfassend Ziegler, 2008).

Die vorzeitige Einschulung besonders begabter Kinder stellt eine der ersten Akzelerationsmaßnahmen in ihrer Bildungsbiografie dar. Die Richtlinien von Feldhusen (1992) können eine entsprechende Entscheidung im Einzelfall unterstützen. Er verweist unter anderem auf die Bedeutung einer umfassenden psychologischen Untersuchung und empfiehlt, dass das Leistungsniveau vorzeitig eingeschulter Kinder über der durchschnittlichen Leistungsfähigkeit von Kindern der ersten Schulstufe liegen sollte. Unter diesen Voraussetzungen unterstützt eine vorzeitige Einschulung die intellektuelle Entwicklung der Kinder, negative Effekte auf emotionale oder soziale Kompetenzen sind nicht zu befürchten (vgl. zusammenfassend Robinson, 2008; Walsh et al., 2010). Koop und Steenbuck (2011) fordern explizit in Bezug auf die Begabtenförderung eine vermehrte Flexibilisierung der Transition zwischen Kindergarten und Schule. Die Qualität der Übergangsgestaltung kann durch regelmäßige Zusammenarbeit der beteiligten Institutionen optimiert werden. Vor allem in Bezug auf besonders begabte Kinder aus bildungsfernen Familien wird auf die Bedeutung differenzierter Beratung hinsichtlich der Einschulung hingewiesen (vgl. Koop & Steenbuck, 2011).

## 4 Ausblick

Wie eine Metastudie von Dai, Swanson und Cheng (2011) zeigt, ist der frühkindliche Bildungssektor im Bereich der Begabungsforschung generell unterrepräsentiert. Ein entscheidendes Forschungsdesiderat bezieht sich auf die Grundlagenforschung. Die Wirksamkeit von Modellen zur Förderung besonders begabter Kinder ist vorwiegend durch Fallstudien und Praxisberichte beschrieben, empirische Evidenz – insbesondere für das vorschulische Alter – fehlt nach Koshy und Robinson (2006) jedoch. Deshalb wäre unter anderem eine forschungsbasierte Adaptierung und Evaluierung bestehender Modelle, etwa aus dem Schulbereich, für das Kindergarten- und Vorschulalter sinnvoll. Die Erforschung der Wirkungen spezieller frühpädagogischer Konzepte, wie z.B. der Reggio-Pädagogik (vgl. Rinaldi, 2006) oder metakognitiver Lernarrangements (vgl. Gisbert, 2004), auf die Lernprozesse besonders begabter Kinder könnte weitere wichtige Erkenntnisse für die Begabtenförderung erbringen. Die Verbindung zwischen Begabungsforschung und pädagogischer Praxis kann darüber hinaus durch praxisorientierte Studien bzw. Forschungsaktivitäten wie Practitioner Research hergestellt werden. Einen wichtigen Beitrag zu einer inklusiven Begabtenförderung stellt die Implementierung und Evaluation spezifischer Standards zur Qualitätssicherung und -optimierung in begabungssensiblen Bildungseinrichtungen dar (vgl. CBI, 2011).

## 5 Literatur

Adelson, J., Carroll, S., Casa, T., Gavin, M., Sheffield, L. & Spinelli, A. (2007). Project M3: Mentoring Mathematical Minds. A research-based curriculum for talented elementary students. *Journal of Advanced Academics 18*(4), 566–585.

Baudson, T.G. (2010). Nominationen von Schülerinnen und Schülern für Begabtenfördermaßnahmen. In F. Preckel, W. Schneider & H. Holling (Hrsg.), *Diagnostik von Hochbegabung* (S. 89–117). Göttingen: Hogrefe.

Bergs-Winkels, D. (2006). Förderung in der frühen Kindheit im Rahmen der Bildungsarbeit von Tageseinrichtungen. *Journal für Begabtenförderung 6*(2), 7–11.

Bergs-Winkels, D. (2010). Selbstreguliertes Lernen im Elementarbereich. *Journal für Begabtenförderung 10*(1), 44–50.

Bisland, A. (2001). Mentoring. An educational alternative for gifted students. *Gifted Child Today 24*(4), 22–25.

Charlotte Bühler Institut [CBI] (2011). *Qualitätsprogramm für (Hoch-)Begabtenförderung und (Hoch-)Begabungsforschung am Beispiel elementarer Bildungseinrichtungen.* Wien: BMWF. http://www.charlotte-buehler-institut.at/berichte/Qualitaetsprogramm-Charlotte-Buehler-Institut_final.pdf (abgerufen am 26.03.2012)

Clark, B. (ed.). (2002). *Growing up gifted. Developing the potential of children at home and at school* (6th edition). Boston: Allyn & Bacon.

Cukierkorn, J.R., Karnes, F.A., Manning, S.J., Houston, H. & Besnoy, K. (2007). Serving the preschool gifted child: Programming and resources. *Roeper Review 29*(4), 271–276.

Dai, D.Y., Swanson, J.A. & Cheng, H. (2011). State of research on giftedness and gifted education. A survey of empirical studies published during 1998–2010. *Gifted Child Quarterly 55*, 126–138.

Ericsson, K., Krampe, R. &Tesch-Römer, C. (1993). The role of deliberate practice in the acquisition of expert performance. *Psychological Review 100*(3), 363–406.

Falls, J.M. (2006). *An investigation of early childhood teachers and their views and behaviours concerning children nominated as gifted.* Unpublished MEd thesis, Macquarie University, Sydney.

Feldhusen, J.F. (1992). Early admission and grade advancement for young gifted learners. *Gifted Child Today 15*(2), 45–49.

Feldhusen, J.F. & Feldhusen, H.J. (1998). Identification and nurturing of precocious children in early childhood. In J.F. Smutny (ed.), *The young gifted child: Potential and promise, an anthology* (pp. 62–72). Creskill, NJ: Hampton Press.

Finsterwald, M. & Grassinger, R. (2006). Systemische Begabungsförderung im Vorschulbereich. In A. Ziegler, T. Fitzner, H. Stöger & T. Müller (Hrsg.), *Beyond Standards. Hochbegabtenförderung weltweit. Frühe Förderung und Schule* [CD-ROM]. Bad Boll: Evangelische Akademie.

Fischer, C. (2008). Potential into Performance. Konzepte der Begabung aus pädagogisch-psychologischer Sicht. In T. Köhler (Hrsg.), *Potenzial und Performanz. Begabungsforschung und Begabtenförderung in* Österreich und Mitteleuropa (S. 63–73). Innsbruck: StudienVerlag.

Frey, K. (2007). *Die Projektmethode. „Der Weg zum bildenden Tun".* Weinheim: Beltz.

Fthenakis, W.E. (Hrsg.). (2003). *Elementarpädagogik nach PISA. Wie aus Kindertagesstätten Bildungseinrichtungen werden können.* Freiburg: Herder.

Fthenakis, W.E. & Oberhuemer, P. (Hrsg.). (2002). *Ausbildungsqualität. Strategiekonzepte zur Weiterentwicklung der Ausbildung von Erzieherinnen und Erziehern.* Neuwied: Luchterhand.

Gibson, K. & Mitchell, L.M. (2005). Critical curriculum components in programs for young gifted learners. *International Education Journal 6*(2), 164–169.

Gisbert, K. (2004). *Lernen lernen: Lernmethodische Kompetenzen von Kindern in Tageseinrichtungen fördern.* Weinheim: Beltz.

Häcker, T. (2006). *Portfolio. Ein Entwicklungsinstrument für selbstbestimmtes Lernen. Eine explorative Studie zur Arbeit mit Portfolios in der Sekundarstufe I.* Baltmannsweiler: Schneider Verlag Hohengehren.

Hansen, J.B. & Feldhusen, J.F. (1994). Comparison of trained and untrained teachers of gifted students. *Gifted Child Quarterly 38*, 115–121.

Harrison, C. (2005). *Young gifted children. Their search for complexity and connection.* Exeter, NSW: Inscript.

Hartmann, W. & Stoll, M. (2010). *Mehr Qualität für Kinder. Qualitätsstandards und Zukunftsperspektiven für den Kindergarten* (Nachdruck). Wien: hpt.

Heller, K. & Perleth, C. (2007). Talentförderung und Hochbegabtenberatung in Deutschland. In K. Heller & A. Ziegler (Hrsg.), *Begabt sein in Deutschland* (S. 139–170). Berlin: Lit.

Heller, K., Perleth, C. & Lim, T.K. (2005). The Munich model of giftedness designed to identify and promote gifted students. In R.J. Sternberg & J.E. Davidson (eds.), *Conceptions of giftedness* (pp. 147–170). New York: Cambridge University Press.

Howes, C., Burchinal, M., Pianta, R., Bryant, D., Early D.M. & Clifford, R. (2008). Ready to learn? Children's pre-academic achievement in pre-kindergarten programs. *Early Childhood Research Quarterly 23*, 27–50.

König, A. (2007). Dialogisch-entwickelnde Interaktionsprozesse als Ausgangspunkt für die Bildungsarbeit im Kindergarten. *Bildungsforschung 4*(1). http://www.bildungsforschung.org/index.php/bildungsforschung/article/view/54/57 (abgerufen am 27.3.2012)

König, A. (2010). Impulse aus der internationalen Frühpädagogik – Überlegungen zum Aufbau einer Bildungsdidaktik für den Elementarbereich. In D. Kasüschke (Hrsg.), *Didaktik in der Pädagogik der frühen Kindheit* (S. 385–400). Kronach: Carl Link.

Koop, C. & Steenbuck, O. (2011). Herausforderung Übergänge – Bildung für hochbegabte Kinder und Jugendliche gestalten. *Karg-Hefte. Beiträge zur Begabtenförderung und Begabungsforschung 1*, 6–11.

Koshy, V. & Robinson, N. (2006). Too long neglected: Gifted young children. *European Early Childhood Education Research Journal 14*(2), 113–126.

Munton, T., Mooney, A., Moss, P., Petrie, P., Clark, A. & Woolner, J. (2002). *Research on ratios, group size and staff qualifications and training in early years and childcare settings. Part A: Review of international research between ratios, staff qualifications and training, group size and the quality of provision in early years and childcare settings.* University of London: Queen's Printer.

Olszewski-Kubilius, P. (2003). Do we change gifted children to fit gifted programs, or do we change gifted programs to fit gifted children? *Journal for the Education of the Gifted 26*(4), 304–313.

Oswald, F. (2007). Lehrerbildung. Für eine begabungsfreundliche Lernkultur. In F. Radits (Hrsg.), *Muster und Musterwechsel in der Lehrer- und Lehrerinnenbildung* (S. 71–81). Wien: Lit.

Palermo, F., Hanish, L.D., Martin, C.L., Fabes, R.A. & Reiser, M. (2007). Preschoolers' academic readiness: What role does the teacher-child relationship play? *Early Childhood Research Quarterly 22*(4), 407–422.

Perleth, C. (2001). Follow-Up-Untersuchungen zur Münchner Hochbegabungsstudie. In K. Heller (Hrsg.), *Hochbegabung im Kindes- und Jugendalter* (S. 357–446). Göttingen: Hogrefe.

Perleth, C. (2010). Kompetenzen eines Begabtenförderers. Kompetenzen, die in einem Masterlehrgang zur Begabtenförderung zu erwerben sind – die iPEGE-Position. *News & Science. Begabtenförderung und Begabungsforschung 25*(2), 9–10.

Pramling Samuelson, I. & Asplund Carlsson, M. (2007). *Spielend lernen. Die Stärkung lernmethodischer Kompetenzen.* Troisdorf: Bildungsverlag EINS.

Preckel, F. & Eckelmann, C. (2008). Beratung bei (vermuteter) Hochbegabung: Was sind die Anlässe und wie hängen sie mit Geschlecht, Ausbildungsstufe und Hochbegabung zusammen? *Psychologie in Erziehung und Unterricht 55*, 16–26.

Purcell, J.H., Burns, D.E., Tomlinson, C.A., Imbeau, M.B. & Martin, J.L. (2002). Bridging the gap: A tool and technique to analyze and evaluate gifted education curricular units. *Gifted Child Quarterly 46*, 306–321.

Renzulli, J.S., Reis, S.M. & Stedtnitz, U. (2001). *Das Schulische Enrichment Modell SEM. Begabungsförderung ohne Elitebildung.* Aarau: Bildung Sauerländer.

Rinaldi, C. (2006). *In dialogue with Reggio Emilia. Listening, researching and learning.* New York: Routledge.

Riksen-Walraven, J.M. & Zevalkink, J. (2000). Gifted infants: What kinds of support do they need? In C.F.M. van Lieshout & P.G. Heymans (eds.), *Developing talent across the life span* (pp. 203–229). East Sussex: Psychology Press.

Robinson, N.M. (2008). Early Childhood. In J.A. Plucker & C.C. Callahan (eds.), *Critical issuses and practices in gifted education* (pp. 179–194). Waco, TX: Prufrock Press Inc.

Rogers, K. (2007). Lessons learned about educating the gifted and talented: A synthesis of the research on educational practice. *Gifted Child Quarterly 51*, 382–396.

Sankar-DeLeeuw, N. (2002). Gifted preschoolers: Parent and teacher views on identification, early admission, and programming. *Roeper Review 24*, 172.

Schenker, I. (2010). Inklusive Hochbegabtenförderung in der Kindertagesstätte. In C. Koop, I. Schenker, G. Müller, S. Welzien & Karg-Stiftung (Hrsg.), *Begabung wagen. Ein Handbuch für den Umgang mit Hochbegabung in Kindertagesstätten* (S. 271–289). Weimar: verlag das netz.

Schenz, C. (2011). Inklusive Begabungsförderung und das Modell der Inklusiven Schule. In O. Steenbuck, H. Quitmann & P. Esser (Hrsg.), *Inklusive Begabtenförderung in der Grundschule. Konzepte und Praxisbeispiele zur Schulentwicklung* (S. 38–48). Weinheim: Beltz.

Schneider, W. (2002). Giftedness as developing expertise. In K.A. Heller, F.J. Mönks, R.J. Sternberg & R.J. Subotnik (eds.), *International handbook of giftedness and talent* (pp. 165–177). Amsterdam: Elsevier.

Shevitz, B., Weinfeld, R., Jeweler, S. & Barnes-Robinson, L. (2003). Mentoring empowers gifted/learning disabled students to soar. *Roeper Review 26*, 37–40.

Siegle, D., McCoach, D.B. & Wilson H.E. (2009). Extending learning through mentorships. In F.A. Karnes & S.M. Bean (Eds.), *Methods and materials for teaching the gifted* (pp. 519–563). Waco, TX: Prufrock Press Inc.

Siraj-Blatchford, I., Sylva, K., Muttock, S., Gilden, R. & Bell, D. (2002). *Researching effective pedagogy in the early years.* Research Report 356. Norwich: Queen's Printer.

Solzbacher, C. & Welzien, S. (2010). Die Bedeutung von Netzwerken im Elementarbereich. In C. Koop, I. Schenker, G. Müller, S. Welzien & Karg-Stiftung (Hrsg.), *Begabung wagen. Ein Handbuch für den Umgang mit Hochbegabung in Kindertagesstätten* (S. 327–335). Weimar: verlag das netz.

Stapf, A. (2010). *Hochbegabte Kinder. Persönlichkeit, Entwicklung, Förderung* (5. Aufl.). München: Beck.

Stamm, M. (2009). *Begabte Minoritäten.* Wiesbaden: VS.

Sternberg, R.J. (2002). Giftedness, expertise, and (exceptional) performance. A developmental perspective. In K.A. Heller, F.J. Mönks, R.J. Sternberg & R.J. Subotnik (eds.), *International handbook of giftedness and talent* (pp. 55–66). Amsterdam: Elsevier.

Stöger, H., Schirner, S. & Ziegler, A. (2008). Ist die Identifikation Begabter schon im Vorschulalter möglich? Ein Literaturüberblick. *Kindheits- und Jugendforschung 3*, 7–24.

Thomas Coram Research Unit (ed.). (2002). *Staff qualifications and training in early years and childcare settings. Part B: Child ratios for early years settings in the private/independent sector: A report of empirical research.* University of London: Queen's Printer.

VanTassel-Baska, J. & Brown, E. (2009). An analysis of gifted education curriculum models. In F. Karnes & S. Beanes (eds.), *Methods and materials for teaching the gifted* (pp. 75–106). Waco, TX: Prufrock Press Inc.

Vygotskij, L.S. (1987). *Ausgewählte Schriften. Arbeiten zur psychischen Entwicklung der Persönlichkeit* (Band 2). Berlin: Volk und Wissen.

Walden, R. & Borrelbach, S. (2002). *Schulen der Zukunft. Gestaltungsvorschläge der Architekturpsychologie.* Heidelberg: Asanger.

Walsh, R.L., Hodge, K.A., Bowes, J.M. & Kemp, C.R. (2010). Same age, different page: Overcoming the barriers to catering for young gifted children in prior-to-school settings. *International Journal of Early Childhood 42*(1), 43–58.

Weigand, G. (2011). Pädagogische Perspektiven auf Hochbegabung und Begabtenförderung. In O. Steenbuck, H. Quitmann & P. Esser (Hrsg.), *Inklusive Begabtenförderung in der Grundschule. Konzepte und Praxisbeispiele zur Schulentwicklung* (S. 31–37). Weinheim: Beltz.

Weinert, F.E. (2000). *Lernen als Brücke zwischen hoher Begabung und exzellenter Leistung.* Vortrag gehalten anlässlich der zweiten internationalen Salzburger Konferenz zu Begabungsfragen und Begabtenförderung. Salzburg, 13. Oktober 2000.

Wood, D.J., Bruner, J.S. & Ross, G. (1976). The role of tutoring in problem solving. *Journal of Child Psychology and Psychiatry 17*(2), 89–100.

Wright, L. & Borland, J.H. (1993). Using early childhood developmental portfolios in the identification and education of young, economically disadvantaged, potentially gifted students. *Roeper Review 15*, 205–210.

Ziegler, A. (2005). The actiotope model of giftedness. In R.J. Sternberg & J.R. Davidson (eds.), *Conceptions of giftedness* (pp. 411–434). Cambridge: Cambridge University Press.

Ziegler, A. (2008). *Hochbegabung.* München: Ernst Reinhardt.

# Soziale Mobilität durch frühkindliche Bildung?

Margrit Stamm

## 1 Einleitung

Bildung und Ausbildung sind in allen modernen Gesellschaften zu entscheidenden Grössen für die soziale Platzierung der Individuen und die beruflichen Chancen im Lebensverlauf geworden. Demnach ist zentral, wie die Bildungschancen verteilt werden und welche Rolle dabei die soziale Herkunft spielt. Als besonders problematisch erweist sich die im Zuge der PISA-Ergebnisse aufs Neue und nachhaltig in das Blickfeld geratene Spezifik, dass hierzulande das kulturelle und ökonomische Kapital der Eltern in hohem Ausmass mit dem Bildungserfolg korreliert (vgl. Baumert, Stanat & Watermann, 2006; Becker & Lauterbach, 2007). Diese empirischen Tatsachen haben das Bild verwirklichter Chancengleichheit massiv gestört und zur Kritik geführt, sie sei vor allem Programm geblieben (vgl. Maaz, Baumert & Trautwein, 2010).

Zwar ist in der Folge verstärkt diskutiert worden, dass Ungleichheiten kumulative Prozesse sind, die sich generational weitervererben (vgl. Fend, Berger & Grob, 2009), doch ist die Diskussion hier stecken geblieben. Im angloamerikanischen Sprachraum ist dies anders, konzentriert sie sich doch zunehmend auf die soziale Mobilität, d.h. auf die Frage, ob, wie und unter welchen Bedingungen eine Gesellschaft einem Individuum ermöglicht, seine Talente zu entwickeln und durch Leistung den sozialen Aufstieg zu schaffen (,intergenerationelle Mobilität') respektive wie sich die soziale Mobilität im Karriereverlauf gestaltet (,intragenerationelle Mobilität') (vgl. Ball, 2008; Goldthorpe, 2007). Zwar thematisiert die deutschsprachige Forschung die soziale Mobilität sehr wohl (vgl. Pollak, 2009), doch ist Böttcher (2005) zufolge sowohl in den Erziehungswissenschaften als auch in der Bildungsforschung eine gewisse Tabuisierung festzustellen. Sie liegt möglicherweise darin, dass es sich beim Begriff Chancengleichheit um einen seit dem ersten

Weltkrieg etablierten Grundanspruch handelt und die Diskussion um soziale Mobilität mit der Angst verknüpft wird, dass der soziale Aufstieg des Einen immer an einen notgedrungenen Abstieg eines Anderen geknüpft ist. Obwohl dieser ‚Paternostereffekt' (vgl. Butterwegge, 2009) logisch erscheint, ist er gemäss eines Grossteils der Befunde aus der Mobilitätsforschung falsch (vgl. Pollak, 2009). Da sich die Forschung zudem mit wenigen Ausnahmen (z.B. Büchner, 2003; Becker, 2007) auf Bildungsungleichheiten innerhalb des Schulsystems konzentriert und den Blick vor allem auf den Zugang zur höheren Bildung verengt (z.B. Büchner & Brake, 2006; Maaz, Baumert & Trautwein, 2010), ohne die Situation im Vorschulbereich zu thematisieren, erweckt sie damit den Eindruck, soziale Disparitäten würden erst nach dem Schuleintritt entstehen.

Der vorliegende Beitrag macht es sich zur Aufgabe, solche postulierten Zusammenhänge respektive Problemlagen zu untersuchen. Dabei versucht er, die beiden Thesen zu belegen, dass (1) die Frage, wie eine Gesellschaft ihre Bildungschancen verteilt, grundsätzlich auf den Geburtsstatus eines Kindes setzt und deshalb nicht die Chancengleichheit, sondern die soziale Mobilität in den Mittelpunkt der Diskussion stellen sollte und dass es folge dessen (2) eine Prävention derjenigen Schwerpunkte von Benachteiligung braucht, welche soziale Mobilität verunmöglichen.

Die Argumentation wird in vier Schritten entfaltet: Zunächst werden die Forschungsergebnisse zu den Themenbereichen Chancengleichheit und Bildungsungleichheit sowie soziale Mobilität diskutiert. Im Ergebnis kristallisiert sich dabei heraus, dass die Frühpädagogik und ihre vorschulischen Einrichtungen mit grossen Hoffnungen verbunden werden, einen entscheidenden Beitrag zur sozialen Mobilität leisten zu können. Deshalb wird in einem nächsten Schritt untersucht, inwiefern diese Argumentation stichhaltig und berechtigt ist. Dabei lassen sich ein paar kritische Punkte herauskristallisieren, die abschliessend im Hinblick auf den Beitrag der Frühpädagogik zur sozialen Mobilität als konzeptionelle Erweiterungen diskutiert werden.

## 2      Chancengleichheit und Bildungsungleichheit: Empirische Befunde und theoretische Erkenntnisse

Dass Chancengleichheit auch im 21. Jahrhundert nicht erreicht worden ist und die soziale Selektivität des Bildungssystems nach wie vor ein hemmender Faktor für ihre Realisierung darstellt, ist in der Vergangenheit verschiedentlich als Schock oder als ‚neue Bildungskatastrophe' (Gudjons, 2008, S. 276) dargestellt worden. ‚Neu' deshalb, weil sie letztlich eine Wiederentdeckung der ‚Illusion der Chancengleichheit' (vgl. Bourdieu & Passeron, 1971) und dementsprechend ein ‚Déjà-vu' darstellt. Im Gegensatz zu den 1960er Jahren konzentriert sich die aktuelle Diskussion jedoch stärker auf bildungsökonomische Fragen sowie auf die gesamte Schullaufbahn und nicht mehr nur auf einzelne Bildungsinstitutionen. Im Wesentlichen besteht dabei Konsens, dass sich – trotz zunehmender Bildungsbeteiligung – in der sozial ungleichen Verteilung der Bildungschancen insgesamt wenig verändert hat. Von einer Verschärfung sprechen Berger und Kahlert

(2005), von einem tendenziellen Zuwachs an Bildungschancen, jedoch ohne umfassenden Abbau sozialer Ungleichheiten, Becker und Lauterbach (2007). Blossfeld und Shavit (1993) wiederum konstatieren in zwei Staaten, in Schweden und den Niederlanden, einen deutlichen Trend zu weniger Bildungsungleichheit, in Deutschland hingegen keine nennenswerte Veränderung, weshalb sie von der These der ‚persistent inequality' sprechen.

Insgesamt stellt die Forschung eine Vielzahl von Untersuchungen zur Verfügung, welche auf die Ursachen dauerhafter Ungleichheiten verweisen. Im Hinblick auf die beiden Thesen können sie drei Schwerpunkten zugeordnet werden:

1. *Divergierende Entwicklungswege von Vorschulkindern:* Heute ist aus zahlreichen Studien bekannt, dass sich Kinder voneinander unterscheiden, lange bevor sie in die Schule eintreten. Fast 10 % der Vorschulkinder treten als Frühleser/innen und Frührechner/innen (vgl. Martschinke & Kammermeyer, 2003; Moser, Stamm & Hollenweger, 2005; Stamm, 2005), mindestens ebenso viele jedoch ganz ohne Vorkenntnisse, in die Schule ein. Die Kompetenzunterschiede sind auch schon bei Kindergarteneintritt gross, und sie differieren nach sozialer Herkunft (vgl. Stamm 2004; Moser & Bayer, 2010). Genauso wissen wir, dass viele Kinder bereits zu diesem Zeitpunkt als ‚risikogefährdet' bezeichnet werden müssen, weil sie Entwicklungsverzögerungen, Mangel an körperlicher Bewegung, Lernschwierigkeiten oder Verhaltensauffälligkeiten zeigen, weshalb sie gemäss Rabe-Kleberg (2010) in besonderem Masse zu vorschulischen Förderangeboten Zugang finden müss(t)en. Der Eintritt in den Bildungsraum ist somit nicht ‚die Stunde Null' (vgl. Selter, 1995), von der man bisher ausgegangen ist. Die soziale Ungleichheit in den Bildungsressourcen dürfte demnach schon im Vorschulalter bedeutsam sein.

2. *Unterschiedliche Investitionen der Eltern in ihre Kinder und die Bedeutung der Familie:* Dass sich Eltern in Bezug auf die Unterstützung und Förderung ihrer Kinder sehr unterschiedlich engagieren, die massgeblichen Ursachen für eine gesunde Entwicklung jedoch gerade im familiären Umfeld zu suchen sind, hat bereits Coleman (1966) festgehalten. Wie von Ecarius (2007) aufgezeigt, besteht heute Konsens, dass die kognitive, emotionale und soziale kindliche Entwicklung weit stärker von familialen als von schulischen oder ausserschulischen Faktoren abhängig ist. Neben der Rolle, welche die Ausstattung des Haushalts mit Büchern, Computern und Lernmaterialien spielt, sind aber auch die Vorbildfunktion der Eltern und ihre Möglichkeiten bedeutsam, wie ausgeprägt sie ihren Kindern anregungsreiche Umwelten zur Verfügung stellen können. Dass dies den Familien aus bescheidenen sozialen Verhältnissen nicht im gleichen Masse wie privilegierteren Familien möglich ist, zeigen die Studien von Lareau (2003), Betz (2008) oder Biedinger (2010) eindrücklich auf. Auch in Bezug auf die familiäre Unterstützungsfunktion bei Schulaufgaben gilt Ähnliches. So wissen wir beispielsweise, dass Hausaufgaben mit einer positiven Leistungsentwicklung einhergehen können (vgl. Trautwein, Köller & Baumert, 2001; Exeler & Wild, 2003). Die Unterschiede in den elterlichen Hilfestellungen sind jedoch enorm. Gemäss Studien von Rudolph (2002) oder Haag und Jäger (2011) erhalten mehr als die Hälfte aller Schüler/innen

privat finanzierte Nachhilfe, allerdings vor allem solche aus einkommensstarken Elternhäusern. Auch im Hinblick auf die familiäre Förderung von Freizeitaktivitäten gilt fast Identisches. Bildungsnahe Elternhäuser lassen ihren Kindern früh schon und während der gesamten Schulzeit in grossem Umfang musikalische, sportliche oder künstlerische Förderung angedeihen (vgl. Stamm, 2005). Eine wichtige Rolle spielen auch ihre Bildungsaspirationen, die – allerdings unabhängig von der sozialen Schicht – eine wichtige Bedeutung für die Schulabschlusswünsche der Kinder besitzen. Entgegen dem allgemeinen Bild in der Öffentlichkeit verweisen viele wissenschaftliche Untersuchungen auf hohe Bildungsaspirationen von Familien mit Migrationshintergrund, auch wenn sie nicht unbedingt über entsprechende Mittel verfügen, diese Bildungsorientierungen in direkte Unterstützungsleistungen zu überführen (vgl. Kristen & Granato, 2005; Schmidt-Bernhardt, 2008; Dirim & Mecheril, 2009; zusammenfassend: Stamm, 2011).

3. *Auf privilegiert aufwachsende Jugendliche beschränkter Zustrom zu den Gymnasien:* Zwar ist die soziale Exklusivität des Gymnasiums in den letzten Jahren gesunken und auch Kohortenanalysen verweisen auf eine gestiegene Chancengleichheit beim Zugang zum Gymnasium (vgl. Becker, 2007), doch hat sich der Einfluss der sozialen Herkunft auf die Schulleistungen und die damit verbundene Chance, eine Empfehlung für den Besuch des Gymnasiums zu erhalten, kaum verändert. Deshalb sind die Zuwächse sehr unterschiedlich geblieben. Während fast 80 % der Kinder aus akademischem Elternhaus ein Abitur machen, sind es laut Prenzel et al. (2004) nur 50 % aus Angestellten- und 20 % aus Arbeiterfamilien. Fast Identisches gilt für ausländische Jugendliche, die zu 17 % – im Gegensatz zu einheimischen Jugendlichen zu 8 % – die Schule ohne Abschluss verlassen (vgl. Konsortium Bildungsberichterstattung, 2006). Aus der internationalen Vergleichsstudie IGLU (Internationale Grundschul-Lese-Untersuchung, vgl. Bos et al., 2007) ist bekannt, dass bei gleichen kognitiven Grundfähigkeiten und Lesekompetenzen Kinder aus höheren Schichten eine 2.7-fach grössere Chance haben, eine Empfehlung für das Gymnasium zu erhalten als Kinder aus Facharbeiter-Familien. Zudem weisen Uhlig, Solga & Schupp (2009) nach, dass Persönlichkeitsmerkmale wie Fleiss, Offenheit, Kooperationsfähigkeit gerade bei solchen Kindern nicht berücksichtigt werden. Schon in der Hamburger Studie LAU 5 von Lehmann, Peek, Gänsfuss und Husfeldt (2002) war deutlich geworden, dass ein Kind, dessen Vater keinen Schulabschluss hat, erheblich besser sein muss als die anderen, um eine Empfehlung für ein Gymnasium zu bekommen. Besitzt der Vater hingegen ein Abitur, genügt schon eine unterdurchschnittliche Leistung. Es erstaunt deshalb nicht, dass an Hauptschulen überproportional viele Kinder aus Familien mit un- oder angelernten Eltern sind (vgl. Solga & Wagner, 2008) und eine disproportional hohe Anzahl von Studierenden an Universitäten aus der Mittel- und Oberschicht kommt (42 %, Allgemeinbevölkerung: 11 %). An den Fachhochschulen ist der Anteil mit 23 % jedoch deutlich kleiner (vgl. Müller & Pollak, 2007).

Diese Erkenntnisse verweisen darauf, dass das Verhältnis von sozialer Herkunft und Ausbildung respektive Leistung ein sich gegenseitig aufschaukelnder Vorgang sein muss, der offenbar vor Schuleintritt einsetzt und weder durch den Kindergarten noch durch die Schule kompensiert werden kann. Gerade an den Übergängen verstärkt er sich noch, indem er sozial schwache Schichten weiterhin von mobilitätsrelevanten Bildungsinstitutionen ausschliesst. Dies ist allerdings nur die eine Seite der Medaille. Wenn die Familie als die wichtigste Bildungsinstanz gilt, dann ist von Interesse, welche Handlungsabläufe und Reaktionsmuster denn in den Familien dominieren. Die im nächsten Kapitel dargestellten Befunde zu den Ergebnissen der Mobilitäts- und Lebensverlausforschung liefern hierzu neue Erkenntnisse.

## 3 Erkenntnisse aus der Forschung zur sozialen Mobilität

Anstelle von Spekulationen, welche die natürlichen Ungleichheiten von Menschen aufgrund ihrer Begabungen in den Vordergrund rücken, interessiert sich die Mobilitätsforschung für soziologische Erklärungen und Mechanismen ungleicher Positionszuweisungen von Einzelpersonen und/oder von Gruppen innerhalb einer Generation und zwischen verschiedenen Generationen (für ein Review siehe Breen & Jonsson, 2005). Trotzdem werden nach wie vor gerne Geschichten über Tellerwäscherkarrieren als Beweis dafür verwendet, dass Aufstiege bei individueller Begabung trotz sozialer Benachteiligung möglich sind, und Publikationen wie die ‚Bell Curve' von Herrnstein und Murrey (1994) oder Sarrazins ‚Deutschland schafft sich ab' (2010) finden mit ihren fragwürdigen Thesen zur natürlichen Konzentration hochbegabter Menschen in statushohen Berufen oder deren Gefährdung durch soziale Mobilität in der Öffentlichkeit enormes Interesse.

In diesem Kapitel geht es jedoch nicht darum, solche Sachverhalte zu interpretieren oder zu kritisieren, sondern darum, Antworten auf die Frage zu formulieren, wie Mobilitätssituationen von Menschen erklärt werden können und wie sie in solchen Situationen reagieren. Hierzu gibt es eine Vielzahl von Studien und Ansätzen. Dabei ragen zwei unterschiedliche Theoriestränge heraus. Der eine Strang geht auf Arbeiten zur Theorie der kulturellen Reproduktion von Pierre Bourdieu (vgl. Bourdieu & Passeron, 1971) zurück, der andere auf Arbeiten von Raymond Boudon (1974). Herzstück der sozialen Reproduktionstheorie von Bourdieu ist das nach sozialer Herkunft unterschiedliche Ausmass an ökonomischem, kulturellem und sozialem Kapital. Entscheidend für den schulischen Erfolg von Individuen ist insbesondere ihre Ausstattung mit kulturellem Kapital als der Summe von Kulturgegenständen wie Bilder oder Bücher sowie *der* erworbenen Bildungszertifikate inklusive den damit einhergehenden Denk- und Handlungsschemata. Bourdieu vertritt dabei die Ansicht, dass das Bildungssystem bestimmte Vorkenntnisse voraussetzt, um überhaupt erfolgreich an der Beschulung teilnehmen zu können. In erster Linie ist es der klassenspezifische Habitus, d.h. die Ansammlung der sozial konditionierten Dispositionen, Werte und Motive, welche die Neigungen zu schulischen Investitionen widerspiegeln. Deshalb werden Familien aus einfachen Sozialschichten trotz gleichen

Schulleistungen ihrer Kinder wie der Kinder aus einkommensstarken Familien möglicherweise auf weitere schulische Investitionen verzichten. Nach Bourdieu wirkt dieser selbst gewählte Verzicht stärker auf Bildungsungleichheiten als das fehlende kulturelle Kapital.

Der Ansatz von Bourdieu wurde in zahlreichen theoretischen und empirischen Auseinandersetzungen im Hinblick auf konzeptionelle Schwächen der kulturellen Reproduktion dahingehend kritisiert, dass sie gerade das Phänomen der massiv zunehmenden Bildungsbeteiligung von bisher bildungsfernen Klassen und ihrer durchschnittlich hohen Bildungsaspirationen nicht erklären könne (zusammenfassend: van der Werfhorst & Hofstede, 2007). Deshalb gilt der Ansatz Boudons (1974) als der vielversprechendere, hat er doch die wesentlichsten Mechanismen für die Entstehung und Erklärung der klassenspezifischen Bildungsentscheidungen und der intergenerationalen Mobilität herausgearbeitet. Dabei unterscheidet Boudon zwischen primären und sekundären Herkunftseffekten. Die Unterschiede in den Schulleistungen und im kulturellen Hintergrund der Kinder werden primäre Effekte genannt, die unterschiedlichen Neigungen trotz gleicher Schulleistungen sekundäre Effekte. Diese sind entscheidend und gelten auch als sozialspezifisches *Rational Choice*: Familien investieren in diejenigen Bildungsabschlüsse, mit denen sie am ehesten, die ihre herkunftsmässig vertraute Zielklasse erreichen.

Erikson und Jonsson (1996) haben diese Unterscheidung aufgenommen und auf der Basis der Einteilung von Bourdieu (vgl. Bourdieu & Passeron, 1971) und im Anschluss an Boudon (1974) ein Modell der rationalen Bildungswahl zur Erklärung von Bildungsungleichheiten entwickelt. Diesem Modell entsprechend entscheiden drei Komponenten über den Nutzen einer Bildungsentscheidung, die ihrerseits ebenfalls klassenspezifisch ausgeprägt sind: ihre Erträge, die Wahrscheinlichkeit, dass diese auch eintreten und die Kosten für die Bildungsentscheidung. Beeinflusst werden diese Komponenten von den unterschiedlichen ökonomischen, kulturellen und sozialen Ressourcen, den institutionellen Gegebenheiten des Bildungssystems und den damit verbundenen Anreizen für Bildungsinvestitionen.

Welche Wirkung die institutionellen Gegebenheiten ausüben, lässt sich am besten anhand von Massnahmen veranschaulichen, welche die Unterschiede in den Herkunftseffekten beeinflussen und diese abschwächen. Gemäss Erikson und Jonsson (1996) wirken als primäre Herkunftseffekte etwa (a) das Ausmass, in welchem frühkindliche Bildungseinrichtungen angeboten werden und Kinder aus eher bildungsfernen Klassen sowohl intellektuell davon profitieren lassen als auch dem Ausmass, in dem sie zur Abmilderung von Effekten unterschiedlicher kultureller Codes in der Schule einen Beitrag zu leisten imstande sind, (b) spezielle Förderprogramme für (leistungsschwache) Kinder, damit sie das Leistungsniveau anderer Kinder erreichen können (bereichsspezifische Förderung resp. obligatorische Sprachkurse) sowie (c) Präventionsprogramme in den Bereichen Gesundheit, Ernährung und Sport. Sekundäre Herkunftseffekte können ebenfalls durch eine Reihe von institutionellen Regeln beeinflusst werden, beispielsweise durch (a) institutionelle Veränderungen zu frühen Zeitpunkten in der Bildungskarriere wie etwa die Ausdehnung der Pflichtschulzeit in Richtung früherer Einschulung oder des Kindergartenbesuchs, (b) die Abschaffung oder Verringerung von Betreuungs- und Schulgebühren, (c) die Expansion von Kindertagesstätten und Schulen in unterversorgte Gegenden sowie (d) die spätere Aufteilung der Kinder in verschiedene Schularten.

Wie jedoch handeln Menschen in Mobilitätssituationen tatsächlich? Antworten hierzu finden sich vor allem in Studien zu intragenerationalen Mobilität. Für die Diskussion der beiden Thesen bedeutsam ist dabei die Annahme Goldethorpe's (2007), wonach es vor allem die Bezugs- und Referenzgruppen, insbesondere nahestehende Personen (*significant others*) sind, welche Mobilitätserwartungen und -entscheide strukturieren und sich als normativ erweisen. Dazu gehören Eltern, der Familienkreis, Mentoren aus dem Freizeitbereich (Trainer, Vereins- oder Verbandsführer etc.) oder Gleichaltrige. Welche Urteile das Handeln jedoch schliesslich leiten und was als virulent oder bedeutungslos bezeichnet wird, hängt laut Nollmann (2003) nicht nur vom sozialen Umfeld ab, sondern ebenso von der Entwicklung von Fähigkeiten zur Ursachenattribution. Es genügt somit nicht, lediglich strukturelle Einflüsse von Bildungsinstitutionen und die Familie als zentrale Ressource in den Blick zu nehmen, sondern ebenso ihre subjektiven Orientierungen, Handlungsmuster und Reaktionen. Gerade weil die Attributionsforschung in vielen Untersuchungen nachgewiesen hat, dass die Familie beim Aufbau von Attributionen eine bedeutsame Rolle spielt und diese Fähigkeiten bei Kindern schon früh entwickelt werden, gerät die frühe Kindheit auch verstärkt in den Blick. Im nächsten Kapitel wird deshalb untersucht, was in dieser Hinsicht von der Frühpädagogik erwartet werden kann.

## 4 Empirische Befunde und theoretische Erkenntnisse der Frühpädagogik

Dass die ersten Lebensjahre eine besonders kritische Phase für die intellektuelle, kognitive und sozio-emotionale Entwicklung eines Kindes darstellen und ungünstige Lern- und Entwicklungsumgebungen als zentrale Risikofaktoren zu betrachten sind, gilt heute als allgemein akzeptierte Aussage. Weil sich darüber hinaus gezeigt hat, dass Ungleichheiten aufgrund der sozialen Herkunft bereits im Vorschulalter entstehen und weder vom Kindergarten oder anderen Vorschulinstitutionen noch von der Schule ausgeglichen werden können (vgl. Moser & Bayer, 2010; Rabe-Kleberg, 2010), hat sich das Interesse zunehmend auf die frühkindliche Bildungsförderung in Kindertageseinrichtungen konzentriert, insbesondere auf die Sprachförderung und die Förderung von Leistungsbereitschaft von Kindern mit Migrationshintergrund.

Neu sind solche kompensatorischen Bemühungen allerdings nicht. Während es bereits in der US-amerikanischen Bildungsreform der 1960er Jahre darum ging, benachteiligten Kindern durch Frühförderung einen guten Schulstart zu ermöglichen, konzentrierte sich die Diskussion im deutschsprachigen Raum eher auf das frühe Lesenlernen sowie die Steigerung von Intelligenz und Leistungsmotivation, um „das Anregungspotenzial der Elternhäuser in wichtigen Punkten zu ergänzen" (Heckhausen, 1969, S. 207). Fünf Jahre später stellte Heckhausen (1974) jedoch resigniert fest, dass „die Hoffnung, vorschulische Förderung könne die mit der sozialen Herkunft verknüpften Disparitäten zum Verschwinden bringen, [...] sich inzwischen als Fiktion erwiesen" (S. 128) hat. Dessen ungeachtet sind heute die Hoffnungen (wieder) gross, dass mittels frühpädagogischer Fördermassnahmen ungünstige Auswirkungen familiärer Sozialisation auf die späteren Bildungschancen ausgeglichen werden können. Neu ist allerdings, dass sich auch die Ökonomie zunehmend mit dieser Thematik beschäftigt und Autoren wie Heckman (vgl. Heckman & Masterov, 2007), Pfeiffer (2010) oder Fritschi, Strub und Stutz (2007) für langfristige Investitionen in benachteiligte Kinder und ihre Familien plädieren. Ein Hauptargument ist dabei das, dass es nicht in erster Linie um die Bekämpfung von Risikofaktoren gehe, welche solche Kinder auf sich vereinen und eine erfolgreiche Lebenslaufbahn gefährden würden, sondern, dass frühkindliche Bildungsförderung einem Kind auch die Möglichkeit schenke, grundlegende Kapazitäten zu entwickeln, um seinen sozialen Status zu verändern.

Vor diesem Hintergrund stellt sich allerdings die Frage, welche Wirkungen solche Frühförderprogramme haben. Hierzu liegen vielfältige, keinesfalls jedoch durchgehend einheitliche, Ergebnisse vor. Während in den USA die Wirkungen untersucht und insbesondere für qualitativ hochstehende Modellprogramme wie das *High School Perry Preschool Project* oder das *Abecedarian Project* in differenzierten Metaanalysen positiv belegt sind, liegen für viele andere Programme widersprüchliche und wenig eindeutige Befunde vor (vgl. Barnett, 2008; Burger, 2010). Dies gilt auch für den deutschsprachigen Raum. So konnten Bos et al. (2007) anhand der Daten der IGLU-Studie sowie Büchner und Spiess (2007) anhand der Daten des Sozioökonomischen Panels SOEP positive Wirkungen insofern nachweisen, als ein längerer Vorschulbesuch mit später besseren Schulleistungen einher geht und das Risiko einer Klassenwiederholung vermindert. Der Studie von Pfeiffer (2010), welche auf den Daten der Mannheimer Risikokinderstudie basiert, ist andererseits der relativierende Befund zu entnehmen, dass es gerade die elterliche Fürsorge ist, welche prägende Kraft insofern entfaltet, als sie sozio-emotionale Ressourcen freisetzt, die im späteren Schulalter kaum mehr aufgeholt werden können. Alle diese Studien gehen davon aus, dass frühe Nachteile, welche nicht angegangen werden, zu schulischen und sozialen Schwierigkeiten in den späteren Jahren führen. Solche Botschaften relativieren Becker und Tremel (2006) respektive Becker (2007). Wiederum anhand der SOEP-Daten weisen die Autoren nach, dass ein Vorschulbesuch die späteren Bildungschancen von benachteiligt aufwachsenden Kindern zwar verbessert, sie jedoch höchstens das Niveau deutscher Arbeiterkinder erreichen lässt. Ergebnisse der BiKS-Studie (Bildungsprozesse, Kompetenzentwicklung und Selektionsentscheidungen im Vor- und Grundschulalter; vgl. Kurz, Maurice, Dubowy, Ebert & Weinert, 2007) verweisen, ähnlich wie die Evaluationsergebnisse der Schweizer Grund- und Basisstufe (vgl. Moser & Bayer, 2010), auf die Persistenz familienbedingter Vor- oder Nachteile in der Schullaufbahn, trotz vorschulischer Förderung.

Obwohl diese lediglich exemplarische Darstellung der verfügbaren Befunde auf deutliche Ambivalenzen verweist, besteht eine enorme Euphorie gegenüber der Wirksamkeit frühkindlicher Bildungsförderung. Deshalb soll dieser „vorbelastete Blick" (Betz, 2010, S. 114) im abschliessenden Kapitel einer genaueren Prüfung unterzogen werden.

## 5     Fazit: Soziale Mobilität durch frühkindliche Bildung und die notwendigen Konzepterweiterungen

Ausgehend von der These, dass bei der Frage, wie eine Gesellschaft ihre Bildungschancen verteilt, nicht die Chancengleichheit im Mittelpunkt stehen sollte, sondern die soziale Mobilität und es demzufolge weniger um Chancengleichheit als um Prävention derjenigen Benachteiligungen gehen muss, welche soziale Mobilität verunmöglichen, hat dieser Beitrag den hierzu verfügbaren aktuellen Forschungsstand beleuchtet. Abschliessend soll nun die Legitimation der Hoffnungen, welche auf die Kraft frühpädagogischer Förderprogramme setzen, kritisch beleuchtet werden.

Zunächst ist jedoch nochmals die weitgehend unbestrittene Annahme zu unterstreichen, dass die ersten Lebensjahre zentral sind, inwiefern Kinder mit den für die späteren Bildungschancen relevanten Ressourcen ausgestattet werden. So verweist die Mobilitätsforschung im Anschluss an Boudon (vgl. Erikson & Jonsson, 1996) auf die Möglichkeit der Milderung primärer als auch sekundärer Herkunftseffekte durch den Ausbau kompensatorischer und präventiver Programme, durch die frühere Einschulung oder die Erweiterung des Kindergartenobligatoriums. Ebenso eindeutig verweisen die Ergebnisse jedoch auch auf die Familie als wichtigster Bildungsinstanz, auf ihre subjektiven Orientierungen, Handlungsmuster und die Rolle von Ursachenattributionen. Daraus lässt sich folgern, dass es kaum genügen dürfte, lediglich einen Ausbau kompensatorischer frühkindlicher Bildungsförderung wie etwa Sprachförderprogramme, zu fordern. Entscheidend ist zunächst vielmehr, die konzeptionellen Grundlagen und Perspektiven bisheriger Angebote kritisch zu hinterfragen, inwiefern sie einen Beitrag dazu leisten, dass herkunftsbedingte Disparitäten bestehen und soziale Mobilität folge dessen bisher unerreichbar geblieben ist. Eine solche Überprüfung fördert drei kritische Punkte zutage:

- **Der stigmatisierende Blick auf ‚Familien mit Migrationshintergrund':** Der Blick in die verfügbare Literatur bestätigt weitgehend die Bilanz von Betz (2010), wonach die kompensatorischen Erwartungen an die Frühpädagogik „mit einer Defizitsicht auf Familie, und zwar insbesondere auf Familien und Kinder aus den unteren Sozialschichten und mit Migrationshintergrund" (S. 114) einhergehen. Tatsächlich wird ein solches Bild auch beispielsweise bei Biedinger (2010) oder in der Evaluation der Grund- und Basisstufe dort gezeichnet (vgl. Moser & Bayer, 2010), wo kein Unterschied zwischen Kindern aus sozio-ökonomisch benachteiligten Verhältnissen und von solchen mit Deutsch als Zweitsprache gemacht und generalisierend festgestellt wird, dass ihre Defizite trotz Fördermassnahmen bestehen bleiben und Kinder deshalb aufgrund benachteiligter Kontextstrukturen früher, intensiver, in erster Linie jedoch sprachlich, gefördert werden müssten. Solche Konklusionen kommen einer „kollektiven Zuschreibung von Behandlungsbedürftigkeit" (Betz, 2010, S. 126) von Kindern mit Migrationshintergrund gleich. Weil solche Aussagen auf das kulturell-sprachliche Kapital verengt und andere Kapitalien ausgeblendet oder abgewertet werden, fördern sie möglicherweise ein neues Stereotyp der sozialen Ungleichheit zu Tage.

Eine wichtige Aufgabe der Frühpädagogik wäre jedoch eine andere: einen differenzierten Blick auf die Orientierungs- und Einstellungsmuster sowie die Handlungspläne und Reaktionsmuster solcher Familien zu legen. Auf dieser Basis könnten dann möglicherweise wichtige Erkenntnisse gewonnen werden, ob und in welchem Ausmass Familien unterer Sozialschichten tatsächlich über-adaptiv sind, sich unter ihrem Wert verkaufen oder inwiefern sie sich einen sozialen Aufstieg erkämpfen möchten.

- **Der zu positive Blick auf das sich selbst bildende Kind:** Aufgrund des lange Jahre vorherrschenden defizitären Blicks auf die Kindheit hat der neue – und berechtigte – Blick auf das junge Kind als unterschätztem Lerner, unterstützt durch Erkenntnisse der Lehr- und Lernforschung, der kognitiven Entwicklungspsychologie und der Hirnforschung, zu einem normativen Konzept geführt, das Rabe-Kleberg (2010) als der „positive pädagogische Blick" (2010, S. 47) bezeichnet. Dieses Konzept geht von den Konzepten der Selbstbildung und der Ko-Konstruktion aus, wonach jedes Kind in der Lage ist, Bildungsprozesse selbst oder angeregt durch die soziale Umgebung zu ko-konstruieren und deshalb nur in seiner Individualität, Eigenständigkeit und Persönlichkeit gefördert werden muss. Obwohl dieser positive Blick auf das Kind einem notwendigen Paradigmawechsel entspricht, erschwert er sowohl die Sicht auf die unterschiedlichen sozialen Lagen von Familien und ihren Kindern (vgl. Grell, 2010) als auch auf ihre unterschiedlich ausgeprägten Fähigkeiten zur Kausalattribution, die gemäss der sozialen Mobilitätsforschung ebenso bedeutsam sind wie die Sprachkompetenzen.

  Obwohl es paradox klingen mag, bilden Konzepte der Selbstbildung und der Ko-Konstruktion gemäss Bühler-Niederberger (2011) ein weiteres Konstruktionsmerkmal von Ungleichheit. Denn sie begünstigen bildungsnahe Sozialmilieus und benachteiligen diejenigen Kinder, welche mit wenig vorstrukturierten Angeboten kaum ohne weiteres umgehen können und auf eine kognitive Aktivierung, eine provokativ angeleitete Förderung sowie auf die Anleitung zu günstigen und kognitions- und motivationsförderlichen Attributionsstilen angewiesen wären. Gerade die weit verbreitete Überzeugung, dass es sich bei einer stärkeren Lenkung des Kindes um einen Rückfall in ein als überwunden geglaubtes konservatives Kindheitsbild handle, trägt wahrscheinlich ebenfalls dazu bei, dass die frühkindlichen Förderanstrengungen bislang nicht im erwarteten Ausmass wirksam waren.

- **Subjektive Einstellungsmuster und Ethnozentrismus:** Was Familien zugemutet wird und wie Kinder gefördert, unterstützt und begleitet werden, ist auch von den Handlungen und Haltungen des pädagogischen Fachpersonals abhängig. Aus verschiedenen Untersuchungen ist bekannt, dass den Erzieherinnen häufig eine professionelle

Reflexion im Umgang mit Heterogenität in ihrem Berufsauftrag fehlt. Deshalb lassen sie sich oft von subjektiven, biographischen Erfahrungen leiten (vgl. Rosken, 2009) und zeigen Kindern aus bildungsfernen Milieus gegenüber unbewusst diskriminierende Haltungen, die sich unter anderem in wenig herausfordernden Interaktionen bemerkbar machen.

Aber auch die aktuellen, in der frühpädagogischen Praxis verwendeten Modelle zur Messung von institutioneller Qualität fokussieren oft einseitig auf die Bildungs- und Erziehungsziele unserer individualistisch geprägten Gesellschaft (vgl. Stamm & Edelmann im gleichen Band). Ein solcher ethnozentrischer Blick verhindert ungewollt die Möglichkeiten des pädagogischen Fachpersonals, ein umfassenderes Verständnis für die Bedürfnisse von Kindern aus anderen Kulturen und Milieus zu entwickeln, welche nicht dem gängigen ‚Mittelschichtblick‘ entsprechen. Messskalen und Bildungspläne, welche auf einer solchen Basis konstruiert sind, vermitteln deshalb die implizite Botschaft, dass Kinder anderer kultureller Herkunft unserem System ‚anzupassen‘ sind und ihre Familien als generell behandlungsbedürftig bezeichnet werden müssen.

Zwar können solche Haltungen und Perspektiven verändert werden. Trotzdem darf man – und dies lehren uns insbesondere die angloamerikanischen Erkenntnisse (vgl. Barnett, 2008) – von frühkindlicher Bildungsförderung nicht allzu viel erhoffen, wenn sie nicht in der Schule ihre Fortsetzung erfährt. Es wäre somit blauäugig, der frühkindlichen Bildung per se die Fähigkeit zuzusprechen, die angemessenen Bedingungen für den späteren Schulerfolg und damit für soziale Mobilität sicherstellen zu können. Auch die Bildungspolitik darf nicht dem Kurzschluss verfallen, die Arbeit sei damit getan. Vielmehr kommen ihr neue Aufgaben zu: Vergleicht man Staaten mit einer hohen sozialen Mobilität, so zeigt sich, dass die systematische Etablierung frühkindlicher Bildungsprogramme nie zufällig aus dem System heraus gewachsen ist, sondern immer Ergebnis einer gezielten politischen Umsteuerung mit einer veränderten Bildungsfinanzierung war, die auch mit einer tendenziellen Umverteilung in den Vorschulbereich einherging. Umschichtungen sind gemäss Heckman und Masterov (2007) eine Bedingung für soziale Mobilität. Frühkindliche Bildung als Strategie bedarf somit nicht nur einer politischen Prioritätensetzung, sondern in erster Linie auch einer Vision, welche solche Prioritäten neu definiert.

## 6 Literatur

Ball, S.J. (2008). *The education debate: policy and politics in the 21st Century*. Bristol: Policy Press.

Barnett, S.W. (2008). Preschool education and its lasting effects: Research and policy implications. Download am 11.01.2012 von http://epicpolicy.org/publication/preschool-education

Baumert, J., Stanat, P. & Watermann, R. (2006). *Herkunftsbedingte Disparitäten im Bildungswesen : Differenzielle Bildungsprozesse und Probleme der Verteilungsgerechtigkeit : Vertiefende Analysen im Rahmen von PISA 2000*. Wiesbaden: VS Fachverlag.

Becker, R. (2007). Soziale Ungleichheit von Bildungschancen und Chancengleichheit. In R. Becker & W. Lauterbach ( Hrsg.), *Bildung als Privileg? Erklärungen und Befunde zu den Ursachen der Bildungsungleichheit* (S. 161–194). Wiesbaden: VS Verlag für Sozialwissenschaften.

Becker, R. & Lauterbach, W. (Hrsg.) (2007). *Bildung als Privileg. Erklärungen und Befunde zu den Ursachen der Bildungsungleichheit* (4. und erweiterte Auflage). Wiesbaden: VS Verlag für Sozialwissenschaften.

Berger, P.A. & Kahlert, H. (Hrsg.) (2005). *Institutionalisierte Ungleichheiten. Wie das Bildungswesen Chancen blockiert.* Weinheim, München: Juventa.

Betz, T. (2008). Ungleiche Kindheiten. Theoretische und empirische Analysen zur Sozialberichterstattung über Kinder. Reihe: Kindheiten – Neue Folge. Weinheim: Juventa.

Betz, T. (2010). Kompensation ungleicher Startchancen. Erwartungen an institutionalisierte Bildung, Betreuung und Erziehung für Kinder im Vorschulalter. In P. Cloos & B. Karner (Hrsg.), *Erziehung und Bildung von Kindern als gemeinsames Projekt* (S. 113–136). Hohengehren: Schneider.

Biedinger, N. (2010). Early ethnic inequality: The influence of social background and parental involvement on preschool children's cognitive ability in Germany. *Child Indicators Research*, 3, 11–28.

Blossfeld, H.-P. & Shavit, Y. (1993). Dauerhafte Ungleichheiten. Zur Veränderung des Einflusses der sozialen Herkunft auf die Bildungschancen in dreizehn industrialisierten Ländern. *Zeitschrift für Pädagogik 39*, 25–52.

Bos, W., Hornberg, S., Arnold, K.-H., Faust, G., Fried, L., Lankes, E.-M., Schwippert, K. & Valtin, R. (Hrsg.) (2007). *IGLU 2006: Lesekompetenzen von Grundschulkindern in Deutschland im internationalen Vergleich.* Münster: Waxmann.

Böttcher, W. (2005). Soziale Benachteiligung im Bildungswesen. Die Reduktion von Ungleichheit als pädagogischer Auftrag. In M. Opielka (Hrsg.), *Bildungsreform als Sozialreform. Zum Zusammenhang von Bildungs- und Sozialpolitik* (S. 61–76). Wiesbaden: VS Fachverlag für Sozialwissenschaften.

Boudon, R. (1974). *Education, Opportunity, and Social Inequality.* New York: Wiley.

Bourdieu, P. & Passeron, J.-C. (1971). *Die Illusion der Chancengleichheit. Untersuchungen zur Soziologie des Bildungswesens am Beispiel Frankreichs.* Stuttgart: Klett.

Breen, R. & Jonsson, J.O. (2005). Inequality of opportunity comparative perspective: recent research on educational attainment and social mobility. *Annual Review of Sociology*, 31, 223–243.

Büchner, P. (2003). Bildung und soziale Ungleichheit. *Zeitschrift für Erziehungswissenschaft*, 1, 5–24.

Büchner, P. & Brake, A. (Hrsg.) (2006). Bildungsort Familie. Transmission von Bildung und Kultur im Alltag von Mehrgenerationenfamilien. Wiesbaden: VS-Verlag.

Büchner, C. & Spiess, C.K. (2007). Die Dauer vorschulischer Betreuungs- und Bildungserfahrungen: Ergebnisse auf der Basis von Paneldaten, Discussion Papers of DIW Berlin 687, DIW Berlin, German Institute for Economic Research.

Bühler-Niederberger, D. (2011). *Lebensphase Kindheit. Theoretische Ansätze, Akteure und Handlungsräume.* Weinheim: Juventa.

Burger, K. (2010). How does early childhood care and education affect cognitive development? An international review of the effects of early interventions for children from different social backgrounds. *Early Childhood Research Quarterly 25*(2), 140–165.

Butterwegge, C. (2009). *Armut in einem reichen Land. Wie das Problem verharmlost und verdrängt wird.* Frankfurt: Campus Verlag.

Coleman, J.S. et al. (1966). Equality and educational opportunity. Washington D.C.: United States Department of Health, Education, and Welfare. Office of Education.

Dirim, I. & Mecheril, P. (2009). *Migration und Bildung.* Münster: Waxmann.

Ecarius, J. (Hrsg.) (2007). Handbuch Familie. Wiesbaden: VS Verlag für Sozialwissenschaften.

Erikson, R. & Jonsson, J.O. (1996). Explaining Class Inequality in Education: The swedish test case. In R. Erikson & J.O. Jonsson (Eds.), Can education be equalized? (pp. 1–63). The swedish case in comparative perspective. Boulder: Westview Press.

Exeler, J. & Wild, E. (2003). Die Rolle des Elternhauses für die Förderung selbstbestimmten Lernens. *Unterrichtswissenschaft*, 1, 6–22.

Fend, H., Berger, F. & Grob, U. (Hrsg.) (2009). *Lebensverläufe, Lebensbewältigung, Lebensglück. Ergebnisse der LifE-Studie*. Wiesbaden: VS Verlag für Sozialwissenschaften.

Fritschi, T., Strub, S. & Stutz, H. (2007). *Volkswirtschaftlicher Nutzen von Kindertageseinrichtungen in der Region Bern*. Bern: Büro Bass.

Goldthorpe, J.H. (2007). *On Sociology* (2nd edition). Stanford: Stanford University Press.

Grell, F. (2010). Über die (Un-)Möglichkeit, Früherziehung durch Selbstbildung zu ersetzen. *Zeitschrift für Pädagogik*, 2, 154–167.

Gudjons, H. (2008). *Pädagogisches Grundwissen*. Bad Heilbronn: Klinkhardt.

Haag, L. & Jäger, R.S. (Hrsg.) (2011). Nachhilfe – empirische Befunde, Desiderata und Entwicklungen. *Empirische Pädagogik 2011 25*(3).

Heckhausen, H. (1969). Förderung der Lernmotivation und intellektuellen Tüchtigkeiten. In Deutscher Bildungsrat (Hrsg.), *Gutachten und Studien der Bildungskommission: Begabung und Lernen* (S. 193–228). Stuttgart: Klett.

Heckhausen, H. (1974). *Leistung und Chancengleichheit*. Göttingen: Hogrefe.

Heckman, J.J. & Masterov, D.V. (2007). *The productivity argument for investing in young children, NBER Working Papers 13016*, Cambridge: National Bureau of Economic Research.

Herrnstein, R. & Murray, C. (1994). *The Bell Curve – intelligence and class structure in America*. New Yoerk: Freepress.

Kristen, C. & Granato, N. (2005). Bildungsinvestitionen in Migrantenfamilien. In: Bundesministerium für Bildung und Forschung (Hrsg.), *Arbeitsstelle Interkulturelle Konflikte und Gesellschaftliche Integration* (S. 25–42). Berlin, Bonn: (Bearb.), Migrationshintergrund von Kindern und Jugendlichen. Wege zur Weiterentwicklung der amtlichen Statistik, (Bildungsreform, 14).

Konsortium Bildungsberichterstattung (2006). Download am 16.02.2012 von http://www.bildungsbericht.de/daten/gesamtbericht.pdf .

Kurz, K., von Maurice, J., Dubowy, M., Ebert, S. & Weinert, S. (2007). Kompetenzentwicklung und Bildungsentscheidungen im Vor- und Grundschulalter. In K.-S. Rehberg (Hrsg.), *Die Natur der Gesellschaft. Verhandlungen des 33. Kongresses der Deutschen Gesellschaft für Soziologie in Kassel 2006* (S. 310–322). Frankfurt am Main: Campus.

Lareau, A. (2003). *Unequal childhoods*. Berkeley: University of California Press.

Lehmann, R.H., Peek, R., Gänsfuss, R. & Husfeldt, V. (2002). Aspekte der Lernausgangslage und der Lernentwicklung – Klassenstufe 9. Ergebnisse einer Längsschnittuntersuchung in Hamburg. Hamburg: Behörde für Bildung und Sport.

Maaz, K., Baumert, J. & Trautwein, U. (2010). Genese sozialer Ungleichheit im institutionellen Kontext der Schule: Wo entsteht und vergrößert sich soziale Ungleichheit? In J. Baumert, K. Maaz & U. Trautwein (Hrsg.), *Bildungsentscheidungen. Sonderheft 12-2009 der Zeitschrift für Erziehungswissenschaft* (S. 11–46). Wiesbaden: VS Verlag für Sozialwissenschaften.

Martschinke, S. & Kammermeyer, G. (2003). Jedes Kind ist anders. Jede Klasse ist anders. *Zeitschrift für Erziehungswissenschaft 6*(2), 257–275.

Mecheril, P. & Dirim, I. (Hrsg.) (2009). *Migration und Bildung – Soziologische und erziehungswissenschaftliche Schlaglichter*. Münster: Waxmann.

Moser, U., Stamm, M. & Hollenweger, J. (2005). *Für die Schule bereit? Lesen, Wortschatz, Mathematik und soziale Kompetenzen beim Schuleintritt*. Aarau: Sauerländer.

Moser, U. & Bayer, N. (2010). EDK-Ost 4-8. Schlussbericht der summativen Evaluation. Schulverlag plus AG.

Müller, W. & Pollak, R. (2007). Weshalb gibt es so wenige Arbeiterkinder in Deutschlands Universitäten?" In R. Becker, W. Lauterbach (Hrsg.), *Bildung als Privileg? Erklärungen und Befunde zu den Ursachen der Bildungsungleichheit* (S. 311–352). Wiesbaden: VS Verlag für Sozialwissenschaften.

Nollmann, G. (2003). Warum fällt der Apfel nicht weit vom Stamm? Die Messung subjektiver intergenerationaler Mobilität. *Zeitschrift für Soziologie, 2,* 132–138.

Pfeiffer, F. (2010). Entwicklung und Ungleichheit von Fähigkeiten: Anmerkungen aus ökonomischer Sicht. In H. Krüger et al. (Hrsg.), *Bildungsungleichheit revisited. Bildung und soziale Ungleichheit vom Kindergarten bis zur Hochschule* (S. 25–44). Wiesbaden: VS Fachverlag für Sozialwissenschaften.

Pollak, R. (2009). *Chancengleichheit durch Bildung? Eine ländervergleichende Studie zum Einfluss der Bildung auf soziale Mobilität im Europa des 20. Jahrhunderts.* Dissertation: Universität Mannheim.

Prenzel, M., Baumert, J., Blum, W., Lehmann, R., Leutner, D., Neubrand, M. et al. (2004). *PISA 2003: Der Bildungsstand der Jugendlichen in Deutschland – Ergebnisse des zweiten internationalen Vergleiches.* Münster: Waxmann.

Rabe-Kleberg, U. (2010). Bildungsarmut von Anfang an? Über den Beitrag des Kindrgartens im Prozess der Reproduktion sozialer Ungleichheit. In H. Krüger et al. (Hrsg.), *Bildungsungleichheit revisited. Bildung und soziale Ungleichheit vom Kindergarten bis zur Hochschule* (S. 45–56). Wiesbaden: VS Fachverlag für Sozialwissenschaften.

Rosken, A. (2009). *Diversity und Profession. Eine biographisch-narrative Untersuchung im Kontext der Bildungssoziologie.* Wiesbaden: VS Verlag für Sozialwissenschaften.

Rudolph, M. (2002). *Nachhilfe – gekaufte Bildung? Empirische Untersuchung zur Kritik der ausserschulischen Lernbegleitung.* Bad Heilbrunn: Klinkhardt.

Sarrazin, T. (2010). *Deutschland schafft sich ab.* München: Deutsche Verlagsanstalt.

Schmidt-Bernhardt, A. (2008). *Jugendliche Spätaussiedlerinnen: Bildungserfolg im Verborgenen.* Marburg: Tectum.

Selter, C. (1995). Zur Fiktivität der ‚Stunde Null' im arithmetischen Anfangsunterricht. *Mathematische Unterrichtspraxis 16*(2), 11–19.

Solga, H. & Wagner, S. (2008). Die Zurückgelassenen – Die soziale Verarmung der Lernumwelt von Hauptschülern und Hauptschülerinnen. In R. Becker & W. Lauterbach (Hrsg.), *Bildung als Privileg? Ursachen von Bildungsungleichheit aus soziologischer Sicht* (S. 189–217) (3. Auflage). Wiesbaden: VS Verlag für Sozialwissenschaften.

Stamm, M. (2004). *Lernen und Leisten in der Vorschule. Bericht zur gleichnamigen Studie.* Aarau: Institut für Bildungs- und Forschungsfragen im Schulbereich.

Stamm, M. (2005). *Zwischen Exzellenz und Versagen. Schullaufbahnen von Frühlesern und Frührechnerinnen.* Zürich, Chur: Rüegger.

Stamm, M. (2011). Genutzte Potenziale. Leistungsstarke Migranten in der Berufsbildung. *Die berufsbildende Schule 63*(10), 289–294.

Trautwein, U., Köller, O. & Baumert, J. (2001). Lieber oft als viel: Hausaufgaben und die Entwicklung von Leistung und Interesse im Mathematik-Unterricht der 7. Jahrgangsstufe. *Zeitschrift für Pädagogik 47,* 703–724.

Uhlig, J., Solga, H. & Schupp, J. (2009). *Ungleiche Bildungschancen: Welche Rolle spielen Underachievement und Persönlichkeitsstruktur?* Berlin: Deutsches Institut für Wirtschaftsforschung.

Van der Werfhorst, H.G. & Hofstede, S. (2007). Cultural capital or relative risk aversion? Two mechanisms for education inequality compared. *The British Journal of Sociology 58*(3), 391–415.

# Frühes Lesen und Rechnen und ihre Auswirkungen auf die spätere Schullaufbahn: Zur Genese sozialer Ungleichheit im Kontext des Bildungssystems

Melanie Stutz

## 1     Einleitung

Obwohl bereits in den 60er-Jahren des letzten Jahrhunderts Bildungsungleichheit zu einem der großen Themen avanciert ist, hat es fast 55 Jahre später keineswegs an Brisanz verloren. Freilich der Diskurs in Wissenschaft und Politik hat sich verändert, auch wenn der äußerst unscharfe und mehrdeutige Begriff „Chancengleichheit" nicht aus dem Sprachrepertoire verschwunden ist. Ging es damals – zumindest in Deutschland – vorgängig um die Befürchtung einer Bildungskatastrophe aufgrund zu geringer Abschlussquoten am Gymnasium (Wenzel, 2010, S. 58), wird aktuell debattiert *wo* soziale Ungleichheiten im Bildungssystem entstehen (vgl. Maaz, Baumert & Trautwein, 2009), aber auch *wie* sich diese im und durch das Bildungssystem (re-)produzieren (vgl. Helsper, Kramer, Brademann & Ziems, 2007). Wissenschaftlich und politisch unbestritten ist die soziale Tatsache, dass sich der Zusammenhang zwischen sozialer Herkunft und verschiedenen Bildungsoutcomes wie Schulabschlüssen (vgl. stellvertretend Becker & Lauterbach, 2008; Ditton & Krüsken, 2006) und Schulnoten (vgl. stellvertretend Arnold, Bos, Richert & Stube, 2007; OECD, 2010) trotz Bildungsreformbemühungen in allen deutschsprachigen Ländern nicht verringert hat. Auch für die Schweiz ist dieser Zusammenhang gut belegt (vgl. Bertschy, Böni & Meyer, 2007; Stamm & Stutz, 2009). Demgegenüber wird heftig debattiert, wie diesem Phänomen begegnet werden soll. Unter dem Postulat der „Chancengleicht" werden je nach wissenschaftlicher und politischer Couleur höchst unterschiedliche Forderungen gestellt, wenngleich – wie Wenzel (2010, S. 57) konstatiert – in modernen Gesellschaften ein Konsens besteht hinsichtlich der Forderung „Gleiches gleich zu behandeln". Und obwohl dieses Postulat in Deutschland im Grundgesetz festgehalten ist, lässt sich nicht leugnen, dass kaum Einigkeit über dessen Bedeutung und Implikationen besteht. Was ist mit „Gleichheit" gemeint? „Gleichheit" hinsichtlich welcher Aspekte und Merkmale? Wie wird „Gleichheit" bzw. „Ungleichheit" in sozialen Praktiken des Alltagshandelns hergestellt und wie manifestiert sie sich in strukturellen Gegebenheiten, in diesem Fall im Bildungssystem? Wie soll diesen Praktiken der Herstellung von „Ungleichheit" und den strukturellen Gegebenheiten, welche „Ungleichheiten" begünstigen, begegnet werden? Die einen fordern mehr Durchlässigkeit im Bildungssystem resp. weniger Homogenitätsanstrengungen des Schulsystems (Bellenberg, 2005, S. 13). Andere wünschen sich, obwohl eine bereits vor langer Zeit geäußerte Forderung, dass der „Heterogenität" in Schulklassen mehr Aufmerksamkeit geschenkt wird (Böhme & Herrmann, 2011, S. 119f; Stamm, 2005, S. 18) und diese Erkenntnis in die Lehrerbildung wie auch in die Politik einfließt. Wieder andere verweisen auf die „Heterogenität *zwischen* den Schulklassen, Schulen und Bildungsgängen" (vgl. Baumert, Trautwein & Arlet, 2003). Damit verknüpft ist die Hoffnung auf eine Debatte über die Privatisierung von Schulen und über die Problematik der Segregation von Milieus in Städten oder über regionale Differenzen in Bildungsangeboten. Schließlich fordern weitere mehr und bessere frühkindliche Bildung und Förderung (Rabe-Kleberg, 2010, S. 45). Ob und inwiefern diese Maßnahmen zum Ausgleich der Bildungsungleichheit beitragen, ist je nach Thema und Feld unterschiedlich stark erforscht und entsprechend stärker oder weniger stark umstritten. Insbesondere die Frage nach der kompensatorischen Wirkung des Ausbaus frühkindlicher Bildungsangebote bleibt fast gänzlich unbeantwortet, obwohl diesbezüglich einige empirische Befunde vorliegen. Als mehr oder weniger gesichert kann die Annahme gelten, dass Kinder, welche frühkindliche Bildungsprogramme besuchen im Vergleich zu ihren Peers, die sie nicht besuchen, tendenziell bessere Schulleistungen zeigen und später in ihrer Schullaufbahn weniger von Maßnahmen wie Klassenwiederholung betroffen sind, welche wiederum einen zentralen Prädiktor für Schulabbruch darstellen (Stamm, 2008, S. 598). Der Zusammenhang zwischen sozialer Herkunft und dem Besuch dieser Bildungsprogramme wird allerdings nur in wenig Studien systematisch analysiert (Stamm & Viehhauser, 2009, S. 6f) und daher kann kaum von empirisch gesichertem Wissen ausgegangen werden, das diesen theoretisch postulierten Zusammenhang untermauern würde. Unter diesem Gesichtspunkt erscheint die aktuelle wissenschaftliche und politische Debatte in Bezug auf frühkindliche Bildung resp. Frühförderung und deren kompensatorische Wirkung spekulativ.

Der vorliegende Beitrag versucht sich daher der Frage nach der (ausgleichenden) Wirkung von frühkindlicher Bildung und Förderung anzunähern, indem untersucht wird, inwiefern Vorläuferfertigkeiten in Lesen und Rechnen sich auf die spätere Schullaufbahn auswirken und ob sie den Zusammenhang zwischen sozialer Herkunft und verschiedener Bildungsoutcomes moderieren. Zuerst werden die zentralen Konzepte erörtert und in den aktuellen theoretischen Diskurs zur (Re-)Produktion sozialer Ungleichheit in und durch das Bildungssystem eingebettet. Anschließend stellen wir die vorliegende Studie vor und präsentieren die Ergebnisse, die wir als dann an den theoretischen Diskurs wie auch den aktuellen Forschungsstand rückbinden werden.

## 2 Theorie- und Forschungsstand

### 2.1 Vorläuferfertigkeiten und deren Auswirkungen auf die spätere Schullaufbahn

Wenn im Folgenden von „Vorläuferfertigkeiten" gesprochen wird, sind damit Fertigkeiten[1] gemeint, die Kinder bereits im Vorschulalter erwerben. Sie gestalten sich mannigfaltig und sind je nach Kind unterschiedlich ausgeprägt. Zweifelsohne hat jedes Kind Vorläuferfertigkeiten im Vorschulalter erworben. Ob sie allerdings im schulischen Kontext von Bedeutung sind, definieren Politik, Bildungswissenschaften (Soziologie, Psychologie und Pädagogik), die Institution Schule und die in ihr tätigen Akteure (z.B. Lehrpersonen, Schulpsychologen, Schülerinnen und Schüler) in einem stetigen Aushandlungsprozess mit. Daher widmet sich dieser Beitrag zwei Vorläuferfertigkeiten, die in diesem spezifischen Kontext als sehr wichtig erachtet werden nämlich dem Lesen und Rechnen. Sie sind so bedeutend, dass sie gemeinhin zu den „grundlegenden Kulturtechniken" gezählt werden. Ohne Zweifel sind sie für den Zugang und Erwerb weiteren Wissens, für die Schullaufbahn und das weitere Leben fundamental. Jedoch wird durch diesen Zuschreibungsprozess unterschiedliches Handlungs- resp. Vorwissen der Kinder bereits zu Schulbeginn gewertet und daher hierarchisiert (Grundmann, Bittlingmayer, Dravenau & Groh-Samberg, 2007, S. 56).

Die Forschung zu den beiden Vorläuferfertigkeiten in Lesen und Rechnen setzte im deutschen Sprachraum bereits Ende der 70er-Jahre ein und erlebte in den 90ern ihren ersten Höhepunkt und mit dem Beginn der Debatte um frühkindliche Bildung und Förderung in den letzten Jahren einen zweiten. Im englischen Sprachraum gewann dieser

---

1 Der Begriff „Fertigkeit" wird im Bereich frühkindlicher Bildung keineswegs einheitlich verwendet – weder in theoretischen noch empirischen Debatten. In diesem Beitrag soll er von den Begriffen „(kognitiven) Fähigkeiten" und „Kompetenzen" abgegrenzt werden. Sowohl „(kognitive) Fähigkeiten" als auch „Kompetenzen" sind Voraussetzungen um Fertigkeiten zu erlangen. Im hier gemeinten Sinne bezeichnen beide Konzepte Dispositionen, die sich früh im Austausch mit dem sozialen Umfeld entwickeln. Allerdings setzen biologische Faktoren den individuellen Entwicklungsmöglichkeiten Grenzen, determinieren diese aber nicht.

Das Konzept der „(kognitiven) Fähigkeiten" weist eine hohe Deckungsgleichheit mit demjenigen der „fluiden Intelligenz" auf und grenzt sich von „Kompetenzen" insofern ab, als dass volitionale und motivationale Aspekte nicht mitgemeint sind. Demgegenüber manifestieren sich Fertigkeiten durch Lern- und Bildungsprozesse und zeigen sich in Form von Wissen und Können. Fertigkeiten werden in dieser Studie zur kristallinen Intelligenz gezählt.

Forschungszweig in der Folge des Sputnik-Shocks einige Jahre früher an Bedeutung und auch vorschulische Bildungsprogramme wurden bereits in den 70ern etabliert. Dennoch existieren insgesamt relativ wenige Studien, die *prospektiv* Ausbildungsverläufe von Kindern mit Vorläuferfertigkeiten in Lesen und/oder Rechnen verfolgen. Insbesondere Langzeitstudien zum Erwerb von Vorläuferfertigkeiten und die Leistungsentwicklung bis ins Erwachsenenalter sind – abgesehen von der Studie von Stanley, Keating & Fox (1974), welche die Bildungs- und Berufslaufbahn „frührechnender" Jugendlichen verfolgt – nicht vorhanden. In den letzten Jahren allerdings wurden insbesondere im englischen Sprachraum eine Reihe an Studien publiziert, die sich spezifisch dem Erwerb von sprachlichen und numerischen Vorläuferfertigkeiten und dem Leistungsverlauf in Sprache und Mathematik über die ersten vier Schuljahre hinweg widmen (vgl. beispielsweise Hayiou-Thomas, Harlaar, Dale & Plomin, 2010; Reiss, Aiso & Pekrun, 2007). Im Rahmen dieser Forschung hat sich gerade in der Psychologie und Psycho-Linguistik das Konzept der „sprachlichen Vorläuferfertigkeiten" weiter ausdifferenziert, zeigt sich doch eine enorme Vielfältigkeit der neu entwickelten Tests. Grundsätzlich finden sich je nach verwendetem Test geringe bis moderate Zusammenhänge zwischen sprachlichen Vorläuferfertigkeiten und späteren Lesefähigkeiten (Hayiou-Thomas et al., 2010, S. 328f; Mc Cormick & Haack, 2010, S. 34f). Auch für mathematische Vorläuferfertigkeiten zeigen Studien, dass diese sehr wohl bedeutend sind für Schulleistungen in Mathematik in den ersten Schuljahren (vgl. Forschungsübersicht bei Reiss et al., 2007) resp. dass Kinder im Vorschulalter mit schwächer ausgeprägten numerischen Fertigkeiten ein höheres Risiko aufweisen später „Rechenstörungen oder Lese-Rechtschreibstörungen" zu entwickeln (Aster, Schweiter & Weinhold Zulauf, 2007, S. 92). Wenn gleich die Konzepte von Vorläuferfertigkeiten in allen diesen Studien höchst heterogen konzipiert sind, zeigt sich recht einheitlich, dass diese für den weiteren schulischen Verlauf und die Noten bedeutend sind. Neben den Vorläuferfertigkeiten ist im Grundschulbereich außerdem der IQ einer der wichtigsten Prädiktoren der Schulleistung (vgl. La Paro & Pianta, 2000). Im Verlauf der Schulkarriere scheinen allerdings – wie Schul-, Hochbegabungs- und Expertisenforschung belegen – motivationale Aspekte sowie die Leistungsorientierung der Peergroup im Vergleich zum IQ an Bedeutung zur Vorhersage von Schulleistungen zu gewinnen (vgl. Fend, 1997; Stamm, Niederhauser & Müller, 2006). Schulleistungen und Noten wiederum sind ein zentrales Selektionskriterium bei der Transition von einer Schulstufe zur anderen und daher bedeutende Marker für den Verlauf von Schulkarrieren.

## 2.2    Soziale Herkunft, Bildungsabschlüsse und Schulnoten auf der Sekundarstufe II

Die Schulforschung – auch ältere Studien und unabhängig vom deutschen Sprachraum oder den angelsächsischen Ländern – verweist im Generellen darauf, dass nicht alle Jugendlichen aufgrund ihres Geschlechts, ihrer Ethnizität und ihrer sozialen Herkunft die gleichen Chancen auf eine gelungene und erfolgreiche Bildungslaufbahn haben (vgl. stellvertretend Becker & Lauterbauch, 2008; Bernath, Wirthensohn & Löhrer, 1989). Soziale Unterschiede werden also im Laufe der obligatorischen Schule mehrheitlich nicht kompensiert. Diese „Nicht-Kompensation" wird aus Sicht des genetischen Strukturalismus (vgl. Bourdieu 1966; 1970) aber auch aus der Perspektive der Rational Choice Theorie (vgl. Becker & Lauterbach, 2008; Boudon, 1974) als Reproduktion der sozialen Ungleichheit von einer Generation auf die andere interpretiert. Konzeptionell unterscheiden sich diese beiden Ansätze dennoch erheblich. Bourdieu und Passeron (1971) führen die Reproduktion der sozialen Ungleichheit im Bildungssystem einerseits auf inhärente Strukturen der Institution Schule und andererseits auf die Akteure (Lehrpersonen sowie Schülerinnen und Schüler) selbst zurück, insbesondere auf ihren strukturell bedingten Habitus. Da der Habitus eine im Sozialisationsprozess erworbene und sozial-strukturell determinierte Disposition darstellt, die handlungswirksam ist, überträgt sich dieser von einer Generation auf die andere, ohne dass er von den Subjekten zwingend reflektiert wird (vgl. Bourdieu, 1970). Demgegenüber liegt bei der Rational Choice Theorie der Fokus der Analyse auf Einstellungen und Entscheidungsprozessen, die sozial-strukturell mitbedingt sind und daher zwischen den sozialen Schichten variieren. Vertreterinnen und Vertreter dieses Ansatzes unterscheiden zwischen primären und sekundären Effekten der sozialen Herkunft, die sich auf Disparitäten im Bildungssystem auswirken (vgl. Ditton & Krüsken, 2006). Kinder aus höheren sozialen Schichten haben – gemäß diesem Ansatz – günstigere Voraussetzungen (z.B. leichterer Zugang zu kulturellen Gütern) in der Schule erfolgreich zu sein und bessere Noten zu erzielen, da sie eine bessere Ausstattung und gezieltere Förderung im Elternhaus erhalten. Da die erzielten Schulnoten wiederum ein zentrales Selektionskriterium bei der Transition von einer Schulstufe in die andere darstellen, macht sich auf diese Art und Weise die soziale Herkunft bemerkbar (primäre Effekte der sozialen Herkunft). Ferner manifestiert sich die soziale Herkunft in sekundären Effekten und zwar in Form der Eltern und ihrer Entscheidungsmacht insbesondere bei Transitionen im Schulsystem. Denn sie bestimmen je nach sozialer Schicht basierend auf variierenden Kosten-Nutzenabwägungen maßgeblich mit, welche Schule und – insbesondere bei Grenzfällen – welches Niveau der Sekundarstufe I ihr Kind besuchen wird (vgl. Ditton & Krüsken, 2006). Dass aber auch die Schülerinnen und Schüler selbst an den Entscheidungen beteiligt sind und je älter sie werden, um so mehr Entscheidungsmacht übernehmen, wird in diesem Ansatz nicht mit berücksichtigt (vgl. Böhme, 2000; Helsper et al., 2007). Unabhängig des theoretischen Zugangs belegen Schul-, Lebenslauf- und Biographieforschung einheitlich den Zusammenhang zwischen sozialer Herkunft und verschiedenen Bildungsoutcomes wie Schulnoten auf der Grundschul- als auch Sekundarstufe I, Bildungsentscheidungen sowie Bildungsabschlüssen. Auch untermauern verschiedene Studien, dass die Durchlässigkeit der deutschsprachigen Bildungssysteme nur bedingt gegeben ist und vor allem Abwärtsbewegungen innerhalb einer Schulstufe zu verzeichnen sind (z.B. Bellenberg, 2005, S. 7f). Dies bedeutet, einmal eingeschlagene Schulkarrieren können nur unter höchster individueller Anstrengung nach „oben" korrigiert werden. An dieser Stelle soll der Forschungsstand zum Zusammenhang von sozialer Herkunft und verschiedenen Bildungsoutcomes jedoch nicht nochmals grundlegend aufgearbeitet werden, da dies bereits mehrfach geleistet wurde (dazu vgl. Helsper, 2008; Maaz et al., 2009).

Anzumerken bleibt, dass unseres Wissens kaum Studien vorhanden sind, die systematisch die Moderation dieses Zusammenhangs durch früh erworbene Vorläuferfertigkeiten untersuchen. Eine Studie aus der Schweiz, die Interaktionseffekte zwischen SES und den Vorläuferfertigkeiten in Lesen und Rechnen auf die Schulleistungen in der Grundschule analysiert hat, konnte diesen Zusammenhang nicht nachweisen (Gut & Grob, 2012, S. 218).

## 3      Die aktuelle Studie: Ziele und Hypothesen

Obwohl die Auswirkungen von Vorläuferfertigkeiten in Lesen und Rechnen auf die frühe Schullaufbahn einerseits wie auch der Zusammenhang zwischen sozialer Herkunft und Bildungsoutcomes wie Bildungsabschluss auf der Sekundarstufe II und Schulleistung andererseits sehr gut untersucht sind, besteht wenig empirisch gesichertes Wissen über Vorläuferfertigkeiten in Lesen und Rechnen und deren Langzeitwirkungen auf Schullaufbahnen sowie deren Auswirkung auf den Zusammenhang zwischen sozialer Herkunft und Bildungsoutcomes. Somit bleibt die Frage nach kompensatorischen Effekten dieser Vorläuferfertigkeiten unbeantwortet. Ziel unserer Studie ist es daher, diese Forschungslücke mit ersten Erkenntnissen zu füllen. Stärken der Untersuchung sind das prospektive Design und die Vollständigkeit der Daten von 229 Personen über einen Zeitraum von 13 Jahren. Außerdem setzt die Studie mit der Analyse im vorschulischen Bereich ein und ist daher eine der wenigen, die bereits Aussagen über Langzeitwirkungen dieser beiden Vorläuferfertigkeiten machen kann.

Gemäss Bourdieu (1966) und Boudon (1974) haben Kinder aus höheren sozialen Schichten, den Vorteil bereits früh gefördert zu werden und besseren Zugang zu kulturellen Gütern zu haben. Daher postulieren wir, dass bereits bei Schuleintritt je nach sozialer Herkunft der Eltern unterschiedliches Vorwissen in Form von Vorläuferfertigkeiten unter den Kindern vorhanden ist (H1). Ferner erwarten wir aufgrund der eindeutigen Forschungslage zum Zusammenhang zwischen sozialer Herkunft und verschiedenen Bildungsoutcomes und basierend auf den vorgängige theoretischen Überlegungen, dass ein positiver Zusammenhang zwischen sozialer Herkunft und dem Besuch eines bestimmten Bildungsgang auf der Sekundarstufe I besteht (H2a), sich diese sozialen Disparitäten auch auf der Sekundarstufe II fortsetzen und sie sich in den erzielten Bildungsabschlüssen manifestieren (H3a) so wie sich in besseren Abschlussnoten nieder schlagen (H4a).

Aufgrund der empirischen Befunde aus der englischsprachigen (Psycho-)Linguistik kann erwartet werden, dass sich vorhandene Vorläuferfertigkeiten in der Grundschulzeit in differenziellen Schulleistungsentwicklungen manifestieren und Kinder, die solche in Rechnen und Lesen erworben haben bessere Schulnoten erzielen. Da letztere wiederum ein zentrales Selektionskriterium beim Übergang von der Grund- in die Sekundarschule darstellen, postulieren wir, dass Kinder mit Vorläuferfertigkeiten in Lesen und/oder

Rechnen häufiger in höheren Bildungsgängen der Sekundarstufe I anzutreffen sind als Kinder ohne diese Vorläuferfertigkeiten (H2b). Außerdem erwarten wir, dass sie aufgrund der geringen Undurchlässigkeit des Bildungssystems ihren Wissensvorsprung unabhängig der elterlichen Bildung auf der Sekundarstufe II in höhere Bildungsabschlüsse ummünzen können (H3b). In Bezug auf Abschlussnoten auf der Sekundarstufe II ist aufgrund der Erkenntnisse der Schul- und Expertiseforschung, wonach motivationale Aspekte und Leistungsorientierungen der Peers mit höherer Schulstufe an zunehmender Bedeutung gewinnen, eine Angleichung der Noten zu erwarten. Dies bedeutet, dass zwischen den Vorläuferfertigkeiten und den Abschlussnoten auf der Sekundstufe II kein Zusammenhang erwartet wird (H4b).

Nicht nur Haupteffekte der Vorläuferfertigkeiten auf Bildungsoutcomes würden auf eine kompensatorische Wirkung verweisen, sondern auch negative Interaktionseffekte in Bezug auf den Bildungsabschluss auf der Sekundarstufe II und die Abschlussnoten. Da wir keine empirischen Belege für diese oder die Gegenthese gefunden haben, folgen wir der theoretischen Argumentation Bourdieus und Beckers und postulieren für unsere Studie einen solchen Interaktionseffekt und zwar in der Richtung, dass Vorläuferfertigkeiten diesen Zusammenhang langfristig nicht zu nivellieren vermögen und sie den Zusammenhang zwischen sozialer Herkunft und Bildungsoutcomes sogar verstärken. Dies bedeutet, dass wir positive Korrelationen des Interaktionsterms mit den Bildungsoutcomes erwarten also eine Verstärkung der sozialen Disparitäten antizipieren (H5). Folglich gehen wir davon aus, dass Kinder mit Vorläuferfertigkeiten in Lesen und/oder Rechnen, deren Eltern einen tieferen Bildungsabschluss vorzuweisen haben eine größere Chance haben zu einem höheren Bildungsabschluss zu gelangen als Kinder ohne Vorläuferfertigkeiten, sich dennoch soziale Disparitäten innerhalb der Untersuchungsgruppe auf einem höheren Niveau reproduzieren.

## 4      Methode

Die Analysen basieren auf dem Datensatz der abgeschlossenen Langzeitstudie „Die Wirkung von vorschulischen Kompetenzen auf die Berufsausbildung" (Stamm & Stutz, 2009). In die Berechnungen sind die Daten des Screenings (T0, 1995), des ersten (T1, 1996), des zweiten (T2, 1998) des dritten (T3, 2000), des vierten (T4, 2003) und des letzten Messzeitpunkts (T6, 2008) eingegangen.

Die Studienteilnehmerinnen und -teilnehmer wurden über ein Screening rekrutiert. 2.711 Schülerinnen und Schüler aus den Kantonen Aargau, Appenzell AR, Basel-Landschaft, Glarus, Graubünden, Schwyz, St. Gallen und Wallis (deutschsprachiger Teil) und dem Fürstentum Liechtenstein wurden 1995 bei Schuleintritt auf ihre Fertigkeiten in Lesen und Rechnen geprüft. Es ergab sich eine Frühleserquote von 3,8 %, eine Frührechnerquote von 3,5 % und eine Quote von 3,8 % für Kinder, die Vorläuferfertigkeiten in Lesen *und* Rechnen aufwiesen. Schließlich wurden 205 Kinder mit Jahrgang 1988, welche im Lesen und Rechnen Vorläuferfertigkeiten erlangt hatten, in die Untersuchungsgruppe aufgenommen. Jedem dieser Kinder wurde ein Vergleichsgruppenkind aus derselben Klasse und gleichen Geschlechts gegenübergestellt, das jedoch über keine entsprechenden Vorläuferfertigkeiten verfügte.

## 4.1    Studienteilnehmerinnen und -teilnehmer

Zu Beginn der Studie (1995) setzte sich die Stichprobe aus $N = 410$ Erstklässlerinnen und -klässlern zusammen. Davon gehörten 205 der Untersuchungs- (UG) und 205 der Vergleichsgruppe (VG) an. Schließlich partizipierten 2008 noch 139 junge Frauen und Männer aus der UG (Ausfallrate 32,2 %) und 90 aus der VG (Ausfallrate 56,1 %). Somit beziehen wir uns in der aktuellen Studie auf ein Sample von $N = 229$. Davon sind 18,4 % Frühleserinnen und Frühleser (FL), 18,4 % Frührechnerinnen und Frührechner (FR) und 23,7 % Frühleser *und* Frührechnerinnen (FLR). Die Mehrheit besitzt einen Schweizerpass (91,2 %) und das Durchschnittsalter im Jahr 2008 (T6) beträgt 20.01 Jahre ($SD = .32$). Mit einem Anteil an 51,1 % sind die jungen Frauen gegenüber den jungen Männern (48,9 %) leicht in der Überzahl, wobei innerhalb der UG die Anteile je nach Subgruppe proportional sehr stark variieren. In der Gruppe der FL sind 61,9 % Frauen und 38,1 % Männer vertreten. Bei den FR beträgt der Männeranteil 73,8 % und bei den FLR sind beide Geschlechter mit 51,9 % bzw. 48,1 % ziemlich gleichmäßig vertreten. In der Vergleichsgruppe ist der Frauenanteil mit 60,0 % höher als derjenige der Männer. Im Vergleich zu den Daten des statistischen Bundesamtes sind Personen mit Schweizerstaatsbürgerschaft stark übervertreten (vgl. BfS, 2012). Außerdem können die Daten aufgrund des Studiendesigns nur auf die durch die untersuchte Kohorte repräsentierte Grundgesamtheit der UG und die deutschsprachige Schweiz übertragen werden, nicht aber auf Kinder ohne Vorläuferfertigkeiten, da aufgrund der Auswahlkriterien „gleiche Schulklasse und gleiches Geschlecht wie ein Kind der UG" zu erwarten ist, dass gewisse andere Merkmale der VG verzerrt abgebildet sind.

## 4.2    Indikatoren

Die Daten basieren auf Informationen, die sowohl über die Befragung der Eltern als auch der Kinder mittels mündlicher und schriftlich standardisierten Fragen gewonnen wurden. In die Analysen haben wir die Indikatoren elterliche Bildung (T1), frühe Vorläuferfertigkeiten (T0), Niveau auf der Sekundarstufe I (T6), erreichter Bildungsabschluss auf Sekundarstufe II (T6) und Abschlussnoten auf der Sekundarstufe II (T6) einbezogen.

*Elterliche Bildung.* In der sozialwissenschaftlichen Forschung wird die soziale Herkunft über den sozioökonomischen Status – auch „SES" (socio-economic Status) genannt – erhoben. Dieses komplexe Konstrukt setzt sich klassischer Weise aus den Indikatoren Einkommen, Bildungsabschluss und berufliche Position und/oder Berufsstatus zusammen. Aufgrund der hohen Ausfallrate und der geringen Validität des Einkommens der

Eltern verzichteten wir jedoch auf die Bildung eines SES-Index und haben in dieser Studie die elterliche Bildung als Indikator für die soziale Herkunft verwendet. Die elterliche Bildung wurde zu Beginn der Studie, 1996 (T1) durch die direkte Befragung beider Eltern erhoben. Wir haben die Antworten in Anlehnung an Bauer (1972) kategorisiert und für die Berechnung stochastischer Zusammenhänge eine 9stufige Ordinalskala verwendet. Die Kategorien reichen von 1 = *keinen Bildungsabschluss* bis 9 = *Universitätsabschluss*. Schließlich haben wir für die Berechnung von Gruppenvergleichen die Kategorien in eine 3stufige Ordinalskala verdichtet (1 = *tiefe*, 2 = *mittlere* und 3 = *hohe elterliche Bildung*). In die Kategorisierungen ging jeweils der höhere Bildungsabschluss der beiden Elternteile ein.

*Frühe Vorläuferfertigkeiten.* 1995 (T0) existierten keine standardisierten deutschsprachigen Tests, welche reliabel und valide Vorläuferfertigkeiten messen. Daher wurde eine eigenes Instrumentarium entwickelt, welches in Bezug auf *Lesefertigkeiten* folgende Aspekte erhob: Erkennen einzelner Buchstaben, Lesen von Silben, Lesen und Zuordnen von Wörtern, Lesen und Zuordnen von kurzen Sätzen und Lesen einer Geschichte. *Mathematische Vorläuferfertigkeiten* wurden mittels folgender Aufgaben getestet: Zählen, Rückwärtszählen, Zahlen schreiben, Mengen erfassen (10er Raum), Mengen ergänzen (10er Raum), Zahlen ergänzen (20er Raum), Addieren und Subtrahieren (20er Raum), Zahlen ergänzen und Ordnen (100er Raum), Erfassen von Zehnern und Einern (vgl. Stamm, 1995). Als *Frühleserin oder -leser* (FL) wurde bezeichnet, wer in den Lesetests alle Aufgaben fehlerfrei lösen konnte. Den *Frührechnerinnen und -rechnern* (FR) wurde zugeordnet, wer dieselben Anforderungen bei den Arithmetik-Tests erfüllte. Schließlich galt als *Frühleser und -rechnerin* (FLR), wer beide Tests fehlerfrei absolvierte.

*Schulniveau auf Sekundarstufe I.* 2008 (T6) wurden im Fragebogen für die Jugendlichen die Ausbildungsgänge auf der Sekundarstufe I nochmals retrospektiv erhoben. Da sich die kantonalen Bildungssysteme in der Schweiz sehr stark unterscheiden, wurden im Fragebogen alle in den teilnehmenden Kantonen verwendeten Bezeichnung für die verschiedenen Bildungsgänge der Sekundarstufe I aufgelistet, welche gemäß BFS (Schweizerisches Bundesamt für Statistik) oder EDUCA (Schweizerischer Bildungsserver) eruiert werden konnten. Diese Kategorien wurden schließlich in eine vierstufige Ordinalskala mit folgenden Ausprägungen umcodiert: 1 = *Realschule*, 2 = *Sekundarschule*, 3 = *Bezirksschule*, 4 = *Pro- bzw. Untergymnasium*.

*Erreichter Bildungsabschluss auf Sekundarstufe II.* Die Bildungsabschlüsse wurden im Fragebogen für Jugendliche 2008 (T6) in Anlehnung an SAKE (2009) und PISA (2000) erhoben. Die Angaben wurden für die Analysen auf eine 5stufige Ordinalskala reduziert, welche folgende Kategorien umfasst:1 = *ohne Abschluss Sek. II*, 2 = *Berufslehre ohne Matura*, 3 = *Berufslehre mit Matura*, 4 = *Fachmittelschulabschluss*, 5 = *Matura*.

*Abschlussnoten auf Sekundarstufe II.* In einer Filterfrage wurden die Jugendlichen 2008 (T6) gefragt, ob sie einen Schulabschluss auf der Sekundarstufe II vorzuweisen haben. Falls ja, wurden sie gebeten ihre durchschnittliche Abschlussnote anzugeben. Die Skala reicht von 1 bis 6, wobei gilt, je höher der Wert desto besser die Note.

## 5    Resultate

Das Screening 1995 hat gezeigt, dass bereits bei Schuleintritt große Disparitäten in den Vorläuferfertigkeiten in Lesen und Rechnen bestehen und zwischen 4 % bis 7 % ohne jegliche Fertigkeiten in diesen beiden Bereichen in die Schule eintraten (vgl. Stamm, 2005, S. 78f). Leider wurde die Bildung der Eltern beim Screening nicht erfasst, so dass in Bezug auf die Grundgesamtheit keine Aussagen zum Zusammenhang zwischen elterlicher Bildung und den Vorläuferfertigkeiten ihrer Kinder gemacht werden können.

In der Stichprobe zeigen sich, wie aus Tabelle 1 ersichtlich wird, zwischen der Untersuchungsgruppe (UG) und der Vergleichsgruppe (VG) signifikante Unterschiede. Kinder mit Vorläuferfertigkeiten in Lesen und/oder Rechnen haben höher gebildete Eltern als Kinder aus der VG (H1). Innerhalb der UG zeigen sich keine statistisch signifikante Differenzen in Bezug auf die Bildung der Eltern.

**Tabelle 1** Der Zusammenhang zwischen der Bildung der Eltern und der Vorläuferfertigkeiten ihrer Kinder

| Bildung Eltern T1 | Vorläuferfertigkeiten T0 | | | | | | $\chi$-Test | Vorläuferfertigkeiten T0 | | | | | | $\chi$-Test |
|---|---|---|---|---|---|---|---|---|---|---|---|---|---|---|
| | UG | | VG | | | | | FL | | FR | | FLR | | |
| | N | % | N | % | N | % | | N | % | N | % | N | % | |
| tief | 48 | 36.1 | 49 | 55.1 | 97 | 43.7 | | 15 | 35.7 | 12 | 31.6 | 21 | 39.6 | |
| mittel | 49 | 36.8 | 20 | 22.5 | 69 | 31.1 | * | 17 | 40.5 | 14 | 36.8 | 18 | 34.0 | n.s. |
| hoch | 36 | 27.1 | 20 | 22.5 | 56 | 25.2 | | 10 | 23.8 | 12 | 31.6 | 14 | 26.4 | |
| Total | 133 | 100.0 | 89 | 100.0 | 222 | 100.0 | | 42 | 100.0 | 38 | 100.0 | 53 | 100.0 | |

$^{*}$p.$\leq$ .05

Im Folgenden stellt sich die Frage, ob sich diese sozialen Disparitäten zu Schulbeginn im weiteren Verlauf halten oder sie sich sogar noch weiter vergrößern. Aus Tabelle 2 wird ersichtlich, dass sowohl die elterliche Bildung als auch die Vorläuferfertigkeiten in Lesen sowie in Lesen *und* Rechnen nach Kontrolle des Geschlechts und IQs einen positiven Haupteffekt auf den Bildungsgang der Sekundarstufe I haben. Wobei dieser Effekt aufgrund der Substichprobengröße für die Vorläuferfertigkeiten knapp nicht signifikant wird. In diesem Sinne kann Hypothese (H2a) als bestätigt gelten, während Hypothese (H2b) ausdifferenziert werden muss und – aufgrund der statistischen nicht Signifikanz der Zusammenhänge – sie lediglich im Sinne einer Tendenz gedeutet werden kann. Die Zusammenhänge zwischen den Interaktionstermen und den Kriteriumsvariablen sind ebenfalls nicht signifikant. Daher kann die Hypothese (H5) in Bezug auf die Bildungsgänge der Sekundarstufe I als nicht bestätigt gelten, wobei Hinweise für bestimmte Tendenzen ersichtlich werden. Interessant sind beispielsweise die Vorzeichen der Interaktionsterme bei Korrelationskoeffizienten, die grösser sind als .10. Bei den FLR fällt er negativ und bei den FR positiv aus. Somit zeichnet sich – entgegen unseren Erwartungen – eine Tendenz ab, wonach es den FLR im Vergleich zur VG gelingt, den Effekt der elterlichen Bildung auf den Besuch des Bildungsgangs der Sekundarstufe I bis zu einem gewissen Grad zu kompensieren. Demgegenüber scheinen sich – wie von uns postuliert – soziale Disparitäten bei den FR weiter zu verstärken, verweist das positive Vorzeichen darauf, dass FR, deren Eltern eine höhere Bildung aufweisen im Vergleich zur VG und zu FR, deren Eltern weniger hohe Bildungsabschlüsse erzielt haben, tendenziell häufiger in die höheren Bildungsgängen der Sekundarstufe I anzutreffen sind.

**Tabelle 2** Prädiktoren des Bildungsgangs auf der Sekundarstufe I und des Bildungsabschlusses auf der Sekundarstufe II

| Prädiktoren | Bildungsgang Sek. I (T6) | | | Bildungsabschluss Sek. II (T6) | | |
|---|---|---|---|---|---|---|
| | Modell I $(R^2= .14)$ | Modell II $(R^2= .20)$ | Modell III $(R^2= .20)$ | Modell I $(R^2= .10)$ | Modell II $(R^2= .12)$ | Modell III $(R^2= .11)$ |
| *Direkte Effekte* | | | | | | |
| Bildung der Eltern (T1) | .23** | .23** | .24** | .15 | .16* | .18* |
| FL[+] | | .18 | .18 | | .05 | .05 |
| FR[+] | | -.01 | -.04 | | -.01 | -.01 |
| FLR[+] | | .15 | .15 | | .18 | .18 |
| *Moderationen* | | | | | | |
| Bildung E*FL[+] | | | -.02 | | | .15 |
| Bildung E*FR[+] | | | .17 | | | .03 |
| Bildung E*FLR[+] | | | -.13 | | | -.15 |
| *Kovariaten* | | | | | | |
| IQ [++] | .24*** | .14 | .16 | .20** | .14 | .17* |
| Mädchen[+++] | -.14* | -.12 | -.13 | .10 | .11 | .10 |
| Bildungsgang Sek. I (T6) | - | - | | .13 | .08 | .07 |

[+] Referenzkategorie ist die VG; die Variablen sind Effekt kodiert; Messzeitpunkt T0
[++] Die Variable ist ein Durchschnittswert dreier IQ-Werte zu den Messzeitpunkten T2 (1998), T3 (2000) und T4 (2003)
[+++] Referenzkategorie sind die Jungen: die Variable ist Effekt kodiert; Messzeitpunkt T1
*** $p \leq .001$; ** $p \leq .01$; * $p \leq .05$

Ein ähnlicher Sachverhalt findet sich für die erreichten Bildungsabschlüsse auf der Sekundarstufe II. Während der Haupteffekt der elterlichen Bildung nach Kontrolle des IQs, des Geschlechts und des Bildungsgangs auf der Sekundarstufe I signifikant ist, wird es der Haupteffekt von Vorläuferfähigkeiten in Lesen *und* Rechnen knapp nicht. Somit wird auch die Hypothese H3a bestätigt, während dieser Sachverhalt für Hypothesen H3b und H5 nicht gilt. Daher kann auch bei diesen Zusammenhängen lediglich auf bestimmte

Tendenzen geschlossen werden. Das Vorzeichen der Interaktionsterme fällt für die FLR negativ und für die FL positiv aus.

In Bezug auf Abschlussnoten auf der Sekundarstufe II ist es – wie Tabelle 3 verdeutlicht – zentral, welcher Bildungsgang auf der Sekundarstufe II besucht wurde. In tieferen Bildungsgängen fallen die durchschnittlichen Abschlussnoten höher aus. Hinsichtlich unserer Fragestellung ist aber bedeutend, dass auch hier ein signifikanter Haupteffekt der elterlichen Bildung zu verzeichnen ist und Hypothese (H4a) bestätigt wird. Während – wie postuliert – zwischen den Abschlussnoten und den Vorläuferfertigkeiten der Effekt nicht signifikant wird (H4b). Zudem ist das Vorzeichen des Interaktionsterms für die FLR positiv. Der Effekt der elterlichen Bildung scheint sich also bei den FLR tendenziell zu verstärken. Wobei Hypothese (H5) im eigentlichen statistischen Sinne nicht bestätigt werden kann.

**Tabelle 3** Prädiktoren der Abschlussnoten auf der Sekundarstufe II

| Prädiktoren | Noten am Ende der Sekundarstufe II (T6) | | |
|---|---|---|---|
| | Modell I (R²= .18) | Modell II (R²= .19) | Modell III (R²= .19) |
| *Direkte Effekte* | | | |
| Bildung der Eltern (T1) | **.21***** | **.22***** | **.22**** |
| FL[+] | | -.01 | .00 |
| FR[+] | | -.02 | .00 |
| FLR[+] | | .15 | .15 |
| *Moderationen* | | | |
| Bildung E*FL[+] | | | -.06 |
| Bildung E*FR[+] | | | -.05 |
| Bildung E*FLR[+] | | | .15 |
| *Kovariaten* | | | |
| IQ[++] | .00 | -.04 | -.07 |
| Mädchen[+++] | .01 | .02 | .02 |
| Bildungsgang Sek. II (T6) | -.44*** | -.47*** | -.46*** |

[+] Referenzkategorie ist die VG; die Variablen sind Effekt kodiert; Messzeitpunkt T0
[++] Die Variable ist ein Durchschnittswert dreier IQ-Werte zu den Messzeitpunkten T2 (1998), T3 (2000) und T4 (2003)
[+++] Referenzkategorie sind die Jungen: die Variable ist Effekt kodiert; Messzeitpunkt T1
*** p.≤ .001; ** p.≤ .01; *p.≤ .05

## 6 Diskussion

Die Analysen, die auf den Daten von 229 jungen Erwachsenen der dreizehnjährigen Langzeitstudie „Die Wirkung von vorschulischen Kompetenzen auf die Berufsausbildung" (Stamm & Stutz, 2009) beruhen, liefern erste Antworten auf die Fragen nach den Langzeitwirkungen von Vorläuferfertigkeiten in Lesen und Rechnen und ihrem Ausgleichs(un-)vermögen hinsichtlich bestehender Bildungsungleichheiten, die auf die soziale Herkunft zurück zu führen sind. Die Ergebnisse verdeutlichen viererlei: Erstens erzielen mit zunehmend höherer Bildung der Eltern deren Kinder ebenfalls höhere Bildungsabschlüsse auf der Sekundarstufe II sowie bessere Abschlussnoten unabhängig der Vorläuferfertigkeiten. Nach dreizehn Schuljahren weisen also junge Erwachsene aus Familien mit hohem Bildungsstatus häufiger eine Matura vor als die anderen. Umgekehrt sind junge Erwachsene aus bildungsferneren Elternhäusern überdurchschnittlich häufig im Erwerbsleben anzutreffen. Die von Bourdieu (1966) und Boudon (1974) postulierte Vererbung der Bildungstitel von einer Generation auf die andere werden auch durch unsere Daten belegt. Zudem verweisen unsere Ergebnisse darauf, dass sich diese Disparitäten bereits bei der ersten Transition im Schulsystem – beim Übergang von der Grundschule in die Sekundarstufe I – zu manifestieren beginnen. Denn bereits auf der Sekundarstufe I sind Kinder aus Elternhäusern mit höherem Bildungsstatus in den höheren Bildungsgängen anzutreffen. Ob dieser Befund auf primäre oder sekundäre Herkunftseffekte zurück zu führen ist, lässt sich anhand unserer Daten nicht beantworten, doch belegen sie die frühe soziale Selektivität des Bildungssystems.

Zweitens lassen sich entgegen unseren Erwartungen keine langfristigen signifikanten Effekte von Vorläuferfertigkeiten in Lesen oder Rechnen nachweisen. Dies und die geringe aufgeklärte Varianz durch die ins Modell eingegangen Variablen lassen sich als Indiz deuten, dass Vorläuferfertigkeiten soziale Disparitäten langfristig nicht auszugleichen vermögen. Außerdem scheinen – neben der sozialen Herkunft – in einer langfristigen Perspektive das soziale Umfeld und Persönlichkeitsaspekte wie Leistungsmotivation im Vergleich zu Vorläuferfertigkeiten an Bedeutung gewinnen und Bildungsoutcomes mitbeeinflussen. Um ein differenzierteres Verständnis über diese Prozesse zu erlagen, sind jedoch Langzeitstudien notwendig, die nicht nur die ersten vier Schuljahre, sondern die gesamte Ausbildungslaufbahn bis ins Berufsleben verfolgen und diese Variablen in die Untersuchung mit einbeziehen, da insbesondere die Expertisenforschung auf die langfristige Bedeutung motivationaler Aspekte verweist.

Drittens wirken sich Vorläuferfertigkeiten in Lesen und/oder Rechnen in der späteren Schullaufbahn je nach Bereich der Vorläuferfertigkeiten unterschiedlich aus. Obwohl die Effekte statistisch nicht signifikant sind, können zumindest Tendenzen aufgezeigt werden. Während sich der Erwerb beider Fertigkeiten im Vorschulalter bereits positiv auf den Übergang von der Grundschule in die Sekundarstufe I auswirkt und sich auf der Sekundarstufe II in höheren Bildungsabschlüssen sowie besseren Abschlussnoten nieder schlägt, trifft dies für den Erwerb von Vorläuferfertigkeiten in nur einem Bereich nicht zu. FL scheinen zwar ihre Vorläuferfertigkeiten in den Besuch höherer Bildungsniveaus auf der Sekundarstufe I umsetzen zu können, erreichen aber im Vergleich zur VG keine höheren Bildungsabschlüsse, außer sie stammen aus einem Elternhaus mit höherem Bildungsstatus. Auch erzielen sie keine besseren Abschlussnoten auf der Sekundarstufe II als die VG. Bei den FR zeigt sich, dass mit zunehmend höherer Bildung der Eltern deren Kinder häufiger in höheren Niveaus der Sekundarstufe I anzutreffen sind. Nach Abschluss der Sekundarstufe II allerdings finden sich weder bei den Schulabschlussnoten noch bei den Bildungsabschlüssen Disparitäten zwischen FR und VG und auch keine in Bezug auf die elterliche Bildung. Somit hat viertens der Bildungshintergrund der Eltern für die drei Gruppen FL, FR und FLR eine unterschiedliche Bedeutung resp. die verschiedenen Vorläuferfertigkeiten moderieren den Zusammenhang zwischen sozialer Herkunft und verschiedenen Bildungsoutcomes auf unterschiedliche Art und Weise.

Deutlich zeigt sich, dass es der Schule nicht gelingt soziale Disparitäten, die bereits zu Schulbeginn bestehen, auszugleichen, selbst wenn die Kinder Vorläuferfertigkeiten mitbringen. Die Ausnahme bilden die Frühleser *und* -rechnerinnen. Der Erwerb dieser beiden Vorläuferfertigkeiten scheint langfristig schulischen Erfolg zu garantieren sowohl hinsichtlich der Bildungsabschlüsse als auch der Abschlussnoten auf der Sekundarstufe II. Wobei dieser Befund zu relativieren ist, erreichen FLR aus bildungsnahen Elternhäusern immer noch bessere Abschlussnoten als FLR aus bildungsferneren Elternhäusern. Dies verweist darauf, dass sich die sozial bedingte Ungleichheit in den erzielten Abschlussnoten auch bei den FLR repliziert, aber nicht im gleichen Ausmaß wie bei der VG, d.h. die soziale Ungleichheit manifestiert sich bei den FLR auf einem höheren Notenniveau. Welche Mechanismen dafür verantwortlich sind, kann anhand unserer Studie nicht eruiert werden. Aufgrund der Dominanz quantitativer Studien in diesem Bereich, die zwar immer wieder aufzuzeigen vermögen, dass unser Schulsystem Bildungsungleichheiten (re-)produziert, wäre es durchaus angebracht – gerade in Bezug auf schulische Praktiken und Mechanismen in Verbindung mit familiären Prozessen – mehr qualitativ orientierte (Schul-)Forschung zu betreiben.

Für die pädagogischen Praxis bedeuten die Resultate, dass es nicht nur der kritischen Reflexion über die Art und Weise der Förderung von Kindern im Vorschulalter bedarf, sondern es mit zu bedenken gilt an welche Gruppe von Kindern sich die Programme der Frühförderung richten sollen. Denn Kinder aus bildungsnahen Elternhäusern bringen bei Schulbeginn grundsätzlich mehr Vorwissen bzw. häufiger Vorläuferfertigkeiten in Lesen und/oder Rechnen mit als andere Kinder. Dies verweist auf differenzielle innerfamiliäre Praxen hinsichtlich frühkindlicher Förderung. Sollte dies bei der Konzeption von Bildungs- und Förderprogrammen im Vorschulbereich nicht mitbedacht werden, besteht die Gefahr, dass die selben Mechanismen, die zur Reproduktion sozialer Ungleichheit im gegenwärtigen Bildungssystem führen, in diesen Programmen repliziert würden.

Nicht mitberücksichtigt werden konnte in unserer Studie, dass Schulsystem exmanente Faktoren wie beispielsweise die Situation auf und die Segmentation des Arbeitsmarkts die Gestaltung des Übergangs von der obligatorischen Schule in die Ausbildung der Sekundarstufe II mitbeeinflussen (vgl. Hupka, Sacchi & Stalder, 2006; Lex, 1997) und auch, dass die Institution Schule mit ihren Strukturen und ihren systeminhärenten Mechanismen resp. ihrer Eigenlogik und den damit verbundenen eigenen sozialen Praktiken an der Reproduktion sozialer Ungleichheit mit beteiligt ist (Gomolla & Radtke, 2009, S. 2f). Ebenso wenig sind Kategorien wie Regionalität, Religionszugehörigkeit und Ethnie, welche in der neueren Ungleichheitsforschung als wichtige Ungleichheitskategorien debattiert werden (Juhasz & Mey, 2003, S. 43ff; Klinger, 2012), in diese Studie mit eingeflossen. Dennoch vermögen unsere Ergebnisse einen ersten Beitrag liefern zur weiteren Ausdifferenzierung bestehender empirischer Befunde zur Langzeitwirkung von Vorläuferfertigkeiten auf die Schullaufbahn im Kontext sozialer Ungleichheit.

## 7 Literatur

Arnold, K-H., Bos, W., Richert, P. & Stube, T.C. (2007). Schullaufbahnpräferenzen am Ende der vierten Klassenstufe. In W. Bos, S. Hornberg, K.-H. Arnold, G. Faust, L. Fried, E.-M. Lankes, K. Schwippert & R. Valentin (Hrsg.), *IGLU 2006. Lesekompetenzen von Grundschulkindern in Deutschland im internationalen Vergleich* (S. 271–297). Münster: Waxmann.

Aster, M., Schweiter, M. & Weinhold Zulauf, M. (2007). Rechenstörung bei Kindern. Vorläufer, Prävalenz und psychische Symptome. *Zeitschrift für Entwicklungspsychologie und Pädagogische Psychologie, 39*(2), Göttingen: Hogrefe Verlag, 85–96.

Bauer, A. (1972). *Ein Verfahren zur Messung des für Bildungsverhalten relevanten sozialen Status (BRSS)*. Heidelberg: Springer.

Baumert, J., Trautwein, U. & Artelt, C. (2003). Schulumwelten – institutionelle Bedingungen des Lehrens und Lernens. In J. Baumert, C. Artelt, E. Klieme, M. Neubrand, M. Prenzel, U. Schiefele, W. Schneider, K.-J. Tillmann & M. Weiß (Hrsg.), *PISA 2000. Ein differenzierter Blick auf die Länder der Bundesrepublik Deutschland* (S. 261–331). Opladen: Leske + Budrich.

Becker, R. & Lauterbach, W. (2008). Bildung als Privileg – Ursachen, Mechanismen, Prozesse und Wirkungen (3. Aufl.). In R. Becker & W. Lauterbacher (Hrsg.), *Bildung als Privileg. Erklärungen und Befunde zu den Ursachen der Bildungsungleichheit* (S. 11–45). Wiesbaden: VS Verlag.

Bellenberg, G. (2005). Wege durch die Schule – Zum Zusammenhang zwischen institutionalisierten Bildungswegen und individuellen Bildungsverläufen im deutschen Schulsystem. Download am 8.2. 2009 von http://www.bildungsforschung.org/Archiv/2005-02/schule/

Bernath, W., Wirthensohn, M. & Löhrer, E. (1989). *Jugendliche auf dem Weg ins Berufsleben*. Bern, Stuttgart: Haupt Verlag.

Bertschy, K., Böni, E. & Meyer, T. (2007). *An der zweiten Schwelle: Junge Menschen im Übergang zwischen Ausbildung und Arbeitsmarkt. Ergebnisübersicht TREE*, Update 2007. Bern: TREE2007.

BFS (2012). *Bevölkerung nach Alter und Nationalität*. Download am 27.5.2012 von http://www.bfs.admin.ch/bfs/portal/de/index/themen/01/02/blank/key/alter/gesamt.html

Böhme, J. (2000). *Schulmythen und ihre imaginäre Verbürgung durch oppositionelle Schüler. Ein Beitrag zur Etablierung erziehungswissenschaftlicher Mythosforschung*. Bad Heilbrunn: Klinkhardt.

Böhme, J. & Herrmann, I. (2011). *Schule als pädagogischer Machtraum. Typologie schulischer Raumentwürfe*. Wiesbaden: VS Verlag.

Boudon, R. (1974). Education, opportunity, and social inequality: Changing prospects of western society. New York: John Wiley & Sons.

Bourdieu, P. (1966). Die konservative Schule. Die soziale Chancenungleichheit gegenüber Schule und Kultur. In P. Bourdieu (Hrsg.), *Wie die Kultur zum Bauern kommt. Über Bildung, Schule und Politik* (S. 25–52). Hamburg: VSA.

Bourdieu, P. (1970). Der Habitus als Vermittlung zwischen Struktur und Praxis. In P. Bourdieu (Hrsg.), *Zur Soziologie der symbolischen Formen* (S. 125-158). Frankfurt a. M.: Suhrkamp.

Bourdieu, P. & Passeron, J.-C. (1971). Die Illusion der Chancengleichheit. Untersuchungen zur Soziologie des Bildungswesens am Beispiel Frankreichs. Stuttgart: Klett.

Ditton, H. & Krüsken, J. (2006). Der Übergang von der Grundschule in die Sekundarstufe I. *Zeitschrift für Erziehungswissenschaft, 3,* 348–372.

Fend, H. (1997). *Der Umgang mit Schule in der Adoleszenz.* Bern: Huber.

Furnes, B. & Samuelsson, S. (2009). Preschool cognitive and language skills predicting Kindergarten and Grade 1 reading and spelling: a cross-linguistic comparison. *Journal of Research in Reading, 32*(3), 275–292.

Gomolla, M. & Radtke, F.-O. (2009). *Institutionelle Diskriminierung. Die Herstellung ethnischer Differenz in der Schule* (3. Aufl.). Wiesbaden: VS Verlag.

Grundmann, M., Bittlingmayer, U.H., Dravenau, D. & Groh-Samberg, O. (2007). Bildung als Privileg und Fluch – zum Zusammenhang zwischen lebensweltlichen und institutionalisierten Bildungsporzessen (4. Aufl.). In R. Becker & W. Lauterbach (Hrsg.), *Bildung als Privileg* (S. 57–77). Wiesbaden: VS Verlag.

Gut, J. & Grob, A. (2012). Kognitive, sprachliche, mathematische und sozial-emotionale Kompetenzen als Prädiktoren späterer schulischer Leistungen: Können die Leistungen eines Kindes in den IDS dessen Schulnoten drei Jahre später vorhersagen? *Zeitschrift für Pädagogische Psychologie, 26*(3), 213-220.

Hayiou-Thomas, M.E., Harlaar, N., Dale, P.S. & Plomin, R. (2010). Preschool Speech, Language Skills, and Reading at 7, 9, and 10 Years: Etiology of the Relationship. *Journal of Speech, Language, and Hearing Research, 53,* 311–332.

Helsper, W. (2008). Schülerbiographie und Schulkarriere (2. Aufl.). In W. Helsper & J. Böhme (Hrsg.), *Handbuch der Schulforschung* (S. 927–944). Wiesbaden: VS Verlag.

Helsper, W., Kramer, R.-T., Brademann, S. & Ziems, C. (2007). Der individuelle Orientierungsrahmen von Kindern und der Übergang in die Sekundarstufe. *Zeitschrift für Pädagogik, 53(4),* 477–490.

Hupka, S., Sacchi, S. & Stalder, B.E. (2006). *Herkunft oder Leistung? Analyse des Eintritts in eine zertifizierende nachobligatorische Ausbildung anhand der Daten des Jugendlängsschnitts TREE.* Bern: TREE 2006.

Juhasz, A. & Mey, E. (2003). *Die zweite Generation: Etablierte oder Aussenseiter? Biographien von Jugendlichen ausländischer Herkunft.* Wiesbaden: Westdeutscher Verlag.

Klinger, C. (2012). *Für einen Kurswechsel in der Intersektionalitätsdebatte.* Download am 15.3.2012 von http://portal-intersektionalitaet.de/theoriebildung/schluesseltexte/klinger/

La Paro, K. & Pianta, R.C. (2000). Predicting children's competence in the early school years: A meta-analytic review. *Review on Educational Research, 70,* 443–484.

Lex, T. (1997). *Berufswege Jugendlicher zwischen Integration und Ausgrenzung. Arbeitsweltbezogene Jugendsozialarbeit.* München: Verlag Deutsches Jugendinstitut.

Maaz, K., Baumert, J. & Trautwein, U. (2009). Genese sozialer Ungleichheit im institutionellen Kontext der Schule: Wo entsteht und vergrößert sich soziale Ungleichheit? *Zeitschrift für Erziehungswissenschaft, Sonderheft 12,* 11–46.

McCormick, C.E. & Haack, R. (2010). Early Literacy Individual Growth and Development Indicators (El-Igdis) as Predictors of Reading Skills in Kindergarten Through Second Grade. *International Journal of Psychology, 7,* 29–40.

OECD (2010). *PISA 2009 Ergebnisse: Zusammenfassung.* Download am 27.5.2012 von http://www.oecd.org/document/53/0,3746,de_34968570_39907066_43433717_1_1_1_1,00.html

PISA (2000). *Fragebogen für die Schülerinnen und Schüler. PISA 2000.* Download am 10.10.2006 von http://www.pisa.admin.ch/bfs/pisa/de/index/05/02/02.html

Rabe-Kleberg (2010), Bildungsarmut von Anfang an? Über den Beitrag des Kindergartens im Prozess der Reproduktion sozialer Ungleichheit. In H.-H. Krüger, U. Rabe-Kleberg, R.-T. Kramer & J. Budde (Hrsg.), *Bildungsungleichheit revisited. Bildung und soziale Ungleichheit vom Kindergarten bis zur Hochschule* (S. 45–54). Wiesbaden: VS Verlag.

Reiss, K., Aiso, H. & Pekrun, R. (2007). Mathematische Kompetenz und ihre Entwicklung in der Grundschule. *Zeitschrift für Erziehungswissenschaft, 10*, Sonderheft 8, 107–127.

SAKE (2009). *Fragebogen 2009. Vollständiger Fragebogen und Module „Weiterbildung" und „Eintritt junger Menschen in den Arbeitsmarkt".* Download am 10.10.2006 von http://www.bfs.admin.ch/bfs/portal/de/index/infothek/erhebungen__quellen/blank/blank/enquete_suisse_sur/anhang/01.html

Stanley, J.C., Keating, D.P. & Fox, L.H. (1974). *Mathematical Talent: Discovery, Description, and Development.* Baltimore: The Johns Hopkins University Press.

Stamm, M. (1995). *Instrumente FLR 1995 als PDF-Datei.* Download am 27.5.2012 von http://perso.unifr.ch/margrit.stamm/forschung/fo_publ.php

Stamm, M. (2005). *Zwischen Exzellenz und Versagen. Frühleser und Frührechnerinnen werden erwachsen.* Zürich und Chur: Verlag Rüegger.

Stamm, M. (2008). Die Wirkung frühkindlicher Bildung auf den Schulerfolg. *Schweizerische Zeitschrift für Bildungswissenschaften, 3*, 595–614.

Stamm, M., Niederhauser, M. & Müller, R. (2006). *Hochbegabt und ‚nur' Lehrling? Eine empirische Studie zu den Ausbildungsverläufen besonderes befähigter Jugendlicher im Schweizer Berufsbildungssystem.* Schlussbericht zuhanden der KTI-Berufsbildungsforschung, Bern.

Stamm, M. & Stutz, M. (2009). *Die Wirkung von vorschulischen Kompetenzen auf die Berufsausbildung. Eine empirische Studie zu den Ausbildungsverläufen von Frühlesern und -rechnerinnen.* Forschungsschlussbericht zuhanden der Berufsbildungsforschung des BBT.

Stamm, M. & Viehhauser, M. (2009). Frühkindliche Bildung und soziale Ungleichheit. Analysen und Perspektiven zum chancenausgleichenden Charakter frühkindlicher Bildungsangebote. *Zeitschrift für Soziologie der Erziehung und Sozialisation, 4*, 403–418.

Wenzel, H. (2010). Chancengleichheit in der Schule – eine nicht abgegoltene Forderung. In H.-H. Krüger, U. Rabe-Kleberg, R.-T. Kramer & J. Budde (Hrsg.), *Bildungsungleichheit revisited. Bildung und soziale Ungleichheit vom Kindergarten bis zur Hochschule* (S. 57–67). Wiesbaden: VS Verlag.

# Familienergänzende Betreuung und Schulerfolg

Edith Kotitschke und Rolf Becker

## 1    Einleitung

Die ungleiche Verteilung von Bildungschancen in modernen Gesellschaften und ihr Wandel über die Zeit hinweg ist in der Forschungsliteratur relativ gut dokumentiert (z.B. Becker, 2011; 2010a, Breen et al., 2009; 2010, Blossfeld & Shavit, 1993, Buchmann et al., 1993; 2007, Joye et al., 2003, Lamprecht & Stamm, 1996). Bereits bei der Einschulung haben Kinder aus niedrigen Sozialschichten das Nachsehen beim Bildungserwerb. Weil sie unter anregungsärmeren Lernbedingungen aufwachsen (vgl. Becker, 2011, S. 108 f., BMFSFJ[1], 2005, S. 135 f., Moser et al., 2008, S. 130), sind sie in ihrer kognitiven Entwicklung und in der Ausbildung bildungsbezogener Kompetenzen entsprechend benachteiligt. Der Ausgleich der daraus resultierenden Motivations-, Leistungs- und Wissensunterschiede gelingt während der Primarschulzeit nicht hinreichend (vgl. Bos et al., 2007a, 244 ff., Ditton, 2010, S. 263 f., Moser et al., 2008, S. 130 ff., Valtin et al., 2010, 78 ff.), so dass sozial benachteiligte Kinder aufgrund der leistungsbezogenen Selektion im hierarchisch gegliederten Bildungssystem langfristige Nachteile hinsichtlich ihres Bildungserwerbs zu verzeichnen haben. Die geringeren Bildungschancen niedriger Sozialschichten sind jedoch nicht nur eine Folge primärer Herkunftseffekte – d.h. eine Folge herkunftsbedingter Leistungsunterschiede, die durch unterschiedliche Sozialisationsbedingungen hervorgerufen werden –, sondern ebenfalls ein Resultat von sekundären Herkunftseffekten – d.h. eine Folge von zwischen den Sozialschichten variierenden Bildungsaspirationen und Bildungsentscheidungen (vgl. Boudon, 1974, 29 ff.).

---

[1]  Bundesministerium für Familie, Senioren, Frauen und Jugend

Vor diesem Hintergrund stellt sich die Frage, inwiefern vorschulische familienergänzende Betreuung in Kinderkrippen, Kindergärten und Vorschulen zu einer Abschwächung primärer und sekundärer Herkunftseffekte beiträgt und somit die Bildungschancen von sozial benachteiligten und bildungsfernen Gruppen verbessert. Stellen diese
Institutionen frühkindlicher Bildung einen Chancenausgleich für sozial benachteiligte
Kinder dar? Sind sie – bei Berücksichtigung verbesserter Startchancen im Bildungssystem – für den späteren Schulerfolg förderlich? Im Beitrag werden überblicksartig sowohl
theoretisch erwartete Auswirkungen familienergänzender Betreuung dargelegt als auch
ausgewählte empirische Forschungsbefunde dazu vorgestellt.

## 2    Theoretischer Hintergrund

Je nach Sozialschichtzugehörigkeit sind Familien in unterschiedlichem Ausmass mit
ökonomischen, sozialen und kulturellen Ressourcen ausgestattet. Diese Unterschiede in
den Ressourcenstrukturen führen dazu, dass Kinder in unterschiedlichen Lernumgebungen aufwachsen, die wiederum direkt die Kompetenzentwicklung beeinflussen (vgl.
Becker, 2011, S. 108 f., Birgit Becker, 2010a, S. 17, Boudon, 1974, S. 29, Moser et al., 2008,
S. 132 f.). Daher unterscheiden sich Kinder allein aufgrund unterschiedlicher Sozialisationsbedingungen bereits zu Beginn der Schulpflicht bezüglich ihrer Kompetenzen und
beginnen ihre Schullaufbahn auf unterschiedlichen Wissens- und Kompetenzniveaus
(vgl. Biedinger & Becker, 2010, S. 73, Moser, 2005, S. 167 ff., Moser et al., 2008, S. 132 ff.).
    Da diese unterschiedlichen Startchancen während der Primarschulzeit nicht hinrei-
chend kompensiert werden (vgl. Bos et al., 2007a, S. 244 ff., Ditton, 2008, S. 263 f., Moser
et al., 2008, S. 130 ff., Valtin et al., 2010, S. 78 ff.), sind Kinder mit schlechten Startbedingungen auch beim weiterführenden Kompetenz- und Fähigkeitserwerb benachteiligt.
Dies führt vor allem in einem hierarchisch gegliederten Bildungssystem aufgrund der
leistungsbezogenen Selektion zu schwer revidierbaren Nachteilen im Zugang zu höheren
Schullaufbahnen[2]. So zeigen sich bereits beim Übergang auf die weiterführenden Schulen
der Sekundarschulstufe deutliche schichtspezifische Differenzen bei der Platzierung auf
die höheren Schulformen (vgl. Baumert & Schümer, 2001, S. 355, Ehmke & Jude, 2010, S.
247 ff., Lange, 2005, S. 91, Schimpl-Neimanns, 2000, S. 654). Diese herkunftsspezifische
Platzierung ist jedoch nicht allein ein Resultat herkunftsbedingter Leistungsunterschiede
und institutionell vorgegebener Übertrittsregelungen, sondern ebenfalls eine Folge elterlicher Bildungsentscheidungen (vgl. Becker, 2011, S. 108 f., Boudon, 1974, S. 30, Breen &
Goldthorpe, 1997, Erikson & Jonsson, 1996). Diese variieren zwischen den Sozialschich-

---

2   Die in der Schweiz, Deutschland und Österreich vergleichsweise sehr frühe Festlegung auf
    die verschiedenen Schulzweige – zwischen denen ein Wechsel prinzipiell möglich, praktisch
    jedoch schwer zu bewerkstelligen ist – führt zu einer weiteren Verschärfung dieses Problems
    (vgl. Becker, 2011, S. 120, Ditton, 2008, S. 250). So werden zu einem relativ frühen Zeitpunkt,
    zu dem die Bildungsfähigkeit der Kinder häufig noch nicht abschätzbar ist, der Bildungsweg
    und somit der berufliche Werdegang mit bestimmt (vgl. Lange, 2005, S. 144).

ten und haben je nach institutioneller Ausgestaltung des Bildungssystems mehr oder weniger Einfluss auf den weiteren Bildungsverlauf der Kinder.

Die Entscheidung zugunsten einer Bildungsalternative treffen Eltern nach einer Evaluation der mit den verschiedenen Bildungsalternativen verbundenen Nutzen und Kosten. Weiterhin beurteilen sie die Wahrscheinlichkeit, dass der potenzielle Nutzen eines Bildungsweges auch realisiert wird, d.h. Eltern schätzen ein, ob ihr Kind die präferierte Schullaufbahn erfolgreich durchlaufen kann (vgl. Boudon, 1974, Erikson & Jonsson, 1996, S. 14, Esser, 1999, S. 265 ff.). Die Bewertung der Nutzen und Kosten erfolgt dabei vor dem Hintergrund der eigenen Ressourcenstruktur. Je grösser die soziale Distanz zum Bildungswesen und je schlechter die Ressourcenausstattung einer Familie sind, desto schwieriger können allfällige Ausbildungskosten aufgewendet werden (vgl. Becker, 1999, S. 265, Boudon, 1974, S. 30, 36, Erikson & Jonsson, 1996, S. 55).

Darüber hinaus werden Eltern Bildungsentscheidungen vermeiden, die mit einem sozialen Abstieg des Kindes einhergehen. Um den Herkunftsstatus in der Generationenfolge zu erhalten, werden Eltern aus höheren Sozialschichten daher höhere Schullaufbahnen für ihre Kinder vorsehen, während ein Verzicht darauf den Statuserhalt für niedrigere Sozialschichten nicht gefährdet (vgl. Boudon, 1974, S. 30, 149, Breen & Goldthorpe, 1997, Esser, 1999, S. 266 ff.).

Die elterliche Einschätzung bezüglich des Erreichens und erfolgreichen Durchlaufens eines Schulzweiges wird ebenfalls durch die Ressourcenstruktur beeinflusst, da vorteilhaftere Ressourcenausstattungen mit besseren Unterstützungsmöglichkeiten bei schulischen Problemen einhergehen. Ferner werden Eltern eher vom schulischen Erfolg ihrer Kinder überzeugt sein, je besser die Schulleistungen ausfallen. Da Familien aus niedrigen Sozialschichten eine ungünstigere Ressourcenstruktur aufweisen und ihre Kinder aufgrund ungünstigerer Lernvoraussetzungen und -umgebungen den schulischen Anforderungen weniger gut gerecht werden (vgl. Becker, 2011, S. 108 f., Boudon, 1974, S. 29), beurteilen Eltern aus niedrigen Sozialschichten die Erfolgsaussichten ihrer Kinder eher gering (vgl. Esser, 2006, S. 302, Maaz et al., 2009, S. 17). In diesem Zusammenhang unberücksichtigt bleibt jedoch häufig, dass gleichzeitig eine Wechselwirkung zwischen den an das Kind gestellten Erwartungen und seinen tatsächlichen Leistungen besteht (s. Abb. 1). Denn Erwartungen beeinflussen die leistungsbezogene Selbsteinschätzung des Kindes, vermitteln einen anzustrebenden Leistungsstand und motivieren dazu, diesen auch zu erreichen (vgl. Stöckli, 1997, S. 54).

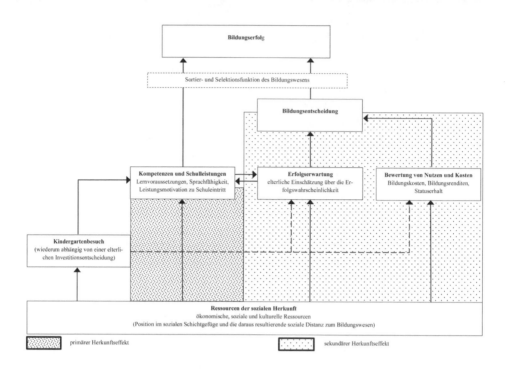

**Abbildung 1** Theoretisch erwartete Auswirkungen familienergänzender Betreuung auf den Bildungserfolg

## 2.1 Theoretisch erwartete Auswirkungen der in Kinderkrippen, Kindergärten und Vorschulen geleisteten familienergänzenden Betreuung auf Bildungschancen und -teilhabe

Die in Kinderkrippen, Kindergärten und Vorschulen geleistete familienergänzende Betreuung im frühen Kindesalter könnte in vielfältiger Weise dazu beitragen, die Bildungschancen sozial benachteiligter Kinder zu verbessern (vgl. Becker, 2010b, Becker & Lauterbach, 2008, Birgit Becker, 2011, Bos et al., 2004, Kratzmann & Schneider, 2009, Rossbach et al., 2008, Spiess et al., 2003). Zum einen sollte eine bessere Kompensation ungünstiger Sozialisationsbedingungen bereits im Vorschulalter erfolgen, so dass der primäre Herkunftseffekt – d.h. der durch die unterschiedliche Ressourcenstruktur hervorgerufene Zusammenhang zwischen sozialer Herkunft und schulischen Kompetenzen und Leistungen – bereits zur Einschulung abgeschwächt wird (vgl. Becker & Tremel, 2006, Birgit Becker, 2011, Kratzmann & Schneider, 2009, Rossbach et al., 2008). In diesem Zusammenhang ist ebenfalls darauf hinzuweisen, dass die Mittelschichtorientierung der Schule (vgl. Rolff, 1997, S. 43) dazu führt, dass die kulturelle Passung der verschiedenen Sozialschichten zur Institution Schule variiert. So entsprechen Kinder der mittleren und oberen Sozialschichten aufgrund ihrer spezifischen Sozialisationserfahrungen in besonders hohem Masse den in der Schule geforderten Umgangsformen, Verhaltensweisen, Fähigkeiten und Fertigkeiten (vgl. zusammenfassend Ditton, 2010, S. 252 ff.). Der Kontakt zu diesem mittelschichtspezifischen Habitus bereits im Vorschulalter könnte für Kinder aus niedrigen Sozialschichten daher eine bessere Passung an die seitens der Schule vorgegebenen Denk- und Handlungsschemata bedeuten und somit ihren Bildungserfolg begünstigen.

Für Kinder mit Migrationshintergrund stellen vorschulische Einrichtungen im Besonderen spezifische Gelegenheitsstrukturen für einen frühzeitigen Zugang zur Aufnahmegesellschaft dar (vgl. Birgit Becker, 2010a, S. 53, Biedinger & Becker, 2010, S. 53, Esser, 2006, S. 117, 296, 303). Dies vereinfacht die Akkumulation von aufnahmelandspezifischem Kapital, so dass die Aneignung gewisser in der Schule benötigter kultureller Kompetenzen – z.B. die Sprache des Aufnahmelandes – bereits vor Schuleintritt erfolgt (vgl. Becker & Tremel, 2011, S. 59 f., Biedinger & Becker, 2010, S. 53, 65 f., Spiess et al., 2003, S. 267). Über den verstärkten (informellen) Kontakt zu Einheimischen ergeben sich für die Eltern ebenfalls vermehrte Möglichkeiten zur Information über Konventionen und Gegebenheiten (wie der Ausgestaltung des Bildungssystems) des Aufnahmelandes, die wiederum die anfallenden Informationskosten senken und die Distanz zum Bildungswesen verringern können. Für einheimische Kinder der unteren Sozialschichten sollten sich ähnliche positive Effekte erreichen lassen. Auch ihre Eltern weisen aufgrund ihrer eigenen Bildungsbiografie und Stellung im gesellschaftlichen Schichtgefüge eine Distanz zum Bildungssystem auf, die besser gebildeten Sozialschichten fremd ist (vgl. Becker, 2011, S. 111 f., Becker, 2010a, S. 94 f., Boudon, 1974, S. 30). Diese Distanz könnte durch einen frühzeitigen Kontakt mit vorschulischen Einrichtungen, einer stärkeren Vernetzung mit anderen Eltern sowie umfassenderen und leichteren Möglichkeiten zur Informationsgewinnung gesenkt werden. Da die Verringerung der sozialen Distanz zur Institution Schule und die Senkung von Informationskosten die antizipierten Bildungskosten vermindern, werden über die daraus resultierenden Veränderungen in der Nutzen-Kosten-Abschätzung die Bildungsentscheidungen von Eltern positiv beeinflusst (s. Abb. 1). Darüber hinaus sollte die mit der vorschulischen familienergänzenden Betreuung verbundene Abschwächung primärer Herkunftseffekte die elterliche Einschätzung bezüglich des Leistungsvermögens ihrer Kinder modifizieren und somit die elterliche Erfolgserwartung steigern.

Insgesamt sollte eine vorschulische familienergänzende Betreuung in Form von Kinderkrippen und -gärten über eine Kompensation nachteiliger Sozialisationsbedingungen erstens zu verbesserten Startchancen und besseren Bildungsergebnissen für benachteiligte Kindergruppen beitragen. Die daraus resultierenden besseren Schulleistungen sollten zweitens die elterliche Erfolgserwartung steigern und in Verbindung mit besseren Möglichkeiten der elterlichen Informationsgewinnung herkunftsbedingte Disparitäten im Entscheidungsverhalten abschwächen (s. Abb. 1).

In diesem Zusammenhang ist jedoch zu bedenken, dass die Inanspruchnahme der familienergänzenden Betreuung in den verschiedenen Einrichtungen wiederum auf einer Entscheidung der Eltern beruht (vgl. Birgit Becker, 2010a, S. 21 f., Kratzmann & Schnei-

der, 2009, S. 19). Die Entscheidung zugunsten eines familienexternen Betreuungsange-
bots kann dabei durch die familiären Ressourcen- und Gelegenheitsstrukturen (z.B. die
Betreuung durch Grosseltern) beeinflusst sein. Vor diesem Hintergrund können soziostrukturelle Unterschiede in der Nutzung von Betreuungsangeboten über zwei Sachverhalte erklärt werden: Erstens ist eine solche Investition in das Humankapital der Kinder
dann rational, wenn die daraus resultierenden Nutzen höher sind als die sich aus dieser
Investition ergebenden Kosten. Diese werden wiederum in Relation zur eigenen Ressourcenstruktur bewertet (vgl. zusammenfassend Becker, 2010b). So könnte die familienergänzende Betreuung aus elterlicher Sicht nicht nur geeignet erscheinen, das Humankapital der Kinder zu steigern, sondern, je nach familiären Gegebenheiten, ebenfalls geeignet
erscheinen, die Erträge aus den elterlichen Investitionen (z.B. lange Ausbildungswege) in
das eigene Humankapitalvermögen – etwa durch fortgeführte Erwerbstätigkeit – auch
weiterhin realisieren zu können.

Zweitens könnte die Nutzung einer familienergänzenden Betreuung in Kinderkrippen, Kindergärten und Vorschulen für Eltern aus höheren Sozialschichten eine Bildungsstrategie darstellen, ihre Kinder bereits im frühen Kindesalter zu fördern, um die späteren schulischen Leistungen und damit den Statuserhalt in der Generationenfolge positiv
zu beeinflussen.

Zweitens könnte die Nutzung einer familienergänzenden Betreuung in Kinderkrippen, Kindergärten und Vorschulen für Eltern aus höheren Sozialschichten eine Bildungsstrategie darstellen, ihre Kinder bereits im frühen Kindesalter zu fördern, um die späteren schulischen Leistungen und damit den Statuserhalt in der Generationenfolge positiv
zu beeinflussen.

## 3    Empirische Befunde

### 3.1    Die Auswirkungen familienergänzender Betreuung auf Bildungschancen und -teilhabe

Die Frage, inwiefern familienergänzende Betreuung in Kinderkrippen, Kindergärten und
Vorschulen die Kompetenzen sozial benachteiligter Kinder verbessern und dadurch ihre
Startbedingungen und ihren Schulerfolg positiv beeinflussen kann, brachte eine Vielzahl
von Studien hervor. In den USA wurden bereits ab Mitte der 1960er Jahre verschiedene
Programme (z.B. Head Start, High/Scope Perry Preschool Project, Chicago Child-Parent
Center, Carolina Abecedarian program) zur Förderung sozial benachteiligter Kinder im-
plementiert (für eine detaillierte Übersicht s. Barnett, 1995, Biedinger & Becker, 2006,
Heckman & Masterov, 2007). Insgesamt betrachtet legen die daraus gewonnenen For-
schungsbefunde u.a. einen positiven Einfluss des Besuchs vorschulischer Einrichtungen
auf die kognitiven Fähigkeiten zu Schuleintritt und auf die Schulleistungen nahe. Dieses
Ergebnis, das in den USA durch neuere Studien zusätzliche Bestätigung findet (vgl. z.B.
Magnuson et al., 2004; 2007, Peisner-Feinberg et al., 1999), zeichnet sich auch in vielen

internationalen Studien ab (vgl. zusammenfassend Seyda, 2009, Stamm, Burger & Reinwand, 2009, Bennett, 2008, OECD, 2011). Da die Ausgestaltung der vorschulischen familienergänzenden Betreuung im internationalen Vergleich variiert (vgl. Bos et al., 2007b,
S. 138), ist jedoch fraglich, inwiefern diese Ergebnisse auf den deutschen Sprachraum
übertragbar sind (vgl. Biedinger & Becker, 2010, S. 52). In diesem Zusammenhang sehen
Stamm und Viehhauser (2009) ein wesentliches Problem in der Verallgemeinerbarkeit
von Erkenntnissen, die auf der Basis von Bildungsprogrammen mit vorwiegend schul-
vorbereitendem Charakter gewonnen wurden und darüber hinaus häufig an sozial benachteiligte Bevölkerungsgruppen gerichtet waren (vgl. ebd., S. 404, 408). Daher wird im
Folgenden lediglich eine Auswahl von Studienergebnissen vorgestellt, die vornehmlich
in deutschsprachigen Ländern gewonnen wurden.

- **Ergebnisse aus dem deutschsprachigen Raum**

Auch für den deutschsprachigen Raum finden sich vielfältige Hinweise auf eine förderliche Wirkung früher familienergänzender Betreuung auf Kompetenzen und Schulleistungen. So beurteilen Lehrpersonen in der Schweiz gemäss den Ergebnissen der NFP-
39-Studie Kinder, die in der Vorkindergartenzeit familienergänzend betreut wurden,
in ihren sprachlichen, kognitiven und sozialen Fähigkeiten besser als Kinder ohne eine
solche Betreuung (vgl. Lanfranchi, 2002; 2010, S. 108). In Deutschland weisen laut IGLU-
Studie 2001 und 2006 Kinder, die eine Vorschule oder einen Kindergarten besuchten,
am Ende der vierten Klasse bessere Lesekompetenzen auf als Kinder ohne oder mit lediglich kurzer Kindergartenbesuchsdauer (vgl. Bos et al., 2004, S. 83 f., Bos et al., 2007b,
S. 138). In den Bundesländern Nordrhein-Westfalen und Hessen zeigte sich im Kontext
der IGLU-Studie 2001 zudem eine Differenz hinsichtlich der Leistungen in Mathematik, Naturwissenschaften und Orthographie (vgl. Bos et al., 2004, 84). Dabei scheinen
im Besonderen Kinder aus niedrigen Sozialschichten von einem Kindergartenbesuch zu
profitieren (vgl. Bos et al., 2003, S. 129). Auch bei Betrachtung älterer Schülerinnen und
Schüler scheinen die ehemaligen Kindergartenkinder unter ihnen bessere Leistungen in
den Bereichen Lesen, Mathematik und Naturwissenschaften zu erbringen. So zeigt sich
für Deutschland anhand der PISA-Daten, dass Kinder, die den Kindergarten länger als
ein Jahr besuchten, im Alter von 15 Jahren bessere Ergebnisse in diesen Bereichen erzielen als Kinder mit einer geringeren Besuchsdauer oder keiner Kindergartenerfahrung
(vgl. Anger et al., 2007, S. 25). Birgit Becker (2006) sowie Biedinger und Becker (2010) zeigen mithilfe der Daten der Osnabrücker Schuleingangsuntersuchung (2000–2005), dass
Migrantenkinder zu Schuleintritt seltener Defizite hinsichtlich der deutschen Sprache
aufweisen, je länger sie den Kindergarten besuchten. Einen positiven Effekt des Kindergartenbesuchs auf die deutsche Sprachfähigkeit belegt zudem Birgit Becker (2010b). Auch
die nachfolgenden Untersuchungen auf Basis des sozioökonomischen Panels (SOEP) beschreiben vielfältige positive Auswirkungen früher familienergänzender Betreuung. Einen positiven Einfluss des Kindergartenbesuchs für Migrantenkinder belegen ebenfalls
Spiess et al. (2003) mit eben dieser Datenbasis. Gemäss ihren Analysen haben Migrantenkinder, die vor ihrer Schulzeit den Kindergarten besuchten, ein vermindertes Risiko,

im Alter von 14 Jahren auf eine Hauptschule zu gehen. Dass dieses Risiko für alle Kinder ihrer Stichprobe mit zunehmender Dauer frühkindlicher Betreuungserfahrungen sinkt, zeigen Büchner und Spiess (2007) anhand der gleichen Datenbasis (vgl. ebd., S. 16, 21). Zu einem ähnlichen Ergebnis gelangt auch Seyda (2009). Sie stellt fest, dass eine längere Kindergartenbesuchsdauer die Chance für den Besuch einer höherqualifizierenden weiterführenden Schule erhöht. Insbesondere Kinder von schlecht gebildeten Müttern scheinen hiervon zu profitieren. Becker (2010b) zeigt, dass vorschulische familienexterne Betreuung und Erziehung, auch unter Kontrolle der sozialen Selektivität hinsichtlich des Besuchs einer vorschulischen Einrichtung, vor allem die Bildungschancen von Arbeiterkindern sowie Kindern von Migranten verbessern. Landvoigt et al. (2007) zeigen demgegenüber, dass insgesamt zwar ein förderlicher Effekt des Kindergartenbesuchs auf den Gymnasiumbesuch zu vermuten, dieser jedoch lediglich bei einer Halbtagesbetreuung (im Gegensatz zur Ganztagesbetreuung) auszumachen ist. Die Autoren verweisen in diesem Zusammenhang jedoch darauf, dass die Kinder in Ganztagesbetreuungen häufiger aus nicht-deutschen, bildungsfernen und ökonomisch schlechter gestellten Familien kamen als Kinder in Halbtagesbetreuung (vgl. ebd., S. 15). Hinweise auf eine förderliche Wirkung des Kinderkrippenbesuchs (Einrichtungen für Kinder unter drei Jahren) geben die Analysen von Fritschi und Jann (2009). Sie sehen einen positiven Einfluss des Kinderkrippenbesuchs auf die Wahrscheinlichkeit, ins Gymnasium eingestuft zu werden. Kratzmann und Schneider (2009) gingen mithilfe des SOEP der Frage nach, ob ein früher Eintritt in den Kindergarten einen Einfluss auf die Rückstellung bei der Einschulung respektive auf die vorzeitige Einschulung hat. Demnach reduziert ein frühzeitiger Eintritt für Kinder aus bildungsfernen Familien das Risiko einer verzögerten Einschulung.

Mehrere der hier aufgeführten Studien machen darauf aufmerksam, dass nicht nur die Teilhabe an einem frühen familienergänzenden Betreuungsarrangement, sondern auch die Dauer respektive das Eintrittsalter Einfluss auf den Bildungserfolg von Kindern nehmen können. Dabei ist an dieser Stelle jedoch anzufügen, dass nicht nur die Besuchsdauer, sondern auch die Qualität der Einrichtung bzw. die Qualität der pädagogischen Prozesse ein entscheidender Parameter ist (vgl. zusammenfassend Rossbach et al., 2008, Tietze et al., 2005).

## 3.2 Soziostrukturelle Unterschiede im Zusammenhang mit der Inanspruchnahme familienergänzender Betreuung

Gemäss den oben dargelegten Forschungsergebnissen scheinen sozial benachteiligte Kinder und Kinder aus Migrantenfamilien von familienergänzenden Betreuungsangeboten besonders profitieren zu können. Gleichzeitig weisen mehrere Studien jedoch auf soziostrukturelle Unterschiede bei der Inanspruchnahme dieser Betreuungsangebote zuungunsten dieser Kindergruppen hin.

So zeigen Fuchs und Peucker (2006) auf Basis der DJI-Betreuungsstudie, dass Kinder aus bildungsfernen, kinderreichen und einkommensschwachen Elternhäusern sowie Kinder aus Migrantenfamilien (insbesondere aus Nicht-EU-Ländern) seltener als andere Kinder den Kindergarten besuchen (vgl. ebd., S. 68 ff.). Zum gleichen Ergebnis gelangen auch Fuchs (2005) und Hüsken et al. (2008) unter Verwendung des deutschen Mikrozensus 2002 bzw. 2004 (vgl. Fuchs, 2005, S. 94 ff., Hüsken et al., 2008, S. 32 ff.) sowie Becker und Tremel (2006) auf Grundlage des SOEP.

Auf Basis des deutschen Mikrozensus 2005 dokumentiert das Konsortium für Bildungsberichterstattung (2006) ebenfalls soziostrukturelle Diskrepanzen hinsichtlich des Kindergartenbesuchs. Demzufolge besuchen Kinder aus bildungsfernen Elternhäusern sowohl im Alter von 3 Jahren als auch ein Jahr vor Schuleintritt seltener einen Kindergarten als Gleichaltrige besser gebildeter Eltern. Für Kinder aus Migrantenfamilien zeigen sich im Alter von 3 Jahren ebenfalls geringere Besuchsquoten. Dabei werden insbesondere Kinder, die nicht in Deutschland geboren sind, weniger häufig in Kindergärten betreut (vgl. ebd., S. 38, 150). Ein Jahr vor der Einschulung gleichen sich die Besuchsquoten zwischen Einheimischen und Migranten jedoch an (vgl. ebd., S. 38).

Bock-Famulla und Lange (2011) verweisen auf Grundlage der deutschen Kinder- und Jugendhilfestatistik darauf, dass insgesamt gesehen Eltern mit Migrationshintergrund und Einheimische die Ganztagsbetreuung (mehr als 7 Std. am Tag) in Kindertagesstätten etwa in gleichem Masse nutzen. Unterschiede zwischen den einzelnen Bundesländern erklären sie über die unterschiedliche Ausgestaltung der verschiedenen Systeme frühkindlicher Bildung[3] (vgl. ebd., S. 11). Darüber hinaus machen sie auf die zwischen den Bundesländern variierende Angebotsstruktur zur Kindertagesbetreuung aufmerksam, die sie als eine mögliche Ursache für differierende Inanspruchnahmequoten benennen (vgl. ebd., S. 8 f.).

Birgit Becker (2010a) weist für Deutschland auf Basis der Daten des DFG-Projekts „Erwerb von sprachlichen und kulturellen Kompetenzen von Migrantenkindern in der Vorschulzeit" darauf hin, dass türkische Familien bei der Wahl eines Kindergartens eher die vorstrukturierten Angebote der Wohnumgebung nutzen als deutsche Familien. Aufgrund des hohen Migrantenanteils in manchen Wohnvierteln seien die dort angesiedel-

---

3 Als Beispiel führen die Autorinnen die unterschiedlichen Nutzungsquoten in Bayern und Berlin an und begründen diese mit der unterschiedlichen Ausgestaltung der Finanzierung von Kindertagesstätten (vgl. Bock-Famulla & Lange, 2011, S. 11 f.)

ten Kindergärten dadurch von einem hohen Anteil an Kindern nicht-deutscher Herkunft gekennzeichnet, der wiederum, aufgrund des verminderten Kontakts zur deutschen Sprache, die Möglichkeiten des Spracherwerbs für diese Kinder verringere (vgl. ebd., S. 43, Biedinger & Becker, 2010, S. 53).

Ähnlich wie bereits Fuchs (2005), Fuchs und Peucker (2006) und Hüsken et al. (2008) kamen Kreyenfeld und Krapf (2010) unter Verwendung des SOEP für Deutschland zu dem Schluss, dass Kinder mit einer anderen als der deutschen Staatsangehörigkeit im frühen Kindesalter – d.h. im Alter von 2 bis 3 Jahren – wesentlich seltener familienextern betreut werden als einheimische Kinder. Darüber hinaus befanden sich Kinder, deren Mütter einen niedrigeren Bildungsabschluss als das Abitur aufwiesen und Kinder mit mehr als einem Geschwisterkind deutlich seltener in einem familienexternen Betreuungsarrangement als Kinder mit höher gebildeten Müttern und keinem oder lediglich einem Geschwisterkind (vgl. ebd., S. 122). Die Autorinnen vermuten, dass die vermehrte Nutzung durch höher gebildete Frauen nicht ausschliesslich aus der höheren Erwerbsneigung dieser Frauen resultiert, da im Zuge ihrer Analysen statistisch um diese kontrolliert wurde (vgl. ebd., S. 118). In Anlehnung an die Ausführungen zu den theoretisch erwarteten Disparitäten im Nutzungsverhalten (oben in diesem Beitrag) ist ebenfalls denkbar, dass diese Unterschiede aus einer gezielten Bildungsstrategie bildungsnaher und höherer Sozialschichten resultieren, ihren Kindern über die Teilhabe an externen Betreuungsarrangements Bildungsvorteile zu verschaffen. So zeigt beispielsweise Lanfranchi (2002; 2010) im Rahmen des Nationalen Forschungsprogramms „Migration und interkulturelle Beziehungen" (NFP-39-Studie sowie Follow-up der NFP-39-Studie) für die Schweiz, dass Kinder von Eltern mit niedrigen Bildungsaspirationen und hoher Bildungsdistanz deutlich seltener familienextern betreut werden als Kinder besser gebildeter Eltern oder Eltern, die höhere Bildungsziele für ihre Kinder verfolgen. Darüber hinaus verweist er auf eine Unterrepräsentation von Kindern mit Migrationshintergrund in familienexternen Betreuungsarrangements.

Insgesamt deuten die hier aufgeführten Ergebnisse für die Schweiz und Deutschland darauf hin, dass gerade die Kindergruppen, die am stärksten von der in Kinderkrippen, Kindergärten und Vorschulen geleisteten familienergänzenden Betreuung profitieren könnten, am schlechtesten von diesen erreicht und in diese eingebunden werden.

Zeigt sich in diesen Ländern verstärkt eine Trennlinie zwischen der Inanspruchnahme des Betreuungsangebotes und dem Verzicht darauf, ist gemäss Kreyenfeld und Krapf (2010) zu vermuten, dass je nach Wohlfahrtsstaatstyp und dem damit verbundenen Grad der Defamilialisierung[4] sich solche Trennlinien unterscheiden oder stärker bzw. schwächer verlaufen können. In Ländern mit starker marktliberaler Orientierung und fehlenden umfassenden Richtlinien zur Regelung und Sicherung der Betreuungsqualität seien

---

4   Der Grad der Defamilialisierung ist ein Mass für die Art und den Umfang sozialer Dienstleistungen zur Entlastung von Familien. Ist der Defamilialisierungsgrad hoch, unterstützt der Staat über die Förderung eines umfassenden öffentlichen Kinderbetreuungssystems die Herauslösung der Betreuungsaufgaben aus der Familie (vgl. Esping-Andersen, 1999, S. 51).

entsprechend eher Ungleichheiten hinsichtlich des Zugangs zu qualitativ hochwertigen Betreuungsarrangements zu erwarten (vgl. ebd., S. 107 f.). Dies wirke sich insbesondere aus, wenn Personen aufgrund eines hohen Erwerbsdrucks[5] auf eine externe Kinderbetreuung angewiesen, aufgrund ihres geringen Erwerbseinkommens aber nicht in der Lage sind, qualitativ höherwertige Angebote zu finanzieren. In der Folge ergebe sich eine Konzentration der Kinder aus einkommensschwachen Familien auf die Betreuungsarrangements niedriger Qualität.

## 3.3    Investitionen in die frühe familienergänzende Kinderbetreuung aus volkswirtschaftlicher Sicht

Die Bevölkerungsgruppen, die ihre Bildungschancen am deutlichsten durch familienergänzende Betreuung im frühen Kindesalter verbessern können, nehmen diese Möglichkeiten nur eingeschränkt oder zeitlich begrenzt wahr. Dies bedeutet aber auch, dass die Möglichkeiten der frühkindlichen familienergänzenden Betreuung zur besseren Ausschöpfung des Bildungs- und damit auch des Leistungspotenzials dieser Bevölkerungsgruppen nicht vollständig genutzt werden. Eine möglichst gute Ausschöpfung des Bildungspotenzials einer Bevölkerung ist aus volkswirtschaftlicher Sicht erstrebenswert, da ein positiver Zusammenhang zwischen dem Bildungsniveau einer Bevölkerung und ihrem Wirtschaftswachstum besteht (vgl. Anger et al., 2007, Dohmen, 2010, Piopiunik & Wössmann, 2010). So beziffern beispielsweise Piopiunik und Wössmann (2010) die Folgekosten unzureichender Bildung, die sie am Nicht-Erreichen eines Grundbildungsniveaus (420 Pisa-Punkte) festmachen, für Deutschland auf rund 2.8 Billionen Euro bezogen auf den Lebenszeitraum heute geborener Kinder.

Um Kinder aus bildungsfernen Schichten für frühkindliche Betreuungsangebote stärker zu erreichen bzw. sie in einem früheren Lebensalter bereits für diese zu gewinnen, könnte sich ein besseres strukturelles Angebot an Betreuungsplätzen insbesondere dann als vorteilhaft erweisen, wenn es gelingt, über kostengünstige oder kostenfreie Betreuungsplätze das elterliche Investitionsrisiko weitgehend zu senken und damit soziale Disparitäten bei der Inanspruchnahme frühkindlicher Bildung zu reduzieren.

Investitionen in den Ausbau familienergänzender Betreuungsangebote sind allerdings mit beträchtlichen Kosten für die öffentliche Hand verbunden[6]. Mehrere Studien kommen jedoch zu dem Ergebnis, dass Investitionen in die frühe familienergänzende Betreuung auch aus volkswirtschaftlicher Sicht sinnvoll sind, da der aus der familienergänzenden Betreuung im frühen Kindesalter gezogene gesamtgesellschaftliche Nutzen, die

---

5   Dieser Erwerbsdruck entsteht laut Kreyenfeld und Krapf (2010) insbesondere für Frauen, die weder auf Transferleistungen noch auf das Einkommen eines Partners zurückgreifen können.

6   Diese Kosten sind gemäss Rossbach (1996, S. 287 f.) jedoch lediglich Kosten, die bisher von den Familien selbst getragen wurden, so dass die Finanzierung des Ausbaus von Betreuungsangeboten lediglich eine Verlagerung der Kosten aus dem privaten in den öffentlichen Bereich sei.

Kosten der getätigten Investitionen um ein Vielfaches übersteigt (vgl. Anger et al., 2007, Fritschi et al., 2007, Fritschi & Jann, 2009, Müller Kucera & Bauer, 2000, Spiess et al., 2002). Neben dem wirtschaftlichen Nutzen, der aus einer besseren Bildungsbeteiligung insbesondere von sozial benachteiligten Kindern resultiert (vgl. Anger et al., 2007, S. 49, Fritschi & Jann 2009, S. 513 f., 516 ff.), verweisen US-amerikanische Forschungsergebnisse u.a. auf Einsparungen aus sinkenden Kriminalitätsraten (vgl. zusammenfassend Heckman & Masterov, 2007).

Familienergänzende Betreuung – als Mittel zur frühen Kompetenzförderung – sollte insbesondere dann positive Nutzeneffekte entfalten, wenn diese frühen Investitionen in das Humankapital der Kinder von weiteren Investitionen im späteren Lebensalter begleitet werden (vgl. Heckman, 2008).

Darüber hinaus sollte eine gute Verfügbarkeit von familienergänzenden Betreuungsangeboten die Vereinbarkeit von Familie und Beruf fördern und somit das Erwerbsverhalten der Eltern – insbesondere von „erwerbswilligen" Müttern[7] – steigern (vgl. Spiess et al., 2002). Infolge der höheren Erwerbseinkommen wäre wiederum mit steigenden Steuereinnahmen und steigenden Beiträgen in die sozialen Sicherungssysteme zu rechnen – ein Mehrgewinn, der sich durch die Steuer- und Sozialabgaben der neu im Kinderbetreuungsbereich beschäftigten Personen noch weiter erhöhen könnte (vgl. Anger et al., 2007, Fritschi et al., 2007, Fritschi & Jann, 2009, Müller Kucera & Bauer, 2000, Spiess et al., 2002).

## 4    Fazit

Beim gegenwärtigen Forschungsstand belegen die Befunde, dass der Besuch frühkindlicher und vorschulischer Bildung eine geeignete institutionelle Maßnahme ist, um soziale Disparitäten bei den Startchancen und späteren Bildungserfolgen zu reduzieren. Vor allem den besonders im Bildungssystem benachteiligten Gruppen – den Arbeiterkindern oder den Kindern mit Migrationshintergrund – bietet sie einen Chancenausgleich. Über frühe institutionalisierte Bildungsinvestitionen können nicht nur die sozialen Ungleichheiten von Bildungschancen reduziert werden, sondern auch die Wahrscheinlichkeit von Bildungserfolgen erhöht und auch – gemessen an den Bildungsergebnissen wie etwa Wissen, Fähigkeiten und Bildungszertifikate – der ‚output' eines Bildungssystems verbessert werden.

Allerdings weisen die Forschungsergebnisse auch auf die Grenzen der frühkindlichen Bildung hin, so dass ihre Effektivität zwar nicht zu unterschätzen ist, aber auch nicht überschätzt werden sollte. Diese pessimistische Sichtweise wird durch den Umstand genährt, dass positive Wirkungen familienergänzender Betreuung nachweisbar sind, aber die Mechanismen und Prozesse, die ihre Wirksamkeit ausmachen, noch zu wenig er-

---

7    Dies sind Mütter, die zwar einen Erwerbswunsch äussern, diesen z.B. aufgrund fehlender Betreuungsmöglichkeiten jedoch nicht umsetzen können.

forscht sind. Grund hierfür ist vor allem die unzureichende Datenlage. Notwendig sind Längsschnittstudien mit einer zeitlich kontinuierlichen Messung der Wirkung von familienergänzender Betreuung – unter Berücksichtigung der sozialen Selektivität bei der Inanspruchnahme vorschulischer Bildung und bei Kontrolle konkurrierender Einflüsse, die sich auf den Schulerfolg auswirken – auf den Bildungsverlauf und weiteren Lebensverlauf.

## 5    Literatur

Anger, C., Plünnecke, A. & Tröger, M. (2007). Renditen der Bildung – Investitionen in den frühkindlichen Bereich. Studie im Auftrag der Wissensfabrik – Unternehmen für Deutschland e.V. Download am 25.02.2012 von http://www.iwkoeln.de/de/studien/gutachten/beitrag/63783?highlight=anger

Barnett, W.S. (1995). Long-Term Effects of Early Childhood Programs on Cognitive and School Outcomes. *The Future of Children 5*(3), 25–50.

Baumert, J. & Schümer, G. (2001). Familiäre Lebensverhältnisse, Bildungsbeteiligung und Kompetenzerwerb. In Deutsches Pisa-Konsortium (Hrsg.), *PISA 2000* (S. 323–407). Opladen: Leske + Budrich.

Becker, Birgit (2006). Der Einfluss des Kindergartens als Kontext zum Erwerb der deutschen Sprache bei Migrantenkindern. *Zeitschrift für Soziologie 35*(6), 449–464.

Becker, B. (2010a). Ethnische Unterschiede bei der Kindergartenselektion: Die Wahl von unterschiedlich stark segregierten Kindergärten in deutschen und türkischen Familien. In B. Becker & D. Reimer (Hrsg.), *Vom Kindergarten bis zur Hochschule. Die Generierung von ethnischen und sozialen Disparitäten in der Bildungsbiographie* (S. 17–47). Wiesbaden: VS Verlag für Sozialwissenschaften.

Becker, B. (2010b). Wer profitiert mehr vom Kindergarten? Die Wirkung der Kindergartenbesuchsdauer und Ausstattungsqualität auf die Entwicklung des deutschen Wortschatzes bei deutschen und türkischen Kindern. *Kölner Zeitschrift für Soziologie und Sozialpsychologie 62*(1), 139–163.

Becker, B. (2011). Social Disparities in Children's Vocabulary in Early Childhood. Does Preschool Education Help to Close the Gap? *British Journal of Sociology 62*(1), 69–88.

Becker, R. (1999). Kinder ohne Zukunft? Kinder in Armut und Bildungsungleichheit in Ostdeutschland seit 1990. *Zeitschrift für Erziehungswissenschaft 2*(2), 251–271.

Becker, R. (2010a). Soziale Ungleichheit im Schweizer Bildungssystem und was man dagegen tun könnte. In M.P. Neuenschwander & H.-U. Grunder (Hrsg.), *Schulübergang und Selektion – Forschungserträge und Umsetzungsstrategien* (S. 91-108). Chur: Rüegger.

Becker, R. (2010b). Bildungseffekte vorschulischer Erziehung und Elementarbildung – Bessere Bildungschancen für Arbeiter- und Migrantenkinder? In R. Becker & W. Lauterbach (Hrsg.), *Bildung als Privileg* (S. 129–160). Wiesbaden: VS Verlag für Sozialwissenschaften.

Becker, R. (2011). Entstehung und Reproduktion dauerhafter Bildungsungleichheiten. In R. Becker (Hrsg.), *Lehrbuch der Bildungssoziologie* (S. 87–138). Wiesbaden: VS Verlag für Sozialwissenschaften.

Becker, R. & Lauterbach, W. (2008). Vom Nutzen vorschulischer Erziehung und Elementarbildung – Bessere Bildungschancen für Arbeiterkinder? In R. Becker & W. Lauterbach (Hrsg.), *Bildung als Privileg* (S. 129–159). Wiesbaden: VS Verlag für Sozialwissenschaften.

Becker, R. & Lauterbach, W. (2010). Bildung als Privileg – Ursachen, Mechanismen, Prozesse und Wirkungen dauerhafter Bildungsungleichheiten. In R. Becker & W. Lauterbach (Hrsg.), *Bildung als Privileg* (S. 11–49). Wiesbaden: VS Verlag für Sozialwissenschaften.

Becker, R. & Tremel, P. (2006). Auswirkungen vorschulischer Kinderbetreuung auf die Bildungschancen von Migrantenkindern. *Soziale Welt 57*(4), 397–418.

Becker, R. & Tremel, P. (2011). Bildungseffekte vorschulischer Betreuung und Bildung für Migranten im deutschen Schulsystem. In W. Lauterbach & R. Becker (Hrsg.), *Integration durch Bildung. Bildungserwerb von jungen Migranten in Deutschland* (S. 57–70). Wiesbaden: VS Verlag für Sozialwissenschaften.

Bennett, J. (2008). Early childhood services in the OECD countries: a review of the literature and of current policy in the early childhood field. *Innocenti Working Paper 2008-01*, Florence: UNICEF Innocenti Research Centre.

Biedinger, N. & Becker, B. (2006). Der Einfluss des Vorschulbesuchs auf die Entwicklung und den langfristigen Bildungserfolg von Kindern. Ein Überblick über internationale Studien im Vorschulbereich. *Arbeitspapiere – Mannheimer Zentrum für Europäische Sozialforschung 97.* Mannheim.

Biedinger, N. & Becker, B. (2010). Frühe ethnische Bildungsungleichheit: Der Einfluss des Kindergartenbesuchs auf die deutsche Sprachfähigkeit und die allgemeine Entwicklung. In B. Becker & D. Reimer (Hrsg.), *Vom Kindergarten bis zur Hochschule. Die Generierung von ethnischen und sozialen Disparitäten in der Bildungsbiographie* (S. 49–79). Wiesbaden: VS Verlag für Sozialwissenschaften.

Blossfeld, H.-P. & Shavit, Y. (1993). Dauerhafte Ungleichheiten. Zur Veränderung des Einflusses der sozialen Herkunft auf die Bildungschancen in dreizehn industrialisierten Ländern. *Zeitschrift für Pädagogik 39*(1), 25–52.

BMFSFJ (Hrsg.) (2005). *Zwölfter Kinder- und Jugendbericht. Bericht über die Lebenssituation junger Menschen und die Leistungen der Kinder- und Jugendhilfe.* Berlin: BMFSFJ.

Bock-Famulla, K. & Lange, J. (2011). *Länderreport Frühkindliche Bildungssysteme 2011: Transparenz schaffen – Governance stärken.* Gütersloh: Bertelsmann Stiftung.

Bos, W., Lankes, E.-M., Schwippert, K., Valtin, R., Voss, A., Badel, I. & Plaßmeier, N. (2003). Lesekompetenzen deutscher Grundschülerinnen und Grundschüler am Ende der vierten Jahrgangsstufe im internationalen Vergleich. In W. Bos, E.-M. Lankes, M. Prenzel, K. Schwippert, R. Valtin & G. Walther (Hrsg.), *Erste Ergebnisse aus IGLU. Schülerleistungen am Ende der vierten Jahrgangsstufe im internationalen Vergleich* (S. 69–142). Münster: Waxmann.

Bos, W., Valtin, R., Lankes, E.-M., Schwippert, K., Voss, A., Badel, I. & Plaßmeier, N. (2004). Lesekompetenzen am Ende der vierten Jahrgangsstufe in einigen Ländern der Bundesrepublik Deutschland im nationalen und internationalen Vergleich. In W. Bos, E.-M. Lankes, M. Prenzel, K. Schwippert, R. Valtin & G. Walther (Hrsg.), *IGLU. Einige Länder der Bundesrepublik Deutschland im nationalen und internationalen Vergleich* (S. 49–92). Münster: Waxmann.

Bos, W., Schwippert, K., Stubbe, T.C., Bos, W., Hornberg, S. & Arnold, K.-H. (2007a). Die Kopplung von sozialer Herkunft und Schülerleistung im internationalen Vergleich. In W. Bos, S. Hornberg, K.-H. Arnold, G. Faust, L. Fried, E.-M. Lankes, K. Schwippert & R. Valtin (Hrsg.), *IGLU 2006. Lesekompetenzen von Grundschulkindern in Deutschland im internationalen Vergleich* (S. 225–247). Münster: Waxmann.

Bos, W., Valtin, R., Hornberg, S., Buddeberg, I., Goy, M. & Voss, A. (2007b). Internationaler Vergleich 2006: Lesekompetenzen von Schülerinnen und Schülern am Ende der vierten Jahrgangsstufe. In W. Bos, S. Hornberg, K.-H. Arnold, G. Faust, L. Fried, E.-M. Lankes, K. Schwippert & R. Valtin (Hrsg.), *IGLU 2006. Lesekompetenzen von Grundschulkindern in Deutschland im internationalen Vergleich* (S. 109–160). Münster: Waxmann.

Boudon, R. (1974). *Education, Opportunity, and Social Inequality.* New York: Wiley & Sons.

Breen, R. & Goldthorpe, J.H. (1997). Explaining Educational Differentials. Towards A Formal Rational Action Theory. *Rationality and Society 9*(3), 275–305.

Breen, R., Luijkx, R., Müller, W. & Pollak, R. (2009). Nonpersistent Inequality in Educational Attainment: Evidence from Eight European Countries. *American Journal of Sociology 114*(5), 1475–1152.

Breen, R., Luijkx, R., Müller, W. & Pollak, R. (2010). Long-term Trends in Educational Inequality in Europe: Class Inequalities and Gender Differences. *European Sociological Review 26*(1), 31–48.

Buchmann, M., Charles, M. & Sacchi, S. (1993). The Lifelong Shadow: Social Origins and Educational Opportunity in Switzerland. In Y. Shavit & H.-P. Blossfeld (Hrsg.), *Persistent Inequality: Changing Educational Attainment in 13 Countries* (S. 177–192). Boulder: Westview Press.

Buchmann, M., Sacchi, S., Lamprecht, M. & Stamm, H. (2007). Tertiary Education Expansion and Social Inequality in Switzerland. In Y. Shavit, R. Arum & A. Gomoran (Hrsg.), *Stratification in Higher Education* (S. 321–348). Stanford: Stanford University Press.

Büchner, C. & Spiess, K.C. (2007). Die Dauer vorschulischer Betreuungs- und Bildungserfahrungen: Ergebnisse auf der Basis von Paneldaten. *DIW Discussion Papers 687*. Berlin: DIW Berlin.

Ditton, H. (2010). Der Beitrag von Schule und Lehrern zur Reproduktion von Bildungsungleichheit. In R. Becker & W. Lauterbach (Hrsg.), *Bildung als Privileg* (S. 247–275). Wiesbaden: VS Verlag für Sozialwissenschaften.

Dohmen, D. (2010). Die ökonomischen Folgen der Bildungsarmut. In G. Quenzel & K. Hurrelmann (Hrsg.), *Bildungsverlierer. Neue Ungleichheiten* (S. 441–462). Wiesbaden: VS Verlag für Sozialwissenschaften.

Ehmke, T. & Jude, N. (2010). Soziale Herkunft und Kompetenzerwerb. In E. Klieme, C. Artelt, J. Hartig, N. Jude, O. Köller, M. Prenzel, W. Schneider & P. Stanat (Hrsg.), *PISA 2009. Bilanz nach einem Jahrzehnt* (S. 231–254). Münster: Waxmann.

Erikson, R. & Jonsson, J.O. (1996). Explaining Class Inequality in Education: The Swedish Test Case. In R. Erikson & J.O. Jonsson (Hrsg.), *Can Education Be Equalized?* (S. 1–63). Boulder: Westview Press.

Esping-Andersen, G. (1999). *Social Foundations of Postindustrial Economies.* New York: Oxford University Press.

Esser, H. (1999). *Soziologie. Spezielle Grundlagen – Band 1: Situationslogik und Handeln.* Frankfurt a. M.: Campus.

Esser, H. (2006). *Sprache und Integration. Die sozialen Bedingungen und Folgen des Spracherwerbs von Migranten.* Frankfurt a. M. und New York: Campus.

Fritschi, T. & Jann, B. (2009). Zum Einfluss vorschulischer Kinderbetreuung auf den Bildungsweg und den erwarteten Erfolg am Arbeitsmarkt. *Empirische Pädagogik 23*(4), 500–520.

Fritschi, T., Strub, S. & Stutz, H. (2007). *Volkswirtschaftlicher Nutzen von Kindertageseinrichtungen in der Region Bern. Schlussbericht.* Bern: Büro BASS.

Fuchs, K. (2005). Wer besucht eine Kindertageseinrichtung, wer nicht? In Deutsches Jugendinstitut (Hrsg.), *Zahlenspiegel 2005. Kindertagesbetreuung im Spiegel der amtlichen Statistik* (S. 93 109). München. Download am 17.02.2012 von http://www.bmfsfj.de/doku/Publikationen/zahlenspiegel2005/root.html

Fuchs, K. & Peucker, C. (2006). „… und raus bist Du!" Welche Kinder besuchen nicht den Kindergarten und warum? In W. Bien, T. Rauschenbach & B. Riedel (Hrsg.), *Wer betreut Deutschlands Kinder? DJI-Kinderbetreuungsstudie* (S. 61–81). Weinheim und Basel: Beltz.

Geissler, R. (1994). Soziale Schichtung und Bildungschancen. In R. Geissler (Hrsg.), *Soziale Schichtung und Lebenschancen in Deutschland* (S. 111–159). Stuttgart: Enke Verlag.

Heckman, J.J. (2008). Schools, skills, and synapses. *Economic Inquiry 46*(3), 289–324.

Heckman, J.J. & Masterov, D.V. (2007). The Productivity Argument for Investing in Young Children. *Review of Agricultural Economics, American Agricultural Economics Association 29*(3), 446–493.

Hüsken, K., Seitz, K., Tautorat, P., Walter, M. & Wolf, K. (2008). Kinderbetreuung in der Familie. Abschlussbericht Mai 2008. München und Dortmund. Download am 01.03.2012 von http://
www.dji.de/bibs/ KiBeFa_Abschlussbericht.pdf

Joye, D., Bergman. M.M. & Lambert, P.S. (2003). Intergenerational educational and social mobility
in Switzerland. *Schweizerische Zeitschrift für Soziologie 29*(2), 263–291.

Konsortium Bildungsberichterstattung (2006). *Bildung in Deutschland. Ein indikatorengestützter
Bericht mit einer Analyse zu Bildung und Migration.* Bielefeld: Bertelsmann Verlag.

Kratzmann, J. & Schneider, T. (2009). Soziale Ungleichheit beim Schulstart. Empirische Untersuchungen zur Bedeutung der sozialen Herkunft und des Kindergartenbesuchs auf den Zeitpunkt
der Einschulung mit Daten des SOEP. Kölner Zeitschrift für Soziologie und Sozialpsychologie
61(2), 211–234.

Kreyenfeld, M. & Krapf, S. (2010). Soziale Ungleichheit und Kinderbetreuung – Eine Analyse der
sozialen und ökonomischen Determinanten der Nutzung von Kindertageseinrichtungen. In R.
Becker & W. Lauterbach (Hrsg.), *Bildung als Privileg* (S. 107–128). Wiesbaden: VS Verlag für
Sozialwissenschaften.

Lamprecht, M. & Stamm, H. (1996). *Soziale Ungleichheit im Bildungswesen.* Bern: Bundesamt für
Statistik.

Landvoigt, T., Mühler, G. & Pfeiffer, F. (2007). Duration and Intensity of Kindergarten Attendance
and Secondary School Track Choice. *ZEW Discussion Paper 07-051.* Mannheim.

Lanfranchi, A. (2002). *Schulerfolg von Migrationskindern. Die Bedeutung familienergänzender Betreuung im Vorschulalter.* Opladen: Leske + Budrich.

Lanfranchi, A (2010). Familienergänzende Betreuung. In M. Stamm & D. Edelmann (Hrsg.), Frühkindliche Bildung, Betreuung und Erziehung. Was kann die Schweiz lernen? (S. 93–117). Zürich:
Rüegger Verlag.

Lange, E. (2005). *Soziologie des Erziehungswesens.* Wiesbaden: VS Verlag für Sozialwissenschaften.

Maaz, K., Baumert, J. & Trautwein, U. (2009). Genese sozialer Ungleichheiten im institutionellen
Kontext der Schule. Wo entsteht und vergrößert sich soziale Ungleichheit? *Zeitschrift für Erziehungswissenschaft Sonderheft 12,* 11–46.

Magnuson, K.A., Meyers, M.K., Ruhm, C.J. & Waldfogel, J. (2004). Inequality in preschool education and school readiness. *American Educational Research Journal 41*(1), 115–157.

Magnuson, K.A., Meyers, M.K., Ruhm, C.J. & Waldfogel, J. (2007). Does prekindergarten improve
school preparation and performance? *Economics of Education Review 26*(1), 33–51.

Moser, U. (2005). Lernvoraussetzungen in Schulklassen zu Beginn der 1. Klasse. In U. Moser, M.
Stamm & J. Hollenweger (Hrsg.), *Für die Schule bereit? Lesen, Wortschatz, Mathematik und soziale Kompetenz beim Schuleintritt* (S. 167–185). Aarau: Sauerländer.

Moser U., Keller F. & Zimmermann P. (2008). Soziale Ungleichheiten und Fachleistungen. In U.
Moser & J. Hollenweger (Hrsg.), *Drei Jahre danach. Lesen, Wortschatz, Mathematik und soziale
Kompetenzen am Ende der dritten Klasse* (S. 115–151). Oberentfelden: Sauerländer.

OECD (2011). *Doing Better for Families.* OECD Publishing.

Peisner-Feinberg, E.S., Burchinal, M.R., Clifford, R.M., Culkin, M.L., Howes, C., Kagan, S.L., Ya-
zejian, N., Byler, P., Rustici, J.& Zelazo, J. (1999). The children of the cost, quality, and outcomes
study go to school: Executive summary. Chapel Hill: University of North Carolina at Chapel
Hill, Frank Porter Graham Child Development Center. Download am 14.03.2012 von http://
www.fpg.unc.edu/~ncedl/pdfs/cqo-es.pdf

Piopiunik, M. & Wössmann, L. (2010). Volkswirtschaftliche Folgekosten unzureichender Bildung:
Eine makroökonomische Projektion. In G. Quenzel & K. Hurrelmann (Hrsg.), *Bildungsverlierer.
Neue Ungleichheiten* (S. 463–473). Wiesbaden: VS Verlag für Sozialwissenschaften.

Rolff, H. (1997). *Sozialisation und Auslese durch die Schule.* Weinheim und München: Juventa.

Rossbach, H.-G. (1996). Bildungsökonomische Aspekte in der Weiterentwicklung des Früherziehungssystems. In W. Tietze (Hrsg.), *Früherziehung – Trends, internationale Forschungsergebnisse, Praxisorientierungen* (S. 279–293). Berlin: Luchterhand.

Rossbach, H.-G., Kluczniok, K. & Kuger, S. (2008). Auswirkungen eines Kindergartenbesuchs auf den kognitivleistungsbezogenen Entwicklungsstand von Kindern – Ein Forschungsüberblick. *Zeitschrift für Erziehungswissenschaft Sonderheft 11*, 139–158.

Schimpl-Neimanns, B. (2000). Soziale Herkunft und Bildungsbeteiligung – Empirische Analysen zu herkunftsspezifischen Bildungsungleichheiten zwischen 1950 und 1989. *Kölner Zeitschrift für Soziologie und Sozialpsychologie 52*(4), 636–669.

Seyda, S. (2009). Kindergartenbesuch und späterer Bildungserfolg. Eine bildungsökonomische Analyse anhand des Sozio-ökonomischen Panels. *Zeitschrift für Erziehungswissenschaft 12*(2), 233–251.

Spiess, C.K., Büchel, F. & Wagner, G.G. (2003). Children's school placement in Germany: Does kindergarten attendance matter? *Early Childhood Research Quarterly 18*(2), 255–270.

Spiess, C.K., Schupp, J., Grabka, M., Haisken-De New, J.P., Jakobeit, H. & Wagner G.G. (2002). *Abschätzung der (Brutto-)Einnahmeeffekte öffentlicher Haushalte und der Sozialversicherungsträger bei einem Ausbau von Kindertageseinrichtungen. Gutachten im Auftrag des Bundesministeriums für Familie, Senioren, Frauen und Jugend*. Berlin: DIW Berlin.

Stamm, M., Burger, K. & Reinwand, V.-I. (2009). Frühkindliche Bildung als Prävention gegen Schulversagen? Empirische Befunde und kritische Anmerkungen zur frühpädagogischen Forschung. *Zeitschrift für Sozialpädagogik 7*(3), 226–243.

Stamm, M. & Viehhauser, M. (2009). Frühkindliche Bildung und soziale Ungleichheit. Analysen und Perspektiven zum chancenausgleichenden Charakter frühkindlicher Bildungsangebote. *Zeitschrift für Soziologie der Erziehung und Sozialisation 4*, 403–418.

Stoeckli, G. (1997). *Eltern, Kinder und das andere Geschlecht. Selbstwerdung in sozialen Beziehungen*. Weinheim und München: Juventa.

Tietze, W., Rossbach, H.-G., Grenner, K. (2005). *Kinder von 4 bis 8 Jahren. Zur Qualität der Erziehung und Bildung in Kindergarten, Grundschule und Familie*. Weinheim: Beltz.

Valtin, R., Horberg, S., Buddeberg, M., Voss, A., Kowoll, M.E. & Potthoff, B. (2010). Schülerinnen und Schüler mit Leseproblemen – eine ökosystemische Betrachtungsweise. In W. Bos, S. Hornberg, K.-H. Arnold, G. Faust, L. Fried, E.-M. Lankes, K. Schwippert, I. Tarelli & R. Valtin (Hrsg.), *IGLU 2006 – die Grundschule auf dem Prüfstand. Vertiefende Analysen zu Rahmenbedingungen schulischen Lernens* (S. 43–90). Münster: Waxmann.

# Entwicklung und Förderung emotionaler Kompetenz in der frühen Kindheit

Silvia Wiedebusch und Franz Petermann

## 1 Emotionale Kompetenz

Im Verlauf ihrer emotionalen Entwicklung erwerben Kinder zahlreiche Fertigkeiten in den Bereichen des Emotionsausdrucks, des Emotionsverständnisses und der Emotionsregulation (vgl. Petermann & Wiedebusch, 2008). Dabei differenzieren sich diese Fertigkeiten vom Säuglingsalter an bis zum Erreichen des Schulalters immer weiter aus. Emotional kompetente Kinder sind sich ihrer eigenen emotionalen Befindlichkeit bewusst, sie können ihre Gefühle unter Berücksichtigung sozial anerkannter Darbietungsregeln mimisch und sprachlich zum Ausdruck bringen und eigenständig intrapsychisch regulieren. Außerdem sind sie in der Lage, den mimischen Emotionsausdruck anderer Personen sowie situative Hinweisreize auf Emotionen zu erkennen und empathisch auf die Gefühle anderer Menschen einzugehen. Zusammengenommen bildet die Vielzahl der genannten Fertigkeiten die emotionale Kompetenz eines Kindes. Auch wenn Wigelsworth et al. (2010) die uneinheitliche Terminologie in diesem Bereich beklagen, beziehen sich doch alle vorliegenden Konzepte übereinstimmend auf zentrale Fertigkeiten im Umgang mit den eigenen und den Gefühlen anderer. So benennt Saarni (1999) emotionale Schlüsselfertigkeiten, die Kinder zu einem selbstwirksamen Umgang mit Emotionen in sozialen Interaktionen befähigen. Denham (2005) beschreibt eine umfassende sozial-emotionale Kompetenz, da emotionale Fertigkeiten von Kindern eng mit ihren sozialen Fertigkeiten zusammenhängen. Insbesondere die Fähigkeit zur emotionalen Perspektivenübernahme und der Erwerb von Empathie sind mit prosozialen Verhaltensweisen in sozialen Interaktionen verbunden. Teilweise wird in Anlehnung an den Begriff der „literacy" als einer Vertrautheit mit der Sprach- und Schriftkultur einer Gesellschaft auch vom Erwerb einer

„emotional literacy," also einer Vertrautheit mit dem kulturell geprägten Umgang mit Emotionen, gesprochen (Park et al., 2003).

## 1.1    Entwicklung emotionaler Fertigkeiten in der frühen Kindheit

Wenn die emotionale Entwicklung altersangemessen erfolgt, erreichen Kinder von der Geburt bis zum Schulalter folgende Meilensteine beim Erwerb emotionaler Fertigkeiten (vgl. Petermann & Wiedebusch, 2008):

- *Emotionsausdruck.* In der Zeitspanne zwischen dem etwa dritten Lebensmonat und der Vollendung des ersten Lebensjahres sind Säuglinge in der Lage verschiedene primäre Emotionen, auch Basisemotionen genannt, auszudrücken. Dies sind Freude, Ärger, Angst und Traurigkeit. Ab dem Ende des zweiten Lebensjahres entwickelt sich der Ausdruck sekundärer Emotionen, wie Schuld, Scham, Stolz, Neid oder Verlegenheit. Da diese Gefühle die Fähigkeit zur Selbstreflexion und die Kenntnis sozial anerkannter Verhaltensregeln voraussetzen, spricht man auch von sozialen oder selbstbezogenen Gefühlen.
- *Erkennen des mimischen Emotionsausdrucks.* Ebenfalls bereits im ersten Lebensjahr sind Säuglinge zunehmend besser in der Lage primäre Emotionen im mimischen Ausdruck zu erkennen, zunächst bei ihren Bezugspersonen und später auch bei fremden Personen. Sekundäre Emotionen können erst deutlich später erkannt werden.
- *Sprachlicher Emotionsausdruck.* Ab dem Ende des zweiten Lebensjahres erlernen und erweitern Kinder im Zuge ihrer Sprachentwicklung ein Emotionsvokabular, mit dem sie ihre Gefühle zunehmend differenziert beschreiben können.
- *Empathieentwicklung.* Zwischen dem zweiten und vierten Lebensjahr erwerben Kinder die Fähigkeit zur emotionalen Perspektivenübernahme. Zunächst zeigen Kinder noch eine egozentrische Empathie, die eher die eigenen Bedürfnisse beim Erleben negativer Emotionen widerspiegelt als ein Einfühlen in die Situation einer anderen Person und deren Bedürfnisse darstellt. Die Empathiefähigkeit verbessert sich jedoch bis zum fünften Lebensjahr deutlich und Kinder bilden dann auch empathische Einstellungen aus.
- *Trennung von emotionalem Erleben und Ausdruck.* Ab dem dritten Lebensjahr beginnen Kinder, zwischen dem subjektiven Erleben und dem äußerlich sichtbaren Ausdruck von Emotionen zu unterscheiden, und erlernen verschiedene Strategien, um erlebte Gefühle im Emotionsausdruck abzuschwächen, zu verstärken oder durch andere Gefühle zu ersetzen. Damit sind Kinder zunehmend in der Lage, ihre Emotionen in sozialen Interaktionen strategisch einzusetzen.
- *Emotionswissen.* Durch das Erleben eigener Gefühle und das Erkennen von Emotionen bei Anderen erwerben Kinder im Laufe der Zeit ein immer größeres Emotionswissen, das sich beispielsweise auf die Ursachen von Emotionen, auf situative Hin-

weisreize für bestimmte Gefühle, auf soziale Darbietungsregeln für den Ausdruck von Gefühlen oder die Anwendung von Emotionsregulationsstrategien bezieht.

- *Emotionsregulation.* Bis zum Ende des zweiten Lebensjahres sind Kinder auf die interpsychische Ko-Regulation ihrer Gefühle durch ihre Bezugspersonen angewiesen. Zwischen dem zweiten und fünften Lebensjahr lernen sie ein Repertoire von Emotionsregulationsstrategien kennen, das sie befähigt, ihre Emotionen immer häufiger intrapsychisch zu bewältigen.

## 1.2 Einflüsse auf die emotionale Entwicklung in der frühen Kindheit

Die Bezugspersonen eines Kindes – sowohl die Eltern als auch pädagogische Fachkräfte in Kindertageseinrichtungen – nehmen durch ihr eigenes Modellverhalten im Umgang mit Emotionen, durch ihre Reaktionen auf die vom Kind gezeigten Gefühle wie auch durch ein positives emotionales Klima, das in der Familie bzw. der Einrichtung spürbar ist, Einfluss auf die emotionale Entwicklung der von ihnen betreuten Kinder. Sichere Bindungsbeziehungen zwischen Kindern und ihren Eltern (Zimmermann et al., 2000) bzw. ihren Erzieherinnen (Niesel & Wertfein, 2010), die mit einer verlässlichen interpsychischen Ko-Regulation von Gefühlen der Kinder in emotional herausfordernden Situationen einhergehen, fördern den Erwerb emotionaler Fähigkeiten. Bei der Betreuung von unter Dreijährigen wirkte sich vor allem eine Orientierung der Erzieherinnen an den kindlichen Bedürfnissen günstig auf die emotionale Entwicklung der Kleinkinder aus (Wertfein et al., 2009). Häufige Gespräche über Emotionen, sei es beim Erinnern gemeinsamer emotionaler Erlebnisse oder beim gemeinsamen Lesen, führen dazu, dass Kinder ein umfangreiches Emotionsvokabular kennenlernen und verwenden. Darüber hinaus wird hierdurch das Emotionswissen der Kinder erweitert (van Bergen et al., 2009). Ein induktiver Erziehungsstil, bei dem die Kinder immer wieder aufgefordert werden, die emotionale Perspektive anderer Personen einzunehmen, wirkt sich vor allem günstig auf die Entwicklung von Empathie und prosozialem Verhalten aus (Petermann & Wiedebusch, 2008).

## 1.3 Kinder mit Verzögerungen und Auffälligkeiten in der emotionalen Entwicklung

Verschiedenste Risikogruppen von Kindern weisen Besonderheiten in ihrer emotionalen Entwicklung und ihren emotionalen Fertigkeiten auf und sind gefährdet, in ihrem Umgang mit den eigenen und den Gefühlen anderer und damit auch in ihrem Sozialverhalten beeinträchtigt zu sein. Dies sind vor allem Kinder mit Entwicklungsverzögerungen, Verhaltensauffälligkeiten, tiefgreifenden Entwicklungsstörungen oder spezifischen Behinderungen (vgl. Petermann & Wiedebusch, 2008). Exemplarisch werden im Folgenden einige Risikogruppen benannt, bei denen ein deutlicher Förderbedarf in diesem

Entwicklungsbereich besteht, und es wird auf die Chancen wie Herausforderungen der Inklusion dieser Kinder in Kindertageseinrichtungen hingewiesen.

### 1.3.1    Kinder mit Verzögerungen in der emotionalen Entwicklung

Wiederholt ist in der Vergangenheit auf die hohe Anzahl von Kindern in Kindertageseinrichtungen hingewiesen worden, die sozial-emotionale Entwicklungsdefizite aufweisen. Jedes fünfte Kind zeigt nach Einschätzungen von Erzieherinnen Auffälligkeiten im sozial-emotionalen Verhalten (Tröster & Reineke, 2007). Besonders gefährdet scheinen dabei Kinder mit einem schwierigen Temperament, einer negativen Emotionalität und einer hohen physiologischen Reaktivität zu sein (Petermann & Kullik, 2011). Außerdem verhalten sich Kinder, die eine unsichere Bindung zu ihren Bezugspersonen aufweisen, und Kinder aus hoch stressbelasteten Familien in Kindertageseinrichtungen weniger sozial kompetent als Gleichaltrige, auf die dies nicht zutrifft (Schmidt et al., 2002).

### 1.3.2    Kinder mit Frühförderbedarf

Bei Kindern, die aufgrund einer nicht näher bezeichneten Entwicklungsstörung (ICD-10, F89) Frühförderung erhalten, fällt in der diagnostischen Phase neben anderen Entwicklungsbeeinträchtigungen häufig ein nicht altersangemessener Entwicklungsstand emotionaler Fertigkeiten auf. So wurde beispielsweise bei über der Hälfte der Kleinkinder unter drei Jahren, die Frühfördermaßnahmen erhielten, Auffälligkeiten in der emotionalen Entwicklung diagnostiziert (Briggs-Gowan & Carter, 2007). Dies ist dadurch zu erklären, dass die Entwicklungsverläufe in den verschiedenen Bereichen miteinander verwoben sind und sich Verzögerungen in einem Bereich auf weitere auswirken.

### 1.3.3    Kinder mit Verhaltensauffälligkeiten

Kinder mit internalisierenden oder externalisierenden Verhaltensauffälligkeiten weisen eine Reihe von Beeinträchtigungen in ihren emotionalen Fertigkeiten auf, die es ihnen erschweren, im Umgang mit Anderen ein angemessenes Sozialverhalten zu zeigen. So sind beispielsweise bei Kindern mit sozialer Ängstlichkeit ein eingeschränkter mimischer Emotionsausdruck aufgrund einer reduzierten Aktivität der Gesichtsmuskulatur (Melfsen et al., 2000), eine eingeschränkte Fähigkeit, den Emotionsausdruck anderer Personen zu interpretieren (Simonian et al., 2001), eine verstärkte Hirnaktivität beim Anblick ärgerlicher Gesichtsausdrücke (Mogg et al., 2004; Monk et al., 2006) und geringe Fähigkeiten zur Emotionsregulation (Hannesdottir & Ollendick, 2007) festgestellt worden. Kinder mit einer Aufmerksamkeitsdefizit-Hyperaktivitätsstörung (ADHS) fallen ebenfalls durch eine eingeschränkte Fähigkeit, den Emotionsausdruck anderer Menschen zu erkennen (Kats-Gold et al., 2007) sowie eine unangemessene Emotionsregulation auf (Schmitt et al., 2012).

### 1.3.4    Kinder mit tiefgreifenden Entwicklungsstörungen

Bei Kindern mit Autismus-Spektrum-Störungen sind spezifische Besonderheiten im Umgang mit Emotionen charakteristisch. So sind sich diese Kinder ihrer eigenen emotionalen Befindlichkeit häufig nicht bewusst (Rieffe et al., 2007), ihre Prosodie ist weniger emotional gefärbt (Hubbard & Trauner, 2007) und bei ihnen ist seltener das Phänomen der emotionalen Ansteckung zu beobachten (Scambler et al., 2007) als bei gesunden Kindern. Für die emotionalen Gesichtsausdrücke anderer Menschen zeigen autistische Kinder wenig Aufmerksamkeit (Begeer et al., 2006). Vermutlich sind sie deshalb wenig geübt, den mimischen Emotionsausdruck anderer Personen zu erkennen und sind in dieser emotionalen Fertigkeit beeinträchtigt (Herba et al., 2008). Des Weiteren weisen vor allem kognitiv stärker beeinträchtigte Kinder geringe Fähigkeiten zur emotionalen Perspektivenübernahme und Empathie auf (Dyck et al., 2001).

### 1.3.5    Kinder mit spezifischen Behinderungen

Die meisten Studien liegen hier zu Kindern mit Down-Syndrom vor. Bei diesen Kindern verläuft die emotionale Entwicklung in der frühen Kindheit zwar weitgehend vergleichbar, aber langsamer als bei gesunden Kindern. So liegt eine Entwicklungsverzögerung beim Erkennen des mimischen Emotionsausdrucks anderer Personen vor (Wishart et al., 2007). Außerdem verfügen Kinder mit Down-Syndrom über ein eingeschränktes Repertoire an Emotionsregulationsstrategien (Jahromi et al., 2008), die sie bei emotionaler Erregung einsetzen können.

### 1.3.6    Inklusion von Kindern mit Verzögerungen und Auffälligkeiten in der emotionalen Entwicklung

Die Umsetzung eines inklusiven Bildungsangebotes in frühpädagogischen Einrichtungen ist eines der zentralen Themen in der aktuellen Debatte um die Konzeptentwicklung in Krippen, Kindertageseinrichtungen und Familienzentren (z.B. Albers, 2011). Zahlreiche empirische Befunde belegen bereits heute, dass Kinder mit Entwicklungsverzögerungen, Verhaltensauffälligkeiten oder Behinderungen in verschiedenen Entwicklungsbereichen Fortschritte erzielen, wenn sie in inklusiven Bildungseinrichtungen betreut werden. Für den frühkindlichen Bereich zeigen beispielsweise die Ergebnisse eines Bremer Modellprojektes, dass Kleinkinder mit (drohender) Behinderung in zahlreichen Entwicklungsbereichen, darunter auch der sozial-emotionalen Entwicklung, deutlich von einer inklusiven Betreuung profitieren (Seitz & Korff, 2008). Allerdings setzt die gemeinsame Betreuung von Kindern mit unterschiedlichen Besonderheiten bei allen Beteiligten ein hohes Maß an sozial-emotionalen Fertigkeiten voraus. Zum einen bedarf es ausgeprägter Fähigkeiten zur Perspektivenübernahme und Empathie, um die Teilhabe aller Kinder verwirklichen zu können, zum anderen können sich gerade aus den unterschiedlich ausgeprägten emotionalen Fertigkeiten der Kinder soziale Konflikte ergeben. Aus dem Blickwinkel der Umsetzung inklusiver Bildungsangebote in der frühen Kindheit erscheinen somit Förderangebote zur Verbesserung der emotionalen Kompetenz unerlässlich.

## 2      Screening und Förderplanung in Kindertageseinrichtungen

Pädagogische Fachkräfte in Kindertageseinrichtungen haben den Auftrag, die kindliche Entwicklung in allen Entwicklungsbereichen regelmäßig zu beobachten und zu dokumentieren sowie sich hierüber in Entwicklungsgesprächen mit den Eltern der Kinder auszutauschen. Erzieherinnen und Kindheitspädagoginnen leisten im Rahmen dieser Aufgabe einen wichtigen Beitrag zur Früherkennung von Entwicklungs- und Verhaltensauffälligkeiten. Der Frühförderbedarf eines Kindes wird häufig zuerst in der Kindertageseinrichtung bemerkt, die dann die Kooperation mit einer Frühförderstelle aufnimmt (Seelhorst et al., 2012). Dem Screening emotionaler Fertigkeiten kommt innerhalb der Beobachtung der Gesamtentwicklung eines Kindes aus folgenden Gründen eine zentrale Bedeutung zu (Denham et al., 2009): Zum einen ist die emotionale Kompetenz eng mit dem Sozialverhalten, dem Schulerfolg und der psychischen Gesundheit von Kindern verbunden (Petermann & Wiedebusch, 2008), zum anderen ist eine geringe Ausprägung emotionaler Fertigkeiten in der frühen Kindheit ein Prädiktor für das spätere Auftreten von Entwicklungs- und Verhaltensauffälligkeiten (Briggs-Gowan & Carter, 2008). Entwicklungsverzögerungen im emotionalen Bereich sollten daher möglichst frühzeitig festgestellt werden, um den betroffenen Kindern durch früh einsetzende Fördermaßnahmen den Erwerb einer altersangemessenen emotionalen Kompetenz zu ermöglichen und ungünstigen Entwicklungsverläufen auch in anderen Bereichen vorbeugen zu können. Bisherige Langzeitstudien bestätigen den Nutzen von Screenings zur Erfassung des emotionalen Entwicklungsstandes in der frühen Kindheit. Bei Kindern, die in den ersten drei Lebensjahren einen auffälligen Screening-Befund erhielten, konnten im Vorschulalter auftretende Verhaltensprobleme vorhergesagt werden (Briggs-Gowan & Carter, 2008). Diagnostische Hinweise auf Verzögerungen oder Auffälligkeiten emotionaler Fertigkeiten können somit als Indikation für präventive Maßnahmen zur Unterstützung und Förderung der emotionalen Entwicklung im frühen Kindesalter gewertet werden. Die Empfehlungen zur Frequenz, mit der Enwicklungsscreenings durchgeführt werden sollten, sehen vor, dass die emotionalen Fertigkeiten von Kindern ab dem Eintritt in eine Krippe oder eine Kindertageseinrichtung regelmäßig, mindestens ein- bis zweimal jährlich, überprüft werden sollten (Bayat et al., 2010); außerdem wird ein Screening der emotionalen Kompetenz im Rahmen der Schuleingangsdiagnostik eingefordert (Helmsen et al., 2009).

### 2.1      Screeningverfahren

Problematisch ist, dass sowohl national als auch international sehr wenige diagnostische Instrumente vorliegen, mit denen emotionale Schlüsselfertigkeiten bei Kindern erhoben werden können (Wigelsworth et al., 2010; Petermann & Wiedebusch, 2008). Im deutschen Sprachraum sind aktuell zwei Screeninginstrumente verfügbar, die sich zur Erfassung emotionaler Fertigkeiten von Kindern in Kindertageseinrichtungen eignen und im Folgenden dargestellt werden. Beide Screenings ermöglichen Erzieherinnen in früpädagogischen Einrichtungen nicht nur die defizitorientierte Aufdeckung eventuell vorliegender Entwicklungsverzögerungen von Kindern, sondern sind zugleich ressourcenorientierte Verfahren, die eine umfassende Beschreibung der Schwächen und Stärken in der Entwicklung eines Kindes vorsehen. Mit Hilfe der Screenings können Erzieherinnen den emotionalen Entwicklungsstand eines Kindes dokumentieren, einen möglichen Förderbedarf abklären und beim erneuten Einsatz des Verfahrens zwischenzeitlich erfolgte Entwicklungsfortschritte beurteilen.

### 2.1.1 Entwicklungsbeobachtung und –dokumentation (EBD 3-48, EBD 48-72)

Die beiden Versionen der EBD für Kinder im Alter von drei bis 48 Monaten (Petermann et al., 2011) und für Kinder im Alter von 48 bis 72 Monaten (Koglin et al., 2010) sind als entwicklungsdiagnostische Arbeitshilfen für pädagogische Fachkräfte in Krippen und Kindertageseinrichtungen entwickelt worden. Die EBD ist das einzige deutschsprachige Screeninginstrument, mit dem der gesamte Altersbereich vom frühen Säuglingsalter bis zur Einschulung abgedeckt wird. In insgesamt sechs verschiedenen Entwicklungsbereichen sind hier engmaschig gestufte, altersspezifische Beobachtungsaufgaben formuliert worden, die Aufschluss über den Entwicklungsstand des Kindes geben. Für das Screening des emotionalen Entwicklungsstandes finden sich für jede Altersgruppe vier Beobachtungsaufgaben, die anzeigen, ob ein Kind altersgemäße Meilensteine in der emotionalen Entwicklung erreicht hat. In einer Befragung von Kindertageseinrichtungen in Niedersachsen gab etwa ein Drittel der Erzieherinnen an, regelmäßig standardisierte Entwicklungsscreenings durchzuführen; hierzu wurde am häufigsten die EBD eingesetzt (Seelhorst et al., 2012).

### 2.1.2 KOMPIK – Kompetenzen und Interessen von Kindern

Der Beobachtungsbogen KOMPIK ist zur Erhebung der Kompetenzen und Interessen von Kindern im Alter von dreieinhalb bis sechs Jahren, die Kindertageseinrichtungen besuchen, entwickelt worden (Mayr et al., 2011). Mit dem Instrument können Erzieherinnen elf Kompetenz- und Interessenbereiche des Kindes überprüfen, darunter auch die emotionale Kompetenz. Beobachtet werden in diesem Bereich drei emotionale Fertigkeiten, die entscheidende Voraussetzungen für ein angemessenes Sozialverhalten darstellen, nämlich der sprachliche Emotionsausdruck, die Emotionsregulation und die Empathiefähigkeit. Da das Verhalten von Kindern unterschiedlichen Alters mit dem gleichen Screeningbogen erfasst wird, werden hier allerdings die sich zwischen dem dritten und sechsten Lebensjahr vollziehenden Fortschritte beim Erwerb dieser Fertigkeiten nicht berücksichtigt.

## 2.2    Förderplanung

Bei der Förderung emotionaler Kompetenz in der frühen Kindheit bestehen die Ziele
zum einen darin, möglichst alle Kinder beim Erwerb emotionaler Fertigkeiten durch präventive Maßnahmen zu unterstützen, und zum anderen darin, Kindern mit einem besonderen Förderbedarf aufgrund von Entwicklungsverzögerungen oder Auffälligkeiten in
der emotionalen Entwicklung individuell angemessene Fördermaßnahmen zukommen
zu lassen. Um Interventionen planen zu können, die dem individuellen Förderbedarf eines Kindes gerecht werden, eignet sich das Mehr-Ebenen-Modell *Response to Intervention*
(RTI; Bayat et al., 2010), das sich auf die Förderung der sozial-emotionalen Kompetenz
von Kindern anwenden lässt (Wiedebusch & Petermann, 2011; s. Abb. 1).

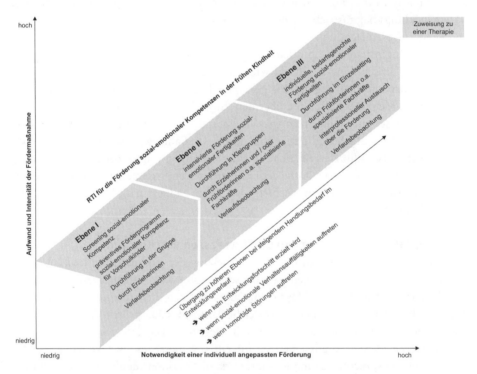

**Abbildung 1**  Response to Intervention (RTI) für die Förderung sozial-emotionaler Kompetenz in
der frühen Kindheit (aus Wiedebusch & Petermann, 2011, S. 215).

Dieses Fördermodell sieht vor, dass zunächst in Kindertageseinrichtungen ein universelles
Screening des emotionalen Entwicklungsstandes aller, auch der bisher entwicklungsunauf-
fälligen Kinder erfolgt. Primärpräventive Fördermaßnahmen, die auf dieser ersten Ebene
im Rahmen von Gruppeninterventionen angeboten werden, richten sich ebenfalls an alle
Kinder. Auf der zweiten und dritten Ebene findet ein aufwändigeres und intensiviertes se-

kundärpräventives Förderangebot für Risikokinder statt, die Entwicklungsrückstände beim Erwerb emotionaler Fertigkeiten aufweisen. Auf allen Ebenen erfolgt begleitend eine Verlaufsbeobachtung des emotionalen Entwicklungsstandes, um zu überprüfen, ob die jeweiligen Förderziele erreicht wurden, und begründet entscheiden zu können, wann ein Kind die nächste Förderebene erreicht. Intensivierte Förderangebote werden dann als sinnvoll erachtet, wenn ein Kind keine oder nicht ausreichende altersgemäße Entwicklungsfortschritte macht oder aufgrund der mangelnden emotionalen Fertigkeiten bereits Verhaltensauffälligkeiten entwickelt. Das Fördermodell RTI erleichtert es, allen Kindern eine bedarfsgerechte Förderung anbieten zu können; Risikokinder werden identifiziert und profitieren von einer Förderung, die so lange fortgesetzt wird, bis sie eine altersangemessene emotionale Kompetenz ausgebildet haben.

## 3 Förderung emotionaler Kompetenz

Eine Förderung des Erwerbs emotionaler Kompetenz in der frühen Kindheit ist im familiären Kontext, darüber hinaus aber auch in frühpädagogischen Einrichtungen zu realisieren. Die Bildungs- und Erziehungspläne der Bundesländer (z.B. Fthenakis, 2007), die einen Orientierungsrahmen für das pädagogische Handeln in Kindertageseinrichtungen liefern, sehen eine Förderung der emotionalen Entwicklung von Kindern ausdrücklich vor. Neben zahlreichen Fördermaterialien, die in frühpädagogischen Einrichtungen eingesetzt werden können (Pfeffer, 2007), liegen hierzu strukturierte und modularisierte Förderprogramme vor (vgl. Petermann & Wiedebusch, 2008). Diese bieten entweder die Möglichkeit, die emotionalen Fertigkeiten von Kindern direkt zu fördern oder ihre Bezugspersonen zu einem angemessenen Umgang mit Emotionen anzuleiten und damit indirekt die emotionale Entwicklung der Kinder zu unterstützen.

### 3.1 Förderprogramme für Bezugspersonen von (Klein)Kindern

Um das Verhalten von Bezugspersonen in emotionalen Situationen mit dem Kind positiv zu beeinflussen, wurden Programme für Eltern und pädagogische Fachkräfte von Kindern, die Krippen oder Kindertageseinrichtungen besuchen, entwickelt. Das Ziel dieser Maßnahmen liegt darin, das Eltern- und Erzieherverhalten im Umgang mit Gefühlen des Kindes zu reflektieren und zu verbessern. Dabei stehen die kindgerechte Kommunikation über Gefühle und die gemeinsame, interpsychische Emotionsregulation im Vordergrund. Im Folgenden werden exemplarisch zwei positiv evaluierte Programme für Bezugspersonen von (Klein)Kindern vorgestellt.

#### 3.1.1 Tuning in to Kids (TIK)

Das Förderprogramm TIK (Havighurst et al., 2009) wurde für Eltern von Kindergartenkindern konzipiert. In sechs zweistündigen Sitzungen, die wöchentlich stattfinden, werden den Eltern anhand von praktischen Übungen und Rollenspielen Fertigkeiten im Umgang mit Emotionen vermittelt. Evaluationsstudien zeigen, dass Eltern, die am TIK teilgenommen hatten, im Vergleich zu einer Kontrollgruppe die Emotionen ihrer Vier- bis Sechsjährigen seltener ignorierten, auf eine negative Emotionalität weniger abweisend reagierten und ihre Kinder bei der Bewältigung ihrer Gefühle besser unterstützten (Havighurst et al., 2009; Wilson et al., 2012). Das Programm führte somit zu einer verbesserten elterlichen Kompetenz, auf die Emotionen der Kinder einzugehen und auch negativen Emotionen angemessen begegnen zu können. Außerdem bildeten sich bei den Kindern bestehende Verhaltensprobleme nach Einschätzung der Eltern zurück.

### 3.1.2    Learning to Live Together (LtLT)

Das Förderprogramm LtLT (Rosenthal & Gatt, 2010) richtet sich an Erzieherinnen, die jüngere Kinder im Alter von zwei bis drei Jahren betreuen. In zwölf Workshops werden der Umgang mit den eigenen Emotionen und den Gefühlen der Kinder im pädagogischen Alltag reflektiert, Fachwissen über die emotionale Entwicklung vermittelt und konkrete Fördermöglichkeiten aufgezeigt. Ein inhaltlicher Schwerpunkt des Programms bezieht sich auf die Entwicklung von Empathie, die besonders im Hinblick auf spätere prosoziale Verhaltensweisen des Kindes relevant ist. Das Programm LtLT sieht weiterhin vor, dass die theoretisch vermittelten Inhalte und Methoden in pädagogischen Alltagssituationen praktisch erprobt werden. Dies geschieht durch videogestützte Beobachtungen von Erzieher-Kind-Interaktionen in emotionalen Situationen, die in Kleingruppen analysiert werden. Erste Evaluationsergebnisse zeigen, dass pädagogische Fachkräfte, die am LtLT teilnahmen, im Vergleich zu einer Kontrollgruppe die von ihnen betreuten Kleinkinder beim Erleben negativer Emotionen angemessener begleiteten und ihre Gefühle stärker ko-regulierten (Rosenthal & Gatt, 2010). Da die Inhalte des Förderprogramms sich vor allem auf die emotionale Entwicklung zwischen dem zweiten und dritten Lebensjahr beziehen, waren die Effekte ausgeprägter bei pädagogischen Fachkräften, die mit Kindern genau dieses Altersbereiches arbeiteten, als bei solchen, die jüngere Kleinkinder betreuten. Positive Auswirkungen des LtLT zeigten sich auch im Verhalten der Kinder, die weniger soziales Rückzugsverhalten und seltener aggressives Verhalten zeigten sowie tendenziell eine höhere soziale Kompetenz aufwiesen als Kinder einer Kontrollgruppe.

## 3.2    Förderprogramme für Kinder in Kindertageseinrichtungen

Im deutschsprachigen Raum liegen mehrere präventive Förderprogramme vor, durch die Kinder beim Erwerb einer umfassenden emotionalen Kompetenz unterstützt werden können (vgl. Petermann & Wiedebusch, 2008; Wiedebusch, 2008). Im Folgenden werden beispielhaft zwei Programme vorgestellt, die in Kindertageseinrichtungen im Gruppensetting durchgeführt werden können und für die sich in Evaluationsstudien kurzfristige positive Effekte zeigten.

### 3.2.1  Verhaltenstraining im Kindergarten

Dieses 25 Sitzungen umfassende Verhaltenstraining ist in eine Rahmengeschichte eingebettet, in der ein Delfin und zwei Meerkinder gemeinsame Abenteuer erleben (Koglin & Petermann, 2006). Die Lernziele bestehen darin, bei den teilnehmenden Kindern das Verständnis der Basisemotionen zu fördern, ihr Emotionswissen zu erweitern, ihren sprachlichen Emotionsausdruck zu verbessern und eine empathische Einfühlung in Gefühlszustände Anderer anzuregen. Hierauf aufbauend werden im zweiten Teil des Trainings soziale Problemlösefertigkeiten eingeübt. Nach der Teilnahme am Verhaltenstraining hatten drei- bis sechsjährige Kinder weniger soziale Konflikte mit Peers und sie konnten ihre Emotionen besser regulieren als Kinder einer Kontrollgruppe (Koglin & Petermann, 2011). Risikokinder, die bereits verhaltensauffällig waren, profitierten am deutlichsten von der Teilnahme am Verhaltenstraining. Dieser Befund scheint darauf hinzuweisen, dass vor allem die Förderung der Emotionsregulation als zentraler emotionaler Fertigkeit mit einem angemesseneren Sozialverhalten einhergeht (Petermann & Kullik, 2011).

### 3.2.2  Faustlos – Ein Curriculum zur Förderung sozial-emotionaler Kompetenzen und zur Gewaltprävention

Dieses Curriculum für Kindertageseinrichtungen basiert auf dem amerikanischen Programm *Second Step* und fördert in 28 Trainingssitzungen, die jeweils in ca. 20 Minuten durchgeführt werden können, sozial-emotionale Fertigkeiten (Cierpka, 2004). In drei Modulen werden das Erleben von Empathie, die Impulskontrolle in emotional erregenden Situationen sowie ein angemessener Umgang mit negativen Emotionen (Ärger und Wut) eingeübt. Die Teilnahme am Förderprogramm *Faustlos* führte bei Kindergartenkindern dazu, dass diese sich seltener verbal aggressiv verhielten und ihre sozial-kognitiven Kompetenzen verbesserten (Schick & Cierpka, 2006). Ein weiteres *Faustlos-Curriculum* liegt für die Grundschule vor.

## 4      Fazit

Eine umfassende emotionale Kompetenz von Kindern geht mit prosozialem Verhalten einher und fördert die Lernmotivation und den Schulerfolg (Denham et al., 2009; Garner, 2010; Ray & Smith, 2010). Vor allem bei Risikokindern ist eine frühe Förderung emotionaler Fertigkeiten mit deutlich positiven Effekten für die Entwicklung im Sozialverhalten und im schulischen Bereich verbunden, aber auch entwicklungsunauffällige Kinder profitieren von präventiven Maßnahmen, die ihre emotionale Entwicklung unterstützen. Ein entwicklungsförderliches Eltern- und Erzieherverhalten ist daher sowohl im familiären Kontext als auch im Rahmen der Betreuung von Kindern in Kindertageseinrichtungen anzustreben. Letztere sollten sich aufgrund der positiven Evaluationsergebnisse von Fördermaßnahmen in diesem Bereich ermutigt fühlen, bei allen Kindern ein regelmäßiges Screening des emotionalen Entwicklungsstandes durchzuführen und eine dem individuellen Unterstützungsbedarf angepasste Förderung anzubieten.

# 5 Literatur

Albers, T. (2011). *Mittendrin statt nur dabei: Inklusion in Krippe und Kindergarten*. München: Reinhardt.

Bayat, M., Mindes, G. & Covitt, S. (2010). What does RTI (Response to Intervention) look like in preschool? *Early Childhood Education Journal, 37*, 493–500.

Begeer, S., Rieffe, C., Meerum Terwogt, M. & Stockmann, L. (2006). Attention to facial emotion expressions in children with autism. *Autism, 10*, 37–51.

Briggs-Gowan, M.J. & Carter, A.S. (2007). Applying the Infant-Toddler Social and Emotional Assessment (ITSEA) and Brief-ITSEA in early intervention. *Infant Mental Health Journal, 28*, 564–583.

Briggs-Gowan, M.J. & Carter, A.S. (2008). Social-emotional screening status in early childhood predicts elementary school outcomes. *Pediatrics, 121*, 957–962.

Cierpka, M. (Hrsg.). (2004). *FAUSTLOS. Ein Curriculum zur Förderung sozial-emotionaler Kompetenzen und zur Gewaltprävention für den Kindergarten*. Göttingen: Hogrefe.

Denham, S.A. (2005). *Assessing social-emotional development in children from a longitudinal perspective for the National Children's Study: Social-emotional compendium of measures*. Columbus: Battelle Memorial Institute.

Denham, S.A., Wyatt, T.M., Bassett, H.H., Echeverria, D. & Knox, S.S. (2009). Assessing social-emotional development in children from a longitudinal perspective. *Journal of Epidemiology and Community Health, 63*, Suppl I, 37–52.

Dyck, M.J., Ferguson, K. & Shochet, I.M. (2001). Do autism spectrum disorders differ from each other and from non-spectrum disorders on emotion recognition tests? *European Child and Adolescent Psychiatry, 10*, 105–116.

Fthenakis, W.E. (Hrsg.). (2007). *Der Bayerische Bildungs- und Erziehungsplan für Kinder in Tageseinrichtungen bis zur Einschulung* (2., akt. u. erw. Aufl.). Berlin: Cornelsen.

Garner, P.W. (2010). Emotional competence and its influences on teaching and learning. *Educational Psychology Review, 22*, 297–321.

Hannesdottir, D.K. & Ollendick, T.H. (2007). The role of emotion regulation in the treatment of child anxiety disorders. *Clinical Child and Family Psychology Review, 10*, 275–293.

Havighurst, S.S., Wilson, K.R., Harley, A.E. & Prior, M.R. (2009). Tuning in to kids: an emotion-focused parenting program – initial findings from a community trial. *Journal of Community Psychology, 37*, 1008–1023.

Helmsen, J., Petermann, F. & Wiedebusch, S. (2009). Erhebung der sozial-emotionalen Kompetenz im Rahmen der ärztlichen Schuleingangsuntersuchung. *Das Gesundheitswesen, 71*, 669–674.

Herba, C.M., de Bruin, E., Althaus, M., Verheij, F. & Ferdinand, R.F. (2008). Face and emotion recognition in MCDD versus PDD-NOS. *Journal of Autism and Developmental Disorders, 38*, 706–718.

Hubbard, K. & Trauner, D.A. (2007). Intonation and emotion in autistic spectrum disorders. *Journal of Psycholinguistic Research, 36*, 159–173.

Jahromi, L.B., Gulsrud, A. & Kasari, C. (2008). Emotional competence in children with down syndrome: negativity and regulation. *American Journal of Retardation, 111*, 32–43.

Kats-Gold, I., Besser, A. & Priel, B. (2007). The role of simple emotion recognition skills among school aged boys at risk of ADHD. *Journal of Abnormal Child Psychology, 35*, 363–378.

Koglin, U. & Petermann, F. (2006). *Verhaltenstraining im Kindergarten. Ein Programm zur Förderung sozial-emotionaler Kompetenz*. Göttingen: Hogrefe.

Koglin, U. & Petermann, F. (2011). The effectiveness of the behavioural training for preschool children. European *Early Childhood Education Research Journal, 19*, 97–111.

Koglin, U., Petermann, F. & Petermann, U. (2010). *Entwicklungsbeobachtung und -dokumentation EBD 48-72 Monate. Eine Arbeitshilfe für pädagogische Fachkräfte in Kindergärten und Kindertagesstätten.* Berlin: Cornelsen Verlag Scriptor.

Mayr, T. & Krause, M. (2011). KOMPIK (Kompetenzen und Interessen von Kindern in Kindertageseinrichtungen) – ein neues Beobachtungsverfahren für Kindertageseinrichtungen. In Staatsinstitut für Frühpädagogik (Hrsg.), *IFP-Infodienst, 16* (S. 48–54). München: Staatsinstitut für Frühpädagogik.

Melfsen, S., Osterlow, J. & Florin, I. (2000). Deliberate emotional expressions of socially anxious children and their mothers. *Journal of Anxiety Disorders, 14*, 249–261.

Mogg, K., Philippot, P. & Bradley, B.P. (2004). Selective attention to angry faces in clinical social phobia. *Journal of Abnormal Psychology, 113*, 160–165.

Monk, C.S., Nelson, E.E., McClure, E.B., Mogg, K., Bradley, B.P., Leibenluft, E., Blair, J.R., Chen, G., Charney, D.S., Ernst, M. & Pine, D.S. (2006). Ventrolateral prefrontal cortex activation and attentional bias in response to angry faces in adolescents with generalized anxiety disorder. *American Journal of Psychiatry, 163*, 1091–1097.

Niesel, R. & Wertfein, M. (2010). *Kinder unter drei Jahren im Kindergarten. Die erweiterte Altersmischung als Qualitätsgewinn für alle* (3. Aufl.). München: Bayerisches Staatsministerium für Arbeit und Sozialordnung, Familie und Frauen.

Park, J., Haddon, A. & Goodman, H. (2003). *The emotional literacy handbook: Processes, practices and resources to promote emotional literacy.* London: Fulton.

Petermann, F. & Kullik, A. (2011). Frühe Emotionsdysregulation: Ein Indikator für psychische Störungen im Kindesalter? *Kindheit und Entwicklung, 20*, 186–196.

Petermann, F. & Wiedebusch, S. (2008). *Emotionale Kompetenz bei Kindern* (2. überarb. u. erw. Aufl.). Göttingen: Hogrefe.

Petermann, U., Petermann, F. & Koglin, U. (2011). *Entwicklungsbeobachtung und -dokumentation. Eine Arbeitshilfe für pädagogische Fachkräfte in Krippen und Kindergärten* (2., veränd. Aufl.). Berlin: Cornelsen Verlag Scriptor.

Pfeffer, S. (2007). *Emotionales Lernen. Ein Praxisbuch für den Kindergarten.* Berlin: Cornelsen Scriptor.

Ray, K. & Smith, M.C. (2010). The kindergarten child: what teachers and administrators need to know to promote academic success in all children. *Early Childhood Education Journal, 38*, 5–18.

Rieffe, C., Meerum Terwogt, M. & Kotronopoulou, K. (2007). Awareness of single and multiple emotions in high-funcioning children with autism. *Journal of Autism and Developmental Disorder, 37*, 455–465.

Rosenthal, M.K. & Gatt, L. (2010). „Learning to Live Together": training early childhood educators to promote social-emotional competence of toddlers and pre-school children. *European Early Childhood Education Research Journal, 18*, 373–390.

Saarni, C. (1999). *The development of emotional competence.* New York: Guilford.

Scambler, D.J., Hepburn, S., Rutherford, M.D., Wehner, E.A. & Rogers, S.J. (2007). Emotional responsivity in children with autism, children with other developmental disabilities, and children with typical development. *Journal of Autism and Developmental Disorder, 37*, 553–563.

Schick, A. & Cierpka, M. (2006). Evaluation des Faustlos-Curriculums für den Kindergarten. *Praxis der Kinderpsychologie und Kinderpsychiatrie, 6*, 459–474.

Schmidt, M.E., DeMulder, E.K. & Denham, S.A. (2002). Kindergarten social-emotional competence: developmental predictors and psychosocial implications. *Early Child Development and Care, 172*, 451–462.

Schmitt, K., Gold, A. & Rauch, W.A. (2012). Defizitäre adaptive Emotionsregulation bei Kindern mit ADHS. *Zeitschrift für Kinder- und Jugendpsychiatrie und Psychotherapie, 40*, 95–103.

Seelhorst, C., Wiedebusch, S., Zalpour, C., Behnen, J. & Patock, J. (2012). Zusammenarbeit zwischen Frühförderstellen und Kindertageseinrichtungen bei der Diagnostik und Förderung von Kindern mit besonderem Förderbedarf. *Frühförderung interdisziplinär* (eingereicht).

Seitz, S. & Korff, N. (2008). *Modellprojekt Förderung von Kindern mit Behinderung unter drei Jahren in Kindertageseinrichtungen.* Universität Bremen: Abschlussbericht zur wissenschaftlichen Begleitung.

Simonian, S.J., Beidel, D.C., Turner, S.M., Berkes, J.L. & Long, J.H. (2001). Recognition of facial affect by children and adolescents diagnosed with social phobia. *Child Psychiatry and Human Development, 32,* 137–145.

Tröster, H. & Reineke, D. (2007). Prävalenz von Verhaltens- und Entwicklungsauffälligkeiten im Kindergartenalter. *Kindheit und Entwicklung, 16,* 171–179.

van Bergen, P., Simon, K., Dadds, M.R. & Allen, J. (2009). The effects of mother training in emotion-rich, elaborative reminiscing on children's shared recall and emotion knowledge. *Journal of Cognition and Development, 10,* 162–187.

Wertfein, M., Spies-Kofler, A. & Becker-Stoll, F. (2009). Quality curriculum for under-threes: the impact of structural standards. *Early Years, 29,* 19–31.

Wiedebusch, S. & Petermann, F. (2011). Förderung sozial-emotionaler Kompetenz in der frühen Kindheit. *Kindheit und Entwicklung, 20,* 209–218.

Wiedebusch, S. (2008). Förderung sozial-emotionaler Kompetenzen. In F. Petermann & W. Schneider (Hrsg.), *Angewandte Entwicklungspsychologie* (S. 135–161). Göttingen: Hogrefe.

Wigelsworth, M., Humphrey, N., Kalambouka, A. & Lendrum, A. (2010). A review of key issues in the measurement of children's social and emotional skills. *Educational Psychology in Practice, 26,* 173–186.

Wilson, K.R., Havighurst, S.S. & Harley, A.E. (2012). Tuning in to Kids: an effectiveness trial of a parenting program targeting emotion socialization of preschoolers. *Journal of Family Psychology, 26,* 56–65.

Wishart, J.G., Cebula, K.R., Willis, D.S. & Pitcairn, T.K. (2007). Understanding of facial expressions of emotion by children with intellectual disabilities of differing aetiology. *Journal of Intellectual Disability Research, 51,* 551–563.

Zimmermann, P., Suess, G.J., Scheurer-Englisch, H. & Grossmann, K. (2000). Einfluss der Eltern-Kind-Bindung auf die Entwicklung psychischer Gesundheit. In F. Petermann, K. Niebank & H. Scheithauer (Hrsg.), *Risiken in der frühkindlichen Entwicklung. Entwicklungspsychopathologie der ersten Lebensjahre* (S. 301–327). Göttingen: Hogrefe.

# Quantitative Methoden

Alex Knoll

## 1    Einleitung

Die Forschung zu frühkindlicher Bildung bedient sich gerne und häufig quantitativen Methoden. Bereits in frühen US-amerikanischen Studien der 1960er Jahre, beispielsweise den Evaluationen von „Head Start" oder der bekannten „Perry Preschool Study", kamen sie zum Einsatz, und in der aktuellen Forschungslandschaft dürfen sie sich grosser Beliebtheit und Verbreitung erfreuen. Als Hauptgründe hierfür können das generell steigende öffentliche, politische und wissenschaftliche Interesse an frühkindlicher Bildung in den letzten Jahren und Jahrzehnten und der mit evidenzbasierter Sozial- und Bildungspolitik zusammenhängende Bedarf an empirischen Erkenntnissen gesehen werden. Wissenschaftliche Legitimation für die Erforschung frühkindlicher Bildung können quantitative Methoden aber nur insoweit beanspruchen, als sie für die Beantwortung von Forschungsfragen dienlich sind.

Quantitative Methoden zeichnen sich wesentlich durch Quantifizierung und standardisierte Messung von Phänomenen der sozialen Wirklichkeit aus. Einzelnen, beispielsweise aus Beobachtungen gewonnenen Informationen werden zahlenförmige Messgrössen zugeordnet (Luchte & König, 2008). Durch das sogenannte „Gesetz der grossen Zahl" wird in der Regel versucht, möglichst generalisierbare und repräsentative Aussagen mit grosser Reichweite zu formulieren, die international anschlussfähig und vergleichbar sind. Durch hochentwickelte Mess- und Analysemethoden wird ein hohes Niveau von Objektivität, Validität und Reliabilität angestrebt. Ausserdem gibt es Bestrebungen, sich neben quantitativen auf qualitative Daten, Erhebungs- und Analyseverfahren zu stützen. Bisweilen werden die beiden Methodenrichtungen in Form von Integration der einen in die andere, Koexistenz von beiden oder gegenseitiger Beeinflussung und Bereicherung in multimethodischen Forschungsdesigns kombiniert (Böhm-Kasper & Weishaupt, 2008; Wellenreuther, 2009; kritisch: Forster, 2008).

Der vorliegende Beitrag diskutiert die Verwendung quantitativer Methoden anhand einer Auswahl von gross angelegten, mehrheitlich neueren Studien mit frühkindlichem Fokus aus dem deutschsprachigen und angelsächsischen Raum, ergänzt durch einige Sekundäranalysen, die sich auf repräsentative Daten stützen können. Die Darstellung beschränkt sich auf zweckrelevante Aspekte, und erhebt bezüglich der jeweiligen Untersuchungen keinen Anspruch auf Vollständigkeit. Aufgrund dieser Fokussierung können kleinere, lokal ausgerichtete Studien nicht berücksichtigt werden – ihre wichtige Bedeutung für die Erforschung des pädagogischen Frühbereichs soll dadurch aber nicht geschmälert werden (siehe z.B. Ahnert, Rickert & Lamb, 2000, Becker & Biedinger, 2006 und Biedinger & Klein, 2010 für Deutschland; Lanfranchi, 2002, Müller Kucera & Bauer, 2000 und Pierrehumbert, Ramstein, Karmaniola, Miikovitch & Halfon, 2002 für die Schweiz). In den folgenden Kapiteln werden die ausgewählten Studien hinsichtlich der zentralen Kriterien Untersuchungsdesign, Zugang zum Untersuchungsfeld, Datenerhebung und Auswertungsverfahren vergleichend diskutiert. In jedem Kapitel werden zuerst die wichtigsten Vergleichsaspekte eingeführt, bevor auf einzelne Studien eingegangen wird. Im Schlussteil werden die wichtigsten Erkenntnisse zusammengefasst und Schlussfolgerungen formuliert.

## 2 Untersuchungsdesign

Quantitative Untersuchungen der Forschung zu frühkindlicher Bildung haben in der Regel gemeinsam, dass sie mit Stichproben von Kindern im Vorschulalter, Familien, Haushalten oder Vorschulinstitutionen arbeiten, anhand derer die interessierenden Fragestellungen bearbeitet werden. In wesentlichen Punkten unterscheiden sie sich nicht von quantitativen Forschungsprojekten in anderen wissenschaftlichen Feldern: meist wird hypothesenprüfend vorgegangen, Annahmen aus Theorie und vorgängiger Forschung werden systematisch und methodisch kontrolliert an den Daten getestet. Mit dieser Vorgehensweise ist der Anspruch verbunden, Aussagen, die anhand der Stichprobe getroffen werden, auf die jeweilige Grundgesamtheit zu generalisieren. Die Repräsentativität von Ergebnissen richtet sich dabei nach vorher definierten Kriterien (z.B. Geschlecht, soziale Herkunft der Kinder), deren Berücksichtigung sich bereits für die Bildung der Stichprobe empfiehlt.

Neben diesen Gemeinsamkeiten gibt es Merkmale, nach denen sich quantitative Studien im Frühbereich differenzieren lassen. Grundsätzlich kann zwischen experimentellen und nicht-experimentellen Untersuchungsdesigns unterschieden werden (Köller, 2009). Experimentelle Designs eignen sich zur Bearbeitung von Fragen nach Unterschieden zwischen Untersuchungsobjekten, beispielsweise Kindern, die eine familienexterne Vorschulbetreuung besuchen, und solchen, für die dies nicht zutrifft. Sie verfügen üblicherweise über eher kleine Stichproben und räumliche Beschränkungen, dafür aber über mehr Kontrolle bei den Interventionseffekten und anderen Einflussfaktoren (Burger, 2010). Die Stichprobe ist in mehrere Vergleichsgruppen unterteilt, wobei eine oder mehrere dieser Gruppen Interventionen – deren Effekt zeitlich versetzt gemessen wird – ausgesetzt werden, während dies bei der Kontrollgruppe nicht der Fall ist. Solche Designs zeichnen sich durch möglichst kontrollierte Untersuchungsbedingungen und systematische Beeinflussung bzw. Konstanthaltung von Einflussfaktoren aus, sowie durch randomisierte Gruppenzuordnung der Kinder (falls letztgenannte Bedingung nicht erfüllt ist, handelt es sich um eine quasi-experimentelle Untersuchung; Köller, 2009). Es ist allerdings in Frage zu stellen, ob in der Forschung zu frühkindlicher Bildung überhaupt von „Konstanthaltung" von Effekten gesprochen werden kann, da keine Laborbedingungen gegeben sind. Ausserdem muss auf forschungsethische Probleme von experimentellen Designs hingewiesen werden: Kindern einer Kontrollgruppe werden etwa mutmasslich entwicklungsförderliche Massnahmen vorenthalten. Nicht-experimentelle Designs verzichten auf eine experimentelle Kontrollanordnung und zeichnen sich stattdessen durch grössere Stichproben aus. Sie können für Fragestellungen nutzbar gemacht werden, bei denen nicht die Auswirkungen einer bestimmten Intervention im Zentrum steht, sondern eher die Reichweite und Repräsentativität der Aussagen möglichst gross sein soll. Interventionseffekte können nicht mehr beeinflusst sowie diejenigen anderer Einflussgrössen nur schwer kontrolliert werden (Böhm-Kasper & Weishaupt, 2008). Zu unterscheiden sind weiter quer- und längsschnittliche Studien. Ein Querschnitt eignet sich für zahlreiche Zusammenhangs- und Unterschiedsfragestellungen sowie für explorative Zugänge. Sollen jedoch Entwicklungsverläufe nachvollzogen und/oder Aussagen mit kausalem Gehalt angestrebt werden, empfiehlt sich ein längsschnittliches Design, da ein querschnittliches lediglich über Daten eines Untersuchungszeitpunktes verfügt, und deshalb in seiner Aussagekraft bezüglich solcher Fragestellungen beschränkt bleibt (Köller, 2009). Allerdings sind Längsschnitte mit eigenen spezifischen Problemen behaftet, beispielsweise mit der sukzessive abnehmenden Zahl von Studienteilnehmer/innen, was als Panel- oder Stichprobenmortalität bezeichnet wird (Böhm-Kasper & Weishaupt, 2008).

Die nicht-experimentelle Längsschnittstudie „Effective Provision of Preschool Education (EPPE)" wurde 1996 in England mit dem Ziel lanciert, die hinsichtlich kindlicher Entwicklung „effektivsten" Vorschulangebote zu identifizieren und herauszufinden, ob der Vorschulbesuch bis in die Schulzeit hinein Auswirkungen auf die Kinder hat (Sammons et al., 2004). Untersucht wurden verschiedene Typen von Vorschulen mithilfe von insgesamt 141 Institutionen und 3.171 Kindern. Die Studie verfolgte einen Mehrebenenansatz, welcher Angebotstypen, Vorschuleinrichtungen und Kinder beinhaltete. Obwohl eine gewisse Generalisierbarkeit in räumlicher und sozialer Hinsicht postuliert wird, beansprucht sie keine vollständige Repräsentativität für die Grundgesamtheit der Eltern von drei- bis vierjährigen Kindern in England; ihr Fokus liegt vielmehr auf der Analyse der Effektivität der einzelnen Vorschulangebote und -institutionen. Die Stichprobe wurde nach Vorschulangebot und geografischer Lage geschichtet. Ausgewählt wurden einerseits sechs Gemeinden in fünf englischen Regionen, wobei auf genügend Varianz bezüglich Siedlungsstruktur, Ethnizität und sozialer Benachteiligung geachtet wurde. Andererseits sollten sechs Formen von institutionellen Vorschulangeboten berücksichtigt werden. Innerhalb jeder Gemeinde wurden durch ein geschichtetes Zufallsverfahren die Institutionen ausgewählt, und innerhalb deren – ebenfalls durch Zufallsauswahl – die Kinder beziehungsweise Familien. Zusätzlich wurden über 300 Kinder bei Schuleintritt rekrutiert, welche keine oder fast keine Vorschulerfahrung hatten und die Vergleichsgruppe bildeten (Sylva, Melhuish, Sammons, Siraj-Blatchford & Taggart, 2004). Die Kinder, die eine *preschool* besuchten, wurden bei Eintritt in die Studie mit drei und mehr Jahren sowie bei Schuleintritt ausführlich untersucht (Sammons et al., 2004). An der Basisstudie nahmen sie bis ins siebte Altersjahr teil, und in mehreren Follow-up-Untersuchungen wurden sie während ihrer Schulzeit weiter begleitet (Department for Education, 2012).

Die „Study of Early Child Care and Youth Development" des „National Institute of Child Health and Human Development (NICHD)" wird seit 1991 in den USA durchgeführt. Sie geht der Frage nach, wie sich verschiedene, nicht nur institutionelle Betreuungsformen auf die kindliche Entwicklung auswirken (Belsky et al., 2007). Wie EPPE ist sie nicht-experimentell angelegt. Insgesamt 1.364 Kinder wurden in ihren ersten Lebensjahren regelmässig zuhause, in der familienergänzenden Betreuung sowie in eigens eingerichteten Spielräumlichkeiten untersucht. Bis 2007 wurden die Studienteilnehmer/innen während ihrer Schulzeit weiter begleitet (NICHD, 2012). Mit 15 Jahren nahmen noch 958 Jugendliche (70 Prozent des ursprünglichen Samples) an den Erhebungen teil, wobei nur bei 293 von ihnen vollständige Daten vorhanden sind. Analog zu EPPE wurde die Stichprobe trotz ökonomischer und geografischer Diversität nicht mit dem Anspruch auf nationale Repräsentativität konstruiert (Vandell et al., 2010).

In Deutschland wird seit 2005 die Untersuchung „Bildungsprozesse, Kompetenzentwicklung und Selektionsentscheidungen im Vorschul- und Schulalter (BiKS)" durchgeführt, welche ebenfalls auf einem nicht-experimentellen Design aufbaut. Schwerpunktmässig werden dabei die Einflüsse von Elternhaus, Kindergarten und Grundschule auf Kompetenzentwicklung und Bildungsentscheidungen untersucht. In den Bundesländern Bayern und Hessen wurden insgesamt 547 dreijährige Kinder in 97 Kindergärten rekrutiert, wobei die Stichprobe („BiKS-3-8") mehrfach geschichtet ist (nach Bundesland und Kreis bzw. Bevölkerungsstruktur, Anteil Kinder mit Migrationshintergrund sowie verschiedenen Kindergartenmerkmalen) und die Erhebungswellen alle sechs Monate stattfinden (Kurz, Kratzmann & von Maurice, 2007; von Maurice et al., 2007).

Eine der wohl bekanntesten und einflussreichsten experimentellen Untersuchungen der frühkindlichen Bildungsforschung ist die „High/Scope Perry Preschool Study", welche bereits in den frühen 1960er Jahren in den USA initiiert wurde. Rekrutiert wurden 123 zu Beginn drei- und vierjährige afroamerikanische Kinder in Ypsilanti (Bundesstaat Michigan), welche in Armut lebten und denen ein grosses Risiko zugeschrieben wurde, in der Schule zu scheitern. 58 von ihnen wurden zufällig in ein Vorschulprogramm eingeteilt, 65 bildeten die Vergleichsgruppe ohne Intervention. Ziel war herauszufinden, ob sich der Besuch eines Programms langfristig auf die Kinder und späteren Erwachsenen auswirken würde. Im Alter von drei bis elf wurde jährlich eine Datenerhebung durchgeführt, anschliessend noch jeweils eine mit 14, 15, 19, 27 und 40 Jahren (HighScope,

2012; Schweinhart et al., 2005). Die Aussagekraft dieser Studie bleibt aufgrund der Stichprobenzusammensetzung weitgehend auf stark benachteiligte Kinder beschränkt.

Viele Untersuchungen arbeiten mit Daten, die nicht (primär) im Kontext frühpädagogischer Fragestellungen erhoben wurden. In Deutschland wird für Sekundäranalysen beispielsweise auf das Sozioökonomische Panel (SOEP) zurückgegriffen. Das SOEP ist eine Wiederholungsbefragung, in der seit 1984 jedes Jahr über 20.000 Personen zu verschiedenen Themen befragt werden (Deutsches Institut für Wirtschaftsforschung, 2012). Bereits zu Beginn wurden einige Angaben zu Kinderbetreuung erhoben, und seit den 2000er Jahren stehen immer umfangreichere Daten zur Verfügung, für den Vorschulbereich u.a. zu Schwangerschaft und Geburt, Betreuungspersonen und -einrichtungen sowie Aktivitäten und Fähigkeiten des Kindes, für die spätere Schullaufbahn zu Schulnoten, Übergangsempfehlungen und elterlichen Bildungsaspirationen (Lohmann, Spieß, Groh-Samberg & Schupp, 2009, SOEP, 2012a, SOEP, 2012b). Becker und Lauterbach (2008) untersuchten beispielsweise, inwieweit der Besuch einer Vorschulinstitution die Bildungschancen von Arbeiterkindern fördert, und ob diese zu sozial privilegierteren Kindern aufschliessen können. Stärken der Verwendung dieser Daten sind ihre nationale Repräsentativität sowie die Tatsache, dass vielfältige Angaben zur Sozialstruktur der Haushalte mit Individualdaten der Familien und Kinder verbunden werden können. Ein Nachteil ist darin zu sehen, dass die Daten nur auf Basis von Befragungen gewonnen wurden.

## 3    Zugang zum Untersuchungsfeld und Datenerhebung

Prinzipiell ist eine Annäherung an das Untersuchungsfeld frühkindlicher Bildungsforschung auf verschiedene Arten möglich. Eine Variante besteht darin, sich direkt an die interessierenden Akteur/innen zu wenden, indem Haushalte bzw. Familien mit Kindern im Vorschulalter, vorschulische Institutionen oder deren Trägerschaften direkt kontaktiert werden. Häufig basieren Studien schwerpunktmässig auf Individualdaten von Kindern, welche in Anwesenheit ihrer Eltern zuhause oder von Betreuungspersonen in einer Kindertagesstätte untersucht werden. Alternativ sind aber auch Zugänge möglich, bei denen Daten indirekt erhoben werden. Sie kommen insbesondere in Follow-up-Studien zum Einsatz, welche langfristige Auswirkungen frühkindlicher Bildung untersuchen. Als Informationsquellen eignen sich beispielsweise Schulbehörden (Schulakten) oder öffentliche Verwaltungen (Strafregister, Steuerakten).

Böhm-Kasper und Weishaupt (2008) unterscheiden reaktive und non-reaktive Verfahren der Datenerhebung. Wird eine Person, über die Informationen gewonnen werden sollen, selbst am Vorgang der Erhebung beteiligt, handelt es sich um ein reaktives Erhebungsverfahren. Typische Beispiele hierfür sind Befragungen (mündliche Telefon- oder *face-to-face*-Interviews; schriftliche Befragungen mittels (halb-)standardisierter Fragebögen) und Tests (u.a. Intelligenz-, Entwicklungs- und bereichsspezifische Tests, z.B. Sprachtests) (ebd.; Übersicht über standardisierte Tests, Fragebögen und andere Erhebungsverfahren im Vorschulbereich: Rossbach & Weinert, 2008). Dabei wird zunehmend auf die Möglichkeiten einer Online-Erhebung zurückgegriffen. Meist wird bei reaktiven Verfahren implizit von der Annahme ausgegangen, dass ein Kind im Vorschulalter nicht zuverlässig über sich selbst Auskunft geben kann, und deshalb auf die Befragung von Dritten (Eltern, Bezugs-/Betreuungs-/Lehrpersonen oder Behördenvertreter/innen) zurückgegriffen werden muss; demgegenüber wird dem Kind aber attestiert, dass es unter standardisierten Testbedingungen in der Lage ist, seine Fähigkeiten unter Beweis zu stellen – zwei voraussetzungs- und folgenreiche Prämissen. Ausserdem wird sein Verhalten als beobachtbar betrachtet, was es für non-reaktive Erhebungsverfahren zugänglich macht. Bei diesen wird davon ausgegangen, das die Akteur/innen nicht selbst am Erhebungsvorgang beteiligt sind. Zu den non-reaktiven Verfahren gehören standardisierte, nicht-teilnehmende Beobachtungen des Verhaltens und von Interaktionen (z.B. zwischen Kind und Eltern/Betreuungspersonen/Peers) sowie der Zugriff auf Dokumente, beispielsweise Behördenakten (Böhm-Kasper & Weishaupt, 2008). Eltern und Betreuungspersonen nehmen im Prozess der Datenerhebung häufig eine Doppelrolle ein als Auskunftspersonen bzw. Datenlieferant/innen in Befragungen einerseits und Untersuchungsgegenstand bzw. Akteur/innen in Interaktionen mit Kindern andererseits.

Die EPPE-Studie suchte den Zugang zu ihrem Untersuchungsfeld über Vorschulinstitutionen, welche sie für eine Teilnahme an der Untersuchung gewinnen wollte. Diese bilden neben den Kindern, die sie besuchen, die Untersuchungseinheiten (Sylva et al., 2004). In den meisten Fällen wurde nach der Rekrutierung einer Familie mit den Eltern ein Interview durchgeführt, woraus Daten zum Kind (u.a. Geschlecht, Geburtsgewicht und -reihenfolge, Sprache, Entwicklungsgeschichte) und zur Familie (u.a. Bildung, Beruf und Erwerbstätigkeit der Eltern, Familienstruktur) gewonnen werden konnten. Ausserdem füllten sie Fragebögen aus, welche weitere Hintergrundinformationen lieferten. Um ungenügenden Rücklauf der schriftlichen Befragung aufzufangen, wurden zusätzlich Telefoninterviews eingesetzt (Sammons et al., 2008). Mit den Kindern wurden – erstmals im Alter von drei Jahren – kognitive, sprachlich und mathematisch orientierte Assessments durchgeführt (Sammons et al., 2004). Während der Schulzeit wurden die Tests jährlich fortgesetzt. Mit sieben Jahren füllten die Kinder zudem einen Fragebogen aus, in dem sie Auskunft über ihre Einstellung zur Schule und sich selbst als Lernende gaben (Sylva et al., 2004). Auf Ebene der Vorschuleinrichtungen und Schulen mussten die Betreuungs- und Lehrpersonen ein soziales und emotionales Profil der Kinder erstellen, und (Vor-) Schulleiter/innen wurden zu verschiedenen Qualitätsaspekten ihrer Institution befragt. In Betreuungseinrichtungen wurden Beobachtungen von Betreuer/innen-Kind- und Kind-Kind-Interaktionen durchgeführt sowie die Strukturierung kindlicher Aktivitäten und das Angebot an Sprache, Mathematik und Wissenschaft/Umwelt erfasst (ebd.).

Einen direkten Zugang zu den interessierenden Individuen wählte die NICHD-Studie. An zehn verschiedenen Standorten in den USA wurden die teilnehmenden Familien im Rahmen von Spitalvisiten kurz nach Geburt des Kindes rekrutiert (NICHD, 2012). Diese Untersuchung zeichnet sich durch eine grosse Breite und Dichte an vorhandenen Daten aus. Die ersten Erhebungen fanden sehr früh statt, bereits als das Kind einen Monat alt war, wurde die Familie ein erstes mal zuhause besucht (NICHD, 2012; Taylor, Dearing & McCartney, 2004). In der ersten Projektphase fanden weitere Erhebungen mit sechs, 15, 24 und 36 Monaten statt. Zwischen diesen Erhebungszeitpunkten wurden zusätzlich Telefoninterviews mit Eltern und Betreuungspersonen durchgeführt (NICHD, 2012). Danach wurden in drei Folgeprojektphasen bis zum Alter von 15 Jahren während elf weiterer Erhebungswellen umfassende Daten zum Kind (u.a. kognitive Entwicklung, Sprach- und Mathematikfähigkeiten, Schulleistungen, Sozialverhalten, Verhaltensauffälligkeiten, emotionale Befindlichkeit und Arbeitsgewohnheiten), zur Familie (u.a. Haushaltsstruktur, Bildung der Eltern, Einkommen, persönliche Einstellungen und Qualität der familiären Umgebung) und zur familienergänzenden Betreuung (u.a. Art, Quantität und Qualität) gesammelt. Dabei kamen eine Vielzahl von Tests mit den Kindern, Beobachtungen in Familien und Betreuungssettings sowie Befragungsinstrumente zum Einsatz (Belsky et al., 2007; National Institute of Child Health and Human Development Early Child Care Research Network & Duncan, 2003; Taylor et al., 2004; Vandell et al., 2010; Übersicht über Datenerhebungen: NICHD, 2012).

In der BiKS-Studie erfolgte der Zugang zu den Kindern und Familien ähnlich wie bei EPPE über Institutionen, in diesem Fall über Kindergärten (Schmidt, Schmitt & Smidt, 2009). Mit den Kindern wurden regelmässige Kompetenzmessungen durchgeführt; getestet wurden u.a. Sprache (Grammatik, Wortschatz, phonologische Bewusstheit, Buchstabenkenntnisse), Rechnen, Arbeitsgedächtnis und nonverbale Intelligenz. Die Eltern wurden zu verschiedenen Bereichen wie Soziodemografie, Wohnen, Finanzen, Familienalltag, Betreuungsgeschichte, Gesundheit oder Erziehungs- und Bildungseinstellungen in computergestützten Interviews sowie schriftlich befragt. Zudem wurden in den Haushalten Beobachtungen durchgeführt, anhand derer die familiäre Umwelt und Eltern-Kind-Interaktionen eingeschätzt wurden. Auf institutioneller Seite mussten Leiter/innen und Erzieher/innen Fragebögen ausfüllen und Aktivitätslisten führen, ausserdem wurden die Institutionen mittels standardisierter Beobachtungsinstrumente eingeschätzt (von Maurice et al., 2007).

Wie im Falle von NICHD wurden die teilnehmenden Kinder für die Perry-Preschool-Studie direkt rekrutiert. Eine Stärke dieser Untersuchung ist – neben ihrer langen Laufzeit – die Fülle an Merkmalen, an denen Auswirkungen des Vorschulbesuchs aufgezeigt werden können. Während der Schulzeit wurden Kognition, Sprachfähigkeiten und Schulerfolg erfasst, später war der höchste Schulabschluss massgebend (Schweinhart et al., 2005). Neben Bildung wurden weitere Bereiche untersucht, auf welche sich die Intervention in einer *preschool* bis ins Alter von 40 Jahren auswirkte: Ökonomischer Erfolg wurde mit Indikatoren wie dem Beschäftigungsstatus, der Höhe des Einkommens und dem Bedarf an Unterstützungsleistungen operationalisiert; mit der Anzahl Verhaftungen für Gewaltverbrechen, Eigentums- und Drogendelikte sowie mit Gefängnisaufenthalten wurde Kriminalität mit 40 Jahren gemessen; im Bereich Gesundheit, Familie und Kinder wurde u.a. erhoben, ob die Studienteilnehmer/innen eigene Kinder haben, mit ihrer Familie zurechtkommen, Schlaf- oder Beruhigungsmittel einnehmen oder Drogen konsumieren. Neben der üblichen Verwendung von standardisierten Tests und Befragungstechniken wurde in dieser Studie auch auf Daten von Schulstatistiken, Polizei- und Gerichtsakten zurückgegriffen (Schweinhart et al., 2005; Heckman, 2006).

Die Vielzahl unterschiedlicher Erhebungsverfahren und der damit verbundene hohe Informationsgehalt der Daten, welche die oben beschriebenen frühkindlichen Studien auszeichnen, erlauben sehr differenzierte Analysen. Demgegenüber können Sekundäranalysen oft nur auf beschränktes Datenmaterial zurückgreifen, was die Verwendungsmöglichkeiten beschränkt. Eine Studie von Spiess et al. (2003) verwendete beispielsweise Daten des Sozioökonomischen Panels (SOEP) in Deutschland, um den Einfluss des Kindergartenbesuchs auf den Bildungserfolg am Ende der Grundschulzeit zu untersuchen. Im SOEP-Sample wurden Daten zu allen Personen im Haushalt erhoben, die mindestens 16 Jahre alt waren, und indirekt über den Haushaltsvorstand auch zu jüngeren Haushaltsmitgliedern – jedoch ausschliesslich mittels Befragungen (ebd.). Zahlreiche bedeutsame Prädiktoren des Bildungserfolgs blieben den Analysen somit vorenthalten. Allerdings muss ergänzt werden, dass diese Einschränkungen nicht nur für die Verwendung von SOEP-Daten, sondern auch für andere Untersuchungen mit beschränkten Erhebungsmöglichkeiten gelten, und dass sich aufgrund der zahlreichen Erweiterungen des SOEP, welche Spiess et al. noch nicht zur Verfügung standen (siehe Kapitel 2), dessen Analysepotenzial deutlich erweitert hat.

## 4    Auswertungsverfahren

Welche Möglichkeiten sich der Analyse bieten, richtet sich in erster Linie nach den zugrundeliegenden Daten. Teilweise bleibt die Forschung zu frühkindlicher Bildung auf deskriptiver Ebene, meist werden jedoch hypothesentestende, aufgrund der inhaltlichen Notwendigkeit, Kontrollvariablen zu berücksichtigen, multivariate Verfahren gewählt, welche den Schwerpunkt dieses Kapitels bilden. Die Wahl eines adäquaten Auswertungsverfahrens wird von verschiedenen Faktoren bestimmt. Zum einen ist die zu erklärende Grösse relevant, insbesondere ihr Skalenniveau; typischerweise verwendete Variablen sind entweder intervall-/proportionalskaliert (z.B. bei kognitiver und sprachlicher Entwicklung, Schulleistung), nominalskaliert mit zwei Ausprägungen (z.B. bei Krippennutzung ja/nein, vorzeitige Einschulung ja/nein) oder mit mindestens drei Ausprägungen (z.B. bei Übergang in Haupt-/Realschule oder Gymnasium, Nutzung verschiedener Betreuungsformen). Zum anderen spielt die Beschaffenheit der Daten eine Rolle, etwa ob ein Quer- oder Längsschnitt oder eine Mehrebenenstruktur vorliegt. Die Problematik des *selection bias*, also des Umstandes, dass bei quasi- oder nichtexperimentellen Designs etwa die Nutzung frühkindlicher Bildungsangebote sozial selektiv ist, muss methodisch besonders berücksichtigt werden (Becker & Lauterbach, 2008; siehe weiterführend: Heckman, 1997). Lezteres gilt auch für den Umgang mit fehlenden Werten, welche aufgrund von Ausfällen bei der Datenerhebung (z.B. Verweigerungen bei Tests, nicht ausgefüllte Fragebögen) oder -erfassung (z.B. Tippfehler) entstehen und bei nicht vollständiger Zufälligkeit Ergebnisse verfälschen können: um dies zu verhindern, gibt es Prozeduren, welche *missing values* aus vorhandenen Daten schätzen (Imputation) oder direkt im Rahmen der Modellschätzung bearbeiten (modellbasierte Verfahren) (siehe weiterführend: Enders, 2010, Lüdtke, Robitzsch, Trautwein & Köller, 2007, Schafer & Graham, 2002).

Bei den Daten der EPPE-Studie liegt eine längsschnittliche Mehrebenenstruktur vor, da zum einen die beiden Untersuchungseinheiten Kinder und Vorschulinstitutionen (welche wiederum in verschiedene Regionen unterteilbar sind) verschränkt sind, und zum anderen mehrere Erhebungswellen durchgeführt wurden. Infolgedessen mussten zur Analyse Mehrebenenmodelle verwendet werden, wodurch Entwicklungsverläufe der Kinder untersucht und Einflüsse von Kinds-, Familien und Vorschulmerkmalen entflochten werden konnten (Sammons et al., 2008; Sylva et al., 2004). Fehlende Werte zu einzelnen Messzeitpunkten wurden teilweise durch Werte aus vorhergehenden Untersuchungswellen ersetzt (Sammons et al., 2008), was nicht dem aktuellen *state of the art* entspricht. Allerdings betraf das nur Befragungsangaben zur Anzahl Geschwister und zum sozioökonomischen Status der Eltern, also vergleichsweise konstante Grössen.

In der NICHD-Studie kamen verschiedene Auswertungsverfahren zum Einsatz. In einer frühen Analyse wurden lineare Regressionsmodelle und Veränderungsmodelle verglichen, um Entwicklungsveränderungen etwa bei der kognitiven Entwicklung der Kinder zwischen Messzeitpunkten zu untersuchen (National Institute of Child Health and Human Development Early Child Care Research Network & Duncan, 2003). Später wurden dafür lineare und quadratische Wachstumskurvenmodelle auf Individual- und Gruppenstufe (Belsky et al., 2007) sowie Strukturgleichungs- bzw. Pfadmodelle (Raviv, Kessenich & Morrison, 2004; Vandell et al., 2010) verwendet. Hauptprädiktoren der kindlichen Entwicklung bildeten meist Vorschulbetreuungsformen und deren Nutzungsintensität und Qualität unter Kontrolle gängiger Herkunftsmerkmale (z.B. Bildung der Mutter, Einkommen, Erziehung). Fehlenden Werten wurde einerseits mit multipler Imputation begegnet, andererseits mit sogenannten *full information maximum likelihood (FIML)*-Verfahren, wodurch der Einbezug aller 1.364 Fälle in die Analyse ermöglicht werden konnte (Belsky et al., 2007; Vandell et al., 2010).

In einer Analyse im Rahmen der BiKS-Studie berechneten Anders et al. (2012) ebenfalls Wachstumskurvenmodelle, um Verläufe zwischen dem ersten und dritten Kindergartenjahr aufzuzeigen. Weiter wurden Varianzanalysen durchgeführt, um Kinder mit und ohne Migrationshintergrund hinsichtlich ihrer kognitiven und sprachlichen Kompetenzen zu vergleichen (Dubowy, Eber, von Maurice & Weinert, 2008). Je nach Untersuchung wurden Fälle mit fehlenden Werten entweder aus der Analyse ausgeschlossen (Kluczniok, Schmitt, Kuger & von Maurice, 2011) oder mittels *FIML* berücksichtigt (Anders et al., 2012).

Zwar wurde auch in der Perry Preschool Study mit hochentwickelten statistischen Verfahren wie Varianzanalyen oder Pfadmodellen gearbeitet (z.B. Schweinhart & Weikart, 1997; Schweinhart et al., 2005). Für die Bekanntheit dieser Untersuchung sorgten aber insbesondere die methodisch vergleichsweise einfachen Gegenüberstellungen von Kosten und Nutzen der *preschool*-Programme und deren unerreichte Effektivitäts- und

Effizienzergebnisse, welche sogar in der renommierten Fachzeitschrift „Science" platziert werden konnten (Heckman, 2006).

In Sekundäranalysen, die mit SOEP-Daten arbeiten, werden häufig logistische und multinominale Regressionsmodelle verwendet, um die Bedingungen von Schulstufenübergängen, der Nutzung von Vorschuleinrichtungen oder von vorzeitigen Einschulungen zu untersuchen (Becker & Lauterbach, 2008; Kratzmann & Schneider, 2009; Spiess et al., 2003). Analoges gilt für die Auswertung von Daten der Schweizerischen Arbeitskräfteerhebung (SAKE; z.B. Schlanser, 2011).

## 5      Zusammenfassung und Fazit

Mit diesem Beitrag sollte eine Übersicht über die Verwendung quantitativer Methoden in der Forschung zu frühkindlicher Bildung geschaffen werden. In der deutschsprachigen und angelsächsischen Forschungslandschaft lassen sich drei Arten von Untersuchungen unterscheiden: (1) gross angelegte Studien zu Vorschul- und Betreuungsangeboten und ihren Auswirkungen, (2) Sekundäranalysen mit Daten, die nicht ausschliesslich im Hinblick auf Fragestellungen im Frühbereich erhoben wurden, und (3) kleinere, lokal beschränkte Untersuchungen. Der Beitrag beschränkte sich auf die Darstellung der ersten beiden Untersuchungsarten.

Gross angelegte Studien wie die englische EPPE oder die US-amerikanische NICHD, die die teilnehmenden Kinder während Jahren oder Jahrzehnten, vor, während und teilweise nach ihrer Schulzeit wissenschaftlich begleiten, bieten durch eine grosse Fülle von Datenmaterial ausgezeichnete Analysemöglichkeiten – sind aber sehr aufwändig in der Durchführung und mit hohen Kosten verbunden. Sie sind nicht notwendigerweise durch ein national repräsentatives Design charakterisiert, können experimentell, quasi- oder nicht-experimentell sein, und aus (mehrfach) geschichteten oder einfachen Vergleichsstichproben bestehen. In der Regel sind sie jedoch längsschnittlich angelegt, um Entwicklungen über viele Messzeitpunkte hinweg langfristig nachvollziehbar zu machen, und beinhalten Daten aus reaktiven wie non-reaktiven Erhebungsverfahren. Eine breite Palette von statistischen Auswertungsmethoden trägt der bisweilen komplexen Datenstruktur Rechnung; aber es kommen, wie im Fall von Kosten-Nutzen-Analysen, auch einfache vergleichende Verfahren zum Einsatz.

Da sie sich auf bereits erhobene Daten stützen können, zeichnen sich Sekundäranalysen durch vergleichsweise sehr viel weniger Aufwand und Kosten aus. Zudem entstammen die verwendeten Daten häufig einem bezüglich der Bevölkerungsstruktur repräsentativen Sample, was generalisierbare Ergebnisse ermöglicht. Bisweilen können sie sich aber nur auf einen Querschnitt stützen, was die Untersuchung von Entwicklungsverläufen und kausalen Zusammenhängen erschwert. Zudem liegen oft – wie im Fall des Sozioökonomischen Panels (SOEP– nur Befragungsdaten vor. Allerdings muss ergänzt werden, dass diese Einschränkungen auch für zahlreiche andere Untersuchungen mit beschränkten Mitteln gelten, und dass zahlreiche Fragestellungen dennoch zuverlässig bearbeitet werden können.

Die Möglichkeiten, die sich der Erforschung frühkindlicher Bildung durch quantitative Methoden bieten, sind primär darin zu sehen, dass komplexe Zusammenhänge, Prozesse und Entwicklungen bei Vorschulkindern, in Familien und Institutionen aufgezeigt werden können, und statistisch repräsentative Aussagen dazu möglich sind. Fragen nach Unterschieden zwischen Untersuchungsobjekten sowie korrelativen und kausalen Zusammenhängen zwischen Phänomenen lassen sich mit quantitativen Methoden zuverlässig bearbeiten. Die zunehmende Ausgefeiltheit der Analyseverfahren lässt dabei zwar immer differenzierte Schlüsse zu, birgt aber auch die Gefahr, dass deren Nachvollziehbarkeit und Vermittelbarkeit darunter leiden. Wird ausserdem die Komplexität der frühen Kindheit in all ihren Aspekten *allein* mittels quantitativer Methoden erfasst, müssen die daraus gewonnen Erkenntnisse a priori beschränkt bleiben, da der quantifizierenden und standardisierenden Datenerfassung immer nur ein unvollständiger Ausschnitt der sozialen Wirklichkeit zugänglich sein kann.

# 6    Literatur

Ahnert, L., Rickert, H. & Lamb, M.E. (2000). Shared Caregiving: Comparisons Between Home and Child-Care Settings. *Developmental Psychology, 36* (3), 339–351.

Anders, Y., Rossbach, H.-G., Weinert, S., Ebert, S., Kuger, S., Lehrl, S. et al. (2012). Home and preschool learning environments and their relations to the development of early numeracy skills. *Early Childhood Research Quarterly, 27* (2), 231–244.

Becker, B. & Biedinger, N. (2006). Ethnische Bildungsungleichheit zu Schulbeginn. *Kölner Zeitschrift für Soziologie und Sozialpsychologie, 58* (4), 660–684.

Becker, R. & Lauterbach, W. (2008). Vom Nutzen vorschulischer Erziehung und Elementarbildung – Bessere Bildungschancen für Arbeiterkinder? In R. Becker & W. Lauterbach (Hrsg.), *Bildung als Privileg. Erklärungen und Befunde zu den Ursachen der Bildungsungleichheit* (3. Auflage, S. 129–160). Wiesbaden: VS Verlag für Sozialwissenschaften.

Belsky, J., Burchinal, M., McCartney, K., Vandell, D.L., Clarke-Stewart, K.A. & Tresch Owen, M. (2007). Are There Long-Term Effects of Early Child Care? *Child Development, 78* (2), 681–701.

Biedinger, N. & Klein, O. (2010). Der Einfluss der sozialen Herkunft und des kulturellen Kapitals auf die Häufigkeit entwicklungsfördernder Eltern-Kind-Aktivitäten. *Diskurs Kindheits- und Jugendforschung, 5* (2), 195–208.

Böhm-Kasper, O. & Weishaupt, H. (2008). Quantitative Ansätze und Methoden in der Schulforschung. In W. Helsper (Hrsg.), *Handbuch der Schulforschung* (2., durchges. und erw. Aufl., S. 91–123). Wiesbaden: VS, Verlag für Sozialwissenschaften.

Burger, K. (2010). How does early childhood care and education affect cognitive development? An international review of the effects of early interventions for children from different social backgrounds. *Early Childhood Research Quarterly, 25,* 140–165.

Department for Education. (2012). *EPPSE 16+ Introduction.* Zugriff am 30.03.2012. Verfügbar unter http://eppe.ioe.ac.uk/eppse16+/eppe16+intro.htm.

Deutsches Institut für Wirtschaftsforschung. (2012). *Über uns (Die Survey-Gruppe SOEP).* Zugriff am 18.07.2012. Verfügbar unter http://www.diw.de/de/diw_02.c.221178.de/ueber_uns.html#299768.

Dubowy, M., Eber, S., Maurice, J. von & Weinert, S. (2008). Sprachlich-kognitive Kompetenzen beim Eintritt in den Kindergarten: Ein Vergleich von Kindern mit und ohne Migrationshintergrund. *Zeitschrift für Entwicklungspsychologie und Pädagogische Psychologie, 40* (3), 124–134.

Enders, C.K. (2010). *Applied missing data analysis* (Methodology in the social sciences). New York: Guilford Press.

Forster, E. (2008). Die Singularität qualitativer Sozialforschung. In F. Hofmann (Hrsg.), *Qualitative und quantitative Aspekte. Zu ihrer Komplementarität in der erziehungswissenschaftlichen Forschung* (S. 45–62). Münster, New York, NY, München, Berlin: Waxmann.

Heckman, J.J. (1997). Instrumental Variable: A Study of Implicit Behavioral Assumptions Used In Making Program Evaluation. *The Journal of Human Resources, 32,* 441–462.

Heckman, J.J. (2006). Skill Formation and the Economics of Investing in Disadvantaged Children. *Science, 312,* 1900–1902.

HighScope. (2012). *HighScope Perry Preschool Study.* Zugriff am 30.03.2012. Verfügbar unter http://www.highscope.org/content.asp?contentid=219.

Kluczniok, K., Schmitt, M., Kuger, S. & Maurice, J. von. (2011). Familiale Anregungsbedingungen im Spiegel ökonomischer Ressourcen. In A. Lange & M. Xyländer (Hrsg.), *Bildungswelt Familie. Theoretische Rahmung, empirische Befunde und disziplinäre Perspektiven* (Materialien, S. 190–207). Weinheim: Juventa.

Köller, O. (2009). Quantitative Schulforschung. In S. Blömeke (Hrsg.), *Handbuch Schule. Theorie – Organisation – Entwicklung* (UTB; Schulpädagogik, S. 126–134). Bad Heilbrunn: Klinkhardt.

Kratzmann, J. & Schneider, T. (2009). Soziale Ungleichheiten beim Schulstart: Empirische Untersuchungen zur Bedeutung der sozialen Herkunft und des Kindergartenbesuchs auf den Zeitpunkt der Einschulung. *Kölner Zeitschrift für Soziologie und Sozialpsychologie, 61* (1), 1-24.

Kurz, K., Kratzmann, J. & Maurice, J. von. (2007). *Die BiKS-Studie: Methodenbericht zur Stichprobenziehung.* Zugriff am 23.07.2012. Verfügbar unter http://psydok.sulb.uni-saarland.de/volltexte/2007/990/pdf/Methodenbericht_2007.pdf.

Lanfranchi, A. (2002). *Schulerfolg von Migrationskindern: Die Bedeutung familienergänzender Betreuung im Vorschulalter* (Reihe Schule und Gesellschaft, Bd. 28). Opladen: Leske + Budrich.

Lohmann, H., Spieß, C.K., Groh-Samberg, O. & Schupp, J. (2009). Analysepotenziale des Sozio-oekonomischen Panels (SOEP) für die empirische Bildungsforschung. *Zeitschrift für Erziehungswissenschaft, 12* (2), 252–280.

Luchte, K. & König, E. (2008). Kapitel 7: Methoden erziehungswissenschaftlicher Forschung. In Görres-Gesellschaft zur Pflege der Wissenschaft (Hrsg.), *Handbuch der Erziehungswissenschaft* (Bd. 1, S. 137–159). Paderborn: Schöningh.

Lüdtke, O., Robitzsch, A., Trautwein, U. & Köller, O. (2007). Umgang mit fehlenden Werten in der psychologischen Forschung: Probleme und Lösungen. *Psychologische Rundschau, 58* (2), 103–117.

Maurice, J. von, Artelt, C., Blossfeld, H.-P., Faust, G., Rossbach, H.-G. & Weinert, S. (2007). *Bildungsprozesse, Kompetenzentwicklung und Formation von Selektionsentscheidungen im Vor- und Grundschulalter: Überblick über die Erhebungen in den Längsschnitten BiKS-3-8 und BiKS-8-12 in den ersten beiden Projektjahren.* Zugriff am 23.07.2012. Verfügbar unter http://psydok.sulb.uni-saarland.de/volltexte/2007/1008/pdf/online_version.pdf.

Müller Kucera, K. & Bauer, T. (2000). *Volkswirtschaftlicher Nutzen von Kindertagesstätten: Welchen Nutzen lesen die privaten und städtischen Kidnertagesstätten in der Stadt Zürich aus?* Schlussbericht zuhanden des Sozialdepartements der Stadt Zürich. Bern: Büro für arbeits- und sozialpolitische Studien. Zugriff am 23.7.2012. Verfügbar unter http://www.stadt-zuerich.ch/content/dam/stzh/sd/Deutsch/Ueber%20das%20Departement/Publikationen%20und%20Broschueren/Edition%20PDF-Version/Ed_Sozialpolitik_5.pdf.

National Institute of Child Health and Human Development Early Child Care Research Network & Duncan, G.J. (2003). Modeling the Impacts of Child Care Quality on Children's Preschool Cognitive Development. *Child Development, 74* (5), 1454–1475.

NICHD. (2012). *Study Overview.* Zugriff am 26.03.2012. Verfügbar unter http://www.nichd.nih.gov/research/supported/seccyd/overview.cfm.

Pierrehumbert, B., Ramstein, T., Karmaniola, A., Miikovitch, R. & Halfon, O. (2002). Quality of child care in the preschool years: A Comparison of the influence of home care and day care characteristics on child outcome. *International Journal of Behavioral Development, 26,* 385-396.

Raviv, T., Kessenich, M. & Morrison, F.J. (2004). A mediational model of the association between socioeconomic status and three-year-old language abilities: the role of parenting factors. *Early Childhood Research Quarterly, 19* (4), 528–547.

Rossbach, H.-G. & Weinert, S. (2008). *Kindliche Kompetenzen im Elementarbereich: Förderbarkeit, Bedeutung und Messung.* Berlin: Bundesministerium für Bildung und Forschung.

Sammons, P., Elliot, K., Sylva, K., Melhuish, E., Siraj-Blatchford, I. & Taggart, B. (2004). The Impact of Pre-School on Young Children's Cognitive Attainments at Entry to Reception. *British Educational Research Journal, 30* (5), 691–712.

Sammons, P., Sylva, K., Melhuish, E., Siraj-Blatchford, I., Taggart, B. & Hunt, S. (2008). *Effective Pre-school and Primary Education 3-11 Project (EPPE 3-11): Influences on children's attainment and progress in key stage 2: Cognitive Outcomes in Year 6.* Research Report DCSF-RR048. London: Department for Children, Schools and Families.

Schafer, J.L. & Graham, J.W. (2002). Missing Data: Our View of the State of the Art. *Psychological Methods, 7* (2), 147–177.

Schlanser, R. (2011). *Logiques sociales de l'utilisation des structures d'accueil collectif pour la petite enfance en Suisse.* Mémoire de Master, Institut de hautes études en administration publique (IDHEAP)/Université de Lausanne (UNIL).

Schmidt, S., Schmitt, M. & Smidt, W. (2009). *Die BiKS-Studie: Methodenbericht zur zweiten Projektphase.* Zugriff am 23.7.2012. Verfügbar unter http://psydok.sulb.uni-saarland.de/volltexte/2009/2534/pdf/Methodenbericht_2009.pdf.

Schweinhart, L.J. & Weikart, D.P. (1997). The High/Scope Preschool Curriculum Comparison Study Through Age 23. *Early Childhood Research Quarterly, 12,* 117–143.

Schweinhart, L.J., Montie, J., Xiang, Z., Barnett, W.S., Belfield, C.R. & Nores, M. (2005). *Lifetime effects: The HighScope Perry Preschool study through age 40.* Ypsilanti, MI: High/Scope Press.

SOEP. (2012a). *Data Documentation 61: Biography and Life History Data in the German Socio Economic Panel (SOEP, v27, 1984-2010).* Zugriff am 18.07.2012. Verfügbar unter http://www.diw.de/documents/publikationen/73/diw_01.c.391273.de/diw_datadoc_2011-061.pdf.

SOEP. (2012b). *Documentation $Kind: Person-related variables on children (up to the age of 16) within the household.* Zugriff am 18.07.2012. Verfügbar unter http://www.diw.de/documents/dokumentenarchiv/17/diw_01.c.60057.de/kind.pdf.

Spiess, C.K., Büchel, F. & Wagner, G.G. (2003). *Children's school placement in Germany: Does kindergarten attendance matter?* IZA Discussion Papier No. 722. Bonn: Institute for the Study of Labor.

Sylva, K., Melhuish, E., Sammons, P., Siraj-Blatchford, I. & Taggart, B. (2004). *The effective provision of pre-school education (EPPE) project: Final Report.* University of London, Institute of Education.

Taylor, B.A., Dearing, E. & McCartney, K. (2004). Incomes and outcomes in early childhood. *The Journal of Human Resources, 39,* 980–1007.

Vandell, D.L., Belsky, J., Burchinal, M., Steinberg, L., Vandergrift, N. & NICHD Early child Care research Network. (2010). Do Effects of Early Child Care Extend to Age 15 Years? Results From the NICHD Study of Early Child Care and Youth Development. *Child Development, 81* (3), 737–756.

Wellenreuther, M. (2009). Quantitative Methoden. In S. Andresen, R. Casale, T. Gabriel, R. Horlacher, S. Larcher Klee & J. Oelkers (Hrsg.), *Handwörterbuch Erziehungswissenschaft* (S. 713–727).
Weinheim: Beltz.

# Qualitative Methoden der Kindheitsforschung[1]

Iris Nentwig-Gesemann

## 1    Einleitung

Die methodischen Zugänge der empirischen Sozial- und Bildungsforschung, die einem qualitativen Forschungsparadigma zuzurechnen sind, zeichnen sich bei aller Diversität durch einige fundamentale forschungsleitende Prämissen aus: Qualitative Forschung ist grundlegend von ihrem Anspruch geprägt, mit empirischen Verfahren ‚neues' Wissen über soziale Wirklichkeiten zu generieren. Sie bewegt sich dabei zwischen der intensiven Interpretation einzelner Fälle und der Formulierung verallgemeinerbarer, generalisierungsfähiger Erkenntnisse. So geht es bei der Generierung von Hypothesen und Theorien um die Hinwendung vom Besonderen zum Allgemeinen oder besser: die Suche nach sich im Einzelfall dokumentierenden Verweisen auf allgemeine Regeln und Strukturen, auf ‚Typisches', um damit wiederum auch das Einzigartige und Besondere von Einzelfällen beschreiben und erklären zu können. Das Verstehen und Erklären der Eigenstrukturiertheit und Eigensinnigkeit komplexer sozialer Zusammenhänge wird über die Rekonstruktion von Prozessen ihrer situativen Herstellung sowie ihrer individuellen und sozialen Genese gesucht. Das Interesse qualitativer Forschung richtet sich also im Sinne einer „doppelten Hermeneutik" (Giddens, 1984, S. 95) auf die Re-Konstruktion der komplexen sozialen Konstruktion von Wirklichkeit. Dabei stehen häufig implizite Wissensbestände, Praxis- und Erfahrungswissen, in ähnlichen oder gemeinschaftlich geteilten Erfahrungsräumen, also im Konjunktiven, fundierte handlungsleitende Orientierungen im Analysefokus. Ein empirischer Zugang zu diesen Wissensdimensionen ist dann möglich,

---

1    Ich danke Monika Wagner-Willi und Frauke Gerstenberg für ihr kritisches Lesen und wichtige Anregungen zu diesem Beitrag.

wenn die Erforschten ihr Relevanzsystem in der für sie typischen Eigenstrukturiertheit und Sprache entfalten können. Das Prinzip der Offenheit gewährleistet hier ein hohes Maß an Gültigkeit, also an Angemessenheit und Adäquanz, mit der empirisch das erfasst wird, was den Kern des Forschungsinteresses ausmacht. Ausgehend von der „Unhinter-gehbarkeit der Perspektivität von Erkenntnis" (Reichertz, 2000, S. 7) hat schließlich das methodisch kontrollierte Fremdverstehen, die Reflexion der „Aspekthaftigkeit" (Bohn-sack, 2003, S. 173ff.) des eigenen interpretativen Zugangs, in der qualitativen Forschung immer eine große Relevanz: Das Prinzip der Kontextuierung von Äußerungen (das sich z.B. im sequenzanalytischen Vorgehen oder der gedankenexperimentellen Kontextvari-ation dokumentiert) und das Prinzip der fallinternen und fallübergreifenden kompara-tiven Analyse sichern dies methodisch ab. Insgesamt ist die qualitative Forschung in den letzten Jahren zunehmend um eine Orientierung an Qualitätskriterien oder Standards von Forschung bemüht (vgl. Bohnsack, 2004; Lüders, 2003; Steinke, 1999; 2000), was sich auch im Rahmen von Forschung in der Frühpädagogik niedergeschlagen hat (vgl. Oswald, 1997; Fröhlich-Gildhoff, Nentwig-Gesemann & Haderlein, 2008). Nach dieser Skizzierung allgemeiner Prinzipien qualitativer Forschung, liegt der Fokus im Folgenden auf der frühpädagogischen (Kindheits-) Forschung.

## 2      Qualitative frühpädagogische (Kindheits-) Forschung

Die moderne Kindheitsforschung, vor allem wenn sie am qualitativen Forschungspa-radigma orientiert ist, diskutiert und differenziert seit mehr als einem Jahrzehnt den Anspruch, aus der Perspektive der Kinder zu forschen (z.B. Honig, Lange & Leu, 1999; Heinzel, 2000; Deckert-Peaceman, Dietrich & Stenger, 2010). Auf die (frühe) Kindheit bezogene Bildungstheorien, die sich in der Frühpädagogik etabliert haben (z.B. Schäfer, 2011; Schäfer & Staege, 2010) und Kinder als individuelle und soziale Akteure betrach-ten, die an Selbst- und Weltkonstruktionsprozessen aktiv beteiligt sind, entspricht in der frühpädagogischen Forschung und der Kindheitsforschung eine sich zunehmend durch-setzende Anerkennung von Kindern als Forschungssubjekten, also als in ihren Rechten und Kompetenzen anzuerkennende aktive Mit-Gestalter von Forschungssituationen. Kindern muss dabei nicht erst eine Stimme gegeben werden – die forschungsmetho-dische Herausforderung besteht vielmehr darin, die verschiedenen Formen ihres Aus-drucks anzuerkennen und sie in methodisch abgesicherter Art und Weise zu berücksich-tigen. Bei der Rekonstruktion dessen, *was* Kinder zu sagen haben, muss immer die Art und Weise, *wie* sie es sagen einbezogen werden. Auch und gerade in der jeweiligen Form, in der sie sich ausdrücken und kommunizieren, dokumentiert sich etwas darüber, in wel-chem Rahmen sie ein Thema behandeln und welche Bedeutung sie herstellen. Zugleich bleibt Forschung mit Kindern immer eine von Erwachsenen inhaltlich und methodisch vorstrukturierte Situation, die damit in besonderer Weise ethischer und forschungskri-tischer Reflexionen bedarf, wie die Rechte der erforschten Kinder und ihre Partizipation am Forschungsprozess (alters-) angemessen berücksichtigt werden können (vgl. Ben-

Arieh, 2005). Auch dies ist mit einer Herausforderung für die Forschung verbunden: Die unhintergehbare Differenz zwischen erwachsenen Forscher/innen und Kindern, die im Rahmen von Forschungssituationen eben auch innerhalb und an generationalen Ordnungen arbeiten, muss reflektiert in die Gestaltung der Datenerhebung und die Analyse einbezogen werden. Da die Forschenden in der qualitativen Forschung in besonderer Weise als ‚Erhebungsinstrument' die Qualität der Daten sichern und beeinflussen, müssen ihre Interaktionsanteile immer sorgfältig mit interpretiert werden. Methodologisch und methodisch erfordert das Programm einer möglichst nicht adultistischen Kindheitsforschung nach wie vor die Entwicklung und Erprobung forschungsmethodischer Zugänge, die den Ausdrucksweisen und Kompetenzen der Kinder, der Diversität ihrer lebensweltlichen Kontexte und den Herausforderungen des Forschens innerhalb und zugleich über generationale und pädagogische Ordnungen gerecht zu werden vermögen.

Auch wenn Interviews mit Kindern inzwischen zu den gängigen Methoden der Kindheitsforschung gehören (z.B. Fuhs, 2000; Trautmann, 2010; Garbarino & Stott, 2011; Andresen, 2012), wird in Methodenbüchern und empirischen Studien noch häufig auf die besonderen Herausforderungen und Probleme verwiesen, die sich bei der Forschung mit Kindern ergeben; dies gilt insbesondere für das biografische Interview und für Kinder, die jünger als sechs Jahre alt sind (vgl. Kapitel 2.2 dieses Beitrags). Die Gruppendiskussion (z.B. Heinzel, 2000; Bock, 2010; Michalek, 2009; Michalek & Schönknecht, 2006), die videogestützte Gruppendiskussion (Nentwig-Gesemann, 2002; 2006) und das dialoggestützte Interview mit zwei Kindern (Weltzien, 2009; 2012) haben sich in Studien als ausgesprochen ertragreiche Erhebungsmethoden erwiesen; zwar ist auch hier noch immer eine Fokussierung auf Kinder im Grundschulalter zu verzeichnen, im Zuge der aktuell deutlich zunehmenden Forschung in der Frühpädagogik deutet sich hier allerdings eine Wende an. Die Ethnografie, das teilnehmende und videogestützte Beobachten gehören zu den Kernmethoden qualitativer Kindheitsforschung. Dies liegt nicht zuletzt daran, dass mit diesen Methoden Kinder in ihrem Alltagshandeln, d.h. weitgehend unbeeinflusst von Eingriffen der Forschenden, beobachtet werden können. Dem Nachteil teilnehmender Beobachtung, dem vergleichsweise geringen Detaillierungsgrad von Beobachtungsprotokollen, die immer schon durch den Filter der Wahrnehmung und Ad-hoc-Interpretation der Forschenden hindurch gegangen sind, wird zunehmend durch eine zumindest ergänzende Videoanalyse begegnet (vgl. Kapitel 2.1 in diesem Beitrag).

Im Folgenden sollen methodenübergreifende Potenziale herausgearbeitet werden, die sich für die qualitative Kindheitsforschung ergeben, wenn ein ressourcenorientierter Blick auf Kinder als kompetente Forschungssubjekte gerichtet wird.

# 3    Die Kompetenzen von Kindern als Forschungspotenziale

## 3.1    Die Vielfalt verbaler und non-verbaler Ausdrucksformen

Bildungsprozesse sind nicht zwingend und ausschließlich an das Medium der Sprache, an Reflexion und Diskursivität gebunden. Erst wenn der performative Charakter von Lern- und Bildungsprozessen, die körperlich-räumlich-materialen Handlungspraktiken der Akteure, ihre non-verbalen Aktivitäten und Interaktionen einbezogen werden, kann die Vielgestaltigkeit von Bildung erfasst werden. Kinder entfalten auch in Forschungssituationen unterschiedliche Formen, mit denen sie über sich, ihre Erfahrungen und Orientierungen Auskunft geben.

Der Körper ist dabei insofern ein besonders wichtiger Teil ihres ‚Sprachinstrumentariums‘, als die verbal-sprachlichen Kompetenzen noch in der Entwicklung begriffen sind; dies gilt insbesondere für Kinder in den ersten drei Lebensjahren. Kinder drücken sich in und mit ihrem Körper aus, durch Gestik und Mimik, Haltung und Bewegung, sie tanzen, sie erzeugen Musik, sie malen Bilder, sie bauen und konstruieren. In Spielen und szenischen Aufführungen, in ihrem praktischen Tun, greifen Kinder – so wie Erwachsene auch – auf implizite, inkorporierte Wissensbestände, auf ihr Erfahrungswissen zurück: Sie spielen z.B. in regelmäßiger, habitualisierter Art und Weise, können diese Regelhaftigkeit aber nicht so ohne Weiteres begrifflich-theoretisch explizieren; sie erinnern sich an ein Erlebnis, dieses ist aber nicht in der Form einer erinnerten Episode, als Narration, abgespeichert. Interaktionen vollziehen sich immer auf einer sprachlichen und einer korporierten Ebene: Eine pädagogische Fachkraft begegnet z.B. einem Kind in einer Wickelsituation mit einer bestimmten professionellen Haltung, die sich auch auf einer körperlichen Ausdrucksebene dokumentiert, z.B. in ihrer gestischen, mimischen und körperlichen Resonanz auf Äußerungen des Kindes und der damit verbundenen emotional-atmosphärischen Tönung.

Methodisch kann man sich diesem Wissen nicht (allein) über die Sprache oder die Befragung nähern, sondern über die empirische Rekonstruktion der Ausdrucksweisen des Körpers, der werkschöpfenden Herstellungsprozesse und der Interaktionsorganisation. Individuelles, soziales und Weltwissen wird von Kindern in sozialen Kontexten konstruiert, d.h. in der Interaktion mit anderen Kindern und Erwachsenen und in der Interaktion mit den Dingen, in einer räumlich-material vorstrukturierten Umgebung, unmittelbar praktisch hergestellt – im Moment des Vollzugs ist der Konstruktionsprozess sichtbar, wird damit rekonstruierbar und kann in seiner Eigen-Dynamik und seinen Wirkungen verstehbar werden. Eine nachträgliche, sprachliche Aktualisierung dieser Prozesse ist oft nicht möglich (z.B. bei Säuglingen und sehr jungen Kindern), sie ist lückenhaft und als Konstruktion ersten Grades immer bereits eine Interpretation des Akteurs. Die Bedeutung gemeinsam hergestellter Interaktionssituationen, z.B. einer Wickelsituation, ist nur zu erfassen, wenn die interaktive Feinabstimmung der Akteure im Moment ihres Vollzugs rekonstruiert werden kann. Fokussierte Akte (vgl. Nentwig-Gesemann, 2006), Passagen verdichteter, engagierter, selbstläufiger und szenisch-performativer Handlungs- und Interaktionspraxis, ermöglichen dabei einen besonders verdichteten Einblick in Erlebniszentren und Erfahrungswelten der Kinder bzw. der sozialen Akteure und der jeweiligen Modi der situativen Herstellung von (geteilter) Bedeutung.

Die videogestützte Beobachtung eröffnet hier einen besonders gegenstandsangemessenen, methodischen Zugang, der das Performative, d.h. den schöpferischen Charakter, die Körperlichkeit, Bildhaftigkeit, Expressivität und Theatralität kindlich-sozialer Situationen (vgl. Wulf, Göhlich & Zirfas, 2001) explizit berücksichtigt. Die qualitative Analyse von Videomaterial hat in den vergangenen Jahren in der frühpädagogischen und Kindheitsforschung zunehmend an Bedeutung gewonnen (z.B. Viernickel, 2000; Huhn et al., 2000; Nentwig-Gesemann, 2006; Nentwig-Gesemann & Wagner-Willi, 2007; König, 2009; Nicolai, 2010; Remsperger, 2011; Blaschke, 2012; Nentwig-Gesemann & Nicolai, 2012). Die Potenziale einer mit der Videografie möglichen feinanalytischen Rekonstruktion der Simultaneität und Sequenzialität sozialer Interaktionen mit ihren verbalen und non-verbalen Anteilen eröffnen der qualitativen Kindheitsforschung zukünftig wichtige Forschungsperspektiven.

Die Anerkennung der vielen verschiedenen verbalen und non-verbalen Ausdrucksformen und Sprachen von Kindern ist mit einer defizitorientierten, adultistischen Perspektive nicht vereinbar. So lässt sich im forschungsmethodischen Diskurs dann nicht mehr vertreten, dass Kinder – gemessen an der als Norm gesetzten Kompetenz der Erwachsenen – nicht über hinreichende Kompetenzen verfügen z.B. in einem Interview oder einer Gruppendiskussion Fragen zu beantworten und Narrationen zu entfalten oder aber sich durch performative Aufführungen, Spielpraktiken und das Malen von Bildern auszudrücken. Wenn die Frage obsolet wird, ob Kinder zum gewählten forschungsmethodischen Vorgehen ‚passen' und sie vielmehr daran beteiligt sein können, die Forschungssituation so mit zu gestalten und ‚umzuarbeiten', dass sie die für sich jeweils geeignete Ausdrucksform finden, wird die qualitativ-rekonstruktive Kindheitsforschung dem Anspruch der Gegenstandsangemessenheit ihrer Methoden gerecht.

## 3.2 Narrative und biografisch-narrative Kompetenzen von Kindern

Zur Realisierung narrativer Schemata von Kindern im Vorschulalter liegen nur wenige Forschungserkenntnisse vor. Eine besonders große Forschungslücke ist im Bereich der biografischen Interviews mit Kindern zu verzeichnen: Auf der Grundlage von vergleichsweise wenig und eher älterer Forschung (vgl. Krüger, Ecarius & Grunert, 1994; Büchner et al., 1998) wird regelmäßig die vermeintlich sichere Erkenntnis rekapituliert, dass „es schwierig ist, mit Kindern, die noch jünger als 12 Jahre sind, biografische Interviews zu führen" (Fuhs, 2000, S. 99; vgl. auch Krüger & Grunert, 2001). Empirische Studien, in denen biografische Episoden auch von jüngeren Kindern zu bestimmten Lebensabschnitten evoziert und analysiert wurden, liegen zwar vor (vgl. Andresen, 2012) – diese methodischen Ansätze müssten aber zu einer biografisch orientierten Forschung mit jüngeren Kindern erst noch ausgearbeitet werden.

Im internationalen Kontext findet sich insgesamt eine stärkere Fokussierung der narrativen Potenziale der Kinder und vor allem wird die Kompetenz des erwachsenen Gesprächspartners als wesentliche Bedingung für das Gelingen einer Forschungssituation begriffen (z.B. Brooker, 2001; Eide & Winger, 2005). Auch in Deutschland deutet sich eine entsprechende Entwicklung an: Vorschulkinder werden zunehmend als kompetente Sprecher und Erzähler verstanden (vgl. dazu z.B. das Schwerpunktheft ‚Kinderinterviews' Frühe Bildung 3/2012). In Bezug auf die Einschätzung der Erzählkompetenzen von Kindern verdeutlichen zwei Studien, dass zum einen die Erhebungsmethodik wesentlich mitbestimmt, welche Kompetenzen Kinder überhaupt entfalten können und dass zum anderen die Bewertung von Kompetenz auch davon abhängt, was in einem normativen Sinne als Erzählkompetenz definiert wird. Boueke et al. (1995) kommen in ihrer Studie mit 5-9jährigen Kindern z.B. zu dem Ergebnis, dass die Jüngeren noch kein „Erzählschema" zeigen, also noch nicht in der Lage sind, die „narrativen Konstituenten" wie „Orientierung" (Personen, Ort und Zeit des Geschehens), „Geschichte" (mit „Exposition", „Komplikation" und „Auflösung") und „Schluss" (Bewertungen und über die Geschichte hinausführende Perspektiven) zu realisieren (Boueke & Schülein, 1991, S. 25) und ihre Erzählungen noch nicht affektiv und evaluativ markieren. Im Sinne eines quasi-experimentellen Designs setzten sie eine vierteilige, narrativ strukturierte Bildergeschichte ein. Die Nacherzählungen der Kinder wurden ausgehend vom oben kurz skizzierten, theoretisch entwickelten, voll ausgeprägten Geschichtenschema ausgewertet und – vor dieser normativen Hintergrundfolie – als „defizitär" eingestuft. Becker (2005) zeigte in ihrer Studie nun allerdings, dass die rekonstruierbaren Erzählkompetenzen der Kinder sehr stark von der gewählten Erzählform abhängen. Während die 5jährigen bei reproduktiven Erzählformen, z.B. dem ‚Nacherzählen' von Bildergeschichten Schwierigkeiten hatten, Kohärenz und Kohäsion herzustellen, gelang ihnen dies bei Phantasiegeschichten wesentlich besser. Phantasiegeschichten und Erlebniserzählungen erwiesen sich als die Formen, die von den jungen Kindern besonders gern gewählt wurden, die besonders lang waren, in denen der Anteil affektiver Mittel und der Gebrauch wörtlicher Rede wesentlich höher war als bei Bildgeschichten und Nacherzählungen und in denen schließlich sowohl chronologisch-linear („und dann …") als auch bereits mit dramaturgischen Höhepunkten erzählt wurde. Im Elementarbereich erzählen Kinder häufig assoziativ – so entstehen Erzählfragmente, die sich in der empirischen Rekonstruktion dann oft als stringente Gesamterzählungen, wenn auch mit eigenwilligen und -sinnigen Nebensträngen, erweisen (vgl. Rau, 2007). Fuhs und Schneider (2012) arbeiten überzeugend, wenngleich empirisch noch nicht hinreichend abgesichert, heraus, dass auch sehr junge Kinder schon über narrative Kompetenzen verfügen, die sie, unterstützt durch ein ‚narratives Mandat' eines mit ihnen vertrauten Erwachsenen, entfalten können. Forschungsmethodisch fordert dies die diskursanalytische Rekonstruktion einer narrativen Ko-Konstruktion heraus, denn der Erwachsene ist Mit-Erzähler. Insgesamt kristallisiert sich hier die eigentlich rekonstruktiv-praxeologische und sich der Kindheitsforschung aufdrängende Frage heraus, *wie* Kinder denn überhaupt erzählen, *wie* also welche Erzählkompetenzen von ihnen in der Praxis hervorgebracht werden.

Qualitative Interviews und Gruppendiskussionen zielen im Kern auf die Generierung von Erzählungen über selbst erlebte Episoden, über konkrete Erfahrungen und Erlebnisse. Wie dargelegt, verfügen auch bereits Kindergartenkinder über grundlegende
narrative Bedürfnisse und Kompetenzen. Methodisch zu berücksichtigen ist dabei, dass
sich Erlebniserzählungen (auch bei Jugendlichen und Erwachsenen) immer mit fiktiven
Elementen bzw. subjektiven Wahrheiten vermischen, deren objektiver ‚Wahrheitsgehalt‘
von den Forschenden oft nur schwer rekonstruierbar ist. Das Primat der ‚spielerischen‘
Weltaneignung und -konstruktion von Kindern spiegelt sich dabei auch im Erzählen
wieder, das Erlebnisverarbeitung, Weltaneignung und Sinnstiftung zugleich ist. Die qualitative Rekonstruktion richtet sich damit auf die Frage, wie sich in einem Interview oder
einer Gruppendiskussion Sinnkonstituierungsprozesse vollziehen, welche Perspektiven
Kinder auf ihre Selbst- und Welterfahrungen entfalten und welche handlungsleitenden
Orientierungen sich hieraus ergeben – und nicht primär darauf, ‚reale‘ oder ‚wahre‘ Er-
eignisabläufe rekapitulieren zu können.

## 3.3    Forschung innerhalb einer generationalen Ordnung

Eine besondere methodische Herausforderung ergibt sich daraus, dass die frühpädagogische Forschung und die Kindheitsforschung immer Forschung innerhalb eines generationalen, hierarchisch strukturierten, Autoritäts- und Sorgeverhältnisses ist. Forschende
müssen in besonderer Weise sensibel für die eigene ‚erwachsene‘ Standortverbundenheit
sein, sie bewusst reflektieren und sie bei der Analyse immer wieder ‚einklammern‘. Eine
methodisch kontrollierte Fremdheitshaltung ist immer, aber eben in der Forschung mit
Kindern ganz besonders wichtig, um eine unreflektierte Vereinnahmung der Perspektive
der Kinder in die Rahmungen und Konzepte der Erwachsenenwelt zu vermeiden.

Im Rahmen qualitativer Forschung wird dieser Beziehungseinfluss methodisch reflektiert, durch möglichst ‚sparsame‘ und methodisch gut begründete Eingriffe der Forschenden in die Erhebungssituation kontrolliert und vor allem systematisch in die Auswertung
einbezogen. Die Erhebung einer Gruppendiskussion oder eines Paarinterviews bleibt
grundsätzlich eine Kommunikationssituation nicht nur der Beteiligten untereinander,
sondern auch der Erforschten mit den Forschenden. Im Einzelinterview mit dem Kind ist
dieses in besonderer Weise auf den Erwachsenen als Kommunikationspartner orientiert
– ein möglicher Zugriff auf die eigen-sinnige Art und Weise des Kindes die Welt zu deuten und zu konstruieren ist daher nur dann gegeben, wenn es methodisch gelingt, Selbst-
läufigkeit zu initiieren. Wenn Kinder *ihre* Themen in der ihnen zu eigenen Art und Weise,
mit der für sie selbst wichtigen Bedeutung und Emotionalität thematisieren und erzählen
können, dann entsteht Datenmaterial, dessen Interpretation den Forschenden einen Zugang zu ihrer spezifischen Perspektivität und ihren Orientierungsrahmen eröffnet. Der
unvermeidbare Einfluss des Erwachsenen in der Forschungssituation wird in der quantitativen Forschung durch eine möglichst hohe Standardisierung der Erhebungssituation
‚kontrolliert‘, in der qualitativen Forschung wählt man den umgekehrten Weg: Durch

möglichst wenig Standardisierung der Erhebungssituation von außen, können sich zum einen die spezifischen Erfahrungen, Deutungsmuster und handlungsleitenden Orientierungen der Kinder entfalten. Zum anderen wird der Einfluss der Forschenden nicht als Störfaktor, sondern als zusätzliche Erkenntnisquelle betrachtet: Durch die Überlagerung zweier verschiedener Diskurse hebt sich eben derjenige, der im Zentrum des Interesses steht, also hier: der kindzentrierte Diskurs, in seiner Eigenart konturiert vom erwachsenenzentrierten Diskurs ab. Die Themen und der Diskursmodus der Kinder untereinander bzw. die Art und Weise, wie ein einzelnes Kind seine Gedanken entfaltet, und zwar sowohl den Sinngehalt als auch die formale Struktur der Darstellung betreffend, kann durch die komparative Analyse mit Diskurselementen zwischen Forschenden und Erforschten besonders deutlich und empirisch fundiert herausgearbeitet werden (vgl. Bohnsack, 2003, S. 208; Nentwig-Gesemann, 2006).

### 3.4    Die Mehrdimensionalität von Erfahrungsräumen

Schließlich eröffnen rekonstruktive Verfahren einen empirischen Zugang zu der Frage, welche habituellen Orientierungen, welche Rahmungen ‚typisch' für Kinder bzw. die Kinderkultur sind und/oder sich aus der Zugehörigkeit zu anderen sozialen Gemeinschaften ergeben. Auch Kinder werden in mehrdimensional aufgeschichteten und sich überlagernden (z.B. generationalen, geschlechtlichen, organisationalen) Erfahrungsräumen geprägt. Sozialität wird zum einen auf einer thematisch expliziten und kommunizierbaren Ebene vermittelt, ist aber immer auch im Konjunktiven, im Sinne eines gemeinsamen Erlebens und Handelns, fundiert. Je nach Kontext, Situation und Thematik werden unterschiedliche verbindende Erfahrungen aktualisiert: So ist es möglich, dass wir jemanden in einem Diskurs ‚wie selbstverständlich' verstehen und bei einem anderen Thema Verständigung erst mühsam kommunikativ herstellen müssen. Die Kindheitsforschung sollte also die Mehrdimensionalität von prägenden Erfahrungsräumen und Erlebenskontexten im Blick haben: Kinder sind nicht nur Kinder, sie sind auch Mädchen oder Jungen, machen unterschiedliche milieuspezifische, soziale, kulturelle und Bildungserfahrungen; sie wachsen auf in Familienkulturen, die uns mehr oder weniger nah oder fremd sein mögen und werden in Institutionen mit ganz eigenen pädagogischen Kulturen betreut. Erst wenn das Fremde nicht eindimensional als ‚kind- bzw. alterstypisch' gedeutet wird, können individuelle und kollektive Orientierungen von Kindern in ihrer Unterschiedlichkeit und Mehrdimensionalität verstanden und im Sinne eines Verständnisses ihrer Genese auch erklärt werden.

### 4    Forschungsdesiderata und Perspektiven

Die Marginalisierung des Bildes in der empirischen Sozialforschung, auch in der qualitativen Forschung, ist vielfach konstatiert und beklagt worden. Die Fixierung auf

Ursprungsdaten, die von vornherein in Textform vorliegen, also auf Interviews und Gespräche, ist gerade in Bezug auf die Forschung mit jungen Kindern, gegenstandsunangemessen. Der sich deutlich abzeichnende ‚iconic turn' – die Ausarbeitung von differenzierten empirischen Methoden zur Analyse von Videoaufzeichnungen, Fotos und Kinderzeichnungen – eröffnet hier vielversprechende Forschungsperspektiven.

Darüber hinaus wird es zunehmend auch um die Ethnografie bzw. die Rekonstruktion *pädagogischer* Prozesse gehen, um die Rekonstruktion der praktischen Herstellung pädagogischer Ordnungen durch Kinder und Erwachsene. Die Analyse der Wechselwirkungen zwischen den handlungsleitenden Orientierungen, zwischen den situationsbezogenen und übersituativen Rahmungen dieser beiden Akteursgruppen, können das Verstehen von Lern- und Bildungsprozessen, ihrer pädagogisch-didaktischen Gestaltung und Beziehungsqualität ganz wesentlich befruchten.

Auch die Qualitäts- und Evaluationsforschung in der Frühpädagogik gewinnt durch qualitative Ansätze neue Impulse: Selbst wenn wir auf der Grundlage von Evaluationsstudien um die Wirkungen und Effekte bestimmter Ansätze und Programme wissen, wissen wir doch oft nicht, wie und warum sich diese entfalten, *wie* Pädagogik also in welchen Kontexten bewirkt, was sie leistet. Betrachtet man dabei im Rahmen einer rekonstruktiv angelegten Forschung Qualität als performatives, kontextrelatives, dynamisches und perspektivisches Konstrukt (vgl. Honig, et al. 2004; Honig, 2002), wird Qualität nicht durch Evaluation objektiviert, d.h. die Frage nach der Geltung von Qualitätsmaßstäben wird nicht durch die Messung ihrer Verwirklichung abgeschnitten. Vielmehr wird die Frage nach der Geltung von Qualitätsmaßstäben erst durch die Analyse ihrer Genese, ihrer praktischen Hervorbringung aus der Perspektive der Akteure, beantwortet (vgl. Honig, 2004, S. 27). Die Frage, wie Qualität hervorgebracht wird, impliziert zwangsläufig einen multiperspektivischen, praxeologisch fundierten forschenden Ansatz, der die gestellten Fragen unter Rückbezug auf die Perspektiven, Handlungspraktiken und das handlungsleitende Erfahrungswissen der beteiligten Akteure, im Falle des Kindergartens also auch aus der Perspektive und den Erfahrungsräumen der Kinder heraus, beantwortet.

So wie auch im Rahmen einer rekonstruktiv angelegten Qualitätsforschung geht es auch bei der qualitativen Erfassung von Kompetenz(entwicklung) und Professionalisierung um die Rekonstruktion der Eigendynamik und Eigen-Sinnigkeit von Praxis: um das situative Handeln und Interagieren von Akteuren, um deren Umgang mit auftauchenden Handlungsproblemen und Herausforderungen, die Geschichte und Prozessdynamik der Ausgestaltung von pädagogischen Settings innerhalb von Organisationen und um deren spezifische Kultur. Ein derart praxeologischer Forschungszugang ermöglicht dringend erforderliche Erkenntnisse zu der Frage, ob und wie frühpädagogische Fachkräfte die angestrebten Wissensbestände und Kompetenzen erwerben und in der Praxis auch anwenden können (z.B. Nentwig-Geseman, Fröhlich-Gildhoff & Pietsch, 2011). Zur qualitativen Absicherung des Professionalisierungsprozesses der Frühpädagogik erscheint Professionsforschung – biografische, ethnografische und rekonstruktive Forschung, unabdingbar: Forschung, die individuelle Biografien von pädagogischen Fachkräften erschließt, den Einfluss von Ausbildungsformen und Organisationskulturen auf die Ausprägung eines professionellen Habitus rekonstruiert und vor allem die berufliche Handlungspraxis der Akteure selbst, ihre beruflich-habituellen Praktiken und deren Genese in den empirischen Blick nimmt. So wendet sich eine konsequent praxeologisch fundierte, qualitative Kindheitsforschung nicht nur der Frage zu, wie Kinder als Akteure Praxis hervorbringen und sich bilden, sondern bettet dies in die Rekonstruktion einer intergenerationalen Interaktionspraxis ein.

# 5    Literatur

Andresen, S. (2012). Was und wie Kinder erzählen. Potenzial und Grenzen qualitativer Interviews. *Frühe Bildung 2012* (3), S. 137–142.

Becker, T. (2005). *Kinder lernen erzählen*. Baltmannsweiler: Hohengehren.

Ben-Arieh, A. (2005). Where are the children? Children's role in measuring and monitoring their well-being. *Social Indicators Research, 74*(3), 573–596.

Blaschke, G. (2012). *Auf der Schwelle zur Schule – eine dokumentarisch fokussierende Ethnografie zur Gestaltung einer Übergangserfahrung.* Opladen & Farmington Hills: B. Budrich.

Bock, K. (2010). *Kinderalltag – Kinderwelten: Rekonstruktive Analysen von Gruppendiskussionen mit Kindern: Rekonstruktive Analysen von Gruppendiskussionen mit Kindern aus Sachsen.* Opladen & Farmingtion Hills: B. Budrich.

Bohnsack, R. (2003). *Rekonstruktive Sozialforschung. Einführung in qualitative Methoden,* (5. Aufl.). Opladen & Farmington Hills: B. Budrich.

Bohnsack, R. (2004). Standards nicht-standardisierter Forschung in den Erziehungs- und Sozialwissenschaften. *Zeitschrift für Erziehungswissenschaft 7*(4), 65–83.

Boueke, D. & Schülein, F. (1991). Kindliches Erzählen als Realisierung eines narrativen Schemas. In H. Evers (Hrsg.), *Kindliches Erzählen – Erzählen für Kinder* (S. 13–41). Weinheim und Basel: Beltz.

Boueke, D., Schülein, F., Büscher, H., Terhorst, H. & Wolf, D. (1995). *Wie Kinder erzählen. Untersuchungen zur Erzähltheorie und zur Entwicklung narrativer Fähigkeiten.* München: Fink.

Brooker, L. (2001). Interviewing children. In G. Mac Naughton, Sh. A. Rolfe & I. Siraj-Blatchford (eds.), *Doing Early Childhood Research. International Perspectives on Theory and Practice* (p. 162–178). Sydney: Allen and Unwin.

Büchner, P., Du Bois-Reymond, M., Ecarius, J., Fuhs, B. & Krüger, H.-H. (1998). *Teenie-Welten. Aufwachsen in drei europäischen Regionen.* Opaden: Leske+Budrich.

Eide, B.J. & Winger, N. (2005). From the children's point of view: methodological and ethical challenges. In S. Clark, A.T. Kjørholt & P. Moss (eds.), *Beyond Listening. Children's perspectives on early childhood services* (S. 71–91). Bristol: Policy Press.

Frühe Bildung (2012). Schwerpunktheft Kinderinterviews. Göttingen: Hogrefe.

Deckert-Peaceman, H., Dietrich, C. & Stenger, U. (2010). *Einführung in die Kindheitsforschung.* Darmstadt: Wissenschaftliche Buchgesellschaft.

Fröhlich-Gildhoff, K., Nentwig-Gesemann, I. & Haderlein, R. (2008). Über den Sinn, die Probleme und die Standards einer Forschung in der Frühpädagogik. In K. Fröhlich-Gildhoff, I. Nentwig-Gesemann & R. Haderlein (Hrsg.), *Forschung in der Frühpädagogik, Band 1* (S. 13–36). Freiburg: FEL-Verlag.

Fuhs, B. (2000). Qualitative Interviews mit Kindern. Überlegungen zu einer schwierigen Methode. In F. Heinzel (Hrsg.), *Methoden der Kindheitsforschung. Ein Überblick über Forschungszugänge zur kindlichen Perspektive* (S. 87–103). Weinheim und München: Juventa.

Fuhs, B. & Schneider, S. (2012). Normalisierungsvorstellungen und Adultismus als Probleme für die erzählerische Erschließung frühkindlicher Lebenswelten. *Frühe Bildung 2012* (3), S. 125–130.

Garbarino, J. & Stott, F.M. (2011). *What children can tell us. Elicting, interpreting, and evaluating critical information from children.* San Francisco: Jossey-Bass Publishers.

Giddens, A. (1984). *Interpretative Soziologie.* Frankfurt am Main: Campus.

Heinzel, F. (Hrsg.). (2000). *Methoden der Kindheitsforschung. Ein Überblick über Forschungszugänge zur kindlichen Perspektive.* Weinheim und München: Juventa.

Heinzel, F. (2000). Kinder in Gruppendiskussionen und Kreisgesprächen. In F. Heinzel (Hrsg.), *Methoden der Kindheitsforschung* (S. 117–130). Weinheim und München: Juventa.

Honig, M.-S., Lange, A. & Leu, H.R. (1999). *Aus der Perspektive von Kindern? Zur Methodologie der Kindheitsforschung.* Weinheim und München: Juventa.

Honig, M.-S., Joos, M. & Schreiber, N. (2004). *Was ist ein guter Kindergarten? Theoretische und empirische Analysen zum Qualitätsbegriff in der Pädagogik.* Weinheim und München: Juventa.

Huhn, N., Dittrich, G., Dörfler, M. & Schneider, K. (2000). Videografieren als Beobachtungsmethode in der Sozialforschung – am Beispiel eines Feldforschungsprojekts zum Konfliktverhalten von Kindern. In F. Heinzel (Hrsg.), *Methoden der Kindheitsforschung* (S. 185–202). Weinheim und München: Juventa.

König, A. (2009). *Interaktionsprozesse zwischen ErzieherInnen und Kindern. Eine Videostudie aus dem Kindergartenalltag.* Wiesbaden: VS Verlag.

Krüger, H.-H., Ecarius, J. & Grunert, C. (1994). Kinderbiographien. Verselbständigungsschritte und Lebensentwürfe. In M. Du Bois-Reymond, P. Büchner & H.-H. Krüger (Hrsg.), *Kinderleben. Modernisierung von Kindheit im interkulturellen Vergleich* (S. 221–271). Opladen: Leske+Budrich.

Krüger, H.-H. & Grunert, C. (2001). Biografische Interviews mit Kindern. In I. Behnken & J. Zinnecker (Hrsg.), *Kinder. Kindheit. Lebensgeschichte: Ein Handbuch* (S. 129–142). Velbert: Kallmeyer.

Lüders, Ch. (2003). Herausforderungen qualitativer Forschung. In U. Flick, E. von Kardorff & I. Steinke (Hrsg.), *Qualitative Forschung. Ein Handbuch* (S. 632–642). Reinbek bei Hamburg: Rowohlt.

Michalek, R. (2009). Gruppendiskussionen mit Grundschülern. In J. Budde & I. Mammes (Hrsg.), *Jungenforschung empirisch – Zwischen Schule, männlichem Habitus und Peerkultur* (S. 47–71). Wiesbaden: VS Verlag.

Michalek, R. & Schönknecht, G. (2006). Die Gruppendiskussion als Methode in der Schul- und Kindheitsforschung: Kinder sprechen über Schule. In S. Rahm, I. Mammes & M. Schratz (Hrsg.), *Schulpädagogische Forschung. Organisations- und Bildungsprozessforschung. Perspektiven innovativer Ansätze* (S. 149–164). Innsbruck: StudienVerlag.

Nentwig-Gesemann, I. (2002). Gruppendiskussionen mit Kindern. Die dokumentarische Interpretation von Spielpraxis und Diskursorganisation. *Zeitschrift für qualitative Bildungs-, Beratungs- und Sozialforschung 2002*(1), 41–63.

Nentwig-Gesemann, I. (2006). Regelgeleitete, habituelle und aktionistische Spielpraxis. Die Analyse von Kinderspielkultur mit Hilfe von videogestützten Gruppendiskussionen. In R. Bohnsack, A. Przyborski & B. Schäffer (Hrsg.), *Das Gruppendiskussionsverfahren in der Forschungspraxis* (S. 25–44). Opladen: B. Budrich.

Nentwig-Gesemann, I. & Wagner-Willi, M. (2007). Rekonstruktive Kindheitsforschung. Zur Analyse von Diskurs- und Handlungspraxis bei Gleichaltrigen. In Ch. Wulf & J. Zirfas (Hrsg.), *Pädagogik des Performativen. Theorien, Methoden, Perspektiven* (S. 213–223). Weinheim und Basel: Beltz.

Nentwig-Gesemann, I. (2008). Rekonstruktive Forschung in der Frühpädagogik. In H. v. Balluseck (Hrsg.), *Professionalisierung der Frühpädagogik* (S. 251–263). Opladen: Verlag B. Budrich.

Nentwig-Gesemann, I. & Nicolai, K. (2013). Erwachsenen-Kind-Interaktionen in der Krippe. Potenziale und Ergebnisse dokumentarischer Videointerpretation (in Vorbereitung).

Nentwig-Gesemann, I., Fröhlich-Gildhoff, K. & Pietsch, S. (2011). Kompetenzentwicklung von FrühpädagogInnen in Aus- und Weiterbildung. *Frühe Bildung 2011*(0), 22–30.

Nicolai, K. (2010). *Sprache. Bild. Körper. Der Maltisch als peerkultureller Interaktionsraum im Kindergarten. Eine rekonstruktive Fallstudie*. Master-Thesis, Berlin, ASH.

Oswald, H. (1997). Was heißt qualitativ forschen? Eine Einführung in Zugänge und Verfahren. In B. Friebertshäuser & A. Prengel (Hrsg.), *Handbuch Qualitative Forschungsmethoden in der Erziehungswissenschaft* (S. 71–87). Weinheim und München: Juventa.

Rau, M.L. (2007). *Literacy: Vom ersten Bilderbuch zum Erzählen, Lesen und Schreiben*. Haupt Verlag.

Reichertz, J. (2000). Zur Gültigkeit von Qualitativer Sozialforschung. *Forum: Qualitative Social Research (Online Journal) 1*(2). Abrufbar über: http://www.uni-graz.at/en/reichertz__gueltigkeit_qualitativer_sozialforschungd.pdf. Zugriff am 20.3.2012.

Remsperger, R. (2011). *Sensitive Responsivität. Zur Qualität pädagogischen Handelns im Kindergarten*. Wiesbaden: VS Verlag.

Schäfer, G.E. (2011). *Was ist frühkindliche Bildung? Kindlicher Anfängergeist in einer Kultur des Lernens*. Weinheim und München: Juventa.

Schäfer, G.E. & Staege, R. (2010). *Frühkindliche Lernprozesse verstehen. Ethnographische und phänomenologische Beiträge zur Bildungsforschung*. Weinheim und München: Juventa.

Steinke, I. (1999). *Kriterien qualitativer Forschung: Analyse zur Bewertung qualitativ-empirischer Sozialforschung*. Weinheim/München: Juventa.

Steinke, I. (2000). Gütekriterien qualitativer Forschung. In U. Flick, E. v. Kardorff & I. Steinke (Hrsg.), *Qualitative Forschung. Ein Handbuch*. (S. 319–331). Reinbek: Rowohlt.

Trautmann, Th. (2010). *Interviews mit Kindern. Grundlagen, Techniken, Besonderheiten, Beispiele*. Wiesbaden: VS Verlag.

Viernickel, S. (2000). *Spiel, Streit, Gemeinsamkeit. Einblicke in die soziale Kinderwelt der Zweijährigen*. Landau: Verlag Empirische Pädagogik.

Weltzien, D. (2009). Dialoggestützte Interviews mit Kindern im Kindergarten- und Grundschulalter unter Berücksichtigung ihrer Peerbeziehungen. Methode und empirische Ergebnisse. In K. Fröhlich-Gildhoff & I. Nentwig-Gesemann (Hrsg.), *Forschung in der Frühpädagogik, Band II*. (S. 69–100). Freiburg: FEL-Verlag.

Weltzien, D. (2012). Gedanken im Dialog entwickeln und erklären: Die Methode dialoggestützter Interviews mit Kindern. *Frühe Bildung 2012* (3), S. 143–149.

Wulf, Ch., Göhlich, M. & Zirfas, J. (2001). *Grundformen des Performativen. Eine Einführung in die Zusammenhänge von Sprache, Macht und Handeln*. Weinheim und München: Juventa.

# Ethnographische Zugänge in der frühkindlichen Bildungsforschung

Argyro Panagiotopoulou

## 1 Einleitung

In ihrem Beitrag über „Ethnography in the Study of Children and Childhood" hebt Alison James hervor, dass – ähnlich wie die Biografieforschung den Jugendlichen und Erwachsenen eine Stimme gab – die Ethnographie die Erforschung kindlicher Lebenswelten und Perspektiven überhaupt erst ermöglicht hat: „it has enabled the voices of those who would otherwise be silent to be heard" (James, 2001, p. 255).

Im vorliegenden Beitrag werden erziehungswissenschaftliche Ethnographien thematisiert, die in Institutionen frühkindlicher und schulischer Bildung durchgeführt wurden bzw. werden und dabei Praktiken und Deutungen von Kindern – sowie die Praktiken und Deutungen der für sie relevanten Erwachsenen – kulturanalytisch erschließen. Solche Studien werden seit etwa zwei Jahrzehnten zunehmend auch im deutschsprachigen Raum realisiert (vgl. Staege, 2010, S. 9). Mit der Vorstellung und Diskussion ihrer Erkenntnisinteressen, methodologischen Maximen und methodischen Vorgehensweisen soll im Folgenden der Ertrag ethnographischer Zugänge für die frühkindliche Bildungsforschung und den (früh-)pädagogischen Diskurs exemplarisch diskutiert werden.

Trotz methodischer Vielfalt weisen ethnographische Forschungsarbeiten in ihrer methodologischen Grundlegung und forschungspraktischen Realisierung gemeinsam geteilte, genuin ethnographische Prämissen auf: die Priorisierung der (im klassischen oder fokussierenden Sinne) teilnehmenden Beobachtung im Feld, die systematische Befremdung des Beobachteten zwecks Erkenntnisgewinnung, das Verständnis von dichter Beschreibung als interpretativer Leistung der Ethnograph/innen und schließlich die Generierung von Theorie auf der Basis von Empirie. Und obwohl „Ethnographie nicht gleich Ethnographie [ist]", wie Werner Thole postuliert, lassen sich auch zentrale Tendenzen und gemeinsame Entwicklungen feststellen, so z.B. die Erweiterung und Neuakzentuierung der letzten Jahre „von einer Ethnographie des 'Wie etwas ist' zu einer Ethnographie des ‚Wie sich etwas herstellt und reproduziert' (Thole, 2010, S. 29). Daran anknüpfend werden in diesem Beitrag ausgewählte sozialkonstruktivistisch ausgerichtete Studien vorgestellt, die soziale Phänomene im Alltag von Bildungseinrichtungen als interaktive Handlungsprozesse erforschen und insbesondere den Fragen nachgehen, wie *Kinder(garten)kultur, Differenz, Übergänge, pädagogische Qualität* von Kindern und Erwachsenen hervorgebracht werden.

Um die Vielfalt ethnographischer Zugänge zu verdeutlichen und darüber einen ersten, wenn auch unvollständigen, Überblick geben zu können, wurden verschiedene Ethnographien der letzten Jahre stellvertretend gruppiert. Die auf diese Weise konstruierten Grenzen bleiben aber fließend, denn unter den gruppierten Studien lassen sich markante Unterschiede, und über die Gruppen hinaus deutliche Gemeinsamkeiten in methodisch-methodologischer Hinsicht erkennen. Die meisten dieser Studien sind aufgrund ihrer komplexen Forschungsfragen und Erkenntnissinteressen (z.B. sowohl Kinder- als auch Lernkultur, sowohl die Herstellung von generationaler Ordnung, als auch die der sozialen Differenz, sowohl die Kinder- als auch die Erwachsenenperspektive erfassen zu wollen) nur bedingt dem einen oder anderen Themenbereich zuzuordnen.

An erster Stelle werden Ethnographien thematisiert, die „*Doing (Peer) Culture*" untersuchen und dabei Kinder in Auseinandersetzung mit der Erwachsenenwelt als Akteure ihrer eigenen Kultur und als Mitgestalter der Kindergartenkultur forschend begleiten (2). Im Anschluss daran werden Studien diskutiert, die sich dem „*Doing Difference*", den Differenzerfahrungen junger Kinder, aber auch den Unterscheidungspraktiken von Kindern und Professionellen in Kindertageseinrichtungen und Anfangsklassen widmen (3). Der spezifische Beitrag vergleichender Ethnographien in Institutionen frühkindlicher und schulischer Bildung sowie in unterschiedlichen Bildungssystemen wird anhand international angelegter Studien zum Übergang in die Schule bzw. „*Doing Transition*" diskutiert (4). Die Erkenntnisleistung ethnographischer Qualitäts- und Professionsforschung – auch in kritischer Auseinandersetzung mit und in Abgrenzung von einer normativen Mainstream-Bildungsforschung – wird unter dem Stichwort „*Doing Quality*" thematisiert (5).

## 2      Doing (Peer) Culture in Einrichtungen frühkindlicher Bildung

> „Aus ihrer ethnographischen Tradition lässt sich die qualitative Bildungsforschung dazu inspirieren, Kinderkulturen in ihrer sich stets wandelnden Besonderheit wie ‚fremdes Terrain' zu erkunden" (Friebertshäuser & Prengel, 2010, S. 4).

In seinem Beitrag zur „Forschung ´vom Kinde aus´?" unterschied Michael-Sebastian Honig (1999, S. 38f.) zwischen „ethnographischer *Kinder*forschung" und „ethnographischer

*Kindheits*forschung": Erstere ist phänomenologisch inspiriert, sie konzipiert das Kind „als Fremden" und zugleich als kompetentes Individuum, das sich selbstständig entwickelt und bildet, letztere fokussiert soziale Praktiken von Kindern (vgl. Honig, 2010, S. 99).

Die Peer Culture Forschung des US-amerikanischen Kindheitssoziologen William Corsaro hat diese methodisch-methodologische Debatte um ethnographische Forschung mit oder bei Kindern in (früh-)pädagogischen Feldern nachhaltig beeinflusst. Erste direkte Verweise auf Corsaros Ethnographien in deutschsprachigen Publikationen finden sich bereits in den 1990er Jahren, z.B. in der Studie zum Geschlechteralltag von (Schul-)Kindern (Breidenstein & Kelle, 1998), in der methodologischen Ausarbeitung der Erforschung von Kinderperspektiven (Honig, Lange & Leu, 1999), aber auch in der theoretischen Auseinandersetzung mit dem Konzept der „Selbstsozialisation" (Zinnecker, 2000). Corsaros´ kulturanalytischer Zugang zielt „auf das Wissen der Kinder als Akteure und als Teilnehmer und Mitglieder ihrer Kultur" (Kelle & Breidenstein, 1999, S. 98), doch dieser Zugang wurde zunächst im schulischen Feld umgesetzt. Der Alltag der jüngeren und jüngsten Kinder in Einrichtungen frühkindlicher Bildung bleibt bis heute ein weitgehend unerforschtes Gebiet. Corsaro selbst hat sich mit der Forschung von und mit jungen Kindern in Kindergärten Italiens und der USA befasst. Basierend auf seinen eigenen Forschungsarbeiten bringt er in seinem Beitrag mit dem Titel „Collective Action and Agency in Young Children´s Peer Cultures" die besondere Leistung ethnographischer Forschung auf den Punkt, wenn er betont, dass mit dieser Forschung nicht die Natur eines Kindes, seiner Eigenwelt und individuellen Entwicklung sondern, „the nature of children´s membership in these local cultures" sowie Veränderungsprozesse dieser kollektiven Partizipation untersucht werden können und sollen (vgl. Corsaro, 2005, S. 231). Dabei hat Corsaro mit seinem Begriff „interpretive reproduction [...] an alternative to the term socialization" eingeführt und immer wieder empirisch belegt, dass Kinder die Erwachsenenwelt nicht einfach internalisieren: „This emphasis on reproduction also implies that children are, by their very participation in society, constrained by the existing social structure and by social reproduction" (ebd., S. 232).

Eine der ersten Untersuchungen, die im deutschsprachigen Raum in Anlehnung an Honig, Leu und Nissen (1996), die „neuere kindheitstheoretische Debatte" und das darin zum Tragen kommende veränderte „Verständnis der Kindheit" (Dittrich, Dörfler & Schneider, 2001, S. 21) außerhalb der Schule umsetzte, betraf das „Konfliktverhalten von Kindern in Kindertagesstätten". Zwischen 1997 und 1998 wurden in fünf Einrichtungen im Rahmen des gleichnamigen Projektes des Deutschen Jugendinstituts Ethnographien durchgeführt und deren Ergebnisse unter dem Titel „Wenn Kinder in Konflikt geraten" im Jahre 2001 veröffentlicht. Die Forscherinnen (Gisela Dittrich, Mechthild Dörfler und Kornelia Schneider) sind von der Maxime ausgegangen, sich „so weit wie möglich der ‚Perspektive der Kinder' [zu] nähern" (ebd., S. 9). Dabei sind sie der Frage nachgegangen, wie ein- bis sechsjährige Kinder „zusammen ihre soziale Welt konstruieren" und insbesondere wie sie mit Konflikten im Kita-Alltag umgehen (ebd., S. 226). Wissenschaftstheoretisch ordnen sie sich dem konstruktivistischem Paradigma (Youniss; Glaserfeld), sowie kulturanthropologisch bzw. ethnographisch orientierten Forschungsarbeiten zu und betrachten „Sozialisation", orientiert an Jürgen Zinnecker (2000) und Wiliam Corsaro (1997), als interpretative Reproduktion, die mittels kultureller Netzwerke von Peers vollzogen wird (vgl. Dittrich, Dörfler & Schneider, 2001, S. 24). Sie plädieren dafür, ähnlich wie Jugendlichen eine Jugendkultur, auch Kindern eine eigenständige Kinderkultur anzuerkennen, wobei sie diese mit Bezug auf Clifford Geertz (1987) als etwas Dynamisches und somit auf der Kommunikationsebene bestimmbar ansehen. Um den Blick auch auf die nonverbale Kommunikation der Kinder zu richten, und dabei „herauszufinden, welche Logik in ihren Handlungsweisen steckt" (Dittrich, Dörfler & Schneider, 2001, S. 23ff.), haben sie unterschiedliche Interaktionen und somit Konfliktsituationen aus dem Alltag der Kinder videographiert und über den Einsatz der Videographie als ethnographische Methode zur Beobachtung der Alltagskultur junger Kinder methodisch-methodologisch reflektiert (vgl. Huhn, Dittrich, Dörfler & Schneider, 2000).

Wie in dieser Studie den Kindern eine besondere Konfliktkultur unterstellt, zum Forschungsgegenstand erklärt und durch die Ethnographie als solche bestätigt wurde, so haben sich Ethnographien der 1990er Jahre hauptsächlich auf die Interaktionen der Kinder untereinander und die Herstellung *ihrer* Kinderkultur konzentriert (vgl. Staege, 2010, S. 11). Erst in den letzten Jahren begann eine neue Phase ethnographischer Forschung in Einrichtungen frühkindlicher Bildung, Betreuung und Erziehung. Ähnlich wie in Grundschulklassen kulturanalytisch untersucht wurde, wie der Unterrichtsalltag auch von Schüler/innen hervorgebracht wird (vgl. Wiesemann, 2000) bzw. wie Kinder bereits als Schulanfänger/innen gemeinsam mit ihren Lehrer/innen die jeweilige Lernkultur erzeugen (vgl. exemplarisch Huf, 2006; Panagiotopoulou, 2003), so hat es in den letzten Jahren auch Studien zum Kindergartenalltag gegeben, die von Kindern und Erzieherinnen gemeinsam hervorgebrachten „(lokalen) pädagogischen Kultur[en]" (Staege, 2010, S. 11) rekonstruieren.

Ein dafür charakteristisches Forschungsprojekt begann 2005 in Zürich und wurde in einem ersten Projektbericht als „Ethnographie des Kindergartens" angekündigt. Es widmete sich nicht ausschließlich der Peer Culture, sondern der Frage „worin eine Kultur des Kindergartens bestehe und wie sie sich in den alltäglichen Selbstverständlichkeiten konstituiere" (vgl. Jäger, 2008, S. 141; Jäger, Biffi & Halfhide, 2006). In Anknüpfung an soziologisch orientierte Kulturtheorien bzw. an den Ansatz „Doing Culture" (Hörning & Reuter, 2004) sowie am Kulturbegriff von Andreas Wimmer (2005) wurde zwischen einer *normativen* und einer *interpretativen Realität* des Kindergartens unterschieden, wobei letztere als jene betrachtet wurde, die von allen beteiligten Feldakteuren im Rahmen ihrer Möglichkeiten immer wieder neu ausgehandelt wird (vgl. Jäger, 2008, S. 142f.). Als zentrale Heuristik bei der Untersuchung des Praktizierens des kulturellen Wissens und Denkens im gemeinsamen Handeln von Kindern und Erwachsenen galt darüber hinaus auch in dieser Studie „[d]ie für Erwachsene zuweilen irritierende ‚interpretative Reproduktion' (vgl. Corsaro, 1992) von pädagogischen Anordnungen" (Jäger, 2008, S. 144). Zunächst hauptsächlich teilnehmend beobachtend und explorativ im Sinne einer lebensweltlichen Ethnographie (in Anlehnung an A. Honer, 1993) wurde versucht, den

Zugang zum und das Vertraut werden mit dem Feld zu ermöglichen, Einblick in die *Beschaffenheit der Alltagskultur* zu gewinnen und allmählich spezifische Fragestellungen und entsprechende Leitfäden für Interviews mit Kindern und Erwachsenen zu entwerfen. Der Forschungszugang hat sich dabei von einem holistischen zu einem fokussierenden entwickelt: die weiteren Feldphasen zielten „zunehmend enger" auf die formulierten Forschungsfragen ab, während anschließend eine „Validierung des Erzählten" sowie eine „Suche nach Belegen für die inzwischen aufgestellten Vermutungen bezüglich der Typisierung von Praxen" erfolgte (vgl. Jäger, 2008, S. 142). Der Ertrag einer solchen Verknüpfung von lebensweltlichen und fokussiert(er) ausgerichteten ethnographischen Zugängen kann darin gesehen werden, dass sowohl grundsätzliche Themen wie „die Funktion des Kindergartens als Sozialisationsinstanz" (ebd., S. 149), als auch damit zusammenhängende spezifische Bereiche, etwa die alltäglichen Differenzerfahrungen und Unterscheidungspraktiken von Kindern und Erwachsenen, bearbeitet werden können (vgl. unter Kap. 3 im vorliegenden Beitrag).

## 3     Doing Difference in Kindertageseinrichtungen und Anfangsklassen

> „Vielmehr scheint es so, dass die Unterschiede mittels Unterscheidungen immer wieder neu – und womöglich anders – hervorgebracht werden" (Neumann, 2011, S. 351).

Ein weiterer Forschungsschwerpunkt betrifft die Herstellung spezifischer, für (früh)-pädagogische Felder anscheinend relevante, Unterschiede. Stellvertretend für die ethnographische Forschung kindlicher Differenzerfahrungen und Unterscheidungspraktiken von Kindern und Professionellen in (früh-)pädagogischen Feldern stehen in diesem Beitrag Studien, die den Prozess der Herstellung von Ethnizität und sozialer Ungleichheit rekonstruieren. Auch die in diesem Kapitel thematisierten Studien lassen sich von methodologischen Maximen der neueren sozialwissenschaftlichen Kindheitsforschung leiten. Sie verstehen junge Kinder als kompetente Akteure und Konstrukteure ihrer sozialen Wirklichkeit, die in der Lage sind, ethnische Unterscheidungen, „auf die sie im Alltag stoßen, kompetent und kreativ zu nutzen", sie interaktiv und performativ u.a. in Spielsituationen zu gebrauchen und ihnen damit „erneut Relevanz zu verleihen" (Diehm & Kuhn, 2006, S. 147).

Isabell Diehm und Melanie Kuhn haben ein im Bereich der qualitativen erziehungswissenschaftlichen Sozialisations- und Bildungsforschung angesiedelten und in Kindertageseinrichtungen durchgeführten Projekt die Perspektiven junger Kinder auf Ethnizität untersucht – „operationalisiert in der Frage, wie und in welchen Situationen und sozialen Kontexten sich diese Unterscheidung in Interaktionen innerhalb der peer-group im Kindergarten Ausdruck verschafft" (Diehm & Kuhn, 2006, S. 147). In Analogie zu Doing Difference/Doing Gender (West & Zimmermann, 1987) gehen sie dabei von der theoretischen Annahme des Doing Ethnicity/Doing Race (Diehm, 2000) und der sozialkonstruktivistischen, ethnomethodologischen sowie empirisch fundierten Grundannahme aus, „dass die Kategorie Ethnizität ihre soziale Relevanz interaktiv er- und behält" (Diehm & Kuhn, 2006, S. 147). Um die Forschungsergebnisse für die empirische Fundierung interkultureller Ansätze und die Professionalisierung von pädagogischen Fachkräften für den Elementarbereich zu nutzen, wurde im Projekt „die Rekonstruktion von Genese, Bedeutung, Funktion und sozialen Folgen der kindlichen Unterscheidungspraxis entlang ethnischer Merkmale" beabsichtigt (ebd.).

In einer weiteren Studie von Melanie Kuhn wurde u.a. untersucht, „*was* jungen Kindern *auf welche Weise* am Bildungsort Kindergarten über ‚ethnische' Differenz vermittelt wird" (Kuhn, 2011, S. 141). Hier interessierte insbesondere die interaktive, nicht-individuumsbezogene Konstruktion der Differenzkategorie ‚Ethnizität' im Kindergartenalltag auf der Grundlage der elementardidaktischen Arrangements der pädagogischen Fachkräfte. Der Ertrag dieser Studie zeigt sich besonders treffend anhand von Situationen, in denen die gesamte Gruppe von Kindern und Erwachsenen zu einem Kinderlied mit dem Titel „Wir fliegen durch die ganze Welt" singt und tanzt (ebd., S. 146f). Es wird verdeutlicht, wie ein kollektives ‚Wir', u.a. mittels folkloristischer, stereotyper und diskriminierender Differenzinszenierungen, performativ hergestellt wird. Mit der Studie wird darüber hinaus exemplarisch gezeigt, wie ergiebig die Erweiterung der sozialkonstruktivistischen und ethnomethodologischen um eine performative Theorieperspektive war (unter bewusster Vernachlässigung der Unterschiede der beiden Ansätze). Dadurch konnte der Inszenierungs- und Aufführungscharakter ritualisierter elementarpädagogischer Praktiken als Praxis des Doing Ethnicity ins Zentrum der Aufmerksamkeit gerückt werden. Mit dieser Studie wurde außerdem rekonstruiert, wie mit ethnisierenden Differenzinszenierungsprozesse eine Homogenisierung der Kindergartengruppe legitimiert wird und wie ethnisch kodierte Differenz mittels didaktischer Inszenierungen auch ohne direkten Bezug auf Individuen (auf einzelne Kinder) realisiert wird.

Wie hingegen individuumsbezogene Differenz im schulischen Alltag ohne jeglichen didaktischen Zusammenhang konstruiert wird, hat die ethnographische Feldstudie von Marianna Jäger (2011) gezeigt, die im Rahmen des bereits (unter Kap. 2.) vorgestellten Projektes zur Kindergartenkultur durchgeführt bzw. in dessen zweiten Teil der Alltag Schweizer Primarschulklassen ethnographisch erforscht wurde. Mit dem bereits beschriebenen lebensweltlichen, mehrperspektivischen, aber auch fokussierenden ethnographischen Zugang, sowie anhand von Beobachtungen und Interviews mit der Lehrerin und ausgewählten Kindern, konnte ethnographisch untersucht werden, wie ein Schulanfänger mit einem migrantischen und sozial prekären familiären Hintergrund diskriminiert wurde bzw. wie das *Fremdbild des Schülers Amir* im schulischen Kontext entstand. Dieses war „weniger das Resultat seiner Leistungen und seines Verhaltens als vor allem das Resultat von deren sozial organisierten Klassifikationen" (ebd. S. 40). Unter den leitenden Fragen: „Wie und von wem wird soziale Differenz hergestellt? An welchen Kategorien orientiert sie sich? Und: Wer bestimmt diese?" wurden Unterscheidungspraktiken im Schulalltag dokumentiert und basierend auf dem theoretischen Ansatz des Doing Difference (Gender, Ethnicity, Race) systematisch analysiert (ebd. S. 27f). Entdeckt wurde auf diese Weise die durch die Lehrerin machtvoll inszenierte und allen Kindern reflexiv verfügbare *Ungleichheitskategorie pupil*, die symbolisch über die Sprache oder über die Orientierung an schulischen Vorgaben repräsentiert wird, und alle anderen Kategorien „überlagerte": „Sich in den alltäglichen Interaktionen performativ als Schüler/in darstellen zu können, gilt wohl für Erstklässler/innen als Beweis dafür, anerkanntes Mitglied der Schulklasse zu sein" (ebd., S. 41). Die Ergebnisse dieser Studie machen deutlich, wie die soziale Herkunft und die familiären Lebensbedingungen junger Kinder spätestens beim Eintritt in die schulische Institution an Bedeutung gewinnen bzw. wie der Prozess der Bildungsbe(nach)teiligung junger Kinder bereits beim Übergang in die Schule beginnt.

Mit der Frage der ungleich verteilten Teilhabechancen im institutionellen Alltag befasst sich auch ein neues Projekt, das Sascha Neumann in luxemburgischen frühpädagogischen Einrichtungen durchführt, und das nach der „institutionellen Genese" von Unterschieden entlang der Kategorien Ethnizität und Migrationshintergrund und „ihrer Transformation in soziale Ungleichheiten" fragt (vgl. Neumann, 2011, S. 351). Die Beantwortung der Frage „Welchen Formen von Ungleichheit unterliegen Kinder als *Kinder*?" gewinnt in diesem Zusammenhang mit Bezug auf die neuere ungleichheitstheoretisch akzentuierte Kindheitsforschung (Betz, 2008; Bühler-Niederberger & Mierendorff, 2009) an Bedeutung. Neumann erhebt dabei den Anspruch, dass diese Forschung sich nicht allein darauf beschränken soll, „Ungleichheit unter Kindern" zu thematisieren, sondern vielmehr muss sie „auch die Frage in den Mittelpunkt rücken, wie Kinder *als Kinder* zu Ungleichen werden" (Neumann, 2011, S. 350). Dieser Frage wird in der Studie hauptsächlich durch teilnehmende Beobachtung nachgegangen, wobei der Fokus auf Sprachverwendungspraktiken liegt, mit denen auch in einem plurilingual organisierten nationalen Bildungssystem einerseits Kinder von Erwachsenen und andererseits einheimische von nicht-einheimischen Kindern unterschieden werden.

## 4      Doing Transition – international vergleichend

> „I believe that longitudinal, comparative ethnography can help us greatly in better understanding the complexity of transitions in the lives of young children" (Corsaro, 1996, p. 453f.).

Die im Folgenden vorgestellten Studien favorisieren verschiedene ethnographische Zugänge und sind hinsichtlich ihrer theoretischen Bezüge unterschiedlich – kindheitssoziologisch, professions- oder institutionstheoretisch – zu verorten. Durch vergleichende Ethnographien in unterschiedlichen nationalen Bildungssystemen machen diese Studien spezifische Implikationen des institutionalisierten Übergangs in die Schule für die Bildungsprozesse junger Kinder sichtbar – und zwar unabhängig davon, ob sie dabei die Alltagspraktiken von Kindern und/oder von Professionellen rekonstruieren.

Die ethnographische Erforschung der Alltagspraktiken und Interaktionen von Kindern in (früh-)pädagogischen Feldern und bei ihrem Übergang in die Schule erscheint besonders vielversprechend, denn „transitions are always collectively produced and shared with significant others" (Corsaro, 2005, p. 231). Corsaros´ vielfach zitierte längsschnittlich und international vergleichend angelegte Ethnographien zum Übergang in die Schule in Italien und den USA gehören dennoch auch im angloamerikanischen Sprachraum zu den wenigen Ausnahmen, wie Christina Huf feststellt, denn „*the question of how children 'do' transition has seldom been approached ethnographically*" (Huf, 2013, p. 62, Hervorhebung d. A.P.).

In einem von ihr 2006 bis 2008 in Düsseldorf und London durchgeführten Projekt realisierte sie längsschnittliche Ethnographien in vier unterschiedlichen institutionellen Kontexten (vgl. Huf, 2010, S. 155). Indem sie Kinder während ihres letzten Jahres in einer Institution der frühkindlichen Bildung und Erziehung und während ihres anschließenden ersten Schuljahres in der deutschen bzw. englischen Schule ethnographisch begleitete, ging sie der Frage nach, ob und inwiefern sich die Praktiken und Routinen dieser Kinder im Verlauf des Überganges verändern. Ihre vergleichenden Ethnographien und kontrastierenden Analysen zielten in Anlehnung an Corsaro (1996) auf das „differenzierte Verstehen des Zusammenhangs zwischen Handlungspraktiken von Kindern und dem Kontext, in dem sie diese Praktiken entwickelten" (Huf, 2010, S. 155f). Der Fokus liegt hier eindeutig auf den Doing Transition durch die Kinder selbst. Diese agieren aber im Kontext von Bildungsinstitutionen, die in den beiden Ländern verschiedene strukturelle und curriculare Gegebenheiten aufweisen und die aus diversen Gründen unterschiedlich d.h. kaum oder eng miteinander verknüpft sind. Die Differenzkonstruktion „zwischen dem spielenden, eigenaktiven, selbst bestimmten Vorschulkind und dem lernenden, fremdbestimmten, ausgelieferten Schulkind" konnte aufgrund der vergleichenden Analysen deutlich relativiert werden. Diese Relativierung wird insbesondere im englischen Bildungssystem auch durch die Kinder und die von ihnen selbst erschaffene Peerkultur geleistet, denn dort bleibt die Kindergruppe zusammen und vollzieht den Übergang als Peer-Gruppe. Eine wichtige Erkenntnis dieser Studie betrifft also die *Existenz einer Peerkultur* beim Übergang in die Schule und ihre Bedeutung im Hinblick auf den Umgang der Schulanfänger/innen mit den Vorgaben und Erwartungen ihrer Lehrer/innen. Darüber hinaus scheint auch das generationale Ordnen zwischen Lehrerin und Kindern anders gestaltet zu sein, wenn die Kinder gemeinsam bzw. als Mitglieder einer Gruppe den Übergang erleben (vgl. Huf, 2012). Die Ergebnisse des Projektes verdeutlichen insgesamt das Erkenntnispotential einer ethnographischen, längsschnittlich und vergleichend konzipierten Übergangsforschung, die Kinder auf einer methodologischen Ebene als Mitgestalter ihrer eigenen Übergänge betrachtet und auf ihre Handlungspraktiken und Handlungsperspektiven im jeweils spezifischen Kontext fokussiert.

Ebenfalls im internationalen Vergleich, aber mittels *fokussierter Ethnographie* (in Anlehnung an Knoblauch, 2001) untersucht Sandra Rademacher (2009) in ihrer Studie den Übergang in die Schule in Deutschland und den USA. Zwischen 2003 und 2005 wurden zwölf Einschulungsfeiern in neun Bundesländern und sechs erste Schultage in den USA (Pennsylvania) teilnehmend beobachtet und durch Video- und Tonaufzeichnung dokumentiert (vgl. ebd., S. 15ff.). Die Idee für eine vergleichende Untersuchung basierte auf dem Wissen darüber, dass der Übergang in die deutsche Schule als harte Zäsur verstanden und der erste Schultag als Einschulungsfeier begangen wird, während in den USA, das Modell eines fließenden Übergangs praktiziert und dieser Tag als jährlich wiederkehrender Schuljahresbeginn inszeniert wird. Anknüpfend an die professionalisierungstheoretische Annahme handlungslogisch-immanenter Widersprüche pädagogischen Handelns war der Vergleich auf die Frage gerichtet, „ob jene Schwierigkeiten und Verwerfungen, die am ersten Schultag in Deutschland systematisch anzutreffen sind" auch in einem anderen nationalen Kontext beobachtbar sind: „Finden sich im amerikanischen Material dieselben Widersprüche und Verwerfungen nicht, dann müssten andere als die professionalisierungstheoretischen Erklärungen gefunden werden", so Rademacher (2009, S. 11). Tatsächlich sind unterschiedliche Widersprüche durch die Rekonstruktion der Gestaltung und Durchführung des ersten Schultages festgestellt worden. Das deutsche Modell der Inszenierung des Schulanfangs als einer Zäsur steht dem amerikanischen Modell der Vermeidung einer Zäsur gegenüber, denn das erste „betont die Perspektive des eingeschulten Subjekts", während das andere den ersten Schultag als „back to school" für alle Schüler/innen deutet und somit „die Perspektive der Institution (über-) betont" bzw. „die Perspektive der eingeschulten Subjekte vollkommen ausblendet" (ebd., S. 246). Und außerdem beide Modelle unterlaufen die je andere Perspektive, und zwar ohne dass es gelingt, den Widerspruch zwischen den beiden Perspektiven aufzuheben. Während in Deutschland „die eingeschulten Kinder im Mittelpunkt der Inszenierung" stehen, wird in den USA „die Einmaligkeit dieses Tages für die Schulneulinge unterlaufen" (vgl. ebd., S. 91).

Durch vergleichende Ethnographien werden interessante Ergebnisse über berufskulturelle Differenzen pädagogischen Handelns sowie spezifische Handlungsprobleme und Paradoxien der Schulanfangssituationen in den beiden Vergleichsländern hervorgebracht. Ein besonderer Ertrag ist darüber hinaus, dass die vergleichenden Analysen der unterschiedlichen Institutionalisierung des Übergangs in die Schule auch dessen Implikationen für die Bildungsprozesse der Schulanfänger/innen sichtbar macht: so etwa die Paradoxie, die deutsche Schule „vom Kinde aus" konzipieren zu wollen und zugleich die „Spannungen zwischen den einzuschulenden Individuen und der Institution Schule" beim Schuleintritt zu betonen (vgl. Rademacher, 2009, S. 238) oder die Frage nach der Mitgestaltung der eigenen Bildungsprozesse durch die Kinder unter den Bedingungen einer „Entindividualisierung der Schülersubjekte" und der „Unterwerfung" sowohl der Kinder, als auch ihrer Lehrer/innen unter die in der amerikanischen Schule geltenden Prinzipien (vgl. ebd., S. 246f.).

Ein weiteres international vergleichendes Projekt, das seit 2006 durchgeführt wird, fragt nach dem Umgang mit migrationsbedingter Heterogenität und dabei insbesondere nach der institutionalisierten sprachlichen Förderung beim Übergang in die Schule in *separierend vs. integrierend* ausgerichteten sowie *ein- vs. mehrsprachig* organisierten Bildungssystemen (vgl. Panagiotopoulou & Graf, 2008; Hortsch & Panagiotopoulou, 2011; Christmann & Panagiotopoulou, 2012). Die Teilstudien des Projektes haben Kinder beim Übergang vom Elementar- in den Primarbereich in Deutschland, Finnland und

Luxemburg im letzten Kindergartenjahr und im ersten Schuljahr teilnehmend beobachtend begleitet (seit 2010 werden Anschlussstudien in Griechenland und der Schweiz realisiert). Das Tertium Comparationis konkretisiert sich in der Frage, wie ein in unterschiedlichen Bildungssystemen gleichermaßen geltend gemachter Anspruch hinsichtlich der Bildungsbeteiligung junger Kinder mit Migrationshintergrund umgesetzt wird. Insbesondere: Wie ist schrift-sprach-spezifische Förderung beim Übergang in die Schule strukturell und curricular konzipiert und wie wird sie im pädagogischen Alltag von Kindertageseinrichtungen und Anfangsklassen praktiziert? Ausschlaggebend für diese Projektidee war die Internationalisierung des deutschen Diskurses im Anschluss an PISA sowie die bildungspolitische Programmatik einer *Umdeutung des Übergangs*: Galt dieser bisher als eine der zentralen Selektionsstellen bzw. „Entscheidungsstellen" der deutschen Schule „gegenüber Kindern mit Migrationshintergrund" (Radtke, 2004, S. 156), so sollte etwa in Übereinstimmung mit den Bedingungen erfolgreicher(er) Bildungssysteme eine *frühzeitige Sprachförderung institutionalisiert werden*, die auch eine langfristige Sicherung besserer Bildungschancen gewährleistet. Aus institutionstheoretischer Perspektive werden die im Projekt beobachteten Förderpraktiken als untrennbar verbunden mit dem jeweiligen nationalen bildungspolitischen Diskurs und den strukturellen und curricularen Gegebenheiten betrachtet, weshalb diese fortlaufend miterhoben und analysiert werden. Orientiert an einem nicht-evaluativen, analytisch-deskriptiven Qualitätsbegriff, der in ethnographischer Qualitätsforschung bereits zum Einsatz kam (vgl. Honig, 2004 und im vorliegenden Beitrag unter Kapitel 4.), wird die unterschiedliche „Qualität" institutionalisierter Sprachförderung vergleichend rekonstruiert: beispielsweise als eine im Alltag integrierte und zugleich sprachenintegrierende Praxis, oder als spezielles Programm und exkludierende Maßnahme für eine explizit ausgewählte anderssprachige, förderbedürftige Kindergruppe; als systematisch praktizierte (Nicht-)Berücksichtigung der Familiensprachen der Kinder bzw. als ihre konsequente (Nicht-)Beteiligung an ein- oder mehrsprachig inszenierten Fördersituationen (vgl. Christmann & Panagiotopoulou, 2012).

## 5    Doing Quality – zur Wirklichkeit des Pädagogischen

> „Die „Befremdung der Kindergartenkultur", der Durch-Blick auf „Qualität" kann erst eintreten, wenn der Horizont pädagogischer Absichten und damit die Fiktion der Kohärenz von Absicht und Wirkung überschritten wird." (Honig, 2002, S. 173).

Ethnographie wird erst in den letzten Jahren im deutschsprachigen Raum als eine Möglichkeit nicht evaluativer, sondern deskriptiv-analytischer Beschreibung der Alltagswirklichkeit (früh-) pädagogischer Felder genutzt. Dazu hat auch Jürgen Zinnecker beigetragen, als er dafür plädierte, dass mittels „pädagogischer Ethnographie" die grundlegende Frage empirisch zu klären ist, „[o]b Bildung und Erziehung in der Praxis pädagogischer Handlungsfelder wirklich im Zentrum stehen" (Zinnecker, 2000, S. 384). Daran anknüpfend erklärte Michael-Sebastian Honig (2002, S. 173) einen ethnographischen Zugang nur dann für sinnvoll, wenn „das Verständnis, was die *Eigenart dieses Handlungsfeldes* ausmacht, in Frage steht" (Hervorhebung d. A.P.), denn „nicht alles, was im Kindergarten passiert [ist] pädagogisch [...]. „Pädagogische Ethnographie" bedeutet in diesem Zusammenhang „Beschreibung der Kultur pädagogischer Institutionen, nicht etwa Pädagogik mit ethnographischem Blick" (Honig, 2002, S. 173). Damit grenzt Honig ethnographische Zugänge voneinander ab: Zur Abgrenzung seines Verständnisses von demjenigen Gerd Schäfers schlägt er „einen nicht-pädagogischen Blick auf das Pädagogische" vor und plädiert für eine Ethnographie, „die nicht individuelle Bildungsprozesse, sondern die Wirklichkeit des Pädagogischen darstellen will" (vgl. Honig, 2010, S. 100).

Ein solches Verständnis pädagogischer Ethnographie liegt auch einer ethnographischen Qualitätsforschung zugrunde, die sich mit Qualität als „Eigenart" (s.o.) pädagogischer Felder bzw. mit der analytischen Trennung von Qualität als Beschaffenheit und Qualität als Werturteil (vgl. Honig, 2004, S. 26) auseinandersetzt. Anders als die Mainstream-Bildungsforschung zur (früh-)pädagogischen Qualitätsentwicklung und -sicherung (z.B. Tietze 1998) hat sich ein Projekt, dessen Ergebnisse in einem Buch mit dem Titel „Was ist ein guter Kindergarten?" (Honig, Joos & Schreiber, 2004) veröffentlicht wurden, zunächst mit der grundlegenden Frage nach einem nicht-normativen Qualitätsbegriff in der Pädagogik befasst. Darüber hinaus wurden wichtige methodisch-methodologische Überlegungen zur einer ethnographischen Forschungshaltung bei der Untersuchung der praktizierten Qualität im Kindergartenalltag vorgestellt.

Ausgangspunkt des Beitrags von Sabine Bollig (2004) mit dem Titel „Zeigepraktiken: How to do Quality with Things" war die Frage nach der „praktischen Relevanz des Qualitätsdiskurses für die Binnenwelt und die Logik des Geschehens in Kindertageseinrichtungen". Auch sie betont, dass es hier nicht um eine Wirkungsanalyse oder Evaluation verschiedener Qualitätssysteme geht, sondern um die Frage wie die Professionellen des Kindergartens „im alltäglichen Miteinander" *pädagogische Qualität herstellen* (vgl. ebd., S. 193). Ihre Studie zeigt, dass die Erwartungen der Eltern wesentlich relevanter waren als der fachwissenschaftliche oder bildungspolitische Qualitätsdiskurs (vgl. ebd., S. 224f.).

Die Studie von Petra Jung hat über die „Praktiken der Erzieherinnen, den Kindergarten zu verbessern" (Jung, 2004, S. 122) hinaus auch die zentrale Frage gestellt, wie die Herstellung von Qualität die Interaktionsmuster zwischen den Erwachsenen und den Kindern berührte. Dabei insbesondere: wie der Kindergartenalltag sich für die Kinder konstituierte, welche Erfahrungen sie dort machten und welche Praktiken und welches Wissen sie dabei leitete (vgl. Jung, 2009, S. 65). Somit hat sie einerseits nach der Qualität der Bedingungen und ihrer Zusammenhängen mit den Bildungsprozessen der Kinder gefragt und andererseits nach der Beziehung zwischen Qualität und Generationalität, zwischen „Operationen des Verbesserns" und der Herstellung generationaler Differenz (Jung, 2004, S. 121f.).

In einem 2008 gestarteten und noch laufenden Projekt werden Praktiken prozessorientierter Beobachtung und Dokumentation kindlicher Lern- und Bildungsprozesse im Kindergartenalltag mittels fokussierter Ethnographie (sensu Knoblauch) untersucht (vgl. Schulz & Cloos, 2011). Dabei spielt der *Durch-Blick auf „Qualität"* (Honig 2002), wenn auch indirekt, eine wichtige Rolle. Im frühpädagogischen und bildungspolitischen Diskurs der letzten Jahre wird Beobachtung als eine zentrale Grundlage professionellen Handelns und als professionelle Methode etabliert. Damit wird aber eine „Professionalisierungsidee" mit dem Anspruch einer „stärkeren wissenschaftlichen Fundierung frühpädagogischer Praxis" direkt verbunden (vgl. Schulz & Cloos, 2011, S. 127f.). Konsequenterweise wird den Prozessen des Beobachtens und Dokumentierens vor allem im Hinblick auf die seitens der Erzieherinnen favorisierten Verfahren und den „Output" dieser Instrumente Aufmerksamkeit geschenkt. Mit diesem Projekt soll nun die Qualität bzw. die Praktiken des Beobachtens und Dokumentierens ethnographisch rekonstruiert werden, da die Häufigkeit des Einsatzes nichts darüber aussagt, „wie die Verfahren im Alltag angewandt werden und welchen Beitrag sie zur Professionalisierung des Handelns leisten können" (vgl. ebd., S. 130).

Schließlich untersucht Roswitha Staege im Kontext eines Musikkindergartens die Umsetzung eines elementarpädagogischen Konzeptes für sehr junge Kinder (vgl. Staege, 2010, S. 234f.). Inspiriert von der pädagogischen Ethnographie (nach Zinnecker) sucht sie Zugang zu kindlichen ästhetischen Erfahrungen und musikalischen Praktiken. Zugleich analysiert sie mittels eines videogestützten „ethnographischen Evaluationsansatzes" die pädagogischen Alltagspraktiken zur Herstellung und Ausgestaltung von Lernsituationen im Hinblick auf ihr Gelingen.

## 6    Ausblick

Im Zuge der Neuakzentuierung des institutionellen Bildungsauftrags frühpädagogischer Einrichtungen sind weitere Studien im deutschsprachigen Raum zu erwarten, mit denen die Umsetzung pädagogischer und -didaktischer Ansätze sowie der Verlauf unterschiedlicher Bildungsprozesse junger Kinder untersucht werden sollen. Zu befürworten ist in diesem Zusammenhang der in der ethnographischen Qualitätsforschung erprobte deskriptiv-analytische Zugang bzw. die ethnomethodologisch begründete „Forscherhaltung einer normativen Enthaltsamkeit" (Kelle, 2012, S. 359) gegenüber der zu untersuchenden Praxis. Um Kindern und Professionellen gerecht zu werden, ist einerseits für die Weiterentwicklung einer ethnographischen Bildungsforschung zu plädieren, die frühkindliche Bildung als kulturelle Praxis auffasst, auf das Verstehen kultureller Praktiken abzielt und dabei „den Bildungsbegriff für die (frühe) Kindheit ausdifferenziert" (vgl. Tervooren 2009, S. 88). Andererseits ist eine ethnographische Differenzforschung zu etablieren, die die Genese generationaler Ordnung und zugleich die (Re-)Produktion von (sozialer) Ungleichheit in Institutionen frühkindlicher Bildung rekonstruiert (vgl. Diehm, Kuhn & Machold, 2013).

Begonnen hat dieser Beitrag mit Alison James' (2001) Feststellung über die spezifische Leistung ethnographischer Studien, die im Rahmen der Kindheitsforschung insbesondere jungen Kindern eine Stimme gegeben haben. Beendet wird dieser Beitrag mit einer Vision Jürgen Zinneckers und seinem Plädoyer dafür, dass Ethnograph/innen insbesondere im Rahmen frühkindlicher Bildungsforschung mit den Kindern selbst zu kooperieren und vorrangig ihre Interessen zu vertreten haben: *„Ethnographen erhalten dem neuen Verständnis von Kindern als Co-Ethnographen entsprechend eine bescheidenere Rolle zugewiesen. Sie besorgen die publizistische Umsetzung und sprachliche Repräsentanz der Selbstwahrnehmung der Jüngeren"* (Zinnecker, 2000, S. 395).

## 7    Literatur

Betz, T. (2008). *Ungleiche Kindheiten. Theoretische und empirische Analysen zur Sozialberichterstattung über Kinder.* Weinheim u.a.: Juventa Verlag.

Bollig, S. (2004). Zeigepraktiken: How to Do Quality with Things. In M.-S. Honig, M. Joos & N. Schreiber, *Was ist ein guter Kindergarten? Theoretische und empirische Analysen zum Qualitätsbegriff in der Pädagogik* (S. 193–225). Weinheim u.a.: Juventa Verlag.

Breidenstein, G. & Kelle, H. (1998). *Geschlechteralltag in der Schulklasse-Ethnographische Studien zur Gleichaltrigenkultur.* Weinheim u.a.: Juventa Verlag.

Bühler-Niederberger, D. & Mierendorff, J. (2009). Ungleiche Kindheiten – eine kindheitssoziologische Annäherung. *Diskurs Kindheits- und Jugendforschung* 4(4), 449–456.

Christmann, N. & Panagiotopoulou, A. (2012). Institutionalisierte Sprachförderung für mehrsprachige Vorschulkinder in Luxemburg und Deutschland: Ergebnisse vergleichender Ethnographien. *Zeitschrift für Grundschulforschung. Bildung im Elementar- und Primarbereich* 6(2), 34–47.

Corsaro, W.A. (1992). Interpretative Reproduction in Children's Peer Cultures. *Social Psychology Quarterly* 55(2), 160–177.

Corsaro, W.A. (1996). Transitions in Early Childhood: The Promise of Comparative, Longitudinal Ethnography. In R. Jessor u.a. (Hrsg.), *Ethnography and Human Developement: Context and Meaning in Social Inquiry* (p. 419–457). Chicago: University Press.

Corsaro, W. (1997). *The sociology of childhood.* Thousand Oaks, Calif: Pine Forge Press.

Corsaro, W.A. (2005). Collective Action and Agency in Young Children's Peer Cultures. In J. Qvortrup (Hrsg.), *Studies in Modern Childhood. Basingstoke* (p. 231–247), Hampshire u.a.: Palgrave Macmillan.

Diehm, I. & Kuhn, M. (2006). „Doing Race/Doing Ethnicity" in der frühen Kindheit. *Neue Praxis – Sonderheft* (8), 140–151.

Diehm, I. (2000). „Doing Ethnicity": Unintended Effects of Intercultural Education. In: P. Alheit, J. Beck, E. Kammler, R. Taylor, H. Salling Olesen (Eds), *Lifelong Learning Inside and Outside Schools* (S. 610–623). Roskilde University, Universität Bremen, Leeds University. Roskilde: Roskilde University Press.

Diehm, I., Kuhn, M. & Machold, C. (2013). Ethnomethodologie und Ungleichheit? Methodologische Herausforderungen einer ethnographischen Differenzforschung. In J. Budde (Hrsg.), *Unscharfe Einsätze. (Re-) Produktion von Heterogenität im schulischen Feld* (im Erscheinen). Wiesbaden: Springer Verlag.

Dittrich, G., Dörfler, M. & Schneider, K. (2001). *Wenn Kinder in Konflikt geraten. Eine Beobachtungsstudie in Kindertagesstätten.* Neuwied: Luchterhand.

Friebertshäuser, B. & Prengel, A. (2010). Vorwort. In F. Heinzel & A. Panagiotopoulou (Hrsg.), *Qualitative Bildungsforschung im Elementar- und Primarbereich. Bedingungen und Kontexte kindlicher Lern- und Entwicklungsprozesse* (S. 3-5). Hohengehren: Schneider Verlag.

Geertz, C: (1987). *Dichte Beschreibung. Beiträge zum Verstehen kultureller Systeme.* Suhrkamp: Frankfurt a.M.

Honer, A. (1993). *Lebensweltliche Ethnographie.* Wiesbaden: DUV.

M.-S. Honig, H.R. Leu & U. Nissen (Hrsg.) (1996). Kinder und Kindheit. Soziokulturelle Muster – sozialisationstheoretische Perspektiven. Weinheim: Juventa Verlag.

Honig, M.-S. (1999). Forschung „vom Kinde aus"? Perspektivität in der Kindheitsforschung. In M.-S Honig, A. Lange & H.R. Leu (Hrsg.), *Aus der Perspektive von Kindern? Zur Methodologie der Kindheitsforschung* (S. 33–50). Weinheim u.a.: Juventa Verlag.

Honig, M.-S. (2002). Ethnografie pädagogischer Qualität. Erläuterungen zu einer Strategie sozialpädagogischer Forschung. In J. Schulze-Krüdener, W. Schulz & B. Hünersdorf (Hrsg.), *Grenzen ziehen – Grenzen überschreiten. Pädagogik zwischen Schule, Gesundheit und Sozialer Arbeit* (S. 162–179). Hohengehren: Schneider Verlag.

Honig, M.-S., Joos, M. & Schreiber, N. (Hrsg.) (2004). *Was ist ein guter Kindergarten? Theoretische und empirische Analysen zum Qualitätsbegriff in der Pädagogik.* Weinheim u. a: Juventa Verlag.

Honig, M.-S. (2004). Wie bewirkt Pädagogik was sie leistet? Ansatz und Fragestellung der Trierer Kindergar- tenstudie. In M.-S. Honig, M. Joos & N. Schreiber (Hrsg.), *Was ist ein guter Kindergarten? Theoretische und empirische Analysen zum Qualitätsbegriff in der Pädagogik* (S. 17–37). Weinheim u.a: Juventa Verlag.

Honig, M.-S. (2010). Beobachtung (früh-)pädagogischer Felder. In G.E. Schäfer & R. Staege (Hrsg.), *Frühkindliche Lernprozesse verstehen. Ethnographische und phänomenologische Beiträge zur Bildungsforschung* (S. 91–101). Weinheim u.a: Juventa Verlag.

Honig, M.-S., Lange, A. & Leu, H.R. (Hrsg.) (1999). *Aus der Perspektive von Kindern? Zur Methodologie der Kindheitsforschung.* Weinheim u.a.: Juventa Verlag.

Hortsch, W. & Panagiotopoulou, A. (2011). Literalitätsförderung beim Übergang in die finnische Schule: Vorlesen als Alltagspraxis in Vorschul- und Anfangsklassen. In P. Hüttis-Graff & P. Wieler (Hrsg.), *Übergänge zwischen Mündlichkeit und Schriftlichkeit im Vor- und Grundschulalter* (S. 17–36). Freiburg i.B.: Fillibach Verlag.

Hörning, K.-H. & Reuter, J. (2004) (Hrsg.). *Doing culture. Neue Positionen zum Verhältnis von Kultur und sozialer Praxis.* Bielefeld: transcript Verlag.

Huf, C. (2006). *Didaktische Arrangements aus der Perspektive von SchulanfängerInnen. Eine ethnographische Feldstudie über Alltagspraktiken, Deutungsmuster und Handlungsperspektiven von SchülerInnen der Eingangsstufe der Bielefelder Laborschule.* Bad Heilbrunn: Klinkhardt.

Huf, C. (2010). „Let's make a sentence with all of these!" – Soziale Praktiken englischer SchulanfängerInnen im Umgang mit den Vorgaben ihrer Lehrerin. In F. Heinzel & A. Panagiotopoulou (Hrsg.), *Qualitative Bildungsforschung im Elementar- und Primarbereich. Bedingungen und Kontexte kindlicher Lern- und Entwicklungsprozesse* (S. 151–166). Hohengehren: Schneider Verlag.

Huf, C. (2013). Children's agency during transition to formal schooling. *Journal for Ethnography and Education* 8(1), p. 61–76.

Huhn, N., Dittrich, G., Dörfler M. & Schneider, K (2000). Videografieren als Beobachtungsmethode in der Sozialforschung – am Beispiel eines Feldforschungsprojektes zum Konfliktverhalten von Kindern. In F. Heinzel (Hrsg.), *Methoden der Kindheitsforschung* (S. 185–202). Weinheim: Juventa Verlag.

James, A. (2001). Ethnography in the Study of Children und Childhood. In P. Atkinson, A. Coffey, S. Delamont & L. Lofland (Hrsg.), *Handbook of Ethnography* (p. 246–257). Los Angeles u.a.: Sage publications.

Jäger, M., Biffi, C. & Halfhide, T. (2006). *Schlussbericht. Grundstufe als Zusammenführung zweier Kulturen. Teil 1: Eine Ethnografie des Kindergartens* (Unveröffentlichter Bericht). Zürich: Pädagogische Hochschule Zürich.

Jäger, M. (2008). Alltagskultur im Kindergarten. Lebensweltliche Ethnographie aus ethnologischer Perspektive. In B. Hünersdorf, C. Maeder & B. Müller (Hrsg.), *Ethnographie und Erziehungswissenschaft. Methodologische Reflexionen und empirische Annäherungen* (S. 141–150). Weinheim u.a., Juventa Verlag.

Jäger, M. (2011). 'Doing difference' in einer Schweizer Primarschulklasse. Das Fremdbild des Erst-
klässlers Amir aus ethnographischer Perspektive. In I. Diehm & A. Panagiotopoulou (Hrsg.),
*Bildungsbedingungen in europäischen Migrationsgesellschaften. Ergebnisse qualitativer Studien
in Vor- und Grundschule* (S. 25–44). Wiesbaden: Schneider Verlag.

Jung P. (2004). Eigenständigkeit – der Beitrag der Kinder zu einem guten Kindergarten. In M.-S.
Honig, M. Joos & N. Schreiber, *Was ist ein guter Kindergarten? Theoretische und empirische
Analysen zum Qualitätsbegriff in der Pädagogik* (S. 119–156). Weinheim u.a.: Juventa Verlag.

Jung, P. (2009). *Kindertageseinrichtungen zwischen pädagogischer Ordnung und den Ordnungen
der Kinder. Eine ethnografische Studie zur pädagogischen Reorganisation der Kindheit.* Wiesbaden: Springer Verlag.

Kelle, H. (2012). Ethnografie und Feldforschung. In K.P. Horn, H. Kemnitz, W. Marotzki &
U. Sandfuchs (Hrsg.), *Klinkhardt Lexikon Erziehungswissenschaft Bd.1* (S. 357–359). Bad Heilbrunn: Julius Klinkhardt Verlag.

Kelle, H. & Breidenstein, G. (1999). Alltagspraktiken von Kindern in ethnomethodologischer
Sicht. In M.-S. Honig, A. Lange & H.R. Leu (Hrsg.), *Aus der Perspektive von Kindern? Zur Methodologie der Kindheitsforschung* (S. 97–111). Weinheim u.a.: Juventa Verlag.

Knoblauch, H. (2001). Fokussierte Ethnographie. *Sozialersinn* (1), 123–141.

Kuhn, M. (2011). Vom Tanzen in ,Russland' und Lächeln in ,Japan' – Ethnisierende Differenzinszenierungen im Kindergartenalltag. In I. Diehm & A. Panagiotopoulou (Hrsg.), *Bildungsbedingungen in europäischen Migrationsgesellschaften. Ergebnisse qualitativer Studien in Vor- und
Grundschule* (S. 141–157). Wiesbaden: Schneider Verlag.

Neumann, S. (2011). Welche Unterscheidungen machen einen Unterschied? Zur sozialen Selektivität der Sprachverwendung in „Maison Relais pour Enfants". *Zeitschrift für Soziologie der Erziehung und Sozialisation (ZSE)* 31(4), 349–362.

Panagiotopoulou, A. (2003). Zur Einführung von SchulanfängerInnen in die Schriftkultur: Ergebnisse aus einer ethnografischen Studie. In P. Weskamp & J. Zinnecker (Hrsg.), *Bildung und
Beteiligung – die Qualität des Sozialen und die Zukunft der jüngsten Generation. Dokumentation
des 2. Siegener Symposiums an der Universität Siegen* (S. 75–90). Siegen: Universitätsdruck.

Panagiotopoulou, A. & Graf, K. (2008). Umgang mit Heterogenität und Förderung von Literali-
tät im Elementar- und Primarbereich im europäischen Vergleich. In B. Hofmann & R. Valtin
(Hrsg.). *Checkpoint Literacy. Tagungsband zum 15. Europäischen Lesekongress 2007 in Berlin*
(S. 110–112). Berlin: Deutsche Gesellschaft für Lesen und Schreiben.

Rademacher, S. (2009). *Der erste Schultag. Pädagogische Berufskulturen im deutsch-amerikanischen
Vergleich.* Wiesbaden: Schneider Verlag.

Radtke, F.-O. (2004). Die Illusion der meritokratischen Schule. Lokale Konstellationen der Produktion von Ungleichheit im Erziehungssystem. In K.J. Bade & M. Bommes (Hrsg.), *Migration
– Integration – Bildung* (S. 143–178). Osnabrück: IMIS.

Schulz, M. & Cloos, P. (2011). Kindliche Bildungsprozesse beobachten. Ethnographie einer professionellen Praxis in Kindertageseinrichtungen. *neue praxis* (2), 125–144.

Staege, R. (2010). How to do Things with Music. In G.E. Schäfer & R. Staege (Hrsg.), *Frühkindliche
Lernprozesse verstehen. Ethnographische und phänomenologische Beiträge zur Bildungsforschung*
(S. 233–246). Weinheim u.a.: Juventa Verlag.

Tervooren, A. (2009). Bildung als kulturelle Praxis. Ethnographische Bildungsforschung. In M.
Göhlich & J. Zirfas (Hrsg.), *Der Mensch als Maß der Erziehung. Festschrift für Christoph Wulf*
(S. 77–90). Weinheim u.a.: Beltz Verlag.

Thole, W. (2010). Ethnographie des Pädagogischen. Geschichte, konzeptionelle Kontur und Validität einer erziehungswissenschaftlichen Ethnographie. In F. Heinzel, W. Thole, P. Cloos & S.
Köngeter (Hrsg.), *„Auf unsicherem Terrain" – Ethnographische Forschung im Kontext des Bil-
dungs- und Sozialwesens* (S. 17–38). Wiesbaden: Springer *Verlag.*

Tietze, W. (Hrsg.) (1998). *Wie gut sind unsere Kindergärten? Eine Untersuchung zur pädagogischen Qualität in deutschen Kindergärten*. Neuwied: Luchterhand.

West, C. & Zimmermann, D.H. (1987). Doing Gender. *Gender and Society* 1(2), 125–151.

Wiesemann, J. (2000). *Lernen als Alltagspraxis: Lernformen von Kindern an einer freien Schule*. Bad Heilbrunn: Julius Klinkhardt Verlag.

Wimmer, A. (2005). *Kultur als Prozess*. Wiesbaden: Springer Verlag.

Zinnecker, J. (2000). Pädagogische Ethnographie, *Zeitschrift für Erziehungswissenschaft* 3(3), 381–400.

# Beobachtung und Dokumentation von Bildungsprozessen

Marc Schulz und Peter Cloos

## 1    Einleitung

Die Anforderung an die frühpädagogische Fachpraxis und frühkindliche Bildungsforschung, verstärkt Kinder zu beobachten und ihre Tätigkeiten als Bildungsprozesse zu
dokumentieren, ist in öffentlich verhandelte Problemanzeigen eingebettet. Diese thematisieren die Effizienz des Bildungssystems hinsichtlich der Bildungserfolge und -defizite
von einzelnen Kinderpopulationen und versuchen kontinuierlich das Bildungssystem zu
optimieren. So kann bspw. der 12. Kinder- und Jugendbericht (vgl. BMFSFJ, 2005) als eine
der zentralen Publikationen gewertet werden, die problematisierten, dass das kindliche
Lernen bislang nicht ausreichend systematisch und differenziert dokumentiert wurde,
was in der Folge dessen die Kontinuität kindlicher Bildungsprozesse zumindest potenziell gefährde. Als eine notwendige Konsequenz daraus wurde nachdrücklich u.a. eine verstärkte Dokumentation kindlicher Tätigkeiten eingefordert, um zukünftig die kindlichen
Entwicklungs- und Bildungsprozesse Institutionen übergreifend erfassen und fördern zu
können. Als Folge dessen ist eine erhebliche Expansion der systematischen Beobachtung
und Dokumentation von Kindheit und Kindern sowohl in den kindheits- und kinder-
bezogenen Wissenschaftsdisziplinen als auch in der Fachpraxis zu verzeichnen (vgl. u.a.
Cloos & Schulz, 2011; Leu, 2011; Mischo et al., 2011). Damit ist auch eine doppelte Ad-
ressierung verbunden: Vor dem Hintergrund der Spezifität kindlicher Bildungsprozesse
sind sowohl die frühkindliche Bildungsforschung[1] aufgefordert, ihre Forschungsdesigns

---

1    Zugleich erhebt der Beitrag nicht den Anspruch, was unter einer frühkindlichen Bildungs-
     forschung zu fassen ist, da dies von der jeweiligen Definition der beiden Begriffe abhängt: Je

stärker zu reflektieren, als auch die öffentlichen Kindheitsinstitutionen angehalten, ihre Leistungen auch öffentlich anders als bisher darzustellen, sprich: zu dokumentieren. Als zentral wird in diesem Zusammenhang der Einsatz von Beobachtungsverfahren angesehen. Unter diesem Begriff werden aktuell im Feld der Pädagogik der frühen Kindheit professionelle Verfahren zur methodisch abgesicherten und systematischen Beobachtung von Kindern zusammengefasst, die das Ziel haben, pädagogische Fachkräfte in frühpädagogischen Institutionen dabei zu unterstützen, kindliche Bildung und Entwicklung beobachtungsgestützt zu fördern. Nachfolgend werden unter den Perspektiven der Prozess- und Kompetenzorientierung verschiedene Beobachtungsverfahren skizziert.

## 2  Dokumentation als Handlungsmethode

Als Handlungsmethode der frühpädagogischen Fachpraxis soll die Dokumentation von kindlichen Bildungs- und Entwicklungsprozessen, als Ergebnis von systematischen Beobachtungen, die angemessene institutionelle Förderung absichern. So definiert der „Gemeinsame Rahmen der Länder für die frühe Bildung in Kindertageseinrichtungen" (KMK & JMK, 2004) als ein zentrales Qualitätskriterium für die Gestaltung der pädagogischen Arbeit: „Die Kinder sollen daraufhin beobachtet werden, was ihre Stärken und Schwächen in dem jeweiligen Bildungsbereich sind, wie sie Anregungen aufnehmen und wie sie sich damit beschäftigen. Systematische Beobachtung und Dokumentation der kindlichen Entwicklungsprozesse sind erforderlich" (ebd., S. 5). Damit sind zwei fachliche Herausforderungen an die Praxis frühkindlicher Bildungsinstitutionen verbunden:

Erstens sind Kinder und ihre Tätigkeiten nicht mehr intuitiv und unsystematisch zu beobachten, ohne dass Dokumentionen der Beobachtungen erstellt werden. Vielmehr sollen diese systematisch, aus einer forschenden Haltung heraus beobachtet und kontinuierlich dokumentiert werden – und zwar in Audio-, Bild- oder Schriftmedien (vgl. u.a. Viernickel & Völkel, 2005). Dies impliziert, dass das Beobachten als eine alltagsnahe Wahrnehmungstätigkeit erst dann zu einer professionellen Methode wird, wenn es in ein systematisiertes Verfahren der regelmäßigen Aufzeichnung, Auswertung und Reflexion der beobachteten Aktivitäten der Kinder überführt wird. Das Gelingen von Beobachtung und Dokumentation wird vor allen Dingen als individuelles Können der beobachtenden Person, als Ausdruck einer veränderten Haltung gegenüber Kindern und eines forschenden Habitus (vgl. Schäfer & Staege, 2010) thematisiert, das jedoch auch organisational gut gesteuert werden muss (vgl. Viernickel & Völkel, 2005). Die fachliche Herausforderung an die Praxis frühkindlicher Bildungsinstitutionen besteht also darin, die Beobachtung

---

nachdem, ob unter Bildungsforschung ein empirischer Zugriff auf die Praktiken und Entwicklungen des Bildungswesens oder transdisziplinären Überlegungen zur Gestaltung von Bildungsprozessen gefasst (vgl. Zedler & Döbert 2010, S. 24) und aus welcher theoretischen Perspektive Bildung und (frühe) Kindheit konzipiert wird, verschiebt sich der Forschungsgegenstand erheblich (vgl. Edelmann et al. 2011).

und Dokumentation kindlichen Tuns als Ausdruck professioneller Organisationen systematisch in den pädagogischen Alltag einzubinden und die Beobachtungskompetenzen der Mitarbeitenden zu schulen.

Zweitens verschiebt sich auch der Aufmerksamkeitsfokus auf das, was beobachtet und dokumentiert werden soll: Während in älteren Publikationen ein weites Spektrum an Beobachtungsfoki wie bspw. die Gruppendynamik oder das eigene pädagogische Handeln zum Gegenstand der Beschreibung wird (vgl. Strätz, 1990; Strätz & Demandewitz, 2005), stehen nunmehr die Bildungsprozesse, die Entwicklung und die Kompetenzen der Kinder, aber auch besondere Begabungen und Risikofaktoren im Mittelpunkt des Beobachtungs- und Dokumentationsinteresses. Die fachliche Herausforderung an die frühkindliche Praxis besteht also darin, sich vor allen Dingen als Bildungsinstitutionen zu begreifen und ihren Beobachtungsfokus, ihre pädagogischen Konzeptionierungen und Methoden hieran auszurichten.

Allerdings liegen für die Beobachtung und Dokumentation kindlicher Bildungs- und Lernprozesse unterschiedliche Verfahrensvorschläge vor, die relational in Bezug auf ihre *grundlagentheoretischen Annahmen*, ihre *Ziele, methodischen Vorgehensweisen*, ihren *Grad der Einbettung in pädagogische Konzepte* und in Bezug auf ihre *wissenschaftliche Absicherung* unterschieden werden können. Bei dieser Unterscheidung orientieren wir uns an Michael Galuske (2011), der Methoden danach differenziert, inwiefern sie in umfassendere Konzepte integriert, auf übergreifende Ziele ausgerichtet sind und inwieweit sie verschiedene Verfahren und Techniken sinnvoll aufeinander beziehen. Hieran lässt sich auch der Grad ihrer theoretisch-konzeptionellen Absicherung abschätzen. Da sich die vorliegenden Beobachtungs- und Dokumentationsverfahren grob in prozessorientierte Verfahren der Begleitung von Bildungs- und Lernprozessen und kompetenzorientierten Screenings, Tests und Bögen zur Entwicklungseinschätzung unterscheiden lassen, werden sich unsere weiteren Ausführungen an dieser Unterscheidung orientieren, ohne dass wir hier einen komplexen Überblick über die vorliegenden Verfahren geben können.

## 2.1 Prozessorientierte Verfahren

Prozessorientierte Verfahren wie bspw. das vom Berliner infans-Institut entwickelte Konzept der „Themen der Kinder" (vgl. Laewen & Andres, 2002), die vom Deutschen Jugendinstitut entwickelten „Bildungs- und Lerngeschichten" (vgl. Leu et al., 2007), das „Early Excellence"-Konzept des Pestalozzi Fröbel Hauses Berlin (vgl. Hebenstreit-Müller & Kühnel, 2004) oder das Konzept der „wahrnehmenden Beobachtung" (vgl. Steudel, 2008; Schäfer, 2010) stellen die individuellen Ressourcen, Kompetenzen und die Stärken eines jeden Kindes in ihrer situativen und sozialen Eingebundenheit in das Zentrum der pädagogischen Aufmerksamkeit. Auf Basis ihrer differenten *grundlagentheoretischen Annahmen* zum Bildungsbegriff legen sie jeweils unterschiedliche Schwerpunkte: Die Bildungs- und Lerngeschichten fokussieren etwa die Lerndispositionen eines Kindes, der Schemata-Ansatz sich wiederholende Muster im kindlichen Tun und das vom Berliner infans-Institut entwickelte Konzept die Themen der Kinder. Das Interesse der Kinder, ihr Engagement und Wohlbefinden finden eine besondere Aufmerksamkeit, aber auch die in den Bildungsplänen der Länder formulierten Bildungsbereiche.

*Ziel* der Beobachtung und Dokumentation ist das prozesshafte „Verstehen der kindlichen Bildungsprozesse" (Steudel, 2008, S. 16) sowie der Nachvollzug des kindlichen Handelns und Denkens und nicht, verlässliche und vergleichbare Aussagen über die jeweiligen Kompetenzniveaus der Kinder zu erhalten. Beobachtung und Dokumentation soll dabei jedoch kein Selbstzweck sein, sondern wird unternommen, um kindliche Bildungs- und Entwicklungsprozesse methodenbasiert fördern zu können. Dies verdeutlicht sich auch in den jeweiligen Konzeptionierungen der Verfahren, denn *methodisch* folgen sie im Kern einem Ablaufprozess, der seinen Ausgangspunkt in der Beobachtung des kindlichen Tuns in quasi „natürlichen" Settings des institutionellen Alltags findet. Die Schrittabfolge ist an der klassischen didaktischen Figur des Kreislaufs oder der Spirale orientiert (vgl. Strätz & Demandewitz, 2005), in welchem die Kinder beobachtet, die Beobachtungen protokolliert, die Protokolle interpretiert und mit verschiedenen AkteurInnen rückgekoppelt werden. Diese einzelnen Arbeitsschritte werden durch Instrumente wie Beobachtungsbögen, Checklisten oder Einschätzskalen unterstützt.

Die Verschriftlichung der getätigten Beobachtungen gilt als Grundbedingung von Beobachtung (vgl. auch Bollig, 2011): Sie ist der zentrale Informationsträger für alle weiteren Interpretations- und Handlungsschritte. Die Dokumente konservieren nicht nur das Beobachtungsgeschehen und machen es zu späteren Zeitpunkten wieder verfügbar, sondern dienen zur Versprachlichung von Erfahrungs- und Reflexionsprozessen, die wiederum innerhalb der Teams zum Gegenstand der Analysen werden. Dabei durchlaufen die Schriftdokumente verschiedene Bearbeitungsstadien, die sich an verschiedene LeserInnenkreise richten: Die möglichst detailreichen Beobachtungsnotizen sind auch Basis für nachfolgende Dokumente – wie bspw. die Bündelung mehrerer Beobachtungsnotizen in „Lerngeschichten" oder die thematische bzw. chronologische Sortierung einzelner Dokumente in „Portfolios". Portfolios als systematische Dokumentensammlungen changieren in ihren Konzeptionen zwischen Dokumentionen *des Kindes* oder *über das Kind* und seine individuelle Entwicklung und Persönlichkeit. Als Dokumentionen *des Kindes* werden sie von Tassilo Knauf (2011, o. S.) als „vorzeigbares Dokument[ion] der ‚Selbstwirksamkeit' des Kindes" konzipiert. Kinder sind unter Berücksichtigung ihrer altersspezifischen Kompetenzen AutorInnen ihres Portfolios, in welchem sie eigene Bilder und Zeichnungen sowie Fotos von selbst gefertigten Produkten und durchgeführten Aktionen inklusive Kommentierung zusammentragen. Als Dokumentionen *über das Kind* umfassen Portfolios u.a. Ergebnissammlungen von Beobachtungen in Form der Bildungs- und Lerngeschichten und Beobachtungsbögen, Notizen und Reflexionen zu pädagogischen Konsequenzen (vgl. Viernickel & Völkel, 2005, S. 170) oder auch Steckbriefe zur Persönlichkeit oder zur Lebenswelt des Kindes.

Erst diese „öffentlichen" Produkte – unabhängig davon, ob sie in ein Portfolio eingebunden sind oder nicht – werden in der einschlägigen Literatur explizit als Dokumentationen von Bildungs- und Lernprozessen der Kinder charakterisiert. Dies hängt damit zusammen, dass anhand dieser Dokumentationen es Kindern ermöglicht werden soll, ihre Bildungsprozesse gemeinsam mit den beteiligten Erwachsenen zu verfolgen und „sich ihrer eigenen Lernprozesse und -fortschritte sowie ihrer Lernstrategien bewusst zu werden" (Leu et al., 2007, S. 110). Die Kinder sollen „sich selbst als kompetente und selbstbewusste Lernende erleben" und ein „Gefühl der Zugehörigkeit und des Wohlbefindens in der Kindertageseinrichtung" (ebd.) entwickeln können. Somit sind die Dokumentationen multifunktional angelegt: Sie stellen Bildungsprozesse von Kindern als eine Abfolge von beobachteten Ereignissen dar, sind Grundlage kollektiver Analysearbeiten und Ausgangspunkt für die Entwicklung von Förderangeboten.

Die Verfahren weisen einen hohen Grad der *Einbettung in pädagogische Konzepte* und somit der theoretisch-konzeptionellen Absicherung auf, weil sie, wie bspw. die „Sprechenden Wände", als Ausdruck der Bildungsphilosophie der Reggio-Pädagogik (vgl. Lingenauber, 2001) gelten und die „Learning Stories" (vgl. Carr, 2001) ein zentrales Element des neuseeländischen Curriculums Te Whāriki sind. Auch wenn die Verfahren hierdurch ein gewisses Maß an wissenschaftlicher Fundierung erfahren, können sie überwiegend als wenig *wissenschaftlich abgesichert* gelten. So liegen hierzu kaum wissenschaftliche Studien vor. Evaluationsstudien zu prozessorientierten Beobachtungsverfahren (vgl. Fröhlich-Gildhoff et al., 2011) berichten jedoch aus Perspektive von Fachkräften und Erziehungsberechtigten über die positiven Effekte innerhalb frühpädagogischer Institutionen im Allgemeinen – z.B. durch konzeptionelle Umsteuerungen und die Veränderung des Aufgabenspektrums – und auf das Fachpersonal im Besonderen – z.B. in Form eines veränderten Blicks auf die Kinder und der aktiven Kommunikation mit Kindern (vgl. Weltzien & Viernickel, 2012). Jedoch ist noch kaum untersucht worden, *wie* es konkret mithilfe der Verfahren gelingt, förderliche Lernsettings zu schaffen sowie die kindlichen Bildungs- und Lernprozesse und die (metakognitive) kindliche Reflexion des eigenen Lernens anzuregen. Hinzu kommt zweitens, dass die prozessorientierten Verfahren, als Handlungsmethoden konzipiert, zwar Bezüge zu wissenschaftlichen Methoden der Beobachtung und Dokumentation und insbesondere qualitativen Forschungsstrategien aufweisen, diese Bezüge jedoch weder expliziert noch zum Anlass für forschungsmethodische Absicherungen der Verfahren genommen werden. Dies ist beim Konzept der „wahrnehmenden Beobachtung" (vgl. Schäfer, 2010) anders, da hier explizit auf ethnographische Forschungsstrategien Bezug genommen wird.

## 2.2    Kompetenzorientierte Verfahren

Kompetenzorientierter bzw. merkmalsbasierte Verfahren erfassen keine Bildungsprozesse, sondern sind entwicklungs- und kompetenztheoretisch fundiert. Das heißt, sie gehen *grundlagentheoretisch* von der Annahme aus, dass sich Kompetenzen von Kindern entlang von Altersnormen erfassen, vergleichen und spätere Folgen einschätzen lassen. Ihr *Ziel* ist somit, kindliche Kompetenzniveaus in einzelnen oder mehreren Entwicklungsbereichen zu einem oder mehreren Zeitpunkten zu messen, um Aussagen über den

Entwicklungsstand oder -verlauf des jeweiligen Kindes im Vergleich zu anderen Kindern zu ermöglichen und Entwicklungsgefährdungen abschätzen zu können. Dieses soll „in einer möglichst präzisen, quantifizierbaren Weise und orientiert an vorab festgelegten Kategorien" (Leu, 2011, S. 25) über Altersnormierung geschehen. Dabei weisen standardisierte Screenings und entwicklungspsychologische Tests aber auch Einschätzbögen und Entwicklungsdokumentationen sehr unterschiedliche inhaltliche Schwerpunkte auf und nehmen verschiedene Entwicklungsdimensionen in den Blick. Sie sind entweder darauf ausgerichtet, möglichst umfassend Kompetenzen und Entwicklungsrisiken zu identifizieren (bspw. „DESK 3–6"-Testhefte, vgl. Tröster et al., 2004) oder wie die „Entwicklungstabelle" von Kuno Beller (vgl. Beller & Beller, 2009) ganz allgemein Entwicklungsfortschritte der Kinder zu erfassen. Andere Verfahren fokussieren einzelne Kompetenzen in den Bereichen kognitive, motorische, soziale und emotionale Entwicklung (bspw. SISMIK vgl. Ulich & Mayr, 2003).

*Methodisch* lassen sich grob erstens Test- und zweitens Report- bzw. Ratingverfahren und drittens wissenschaftlich weniger abgesicherte grobe Einschätzbögen unterscheiden. Bei Testverfahren werden Kinder überwiegend nicht in Freispielsituationen, sondern in nur für das jeweilige Verfahren geschaffenen „künstlichen" und standardisierten Settings beobachtet. Bei der Durchführung sollen die Kinder auf mehr oder weniger spielerische Art vorher festgelegte Aufgaben lösen. Die standardisierten Settings dienen dazu, den „Einfluss der ‚messenden' Person" (Leu, 2011, S. 25) durch vorher präzise festgelegte Abläufe zu verringern. Bei Report- bzw. Ratingverfahren schätzen entweder eine oder mehrere Personen, die das Kind gut kennen, oder externe Rater die Kompetenzen eines Kindes ein. Test- und Report- bzw. Ratingverfahren werden sowohl als Forschungsmethoden z.B. im Kontext der Entwicklungspsychologie als auch als Instrumente zur entwicklungspsychologischen und sonderpädagogischen Diagnostik angewendet. In den letzten Jahren erfahren sie auch bei frühpädagogischen Fachkräften eine zunehmende Beliebtheit. Mit dem zunehmenden Interesse an der Beobachtung kindlicher Entwicklung und auch in Zusammenhang mit der bildungspolitischen Forcierung von Sprachförderprogrammen kommen Verfahren zum Einsatz und werden neu entwickelt, die in besonderer Weise dazu geeignet sind, auch von pädagogischen Fachkräften eingesetzt zu werden. Diese sollen vor allen Dingen grobe Einschätzbögen ablösen, die eher aus dem Bedürfnis der Praxis nach kompetenzbezogenen Orientierungshilfen erwachsen sind. Hier lassen sich wiederum zwei Arten von Einschätzbögen unterscheiden. Erstens finden sich auch noch aktuell in der pädagogischen Praxis vielerlei von pädagogischen Fachkräften selbst entwickelte und durch die praxisbezogene Literatur verbreitete, wissenschaftlich kaum abgesicherte Einschätzbögen, die als Orientierungshilfe dazu dienen, in nur sehr groben Rastern kindliche Kompetenzen einzuschätzen. Beispielsweise wird hier Schulfähigkeit eines Kindes daran gemessen, ob es u.a. in der Lage ist, den eigenen Namen zu schreiben und die Schuhe zuzubinden. Zweitens finden sich auch stärker etablierte Verfahren im frühpädagogischen Feld, wie z.B. Kuno Bellers Entwicklungstabelle (Beller & Beller 2001), der „Baum der Erkenntnis" (vgl. Berger & Berger, 2004) oder auch die Leuvener Engagiertheitsskala von Laevers (2009). Hier sollen in regelmäßigen Abständen die kindlichen Kompetenzen eingeschätzt werden, damit die Entwicklungsfortschritte und -risiken der Kinder sichtbar werden und hierüber Förderungsmöglichkeiten angeschlossen werden können. Zum Teil enthalten die Verfahren konkrete Vorschläge zur Förderung der Kinder. So sollen beispielsweise bei Kuno Bellers Entwicklungstabelle Kinder dadurch gefördert werden, dass bei Angeboten eine Verknüpfung von weniger gut und gut entwickelten Bereichen die Motivation des Kindes erhöht (vgl. Tietze, 2006, S. 248).

An den bisherigen Verfahren lässt sich aufgrund ihrer zumeist entwicklungspsychologischen Fundierung und ihrem vorrangigen Interesse an Diagnostik kritisieren, dass sie im Gegensatz zu den prozessorientierten Verfahren kaum in umfassendere *pädagogische Konzepte* oder auch Programme und Trainings zur Förderung kindlicher Kompetenzen eingebettet sind. Somit lassen die erzielten Ergebnisse auch nur mittelbar Schlüsse zur Art und Weise des nachfolgenden pädagogischen Handelns zu, zumal sie auch darüber keine Aussage treffen, wie ein potenziell sich nachfolgendes Handeln pädagogisch-konzeptionell zu rahmen sei. Jedoch lassen sich zwischenzeitlich zunehmend Verfahren finden, die Dokumentation und Einschätzung kindlicher Kompetenzen mit Konzepten der anschließenden Förderung von Kindern und der Fortbildung von Fachkräften kombinieren (vgl. u.a. zu MONDEY: Pauen et al., 2012; zu KOMPIK: Mayr, 2012).

Wie bereits aufgezeigt, ist der Grad der *wissenschaftlichen Absicherung* bei den einzelnen Verfahren sehr unterschiedlich. Die Qualität der jeweiligen Verfahren hat sich vor allen Dingen an den allgemein anerkannten wissenschaftlichen Gütekriterien Objektivität, Reliabilität und Validität zu messen, sie sollen aber auch Kriterien der Testfairness und -ökonomie entsprechen und durch Validitätsstudien mit vergleichbaren Tests verglichen worden sein. Viele Einschätzbögen bzw. Entwicklungsdokumentationen jedoch enthalten keine Angaben zu ihrer Messgüte. Die Effekte des Einsatzes der Verfahren wurden auch kaum in der Praxis evaluiert. Demgegenüber machen wissenschaftlich abgesicherte Test-, Report- bzw. Ratingverfahren in der Regel Aussagen über die Güte des Verfahrens, auch über ihre prognostische Qualität. Problematisch ist an Testverfahren, die mehrere Entwicklungsdimensionen in den Blick nehmen, dass sie diese jeweils nur über wenige Items erfassen und somit bei auffälligen Befunden weitere Testungen vonnöten sind. Hinzu kommt, dass einige Verfahren veraltet sind und nicht mehr dem aktuellen Stand des wissenschaftlichen Wissens entsprechen.

## 2.3 Zwischenfazit

Insgesamt kann die Implementierung der Verfahren als eines der zentralen Elemente bei der Neukonturierung und Weiterentwicklung einer frühpädagogischen Profession und ihrer Handlungspraxis gelten. Die entsprechende Qualifizierung der Beobachtungs- und Dokumentationskompetenzen soll den Professionellen ermöglichen, den institutionellen Auftrag – die systematische Begleitung und Förderung kindlicher Entwicklungs- und Bildungsprozesse – zu realisieren. Indem Beobachtungsverfahren einen Schwerpunkt auf die Bildungs- und Entwicklungsförderung legen, sollen sie einen Beitrag dazu leisten, frühpädagogische Einrichtungen als Bildungsorte zu stärken (vgl. auch Leu, 2011, S. 15). Allerdings wird in der Pädagogik der frühen Kindheit die Diskussion um prozessorientierte versus kompetenzorientierte Verfahren weitgehend normativ und polarisierend geführt (vgl. ebd.), so als habe die professionelle Praxis grundsätzliche Entscheidungen über die eine oder andere Vorgehensweise zu treffen. Aus unserer Perspektive müsste der professionelle Blick unter Abwägung der jeweiligen Vor- und Nachteile, der Chancen und Grenzen darauf gerichtet sein zu entscheiden, welches Problem in welcher Situation durch welches Verfahren in Kombination mit weiteren Schritten zu lösen ist. Allerdings wurden hierzu bislang kaum Modelle entwickelt, wie dies – auch durch die Kombination von Verfahren – in der Praxis gelingen kann. Zudem fehlt es im wissenschaftlichen Diskurs um die Verfahren an einer kritischen Diskussion, die sich über die Anwendung der Verfahren empirisch aufklären lässt und sich dabei grundlagentheoretisch und historisch vergewissert (vgl. Kelle & Tervooren, 2008; Cloos & Schulz, 2011) sowie bildungs-, beobachtungs- und professionstheoretische Perspektiven stärker mit einbindet. Hierzu werden im Folgenden Überlegungen angestellt.

## 3    Dokumentation aus der Perspektive frühkindlicher Bildungs-forschung

Im Folgenden sollen Beobachtung und Dokumentation aus bildungs-, beobachtungs- und professionstheoretischer Perspektive diskutiert und dabei Perspektiven für die Weiterentwicklung einer frühkindlichen Bildungsforschung entwickelt werden. Aus beobachtungstheoretischer Perspektive kann untersucht werden, wie die Verfahren das Beobachten konzipieren und welche damit verbundenen Praktiken in der frühpädagogischen Praxis empirisch beschrieben werden können. Dagegen werden aus bildungstheoretischer Perspektive die den Verfahren zugrunde liegenden Annahmen zu kindlichen Bildungsprozessen kritisch diskutiert. Professionstheoretisch kann untersucht werden, welchen Beitrag die Verfahren zu einer Professionalisierung der frühpädagogischen Praxis leisten (können).

### 3.1    Bildungstheoretische Aspekte

Die Historie der Beobachtung von Kindern unter dem Entwicklungs- und Bildungsaspekt weist eine lange Tradition auf. Diese rekonstruiert Florian Eßer (2011) über die Entstehung und Ausdifferenzierung der Entwicklungspsychologie und Kinderforschung. Dabei diskutiert er, wie durch „die Anwendung wissenschaftlicher Beobachtungs- und Dokumentationsverfahren von Kindern in pädagogischen Kontexten über die vergangenen zwei bis drei Jahrhunderte hinweg die Erziehungsinstitutionen selbst zu Laboratorien der Kindheit wurden" (Eßer, 2011, S. 11f.). Somit kann die aktuelle frühpädagogische Praxis der Beobachtung und Dokumentation nicht als Zäsur im Umgang mit Kindern, sondern in ihrer kontinuierlichen historischen Entwicklung betrachtet werden. Dies erklärt auch die starke Einschreibung der Konzeption von Kindheit als Entwicklungskindheit. Zentraler Fixpunkt dabei ist das Bild von Kindern als sich selbst bildende Akteure, „die ihre Entwicklungs- und Lernprozesse aus eigener Initiative und ausgerüstet mit bemerkenswerten Kompetenzen vorantreiben" (Leu, 2011, S. 15).

Gerade im Forschungsbereich der frühen Kindheit ist eine Diffusität zwischen den Begriffen Entwicklung, Lernen und Bildung und ihrer Verknüpfungen anzutreffen. Zwar sind frühpädagogische Positionen, die eine normative Finalisierung und Funktionalisierung von Bildungsprozessen ablehnen, prominent platziert (vgl. u.a. Schäfer, 2010), zugleich aber ist Bildung untrennbar mit dem Kindheitskonzept des aufwachsenden und dabei lernenden Individuums, also einer Entwicklungskindheit verbunden (vgl. dazu Honig, 1999). Das Kind wird in seinem kontinuierlichen Aufbau von Wissen und Fertigkeiten beobachtet. Daher hängt die Diffusität nicht unbedingt mit einer fehlenden theoretischen Differenziertheit zusammen, sondern verweist auf dieses Kindheitskonzept, welches diese drei Aspekte untrennbar, aber flexibel in seiner Bedeutung miteinander verwoben hat. Parallel hierzu lässt sich auch bei den handlungsorientierten Beobachtungs- und Dokumentationsverfahren solch eine Varianz in den Beschreibungen zu ihrem Beobachtungsgegenstand entdecken, sodass entweder von Bildungs- oder von Lern- sowie von Entwicklungsprozessen die Rede ist.

Als Effekt dieser begrifflichen Varianz lassen sich die jeweilig anderen Konstitutionspraktiken des Beobachtungsgegenstandes und die daraus folgenden Beschränkungen kritisieren (vgl. auch Mischo et al., 2011): Häufig wird den prozessorientierten Verfahren unterstellt, dass sie Stärken in den Blick nehmen, während kompetenzorientierte Verfahren vorwiegend Defizite der Kinder fokussieren würden. Kompetenzorientierte Verfahrungen, die an der Dokumentation kindlicher Entwicklung interessiert sind, erfassen jedoch zunächst an Altersnormen orientierte Entwicklungsniveaus, die im Normalbereich oder auch darüber oder darunter liegen können. Die Ergebnisse der Beobachtungen lassen sich folglich ebenso zu einer an den Ressourcen des Kindes orientierten Förderung wie zur Früherkennung von Entwicklungsrisiken nutzen.

Die prozessorientierten Verfahren, die explizit an einer Darstellung kindlicher Bildungsprozesse interessiert sind, favorisieren demgegenüber einen positiv besetzten Begriff von Bildung, der sich an den Stärken und Ressourcen der Kinder zu orientieren hat und damit zugleich normative Vorstellungen von ‚normalen' Entwicklungsprozessen einschließt. Denn sie gehen primär von einem aktiv handelnden und dabei sich bildenden Kind aus und konzentrieren damit den Blick auf das einzelne Kind als handelndes Subjekt, auf seine Individualität und seiner konkreten Lernbedürfnisse. Allerdings zeigen empirische Arbeiten auf, dass in den Dokumentationen und hierauf bezogene Interaktionen das Kind nicht nur vor dem Hintergrund seiner Ressourcen, sondern immer auch in seiner Entwicklungs- und Erziehungsnotwendigkeit sowie seines Nicht-Könnens, z.B. vor dem Hintergrund der für den Schuleintritt erwartbaren Kompetenzen, konstituiert wird (vgl. Cloos, 2011).

Aus einer bildungstheoretischen Perspektive wäre für die Rückgewinnung eines komplexeren Bildungsbegriffs zu plädieren, der sowohl die kulturellen Kontexte, in denen das Bildungsgeschehen stattfindet, als auch Brüche, Fehler und dauerhafte Irritationen berücksichtigt (vgl. Dietrich, 2011, S. 101). Zudem müssen auch sowohl gruppentheoretische Perspektiven stärker integriert (vgl. Brandes, 2011) als auch der Aufforderungscharakter und die Handlungspotenziale von Dingen auf die kindlichen Tätigkeiten stärker beachtet werden (vgl. u.a. Stieve, 2011). Darüber hinaus müssen die mit den Dokumentationen mit transportierten Differenzkategorien und Normalisierungsvorstellungen unter einer ungleichheitstheoretischen Perspektive reflektiert werden (vgl. Sitter, 2011).

## 3.2     Beobachtungstheoretische Aspekte

Öffentliche Kindheitsinstitutionen sind zwar, ebenso wie die frühkindliche Bildungsforschung, an der Darstellung von Bildung interessiert. Trotz formaler Ähnlichkeiten und der starken gegenseitigen Bezugnahmen ist jedoch grundsätzlich zwischen ‚forschender Praxis' und ‚forschender Forschung' zu unterscheiden, da die erkenntnistheoretischen Interessen differieren. Michael-Sebastian Honig (2010) verweist darauf, dass es sich hierbei um Beobachtungen erster und zweiter Ordnung handelt, da die Darstellung der Praxis auf das erfolgreiche Handeln abzielen (vgl. ebd., S. 98). Vor dem Hintergrund dieser erkenntnistheoretischen Setzung kann beobachtungstheoretisch rekonstruiert werden, wie im Rahmen des Beobachtens die Dokumentationen an der Konstituierung von kindlichen Bildungsprozessen beteiligt sind. In diesem Kontext schlägt Sabine Bollig (2011) in ihrem praxisanalytischen Konzept der „verteilten Praktiken der Beobachtung" vor, die Eigenständigkeit von Dokumentationen stärker als bislang zu berücksichtigen und diese nicht weiter als Ergebnisse subjektiver Beobachtungsleistungen zu betrachten. Stattdessen verzahnen sich die Materialität der Dokumente mit den Praktiken der AkteurInnen „zu einer lokalen und kollektiven Wissenspraxis" (ebd., S. 33) des Kindergartenalltages, welche kindliche Bildungsprozesse erst hervorbringt.

Hierzu konnten Marc Schulz und Peter Cloos (2011) empirisch rekonstruieren, wie die schrittweise Transformation von Beobachtung in Planung sowohl prozessual als auch materiell vollzogen wird. Dabei sind die Medienwechsel zwischen Mündlichkeit und Schriftlichkeit, die von Brüchen und der Notwendigkeit von Übersetzungsleistungen geprägt sind, Kern dieser Vollzüge. Einer dieser Medienwechsel findet bspw. in Teamsitzungen statt, in denen verschriftlichte Beobachtungsprotokolle als mündlich vorgelesene Aufführungsskripte verwendet werden. Die Protokolle entfalten demnach ihren Sinn erst in ihrer Aufführung und ermöglichen Anschlussfähigkeiten an pädagogisches Handeln. Des Weiteren lernen Kinder auch über die Dokumente, sich sowohl die institutionellen Anforderungen als auch die Relevanz dieser Settings zu erschließen (vgl. Schulz, 2013). Aus dieser Perspektive repräsentieren die Dokumentationen keine kindlichen Bildungsprozesse, sondern materialisieren die kollektive Arbeit an der Bildungsrelevanz frühpädagogischer Settings.

## 3.3    Professionstheoretische Aspekte

Mit der Einführung der Verfahren wird eine Professionalisierungsidee verbunden, die frühpädagogische Praxis als systematisches und forschendes Handeln konzipiert und damit diese stärker wissenschaftlich fundieren will. Aus evaluativer Perspektive lässt sich die Frage stellen, welchen Beitrag Beobachtung und Dokumentation zur Bildungsförderung von Kindern leisten können. Aus professionalisierungstheoretischer Perspektive kann Forschung untersuchen, welchen Beitrag die Verfahren zu einer Professionalisierung der frühpädagogischen Praxis leisten können. Aus einer dezidiert *professionstheoretischen Perspektive* jedoch hat sie jedoch weniger evaluativ vorzugehen. Sie konzentriert sich darauf, darzustellen, *wie* pädagogische Fachkräfte auf Grundlage der Verfahren kindliches Tun beobachten und deuten, um dies für einen bildungsfördernden Dialog in Zusammenarbeit mit den Kindern und ihren Familien zu überführen. Dabei gilt es zukünftig stärker die erziehungswissenschaftliche und soziologische Professionstheorie für die empirische Analyse zu nutzen, denn aus dieser Perspektive sind methodisch abgesicherte Prozesse des Beobachtens und Interpretierens, Diagnostizierens und Dokumentierens Basis jeglicher professioneller Handlungspraxis, die vor dem Hintergrund von Ungewissheitsbedingungen und paradoxalen Herausforderungen in Interaktion mit den AdressatInnen in professionellen Organisationen zu bewältigen sind (vgl. Schütze, 1992). Damit ließe sich die Perspektive weg von den individuellen Kompetenzen der einzelnen Fachkraft hin zu den gemeinsamen Herstellungsleistungen von Kindern, Erziehungsberechtigten und Fachkräfteteams in organisationalen Zusammenhängen erweitern. Ebenso ließe sich hier erschließen, welche Bedeutung die in der professionellen Praxis hergestellten Dokumente und die darauf bezogenen Interaktionen (vgl. u.a. Bollig, 2011) entfalten.

## 4    Fazit

Insgesamt folgt hieraus, dass eine entsprechend gelagerte Bildungsforschung demnach nicht die Angemessenheit der Beobachtung und Dokumentation von kindlichen Bildungsprozessen, sondern die praktische Herstellung des Beobachtungsgegenstandes mittels Beobachtung und Dokumentationen fokussiert. Sie untersucht, wie etwas zum Gegenstand von Pädagogik wird. Daher plädiert Michael-Sebastian Honig (2010) dafür, die Praxis der Verfahrensvollzüge aus einer „nicht-pädagogischen" Perspektive zu beobachten (vgl. ebd., S. 98). Dabei kann sie sich bei der empirischen Analyse ihrer Daten zur professionellen Beobachtung und Dokumentation nicht vorschnell auf ihre bildungstheoretischen Prämissen, wie sich das Kind bildet und darauf bezogene Förderungen auszusehen haben, rückbeziehen. Vielmehr hat sie zu beobachten, wie Bildung im Prozess des Beobachtens und Dokumentierens konstituiert wird. Dabei hat sie die Komplexität der möglichen Perspektiven auf Bildung in ihrer Verschränkung mit Erziehungs- und Entwicklungsprozessen zu berücksichtigen. Somit kann sie auch nicht davon ausgehen, dass

Beobachtung und Dokumentation per se eine Möglichkeit für die Professionalisierung frühpädagogischer Praxis bieten. Vielmehr hat sie die Aufgabe zunächst zu beschreiben, wie eine Praxis des Beobachtens und Dokumentierens vollzogen wird.

## 5    Literatur

Beller, E.K. & Beller, S. (2009). *Kuno Bellers Entwicklungstabelle* (8. Aufl.). Berlin: Eigenverlag.

Berger, M. & Berger, L. (2004). *Der Baum der Erkenntnis – Kunskapen Träd. Ein schwedischer Lehrplan für Kinder und Jugendliche von 1–16 Jahren.* Bremen: Eigenverlag.

Bollig, S. (2011). Notizen machen, Bögen ausfüllen, Geschichten schreiben. Praxisanalytische Perspektiven auf die Materialität der bildungsbezogenen Beobachtung im Elementarbereich. In P. Cloos & M. Schulz (Hrsg.), *Kindliches Tun beobachten und dokumentieren. Perspektiven auf die Bildungsbegleitung in Kindertageseinrichtungen* (S. 33–48). Weinheim: Juventa.

BMFSFJ (Bundesministerium für Familie, Senioren, Frauen und Jugend) (Hrsg.). (2005). *Zwölfter Kinder- und Jugendbericht.* Berlin: Eigenverlag.

Brandes, H. (2011). Die Kindergruppe im Fokus Beobachtung aus gruppenorientierter Perspektive. In P. Cloos & M. Schulz (Hrsg.), *Kindliches Tun beobachten und dokumentieren. Perspektiven auf die Bildungsbegleitung in Kindertageseinrichtungen* (S. 130–143). Weinheim: Juventa.

Carr, M. (2001). *Assessment in Early Childhood Settings. Learning Stories.* London: Sage

Cloos, P. (2011). Frühpädagogische Fallarbeit. Von der Beobachtung zum förderlichen Angebot. In P. Cloos & M. Schulz (Hrsg.), *Kindliches Tun beobachten und dokumentieren. Perspektiven auf die Bildungsbegleitung in Kindertageseinrichtungen* (S. 172–187). Weinheim: Juventa.

Cloos, P. & Schulz, M. (Hrsg.). (2011). *Kindliches Tun beobachten und dokumentieren. Perspektiven auf die Bildungsbegleitung in Kindertageseinrichtungen.* Weinheim: Juventa.

Dietrich, C. (2011). Bildungstheoretische Notizen zur Beobachtung frühkindlicher Bildungsprozesse. In P. Cloos & M. Schulz (Hrsg.), *Kindliches Tun beobachten und dokumentieren. Perspektiven auf die Bildungsbegleitung in Kindertageseinrichtungen* (S. 100–114). Weinheim: Juventa.

Edelmann, D., Schmidt, J. & Tippelt, R. (2011). *Einführung in die Bildungsforschung.* Stuttgart: Kohlhammer.

Eßer, F. (2011). Laboratorien der Kindheit. Historische Reflexionen zur Beobachtung und Dokumentation kindlicher Entwicklung. In P. Cloos & M. Schulz (Hrsg.), *Kindliches Tun beobachten und dokumentieren. Perspektiven auf die Bildungsbegleitung in Kindertageseinrichtungen* (S. 20–32). Weinheim: Juventa.

Fröhlich-Gildhoff, K., Nentwig-Gesemann, I. & Leu, H.R. (Hrsg.). (2011). *Forschung in der Frühpädagogik IV. Schwerpunktthema: Beobachten, Verstehen, Interpretieren, Diagnostizieren.* FEL Verlag: Freiburg.

Galuske, M. (2011). *Methoden der Sozialen Arbeit. Eine Einführung* (8. Aufl.). Weinheim, München: Juventa.

Hebenstreit-Müller, S. & Kühnel, B. (Hrsg.). (2004). *Kinderbeobachtung in Kitas.* Berlin: Dohrmann.

Honig, M.-S. (1999). *Entwurf einer Theorie der Kindheit.* Frankfurt a. M.: Suhrkamp.

Honig, M.-S. (2010). Beobachtung (früh-)pädagogischer Felder. In G.E. Schäfer & R. Staege (Hrsg.), *Frühkindliche Lernprozesse verstehen. Ethnographische und phänomenologische Beiträge zur Bildungsforschung* (S. 91–101). Weinheim, München: Juventa.

Kelle, H. & Tervooren, A. (Hrsg.). (2008). *Ganz normale Kinder. Heterogenität und Standardisierung kindlicher Entwicklung.* Weinheim, München: Juventa.

Knauf, T. (2011). Kindern im Portfolio das Wort geben. In M.R. Textor (Hrsg.), Kindergartenpädagogik – Online-Handbuch. Download am 24.08.2012 von http://www.kindergartenpaedagogik.de/
2180.html

Kultusministerkonferenz/Jugendministerkonferenz (KMK/JMK) (2004). *Gemeinsamer Rahmen
der Länder für die frühe Bildung in Kindertageseinrichtungen.* Bonn: Eigenverlag.

Laewen, H.-J. & Andres, B. (2002). *Bildung und Erziehung in der frühen Kindheit. Bausteine zum
Bildungsauftrag von Kindertageseinrichtungen.* Weinheim, Basel: Beltz.

Laevers, F. (2009). *Beobachtung und Begleitung von Kindern. Arbeitsbuch zur Leuvener Engagiertheitsskala.* Düren: Schlömer.

Leu, H.-R. (2011). Beobachten, Verstehen, Interpretieren, Diagnostizieren. Zur Kontroverse über
eine zentrale Aufgabe frühpädagogischer Fachkräfte. In K. Fröhlich-Gildhoff, H.R. Leu & I.
Nentwig-Gesemann (Hrsg.), *Forschung in der Frühpädagogik IV. Schwerpunkt: Beobachten, Verstehen, Interpretieren, Diagnostizieren* (S. 15–36). Freiburg /B.: FEL Verlag.

Leu, H.R., Flämig, K., Frankenstein, Y., Koch, S., Pack, I., Schneider, K. & Schweiger, M. (2007).
*Bildungs- und Lerngeschichten. Bildungsprozesse in früher Kindheit beobachten, dokumentieren
und unterstützen.* Weimar, Berlin: Verlag das netz.

Lingenauber, S. (2001). *Einführung in die Reggio-Pädagogik.* Bochum: projekt verlag.

Mischo, C., Weltzien, D. & Fröhlich-Gildhoff, K. (2011). *Beobachtungs- und Dokumentationsverfahren in der Frühpädagogik.* Kronach: Carl Link.

Mayr, T. (2012). KOMPIK – Kompetenzen und Interessen in Kindertageseinrichtungen. Ein neues
Beobachtungsverfahren für Kindertageseinrichtungen. *Frühe Bildung 1*(3), 163–165.

Pauen, S., Heilig, L., Danner, D., Haffner, J., Tettenborn, A. & Roos, J. (2012). Milestones of Normal
Development in Early Years (MONDEY). *Frühe Bildung 1*(2), 64–70.

Schäfer, G.E. (2010). Frühkindliche Bildungsprozesse in etnographischer Perspektive. Zur Begründung und konzeptuellen Ausgestaltung einer pädagogischen Etnogrphie der frühen Kindheit.
In G.E. Schäfer & R. Staege (Hrsg.), *Frühkindliche Lernprozesse verstehen. Etnographische und
phänomenologische Beiträge zur Bildungsforschung* (S. 69–90). Weinheim, München: Juventa.

Schäfer, G.E. & Staege, R. (2010). *Frühkindliche Lernprozesse verstehen. Ethnographische und phänomenologische Beiträge zur Bildungsforschung.* Weinheim, München: Juventa.

Schulz, M. (2013). *Frühpädagogische Konstituierung von kindlichen Bildungs- und Lernprozessen.
Zeitschrift für Soziologie der Erziehung und Sozialisation 33*(1), 26–41.

Schulz, M. & Cloos, P. (2011). Die ‚Entdeckung‘ kindlicher Bildungsprozesse. Ethnographische
Hinweise auf professionelle Praktiken der Beobachtung. In K. Fröhlich-Gildhoff, H.R. Leu &
I. Nentwig-Gesemann (Hrsg.), *Forschung in der Frühpädagogik IV. Schwerpunkt: Beobachten,
Verstehen, Interpretieren, Diagnostizieren* (S. 91–120). Freiburg /B.: FEL Verlag.

Schütze, F. (1992). Sozialarbeit als „bescheidene" Profession. In B. Dewe, W. Ferchhoff & F.-O.
Radtke (Hrsg.), *Erziehen als Profession* (S. 132–170). Opladen: Leske + Budrich.

Sitter, M. (2011). „Weil man soll ja immer gucken, was kann ein Kind gut, und nicht, was es
schlecht kann." Stärkenorientierte Beobachtung bei sozial benachteiligten Kindern und „doing
social problems". In P. Cloos & M. Schulz (Hrsg.), *Kindliches Tun beobachten und dokumentieren. Perspektiven auf die Bildungsbegleitung in Kindertageseinrichtungen* (S. 155–170). Weinheim: Juventa.

Stieve, C. (2011). Inszenierte Dingwelten. Spiel- und Lernmaterialien in Kindertageseinrichtungen. In P. Cloos & M. Schulz (Hrsg.), *Kindliches Tun beobachten und dokumentieren. Perspektiven auf die Bildungsbegleitung in Kindertageseinrichtungen* (S. 115–129). Weinheim: Juventa.

Steudel, A. (2008). *Beobachtung in Kindertageseinrichtungen. Entwicklung einer professionellen
Methode für die pädagogische Praxis.* Weinheim, München: Juventa.

Strätz, R. (1990). Beobachten. *Anregungen für Erzieher im Kindergarten.* Köln: Kohlhammer.

Strätz, R. & Demandewitz, H. (2005). *Beobachten und Dokumentieren in Tageseinrichtungen für
Kinder* (5. Aufl.). Weinheim, Basel: Beltz.

Tietze, W. (2006). Frühpädagogische Evaluations- und Erfassungsinstrumente. In L. Fried & S. Roux (Hrsg.), *Pädagogik der frühen Kindheit* (S. 243–252). Weinheim, Basel: Beltz.

Tröster, H., Flender, J. & Reineke, D. (2004). *DESK 3–6. Dortmunder Entwicklungsscreening für den Kindergarten.* Göttingen: Hogrefe.

Ulich, M. & Mayr, T. (2003). *Sprachverhalten und Interesse an Sprache bei Migrantenkindern im Kindergarten (SISMIK).* Freiburg: Herder.

Viernickel, S. & Völkel, P. (2005). *Beobachten und dokumentieren im pädagogischen Alltag.* Freiburg: Herder.

Weltzien, D. & Viernickel, S. (2012). Die Einführung stärkenorientierter Beobachtungsverfahren. Gelingensbedingungen für den Kompetenzerwerb pädagogischer Fachkräfte. *Frühe Bildung* 1(2), 78–86.

Zedler, P. & Döbert, H. (2010). Erziehungswissenschaftliche Bildungsforschung. In R. Tippelt & B. Schmidt (Hrsg.), *Handbuch Bildungsforschung* (3., durchgesehene Aufl.) (S. 23–45). Wiesbaden: VS Verlag.

# Fallstudien

## Eine qualitative Analyse mit soziologischen Forschungsinstrumenten am Beispiel der Institution Kindergarten

Annegert Hemmerling

## 1 Einleitung

Fallstudien werden in unterschiedlichen Forschungsdisziplinen angewandt und hinsichtlich ihrer exemplarischen und forschungsrelevanten Bedeutung unterschiedlich bewertet (vgl. Hofmann, Schreiner & Thonhauser, 2008). In den folgenden Ausführungen wird auf eine qualitative Fallstudie Bezug genommen, in der die Daten mit der Methode der Objektiven Hermeneutik nach Ulrich Oevermann ausgewertet wurden. Der Rückgriff auf ein rekonstruktives soziologisches Verfahren basiert auf der Tatsache, dass die Erziehungswissenschaft bezüglich der wissenschaftlichen Theoretisierung zwar gut aufgestellt ist, jedoch kaum eigenständige wissenschaftliche Theorien entwickelt hat (vgl. Scheid &Twardella, 2011, Punkt 4, Absatz 18).

Die Objektive Hermeneutik eignet sich als kulturtheoretisch orientiertes Verfahren insbesondere für die Untersuchung und Analyse von sozialen Praktiken und Alltagsroutinen (vgl. Hitzler & Honer, 1997, S. 7ff.). Die Besonderheit besteht in der nichtstandardisierten Datenerhebung und Sinnerschließung sozialer Praxis (ebd.). Durch die Rekonstruktion der Strukturgenese von Handlungen, sind die Erkenntnisse nicht nur für das Verstehen von bereits vollzogenen Handlungen interessant, sondern können für die Gestaltung zukünftiger Handlungen genutzt werden. Somit stellt die Objektive Hermeneutik nicht nur ein Forschungsinstrument dar, sondern dient auch der reflexiven Fallarbeit.

Nach Ulrich Oevermann ist die Zuordnung von ‚Erklären‘ zu den nomothetischen Erfahrungswissenschaften und ‚Verstehen‘ zu den Geisteswissenschaften nicht haltbar, da durch die Regelgeleitetheit und Strukturgesetzlichkeit erfahrungswissenschaftlicher Rekonstruktionen mit der Methode der Objektiven Hermeneutik eine analoge Generierung von Erkenntnissen zu den naturwissenschaftlichen Gesetzeshypothesen möglich ist (vgl. Wagner, 2004, S. 125 ff.). Oevermann (2000, S. 60) hält zudem fest, dass Fallrekonstruktionen der qualitativen Forschung entsprechen, während Fallbeschreibungen, wegen des subsumstionslogischen Vorgehens, der quantitativen Forschung zuzuordnen sind.

Fallstudien heben zunächst die Bedeutung von Personen, Gruppen, Situationen oder Organisationen für die Klärung einer Forschungsfrage hervor. Dafür muss definiert werden, was der Fall ist und was ihn als solchen auszeichnet, um zu einem Erkenntnisgewinn zu gelangen. Es können Beobachtungen, Interviews und Dokumente rekonstruiert werden, die sich in besonderer Weise auf Routinen und biografische Entscheidungen beziehen (vgl. Hofmann, Schreiner & Thonhauser, 2008, S. 222f.). Qualitative Einzelfallstudien sind insbesondere für wenig erforschte gesellschaftliche Felder geeignet (vgl. Brüsemeister, 2008, S. 56). Dies trifft beispielsweise auf die Interaktionskultur und ihre bildungsrelevante Bedeutung für die Institution Kindergarten zu (vgl. Bamler, Werner& Wustmann, 2010, S. 156f.).

In den folgenden Ausführungen wird zunächst aufgezeigt, wie mit dem Verfahren der Objektiven Hermeneutik und einem Konzept der Mehrebenenanalyse Wirkungen von Handlungspraxis in der außerschulischen Bildungseinrichtung ‚Kindergarten‘ erschlossen werden können. Ein weiteres rekonstruktives Verfahren, das hier nicht erläutert wird, ist die Dokumentarische Methode nach Bohnsack (2007).

In Kapitel 2 wird das Verständnis von ‚Fall‘ und ‚sozialer Lebenspraxis‘ für den Erkenntnisgewinn von Interaktionskulturen nach dem Verfahren der Objektiven Hermeneutik erörtert. Dabei werden das methodische Vorgehen der sequenzanalytischen Rekonstruktion und die Datenerhebung beispielhaft skizziert.

Kapitel 3 zeigt, wie durch eine Mehrebenenanalyse die komplexe Interaktionsstruktur einer Bildungsinstitution erschlossen werden kann. Die Ebenen des Schulkulturkonzeptes nach Helsper, Böhme, Kramer und Lingkost (2001) werden für die Organisation Kindergarten anhand der Daten vorgestellt, die für die jeweilige Ebene erschlossen werden können. Die vier Dimensionen beinhalten institutionstypische strukturelle und konzeptionelle Aspekte, welche die Interaktionen der Akteure bestimmen. Anschließend werden mit Tabelle 1 die Dimensionen des Schulkulturkonzeptes und die entsprechenden Merkmale für den Kindergarten aufgezeigt. Danach werden die Dimensionen anhand von Ergebnissen der beispielhaft angeführten Fallstudie dargestellt und die explorative Bedeutung von Fallstudien expliziert. Abschließend wird auf die handlungsrelevante Bedeutung des Verfahrens eingegangen.

## 2 Die Organisation Kindergarten als Fall

Der Begriff ‚Fall' wird in der Heuristik der Objektiven Hermeneutik weit gefasst, d.h. ein ‚Fall' können Zielgruppen, Organisationen oder Institutionen sein. Außer der zunächst naheliegenden Frage, welcher Fall für den Forschungsgegenstand prinzipiell geeignet ist, stellt sich die Frage nach der Anzahl von Fällen und der komplexen Struktur eines Falles, um zu fundierten Erkenntnissen zu gelangen. Aus forschungspragmatischen Gründen sind in der beispielhaft angeführten strukturanalytischen Fallstudie ‚Der Kindergarten als Bildungsinstitution' (Hemmerling, 2007) zwei Kindergärten ausführlich und differenziert analysiert worden, um den Zusammenhang von pädagogischen Programmen und Interaktionsstrukturen in seiner strukturtheoretischen Ausformung hinreichend zu rekonstruieren (vgl. ebd. S. 59).

### 2.1 Bedeutung von Interaktionsqualitäten

Rekonstruktive Fallstudien fokussieren die soziale Lebenspraxis. Soziale Lebenspraxis bezieht sich hier zum Beispiel auf die Handlungsvollzüge, die Kinder in Interaktionen mit erwachsenen Akteuren zur Förderung der Subjektbildung der noch nicht autonomen Persönlichkeiten wahrnehmen. Charakteristisch für soziale Lebenspraxen ist „die widersprüchliche Einheit von Entscheidungszwang und Begründungsverpflichtung" (Wagner, 2004, S. 145f.), d.h. eine Entscheidung aus den gegebenen Möglichkeiten vorzunehmen und diese begründen zu können. Eine solche Entscheidung resultiert aus den historisch gewachsenen Möglichkeiten, die im Hier und Jetzt der Handlungspraxis Anschlussmöglichkeiten implizieren und zukunftsoffen sind.

Auf das Feld Kindergarten übertragen bedeutet dies, dass die Erzieherinnen und Erzieher vielfach handeln, ohne im Vorfeld Begründungen vornehmen zu können, sondern ihr Handeln in der reflexiven Nacharbeit begründen. Dennoch ist das spontane Handeln, dem Verständnis der Objektiven Hermeneutik nach, nicht ungeregelt, sondern generiert aus universellen Regeln anderer Strukturebenen, die immer wieder neu kombiniert werden. Die Rekonstruktionen legen entweder die Reproduktion historisch und gesellschaftlich konstituierter Regeln offen oder explorieren deren Transformation zu neuen Strukturen in einem abduktiven Schluss (vgl. Reichertz, 1997, S. 34ff.). Somit stellt das Verfahren der Objektiven Hermeneutik die Akteure und ihr Handeln in den Mittelpunkt des Forschens. Es werden vorweg keine Hypothesen aufgestellt. Vielmehr sind die Fallstrukturen theorieleitend.

### 2.2 Aspekte zum strukturanalytischen Vorgehen

Fallrekonstruktionen gehen strukturanalytisch – entsprechend den methodischen Regeln der Objektiven Hermeneutik – der Frage nach, welche Bedingungen zur Wahl be-

stimmter Verhaltens- oder Handlungsmuster aus einer grossen Vielzahl von Möglichkeiten führen und erschließen deren sinnlogische Struktur. Diese sogenannten latenten
objektivierten Sinnstrukturen sind meistens nicht identisch mit den subjektiven Intentionen. Durch das sequenzierte Analysieren der Daten nach den Prinzipien der Objektiven Hermeneutik, das gemäß Wernet (2000, S. 51ff.) auf Kontextfreiheit, Wörtlichkeit,
Sequentialität, Extensivität und Sparsamkeit basiert, werden zunächst alle sinnlogischen
Möglichkeiten erschlossen. Im Fortschreiten der Sequenzanalyse findet eine Selektion
der wiederholt erschlossenen Möglichkeiten im Sinne einer objektiven Vernünftigkeit
statt, die dann eine Fallstruktur der konkreten Lebenspraxis offen legt, die nur partiell
subjektiv wahrnehmbar ist. Durch diesen Erkenntnisgewinn werden sowohl die Komplexität sozialer Lebenspraxis sichtbar als auch mögliche Optionen, die zukünftig nutzbar
sind (vgl. Wagner 2004, S. 111ff.).

Im folgenden Dialog wird das methodische Vorgehen verdeutlicht. Der Kontext wird
nicht benannt, da eine sogenannte ‚künstliche Naivität‘ der Forschenden für die notwendige Distanz sorgt (Kontextfreiheit), um keine Vermutungen aufzustellen, sondern wört-
lich nach dem Prinzip der Regelgeleitetheit zu rekonstruieren.

### 2.2.1   Verdeutlichung des methodischen Vorgehens am Beispiel eines Dialogs

**M: „Sabine ist heute Musikschule“**
Die Anrede mit Vornamen impliziert ein persönliches oder privates Verhältnis. Nach den
semantischen Regeln handelt es sich um eine Frage. Methodisch ist nun zu überlegen in welchen Kontexten eine solche Frage gestellt werden könnte. Möglicherweise könnte die Frage
unter Freundinnen gestellt werden, die gemeinsam die Musikschule besuchen. Es könnte
auch im familiären Kontext sein, z.B. unter Geschwistern oder wenn die Mutter mit Vornamen statt mit Mama angeredet wird[1] und der Tag geplant wird. Auf eine solche geschlossene
Frage würde als Anschluss ein Ja oder Nein folgen müssen.

**S: „heute ist Musikschule jaa. dürfen wir nicht vergessen wie letzte Woche ne“**
Sequenzanalytisch heißt, dass der Dialog nicht als Ganzes betrachtet wird, sondern in Sequenzen. Feinanalytisch wird diese Sequenz bis zum gedehnten Ja und dem Punkt[2] rekonstruiert. Die Antwort in einem ganzen Satz spricht für ein respektvolles Kommunizieren. Das
gedehnte Ja kann durch folgende „Geschichten“ sinnlogisch sein: Sabine ist sich doch nicht
sicher oder ist irritiert, weil sie vielleicht den Termin in ihre Planung nicht einbezogen hat.
Entweder müsste sie überprüfen, ob der Termin richtig ist oder sie äußert Schwierigkeiten
bezüglich der Wahrnehmung des Termins.
Der Anschluss lässt eine Nachlässigkeit der vergangenen Woche erkennen und verweist latent auf eine Krise. Das Wir impliziert, dass Sabine eine gemeinsame Verantwortung für das

---

1   Grenzwertig nach dem Prinzip der Sparsamkeit, d.h. die Lesarten sollten vom Text aus
    möglich sein.

2   Der Punkt steht für 1 Sekunde Pause; das Protokoll ist extensiv zu bearbeiten.

Vergessen sieht. Dies ist für die optional gedachten Beziehungsverhältnisse der Lestarten für die 1. Aussage von M. möglich.

Das Ne steht umgangssprachlich für nicht wahr?[3], das entweder rhetorisch die Aussage verstärkt oder eine echte Frage sein kann. Eine Bestätigung hat zur Folge, dass der Termin möglich gemacht wird; eine Frage würde zum Aushandeln des Termins führen.

**M: „ich möchte heute mal"** (?) (Leider ist die Aussage auf der Audioaufnahme nicht verständlich).

Sinnlogisch wäre, wenn M heute mal hingehen möchte, da sie ja die Frage in den Raum gestellt hat und das **Mal** im Sinne von **wieder mal** einen semantischen Sinn ergeben würde.

**S: „jaa da hast du heute gut dran gedacht klasse oder hat die Mama dich dran erinnert"**

Die Sequenz wird erst bis zum **Klasse**, einem eher jugendlichen Jubelausspruch rekonstruiert. Das Ja ist wieder gedehnt, d.h. nicht eindeutig bestätigend. Die Erinnerung wird gut geheißen. Die möglichen Geschichten kürze ich hier wegen des Umfangs ab. Das Oder zu Beginn der nächsten Sequenz eröffnet eine Alternative oder eine Einschränkung. Die Frage klärt, ob der Termin von M selbst beachtet oder von einer Autoritätsperson in Erinnerung gerufen wurde. Diese Abklärung wäre wieder in sinnlogische Kontexte mit möglichen Anschlüssen zu stellen.

**M: „ich alleine"**

**S: „alleine das ist ja super"**


Die freundschaftliche Beziehung bleibt bis zum Schluss erhalten. Intentional auf der subjektiven Ebene möchte Sabine, eine Erzieherin (der äußere Kontext wird nach der Rekonstruktion hinzugezogen) das Kind für seine Eigenverantwortung und intrinsische Motivation loben. Latent wird eine Solidarisierung für soziale Lebenspraxis im internen Raum der Kita durch die jugendsprachlichen Elemente erkennbar. Diese latente Fallstruktur kann nun mit der Anerkennungsproblematik von Erzieherinnen und Erzieher reflektiert werden oder mit der Positionierung zur Mutter des Kindes, denn die Erzieherin übernimmt die Verantwortung des Vergessens in Gemeinschaft mit dem Kind. Entsprechend der anstehenden Entwicklungsaufgabe, könnte mit der Mutter abgesprochen sein, dass das Kind selbst an den Termin denken muss. Es ist auch möglich, dass die Erzieherin eine Leistung nicht erbracht hat und hier von dem Kind mit dieser Nachlässigkeit konfrontiert wird und eine krisenhafte Situation im Beziehungsdreieck Mutter – Kind – Erzieherin thematisiert.

Die Fallstruktur müsste nun an weiteren Interaktionsprotokollen überprüft werden, ob sie zu falsifizieren ist oder sich klar bestätigen und erkennen lässt. Wie unterschiedliche Daten in einer Fallstudie zu gesicherten Ergebnissen führen können, wird in Kapitel 3 erläutert werden.

Die aufgezeigte Rekonstruktion zeigt, dass rekonstruierte Handlungssituationen theorieleitend und fallreflexiv genutzt werden können. Entsprechend dem Fokus und

---

3  Prinzip der Extensivität, d.h. es müssen alle Textelemente berücksichtigt werden.

den weiteren Rekonstruktionen können die Ergebnisse mit Theorien der Anerkennung und Professionalisierung von Erzieherinnen und Erzieher betrachtet werden. Ein Fokus könnte die Bewährungsanforderung der Erzieherinnen und Erzieher hinsichtlich diffuser und rollenförmiger Beziehungsleistung im familienergänzenden Auftrag sein. Eine weitere Möglichkeit wäre die Erziehungspartnerschaft in ihrer dichotomen Struktur von gemeinsamer Erziehungsverantwortung von Eltern und Erzieherinnen und Erzieher einerseits und dem Dienstleistungsverhältnis zwischen Kindergarten und der Familie andererseits zu beleuchten.

## 2.3 Datenerhebung

Der wissenschaftliche Zugriff über die Fallrekonstruktion mit der Methode der Objektiven Hermeneutik erfolgt zwischen der Ebene der materiell-physischen Welt und der subjektiv-psychischen Ebene, die über die symbolvermittelnde Ausdrucksgestalt der Sprache fixiert wird, um so der Sozialisationsforschung methodologisch zugänglich zu sein. Die textförmige Gestalt ist entsprechend Meads Theorie des symbolischen Interaktionismus (1968) die Abbildung von objektiven Strukturen (vgl. Wagner, 2004, S. 112). Der Text ist Träger sinnlogischer Ausdrucksgestalten, die in einer erweiterten Sichtweise von Textverständnis und Ausdrucksgestalt auch in Bildern und Filmen zu sehen sind. Forschungspragmatisch betrachtet sind die textförmigen Gebilde für die wissenschaftliche Arbeit Protokolle, die Zugang zu einer textförmigen Abbildung von Wirklichkeit darstellen, den subjektiv wahrnehmbaren Erscheinungsformen.

Datenerhebungen stellen somit immer einen Ausschnitt von Wirklichkeit dar, der entsprechend der Forschungsfrage durch einen ‚Filter' der forschenden Person selektiert wird. Für die objektiv-hermeneutische Fallrekonstruktion ist nicht der Umfang des Datenmaterials entscheidend, sondern das für die Forschungsfrage geeignete Material. Dokumente und Interviews sind stärker am Fokus der forschenden Person ausgerichtet, als Aufzeichnungen mit technischen Geräten, wenn der Aufnahmefokus nicht eng eingestellt ist, sondern so angebacht wird, dass ein umfänglicher Ausschnitt von Lebenspraxis erfasst wird (vgl. Wagner, 2004, S. 122ff.). Die Datenerhebungen mit technischen Verfahren (Audio und Video) in der Alltagspraxis ermöglichen Kinder als aktive Akteure einzubeziehen (vgl. Bamler u.a., 2010, S. 67) ohne die Beziehungsdynamik zwischen Kind und Erzieherin bzw. Erzieher zu verfremden. Dies gelingt vor allem dann, wenn wie hier in den Kindertagesstätten der Fallstudie, Videoaufnahmen zur Beobachtungspraxis alltäglich sind. Anfängliche Störungen durch die technischen Geräte treten dann schnell in den Hintergrund.

# 3      Die Mehrebenenanalyse zur Erschließung einer Institutions-kultur

Historische Aspekte zu Transformationsprozessen des Kindergartens auf der Makroebe-ne stehen in einer qualitativen Mehrebenenanalyse in einem Interdependenzverhältnis zu den Ebenen der Institution, den Akteuren und dem Individuum (vgl. Hummrich & Kramer, 2011, S. 109ff).

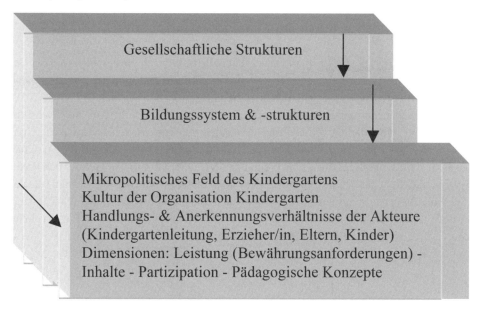

**Abbildung 1** Dimensionen der Kindergartenkultur auf der Basis der Strukturanalyse für die Institution Schule in Anlehnung an Helsper, u.a. (2001)

Um die Bedeutung der Strukturgesetzlichkeit sozialer Lebenspraxis für die Institution Kindergarten zu konkretisieren, ist im Gegensatz zur Schule die Bedeutung des Betreu-ungsauftrags des Kindergartens zu beachten. Die Aufgabentrias Bildung, Erziehung und Betreuung ist explizit familienergänzend zu erfüllen und stellt als erste außerfamiliale Institution für alle beteiligten Akteure eine Herausforderung dar. Kinder sind in diesem Alter auf diffuse Sozialbeziehungen der Familie angewiesen, die durch emotionale Gebor-genheit und Pflegebedürftigkeit, des uneingeschränkten Vertrauensvorschusses und der affektiven Bindung gekennzeichnet und uneingeschränkt gültig ist (vgl.Wagner, 2004, S. 154f.). Mit dem Eintritt in den Kindergarten erweitert das Kind einen überschaubaren Raum der Sozialität und Gemeinschaft. Die Erzieherinnen und Erzieher haben stellver-tretend für die Eltern diffuse Sozialbeziehungen, jedoch in eingeschränktem Maße, zu gewährleisten, d.h. sowohl stellvertretend für die Eltern als auch gesellschaftlich impli-ziert, stellvertretende Deutungen vorzunehmen, die das Kind in seiner Subjektbildung voran bringen.

Die stellvertretende emotionale Zuwendung zu den Kindern im institutionellen Rahmen mit einem höheren Grad an Verbindlichkeit und Strukturiertheit für Erziehungs- und Bildungsprozesse durch professionelle Akteure (vgl. Rabenstein, 2010, S. 26) steht im Widerspruch zu den diffusen familiären Beziehungen. Für die Kindertagesstätte resultiert daraus sowohl die Alltagskommunikation als auch (wie in der Schule) eine darüber hinausgehende Kommunikation (ebd.) zur Konstituierung von Bildungsprozessen.

## 3.1 Triangulation durch die Mehrebenenperspektive

Triangulation ist in der beispielhaft skizzierten Fallstudie durch die Erschließung des Gegenstandes aus der Perspektive unterschiedlicher Akteure und unterschiedlicher Daten sowie der Interdependenz verschiedener Aggregierungsebenen gegeben (vgl. Flick, 2011). Die Akteursebenen unterscheiden sich erstens durch die Berücksichtigung von Zielgruppen aus unterschiedlichen Milieus und den Daten von verschiedenen Akteuren. Zweitens sind sowohl Dokumente, welche die Handlungspraxis in Kindergärten darstellen als auch Handlungssituationen selbst rekonstruiert. In Anlehnung an Helsper u.a. (2001, S. 2ff.) ermöglicht das Schulkulturkonzept mit den Instrumenten der drei Ebenen (‚Reale‘, ‚Symbolische‘ und ‚Imaginäre‘) die Komplexität der Interaktionsstrukturen einer institutionelle Kultur[4] (Schule) bzw. hier die des Kindergartens, zu erschließen. Entsprechend den Ebenen werden unterschiedliche Daten als Ausdrucksgestalten sozialen Handelns mit der Methode der Objektiven Hermeneutik sequenzanalytisch ausgewertet.

Die Ebene des **Realen** erfasst die gesellschaftlichen Rahmungen und Vorgaben und die daraus entwickelten und abgeleiteten Vereinbarungen der jeweiligen Organisation. Dazu sind beispielsweise Dokumente der Einrichtungen rekonstruiert worden. Die konkrete Umsetzung der Akteure einer Organisation eröffnen auf dieser universalen Basis unendlich viele Möglichkeiten im Handlungsvollzug (vgl. ebd., S. 24). Die Interaktions- und Kommunikationsprozesse der professionellen Akteure sind der Ebene des **Symbolischen** zugeordnet (vgl. ebd., S. 25). Dazu sind sehr umfängliche Protokolle aus der sozialen Praxis herangezogen worden. Entsprechend der Aufgabentrias des Kindergartens sind Gruppeninteraktionen und Interaktionen mit einzelnen Kindern sowie Interaktionen in Versorgungssituationen möglichst unselektiert audio- und videographisch erhoben, transkribiert und objektiv-hermeneutisch rekonstruiert worden.

Da sich die Lebenspraxis in Kindergärten auch durch unterschiedliche Zielgruppen unterscheidet, werden die Interaktionsprotokolle eines Kindergartens mit Kindern aus überwiegend sozial benachteiligten Familien mit solchen eines Kindergartens, der von Kindern aus durchschnittlich ökonomischen Familienverhältnissen besucht wird, kontrastiert. Dabei ist für die Vergleichbarkeit auf ähnliche strukturelle Ausstattungen der

---

4   Im Unterschied zur Unternehmenskultur, gehen Helsper u.a (2001, S. 23ff.) von einem deskriptiv-analysierenden Kulturbegriff aus.

Einrichtungen geachtet worden.[5] Dies ist für die anschließende Kontrastrierung und den daraus resultierenden Ergebnissen bedeutsam.

Die Kontrastrierung der Fallstrukturen der beiden Fälle generiert ein Spannungsverhältnis zwischen der Ebene des Realen und der des Symbolischen und erschließt so konstitutive Elemente zur Subjektbildung im Kindergarten (Hemmerling, 2007, S. 49).

Die Ebene des Imaginären umfasst die Selbstdarstellung und die öffentliche Präsentation eines Kindergartens. Dazu sind Dokumente und eine Festrede ausgewertet worden. (vgl. ebd., S. 25). Die latenten Sinnstrukturen dieser Ebene können idealisierend oder auch verzerrt einen Mythos aufzeigen, der aus der subjektiven Verunsicherung des Entscheidungszwangs im gegenwärtigen Handlungsvollzug und der zukunftsoffenen Verantwortung und Begründungsverpflichtung motiviert ist (vgl. Helsper u.a. 2001, S. 69 ff.).

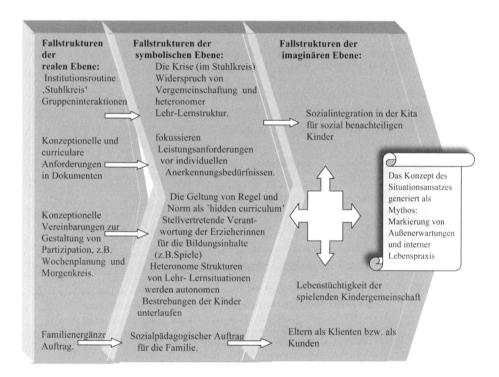

**Abbildung 2** Kontrastrierungsergebnisse der beiden Fälle (vgl. Hemmerling, 2007, S. 217-245)

Heuristisch werden die jeweiligen Aggregierungsebenen inhaltlich und bezüglich der Relationierung nicht deterministisch gefasst, sondern strukturtheoretisch deren latente Sinnebene erschlossen (vgl. Hummrich, & Kramer, 2011, S. 119). In der beispielhaft

---

5  Genauere Angaben zu den Einrichtungen siehe Hemmerling, 2007, S. 60ff.; eine Zusammenstellung der Datenerhebung siehe ebd., Kap. 9, Anhang.

angeführten Fallstudie werden Daten aus verschiedenen Quellen der Kindertagesstätten (Dokumente und natürliche Protokolle) herangezogen. Die Auswertung in interdisziplinären Gruppen und die Reflexion mit unterschiedlichen Theorien und Konzepten führt zu einem mehrperspektivischen Blick auf die Forschungsfrage durch Triangulation (vgl. Bamler u.a., 2010, S. 20f.). Qualitative Mehrebenenkonzepte, wie z.B. das Schulkulturkonzept nach Helsper u.a. (2001) zeichnen sich durch „einen *spezifischen Typus der Verknüpfung* [aus], bei dem es um die Relationierung von Bedeutungs- und Sinnebenen der sozialen Wirklichkeit geht. Entscheidend ist für diesen Typus der Verknüpfung, dass die *Relationierung auf der Grundlage komplexer Gegenstandkonzeptionen* erfolgt" (Hummrich & Kramer, 2011, S. 118).

Das Schulkulturkonzept nach Helsper u.a. (2001, S. 35ff.) konkretisiert die Bildungskultur der Schule anhand von vier Dimensionen entsprechend den institutionstypischen Vorgaben. Diese Dimensionen sind auf den Kindergarten übertragbar (vgl. Tab. 1):

**Tabelle 1** Die Dimensionen des Schulkulturkonzeptes unter Berücksichtigung der institutionstypischen Merkmale von Schule und Kindergarten

| Dimensionen | Schule | Kindergarten |
| --- | --- | --- |
| Leistung | Beurteilung mit Selektionscharakter | Bewährungsanforderungen mit Förderungsprinzip statt Selektion. |
| Inhalte | Curricula, fächerspezifische Schwerpunkte | Unterschiedliche Aktivitätsbereiche entsprechend dem Bildungsplan, Aufgabentrias: Bildung, Erziehung und Betreuung |
| Partizipation | Möglichkeiten der Partizipation im Schulleben | Didaktisches Prinzip, projektorientierte Aktivitäten, Erziehungspartnerschaft mit den Eltern |
| Pädagogische Orientierung | Pädagogische Konzepte, schulische Werte und Normen | Sichtweise des Kindes, pädagogische Konzepte, Angewiesenheit des Kindes im Generationenverhältnis |

## 3.2   Ergebnisse und ihre explorative Bedeutung

Die vier Dimensionen ‚Leistung', ‚Inhalte', ‚Partizipation' und ‚pädagogische Orientierung' strukturieren die Komplexität von Anerkennungsverhältnissen der Erziehungs- und Bildungsarbeit. Die Dimension der Leistung unterscheidet sich im Kindergarten grundlegend von der in der Schule, da sie nicht formal in Noten erfolgt und nicht den Charakter der Selektion hat, sondern in Form von Rückmeldungen auf das Verhalten und Handeln von Kindern bezogen ist. Die Fallstudie zeigt, dass diese Rückmeldungen gegenüber sozial benachteiligten Kindern stärker insistierend und sozialisierend sind, während in der Einrichtung mit sozial chancenreicheren Kindern eher reziproke Rückmeldungen gegeben werden (vgl. Hemmerling, 2007, S. 231ff).

Beispielhaft wird an diesem Ergebnis der explorative Charakter einer Fallstudie deutlich. In weiteren Untersuchungen, z.B. mit narrativen Interviews nach Fritz Schütze (1987) zu biographischen Entscheidungen, wäre zu klären, in wieweit dieser Effekt

a) auf den Habitus der Erzieherinnen und Erzieher zurückzuführen ist, und /oder
b) das sozialisierende, erziehungs- und bildungsbedürftige Kind von den handelnden Akteuren fokussiert wird, und/oder
c) Vorurteile zu den Einschätzungen der sozialen Bedingungen der Familie im Vordergrund stehen.

Im vorliegenden Fall legen die Rekonstruktionen zur Ebene des Imaginären offen, dass die historischen Wurzeln der Einrichtung mit Kindern aus sozial benachteiligten Familien die für deren Gründerzeit typische Fürsorgeleistung explizieren. Diese Fallstrukturen sind bemerkenswert, da sie auf die Interdependenz der verschiedenen Aggregierungsebenen hinweisen, die durch die Rekonstruktion der latenten Sinnstruktur erkennbar werden, jedoch nicht identisch sind mit der intentionalen Bewusstseinsebene der Akteure.

Beide Einrichtungen haben sich den konzeptionellen Weiterentwicklungen nach dem Konzept des Situationsansatzes gestellt, setzen jedoch ihren Bildungs-, Erziehungs- und Betreuungsanspruch unterschiedlich um. So fokussiert der Kindergarten in den Interaktionen mit sozial benachteiligten Kindern sozialisierend und mit Leistungsanforderungen im Alltag den Kindern sozialintegrativ gerecht zu werden, während mit den Kindern aus ökonomisch gesicherteren Verhältnissen mit spielerischen Elementen und eher reziproken Interaktionen Vergemeinschaftungsprozesse initiiert werden (vgl. Hemmerling, 2007, S. 231ff.) Das Konzept des Situationsansatzes eint die zielgruppenspezifischen Unterschiede und stellt den Bewährungsmythos dar, der die institutionelle Lebenspraxis gegenüber den Außenerwartungen markiert (vgl. Tab. 1). Die ‚inhaltliche Dimension‘ beinhaltet die curricularen Vorgaben. Latent differieren die Fallstrukturen. So werden gegenüber den sozial benachteiligten Kindern scolarisierende Formen des Lernens stärker fokussiert. Auf der Ebene des Imaginären wird entsprechend die visionäre Ausrichtung um das Bemühen der Chancengleichheit deutlich (ebd.).

Die Dimension der pädagogischen Orientierung ist in der Praxis des Kindergartens eng verbunden mit der Dimension der Partizipation. Entsprechend den Vorgaben die selbsttätige Aktivität des Kindes im Sinne von Selbstbildungskonzepten zu ermöglichen, sollen die professionellen Akteure Lernsituationen für kindgerechte Konstruktionsleistungen bereitstellen. Methodisch wird eine Projektorientierung für die didaktisch-methodische Gestaltung nach dem Konzept des Situationsansatzes fokussiert.[6]

---

6  Da die Erhebungen in Kindergärten des Landes Rheinland-Pfalz vorgenommen wurden, gelten die konzeptionellen Vorgaben der Bildungs- und Erziehungsempfehlungen für Kindertagesstätten in Rheinland-Pfalz (Ministerium für Bildung, Frauen und Jugend, Rheinland-Pfalz, 2004).

Die Fallstrukturen der Interaktionen zeigen in beiden Einrichtungen ein recht hete-ronomes Verhältnis der Erwachsenen den Kindern gegenüber, deren Begründungsver-pflichtung in den jeweiligen Mythen sich zielgruppenspezifisch unterscheiden.

Die Kinder unterlaufen in den didaktisch intendierten Gruppentreffen die heterono-me Struktur spielerisch und zeigen, je nach Entwicklungsstand, unterschiedliche Au-tonomiebestrebungen. Die erlebten Rollen der Erwachsenen spiegeln sich in Positions-kämpfen der Kinder wieder (ebd. Kap. 5 und 6).

Die Konstruktionsleistungen der Kinder untereinander sind hinsichtlich der unter-schiedlichen Wirkungen von personaler und materieller Art differenziert zu untersuchen. So sind einerseits performative Wirkungen von Erwachsenen auf Kinder festzustellen, die auf der Peerebene rollenspezifische Konstruktionsleistungen bewirken. Ersichtlich wird, dass heteronome Strukturen der Erwachsenen auf der Peerebene entsprechend konstruiert werden (vgl. ebd.).

Bemerkenswert in dieser Fallstudie ist auch, dass Kinder sehr wohl zwischen den fa-miliären und institutionellen Betreuungsleistungen unterscheiden und Rollenklarheit einfordern. Angesichts der aktuellen erweiterten Betreuungsleistungen resultieren dar-aus Fragen zu den Wirkungen der jeweiligen Lebenspraxis in Familie und Kindertages-stätte bzw. deren Komplementarität für die ressourcen- und ressilienten Entwicklungen von Kindern. In den Situationen, in denen stellvertretend familiäre Versorgungsleistun-gen gewährt werden, die in Familien normalerweise den Kindern das Gefühl der Gebor-genheit geben, sind diese Leistungen in der Kindertagesstätte durch institutionstypische Routinen von Distanzbewegungen geprägt (ebd., S. 233). Auch hier sind die Routinen auf ihre Krisenhaftigkeit und Wirkungen im Subjektbildungsprozess zu erforschen (vgl. Oevermann 2008: Ausführungen zur Krise und Routine).

Aufgrund der familienergänzenden Funktion des Kindergartens (vgl. SGB XIII § 22) richtet sich das Anerkennungsverhältnis der Partizipation auch an die Eltern im Sinne einer Erziehungspartnerschaft (vgl. Ministerium für Bildung, Frauen und Jugend, Rhein-land-Pfalz, 2004, S. 109ff.). Die Fallstrukturen zeigen, dass die Eltern in ihrer Rolle als zu informierende Kunden oder als beratungsbedürftige Klienten, je nach Zielgruppe, auf Distanz gehalten werden (vgl. Hemmerling, 2007, S. 232ff.). Dies resultiert aus der struk-turell erkennbaren Anerkennungsproblematik der Erzieherinnen und Erzieher, die eher als Betreuerinnen und Betreuer angesehen werden. Durch die Abgrenzung der Familie von der Kindertagesstätte als interner Raum professioneller Akteure wird der mangeln-den Anerkennung von Außen entgegen getreten. Die Professionalisierungsbedürftigkeit der Erzieherinnen und Erzieher generiert aus der historischen Entwicklung der stellver-tretenden Betreuungsleistung für die Eltern und der diffusen Verortung zwischen Fami-lie und Schule. Im Zuge der bildungspolitischen Anerkennung von Früher Bildung sind die Erwartungen oder auch Befürchtungen der Eltern hinsichtlich der zunehmenden Be-treuungsleistung durch professionelle Akteure zu erforschen.

Dies gilt vor allem für die von einem Fürsorgehabitus geprägten Betreuungsleistun-gen, durch die den besonders jungen Kindern Geborgenheit für ihre weitere Entwick-lung vermittelt wird. Die Erwachsenen stehen hier in gemeinsamer Verantwortung den

Kindern gegenüber, die durch konkurrierende Haltungen krisenhaft sein kann (vgl. ebd., 2007, S. 23).

Mit der Methode der Objektiven Hermeneutik können Interaktionen auf ihre latenten Krisen rekonstruiert werden. Dazu stellt Oevermann (2001) eine vertiefende Auseinandersetzung mit strukturlogischen und –dynamischen Erkenntnissen stellvertretender Deutungen in Arbeitsbündnissen und professionstheoretischer Analysen im Kontext von Supervision dar, um die Komplementartät von Übertragung und Gegenübertragung zu erklären. Eine Sensibilisierung für solche Prozesse kann schon in der Ausbildung und in der Berufseinstiegsphase beispielsweise durch Fallarbeit gefördert werden (vgl. Hemmerling, 2011).

## 4      Fazit

Die Rekonstruktion von Fallstrukturen mit der Methode der Objektiven Hermeneutik ermöglicht einen Erkenntnisgewinn über den Fall hinaus und hat somit nicht nur explorativen Charakter, sondern generiert im abduktiven Schluss auch grundlegende Bedeutungen. Durch Triangulation in Forschungsdesigns werden komplexe Untersuchungsfragen aus unterschiedlichen Blickwinkeln umfänglich erfasst. Die Erschließung von Interaktionspraxen mit der Objektiven Hermeneutik wird dem Anspruch gerecht, Kinder in ihrer Subjektivität und Autonomie zu respektieren, wie es in der neueren Kindheitsforschung gefordert wird (vgl. Bamler, u.a. 2010, S. 61).

Qualitative Fallstudien zur Wirkung ganztägiger institutioneller Betreuung stellen derzeit noch ein Desiderat dar. Weitere Untersuchungen sind vor allem auch erforderlich, da die Akteure in der Praxis kaum personelle und zeitliche Ressourcen zur Reflexionsarbeit haben. Die vielfältigen Beobachtungen und Dokumentationen in der Praxis könnten auch in Kooperation mit handlungsorientierter Aus- und Weiterbildung sowie der Forschung stärker genutzt werden (vgl. Hemmerling, 2011).

Bislang haben qualitative Fallstudien und rekonstruktive Verfahren, wie die Objektive Hermeneutik im Bereich der Frühpädagogik noch eine geringe Bedeutung. Die Rekonstruktion von sozialer Praxis in Kindertagesstätten mit dem Verfahren der Objektiven Hermeneutik würde den alltäglichen Betreuungsleistungen professionelle Anerkennung ermöglichen. Derzeit werden an der Alice Salomon Hochschule in Berlin Forschungen zu den Anforderungen an Erzieherinnen und Erzieher in Kitas auch mit qualitativen Verfahren, z.B. der dokumentarischen Methode nach Bohnsack (2007) durchgeführt.

Die Bedeutung, die solche Fallstudien für die Entwicklung des Feldes Frühpädagogik haben könnte, kann im Feld der Schulen und der Ausbildung von Lehrerinnen und Lehrern in Deutschland, Österreich und der Schweiz verfolgt werden. Beispielhaft möchte ich eine Untersuchung aus Österreich voranstellen, die sich mit der Wirksamkeit des Klassenzimmers in pädagogischen Prozessen beschäftigt (vgl. Hackl, 2011). Die Wirksamkeit von Räumen spielt in der Frühpädagogik nachweislich eine Rolle (vgl. Laewen & Andres, 2002). Die Rekonstruktion im Feld selbst könnte, nicht nur der reflexiven Fallarbeit nützlich sein, sondern auch Erkenntnisse zur Bedeutung des Raums als Bildungsindikator spezifizieren.

Combe und Helsper (1994) haben schon in den 1980er Jahren Schulforschung aus dem Feld heraus mit dem rekonstruktiven Verfahren praktiziert und damit die interaktionale Praxis von Unterricht erschlossen. Ähnlich könnte in der Frühpädagogik neben den Programmen und Bildungsinhalten mit qualitativen Fallstudien die pädagogische Praxis in den Fokus der Forschung gestellt werden. Die Bedeutung der interaktionalen Praxis ist zukünftig von besonderer Bedeutung, wenn die institutionelle Betreuung zunehmend früher beginnt und zeitlich umfänglicher wird. Rekonstruktionen von Alltagsroutinen, die familiär das Gefühl der Geborgenheit vermitteln, waren in den untersuchten Einrichtungen von institutionstypischen Distanzbewegungen bestimmt. Um hier zu neuen Erkenntnissen zu gelangen sind qualitative Fallstudien besonders geeignet.

Die Wirksamkeit für die Gestaltung pädagogischer Praxissituationen in der Ausbildung von Erzieherinnen und Erzieher wird beispielhaft für die Schule von Schelle u.a. (2010) gezeigt. Anhand von markanten Situationen in der Unterrichtspraxis wird mit rekonstruktiver Fallarbeit die Handlungsorientierung in der Ausbildung von Lehrerinnen und Lehrer intensiviert.

## 5      Literatur

Bamler, V., Werner, J. & Wustmann, C. (2010). *Lehrbuch Kindheitsforschung. Grundlagen, Zugänge und Methoden.* Weinheim und München: Juventa Verlag.

Bohnsack, R., Nentwig-Gesemann, I. & Nohl, A.-M. (2007). (Hrsg.). *Die dokumentarische Methode und ihre Forschungspraxis. Grundlagen qualitativer Sozialforschung* (2., erweiterte und aktualisierte Aufl.). Wiesbaden: VS Verlag für Sozialwissenschaften.

Brüsemeister, T. (2008). *Qualitative Forschung. Ein Überblick* (2., überarbeiteten Aufl.). Wiesbaden: VS Verlag für Sozialwissenschaften.

Combe, A. & Helsper W. (1994). *Was geschieht im Klassenzimmer? Perspektiven einer hermeneutischen Schul- und Unterrichtsforschung; zur Konzeptualisierung der Pädagogik als Handlungstheorie.* Weinheim: Deutscher Studien Verlag.

Ecarius, J. & Miethe, I. (2011). *Methodentriangulation in der qualitativen Bildungsforschung.* Opladen. Berlin. Farmington Hills, MI: Verlag Barbara Budrich.

Flick U. (2011). *Zum Stand der Diskussion – Aktualität, Ansätze und Umsetzungen der Triangulation* In J. Ecarius & I. Miethe (Hrsg.), *Methodentriangulation in der qualitativen Bildungsforschung (S. 19–40).* Opladen. Berlin & Farmington Hills, MI: Verlag Barbara Budrich.

Hackle, B. (2011). *Das Klassenzimmer als Erziehungshilfe. Erfahrungen mit Objektiver Hermeneutik bei der Rekonstruktion nichtsprachlicher Ausdrucksgestalten.* Unveröffentlichter Vortrag der 21. Jahrestagung der Arbeitsgemeinschaft Objektive Hermeneutik mit dem Schwerpunkt Bildungs- und Unterrichtsforschung an der Goethe-Universität Frankfurt am Main 25.09.2011.

Helsper, W., Böhme, J., Kramer, R.-T. & Lingkost, A. (2001). *Schulkultur und Schulmythos. Rekonstruktionen zur Schulkultur.* Opladen: Leske + Budrich.

Hemmerling, A. (2007). *Der Kindergarten als Bildungsinstitution. Hintergründe und Perspektiven.* Wiesbaden: VS Verlag für Sozialwissenschaften.

Hemmerling, A. (2011). Erkenntnisse der Bildungsgangforschung für die Erzieherinnen- und Erzieherausbildung. Eine transnationale Betrachtung der Ausbildung und der Berufseinstiegsphase. *Der pädagogische Blick. Zeitschrift für Wissenschaft und Praxis in pädagogischen Berufen.* *19. Jg.*, 3. Vj. 168–182.

Hitzler, R. & Honer, A. (Hrsg.). (1997). *Sozialwissenschaftliche Hermeneutik.* Opladen: Leske+Budrich.

Hofmann, F., Schreiner, C. & Thonhauser, J. (Hrsg.). (2008). *Qualitative und quantitative Aspekte. Zu ihrer Komplementarität in der erziehungswissenschaftlichen Forschung.* Münster: Waxmann.

Hummrich, M. & Kramer, R.-T. (2011). „Qualitative Mehrebenenanalyse" als triangulierendes Verfahren – zur Methodologie von Mehrebenendesigns in der qualitativen Sozialforschung. In J. Ecarius & I. Miethe Hrsg.), *Methodentriangulation in der qualitativen Bildungsforschung* (S. 109–132). Opladen. Berlin. Farmington Hills, MI: Verlag Barbara Budrich.

Junge, H. & Lendermann, H.B. (1990). *Das Kinder- und Jugendhilfegesetz (KJHG). Einführende Erläuterungen.* Freiburg im Breisgau: Lambertus.

Laewen, H.J. & Andres, B. (Hrsg.). (2002). *Bildung und Erziehung in der frühen Kindheit – Bausteine zum Bildungsauftrag von Kindertageseinrichtungen.* Neuwied: Beltz.

Mead, G.H. (1968). *Geist, Identität und Gesellschaft.* Frankfurt am Main: Suhrkamp.

Ministerium für Bildung, Frauen und Jugend Rheinland-Pfalz (2004). *Bildungs- und Erziehungsempfehlungen für Kindertagesstätten in Rheinland-Pfalz.* Weinheim und Basel: Beltz.

Oevermann, U. (2000). *Die Methode der Fallrekonstruktion in der Grundlagenforschung sowie der klinischen und pädagogischen Praxis.* In K. Kraimer (Hrsg.), *Die Fallrekonstruktion* (S. 58-153). Frankfurt a. M.: *Suhrkamp.*

Oevermann, U. (2001). *Strukturprobleme supervisorischer Praxis. Eine objektiv hermeneutische Sequenzanalyse zur Überprüfung der Professionalisierungstheorie.* Frankfurt a. M.: Humanities Online.

Oevermann, U. (2008). *„Krise und Routine" als analytisches Paradigma in den Sozialwissenschaften. (Manuskript).* Download am 22.11.2011 von http//www.agoh.de/cms/de7downloads.

Rabenstein, K. (2010). Was ist Unterricht? Modelle im Vergleich. In C. Schelle, K. Rabenstein & S. Reh (Hrsg.), *Unterricht als Interaktion. Ein Fallbuch für die Lehrerbildung* (S. 25–26). Bad Heilbrunn: Verlag Julius Klinkhardt.

Reichertz, J. (1997). *Objektive Hermeneutik.* In R. Hitzler & A. Honer (Hrsg), *Sozialwissenschaftliche Hermeneutik* (31–55). Opladen: Leske+Budrich.

Scheid, C. & Twardella, J. (2011). Tagungsbericht: Die Objektive Hermeneutik in der Bildungs- und Unterrichtsforschung (34 Absätze). *Forum Qualitative Sozialforschung/Forum: Qualitative Social Research, (13 (1), Art. 27.* Download am 3.12.2011 von http//nbn-resolving.de/urn:nbn:de:0114-fqs1201271

Schelle, C., Rabenstein, K. & Reh, S. (Hrsg.). (2010). *Unterricht als Interaktion. Ein Fallbuch für die Lehrerausbildung.* Bad Heilbrunn: Julius Klinkhardt

Sekretariat der Ständigen Konferenz der Kultusminister der Länder in der Bundesrepublik Deutschland (2004). *Gemeinsamer Rahmen der Länder für die frühe Bildung in Kindertageseinrichtungen.* Beschluss der Kultusministerkonferenz vom 04.06.2004 online verfügbar unter: http://www.kmk.org/bildung-schule/allgemeine-bildung/fruehkindliche-bildung.html     (am 15.05.2012).

Schütze, F. (1983*).* Biographieforschung und narratives Interview. *Neue Praxis* 3, S. 283–293.

Wagner, H.-J. (2004). *Sozialität und Reziprozität. Strukturale Sozialisationstheorie I.* Frankfurt a. M.: Humanities Online.

Wernet, A. (2000). *Einführung in die Interpretationstechnik der Objektiven Hermeneutik.* Opladen: Leske+Budrich.

# Videographie

Anke König

## 1 Einleitung

In den letzten Jahren hat sich die Videographie zunehmend als eigenständige empirische, an der Schnittstelle von quantitativen und qualitativen Verfahren entwickelte Forschungsmethode durchgesetzt. Als ihrem Gegenstand adäquates Verfahren dient sie vor allem dazu, dynamische, temporäre Prozesse, wie Interaktionsprozesse, und hier etwa Formen des pädagogischen Handelns, visuell zu erfassen und zu analysieren. Ausführlich geht der vorliegende Artikel auf die Mikroanalyse ein. Diese verfährt mit dem Videomaterial sequenzanalytisch, von größeren zu immer kleineren Teilschritten übergehend. Anhand quantifizierender Zwischenschritte wird das komplexe Material mit Blick auf relevante Details systematisch bearbeitet. Die Mikroanalyse profitiert in besonderer Weise von den iterativen Möglichkeiten der medienunterstützten Beobachtung – der Videographie –, wobei dadurch erhobenes Datenmaterial und Analyse der Daten methodisch in unmittelbarer Wechselwirkung stehen. Über die sequenzielle Annäherung an das Datenmaterial können Kriterienraster optimal anhand eines Zeitstichprobenplans verfeinert und dem Beobachtungsgegenstand entsprechend angepasst werden. Dabei können auch bisher ‚blinde Flecken‘ entdeckt und der Analyse zugänglich gemacht werden. Im Rahmen der Bildungsforschung gilt die Videographie als die Methode, mit der es insbesondere gelingt, Aussagen zum pädagogischen Handeln zu machen und wird gewählt, um an der Professionsentwicklung zu arbeiten.

## 2      Hintergründe

Forschungsmethodisch stellt die Videographie ein medienunterstütztes Verfahren der *Beobachtung* dar (Greve & Wentura, 1991, S. 19), einer – neben der Befragung – klassischen, zentralen Forschungsmethode der Sozialwissenschaften. Mit der Einführung technisch unterstützter Beobachtung, wie eben der Videographie, haben sich die Möglichkeiten dieser Forschungsmethode stark (Seidel & Prenzel, 2010) erweitert, insbesondere im Hinblick auf die Analyse der Beobachtungsdaten. Für Forschende der Bildungswissenschaften eröffnet sich mit der Videographie die Möglichkeit, die „Flüchtigkeit" pädagogischer Prozesse zu erfassen und Mikrostrukturen des pädagogischen Handelns zu analysieren. In der frühen Bildung wird mit diesem Verfahren an Studien zur frühen Eltern-Kind-Interaktion angeknüpft.

•   Beobachtung

Die Beobachtung als Datenerhebungsmethode unterscheidet sich von der Alltagsbeobachtung durch ihre wissenschaftliche Fokussierung.

> „Beobachten im engeren Sinne nennen wir das Sammeln von Erfahrungen in einem nicht kommunikativen Prozess mit Hilfe sämtlicher Wahrnehmungsmöglichkeiten. Im Vergleich zur Alltagsbeobachtung ist wissenschaftliche Beobachtung stärker zielgerichtet und methodisch kontrolliert. Sie zeichnet sich durch die Verwendung von Instrumenten aus, die die Selbstreflektiertheit, Systematik und Kontrolliertheit der Beobachtung gewährleisten und Grenzen unseres Wahrnehmungsvermögens auszudehnen helfen" (Laatz, 1993, S. 169).

Mit einem solchen Festlegen des Beobachtungsfokus wird bereits eine Komplexitätsreduzierung vorgenommen, die grundsätzlich auch für die Alltagsbeobachtung gilt und auf die Grenzen menschlicher Wahrnehmungsfähigkeit verweist (Seidel & Prenzel, 2010, S. 139; Ingenkamp, 1994, S. 53). Diese Grenzen sind im Zusammenhang mit der Identifikation sogenannter Beobachtungsfehler, wie z.B. *„primacyeffect"*, *„haloeffect"*, *„generosityerror"*, *„error of leniency"*, *„error of centraltendency"* etc., in der Literatur hinlänglich diskutiert worden und werden daher hier nicht näher ausgeführt (u.v.a. Greve &Wentura, 1991; Ingenkamp, 1994).

In der wissenschaftlichen Beobachtung werden Reduzierungen bzw. Fokussierungen bewusst gesetzt, um die Wahrnehmung gezielt auf bestimmte interessierende Teilbereiche zu richten (vgl. Laatz, 1993, S. 169; Kochinka, 2010, S. 453). Dieser Begrenzung gilt es sich im Forschungsprozess, speziell bei stärker qualitativ orientierten Vorgehensweisen (Mayring 2010, S. 180), bewusst zu sein. Von einer standardisierten Beobachtung wird dann gesprochen, wenn die Gütekriterien von Objektivität, Reliabilität und Validität streng eingehalten werden.

Objektivität: Die Objektivität einer Beobachtung ist dann hoch, wenn unterschiedliche Beobachtende bei der Erhebung zu vergleichbaren Ergebnissen kommen. Die Standardisierung der Beobachtung unterstützt dabei die Objektivität.

Reliabilität: Die Reliabilität oder auch Zuverlässigkeit einer Beobachtung bezieht sich auf die Güte des Vorgehens (Beobachtungsverfahren, -kriterien, etc.). Der angestrebte Standard wird meist durch ein Training der Beobachtenden erreicht und über die Inter-rater-Reliabilität berechnet.

Validität: Die Validität bezieht sich auf die Gültigkeit der Beobachtung. Eine Beobachtung wird dann als valide bezeichnet, wenn durch die Beobachtung auch das beobachtet werden konnte, was Gegenstand der Forschungsfrage war.

Auch in stärker qualitativ orientierten Verfahren wird heute explizit auf die Bedeutung von Gütekriterien hingewiesen (Flick, 2010). Stark qualitative Verfahren stellen dabei insbesondere die Validität der Datenerhebung in den Mittelpunkt (Hussy, Schreier & Echterhoff, 2010, S. 187).

## 3    Videographie

Die Videographie hat sich in den letzten Jahren als eigenständige Forschungsmethode in der Pädagogik etabliert (Dinkelaker & Herrle 2009). Neben ihrem klassischen Nutzen im Bereich der frühen Eltern-Kind-Interaktion hat sie insbesondere in den Bereich der Unterrichtsforschung Einzug gehalten (u.a. Klieme, Pauli, Reusser & Hugener, 2006; Stigler, Gonzales, Kawanaka, Knoll & Serrano, 1999). Damit wurde forschungsmethodisch die Möglichkeit eröffnet, sich von experimentellen Designs in Richtung Feldforschung weiterzuentwickeln. Die technischen Neuerungen haben bis heute großen Einfluss auf die Weiterentwicklung dieser Methode. So können etwa aufgrund der erweiterten Speicherkapazitäten die Aufnahmezeiten heute erheblich ausgedehnt werden, sodass diese dem Design ethnographischer Studien immer näherkommen. Die technische Aufbereitung der Daten wird durch Analyseprogramme wie z.B. Interact, Observer oder Videograph vereinfacht. In Bezug auf die Auswertung der Videodaten zeigt sich hier ein gegenläufiger Prozess. Die Videographie ermöglicht eine Analyse unter hoher Standardisierung (Seidel & Prenzel, 2010; Stigler, Gallimore & Hiebert, 2000), kann daher zu den klassischen Verfahren an der Schnittstelle zwischen qualitativen und quantitativen Forschung gezählt werden, welche somit die Polarisierung der Forschungsparadigmen nachhaltig in Frage stellt (Jacobs, Kawanaka& Stigler, 1999). Mit der Möglichkeit offener Forschungszugänge (Feldforschungsdesign) und zugleich hoher Standardisierungen durch die iterative Analyse (Objektivität, Reliabilität) fügt sich das Verfahren auch in die Theorie der Mixed-Methods.

**Planung der Videographie**
Vor dem Einsatz der Videographie gilt es,≠ das Universum der Beobachtungen (Feger, 1983) zu bestimmen. Dazu müssen folgende zentrale Fragen geklärt und das Beobachtungsdesign konkretisiert werden:

- Forschungsfrage
- Fokus der Kamera
- Beobachtungsprinzipien

Anhand der Forschungsfrage kann die Wahl der Methode genau geklärt werden. Die Videographie eignet sich vor allem dazu, dynamische, temporäre Prozesse, wie Interaktionsprozesse, hier Formen des pädagogischen Handelns, visuell zu erfassen und zu analysieren. Videodaten gleichen dabei einem komplexen Protokoll, das entsprechend aufwendig zu analysieren ist. Daher gilt es, im Vorfeld zu klären, ob diese Komplexität zur Beantwortung der Forschungsfrage erforderlich ist oder ob auch alternative Methoden ihren Zweck erfüllen. Eine solche Klärung ist angesichts des enormen Zeitaufwands einer (Mikro-)Analyse von Videodaten vor allem unter ökonomischem Aspekt geboten.

Um die Beobachtung zu präzisieren und eine Vergleichbarkeit unterschiedlicher Aufnahmen zu ermöglichen, muss mit Rücksicht auf die Forschungsfrage der engere Fokus der Kamera bestimmt werden (siehe Tabelle 1). Wer oder was soll im Fokus stehen? Darüber hinaus muss der weitere Kontext geklärt werden, wie der Ort der Aufnahme, die Situation der Handlung aber auch das nähere Interaktionsumfeld. Diese Aspekte erweitern den Fokus und müssen dahingehend abgewogen werden, ob der Zugewinn an Komplexität (Weiten des Fokus/Zunahme des Datenmaterials) tatsächlich einen Gewinn für die Analyse der Daten erbringt. Zuletzt muss ein Zeitraster festgelegt werden. Zu welchem Zeitpunkt sollen die Beobachtungen beginnen und wie lange sollen sie dauern? Unter Umständen gilt es, hier eine minimale und eine maximale Filmdauer sowie gegebenenfalls ein Abbruchkriterium festzulegen.

**Tabelle 1** Matrix zur Planung der Videografie

| Merkmal | Präzisierung |
| --- | --- |
| Fokus | Einzelperson/Personengruppen<br>Ereignis<br>Objekt<br>ect. |
| Kontext | Ort<br>Situation<br>Interaktionsumfeld<br>ect. |
| Zeit | Zeitrahmen<br>Dauer<br>Abbruchkriterium<br>ect. |

Im Zuge der Präzisierung der Beobachtung gilt es die Balance zu halten zwischen der Schärfung des Fokus durch eingezogene Standardisierung einerseits und der qualitati-

ven Offenheit des Verfahrens andererseits. Je höher die Standardisierung, desto schärfer, aber auch enger der Blick. Der Vorteil der Videographie besteht in Bezug auf das
vorliegende Forschungsinteresse darin, Interaktionskontexte und pädagogische Prozesse
in ihrer Wechselseitigkeit erfassen und analysieren zu können. Dabei gilt, eine mäßige
Standardisierung für Videostudien als angemessen, um von der Komplexität der Daten
hinreichend zu profitieren.

Des Weiteren sind die anzuwendenden Beobachtungsprinzipien zu klären. Bei der
wissenschaftlichen Beobachtung werden folgende auch für videographische Zugänge relevante Prinzipien verfolgt:

- Teilnehmende versus nicht teilnehmende Beobachtung
- Offene versus verdeckte Beobachtung

Die klassischen Beobachtungsprinzipien (siehe Tabelle 2) stellen Polarisierungen dar. Je
nach Grad des Involvements der Beobachtenden in die Situation wird von teilnehmender
bzw. nicht teilnehmender Beobachtung gesprochen. Bei der teilnehmenden Beobachtung
sind die Beobachtenden selbst aktiv in die Situation einbezogen. Bei der nicht teilnehmenden Beobachtung bleibt der Beobachtende außerhalb der Situation und nimmt das
Geschehen aus einer Distanz wahr. Die Dimensionen offen vs. verdeckt beziehen sich auf
das Involvement der zu Beobachtenden in die Untersuchung. Von offener Beobachtung
wird gesprochen, wenn die zu Beobachtenden darüber informiert wurden, dass sie beobachtet werden. Von verdeckter Beobachtung wird gesprochen, wenn diese nicht in die
Absichten der Beobachtenden einbezogen wurden.

**Tabelle 2** Beobachtungsprinzipien

| Beobachtung | Teilnehmende | Nicht teilnehmende |
|---|---|---|
| **Offene** | Beobachtende sind in die Situation aktiv involviert und die zu Beobachtenden über die Beobachtung informiert. | Beobachtende sind nicht in die Situation involviert aber die zu Beobachtenden sind über die Beobachtung informiert. |
| **Verdeckte** | Beobachtende sind in die Situation aktiv involviert aber die zu Beobachtenden sind nicht über die Beobachtung informiert. | Beobachtenden sind nicht in die Situation involviert und die zu Beobachtenden sind nicht über die Beobachtung informiert. |

Im Zusammenhang mit der teilnehmenden vs. nicht teilnehmenden Beobachtung bringen einige Autor/innen seit langem vor, dass die/der Beobachtende stets die Situation mit
beeinflusst und so zu einem Teil der Situation wird (Seidel & Prenzel, 2010, S. 142). Bei der
Videographie wird daher in Bezug auf die Beobachtenden auf ein mäßiges Involvement

geschlossen, wenn über den Monitor oder Sucher der Kamera gefilmt wird. Durch diese Methode wird der Blickkontakt zu den zu Beobachtenden unterbrochen. Dadurch entsteht ein „indirektes" Distanzverhältnis, das von den zu Beobachtenden in mehreren Studien aufmerksam rückgemeldet wurde. Die/der Beobachtende wird so mit der Kamera in die Situation der zu Beobachtenden integriert und verliert durch den „unterbrochenen" Blickkontakt als Interaktionspartner an Bedeutung. Dadurch wird der Grad des Involvements der Beobachtenden relativ gering.

Die Videographie wird medienunterstützt durchgeführt. Klassisch wird die Videographie daher als vermittelte Beobachtung bezeichnet (Kochinka, 2010, S. 454). Die Beobachtungsdaten werden bei der Beobachtung mittels der Aufnahmetechnik gesammelt.

Bevor mit der Erhebung begonnen werden kann, müssen die datenrechtlichen Fragen geklärt und die Untersuchung entsprechend abgesichert werden. Dazu gehört auch das Einholen von Einverständniserklärungen aller Beteiligten bzw. bei Kindern/Jugendlichen auch von deren Familien.

## 4    Datenanalyse

Videographische Aufnahmen werden optimal ausgeschöpft, wenn das Datenmaterial einer zyklischen Analyse unterzogen wird. Hier wird in Teilschritten am Datenmaterial gearbeitet. Dabei besteht die Möglichkeit, den Blick für das Datenmaterial zu schärfen und zu einer adaptiven Analyse zu gelangen. Jacobs et al. (1999) verweisen darauf, dass videographisches Datenmaterial durch die zyklische Auswertung das Potential birgt, qualitative und quantitative Forschung am gleichen Datenmaterial zu vereinen:

> "Video data make possible a cyclical analytical process that takes advantage of the fact that they can be used as both quantitative and qualitative research tools. This cycles includes watching, coding, and analyzing the data, with the goal of transforming the video images into objective and verifiable information.[...] Conventional quantitative or qualitative data must be collected and analysed linearly, but video data allow for a unique iterative process"(Jacobs et al., 1999, S. 718).

Nach Jacobs et al. (1999) wird der Prozess als ein offenes Vorgehen beschrieben. Zunächst bietet die Fülle des Datenmaterials die Möglichkeit, die gefilmten Situationen im Forschungsteam zu betrachten und zu diskutieren. In diesem Prozess werden Hypothesen in Abhängigkeit zur Forschungsfrage und in Wechselwirkung mit dem Material präzisiert und auf dieser Basis Kodierungen entwickelt, die dann angewendet, geprüft und letztlich mit der Beobachtung der Situation verbunden werden. Diese Abstimmung unterliegt einem zyklischen Verfahren (siehe Abbildung 1), welches mehrfach wiederholt wird, bis eine relative Adaptivität erreicht ist, d.h. das Maximum an Information aus dem Datenmaterial gewonnen werden konnte.

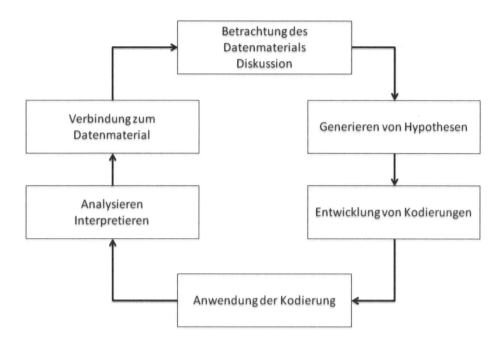

**Abbildung 1** Zirkel der Kodierung und Analyse nach Jacobs et al. (1999)

Dieses Vorgehen schärft den Fokus der Forschenden für das Forschungsfeld. Die Forschungsmethode bewegt sich damit zwischen deduktivem und induktivem Vorgehen. Die Kodierung wird anhand des Datenmaterials entwickelt, wobei die Forschungsfrage leitend ist, um den Fokus der Beobachtung einzugrenzen. Kelle & Kluge (2010, S. 18) beschreiben diesen Vorgang nach Peirce als „Abduktion". Damit verweisen die Autoren darauf, dass der Prozess der Induktion irreführend ist:

> „Jeder Versuch, theoretische Konzepte allein aus den Daten emergieren zu lassen, kann letztendlich nur dazu führen, dass man hilflos einer großen Menge unstrukturierten Datenmaterials gegenübersteht" (Kelle & Kluge, 2010, S. 21).

Auch die idealtypische Trennung von Entdeckungs- und Begründungszusammenhängen identifizieren diese Autoren als forschungspraktisch schwierige Kategorien:

> „Ein einseitig hypothetiko-deduktives Konzept des Forschungsprozesses vernachlässigt dabei eine wichtige Seite wissenschaftlicher Entdeckungen, nämlich die Tatsache, dass empirische Daten oft den Ausgangspunkt wissenschaftlicher Erkenntnis bilden. Diesen Aspekt wissenschaftlicher Erkenntnis hatte der Induktivismus zu Recht betont, dabei aber seinerseits übersehen, dass Theorien nicht einfach eine Zusammenfassung von Daten darstellen, sondern vielmehr eine Erklärung von Daten bieten. Weiterhin konnte der Induktivismus die Tatsache nicht hinreichend berücksichtigen, dass empirische Beobachtungen und Beob-

achtungsmethoden stets in einem umfassenderen theoretischen Kontext eingebettet sind"
(Kelle & Kluge, 2010, S. 23).

Auch Mayring (2010) greift die Diskussion der idealtypischen Trennung auf und konstatiert, dass nicht von qualitativen oder quantitativen Ansätzen gesprochen werden kann,
sondern vielmehr von Vorgehensweisen, die sich eher an dem einen oder anderen Forschungsparadigma orientieren.

Für das optimale Nutzen der Videographie spielen diese Auseinandersetzungen eine
große Rolle, denn sowohl das qualitative (Induktion) als auch das quantitative Vorgehen
(Deduktion) wird durch diese Forschungsmethode beeinflusst. Theoriegeleitet werden
dabei die Forschungsfragen entwickelt, die auch den Fokus der Aufnahmen steuern. Das
Datenmaterial bietet aber mit der zusätzlichen Erfassung des Interaktionskontextes bzw.
der Situation hier einen Überschuss an Informationen, die es in dem beschriebenen Prozess von Jacobs et al. (1999) erforderlich machen, theoretische Perspektiven entsprechend
zu erweitern. Durch das Abarbeiten in zyklischen Prozessen werden zuvor bestimmte
Kategorien überarbeitet und neu formuliert. Dieses Vorgehen bietet die Möglichkeit, sowohl an theoretisches Vorwissen anzuknüpfen als auch anhand des empirischen Datenmaterials neue Perspektiven hinzuzugewinnen. Abduktive Schlüsse sind als vorläufige
Vermutungen zu interpretieren, die es zu prüfen gilt (Kluge & Kelle, 2010, S. 25).

Seidel und Prenzel (2010) wählen ebenfalls ein zyklisches Verfahren, um Beobach-
tungskategorien aus dem Videomaterial zu entwickeln (siehe Abbildung 2). Das von den
Autor/innen beschriebene Vorgehen macht insbesondere deutlich, wie mit der Analyse des Datenmaterials in Beobachtungsstudien ein stärker quantitativer Ansatz verfolgt
werden kann. Dazu zählen sowohl die Nutzung strukturierter Beobachtungssysteme
(Zeichensysteme, Kategoriensysteme und Schätzverfahren) als auch das Training der Beobachtenden (Interraterreliabilität). Im Folgenden soll insbesondere Schritt 2 der von den
Autor/innen beschriebenen Entwicklung von Beobachtungsverfahren näher beschrieben
werden, da hier der von Jacobs et al. (1999) ausgeführte Prozess der zyklischen Analyse
eine Konkretion erfährt. Hierbei kann anhand der Videodaten zunächst ein Zeit- und
Ereignisstichprobenplan erstellt werden, wobei das Material unter dem Aspekt betrachtet
wird, welche Ereignisse von Interesse sind und in welcher „Dichte" (Zeitstichprobenplan)
diese Ereignisse auftreten. Auf diese Weise wird das Beobachtungsraster optimal an die
Situation angepasst, um die Aufmerksamkeit der Beobachtenden auf diesen Fokus hin
zu schärfen (Time-/Eventsampling). Für ein gutes Beobachtendentraining müssen die zu
kodierenden Kategorien sorgfältig aus dem Material herausgearbeitet und durch Anker-
beispiele konkretisiert werden. Der Prozess der Verfahrensentwicklung kann hierbei so
lange vorangetrieben werden, bis das Beobachtungsverfahren wissenschaftlichen Gütekriterien entspricht (Jacobs et al., 1999).

## 1 Theorie

> Forschungsbereiche, Forschungsfragen,
> Hypothesenformulierung, Untersuchungsmaterial

## 2 Entwicklung

> Wahl der Stichproben/Analyseeinheiten
> Operationalisierung der
> Zeichensysteme/Kategoriensysteme/Schätzskalen
> Formulierung der Kodieranleitungen
> Training der BeobachterInnen
> Stichprobe: Pilotierungsmaterial

## 3 Vortest

> Validierung der Kategorien und Überprüfung der
> Beobachterübereinstimmung an einer
> ausgewählten Stichprobe des Analysematerials

## 4 Kodierung & Datenanalyse

> Durchführung der Kodierungen durch mindestens
> zwei unabhängige BeobachterInnen
> Statistische Analyse

## 5 Interpretation

> Interpretation der Ergebnisse, Diskussion auf der
> Basis der Fragestellungen

**Abbildung 2** Entwicklung von Beobachtungsverfahren (Seidel & Prenzel, 2010, S. 145)

Das Nutzen unterschiedlicher Beobachtungsraster am gleichen Datenmaterial ist ein weiterer Vorzug der iterativen Analyse (Jacobs et al., 1999; König, 2009, S. 163). Daraus kann eine Form von Siebverfahren hervorgehen, das als Mikroanalyse beschrieben wird.

Die Mikroanalyse profitiert in besonderer Weise von den iterativen Möglichkeiten der medienunterstützten Beobachtung – der Videographie. Auch dieses Vorgehen zeichnet sich wesentlich dadurch aus, dass Datenmaterial und Analyse der Daten methodisch in unmittelbarer Wechselwirkung stehen. Über die sequenzielle Annäherung an das Datenmaterial werden Kriterienraster anhand eines Zeitstichprobenplans optimal verfeinert und dem Beobachtungsgegenstand angepasst (siehe oben). Dieses Vorgehen ermöglicht, auch bisher ‚blinde Flecken' aufzudecken und der Analyse zugänglich zu machen. In Teilschritten wird bei der Mikroanalyse von groben zu immer feineren Sequenzen übergegangen (siehe Abbildung 3). Grobe Beobachtungsraster dienen etwa dazu, die sozialemotionale Grundstimmung oder die allgemeine pädagogische Qualität zu erfassen. In einem weiteren Schritt wird anhand der zyklischen Betrachtung des Datenmaterials ein Time-/Eventsampling herausgearbeitet. Dieses dient zum Beispiel dazu, das Filmmaterial auf bestimmte Interaktionszusammenhänge hin zu scannen. Dabei wird zunächst erkennbar, wie oft ein Ereignis im Laufe der Beobachtung auftritt. In einem weiteren Schritt werden diese Ereignisse, z.B. Interaktionsprozesse zwischen den Peers, schärfer fokussiert und auf die Bedingungen bzw. Begleitkontexte hin untersucht (Erarbeiten eines Kategoriensystems). Dieses schrittweise Herausarbeiten von Mikrostrukturen ist eine besonders ertragreiche Methode, welche die Möglichkeiten videographischer Daten optimal für die Forschung nutzt. Solche enorm zeitaufwändigen Verfahren bieten die Möglichkeit, die Daten durch Kodierung auf ein quantitatives Niveau zu heben, um daran quantitative Auswertungsprozesse anzuschließen oder aber die Interaktionsanalyse mit Daten zu koppeln, wie z.B. Entwicklungsmaße von Kindern, die über standardisierte Verfahren erhoben wurden. Anhand der deskriptiven bzw. Inferenzstatistik können Informationen gewonnen werden, die eine weitere Feinanalyse des Videomaterials entlang der Kategorien nachsichziehen können. Diese quantifizierenden Zwischenschritte erlauben eine Komplexitätsreduzierung in Bezug auf das Datenmaterial und führen zu einer schärferen Fokussierung der Daten auf kritische Bereiche.

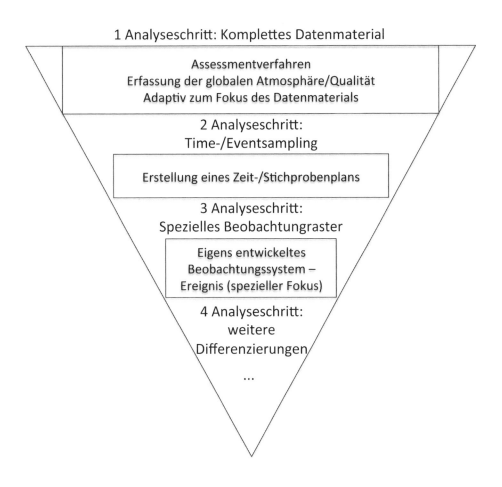

**Abbildung 3** Mikroanalyse videographischer Daten

## 5    Ausblick

Die Videographie stellt ein vielversprechendes Verfahren im Feld der frühen Bildung dar. Da das Datenmaterial direkt im Feld gewonnen wird, lassen sich pädagogische Handlungsmuster aufschlüsseln und differenziert herausarbeiten. Daraus wiederum lässt sich ableiten, wie Bildungs- und Lernumwelten in der frühen Bildung beschaffen sein müssen, um die Entwicklungsdynamik junger Kinder optimal zu unterstützen. Insbesondere in der Möglichkeit der Videographie, qualitative und quantitative Daten stärker miteinander zu verschränken, wird gegenwärtig das enorme Potential der medienunterstützten Beobachtung in der Pädagogik gesehen. Für die Bildungsforschung öffnet sich mit der Videographie die Möglichkeit die Professionsentwicklung voranzutreiben. Mit der Methode wird es möglich, die Bedingungen für pädagogisches Handeln unter Wahrnehmung der Kontextfaktoren zu untersuchen.

## 6    Literatur

Bos, W. & Tarnai, Ch. (1999). Content Analysis in Empirical Social Research.*International Journal of Educational Research31*, 659–671.

Bos, W. (1989). Reliabilität und Validität in der Inhaltsanalyse. Ein Beispiel zur Kategorienoptimierung in der Analyse chinesischer Textbücher für den muttersprachlichen Unterricht von Auslandschinesen. InW. Bos & Ch. Tarnai (Hrsg.),*Angewandte Inhaltsanalyse in Empirischer Pädagogik und Psychologie* (S. 61–72). Münster: Waxmann.

Dinkelaker, J. & Herrle, M. (2009). *Erziehungswissenschaftliche Videographie. Eine Einführung.* Wiesbaden: VS.

Feger, H. (1983). Planung und Bewertung von wissenschaftlichen Beobachtungen. In H. Feger & J. Bredenkamp (Hrsg.), *Datenerhebung* (Enzyklopädie der Psychologie, Serie Forschungsmethoden der Psychologie, Band 2, S. 1–75). Göttingen: Hogrefe.

Flick, U. (2010). Gütekritierien qualitativer Forschung. In H. Holling & B. Schmitz (Hrsg.), *Handbuch Statistik, Methoden und Evaluation*(S. 395–407). Göttingen: Hogrefe.

Greve, W. & Wentura, D. (1991). *Wissenschaftliche Beobachtung. Eine Einführung.* Weinheim: Beltz.

Hatch, A. (2002). *Doing Qualitative Research in Education Settings.* New York: State University of New York.

Hussy, W., Schreier, M. & Echterhoff, G. (2010).*Forschungsmethoden in Psychologie und Sozialwissenschaften.* Heidelberg: Springer.

Ingenkamp, K. (1994). *Lehrbuch der Pädagogischen Diagnostik.* Weinheim: Beltz.

Jacobs, J.K., Kawanaka, J. & Stigler, J.W. (1999).Integrating qualitative and quantitative approaches to the analysis of video data on classroom teaching.*International Journal of Educational Research 31,* 717–724.

Kelle, U. & Kluge, S. (2010). *Vom Einzelfall zum Typus.* Wiesbaden: VS.

Klieme, E., Pauli, C., Reusser, K. & Hugener, I. (2006). *Dokumentation der Erhebungs- und Auswertungsinstrumente zur schweizerisch-deutschen Videostudie „Unterrichtsqualität, Lernverhalten und mathematisches Verständnis". Teil 3: Videoanalysen.* Frankfurt/M.: GFPF.

Kochinka, A. (2010). Beobachtung. In G. Mey & K. Mruck (Hrsg.) ,*Handbuch Qualitative Forschung in der Psychologie*(S. 449–461). Wiesbaden: VS.

König, A. (2009). Interaktionsprozesse zwischen ErzieherInnen und Kindern. Eine Videostudie aus dem Kindergartenalltag. Wiesbaden: VS.

Laatz, W. (1993). *Empirische Methoden. Ein Lehrbuch für Sozialwissenschaftler.* Frankfurt/M.: Harri Deutsch.

Mayring, P. (2010). Qualitativ orientierte Verfahren. In H. Holling & B. Schmitz (Hrsg.), *Handbuch Statistik, Methoden und Evaluation*(S. 179–190). Göttingen: Hogrefe.

Seidel, T. & Prenzel, M. (2010). Beobachtungsverfahren. Vom Datenmaterial zur Datenanalyse. In H. Holling & B. Schmitz (Hrsg.), *Handbuch Statistik, Methoden und Evaluation*(S. 139–152). Göttingen: Hogrefe.

Stigler, J.W, Gonzales, P., Kawanaka, T., Knoll, S. & Serrano, A. (1999). *The TIMSS Videotape Classroom Study. Methods and findings from an exploratory research project on eighth-grade mathematics instruction in Germany, Japan and the United States.* Washington, D.C.: U.S. Department of Education.

Stigler, J.W., Gallimore, R., and Hiebert, J. (2000). Using video surveys to compare classrooms and teaching across cultures: Examples and lessons from the TIMSS and TIMSS-R video studies. Educational Psychologist, Volume 35, Number 2, Spring. Pages 87–100.

# Frühkindliche Diagnostik domänenspezifischer Entwicklung – am Beispiel des naturwissenschaftlichen Entwicklungsbereichs

Lilian Fried

## 1 Einleitung

In jüngerer Zeit wurde durch politische Maßnahmen eine tiefgreifende Reform des elementarpädagogischen Bereichs eingeleitet. Dazu gehört die Etablierung von Bildungsplänen für Kindertageseinrichtungen (vgl. Fried, 2012). Diese transportieren unterschiedliche Reformstrategien. So liest man z.B. im „Gemeinsamen Rahmen der Länder für die frühe Bildung in Kindertageseinrichtungen der Jugendministerkonferenz/Kultusministerkonferenz" (Beschluss der Jugendministerkonferenz vom 13./14.05.2004 – Beschluss der Kultusministerkonferenz vom 03./04.06.2004): „Im Vordergrund der Bildungsbemühungen im Elementarbereich steht die Vermittlung grundlegender Kompetenzen und die Entwicklung und Stärkung persönlicher Ressourcen, die das Kind motivieren und darauf vorbereiten, künftige Lebens- und Lernaufgaben aufzugreifen und zu bewältigen, verantwortlich am gesellschaftlichen Leben teilzuhaben und ein Leben lang zu lernen." Die so markierte ‚Kompetenzorientierung' ist als Aufforderung an alle Kindertageseinrichtungen und das pädagogische Personal anzusehen, die Bildungsmöglichkeiten des Kindes in verschiedenen Bereichen, wie z.B. Sprache, Mathematik und Naturwissenschaften, zu beachten und zu fördern (Wannack, 2003). Das setzt zum einen voraus, zu erfassen, „was die Stärken und Schwächen einzelner Kinder in dem jeweiligen Bildungsbereich sind, wie sie Anregungen aufnehmen und wie sie sich damit beschäftigen"; und es verlangt „aufgrund der gemeinsamen Bildungs- und Erziehungsverantwortung" zum anderen, individuelle strukturierte Entwicklungsgespräche mit den Eltern zu führen, damit diese einen vertieften Einblick in die bereichsspezifischen „Entwicklungspotentiale" bzw.

„Bildungsressourcen" sowie „Bildungsprozesse" bzw. „Kompetenzfortschritte" und „Entwicklungsmöglichkeiten" (Groot-Wilken & Warda, 2007) ihres Kindes erhalten.

## 2    Entwicklungsdiagnostik in Kindertageseinrichtungen

Die weiter oben umrissene Aufgabenstellung birgt große Herausforderungen für die Erzieher/innen. Hier stellt sich deshalb die Frage, ob notwendige Voraussetzungen und Unterstützungsangebote derzeit schon gewährleistet sind.

### 2.1    Evaluationsstudien zu Bildungsplänen

Geht man von den Ergebnissen vereinzelter Evaluationsstudien zur Akzeptanz und Nutzung der Bildungspläne für Kindertageseinrichtungen aus, so stellen sich diesbezüglich Zweifel ein. Röbe, Huppertz und Füssenich (2010, S. 16) haben Erzieher/innen befragt und berichten, dass mehr als die Hälfte glaubt, die einzelnen Bildungsbereiche nicht gut umzusetzen. Auch hält rund die Hälfte von ihnen den Aufgabenbereich „Beobachtung und Dokumentation" für „eher schwierig" bis „sehr schwierig". Dementsprechend fordern sie konkretere und auch verbindlichere Ausführungen z.B. zur Dokumentation und deren Auswertung, zum Aufbau eines Portfolios, zur Auswahl der zur Verfügung stehenden Instrumente usw. (ebd., S. 68). Die Autoren folgern daraus, dass entwicklungsdiagnostische Aufgaben noch nicht zum „Kerngeschäft" der Erzieher/innen gehören (ebd., S. 16). Auch Honig, Schreiber und Lang (2006, S. 39) berichten, dass die Aussagen der von ihnen befragten Erzieher/innen über die „gemäß Bildungsplan ausgeführte Beobachtung" der Kinder „häufig einen unstrukturierten, unsystematischen und zum Teil auch individuell beliebigen Eindruck" vermitteln; und sie nehmen deshalb an, dass derzeit von einer methodisch anspruchsvollen „Beobachtungskultur" noch keine Rede sein kann. Das wird dadurch bestätigt, dass die Erzieher/innen selbst in fast der Hälfte aller Einrichtungen „einen relativ großen Fortbildungsbedarf zum Thema Beobachtung und Dokumentation" anmelden (ebd.). Folgerichtig fordert Carle (2011) angesichts der ganz ähnlich gelagerten Ergebnisse ihrer Befragung, dass es nicht länger den Einzelnen bzw. der Einrichtung oder dem Träger „anheim gestellt bleibt, wie die Beobachtungs- und Analyseaufträge des Bildungsplans umgesetzt werden" und dass die Bildungspläne diesbezüglich „der Präzisierung (bedürfen; Erg. d. L.F.) und einer unterstützenden Formulierung von Modellvorstellungen über die bereichsspezifischen Entwicklungen der Kinder" (Carle, 2011, S. 11).

### 2.2    Entwicklungsdiagnostik in den Bildungsplänen

In der Tat macht u.a. die von Keller (2009) erstellte Synopse der Bildungspläne der Länder deutlich, dass die dort getroffenen Aussagen meist so allgemein gehalten sind, dass sich daraus kaum eindeutige Hinweise ergeben. Klar wird vor allem, dass die Beobachtung von Kindern als eine bedeutsame pädagogische Aufgabe von Erzieher/innen angesehen wird. Die Begründung dafür lautet, dass Beobachtung die „Grundlage des pädagogischen Handelns" darstellt, indem sie die „Voraussetzungen" bzw. die „Basis" für die „Bildungsbegleitung des Kindes" bzw. für eine „Anregung" der individuellen „Lern- und Bildungsprozesse des Kindes" schafft.

Darüber hinaus wird die Erwartung geäußert, man könne mittels Beobachtung von Kindern die eigene Professionalität weiterentwickeln sowie die Teamarbeit in den Einrichtungen verbessern. Des Weiteren wird betont, dass die Qualitätsentwicklung von Einrichtungen insofern mittels Beobachtung der Kinder am Laufen gehalten werden könne, als es möglich sei, auf diese Weise die Wirksamkeit pädagogischer Maßnahmen zu überprüfen. Schließlich wird unterstrichen, dass es auf der Basis der Beobachtung der Kinder möglich sei, die Eltern gezielt anzusprechen und mit ihnen gemeinsam weitere Schritte zur Unterstützung des Bildungsprozesses ihrer Kinder zu beraten. Die in den Bildungsplänen geäußerten Erwartungen hinsichtlich des pädagogischen Nutzens der Beobachtung von Kindern sind also ausgesprochen hochgespannt.

Dem stehen nur wenige Hinweise gegenüber, wie genau das Beobachten der Kinder auszuführen ist, um diese Erwartungen tatsächlich – wenigstens näherungsweise – einlösen zu können. Die meisten der einschlägigen Aussagen sind eher genereller Natur. Das zeigen z.B. Aussagen, wonach es darauf ankommt, „möglichst alle" Bildungs- bzw. Persönlichkeitsbereiche des Kindes zu erfassen, um so möglichst viel „Wissen der ganzen Vielfalt der Fähigkeiten, Stärken, Interessen, Fragestellungen, Herausforderungen, Verhaltensweisen, Handlungen etc. des Kindes zu erlangen" (MFKJKS NRW / MSW NRW, 2010, S. 87). Wie man das konkret erreicht, bleibt oft diffus. Das betrifft nicht zuletzt diagnostisch-methodische Hinweise. Hier liest man im einzelnen, dass es wichtig sei, „einen unvoreingenommenen Blick auf das Kind" zu gewinnen, um die Kinder vorurteilsfrei wahrzunehmen; ohne dass klar wird, an welche Voraussetzungen das geknüpft ist. Und auch Hinweise, dass man Beobachtungen in Form von freien Beobachtungen, strukturierten Formen der Beobachtung bzw. mit standardisierten Beobachtungsbögen durchführen kann, lässt hinreichend orientierende Informationen vermissen; z.B. welche Vor- und Nachteile die einzelnen Methoden bieten, aber auch woran sich die pädagogische Qualität einer Strategie bzw. eines Verfahrens ermessen lässt.

## 2.3    Stand der Entwicklungsdiagnostik

Angesichts dieser Sachlage stellt sich die Frage, ob und wieweit ein Rückgriff auf einschlägige wissenschaftliche Erkenntnisse und darin wurzelnde entwicklungsdiagnostische Verfahren sowie Strategien der „pädagogischen Entwicklungsdiagnostik" hier weiterhelfen könnte. Ein näherer Blick in die einschlägige Literatur (z.B. Esser & Petermann, 2010; Leu, 2010; Tietze, 2010) macht auf noch nicht erschlossene Möglichkeiten, aber auch auf bestehende Probleme und Grenzen aufmerksam.

Pädagogische Entwicklungsdiagnostik meint Verfahren, mit deren Hilfe man pädagogisch relevante Informationen zur Entwicklung von Kindern erheben kann. Dies umfasst einerseits Screenings sowie allgemeine bzw. (bereichs-)spezifische Entwicklungstests, andererseits allgemeine bzw. (bereichs-)spezifische Beobachtungsbogen. Lange Zeit dienten diese Verfahren vornehmlich der Identifikation sogenannter ‚Risikokinder‘. In jüngster Zeit werden zunehmend Verfahren vorgelegt, mit denen sich Stärken und Schwächen eines Kindes bestimmen und in Form eines Entwicklungsprofils abbilden lassen (vgl. Macha & Petermann, 2006).

Die Qualität dieser Verfahren hängt zum einen davon ab, ob und wieweit man damit präzise und verlässliche Einschätzungen der Entwicklung eines Kindes zu erlangen vermag. Das hängt von unterschiedlichen Voraussetzungen ab. So ist zum einen entscheidend, dass ein Verfahren auf einem wissenschaftlich bestimmten entwicklungstheoretischen Fundament beruht, das diejenigen Aspekte identifiziert, welche für die weitere Entwicklung des Kindes bedeutsam sind. Esser und Petermann (2010, S. 24) sehen diese Forderung nur anfänglich eingelöst. Ihrer Meinung nach besteht „eine Schwäche der allgemeinen Entwicklungsdiagnostik in dem Fehlen eines einheitlichen, konsistenten theoretischen Fundaments", welches dazu führt, „dass Verfahren auf unterschiedlichen Annahmen und Konzepten beruhen" bzw. „die Aufgabenzusammenstellungen weniger theoretisch fundiert sind" und „genaue Vorstellungen wie die Entwicklung hinsichtlich Tempo und Umfang verläuft, häufig fehlen".

Zum anderen wird die Qualität eines Verfahrens davon bestimmt, wieweit es einen „unverstellten", also nicht von subjektiven Wahrnehmungsverzerrungen getrübten „Blick" auf das Kind und seine Entwicklung freigibt. Das einzuschätzen, setzt voraus, dass überprüft worden ist, ob die Durchführung, Auswertung und Interpretation des Verfahrens objektiv ist und dementsprechend zuverlässige Ergebnisse gewährleistet (z.B. Moosbrugger & Kelava, 2007).

Aktuell liegen zwar viele Screenings, Tests bzw. Beobachtungsbogen zur Erfassung der kindlichen Entwicklung vor, aber es befinden sich darunter viele Verfahren, welche die oben genannten Voraussetzungen nur bedingt oder gar nicht erfüllen. Erzieher/ innen, die danach streben, ihre Wahrnehmung der Entwicklung von Kindern auf eine professionelle Basis zu stellen, brauchen deshalb Strategien, mit deren Hilfe sie das jeweils für ihre Zwecke geeignetste Verfahren herausfinden können. Dabei kann ihnen die Wissenschaft mit Hilfe von Expertisen zur Seite stehen. Solche Übersichten gewähren Aufschluss, welche Verfahren aktuell vorliegen und inwieweit diese den weiter oben skizzierten entwicklungstheoretischen und messmethodischen Standards genügen. Derzeit liegen Expertisen vor, die über allgemeine Entwicklungstests (z.B. Quaiser-Pohl & Rindermann, 2010) und allgemeine Beobachtungsverfahren (z.B. Steudel, 2008; Viernickel & Völkel, 2005) informieren. Darüber hinaus gibt es Expertisen über Verfahren zur Erfassung von Sprachentwicklung (vgl. Fried, 2009; Lisker, 2010) bzw. zur mathematischen Kompetenzentwicklung (z.B. Hasselhorn & Schneider, 2011; Rossbach & Weinert, 2005). Expertisen zu weiteren Entwicklungsbereichen stehen noch aus. Das hat mannigfache Ursachen. Eine besteht darin, dass einzelne verstreute Veröffentlichungen über vorhan dene bereichsspezifische Verfahren noch nicht zusammengeführt worden sind, so dass man sich noch kein schlüssiges Bild machen kann, wie z.B. im Bezug auf den naturwissenschaftlichen Entwicklungsbereich der Fall. Angesichts dessen soll im Weiteren ein kleiner Beitrag geleistet werden, diese Erkenntnislücke zu schließen, indem ein Überblick zu bereits erprobten, einschlägigen Verfahren gegeben wird. Um diese Verfahren näher kennzeichnen zu können, wird zunächst skizziert, was wir aktuell über die Entwicklung der naturwissenschaftlichen Kompetenz bei jungen Kindern derzeit wissen.

## 3    Naturwissenschaftliche Kompetenzentwicklung junger Kinder

Gemäß Gelman (z.B. 2009) ruhen Kompetenzen auf einer „mentalen Architektur" auf, die man sich als Set miteinander verbundener Wissensstrukturen (Kernkonzepte) um einen inhaltlich bestimmten Kompetenzbereich (Domäne) vorstellen muss. Dieses Wissen organisiert das Denken in diesem Bereich und grenzt es gegenüber Strukturen in anderen Bereichen ab. Im Folgenden wird die naturwissenschaftliche Entwicklung des Kindes durch die Brille dieses Kompetenzverständnisses betrachtet. Dabei wird deutlich, dass wir bislang nur über Teilkompetenzen bescheid wissen, nämlich über die intuitive Biologie bzw. die intuitive Physik junger Kinder.

### 3.1    „Intuitive Biologe"

Die naturwissenschaftliche Kompetenzentwicklung junger Kinder wird durch die Auseinandersetzung mit Naturphänomenen vorangetrieben. Im Verlauf dieser Prozesse eignen sich die Kinder erstes naives biologisches Wissen an. Dieses kreist um das Schlüsselkonzept „Lebewesen" (vgl. Fried, Hoeft, Isele, Stude & Wexeler, 2012; Mähler, 2006).

Schon im Vorschulalter wissen Kinder, worin sich Lebewesen und Artefakte (Gegenstände und Naturphänomene) unterscheiden. So ist ihnen z.B. schon klar, dass Vorgänge wie Essen, Schlafen, Atmen, Wachsen, Fortpflanzung, Vererbung usw. zu Lebewesen gehören. Allerdings beschränkt sich ihr Wissen auf Wesen bzw. Objekte, die in ihrem Erfahrungsbereich liegen. Gegen Ende der Vorschulzeit wird ihnen dann zunehmend bewusst, dass Menschen, Tiere und Pflanzen unterschiedliche Arten repräsentieren, die sich verschieden fortpflanzen bzw. entwickeln. Diese Einsicht erwerben sie in Bezug auf Pflanzen wesentlich später, als im Hinblick auf Tiere. So vermögen etwa Fünfjährige schon zu begreifen, dass Tiere sich verändern, indem sie wachsen. Aber erst etwa Sechs- und Siebenjährige sind in der Lage zu erfassen, dass es bei Menschen und bei Tieren juvenile Formen gibt und dass sich diese vom Erwachsenenstatus z.B. dadurch unterscheiden, dass Kopf und Körper in einer anderen Proportion zueinander stehen.

Insgesamt verweist die Forschung darauf, dass Kinder mit steigendem Alter ein immer systematischeres, umfangreicheres biologisches Wissen entfalten. Dabei scheint es so zu sein, dass Erfahrungen mit der Natur und Erklärungen bzw. Kommentare sowie visuelle Unterstützungen durch Erwachsene eine wesentliche Rolle bei der Wissensaneignung spielen.

## 3.2 „Intuitive Physik"

Die Entwicklung junger Kinder erfolgt von Anfang an auch in Auseinandersetzung mit Objekten. Dementsprechend meint „naive Physik" das basale kindliche Wissen über Objekte, deren Beschaffenheit, den Umgang mit ihnen sowie deren Beziehung zueinander (vgl. Fried, Hoeft, Isele, Stude & Wexeler, 2012; Wilkening, Huber & Cacchione, 2006). Die mentale „Keimzelle" bzw. Kernstruktur der physikalischen Kompetenzentwicklung ist ein rudimentäres „Materiekonzept". Dieses manifestiert sich zunächst auf dreierlei Weise (Mähler, 1999, S. 53): Kinder verstehen, dass physikalische Objekte unterschiedlich beschaffen sind (Eigenschaften von Materie). Sie gewinnen Einsicht in physikalisch-mechanische Kausalität (Kraft und Bewegung) und sie entwickeln Vorstellungen davon, dass Objekte unterschiedliche Aggregatzustände haben können.

Schon Säuglinge bzw. Kleinkinder nehmen physikalische Objekte als zusammengehörige, umgrenzte und dauerhafte Ganzheiten wahr, denen sie bestimmte Eigenschaften zuweisen. So erwarten sie z.B., dass sich feste Objekte auf kontinuierlichen Bahnen bewegen und Effekten wie der Schwerkraft und Trägheit unterliegen. Kindergartenkinder haben dann gelernt, zwischen materiellen Substanzen und Immateriellem unterscheiden. Außerdem sind sie bereits in der Lage, Objekte gemäß ihren Eigenschaften zu klassifizieren. Anfänglich orientieren sie sich dabei meist nur an der Form. Gegen Ende der Kindergarten- und zu Beginn der Grundschulzeit berücksichtigen sie dann mehrere Eigenschaften gleichzeitig, wie z.B. Oberflächenstruktur, Form, Farbe, Größe, Gewicht und Dichte.

Schon sehr früh weisen Kinder bekannten Objekten bestimmte mechanische Eigenschaften zu. So berichten Krist, Natour, Jäger und Knopf (1998, S. 161), dass man „in zahlreichen Säuglingsexperimenten [...] einen Hinweis darauf (fand), dass das Wissen über beobachtbare Objekte und die mechanischen Einschränkungen, denen die Bewegungen dieser Objekte unterliegen, einen privilegierten Bereich des Wissenserwerbs darstellen". Bis gegen Ende der Kindergartenzeit zeigen die meisten Kinder aber noch kein entwickeltes Wissen über mechanisch verursachte Bewegung. Immerhin können Kinder gegen Ende der Kindergartenzeit einfache physikalische Hebelgesetze erfassen. So vermögen sie anhand einer bestimmten Anzahl von Gewichten einzuschätzen, ob sich eine Balkenwaage zur rechten oder linken Seite neigt oder in Balance bleibt. Darüber hinaus machen sich Kindergartenkinder erste Vorstellungen zur Erde und zum Weltall. So erläutern sie z.B. auf ihre Weise, dass bzw. wieso die Erde ihrer Meinung nach flach ist, demzufolge auch einen Rand hat, von dem man fallen kann usw. Weitere naturwissenschaftliche Bereiche sind noch nicht hinreichend untersucht. So gehen z.B. Köster, Balluseck und Kraner (2008, S. 41) davon aus, dass junge Kinder noch kein technisches Verständnis haben. Ähnliches verzeichnet Krahn (2005) im Hinblick auf chemisches Wissen.

Auf der Folie der oben kurz zusammengefassten Forschungsergebnisse kann nun eingeschätzt werden, ob bzw. wieweit vorhandene Verfahren zur Erfassung der naturwissenschaftlichen Kompetenz als entwicklungstheoretisch hinreichend begründet gelten können.

## 4    Naturwissenschaftliche Kompetenzerfassungsverfahren

Verfahren lassen sich grob in zwei Typen unterteilen: Zum einen liegen diagnostische Erfassungsinstrumente vor, welche in wissenschaftlichen Untersuchungen entwickelt wurden, aber durchaus im pädagogischen Alltag nutzbringend eingesetzt werden können. Es handelt sich dabei um standardisierte und empirisch geprüfte Tests bzw. Experimente. Daneben gibt es Erfassungsinstrumente, die dafür entwickelt sind, Erzieher/innen beim Beobachten naturwissenschaftlicher Bildungsprozesse junger Kinder zu unterstützen. Im Unterschied zum ersten Typus ist bei diesen Verfahren nicht überprüft worden, ob bzw. wieweit sie gewährleisten, dass damit objektive, zuverlässige und gültige Einblicke in die naturwissenschaftliche Kompetenzentwicklung von Kindern erlangt werden.

### 4.1    Tests

In jüngster Zeit wurden zwei Tests vorgelegt, die auf aktuellen wissenschaftlichen Erkenntnissen über die naturwissenschaftliche Kompetenzentwicklung von Sechs- bzw. Fünf- bis Siebenjährigen basieren. Beide sind im Rahmen wissenschaftlicher Forschungsprojekte entwickelt und haben derzeit noch den Status von Forschungsinstrumenten.

Ein Verfahren wurde im Rahmen des Projekts „Naturwissenschaftliche Kompetenzentwicklung im Elementarbereich (SNAKE) entwickelt (z.B. Steffensky, Lankes, Carstensen & Nölke, 2012). Ziel des Projekts ist, die physikalische Kompetenz junger Kinder zu untersuchen. Konkret werden drei Teilaspekte ausgelotet: „Schmelzen und Gefrieren", „Verdunsten/Verdampfen und Kondensieren" sowie „Lösen/Nicht-Lösen". Außerdem wird das „Wissen über Naturwissenschaften" erfasst (Carstensen, Lankes & Steffensky, 2011). Das Verfahren umfasst 29 Aufgaben (Multiple-Choice-Aufgaben, offene Aufgaben, Aufgaben mit Richtig-Falsch-Items sowie Zuordnungsaufgaben). Zum Beispiel wird das Kind gefragt, ob sich Kakao schneller in warmer oder kalter Milch auflöst. Seine Antwort soll es mit Hilfe von drei bildunterstützten Lösungsoptionen wählen. Für die Durchführung des Tests werden 20 bis 30 Minuten veranschlagt. Seine Validierung umfasst empirische Aufgabenanalysen, Reliabilitätsanalysen und Validitätsstudien. Die Befunde belegen eine zufriedenstellende bis gute Messgüte. Da die Studie anhand von 245 Kindern durchgeführt wurde, liegen prinzipiell Vergleichsdaten vor.

Das andere Verfahren wurde im Rahmen des Projekts „Wissenschaftliche Flankierung von TransKiGs – Stärkung der Bildungs- und Erziehungsqualität in Kindertageseinrichtungen und Grundschule (TransKiGs)" entwickelt und evaluiert (Fried, Hoeft, Isele,

Stude & Wexeler, 2012). In diesem Projekt ging es darum, die u.a. naturwissenschaftliche Kompetenzentwicklung von Fünf- bis Siebenjährigen, also in der Phase der Transition vom Kindergarten zur Grundschule im Längsschnitt zu untersuchen. Dieses Verfahren ist wesentlich breiter als das oben genannte angelegt. Es werden damit sowohl Wissensstrukturen (Wissenstest), als auch Aneignungsprozesse (Beobachtungsbogen) erfasst. Der Wissenstest umfasst drei Teilbereiche: „Wissen über Naturwissenschaften" (Vorstellungen über die Un-/Wahrscheinlichkeit konkreter Ereignisse), „biologisches Wissen" (Unterscheidung Tier-Pflanze, Juvenil- und Erwachsenenformen von Tieren) sowie „physikalisches Wissen" (Größe/Gewicht/Dichte physikalischer Objekte, Hebelwirkung, Konzept der Erde). Diese Aspekte werden mit 44 Items erfasst. Dem zu untersuchenden Kind wurden unter Zuhilfenahme von Photos, Bildern und konkreten Materialien sowohl Fragen gestellt, als auch Probleme vorgetragen, die beantwortet bzw. gelöst werden sollen. Die Durchführung des Verfahrens benötigt rund 30 Minuten.

Die Erfassung der Aneignungsprozesse erfolgt durch die Erzieher/innen bzw. Lehrer/innen mittels eines Beobachtungsbogens. Dessen Zweck ist, die – in der internationalen Literatur so genannten – naturwissenschaftlichen „key-skills" zu erfassen, nämlich das „investigative enquiry" (z.B. Harlen & Winter, 2004). Dieses manifestiert sich in Formen, wie z.B. beobachten, erkunden, ordnen, systematisieren und experimentieren. Mit dem Bogen wurden 19 Verhaltensweisen eingeschätzt. Dazu gehört z.B., „mit Interesse auf bislang Unbekanntes reagieren", „an komplexen Zusammenhängen interessiert sein", „Hilfsmittel nutzen, um seine Umwelt zu erforschen", „Experimente durchführen" usw.

Test und Beobachtungsbogen wurden empirischen Aufgaben- sowie Reliabilitätsanalysen unterzogen. Diese erbrachten eine zufriedenstellende bis sehr hohe Zuverlässigkeit. Was den Test betrifft, so konnte mittels konfirmatorischer Faktorenanalyse die Modellstruktur (über drei Erhebungszeitpunkte hinweg) nachgebildet werden (Konstruktvalidität).

## 4.2    Beobachtungsverfahren

Standardisierte Beobachtungsverfahren werden in begrenzter Zahl angeboten. Sie ermöglichen es, den Entwicklungsstand bzw. die Entwicklungsschritte eines Kindes über mehrere Entwicklungsbereiche hinweg oder hinsichtlich eines relevanten Entwicklungsbereiches im Vergleich mit Altersgenossen einzuschätzen. Derartige Verfahren beziehen sich entweder auf die gesamte Entwicklung oder auf die Schulfähigkeit von Kindern. Allerdings bleibt bei den bislang vorgelegten die naturwissenschaftliche Kompetenzentwicklung außen vor (z.B. Petermann, Petermann & Koglin, 2009; Koglin, Petermann & Petermann, 2010). Nichtstandardisierte Beobachtungs- bzw. Dokumentationsverfahren existieren demgegenüber in großer Zahl und Form (z.B. Leu, 2010; Steudel, 2008; Viernickel & Völkel, 2005). Die meisten lassen sowohl eine aktuelle entwicklungstheoretische Fundierung, als auch eine empirische Prüfung der Messgüte vermissen. Immerhin liegen zwei Verfahren vor, die dem oben gekennzeichneten Forschungsstand zur naturwissenschaftlichen Kompetenzentwicklung junger Kinder entsprechen.

Fried (2006; 2007) hat, unter Mitarbeit von Kohlruss (2006) und Reintjes (2006), auf der Basis ihrer für das Deutsche Jugendinstitut in München angefertigten Expertise „Wissen als wesentliche Konstituente der Lerndisposition junger Kinder. Theorie, Empirie und pädagogische Schlussfolgerungen" (Fried, 2005) ein Verfahren für die pädagogische Arbeit in Kindergärten entwickelt und mit Hilfe von Erzieher/innen erprobt sowie modifiziert. Dieses Verfahren dient der Beobachtung und Dokumentation der Wissensvorräte junger Kinder in verschiedenen Wissensbereichen. Strukturierungshilfen werden in Form von „Wissenslandkarten" sowie einer Erläuterung der „Concept-Map-Methode" bereitgestellt. Die Wissenslandkarten erlauben es, das Wissen, das ein Kind oder eine Gruppe durch Äußerungen zu erkennen gibt, nach Inhaltsbereichen geordnet zu kartographieren. Zweck dieser Form des Dokumentierens ist es, im Verlauf längerfristiger Aufzeichnungen herauszufinden, wie breit und differenziert die Wissensbestände eines Kindes oder einer Gruppe sind. Da Kinder in ihren sprachlichen Äußerungen häufig „von Bereich zu Bereich hüpfen", empfehlen Fried, Kohlruss und Reintjes (2008) beim Dokumentieren mit der Concept-Map-Methode zu arbeiten. Diese spezielle Technik basiert darauf, dass Denken ein äußerst komplexer Prozess ist, in dessen Verlauf im Gehirn ständig neue – durch Schlüsselwörter hervorgerufene – Assoziationen und Verknüpfungen gebildet werden. Mit der Concept-Map-Technik werden diese Verknüpfungen sichtbar gemacht, indem Schlüsselwörter ins Zentrum gestellt, damit zusammenhängende Wörter neben- oder untergeordnet und überflüssige Wörter weggelassen werden. So treten Wissensnetzwerke und deren sukzessive Komplexierung zutage. Mit Hilfe des Verfahrens wird es Erzieher/innen also erleichtert, einen klareren Blick auf naturwissenschaftliche Entwicklungsstände und damit verknüpfte Lernmöglichkeiten und Bildungsbedürfnisse junger Kinder zu erringen.

Fthenakis, Daut, Eitel, Schmitt und Wendell (2009) haben im Rahmen des Projekts „Natur-Wissen schaffen" – neben Handreichungen für den Bildungsbereich Naturwissenschaften (Fthenakis, 2009) – Portfolios zur Dokumentation von Bildungsprozessen im Bereich Naturwissenschaften entwickelt. Diese sollen dazu dienen, die naturwissenschaftlichen Lern- und Entwicklungsprozesse der Kinder (Entwicklungsportfolio), die darauf bezogene pädagogische Planung und Reflexion durch Erzieher/innen (Pädagogisches Portfolio) und speziell den Übergang vom Kindergarten in die Grundschule (Transitionsportfolio) zu beobachten und dokumentieren. Die Materialien umfassen einen Einführungsband in die Beobachtung und Dokumentation in Kindergärten, auf den naturwissenschaftlichen Bereich bezogene Portfolios (auch auf CD Rom) sowie Poster, die Erzieher/innen zusätzlich bei der Durchführung unterstützen sollen. Mit dem Entwicklungsportfolio soll die individuelle naturwissenschaftliche Kompetenzentwicklung der Kinder festgehalten werden. Es beinhaltet einen Teil, in dem sich das Kind selbst vorstellt, eine Dokumentation der Lern- und Entwicklungsprozesse mittels Dokumenten, Werken und Bilder des Kindes sowie schriftlichen Beobachtungen der Erzieher/innen bzw. Aussagen/Beobachtungen der Eltern. Strukturierte Vorlagen unterstützen die Erzieherinnen, z.B. indem sie angeregt werden, worüber sie mit dem Kind sprechen sollen, in welchen Schritten sie die Portfolioarbeit in einem Team entwickeln können usw.

## 5    Ausblick

Was die Situation der frühkindlichen Diagnostik domänenspezifischer Entwicklung betrifft, wurden vornehmlich drei „Baustellen" identifiziert. Zum einen bieten die Bildungspläne für Kindertageseinrichtungen hierzu nicht hinreichend fachliche Orientierung. Huneke (2009) fordert deshalb, die Bildungspläne noch fachbezogener auszuarbeiten. Zum Zweiten sind bzw. fühlen sich viele Erzieher/innen nicht hinreichend auf die domänenspezifische Bildungsarbeit vorbereitet. Das gilt verschärft, wenn es um die einschlägige pädagogische Diagnostik geht (z.B. Evanschitzky, Lohr & Hille, 2008). Nicht zuletzt hat es die Wissenschaft versäumt, ihr generiertes Wissen zur domänenspezifischen Entwicklung junger Kinder für die Entwicklung hochqualitativer frühpädagogischer Diagnoseverfahren zu nutzen. Alles in allem wird es also Erzieher/innen nicht leicht gemacht, die domänenspezifische Entwicklung junger Kinder angemessen zu diagnostizieren.

Hier könnten Projekte weiter helfen, in deren Rahmen sich Praktiker und Forscher vor Ort zusammenschließen, um gemeinsam Strategien zu entwickeln, mit deren Hilfe sich zuverlässige diagnostische Informationen zu bestimmten Entwicklungsbereichen der Kinder praktikabel erheben und pädagogisch umsetzen lassen. Holodynski und Seeger (2008) berichten über solch einen Versuch. Mit ihrem Projekt „Bildung von Anfang an – Bildung im Kindergarten organisieren BIKO" wollen sie eine Brücke zwischen Wissenschaft und Kita-Praxis bauen. Dabei haben sie u.a. zum Ziel, die wissenschaftlichen Erkenntnisse über die Beobachtung kindlicher Entwicklung für die Praxis nutzbar zu machen. Um das zu erreichen, werden „bereits verfügbare wissenschaftlich geprüfte Beobachtungsverfahren" zusammengestellt und „an die besonderen Anforderungen der Praxis" in den Kindertageseinrichtungen angepasst; z.B. indem man diese auf ausgewählte Teilskalen beschränkt bzw. durch anschaulichere Durchführungsanleitungen sowie zeitökonomischere Auswertungsbogen erweitert.

## 6    Literatur

Carle, U. (2011). *Evaluierung der Umsetzung des Sächsischen Bildungsplans, des Schulvorbereitungsjahres und der Verzahnung mit der Schuleingangsphase. Abschlussbericht der wissenschaftlichen Evaluation*. Bremen: Universität Bremen, Arbeitsgebiet Elementar- und Grundschulpädagogik.

Carstensen, C.H., Lankes, E.-M. & Steffensky, M. (2011). Ein Modell zur Erfassung naturwissenschaftlicher Kompetenz im Kindergarten. *Zeitschrift für Erziehungswissenschaft*, 14(4), 651–669.

Dunbar, K. & Fugelsang, J. (2005). Scientific thinking and reasoning. In K.J. Holyoak & R.G. Morrison (Eds.), *The Cambridge handbook of thinking and reasoning* (S. 705–725). Cambridge: Cambridge University Press.

Esser, G. & Petermann, F. (2010). *Entwicklungsdiagnostik*. Göttingen: Hogrefe.

Evanschitzky, P., Lohr, C. & Hille, K. (2008). Mathematische und naturwissenschaftlich-technische Bildung im Kindergarten – Untersuchung der Wirksamkeit einer beruflichen Weiterbildung von Erzieherinnen. *Diskurs Kindheits- und Jugendforschung*, 5, 469–481.

French, L., Conezio, K. & Boynton, M. (2000). *Using science as the hub of an integrated early childhood curriculum: The ScienceStart!TM Curriculum*. Arlington, VA: National Science Foundation.

Fried, L. (2005). *Wissen als wesentliche Konstituente der Lerndisposition junger Kinder. Theorie, Empirie und pädagogische Schlussfolgerungen*. Expertise im Auftrag des Deutschen Jugendinstituts. München: DJI (http://dji.de/bibs/320_5488_Fried.pdf).

Fried, L. (2006). Wissenslandkarten von Kindern im Vorschulalter – Welches Wissen haben Kinder? *Jugendhilfe aktuell*, 1/2006, 8–15.

Fried, L. (2007). Die Entwicklung kindlichen Wissens sichtbar machen. In N. Neuß (Hrsg.), Bildung und Lerngeschichten im Kindergarten (S. 101–124). Weinheim: Beltz.

Fried, L. (Hrsg.). (2008). *Das wissbegierige Kind. Neue Perspektiven in der Früh- und Elementarpädagogik*. Weinheim: Juventa.

Fried, L. (2009). Pädagogische Sprachdiagnostik für Vorschulkinder – Dynamik, Stand und Ausblick. *Zeitschrift für Erziehungswissenschaft*, Sonderheft 11/2008, S. 63–78.

Fried, L. (2012). *Programme, Konzepte und subjektive Handlungsorientierungen*. In L. Fried, B. Dippelhofer-Stiem, M.-S. Honig & L. Liegle, Pädagogik der frühen Kindheit (S. 57–90). Weinheim: Beltz.

Fried, L., Kohlruss, M. & Reintjes, M. (2008). *Wissenslandkarten von Kindern. Wissensentwicklung dokumentieren und fördern*. In L. Fried (Hrsg.), Das wissbegierige Kind. Neue Perspektiven in der Früh- und Elementarpädagogik (S. 167–189). Weinheim: Juventa.

Fried, L., Hoeft, M., Isele, P., Stude, J. & Wexeler, W. (2012). *Schlussbericht zur Wissenschaftlichen Flankierung des Verbundprojekts „TransKiGs – Stärkung der Bildungs- und Erziehungsqualität in Kindertageseinrichtungen und Grundschule – Gestaltung des Übergangs"*. Dortmund: Technische Universität Dortmund, Fakultät 12, Lehrstuhl „Pädagogik der frühen Kindheit".

Fthenakis, W.E. (2008). *Natur-Wissen schaffen*. Abschlussbericht: Erste Projektphase September 2006 – August 2008. Bremen: Universität Bremen und Deutsche Telekom Stiftung.

Fthenakis, W.E. (Hrsg.). (2009). *Frühe naturwissenschaftliche Bildung*. Troisdorf: Bildungverlag EINS.

Fthenakis, W.E., Daut, M., Eitel, A., Schmitt, A. & Wendell, A. (2009). *Portfolios im Elementarbereich*. Troisdorf: Bildungsverlag EINS.

Gelman, R. (2009). Learning in core and noncore domains: In: L. Tommasi, M.A. Peterson & L. Nadel (Hrsg.), *Cognitive biology: Evolutionary and development persepectives on mind, brain, and behavior* (S. 247–260). Cambridge, MA: MIT Press.

Groot-Wilken, B. & Warda, L. (2007). *Entwicklungsgespräche in Kindergarten und Kita*. Freiburg: Herder.

Hannust, T. & Kikas, E. (2007). Children's knowledge of astronomy and its change in the course of learning. *Early Childhood Research Quarterly*, 22, 89–104.

Harlen, W. & Winter, J. (2004). The development of assessment for learning: Learning from the case of science and mathematics. *Language Testing*, 21(3), 390–408.

Hasselhorn, M. & Schneider, W. (Hrsg.). (2011). *Frühprognose schulischer Kompetenzen*. Göttingen: Hogrefe.

Holodynski, M. & Seeger, D. (2008). *Bildung im Kindergarten organisieren (BIKO)*, Abschlussberichts des gleichnamigen Projekts, gefördert durch die Robert Bosch Stiftung. Münster: Universität Münster, Institut für Psychologie in Bildung und schulischer Erziehung.

Honig, M.-S., Schreiber, N. & Lang, S. (2006). *Begleitstudie zur Umsetzung der "Bildungs- und Erziehungsempfehlungen für Kindertagesstätten in Rheinland-Pfalz". Abschlussbericht an das Ministerium für Bildung, Frauen und Jugend*. Trier: Universität Trier, FB I Pädagogik.

Huneke, H.-W. (2009). Sprache, Bildung, Plane. Überblick über die Bildungs- und Erziehungspläne im Bereich Sprache. *Die Grundschule*, 4, 12–15.

Jugendministerkonferenz (2004). *Gemeinsamen Rahmen der Länder für die frühe Bildung in Kindertageseinrichtungen der Jugendministerkonferenz/Kultusministerkonferenz.* (www.mbjs.brandenburg.de/cms/detail.php/bb1.c.186898.de).

Keller, A.M. (2009). *Bildung in der frühen Kindheit. 16 Bundesländer im Vergleich.* Landau: Empirische Pädagogik.

Köster, H., Balluseck von, H. & Kraner, R. (2008). Technische Bildung im Elementar- und Primarbereich. In R. Buhr & E.A. Hartmann (Hrsg.), *Technische Bildung für alle. Ein vernachlässigtes Schlüsselelement der Innovationspolitik* (S. 33–54). Berlin: BMBF.

Kohlruss, M. (2006). *Sachwissen junger Kinder fördern. Ein Hilfsmittel für Erzieherinnen.* Dortmund: Universität Dortmund, Lehrstuhl Pädagogik der frühen Kindheit.

Krahn, S. (2005). *Untersuchungen zum intuitiven naturwissenschaftlichen Wissen von Kindern im Alter zwischen zwei und sieben Jahren,* unveröffentlichte Dissertation. Bielefeld: Universität Bielefeld, Didaktik der Chemie.

Krist, H., Natour, N., Jäger, S. & Knopf, M. (1998). Kognitive Entwicklung im Säuglingsalter: Vom Neo-Nativismus zu einer entwicklungsorientierten Konzeption. *Zeitschrift für Entwicklungspsychologie und Pädagogische Psychologie*, 30(4), 153–173.

Leu, H.R. (2010). Beobachtung in der Praxis. In L. Fried & S. Roux (Hrsg.), *Pädagogik der frühen Kindheit* (S. 232–243). Berlin: Cornelsen Scriptor.

Lisker, A. (2010). *Sprachstandsfeststellung und Sprachförderung im Kindergarten sowie beim Übergang in die Schule. Expertise im Auftrag des Deutschen Jugendinstituts.* München: DJI (http://www.dji.de/bibs/Expertise_Sprachstandserhebung_Lisker_2010.pdf).

Macha, T. & Petermann, F. (2006). Entwicklungsdiagnostik. In F. Petermann & M. Eid (Hrsg.), *Handbuch der Psychologischen Diagnostik* (S. 594–602). Göttingen: Hogrefe.

Mähler, C. (1999). Naive Theorien im kindlichen Denken. *Zeitschrift für Entwicklungspsychologie und Pädagogische Psychologie*, 31, 191–206.

Mähler, C. (2006). *Was ist naive Biologie?* Wissen & Wachsen, Schwerpunktthema Naturwissenschaft und Technik, Wissen. (www.wissen-und-wachsen.de/page_natur.aspx?Page=622f1f9a-e034-426a-921ab7d3e5196698).

MFKJKS NRW / MSW NRW (2010). *Mehr Chancen durch Bildung von Anfang an – Entwurf – Grundsätze zur Bildungsförderung für Kinder von 0 bis 10 Jahren in Kindertageseinrichtungen und in Schulen im Primarbereich in Nordrhein-Westfalen.* Düsseldorf: Ministerium für Familie, Kinder, Jugend, Kultur und Sport NRW / Ministerium für Schule und Weiterbildung NRW.

Moosbrugger, H. & Kelava, A. (Hrsg.) (2007). *Testtheorie und Fragebogenkonstruktion.* Berlin: Springer

OECD (2004). *Die Politik der frühkindlichen Betreuung, Bildung und Erziehung in der Bundesrepublik Deutschland. Ein Länderbericht der Organisation für wirtschaftliche Zusammenarbeit und Entwicklung (OECD).* Paris: OECD.

Quaiser-Pohl, C. & Rindermann, H. (2010). *Entwicklungsdiagnostik.* München: Reinhardt.

Reintjes, M (2005). *Weltwissen & Wissenswelten. Ein Praxisinstrument zur Erfassung des Sachwissens junger Kinder.* Dortmund: Universität Dortmund, Lehrstuhl Pädagogik der frühen Kindheit.

Röbe, E., Huppertz, N. & Füssenich, I. (2010). *WiBeOr. Wissenschaftliche Begleitung und Evaluation zur Implementierung des Orientierungsplans für Erziehung und Bildung in baden-württembergischen Kindergärten.* Abschlussbericht Internetfassung – Dezember 2010. Freiburg/Ludwigsburg; Pädagogische Hochschulen.

Rossbach, H.-G. & Weinert, S. (2005). *Kindliche Kompetenzen im Elementarbereich: Förderbarkeit, Bedeutung und Messung.* Berlin: BMBF.

Steffensky, M., Lankes, E.-M., Carstensen, C.H. & Nölke, C. (2012). Alltagssituationen und Experimente: Was sind geeignete naturwissenschaftliche Lerngelegenheiten für Kindergartenkinder? *Zeitschrift für Erziehungswissenschaft*, 15, 37–54.

Steudel, A. (2008). *Beobachtung in Kindertageseinrichtungen. Entwicklung einer professionellen Methode für die pädagogische Praxis.* Weinheim: Juventa.

Tietze, W. (2010). Frühpädagogische Evaluations- und Erfassungsinstrumente. In L. Fried & S. Roux (Hrsg.), *Pädagogik der frühen Kindheit* (S. 243–253). Berlin: Cornelsen Scriptor.

Viernickel, S. & Völkel, P. (2005). *Beobachten und dokumentieren im pädagogischen Alltag (3. Aufl.).* Freiburg: Herder.

Wannack, E. (2003). Kindergarten und Schule – Lehrpläne im Vergleich. *Schweizerische Zeitschrift für Bildungswissenschaft*en 25(2), 271–286.

Wenning, C.J. (2007). Assessing inquiry skills as a component of scientific literacy. *Journal of Physics Teacher Education Online*, 4(2), 21–24.

Wiegand, P. (2006). *Learning and teaching with maps.* New York, NY: Routledge.

Wilkening, F., Huber, S. & Cacchione, T. (2006). *Intuitive Physik im Kindesalter.* In W. Schneider & B. Sodian (Hrsg.), Kognitive Entwicklung. Enzyklopädie der Psychologie, Themenbereich C: Theorie und Forschung, Serie V: Entwicklungspsychologie, Bd. 2 (S. 825–860). Göttingen: Hogrefe.

# Qualitätsmessung und Qualitätsentwicklung in Kindertageseinrichtungen

Fabienne Becker-Stoll und Monika Wertfein

## 1    Einleitung

Die Fragen nach der frühpädagogischen Qualität, dem Verständnis von Qualitätskonzepten in der Frühpädagogik und der Erfassung und Weiterentwicklung von Qualität in Kindertageseinrichtungen wird seit über zwanzig Jahren im deutschsprachigen Raum kontrovers diskutiert. Im vorliegenden Beitrag werden zunächst Konzepte frühpädagogischer Qualität erklärt und ihre Messbarkeit dargestellt. Dabei werden einerseits die wissenschaftliche Bedeutung von Messungen und ihre methodische Umsetzung dargestellt, sowie andererseits die Kriterien erläutert, die Verfahren zur Qualitätsmessung erfüllen müssen. Zur Messung der Qualität in Kindertageseinrichtungen werden im deutschsprachigen Raum die Kindergarten-Skala (KES-R) und die Krippen-Skala (KRIPS-R) eingesetzt. Diese international etablierten Einschätzskalen wurden von der Forschergruppe um Wolfgang Tietze für Deutschland adaptiert und laufend weiterentwickelt und gelten als wissenschaftlich fundierte Verfahren zur Feststellung und Unterstützung pädagogischer Qualität in Kindertageseinrichtungen. Nachfolgend wird auf die Chancen und Einschränkungen dieser Beobachtungsskalen eingegangen und abschließend die Qualitätsvereinbarung in Berlin, als ein Beispiel für die systematische Erfassung und Weiterentwicklung von frühpädagogischer Qualität auf der Grundlage bestehender Bildungspläne, vorgestellt.

## 2      Konzepte frühpädagogischer Qualität

Seit den 1990er Jahren wird in Deutschland die Frage nach der frühpädagogischen Qualität und dem Verständnis von Qualitätskonzepten in der Frühpädagogik kontrovers diskutiert. Auch wenn der Ausbau der Kindertagesbetreuung in Deutschland immer wieder die Frage der Quantität auf Kosten der Qualität aufwirft, gewinnt die Frage nach der Erfassung und Weiterentwicklung von Qualität in Kindertageseinrichtungen zunehmend an Bedeutung und Brisanz (Roux, 2006; Tietze, 2010).

Das Netzwerk Kinderbetreuung der Europäischen Kommission (1996) vertritt einen breiten Qualitätsbegriff. Hier wird die Qualität in Kindertageseinrichtungen als dynamisches Konzept und nicht als unveränderliche Realität erfasst. Als Begründung wird dafür angeführt, dass die Definitionen von Qualität Werte, Überzeugungen und Bedürfnisse von Gruppen repräsentieren würden, die ein bestimmtes Interesse an den Einrichtungen aufweisen. Diese Überzeugungen können sich mit der Zeit wandeln. Im Zentrum stehen Fragen nach Effektivität, Effizienz und Transparenz der Kindertageseinrichtungen: Werden die angegebenen Qualitätsziele in den Vorschulsystemen erreicht? Besteht eine effiziente Relation zwischen den Mitteln und den Zielen? Werden die Mittel zur Erreichung der erforderlichen Qualität wirtschaftlich genutzt? Inwiefern wird die Qualität der Betreuungsangebote belegt und ist sie insofern für alle Beteiligten nachvollziehbar?

Das Verständnis von Qualität in Kindertageseinrichtungen muss sich vom Kind und seinen entwicklungsspezifischen Bedürfnissen her ableiten. Damit wird deutlich, dass das Verständnis von frühpädagogischer Qualität nicht von einem spezifischen pädagogischen Ansatz abhängig gemacht werden kann, sondern dass sich pädagogische Qualität grundsätzlich darin zeigt, inwiefern die Bedürfnisse der Kinder befriedigt und ihre Entwicklung altersangemessen unterstützt wird. Gleichzeitig müssen aber die verschiedenen Aspekte der Bildung, Erziehung und Betreuung von Kindern in der Kindertageseinrichtung betrachtet werden. Die Anforderungen und Ansprüche an die Arbeit der pädagogischen Fachkräfte in Kindertageseinrichtungen sind sehr vielfältig und komplex und nicht zuletzt durch die Einführung von Bildungsplänen im Elementarbereich deutlich gestiegen. Schließlich stellen die bestehenden und genutzten strukturellen Bedingungen den Rahmen dar, in welchem die täglichen interaktiven Prozesse der pädagogischen Fachkräfte mit den Kindern stattfinden und die eigentliche pädagogische Qualität prägen.

Um diese Qualität zu sichern und weiterzuentwickeln, eignen sich am ehesten Qualitätskonzepte, die auf der Grundlage quantitativ-empirisch ausgerichteter (früh)pädagogischer Forschung, unter der Prämisse der Orientierung am Kindeswohl und an den Bedürfnissen der Eltern, allgemein gültige Qualitätsstandards entwickeln, erfassen und ihren Einfluss auf die Entwicklung der Kinder erforschen. Im deutschsprachigen Raum entwickelten die Forschergruppen um Tietze (Tietze, 1998; Tietze, Roßbach & Grenner, 2005) einen wissenschaftstheoretischen Zugang zur Erfassung frühpädagogischer Qualität mit empirischer Überprüfung in Anlehnung an die internationale Forschung, wie sie bereits in den USA oder England etabliert war (z.B. Cryer, 1999; Sylva et al., 2004). Bei der Qualitätsdefinition von Debby Cryer für das System der „early care and education" sind die Kernelemente der Bildung, Erziehung und Betreuung auf die positive Entwicklung der Kinder gerichtet. So betont Cryer (1999, S. 41):

> „The definition emphasizes practices that are assumed to encourage language, intellectual and physical abilities; social competence, including a balance of independence and cooperation; as well as emotional wellbeing. It is characterized by a child-centered approach to raising children, emphasizing children´s play and interactions with materials and peers as the primary means of attaining developmental goals. It requires a safe environment that encourages good health".

In Anlehnung an diese Definition ist pädagogische Qualität dann gegeben, „wenn die jeweiligen pädagogischen Orientierungen, Strukturen und Prozesse das körperliche, emotionale, soziale und intellektuelle Wohlbefinden und die Entwicklung und Bildung der Kinder in diesen Bereichen aktuell wie auch auf Zukunft gerichtet fördern" (Tietze, 2008, S. 17). Dabei kommt es darauf an, „das stellvertretend wahrgenommene Interesse des Kindes an guter Bildung, Betreuung und Erziehung in den Mittelpunkt" zu stellen und damit die Qualität grundsätzlich aus Kindperspektive zu betrachten und zu bewerten (Tietze et al., 2007a, S. 6). Nach Tietze (1998) kann die pädagogische Qualität als ein komplexes, multidimensionales Gebilde dargestellt werden, das die wesentlichen Bereiche einer Kindertageseinrichtung zusammenfasst. Diese Bereiche tragen zur Qualität der Gesamteinrichtung bei, wirken aufeinander und stehen zueinander in Beziehung.

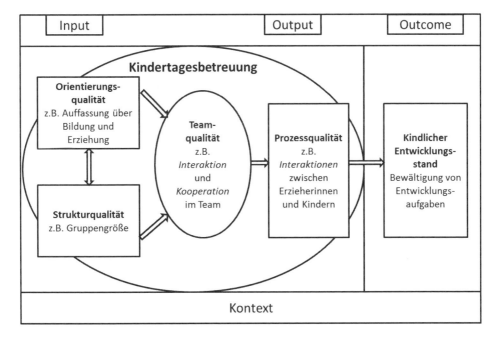

**Abbildung 1** Bereiche und Zusammenhänge zwischen pädagogischen Qualitätsmerkmalen in Kinderkrippen (in Anlehnung an Bundesministerium für Familie, Senioren, Frauen und Jugend, 2005, S. 649).

Bildung, Betreuung und Erziehung von Kindern werden als interaktive Prozesse betrachtet. Diese Dynamik des pädagogischen Alltags mit dem pädagogischen Handeln der Erzieherinnen und den Erfahrungen, die Kinder machen können, kann dabei insgesamt und im Hinblick auf die unterschiedlichen Aspekte pädagogischer Qualität jeweils sehr unterschiedlich ausfallen.

Die **Orientierungsqualität** spiegelt das Bild vom Kind, welches die pädagogische Fachkraft vertritt und in ihrer Auffassung über Bildung und Entwicklung sowie in konkreten Bildungs- und Erziehungszielen sowie Erziehungsmaßnahmen zum Ausdruck kommen (vgl. Tietze & Viernickel, 2003). Unter **Strukturqualität** werden all jene Faktoren subsummiert, die als gegeben betrachtet werden müssen und sich mehrheitlich nur auf politischer Ebene verändern lassen. Hierzu zählen die Gruppengröße, der Erzieher-Kind-Schlüssel, die räumlichen Bedingungen (qm pro Kind), die Qualifikation der pädagogischen Fachkräfte durch Aus- und Weiterbildung, die Vorbereitungszeit, die Kontinuität der pädagogischen Fachkräfte sowie das Einkommen des Personals (vgl. Viernickel & Schwarz, 2009; Tietze & Viernickel, 2003). **Prozessqualität** im engeren Sinne legt den Fokus auf die Interaktionen zwischen Fachkräften und Kindern. „In den Interaktionsprozessen zeigt sich sowohl die Dynamik des pädagogischen Geschehens als auch der Umgang mit dem Kind" (Müller, 2011, S. 65). Prozessqualität im weiteren Sinne erfasst die gesamte Art und Weise, wie pädagogische Fachkräfte den Bildungs-, Erziehungs- und Betreuungsauftrag umsetzen. Die Management- und Organisationsqualität, und hier besonders die Teamqualität, stehen zwischen dem Input (Struktur- und Orientierungsqualität) und dem Output (Prozessqualität im engeren Sinne). Es wird angenommen, dass „die Qualität des Managements und der Organisation einer Kindertageseinrichtung einen eigenständigen Einfluss auf das Prozessgeschehen hat und zusätzlich die Wirkung der strukturellen Bedingungen moderiert" (Viernickel, 2008, S. 47). Nicht nur aus Sicht der Fachkräfte selbst erweisen sich eine gute Zusammenarbeit im Team und ein gutes Teamklima als wichtige Ressourcen und Voraussetzungen für gute pädagogische Praxis (Wertfein, Spies-Kofler & Becker-Stoll, 2009; Müller, 2011; Wertfein & Müller, 2013).

Empirische Untersuchungen zeigen, dass sich die unterschiedlichen Aspekte der pädagogischen Qualität zwar wechselseitig beeinflussen, aber nicht vollständig gegenseitig bestimmen (vgl. Tietze, 1998; 2008). Dies hängt zum einen damit zusammen, dass je nach Studie und Erhebungsinstrumentarium unterschiedliche Perspektiven (z.B. Eltern, Fachkräfte) auf die pädagogische Qualität abgebildet werden. Zudem kann die Prozessqualität in zwei Gruppen sehr unterschiedlich ausfallen, auch wenn dasselbe pädagogische Konzept (Orientierungsqualität) oder der gleiche Erzieher-Kind-Schlüssel (Strukturqualität) gegeben sind. Es besteht somit trotz vergleichbarer Ausgangsbedingungen ein hoher Gestaltungsspielraum durch die pädagogischen Fachkräfte. Entscheidend ist hierbei der Umgang mit den verfügbaren Ressourcen, insbesondere das Zeit- und Personalmanagement sowie die Umsetzung bestehender Qualitätsansprüche. Dies wird besonders deutlich und daran mess- und beobachtbar, in welchem Maße die pädagogische Arbeit an den individuellen Bedürfnisse der Kinder in der Einrichtung oder Gruppe orientiert ist und wie flexibel und veränderbar deren Planung und Gestaltung gehandhabt wird (Tietze et al., 2007a).

Andere Studien befassen sich mit der Frage, ob die pädagogische Qualität den verschiedenen Bedürfnissen der Kinder, insbesondere ihrem Anspruch auf Förderung ihrer Entwicklung entspricht, und ob sie einen Einfluss auf die Entwicklung in der kindlichen Betreuungsumgebung ausübt. Eine Reihe US-amerikanischer wie auch europäischer Studien haben Zusammenhänge zwischen den verschiedenen Qualitätsbereichen (Prozess-, Struktur- und Orientierungsqualität) in Kindertageseinrichtungen sowie dem kindlichen Entwicklungsstand u.a. in den Bereichen Sprache, soziale Kompetenz und Kognition feststellen können: Je höher die pädagogische Qualität einer Einrichtung eingeschätzt wurde, desto positiver fiel der kindliche Entwicklungsstand aus (Peisner-Feinberg et al., 2001; NICHD, 2002; 2006; Sylva et al., 2004). Die „Nationale Untersuchung der Bildung, Betreuung und Erziehung junger Kinder" befasst sich deutschlandweit mit der Frage, welchen Einfluss verschiedene Bildungs- und Betreuungsformen innerhalb und außerhalb der Familie auf die kindliche Entwicklung und Bildung haben. Die Studie wurde in acht verschiedenen Bundesländern in Familien und unterschiedlichen außerfamiliären Betreuungssettings durchgeführt. Einbezogen wurden rund 2.000 zwei- und vierjährige Kinder mit ihren Familien, davon rund ein Drittel mit Migrationshintergrund (siehe auch www.nubbek.de).

Damit kann festgehalten werden, dass das Verständnis frühpädagogischer Qualität einerseits der Komplexität von Bildung, Erziehung und Betreuung in Kindertageseinrichtungen in einem sich verändernden gesamtgesellschaftlichen Kontext gerecht werden, andererseits auf das Wohlbefinden der Kinder und ihre Entwicklung ausgerichtet sein sollte. Dabei ist – auch in künftigen Studien – zu berücksichtigen, dass die bestehenden Rahmenbedingungen, nicht nur Entwicklungsbedingungen für die Kinder, sondern auch Arbeitsbedingungen für die pädagogischen Fachkräfte darstellen. Die Studie „Arbeitsplatz und Qualität in Kitas – Qualität der Arbeitsverhältnisse und Arbeitsbedingungen frühpädagogischer Fachkräfte in Deutschland" erforscht durch eine deutschlandweite repräsentative Fragebogenerhebung das komplexe Bedingungsgefüge aus Rahmenbedingungen, strukturellen und persönlichen Voraussetzungen und Arbeitszufriedenheit im System der Kindertageseinrichtungen. Die Befragung ist in allen 16 Bundesländern mit rund 25.000 Fachkräften in insgesamt 5.000 Einrichtungen vorgesehen (siehe auch www.aqua-studie.de).

## 3      Frühpädagogische Qualität messen, einschätzen und evaluieren

Intuitiv erscheint der Bereich der Strukturqualität am einfachsten zu erfassen, da es sich hierbei vor allem um quantitativ messbare Aspekte der Qualität handelt. Dies mag für z.B. die Gruppengröße oder die Größe der Räume in Quadratmetern zutreffen. Hingegen ist die Berechnung des Erzieherin-Kind-Schlüssels hoch komplex und kaum zuverlässig möglich (vgl. Viernickel & Schwarz, 2009). Bevor der Frage nachgegangen wird, ob auch andere Aspekte frühpädagogischer Qualität wie z.B. die Qualität der Interaktion zwischen Erzieherin und Kind gemessen werden können, soll dargestellt werden, was unter Messen, Einschätzen und Evaluieren verstanden wird.

Ausprägungen von bestimmten Merkmalen können gemessen werden, z.B. die Körpertemperatur, Gewicht einer Person oder die Höhe eines Gegenstandes. Dabei kommt es darauf an, welches Messinstrument verwendet wird (z.B. Wird die Körpertemperatur mit einem digitalen oder analogen Thermometer gemessen?) und wie genau und zuverlässig gemessen wird (z.B. Messen zwei unterschiedliche Thermometer die gleiche Temperatur?). Unter **Messen** versteht man die Zuordnung von Zahlen zu Merkmalsausprägungen. Dabei sollen die Beziehungen, die zwischen den Zahlen bestehen Beziehungen wiedergeben, die zwischen den Objekten in Bezug auf das erfasste Merkmal bestehen. Damit Merkmalsausprägungen gemessen werden können, braucht man **Skalen**. Dinge, die vorher nicht messbar waren, können anhand von Skalen messbar werden. Dies ist deswegen so bedeutsam, weil erst durch die Messbarkeit bestimmte Merkmale auch verändert werden können. Dies gilt auch für die pädagogische Qualität: erst wenn sie anhand eindeutiger Qualitätskriterien messbar ist, kann ein mehr oder weniger an Qualität bestimmt werden. Erst durch die Messung wird deutlich, in welchen Bereichen eine Verbesserung nötig oder gewünscht ist, um darauf zu schließen, welche Maßnahmen und Ressourcen zu einer gezielten Veränderung erforderlich sind. Zu einem späteren Zeitpunkt kann durch eine weitere Einschätzung überprüft werden, ob diese Veränderung stattgefunden und was sie bewirkt hat.

Jedoch ermöglichen unterschiedliche Ausprägungen von Merkmalen nicht immer die gleiche Art der Messung. Daher gibt es unterschiedliche Skalenniveaus. Unterschieden werden Nominal-, Ordinal-, Intervall- und Verhältnisskala. Das niedrigste Skalenniveau ist die Nominalskala. Für verschiedene Objekte oder Erscheinungen wird mithilfe eines Vergleichs lediglich eine Entscheidung über die Gleichheit oder Ungleichheit der Merkmalsausprägung getroffen. Es handelt sich also nur um qualitative Merkmale (z.B. Staatsangehörigkeit oder Geschlecht). Die Werte können nicht nach Größe sortiert werden, im Sinne von ‚ist größer als' oder ‚besser als'. Die Ordinalskala ermöglicht dagegen die Bildung von Rangordnungen. Für ein ordinal skalierbares Merkmal lassen sich Beziehungen der Art ‚größer – kleiner', ‚mehr – weniger', ‚stärker – schwächer' zwischen je zwei unterschiedlichen Merkmalswerten formulieren. Über die Abstände zwischen diesen benachbarten Urteilsklassen ist jedoch nichts ausgesagt. Meist handelt es sich um qualitative Merkmale, wie z.B. der höchste erreichte Bildungsabschluss einer Person. Bei der Intervallskala ist ebenfalls die Reihenfolge der Merkmalswerte festgelegt, aber hier ist die Größe des Abstandes zwischen zwei Werten eindeutig messbar. Als metrische Skala macht sie Aussagen über den Betrag der Unterschiede zwischen zwei Werten (z.B. Jahreszahlen, Celsius-Temperaturskala). Die Verhältnisskala besitzt das höchste Skalenniveau. Bei ihr handelt es sich ebenfalls um eine metrische Skala, im Unterschied zur Intervallskala existiert jedoch ein absoluter Nullpunkt (z.B. Lebensalter, Längenmaße). Einzig bei diesem Skalenniveau sind Multiplikation und Division sinnvoll und es dürfen

Verhältnisse von Merkmalswerten gebildet werden (z.B. ‚doppelt so hoch wie…‘) (vgl. Bortz, 2005).

Bei der Messung von pädagogischer Qualität kommen sowohl strukturierte Interviews und Fragebögen, als auch systematische Beobachtungsverfahren, wie Einschätzskalen oder Kriterienkataloge zum Einsatz. Für alle Verfahren gilt, dass sie in ausreichendem Umfang den erforderlichen Messgütekriterien genügen müssen: Sie müssen objektiv sein, zuverlässig messen und die Messung muss zu gültigen Ergebnissen führen. Von Objektivität eines Verfahrens kann dann gesprochen werden, wenn seine Durchführung und Auswertung unabhängig vom jeweiligen Anwender ist. So sollten z.B. zwei Beobachter, die mit einem Beobachtungsverfahren ein Kind in derselben Situation beobachten, zum gleichen Ergebnis kommen. Ebenso sollten zwei Personen, die mit einem Verfahren die pädagogische Konzeption inhaltlich auswerten, zum gleichen Ergebnis kommen. Zuverlässigkeit (Reliabilität) wird einem Verfahren dann zugeschrieben, wenn es möglichst fehlerarm misst. Dabei sollten wiederholte Anwendungen desselben Verfahrens zu gleichen Ergebnissen führen (Retest-Reliabilität). Von Gültigkeit (Validität) kann bei einem Verfahren nur dann gesprochen werden, wenn es das, was es messen soll, auch tatsächlich abbildet. Diese Gütekriterien bauen aufeinander auf. So kann ein Messverfahren nur zuverlässig sein, wenn es auch objektiv ist und nur dann valide messen, wenn es sowohl objektiv als auch zuverlässig ist (vgl. Bortz, 2005; Amelang & Schmidt-Atzert, 2006). Die wissenschaftliche Überprüfung der Messgüte eines Verfahrens ist sehr aufwendig und führt oft zu Revisionen des Verfahrens. Dennoch sollten alle in der frühpädagogischen Praxis angewandten Verfahren wissenschaftlich erprobt und ihre Messgüte nachgewiesen sein. Schließlich ist nicht nur die Anwendung z.B. eines Evaluationsverfahrens aufwendig, sondern es werden auf der Grundlage der Evaluationsergebnisse weitreichende Entscheidungen getroffen.

## 4  Messmethoden in der Frühpädagogik – Selbst- und Fremdevaluation

Nach Braun (2010) ist ‚Messen‘ in pädagogischen Zusammenhängen ein eher selten angewandter Begriff. Seiner Ansicht nach trifft der Begriff ‚Einschätzen‘ das Vorgehen besser, weil es immer eine Vielzahl von Faktoren gibt, die das Ergebnis beeinflussen. Vor allem der Beobachter selbst steht immer in der Gefahr, seine subjektive Wertung in eine Einschätzung einzubringen. Objektives ‚Messen‘ ist möglich bei Zeitfaktoren (z.B. Wie lange spricht eine Erzieherin mit einem Kind?) oder bei Strukturdaten (z.B. Wie viele Kinder sind heute da?). Das Einschätzen der ‚Atmosphäre‘ in der Gruppe ist da ungleich schwieriger, aber auch objektiv möglich, wenn verschiedene Beobachter bei jeder Messung die gleichen Kriterien anlegen. Der Fachbegriff, der für die Bewertung sozialer Arbeit zugrunde gelegt wird, ist **Evaluation** und kann als Selbst- oder Fremdevaluation zur Anwendung kommen.

Die **Selbstevaluation**, ist ein systematisches Nachdenken und Bewerten der eigenen beruflichen Praxis. Während die (unsystematische) Reflexion des eigenen Handelns im Alltag einer Kindertageseinrichtung ständig – zumeist bezogen auf konkrete Ereignisse und Konflikte stattfindet (Team- und Elterngespräche, Personalgespräche, kollegialer Austausch etc.), ist die Selbstevaluation stärker strukturiert und kriteriengeleitet. Sie stellt Fragen zum Zusammenhang von Prozess und Ziel und gibt der Reflexion somit eine Richtung (Braun, 2010; Tietze, 2004). Selbstevaluation kann auch auf der Grundlage eines Kriterienkataloges stattfinden. Der Kriterienkatalog „Pädagogische Qualität in Tageseinrichtungen für Kinder" (Tietze & Viernickel, 2003) enthält z.B. unterschiedliche pädagogische Qualitätsbereiche und beschreibt gute Qualität aus verschiedenen Blickwinkeln. Zu diesen Qualitätsbereichen gibt es ausführliche Selbstevaluationsmaterialien, mit denen ein Team jeden Qualitätsbereich gemeinsam bewerten kann. Allerdings setzt ein sinnvoller, fortlaufender Selbstevaluationsprozess im pädagogischen Team ein hohes Maß an Selbstreflexion, die Fähigkeit zu einer realistischen Selbsteinschätzung und eine vertrauensvolle Zusammenarbeit voraus (Braun, 2010). Die **Fremdevaluation** ergänzt die Methoden der Evaluation, erfordert jedoch einen höheren organisatorischen und oft auch finanziellen Aufwand und Einsatz. Fremdevaluation ist dadurch gekennzeichnet, dass die pädagogische Qualität in der Regel durch geschulte Beobachter beurteilt wird und ist vor allem dann sinnvoll, wenn die Qualität im Sinne eine Stärken-Schwächen-Analyse möglichst objektiv über alle Qualitätsbereiche hinweg eingeschätzt werden soll (ebd.).

Im deutschsprachigen Raum haben sich Verfahren zur Einschätzung der pädagogischen Prozessqualität etabliert, die von Tietze und seinen Mitarbeitern entwickelt wurden: hierzu gehören die Krippen-Skala (KRIPS-R, Tietze et al., 2007a), die Kindergarten-Skala (KES-R, Tietze et al., 2007b), die Skala für Hort- und Ganztagsschulangebote (HUGS, Tietze et al., 2005) und Tagespflege-Skala (TAS, Tietze, Knobeloch & Gerszonowicz, 2005). Diese Einschätzskalen gehen zurück auf US-amerikanische Skalen um die Autoren Harms, Clifford und Cryer (vgl. Cryer, 1999), liegen in verschiedensprachigen Adaptionen vor und werden weltweit genutzt. Die Skalen erfassen verschiedene Bereiche pädagogischer Qualität, u.a. Platz und Ausstattung, Betreuung und Pflege der Kinder, sprachliche und kognitive Anregungen, Bildungsaktivitäten, Interaktionen, Strukturierung der pädagogischen Arbeit und die Zusammenarbeit von Eltern und Erzieherinnen. Jedem dieser Bereiche sind mehrere spezifische Qualitätsmerkmale zugeordnet, die auf einer siebenstufigen Ratingskala eingeschätzt werden, wobei die sieben Stufen durch genaue Indikatoren beschrieben werden. Die Einschätzung erfolgt im Rahmen einer mindestens dreistündigen Beobachtung durch trainierte Beobachter/innen und wird durch ein einstündiges Interview mit der zuständigen pädagogischen Fachkraft ergänzt. Werte unter 3 auf den siebenstufigen Ratingskalen weisen auf unzureichende pädagogische Qualität, Werte zwischen 3 und 5 auf mittelmäßige und Werte von 5 bis 7 auf gute bis sehr gute pädagogische Qualität hin. Die Einschätzskalen weisen eine gute Messgüte auf. Die Beobachterübereinstimmung (Reliabilität) ist bei entsprechenden Trainings hoch (>.85), ebenso die Wiederholungszuverlässigkeit und die interne Konsistenz der Skalen (jeweils um .90). Untersuchungen zur faktoriellen, konkurrenten und Konstruktvalidität liefern ebenfalls zufrieden stellende Ergebnisse (Tietze, 2006).

Nach Braun (2003) lässt sich aber an den Einschätzskalen auch begründete Kritik üben. Da für jedes Merkmal und für jede der Skalenstufen 1, 3, 5 und 7 spezifische Kriterien angeführt sind, die die jeweilige Stufe charakterisieren, ist der Beobachter an einen engen Bewertungsrahmen gebunden. Werden die formulierten Aspekte nicht erfüllt, ist eine andere – bessere – Bewertung nicht möglich (Abbruchkriterium). Aus wissenschaftlicher Sicht ist dies zu befürworten, weil dies die Sicherheit erhöht, zu vergleichbaren Ergebnissen zu kommen. Aus der Sicht von Praxis besteht die Gefahr, dass die Vielschichtigkeit pädagogischen Handelns nicht angemessen berücksichtigt wird. Damit sind die Verfahren der KES-Familie aufgrund ihrer Konstruktion eher konservative Instrumente, da eine Einschätzstufe (z.B. 4) erst vollständig erfüllt sein muss, um Qualitätsmerkmale auf der nächsthöheren Stufe (z.B. 5) im Gesamtergebnis einer Skala berücksichtigen zu können. So trifft das Gesamtergebnis in Ziffern keine Aussage über ‚qualitative Zwischentöne', d.h. gute, sehr gute oder ausgezeichnete Qualitätsmerkmale, die in jeder Einrichtung auch vorzufinden sind (vgl. Braun, 2003).

Da es sich bei den Verfahren der KES-Familie um prozessorientierte Instrumente zur Qualitätsentwicklung in Kindertageseinrichtungen handelt, die sowohl pädagogisches Handeln als auch den Einsatz bestehender Ressourcen und Materialien berücksichtigen, kann eine Interpretation der Ergebnisse am besten vor dem Hintergrund der jeweiligen Rahmenbedingungen in den erfassten Einrichtungen erfolgen. Weiterhin ist zu berücksichtigen, dass sich die Einschätzungen nur auf einzelne Gruppen und nicht auf die gesamte Kindertageseinrichtung beziehen. Durch zusätzliche Messzeitpunkte bzw. regelmäßige Fremdevaluation und durch die Einschätzung verschiedener Gruppen einer Einrichtung kann die Genauigkeit und Aussagekraft der Qualitätsergebnisse erhöht werden (Braun, 2003). Mit entsprechendem Mehraufwand (Bewertung aller Skalenstufen von 1 bis 7) können die Beobachtungsergebnisse auch dazu genutzt werden, pädagogischen Teams konkrete Rückmeldung über die Stärken und Entwicklungspotentiale in der jeweiligen Einrichtung zu geben. Auf diese Weise können Forschung und Praxis gemeinsam zur nachhaltigen Qualitätssicherung in Kindertageseinrichtungen beitragen (vgl. Wertfein, Müller & Kofler, 2012).

## 5   Qualitätsentwicklung auf der Grundlage von Bildungsplänen

Die Weiterentwicklung und Sicherung einer qualitativ hochwertigen Bildung, Erziehung und Betreuung in Kindertageseinrichtungen ist auch Ziel der Bildungspläne der Bundesländer. Diese setzen im Bereich der Orientierungsqualität an und versuchen auf diese Weise den ‚Input' im Zusammenspiel der Qualitätsaspekte zu stärken (siehe Abbildung 1). Allerdings mangelt es in diesem Bereich oftmals an der Überprüfung der Qualitätsveränderungen nach Implementierung eines Bildungsplanes oder Bildungsprogramms. Wie eine solche nachhaltige Qualitätsüberprüfung und fortlaufende interne sowie externe Evaluation gestaltet werden kann, wird nachfolgend am Beispiel des Berliner Bildungsprogramms aufgezeigt.

Im Rahmen der Implementierung des Berliner Bildungsprogramms wurde zur Weiterentwicklung der frühpädagogischen Qualität eine „Qualitätsvereinbarung Tageseinrichtungen" getroffen (siehe auch www.beki-qualitaet.de). Damit haben sich Politik und Verbände der Kitaträger auf ein System von Maßnahmen geeinigt, mit dem die fortlaufende Qualitätsentwicklung aller Berliner Kindertageseinrichtungen auf der Basis des Bildungsprogramms überprüft und gesichert werden soll. Ende Mai 2008 wurde die Internationale Akademie an der Freien Universität Berlin (INA gGmbH) damit beauftragt, die Umsetzung dieser Maßnahmen und den Qualitätsentwicklungsprozess der Kitas zu unterstützen, zu begleiten und zu evaluieren. Zur Erfüllung dieses Auftrags wurde das Berliner Kita-Institut für Qualitätsentwicklung (BeKi) unter Leitung von Dr. Christa Preissing gegründet und ist dafür zuständig,

- die Konzeptionsentwicklung auf der Grundlage des Berliner Bildungsprogrammes durch Empfehlungen für ihre Weiterentwicklung zu unterstützen;
- eine bedarfsgerechte Anzahl von Multiplikator(inn)en für die interne Evaluation auszubilden;
- die professionelle Durchführung der externen Evaluation nach dem Bildungsprogramm zu gewährleisten und zu koordinieren,
- die laufenden Qualitätsentwicklungsprozesse zu erheben, auszuwerten und die Ergebnisse den Vereinbarungspartnern, den bezirklichen Jugendämtern und Trägern für die zielgerichtete Steuerung des weiteren Prozesses zur Verfügung zu stellen (Prozessevaluation).

Damit soll gewährleistet werden, dass jede Kita in Berlin in einem Rhythmus von fünf Jahren durch einen anerkannten Anbieter evaluiert werden kann. Jeder Träger ist verpflichtet, die externe Evaluation durch einen von der Senatsverwaltung für Bildung, Wissenschaft und Forschung anerkannten Anbieter für externe Evaluation zum Berliner Bildungsprogramm (BBP) durchführen zu lassen. Die Entscheidung für einen Anbieter obliegt dem Träger. Wie aus der Aufgabenübersicht hervorgeht, werden die interne und externe Evaluation als Verfahren zur kontinuierlichen Qualitätsentwicklung und Qualitätssicherung auf der Grundlage des Berliner Bildungsprogrammes verstanden. So ermöglicht die interne Evaluation den pädagogischen Teams eine Vergewisserung über die bereits erreichte Qualität ihrer Arbeit und die selbstkritische Analyse von Entwicklungsnotwendigkeiten. Sie mündet in die Vereinbarung konkreter Schritte für die Weiterentwicklung der Qualität. Dabei wird immer auch die Frage gestellt, welche weiteren Entwicklungen mit den konkreten Rahmenbedingungen geleistet werden können. Die externe Evaluation erweitert und ergänzt die Innensicht der internen Evaluation um eine neutrale Expertensicht von außen. Sie unterstützt die Teams durch konkrete Empfehlungen für die Weiterentwicklung ihrer Arbeit auf der Grundlage des Berliner Bildungsprogramms. Auf diese Weise können die Vorteile von Selbst- und Fremdevaluation verknüpft werden (vgl. Braun, 2010).

Das Berliner Modell zur Qualitätsentwicklung in Kindertageseinrichtungen macht deutlich, dass eine kontinuierliche Evaluation und Weiterentwicklung von Qualität in Kindertageseinrichtungen möglich ist, wenn sich die Verantwortlichen aus Politik, Wissenschaft und Praxis auf ein koordiniertes Vorgehen verständigen und dafür die notwendigen Ressourcen bereitstellen. Dies trifft sowohl auf die Durchführung der internen und der externen Evaluation als auch auf die laufende Koordination und wissenschaftliche Begleitung des Prozesses zu. Was in Berlin mit über 1.000 Kindertageseinrichtungen und 950 Trägern möglich ist, kann Modell für alle anderen Bundesländer sein. Wenn Kindertageseinrichtungen nicht nur Betreuung, sondern vor allem Bildung und Erziehung bieten sollen, ist eine wissenschaftlich fundierte, systematische und kontinuierliche Qualitätsmessung und Qualitätsentwicklung unabdingbar.

## 6    Literatur

Amelang, M. & Schmidt-Atzert, L. (2006). *Psychologische Diagnostik und Intervention* (4. Aufl.). Berlin: Heidelberg: Springer.

Bortz, J. (2005). *Statistik für Human- und Sozialwissenschaftler* (6. Auflage). Berlin: Heidelberg: Springer.

Braun, U. (2003). Fünf Jahre Einschätzskalen – Qualitätsfeststellung in Tageseinrichtungen für Kinder nimmt zu. *Kita aktuell NRW* (2), 40–43.

Braun, U. (2010). *Wie wird pädagogische Qualität gemessen?* Verfügbar unter: http://www.u-braun. de/pdf/F_1_2.pdf.

Bundesministerium für Familie, Senioren, Frauen und Jugend (Hrsg.). (2005). *Zwölfter Kinder- und Jugendbericht: Bericht über die Lebenssituation junger Menschen und die Leistungen der Kinder- und Jugendhilfe in Deutschland:* München: Verlag Deutsches Jugendinstitut.

Cryer, D. (1999). Defining and Assessing Early Childhood Programm Quality. *The Annals of American Academy of Political and Social Science (Vol. 563)*, 39–55.

Müller, K. (2011). *Teamqualität in Kinderkrippen und ihre Bedeutung für die Interaktionsprozesse.* Unveröffentlichte Diplomarbeit: Universität Augsburg.

Netzwerk Kinderbetreuung und andere Maßnahmen zur Vereinbarkeit von Beruf und Familie für Frauen und Männer der europäischen Kommission (1996). *Qualitätsziele in Einrichtungen für kleine Kinder. Vorschläge für ein zehnjähriges Aktionsprogramm.* Ohne Ort: Selbstverlag.

NICHD Early Child Care Research Network. (2002). Child-care structure > process > outcome: Direct and indirect effects of child-care quality on young children's development. *Psychological Science, 13* (3), 199–206.

NICHD Early Child Care Research Network. (2006). Child-Care Effect Size for the NICHD Study of Early Child Care and Youth Development. *American Psychologist, 61* (2), 99–116.

Peisner-Feinberg, E., Burchinal, M., Clifford, R., Culkin, M., Howes, C., Kagan, S. et al. (2001). The Relation of Preschool Child-Care Quality to Children's Cognitive and Social Developmental Tragectories through Second Grade. *Child Development, 72* (5), 1534–1553.

Roux, S. (2006). Frühpädagogische Qualitätskonzepte. In L. Fried & S. Roux (Hrsg.), *Pädagogik der frühen Kindheit. Handbuch und Nachschlagewerk* (S. 129–139). Weinheim und Basel: Beltz Verlag.

Sylva, K., Melhuish, E., Sammos, P., Siraj-Blatchford, I., Taggart, B. & Elliot, K. (2004). The Effective Provision of Pre-School Education Project – Zu den Auswirkungen vorschulischer Einrichtungen in England. In G. Faust, M. Götz, H. Hacker & H.-G. Roßbach (Hrsg.), *Anschlussfähige Bildungsprozesse im Elementar- und Primarbereich* (S. 154–167). Bad Heilbrunn: Julius Klinkhardt.

Tietze, W. & Viernickel, S. (Hrsg.). (2003). *Pädagogische Qualität in Tageseinrichtungen für Kinder. Ein nationaler Kriterienkatalog* (2. Aufl.). Weinheim, Basel, Berlin: Beltz.

Tietze, W. (2006). Frühpädagogische Evaluations- und Erfassungsinstrumente. In L. Fried & S. Roux (Hrsg.), *Pädagogik der frühen Kindheit. Handbuch und Nachschlagewerk* (S. 243–253). Weinheim und Basel: Beltz Verlag.

Tietze, W. (2008). Qualitätssicherung im Elementarbereich. *Zeitschrift für Pädagogik, 54* (12), 16–35.

Tietze, W. (2010). Betreuung von Kindern im Vorschulalter. In H. Krüger & C. Grunert (Hrsg.), *Handbuch Kindheits- und Jugendforschung* (2., aktualisierte und erweiterte Aufl.) (S. 543–567). Wiesbaden: Verlag für Sozialwissenschaften.

Tietze, W. (Hrsg.). (2004). *Pädagogische Qualität entwickeln. Praktische Anleitung und Methodenbausteine für Bildung, Betreuung und Erziehung in Tageseinrichtungen für Kinder von 0-6 Jahren.* Weinheim und Basel: Beltz.

Tietze, W. (Hrsg.). (1998). *Wie gut sind unsere Kindergärten? Eine Untersuchung zur pädagogischen Qualität in deutschen Kindergärten.* Berlin: Luchterhand Verlag.

Tietze, W., Bolz, M., Grenner, K., Schlecht, D. & Wellner, B. (2007). *Krippen-Skala. Revidierte Fassung (KRIPS-R): Feststellung und Unterstützung pädagogischer Qualität in Krippen.* Mannheim: Cornelsen Scriptor.

Tietze, W., Knobeloch, J. & Gerszonowicz, E. (2005). *Tagespflege-Skala (TAS). Feststellung und Unterstützung pädagogischer Qualität in der Kindertagespflege.* Weinheim und Basel: Beltz.

Tietze, W., Roßbach, H., Stendel, M. & Wellner, B. (2005). *Hort- und Ganztagsangebote-Skala (HUGS). Feststellung und Unterstützung pädagogischer Qualität in Horten und außerunterrichtlichen Angeboten* (1. Aufl.). Weinheim und Basel: Beltz.

Tietze, W., Roßbach, H.-G. & Grenner, K. (2005). *Kinder von 4 bis 8 Jahren. Zur Qualität der Erziehung und Bildung in Kindergarten, Grundschule und Familie.* Weinheim und Basel: Beltz Verlag.

Tietze, W., Schuster, K.-M., Grenner, K. & Roßbach, H.-G. (2007). *Kindergarten-Skala (KES-R) – Revidierte Fassung: Feststellung und Unterstützung pädagogischer Qualität in Kindergärten* (3. überarbeitete Auflage). Berlin, Düsseldorf & Mannheim: Cornelsen Scriptor.

Viernickel, S. & Schwarz, S. (2009). *Expertise Schlüssel zu guter Bildung, Erziehung und Betreuung – Wissenschaftliche Parameter zur Bestimmung der pädagogischen Fachkraft-Kind-Relation.* Berlin: GEW. http://www.gew.de/Binaries/Binary47887/expertise_gute_betreuung_web.pdf.

Viernickel, S. (2008). *Qualitätskriterien und -standards im Bereich der frühkindlichen Bildung und Betreuung* (2. Aufl.). Remagen: Ibus-Verlag.

Wertfein, M. & Müller, K. (eingereicht für 2013). Die Bedeutung der Struktur- und Teamqualität für die pädagogische Qualität in Kinderkrippen. *Frühe Bildung.*

Wertfein, M., Müller, K. & Kofler, A. (2012). *Kleine Kinder – großer Anspruch! 2010. Zweite IFP-Krippenstudie zur Qualitätssicherung in Kinderkrippengruppen (Projektbericht).* München: Staatsinstitut für Frühpädagogik. Verfügbar unter: http://www.ifp.bayern.de/imperia/md/content/stmas/ifp/wertfein_ifp-projektbericht_nr18.pdf.

Wertfein, M., Spies-Kofler, A. & Becker-Stoll, F. (2009). Quality curriculum for under-threes: the impact of structural standards. *Early Years, 29* (1), 19–31.

# Evaluation und Frühpädagogik

Ursula Carle und Heinz Metzen

## 1 Definition von Evaluation und begriffliche Eingrenzung

Evaluation hilft grossen soziotechnischen Entwicklungsvorhaben, ihre Arbeiten und ihre Ressourcennutzung zielwirksamer, also effizienter und effektiver zu gestalten, indem sie für diese vorübergehenden, komplexen Projekte ein Zielführungs-, Feedback- und Wissensmanagementsystem schafft.[1] Wirksame, wissens- und evidenzbasierte Evaluation ist an allen Phasen pädagogischer Entwicklungsvorhaben beteiligt: Planung, Durchführung, Wirkungsüberprüfung und Wirksamkeitsbewertung und folgt damit dem Dewey'schen „Plan-Do-Check-Act-Handlungsreflexionszyklus" (vgl. Carle, 2000, S. 391). Ihre Unterstützungsleistung erbringt Evaluation, indem sie bei der Schaffung eines Systems zur Indizierung von Gestaltungswirkungen in komplexen Entwicklungsvorhaben zielführungsrelevante Prozessmerkmale (Daten) sammelt, aufbereitet und fragenbezogen wie auch entscheidungsgerecht interpretiert. Die Methoden dieses Zielführungs-, Feedback- und Wissensmanagementsystems sind entsprechend vielseitig. Sie beinhalten auch, aber bei weitem nicht nur Methoden der Sozialforschung.

Der Begriff der *Evaluationsmethodik* muss ebenfalls geklärt werden, da er auf drei unterschiedlichen Handlungsebenen verwendet wird: Auf der höchsten, der *institutionellen Verantwortungsebene* meint ‚Evaluationsmethodik' das grundsätzliche Verhältnis der Evaluation zum Entwicklungsfeld, d.h. die strategische Ausrichtung, die organisatorische Einbettung der Evaluation in den Programmentwicklungsprozess und den Einfluss der

---

[1]  Zur Meisterung der Komplexität von Entwicklungsvorhaben siehe Patton, 2011, S. 111ff.; zur komplexitätsreduzierenden Verwendung der Strukturen und Techniken des Wissensmanagements in der Evaluation siehe Hense & Mandl, 2011.

Evaluation auf die Programmzukunft. Beispiele sind die ‚Nutzenorientierte Evaluation‘, die ‚Wirkungsorientierte Evaluation‘, die ‚Realistische Evaluation‘, die ‚Entwicklungsorientierte Evaluation‘ oder die ‚Partizipative Evaluation‘. Je nach Entwicklungsstand des Programms finden sich auf dieser Ebene auch ‚explorative‘, ‚formative‘ oder abschliessend bewertende ‚summative‘ Methodiken.

Auf der mittleren, der *erhebunsglogischen Durchführungsebene* meint ‚Evaluationsmethodik‘ die logische Schrittfolge der Evaluation, beispielsweise die Folge, die Form und die Verbindung von Zielklärung, Erfolgskriterienentwicklung, Erhebungsdesignbestimmung bis hin zur Berichtsformwahl. Beispiele sind experimentelle, qualitative, quantitative, dokumentarische oder Mehrebenen-Evaluationen.

Auf der untersten, der *operativ-instrumentellen Ebene* meint ‚Evaluationsmethodik‘ die Anlage (das Design) und das Instrumentarium der Erhebung, beispielsweise ein experimentelles Erhebungsdesign, eine teilnehmende Beobachtung oder ein statistisches Auswertungsinstrument. Alle drei Ebenen, die der Wirkungsorientierung, der Durchführung und der Instrumentierung sind miteinander verschränkt.

Im Folgenden sollen einige weitere Begriffe, die gewöhnlich mit Evaluation verbunden werden, von dieser abgegrenzt werden (vgl. Alkin, 2011, S. 10). Der Begriff Evaluation wird in der Früh- und Schulpädagogik auch im Sinne von *Qualitätsentwicklungs- und Selbstbewertungsverfahren* verwendet (z.B. Carle, 2010). Hierfür – wie auch für ‚Large Scale Assessment‘ á la PISA oder *Organisationsbewertung* nach dem EFQM-Verfahren – wird im Folgenden wegen des fehlenden Entwicklungsprojektcharakters beim Bewerteten nicht von Evaluation, sondern von *Qualitätsentwicklung* bzw. *Assessment* gesprochen. Evaluation, Qualitätsentwicklung und Assessment im pädagogischen Bereich besitzen historisch gesehen zwar gemeinsame Quellen, haben sich aber zu jeweils eigenständigen Professionen auseinanderentwickelt. Das gilt auch für das *Monitoring*. Monitoring meint die ständige Beobachtung und Protokollierung des Verlaufs interessierender Entwicklungen, etwa das ‚Sozioökonomische Panel (SOEP)‘, aus dem z.B. Studien zum „Volkswirtschaftlichen Nutzen langfristiger Bildungseffekte bei Krippenkindern“ (vgl. Fritschi & Oesch, 2008) oder zur „Wirkung der Kindergartenteilnahme auf die Schulkarriere“ (vgl. Spiess, Büchel & Wagner, 2003) hervorgehen.

Bleibt die Frage, was sind *Meta-Analysen* im Vergleich zu Evaluationen? Sind sie Über-Evaluationen? – Ja, wenn die Meta-Analyse hermeneutischer Natur ist und die Interpretationen der Evaluationsstudien kritisch reflektiert und theoretisch ordnet (z.B. Burger, 2010). Sie sind keine Über-Evaluationen, wenn die Meta-Analysen rein statistischer Natur sind (‚Effektstärken-Evaluation‘). Meta-Analysen z.B. zu den (Neben-) Wirkungen neuer Medikamente in der Medizin können eine aussagefähige Basis bieten, wenn sich die Einzelanalysen auf sehr ähnliche Massnahmen (z.B. gleiches Medikament in ähnlicher Dosierung) und auf ähnliche Ergebnisse (Symptomlinderung in gut definierbarem Grade) beziehen.

Ein weiterer verwandter Begriff, die *Evaluationsforschung*, wird doppelsinnig gebraucht, für Forschung über Evaluation (Metaanalysen, Metaevaluationen, Methodologische Studien etc.), oder zur Abgrenzung sozialwissenschaftlich arbeitender pädagogischer Wirkungsuntersuchungen zu nicht sozialwissenschaftlichen. (z.B. Prengel, Heinzel & Carle, 2008, S. 189).

## 2 Entwicklungsphasen der Evaluationsprofession

Bronfenbrenner konstatierte nach einer sehr fundierten, methodenkritischen Analyse von sieben frühpädagogischen Förderprogrammen in den USA Anfang der 1970er Jahre, dass die univariable Intervention, wie sie dem deterministisch-experimentellen Effektstärkedenken zugrunde liegt, der Wirkfaktorenkonstellation realer Lebens- und Lernwelten nicht gerecht wird. Damit stellt sich für ihn weniger die Frage, wie sehr diese Programme für welche Kinder mit welcher Wirkung und wie lange im Laufe ihrer Schullaufbahn wirken, sondern eher, ob die Anlage dieser Frühförderprogramme den realen lebensweltlichen Problemen der Kinder tatsächlich gerecht wird. Seine Antwort ist die Forderung nach einer Ökologischen Intervention (‚ecological intervention‘), der Herstellung des sprichwörtlichen Dorfes, dessen die Entwicklung eines Kindes offensichtlich bedarf. Und er resümierte 1974: Die Ökologische Intervention ist bis jetzt eine weitgehend ungenutzte Vorgehensweise, in unserer Wissenschaft und unserer Gesellschaft (ebd., S. 296 – freie Übersetzung d. A.). Sie ist es bis heute cum grano salis geblieben. Wie sich eine ‚ökologische Intervention‘ wirken kann, belegt die jüngste Sure Start Studie aus England (vgl. National Evaluation of Sure Start [NESS] Team, 2012).

Eine erste Charakterisierung der aus ihrer Sicht wichtigsten Entwicklungsphasen der Evaluationsprofession unternahmen Egon G. Guba und Yvonna S. Lincoln (1989) in ihrem Buch ‚Fourth generation evaluation‘. Dabei unterscheiden sie vier paradigmatische Phasen, die sie durch eine vorherrschende, die vorangegangenen Schwerpunkte erweiternde Evaluationsstrategie kennzeichnen (Guba & Lincoln, 1989, S. 22ff.):

1. *„Measurement Generation"* – vorherrschend ist die Messung verschiedener Eigenschaften und Schulleistungen von Schulkindern; die Definition der Massstäbe (Tests) wird qua fachlicher Autorität vorgegeben; Evaluation ist hauptsächlich Messtechnik (Metrologie)[2].

2. *„Description Generation"* – die Kybernetik 1. Ordnung erobert das Forschen: beschrieben wird die Differenz des SOLL-IST-Vergleichs, der Grad der Zielerreichung; die Massstäbe hierfür ergeben sich aus den Indikatoren für die Zielerreichung von Massnahmen; EvaluatorInnen engagieren sich vorwiegend als Programm-Interpre-

---

2 So wurde der gut gemeinte „Kampf gegen die Armut" in Form des nur notdürftig geplanten Head Start-Programms mit einem Sammelsurium an Evaluationstests „überprüft" (siehe dazu Zigler & Styfco, 2010, S. 70ff.; zur Detailkritik an der Studie siehe Besharov, Germanis, Higney & Call, 2011; zu weiteren Hintergründen siehe Carle & Metzen, 2012, S. 15ff.).

tatorInnen und Ziel-OperationalisierInnen; Messen wird zu einem unter mehreren Erhebungswerkzeugen; in dieser Zeit entwickelt sich die ‚Programm-Evaluation‘[3].

3. *„Judgement Generation"* – der Evaluation wurde von den Verantwortlichen zunehmend die Nutzenbewertung sozialpolitischer Grossprogramme abverlangt; Evaluation sollte die politische Entscheidungsfindung unterstützen; zur Überprüfung der Programmwirkung die Einschätzung des Programmwirkungsnutzens hinzu kam; mit dieser Herausforderung geraten die WirkungsadressatInnen stärker in den Fokus der Evaluation.[4]

4. *„Constructivistic Evaluation Generation"* – die Beteiligung der Programmakteure und der ProgrammnutzerInnen, ihre Forderungen, Anliegen und Fragen avancieren zu inhaltlich-methodischen Schwerpunkten der Evaluation; dabei bleiben das Messen, die Zielerreichung und die Nutzenbewertung weiterhin zentrale Leistungen der Evaluation, auch wenn sich diese erheblich erweitern hin zu Multimethodenansätzen mit deutlich erhöhter Ziel- und Nutzen-Diversität. Beides erlaubt vertiefte Einsichten in individuelle, kollektive und organisationale Entwicklungsprozesse von pädagogischen Förderprogrammen.[5]

Die von Guba und Lincoln skizzierten Fortschritte in der Evaluationsmethodik sind sehr wichtig, reichen aber nach unserer Erfahrung nicht aus, um Evaluation in der Praxis wirksam werden zu lassen. Insbesondere erscheint uns die Kooperation zwischen Programmgestaltern, Programmumsetzern und Programmumsetzungsunterstützern – darunter den Evaluatoren – noch unzureichend entwickelt. Gerade diesbezüglich hat sich seit den 1980er Jahren sehr viel getan (vgl. Carle & Metzen, 2012, S. 18ff.[6]). Wir fügen daher den vier Entwicklungsphasen von Guba und Lincoln zwei weitere hinzu:

---

3   Für den Bereich der Pädagogik findet sich eine aufschlussreiche Gegenüberstellung des alten *experimentell-positivistischen Objektivismus* der frühen Evaluationszeit mit dem modernen nutzen- und serviceorientierten multi-methodischen *Design-based Research* der heutigen Evaluation bei Cook und Gorard (2007).

4   Das Denken in Nutzenkategorien betrachtet Wirkung (Effektivität) und Aufwand (Effizienz). So entwickelten sich in den 1970er Jahren erste Schritte in Richtung Prozessdenken; für Details und Quellen siehe Carle & Metzen, 2012, S. 18 ff.

5   Die vorausgegangene Phase der beginnenden Nutzenorientierung litt noch unter einem grundsätzlichen Mangel: Die beteiligten Expertisen dachten immer noch vorrangig an ihren eigenen Nutzen und an den Nutzen ihrer unmittelbaren AuftraggeberInnen. Dieses Denken gewann auch bei den Evaluierten in den pädagogischen Programmen zunehmend an Boden. Die „konstruktivistische Sicht" auf Programmentwicklung und Evaluation versucht dieser Perspektivenvielfalt strategisch und methodisch-instrumentell durch eine grundsätzliche Bejahung von Pluralität und damit durch einen Verzicht auf Machtpositionen und Methodenmonismus im Evaluationsgeschehen gerecht zu werden. Die unterschiedlichen Werthaltungen und Interessen der Beteiligten werden in die Wirkungs- und Nutzenreflektionen einbezogen (Guba & Lincoln 1989, S. 184ff.).

6   Dort findet sich auch sehr viel mehr weiterführende Literatur als in diesem Rahmen anführbar ist.

5. Gestaltungsorientierte Evaluation – Eine Phase der sich *vertiefenden Kooperation* zwischen Evaluation und Programmgestaltung. Hierbei steht die Entdeckung und die methodische wie organisationale Berücksichtigung der Nichttrivialität pädagogischer Entwicklungsvorhaben und ihrer Evaluation als wechselwirkender, komplexer, entwicklungsoffener, mehrschichtiger Designprozess im Mittelpunkt.
6. Systemische Institutionen-Begleitforschungen – Die derzeit anstehende Phase ist gekennzeichnet durch die *beginnende Koevolution* von entwicklungsförderlicher Evaluation und kontrollierter (transparenter und reflektierter) frühpädagogischer Programmentwicklung. Evaluation macht sich auf dem Weg hin zu einem prozessintegrierten und prozessunterstützenden Entwicklungsmoment pädagogischer Entwicklungsvorhaben ('Systemische Institutionen-Begleitforschung'). Die Koevolution erscheint als förderliche Bedingung zur Autonomisierung von ProgrammgestalterInnen und EvaluatorInnen.

Diese Kennzeichnung der Entwicklungsphasen bildet eine doppelte Abstraktion: Die Phasen sind Idealtypen, d.h. sie verzichten auf die Darstellung der in der Realität immer vorfindlichen, partiellen Gleichzeitigkeit von Vorbereitung, Verbreitung, Mainstreaming, Professionalisierung. Sie abstrahieren zudem von der je dominierenden gesellschaftlichen Entwicklung, die die Autonomisierung der Frühpädagogik wie auch die ihr zugewandte wissenschaftliche Politik- und Praxisberatung fördern oder behindern kann. Die von uns hinzugefügten und im Folgenden näher betrachteten Phasen folgen auch einem methodisch wichtigen Moment: Wir gehen nämlich davon aus, dass die Fachleute für Evaluation nur im Zusammenwirken mit den Programmgestaltern in Planung, Umsetzung und Umsetzungsunterstützung zu brauchbaren Ergebnissen kommen können.

Die Verbesserung und Vertiefung der Kollaboration hin zur Kooperation setzt die von Guba und Lincoln in ihrem Entwurf einer „konstruktivistischen" Evaluation (1989) geforderte Gleichwertigkeit und Gleichberechtigung voraus, wohingegen Ungleichheit vor allem zu Abgrenzungen und damit zu massiven „organisationalen" Wissensverlusten führt (vgl. Cook & Brown, 1999). Deutlich wird das am Fall ‚Head Start'. Das Projekt ist ein klassisches Beispiel für die Interaktionsentwicklungsstufe eines konkurrenten „Antagonismus". Obwohl auch im Umfeld des Head Start-Projekts entstanden, bietet das Sesame Street-Projekt aus evaluationsmethodischer Sicht dazu einen deutlichen Kontrast. Das Fernseh-Programm selbst wurde von ausgewiesenen Profis ihres Metiers konzipiert, realisiert und optimiert. Die „formativen" WissenschaftlerInnen des Educational Testing Service aus Princeton waren von Beginn an an der Planung des Fernsehprogramms beteiligt. Bereits im Evaluationsbericht über das erste halbe Jahr bescheinigten sie dem TV-Programm eine deutlich positive Wirkung auf die Lerntestleistungen (Klassifizieren, Buchstaben erkennen usw.). Dieser Befund wurde im Abschlussbericht bestätigt (vgl. Bogatz & Ball, 1971).

Die „summative" Evaluation wurde nachträglich fachfremd als Meta-Evaluation von Cook und Mitarbeitern im Auftrag der Russell Sage Foundation[7] auf Basis der Daten der formativen Evaluation durchgeführt. Cook errechnete daraus einen starken Effekt des wöchentlichen Besuchs der ForschungsassistentInnen in den Familien und keinen wesentlichen Effekt des reinen Zuschauens sowie eine verstärkende Wirkung auf den Lerngewinn der nicht benachteiligten gegenüber den stark benachteiligten Kindern (vgl. Cook & Conner, 1976). Diese Kritik ist typisch für die unpädagogische Orientierung der instrumentalistischen Evaluationsschule. Erstens war die von Cook und anderen geprüfte, kompensatorische Wirkung des Sesame Street-Programms weder vom Programm noch von seinen EvaluatorInnen geplant. Zweitens ist das, dem statistischen Auseinanderrechnen von Programmnutzungswirkung und familiärer Kontextwirkung zugrunde liegende Wirkungsmodell mechanistisch und entspricht einem konservativen, a-sozialökologischen Menschenbild – kein Kind lernt isoliert. Ein nicht sozial eingebundener Lernanlass ist weder vorstellbar noch herausrechenbar. Deutlich wurde: Auf jeden Fall reicht das einfache, testbasierte, experimentelle Vorher-Nachher-Experimental-Kontrollgruppen-Erhebungsdesign nicht zur lehrreichen Evaluation relevanter pädagogischer Programme. Auch dann nicht, wenn die Evaluation eines Programms schon bei seiner Konzeptionierung mit angedacht wird[8].

## 3    Vertiefung der Kooperation: Entdeckung der Nichttrivialität pädagogischer Entwicklungsvorhaben und ihrer Evaluation („Gestaltungsorientierte Evaluation")

Was allen Programmen in dieser Zeit abging, war der Gedanke, dass man das Wirkungssystem und seine Methoden Schritt für Schritt verbessern kann. Die Frage nach der Effektivität eines Programms träte dann zurück gegenüber der Frage nach seiner Sensitivität für die Weiterentwicklung. Doch erst einmal übertrugen die EvaluationspraktikerInnen und -wissenschaftlerInnen die ihnen angestammten Theorien, Methoden und Instrumente auf die Arbeit am Evaluationsgegenstand. Damit entwickelte sich die „Programm-Evaluation" als praxisorientierte und von den Belangen der Programmentwicklungspraxis vorangetriebene Forschungsdisziplin (vgl. Rossi, Freeman & Wright, 1979; Rossi, Lipsey & Freeman, 2004).

In den USA hatten sich schon Evaluations-Fachgesellschaften gebildet[9]. 1974 konstituierte sich das „Joint Committee on Standards for Educational Evaluation (JCSEE)" als

---

7   Die Russel Sage Foundation förderte seit den 20er Jahren des 20. Jahrhunderts die wissenschaftliche Fundierung der Sozi-alpolitik: www.russellsage.org/about.

8   Bezeichnenderweise beginnt Margrit Stamm die Einleitung ihre Untersuchung zu den Nutzugsbedingungen von Evaluationen im pädagogischen Bereich mit dem provokanten Titel: „Wirkungslos – undurchsichtig – ambivalent" (vgl. Stamm, 2003, S. 23).

9   In Deutschland geschah dies erst 1998 (siehe www.degeval.de).

freiwilliges Gremium, das auch heute noch für das „American National Standard Institute (ANSI)" arbeitet und von diesem akkreditiert wurde. Diese ursprünglich für die Verwendung von Tests in der Evaluation gegründete Arbeitsgruppe veröffentlichte 1981 die „Standards for Evaluations of Educational Programs, Projects, and Materials". Dabei handelte es sich um eine Überarbeitung und Erweiterung der „Standards for Educational and Psychological Tests and Manuals", 1966 herausgegeben von der „American Psychological Association (APA)". 1978 erschien die erste Ausgabe der Zeitschrift „New Directions for Program Evaluation"[10], in der die „Evaluation Research Society (ERS)" 1982 die „Standards for Program Evaluation" veröffentlichte (Rossi, 1982, S. 1-97). Bemerkenswerterweise enthielten diese stark instrumentell orientierten Standards noch keinen Hinweis auf die von den Programmen angestrebten und ihnen zugrunde liegenden Normen und Werte. 1986 schlossen sich die ERS mit dem 1975 gegründeten „Evaluation Network (ENet)" zur „American Evaluation Association (AEA)" zusammen. Damit vereinigte sich die Mehrzahl der eher instrumentenorientierten („methodenorientierten") in der ERS mit der Minderzahl der eher relevanzorientierten (Multimethodiker) in der ENet. Eine glückliche, wenn auch nicht konfliktarme Liaison, da es Aufgabe der Evaluationsprofession war und ist, diese Polarisierung zu überwinden. Als ein wichtiges Ergebnis legte die AEA 1994 die vom Joint Committee überarbeiteten „Program Evaluation Standards" vor, in der praktische Relevanz („Nützlichkeit") und Wertorientierung eine hervorgehobene Rolle spielen (zur Geschichte: Mertens, 2000, S. 46ff.; zu den Standards: Yarbrough, Shulha, Hopson & Caruthers/Joint Committee, 2011/1981).

Die vorwiegend aus der Sozialforschung stammende Evaluationsprofession bewegt sich also in den 1970er/1980er Jahren mit grossen Schritten auf ihre pädagogischen Gegenstände zu und damit z.T. auch weg von ihrer methodologischen Monokultur einer experimentell-testmetrologischen Methodik. Das äussert sich in der zunehmenden Verwendung „qualitativer" Zugänge zum Evaluationsfeld (vgl. Weiss, 1998, S. 252ff.; Alkin, 2011, S. 109ff.). Über diese rein methodische Anerkennung der Eigenständigkeit bzw. der Besonderheiten des Evaluationsfeldes hinaus fordern jedoch immer mehr Evaluationswissenschaftler die Unterordnung des Evaluationsprozesses unter die Entwicklungsaufgabe der Programme und unter die realen Gegebenheiten des Entwicklungsfeldes. Michael Quinn Patton spitzt seine Botschaft zu: Evaluation, die den Programmen nicht nützt ist wertlos, egal wie gut sie methodisch angelegt ist (vgl. Patton, 2008/1978).

Die vierte „Evaluationsgeneration" von Guba und Lincoln, die „Konstruktivistische Evaluation", rückte die Forderungen, Anliegen und Fragen der Programmbeteiligten in den Mittelpunkt des Evaluationsinteresses (Guba & Lincoln, 1989, S. 50). Sie unterscheiden dabei nicht nur zwischen den Programm- bzw. Evaluationsauftraggebern, Programmumsetzern und den Programmnutzern und bei letzteren wiederum zwischen Programmwirkungsgewinnern und -verlierern (ebd., S. 40f.). Konstruktivistisch oder systemisch ist an ihrem Ansatz vor allem die Öffnung des theoretischen Wirkungsbildes

---

10 Die „New Directions for Program Evaluation" heissen seit dem Herbst 1995 „New Directions for Evaluation".

der Evaluationsprofession für die Vielfältigkeit und Vielschichtigkeit des Evaluationsfeldes, die sich nicht mehr einfach durch eine experimentelle Labortestsituation einfangen lässt. Guba und Lincoln sehen ihren Beitrag weniger in einer Alternative zum experimentellen Positivismus, sondern mehr in einer methodischen (multimethodischen) Erweiterung, die der wachsenden Verantwortung entspricht, die viele Evaluationswissenschaftler für das Gelingen des Programmerfolgs zu übernehmen bereit sind (ebd., S. 38ff.).

Der methodische Monismus und die experimentelle Distanziertheit gegenüber den Förderprogrammen und prospektiven Nutzniessern scheinen also mit Beginn der 1990er Jahre zumindest prinzipiell überwunden. Dennoch stehen Programmverantwortliche, Programmumsetzer, Programmnutzer und Evaluatoren immer noch vor zwei fast unüberwindlichen Problemen. Die situative Anpassung an den realen Verlauf der Programmumsetzung ändert nichts an der Fülle von Unwägbarkeiten, denen sich die Programmumsetzung angesichts nur skizzenhaft entwickelter Programme und angesichts kaum bekannter Zielgruppenverhältnisse gegenübersieht. Letztere hatte Bronfenbrenner bereits in den 1970er Jahren eingehender analysiert und war zu dem Schluss gekommen, dass die kindliche Entwicklung alleine durch individuelle Merkmale nur unzureichend erklärbar ist (Bronfenbrenner, 1974, S. 295ff.). Sein sozialökologisches Entwicklungsmodell ergänzte Bronfenbrenner (1986) durch ein chronosystemisches Theorem, nach dem nicht nur das soziale Umfeld einen bedeutsamen Einfluss auf die soziale, körperliche und intellektuelle Persönlichkeitsentwicklung von Kindern hat, sondern zusätzlich vom bisherigen Entwicklungspfad und von den aktuellen Zeitströmungen mit beeinflusst wird („*Chronosystem*" – Bronfenbrenner, 1986). Wirksame pädagogische Förderprogramme müssen also um den Preis des Scheiterns die individuellen wie die überindividuellen *sozialen und zeitlichen Umfeldbedingungen* mit beeinflussen.

Eine erste konzeptionelle Zerschlagung dieses gordischen Knotens gelang einer Kombination aus Lernpsychologie und technisch-organisatorischen Errungenschaften (Designwissenschaft, Künstliche Intelligenz und Computerunterstütztes Lernen). 1992, mehr als zwanzig Jahre nach Herbert A. Simon's bahnbrechendem Buch zur Grundlegung einer *Designwissenschaft* in Abgrenzung zur Naturwissenschaft (1996/1969, deutsch 1994) veröffentlichte die im Umfeld des „Situierten Lernansatzes" forschende Lernpsychologin Ann L. Brown und der Kognitionswissenschaftler Allan M. Collins je einen Artikel zum Entwurf einer Theorie der designorientierten Erforschung des Pädagogischen (vgl. Brown, 1992; Collins, 1992). Den Lernansatz des „*Situierten Lernens*", hatte eine Universitätskollegin von Ann Brown an der University of California in Berkely in einem Buch zur Diskussion gestellt hatte (vgl. Lave & Wenger, 1991, S. 13). Mit der „praxisintegrierten Feldforschung", die sich stärker am Vorrang der ökologischen Validität orientierte, war man zwar jetzt der Praxis sehr viel näher. Dafür hatte man sich aber gleichzeitig von den damals vorherrschenden methodischen Standards der positivistischen, „kontrollierten" Sozialforschung entfernt (Stark & Mandl, 2007, S. 250).

Die Unterrichtsforscherin Ann Brown schildert ihre Verzweiflung angesichts der Unkontrollierbarkeit didaktischer Experimente in realen Unterrichtssituationen. Sie sieht sich als Forscherin mit einem besonderen Interesse für *unterrichtliche Lerngemeinschaf-*

*ten* gefangen im Dilemma zwischen praxisrelevanten Untersuchungen in vivo aber unter kaum kontrollierbaren Wirkungsbedingungen auf der einen Seite und dem Gegenteil, der „sauberen Forschung" unter kontrollierbaren Laborbedingungen aber ohne unterrichtsrelevante Forschungsbefunde auf der anderen Seite. Als Ausweg erschien ihr die gerade erschienene Konzeptskizze des Kognitionswissenschaftlers Allan M. Collin's für eine designorientierte Gestaltung des pädagogischen Experimentierens und Forschens. 2004 editierten die Kognitionswissenschaftler und Erziehungstechnologen Sasha Barab und Kurt Squire (2004) im „Journal of the Learning Sciences" ein Sonderheft zum Design-based Research. Auch im deutschsprachigen Europa gibt es einige WissenschaftlerInnen, die sich mit dem neuen Forschungs- und Entwicklungsparadigma „Design-based Research" auseinandersetzen (vgl. Reinmann, 2005; DGfE-Kommission Schulforschung und Didaktik [KSD], 2007; Stark & Mandl, 2007; Krüger, 2010; Reusser, 2011; Vohle & Reinmann, 2012). Wir werden im Folgenden als Synonym für Design-based Research auch die Übersetzung „Gestaltungsorientierte Forschung" bzw. im evaluativen Zusammenhang *„Gestaltungsorientierte Evaluation"* verwenden.

## 4 Beginnende Koevolution: Evaluation als prozessintegriertes und prozessunterstützendes Entwicklungsmoment („Systemische Institutionen-Begleitforschung")

1998 veröffentliche Maja Heiner die wichtigsten Ergebnisse einer Fachtagung des Bundesministeriums für Familie, Senioren, Frauen und Jugend zu organisationalem Lernen und Qualitätsentwicklung in der Jugendhilfe unter dem Titel „Experimentierende Evaluation" (vgl. Heiner, 1998). In ihrem einleitenden Beitrag plädiert die Sozialpädagogin der Universität Tübingen für eine lern- und innovationsunterstützende Evaluation, die Evaluieren als heuristisches Experiment von Forschung und Praxis (ebd., S. 25) einsetzt und dabei Organisationsveränderung (Organisationsentwicklung) durch Kopplung von Praxisentwicklung und Praxisuntersuchung (ebd., S. 32) unterstützt. Nach der summativen Evaluation der ersten Entwicklungsphase und der formativen Evaluationsorientierung aus der Zeit der stärkeren Nutzenorientierung steht die Evaluation nun mitten im Prozessgeschehen. Die formative Evaluation beschränkte sich noch auf programmbegleitende Zwischenuntersuchungen, quasi portionierte phasen-summative Evaluationen. Das ergibt prozessnähere Zwischenbefunde und erlaubt so rechtzeitiges Nachsteuern und Korrigieren. Wie aber wird dann die Rückwirkung dieser Korrekturen auf die ursprünglichen Projektziele erhoben? Manche Autoren versuchten darauf eine planerische Antwort: Modellierung und Planung des Entwicklungsvorhabens müssen verbessert werden (so etwa bei Wottawa & Thierau, 1998, 83ff.), Evaluation und Erhebung müssen projektspezifischer arbeiten. Das Lernenwollen aus dem realen Projektverlauf wird dadurch zwar erheblich verbessert, die Methodik aber auch erheblich aufwendiger.

Kluge Entwicklungsgestaltung geht einen anderen, ökonomischeren und lernoffeneren Weg der hierarchisch-sequentiellen Planung und Umsetzung (vgl. Carle, 2000, S.

418ff.; Patton, 2011, S. 305ff.). Zuerst wird das übergeordnete Entwicklungsziel skizziert. Dabei sollten sehr ehrgeizige Ziele gesetzt werden, damit durch diese Apriori-Ausweitung des Zielhorizontes später unerwartet auftauchende Zusatzwirkungen verortet werden können. Entsprechend diesen übergeordneten, langfristigen, qualitativ definierten Ziele werden grobe Indikatoren formuliert – quasi das Basismodell der „summativen" Systementwicklungsevaluation. Detaillierter geplant, vorbereitet und organisiert wird dann im Hinblick auf die übergeordneten Ziele die erste überschaubare Entwicklungsphase. Hierfür können nun realistische Ziel-, Wirkungs-, Handlungs- und Indikatorenmodelle ausgearbeitet werden. Die Möglichkeiten zur realitätstüchtigeren Planung dieser Phase definiert die Entwicklungsspanne, nicht abstrakte Zeitziele. Für diese erste Phase werden nun die einzelnen Entwicklungsbedingungen erhoben und erst auf dieser Basis die detaillierteren Entwicklungsarbeiten und Evaluationsmassnahmen geplant. Zu den vorgesehenen Indikatoren werden die passenden Erhebungsinstrumente ausgesucht bzw. entwickelt sowie ein Nutzenbestimmungs- und Entscheidungsmodell für die Handlungskonsequenzen aus erwarteten bzw. unerwarteten Befunden („Bewertungsmodell") ausgearbeitet. Die Planung der jeweils folgenden Phasen erfolgt erst dann, wenn genügend phasenspezifisches Systemwissen vorhanden ist. Dieses Wissen über die nächste Phase wird parallel zur Durchführung der vorherigen Phase erhoben.

Ergibt sich aufgrund unerwarteter positiver wie negativer Ereignisse / Gegebenheiten die entsprechende Notwendigkeit, muss auch die Evaluationsstrategie geändert werden. Dazu eignet sich eine „Minievaluation". Sie kann plötzlich auftauchende Handlungs- und Entscheidungsschwierigkeiten der Entwicklungsarbeiter lösen helfen[11]. Im Mittelpunkt der Kurzevaluationen steht natürlich nicht die Bewertung der Produkte eines Programms, sondern die kurzfristige Veränderung im Verhalten, in den Beziehungen, in den Handlungen der Menschen und der Organisation. Dieses kurzfristige Eingehen auf alltägliche Entwicklungsprobleme ist allerdings nur dann sinnvoll, wenn das Entwicklungsvorhaben auch der grundsätzlichen Strategie der „Kontinuierlichen Verbesserung" folgt (vgl. Bösenberg & Metzen, 1995, S. 108ff.), wenn also jede Möglichkeit des Lernens in einer Optimierung der Arbeitsbedingungen und einer Verbreiterung der Wissensbasis aller Beteiligten im Entwicklungsprojekt mündet.

Die Energie zum Wandel weht aus Richtung der vitalen Eigeninteressen der Strukturebenen (z.B. zwischen Kindergärten, Trägern und der Politik). Zielführungs- und Unterstützungssysteme einschliesslich der Evaluation können diese Interessendifferenzen intelligent nutzen. Dafür steht die von uns präferierte *Integration von interner und externer Evaluation* (Details siehe Carle & Metzen, 2012, S. 29f.; zum Konzept der serviceorientierten Evaluation siehe Carle & Metzen, 2003). In dieser ein wenig gewagten Position sehen wir uns auch von Michael Quinn Patton bestärkt (2011, S. 64ff). Die Integration von interner und externer Evaluation auf den wichtigsten Strukturebenen von Sozialpro-

---

11 Hier einige Ansätze zur Durchführung von Kurzevaluationen: Brinkerhoff, 2003, Success Case Method; Earl, Carden & Smutylo, 2002, Outcome Mapping; Widmer, Rothmayr & Serdült, 1996, Kurzevaluationen.

jekten lässt sich anhand eines kybernetischen Mehrebenenmodells theoretisch und praktisch erläutern. Dieses Mehrebenenmodell geht davon aus, dass sich jede Entwicklung in einer mitgestaltenden Umgebung („Ökosystem") vollzieht und umgekehrt bezieht sich jede selbstgesteuerte Entwicklung auf diese mitwirkenden Umfelder.

Die interne Evaluation[12] dient der Selbstvergewisserung der Ebenen-Akteure, die externe Evaluation der Beratung der Zielvereinbarungserreichung – auch Patton (2011, S. 23ff.) plädiert für ihre Verschränkung. Die gemeinsam erarbeiteten Evaluationsziele leiten sich aus den Zielvereinbarungen zwischen den Ebenen ab. Durch diese evaluativen Verknüpfungen und Separierungen gewinnen die „Kunden" der Evaluation auf den verschiedenen Strukturebenen ein Eigeninteresse an der Konzertierung (Abstimmung und Ko-Produktion) von Entwicklungsprozessen, Projektmanagement und Evaluationen, wobei der Projektleitung die bedeutsame Rolle zukommt, das langfristige Projektziel immer präsent zu halten (vgl. Carle & Metzen, 2009, S. 131ff.). Welche Veränderungen auf welcher Ebene besonders betrachtet werden, hängt nicht nur vom Interesse der Evaluationskunden ab, sondern auch von der Entwicklungszeit, die erfasst werden kann und soll. Die schnellsten Veränderungen sind auf der operativen Ebene feststellbar. Veränderungen auf der strukturellen Ebene bedürfen in Bildungseinrichtungen – je nach Strukturebene – Monate bis Jahre. Auf der übergeordneten normativen Ebene braucht es sogar Generationen für nachhaltige und signifikante Veränderungen. Diese Überlegungen fliessen in die Methoden- und Instrumentenwahl ein. Das war früher einfacher: Am Anfang der Evaluation stand ja das Gutachten, das seinerseits einem von „Oben" vorgegebenen Bewertungsmodell folgte. Was in der Komplexität des gutachterlichen Sachverstandes noch intuitiv verankert war, bedarf in einem kollektiven oder gar organisationalen Lernprozess der expliziten Zielfindungs- und Entscheidungslogik.

Wo aber bleiben nach all diesen Empfehlungen für eine wirksame Unterstützung pädagogischer Entwicklungsvorhaben durch Evaluation die Wissenschaft und die ihr wichtigen neuen Erkenntnisse? Noch immer wird in der Evaluationsliteratur die Fahne der instrumentellen Exzellenz hoch gehalten, zumal die AutorInnen zumeist aus den entsprechenden Hochschulbereichen stammen. Aus ihrer Sicht ist das Eingehen auf die Gegebenheiten des zu evaluierenden Programms oder Produkts ein Kompromiss zwischen den hohen forschungsmethodischen Ansprüchen und den realen Einschränkungen hinsichtlich Feldzugang, Untersuchungszeit und personell-sächlichen Ressourcen. Wir plädieren für eine andere Sicht auf diese Situation: Die wahrgenommenen Beschränkungen können auch als Zugangsvoraussetzungen zu einem hoch interessanten Forschungsfeld gesehen werden. Die methodologischen Restriktionen eröffnen die Chance zur Entwicklung prozessnaher Erhebungsmöglichkeiten. Der Zwang zur evaluativen Unterstützung

---

12 „Interne Evaluation ist der in unserem Evaluationskontext treffendere Ausdruck für das, was auch unter dem Label „Selbstevaluation" firmiert, auch wenn die interne Evaluation nicht alleine von den Evaluierten getragen wird, sondern durch ihre Kooperation mit den Evaluierenden; siehe hierzu DeGEval, 2004 (Standardsadaptation zur Selbstevaluation).

der Entwicklungsvorhaben bietet die Gelegenheit zur reflexiven Beeinflussung der real wirkenden Entwicklungsmomente.

Die dieser Auffassung zugrunde liegende „Generative Forschungslogik" (Epistemologie) geht davon aus, dass die „Dinge" am intensivsten „mit uns reden", wenn wir an ihrer Veränderung unterstützend beteiligt sind. Dieser Logik folgend, schöpft prozessintegrierte und engagierte Evaluation aus prinzipiell reichhaltigeren Quellen als distanzierte Laborforschung. So wie ein Chirurg bei der Operation der Anatomie des Lebendigen näher ist als bei seiner Arbeit am Laborseziertisch. Diese Nähe geschieht natürlich vordergründig auf Kosten der reflexiven Distanz. Der Laborvorzug, mit seinen Zusatzressourcen Zeitfülle, instrumentelle Variabilität und Wiederholbarkeit, kann aber durch einen Kunstgriff partiell auf die Felderhebungssituation übertragen werden: Die Evaluationserhebung wird um ein mit wissenschaftlichen Zusatzfragen gefülltes Surplus erweitert. Dies ist bei Expeditionen gang und gäbe. Raumfahrtexpeditionen oder Meinungsumfragen werden häufig um weitere, periphere Erkundungsaufträge ergänzt, die den Hauptauftrag nicht gefährden aber die günstige Gelegenheit kostengünstig mitnutzen. Ähnlich kann Evaluation verfahren und die Evaluationsfragen übersteigende oder vertiefende Forschungsfragen in ihre Erhebungen einplanen. Dazu werden die Planung, Vorbereitung, Durchführung, Auswertung und Präsentation der Evaluation mit diesem wissenschaftlich besonders interessierenden Surplus ausgestattet und nebenher bzw. im Nachhinein vertiefend untersucht. Das ist ohne weiteres praktizierbar und äusserst ergiebig (z.B. Berthold, 2011). Natürlich müssen die Verwendungsinteressen, die Inhalte und die Aufwände des Erhebungssurplus mit den Auftraggebern, den Evaluierten und dem Unterstützungssystem abgestimmt werden. Die so fundierte „Meta-Analyse" hat dann ein verlässliches Fundament und muss ihre Interpretationen nicht auf ungesicherte Annahmen über Ähnlichkeiten bei Fragestellung und Datenqualität bauen.

Dieser Vorschlag zur Verbindung von Gestaltungszuarbeit und Grundlagenforschung für wissenschaftlich engagierte EvaluatorInnen erscheint erst einmal beschwerlicher als das „reine" Forschungen im Labor. Vielleicht hilft den WissenschaftlerInnen, die sich diesen schwierigeren Weg zumuten wollen die Ironie der Wissenschaftsgeschichte, indem sich ihnen auf diesem Weg der unmittelbarste Zugang zu relevantem (früh-) pädagogischem Wissen eröffnet. Daran glaubt auch kein geringerer als Michael Scriven in seinem Entwurf einer „Transdisziplinären Evaluation" (2003, S. 19ff.):

> „Applied social science will divide into the progressive, evaluation-enriched school, and the conservative, evaluation-impaired school. The evaluation-enriched group will become the winner in nearly all bids for contracts aimed at separating solutions from non-solutions of social / educational problems. The evaluation-impaired branch, following in the tracks of typical applied social science departments today, will gradually whither on the vine, with its aging adherents exchanging stories about the good old days."

Wichtiger als die methodischen Bedenken ist das evaluatorische Engagement in allen frühpädagogischen Feldern, die es verdienen, untersucht zu werden, deren Weiterentwicklung aber noch nicht der evaluatorischen Unterstützung wert erachtet wurden (Scriven, 2012, S. 169).

## 5 Zusammenfassung

Dieser Beitrag betrachtet die widersprüchliche Entwicklung der Evaluationsprofession in den rund 50 Jahren ihrer öffentlichen Anwendung auf grosse frühpädagogische Förderprogramme. Sie hat sich zu einer weltweit beachtlichen Profession entwickelt und zeigt dennoch untrügliche Anzeichen weiteren Entwicklungsbedarfs: Nach Innen wird sie von über hundert unterschiedlichen Ansätzen geprägt, die von grossen und kleinen Lehnsherren (Scriven: „Fiefdoms") eifersüchtig verteidigt werden. Als Unterscheidungsmerkmale dienen vor allem methodische bzw. Nutzenargumente. Dabei sehen Letztere nicht sehr überzeugend aus, produziert die Evaluation doch überwiegend Analysen, die den Beurteilten mehr oder weniger Wirkungslosigkeit attestieren (Zusammenstellung siehe Carle & Metzen, 2012, S. 35ff.).

Nach unserer Analyse haben die Evaluation wie ihr Wirkungsfeld, hier die frühpädagogischen Förder- und Entwicklungsprogramme noch nicht die institutionelle und professionelle Autonomie erreicht, die sie erreichen könnten. Der Evaluation mangelt es überwiegend noch an der Fähigkeit, sich als Teilfunktion eines Unterstützungssystems für diese Förderprogramme zu etablieren, ohne ihre wissenschaftlichen Standards und Erkenntnisinteressen aufzugeben. Auch die Frühpädagogik sieht sich bis dato kaum imstande, der Evaluation auf Augenhöhe zu begegnen und sie als notwendige Entwicklungsbedingung zu verstehen (Stichwort: „Klientenprofessionalisierung"). Beide Disziplinen stehen also vor diesem letzten Schritt hin zu einem beginnenden koevolutiven Verhältnis. Dieser letzte Schritt verlangt von der wissenschaftlichen Evaluation die Überwindung überkommener naturwissenschaftlich-medizinischer Forschungsstrategien, nicht aber die Aufgabe der dieser Tradition zugrunde liegenden methodischen Strenge und wissenschaftlichen Generalisierungsansprüche. Die phasenweise Unterordnung der Evaluation unter den Entwicklungsauftrag der Förderprogramme (Perspektivenwechsel von „Attribution" hin zu „Contribution") würde sie mit Hilfe eines zweigleisigen Vorgehens in wissenschaftlicher Hinsicht näher an die Bedingungsfaktoren gelingender Programmentwicklung heran bringen.

Die so mögliche Koevolution hat zwei Seiten, eine innere und eine äussere. Die innere, der methodische Austausch, wurde in diesem Artikel eingehender betrachtet – auch unter einem für die Pädagogik wie für die Sozialwissenschaften wenig vertrauten Aspekt der professionellen Organisierens. Die äussere Seite, das Verhältnis des Förderprogramm-Evaluations-Soziotops zum gesellschaftlichen Umfeld, verdiente ebenfalls eine vertiefte Betrachtung. Schliesslich bestimmt das gesellschaftliche Interesse an beiden Disziplinen, ob ihnen weitere Entwicklungsressourcen zur Verfügung gestellt werden[13]. Allerdings ist dieses Äussere auch aus der historischen Perspektive durchaus zwiespältig zu sehen. So kam insbesondere der Evaluation bislang in Bezug auf den Prozess der demokratischen und prosozialen Verantwortungsübernahme eine nicht selten äusserst ambivalente Rolle zu. Sie wurde sowohl als Hilfsmittel eingesetzt, um aus Erfolgen wie aus Misserfolgen der Förderprogrammentwicklung zu lernen. Sie wurde aber auch missbraucht, um das „Gelernte" als Argument in entwicklungsfeindliche politische Entscheidungsprozesse einfliessen zu lassen. Auch hiergegen würde eine vertiefte Kooperation wappnen.

## 6 Literatur

Alkin, M.C. (2011). *Evaluation essentials from A to Z*. New York: Guilford Press.

Barab, S. & Squire, K. (Hrsg.). (2004). Design-Based Research. Clarifying the Terms. Introduction to the Learning Sciences Methodology Strand. *The Journal of the Learning Sciences* 13(1) Special Issue, 1–128.

Besharov, D.J., Germanis, P., Higney, C.A. & Call, D.M. (2011). *Ohio University Report on Head Start, 1969. Meta-Analysis of Twenty-Six Early Childhood Evaluations*. Westinghouse Learning Center, Bd. 27. College Park, MD, USA: Welfare Reform Academy, School of Public Policy, University of Maryland.

Bösenberg, D. & Metzen, H. (1995). *Lean Management. Vorsprung durch schlanke Konzepte* (5. Auflage). Landsberg am Lech: Moderne Industrie.

Bogatz, G.A. & Ball, S. (1971). *The Second Year of Sesame Street. A Continuing Evaluation*. Vol. 1 (ERIC Document Number ED122800); Vol. 2 (ED122801). Princeton: Educational Testing Service (ETS).

Brinkerhoff, R.O. (2003). *The success case method. Find out quickly what's working and what's not*. San Francisco: Berrett-Koehler.

Bronfenbrenner, U. (1986). Ecology of the Family as a Context for Human Development. Research Perspectives. *Developmental Psychology 22*(6), 723–742.

Bronfenbrenner, U. (1974). Is Early Intervention Effective? *Teachers College Record 76*(3), 279–303.

Brown, A.L. (1992). Design Experiments. Theoretical and Methodological Challenges in Creating Complex Interventions in Classroom Settings. *The Journal of the Learning Sciences 2*(2), 141–178.

Burger, K. (2010). How does early childhood care and education affect cognitive development? An international review of the effects of early interventions for children from different social backgrounds. In *Early Childhood Research Quarterly 25*(2), 140–165.

Carle, U. (2010). Pädagogische Diagnostik als forschende Tätigkeit. In B. Friebertshäuser, A. Langer, A. Prengel & S. Richter (Hrsg.), *Handbuch qualitative Forschungsmethoden in der Erziehungswissenschaft* (3. Aktualisierte Auflage, S. 831–844). Weinheim: Juventa-Verlag.

---

13 Das gesellschaftliche Interesse scheint vorzuliegen. So fordern die Washingtoner „National Association for the Education of Young Children (NAEYC)" und die „National Association of Early Childhood Specialists in State Departments of Education (NAECS/SDE)" in einem nun schon 10 Jahre alten gemeinsamen Positionspapier die Schaffung eines umfassenden Systems der integrierten Curriculumentwicklung, der Leistungsdokumentation und der Programmevaluation zur angemessenen Unterstützung frühkindlicher Förderung und Entwicklung (NAEYC 2003).

Carle, U. (2000). *Was bewegt die Schule? Internationale Bilanz, praktische Erfahrungen, neue syste-mische Möglichkeiten für Schulreform, Lehrerbildung, Schulentwicklung und Qualitätssteigerung.* Baltmannsweiler: Schneider Hohengehren.

Carle, U. & Metzen, H. (2012). Phasen der wechselseitigen professionellen Entwicklung von Eva-luation und Pädagogik. Historisch begründetes Plädoyer für den Ausbau der Kooperation von pädagogischer Praxis und Evaluation. Arbeitsgebiet Elementar- und Grundschulpädagogik, Universität Bremen. Bremen. Download am 18.08.2012 von www.grundschulpaedagogik.uni-bremen.de/archiv/Carle/2012/CAMZ2012Entw.Eval+Paed.pdf.

Carle, U. & Metzen, H. (2009). Die Schuleingangsphase lohnt sich! Erfolgsmomente für die best-mögliche Entwicklung des landesweiten Schulentwicklungsvorhabens ‚Begleitete Schulein-gangsphase (BeSTe)‘ in Thüringen. Bericht der wissenschaftlichen Begleitung nach zweieinhalb Jahren ‚BeSTe‘ (2005–2008). Bremen: Arbeitsgebiet Elementar- und Grundschulpädagogik, Universität Bremen. Download am 18.08.2012 von www.grundschulpaedagogik.uni-bremen.de/forschung/thueringen/index.html#PAB.

Carle, U. & Metzen, H. (2003). Evaluation und Evaluationsforschung – ein neues Paradigma: Ent-wicklungsservice statt Werkzeugkiste. Bremen: Arbeitsgebiet Elementar- und Grundschulpä-dagogik, Universität Bremen. Download am 18.08.2012 von www.grundschulpaedagogik.uni-bremen.de/archiv/Carle/2003/camz2003evaluation_service.pdf.

Collins, A. (1992). Towards a design science of education. In E. Scanlon und T. O'Shea (Hrsg.), *New directions in educational technology. Proceedings of the NATO Advanced Research Workshop on New Directions in Advanced Educational Technology, Milton Keynes, GBR, 10.–13.11.1988* (S. 15–22). Berlin: Springer. (NATO ASI series, Series F, Computer and system sciences, 96).

Cook, S.D.N. & Brown, J.S. (1999). Bridging Epistemologies. The Generative Dance Between Orga-nizational Knowledge and Organizational Knowing. *Organization Science 10*(4), 381–400.

Cook, T.D. & Conner, Ross F. (1976). The Educational Impact. Secondary Evaluation of seven stud-ies of the influence of Sesame Street. *Sesame Street Around the World 26*(2), 155–164.

Cook, T.D. & Gorard, S. (2007). What Counts and What Should Count as Evidence. In Organiza-tion for economic co-operation and development (OECD) Centre for Educational Research and Innovation (CERI) (Hrsg.), *Evidence in Education. Linking research and policy* (S. 33–49). Paris: Organization for economic co-operation and development (OECD).

DeGEval – Gesellschaft für Evaluation (Hrsg.) (2004). Empfehlungen zur Anwendung der Stan-dards für Evaluation im Handlungsfeld der Selbstevaluation. Alfter: DeGEval Download am 20.07.2012 von http://www.alt.degeval.de/calimero/tools/proxy.php?id=24059.

DGfE-Kommission Schulforschung und Didaktik (KSD) (Hrsg.) (2007). *Allgemeine Didaktik trifft Lehr-Lernforschung.* Theorietagung der Kommission Schulforschung / Didaktik der Sektion Schulpädagogik der DGfE am 08.–09.03.2007 an der Universität Hildesheim. Universität Hil-desheim, Centrum für Bildungs- und Institut für Erziehungswissenschaft Unterrichtsforschung (CeBU). Hildesheim: CeBU. Download am 18.08.2012 von www.uni-hildesheim.de/media/for-schung/cebu/PDFs/DGfE-KSD-Tagung-2007.pdf.

Earl, S., Carden, F. & Smutylo, T. (2002). *Outcome mapping. Building learning and reflection into development programs.* Foreword by M.Q. Patton. Ottawa: International Development Research Centre (IDRC).

Fritschi, T. & Oesch, T. (2008). *Volkswirtschaftlicher Nutzen von frühkindlicher Bildung in Deutsch-land. Eine ökonomische Bewertung langfristiger Bildungseffekte bei Krippenkindern.* Gütersloh: Bertelsmann Stiftung.

Guba, E.G. & Lincoln, Y.S. (1989). *Fourth generation evaluation.* Newbury Park: Sage Publications.

Heiner, M. (1998). Lernende Organisation und Experimentierende Evaluation. Verheißungen Ler-nender Organisation. In M. Heiner (Hrsg.), *Experimentierende Evaluation. Ansätze zur Ent-wicklung lernender Organisationen* (S. 11–53). Weinheim: Juventa.

Hense, J. & Mandl, H. (2011). Wissensmanagement und Evaluation. *Zeitschrift für Evaluation* 10(2), 267–301.

Joint Committee on Standards for Educational Evaluation, Sanders, J.R. (Hrsg.) (2006), *Handbuch der Evaluationsstandards. Die Standards des „Joint Committee on Standards for Educational Evaluation".* Aus dem Amerikanischen übersetzt von W. Beywl & Th. Widmer. DeGEval – Gesellschaft für Evaluation e. V. (3., erweiterte und aktualisierte Auflage). Wiesbaden: VS Verlag für Sozialwissenschaften.

Krüger, M. (2010). *Das Lernszenario VideoLern. Selbstgesteuertes und kooperatives Lernen mit Vorlesungsaufzeichnungen. Eine Design-Based-Research Studie.* Dissertation der Universität der Bundeswehr in München, Fakultät für Pädagogik. Neubiberg: Universität der Bundeswehr in München, Fakultät für Pädagogik, Professur für Lehren und Lernen mit Medien. Download am 18.08.2012 von http://nbn-resolving.de/urn:nbn:de:bvb:706-2333.

Lave, J. & Wenger, E. (1991). *Situated learning. Legitimate peripheral participation.* Cambridge, GBR: Cambridge University Press.

Mertens, D.M. (2000). Institutionalizing Evaluation in the United States of America. In R. Stockmann (Hrsg.), *Evaluationsforschung. Grundlagen und ausgewählte Forschungsfelder* (S. 39–56). Opladen: Leske + Budrich.

National Association for the Education of Young Children (NAEYC) (Hrsg.) (2003). *Early Childhood Curriculum, Assessment, and Program Evaluation. Building an Effective, Accountable System in Programs for Children Birth through Age 8.* NAEYC Position Statement with expanded Resources. Washington: NAEYC. Download am 18.08.2012 von www.naeyc.org/files/naeyc/file/positions/CAPEexpand.pdf.

National Evaluation of Sure Start (NESS) Team (2012). *The impact of Sure Start Local Programs on seven year olds and their families.* Department for Education Research Report DFE-EE220. London: Department for Education. Download am 18.08.2012 von www.education.gov.uk/publications/eOrderingDownload/DFE-RR220.pdf.

Patton, M.Q. (2011). *Developmental evaluation. Applying complexity concepts to enhance innovation and use.* New York: Guilford Press.

Patton, M.Q. (2008). *Utilization-focused evaluation.* (4. Auflage, 1. Auflage 1978). Los Angeles: Sage Publications.

Phi Delta Kappa (PDK) National Study Committee on Evaluation, Stufflebeam, D.L., Foley, W.J., Gephart, W.J., Guba, E.G., Hammond, R.L., Marriman, H.O. & Provus, M.M. (1974). *Educational evaluation and decision making* (4. Druckauflage, 1. Auflage 1971). Itasca: F.E. Peacock Publishers.

Prengel, A., Heinzel, F. & Carle, U. (2008). Methoden der Handlungs-, Praxis- und Evaluationsforschung. In W. Helsper & J. Böhme (Hrsg.), *Handbuch der Schulforschung* (2., durchgesehene und erweiterte Auflage, S. 181–197). Wiesbaden: VS Verlag für Sozialwissenschaften.

Reinmann, G. (2005). Innovation ohne Forschung? Ein Plädoyer für den Design-Based Research-Ansatz in der Lehr-Lernforschung. Unterrichtswissenschaft. *Zeitschrift für Lernforschung* 33(1), 52–69.

Reusser, K. (2011). Von der Unterrichtsforschung zur Unterrichtsentwicklung – Probleme, Strategien, Werkzeuge. In W. Einsiedler (Hrsg.), *Unterrichtsentwicklung und Didaktische Entwicklungsforschung* (S. 11–40). Bad Heilbrunn: Klinkhardt.

Rossi, P.H., Freeman, H.E. & Wright, S.R. (1979). *Evaluation. A systematic approach.* Beverly Hills: Sage Publications.

Rossi, P.H., Lipsey, M.W. & Freeman, H.E. (2004). *Evaluation. A systematic approach* (7. Auflage, 1. Auflage 1979). Thousand Oaks: Sage Publications.

Rossi, P.H. (Hrsg.) (1982). Standards for Evaluation Practice. Special Issue. *New Directions for Program Evaluation* 1982(15), 1–97.

Scriven, M. (2012). Conceptual Revolutions in Evaluation: Past, Present, and Future. Chapter 12. In M.C. Alkin (Hrsg.), *Evaluation roots. A wider perspective of theorists' views and influences* (2. Auflage, S. 167–179). Los Angeles: Sage Publications.

Scriven, M. (2003). Evaluation in the New Millennium. The Transdisciplinary Vision. In Stewart I. Donaldson und Michael Scriven (Hrsg.), *Evaluating social programs and problems. Visions for the new millennium* (S. 11–4). New York: Psychology Press.

Simon, H.A. (1996). *The sciences of the artificial* (3. Auflage, 1. Auflage 1969). Cambridge: MIT Press.

Spiess, C.K., Büchel, F. & Wagner, G.G. (2003). Children's school placement in Germany. Does Kindergarten attendance matter? *Early Childhood Research Quarterly 18*(2), 255–270.

Stamm, M. (2003). *Evaluation und ihre Folgen für die Bildung. Eine unterschätzte pädagogische Herausforderung. Zugleich Habilitationsschrift an der Universität Fribourg, CHE, 2002.* Münster: Waxmann.

Stark, R. & Mandl, H. (2007). Bridging the gap between basic and applied research by an integrative research approach. *Educational Research and Evaluation 13*(3), 249–261.

Vohle, F. & Reinmann, G. (2012). Förderung professioneller Unterrichtskompetenz mit digitalen Medien. Lehren lernen durch Videoannotation. In R. Schulz-Zander, B. Eickelmann, H. Moser, H. Niesyto & P. Grell (Hrsg.), *Jahrbuch Medienpädagogik 9* (S. 413–429). Wiesbaden: VS Verlag für Sozialwissenschaften.

Weiss, C.H. (1998). *Evaluation. Methods for studying programs and policies* (2. Auflage). Upper Saddle River: Prentice Hall.

Widmer, Th., Rathmayr, Ich. & Serdal, U. (1996). *Kurz und gut? Qualität und Effizienz von Kurzevaluationen.* Vorwort von U. Klöti (1. Auflage). Zürich: Rüegger.

Wottawa, H. & Thierau, H. (2003). *Lehrbuch Evaluation* (3., korr. Auflage, 1. Auflage 1990). Bern: Huber.

Yarbrough, D.B., Shulha, L.M., Hopson, R.K. & Caruthers, F.A. / Joint Committee on Standards for Educational Evaluation (JCSEE) (2011). *The program evaluation standards. A guide for evaluators and evaluation users. Joint Committee on Standards for Educational Evaluation (JCSEE)* (3. Auflage, 1. Auflage 1981). Thousand Oaks: Sage Publications.

Zigler, E. & Styfco, S.J. (2010). *The hidden history of Head Start.* New York: Oxford University Press.

# Bildungsstatistik und Bildungsmonitoring

Urs Moser und Carole Studer

## 1 Von der Bildungsstatistik zum Bildungsmonitoring

Mit Bildungsstatistik wird traditionellerweise „die auf periodisch erhobenen Daten basierende amtliche Statistik" über das Bildungswesen bezeichnet. Zu den bildungsstatistischen Informationen gehören beispielsweise die Anzahl Bildungseinrichtungen, Lehrpersonen sowie Schülerinnen und Schüler oder die Bildungsausgaben. Bildungsstatistische Informationen werden in verschiedenen Differenzierungen wie der Struktur des Bildungswesens, Region oder Geschlecht dargestellt (vgl. Drewek, 2007, S. 116).

Je nach Definition des Begriffs „Bildung" umfasst die Bildungsstatistik allerdings weit mehr als zählbare Informationen über Bildungseinrichtungen und Bildungsbeteiligung. Wird unter Bildung etwa die Aneignung von Wissen in einem Lernprozess verstanden oder das Ergebnis dieses Prozesses, dann gehören auch Bildungsinhalte, Bildungsprozesse und Bildungsergebnisse zum Gegenstand der Bildungsstatistik (vgl. Eckert, 2010, S. 590).

Bildungsstatistiken werden seit der zweiten Hälfte des 19. Jahrhunderts international intensiv gepflegt (vgl. Drewek, 2007, S. 116). Bildungsstatistische Angaben bilden eine wichtige Informationsquelle für Bildungspolitik und Erziehungswissenschaften. Ohne grundlegende Angaben zum Bildungsangebot und zur Bildungsbeteiligung lässt sich die Zukunft nicht planen und Erkenntnisse über Schul- und Bildungssysteme lassen sich nicht mit Bezug zum Kontext nutzen. Bildungsstatistiken dokumentieren zudem die öffentliche Bedeutung des Bildungswesens und sind deshalb auch Bestandteil der amtlichen Statistik (vgl. Eckert, 2010, S. 590).

In den letzten zwanzig Jahren wurden Bildungsstatistiken systematisch ausgebaut, sowohl auf internationaler als auch auf nationaler Ebene. Der Grund für die zunehmende

Bedeutung von bildungsstatistischen Informationen liegt insbesondere in der Wende von Input- zu Output-orientierten Steuerungsmodellen im Bildungswesen. Das neue, heute dominierende Paradigma der Steuerung versteht sich als „shift from governement to governance", als Abwendung von direkter Zentralsteuerung hin zu Deregulierung und Liberalisierung (vgl. von Kopp, 2009, S. 834ff.; Altrichter & Maag Merki, 2010, S. 15ff.).

Während bisher vor allem der Input beziehungsweise die Ressourcen im Vordergrund der politischen Steuerung standen, gewinnen Prozessmerkmale und Bildungsergebnisse zunehmend an Bedeutung (vgl. Döbert & Klieme, 2010, S. 319). Insbesondere die systematische Beobachtung von Lernergebnissen im Kontext ihrer Rahmenbedingungen bildet einen wesentlichen Bestandteil der Steuerung des Bildungswesens und gehört heute zu den Routinen der meisten erfolgreichen Bildungssysteme (vgl. Oelkers & Reusser, 2008, S. 319).

Informationen über das Bildungssystem, wie sie etwa die Organisation for Economic Co-operation and Development (OECD) mit ihrer jährlich erscheinenden Publikation „Education at a Glance" (= Bildung auf einen Blick) liefert, ermöglichen es einem Land, Bildungsangebot und Bildungsergebnisse im Vergleich zu anderen Ländern zu beurteilen. Bildungsstatistiken decken für verschiedene Länder Stärken und Schwächen auf und bilden dadurch die Grundlage für bildungspolitische Massnahmen (vgl. OECD, 2011).

Zusätzlich zum internationalen Vergleich von Bildungsstatistiken haben die meisten Industrieländer damit begonnen, systematische Daten über Bildungsangebot und Bildungsergebnisse zu sammeln und in einer nationalen Bildungsberichterstattung zu veröffentlichen. Die im Rahmen von internationalen Projekten gewonnenen Informationen fliessen inzwischen auch in Deutschland, Österreich und der Schweiz in eine regelmässige Bildungsberichterstattung ein (vgl. Döbert & Klieme, 2010, S. 317).

Bildungsstatistiken und Bildungsberichterstattung sind wichtige Bestandteile eines umfassenden Systemmonitorings. Unter dem Begriff Bildungsmonitoring wird ein international anerkannter Weg bezeichnet, der darauf abzielt, kontinuierlich berichtbare, datengestützte Informationen über das Bildungswesen bereitzustellen. Unter dem Begriff Bildungsmonitoring werden folglich jene Massnahmen subsumiert, mit denen Transparenz über das Bildungsgeschehen in der Gesellschaft hergestellt und damit eine Grundlage für Zieldiskussionen und politische Entscheidungen geschaffen wird (vgl. Rürup, Fuchs & Weishaupt, 2010, S. 378). „Im Zentrum eines Bildungsmonitorings steht die Arbeit der Institutionen des Bildungswesens, von der Kinderkrippe bis zur Weiterbildung im Erwachsenenalter" (Döbert & Klieme, 2010, S. 320). In föderal organisierten Staaten leistet das Bildungsmonitoring nicht nur einen Beitrag zu einer forschungs- und datengestützten Bildungspolitik, sondern auch zur Koordination des bildungspolitischen Handelns zwischen Bund und Ländern beziehungsweise Kantonen (vgl. Bildungsmonitoring Schweiz, o.J.).

Indem über Rahmenbedingungen, Verlaufsmerkmale sowie über Ergebnisse und auch über Erträge von Bildungsprozessen berichtet wird, werden vorhandene Informationen systematisch aufbereitet, damit sie für die politische Steuerung zur Verfügung stehen (vgl. Weishaupt, Baethge, Füssel, Hetmeier, Rauschenbach, Rockmann, Seeber & Wolter, 2012,

S. 1). Das Bildungsmonitoring dient primär der Orientierung und Ergebnisrückmeldung auf der Systemebene und gibt datengestützte Auskunft über die Leistungsfähigkeit des Bildungssystems. Es hat im Wesentlichen drei Funktionen: (1) zentrale Aspekte eines Systems zu beobachten, zu analysieren und darzustellen, (2) die Qualität des Systems zu kontrollieren und (3) Steuerungswissen zu generieren beziehungsweise zu erweitern (vgl. Oelkers & Reusser, 2008, S. 319ff.).

Die traditionelle Bildungsstatistik im Sinne von quantitativen Angaben über Bildungseinrichtungen ist ein Teil des Bildungsmonitorings, zu dessen wichtigsten Bestandteilen auch die Lernergebnisse aus internationalen Schulleistungsuntersuchungen (beispielsweise PISA, TIMSS, PIRLS) oder die Ergebnisse aus der Überprüfung des Erreichens von Bildungsstandards und die Erfassung der Leistungsfähigkeit einzelner Schulen gehören (vgl. Döbert & Klieme, 2010, S. 320). Für das Bildungsmonitoring werden folglich sämtliche Informationen über das Bildungssystem genutzt, die mittels objektiver Verfahren wie Tests, Fragebögen oder statistischer Analysen systematisch und regelmässig erfasst werden. Die Informationen dienen als Indikatoren für die Bildungsqualität und werden auf unterschiedlichen Ebenen des Bildungssystems (Land, Region, Schule, Klasse, Individuum) erhoben (vgl. ebd., S. 320).

## 2    Bildungsstatistik und Bildungsmonitoring zur frühkindlichen Bildung, Betreuung und Erziehung

Die Erhebung von bildungsstatistischen Informationen zur frühkindlichen Bildung, Betreuung und Erziehung (FBBE) befindet sich momentan noch im Aufbau. Sie wird beispielsweise für die Schweiz als unzureichend beurteilt, ebenso wie das Angebot und die Qualität der bestehenden Einrichtungen (vgl. Stamm, 2009, S. 23). Mit dem Bestreben, die Frauenerwerbsbeteiligung zu erhöhen, es den Frauen im Sinne der Gleichberechtigung zu ermöglichen, berufliche und familiäre Pflichten besser miteinander zu vereinbaren, und mit der zunehmenden Einsicht, dass der Zugang zu FBBE Kindern aus sozioökonomisch benachteiligten Familien und Kindern mit fremder Muttersprache zu einem guten Start ins Leben verhilft, ist das Interesse an Bildungsstatistiken für das Vorschulalter allerdings deutlich angestiegen (vgl. OECD, 2006a).

Die soziale Situation von Frauen hat sich in den letzten Jahrzehnten stark verändert. Immer mehr Frauen gehen einer bezahlten Arbeit nach, insbesondere auch Mütter mit kleinen Kindern. Die Erwerbsquote der Frauen[1] nahm in den letzten Jahren viel stärker zu als jene der Männer. In der EU sind beispielsweise zwischen 2001 und 2006 die Erwerbsquoten der 15- bis 64-jährigen Frauen um 2,9 Prozentpunkte gestiegen, während der entsprechende Anstieg bei den Männern nur 0,7 Prozentpunkte betrug. Die Unterschiede zwischen den Erwerbsquoten der Frauen und Männer nehmen deshalb in Europa ab (vgl. Bundesamt für Statistik [BFS], 2007, S. 3). Die Erwerbsquote der Frauen betrug

---

1    Anteil an Frauen, die erwerbstätig oder auf Stellensuche sind

im Jahr 2011 in Deutschland 72 Prozent, in Österreich 70 Prozent und in der Schweiz 81 Prozent (vgl. Eurydice, 2009, S. 58; BFS, 2007, S. 3).

Die Bildungsforschung hat gezeigt, dass der frühe Zugang zu Bildung, Betreuung und Erziehung Kindern aus Familien mit sozioökonomisch benachteiligendem Hintergrund zu einem besseren Start in die Schullaufbahn verhilft. Im Rahmen von PISA (Programme for International Student Assessment) wurde beispielsweise nachgewiesen, dass 15-jährige Schülerinnen und Schüler, die eine Vorschule besucht haben, bei PISA auch nach der Berücksichtigung ihres sozioökonomischen Hintergrundes bessere Leistungen erreichen als diejenigen ohne Vorschulbesuch (vgl. OECD, 2011). Zudem erhielt die Forderung nach einer möglichst frühzeitigen Förderung dieser Kinder auch von ökonomischer Seite Unterstützung. Bildungsökonomische Analysen zeigen, dass sich Investitionen für Kinder mit sozioökonomisch benachteiligendem Hintergrund oder mit Migrationshintergrund im Vorschulbereich weit mehr auszahlen als Massnahmen, die während der obligatorischen Schulzeit ergriffen werden (vgl. Heckman & Masterov, 2007, S. 26ff.).

Die eher unzureichenden bildungsstatistischen Informationen für den Bereich FBBE sind auch auf methodische Schwierigkeiten zurückzuführen. Nach Eckert (2010, S. 590) setzt die Bildungsstatistik eine Theorie voraus, aus der hervorgeht, was unter Bildung zu verstehen ist und an welchen empirisch zu bestimmenden Tatbeständen sie sich messen lässt. Unter FBBE versteht man die „ganzheitliche und bewusste Förderung des Kindes zwischen null und sechs Jahren in emotionaler, sozialer, motorischer, physischer, sprachlicher, mathematischer und kognitiver Hinsicht" (Stamm, 2009, S. 7). Diese Definition stellt das Bildungsmonitoring insbesondere für die frühe Kindheit zwischen null und drei Jahren vor einige methodische Herausforderungen. In der frühen Kindheit lassen sich die drei Elemente Bildung, Betreuung und Erziehung noch nicht trennen und werden deshalb als Einheit verstanden (vgl. Stamm, 2009, S. 19). Ein grosser Teil der Kinder nutzt in diesem Alter noch kein formelles Bildungsangebot. Viele Aspekte der alltagsintegrierten familialen Bildung können deshalb nicht ausreichend beleuchtet werden (vgl. Weishaupt et al., 2012, S. 47). Zudem lassen sich Bildungsergebnisse zwischen null und drei Jahren – im Gegensatz zu Schulleistungsuntersuchungen – nur mittels aufwändigen Verfahren standardisiert quantifizieren.

Relativ einfach ist es, harmonisierte statistische Daten über die Beteiligung an der Vorschulbildung auf der ISCED-Stufe 0 für Kinder ab dem Alter von drei Jahren zuverlässig zu erfassen, weil in vielen Ländern eine universelle Teilnahme im Elementarbereich ab drei Jahren eingeführt wurde: Im Durchschnitt der 21 EU-Länder liegt die Bildungsbeteiligung für drei- bis vierjährige Kinder bei über 75 Prozent, in den OECD-Ländern bei 70 Prozent (OECD, 2012, S. 359). Deutlich schwieriger ist der Vergleich von Daten für die unter Dreijährigen, weil nicht zwingend nationale Statistiken vorliegen oder solche nicht den Standardisierungsgrad internationaler Datenbestände aufweisen. Zum Teil sind öffentlich finanzierte Angebote gar nicht vorhanden (vgl. Eurydice, 2009, S. 63).

Es ist nachvollziehbar, dass die standardisierte Erfassung von bildungsstatistischen Informationen für den Bereich FBBE schwieriger ist als für die obligatorische Schule. Die Interpretation der Ergebnisse setzt zudem Kenntnisse über das Bildungssystem voraus.

In der Schweiz besuchen beispielsweise rund 90 Prozent der Fünfjährigen eine vorschulische Einrichtung, während der Anteil bei den drei- und vierjährigen Kindern knapp 25 Prozent beträgt (vgl. BFS, 2011). Zurückzuführen ist dies unter anderem darauf, dass der Besuch des Kindergartens für fünfjährige Kinder unentgeltlich ist, während für Einrichtungen, die Drei- und Vierjährigen offenstehen (z.B. Krippen/Kindertagesstätten, Horte oder Spielgruppen), von den Eltern Beiträge gezahlt werden müssen (vgl. Stamm, 2009, S. 11). Dies hat zur Folge, dass rund 50 Prozent der Vorschulkinder von nahen Verwandten wie beispielsweise den Grosseltern betreut werden (vgl. ebd., S. 12). Solange die Kinder nicht eine vorschulische Einrichtung beziehen, ist es bis anhin kaum möglich, Bildungsergebnisse auf standardisierte Weise systematisch zu quantifizieren.

Die Notwendigkeit einer Optimierung der Sammlung von bildungsstatistischen Daten und des Bildungsmonitorings für den Bereich FBBE ist auch ein Ergebnis der OECD-Studien „Starting Strong I und II: Early Childhood Education and Care", einer Prüfung der OECD in insgesamt 20 Ländern zur Beantwortung der Frage, wie frühkindliche Entwicklung und frühkindliches Lernen durch Politikmassnahmen, institutionelle Angebote, Familien und Gemeinden gefördert werden können (vgl. OECD, 2006a). Dabei wurde ebenfalls auf die Schwierigkeiten im Zusammenhang mit der Datensammlung für den FBBE-Bereich hingewiesen. Die Informationssysteme der statistischen Ämter zur Gewinnung von bildungsstatistischen Informationen waren ursprünglich nicht für die Bereitstellung der für die FBBE-Politik und das Angebot der entsprechenden Leistungen erforderlichen Daten gedacht (vgl. OECD, 2006b, S. 6).

Vergleichsweise differenzierte Informationen zu FBBE in Europa enthält auch die Studie des Eurydice Netzwerks „Frühkindliche Betreuung, Bildung und Erziehung in Europa: ein Mittel zur Verringerung sozialer und kultureller Ungleichheiten". Die Studie informiert über Rahmenbedingungen von FBBE anhand von wissenschaftlicher Literatur zu den Auswirkungen der Teilnahme an qualitativ hochwertigen FBBE-Angeboten sowie anhand statistischer Daten von Eurostat zu den relevanten demografischen Merkmalen von Familien mit Kindern im Vorschulalter sowie zu den Besuchsquoten der FBBE-Einrichtungen (vgl. Eurydice, 2009). Die Studie informiert insbesondere über verschiedene Risikogruppen (beispielsweise Kinder, die in Armut aufwachsen), über das Angebot im Bereich FBBE in Europa, Massnahmen zur Förderung sozial benachteiligter Kinder in Europa sowie politische Herausforderungen in Europa (vgl. Eurydice, 2009, S. 11ff.).

Ausführliche Informationen zu FBBE in den Ländern Deutschlands liefert zudem der Länderreport Frühkindliche Bildungssysteme, der neben Bildungsbeteiligungsquoten auch differenzierte Informationen zur Qualität des pädagogischen Personals im frühkindlichen Bereich enthält. Der sogenannte Länderreport ist Teil des Programms «Wirksame Bildungsinvestitionen» der Bertelsmann Stiftung und enthält Daten und Fakten zum Status quo und zu den Trends der Systeme der FBBE in allen 16 Bundesländern (Bock-Famulla & Lange, 2011, S. 32ff.).

Auch der Bildungsbericht Deutschland enthält vergleichsweise differenzierte Angaben zu Bildungsangebot und Bildungsbeteiligung. So wird als Aspekt des Inputs die Entwicklung der Angebote frühkindlicher Bildung verfolgt, es werden aber auch Lern- und Ent-

wicklungsmöglichkeiten in Familien beleuchtet oder die Bildungsbeteiligung von Kindern im Alter von unter drei Jahren in Tageseinrichtungen und Tagespflege. Als Folge der
hohen Erwartungen an die FBBE wird auch die Frage des Personals in Tageseinrichtungen von Interesse. Schliesslich gelingt es auch, – zwar noch nicht optimal standardisiert
–, Informationen über die sprachlichen Kompetenzen der Kinder vor der Einschulung
einzubeziehen. In Deutschland wird in 14 Ländern durch landesweite Sprachstandser-
hebungen die sprachliche Entwicklung der Kinder 6 bis 24 Monate vor der Einschulung
untersucht. Die Vergleichbarkeit dieser Erhebungen ist allerdings nicht gewährleistet,
weil in den 14 Ländern 17 standardisierte und nicht-standardisierte Verfahren zum Einsatz kommen. Weil nicht das Gleiche erhoben wird, variiert auch der Anteil Kinder, bei
denen Sprachförderbedarf festgestellt wird, relativ stark. Im Saarland beträgt die Quote
13 Prozent und in der Stadtgemeinde Bremen 42 Prozent. Innerhalb der Länder erweisen
sich die Quoten allerdings als relativ stabil. Kinder, die als sprachförderbedürftig diagnostiziert werden, werden in der Regel zur Teilnahme an einer Sprachfördermassnahme
verpflichtet (vgl. Autorengruppe Bildungsberichterstattung, 2012, S. 62).

## 3        Forschungsprojekte als Informationsquelle

Aufgrund der methodischen Schwierigkeiten bei der standardisierten Erfassung von systematischen und periodischen Informationen im Bereich FBBE sind Informationen aus
Forschungsprojekten, insbesondere Längsschnittdaten ein besonders wichtiger Bestandteil des Bildungsmonitorings. In Deutschland werden zurzeit zwei grosse Längsschnittstudien durchgeführt, bei denen der Bereich FBBE berücksichtig ist.

Beim Sozio-ökonomischen Panel (SOEP) handelt es sich um eine repräsentative Langzeitstudie, an der jährlich rund 11.000 Haushalte beziehungsweise 20.000 Personen teilnehmen. Erfragt werden Einkommen, Erwerbstätigkeit, Bildung und Gesundheit. Befragt werden jedes Jahr die gleichen Personen, um soziale und gesellschaftliche Trends
abbilden zu können. Das SOEP weist dadurch eine hohe Stabilität auf (vgl. DIW, 2012).
Die Befragung informiert über „objektive Lebensbedingungen, Wertvorstellungen, Persönlichkeitseigenschaften, den Wandel in verschiedenen Lebensbereichen und über die
Abhängigkeiten, die zwischen Lebensbereichen und deren Veränderungen existieren"
(vgl. ebd.). Die befragten Personen gehören privaten Haushalten an und haben das 17.
Lebensjahr erreicht.

Seit 2005 werden Eltern zwei- und dreijähriger Kinder besonders befragt, seit 2008
Eltern fünf- und sechsjähriger Kinder und seit dem Jahr 2010 Eltern von Kindern, die
älter als sechs Jahre sind sowie deren Kinder selbst (vgl. DIW, 2012). In jüngerer Zeit wird
gefordert, dass das SOEP auch bei Kindern durchgeführt wird, die jünger als sechs Jahre
sind, um „bereits im Kindesalter langfristig die Identifizierung von Entwicklungsrisiken
sowie protektiven und förderlichen Faktoren der Entwicklung bis ins Erwachsenenalter
hinein zu ermöglichen" (Weinert, Asendorpf, Beelmann, Doil, Frevert & Lohaus, 2007,
S. 1). Weinert et al. (2007) schlagen vor, dass die kognitiv-sprachlichen Kompetenzen der

Kinder, deren Persönlichkeitsmerkmale, sozial-emotionalen Kompetenzen beziehungsweise sozialen Verhaltensprobleme sowie zusätzlich verschiedene Indikatoren der Gesundheit erfasst werden.

Einen wichtigen Beitrag zu diesem Thema kann vom Nationalen Bildungspanel (NEPS) des Instituts für bildungswissenschaftliche Längsschnittforschung der Universität Bamberg erwartet werden, bei dem Fragen nach der Entwicklung und Förderung von Fähigkeiten und Fertigkeiten von Kindern unter vier Jahren bearbeitet werden. NEPS wird als Multi-Kohorten-Sequenz-Design durchgeführt, das im Herbst 2010 gestartet hat (vgl. NEPS, 2010, S. 20). Ziel des Nationalen Bildungspanels ist die Beobachtung von Bildungserwerb und seinen Folgen für individuelle Lebensverläufe sowie die Beschreibung von zentralen Bildungsprozessen und -verläufen über die gesamte Lebensspanne. Konkret interessiert, wie sich Kompetenzen entwickeln, wie diese Entscheidungen beeinflussen und inwieweit sie von Lerngelegenheiten abhängen. Zudem wird untersucht, welche Kompetenzen beispielsweise für das Erreichen von Bildungsabschlüssen oder ein erfolgreiches Leben relevant sind.

Das NEPS unterscheidet zwischen acht Bildungsetappen und fünf miteinander verbundenen Dimensionen: Kompetenzentwicklung im Lebenslauf, Bildungsprozesse in lebenslaufspezifischen Lernumwelten, soziale Ungleichheit und Bildungsentscheidungen, Bildungsprozesse von Personen mit Migrationshintergrund, Renditen von Bildung (vgl. NEPS, 2010, S. 12ff.). Die acht oben erwähnten Bildungsetappen reichen von der Geburt bis ins Erwachsenenalter, wobei sich die Etappe 1 mit Neugeborenen und dem Eintritt in frühkindliche Betreuungseinrichtungen befasst, die Etappe 2 mit Kindergarten und Einschulung (vgl. NEPS, 2010, S. 17). Bei Neugeborenen interessiert in erster Linie die Entwicklung bildungsrelevanter früher Fähigkeiten und Fertigkeiten und wie Entwicklungs- und Bildungsprozesse in familialen und ausserfamilialen Betreuungs- und Bildungssettings gefördert werden. Bei Kindergärtnerinnen und Kindergärtnern stehen Kompetenzentwicklung und Bildungsverläufe in dieser Altersgruppe im Vordergrund sowie Lernumwelten im Kindergarten und der Familie (vgl. NEPS, o.J.).

Bereits seit 1997 wird in den USA das Programm „The Head Start Family and Child Experiences Survey (FACES)" durchgeführt. Dabei handelt es sich um eine Langzeitstudie, die periodisch alle drei Jahre durchgeführt wird und eine repräsentative Stichprobe von etwa 3.300 Kindern im Alter von drei bis vier Jahren untersucht. In das Programm werden neben den ausgewählten Kindern auch deren Familien und Lehrpersonen miteinbezogen. Ungefähr 94 Prozent der Eltern von ausgewählten Kindern gaben im Jahr 2009 ihre Zustimmung zur Teilnahme am Programm. Die Kinder werden in den Bereichen Sprache (Language and Literacy) und Mathematik (Mathematics) geprüft sowie hinsichtlich ihrer physiologischen Gesundheit und Entwicklung untersucht.

Die interessierenden Fragestellungen des FACES betreffen einerseits (demografische) Charakteristika der Kinder und deren Familien sowie kognitive und soziale Fähigkeiten (z.B. die Verringerung von problematischem Verhalten). Andererseits werden auch die langfristigen Profite des Programms untersucht, zum Beispiel ob dieses zu einer höheren Ausbildung führt. Insbesondere wird der Frage nachgegangen, welche Charakteristika Kinder aufweisen, die besonders vom Programm profitieren beziehungsweise solche Kinder, die einen verhältnismässig kleinen Nutzen aus dem Programm ziehen. Weiter werden die Eltern der ausgewählten Kinder über eine Reihe von Themen befragt. Diese Interviews beinhalten Fragen zum Haushalt, zur Teilnahme am Programm beziehungsweise an anderen öffentlichen Dienstleistungen, zur Eltern-Kind-Beziehung sowie eine Einschätzung der Eltern über die soziale Entwicklung ihres Kindes (vgl. FACES, 2009, S. 9). Die Ergebnisse zeigen, dass Kinder, die den Vorkindergarten besuchen, mit besseren Sprach- und Rechenfähigkeiten in die Schule eintreten sowie dass sich bei solchen Kindern eine vorteilhaftere sozioemotionale Entwicklung zeigt. Dieser Vorsprung verliert sich jedoch bis in der fünften Klasse beziehungsweise im Alter von elf Jahren. Am stärksten profitieren Kinder aus Familien mit niedrigem Bildungsniveau oder aus benachteiligten Wohngegenden von Vorkindergarteneinrichtungen (vgl. Ruhm & Waldfogel, 2011, S. 11).

Im Jahr 2001 wurde in den USA die Early Childhood Longitudinal Study (ECLS) gestartet. Es handelt sich dabei um eine Längsschnittuntersuchung, mit Hilfe derer Kinder von der Geburt bis zum Schuleintritt untersucht werden. Das Programm besteht aus zwei Kohortenstudien, einer Geburtskohorte (ECLS-B) und einer Kindergartenkohorte (ECLS-K). Bei beiden handelt es sich um repräsentative Stichproben. Die Geburtskohorte begleitet eine Stichprobe von Kindern mit Jahrgang 2001 von der Geburt bis zum Schuleintritt. Untersucht werden der Gesundheitsstatus der Kinder, deren Wachstum sowie die (kognitive) Entwicklung. Dazu werden die Kinder über ihre Lese- und Mathematikkompetenzen befragt, über Fähigkeiten in Bezug auf Schule und Freundschaften sowie über internales und externales Problemverhalten (vgl. NCES, o.J.). Die Eltern und Lehrpersonen werden nach ihrem Eindruck über das Verhalten des Kindes gefragt. Zusätzlich werden die Eltern gebeten, Auskunft über das Familienumfeld, ihre Erziehung, Familiencharakteristika, Familienstruktur, Kinderbetreuung, Einkommen sowie gesellschaftliche und soziale Unterstützung zu geben (vgl. NCES, 2008, S. 18). Weitere wichtige Informationen liefern zusätzlich die Geburtsurkunden der Kinder (vgl. NCES, 2005a, S. 119ff.). Bei der Kindergartenkohorte (ECLS-K) steht der Übergang vom Kindergarten in die Schule im Vordergrund. Von Interesse sind zudem die Lese- und Schreibleistungen sowie die rechnerischen Fähigkeiten der Kinder in den ersten Jahren sowie die Interaktion mit der Schule, Familie und Gesellschaft. Auch hier werden die Kinder selbst, deren Eltern sowie Erziehungspersonen befragt (vgl. NCES, 2005a, S. 124ff.).

Die Ergebnisse zeigen, dass Mädchen in den Bereichen Sprachausdruck und Feinmotorik besser abschneiden als Jungen. In Mathematik sind Kinder aus Familien mit hohem sozioökonomischem Status überlegen, im Lesen und Schreiben solche Kinder, die mit beiden Elternteilen aufwachsen. Generell waren weisse und asiatische Kinder in den Bereichen Lesen, Mathematik und Feinmotorik besser als schwarze, lateinamerikanische oder indianische Kinder. In der Fähigkeit der Farberkennung waren weisse und asiatische Kinder schwarzen oder lateinamerikanischen Kindern überlegen (vgl. NCES, o.J.). Kinder aus Familien mit niedrigem sozioökonomischem Status nehmen am seltensten an Aktivitäten teil, die beispielsweise mit Kunst oder Wissenschaft in Zusammenhang stehen (vgl. NCES, 2004, S. 1). Die ECLS zeigt zudem auf, dass bedeutsame regionale Unterschiede bezüglich Kindergartenbesuch bestehen. Dies hängt in erster Linie mit den unterschiedlichen Bedingungen zusammen wie beispielsweise regionalen Besonderheiten der Kindergärtnerinnen und Kindergärtner selbst, deren Familien und Schulen (vgl. NCES, 2005b, S. 6).

Allgemein wird auch in den USA wie in Deutschland, Österreich und der Schweiz der Wunsch nach einer besseren Vorbereitung auf die Schule laut, insbesondere für Kinder aus benachteiligten Familien (vgl. Azzi-Lessing, 2009). Dies wird einerseits damit begründet, dass die Chancengleichheit zwischen den Kindern eher gegeben ist, je früher eine Förderung benachteiligter Kinder stattfindet (vgl. Ruhm & Waldfogel, 2011, S. 11). Auf der anderen Seite verspricht man sich durch die bessere Ausbildung ein wirtschaftliches Wachstum. Studien haben zudem gezeigt, dass durch gezielte Frühförderung von Kindern aus den unteren Schichten durch die Verringerung von Schulabbruch, Delinquenz und verschiedenen sozialen Problemen langfristig Kosten gespart werden (vgl. Azzi-Lessing, 2009). Staatlichen Einrichtungen für Kleinkinder kommt auch nicht zuletzt deshalb eine zentrale Bedeutung zu, als dass bezahlter Mutterschaftsurlaub in den USA nicht die Regel ist (vgl. ebd., 2011, S. 6).

## 4    Ausblick

Zurzeit befinden wir uns in einer Phase der gesellschaftlichen Entwicklung, in der das Bildungsangebot für Kinder von null bis sechs Jahren sowohl aufgrund der Nachfrage als auch aufgrund der erwarteten positiven Auswirkungen auf die Förderung von Kindern aus sozioökonomisch benachteiligenden Verhältnissen stetig ausgebaut wird. Dementsprechend gross ist auch das Interesse an bildungsstatistischen Informationen zum Bereich FBBE. Dieser Bedarf kann nur gedeckt werden, wenn Lösungen für die methodischen Schwierigkeiten entwickelt und die Bildungsstatistik, insbesondere für die ersten drei Jahre, ausgebaut wird. Von besonderem Interesse für ein politikrelevantes Bildungsmonitoring sind zudem regelmässige Erhebungen über den Lern- und Entwicklungsstand von Kindern im Alter von null bis sechs Jahren beziehungsweise Längsschnittstudien, mit denen die Wirkungen des wachsenden Bildungsangebots und spezifischer Programme überprüft werden. Dass sich frühe Bildung, Betreuung und Erziehung auszahlt, ist zwar unbestritten. Spezifische Erkenntnisse über die optimale Förderung von Kindern aus sozioökonomisch benachteiligenden Verhältnissen und über die Wirksamkeit von Sprachförderprogrammen für Kinder mit Migrationshintergrund sind hingegen noch gering.

## 5    Literatur

Altrichter, H. & Maag Merki, K. (2010). Steuerung der Entwicklung des Schulwesens. In H. Altrichter & K. Maag Merki (Hrsg.), *Handbuch Neue Steuerung im Schulsystem* (S. 15–39). Wiesbaden: VS Verlag für Sozialwissenschaften.

Autorengruppe Bildungsberichterstattung (2010). Bildung in Deutschland 2010. Ein indikatorengestützter Bericht mit einer Analyse zu Perspektiven des Bildungswesens im demografischen Wandel. Download am 30.04.2012 von http://www.bmbf.de/pubRD/bildung_in_deutschland_2010.pdf

Azzi-Lessing, L. (2009). Quality Support Infrastructure in Early Childhood: Still (Mostly) Missing. *Early* Childhood Research and Practice, *11*(1). http://ecrp.uiuc.edu/v11n1/azzi.html (abgerufen am 04.05.2012)

Bildungsmonitoring Schweiz: Gemeinsames Vorhaben von Bund und Kantonen (o.J.). Download am 09.05.2012 von http://www.edudoc.ch/static/web/BiMo/bimo_kurzinfo_d.pdf

Bock-Famulla, K. & Lange, J. (2011). *Länderreport Frühkindliche Bildungssysteme 2011*. Gütersloh: Verlag Bertelsmann Stiftung.

Bundesamt für Statistik [BFS] (2007). *Der Arbeitsmarkt im internationalen Vergleich. Frauen und Männer im Erwerbsleben. BFS Aktuell*. Neuchâtel: BFS.

Bundesamt für Statistik [BFS] (2011). Bildung, Wissenschaft – Die wichtigsten Zahlen. Schüler und Studierende nach Schulstufe, 2009. http://www.bfs.admin.ch/bfs/portal/de/index/themen/15/01/key/blank/02.html (abgerufen am 29.05.2012)

Deutsches Institut für Wirtschaftsforschung (DIW Berlin) (2012). Kurzbeschreibung. http://www.diw.de/de/diw_02.c.221178.de/ueber_uns.html (abgerufen am 23.05.2012)

Döbert, H. & Klieme, E. (2010). Indikatorengestützte Bildungsberichterstattung. In R. Tippelt & B. Schmidt (Hrsg.), *Handbuch Bildungsforschung* (3., durchgesehene Aufl.) (S. 317–336). Wiesbaden: VS Verlag für Sozialwissenschaften.

Drewek, P. (2007). Bildungssystem international. In H.E. Tenorth & R. Tippelt (Hrsg.) (2007), *Lexikon der Pädagogik* (S. 112–128). Weinheim und Basel: Beltz.

Eckert, T. (2010). Bildungsstatistik. In R. Tippelt & B. Schmidt (Hrsg.), *Handbuch Bildungsforschung* (3., durchgesehene Aufl.) (S. 589–606). Wiesbaden: VS Verlag für Sozialwissenschaften.

Eurydice (2009). *Frühkindliche Betreuung, Bildung und Erziehung in Europa: ein Mittel zur Verringerung sozialer und kultureller Ungleichheiten*. Brüssel: Exekutivagentur Bildung, Audiovisuelles und Kultur.

Heckman, J.J. & Masterov, D.V. (2007). The Productivity Argument for Investing in Young Children. Bonn: Institute for the Study of Labor: Discussion Paper No. 2725.

National Center for Education Statistics (NCES) (2004). The Summer After Kindergarten: Children's Activities and Library Use by Household Socioeconomic Status. Download am 31.05.2012 von http://nces.ed.gov/pubs2004/2004037.pdf

National Center for Education Statistics (NCES) (2005a). Programs and Plans of the National Center for Education Statistics. Download am 30.05.2012 von http://nces.ed.gov/pubs2005/2005113.pdf

National Center for Education Statistics (NCES) (2005b). Statistics in Brief. Regional Differencies in Kindergartners' Early Education Experiences. Download am 31.05.2012 von http://nces.ed.gov/pubs2005/2005099.pdf

National Center for Education Statistics (NCES) (2008). Preschool: First Findings From the Preschool Follow-up of the Early Childhood Longitudinal Study, Birth Cohort (ECLS-B). Download am 31.05.2012 von http://nces.ed.gov/pubs2008/2008025.pdf

National Center for Education Statistics (NCES) (o.J.). Early Childhood Longitudinal Study. Kindergarten Class of 1998-99. Download am 31.05.2012 von http://nces.ed.gov/pubsearch/pubsinfo.asp?pubid=2010070

Nationales Bildungspanel (NEPS) (2010). Das Nationale Bildungspanel. Notwendigkeit, Grundzüge und Analysepotential. Download am 30.05.2012 von https://www.neps-data.de/Portals/0/Neps/projekt/NEPS_Info_Brosch%C3%BCre.pdf

Nationales Bildungspanel (NEPS) (o.J.). Projekt Nationales Bildungspanel (NEPS). Download am 01.06.2012 von https://www.neps-data.de/de-de/projekt%C3%BCbersicht.aspx

Oelkers, J. & Reusser, K. (2008). Qualität entwickeln – Standards sichern – mit Differenz umgehen. Berlin: Bundesministerium für Bildung und Forschung (BMBF), Referat Bildungsforschung, 11055 Berlin.

Organisation for Economic Co-operation and Development (OECD) (2006a). *Starting Strong II: Early Childhood Education and Care.* Paris: OECD-Publishing.

Organisation for Economic Co-operation and Development (OECD) (2006b). *Ein guter Start ins Leben II: Frühkindliche Betreuung, Bildung und Erziehung. Zusammenfassung in Deutsch.* Paris: OECD-Publishing.

Organisation for Economic Co-operation and Development (OECD) (2011). *Führt der Vorschulbesuch zu besseren Lernergebnissen in der Schule? PISA im Fokus, 2011/1 (Februar).* Paris: OECD-Publishing.

Organisation for Economic Co-operation and Development (OECD) (2012). *Bildung auf einen Blick 2011. OECD-Indikatoren.* Paris: OECD-Publishing.

Ruhm, C. & Waldfogel, J. (2011). Long-Term Effects of Early Childhood Care and Education. *IZA Discussion Paper, 6149.*

Rürup, M., Fuchs, H.W. & Weishaupt, H. (2010). Bildungsberichterstattung – Bildungsmonitoring. In H. Altrichter & K. Maag Merki (Hrsg.), *Handbuch Neue Steuerung im Schulsystem* (S. 377–401). Wiesbaden: VS Verlag für Sozialwissenschaften.

Stamm, M. (2009). *Frühkindliche Bildung in der Schweiz.* Eine Grundlagenstudie im Auftrag der UNESCO-Kommission Schweiz.

The Head Start Family and Child Experiences Survey (FACES) (2009), Study Design. OPRE Report 2011-9. Download am 15.05.2012 von http://www.acf.hhs.gov/programs/opre/hs/faces/index.html

von Kopp, B. (2009). Steuerung. In S. Andresen, R. Casale, T. Gabriel, R. Horlacher, S. Larcher Klee & J. Oelkers (Hrsg.), *Handwörterbuch Erziehungswissenschaft* (S. 834–849). Weinheim: Beltz.

Weinert, S., Asendorpf, J.B., Beelmann, A., Doil, H., Frevert, S. & Lohaus, A. (2007). *Expertise zur Erfassung von psychologischen Personmerkmalen bei Kindern im Alter von fünf Jahren im Rahmen des SOEP.* DIW Berlin.

Weishaupt, H., Baethge, M., Füssel, H.-P., Hetmeier, H.-W., Rauschenbach, T., Rockmann, T., Seeber, S. & Wolter, A. (2012). Einleitung. In Autorengruppe Bildungsberichterstattung (Hrsg.), *Bildung in Deutschland 2012. Ein indikatorengestützter Bericht mit einer Analyse zur kulturellen Bildung im Lebenslauf* (S. 1–4). W. Bertelsmann Verlag.

# Autorinnen und Autoren

**Meltem Alkoyak-Yildiz,** M.A., Wissenschaftliche Mitarbeiterin und Dozentin am Lehrstuhl für Allgemeine Pädagogik und Bildungsforschung der Ludwig-Maximilians-Universität München. Forschungsschwerpunkte: Erwachsenenbildung und Weiterbildung.

**Benjamin von Allmen**, M.Sc., Wissenschaftlicher Mitarbeiter am Institut für Erziehungswissenschaften an der Universität Bern, Arbeitsschwerpunkt: Schul- und Unterrichtsforschung.

**Yvonne Anders**, Prof. Dr. phil., Freie Universität Berlin, Arbeitsbereich Frühkindliche Bildung und Erziehung. Arbeitsschwerpunkte: Auswirkungen frühkindlicher und schulischer Bildungsqualität auf die Kompetenzentwicklung von Kindern im internationalen Vergleich, Professionelle Kompetenzen von pädagogischen Fachkräften, Umgang mit Diversität in Kindergarten und Schule, Quantitative Methoden der empirischen Sozialforschung.

**W. Steven Barnett,** Prof. Dr., Board of Governors Professor of Education and Director of the National Institute for Early Education Research (NIEER) at Rutgers University. His research includes studies of the economics of early care and education and effects of preschool programs on children's learning and development.

**Birgit Becker**, Prof. Dr., Juniorprofessorin für Soziologie mit dem Schwerpunkt empirische Bildungsforschung an der Goethe-Universität Frankfurt am Main und Mitglied im Forschungszentrum „Individual Development and Adaptive Education of Children at Risk" (IDeA), Frankfurt. Forschungsschwerpunkte: Bildungsungleichheit und Bildungsentscheidungen (mit Schwerpunkten auf den Bereichen frühe Bildung und ethnische Bildungsungleichheit), Migration und Integration.

**Rolf Becker**, Prof. Dr., Abteilung für Bildungssoziologie an der Universität Bern. Forschungsgebiete: Bildungssoziologie, Sozialstrukturanalyse, Lebensverlaufsforschung, Methoden der empirischen Sozialforschung und angewandte Statistik, Arbeitsmarkt- und Mobilitätsforschung, empirische Wahlforschung.

**Fabienne Becker-Stoll**, Prof. Dr., seit 2006 Leiterin des Staatsinstituts für Frühpädagogik in München. APL Professorin an der Ludwigs-Maximilians-Universität München. Forschungsschwerpunkte Bindungs- und Explorationsentwicklung in den ersten Lebensjahren, Bildung und Beziehungsqualität, Qualität frühkindlicher Bildung, Erziehung und Betreuung.

**Christian Bergmann**, M.A., Dipl. Soz.päd. (FH), Leiter der Stabstelle Sozialplanung in Esslingen am Neckar. Studium der Politikwissenschaft, Soziologie, Erziehungswissenschaft und der Sozialen Arbeit. Arbeitsschwerpunkte: Sozialplanung, Sozialberichterstattung, Kinder- und Jugendhilfe und Verbändeforschung.

**Tanja Betz**, Prof. Dr., Juniorprofessorin für Professionalisierung im Elementar- und Primarbereich an der Goethe-Universität Frankfurt am Main (Fb Erziehungswissenschaften) und am LOEWE-Forschungszentrum «Individual Development and Adaptive Education of Children at Risk» (IDeA). Leiterin der Schumpeter-Nachwuchsgruppe EDUCARE «Leitbilder ‹guter Kindheit› und ungleiches Kinderleben». Forschungsschwerpunkte: Frühe Kindheit, soziale und ethnische Ungleichheit, Professionalisierung in Kindertageseinrichtungen und Grundschulen.

**Kathrin Brandenberg,** lic. phil., Wissenschaftliche Mitarbeiterin am Universitären Zentrum für Frühkindliche Bildung Fribourg (ZeFF) am Departement Erziehungswissenschaften der Universität Fribourg. Arbeits- und Interessenschwerpunkte: Frühkindliche Bildung, Integration und Sozialisation.

**Andrea Burgener Woeffray,** Dr. phil., dipl. Heilpädagogin. Lehrbeauftragte der Universität Freiburg und der Hochschule für Heilpädagogik (HfH). Themenschwerpunkte: Kinder im Vorschulalter: Entwicklung, Erziehung Behinderung sowie Heilpädagogische Früherziehung.

**Carine Burkhardt Bossi,** dipl. Psych. FH/SBAP, Transaktionsanalytikerin CTA-O, Supervisorin BSO; Leiterin des Studiengangs Frühe Kindheit und Dozentin an der Pädagogischen Hochschule Thurgau. Arbeitsschwerpunkte: Professionalisierung von Fachpersonen im Bereich der frühen Kindheit, Spielkultur, Tagesstrukturen, Teamteaching und Haltungen von Lehrpersonen.

**Christina Buschle,** M.A., Wissenschaftliche Mitarbeiterin und Dozentin am Lehrstuhl für Allgemeine Pädagogik und Bildungsforschung der Ludwig-Maximilians-Universität

München. Forschungsschwerpunkte: Erwachsenenbildung und Weiterbildung (in der Frühpädagogik), Eltern- und Familienbildung, Bildungsmonitoring.

**Ursula Carle,** Prof. Dr. habil., Professorin für Elementar- und Grundschulpädagogik an der Universität Bremen. Arbeitsschwerpunkte u.a. im Bereich der Schulentwicklung speziell am Übergang von Kindergarten in die Grundschule.

**Fatma Çelik,** Dipl.-Psych., Wissenschaftliche Mitarbeiterin am Lehrstuhl Entwicklungspsychologie, Bergische Universität Wuppertal. Forschungsschwerpunkte u.a.: Entwicklung emotionaler Verletzlichkeit über die Lebensspanne, Erfassung von Bindung und Emotionsregulation im Jugendalter.

**Peter Cloos**, Prof. Dr., Hochschullehrer für die Pädagogik der frühen Kindheit an der Universität Hildesheim, Fachbereich Erziehungs- und Sozialwissenschaften; Institut für Erziehungswissenschaft; Sprecher des Kompetenzzentrums Frühe Kindheit Niedersachsen. Forschungsschwerpunkte u.a.: Erziehung und Bildung in Kindertageseinrichtungen, institutionelle und situative Übergänge im Lebenslauf und Alltag von Kindern und professionelles Handeln in Arbeitsfeldern der Pädagogik der frühen Kindheit.

**Theresa Deutscher**, Dr. paed., Akademische Rätin am Institut für Entwicklung und Erforschung des Mathematikunterrichts, TU Dortmund; Studium: Lehramt an Grund-, Haupt- und Realschulen; Arbeitsschwerpunkte: frühe mathematische Bildung, arithmetische Kompetenzen im Primarbereich, rechenschwache Kinder und Jugendliche.

**Doris Edelmann**, Prof. Dr. phil., ehem. Direktorin des universitären Zentrums für Frühkindliche Bildung Fribourg (ZeFF) am Departement Erziehungswissenschaften der Universität Fribourg; Leiterin des Instituts «Bildung und Gesellschaft» am Kompetenzzentrum für Forschung, Entwicklung und Beratung der Pädagogischen Hochschule St.Gallen. Arbeitsschwerpunkte: Frühe Kindheit, Gesellschaftlicher Wandel und Bildungsprozesse, Internationale Bildungsentwicklungen, Lehrer/innenbildung.

**Gabriele Faust**, Prof. Dr., Lehrstuhlinhaberin für Grundschulpädagogik und -didaktik an der Otto-Friedrich-Universität Bamberg; Leiterin des Teilprojekts „Formation von Entscheidungsprozessen im Zusammenhang mit Bildungserwartungen und Kompetenzentwicklung: Übergänge in die Grundschule" der interdisziplinären DFG-Forschergruppe in der empirischen Bildungsforschung „BiKS" („Bildungsprozesse, Kompetenzerwerb und Selektionsentscheidungen im Vorschul- und Schulalter", 2005-2013).

**Karin Fasseing Heim**, M.Sc., ehem. Wissenschaftliche Mitarbeiterin am universitären Zentrum für Frühkindliche Bildung Fribourg (ZeFF) am Departement Erziehungswissenschaften der Universität Fribourg; Dozentin und Mentorin mit dem Schwerpunkt Vorschuldidaktik an der Pädagogischen Hochschule Thurgau; Arbeitsschwerpunkte u.a.:

Pädagogik der frühen Kindheit, Pädagogische Qualität in Bildungsinstitutionen, Bildungsort Familie, Philosophieren mit Kindern.

**Maria Fölling-Albers**, Prof. i. R., Dr., Dipl.-Päd., Dipl.-Psych., ehem. Lehrstuhlinhaberin für Grundschulpädagogik an der Universität Regensburg. Forschungsschwerpunkte u.a.: Kindheits- und Grundschulforschung, Lehr-Lernforschung und Kibbutzforschung (Vorschulerziehung und Kollektiverziehung im israelischen Kibbutz).

**Lilian Fried**, Prof. Dr., Professorin für Pädagogik der frühen Kindheit an der Technischen Universität Dortmund; Arbeitsschwerpunkte u.a.: Frühpädagogische Diagnostik und Förderung, Professionalität und Professionalisierung von pädagogischen Fach- und Lehrkräften; Transition von der Kindertageseinrichtung zur Grundschule.

**Lena Friedrich**, Dipl.-Soz., Wissenschaftliche Mitarbeiterin am Staatsinstitut für Familienforschung an der Universität Bamberg (ifb). Forschungsschwerpunkte: Soziologie interethnischer Beziehungen, Familiensoziologie, Eltern- und Familienbildung.

**Klaus Fröhlich-Gildhoff,** Dr. Prof., hauptamtlicher Dozent für Klinische Psychologie und Entwicklungspsychologie an der Evangelischen Hochschule Freiburg und Leiter des Zentrums für Kinder- und Jugendforschung an der EH Freiburg; Forschungsgebiete: Jugendhilfe, Pädagogik der Frühen Kindheit, Psychotherapie mit Kindern und Jugendlichen.

**Sabrina Göbel**, Diplom-Erziehungswissenschaftlerin, wissenschaftliche Mitarbeiterin im vom BMBF geförderten Verbundprojekt „Wissen in Kitas" an der Universität Kassel. Arbeitsschwerpunkte: Pädagogik der frühen Kindheit, Organisations- und Kulturtheorien sowie sozial- und erziehungswissenschaftliche Semiotik.

**Roland H. Grabner,** Prof. Dr., Professor für Pädagogische Psychologie an der Biologischen Fakultät der Georg-August-Universität Göttingen. Forschungsschwerpunkte: neurowissenschaftliche Lehr- und Lernforschung mit speziellem Fokus auf mathematische Kompetenzen, Intelligenz, Expertise, Arbeitsgedächtnis und Kreativität.

**Frithjof Grell,** Dr. habil., Professor am Lehrstuhl für Elementar- und Familienpädagogik der Otto-Friedrich-Universität Bamberg; Arbeitsschwerpunkte: Pädagogische Historiographieforschung; Historische Elementarpädagogik; philosophische, anthropologische, bildungs- und erziehungstheoretische Grundlagen der Pädagogik der frühen Kindheit.

**Wilfried Griebel**, Dipl.-Psych., Wissenschaftlicher Referent am Staatsinstitut für Frühpädagogik (IFP), München. Arbeitsschwerpunkte: Übergänge in Familie und Bildungssystem, heterogen zusammengesetzte Gruppen in Kindertageseinrichtungen sowie Resilienz.

**Alexander Grob,** Prof. Dr., Ordentlicher Professor für Entwicklungs- und Persönlichkeitspsychologie und Direktor der postgradualen Studienganges in Entwicklungsdiagnostik und psychologischer Beratung (MAS DDPC) an der Universität Basel. Arbeitsschwerpunkte u.a.: Erfassung von Intelligenz und Entwicklungsfunktionen im Vorschul- und Schulalter, frühe Interventionen bei sozialer Benachteiligung sowie Persönlichkeitsentwicklung über die Lebensspanne in engen sozialen Beziehungen.

**Michaela Hajszan,** Mag.a, Klinische Psychologin und Gesundheitspsychologin, wissenschaftliche Mitarbeiterin am Charlotte Bühler Institut für praxisorientierte Kleinkindforschung in Wien. Schwerpunkte u.a.: Elementarbildung, pädagogische Qualität, sprachliche Bildung, Begabungsforschung.

**Yves Hänggi,** Dr. phil., Klinischer Psychologe, FFTE Ausbildner, Triple P Kurzberater. Oberassistent und Koordinator am Institut für Familienforschung und -beratung der Universität Fribourg. Forschungsinteressen: Emotionserkennung, Stress und Emotionsregulation in der Familie, Frühprävention, internet-basierte Prävention.

**Birgit Hartel,** MMag.a, Psychologin, Pädagogin sowie Sonder- und Heilpädagogin mit den Arbeitsschwerpunkten Hochbegabung, Elementarpädagogik und Bildungspsychologie; wissenschaftliche Leiterin des Charlotte Bühler Instituts; Universitätslektorin an den Universitäten Wien und Klagenfurt; psychologische Praxis und Fachinstitut für Begabtenförderung in Wien; Trainerin und Autorin.

**Waltraut Hartmann,** Dr. phil., Klinische Psychologin und Gesundheitspsychologin, ehem. wissenschaftliche Leiterin des Charlotte Bühler-Instituts, Lehrbeauftragte an der Fakultät für Psychologie, Autorin und Redakteurin von Studienprogrammen im Medienverbund des Bundesministerium für Unterricht und Kunst und ORF zu den Themen Spiel, Kinderliteratur und Fernsehen. Forschungsschwerpunkte: Spiel, Kinderliteratur, Qualität und Bildungskonzepte im Kindergarten.

**Annegert Hemmerling,** Dr. phil., in der Ausbildung von Erzieherinnen und Erziehern tätig. Lehrbeauftragte am Pädagogischen Institut an der Johannes-Gutenberg Universität Mainz. Staatlich anerkannte Spieltherapeutin am Bundesdeutschen Kolleg für Therapeutik im Institut für Erziehungstherapie.

**Hilmar Hoffmann,** Dr. phil., Professor für Erziehungswissenschaft mit dem Schwerpunkt Frühkindliche Bildung / Elementarpädagogik an der Universität Osnabrück und Leiter der Forschungsstelle Elementarpädagogik am Niedersächsischen Institut für frühkindliche Bildung und Entwicklung (Nifbe). Forschungsschwerpunkte: Frühkindliche Bildung und erzieherisches Handeln, Professionalisierung frühpädagogischen Fachpersonals, IT-Medien in sozialen Berufen, insbesondere in der Frühpädagogik, Geschichte der (Früh-)Pädagogik.

**Alexandra Iwanski,** Dipl. Psych., Wissenschaftliche Mitarbeiterin am Lehrstuhl Entwicklungspsychologie, Bergische Universität Wuppertal. Arbeitsschwerpunkte u.a.: Bindungserfassung und -entwicklung im Lebenslauf, Emotionsgedächtnis und Lokationsgedächtnis bei Kindern und Jugendlichen, Entwicklung der Emotionsregulation und -erkennung im Lebenslauf, Blickanalysen in der Emotionserkennung (Eye-Tracking).

**Oskar Jenni,** PD Dr. med., Facharzt für Kinder- und Jugendmedizin FMH mit Schwerpunkt Entwicklungspädiatrie. Leiter der Abteilung Entwicklungspädiatrie am Kinderspital Zürich und Privatdozent für Entwicklungspädiatrie an der Universität Zürich. Forschungsschwerpunkte: Schlafverhalten, kognitive und motorische Entwicklung von gesunden und kranken Kindern.

**Britta Juska-Bacher**, Dr., Wissenschaftliche Mitarbeiterin am Institut Vorschul- und Unterstufe der Pädagogischen Hochschule der Fachhochschule Nordwestschweiz in Brugg sowie an der Universität Basel. Forschungsschwerpunkte: (Schrift-)Spracherwerb, Phraseologie und Areallinguistik.

**Gisela Kammermeyer**, Prof. Dr., Professorin für Pädagogik der frühen Kindheit an der Universität Koblenz-Landau, Campus Landau. Arbeitsschwerpunkte u.a.: Frühkindliche Bildung, Übergänge, Sprachförderung.

**Karin Keller,** M.Sc., Wissenschaftliche Mitarbeiterin an der Fakultät für Psychologie an der Universität Basel und Koordinatorin des Forschungsprojekts Zweitsprache. Stipendiatin am Forschungskolleg Frühkindliche Bildung der Robert Bosch Stiftung. Forschungsschwerpunkte: Frühkindliche Bildung und Entwicklung, früher Zweitspracherwerb, Bildungsbenachteiligungen und Entwicklungsdiagnostik im Vorschulalter.

**Alex Knoll**, lic. phil, Wissenschaftlicher Mitarbeiter und Doktorand am Departement Erziehungswissenschaften der Universität Fribourg; Stipendiat am Forschungskolleg Frühkindliche Bildung der Robert Bosch Stiftung; Arbeitsschwerpunkte: Bildung, soziale Ungleichheit, Sozialpolitik, soziale Bewegungen und Methoden der empirischen Sozialforschung.

**Jakob Kost**, M.Sc., Wissenschaftlicher Mitarbeiter am Departement Erziehungswissenschaften der Universität Fribourg und Dozent an der Pädagogischen Hochschule Bern. Forschungsinteressen: Schul- und Ausbildungsabbrüche, Migration und Ausbildungserfolg, Erziehungsratgeber.

**Edith Kotitschke**, Dipl. Soz., Wissenschaftliche Assistentin an der Abteilung für Bildungssoziologie an der Universität Bern. Forschungsschwerpunkte: Bildungssoziologie insb. Bildungsungleichheiten, Jugenddelinquenz.

**Anke König**, Prof. Dr. phil., Professorin für Allgemeine Pädagogik, Schwerpunkt Frühpädagogik an der Universität Vechta. Arbeitsschwerpunkte: Frühe Bildung (0-10), Sprachbildung und -förderung, Inklusion, Pädagogische Diagnostik, Interaktionsforschung/Videostudien und Professionsforschung.

**Jens Kratzmann,** Prof. Dr., Professor für Pädagogik mit Schwerpunkt frühe Kindheit an der Katholischen Universität Eichstätt-Ingolstadt, Fakultät für Soziale Arbeit. Arbeitsschwerpunkte: Empirische Bildungsforschung im Vor- und Grundschulalter, frühkindliche Bildung und Erziehung, Übergänge in die Grundschule, soziale und migrationsgekoppelte Ungleichheit in der Kindheit.

**Andrea Lanfranchi,** Prof. Dr. phil., Leiter des Forschungsschwerpunkts «Kinder mit besonderen Bildungsbedürfnissen» an der Interkantonalen Hochschule für Heilpädagogik in Zürich und Leiter des Forschungsprojekts ZEPPELIN 0-3 (www.zeppelin-hfh.ch). Forschungsschwerpunkte: Migration, Schule, Familie, Frühe Bildung.

**Andreas Lange**, Prof. Dr., Professor für Soziologie in den Handlungsfeldern Soziale Arbeit, Gesundheit und Pflege an der Hochschule Ravensburg-Weingarten. Forschungsinteressen bzw. Arbeitsgebiete: Situation von Kindern und Jugendlichen in spätmodernen Gesellschaften und Familienwissenschaften.

**Gisela Lück,** Prof. Dr. phil. habil., Professorin am Lehrstuhl für Chemiedidaktik an der Universität Bielefeld, Arbeitsschwerpunkte u.a.: Naturwissenschaftsvermittlung im Vorschul- und Grundschulalter, didaktische Analyse von außerschulischen Medien wie Fernsehen, Hörfunk, Sachbüchern etc.; Analyse der Wissenschaftssprache Chemie und der Sprache im Vermittlungsprozess; Didaktik der naturwissenschaftlichen Erwachsenenbildung; Fortbildungsveranstaltungen für Pädagogen: Didaktische Optimierung der Vermittlungsmodule.

**Daniela Mayer,** Dr. phil., Wissenschaftliche Mitarbeiterin am Lehrstuhl für Entwicklungspsychologie der Ludwig-Maximilians-Universität München und am Staatsinstitut für Frühpädagogik München; Forschungsschwerpunkte: Wissenschaftliches Denken im Vor- und Grundschulalter, Bildung, Betreuung und Erziehung in der Kindheit.

**Klaudia Mayr,** cand. M.Sc.; ehem. Mitarbeiterin am Universitären Zentrum für Frühkindliche Bildung Fribourg (ZeFF) am Departement Erziehungswissenschaften der Universität Fribourg; Arbeits- und Interessenschwerpunkte: Migration, Chancengerechtigkeit und Sonderpädagogik.

**Edward C. Melhuish,** Dr. Prof., Professor at Birkbeck, University of London and at the University of Oxford; internationally recognised expert in the study of child development and social policy; has been a scientific advisor in several countries and the European Commision, OECD and WHO.

**Heinz Metzen,** Dr., Sozialforscher, Arbeits- und Organisationspsychologe, Lehrbeauf-
tragter und freier wissenschaftlicher Mitarbeiter im Arbeitsgebiet Grundschulpädagogik
an der Universität Bremen. Arbeitsschwerpunkte u.a.: Schulentwicklungsforschung und
-beratung, Organisationsentwicklung und Projektorganisation, Evaluation und Qualitätsentwicklung.

**Björn Milbradt**, M.A., Soziologie, Wissenschaftlicher Mitarbeiter im vom BMBF Verbundprojekt „Wissen in Kitas" an der Universität Kassel. Arbeitsschwerpunkte: Metho-
dologien und Methoden qualitativ-rekonstruktiver Bildungs- und Sozialforschung, kritische und poststrukturalistische Theorien.

**Hans-Rüdiger Müller,** Prof. Dr. disc. pol. habil., Professor für Allgemeine Pädagogik an
der Universität Osnabrück. Arbeitsschwerpunkte: Theorie und Geschichte der Erziehung
und Bildung, Pädagogische Anthropologie, Pädagogische Ästhesiologie / Ästhetische
Bildung, Generationenverhältnisse / Familienerziehung, Qualitative Erziehungs- und
Bildungsforschung.

**Urs Moser**, Prof. Dr., Titularprofessor für das Gebiet Pädagogik mit Schwerpunkt empirische Bildungsforschung und Leiter des Instituts für Bildungsevaluation, Assoziiertes
Institut der Universität Zürich.

**Lucio Negrini**, M.Sc., Wissenschaftlicher Mitarbeiter und Doktorand am Departement
Erziehungswissenschaften der Universität Fribourg. Forschungsschwerpunkte: Frühkindliche Bildung, Medienpädagogik, Lehr-Lern-Forschung und Berufsbildung.

**Iris Nentwig-Gesemann**, Prof. Dr., Diplompädagogin, Professorin für Bildung im Kindesalter und Leiterin des Studiengangs Erziehung und Bildung im Kindesalter an der
Alice Salomon Hochschule Berlin; Arbeits- und Forschungsschwerpunkte u.a.: Kind-
heits- und Bildungsforschung; Professionalisierungsprozesse und Hochschuldidaktik;
Methoden qualitativer Bildungs- und Evaluationsforschung; Kommunikation und Sprache.

**Sven Nickel**, Prof. Dr., Professor für Sprach- und Literaturdidaktik des Elementar- und
Primarbereichs an der Universität Bremen. Arbeitsschwerpunkte: Schriftspracherwerb
von Kindern und von Erwachsenen (Alphabetisierung), kindlicher Erst- und Zweitspracherwerb, sprachliche Bildungsarbeit im Elementarbereich, Umgang mit Sprachenvielfalt
sowie Lesesozialisation, Leseförderung und Family Literacy.

**Renate Niesel**, Dipl.-Psychologin, Wissenschaftliche Referentin am Staatsinstitut für
Frühpädagogik (IFP) München. Arbeitsschwerpunkte: Kinder in den ersten Lebensjahren in Tageseinrichtungen mit erweiterter Altersmischung; Übergänge in der Familien-

entwicklung und im Bildungssystem; geschlechtergerechte Pädagogik; Fortbildung früh-pädagogischer Fachkräfte.

**Milagros Nores,** Prof. Dr., Associate Director of Research at the National Institute for Early Education Research (NIEER) at Rutgers University. Her expertise is in early child-hood attainment, the economics of education, poverty, and international and compara-tive education. She consults for various organizations in education projects in Latin America and Asia.

**Gertrud Nunner-Winkler**, Prof. Dr. rer. pol., ehem. Leiterin der AG Moralforschung am MPI für Kognitions- und Neurowissenschaften, München. Forschungsschwerpunkte u.a.: Entwicklung des Moralverständnisses, Identität, Geschlechterrollen.

**Argyro Panagiotopoulou**, Prof. Dr., Professorin für Bildung und Entwicklung in Früher Kindheit am Institut für Vergleichende Bildungsforschung und Sozialwissenschaften an der Universität zu Köln. Forschungsschwerpunkte u.a.: Bildung und Heterogenität in der Kindheit, Migration und Mehrsprachigkeit, Übergänge in Bildungsinstitutionen, Ethno-graphische Bildungsforschung.

**Franz Petermann**, Prof. Dr. phil., Professor für Klinische Psychologie und Diagnostik an der Universität Bremen; Klinischer Kinderpsychologe; Forschungsschwerpunkte u.a.: Entwicklungs- und Verhaltensstörungen.

**Sanna Pohlmann-Rother,** Dr. phil., Grundschullehrerin; Akademische Rätin a. Z. am Lehrstuhl für Grundschulpädagogik und -didaktik an der Otto-Friedrich-Universität Bamberg. Arbeitsschwerpunkte: Empirische Bildungsforschung im Vor- und Grund-schulalter, Übergänge am Anfang und Ende der Grundschulzeit, Schreibkompetenzent-wicklung im Grundschulalter.

**Thomas Rauschenbach**, Prof. Dr., Direktor und Vorstandsvorsitzender des Deutschen Jugendinstituts e.V.; Professor für Sozialpädagogik an der Universität Dortmund; Leiter des Forschungsverbunds DJI/TU Dortmund und der „Dortmunder Arbeitsstelle für Kin-der- und Jugendhilfestatistik". Forschungsschwerpunkte u.a.: Bildung im Kindes- und Jugendalter, Kinder- und Jugendarbeit, soziale Berufe in Ausbildung und Arbeitsmarkt, bürgerschaftliches Engagement sowie Kinder- und Jugendhilfestatistik.

**Vanessa-Isabelle Reinwand-Weiss**, Prof. Dr., Professorin für Kulturelle Bildung an der Universität Hildesheim und Direktorin der Bundesakademie für Kulturelle Bildung in Wolfenbüttel. Arbeitsschwerpunkte u.a.: Ästhetische und kulturelle Bildung, frühkind-liche Bildung.

**Hans-Günther Roßbach**, Prof. Dr. phil., Inhaber des Lehrstuhls für Elementar- und Familienpädagogik an der Otto-Friedrich-Universität Bamberg, u.a. Sprecher der DFG-Forschergruppe „Bildungsprozesse, Kompetenzentwicklung und Selektionsentscheidungen im Vor- und Grundschulalter (BiKS)". Arbeitsschwerpunkte: Bildung in der frühen Kindheit, Pädagogische Qualität, Längsschnittforschung, Modellversuche und ihre Evaluation.

**Susanna Roux**, Prof. Dr., Professorin für Elementarbildung an der Pädagogischen Hochschule Weingarten. Forschungsschwerpunkte u.a.: Pädagogische Qualität, Sprachpädagogik, Professionalisierung.

**Henrik Saalbach,** Dr., Oberassistent und Dozent für Lehr- und Lernforschung an der ETH Zürich und an der Pädagogischen Hochschule Luzern. Arbeitsschwerpunkte: naturwissenschaftliches Lernen und Lehren, Sprachentwicklung sowie Zweisprachigkeit im schulischen Lernen.

**Marc Schulz,** Prof. Dr., Junior-Professor für Bildungsforschung an der Universität Siegen, Department Erziehungswissenschaft – Psychologie (Fakultät II). Arbeitsschwerpunkte:Pädagogik des Kindes- und Jugendalters, Kindheits- und Jugendforschung, Bildungsforschung und qualitative Forschungsmethoden.

**Marianne Schüpbach**, Prof. Dr., Assistenzprofessorin für Unterrichts- und Schulforschung an der Universität Bern, Institut für Erziehungswissenschaft. Forschungsschwerpunkte: Ganztägige Bildung und Betreuung im Vorschul- und Primarschulalter, Qualität und Wirksamkeit von Ganztagsschulen, (mutliprofessionelle) Kooperation in Schule und Unterricht.

**Christoph Selter**, Prof. Dr., Lehrstuhlinhaber für Didaktik des Mathematikunterrichts in der Primarstufe an der TU Dortmund, Arbeitsschwerpunkte: mathematisches Denken von Vor- und Grundschulkindern, Entwicklung und Erforschung von alternativen Konzeptionen zur Leistungsfeststellung und -beurteilung im Mathematikunterricht, Entwicklung und Erforschung von Lernumgebungen zum entdeckenden Lernen und zum produktiven Üben, ‹Input orientierte› Aspekte der Steigerung der Unterrichtsqualität (Lehrpläne, Standards, Lehreraus- und -fortbildungsprogramme).

**Manuel Siegert**, Dipl.-Soz., Wissenschaftlicher Mitarbeiter am Mannheimer Zentrum für Europäische Sozialforschung (MZES) und am Lehrstuhl für Soziologie, Gesellschaftsvergleich der Universität Mannheim. Forschungsschwerpunkte: Soziale, ethnische und geschlechtsspezifische Bildungsungleichheiten, Integration ethnischer Minderheiten, Lebenszufriedenheit.

**Beate Sodian,** Prof. Dr. phil., Lehrstuhlinhaberin für Entwicklungspsychologie an der Ludwig-Maximilians-Universität München. Forschungsschwerpunkte: Kognitive Entwicklung in früher Kindheit; Wissenschaftliches Denken und Argumentieren; Theory of Mind.

**C. Katharina Spieß,** Prof. Dr., Professorin für Bildungs- und Familienökonomie an der Freien Universität Berlin in Kooperation mit dem Deutschen Institut für Wirtschaftsforschung (DIW Berlin) sowie Leiterin der fokussierten Abteilung Bildungspolitik des DIW Berlin. Arbeitsschwerpunkte u.a.: Frühkindliche Bildung und Betreuung, Bildungsungleichheiten, Familienpolitik sowie Vereinbarkeit von Familie und Beruf.

**Margrit Stamm,** Prof. Dr., Gründerin des Universitären Zentrums für Frühkindliche Bildung Fribourg (ZeFF). Bis September 2012 Ordentliche Professorin für Erziehungswissenschaft an der Universität Fribourg CH. Seit Oktober 2013 Leiterin des Forschungsinstituts Swiss Education in Bern. Arbeitsschwerpunkte u.a.: Frühkindliche Bildung, Betreuung und Erziehung, Berufs- und Sozialpädagogik des Jugendalters, Risikoentwicklungen, Begabungsforschung und Berufsbildung.

**Elisabeth Stanzel-Tischler,** Dr. iur., Dr. phil., wissenschaftliche Mitarbeiterin am Bundesinstitut für Bildungsforschung, Innovation und Entwicklung des österreichischen Schulwesens (BIFIE), Standort Graz. Arbeitsschwerpunkte: Frühkindliche Bildung, Schuleingangsphase; langjährige Evaluationstätigkeit im Bildungsbereich.

**Elsbeth Stern,** Prof. Dr., Professorin für Lehr- und Lernforschung an der ETH Zürich. Forschungsschwerpunkte: Intelligenz und Lernen.

**Claus Stieve**, Prof. Dr., Professor für Erziehungswissenschaft mit dem Schwerpunkt Pädagogik der Kindheit an der Fachhochschule Köln. Arbeitsschwerpunkte: Phänomenologie der Lebenswelt und der Erforschung von Dingwelten in der frühen Kindheit sowie in pädagogischen Lern- und Bildungstheorien.

**Martina Stoll**, Mag.a, Klinische Psychologin und Gesundheitspsychologin, Kindergartenpädagogin, Lehrerin an der BAKIP Wiener Neustadt, Leiterin des «Akademielehrgangs für Didaktik, Praxis und Pädagogik an Bildungsanstalten»; wissenschaftliche Mitarbeiterin am Charlotte Bühler Institut: Arbeitsschwerpunkte: Qualitätsentwicklung, Bildungskonzepte und Sprachförderung im Kindergarten.

**Carole Studer**, lic. phil., Wissenschaftliche Mitarbeiterin am Institut für Bildungsevaluation, Assoziiertes Institut der Universität Zürich. Studium der Psychologie, Privatrecht II und Allgemeines Staatsrecht an der Universität Zürich.

**Melanie Stutz**, lic. phil., Soziologin, Dozentin am Institut für Bildungswissenschaft an der Universität Wien; wissenschaftliche Mitarbeiterin im Projekt „Familien im Übergang zum Jugendalter" an der Abteilung für Entwicklungs- und Persönlichkeitspsychologie der Universität Basel. Schwerpunkte ihrer Forschung: Soziale Ungleichheit, Biographieforschung, Transitionen im Lebenslauf sowie im Kontext Schule, Hochbegabung.

**Werner Thole**, Prof. Dr. phil. habil., Dipl.-Pädagoge und Dipl.-Sozialpädagoge; Hochschullehrer für Erziehungswissenschaft, Schwerpunkt Soziale Arbeit und außerschulische Bildung am Fachbereich Humanwissenschaften der Universität Kassel; Arbeitsschwerpunkte: Jugend und Kindheit, Kinder- und Jugendhilfe, Professionalisierungs-, Kindheits- und Jugendforschung, Theorie und Praxis der Sozialpädagogik.

**Rudolf Tippelt,** Prof. Dr., Lehrstuhlinhaber für Allgemeine Pädagogik und Bildungsforschung der Ludwig-Maximilians-Universität München. Forschungsschwerpunkte: Bildungsforschung, Weiterbildung/Erwachsenenbildung, Bildungsprozesse über die Lebensspanne, Übergang von Bildung in Beschäftigung, Fortbildung des pädagogischen Personals (im internationalen Kontext).

**Larissa M. Trösch,** lic. phil., Doktorandin im Projekt Zweitsprache an der Abteilung für Entwicklungs- und Persönlichkeitspsychologie der Universität Basel. Arbeitsschwerpunkte: Entwicklung von Kindern mit Migrationshintergrund, Entwicklung in Peer Beziehungen, Zweitspracherwerb, Frühkindliche Bildung.

**Susanne Viernickel**, Prof. Dr., Professorin für Pädagogik der frühen Kindheit und Prorektorin an der Alice Salomon Hochschule Berlin. Arbeitsschwerpunkte: Bildungsprozesse in früher Kindheit, Beobachtung und Dokumentation, Professionalisierung frühpädagogischen Fachpersonals sowie Qualität und Evaluation in Kindertageseinrichtungen.

**Franziska Wehner,** M.A., Wissenschaftliche Mitarbeiterin in der DFG Forschergruppe „Bildungsprozesse, Kompetenzentwicklung und Selektionsentscheidungen im Vorschul- und Schulalter (BiKS)" an der Otto-Friedrich-Universität Bamberg. Arbeitsschwerpunkte: Empirische Bildungsforschung im Vor- und Schulalter, Übergänge in der Grundschule, Qualitative Forschungsmethoden.

**Monika Wertfein,** Dr., Diplom-Psychologin und wissenschaftliche Referentin am Staatsinstitut für Frühpädagogik in München. Schwerpunkte u.a.: Kinder in den ersten drei Lebensjahren, Qualität in Kindertageseinrichtungen, emotionale Kompetenzen in Familie und pädagogischer Praxis.

**Silvia Wiedebusch**, Prof. Dr. phil., Professorin für Entwicklungspsychologie an der Hochschule Osnabrück. Forschungsschwerpunkte u.a.: interprofessionelle Netzwerke in der Kinderbetreuung und inklusive Bildung.

**Reinhard Wiesner**, Prof. Dr. jur. Dr.rer.soc.h.c., Rechtsanwalt, Ministerialrat a. D.; ehem. Leiter des Referats Rechtsfragen der Kinder- und Jugendhilfe im Bundesministerium für Familie, Senioren, Frauen und Jugend. Honorarprofessor an der Freien Universität Berlin – Fachbereich Erziehungswissenschaften und Psychologie. Arbeitsschwerpunkte: Kinder- und Jugendhilferecht und Kindschaftsrecht.

**Renate Zimmer,** Prof. Dr. phil., Professorin für Sportwissenschaft an der Universität Osnabrück und Direktorin des Niedersächsischen Instituts für Frühkindliche Bildung und Entwicklung (nifbe). Forschungsschwerpunkte u.a.: Frühkindliche Bewegungsentwicklung und -erziehung, Bewegung und Lernen, Psychomotorik, Motodiagnostik, Sprache und Bewegung.

**Peter Zimmermann**, Prof. Dr., Lehrstuhlinhaber für Entwicklungspsychologie, Bergische Universität Wuppertal. Arbeitsschwerpunkte: soziale, emotionale und Persönlichkeitsentwicklung im Lebenslauf, Bindungsforschung.

**Claudio Zingg**, Prof. lic. phil., Supervisor und Organisationsentwickler BSO; Prorektor Weiterbildung und Dienstleistungen an der Pädagogische Hochschule Thurgau. Arbeitsschwerpunkte: Management und Personalentwicklung an Hochschulen.

For Jewels

# WOMEN'S STUFF

# KAZ COOKE

VIKING
*an imprint of*
PENGUIN BOOKS

# Contents

# Mind

# Family & Friends

# Love & Sex

# Work & Home

# Money

# Being True to Yourself

# Intro

As this book grew more and more ginormous, I wondered if it was going to be a modern version of the esky-sized ladies' encyclopaedias that immigrant women took to the red dust of the outback, or read in tents huddled under the dripping gums in the frigid south, full of recipes for suet pudding and DIY treatments for measles and diphtheria ('Apply cold poultices: the patient will either recover, or die').

In those days, the challenge was to get information to women who had no other way of finding it and no access to doctors. It was an era when 'schooling' was a luxury available only to the rich and rarely to girls, the only thing your parents ever told you about sex and men was 'Stop that at once', stalking was what Girl Guides did when they were chasing a rabbit, and seamstress skills were all that stood between you and not having anything to wear.

Now we have almost the opposite problem: too much information, too many choices, too much to eat, and too many people with vested interests telling us what to think, what to do and what to buy. We're bombarded with instructions and scare tactics and claims for miracle moisturisers, 'super' foods and control-top pants.

> **It's time to wade in and work out which information we need and which is shrieking piffle.**

I'm not a guru with a religious or New-Age 'theory of life' to share with everybody. I haven't spent a year in Tuscany cooking my own broth, knitting my own ankle boots out of rare lavender species and refusing to buy toilet paper. No, indeedy. I'm more of the discerning magpie, an experienced journalist (in other words, a person who doesn't know anything and has to ring an expert) who's spent a couple of years working out what we need to know and where to find it.

I wanted info that was independent of what somebody's trying to sell us. And independent of somebody else's fervently held but rather bonkity and unsupported opinion. I want us women to have independent, practical and useful info that's untainted by commercialism, stuff that will make us feel smarter and healthier, and more gorgeous, confident and optimistic.

*Women's Stuff* is about the things that can make us miserable or make us feel fulfilled, depending on our attitude and how well informed we are: from appearance and body image to physical and mental health, money and family, love and sex, home, work, spirituality, sleep and shopping.

In 100 years, if a copy of this book survives, somebody will have a squiz at some of the info in it and think 'What a lot those poor sods didn't know in the early decades of the 2000s', just as today I looked at a tatty old copy of the *Ladies' Handbook of Home Treatment* from 1912 to find that a honeymoon should be 'sacredly set apart for the enjoyment of intimate companionship, the communion of good books, and the practice of the simple life in God's great out-of-doors'.

What I can promise for this book is that this info is as up to date, useful and timeless as I can make it right now. (Regular new editions will be updated.) *Women's Stuff* isn't a bunch of 'results' gathered from dodgy 'surveys' to prove a point or theory I have. I'm not trying to make you agree with me. This book isn't trying to sell you anything but the truth about what you need to know. And it's as fun to read as I can make it without sending out a DVD of comedy dancing with each copy.

You don't need to read *Women's Stuff* as you would a novel – you can use the index or go to an area that interests you. You can pick it up when you need it. You can reach for it when a friend is always referring to your weight; when you find a lump in your breast; when somebody dies and you need to know what to do; when you wonder if you should pluck, wax or leave it alone; when you're falling in love but something seems weird about him (or her). It can tell you where to start if you want to keep chooks or think about anal sex (it's not an either/or situation); leave an abusive partner; find out whether cosmetic surgery is for you, or how to get more sleep; which cooking oil not to buy; how to deal with your mother-in-law or stepson; how much alcohol equals a drinking problem; whether and when to get pregnant; how to join a crafting group; what conditioner does; how to treat pimples or wrinkles; and how to retrain and get a new job, or volunteer for charitable weed-whacking in Ulan Bator.

## Team Women's Stuff

With the help of researchers, editors and consultants in all sorts of medical and other areas, I've waded through the info available online (and filtered out the nutty business), riffled through hundreds of psychology and self-help books, consulted lots of tippety-top medical and other experts, examined the PR and advertising hype to see if there's any truth to their claims, and sifted facts to see whether science or nature (or both) has the best answer to many of our problems.

Some of Australia's busiest, most curious and clever people at the top of their professional game – doctors, professors, researchers and other experts – answered questions at the research stage, looked over chapters, and made comments and suggestions. From women's health to financial advice, they were so generous with their knowledge. They're thanked individually in the acknowledgements at the back of the book.

The 'More Info' sections carry heaps of recommendations for contacts and resources, but you'll need to make your own decisions about whether they're right for you. Individual medical issues must always be discussed with your own doctor. (If a recommended website isn't loading, try putting 'www.' in front of it.) Please order books from your local bookshop.

## Women's Stuff Survey results

Very special thanks go to the more than 7000 women who spent on average more than an hour filling in the online Women's Stuff Survey. To see the original survey questions, go to this book's website, womensstuffbook.com.au.

You answered a total of
**490 000**
questions from the survey, from which I chose the hundreds of quotes in this book.

So many of the quotes offer generous advice to others or useful insights. I don't agree with all of them, but I find them fascinating and illuminating. I've edited some of the quotes for sense, grammar and/or space, and have changed some of your names when requested, or to protect your privacy.

You revealed your secrets to me, confessed your most private worries, your truly saddest and darkest moments, your wackiest boyfriends (and girlfriends), and detailed your scariest mental and physical health challenges. You shared your wisdom and experience so that other women can be comforted and better informed. You asked questions that intrigued me and that resulted in more research. I can't thank you enough for sharing your curiosity and queries, and for letting me tap into your wisdom and worries.

Women contributed from more than 65 countries on almost every continent (mostly Australia, followed by other English-speaking countries, but many more, from Kazakhstan to East Timor, and China to Côte d'Ivoire). I have to confess, we didn't seem to connect with Antarctica. But don't tell me women can't network. We started with one email and asked 100 people to send it on to pals.

The highest number of respondents to one question was the 5152 women who told me whether they have any tattoos, and the lowest was the five who ticked the transgender option under sexuality. 2484 women told me how often they have sex, 4600 told me which cosmetic products they own, 4900 shared dissatisfaction with their body, 5600 said what they liked about theirs, 4298 said they shaved their underarms, and countless thousands said they or a friend had experience with mental illness. 98.7 per cent of you said you believed in women's rights but only 43.6 per cent said you were feminists. Nearly 2000 women told me what they have for breakfast. Although I couldn't print all of the quotes in this book, I read every last one, laughing out loud at a fashion disaster, then later weeping at some of the extraordinary bereavements women have suffered. I've never been more sincere when I say: thanks for telling me.

## The obsession with our appearance

The porn industry has started dictating what we should look like and what sort of sex women are supposed to 'provide' to men; the internet is full of crap disguised as useful information; and the PR, marketing and advertising industries have become giant juggernauts, telling us we don't look good enough, we're not perfect enough, we don't need to make our own decisions, and that if the dress or job or life doesn't fit it's our fault. But maybe it's the dress – or the job, or the life – that needs alterations.

Did we really become liberated from the relentless pre-union 16-hour days in the unrelieved din of the spinning mills, the routine pregnancies and deaths of babies, the enforced drudgery of subsistence farming, or the 1950s idea of housework as the only option in life, only to replace them with frenetic worry, dissatisfaction, self-loathing, shopping as an extreme sport and futile quests to look like someone we'll never be?

> We're all now cleaner, more attractive (i.e. have most of our own teeth) and less furry than many a ye olde Queen of England. So how come we think we're more hideous than ever? Let's look at why, and what to do about it.

## The confusion over 'science versus nature'

A deep distrust of chemicals, science and even medicine has arisen in modern life, in which assumptions are made that 'natural' is always better. One recent example is the fierce and scary vehemence of the anti-immunisation lobby, with no worthwhile evidence to prove its claims and much evidence on the side of medicine. Meanwhile, the vitamin and mineral supplements industry has grown to rival the pharmaceutical industry in its billion-dollar profits and advertising shiftiness, and anyone who's been to a marketing conference in the last 10 years is slapping 'organic', 'natural' and 'protective' on a label.

Because people feel intimidated by medical-speak and science knowledge, they're attracted to ideas and treatments practised hundreds of years ago and automatically think such methods are appropriate for today because they're 'traditional' or 'natural'. (Except when it comes to bloodletting, which even the most fervent New Agers seem to have been happy to replace with diagnosis by horoscope.) Now there are people who filter their water and won't eat food if it isn't organic, but who smoke cigarettes and have face lifts. This book sorts out which ideas are useful from the worlds of medicine and science and the natural world, while telling it like it is when it comes to dodgy claims by pharmaceutical companies and stuff that doesn't work, such as homeopathy.

# Searching for truth

For me, there are two motivations for trying to find out and tell the truth. When I left school I went to work as a kind of apprentice reporter, called a 'cadet journalist'. In those days only showbiz people and politicians had PR departments and 'media units' respectively, so you had to call the head of a company, or the acknowledged state or national medical or other expert in any area, in order to get the most reliable information quickly.

I learned to overcome my shyness and ask for help in understanding something because I represented the reader who needed to be informed. To this day, I'm still amazed at how generous people are if you just rock up and start asking them questions, or request some help in understanding something. And I'm still shocked when I start tracing the origins of a news story to see that even some of the most respectable media outlets have simply rerun a press release without questioning or checking it, or reported that 'a study' has 'proved' that an ingredient in a face cream reverses wrinkles, only to find that the study was funded by the company making the face cream.

I was proud of being a reporter, and still feel the fear of making a mistake that will appear publicly. I owe a debt to the men and women I started work with all those years ago, who were developing a more equal workplace, with a feminist women's page that talked of health, childcare issues and equal pay as well as fashion, when the subeditor's desk started to fill up with women as well as men. It was a window of time that formed my attitude to ethics and professional pride, and I'm grateful for it. It's old-fashioned, but I still often think of the paper's motto: 'Without fear or favour.'

The catastrophic collapse of newspaper profitability means that fewer and fewer journalists are trained or even given time to question the claims made by vested interests. The internet has become a haven for extremists who can seem reasonable because they have a nice website, and people who have no training or experience but comment or blog as if their strong feelings give them some kind of authority.

I'm impatient with the conventional wisdoms and 'assumed truths', whether repeated without proper research on the internet or spilling from the mouths of paid endorsers. I'm always suspicious of the tightly controlled marketing message, the advertising fluff, the flim-flammy politicians who say it's all under control, and the blithe New-Age assumptions stated as fact. These days, few reporters have the time, the power or the independence to be able to research things as much as possible and check them with top experts. So that's what I want to do on your behalf.

And lest that sound a bit revoltingly noble, here's the second reason I do it: selfishly, for me. I'm a person who usually approaches any new situation with a base knowledge of nearly nought. I am remarkably, stunningly clueless in many directions. If I'm an expert in anything, it's admitting that I know nothing and then trying to find an expert and some reliable sources to help me. Armed only with my main qualifications of vast ignorance and curiosity, some research skills, the ability to beg clever people for bags of help and some jokes to keep it all amusing, I wrote my books *Up the Duff* (about pregnancy), *Kidwrangling* (about looking after babies to preschoolers) and *Girl Stuff* (for teenagers).

I wish I'd known, as a young woman, more of the history of women's rights, how to relate to my body, how to develop a belief system, what to think about before deciding whether to try to get pregnant, how to break up, how to recognise and avoid financial scams, how not to repeat family patterns in grown-up relationships, and what mental and physical health symptoms to look out for and how to 'fix' or manage them.

So researching books like this is also building a knowledge base for me. What should I do if I get an 'abnormal' pap smear result? How can I help a friend with a gambling problem or depression? What are some clever things to say to people trying to put me down? How can I stop worrying about my weight? What's the easiest way for me to find some kind of exercise activity that won't bore me to death? Why did I stay with that guy for too long, the one who was contemptuous of my work? Should I really take a blowtorch to my credit card? Do I truly need the squerhillion-dollar moisturiser?

> This book is all about cutting the crap and giving you the info you need to enjoy your life the best way you can – and to take back your beauty, your body and your brain. Enjoy.

Kaz X

# What aren't you confident about?

My choices in men.
GEORGIE, 38, MELBOURNE

My ability to master my paperwork. Academic-style essays.
BERNADETTE, 53, MILDURA

My interpersonal skills outside work and knowing how to meet a lovely man. NATALIE, 34, WOLLONGONG

Saying the right thing at the right time. MARYANN, 37, BRISBANE

Not being lonely when I grow old.
TRISH, 43, BURNIE

Speaking up for myself.
ERIN, 29, MITCHAM

How to deal with conflict or opposition from unreasonable people.
NATALIE, 34, GISBORNE

Handling my son (who has autism) in busy places. Being able to survive raising a child with special needs and taking care of him in his adult years.
SAMANTHA, 39, RINGWOOD NORTH

Being short, shy and nervous.
STEPHANIE, 18, HAWKESBURY

Being tall and big. Talking to strangers in strange situations because I was brought up to speak only when spoken to, both at home and at school. I have no small talk/conversation; I'm an only child.
DIANA, 65

Dealing with my sister-in-law. I'm too scared to confront her because she's manipulative and loves seeking revenge (using my nieces and nephew in the process).
KATY, 33, BRISBANE

Dealing with my horrible ex.
ANGELA, 40, PORT MACQUARIE

How I'll manage if my husband goes before me.
CHERYL, 59, BLACKWARRY

Understanding chemistry (I'm studying via distance ed at the moment). CHRISTIE, 27, GLADSTONE

Public speaking – I avoid it where possible. GARA, 65, MAROUBRA

My car – it's getting old and I don't like taking it on long drives any more, or driving at night.
JOAN, 83, HOLBROOK

Reversing the car. JACINTA, 28, BENDIGO

Social situations.
MONICA, 32, RINGWOOD NORTH

Sex, my parenting skills, myself in general. SANDY, 38, GIRALANG

'I have a little chap sitting on my shoulder telling me I'm crap at what I'm trying to do. It takes courage to keep going with that negative voice banging away in my ear!'
CAZ, 49, BARANDUDA

My smile, I hate my smile. That I'm not as smart as people around me. I wish I'd studied more at school to help me with that. I'm also a little shy. KELLY, 25, WOODCROFT

I expect to get most things wrong.
ALISON, 47, EAST GIPPSLAND

Anything that involves technology or maths. TIFFANY, 50, PRAHRAN

Putting myself 'out there'. I'd like to do things but don't have the front or confidence to 'sell myself'.
JASMINE, 28, MELBOURNE

40 per cent not confident of my future with a partner.
ANNIEQ, 26, NORTHCOTE

The way I walk – I've had two hip operations and have a limp.
KATE, 33, OVINGHAM

My ability to run my small business without the help of my partner. SALLY, 40, PERTH

Ever finding someone to love and spend the rest of my life with.
ANNABELLE, 59, CANBERRA

Being with new people. I've learned to do it otherwise my son wouldn't go anywhere, and you have conversation where kids are concerned. KATE, 35, ADELAIDE

My ability to fulfil my ambitions and achieve everything I want.
MOLLY, 30, BRUNSWICK

Making decisions that my husband would have helped with.
JAN, 57, CROYDON

Approaching a new situation, but over the years I've learned to think that in 24 hours all my fears will have disappeared and it will all be over.
KIM, 37, FISHER

Being a mother.
STACEY, 31, ALBURY

Parenting. Well, not all the time anyway – so much of it's so new, so unguided, unscripted, unanswerable. TRACY, 28, GEELONG

I'm a hopeless dancer.
MARIA, 36, BUSSELTON

My skin (psoriasis). I have to cover up lots of my body, even in summer. SARIA, 28, HOBART

Lots of stuff. I don't do anything with real confidence. I'm the youngest of six kids and I've been told by my siblings and parents that I'm stupid. ANNE, 52, SEYMOUR

In my experience, it's often blokes who have an abundance of self-confidence that's not backed up by substance, while women more often than not tend to talk themselves down. MICHELLE, 36, GLEBE

# CHAPTER 1

# How to be confident

The great thing about confidence is that if you don't have any, you can get some for free. You're not born with it and you can't buy it. That means anyone – yes, you – can become confident, but it takes practice. This chapter is all about how to get there.

The more you embrace your positive points, the less you care what you look like all the time; and the less you obsess about what other people think of you, the freer and happier you'll be. And don't worry if you're shy. You can be confident without shoutiness or being chatty. Quiet confidence is really the essence of being cool. Well, that's half of it. The other half is wearing sunglasses, obviously.

# What puts a dent in your self-confidence?

Nasty comments from others (sometimes). KRISSY, 43, SPRINGVALE

Receiving a bad mark for something at uni. ANNA, 19, BRUNSWICK

Comments by my husband – he jokes about things but they really hurt me. SUSAN, 46, CARNEGIE

Premenstrual syndrome: if I'm in the wrong mood I can take criticism a bit too hard. MEG, 41, BLACKBURN

People questioning my parenting, or telling me I'm doing a bad job. TORI, 28, SOUTH YARRA

Seniors moments. SIMONETTA, 74, ALBURY

My family bitching behind my back, men shouting comments from cars. TARA, 27, LONDON, UK

Comparing myself with other people. JAN, 21, MELBOURNE

I felt really judged and knocked when I had my first baby and think we should be together in this, not trying to knock another's job. SUZE, 36, MOGGILL

Certain people intimidate me. Beautiful, charmed people. My dad. CARA, 31, BRUNSWICK

When someone tells me I'm too fat or not wearing the right things. MAZZA, 36, CROYDON

Bitchy women. MARILYN, 39, MOE

My own expectations. LINDA, 35, SYDNEY

My husband! CANDY, 38, MELBOURNE

Being a single mum. KELLY, 28, SURRY HILLS

Younger women. APRIL, 46, FAIRLIGHT

Hurtful words. Seeing successful women when I'm nothing. ANNABEL, 38, CURRAMBINE

Criticism from my son or daughter. JO, 73, WEST PERTH

My siblings – if I forget to be 'on guard'. ROBYN, 61, SURREY HILLS

> ## 'My parents have high expectations of me and I'm scared I will fail.'
> ANNA, 18, ROSNY

My boyfriend. I'm an easy target so he teases me all the time. Also people in the street laughing at me. BARBARA, 19, FERNTREE GULLY

My husband's lack of attention if I make a mistake. DONNA, 46, CASTLECRAG

When I was little I felt embarrassed about being different. Later, I learned that the things that make you different make you special. CHEF & COOKBOOK AUTHOR KYLIE KWONG

In my family they said, 'You don't need to go to university. You have your looks.' AUTUMN, 23, ADELAIDE

My mother always said I'd be nothing, never get a job. When I did get a boyfriend her response was, 'What could he ever see in you?' CATHIE, 44, GIRRAWEEN

> ## 'My husband openly admires the long-legged slim figures on TV, which can make me feel very inadequate.'
> JEN, 48, CORIO

My parents nag me about when I'm going back to work after having my baby. RACHEL, 30, YARRAVILLE

Some working mums have made me feel bad because I don't work. The pressure to go back to work from mothers like that is surprising. JESS, 21, SYDNEY

I feel like I get judged for being a young mum, as if because I'm young and have children I'm stupid and can't do anything else. KIRRA, 21, CRANBOURNE EAST

The fact that I'm the only remaining single of my friends: 'What's wrong with me?' EMMA, 38, MOSMAN

Being passed over for promotion time and time again when I'm doing the job in question already, just unrecognised. EMMA, 33, NORTHMEAD

People who use big words. KATHY, 28, LATHAM

Put-downs, being taken advantage of (rare events). Strangers and service people who treat me as if I were invisible or of no consequence. ALLEGRA, 70, TRIGG

Private-school confidence in others (especially male lawyers). ALISON, 38, LONDON, UK

My horrible sister. ANNABELLE, 48, PORTSEA

Large crowds when I'm in a target suit (police uniform). STELLA, 39, HALLORA

My husband constantly puts me down. KELLY, 32, ESCHOL PARK

Speculating negatively about the thoughts of others. LISA, 34, SOUTH YARRA

Seeing how men of my age behave towards younger women. Feeling that I'm unable to compete with youth. VICKY, 50, SOUTH GIPPSLAND

Logic puzzles and failure at school. VIOLETTE, 37, COFFS HARBOUR

A phone call from my dad and a bad hair day. MATTIE, 38, WEST PRESTON

People pointing out that I'm fat, because oddly enough I actually know that already. GINNY, 46, WAHROONGA

Being bullied – particularly by female work managers. ANDREA, 39, MELBOURNE

My mother and sisters put a dent in my self-confidence. NIKKI, 38

For most people, confidence is a complicated formula that goes something like: Confidence equals genes plus the opportunity to try new things divided by practice and experience over time, minus the effects of an unsupportive family history, all to the power of being recognised by others.

Confidence is kind of invisible: so you can build it up without people knowing. And even if you don't feel confident, you can fake it. Confident people believe, 'I'm okay, and it doesn't really matter whether you agree.' Sometimes it can take dedication and decades to become confident, but it's best to get it as early as you can. Wouldn't it be great if there was still a bit of the strutty toddler inside us all? I mean, minus the tantrums (I'm looking at you, Naomi Campbell). Luckily, it's never too late to start.

'Confidence isn't invisible, you idiot!' you may be shouting at me – in which case, hey, dial back that confidence there, little lady. 'You can see it,' you say, 'when people flounce around and talk loudly.' Aha, but that's not confidence. That's bluster, bluff, arrogance or arseholery. 'Hmmm,' you counter. 'What about those kickass modern empowered confident women who show their breasts in their music videos?' I'm afraid that's not confidence either.

That's called Showing Your Bosoms for Money.

## Not Feeling Confident

In answer to the Women's Stuff Survey questions about confidence, most women said they struggled with shyness, parenting skills, their body image and getting back into the workforce after a break. Many of these issues are addressed in the relevant chapters throughout the book (see, for example, Chapter 2, 'The Body Image Struggle', Chapter 3, 'How to Make Friends With Your Body', Chapter 25, 'The Family You Make', and Chapter 33, 'Study & Paid Work'). Before we tackle how to get confident, let's have a look at why we might not be . . .

It can be hard to feel self-confident if you haven't worked out who you are, or what you're good at and love doing. It's hard to be confident if you're scared of being noticed, or being seen as special and different. It's impossible to feel totally confident about being a parent when you're new to the game. It's tough to feel confident about work when you've been out of it for a while. It's scary to have to stand up in front of a meeting or a crowd and try to speak without squeaking. And it's even harder when you've been steeped in an over-brewed atmosphere of hypercritical remarks at work, at home or when you were growing up (you poor, dear, exhausted teabag of self-esteem).

## Shyness

If you don't mind being shy, that's fine. It's a perfectly legitimate – and in many cases attractive – personality trait. But for some people, it can get in the way of enjoying life and feeling comfortable. It feels like a handicap, hence the cliché 'crippling shyness'.

Several respondents to the Women's Stuff Survey pointed out that some people put on shyness as a form of feigned helplessness, which isn't the same thing at all.

### ❶ How to become less shy
- Role-play situations you might find yourself in, with a trusted friend or just in your own head: go over things you could say and do it out loud. You may blush or feel anxious, but repetition makes it easier.
- Experiment with ways of walking, standing up straight, looking people in the eye and saying things like, 'I'd like to do it this way instead.'
- Practise being strong, even if you don't feel that way inside.
- Exercise your right to try new things. As long as it's fun, give sports, arts and hobbies a go, even if you're not good at them straightaway.
- Try not to mind too much when you make a mistake. It's just an investment in a more confident future.
- Resist the urge to roll up a magazine and smack people who say, 'Don't be shy.' Just smile to yourself to avoid saying, 'Don't be rude.'
- Defy any labels put on you or your reputation. You can change if you want to. Show with your behaviour that you are your own person, regardless of what's happened in the past or what people have said about you.

# Being shy

If your male boss doesn't like confident, strong women, there are advantages to being shy, because you won't get fired for telling it like it is. LOUISE, 29, ESSENDON

People should realise that just because you're quieter it doesn't mean you're not taking everything in. LEE, 55, MALLEE

Being shy and unconfident has meant for me that I've missed out on many experiences in life and wasted many years. KELLIE, 35, REGENT, NZ

People underestimate you, so you've got the element of surprise. You can often get more peace and quiet! JULIE, 32, PERTH

I was a shy kid, but did well at school, and then sport when I was older. That helped build my confidence as I got older. I hated being labelled as the shy one in a big family, though. KIRSTY, 33, PERTH

I find shy people interesting because they're always observing and see things other people don't see. GABRIELLE, 50, BRUNSWICK

I work in a cutthroat industry, so appearing shy/under-confident marks you out as vulnerable and easy to exploit. ALI, 33, PRAHRAN

It's easy to be invisible. Mistakes are less noticeable. Expectations of you are lower. Less pressure is put on you. KERRY, 54, CHERRYBROOK

Do something to break through the shy cycle. I did a drama course to boost my presentation skills, which helped me a lot. NESS, 39, BRUNSWICK

I'm a very shy person, but I've become angry enough to start fighting the bad things in the world. I think having a purpose has made a huge difference. ARWEN, 27, DERNANCOURT

Some guys like shy girls :) JESS, 22, ULTIMO

As a shy, often unconfident person, you just feel lonely all the time. ELLA, 19, BELLERIVE

For a long time I was too scared to do anything new, then found myself alone with three small children to raise. I had to make changes. WENDY, 63, COLAC

I'm shy, but it doesn't mean I'm not confident. JANICE, 28, MERMAID BEACH

I'm shy until I get to know someone, then I talk your ears off. CAT, 37, SOMERVILLE

People who appear shy are usually great observers and can pick up emotional cues while the rest of us are too busy trying to be heard. JULIE, 34, RYDE

People tend to dismiss me because I'm so shy, despite having lots of ideas to offer. I often feel underappreciated. THEA, 26, CANBERRA

# Dealing with other people's rudeness

'Fuck off' is a strong favourite, but I've also been known to say, 'Sorry, you mistake me for someone interested in your opinion.' EMMA, 36, GLEBE

The stare is a good one – I have a good line in stares. Stare and silence. BARBARA, 61, MELBOURNE

'My son has autism, what's *your* excuse.' SAMANTHA, 39, RINGWOOD

'Stick a sock in it, you silly button mushroom.' DIANE, 46, BULLEEN

I laugh as if it's the funniest thing I've ever heard – and it usually is. Isn't insulting people something kids do, not adults? JULIETTE, 36, MELBOURNE

In answer to insults about having so many children (seven), 'Well if my kids were as pig-ugly as yours, I'd have stopped at two as well.' LEARA, 35, HORSHAM

'I know *you* are, but what am *I*?' BECCA, 32, PORTLAND

I ask the insulter why s/he's behaving like that. They hate it, because usually they don't know the answer. LUCY, 55, ADELAIDE

'To fat jibes, "Thank you very much. I was hoping I'd gained weight. How nice of you to notice."' GEORGETTE, 36, DORRIGO

'So's your mother' tends to work with the sexist stuff. Men really step back from me when I come back with that. SERENA, 40, CALGARY, CANADA

When told I'm fat: 'Thanks, Einstein, there's no mirrors at my place' or 'Yep, and diet can fix that. Unfortunately you've got your personality for life.' LIS, 45, RIDDELLS CREEK

*Silence* is often more powerful than any words. And I mean complete. ALEXANDRA, 52, RAMSGATE BEACH

Snarkiness is in the eye of the beholder. It comes down to communication. Often people who appear up themselves have poor communication skills: they may be shy or self-involved or appear dismissive – or they might be dickheads. SALLY, 48, REDFERN

I imagine a protective bubble around me to deflect the nastiness. LISA, 34, NORTH FITZROY

If you don't react, they don't get what they want. ANITA, 28, PICTON

Smile and they'll wonder what you're smiling at. JACKY, 50, NEWPORT

Careful you don't smile – it could be taken for superiority and infuriate them further. SUE, 56, PENRITH

## MORE INFO
### on shyness & embarrassment

**socialanxietyassist.com.au** The site of Shyness & Social Anxiety Treatment Australia, set up by a private psychologist, with lots of advice. Psychologists pay to advertise on this site.

**reachout.com** On this mental health site for young people, search 'shyness' for fact sheets and other info that's relevant to all ages.

**shyandfree.com** A non-profit US website with links and recommended resources.

**toastmasters.org.au** A non-profit mob that helps teach public-speaking and leadership skills.

**Feel the Fear and Do It Anyway by Susan Jeffers** A book about choosing positive approaches and coping well: covers public speaking, getting or changing a job, being in relationships, being single, sticking up for yourself, getting older, driving and grief.

**Beyond Shyness: How to Conquer Social Anxieties by Jonathan Berent with Amy Lemley** This self-help workbook guides you through a program devised by a US counsellor.

**Shyness: A Bold New Approach by Bernardo Carducci** A US university researcher's book gives practical help on how to live with shyness – including managing it at work, making small talk, navigating social situations – and on parenting a shy child.

**Shyness: How Normal Behavior Became a Sickness by Christopher Lane** A US English professor and psychologist cautions against medications for 'conditions' that may not be a problem or will respond to other therapy.

## Becoming Confident

Being confident means life opens up, you try new experiences and you have a more interesting time. It means you can feel secure in withdrawing from things that don't make you happy and concentrate on the ones that do. Self-confidence is an invisible suit of armour protecting you against people who try to put you down, criticise or tease you.

Here are some confidence-boosting tips: ways to feel good about yourself and your strengths, talents and capabilities.

## ❗ Basic body confidence

- Stand and sit up straight (seriously – it does make you look more confident).
- Let yourself be recognised – don't hide behind a hairstyle that covers your face, or under baggy clothes.
- Stop being fussed about whether something's in fashion – wear what you like.
- Wear comfy clothes that aren't about to trip you up, make you feel like a confined sausage, expose a nipple or show any underpantery. Ditch shoes that might make you stumble or fall.
- Read Chapter 3, 'How to Make Friends With Your Body', for how to feel better about yourself and how to judge yourself realistically and with kindness. Even if you have a post-pregnancy or post-menopause change in your body shape, you'll get used to it just like you got used to your new post-puberty body. Remind yourself that you really will adjust and feel comfortable 'in your own skin'.

## ❗ Encourage yourself

- Go easy on yourself – don't tell yourself you're hopeless if you make a mistake or do something others laugh at. Be your own best friend. What would you say to others to make them feel better about themselves? Say it to yourself.
- Be content, knowing that for you, and for everyone around you, 'me' is a work in progress. It takes time to discover who you are and what you're going to be. And you can do and be different things throughout your life. Nobody is allowed to rush you. 'I don't know' is a perfectly fine answer to a lot of questions.
- Be still for a while. It's hard to work out what you think or how you feel if you're always with other people, watching TV, listening to music, on the computer, frantically running a family, or bombarded with negative or critical comments from somebody else. Sit or walk by yourself and give yourself time to think.
- If there's something you don't like about your personality, ask yourself how you can come to

# What are you good at?

Heaps and heaps and heaps of things. Really good at them. This has nothing to do with confidence! It doesn't come by being good at things. MARTHA, 66, HURLSTONE PARK

## 'I'm good at being calm and serene when all around me is chaos.'
JUNE, 51, MALVERN

Organisation, schedules, being on time, making sure nothing's forgotten. ELEANOR, 42, RICHMOND

Singing (I'm in a band). Computers (I'm really good at using Mac and PC stuff and designing, etc.). Parallel parking (second to none!). My job (I'm a principal's secretary and I'm efficient and happy).
GAIL, 57, TORQUAY

Critical-care nursing, guiding my children through life.
CARRIE, 35, WARRANDYTE

## 'I'm good at making others feel comfortable. Giving advice. I'm a good traveller, intrepid and hardy. I have good fashion sense.'
ALI, 33, PRAHRAN

Making friends with children and babies. I haven't forgotten how to be silly :p I think I'm still quite childlike in a lot of ways. I hope it will stand me in good stead to achieve my dream of being a paediatric nurse.
SALLY, 32, PERTH

Dealing with difficult people.
VANESSA, 38, TEMPLESTOWE

Sewing, reading, sarcasm, photography, scrapbooking, breastfeeding – been doing that one for 4½ years now ;)
MEL, 28, KELMSCOTT

Coaching netball, being a consultant. AMY, 21, MONTROSE

Making people feel at ease.
BELLE, 34, WINDSOR

Living on a budget and supporting my family all by myself.
SHARON, 41, YUROKE

Running a whole office and a staff of 10 men.
MARGARET-ANNE, 46, PENRITH SOUTH

## 'I'm good at being a decent person.'
VICKI, 47, MARRICKVILLE

Being strong mentally, supporting my family and friends, a lot of things that I probably don't realise.
JADE, 33, MANSFIELD

I turn ugly farm horses into beautiful show ponies.
KASEY, 31, LEARMONTH

Reading, belly dance, work – analysis and written communication, presentations (though I hate them) – being a kind and nice person. LAURIN, 25, BRUCE

Soccer, sport, making people laugh, having fun, sleeping, talking to kids, teaching.
ANTONIA, 25, DEER PARK

If I had the confidence to be in front of a crowd I'd be a really great singer. SARAH, 30, CALOUNDRA

Advocating for others.
JEANIE, 68, RAINBOW

## 'I'm good at being funny.'
EMILY, 44, PRAHRAN

Studying, researching and writing.
CAROLINE, 19, MATRAVILLE

Making stuff. Short films. Jewellery. Costumes. Swimming – *very* proud of my swimming. Surfing – my first wave's always the best!
GIDGET, 39, BALACLAVA

Being a vet. Cooking. Listening. Riding. TRUDI, 42, WERRIBEE

Standing up for myself.
ANGELINA, 33, ST KILDA

Maths, making people laugh, being a mum, being a daughter, coaching and helping people improve.
LIS, 45, RIDDELLS CREEK

Making people feel instantly comfortable, writing and editing, extracting information, *sex*! – now that's when I'm very confident, making a man feel ten-foot tall and bullet-proof – photography, creative thinking, summarising, spelling and grammar.
JESSICA, 45, CLONTARF

If I fail at something I really want, I'll try again. MARY, 30, PARA VISTA

Making the best of things.
ROBIN, 60, SYDNEY

## 'I'm good at loving my baby and husband. Being creative. Having ideas. Daydreaming.'
ALLI, RESERVOIR

I can get people to talk.
LEE, 21, WATERLOO

Picking a liar, finding bargains, telling it like it is. NIKKI, 36, METFORD

Doing my best to raise my little girl to be the best she can be.
KIM, 47, BOX HILL NORTH

I'm confident about my children. That's not to say I don't have 'wobbles', but I feel I'm really giving them a good start.
LESLEY, 40, INVERLEIGH

I'm great with kids and love being silly with them and making them laugh. KARA, 34, HOLLAND PARK WEST

## 'I'm a good engineer, a good mum and a good friend.'
NIC, 32, PORT MELBOURNE

Sometimes I think the fact that I've given birth and am a mother means I can do anything.
SAM, 30, HOBART

terms with it; or, if it's something you really hate, how you can change.

- Know that there are ways to become more optimistic (see Chapter 20, 'Feelings & Moods').
- Keep in mind that it doesn't matter if someone doesn't like you. Not everyone has to like you. Some people liking you is enough.
- Take it one step at a time. Assert yourself in little ways and build up from there. You don't have to buy battery-operated earrings and throw a party with a marquee tomorrow. This is a journey, not an explosion.

## COURAGE STARTS SMALL

'From Little Things, Big Things Grow' is a song by Paul Kelly and Kev Carmody about the Aboriginal Land Rights movement in Australia growing from the brave protests by stockman Vincent Lingiari, a Gurinji man who spoke out about the slave-like treatment of workers on the cattle holdings of Samuel Vestey, a British lord, in the Northern Territory. It's a phrase that can spring to mind when you look at somebody being a little bit brave. Real courage is not about never being frightened. Real courage is doing something or saying something when it's scary.

## ❶ Feeling better about yourself

- You don't have to win a Nobel Prize or be an Olympic athlete to be confident and quietly proud of your accomplishments. Just being a kind, decent person is an achievement to be proud of. So is contributing to a home or work atmosphere where people are rewarded for behaving well and can have a joke with each other. So is trying to be a good parent.
- There's no need to be embarrassed or apologetic about your work, pastimes or hobbies. Nothing is 'uncool'. Find a group or club where people have the same interests, or websites for those out there who like the stuff you do (just don't live your whole life online).
- Do something for others – it will make you feel useful and that you're doing something important (see Chapter 40, 'Community & Caring', at the end of this book).
- Get better at something, or focus on it. This could be anything – a sport, career goal, hobby, cooking, aspect of work or being with children.

- Make a list of five things you like doing or you know you're good at. It can be secret or you can stick it on the fridge.

## BLUSHING

A common side effect of being embarrassed is blushing. This is because the stress triggers the release of the hormone adrenaline, leading to blood being pumped rapidly to all parts of your body (so that you're ready to run away from a sabre-toothed bully if necessary). The extra blood close to the surface of your skin makes you look redder. (The adrenaline can also cause you to suddenly sweat more, especially on your palms, and your mouth to go dry.)

## GIVE UP TRYING TO BE COOL BECAUSE:

- Pretending you like things that you don't like leads to ... doing things you don't like.
- It's too hard.
- It's too boring.
- Always being 'cool' makes you cold.
- If somebody sneers at you they're not worth impressing.

## Confidence & Family

A history of criticism and lack of support in families can contribute to lifelong low self-esteem, but you can triumph over the old patterns and thoughts. A lot of people are determined to 'break the cycle' for their own children, and to escape the influence of toxic families for themselves.

## ❶ Surviving a critical family

If you come from, or live in, a family where there's a lot of barbed sarcasm, where nobody ever says 'I'm proud of you' or 'You did really well', it can be very hard to feel proud of yourself – but it can be done. First, if it's still going on, tell your family members, or a parent, how the put-downs are making you feel and that they must stop (see the hints on this in Chapter 3, 'How to Make Friends With Your Body', Chapter 24, 'The Family You Come From', and Chapter 26, 'Friends'). Then get counselling if you need to – start with your GP. I know, it's really hard to relive the pain, and it takes effort to shake off the habits of a lifetime and the repeated unhelpful comments of relatives, but the rewards are freedom and huge relief. Take time to re-evaluate yourself, free of the toxic habits of others. (See also Chapter 31, 'How to Escape Control & Abuse', for more on critical partners.)

## ❶ Confidence in parenting

Sometimes, outsiders dent our confidence with comments about our parenting – but guess what: it really is all about them. Such comments almost always betray their desire to make you do what they approve of, so they feel better about their opinions and decisions. In other words, it's not because you've done anything wrong, it's because they want the world to be full of people who are like them. And if you think about it, that means they're the ones with the bigger problem when it comes to confidence. For how to feel more confident about parenting and how to repel comments or attitudes from others, see Chapter 25, 'The Family You Make'.

## How to Boost Your Self-confidence

Try these confidence tricks:

- Pretend to be a more confident version of yourself.
- Take drama or voice lessons to learn how to speak and move in front of other people.
- Switch the roles in your head: when speaking with someone, pretend it's their job to impress YOU. How are they doing?
- Join a drama, debating, performance, sports club or school committee or any other group in which people are brought together by a shared goal or interest.
- Copy the approach of a friend, partner, role model or celebrity who's confident.

## ❶ Being assertive

For some people being assertive doesn't come naturally. It means being able to stand up for yourself and what you believe in. It means being able to say no as well as yes. It means being able to make the right decision and act on it, even though the right decision is often not the easiest or most popular one. One of the biggest problems women have is

risking their own mental health and happiness by 'taking on too much', which means they can't feel confident or assured in other areas of their life, or that they're doing anything well. They end up feeling guilty about home life, inadequate at work, unable to devote enough time to extended family and friends, and falling short of the sex-kitten/ career-woman/perfect-mum/perfect-partner/ perfect-single-girl-about-town image.

### HOW TO SAY NO

- 'No.'
- 'Nup.'
- 'No thanks.'
- 'That doesn't work for me, I'm afraid.'
- 'I'll have to decline.'
- 'What a shame, I can't.'
- 'I'm sorry but I can't. Hope it goes well for you.'
- 'That's not my area.'
- 'It's not really my cup of tea.'
- 'Maybe another time.'
- 'I'll get back to you.'
- 'It's impossible.'
- 'No can do-poo.'
- 'That sounds great. I'm sorry I can't be involved.'
- 'I'll try to think of someone else who can help.'
- 'My kids/husband/assertiveness trainer would kill me.'
- 'Put me down for a $5 donation but I can't be there on the day.'
- 'What a shame I can't help.'
- 'I'm up to pussy's bow at the mo.'
- 'I've got too much on at the moment.'
- 'No, but I'll call you if things change.'
- 'I'll let you know later/tomorrow/next week.'
- 'We've chosen a charity already this year.'

## ❶ Saying no

Try to purge your life of the pushy people, or at least resign yourself to saying no a lot. Many demanding people don't give you a second thought if you say no, they just go straight on to trying to get a yes from someone else or start nagging you to change your mind. It's a bit like training a toddler that no means no. It's boring, but it does work.

It may help to consider the much-debated theory that the world is divided into 'Askers' and 'Guessers'. Askers will ask anything, in case the answer is yes. They're just trying it on. But a Guesser usually won't ask unless they guess the answer will be yes. Guessers think a question from an Asker is being pushy. An Asker assumes that a Guesser doesn't want anything because they haven't asked for it. So don't assume you should say yes – maybe you're only being asked because the asker is an Asker.

## 🛈 Stop saying sorry

If there's a gender cliché at work here, it's this: tell a bloke he stuffed something up and he'll bristle – 'That is CRAP!' – then be determined to improve or have another go – 'I'll show THEM!' – while a woman is far more likely to say, 'Sorry, sorry, sorry. You're right, that was terrible. I certainly won't try that again. Did I mention I'm very, very sorry? Yes, I probably did. Sorry.' Arrrghhh! Women even apologise in advance, or apologise just before they say something, or even for speaking at all: 'Sorry, but I thought I'd tell you that your car is on fire in the car park' or 'Sorry, but I wanted to give you this week's sales figures' (that she sat up all night finishing).

Here are some responses other than 'sorry', even if somebody is trying to undermine you:

- 'That's an interesting thought.'
- 'I've never thought about it like that.'
- 'That's a good point, although I'm not sure I completely agree.'
- 'I see what you mean.'
- 'That's certainly worth thinking about.'
- 'Thanks for the feedback.'
- 'I'll take that on board.'
- 'You could be right.'
- 'Okay, thanks for that. I might try it your way next time.'
- 'I'll keep practising.'
- 'That's another way to look at it.'
- 'I really appreciate your input.'
- 'Imagine that.'

### MEN VERSUS WOMEN

One of my friends is a baseball coach. He says that when a guy misses a catch he'll usually blame the state of the ground, the sun in his eyes, or even 'My pants are too tight', but then he'll try harder for the next catch: 'I'm gonna get this one!' If a woman misses a catch she blames herself – 'I'm hopeless at this', 'Oh god, sorry', 'I never catch anything' – and doesn't try as hard the next time, leading to even more dropped catches and an even more pessimistic attitude.

## 🛈 Faking confidence

Many contributors to the Women's Stuff Survey were from the 'Fake It Till You Make It' school – that is, dressing up in the right clothes and pretending to be more confident, almost as if you're an actor. Once others have accepted you in this role, it's much easier to accept yourself.

You can, with a twist of costume and attitude, appear to be authoritative – sounding like you know what you're doing and cultivating an air of being quietly confident will do.

So, to fake it until you make it:

- Dress the part.
- Stand or sit up straight.
- Be well prepared with your research, facts or goal.
- Shake somebody's hand before you begin; they should then pay you more attention.
- Speak firmly, without an upward, questioning inflection at the end of your sentences.
- If necessary, take 'props' – a file, a clipboard, a digital presentation.
- Look people in the eye. It forces them to consider you as a person, makes your sincerity more obvious and immediately commands respect.
- Fall apart and cry later in private, or scream into a pillow, if you feel the need.

## 🛈 Using affirmations

What do you know about yourself? You know these things:

- 'I'm a good person.'
- 'I have as much right to life and happiness as anybody.'
- 'I'm an individual and I'm okay.'
- 'Nobody's perfect. I don't have to be perfect.'
- 'I don't have to settle for something I'm not happy with.'
- 'If my parents never approve of me that's their problem.'
- 'If my boss is horrible to me it's about her problems, not because there's something wrong with me.'

If it helps, you can say these affirmations to yourself regularly. It will also help to practise saying out loud some of the helpful retorts or answers coming up: the more you say them, the more they'll come naturally to you, without anxiety.

### MORE INFO
#### on how to boost self-confidence

**I Could Do Anything if I Only Knew What It Was: How to Discover What You Really Want and How to Get It by Barbara Sher** How to decide what your future could be and go get it, by a US author.

**Don't Sweat the Small Stuff by Richard Carlson** Stress-busting help from a US psychologist.

**Too Soon Old, Too Late Smart: Thirty True Things You Need to Know Now by Gordon Livingston** Potted wisdom.

**Kiss My Tiara: How to Rule the World as a SmartMouth Goddess by Susan Jane Gilman** Funny book about being feisty.

## Say What?

Here are some suggestions for things to say and do in difficult situations.

### ❗ How to say 'mind your own business'

We all need an all-purpose response to impertinent questions. You know the sort I mean: 'When are you going to get pregnant?', 'How often do you have sex?', 'Are you a great big lesbian?'

Let's get the etiquette experts to weigh in:

- *Washington Post* problem columnist Carolyn Hax suggests the all-purpose 'I'll let you know when I have something to report'. She says, 'It covers everything, from what they want to hear to the truth to "butt out" to a generic answer to people who aren't prying but instead are just showing interest in your life.'
- US etiquette guru Miss Manners advised a reader to respond with: 'You're so kind to worry about my private life. But I assure you that your worry is misplaced.'

You can also try these:

- **Use a cheery tone** – A jaunty tone can let you get away with almost anything. Smile in a friendly way and say, 'Oh, I'm not going there!' or, 'Pass! What's for lunch?' Be polite, no matter what happens. It helps you stay in control, you'll get your message across better, and you'll feel better afterwards if you didn't shriek like a mad thing.

- **Smile mysteriously** – Think *Mona Lisa*. Retorts can be even more satisfying when you don't say them and just smile a little tiny bit as if secretly amused. Brilliantly, this works whether you've thought of a retort or not. Even more devastating when delivered with a calm but noncommittal 'You could be right'.

- **Be baffling or surreal** – This one takes practice, but it's always fun to say something that just bamboozles them. Try something along the lines of 'All the lobsters, at about half past three, apparently, although I don't know what Desmond's doing' (then walk away).

- **Go formal** – Say, 'You know, civilised discourse is one thing, but I think sometimes the boundaries are overstepped in a rather discombobulating and unseemly fashion, don't you?' The 'don't you' sounds like you're asking for their opinion, whereas actually you've strolled off leaving them still trying to decipher what you just said.

### ❗ How to dodge rude questions

Repeated queries or gobsmacking ones such as 'When are you going to have children?' or 'Who's the father?' can be deflected with an escalated series of jokey responses. For example, 'When are you going to get a boyfriend?' Answer: '15 September at 3 p.m.' or 'I haven't read the memo yet.' Another tactic is to answer a question that wasn't asked instead: 'I'm good, how are you?'

Here are some other suggested deflections:

- 'Why do you ask?'
- 'That's hard to say.'
- 'You'll be the first to know.' (Technically this is a lie, but do you care? I didn't think so.)
- 'Well, you've asked me a few times already, and I'm going to have to ask you to knock it off. If I have any news for you, I'll let you know, okay?'

The 'okay?' means they'll have to agree, unless they're being particularly clueless or obnoxious. The insensitive usually aren't really interested in your answer anyway. Their questions are often a habitual reflex greeting/comment they've fallen into. Just change the subject and they probably won't even notice. But if they display more of a mean streak, try saying one of these:

- 'Okay, I need you to stop that now.'
- 'Are you trying to be mean to me?'
- 'Does it make you feel better about yourself to be mean to somebody else?'
- 'What are you doing?'

Or you could:

- Get out a notebook and write something down. If they ask what you're doing, just say, 'Making a note.'
- Give them your mysterious smile.

## How to reject passed-on rumours or mean comments

Sometimes people tell you something somebody else said, or they make it up to get a response from you. Here's how to deal with it:

He: Garry said you have a fat arse.
You: How fascinating that you felt the need to pass that on.

She: The boss reckons she's furious with your work on Saturday.
You: I guess I'll wait until I hear that from her.

Them: Sharon says you're a stingy old moll.
You: I'm not *that* stingy. *Or* Enough with the gossip and rumours. It's just depressing. Now. Where did you get those shoes?

## How to combat comments about weight or appearance

Ignore the ones from strangers and adjust the following responses according to whether somebody is being thoughtless or cruel:

- Look at them and laugh.
- 'Do you realise you just said that out loud?'
- 'Did you know that just because you think something, it doesn't mean it has to come out of your mouth?'

- 'Are you always this mean?'
- 'What would your mother think if she heard you say that?'
- 'I know, I really wanted to put on some weight and I did.'
- 'What is the *matter* with you?'
- 'You should be ashamed of yourself.'

Don't allow yourself to get into a slanging match. Give back one dignified comment and sweep off majestically. If you're stuck with them, give them a look of bemused pity. The old standby mysterious smile also works. Look into the middle distance and pretend you're somebody else, elsewhere.

## How to defend someone else

- 'I'm surprised to hear you say that. I think Flossy has done some great work recently.'
- 'What are you talking about? Deb looks as gorgeous as always.'
- 'I don't think that's true.'
- 'That's just mean.'
- 'For what it's worth, I couldn't disagree more.'

And if the person being dissed is not there:

- 'She'll be surprised to hear that.'
- 'He always seemed lovely to me.'
- 'I thought his presentation was fantastic, actually.'

## How to disagree politely

- 'I can't agree with that.'
- 'How interesting. I feel exactly the opposite.'
- 'I understand you believe that, but I couldn't disagree more. I believe . . .' (state your opinion, clearly and without saying 'and you're a big poo head' or a variation).

## How to reject racism & discrimination

It was the wise Carolyn Hax from the *Washington Post* problem page who I first saw recommending an all-purpose, succinct and punctuating 'Wow'. Sometimes, though, not saying something more about a very unpleasant comment can create the mistaken assumption that you endorse or agree with what was said. So here are some alternatives if you need to dissociate yourself without saying, 'You're wrong, you moron.'

# What has improved your confidence?

Growing older and not caring so much. Experience. Knowing that being prepared is everything. JUNE, 51, MALVERN

Having children. It puts a lot of things back in perspective and you have to be able to speak up on their behalf. JULES, 37, RYE

Exercising! I feel so much better and healthier and I think that's reflected in my attitude and makes me confident. LUCY, 28, CAIRNS

Cognitive behaviour therapy has been invaluable in my life. I felt like a worthless mess before I did this for myself. CHLOE, 25, MELBOURNE

Talking with other mums in similar circumstances and realising that I'm not the only one who can't get it all done. KATE, 40, MT ELIZA

I learned to love myself and forgive myself any failings I have. We're much harsher on ourselves than we are on friends. KATHLEEN, 55, WILLIAMSTOWN

Working in a male environment, being the only female on a board of directors, having to prove I was as good as them, if not better. MARGARET, 67, BLACKHEATH

Learning to drive. Graduating from university. Learning to become a counsellor. Having short fiction published. Friends who enjoy my company. JEAN, 82, ALBURY

**'Working out that my mother's a fruit loop.'**
AMANDA, 35, MELBOURNE

Being in a relationship with someone who respects me for me and takes time to listen to what I have to say. GEMMA, 27, MULLALOO

Having children, having a great boss and workmates who are complimentary and encouraging. MARIA, 36, BUSSELTON

Playing a team sport – I started soccer at 42. VIV, 44, EMERALD BEACH

Family members dying, sexual assault, growing up with an autistic brother and growing up on a farm, getting a part-time job, which took a lot of maturity at 14. I think all these factors have made me know that I'm good. CAROLINE, 19, MATRAVILLE

**'A husband who treats me with respect and tells me how wonderful I am daily.'**
PENNY, 35, MELBOURNE

**'Not having my husband around any more.'**
MARGARET, 56, MACGREGOR

My best trick is to fake it till I make it. I literally began acting the part of a knowledgeable, helpful, funny person. Now I am one. Quite possibly I always was! VANESSA, 39, MELBOURNE

Other young mums and even older people encouraging me not to listen or pay any attention to negative people. KIRRA, 21, CRANBOURNE EAST

A concerted program of self-brainwashing by countering every negative thought I had about my weight with a positive one. COLETTE, 38, CORAMBA

Doing extra research has made me much more confident at work. I know a hell of a lot more than my bosses. LOU, 25, ALBURY

Being a guide leader and fire brigade secretary. Being in front of people has given me confidence for public speaking. BRONWYN, 28, DIMBOOLA

My father-in-law puts me down but I kick his arse intellectually. SUZANNE, 33, CAROLINE SPRINGS

My intelligence, my education, my knowledge – no one can take that away from me. I like public speaking. TERRI, 40, MERREDIN

I find myself acting my way through certain situations, and then I become more confident. BRONTE, 31, FITZROY NORTH

My talent as an artist and illustrator. LAURA, 30, FITZROY

My intelligence. My ability to make sound decisions. My ability to cope in a crisis. My ability to manage my own life independently. CATH, 38, SOUTH MELBOURNE

How much my husband and my children love and value me. JANE, 37, PERTH

I feel confident about the example I'm setting for my daughters. JENNY, 35, TAMWORTH

Beating my cancer. CAROL, 36, PICNIC POINT

That I'm a good person and people usually like me. ANGELA, 26, LYNBROOK

My ability to listen, being a compassionate and empathetic member of the community, being committed. RUTH, 34, SYDNEY

Fortunately I've reached the age where I don't care what people think. PAT, 70, ALDGATE

My future. JORJA, 19, NEW FARM

**'That I own my own business and contribute to my industry and employ others, and that my business is successful.'**
AMANDA, 49, SYDNEY

The things I've achieved in life, particularly my PhD in my late 60s. JENNIFER, 69, KEW

There's grace in confidence – confident people are willing to listen to you or not be 'all about themselves'. LUELLA, 20, GREENSBOROUGH

- 'I'm sorry, I'm not sure I quite follow you. Are you saying that (people with dark skin are all lazy/Jewish people are cheats/women can't be scientists/whatever outrageous nonsense it is)?'
- 'What the hell has being female/gay/black/Jewish/etc. got to do with it?'
- 'What do you mean? Do you mean you don't like people who are born overseas?'
- 'I'm sorry, I thought you just said (repeat the off comment back to them). That's not what you meant, is it?'
- 'I'm not sure I quite understand what you're saying. Can you tell me some more about what you mean?'
- 'Oh, I know what you mean. I feel exactly the same way about (people with plaits/people whose surnames start with P/men who wear white shoes/bakers/something equally ridiculous). No, can't stand them. Terrible. And people who wear hats. And the way they ram that lifestyle down our throats. Some of them drink coffee in public.'
- 'Are you kidding me?'
- 'How do you spell that?'
- 'You really think that's an okay thing to say?'

## ❶ Dignified ways to walk away

You can just walk away without saying anything, especially if the person seems aggressive. Alternatively, getaway lines can include:

- 'Well, I guess that's the end of the conversation then. Thanks for talking with me.'
- 'You'll have to excuse me.'

Or you can raise a hand, in the choreographic traffic-cop style of the Supremes singing 'Stop, in the Name of Love', wait a beat, then deliver one of these lines:

- 'Whoaa, I have to stop you there. (Smile.) I'll be off, then . . .'
- 'Okay, that was the deal-breaker. See you later.'
- 'Well, that was my line in the sand, right there.'
- 'Go and sit in the naughty corner.'

## ❶ How to repel unwelcome sexual remarks

You need to make it clear they're not welcome:

- 'I can't believe you just said that. Excuse me.' (Turn and leave.)

- 'Oh look, a deal-breaker.' (Walk away.)
- 'I don't want to hear that kind of talk.'
- Put fingers in ears and sing, 'La la la laaa.'
- 'Oh dear. Really? I'm sorry.' (Put on a sympathetic face.)
- 'I'd cut out that sort of talk if I were you.'
- 'Oh dear, now I'm really bored. Go away.'

### How to respond in the workplace

In cases of repeated sexual harassment and comments or 'jokes', see Chapter 33, 'Study & Paid Work', for the proper protocol to go through in order to get advice, make an official in-house complaint or get help from a union or a government commission. For a one-off, here are some responses to try:

- 'Seriously, stop.'
- 'I need you to stop saying that kind of thing . . . I think you know what kind of thing. I don't want to hear any more sexual remarks from you.'
- 'Okay, that's strike one. I believe strike three is usually looking for a new job.'
- 'That's not really helping us here.'
- 'Moving right along . . .'
- 'Leaving that to one side . . .'
- 'We don't go for that sort of talk around here.'
- 'I have to put my hand up here to be counted. I don't like that kind of "joke".'
- 'You do know that what you just said hurts people's feelings, don't you?'
- 'Do you really think that's funny?'
- 'Do you know why that sort of talk can get somebody fired?'
- 'What you just said is harassment. It's grounds for an official warning or getting fired in some places, and if you don't understand why then you should find out.'
- 'You may be "only joking" but the hurt caused by that kind of talk isn't a joke.'
- 'You repulsive ninny. You seem to be talking absolute crap. You are dumber than a rock and could not be more repellent to me if your head was a giant scrotum. Which, I think you'll find, it is. (Okay, I don't actually recommend you say this, but you can think it!)'

# Body image feelings

My hips look *huge* because I have a small waist. And society has no time for big-hipped ladies.
LEAH, 29, NEWPORT

I don't like my bum because it's so round. TINA, 31, SINGLETON

I don't like my flat bum. It's flat.
KIM, 36, WOOLGOOLGA

I don't like my small arse because it's small. SUZANNE, 37, COBURG

I'd just rather be straight up and down. HANNAH, 24, SYDNEY

I don't like my big wobbly thighs. I can't wear a skirt without tights because it always ends in chafing.
KAT, 28, ENMORE

A bad skin day always means an 'ugly' day.
AMELIA, 29, MELBOURNE

I don't like my big feet (size 12) and being tall. BERNIE, 51, COBURG

Being small, I sometimes think people think I'm 11 years old.
ANNA, 28, LONDON, UK

I don't like the accumulation of unwanted chin hair. After-five growth is not becoming on a woman. KARYN, 45, CASTERTON

My big nose can never be hidden by clothes, make-up, anything. MINNIE, 33, ADELAIDE

I don't like my scars because people get curious and start asking questions. TANYA, 37, ALICE SPRINGS

I know that my stretch marks result from the two most precious creatures in my life, but I hate them. My belly button looks like a cat's bum. JULIE, 37, MUNDINGBURRA

I have large inner labia and I feel they are ugly (I *know* everyone is different!). ELIZA, 50, COLLINGWOOD

I ain't perfect but I'm real.
ARTEMISIA, 43, THORNBURY

My breasts are too small.
SMIR, 32, THE HAGUE, THE NETHERLANDS

I'd like smaller breasts. I've had years of middle-back pain and I'd like to be able to buy some of those brightly coloured interesting-looking bras. DEBORAH, 38, RICHMOND

I sometimes do wish I was in possession of a better rack! A social worry, as I suppose there's a lingering paranoia that men only like big breasts. This is, of course, idiotic. ANYA, 20, BRISBANE

My arms are too skinny.
BROOKE, 39, ASHFIELD

'I don't like my incredible lack of body fat. I feel that I should be curvaceous. My body's utter disrespect for a normal "womanly shape" drives me to tears.'
CARRIE, 29, MAITLAND

The wobbly bits under my arm keep on wobbling when I stop waving goodbye.
NATASHA, 36, EAST BURWOOD

Five kids later and my tummy's still large and wobbly, with lots and lots of stretch marks!
JOSIE, 37, LANCEFIELD

I'm sure if I studied my body I could find things I don't like. I just don't care any more! ZOE, 32, MELBOURNE

I've worked at learning to love myself warts and all. I wouldn't mind being about 15 kilos lighter, but generally I'm pretty happy. KATE, 39, PRESTON

Never satisfied, are we? Most people say that I'm a good 'clothes hanger'. I just think I look a bit angular! JO, 65, BALHANNAH

I actually quite like my very large body and all its soft lovely parts, but I realise it's not healthy. I'm severely obese and currently losing weight, so I'm enjoying watching things shrink and change in front of my eyes. SHARON, 40, WATTLE GROVE

There's nothing I don't like. I may not adore everything about my body, but I still like it or some parts are just okay. RENATA, 30, EAST KEILOR

I'm happy in my body, but don't like the comments: 'Oh, but you're a big girl.' ROSE, 48, GEELONG

I love every stretch mark, scar and fold! Our bodies tell our story. I'm grateful for my health and mobility.
SARAH, 27, GLEN WAVERLEY

I generally ignore what I don't like.
PAOLA, 43, MOSMAN PARK

I don't like the bits that don't work any more, the aches and pains. As I've gotten older I've realised I can't change the rest of it.
LEBE, 39, BARWON REGION

My body doesn't define me as a person. FRED, 54, MT ELIZA

The penny has dropped: it really doesn't matter what size I am, what I weigh in at, what my body looks like. I've finally realised that body image is a feeling and I feel good about it, because it's *my* body!
DANNI, 31, MALVERN

I've varied in weight so much over the years and whether I'm a fat mama or skinny Minnie, if I feel good within myself that's all that should matter.
JESS, 27, ST KILDA

It'd be nice to live by the motto 'Never compare', but it's hard not to wish you looked more like someone who's thinner or younger looking or taller.
ROXY, 51, CANBERRA

# CHAPTER 2

# The body image struggle

It's now normal for us to hate our bodies. And instead of leaving our vintage frocks and a fetching hatpin to a new generation of girls, we're passing on the horrible shame and self-loathing.

## Let's stop.

In this chapter we explore the reasons for all our negative body image thoughts – and then the next chapter's called 'How to Make Friends With Your Body'.

## What Are We Afraid of?

Most women are unhappy with how they look, or have a 'pet hate' about a specific part of their body. Large women are unhappy, thin women are unhappy, ladies with wide hips feel afflicted, women with slim hips feel short-changed, women with big boobs are dissatisfied, women with little breasts are crestfallen, women with curly hair are disgruntled, women with straight hair are troubled, tall women feel peeved, short women want a refund, women with a waist complain it makes their bum or hips look bigger, women with no waist feel that a waist would solve everything, and some women are convinced their earlobes are wrong.

Something I learned from writing this book is that it's not about what you have or what you look like, it's about how you feel and whether you've made peace with it. Reading (wading?) through more than 50 000 comments from women who responded to my Women's Stuff Survey, one thing was clear: it isn't about the size, shape or body part, it's about what's in your head. Exactly the same feature will be seen by some women as their tragic affliction and by others as the one feature they don't have and desperately want. (This included big breasts, small breasts, being tall, being short, having an hourglass figure, small bum, big bum and anything else you care to have a conniption about, or fervently covet.)

We live surrounded by coast, but most of us dread the beach because of what we look like. Women over 35 who've had two children are complaining they don't look like a model when they wear a bikini. Where the hell did we get that expectation from? It shouldn't be all about what we look like, but just about enjoying a day at the beach.

Is there no respite? We're supposed to look 'hot' when we're teenagers, and when we're old, and when we're pregnant, and when we're 11, and 43 and 67. I'm surprised we're not expected to do a red carpet event while a baby's coming out of our vagina.

The feelings and fears about body image are so common that many women literally cannot imagine that somebody doesn't share them or doesn't want to focus on them. The assumption is always that everyone wants to be thinner. We're so used to hearing judgement and insults about other women's bodies, the other day I saw a slogan on a tissue box – 'Thick and Large' – and took it personally: now they're calling me stupid as well as fat.

So, what can we do, when even a supermodel stares closely into the mirror for as long as she needs to find fault? We can start by not harshly judging ourselves and others, recognising how we're fed a false picture and learning how to resist the self-loathing, feel okay about ourselves and help the next generation of girls to avoid repeating it.

Already, many women have rejected the bombardment of body-hating propaganda. Others are still stuck in their super-self-criticism.

## The Way We Are

### ♥ The impossible ideal

The 'ideal body' admired in the media is very tall, thin and prepubescent but with big breasts. (Some models look more like underfed drag queens than 'ordinary' women.) Very few girls or women are that shape, and the rest of us tend to think there's something wrong with us. 'Why don't I look like that?' we ask, instead of, 'Why is that shape supposed to be the only good one, anyway, and who says so? And, by the way, shut up.'

There are billions of people on earth, so it doesn't make sense to think there could be only one 'perfect' kind of body. Instead, there are heaps of different shapes and sizes and all kinds of beautiful. To blame yourself and think you don't look like the ideal because you're not trying hard enough means you buy (literally) into an expensive, decades-long world of self-loathing and constant disappointment. It's better to opt out of that journey as early as possible.

### ♥ Your body shape

Your body shape was programmed into you before you were born, by your genes. You can tinker around the edges of your shape by what you eat and how much you move it around, but there are some aspects you can't control, such as height, metabolism, skeleton size (you can end up with a smaller skeleton and much shorter if you're underfed as a child and teenager – this is what happened to 20th-century film icon Audrey Hepburn growing up in Nazi-occupied Holland and then its post-war famine).

Your body shape isn't based on your star sign or any other ancient made-up system, or on the latest theory from someone trying to sell a new diet book. That's all piffle. As well as inherited body types, we also have different rates of metabolism: some of us burn up fat as energy quickly and easily (this can increase if you exercise regularly). Your shape will always be essentially the same: get to know what it is and adjust your thinking accordingly. This is you. Unless you find a way to accept it, you'll waste literally years of your life saying to yourself 'I hate my thighs', 'My breasts are too small' or 'I'm too short'. You may be short, but so is life. Get over it, find ways to accept yourself, get busy thinking about other things, hang out with people who couldn't give a rat's patootie about how tall you are – or condemn yourself to being miserable about something you can't change and that will be irrelevant or even adorable to people who love and appreciate you.

### Fruit-shapes & bodies

Health workers tend to say something like 'pear okay, apple not the way' – this means a pear or hourglass shape with a smaller waist than hip measurement is usually not an indicator of possible health problems, whereas being bigger around the tum than anywhere else can be a precursor to heart problems or diabetes. While some people measure their waist and hips to calculate the waist–hip ratio, it's better not to measure yourself until you're tailoring an outfit. Measurements can only ever give you a rough guide, and usually translate to a spike of worry and a flurry of activity or dieting behaviour that's only short-term. Slow and steady lifestyle change and not fussing with numbers tends to produce a healthier and more sustainable outcome, if you need it.

### Fashion

Flattering-fashion advisors Trinny and Susannah of TV and book fame get even more specific about body shape, coming up with what they call 'pear',

'skittle', 'brick', 'goblet' and lots more. While some people resent being categorised, others are grateful for a bit of advice on what to wear. For info on clothes sizes and flattering clothes for your body shape, off to Chapter 4, 'Clothes', with you.

## Your weight

Everybody has a 'healthy weight range' that provides them with optimum resilience and energy, but how do you judge what's healthy? Healthy means having a body that lets you do all the physical activities you need and want to, and is usually able to fight off illness. So when the term 'unhealthy weight' is used, it means there's too much or not enough weight for the body to be able to function well and that too much strain is being placed on organs and other parts of the body, making injury and illness more likely, now or in the future.

Since it's obvious that there can't be one exact healthy weight for you or anyone else, a healthy weight should always be expressed as a range of possibilities, based on several factors. It's never just a specific 'perfect' weight or number of kilos.

For info on eating and weight-loss methods, see Chapter 10, 'Eat'. For lots of hints and pointers on dressing for your shape, see Chapter 4, 'Clothes'.

## How to Judge Your Size & Weight

## Are you in the healthy weight range?

If you answer yes to all the following questions you're probably within your healthy weight range:

- Do you feel healthy and comfortable?
- Do you feel fit, strong, flexible and able to do any physical manoeuvres you might want to?
- Do you usually get some real physical activity every day, or at least a few times a week? (See Chapter 11, 'Move'.)
- Can you do ordinary physical things without getting out of breath?
- Are you eating from a wide range of healthy foods, and not eating much that's high in fat and sugar? (See Chapter 10, 'Eat'.)
- Do you eat when you're hungry or at the usual times each day – rather than either ignoring your

# Judging your size & weight

I'm a size 8. Even so, the BMI puts me at 'overweight'. LIBBY, 31, ST KILDA

My BMI informs me that I'm borderline obese, even though I don't look it. ROSE, 18, LENAH VALLEY

I know my BMI is healthy, but I don't feel comfortable with my body. I hardly exercise.
ASHA, 24, WODONGA

I'm in the BMI healthy range. I could lose about 10 kilos and still be in the healthy range.
ANNIE, 42, SOUTH PERTH

I'm in the 'normal' BMI range, at the heavy end. I've found that at this weight I have optimal energy and can still enjoy eating whatever I want. LIBBY, 44, LEANYER

I was an okay weight (according to my BMI), but according to waist measurement my belly's too big and I'm at increased risk of disease!
RACHEL, 29, FAIRFIELD

'My BMI is ideal, and I'm told I have a lovely figure. But I have an eating disorder.'
AMY, 28, SYDNEY

I'm fit and healthy (I ran a marathon recently!) but I'm 2 or 3 kilos off fitting into the BMI and it makes me feel fat. ELISSA, 29, MELBOURNE

I do a physical job and I need my weight, because I need strength.
TESSA, 30, MELBOURNE

There's no flab in the porn magazines my husband 'reads'.
SKYE, 33, BATHURST

It's a constant battle between being okay with myself and wanting to look just a little like those fabulous, airbrushed, paddle-pop-stick women. TIPPI, 36, ADELAIDE

I think the media has programmed my brain to believe that curves are bad. I get angry that it spoils my unselfconscious enjoyment of my body. MACUSHLA, 46, ELTHAM

I'm more or less happy with my body. It depends on if I've been looking at too many 'beautiful people' in magazines.
KIKKI, 29, ROZELLE

'I felt at peace with my body after about 30 when I realised that I was only worrying about it on behalf of others. I really don't care.'
AMANDA, 35, MELBOURNE

I could do with losing about 4 kilos, but I'm fairly happy with my weight. In candlelight it doesn't matter, though :) JODIE, 30, NEWCASTLE

I know I'm a healthy weight but I want to be thinner.
LEAH, 20, DRUMMOYNE

I know that technically I'm in the healthy weight range, but that doesn't necessarily translate to feeling that way. BECK, 28, CROYDON

I'm lean but always hungry. I've never been happy with my size or weight, fat or thin.
RACHEL, 38, MOSMAN

They (doctors and the media) keep telling me I'm in the range that means certain death or at the very least some ghastly illness that will make me very sorry I ever enjoyed chocolate and tasty food.
MARGARET, 50, MURRUMBEENA

People tell me I'm underweight but I don't really agree. I can feel every ounce of fat I gain or lose.
LISA, 25, MELBOURNE

If my husband can still lift me, I'm an okay weight (77 kilos).
PHAEDRA, 40, ELWOOD

I don't like the fact that I weigh more than my husband.
MARIE, 33, MOORABBIN

I feel pretty confident about my body. I also have a wonderful hubby who gives me the flirty eye daily. KRISTY, 35, KILLARA

I'm slightly overweight but I feel healthy and strong. I walk regularly and I don't eat junk food.
CAROLINE, 43, WILLIAMSTOWN

Working in the fitness industry, I've always been underweight. I've taken a break and gained some weight. I'm now a healthy weight but feel overweight. MARILYN, 39, MOE

I regularly turn into an insane person who wants to be thin and beautiful at all costs.
JESSICA, 29, MELBOURNE

I'm currently on a weight-loss program and still have 28 kilos to lose after losing 32 kilos.
NATALIE, 45, MELTON WEST

I'm more comfortable now at 94 kilos than I was at 120 kilos.
JEAN, 56, JACANA

I love my curves, although I'd like to drop a size or two to make shopping for clothes easier. I think I look my best when I'm a size 16. JOSIE, 37, LANCEFIELD

I feel heavy and squishy.
ISOBEL, 41, QUEANBEYAN

On the charts I'm a bit underweight but I have a very small frame and eat what I want, so I know my body is happy at where it is. REBECCA, 33, ADELAIDE

'Oh, heavens, I'm enormous.'
ROBYN, 41

I have a daughter in her 20s and I find myself comparing my shape with hers and other 20-somethings.
P, 46, LATROBE VALLEY

Even when I'm at a good weight for me, I always feel huge around my thinner friends. JADE, 33, MANSFIELD

Stop yourself comparing your bod to others – they do their own journey, you do yours!
CAMILLE, 43, BUSSELTON

Throw away the scales.
LUISA, 22, MELBOURNE

hunger and rigidly policing your food intake, or eating when you're bored, upset, already full or not hungry? (See Chapter 10, 'Eat'.)

- Do you have several alcohol-free days a week, and have no more than 2 standard drinks on other days? (See Chapter 22, 'Drinking'.)

## How to judge a weight-related health risk

To really judge a health risk you need to take your body to the doctor and chat about your lifestyle. See Chapter 12, 'Health Maintenance', and Chapter 10, 'Eat', for more.

## Stop judging others

We all need to try to get our heads out of our whatever-sized bot-bots and stop being part of the self-appointed world panel of body assessors. Do you care what size your friends are precisely? (If the answer is yes, you need a hobby.) Don't be one of those women who automatically looks other women up and down and judges them by what they're wearing or their size. When you walk into a room, don't judge and rank yourself by body shape and size – make a conscious effort to look people in the eye and find them interesting or amusing.

## How *Not* to Judge Your Size & Weight

Don't judge yourself on whether you look thin or not – having more fat than some people doesn't necessarily mean you're unhealthy. And being thin doesn't automatically mean you're healthy. Don't judge yourself by whether anything wobbles. Next time you're watching an Olympics athletics race and the women runners are getting ready, notice how they wobble their muscles and skin – and they have even less body fat than is healthy. Everyone wobbles. If we didn't, we'd be unbendy skeletons, or wrought-iron gates. Below are the 10 common ways we judge ourselves that we should throw overboard right now.

### ❶ Don't judge yourself by other people's comments

'You're getting fat. You need to go on a diet.' These hurtful comments often come from people who feel they have the 'right' (such as mothers and fathers) or are trying to wound (such as bullies). They can hurt your feelings, don't help you to change even if you need to, and are often just plain wrong. Be careful not to make these kinds of comments yourself. A large proportion of women and girls with eating disorders say they can recall the exact comment or remark that started them on the road to illness.

'You look great. Have you lost weight?' Oddly, weight-based compliments can be just as dangerous. It makes you think, 'What? Did I look terrible before?' Don't link someone's looks to their weight: again, it can hurt feelings and even trigger an obsession with getting thinner. Just compliment somebody on their hair or their clothes, or say they look pretty or great. If somebody keeps harping on about your weight, feel free to say, 'Thanks, but I'd rather we didn't talk about my weight' or, 'I don't know how much weight I've lost, I'm only interested in being healthy.'

### ❷ Don't judge yourself by other people's shape & weight

The biggest problem is not that your bum is bigger than that lady-arse over there, it's comparing yourself with other women at all. They don't have 'better genetics', they just have different ones. While you're hating your upper arms, she's got toned-looking upper arms but instead feels desperate about her thighs. Both of you are unhappy and both of you look fine.

### ❸ Don't judge yourself by clothes sizes

See the section on sizes in Chapter 4, 'Clothes', including the easy-peasy waistband-squeezy three-step solution to never caring about clothes sizes again, why most people can range over about four 'sizes' at least, depending on the brand, and why most clothes size labels are now unrelated to actual measurements and designed only to flatter customers and create brand loyalty.

### ❹ Don't judge yourself by the number on the scales

Weight gain isn't always bad. In your teens it can be because your bones are getting bigger, or later it can be caused by your body making extra muscle (that's good), while weight loss may be caused by gastro: vomiting and diarrhoea (which is bad).

You should never aim at one fixed number of kilos. Getting on the scales every day is misleading – everyone goes up and down a bit depending on daily factors, bladder and bowel contents (yes, euwww), clothes, not to mention the variable accuracy of many scales. If your doctor has to weigh you to work out a medicine dose, you can ask not to know the number – or you can use your occasional doctor visits as a chance to weigh yourself just out of interest, thus avoiding the obsessive, crazy-making habit of doing it every day.

## ⑤ Don't judge yourself by weight-for-height charts, a fat-pinch test or body-fat percentage estimation

These are often outdated or based on men, and not scientific or individual enough for you to judge from. Sometimes gym assessors or coaches use a little set of tongs to pinch some 'fat', often at your waist, and measure it. It's invasive and humiliating, it doesn't tell them anything useful scientifically, and it only functions as a tool to intimidate you into buying a gym membership.

## ⑥ Don't judge yourself by your BMI or waist–hip ratio (or what a computer tells you it is)

The body mass index (BMI), formerly the standard measure of weight, is fast falling from favour because of its harsh-sounding and inaccurate conclusions, such as 'underweight' and 'obese', which reveal nothing about health risks. The BMI calculation, worked out as a height-to-weight ratio, was invented in the mid-1800s by a brainy Belgian, who almost certainly made all his measurements on men.

Weirdly, the BMI recognises no difference in expected fat and muscle mass between men and women, and doesn't account for the fact that muscle weighs more than fat. (Back when it was invented, very few people would have had much fat in comparison to muscle.) Somebody with a 'normal' BMI result might actually be malnourished and in the grip of unhealthy crazy dieting. Somebody the BMI says is 'obese' could be a well-muscled man.

Most GPs now understand that trying to frighten or shame a patient with a BMI calculation of 'obese' backfires as a motivating factor and is just a humiliating and unnecessary label. (An adapted BMI calculation for children is used by some doctors, because the standard BMI is so unreliable when applied to those under 18.)

Some online or screen games and fitness programs with handheld devices now calculate your BMI. Don't take this assessment as gospel – if you want to work out how to judge yourself, use the hints in this chapter or see a clued-up GP.

The waist–hip ratio test relies on a tape measurement of your waist and hips. People with a certain number are told they're at greater risk of heart problems, and those with a half-centimetre lower number can be told not to worry. As with BMI, there's more to factor in than just numbers and maths.

### UNCOMFORTABLE WOMEN

In the Women's Stuff Survey, 6037 women answered the question 'Do you feel at a comfortable, healthy size and weight?' 55.5 per cent said no, 44.5 per cent said yes.

## ⑦ Don't freak out at photos

We're used to seeing digitally altered pics everywhere else – so 'real' snapshots of ourselves often disappoint. Photos are not animated – they lack life, literally, and a 'frozen moment' can look distorted.

Whatever you do, don't judge yourself by photos of other people. Every ad, every magazine cover and inside shot, every picture you see is professionally lit and digitally altered. Every dimple on a thigh is erased, the skin tones on people's bodies are mixed together until they're the one fake skin tone all over, then highlights or muscle-indicated shadows are added. Variations in colour, even freckles and moles are removed. *It's not real.*

An editor at one of the US's bestselling celebrity magazines told me recently, 'Every single mainstream magazine retouches pretty much everything, but especially the celebrities. There's always major, expensive retouching by professionals who make everyone look perfect. They bill thousands of dollars for it, and you don't get any other photos from the shoot. So it's controlled.

'It's not just in the ads. Even magazines that take pride in getting facts right in the stories create a fantasy land when it comes to the photos. News and celeb mags may not trim thighs like they do in the fashion pages, but they are "disappearing" wobbly necks and veins in noses and eyes and lines around lips and generally creating a new version of the person in each photo. Even "candid" shots of celebs taken in the street or attending an event are usually retouched,' she says.

'I've seen untouched photos of pretty, young stars of both sexes and in the pics they look real – and completely different from the altered reality that's eventually published: with not a blemish, a red vein in the eye, or a line on their face.'

See Chapter 4, 'Clothes', for how photographs in magazines, ads and websites are altered, creating a species of literally impossible humans.

## ⑧ Celebrities & models are not role models

The people we're supposed to copy eat practically nothing even when they go out ('I'll have the steamed thoughts, please, with the dressing on the side') and overexercise, smoke like active volcanoes, take scary drugs to artificially keep their weight down and employ people to wrangle them into looking like bobble-headed Bratz dolls. It's a miracle they don't try to eat their own agents.

If most of us were shaped like a stop sign, with a big head, eyes the size of tennis balls and a pole-thin body, with tight, snappy-elastic skin, the advertisers would be trying to sell us strap-on bottoms, special pens to draw dimples on our thighs, interesting stick-on character wrinkles, eyelash minimiser cream, spray-on hips and supplements to make us look bigger. We'd be shown plump and soft role models to make us try to change ourselves to be more like them. So then we'd buy buy buy.

Your grandmother used to have to buy a ticket to the cinema to see a beautiful actress, or be invited to a fashion event at a large city department store to see a model. And Nanna wasn't told she had to look like the screen goddess. We now see these images sometimes hundreds of times a day – on billboards, in mags, on TV, on the internet, on our phones. Many of the models in ads and magazines in Grandma's day were tall and slender, but they were often stylised drawings that if 'reproduced' in real life would see women who are about three metres tall with heads the size of pumpkins. Today this work is done by computers, and by starving the models and putting them in preposterous high heels.

Many of the women featured in magazine articles back then were being highlighted because of what they'd done with their lives. Now we see unrealistic images of women all day, and the passport to stardom is usually about looks, not accomplishments or skill. Even the welcome arrival of female newsreaders is tempered by the knowledge that none of them seems allowed to be average-sized or larger, or to get wrinkles. In fact, there's some evidence you need special dispensation to be brunette on a commercial channel.

There's not a woman on TV or in movies or an advertising spokesmodel who's prepared to 'go natural' or give us a wave of her flabbity upper arms. I'm not saying they should have to or be forced at gunpoint to grow some larger thighs – I'm saying we can't judge ourselves by them. They're unyewsssssssual, to say the least.

## ⑨ Don't judge yourself by magazines, newspapers or websites

Most women's magazine editors spend their career in the chair making sure all the models in their mag are thin and 'aspirational' (in other words, creating envy in the readers). Then the mag editors retire or leave and start talking about how unfair it all is and how there should be a diverse range of body types in the media. This is rather vexing.

We need to accept that the magazines and advertisers won't change. We must either learn not to take the images personally, or stop reading them.

For the love of . . . well, yourself, don't look to 'men's magazines', aka lads' mags, either. These masturbatory aids for blokes such as *Zoo*, *FHM* or *Playboy*, not to mention the horrid porn on newsagent and petrol-station magazine racks, chew up young women, using them only as sex objects and then discarding them. I wish most young singers and actresses had better career-management advice and could see that being in one of these mags isn't going to 'help your career'

# Thoughts on body image

I feel 'healthy' but I often feel fat. NICKY, 26, MELBOURNE

I feel that if I lost 10 kilos I'd be a lot happier. ALAYNE, 48, WYNNUM WEST

I'd be much happier if I lost about 6 kilos. LINDSEY, 30, DONCASTER

Like every girl on the planet, I'd like to be thinner. LEAH, 29, NEWPORT

I'm too thin. CHERIE, 37, WARRAGUL

I like carrying a tiny handbag because it makes me look like a giant! DEBORAH, SYDNEY

### 'I know I'm healthy and fit, even if I'm carrying a couple of extra kilos.'
CHELSEA, 21, BENDIGO

I'm underweight, and I'm taking steps. KERRI, 25, HIGHTON

I'm actually quite underweight, but I get a lot of compliments about it. TAK, 22, MELBOURNE

I think I'm a hot mamma! DIANE, 46, BALWYN

I try to eat well, and when I don't I feel so guilty and think no one will want me as their girlfriend. JULIA, 25, BRUNSWICK

I'd like to be more muscular and stronger, fitter. BARBARA, 44, BELAIR

I'm taller and heavier than the average male. Sometimes I feel like an Amazon woman. NIKKI, 36, COLLINGWOOD

Now I've lost my weight I have loads more energy and feel good about myself. I get to play with my grandchildren and don't get worn out. TAMMY, 50, MORAYFIELD

I'd like to be back near the size I was when I got married. Although many thought this was an unhealthy look, I felt better about myself! ANGELA, 33, FORESTVILLE

I'm currently planning my wedding, and the first thing people ask is if I'm planning on losing weight. AMY, 26, COBURG

I'm slightly uncomfortable with my weight – I have to keep hitching my knicker elastic up over my tummy. CELIA, 56, FOOTSCRAY

I feel energetic and can still fit into my clothes. Weighing myself isn't important. JANNE, 62, MILWAUKEE, US

My clothes don't fit and I feel crushed and slow and awful all the time. MARY, 44, MELBOURNE

My husband of 46 years seems to think my body ought to be as taut and terrific as when I was 16. LYNDA, 63, WARRANWOOD

In the past two years I've lost 13 kilos and put on 15 kilos. SAMANTHA, 33, MITCHAM

### 'My husband loves me the way I am. I don't know why I can't.'
KATHLEEN, 55, HAZELBROOK

I'm still recovering from a very serious eating disorder, so it's hard for me to accept my body at any weight or size. ELYSE, 20, ADELAIDE

I'm obese, which makes me uncomfortable, but I'm quite fit. I've been working out three times a week for a year. RACHEL, 37, CAULFIELD SOUTH

I eat sensibly without obsessing about it, and only gauge my weight by how my clothes feel. I have no idea what I actually weigh. CLARE, 37, ATTWOOD

When I was thinner I was also stressed and unhappy. JENNESS, 37, SCARBOROUGH

I feel much more comfortable now at a size 16 than I did as a size 24. It's so much easier to get around. JANE, 48, GRAFTON

Unless you're a featherweight or do extreme, intense exercise, cellulite seems adamant to stay with you. KAREN, 36, ASHGROVE

My thighs/legs are chunky and covered in cellulite. I almost die every summer wearing long pants. MICHELLE, 27, CRANBOURNE

I've done nothing to deserve cellulite. SALLIE, 53, COBARGO

My large breasts have always caused me angst. It makes buying and wearing some styles of clothes (especially bathers) difficult. KATE, 27, MELBOURNE

My large boobs have bothered me for all but 12 years of my entire life. I feel as if they sexualise me when I may not want to feel sexual. I've had unwanted whistles, jeers, stares, gropes and stroking my whole life. JENNA, 36, HIGHTON

My breasts are at least a cup size different – it makes all V-necks and necklaces pull to the right! VICKI, 33, SHANGHAI, CHINA

### 'My bosoms are too large and get in the way of everything.'
KATH, 24, COLLINGWOOD

My boobs are of course *too small*. MARTA, 25, LIMERICK, IRELAND

I don't like my belly because it's too flabby. Ironically, this is the bit that my boyfriend likes the most! TERESA, 31, LONDON, UK

I actually have panic attacks when I go shopping because my tummy dictates how I dress and I never feel comfortable in clothes because of it. MOLLY, 27, YEPPOON

My stomach is *never* flat, no matter how hard I try to exercise or how much weight I lose. It's also interfered with my mental health and the way I present myself to others. ELYSE, 20, ADELAIDE

unless your career is flashing your breasts and being photographed on your hands and knees wearing wet-look lipstick to simulate the post-oral-sex look.

##  Stop judging yourself only on looks

If looks are 1 per cent, how do you feel about the other 99 per cent?

### THINGS THAT CAN MAKE YOU FEEL WORSE ABOUT YOUR BODY

- Watching TV ads (in less than two and a half hours of commercial TV a day you'll see around 75 ads, or 22 000 a year).
- Seeing billboards and bus/tram stop ads. Who *are* those people and can they get out of our face?
- Reading celebrity-based magazines.
- Watching fashion TV or reading fashion magazines and seeing the models as 'ordinary' or normal representations of women.
- Being brought up in a fat-phobic family.
- Hanging out with friends who crap on about body shape, size and diets all the time.

## Unrealistic Expectations

Here are some features and life stages that women tend to have unrealistic expectations about.

###  'Fat'

We female folk have been sold an abnormal and unnatural idea that any 'fat' is bad. But we need fat in our bodies. This womanly padding is mainly around our breasts, hips and tummy. If this body fat falls below a healthy level it can result in periods stopping or being irregular, difficulty getting pregnant or breastfeeding, damage to bones (which can result in serious fractures) and more 'cosmetic' problems, including lifeless hair, bad teeth and dull skin.

Girls need to be putting on body fat as well as muscle during their teens. After our bodies change from girl to woman, we need to keep just under a quarter to a third of our weight as fat to regulate our hormones and stay healthy. Most of us need at least 15 to 20 per cent of our body weight as fat

to be able to have any periods, and at least 20 to 25 per cent to have them regularly. Every woman should have more of her body weight as fat than a healthy man. A healthy, fit woman has 10 to 30 per cent more fat than a man.

### 'Cellulite'

Cellulite is a made-up word for dimples on the skin of thighs, bots and sometimes stomachs, caused by the natural fat underneath. Everyone has it, even thin people. It's not caused by toxins, it's caused by being female. No 'firming' or other cream, no amount of scrubbing or seaweed wraps or sweating will get rid of it. Cellulite is just something cosmetics companies would like us to obsess about so we buy useless expensive crap. The only cure for cellulite is not to care about it.

See Chapter 7, 'Cosmetics & Make-up', and Chapter 8, 'Cosmetic Surgery & Procedures', for why 'creams' and other procedures don't cure cellulite (unless they take your legs off).

### Breasts

As it is with feet, and eyes, most people have one breast slightly larger than the other. Unless it's a rare case of distinct lopsidedness, nobody ever notices this about someone else. The size and shape of your breasts is programmed, before you're born, by the genes from both sides of the family. There's nothing you can do to make them bigger or smaller or firmer, and this includes exercises, pills or 'firming' creams and ointments. People make claims in advertising that you can, but liar, liar, their pants are very much so utterly on fire. After your breasts are fully grown, their size will only change when you gain or lose weight (large breasts are usually mostly fat tissue). They get slightly bigger before a period and when you're on the contraceptive Pill, and bigger again during pregnancy and early breastfeeding. (See also Chapter 17, 'Breast Health', for info on breast checks and mammograms.)

#### Having smaller breasts

There's no such thing as 'too small'. Your breasts are just right for you. If any teasing goes on, you need to lay down the law. You're not in high school any more (not that it's okay then) and any adult teasing, whether from family or 'friends', is not on.

See Chapter 1, 'How to Be Confident', earlier, for ways to be assertive. Remind yourself that girls at school with big breasts used to get teased about theirs, and girls with middle-sized breasts got teased about something else or were told their breasts were too big or too small.

Companies make bras that hoist breasts up, pull them together to create 'cleavage' or pad them, not because there's anything wrong with small breasts but because if they can make you think that your breasts are not good enough, they get to sell you stuff and make more money.

Some tricks for maximising the perception of breast size (if you want to) are in Chapter 4, 'Clothes'.

## BREAST 'FIRMING' & 'ENLARGING' EXERCISES & CREAMS

There is NO cream or exercise or device that can make your breasts look or grow bigger than their natural shape and size. Some creams and devices create a tingling that can fool you into thinking something's happening. It's not. And some creams and devices create a low-level bruising or irritation that causes slight swelling – that's not growing, that's your body trying to fix itself.

'Firming' or 'tightening' creams are one of the biggest cons of all. Nothing – NOTHING – in a cream will make your breasts or even the skin around them any firmer. The cream may cause your *skin* to feel tight but not your flesh to become firmer – the 'effect' you feel is just because some natural or lab-made chemicals make your skin feel tighter. Same thing happens with eggwhite. Or paint when it dries. It's just an illusion. And a very expensive rip-off.

### Having larger breasts

Women who developed large breasts early can remember a world of hurt from their teenage years and sadly some men don't 'grow up'. Some people assume a girl with large breasts is older and more sexually experienced than she is. And those people can think a woman with large breasts is interested in having sex with them. (If only they could use a brain-firming cream.)

Some women with very big breasts can develop a protective shyness and physical problems. Big breasts can be uncomfortable when it's hot, and get in the way of activities such as sport. For women with very large breasts, carrying their weight can create headaches and back, neck and shoulder pain. Getting swampy underneath the breasts in hot weather can get very annoying. Try putting a cotton hanky under the fold to avoid sweat rashes. Make sure you dry thoroughly under there after a bath or shower, with a towel or hair-dryer blast (on the cool setting).

Women with big breasts who feel they need physical support should get bras with wide shoulder straps and be professionally fitted by an assistant in a lingerie shop or section of a department store (see 'Bras' in Chapter 4, 'Clothes'). (Lingerie is French for underwear and is pronounced *loooooooon-jer-rrrrrray*. Then you eat a croissant.)

A few women make the big decision to have breast reduction surgery: young women need to wait until their breasts have stopped growing, to be sure probably after the age of 20 (see 'Breast Reduction Surgery', in Chapter 17, 'Breast Health'). Many women find their breast size is much more manageable if they reduce their general weight to a healthier and more comfortable level, and then surgery becomes irrelevant.

Some things to say to men who stare at your breasts are:

- 'Yoo-hoo. I'm up here.'
- 'Is one missing?'
- 'Could you possibly stop staring at my breasts, do you think?'

Some tricks for minimising the perception of breast size (if you want to) are in Chapter 4, 'Clothes'.

### Love the ones you're with

You may as well learn to love or at least be friendly to your breasts no matter what they look like, whether they point east, west, north or south-south-west. Don't waste time wondering why they don't look like anybody else's. Your knees aren't the same either. But, I hear you say, my boyfriend would like me to have larger breasts. Yes, and I'd like him to stop being an idiot. It's cheaper, safer and smarter not to fiddle with your bosom size (see Chapter 8, 'Cosmetic Surgery & Procedures', for more). (And actually, most men are more than happy with whichever sort of bosomry came with the packaging of you – more on this coming up.)

## What you think about your breasts

A lot of angst is still felt by women about breast size. If only they could concentrate on the much more thrilling fact that breasts, especially nipples, are chock-a-block with nerve endings so that we can get pleasure when they're touched with fingers, lips or tongues. Oh my goodness, I've come over all faint and need to have a lie down.

That's better.

You can feel disgruntled about the size or shape of your breasts for the rest of your life, or you can decide that life's too short and the size of your breasts isn't important enough to worry about. Being busy is a great help when you find you've been obsessing about something. You may need to revisit nasty or thoughtless comments made about your breasts when you were young, then wrap them up and throw them away, with the help of common sense and, if necessary, a counsellor.

If you've passed the teenage years and you're still constantly examining yourself closely in the mirror to see how your breasts look in different bras or clothes, then you may want to think about counselling. Specialist body image counsellors are available through your GP.

## What men think about your breasts

Some blokes fancy big ones, some adore small ones, and most blokes just like the ones attached to the woman they love. If you find yourself with one of those rare (and fiercely unattractive) men who want you to have larger breasts, it will be a lot cheaper, safer and kinder to yourself in the long run to get rid of the bloke instead of the bosoms. Your bosoms are going to change, and so is the rest of your body. If he doesn't love you for who you are now, new bosoms won't help that. Having a breast enlargement will not save a relationship or get a bloke to hang around. If he's already that shallow he'll be distracted by the next shiny tassel on somebody else's wayward bazoombas, even if there isn't any trombone music playing at the time.

The vast majority of chaps will love your breasts because they're yours, and because of how he can make you feel with them, and how it feels for him

to go playing amongst them, la la la. We would all be a lot happier and have more fun if we could remind ourselves that sex is mostly about how you feel, not how many centimetres are involved.

## Cleavage

Various non-surgical devices have been invented to hoist and push together breasts, including the push-up bra, and the insertion of gel plastic 'chicken fillets' into a bra. (These can also be useful to throw at people later in the evening.) Electricians' tape is another method that has been tried. Corsets. 'Shapewear'. The more cleavage you show, the more it will be frowned on by some other people, particularly in the office or at the school gate. I'm not saying that you should care about the opinions of a snippy soul with a mouth like a cat's bum, but there does tend to be a direct correlation between how much breast tissue you show in general, how seriously you're taken at work and how often you're looked in the eye. Cleavage sends a message to many blokes that you want them to stare at your chest. (Of course, breathing, walking or being vertical can be a similar signal to some men.)

 **MORE INFO**
on breasts

FYI: on US websites and in US books, breastfeeding is called 'nursing'.

**A History of the Breast by Marilyn Yalom** 'Babies see food. Men see sex. Doctors see disease. Business people see dollar signs.' A clever history of the breast, from ancient fertility figurines through paintings of Jesus and his mum to modern prudishness and porn culture.

**dslrf.org**
**Dr Susan Love's Breast Book** US info on how breasts work, hormones, problems, implants and cancer. For new local info see your GP.

##  Stomachs

A flat stomach is not an achievement, it's a genetic rarity. It isn't realistic to expect a flat, hard stomach if you've had children, or if you have a 'sway' back, or you're older, or you're a kid, or you're

# Body image issues

## Post-baby bodies

Whoever said it takes nine months to take baby weight off is joking. I'm coming up to three years and it's just starting to come off.
NATASHA, 27, THEODORE

I think I'm a little too thin. I was hoping that some of my baby weight would have stayed but it all fell off and I was back to my pre-baby size two months later.
ANDREA, 23, BRISBANE

I no longer believe I have to be the size I was before children. I don't think I could have a waist as small as it was without starving myself.
KAREN, 36, ASGHROVE

My belly is flabby and I think it's lovely. It should be – I've had two children! KATE, 34, OATLEY

I've just given birth to my first child three weeks ago, so while I gained 30 kilos, and have a jelly belly, stretch marks and full/saggy breasts, I feel like a woman and it all doesn't seem so bad. SONYA, 21, ST MARYS

I gained 30 kilos during pregnancy. I'm at the heaviest I've ever been in my life and my self-image is zero.
MEGAN, 32, ADELAIDE

'Since having bub I've lost too much weight. I'm too skinny.'
AMANDA, 27, BLYTH

My weight is nearly back to where it was before the three kids, but it's distributed differently. I have a real hourglass figure now.
EDWINA, 33, EAST MALVERN

I feel a little odd and out of proportion at the moment. I'm breastfeeding, so that takes it out of me, and I can't put on any weight, so I feel skinny, but because my tummy is still sticking out a little bit I get confused and think I'm fat. LUCY, 29, ROXBURGH PARK

I have red pigmentation on my nose and eyelid, which I got while pregnant. I haven't tried to get rid of them – they're little reminders of my pregnancy journey.
SHARON, 36, HEATHCOTE

Comments about my weight post-baby led me to become bulimic and very unhealthy.
JACKI, 27, HERVEY BAY

'I feel like when I'm out with my baby it's okay to be carrying a bit of weight, as I've obviously just had her, but when I'm out without her I feel fat.'
KIRSTY, 29, GREENSBOROUGH

Before being pregnant, I was proud of my flat stomach. Now I feel embarrassed about not having lost weight or got back to my normal shape. KATE, 38, MELBOURNE

My boobs have simply deflated since breastfeeding two children. I can honestly roll them up now.
ROBYN, 30, MOE

My stretch marks make me feel self-conscious and unattractive, no matter how good the rest of me looks. LISA, 34, SOUTH YARRA

I didn't like my tummy until I became pregnant. It was big and a bit flabby with a few stretch marks. After being pregnant I don't care.
KATE, 39, COBURG

I used to obsess about my body endlessly before having a baby. Now I'm more confident and have better things to worry about!
KRISTY, 35, KILLARA

I now accept that I have a 'mother's body', which I'm proud of, knowing the journey it's taken.
LIEN, 32, NEWPORT

Since having a baby I feel like my stomach has worked hard and now deserves a break from my constant criticism! ANNA, 30, MELBOURNE

My boobs aren't as big as they used to be, but they were perfect for breastfeeding, so they served a purpose other than entertainment.
LILY, 30, BRISBANE

I wouldn't mind having perky boobs again, but hey, after breastfeeding three kids, I'm just glad they're still on my chest.
BETHIE, 33, SUNSHINE COAST

Having three kids hasn't been kind to my belly. I'm pretty over being asked when the fourth one's due.
KATIE, 39, GEELONG

## Dance

My dance teacher told me when I was 10 and completely healthy that I should drink Diet Coke. I endured 20 years of bulimia after that. Ta.
OLIVIA, 34, GEELONG

When I was 10, my ballet teacher told me my butt was too big. I struggled for years with an eating disorder. PORTIA, 34, NAREMBURN

'My ballet teacher told me I was too heavy. I was 63 kilos.'
KATHERINE, 36, ARMADALE

I was a gymnast as a kid and there's a lot of body pressure in that sport.
CATH, 32, DARWIN

## Pet hates

Some describe my ankles as cankles. I say, 'No, thighkles!'
FLUFFY TOPP, 42, PORT MELBOURNE

My upper arms belong to the old tuckshop lady. She must have come round one night and taped them loosely on. ANON., 43, KEW

## Body dysmorphia

I've been told I have body dysmorphia. That'd mean I just *think* I'm fat but I'm not. I don't believe it, though.
CLAIRE, 21, CANBERRA

a teen, or you're . . . female. Some people do have a naturally flat tum; most don't, unless they have the genes, and a rigorous training routine instead of anything else to do.

## ▼ Bottoms

The shape and relative size of your bot is largely decided by genetics.

## ▼ Thighs

Stop it.

### MEMORIES OF BODY IMAGE TRAUMA AT GYM, BALLET & SPORT

Sadly, many women still carry the false expectations of coaches and sport cultures that make unrealistic demands on young bodies, and encourage disordered eating and harsh self-judgement. The only thing to be done is to realise you were given wrong information. You can be free of it now. You don't have to be thin to dance or do any activity. Thin doesn't mean 'fit'. Curvy doesn't mean 'unfit'. We're not all in the Olympics. Sadly, the outdated ideas of many of these adults were imprinted on young people who've now grown up and still judge themselves harshly.

## ▼ 'Post-baby body'

A lot of women in the Women's Stuff Survey felt sad or self-conscious about the way their bodies changed after pregnancy and motherhood. Many felt they still looked pregnant a few months afterwards. Or worse, like me, were asked 'When's the baby due?' months after giving birth.

Pregnant women think they need to 'go back', to get to their pre-pregnancy shape and size. This is an unrealistic and impossible goal, especially in terms of breasts and in many cases tummies and just general size. Tummies that have weathered a caesarean often have a bisecting scar inside that inevitably results in a kind of 'double-tum' effect – two rolls for the price of one! Stretch marks will fade, but they're here to stay. Subject to genes, skin elasticity, weight loss and gain, and your age when you were pregnant, your skin may never go back exactly the way it was. And that's okay. Breasts, too, are likely to be forever altered – not just from breastfeeding as many think (unless you feed multitudes) – but from the pregnancy changes.

Women are so distressed by the changes that pregnancy and age bring to their bodies – and that's partly because they're being told lies. A cable TV ad says a 'two-day detox diet' will 'get rid of your baby stomach'. No way. Celebrity mags run articles about 'super mums' who are 'back to their post-baby body' in weeks after giving birth. I go into this much more in my book *Up the Duff*, but to keep it brief here, expectations of being the same after becoming a parent are as unrealistic physically as they are mentally. You are not the same. But you are still you.

Remember when you went through puberty and it was weird and it was hard to get used to having breasts and pubic hair, and all those changes? It takes a while to adjust to a change – be kind to yourself. This is normal.

Don't worry that you have to 'snap back' to find or keep a partner. You don't want a partner who's so superficial and unintelligent as to want you only at a certain size or shape. If you have a partner who loves you truly, they'll still love you and find you attractive. Your job is to let them. It's disrespectful to men (and other partners) when we dismiss their declarations that they love us and find us attractive. It's important to let people love us the way we are, and do away with the ones who don't (you don't have to kill them and bury them in the garden). Hints on how to protect yourself from body insults by friends or family are coming up in Chapter 3, 'How to Make Friends With Your Body'.

## ▼ So-called problem areas

They're not 'problem areas' at all. They're just body parts. That old gym ad where a bunch of women start singing 'Arms, bellies, bums and thighs' was pure marketing: a simple list of what they know women worry about and might make them buy a gym membership. Sorry, gang, but we're all going to get flabbity upper arms unless you have an unusual genetic bicep situation, or do hours of special exercises a day. Because that's one of the areas a woman's body sends extra skin and fat – so when you're larger you have extra fat there and it wobbles, and when you're thin you have extra skin there and that wobbles. Wear sleeves or get over it. Where was I? Yes . . . that's right . . . 'Arms, bellies, bums and thighs', 'Butt blasters', 'Stomach crunches'. Well, commercial-land, you cannot shame me. I've got 'em. I have arms. I got a belly. I have a bum (two buttocks of remarkably stately proportions, if you don't mind me saying). I use it for sitting on, and to attach my legs to. That's correct. I have thighs. And I don't care. So shut up.

See also Chapter 9, 'Looking Older', but in the meantime, to all the women who told me they worried that they 'didn't look good in a bikini any more' in their late 30s and 40s, ARE YOU CRAZY? That's because you're judging yourself incredibly harshly, and judging yourself by crazy celebs who spend – I am not kidding – most of their day working to have a 'bikini body'. Incidentally, a really quick cure for worrying about how you look in a bikini is to stop wearing bikinis.

## Negative Body Image Feelings

Some of the downsides of having a negative body image include:

- You could make yourself vulnerable to abusive or controlling relationships because you're too self-critical. (See Chapter 31, 'How to Escape Control & Abuse'.)
- You're more vulnerable to short-term dieting, which doesn't work.
- You're more vulnerable to clever marketing claims and lies about 'weight loss' products or procedures.
- You're ashamed of how you look so you avoid exercise or activity in public.
- You pass your worries and self-criticism onto daughters or other young women, even unconsciously.
- Your world becomes seen through the lens of body image and you judge yourself and everyone else by these standards instead of seeing other qualities and enjoying other aspects of life.
- You keep perpetuating the crazy messages you were given in the past, without taking the time to question and learn how to reject them and become happier with yourself.
- You miss out on feeling good and having great experiences because you're always worried about how you look. Have the sort of sex that

makes you feel fabulous, not the sort where you're trying to hide your tummy. Go swimming because it feels great and the pool or the beach is fun; don't stay home because you think you're too white and wobbly. I'll come down too, and we can wobble together.

### WHO ARE YOU?

Imagine you have to send a detailed description of yourself to a friend you've met online who has to find you in a crowd. But you can't make any reference to your appearance. They'll have to ask questions of your friends and acquaintances about your non-physical charms. Describe what you're good at, what you've done, what you love, the sort of friends you have, how people see your personality, your job, what you're scared of. That's the real you.

## Strange notions that can make body image worse

- **'I should look like my mum or my sister'** – Nope. You may have a genetic make-up that comes from someone else in the family – it can even skip a generation or two.

- **'I'm the only one who looks like this'** – Nope again. See the real: go to a big shopping centre department store change room, or have a furtive look around the pool changing area. See? Not everyone looks like a pouty supermodel, for heaven's sake. In fact that woman over there looks a bit like Rod Stewart, bless her.

- **'My ankles/nose/earlobes/feet are really weird & everybody notices'** – No, they're really not and they really don't. Even if you do have larger than average feet, this is not a terrible problem. If you think it's a terrible problem you have a problem with your perception, not your tootsers. You are not a disconnected sack of problems or unacceptable body parts put together like a Lego project. You're a whole, lovely person.

- **Using mean words** – A new, unkind language is being invented to make us feel worse. Cosmetic surgery ads and spiels talk of breasts being 'deformed' or 'disfigured' by pregnancy, and stretch marks and other normal skin patina are called 'scars'.

'Cankles' is an invented word for wider ankles (it's a combo of the words calf and ankle), and names for the inevitable fate of female upper arms that make us feel bad (or laugh) include batwings, tuckshop-lady arms, fadoobadas (from the TV show *Kath & Kim*), and bye-byes (named after the waving goodbye effect). Unless you can use these words affectionately, it's best to leave them behind.

- **Invented problems** – Just when you might feel okay about a previous obsession, the net or magazine world recommends a new one. Around 2010, articles started appearing about women worrying about the fold of skin that appears near the armpit when our arms are by our side. I'm not kidding, some people are asking for cosmetic surgery on it. Everyone has this fold – *it's there so we can move our arms* – it isn't a problem, but the whole bizarre sex-bomb strapless backless cleavage plunging bridal gown industry is in a flap (no pun intended) about it. They even have a word for the 'fat bit that hangs over a strapless gown': the 'gludgeons', aka the 'axillary-fold chest complex'. ARE THEY INSANE IDLE CRAZY PEOPLE WHO NEED SOMETHING TO THINK ABOUT? Sorry, yes they are, poor loves. They pore over wedding magazines and fashion sites saying, 'Look, she doesn't have it!' No, because she's been digitally de-gludgeoned by a retoucher. (Which sounds, fittingly, like some sort of crime.)

- **Wanting celebrity bits** – Women take photos of Jennifer Aniston's thighs and Angelina Jolie's lips to cosmetic surgeons (at least they're not taking photos of Ms Jolie's children to their obstetrician). 'How to Get Kate Moss's Bottom' squealed an online newspaper headline, on a story about exercises or some such rubbish. One would expect the article to begin, 'First get an anaesthetist to immobilise Kate Moss. Using a cake fork, remove her right buttock . . .' But no, it was far more gruesome. It involved lunges, step-ups and aerobic exercise. May I intervene? This, though it involves buttocks, is actually bollocks. If you want Kate Moss's bottom, you had better be Kate Moss (whose bottom size may have more to do with – ahem – lifestyle choices than genetics). As it happens, even Kate Moss doesn't have Kate Moss's bottom any more, at least not the

one in the photos, as she is now older. Actually, the comments on the website about the stupid headline were far more amusing, from 'Damn, I thought it was a raffle' to the unprintable.

## ▼ Wanting cosmetic procedures

Feelings of hating your own features and body parts tend to decrease as you grow into your body, and as you get older you don't obsess so much. But if an obsession stays with you, and you focus constantly on wanting cosmetic procedures, it's really worth seeing a specialist body image counsellor to help work through your feelings: where they come from, why they continue and how to make peace with yourself. Ask your GP for a referral.

If you're considering altering a body part in any way that's more invasive than wearing flattering clothes or using make-up tricks, see Chapter 8, 'Cosmetic Surgery & Procedures', to find out what you need to know about risks and quality of service.

Talking through and working on a body image problem with a specialised psychological counsellor, or coming to terms with the inevitabilities of ageing, is more likely to make you feel better than assuming you need to be 'fixed'. Most obsessions that result in yearning for cosmetic surgery or some other physical treatment can be 'cured' by non-surgical methods: learning to like yourself the way you are; growing to realise your 'flaw' is quirky and attractive or something you hardly think about any more. One day soon you'll look back at yourself in a photo and think, 'Damn, I looked good, and I didn't even realise it at the time . . .'

## ▼ Stop the scrutiny

Don't spend ages looking into any mirror. You can always find something to worry about if you look long or hard enough. And, my giddy aunt, don't look for more than an accidental microsecond into any mirrors in public toilets lit by fluorescent lights (that's all of them), hotel rooms, aircraft toilets, outside, or attached to cars in any way. It will make you all screamy. (I should point out that since I stopped checking myself in the mirror before leaving the house, side effects have included popping down to the shops with a ball of clothes-dryer lint in my hair and, another time, a post-toddler-game plastic tiara still on my head.)

Think about putting any full-length mirror on the *inside* of a wardrobe door rather than somewhere in your bedroom where you can stare at yourself all the time. Have a mirror in the bathroom, but not on your desk. Avoid magnifying mirrors – they're really quite the evil item. Nobody ever sees you up that close while holding a magnifying glass – unless you're having some weird affair with a Sherlock Holmes impersonator.

## BODY DYSMORPHIC DISORDER

This is a mental illness in which somebody cannot see themselves as they really are but believes a part of themselves, or several parts, are repulsive and abnormal. For example, a person will be convinced their nose is enormous and misshapen when nobody else has ever noticed it or thought it a problem, or a person will believe their upper arms are freakishly large, or their knees are repulsively wrinkly even if they're statistically average – and any observer is baffled. It's believed to be a brain chemistry problem that can be triggered or made worse by drug use. It can be related to obsessive compulsive disorder and anxiety disorders. It can be caused by a combination of factors, on top of the brain chemistry predisposition, which is genetic, including family criticism or perception warped by unrealistic inputs such as fashion magazines or the modelling industry. Symptoms can include:

- spending lots of time in front of mirrors or examining the body or perceived problem 'part' constantly or every day
- covering and avoiding mirrors obsessively
- a delusion that other people stare at or are repulsed by the 'problem'
- constantly worrying about the perceived 'problem'
- trying to hide or mask the 'problem'
- an 'addiction' to repeated cosmetic surgery and procedures
- compulsive picking at spots or marks on the skin or other appearance-related symptoms of obsessive compulsive disorder
- a belief that the problem is purely physical, not psychological
- self-harm and suicidal thoughts.

For info on eating disorders see Chapter 21, 'Mental Health'.

 **MORE INFO**
on body dysmorphic disorder

See your GP for help. When seeing any doctor for a physical problem, tell them how much it's worrying you and the extent of your anxiety. Trained counsellors have had great success treating the disorder with cognitive behaviour therapy, and a consultation with a psychologist or psychiatrist can be the way forward to freedom.

**Understanding Body Dysmorphic Disorder: An Essential Guide by Katharine Phillips** The pre-eminent US specialist psychiatrist in the field lays out ideas and hope for successful treatments.

**Feeling Good About the Way You Look: A Program for Overcoming Body Image Problems by Sabine Wilhelm** Dr Wilhelm is a US psychologist specialising in body dysmorphic disorder. Her self-help book is based on the use of cognitive behaviour therapy – a way for people to change the way they respond to and change negative thoughts about themselves.

# CHAPTER 3

# How to make friends with your body

We're never going to be able to stop the trillion-dollar industries that thrive on our self-hatred and depend on it for profit. But we *can* do something much better and much sneakier and much easier to achieve – we can make ourselves impervious to their cruel and crappy messages.

Plenty of women have made peace with all of themselves and have inspiring things to say about learning to make friends with your body.

Let's make a positive and hopeful start on being fonder of our physical selves, learn how to vanquish some of the negative thoughts, defeat the self-hatred, break the cycle that passes the body-hate to the next generation, and escape the scene of the crime, this super-critical culture, in our shiny new confidence-mobile – our very own body.

# Body acceptance (part 1)

My body's become a dear friend to me over my lifetime. DIJOY, 47, ELLIOTT

I like the fact that I may have treated it more like a skip and less like a temple, and yet it still manages to do its thing. I like its resilience. EMILY, 44, PRAHRAN

I like that I'm still breathing. Things work, pretty much, and I don't wake up in pain. JEAN, 53, SYDNEY

**'I like that I still have a body. I'm getting older and flirting with decrepitude.'**
ALLEGRA, 75, BEGA

I like that my body works quite well, in a biological way. I appreciate my lack of chronic diseases and disabilities. I'm happy that I can easily control its fertility with tiny pills. I also like my small waist. TAK, 22, MELBOURNE

It's amazing that for all the criticism we make about our bodies, they still function. The fact that I can walk, run, jump, see and hear when many people can't is a blessing. CLAIRE, 36, MELBOURNE

The more I love and appreciate my body, the more ways I find to keep it in working order.
LORRAINE, 63, SURFERS PARADISE

I've spent a lot of time hanging shit on myself and then a lot of time appreciating all the wonderful and amazing things my body can do. ROMY, 25, MELBOURNE

If you're comfortable with who you are and what you're doing, then you'll be happier with yourself and your body. As a woman, your body changes – learn to accept it, make a few adjustments in lifestyle and enjoy it. NYCOLE, 37, NICHOLS POINT

I'm more interested now in what my body can *do* rather than how it looks. It's liberating.
LAUREN, 34, MARRICKVILLE

My mother still says, 'You'd be perfect if you lost a little weight.' Do I really need to be perfect?
GAIL, 55, SYDNEY

With so many friends having died, I'm pretty fed up with people moaning about their weight.
LINDY, 46, STEIGLITZ

I once told a friend I'd put on 5 kilos and her response was: 'Embrace it! We're growing up. I think you look great.' I'm not sure why I believed it.
KIRSTY, 29, ST KILDA

I like my size. I'm short and small, and it has its advantages.
VALERIA, 30, ARGENTINA

I like that I'm healthy, strong and fit. A friend my age died unexpectedly and suddenly from a virus last year.
SARAH, 36, WEST HOBART

I like my face – I am, and look, Latin American. I'm proud of my heritage.
CAROL, 34, SANCTUARY LAKES

**'I like my body. It's familiar to me after all these years. We've made peace. I'll never look like Elle in a bikini and that's okay.'**
SARAH, 35, MELBOURNE

I like my eyes. They're a vibrant blue, and I have wonderful character lines around them that show my life so far has had lots of smiles. MELISSA, 20, TOWNSVILLE

I have a kind face. When I look back at photos of myself when I was younger, I think I actually was probably quite attractive, but of course I didn't know that at the time. What a waste! SOPHIE, 58

I like my face because I have almond-shaped hazel eyes and I've been told they're my best feature.
NAOMI, 32, TRUGANINA

I like my face because it shows honesty, love, laughter and looks okay. MILLY, 25, SOMERVILLE

I like my mouth because people always comment on my smile, saying how nice it is.
PRINCESS, 30, MELBOURNE

I like my face because I can see my ancestry and my mum and my dad. LILLITH, 27, ST KILDA

I like my eyes because they're my grandad's.
LEAH, 20, DRUMMOYNE

I like my eyes. They're smiley.
EMMA, 18, HOWRAH

**'I like my face, especially my laugh lines. They make me look like I'm smiling even when I'm not.'**
CHERYL, 42, BENTLEIGH EAST

I like my eyes because they look like my mum's.
KATH, 37, PASCOE VALE

I like my green eyes: green eyes are unusual. MARYANNE, 50, TEMPE

I like my face because it's beautiful. It has meaning to me – the left side is slightly paralysed and lopsided and I love the asymmetrical nature of it. CHARLOTTE, 35, WHANGAREI, NZ

I like my eyes because they're so dark and mysterious. I rarely have a bad hair day! LEIGH, 22, PERTH

I like my lips. When I was little I used to get teased. I bet those girls are having collagen injections now! I get them from my mum, so it also reminds me of her.
AMANDA, 37, WYNN VALE

I appreciate that while my skin is white, I've still got the native cheekbones and chin from my dad's side. I like that my eyes disappear when I smile and that I have dimples.
WYNDI, 27, COLORADO, US

## Ways to Self-acceptance

### 🗝 Accentuate the positive

Write a list of the good things about your body. Okay, seriously, get a pencil. If you're having trouble, start with what should be obvious:

- My body gets me around.
- My body breathes for me.
- All day and night, my heart pumps blood around to keep me healthy and alive.
- My body is replacing cells and giving me a new skin as I'm reading this.
- These legs have carried me for __ years.
- My body allows me to get the joke and laugh uproariously.
- My body takes me to the theatre, or a band, or to an exhibition and lets me enjoy it.
- I like the feel of my skin.
- I love my curves.
- I love my leanness.
- I love my plump softness.
- I love my muscles.
- I love the way others have loved, do love or will love my body, and I accept that love and admiration.
- As long as my body is healthy, I feel grateful for it.
- I'm not a supermodel but I scrub up pretty well for a night out.

### 🗝 Watch your language

Eating behaviours and body image specialist Dr Rick Kausman has pioneered the use of kinder phrases such as 'above a comfortable weight' and 'below a healthy weight', so as not to use offensive and hurtful medical terms such as 'obese', 'fat' or 'overweight', and 'skinny' or 'anorexic'. ('Skinny' is felt as an insult by slim people, whereas marketers know that larger women would see it as a compliment, so they incorporate it into the brand names for their jeans, milk, anything.)

Many bloggers and body image activists have 'reclaimed' the word 'fat', saying it's not a negative word, just a description. They call their friendly network the 'Fatosphere' and have careful filtering to block any troll-like insults in comments sent to their sites (for more, see 'Fat Acceptance', later in this chapter).

Here are some words we can use if we need to describe people physically: well upholstered, larger, zaftig (Yiddish), substantial, magnificent, voluptuous, comfortably shaped, statuesque, slender, willowy, svelte, slim, below a comfortable weight, above a healthy weight, traditionally built (from the author Alexander McCall Smith).

### 🗝 Stop the insults

First, don't insult yourself. Be your own best friend. Make a vow not to say negative things about yourself any more. You can talk positively about plans and lifestyle changes if you want to, but no self-loathing. Some people say, 'I'm fat' and then their friends say, 'You are not. *I'm* fat!' And then we all faint dead away with boredom while all the little girls watch and take notes.

### 🗝 Boost your body image

- Cull your wardrobe and keep only the stuff you feel good in; cut out the size labels. (See Chapter 4, 'Clothes', for more.)
- Do something with your body rather than just looking at it. Respect it, find out what it does and why you need it. Take it for walks, do dance lessons with a pal, learn about yoga, do some amateur theatrics, have massages, find out which muscles are doing what and what a spleen does, take a squiz at an anatomy book.
- See your body as one part of you, not all of you. List 10 achievements and connections on one side of a piece of paper: finished school, mum, job, great friend, clever at money. Now list 10 physical attributes on the other side of the paper: brunette, short, brown eyes, sensitive skin, short arms, wide bottom, dry elbows. Which side says more about you? Which do you think people will talk about when you're gone?
- Analyse the times you feel bad about your physical self. Is it associated with looking in the mirror too long, being with a critical friend, immersing yourself in fashion photos, weighing yourself? Can you stop doing that thing? I would if I were you.
- Concentrate most on changing your attitude to your body, not changing your body – it's easier than changing the shopping, marketing, fashion, make-up and media industries. And no matter what you look like, if you listen to them,

# Body acceptance (part 2)

I like my body. It's been very kind to me and I try to look after it.
CATHRYN, 51, HAMPTON

'I like my strong muscly shoulders and arms from rowing. I look like a woman who's not to be trifled with!'
SUSIE, 44, CARLTON

I like my bum and hips because they're meaty!
NATALIE, 30, HIGHTON

I like that I'm solid and not feeble or weak, because I know I can achieve things physically and I don't feel small or insignificant or that I can be pushed around.
REBECCA, 30, GORDON PARK

I like my body's flexibility. It comes in handy when doing yoga or circus games.
LOUISE, 27, BRUNSWICK

I like the parts that still work – having lost both boobs and had a replacement hip – because I can still get about and do charity work. ANNABELLE, 60, RIXMAN, US

I like my body the way it is. I'm healthy and happy and I feel good.
OLIVIA, 23, ST CLAIR

I like my saggy boobs because they're still producing milk for number four while number five is 'cooking', and I suspect they'll keep on for quite a while yet.
LAUREN, 34, BULLSBROOK

I think my body's in proportion. I don't mind that my stomach has a curve since having kids.
LINDY, 33, ST KILDA EAST

Women are too obsessed with body image due to the bombardment of advertising, but there's not enough focus on personal development (of different skills and the brain!).
ANA, 38, VAUCLUSE

I like my flat bum.
CAT, 32, NORTH NARRABEEN

I like my bum because it's a bubble.
JESSICA, 24, RESERVOIR

I like my bum because it's a DIY cushion for the uncomfortable seats of life. CHRIS, 26, SUNNYBANK

I like my body more as it ages. I feel more comfortable with the lumps, bumps and stretch marks. Time heals, and scars from surgery and childbirth are faint lines of past experiences. My tattoo reminds me of my wild 20s. My body is strong, despite what life throws at it.
KIRSTIN, 41, BACCHUS MARSH

I like how strong and powerful my body actually is. I'm a rather small person and I pushed out a 9 pound 4 ounce baby and recovered quickly. That showed me the power of healing and strength in my own body. DEANNA, 35, STAFFORD

I like my overall shape, which is old-fashioned, a bit hourglass, so I don't feel so bad when I gain weight, because my waist is still small. ALEKSA, 31, NOBLE PARK

'I like my squishy bits – my bum, tummy, thighs and boobs. These are the parts of my body that make me feel sexy, cuddly and womanly.'
EMMA, 23, MELBOURNE

I like my tiny boobs because they're cute.
AMANDA, 32, GOONDIWINDI

I like my boobs because they're big and voluptuous.
JEN, 51, NARRE WARREN

I like my pot tummy, even though it's never reduced in size since my third child. My hubby loves my tummy as much as me, so who's to complain? AMANDA, 29, HAMERSLEY

I realised my bottom and hips were special after I moved to Japan, where women tend to wish they had more curves. ALEX, 27, TOKYO

'I like the way my bottom goes "gadoonk, gadoonk" when I walk.'
GIANNA, 28, TOORAK

I like my clitoris. It's very sensitive and handy.
ARTEMIS, 48, MELBOURNE

I like myself naked. I've always liked my body more with no clothes on. Fabrics start to pull and pinch in all the wrong places.
ROSE, 37, RANDWICK

I like my short stumpy legs. They may be short, but they ran a marathon last year and they have lots of muscle. POLLY, 34, BORONIA

I like my back. I have broad shoulders and it makes me feel quite strong, especially when I'm super-fit from swimming.
SARAH, 32, NORTHCOTE

I like how my body's managed to grow and nourish two big, healthy babies. It's done exactly what it was designed to do, and rather well if I do say so myself!
LUCY, 33, MELBOURNE

I like my breasts because I had surgery for an illness that was killing me and the doctor did an awesome job making them look real. SIOBHAN, 32, POINT COOK

'My body has presence. I have presence.'
ANNIE, 38, CAMBERWELL

I like being tall and long-legged, although I was self-conscious when younger. I admire my grandmother, who was tall and slender and didn't care what people thought about her.
ROBIN, 60, SYDNEY

they'll find something to sell you by lowering your self-esteem.

- Practise some DIY cognitive behaviour therapy. Change your typical reactions. Instead of turning sideways in the mirror every day and frowning at your tum, look dead-on before you leave the house and say, 'Not bad!' Instead of covering up with baggy clothes at the next social event, buy a flattering top, stand up straight and smile.

- Work out what you want to say in life, and how you want to say it: by being a mentor or school aide, by retraining or learning a creative skill such as drawing, or by spending more time listening to some kids in your life so you can help them when they need someone to trust and to advise? Work out what you're saying, so that your outside self isn't the only message you're sending into the world.

- Look at the self-esteem-boosting hints in Chapter 1, 'How to Be Confident', to help you recognise the things that make you special – and worthy, important and appreciated. All through this book, there are lots of suggestions for what to say in awkward situations, or how to assert yourself if somebody's putting you or someone else down.

- Spread the love – compliment other people on their appearance (unrelated to weight), their achievements small and large. What goes around will come around.

## How to Cope With Insults

### 🔑 How to cope with general body insults in the media

Quite often somebody with a cat's-bum expression of distaste will not be able to control her contempt for those she considers less lithe of limb, less self-controlled, less babelicious than herself, always with the protection of 'Why can't anyone take a joke?' or 'It has to be said, people over size 4 look bad' or 'She's fat, just sayin'.' Especially on blogs and comments attached to them, the anonymity of the net has given rise to the Age of Snark, in which the level of discussion is approximately pre-primary school. Added to this most unseemly mean-girl sneery carry-on are those who refer to slender women as 'sticks' or anorexic, or wrongly and rudely claim that men are not interested in women without curves. Stay off sites with these attitudes and don't read magazines where you see this kind of catty prattle.

### 🔑 How to cope with body insults from 'close friends'

There are two kinds of comments from friends about size and weight – the well-meaning busybody comment, and the 'frenemy' using undermining meanness. Sometimes this is because they have low self-esteem and it makes them feel better to put you down, or feel power over you; sometimes they're just grown-up mean girls. (See Chapter 26, 'Friends', for more). For a kindly meant comment that stings, you can be pretty direct: 'That really hurt my feelings. I need to ask you not to comment on my weight or size. If I'm worried about it, or need some advice, I'll ask.' With the frenemy, choose some retorts from the 'How to Respond to Unsolicited Body Comments' list coming up.

### 🔑 How to deal with a family history or habit of body insults

In many families, a dynamic can have been the same for decades – even generations – encouraging or allowing critical comments about family members' sizes or shapes. That doesn't mean it has to continue. (Remember to defend and counsel others in the family who cop it and may not be as resilient as you.)

Even if family members delivering comments say they're 'trying to help' or 'just thinking of you', or 'only kidding' or 'just joking around', or 'It's true', or 'It's for your own good', none of that matters. You have the right to put this subject firmly off limits. Nobody should put up with this crap – least of all from relatives, who are supposed to be loving and supportive. Here's how to do it.

If the comments are always associated with a certain event, such as clothes shopping or eating together, tell your family member, 'Thanks for the offer, but I don't want to go shopping with you unless you can stop criticising my body.' (This may come as a shock if it's their ingrained behaviour.) You can say, 'Mum, I'll be happy to go shopping with you again when you're ready

# How family can affect body image

My mother never commented on her weight, so I grew up not considering mine.
MILLY, 25, SOMERVILLE

My mum always told me I was beautiful, and although as a kid I used to dismiss it, I think it still reinforced a positive self-image.
SUE, 29, PRAHRAN

**'My mum always encouraged me to be proud of my body, and I'm eternally grateful that I listened.'**
ROXY, 40, ARMADALE

My mother always used to tell me I looked 'just right'. Good old Mum!
PINKY, 59, BLUE MOUNTAINS

My mum always tells me how beautiful I am. I have lots of confidence, thanks to her.
GABRIEL, 32, PORT MELBOURNE

My mother doesn't introduce me to her colleagues. My sister doesn't want her friends to see me. My brother says my appearance is a disgrace to the family.
DOMINICA, 44, FOREST HILL

My mum's family equate thinness with moral worth and see overweight people as morally corrupt.
LOUISE, 39, BELMONT

When I bought some eyelash curlers, mum said, 'I wouldn't worry about them – people can't stop looking past your huge arse.'
ANGELICA, 29, GLEBE

My mother told me I was huge. Some people are toxic. My mother and I are no longer talking.
SUSIE, 37, EAST GOSFORD

From my early teens I always heard from my mum, 'Pull your tummy in.'
FIONA, 43, TRARALGON

If I looked good in something I was wearing, Mum would often call me a 'bitch' – a 'compliment'.
LISA, 35, BENTLEIGH EAST

My mom would call me fat every day. Now, no matter how big or small I am, I still see myself as fat.
SHAY, 21, SAN FERNANDO VALLEY, US

My mum's constant dieting has definitely had a negative influence on my own dieting habits.
GEORGINA, 30, BOTANY

My mother is constantly telling me how big my bum is – did I mention I'm six months pregnant?
SHARON, 36, SANDHURST

My mother called to tell me the wedding gown styles I'd picked didn't suit me because I was too fat. This devastated me.
MEL, 35, HOBART

My mum once told me I shouldn't eat choc biscuits because I'd get fat and boys wouldn't like me. I told her to rack off.
KIM, 30, SYDNEY

My mother used to say I was fat but I never paid any attention. Now she says I look ugly because she thinks I've lost too much weight – sigh.
POLLY, 34, BORONIA

Mum constantly told me I needed to diet and lose weight. Looking back, I was perfectly healthy.
CHERRY, 26, WOLLONGONG

**'Both my husband and my daughter tell me I'm beautiful and they really don't know what I'm worried about. I'm just beginning to realise that they're right.'**
TRACY, 45, GORDON

Oh, don't get me started. I had an uncle who always said, 'Geez, you *have* put on weight,' even when I hadn't. He stopped after I referred to his 'man boobs'.
SONYA, 33, MELBOURNE

Being forced onto a strict diet at 12 because they wanted me thinner for my sister's wedding has stayed with me.
KIM, 39, THORNLIE

'You'd be stunning if you were thin.' From my mum, *all* the time. And from dad I've had, 'You really are wonderful – and would be even more wonderful if there were less of you!' Classic.
NAT, 28, SYDNEY

**'My family's called me Elephant since childhood, and I was always the fat one in the family. Now when I look at photos of myself, I wasn't fat at all.'**
EVANGALIA, 47, CLAYTON

The Fatso nickname from my father and brother sent me into a spiral of depression during my teens.
SARAH, 36, MELBOURNE

I was self-conscious about my breasts for a long time because my brother and father made juvenile comments when I was a teenager.
NINA, 37, RICHMOND

When I was a youngster my father would say, 'If you don't lose weight you'll never get a boyfriend,' so I started dating at 13.
REE, 43, ROSEDALE

Growing up, my dad always told us four girls that we were beautiful. He clearly believed it, so I guess I always did too!
LEONIE, 38, SYDNEY

My dad's always telling me I need to lose weight or my husband will leave me.
LYNETTE, 41, OURIMBAH

Dad tells me I'm overweight. This nearly destroyed me when I was 14, but I've since realised it's more his hang-ups than anything to do with me.
KATE, 24, CARLTON

My nanna used to give us the pinch test and tell us the more it hurt the more weight we had to lose (I was 6 when she started).
EMILY, 24, NEWCASTLE

A flippant comment from a dearly loved relative when I was 18 triggered my anorexia.
LANI, 44

to criticise the fit of the clothes but not me. Let me know.' Or, 'Dad, I've decided not to share meals with you again until you stop telling me what to eat or not eat and talking about my weight. Let me know when you've decided to stop, and I'd love to come over for dinner or take you to a restaurant.'

## HOW TO TRAIN FAMILY & FRIENDS TO STOP COMMENTING ON YOUR BODY

Tell them that from now on, you don't want to hear any more comments about your weight or size, because it hurts your feelings. You can say, 'There's something I need to tell you. I've decided not to accept any more "jokes" or remarks about my size from you. I don't want to hear any more comments about weight or diets or advice or warnings that I'm "getting too fat" or put on weight, or suggestions that I "do something about my huge bazoongas". It really upsets me, and it has hurt my feelings and made me sad for years. I don't find it funny or helpful, and I'm asking you, as one adult to another, please, to stop. From now on, if you say these things to me, I'm going to change the subject, or leave, or hang up, or ask you to leave my house.'

It will be a shock for them at first, and they may test your will or try to control you by refusing to listen. Make good on your intentions. The first couple of times, warn them by saying, 'Remember, we're not going to discuss my size or weight.' If they continue, don't get into an argument, just quietly say, 'Remember, I'm not going to listen to that stuff any more. I'll see you next time.'

If they say, 'I'm your mother/father-in-law, I can say what I like,' you can reply quietly, 'This isn't about your rights, it's about my feelings. You have a right to say whatever you want, and I have the right not to listen to it.' Collect your things and quietly leave. If on the phone, say, 'Goodbye now. I'll talk to you soon.' Don't get into an argument with them. Hang up. If in your home, say, 'I'd like you to go now, please. I'll call you soon.' Repeat as necessary. This is just like training a puppy, or a toddler.

Enlist other members of your household or other friends and relatives if possible. It may feel confronting and awkward at first, but resist being drawn into an argument, be firm and dignified, and you'll triumph. And be a great role model for the next generation who are watching all this unfold.

There's more on how to train relatives in Chapter 24, 'The Family You Come From'. And see how to protect our girls – and boys – later in this chapter, too.

## 🔑 How to cope with memories of insults from childhood

Some adults are still stuck with the picture of themselves that was given to them as children, in schoolyard bullying, or in family insults or warnings. Psychological counselling can be helpful in shaking off these ancient, restrictive, hurtful and wrong 'labels' and assumptions. Cruel words have much more to do with the fears and hangups of the people who say them, or a simple culture of meanness, and virtually nothing to do with your reality. It was heartbreaking to read so many quotes in the Women's Stuff Survey from women whose whole self-image as adults is still, up to 40 years later, based on some offhand bullying comment from somebody who probably forgot it five seconds later and didn't believe it anyway.

## 🔑 How to cope with personal insults from acquaintances, work colleagues or strangers

Some people are just obsessed with weight and have a kind of social disorder where they blurt out whatever's in their head or just burp out insults about themselves or other people. When you hear this stuff, take a deep breath and let it roll down your back and be flicked by your magnificent buttocks into the metaphorical distance.

A very good all-purpose response is both to display impervious cool and put the ball back in their court with an unspoken message of 'I believe this is your problem'. This is achieved thusly: Raise one eyebrow (two if you can't do solo eyebrow tricks). Say in an airy, casual tone, 'Oh, I'm sorry you feel like that.' Then look over their shoulder with a slight smile as if hoping for somebody more interesting to arrive soonest. Or choose a retort from the following list.

## 🔑 How to respond to unsolicited body comments

- 'Are you all right? Do you have some sort of blurting disorder?'
- 'Are you ill? Can I get you a glass of water?'

# When 'strangers' comment on our body

I was called a fat, ugly cow by some guy in high school. For some reason I still carry that around with me. KRISTIE, 28, LOXTON

A student in my final year of high school stalked me daily to tell me I was fat. I felt like committing suicide just to get him out of my life. I actually hope he's dead. MAGGIE, 45, RICHMOND

I went through puberty early and older men made passes at me from age 12. I think it started an unhealthy fixation on my body and weight. EMMA, 26, RINGWOOD

### 'When I was 5 years old and sat on Santa's knee, he told me I was too fat and heavy.'
JULIA, 41, WOLLSTONECRAFT

When I was in primary school a boy used to tease me every day about being heavier than the other kids. I met him once in a nightclub and asked him why he did it – he said that he liked me! KATH, 46, ENGADINE

I still remember a boy in my Year 10 class calling me 'fatty'. Sad thing is I believed him. I was super-fit and healthy! KAYLIE, 27, SHERWOOD

When I was 12, a woman said to me, 'Don't eat that or you'll get fatter.' From then on I thought I was fat. When I look at my photos, I'm sad about how many years I wasted. KERI, 42, BRISBANE

I think people remember me as being larger than I am – they're always asking if I've lost weight when I haven't. It's all perception. AURELIA, 39, SYDNEY

I often get told I have a good bikini body. But it also makes me think I look big in clothes. MADELINE, 25, TOORAK

A bloke said, 'Man, you've put on some weight,' to which I responded, 'Yes, and you're still rude and ugly.' LILY, 30, BRISBANE

'Fat chick' is really just a handy put-down for any bloke! MEL, 35, HOBART

When people says things like 'You have porn-star boobs, can I see them?' it's sort of like, do I take that as a compliment or not? CHRISTIE, 20, BURTON

One person on meeting me remarked, 'You'd look really beautiful if it wasn't for your body.' People can't see past the weight, and neither can I. KIM, 40, MELBOURNE

A guy said I looked fatter naked, so I told him that at least I could lose weight, while unfortunately he couldn't do anything about his small penis. RACHEL, 38, ALTONA MEADOWS

Once, when I was 14, another girl in my swimming class asked me if I was pregnant. I still burn with shame thinking about it. PENNY, 28, CANBERRA

My old TV boss once told me I was fat in front of all my co-workers. I fired back with, 'Well, at least I'm not a pisshead.' JENNIFER, 39, MELBOURNE

### 'Men driving past you as you walk along the street and screaming out horrible things like "Fat bitch". Oh my god, you just want to die.'
CHERYL, 42, BENTLEIGH EAST

No matter how many people tell me I'm beautiful/sexy/attractive, all it takes is one person to say I'm fat/ugly and I just feel like never eating again. ASHLEIGH, 23, LEICHHARDT

I was teased because I was tall. Being compared with smaller, daintier girls left me feeling like I take up too much space in the world. CALINDA, 32, BECKENHAM

I went to a naturopath. I weighed 64 kilos (I'm 170 centimetres tall) and was told I was 5 kilos overweight. I couldn't believe my ears. COLETTE, 27, MACKAY

A doctor at work said, 'You could be a face model but not a swimsuit model.' It made me feel like a failure. MARIE, 42, BULIMBA

I had a sports coach at school who always commented on my childbearing hips. I don't think I'll ever quite let that go. JO, 36, ADELAIDE

### 'I've been asked many times whether I'm pregnant, when I'm not. I usually cry when I get home :-('
KATE, 35, BELLEVUE HILL

People tell me I'm overweight. Hello? I know that. It makes me angry, sad and ashamed. SERENA, 42, HAMILTON HILL

I'm often asked if I'm pregnant. It's devastating, because I cannot conceive. ROXY, 33, SYDNEY

I went to a doctor once because I had reflux, and he told me it was because I was fat! It took me seven years to go back to a doctor! JANE, 33, BARDON

Upon seeing my doctor to get some antibiotics for a sore throat, I was advised to go on a crash diet and report back in four weeks for a weigh-in. PAULA, 25, NEWTOWN

I went to one specialist and he said I was classed as obese. I went to another specialist and he told me I wasn't overweight! Go figure! SHARON, 41, LANGWARRIN

When I was 23 I had to see a breast surgeon. I was on his examination bed, topless, when he said, 'Fair, fat and 40. Hold on, you're only 23.' It made me so depressed I went on an eating binge. HELEN, 43, CARRUM DOWNS

- 'For a minute there I thought you were making personal remarks.'
- 'I wonder what else we could talk about.'
- 'I know I am a large person. I have seen mirrors.'
- 'You do know that being referred to as a "stick" isn't a compliment, right?'
- 'Yes, I am a slender person. I have noticed this. Are there any other personal comments you feel the need to get off your chest?'
- 'No, I do not have anorexia. Do you have any manners?'
- 'Yes, I am a large/thin person. But I'm not breathtakingly rude, so I won't tell you what I'm thinking about you right now.'
- 'I think it'd be better if you didn't comment on my weight, don't you?'
- 'It's a shame you're worried about it. It doesn't worry me.'
- 'No, I'm not thin/fat. This is all done with special effects.'
- 'I'm thinking that's probably my own beeswax.'
- 'Could you do me a favour? Would you go and stand a long way away from me?'
- 'Oh dear. You might be boring me to death. I must leave, to save myself.'
- 'I'm the right shape for me.'
- 'Oh, now I remember. I almost slept with you a few years ago. Do you still ask people to put on a penguin costume?'
- 'Mind your own body image.'
- 'I can't hear you, my fuckwit filter is working.'
- 'Seriously? You decided to say that out loud?'
- 'Would you mind thinking before you speak?'
- 'What is the matter with you?'
- 'Thanks, but I don't need you to say anything about my body.'
- 'I tell you what, if I want your comments about my body, I'll send you a text.'

## How to cope with body insults from advertisements

Advertisements are very good at insulting you, so that you feel shamed and in need of their product or services. Some cleverly go the other way and try to tap into our frustration with the body-hate. The Dove 'Campaign For Real Beauty' would impress me a hell of a lot more if the company didn't sell 'firming cream' (which can't and doesn't firm anything but profits) and if the women in all its 'Real' ads weren't so extensively digitally altered. Ignore the ads on websites and in other media. Instead of watching 'live' TV, record all your shows and then fast forward through the ads.

## How to cope with body comments from doctors

It can be very confronting to hear a brutal statement from a health professional about being 'overweight' or, worse, 'obese'. Feel free to tell the doctor that you find their language and attitude unhelpful, and to ask specific questions, such as, 'What are you telling me, as an individual, about this? Do you know that my risk of certain illnesses is definitely higher? Can you recommend a program, dietitian or support group that could help? Can you refer me to another doctor who will not mention my weight if it's not relevant to the consultation?' Don't dismiss medical concerns but be informed.

## How to cope with body insults from partners

Men (following the lead of many women) are buying into the idea that it's okay to criticise someone's body. If a partner tells you that you 'need to lose weight', then you need to find out whether he or she is a) clueless; or b) controlling. If clueless, your partner needs to be clued in. You can say, 'That hurt my feelings. I'm happy to talk about health issues and body image, but not if you're going to say deliberately hurtful things.' Explain that if they persist, it will be their way of telling you they don't care about your feelings.

See 'How to Train Family & Friends to Stop Commenting on Your Body', earlier. This strategy can be difficult when the insults happen in your own home, but you can still walk out of the room, or leave and stay at a friend's house.

A partner may continue to say hurtful things to you again and again, despite being told it's painful to you and makes you feel bad. You might find you're starting to believe it or feel that they have power over you by convincing you that you're not worthy of better treatment. These are clear warning signs. In these cases, you need to get out of the relationship or to seek relationship counselling (alone, if they're not interested). Sometimes these controlling issues start when you've

# How friends & partners influence body image

We generally talk about losing weight, and how to do it, and how to get healthier. We compare diets and methods.
MIXHELLE, 45, MELBOURNE

My friends and I have a joke about 'good anorexia', which is when you're sick or something's wrong so you can't eat and therefore lose weight. CLEMENTINE, 26, SYDNEY

A close friend was anorexic, so we always discussed weight and dieting and her food issues. I now associate dieting with her unhappiness. LILI, 30, ST KILDA

We complain we're too fat, then have another Tim Tam.
MEL, 34, CAMBERWELL

All we talk about is weight, weight, weight. It drives me mad, really. They always notice what I put into my mouth. TRISH, 36, PERTH

Friends and women in the office constantly talk about our weight, how fat we are, how much we ate for lunch, etc. It's tiresome and boring, and yet we still do it!
KATE, 25, PORT MELBOURNE

My friends say 'eating's cheating'. They claim they're full after a gulp of air. They compete with each other to be thin. It makes me self-conscious as a size 10 to hear my size 8 friends complaining that they're fat. LEE, 26, EPPING

It's a constant struggle to come up with something new to complain about and something new to compliment each other about. EMMA, 26, RINGWOOD

We're all getting married, so we converse more about weight.
JESS, 24, BRISBANE

I don't like to talk about weight too much. The more you talk about it, the more you worry about it and make it worse.
DANIELLE, 33, LARGS BAY

A friend of mine asked me (in front of my teenaged daughter), 'Why are you so f—king fat?' I cried for hours. KYLIE, 43, MALVERN EAST

I don't see any of my friends any more because of comments about my weight. I prefer to email them.
SANDRA, 44, GLENORE GROVE

My husband thinks I'm sexy and gorgeous the way I am and he's about the only person whose opinion I care about.
LOLLEE, 35, DALYELLUP

My husband said it was about time I slimmed down a month after the birth of baby number two. I was already at my pre-pregnancy weight. LILY, 27, BURNIE

> 'We talk about how much we hate fat people. It's ridiculous.'
> JO, 29, MELBOURNE

> 'We like to bitch about girls we think are too skinny and wonder what's wrong with them!'
> ALEXA, 28, BRISBANE

My husband tells me I look just great. I've spent 15 years not believing him, but now I've finally realised that he's been sincere all this time and my body image has skyrocketed! NELL, 37, MELBOURNE

My husband rarely looks at me – not even a glance – when I'm naked, and that's shattering.
DIANNE, 35, NAREMBURN

My partner finds my body incredibly sexy, whatever my weight or shape.
KAREN, 38, FERNTREE GULLY

My boyfriend tells me he'd propose (finally) if I lost a few kilos. He says he's joking, but it does hurt. BELINDA, 31, MELBOURNE

My partner tells me that if I get fat he'll leave. It motivates me to stay in shape. ERIN, 26, BEROWRA HEIGHTS

My stupid ex-boyfriend, from behind his paunch, told me I was sexually unattractive when I put on a few kilos. It was devastating. I got rid of him – and the feelings.
CHEEKYMS, 49, CANBERRA

My ex told me my legs were flabby, so now I hide them all the time and do 100 squats and lunges every second day. JODIE, 31, SYDNEY

My ex-boyfriend destroyed my confidence. Four years later and now with a new fantastic partner, I'm working on rebuilding it.
TARA, 24, CANBERRA

'You talk sense except when you talk about your weight, then you talk rubbish.' Ex-boyfriend – taught me not to worry about it.
LUCY, 51, BALMAIN

My husband has made little comments. It disappoints me, because my body gave him two beautiful daughters.
DANIELLE, 35, MILL PARK

My husband is the only one who comments negatively about my weight. Everyone else says I look great for my age.
CHRIS, 56, FREMANTLE

My husband hates my fat – he doesn't worry about his.
LYN, 60, CROMER

My husband's offer of boob surgery left me feeling insecure.
OLIVIA, 39, BALACLAVA

My husband likes me to be slim but that annoys me. My weight is my affair. JOCELYN, 72, PORTARLINGTON

I felt that my husband was embarrassed of me and my weight and general physical appearance for many years, and this had a terrible effect on me.
EMMA, 39, AUCKLAND, NZ

'committed' – accepted a ring, moved in together, become engaged or married. (See Chapter 31, 'How to Escape Control & Abuse', for more info.)

### How to take a compliment

When someone pays you a compliment – 'You look great', 'I love that skirt' or 'That haircut really suits you' – smile and say thanks. That doesn't make you smug. If you did a little happy jig, singing 'I know I'm delectable', that would be smug. Don't say anything negative about yourself or deny the compliment – none of that 'Aw, I look terrible', 'But what about this gigantic pimple?' or 'Shut UP, I so do not look okay'. Take it in. Enjoy it. Do a mental twirl. You deserve it.

## Being Thin

You don't have to have big bosoms or wide hips to be a real woman. Some girls and women are naturally thin, others are thin due to a metabolic condition, or because they're not well. These slender folk, even more than larger people, are often subjected to thoughtless wittering from people who don't think before they speak in a judgemental way. 'You bitch, you're so thin' is one of the more breathtaking. People can make rude and thoughtless comments (who loves being compared to a stick, or being accused of anorexia constantly, or accused of not being a 'real woman'?).

Sometimes people who are thin because they're unwell are 'complimented' on their seemingly more 'moral' shape and size, even as they're trying to put on weight as part of getting healthier or a recovery.

Thin girls are just as beautiful as girls with more curves. But if you feel that you're underweight and you're unhappy about that, or it's affecting your health and energy levels, or you're always thinking about or trying to keep your weight low, ask a GP for a referral to a dietitian for some hints, or see Chapter 21, 'Mental Health', for help with eating disorder issues.

### Being below your healthy weight range

This is a risk factor for many health conditions: it puts extra strain on the heart, creates bone problems, makes you vulnerable to getting sick and causes more of a struggle to recover from illness or infection. Less importantly, it can cause dull and discoloured skin and unhealthy-looking hair, and make wrinkles more prominent. In severe cases it can cause vital organs to shut down. Being underweight also brings a higher risk of infertility and pregnancy problems, including miscarriage and ongoing health issues with the fetus.

## Being Large

According to the Federal Government's National Preventative Health Taskforce Strategy health document, about a quarter of older Australians are 'obese' based on the BMI measurement and 'older Australians are about 6 to 7 kilos heavier than their counterparts were 20 years ago'. And yet, people continue to tell the government to get stuffed, and they judge themselves differently. Large surveys consistently show that when the official 'measurements' say people are 'overweight' and 'obese', both men and women categorise themselves as 'average' or 'normal' or say 'overweight' rather than 'obese' (see the info on BMI and other measures in the previous chapter, 'The Body Image Struggle'). Our idea of what's normal and acceptable has changed, along with the general shape of Australians.

### Being above your healthy weight range

Some people are so far above their healthy weight that it really restricts their life. We're not talking here of being big and healthy or naturally curvy and reasonably fit. We're talking about being too large to feel comfortable a lot of the time, or to be able to walk freely, exercise and enjoy life. Women who are very much bigger than they need to be can find it hard to bend, stretch and be flexible, their fitness levels may drop, and in some cases it could limit their choices of hobbies and career. Some emergency services and defence jobs have prescribed conditions about fitness and ability to perform certain tasks, many of them physical. In other jobs the discrimination is unspoken, and sometimes bitterly unfair, and based on wrong assumptions about larger people

# Perception of size

I was the skinniest in my class, but I still thought I was fat.
CRISTINA, 21, OCEAN REEF

Many people at school used to say how skinny I was and how I looked like a 'twig'. I feel like I've never been curvaceous enough.
SOPHIE, 20, NGUNNAWAL

When I lost weight and people kept complimenting me, I resented it and found it insincere and intrusive. I kept wondering what they were thinking about me before. LIZZY, 45, HERVEY BAY

I'm obese. Up until recently I was 'super-obese', but with my recent losses I've now moved back a category to only 'morbidly obese'. Yay me. SHARON, 40, WATTLE GROVE

I've been 98 kilos and I'm now 51 kilos. I'm the same person – no happier and no unhappier, same friends and the same values.
SALLY, 29, HOLLAND PARK WEST

I've heard men say they don't want to hug a bag of bones, which doesn't help my self-esteem.
KAZ, 45, ST CLAIR

People think I have an eating disorder or am anorexic. Over time, I think it's contributed to a sense that I'm less feminine or womanly than others. AGATHA, 29, YARRAVILLE

> 'I may be fat, but I'm a lot of other things as well.'
> YIAYIA, 59¾, ELLENDALE

I've noticed that once I got fat, people tended to think I was stupid. KAREN, 56, ELMHURST

I'm 140 kilos and 165 centimetres tall. It's simply not a good healthy weight. I'm 68 kilos overweight and it's sad. It feels good to tell you that. I've not told anyone how much I weigh or how much I have to lose.
CHERYL, 27, ANCHORAGE, US

People assume because you're a size 8 you're happy. I have horrible body issues and I'm a size 8.
HANNAH, 20, MURWILLUMBAH

I'm super morbidly obese. I find I now have limited mobility. My body isn't comfortable to live in, it's painful. CATE, 51, LOGAN

At 116 kilos I'm uncomfortable, scared and beginning to feel some serious changes to my quality of life, especially arthritic knees.
WENDY, 51, ASCOT VALE

It's the invisibility that's hurtful. People seem less friendly, less helpful. Men don't make eye contact. KAT, 28, ENMORE

People judge me by my weight. They don't get a chance to see the real me. SHELL, 39, WINDANG

My friend expressed some surprise that I could possibly be depressed seeing I was thin.
ANNA, 28, MELBOURNE

# Girls & body image

I tell my 13-year-old daughter all the time that beauty comes from the inside and aesthetic beauty fades – it's more about the person you are that makes you beautiful.
DEB, 41, HOPE VALLEY

I feel sad that my 8-year-old daughter is already concerned about her weight.
REBECCA, 30, HIGGINS

My husband's family are all fat-prejudiced, and this has a negative impact. I think my daughter will be at risk of anorexia based on his influence. LEAH, 44, ABBOTSFORD

I have a new baby daughter, and I often think about how she'll feel about her body as she gets older. I want to instil her with confidence, and I want her to have a proper childhood – not worrying about how she looks at too young an age.
RACHEL, 27, BRISBANE

It has to start with us, with how we are around our family, friends and kids. We can't expect the media/advertising to solve this – they have something to sell. We need to create our own positive self-image.
FIONA, 37, TELOPEA

I have two teenaged daughters, so I try to keep the discussion focused on healthy eating rather than losing weight.
BERNADETTE, 47, PEARCE

My 6-year-old daughter is already picking up on my negative body image, and I find myself thinking that she looks fat (even though she absolutely is not). LISA, 28, PRESTONS

When my 9-year-old daughter has to reassure me that I'm not really fat, it impresses on me how much my distortion and obsession impacts on those around me.
TRACY, 50, SHERWOOD

I tell my daughters to try to be a happy and nice person on the inside. Eat healthily, and the outside should work itself out.
TANIA, 39, EAST KEILOR

My mother and nonna spend their lives talking about weight. The only compliment they would pay was, 'Oh, you look nice, have you lost weight?' MISSY, 21, SYDENHAM

My daughters don't talk about it if they can help it. One daughter has been bulimic, the other is now very skinny. FLUFFY, 51, WEST MELBOURNE

Be careful what you say around your daughters. Focus on being healthy, not being thin. TFP, 36

Tell your daughters they're beautiful no matter what. I wish someone would have said that to me. And *never* put your school-aged daughter on a diet!
STEFF, 31, NEWMARKET

being automatically unhealthy or necessarily less healthy than slim people.

Being above your healthy weight range increases the risk of heart disease and type 2 diabetes, can put major pressure on bones in the lower half of the body, and can cause major complications during any surgical procedure or major illness. These complications include a more restricted airway, making general anaesthetic more risky, more strain on the heart, and difficulty in seeing, or getting to, some organs during an op. Also, it's harder for nursing staff to lift and move heavier patients.

Weight can also have implications when trying to get pregnant, and having a healthier pregnancy. Being overweight brings a higher risk of fertility problems, gestational diabetes, high blood pressure and related conditions, including a high risk of diabetes developing in the child. See 'Eating Disorders' in Chapter 21, 'Mental Health', for more on overeating and binge-eating disorders.

## ⚷ Discrimination against larger folk

Women above their healthy weight range point out that it's really hard to buy nice clothes that fit. They say they can often feel, wrongly, that it's all their fault and they're less worthy than other people, and get sad and depressed. Every larger person knows what it's like to have people mutter or even shout mean and cruel things at them. They're judged and found guilty of all sorts of imagined crimes, including laziness, being greedy, lack of willpower, taking up too much space, being unworthy of respect.

Many larger people report how brutally rude doctors are to them, and how no matter what problem they go to the doctor with, the doctor will focus on their weight. It's a very tricky area, because doctors feel they must warn people that carrying a great deal of extra weight will put them at risk of various health problems. Meanwhile, the patient is thinking, 'Of course I know I'm fat. I don't need to be told that, or told off for it.' Many report that doctors are stern and even angry, whereas people who are 'underweight' are often not warned about any risks, and are certainly not 'read the riot act' in the same way.

## ⚷ The word 'obese'

While many larger ladies are happy to reclaim 'fat', it seems nobody likes to be called 'obese'. There's no magic line you cross (except in the BMI, which can produce some bizarre results and has a higher subcategory of 'morbidly obese', meaning more at risk of serious illness – see earlier in this chapter).

The word 'obese' was originally used by scientific researchers to collectively describe a large section of the population. Over time, it became used to describe individuals.

### WHY IT'S HARD TO LOSE WEIGHT

'The statement that obesity is self-inflicted is not consistent with the overwhelming evidence for the role of genes in body-weight regulation. Saying the problem is easy to fix – eat less and move more – ignores a growing body of evidence that weight is homeostatically regulated [maintained by the body] and vigorously defended. Following weight loss there is a powerful response designed to return the weight to its previous level. This involves changes in circulating hormones that control hunger.'

PROFESSOR JOSEPH PROIETTO, HEAD OF THE WEIGHT CONTROL CLINIC, AUSTIN HOSPITAL, MELBOURNE

### ⚷ Fat acceptance

There's a healthy, smart, amusing, loosely connected sorority of sisters, many of whom write very well indeed on their blogs, who happily call themselves, collectively, the Fatosphere. Fat activists talk about 'fat panic' and 'fat liberation'. Nobody likes being called 'obese', but 'fat' is being reclaimed and bandied about with pride. The *most* devastating comment to 'You're fat' may well be, 'So?'

### GET-THIN-QUICK SCHEMES

'FAT. The enemy that is shortening your life. Banished! How? With sanitised tapeworms jar packed. Easy to swallow!'
late 1900s magazine advertisement

(Just in case you've lost your mind and are considering this – no, it doesn't work, and yes, tapeworms can make you seriously ill.)

# Positive body image

The most intriguing and captivating people I've ever met come in all shapes and sizes. It's the confidence/charisma that I fall for – self-confidence is *beautiful*!
MRS BANANA, 44, PORT MELBOURNE

Look back at old photos to times when you thought you looked fat, flabby, wrinkly – you look gorgeous. If only you'd known then. ROSE, 59, PERTH

'Women are too hard on themselves. It's not the size you're wearing, it's the great attitude that looks better.'
ELENA, 34, LOWER TEMPLESTOWE

Don't let your weight rule your life. I'm overweight but I've had a successful career, travelled throughout the world, got married, had kids and lived a very happy life. Achievements are not about weight, they're about attitude.
JULIA, 35, NORTHCOTE

Love the skin you're in. Self-confidence and self-love really do radiate out to others. If I'm ever feeling down about my body, I remember my girlfriend Maryanne who died last year of breast cancer, and I'm just so glad to be alive and healthy. CATHERINE, 41, FRESHWATER

Women are too hard on themselves and each other.
MELINDA, 31, TOWNSVILLE

'If you're busy doing more interesting things, your body tends to stay more healthy and active – and therefore not an issue.'
PENNY, 59, CANBERRA

If women had greater respect for their bodies and didn't listen to the crap in the media, imagine what we could achieve!
SARAH, 40, MELBOURNE

I know you should love yourself and love your body, but at the moment I can't. I feel fat and ugly. The good thing is, this afternoon I'm going to see a dietitian for the first time. I want to do something about it. RACHEL, 34, SOUTHERN RIVER

It's more important to be happy than skinny. LIZ, 65, GOODWOOD

I can't get over how perfect my body was when I was a 20-year-old who thought she was fat and ugly!
FIONA, 35, GLEN IRIS

When anyone tells my 4-year-old daughter she looks lovely, she says, 'I know!' Where does that confidence go later in life? I hope she keeps it. SALLY, 36, BRISBANE

Bring up your sons to do dishes and make beds, and to value women for who they are and not what they look like. Bring up your daughters to respect themselves.
DEBORAH, 43, DAYBORO

It would be a sad and boring world if we all were the same shape and size. SUSAN, 62, WOLLONGONG

'I think beautiful women come in all shapes and sizes.'
ANN, 24, BRISBANE

I've noticed that the women I find most attractive – both in my circle of friends and among strangers on the street – are those who appear to be comfortable in their own skin or at home with their body shape.
TIPPI, 44, FREMANTLE

Not being a teenager is the best thing I ever did for my body image.
KRISTIN, 25, MELBOURNE

Some men are so shallow they only look at outward appearances. Why would you be interested in a shallow man anyway? They don't deserve someone nice.
LULU, 60, KILLARNEY VALE

Be positive about your own weight, if you can, and definitely never, ever, criticise your children about their bodies or fashion sense.
DIANA, 65, AIRPORT WEST

'Be happy with the body you have, coz it's the only one you're gonna get.'
SARAH, 41, ELMHURST

My daughter and stepdaughter both love my body and comment on how good I am to cuddle – soft and warm. That makes me feel good about myself and hopefully helps make them feel good about their body shapes, too.
DIANA, 42, ADELAIDE

My first husband always thought I should be thinner, and compared me unfavourably with people like Elle Macpherson, who's about 20 years younger and 20 centimetres taller than I am. I realised what the problem was and I got a divorce.
ANDREA, 60, SUMMER HILL

Recently I met a woman who had a bosom the size of a continental shelf and a bottom to match, and she was the most engaging, confident, funny person you could ever hope to meet. You got the impression that she never gave her considerable bulk a moment's thought. INGRID, 38, SYDNEY

My ex-partner used to say my arms were too flabby to wear singlet tops, so the summer after separating they were my favourite item of clothing.
LAVENDER, 43, CASTLEMAINE

Just feel comfortable with yourself, and when someone tells you that you look great, listen and take on the compliment.
BARBARA, 29, WESTLAKE

'We need to stop hating ourselves. The end.'
LAURA-JANE, 22, MELBOURNE

## MORE INFO
### on large issues

By the way, all the following websites have strict rules about abuse, and all trolling and horrible comments are blocked before making it onsite.

**haescommunity.org**
**Health at Every Size: The Surprising Truth About Your Weight by Linda Bacon**
A physiologist and nutritionist with a subspecialty in weight issues has this Health At Every Size (HAES) site with lots of info and support for self-acceptance, mental and physical health, enjoyable eating and activity. Choose 'Find Resources' for links, books and other recommendations.

**fatlotofgood.org.au** Aussie Bri King's blog about being a very well-credentialled counsellor and larger lady, with links to other bloggers.

**fatnutritionist.com** A blog with lots of scientific articles about dieting but plenty of fun posts as well.

**adipositivity.com** Access to some very thought-provoking photos of large women.

**biglibertyblog.com** A US gal with a self-described 'gothy-Victorian-Renaissance-y aesthetic', a degree in physics and a Masters in mathematics brings the wow factor.

**healthateverysize.info** A teeming US hub for all sorts of blogs, radio shows and emerging info about the misinformation, myths and discrimination against people 'of size'.

**kateharding.net** Now closed down, but with archives intact, this smart feminist group blog was all about fat acceptance and discrimination. One of the best pieces of personal journalism I've ever read is here – a posting called 'The Fantasy of Being Thin' (under 'Archives', choose 'November 2007', then scroll to 27 November).

**fatdialogue.com** Aussie hub with events and links.

**matildatuesday.blogspot.com** For people who have partners above their healthy weight, including forums discussing how to help if the partner wants to change.

## MORE INFO
### on positive body image

**any-body.org** A coalition of good folk led by author and psychotherapist Susie Orbach has created a non-profit hub for body image info. Full of life-affirming commonsense writing.

**about-face.org** About-Face is a non-profit US organisation that promotes positive body image. There's a 'Gallery of Offenders' and instructions on how to write a great complaint letter.

**completelygorgeous.com** Cartoons, hints and games about body image based on my (out-of-print) book *Real Gorgeous*. Good links page.

**adiosbarbie.com** Fights stereotypes and has a 'feed the supermodel' game.

**bodypositive.com** A hub for anti-dieting and other approaches to weight acceptance. About being happy whatever size you are.

**qvwc.org.au** The non-profit Queen Victoria Women's Centre, funded by the Victorian Government. Choose 'Info Hub' then 'Positive Body Image' for resources.

**Bodies by Susie Orbach** The pioneering author of *Fat Is a Feminist Issue* (she calls it *FIFI*) in 1978, she's a psychotherapist who is thoughtful, compassionate and sensible on matters of weight, eating and self-loathing. She describes this book as a 'plea for us to rethink' so that bodies 'become a place we live from rather than an aspiration always needing to be achieved'.

Other body image books include *Bodylove: Learning to Like Our Looks and Ourselves – A Practical Guide for Women* by Rita Freedman; *Transforming Body Image: Learning to Love the Body You Have* by Marcia Germaine Hutchinson; *Body Talk: A Power Guide for Girls* by Elizabeth Reid Boyd & Abigail Bray; and *You'd Be So Pretty If . . . Teaching Our Daughters to Love Their Bodies – Even When We Don't Love Our Own* by Dara Chadwick.

## Protecting Our Girls from Negative Body Image

We all need to be careful about how we 'model' behaviour to teenagers and little girls. What messages are they picking up from us? I've even heard people say in front of girls that they wish they'd get sick so they'd lose weight, or 'I have to go down a couple of sizes'. This can give girls the wrong idea: they need to 'go up' as they grow up, so as to get their skeleton, organs and body to their proper full size. Show girls with your actions and your words that there's a safe place – with you – where they won't be judged harshly. Make a safe haven for them in your home and wherever they are.

### 🗝 What to say to girls about body image

Believe me, saying 'You're too fat' helps nobody. If you think it, she's already thinking it and told it every day. Girls are bombarded with that message everywhere else they go. Tell girls they're beautiful, and that they have many other accomplishments. Don't say 'beauty doesn't matter' because they'll see this as saying they're not beautiful. Don't apologise for 'giving' or passing on certain genes to daughters such as small breasts or a distinctive feature. Don't say 'You got the Jones nose' as if they're Mrs Potato Head with a grab bag of stick-on interchangeable parts. Never suggest a girl can 'improve herself' later with cosmetic procedures. Don't automatically dismiss her concerns about how she looks, but listen and respond, while first saying, 'I think you're beautiful/I don't think you're fat/You have perfectly adorable thighs, in my opinion . . .' ALWAYS first ask, 'What made you feel like that?' or 'Why?' This will give you a hint on where to take things.

It may be a chance for an important lesson about how not to blame ourselves, to explain that some clothes make us feel bad or look wrong because they're tight in the wrong place, or are badly cut, or how we all have days when we feel bleurghh and 'ugly' and that's usually more about hormones than reality, or to ask if somebody said something mean, or if they saw something in an ad or in a magazine that made them self-conscious or worried, then talk about why advertisers want us to feel bad so we buy their product to try to 'fix' ourselves, or how smart people like her can get to understand when people are trying to take advantage and she can outwit them.

If your daughter, niece or significant-girl-in-your-life wants to get a tattoo or a piercing or shave her head or wear high heels, try not to shriek the house down and lock her in the laundry as an automatic response. Ask why, have a chat, suggest she show you the research she's done, and have a calm discussion, whatever your conclusions and eventual 'ruling'. Take her, and her right to start making decisions about her body, seriously, and teach her how to make intelligent, informed decisions.

### 🗝 What to say when girls are insulted

You also need to make your home a weight and size insult-free zone. Nobody – brothers, sisters, fathers, grandparents or visitors – should get away with mean or intrusive comments about weight. So many women who end up with eating disorders say it started with comments from Mum, Dad or a sibling. Brothers and sisters should face serious consequences for mean comments – repeated ones are bullying and can affect mental health for years to come.

If somebody criticises your own size or weight in front of a girl, then push back: 'Wow, I wonder why you feel the need to comment on somebody else like that.' Or: 'You know, I really can't believe you just said that.' Or you can involve your daughter: 'See, darling? That's the sort of unhelpful comment we've been talking about' or 'I'm not worried about that. I'm sorry you're struggling with something' or smile and roll your eyes, shake your head, but do something to show it's not okay.

If, even worse, someone criticises or makes an unwelcome comment about the changing size, shape or weight of your daughter or niece or other loved girl child or teen, you'll need to step in straightaway and put a stop to it. You must show your girl that you're on her side and she's loved the way she is. You can do this quite sharply to the criticiser and, yes, I'd apply the same to any negative comments or behaviour from your boys (for more, see opposite).

Here are some scripts for protecting girls from body comments in different conversations. Your first priority is to make the girl feel defended and positive about herself. Your second priority is the feelings of the rude or thoughtless person. We must protect kids from being another generation with disordered thinking about food and weight.

In front of the girl being criticised, say:

- 'Isn't it great? Sophie *is* getting bigger, which is exactly what she needs to do – she's growing into a beautiful young woman.'
- 'Let's not talk about weight and diets, especially in front of the girls. It's too boring.'
- 'She's just gorgeous, isn't she? Exactly the right size and shape she's supposed to be for her.'
- 'What a load of rubbish. You have no idea what you're talking about.'
- 'Oh, for heaven's sake, stop talking such nonsense. She is *not* getting fat, she's growing. She's just the right size she needs to be right now.'
- 'Oh my *god*. What a horrible and untrue thing to say. Are you feeling bad about yourself?'
- 'Euwww, yuck. Keep your weird thoughts to yourself, please.'
- 'Yep, she needed to go up a size. That's what teenagers do. Otherwise they'd stay the size of an 11-year-old. Which would be weird.'
- 'She most certainly does *not* need to diet. Have you lost your mind saying that to a healthy, beautiful teenaged girl?'

You can also take the person aside and say privately:

- 'Thanks for telling Kristy she looks great, but please don't link it to weight or size. We're focusing on health and fitness, and comments like that can lead to eating disorders.'
- 'Tanika looks up to you, and she's devastated that you might think she's fat. Please be careful.'
- 'Please don't warn my daughter she "might get fat". That's how eating disorders can start. If you don't have anything positive to say, please don't say anything.'

- 'Yes, of course Melissa is developing breasts. She needs to because she's a human being, not an antelope. She doesn't need people to be talking about her breasts.'
- 'I know that weight and dieting are important to you, but I'm asking you not to talk to Brooke about it. She's beautiful the way she is and she has a right to believe it.'
- 'Telling somebody they're overweight doesn't help, and it's really hurtful. Don't ever do that again.'
- 'If you keep telling Ella she needs to lose weight and restricting her food when she stays with you, then we'll have to stop the visits until you can control yourself!'

This is a good opportunity to talk to girls about why somebody might say those things, and what it reveals about their own worries.

## What to say to boys about body image

Let boys into the discussion on size and weight, too. Talk about the unrealistic images in the media, and how advertising shows only a certain kind of woman to make the rest of us want to 'be her' so we buy the products. It makes us all feel smarter to recognise when somebody's trying to manipulate us. Boys will sooner or later be subject to the hard sell: energy and 'sports' drinks, hair-loss 'clinics' and the manufacturers of man-girdles may do their marketing best, and moisturiser companies sell to men on the basis of 'armour for your skin', 'fuel for your face' and 'making your face stronger' (not softer, heaven forbid, you big girl's blouse!). Men in general are still not as victimised by body image concerns as women. Sure, there's a gym culture, younger chaps are ripping their body hair out without really knowing why and they're urged to try teeth whitening, but it's not really at the same level. The pressure is not as all-pervasive, men tend to have stronger egos, and their looks are less tied up with their sense of worth and job opportunities.

# Thoughts on fashion

Everyone follows fashion, in the sense that nobody wears a crinoline. STEPH, 54, LONDON, UK

I just buy what I like and hope it's fashionable. LEE, 26, EPPING

You can only buy what's in fashion! NATTY, 36, HIGHETT

There's nothing worse than people who still wear the same clothes they wore in high school. COURTNEY, 31, MELBOURNE

I still dress much the same as I did when I started school. I have photos to prove it. SARAH, 35, MELBOURNE

I buy pieces before they're trends and then never wear them again when others do. I hate seeing people wear things I have. JAYE, 21, SYDNEY

My clothes are like old friends and I get very sad when they wear out. FRAN, 47, FITZROY

I gave away half my clothes when we had the bushfires, as they were short of big ladies' clothes. I've hardly bought anything since. FIONA, 52, KAMBAH

I retired! I have more clothes than I can wear between now and when I die. That's it! JEMIMAH, 59, EMERALD

I buy on eBay and I make my own too. CATHERINE, 59, WANGARATTA

I make most of my own clothes and jewellery. CHERRY, 26, WOLLONGONG

It's mail order for me, but I'm a discerning buyer. JENNA, 46, ROSANNA

I select clothes based on the following things: comfort, novelty value, general awesomeness, looking pretty, being vaguely in fashion. EMILY, 20, PERTH

I'd like to see more fashion items for the elderly. FIONA, 75, HOPE VALLEY

If you shop at Target, well, what you're getting is 'fashionable', whether you like it or not. Just ask my cargo-pant-wearing granny. JACQUELINE, 26, FRANKSTON SOUTH

Many of my clothes are old friends who come out for an airing every so often. FAYE, 70, FINLEY

I was morbidly obese for many years, and now it's a pleasure to wear fashion. SHARON, 38, GREENSBORO, US

I follow the trends, but I'm not a slave to fashion. I love it and enjoy putting outfits together every day. It makes me feel good about myself. GEORGIE, 22, MELBOURNE

> 'I love the creative challenge of getting dressed every day.'
> GINGER, 40, CLIFTON HILL

I work in fashion and am interested in dress as a form of expression. I really enjoy clothing from a cultural and historical point of view. AMELIA, 29, MELBOURNE

I love fashion, I love colour, I love texture, I love what's new, I love creation. I'm not a fashion slave, nor am I into haute couture, but I do see some of it as art and I appreciate that. TRACEY, 47, CARNEGIE

I love being stylish. It makes me feel better that skinny girls have something to be jealous of me about. ELISSA, 29, MELBOURNE

I love to look sexy and keep up with the times. CAROLE, 37, MALVERN

I buy up big once every 5 to 10 years when 'my style' comes back into fashion. MARYANNE, 50, TEMPE

I always upgrade my wardrobe at the start of every season. ANNE, 53, GULFVIEW HEIGHTS

I live in a remote community where most people wear jeans and work boots to work – not suitable for high heels and some of the trendier outfits. SHONA, 47, KARRATHA

I like to look 'modern' without looking silly. LINDA, 60, FOREST HILL

I want everything new! I don't know why, I think it's an addiction. KARLA, 26, COFFS HARBOUR

I think plenty of chicks have no idea of what suits them. I cringe regularly when out and about. VICKI, 42, KEW

I love that feeling you get when you've just purchased a great outfit and are wearing it out for the first time. You know you look smokin'! AMANDA, 29, FORESTVILLE

I love it, live it, breathe it and dream about it. DEB, 47, ARMADALE

I still sometimes succumb to the fantasy that a particular dress has the potential to change the course of my life. ELIZABETH, 42, COLLINGWOOD

It feels almost like a sport. KRISTEN, 32, ST KILDA

I was a fashion slave in my teens and 20s, which I now believe was a waste of my beautiful youth. LILLY, 42, COOGEE

Did you notice that just as low-rise jeans couldn't fall any further below the hips, ultrahigh-waisted jeans started showing up? *PROJECT RUNWAY* JUDGE NINA GARCIA

I love clothes that change your mood and change the way people treat you because of their amusement value or spunk factor. I like to leave the house feeling cool. ALEX, 29, ALICE SPRINGS

I'd love someone to show me what suits my shape and what colours to wear. NATALIE, 40, ELTHAM

# CHAPTER 4

# Clothes

I love design, and fabrics, and lots of things about clothes. But I'm not so sure about Fashion. Partly because it seems to be run by people who lie about what size their garments are (and why they're hemmed with fishing line that unravels). And partly because some of the designers, magazine writers and models can be so crazy-ape bonkers from hunger and boredom that if you asked them for a piece of steamed hat elastic they'd think it was an entrée, and if you passed them a pineapple they'd put it on their head and shriek, 'Divine!'

All you really need to know about clothes is here. How can you transform an outfit from dowdy to splendid? How do you know what suits you? Why are the clothes size labels crazy? Which clothes look good on curvy women? Which clothes help you pretend you have curves? How do you get cheaper ones, cull a wardrobe, choose shoes? Is it okay to break the fashion rules? (I'll say it is.) How do you spot when a boutique sales assistant is lying (other than the fact that she's speaking)? There's a big difference between a smokin' hot outfit and somebody's pants on fire.

## Fashion & Real Women

Speaking of smoke, the fashion business is all smoke and mirrors – two packets of fags a day for the models and 360-degree change-room mirrors for the rest of us, showing endless images of our bum stretching into infinity. A mad outfit on the catwalk featuring a teapot hat and suspenders is impractical and nobody can wear it, but it gets the designer noticed and a picture in the paper. (Also, the designer can pretend they're a genius instead of just frightfully bored.) The idea is that the designer's idea 'filters down' to us plebs, perhaps in the form of some hotpants with a teapot print (so versatile!) and also provides subliminal advertising for their signature perfume.

It was frock designer Karl Lagerfeld who said 'No one wants to see curvy women'. The only earthly use I can think of for Mr Lagerfeld is if you were being chased by a bear and wanted to throw something confusing at it. Karl wouldn't be too heavy, and what with his flappy arms describing a parabola of tulle in the air and some ludicrous talk of how models should be the size of a Bratz doll, the bear would at least pause for a moment before using Karl to pick its teeth – and maybe you could skitter over a waterfall to safety.

Meanwhile we spend billions a year on clothes and still ask if they make our bum look bigger. In our 20s, at the height of our youthful beauty when we should feel ravishing in anything, we instead end up with a wardrobe full of stuff that doesn't suit us and is so fleetingly in fashion it's only good for about an hour and a half. By our 30s and 40s we should have worked it out, but we're too busy being freaked out about striking a balance between yummy mummy, yeah-I've-got-a-tummy mummy, frumporama and 'mutton dressed as lamb'. When we're over 50, we're just pointed to the polyester high-waisted pants department and ignored. This all leads to the gnashing of teeth and the gnishing of credit cards. (That's the sound they make when you cut them up.)

Anyway, point is, although catwalk high fashion is diverting, it's largely irrelevant to our own wardrobes, and while it *looks* like to have style you need pots of money and a genetic sense of how to throw on a flattering jodhpur and revolving fascinator panel and pop off with Daphne Guinness to St Tropez, that's really not the case. (Although if you want to fake being a fashionista, always talk in the singular: not a dress with a belt but 'a look'; not pants, pant; needless to say, not trousers but trouser; and you're not going to be wearing shoes, you'll be sporting a kitten heel.)

You can decide you despise a 'new fashion', such as platform shoes or bubble skirts, only to find your traitorous eye adjusting, and having to admit that fashion may be more about the shock of the new than what you're used to.

## The Fashion Industry

The one thing that's true for every kind of fashion is that it changes all the time. Imagine if furniture designers announced every six months that kitchen chairs were out and we all had to sit on a pouffe. Tractors don't have 'seasons', cheese doesn't come out in new packaging every three months – but each clothes designer or label brings out different stuff every few months. And that's so people can make money. (And because people in fashion tend to have the attention span of a flustered bandicoot.)

### 👕 How fashion works

Fashion pages in magazines and TV fashion shows are put together by people steeped in the industry, who believe passionately in it, and who are connected to it by a complicated financial web due to advertising and marketing. Being a part of it makes them feel special and important. They're not going to give you an independent assessment of either the industry or how much you're paying for the clothes, nor tell you that a particular new-season style makes 78.2 per cent of women look weirder and wider.

Magazine and website editors rely on the samples sent to them by designers, and the site or mag wouldn't even be there if it weren't for the advertising money from the clothes, perfume and make-up manufacturers. Magazines and websites used to suggest trends and ideas in a general way, with a few illustrations, but now they're likely to be festooned with literally hundreds of suggestions of specific items to buy, complete with pictures, prices and stockists lists. A pic of a celeb will be accompanied by 'how to get the look', complete with suggested items and prices for everything, even handbags and jewellery – in effect, up to 10 ads from a single photo. They're likely to suggest that an 'essential' is a purple silk shirt rather than your central nervous system. They're no longer driven by what a reader wants to read, but by what advertisers want us to see.

And along with these ads disguised as editorial stories or phone messages or competitions on websites, there are still ads on giant billboards, at bus stops and in mags as well.

## MORE INFO
### on fashion

**fashion.net** Commercial search engine. Choose 'Fashion', then 'Green' for shops and labels with an environmental conscience or gimmick. Other options: 'Designers', 'Labels', 'Art', 'Jewels'.

**theartscentre.com.au** The Performing Arts Museum in Melbourne. Choose 'Discover', then 'Collections & Research'.

**powerhousemuseum.com** The Powerhouse Museum in Sydney. Choose 'Collection & Research'.

**cooperhewitt.org** The US Smithsonian Institution's Cooper-Hewitt National Design Museum. Choose 'Collections'.

**vam.ac.uk** The absolutely wonderful Victoria and Albert Museum in London.

**kci.or.jp** The Kyoto Costume Institute has an extraordinary collection of Western fashion.

## 🎩 Fashion trends

Fashions of the past are often expressed as decades – big skirts still say 1950s, shoulder pads were 'big in the '80s' and 2009 meant gladiator sandals. But the fashion industry tries to tell us there are at least four different seasons of new styles each year, and it does this to try to convince us to keep buying new stuff so hemlines go up and down, colour schemes veer between fluorescent and neutral, and new 'must-haves' toggle back and forth (towering shoes/flats; pencil skirts/bubble skirts).

('Vintage' is the fancy name given to old clothes kept long enough to have come back into fashion.)

## COSTUME MOVIES

Here's a list of films and TV shows that showcase fashion from different eras. The period given refers to the costumes – for example, *The Talented Mr Ripley* and *Funny Face* are both set in the 1950s, but *Funny Face* was made at that time and *Ripley* decades later. See for yourself where most new designers get their inspiration from: the past.

**Ancient Egypt** – *Cleopatra*

**Tang Dynasty (China, 859)** – *House of Flying Daggers*

**1500s** – *Elizabeth, Orlando* (with flash-forwards to the 20th century), *Shakespeare in Love, The Tudors*

**1600s** – *The Draughtsman's Contract*

**1700s** – *Marie Antoinette, Dangerous Liaisons*

**Qing Dynasty (China, 1770s)** – *Crouching Tiger, Hidden Dragon*

**1800s** – anything based on Jane Austen novels (*Pride and Prejudice, Sense and Sensibility, Emma, Persuasion*) or Charles Dickens novels (*Bleak House, David Copperfield, Nicholas Nickleby*)

**Around 1900** – *My Fair Lady, Picnic at Hanging Rock, My Brilliant Career, The Getting of Wisdom, Downton Abbey*

**1920s** – *Chicago, Bullets Over Broadway, Thoroughly Modern Millie, Boardwalk Empire*

**1930s** – *Gosford Park, Cold Comfort Farm, The Cotton Club, Cabaret, The Aviator, Caddie, Tea with Mussolini, His Girl Friday, The Women, Top Hat*

**1940s** – *Come in Spinner, Land Girls, Charlotte Gray, All About Eve, Foyle's War*

**1950s** – *Funny Face, The Talented Mr Ripley, Children of the Revolution, Pleasantville, Designing Woman, Far from Heaven, 8 Women, Gentlemen Prefer Blondes, How to Marry a Millionaire, Mad Men*

**1960s** – *What a Way to Go!, Walk the Line, Down With Love, On Her Majesty's Secret Service* (and the send-ups in the Austin Powers movies), *Mad Men, The Avengers, The Dish, The Year My Voice Broke, Breakfast at Tiffany's, Don's Party, An Education*

**1970s** – *The Night We Called It a Day, Saturday Night Fever, Dick, Puberty Blues, Annie Hall*

**1980s** – *Working Girl, Desperately Seeking Susan, Heathers, Romy and Michelle's High School Reunion, Muriel's Wedding, Valley Girl*

**1990s** – *Clueless, Buffy the Vampire Slayer, Spice World*

**2000s** – *Josie and the Pussycats, Mean Girls, The Devil Wears Prada, Material Girls, Kath & Kim*

**20teens** – *Project Runway*

# Fashion ads, mags & advice

I don't think magazines are realistic. The items of clothing are always a bit 'out there', and way out of the average person's price range.
NATALIE, 34, GISBORNE

**'Fashion ads should include a note somewhere saying, "This image has been digitally enhanced."'**
SAR, 27, CURRUMBIN

I love fashion magazines, but constantly looking at those images skews my idea of what's 'normal'.
MILLIE, 48, NORTH PERTH

Fashion advertising is so irrelevant to my body shape, lifestyle and budget that I don't even bother to look at it. GERALDINE, 41, QUEANBEYAN

I'm sure I've never met anyone dressed like the people in some magazines. TRUDI, 42, WERRIBEE

I don't get about in Galliano ball gowns but I do love to get ideas from high-end/interesting fash mags. HELEN, 35, FITZROY

I buy *Vogue* religiously, although 70 per cent of the clothes I own and love were purchased at op shops. EMMA, 25, DARLINGHURST

Please, please, *please* use real women in advertising!
CAROLINE, 43, MOSMAN

I think people who whinge about size zero models need to get over it. Skinny girls look better in the clothes, so skinny girls will model the clothes. LIV, 15, BRISBANE

**'I'm getting a bit tired of seeing anorexic girls *still* in the media.'**
CATHY, 45, CANBERRA

Being very small I'm restricted mostly to clothes that are aimed at teenagers and younger women and often feel a bit like 'mutton'.
KAREN, 45, ST CLAIR

I do appreciate it when designers use 'real' women to promote their clothes. I tend to look at the clothes more as a result.
DIJ, 42, EAST DONCASTER

Make the models the average size 12–14 to provide girls with confidence and realistic body images. If the designer can't design clothes that look good on the average-sized person then they obviously can't design.
FIFI, 34, LOGANHOLME

Fashion has gone to the dogs since the 1960s. We're just not ladies any more.
ALEKSA, 31, NOBLE PARK

**'I do think fashion shows should have more real-life-sized models. Magazines should have more of an age selection. Black people, Aboriginal people and Indian people should be used in the fashion industry a lot more than they are.'**
JACQUI, 34-ISH, SEATTLE, US

I wish designers would get over their obsession with designing clothes for the teenage boys they obviously want to shag. Have you ever noticed that models have the same figures as teenaged boys?
ROWAN, 40, BRISBANE

All the models are too skinny and send a terrible message. We've been hearing this for years and still nothing is done about it. I think 'Ugh, gross' when I see them on the catwalk. JENNY, 47, GLANDORE

Experts say women over 50 shouldn't wear sleeveless tops or dresses, but when you go to buy a nice dress, they're nearly all strapless, sleeveless or have shoestring straps. I always wear a little cardigan over the top.
JUDY, 58, WOLLONGONG

It seems to me that most clothes are designed (usually by men) for either teenagers or older women. It's hard to find something cool but not too cool, flattering and comfortable for someone my age.
ERIN, 29, MITCHAM

**'It's all designed by gay men who think women don't have boobs or bums and are all 6 feet tall and as thin as beanpoles.'**
GILLIAN, 51, DOUGLAS

It's hard to find reasonably priced/ good-quality clothing once you're over 30. It pisses me off. I have money to spend but I have only a few stores that I love.
MARILYN, 39, MOE

No matter what you try on, you'll never look like the model.
KATHRYN, 38, MORDIALLOC

I've employed an image consultant. This means I'm choosy about what I buy, and I wear 90 per cent of the clothes in my wardrobe.
MAREE-ANNE, 43, TRARALGON

**'I'm a big fan of Gok. He embraces women of all sizes and shapes, and guides them on what suits them. He's full of good advice and a real fashion savvy that doesn't break the bank.'**
DIANNE, 62, CASTLECRAG

Trinny and Susannah are a pair of crazed harpies, but they do give good advice about dressing for your shape. IRIS, 34, WOOLLAHRA

Fashion ads drive me crazy! Even the newspaper magazines aimed at people my age never have clothing suitable for my age group or any models approaching middle age.
DEE, 53, WARRANDYTE

**Spanning decades** – *Gypsy, Coco Before Chanel, The Color Purple*
**Futuristic** – *Barbarella, Star Trek, Blade Runner, The Fifth Element, Serenity*
**Fantasy or crossover worlds** – *Mad Max, Romeo and Juliet* (1996 film)*, Amélie*

## 👕 Fashion labels

Younger women are more likely to know the current 'hot' jeans label, and some other names in the 'cool group' of designers. Older women are more likely to have noticed one or two labels with a signature style that suits them – and use this to buy 'investment items' like a designer coat or dress they'll be able to wear for years.

When you're paying for the 'real label', you're paying extra – if you're lucky you're also paying for better design and better crafting of the object.

### Label traps

• Most clothes and accessories are made cheaply, then chain stores pay to have their own label sewn into them.
• Some 'designers' create a knock-off: they copy ideas from the genuine designer collections.
• A fake big-name label can be sewn onto inferior-quality or decent-quality stuff.
• Clothes with a celebrity label, whose designer is a model, actress or singer, are the same ones you can buy in most chain stores – but you pay more for the name. The celebs always claim they designed the clothes themselves. Uh huh.

## 👕 Fashion models

### Why do models look sick & sad?

It's not all beer and skittles being a model. In fact, they insist you be thinner than a skittle and won't let you have any beer. The fashion industry has disappeared so far up its own bottom, it can't see that it's literally starving and torturing young women. For every successful and wealthy Heidi Klum and Elle Macpherson or the latest 'it' girl, there are thousands of others not so clever and lucky.

I have to put the cable fashion channel on a different aspect ratio so the emaciated models look even halfway normal and not like they should step off the end of the runway into an ambulance. When I read *Vogue* magazine I feel like I'm reading an anthropological journal about another species. Far too many fashion designers and fashion editors now regard young women with the clinical symptoms of anorexia as 'normal'. Their spines, ribs and joints protrude, their eyes are hollow, their hair is like straw. They look the sort of sick that causes permanent organ damage. I can't buy some fashion magazines any more, because I feel I am complicit in the enforced illness of young girls.

(Not all models look ill, of course, but even the healthy-looking models are somehow out of this world. Once I accidentally stood next to the charming Australian modelling star Megan Gale. I felt like I was the middle figure in a tableau representing evolution, and that if I glanced to my left I'd see the chimp.)

Why do most models look sullen and furious, like teenagers a micro-second after they've been told to Go To Their Room (or get on the catwalk)? Because they usually are.

Since they were about 11, most of these young women have been herded about, slipped drugs that suppress the appetite, and told to stand still and take a great deal of personal abuse along the lines of 'You're a heifer. Have 64 647 cigarettes instead of food for the next few days' and 'Yes, you're a model but we have to do heaps of digital retouching because you have some repulsive figure flaws' and 'You're supposed to have good skin and healthy hair but you're not allowed to eat enough so that your skin and hair are healthy' and 'Get on the plane to Corfu and shut up'. So they are humiliated, baffled and starving.

Also, if they're doing runway shows they may be wearing shoes the size of Volkswagens, three feathers, a Tupperware container and a bra strap, so if they weren't frowning they'd laugh and wet their not-pants.

Models are forced to be thinner even than their thin frame would dictate because of a crazy expectation in the fashion industry that is almost a collective mental health issue. The people inside the fashion industry have truly lost perspective. Even some insiders are realising it's all 'gorn too far'. UK *Vogue* editor Alexandra Shulman was forced to squeak indignantly that it was becoming a ridiculous chore for her magazine's minions to digitally re-fatten the models in pictures. Shulman said that designers would only provide 'minuscule'-sized garments to be shot by the magazine, requiring the use of teensy models who starved until suitably possessed of 'jutting bones and no breasts or hips'. I honestly believe that in Fashion World they'd be happy if models were literally skeletons with a cardboard mask of Miranda Kerr pasted to the front of their skulls.

So when you look at a model on a magazine page, keep in mind that she has first starved herself, and then had a team of make-up and hair artists try to fix the inevitable effects on her skin and hair. Her hair could be one of, say, 23 wigs the hairstylist brought to the set of the fashion shoot, or 'real hair' that's been worked on for a couple of hours. Make-up would rarely take less than an hour and a half. Stylists would primp and phoof and pin clothes to unusual angles that can't be repeated unless you sit on a stool with one foot in the air and seven bulldog clips all scrunching down the back of your frock where the camera can't see them. Then people who spend their lives working out how to do all the tricks in the business illuminate her with special lights at various angles with tricksy filters, and then she's shot by a professional photographer who has top-of-the-range cameras and at least three assistants, and is paid tens of thousands of dollars for one job. And then the real work begins.

 **MORE INFO**
**on models**

**Hungry: A Young Model's Story of Appetite, Ambition and the Ultimate Embrace of Curves by Crystal Renn** A 'plus-size' model's memoir.

## WHY PHOTOS OF MODELS AREN'T REAL

Recently, the inevitable happened. What, they started photographing frocks on insects? No, but the models in ads and promotional photos are no longer actual people, they're so digitally retouched. Where once a pimple would have been 'airbrushed out', now individual eyelashes are drawn in, limbs are stretched to ludicrous lengths, waists erased away to a size that would not contain any real woman's internal organs, and skin tone copied from one tiny spot and then retouched to the rest of the body so it looks like the

woman has been dipped into a single colour of paint. Shadows are invented between breasts to suggest more cleavage, eye-whites are bleached to look like fridge enamel, more muscles are etched into upper arms, and eyebrows are lifted, tilted, re-pasted.

At a hairdressing salon I used to go to, there's a wall-length photo of a model. Her arms, stretched up above her head, are so artificially elongated by the computer artist who retouched the pic that 'in real life', if she put her arms down, her fingers would reach further than her knees. She is, in fact, closer to an orangutan than a human.

The Calvin Klein fashion division once apologised for a photo of a model that was so digitally altered she looked part insect, part giraffe. But that doesn't mean retouching is now out of favour with the fashion industry. It means most do a 'better' job to get away with it.

After the photographer has taken the pictures for the fashion spread, or the make-up ad, or to go with the article on a celebrity actress or singer, a professional team of digital retouchers gets to work. Sometimes this is done three times:

**1** By the photographer or his or her team, who do a bit of fiddling before submitting the pics.

**2** By an individual or a team of retouchers employed by the management and publicity team of the celebrity or model, who retain a 'power of veto' and get to choose which pictures get used.

**3** By the client – the ad agency or magazine photo editor will have in-house digital fiddlers who can also have a crack, or will outsource.

There are hot, in-demand retouchers with their own companies employing teams of retouchers. Each picture may cost hundreds or thousands of dollars. This process is enmeshed with celebrity egos, managers and agents who have to justify their existence and 'save' clients from ruinous pictures; an industry of digital fiddlers who want to make themselves indispensable; an ultracritical industry atmosphere and giant multinational managers who want to create the most 'perfect' look to give their product an associated cachet; and photographers who want the celebrity to choose them next time.

The *New Yorker* magazine interviewed one of the giants in this digital retouch business, multimillionaire Pascal Dangin, who has a staff of more than 80 people. His studio retouches most of the pictures in *Vanity Fair*, *Vogue*s worldwide, *Allure*, *W* – all the big fashion mags – and counts as his clients lots of luxury-brand advertisers. At the time he was interviewed, his company had altered 144 images in the current issue of US *Vogue*.

The art of the lie is even more sophisticated than one might expect. Mr Dangin worked on the Dove cosmetics company's campaign featuring 'real women'. Hours were spent on those photos. The very women supposedly representing the beauty of authenticity were not real at all. They were an elaborate construction of the acceptable ideal of different shapes and sizes, not a celebration of us as real humans. 'It was great to do, a challenge, to keep everyone's skin and faces showing the mileage but not looking unattractive,' he says. Oh, get stuffed.

So it has come to this – the most beautiful women judged not beautiful enough and 'fixed' by mouse-jockeys in warehouses all around the world, rubbing and clicking away to create fictional, fantasy women. Against whom we're all supposed to judge ourselves.

## Fashion Difficulties

### 👕 What to wear

This is the basic wardrobe that could take you nearly anywhere, as agreed by stylistas everywhere (bearing in mind they usually live in Europe or New York and are lohooooaded). These things might be dull, but they're called wardrobe 'staples' for a reason: they're like a can of tuna and some pasta in the pantry – they mean you've always got something that will work. They are:

- a trench coat
- jeans in dark denim
- a white shirt
- a little black dress
- high heels
- a bra that fits
- flat shoes
- a cardigan
- a handbag that works day or night.

## MORE INFO
### on what to wear where

**The Dress Doctor by Edith Head** This divinely illustrated Stanwyck-slim book by the winner of eight best-costume Oscars has timeless 'recipes' for what to wear on which occasions.

### 👕 Fashion bullies

The nth degree of 'What not to wear' style talk is bullying, a snide attitude used to make the 'expert' feel superior by putting down others. 'Oh my god, what is she WEARING?' (directed at some goddess or other on the red carpet, I hope, and not some mere mortal like ourselves). We've all done it. But it's nice to 'live and let live', complimenting somebody when they look good, and not tying it to weight or weight loss, or size. It's best to say nothing when somebody looks like a victim of circuspantses. It's easy to be snobby and snide, but it's also easy to train yourself out of it.

Wear what you like, live and let live, wear and let wear. Those trousers people think are old-fashioned this week will be back in fashion directly.

### 👕 Fashion disasters

You can wear any of the stuff on this list if you like. Just be aware that, whatever your intentions and however divine you look, others will consider them fashion mistakes. These are looks that are considered 'hard to get away with', stuff that's hard to get right without killer confidence and skill:

- linen, which goes baggy almost immediately but feels lovely and cool in summer
- animal prints (but she wouldn't be Jackie Collins without them)
- mixing prints
- tight boob tubes, which look like some sort of bandage and create bulges over the top
- slippers outside the house – this includes moccasins and ugg boots
- platform shoes and teeter-totter stupid high heels
- socks or stockings with sandals, especially dark socks
- clothes that are too tight
- visible underwear, including G-strings, undies and bras – unwitting is embarrassing and deliberate is tacky
- anything that shows bum crack, girly bits or

# Finding your own style

I always read the fashion pages, mostly for a good laugh. The styles, prices and looks seem so absurd.
SHIRLEY, 78, COFFS HARBOUR

I just want to be presentable, but otherwise don't care that much. It's too time-consuming. MARY, 42, BALWYN

I'd look stupid wearing designer outfits with gumboots – I don't think the horse, sheep, chooks, cows, etc. give a toss.
DEBBIE, 43, CHIRNSIDE PARK

Honestly, I couldn't be arsed.
KIRA, 25, MELBOURNE

I'd rather be warm and comfortable than have boys staring at my bits, which makes me uncomfortable and that's not what I want people to notice anyway. CLAIRE, 21, CANBERRA

Oh I absolutely love to watch Fashion TV. The highlight is the appearance of the moron who designed the wrecks just paraded. He's usually short or bald or old or ugly or all of the above.
PAM, 53, POINT SAMSON

Fashion is bogus. Fashionable shoes hurt. Why do women have multiple handbags? ANDREA, 39, MELBOURNE

I'm a research scientist, therefore a nerd. I'm also trying to save the world and somehow an interest in fashion just doesn't fit that mindset! FIONA, 45, RINGWOOD NORTH

I can make myself a couple of new summer dresses every year and that'll do me.
CATHERINE, 47, FLEMINGTON

> ## 'Fashion is a sucker's game and a waste of money. I go for classic items, quality not quantity.'
> JODIE, 36, KINGSTON

Fashion goes out of style; style never goes out of fashion. Know what suits you and just build a wardrobe around that. ROSSLYN, 33, ADELAIDE

I like to wear cottons, silks and linen. I tend to op shop. Lately I've taken on a more dramatic look . . . must be a phase.
YOLANDA, 41, PARA HILLS

My own style is feminine, quirky and hippy. I don't do preppy or corporate or classic, although I admire it on other people.
JUANITA, 45, SYDNEY

I was a goth long before it was popular and for some years have loved the 1950s noir style.
MS HELLE, 42, BRUNSWICK EAST

Neat and tidy is the only way I can function and I usually stick to three basic colours so everything matches. LIA, 39, WOLLONGONG

I like the classic tailored look – almost masculine. It's easy and always looks great on my androgynous figure. PIP, 42, MELBOURNE

To look at me you might think I'm punkish, but it's just the clothes I like, it's not my lifestyle.
JES, 24, BOYNE ISLAND

The fashion has to be 40–60 years old! I love vintage clothes.
KAREN, 43, CARDIFF

I have my own lesbian style.
SUSAN, 50, BRISVEGAS

Sometime I feel like dressing biker chick, other times girly.
MEG, 32, SUNSHINE

I think that people do treat you differently based on what you wear. I'm a health professional and I want people to think that I'm capable. DEBORAH, 41, EPPING

# Fashion bullies

I'd like to tell women not to talk unkindly about other women. I don't know why they do it. There's room for us all: all shapes, all sizes, all tastes in fashion.
JACKIE, 46, CENTRAL COAST

Girls especially should not be pressured and bombarded with how they should look in order to fit into today's society.
POCAHONTAS, 28, SYDNEY

My parents pushed an anti-sexualisation message. As an adult, I feel like I'm doing something wrong if I want to dress in sexy clothes or accentuate my physical assets. SARAH, 35, EPPING

My mother always made me cut my hair and dressed me as a boy or a geek. I still don't feel comfortable dressed like a girl – and I soooo want to. MONIQUE, 47, MELTON

> ## 'If the man in your life tells you what to wear, ditch him quick. He's a controller.'
> VICTORIA, 46, NURIOOTPA

My mum always bought me dowdy clothes like she wore herself. I didn't think I deserved pretty or fitted or feminine clothes :( It took me years to get over it.
MEG, 41, BLACKBURN

Many women in their over-40s feel the pressure to look sexy all the time, as if they have just one final chance to attract the opposite sex. FAY, 60, PARRAMATTA

In a convenience store once a woman physically sneered at my clothes in front of her friend, sniggered and said, 'Oh my god, you look like you're going to play baseball!' 'Yes,' I replied, as if talking to a small child. 'That's because I'm on my way to play baseball.' Pause, turn, walk away with head high, rejoice. KAZ, 47, MELBOURNE

Whoever coined the phrases 'muffin tops' and 'camel toes' should be shot. JACKY, 36, VICTORIA PARK

undies when you bend over, stretch or get out of a car

- clothes with sex images or slogans such as 'Porn Star', or the Playboy bunny logo. Sex workers and women in the porn film trade are so vulnerable to exploitation and tragedy, you might as well create the same effect by dressing as a homeless person.

## MORE INFO
### on fashion mistakes

**badfads.com** Fun US website. Choose 'Fashion' for an uproarious tour. Wait: who doesn't love go-go boots?

### SOMETHING TO SLINK ABOUT: SOMETHING TO THINK ABOUT

If nobody you knew was going to see you for a week, what would you wear? Would you wear any make-up? What about your hair? How different would you look? What would happen if you dressed that way and somebody you know did see you? Would it feel frightening or liberating? Would you just choose to be more comfortable, or take the time to experiment? Think about who you dress for: yourself, your partner, your workplace, friends, fashionistas or strangers?

## Style

Style is not the same as fashion, it's something more personal: a look that suits your personality, creativity, what you do in your life, and your body shape. It's 'you' – what you like, no matter what's in the shops. Many people eventually develop a 'signature style' and stick with it – a way of dressing that's always around the same theme. It could be goth or sporty, boho, hippy, op shoppy, label queen, tomboy, vintage minimalism, work uniforms always, mini-skirt and hoistaway bosoms on a plate, all-black, frothy-girly or you-will-never-prise-these-tracky-dacks-off-me-while-I'm-alive-bwahahaa.

Style isn't something you're born with. It takes some experiments and disasters along the way before you find the signature style that you feel most comfortable and confident in and that expresses who you are.

Finding your style can be such a relief, cutting down on shopping time and morning dress-up tantrums. But if you feel bored or trapped in your style, you can break out and find another one.

##  Finding your style

Feel free to experiment according to your mood, and to mix styles (army boots and floaty frock is a perennial style all on its own). Especially when you're younger, the only rule should be: have fun. You should be able to stay comfortable in your clothes when you walk, sit, stretch your arms up or get in and out of a car.

## MORE INFO
### on finding your style

You won't find much about 'finding your own style' on mainstream fashion and mag sites because they're trying to get you to buy the latest stuff in the shops.

**trinnyandsusannah.com**
**Who Do You Want to Be Today? Be Inspired to Dress Differently by Trinny & Susannah** The women who made *What Not to Wear* famous try on 'bombshell', 'gamine', 'experimental', 'op shop', 'rock chick', 'sophisticate', 'minimalist' and 'high-gloss maintenance'.

**InStyle: The New Secrets of Style** The US magazine *InStyle* has a comprehensive book of hints and photos to help you put looks together.

**thesartorialist.blogpot.com**
**The Sartorialist by Scott Schuman** Photographer chronicles wonderful individuals who dress to the beat of their own style.

**wikihow.com** Search 'fashion styles' for a menu of 'how-to' instructions for various styles.

**Eccentric Glamour: Creating an Insanely More Fabulous You by Simon Doonan** Inspiration for those who feel like outsiders – hey, you're an iconoclast! Full points to Mr Doonan for peppy writing and this marvellously succinct fashion advice: 'Say no to ho.' (He also writes a great column, called 'Notes From the Fashion Apocalypse', at salon.com.)

## CONFIDENCE, CHUTZPAH, ELAN

That devil-may-care attitude that makes anyone look great in anything.

# 👕 Changing your style

A lot of women told me in the Women's Stuff Survey that they felt their style had been set by their mothers, or at a time in their life that's now over, and they felt trapped. They now wanted to break out and try another style.

One way to do this is to drive or get on a bus to a shopping centre a long way away – or in another city when you're on holiday or travelling for work. Go somewhere where nobody knows you. Make sure you're not rushed, and are under no pressure to buy anything at all. This is research. Change into a whole lot of outfits in a style that isn't usual for you. *Don't* buy a whole new wardrobe until you feel you really love something and you've allowed yourself to try lots of new outfits and feel comfy in them.

### A new style for your new size or shape

This may be a matter not so much of changing your image, but changing flattering styles and sizes. Don't leave all your old clothes hanging in the wardrobe. Pack away the ones that don't fit and get a couple of new things that work for you now. If you're ever exactly the same shape and size again, fine, you can get out the old box of stuff. If not (which is more likely), that's fine too. Have your bra size measured again after you finish breastfeeding or settle at a new size and shape – and permission granted to start building your wardrobe again, for the new you.

### Changing your style as you get older

Special hints for a more mature wardrobe cull:

- Reconsider the all-black wardrobe. Black is less flattering as you get older. Pearly or pretty colours may be in order.
- Be realistic about high-maintenance styles or fussy clothes that no longer suit your lifestyle, hair colour or budget.
- Formerly 'ironic' and sweet old-fashioned tea dresses in little spriggy florals (and cardies) may now just look 'old lady'.

## MORE INFO
### on changing your style

**What Your Clothes Say About You: How to Look Different, Act Different and Feel Different by Trinny & Susannah**  Good advice for how to get out of a rut (and what to wear instead).

# 👕 Image consultants

Image consultants can help you work out which colours and clothes styles are good for you. They charge a fee, and can meet you in your home and go through your wardrobe, culling or recommending alterations to get new life out of things, and showing you how to put different outfits together. Other consultants work in department stores and can help you shop. An independent one can come shopping with you, or give you a checklist for when you go on your own. Image consultants can help you with your overall image, or clothes for a particular job or lifestyle or job interview.

## MORE INFO
### on image consultants

**aicisydney.org**  The local branch of the Association of Image Consultants International.

**bespokeimage.com.au**  Australian consultant Imogen Lamport's site. Choose 'Articles', then 'Top Tips'.

**howtolookgood.com**  UK consultant Caryn Franklin's sponsored site. You can send an email query.

# Dressing for Your Shape

Most of the tips about dressing for your body shape or to 'hide your figure flaws' can be brutally expressed, and there have been times I'd have liked to slap Trinny or Susannah for their barge-in-and-grab-a-breast-and-let-loose-with-an-insult style, however well meaning. At least they talk about playing up your 'assets', but there's still an underlying implication that every body shape must be disguised somehow. (Taller people should look shorter, shorter people should look taller, wide people thinner, thin people wider.) Sometimes the message seems to be: 'If you're a woman, your body shape is wrong.' Another 'what to wear' TV maven, also a Brit, Gok Wan, talks about celebrating your body, but also segues into disguising hints.

Thanks to these style tipsters, you can study up and practise wearing clothes that make you feel good, instead of worrying that that you're accidentally in fancy dress.

Different styles suit different body shapes, so shop around and see what you think looks good on your own individual gorgeous shape. Here are some common body-shape tips that may help you feel more confident in your clothes: they're not compulsory and you don't have to follow them.

## 👕 To compliment a shorter body

Go for high-waisted, straight-leg pants that finish as close to the ground as possible, a little heel on a slightly pointy-toed shoe, longer skirts, one colour from head to toe.

## 👕 To compliment a taller body

Horizontal lines and a mix of colours are a fine look for you, as are low-waisted pants, layers, flowing dresses and coats. If you'd like to give some suggestion of curves, choose skirts that stick out (A-line rather than pencil-shaped versions) or a jacket that emphasises your waist.

## 👕 To compliment a smaller body

Hem sleeves and trouser cuffs to the right length for you and have your clothes altered so they fit you well. Oversized accessories emphasise your smallness. Wear knee-length coats and dresses rather than full-length.

## 👕 To compliment a larger body

You look good in flat-fronted, side-zipped pants and skirts (no pleats), wrap dresses and tops, outfits in one colour, fabrics that are soft and skimming, with a bit of firmness rather than stiffness. Choose well-fitting rather than loose and baggy or tightly pulling clothes.

## 👕 To compliment larger breasts

Choose not-too-low V-neck, wide or scoop tops, dark colours, matte (not shiny) and flat fabrics,

and tailored shirts. Balance your top half with some action on the bottom half: wide or boot-leg trousers or fuller skirts or anything with detailing around ankle level. Perhaps you can pin a hibiscus to your shins. Make sure your bra fits you properly (see later in this chapter) and is supportive. You may feel more uncomfortable about tops with complicated neck lines, or very delicate ones with spaghetti straps or no straps, because they all draw a viewer's eye to your bosomry department. Double-breasted jackets are not good. Check that the buttons between your breasts aren't straining because of bad placement or design. And nothing says 'Hello, Matron' like a high neckline with a bigger bust.

## 👕 To compliment smaller breasts

Choose halter-neck tops, little shoulder straps or no sleeves, tailored shirts. Be very careful about 'padded' bras – they can look like you have four breasts under a tight shirt. Avoid low, wide necklines, and strapless and corset looks.

### STRIPE TROUBLE

The conventional wisdom is that stripes should be vertical to draw the viewer's gaze up and down, rather than making it bounce from side to side. But vertical stripes will do you no favours if they're distorted or stretched by your lovely curves. Avoid any created illusions of a horizontal line chopping across the body, such as wearing a bright red top and white pants; the same can happen with belts or pants cuffs (although belts can accentuate a smaller waist). If you're clever, you can use horizontal lines to your advantage – if, for example, they're wider on the top of your body and get progressively more narrow on the way down. But given the complications, unless you're an expert in optical illusions, avoid stripes.

## 👕 To compliment larger hips & thighs

Choose long fitted jackets, bootleg or flared pants, flowing skirts to just below the knee, a little heel. You may feel more self-conscious in clingy, drapey dresses and skirts (especially in a flimsy fabric), crop tops or tight skirts, and pants with side pockets. Avoid stuff 'cut on the bias'.

### 👕 To compliment a waist

You may hereby enjoy the wearing of high-waisted pants and skirts, belts, coats, jackets and dresses that come into the waist and then out again.

### 👕 To compliment a bigger bot

Choose skim-fitting, lower slung trousers with flat fronts, side zip and no pockets, longer jackets. Tie a jumper around your shoulders, not your waist. Avoid light colours below your waist, and 'too-tight' clothes.

### 👕 To compliment larger legs

Choose dark-coloured tights, skirts that end just below the knee. Good shoes for you: wedges, knee boots and lower heels. Avoid skirts or cropped trousers that end at the widest part of your calves, ankle boots, light-coloured tights, and shoes with ankle and shin straps.

**HOW TO MAKE YOURSELF
LOOK SMALLER**

This was a headline in a fashion magazine. These hints, however, after the first one, are mine:

- Carry a large handbag.
- Carry a Shetland pony.
- Crouch down close to the ground when you walk.
- Stand next to skyscrapers.
- Suck in your cheeks.
- Suck in your eyeballs.
- Sucked in.

 **MORE INFO
on dressing for your shape**

**myshape.com** A US online shop, but you can get info without buying. Choose 'Body Shapes'.

**The Body Shape Bible by Trinny & Susannah**
This satisfying how-to book divides women into common body shapes, and suggests the best outfits for day or night, with accessories, and ideas for altering clothes.

**What Not to Wear: The Rules by Trinny & Susannah** The original. Succinct advice on styles for figure 'problems', available in a mini-book to take shopping. Checklists and lots of pics.

### 👕 Larger fashion

Larger ladies are very cross about their fashion options. The truth is, unless you're a celebrity they can do a one-off frock for, the fashion labels couldn't care less about you. In fact, some actively don't want larger women wearing their label because they think it's bad advertising – most of them cap their sizes at 16, some at 14. Others just don't know how to adjust the cut for a larger customer. Designers and brands that specialise in larger fittings are usually much better at understanding the nuances of the necessary design changes, too.

 **MORE INFO
on larger fashion**

There are lots of private blogs and commercial sites. See Chapter 37, 'Shopping & Spending', for online buying hints.

**blog.twowholecakes.com** Fashion for bigger women and much more clever stuff.

**frocksandfroufrou.com** Melbourne gal dishes about dressing well at the middle and upper end of the size range (above 14).

## How to Organise Your Wardrobe

### 👕 Culling your wardrobe

Before you buy new clothes, do an inventory so you know what you have. There's no point buying a third black cardigan. It's time to get rid of anything:

- with 'pilling' (those little balls caused by friction)
- shiny that shouldn't be shiny (because of an ironing accident or wear)
- with bits of lycra thread poking out
- with baggy bits that won't go back into shape
- you haven't worn for two whole winter or summer seasons
- you won't miss but want to keep (these can go into moth-proof storage).

### 👕 'Shopping your wardrobe'

Is there anything you have in a box or cupboard that will make you feel like you have something new? Dig it out. Or you can take an old jacket, have it shortened, the sleeves chopped to three-quarter length and two vintage buttons sewn on it, and voilà: a new jacket for a quarter of the price (see 'Alterations', coming up).

## ☎ How to have an organised wardrobe

A weekend project can have your wardrobe sorted into seasonal sections, everything arranged by colour, or outfits put together ready to go (that top with those pants). If you want to get really organised, you can hang bra, pants and tights over the hanger as well, all ready to go, and spend five minutes longer in bed in the morning. I have only ever made this work on special occasions (early morning departures) but it's a nice idea. In spring you might like to thrust all your black wintry things to the back of the wardrobe to encourage you to brighten things up.

Here are a few hanging tips:

- If everything is on hangers, you may want to follow the professional costumier's order: singlets, T-shirts, other blouses, tailored shirts, skirts, pants, jackets, coats, evening wear.
- Don't hang knits – they go out of shape.
- Use padded hangers to avoid strange kinks in the shoulders.

## Understanding Clothes Sizes

What size are you?

That was a trick question. Many women in the Women's Stuff Survey said clothes sizes should be standardised, so every size 12 is the same in every shop, but I have some very bad news on that front. We'll all be doing it with Brad Pitt twice a day before that happens.

More accurately, it already *has* happened: in other words, there's a requirement for each size – with bust, waist and hip measurements – but the clothes manufacturers are not legally required to observe it. So they don't. Clothing brands put a size 10 label on a dress that's technically size 14 or 16 because it's a psychological gambit to flatter their customers. The big clothing companies know that women feel 'good' if there's a smaller number on the label and, judging by the responses

to the Women's Stuff Survey, even when women know they're not really size 12, they'd rather buy a 'size 12' fib.

### CONFUSED ABOUT CLOTHES SIZES

Kim: I'm not a size 16, I'm a size 10.
Kath (*raising an eyebrow*): Country Road size 10.
FROM *KATH & KIM* BY GINA RILEY & JANE TURNER

## ☎ How to work out your size

Okay, stop it. You don't have a size. You are not one size – you are several sizes, depending on which brand you're trying on and which bit of your body it goes on.

This means, unless you buy online and you've worked out exactly what size you are in one particular brand, *and* you can return stuff if you need to, *and* you only buy clothes from that brand, *and* clothes in that brand have standardised sizes, there's no way around it. You'll have to try on everything, even if it was the 'right' size for you last time, because brands often change cuts and styles and sometimes even the definition of sizes.

If you always maintain one size, and you often buy clothes from a particular brand, go pop a note in your phone or in your address book:

- In Missy Moo brand, I'm size 12.
- In Big Jeans brand, I'm size 14.
- In Junko Futanabe, I'm size 42.

You'll still have to try things on, but at least you'll know where to start.

## ☎ A three-step plan for solving clothes-size angst

❶ Get out the Good Scissors or some sharp manicure scissors and carefully cut out every size label in every item of clothing you own. Be especially careful with undies and shirts not to leave a sharpish nubbly bit that will scratch – some labels are better dealt with by unpicking the stitching.

❷ Throw out or ritually burn the size labels. You're no longer defined by numbers. Rejoice and caper about a bit.

❸ Every time you buy something new, dispense with the size label at the same time as you take

# Dressing for your shape

## Choosing the right style

Find out what clothing shapes work for you so that you can just home in on them. There's too much choice; the more you know what works, the easier it is to shop and put a wardrobe together.
IMOGEN, 40, DONCASTER EAST

Some clothes are risks I took in a moment of wild body confidence that didn't quite pay off in front of my own mirror.
POLLY, 26, ANNANDALE

### 'Don't wear pants that are too small for you.'
TONI, 29, KYABRAM

I enjoy fashion, but a lot of the time I don't feel like I can quite navigate it or shape it to fit me.
EMMA, 21, TOWNSVILLE

Be aware of your own style, your strengths/weaknesses, what to flaunt and what to disguise! Don't wear something because *Cosmo* tells you to. GEORGIE, 22, MELBOURNE

I buy vintage clothes as they suit my body shape, but I love new accessories from shops. I buy work clothes from regular shops.
EMMA, 30, MELBOURNE

Most fashions don't suit my shape, except the high-waisted look. I think people should dress to suit their figure. Then they know they look great, no matter what's 'in'.
GRACE, 24, MELBOURNE

### 'Don't leave the house in anything you know you'll have to hold your stomach in for! You just end up with a heightened awareness that you don't look as good as you wish you did.'
LIZ, 42, WILLIAMSTOWN

Wearing tights as pants doesn't look good on anyone.
LAURA, 22, HORSHAM

### 'Fashion isn't designed for girls with big bums, big boobs and small waists.'
STACEY, 23, DECEPTION BAY

Actually, I find it hard to tell what my body shape is. My perception often seems skewed. I never seem to fit into those stereotype options, you know, pear-shaped, boyish, big-boobed and so on. I'm just average with a big tummy. Where does that fit?
SELINA, 37, FLEMINGTON

It's hard to find nice clothes that look good on my body shape.
JENN, 28, EDITHVALE

Just because it does up, doesn't mean it fits! SUZI, 42, MT GRAVATT EAST

## Dressing for a smaller body

I stay away from busy prints, being short. GINNY, 56, EMPIRE BAY

### 'I'm quite short so I don't really have a body for the latest trends. I've finally worked out what suits my body shape and so dress accordingly.'
ERIN, 42, ADELAIDE

I don't feel worthy. I can't afford the clothes I really like and don't think they'd look good on a dumpy short person. EMMA, 39, TANUNDA

Fashion finds it hard to make things for a 5 feet 1 inch person with large breasts and small arse. I always have to get stuff resized and reshaped. Drives me nuts.
ALICE, 58, NEWTOWN

## Larger sizes

Plus-size clothes are generally hideous and the colours and fabrics awful. I don't want to wear ugly synthetics. By the way, designers, big girls need big armholes. SUE, 40, NUNAWADING

Why do they make larger sized clothing so awful?! Most affordable plus sizes make you look like you're 60. LIBERTY, 34, MELBOURNE

I am a size 16 and most clothing shops actually stop at size 14. That's their XXL size!
CARLY, 34, BEECHWORTH

### 'Will someone please make larger sizes in materials that aren't fucking floral?'
MARGARET, 50, MURRUMBEENA

Since 60 per cent of the population is supposed to be overweight, why aren't there more attractive clothes in large sizes? LIZ, 53, ADELAIDE

The shops that do make 'fashionable' pieces in larger sizes often don't understand that just making things bigger doesn't always work! KELLYTUBBIE, 39, BONDI

Because I'm large I try to hide as much as possible and wear black 98.324 per cent of the time. Mostly I buy what fits.
ANNA, 47, MAWSON LAKES

Fashion for fat people isn't that nice . . . unless you like a 'full bodice' or 'breast darts' and sequins. CATHERINE, 51, GEELONG

Since I'm a size 16–18, I can only shop in certain stores and I'm not really able to follow most fashion trends. ROSE, 22, CROYDON

How about someone designing wheelchair, big-person-friendly clothes? TINA, 60, ELIZABETH EAST

off the swing tags or other labels, before you wash or put away the garment. (Yes, I used the word 'garment', I can't think why.)

Why should most women have to put up with seeing the word 'Large' every time they put on their underpants, just because the labels are the easiest way for manufacturers to keep track of their stock in shops?

## 👕 International clothes sizes

We've all seen the conversion charts – but they're all so different and manufacturers take no notice of them, so they're pretty much worthless. In general, most overseas sizes are 'smaller' than ours – an Aussie 14 is likely to be an English 12 and a US 10, unless it isn't. Bear in mind the European equivalent might be 44 but in Italy it could be 48. Madness.

## 👕 'One size fits all'

Doesn't.

## 👕 Alterations

Until late last century, most people only had a couple of outfits for work, and perhaps one or two for 'good' or church. Unless you were very rich, you'd make your own clothes, or buy something that you then altered to fit your individual needs.

Now mass-produced clothes are cheaper, and more disposable, but they don't fit us very well. That's because they're cut cheaply to fit as many shapes and heights as possible.

Why do women still feel they have to fit into the clothes? Why do we blame ourselves instead of the clothes? It's not us with the wrong shape. It's the clothes. Everyone hates the 'muffin-top' effect of flesh being pushed up out of jeans. But jeans were originally work gear for snake-hipped men. Almost every woman needs to adjust hem length on trousers, and if you want all your skirts the same length you'll need to re-hem them all. 'Taking in' at a waist is the next most common necessary change, as hips and thighs are often one 'size' larger. Many women are 'short' between the shoulder and bust, meaning they need an alteration to every mass-produced top so that it's not too low-cut.

The secret to looking like our clothes are made to fit us is to learn to sew or go to a tailor or dressmaker to help. When shopping, factor in the cost of any alterations that will have to be made – some shops will hem something for you, but it's better for you to take it to your own tailor or seamstress who can do the alterations after fitting you. They're not miracle workers, though, and it's almost always easier to make something smaller in places than bigger.

Buy things that only need a nip and a tuck – not to be totally reworked. If that's the case you may as well have something made from scratch. This will usually be more expensive than mass-produced clothes but cheaper than very expensive designer gear. You get to choose exactly what you want, and know it's made to last. I have two wrap dresses made from a 1940s pattern by a local dressmaker. They make me look like an extra in a movie called *Escape from Albania*, but I'm very happy with them and they'll last until the final reel.

## Shopping for Clothes

Raise your right hand and swear after me: 'I will follow these Shopping for Clothes rules faithfully, so help me I once bought a polyester jumpsuit.' Please sign, photocopy and keep this manifesto in your handbag.

## 👕 Shopping for Clothes Manifesto
- I will not buy clothes when I'm hungry and light-headed, or exhausted or premenstrual.
- I will start looking at least a month ahead for a special occasion outfit.
- I will not buy clothes when I've lost some weight from illness or a stupid short-term diet, because that weight will be going back on.
- I will not buy something when I'm in a hurry.
- I will not buy something just because it's cheap.
- I will not buy a style that's in fashion but isn't right for my body shape.
- I will not buy on credit (see Chapter 36, 'Managing Your Money').
- I will never buy something I haven't tried on and looked at from every angle.
- I will not buy clothes just because I like the pattern or fabric; I will save that for homewares.
- I will not buy clothes in a colour I like unless the colour 'likes' me.

# 'Most people wear 80% of their clothes 20% of the time'

I probably wear 10 per cent of my clothes 90 per cent of the time. The others are just old, out of fashion or a bit too tight.
LAUREN, 34, SYDNEY

I wear 10 per cent of my wardrobe – 50 per cent doesn't fit, 40 per cent I don't like.
PUSSY WILLOW, 48, ST KILDA

Some need to be ironed – I haven't ironed in years.
MUM TO FOUR NOISY LADS, 41, BERMAGUI

I probably wear about 30 per cent. There's nothing wrong with the rest, I just forget it exists unless it's on my floor. JILLIAN, 22, MELBOURNE

I wear 25 per cent 100 per cent of the time. The other clothes have shrunk in the wardrobe.
JULIE, 49, WODONGA

I don't fit into 95 per cent of my clothes. PIPPA, 52, CANBERRA

**'I have a cupboard full of clothes that I seldom wear but am too afraid to throw out because I've spent a lot of money on them.'**
ANNE, 53, GULFVIEW HEIGHTS

I have a suitcase of shame that contains clothes that are too small for me but I hope to wear again, or clothes that I need more confidence to wear so I hide them away. EMMA, 36, WELLINGTON

Most of the clothes in my wardrobe are either too small or just not practical. LYNETTE, 41, OURIMBAH

I wear 100 per cent of my clothes. I'd love to have more.
PAIGE, 26, BRISBANE

I fall in and out of love with my clothes. MARIE, 37, NEWTOWN

I hate shopping so if I find something I like I tend to wear it to death. DAVINA, 45, MACQUARIE PARK

I purchased them on the advice that they looked good on me when they clearly don't.
MICHELE, 41, ALBURY

**'Some clothes were online disasters, others were moments of madness, others I've grown out of both mentally and physically.'**
CELIA, 56, FOOTSCRAY

My mum or my husband bought a lot of my clothes as gifts and I don't like them, but can't throw them out. MONICA, 32, RINGWOOD NORTH

The clothes I don't wear are the ones that make me feel uncomfortable but that I feel I ought to like. LUCINDA, 37, THORNBURY

I never repeat outfits.
KAZ, 30, ST KILDA

My body changed after my pregnancy, so I'm holding onto my clothes in the hope that I'll be able to wear them again.
YVETTE, 30, BORONIA

I'm a compulsive hoarder!
YVONNE, 34, MELBOURNE

The clothes I don't wear are ones my boyfriend doesn't like – he thinks they're too immature or wacky. VERONICA, 28, CLIFTON HILL

A lot of my clothes are kinda out there and school drop-off is not the place to wear them!
VASSO, 30, SURREY HILLS

I buy a lot of cute stuff in the hope it will fit someday.
JULIE, 40, SAN FRANCISCO, US

I wear my 'cat clothes' so it doesn't matter if the cat moults on me.
JO, 56, MELBOURNE

The ones I don't wear I cut up and make into something that I will wear. CHERYL, 59, BLACKWARRY

The clothes I don't get to wear are what I call my city clothes. There's nothing wrong with them except they don't suit where I live.
CLARE, 50, GERALDTON

I used to save clothes for special occasions but now I think every day is a special occasion and I enjoy feeling good about myself.
ANGELIQUE, 34, PRAHRAN

After I do my washing, I tend to get stuff to wear out of that basket rather than rummage in my wardrobe.
ANDIE, 36, PARKWOOD

## Culling your wardrobe

I only came here with a suitcase-full, so I use all of it.
DAWN, 38, VICTORIA

I moved recently and threw out 80 per cent of my wardrobe, so now I wear 80 per cent of what I currently have :P
NATASHA, 22, FRESHWATER

**'I do a big clean-out twice a year – if I haven't worn it in the previous 12 months, it goes to St Vinnies. I'm a harsh, nomadic minimalist.'**
AMARA, 27, MELBOURNE

The clothes that I don't wear for three months or more get tossed.
KRISTEN, 32, ST KILDA

I've recently culled a whole heap of clothes – six garbage bags full! My new rule: if I buy something then I have to be prepared to give something away.
KATE, 31, BOX HILL SOUTH

Now that Mum's gone on the pension, she loves my regular culls: she gets all the clothes I'm sick of or aren't 'me' any more. She says it's Christmas.
LIZZIE, 48, FITZROY

- I will dress for myself.
- I will not buy clothes as a 'reward' or because 'I deserve it' if I can't afford them.
- I will only buy clothes that are somehow wrong if I'm sure the alteration will be easy and cheap.
- I will not let a shop assistant sway me. I will put the clothes back on the rack and 'sleep on it'.

## ☎ Shop-assistant tactics

Beware of being lulled into spending. Here are some common shop-assistant tactics to make you think they're your friend:

- They'll compliment you on something you're alrcady wearing.
- They'll say the rack you're looking at is all stuff that's on sale, and the sale ends soon.
- They'll try to take the thing you're looking at to the change room for you, even though you're not ready or not even sure you want to try it on.
- They'll say the item you're looking at has been reeeally popular.
- They'll say whatever you try on looks great.
- They'll mention a celebrity who has one, or the fact they've just bought one for themselves.
- They'll faff about fussily, giving a general impression that they're paying attention.
- They'll zero in on what worries you – if you seem to be concerned about your bum, they'll say, 'This one's really flattering on the bum.'

Don't ask me why so many shop assistants look customers up and down and then glance away dismissively. Are there employment ads in a magazine somewhere saying, 'Were you one of the mean group at school? Do you have a great sneer? Come and work in our shop!' I used to think they just did it to me until I read the responses in the Women's Stuff Survey. I presume their bosses don't know they do it.

## ☎ Shopping strategy

In the army it's called reconnaissance – go out and familiarise yourself with the area. Feel the fabrics, look at the linings and see how things are cut. Try some stuff on. Ask the sales staff to explain some of the terms – ask questions such as 'What's the name for this sort of collar?' Find out what you're paying for – it's not always just the name of the label, it can be superior fit, fabric, cut.

Be an inspector: is good sewing cotton used, are the seams finished or raw? Is there single or double stitching, and is it overlocked? Pull gently on the seams: do they hold well? Are the buttons sewn securely? Does it come with spare buttons? Is the jacket lining a natural fabric, or is there no lining at all? Unnatural fabric can quickly develop shiny patches, or become baggy and with little balls of fluff coming off it (called 'pilling': this happens on acrylic – non-natural fabrics – a lot).

Learn how to interpret the labels on clothes. As a general rule cheaper fabrics are the more synthetic ones like polyester. More expensive, long-lasting and better looking fabrics are the natural ones like cotton, linen, silk, bamboo and wool, or modern weaves such as viscose.

Go and look around a shop where you could never afford to buy. Read the labels, inspect the clothes. See what quality is – then next time you buy something where you *can* afford it, buy the best made thing you can in a style you know won't date too quickly.

## ☎ How to buy quality clothes

Everyone says to buy 'quality' but that's hard when it's more expensive. A lot of people have started factoring in the 'cost per wear' – meaning you save up or lay-by a coat or dress that costs a lot but you know you'll wear every week or, in the case of a coat, even every day in the winter.

### MORE INFO
### on shopping strategies

**fairwear.org.au**, **ethicalclothingaustralia.org.au** and **cleanclothes.org** Find out which labels exploit workers or use child labour.

**missyconfidential.com.au** This sponsored site tracks all the latest big fashion sales.

**bargainshopper.com.au** Commercial site with listings of factory outlets.

## ☎ Buying undies & swimsuits

### Hosiery

Hosiery is an old-fashioned term for tights, stockings and socks – in the same way napery means tablecloths and napkins, and haberdashery is

# Clothes sizes drive us mad

It's frustrating to never be able to walk in and pick just one size. CHRISTIE, 37, MELBOURNE

I have 6, 8 and 10 from the same label! It doesn't make sense! I wouldn't buy an item if I had to buy size 12. LINDY, 33, ST KILDA EAST

If you find anything you like in your size, you tend to buy it out of sheer gratitude. BUNNY, 52, LONDON, UK

I've been known to buy some items because they're a 10, not because I love them. JESSICA, 27, MELBOURNE

14 is expected, 12 is a pleasant bonus, 10 is euphoria. I have a barrier at 14. I'll never ever buy a 16 – that to me is failure! SARAH, 36, RUSSELL LEA

I bought size 12 undies so they'd be super comfy. Now they annoy me because they don't represent my proper size, and I don't want people (who?) to be mistaken about how big my bum is. SIMONE, 32, THE BASIN

I spent 10 years working in fashion retail, so I know that some sizes just come from outer space. TRUDI, 33, SCARBOROUGH

I love wearing my size 8 skirt and casually dropping the size into a conversation. JENNY, 45, MURRUMBEENA

## 'I worked in clothing manufacture and remember putting a size 10 label on something I cut from a size 12 pattern.'
MICHELLE, 39, ELTHAM NORTH

The size you wear is *not* the person you are. DONNA, 29, NEWPORT

If they fit in the chest then they balloon at the belly so I look like a schooner – all prow and water sailing into port. SANDRA, 46, JAN JUC

I hate vanity sizing. I feel like it's an insult to my intelligence when I fit into a size XXXS. ALICIA, 24, MELBOURNE

Of course the 10 makes you feel great. The 14 makes you look twice in the mirror. But if it looks better than the 10, who cares? DIANNE, 29, MELBOURNE

The salesperson said, 'Wow, aren't you glad you fit into a 14?' to which I said, 'No, the label is clearly lying.' RACHEL, 37, CAULFIELD SOUTH

## 'No wonder women have body size issues.'
KATE, 29, BURWOOD

I'm 6 feet tall and have long legs and arms. It seems that above a 16, clothes just get wider, not longer. RADIO GIRL, 34, MELBOURNE

Size is a pathetic travesty. Now I know the industry is run by vacuous, greedy, insensitive wankers who completely rely on us being insecure about our size. GRISELDA, 38, PORT LINCOLN

I don't want to be deluded in Target into thinking I'm a size 18 and get to Big W and find I'm really a 24! KIM, 34, EPPING

Frankly I don't care. I bought a size 22 stripy top that I wear as a dress with a belt. BRON, 36, FITZROY NORTH

I think they should sell jeans as 'open-ended' and sew up the hem for you when you purchase them. JESS, 22, ULTIMO

Good fit is much more flattering than the satisfaction of knowing you can still squeeze yourself into an ill-fitting size 10. KITTY, 48, BEENLEIGH

I have a wardrobe full of things I bought on impulse or a whim and then wondered, 'What the hell was I thinking?' CHERYL, 53, ULVERSTONE

I love fabric, and used to sew. I fantasise that I'll spend some time on making my clothes, but I rarely do. MILLIE, 53, BALLARAT

It's sometimes difficult to buy clothes that fit well (especially the chestal region – too flat – and waist is a bit gapey because I have a bum). ROSIE, 32, MELBOURNE

OSFA is short for one size fits all of your left leg. KATE, 39, MELBOURNE

Clothes seem to be made for tall skinny people. I always have to have my trousers taken up. SARAH, 30, RINGWOOD EAST

If you're short you can take things up, but if you're tall you just can't find long pants. BRIDGET, 34, RICHMOND

Can someone *please* make a range of clothing for women who are breastastic fantastic? I either have to wear a size 10 that fits at the shoulders but squashes my boobs, or a size 14 with the shoulder line drooping down my arms. ALI, 33, PRAHRAN

## 'One size will never fit all, and it's just demeaning to anyone it doesn't fit.'
JESSICA, 26, THE GAP

I'd like to be more perfectly in proportion. If I were then clothes would fit better and I wouldn't need to get everything altered. REBECCA, 31, MANLY

As a dressmaker I'm aware of my body measurements rather than a number. JESS, 23, GEELONG

We need to go back to a nice local dressmaker where clothes are made to your size and shape. If I found a good dressmaker locally who was reasonably priced s/he would be my new best friend. INDIGO, 43, WEST FOOTSCRAY

Even if they're the 'right' size they don't fit properly. That's why I sew most of my clothes. MELISSA, 43, COLLINGWOOD

I'm so overweight that I have my clothes made for me overseas. I buy them on the internet. I can probably fit into a couple of store-bought things that say '24' and '26'. MYRA, 35, DANDENONG NORTH

Bring sewing back into the high school curriculum! SUSIE, 44, GALSTON

fabric and sewing doovers. Tights and stockings made for dancers are often more hardwearing. Some brands will last longer than others – ask at a department store lingerie counter which are the most hardwearing ones.

## Knickers

Some undies hints:

- The general rule is keep undies under.
- If you wear a G-string, to avoid lack of airflow, which increases the risk of vaginal infections, make sure it's pure cotton and you don't wear it under tight pants, or tights or pantihose.
- Allegedly 'flesh'-coloured (whose flesh *is* that?) undies won't show through lighter fabrics.
- Buy undies one size up to avoid bulging over the sides of them if they're too tight.
- Several brands now boast 'no seams' or 'invisible seams' but these pants are often very flimsy. Another way to eradicate visible panty line (VPL) is not to wear any P at all.

### LIST OF NECESSARY LINGERIE FOR THE AUSTRALIAN WOMAN

'4 pairs of pants; 2 full-length petticoats – one of them black; 1 petticoat and pantie set for "best wear"; 2 half slips (one slim and one bouffant for party wear); 2–3 summer nighties or pyjamas; 3 winter nighties or pyjamas; 1 warm dressing gown; 1 bedjacket; 1 or 2 brunch coats for summer. Add these if you live in a cold climate: 2 spencers – wool, orlon, banlon or cotton; 3 woollen singlets; 3 pairs of woollen pants.'

FROM *WOMAN'S WORLD*, A 1950S LIFESTYLE GUIDEBOOK

## 'Control' undies or shapewear

This is the new corsetry. A lot of cobblers is spoken about 'shapewear' – the lycra-tight bicycle-short-style undies and slips that hold you in like a one-piece surgical bandage. Other names for shapewear include the cruel 'fat pants', 'control top' pants, stretch knickers and, oh dear, power panties.

These are supposed to firm and smooth the silhouette, stopping wobble and making you look slimmer, although it's the 'streamlined' bit that the manufacturers stress, presumably because if you're a very well-upholstered lady, no amount of lycra is going to make you look like a supermodel

in her prime – unless you fall over at a rock concert and call for more cocaine.

Shapewear that heads towards the knees and looks like bike shorts can be useful for women whose thighs rub together and cause a rash or friction, but shapewear is a disaster for many Australian settings – try wearing tight waist-to-mid-thigh non-breathing pants north of, well, Hobart in the summer and you'll probably have galloping thrush and a sweaty-bum situation within seconds. And even in colder climes, they can be uncomfortable and cause tummy aches.

Now they've turned their attention to creating 'shapewear' for the top half so they can sell us stuff that isn't a bra, to eliminate 'back fat', and all-in-one shapewear that goes from the shoulders to below the knees.

I say, let's be done with it and only leave the house encased from head to toe in a scuba suit, complete with snorkel, with a frock popped over the top as an afterthought.

In reality, the effect of shapewear on a normal woman can be that it holds you in under the shapewear a bit, then bulges out alarmingly wherever it stops, say at the leg holes. Another common problem with 'shapewear' pants is that they tend to roll down like a roller blind from the top, meaning that instead of it sitting up high, the top of the pants rolls down and creates a strange ropey bit around your middle somewhere.

## Bras

Hundreds of millions of dollars are spent each year on ads telling you to buy bras. The lacier and prettier they are, the more the bras cost. Companies get supermodels, singers or actresses to put their names to their bras (and matching undies) in the hope that you'll buy them thinking some of the glamour might rub into your nipples.

But the basic reason for a bra is simple: to stop jiggling and bouncing, especially during strenuous activity. Bouncing breasts can cause pain, be annoying or attract unwanted staring. Some women only feel they need a bra when they're doing bouncy things such as exercising, dancing or playing sport.

Bras don't stop your breasts from sagging when they get older, or from changing shape after pregnancy. There are ligaments that support

# Buying clothes

When I do buy, I often buy the wrong things – I follow my heart (beautiful fabrics and designs), not my head (clothes you can wear to a childcare centre and possibly wear again). AMELIA, 34, RESERVOIR

I think I've sometimes bought clothes for the person I'd like to be, rather than the person I am. MICHELLE, 36, GLEBE

My main beef is the tizzy poor quality and poor fabric of most garments. But then fashion is made to change, isn't it? JENNIFER, 60, MCKELLAR

Buy the best you can afford always, even if you have to put it on lay-by. DIANA, 65, AIRPORT WEST

**'My friend makes my dresses for me and I buy most of my clothes in op shops. I'm great at finding clothes and shoes that suit my style. Designers can get stuffed.'**
MAGGIE, 45, RICHMOND

It's always hard to buy in smallish towns – where shops buy dozens of each item and if you happen to see someone you don't like in something you also own – oh dear. JEN, 61, BOAT HARBOUR

I actually love clothes shopping, but try to restrain myself as I don't *need* anything. VICKI, 42, KEW

Shop for your shape, buy good quality, and count the cost per wear when you're looking at the price. MIXHELLE, 45, MELBOURNE

It's better to have spent $500 on a coat you'll wear a thousand times than $50 on a coat you wear once before it falls apart in the rain. TAMMI, 20, VIVEASH

If you don't immediately like it in the fitting room, don't buy it. BARB, 60, BOX HILL NORTH

Quality seems to be going down the gurgler – even from supposed quality stores – as fashion has become more disposable. TRISH, 36, FITZROY

## Clothes prices

Look everywhere, even men's stores, as basics are cheaper, e.g. pyjamas, T-shirts. ELLEN, 56, EAST BRISBANE

Why do magazines always feature clothes in their photo shoots that no one reading the magazine could possibly afford? ALISON, 38, LONDON, UK

Most clothes prices are a rip-off. ROSE, 59, PERTH

Don't be conned into spending more money than you have on fashionable clothes. If you have to put it on credit, think twice. Even a special won't be a special by the time you've paid interest on the card. MEG, 53, SCONE

I feel bad when I don't buy local or non-sweatshop. I also hate buying synthetics, but they're cheap! LI, 30, BULLEEN

The price of designer labels is obscene – especially since most clothes are made in developing countries where wages and conditions are poor. JENNIFER, 53, PERTH

## Shop assistants

Never trust a shop assistant to give advice on how it looks. They'll tell you what you want to hear. As a shop manager, I used to teach my girls how to assess your 'victim'! NATALYA, 45, CAULFIELD

Don't trust shop assistants who compliment you on a particular thing when you walk into the shop – this is her way of convincing you she has similar tastes and persuading you to buy something you try on. ZOE, 29, PERTH

I get really annoyed by shop assistants in boutiques. I've had to deal with quite a few really rude ones. VICKI, 41, PERTH

**'If your gut says it's just not you, don't buy it, regardless of the very nice girl in the shop.'**
JACQ, 43, MELBOURNE

Don't let sales assistants intimidate you. JACKIE, LILYFIELD

I'd like sales assistants to give me what I ask for and knock off the unsolicited endearments, and not to offer stupid alternatives. JEAN, 82, ALBURY

Every time I try on clothes my worst areas get pointed out by sales assistants. ANUSHA, 35, ST KILDA

If you can, shop with a good friend and don't listen to the sales assistant. DIANA, 65, AIRPORT WEST

## Op shops

I try to use what I have, and go to clothing swaps to get new pieces. Op shopping is fun. For work, I'm strict about getting quality pieces. SARAH, 28, GLEN WAVERLEY

**'Go second-hand – recycle and help save the planet. There are so many fantastic bargains out there!'**
VYVIAN, 49, MARRICKVILLE

I've always dressed at op shops, except for shoes and underwear. I love the idea of dressing away from the expectation of others. GED, 65, BALMAIN

Op shops seem to have a better selection and I'm trying to reduce my carbon footprint. I'd rather have freedom than consumption. MARTHA, 66, HURLSTONE PARK

I buy chain store or op shop clothes and they're fine. CARMEL, 53, LILYDALE

your breasts, but gravity and lack of elasticity visits everyone in the end. Some women with big breasts wear a bra to bed for wrangling and comfort purposes.

Here are some important points:

- **Buying a bra** – Don't worry too much about the perennial 'OMG everyone's wearing the wrong-size bra!' story. A bra shouldn't dig in or leave red marks when you take it off. Choose the doing-up hooks that make it fit snugly around your back, and readjust the shoulder straps after each wash to a firm but comfy close fit.

- **Bra sizes** – There are two parts to a bra size: the chest–back size and the cup size. It's important not only that the cups are the right size for your breasts, but that the bra is not too tight or loose around the back. Adjust the shoulder straps, as the distance from shoulder down to bazoombas varies between women.

  Your breasts can change size or shape (general and cup size) with weight gain and loss, at times when you're premenstrual, and after each pregnancy.

  Some bras are sold as Small, Medium or Large, but most are sold in general clothes sizes (such as women's sizes 8, 10, 12, 14, 16 and so on), plus a cup size related to breast size (AA being the smallest, then A, B, C, D, DD – 'double D' – and so on through the alphabet). This means your size might be something like 10A or 12DD or 14B. As with clothes, the best way to see if a size fits you is to try it on, as sizes vary between brands and styles.

- **Bra fittings** – Ask an assistant in the lingerie section of a large department store or specialist underwear shop to help you work out your size. Sales assistants do this all day long, fitting thousands of women a year. An experienced bra fitter will measure you accurately, make sure the size you get is right, and suggest styles or brands that suit you. Don't be afraid to ask for something cheaper or simpler.

## MORE INFO
### on bras

**bodywise.com.au**  Australian commercial online lingerie site, where you can just look. Choose 'Bodywise Thinking' (for breast and bra info) then 'Knowledge Network' (for links on breast problems, body image, positive thinking and pregnancy), or 'About Us' (for sizing and fitting).

**target.com.au/underwear**  The giant retailer site. Choose 'Measuring Your Bra Size'.

## Swimsuits

Some ideas on bathers, which are not rules:

- If you're of the larger breastular persuasion, get a swimsuit with a bit of support in that area.
- Many if not most women are a different size on the top than the bottom: say, a size 14 top and a size 16 bottom, or size 14 upstairs and size 10 downstairs. Look for stores that have separates in swimwear so you can mix and match.
- Too-brief or high-cut bathers can show some tufts of pubic hair – in most cases it's easier and looks better to get a slightly better cut in the swimsuit that covers it up (or a 'boy leg' style or board shorts), rather than trying to remove all the hair, unless you really struggle with a foresty situation down there.
- The most important rule is – get what you like that fits you and won't fall off when you dive in or slip off when you swim or turn or get hit by a wave.

### THE QUICK FIX TO WORRYING ABOUT HOW YOU LOOK IN A BIKINI

There's never been a simpler solution to anything in the history of the world. Pick one: if you're worried about how you look in a bikini, take off the damn bikini and wear something else; or stop caring.

A bikini is a bizarre item of clothing. It's neither comfortable, nor sensible, nor even beautiful, most of the time. It tends to come off or go skewiff if you dive, swim, splash, jump or flicker an eyebrow. From the front, it's pretty much three small bunting flags affixed to your body, which draw the eye to the exact three bits of the body you're purportedly trying to hide: pubic hair and two bosoms. It exposes so much

# Undies, swimwear, shoes & handbags

I always seem to need a size or two bigger in underpants than my dress size, or they're just not comfy. VANESSA, 35, ASQUITH

If I had the choice between great lingerie and a great dress, I'd go for the lingerie. It has nothing to do with sex – it makes me feel good having something lovely right next to my body. KATHY, 42, ABBOTSBURY

Tummy slimmers are uncomfy if you're big around the middle. They're hard to put on and when you sit down it feels like everything is being pushed up under your chin. HAILEY, 27, BRISBANE

> ## 'There's nothing comfortable about big-size underwire bras and suck-your-gut-in undies.'
> JODY, 38, ELANORA

I know I wear the wrong bra size. I got fitted once in a department store but the woman was useless. How can you measure yourself? LAUREN, 25, BURPENGARY

At the beach I keep my top on and don't go swimming if friends are around (because I don't look good in bathers). JULES, 41, ORANGE

I don't look like Elle in a bikini and I don't care because that doesn't stop me snorkelling. KK, 32, BRUNSWICK

I have a very comfortable pair of shoes. I nearly have nightmares about them wearing out (they're eight years old now), so they're carefully polished and looked after. DAWN, 76, WANGARATTA

Shoes – yum. I have a special 1920s oak filing cabinet for them all – it holds about 40 pairs and I do wear 80 per cent of them! MARY, 55, CURTIN

I recently paid $600 online for a pair of boots from the US. I love them like children. LILLY, 29, THORNBURY

My shoes are works of art and it almost pains me to wear them in case I ruin them. They're all on display on shoe racks. VICTORIA, 48, SYDNEY

I buy comfortable shoes because I wear orthotics. The brand has updated their range, which is great because now I don't have to wear 'granny shoes'. SUE, 45, CARRUM

What's with the whole 'shoes' thing? I hate that stereotype. How vapid. BROOKE, 26, ST KILDA

Current shoe styles tend to fall into the torture category. I like to be able to walk without assistance. MELINDA, 55, MILWAUKEE, US

I have a massive shoe fetish, leaving all my shoes in their original wrapping, tissue paper, silica gel packets and all. I clean my shoes after every wear. BELLA, 18, CENTRAL COAST

I love shoes but have to stick to flats unless I'm going somewhere I know I'm going to be sitting down most of the night. KYLIE, 37, BOX HILL

Shoes and hats are my obsession. I think they're the top and tail of an outfit. Plus they always fit you and you always fit in the same size! MEGAN, 26, MELBOURNE

> ## 'Even my slippers have heels.'
> BARBARA, 61, MELBOURNE

I just cannot wear high high heels. I just can't do it, no matter how cute they are. The fear of breaking my ankle is too high. AMY, 28, SYDNEY

Unfortunately when I was young I wore stilettos and now my feet are not in good shape. BARBARA, 66, RINGWOOD EAST

I really want to own a pair of Jimmy Choos and Louboutins. I need to save for like ever though! I'll get there one day! RHIANNON, 30, BLI BLI

I hate high-heeled shoes so much. I hate this obsession with them. Why would you prize something that turns you into a sex object/victim? I'm not interested in that nonsense about it being empowering. EVE, 24

I *love* handbags. I have about 40 – I always want another one. I keep thinking that I'll find the perfect one, one day and then I'll stop. JULES, 37, RYE

I really like handbags – they're so non-judgmental. MEALLIE, 42, MACKAY

I hate using the same handbag twice in a week. JAYE, 21, SYDNEY

> ## 'The idea of being obsessed with a handbag is absolutely baffling.'
> PHILIPPA, 56, LONDON, UK

Because of neck issues I've had to change from big bags over the shoulder to smaller compact bags held in my hand. GLORIA, 50, SYDNEY

My handbag is a nappy bag. I have more important things to spend my money on. But I'd buy them if I could. NATASHA, 30, HERVEY BAY

Don't have the same handbag for more than three months coz then people might think you're like poor or something. I go to a private school so all that stuff is pretty big. KATIE, 17, NEWCASTLE

I don't understand why people will pay $500 for a handbag when they can get a similar one for just $50. SALLY, 21, DONCASTER

Designer handbags are a waste of money: they're often poorly made, and look nouveau riche and wanky. ALI, 33, PRAHRAN

Women who spend thousands of dollars on handbags at the expense of their savings/super or mortgage are idiots. ROBYNE, 45, SYDNEY

Attitude is probably the best accessory. NICKY, 38, PAKENHAM

else of your body you might as well be naked or put the three triangles elsewhere on yourself: say, as an eye patch, a sticker to cover your tummy button and your left knee.

A bikini is impractical for swimming, a stupid idea for 'tanning' purposes because of strap marks (even if tanning were a good idea, which it isn't), a weird thing to wear to stand still in, and inadvisable in case of movement while wearing.

If you love wearing a bikini, get out of this paragraph, there's nothing to see here. Pop off and pop one on. I'm not saying you shouldn't ever wear a bikini, I'm saying it's not only not compulsory, it's questionable. So if you fear looking 'bad' in a bikini, and dread trying them on, buying them or wearing one, don't focus on the feeling bad, focus on the not wearing one. Problem solved. Get into a one-piece or a caftan, or a bikini or a three-piece suit – but go and feel the sea and the sun and the breeze on your body before it's too late.

## MORE INFO
### on swimsuits

Department stores will have some specialty suits.

**landsend.com** US online clothes shop: choose 'Swim' then 'Women', then 'Shop by Fit Solution' or 'Special Swim Sizes'.

**swimweargalore.com.au** An Australian commercial swimwear store with specialist fittings for mastectomy, larger cup and general sizes. Choose 'Ladies' or 'Shop by Shape'.

## 📣 Buying shoes

Here are some general shoe hints.

### Get fitted

You do it for your bosom, do it for your toes. Go to a proper old-fashioned shoe shop or department store during a quiet time, and have a chat with a knowledgeable and experienced assistant who can measure your feet. Find out precisely what size you are, as shoe sizes can change slightly – or even by a size or two after pregnancy or weight gain (due to the weight pushing down and flattening out the foot) and as you get older. Find out if you have a narrow or broad foot, which foot is slightly smaller and by how much, and ask which shoe styles are best for your type of foot.

### Flat shoes

Flat shoes can be unsupportive and cause problems, especially if they're thongs or sandals. Also, going between high heels and flat shoes can mean your tendons have to keep adjusting, which can cause pain or long-term damage.

### High heels

Watch any Oscars or other Hollywood awards ceremony. See those women, tottering along, marooned at the top of stairs and having to be helped up or down as if they're disabled, using men in tuxedoes instead of walking sticks? They *are* temporarily disabled: by their shoes.

The shorter the skirt, the flatter the heel should be (a fashion 'rule' you don't have to listen to). If you're not comfortable and able to walk confidently in your shoes, don't wear them. (I look like a drunken trainee drag queen in high heels.) Don't wear really high heels or high heels every day: they damage your feet and toes, resulting in bunions and eventually even deformities, and cause foot and ankle injuries (from falling or 'going over' on your ankle). At the very least, don't wear them for more than a couple of hours. And don't wear them because you think all guys love them. They don't. And the ones who do love them can try high heels for themselves.

If you're wearing high heels and driving, stop. You're better off in bare feet.

If you like the look of high heels, think about how high the heels are and how often you wear them, and try to inject some common sense before your feet need surgery or you're in pain every day.

For more on high heels and foot health, see 'Feet' in Chapter 12, 'Health Maintenance'.

### SHOE SIZE CONVERSIONS

Shoe size conversion charts are nonsense. You just have to try shoes on – it's as simple as that – or always buy the same size in the same style in the same brand from the same online shop, after working it out by trial and error. You may be a 9 in Australia, an 8 in the UK, a 10.5 in America, and a 42 in Europe, or you may not.

## 👕 Accessories

### Designer handbags

If you want one great handbag you're going to use every day, then you can afford to splurge a little more on it. But *thousands* of dollars? The idea that Victoria Beckham has hundreds of thousands of dollars worth of handbags doesn't make me feel envious, it makes me feel nauseated.

### Spectacles

Check out frame styles carefully before you choose. If you need prescription lenses, ask about extra features like UV protection (from harmful sun rays) and scratch-resistant coatings. Don't be conned into buying expensive designer frames if the perfectly decent ones from the pharmacy or bookshop are all you need. See Chapter 12, 'Health Maintenance', for more info on eyes and vision tests. For what you need in sunglasses, see 'Sun & Skin' in Chapter 6, 'Skin'.

Some general hints on complimentary specs for various face shapes:

- round face – choose square or rectangle frames
- squarish chin-line – try oval frames
- narrow face or pointed chin – choose wide glasses
- bold features – try bigger or brighter frames.

 **MORE INFO**
**on spectacle frames**

**lenscrafters.com** From the main page of this commercial site, choose 'Style', then 'Face Shape' to upload your own photo and play with recommended styles for oval or round faces, and pointy or square chins.

### Scarves

Scarves and bandanas range from the cheap and cheery to the preposterously expensive.

 **MORE INFO**
**on scarves**

Video websites have plenty of 'how to' fashion stuff: search for a specific garment or idea, such as 'the Liberty way to tie a scarf'.

## WHY IS PERFUME FREAKISHLY EXPENSIVE?

You're mostly paying for the label name, the packaging and advertising campaign, and the celebrity endorsement. Otherwise the perfume would cost less than $20 instead of more than $100.

It's the marketing that's really ramping up the cost – all those full-page ads in mags don't come cheap, not to mention putting on a runway show complete with high-paid supermodels going A-over-T near the smoke machine in a filigreed wimple made of toffee with matching kitten-skin jodhpurs that nobody will ever buy (teamed with yellow eye shadow).

Perfume ads are terribly expensive because somebody decided they can't just have an ad saying 'It smells quite nice'. They have to turn the camera onto black and white, and get in some shadows, and some very expensive photographers and directors called Baz and actresses with 'classy' reputations, who will then be herded about and forced to get into a long gown made of 678 metres of tulle and charge up and down stairs in a colonial railway station with a gay man sporting a five o'clock shadow in an attempt to look a bit more butch. We've all been there, girlfriend.

Or the model is naked, bathing in an endless ocean of gold (or grey if we're still in black and white), or somebody is looking at a horse, or falling over onto a wave. They have to get a consultant to find a name for the perfume: a noun (Obsession, Eternity, Envy, Passion, Velocity) or an adjective (Beautiful, Clean, Pure, Unforgivable). Verbs are too expensive one imagines, and, yes, all those perfume names are real. Then they have to pay somebody to whisper the name of the perfume into a microphone, and a celebrity to stare into the middle distance for the magazine ads. It's baffling! It's art! It costs about $8 million! And that's why your perfume costs a freaking fortune.

# CHAPTER 5

# Hair

Who are those hair models in the shampoo ads, with their shiny shiny hair that they shake at us, as they undulate in slow motion, and what are they on? 'I am luxuriating in my hair, my beautiful hair, waggling my head slightly so my hair jounces and bounces, and waggles and weaves. I am all about the hair. OMG, MY HAIR! I'm worth it and I look like I just stepped out of the salon! Look, if I bend over sideways it's a waterfall of fabulousness. All right, it's not really all my hair, it's extensions, sprayed with a reflective oil and enhanced by computer special effects. But I shall waggle it again.'

This chapter's all about what you can believe in shampoo and conditioner ads, whether organic makes any difference, which ingredients might be dangerous, what to do about hair loss, eyebrow topiary, the lowdown (and brush up) on body-hair removal and which methods can get you into trouble, and the implications of a decision to deforest your map of Tassie.

# Hairdresser heaven & hell

The personal details I've told my hairdresser would make my fiancé's hair curl! JENN, 28, EDITHVALE

I've never quite understood the whole 'hairdresser as therapist' thing; I just want them to cut my hair and be quick about it! LEONIE, 38, SYDNEY

I have a friend who cuts my hair in exchange for me cooking her family dinner! JODIE, 30, NEWCASTLE

### 'I always feel a million dollars after having my hair done.'
RACHEL, 30, YARRAVILLE

Finding a decent hairdresser is more difficult than finding a decent husband. KARIN, 34, GOLD COAST

I don't know what to ask for at the hairdresser and I feel embarrassed and vain going there. JANE, 39, CAULFIELD NORTH

I never go to the same hairdresser twice, because I can't stand that relationship and all the pressure to come in regularly and never get my hair cut by someone else! My romantic relationships aren't even that fraught! LAURIE, 25, BRISBANE

I only go to my regular hairdresser, because if I go to a strange one they make me feel like crap, saying, 'Where's all your hair? Gee, how thin is your hair?' I usually leave crying. LEE BEE, 43, NORTH ROCKS

I cut my own fringe. If I had a major hair disaster I'd just shave it all off. It's only hair. CINDY, 34, KARINGAL

Hairdressing salons never do what you ask. My husband trims the back of my straight hair and I cut the front. It doesn't look terrific, but it's better than paying $50 for a disaster. SHERYL, 54, COUNTRY NSW

It's obscene what some women will pay for a haircut. LISA, 45, BATHURST

I've found a fab hairdresser who works from home, is much cheaper and nicer than a fancy salon and does a fantastic job. BEC, 35, BULIMBA

Why do hairdressers kiss you and act like they care about you but completely ignore what you asked for? JULIA, 35, MELBOURNE

I object to paying extra to have my hair dried. Why do I have to pay so they can see if they've done a good job? SALLY, 36, CARNEGIE

My hairdresser is the love of my life. He's been there for 20 years now, my longest ever relationship. KATE, 37, PARKDALE

### 'Just make it shorter, I dunno, you're the expert. You don't tell me how to program computers, do you?'
ROBYN, 41

I'd rather cut my own hair. It all grows back so I don't really care. ARIA, 22, PERTH

I'm Muslim and it's almost impossible to find appropriate hairdressers (women-only salons, without clear windows where the public can look in), so I get my hubby to do my hair. MYRA, 35, DANDENONG NORTH

I'm a hairdresser, so my hair must look good all the time. I use supermarket shampoo, but professional conditioners. I have my hair tinted every four weeks to cover white hair. ALANA, 25, RIVERWOOD

I love my barber. He's totally cool with me having hair like a 'boy'. I love his traditional barbershop. SKALADY, 43, ANNANDALE

I've been going to the local TAFE and spending $8 to get my hair shampooed, cut, straightened and blow dried. COLETTE, 27, MACKAY

My 12-year-old son cuts my hair. I wash it, give him a pair of scissors and say 'cut along the top of the towel'. One of the perks of having wavy hair is it doesn't matter if it's not cut neatly. BETH, 32, GOSFORD

It's such a chore to sit in the chair and have them waffle on. HELEN, 43, CARRUM DOWNS

I only go to cheap student hairdressers about one hour before closing. They do a great job! LI, 30, BULLEEN

I have highlights two or three times a year. The cost is outrageous – $350 a go. JO, 46, WAHROONGA

I fly from Sydney to Melbourne for my hairdresser. No shit. He's worth it! SAL, 29, MANLY

My husband would have a coronary if he knew how much it cost. CASS, 36, ROBINA

I have a daughter who's a hairdresser and she saves me a fortune. Without her, I think I'd spend $4000 to $5000 on my hair a year. JULIE, 50

I pay $1000 every six months to have my hair chemically straightened, and $195 every eight weeks to have it cut and dyed. I buy $80 shampoo and conditioner. Still, everyone tells me I have beautiful hair. CHARLOTTE, 35, WHANGAREI, NZ

### 'I've never been to a hairdresser because I see it as a waste of money.'
MELANIE, 25, GIPPSLAND

Women's hairdressing is such a con! JANE, 46, MELBOURNE

My husband's hair costs him $13 for a cut, my hair costs $50, the dog costs $55. DIANE, 48, GRAFTON

I don't care about how much I spend, as long as it's good. SISSI, 52, CROYDON

## GREY HAIR

Everything you need to know about grey hair is in Chapter 9, 'Looking Older'.

## Women & Hair

Why do we care so much about our hair? Because a 'bad hair day' really can make us feel bad about ourselves. Because the way we do our hair tells something about us, just as our clothes do – unwashed, messy hair with a knotty bird's nest from pillow friction sends a different message from artfully arranged messy hair carefully scrunched and sprayed in the salon.

Blonde with a tan is a certain look. Going grey, or red, or purple has something to say, or shout. A razor-cut bob is a statement. A beehive is an exclamation mark. And for some people, with hair that's always groomed and styled professionally, it's a bank statement. *Grazia* magazine once mentioned an editor who spent $150 secretly at the hairdresser each week for styling. 'And her husband has no idea.' Good luck with that marriage, there, Bouffy.

Magazines and websites bang on about hair, as if it was a United Nations level conundrum. This is because the advertisers demand 'support' for their ads – enough 'editorial' (writing) around the ads to give them extra value, prominence and importance. You may also have noticed tedious interviews by 'journalists' with hairdressers, often the journalist's own hairdresser. Or a hairdresser the journalist could not normally afford, but gets to go to for the purposes of doing the story.

Your hair is dead. Dead, I tell you! That means that anything claiming to 'repair hair' or change the structure of it is being 'economical with the truth' – in other words, lying through its teeth. A good hair day is a tonic, but a bad hair day isn't a tragedy. Yes, you may have bus hair, or hat hair or, even scarier, a just-cut-very-bad-hairdo day. But it doesn't ever look like the end of the world. For that you need a movie director, the special effects and animations studio Animal Logic, about $156 million and Tom Cruise.

## Why do we spend so much on hair?

Because it's hard to do it ourselves so it looks the way we like it. Because they can get away with it. Because they're paying for the rent of the salon, equipment, staff costs and the apprentices, too. Because we're scared of having bad hair. Because our hair helps express who we are and so we care a lot about it. Because woman have been 'trained' to get used to paying so much whereas most men wouldn't see the benefit.

## What Affects Your Hair

### Hair & hormones

Aside from genes, the thing that most affects hair is hormones. Dermatologists and endocrinologists (hormone specialists) don't know exactly which interplay between or 'magic level' of which hormones will cause you to lose or grow more hair. Pregnant women often have hair that grows quicker and thicker, or it looks thicker because natural oils are bouffing it up and less hair falls out: your nails are often stronger during pregnancy, too. Some women lose some hair in patches three months after they go off the Pill, or after giving birth, but it grows back. Hair also can be noticeably thinner around menopause and afterwards (see 'Hair Loss', later in this chapter). Menopausal hair can suddenly look dry because the oestrogen has gone, meaning less oil in the body generally.

### Hair & nutrition

I can only presume the magazine that published an article saying greasy hair is caused by fried food simply hired someone who makes stuff up. The oiliness of your hair is about your hormones, not your digestion.

Nutrition for hair has to come from within. Putting vitamins and minerals or protein or food products on your hair won't change it at all. A scientific analysis of hair (and, often, fingernails) can show periods of not enough good nutrition, as well as hormone surges, drug use and illness, all of which affect the growth and health of these protein-based parts of you.

# Colour, curls & hair products

I hated it as a kid. Being a redhead meant that there were a lot of comments from old ladies in the supermarket – but now that I'm older I realise just how unique it is :-) MICHELLE, 29, BROWN HILL

I've been dyeing my hair red for 49 years. ANNIE, 67, SUNSHINE COAST

People are always surprised when I say I colour my hair from a box. JESSICA, 23, PERTH

Don't colour it yourself! I've seen so many disasters from home jobs! KAFWEN, HAIRDRESSER, 48

**'I try to do my hair colour at home. I'm hopeless at it and it looks crap, but I can't justify spending over $150 every six weeks.'**
SAMANTHA, 33, WATSONIA

My hair is thick and curly, but it's been turning grey since I was 18. I've dyed it black since then. It's now almost completely white at the roots. KATE, 37, MELBOURNE

After a very bad dyeing experience, my mantra about dyeing your hair is enhance your colour, don't change it! VICKI, 36, BRISBANE

My hair is green this week. I gel it into spikes. This keeps it out of the way and is also awesome. I use a vegan hair dye and go to the hairdresser once a month. TAK, 22, MELBOURNE

I've been lightening my hair since I was 18 and I don't really know what colour it is now. GWEN, 59, ELTHAM

I'm 47 and I've never coloured my hair. It's a waste of time. DIANNE, 47, FERNY HILLS

I'd love to dye it purple and cut it all off, but my husband likes boring old long blonde. RACHEL, 36, BRIGHTON

A number 2 buzz cut was the best haircut I ever had, but I never got chatted up! NIQI, 38, ELSTERNWICK

I recently had a bad haircut. It destroyed me. A month later it's still mutating, and every new day brings a new surprise! SARAH, 48, BRIAR HILL

My hair is huge, huger than my arse. Big, I tell you. I had a pen stuck in my hair for a week before I found it. MA NEATER, 39, BRISBANE

Sometimes I wonder whether my artificially light blonde hair makes me seem ditsy. ZOE, 23, BRUNSWICK

I'm treated better in public when my hair is fuller and blonder. CAROL, 53, COLORADO SPRINGS, US

Hairdressers are always telling me to blow dry it and straighten it and I go 'Thanks, just a trim' and then get on with my actual life. KATE, 31, MELBOURNE

My hair's naturally curly, but I've straightened it for the last six years. Nobody who's known me since knows I have curly hair! It makes me feel far more glamorous than curly hair! CANDY, 38, MELBOURNE

**'The day I let my curly hair win was a good day.'**
ASH, 32, PERTH

I don't like my straight hair. I have it permed three times a year at about $70 a time. TOPSY-TIFFANY, 27, DONCASTER EAST

I won't leave the house without washing my hair and setting it with my hot rollers. ALLEGRA, 70, TRIGG

I wouldn't go anywhere without a hair straightener. SHOSHY, 18, YASS

I go to the hairdresser once a week. My hair looks great each week and I don't have to buy shampoo. LORRAINE, 41, FAIRFIELD

I let my gorgeously gay hair lord sell me expensive shampoo about 50 per cent of the time. ANON.

I refuse to use supermarket hair products. The salon stuff might cost more, but it's totally worth it. ERICA, 29, GEELONG

I'm confused – is there something amazing in the $50 bottle of shampoo that isn't in the $3 bottle from the supermarket? KATE, 28, BLACKBURN

I probably spend about $200 a month on hair care products. COURTNEY, 20, BANKS

**'My mum buys me shockingly expensive shampoo every Christmas, which I try to stretch out for the whole year.'**
CLEM, 36, DEE WHY

I buy supermarket shampoo and conditioner and always look for anything on special that doesn't smell like a kids' lip gloss. ALICIA, 30, WUDINNA

I have dreadlocks. I wash them about once a week with an organic tea tree and aloe vera (non-foaming) shampoo. ANNA, 31, ELTHAM

I buy cheapy shampoo from the supermarket. It works as well as the expensive stuff I used to buy. DONNA, 42, HAMPTON PARK

For 12 months, I've followed the no-shampoo regime – it's great. SUSAN, 56, BULAHDELAH

I rarely wash my hair, *never* blow dry it, and I dye it about once every five years. I can only assume it thrives on neglect. CLARE, 43, MELBOURNE

My hair is washed at least once a day. Twice if I'm going out in the evening. KASEY, 31, LEARMONTH

## BAD HAIR DAY FIXES

- Pretend it's meant to look like that.
- Scrape into a ponytail, put on bright lipstick or circus pants, act drunk and hide behind the couch to draw attention away from hair.
- Stay home.
- Wear a baseball cap, hat, bandana or wimple.
- In a dire social or professional emergency: take your lunch hour, have a shower and do your hair at work, or book in and have professional hair wash and blow dry at nearby salon. Then cancel holiday due to cash crisis.

## What Damages Your Hair?

### Sun

Sunscreen does not work on the hair because nobody's worked out a way to make it stick properly. You can temporarily protect your hair by smearing sunscreen all over it. But that would be expensive, and make your hair icky. The only way to protect hair and scalp from the sun while not spending a lot of money is, as all the best gossips promise, to keep it under your hat.

### Heat

Constant or full-on use of hairdryers, hot rollers, straighteners, tongs and similar hot devices dries natural oils from your hair.

### Drag

Using hair straighteners, pulling hair into tight buns or ponytails, dragging a comb through and snagging, or otherwise pulling hard can break the hair. Hairbrushes can tend to pull and stretch hair too much, especially round styling brushes and metal combs and brush bristles. Most hair folk recommend you comb gently, after conditioning. The backcombing technique is a killer because it scratches away at the surface of the hair, often scoring, breaking or stretching and bending it.

### Salt

Sea water doesn't do anything terrible to hair; it just leaves some of its natural chemicals and minerals behind, including salt, which can make your hair stiff until you wash it again. Some hair companies try to replicate this to create an attractively messy 'summer' or 'surf' look with something in a spray or gel, complete with 'salt spray' smell created by a molecule recipe. It's cheaper to stick your head in a wave, if one's available.

### Chlorine

Chlorine and other chemicals in pools can dry out hair and give it a greenish tinge, especially if you're blonde or have white hair. The person recommending on websites that you counter the green shade by putting tomato sauce in your hair is unhinged. Wear a waterproof cap instead.

## Hair Types

'Hair products' used to mean one thing: soap or 'shampoo'. Then came conditioner. Then came 'oily', 'normal' or 'dry'. Then came 'coloured', 'damaged', 'sensitive', 'wet-look', 'dry look', 'volumising', 'anti-frizz', 'curl-care', 'straight-help', 'de-caf' and 'skinny latte'.

Don't worry too much about your hair type, because it's usually not a problem. If your hair looks oily, you wash it – doesn't matter whether it's a 'type'. And your hair might be dry but probably won't be 'too dry' (unless it's affected all the time by the sun, dyeing or hot hairstyling devices).

### Frizzy hair

Some people fight the frizz, others don't find frizz frazzling. For more see 'Shampoo & Conditioner Claims', coming up.

### Blonde hair

Many people who have blonde hair when they're little go slightly darker every year until their heads explode (not really – just wondered if you were still paying attention). Blonde hair is associated with youth. And blonde jokes. You win some, you lose some.

### Red hair

I have nothing to say except some people with red hair get cross about it or may get teased at some point (usually out of envy or serious stupidity); meanwhile, millions of women are buying stuff to make their hair red. Carry on.

## ᜠ Curly hair & straight hair

Your hair is straight or curly because of how it grows out of the hair follicle. That's decided by genetics.

### Curling & straightening hair

Both methods work by damaging the hair. Curling is caused by kinking and bending the hair, drying wet hair in certain pulled positions, or with chemicals. Straightening works by heating the hair and 'ironing' it. Some conditioners are supposed to protect hair from the heat of hairdryers and straighteners, but if the conditioners really prevented all heat damage, the straightening or curling wouldn't happen.

For reasons doctors don't understand, hair can go curly after being straight for years, and the damage caused to hair follicles by chemotherapy can cause hair to be different when it grows back.

### Perms

This is the shorthand name for 'permanent waves', made by chemicals that are applied to artfully damage your hair. It's expensive, it uses a lot of strong, stinky chemicals and if it goes wrong you're stuck with it until it grows out or you cut it off. It can also make you look like a poodle.

### Hair rollers

Rather than trying a perm, you can experiment with cheap Velcro curlers: you wind damp hair around them and wait for it to dry. Habitual heated-roller use can dry your hair out.

### Hair-curling tongs

When Victorian women heated their tongs in fires and used them, sometimes they singed and then burnt a hank of curl right off or set fire to their voluminous skirts. Not so much danger of that any more, but do be careful not to burn yourself, and avoid repeated use because it'll dry out your hair. If you have a chance, get a professional to show you how to curl your hair using your own tools.

### Ironing hair

*Never* try to iron your hair with a household iron. It's a really quick way to sizzle your hair right off and cause burns.

### Hair straighteners

Good electric hair straightener tongs are expensive. Borrow some for a while if you can, to see if using them regularly suits you and your lifestyle, and try to get a professional to show you how to use them. Being straightened all the time (with tongs or chemical products) will make your hair very dry and brittle, and may result in some of it breaking or falling out.

## MORE INFO
### on different hair types

**blackhairinformation.com** Tips for people of African heritage on loving and dealing with their hair.

**Good Hair, DVD** A documentary by comedian Chris Rock about the industry around African American women and the relationship they have with their hair.

## Hair Products

Although some very cheap hair products can make your hair look and smell bad, supermarket and pharmacy stuff is perfectly fine, and is made by the same companies that make the 'salon' stuff, from most of the same ingredients. Salon products are a waste of money when you can find something much cheaper in the supermarket or pharmacy that gives the same effect.

Salon products are a way for salons to make more money – not a way for you to make your hair look any better. It's the skill of the hairdresser that makes you look good when you leave the salon, not some magical ingredients in the conditioner. That's why you need to be careful when you take a photo of a celeb and say, 'I want to look like that' – because what you're really saying is, 'I want a style cut by a world-renowned hairdresser that needs the most expensive styling products, a top stylist and digital tweaks before it looks like this.'

Because your hair's dead (all dead), the shampoo you wash it with just strips out the oils ('cleans' it). Then conditioner adds a coating to the hair that makes it easier to brush or comb and less frizzy or flyaway. It isn't any more complex than that, although marketing would have you believe it's all teddibly technical and brilliantly calibrated to 67 different hair types and so scientific and yet organically natural.

Shampoo and conditioner combos are hopeless. A shampoo needs to get stuff off your hair; a conditioner needs to put stuff on. Combining them in the one bottle means you neither wash nor condition your hair properly.

Hairstyling products, whether mousses, gels, waxes, serums or whatever they're called this week, are mainly a way of getting sticky stuff into your hair to help it hold the shape you dry or drag it into. They don't do anything to change your actual hair (dead, I tell you) and will wash out with the next shampoo.

## HOW OFTEN TO WASH YOUR HAIR

Some people try an experiment in which they never wash their hair. After several weeks, the oiliness from the scalp is distributed through the hair by brushing, and it no longer looks greasy. Very few people can get this far, though, and fewer still stick with it, as washing is still the best way to get out dust, city pollution and smoke smells. Some people wash their hair every day, which is usually overkill, and can lead to scalp itchiness as natural oils are consistently stripped out. The general consensus is to wash hair every few days, or when it looks dirty.

## Shampoo

To wash your hair properly, shampoo has to have a detergent effect.

### Try cheaper shampoos

- Choose shampoo on sale if it's a reputable brand. (Check the bottom shelf at the supermarket.)
- Salon buyers are paying for packaging, a celebrity hairdresser's name or a brand name. Most of these shampoos are made by the same companies that make the supermarket brands, just using different names.
- Cheaper shampoo is fine if it makes your hair look and feel okay and you like the smell.
- If for some reason you need a medicated shampoo, or a fragrance-free one, shop around and check discount chains.

### But not too cheap

- Even though we don't regulate industries as much as I'd like us to, we're still way ahead of the developing world in this regard. At least with a mainstream product you can read a label in English and decide for yourself, and be as sure as you can that there are no dodgy or illegal ingredients.
- Very cheap imported shampoo from a $2 or discount shop is likely to be coloured detergent with not much else in there to mitigate the effect. It may strip out too much of the natural oils from your hair and smell bad. Shampoo and conditioner that make your hair seem much more dried out or not conditioned (coated) properly aren't worth buying, no matter how cheap they are.

### Use less shampoo

- Most shampoos recommend you lather, then rinse, then repeat to make sure your hair is thoroughly clean. Once will do, unless your hair is revoltingly filthy. You only get a better lather the second time because your hair's already clean.
- 'Clarifying' shampoos or ones labelled to combat 'build-up' probably have stronger than usual ingredients that dissolve and strip your hair of dirt, oils and conditioner residue. Use them only occasionally.
- Try using less shampoo than usual and see if it still cleans your hair. Most people use much more than they need.

### Dyed-hair shampoo & conditioner

Shampoos and conditioners designed for coloured hair can keep the colour looking better longer. Shampoos for blonde hair are often violet-coloured, because a residue of violet will counter the brassier orange that some hair dyes morph into, due to oxidisation. Many shampoos, including those with chamomile, tend to add an orangey-yellow tinge to grey hair – if this happens to you, choose a violet-coloured shampoo. Shampoo and conditioner for red and brunette hair will usually have matching-coloured residue.

### Dry shampoo

Usually sprayed from a can, this is a powdered drying agent that absorbs some of the oil in your hair. You then brush it through from the scalp towards the ends of your hair, so it doesn't look greasy. More of an emergency treatment, as this never lasts longer than a day at the most, and can cause a very Louis XIV 'powdered wig' effect. Make sure neither you nor anyone else breathes in the powder.

## ⚏ Conditioner

A conditioner leaves a coating on a hair strand that makes it easier to detangle from the hairs around it, and less likely to fly away into the air on its own. This coating, usually part silicone, is what advertisers mean when they say your hair will feel silkier, easier to manage, healthier and shinier (the coating can have little particles in it that reflect light more efficiently than your hair does). When the conditioner is washed off, your hair is exactly the same as it was before.

Silicone, in a slightly different chemical form, is the stuff used to waterproof sinks and other products. It's made in a laboratory. Sometimes a build-up of silicone or other hair-product residue happens. A thorough wash with a decent shampoo should get it out.

Conditioners can make hair look greasy up top near the scalp where natural oils add to the mix. Many hairdressers recommend you condition only the middles and ends, or just the ends of your hair.

### Conditioner 'treatments'

According to dermatologists, hair will have soaked up all it can of any product in the first few minutes. Leaving it for more than half an hour is usually just a way to make you feel the product is more special (and worth more money). Heat will help a hair shaft open up initially. Heating or wrapping does nothing to the conditioner, nor does it create further penetration into your hair after the first few minutes.

### Home hair 'treatments'

Just a conditioner you leave in for longer than usual.

### Gloss or glaze treatments

This is something salons coat your hair with to make it look shinier. They put a clear varnish in your hair that acts like a permanent hair dye. A gloss is allegedly longer lasting than a glaze, but hairdressers use the words interchangeably.

### Hair de-tanglers

A slipperier kind of leave-in conditioner coating that allows a comb to slip through more easily. De-tanglers are used to spray on when a hair has knots in it. Often used for kids. Be gentle or they still shriek. (The children, not the knots.)

## ⚏ Shampoo & conditioner claims

What does it mean when a product claims to give these qualities to your hair?

• **'Volume'** – 'Volumising' shampoos and conditioners leave behind a thicker residue to 'beef up' the size of each hair. 'Spray volumisers' are stickier and keep hair together so it doesn't frizz out.

• **'De-frizz' or 'frizz-taming'** – Frizz is caused partly by genes, and hair tends to frizz more when it takes up moisture from humid air. As heat helps open the hair shaft, hot, wet air makes for the most frizz. Some conditioners and sprays coat the hair as much as possible so it's 'sealed' and doesn't absorb too much moisture from the air. That much product can look greasy and weigh your hair down. It's expensive to use every time you wash, recondition and style your hair. See also 'Blow Dryers', opposite.

• **'Shine'** – The shine of natural hair is caused by oils. Under a powerful microscope, a hair is a bit like a twig with bits sticking out here and there – the hair cuticle. If it's coated with an oil or conditioner, the sharp bits tend to be flattened down, which makes it reflect more light. (They need to be opened up to get hair dye in; this is done with chemicals.)

• **'Bounce'** – The trick with the ingredients in a conditioner is to make them heavy and sticky enough to coat the hair to provide 'manageability' but not heavy enough to weigh the hair down and reduce 'bounce'.

• **'Strengthening'** – 'Protein' shampoos and conditioners cannot change the structure of the hair. As with other conditioners, they just leave a coating on it. Nothing you put onto your hair 'promotes stronger growth'. It is DEAD.

## MORE INFO
### on shampoo & conditioner

**choice.com.au** The Australian Consumers' Association has tested shampoos, conditioners, straighteners, home colour kits and other products. Search 'shampoo', 'conditioner' or 'hair'.

## 𝗆 Other hair styling & grooming products

They're all just various types of sticky goo to help you push your hair around and get it to stay in position. Salon products are stupid-expensive and with increasingly doltish names – originally they were all called hair oil, then we got gel, mud, wax, putty, paste, then they got sciencey and French with serum and crème and they ran out so went back to old names from the 1930s or 1950s, such as brilliantine and pomade. They pay people to make this stuff up, you know.

### HAIRY MONEY

Hair products account for 22 per cent or so of more than $2 billion a year spent on cosmetics in Australia. By contrast, the 'necessities' of sun care products make up only 3 per cent, tooth care 4 per cent, deodorants 4 per cent, make-up 18 per cent and 'skin care' about 15 per cent.

### Blow dryers

Some claims made for modern blow dryers are that they have 'ceramic' heating elements or 'tourmaline' (a mineral substance) components that create negative ions, which keeps the hair shaft closed and combats frizz. These new-generation hairdryers are also claimed to work much faster. Consumer tests have been inconclusive about whether the new ones are much better.

### Hairspray

Hairspray is a sticky lacquer that sprays onto your hair and makes it stiff and possibly a bit helmet-like. It doesn't damage your hair; it just washes off with a decent shampoo. While the propellant used in cans no longer destroys the ozone layer, they're not enviro-friendly, as they create a big disposal problem and can blow up on planes or near intense heat.

## Ingredients in Hair Products

As with skin products, beware of 'scientific breakthroughs' or 'newly discovered' ingredients with names made up by the hair-product companies. Which one of these do you think I made up?

- a) Proven Protein X10 for full volume
- b) Revolutionary new Pro-enz serum
- c) Bio-Active Enzymatic Complex*

Any of this stuff, just chemical combinations with fancy names or even 'crushed-up vitamin E tablets', may well be in a shampoo or conditioner, but that can't improve the quality of your hair. You know why, don't you? Deadibones.

'Baby', 'mild' or 'hypoallergenic' shampoos usually have fewer chemicals or natural ingredients generally known to cause skin reactions, but it's not a guarantee. If you have sensitive skin, you'll need to isolate troublesome ingredients, learn their names and the other names they can go by, and check for them on labels when you shop.

Some chemicals used in hair products are safe to use on hair but can be irritating or cause damage if they get into your eyes or stay on your skin too long. The irritation might go when the product is washed off, or it could cause a severe rash or reaction.

## 𝗆 'Chemical-free', 'natural' & 'organic' hair products

No hair product can be chemical-free. First, because even water has chemicals in it (see Chapter 38, 'Science & Nature', for more), and secondly because you need lab-created preservatives to stop them going 'off', and molecules arranged so ingredients will bind together. If shampoos were just made of flowers and bits of bark floating in water, they wouldn't clean your hair. Very few products are all organic, and most 'organic' claims just refer to, say, the major ingredient in a shampoo: water.

If it fits with your philosophy and you like how an 'organic' product smells and how it leaves your hair, then buy it. But it's not 'healthier' for your hair or doing anything magically organic to it.

Chemicals are sometimes not as freaky as they sound. Ergocalciferol, for example, simply

*(Answer: a).*

means vitamin D. So a product marketed as an up-to-date scientific breakthrough will have the chemical name on the label, whereas a product marketed as 'natural' will say 'vitamin D'.

I'm all for reducing pollutants and waste created by laboratory-made chemicals, but it's important to remember that using natural ingredients can be bad for the environment, too. It's better to use a rose smell made in the lab than to crush a field of roses for one ounce of perfumed oil. It's not good to replace natural wilderness grass and woodland habitat with endless fields of chamomile to add to shampoo.

### MORE INFO
**on organic hair care claims**

**australianorganic.com.au** See the Biological Farmers of Australia certified organic logo.

## 'Free from . . .'

The new label buzz-phrase in the hair industry is 'free from', followed by a list of things that some people are worried about, or have heard are dangerous. A comprehensive label might claim: 'Free from sulfates, parabens, propylene glycol, petrochemical cleansers, silicones, phthalates, mineral oils, DEA and artificial colours.'

Any element of a product, as well as any 'natural' ingredients, can cause an allergic response or irritation in different people. But are some elements actually dangerous or poisonous, as claimed on many websites? Mainstream hair products sold in Australia don't contain toxic, poisonous or cancer-associated substances in doses large enough to harm humans. Be careful of accusations of 'potentially toxic' or 'associated with cancer'. This almost always means some sort of association with a tumour in animals, often fed or dabbed with hugely high concentrations of that chemical. Many chemicals, including, say, paracetamol or vitamin A, are very safe in prescribed amounts, but poisonous in higher concentrations. It's also important to remember that rats fed huge amounts of fat are also much more likely to get cancer, but that doesn't mean it's unsafe to put fat in your hair or on your skin.

Much of the faff about chemical ingredients is alarmist, involving ludicrous claims, such as 'women eat 5 kilos of lipstick a year' (sometimes this is rendered '5 kilos in a lifetime', but neither statistic is ever questioned or sourced). The truth is, most 'information' about 'dangerous' chemicals in mainstream cosmetics is marketing for 'natural' products. Many giant companies that sell several brands of hair products will have one range marketed as 'free from' those things, and other brands containing them. How do we know they're safe? I guess we can't 'know' – we trust that the government regulatory agencies' rules are being followed.

## The truth about hair care chemicals with a bad name

The safest way to gamble on products is to read labels and buy carefully if you're prone to irritation or allergy, and to buy well-known mainstream or Australian-brand products made in a first-world environment. That at least means it won't have something banned in it, such as lead. The Australian Government's chemicals regulation body, NICNAS (National Industrial Chemicals Notification and Assessments Scheme), says the following ingredients in cosmetics are safe at proper levels in regulated mainstream cosmetics and hair care products sold in Australia.

### Parabens

Sometimes preceded with the words methyl, propyl, butyl or ethyl, these are preservatives that kill off bacteria, mould or otherwise stop products 'going off'. Based on animal studies using very high doses, there's no evidence that parabens 'cause cancer' or are toxic. Parabens are likely to cause a skin reaction if applied to broken skin or skin with psoriasis or eczema. One study has found parabens in breast tumours, but a causal link hasn't been established. It's known that parabens can be absorbed into the body and can have a weak oestrogenic effect in the same way as plant oestrogens (such as those in soy products).

### Sodium laurel sulfates

Listed commonly on labels under similar names, these are detergents, first found in coconut and now copied in labs. Most liquid soaps, shampoos, toothpastes and cleansers have them because they create foam. A non-sulfate shampoo is much less likely to lather. There are claims that lauryl sulfates can accumulate in the body, that they cause cancer and that they're harsh and cause irritation in many people. But they are deemed safe by the government in regulated levels in cosmetics such as shampoos, and there's no evidence to suggest that they're toxic or carcinogenic or interfere with hormone levels. In safety studies they have caused eye and skin irritation in animals at much higher levels than allowed in Australian-sold cosmetics.

## Propylene glycol (butylene sodium lauryl sulfate)

This solvent (dissolving) chemical can prevent a lotion or fluid separating at high temperatures or freezing at lower temperatures. Australian law requires that in cosmetics, medicines and foods it's used at recognised safe levels. Contrary to rumour, there's no known link with cancer. According to authorities, animal testing has so far caused no alarm.

## Mineral oil, paraffins & petrochemical cleansers

These come from petroleum products. Highly refined mineral oil is often used in cosmetics because it tends not to block pores, is an efficient moisturiser, is unlikely to cause irritation in most people, and is a healing aid for skin-surface scrapes. Some products made from petroleum oil do contain carcinogens, but mineral oils used in cosmetics go through many stages of refinement, and are required by Australian law to be rendered as medicinal grade, and safe enough to eat.

## Silicone

This is not a toxic substance and is regarded as very unlikely to cause a reaction even on sensitive skin. It's not clear why some labels boast 'silicone-free', but it's probably so it sounds more natural, or because a build-up can make hair look more oily.

## Diethanolamine (DEA)

This is a lathering and solvent (dissolving) ingredient. It's the sort of thing in a shampoo that strips conditioner residue off the hair. There are no studies linking DEA on skin to cancer in humans, but a study has linked very high doses of it to skin and eye irritation and some toxicity in

animals. The current consensus is that this ingredient is rarely used, and it's 'scheduled' by law as a drug or poison to be used only at low levels. In the meantime, it's not hard to avoid anything with diethanolamine or DEA on the label.

 **MORE INFO** on hair care ingredients

**cosmeticscop.com** Paula Begoun's public site explains ingredients. Her other site, beautypedia. com, has more detailed info for a fee. She now sells her own line of products.

**dermnetnz.org** The NZ Dermatological Society site, sponsored by commercial companies, is excellent on this subject. For fact sheets, choose 'Topics A–Z', then 'H' for hair, or 'S' for scalp or shampoo.

## 'Animal products' & testing

Putting '100 per cent vegan' on some shampoo labels is a little weird, as shampoos don't usually have dairy or meat products or egg in them anyway. Most products now could be labelled 'No animal testing' anyway, as they mostly contain ingredients that were first tested (on animals or humans) many years ago and are known to be safe.

 **MORE INFO** on animal testing

**caringconsumer.com** Owned by the US branch of the hardcore vegan animal rights group People for the Ethical Treatment of Animals (PETA). For Australian cosmetics brands' testing policies refer to their own websites.

## Promoted hair care ingredients

These things do nothing for the health or manageability of your hair: organics, vitamins, minerals, natural colouring, flower essences, fruit, fragrances, non-fragrances.

- **Flowers & floral 'essences'** – These smell nice. Most of the scents are made in the lab.

- **Fruit** – These or, far more likely, chemical fruit scents smell good but make no difference to your hair whether they're 'real' fruit or fake.

- **Honey & 'royal jelly'** – These are common ingredients, but you're far better off eating them than putting them on your head, where they do nothing to hair structure. Barbara Cartland said the vitamins in royal jelly caused her wrinkles to disappear (sadly, it was just her eyesight going). Bees are in dire danger in this habitat-challenged world of ours, so let's stop nicking their honey for stupid reasons like this. It's usually honey scent made in the lab, but do make sure.

- **Other food** – The only way food can actually change the nature of your hair is if you eat it (the food, not your hair). Websites are chock-a-block with people recommending strange food 'washes' and conditioners for hair – the truth is, anything detergenty or acidic (vinegar, beer, vodka, champagne) will strip residue from your hair and make it 'cleaner', and anything fatty or with oils in it (olive oil, avocado, maple syrup, mayonnaise) will 'condition' it until the next shampoo.

  The proteins in egg won't do anything to your hair, beer won't make it shinier than a proper shampoo, vinegar will make you smell like fish and chips, and mayonnaise is hell to wash out. Most of it's at least as expensive as normal hair products and yet not as good for the job.

**THE AWARD FOR STUPIDEST CLAIM FOR A HAIR PRODUCT GOES TO:**

'Root-awakening shampoo'.

## Hair Dye

Salon hair dye products are no better than supermarket dyes – the difference is in the expertise of the application, and experience in knowing what happens when you mix certain colours together, or use a couple of different colours on different parts of the hair. Oh, and who has to clean up afterwards. The cost of hair dyeing in a salon is one of the biggest rip-offs known to humankind. On the other hand, I once dyed my hair by myself and I looked like I did it by falling on something.

For all the info on grey hair, see Chapter 9, 'Looking Older'.

## Maintenance & regrowth of dyed hair

A salon 'colourist' should be far more skilful at putting some different-coloured stripes in your hair that are harmonious with its natural colour. This ensures that the regrowth is not quite such an obvious 'tidemark': that telltale stripe of natural colour down a part line. Ask how long it will be before regrowth is obvious. Calculate how much touch-ups (along the hair line and along your regular part) as well as each 'full head' are going to cost, how often. Some people spend hundreds of dollars every six weeks. YIKES.

## Be careful with hair dye

Some pretty hefty chemicals are used in hair dye. Avoid breathing them in. If you have a history of allergies, make sure you do a 'patch test' (see below) for a reaction, even in a salon.

Most 'herbal' or 'natural' hair dye products will still contain strong chemicals to strip the hair of colour and react with the hair so the 'new' herbal colour can enter the hair, change on the hair and stay on afterwards. A hairdresser who tells you your hair dye is organic may be stretching the truth. There might be organic ingredients in the dye, but it probably won't be all organic. If it is, it almost certainly won't dye your hair as effectively, or for as long, as other dyes.

### How to do a hair dye 'patch test'

Put some of the dye product onto your skin and leave it for 24 hours to see if there's an allergic reaction. Most people do this on the inside of the elbow so it's easy for them to check, others do it behind their ear and get someone else to check. It amazes me that some people who say they have 'supersensitive skin' think this will never apply to their scalp. Which, after all, is skin.

## Different kinds of hair dye

- **Semipermanent dye** – This penetrates the tippety-top layer of each hair shaft, but each wash takes out a little more. Lasts about six weeks.

- **Permanent hair colour** – This uses a chemical to change or 'damage' the top layer of the hair shaft a little, so that the hair dye 'gets in' and sticks to it better. It takes a while for the microscopic 'petals' on the hair shaft to open up, and for the colour to penetrate and develop (using a chemical reaction) to the right shade. That's why you have to sit there and read a magazine about insane celebrities. All permanent dyes used to have ammonia to do this 'opening'. These days, some other, less smelly chemicals may be used for this initial stage.

• **Peroxide** – The right amount will turn dark hair into light, very quickly. No amount of chamomile flower or lemon juice will do that. Anything that lightens hair will almost certainly have the chemical peroxide in it. It strips the hair shaft of outer colour, so it can be 'replaced' with another colour.

• **Henna** – This clay contains no laboratory chemicals, but still has a strong chemical effect on the hair, turning it red for months.

• **Lemon juice** – This will bleach hair as much as it's going to after 10 or 15 minutes. You won't go any blonder after that, no matter how much more lemon juice or heat you apply.

## Hair dye & safety

There's always been worry about hair-dye chemicals being dangerous. (L'Oréal, the multi-billion-dollar cosmetics company, was originally called the French Harmless Hair Dye Company.)

There are no respected scientific studies or analyses that show a causal relationship between hair dye and breast cancer or other cancers. One study has shown an association with bladder cancer, but there were no other factors considered (for example, smoking) and this study has so far not been 'repeated' (in other words accepted as having reliable results). However, there's also no proof that hair dyes with strong chemicals *don't* cause cancer (because you can't really prove a negative).

Most women who dye their hair stop during pregnancy, especially in the first trimester (three months), when the fetus is most vulnerable to chemicals or agents that could cause problems.

Many salons and manufacturers are trying to reduce the amount of strong chemicals in their products, or disguise their use. They are up against it, though, because you need chemicals to dye hair.

Workers who breathe in chemicals (including hair colourists, drycleaners and nail artists) are at far greater risk of chemical poisoning than people who have their hair dyed occasionally. But there's also the environmental impact of unnecessary chemicals going into the waterways or as by-product pollution during the manufacturing process to consider.

### Phenylenediamine (PPD & other names)

This is used as a much safer replacement for heavy metals like lead and mercury in hair dyes and temporary tattoos, but is associated with skin irritation and allergic contact dermatitis in some people. It's in most two-bottle dye kits for home use. People allergic to PPD are often also allergic to related products, including spray-on anaesthetics and para-aminobenzoic acid (PABA), now phased out of Australian sunscreens.

### MORE INFO
on PPD allergy

**dermnetnz.org** The Kiwi Dermatologists' website has a fact sheet on PPD allergy. From the main page choose 'Topics A–Z', then 'Hair Dye Allergy' for info and pics.

## Dyeing your hair at home

Best to get someone to help you. Leaving it in longer will *not* make it work better; it may totally wreck your hair colour, and even cause permanent drastic chemical damage to your hair (until you cut it off) or temporarily damage your scalp skin.

Follow the pamphlet instructions exactly.

I'll bet you a frabillion dollars the woman in the TV ads for your hair dye didn't dye her hair by herself in the backyard, wearing rubber gloves and a garbage bag, so don't expect to look like the celebrity in the ad or the girl on the packet.

## Going to the Salon

Of course you can cut your hair yourself. You can also try DIY surgery.* Up to you.

*The publisher's lawyer says to tell you this is but an amusing joke.

# Hair & health

When I'd become bald from chemo, for once I didn't worry about how I looked, but it proved other people did. ANNIE, 42, SEAFORTH

> **'After going through chemo, losing my hair, I appreciate what little hair I have.'**
> KERRI, 48, KEW

## Hair loss

My hair has thinned over the past 10 years and it worries me – so much is always falling out, although no one seems to notice but me. CARRIE, 30, PORT MELBOURNE

Hair loss is extremely stressful; it's not really taken seriously by many professionals, and the treatments offered can be downright scary. SUSIE, 51, SYDNEY

I was quite ill a few years ago and as a result lost a *lot* of hair. GEORGIA, 22, TOOWOOMBA

I have alopecia, which affects my self-confidence. I've been suffering for the past two years – I've seen a skin specialist, now I'm seeing a psychologist. KATHY, 26, CURTIN

I hate my hair. Hate it with a passion. It's fine and thin and falling out. Hereditary female-pattern baldness. Blah. TRACEY, 34, NARRE WARREN

At the first sign of stress, my hair will start to fall out. It seems to grow back okay, but I'm always concerned that it's getting thinner. SUE, 39, SYDNEY

I have trichotillomania – that's a compulsion to pull my hair out – so I'm mostly bald, and wear a wig, or hats and bandanas. KERRY, 30, PERTH

My hair is limp, lifeless and thinning. There's no product that will change that. LOU, 29, NARRABEEN

I have androgenic alopecia, so my hair will fall out if I stop treating it with Rogaine. It was very hard to deal with for reasons of vanity, but it's just cosmetic, really, not a serious health difficulty. I hope I won't have to wear a wig. JOANNA, 26, HAWTHORN EAST

We have female-pattern baldness in the family. I'm thinning, agh! I try to use good-quality shampoos and thickening ones if I can. I should really look at laser treatment, but I sometimes think I'm imagining it to be worse than it is. RAHNEE, 29, MORNINGTON

I have very thin hair and I'm balding and I don't know what to do. I might have to opt for shaving my head or hair extensions. KRISTYN, 30, KINGSGROVE

## PCOS & hair

I have polycystic ovary syndrome (PCOS), which makes me grow lovely long luxurious chin, neck and moustache hair. I can't get work in a circus, so my other option is waxing. RENEE, 31, BRISBANE

One of the downsides of having PCOS is that I could pick up a second job as a yeti tour guide in the Himalayas (and still stay warm without any thermals on) in between laser/waxing/plucking/shaving sessions. ALICIA, 32, GEELONG

Having PCOS as well as thin, fine hair has been awful and makes me really self-conscious and sad. MARY, 34, CANBERRA

I've suffered from PCOS and struggled with superfluous hair *every* day of my life. I've been really self-conscious. HELEN, 58, DEVONPORT

I'm losing hair because of PCOS and it's terrifying! I'll spend any amount of money to keep my locks looking long and healthy! NINA, 31, BOSTON, US

## Itchy scalp

I used an anti-dandruff shampoo, which worked fabulously for two weeks then suddenly stopped working. NICOLA, 36, BRISBANE

I've always had quite bad dandruff, which doesn't ever seem to fully disappear. JESSICA, 26, BONDI

My scalp is very itchy, scaly and scabby. I've tried ginger shampoo, tea tree shampoo and other medicated shampoos over the years. Some of them work for a while, but not for long. Most shampoos just seem to cater for people's hair, not their hair *and* scalp. ANITA, 44, LOXTON

## Hormonal hair

I used to have beautiful, thick, straight black hair. After childbirth my hair changed. It's now coarse and a bit frizzy, not to mention coloured. SERENA, 52, PRESTON WEST

> **'I loved my hair when I was pregnant – it was so thick and healthy.'**
> JANA, 24, KARINGAL

My hair was wonderfully thick when I was pregnant, but fell out in scary amounts after the birth. ELIZABETH, 33, LAUNCESTON

The day after I found out I was pregnant I spotted my first grey hair. JANE, 34, ENMORE

My hair has thinned dramatically in the past few years due to menopause and thyroid disease. JENNIFER, 59, SYDNEY

About a year ago my hair started coming out in handfuls every time I brushed it. I freaked out! My mother had the same issue in her 50s and it never grew back. After lots of angst and doctor visits I was eventually diagnosed with thyroid disease. I began medication and my hair stopped falling out, thank goodness. JULIA, 44, ADELAIDE

## The salon blow dry & style

Some people go to their hairdresser several times a week for styling and blow drying. They are mental. And too rich. But it's nice sometimes for a special event or birthday pamper. Shop around and look for half-price days and other deals.

## Hairstyles

Your hairstylist can give you some hints and lessons about styling your own hair, but then you have to be bothered to practise so you can do it yerself. And don't fall for the 'You need this product we're selling to make it work for you' nonsense. What you really need is a hairdresser in your bathroom.

### Hair fashions

Beware this season's 'must-have' look or fads for celebrity hairstyles that don't suit everybody. That means – resist the poodle perm, the flip and the tousled pixie buzz cut as strongly as you resist the fluorescent-yellow parachute hotpants.

**MORE INFO**
**on hairstyles**

Books on hairstyles tend to date at the speed of light and are usually written by celebrity-style hairdressers with products to plug or at least an unquestioning attitude to the idea of spending a fortune on your tresses. As you read through this chapter, websites and books are recommended for specific hair situations. (I can't believe I just wrote hair situations.)

**yourbeautyspot.ninemsn.com.au** Mega-commercial site with celeb hairstyles and looks.

**hairstylesdesign.com** The good, the bad, the hilarious, plus how to do various hairstyles.

**hairfinder.com** Info on hair products, hairstyles to suit your face, the latest celebrity hairstyles, hair tips and answers to every hair question you could have.

**hairboutique.com** Comprehensive and useful hair advice and info on hair types and what's hot as well as forums and a shopping section.

**thehairstyler.com** A 'virtual hairstyler program' allows you to upload a picture and 'try' styles.

**HOW TO HAVE A CONVERSATION WITH A HAIRDRESSING APPRENTICE**

Her: Ohmigod, what did you do last night?

You: It was a Tuesday night, for the love of God. Please don't give me a head massage. You're hurting me.

Her: Yeah, but what did you do? Did you, like, go out and get blind? Is this water too hot?

You: Yes. I tidied the cutlery drawer and went to bed at 9 p.m. with a Jane Austen novel.

Her: So, like, what are you doing for the rest of the day? Shopping?

You: Do I look like one of the idle rich? Listen, I never get the chance to see any mags so I'm just going to read my stars.

Her: I'll give you a nice treatment with a toner for your hair and you can just relax for a while in the chair.

You: That's just a cunning ruse to draw attention away from the fact that the person who cuts my hair is running half an hour late.

Her: Speaking of stars, I'm like, a Taurus. Speaking of astronomy, or more to the point theoretical physics, do you think the braneworld universe interpretation of the gravitational and gauge theories is preferable to the landscape theory of unified forces from superstring vacua?

You: Ohmigod, like, totally.

**MORE INFO**
**on hair**

Almost all websites that focus on hair are in fact linked to hair products. Even dermatological websites can be linked to companies. That doesn't mean the information is incorrect. But it's good to know who's supplying you with the 'facts'. For example, the 'Australian Hair and Scalp Foundation' is funded by the Procter & Gamble company. Check any online info with your GP or a specialist dermatologist.

**dermcoll.asn.au** The Australasian College of Dermatologists site. Use it to find a dermatologist (skin doctor), who also specialises in hair. (See 'Who's Who in Skin Professionals' in Chapter 6, 'Skin', for more.)

# Hair Loss

Losing hair can be incredibly confronting – partly due to the gripping fear about what it looks like, and partly because of the worry that there must be something seriously wrong with your health. The most common cause, though, is misbehaving hormones, and it's almost always genetic.

Here's the cheering bit: most people, whatever the reason, can at least slow, if not reverse, their hair loss.

Each hair on your head grows for between two and five years, then falls out and a new one starts growing in the follicle. If old hair isn't replaced, you can start to see bald places after a while. In rarer cases (or with some medications) hair begins to fall out at a much faster rate.

## ▥ Hair-loss problems

It's natural to feel freaked out. Losing your hair or dealing with thinning hair can be incredibly stressful and worrying in itself, causing sadness, fear and anxiety about identity and self-esteem. First, get a medical diagnosis. Unfortunately, many people who lose hair are 'told' by somebody they know or a hairdresser what the 'cause' is, and then sold products claimed to help: they won't. Dermatologists are specialists in hair as well as skin, so get a referral from your GP to a dermatologist, if necessary one with a subspecialty in hair. They'll first try to find out if there's a hormonal issue or underlying health reason for the hair loss.

Alopecia (pronounced *allo-pee-shia*) is the usual medical name for severe loss of head and body hair, including eyebrows and pubic hair. If 'researching' on the internet, be aware that there's a lot of outdated advice, commercial interests and plain nonsense out there.

## ▥ Possible reasons for hair loss

### Sudden hair loss

- **Anxious hair pulling** – Some people pull out their hair, eyebrows and eyelashes when they're stressed. This can be treated with cognitive behaviour therapy. The hair should grow back.

- **Traction alopecia** – This is caused by tight pulling of the hair for the attachment of hair extensions, and for tight ponytails or plaits such as cornrows. It should grow back unless the follicles are very badly damaged.

- **A stress event** – This is the most common cause of 'telogen effluvium', the rather science-fictiony-sounding hair loss caused by a sudden illness, fever or shock. It's also the diagnosis often given for hair loss about three months after pregnancy, although this is probably due to complex hormonal action (because it can also happen, more rarely, three months after stopping the Pill) rather than the 'shock' of childbirth.

  It's not known what role hormones play in the stressful event (stress hormones include cortisol and adrenalines). The hair should grow back on its own, although some patients are so distressed they ask to be prescribed some medication just so they feel like they're 'doing something'.

- **Alopecia areata** – This is believed to be an auto-immune disorder, sometimes triggered by an illness, but thought to have a genetic element. The hair falls out quite suddenly in patches, and the follicles stop producing new hair. It's a tough one to treat and the hair may or may not grow back on its own. Treatments including short-term cortisone tablets or ointment don't have a high long-term success rate, and prevention doesn't usually work.

- **Medications** – There's a long list of relatively common drugs that can cause temporary hair loss, and hair loss is also caused by many chemotherapy drugs. Usually hair loss will be noticed between six and eight weeks after starting the medication.

  Always know the possible side effects of anything you're taking so you can watch for symptoms. Hair loss with this cause will usually be reversed once you're off the drug.

## ▥ Gradual thinning of hair

### Hormone issues

Women's hair loss can be caused by a hormone imbalance or medical condition that affects hormone levels – having higher levels of androgens (like testosterone) and/or lower oestrogen. This thinning caused by genes ('hereditary androgenic alopecia') is as common in women as in men but is often not as obvious.

Hair thinning can be especially noticeable around and after menopause. While polycystic ovary syndrome (PCOS) is most often associated with causing facial hair, it can also be linked to 'male-pattern baldness' (see Chapter 16, 'Periods', for more on PCOS).

## A health problem

Other health issues affecting hair can include skin conditions or immune disorders. Hair is connected to health in some complicated ways: researchers know there's a link between male baldness and a higher risk of heart attack but so far they're not sure why.

# Hair-loss treatments

Treatments will depend on the diagnosis, so see each condition above. They range from health condition medication to using corticosteroid cream or injections to try to boost the immune cells around the hair follicles, or doses of ultra-violet light to suppress inflamed cells around the follicles. Many hair-loss treatments are long-term – that is, they can take months to kick in, and need to be ongoing.

## Minoxidil aka Rogaine for hair loss

This is used against hereditary thinning. It's a lotion applied to the scalp that extends the growth phase of hair by knocking out the testosterone effect. It's a bugger to keep applying every night (or day) for months and even years on end. A side effect can be extra facial hair if it's accidentally applied below the hair line. This is a long-term treatment (it only works while you take it) that works really well for some people and not at all for others. It's better at stopping the shedding than it is at causing regrowth.

Minoxidil tablets are rarely used because they tend to make hair grow everywhere (on you, I mean, not the kitchen bench).

## Hair transplants

Most women with hair loss experience a general thinning effect, rather than the 'bald patch' that is the best situation for hair transplants. Even for those specific spots, transplants are very expensive and the results are not guaranteed. Beware: many claims are made for hair transplants and there are many unsatisfactory results, which may also be about people's expectations. Do your research and consult a dermatologist.

## 'Natural' products

Herbal hair-regrowth 'treatments' for the scalp or hair will not work, despite claims. Homeopathic 'remedies' cannot work (see Chapter 12, 'Health Maintenance', for why). A good herbalist may be able to help regulate your androgen hormones, but conventional medicine will probably do it quicker, and time may be important when it comes to how much hair you feel you can afford to lose.

## Faux fur

Hints for disguising thinning hair include dyeing or keeping your hair a similar colour to your skin colour (blonde for pale folk, brown for those with darker skin). Well-maintained coloured hair or conditioned hair can look slightly swelled and wider. Don't try to grow it long. Cultivate a mature hairdresser who understands the problem and can help you experiment with styling.

## Lasers

Lasers are being used for hair loss by many US dermatologists but independent studies have yet to show this is a good idea. See the cautions about lasers in Chapter 8, 'Cosmetic Surgery & Procedures'.

## New eyebrows

Many women who've lost hair for whatever reason will want to get themselves some artistically applied eyebrows. See 'Eyebrows', later in this chapter, for more. If your hair loss is accompanied by hot flushes or sweating, or you live in the tropics, remember to use waterproof products. Women losing their eyelashes are advised not to use mascara, as it hastens the loss of remaining lashes. Professional make-up artists recommend using a neutral brown powder shadow for brushing on an eyebrow shape, rather than a harsh pencil. They also suggest outlining the eye with

# Why do you remove your body hair?

● I was teased at school for having a moustache ● The beard just confuses people ● I don't like the smell if I don't shave under my arms ● Never really thought about why – I just do it ● Body hair on females is gross ● Because 'swimmers' are cut so high that unless you attend to some 'personal grooming' you end up with koala ears sticking out ● Having hairy underarms etc. is for gorillas ● It seems socially acceptable and I think it does look better on me ● I look like my dad if I don't ● **I swim each week and don't want a pant beard** ● Not doing so, in my opinion, is slovenly ● I'm a Middle-Eastern gal with a ton of hair ● Sometimes, if my husband asks me nicely, or it's a special occasion (like my wedding), I might shave my legs and underarms ● I simply like the look and feel ● I'd feel very self-conscious not doing it ● It makes me feel prettier somehow ● I'd have to plait under my arms if I didn't shave ● Because I'm hairier than my husband ● I got sick of my students asking about the hairs on my legs ● I don't want to be thought of as unhygienic or a hippy ● To attract guys and to not make people sick when they look at me ● The boys at my high school used to tease me ● My moustache makes me feel self-conscious ● I feel like people would judge me harshly as a lesbian or weirdo if I had hair under my arms ● I couldn't stand explaining and apologising every time I didn't remove it ● My husband keeps check of it – I'd be very hairy if I was single ● I like having two eyebrows ● I hate people looking at me when I don't.

# Why don't you remove your body hair?

● I think hairiness is animalistic and sexy. My boyfriends have thought so too ● It's too much hassle to remove body hair. It hurts and the regrowth is itchy. When I'm hairy, I'm comfortable ● I don't do pain, or anything that would require making appointments. Life's too short and I've got other stuff I'd rather spend my time and money on ● I don't bother if I know no one will see it! ● After the birth of my twins, most of my body hair stopped growing ● It's too much trouble and I have very fair hair so it's not noticeable anyway ● Hair removal is ridiculous – we waste far too much time worrying about it ● Who cares if your legs are hairy? Most men don't care if a girl's hairy. Why should you? ● I like having underarm hair! None of my friends or family really understands this ● **Our ancestors were hairy and they still got dates.** Why should it be any different now? ● Sometimes I develop a rash ● I have an Asian heritage and am unhairy ● I don't remove hair because I'm a natural woman ● If we weren't meant to have it, why is it there?

a powdered, shaded line rather than one in a harsh, sharp pencil or dark liquid eyeliner.

## Wigs

Obviously it's a lot less fun shopping for a wig if you *have* to do it, rather than just for fun or a fancy dress party. Here are some things to look out for:

- Some false hair is actually real, sold by poor women or donated by others to make into wigs. Some 'hair' is synthetic.
- All wigs are hot because they stop evaporation of hot air and the circulation of cool air on your scalp.
- Good wigs, the ones that look natural, are expensive, so make sure you really like it before you buy it.
- This may seem obvious, but be nice to the wig fitter or salesperson. They didn't cause your illness or hair-loss problem, and they want to help. If they don't, go somewhere else.
- Be wary of buying on the internet unless it's a very reputable supplier. Check with a hair-loss support group for recommendations.
- Cancer patients can borrow wigs from a wig library for much less than the price of a new wig and for as long as they need them. Ask the nurses.
- Wigs go on last, so if you're trying on clothes or changing at the pool, remember to take in everything you need to the change rooms at once.
- False ponytails make you look a bit like a pony. This is not necessarily a bad thing. You can order numbers of drinks with your hoof.

## Extensions

These are synthetic or real hair bits that are 'woven' or glued onto shorter hair growing out of a scalp to make longer hair. They are expensive and can cause bald patches, as the tension caused by pulling the hair out straight from the scalp can damage hair follicles and commonly causes some of the real hair to fall out.

### IS IT POSSIBLE TO GO GREY OR WHITE 'OVERNIGHT'?

It's not possible for hair to turn white if it's already growing out of your head, but it's true that all the new head-hair growth can relatively suddenly 'turn white'. It's believed that this is related to stress hormones or an immune system reaction caused by shock, such as sudden grief. This hair usually doesn't fall out.

## MORE INFO
### on hair loss

The vast majority of websites about hair loss have a product or service to sell you. Often they're aimed at men, poorly written by marketing people, fail to distinguish bweeen hopes and facts, and encourage freak-outs and low self-esteem. Check carefully for "sponsorship" or other commercial connections that may not be declared.

**healthinsite.gov.au** Federal Government health site with links to fact sheets by different reputable organisations, plus government info. Choose 'A–Z Health Topics' from the main page, then 'Hair Disorders' for a range of fact sheets on related topics, including hair loss.

**cancervic.org.au** The Cancer Council fact sheet on hair loss due to cancer treatment: from the main page choose 'Cancer Information', then 'Treatments & Side Effects', then 'Hair Loss'.

**dermcoll.asn.au** For the Australasian College of Dermatologists' fact sheet on hair loss, choose 'A–Z of Skin', then 'Hair Loss & Baldness'.

**dermnetnz.org** The Kiwi dermatologists' site has good fact sheets. Search 'hair loss'.

## Dandruff

Dandruff is a skin condition in which dead skin cells keep flaking off your scalp, often causing itchiness. Sometimes people's eyebrows also get dandruff.

Everyone has a bit of a flaky thing happening, but with 'real' dandruff, dead skin cells are stuck together with sebum (skin oil) and so bigger, more noticeable flakes come off.

First, make sure that you really do have ongoing dandruff, and that you're not just worried about normal bits of dead skin falling off. Get a diagnosis from a doctor or experienced, older hairdresser.

# Hair removal: upstairs, downstairs

I don't like hair in the wrong places, because it's socially unacceptable and methods to remove it are time-consuming, painful and costly. FRANKIE, 27, BENDIGO

I feel hairier than 'normal'. I've never had a good bikini line, and as I get older my 'mo' is getting more noticeable. I think the push to get rid of hair is really powerful – and nonsensical! CECELIA, 40, BRISBANE

## 'I spend $80 a month making myself hair-free.'
LAURA-JANE, 22, MELBOURNE

I seem to spend hours of my life with a 4× magnifying mirror and the tweezers, contorting my face like a weird Picasso person trying to get it all! SAL, 28, MARYBOROUGH

I'm getting worried about the current fashion of almost no body hair on woman or men, particularly among younger people. ELAINE, 40, WELLINGTON POINT

It's too expensive and too hard to go to a beautician. I live an hour's drive from a big town. I have young kids and live on a farm. My husband would think it was a frivolous expense. Me too, really. KATIE, 34, GLADSTONE

I was sick of underarm hair so I spent about $600 over a few sessions having it 'permanently removed'. It was excruciating and there was as much hair as ever a few months later. It was a complete waste of money. TANIA, 39, HALLORA

I've always had a rather fuzzy face because of hormone problems, but as I age, my facial hair is becoming a huge problem. I have to do daily searches with a magnifying glass and forceps to pull the blighters out. ROSE, 52, COFFS HARBOUR

I don't like the amount of hair removal that men seem to be doing these days. BRIDGET, 37, NEWTOWN

I rather wish more men would wax too. MIRANDA, 35, MELBOURNE

I've started shaving my legs only since I came to Australia. As a girl and young woman in Germany, I never ever thought about it or was aware of women doing it. SISSI, 52, CROYDON

I'd never shave my bikini line again. I did it once and the subsequent rash nearly drove me crazy. GILLIAN, 49, FERNTREE GULLY

My 81-year-old mum shaves her top lip and the kids always say that Nanna is prickly when she kisses them! Ladies, don't shave your face! LEANNE, 49, NEWPORT

## 'The pain of waxing is worse than childbirth.'
NICOLE, 33, HAMLYN TERRACE

I prefer waxing. I find it so satisfying *ripping* the hairs out. I also like plucking, because it's kind of fun. CATHRYN, 19, ADELAIDE

I wish I hadn't plucked my eyebrows so much when I was young! SUE, 50, CAPALABA

I pluck my eyebrows every morning (obsessive-compulsively) and get a wax twice a week to reshape. SOPHIA, 28, EAST BRUNSWICK

I get my eyebrows shaped by a professional. She costs a fortune. CLEMENTINE, 26, SYDNEY

I avoid eyebrow waxing now because I've lost half of each eyebrow a couple of times and it looks odd. MARNI, 52, MELBOURNE

I shape my eyebrows to make my eyes stand out more. RACHEL, 24, MELBOURNE

My hairdresser was shocked I didn't want my eyebrows 'done'. MARY, 42, BALWYN

Laser didn't eliminate my hair. It did reduce it. I should have saved my money and stayed waxing on half-price Tuesday! ANNIE, 39, FARMBOROUGH HEIGHTS

I'll never submit to Brazilian waxing. I think it's nothing short of misogynistic! CATHERINE, 29, ELWOOD

I don't want to be all bare down there and look like a little girl. BELLE, 34, ASCOT VALE

## 'If I didn't my husband would never find it!'
COFFEE, 43, HORNSBY

A Brazilian (or woozer waxing, as it's known in our family) feels very clean, and my husband *loves* it. ASHLEY, 49, WANGARATTA

I like waxing, but every time I do it I have a severe reaction to it. It's not very sexy when you have weeping pustules on your fanny, so I have to DIY my Brazilian with a razor! NICOLA, 36, BRISBANE

I've recently booked in for my first Brazilian. I'm very scared about how painful it will be, but I feel some pressure from my partner to do it. HANNAH, 28, ELWOOD

I hate the idea of people removing *all* their pubic hair. Why do they want to look like Barbie and Ken? AMBRA, 53, SURRY HILLS

Women who wax for their partners are seriously misguided. Does he wax for you? JEMIMA, 34, KEW EAST

## 'I hate the idea of letting strangers get a full look at my whatsit.'
SOPHIE, 39, PENNANT HILLS

I'm a grown woman and I've earned the right to have pubic hair! VANESSA, 35, ASQUITH

My fiancé gives me more oral sex when I have a Brazilian. ISABELLA, 40

## Treating a flaky scalp

Flaky scalp bits can be caused by:

- sunburn
- dry skin on the scalp
- a skin condition such as psoriasis
- a yeast 'growth' on the scalp (dandruff)
- scalp oil sticking tiny flakes together into bigger, more noticeable ones.

Ways to combat a flaky scalp:

- Try washing your hair every day with a shampoo that says 'gentle', 'baby' or 'mild' on the label, to keep the oil levels down a bit.
- Put conditioner only on the ends of your hair, not the scalp.
- Avoid hairstyling products such as gels, mousses, putties, clays or whatever else they're calling them.

## Ways to combat 'real' dandruff

- Try a specialised dandruff shampoo and conditioner from your pharmacy or supermarket, and follow the instructions. Zinc pyrithione, ketoconazole, ciclopirox and selenium sulfide are all active ingredients used in non-prescription dandruff shampoos; they kill the overgrowth of yeast.
- Coal-tar shampoos are an old treatment favoured by older folk as an anti-inflammatory agent. They smell bad.
- See your doctor for a referral to a dermatologist if your dandruff won't go away.
- Changing your diet probably won't have much or any effect on dandruff.

## Itchy scalp

Common causes include dandruff, psoriasis, eczema, and an allergy (the reaction is called contact dermatitis). Best to see your GP for a referral to a dermatologist. But first, make sure you don't have nits, especially if you have contact with kids. Don't ask a hairdresser to do this; they will shriek and throw you out of the salon.

**MORE INFO**
on lice & nits

**jcu.edu.au** From the main page of the James Cook Uni website, search 'head lice'.

## Body Hair

We've all got it. Furry tufts akimbo, to a greater or lesser degree. Fair-haired and fair-skinned people often have less noticeable body hair than those who have darker hair. Some people, such as those of Asian heritage, tend to have less body hair. Women of Italian, Greek, Turkish or Arabic heritage can have more body hair. Some women just take after their dads, or aardvarks.

The idea of having less hair is usually associated with being more feminine – most women don't want a moustache, even if it's pencil thin and can curl up at the end into cute spirals. In all of human history, we've only now started being so strict about taking it all off (especially in the vulva department), as the rising tide of hair-removal products and advertising has collided with the wave of porn-fed role models to create a broiling surf of . . . I may just abandon that metaphor here, if you don't mind.

Having body hair is normal. Just thought I'd get that out of the way. It's not disgusting, or weird, or exclusively male, and it's definitely not unhygienic. It doesn't 'harbour' dirt and bacteria if you wash normally. In the past, when it was harder to keep clean, it was more relevant.

The idea of 'normal' has become abnormal – we're shocked to see a photo in the media of a natural woman showing any body hair, or a flash of fur under somebody's arm. Even more thought-provoking, the most common answer to 'Why do you remove your pubic hair?' has become 'I don't know'.

## A medical problem causing too much body hair

Having more body hair than most women can be called 'hirsutism' by doctors. The amount of hair you have on your body is mostly down to genetics, and then hormones can also come into play. The specialists in the area of hair are the skin doctors, dermatologists. Other specialists who may be relevant are endocrinologists (hormones) and gynaecologists (women's reproductive system). (See 'Who's Who in Hormonal Health Specialists' in Chapter 15, 'Hormones & Downstairs Geography', for more on qualifications and specialties.)

## Not eating enough

Downy hair can appear on the arms and back of people who don't have enough to eat, either through imposed starvation or a mental disorder such as anorexia (see Chapter 21, 'Mental Health'). The hair growth is believed to be triggered by the body recognising there isn't enough body fat to keep warm.

## Polycystic ovary syndrome (PCOS)

A true excess of facial hair – even female moustaches and beards – can indicate a hormone problem, such as the treatable condition polycystic ovary syndrome (for details see Chapter 16, 'Periods'). Treatment of PCOS often includes anti-androgen drugs (often the Pill in some form), which should have some effect on hair growth.

Many PCOS patients also choose permanent hair removal such as electrolysis or laser (see below). Some dermatologists or GPs prescribe a cream that negates the action of an enzyme in the hair follicle needed for a hair to grow, but this doesn't work for everyone, only works as long as you keep applying it, and must be factored in to any other treatment for PCOS.

### ✳ MORE INFO
**on body hair**

**dermcoll.asn.au** The Australasian College of Dermatologists can help you locate a dermatologist who specialises in hair. Ask a GP to refer you. For more on dermatologists, check 'Who's Who in Cosmetic Personnel' in Chapter 8, 'Cosmetic Surgery & Procedures'.

🐦 **dermnetnz.org** For a NZ Dermatology fact sheet, choose 'Topics A–Z', then 'Hair Removal', 'Electrolysis' or 'Hirsutism'.

## Hair Removal

### ᚋ Who's removing body hair?

According to the (unscientific!) results of my Women's Stuff Survey, hair removal is not as widespread as you'd assume by looking at all the smooth-limbed, photoshopped babes in magazines and on telly. Of the more than 4000 women who ticked boxes to show which body parts they regularly removed hair from, the rough results say one in five does her lower legs, less than one in 10 does full legs, almost a quarter do underarms, a little less than one in five do eyebrows, 13 per cent do their bikini line and less than 5 per cent remove their pubic hair. More than a third choose shaving as their method, a bit over a quarter prefer waxing or plucking, about 5 per cent use an epilator, 2 per cent tried laser or IPL (which both use a light to heat up and damage hair follicles – see below) and less than 1 per cent each have used electrolysis or threading.

The even more unscientific results of a survey of less than 100 women by the Cosmetic Physicians Society of Australasia a while ago 'found' that three-quarters of women removing body hair did it because they thought it looked better. Presumably the other 25 per cent thought they were buying a lottery ticket and got a big shock when they came out with bald legs. It also 'found' that 65 per cent of women said they felt sexier after hair removal. They wouldn't have asked, but 100 per cent would have felt poorer, as well.

## Starting body hair removal early

The message that advertising gives girls is not 'Make up your own mind about if and when you do anything to your body hair', but rather 'You need to choose – right now – *which* product you'll buy to remove it or disguise it'. One hair-removal company in the US deliberately targets girls from the age of 10, with a specific product line.

Some girls have been so affected by the pressure of advertising and a desire to be more 'grown up' that they've started removing their body hair at a very young age. More than half the 13- to 15-year-olds who answered the survey for my book *Girl Stuff* for teens plucked their eyebrows, and about three-quarters shaved their underarms and legs. This is many years earlier than in past generations.

In the older 16 to 18 age group, even more girls in the Girl Stuff Survey were removing hair: three-quarters plucked their eyebrows, and about 85 per cent shaved their underarms and legs. Many also bleached dark body hair.

Most girls and women who remove body hair just do the legs below the knee and their underarms. Some people never remove any and prefer free-range legs. Not shaving or waxing is the norm in many European countries. In the US people can be almost fanatical about removing body hair, and the rest of the Western world is catching up. It's because US culture is more affected by commercialism, advertising and imagined ideas of 'hygiene' than anywhere else. In most friendship or cultural groups, removal of hair is to do with subtle or unsubtle peer pressure. If everyone else is 'bald' under the arms, then the person with natural free-range underarms will be more noticeable.

## ᐧ Hair-removal methods

Hair-removal methods should just remove hair, not skin. All of them can cause irritation – from devices or creams and other products used to soften hair or moisturise afterwards when the skin is raw and sensitive. All hair-removal methods are said to feel more painful when you're premenstrual.

### Shaving

The most common shaving areas for women are their underarms and their lower legs below the knee – mostly because they're easy places to reach and, in warm weather, the most visible. Shaving is cheaper than other methods, but the grow-back is comparatively fast. You can use a razor, preferably with warm water and a pharmacy soap-free wash or a sorbolene cream or other moisturiser: the thicker it is, the more likely it will clog up the razor or (more expensive) electric shaver.

Whatever 'they' say, shaving does not make the hair grow back faster, slower, thicker or darker. Regrowth feels coarser and sharper because it has a recently cut end.

To avoid bacterial build-up and a blunt razor, use new blades after a couple of shaves.

### Waxing

People who use wax kits at home usually use cold or warmish wax pressed onto the area, then ripped away, hopefully taking the hairs, roots and all, with it. Wax is often sold in pots, or in ready-made strips. Wax is most commonly used on the legs, armpits, eyebrows and upper lip. The upper lip area can be very sensitive, and waxing anywhere can cause pimples and rashes. Never use hot wax near your eyes yourself – go to a salon. Waxing

does hurt (sometimes a lot), and you 'need' to do it every three weeks to a couple of months. (Some women only wax once a year, before summer.)

Be very careful if you heat wax at home. There are several hospital admissions each year because of severe wax burns. The NSW Severe Burn Injury Service told *Choice* magazine that most burns happen when women are getting a wax tub out of the microwave. Homemade substances such as warm sugar are sometimes substituted for wax; these, too, can cause burns.

Salon staff use hot wax, as it sticks more efficiently and they have wax warmers plugged in ready to go. They should have hygiene protocols and procedures requiring new wax to be used each time, as 'double dipping' into a pot used for a previous client can spread infection, especially in the case of underarm and genital hair, but also with leg hair.

### Epilators

While sounding like a public transport device of the future, epilators are electrical or battery-operated devices, about the size of a plump mobile phone, with steel-wool-like rotating filaments that grip onto the hair and pull it out. Epilators range in price from under $100 upwards to approximately infinity.

### Plucking & threading

Plucking with tweezers and threading are methods of pulling out single hairs by the roots. In threading, a cotton thread is twisted around the hairs to pull them out. (See also 'Eyebrows', later in this chapter.)

### Depilatory creams

These are strong chemical creams or liquids that remove the hair by putting a chemical on it to 'dissolve' the hair proteins so it can be wiped away from the surface of the skin while leaving the root behind in the follicle. Even when used properly, creams can cause rashes and irritation. Never use them on your girly bits or anywhere else that has a body opening, including the eye and mouth areas. Ya-how! Sorry. Just thinking about it. Not usually fun for people with sensitive skin, as anything strong enough to break off hair may well be a bit confronting for the skin as well.

## Bleaching

It's not removal exactly, but some people bleach their dark hair blonde so it's less noticeable on paler skin. You can get special body-hair bleach at the pharmacy. Follow the instructions carefully and first test a tiny bit on your skin for 24 hours to make sure your skin isn't allergic or doesn't react to the stuff.

## Sanding

Different forms of sandpaper, often sold as 'pads' or 'mittens' and sometimes described as 'crystal', are available for exfoliation – they usually just mash and cut the hair, although claims are made that they pluck up the hairs by the roots. They can obviously be harsh on skin because, well, they're sandpaper (often made of glass bits).

## Electrolysis

This is one of the only methods, along with laser and IPL, that, if it works, damages hair follicles permanently, so they don't produce any more hair. The operator inserts a needle into hair follicles one at a time and zaps them with an electric current (for god's sake, who discovered that?). It's generally only used for small areas of hair, such as the top lip, because it takes ages to do. Electrolysis must be done by a professional beauty worker in a salon. (Ask for an explanation of relevant qualifications, experience and protocol, for the salon as well as the individual operator.) You need to have several appointments, it can take many hours, it hurts and it's expensive. Problems can include it not working, pain and scarring.

## Laser

Laser treatment can be used to remove body hair by aiming a beam of high-intensity light at each hair follicle, leaving them damaged and scarred (but invisibly, inside the follicles, if all goes well). This doesn't work for everybody, and if misused can cause burns and visible scarring on the skin, and create darker or lighter areas of skin pigmentation. These results are very often reported to health commissions around Australia. While this is most common on legs and upper lips, salons have started using laser on pubic hair, leading to damage in those areas, too. If not done properly it can cause skin discoloration and scarring, or

eye damage from looking at the laser without special protection. Some people say it's uncomfortable, others say it's really painful.

It's hard to believe that you don't need any special qualifications to operate a laser machine for cosmetic work like this. While most salons require that a staff member has undergone some training by the laser machine's manufacturer, legally a tow-truck driver or the Federal Treasurer could pick up a laser machine and point it at someone this afternoon, while glancing at the machine's manual and having a martini.

While many people calling themselves a 'cosmetic surgeon' do this work also, you'll need to do your own research on their qualifications, expertise and experience. See Chapter 8, 'Cosmetic Surgery & Procedures', for more on the difference between trained, untrained and differently qualified medical and salon personnel.

Laser hair removal is permanent for most but not all people who try it. Many have regrowth, but it's slower and may be finer and lighter coloured because the hair follicle is damaged. You may need several treatments, because the laser is zapping hair at different phases of its growth cycle and it works best when the hairs are not too new and not too 'old'. It's best for dark hair on light skin, because the laser registers the contrast and 'recognises' the hairs more easily.

If they tell you they can remove dark hair from dark or tanned skin, it's very possible that they're lying or incompetent, and that they're going to burn you or cause patches of changed pigment. A highly qualified, skilled and experienced operator can use a longer wavelength laser on dark hair on dark skin, but this isn't common in Australia.

It's expensive – a series of treatments will cost several hundred dollars.

## IPL (intense pulsed light)

This works like laser treatment (see above) and everything said there also applies to this treatment. IPL is different from a laser because instead of being a single wavelength or particular kind of light, it encompasses many different wavelengths, expressed as colours of light. It's generally less powerful than a laser – and less likely, for example, to cause blindness if pointed at an eye – but it can still cause damage, and burns and scarring.

The device is more difficult than a laser to use skilfully, and it may take more treatments than a laser to prove effective on hair.

Again, because of the risks and many incidences of scarring and other problems, it should only be done by a highly trained and experienced medical practitioner, not a 'cosmetic surgeon' or a salon employee.

Unfortunately, this is an area not properly regulated by the government. I suspect that if male politicians removed their body hair things would be a lot more shipshape. Somehow, it's considered trivial – which it is, but that's no reason to let people have their legs set on fire by bored apprentices who fell asleep during their half-hour instruction.

### MORE INFO
#### on hair-removal methods

**choice.com.au** The independent non-profit Australian Consumers' Association's *Choice* magazine site has independent tests on home hair-removal methods and salon treatments. They found price is no guarantee of quality and efficiency. From the main page choose 'Food and Health', then 'Beauty and Personal Care', or search 'hair removal' on the main page.

**hairfacts.com** A US consumer site, with info on methods, side effects and dodgy products.

## ⋔ Pubic hair removal

Perhaps the most dramatic recent change in hair-removal fashion is part of the pervasive shift of practices previously exclusive to the sex industry into 'normal life'. This includes pole-dancing classes, the stripper-style dancing in music videos, and 'grooming' habits from the porn industry, such as pubic hair removal and anal area bleaching (see Chapter 6, 'Skin', for that – you know you want to).

In the case of pubic hair removal, the body-hair-removal companies and the salon industry have seized on a rare fad and promoted it as mainstream and to do with being 'tidy' and 'clean'. Originally, the bald or 'landing strip' look was imposed on women before being photographed for male masturbation magazines or work in porn videos, so that their genitals would be more easily seen by the porn viewers.

A very small minority of women overall remove all their pubic hair, but it's definitely more popular among younger women. Even though most young people are not really sure why they have their pubic hair area waxed, many talk about it being 'cleaner'.

But I think it's unarguable that it's all to do with sex. If you ask a young woman whether teenaged girls should start waxing their pubic hair as soon as it starts to grow, they're often quite horrified: 'No, that's way too early.' If it was all about personal hygiene, they wouldn't care about the age of the person doing it. If you ask a young woman whether an elderly woman should wax her pubic hair off, they find the idea revolting – because they're revolted by the idea of an elderly woman being sexual.

Anecdotal evidence shows that salon staff are extremely uneasy about doing Brazilian waxes on women over 60. (For stuff on pubic hair going grey, see Chapter 9, 'Looking Older'.)

The story goes that 19th-century art critic John Ruskin only knew the hairless female bodies in paintings and statues, and was so repulsed when he found out his wife had pubic hair (or, in another version of the story, periods) he refused to have sex with her ever. The marriage lasted several frustrating non-sexual years for Mrs Ruskin. Leaving aside the fact that Mr Ruskin was first and always what we would call a mummy's boy, it's food for thought. Are we breeding a generation of Ruskins who don't even know what a natural pubic mound should look like?

For most of those worried about sprouty sideways bits showing on the beach, a little trim here and there with some carefully wielded nail scissors should keep things under wraps, or you can buy less brief bathers.

If you really want or feel the need to have the edges of your 'pubes' waxed (called a bikini wax), don't do it yourself. Go to a busy professional salon where they have a lot of experience, and be prepared for pain and expense.

While some women shave or wax the outer edges of their pubic hair to remove a few straggly bits, others have the whole area waxed so it looks disturbingly like the pubic area of a prepubescent girl. The fact that this look is considered 'sexy' and something to do 'for the man' is deeply troubling. The Cosmetic Physicians Society of Australasia urged Australian women a while ago in a press release: 'How to Improve Your Sex Life? Get a Brazilian.' Well, only if he's a considerate, smouldering chap called Raoul from Sao Paolo.

Here are some reasons why people *don't* remove their pubic hair:

- **There's no need.**

- **Pain** – Especially with wax; it's a very sensitive area down there.

- **Irritation** – Shaving or waxing the pubic mound or hair between your legs can cause very painful rashes, redness and skin conditions that need treatment; many of the skin conditions of the labia and other girly bits seen by dermatologists are caused by the removal of natural hair.

- **Itching** – Shaved hair can itch like mad as it grows back, and scratching – not a good look.

- **Ingrown hairs** – (when the removed hair attempts to grow again and is trapped under the skin, causing cysts or sores) A sterilised needle or pair of tweezers can be used to relieve these, but pubic ones can be awkward or impossible to attend to yourself.

- **Embarrassment** – They don't want a stranger looking at their girly bits that closely unless they're a doctor.

- **Cost** – Because doing a pubic hair wax is not exactly a dream job for anyone, a full-on 'Brazilian' or 'XXXX' (whoops – that's a beer) is very expensive.

- **Overgrooming** – Pubic hair trimmed into unnatural shapes can look plain weird and scraggly (most people don't have a thick hedge ready for sculpting).

- **The paedophile factor** – Many women find the 'bald' look deeply disturbing in the context of a sexual relationship. Why would a sexual partner want you to look like a little girl down there?

### Saying no to nude pubes

Unfortunately, because in some circles pubic waxes are the norm, you may have to educate a man about your free-range area. If a partner wants you to remove your pubic hair and you don't, you can just say no and that you think it's creepy. Or suggest he first get his scrotum, chest, arms, face, legs, back and bot-bot waxed for you (part of the unenchantingly named procedure, a 'back, sack and crack wax'). I don't think you'll hear much more about it in the long run. Except for some screaming if they try it.

## Eyebrows

If you have natural eyebrows and don't bother doing anything to them except occasionally clearing out any stray fluff, congratulations and well done you. You can skip the whole next section and go and make yourself a nice cup of tea.

While most women don't want too much hair on their face, they want luxurious eyebrows. Eyebrows do thin as you get older, and can become very sparse if constantly plucked, which can damage the follicles. That's why going 'too thin' can be courting disaster.

Herbs or essential oils do *not* make hair grow thicker or quicker, or even grow at all. I suggest you spread a bit of this stuff on your left buttock every night for three weeks and see if you grow an eyebrow on it. You want to make a bet? Your hair is dead (dead, I tell you) so vitamins and proteins slathered on the outside won't make any difference to how fast or thick they grow.

### Why eyebrows are important

Eyebrows frame your eyes and are crucial parts of every facial expression. It's so easy to turn a neutral expression into one that looks cross, or amazed, or stupid, or drunk and demented, just by moving the eyebrows a little.

### Eyebrow mistakes

Unless you have the time and money to go to a professional every month, it's best to leave your eyebrows thicker rather than thinner. Most people who've damaged their eyebrow growth with plucking get stuck with 'thinner' and can't find their way back.

### Eyebrows too plucked

Too much plucking will damage the hair follicles so they don't grow back properly. Even if the follicle is fine, it can take many weeks for eyebrow hair to grow back.

## Eyebrows too thin

I know it should be each to her own, but I find very thin, very unnatural eyebrows quite disconcerting, as it seems to take so much expression from the face.

## Eyebrows too arched

These high quizzical arches can make it look like you're permanently saying, 'Huh?'

## Eyebrows drawn on

You need a good eye and a steady hand or these can look like a 4-year-old got hold of a crayon when you were asleep, and can wander all over your forehead from day to day. As mentioned, professional make-up artists suggest using a brush and eye shadow or feathery strokes like hair rather than a rigid line. Don't draw them above your natural eyebrow line.

## Wrong-colour eyebrows

Too-dark eyebrows on a light complexion and with light hair can make them look like they're made of Fuzzy Felt, which is a lot of 'look'.

## Following eyebrow fashion

Don't. Sometimes make-up artists, stylists and fashion designers get very, very bored. And they send women down the catwalk with half an eyebrow shaved off, or both shaved off, or dyed purple. Then they pop a colander on her head and a coffee table on each foot and call it haute couture. It isn't, it's just stupid. Some trends have included big bushy brows (1910s and 1970s), very arched thin brows (1920s and 1930s), shaved off and drawn on (1960s), tattooed on (1990s) and obsessively shaped (2000s).

### SNEEZING WHEN PLUCKING EYEBROWS

No, you're not imagining it. Plucking eyebrows makes some people sneeze because the brow muscles are connected to the trigeminal nerve, which runs down inside your nose.

## Eyebrow shaping & maintenance

- Unless you have the time and money to go to a professional every month, it's best to leave your eyebrows alone, in case you ruin them for life.

And if this has already happened, see a 'beauty professional' at a reputable salon, who may be able to teach you some tricks about how to patiently grow some back, and how to fake the rest without looking like you've cut some new eyebrows out of a black jumper and stuck them randomly on the front of your head.

- Never shave or bleach your eyebrow hair. Sharp stubble quickly follows shaving, and bleaching can cause skin conditions or eye damage.
- Beware of eyebrow shape stencils from supermarkets and pharmacies – you stick them over your eyebrow and pluck any hairs that are outside it. This is fraught with horrid possibilities, as one size – or shape – of eyebrow definitely does not suit all.
- Only a professional should wax your eyebrows.
- Some people are using a scalpel or razor-style 'planer' to cut individual hairs off close to the surface of the skin: first, you'd need to do it nearly every morning to keep it 'tidy'; and secondly, one slip and you've damaged skin, eyebrow or, god forbid, the eye.

## Eyebrow colour

If you want to alter your eyebrow colour, you can buy eyebrow gels, use a little eye shadow, buy an 'eyebrow mascara', use a pencil to draw in hairs or have them dyed at the salon – it lasts about three weeks and can be a bit full-on for the first day or so, causing a slight drag queen effect if the skin underneath is dyed and it needs to 'wear off'.

Generally speaking, your eyebrows should be reasonably similar to the colour of your hair and complexion if you want them to look natural. Most people's natural eyebrow colour more closely matches their pubic hair than their head-hair colour.

Putting extra colour on your eyebrows is one of those situations, like having a drink before making a speech, when less is definitely more than enough. Anything even veering towards the same postcode as 'heavy-handed' is going to make you look like RuPaul.

Another way to have thicker or darker looking eyebrows is to tattoo them. I can think of nothing to recommend this procedure, unless you go to somebody who's practically an artistic genius and employs the strictest of infection controls.

And even then – what happens when you fancy a change of style? Tattooing is so very permanent (the only way to remove tattoos causes scarring) and your eyebrows are such an important part of your face, lending reality to every expression, from fury to affection. Not to be messed with.

## MORE INFO
### on eyebrows

Bobbi Brown's books all have eyebrow how-tos (see 'More Info on How to Apply Make-up' in Chapter 7, 'Cosmetics & Make-up').

**cosmeticscop.com** This site of make-up reviewer and manufacturer Paula Begoun has tips for shaping and plucking, and for 'filling in' brows with make-up products. Choose 'Learn', then 'Makeup Tips & Tricks', then 'Eyebrow Shaping & Shading'.

**wikihow.com/Pluck-Your-Eyebrows** A useful how-to video with step-by-step instructions.

**Beautiful Brows: The Ultimate Guide to Styling, Shaping, and Maintaining Your Eyebrows by Nancy Parker** A book, with diagrams.

# CHAPTER 6

# Skin

This chapter's about skin health in general, how to look after it, what to do when something goes wrong, including common complaints like pimples, rosacea and eczema, some stuff about sunscreen and sun damage, fake tans, stretch marks, sweating and, more hilariously, the mythical condition of 'cellulite' (snonk!). If you're looking for info on 'anti-ageing' creams (excuse me while I say 'ha!') and whether to believe the outlandish promises made in cosmetics ads ('ha ha ha!'), head on over to Chapter 7, 'Cosmetics & Make-up', which is next.

Just over two-thirds of nearly 5000 women who answered the relevant question in the Women's Stuff Survey said they had some sort of skin problem. For some of us, there's not much downtime with skin. It's pimples akimbo until it's wrinkles ahoy and, if you're really lucky, both at the same time – in other words, pimples on wrinkles, for which I hereby invent a name: prinkles.

# Your skin

I have big pores and not enough money or time for regular facials and expensive creams to solve the problem. CATH, 40, BRISBANE

I have large pores and loose connective tissue . . . hence dots and stretch marks. Nothing can fix these things – despite what they try to tell you. They're genetic problems. TAIMI, 29, STRATHALBYN

I use good old cheap moisturiser from the supermarket. Gone are the days when I would pay top dollar. IMOGEN, 43, WEST FOOTSCRAY

For dryness I use olive oil. JACKIE, 56, DAYLESFORD

My skin's quite dry/rough, but I try not to spend too much time worrying about it. NATALIE, 29, MT EVELYN

My skin gets dry easily. I eat omega-3 fats, and take fish oil and evening primrose oil. CLARA, 43, WEST ST KILDA

My skin's very dry and scaly. Nothing has entirely worked. Moisturising every day, drinking lots of water and exfoliating helps, but it never seems to get to that smooth, hydrated stage. MARIE, 28, MELBOURNE

I have dry skin and a tendency for eczema. I use moisturiser – not sorbolene, though: it was actually a problem. FRAN, 51, CLIFTON HILL

I have dry skin: sorbolene cream works wonders, as does udder cream. Yes, udder cream, for cows. GINA, 44, CANBERRA

## 'I'm allergic to a lot of products, natural and chemical; my skin blisters and burns.'
### DENISE, 43, GLOSSODIA

I combat dry skin by not boiling myself in the shower. ANNETTE, 40, TOWNSVILLE

My skin's so very, very sensitive. I use only products with natural ingredients and avoid irritants. ASHLEE, 22, ADELAIDE

Once, at a selling party, I was talked into buying moisturisers, etc., but I never used them. The consultant tried to tell me that my skin was dry, but I think I got sucked in. JOANNE, 50, GORDON

I have lizard elbows and heels. I look very glam with socks on with Vaseline schlapped all over. KIMBERLEY, 45, PERTH

## 'My eyeballs are the only things that don't currently show age or weathering from the sun.'
### KRISTY, 30, MIAMI, US

I buy skin products to clean and moisturise my skin. I also buy tinted SPF 30+ sunscreen and wear it almost every day. Everything else is a rip-off! CAROLINE, 43, WILLIAMSTOWN

## 'The only cosmetic I buy is sun protection.'
### LUCY, 27, DEAKIN

I don't like my white skin. I get spray tans. UHURA, 49, TEMPE

A good spray tan is great until it starts to rub off and as long as they get it right on the feet. Lift up the butt cheeks, though, unless you want a nice white smiley out of your togs. KYLIE, 37, DUFFY

Due to solarium use I have many moles. There's a history of melanoma in my family. I have annual visits to my dermatologist for a check-up and an all-clear. LINDA, 35, IVANHOE

I'm far too white for my liking. JACKIE, 27, BALLARAT

I love tanning – terrible, I know. But I don't use chemicals to clean the house so I figure it all balances out. BROOKE, 35, SUNBURY

I have fair skin, and have spent too much time in the sun as a horse rider. I now have lots of age spots on my face, skin cancers, etc. CATE, 47, COOK

I live in the north, where the sun seems to create a new wrinkle by the day. I have SPF 30+ in my moisturiser. MARTHA, 38, TOWNSVILLE

My décolletage was sacrificed the summer of my girlfriend's wedding – too much solarium and sun-soaking by the pool! NATASHA, 42, MT WAVERLEY

I should have been more careful about sun damage when I was younger. HELEN, 62, IVANHOE

I've never liked the sun, and after years of feeling pale and ugly, I feel like I finally got something right. MAX, 35, CARLTON

My mother's obsession with sunblock has indeed paid off; I'm often mistaken for four or so years younger! BRONWYN, 24, NEWCASTLE

## 'I'm happy that my dark skin means I don't have to worry about being in the sun much.'
### VIDULA, TOWNSVILLE

My skin is so dry that I have to moisturise my hands every time I wash them or the skin gets horribly flaky. I'm embarrassed when I have to shake hands with someone JULIE, 30, KIAMA

I used to buy expensive skin care products in the hope it would help my acne-prone skin. Now, on my dermatologist's recommendation, I just use a soap-free cleanser and cheap moisturiser. JOANNE, 39, WOLLONGONG

## What Is Skin?

Skin is different layers of growing cells that together cleverly protect you from outside effects such as dust and scrapes, chemicals and infections. Skin also helps control your body temperature. It makes us fairly waterproof, and helps us sense and feel things.

### 🔹 The main skin layers

The skin has three main layers: the epidermis, dermis and subcutaneous layer.

### Outer layer (epidermis)

The outside skin wrapping we can see is called the epidermis, which has several layers made up of skin cells, pigment and proteins. The outermost layer of the epidermis is cells that are dying and falling off by themselves after three or four weeks or being rubbed off. The bottom layers, all living cells underneath, move up gradually towards the surface to replace them.

### Middle layer (dermis)

Under the epidermis is a complicated layer called the dermis. This series of layers helps to supply the epidermis so it stays strong and protective. The dermis has veins, oil and sweat glands, nerves and hair follicles (at the bottom of many pores are hair follicles, out of each of which grows a hair).

Fibrous bits of collagen and elastin are made in the dermis. They float about in hyaluronic acid and other substances. We make less elastin and collagen as we get older, which is why gravity starts to pull down on our droopier skin.

Many cosmetics companies misleadingly imply or claim that the dermis can be altered by the moisturisers and 'anti-ageing' creams you spread on the top layer. Liar, liar, pants on fire. Most creams have molecules too large to get through to this layer. In the case of nanoparticles, they may get through, but won't cause your body to create younger looking skin (more on nanoparticles later). Delivering elastin or collagen in a cream does nothing to the structure of your skin – we need our body to manufacture it to have taut skin. In other words, these ingredients tend to be like boring houseguests – they

arrive, but just lie around doing nothing. (For more on faffing and fibs see Chapter 7, 'Cosmetics & Make-up'.)

### The bottom (subcutaneous) layer

Going further down in our skin is the subcutaneous layer, also made of many smaller layers, mostly fat, with a bit of fibrous business, nerves, blood vessels and lymph channels. The packets of fat are largely controlled by oestrogen levels. Nothing you put on your skin in a cosmetic cream is likely to get down this far, and if it did, it wouldn't do anything. Not even wash the dishes.

### ✳ MORE INFO
### on skin & skin conditions

Beware of supposedly 'independent' websites on skin – most are fronts to sell products and are full of utter piffle, 'facts' that are actually what somebody thought or hoped or believed. Don't 'self-diagnose' a skin condition. Dermatologists (skin specialists) are booked for months ahead, but many problems can be sorted by a GP and, if necessary, they'll fast-track you to a dermatologist.

Pregnancy can 'cure' some skin problems or be the trigger for them to start.

**dermcoll.asn.au** The Australasian College of Dermatologists site. Choose 'Public', then 'A–Z of Skin', then fang about to various fact sheets.

🥝 **dermnet.org.nz** The NZ Dermatological Society has heaps of fact sheets on various skin conditions – search your keyword.

**betterhealth.vic.gov.au** On this government health department site search for the relevant condition, say 'acne' or 'rosacea'.

## The Skin on Your Face

You've inherited your skin from your ancestors, which determines what colour it is and whether your face is prone to scarring, visible veins, freckles, dimples, pimples, wrinkles or (both together) prinkles. Cosmetics labels refer to skin 'types' to try to convince people they need special stuff (which is only very occasionally true).

## 🝰 Skin 'types'

- **'Oily'** – Shiny skin that may have larger-than-average pores, which is genetic (sometimes called 'teenage', 'troubled' or 'problem').

- **'Problem'** – Prone to pimples and blackheads.

- **'Dry'** – Lacks oil and moisture, and is more prone to flaking; rough, dry patches; or eczema.

- **'Ageing' or 'sun-damaged'** – Not strictly a skin type, and not possible to reverse with cosmetic creams.

- **'Normal'** – No problems (possibly fictitious).

- **'Combination'** – A mix of normal and oily or dry.

- **Sensitive** – Skin tends to react, with a rash or redness, to ingredients, heat, allergens and alcohol. Most people say they have sensitive skin.

## 🝰 'Free skin assessments'

Also known as assessing your skin type or 'mapping your face', 'a professional examination of your needs', you know the sort of thing. I can do an official *Women's Stuff* assessment of your facial needs right now. No, I don't need to see it. You look fine. And if you don't and you have a skin problem, go to a doctor. There. Didn't cost a thing. At a cosmetics counter they would have found some problems with names you've never even heard of and solutions with recommended products worth just under $100, depending on their sales quota for the day. Under $100 makes you more likely to come back when you run out (which will be at different times) and then they'll get the chance to 'upsell' you some more stuff.

The 'free consultation' at a cosmetics counter, pharmacy or 'beauty' salon is often a euphemism for 'marketing'. It's usually a series of pointed insults swathed in faux concern, needling criticisms and your own fears.

'Free assessments' are given by salespeople trained to ask you what you're worried about and then repeat it back to you in slightly more ominous and throat-catchingly humiliating words, along with 'recommendations' for expensive products and 'treatments'. Free assessments are the chook poo fertiliser spread on the seeds of your doubt.

## 🝰 Recipe for a healthy skin

- Choose brilliant genes for unusually elastic skin.
- Eat well – good nourishment shows in your skin.
- Drink a sensible amount of water – this helps your digestion and food absorption, and also keeps your body and skin hydrated (see Chapter 10, 'Eat').
- Exercise – activity increases blood flow to the skin, which helps repair skin problems, and can help regulate hormones (see Chapter 11, 'Move').
- Avoid cigarette smoke and smoking – they cause dull skin and wrinkles (see Chapter 23, 'Drugs').
- Always use sun protection and never try to get a 'tan'.

## Sun & Skin

*Too much* sun is the biggest cause of skin damage and wrinkles, and Australia has a really high rate of skin cancer caused by sun exposure. But *some* safe sunshine exposure every day is good for you, because it boosts your immune system, helps your body to heal and is essential for making enough vitamin D for health (see 'Vitamin D & Skin', coming up). People with naturally very dark skin don't need as much sun protection, which is lucky because they need up to six times longer in the sun than pale folk to make enough vitamin D.

Sunburn is the main thing to avoid. The more times you get sunburnt, or 'tanned', the greater your chance of later developing skin cancer – in some cases as soon as your late teens or early 20s. The other big scary risk is sun-bed use at tanning salons, which is known to cause skin cancer for some.

## 🝰 Sun damage

Visible 'damage' is caused by UV radiation (from the sun or a tanning light). The damage begins with any tan or sunburn, then progresses to wrinkles, coarsening and sometimes overgrowth of cells – and if this gets out of control, it can cause skin cancer, which is not always easily visible.

If you doubt what sun does over time, do a comparison of your own skin or the skin of an elderly relative or friend. Compare the skin on their face with some skin on their tummy. (If there's been significant bikini involvement, you may have to look at Nanna's buttocks. Won't you both be thrilled? Anyway, you get the idea.)

In any Australian over 30, especially those living in the northern two-thirds of the continent, there's going to be a big difference between their face and, well, 'where the sun don't shine'. And here's the kicker: virtually nobody moisturises their stomach or inner arm as much as their face. And yet in every case, it's the skin on the face that looks oldest (regardless of expression lines). This is proof that it's not moisturiser that prevents wrinkles, it's sun protection.

## 🛍 Sun protection

If you put sunscreen on your face, then do the other exposed parts, too, including ears, neck, chest, forearms, hands, and lower legs and feet. Nose-only sunscreen is useless. If your nose needs protection (and it does), then so does the rest of you.

If you have skin at the darker end of the scale, say two biological parents with African, Aboriginal, Melanesian, Indian or Sri Lankan sort of skin, then you don't need to cover up like others. But remember to protect your eyes with sunglasses, and you may want a hat if you're out there for hours. (There's more info coming up on dark skin and vitamin D needs.)

For everyone else:

- Try to avoid going out in the sun in the middle of the day, because that's when the UV rays are strongest (not necessarily when it's hottest: between 10 a.m. and 3 p.m.).
- Generally head for shade when you can.
- Wear a hat that shades your neck and face, and preferably long sleeves and long skirts or pants if you can't avoid being in the sun for ages. Clothes and shade give more sun protection than sunscreen.
- If you're in the sun, wear sunglasses with recommended Australian Standards sun-protection lenses (check the label).
- Use more than one method of sun protection at a time (i.e. sunscreen and hat, shirt and shade).

## 🛍 Sunscreen tips

Most people don't put on enough sunscreen, or reapply it often enough. Here's what you need to know:

- Sunscreen works by creating a barrier on your skin that either absorbs the UV rays or reflects them away, depending on which chemicals are in the cream. Either way is fine. All sunscreens have preservatives so bacteria don't grow once the bottle is opened.
- Use a sunscreen with an SPF (sun protection factor) of 30+. SPF 30+ gives you the best, maximum protection available. Anything above that, for example 50+, doesn't give you a worthwhile extra advantage – it just sounds better.
- Use a 'broad spectrum' sunscreen – this means it filters both kinds of UV rays that can damage the skin.
- Apply sunscreen 20 minutes before going out to give it a chance to be absorbed and start working.
- Use a squirt of at least a teaspoon of sunscreen on each leg and each arm, front of torso and back, at least half a teaspoon on the face, and another half on the neck and ears. Slather on more sunscreen every two hours (most people don't know they need to reapply).
- Use a water-resistant sunscreen if you'll be swimming or sweating, but reapply after two hours, no matter what the bottle says (it may say four hours), in case you've rubbed or sweated it off.
- If you have sensitive skin, try a 'toddlers' or other specially hypoallergenic sunscreen.
- If you get pimples, use a gel sunscreen, which is less likely to block pores.
- Don't use a sunscreen that's past its use-by date.
- Australian-made sunscreens don't carry an ingredient called PABA, which is often criticised as a likely irritant.
- Keep sunscreens in the cooler or handbag next to a drink bottle from the fridge – not in the glove box or on a windowsill where it gets hot, as it can go 'off' and not work.

### Sunburn risks
- Sun rays come through clouds and can still burn you.
- If you swim or snorkel about, you can get even worse burns through the water, which provides no barrier to UV radiation. Put waterproof sunscreen on all exposed areas.
- You can get sunburnt if you're cool or cold, especially on a boat in the breeze or somewhere

where extra light is bouncing at you from water or light surfaces, such as sand and snow.

- 'Windburn' from the snow or on the water is actually sunburn. Wind doesn't burn.

## SUNSCREEN IN COSMETICS

The Cancer Council recommends that you use an SPF 30+ sunscreen if you're planning to be outside or in the sun. Sunscreens in moisturisers or foundation are really only good for very brief, incidental exposure.

Use a 30+ sunscreen under (not over) make-up for protection. Most sunscreens will have moisturisers in them, too. It's better to use a sunscreen with a moisturiser in it than a moisturiser with sunscreen in it. Put the sunscreen down first onto the clean, dry base of skin, then foundation goes on top.

If you have on an SPF 15+ moisturiser and an SPF 15+ foundation on, that doesn't mean you have SPF 30+ protection – you only have protection up to the level of the highest one you have on – so 15 on top of 15 is still only 15.

Lipsticks are often quite opaque, with reflecty titanium oxide in them, giving them an SPF of about 10, but it's best to use a lipstick or lip balm with SPF 30+.

## 🔋 Nanoparticles in products

Many sunscreens now contain 'nanoparticles'. Some people think this a worry.

Scientists used to be confident that cosmetics (as opposed to medicines) could only paint colours on the skin, or sit on top of it and reflect sun rays or reduce evaporation, but not get right down amongst or through skin – mainly because the molecules were too big to get in. Imagine trying to push golf balls through the holes in a sieve: they won't go. As mentioned, skin has evolved to keep out dirt, liquids and most other things from whizzing into our innards and making mischief.

But now, 'nano-' or 'micro-' particles have been invented, which means sunscreens and cosmetics can contain weeny particles more than 200 times smaller than a red blood cell, less than one-10000th the width of a human hair. The Therapeutic Goods Administration (TGA), the government agency in charge of regulating medicines and substances that can cause changes in our bodies, says that since current evidence suggests that nanoparticles also stay on the upper surface of the skin, and there's no evidence they are dangerous or otherwise not a good idea, legislation is not needed to get companies to declare whether their products have nanoparticles in them.

Some consumer groups say this is a new field of chemistry and marks left on roofs by workers' sunscreen containing nanoparticles suggest that the particles could make sun damage happen faster rather than protect against it. Activists also say it's not known if nanoparticles can get into damaged skin more easily (through wounds or sunburnt parts). The effects of any nanoparticles, if they *do* get into the lower levels of the body or into the bloodstream, are still unknown.

Some people selling brands of make-up or moisturisers with nanoparticles in them are 'talking up' their skin-penetration properties, along the lines of: 'It does get in! And that means they're more powerful or effective than other moisturisers and products!' There's no evidence for these claims.

In the meantime, the government's peak sciencey minds at the Commonwealth Scientific and Industrial Research Organisation (CSIRO) are doing tests on nanoparticles, reporting results on their website. The government's National Industrial Chemicals Notification and Assessment Scheme (NICNAS) also has an advisory group of sciencey types on nano matters. So some work has been done, but there still needs to be more research. Until then, if you want to avoid nanoparticles, you'll have to do your own research on which products have them (see below on how). But whatever you do, keep using some kind of sunscreen.

 **MORE INFO**
on nanoparticles

**csiro.au** For articles and downloadable fact sheets from the CSIRO website, search 'nanoparticles'.

**choice.com.au** On the Choice website of the independent Australian Consumers' Association, search 'nanoparticles'.

**nano.foe.org.au** Environmental activist group Friends of the Earth wants the government to require companies to label their products if nanoparticles are used. Choose 'Safe Sunscreen Guide' for a list of non-nano products, or 'Nano Basics' for explanations of the technology.

# 🍶 Vitamin D & skin

Studies in several countries have shown that lots of women are deficient in vitamin D – especially women with dark skin, women who wear a lot of cover-up clothes for cultural or religious reasons, and older women. The most efficient way for our bodies to make vitamin D is to synthesise it (make it) using the UV rays in sunlight. We all need a little exposure to sunlight without sunscreen, to maintain optimum health – without risking 'a tan' or sunburn. Vitamin D deficiency in kids is called rickets, and results in bone disorders and all sorts of other health problems. In women, it's implicated in premature birth and birth complications, bone fractures and many other serious health problems.

'Caucasian' people, who are genetically similar to pale-skinned Europeans and Scandinavians, have evolved in places with minimal sunlight to need only a few minutes in the sun each day to make enough vitamin D. But people with a strong heritage of African, Sri Lankan, Indian, Aboriginal, Polynesian and Melanesian skin have ancestors who evolved and adapted to places where there was much more sun and people were in it for hours each day. They now need much more sun to make enough vitamin D.

There are now lots of people living in places that their skin isn't evolved to 'match'. That's why pale-skinned Australians are at greater risk of sunburn and skin cancer, and people with dark skin living in Iceland are likely to have vitamin D deficiency. And there's a big variation between sun exposure in a Tassie winter and a Queensland summer.

Many Australian schools still send kids with very dark skin out to play when they're covered with sunscreen and a hat 'because that's the rule for everyone'. This may be contributing to future health problems due to vitamin D deficiency, especially for girls.

Most kids with very dark skin shouldn't be using sunscreen. 'It doesn't matter what colour your skin is, a hat is still important,' warns the Cancer Council, mostly because they want people to protect their eyes. Many kids are starting to wear sunglasses now, which is quite sensible and makes them look like grade 3 rock star gangsters.

## People who need extra vitamin D

- People with naturally very dark skin.
- People who wear cover-up clothing for cultural or religious reasons.
- Older people (the body gets less efficient at making vitamin D as we age), especially if they're always inside.
- Babies of mums who are deficient in vitamin D, especially if breastfed (formula milk is supplemented with vitamin D).
- Nightshift workers and people who always exercise indoors.

## How to make enough vitamin D

The definition of enough sunlight to make vitamin D can vary between medical organisations, and can seem to conflict with the idea of sun protection. The recommendations differ for latitude (place in the world), whether it's summer or winter, and the colour of your skin.

For good historical reasons, it's offensive to try to categorise people's skin colour as some sort of label. But in the case of vitamin D, for biological reasons, skin colour is relevant. There's a big range of beautiful skin colours between standard Swedish and Bougainville Island heritage, and each will need different amounts of sun to make enough vitamin D.

People with dark skin can need up to six times more sun each day, two or more hours of it, to make the same amount of vitamin D as a pale-skinned person. The Cancer Council says it would prefer people to get their vitamin D through 'supplements', i.e. vitamin D tablets. The Council seems reluctant to recommend any 'unprotected' time in sunlight at all, for anyone, but people will have to make up their own minds about this. I suspect that if there were a Vitamin D Council there'd be more of a lobby group for more safe sun exposure.

Women who are normally veiled or very covered by clothing may need to find some private time every couple of days to expose more skin to sunlight, if possible. Many women may need to take a vitamin D supplement as well as making some vitamin D using sunlight. If in doubt, ask your doctor for a blood test to check your vitamin D levels. The recommended daily dose for a vitamin D supplement is 1000 milligrams, but if you suspect you're already depleted, you may be advised to take a much higher dose until you reach reasonable levels, often for a few months. See your doctor, get tested, and go from there.

The Cancer Council says the best way to know how much sun you need is to check the UV Index for the day (info on how is coming up). Joint recommendations of the Cancer Council, the Australian and New Zealand Bone and Mineral Society, Osteoporosis Australia and the Australasian College of Dermatologists say that:

- Paler skinned Australians need to 'Expose face, arms and hands for a few (less than 10) minutes on most days and do this outside of peak UV times'. Peak means the UV index has reached 3 or above, usually between 10 a.m. and 3 p.m. on summer days. In the southern states in winter, the UV Index is probably below 3, so you need to expose skin for a total of two to three hours over a week (not in one go).
- Darker skinned folk may need 'three to six' times this amount of exposure.

I know this is maddeningly non-specific. Also be guided by whether your skin colour changes significantly over summer: that means the skin is trying to 'protect' itself. Also, very heavy cloud or shade can reduce your ray dose slightly. If in doubt, ask your doctor or dermatologist to research and clarify for you individually. Also make sure that if you have dark skin you're still checked for skin changes and skin cancers, which can be harder to see. Sunscreen does stop the 'vitamin D'-making rays, but don't risk sunburn to get enough sun to make vitamin D.

# Tanning

Years ago it was allegedly fashionable to have 'white' skin, to show that you were too rich and posh to have to work outside, and because of implied or explicit racism. Then it became 'fashionable' to have a tan because it showed you were too rich and posh to have to do any work at all and could lie around in the sun all day. (Sadly, nobody thought to eradicate the racism while they were at it.) Then people realised the damage that too much sun can do to the skin, causing dryness, wrinkles and blotches, not to mention the whole skin cancer thing. And now a fake tan is in fashion because of the hard sell and ubiquitous tanned look in magazines and on websites, which are driven by the income they generate from advertising by cosmetics companies – almost all of which sell fake-tan products.

### What is a tan?

A suntan is evidence that the sun has damaged your skin. The tan is what happens when your skin tries to protect itself by producing more melanin (the chemical that causes pigment – skin colour). A tan doesn't protect you from getting burnt. A deeper tan just shows more stress on the skin from trying to protect itself even more.

### Fake tans

The cosmetics industry worldwide makes megamillions on fast or slow-acting 'self-tanning' products, and related ones such as 'body shimmers', bronzers, before-self-tan exfoliators and after-fake-tan moisturisers.

  **MORE INFO** on the UV index & vitamin D

Choose a news service or report sent to your phone or computer each morning that includes the UV index for your area. Other apps can provide up-to-date 'live' UV readings. You can check the Sunsmart UV alert forecast every day before you leave home – in the weather section of daily newspapers and news websites or online.

**bom.gov.au/uv** The Bureau of Meteorology UV forecasts. View it as a map, a graph or a table, or bookmark your area.

**cancer.org.au/file/cancersmartlifestyle/ howmuchsunisenough.pdf** A pamphlet called *How Much Sun is Enough* from Osteoporosis Australia, the Cancer Council, the Australasian College of Dermatologists and the Australian and New Zealand Bone and Mineral Society.

**dermcoll.asn.au** For the Australasian College of Dermatologists' fact sheet on vitamin D, from the main page choose 'Public', then 'A–Z of Skin', then 'Vitamin D – Risks and Benefits of Sun Exposure'.

Although a DIY fake tan is approximately three berzillion times safer than a real tan caused by the sun or a scary tanning salon, it does carry the risk of making you look like a stripy gigantic root vegetable. We've all seen those yolk-coloured ladies who've overdone it and look like a beaming oversized carrot wearing sunnies and high heels.

The models in the magazines and ads have a professionally applied fake tan, and any streaks or variations are smoothed out by digital alteration. Don't expect a magazine or website that depends on free samples, advertising or sponsorship to ever question the necessity for a fake tan, or mention how they're ridiculously expensive and hard to get to look right.

### FAKE TANS & SUN PROTECTION

No fake tan provides any sun protection. People with fake tans may have a false sense of security but are at extra risk of sunburn and sun damage.

## Tanning salon dangers

Tanning salons – don't go there, girlfriend. It's now established that tans from tanning salons (also known as solariums or 'sun beds') are just as dangerous and damaging to your skin as lying in the sun for hours and hours – and probably worse, because the kind of rays they use penetrate further. The Cancer Council of Australia cites credible research to say that people who use a solarium before the age of 35 increase their risk of getting skin cancer by 75 per cent compared with people who don't use a sun salon.

Before their use dwindled as people became aware of the dangers, solariums were related to hundreds of melanoma (skin cancer) cases and more than 40 deaths a year in Australia. Anyone still using salons is risking their life.

While many tanning salons have closed due to health warnings and fewer clients, some people continue to believe that if it wasn't safe the government would order the salons closed. Governments don't always ban dangerous and unhealthy things; they say consumers can make up their own minds about dangers like tanning salons and cigarettes. In some states there are restrictions on solarium use, but that doesn't make it safe, and research shows that many salons have ignored them anyway.

At the very least, going to a tanning salon will make your skin prematurely wrinkly, and at the worst increase your chance of skin cancer and, in some cases, death. So if you see a friend going into a tanning place, follow them in there, stage a hysterical scene and drag them out by the ankle. If necessary you can tie them up with dental floss and sit on them until the police come.

So-called tan 'accelerators', 'enhancers' and 'magnifiers', sold as lotions or tablets (often by tanning salons), are claimed to boost the melanin in your body. A lotion can't do this, and it's unlikely that pills can. Using a 'tan accelerator' won't protect you against sunburn or skin damage, and may cause blistering, nausea, headaches and itchy skin.

## Safer fake tans

A much safer fake tan is a dye that is rubbed, sponged or sprayed onto your body, which uses a chemical called DHA (dihydroxyacetone), a simple carbohydrate that turns a darker colour through a chemical reaction with amino acids to make more carotene (hence the too-orange look of some fake tans). The full reaction (for the deepest colour) may take 24 hours.

Until that top layer of skin wears off, having DHA on you makes your skin extra-vulnerable to sun damage, so always wear sunscreen over the top. DHA can't be washed off: it wears off as the skin cells are shed naturally. It's the DHA you can smell after a fake tan. Fake tans can also contain other dyes and moisturisers, preservatives and fragrance to try to mask the distinctive smell. These additives are the most likely ones to cause a skin reaction:

- **Self-tanning products** – These have either a little bit of DHA, so you build it up gradually over a few days, or a lot, so you get an instant tan in an hour or so. DIY tanning means you're more likely to get streaks and other variations. Products come in gels, creams, mitts and sprays. Remember to use sunscreen over the top.

- **Spray tans** – Usually done by salon staff, these can be very expensive, and if sprayed on the face can block pores and cause pimples. Spray-on DHA tan has the same drawbacks as the stuff in bottles: it can smudge, stain and go streaky. It lasts for a few days, depending on how often you

**113**

wash and with what. Spray tans can make previously unseen spots and marks much darker than the surrounding skin, so for some people a spray tan means spray-on spots. Again, don't forget the sunscreen.

## 🔖 Skin cancer

Sun or salon UV rays can cause the overgrowth of cells that begins skin cancer. The amount of rays that causes this to happen varies due to skin colour and exposure, but each burn or tanning session adds to a total cumulative lifetime dose of UV radiation that increases your risk. 'Melanoma' or skin cancer lesions come in different shapes, sizes and levels of danger.

Risks and warning signs for skin cancer are:

- a history of sunburn, especially with blisters
- working or exercising outside unprotected
- sun damage (wrinkles and coarseness)
- discoloured patches of skin
- a freckle, spot, mole or patch that changes its colour, size or shape
- a thickened or raised red area
- a sore that won't heal.

### Skin cancer checks

Check your skin at the end of each season. It's important to get a doctor to check out anything that looks odd or different or changed. And don't feel shy about getting a second opinion or asking for a referral to a skin specialist (dermatologist). Anybody over 40 should have their skin checked by a doctor a couple of times a year; for others this should be once a year. Don't wait for a scheduled check if you suspect or notice anything. You need to have all your skin checked, not just the bits usually exposed. (See also 'Moles', later in this chapter).

**MORE INFO**
on sun protection

You should only go to local (not overseas) official websites for info on tanning or sun care.

**cancer.org.au/sunsmart**
**Advice Line 13 11 20** The Cancer Council has the latest and best info.

🥝 **sunsmart.org.nz** The Kiwi equivalent.

## Skin Conditions

Everybody has moles, birthmarks or stretch marks – some people have more than others, or larger or smaller ones, or a skin colour that means they don't show up as much. Others have skin conditions or characteristics ranging from natural and fine (freckles) to severe and painful (psoriasis). See also 'Skin Cancer', above.

## 🔖 Skin problem diagnosis

Don't use an online search, a 'natural therapist', salon staff, cosmetics salespeople or a well-meaning friend or relative to diagnose a skin condition. Even if you don't think you want medical treatment, you'll need a medical diagnosis so you know what you're dealing with.

If a natural remedy works, good, but if not, don't keep trying to treat a galloping and uncomfortable skin condition like eczema with herbal or natural treatments. Don't close your mind to the possibility of medical treatment or management. One round of antibiotics or medicines could completely cure or manage some conditions that otherwise would go on for years, causing distress, pain or scarring.

Be careful of where you have any procedure performed, and by whom. Avoid cosmetic clinics with undertrained staff, or where you're more likely to be pressured or surrounded by an atmosphere of fault-finding, and the 'upselling' of a smorgasbord of cosmetic procedures. Sorry to bang on, but avoid at all costs the sort of 'free assessments' that will inevitably result in recommendations for expensive 'treatments' or 'corrections'. See opposite for who's who in this area.

## 🔖 Cellulite

Women have always had dimpled areas on their thighs and buttocks, but it wasn't until the 1960s that the word 'cellulite' was invented to make it sound like a problem. If it was called 'darling dimples' we might not bother to buy the products that don't do anything, or believe in the mythical 'toxins' that don't cause cellulite. Even if 'toxins' in your body did cause cellulite, which they don't, they couldn't get to your thighs and buttocks anyway, because your body takes any toxins (poisons) to the liver for processing.

Cellulite is caused by genes and the natural fat that all women need to be healthy. Cellulite is normal. It's just the undulations in fat deposits caused by the natural banding of the skin. Imagine if you pressed some tofu or, if you don't like tofu, Turkish delight, against the strings of a tennis racket. Some of the firm but slightly wobbly substance would slightly protrude through the little squares. It may not be a gourmet recipe, but that's what 'causes cellulite': having normal fat cells under a normal skin structure. (Extra fat cells may mean extra cellulite, but thin women can have it too.)

Here's what doesn't cure cellulite: exercise, heat, scrubbing, drinking water, rays of any kind, sound waves, radio waves, alien rays, ultrasound, X-rays or light (laser) waves, creams of any description, loofahs, mitts, handheld laser devices, special clothes or shoes, massage, oils of any kind, caffeine or other stimulants whether applied by mouth or onto the body parts, any natural product at all, and any chemical made in a lab that is placed in a cream. None of these things cause the body to reconfigure its shape, or make more collagen or elastin, or reduce 'toxins'.

Here's what cures cellulite: nothing. Because it's supposed to be there. The only way to remove cellulite, say, on a thigh, is to remove the leg.

Here's what usually happens when people think their cellulite has been treated: they've slightly damaged themselves so there's a swelling, which

## WHO'S WHO IN SKIN PROFESSIONALS

### GP

Many general practitioners can diagnose and treat simple skin conditions, and/or refer you to a dermatologist. For more on GP qualifications, see 'Who's Who in Doctors' in Chapter 12, 'Health Maintenance'.

### DERMATOLOGIST

A medical doctor who is a skin specialist (which also covers hair and nails). This means they've done five or six years of general medical training then at least two years of extra study and training in a hospital, then five years of study and training in dermatology. They're more expensive than GPs and have much longer waiting lists.

See 'Who's Who in Cosmetic Personnel' in Chapter 8, 'Cosmetic Surgery & Procedures', for more detail.

### COSMETIC PHYSICIAN

Usually a GP who specialises in cosmetic procedures, such as filler and Botox injections, and even surgery. They'll usually be a member of the Cosmetic Physicians Society of Australasia and have the letters CPSA after their name (unrelated to qualifications), or a seal or logo on their advertisements and in their clinics.

See 'Who's Who in Cosmetic Personnel' in Chapter 8, 'Cosmetic Surgery & Procedures', for more detail.

### SALON STAFF & BEAUTICIANS

Techniques, experience, skill and level of professional training vary widely, so satisfy yourself when it comes to competence levels. Such staff are unqualified to make a skin diagnosis. Be especially careful of non-medical staff who use procedures that can cause scarring – this includes but is not limited to face peels, heat treatments, laser and IPL 'treatments'. It's illegal for non-medical staff to administer surgical procedures or injections.

See 'Who's Who in Cosmetic Personnel' in Chapter 8, 'Cosmetic Surgery & Procedures', for more detail.

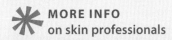 **MORE INFO**
on skin professionals

**dermcoll.asn.au** Unlike a GP, the Australasian College of Dermatologists can't refer you to a dermatologist, but has a list of dermatologists by area. There's also info on skin problems and treatments.

**cosmeticphysicians.org.au** The Cosmetic Physicians Society of Australasia says 'Relevant training and experience are prerequisites for admission to the CPSA' but does not specify these on its site at the time of writing. It offers a find-a-doctor service.

temporarily disguises the dimpled undulations. This can happen with the heat (low-level burn) from a laser, or with the bruising caused by rubbing or scrubbing. You'd get the same result if you paid somebody to keep slapping you until your skin raised in an effort to protect and heal itself.

The worst result could be burn pain and scars from lasers, or the scary side effects of liposuction, such as scarring, scooped-out craters in the leg, and death from anaesthesia complications (see the risks in Chapter 8, 'Cosmetic Surgery & Procedures').

(See also 'Firming', coming up next in Chapter 7, 'Cosmetics & Make-up'.)

## 🌢 Pimples

You'd be forgiven for hoping it's all over when you hit your 20s. While some adults get just the occasional pimple or blackhead outbreak or the odd zit here and there, others seem to have tortuous, endless problems with pimples. Doctors tend to call pimples by their unattractive medical term, acne.

What may have changed since you were a teen, though, is that it's now official, you don't have to put up with a pimple problem. Because now doctors know how to treat them, especially if you get onto it early.

### PIMPLE TRUTHS

These things DO NOT CAUSE pimples or blackheads:

- greasy or oily food; chocolate
- not exfoliating your skin
- not washing enough or properly
- not drinking enough water
- not eating organic food
- dirt or germs on the skin.

Getting pimples or blackheads is not your fault.

### Why we get pimples

If you have pimples it's almost certainly not because you're doing anything wrong. You get pimples because one of your grandparents or parents had a similar problem: you inherited it (some disappointment if you were hoping for a small French castle instead). Here's how pimples form:

❶ Androgen hormones make your skin exude oil, called sebum, from the sebaceous glands under the skin.

❷ This oily stuff is trapped underneath your skin by dead skin cells blocking the tube leading to the pore on the surface.

❸ The blockage causes irritation and inflammation, creating the redness of the pimple.

❹ The inflamed oily stuff tries to get out (causing a yellow or white-head effect, or 'coming to a head') or just throbs along underneath in a 'blind pimple', causing redness.

Complicating factors can include:

- the interplay of hormone levels, either most of the time or just before periods, which means the androgens and the oil glands are working overtime
- bacteria underneath or on top of the skin, which can make the inflammation worse
- stress, which can change hormone levels and suppress the immune response to inflammation
- some viruses, including glandular fever
- more rarely, an allergy or poisoning of the body, which causes it to try to get rid of the irritant by sending it out of the body in rashes or pimples
- hormonal medication, which can either combat pimples (the Pill often works) or cause them (some androgenic medicines and some other contraceptives).

### Pimple scars

Pimples can leave scars. Scars can be very hard to hide or remove, so it's better to prevent them if you can.

How bad the damage is can depend more on whether a person is prone to scarring than on how many pimples there are or even whether they're picked. People with a tendency to get pimple scars can include:

- those who get cysts (deep, red and sore pimples)
- those of Asian heritage
- those with a family history of scarring, especially acne scars.

Anyone likely to get scars should see a GP as soon as they start getting pimples. Early treatment with antibiotics can mean avoiding scarring completely for many people. If it isn't making a difference within two to three months, or you're getting marks that don't go away, get a referral to a dermatologist straightaway.

## How to stop pimples

The earlier you start to fight pimples, the easier it will be. Doctors now say there are lots of creams that can control many types of pimples, and there are temporary drug courses that should take care of the rest. Nobody has to have pimples any more: see your GP and if necessary get a referral to a dermatologist.

The trick is, all pimple treatments will take six weeks to start working, because that's the lifecycle of a pimple caused by the inflammation due to overproduction of oil and blocked pores. So you'll need some patience.

Just drying out or dealing with the pimples you can see isn't going to work in the long run. In most cases drying agents are supposed to work on pimples that have already erupted, so they don't prevent any more from coming. They can be very irritating to the skin and cause a rash or flaking – these include alcohol and other 'astringents', such as pepperminty, eucalyptusy and tea-treeish things.

There are relatively cheap ways of having an everyday routine to prevent the pimples you'd otherwise get in six weeks' time. A three-step approach is needed – and that doesn't mean you need three products of the same brand, like a cleanser, exfoliator and moisturiser. You need to:

❶ Stop the oil production.
❷ Stop the pores from blocking.
❸ Fight inflammation.

### ❶ How to stop oil production

Doctors often prescribe the Pill and, more rarely, another medication to try to regulate hormones, aiming to lower the level of oil-producing androgens. This doesn't work for everyone when it comes to pimples, and is usually not the first suggestion if you have severe acne or acne that's been untreated for a long time, which will need a combined approach of the suggestions below. Some Pills are better than others at suppressing androgens because of their mix of hormones, so talk with your doctor about this. (See all the info on the Pill and its side effects in Chapter 16, 'Periods', and 'Contraception' in Chapter 32, 'Sex').

Other medications can include specific-dosage creams – prescribed vitamin A creams and benzoyl peroxide – which are the only things in a cream or ointment form proven to help stop pimple-oil production. Some people use one or the other, others need one in the morning and the other at night. Each has a drying effect on oils in the skin. Try not to touch your face or rest your cheek or chin in your hand, only because you'll rub off any pimple cream you're using.

• **Benzoyl peroxide cream** – The generic brand from the pharmacy is just as effective as the expensive, well-known and heavily advertised pimple creams. Used every day it should stop the pimples that would otherwise erupt in six weeks' time. It's a bleaching agent, so be careful of contact with clothes. A 2.5 per cent benzoyl peroxide cream will probably work just as well as a 10 per cent one against pimples but be less drying on all skin types, so try 2.5 per cent first. Most of the branded creams are a mix of benzoyl peroxide and glycolic or salicylic acid (see below), or other exfoliators in various combinations, with some added concealer tint. Nobody has the 'magic formula'. They're more expensive because they're known brand names and they need to pay for their advertising and getting their marketing claims to you.

• **Prescribed vitamin A creams** – These are less effective than the vitamin A medications, but have far fewer side effects, and can still be very effective.

• **Vitamin A medication** – In more difficult cases, usually after antibiotics have been tried first to stop inflammation (coming up), you can take a laboratory-produced vitamin A-based prescription drug (the proper name is isotretinoin, and you may hear it referred to by one brand name, Roaccutane) for a few months, say three to six, which usually 'trains' your skin to maintain the 'less oil' regime long-term.

If there's any chance of being or getting pregnant, you can't take isotretinoin, as it can cause birth defects. You'll also need to have a blood test while on it, to test liver function and blood-fat levels, although any problems are rare and temporary. Isotretinoin is associated with the very rare side effect of depression, so while a large majority of people on it are happier because their skin gets better, it's worth being aware of. It can cause severe skin dryness, but it's fine to use moisturiser. It will make

# An unlucky dip of skin problems

Adult acne! WTF! The Pill has helped. One product promised to help but all it did was bleach the towels and face washers. LOU, 29, GEELONG

I developed acne when I was 20, having been spared through high school. My doctor prescribed the Pill and it completely got rid of the problem, but now I'm too scared to come off it! HILARY, 26, BOX HILL

'I have a spotty bottom. Doc says it's hormonal and from sweating cos I sit on my arse most of the day studying.' FIREFLY, 39, SUNSHINE COAST

I have stress-related acne. I'm trying to be less stressed! BECK, 28, CROYDON

I always have pimples or blackheads. I was put on a brand of the Pill and it seems to have done wonders. I also find using mineral make-up has made a huge difference. MEG, 19, BUNBURY

Mild-dose antibiotics and a salicylic acid solution that the chemist makes up always clears it up: if I stick to it. JANE, 31, VICTORIA PARK

A naturopathic diet and supplements worked for my cystic acne. SARAH 41, CLIFTON HILL

I'm getting pimples when I'm also getting wrinkles. Tea tree oil and basic face washing with gentle soap works for me. ROXY, 40, ARMADALE

Getting bad acne made me a target for comments about being unhealthy or eating too much junk food. I stopped eating junk food to find that it made no difference at all. AMANDA, 19, CLONTARF

I have discoloration on my face from taking the Pill and from hormones during pregnancy. JOANN, 31, SALISBURY EAST

I have very big pores on my nose so I always have blackheads. Temporary solutions: extractions at beauty parlours or the nose pore strips, but they get dirty and blocked again within a day. LEANNE, 25, SOUTH PERTH

Roaccutane worked for the acne, plus I use products with no known irritants on my skin. JESSICA, 42, DONCASTER

I had very bad acne and I'm still a little self-conscious about my skin. Roaccutane was well worth the side effects. CHRISTIE, 37, MELBOURNE

My acne's been fluctuating since I was 13 – after two bouts of Roaccutane I'm still struggling. It's depressing. SELINA, 29, DARWIN

My medication causes photosensitivity, which means that I have to stay out of the sun or risk pigmentation and burns. MARINA, 50, MATRAVILLE

'Bloody blackheads. My husband pops them for me – incredibly romantic . . . not.' EMMA, 32, BLUE MOUNTAINS

I have a pigment change on my cheek that's not noticeable during the winter, but when I get a slight tan in summer it's more obvious. My solution is not looking in the mirror! ALI, 29, LISMORE

I have chloasma. Nothing like having little ant trails of dark freckles across your face for no reason, but I don't really care enough to venture into further research. BETHIE, 33, SUNSHINE COAST

I'm considering skin peels on my face to remove the pigment spots. NATALIE, 35, WILSTON

My rosacea is stress-related, so I'm trying to keep calm. I also use some antibiotic ointment. SUSAN, 46, CARNEGIE

I have vitiligo. I actually have white hands and some white patches beginning on my face. My solution is acceptance and not worrying if people look – they stop after a while. DAWN, 58, LISMORE

I often get a rash on my face that looks like 'pash rash', but I swear it's not. MICHAELA, 30, EDITHVALE

I have slight rosacea on my face, which means I don't often leave the house without foundation (which annoys me). LOU, 26, SYDNEY

'I put foundation on if I'm having my photo taken, but never on a normal day.' MIRIAM, 39, FLEMINGTON

I've had laser treatment for my rosacea. I avoid heat, spicy food, alcohol, tea, coffee, the sun, etc. JUNE, 51, MALVERN

My acne rosacea started when I was pregnant with my second son. It's been horrible! Most doctors prescribe antibiotics and more antibiotics – but I'm looking for a more natural approach. BRIDGET, 34, RICHMOND

I've used green face powder. KYLIE, 30, GLENWOOD

I had laser pulses for my rosacea. It was incredibly painful but it's worked to shrink the blood vessels. MICHELLE, 40, HAWTHORN

'My mother always told me that you couldn't get stretch marks till you had a baby, and I got them as a teen!' CATH, 24, WATSONIA

I don't like my stretch marks, a result of rapid weight gain. They're quite noticeable, but now that I've had a child and all the new ones hide the old ones, I'm much less self-conscious. SONYA, 21, ST MARYS

you extra-sensitive to sun damage, so hats and sunscreen are mandatory. Except for the birth-defect risk, any problems can be minimised by adjusting the dose, so talk with your doctor.

Dangerous build-up in the body and liver damage can be caused by too much vitamin A. Vitamin A can be too toxic at levels that combat pimples, so you can't take large doses of vitamin A in capsules or oils. The isotretinoin medication is safe because it has been specially modified to be way less toxic and more effective on pimples, and because doctors always check for any effects on your liver. Colloidal-silver-style preparations containing vitamin A (from health food shops), which can be regarded as 'natural' or 'herbal' treatments, can be very toxic and dangerous. It's hard to get too much vitamin A in food: you'd have to do something like eat kilos of carrots a day.

Some people recommend tea tree oil, alcohol and other drying agents, but these only help to kill surface germs and dry the skin and pimple once it has appeared.

## ❷ How to clear blocked pores

- **Specialised acidic cleansers** – A cleanser with least 2 per cent salicylic acid will loosen and remove dead skin: it also has a bonus antibacterial effect. Many gentle exfoliators contain it. If the active ingredient is glycolic acid, the concentration needs to be high enough to loosen the skin but not high enough to irritate you – this can be a tall order and varies between people. Use it to gently wash your face once a day, or twice if it's really oily.

- **Watch what you put on your face** – Any other product that goes on your face, such as make-up, moisturiser or sunscreen, should not block pores (look for labels saying 'non-comedogenic' or 'non-acnegenic'; 'oil-free' is also good, but none of these labels is a guarantee against irritation). Other things that block pores on the face can include cigarette smoke, spray tan and hair products.

- **Vitamin A-based creams** – These not only combat oil production (see above) but can also help you shed the dead skin cells and clear pores.

## HOW TO APPLY PIMPLE CREAMS

What you need to know about applying pimple creams such as prescribed vitamin A or benzoyl peroxide:

- Test a small amount on your face first and leave it for 24 hours to make sure there's no bad reaction.
- Don't mix pimple creams or put different ones on at the same time: they can cancel each other out.
- Apply only a thin, sparing layer – all drying agents can cause flaking, peeling and dry skin.
- Apply it all over any pimple-prone areas, such as forehead, nose and chin – and cheeks if necessary – not just on the visible spots.
- Keep using the cream daily until you haven't had a pimple for a month, then stop and see what happens. Start again if necessary.

## ❸ How to stop inflammation

- **Antibiotics** – Usually a one-off dose for a period of weeks or months will do the trick, in a prescribed antibiotic cream or antibiotic pills, usually along with benzoyl peroxide or another drying agent.

- **Zinc supplements** – The recommended daily allowance shouldn't be exceeded without medical advice; you may need proper levels of other minerals to help absorption.

## Stress & skin

Too much stress can put hormones out of whack and suppress the immune system's ability to override inflammation. Because having 'bad skin' can be stressful, this can be a bit of a vicious circle and require you change your habits and ways of thinking. See 'Stress & Low-level Anxiety' in Chapter 20, 'Feelings & Moods', for hints.

## Natural therapies for pimples

Natural therapists often suggest a vitamin supplement that includes B6 and zinc to reduce inflammation but doctors say there's no evidence this helps. Some specialist herbalists can help with hormone levels. Naturopaths can help with stress strategies. As explained, 'natural' ways of getting more vitamin A can be dangerous. Your practitioner should be a member of the National Herbalists Association of Australia, or the Australian Natural Therapists Association (see Chapter 12, 'Health Maintenance', for more).

## Some pimple 'don'ts'

- **Don't squeeze too hard** – Everyone says this, and talks in hushed and horrified tones about scarring and bacteria, but here's the thing: the body is trying to get the gunk out because there's bacteria underneath already and it's okay to help out if you don't want to go around with a throbbing, beacon-like, yellow-headed pimple. Just gently remove a 'head' that's ready to pop by lancing it with a needle or pin tip. You could wipe it with a tissue or a little alcohol wipe afterwards. Don't squeeeeeeeze long or hard; if it isn't ready to go, stop. Otherwise you could cause a bigger problem by forcing the gunk somewhere else under the skin, or create more redness or a bruise.

- **Don't stack on any old concealer** – Any cover-up should be oil-free and matched to your skin colour. 'Cover sticks' are usually designed to disguise grey bags under the eyes, so they're the wrong tint to hide red pimples. Green-tinted concealer can neutralise the red or make you look like an alien.

- **Resist the urge to scrub** – Most scrubs and grainy exfoliators are harsh and can irritate sensitive, inflamed, pimply skin. See 'Scrubs & Exfoliators' in Chapter 7, 'Cosmetics & Make-up', and be careful.

### PIMPLE MYTHS

'Curing pimples with diet'
One of the biggest 'beauty myths' of all time. It cannot be done, if that's all you're trying and you have difficult hormones. It's annoying and wrong of people to suggest this, as it rather smugly and completely wrongly implies that people get pimples because of something that's their own fault, or due to not eating 'right'.

Pimples are *not* caused by eating oily or sugary foods. (This is not a licence to eat that stuff.) Indigenous teens in isolated areas tend not to get pimples, but nobody knows exactly why, and it's hardly a solution for most kids in the Western world to move to an island and start eating yams. There's a theory that eating less sugar and avoiding

sugar body scrubs may help keep bacteria and inflammation to a minimum. Dermatologists disagree about this. Some doctors say it's worth a try to replace sugary foods with higher fibre and non-sugary carbohydrates like porridge and grainy breads, and to avoid alcohol and processed foods such as cakes, biscuits, lollies, chocolate and processed packet cereals. And that's certainly a healthier diet for anybody. But many people who have done this still get pimples.

Tippety-top Australian dermatologist Dr Rod Phillips says, 'Diet isn't the main cause of pimples in most people but can contribute. It is now clear that dairy products in excess can make pimples a bit worse in some people. If you know that dairy makes your pimples worse, you could reduce your intake of dairy. However, it is important to keep getting enough calcium and other dairy nutrients in your diet. Or you can leave your diet alone and treat your pimples, that's often enough.'

A good immune system is supported by eating lots of protein, leafy green and other vegies and fruits, and a recommended dose of zinc. But there are no magic foods that prevent pimples. The online world is full of commandments to eat various allegedly pimple-whacking foods, including berries, oily fish, tomatoes, grapes, chocolate, red wine, green tea, pulses, soy, leafy veg and porridge. All good things to eat – but none of them a magic bullet, or as powerful as the medical ways of combating pimples mentioned above.

'If you drink more water your skin will clear up'
Maybe. But it won't be the water that's doing it.

**✳ MORE INFO**
**on pimple treatments**

**acne.org.au** This volunteer site by doctors and dermatologists has independent advice on cleansers and treatments. Choose 'Treatment', then 'Treatment Steps', then 'Hormonal Acne' to get lots of tips and specific Pill recommendations for women.

## 🌰 Blackheads

Okay, look out, I'm going to get shouty: BLACK-HEADS ARE NOT CAUSED BY DIRT. They come from underneath the skin, for the same sebum-creating reasons as a pimple forms. They look dirty because of a reaction caused when air meets the keratin protein that the gunk is made of. (Keratin is also in your hair.) In other words, if you squeeze out a blackhead, another one may well come up behind it and when it does, the top of it will turn dark when it comes in contact with oxygen in the air ('oxidises').

Exfoliators, toners, astringents and rippy-off tapes do not cure blackheads.

- Only try to pop a blackhead if it's really obvious (wash your hands before squeezing very gently, or you'll bruise or cause more inflammation and redness). If the blackhead doesn't come out easily first go, stop.
- Scrubs may help, but you shouldn't use them more than weekly. An exfoliator that uses a chemical reaction such as an acidic substance can be kinder to your skin than scrubbing.
- Those rippy-off tapes or strips may or may not take a few blackheads with them, but they don't stop blackheads from forming.
- Toners do nothing to blackheads.

### 'Whiteheads'
Little blocked pores on upper arms or thighs are very common, and called keratosis pilaris. Most teens have it, and nearly half of grown women. It can be managed by gentle exfoliation or ignoring it completely.

Millia are harmless tiny pale 'cysts' that look like large whiteheads. They're common around the eyes and in babies. They often go away by themselves.

### MORE INFO
#### on pimples & blackheads

**dermcoll.asn.au** The Australasian College of Dermatologists site: choose 'Public' for info on skin problems and how to find a skin specialist.

### 🝤 Freckles
Freckles are small, pale to dark brown spots seen mostly on the face and arms because those are the areas most exposed to sunlight. People who get lots of freckles have skin that's likely to burn, so they need to take extra care to protect themselves against the sun. Freckles can't be removed by exfoliating or home chemical treatments (thank god, because they're gorgeous).

### 🝤 Moles
Moles are usually brown or black dots on the skin that can appear anywhere, either alone or in groups. They can be flat or raised, smooth or bumpy. They mostly appear in the first 25 years of your life, and it's normal to have between 10 and 40 moles by then. (No, don't count them. How bored would you have to be?)

Moles can change over the years, or even disappear, but it's important to keep an eye on them. Have your doctor or dermatologist check them every year or so.

Most moles are not dangerous at all, and they do not automatically become 'cancerous' if exposed to the sun. But if you notice that one has changed – grown, changed colour or become an irregular shape – or has edges that are itchy, bleed or have altered in some way, see a doctor immediately, because misbehaving moles can lead to melanoma (see 'Skin Cancer', earlier). Moles that look as if they might be a skin cancer, or which get annoyingly rubbed by, say, a bra strap, can be easily removed by a dermatologist.

### 🝤 Birthmarks
A birthmark is any skin mark that you were born with or developed as a baby. Some of them go away as you grow older. Some marks are blood vessels you're able to see under the skin, others happen because the body 'accidentally' puts too much pigment in one area.

People with a birthmark (or a scar) on their face can feel self-conscious. Some people use make-up to tone them down, although others are fond of their symbol of individuality. Birthmarks can range from small, light brown spots to a large area of pink or purple pigment. Most are harmless, and there's no need to get them removed for health reasons, but it's always a good idea to get them checked out by a doctor.

Some birthmarks are made up of blood vessels and are easily treated using laser or other techniques; others aren't. Depending on the mark, the removal can be relatively pain-free, or take several painful treatments in stages. Any diagnosis, treatment or removal, or referral for those treatments, should come from a dermatologist, not a 'cosmetic surgeon' or a beautician with a laser. It's very important to see a subspecialist – a dermatologist and/or plastic surgeon who specialises in birthmarks.

Many websites on birthmarks are sponsored by laser or covering-make-up companies, but still have useful information. Careful how you go.

## 🪣 Scars

Many women regard their scars – from acne, illness, surgery or accident or attack – as a badge of honour, or a reminder they have come to terms with and accept as part of themselves. Others want to try to hide scars – some cover them up with special body or scar make-up (a specialised professional make-up artist can show you how).

If you're reading this and you don't have scars, don't mention anybody else's. A person who has a scar knows. You don't need to point it out, and you should never ask how it happened. If they want you to know, they'll tell you.

Asian skin is more prone to scarring, and some people have a genetic tendency to heal with a more prominent scar than others. This needs to be taken into account if you want to try to 'remove' scars from acne or another cause with 'dermabrasion', because the 'treatment' can also scar.

### Scar removal

For those who do want to hide their scars or minimise them, it's important to know that because scars are part of your skin, not a surface mask, this can be tricky. Options range from covering make-up (consult a professional make-up artist for tips) to 'removal'.

It's essential to see a dermatologist or a member of the Australian Society of Plastic Surgeons, not a 'cosmetic surgeon' or 'cosmetic physician', if you're seeking treatment or 'removal'. Some people have used an over-the-counter 'bleaching treatment', perhaps bought overseas, on scars – they often think this works long-term but it can make a scar worse. In cases where it seems to 'work', it's more likely because time fades some kinds of scars. Always check with a dermatologist before considering *any* product or procedure that promises to repair or fade scars.

Never just pop along to a 'cosmetic centre' or 'laser clinic', because some people who use lasers and other skin techniques have much less experience and training. (See Chapter 8, 'Cosmetic Surgery & Procedures', for info on all that, and 'Tattoos', coming up, if that's relevant.)

## MORE INFO
### on birthmarks & scars

**changingfaces.org.uk/home** A UK non-profit organisation that supports people with a significant facial difference, such as birthmarks, scars or facial variations after surgery or an accident.

### Stretch marks

Almost every one of us has stretch marks. They're just the stripy lines left after your skin has had to stretch. They're most common on breasts, hips, thighs and tummies, and can happen when your body has a growth spurt or you put on a lot of weight quickly: most commonly during the teen years or pregnancy. They happen because the skin stretches rapidly and the elastin underneath breaks and then knits back together. People with more of a tendency to scar can expect to have more prominent stretch marks – but the good news is, all stretch marks fade.

At first they're often slightly raised and purply pink or red on pale skin, and darker on darker skin. Nothing – and no amount of rubbing with creams – will prevent them or make them go away. They'll almost always fade to flat, silvery marks (on pale skin) or skin-coloured stripes (on darker skin) and become part of you.

While some companies have trialled vitamin A creams and think they may help 'fade' stretch marks as they're forming or just afterwards, these cannot be used during pregnancy or breastfeeding because of the dangers of excess vitamin A to a fetus and because the vitamin A levels may become too high in the breastmilk. And because stretch marks fade anyway over time, there's no evidence that the vitamin A cream isn't just doing in a few weeks what might happen in a few more weeks anyway.

We tend not to notice stretch marks on other people: they're usually just not that obvious. Or we don't even see them because we never see the real naked bodies of other ordinary people – just the make-up-slathered and digitally altered bodies of models in ads and magazines (there's more on this in Chapter 4, 'Clothes'). Most celebs use body make-up to hide any visible stretch marks at photo shoots and red-carpet events.

Stretch marks aren't caused by dry skin. Vitamin E, shea butter and other moisturisers can't and don't prevent them. If your sister-in-law used cream all through her pregnancy and has hardly any stretch marks, that's because of her genes and how much weight she put on how quickly. It's nothing to do with the cream.

Stretch marks are woven into your skin. The only way to remove them (scrunch up your eyes now) is by cutting them out, and that would cause other scars. Please ignore dodgy claims by any 'clinics' and cosmetic doctors that they can remove stretch marks using injections, ultrasound, radio waves or who knows what they'll come up with next. Cannot be done.

Unfortunately, by the time relevant government agencies notice claims like these, or have them reported to them, they can only ask the company to stop doing the advertising, print an ad rescinding the claims and maybe pay a small fine. Too late. Meanwhile, hundreds of women are wasting their money and feeling horrible about themselves. Be especially careful of laser 'treatments', which can cause burns and pigmentation changes and may create much more of a perceived problem. (See Chapter 8, 'Cosmetic Surgery & Procedures', for more on these 'services'.)

## Visible veins

'Spider veins', those road-map-like branches that can appear close to the surface of the skin, are mostly caused by genetic factors (inheriting a bunch of blood vessels and valves in the legs that aren't brilliant at the job of helping to get blood pumped back up to the heart for another go-round).

Varicose or bulging veins can be caused by genes, or blood that's more sluggish due to inactivity, pregnancy, getting older or carrying more than your healthy weight. They're caused by the resulting high blood pressure in the veins, which can be intensified by standing or sitting for long periods, coupled with a genetic weakness in the vein walls. The result is overloaded or bulging veins, which can cause aches, unhappiness about how they look and possible complications. Some vein treatments are considered medical, and therefore treatment is available on Medicare, while others are considered cosmetic.

Some 'spider' veins can be treated with a simple procedure using a laser to target the walls and cause controlled damage so the visible veins stop carrying blood. This can be done on the surface, or by inserting a fibre into the vein, using a local anaesthetic. A common treatment for varicose veins is sclerotherapy, which is an injection of a specific salt-based chemical solution that causes the vein to close. The vein stops carrying the blood (blood bypasses the old vein, using other veins), is sealed off and fades from sight as it's now 'empty'. Afterwards you'll probably wear a tight 'support stocking' for a week and be advised to exercise.

Talk to your doctor about possible complications or side effects of different methods of laser treatment and sclerotherapy, cosmetic or otherwise. These range from a higher risk of blood clots to temporary bruising and reddish or brown spots in the area.

See a specialist who's a dermatologist or phlebologist (vein specialist) to find out which treatment is best for you, and to perform it. A person with spider veins should first have an ultrasound to see if there are underlying varicose veins as well. Some varicose veins will need surgery.

**MORE INFO**
**on treatment for visible veins**

**dermcoll.asn.au** For the Australasian College of Dermatologists' fact sheet on sclerotherapy, choose 'Public', then 'A–Z of Skin', then 'Sclerotherapy & Other Cosmetic Procedures'.

## Pigmentation changes

Spots and patches of different-coloured skin on the face can be hormonal – and can happen when on the Pill or pregnant; they're usually caused by hormonal factors coupled with sun exposure, usually after the age of 30. These can be called melasma or chloasma or the fetchingly named 'mask of pregnancy', for heaven's sake.

On paler and mid-shaded folk they're often not very noticeable. Most websites and pamphlets show only the effect on Caucasian skin, but people with darker skin can get melasma too, which shows up in darker patches. While they can be treated with lasers or acidic peels or exfoliators, laser 'treatment' can worsen the problem. Some prescription creams are useful, and they're often easily blended in with foundation if you fancy. Sunscreen is the best way to prevent them.

Paler patches, due to a loss of pigmentation, usually larger and irregularly shaped, may be diagnosed as an immune-system-related skin condition called vitiligo.

See a doctor to make sure you know what's causing any varied pigmentation before trying any sort of treatment. Don't be 'diagnosed' by beauty salon staff, and be wary of profit-driven cosmetic clinics with GPs who call themselves 'cosmetic' surgeons or physicians. Pigmentation changes can be the beginnings of skin cancer that can be headed off, and 'removals' can leave behind dangerous cells doing bad things. The 'Why is it there' can be much more important than the 'How do I get it off?'. See Chapter 8, 'Cosmetic Surgery & Procedures', for info on lasers and other 'services'.

## Red neck

Poikiloderma of Civatte is the medical term for a very common Australian 'condition', the reddish rash-like discoloration on both sides of the neck and upper chest (but not in the middle of the neck where the skin is often shaded from the sun), most often on fair-skinned women. This is where the term 'redneck' came from – to describe English and Irish immigrants working in the fields of the southern US. 'Poikilo' means 'changed or not usual', 'derma' means 'skin' and a Dr Civatte decided we needed something to remember him by.

It's caused by sun exposure, and exacerbated by perfumes and perfumed soap on the skin during sun exposure, and tends to be more noticeable after the age of 45, so there's probably a hormonal factor. To avoid it, use sunscreen and don't use perfume on your neck. Once they have it, most people just live with it, but some seek professional laser treatment (with very mixed results) or use whitening creams with hydroquinone, which can lessen the contrast of pigmentation. Using hydroquinone at the same time as products containing benzoyl peroxide (in many pimple treatments) or hydrogen peroxide (in many dyes) can cause a temporary, very dark stain. Consult a doctor, who can prescribe a higher dose, or a pharmacist, who can dispense 2 per cent cream over the counter. Don't pay top dollar for big cosmetics-brand versions if they have the same active ingredient. And make sure you have a medical diagnosis first.

## MORE INFO
### on uneven skin pigmentation

**aad.org** On the independent American Academy of Dermatology site, choose 'For the Public', then 'Skin Conditions', then 'Pamphlets', then 'Dermatology A to Z', then 'Melasma' for pics and advice.

**dermcoll.asn.au** On the independent Australasian College of Dermatologists site choose 'Public', then 'A–Z of Skin', then 'Vitiligo' for a useful fact sheet.

**dermnetnz.org** The NZ College of Dermatologists, which has some commercial sponsorship, has an A–Z list that includes poikiloderma of Civatte, with pics.

## Rosacea

Rosacea is a facial reddening (hence the rosy name) condition that is mostly found, and more noticeable, in pale-skinned folk. It makes the skin break out in a blush-like rash, can progress to a red face and nose, and can also be accompanied by thready-looking broken capillary veins and, in 'acne rosacea', rather angry-looking pimples. It's suspected to be caused by an inflammation disorder, and perhaps bacteria. Flare-ups can be triggered by heat, alcohol, stress and hot spicy foods.

Rosacea is a bugger to treat, but usually gets worse if you don't try to combat it. Sometimes you're told it's rosacea when it isn't, or your rosacea is misdiagnosed as something else, by salon or cosmetic clinic staff, and even GPs. It must be diagnosed by a skin specialist, not a cosmetics counter chat or website quiz.

## Possible treatments for rosacea

- Avoiding triggers you recognise, such as heat, alcohol, hot drinks, coffee, chocolate, sweat and stress.
- Avoiding facial scrubs, masks, peels, fragrances and other usual irritants.
- Testing and trying hypoallergenic products.
- Covering with make-up (green-tinged make-up is often suggested to counter the red but can look odd, so practise first and inspect before sallying forth).
- Some acne treatments, including vitamin A or benzoyl peroxide solutions (see 'Pimples', earlier).
- Facial creams containing antibiotics to treat inflammation.
- Antibiotic pills to reduce inflammation.
- Laser treatments (please go to a dermatologist who has a subspecialty in rosacea, not a 'cosmetic clinic' for this) – see Chapter 8, 'Cosmetic Surgery & Procedures', for more on laser use and side effects.

### MORE INFO
on rosacea

Many websites of rosacea support groups can contain outdated or personal info that won't necessarily apply to you.

**rosacea.org** The independent US National Rosacea Society has lots of info and advice. Choose 'Information for Patients'.

**cosmeticscop.com** Cosmetics maven Paula Begoun has a fact sheet about rosacea with a long list of ingredients to avoid. Choose 'Shop by Concern', then 'Rosacea'.

## 🔖 Eczema

Eczema is patches of dry skin that can be very itchy and is often also called dermatitis. The skin tends to be very cranky and easily irritated. Eczema needs to be diagnosed by a GP or dermatologist before treatment, in case of 'mistaken identity'. It is often associated with a genetic predisposition and accompanied by sensitive skin or allergies. Eczema is more likely to be managed and controlled than totally eradicated. Sometimes it disappears by itself.

Helpful suggestions for eczema can include:

- Avoid long hot showers and baths.
- Avoid tight, 'unbreathing' clothes that cause discomfort.
- Avoid arid or extremely cold environments.
- Avoid perfumes and similar products.
- Try hypoallergenic products.
- Replace soap with sorbolene or use special cleansers that don't strip oils from the skin.
- Wear gloves to protect your skin from detergents and irritants.
- Avoid animal fur and skin dander, dust mites, moulds, pollens, compost and mulch mixes.
- Swim in the sea or a river instead of chlorinated water if you can.

### MORE INFO
on eczema

**eczema.org.au**
**1300 300 182** The independent Eczema Association of Australasia has FAQs and forums.

**dermcoll.asn.au** The Australasian College of Dermatologists has an eczema fact sheet. Choose 'Public', then 'A–Z of Skin', then 'Eczema'.

## 🔖 Contact dermatitis

This is red and inflamed skin, often caused by too much contact with water, detergent, soap or specific chemicals, such as nickel, latex or hair dye (hairdressers and dishwashers are prone to getting it). Work-based contact dermatitis caused by cumulative exposure can flare suddenly or grumble on for years. It can also be misdiagnosed as acute eczema (see above).

### MORE INFO
on contact dermatitis

**dermnetnz.org** For a NZ College of Dermatologists fact sheet, choose 'Topics A–Z', then 'Allergic Contact Dermatitis'.

## 🔖 Perioral dermatitis

This red rash around the mouth (like 'pash rash') and corners of the nose area can be triggered by cortisone (steroid) creams used on the face, oil-based cosmetics, fluoride toothpastes or other products. It's usually chased off with a few weeks of antibiotics and a recommended lifetime ban on cosmetic products containing oils.

## 🜂 Psoriasis

This skin condition, which creates red and scaly patches, often on the scalp, elbows and knees, is sometimes mistaken for eczema. A likely cause is genes triggering misbehaviour of the immune system. People with psoriasis can minimise and manage the condition, but a 'cure' has not yet been found.

Help for psoriasis can include:

- old-fashioned anti-inflammatory tar-based soaps and soaks. These are usually made from coal (in proper low levels in manufactured products) and could also cause irritation and make skin more susceptible to sunburn. They are now being replaced with prescribed products.
- vitamin D and A creams on prescription.
- light-ray treatment supervised by a dermatologist (phototherapy using a narrow wavelength of UV rays, so they're less likely to cause a burn).
- drugs designed to combat inflammation and/or boost immune response.
- cortisone-based creams. These usually help temporarily.

 **MORE INFO**
**on psoriasis**

**dermcoll.asn.au** For the Australasian College of Dermatologists' psoriasis fact sheet, choose 'Public', then 'A–Z of Skin', then 'Psoriasis'.

**cosmeticscop.com** Consumer advocate and cosmetics manufacturer Paula Begoun has an article about psoriasis treatment ingredients. Choose 'Learn', then 'Skin Care Facts', then 'Psoriasis'.

## 🜂 Sweating

Our society is so obsessed with and frightened by natural smells that we tend to think any sweating or smelling is weird and bad – but we need to sweat to survive.

Sweat cools us down if we get too hot because of the weather or exercise. And if we overheat we go purple and have convulsions. So sweating is a good alternative. You can sweat more if you're nervous, usually from your underarms, forehead, palms and feet.

How much you sweat can depend on genetics. Some people just sweat less because that runs in their family, or because they're of Asian heritage.

Things that make you sweat more include:

- getting too hot (der)
- stress
- many illnesses
- hormonal fluctuations, such as (hello, hot flushes) those of menopause
- being above a comfortable weight
- drugs and alcohol
- clothes made from synthetic fabrics
- shoes worn without socks
- hats
- very heavy lotion or make-up.

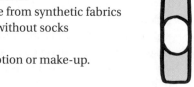

### Sweat smells

Everyone gets BO (body odour) when they don't wash sweat off every day. Adult sweat smells more because of the hormonal chemicals released in it. The longer sweat is left on the skin, the more it can change smell because of the build-up of bacteria. 'Fresh' sweat usually smells fine.

Talcum powder, perfumes and body sprays don't stop or really disguise BO on bodies or clothes – washing properly is the only way to solve it. And because talc is now known to be a possible irritant to lungs and associated with uterine cancers, it's not a good thing to use.

### Deodorants & antiperspirants

Despite web rumours, there's no evidence that aluminium in deodorant causes breast cancer or other health problems such as Alzheimer's disease at the regulated amounts used in these products. (People who use a 'natural crystal' deodorant should know they're using aluminium crystals. Most 'natural' deodorants' or those with only organic ingredients are perfumes, not sweat-stoppers.)

- An underarm *deodorant* uses a chemical to help neutralise the smell of sweat, but it won't stop wetness. Most are perfumed.
- An underarm *antiperspirant* temporarily plugs or seals sweat glands, usually with an aluminium-based substance.

- Some products combine an antiperspirant with a deodorant.
- You may have to try different ones before you find the one that works best for you.
- If a deodorant or antiperspirant causes a rash or itchiness, try another brand or type – maybe one that's hypoallergenic and unscented (although this is no guarantee).

### STOP THAT CRAZED FIDDLING AND LEAVE YOUR WOOZER ALONE

'Intimate' sprays, vaginal deodorants, douches, perfumes, perfumed talc or other smelly stuff shouldn't be put on, or up, your girly bits. Your vagina is self-cleaning, and anything else can cause irritation and even infection. There's more about girly bits in Chapter 15, 'Hormones & Downstairs Geography'.

### Botox & sweating

Botox and other paralysing agents such as Dysport have been used to stop sweat glands from being able to work (for example, in the underarms) in extreme cases of sweating. Dermatologists disagree about whether this will then cause more sweating from the glands elsewhere (for example, the feet, palms or genital area), as your body will still need to sweat the same amount out. You'll need to investigate the possible side effects on you.

Botox treatment for sweating is hellishly expensive and lasts six to nine months. Any surgery for sweating is generally known not to be permanent and have possible permanent complications, including excess sweating in other areas, so do thorough research and get several opinions, not all from people who make money from the 'treatment'.

 **MORE INFO** on sweating

**sweathelp.org** The non-profit International Hyperhidrosis (excessive sweating) Society site has info for teens, adults and medical professionals.

**dermnetnz.org/hair-nails-sweat/ hyperhidrosis.html** The NZ Dermatological Society page on hyperhidrosis.

## Body Piercing & Tattoos

Piercing and tattoos (also known as body art) have become more ordinary instead of new and exciting, because so many people have them now. Even nannas. Other variations include branding with a burn to cause a shaped scar, and if that makes you feel a tad queasy you'd best not read the safety pamphlets for piercing that discuss healing times for 'flesh tunnels'. Euww.

Any person piercing your skin needs to take special precautions to avoid spreading bacteria or diseases, including hepatitis B and C and HIV/AIDS. Make sure your practitioner has answered all your questions, understands the hygiene and safety requirements as well as legal requirements, has washed their hands, is wearing new disposable gloves, has opened sterile equipment in a sealed pack in front of you, and has disinfected the area of your skin before they start.

### Body piercing

It's possible, but not necessarily a brilliant idea, to pierce almost any area of the body.

Some reused piercing equipment, such as the 'staple-gun'-style piercers often used for ear-piercing in pharmacies, cannot be properly sterilised. Piercing must be done by an experienced professional who uses a new needle, which is then thrown away, and who sterilises all other equipment in a machine called an autoclave. This is the only way to make sure you and other people don't catch one of the serious and possibly fatal viruses – such as HIV (the AIDS virus) and hepatitis B – that can be spread by unhygienic piercing.

- Make sure before you have a piercing that you're up to date with your immunisations, especially for tetanus and the hepatitis variations. There's no vaccine for HIV.
- The Australian Dental Association is against lip and tongue piercing. Dentists see some of the results: swollen tongues causing breathing difficulties; infected gums; and teeth cracked, chipped or broken by the metal. Lip-piercing can also cause speech problems, including lisping.
- The more chance there is for bacteria to breed, the more chance there is of infection: nose (ow),

# Tattoos, piercings & scars

I have six tatts as a result of breast cancer. The tatts are small dots across my chest so the operators could line the radiation up correctly. I regard them as an emblem of recovery from a disease we all dread. EFFIE, 70, FINLEY

I have a 15-centimetre-long abstract squiggle on my right shoulder blade. I got it after having my heart broken 15 years ago, to reaffirm the fact that I was a strong chick, and I still love it. CAITLIN, 38, NEW YORK, US

I had laser tattoo removal. It was extremely painful, but I was pleased to be rid of the tattoo. KATE, 33, HAMILTON

Although I've changed over the years, I can still respect the person I was then and honour/forgive her tattoo decisions. CATHERINE, 29, ELWOOD

I still like the long barcode down my right side from bust level to hip. ELAINE, 34, MELBOURNE

> '**I have an arch-shaped tattoo of my name in witch runes on my right shoulder. At least, that's what I *think* it says!**'
> JENNA, 36, HIGHTON

Unfortunately I got my then husband's name, too. Big mistake – we separated three and a half years ago and I haven't had the money to get it changed. CAROL, 46, CLIFTON SPRINGS

I still like the Rolling Stones tongue on my left breast (what's left of it) and Yosemite Sam on my right buttock. SANDRA, 50, GLADSTONE

On the inside of my wrist I have a Celtic goddess symbol. I got it to remind me to treat myself like a goddess sometimes, and that I'm beautiful. LIBBY, 35, FRANKSTON

I like the feminine 'gargoyle' on my left shoulder, but the teddy bear on my butt is regrettable. MONIQUE, 38, LONG JETTY

I had my eyebrows tattooed – they never came back after chemo. PENNY, 47, JANNALI

> '**I have a peace sign on my wrist. Very, very regrettable.**'
> EMMA, 21, WOLLONGONG

It's supposed to be a butterfly but looks more like a bogong moth that someone squished after it landed on my back. TRUDI, 30, SEVEN HILLS

I regret the rainbow heart on my front pelvic area. ASHLEY, 26, WOLLONGONG

I have two dolphins in waves, surrounded by an Aztec-type design on my back, near my bum. I waited 10 years to decide what I wanted. I don't like them now. JO, 37, SEATON

They were done way back in the 1960s when I was a 'rebellious' teenager. Most have been removed, leaving a terrible mess. The scars and a couple of names remain. I would advise against tattoos. SUSAN, 62, WOLLONGONG

I have an ugly devil's head that I did for a dare when I was 20. LOUISA, 37, ADELAIDE

I have five tattoos that I got when I was between 14 and 18. I wish it had been impossible for me to get them without ID. CHERYL, 42, BENTLEIGH EAST

I have my birth sign (Cancer). I'm not too keen on it now, as it's 69 sideways and causes a bit of a stir when people see it, as it's often thought to mean something else. JACKIE, 27, BALLARAT

I have a tattoo of grinning Sheela-na-gig (Celtic goddess of sex and death), pulling the lips of her vulva apart in a display that's intended to be threatening and scare away demons. I regret it now. EFFIE, 34, WOOLLAHRA

I have several regrettable tattoos, as my dad was a tattooist when I was 16 and he experimented on me. NATALIE, 40, ELTHAM

I'm now unhappy with the dancing pig on my butt-cheek. KIM, 36, WOOLGOOLGA

## Piercings

I had a belly button ring that got infected, so now I have a lovely scar there. Now no matter what size I am, I still look slightly chubby because of the shape of my belly button. OLIVIA, 26, JANDAKOT

## Scars

My scars are my battle wounds. One's from the removal of a kidney at age 15 and the other is from my C-section. CATHY, 26, CRAIGMORE

I don't like my scars. They're a bit confronting. FELICITY, 38, AUCKLAND, NZ

> '**I like my facial scars – I look different, but I like me. My scars forced me to be honest about who I am and what I believe, because people are constantly telling me who they think I am.**'
> BEL, 37, NEWCASTLE

I don't like my scars. People get curious and start asking questions. TANYA, 37, ALICE SPRINGS

I have scars. I'm just learning to accept them. RAQUEL, 36, BRISBANE

mouth (ow) and genitals (owMG) are the most likely places.

- You should never pierce yourself or get a friend to do it: a home job is much more likely to become infected or look botched.
- Take extra special care after you have your piercing done. The practitioner should give you instructions on how to treat it until it has healed properly, including regularly using disinfectant.
- If the piercing becomes infected, which is common, minor or major scarring can result. And if you no longer use a pierced hole it will close over but can leave a scar.
- Know what the symptoms of infection are so you can get it treated by a doctor very quickly. These include soreness, redness, swelling and gunk coming out.

## 🪡 Tattoos

While tatts have become mainstream, they're not accepted everywhere or always a good idea. The forever-ness of them is the biggest problem, providing you get a hygienic job. The ones most regretted by people tend to be the face, neck, hand and forearm tattoos, as well as the colloquially known 'tramp-stamp', a tattoo above the bum-crack on the lower back.

Some tattoo considerations:

- A tattoo is basically a wound that heals into a permanent scar. It hurts a lot.
- Many but not all people who have a tattoo later have regrets.
- You'll need to go to a clean, licensed professional tattoo shop that sterilises its equipment in an autoclave and uses a new needle for each client.
- You'll need vaccinations against hepatitis and other blood-borne diseases (but you can't be vaccinated against HIV).
- If you're under 18 in Australia, getting a tattoo is probably illegal.
- Anecdotal evidence suggests most people are affected by alcohol or drugs when tattooed, often as a self-medication for pain. This can lead to decisions that may not have been made if sober.
- One reason not to be drunk or affected by strong painkillers is so you can check that the tattooist

is doing the right tattoo, spelled correctly, where you want it.

- Beware of unfamiliar symbols and words that may not mean what you think they mean.
- The tattoo you want now may not be the one you'd have chosen five years ago. So would it be the one you'd choose in two, or 10, 20, 50 years' time?
- Does it matter to you how current or future children or prospective employers or partners may feel about your tatt?
- A tattoo is distorted if the part of your body it's on gets smaller or bigger, or sags (that one's inevitable).
- Some people choose a tattoo as a memorial, but don't be pressured to get a tattoo to remember or honour a friend, relative or event.
- The tattooist should give lots of information that you can easily follow on how to keep the wounds clean afterwards.

One easy solution to any problems is a temporary tatt. There are now lots of people, often at fetes, markets, parties, holiday resorts and even tattoo parlours, who can airbrush on a 'temporary tattoo'.

This means you can change the design any time you like. You can also buy supplies online or at some tattoo shops so that you can stencil your own. Beware: some 'temporary' tattoo dyes contain ingredients that can cause severe, even scarring, skin reactions. So be careful, especially overseas: it can be impossible to know if the product is safe.

### TATTOO 'REMOVAL'

It's very much harder to remove a tattoo than to get one; it hurts more, it can cost several thousand dollars and can only be done by replacing the tattoo with scars. (Researchers are trying to develop a tattoo ink that can be laser-removed in one treatment, but this is likely to take several years.)

### YOU & YOUR TATTOOS

Of the 5152 Women's Stuff Survey respondents who answered the question of whether they had at least one tattoo, 21 per cent said yes.

## MORE INFO
### on body piercing & tattoos

Your piercing or tattooing practitioner should show you a booklet called *Hygienic Procedures for Body Piercers/Tattooists* from the Federal Government Health Department and demonstrate how they'll follow it.

**health.gov.au** On the Federal Health Department site, search 'hygienic procedures', then choose either 'Hygienic Procedures for Body Piercers' or 'Hygienic Procedures for Tattooists'.

**ugliesttattoos.com** It would be funny if they weren't permanent. Okay, it's funny anyway.

# CHAPTER 7

# Cosmetics & make-up

Millions of women around the world are still paying waaaay over the odds for moisturisers and make-up with the same ingredients as the supermarket brands, or for stuff that's unproven or just tarted up with labels promising organic goodies or sciencey-sounding miracles. We pay for class, we pay for prestige, we pay for hope. We pay just in case. And we pay, my sisters, in vain. Let me tell you why. They're not called anti-ageing creams because that's what they do. They're called anti-ageing creams because that's what we want.

In this chapter we'll look at the claims made for cosmetics and make-up, why we're told such stinking glamorous lies, and the products you can have faith in. There's info on all the make-up products you need or don't need, animal testing, why the mascara models look like their eyelashes are thicker than a dustpan brush, and why lipsticks cost a fortune but aren't poisonous.

# The cosmetics industry: friend or foe?

I'm sucked in by packaging.
KIRSTEN, 34, RINGWOOD EAST

Good advertising sometimes sucks me in, in the vain hope they may really work. DAWN, 63, FOREST LAKE

When I see fantastic airbrushed women in ads, I think I should buy some product. Sad, isn't it?
BARBARA, 35, MELBOURNE

I buy SK-II when I can afford it, as I love Cate Blanchett.
KRISTY, 35, KILLARA

'I've been a sucker for marketing that uses the words "firming", "tightening" and "plumping".'
GAIL, 57, ST MORRIS

I seem to be drawn to light green packaging (fresh and healthy-looking). I don't really believe all the claims they make.
STEPHANIE, 47, IVANHOE

A good bottle of SPF and a big hat are probably more effective than a $200 bottle of French anti-wrinkle cream. ROXANNE, 28, NORTH FITZROY

I look for organic products, products that are as good to the environment as they are to me. But I sometimes have to go back to my not-so-friendly products, as they really do work better.
KAREN, 39, BENTLEIGH EAST

I love to buy organic creams with lovely-sounding ingredients from small local producers – they're less expensive and better smelling than big brands, and I feel virtuous.
ASHA, 26, FITZROY NORTH

If it's been medically proven to work, I might buy it.
CLEO, 34, VAUCLUSE

I'd need to read well-conducted studies as to why its active ingredients work.
ELIZABETH, 42, COLLINGWOOD

I usually can see through campaigns, but I'm a bit of a sucker for advertising if it focuses on a vulnerability (i.e. will make your skin glow). DANNI, 31, MALVERN

Cosmetics ads are bollocks and I can't believe we can be such suckers! BETH, 42, HEATHMONT

I love cosmetics; I wish I could afford them! MAGGIE, 52, MT MACEDON

'I like to buy cosmetics from a beauty therapist, as I still feel that it's their job so they'd sell products that are most likely to work.'
ANNABELLE, 30, ABBOTSFORD

'At one salon where I worked we had different quotas for each day of the week. We each had to sell $1500 worth of product on Wednesdays and Thursdays, $2000 on Fridays and $3000 on Saturdays.'
DEB, 37, FORMER SALON EMPLOYEE

I fall for the bullshit they spin you in a beauty salon when you're getting a facial! MRS C, 33, SYDNEY

I hate beauticians who spend the whole hour of the facial that Dad bought for me for my birthday trying to sell me *products*!
CATHY, 49, OATLEY

I use only natural products – I try not to put anything on my skin that I wouldn't put in my mouth. I make my own body moisturiser and facial oils. JENNIFER, 59, SYDNEY

My mother-in-law had a face peel and it was horrible. She was in a lot of pain and couldn't go out for a month. KELLY, 27, YARRAWARRAH

I'll try just about anything new that comes on the market!
LEE, 21, WATERLOO

'I think cosmetics are a total scam and waste of money.'
CANDY, 43, FREMANTLE

Actually, they all just make me laugh. Now they have roll-on caffeine! I find that insulting – they must think women are stupid.
LISA, 46, WOLLONGONG

I don't buy into advertising, but I'll always believe something if people say it to me. I'm currently using products the Botox nurse recommended because I figure she knows skin, so she should know what works. KATE, 35, GEELONG

'Anti-ageing' products are pure evil, but I'd be lying if I said I hadn't considered trying all of them.
ANNA, 39, ELSTERNWICK

I think if they make you happy, go for it. But take the hype with a grain of salt (and use it to scrub your face!). ALISON, 42, ARNCLIFFE

They're all a load of rubbish. The best things are to wear a hat, even in winter, wear sun block and don't smoke, and you'll look 15 years younger (especially if you start young). MARY, 55, CURTIN

It's just humiliating us! Let us grow old gracefully. Portray older women as beautiful, because they are! BARBARA, 35, MELBOURNE

'If they did what they advertise, we'd all be gorgeous forever.'
PATRICIA, 42, CONDER

I don't believe nature can be stopped. It's better to take care of what you've got than think a 'miracle' procedure is the answer.
ANN, 50, MELTON

# The Cosmetics & Make-up Industry

If you doubt the monstrousness of the cosmetics and make-up industry, then you need to understand that the ground floor near the doors of a major department store is the prime real estate in the shop – department stores and make-up shops take in tens of thousands of dollars a day. Industry sales just in Australia are measured in billions, not millions, each year.

The retail cosmetics industry in Australia alone, covering cosmetics, perfumes and toiletries, is worth more than $2 billion a year, and for the last few years is estimated to have increased by between 2 and 4 per cent a year, even in tough economic times. Estée Lauder retail sales in Australia account for more than $150 million each year. Jurlique, an Australian company, has sales of more than $100 million a year. The growth areas in cosmetics sales are 'cosmeceuticals', 'age-defying' products, male cosmetics (still less than 10 per cent of the market), teen products, 'natural' labelling, and premium packaging on mainstream products. The average Australian household now spends hundreds of dollars a year on 'personal care' products.

All the cosmetics companies want to maximise their share of this bonanza. The big companies know that some people are motivated by price, others by hope, others by wanting to feel special and 'glamorous', others by 'natural' or organic ingredients, others by the belief that something is 'scientifically proven'. So most of the big companies own several smaller brands with labels appealing to these different markets.

Stepping aside from their faff and fibs, what do we really need to know about cosmetics?

# Lotions & Potions

People with oily or problem skin are the target market for products labelled 'oil-free' and 'non-comedogenic' (which means 'won't block pores'). Heavier moisturisers are targeted at people who believe their skin is 'dry' or 'damaged' (but moisturisers do not reverse damage). People who have sensitive skin or rosacea are encouraged to buy hypoallergenic, unfragranced and other 'gentle' products. What do you really need?

## Skin products

Most cosmetics brands will try to sell you the matching set of three bestselling products, but hardly anyone needs to cleanse, tone and moisturise every day. You'll probably just need to clean your face. Nobody needs a toner, and most people don't need a moisturiser most of the time.

### Cleanser

Wash your face morning and night. Some people clean their face with soap as well as water, but soap can dry out your skin because it washes off the natural oils that skin needs. So if you want a cleanser (or a soap substitute), get one that's:

- mild and non-perfumed and specifically for the face, not a body wash
- oil-free, if you're prone to oiliness, or you have pimples, or a skin condition that can get rashy in response to oil.

A cleanser has enough detergent to break down oil or grease and help wash it off your face. Soaps and strong cleansers tend to be too drying on the face, taking away too much of your natural oils and therefore possibly stimulating your skin to become more oily. Washing your face with a mild cleanser (not soap) and a clean face washer or muslin cloth should be enough to get rid of dead skin cells that are ready to go.

### Moisturiser

A moisturiser is used to stop skin getting too dry. The skin on your face and body can become too dry if you over-wash it, have very hot baths, wax or shave, go out in the sun or go swimming a lot, or spend most of your time in air-conditioned or heated buildings.

You don't need a moisturiser for your face (or body) if you have naturally good oil-producing skin. If you live in a humid climate, and/or you drink a sensible amount of water and have enough oils in your diet from nuts and fish, you may not need one. (Although some dermatologists say diet and water are pretty irrelevant.)

Most younger women don't need a moisturiser unless their skin is dried by outside forces, such as weather or sun damage. As we get older, our skin gets dryer, so we can drift into moisturiser land and become bewildered by the options. Allow me to unbewilder you.

When choosing a moisturiser for your face, buy the cheapest one that makes your skin feel nice, with a smell you like. Reputable supermarket or pharmacy brands are fine. That's it.

A moisturiser sits on the top layer of skin and prevents some further evaporation of moisture or further drying of the skin exposed to the air. A cream that prevents this sort of drying is called an 'aqueous cream' and the ingredients are often called 'humectants'.

The top layer of skin will look smoother when moisturised because of ingredients called 'emollients', which coat the top layer of skin and make it feel softer, and because the bouncing of light from a shiny face can make wrinkles look less noticeable. So any moisturiser 'smoothes wrinkles'. Moisturisers can't prevent them, or make them go away.

A moisturiser can't change the way skin cells are made and replaced by the body – if a moisturiser could do this, it would have to be registered as a medicine or 'therapeutic good' and be prescribed or otherwise regulated. It's the lack of rigorous regulation of the cosmetics industry that allows it to get away with the lies it tells us.

## FIVE RULES FOR BUYING ANY COSMETIC CREAM

1. Don't let a person with a possible financial interest 'analyse' or 'diagnose' your skin.
2. Don't browse the department store counters – products and staff will convince you of 'problems' you never knew you had.
3. More expensive does not mean better, or that it works. Find the cheapest cream you like.
4. Don't bother reading magazine ads and watching TV ads for cosmetic creams. The claims are mostly nonsense.
5. No cream has the effect of a face lift – or a smile.

## Toner

Nobody needs a toner (also called an astringent). Toners have natural or lab-made chemicals to make your face feel briefly tingly or tight, but don't do anything to change or protect your skin. Some contain alcohol, which is drying. Toners can't 'close' your pores, make your pores smaller or improve your skin, and don't get rid of blackheads. Toners are sometimes marketed as cleansers for cleanser residue (yes, really). There's no need to buy two products to 'double cleanse'. Some toners are claimed to 'soften' skin – but that's what a moisturiser does. A 'toner' is almost certainly just an expensive, stinging, useless liquid. Some 'toners' used in anti-pimple products have salicylic acid, which can be helpful in unblocking pores, but this ingredient is available in pimple creams instead.

A toner can smell nice and feel soothing, and pick up any dirt or extra oils a cleanser doesn't (in which case, get a better cleanser). A toner can give the illusion of 'doing something' because it creates tingling, low-level irritation, or a prickly sensation when it's drying.

## Scrubs & exfoliators

A New York dermatologist was allegedly the first to introduce the concept of exfoliating to a breathless public, reported in American *Vogue* in 1967. We know he was no marketing genius, because the silly old biffer called it 'scurfing'. Euwww, said everybody, but Estée Lauder rang up and said let's call it something else, stick it in a jar and make a few million bucks. Done.

Exfoliators have crunchy little 'beads' or particles in them that are abrasive – rather like salt – so they scrub off that top layer of dead skin cells. Too much exfoliating will make your skin irritated, dry and less efficient at repelling infection and other invaders. Once a week should be plenty. Body scrubs are often very oily and so not good for faces.

Exfoliators are made from naturally occurring grains or chemically made ones. The ones with tiny lumps or beads of plastic, when washed down the sink, can be a danger to smaller marine life and the wider environment. It's very difficult to prove what this actually means (care to fund a study calling for the dissection of plankton, anyone?). Just in case, check the label to make sure your exfoliator is only made from seeds, salt, sugar or other things that break down without possible harm.

Bacteria that cause rashes and infections can grow in loofahs, scrubbers, rough puffs and sponges, which never really dry out (hanging in the shower cubicle, for example, or in the tropics). A true 'loofah' is from a plant and some are made of nylon; sponges can be synthetic (usually with anti-bacterial ingredients) or natural – these are dead sea creatures, not plants, and are endangered. All these should be cleaned regularly in boiling water or a microwave for several minutes.

## Neck & décolletage creams

Necks are not 'extra delicate areas' that need special creams, any more than you need a chin cream or an ankle cream. You can buy neck and décolletage creams for two reasons:

**1** Companies know women worry about the wrinkles on these areas.

**2** Australian women put sunscreen on their faces but are more likely to forget to protect their necks and any exposed chest area. That's why our facial skin can look less weatherbeaten than our neck, chest and forearms. I asked an experienced salon owner what she thought about creams specifically for the neck. 'They're a farce,' she said.

## Eye creams

Eyes don't need special expensive moisturisers in teeny tiny jars. If you want to moisturise the eye area, you just want a moisturiser that isn't so liquid it runs into the eyes and that, if it does get into the eyes, doesn't cause irritation. Eye creams are marketing exercises that take advantage of the fact that when we smile or squint we use the muscles around our eyes. Over the years, this creates smile lines, or sometimes squinting-in-the-sun lines, called 'crow's feet' by people who ought to have bird poop land on them.

Magazines and websites always say you need a special eye cream for the 'delicate eye area' – if they didn't, their advertisers would be very cross. One magazine claims, 'Eye creams contain less amounts [sic] of potentially irritating ingredients' – yeah, but so do a lot of much cheaper, non-irritating moisturisers. Some moisturisers can block pores around the eyes, but if they do, they're likely to block pores on your face as well.

## Cosmetics prices

### WHAT ARE WE SPENDING ON COSMETICS?

Of nearly 5000 women who answered this question in the Women's Stuff Survey, 93 per cent said they don't believe advertising claims for cosmetics. The average amount each woman spent a year on facial cosmetics (not make-up, but moisturiser-type stuff) was $226, but the high point was $3300. The average spent on body products (lotions, scrubs and that sort of palaver) was $120 and the high point $5000.

### Are the expensive brands better?

Surely the more expensive ones are better, or stronger, or something, right? Sadly, no. In fact, in 'blind tests', when consumer groups use different cosmetic creams in non-identifiable containers, testers quite often say they prefer the cheaper ones.

Salon products may contain more 'active' ingredients – perhaps a higher percentage of acidic ingredients to help slough off dead skin – or may just contain more expensive ingredients that don't do anything special, or smell better, or take a lot more money to advertise. More 'active' ingredients may be what you're looking for, or may mean they're more likely to create irritation or reaction. An even higher level of 'active' ingredients, or ingredients that actually change your skin (a 'therapeutic effect'), have to be prescribed by a doctor for this reason. As many of the brands are owned by the same big companies, do you think if they'd invented a miracle ingredient that worked, they'd restrain themselves from putting it in everything?

Department store brands may have more expensive ingredients and jooshier packaging, but there's no evidence to back up any claims that they're 'better'. Hardly any cosmetics companies are small family businesses run by people who are passionate about skin care and who have invented their own formulas or based them on heartfelt commitments and philosophies. They are giant multibillion-dollar businesses that have swallowed almost all the big and smaller companies and brands so they can be better marketed to different sections of the community. The big brands have their products made in overseas factories, where labour is cheap and regulations of quality may not always be strict enough, although quality control is a huge priority for the parent firms and they would be very likely to take it seriously enough to do their own inspections and testing. Use your own judgement here.

Trace back the owner of any 'small', 'organic', 'cheap', 'natural', 'simple' or planet-lovin' label brand and you're most likely to find a giant chemical company that also makes 'scientific', 'cutting-edge' and other luxury brands, and bleach.

## COSMETICS BRAND LOYALTY

Cosmetics companies would like you to be a label addict and buy all your items from their brand range because they somehow 'match'. Don't be fooled. One brand may have the eye shadow colour you like, while another has the SPF 15+ you want in a tinted moisturiser that's oil-free.

## Which cosmetics to buy

**1** Buy the cheapest product you like the feel and smell of that is made by a reputable company.

**2** Australian owned and made gives some confidence about safety and labelling regulations.

**3** Buy or put body and face moisturisers in pump packs for home, and use wee travel-sized ones in the handbag.

**4** Don't pay for air – that includes products that are 'whipped' or a 'mousse', which means they have less of the product and more useless air in them.

**5** Put cheaper products in well-washed and dried old posh containers if you want them to look better.

## DIY COSMETICS

There are many recipes online and in books. Exercise extreme caution when following their advice and always do a skin patch test to find out if you're allergic to or irritated by ingredients. Follow hygiene scrupulously, and when in doubt, until you understand the chemistry of preservatives, make only enough for one or two applications within a day or so and then discard the rest. Bacteria need only a drop of water and/or air to grow. Avoid books and sites claiming to have DIY recipes for anti-ageing or cellulite creams.

Many essential oils and herbs found in DIY cosmetics or aromatherapy should not be used during pregnancy due to potential (but extremely unlikely) dangers for a fetus. There's more info on this in my book *Up the Duff*, but when in doubt leave it out, and do not rely on 'word of mouth' about safety (see 'Allergies & Reactions From Cosmetics', coming up).

## 🫦 Cosmetics ingredients

For info on antioxidants, see 'Antioxidants Repair Damage', coming up under 'Claims About Cosmetics'. See Chapter 5, 'Hair', for more on lauryl sulfates, detergents used mostly in shampoos but also in some cleansers and soaps.

### Hyaluronic acid

A plumping agent that occurs naturally in the body. It was first made by mashing up roosters' combs and is now made in a lab using cultured bacteria. It's used in creams and as a dermal filler, injected into areas such as under the eyes to mask dark circles or to pouffe out lips and wrinkles. In creams, it does nothing magical. There's no evidence that these creams have the same effect when smeared on the outside – in fact, it's not possible.

### DNA & genes

I'm aware of no independent scientific study, or even one released by the companies themselves, that shows how genes or 'DNA' in a cream could change your skin cells. Read claims carefully: they usually say 'genes do this' and 'genes are in this cream', but that doesn't mean the genes in the cream can affect your skin (as opposed to your own natural genes).

### Retinoids

Retinoic acid (also called tretinoin) is synthesised in the lab from vitamin A. When used in creams at higher concentrations, prescribed retinoids are known to make the skin dryer underneath and stimulate collagen growth. They're also said to stop any degrading effect on the skin of 'free radicals' (see 'Antioxidants Repair Damage', coming up). These have various brand names. If you can buy them without prescription, there's no reason to think they could have any anti-ageing effect.

A prescription retinoid may help wrinkles caused by sun damage appear less obvious. Pregnancy warning: retinoids and other vitamin-A-related products can cause damage to a fetus and must *never* be used by pregnant or breastfeeding women, or anybody who might become pregnant. There's more on isotretinoin, a vitamin-A-based prescription medication for pimples, in Chapter 6, 'Skin'.

## SKIN PEELS

AHAs and hydroxy acids are made from fruits, sugars, milk and other things that in the right concentrations will loosen the hold of the top layer of dead skin cells so they come away, exposing 'younger looking' skin underneath. This then triggers the skin to produce new cells underneath. Too high a concentration and the acid is very irritating, not enough (usually less than 10 per cent) and it won't do the job. Even 10 per cent solutions can cause problems for sensitive skins, and some beauty salons use 50 to 70 per cent solutions for a chemical peel.

The acid concentrations of peels can cause allergic or other reactions, which can lead to scabbing and even scarring. This is particularly true if used in combination with dermabrasion, lasers or other cosmetic procedures. All acids and chemical peels expose the skin to a greater risk of sunburn or other infection.

Don't let anyone near your face with an acid until you've thoroughly researched the level of acid, pH balances and where the product comes from, and have done a test on your arm. Don't buy something off the internet and use it to peel off your face.

A peel should only be done by a specifically trained and very experienced salon staffer or dermatologist. The stakes are too high not to be completely sure (see also Chapter 8, 'Cosmetic Surgery & Procedures').

## Fillers in cosmetics

Some moisturisers and 'primers' have ingredients such as silicone, which aim to 'fill in' wrinkles. They also contain some ingredients that make the skin 'feel' tighter so that you 'feel' like your wrinkles must be smaller. Some are even sold in a 'pen' or syringe barrel form, or in teensy tiny jars as if they were precious, sciencey treasure-fluid. The idea is that when the make-up goes on over the top, it slides over the wrinkles, which have been temporarily 'Spakfilla-ed'. (For injected fillers, see Chapter 8, 'Cosmetic Surgery & Procedures', coming up.)

## Coenzyme Q10

Q10 is a coenzyme in foods, mainly meats, that, when eaten, helps the uptake of oxygen into cells, the renewal of tissue, and general health and illness prevention. A chemist reviewing this chapter suggested that some studies have indicated it can reduce wrinkle depth and slow sun damage effects. There is a study suggesting that carotenoids and Q10 may help repair sun damage in cells *in a test tube*. Of the other two suggested studies, one was reported by the German company that makes Nivea Q10 cream, the other by a Japanese chemical company that manufactures cosmetics. I'm not saying the companies are lying, but I think these unrepeated studies are neither independent nor persuasive about the effectiveness of Q10 in current over-the-counter moisturisers.

## Peptides

Certain peptides (chains of amino acids) can occur naturally in the body and interact with cells and make more collagen. Since peptides *are* smaller molecules than collagen, they have the potential to penetrate skin deeper and take passengers with them, such as copper, which might speed up healing or help generate new skin cells. It's theoretically possible, but so far there's no evidence that peptides in a cream will stay stabilised long enough, or are able to get to the necessary area of a person's skin, or that they change the way skin is made if they get there. For now, they just do interesting stuff when made by your body, or in a petri dish.

## Caffeine

Caffeine has been claimed to reduce dark bags under the eyes or help 'detoxify' cellulite (there's no evidence for either). Some studies have shown that caffeine may be of use in preventing skin cancer, but this is using wee bits of caffeine on mice cells in a test tube. There's no evidence it – or anything else in a cream – has any effect on 'cellulite'.

## Olive oil

There's evidence that a 'Mediterranean diet', which includes olives, can be healthy. That doesn't mean that putting olive extract (or strips of fetta cheese) on your face will have a special result.

## Food & flavours in cosmetics

Some cosmetics are fruity, some even pretend to be chocolate. A body polish with pumpkin was praised by the Beauty News website for the strong scent of pumpkin pie 'without the calories'. Fruit and vegetable overstocks and waste make cheap fillers for cosmetics. I suspect some scrubs may be full of chokos.

## Wacky ingredients

- **Precious stones** – Tourmaline, malachite, pearls and alleged diamond dust have all been claimed to be magically rejuvenating things to put in skin cream. Bollocks.

- **Actual bollocks** – You can get facials with a 'powerful antioxidant' made of sperm produced (how?) by a Norwegian company called Bioforskning (oh, pull the other one), which recommends the 'spermine' be applied to the skin with the aid of ultrasound and infrared light. A translation of the website claims that the spermy stuff can 'protect the cells from the inside through active uptake mechanisms'. Pifflicating, isn't it? It can also 'delay ageing by 25 per cent'. I'm going to put some sperm on my face tonight and watch as I instantly become one-quarter younger. If I do it four times, I'll be a teenager.

- **Snail slime** – You can buy snail slime to put on your face, too. Not just any old snail slime, obviously – that would be crazy. No, you need Chilean snail slime. You can get it imported in plastic drums of up to 25 litres. How many snails have been herded over Chile's majestic mountainry so their snail-trail could be scraped off with . . . what? I don't know. I just don't know. I also don't know how you'd get it off – perhaps a high-pressure hose.

### SUPPLEMENTS & SKIN

Some vitamin and mineral or other supplements are claimed to 'moisturise from the inside'. While it makes sense that good nutrition helps to make healthy skin (see Chapter 10, 'Eat'), there's no evidence that a general supplement can replace proper food – it's an accepted fact that the body absorbs nutrients more efficiently from food than a pill. So far there's no 'miracle' or 'super' food or drink that the body needs to make skin healthier: that includes seaweed, omega-3 fatty acids, grape seeds, and vitamin C or other 'antioxidants'.

Think carefully before you pay out for these cosmetics; some are wackily overpriced for the ingredient list.

### SAY NO TO PALM OIL

Check labels and don't buy products with palm oil. Rainforest and other habitats throughout Asia, the Pacific and South America are being cleared for palm oil plantations.

### ALLERGIES & REACTIONS FROM COSMETICS

All chemicals and natural products, even organic ones, can cause a reaction. Some products that are claimed to be 'hypoallergenic' or 'all-natural' or 'low-allergy' could still cause a skin irritation or allergy. You can test a product by putting it on a patch of your skin (many people use the inside of the elbow area because it's easy to dab and easy to see any reaction). Leave it there for 48 hours without washing it off, and see whether any reaction develops.

**✳ MORE INFO**
**on cosmetics ingredients**

Beware of internet rumours and unsupported and non-specific claims about 'toxic' ingredients. Many cosmetics ingredients can be toxic in higher concentrations, but so are vitamins or simple painkillers. Much of this 'warning' info is repeated by people because it fits their fears and world view, or because they sell organic products.

Paula Begoun's websites cosmeticscop.com and beautypedia.com carry up-to-date definitions and explanations of ingredients, as well as advertising for her own products.

 **Claims about cosmetics**

'Growth'

No ingredient put on the outside of your body will make your nails or hair grow longer or stronger, or more quickly, even if it's 'calcium' or 'protein'. And anything that claims 'cell growth' or 'cell renewal' is extremely dubious. If something could really cause a speeding up of cell growth, or create more cell growth than usual, it may even carry the risk of causing cancer. If something really could cause some sort of 'growth' in your body, it would only be available on prescription, and be regulated by the Therapeutic Goods Administration, a Federal Government agency. Even if stem cells and genes are in creams, there's so far no evidence at all that these can change the way your skin grows or resurfaces itself. (See also 'Eyelash Growth Products', at the end of this chapter.)

## 'Anti-ageing'

Any moisturiser will soften wrinkles and make them less harsh. The only real non-invasive 'anti-ageing' factors are, in this order: your own genes, using sunscreen and not smoking. Anything in a moisturiser or 'serum' that could actually erase wrinkles that are already there, or change the way your body makes its own skin, would have to be available only by prescription. There's still no miracle in a jar. And if there were, believe me, we'd all know about it.

## Tingling

Tingling doesn't mean it's doing anything useful. With toner, it usually means the skin is adjusting its pH, the balance between acid and alkaline levels. Tingling happens with any ingredient that's more acidic or alkaline than your skin, such as apple cider vinegar, witch hazel extract or lemon juice. Tingling can be an irritation caused as the top layer of dead skin cells is being detached. It could be a massive allergic reaction causing a hideous rash to form. Some chemical compounds (think of Tiger Balm and muscle ointments) can also create a warming feeling, which can give the illusion that they're 'doing something' cosmetically.

## 'Penetrating'

As mentioned, skin has evolved over thousands of years to keep stuff out: dust, water, pollution. Some substances can penetrate skin and be absorbed by the body (think of nicotine or hormone patches).

Most moisturisers sit on the skin. One body moisturiser advertises that it 'heals' dry skin 'an incredible five layers deep'. No information is given about how they define a layer. If you define the first layer as epidermis, the second as dermis and the third as subcutaneous, then 'five layers deep' means you must be moisturising your liver. Probably they mean the bottom level of the top layer, the epidermis.

Your skin's 'holes' are too small to let the molecules of skin creams get through to lower levels of skin. And if they do (say, because they're nanoparticles), this may not be good for your health. And even when it does 'get in' – in almost all cases ingredients don't do anything. Although collagen and elastin are naturally produced by cells called fibroblasts in your skin, we make less of them as we get older. There's no proof that a chemical copy of collagen and elastin put into a cream can change the nature of your skin or cause us to make more. The most positive scientists sound on this is to say it's 'unlikely'. That's because scientists are trained not to say 'fat chance'.

## 'Tightening'

Some things will make the skin feel tighter until they're washed off. These include paint, egg white and various algae. (*Oprah* magazine's 'beauty editor', Valerie Monroe, compares the feeling to a 'dried milk moustache'.)

## 'Firming'

Firming creams, my flabbity arse, frankly. The claims made for firming creams are a lie. They can contain ingredients that make your skin feel tighter, but that does not make flesh or skin itself any firmer or tighter. Once your skin reduces its output of collagen and elastin, it's literally all downhill from there. It loses its bounce-back, and lines and sagging can begin, incrementally.

Full disclosure: one of the several scientists who read this chapter for me said I shouldn't say firming creams are definitely a lie. She suggested instead, I write, 'There is limited evidence to suggest that firming creams achieve what they claim.' Fair enough. (Meanwhile, the cosmetics companies spend their time doing the opposite.) The chemistry expert pointed to a study showing limited success of a firming cream on women's faces. But the study was done by the product's manufacturer on only 20 women and found that 'elasticity increases 7 per cent'. I just don't buy it. Literally.

Here's the thing. Women are being told that their post-pregnancy body, or the skin on a 65-year-old face can be 'firmed' and 'lifted' using a cream. I don't care how many Siberian roots and Chinese berries are in the stuff, I don't believe it causes 'visible firming'.

The Dove cosmetics company gained kudos for running ads with different-shaped women and non-traditional beauty. Well, until they stop selling so-called 'firming creams' and running ads of 'normal women' that have been utterly altered by a mouse-makeover (as explained in Chapter 4, 'Clothes'), I shall have to think of them as an untrustworthy acquaintance, not a real friend.

## 'A face lift in a jar'

No cream or other 'topical treatment' can do what surgery or Botox (or its sister product Dysport) can do. That doesn't mean Botox or surgery is right for you: each has its own results, dangers and issues to be considered (see Chapter 8, 'Cosmetic Surgery & Procedures').

## 'Antioxidants repair damage'

Wrinkles are said to be the result of damage to the skin by 'free radicals', which are molecules that damage other molecules. 'Antioxidants' in the body are said to stabilise these molecules, which can result from sun exposure, smoking and, in rare cases, pollution. In theory, antioxidants could help protect against or repair changes in the skin that cause wrinkles. But so far there's no reliable evidence that having these things in a cream can repair skin damage. Most vitamin C and other antioxidants in a bottle or cream deteriorate quickly, so it's debatable whether they even get 'delivered', let alone 'do anything'. They're affected by light, temperature, pH levels and air. One day there may be a way to preserve antioxidants long enough for them to be delivered, and a way for them to fix skin. In the meantime, sunscreen on, ladies.

If they survived storage, antioxidants in sunscreens *might* help prevent damage occurring, but if you allow your skin to become sun-damaged, it's not yet possible to repair the damage.

## 'Getting rid of toxins'

Toxins are very unlikely to be the cause of pimples unless you have a very unusual allergy or have come into contact with heavy metals or other poisons. Toxins do not cause fat. Or cellulite. Such claims are made almost exclusively by the cosmetics industry, and repeated ad infinitum by organics advocates and magazine writers. Creams don't and can't rid the body of toxins.

## 'Not tested on animals'

Because most companies use 'approved', long-standing, traditional cosmetics and make-up ingredients at tried-and-tested levels, and the European Union has banned cosmetics testing on animals, it's far less prevalent now.

Several companies make a point of never testing on animals whereas, oddly, some still do. They say that it's more important to protect humans and to do this they need to test on animals. But given other companies don't, if you have a philosophical point of view on this, your choice is easy.

**MORE INFO**
on animal testing

**beautypedia.com** Cosmetics guru and purveyor Paula Begoun lists which companies do new animal testing. Choose 'Tested on Animals?'.

## 'Sciencey' versus 'natural' cosmetics

Because people who buy department store or salon cosmetics are spending so much more than they would at the supermarket, more outlandish claims are often made to 'justify' the extra expense. These are usually about how 'pure', 'natural' or 'organic' the product is, or how special and sciencey it is.

## Scientific claims about cosmetics

Some companies claim that their products are 'chemical-free' which is an impossibility, because everything is made of chemicals and even pure water is a chemical ($H_2O$, a compound of hydrogen and oxygen). (See Chapter 38, 'Science & Nature', for more.) Other companies give pretendy-medical or science-ish names to their products, or claim 'almost prescription-level' ingredients. Some products are provided to salon staff or displayed at 'training' in syringes or in tiny vials and test-tube-like containers so that they look extra special and 'sciencey', even if they're just goop.

The 'scientific breakthroughs' are almost always just a trick to get you to buy something new and expensive. Anything can be given a fancier, more medical-sounding name. Epsom salts is also magnesium sulfate, for example. A brand wanting a natural image will call it Epsom salts, or 'salt crystals from nature'. A brand wanting to sound sciencey may use the chemical name.

A complicated-sounding explanation isn't more convincing. (Nor should you fall for simple-sounding ones, like the US company that claims a copper-infused pillowcase will grow collagen in your face.) And 'Swiss' doesn't mean anything, although it carries an aura of rigorous Germanic research laboratory high in the pure mountains, yodelayhee-hoo. And you can call the moisturiser a 'serum' or a 'complex' or a 'regime', but it's still just goop. The scientific claims are not being made because they're true, but to try to make you switch brands.

### 'COSMECEUTICALS'

Pronounced *cosma-suit-icles*, aka superceuticals, dermoceuticals, hydraceuticals or any other variation, these are supposed to make cosmetics sound more medical and sciencey. But if they're not regulated by the Therapeutic Goods Administration, then they don't change the nature of your skin. They may have more scientificky stuff in them, such as acids and vitamins or 'cells', but that doesn't necessarily mean they have any effect on your skin.

If a cosmetics company claims to have made a huge breakthrough, don't believe it until you see the double-blind or independent studies, or a legal requirement for a prescription. Magazine 'beauty editors' or even general newspaper reporters tend to just repeat press release claims, such as the one that a cellulite cream 'uses gene technology to stimulate the production of a protein which reduces the storage of the fat cells that create cellulite'. That sentence was in a UK *Sunday Telegraph* story a while ago that was repeated in the *Sydney Morning Herald*, *The Age* and elsewhere around the world. As was the phrase 'L'Oréal's scientists have also developed a new treatment that can stop hair from turning grey . . . In due course, the company hopes to add the treatment to an ordinary shampoo or conditioner.' Yeah, I'll bet. I'll believe it when I can see it – and they can prove it. 'In due course.'

## 👄 Natural claims made for cosmetics

'Natural' is a big marketing hook for cosmetics. Keywords can include 'natural', 'pure', 'essence', 'flower', 'bark', 'vitamins' (which are just molecules, too) and other names of plants or marine life – the more obscure the better. Albanian seed pod smoosh will be next.

A more 'natural' product may fit with your philosophy of treading more lightly on the earth, and that's a perfectly fine thing. Just don't get led too far down the garden path while you're smelling the roses. A 'herbal' shampoo may just be an ordinary shampoo with a couple of drops of rosemary fragrance. 'Fruit essence' can be a chemical copy of fruit molecules made in the lab (it won't hurt you, but it isn't a squished strawberry).

Potions made from natural ingredients may be less effective than some synthetic ones, or just be a cheap lotion with an added natural fragrance (which is still a chemical) or a natural ingredient that doesn't really do anything but sounds impressive and so they can charge more for it. 'Natural' products usually need to have chemical preservatives added so they don't go 'off' on the shelf. Many people are allergic to synthetic chemicals, but others are allergic to common natural ingredients such as citrus, mint, tea tree and eucalyptus oils, and witch-hazel. 'Natural' or 'herbal' doesn't always mean safe.

Be wary of advertised claims for organic and natural products, or scare campaigns about their competitors. Mainstream brands of lipstick do *not* routinely contain lead or other heavy metals. There's no evidence linking the usual use of common cosmetics ingredients to cancer or other illnesses in humans (including lauryl sulfate and other oft-mentioned ones). The scare tactic that cosmetics can cause cancer is an unsupported claim often used by organic cosmetics manufacturers.

It's true that talc, a mineral used in olde-worldy 'cosmetics', such as face powder and 'talcum powder', is now suspected of causing lung problems and may create an encouraging environment for some cancers when used on the genitals, so do cross talcum powder off your shopping list forever.

When you hear vague accusations against 'chemical companies' or 'the billion-dollar cosmetics industry', remember that many of the 'natural' and 'organic' brands are owned by exactly the same giant companies, and that the 'natural' industry is also ginormous. Industry forecasts say that by 2014 the global 'natural' personal care market will total $33 billion a year in wholesale, not retail sales.

## 'Organic' cosmetics

Organic cosmetics are not necessarily better for your skin, but you will have the satisfaction of knowing that buying organic means less pesticide residue in the environment. I'm fond of an organic brand, but I like how it feels and how it smells. I don't think it's doing anything magical.

As mentioned elsewhere, any claim that a product is 'chemical-free' is a lie, as even pure water is a chemical. Many 'organic' manufacturers also use non-organic 'natural' products. Some boost the 'organic content' of the product by claiming that the water used (often the main ingredient by weight) is an 'organic product'.

Cosmetic products may have vague or specific organic claims on their labels, but not conform to the Australian Standard (because the standard is voluntary). Local or imported products may be only 5 to 10 per cent organic, for example, and still have 'organic' on the label.

Products that source 95 per cent of their ingredients from certified organic farms are permitted to carry the Biological Farmers of Australia bud symbol. The product will have no nanoparticles or petrochemical products and can use only approved non-organic ingredients/preservatives.

The Australian Competition and Consumer Commission (ACCC) has taken action against companies claiming that their products are 'organic' when there are laboratory-made chemicals in them, or listing ingredients on the label under misleading or wrong names, and for not following the requirement to list ingredients in order of quantity used.

## MORE INFO
### on natural & organic cosmetics

Most websites are commercial ones selling their own range of cosmetics. Beware of claims about the 'dangers' of non-organic cosmetics.

**bfa.com.au** The Biological Famers of Australia website has details of how farms and products are certified organic, using compulsory and voluntary codes. Choose 'Why Organics?' to find out more.

**safecosmetics.org** A non-profit site full of consumer info (for the US market, so not all products will be the same or carry the same ingredients). Don't go to the commercial site safecosmetics.com.au by mistake.

## MORE INFO
### on cosmetics claims

**choice.com.au** The non-profit Australian Consumers' Association site has info and 'double-blind' product tests. Enjoy each year's Shonky Awards for dubious claims, or search 'moisturisers', 'skincare' or 'anti-ageing creams'.

**paulaschoice.com** and **beautypedia.com** Paula Begoun again. Both sites identify scams and lies, and have a useful ingredient dictionary.

## Cosmetics marketing

Cosmetics companies have all tried marketing tricks:

- **Free samples** – It doesn't make sense to buy expensive cosmetics so you get the 'free gifts'. They're not free. You probably just paid about $30 for two dinky tubes of goop that cost $1.75 to make.

- **Lovely packaging** – Cheaper stuff tends to have pictures on it of people, and be in boring colours like navy blue, to appeal to the frugal. Expensive products are packaged in a glass bottle or heavier plastic, often with a weighted bottom, especially in the case of eye cream, which then goes in a small box, which goes into a plastic bag or heavy cardboard carry bag with matching glamour packaging. Colours will tend to be black and white or silver and gold (or, more recently, green with illustrations of flowers or leaves to indicate 'natural'). Often it's not possible to see how much of the product is in the heavy jar or container, although somewhere it will say how many grams it contains. It looks and feels expensive, because it is.

- **Obscure exclusive ingredients** – Pricey ingredients may be present – in varying amounts – in expensive creams, but not be of any practical use for your skin. An expensive cream with badger placenta, gold leaf and rare Bulgarian seaweed may be expensive, but none of those ingredients is worth having – or paying for. A cosmetics company can use an enzyme that's in many other creams, change the molecule slightly or give it a new name, and suddenly it sounds like they've invented a miracle ingredient. They haven't. They've invented a selling claim.

- **Night cream & day moisturiser** – How about half past three cream? There's no real reason to use different things at different times of the day – it's just a marketing ploy.

- **Medical-sounding institutes** – One cosmetics brand claims it was invented at the International Dermal Institute. Gosh, is that a well-known school of science and chemical development? No, it's a company owned by the cosmetics company, which trains salon staff. Oh never mind, as long as they wear white coats and high heels like they do at the Pond's Institute in the TV ads. Just because a business name includes 'Institute', doesn't mean it's a registered training and research facility. It could just be a suburban cosmetic clinic.

- **Brighteners & lighteners** – Most, if not all the big cosmetics companies have dubious products on sale in African and Asian countries promising 'lighter skin'. There's a world of sadness and historical racial discrimination in that promise. In the West, 'watered-down' versions are more likely to be sold as 'brighteners'.

- **Radiance** – You can no more measure radiance or luminosity than you can take slices of charm. 'Optics', 'brighteners' and 'reflectors' are all chemical particles that either bleach the skin slightly, exfoliate it or bounce off more light because of facets in their chemical construction.

- **Percentages** – Even a really 'deep' wrinkle is no more than a few teensy fractions of a micrometre deep. So unless you're looking at your skin with one of the most powerful microscopes in the world, nobody could tell if a wrinkle was 14 or 87 per cent deeper. You can't measure whether skin is '86 per cent brighter', or a product has '93 per cent purifying efficiency' or is '71 per cent effective on imperfections'. It's just more advertising jibber jabber. Sometimes I think three people stand in a lift and make up numbers at random.

- **Diagrams** – Who doesn't love arrows bouncing off the skin (radiance) or going through the skin (deeply penetrating)?

- **'Clinical studies' & just plain 'studies'** – Okay, I've just called my kitchen a clinical study area and got 11 women to put avocado in their ears. In a clinical study of avocado, more than 80 per cent of women said their ears were 46 per cent softer. I was going to ask Helen but she had one too many glasses of chardy and claimed the avocado made her look three years older and then sleep with Stephen Fry, so I eliminated her from the study.

  Or, in the words of dermatologist Dr Rosemary Nixon: 'The small and often inadequate nature of the studies on the effectiveness of cosmetics ingredients makes them difficult to evaluate. Some of these chemicals may have some effects but have not been thoroughly tested in large, double-blind clinical studies. Companies may not be keen to take on this research,' says Dr Nixon politely, 'as they may wish to keep such findings secret or have concerns about performing properly controlled studies which may find their claims wanting.'

  There's no profit in proving that, say, 'tan bark' makes wrinkles look smaller. A company would need to have extracted a special X-TZed41 enzyme derived from tan bark and taken out a patent on it. Okay, you know I made the tan bark bit up, don't you? No rubbing tan bark into your cheekbones when nobody's looking. (There's more on double-blind studies in Chapter 38, 'Science & Nature'.)

- **Skin care 'routines'** – The original two-step routine (wash and moisturise) became three steps (cleanse, tone, moisturise) and you could now easily do a nine-step routine, once you add in primers, eye creams, brighteners and various other marketing manoeuvres, such as the inevitable recommendation to buy several products from the same brand.

• **Celebrities & models** – If a beautiful person is in an ad for a product, we're supposed to think we might be able to look a bit more like them. Or, we think they're very trustworthy and that if they believe it, then we should too. There's no rule that says anyone in a pimple cream ad must have had a pimple problem, or even that she used the product. Celebrities may be more cautious now after a consumer threatened to sue actor Carina Lau, the face of Procter & Gamble's SK-11 brand in China, when nine of the company's products were withdrawn in China after being found to contain toxic heavy-metal contaminants in 2006.

## 💋 Advertising claims about cosmetics

A magazine story says a supermarket-brand cream 'contains 15 per cent oxygen and vitamin E to refresh skin for a brighter complexion'. Eh? You're paying for oxygen? And you think it will make your skin brighter? We're all busy, but we just need to pause for a sec and really consider what these people are having us believe. Saying oxygen in a cream will help your skin is like saying skin needs moisture so if I splash water on it, it will be more hydrated – it doesn't work like that.

### Meaningless cosmetics ad-speak

Check out these phrases, which skirt around legalities by not actually technically claiming something works. Sound familiar?

• 'Doctors were amazed by the results'
• 'Promising results'
• 'Improves the appearance of . . .'
• 'Exciting research is continuing'
• 'Changes observed'
• 'Believed to . . .'
• 'Women report . . .'
• 'Professionally designed'
• 'Laboratory tested'
• 'Beauty editors recommend.'

### Cosmetics for men

Cosmetics aimed at men are just the same stuff with ad taglines emphasising 'protection', 'armour', 'engineered' and other manly words.

### Anti-ageing ads

Various ingredients are always being touted as miracle or newly invented anti-ageing potions. Largely these fall into two categories: increasingly obscure naturally occurring substances from seaweed to placenta to yeast waste and ground-up fruit kernels; and combinations of natural ingredients or chemicals put together by the cosmetics company itself, with invented, suitably sciencey names.

Estée Lauder's Re-Nutriv Ultimate Lifting Crème is advertised this way: 'Enjoy virtual immunity from the signs of ageing.' The ad continues: 'The experience is transcendent. The results, breathtaking.' Steady on.

When you see words like 'regenerate', 're-energise', 'resurface' or 'renew', remember: really rubbish.

### French always sounds better

Many cosmetics have French on the label – even if they're not sold in any French-speaking countries. And that's because French always sounds mysterious, glamorous and classy. Crème sounds better than ointment. Lingerie sounds better than pants. Some French words are so very excellent we have no equivalent term: savoir faire, panache, chic, jolie laide. And to be fair, Yiddish has chutzpah and shickered (and maybe pizzazz, unless that's originally from the Gay), and thank you Hindi for pyjamas and thug.

But everything sounds better in French. Even '*On t'a mis le feu aux cheveux et ton mari couche avec un mec qui s'appelle Hervé*', which means 'Your hair is on fire and your husband is sleeping with somebody called Harvey', or '*Cette crème cosmétique a été faite de vieux pneus en caoutchouc et n'embellit strictement pas la peau*', which means 'This cream is made from old rubber tyres and does precisely nothing for your skin', or my personal favourite, '*Mon chou, cette crème coûte un putain de fortune de merde et ne peut point faire agrandir ta poitrine*', which means, 'Honey, this cream costs a fucking fortune and cannot make your bosoms any bigger'. *Oui, oui, oui*, all the way to the bank.

## WHO'S WHO IN COSMETICS ADVICE

I honestly don't believe there is anyone who has a really broad knowledge of chemistry and its cosmetic applications. And believe me, along with a couple of researchers, I really tried. It's very hard to get independent advice about cosmetics claims, as most of the people who understand the chemistry and what works and what doesn't are either working as chemists in the cosmetics industry, or are dermatologists with a vested interest in pushing their procedures (such as dermal fillers); or have no time, inclination for, or financial gain to be made from commenting; or (often the case in the US and UK) their own line of products to push. University chemists and researchers will only do that sort of research if they're funded, and the only funding would come from cosmetics companies.

### BEAUTY EDITORS & REPORTERS

Magazine and website 'beauty page' reporters or 'beauty editors' can get quite giddy with the thrill of what they do, with all their free samples, and the fun of the next free gift with marketing lunch or launch party or lovely sample bag or fashion parade. Most beauty editors go into this area because they believe in it. I don't know of any with investigative journalism training or experience, or with science qualifications. Cosmetics companies now just regard magazine journalists as part of their marketing campaigns. They can expect their launches and press releases to create unquestioning 'buzz' and hype. Any beauty editor for a major newspaper, magazine or website who said expensive creams with anti-ageing claims didn't work would herself stop working pretty quickly.

### GENERAL MAGAZINE & NEWSPAPER LIFESTYLE PAGES REPORTERS

You know the 'journalists' who want the free 'treatment', for example, a 'cellulite cure', and then 'gasp' at the great results? It's complete and utter nonsense, they ought to know better and if I could I'd put them on the Naughty Spot. 'Independent' tests in this context are usually no such thing.

In the name of beauty or weight loss, 'journalists' have 'tried' Botox, enemas, plastic surgery, thigh wobbling electrical pads, massages and all manner of creams and make-ups. It may be that the people providing these treatments or trying them genuinely believe they 'work', but that doesn't mean they do.

Writers for magazines and local papers are often asked to provide 'editorial copy' to support an advertisement – that's why you see articles on the same subject near all those ads for teeth whitening and cosmetic procedures in local papers.

Beware product reviews and 'awards' in magazines and on websites and blogs. Gotta keep those advertisers happy! Even without advertising, almost all reviews work on a system of free samples and gifts: a bad review = no more free samples.

### COSMETIC CHEMISTS

There's no recognised branch of science called cosmetic chemistry, but many people are now calling themselves cosmetic chemists because of their chosen specialty. Almost all of them are either making their own products or working for cosmetics companies. As far as I can find out, there's no independent lab or government department of scientists anywhere that's doing regular independent research into moisturisers and cleansers.

Almost all research into non-therapeutic anti-ageing or other cosmetic creams is paid for and controlled by the cosmetics companies. That research is unregulated because their products aren't registered as therapeutic goods or medicines, and the companies don't have to reveal exact quantities and methods. Of course they're restrained by laws covering the safety and doses of chemical ingredients in their products (it's illegal to use arsenic in cosmetics, for example). But aside from that, no university or independent consumers' association has the sort of pharmaceutical expertise, time and money to investigate all the ingredients and claims of cosmetics products. Industry journals have virtually no impact on the public.

## THE WOMEN'S STUFF AWARD FOR THE MOST PIFFLE CRAMMED INTO ONE COSMETICS AD

And believe me, there was some stiff competition.

*Eye Contour Nano-Lift. Like millions of very tiny plastic surgeons. Millions of lifting nanoparticles work with South American Rose Moss and Asiatic Pennywort to sustain instant and long-term surface smoothness. Lupine Lipopeptides from France maximise optical properties of the skin to accentuate radiance. Micro-proteins from the African Drumstick Tree help protect cell fibroblasts from pollution stress. Over-fermented Sweet Black tea targets adipocyte population for restored skin volume. Multi-peptide Eyliss from France smoothes the eye contour appearance and reduces puffiness. Rhodiola and Sugar Beet derivatives minimise under-eye darkness while conditioning the skin to retain moisture. Peptide-joined Ceramide 2 in a world renowned Dermexyl from France minimises the appearance of deeper lines, while our most elite grade of Hyaluronic Acid from Denmark ensures elevated below surface hydration. The eye contour reflects confidence – immediately, within hours, within days, and in the long term.*

This is from an ad for Euoko skin product in *Vogue* magazine, which I copied into my diary at the hairdresser, word for word. Then I went on euoko.com to check this stuff, and the first claim I came across on the site says, and I am not making this up: 'Introducing Fractional Neck Lift Concentrate. The first in fractionated topicals. With discovered-on-Mars iron rose crystals.'

You want to know what's in it, don't you?

*With Galacturonic Acids, Cucurbita Pepo Protein Fractions from France, Discovered-on-Mars Iron Rose Crystal from Effusive Magma Rock in Hydrothermal Seams, Pseudoalteromonas Ferment Extract from Spain, Bi-Linked Dipeptides from Switzerland, World-Renowned Matrixyl 3000 from France, Extracts of Terminalia Catappa, Sambucus Nigra, Castanea Vulgaris and Shiitake, Tripeptide-10 Citrulline, Tetrapeptide-11, Oligosaccharides, wheat and soy proteins from Spain, as well as Pseudoalteromonas Ferment Extract from Spain.*

I still don't know what's in it, but I do know it was $615 for 50 ml.

Elsewhere, the company said it uses 'DNA protectors (from a purified Kalahari Watermelon)' and that 'Detoxified, the skin enjoys a superbly crafted, highly rewarding survival environment and regains a youthful tone and buoyancy.'

Is 'preposterosity' a word? I say it is, and I found it on Pluto.

## INVENT YOUR OWN MIRACLE INGREDIENT

Combine one pretend, faux-French or sciencey word from column A, with one each from column B and C. Get yourself a patent, some packaging, a B-grade actress and a few million dollars' worth of ads and you're on your way to a million-dollar cosmetics career.

| A | B | C |
| --- | --- | --- |
| Eraso | Firm | Crème |
| Derma | Cell | Lift |
| Eye | Serum | 17 |
| Z | Youth | Renewal |
| Elasticité | Organics | Enzyme |
| Bio | Definity | Balm |
| Naturelle | Regenerisma | de Nuit |
| Vitalité | Smooth | de Visage |
| Phyto | Hydration | Breakthrough |
| Restora | Tox | Repair |
| Anti-age | Essence | Correctif |
| Juva | Elixir | Biologique |
| Protectif | Invigor | -ceutical |
| Energée | Light | Glow |
| Preventa | Relief | Rapidé |
| Counteract | Makeover | Scrub |
| Rectifiance | Solution | Stimulantisse |
| Agente | Pharmo | Extract |

## COSMETICS CROSS-PROMOTION

One magazine urged readers to apply their 'day serum' to 'sink in during the last half-hour of *Sunrise*' (the morning TV show).

## DOCTORED COSMETICS

Another sciencey marketing ploy is to get a 'doctor' in there somehow. You can imagine them all at a cocktail party. Dr LeWinn (apparently a former famous plastic surgeon, now dead), I'd like to introduce you to Dr Hauschka (dead). Dr Brandt

(Miami and New York Botox-wielding dermatologist who claims his products are 'prescription strength, prescription free'), meet youth-obsessed dermatologist-manufacturer Dr Perricone. And may I present rocket scientist (yes, really) Max Huber (dead), who allegedly cured his burns using algae similar to that in La Mer products 30 years ago? Are you acquainted with this device, the Dr Lucas Pulverizator (trademark registered)? I don't know who Dr Lucas is, but the Pulverizator is a spritzing device used to joosh cosmetic products off the skin during a facial 'without causing the trauma or friction imposed by sponges or cloths', according to the Dermalogica website. I mean, really, without Dr Lucas you may as well scrape moisturiser off a woman's face with a shovel. The man was a genius. If only he could be here tonight. I beg your pardon, I forgot Dr Howard Murad, dermatologist, in a spanking white coat. And Dr Andrew Weil, who's brought some of his Plantidote Mega-Mushroom Supplement pills for the skin. Helloooo. Now get out. I believe there's a cocktail party on down at the Pond's Institute.

## Beauty salons

Going to the salon can be a relaxing, pampering experience where you get a bit of maintenance and should come out feeling primped and fully jooshed.

What you don't want is to be lying all vulnerable on a table in an ill-fitting gown and a half-turban and told a lot of pseudo-scientific rabbity-on load of old cobblers about the products they sell and all the *hideous* things wrong with your skin, you repellent old troll with a credit card.

If you go into a salon for a facial and a staff member ever so subtly starts using words like 'ageing' and 'sagging' and 'corrective', or making tut-tutty concerned and sympathetic noises when looking at your skin. LOOK OUT – you're about to be given a friendly recommendation for more 'treatments' and products to buy. And because, in most cases, they have a quota of products to sell.

The world has changed. You no longer go into a shop and tell them what you want. They tell *you* what's 'wrong' with you and then you're supposed to agree to what they want you to buy. They reinforce the psychological atmosphere by wearing uniforms and making it look more like a doctor's surgery, even giving you 'programs' of treatments and 'prescriptions' for products to buy.

Some salons keep heavy pressure on their staff and impose incentives for 'upselling' products and repeat bookings. Most salon staff attend briefings, 'instruction' and seminars by the manufacturers of the products they sell. They're instructed on how to use the products, and how to recommend and sell them to clients. Staff are often given samples themselves, and free samples are made available to tempt clients. (This is actually handy if you need to do a skin test: it's always a good idea to ask to take home a sample first instead of buying a big bottle.)

Salon staff often make utterly nonsensical claims for skin care products; they might even believe them, but this doesn't make them true. Do your own research on ingredients, value for money and claims. A salon staffer once assured me a cream was perfect for me because it had 'no active ingredients'. Why would I buy it then? 'Because it changes your skin cells.' Yes, and I'm a trained marmoset.

Make sure that salon staff do not 'diagnose' any skin conditions – for that you need a GP or qualified, experienced dermatologist with years of medical training and proper exams, not somebody who's very nice and well meaning but utterly unqualified to tell the difference between perorial dermatitis, hormonal acne, rosacea, a normal skin spot, a mole that could be skin cancer and an excited flush (see Chapter 6, 'Skin', for more on these).

## Cosmetics industry regulation

Sadly, consumers can't expect that advertisers will be held to account by government agencies when lying or trying to deceive the public. While at least three federal agencies have some responsibility for the area, they mostly try to stop dangerous chemicals being in the product, and to make sure that substances don't cause allergies or reactions without warning or otherwise hurt people. Regulatory focus tends to be on other products, because cosmetics are considered trivial. If consumers suspect lies are being told, or claims are deliberately misleading, and they have the time and energy to complain, it's not always clear how they *can* complain, on what grounds and to whom. Also, any false claims on international websites or imported magazine pages are much harder to prosecute or remedy under Australian law. No doubt the agencies will point to the few cases and victories they've had, but it isn't nearly enough.

## Do cosmetics companies lie?

At any given time in any magazine in Australia and certainly on websites and in ads, misleading, untrue and often illegal claims are being made by various people that their services or products will do impossible things such as make stretch marks disappear. Here are some word-for-word claims from magazine ads: 'proven to visibly firm, tone and tighten areas' (note the cunning 'visibly', which means as long as somebody says they reckon it looked like there was an effect, they don't have to prove there actually was); 'activates skin elasticity' (nonsense); and 'the results were firmer, more refined skin' (what *is* more refined skin?).

Quite often it's very misleading. Very often it's just cleverly on the right side of technically legal or, if it's an illegal claim, it goes unprosecuted.

## The cosmetics rule makers & regulators

The relevant cosmetic regulatory bodies are:

- **NICNAS** – The government's National Industrial Chemicals Notification and Assessment Scheme regulates the ingredients in cosmetics, which makes me hopeful that somewhere there's a bureaucrat in charge of the uses of weed killer, mascara and sulfuric acid. NICNAS requires that cosmetics sold here don't contain banned substances or dangerous levels of chemicals.

- **The Therapeutic Goods Administration (TGA)** – This agency of the Federal Health Department regulates medical devices, medicines and other prescription items. If cosmetics could really change the actions or workings of the body itself, such as reverse wrinkle development, or make skin regenerate faster, the products have to be registered as 'therapeutic' with the TGA and be available only on prescription.

- **Standards Australia & New Zealand** – This joint government body sets the rules or recommendations for what should or shouldn't be in certain cosmetics. Some of the standards are compulsory requirements (sunscreens) and some are voluntary suggestions (organics).

- **The Australian Competition & Consumer Commission** – Part of the Australian Securities and Investment Commission (ASIC), the ACCC administers trade practices law and can take legal action against companies that make false claims for their products, or that 'fix' prices or restrain retailers from discounting them. Companies must list their ingredients in descending order 'calculated by mass or volume'. That means listing the main ingredient first, and the smallest one last. (Many imported products and some Australian ones have failed this requirement.) The ACCC says it makes random inspections of products, and will also investigate complaints. It can order product recalls, make orders for packaging to be changed, and require companies to buy 'corrective advertising'. It rarely takes action against cosmetics companies.

Official ACCC policy says, 'Puffery is a term used to describe wildly exaggerated, fanciful or vague claims for a product or service that nobody could possibly treat seriously, and that nobody could reasonably be misled by . . . Puffery in advertising is a practice that is generally not prohibited by trade practices law.' The ACCC used this reason to reject complaints against the makers of high-sugar, low-fruit 'Vitaminwater', whose labels suggested it was healthy. In other words, the crazier or more unsupportable the claim, the more it *isn't* going to get a company into trouble because it's 'puffery'. That looks like a loophole the size of the Grand Canyon to me.

### MORE INFO
on making a complaint about cosmetics marketing

**accc.gov.au**
**Complaints hotline 1300 302 502** The ACCC will investigate deceptive conduct or misrepresentation. (It can also receive and act on complaints about claims relating to 'anti-ageing' cosmetics, 'weight-loss' devices and services, cosmetic procedures and surgery.) To email a complaint, from the top right of the home page click on 'More Contact Details', then 'Complaints and Inquiries'.

# Make-up

Make-up shouldn't be about a mask, or concealing your real face. If you like it, it should be about having fun and accentuating what you have. Don't let the berzillion-dollar make-up industry convince you it's corrective or can make you look like a movie star. Make-up can create 'special effects' but, like hairdressing, you need a professional, a lot of money and a lot of time. And then you have to sit there like a statue for the rest of the day so you don't smoodge any off.

It made me feel sad to read the messages from so many young women who wrote to me through the Women's Stuff Survey saying they 'needed' makeup because they felt unacceptable or somehow not good enough without it. There's info on what to do with your eyebrows (ignore them or plait them?) in Chapter 5, 'Hair', but here's everything you need on make-up, with a short word from our sponsor – the real, natural beauty of regular humanity.

Make-up is fashion. Like clothes, it's subject to hard-sell 'trends' and pushy advertising. New-season colours are brought out to try to encourage you to ditch last month's pale lipstick and go for the 'dramatic colours' now all the rage. Or shiny. Or matt. Or autumn colours. Or bold shimmery stuff. Or purple and green eye shadow.

For us as consumers, the decision about what and whether to buy really boils down to:

- Do I like it? Why?
- Does it suit me?
- Will I enjoy using it?
- Am I using it to enhance, rather than hide?
- When would I use it?
- Can I afford it?

## What is make-up?

Make-up, boiled right down, is just paint and powders for smearing on your face to accentuate your features. In one way it's like a subconscious nod to the carefree finger paints, powder paints and crayons of childhood. In another, it mimics the iconographic images of sex and porn – wet, shiny lips, intense eyes, blood rushed to the cheeks. For most people, it's a slash of lippy to 'lift' themselves before rushing from the house, or a full face of 'slap' for a big night out. Make-up

should be something you use as a bit of fun, or not at all. It's not compulsory. Some people hate it. And some women are addicted to it.

## Different kinds of beauty

For a start, let's have some new ways to describe beauty – and I'm sure you can add some of your own: jolie laide, eccentric, handsome, striking, great old face, attractive, strong face, pretty, lovely face, sparkling eyes, cheeky look, vivacious, full of life, lived-in, kind face, full of character, expressive, one of life's smilers, gorgeous.

Now try applying some of that to yourself. What's the beauty in your face that people who love you can see? What else is beautiful about you? (Your face is just the bit on the front. And a lovely one at that, I'm sure.)

## Make-up marketing

As with perfume, price has nothing to do with the cost of the ingredients. The contents of a lipstick, including the packaging, may only cost about $2. But you pay upwards of $15, and sometimes as much as $100 or more, depending on the luxurious packaging and image. Expensive brands use their logo on glossy ads, so that your mind begins to associate the glossy ads, beautiful clothes and celebrity faces with the brand. Then, when you see the brand packaging, there's a subconscious link to the product. Or not so subconscious. They study everything, including the font on the packaging so that it 'reads' more expensive.

TV and magazine ads, as well as product placement and TV show sponsorship, cost companies millions and millions of dollars each year. They have to get that money back from you, the consumer. You're paying for packaging design, the label name and the company's big advertising campaign, including the fee for the celebrity actress or model in the ads and the fees for magazine and TV ads. And you're paying a fee for the promise of looking transformed.

### WHAT WE SPEND ON MAKE-UP

In the Women's Stuff Survey, 3671 women answered 'How much do you spend in a year on make-up?'. The average was $207, the maximum was $4300. At that price I'd want the mascara wand to actually be a magic wand.

# Feelings about make-up

I really love make-up and have used it pretty much every day since I was 15. BRIDGET, 22, CAMMERAY

Most men don't like a woman in a lot of make-up. KINKEY, 39¾, CRANBOURNE EAST

### 'I wouldn't open the front door without wearing make-up!'
KYM, 51, SOUTHAMPTON, UK

Add up the amount of time that we spend on applying make-up and then think about how much time we spend with our families. SARAH, 52, SYDNEY

On a hot day it can be a waste of time, but I feel better covering my wrinkles. JANET, 54, TOWNSVILLE

I always look weird with make-up on. I find the whole concept revolting! SOOZ, 48, BRIGHT

I wish it was never invented – natural is better! SAMANTHA, 29, STRATFORD

Not a big fan. I think it makes me look old! PAOLA, 43, MOSMAN PARK

I wear absolutely none. Ever. ROBYN, 61, SURREY HILLS

### 'I love that I can, with little effort, appear to have risen from the dead.'
SUE, 55, NARRE WARREN

I resent the attitude that women who don't wear make-up have 'let themselves go'. JULIE, 50, ROSEBUD

It's made a huge difference to my self-esteem. LISA, 34, SOUTH YARRA

I'm allergic to a lot of make-up, very uncoordinated and completely blind without my glasses, so wearing make-up is a huge challenge. RACHEL, 37, CAULFIELD SOUTH

I think I look scary in it. SIMONE, 40, KENMORE

I couldn't live without it. As a woman I know it's stupid, but you don't get promoted if you don't wear make-up. FRAN, 29, CANBERRA

A friend's Italian grandmother once told her to 'put on lipstick and put in earrings or else people will think that your husband is dead'. I feel the same way. DI, 52, OLINDA

### 'My grandmother looked fantastic at 94 after no make-up, and I decided I'd follow her example.'
JAN, 63, SOUTH GRAFTON

I like putting it on occasionally. It makes me feel like a different person and a little glamorous because I usually don't wear it. TANYA, 31, HERVEY BAY

The people you most want to impress are ultimately going to see you without it on. NIKKI, 45, HAYWARDS HEATH

### 'When I wear make-up I don't have to put up with people asking me if I'm feeling okay.'
DEBORAH, 50, MOSMAN

I enjoy wearing it when I go out. I can't wear it during the day, as I'm often in the water with my job as a biologist. DIANE, 38, FAWKNER

Make-up looks vulgar. NICOLE, 32, GAWLER SOUTH

I hate it. It's grotty and fake but I wear it all the time. I'm too ashamed to go out without it. KIARA, 20, CAIRNS

I like make-up, but putting it on doesn't fit into my busy schedule and I often react to it with a rash, as I have sensitive skin. ETHEL, 59, HAWTHORN

This is a stupid question – make-up is an item. How do you feel about cutlery? SOPHIE, 29, KALEEN

Don't get sucked in by advertising. If you're beautiful on the inside it shines so brightly that everyone can see it; if you're ugly (or there's nothing there) on the inside, then no amount of make-up can hide that. MELANIE, 29, BENDIGO

### 'I was conned by shop assistants into buying multi-products that I then don't use. I don't do it any more.'
GRISELDA, 65, SYDNEY

I usually find if I wear make-up too much my skin becomes irritated and I come out in spots. MAZZA, 36, CROYDON

If I wore make-up everyday I'd be covered in pimples. ANITA, 30, CARRUM DOWNS

Someone once said to me, 'Why do you bother wearing make-up on this hike in NZ?' I said, 'I'm only putting on mascara and blusher, which takes one minute, and that one minute will make me feel a little better all day, so why not?' ANNA, 33, MELBOURNE

I'm allergic to most make-up. TANIA, 27, STANMORE

### 'I'm a pushover for a smooth-talking saleslady at DJs ;-)'
TAMARA, 35, LEICHHARDT

I don't wear make-up much, never did – it makes my face feel funny, almost irritable. CHERIE, 33, RYE

With the patch on my forehead losing pigment, I love being able to magic it away with concealer! TARA, 25, HORNSBY

You can go from scruffy mum to beautiful lady with a bit of make-up. KELLY, 25, WOODCROFT

## MAKE-UP ADVERTISING

Just as for cosmetics, ads for make-up generally use tried and true tactics based on surveys of what consumers want:

- the idea that the make-up is 'corrective' or will 'fix' your skin or its appearance
- the implication that it will make you look more like the celeb in the ad
- the suggestion that it can transform a body part or feature – lashes look fatter or longer, or lips are 'plumped'
- the claim that it lasts all day
- the promise that it's not tested on animals.

### Make-up sales assistants

Make-up counter staff are very clever at making you feel that you 'need' and 'deserve' all their beauteous puffery and ridiculously priced products. They can and do transform you with their clever optical tricks, and you think you can do the same on yourself. You can't, of course, without heaps of practice to develop the art – that's why no matter how nice the haircut, you can't get the 'I've just come from the salon' look. It's the skill and experience, not just the product, that makes it happen.

Cosmetics counter folk are also good at making you feel pampered, so the whole thing becomes associated with a pleasurable experience that makes you feel looked after, listened to and helped – in other words, it's good sales technique. (At the Chanel counter in Bloomingdales after a big revamp, customers were lured by 'psychics' who could explain the best lip colours for them. Fun! New lipstick! Win-win. Until you see how much a Chanel lipstick costs.)

### Make-up sales techniques

Department store and pharmacy make-up sales folk are good at veiled insults about what 'needs' masking or fixing with their product. 'Oooh dear, you seem so washed out.' 'You have lovely eyes, but you just need to bring them out a bit more.' They'll tell a young woman how to look more sophisticated, and an older woman how to look younger. They'll tell you the make-up you're wearing (or not wearing) isn't doing anything for you *or* they'll compliment you on your good taste if you buy something of theirs, then try to 'upsell' you another item. Sales staff are trained to pick up on your cues – are you tentative and suggestible: 'If you're worried about under-eye bags . . .' (who over 45 isn't?) or are you confident and know what you want, in which case they'll say, 'Oh, that's such a good choice. Have you heard about this other thing that's new?'

### Getting smart about make-up

Most make-up websites are full of ads disguised as advice. Some brands have website videos on how to apply make-up, or you can scan in a photo of yourself and play with pretend make-up on screen.

Most beauty websites are set up by people who love beauty products and whose revenue comes from sponsors and advertisers. You can bet their steady stream of free samples and new products would dry up if they started doing some unfavourable reviews. Bear that in mind when you read their 'independent' reviews of products, which tend to be so gushing and uncritical that they might as well be ads.

One such website review of a new mascara, for example, faffed: 'Maybe it's the fantastic formula . . .? Whatever it is, it's changed the way I feel about my lashes.' 'Whatever it is' isn't what I'd call informed opinion. Nor is this, about a moisturiser: 'We won't bore you with the science – the product is so jam-packed with it that we'll be here all day!' followed by a totally unquestioning acceptance of a manufacturer's claims for a moisturiser that 'uses sirutin technology', which is 'naturally occurring youth-extending proteins'.

For a start they mean sirtuins, but I'll forgive the typo. What I won't forgive is them overlooking the fact that the only research showing that eating 'sirtuin proteins' could prolong life was a study using starving mice, or may have involved a bit of skin in a petri dish, but certainly didn't prove it 'extended youth'. For heaven's sake, only skateboarding can do that.

On a Kiwi website claiming 'independent' reviews of make-up and cosmetics, press releases from companies weren't even rewritten, so the 'reviews' said things like 'Our revolutionary new ingredients'. Pah.

If you're going to read these sorry excuses for journalism, do yourself a favour and read Chapter 38,

# Make-up know-how

I attended a make-up course recently and loved it. I finally learned how to do my eyes correctly. Makes a big difference when you know what you're doing.
SALLY, 40, PERTH

In Brisbane, unless you're in air-conditioning, foundation and make-up melt off your face.
LIZ, 32, ANNERLEY

I've recently started learning on YouTube how to apply eye make-up – awesome! LINDA, 35, IVANHOE

I have some blusher, I think they call it. JO, 73, WEST PERTH

I may have a lipstick somewhere.
JULIE, 40, SAN FRANCISCO, US

After having cancer I've found that I no longer feel like I need it, so I no longer buy it. CATH, 63, BENDIGO

I have everything in make-up. Literally everything.
KATY, 27, LYNEHAM

The only times I've had it done professionally, for a friend's wedding and the like, I looked like a painted Easter egg, or a drag queen. CLARE, 40, ALPHINGTON

'I find the cheaper products just as good as the very expensive ones. In fact, sometimes the cheaper ones perform better.'
JASMINE, 51, BRADBURY

I couldn't live without mascara.
KYLIE, 39, BRISBANE

I have my eyelashes tinted every six weeks to avoid using mascara.
MEG, 53, SCONE

When I was young and didn't need it I used to buy expensive make-up. Now I have more to cover up, I buy supermarket make-up but the quality is fine. MAISY, 43, CARNEGIE

I don't get it. I really don't get foundation! Why would you completely cover your own skin with a layer of pseudo-face – gives a new meaning to 'putting your face on'. SUSIE, 44, CARLTON

I need a session on how to do middle-aged-chick make-up. The women at the department store cosmetics counters terrify me.
BERYL, 48, BENDIGO

I'm sick to death of getting sucked in to mascara ads. In the last month I've bought three different types and they're all as shit (excuse me) as each other. KATE, 28, GOLD COAST

# 'The mask'

So many women in their Women's Stuff Survey answers talked about using their make-up as a mask or shield.

● **I feel ugly without it** ● It can be fun, but can also feel like a crutch ● At times I feel like it's a shield I wear against the judgment of the world ● I feel horribly deformed if I'm not wearing it! ● I wish I didn't feel naked if I left the house without make-up ● It allows me to hide from the world ● It's my 'public face' ● I feel so ugly without foundation on ● It makes me comfortable to look at people cos I know I don't look like the devil ● It feels like putting on a mask ● Make-up is like war paint, prepares me to take on the world ● It puts a nice veil over my face so I don't feel like shit ● Women are made to feel that their natural faces are not right ● If I'm in public I like to have a full face as a force field/mask! ● I've now grown to accept and like my face without make-up ● I have to wear it to try to hide the many blemishes ● I sometimes feel I'm addicted to make-up because I feel naked and ugly without it ● **I wear make-up to stop people criticising me** ● It's my armour. I put it on to become the person who goes out into the world ● As I have pigmentation, my face looks dirty without make-up ● It gives me a little colour and hides my scars ● It hides a few flaws and makes me feel more confident about my appearance ● I feel more professional with make-up ● I wear a little only to cover up the birthmark on my face ● It covers my spots and red skin ● I wear make-up to compensate for my acne, even though I know that if I give my skin a break from make-up, my acne is much less severe ● If the fence needs painting, you paint it.

'Science & Nature' – to protect your brain and your wallet, and to find out how to tell what 'studies show' and what they don't.

## MAKE-UP & SUN PROTECTION

The Cancer Council says we should always be protected by an SPF 30+ when in the sun. So if your make-up has less protection than that (most have only SPF 12 or 15 or 20), the rule is: sunscreen goes on first, then any make-up. For all the info on sun protection, see Chapter 6, 'Skin'.

### MORE INFO
### on how to apply make-up

You can find make-up artists at a local beauty salon, a theatrical agency or a department or cosmetics store. Search 'make-up artists' online or see bridal magazines for their ads.

**paulaschoice.com** US cosmetics advisor Paula Begoun's site. From the main page choose 'Learn', then 'Makeup Tips & Tricks'.

**cosmeticsinfo.org** A US industry-backed site explaining the necessary use of preservatives and the safety of chemicals in make-up. Take the bias into account.

**Teenage Beauty**; **Makeup Manual: For Everyone From Beginner to Pro**; **Living Beauty**; and **Beauty Rules, all by Bobbi Brown** The woman behind the make-up brand now owned by Estée Lauder has several books on how to put on make-up. Each book has info for women of different ethnic heritage. *Teenage Beauty* and *Beauty Rules* also works for those in their 20s. *Living Beauty* is aimed at older women – and has questionable advice on Botox and hormones if you ask me, but good make-up tips for the no-longer-dewy face.

## Getting professionally made up

Go to a department store make-up counter and get the person to make you up with a natural look and then a party one. See how subtle changes can make you look a little different. Don't feel you have to buy the products. A make-up artist attached to a brand counter might recommend what they're told to sell that week, not what's best for you.

## MAKE-UP INSIDE INFO

When an Oscar-winning American actress appeared on an Australian talk show, the producers agreed, as a condition of the 10-minute interview, to pay US$4000 to her hair and make-up artist.

## Natural, organic, & mineral make-up

You really do want preservatives in things like make-up. Be very wary of any 'chemical-free' claims, because they can't possibly be true. Make-up made by reputable companies is regulated by government agencies in the UK, the US, Canada, Australia, New Zealand, and most European countries. Only products from rogue or Third World and developing nations and companies have truly dangerous ingredients in them, and they're hardly sold at all in Australia (although I wouldn't buy any make-up and cosmetics from a $2 shop, for example). The idea that make-up and cosmetics have 'toxic' ingredients as a matter of course is bizarre but widely held. No major brand of lipstick in the world would contain lead, despite rumours and hoaxes.

Mineral make-up, usually in powder form and said not to require foundation, is marketed as the all-natural non-toxic make-up. (Nobody's allowed to sell toxic make-up anyway.)

Most mineral make-up isn't always just 'natural' minerals; it has other ingredients from conventional make-up in it as well. Even 100 per cent mineral make-up is made from things that are mined – and mining is not very 'natural' or good for the environment. Mineral make-up is just another product with pros and cons. Common ingredients include natural chemicals and metal particles, plus some rice powder, clay powder, talc, 'natural pearl essence' (this can be ground-up fish scales or oyster shell) and anything else the manufacturers want to throw in the mix as a filler (that's approved for safety).

Although it's claimed to have a high sun protection factor because it contains zinc oxide, you're much better off using an SPF 30+ sunscreen, as mineral make-up sweats off easily, and would need to be applied bizarrely thickly to get to a sun protection level of even SPF 15+.

Mineral make-up is also claimed not to block pores, to be 'virtually allergy-free', and to be inert and so not need preservatives. Don't believe these claims without doing a skin test (see 'Allergies & Reactions From Cosmetics', earlier in this chapter). Also, remember that any powdered mineral, including but not restricted to talc, should not be breathed in, as it could damage your lungs.

Some mineral make-up has been ground into not just micro-particles, but nano-sized particles, meaning they're so very tiny that they might penetrate the skin's layers to a lower level. (See 'Nanoparticles in Products' in Chapter 6, 'Skin', for more.)

## Make-up products

The following stuff has been described as 'essentials' by beauty magazines. If you really needed it all, you'd have to get a caravan to keep it in.

### Primer

A smoothing layer, usually silicone-based, used to 'prepare' a face before putting make-up on, by filling in the 'cracks'. It's just like preparing a wall before you paint it. This will mean the make-up can sit over the top of a smoother base, rather than sinking into the wrinkles and creating darker lines than those cast by natural shadows. There's a relatively small age window when you might want a primer. First, because you don't have enough lines to worry about, and then later because there are too many wrinkles to bother trying to fill 'em all in.

### Foundation

Usually a tinted liquid painted on with brush or fingers or like a big crayon, to make all your face the same shade. 'Mousse' foundation is foundation with extra air in it.

### Face powder

Powder is usually brushed or patted on over foundation to create a matt (non-shiny) look and to make it harder to rub off the foundation underneath.

### Make-up brushes

Even make-up manufacturer Bobbi Brown says your (clean) fingers will often do just as good a job as a brush.

### Concealer

This is mainly used to 'cover up' spots or colour variations. If a cheap one does the job, don't pay a premium for a 'designer' label. It comes in a tube, like a lipstick, or as a soft pencil. If you want to reflect light from dark circles under your eyes, use a lighter shade than your foundation (or blend a lighter shade and your normal foundation) and then apply some light powder over the top. Different colours will affect your own skin tone, so experiment or ask for advice from the dreaded make-up counter – but don't allow yourself to be swayed until you've been outside and looked in a mirror in harsher, more real light. See Chapter 9, 'Looking Older', for why you have dark circles as you get older.

### Blusher

This is either brushed (in powder form) or rubbed (in cream form) onto the roundest bit of your cheeks and up your cheek bones. It's hard to avoid looking as if you have patchy sunburn, severe embarrassment or a strange rash, so use only a little, if any, or get somebody to give you a lesson. If in doubt, use less not more.

### Bronzer

Too much of this glittery, shimmery, 'tanning' or dark brown powder or lotion and you'll look like you've been rolling around a ditch in Fairyland.

### Lip liner

Older women whose lip line is starting to get less distinct because of ageing skin, or women who want a sharp edge to their lippy, use a pencil to outline their lips before applying lippy. Lip liner should be the colour of the lipstick: lighter looks odd and darker looks like it's Halloween. Throw away lip liners that block pores and cause blackheads.

### Lip 'plumpers'

Lip 'plumpers' are deliberately made with irritating ingredients (such as cinnamon) to make the lips swell as an allergic type of response. The 'tingle' is a simple chemical reaction deliberately used to make you think it's 'working'.

## Lipstick

Most of us have 15 unsuitable lipsticks at home rolling around in a bathroom drawer taunting us in weedy little lipstick voices that only we can hear. 'I'm orange and make you look demented!' they say.

These are the conventional lipstick rules (but feel free to ignore them):

- Exaggerate either your eyes or your mouth with strong make-up, but not both at the same time.
- After the age of 20, strong red lippy is fine – until you're over 45, says every book about trying to look younger. Mind you, most of the women on the front of those books look like their eyebrows have been hoisted up with a crane, so pick your own advisor. Red or bold can look fab on a nanna.
- Best lip treatment for older lips – apply primer or line filler around the mouth, lip liner the same colour as lipstick, fill in with lipstick. Use paler colours unless you care about oomph more than convention. Lippy that's shiny and/or stacked on will migrate quicker into lip lines. Don't forget to 'blot'. Toilet paper will do.

## Eyeliner

This is usually a pencil or liquid with a brush that's used to outline the eyes. Always put it outside, not inside, the line of your lashes. Heavy eyeliner is best left to professionals or the very experienced. It's certainly not best applied by hootingly drunk gibbons, I've found. You can 'make' eyeliner by moistening eye shadow and using a wee brush. Heavy black eyeliner does not enhance your eyes, it just makes them look smaller. The quickest way to make your eyes look bigger is to use an eyelash curler.

## Eye shadow

A temporary stain for your eyelids. Professionals say a neutral tone is always safest. A shade close to your eye colour may make your eyes look dull in comparison, and the intermittent claim that 'Blue eye shadow is back in fashion!' may be true, but that's never welcome news.

Eyebrow wrangling: for the lowdown on eyebrow topiary, see Chapter 5, 'Hair'.

## Eyelash curler

They're all pretty much the same. Cosmetics companies all have their own branded eyelash curler now, and infuriatingly expect you to buy a whole new metal contraption when the rubber bit gets lost or fails to act as proper padding after lots of use. Outrageous bastardry.

Eyelash curlers do a better curl when they're warm – some can be heated with batteries, or you can get plug-in ones, or you can give yours a very quick blast with the hairdryer. Hot, however, will give you a fright and a nasty burn: always test against your hand first.

## Mascara

When it smudges or runs it can make you look like a sad panda. Waterproof mascara must be removed with special eye-make-up remover every night, so that adds more trouble and expense. Mags and websites repeat the manufacturer's warning that you should never share make-up, especially eye make-up, because it can transmit infections, and that it should be replaced every month. As if. (Not sharing with a friend is one thing, but new mascara every four weeks? Who do they think we are, Shane Warne?)

Because mascara makes the eyelashes look darker and can coat them to make them appear a bit thicker and stand away from each other, it can give the illusion of more length and thickness, and is a way of drawing attention to your eyes.

No mascara will condition lashes or cause them to grow longer, and I really don't understand how their ads can keep suggesting it. Some companies overseas have been in trouble for this. You may also feel relieved to know that the women in the mascara ads have fake and digitally enhanced lashes, which can't be reproduced using only mascara. (See Chapter 4, 'Clothes', for more on mouse makeovers.)

Beware of 'individual lashes' or mascara with individual fibres in it: these can fall into your eyes and irritate them. As for vibrating oscillating and rotating mascara wands, double-ended mascara wands and whatever else they're doing this week: it's all gimmickry.

## False eyelashes

Definitely best left to the professionals. Dangers include getting the glue in your eye, looking totally ludicrous, and having the eyelashes peel off and flap in the breeze like a rabid tarantula.

## Eyelash growth products

In some places women can have a medical product prescribed to make their eyelashes grow thicker or longer. The product is marketed in the US for this cosmetic use by Allergan, the makers of Botox, and costs hundreds of dollars a month. Side effects of this medication, which was actually developed to treat the eye disease glaucoma, can include changes in eye colour, spots on the eye, blurred vision, allergic reactions, pigment changes on the eyelid, hair growth near but not on the eye, and having no effect on eyelashes. Anything that causes growth has the potential for worrying side effects. Some products copying the Allergan marketing have changed their recipe due to regulatory requirements in the US. While it's not approved for cosmetic use in Australia, there are certainly reports that some patients are asking doctors to prescribe them the glaucoma medication to use on their lashes, and are using it.

When launching the product in 2009, Allergan said it hoped to earn US$60 million from it in the first year. Less than two months later, the US Food and Drug Administration warned the company to stop promoting the product without also mentioning the risks.

When it comes to your eyes, I wouldn't put anything on them that's supposed to have an effect on eyelash growth unless it's been approved by an ophthalmologist (medical eye specialist).

Several over-the-counter cosmetics available in the US and online, including eyeliners and mascaras, are now claimed to cause eyelashes to grow thicker and longer. Be extremely discerning about active ingredients in any eye preparation. Reject any eye product claiming a growth effect: either it won't work or in some cases it could work but also cause permanent patchy marks on your eyelids and irises.

Instead of buying glaucoma treatments for cosmetic purposes, you might consider buying them for people who are losing their sight due to actual glaucoma. For $25 the Fred Hollows Foundation can save a person's eyesight in remote areas of Australia and some of the poorest countries in the world.

## Fingernail & toenail polish

Yes, you may well ask. What do I have to say about them? Practically nothing, as I don't have to suck up to the cosmetics companies that make nail polish and related products in order to make them place advertisements on my website or in my magazine.

The celebrities who bang on about being vegan and organic and chemical-free but who also wear nail polish are talking through their bot bot. Nail products, including polishes, removers and 'strengtheners', are pretty much nothing *but* strong lab-made chemicals – paint and paint-stripper. Fake nails create the most full-on chemical pollution and fumes of all, and they damage and weaken your real nails underneath.

No nail polish or treatment can make your nails themselves grow any quicker or any stronger. They make the nail stronger by bonding a plastic-like cover to it – the nail polish is the stronger part. It doesn't matter if the nail potion contains multivitamins, soy, keratin, collagen, protein, egg, herbs or pulverised bicycle spokes, it won't change the condition of the nail growing out of your skin.

Any toenail problems involving discoloration, odd shapes, corns, bunions or fungus-y business need to be taken to a podiatrist – foot specialist (see 'Feet' in Chapter 12, 'Health Maintenance'). And I have only one thing to say about getting a pedicure: try not to snore.

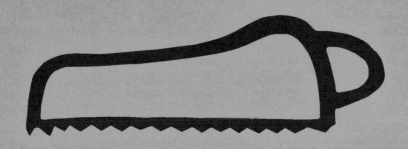

# Cosmetic surgery & procedures

Our foremothers had to dig frozen turnips out of the ground with bits of tin as a nice change from starving to death, and when their teeth fell out all of a clatter there was nothing to replace them with; they had hairy legs and flapping dangly bosoms, no soap or underpants or conditioner, and they died in their 40s without ever hearing the word moisturiser. We've got the best health and the most opportunities of any generation ever, more fun, more art and music and books, and more time to spend with family and friends. And yet we're mopey and miserable and staring into mirrors, worrying about armpit fat or how neat our vulva looks, comparing ourselves to altered pictures of pretend people, and paying strangers to inject us with toxins, and cut and hoist up our facial skin for no guaranteed result. Huh?

In this chapter we'll look at both cosmetic surgery (operations) and procedures involving injections, lasers and other methods, with a special bonus section on butt-hole bleaching (ha ha ha for about 15 minutes, after which I shall be requiring oxygen from a tank, thank yor).

# The Culture of Cutting

If you've been paying attention, you should have got the message by now: if you're a woman, your body shape is wrong. If you're a woman, you're not pretty enough, not perfect enough. You're not allowed to get older. And now you can get it fixed, so you must. Magazines and advertisements (what's the difference these days, you may well ask) push cosmetic surgery as an easy or unremarkable option.

Prospective patients (i.e. all of us women) are urged to choose a doctor based on his proximity to an overseas holiday destination, or the decor of her waiting room, or on how many times he's spoken to the media. Since medical doctors were allowed to advertise, there's been a gobsmacking rise in the number of clinics and cosmetic procedures: some people are literally 'practising' medicine with the minimum of experience, qualifications and care. The fierce competition means the pressure is on to get 'patients' – more commonly known in many places as 'clients'. In many cases women are spending thousands of dollars to disfigure themselves, and most of the rest of us are too polite to shriek into their faces, 'What have you DONE to yourself?'

This isn't just a matter of 'make sure you get a good job'. It's about why women feel they need to risk their lives and serious infection to do the impossible – stand against time or 'compete' with supermodels – and how they're encouraged to do this by powerful commercial interests who encourage a sense of self-loathing, supported by bad journalism and misplaced 'You go, girl'-style pretendy feminism.

## ✂ Railing against reality

As we get older our wrinkles caused by frowns and smiles get deeper, because we've smiled and frowned so many more times. Mean marketing recasts the smile lines as 'puppet lines' or 'ugly crow's feet'. The gravitational sag of the face means the under-eye area is no longer protected by plump fat pads, which are now lower, leaving more hollow bone less protected, and causing a darker mark. These 'dark circles' or 'bags' combined with frown lines inevitably mean that maybe, as we get older, it can look like we're tired,

cross or concentrating. There's no doubt that this doesn't make us look refreshed and girlish. It's just the truth. We *are* more tired than we used to be. We *have* frowned more times than we did when we were 30. Our bosoms *are* less gravity-defying. See Chapter 9, 'Looking Older', for a reality check on what's normal.

## ✂ Being dissatisfied with ourselves

Cosmetic procedures are often compared to renovations and vice versa. Old buildings get a 'face lift' or makeover. Women are expected to 'look after themselves' and not 'let themselves go'. But an expectation to get the lipstick on the front side of our heads and bathe regularly has somehow become a requirement to pay somebody to break our bones, stretch our skin and inject poison into us. I know some surgeons will be cross about me putting it like that, because so many of them are not dodgy touts, they're very experienced and qualified and careful and helped me with this chapter. And after all, their patients are coming to them willingly – even eagerly.

But why? Why do many healthy women consider themselves 'patients' for this sort of thing? Maybe it's our evolutionary biology that drives us to be dissatisfied with how we look. Maybe the cavepeople who were content and satisfied, and just hung out complimenting each other and admiring the shrubbery, got eaten by passing mastodons and their genes died out. And the cavefolk who felt an all-pervading sense of peevishness at things not being perfect instead declared gruntily 'I must try to make some improvements!', put on their possum-skin thigh-boots and stomped off to try to spark fire by rubbing two relatives together. The non-complacent cavefolk worked out ways not to get eaten by bears, later moved on to invent the wheel and cotton gussets, and bequeathed us their self-critical genes. So maybe we're hardwired to want to change ourselves. That could be why so many of us are still horrified that we don't look like supermodels.

Cosmetic procedures and surgery are heavily advertised and promoted, unquestioningly accepted and easily available if you've got the money. So women are having way more of them than ever before. And of course that means there are way more botched jobs – as well as satisfied customers – than there have ever been (although you won't find the bad jobs mentioned in the magazines or on the TV 'makeover' shows, except as cautionary tales about finding a 'good' surgeon, rather than avoiding the whole thing).

We're assailed daily by headlines such as 'Half Their Size!' and 'Get Bikini Ready!' (I'm quite ready to use a bikini as a slingshot, if that counts). The relentless obsession with weight and appearance and being 'perfect' and 'hot' is overwhelming. We're constantly told who our 'role models' should be – women who are thin with big bosoms and older women who look 30 years younger than they are.

But what about ordinary us? What of normal folk – who have not been disfigured in a threshing accident, nor unfortunate enough to have been born with a substantial facial 'difference', who don't need to look like an Oscar-winning actress or marry an elderly rock star? What leads us down this drastic path, now so trampled? We aren't required to get into our undies for a cover shoot, so why are we being told we need to have cosmetic surgery and procedures?

## FACTS ABOUT COSMETIC ALTERATIONS

- Cosmetic surgery is not simple, quick and painless.
- Physical changes can't fix a self-esteem problem. You need your brain for that.
- A lot of cosmetic procedures are rip-offs.
- Results vary between patients, regardless of who does the procedure.

## ✂ Why women want cosmetic alterations

The main reasons women want cosmetic surgery or procedures are they want to look younger or they want to look 'better' by adjusting a specific body part they don't like, such as a nose or a pair of bosoms. (Have a squiz at Chapter 9, 'Looking Older', as well.)

Sometimes cosmetic surgery is necessary – after a mastectomy, an accident, to fix a little something you were born with that was nobody's fault – and is about getting more towards normality and away from stares and whispers. Or it's to reduce the size of breasts that put undue strain on your spine and shoulders every day.

But there's real pressure on women to have procedures for purely cosmetic reasons. We can get mixed up about how we look and who we are and what we're worth and how loved we are and whether we're 'normal' or 'ugly'.

Given the pressures, of course, some women think they'd be more attractive with larger breasts (except the ones who are desperate for smaller ones) and if my eyelids, which already look a bit like a Roman blind, finally fall over my eyelashes and into my eyes some time in the next few years, I may want to look less like I'm wearing a ruched headband that I can't see through.

It's incredibly tempting to feel that these procedures or surgeries can improve our appearance or our confidence, and that they carry no risk or possible negative side effects because so many people have them and doctors and scientists are so clever now. But it's really worth having full and frank discussions (as the politicians say) with yourself and with the people who love you, about why you might want to do this, what else might make you feel better about the perceived 'problem', and your expectations of the results, and have an honest squiz at the risks involved.

### Site-specific disgruntlement

Many people become unhappy enough with an aspect of their appearance that they want to change it. Often, a pressing obsession during the teen years fades away as we grow up, grow 'into' ourselves and become more comfortable with our bits and pieces and the things that make us individual. For some people, the obsession and worry continues, or they develop a dissatisfaction as they get older. All the site-specific procedures are listed and described later in this chapter, from Botox to breast reduction, and from laser skin 'resurfacing' to liposuction.

### Having cosmetic surgery for a man

Some women have surgery or other procedures because they think it will make them more attractive to their partner. Or he offers to pay for it. Every woman who commented on this in the Women's Stuff Survey said it doesn't work.

# Thoughts on cosmetic surgery

Work out why you want the surgery. If you think it's going to solve all your problems and make you happy, you're wrong. BELLE, 42, MITCHAM

If you're obsessed with dislike of some body part, do something about it. There's no shame in being altered, and if it takes away that worried corner of your mind then it's all worth it. SUSIE, 44, CARLTON

Put the money towards therapy to deal with why you hate your body or don't want to age! ANGELA, 29, SYDNEY

I'd like to not have it, but feel it will be a necessity for my job and career prospects. ANNE, 32, NORTHCOTE

### 'As a feminist I'm against it . . . but if I had the money, I'd do it!'
ELIZABETH, 37, GEILSTON BAY

There's nothing lovelier than an older woman looking her age, and nothing scarier than one who's always trying to look years younger. PENNIE, 63, TURRAMURRA

Why butcher yourself? Celebrities who have work done look grotesque. JILL, 53, PRESTON

I feel worse after one of my procedures than I did before it. The other was pretty neutral and I feel a bit cheated of my money. AUDREY, 51, SINGAPORE

A friend has had a tummy tuck. It was successful for her, but her husband said, 'It didn't do anything for your arse!' She now wants liposuction. JENNIFER, 33, KAMBAH

A friend had a breast enlargement, done to please her then husband, who later shot through anyway. SUE, 61, ARMADALE

Don't do it if you think it will repair your self-esteem. That's internal. Don't do it if a partner wants you to. They're not worth it. KAREN, 38, MELBOURNE

I think it's very scary that cosmetic surgery is increasingly being seen as the norm by the younger generation. LARA, 26, LONDON, UK

It's a toxic industry selling insecurity and self-loathing, and sadly it's becoming mainstream. CATHERINE, 36, PRESTON

In some circles it's almost becoming normal to look like that surgically 'enhanced' cat woman. ELISSA, 39, COBURG

I support decisions made that help people to feel good about themselves. My girlfriend has Botox injections and they make her feel good. I told her 'Go, girl'. MARGOT, 49, GORDON

### 'I have friends who've had breast implants and Botox. I couldn't see any major improvement . . . but if it makes them happy – whatever.'
MARIA, 36, BUSSELTON

My friend had a really big nose – it was like extra cartilage or something – and they just removed it and it made a big difference. So after that we could be friends with her, coz she had a normal nose. I'm happy she did this coz she looks hot now. KATIE, 17, NEWCASTLE

The rhinoplasty changed her face and took the prettiness away – that's bad English, but I don't know how else to explain it. The implants worked well. I told her she looked good. MICKEY, 60, GREENSBOROUGH

My sister's barely recognisable any more. I'd never tell her, but she's added 20 years to her age. SAM, 39, COBURG

My 25-year-old niece had breast-enhancement surgery. I cried. I was so sad she felt the need to do this to her already beautiful body. MAREE-ANNE, 43, TRARALGON

I know a few women who've had 'work' done. Sometimes it's worked – i.e. they look fresher, invigorated – and some have been laughable. And I've laughed. JENNIFER, 63, KENTHURST

I have friends who've had Botox, lip enhancement and eyelid surgery. It all looks fake, and the scars on my friend's eyelids are dreadful, way more noticeable than the droopy lids. I'd never mention it to the friend, but I would discuss it with other friends. ELIZABETH, 47, NEWCASTLE

She's had a boob job, tummy tuck, Botox, collagen and a face lift. She looks odd. I didn't say anything because it's not my place to say. LOU, 29, NARRABEEN

### 'She looked kinda nuts. Obviously I lied and said it looked good.'
LEAH, 29, NEWPORT

Unfortunately her fear of getting old and losing her looks were greater than her self-belief. She looks very different and very shiny. WHAIA, 57, PORT DOUGLAS

I can't wait to look older, to have my experiences show on my face and body. Why on earth would I want to reverse it? EMILY, 20, PERTH

I wasn't put on earth to look like Barbie. NICOLE, 31, MT BARKER

I wish it was cheaper and not so taboo. CATHIE, 44, GIRRAWEEN

If your circle of friends are having surgery and you feel pressured – get new friends. THERESE, 48, MT BARKER

Confidence is better than surgery. MERRY, 40, ST IVES

I feel for teenagers who feel they have to have surgery to look more beautiful. I think that's sad, because they haven't grown into themselves yet. VICKY, 48, MT BARKER

# The Rise of Cosmetic Alteration

Make yourself comfortable, and we'll begin. I reckon there are five main reasons cosmetic alteration suddenly seems to be everywhere:

**①** **Normalisation** – This is fed by bad journalism and 'women's' media. Websites, newspaper supplements and magazines treat cosmetic surgery and procedures as just a 'nip and tuck'. We see the before photos and the approved after photos of successful ops – but we hardly ever see the bruises, the mistakes, and the odd-looking results. And we can't see the broken self-esteem at all.

**②** **Money** – Many doctors and others have become very rich servicing the insecure.

**③** **Advertising** – In the 1990s, as part of the fashion to deregulate many industries, Australian doctors were given the right to advertise. Since then a profit-driven cosmetic-related medical sub-industry has flourished.

**④** **New players** – While plastic surgeons used to be the only ones doing cosmetic surgery, now any GP can. Nurses can now do filler and Botox injections 'under the supervision' of a doctor – but this can be a GP elsewhere in the clinic who's just seen the 'patient' for five minutes. Anybody – you or I – can administer a laser to a person. The ads and the clinics cost money; they have to attract paying customers.

**⑤** **The 'You go, girl' defence** – This is the mistaken idea that it's part of 'freedom', and it's okay to do 'whatever makes you happy'. Sadly, this 'personal choice' can be based on a completely uninformed view of the risks and consequences. Just because you want something, doesn't mean you'll be happy after you get it.

Let's unpack all those ideas and rummage about in them for a bit.

## ✄ Normalisation

Magazines, websites and TV shows, many of them now indistinguishable from paid advertising, blithely advise women to consider cosmetic surgery as if it were the same as getting a new scarf. An atmosphere is created: 'It's normal, everyone must be doing it. I must need it. Everyone with wrinkles must need to do something about them.'

I spoke at a private girls' school parents' event recently, and one of the silent auction prizes was free cosmetic surgery. (I'm happy to report that the principal was as horrified as I was – I could tell, because her eyebrows moved – and she put a ban on any further donations of that sort.)

I bought some perfume at a local shop and stupidly added my name to a mailing list. I received two glossy pamphlets offering me a 'Princess Pack' of '20 units anti-wrinkle injection, 1 millilitre of dermal filler (lips/nasolabial folds), 1 × "New York" Microdermabrasion and two 5 ml treatment serums' – from a GP turned 'aesthetic practitioner'. What a bargain, 'marked down' from more than $1000 to about $800. He's got the natural woman covered with the 'green peel' ('100 per cent natural', alleged to take the top six layers of your skin off), and the ones who want 'scientifically proven' stuff can have 'oxygenating serum infused using galvanic technology' (which means a cream with air in it is put on your face and then electrical pulses are applied).

UK *Tatler* magazine's cosmetic surgery special edition from a while ago has a front cover featuring a 'post-surgery couture mask' made of white lace by celebmilliner Philip Treacy. The young, line-free model face wearing it is not puffy with blood-encrusted stitches and yellow and purple bruising. She's neither in pain nor off her face on sedatives. The doily helmet is not soaked in blood. It's art, it's fashion, it's pretty, and therefore it's a grotesque lie.

The editor's letter urged readers of this 'special issue' to 'have your own Dorian Gray moment'. If she'd bothered to pop onto an encyclopaedia website for up to two seconds, she'd know that *The Picture of Dorian Gray* is an allegorical novel by Oscar Wilde, in which a man sells his soul so that a painting of himself will age, while he maintains a young appearance but values only physical beauty and instant gratification. He becomes a drug addict and a murderer who realises too late that he has only himself to blame and, in destroying the portrait, kills himself. It's a gothic *horror* story about losing sight of what true beauty is.

In magazines like this, and the ones churned out by the cosmetic practitioners themselves, for which they write the articles and place the ads, procedures are now promoted as if they were risk-free. Even in these 'independent' magazines, the journalists apply as much questioning and probing analysis as you would expect from a sea sponge. They use phrases such as, 'Hey presto! . . . Our tester's bee-stung lips should stay plumped for six to nine months.' Yes, unless she gets a hideous allergic reaction. Or decides that her full-to-bursting shiny lips look like plastic pork sausages.

Of course, there are also pages of piffle for the surgery-shy, ads for creams and potions full of ludicrous claims that 'your skin appears visibly younger, more beautiful today than at 20'. (The model for the ad is Sharon Stone, who was nearly 50 but in the picture has a firm jaw, golden tight skin and no forehead lines.) In another ad, for a cream that makes skin 'behave more youthfully', '71 per cent agree' that 'features appear rested' in people who use it. For more of this sort of arsing nonsense, do treat yourself to Chapter 7, 'Cosmetics & Make-up', before this one.)

Magazines have started recommending doctors to people. One recommends a surgeon who's often on TV and, I quote, 'performs about 400 eyelid surgeries and 200 face lifts a year' and claims he treats patients as individuals. I can't see how. Perhaps he operates on three people at once while shouting 'Hello!' three times.

Websites and mags urge us to fly overseas for 'quick, slick services that require minimum downtime', when the reality may be weeks of bruising, redness and swelling, even without an infection or disaster. One Brazilian surgeon, we're told, can 'remove up to five to seven per cent of your body weight safely in about five hours under general anaesthetic'. He does it in the Albert Einstein Hospital. (I don't even have to make the joke. It's like a self-saucing pudding.)

Some people are setting themselves up as a 'knife coach', to advise on which cosmetic surgery to get and who to go to. There's an ad for a clinic featuring 'cosmetic gynaecology' (slicing off parts of your 'labia' to neaten them) with the slogan 'Inspiring Women Everywhere'. I mean, what are they like?

You might think that with all this crap journalism there's no need to advertise. But clinics work out what women want and advertise accordingly. They make themselves look like a cross between a beauty salon and a clinic doing 'corrective' procedures. They know women struggle with hormones, so they offer 'bio-identical hormone' treatments as well (see Chapter 19, 'Menopause', for more on these). They know women want a mixture of science and pampering, so they offer facials alongside the injections. Where medicine used to evolve to treat problems, now they invent or 'talk up' problems that don't really exist, to make women think they need treatment.

My favourite heart-sinking recommendation is one magazine's handy hint to 'make sure you're the first on the table' at morning surgery, so the doctors are 'fresh'. Perhaps by the end of the day surgeons are drunk and put avocado dip on your eyebrows while you're asleep and use your bosoms for trick billiards shots?

Surgery is described in raptures, in terms of miracles. The names of celebrity clients are dropped. Breathtakingly stupid statements will be repeated without question ('Among her arsenal of power tools are carbon-dioxide lasers to vaporise wrinkles'). One doctor is 'dashing'; another is introduced as a 'crush' with an 'empire', whose colleague is a 'go-to guy'; another's medical device is described as 'one of his toys'; another's 'chic consulting rooms' are designed by a celebrity interiors chap. One doctor is recommended as the specialist in removing 'the surplus fat that tends to bulge over bra straps on the back and beneath the arms'; another has something he uses 'like a power hose to dislodge fat'; and his colleague promises 'skin-smoothing injections that can airlift bottoms'. My arse it can.

One magazine gushes: 'Her clinic is packed with smiling, rosebud-lipped clients.' Or maybe just people who look like a startled Meg Ryan wondering what happened to her film career. We're advised where to go for the perfect 'pout' without even a hint of what a ridiculous idea that is – paying hundreds of dollars for a sulky facial expression.

I've been following the normalisation for many years, and it gives me no pleasure to see that the procedures and operations they urged us all to get 10, five and even two years ago are now being described as 'old', ill-advised and with dodgy results. Whereas whatever the NEW thing is, is described in recycled terms and phrases – such as 'much improved', 'refreshing' and – these are actual quotes from so-called journalists – 'Hey presto!', 'The Speedy Gonzales of treatments', and 'Walk-in, walk-out'. In another year or so they'll be slagging these ones off as outdated and unnatural-looking, and they'll dust off some superlatives for the new lot. All with the merest hint of a warning that's only cosmetic in nature: 'Make sure you have it done a week early, so the bruises will fade.'

Just because we're used to seeing it now, doesn't mean it's required for everyone. All the female US politicians over 60 that I can think of have Botox, and Australia's heading that way too. I understand why they do it, but let's give them more support so they don't have to. See Chapter 9, 'Looking Older', and Chapter 3, 'How to Make Friends With Your Body', for more, not to mention Chapter 1, 'How to Be Confident', and Chapter 39, 'Beliefs'.

Let's get together to fight the normalisation. Let's talk to girls about how crazy it is. Let's stop reading this crap as if it were true instead of a great big mash-up of powerful commercial interests, unrealistic expectations and expensive but futile hopes. Let's laugh at it, talk about it, say how crazy it is out loud. If a friend shows you her new face looking all stretched and sore and shiny, say it makes you sad. Say you don't think she should have hurt herself for this. When somebody refers snidely to a woman looking old or says she should shut up, speak up and say how wrong that is. It's time we started saying, 'That seems crazy to me.'

It's up to you – you can live in that world, think about it all the time, read the mags, pore over your pores, stare into the mirror day after day, think hard upon your most obscure of bits . . . or you can choose to live in another world, the real world, where this isn't normal, it's sad.

## ✂ The business of lies

It's now normal to be told ridiculous lies about the effects of cosmetic procedures – and to believe them. It is honestly as if we would pay money to buy a glossy magazine called *Load of Steaming Poop*, and then sit and read articles by the most stupid person we've ever met about things they know

nothing about, that are supposed to inspire us to do things to ourselves that will hurt a lot, either don't work at all or could go horribly wrong and kill us, are buttock-quiveringly expensive, and ultimately cannot make us happy. Baffling and painful. Why don't we save time and get the same effect by putting a rare mail-order piranha down our pants, and shouting 'I'm having a cocktail!'?

It's now normal for many practitioners to lie or just talk gibberish in their ads, and we just accept it because we *want* to believe. Injecting poison into your jaw is renamed by one surgeon as 'the Nefertiti treatment', for no sensible reason except it sounds exotic.

The term 'snake oil' was coined as code for a product sold with false claims that doesn't work: it comes from a type of 'cure-all' liniment that used to be sold off the back of carts in the US in the 1800s – and didn't work. Sure enough, a modern glossy magazine ad is doing the rounds advertising 'snake serum', which its makers describe as a 'viper-inspired' substance that freezes wrinkles. *Actual pretend snake oil.* (The same company sells creams it calls 'boob job' and 'bum lift'.) (Check out Chapter 7, 'Cosmetics & Make-up', for more on slick marketing and outrageous claims.)

## ✂ How 'patients' became customers

In the past, if you thought you needed some surgery or any other sort of medical procedure, you popped along to your GP first. This is still a very good idea, but now many people just go straight to the 'specialist', some because of aggressive advertising and other marketing techniques, including 'information nights' and discounted Botox being injected at parties where alcohol is served (lordy), and others because of the rise of cosmetic clinics staffed by GPs and nurses.

Instead of seeing a GP and being referred to a highly trained medical specialist dermatologist or plastic surgeon, some patients start and end in a cosmetic clinic staffed by doctors and nurses (some of them far less qualified than the specialists just mentioned) whose job it is to bring in more 'patients' (paying customers) to the clinic. When a GP refers a patient on, there's no financial incentive for them to encourage a patient to have the procedure or surgery. If a patient goes directly to the practitioner who'll make money from her decision to proceed, then there's already a possible conflict of interest. On top of this, the practitioner won't have her full medical history or any other useful information from a referring GP.

Victorian Health Services Commissioner Beth Wilson calls cosmetic doctors and clinics 'self-referral specialist services'. She says in many cases it has meant each woman misses out on an essential step – seeing a 'gatekeeper', who has the chance to investigate whether she has an underlying medical or psychological problem, whether she may need something else instead of cosmetic surgery or a procedure (perhaps something as simple as reassurance, counselling, medication for depression, a plan to lose weight in a healthy way) or whether it's what she really wants or she thinks will make somebody else happy.

## ✂ Advertising cosmetic alteration

In the 1990s, the Australian Competition and Consumer Commission, one of those quasi-government bodies that loves to take away rules and regulations and 'let the market decide', allowed doctors to start advertising their procedures just as any other company could advertise their products (fast food, underpants), as long as the ads weren't 'misleading or deceptive'. While most doctors wouldn't dream of advertising ('Buy one amputation, get one free!'), the exception is the cosmetic alteration industry.

But this rule hasn't guaranteed or delivered truth in advertising in this area. Advertisers will do what they can get away with, and this is one area where regulations are not always enforced. There are so many different organisations and rules that nobody really knows who to complain to, anyway (more on that coming up).

Some clinics and doctors break the rules and do undeniably misleading things like use pictures of people who are not and have never been cosmetic surgery patients, and show quotes praising the doctor from people who claim to be patients. You can't assume an ad must be truthful or it wouldn't be 'allowed'. It just doesn't work that way.

The industry is awash with experienced plastic surgeons turning their practice over to breasts and face ops; cosmetic 'physicians' (see 'Who's Who in Cosmetic Personnel', coming up, for definitions) devoting their practices to cosmetic procedures; and 'cowboys' and untrained people all trying to get a piece of the action – it's like a gold rush. It's a very crowded market, with many practitioners advertising for customers.

Most of the really good plastic surgeons don't need to advertise, as they have a steady number of patients from GP referrals. But the public perception can be the opposite. Many people believe that a doctor must be good if they're 'allowed' to do the procedure advertised, they have lots of ads and they're quoted in the media. Some doctors regard being quoted as good PR, and put out press releases to get their name used a lot. The more heavily somebody advertises, the more money might be a priority for them, because they need to pay the ad bills.

I wrote a piece for a major daily newspaper a few years ago about a doctor who advertised fat and stretch mark 'removing' injections as a Mother's Day present (can you believe it?!). I thought it was a highly questionable procedure that couldn't work, and I quoted a leading plastic surgeon who agreed with me. The fat-poking doctor got a lawyer to write a letter announcing his intention to sue me and the paper. He never did sue, of course – because he wouldn't have had a fat-poking leg to stand on, I believe. Luckily, the newspaper is used to that sort of carry-on and its editor reassuringly backed me. But no doubt the doctor told any new patients who were worried about the article, 'Oh, I've taken legal action.'

Most websites and magazines repeat the claims of cosmetic doctors without question, happy to take their advertising money and careful not to annoy them. Local papers and 'freebie' newspapers and magazines, bloggers and freelancers (the growth part of a journalism industry that's otherwise shrinking) are far less likely to run the risk of being sued, even if they know they're in the right. Lawyers are expensive. One just looked at these paragraphs and I had to buy them a car.

Let's have a look at some of the common advertising tricks.

### Photos of pretend patients

Many ads for cosmetic surgery are illustrated by photos of beautiful, young, toned women.

That thigh in the liposuction ad may belong to a 12-year-old who's never had surgery (or puberty, for that matter). When an ad says 'actual patient', that doesn't mean the person in the photo had the specific procedure you want, or that the same result will happen to everyone, or that the photo hasn't been digitally altered.

## 'Before & after' photos

Because most people, famous or not, want to keep their plastic surgery or procedures a 'secret', most before and after photos are paid for or the patient has been given a discount and, in some unscrupulous cases, the pics are generic 'before and after' photos, not work specifically done by the surgeon advertising. Photos may have been digitally altered. A photo may represent one good result among many bad ones. And a good 'result' in a photo may not be possible for you.

## Upselling

Cosmetic and plastic surgeons have been known to 'upsell'. One Australian woman who was in hospital after an accident, awaiting facial reconstruction surgery, was told by a surgeon she should have a breast enlargement at the same time. She did, and was so unhappy with the 'botched' results she made official complaints. Other patients of dermatologists, GPs who do cosmetic work or plastic surgeons have been offered procedures they haven't requested.

## Bonkers slogans

All these are from one issue of a magazine full of ads for cosmetic surgery: 'Absolutely release your inner beauty' (I'd like to see that operation); 'Reshaping can create the look you want' (I'd like to be an isosceles triangle shape, please); 'Restylane is made in Sweden, a nation known for health, nature and beauty' (then why not inject an Abba record into my face?); 'Circumferential and cellulite reduction'; 'Want your pre-pregnancy figure back?' (no, I want you to stop insulting us by suggesting there's something wrong with looking like a mother).

## Loans for cosmetic procedures

Some clinics and doctors are offering payment plans and money-lending services. Debt crisis, anybody?

## 'Complimentary analysis'

Here's a free analysis: 'Jeeez, you look like crap. Wow, you really need fixing. No, no, that was on me. Paying comes later.' Once I called a 'cosmetic physician' to ask about his alleged fat-reducing procedure. He encouraged me to come into his office and have it done after he'd assessed me. I didn't ask how he knew I'd 'need' it before seeing me. I said I thought I'd do some research first. 'That's the point of the consultation, to do the research for you,' he said. Perhaps a 'complimentary assessment' is an assessment without any compliments.

## 'Parties'

At some cosmetics 'parties' in the US, cosmetic surgeons will give free 'assessments' of partygoers' bodies and tell them what they 'should have done'. 'Happy former patients' in professional make-up and hairdos (possibly receiving a discount on previous or future procedures) tell the partygoers how happy they are with the results and how little it hurt.

Other parties are held for the purposes of 'cheaper' Botox injections. No respectable doctor or nurse would perform medical procedures at a party or where alcohol is served – the risk is too high. If you had a sudden allergic reaction, you're not even in a clinic with oxygen. You'll be lying there at a party with a needle sticking out of your head and a martini in one hand, thinking, 'Whatever happened to Pass the Parcel?'

## COSMETIC ALTERATION AD-SPEAK

Cosmetic doctors love to play a kind of Scrabble in which cheerful syllables are scrambled and juggled in seemingly random combinations: 'lipo', 'ultra', 'derm', 'juve', 'lift', 'sculpt', 'lumo', 'contour', 'shape'. All sounds lovely and safe. Meanwhile, they sure don't mind using plain old schoolyard insults when they talk about our bodies – maybe it comes of drawing on women with black felt-tip pens. We have 'saddle bags', 'deformed' breasts, 'marionette lines', and 'saggy' 'old' bits needing 'treatments' and 'solutions'.

## Cosmetic surgery magazines

If I find out you've paid for a cosmetic surgery magazine available in newsagents and you're not laughing and pointing at it, I'll come around to your house, roll it up and begin to beat you soundly with it, shouting all the time. They are the most hideous, glossy, nasty collection of advertisements for cosmetic clinics, doctors and procedures, with 'articles' written by the very same doctors and clinic staff who have paid for the ads. In the words of the immortal band Queen in 'Bohemian Rhapsody', 'No, no, no, no, no, no, no / Oh mama mia, mama mia, mama mia, let me go / Beelzebub has the devil put aside for me, for me, for me!' You may now headbang.

## Cosmetic cheerleaders

I wonder if some women end up having surgery out of sheer exhaustion – worn down by the alternatives: all that $100 moisturiser that works as well as the $10 one from the pharmacy; all that crap about expensive seaweed massage wraps; all those superpants with five layers of thermo-sculpt fabric with impermeated vitamin lymphoderm tox-away; all those pills and powders to create beauty 'from the inside'; and all that rah-rah recommendation from cosmetic cheerleaders.

- **Spokesdocs & celebudocs** – Almost all info in newspapers, magazines and TV current-affairs-style programs is provided by the people who make money out of it. There are hardly any sources of independent info about cosmetic surgery, so the overall message is overwhelmingly positive. A lot of doctors are now 'frontmen' or 'spokeswomen' for their practices. They have their photos in ads and write 'stories' in cosmetic surgery magazines. There's a turf war between the plastic surgeons and cosmetic physicians (more on that coming up), which means that a focus on trusting the doctor becomes important – and exploitable in ads.

- **Journalist guinea pigs** – If we can't test stuff on animals, at least we can test it on reporters. Reporters, magazine writers and blogsters have all stepped up to 'try' different procedures, such as filler injections and radio-wave and laser 'treatments', to 'see if they work'. This is a crap way to get a story, and completely unscientific. Journalists reporting on natural disasters don't throw themselves down a ravine, and finance journalists don't deliberately go bankrupt to

see what it feels like. When somebody 'tests' a procedure, it's because they secretly want to do it anyway, and writing about it absolves them of any accusations of vanity or frivolousness. They're not testing how something would affect most people, or looking at scientific, evidence-based criteria.

## ✂ The 'You go, girl' attitude

A rather odd philosophy has sprung up that says: 'Whatever anyone wants to do is fine. If it makes her happy, that's great.' I wonder if it would be the same if there were a fashion for cutting off your left leg below the knee and getting a wooden leg rather than getting larger breasts.

There's a confusing mix of feelings and beliefs about what's okay, what's 'vain', or whether women are risking their lives for an impossible ideal imposed by a male-dominated society, or are fulfilling their own independent right to choose what to do with their own bodies.

The suggestion that anybody should have cosmetic surgery 'if it makes them feel better' has more holes in it than Aunty Julie's doilies. First, there is no guarantee surgery or injections will make you happier. Secondly, it's not like buying a new pair of shoes – you could actually come out of it looking worse, with recurrent infections, or even, in rare cases, rather dead. Yes, you have the right to have cosmetic surgery, but that doesn't automatically mean choosing it is the right decision. Too often, those two things are confused. And it may be the right decision for one person, and wrong for somebody else.

## ✂ Polite pretence

We all have to stop pretending that cosmetic surgery always looks fine or that we don't notice it. The overwhelming anecdotal response to cosmetic surgery is to think it looks weird or bad or unnecessary but to lie about it or not say anything.

A friend recently asked for advice about a woman where he works: she suddenly turned up to work after a holiday with new, gigantic breasts. 'What's the protocol?' he asked. 'Don't say anything and don't look at them,' was my advice. 'Yeah, that's what I thought,' he nodded. Well, you can't say 'Phwoar' because it would be rude and unprofessional, and you can't say 'What the hell

CHAPTER 8 – COSMETIC SURGERY & PROCEDURES

was wrong with you before?' because that would hurt her feelings and/or make her cry. Instead, everyone felt uncomfortable and pretended not to notice.

A friend of a friend was recently shocked by a post-injection photo of herself. 'I've got trout-pout,' she observed. 'That looks terrible!' But then she got used to it. And then she went off for the next lot. The same woman told friends she'd have to lose a kilo of weight because the combined weight of her new breast implants was 1 kilo.

Nobody I know tells the truth to people who've had ill-advised cosmetic surgery or procedures like lip-filling and forehead Botoxing, which means they walk around thinking 'I look fine', when their face looks strange and too-shiny and hurty-stretched. Very often they look odd, or slightly off, not quite themselves.

## Is Cosmetic Alteration for You?

When deciding whether to have cosmetic procedures such as filler and paralysing injections, or various radio or sound waves, and chemicals used on the face, please read the section coming up called 'Who's Who in Cosmetic Personnel' to be informed about qualifications.

Cosmetic surgery is often divided into different categories. Some plastic surgery is called 'corrective', or 'reconstructive', meaning it's used to try to 'fix' or improve a significant 'difference'. Its techniques were originally developed to tackle burns and other disfigurements of war.

Some cosmetic surgery is called 'restorative', meaning the aim is to take away ageing elements and make somebody look more like they used to. Surgery that's done on a part of the body because a person doesn't like the look of it is often also called 'corrective', carrying with it the suggestion that sticky-out ears or strong noses are not normal, which of course they are.

Be honest with yourself and your doctor about what you want and what result you expect – don't say you need a mole removed and 'while you're there you may as well do my eyes'.

## COSMETIC ALTERATION COSTS

Cosmetic surgery and procedures are not usually 'covered' by Medicare. If an operation is considered medically necessary, you may go on a waiting list for a public hospital or go to a private hospital and have some or all of the cost refunded through Medicare or your private health fund. (Most health funds don't cover cosmetic surgery.) A medically necessary operation with cosmetic results can include breast reduction due to back and shoulder pain, some abdominoplasties after substantial weight loss, upper eyelid skin that's restricting vision, and a few nose surgeries if breathing is a problem or you've had trauma to the area (damage from a broken nose). There are long waiting lists. Virtually all other injecting or similar procedures or surgeries will need to be paid for beforehand, or afterwards, directly to the surgeon or clinic. Most procedures start at several hundred dollars, going up to tens of thousands.

## ✂ Cosmetic surgery checklist

Things to consider before cosmetic surgery:

- What results do you want? Are they all physical, or are some emotional, connected to your confidence? Is there another way of becoming more confident? (See Chapter 1, 'How to Be Confident'.)
- Do you have a firm idea of exactly what you think the 'problem' is, or do you just want to look better or believe strongly that something needs to be done?
- Is surgery really the only way you could change the way you feel about yourself?
- Is there a medical reason for the change?
- Try to be objective. Don't look or stare at your 'problem' in the mirror for a while. Don't stare at it for longer than a millisecond. If your best friend had this feature, would you tell them they needed surgery? Be your own best friend.
- Do you think of the 'problem' every day, or more when you're bored or not busy?
- If you're not too busy to take the time off for the operation and recovery, is it possible that you need to find more purpose in life?
- Has this been suggested by a boyfriend, 'friend' or doctor, or is it something you've always thought about for many years?
- If you tell friends and family you're considering the procedure, and they don't say anything

much, would you take that as approval? What if they don't like the idea but think you should make your own decision? What if they tell you they don't want you to do it?

- Do you think this will improve a romantic relationship, help you get a job or be more successful in a career? The experience of others is that this does not happen.
- Have you spoken to friends or family, or had specialist counselling about whether this goal is realistic?
- Are you fit and a definite non-smoker? (Surgery is far more dangerous if not.)
- Do you want surgery because you haven't been able to change your lifestyle to lose weight?
- Do you want to look like somebody else, or more like somebody else, such as a celebrity?
- What will you do if the surgery/procedure doesn't make you feel better about yourself?
- How will you choose the doctor or practitioner (see the 'Who's Who' section coming up)?
- How many of these procedures or surgeries has the doctor performed in the past year? The years before that?
- If recovery time is longer than expected, what arrangements will need to be made for family and work?
- In what ways is your privacy protected? Ask the doctor if 'before and after' photographs are taken, or if they'll otherwise use your case for advertising, instruction or other purposes, and whether you'll have the right of approval.
- What other treatments are available that could result in a similar effect? Is the procedure old or new, and which would be best for you?
- What will happen and how will you feel if the surgery doesn't give the result you wanted?
- If the procedure involves general anaesthetic and the possibility of serious complications, have you arranged your financial affairs and made a legal will?

### KIDS & COSMETIC SURGERY

If you have them, what will you tell your children about the risks, and about the reasons why you're having this done? Any nasty self-criticism of yours will be felt very keenly by your children, who may in some cases be next in line, genetically, for the feature you're having surgically altered or removed. Be honest but not graphic or gory when answering their questions about surgery, and don't use abusive terms to describe yourself or your problem. Your child loves you because you're their mum. They think you're beautiful. That's because you are. And if you *are* having surgery, please make arrangements for your children in the event of your death. It's rare, but many women have died while undergoing or trying to recover from cosmetic surgery.

### ✄ Counselling before surgery

According to surgery counsellor and social worker Roberta Honigman, 'Experienced surgeons say the "best candidates" for cosmetic procedures are people who are self-conscious about a part of their body and want it changed. They have no "hidden agendas". They like the rest of their body and have good self-esteem and feel that fixing this one problem area will complete the picture for them. After their surgery they are able to carry on with their normal life.'

You're more likely to be disappointed with surgery results if you thought the operation would change your general feelings of inadequacy or depression, or make somebody love you more or find you sexier. You're more likely to be unhappy after the event if you want to be 'perfect' or believe you need to look and feel like a new person, more like a celebrity, or are influenced by the idea of having a 'total makeover' (like you've seen on the TV makeover shows) that will transform your life. Other danger signals: you're obsessed about a part of yourself and find it hard to focus on other thoughts or feelings, or you want to 'fix' areas of yourself so that more people will like you or find you attractive, or you have strong concerns about your appearance that seem truly baffling to other people, or you feel you need multiple procedures and surgeries.

If you have any of these feelings, it's important to get a referral from your GP for specialist counselling before you move towards the procedure or surgery. It's much better to 'cure' a psychological problem with a psychological, not physical, response. In other words, changing the outside of you may not change your invisible feelings. You need to give yourself time to think about your life and its purpose, to talk to friends and family, and to have counselling or change other things in your life. Procedures and surgery will still be there in a year's time – and will almost certainly have improved methods by then.

## ✂ Cosmetic alteration complaints

The rise in cosmetic procedures and surgeries means more happy customers – but many more unsatisfied ones and 'botched jobs', too. There's no automatic remedy for customers. If you had a procedure overseas, you have no financial comeback other than investigating overseas medical bodies and lawyers. Some unsatisfactory results and scarring can't be fixed, no matter how much cash you have.

Complaint options can include:

- The clinic or doctor who performed the procedure or operation. If something goes wrong with a device (breast implant) or substance (dermal filler), a doctor is required to report it to the manufacturer. He or she is not required to report it to his or her next patients.
- Your GP.
- A professional body that regulates the surgeon (see 'Who's Who in Cosmetic Personnel', soon).
- The Health Services Commissioner in your state or territory, if there is one.
- The Medical Board of Australia.
- The Australian Medical Council.
- A lawyer.
- The media.

---

### ✳ MORE INFO on cosmetic alteration & complaints

Your GP can refer you to a specialist counsellor to talk about whether cosmetic surgery is the right thing for you.

**plasticsurgery.org.au** The official site of the Australian Society of Plastic Surgeons. For a brochure on questions to ask surgeons and clinics, choose 'Public', then 'Plastic Surgery Resources', then 'Patient Resources', then 'Cosmetic Surgery Checklist'.

**betterhealth.vic.gov.au** The Victorian Government's health info site has info about what to expect from procedures and surgery. Choose 'Conditions & Treatments', then 'Surgery', then 'Cosmetic Surgery'.

**Women, Doctors and Cosmetic Surgery: Negotiating the 'Normal' Body by Rhian Parker** A book by a health sociologist on being informed about procedures, and how to tell doctors what you want. A call for an end to the turf war, more regulation and a better complaints process.

**Living With Your Looks by Roberta Honigman & David Castle** A psychiatrist and cosmetic surgery researcher and counsellor combine to give helpful pointers on self-image and deciding what you really want or need.

**Skintight: An Anatomy of Cosmetic Surgery by Meredith Jones** Gender studies lecturer Dr Jones is quite cross about the 'makeover culture'.

To make a complaint, contact the Health Services Commission or equivalent body in your state or territory, or click on the complaint link on the main page of any of these sites. Call to see exactly what information they'll require in your email or letter. Do not send original documents, only copies.

**ACT** ACT Human Rights Commission (02) 6205 2222 hrc.act.gov.au

**NSW** Health Care Complaints Commission 1800 043 159 hccc.nsw.gov.au

**NT** Health and Community Services Complaints Commission (08) 8999 1969 or 1800 806 380 hcscc.nt.gov.au

**Qld** Health Quality and Complaints Commission (07) 3120 5999 or 1800 077 308 hqcc.qld.gov.au

**SA** Health and Community Services Complaints Commissioner (08) 8226 8666 hcscc.sa.gov.au

**Tas.** Health Complaints Commissioner Tasmania 1800 001 170 healthcomplaints.tas.gov.au

**Vic.** Office of the Health Services Commissioner (03) 8601 5200 or 1800 136 066 health.vic.gov.au/hsc

**WA** Health Consumers' Council (08) 9221 3422 or 1800 620 780 hconc.org.au

**medicalboard.gov.au** The Federal Government's Medical Board of Australia. Choose 'Notifications & Outcomes', then 'Make a Notification'.

## WHO'S WHO IN COSMETIC PERSONNEL

There's a turf war between members of the medical profession over who should do cosmetic surgery. Here's a look at the main players.

### PLASTIC SURGEON

Australian plastic surgeons are doctors who've undergone basic medical training (five or six years of general medical training, then one year in a hospital), then at least two more years in surgical training, then five more years in the Plastic and Reconstructive Surgery training program of the Royal Australasian College of Surgeons, specialising in plastic surgery (with extra study, exams and training, including observing, assisting and performing thousands of surgeries in total). This is the only qualification in plastic or cosmetic surgery recognised by the Australian Government. If they were successful in their course, doctors have the right to have these letters after their name: FRACS – Plast (meaning 'Fellow', even if they're female, of the Royal Australasian College of Surgeons – Plastics), which means they're proper-job plastic surgeons and not just showing off or from the Pond's Institute.

You need the FRACS qualification to be a member of the Australian Society of Plastic Surgeons (ASPS), which has a subgroup of members who belong to the Australasian Society of Aesthetic Plastic Surgery (ASAPS), meaning they have a special interest in cosmetic work, and/or the Australian Academy of Facial Plastic Surgery (AAFPS), whose members are ear, nose and throat surgeons with a special interest in facial cosmetic surgery. These letters don't indicate an extra qualification but show their field of expertise or special interest.

According to the Australian Society of Plastic Surgeons, official Australian training is world-class, requiring doctors to: 'undertake thousands of operations under the direct supervision of specialist plastic surgeons, and sit many exams. Their skills include being able to understand and deal competently with anatomy of the body and the face, tissues and cells, specialised surgery, a working knowledge of hundreds of different operations and their possible variations and how individuals might respond in terms of bleeding and recovery,

the science of relevant diseases, working in surgical teams and with colleagues sharing information.'

Some plastic surgeons have subspecialties – they mainly do work on hands or burns, or rebuild faces. The Society also says that plastic surgeons have been taught to develop good communication and people-managing skills, but I suspect not all of them have. Some surgeons can be a bit brusque, and I imagine some much prefer patients when they're fast asleep. I'd rather have a rude, clever surgeon than a friendly, fumbly one.

Having a properly qualified plastic surgeon doesn't mean your procedure or surgery is guaranteed to be a success. Things can still go wrong – mistakes or unavoidable complications, and infections. Even when a surgeon is satisfied with their job, you might be unhappy. It's no use having someone with the right qualifications who hasn't done it for a long time. Nor do you want somebody who does three a day but has never really developed top-flight skills and a feel for it. You'll need a GP's referral.

 **MORE INFO** on plastic surgeons

**medicalboard.gov.au** To check whether your surgeon's registration is current, choose 'Register of Practitioners'.

**plasticsurgery.org.au**
**Infoline 1300 367 446** The Australian Society of Plastic Surgeons site has lots of info on risks and results, and FAQs about surgery, diagrams showing how procedures work.

### SPECIALIST SURGEON

Some surgeons who are not plastic surgeons also perform cosmetic surgery. After their general medical training – remember, five or six years in medical school plus one year working in a hospital so they can get to be a registered medical practitioner – some doctors do at least an extra two years of general surgical training and then another five years of specialist surgical training, all under the supervision of the Royal Australasian College of Surgeons. They, too, will have the letters FRACS after their name, and maybe a variation or extra letters to indicate their specialty. Ear, nose and throat specialists are otolaryngologists (the letters to look for are FRACS – Otol), eye surgeons are ophthalmologists (FRANZCO: Fellow of the Royal Australian and New Zealand College of Ophthalmologists), and obstetrician/gynaecologists will have FRANZCOG (Fellow of the Royal Australian and New Zealand College of Obstetricians and Gynaecologists) after their name.

## DERMATOLOGIST

Dermatologists are medical doctors who are skin specialists. They've done five or six years of general medical training, then at least two years of extra study and training in a hospital, then five years of study and training in dermatology.

Their skills range from procedures such as burning off moles or other skin marks with liquid nitrogen, to facial surgery. Some dermatologists do cosmetic injections for 'wrinkle treatments' and operate laser or IPL machines for hair removal. They can put the letters FACD after their name – meaning Fellow of the Australasian College of Dermatologists. Most dermatologists don't advertise for customers (patients) unless their practice is mainly a cosmetic one. You need to see your GP to get a referral.

 **MORE INFO** on dermatologists

**dermcoll.asn.au** The Australasian College of Dermatologists' site has a location list of dermatologists, plus lots of info on various skin problems and treatments.

## COSMETIC SURGEON, COSMETIC DOCTOR, 'AESTHETIC PHYSICIAN', ETC.

Several clinics advertise the fact that work is done by 'cosmetic doctors' or 'specialists'. This can mean a GP who's seen a training video or attended a two-day course. You cannot legally call yourself a plastic surgeon unless you've successfully completed all the training and experience (see opposite), but you can call yourself a 'cosmetic surgeon', 'cosmetic doctor' or 'cosmetic specialist' – although such 'titles' are not recognised by the Federal Government's Medical Board of Australia, which oversees doctors' qualifications.

Some letters after a GP's name can be misleading, as patients can think they mean extra surgical qualifications when they only show that the doctor has joined a club or organisation, or has a so-called 'qualification' from a weekend seminar. In Queensland the law prevents people from calling themselves a 'cosmetic surgeon'. (This hasn't stopped doctors doing it on websites and in magazines.)

A person who is a 'cosmetic surgeon' or 'cosmetic physician' or 'aesthetic surgeon' may have many years of extensive experience in doing a certain sort of procedure and be good at it, or might not be very good at it. They may be a GP who has never performed even the most basic surgeries by themselves. Freshly qualified GPs have usually observed and assisted on a few ops and learned very simple surgery, such as mole removal and sewing up cuts. Because they are GPs, the letters they can have after their name can include MB BS (the basic GP qualification; Bachelor of Medicine, Bachelor of Surgery) and FRACGP (Fellow of the Royal Australian College of General Practitioners).

Two organisations regulate and oversee the qualifications of 'cosmetic surgeons', but disagreement means there's no accepted national standard:

- **The Australasian College of Cosmetic Surgery** – The letters MACCS after a doctor's name mean that he or she is a member, but don't relate to any qualifications. This usually means they're a GP who has made cosmetic procedures their specialty. Many of these doctors use a seal or logo on advertisements and in clinics. The College conducts training, has a voluntary code of practice, and runs an in-house complaints panel with no legal powers. It gets very annoyed when the Australian Society of Plastic Surgeons says they are the only body representing properly qualified cosmetic surgeons, saying that their members are well qualified to do what they do, and want the Australian Medical Council to recognise a special qualification in cosmetic medicine.

- **The Cosmetic Physicians Society of Australasia** – Members are mainly GPs who do non-surgical cosmetic procedures such as filler and Botox

## WHO'S WHO IN COSMETIC PERSONNEL *(continued)*

injections. Membership is indicated by the letters CPSA after a doctor's name (unrelated to qualifications), or a seal or logo on advertisements and in clinics.

Words like Cosmetic Institute or Cosmetic Clinic don't indicate anything but a business name given to a clinic by the person who owns it.

 **MORE INFO** on cosmetic doctors

**medicalboard.gov.au** The site of the Federal Government's Medical Board of Australia. Choose 'Register of Practitioners' for details of your doctor's qualifications and registration status or special requirements. You can check if your doctor has ever been deregistered or has special conditions on their practice.

**accs.org.au** The Australasian College of Cosmetic Surgery offers diplomas in cosmetic nursing and 'cosmetic medicine'. The site has a doctor-location search option and explains various operations.

**cosmeticphysicians.org.au** The Cosmetic Physicians Society of Australasia says 'Relevant training and experience are prerequisites for admission to the CPSA' but did not specify these on its site at the time of writing. It offers a find-a-doctor service.

### SUPPORT & RECOVERY STAFF IN COSMETIC SURGERY

During any procedure, you'll need to be in a fully accredited clinic with a range of specialist staff. After a surgical op, you don't want to be left in a room with Rhonda-Sue McFlightypants who's also doing the books for the clinic and knows more about Botox than post-operative care. Who else is important in the scheme of things?

### ANAESTHETISTS

It's the anaesthetist who'll keep you breathing while you're under general anaesthetic. Anaesthetists have done five years of general medical training plus one hospital year, then another six to seven

years of specialist study, exams, training and practical experience in surgery and anaesthetics. Look for the letters FANZCA (Fellow of the Australian and New Zealand College of Anaesthetists) after their name and don't ever lie to them about your weight, how much you drink or smoke or what other drugs you take.

 **MORE INFO** on anaesthetists

**asa.org.au** From the main page of the Australian Society of Anaesthetists website, choose 'Patients' for info on what to expect and explanations about pain, and the fear of 'waking up' or being aware during surgery.

### NURSES

Qualified 'theatre' nurses will assist in operations in registered hospitals. In clinics doing only cosmetic operations, check the qualifications of the nurses. A nurse 'under a doctor's supervision' (usually meaning a doctor has seen you first and prescribed the 'treatment') can inject Botox, Dysport (a similar poison) or dermal fillers into your face, and assist during other procedures and surgical operations, and recovery time.

The letters after a nurse's name should include RN for Registered Nurse (with the Nursing and Midwifery Board of Australia) or EN (for enrolled nurse, an official, lesser nursing qualification). Although it's illegal, many nurses, and even some non-nurses, are injecting without a doctor's prescription.

There are no extra qualifications for nurses doing cosmetic work recognised by the Australian Government's medical authorities, and you'll have to make your own assessment of their training, experience and skill level.

 **MORE INFO** on nurses

**nursingmidwiferyboard.gov.au** To check if a nurse is registered with the Federal Government's Nursing and Midwifery Board of Australia, choose 'Register of Practitioners'.

## AESTHETICIANS, TECHNICIANS & BEAUTY THERAPISTS

Any of these can point a laser or other cosmetic device at you or conduct a chemical peel of your skin. As could I, if I felt like it. There are official medical qualifications for medical ultrasound operators who do, say, pregnancy or sport injury ultrasounds. But anybody can legally operate an ultrasound machine or a laser for 'cosmetic' reasons.

According to one industry insider, 'The training they get often just involves how to turn the machine on and off and how to hold the "magic wand".' I asked if I could use the joke, and the insider said, 'Actually, it isn't a joke, it's true.'

There's a jumbled plethora of diplomas and training certificates for cosmetic workers. Most are general cosmetic qualifications tested only by the relevant TAFE college or training course, or even 'awarded' after a weekend workshop. Some therapists are members of the Association of Professional Aestheticians of Australia (APAA) or its subset, the Australian Medical and Clinical Laser Professionals (AMCLP). Those letters indicate membership of the group, not specialist qualifications.

If your skin is going to be pierced or peeled away or abraded, or 'waves' of any kind or a heat device are involved, it's safest to make sure your treatment is administered by a doctor with the highest relevant qualifications, such as a dermatologist. While the Australian Society of Plastic Surgeons is trying to explain how much more qualified its members are than 'cosmetic surgeons', the Cosmetic Physicians Society of Australasia in turn is objecting to the Professional Aestheticians of Australasia's proposal that salon staff be allowed to classify themselves as 'medical and clinical laser professionals'. The idea of a beautician claiming to be some sort of a medical professional is indeed most alarming. Look out for phrases such as 'medical dermabrasion', 'medical-grade' peel or 'medispa treatment' – ask what that really means and if a doctor is involved. Be sceptical.

## ✂ Body dysmorphic disorder

Dysmorphia (or body dysmorphic disorder) is a sad condition in which somebody becomes so fixated on and obsessed with something in their appearance that they believe they look hideous, or they develop general or multi-site hatred of themselves. This can sometimes turn into an 'addiction' to cosmetic surgery. No sooner have they 'fixed' a 'problem' than they're unhappy with the result or want the 'next' thing 'fixed'. It's a form of severe depressive mental illness that needs a psychological or psychiatric response, not a cosmetic or surgical one. Many surgeons who do cosmetic work can identify these traits, or recognise when a person has unrealistic expectations, and so refer a patient for counselling or other non-physical treatment. Some people just hop from doctor to doctor to avoid being 'found out'.

## ✂ Choosing a cosmetic doctor

If considering cosmetic surgery, first see your own GP. They'll be able to tell you of any underlying medical or emotional issues you need to consider, and mention any medical reasons why you might need to delay an operation.

Your GP may have good reason for discouraging you from cosmetic surgery, so it's worth listening carefully to what they have to say. If you're still determined to explore your options, please find another GP who'll refer you on rather than just choosing a 'cosmetic clinic' from an advertisement. See 'Who's Who in Cosmetic Personnel', opposite.

When consulting any doctor, it's a good idea to take in written questions and write down the answers, even in point form, or tick or cross a yes or no.

- Where did the doctor train? Are his or her qualifications recognised by the Medical Board of Australia? (You can check online at medical board.gov.au.)
- How many of these specific procedures has the doctor performed (not just assisted on) over their career, and in the past six months to a year? Do they do some every week, or a couple of days of them every six months? A high number may not be any guarantee of being good at it. It could just mean they advertise a lot and get in many patients, who may be unhappy with the

results but too embarrassed to say so. Remember that even if surgeons put you in touch with previous patients, they're likely to only give you 'successes'. As one plastic surgeon says, just doing them doesn't mean they're done well. 'I've kicked a football 10000 times but I still couldn't play for an AFL team,' he points out. 'More important is the quality of the training to do the procedure and of the outcomes. Can you see examples of the surgeon's work, not just their 'showcase' patients?

- Where will the operation be performed? You'll want a state- or territory-registered day surgery or hospital that's also accredited for those procedures with the Australian Council on Healthcare Standards or the International Standards Organisation. Don't have any procedure outside an accredited facility.
- Are the other staff members involved fully qualified and expertly trained (see below)?
- Is the place where the procedure or surgery will happen accredited with the right federal and state medical bodies?
- Where is the equipment from? Who has what training to use it and who'll be using it?
- Will anyone who is unqualified or otherwise in training be present or have anything to do with the procedure or operation? What will or might they do?
- What are the risks of the procedure or surgery?
- How soon afterwards will you be sent home? Who will take you and look after you?
- How much will the entire procedure or surgery cost, including payments to the clinic, surgeon, anaesthetist, lost earnings from time off work, etc.? Will you need to pay for any special recovery equipment or medication?
- Will follow-up appointments and any further treatment be needed from the same doctor, and will this cost more?
- If there are recovery problems or more surgery is required, who will pay for that?
- What is the likely (realistic) recovery time? How much pain are you likely to be in? How might strong painkillers affect your work or mothering? How long will you look bruised and be bandaged?
- What could go wrong, and when patients in the past have been unhappy, what were they unhappy about? Talk to people who've had the

same sort of operation about pain, expectations and how they felt about the results.
- What are the likely individual results for you?
- Do you have time to think about it? A reputable surgeon will give you all the time you need. Pressure sales techniques such as 'If you sign up today, you'll get it cheaper' or 'He has a spot in his schedule on Thursday afternoon' are a danger signal. Contracts that require you to agree to many procedures and pay for them in advance are also a warning sign.
- What are the risks? A reputable doctor will not claim to be the only one who can do a procedure well or to be the best without independent evidence. A proper surgeon won't claim that an operation is 'risk-free', or that you don't need to ask any questions.
- Does the doctor ask you lost of questions? They should take your medical history, do a thorough physical examination and ask questions about your lifestyle, which it's important to answer honestly. (Don't pretend you don't smoke or that you drink less than you do.) A reputable surgeon won't try to sell you another procedure you didn't ask about. They'll explain anything you ask them to.
- Does your surgeon appear to be a bit of an impatient, arrogant, alpha-male type? Or a woman who blithely dismisses your worries? Have the clinic staff seemed far less attentive since you signed on the dotted line?
- Have they given you lots of paperwork to read and consider? The surgeon or clinic should provide you with detailed info about possible results and risks, what exactly is expected to happen during the operation and how to help your recovery, with instructions on things such as infection control.

## COSMETIC SURGERY OVERSEAS

Some women are choosing to go overseas for cosmetic surgery 'holidays' because it's cheaper. When and if things go wrong overseas, there's very little that anybody can do for them, aside from trying to fix it at great expense – and possibly pain – back home.

It's worth thinking about whether you want a 'discount' procedure that could kill you. Another factor to consider here is how you get home if an infection or complication means you can't fly and you haven't budgeted for extra time in a hotel or hospital there, where the first language isn't English. Travel insurance may get you another flight, but you may have to pay upfront, and it can't fix an infection that prevents you from flying.

Most overseas practitioners are subject to even less regulation on truth in advertising and their professional standards. The Australian Society of Plastic Surgeons says many of its members regularly see patients whose overseas 'work' has resulted in 'complications or poor results', and who want it 'fixed'. This cannot always be done.

The Society recommends that all patients be sure about their surgeon's qualifications, and know if the operation is the best one available for them, where the equipment is from (for example, where the breast implant is manufactured and under what sort of regulation), that the aftercare is medically appropriate (not just a 'five-star hotel') and there's a clear plan if things go wrong.

## Cosmetic Procedures

From massage to Botox, these are the cosmetic procedures that are more invasive than a facial but don't involve surgery.

According to the Cosmetic Physicians Society of Australasia, Australians spend around $450 million on non-invasive and 'minimally invasive' 'cosmetic medicine' each year. This includes laser hair removal, injections and chemical peels, and a rising number of male clients.

## ✂ Salon & home procedures

### Facial massage

**WHAT'S IT MEANT TO DO?** Salon staff say that trained facial masseurs can cause puffiness to be drained away by the lymph nodes, which process infection and excess fluid in the body as part of the immune system's defence against infection and swelling. A similar claim is made for cellulite massage. This idea of lymphatic drainage massage is also common in New-Age and some Chinese traditional medicine. So far, there's no medical evidence for it as a cosmetic procedure. It doesn't

help 'deliver' potions any better, doesn't get rid of toxins, doesn't 'move stagnant fluid' or tighten or firm skin, and doesn't decrease puffiness.

**WHAT CAN GO WRONG?** Not much, unless it hurts.

### Acupuncture 'face lift'

**WHAT'S IT MEANT TO DO?** The claims include that it increases collagen output in your body, tightens pores, lifts drooping eyelids and stops your hair going grey.

**WHAT CAN GO WRONG?** Not much apart from having no effect.

### Facial exercises

**WHAT ARE THEY MEANT TO DO?** Firm and exercise facial muscles so they 'hold up' facial skin a teensy bit more than letting a natural sag happen. There's no evidence it does anything except make you look twitchy while you're doing it.

**WHAT CAN GO WRONG?** Not much. It's the opposite of Botox – it can create lines from repetition of expression.

### Electrical currents

**WHAT ARE THEY MEANT TO DO?** Electrical currents are made to flow through the skin from little pads attached to wires from a machine that's plugged in, to flex muscles, or electric currents are made to flow between electrodes on a wee device like an electric shaver. This is supposed to exercise the facial muscles without you having to do anything, which supposedly creates a tighter look.

Despite some advocates saying that if they do one side of their face they can see it's immediately tighter on that side, I can't see it myself. On one TV demonstration I thought, 'Oh, maybe it does seem to have made a difference, yeah, it does look a bit tighter on that side,' only to realise that they were suggesting it had obviously improved the *other* side.

Others claim that it works by 'moving things around' or stimulating skin growth – but that isn't possible and, even if it were possible, wouldn't have an immediate effect. Electric 'spa' devices are claimed to use 'positive and negative' electric currents (which actually doesn't make sense, but do let's press on) to either suck impurities out of the skin, or, when 'reversed', use current 'conductors' to allegedly push gel or other cosmetics or even 'oxygen' deeper into the skin, where it does amazing things such as 'decrease fat storage'. It also 'promotes cellular energy'. Hang on, I've just found another claim – the expensive creams sold to be applied with it 'help keep your body from producing fat'. Gosh, this is entertaining. It's like a festival of fanfaronading faffery.

This sort of device is often described as 'scientific'. It is only scientific because it involves electricity, not because it actually works. I asked an electronics engineer about this (I'll have you know I've slept with him nearly every night for more than 15 years just waiting for this moment when he would be useful to my research: am I not dedicated?). Anyway, when he read the stuff on a manufacturer's website about what this device is supposed to do, and how, he couldn't stop laughing for quite a while.

Many salons also offer electric currents (sometimes called galvanic) of some kind, which they say helps push moisturisers further into the skin. This is madder than a goanna in a hat.

**WHAT CAN GO WRONG?** It's ludicrously expensive, whether you're in a salon or you're convinced to buy a home device. Although you need to have moist hands to use the handheld device to conduct the current, you cannot be electrocuted or get an electric shock because the voltage is so tiny. But I suppose you could die of boredom. Some people have reported headaches, but any causal connection is unknown. Product warnings suggest not using it if you're pregnant, have a heart pacemaker, are epileptic, or have any metal in your mouth (on braces or fillings); this is standard advice on medical or other electrical devices.

### HURTING DOESN'T MEAN WORKING

Women have been 'trained' to expect that effort and discomfort – even pain – results in a beauty gain (high heels, waxing, corsetry). Many of the new pretendy medical 'clinics' and 'spas' play on this belief, with ludicrous inside-the-mouth massages, and various electrics, poking, stinging, burning, slapping, pushing, rolling and squashing, injected, acupuncture-style insertions, and other nasty 'procedures'. Almost all of them produce no result,

temporary results, or an effect that could be gained for no pain and far less money, by a bit more activity and decent food. At best they're undignified and unnecessary. At worst they're a form of torture – all pain with no gain. It's somewhat perturbing, to say the least, that at the same time as many men go to brothels and pay for sexual release, their female counterparts go to their own private cubicles and pay to be insulted and physically hurt.

### PUTTING ON A HAPPY FACE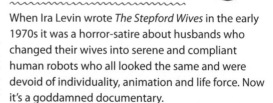

When Ira Levin wrote *The Stepford Wives* in the early 1970s it was a horror-satire about husbands who changed their wives into serene and compliant human robots who all looked the same and were devoid of individuality, animation and life force. Now it's a goddamned documentary.

When Botox first became available here, an Australian 'cosmetic physician' told an Australian magazine that he regularly injected his wife's face with Botox. 'If anything I'd say me giving her Botox has prevented arguments. We get on better because she doesn't have that frown that makes her look angry and unapproachable.' What will the man do when his wife shows signs of real ageing? Remove her head? (See Chapter 9, 'Looking Older', for more on looking tired or cross.)

## Paralysing injections

**WHAT ARE THEY MEANT TO DO?** Botox and its newer 'rival' Dysport don't work on lines caused by ageing or sagging skin. They only work on lines caused by emotion and feeling – facial expressions that happen when we use our muscles. They're injected to paralyse the muscle behind the wrinkle, so the facial expression itself can't happen until they wear off. It can take a couple of days to a couple of weeks for the paralysis of the muscle to take effect. People who have their frown lines injected can't actually frown, or can only do so slightly. This accounts for the characteristic 'blank' look.

Botox and Dysport are very effective in doing this, and there have been relatively few immediate side effects, so it has become immensely popular, despite being outrageously expensive (several hundred dollars).

Botox and Dysport are brand names for Botulinum toxin type A purified neurotoxin complex. They were originally developed to help people with muscle twitches, and are used for some medical problems such as migraines and excessive sweating. But the vast majority of supply, covering millions of 'treatments' a year, is cosmetic use.

The botulin they contain is a pure poison with paralysing and, in high enough doses, fatal effects. Only a tiny amount of poison is injected into humans to paralyse the muscles that cause wrinkles, but despite the tiny amount, one normal wrinkle treatment is still enough to kill several small furry animals. Literally.

Botox is measured in units – however many units needed to 'freeze' a muscle that causes a facial line. What they don't tell you is the measurement is set because each unit is enough poison to kill a mouse. Each mice unit of the toxin is measured by this criterion. To put it into perspective, on average, it's about eight to 20 dead mice per eye for crow's feet, about 20 to 40 dead mice for those vertical 'frown' lines between and above the eyebrows, 15 to 30 dead mice for forehead wrinkles, and 30 to 40 dead mice for neck lines. That's a lot of dead mice. At some point a marketing genius obviously decided to leave out the word 'mice' and it just became 'unit'. Some clinics refer to it as a 'purified protein'. My friend Colin calls it 'liquefied Ratsak'.

The number of botulin units injected can vary surprisingly between doctors. Most practitioners charge per unit – which means it literally pays for them to increase the dose.

Now, to be fair and balanced, doctors rightly point out that all drugs are dangerous poisons, depending on the dose, and this poison is just another drug used safely. One plastic surgeon crossly, and correctly, pointed out to me that one of the safest heart drugs is made of deadly nightshade poison. But still, injecting poisons (oh, all right, a drug) into your head for no good medical reason? Yes, I know, not really into the head either, but the facial muscles. Maybe what I'm trying to say, in a really scientific way, is 'euwww'.

The toxin solution is delivered as a powder, and is usually watered down by the doctor with saline for injecting. Your doctor shouldn't water down the Botox or Dysport and pretend you're getting more, but according to people in the industry this is a common practice at some clinics. The more diluted toxin will not last as long. A proper-job injection should last up to four months, while the body absorbs the toxin and it 'wears off'.

Some botulin-injecting doctors say you need to keep the muscles paralysed (i.e. not let it wear off before getting a new lot of injections), others say this is not a good idea. Some think it accelerates an ageing look around the eyes, some think it prevents it. Useful, huh?

These injections (and dermal filler jabs) are regulated by the government as prescription-only products that have a therapeutic effect on the body. (In this instance 'therapeutic' does not necessarily mean a positive effect, just that it affects or changes something in the body.) Because of this prescription requirement, trade practices law says it's illegal for people to market or advertise the products using the brand names. The Federal Government's Therapeutic Goods Administration (TGA) has officially cautioned doctors and cosmetic clinics that they must instead advertise using words such as 'anti-wrinkle treatments' or 'cosmetic injections' rather than phrases like 'Botox available here'.

Cosmetics expert and producer Paula Begoun (author of *Don't Go to the Cosmetics Counter Without Me* and *The Cosmetics Cop*), is more lukewarm than a bain-marie when it comes to moisturisers and lip balms containing peppermint or lavender oil, because they can cause skin irritation, but she's quite insouciant about injecting toxin: 'There is nothing scary about Botox (other than the sound of the botulism toxin material used),' she advises on her popular websites.

In just a few short years, the desperate need of women to 'do something' about their wrinkles and the weird acceptance of people looking odd or frozen-faced has made the routine injection of poisons into women's heads almost completely accepted in the US and other Western countries. It's now considered as normal as getting a hairdo.

Many women in show business or otherwise in public, including politicians, have started to see the medical risks and financial costs of Botox or cosmetic surgery as an inevitable tax if they want to keep working or feeling properly jooshed for work or the cameras. It's enough to make me frown. Oh look, I still can.

# Botox, fillers, lasers & 'fat-removing' procedures

I knew a group of women who had 'Botox parties'. They were all very attractive, intelligent and powerful women. Their need for cosmetic procedures was very obviously emotional. ANON., 33, MELBOURNE

My friend had Botox and half her face doesn't move. She looks younger, which is appealing, but less emotionally connected – which isn't.
LISA, 34, SOUTH YARRA

A friend has had Botox – I think she's beautiful and didn't need it. I thought she was endangering her health and going against what was natural. VICKY, 32, ABBOTSFORD

I once had a free Botox injection. What a scam. Made absolutely no discernible difference. CANDY, 43

'A friend had Botox. She had quite pronounced crow's feet when she smiled. She loved the results, but it looks like she's lost some of her "spark".'
MICHELLE, 27, CRANBOURNE

A friend with Bell's palsy has Botox to reduce the facial asymmetry she was left with. Good on her, I say.
ALICE, 38, ADELAIDE

A friend in her 20s has Botox to 'prevent getting old'. I told her she was a @#%$ing idiot!
WENDY, ALBURY

'Botox looks silly, you fools.'
JAYE, 21, SYDNEY

My friend had her lips pumped up – she looked ridiculous. The women in Hollywood don't realise how silly they look. REBECCA, 39

I had a tummy tuck about 13 years ago. I was very pleased with it and would do it again.
LYNN, 51, CALAMVALE

A friend had filler in her lips. I said she looked okay but she really looked awful. She was in a dark place following a marriage rift, so what could I say?
DELILAH, 53, SUNNYBANK

I had Restylane in my lips and wrinkles. I was very nervous and it was a little painful, but I loved the results. KYLIE, 41, BLACKALLS PARK

My friend had laser on her acne scars. She's pleased but she says it hurts. ELLA, 20, THE GAP

'A close girlfriend had some laser work done on her face. She was burnt and so was the doctor.'
TANYA, 61, KEW

An acquaintance aged 60 had a laser peel. She had three weeks off work, and looked terrible for a further three weeks. At about 10 weeks, it was all healed but looked exactly the same as before.
GEORGIA, 37, CLIFTON HILL

Laser is a bit painful at the time and then your face peels off for a couple of days, but it did the job on my spider veins.
JENNI, 44, BROADBEACH

I had a series of lipolysis injections – it hurt like hell, cost a lot and did nothing.
ERIN, 26, BEROWRA HEIGHTS

I had Lipodissolve. I knew it wouldn't work, but I still paid the $700 . . . duh! MEG, 32, SUNSHINE

A very attractive acquaintance had liposuction and died as a result of the surgery. I think it was a complete waste of a gorgeous girl's life; she was only 27.
MARISSA, 30, KEW

She's a Botox addict – at 35! I was horrified. I told her she was a disgrace to her gender and a very poor role model for her daughter.
JENNIFER, 53, PERTH

A friend had a tummy tuck and within three years her belly had returned. She wasted her money and has a crap diet so the weight just came rolling back.
MS HELLE, 42, BRUNSWICK EAST

'A friend had liposuction from her mid-section. I didn't notice any difference.'
ALEXIS, 29, LAMEROO

A friend had liposuction on her abdomen after the birth of her son. The scar was horrific, but she was happy with her flat stomach.
ESTELLE, 37, BURWOOD

A girlfriend had lipo all over for her 50th and put all the weight back on by her 55th birthday.
SUE, 55, BALWYN NORTH

'A girl my sister knew died after complications arising from liposuction. Cellulite isn't worth dying for, for God's sake.'
KATY, 33, DONVALE

A friend had 'liposculpture' and it's done very little for her shape or weight. She feels it was overpriced for the result and I agree.
SARIE, 44, OFFICER

My sister had liposuction. It was a barbaric operation. I helped her recover and I will never recover! YIAYIA, 59¾, ELLENDALE

A friend had fat removal of her arm flaps. She has a shocking scar. It was daylight robbery by the surgeon. She's totally disfigured. ZELDA, 52, MT MARTHA

My friend talks about getting a 'bottom lift'. I haven't said anything yet, but she's the godmother of one of my kids and I'm thinking of asking her not to talk about it in front of them, as I don't like the message it sends.
RACHEL, 35, WILLETTON

Does it make you look better and is it a good idea? That's a matter of opinion. The assumption that paralysing wrinkles means you look better is not always true. A lot of the time people look just plain bizarre, although the boiled-eggy, frozen look sported by any number of frighty-faced celebrities is caused by a practitioner using way too much botulin or, more likely, a surgical stretch and face lift.

I think my argument 'against' botulin injections is an emotional and intellectual one. For me, somehow, Botox has become emblematic of the 'normalisation' of invasive and cosmetic procedures. When it first appeared it was considered freaky. Now it isn't. But it's still the same procedure: we're just used to the idea now.

**DO BOTOX & DYSPORT WORK?** Yes. The procedure very effectively paralyses the muscles behind a wrinkle temporarily.

**WHAT CAN GO WRONG?** The only people implying that Botox and Dysport might be dangerous are some who write ads for skin creams claimed to have the same effect as Botox (they don't, by the way). But there are possible side effects – bruising and swelling, and rare instances of temporary eyelid droop (sometimes lasting days or weeks). The long-term health effects, if any, are unknown, but doctors say they're certain that, used correctly, it's safe in recommended doses for humans.

The only consistent warning is against people using it if they have certain eye conditions or a specific allergy to the toxin, or they're trying to get pregnant, are pregnant or are breastfeeding. (There's a standard 'safety' warning against use in pregnancy because the effects are unknown.)

## Filler injections

**WHAT ARE THEY MEANT TO DO?** Fillers are gel-like solutions injected underneath wrinkles, into lips or in depressions, such as the lines going from the corners of the nose to the edges of the mouth, to 'plump them out'. Some fillers are intended to be permanent. Most will be absorbed after six months to two years.

In the original days of cosmetic surgery, small threads and rolls of silk or cotton were placed under the skin as wrinkle fillers, causing horrendous infection and scarring. There's always

a new 'filler'. They're usually described as 'new generation' and 'latest' or 'the future'. Collagen, a first-generation filler, has been superseded by hyaluronic acid.

Most fillers now are forms of hyaluronic acid sold under various brand names, including Juvederm and Restylane. We have hyaluronic acid naturally in our bodies, but the injectable stuff is taken from roosters' combs (I am not making this up) or made in a laboratory by creating similar molecules using cultured bacteria.

If hyaluronic fillers are in the wrong spot or become infected, they can be 'dissolved' with a further injection of a substance called hyalase. Other temporary fillers include fat. Some fillers are supposed to be 'permanent', and these include chemical beads or pastes. An allergy test should be conducted before using any of them. These substances are sold and advertised under the same prescription-only restrictions described above, under 'Paralysing Injections'. Doctors and nurses who inject this sort of stuff are usually trained by the manufacturer.

There are always 'new' injections purporting to create a youthful effect – from blood products to so-called DNA or stem cells, testosterone and other hormones and compounds. Each injectable is promoted by one or two doctors who 'pioneered' it, with no proper evidence to support its use, and it's hailed as a 'breakthrough' or 'the next big thing' by feckless 'journalists' who quote only the people who profit from it. Then it disappears and there's another 'new' one. And on and on and so on. Just because it's available and face-slappingly expensive doesn't mean it's safe, effective or worth it.

**WHAT CAN GO WRONG?** Bruising, swelling, infection, a lopsided or bumpy effect. One of the problems with permanent fillers is that the substance is often squirted into place a bit like toothpaste comes out of a tube. If the patient gets an infection or develops an unexpected reaction, it will be a big job to scrape the filler out again, with possible scarring as a result. Sometimes, the filler can move to another area of the face from where it was intended to stay. Practitioner skill, training and experience are relevant, along with individual reaction.

## Removal of moles & marks

**WHAT'S IT MEANT TO DO?** Laser or liquid nitrogen is used to burn off the mark or mole (some doctors scrape or cut moles and other raised marks on the skin).

**WHAT CAN GO WRONG?** Any mark on the skin should be diagnosed before or after removal to make sure it's not cancerous or an indication of another health problem. A person whose training and interest is in cosmetics may not be skilled enough to recognise a possible medical problem. The best person to do this is a GP, dermatologist or plastic surgeon. If the procedure isn't done carefully, or the wound looked after properly, there could be scarring or infection.

## Stretch mark 'removal'

**WHAT'S IT MEANT TO DO?** Erase or remove stretch marks caused by skin expansion during growing up, weight gain and pregnancy. Doesn't happen. Anyone who claims they can remove stretch marks is lying. A stretch mark is part of your skin, although they do fade considerably over time. The only way to remove them is to cut them off your body, which will cause other scarring. Creams, pulses, zaps – none of it works. (See Chapter 6, 'Skin', for more.)

**WHAT CAN GO WRONG?** It never works. Scars, spending money for nothing.

## Laser skin resurfacing

**WHAT'S IT MEANT TO DO?** Lasers used as thin beams of ultra-intense light create a burning effect when absorbed by body tissue (laser stands for light amplification by stimulated emission of radiation). Any contrasting (darker) areas on the skin will absorb the light. Varying degrees of pulse length, or the width of the light 'rays', can change the effect of the laser on skin or tissues. It's sometimes called 'ablation', which just means burning. Skin spots, dark marks and broken capillaries (spider veins) can be removed by being 'burnt off' (or sealed in the case of veins, so they're not so visible). Burning off whole sections of older looking top skin is called 'laser resurfacing', and can be done to try to minimise wrinkles, make skin look 'fresher' (because it's 'new', from underneath), or erase pimple scars. Acne scars may look less obvious, but they can't be completely 'sanded out' because they're usually quite deep.

When it heals, if it has been done correctly and you do not have a reaction, there won't be a scar. The skill of the practitioner is especially crucial with this procedure, and there should be laser safety specialists present when you have your treatment. Some newer laser techniques have been developed to try to create faster healing times. The device used should be approved for use by the Therapeutic Goods Administration. Recovery from a deep, whole facial resurfacing requires changing dressings and guarding against infection. The skin can stay red for up to a year after treatment. (For hair removal with lasers, see Chapter 5, 'Hair'.)

**WHAT CAN GO WRONG?** It hurts. Temporary scabs can look worse than the original mark, with blisters, scarring or permanent lighter marks on the skin. Dangerous precancerous growths or melanomas can be 'missed' and will continue to spread underneath the skin if marks are treated cosmetically but not properly inspected or diagnosed by a doctor or dermatologist. The healing time can be much longer than people expect or find they can deal with easily. Many laser customers have been left with scarring. At least one doctor currently doing it in Australia was previously deregistered as a doctor in another country, with mention in the official report of third-degree burns and permanent scars. A Victorian Health Service Commissioner's investigation of complaints of scarring and burns revealed doctors and nurses working in laser clinics who had been given one hour's instruction by the manufacturer before being let loose on patient's faces.

## Chemical & sander resurfacing

**WHAT'S IT MEANT TO DO?** Both of these things are extreme forms of 'exfoliation', which takes off the top layer of skin so wrinkles, acne scars and colour variations are not so noticeable. Some practitioners use strong chemicals to eat into the top layer of skin. The skin is burnt away and then the 'new' skin underneath appears after a healing process. Others use dermabrasion and microdermabrasion, where the skin is planed away using a surgical device with a revolving sandpaper-type pad. Often several sessions are recommended. Dermabrasion (and its close relative dermaplaning) is more violent and carries a greater risk of scarring than microdermabrasion.

**WHAT CAN GO WRONG?** Scarring, infection, unsightly red or weeping skin for days or weeks until it heals, not getting the desired result.

## 'Shaping' & 'contouring'

**WHAT ARE THEY MEANT TO DO?** 'Technicians', nurses or doctors use metal tubes that pierce the skin or other devices that don't 'invade' the body but are pointed at it, to 'deliver' lasers, radio waves, infrared light or sound waves (ultrasound). It's given various names, including lipolysis and fat zapping. These allegedly heat up or jiggle about the fat cells, which then 'melt' or are 'absorbed by the body' or somehow magically disappear. Or, according to some claims, allegedly stimulate the body to make more collagen or tighten skin.

They got onto this idea because it's been proven that ultrasound can break up kidney stones in a non-invasive operation, so theoretically, a fat cell could be broken up or liquefied too. Except so far there's no proof that these very expensive procedures will help people who have the sort of 'fat' that can be easily and cheaply removed by lifestyle changes, but who don't change their lifestyle.

A plastic surgeon explains the situation fairly brutally: 'Both radiofrequency and ultrasound "work". It's inarguable. But the results is often minimal, and the appeal of the machines is as usual pitched at the vulnerable, stupid or narcissistic, and offer a dream that doesn't really yet exist – as the vast majority of aspirational advertising does.

'Once these machines exist, there seems an inexhaustible supply of people wanting to buy them and market the technology to fat, lazy people who will see little real benefit through the technology but will spend almost anything to avoid getting off their arses and eating a little less and exercising a little more. The other frustration is that this non-surgical space is very poorly regulated, allowing very shonky people to rip off lots of people,' he adds.

Often 'patients' are also told to eat very little and exercise more, meaning that any perceived weight loss can't be attributed to the device. 'Repeat procedures may be necessary to achieve the desired results,' says one doctor's ad. I'll just bet.

A friend rang one of these shops for me and asked how much it would cost if she had the number of 'treatments' recommended by the model in a newspaper magazine ad. The man said that as a new mother she would need, as he put it, 'eight to four treatments'. The cost would be between $600 and $2000 all up.

**WHAT CAN GO WRONG?** For most of these methods there are no reliable results or scientific basis for their use on real humans. Possible side effects are burns from lasers and ultrasound, infection from anything piercing the skin, enormous loss of cash, no result. If any fat cells are somehow reduced, weight goes back on immediately if the same lifestyle is maintained as before. Inexperienced technicians can cause damage.

## 'Fat-dissolving' injections

**WHAT ARE THEY MEANT TO DO?** A doctor or nurse injects some chemical compounds into the fatty areas (such as a thigh) and then it somehow magically makes the fat dissolve into your body. The substances used are usually chemical compounds like bile acids (bile breaks down fats as part of the normal digestive process), and a fatty substance found in egg yolk and lecithin. Sometimes the procedure is called lipolysis, Lipodissolve, Flabjab, Lipomelt, Fat-Away, Lipostabil or other similar things that sound sciencey, because *lipo* means 'fat' in Latinland. (Personally, I would have preferred 'Stabbofatty'.) Incidentally, I once asked a doctor who injects this into women how to spell its medical name. He wasn't sure until he wrote it down and looked at it, but he was much better on the question of its medical use: 'It's injected into the area you don't like.'

Australian regulatory authorities do not recognise the usefulness of these compounds for this purpose, or allow the advertising use of the brand names, but doctors continue to advertise that they can 'treat' fat with injections, and to tell customers that fat will dissolve as a result of the injections. I can't help thinking that if this were really true, word would spread faster than a middle-aged bot bot.

**WHAT CAN GO WRONG?** Expensive (hundreds of dollars per injection), painful, no effect whatsoever on weight or shape. Some doctors using this technique claim it will cure stretch marks, which is not true.

## MORE INFO
### on cosmetic procedures & devices

**tga.gov.au** The Federal Government's Therapeutic Goods Administration site. Check info and equipment relevant to a procedure you're considering, including breast implants or lasers. Choose 'Regulation' then 'Medical Devices', or use the search box.

### BUTT-HOLE & LABIA BLEACHING

Yes, I thought that would get your attention.

Everybody has darker areas or colour variations here and there around their genitals and anus, and would never even know about it unless butt-hole and vulva-baring centrefolds hadn't been digitally altered, or the 'models' in the porn industry instructed to do some (almost) interior decoration. The South Beach Skin Solutions Company provides (oh, the humanitarian response) a Lightening Gel for Sensitive Areas. I do love their suggestion that you do it in the privacy of your own home, because I was so considering bleaching my bum-hole on a bus. May one suggest that if you have enough time to consider such a procedure, with its attendant risks of skin irritation (for a start), you may like to take up a hobby such as the bagpipes or tatting?

## ✂ Cosmetic treatment of teeth

### Bleaching of teeth

**WHAT'S IT MEANT TO DO?** Make teeth look whiter (bleaching) or more uniform in size and shape (veneers, which can also be made to look whiter than original teeth). You lie in a chair and have a peroxide solution put on your teeth and then usually a light is shone into your mouth.

**WHY THE LIGHT?** The professional consensus is that this heat or light source does nothing useful whatsoever and is used to create the impression of something technical and 'effective'. The light doesn't make the peroxide work any quicker. It just dries the mouth of saliva, which makes the teeth look whiter at the end of the treatment. When you get home and your mouth is properly salivated again, the effect is diminished.

It's very painful for some people who have sensitive teeth – and it's not possible to know if you'll experience this pain before you start the procedure. The pain is probably due to the chemical inflaming the tooth pulp. (Some dentists are dismissive of the pain, but it does vary between people and can be severe, or create later sensitivity in teeth.)

According to one dentist who does regular in-chair teeth whitening, patients over 45 usually don't experience pain during bleaching, but people under 30, because they have more porous teeth, are more likely to have pain. He recommends younger folk do it at home with the DIY bleaching trays (see below). Other dentists say sensitivity in teeth is genetic.

Bleaching probably won't lighten any crowns or veneers on your teeth. Any previous 'tooth-coloured' fillings will appear darker than the bleached tooth around it and may need to be redone (at a high cost) if you want a 'perfect' result. Metal fillings will be unaffected. The cost of replacing any fillings or the need for any new fillings should be investigated prior to bleaching.

**WHAT CAN GO WRONG?** Gum and lip burns, infection. The whitening effect can be uneven. 'Greyish' teeth usually don't bleach well, while stained ones can. Teeth can look bizarrely 'too white'. Many patients bail out early, despite having to pay for it. (Some dentists will give you a home kit free if this happens – always check beforehand what the policy is if you can't finish.) It's expensive and sometimes done by people who are not qualified dentists and may miss a health reason for something happening with your teeth or teeth colour.

The Australian Dental Association warns that any dental treatment should only be done in a dental clinic by a qualified dental professional (dentist, dental hygienist or someone with another qualification approved by the Australian Dental Board). 'In-chair' treatments at shopping centres are cheaper than at a dentist's but are administered by people who have no recognised dental qualifications. You pay for the dentist's special medical knowledge, preventative work, training and equipment. Getting a second opinion on any expensive dental work can be a good idea.

It fades very fast in anyone who drinks coffee, tea, cola or red wine, or who smokes.

## DIY BLEACHING OF TEETH

Various pastes that whiten teeth containing low levels of hydrogen peroxide can be used at home with plastic 'trays' that cover your teeth for an hour or more each day, for several sessions.

'At-home' bleaching kits with trays moulded by your dentist to your own teeth, and with up to 22 per cent peroxide solutions provided by your dentist, are cheaper and give better results than 'in-chair' treatments, but can also cause tooth pain. For it to 'work', you have to be strict about staying the course.

The inventor of the tray bleaching technique, Professor Van Haywood from the Medical College of Georgia School of Dentistry, and pretty much the world expert on tray whitening, says that tooth sensitivity is very common after bleaching and suggests that a dentist fix any problems with teeth before you do any bleaching. He says that all dental work should be done by a dentist whose priority is care rather than profit. He adds that the dental exam to find out why teeth are discoloured is crucial, as there may be medical issues, and that bleaching should be done about two weeks after a thorough clean by your dentist. He points out that peroxides and urea in most bleaches work in 30 minutes to two hours and then after that there's no further benefit on the day (or night). He says to ask which bleaches

work quicker with more hours, or slower with less time, and to consider whether you'd be able to do it every night for two weeks, or an hour a day.

He points out that some people who get 'addicted' to extensive bleaching can fail to realise when they're at maximum whiteness, and that this can look unnatural: he suggests matching it roughly with the whites of your eyes. It takes several months to a year to get to optimum whiteness, wine and coffee or tea stains may take a couple of months to go, and it's harder to shift stains closer to the root of the tooth (closest to the gum). Thank you, Dr Van.

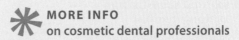

## Tooth veneers

**WHAT ARE THEY MEANT TO DO?** A porcelain 'veneer' is a false 'front' glued onto a tooth and made to look like a real one. Some celebs have a face full of 'em. These require preparation of each tooth (it's filed back and roughed up) and an 'impression' taken by a dentist so that the veneer will fit perfectly. The veneer is made by a dental technician who will match the shape and colour to your other teeth. The veneers are then glued onto the grippier rough surface by your dentist. All this palaver costs serious money.

**WHAT CAN GO WRONG?** The preparation of the tooth underneath can kill off the nerves or pulp of the tooth, which will then require expensive root canal treatment to 'clean' out and seal. Another complication can be continuing tooth sensitivity, causing pain with hot or cold foods and requiring

## WHO'S WHO IN COSMETIC DENTAL PROFESSIONALS

- **Cosmetic dentists** – Australian and New Zealand dentists should be accredited with the Australian Dental Council and registered with the Dental Board of Australia. There is no formal qualification for cosmetic dentistry in Australia. Make your own enquiries as to experience and skill.

- **Orthodontists** – An orthodontist or other dental specialist should have completed a general dentistry course and will then have undertaken

two or more extra years of specialist training and experience in a university course accredited by the Australian Dental Council.

✳ **MORE INFO**
  on cosmetic dental professionals

**dentalboard.gov.au** To check if a dentist or orthodontist is registered with the Dental Board of Australia, choose 'Register of Practitioners'.

# Facial cosmetic surgery

My sister-in-law had a face lift, and quite frankly you can't tell the difference. I told her she looked fabulous – anyone who spends that much on an unnecessary procedure needs an ego boost.
DESIREE, 46, CASHMERE

'A family friend had a face lift and she's never looked the same since. Her face looks stretched!'
ELK, 30, ADELAIDE

A woman I know had a face lift – she now suffers from dreadful scarring. MARIKA, 42, KRAWARREE

I did meet someone who had face lifts – plural. Her face was tight and unnatural. Her aged hands gave it all away.
DIANNE, 62, CASTLECRAG

My ex's mum had a face lift. She looked terrible. LUCY, 31, ARMADALE

'A friend of mine was unhappy ageing and underwent a face lift. Of course it didn't work – she still has problems ageing.'
JILL, 64, SYDNEY

A friend had an operation for an extreme 'dropped' double chin. I told her she looked great, and she did – it was subtly done, and it was all she had done. ANON.

'Acquaintances have had face lifts and they look completely different. It's challenging, but I tell them it looks good. They seem to need reassuring.'
INDIGO, 59, ELWOOD

I had a complete face lift 10 years ago. The first month was the worst but not too bad, and the result was staggering. It was worth every cent.
JANE, 62, GEELONG

## Noses

My best friend in Year 12 had a nose job for the formal. I couldn't tell the difference but she loved it.
SUZI, 42, MT GRAVATT EAST

A friend's nose job went a little wrong and she had to have post-operative surgery.
JO, 39, MELBOURNE

A friend had a nose job. She didn't need it – it left her nostrils too large for the rest of the nose.
LUCY, 51, WRITER

My friend's nose was big before the surgery and it was just as big after the surgery. I told her I thought the doctor probably put her under and then smacked her in the head with a baseball bat. She thought that was funny.
ANN-MAREE, 51, FORESTVILLE

I had a nose job. My whole family has large noses. My dad was angry, but my sister and brother had theirs done too.
JUDY, 51, CASTLEMAINE

I had a nose jobby. The results were not perfect, and it came with a lot of pain. I wouldn't recommend it.
NIC, 35, HAWTHORN

'One of my friends died at 24 having her nose "done".'
HELEN, 62, IVANHOE

I just wanted a normal-looking nose. Having the procedure done has given me the confidence to do things that I'd never have done before it. DEBORAH, 41, EPPING

## Eye surgery

My hairdresser had an eye job in her 30s to take away bags and dark circles. I couldn't see a huge difference and she's still having trouble with a leaky tear duct.
CATHY, 51, PARRAMATTA

Two friends have had eye work. Both had problems, one with irreversible scarring.
MARY, 55, CURTIN

'A Korean friend had eye surgery to make her eyes bigger. She regrets it – it didn't make much difference.'
JANICE, 28, MERMAID BEACH

My mum had an eye lift and I fully supported her. The droopy skin was affecting her vision, so it was a much-needed procedure.
KYM, 28, KELMSCOTT

I had skin removed from my upper eyelids. It was a much longer recovery time and more painful than I was led to believe.
BECK, 40, SOUTH COOGEE

I had excess skin removed from my eyelids about eight years ago. I was terrified at the time, but I'm very happy with the results and very glad I had it done. ANNE, 57, BULLI

## Face implants

A friend had cheek implants. I told her she didn't need them and asked if she'd considered looking at the way she did her make-up.
GENEVIEVE, 35, HAWTHORN EAST

A friend had a chin implant. I kept quiet because I know she had to do it for herself, but to be honest I didn't see the need, or an improvement.
GEORGIA, 26, ST KILDA EAST

## Ear pinning

My sister got her ears pinned back as she thought they stuck out. I didn't think she needed it and she went through a lot of pain after the procedure. I wouldn't get it done after seeing what she went through.
SAMANTHA, 33, WATSONIA

root canal work (ow) (ow). Veneers may need to be replaced if they're damaged or the gum recedes with age or they don't properly match the colour of the other teeth. Veneers are very expensive.

## Orthodontics

**WHAT'S IT MEANT TO DO?** It's become more common for adults, as well as teenagers, to have orthodontic work, mainly teeth straightening. Some braces can now be tooth-coloured, or even placed on the inside of teeth so they're far less obvious. 'No-braces' methods are so far not supported by most orthodontists.

**WHAT CAN GO WRONG?** Any surgery such as tooth removal needed to 'make room' will carry the normal small risks of infection or bleeding. Usually the work isn't covered by Medicare, or, in any really useful way, by private health insurance. Over a couple of years it can cost several thousand dollars for a full mouth of braces (compared with up to a couple of thousand dollars for a single tooth veneer). It can be painful.

**☀ MORE INFO**
**on cosmetic dental work**

**ada.org.au** The Australian Dental Association site has FAQ fact sheets on cosmetic dentistry and orthodontic work. From the main page, choose 'FAQs', then what interests you.

## Cosmetic Surgery Operations

### COSMETIC SURGERY: WHAT CAN GO WRONG?

Surgery is complex and difficult. It's an affront to the body even when it's necessary. It involves a complex system of checks and monitoring of the heartbeat and respiratory system that require skill, experience and teamwork from surgeon, anaesthetist and assistant doctors and nursing staff.

As with any op requiring general anaesthetic, there's a chance of death. Having more than one procedure at a time can lengthen the anaesthetic and recovery time, and increase the shock to the body. Other possible problems can include: post- or during-operation bleeding; possible visible bandages for days afterwards; soreness, swelling, bruising, restricted movement and pain during recovery; blood clots, post-operative infection requiring draining and other procedures, or an infection resistant to antibiotics caught in the hospital; serious pain, rather than discomfort, during recovery; a longer recovery period than expected; and a 'botched job' or unexpected scarring due to inexperience, incompetence, infection or unavoidable medical complications. All operations involving cutting will produce scars – most scars will fade, some are very fine or in 'hidden' areas. Results can be different from those the patient expected or wanted.

Some results of operations reported to Australian Health Commissioners in the last few years include (but are not restricted to) facial nerves being cut, resulting in palsy (drooping); extensive darker patches on the skin caused by laser burns; scarring and skin infections from dermal fillers and liposuction; excessive bleeding; the need for repeat operations; and death, including during liposuction, stomach 'tuck' and other surgeries.

### Eye-area operations

**WHAT ARE THEY MEANT TO DO?** In a blepharoplasty the drooping eyelid area is 'lifted' and sewn, some skin cut off and removed. The aim is to make an ageing eye look more 'open'. Other near-eye procedures can include removing sagging skin below the eye, and depositing fat into the 'hollows' or 'dark circles' under the eyes (see Chapter 9, 'Looking Older'). The fat is taken from elsewhere in the face or body, or dermal fillers are used instead. This does not remove smile lines around the eyes (crow's feet). It usually involves a general anaesthetic.

**WHAT CAN GO WRONG?** Lifting above the eyes can cause odd, startled, unnatural and elongated eye appearance. Visible scars. Vision problems including temporary blurring or permanent loss of sight caused by bleeding inside. Unfortunate appearance due to eyelid pulling down, or up too tight, hollowing, droops or bumpy fat deposits where not wanted. Eye surgery can have long recovery times. See also 'Cosmetic Surgery: What Can Go Wrong?', above.

# Cosmetic surgery experiences

Three close friends have had boob jobs. At first I felt sad that their body image was so poor, but now they're so much happier and confident, and don't flaunt or show them off. LILY, 26

My friend had a boob job. I told her she didn't need it, that big boobs just get in the way and that she'd regret it when she wanted children. She's now five months pregnant and regrets her decision. KELLIE, 33, BRISBANE

An acquaintance had a boob job. She turned all tarty and everyone called her 'titty monster'. AMY, 21, MONTROSE

'My friend from mothers' group got her boobs done. It was either boobs or a new kitchen. She chose boobs. I would have chosen the kitchen.'

AMY, 36, MERRIWA

When weighing myself, should I deduct the (weight of) my breast implants? Anything to get a *lower* number! Lol. I went from a 34B to a 34D . . . I just meant that it is not 'fat' that may be on my ass or thighs – since it is just water under my breasts. So maybe I can deduct that 2 pounds from the scale . . . I guess I just really wanted to get down to a certain 'number' on a scale.'

ANONYMOUS POSTER ON PEERTRAINER.COM, A US WEIGHT-LOSS AND FITNESS WEBSITE

I had a breast 'uplift' and feel fantastic about it. I had it 20 years ago and my partner adores my full perky breasts. GAIL, 57, TORQUAY

My sister had a boob job when she was 15. I think she was just a spoilt brat. ANON., PRESTON

An acquaintance got a breast enlargement with the settlement from her divorce. I thought it was ridiculous; she then struggled financially to care for her children. BEC, 30, BRISBANE

I think they look great until you go to hug her and they feel like two honeydews in a shopping bag. NICOLA, 40, PERTH

'Love love *love* my new boobs. Painful at the time. Recovery took three months. Wish I'd had the money to do it sooner. I'm *much* happier with myself.'

ALEXIS, 39, BENTLEIGH EAST

My sister had a breast enlargement in one breast in order for both breasts to be the same size. I feel she made the right decision, as she is less self-conscious regarding her breasts now. MEGAN, 36, BRISBANE

I feel grateful to all those women who've been practised on so that my sister could have the best breast replacement when she had breast cancer! KATE, 59, WILLIAMSTOWN

My best friend had a boob job three months before my wedding when she was supposed to be my bridesmaid. I was horrified at the prospect of being outshone at my own wedding. REBECCA, 28, PORT MELBOURNE

'A friend had breast implants – they looked ridiculous. They finally had to be removed as they were leaking – very dangerous!'

PAMELA, 65, WOLLONGONG

I know a few people who have had breast enlargements. I have no idea what the hell they were thinking. KATERINA, 20, BRISBANE

I've had implants for 34 years. One breast has gone a bit hard, but I've never had any problems. I love them. At the time it was done (1975), it was major surgery with a long rehabilitation. BARBARA, 66, RINGWOOD EAST

I have many clients who've had breast enlargements – very few are happy, as they discover it wasn't the lack of breast that was making them unhappy. I also have clients who've had breast reductions – they're all *very* happy. IMOGEN, 40, DONCASTER EAST

Three of my friends have had breast reductions and all of them say it's changed their lives, made them much more mobile and pain-free. I think that if the surgery helps your quality of life and is not purely cosmetic, then it's a good thing. SANDRA, 36, SUNBURY

One of my girlfriends had a breast reduction. I thought it would be a relief for her and it was. CINDY, 42, MELBOURNE

'Where does it end? Women are now even having labia "work" done. Are they mad?'

ZOE, 37, SURRY HILLS

I was appalled. A friend had her inner labia shortened. I wished I could have shown her thousands of photos of healthy inner labia before she did it. (I edit a porn magazine as a second job.) JACKIE, LILYFIELD

## Corrective plastic surgery

I was born with a cleft palate so I've had specialist plastic surgery. I'm very happy with the result. ELK, 30, ADELAIDE

I had craniofacial surgery as a kid. I was born deformed but you wouldn't know it now. I love how my face looks. JOEY, 35, GREENACRES

When I was 15 I had my nose enlarged as I was born with barely none. It felt very right at the time and built my confidence up. TAMMY, 50, MORAYFIELD

I had a procedure to correct a birth defect. I was very happy with the outcome. SACHA, 25, CRAIGMORE

## Brow lift

**WHAT'S IT MEANT TO DO?** Hoist up the forehead and eyebrows, which should stretch open any frown lines. Various methods can be used to hoist and refasten facial skin. Some skin may be removed. The anaesthetic may be local or general.

**WHAT CAN GO WRONG?** Nerve damage, visible scars, asymmetry or one eyebrow higher than the other. See also 'Cosmetic Surgery: What Can Go Wrong?', earlier.

## Face lift

**WHAT'S IT MEANT TO DO?** Under general anaesthetic, the facial skin is cut around the ears and forehead, some is cut off and discarded, then what's left is hoisted higher and stretched tighter.

**WHAT CAN GO WRONG?** Nerve damage, visible scars, asymmetrical face or one eyebrow higher than the other. Unnatural, stretched look. See also 'Cosmetic Surgery: What Can Go Wrong?', earlier.

## 'Thread' lift

**WHAT'S IT MEANT TO DO?** Create a 'face-lifted' effect. In this procedure a very fine surgical version of barbed wires – 'threads' – is inserted into the face through very skinny tubes so it 'sticks' to the skin and muscle tissue underneath, and then these threads are pulled up and stitched on the top of the forehead, so that the face is 'lifted'. The threads are very fine, and aren't actually strong enough to hold up the face long-term, but the body, in the next days and weeks, forms scar tissue around the threads to 'protect' itself from the foreign objects, and this 'strengthens' the threads. Until this internal scarring has developed, patients are advised not to move their face (they eat through a straw). Often done with a local, not general anaesthetic.

**WHAT CAN GO WRONG?** Many experienced plastic surgeons are disparaging of this procedure and do not perform it: draw your own conclusions. You can feel or see the threads. A puckering or shirring effect. Results can be disappointing for patients who wanted to be transformed. See also 'Cosmetic Surgery: What Can Go Wrong?', earlier.

## Nose operations

**WHAT ARE THEY MEANT TO DO?** Under general anaesthetic, rhinoplasty usually reshapes or reduces the nose. Sometimes also improves ease of breathing, perhaps after a previous accident or injury.

**WHAT CAN GO WRONG?** Depends on how invasive the procedure is and whether there are any breathing or other complications. It can take a year for the nose to 'settle' into its final shape, so if you don't like the results, you still have to wait a while before having further surgery. Can make breathing through nose more difficult. See also 'Cosmetic Surgery: What Can Go Wrong?', earlier.

### TEENAGERS & COSMETIC SURGERY

Any cosmetic surgery sought by a teenager should be postponed unless there are unusual circumstances. Reputable plastic surgeons are happy to perform surgery on a teen who's battling a significant facial 'difference', body asymmetry or scarring that truly makes their life difficult. Surgeons should be far less keen to operate on any teenagers who are going through relatively normal 'obsessions' with, say, a nose they think is 'hideous' but looks normal to everybody else.

Emotional pressures and sudden changes during the teen years often produce obsessive self-scrutiny and self-loathing that will fade as girls 'grow up' and get used to their body and face. If a girl is really distressed and preoccupied with a perceived 'problem' nobody else can see, a referral from a GP to a counsellor is a good idea.

Physically, a teen's body and features will grow and change before they reach full adulthood, so any 'body-contouring' types of operations are a bad idea before the body has settled into its shape.

## Ear pinning

**WHAT'S IT MEANT TO DO?** Flatten sticky-out ears so they sit closer to the head. This is usually done to kids, with the decision made by their parents. It's largely just a sewing job, unless there are extra medical issues or complications. Some less invasive techniques are now being used, and the length of time under general anaesthetic is particularly organised to be as short as possible, as it's not known what effect it has on brain development in children.

**WHAT CAN GO WRONG?** See 'Cosmetic Surgery: What Can Go Wrong?', earlier.

## Part abdomen removal

**WHAT'S IT MEANT TO DO?** Flatten the appearance of the 'stomach' (really the abdomen). Also known as abdominoplasty or 'tummy tuck'. Despite the cute and easy-sounding 'tuck', this is a major operation in which skin and tissue, including fat, are removed from the body.

**WHAT CAN GO WRONG?** If the patient gains weight afterwards (including during pregnancy) there could be complications, pain or just a reversal of the operation's effect. It's also an expensive and invasive 'solution' to a 'problem' that possibly could be otherwise dealt with through lifestyle change (altering eating and exercise habits). See also 'Cosmetic Surgery: What Can Go Wrong?', earlier.

## 'Liposuction'

**WHAT'S IT MEANT TO DO?** Remove fat, often from the side of the neck, and the waist, thighs and bottom. Metal tubes are placed through the skin and fat cells are 'vacuumed out'.

**WHAT CAN GO WRONG?** Liposuction has one of the longest lists of dangers, possible complications and problems of any cosmetic surgery. It's not recommended for people who are well above their healthy weight. It doesn't cure 'cellulite'. Patients have died during a lengthy general anaesthetic, shock or bleeding, and from the wrong 'bits' being vacuumed. Post-operative infection and scarring is possible. Bruising and recovery time is usually extensive, and said to be very painful. 'Drainage tubes' usually have to stay in, sometimes for days. A tight garment of some sort, like a thick body stocking, may have to be worn for weeks to try to avoid the tissue settling into odd shapes or lumps and depressions. This may not work. Many patients have persistent swelling and wound-healing problems. Some have blood clots. The weight will go back on, depending on food and exercise habits. Fat deposits can become larger in other areas of the body. It's also an expensive and invasive 'solution' to a 'problem' that may be solved by changing eating and exercise habits. See also 'Cosmetic Surgery: What Can Go Wrong?', earlier.

## 'WEIGHT-LOSS' SURGERY

Surgery that involves fat removal is wasted if a lifestyle remains the same. And if your lifestyle changes, you may not 'need' or want the surgery any more. Anyone needs time to adjust to 'new' body changes, such as those caused by puberty or pregnancy or a time of sadness or grief. These are not times to rush into surgery. Wait to see what happens when your body 'settles' into its new shape. See if it's just another version of you for another time in your life, whether temporary, or a new friend to stay that you'll get to know. For more on the procedures themselves, see 'Weight-loss Surgery' in Chapter 10, 'Eat'.

## Removal of upper-arm skin

**WHAT'S IT MEANT TO DO?** Brachioplasty removes the skin flap known as 'tuckshop lady arm' or 'fadoobadas', which is a natural part of ageing in women, whether their arm is 'toned' or not.

**WHAT CAN GO WRONG?** Visible scarring that is more noticeable than whatever was going on there before. It's a lot more expensive than not worrying about it or wearing sleeves. See also 'Cosmetic Surgery: What Can Go Wrong?', earlier.

## Skin removal & 'body contouring'

**WHAT'S IT MEANT TO DO?** After significant weight loss, there may be many areas of loose skin left, which can be removed, tightened or hoisted. These operations are not about removing fat, although a 'new' and scary-sounding operation purports to remove back fat or under-the-arm fat.

**WHAT CAN GO WRONG?** It can require either one long, gruelling surgery and recovery, or several-stages of surgery. Visible and often significant scarring is a given. Any further significant weight gain can create complications and pain, and negate the effects of the surgery. Some people have nerve damage, and unpredictable asymmetrical results. See also 'Cosmetic Surgery: What Can Go Wrong?', earlier.

## Cheek, chin & buttock implants

**WHAT ARE THEY MEANT TO DO?** Give you more rounded, less flat bum cheeks, more prominent or higher cheekbones, and a pointier or otherwise altered chin, using medical-grade material similar to breast implants.

**WHAT CAN GO WRONG?** Read the breast enlargement info (below) for stuff about implants (for example, they can move to an unwanted position), and 'Cosmetic Surgery: What Can Go Wrong?', earlier.

## Fat insertion

**WHAT'S IT MEANT TO DO?** In a way, it's the opposite of liposuction. Instead of suctioning fat out of the body, fat is imported into the body or face, usually taken from one part and pumped into another part to make it look fuller and plumper.

**WHAT CAN GO WRONG?** Infection, lumpiness, too much or too little fat for the customer's liking. See also 'Cosmetic Surgery: What Can Go Wrong?', earlier.

### NIPPLE FIDDLING

Here's yet another ludicrous idea that comes from porn. Some cosmetic surgeons offer 'services' to make nipples more prominent, or move the areolae higher on the breast. This last 'procedure' involves cutting them off and sewing them back on, and will result in some scars, the extent of which will vary. Some cosmetic doctors regularly inject nipples with hyaluronic acid to make them more like grapes than sultanas.

## Breast implants

**WHAT ARE THEY MEANT TO DO?** Used to reconstruct breasts after a mastectomy, or inserted to make breasts look bigger for cosmetic reasons. This surgery makes them bigger, but not less droopy. All patients should make sure their doctor registers their details with the Breast Implant Registry administered by the Australian Society of Plastic Surgeons, so the type of implant they have and other details will be available to their next surgeon (or the same one) if and when they need a further operation or

removal. Implants may be filled with silicone or a saline gel. They're not sloshy and liquidy, but more the consistency of tofu.

**WHAT CAN GO WRONG?** Scar tissue and hardening around the implant as the body tries to get rid of or protect you against the 'foreign object'. Breast implants may not last as long as you do, and may need to be replaced. Women will usually – but not always – be able to breastfeed after the operation. Implants and breast lift operations make it harder for breast lumps or other conditions to be detected. The implants can move or, in rare cases, leak or rupture. Many implants look different, often odd, if you gain or lose weight. Many implants look unnatural. Sexual sensation may change or disappear. There may be ongoing numbness. See also 'Cosmetic Surgery: What Can Go Wrong?', earlier. For breast reduction info, see Chapter 17, 'Breast Health'.

## Genital cosmetic surgery

**WHAT'S IT MEANT TO DO?** Cosmetic surgery is advertised to women who want to have their genitals 'tidied', or their vagina 'tightened'. Here we're referring to cosmetic surgery of the vulva and vaginal area for looks only – not because there's discomfort or problems with an unusually large clitoris, or very rare cases of extremely large labial 'lips' needing to be made smaller. For whatever reason, the op is called labioplasty. Vaginal surgery for a fistula injury caused by childbirth (very rare in Australia but not so in many places, including Africa) is also not cosmetic.

The despicable practice of cutting or burning off parts of women's genitals or sewing their vagina into a smaller opening, relies on the women's ignorance of how much the vulva area can vary (there are as many variations as there are women) and of the perfectly normal variation in size of the labia minora (inner lips) and labia majora (outer lips).

Some women believe they need to have their vagina tightened after childbirth, or a fake hymen made to simulate virginity (even in virgins), or 'tidy' vulvas to look like the digitally altered ones in porn. Labioplasty is now advertised as some sort of service to women who think there's something wrong with a frilly fanny (we've all got one). These say they 'create symmetry and create a smaller, fresher anatomy'. In reality, this is about making it easier for men to see your vagina. Some women take pictures that have been digitally altered out of porn magazines to the surgeon in their handbags and hand them over, saying, 'Make me look like this.' Some of these doctors describe it as 'artistic surgical work'.

As part of the research for this chapter, I read a book called *Vagina Makeover and Rejuvenation: Vaginal/Vulvar Procedures, Restored Femininity*. It's by four men who perform surgery on women's labia and vaginas, usually to make the vagina tighter and the labia smaller (they also operate for health problems).

Most of this book made me so furious, I could cheerfully pull the skin on these doctors' scrotums and stretch it over their heads. 'Post-operative pain is typically very minimal,' they say. Oh really, Doctor. I do not believe for a moment that if you have half your labia cut off (or burnt off with a laser) it doesn't hurt much. Here's one of their happy patients: 'It's the most amazing surgical thing I've ever had. I really do feel more feminine,' says Helen D, aged 34. It's hard to know what she's comparing it with. We're not told if Helen D's other surgical procedures, for example, were a leg amputation or having a penis sewn onto her ear.

**WHAT CAN GO WRONG?** Since 2008 the Royal Australian and New Zealand College of Obstetricians and Gynaecologists has held in place an official warning that their members should not perform cosmetic genital operations. This means the surgeons who know this area and are best placed to advise a woman on what's 'normal' and most skilled at dealing with problems of this kind, are unlikely to do it for 'cosmetic' reasons. In Australia there are many documented cases of genital surgery causing nasty scars, infections, permanent or intermittent numbness or complete lack of feeling in the area, continuing pain and incontinence (involuntary weeing). See also 'Cosmetic Surgery: What Can Go Wrong?', earlier. The vast majority of women who think there's 'something wrong' with their bits are insecure and need reassurance, not surgery. Seek the professional opinion of midwives, obstetricians and gynaecologists – they've got a good idea of what's normal. *Don't* get your info only from the porn industry, a clueless man or somebody who advertises this procedure.

## MORE INFO
### on genital cosmetic surgery

For how to find non-pornographic pictures of the wide range of real vulvas, check out 'More Info on Your Girly Bits' in Chapter 15, 'Hormones & Downstairs Geography'.

**scarleteen.com** Use the search facility to find 'Labia that clearly ain't minor' and 'What if a guy thinks my labia are gross?' for informative and reassuring articles with lots of links.

# CHAPTER 9

# Looking older

Even women in their 20s are worrying about the 'signs of ageing', convinced they need miracle creams and Botox. Which means if we don't all get a grip, we're going to spend our WHOLE lives worrying about our appearance and hating ourselves, whether we're in the dewy bud of emerging youth, the rose of flourishing womanhood, or the slightly droopy yet noble, blowsy, tenacious, ruggedly handsome metaphor that has frankly stopped working for me.

It's time to judge ourselves by more realistic measures. This chapter's a round-up of what to expect from our face and body from our 20s to our 80s, how to come to terms with it and feel positive about ageing, and a beehive of info about the grey hair issue: to dye or not to dye? And, when finding the first grey pubic hair: to shriek or not to shriek?

# How we feel about looking older

The older I get the less I worry about my weight. Since turning 30 I like what I see in the mirror.
KATE, 32, SYDNEY

Once you get to 40, I think you look at your body more and appreciate its beauty, the marks from bearing children, the old scars from childhood, the wrinkles of experience. You accept you're not perfect, and don't want to be. This is who you are. BARB, 41, BURPENGARY

I'm the biggest worrier about ageing. I'm dreading it. I am so not looking forward to turning 50 next year. If I could I'd hibernate that whole year – 50 is such a big number.
YVONNE, 49, BEXLEY

> **'I still get scared occasionally when I look in the mirror expecting to see the 21-year-old me.'**
> SERAYA, 30, BRUNSWICK

I care a *lot* less about what other people think of me. And I'm only in my early 30s!
MELISSA, 33, GOLD COAST

Don't start worrying about ageing at 30, because when you're 90 you'll have wasted all that time worrying about getting old when you could have waited till you were 89.
ELIZABETH, 58, FRANKSTON

How do I actually get rid of dark under-eye circles? And why do I already get grey eyebrows when I'm only in my early 30s? And I hate the fact that I'm going grey and wrinkly at this age when my chances of actually finding Mr Right are so slim anyway. RISS, 31, BALLARAT

I like that at 37 I'm stronger and fitter than I ever was in my 20s; I can lift two children from a squat; my back is strong and my legs don't ache after being on them all day; and I'm flexible. CLARE, 37, CLAYFIELD

Since I turned 40 I lost my big bum and started to fatten around the torso where I was slim before. I find it harder to hide the increased girth around my middle than it was to hide a big bum. CHRIS, 55, HINTON

> **'I wanted to be the exception. I hate the signs of losing my looks. It's hard for me to accept my fading beauty.'**
> V-TRAIN, 54, BRIDGEMAN DOWNS

I never imagined that I'd end up with wrinkles and facial hair.
ROBIN, 60, SYDNEY

It's going to happen whether you worry or not. I told my sister who was fretting about turning 60 that the alternative was to die – she did see the funny side to it after that.
BARBARA, 57, DUNLOP

I wish you could stop your hair from thinning as you get older. I miss having lovely thick hair.
CAROL, 63, BONDI

My friend laughs about the 54 potions I use every day. She has flawless skin and just uses soap, water and supermarket moisturiser, while I spend a fortune. Therefore, it's genetics, so blame your parents! MADDI, 34, ORANGE

> **'All the famous women who look 20 years younger than they are have been photoshopped to hell.'**
> LOUISE, 29, ESSENDON

I think we need to remember that all stages of life are equally valid. Just because the 16–30 bracket seems to be the focus of all TV and advertising, doesn't make that any more ideal than being 12 or being 87. Act your age!
SORSHA, 34, NORTHCOTE

The biggest motorcycle club in Australia is a club for the over-50s. They have a brilliant time. Their motto is 'Grow Old Disgracefully'. Good advice!
JACKIE, 46, FAULCONBRIDGE

Smoking has a worse effect than anything else. It's never too late to stop smoking. JULIET, 40, MELBOURNE

When I was 23 I used to look in the mirror and notice all the wrinkles. Now (at the ripe old age of 27) I look in the mirror and I see the experiences of the last few years, and I *like* that. KATY, 27, LYNEHAM

> **'I don't mind the grey hair but I hate the wrinkles.'**
> ROXY, 40, ARMADALE

> **'I don't care about wrinkles, just the grey hairs.'**
> LOLLEE, 35, DALYELLUP

Could the fashion and cosmetics industries stop focusing on everyone looking like a teenybopper and cater for women who are getting older with pride and want to be well groomed and fashionable but not look desperate?
CAROLINE, 50, MONTMORENCY

You can have a positive attitude to ageing or a negative one. Either way you're not in the driver's seat, so get over it.
DEBBIE, 49, NORTH RYDE

My throat's still swan-like, but it's like a swan that's just eaten a moorhen, which has got stuck just after it's been swallowed. I'm not sure what exercises you can do for throats and saggy faces besides getting some nasty plastic surgeon to gather it all up and put it somewhere else, or whatever they do. CAROLINE, 61, KEW

## How We Age: 20s to 80s

### ↶ The seven ages of woman

We're hideously self-conscious in the teen years as we struggle with hormones and getting used to our new shape; we spend our 20s agonising about not looking more like the supermodels and celebrities all over the magazines and the telly, and about the first few lines that appear; in our 30s we peer into the mirror from a distance of 2 centimetres and recoil at the gravity effects on our face; in our 40s we're cross with ourselves that we wasted our first 40 years worrying about stuff that hadn't happened yet but now is, and putting on reading glasses and looking in magnifying mirrors so we can more carefully mourn the passing of our smooth and high-hoisted face, wondering whether we should try some of those expensive injections.

We spend our 50s feeling invisible yet depressed at the undeniable signs of ageing and wondering if we should have cosmetic surgery because looking weird might be preferable to looking old; in our 60s, with our third-age faces unrecognisable from the beauteous years of our 20s and 30s, which we didn't appreciate, we rail against the ravages of time; and in our 70s and beyond we feel like it's all over.

And all the while we're obsessing about these things, decade after decade, what other splendid times, laughs and amazing experiences are we missing?

### ↶ Why we look older

Plastic surgeons, who see ageing faces all the time, are quite blunt about what happens to people's faces as they get older. One explains: 'The body is a skeleton clothed in soft tissue. As you age, the soft tissue withers and falls off the skeleton, so you start to see the skull beneath. Your own fat will cover it, or you can hitch it back up [get a face lift] or fill it in [get dermal fillers or fat injections].'

Anyway, there it is. 'Shall I compare thee to a summer's day, or a skull, gift-wrapped by a drunk?' Skin sags down as we get older. Eventually this means a less defined jaw line, and darker looking circles under the eyes where the skin and fat padding used to shield the skull beneath. The main factors in how much and how quickly your face ages are: the amount of sun damage it's suffered in the past, how much you've smoked, whether you're well-upholstered or gaunt, and your genes – which may not be from your mother or father but from somebody else in the family (genetic characteristics can 'skip' generations, and be passed to some siblings but not others).

Racial characteristics can also be relevant (Asian people tend to scar more easily but be less hairy and not have as many wrinkles, while very dark skin tends not to 'show' lines as quickly). Pregnancy will change bodies, although those changes are different for everybody. It can cause normal changes such as flatter breasts, darker nipples and areolae, bigger tums and stretch marks. We're encouraged to think this is a disaster – mainly by the ludicrous expectations caused by digital retouching, by the freakish body-image terror and bizarre eating and exercise behaviours of celebrities, and by the advertising of 'post-baby body' diets and other procedures.

As another very experienced plastic surgeon told me, aside from sun and smoking, the other big aspect is out of your control: 'The biggest genetic factor that "betrays" ageing is whether you've inherited "saggy" skin or very elastic, stretchy skin that bounces back rather than sags. Ageing is often portrayed as a level playing field. The truth is, the key genetic characteristic you want is skin elasticity. Inherited skin quality is the king and it's never talked about.'

He explains that models are not only chosen for body type and resemblance to the photogenic ideal (tall, wide shoulders, eyes wide apart, long neck) but also for skin elasticity, especially the older models.

'People with inelastic skin age much earlier, get saggy, get (more) cellulite, lose shape, lose facial definition and so it goes . . . and they're conned into feeling bad their whole lives as they're taunted by media imagery. And not much can be done about it. In plastic surgery, skin elasticity is our core business . . . aged skin doesn't tone. You can't fix it, but you can lift it up or remove it, however ghoulish that sounds.' (There's more on this in Chapter 8, 'Cosmetic Surgery & Procedures'.)

# Positive thoughts on ageing

I just intend to become more eccentric. DIJ, 42, EAST DONCASTER

Keep working, make friends in all age groups, avoid letting anyone call you Grandma, and tell that bitch at the squealing airport security scanner to take a hike when she asks you if you've set if off because you've had a hip replacement. LINDA, 58, PORT MELBOURNE

Don't become one of the bigoted, grumpy, know-all oldies you always despised. LYN, 56, PLYMPTON PK

Enjoy all the benefits that younger people don't have. JO, 65, BALHANNAH

I intend to wear kaftans and floopy hats, drink gin out of tea cups, and sleep around. ZOE, 37, SURRY HILLS

Why do we have to be sensible just because we're old? I am hiring an Elmo outfit to wear to my grandson's first birthday. DIANNE, 62, CASTLECRAG

Turn the focus from your sadly ageing body to your still tremendous brain! WENDY, 53, COLLAROY

Stop apologising for being old. ELIZABETH, 58, FRANKSTON

At 91 my dad was learning Spanish and planning his next holiday when he died – that's my aim! JAN, 63, ROCKY CAPE

## 'When I think about my grandmother, what I remember most was her smiling and having fun. I'd be happy to be just like that.'
KATHLEEN, 55, HAZELBROOK

I'm going to be a crazy old lady with wild-coloured hair and strange hobbies. EVELYN, 39, WOOLGOOLGA

Why would I age gracefully? I want to be a crone. ESTELLE, 56, CANBERRA

Serenity just shines through in a way Botox never could. JILL, 53, PRESTON

Let's worship wisdom. SALLY, 51, HOBART

I found that at my 20-year high school reunion, everyone was so interesting! I had no idea how interesting we'd all got. I love being older and wiser, knowing what works for me, knowing myself a little better each year. ALI, 38, KILLARA

## 'Act your age – I'm 36 at the moment.'
JAN, 50+, MOULDEN

I'm not viewed as a sex object and I feel my knowledge about lots of things is valuable and powerful. CATHERINE, 44, EAST MALVERN

I can say what I want now. I don't feel as much pressure to 'please'. STEPH, 44, BRISBANE

Experience. Maturity. Wisdom. Knowledge. Taking oneself less seriously. LIZA, 45, MT WAVERLEY

I care less what others think and I no longer feel compelled to make small talk. ANNA, 39, ELSTERNWICK

I feel okay about being selfish with my time and who I want to spend time with. BLYTHE, 51, STRATHBOGIE

I'm clear about who I am, and I care less and less what other people think. JULES, 37, RYE

You can say 'I want to see the manager' in shops and people run off and get them! PHAEDRA, 40, ELWOOD

You don't have to put up with as much harassment from men. In a way, you don't worry about losing your looks any more because they've already gone. CANDY, 43

I'm much less worried about making a good impression, and I'm therefore more honest and straightforward, which really does feel liberating. GAILY, 47, YARRAVILLE

Not needing birth control is very liberating. Self-confidence and knowledge are also great. This is one of the best stages of my life. LYNN, 51, WARBURTON

I'm kinder to myself, trust my own instincts and worry less about what others think of me. LARA, 47, INGLE FARM

I think that the fact that becoming older gives you the right to command respect is pretty awesome. AIMEE, 25, REVESBY

The joy of grandchildren, freedom to travel and engage in hobbies, the sense that I can just be myself as I no longer care what people think. LOUISE, 67, MELBOURNE

No longer losing sleep when I think someone doesn't like me. I have life experience that begins to make life easier to understand. RAMONA, 52, BLACK ROCK

Being able to accept people from other cultures and delighting in their difference and sameness. Feeling that I've grown up a bit and am a bit wiser than at 21, and being grateful that I can still use my mind. MARIE, 73, ROOTY HILL

I used to hate seeing my ageing face in the mirror, but since my mum died, I like seeing her face in mine – it's like she's come back for a brief moment to say hello. NICOLA, 43, TARALGA

## 'You can be rude and smell like mothballs.'
ISABELLA, 39, CLAYTON

I like my laugh lines and I want the rest of the world to look at them and like them too. CLARE, 40, SYDNEY

I still look at myself and see me, even if someone who last saw me at 20 wouldn't. BUNNY, 52, LONDON, UK

Life's too short – eat dessert first. ALEXANDRA, 52, RAMSGATE BEACH

## ɛↄ What we look like in our 20s

Bear in mind that the changes described in these lists will not apply to everyone, and represent the most 'ageing' that can be expected. Many people will look younger than they are if they don't smoke, stay out of the sun or have greater skin 'elasticity'. The following is just a guide to the average: your genes will dictate most of it.

- Possibly some very fine lines on the forehead and, depending on sun exposure and habits of squinting against the sun, other fine lines around the eyes.
- Beginning to fade from their teenage height of sparkly eyes, deep-coloured lips and flushed cheeks.
- Gaining of experience and knowledge, which makes for more confidence and acceptance.
- An insouciance about health risks and skin damage because the long-term seems like such a long way away.
- For most people, hormonal balance settles in (or could be imposed by medication) and the skin is mostly clearer of pimples, except for pre-menstrual breakouts.

## ɛↄ What we look like in our 30s

- Facial ageing is more visible (Mrs Gravity pays her first visits).
- Fine lines appear on the forehead and around the eyes. Some smile lines at the corner of the eyes and underneath, usually appearing only when the expression is on the face, then disappearing – these are called 'dynamic'; over time, lines become 'static', or permanent. Right now you're in the middle period of your skin's life. When you're a baby, all your facial lines are dynamic. When you're elderly, they're all static. How many you eventually have will depend on genes, sun exposure and smoking.
- The skin on the cheeks starts to descend slightly.
- Slower recovery from the ravages of a big night, visually and physically.
- A very few grey hairs here and there, perhaps more towards the end of the 30s, maybe even developing stripes or a patch.
- Nostril hairs may begin to peek out.
- Rather than seeming to be tiny changes each year, the changes seem to suddenly speed up in the later 30s.

## ɛↄ What we look like in our 40s

(It should put things in perspective to remember that in remote Aboriginal communities, late 40s is the average life expectancy for a woman.)

- More static lines (see explanation in the 30s list) appear, left by familiar facial expressions.
- Vertical lines may begin to appear above the top lip – unavoidable for smokers.
- More nostril and chin hair.
- Lips and skin seem less full, as elasticity declines, and don't snap back after facial expressions. (You can slow it slightly by never thinking, talking, eating, smiling, laughing or expressing your feelings about ideas.)
- From the mid- to late 40s the jawline becomes less taut and begins to droop.
- The skin area over the eyelids begins to droop, as the brows descend or the eyelid skin between the brow and the eyelashes becomes less elastic and more sagging and wrinkled.
- Feet may start misbehaving from any point now, requiring orthotics to prop them up inside your shoes.
- Gums begin to recede slightly from teeth, possibly exposing more yellowed areas.
- 'Age spots', benign discolorations of skin, appear on face, arms and hands, almost always due to sun damage. (These can appear in your 30s, depending on sun exposure.)
- The skin under your upper arms begins to sag, even if you have defined arm muscles.
- Bags and 'shadows' under the eyes become permanent features due to cheeks 'falling' further.
- More grey hair, which is coarser and harder to manage than your 'old' hair.
- Some deepening of the lines going from the corners of the nose to the outside of your mouth.
- Smile lines (like brackets) stay, even when the smile is finished.
- Cleavage wrinkles and perhaps under-buttock wrinkles (who looks?) begin to appear.
- Spider veins on the legs or elsewhere.

## ɛↄ What we look like in our 50s

After 50, appearance can be much more related to physical health – good posture, some body tone and strength, and prevention of osteoporosis all make bodies look younger. In cheering news, failing eyesight means you can remain blissfully unaware of much of the following. In your 50s, all of the stuff in the 40s list applies, plus:

- Vertical lines appear below the bottom lip as well as the top: always much worse if you smoke(d).
- Post-menopause body hair production slows, so you may have thinner head hair but more facial hairs, including a dashing mo.
- Your skin will seem coarser and thinner, with larger pores.
- Skin colour may seem more variable or patchy on your face.
- Now that the ovaries are not pumping out hormones, skin is dryer and wrinkles may seem more pronounced.
- More wrinkles appear; the ones already there get deeper.
- Neck starts to get horizontal lines and begins to sag progressively.
- Skin everywhere continues to sag.
- Chin and jawlines continue to head south, perhaps resulting in a more jowly appearance.
- The skin above the eyelids begins to sag significantly.
- The whites of the eyes and the teeth seem less white.
- Grey hair and the horrified chuckles and shrieks caused by the first appearance of grey pubes. Also grey eyebrows and eyelashes.
- More spider veins on the body.

## 〇〇 What we look like in our 60s

This is really the decade where the dickering around with make-up and hair and a more youthful bearing is all very well, but the change is undeniable. You won't look young again. If you have a face lift you'll look odd, and it won't match the rest of you, especially your neck and hands. All the changes from the previous lists have happened, plus:

- As the cheeks, neck and everything else go south, pads of fat appear as eye 'pouches', and bones can become more prominent.
- Skin continues to seem thinner, and is saggier, including on the neck.
- Features seem less defined and the nose may seem larger, because the sagging skin from above seems to make eyes look smaller, and the lips are thinner.

- Lines running from the nose to the corners of the mouth get deeper and the mouth can take a downturn at the corners due to gravity.
- Head and other body hair becomes more sparse, and grey hair may become white.
- Eye colour fades.
- Gums recede further, making teeth look longer.
- Fingernails and toenails may become harder and more yellow.
- More brown, and even purple, ageing patches and spots appear on the skin, with varied skin pigmentation and sometimes blotchy redness.

## 〇〇 What we look like in our 70s & beyond

More of the same, only lower.

### MAKE-UP HINTS FOR OLDER FACES

These things can accentuate wrinkles: fake tan, bronzer, heavy foundation, heavy powder, breathing.

# How We Feel About Looking Older

## 〇〇 Denying the reality of ageing

If I'd woken up 15 years ago with the face I have now, I would have screamed the house down. Not even with the filthiest of hangovers would my eyelids have been this droopy, the lines between my eyebrows so deep, the bags under my eyes such a precise storm-cloud grey. And if I sleep on my side, I have cleavage wrinkles until 11.15 a.m.

You know what's gone wrong, don't you? I'm in my late 40s. The same age as Catherine Zeta-Jones. Five years younger than Sharon Stone, who looks 32 – admittedly a gushing, bonkers 32-year-old whose face was taken off in a wheat-threshing accident and then sewn back on, only higher and tighter. She looks odd and a bit wrong, but she doesn't look her age. Paying to look strangely alien is now preferable to looking older and real for free.

If one more man says something like 'Oh, has Sharon Stone had some work done?', I'll slap him. Here's a hint: if a woman was starring in movies 15 years ago and she's still in movies, she hasn't so much 'had work done' as had her entire head reconstructed. It's a wonder they always manage to find the ears again to put back on the sides.

It starts with comparing ourselves with people who are not, by any stretch of the imagination, normal. The question becomes not 'Have they had work done?' but 'Is it good work or bad?'. Or 'Why do so many famous celebs in their 40s have skin that looks like a peeled boiled egg?' and 'Why don't their foreheads move?'. It's very hard to put your finger on (possibly literally), but somebody who has had their face altered, either permanently or temporarily, always looks wrong. Sometimes they look a very lot wrong (Mary Tyler Moore, Melanie Griffith), sometimes they look expressionless kind of wrong, and sometimes they seem sort of fine except there's something just wrong with a face that seems to bear no relation to their age, neck, hands or life experience. Sometimes in real life they look more like us, but their photos are so doctored you'd never know.

Sometimes they advertise the benefits of vitamin, mineral and other supplements to look younger and healthier while looking, let's be candid, as if they've had some significant truck with some sort of cosmetic 'procedures' on their outsides.

Some of the chaps are getting it done, but usually later than the women. Blokes are allowed to look 'battle-hardened', 'grizzled', 'rugged' and 'tough' for longer. Apply the same words to an older woman and see how far you get. A squad of older actors have, or had, ruched faces, such as Bob Hoskins, Harrison Ford, Sean Connery, Jack Nicholson, Clint Eastwood and many more. But representing the ladies of an ineluctable age we have . . . oh. Bear with me. Um . . . Dame Judi Dench and Dame Maggie Smith. If Dame Helen Mirren, Meryl Streep and Susan Sarandon haven't had any 'work' done, then I'm an otter. At the very least, their photos have been retouched, which is standard procedure by mags these days. Here's the telltale sign, if you ever see them in person: if they have a perfectly firm chin and jawline and hardly any expression lines after the age of 50, there's been some screw-tightening and injecty-pokery going on somewhere.

(In my early 40s, a newspaper weekend magazine ran a picture of me. My daughter turned a page and shrieked, 'Mummy! Mummy, they've de-wrinkled you!' So they had. No smile lines. It didn't look like the real me at all.)

Dick Cheney, the vice-president of the US, used to go around having heart attacks and shooting people in the face, but he was still allowed to look like a walrus in formaldehyde. Secretary of State Hillary Clinton, Speaker of the House Nancy Pelosi, and every other senior US female politician already has a face that doesn't match her age. The impressive Queensland Premier Anna Bligh was honest enough to say she's had Botox and wasn't going to pretend otherwise. (I doubt a bloke would have been asked.) Our Governor-General, Quentin Bryce, looks like what she is: an older woman, a real woman with experience and gravitas and a lovely, kind face.

But if you don't think the cosmetic fiddling phase has reached Australia yet, get an eyeful of some of our newsreaders, current affairs presenters and other telly spokesfaffers. Some of them make me want to rush to the bathroom and get some Dettol to dab their poor lips with. Even in their 20s, some women are having injections of filler and other lip-plumping treatments and Botox (there's more on Botox in Chapter 8, 'Cosmetic Surgery & Procedures').

We have a few phases of life where our appearance stays the same for a few years – then we morph into another face. There's the baby face, the kid face, the teen face, the adult face, which lasts for a long time – and then the gradual appearance of our 'old face'. We're still the same person, but aside from the life in our eyes, actually, in appearance, we're different people. Like relatives of ourselves. We've all had the experience of searching a group school photo or poring over a high school picture trying to see what an adult used to look like. And as we get older, we search our sliding, crinkled face to see if we can see our past self, the youngster still inside.

Nobody likes ageing, but it's time to make peace with our worries.

## PADDLING DOWN DE-NILE

Perhaps we could all be happier if we adopted the approach of yet another Dame, romance authoress Barbara Cartland, who sank into her lolly-pink, chiffon-swathed, chintz-addled elderly years with a platinum coiffure that made every individual hair count, peering through squished-spider mascara. In each talon, tipped with duco-strength nail polish, she clutched a Pekinese dyed the colour of fairy-floss, as she happily dictated some frightful twaddle to a minion. The Dame had taken to rubbing some extract of honey on her ancient face and was pleasantly astonished when it erased wrinkles. 'After one application,' she said, 'I found my skin was softer and much less lined.' The fact that this happened at the same time as she was losing her sight simply never occurred to her.

It's a faultless strategy and one I commend to us all as we sag gracelessly into a future where we look older and more tired, because we are, but refuse to make this a central obsession of our lives. Although in my case, I don't want to bother with the Pekinese.

## Common attitudes to ageing

- Over my dead body.
- I'm fighting it all the way.
- I'm too busy to think too much about it.
- I'm obsessed with it and keep inspecting myself.
- It just makes me depressed.
- It's ineluctable: pointless to strive against.
- I don't look closely or for long in the mirror.
- My grey hair and wrinkles are badges of honour.
- I'm enjoying my freedom.
- I'm so relieved not to be too high-maintenance any more.
- I'm just glad to have lived longer than my mother/sister/aunt.

## Positive signs of ageing

Never mind what the silly ads for moisturiser say. Here are the real signs of ageing, and they're all great:

- wearing flat shoes and not caring
- more confidence
- wisdom and experience
- full recovery from being a drama queen
- independence
- liberation from the expectation to be 'sexy'
- time to 'please yourself'
- relief from hormonal palaver and periods
- the ability to help younger women fight sexism.

And eventually:

- no more periods
- pleasing yourself
- no more urgent family responsibilities

- the freedom to shout at public transport inspectors with smaller risk of being crash-tackled.

## MORE INFO
### on positive signs of ageing

**Eccentric Glamour: Creating an Insanely More Fabulous You by Simon Doonan** This book showcases the delightful mother-lovin' Mr Doonan's appreciation of women who do things differently. He cautions against 'looking Cher' (that is-she-30-or-is-she-80 surgical visage) and urges an individual style. Mr Doonan has several thrilling observations, such as 'French Women don't know diddly' and 'Why do so many fashion magazines make you feel like poop?'.

**Women of Discovery: A Celebration of Intrepid Women Who Explored the World by Milbry Polk & Mary Tiegreen** One to make you think about what you could be *doing* rather than sitting in front of the mirror worrying about how you're *looking*.

**Choosing Happiness: Life & Soul Essentials by Stephanie Dowrick** A self-help book by an Australian psychotherapist about working out priorities and taking a calm approach to finding a richer life. Not specific to any age group.

The best resources about ageing aren't about shapewear, or paler lipstick or fighting gravity at all. See also Chapter 40, 'Community & Caring', for other helpful contacts and suggestions.

## Three ways to age well

1. Keep within a healthy weight range. Too thin and you look gaunt and older, while carrying much more than your healthy weight will put pressure on the skin elasticity you have left.
2. Get over the idea of 'corrective' or 'covering' make-up, or clothes that are supposed to make you look younger. It makes you look like you're trying to seem younger, but it doesn't work.
3. Gravity and decades of expressions causing permanent lines mean you may look sadder, more tired or even cross. This can result in people assuming you're grumpy even when you're not. The only way to counteract this is to be happy enough that you smile more.

## ADVICE ON AGEING WELL

Here are some of the great things that women aged 25 to 71 had to say in the Women's Stuff Survey about ageing well:

- 'You're beautiful just the way you are – learn to trust yourself.'
- 'Live it up while you can.'
- 'It's not how old you look, or even how old you feel, it's all about how old you behave.'
- 'Learn to love the body you live in, be kind to yourself and enjoy life.'
- 'Embrace the confidence, knowledge and life skills age gives you.'
- 'Don't battle it, because you can't win unless you die.'
- 'Do things that make you feel wonderful and concentrate on how you feel, not how you look.'
- 'A smile makes everyone look younger and more beautiful.'
- 'If you're a beautiful person on the inside, then this is what people see on the outside.'
- 'Genuine people will like you if you're a kind and generous person, not because you look like Barbie.'
- 'The way you look doesn't define you.'
- 'I try to remember to compare myself with my contemporaries and not the young women in ads for anti-ageing products.'
- 'I'm much happier now, even with wrinkles, grey hairs, cellulite and extra kilos, than when I was young, pretty and presentable enough but totally insecure.'
- 'Let's do it gracefully, with pride, humility and a lack of narcissism; remember, our daughters are watching.'

## Compensations of ageing

There are some lovely compensations for looking and feeling older. It's all about a change in awareness and emphasis – and about thinking about things other than appearance.

You stop poring over the mirror and trying to make yourself look better, and start thinking about ways to *feel* better. You can stop thinking in terms of ways to make yourself look the way you used to (because that's impossible, and you come to accept it), and you can start admiring the beauty in other things around you. When you know that a cream isn't going to make you look 10 years younger, you can spend the money on a lovely massage instead. Or save up for a holiday to see a part of the world you've always been curious about. You can concentrate more on sensuous pleasures – what makes you *feel* good? Enjoy the feel of silk, the look of some cheap jewellery. Perhaps it's just time to enjoy observing rather than being observed.

## With age should come wisdom

Just because you have more wrinkles doesn't mean you need to start believing lies about 'getting rid of them'.

People get so desperate they'll believe anything. One book for women I read claimed that the best people to inject Botox into your head are dentists, 'because they have such an intimate understanding of facial anatomy'. Well, following this logic, I plan to have vaginal surgery performed by a gastroenterologist, because the stomach is quite close to the lady parts.

Please see Chapter 7, 'Cosmetics & Make-up', for why this is all a faffing lie, and Chapter 8, 'Cosmetic Surgery & Procedures', for the risks as well as the 'dream'.

## How older women 'disappear'

There's an unspoken policy in the media and image industry to exclude older women. A false community is presented, of largely unusually pretty, strangely thin young people and some 'distinguished' older men. Articles about 'ageing' use models in their 20s, or celebrity actresses who've had face lifts, or whose photos are so retouched as to become masks. All pictures in magazines are now digitally retouched to remove signs of ageing. (See Chapter 4, 'Clothes', for more about photo manipulation.)

The media is also 'retouched' to keep out older people: they just don't get a gig unless the part calls for an elderly person for a particular reason. Comedians, newsreaders, actors, game show hosts, advertising models: it's usually an older-woman-free zone. Look at any radio or TV show team of hosts: there are usually two or three blokes in their 40s or 50s, and the one space allowed for a woman is filled by a young and pretty one, which then reinforces the idea that women aren't as talented, informed, experienced or amusing as the blokes. Because she was chosen for her looks. An

# Ageing & 'being invisible'

Demand respect from the community – you've earned it. If someone opens the door for you, thank them. If young people give up their seat on the bus, thank them. If they don't, demand (most politely) that they do.
JAN, 58, MOSMAN

**'We should age disgracefully, not fade into the background, but get out there, lobby, change things and also have a damned good time.'**
JENNIFER, 60, MCKELLAR

Nobody sees or cares about older (not so beautiful any more) women.  GAYLE, 51, DIAMOND CREEK

For a little while I was a bit sad about becoming invisible – but it's more shocking when you do/say something unexpected.
KAZ, 50, REDBANK

It's liberating to be 'invisible' and to be able to do anything and no one notices.  JUNE, 51, MALVERN

Sometimes 'invisibility' can be a good thing. I don't feel intimidated by young blokes any more. There's no need to feel attractive!
ROSE, 51, ARNCLIFFE

Young career people have no time for older people.
DAWN, 76, WANGARATTA

Tell everyone that just because we're older doesn't mean we're deaf and stupid.  ROBYN, 59, BANGHOLME

**'I feel anxious in crowded places now that I'm older and young people don't seem to see me. I'm worried people will knock into me. Is it that they can't see people who have white hair?'**
JANET, 72, KATOOMBA

# Thoughts on grey hair

When I stopped dyeing my hair, my girlfriends were really angry and told me I had to start dyeing it again. They said that because we were roughly the same age it would remind people they were probably old enough to be grey underneath, too. They took it personally.
BARBARA, 61, SOUTH AFRICA

**'Grey hair doesn't bother me, but it does bother my husband that I'm grey.'**
BARBARA, 56, HOSKINSTOWN

Sure is shocking when you spot that first grey pubic hair!
SOPHIE, 58, SOUTH COAST

I've been grey since I was 25. I wish I didn't have to dye my hair so often, but the greys persist.
KC, 39, VICTORIA PARK

**'I love my grey hair – it's a lovely shade of white.'**
FRANKIE, 67, MUNDARING

I want my hair to go white, not salt and pepper! I don't mind getting older, I just want to do it gracefully.
ELLA, 20, THE GAP

I'd like to go grey but my hairdresser insists it will age me.
TRACEY, 49, WOMBAT

The money I spend on my hair could well refloat a Third World country. If only I had the courage to go grey.  ISABEL, 44, GEELONG

I honestly don't know what colour my hair would be if I didn't have it professionally coloured.
JILL, 70, CHATSWORTH ISLAND

**'I can't leave it grey, as my 84-year-old mother still dyes her hair and I don't want to look older than her.'**
AMBRA, 53, SURRY HILLS

I've been going grey since I was 15. I don't dye my hair because I don't see the point in pretending you're something you're not!
MICHELLE, 35, BURNIE

I've just gone natural and I don't mind saying, I look pretty good.
MAUZA, 55, BELMONT

I'm enjoying watching the little grey hairs sneak into my dreads!
POPPE, 34, PERTH

Of the 16 female US senators – the highest number ever – who range in age from 46 to 74, not a single one has visible gray hair.
US AUTHOR ANNE KREAMER

**'I like my growing streak of white hair. It's rather dignified and interesting.'**
ARUMANDA, 30, BROADMEADOWS

I started to go grey in my mid-30s and decided to always have a really good cut and never to dye or colour my hair. I've received many flattering comments over the years.  TESS, 70, DONCASTER

**'I'm going grey disgracefully. I feel I've earned all my grey hairs.'**
ANGELA, 63, QUEANBEYAN

Does your pubic hair go grey?! Goodness!  HILARY, 26, BOX HILL

That first time I saw a grey pubic hair led to me getting a Brazilian. Grey hairs are so grandma.
TRISH, 38, COTTESLOE

Australian casting director admitted a while ago that she selected female comedians for a TV show on their looks – not their talent. (Male TV executives are known to apply the 'I'd fuck her' rule when casting TV shows, even the news.)

Because the media ideal of women has become younger and younger, we rarely see women our age who look like us. Our surgeon source puts it well: 'When the body is off its learner's permit, it becomes truly attractive – but doesn't photograph as well, so doesn't get a gig. So therein is the media con we live with, and which causes such profound body distress in our female (and increasingly male) community.'

As women get older, they all notice they're becoming 'invisible'. As they stop being so decorative, they get less attention. Many women find this devastating, or at the very least annoying. The eyes of children, men and even other women flick past them. One way to get around this is to use local shops and services, where people know you and you've built up goodwill by not being a cranky old cow. Press the 'cranky old cow button' rarely – when you can guarantee maximum effect, such as offering to strike the Minister repeatedly with your umbrella during a press conference. In severe cases of being ignored, lay down some small-arms fire with a Super Soaker water pistol, or lie down in the shop near a cash register and take your top off. This will get their attention. Although that might mean they call security.

 **MORE INFO** on books telling us 'how to look younger'

**1001 Ways to Stay Young Naturally by Susannah Marriott** Some sensible suggestions (breathe calmly), and many stupid ones ('massage away' your crow's feet, use expensive so-called anti-ageing creams, 'learn to walk in heels' and 'visit a homeopath': see 'Why Homeopathy Doesn't Work' in Chapter 12, 'Health Maintenance', for why not).

**Living Beauty** and **Makeup Manual: For Everyone from Beginner to Pro by Bobbi Brown** *Living Beauty* is make-up tips for the over-40s, with standard philosophy and the US-ubiquitous 'tip' to use Botox. Don't take this make-up manufacturer's advice on hormones and nutrition (nor seek advice on mascara from a gynaecologist).

**hownottoactold.com**
**How Not to Act Old by Pamela Redmond Satran** Wear a G-string, get a Brazilian, don't talk about your bowels or other complaints, don't wear a watch, and don't wear animal-print clothing. Sorted.

**How Not To Look Old: Fast and Effortless Ways to Look 10 Years Younger, 10 Pounds Lighter, 10 Times Better by Charla Krupp** Ex-'beauty editor' Charla says: dye your hair, shape your brows, wear a little make-up, bleach your teeth, wear funky glasses and take them off the neck chain, use paler gloss lipstick, hide cleavage, and wear high heels. Charla lives in a land at the top of the Magic Brainaway Tree, where Botox, chemical peels and lasers are 'non-invasive'.

**A Guide to Looking and Feeling Fabulous over Forty by Twiggy** 1960s supermodel Twiggy recommends cellulite creams and UK shops, and adds some substandard clothes advice. I cannot recommend this book lowly enough.

**themakeoverguy.com**
**Staging Your Comeback: A Complete Beauty Revival for Women Over 45 by Christopher Hopkins** Minneapolis makeover artiste and hairdresser Mr Hopkins is as twee as his curlicue fonts. How to adapt your body shape to your chosen style (from mad gypsy to tailored). Like all 'age' authors, he pushes 'shapewear' and paler lippy. Boiled down: don't wear shapeless clothes, do something with your hair, and stop wearing jeans, miniskirts and shorts.

**Redesigning 50: The No-plastic-surgery Guide to 21st-century Age Defiance by Oz Garcia with Sharyn Kolberg** Guest writers, including a dermatologist (with a line of products) and a hairstylist (with a line of products), point to an ultra-high-maintenance future. This book induces nothing more than the fervent wish for a good lie down.

## HOW TO AVOID BEING INVISIBLE

There's one sure cure for being invisible, and it's not getting Botox and striving to pretend you're not going to keep getting older. If somebody refuses to see you, make damn sure they hear you. Find your voice. Try these handy phrases:

- 'Am I invisible?'
- 'Helloooo there? Can I have some SERVICE HERE?' (Especially effective if you speak through a rolled-up newspaper or give some short bursts on a referee's whistle.)
- 'Excuse me, I believe I was here first.'
- 'Please could you give me your seat. Otherwise I may throw up on you.'
- 'If you don't pay attention to my problem, I'm going to alert the media.'
- 'May I see/speak with your supervisor, please?'
- 'If you don't help me, I'll wee on the floor of your waiting room and sing "Goodnight, Irene".'

## Grey Hair

It happens to us all. Some people get a greyer version of the hair colour they've always had, and some get full-on white hair seemingly quite suddenly or gradually, over many years. For most people it happens over a two- to six-year period as their new hair growth comes out grey. For info on body and facial hair, see Chapter 5, 'Hair'.

Some women enjoy the compliments and comments their silver or grey hair gets, some grey-haired lassies are admired for their elegance and chic, others are abused by frenemies for letting the side down by deciding to go grey gracefully, and some will do anything to keep it 'covered', spending heaps on home dye or in salons.

### ᏮᎧ Why we go grey

As we age, our bodies make less melanin, which creates the colour in our hair. This also makes it dryer and feel 'coarser' than it may have been before. And yes, ladies, it does happen everywhere – 'down there', eyebrows and the lot, eventually, hence the single anguished shrieks heard from shower stalls across the nation in the homes of women in their 40s or 50s, as they find their first grey pube.

When you start going grey is more a matter of genes than ageing. There isn't a magic age it happens. For some people it starts in the 20s. Most people start in their late 30s, and more and more gradually grows until you're grey by the time you're 50 or 60. Because so many people dye their hair now, there are very few 'grannies' in their 40s, 50s and even 60s who stay grey.

Everyone has a different threshold of what she'll accept or keep trying to cover up. One Amazon US customer commented on the site that she was happy to have silver hair, and would spend the money saved on hair dye . . . on cosmetic surgery.

## PUBIC HAIR GOING GREY

Most people just get on with life and don't spend much time looking in the mirror worrying about grey and thinning pubes.

Some women prefer to dye their pubic hair, though, and as this usually isn't something Alonzo at the local hairdressing salon offers as a service while he's touching up their other roots, they take the DIY approach.

In the US there's a product for dyeing what the packet coyly refers to as 'Down There'. You can get brown, blonde, black and 'fun' (hot pink, green, orange or bright red). It pretty much gets dabbed on the map of Tassie at the front, as putting it on the sensitive labia area is going to be a major irritant for most people. It's washed off after being left for a few minutes, leaving dyed pubic hair. And possibly a terrible rash and much horror or hilarity. You have been warned.

In Pamela Redmond Satran's book *How Not to Act Old*, she says you can feel younger longer by wearing a G-string and having a Brazilian. I just don't buy it. I think it would make me feel like an old chook with dental floss up my bum and a front bottom with a bald spot. I think I'll leave you with that image.

### ᏮᎧ The anti-grey brigade

Some people react quite violently, with almost visible fear, to the idea of 'going grey', not just for themselves, but for anyone. They get very upset about women their own age or younger choosing to go grey. They can say 'It makes them look old' with an edge of accusation and anger. While some of these people think it's okay for, say, a 70-year-old to have naturally grey hair, they feel very strongly that women in their 50s shouldn't, as it makes them look 'terrible' and 'old'. Hairdressers and people in image industries can also be very scathing and sound uneasy and frightened about other people going grey.

## Making your own decision

Going grey is fine. Not going grey is fine. One thing that does look bad on most people is the harsh one-colour dye job. It's much preferable to have subtly and professionally dyed mixed highlights – although that will cost hundreds and hundreds of dollars a year.

Don't forget that the shade of grey, your facial skin colour and what kind of haircut you have will make the difference between you looking like Einstein, a happy hippy, a chic and elegant older woman, or Prue and Truuuude (the homewares fiends from *Kath & Kim*, with their Alice bands and greash graighhhh bobs).

## Fighting the grey

If you fight the grey, be prepared for an expensive, high-maintenance regime.

### Useless anti-grey tactics

Don't pull out the grey hairs! You'll just damage the hair follicle and, if you keep it up – since this is only going one way and that's towards more grey hairs – you'll get either patches of shorter grey hairs sticking up or bald patches.

Don't take any alleged 'remedies'. They don't work, and can be dangerous, whether they're 'natural', 'herbal' or allegedly medical. Some people recommend taking gigantic quantities of a certain vitamin or mineral, much higher than recommended daily allowances. This is never a good idea.

## Deciding to go grey

You can try asking your hairstylist if you should go grey. They'll almost certainly say no, maybe because they've been instructed to say that by salon owners or maybe because many hairdressers simply cannot conceive of a world where people are happy to be grey. The answer is usually 'Well, if you want to look old . . .' or 'Oh my GARD, NO'.

If you decide to go grey, tell your hairstylist that's what you're going to do and ask for tips on making the gradual change and taking care of grey hair.

Don't be surprised if they get a snippy attitude to go with their scissors.

### Getting to grey gracefully

You've dyed your hair for years and now you're over it. How do you get to grey from here without bizarre-looking roots for months and months? Find a nice hairdresser with other grey clients who respects your decision and can help with 'low-lights' to disguise the root growth with a view to going grey. Or, you could put up with a bit of regrowth and get a fabulously liberating short hairdo and grow grey from there.

The easiest and cheapest way to go grey is never to start dyeing it.

As Norah Ephron points out in her book about ageing appearance and other things, *I Feel Bad About My Neck*, women over 40 look very different now than in previous generations, not because of better lives or health, but because almost all of them dye their hair.

### Other words for grey hair

These include platinum, silver, ice, white blonde and steel.

 **MORE INFO**
**on going grey**

Most hair websites are pitched at younger women and all about selling products like hair dye, so they're anti-grey. (US books and sites use the spelling 'gray'.)

**goinggrayblog.com** A US hub for women who want to and are going grey. Positive personal stories and pics.

**Going Gray: How to Embrace Your Authentic Self With Grace and Style by Anne Kreamer** A US TV producer and writer's amusing cultural history, with stuff on her own decision to go grey and the reactions it caused.

**Going Gray, Looking Great! The Modern Woman's Guide to Unfading Glory by Diana Lewis Jewell** A 'how to' by a US magazine PR woman on matching your complexion and clothes. Sadly, she urges Botox and other 'treatments' as usual.

# Eating & exercise

# Food & feelings

Food is evil. If you spend too much time at home, the fridge and pantry eventually become all you can think about! I try to spend more time out and about, having fun! HOLLY, 18, SWANBOURNE

My relationship with food is so distorted due to years of dieting and bingeing that it's not about the food, it's the emotional/psychological issues.
ROSIE, 51, GLEN WAVERLEY

I wish I didn't love food so much. I've been dieting my whole life; I come from a very large family and I'm about the only one who isn't obese.
SANDY, 38, BARTON

I eat bad food and tell myself I deserve a treat. I'm unhappy with my weight, so I try hard all day and then spoil it with something naughty. NIKKI, 28, OLINDA

I find eating a chore. I'd prefer to take a pill that made me feel full rather than going through the whole process of deciding, cooking and then consuming.
JENNI, 44, BROADBEACH

I'm just starving a lot of the time.
CHRIS, 55, HINTON

I'm not terribly interested in food. This may be a hangover from having to cook for 11 people on a limited budget.
MARIE, 73, ROOTY HILL

Food is my best friend and my worst enemy. MARIE, 37, CANBERRA

There's no such thing as good and bad foods, only better choices. Every food serves a purpose. It may nourish you physically or mentally. SAM, 40, EATON

When I used to stress about not being the perfect magazine size, I'd overeat. When I'm happy with myself as I am, I eat normally and choose food wisely. LEONIE, 68, SYDNEY

I grew up in a family where food brought the whole family together. I still feel this way – meals are a time to talk and connect and enjoy each other's company. I love cooking for my family.
JACKLINE, 39, BONDI

When I'm happy I eat healthily; when I'm sad, frustrated, angry, etc. comfort food takes over.
MARIE, 44, TAYLORS LAKES

It'd be great to unlink eating and drinking from ideas of celebration, reward, relaxing, socialising, etc. Enough is better than too much.
HELENA, 39¾, HIGHGATE HILL

'I eat when I'm hungry but also when I'm bored or upset.'
KATE, 39, PRESTON

I'd love to solve my comfort-eating problems. I don't know how to get out of these terrible habits.
GISELLE, 30, HONG KONG

Food gives me comfort but I hate myself afterwards.
CATHIE, 44, GIRRAWEEN

I'm not a huge fan of food. I only eat it because you have to.
SARAH, 31, BENTLEIGH EAST

I'm terrorised by food. I have such guilt around my discipline issues.
BETH, 42, HEATHMONT

There's so much pressure on what to eat, what not to eat. It takes the pleasure away from a really good meal. LYNDA, 37, ST KILDA EAST

I love food. I can't believe this world, which offers such an incredible variety of meats, fruits and vegetables with infinitely individual beauty of flavour and appearance!
ANN, 78, PORT MELBOURNE

It's my creative outlet, much like my mother, who's still turning out passionfruit sponges at the age of 88. MAY, 58, CANBERRA

Comfort eating has been my major problem. I feel like I've made it better by finding other things for comfort, like books and music. ROSE, 18, LENAH VALLEY

Food was a reward and a punishment at home, so that shaped my thoughts a lot.
MAREE, 25, MANDURAH

I have a love/hate relationship with food. At the moment I feel like it controls me – my feelings and thoughts, everything.
NATASHA, 40, FOREST HILL

I *love* food. Life's about sharing meals with friends and loved ones. I mean *good* food, not *lots* of food.
SIMONE, 38, PORT MELBOURNE

Food is one of the great joys in life. I hate having 'diet police' judging what I'm eating.
SARAH, 43, KINGSTON

We're usually planning the next meal while we're eating the current one. ANNA, 30, EAST HAWTHORN

I eat well, but I'm always thinking about what I should and shouldn't eat. ROSE, 31, BALACLAVA

Sometimes it feels like food is the enemy. After all, a smoker doesn't have to pick up a cigarette ever again after quitting. Overeaters still have to eat *something*. BEE, 42, LOGAN

I love eating, the fresher the better. I also love growing as much of it as possible.
ROZ, 39, OCEAN GROVE

I've always felt fat, even when I wasn't. I'm either 'on the wagon' or 'off the wagon'. I've never been able to find the balance.
MELANIE, 34, NEWTOWN

# CHAPTER 10

# Eat

To re-create the current public debate about food and diets, stand in the middle of the room, close your eyes and shriek until you fall down. It's that logical. Instead, you just need to read this chapter and then you'll be at one with a calm blue ocean of understanding, nurtured and buoyed by instantly knowing how emotions affect eating and exactly what to do about it all of the time. Oh all right then, maybe not, but you will know the difference between a chickpea and a fried Mars Bar with fairy floss on top stuffed into a curry pavlova (euwww). You'll be full bottle on what not to drink. You'll be able to wade into the metaphorical minestrone of food and emotions, allergies and intolerances, good versus pretend food, and whether weight-loss surgery is a good idea. And you'll know why diets are stupid and 'low-fat' is even stupider.

MORE, PLEASE, ON FOOD & WEIGHT

If you're interested in food and weight issues, also try Chapter 2, 'The Body Image Struggle', and Chapter 3, 'How to Make Friends With Your Body'; for info on clothes sizes and lady shapes, see Chapter 4, 'Clothes'; for info on activity and exercise see Chapter 11, 'Move'; and for info on eating disorders see Chapter 21, 'Mental Health'.

## How We Eat

Yes, I know: put in mouth, chew. But there's more to it. We know we need to try to separate our emotions from eating. We need to stop seeing food always as a reward, compensation or 'medicine'. But how? How do we stop eating unconsciously, or when we're not hungry? How do we get back to enjoying it and not feeling guilty?

### Food as 'medicine'

One part of the modern obsession with food is the linking of food and virtue, and the common suggestion that 'food is medicine'. This philosophy asserts that we can 'heal ourselves' by careful eating and the eating of 'super foods'. Healthy eating is good for you and will mean you have lowered your statistical risk of many illnesses, but it's variety that's important, not obsession with one allegedly 'magic' food such as wheatgrass. And there are many problems that food can't cure. The idea of 'food as medicine' can turn into extremism and obsession or just be an excuse for clever marketing.

Alleged 'super foods' have included green tea, blueberries, raspberries, pomegranate, wheatgrass, broccoli and cauliflower, tomatoes, olives, soy, sprouts, lentils, onions, garlic, shallots, ginger and I can't remember the rest. Magnums, maybe.

Food isn't medicine. That's why we need medicine. Sure, some foods help us keep healthy and boost the immune system, but humans will get sick even if they're very healthy, because of viruses and bacteria. No amount of yoga or organic food will stop you getting measles if you haven't been immunised. You can get cancer even if you've eaten a macrobiotic diet all your life. Sometimes, bad things just happen to good people. It's not their fault, and if they don't get better it's not because they're still 'making bad choices'.

### Food for good health

To boost your immune system and reduce your chance of getting some cancers, you should reduce any dangerous environmental or workplace poisons and chemicals (this is usually only relevant to people working in heavy industries or, say, with petrochemicals), and try this:

- Eat more vegies.
- Eat more whole grains.
- Eat a little of butter or olive oil.
- Replace some meat with vegie proteins.
- Eat whole oats or other no-added-sugar cereals for brekky.
- Avoid pesticides and ingesting other chemicals that don't occur naturally in food.
- Eat less refined sugar, and less salt.
- Flavour food with herbs and spices.
- Avoid eating too many processed foods.
- Drink free water, not bottled.
- Don't smoke or drink much alcohol. The healthy association between heart fitness and alcohol is confined to research on men having one (1) small (SMALL) glass of red wine with a meal, while almost all other studies of alcohol use show an association with a higher risk of cancer. It's also believed that any benefits are due to the *non-alcoholic* properties of some grapes.

Eating well gives you the best chance – not a guarantee – of health.

## Food & Feelings

Here's a round-up of recommendations from doctors, counsellors and psychologists who specialise in eating behaviours.

### Top 10 no-panic eating tips

**1 Enjoy** – Food is not a guilty pleasure, it's just a pleasure. You don't have to hoard or hide. If there's nothing in the house that you want, know that you can get some tomorrow. Don't ban foods – buy a little of something you love, eat it slowly, concentrate and enjoy it.

**2 Respond** – Eat a meal when you feel hungry, a snack when you're peckish. Take some time to learn how to listen to your body. Are you hungry? Or just 'not full'? What's the difference between full and 'stuffed' – or 'stonkered'?

**3 Reward** – If you're sad or feel like a bribe or reward for a hard day, how about something that isn't food? A friend over to watch a DVD, a bunch of flowers, another $10 in the travel fund?

**4 Relax** – It's okay to break the 'rules' sometimes and eat 'comfort food' or birthday cake. Don't panic or punish yourself for what you've eaten, or not eaten. Don't measure kilojoules exactly and count and weigh everything (except when following a recipe). Didn't have any greens yesterday? Never mind. Have some more today. Somebody once said life's too short to stuff a mushroom. But it's more fun to stuff it than weigh it.

**5 Replace** – Instead of sugar and dried fruit on your cereal, have plain oats and grains with real fruit; swap your juice or fizzy drink for water. Go for a wee classy chocolate that's delicious rather than a gigantic bar of crappy stuff. Don't go without – change the habit.

**6 Savour** – Try to avoid busy multitasking meals when you're standing up, in the car, reading or watching TV: our brain sometimes doesn't even register we've eaten.

**7 Share** – If it suits, eat with other people for company and chat. If you have kids or housemates, make the meal together and talk while getting someone to set or decorate the table: kids often love to do this and make things special.

**8 Experiment** – Food can be fun, not just fuel. Try new tastes and methods, meals from different cultures. You may need to try something new a few times to allow your taste buds to adapt. Remember how you didn't like something when you were little, but now you do? You retrained.

**9 Judge** – What's a good-sized portion for you? Do you need a little extra or a little less? Shops and takeaway joints often serve stupid sizes, with hatchback-sized hamburgers and monster muffins.

**10 Save** – Save some for later if you're full. Don't finish everything in the packet or on your plate just because it's there. Instead of thinking 'We have to eat all this or it will be thrown away', freeze the rest for another day, put it back in the cupboard, allocate the leftovers for lunch the next day, start a compost system, or throw it away and get some more another day.

## 🍴 Mindful eating

'Mindful' is the buzzword to describe concentrating on your food so that you don't wolf down any old thing and then not even remember what you had or whether it was any good.

Cooking and preparing the food yourself also helps you to be 'mindful' about it. My nanna used to have all her fruit for the winter cooked and sealed in preserving jars because she only had access to local fruit in season. She used to have to chase, kill, scald, and pluck every feather out of her own chook to get a chicken to roast (and then clean up the wash house, I mean laundry). These days, if I wanted (and I don't) I could buy eight chooks ready-cooked in a bucket and eat them watching TV without really concentrating on where it was from, what it tasted like and how much of it I was eating. I'm not suggesting that you run around with an axe, only that taking time to choose good produce, deciding what to do with it and preparing it together with friends means you're really aware of what you're eating. And if you're often in a rush and you do have to get wolfy, try to have a little something you prepared earlier, to give yourself an extra moment to sit and eat.

The author of the book *Mindless Eating*, Brian Wansink, has done heaps of secret experiments to see how a bit of psychology can radically change people's eating habits. He found that everyone will eat more if the plates are big, if the servings are bigger, if the food is easy to get at, if they eat from a packet instead of tipping some food out, if they're eating quickly, if they can reach for more on the table, and if the restaurant menu is over-the-top descriptive.

Mr Wansink suggests you put vegies and salad in the middle of the table so people can have seconds – but only have the serving of meat and carbohydrates dished up on individual plates. Put pre-cut snack vegies on the middle shelves of the fridge, not the crisper, so they're within easy

# Food 'groups'

## Breakfast

Breakfast is very important to me, as is dinner. I don't like to skip meals. KAREN, 36, ASHGROVE

'I never ate breakfast for 15 years and was a mess by 11 a.m. Since adopting a proper diet I feel better and have lost weight.' AMANDA, 49, SYDNEY

I can't eat when I wake up in the morning, so I have breakfast at recess time. LOUISE, 29, ESSENDON

## Grazing

I never skip breakfast. I eat about every three hours and I can eat anything and not put on weight. KAREN, 45, ST CLAIR

I prefer grazing on lots of small meals. I really dislike huge portions. ELIZABETH, 58, FRANKSTON

'I eat little bits throughout the day.' EMMA, 32, BLUE MOUNTAINS

I'm trying to eat six small meals a day rather than one bigger one with snack attacks. JENNY, 49, KERANG

## Kids & vegies

Teach your children to chew. Most kids eat slop puree, then go on to mush, then chicken nuggets. They won't eat vegies because it involves chewing. Teach them young to appreciate the need to eat lumpy food. KERI, 42, BRISBANE

Kids will eat their vegies if you keep offering and you eat them too – even if your husband doesn't eat them. LOU, 29, NARRABEEN

## Chocolate

I eat three healthy, balanced meals a day plus an unreasonable amount of milk chocolate. MEGAN, 35, HIGGINS

I have healthy vegies most nights, but I need chocolate every day. CARLA, 28, ROXBURGH PARK

I eat mainly from the three main food groups: red wine, coffee and chocolate. ANNE, 42, TAREE

## Organic food

I try to eat organic food where possible. I try to avoid dangerous food additives and eat more fresh than processed food. EMMA, 26, CARINA HEIGHTS

'We get boxes of organic vegies and fruit delivered weekly (and eat everything by the time the next box arrives).' NICOLE, 35, GIRALANG

I'm opposed to GM food and supermarket 'fresh' produce. I try to buy free-range chicken, eggs and pork. I'd eat only organic if I could afford it. ANNE, 41, HAWTHORN

## Vegetarians & vegans

I've been a lacto-ovo-vegetarian since I was 11 and have studied nutrition all my life. My whole family is very healthy. DEBORAH, 53, GILMORE

'Being a vegan is a huge part of my identity, and compassionate eating is very important to me and to the planet.' PERN, 38, CANBERRA

I'm vegetarian, but that doesn't mean I always eat well! I'm always busy, so I eat more takeaway than I should. And I have major weaknesses for hot chips and chocolate! NATALIE, 29, MT EVELYN

'I used to be vegan when I was a teenager to early 20s, which I don't think was a great idea.' KAREN, 26, TEMPLESTOWE

Vegans bore me to death. KAREN, 36, BOX HILL

## Food allergies & intolerances

I have coeliac disease. I'm on a gluten-free diet, which affects me socially, financially and practically. GILLIAN, 46, MELBOURNE

I was recently found to be lactose-intolerant. It was a relief to find out the reason I'd felt so bad for almost a year. I dropped milk from my diet and I feel so much better that it's not really a struggle. KATIE, 50

Book yourself in for a test and then send the diagnosis to your GP. I have fructose malabsorption. See a dietitian who knows what they're talking about, too! CAROLYN, 30, MELBOURNE

'I'm gluten- and lactose-intolerant. It's hard to eat out, so my partner and I cook good, healthy food at home and take lunch to work.' MADELAINE, 29, BRUNSWICK

I have coeliac disease and I hate how everything is defined by food. If a friend or family member has allergies, try your hardest to accommodate them – don't just dismiss it! JANELLE, 36, WERRIBEE

reach. And keep carrots and celery on your work desk, but any sugary or salty snacks somewhere harder to get at – say, in another room, or higher up (or in Botswana).

**MORE INFO**
on mindful eating

**mindlesseating.org**
**Mindless Eating by Brian Wansink** Dr Wansink (he has a PhD and is Professor of Marketing at Cornell University in the US) conducts eating behaviour research. His book is all about what our brain is doing about our eating behaviours while we're not looking. (Please ignore the products sold on the website. Nobody needs a sticker that says 'Step Away From the Fridge'.)

## Unscary eating

If eating is your response to being anxious or sad or overwhelmed, or even just bored, then as well as changing your triggers and finding a non-food reward, it makes sense to look at the feelings, too. If you run screaming off the path into an unwanted three-day food fest, you don't have to punish yourself or charge further into another panic response. Just remember where the path is and meander back towards it. See Chapter 20, 'Feelings & Moods', and Chapter 21, 'Mental Health', for how to deal with anxiety and other negative feelings.

**MORE INFO**
on unscary eating

**ifnotdieting.com.au**
**If Not Dieting, Then What?** and **Calm Eating by Rick Kausman** Australia's leading medical eating behaviour specialist explains with understanding and kindness how to feel calmer and forgive yourself when it comes to food and eating. The website has personal stories, support and advice.

## Comfort eating

Women tend to go for 'reward foods' that are high in sugar, like chocolate, ice-cream and biscuits. Men tend to like hearty meals, but can 'accidentally' eat a lot of sugar in boxed breakfast cereals, fizzy drinks and beer, even yoghurt.

## Eating Too Much

Eating too much is associated with several health risks, and your pants not fitting. See 'Binge-eating Disorder or Overeating' in Chapter 21, 'Mental Health', and contact one of the eating disorder support groups listed there if you feel that you can't control the amount of food you eat, or that you binge eat or that you can't stop eating even when you're not hungry. They have many people with the same problem in their support groups, and can recommend counsellors and strategies.

Accept that changing your life is going to take effort and work – it can be mentally challenging and sometimes physically hard going, so give yourself regular rewards (think about ones that aren't food, such as pampering sessions, new clothes, money towards a holiday). You deserve them for all your hard work. Try to be as kind and understanding to yourself as a best friend would be; go slowwwly and gradually – any successful and lasting change has to become part of the way you think and feel.

Also have a look at:

- 'Comfort Eating', in the 'Food & Feelings' section earlier in this chapter
- 'Fat Acceptance', in Chapter 3, 'How to Make Friends With Your Body'
- 'Dieting & Restricting Food', coming up. Most people who 'overeat' also try to compensate with dieting behaviour, which makes you miserable and forces the brain to signal you to eat more.

**MORE INFO**
on overeating

If you feel worried about overeating, ask your GP to refer you to a dietitian or eating behaviours counsellor. Any approach that just restricts food but fails to tackle the underlying reason for overeating will fail you. See also 'Eating Disorders' in Chapter 21, 'Mental Health'.

**overcomingovereating.com** US authors outline a recovery plan.

**ifnotdieting.com.au** Australian eating behaviours expert Dr Rick Kausman's sensible and kind approach to 'normalising' food.

## 🍴 Portion sizes

We're used to such preposterously large servings now, in restaurants and at home. Muffins used to be the size of weeny fairy cakes, now they're nearly as big as a rockmelon and have enough calories for almost a full day with hardly any nutrients. Food served in restaurants can be enough for two or three sensible main meals – on the one plate. Pasta was originally served in Italy as a small entrée with a modest sauce, followed by more vegetable-based dishes. We've inflated it to a main meal size, sometimes drenching it in a cream-based sauce.

The psychological research shows the same results over and over: the bigger the plate, or the more food on the table, the more of it we eat. Humans are just hardwired to eat what's there in case there's none tomorrow.

So if you want your family to 'eat everything on the plate', put less on it. Just putting your normal meal into a smaller bowl or onto a smaller plate will mean you'll probably eat a more sensible amount of it. If it helps, use smaller plates and buy smaller packets of things to snack from, or better still, decant nuts or other snacks into little bowls.

Even people who *know* about the psychological effect of smaller plates and what's available will still eat more than they meant to if the plate or serving is bigger.

Main-course plates used to be about half to two-thirds the size of a modern one. They got huge in the 1980s during the fad for lonely 'nouvelle cuisine' in tiny portions on big plates. Pasta bowls are now the size of salad bowls. Next time you go to the supermarket, op shop or chain store, stock up on smaller plates and bowls.

The general 'rule' for serving is that half the meal should be vegetables, a quarter should be protein and about an eighth should be carbohydrate. They even sell plates with printed lines on them to help you remember, but that's probably going too far for most of us.

## 🍴 Weight-loss surgery

Weight-loss surgery – gastric-banding, gastric bypass and other devices used to restrict the capacity of the stomach – are very, very big business now. Some clinics offer payment plans and other incentives and conduct hard-sell 'information nights'. The Lap-Band (trademark registered) device and a silicone balloon designed to fill the stomach for six months and then be removed, are owned and marketed by Allergan, the company that makes Botox.

There are a few main types of weight-loss surgery:

• **Gastric band** – An adjustable silicone band, like a rubber band, is snapped in place around the top of the stomach. Imagine the stomach was a zero with a tight belt on – the gastric band turns it into a figure eight, with the top circle much smaller than the bottom one. This creates a much tinier area for the food to go into – if you eat more than will fit, you throw up. And because you don't have all the gastric juices of the tum to work on the food, you have to eat food that's mainly liquid, so it can trickle down over time into the lower, bigger part of the stomach's figure eight, for processing and passing on to other parts of the body. Some people will develop serious problems, including malnutrition because they will no longer absorb the right amount of nutrients, especially protein. Post-surgery patients will need monitoring for the rest of their lives.

• **Gastric bypass** – This op also makes the stomach area much smaller, but by stapling off a bit up the top about the size of a ping pong ball . . . and also rejigging the intestines so that food goes more quickly through the system.

• **Sleeve** – A very tight sock-like object is used to make only a small part of the stomach available for food to go into. Not so common, and often used as a pre-op for a gastric band or bypass.

• **Intragastric balloon** – A balloon is inserted into the stomach and inflated with water to fill most of it, so you can't eat much, and removed after six months. Because it's inserted and removed through the mouth, it's marketed as the 'non-surgical' option. Side effects can include the rupturing of the balloon, and that any weight loss is temporary. The manufacturers recommend it be used with 'supervised diet and lifestyle modification' until the device is taken out.

##  The weight-loss surgery debate

Many doctors and patient groups worldwide are now saying that these are not good operations for most people who are obese. The main criticisms include:

- Weight-loss surgery is rarely preceded or accompanied by appropriate psychological or psychiatric counselling.
- The reason for overeating is not addressed, so the patient is likely to keep doing it, causing physical complications and bad feelings.
- Because by definition many of the people who undergo the surgery are well above a healthy weight, the risks of complications from surgery, anaesthesia and recovery are higher than in the general population.
- The operations are marketed aggressively, often by telling patients they'll die if they don't have it, and some doctors, motivated by profit, don't properly warn patients about risks associated with the operation. People who are very overweight are often desperate, lonely and sad, and are easy prey for persuasive marketing.
- The 'hard sell' can include advising people to take a big tax penalty and 'cash in' their superannuation early on the grounds that if they don't they'll probably die before retirement age.
- The claim that studies of post-op patients have been funded by the manufacturers of the devices, and that in many cases the people who couldn't follow the required strict diet afterwards were excluded from the results, which then make the op seem more 'successful'.
- Patients aren't fully informed about how their lives will be more radically changed after the op. In many cases, for the rest of their life, people will be restricted to eating all their food – even meat – as a puree. This means they lose the association between food and pleasure, and can't go out with friends for a normal meal.
- People who overeat due to anxiety or depression may feel those conditions worsen if they remain psychologically untreated. Some US counsellors have reported a 'transfer' of addiction from food to other substances, including alcohol and drugs, when the eating is curtailed by surgery.
- Many patients have an unrealistic image of what their body will look like afterwards, and may require further serious surgery to remove remaining skin 'aprons' and flaps.
- Patients who overeat after the operation have reportedly been told that they've 'cheated' or failed. Eating 'normally' after the op can lead to complications, including the shifting of the restriction device, and the creation of a 'pouch' in the intestinal area into which the food is diverted.
- Common results include the 'productive burp' – a medical euphemism for common and sudden vomiting when patients eat solid food or more than tiny bits at a time. Many patients experience almost constant reflux after eating.

But surgeons who do the operation are utterly confident that this is an 'answer' to the 'obesity crisis'. At 'information evenings' around Australia, prospective patients are being told that studies prove the success of the procedures. Weight-loss surgeons are dismissive of criticism, and argue that they're helping people in a health crisis with the only thing that will curb their overeating and save them dying from obesity-related conditions.

Weight-loss surgery can cost several thousand dollars, and up to 40 per cent of patients may need another expensive operation to remove the device.

## Dieting & Restricting Food

Sometimes there are very good reasons for restricting food – some people have to adjust their diet because of an allergy or other health reason. Sometimes people do it because it makes them feel more in control, or because they're frightened of getting heavier. Sometimes restricting food is a mental health problem (see Chapter 21, 'Mental Health', for info on eating disorders.)

##  Why diets don't work

The weight you lost will go back on, plus more, because your body is trying to look after you. If it detects a 'starvation mode', it holds onto all the fat it can to help protect you from the famine. It allows your body to lose water, but not fat. Not only does it start creating as much fat as it can for an emergency supply, but it craves food, and your brain responds by being obsessed with food.

Meanwhile, it slows down your metabolism, so that even if you exercise you don't burn as much energy as you normally would.

Your body tells your brain to force you to eat again, only this time your brain has to order in more food to be stocked up in case the famine comes again. If you want to lose weight and keep it off, you need to make gradual, healthy changes that become your new habits, which are reinforced by and make sense with your lifestyle.

## 🍴 Top 10 diet don'ts

1 Don't go on a crash diet.

2 Don't go on a short-term diet.

3 Don't start dieting aiming for it to be 'permanent'.

4 Don't go on a diet that 'worked' for somebody else.

5 Don't eat foods labelled 'diet' or 'low-fat'.

6 Don't say you need to go on a diet.

7 Don't 'diet' for an event.

8 Don't diet to fit into an outfit.

9 Don't ever take diet advice from a celebrity.

10 Don't take 'weight-loss tips' from magazines, newspapers, TV shows, websites, well-meaning relatives or friends.

People go on diets because they don't know that diets don't work. They want to lose weight because they think looking thinner will make them happier. It's hard for them to realise that happiness isn't about the size of their body but what's happening in their head. And they go on diets because magazines, books and weight-loss companies promote diets as a way to lose weight. The magazines don't have diets because they work: they have diets because they know people worry about being fat and will buy magazines with diets in them.

Short-term diets are guaranteed to fail you while making you feel that you're the failure. If you go on a diet or stop eating much for a couple of days, you'll lose weight, so it will seem to be 'working'. 'Hurray,' you think. 'The diet works.' The catch is – it can't last and, in fact, it's training your body to put on extra weight.

### EASY RECIPE FOR UNWANTED WEIGHT GAIN

If you want to put on extra weight go on a diet. And if you want to put on lots of weight go on a lot of diets.

Diets are almost always impossible to stick to in other ways. They often make unreasonable demands, requiring us to devote masses of brain space and time to counting, measuring, weighing, following instructions, having strict shopping lists, buying foods that aren't in season, preparing unfamiliar meals we may not feel like eating that night (but it says you *have* to have grilled fish on Tuesday), and presume we never leave the house or need to eat when we're hungry without heaps of preparation.

### THE DIET FAILURE GUARANTEE

By saying, 'I'll never eat a doughnut', you're pretty much guaranteeing that that's all you'll think about. You then have two options: not eat it, which means you'll obsess about it even more; or eat it, which will ruin the effect you wanted. If you ban something, you'll get cravings and overcompensate by eating too much of it. Dieters feeling sad and deprived of comforting food are far more likely to binge eat than other people. Then later they feel guilty or depressed about 'failing'. It's not you that's failed – it's dieting.

## 🍴 Why you shouldn't diet

- Dieting mucks up your metabolism and trains your body to gain weight and keep it on.
- Fad diets restrict you to one or only a few kinds of food and deprive your body of nutrients.
- Dieting can cause hunger, tiredness, crabbiness, forgetfulness, inability to concentrate, headaches, muscle cramps, constipation, weak bones, vitamin and mineral deficiencies, dull hair and skin, bad breath and dehydration.
- Dieting can lead to depression – the more you diet, the more severe the depression can be.
- Dieting is a known trigger for eating disorders (see Chapter 21, 'Mental Health').
- Dieting mostly doesn't factor in exercise as a must-do part of a healthy life, or provide enough energy for you to exercise without becoming exhausted or sick.
- Dieting can lead to futile 'yoyo' dieting – a diet doesn't work so inevitably you try it again or another one (lose some, put more on, lose some, put even more on).

- Dieting can set you up for a lifetime of feeling out of control – and sad, bad and mad about food.
- Prescribed dieting forces you onto meal plans that have foods you don't like or you don't feel like, or are out of season, or use foods that are expensive and not suited to family meals or to meals for one.
- Virtually no short-term diets are designed for an individual, so they don't suit anyone perfectly.
- We're social beings whose world is arranged around eating together. Dieters have to slink off or aren't able to fully join in, and it can feel lonely and isolating.
- Mums and dads especially need to be able to make simple, healthy meals that the whole family can eat. Diets that require complicated menus for different family members are silly and send the wrong messages to kids.

### 🍴 Blame the diet

Women tend to blame themselves when a diet fails. And in fact that's what some doctors, and the weight-loss industry tell them, too: 'Oh, it can't possibly be our marvellous method (or nutty idea of eating a biscuit or a drink instead of lunch). Noooo, it's just you, Missy No Will-power Fatima Boombah.' Women believe they fail because they didn't have enough willpower and that they just needed to stick to it – even when sticking to it is illogical, unhealthy, works against their body, and makes them crabby and exhausted. Repeat this mantra (I love a chant): *I* didn't fail, diets fail *me*.

### 🍴 Diet programs

Many big diet-program companies pay celebrities millions to recommend and endorse their products. While the celebrities may be entirely sincere, most of them, like most of the customers, will put the weight back on and then some. The vast majority of people who do a paid weight-loss program that involves counting, or using special meals, or otherwise restricting themselves to delivered or prescribed meals, will put the weight back on again unless they've made a continuing, long-term change that involves healthier eating, smaller portions, more physical activity and acceptance of gradual results. And while that's not easy, it doesn't have to involve paying a fee.

### 🍴 Celebrity diet advice

Magazines are forever breathlessly asking celebrities what their 'diet secrets' are or making it up, especially if the real answer from the celebrity would be red foods, hexagonal foods, chaff, 50–50 cordials, mashed swedes (sorry, Sven) and, oh, heroin. Pink allegedly said that every day she runs for an hour, does yoga for an hour and then starts drinking red wine, which is awfully practical. Some celebs don't even wait to be asked: Gwyneth Paltrow blogs about how she does nothing for days on end but eat a ludicrously unhealthy diet of juices, tiny amounts of solid food, 'coconut water' or straight olive oil off a spoon and take herbal laxatives, and then bores us to death about it. A celebrity trainer tells her clients to eat baby-food purees. I suspect some of them might eat their own G-strings if they were told to.

### 🍴 Where to get diet advice

Don't take diet advice from friends and family or 'gurus' of any kind without checking with a clued-up GP or a dietitian. Someone I know recently spent $800 on diet advice from an iridologist (somebody who believes they can diagnose illnesses from looking at the eye, a practice that fails proper scientific tests).

Most restrictive or 'exclusion' diets recommended by non-experts cause side effects and other problems that need to be compensated for. If these diets are applied to babies, children, teens, or anyone who could be or is pregnant, or breastfeeding, they can be especially dangerous to health. A diet that includes a wide range of food types is important, so always be suspicious of a diet that cuts out a whole food group or a colour of foods, or relies on something faddish such as your blood group. If it sounds bonkers it probably is.

When looking for somebody to advise you about food, seek professional qualifications, experience, and a sensible and calm attitude that doesn't involve echoes of their own worries and issues, punishment, difficult rules and blame or threats. See 'Who's Who in Diet & Nutrition Practitioners' later in this chapter.

**MORE INFO**
on nutrition & diet advice

**daa.asn.au**
**1800 812 942** The Dietitians Association of Australia site can help you find an Accredited Practising Dietitian.

**ifnotdieting.com.au** Dr Rick Kausman has an Australian and NZ list of practitioners who've done specialised training or have experience in this area, including GPs, dietitians, sports trainers and physiologists, psychologists, naturopaths and counsellors. Choose 'If Not Dieting Information', then 'Health Professionals'.

**healthinsite.gov.au** Search 'nutrition' on this Federal Health Department site for lots of fact sheets for different life stages.

## THE LATEST DIET

Crazes or fashionable diets with bestselling books are a waste of time: they come and go and none of them is magic or a 'cure'. Most fad diets combine two elements: a new 'reason' for being overweight, and a solution that they promise will be simple but involves you buying the book and following instructions. Faddish alleged 'reasons' for being overweight include cheese, indigestion, mucus, carbohydrates, your liver misbehaving, being 'poisoned' or 'toxic' in some way, eating the wrong things before 11 a.m., eating certain combinations of foods, or your body 'type'. There's absolutely no scientific basis for any of this. You may as well base a diet on numerology, your religion, your horoscope or your blood type. Oh wait, they already have. Okay then, your hair colour, your football team and the way you pronounce 'h'. Give 'em time.

## 🌸 Diet ideas to avoid

- **Dieting together** – Don't share short-term dieting either with a friend or through a club, magazine or website. It can result in shared obsessions and competition. Competitions are a known risk for developing an eating disorder.

- **A contagious atmosphere of self-loathing** – If you must say mean things about your body, talk about being fat and make faces at yourself in the mirror, please keep it to yourself and, especially, don't do it near kids or teenagers. Girls learn from you to hate themselves and boys learn that women of different shapes are not worthy. Help to raise the next generation to better resist these messages – make your home a haven from the judgemental onslaught they get all the time everywhere else.

- **Fasting** – Don't fast (this means having no food or fluids, or very little, for a day or more): it provides no health benefit, it's dangerous and possibly damaging, especially if you have anything to do, or you could possibly be pregnant, or you're young, or old. That's everyone, so knock it off. Some people are required to fast for short periods – not days – for religious reasons, but religions will make exceptions and other arrangements for children, teens, pregnant women and women who are breastfeeding. Never participate in charity diets or fasts. Show your support another way. (See also 'Detoxing', coming up).

- **Diet pills** – Aka prescribed 'speed', a drug or similar substance that makes you less hungry, or not hungry at all, and may make you feel buzzy, unable to sleep, cranky or faint. You could do damage to your kidneys, become deficient in basic nutrients and, I'm not kidding, miss too much sleep and lose your mind.

- **Laxatives** – Drugs or herbs used to cause diarrhoea as soon as possible after eating don't result in any weight loss, because some food is still absorbed. Taking laxatives a lot or regularly can lead to you not being able to control when poo comes out. Bleeding from your bottom and dehydration are other possible results.

- **Meal 'replacements' or 'supplements'** – Usually a powdered drink or a biscuit. No fun, not social, hard to stick to and just plain weird. It's shameful that any pharmacist would sell that sort of 'meal replacement' idea to customers, because if they've done any research at all, they'll know it won't work long-term, but they're happy to take your money while saying they give specialised professional medical advice. Cutpurses, brigands and flim-flammers.

- **Patches or gels** – Claimed to release a 'fat-burning' or 'fat-melting' substance into your system. No, they don't – there's no such thing.

- **Palaver** – Just eat fruit; never eat fruit; eat nothing that's white; eat nothing before 11 a.m.; eat nothing after 11 a.m.; eat anything you can ingest through your nostrils; eat half of what's on the plate; leave the food, eat the plate; spray your leftovers with Windex; eat every second day; follow the bouncing celebrity (as they gain and lose weight); fast for three days, eat a wall calendar and combine with protein; put a picture of a starlet on the fridge; put a picture of Madeleine Albright on the steering wheel (I love her); eat well 80 per cent of the time; eat pieces of protein the size of your palm; eat palms the size of a piece of protein; weigh the food you eat; weigh your poo; weigh yourself every 56 minutes; weigh anchor; eat the lowest kilojoule things on your plate first; or leave three bites on your plate. You get the picture.

- **No carbs** – This makes you exhausted, furious and farty. It makes your breath smell putrid. You'll lose some weight and think it's working but then your body will force you to stop being such an idiot and make you eat, and the weight will probably all go back on plus some more.

- **Proximity** – Put all the healthy snacks cut and ready and easy to get to at the front of the fridge and put less healthy stuff in harder-to-get-at places. Actually, this is quite a good idea, but long-term, not for a short-term diet. The theory is good, I just don't want to put my chocolate in Bolivia.

- **No white foods** – This means you're not allowed to eat white sugar, flour, bread, potatoes, rice, snow, hotel sheets or Nicole Kidman.

- **Raw foods** – Some foods are fine raw, but they're much more easily digested if you cook them even a bit. Steamed broccoli is so much nicer than raw . . . cooking and warming foods is naturally comforting and (unless you blast or burn or overcook), with steaming or grilling or low-oil baking, you retain more than enough nutrients. At its extreme end are the people who'll only eat raw food, or only eat food they've gathered themselves and hidden in their beard.

- **Eat heaps of fibre** – Well, yes, eating enough fibre is good – it fills you up and if you drink enough water you go to the toilet often enough. But it doesn't 'flush away kilojoules'.

### THINK OUTSIDE THE DIET

Everyone has an individual metabolism, body shape, body build, appetite, activity level, lifestyle, shopping venue, income, and lives in a different place during varying seasons. One diet NEVER fits all.

### DIET FADS: SNIFFING

Why do mags and websites keep saying that sniffing peppermint and grapefruit will suppress your appetite? The answers will amaze you. Grapefruit, because an aromatherapist once suggested it might work. Peppermint, for two reasons. One: some chefs chew mint-flavoured gum to suppress their appetite. Two: I traced this back to a 'study' at the Wheeling Jesuit University (do you reckon they have priests on unicycles?) in West Virginia. Some years ago, students tested a product supplied by a company marketing a 'sports inhaler' by giving it to basketball-playing students to see if they played better. Then the university psychology department started doing all sorts of other 'studies' on small groups of students sniffing peppermint and whether it affects alertness, appetite, playing screen games and the urge to smoke.

Most of the studies are overseen by one of the uni's associate professors of psychology, Bryan Raudenbush. In 2008 a group of his students won a university research prize for their study 'The Effects of Peppermint Scent on Appetite and Caloric Intake'.

The uni has a big archive of peppermint-related press releases referring the media to Dr Raudenbush, but no details of control groups, numbers of people in the studies, or who funded them. The appetite suppressant 'study' 'results' have been repeated ad nauseum in magazines and websites. On the basis of NO proper evidence AT ALL from a TINY study that has never been fully published, or published in any respectable medical or scientific journal.

### DIETS & THE LOSS OF REASON

People who diet often justify this unhealthy behaviour by saying they have some sort of special reason to diet. Maybe they're in the public eye, or they've given lifestyle advice publicly, or they're getting married, or they have a food 'intolerance' (one they've assumed rather than had properly diagnosed). Or they're going on holiday, or, or, or. The truth is, if you want to diet you can manufacture any 'excuse' or pretend you fall into some sort of special category. We're all in a special category of one. Everybody has a reason to eat healthy food and be fit, but hardly anybody has a real reason (such as a medical problem) to go on a short-term diet.

## 🍴 'Detoxing'

'Detoxing' is a diet wearing a Fuzzy Felt moustache. In other words, detoxing is dieting in disguise, and not a very good one. It's what a lot of people do when they want to feel they're doing something 'healthy' and 'moral' rather than use the word 'dieting'. The truth is, detoxing isn't healthy or moral or useful. And in many cases it's dangerous and severely whacks your immune system and metabolism for a loop.

The body already deals with any toxins. It breaks down and distributes the stuff you eat and drink, using the liver, and the digestive and excretory departments, to process and get rid of what it doesn't need, and converting any unused sugar into fat. A 'detox' diet can't stop or speed up that process.

Unhealthy foods *don't* leave toxins or poisons or deposits behind in your body that can be expelled or pushed out of the skin or colon by fasting or drinking concoctions. You *don't* need to 'brush' the sides of your colon with cleansing or exfoliating herbs or substances. And you *don't* need to punish or deprive your body for what has gone before.

Detoxing and fasting can cause headaches, stomach upsets and a shock to the system that can be very severe, depending on the circumstances. It has certainly been implicated in miscarriages and you should never do it if you might be pregnant or are breastfeeding – or, frankly, if you have to get up in the morning at any point.

If you want to change your life, you don't need a severe 'kickstart'. It's much healthier and much more likely to be useful for you if you change to healthier eating and drinking habits over a period of time. Changing can take quite a while until the new habits become, erm, habitual.

Most 'detoxing' drinks are made from vegetable waste and pulp, some synthesised vitamins, some fruit flavourings and green tea. The ingredients are cheaper than chips, the package price is high and they have no special powers. 'Detox programs' of tablets made from herbs, vitamins and minerals are really just elaborate herbal laxatives incorporating a vitamin pill – at muuuuch higher prices than it would cost to buy the laxatives and vitamins separately for the same effect (that is, no useful effect). You will poo a lot, but you're not pooing out anything terrible, or anything that has 'built up' inside you. It's just giving you mild (or violent, depending on your individual reaction) diarrhoea.

One of the reasons you 'feel better' *after* (*not* during) a detox regime is the relief of your body at being able to eat some proper protein and other food again. Humans have not evolved to thrive on strict exclusion diets. Our bodies do not like it. It makes us anxious, as we're hardwired to feel we need to fix the starvation problem. Deliberately continuing to starve yourself messes with your head. Women used to do it so they had hallucinations and psychotic episodes; they thought were religious visions. Whoops.

## 🍴 Low GI

The glycemic index (GI) was invented in the late 20th century as part of diabetes research. It's a way of categorising carbohydrates based on how much each one will raise blood glucose levels (and therefore give you energy), for how long. Foods with a low GI release energy over a longer period. People with diabetes or at risk of heart disease are encouraged to choose low-GI foods eaten at intervals to keep blood sugar levels balanced.

Other folk have become interested in low-GI foods because they like the idea of a slower release of energy that doesn't make you hungry or tired as often. There's conflicting evidence on whether the habit of eating low-GI foods is an efficient long-term weight-loss tool.

It's really hard to guess what might be high-, medium- or low-GI – you have to look at complex glycemic index lists. All in all, unless there's a special health reason to be strict about the GI of your food, you just need a rough idea of what will give you a sustained energy boost. Other than that, it gets pretty confusing and time-consuming for no great benefit.

Some nutrition panels on food labels now carry a GI rating. A low GI doesn't necessarily mean 'good'. Some foods can have a low GI but be high in fat (such as potato chips and chocolate).

### HOW DO SLEEP, GENES OR VIRUSES AFFECT OUR WEIGHT?

We dunno. Researchers continue to study the varying roles of genes, sleep and even viruses in gaining and maintaining extra weight. 'They' are now almost sure that exercising won't make you lose weight if you don't also adjust the kind of food you eat, unless you're a marathon runner. (The exercise activity has important health benefits, though – see Chapter 11, 'Move', for more.) We don't yet know what else 'they' will find, or whether they'll change their minds, but we do know for sure that eating good food and being active are pretty much guaranteed to make you feel better about yourself and enjoy life more.

**MORE INFO**
on diets

**choice.com.au** The Australian Consumers' Association site has reviews of fad diets and diet products. Check out 'Food and Health'.

**ifnotdieting.com.au**
**If Not Dieting Then What? by Rick Kausman**
The books and website of Dr Rick Kausman, the eating behaviours expert, help people develop a good relationship with food and their body.

## Food Allergies & Intolerances

Allergies and food intolerances can cause anything from mild nausea and diarrhoea to a violent rash and potentially fatal inability to breathe due to anaphylactic shock. So it's really annoying for people with proper real allergies when other people pretend to have allergies or self-diagnose, or assume or convince themselves that they have an intolerance or allergy. People can assume or claim an allergy as a way to lose weight or to be 'special', or to impose more control over their eating because they feel safer with strict rules.

### 👄 What's the difference?

- **A food allergy** – This is an immune-system response to the food ingredient. The body recognises the ingredient as foreign and produces antibodies, histamines and other 'defensive' chemicals, causing inflammation. This can take the form of a runny nose, rash, itching, swelling, burning sensations, vomiting and diarrhoea, or scary throat swelling and breathing difficulties. A severe and life-threatening immune reaction is called anaphylaxis. More common allergens in this category include milk, soy, shellfish, peanuts and egg.

- **A food intolerance** – This is an uncomfortable reaction to foods that doesn't involve the immune system and can cause bloating, farting and pain (like the symptoms of irritable bowel syndrome, see below), headaches, wheezing and runny nose, some sort of rash and generally feeling out of sorts. Many people are intolerant to one or more food additives or natural ingredients and chemicals. These can include, but aren't limited to: wheat, dairy, chocolate, caffeine, alcohol, specific colourings, preservatives and food chemicals in families known as salicylates, amines, glutamates and sulfites. Lactose intolerance is relatively common in Caucasian people (about 5 to 30 per cent of your white folk) and very likely in people with Asian heritage (90 per cent). Lactose is usually in milk, yoghurt and ice-cream; the intolerance tends to get worse with age.

- **Coeliac disease** – This (pronounced *sealy-ack*) is neither an allergy nor an intolerance. It's an autoimmune disease that causes the immune system of susceptible people to react against gluten proteins in wheat, rye, oats and barley. The immune system reacts to the gluten by quickly making extra white blood cells, which inflame and damage the lining of the small bowel. People with coeliac disease can experience nausea, farting, bloating, constipation, diarrhoea, tiredness and a sensible suspicion that they're not gaining all the possible nutrients from their food. It seems paradoxical that most people with it are probably never diagnosed, while many people who don't have it say they're allergic to gluten. Gluten intolerance is not the same thing as coeliac disease, which is diagnosed with a blood test and bowel biopsy. People who suspect either of these gluten-reactive conditions must not self-diagnose and need to see their GP.

- **Digestion problems** – Many people have conditions that mean they have trouble fully digesting, absorbing and processing some kinds of natural food chemicals, especially some carbohydrates. The symptoms are often the same as those of irritable bowel syndrome (see below). Fructose malabsorption and lactose intolerance are the most common ones. Some can be diagnosed easily, some can't. Seeing an experienced dietitian with a specialty in food intolerances is a must. The cluster of symptom-causing items is often referred to rather inelegantly as FODMAP (which is an acronym for a list of culpable carbohydrates but sounds like a big sneeze).

## ALLERGY ETIQUETTE

- All those with allergies will declare it on booking or accepting the invitation.
- Hosts and restaurants will make their best efforts to arrange something special, but if that is not possible, will say so at the time of booking or RSVP.
- No person should 'try' to slip into food something somebody says they're intolerant or allergic to. This is not amusing and can be life-threatening.
- All those *with* allergies will refrain from banging on about their symptoms or medical histories, how difficult their life is, etc., unless invited to do so.
- All those *without* allergies will refrain from banging on about so-called miracle cures and relatives who grew out of it, and from expressing uneducated opinions and blustering scoffery, unless invited to do so.

## FOOD FUCKABOUTS

This excellent term, coined in the blogosphere, refers to people who claim to be 'allergic' to an ever-changing list of things, depending on what they'd like to order or cook; or say they're 'not drinking' and then order three; they're 'allergic to white foods'; or bang on about being totally 'gluten-intolerant' but not when it's cake; they don't eat meat but can't resist a chop off your plate; they're, like, almost todally vegan, but have to have bacon in their BLT.

## IRRITABLE BOWEL SYNDROME (IBS)

Yes, it means having a cranky bot. Symptoms include related complaints, usually caused by a food intolerance or digestion problem, including wind pain, bloating, farting, and diarrhoea or constipation. IBS is more common in women. Its causes are unknown, but we do know that IBS does not turn into bowel cancer. Similar symptoms can be caused by an imbalance of gut flora, period pain transferring spasms to the bowel, or an allergy or intolerance to certain types of foods (so it's important to get a professional assessment).

IBS is diagnosed by a doctor pondering your symptoms, medical history and a physical exam, and may include pathology tests on your blood or poo and possibly but probably not a colonoscopy, which is a delightful opportunity to have a small camera on a tube stuffed delicately up your bottom. IBS can't be cured but can be managed with a high-fibre, high-seeds diet and drinking plenty of water. Medication can help manage diarrhoea and constipation, relieve pain and reduce spasms.

**MORE INFO**
on irritable bowel syndrome

**ibis-australia.org** Irritable Bowel Information and Support Association site. Choose 'State Contacts'.

**glutenfreegirl.com** US site with links to other sites, bloggers, recipes and stories.

## Confirming an allergy

Allergies need to be medically confirmed. Self-diagnosis is not an option. Start with your GP, who can give you a referral, if necessary, to an allergy specialist or dietitian. Allergies must not be diagnosed by natural health practitioners, but these people can help a great deal with management, complementary therapies (which must be reported to your doctor) and lifestyle advice.

'Gut'-related symptoms can be very confusing and come and go. It can take time to work out what the problem is. It's important not just to seize on something that seems logical. Many things cause similar symptoms, including stress.

Some people have assumed they're allergic to wheat, restricting themselves to a difficult diet for years, only to find out they didn't have an allergy at all, just an imbalance in gut flora, or stress causing tummy pains or nausea. If you've stopped eating a kind of food and then you eat a big whack of it and have a bad reaction, it may mean you need to reintroduce it in little bits, not that you are allergic. Anything you eat too much of is likely to make you feel odd and wrong.

### 🖐 Recovering from a food allergy

Many people will have an allergy or intolerance for life and learn to manage it well, but research is all pointing towards the ability of many people to recover, even from a serious allergy, as long as they're under a medical allergy specialist's supervision and have a very gradual and monitored program of reintroducing foods in a certain way. So get thee to a specialist.

## Food & Morals

Food is now a political issue, with questions of morality or virtue, and issues of capitalism and commercialism versus nature and subsistence. Here's a round-up of food as medicine, genetically modified and organic food, and vegetarianism and veganism.

### 🖐 Genetically modified food

Many consumers don't want to eat food made from genetically modified (GM) crops or ingredients because it's not possible to predict their effects on human bodies or on the crops themselves. Others say it's the way of the future and that we have to get used to it and regulate it, because it's the best weapon that we have against starvation in the developing world.

Beware of panic-inducing *Current Affair*-style activist tactics such as a picture of a baby drinking milk with the red stamp 'contaminated' across it. While you have a right to know if there are GM products in what you buy, there's no evidence that they will harm you or your baby.

 ✳ **MORE INFO** on food allergies & intolerances

**daa.asn.au**
**1800 812 942** See 'Who's Who in Diet & Nutrition Practitioners', later in this chapter, for the difference between nutritionists and dietitians. Some dietitians have a subspecialty in intolerances or allergies. This site of the Dietitians Association of Australia can help you find one.

**allergyfacts.org.au** The non-profit organisation Anaphylaxis Australia's site covers serious allergies, with info, advice and support, including risk management and food alerts for products. Choose 'Living With the Risk', then 'Allergen Cards' for cards for shopping or restaurants for people allergic to milk, egg, wheat, soy, tree nuts, peanuts, fish, shellfish, sesame and soy.

**coeliac.com.au** This site from Australian dietitian (and consultant on this chapter) Sue Shepherd has

specialist info, support, links and lists of friendly cookbooks and restaurants, also for people with gluten and lactose intolerance, fructose malabsorption and IBS. Illustrated shopping guides for sale.

**Food Intolerance Management Plan by Sue Shepherd & Peter Gibson** Easy-to-read, helpful explanations and treatment info for irritable bowel syndrome, lactose and other intolerances, plus lots of recipes and hints for eating out.

**Gluten-free Cooking** and **The Gluten-free Kitchen by Sue Shepherd** Simply scrummy books, no matter what your insides are doing. Recipes avoid dairy, fructose, lactose, IBS triggers and wheat. The emphasis is on simple substitutions here and there.

**MORE INFO**
on genetically modified food

**daff.gov.au/agriculture-food/biotechnology**
The Federal Department of Agriculture page
on regulation of GM farming and related issues,
including studies and fact sheets.

**truefood.org.au** The Australian Truefood
Network is a non-profit organisation formed by
Greenpeace, opposed to GM foods and made up
of consumers, dietitians and chefs. The site has
a guide to brands to avoid and GM-free brands
to buy. Choose 'Truefood: The Guide'.

## Organic food

Organic usually means no extra chemicals are
added to the soil or in the growing or feeding cycles
when the food is produced, and that the relevant
ground has been free of added chemicals for a set
time. Growing foods and making products with a
minimum of pesticides or exposure to pollution
is an important eco-friendly aim. Almost all of
Australia's chefs prefer organic produce where possible: they say it tastes better and has other benefits
for farmers and the environment. Some farmers
say they use only safe pesticides and that being
totally 'organic' isn't possible in their industry.

The scientific evidence is now in on the nutrition levels of organic and non-organic food, and it
looks like organic foods have no more nutritional
value than non-organic foods. On the other hand,
maybe it's time we stopped buying apples as big
as our head that are grown because of how well
they travel to the supermarket rather than how
they taste, and did our level best to reduce poisons and pesticides in the environment. That's
reason enough to choose organic if you can.
Unfortunately, it's more expensive because of
logistics and volumes.

While many claims are made that a product is
organic, some packaged food has only a small
amount of organic ingredients. Any truly organic
food or product should be certified organic and
carry the official logo to ensure the industry-
standard 95 per cent regulated level, as well as
satisfying other regulated requirements such
as no GM. There's always argy-bargy about the
exact definition (see 'More Info on Organic Food',
coming up).

'Biodynamic' is a stricter and more philosophical form of organic farming introduced by
Rudolph Steiner (of Steiner school fame) about a
hundred years ago. Many of its rules are now considered outdated by other organic farmers.

'Macrobiotic' just means a grain-based diet that
avoids processed foods. It's often reinterpreted as
an Eastern or New-Age approach, or rolled in with
organic or other issues, with a bias against foods
in the nightshade family (potatoes, eggplants,
capsicums, tomatoes and others).

**MORE INFO**
on organic food

**australianorganic.com.au** This Biological
Farmers of Australia site has the definition of
'certified organic', shows the logo to look out for
and has info on where to buy organic foods.

## Vegetarians & vegans

Many people take the moral position that they
think eating animals is wrong, and so they're
vegetarians. Others will eat only meat and animal-
related products that they believe have been
humanely harvested. Many vegetarians have
religious reasons for their diet, some are experimenting, for some it's about being part of a group
of like-minded folk, and some go through a veg
phase as teens or experiment with changing food
'rules' for themselves.

An especially moral atmosphere, as well as a
link to the extreme dieting movement and celebrity endorsement, has grown up around being
a vegan. Some do it to stay thin; others become
obsessed with rules and restrictions, so that their
days are dominated by thoughts and discussions
of what they can and can't eat.

Vegetarian advocates argue persuasively that
growing meat can take too much water and often
pesticides, and produce too much carbon, and
that many methods of creating mass-produced
meat involve cruelty to animals and result in
unhealthy produce. They argue that vegetarian
diets are better for the planet and for health.
Opponents say, with equal intellectual rigour,
that humans are supposed to eat meat, but it
should be produced with humane integrity and
attention to quality.

## Is it healthier to be vegetarian or vegan?

Eating more vegetables and fruits and non-meat protein is a good idea. Eating too much meat and dairy foods and not enough vegies has contributed to many an early heart attack, and probably some cancers. But eating no meat or animal products at all can create a poor diet and an ongoing state of nutrient deficiency. We've evolved to most easily get all the nutrients we need from a diet that includes meat and dairy products.

To truly be healthy, all vegetarians need to be strict and strategic. They can't just eat 'not meat'. They need to be careful about getting enough protein, not filling up on 'empty' calories of a mainly carbohydrate diet or getting their energy from sugar, and they need to take vitamin and mineral supplements unless they have a very well-planned daily intake.

Vegetarian diets for pregnant and breastfeeding women and children need to be carefully and precisely calibrated and supplemented to ensure enough nutrients are being taken in. Even where vegetarianism is normal for everyone, say for religious or economic reasons, most people will not reach their full height or muscle potential.

Vegans have even more of a problem when it comes to making sure they eat a properly healthy diet. A vegan diet is not suitable for pregnant or breastfeeding women, or for children. I understand that some people feel strongly about the moral reasons for being vegan, but they can't claim with credibility that a vegan diet provides enough for optimum child brain and physical development.

A lot of vegetarian 'meat substitutes' are not high in protein or nutrients – some have a lot of filler made from waste vegie products such as chokoes or bruised apple, and they can be very high in sugar and salt. Check labels carefully to make sure you're getting what you pay for and what your body needs.

## Special issues for vegetarians

Teenagers, children, pregnant and breastfeeding women have more nutritional needs than other adults. Almost all info for vegetarians and vegans on the internet and in books and handouts is for adults, and unsuitable for children or teens. Watch:

- **vitamin B12** – essential for brain development and continuing health, it's undeniably only naturally available in animal products. B12 supplements are available
- **zinc** – less well absorbed if you're a vegetarian, so a supplement is important
- **calcium** – absorption can be blocked by substances in some green leafy vegetables. Vegans need good alternative sources of calcium. Certain foods, such as some soy products, have extra calcium added
- **iron** – many vegetarians and all vegans will be iron-deficient without a supplement. Some soy milks, cereals and breads have chemically added iron. Iron from vegetable sources is more easily absorbed by the body when combined with food or (sugar-free) juices rich in vitamin C, such as capsicums, guavas, blackcurrants, mangoes, oranges and other fruit
- **protein** – vegetarians and vegans must replace meat each day with enough serves of other proteins for energy needs. 'What We Need to Eat', coming up, gives good non-meat and non-animal alternatives for protein.

##  Ethical eating

Vegetarian choices are one part of a growing movement described as ethical eating, which calls for sustainable and environmentally sensible methods of food production, more equity in food distribution and use of resources, and a moral framework for the use of animal products, as well as regulation of hygiene and other practices in the journey to our plate.

### ✳ MORE INFO
on ethical eating

**Ethical Eating: How to Make Food Choices That Won't Cost the Earth by Angela Crocombe** An Australian vegetarian examines farming and food-making processes and the alternatives.

**The Ethics of What We Eat by Peter Singer & Jim Mason** Australian expat ethics philosopher Singer and his co-author challenge the intensive farming and meat policies and practices of the US.

## 'MORAL' FOOD OBSESSIONS

Fixations on food can take the form of insisting without exception that food comes from somewhere within 100 kilometres, and is organic, shriekingly fresh and seasonal to the microsecond. It can be time-consuming and impractical to have 'slow food' on a weeknight or to shop and cook from scratch every day, or eat food only from local organic farmers. It's good to aim for these principles if you can afford them and have the time, but nobody's going to call the Food Police if you have the occasional grilled sandwich for dinner with cheese that came from a goat you didn't know personally. And if you *are* taken to task by somebody, do poke them in the eyes for me with some snappy and sustainable asparagus.

## What We Need to Eat

You need to work out what food is healthy and eat it. (Unless you're the heiress to a string of luxury hotels or a Hollywood starlet who, in between being photographed and sliding off nightclub banquettes into a pile of her own underpants, exists mostly on room service, narcotics and red lolly snakes soaked in gin by a personal chef at whom she throws hairbrushes.)

So here's everything you need to know about the food you need, when you need to eat it, and why. Most recommendations on food intake are for women aged 19 to 60 and they're not precise. Teenagers, pregnant women and breastfeeding women need considerably more. Teenagers are doubling the size of their skeleton during those years, so don't let them go on diets. (See my books *Up the Duff*, for what to eat when you're pregnant and breastfeeding, and *Girl Stuff*, for teen eating.)

### 👄 We need to eat brekky

Skipping breakfast makes you crave sugary snacks or drinks during the day, means it's harder to concentrate, and causes undue snippiness, dizzy mistakes, shipping accidents and the raining of frogs upon the earth.

If time is the problem, get some things ready the night before. Soak some rice or oats for porridge, lay out bread and stuff you need next to the toaster, or have smoothie ingredients sitting ready in a cup or blender in the fridge and just whizz it when you wake up. One of those high-sugar, high-salt, high-fat, high-desiccated-cardboard, processed 'breakfast bars' is not the answer. (And they cost more.)

Try DIY porridge made from unsweetened rolled oats (cooked on the stove or microwaved with milk) or low-sugar low-fat muesli – sprinkle them with chopped nuts and fresh or poached fruit (made last night), and maybe some honey.

Almost everyone who switches to having protein as well as carbohydrates for breakfast feels better, with more energy. That's why there's a tradition of eating fish for breakfast in many cultures. Some ways to eat protein at breakfast are:

- a low-fat milkshake with a banana in it
- chopped almonds on your porridge
- one of these on toast – fetta, a boiled or poached egg, canned fish, poached chicken breast slices (made the night before), lean roast beef, low-fat nut spreads.

### 👄 We need to eat often

If you go too long without food, your blood sugar level drops and you can feel dizzy, tired and crabby. And if you let yourself get madly hungry, you'll be more likely to grab something sugary, which will only give you a quick burst of energy before you feel tired again. That's why it's important to eat three decent meals a day, with healthy snacks if you get peckish in between, or five or six much smaller meals, sometimes called 'grazing'.

The best snack foods create longer lasting energy rather than a sudden 'high' followed by a crash. These include dairy foods, soy foods, fruit and vegies, as well as rolled oats, beans and lentils, nuts, and small amounts of starchy things like basmati rice and pasta. In second place for snacks are rye bread, brown rice and couscous.

Snacks that travel well in a handbag include reusable small plastic containers with roasted or raw almonds, carrot sticks, snow peas, cherry tomatoes, roasted pumpkin seeds, and hard fruits such as apples. Rice or pasta can also be taken in a sealed container. So can fresh fruit salad, packed in with a few squeezes of lemon juice so bits don't go brown.

## GUT BACTERIA

Many yoghurts, drinks and pills containing 'acidophilus', 'probiotics' or 'good gut bacteria' carry claims of special health benefits. Consumer tests have shown that many of these products have tiny amounts of bacteria surviving in them anyway; most contribute to a weight problem because of high sugar levels; and there's conflicting evidence about whether they're a good or a bad idea. Some of their 'good' bacteria is killed at room temperature, many more die at higher temperatures, and body temperature kills some more. Frankly, it's a massacre. So, if you're going to have acidophilus products, make sure you have a problem they might help, research their likely effect with independent sources, choose sugar-free versions, store them in the fridge until you use them, and cross your fingers. (Even if the label says 'room-temperature stable', keep them in the fridge unless your 'room temperature' is always cool.)

## PREGNANCY FOOD NEEDS

If you're thinking of becoming pregnant, see info on preparing for pregnancy in my book *Up the Duff* – in the meantime, start taking a reputable-brand pregnancy vitamin and mineral supplement containing folate. *Up the Duff* explains the foods you should avoid, especially during the first three months of pregnancy.

## 🍠 We need unprocessed food

One of the 'food rules' often hurled about like word confetti is 'Don't eat food your grandmother wouldn't recognise'. This doesn't help many Australians, whose nannas only ever ate fried eggs, mutton chops and sponge cakes, and drank milky tea so strong you could use it to paint a shed brown. Their only response to a mango would have been to throw it at a cow to make it go through the gate and they probably thought salad greens were a slutty hat decoration. But for most people, the idea behind

---

## WHO'S WHO IN DIET & NUTRITION PRACTITIONERS

There are no rules about who can call themselves a nutritionist. After researching this section, I can call myself one. But I shan't. A nutrition course should include extensive medical information about anatomy and metabolism, and require years of study and training. Some 'nutrition courses' take only a few hours by correspondence, or a few weeks or months, or a year or two, or are a smaller part of an unregulated naturopathy or similar course at a college that also teaches courses on astrology and 'healing' without any medical content.

Only a dietitian has the right qualifications to work in a hospital or the food service industry, or to advise clients about medical nutritional therapy. Dietitian qualifications cover both theory and practice, with many strict assessments and accreditation processes involving exams and practical experience. The Dietitians Association of Australia is trying to help with the confusion by introducing two recognised credentials:

- **Accredited Nutritionist (AN)** – has completed an approved tertiary course and can specialise in public or community health nutrition or teach tertiary nutrition courses, but is not qualified to provide individual dietary counselling, group therapy or medical nutrition therapy.

- **Accredited Practising Dietitian (APD)** – can give individual advice, and has a degree in nutrition and dietetics from a university accredited with the Dietitians Association of Australia (usually involving at least four years of approved tertiary study), or has sat the DAA's local exam for dietitians from overseas. APDs must be committed to a professional code of conduct and updating relevant skills and knowledge. They're recognised by Medicare and most private health funds. An APD is also an AN, but not vice versa.

✳ **MORE INFO** on dietitians

**daa.asn.au**
**1800 812 942** The Dietitians Association of Australia site can help you find an Accredited Practising Dietitian.

the grandma rule is a good one: stay away from packaged and over-processed versions of food:

- Avoid over-processed grain foods, such as pastries and factory-made biscuits, which lack fibre, vitamins and minerals, and contain too much sugar and salt and sometimes weird preservatives. It's much better to make cakes and biscuits yourself.
- Reject brekky cereals in packets, which are usually so over-processed that most of the nutrients have been removed. They then have to put some back so they can advertise that the cereal contains something useful: it's sort of like sticking ground-up vitamin tablets into the cereal flakes. Much better to have a homemade muesli (without dried fruit, which can have as much concentrated sugar as a giant piece of cake) or lovely ordinary oat porridge with no added sugar. The Australian Consumers' Association has rated Australia's most popular cereals and recommends only a few (see 'More Info on Food Facts', coming up).
- Don't always choose squishy whitey-white bread and white rice. Seedy multigrain bread and brown rice are better for you and have more nutrients. Know what you're eating, and use whole grains when you can: check out some interesting grains such as polenta, barley, couscous and quinoa (pronounced *keen-wah*, if you must).
- Say no to battered takeaway fish and chips or unidentified fish bits from the supermarket freezer. Fresh, local fish grilled at home is better.
- Forget about allegedly 'low-fat' foods (full explanation coming up later in this chapter).

### IS CANNED FOOD OKAY?

Avoid canned food if you can. Canned food is heat-treated and sealed without oxygen inside; it usually loses vitamin C and is highly oversalted, floating in sugar syrup or arrives with other unwelcome additives or flavours. But if canned quickly near the source, other nutrients should survive well.

Food Standards Australia, the government safety mob, says throw out any swollen, damaged, rusty or dented cans, and follow use-by dates and other instructions. If the food smells bad, don't eat it. If there's no use-by date, the food is probably 'safe' for two years but best eaten within a year. If you're the sort of person who irons their undies, you can write

the purchase date on your cans with an indelible pen. Don't store the food in the can – throw the can away as soon as it's opened and refrigerate leftovers in another container.

## MORE INFO
### on food facts

**healthyactive.gov.au** The Federal Health Department has a handy list of what you need at various life stages. Search 'women', then choose 'Healthy Eating at Various Lifestages', or another subject, such as pregnancy or breastfeeding.

**choice.com.au** The Australian Consumers' Association site has the results of tests on breakfast cereals, frozen foods and more. Choose 'Food and Health', then 'Food and Drink' and pootle around, or search 'breakfast cereals'.

**In Defense of Food: An Eater's Manifesto** and **Food Rules: An Eater's Manual by Michael Pollan** Michael Pollan's the journalist who's reduced it all to 'Eat Food. Not too much. Mostly plants', but there's other great stuff here.

##  We need interesting food

Try different cuisines and tastes and flavours – kids have a built-in hardwired poison-avoiding system where they may not eat a new thing until you've put it on their plate up to nine times and they've seen other people enjoying it: we grown-ups can be a bit the same, if we don't make the effort.

## MORE INFO
### on making food interesting

See also Chapter 34, 'Making a Home', for more on cookbooks and kitchen gardens.

**tomatom.com** This site has a list of links to Australian food blogs. Choose 'Archive', then 'Food Blogs'.

##  We need flavour

Have a play with spices, herbs, garlic, grated lemon peel or lemon juice, and different sorts of pepper. You can grow a few herbs on a windowsill or in the garden, and save money at the market. A bunch of mixed herbs (known rather gorgeously as a 'tussie mussie') can replace a bunch of flowers in the kitchen, and you can pick from it over the week. Every day or so change the water, trim a tiny bit off the bottom of the stalks, and make sure only stalks, not leaves, are below the water line (otherwise they go slimy and horrid). If it's hot, keep your herbs in the vase in the fridge with a plastic bag over the top (not sealed, as that will create condensation and make leaves go brown). It would be expensive to suddenly buy 15 new spices for the pantry, so start with a couple you need for a recipe and build up from there.

**✳ MORE INFO**
**on flavour**

**Spicery: A Cook's Guide to Culinary Spices by Ian & Elizabeth Hemphill** How to recognise, use and mix your own spices; lots of recipes.

## 🍠 We need fruit & vegies

The usual advice is you need two pieces of medium-sized fruit each day (four if you're pregnant or a teen, five if breastfeeding), such as an orange, an apple, a peach, a mango, a small banana or quarter of a rockmelon. 'Half a piece' means something the size of a kiwifruit, an apricot or a few lychees or berries. Different fruits have different vitamins, so go for a mix, such as a fruit salad, and vary the colours. Whole fruit is cheaper than juice and gives you more fibre, which your body needs (so you poo regularly). Encourage more fruit munching by putting a fruit bowl in an obvious high-traffic area (the kitchen bench, not the airport freeway).

We need about five serves a day of vegetables (or up to six if pregnant or a teen, seven if breastfeeding) for vitamins and fibre. One serve would be a medium-sized spud or half a cup of vegies, such as broccoli, cauliflower, peas, spinach, carrot, turnip and pumpkin. Chips (hot or cold) are potatoes cooked in oil and shouldn't be included in your tally because they contain unnecessary fats.

A good way to get a mix is to have a bowl of steamed or stir-fried vegies or homemade minestrone (vegies and bean soup), or a plate of salad or raw sticks or slices.

Try serving vegies different ways: with a splash of low-salt soy sauce, Asian-style; as a pasta sauce, Italian-style; or in a salad sanger.

### THINK OUTSIDE THE BOX

Try to find the more unusual or 'heirloom' varieties of fruit, vegies and herbs, say an apple that isn't a Fuji, Pink Lady or Jonathan. Many shops only have 'mainstream' varieties of big-selling and easily transported stuff that suits blander tastes. (That's how tomatoes ended up tasting like cardboard – and the demand for tomatoes that tasted like a tomato forced the reintroduction of some varieties.) Often farmers' markets and local produce shops will have 'heritage' varieties of various foods, which are often more interesting and delicious. Nurseries and seed banks are reporting increasing interest in people planting 'old-fashioned' varieties.

Even if you can't buy directly from the farmer who knew the cow or tickled the raspberry canes, when it comes to food, 'buying Australian' is even more sensible, because it means you have more chance of knowing how and where your food was produced and processed, and under what safety regulations. Beware the sly packaging line 'Packed in Australia', which may as well say, 'We're not telling you where it's from, or whether any rules were followed about its growing, processing or labelling, so nerny nerny ner.'

### ARE FROZEN FRUIT & VEGIES OKAY?

Frozen vegies, picked and 'snap frozen' on the day, can retain more nutrients than the tired vegies that end up at an expensive fruit shop or some supermarkets (but you can usually get super-fresh at a farmer's market). 'Snap frozen' means the vegies are very quickly lowered to very, very low temperatures (optimum is minus 18 degrees Celsius), meaning the vitamins and minerals are 'sealed in' and the food texture isn't interfered with by the formation of ice crystals. (The exception can be vitamin C, which is very hard to 'preserve', either frozen or fresh once a food has been harvested.) Your home freezer, to preserve the same effect, should freeze food quickly, keep it frozen at a very low temperature (at least minus 18), and have a separate door from the fridge compartment, so you're not always letting warmer air in. Choose frozen vegies or fruits that feel loose inside the packet, not frozen into lumps, as this can mean variations in temperature during their journey. Buy them last at the supermarket, when you have a smallish load, and transport them home quickly in an insulated freezer bag with some icepacks from home.

Frozen ready-made meals vary widely as to their nutritional value. The more 'home made' the better. Mass-produced, ready-made processed frozen meals tend to have very high sugar and salt levels and be made from inferior ingredients. You don't know how long they've been frozen, or at what temperatures, and how high a nutrient level they've retained, if they had much to begin with.

## SUPERMARKET FRUIT & VEGIES

It's best to go to the fresh market if you can, or a good-quality fruit and veg shop, and ask what's good, what's in season and what came in this week. Supermarkets can keep apples for up to a year – and other items can be anything from a few weeks to months old, and have travelled from overseas to get here. Ask the staff about where the food is from and how to choose and store it. Follow a seasonal guide to maximise your chances of getting the freshest stuff.

## How to choose fruit & vegies

Choose a variety of colours, as different coloured fruits and vegies contain specific vitamins and minerals and have varying benefits. So choose from:

- **blue/purple** – eggplants, currants, black- and blueberries, purple beans, purple broccoli, purple asparagus, olives, purple grapes, figs
- **red** – tomatoes, red capsicums, apples, strawberries, raspberries, redcurrants, plums, radishes
- **green** – peas, green beans, all the leafy vegies (cabbage, lettuce, spinachy things, herbs), broccoli, green melon, kiwifruit
- **white** – potatoes, cauliflower, white peaches and nectarines, pears, lychees, asparagus, mushrooms, turnips, parsnips, white beans
- **yellow/orange** – capsicum, squash, yellow beans, oranges, pumpkin, carrots, sweet potato, rockmelon, bananas, star fruit, pineapples, peaches
- **show-offs** – rainbow chard.

Try the fun varieties – you can get purple carrots and green cauliflower.

## MORE INFO
### on fresh fruit & vegies

Stephanie Alexander's book *The Cook's Companion*, reviewed in Chapter 34, 'Making a Home', has hints on what to look for when choosing each variety of fruit or vegie and how to store them so they last.

**farmersmarkets.org.au** This official site lists farmers' markets around Australia.

**marketfresh.com.au** The Victoria Market site has brilliant fold-out posters to download or order in bulk. Subjects include seasonal goodies and recipes, fruit, vegies, herbs, Asian and other farm produce and fresh flowers. Choose 'Fruit and Vegetables', then 'MarketFresh', then 'Merchandise'.

**5aday.co.nz**
**Advice Line 0800 507 555** Call and ask for a brochure on how to get five a day and which vegies and fruits have which nutrients.

## We need food made from grains

This means wholegrain bread, (unsweetened) breakfast cereals, pasta, noodles, rice, barley, spelt, polenta and couscous. (Sadly, no, a chocolate croissant doesn't count as a good grain food.) Grain foods are the biggest source of the important energy nutrient carbohydrates. They're the fuel that makes us go, physically. And our brains need carbohydrates too. You may have heard that 'low-carb' foods are always the best to choose. Ha! Very low or no-carb diets are bad for you. Especially if you're a teenager, pregnant or have diabetes. Or you don't fancy farting like a foghorn.

The last time they looked, the National Health and Medical Research Council said we need four to nine serves a day of this stuff. Or four to seven if you're over 60. Or four to six if you're pregnant or a teen, and seven if you're breastfeeding). A little unspecific I would have thought: perhaps when they decided that, the Council committee members needed a good lie down or a break for elevenses. Well, perhaps we'd better just take the government recommendations as a general guide, not a recipe, or we'll go mad.

One serve of carbohydrate is a cup of breakfast cereal, pasta or rice; or two pieces of bread or a medium-sized roll; or about a cup of cooked pasta or rice (or similar). To avoid confusion, a perfectly fine amount of grainy things to have each day would be a big bowl of porridge or unsweetened cereal for brekky, or a smaller bowl of porridge or muesli plus a piece of wholegrain toast with cheese and/or tomato; then a sandwich or small roll for lunch (not a baguette the size of your arm); wholegrain toast with cheese and/or tomato for afternoon snack; and a bowl of pasta or rice (try brown rice for a nuttier, more nutrient-rich option) with a sauce of vegies and meat, fish or tofu for tea or dinner. If you're pregnant and you want more, eat it.

## 🍇 We need protein

We need protein at every meal, but especially at breakfast and lunch, to keep us going. Try:

- breakfast protein – an egg, fetta cheese, porridge
- lunch protein – tinned fish in a salad, hummus, lean meats, cheese, nuts, chickpea salad, tofu stir-fry.

We've evolved to be meat eaters. Our brains need nutrients only found in meat and fish, our teeth are the sort of teeth you have to develop in order to chew and eat meat. The human body is designed to run on lots of protein, the easiest source of which is lean meat (meaning the fatty white parts have been cut off) and fish. Alternatives include nuts, soy products, eggs and legumes. Don't ask me what a legume is, I'll have to look it up. (Okay, it's beans and peas, including chickpeas, soybeans and lentils. For some startling reason, a peanut is also a legume, not a nut. This is somewhat interesting, or not, as I have just lost consciousness.) There's more on vegetarianism earlier.

Although the next official recommendations are likely to be rejigged, right now the National Health and Medical Research Council recommends 'at least one' serve of protein a day, which most dietitians don't think is quite enough for an average person, especially for a woman who's active and busy: that's two slices of roast beef or ham (about the size of your palm) in a sandwich; or two little lamb chops; or half a cup of bolognaise sauce; or up to 100 grams of some other meat such as a chicken fillet or 120 grams of fish (a piece a bit bigger than your palm). One serve also equals a third of a cup of almonds, peanuts or legumes.

(The recommendation is for one and a half serves if pregnant and two if breastfeeding, but have more if you fancy.)

You can have red meat about three or four times a week (beef, lamb, pork, goat, kangaroo and, even less likely, venison, which is deer meat). Red meat is the easiest source of iron and zinc, which girls and women need lots of. 'White' meat and poultry options include chicken, turkey, rabbit and duck.

### EGGS

One egg is half a serve of protein (which makes a two-egg omelette one serve). An egg every few days is fine, even eating one a day is probably fine if you don't go in for other cholesterol risk factors that can lead to heart problems, such as saturated fat, smoking, no exercise and a genetic predisposition to high cholesterol levels. Every egg yolk contains a bit less than the daily requirement of cholesterol. (That's why the eggwhite omelette became popular with people watching their cholesterol levels, which became wrongly interpreted as 'yolk is fattening'.) 'Experts' keep changing their minds about eggs, so next week they could be the devil again. More on cholesterol coming up in Chapter 14, 'Illnesses & Conditions'.

## 🍇 We need calcium foods

Dairy foods are an easy source of calcium, which is important for strong bones (adults) or growing properly (kids and teens). Dairy foods are mostly made of milk from moo cows (okay, it's getting technical now) and, according to the National Health and Medical Research Council guidelines, you should eat two serves of milk, cheese or yoghurt a day (and at least the same if you're pregnant or breastfeeding).

One serve would be a glass of milk; or a couple of thin, sandwich-sized slices of cheese; or a small tub of yoghurt. If you don't eat lots of dairy stuff, go for the milk with extra calcium added.

Some non-dairy sources that give an equivalent 'serve' of calcium include 200 grams of calcium-fortified soy yoghurt, 250 ml of soy milk or rice milk with added calcium; 100 grams of almonds or tinned salmon or sardines with bones; and 30 grams of tahini (made from sesame seeds).

As well as calcium, we need to absorb enough vitamin D from sunlight and/or a supplement to have healthy bones: see 'Vitamin D & Skin' in Chapter 6, 'Skin', for more. Sunlight makes far more vitamin D than we can generally absorb from foods. Vitamin D is in 'good' fats and oils and dairy foods, as well as goat and sheep milk products, but you can't absorb much from foods.

## We need 'good' fats & oils

We need to eat fats and oils to keep our skin and hair looking good and our hormones working properly, and to help our body absorb some vitamins effectively. This means making sure you eat useful fats, found particularly in some oils.

Easy ways to reduce 'bad fats':

- Have your food grilled, steamed, or raw (I don't mean chicken) rather than fried or roasted with lots of basting with oils or butter.
- Use avocado instead of butter as a spread (but a little butter is better than margarine).
- Brush, don't pour oil where possible.
- Keep oils in a cool place in dark-coloured or opaque containers to guard against them going 'off'.

### Good oils

- Look for oils and spreads that are labelled 'unsaturated', 'monounsaturated', 'unhydrogenated' and 'polyunsaturated'.
- Use extra virgin olive oil because that's the first pressing and it's purer: buy Australian – there's a code of practice operating here. Oil bottled in Italy or Spain could be from anywhere, isn't necessarily better and is far more likely to be mislabelled 'extra virgin' when it isn't.
- Use nut and seed oils when you can, but remember nut-based oils will be an allergy risk for some people.
- Some oils resist smoking at a high temperature so are good for frying. These include peanut, macadamia, rice bran, sesame, safflower, sunflower and canola oil. Mid-temperature cooking oils, for light frying or baking, include olive oil, almond oil and grape seed oils.
- Oils best eaten raw for their goodies include linseed and walnut oils. These are best unheated, for salad dressings. (See 'Omega-3 & Omega-6', below.) Olive oil is good for salads, too.
- You need omega-3 oils (fatty acids) from fresh or canned tuna and salmon, sardines and anchovies, and some seeds and nuts. Other useful oils include canola, sunflower, corn and extra virgin olive oil. (See 'Omega-3 & Omega-6', below.)
- Cooking or salad oils should be 'cold-pressed', so they maintain maximum possible goodies.
- See 'Oils to Avoid', coming up in 'What We Don't Need to Eat' (or check the index).

### OMEGA-3 & OMEGA-6

Omega-3 and -6 fatty acids, both derived from linolenic acid, are named for their chemical composition and the length and structure of their molecules. They're good for brain function, healing, skin health and possibly have anticancer properties, but scientists aren't sure exactly why yet.

Omega-3 fatty acids are found in lots of seeds and seed oils, nuts (especially Brazil nuts) and nut oils, green vegies, oily fish (tuna, sardines, salmon) and lean meat, dairy products and eggs. The richest source is linseeds (also called flaxseeds). Because linolenic acid is destroyed at high heat, it's easier to get more of it from raw sources, in salads and from freshly ground nuts and seeds on muesli, rather than from cooked things like bread or cooked fish. Buy any linseed oil in dark bottles or linseeds from a refrigerated part of a shop and keep in the fridge.

We need less omega-6 than omega-3 fatty acids or they start to cancel out the goodies in the omega-3s. Omega-6 fatty acids are found in seeds, seed oils, olives, vegetable oils, wheatgerm oil, walnut oil and hydrogenised oils (they're also in margarine and vegetable 'shortening'). Most people get enough omega-6s without trying, because they're in lots of processed foods, most of which contain oils.

## We need to eat fish

Aussie fish are generally caught in waters where mercury levels are not a health issue. Canned Australian tuna, canned salmon and farmed salmon should be safe. When in doubt, eat smaller fish, because larger fish have the highest mercury levels: they're at the top of the food chain and ingest mercury from every smaller fish they eat.

Most mass-produced fish (such as salmon fillets and smoked salmon) are grown by feeding wild fish to fish raised in 'aqua cages', and many wild fish are endangered as a result of over-fishing. When you're standing at the fish counter or in the supermarket, it's hard to interrogate a dead fish in a packet about its background, whether it was harvested in a 'sustainable' and environmentally sensible way, and whether it's an endangered fish species.

Buy fish caught in Australia (not just packaged in Australia), because the government regulates the catches of endangered fish and because, for example, our prawn boats in northern Australia use nets that don't kill turtles as well.

Don't buy species that are overfished or fished in dodgy ways: stay informed.

### MORE INFO
#### on which fish to buy

**marineconservation.org.au**
**Advice Line 1800 066 299**  Search 'sustainable seafood' on this non-profit site for a pocket guide.

**msc.org**  When buying canned fish, look for the Marine Stewardship Council certification logo.

**forestandbird.org.nz**  Search 'best fish guide' on the site of Kiwi conservation mob Forest & Bird.

Info on eating fish in pregnancy is in my book *Up the Duff*, or go to the website foodauthority.nsw.gov.au and choose 'Food at Home', then 'Life Events and Food', then 'Pregnancy', then scroll down to 'Download: Mercury in Fish Wallet Card'.

## We need vitamins & minerals

If you eat lots of fruit, vegies, protein foods and grains, you should get enough vitamins and minerals. Many vitamins and minerals need other vitamins and minerals to be around so they can be absorbed properly into the body – for example, calcium needs magnesium and iron needs vitamin C. To get the most vitamins out of your vegies it's best to eat them raw, stir-fried, lightly microwaved or steamed. The more you boil vegies, the more vitamins and minerals are lost (and you end up with gluey grey stuff).

### DO YOU NEED A VITAMIN PILL?

If you think you need a vitamin supplement, ask your doctor to check your health first, or to refer you to a dietitian, before deciding which one and whether

you really do need it. People don't automatically need vitamin and mineral pills. Some women need vitamin D, magnesium, potassium, zinc, calcium and iron supplements, which they can get in a 'women's' multivitamin, and some older people need a supplement if their diet isn't doing the job.

The vitamin and mineral supplement industry is now worth multibillions worldwide, and yet it is often assumed to be 'nicer' and more necessary than 'big pharmaceuticals'. In fact, 'Big Pharma' owns much of the vitamin industry. It's important to know what evidence there is from double-blind studies about whether vitamins might help you (see Chapter 38, 'Science & Nature', for more on studies, proof and science). You could save yourself a lot of money by eating well instead.

If you're planning on becoming or might become pregnant, start taking a reputable-brand pregnancy vitamin and mineral supplement containing folate. See my pregnancy book, *Up the Duff*, for more.

### MORE INFO
#### on vitamins & minerals

**cochrane.org**  The Cochrane Collaboration, an independent medical organisation, conducts independent analysis combining the results of small medical studies on similar subjects. Check out your vitamin supplement to see if it's known to be of benefit against, say, a cold.

**daa.asn.au**  The Dietitians Association of Australia site has lots of info on vitamins and minerals, how to interpret special needs and 'recommended daily allowances'. Search 'vitamins and minerals'.

## What We Need to Drink

Make water your main drink. It stops you from getting headaches, keeps your skin and hair looking good, and if it's out of a tap or through a filter has fluoride that protects your teeth from decay. We need water to digest things, make our blood travel about, get wastes to leave the body and, well, without it, we go a bit dead. Most other drinks contain mostly water, but drinks with caffeine are diuretics, meaning the body rejects a lot of the water and it 'goes straight through'.

# Eating: too much or not enough

I can gorge inappropriate food at odd times, i.e. a *whole* pack of marshmallows or Clinkers, and then wonder why I'm putting on weight! JENNIFER, 39, MELBOURNE

I stuff my face when I'm alone. CATHIE, 44, GIRRAWEEN

I'm a binge eater. I'll go for weeks eating healthily then suddenly my brain will snap and I can't stop eating chocolate. I blame hormones. RADIO GIRL, 34, MELBOURNE

How can you deter yourself from overeating? Whatever it is I'm eating, I must be overeating, otherwise I wouldn't be overweight. ELAINE, 63, CHARLTON

I have less discipline now that I'm a stay-at-home mum than I did when at work, where people can actually see what you eat! ROBYN, 32, CANBERRA

I was never allowed to eat very much when I was a child, so as an adult I still find it amazing that I can go to the supermarket and eat whatever I like! SUZE, 44, LOW HEAD

'Portion sizes are too big at restaurants and in many homes. I'd never tell a child to finish everything on their plate because I believe it destroys their natural "fullness" gauge.'
ANNIE, 23, CANBERRA

I tell my mother that eating a bowl of cereal for breakfast, two Saos for lunch and nothing for dinner is *not* an effective long-term eating plan. DONNA, 26, BRAY PARK

My husband and I talk about it, but losing weight and buying fresh foods is expensive, and on a tight budget it's easier to make not-so-healthy foods.
MERCEDES, 47, MAWSON LAKES

I'll never diet again. It's never worked for me in the long run. JAN, 57, GLEN IRIS

Diets don't work. They mess with your head and waste your money. You must address the emotional issues that are making you eat. JOANNE, 39, MENTONE

There've been some really mad diets – Israeli diet, boiled cabbage, boiled eggs, anything revolting – and they don't work. MARGARET, 70, SUNBURY

'I'm constantly thinking and talking about the latest weight-loss methods and reading every diet book on the market.'
SHERYL, 43, SOUTH MORANG

It's really hard to be motivated to cook one meal for the kids, one for my hubby and another for me. SONIA, 38, DONVALE

At the moment I'm trying to follow a low-carb diet – I miss bread and pasta so much, but at least cheese is allowed! MADGE, 35, PORT DOUGLAS

Pathetic. I'm on a diet every Monday. Currently no carbs, no sugar (except the wine!) ANGELINA, 33, ARCADIA

I've gone from binge eating, to starvation, to purging. Now I'm just trying to lose weight via low-calorie foods. TRACEY, 24, BRISBANE

Too many diets, not enough exercise. My mother thinks I'll end up having a heart attack, I've put soooo much stress on it from dieting! KAYLENE, 38, CARINGBAH

Fad diets don't work. In the end, the milkshake diets just make you slowly put all the weight back on when you stop.
RHIANNON, 27, LANGWARRIN

## Weight-loss surgery

I believe my health is worse now than it was before I had the band put in (two years ago), and all for a grand loss of 10 kilos. It is *so* not worth it. I know I can't be the only one who banding hasn't worked for. I know there have to be more people out there with stories like mine. We aren't included in the studies that proclaim how successful and wonderful and life-changing banding is. It is life-changing, but it changed my life for the worse not the better. EMILY, COMMENTING ON THE BLOGSITE FATLOTOFGOOD.ORG.AU ABOUT HER GASTRIC-BAND SURGERY

'I've had lap-band surgery (chocolate melts and goes through the band!).'
JANE, 33, BARDON

My eating habits have changed dramatically since January, when I had obesity surgery. So now I'm concentrating on learning how to eat small portions very slowly. MYRA, 35, DANDENONG NORTH

A friend had gastric-banding done. I supported her decision and she feels great! KAITY, 23, ADELAIDE

My mum had lap-band surgery two years ago. I told her not to do it (my best friend was a nurse on the ward that looks after lap-band recipients). She's lost about 50 kilos, but is basically bulimic now, with bad medical complications to boot. AMANDA, 29, HAMERSLEY

I recently had a gastric-banding operation, so I'm eating very healthily now – three small nutritious meals a day and occasional snacks. ALISON, 57, COOK

Ignore the claims that you need eight glasses or 1.5 to 2.5 litres of water a day. You don't need to count or measure. When you're thirsty, drink, and most of the time make your drinks water. A lot of daily fluid intake comes from fruit, vegies and other food, maybe about three to five cups a day, depending on your diet. You may need more water if you're active, it's hot or you're ill.

See also 'Drinks With Secret Sugar', coming up soon.

## Bottled versus tap water

Bottled water is taking away groundwater supplies worldwide and causing a massive pollution problem with discarded plastic. Australians spend nearly $400 million a year on it, according to the Australian Consumers' Association. In America it's estimated at more than US$10 billion – annually. You can save money by using the same plastic bottle over and over and using tap water, or buying an insulated metal or plastic drink bottle.

Tap water in Australia is some of the safest water on the planet. It's treated with chemicals to get it safely to your tap, to make it free from bacteria and in most places to add protection from tooth decay with fluoride. It's not 'full of dangerous chemicals' as some New-Age types would have you believe. If your water supply tastes okay, it's fine to drink it straight. A filter on your tap or a filter jug will take out any chlorine-type taste and stop calcium build-up. Filters vary as to what they block from coming out of the tap – do your research. A problem with your tap water may not be due to the water supplier. It could be due to old pipes – always report a problem with your water supply and ask to have it investigated.

**MORE INFO**
on water filters & water supply

**choice.com.au** On the Australian Consumers' Association site, choose 'A–Z Guide', then 'W' and scroll down to 'Water Filters'.

**Bottlemania by Elizabeth Royte** Bottled water costs 10000 times more than tap water and produces far more pollution. Royte reveals how manufacturers drove the 'Drink 2 litres a day' campaign.

## What We Don't Need to Eat

One takeaway hamburger or serve of 'fast-food' fried chicken or pre-packaged creamy curry from the supermarket frozen section or bottled 'vitamin' water can supply more than half or two-thirds of your whole day's energy needs or recommended sugar intake, without providing much nutrition that your body can use. Which means we eat more stuff to get the nutrients, or because we're still hungry, and end up eating three times more kilojoules than we need.

The current National Health and Medical Research Guidelines on sweet foods, which they describe as 'cakes, pies, soft drinks and lollies' are completely bonkers. They actually recommend you eat '0 to 2 and a half serves' of them a day if you're a woman aged 19 to 60, or pregnant, or breastfeeding, and take half a serve off that if you're over 60. A serve is defined as a can of soft drink or two glasses of cordial. If you drink a can of fizzy sugared water a day, you could well be adding 6 to 8 kilos to your body in a year. Another suggested 'serve' is 'half a chocolate bar'. Well, what? Half a Snickers, or half a family-size block bigger than your head? Do not look to the government for advice on this, I implore you. At some point when they come back from lunch they may overhaul the guidelines.

According to the Australian Consumers' Association, most fave takeaway dishes have too much salt and several have astonishing levels of 'hidden fats', including Thai food with coconut milk, creamy Indian curries and butter chicken, and takeaway pizzas. As for many burgers, baguette-style sandwiches as long as a train carriage and fried chicken: think of a number and quadruple it. Now add an infinity sign. Or, as they say in the healthy-eating business, only have them occasionally. Or your head will explode and you'll have to wear expandable pants in space.

**MORE INFO**
on hidden food ingredients

**choice.com.au** The Australian Consumers' Association tests fast food and reveals their fat, salt and sugar content. Search 'fast food'.

### MORE INFO
on 'fast' foods

**Fast Food Nation: The Dark Side of the All-American Meal by Eric Schlosser** US book on how fast-food places lure you in, and what's in the 'food'.

## 🌸 We don't need much sugar

Our bodies are designed to love the taste of sugar (it's even a pain reliever). The human body assumes, from its experiences in the tough old cave days, that sugar is hard to get. So even when we get it, we crave more. And for most of human evolution, sugar *was* very hard to get. In the days before smoke-guns and protective gear, few humans felt like risking a few hundred bee stings to get to honey – and other naturally sweet things were very rare.

Our brains regard sugar as an 'all you can eat' buffet – just in case there's no sugar there tomorrow. And our bodies evolved so that we hold onto any extra sugar we don't need right now and store it as fat: again, for a rainy (no sugar) day.

Even after processed sugar became widely available only 100 years or so ago, we used to have to make our own cakes from scratch to have something sweet. Then, in the last 40 years or so, the availability of processed foods in the developed world went berserk. Now we can get sugar as well as fats hidden in nearly every packaged and processed food, even savoury food. We can get 'candy' bars and cakes all hours of the day and night, instantly. Most of us eat way more sugar than we need. And, in general, we're all much larger than our ancestors. Another downside for humans is that sugar is also a major cause of painful – and expensive – holes in the teeth.

Very high-sugar products include cakes, biscuits, muffins, many breads, breakfast cereals, lollies, chocolate, ice-cream, bottled fruit drinks and juices, cordials, bubbly drinks and alcohol. Most processed breakfast cereals are so high in sugar that if you replaced yours with a no-added-sugar porridge or muesli and didn't add sugar or dried fruit, you could lose five or six kilos over a year. You'd get the same result from cutting out a habitual one can of soft drink a day. So, cutting out a big serve of processed cereal and a flavoured drink every day could see you 10 to 12 kilos lighter in a year.

### How to look out for hidden sugar

Sugar can be very discreet:

- Sugars can be listed as corn syrup, sucrose, glucose, fructose, lactose, maltose, maltitol, xylitol and other similar -ol words.
- Always check a label, even for something you wouldn't think has sugar in it. If a label has a sugar in the first three or four ingredients listed, that usually means a high sugar level. Avoid packaged food with sugar high on the ingredients list.
- There are just over 4 grams of sugar in a level teaspoon, so if the label says one food serving has 12 grams of sugar in it, that's three teaspoons. Check out what they claim is a 'serve', as these can be utter hoo-ha (like half a biscuit = one serve).
- Choose things labelled 'no added sugar'. For example, pure rolled oats shouldn't have added sugar but oats in premeasured packets with flavourings almost certainly will. Chickpeas you buy yourself and soak will have no added sugar but canned ones may well have sugar (and salt) added. Without anything added, some things are already full of natural sugars – for example, erm, sugar. And honey, and dried fruit. So only have a little bit of those.

#### SUGAR MASQUERADE

'Fat-free', 'reduced-fat', 'light', 'lean', 'low-fat' or, say, '95 per cent fat-free' usually means 'full of sugar to try to make it taste better'. Any extra sugar you don't need – which is probably pretty much all of it – will be converted into fat by your body. Most people eat extra of these, thinking they're 'good for you', so you get an even bigger sugar hit. Most 'foods' with these labels are highly processed and modified, closer to sweetened polystyrene than any real food product and best avoided completely. Remember: low-fat = added sugar and less taste = you put on weight.

#### SUGAR SUBSTITUTES

And so, I hear you ask, what's wrong with diet soda or no-calorie fizzy drinks? How about fake sugar in cakes and a couple of wee tablets of artificial sweetener in my tea or coffee? Well, just this. Food behaviour researchers warn that you're training your body to crave and want more sweet things, so in fact using fake sugar makes you eat more real sugar in other things. And some physiological research even suggests that the body could behave as if some fake sugar was real. Some chemical and 'natural' sugar substitutes have unknown long-term effects. While research continues, if you can train yourself not to want the sweet, give it a go. Set yourself a goal of nothing with fake sugar for two weeks and see if you get used to the new taste. (Honey 'is' sugar and no better for you, by the way.)

## DRINKS WITH SECRET SUGAR

Bottled drinks can have 6 to 8 teaspoons of sugar in them (many flavoured waters also have surprising additions of caffeine, which is not suitable for kids, or often for pregnant and breastfeeding women, who need to limit their caffeine intake). Avoid:

- bought fruit juice
- fizzy drinks
- cordials
- flavoured teas
- 'health' drinks
- flavoured milk
- flavoured mineral/still water
- water with 'added' vitamins and minerals
- pre-mixed alcoholic fizzy drinks
- sports drinks
- 'energy' drinks
- rehydration drinks
- packaged or café coffee or tea-flavoured drinks (like chai latte)
- tetra-packed drinks for school lunches.

Juice bars sell freshly squeezed drinks that are hellishly expensive for the ingredients actually used. Some of these 'health' drinks and smoothies are also surprisingly high in sugar. Food experts say eating a piece of fruit is way better for you.

The Australian Consumers' Association says Vitaminwater contains up to 6½ teaspoons of sugar. Rival products 'Smart Water' flavoured mineral water had 8 teaspoons and pretty 'NutrientWater' had 7 teaspoons of sugar a bottle. (The Australian Dental Association wants the bottles to carry a warning on tooth decay.) And they all contain high levels of caffeine. Despite their names, some carry less than 1 per cent fruit juice and others are flavoured entirely artificially.

## MORE INFO
on sugar

**choice.com.au** Search 'bottled water', 'energy drinks' or 'filtered water'.

**The Sweet Poison Quit Plan: How to Kick the Sugar Habit and Lose Weight by David Gillespie** Aussie campaigner explains which foods are surprisingly full of sugar and why exercise alone can't deal with our average sugar consumption. Practical suggestions on how to limit kids' intake.

## Unhealthy fats & oils

You often hear about 'bad fats', as if there are tiny evil fats trying to take over the world and going 'Nyahahaha' in high, squeaky voices. 'Bad fats' means trans fats, saturated fats and hydrogenated oils, which have no health benefits in large quantities and can eventually cause big health problems.

Unhealthy fats are mostly the ones from animals (called saturated fats), such as cream (including butter), the white bits on meat and chicken skin, but they are also found in coconut cream and the oils used for takeaway food, especially fried food, and the 'vegetable oil or vegetable shortening' used in commercial biscuits, cakes and pastries: this is almost always palm oil, which is about 50 per cent saturated fat. If you want more reason to avoid 'em, they're produced by huge palm plantations in the developing world and throughout the Pacific and Indian oceans, devastating native timber and natural habitats for endangered animals such as lemurs.

A little bit of saturated fat is okay (butter is better for you than fake butter, margarine, for example, and a bit of coconut oil is fine), but eating high-fat takeaway or fast food every day or a few times a week can quickly take you above your healthy weight and put you at risk of diseases such as diabetes.

The reeeally bad fats are called trans fats. These are the big culprit in heart disease, and are also accused of boosting the rates of infertility, diabetes, cancer, organ disease and Alzheimer's disease. Most Australian-made margarine no longer has trans fats, but it's worth reading the fine print to see what else is in this manufactured 'food' that's almost always dyed to look like butter.

## Oils to avoid

- Reject food cooked in oils that are labelled 'trans fats' or 'saturated fats': this includes most take-away and counter-service fast food, like fish and chips and hamburgers.
- Avoid food labelled as containing 'trans fats', 'partially hydrogenated oil' and 'partially hydro-genated vegetable shortening'.
- Reject oils labelled with more than 20 grams of saturated fat per 100 grams.
- Generally look for stuff with less than 10 per cent fat, and for foods in which fat isn't an important ingredient – aim for less than 3 per cent fat. Anything with 20 grams of fat or more per 100 grams is considered high-fat.
- 'Cholesterol-free' doesn't mean fat-free. If you want to keep your cholesterol levels in the healthy zone, avoid trans fats and saturated fats.
- Avoid anything containing beef fat, beef tallow, butter, coconut cream, coconut oil, copha (luck-ily chocolate crackles are not an everyday food), cream, dripping, ghee, lard and palm oil. Also, bacon martinis. (Coconut oil has lots of goodies in it as well, so a bit now and then is fine.)
- Limit the use of butter. Don't eat margarine.
- Avoid nameless 'vegetable oil', which can be an untraceable mix of dodgy ingredients.
- Avoid palm oil and palm kernel oil (high in sat-urated fats, found in many processed biscuits, cakes, lollies, etc.).
- Avoid corn oil or sweetened corn syrup (not technically an oil).

## We don't need too much salt

Salt, like sugar, is something the human body has evolved to want because in the past it was hard to get (cavefolk didn't invent a salt-shaker out of a handy perforated gourd – well, not unless they needed a tambourine). Your body needs a little bit of salt, but not a lot. Too much can make you dehydrated, bloated and tired, and put you at higher risk of heart disease and other health problems.

There's way too much salt in most processed and packaged foods. Savoury biscuits (especially rice crackers), bread, bought sauces (particularly soy and barbecue) and spreads often have high salt lev-els. Just as lots of savoury foods have hidden sugar, most processed 'sweet' foods, like biscuits, contain

too much salt. Depending on the salt, a teaspoon of salt is about 5 or 6 grams.

Generally, when buying foods that you expect to taste salty (salted nuts or chips), read the label and choose varieties containing less than 420 mg sodium per 100 grams. For ordinary foods that you don't expect to taste salty, like salad dressings, spreads, dips or biscuits, aim for less than 120 mg sodium per 100 grams.

### SALT MASQUERADE

Salt is rarely listed by its proper chemical name, sodium or sodium chloride. When reading a label, be aware of these high-salt items: baking powder, baking soda, celery salt, garlic salt, meat extract, monosodium glutamate (MSG, also listed as 621), onion salt, rock salt, sea salt, sodium, sodium bicarbonate, sodium metabisulfite, sodium nitrate, sodium nitrite, stock cubes and liquid stock, yeast extract, Vegemite, brine.

### Ways to reduce salt

- Don't buy processed foods, which always have added salt: if you need it add salt yourself.
- Don't add salt automatically when you're cooking, or throw it in unmeasured, or sprinkle it on food automatically. Taste first to see if it needs salt.
- Use herbs, spices and other condiments to brighten food up if it seems too bland without added salt, and give yourself time to adjust to new tastes. After a few weeks, when you taste salty foods you'll be shocked.
- If you must buy processed foods, choose 'no added salt', 'reduced-salt' or 'low-salt' versions.
- Get unsalted nuts and snacks from a health food shop or market, not the supermarket. They may well be fresher, too.
- Avoid buying processed biscuits and cakes: bizarrely, many sweet items also contain extra salt.
- When using recipes, choose unsalted butter – salted butter could have a lot, or a little added salt. Salt is added to butter as a preservative, so if you have a fridge, get unsalted. Using unsalted butter allows you to know exactly how much salt you've put into a recipe.

**MORE INFO**
on salt

**The Salt Book: Your Guide to Salting Wisely and Well by Fritz Gubler & David Glynn, with contributions by Russell Keast** A user's guide to salt: how much is good, using it in cooking, and adjusting your taste buds.

## 🥄 Too much caffeine

Caffeine gives you a buzzy, more awake and energised feeling, but it can also make you restless and jittery, cause headaches and keep you awake at night. It makes your heart beat faster, your blood pressure rise and your body wee more.

The highest levels of caffeine are in filtered or shop-made coffee, then 'energy' drinks, then instant coffee, then cola drinks (and even some water drinks, such as 'Vitamin' or 'Smart' water), then tea, then chocolate (that's why little kids go berserk at Easter – it's not the sugar, it's the caffeine). There are high and varied caffeine levels in many bottled and canned flat or carbonated mineral waters and other soft drinks, sometimes where you least suspect them.

A single-gram dose of guarana, which is also caffeine, is usually about as strong as a medium cup of coffee. Work out how many grams are in the amount you drink. (In the wild, guarana 'fruits' contain twice the amount of caffeine as a coffee bean.)

A daily one or two 'normal strength' teacups of coffee – not big takeaway cups of coffee – shouldn't do you any harm. If you have trouble sleeping, have the coffee earlier in the day, at breakfast, or cut down the amount. Caffeine has been implicated in miscarriage, but the effect is not precisely known. One cup of coffee a day for pregnant women is probably okay, but the recognised safe level is none.

### CAFFEINE MASQUERADE

Caffeine can also be listed as guarana or 'energy' in some imported goods, or as yerba mate, cola nuts and other plant sources. Decaf products can contain some caffeine. Chocolate, chocolate and coffee flavourings, and tea and coffee products may not list caffeine separately but all have caffeine in them. Caffeine is in many medicines, including those for colds.

## Food Labels

Most manufactured foods and drinks have to have a label. Labels are required to show a food's energy content in kilojoules (kJ) and its weight in grams (g), and list its protein, total fat, different types of fat, carbohydrate, sugars and sodium (salt) content and, if the manufacturer feels like it, any other relevant ingredients. If they make a claim for a nutritional value, then they have to include the nutrient levels on the label (a 'high-fibre' food must list the fibre content per serve).

### 🥄 Warning signs on food labels

These indicate a high level of processing in packaged foods:

- a long list of ingredients
- lots of things identified with a number
- some kind of sugar close to the top of the list
- ingredients that sound like chemical compounds
- added salt.

### 🥄 Tricky claims on food labels

- 'Light' or 'lite' could just mean the product is light-coloured or has a fine, not thick texture: it doesn't necessarily mean it's low in fat or sugar. 'Lite' olive oil has just been strained to be lighter in colour.
- If an item claims to be, say, '93 per cent fat-free', that means it contains 7 per cent fat, which is not considered a low percentage in food (3 per cent is considered a small amount). (See also 'Sugar Masquerade', earlier.)
- 'Baked not fried' sounds healthier, but the food may have been baked in just as much fat or oil, and contain other unhealthy ingredients.
- 'Fresh' means the product hasn't been preserved by freezing, canning, high temperature or chemical treatment. But it may have been refrigerated, processed and transported weeks ago.
- 'Barn-raised' or 'farm-raised' doesn't mean 'free-range'. An aircraft hangar-sized concrete-floored building can be called a barn or a farm. 'Free-range' should mean animals are able to move around outside.
- The serving size can be misleading; for example, a manufacturer can decide a can of diet cola is

1.88 serves (nearly 2) so that they can say it has 'only one calorie per serve'.

- 'Natural' or 'no added chemicals' doesn't mean organic. See 'Organic Food', earlier.

### WHAT DOES A 'TICK' ON THE LABEL MEAN?

Don't assume a label with a Heart Foundation 'tick' is healthy. Some fast food has a tick because it doesn't have high levels of ingredients associated with heart disease. But it doesn't mean the food is a good choice, or the best choice when it comes to nutrition. Several McDonald's hamburger 'meals' have been given a tick, as have other high-sugar, very processed foods (like many breakfast cereals). It's also worth noting that companies pay the Heart Foundation for using the tick. It may be a 'health*ier* choice' (my italics), but that's meaningless if we don't know what it's healthier *than*. Gravel and pesticide sandwiches, perhaps. So. Ignore the tick and focus on the label and what you know. On this subject you may also like to go with food journalist Michael Pollan, who says 'Don't eat anything advertised on TV' and 'Avoid food products that make health claims'.

### MORE INFO
#### on how to read food labels

**foodstandards.gov.au**
**Choosing the Right Stuff: The Official Shoppers' Guide to Food Additives and Labels, Kilojoules and Fat Content** You can carry the wee book when shopping. Or, from the government site, choose 'Consumer Information', then 'Labelling', then 'Reading Food Labels for a Healthy Diet'.

**fedupwithfoodadditives.info** Independent site for people with allergies or reactions, by writer Sue Dengate.

### HOW LONG SHOULD I KEEP THAT FOOD?

When storing food, obey the instructions on the label (such as 'refrigerate after opening'). But what does that other stuff mean?

- **Baked on, Baked for, Made on or Made for** – Usually it's bread or something that will be at peak quality on the given date if stored properly: certainly eat it within a week.

- **Use by** – This must be eaten by that date for food safety reasons, unless it's suitable for freezing (see freezer storage info below). It's illegal to sell food beyond its use-by date.

- **Best before** – Eat before this date for the best quality, flavour and nutritional levels. These levels can decline steadily towards and beyond that date, rather than just 'turn off' on the day. It's not illegal to sell food after its best before date.

- **Canned & other food without a date on it** – See 'Is Canned Food Okay?', earlier in this chapter.

The longer something is frozen, the more its quality, taste and some nutrient value decline – a lower and more constant temperature will make it last longer if it's good quality to start with. Foods with a higher fat content, such as prawns, lose these qualities faster because the fat goes off over time.

If you have a newish or flash fridge, set the fridge part to 5 degrees Celsius and the freezer to minus 18 degrees Celsius so things will last longer.

If frozen food has begun to thaw for any reason (electrical blackout, delay in getting it home), you may refreeze it if it is only partially thawed – but the quality will probably be affected. If in doubt, throw it out, because there's a risk of bacterial growth.

If you want to know if your freezer has stayed frozen while you were away, pop in a container of water tilted at an angle so it freezes with an angled line on the top, then stand it up straight before you leave. When you come back, if it's still frozen on the angle, it has stayed frozen. But if there's a straight line on top, it has melted and frozen again. If you're in any doubt, throw out everything in the freezer.

### MORE INFO
#### on storing food

For info on how long foods can be frozen, check out:

**csiro.au/resources/storage-life-of-foods.html**
The Federal Government's science organisation, the CSIRO, has a good fact sheet. Most other Aussie sources just rehash this sheet.

**foodsafety.asn.au/factsheets** The non-profit government/industry-funded Food Safety Information Council has fact sheets on 'Knowing Your Fridge', 'Temperature Danger Zone' and lots more, including food poisoning.

# CHAPTER 11

# Move

We evolved to be at our peak fitness by walking long distances, looking for edible berries and a spot of kindling. Then we discovered shopping trolleys with wheels in supermarkets, some idiot invented stiletto-heeled gladiator sandals, and so, after wearing those all day, even sitting down, most women want to lie on the couch with their ankles pointed at the ceiling instead of going out for a 16 kilometre trek to stab a gecko, gather a few hairy old roots and walk home with the firewood on their head. Although it should be pointed out that plenty of women in many countries still do just that, pretty much. Here's how, and why, to get moving and how to have a good time doing it.

# Thoughts on exercise & motivation

Start small and slow, and try to let go of any benchmark you might have had when you were younger. You have a different body and you need to work it up slowly and carefully. That will give you a better rate of success.
ROZ, 39, OCEAN GROVE

'I don't do it for weight loss, I do it to stay fit. I enjoy putting in my iPod and escaping for a little while.'
ALISHA, 24

I never exercised until I was 31. I wish I'd known from an early age what it would do for me. Don't teach your kids that exercise is tough, show them the benefits and do it with them but make it fun.
LISA, 34, BLACK ROCK

When I get the time I love exercising. Because of my bad knee, when I get focused on my physio I feel great.
RUBY, 22, BONDI BEACH

Call up Council on the Ageing (COTA) and ask about their 'Living Longer Living Stronger' initiative. They'll give the location of a local gym or exercise facility. YMCA and local councils run the more affordable ones. ANON.

Sport has always been a part of my life, so it's more just that I couldn't live without it.
HOLLY, 18, SWANBOURNE

Now I'm really fit and it feels *great*. It's also the one hour/hour and a half during the day when I'm not in front of a book or computer screen. I need it!
ANGELA, 24, MELBOURNE

Get up, put on your joggers and go. By the time you're out the door, it's too late to consider what you're actually doing. MARIA, 41, YOUNG

As she was dying, my nan made me promise to keep fit. She said she'd haunt me if I didn't, 'cause she never did and felt she paid the price. CARMEN, 44, CAMBERWELL

I love the adrenalin rush after exercise, the feeling of wellbeing, getting together with friends.
BRIDGET, 24, BONBEACH

Start off slow and enjoy yourself.
LEEANN, 37, EAST GOSFORD

I think it's really important that women make time to exercise. As long as the kids are being looked after, you can shut the world out and sweat out your frustrations.
RACHEL, 32, COOLBELLUP

Schedule exercise just as you would any other activity.
SUSAN, 55, CHICAGO, US

'I want to be like the 70-year-old woman who overtook me on the bike track the other day.'
CLARE, 37, CLAYFIELD

If you don't enjoy an activity you probably never will. Don't push it. Try different things until you find what suits you. Once you love it and you're hooked, it won't ever be a chore – you'll find excuses to do that activity more and more.
ROSIE, 32, MELBOURNE

I loooooooooooooathed sports in school, never thought I'd enjoy exercise. If you've had problems with something similar, try a singular form of exercise. Do it for yourself!
ANYA, 20, BRISBANE

Get a pedometer to see how many steps a day you actually do and then see if you can increase it.
VANESSA, 29, MOORE CREEK

I'll have grandchildren soon and I want to be around to enjoy them.
BEV, 65, ARMIDALE

We're not the greatest netball team in the world, but gosh it's a laugh!
EMMA, 25, ST KILDA

If I don't exercise, I eat badly, drink more alcohol and create a vicious cycle. If I exercise, I eat well, don't drink and, as an added bonus, sleep incredibly well.
CATH, 47, BRISBANE

'Walk, even in the rain – it feels so good on your skin.'
LIBBY, 65, GLEN WAVERLEY

The more I move the better I feel, sleep and cope with everyday tasks. ANNE, 55, MT GAMBIER

To begin with it's hard to motivate yourself, but the minute you've finished you feel so wonderful! It gives you more self-confidence and a skip in your walk.
AMANDA, 32, GOONDIWINDI

Find something you enjoy doing – don't view exercise as simply a tool for losing weight, but rather as something you do as part of your daily life. LIN, 43, GLEN IRIS

It's the greatest feeling in the world when you set yourself a daily challenge and you meet it.
SUZANNE, 33, CAROLINE SPRINGS

Walking 30 to 45 minutes a day is not enough to stay healthy. You really need to lift weights and do stretches, as you lose your flexibility so readily.
MARY, 55, CURTIN

A bike is the best investment you'll ever make! You'll never look back!
KATIE, 24, MELBOURNE

Take it easy, but get out there and pull a few weeds, walk to the shops, put on some music and dance like crazy, even stand in the middle of the room and do a few stretches of every part of your body to make sure it still works! FAYE, 70, FINLEY

## Why We Need to Be Active

Physical activity can make us feel stronger and like ourselves more, guard against depression, maintain our body in reasonable working order, be fun, give us more energy and help fight off illness. It helps to repair, protect and heal your body, helps you feel like you belong (to a team), gives you a sense of meditative calm, helps you concentrate better, helps you get to sleep, helps you make friends, helps make strong bones, and gets you outside in the fresh air making some vitamin D.

The point is not to look thin and magaziney, it's to be healthier, fitter, more flexible and more cheerful. If you don't do it regularly you'll become unfit and feel stiff and heavy, cranky and tired; you'll be unhealthy and unable to fight off colds and other illnesses; you won't burn up enough extra sugars and fats; your muscles will get all flabbity; and you'll have no stamina.

### Activity makes you feel good

The good vibes you feel with regular exercise probably have to do with stress-relief, the mind-clearing and meditative effect of having to concentrate on the rules and strategy of the game, hanging out with your team-mates, and the mood-lifting effect of sunshine and fresh air. Those 'feel-good' and pain-dulling brain chemicals such as endorphins and serotonin are really only released during sudden or very high-intensity sport or activity, and don't really apply to us mere non-Olympians.

Probably the simple reason exercise makes most people feel good is that the body is doing what it's supposed to – moving around, pumping blood, getting oxygen in and out. And anyway, what's not to love about dancing? (Especially with the lights out and the door locked.)

### Activity makes you healthier

There are several health benefits of regular physical activity, including:

- **Physical health boosts** – It gets your heart rate up, which has lots of preventative-health benefits, including lowered risk of heart disease, diabetes, high blood pressure, some cancers

and osteoporosis (see Chapter 14, 'Illnesses & Conditions', for more).

- **Mental health boosts** – Activity, especially in the fresh air and sunshine (with its vitamin-D-making capabilities) is a proven way to make you happier.

### Activity makes you fitter

Exercise:

- keeps your body flexible and prevents aches and pains
- ensures you don't get puffed too easily
- gives you a rosy glow caused by blood circulation
- keeps joints, muscles, tendons and other bits and pieces in decent working order.

### It's never too late, or too early

The health benefits of exercise can kick in whenever you start. Two to three months of regular exercise can lower your risk of health problems and make you feel much better, at any age. In earlier life, activity helps to protect your fertility and mental and physical health; in later life it can also help you develop balance and prevent falls, gain strength and stay active.

## How to Get Active

### Getting ready

For some people, starting any physical activity seems like a huge challenge – maybe you've never had good sports skills, or you've always felt clumsy, or you're embarrassed about people seeing you exercise or wearing exercise gear. Or maybe you like the idea of physical activity but just don't know where to start, or you need help to see how to fit it into your day. You don't have to start by buying $700 worth of designer hockey equipment. Walk halfway round the block, then do a bit more the next day.

### Activity safety checklist

- STOP any activity straightaway if you feel pain, have chest pain, feel light-headed, or develop an irregular heartbeat. (See Chapter 14, 'Illnesses & Conditions', for symptoms of heart attack and stroke.) In other words, stop if it feels wrong or 'weird'.

- Drink extra water before, during if you feel the need, and after exercise to avoid dehydration. Ordinary water is better than 'enhanced' flavoured or coloured or 'vitamin' waters or sports drinks (because most of them contain shocking amounts of sugar), and better than tea and coffee (which, as diuretics, can be too dehydrating).
- Get a medical check-up before making big changes in the intensity or length of your activity.
- Make sure you have the right shoes for the activity you're doing and that they're properly fitted.
- Get at least two firm sports bras. (No, I'm not suggesting you wear them both at once – one will be in the wash.)
- See Chapter 6, 'Skin', for sun-protection facts and advice on vitamin D exposure times.
- Warm up before and cool down after exercise so as to be kind to your body and heart – 5 to 10 minutes at each end is fine (see opposite). Take a class or get a few lessons to make sure your technique is right and you're not doing yourself any damage.

### KIT: WHAT TO WEAR & USE FOR EXERCISE

Don't buy a lot of one-use expensive equipment (skis, scuba outfit, etc.) until you're sure it's the sport for you. But never stint on safety accoutrements – if it's a sport where people wear a helmet, borrow or hire the helmet even if you're just trying it out. If you're inline skating or skiing, for example, YES, you need to hire or buy a helmet, and maybe wrist braces and knee and elbow pads, because broken bones or head injuries are far more expensive financially, physically and emotionally. Check the discount outlets for activity wear: you don't have to be in fashion or wear fancy stuff. You don't need sports-supplement-style drinks unless you're at the elite level or running something like a marathon or exercising in very hot weather and sweating a lot. Otherwise, tap water's fine.

### How much exercise do you need?

Australian Government guidelines suggest that adults should do half an hour of physical activity a day. It's something to aim for, not a rule to get upset about. For comparison, the guidelines say kids and teenagers should have an hour a day

of physical activity and no more than two hours a day combined screen time (looking at the TV, games or a computer). So where did our 'half an hour' come from? Is it just based on the fact that most adults are busy and tired?

Despite being repeated ad nauseum by newspapers and magazines, nobody seems to say why. It probably came from a joint 1995 public health announcement by the US Government's Centers for Disease Control and Prevention and the American College of Sports Medicine. They recommended something simple and achievable to try to encourage more exercise: 'Every US adult should accumulate 30 minutes or more of moderate-intensity physical activity on most, preferably all, days of the week.'

These recommendations have since been updated by the American College of Sports Medicine and the American Heart Foundation, but this change has so far not filtered through to Australian Government guidelines. These American guidelines for healthy adults under 65 years seem more useful to me. Here they are. If you can:

- Do half an hour of moderate-intensity activity that raises your heart rate (minimum five days a week), or
- Do 20 minutes of vigorous-intensity activity that significantly raises your heart rate (a least three days a week), and
- Do strength training twice a week.

The update was based on a review of recommendations from different organisations, working out the easiest message to get across, and new scientific evidence about the health benefits of exercise.

The authors of the updated recommendations, a mix of heart doctors and public health and sports medicine specialists, recommended that people 'mix it up' to gain the benefits of exercise: 'For example, a person can meet the recommendation by walking briskly for 30 min twice during the week and then jogging for 20 min on two other days. Moderate-intensity aerobic activity, which is generally equivalent to a brisk walk and noticeably accelerates the heart rate, can be accumulated toward the 30-min minimum by performing bouts each lasting 10 or more minutes.' In other words, you can do three 10 minute walks during one day to make up the half-hour.

So what's vigorous-intensity activity? It's 'exemplified by jogging, and causes rapid breathing and a substantial increase in heart rate'. The strength recommendation means 'resistance' exercises using weights or a weight machine or other, cheaper equipment (such as a stretchy rubber strip; you can get them at sports shops), or otherwise lifting and using and strengthening muscles in legs and arms with exercises that bear your body weight, such as squats, push-ups and dips.

## Choosing your exercise intensity

For optimum fitness and heart health, we need some vigorous exercise at least three times a week, and we can add as much moderate activity as we like on top of that. (Unless there's a reason that vigorousness, in your case, is scary, hence the need to check with a doctor first.)

Vigorous exercise makes you 'huffy-puffy' – your breathing is quicker and it's hard to speak normally. Vigorous huffiesque activity is anything that gets your heart rate up and keeps it up for a while: playing basketball, hockey or soccer, dancing, swimming laps, jogging, or walking very quickly.

Moderate-intensity means you're moving your body but not necessarily getting a much faster heart rate and faster breathing, so you can still talk normally. In terms of dancing, it's waltzing not pogo-ing. Moderate huffy-puffery includes going on a long slow walk, a long bike ride, skateboarding, or playing softball or volleyball in which you spend a bit of time standing still or waiting for your turn.

### WARM-UPS, COOL-DOWNS & STRETCHING

You don't have to have an elaborate 'stretch' session before an exercise session to warm up a little: it's better to just move around a bit, do a few similar moves to those in your exercise. This can include reaching, bending, stretching some muscles a little, swinging your arms, throwing and catching, doing a bit of a walk before you jog, that sort of thing. Trainers disagree about the benefits of pre-stretching in preventing injury: most experienced ones say that a little bit of good stretching is useful, but 'bad', 'bouncing', overdone or incorrect stretching, or stretching when it's cold, can cause injuries and strains. Warm-ups and cool-downs should always be gentle and gradual.

A few stretches at the end of a session should be preceded by a cool-down, meaning you gradually reduce the activity rather than stop suddenly.

Of course it's important to improve your flexibility and keep supple, so you don't feel like a plank with feet. Ask an accredited trainer, coach or exercise physiologist to show you some safe stretches, or see one of the yoga contacts in 'More Info on Choosing an Exercise or Sport', later, check any injury with a physiotherapist and ask them which stretches are okay (see 'Who's Who in Exercise Specialists', coming up).

## Where to get exercise advice

First, get a check-up from your GP and tell them what exercise or activity you plan to start or continue doing. You can check with an exercise physiologist about any weak spots in your body or sports you should steer clear of. If you have a personal trainer they should have anatomical and physiological qualifications and experience. While some trainers are sensible and informed, many don't understand special needs during pregnancy or post-pregnancy and have women doing sit-ups and other inappropriate and dangerous high-intensity exercises that can result in stress, injury and medical complications.

Advice on exercise is never one-size-fits-all, so be wary of advice from others, including the comments boards of fitness websites, which can be filled with ignorant folderol and unsubstantiated assumptions and opinion. Don't just assume they know what's best.

**MORE INFO**
on where to get exercise advice

Be careful of screen-based programs and online exercise advice. It may not suit you or be adaptable, and can be a thinly disguised hard sell for devices.

**health.gov.au** Search 'physical activity guidelines' for a fact sheet with recommendations for different ages.

**sma.org.au** Sports Medicine Australia brings together medical and other sports professionals. Choose 'Resources and Advice', then 'Policies and Fact Sheets', then 'Active Women' for fact sheets on exercise during and after pregnancy and menopause, and other special issues.

## WHO'S WHO IN EXERCISE SPECIALISTS

- **Your GP** – They should do your initial 'physical'. Be honest about problems, drinking and drugs, and your medical history, and share your plans for exercise.

- **Sport/exercise physiologists** – They specialise in the scientific study of the physical characteristics of athletes and how these can be used in training and performance to maximise success. Sports physiologists must have completed a four-year university course involving theory and practical experience. You need a referral from a GP. The industry association is Exercise and Sports Science Australia (essa.com.au).

- **Physiotherapists** – They are practitioners who treat injuries and other movement problems. They use physical treatments such as hydrotherapy, electrotherapy, therapeutic exercise, massage, mobilisation and manipulation of joints to help injured people or athletes who need relief from physical pain and to rebuild the strength in a particular part of their body. Physiotherapists must have completed a four-year university degree involving theory and experience, and be registered with the Australian Physiotherapy Association (physiotherapy.asn.au). Some do extra specialist training and education in specific sports or with children. Physios can diagnose and do hands-on treatment. You don't need a referral from a GP.

- **Masseurs** – Anyone can call themselves a masseur or myotherapist or massage therapist. A properly trained masseur should have studied anatomy, remedial massage, first aid and massage technique over several months. Some courses only go for two hours or a weekend. Masseurs use massage to relieve pain and increase flexibility. Those who offer 'therapeutic' or sports massage should be able to demonstrate professional qualifications and/or that they keep up their knowledge of new info and skills in proven methods of alleviating pain, soothing muscles and assisting recovery from injury. 'Relaxation' and 'aromatherapy' masseurs should not treat injuries and should be able to satisfy you of their skills and experience, and do no harm, especially to pregnant or injured clients. Many massage techniques, such as reiki, are unproven and more akin to faith healing. The industry body is the Australian Association of Massage Therapists (aamt.com.au). See also 'Aromatherapists' in 'Who's Who in Natural Healthcare' in Chapter 12, 'Health Maintenance'.

- **Personal trainers & gym/class instructors** – Anyone can call themselves a personal trainer and courses vary in quality. They should have a good knowledge of anatomy, physiology, injury risk, psychology, first aid, fitness, and the special needs of pregnant, injured and older clients. Beware of 'personal trainers' who are really gym membership sales staff.

See also 'Who's Who in Feet Specialists' in Chapter 12, 'Health Maintenance'.

## Choosing Your Activities

A mixture of aerobic, weight-bearing, and incidental and non-huffy-puffy exercise throughout the week will cover all the bases. Weight-bearing means your skeleton supports your body while you're doing it. It helps to strengthen bones, because you're supporting your own weight while you move. Swimming (the water holds you up) and bike-riding (the bike does) are not weight-bearing. Walking is.

Be active every day in as many ways as you can. You could try:

- **Walking** – To the shops instead of driving, or up the stairs instead of taking the lift. Try to get in some up- and downhill or up- and downstairs to increase the weight-bearing benefits.

- **Swimming** – Doesn't have to be fast or hard. Take an adult swimming class if you're not a confident swimmer, or want the distraction of something other than swimming laps. Get a season pass at a public pool to save money, and hit the slow lane.

- **Aquarobics** – Is great for getting your heart rate up without putting much strain on your joints. Most swimming centres have a range of water exercise activities, many with a pay-as-you-go scheme or a discount membership arrangement.

- **Dancing** – Raises your heart rate. You can do it on your own in the lounge room or do classes, from go-go dancing to Latin salsa. Check internet and local paper listings.

- **Rock climbing, kickboxing, team skipping, anyone?** – Think outside the box.

- **Tai chi, Pilates, yoga & some martial arts** – Strengthen muscles and improve balance.

- **Golfing** – All about the walking and a bit about keeping track of a ball, and can be a great group activity.

- **Cycling** – Doesn't need to involve lycra if you'd rather not. Just put a basket on your bike and ride to the shops instead of driving.

- **Surfing** – Growing in popularity with women. There are groups you can join to learn and to get together to surf.

- **Exercise bike or walking machine** – If you want to watch TV or read.

- **Kayaking or bushwalking** – Hire a few kayaks with friends on the weekends and have a paddling adventure or just do a hike and a picnic.

- **Fitness video games** – For rainy-day fun with a pal or the kids in front of the TV screen.

## Finding your own thing

- Most women try a few different sports or activities before they find the right one for them. Don't stick with something you hate or find boring. Sometimes it takes a while to discover one you really love and are good at.

- If there was something you loved years ago, think about whether you'd like to go back and try that again. Many of us lose touch with a sport when we leave school, but there may be a local team or some local women you know who've started their own team.

- You might want a sport that's related to hand-to-hand fighting so you can scream a lot, or to belong to a team that believes winning is important. Or you might just be the sort of person who likes a 'hit and giggle' with friends, or a long walk listening to music.

- Choosing an activity near home makes it quick and uncomplicated. Your local council and state government sport and recreation department can tell you about teams and clubs, dance groups, yoga and other classes, and bike and walking tracks in your area.

- Meet or take a friend so you motivate each other to keep going. Joining a group activity is a good way to catch up with old pals and make new friends.

- Team sports can be fun but not provide a lot of activity, depending on where you're positioned on the court or field (unless they have really active training sessions). So if you find that you're spending a couple of hours per game standing still in the outfield, you'll need to do something else that's actually active.

## How to find more opportunities for activity in the day

- Take the stairs.
- Stand up and walk around when on the phone (get a headset).
- Break long meetings every half-hour or hour for people to walk around and get blood moving.
- Walk or bike the school pick-up and drop-off if you can.
- Run or walk on a treadmill or do some exercises and stretches while watching TV.
- If you have a meeting with someone, ask them if you can do it while walking together.
- Experiment with 'standing-up' meetings. (This means they often don't go as long, which is a bonus!)
- If you take public transport, walk the last few blocks on the way to work or home.
- If you work from home and have some childcare cover, try to get in a walk before work.
- Lunge down the corridor to the fridge instead of walking.
- Kayak to work. All right, getting stupid now.

245

### POLE DANCING

While some people recommend the injury-prone stripper-led activity of pole dancing as 'good exercise', may I interject with the observation that running away from lions will also raise your heart rate but isn't necessarily a good idea?

##  'Women's sports' versus 'men's sports'

The top 10 participation sports are similar for men and women, although women are more likely to do netball, dancing and yoga. The 'shared' activities include walking, aerobics or fitness classes, swimming, tennis, cycling, bushwalking, running and golf. While netball is the highest participation sport in Australia, the sports staff of newspapers, radio and TV stations overwhelmingly tend to report male sports results and stories. Unless you keep an eye on them, local councils, state governments and private company boards, especially male-dominated ones (that would be pretty much all of them), can breach equal opportunity laws or fairness by overfunding or sponsoring men's sports facilities at the expense of women's ones. If you'd like to start a women's sports club or already belong to one, check out possible funding opportunities.

### EXERCISE & PREGNANCY

Normal exercise is okay unless your 'normal' is extreme. Very few personal trainers and gym staff are aware of what's safe during pregnancy. Never 'push yourself' when you're pregnant – when in doubt, stop. Don't do sit-ups and other strenuous abdominal exercises, as your abdominal wall is already being stretched apart. These exercises can worsen a separation of muscles that would otherwise get better by itself after the birth. Your ligaments are also stretching, and the higher level of relaxin hormones means you need to be careful not to overextend yourself.

## Activities for mums with bubs

Beware of 'mum' exercise classes and groups that make you feel bad about your shape and size. It will be cheaper, and more relaxing, to walk with a group of friends. Make sure you don't cause or worsen any common post-birth conditions, such as separation of your rectus abdominus muscles: many new mothers are unaware of the dangers – you mustn't do sit-ups if you have this condition, which otherwise often fixes itself.

### PRAMS & STROLLER DANGERS

If you're walking with a baby or toddler, make sure you talk to them. Don't ignore them for long periods while wearing headphones or talking on the phone, unless they're asleep. Babies and toddlers learn language and conversation by doing it with you. Make sure the pram or stroller brake is on when you stop moving or do something like answer the phone. This goes especially for lake, river and cliff paths, and train and tram platforms, most of which are engineered for drainage run-off. Even a very subtle gradient can quickly cause a pram to roll away over an edge.

### ✳ MORE INFO
#### on activities for mums with babies

**anhlc.asn.au** Non-profit neighbourhood or community houses offer a large range of low-cost group activities, many of which focus on staying active, including healthy bones exercises, activity classes, relaxation, yoga and walking groups. Contact your local council for info.

**cyh.com** For info on post-birth exercise and caring for your pelvic-floor muscles, go to this government health site and choose 'Pregnancy', then 'After the Birth – Yourself', then 'Recovering after Vaginal Childbirth' or 'Recovering after a Caesarean Section'.

**heartfoundation.org.au**
**1300 362 787** The Australian Heart Foundation has a national register of pram and stroller walking groups, as well as other walking groups. Choose 'Walking' or 'Healthy Living', then 'Physical Activity', then 'Walking' to find an area coordinator or to become one.

# MORE INFO on choosing an exercise or sport

## GENERAL ADVICE

Ring your local council, or go to their website for activities offered in your area. Look for links like 'Sport and Recreation' or 'Health Programs', or to local pools and community health centres.

**Stretching by Suzanne Martin**  This book by a physical therapist and trainer for dancers has well-illustrated stretches – and – major bonus – shows where you're supposed to 'feel' it. Stretches for general flexibility, sportswomen, daily life, different ages and stages, including pregnancy and post-pregnancy, and for prevention of injury.

**1001 Ways to Get in Shape by Susannah Marriott**  Number 554 start a book group; 310 scent your wardrobe; 689 'if you really enjoy a local wine, ask for part of the vineyard for a birthday present'; 831 take a homeopathic 'remedy' for a thyroid problem. This book is seriously bonkers.

## YOGA

Find a yoga class near you by asking around or contacting the local council.

**findyoga.com.au**  A directory of classes, mainly in capital cities.

**intoyoga.com**  Aussie yoga specialist Jessie Chapman has several DVDs on relaxation and more dynamic yoga, and books for beginners and others.

**itsallaboutyoga.com**  A yoga blog with a big following.

## DANCE

Search local listings for go-go, salsa, belly dancing, flamenco, Irish dancing, line dancing and other classes and have a date with a girlfriend once a week. Beware sleazier offerings with striptease and pole dancing classes.

## A LUCKY DIP OF SPORTS

**netball.asn.au**  Netball Australia's site. Choose 'Netball HQ', then 'Member Organisations', then your state/territory to find a local game for yourself or support the state team.

**hockey.org.au**  Hockey Australia's site.

**tennis.com.au**  Tennis Australia's site.

**afda.com**  Ultimate Frisbee Australia – fast, fun team sport.

**footballaustralia.com.au**  Football in this case is soccer. Choose 'Womens'. Maybe they'll have the funding for an apostrophe one day.

**nzsport.co.nz**  From this media company site use the drop-down search menus to find what you're looking for. There is no trampolining in Upper Hutt: I checked.

## GOVERNMENT PROGRAMS & INFO

**goforyourlife.vic.gov.au Infoline 1300 739 899**  Choose 'Active Living', then 'Sports and Activities' for hundreds of ideas.

**ausport.gov.au**  The Australian Sports Commission site. Choose 'Participating in Sport', then 'Play for Life', then use the search box.

## MUSLIM WOMEN, SPORTS & ACTIVITY

**muslimwomeninsports.blogspot.com**  Global site for Muslim sportswomen.

**ahiida.com**  A private company selling Islam-friendly women's sports- and swimwear.

## ACTIVITY FOR OLDER WOMEN

Ask your local council about local activities and classes.

**taichiaustralia.com.au**  Find a class.

**Strong Women Stay Young by Miriam Nelson**  Simple, safe exercises to build muscle tone and bone mass.

**8 Weeks to a Younger Body by Joan Pagano**  For various levels of fitness and experience, and ages 25 to 65. Photos show resistance and weight training exercises to build muscle and strengthen bones, stretches for flexibility, and a walking program for heart fitness. Equipment needed: a fitness ball, a couple of hand weights, a stretchy band (from sports supply shops or online) and a bench or step.

## THE LONE MOVER

Some people prefer to do physical activity by themselves. If you're one of those, here are some options that might work for you:

- Do 10 surreptitious minutes here and there by getting off the bus a few stops before your normal stop and walking, or parking further away from the shopping centre – you can start by adding up these additional bits of activity every day.
- Listen to your favourite music or the radio and dance around the house.
- Get an exercise, dance or yoga DVD or screen game from a reputable source – see 'More Info on Choosing an Exercise or Sport', earlier, for some pointers – and work through the exercises at home. Choose one that starts slowly and increases the activity.
- Play with kids; get to a park and do some chasey, Frisbee, kick-to-kick with a soccer or footy; use some old tennis rackets to hit the ball to each other.
- Get stuck into the garden if you have one. Mow, rake leaves, set up a compost heap, and get some digging and planting done. It all exercises muscles.
- Walk early in the morning before other people wake up, or at night – but it's safer for you to walk with a dog at night, unless it's a happy King Charles spaniel that has about as much protective force as a lettuce leaf brandished at an attacker.
- If you really want to be incognito, try lone sports where nobody knows you, or attending a class or gym halfway between work and home.

## Motivation to Exercise

Put a Tim Tam on the end of a stick attached to your forehead and run after it. No, that's not helping. Neither is the stupid idea of putting a picture of Elle Macpherson on your fridge. You'll never look like Elle Macpherson, unless you're Elle Macpherson. And if, Elle Macpherson, you're reading this chapter, I shall be very much surprised. Here are some sensible ideas for getting motivated to move:

- **Have a goal** – Not a number of kilos to 'get down to' but maybe at first to do something every

second day, or to turn up to practice, or to walk around four blocks without stopping or up the stairs without puffing, or to complete a fun run even if you walk it.

- **Encourage yourself** – Celebrate your achievements and admire yourself for your perseverance.
- **Reward yourself** – Not with food, but with something that's a gift to yourself, like a weekend away with the money you used to spend on fags, or a new fancy soap or a bunch of flowers.
- **Take it slowly** – Build up intensity and time spent on activity gradually and just keep plugging away. It's not easy. Don't frighten, exhaust or injure yourself by doing too much at once.
- **Join a team** – Or do something with a friend so peer pressure kicks in and you can't just stay home without letting others down.

## TALKING TO A TRAINER

If you join a gym, take classes or get a trainer, talk to the instructor or trainer about what's realistic and achievable. Make sure the trainer understands your philosophy, understands different age and gender requirements, and can help keep you motivated and comfortable so you keep coming. Don't factor 'hunky' into the equation. Make sure you're working towards your goal, not somebody else's.

## When it's hard to get motivated

When you haven't done much exercise for a while, or you're very unfit, it can feel as if you'll never get there, as if you'll never be fit. This is when self-discipline comes in: it sounds boring, and it can be, but the results are amazing. You'll feel proud of your achievement and healthier than you've ever been.

You may have to try a little longer, get active a little more often than other people you know, and go a bit harder. Your body will gradually get stronger and more resilient, but it may be a while before you notice a difference. These hints might help you keep going:

- Change your routine, do something new, keep it interesting. Do it with different friends or family.
- Don't overdo it – and if you do, rest the following day.

- Don't be cross with yourself if you miss a day – think about why you did and how you can change that, then try again tomorrow.
- Find a public pool, have a couple of swimming lessons if you need to, and then try some laps – being in water can make you feel lighter and more graceful, and puts less strain on your ankles and knees than some other activities.
- To check you're exercising in an efficient way that won't cause injury, book one or two sessions with an accredited or experienced trainer or exercise physiologist if you can afford it – it's worth the money to know you're on the right track.
- If you're 'embarrassed to be seen', see 'The Lone Mover', opposite.

## When motivation flags

- Try another activity – swap from a lone one to a group one or vice versa.
- Vary your routine – take a different route, listen to music instead of podcasts of documentaries, or a comedy show, or an audio book of a classic you've always wanted to read – make what you listen to a treat that you have to exercise to get.
- Change your days or times.
- Talk to relatives or friends about sharing childcare.
- Have a box or basket of fun stuff – bats, balls, helmets – by the door or on the porch. Don't keep your bike in a hard-to-get-at place (such as the attic, or Norway).
- See if there's a new goal you can set yourself.
- Make the exercise time a reward or something to look forward to. Ration your favourite podcast or music to listen to on your iPod *only* when exercising – or listen to a chapter or two of your audio book each session.
- Is there an elderly person in the neighbourhood who needs their dog walked?
- Can you spend time with a parent or your kids while walking together?
- Join a gardening group – it gets you out in the sunshine, working in the garden or walking around other people's gardens (ahem, if they're in the public Open Garden Scheme, otherwise this is called criminal trespass). If you don't have a garden, check with your council, as community garden plots may be available in your area.

THE IMPORTANCE OF PERSEVERANCE

If you're unfit, or above your healthy weight, you could get huffy-puffy very easily when you start doing activity, or certainly faster than someone who plays an hour of non-stop hockey every second night. That just means you have to stick with it for a while and not set unrealistic goals. Oddly, doing no exercise can make you feel more tired than anything . . . so it can be harder to get started and stay determined, but the good feelings and rewards are greater when you do.

## Getting over the excuses for not exercising

I know we don't have enough time. I know we have obligations at work. I know we have to do everything for the kids. I know we haven't got any spare cash. I know we're tired. But we still need to be active.

- **'I don't have time'** – Don't think you have to find half an hour a day. Find 10 minutes as often as you can, and walk to get your lunch. If you have 20 minutes, maybe you can do something vigorous. If you have time to watch TV, you have time to exercise (instead, or at the same time).

- **'I'm too tired'** – You could get up earlier and do it and then afterwards you'll have more energy during the day. You could be more disciplined and insist to yourself that you start having a 'bedtime', not just when the TV show finishes. Record the TV show and go to bed. (Bear in mind that being dehydrated can make you tired and give you headaches.)

- **'I have a health problem'** – You can still do something to be more active. Find out what it is, and talk to your doctor about how to start.

- **'I don't have any health problems'** – It makes a lot more sense to prevent health problems and injuries by being fitter than by trying to fix them after things have gone pear-shaped (and no, I'm not referring to your bottom). The absence of a chronic health problem doesn't mean you're 'healthy', so stop kidding yourself, missy (ooh, this is quite bossy, isn't it?) (Can you tell I'm talking to myself?)

# A lucky dip of exercise issues

## Not being arsed

Everyone I know who does a lot of exercise invariably has some kind of long-term injury (reconstructed knee, weak ankle, tennis elbow, etc.). This doesn't inspire me to work out more! KERRIE, 33, SYDNEY

*'I know that if I exercised my body and health would thank me, but I just can't be bothered. It's all too hard – much easier to eat and sleep.'*
HELEN, 43, CARRUM DOWNS

Much of it is boring – a good book is so much more interesting. Why do women carry those stupid weights in their hands when they walk? MAY, 62, FRANKSTON SOUTH

My husband wants me to exercise more. He believes this will make me feel better about myself, but I just don't have the energy and couldn't be bothered.
CARMEN, 39, GREENHAVEN, US

I'm not exercising enough for the amount of champers I drink.
JENNY, 58, WODONGA

## Exercise & self-image

I don't like my tummy because it won't respond to sit-ups. I'm sure it's just being belligerent!
JENNIFER, 39, LEONGATHA

I'm around 20 kilos overweight and would like to weigh less, but I can still run around a netball court and give those girls my best, and I think that surprises them because of my size. TANIA, 44, ALBION PARK

People should focus on a person's fitness, not their size. I've seen large girls complete a 4 kilometre fun run that skinny girls just walked in. VICTORIA, 49, WESTMEAD

Despite lots of exercise, the fat just wants to creep on now that I'm in my 50s. TRISH, 51, MT ELIZA

I think it's more important what you can do with your body – i.e. swim, yoga, relative health – than simply how you look. This is where I seek my positive body image, even if in general I'd probably be considered overweight.
SUE, 38, GENEVA, SWITZERLAND

Remember, if you eat one Tim Tam it takes half an hour of jogging/running to burn off the calories you've just eaten – just one!
LINDY, 46, STEIGLITZ
(*HAVE A BISCUIT, LINDY – KAZ*)

## Doing it together

I'm more likely to get up and go for a walk or jog if my boyfriend comes with me.
JESSICA, 21, CANBERRA

*'I love walking with friends so I can catch up on the goss while exercising. I also love to sweat and push myself.'*
STEPHANIE, 30, SOUTH YARRA

I make myself walk. I meet up with my friend every morning and neither of us wants to let the other down if we don't show.
MEG, 53, SCONE

I do Pilates at a friend's house. It's great to have a little time out and catch up with some lovely friends.
MELISSA, 34, GORDON

My partner and I made a pact that if we didn't jog at least once a week, we had to give $50 to a charity.
BRONTE, 31, FITZROY NORTH

I prefer to exercise with my best friend. It's a good excuse to gossip about people.
NATASHA, 22, PERTH

## Gyms

Gyms aren't always welcoming (they don't want heavy people to be seen there). RACHEL, 30, SYDNEY

*'I love exercise, even though I'm hopeless at it. I'm so glad I screwed up the courage eight years ago to start going to a gym.'*
ALEX, 30, BRISBANE

Don't be afraid to join the gym. Everyone else is as sweaty as you. Have a go at new forms of exercise. I recently joined a contemporary jazz dance class – I'm crap but it's fun!
BONNIE, 37, REDCLIFFE

Don't become obsessed with body shape and don't spend too much time in a gym.
HELEN, 64, PRAHRAN

I forced myself to go to the gym for a year, and hated every second of it. A martial art is much more fun. Do exercise you enjoy.
LOUISE, 29, ESSENDON

Joining a gym cost me a fortune – they deducted fees from my credit card each month. I think I'd be lucky if I got a third of the value of it. SAN-DEE, 53

I work out at least six times a week. I'm a gym-class junkie.
CAROLE, 37, MALVERN

There are so many more options than gyms. JAYE, 22

Just *start*, whatever your shape or size. After about the first three months your body will love it, I promise.
ANGELA, 24, MELBOURNE

Do something you enjoy – it will help with the motivation levels.
JESS, 24, BRISBANE

- **'I can't afford it'** – Moving is free. Try walking, cycling or exercising at home. Check the local library for exercise books and yoga DVDs. You could also purchase some affordable 'work-out routines' (an instructor's voice plus motivating music) and play them on your personal device.

- **'I have no one to do it with'** – You can ask around, get online, call the local council about free clubs and classes, or get some friends together and pay a trainer to help you as a group once a week.

- **'I'm too old'** – Even more reason to start, as you'll begin enjoying the benefits within a week, then more within a month or so, and be healthier and less likely to get sick. Speak with your doctor, physical trainer or an exercise physiologist about a physical activity plan that suits you (ask for recommendations from your doctor or a gym).

- **'I'm too young'** – You'll feel better once you start, no matter what your age.

- **'I'm uncoordinated & not good at sport'** – If you can walk in sports shoes without hurling yourself into passing trees, you can do that. Nobody's asking you to take up trampoline-lacrosse. Sports skills can be taught, and practice makes all the difference, if you're interested.

- **'I have an injury'** – See a medical specialist about your injury, have an assessment and talk through what you can do, as well as what you can't.

## MAKING SPACE TO THINK ABOUT ACTIVITY

Set aside time in your diary to sit or walk and think about what you'd like to achieve in fitness and how you can get there. Think about how much time you could devote to it, whether it's an opportunity to embrace social activity or some solitude, and what you need to change about your life and habits. If you have trouble getting half an hour in your diary free to think about it, you know at least part of the problem already – you're overcommitted to other things.

## Exercise & weight loss

Many people find it hard to lose weight by exercising. There are a few reasons for this, including genetics and a history of dieting (your body becomes very confused by repeated dieting and likes to hold onto fat in case you're going to start starving it again). Others feel too tired to exercise, partly because they're not eating enough of the right foods (especially protein and some carbohydrates). Or you might exercise a lot but not lose weight because you're still eating too much of the sorts of foods that are converted into fat in the body, including high-sugar 'low-fat' foods and fatty foods.

And no, it isn't just you. The more research is done into exercise, the clearer it is that the relationship between exercise and weight loss is complicated, and that recommendations do not work for everyone. It's virtually impossible to lose weight if you 'eat anything you want' and exercise, unless you're doing massive amounts of exercise such as marathon training, which has its own implications for injury and wear and tear on the body and mind. In other words, proper, sustainable, healthy weight loss will happen only as a result of changing habits long-term to eat a healthier diet *and* do more activity. You mustn't be unfair to yourself by having unrealistic expectations and then blaming yourself for the lack of 'miracle' results. Our body shape and tone changes as we get older or after a pregnancy, and no magic diet or exercise program can make us look like the latest celebrity.

See Chapter 10, 'Eat', Chapter 2, 'The Body Image Struggle', and Chapter 3, 'How to Make Friends With Your Body', for a well-rounded wrap-up. Which sounds like one of my frocks.

## EXERCISE IS NOT PUNISHMENT

Exercise shouldn't be 'punishment' or 'boot camp' – unless you enjoy wearing a camouflage-print singlet and punching things while somebody shouts at you. You don't have to atone while you tone. Exercise shouldn't be a penance for eating. You'll drive yourself mad if you try to keep track of how far you have to walk to 'get rid of' a carrot stick or Anzac biccy, and it won't even be accurate. All food has other jobs to do, like making your central nervous system work, regenerating hair, keeping your kidneys working. It's never a simple relationship between how much you eat and how much you exercise.

## FAMILY ACTIVITIES

Your family may have no tradition of doing physical activity or exercising. This means you'll probably have to work a bit harder to develop new habits. Here are some ideas on how:

- Call a family meeting and start a discussion about whether family members would like to be fitter and healthier. You don't need to talk about anybody 'having to lose weight' or being 'overweight', as this can seem like an accusation. Ask everyone for suggestions. Who can exercise with who? What games or walks could you try together? Which activities would be good for weekdays and which for weekends? Where's the Frisbee?
- Aim to fit in half an hour's activity every second day if possible, or try an hour four times a week. Or do 20 minutes a day. Make some sort of change and then congratulate yourself.

## Exercise Problems

### Exercise things to avoid

- Overtraining – going too hard and too long (see below).
- Anything that often makes you feel like crying or thinking that you're a failure when you lose or that you're never good enough.
- Any activity that causes repeated injury, especially to the same part of your body.
- A sport that overheats you – choose sports and times carefully during hot weather and don't let yourself become dehydrated.
- Any sport with coaches or team members who shout at you or are otherwise unkind or abusive.
- Sports or activities that encourage you to lose weight or to stay at a certain weight or size. These include elite-level ballet, gymnastics, and track and field. The pressure may be more about the atmosphere, assumptions and comments that are part of the culture, than official requirements for a certain body shape or weight. Look for a healthy culture if you want to have fun with these sports.
- 'Exercise equipment' sold on TV ads and over the net. Price is not necessarily a guide. Ask a sports physiologist, physiotherapist or personal trainer if they're any good. Sometimes much cheaper accoutrements (like a long rubber band) can be just as effective, or you could find it easier to avoid injury using much better calibrated and more expensive equipment.

### Overdoing exercise

Exercise can become an obsession or 'addiction'. Warning signs that you're doing too much or are too focused on your exercise or training include:

- You exercise when injured or try to 'push through' real pain.
- You exercise even if you're sick, or the weather is terrible or dangerous.
- You believe 'more' exercise is always better.
- You think if you miss a day you need to be punished or do a double session.
- You notice a worrying or negative exercise-related change in mood, sleep patterns, energy levels, libido or appetite.
- You stick to your 'regime' no matter what, even if, say, something that would be fun with friends conflicts with your self-imposed exercise schedule.
- You find your thoughts and conversation dominated by exercise or weight loss, or machine displays that that tell you how many kilojoules you've burnt or how many kilometres you've run.
- Friends or family who are generally supportive of health and fitness have raised concerns.

If you're 'overdoing it', you can reassess your exercise habits. You may need the help of a counsellor: your GP can refer you to somebody helpful.

#### LOST YEARS

If you watch TV or stay on your computer for an average of two hours a day and have done since you were 4, by the time you're 70 you'll have spent five and a half years of your life in front of the screen.

## Gym Machines & Exercises

You may recall the television ads for brilliant machines that, after strapping yourself in with a few metres of Velcro tape, would vibrate and move your arms and legs up and down and supposedly exercise your muscles. If only it came with a George Clooney attachment. What a shame it's all a load of tosh and you can't just go to sleep and dream about getting your exercise. Strangely enough, it's a medical fact that for proper muscle development and flexibility you have to – as they say – move a muscle. You may even need to lift a finger.

Exercises and stretches are good for keeping your body flexible and your muscles strong. It's really useful to work the abdominal and other core muscles, which also help keep your back strong: yoga, Pilates and fitness ball exercises can all help here, but there's no magic device that does everything.

A lot of gyms and fitness magazines provide specific exercises, done with or without equipment, to build up the muscles in certain areas, such as the arms, stomach or legs. That's fine, but daily exercises for a 'firmer bottom' or a 'flatter stomach' can have you obsessing about something that isn't a problem. If you're already fit and healthy, your body is basically its natural shape.

Gyms can be expensive and intimidating places, but you don't have to join one to get fit or to do gym-style exercises. You can do resistance exercises at home, perhaps with a hired or bought instructional DVD and some basic equipment, or use a handheld games device. Another option is to check whether your local council has a nearby youth or recreation centre with cheap classes or gym equipment that you can use for free or a small fee. Always compare prices, staff and gym atmosphere (there are women-only gyms now) when looking to join, and don't pay until you're sure.

## KILL THE GYM PORN

If your gym bombards you with banks of MTV-video porn-style images while you're exercising, make a polite but firm complaint to the management. Gyms should be welcoming atmospheres for teenaged girls through to older women. Nobody wants to be next to a man on the next treadmill while huge screens show scenes of faux-ejaculation onto dancing girls and writhing pole dancers dressed in G-strings. Let the gym manager know this sort of thing is a deal-breaker for membership renewal.

## Basic home-exercise equipment

Make sure you know how to use these safely and that you have the right size or calibration for you:

- inflated fitness ball
- hand weights
- yoga mat
- stretchy resistance band
- hunky trainer called Sven (optional)
- stairs (also optional).

Most of these are available from sports shops or online, except stairs and Sven.

# General Health

# How do you maintain your health?

I have regular checks.
BELINDA, 53, BENTLEIGH

I don't do very much aside from half-hearted exercise and doubtful healthy eating. ZOE, 25, BELGRAVE

I eat as much fruit and veg as possible, and play sport once or twice a week. LARA, 26, LONDON, UK

I don't do nearly enough for my health. It comes down the list after all the other members of the family. KYLIE, 37, HMAS CERBERUS

I'm trying to quit smoking.
SHAE, 32, EMU PLAINS

I eat well, exercise regularly and see an acupuncturist, an osteopath and a naturopath for optimal health. ARKI, 35, WILLIAMSTOWN

I live a pretty healthy lifestyle. I'm not afraid of doctors – if I have a worry I ask – but the internet is pretty good for that, too.
CHRISTY, 32, THORNBURY

I see my doctors, take my medication, see my therapists, try to eat well and maintain a positive state of mind. MICHAH, 35, BRISBANE

I really don't think about it. I just go along as I do and I seem to only get sick once a year.
JODIE, 36, ALBURY

I eat a healthy, balanced diet, exercise, meditate, socialise with friends and family, see a dentist each year, get enough sleep, get regular doctor check-ups and pap smears. G*STAR, 29, PERTH

I think positively. GAY, 45, BLI BLI

I try not to get run over. I get to the GP when I need to.
CAT, 37, JUNEE

I walk, try to eat balanced meals and laugh lots.
EDWINA, 38, QUAKERS HILL

I don't do enough. Visualising doesn't seem to work at all.
MANDY, 52, MITCHAM

I eat enough but not too much – I hate that feeling of being full. I try to get enough sleep, minimum eight hours a night. If I'm unwell and I don't like what a health professional tells me, I go to another doctor and do my own research. RACHEL, 32, AUCKLAND, NZ

Not a lot. I'm eating marshmallows right now. CAITLIN, 18, WODEN

I exercise, eat unprocessed food where possible.
JACKIE, 46, FAULCONBRIDGE

I take vitamins when I remember.
ELLEN, 56, BRISBANE

> 'I try not to get run over. Other than that, I get to the doctor when things are painful or prolonged.'
> CAT, 35, WAGGA WAGGA

I'm vigilant about my mental health. I'm a little lax about my body! I see a chiro regularly and a kinesiologist.
ANGELIQUE, 40, SOUTH MELBOURNE

I keep breathing. VALERIE, 65

I eat carefully, exercise regularly, and take calcium and fish oil tablets. HELEN, 62, IVANHOE

I eat right, exercise, stay happy.
AGNES, 61, ADELAIDE

Hmmm . . . ashamed to say I can't think of anything.
MAGGIE, 52, MT MACEDON

I have a healthy diet and try to exercise every day. I also have a dog and several friends.
BUBBLES, 64, CANBERRA

I eat well, exercise, have a good sex life. MEGAN, 26, MELBOURNE

I consult professionals and follow the regimen they prescribe.
CATE, 51, LOGAN

I eat well, exercise, limit chemicals in the house, stay out of the sun, and don't drink, smoke or take drugs. SONAN, 37, ROCKHAMPTON

I try to eat healthily, walk every day and swim at least once a week. I get my pap smear regularly and get my boobs and moles checked. I wear sun cream and don't drink excessively. I don't smoke or take drugs. MAI, 30, RICHMOND

I take my asthma sprays and antidepressants. I try to eat vegies and fruit every day. I try to walk a bit every day. KATY, 33, DONVALE

I try to eat healthy food and exercise when possible. I take vitamins and alternative products instead of using HRT. I'm starting a meditation course this week to help with relaxation.
GLENDA, 59, MELTON SOUTH

I just look after my inner self as well as the outer. It does need a bit more maintenance as you get older, I find. MARDI, 47, ERINA

I take my medication for blood pressure, and try to lose weight and eat right.
SUZANNE, 36, MANDURAH

I go running, do weights, gave up marijuana. BRIONY, 38, PORT LINCOLN

I have regular check-ups with my GP, remember pap smears and mammograms. GILLIAN, 51, DOUGLAS

Because we're a one-car family, I walk with our son every day. I push him about in his pram. We average 2 kilometres a day. JULIE, 41, FITZROY

# CHAPTER 12

# Health maintenance

Most women understand that their body needs check-ups and regular maintenance, whereas a lot of blokes will only go to the doctor if their head has fallen off and their leg is singing a song – and even then they'll forget to bring the head and not mention the singing on the grounds that it's not hurting.

Good health is partly about luck and genes, but it's also a lot to do with taking care of yourself. Here's how to keep your bits working, what to do when they don't, putting together a healthcare team of on-call individual experts, where to get medical advice and where *not* to get it, all about screening tests you need such as pap smears, which warning signs to look out for when it comes to things like eyes, teeth, ears, feet and your bottom workings, which alternative therapies can be useful, and why homeopathy is a big steaming load of ning-nongery.

## WHERE TO FIND OTHER HEALTH INFO IN THIS BOOK

## Health Basics

No, your body isn't actually a temple that has to be worshipped. For heaven's sake, what would you wear? A terry-towelling turban and spiritual slingbacks? But jeez, we tend to punish our bodies and take them for granted, sometimes for almost our whole lives.

We're shocked by any 'betrayal', when we find it's been doing something sneaky and insidious literally right under our noses. How could it? Sometimes we feel defective, second-rate, somehow apologetic for being sick or for something going wrong, somehow as if we should have stopped it, when the truth is, bodies are not perpetual machines.

Your body is such a complex thing, full of all sorts of organs doing independent jobs but also interacting with each other. If it stuffs up or needs medical help, don't let yourself feel too betrayed or angry with it. It's normal not to be perfect.

## 🍎 Getting to know your body

Take time to look at your body and listen to what it tells you. New or odd sensations, symptoms and feelings are all worth noting – as long as you're not always terrified of being sick, or frantically researching for obscure diseases. Get to know your body, take time to stretch it and think about it and look at it objectively, as if you were running a kindly eye over a friend.

Maybe you can hear a new noise in your knee, a weird click when you move a certain way. Your period has always been around every 34 days, but suddenly it's gone spotty and strange. How come you never used to get that weird rash and now you do? Why do your feet seem all swollen, much more than they used to be? Is it worrying if you suddenly start seeing lights out of the corner of one eye?

When you think 'That's weird', don't follow it with 'Never mind', or 'It's too embarrassing'. Almost every known health problem can be better managed and is less serious if you take it along to a doctor as soon as you notice symptoms or suspect anything.

## 🍎 Thanks, body

If your body's working okay, and it can still see and hear and bend easily at the corners and process food, take a few moments to be more mindful of it. Be grateful to it. It's a transporting device to get your brain around from A to B and think about one day going to Z. Take the time to reflect on what your body has done for you – how many steps has it taken, how many times has your heart contracted and sent blood around your body, how many infections has it fought off, how many millions of cells has it regenerated to keep giving you skin and hair? Thanks, body, what a pal you are. Give it something good to eat and take it out to see a nice view or to have a dance, and stop being snippy about how it doesn't look like somebody else's. Your body has feelings too, you know.

## 🍎 Genetic worries

It's always good for you and your doctor to keep a look out for any illnesses that 'run in the family'. But in the vast majority of cases there's no inevitability about any illness or disorder – even if your mother and her mother had a condition, that doesn't mean you will too. You can also change your odds with some lifestyle choices. New tests are becoming available to see if you carry genes that might make developing a problem more likely. Talk to a GP about whether it's a good idea in your case.

### BECOME AN ORGAN DONOR

For info on why you should, go to donatelife.gov.au. Or just tick the box and fill in the form on the back of your next Medicare claim form, or at any Medicare office, or ring 1800 777 203 or go to medicareaustralia.gov.au and click on the Organ Donor Register logo. Carry your organ donor card in your wallet, and make sure your family understands this is what you want or they may overrule your decision.

## MORE INFO
### on genetic worries

Your GP can refer you for genetic counselling, which can be related to your future healthcare, or issues raised by a pregnancy. Counsellors can give medical info on statistics, and best and worst case scenarios, as well as respond to your feelings and concerns.

**genetics.com.au** NSW Health Department Centre for Genetics Education: choose 'Fact Sheets'.

### MEDICARE & HEALTH INSURANCE
#### Your Medicare card
The Federal Government pays a set amount (called the 'scheduled fee') for most standard services performed by a doctor. If a doctor charges their patients only the scheduled fee, the patients don't have to pay anything – the doctor then 'bulk-bills' the government. Many doctors charge more than the scheduled fee, so you have to pay the full amount and then claim the difference back from Medicare. You can set this up to go directly to a bank account.

Always ask whether any tests or procedures a doctor might recommend are covered by Medicare. If cost is a problem and your doctor doesn't bulk-bill, ask whether the fees can be reduced, and ask for any tests requested by the doctor (urine tests, X-rays) to be 'bulk-billed'. Always make sure you claim for any refund.

## MORE INFO
### on Medicare

**medicareaustralia.gov.au**
**132 011** Claim forms, direct bank refund info, register as an organ donor and more.

#### Private health insurance
Advantages of having private health insurance include being able to jump waiting lists for some elective operations, being able to choose your doctor or surgeon, and being able to claim for some 'extras', such as glasses and specialist treatment. Don't assume that everything is covered – braces for teeth, for example, are never fully funded.

All overseas travellers need a temporary travel health insurance policy to avoid offshore medical costs, which can run to hundreds of thousands of dollars.

## Preventative Health

There's an element of random luck in health, but here are the simple preventative hints and check-ups you can use to maximise your health.

### 🍎 Looking after yourself
- Eat well (see Chapter 10, 'Eat', for how).
- Don't smoke (see Chapter 23, 'Drugs', for why).
- Don't drink more than two glasses of wine a day and have alcohol-free days (see Chapter 22, 'Drinking', for more).
- Move your body around a bit (see Chapter 11, 'Move', for more).
- Do all the screening tests listed in the 'Body Maintenance' section, coming up.
- Aim to be within a healthy weight range for you, not one specific size or weight (see Chapter 2, 'The Body Image Struggle', and Chapter 3, 'How to Make Friends With Your Body', for why).

### 🍎 Your immune system
When your body recognises an invader, your immune system works out what it takes to fight the invader, and then takes a little while, maybe a day or so, to manufacturer the 'antibodies' to fight that invader. That's why immunisation works: the body can now recognise the invader and fight it

off. But what about vitamins and other herbal supplements designed to help you 'ward off' illness or 'boost' your immune system?

There's no clear evidence that taking vitamin and mineral supplements or tonics or echinacea or other supplements generally does much good or gives us a health advantage once we're sick, and no evidence that they make us germ-proof, either. The known advantage is when a medically diagnosed deficiency is targeted. And there's very good evidence that certain vitamins and minerals can make a difference to the fetus during pregnancy – and that's why taking folate (folic acid) supplements is recommended from a few months before you intend to get pregnant, if possible (for details see my book on pregnancy, *Up the Duff*).

If you want to take a daily vitamin and mineral tablet, 'just in case', good-o. It just probably isn't making any difference if you have pretty decent eating habits. It's pointless to take herbal or vitamin supplements to try to get rid of a cold, although I often feel like at least I'm doing something if I do take a vitamin pill, as it's all I have the energy to do, aside from lying on the couch and thinking of ways to insult New-Age health faffer Louise Hay (more on her later).

Does getting three colds over winter mean you're particularly run-down? Maybe. But maybe a holiday in the Bahamas with George Clooney and all your bills paid might be more of a tonic. The most likely reason you got three colds is that you came into contact with three different kinds of cold germ (in fact, if you're anywhere near some of the snot factories known as children, I can practically guarantee it).

**COLD HARD FACTS**

Flu virus particles stay in the air longer when the weather is cold and dry. Cold germs, the little blighters, are no more likely to be caught when it's cold. Antibiotics have no effect on viruses or the common cold germs; more than 200 separate viruses can cause colds. Viruses can weaken you and allow you to develop secondary bacterial infections, so in some cases antibiotics are useful. Kids get more colds and runny noses partly because it's the first

time they've come into contact with each germ and they have yet to develop antibodies – as a grown-up you've already built up immunity to lots of things.

 **MORE INFO**
on colds

**Ah-Choo! The Uncommon Life of Your Common Cold by Jennifer Ackerman** A respected science writer's entertaining book on how you catch a cold (weather's got nothing to do with it and a very strong immune system may make cold symptoms worse!). She reviews preventions and remedies that have been used to tackle the 200+ cold viruses, and picks the best.

## 🍎 Immunisation

Check if you can whether you had all the available childhood immunisations and any boosters to protect you against various diseases. If you have 'em, your own children should also be up to date with the free immunisation schedule. You should all be protected against tetanus, diphtheria, whooping cough, polio, measles, mumps, rubella, hepatitis B, Hib, meningococcal C, chickenpox and the human papilloma virus (HPV, explained in Chapter 32, 'Sex').

Whatever your illness or vaccination history as a kid, check to see what boosters or new shots you need as an adult. Rubella (aka German measles) is an important one to be up to date on, so you can't accidentally infect a pregnant woman – it can cause severe damage to a fetus or baby, including permanent blindness and deafness.

All standard vaccinations are an injection in the arm. Often two or more can be combined in one jab. You may need extra vaccinations if you travel overseas. (And bring me back a souvenir, would you?) The claims that vaccines cause autism, or are unnecessary, or overload the immune system, have all been disproven. No vaccines on the Australian childhood schedule contain mercury and, in any case, mercury does *not* cause autism.

See Chapter 38, 'Science & nature' for more, and the 'Why homeopathy doesn't work' section of this chapter for why homeopathy can't replace immunisation.

## MORE INFO
### on immunisation

Avoid anti-vaccination sites, which present many disproven theories as fact, use scare tactics, and claim people are 'vaccine experts' after they've been exposed as charlatans.

**immunise.health.gov.au**
**Information line 1800 671 811** Government info on diseases and jabs, and FAQ. Choose 'National Immunisation Program Schedule' to see which jabs you need.

**moh.govt.nz** The NZ Government's Ministry of Health. Choose 'Immunisation', then 'National Immunisation Schedule'.

**polioeradication.org** Marvel at the good works immunisation is doing overseas.

**Deadly Choices: How the Anti-vaccine Movement Threatens Us All by Paul Offit**
A medical specialist in childhood immunisation demolishes the flimsy 'arguments' against childhood vaccines, and shows how fact-free much of the media reporting has been. He's sympathetic to parents of kids with autism, and explains why it isn't caused by mercury or immunisation. The book details how choosing not to immunise kids puts them, and others, in serious danger.

## FIRST AID ON INJURIES: ICE OR HEAT?

This advice below is good unless there's a more important need to attend to, such as immobilising any suspected or obvious head, neck or spine injury or other trauma such as a suspected broken bone (aka fracture). You should get professional advice on any serious or odd injury, or one that's not healing well, but here are the best immediate treatments from the Australian Red Cross for ordinary injuries.

### Ice

Control any bleeding before following the advice here. Ice, compression and elevation of the injury above the heart level will all help stop bleeding. Use ice on a sudden injury. For a whack that's likely to result in a bump or bruise, or a sprain or strain, or 'doing your back', apply an icepack for 20 minutes, then off for two hours, then repeat. (Continuous 'icing' can cause frostbite – wrap the pack in a tea

towel or other barrier for comfort.) Depending on the severity and result, repeat for 48 to 72 hours (during waking hours). Reusable flexible icepacks rotated from the freezer are best; pharmacies also sell one-use snap-and-use packs for emergencies when there's no access to a freezer. Do not ice an old injury before activity, or on an inflamed or swelling area.

### The RICE reminder

Rest, ice, compression, elevation. All injuries will heal faster if you stop activity, wrap them firmly in a compression bandage and/or elevate the injury site, above the heart if possible. It doesn't matter in what order you apply RICE, but don't elevate or manipulate a broken or suspected broken bone. Immobilise it and call an ambulance or get to hospital.

### The 'NO HARM' reminder

No heat, no alcohol, no rigorous exercise, no massage after an injury. This applies for the next 48 to 72 hours, including hot showers or baths. These factors will all encourage more inflammation. After this inflammatory phase, heat or massage may help healing.

### Warmth

Use a warm (not hot) pack on an old, recurring chronic injury, or period pain. Warmth encourages blood flow, is comforting and loosens muscles before using them.

## MORE INFO
### on first aid

**stjohn.org.au**
**1300 360 455** St John Ambulance Australia is a non-profit group with volunteers. They offer first aid services, training and kits.

**stjohn.org.nz**
**0800 785 646** St John New Zealand. Choose 'Courses and Overviews'.

**redcross.org.au**
**First Aid Health & Safety Line 1300 367 428**
The Australian Red Cross provides relief in times of crisis, first aid courses and products. Choose 'First Aid' to find a course.

**redcross.org.nz**
**0800 733 276** New Zealand Red Cross. Choose 'First Aid Book Now'.

# Looking after yourself

Stay mentally and physically young by enjoying your family and being active. H, 53, YARRA VALLEY

I wish I felt more comfortable at the doctor's. I'm too afraid to ask them or query them, as they all seem to write off any knowledge you have as having come off some crackpot internet site! SUZANNE, 36, MANDURAH

I eat a wholefood diet, with daily supplementation, lots of purified water, low-toxicity products in personal care and home environment, exercise including resistance five days in seven, positive attitude, red wine, black coffee, orgasms! JANETTE, 61, ROZELLE

## 'Never ignore a warning sign. It's worse to worry about it and do nothing; get it checked out.'
ELAINE, 69, SURREY HILLS

Prevention is the best path to take. DAISY, 65, KALAMUNDRA

If your GP doesn't do anything for your symptoms, keep at them or seek another opinion. You know your body and *you* know when something's wrong. LISA, 47, BLACKBURN

Look after your emotional health, too. Don't think your emotions aren't connected to your physical health – they are. STELLA, 42, BRUNSWICK EAST

## Immunisation

If you can get a test completed, get it done. If you can get a vaccination, get it too. SHELLBYANNE, 27, SPRINGWOOD

Please vaccinate both your sons and daughters for HPV. This treatment will drastically reduce the risk of cervical cancer in women. WENDY, 37, LAUNCESTON

I have a yearly flu vaccination. TESS, 70, DONCASTER

I keep vaccinations up to date. If I'm not feeling well I get it seen to quickly for a speedy recovery. JADE, 23, BORONIA

## Alternative & 'natural' healthcare

I'm not impressed with the intrusive pathological approach to women's health by mainstream medicine. ASH, 53, SOUTH PERTH

I've come to the conclusion that everything is about balance – so I still see my Western doctors/specialists, but also make sure I go and get my acupuncture monthly, take my herbs and get a massage when I feel like I need one. JESS, 27, ST KILDA

My naturopath diagnosed my PCOS. I then went to my doctor for the blood tests and took it from there. MS HELLE, 42, BRUNSWICK

Holistic therapies have really helped me to understand and appreciate my body and who I am. ALICE, 33, MANLY

## Pap smears

I've never had a pap smear and wish I could get the courage up to do it. SALLY, 29, WYNDHAM

I have had an abnormal pap result. I'm waiting for the next step – colposcopy – which is next week. This is the first health worry I've had. I'm *freaking out*. I'm really scared and also pissed off. I'm pretty healthy and look after myself – what does my cervix think it's doing? There's not much to be done except wait. I've been doing a bit of reading – the internet is a bad, bad thing! GEORGIE, 34, NORTHCOTE

## Weight & health

Although I'd like to be a few kilos lighter, I know from experience that being much smaller than I am has serious implications for my health, particularly my immune system. SUSAN, 31, ST KILDA

I'm 25 kilos overweight. It lowers my self-esteem, makes me angry with myself and impacts on my blood pressure. MOLLY, 52, PETERBOROUGH

I'm a bit on the chunky size for my knees. SUSIE, 51, SYDNEY

## 'Most days I feel fine and tend to ignore the fact that I'm so overweight and heading for imminent heart attack or stroke. The days I don't ignore it I feel paranoid, vulnerable, weak and exposed.'
JANSI, 46, NORTHCOTE

## Feet

My toenails are ugly and really thick as a result of wearing pink patent-leather shoes to my Year 12 formal that were a size too small. My toenails might have fallen off afterwards, but boy those shoes looked great! AGATHA, 29, YARRAVILLE

Every young girl in stilettos needs to have the feet of a 60-year-old for a day to experience the consequences. VERONICA, 60, CANBERRA

I always loved shoes but I'm now paying for that and I'm forced to wear what my mother-in-law termed 'old-lady shoes'. ISOBEL, 75, BULN BULN

I love comfortable, sensible shoes that you could sleep in if you had to. I have great feet: no bunions, lumps, etc. KAY, 50, BARDWELL VALLEY

## WHAT IF SOMEBODY MIGHT FAINT?

Forget the old sitting down with head between the knees idea. A possibly fainty, recently fainty or otherwise unsteady person should lie down: this way they can't hit their head if they do lose consciousness.

# Finding Your Healthcare Team

## 🍎 Finding a GP

Look for a local doctor (a GP, meaning general practitioner) or clinic with several doctors. (Some people, especially in country towns, face long waiting lists to see the one doctor.)

If you have the luxury of choice, 'shop around' to find a good GP: ask friends for recommendations. You're looking for one who asks questions and listens to your 'story', one who looks at you when you're talking and is matter-of-fact but kind during physical examinations, somebody who obviously thinks of you as an individual. Swap doctors or ask for a woman if that makes you more comfortable.

When choosing a doctor, consider these points:

- Is the doctor in a clinic that deals with a lot of medical issues relevant to you? That is, does it treat a lot of kids, or elderly people, or people with AIDS? Is it in touch with the neighbourhood, so doctors will know what's 'going round'? You want somebody who 'keeps up' with the stuff that's more likely in your circumstances. Some GPs have a subspecialty.
- Do you prefer a more formal relationship with a doctor, or a first-name, friendlier one?
- A GP won't always be able to 'cure' you. You should feel they've done their best, examined you properly, listened to you and are well-informed about where to refer you for more or specialist help. Good doctors don't get a bruised ego because you want a second opinion or to be referred to a specialist.
- Be sceptical of web forums that 'review' doctors. The opinions can be skewed by fervent folk with a self-perceived mission and too much time on their hands, or by clinic staff putting fake reviews online.

## 🍎 Finding a medical specialist

Ask around. You're looking for a specialist with optimum qualifications, skill and experience in their job and perhaps a subspecialty in your relevant condition. You want somebody kind who's good at listening and explaining. Find one who'll tell you all your options. Research as widely as you can and try to put aside any assumptions such as 'All medicine is bad', 'All natural therapies work if you believe in them', or 'The doctor always knows best'. Arm yourself with questions. The more serious a condition is, the more informed you need to be. Think about getting a second opinion if you can, especially if surgery is suggested.

Community and women's health centres in regional and suburban areas provide help with women's health issues. Medical staff and counsellors specialising in sexual stuff, such as contraception, sexually transmitted infections (STIs), pregnancy tests and pregnancy options, can be found at Family Planning clinics, which usually bulk-bill, so the service is free (see also Chapter 32, 'Sex').

## 🍎 'Big Pharma' & naughty doctors

Big Pharma is the disparaging name given to the big bad pharmaceutical companies, many of which certainly have done and probably continue to do some bad things, such as manipulate the reporting of the risks with some medicines. At least they're under scrutiny and some sort of legal regulation in the developed world. The anti-Big Pharma mob somehow never gets around to talking about the multibillion-dollar vitamin supplement companies (Big Suppla) or the huge homeopathy industry (Big Homo – perhaps I should get another name for that one).

Some doctors take bribes, 'hospitality' or gifts of some kind from pharmaceutical companies, and even put their names on dodgy papers and studies to help market drugs. Some set up cosmetic clinics with purely a profit motive and aggressively advertise their 'services' (which of course is perfectly legal). But I don't reckon there's a worldwide conspiracy of all nurses and doctors to make drug company shareholders richer and put their patients at risk. Many in the medical profession are calling for greater regulation and disclosure of doctors' financial interests, and how drug companies influence diagnosis and treatment. Still, we're right to keep demanding scrutiny and regulation of medical ethics.

All medical procedures and drugs have side effects, which have to be weighed against their benefits – and, like herbs, can be healing in one dose and harmful in another. While some parts of medicine are very precise and calibrated on known doses, every individual is different, and in some cases doctors still make their 'best guess' in areas of diagnosis and treatment based on experience and the known factors. Avoid doctors who think they're god, or who seem profit-driven.

### MORE INFO
#### on doctors & ethics

**ama.com.au/codeofethics** The Australian Medical Association's code of ethics.

**medicalboard.gov.au** Medical Board of Australia site: make a complaint or check out your doctor.

**quackwatch.com** Non-profit independent US site run by a doctor; a 'Guide to Quackery, Health Fraud, and Intelligent Decisions' about immunisation, 'natural health', ethics in medical testing, research, pharmacies, and pharmaceutical ads and online sales.

Australian investigative journalist Ray Moynihan and his co-authors have written several books on medical ethics, including *10 Questions You Must Ask Your Doctor*; *Sex, Lies and Pharmaceuticals* (reviewed in Chapter 32, 'Sex'); and *Selling Sickness*, about 'illnesses' manufactured by drug companies peddling new 'cures'.

**White Coat, Black Hat: Adventures on the Dark Side of Medicine by Carl Elliott** A US bioethicist nails the pharmaceutical companies and doctors that report dodgy research and manipulate patients and prescribers alike.

**The Immortal Life of Henrietta Lacks by Rebecca Skloot** True story of medical ethics, family, a poor woman who died of cervical cancer in 1951. Her cells live on in research laboratories worldwide, used to make vaccines and discoveries on HPV, polio, HIV, stem cells, genes and nanotechnology.

## WHO'S WHO IN DOCTORS

- **GPs** – They've done a minimum of six years' medical training, and have experience in simple surgery. Specialists and surgeons have done extra formal study, with training and experience on top of that, from two to 13 years.

- **Paediatricians** – They're doctors who specialise in babies and children. Your GP or obstetrician (pregnancy specialist) can refer you. On top of the (usually) five-year medical degree, they've done two to three years of practical training in a hospital, then at least another two to three years of specialist paediatrics training, study and exams. There are specialist subsections within paediatrics – for example, premmie babies or adolescent health.

For explanations of the qualifications and experience needed for various health professions, check the index for the 'Who's Who' sections throughout this book. These cover medical and natural practitioners, cosmetic and plastic surgeons, women's health specialists and more.

## Where to Get Health Advice

### 🍎 Reliable health sources

Only get health info from mainstream, constantly updated websites like those recommended below. Medical info on websites can be old, irrelevant or pushing a particular philosophical line you may not share. Ask your GP or specialist for details of a local medical support group, or search online, but don't forget that a more informed or compatible pal or group could be on the other side of the world. You may need to noodle about a bit to find both common sense and a sense of humour or philosophical approach that matches yours. Beware of beliefs or hopes or individual experiences being presented as fact. Before self-treatment, get a diagnosis and advice from your doctor.

## MORE INFO on reliable sources of health advice

Search phone listings for 'women's health service' in your area.

**Health Direct Australia 1800 022 222**
**Nurse on Call (*Victoria only*) 1300 606 024**
Free 24-hour government Health Department advice lines, staffed by registered nurses, will give general advice for things like baby and toddler worries.

**healthinsite.gov.au** A Federal Government site. Choose 'A–Z Health Topics' for a specific condition or concern. Check out 'Health and Wellbeing', 'Life Stages and Events' or 'Health Services'.

**National Medicines Line 1300 633 424**
Call the Federal Government funded non-profit National Prescribing Service for advice.

**Poisons Information Centre**
**13 11 26 or 0800 764 766** This service can also advise you on legal and illegal drugs.

**adin.com.au or adanz.org.nz** Info on the effects of drugs (prescription or otherwise) and alternative therapies.

**mydr.com.au** Sponsored by an Australian medical publishing company, with a medical terms dictionary, an A–Z list of concerns, explanations of medicines, and health tips.

**choice.com.au** The independent Australian Consumers' Association site; search 'general health', 'health practitioners', 'doctor and patient relationships', 'health insurance', specific medical conditions and more.

**sensiblehealthadvice.org** An Australian book by Les Irwig, Judy Irwig, Lyndal Trevena & Melissa Sweet and available free online. How to judge the medical help and advice you're being given, choose

a doctor, decide whether suggested treatment is a good idea, and when to trust experts.

**rwh.org.au** Choose 'A to Z Fact Sheets' on the Victorian Royal Women's Hospital site.

**awhn.org.au** The non-profit community-based Australian Women's Health Network has a national contact list of women's health services.

**New Guide to Medicines and Drugs: The Complete Home Reference** Encyclopaedic on known side effects, and reasons to take or avoid prescribed and over-the-counter drugs. From the UK with changes supervised by the Royal Australian College of GPs.

**womens-health.org.nz** Non-profit independent Women's Health Action has fact sheets and lots of other helpful info.

**moh.govt.nz**
**Healthline 0800 611 116 (*24 hours*)**
The NZ Ministry of Health has a 'Health Topics A–Z', and links to other health info.

### FAMILY HEALTH ADVICE

**raisingchildren.net.au** On the main page of this Federal Health Department funded site, choose 'Common Health Issues'.

**Kidwrangling: Looking After Babies, Toddlers & Preschoolers by Kaz Cooke** The sequel to my pregnancy book *Up the Duff* has chapters on common childhood illnesses and immunisation, sleep and other health issues.

**sweetcommunication.com.au** Free download of medical journalist Melissa Sweet's book *The Big Fat Conspiracy*, about how to keep connected to your kids and their health, and make good choices for food and family fun.

## 🍎 Questions to ask doctors

- What are your qualifications and specialties?
- How do you keep up with the latest info?
- Can you refer me to a specialist or pathology or other tests at a place that's easy for me to get to that I can afford?

- I do/don't have private health insurance: can you bill on Medicare?
- Is this test necessary? Will the scan/test be set at the lowest possible level of radiation?
- Does your clinic or do you benefit financially from any referrals for tests or from your choice of drugs or procedures?

## 🍎 Where *not* to get health info

Be very wary of online info, especially on public 'forums'. Many sites are full of old postings, ill-informed guesswork and people asking strangers to help diagnose their problem and suggest treatment because so many Americans don't have universal health insurance and can't afford to go to the doctor. We can. Watch out for:

- **Commercial websites** – Especially with names that sound like foundations or national information hubs but are really selling their own device, product or medicine. By all means take a squiz, but don't make them your one go-to source.

- **Extremist sites** – Or any 'info' based on beliefs and wishes rather than on evidence, medical knowledge and experience.

- **'Natural parenting' & 'natural health' websites, magazines & columnists** – The vast majority have outdated, alarmist and absolutely wrong info about immunisation and homeopathy, which has simply been copied and repeated for years.

Don't rely only on any of these sources either:

- **Current affairs shows** – Especially with scary, shrieky promos about 'A story NO PARENT can afford to miss!'

- **Advertisements** – Especially from pharmaceutical and vitamin-supplement companies.

- **Celebrities, celebrity spokesfaffers & 'celebrity' doctors** – They're paid to endorse products.

- **Media reports** – About small or biased studies showing good results from a drug or device. Many studies or researchers are somehow funded by a drug or device company. Look for independent, widespread acceptance of results.

As newspapers and independent specialist reporting decline, and the voracious cable-TV stations chew through the hours they need to fill with chatter, there are many more opportunities for some 'medical study authors for hire', 'celebrity doctors' and D-list celebrities to feel special (and get richer) by pushing their own branded books, treatments, agendas, theories, 'diet' programs and supplements, cosmetics and products.

## 'Natural' Healthcare

There are many dedicated and knowledgeable 'natural' therapists with a good working knowledge of anatomy and common sense. Avoid any who believe that scientific medicine is useless, any who advise against immunisation, and any who claim that homeopathy 'works' any better than a placebo (a psychological effect; see 'Why Homeopathy Doesn't Work', coming up). Any natural health practitioner should be a part of your overall health team and work with what your doctor is prescribing, rather than against it.

Also avoid any who want to treat period symptoms or anything else without getting a medical diagnosis first (see Chapter 16, 'Periods'), because herbs, like synthesised chemical medicines, can mask the symptoms of an underlying problem that should be treated.

Be wary of herbalists and naturopaths who prescribe you long lists of things that are only available from their dispensary. Some entrepreneurial herbalists have been known to prescribe up to 30 different things for the same patient! Beware naturopathic 'diagnostic' methods for which there's no evidence, including iridology and observing drops of your blood through a microscope projected onto a screen. Blood samples used for diagnosis should only be analysed or 'interpreted' by doctors, trained medical technicians or pathologists.

## 🍎 Alternative therapies & 'natural' medicines

Also known as 'complementary' medicines, some of these are very effective for certain conditions. After all, some indigenous cultures, and European and Chinese herbal traditions, 'invented' or worked out how to make or find natural painkillers, antiseptics and other remedies, and these have in many cases been developed and refined into much stronger and more targeted modern drugs as well as remaining standard 'natural' treatments.

'Traditional' methods of medicine may have 'been around for centuries', but that doesn't mean they've worked on everything for centuries – just that they used to be the best knowledge people had hundreds of years ago. Natural medicines alone will have no hope of helping with the central problem (you wouldn't go to just a naturopath for a broken arm), but may be able to help with surrounding issues, such as stress, boosting the immune system, vitamin and mineral deficiency, digestive problems, or helping to recover from an operation.

Get a problem identified by a doctor rather than assume what it is; naturopaths are not trained in the necessary anatomy and medical diagnostic skills to do this. Once you have an acceptable diagnosis, then you can consider treatment options. Ask your natural therapist what evidence there is for the effectiveness of the preparation or treatment they're prescribing, and whether there are any 'double-blind' studies that indicate its usefulness (see Chapter 38, 'Science & Nature', for more on this).

Most of what we now know about the human body and treatment has been discovered or invented in the last 20 years, and almost everything we know of bodies and medicine has come about only in the last 100 years – including understanding bacteria, viruses, immunisation, antibiotics, surgery, hormone behaviour and mental health. Let's not go back to the Middle Ages, when people used to just cut you and drain a couple of bottles of blood. Let's sort out which techniques and substances are useful, and which are just placebos.

Leeches have found some favour again, and herbs have been used for decades as the basis for molecules to rearrange into stronger drugs. But drinking a cough 'cure' of two tablespoons of paprika in melted butter isn't better because it's an old idea. I do love some of the 'therapies' in the Ayurvedic tradition, such as using a mosquito net and 'smiling to yourself', but they're no substitute for antibiotics when necessary. I have nothing against aromatherapy and a bath, but I don't expect it to help much with pneumonia. Many people now believe that much of the success of the natural health movement is due to the more holistic and personal care that can be taken in longer consultations.

'Natural' and 'herbal' does not mean harmless, and some herbal and alternative preparations can cause miscarriage, poisoning or liver damage. Self-prescribing, or taking something because it helped a friend, is dangerous. You need to go to a very experienced herbalist or naturopath,

and tell your doctor and pharmacist about any complementary medicines or treatments you're taking (and vice versa). Be very wary of 'alternative medicine' advice columns – many of them make unsupported claims.

Please read 'Don't Be Scared of All Chemicals' in Chapter 38, 'Science & Nature', to better understand why some medicines and chemicals are natural, and why they're important. That chapter also has info on risks and scientific studies, which will help you be better informed and able to make good healthcare decisions.

### ✳ MORE INFO
### on natural healthcare

**cochrane.org** Check with this hub of meta-studies whether your prescribed treatment has any reliable studies that support its use. Search 'acupuncture', for example.

### MOTHER NATURE IS A VICIOUS HARRIDAN

Who doesn't give a flying marmoset about you. Oh, that seems a bit harsh, doesn't it? Just trying to get your attention. Perhaps Mother Nature is just overworked and scatty: good at some things (making beautiful flowers and tides) and not so good at others (curing major infections). Don't fall for the idea that the body will always heal itself if left to its own devices, or that the natural treatment is always better. Let common sense, evidence and self-preservation be your guide about which treatments are working for you. Evolution isn't a perfect system (for example, due to improved health and nutrition, the average baby's head has become much bigger in the last hundred years, but women's pelvises have not evolved to be any bigger on average – that's one reason for more caesareans). It's a nice idea that the body knows best, but it isn't always true. Mother Nature doesn't care for you as an individual any more than the head of a big drugs company cares about you. Mother Nature just wants enough humans to repopulate the earth, regardless of who they are – and she doesn't care if you die tomorrow, let alone how you feel about things. That's why she calls in her friend Mrs Gravity to rearrange your face in the night once you've turned 40. And why we need doctors.

## WHO'S WHO IN NATURAL HEALTHCARE

Most of these practitioners are unregulated by government registration bodies and medical authorities. While many practitioners are experienced and knowledgeable, some have simply done a weekend course, or 'studied' online. This means it's very much up to you to find out about your practitioner's experience and training, and to understand whether there's any evidence for the helpfulness of their chosen method of diagnosis or treatment. Please see 'Scientifically Proven' in Chapter 38, 'Science & Nature', for more on this. Despite these services being 'ancient traditions' and 'natural' (with the implication that they must be good for you and work well if they've been around for many years) there's no evidence whatsoever of any accuracy or benefit for some of them.

Be especially careful to avoid cross-discipline advice. A chiropractor or naturopath has no business giving you 'information' on immunisation, a nutritionist shouldn't advise on a skin condition, and a kinesiologist ought not to treat possible allergies.

- **Naturopaths** – This is the overall name given to health practitioners who follow a 'holistic' tradition (treat the whole person) and use alternative therapies – these can range from the proven (some herbal remedies, sensible dietary advice) to those with only a suggestive, believed or emotional effect (homeopathy, iridology). Naturopathy should be 'complementary' to rather than an 'alternative' to scientific medicine.

- **Herbalists** – They should have done extra specialist study in the tradition and uses of herbs – some specialise in a European tradition, others in the Chinese tradition, and some combine the two. Because herbal 'treatments' can have strong, even poisonous effects depending on dosage or ingredients, those administered or prescribed by an untrained or inexperienced person can cause harm, as can unregulated, off-the-shelf, imported herbal preparations.

- **Acupuncturists** – They're trained in the Chinese tradition of inserting needles into the 'meridians'

of the body. Results in double-blind studies vary from no effect to some possible effect or placebo effect. If done properly and with sterile needles, it's unlikely to cause any damage. Training courses and experience vary.

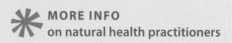

**✳ MORE INFO**
on natural health practitioners

**nhaa.org.au** The National Herbalists Association of Australia. Anybody who prescribes you herbs should be a full member.

**anta.com.au** The Australian Natural Therapists Association. This is the most sensible naturopathy member organisation in Australia, but it continues to endorse homeopathy.

🥝 **nzamh.org.nz** The New Zealand Association of Medical Herbalists.

- **Osteopaths** – Not so much alternative, but here as a comparison with chiropractors. They use techniques such as massage, stretching, counter-strain techniques, articulation of joints and manipulation to treat pain throughout the body, work- and sport-related injuries, headaches and sciatica. They should have completed a five-year university degree and be accredited with the Australian Osteopathic Association.

- **Chiropractors** – Some are very good, with a sound knowledge of the body, but some are nutty and use their sessions to rail against vaccination or suggest homeopathic treatments for soft-tissue injury or even spinal problems. Check the experience and medical qualifications of anybody who wants to manipulate your neck, spine or other bones, and that goes triple for the treatment of babies and children. Avoid chiropractors who routinely use neck and spine manipulations (the sort of routinely strenuous or otherwise wrenching 'bone cracking'). Such treatments can be really dangerous, carry a risk of causing further injury or a stroke, and there's no evidence they provide better results than gentler treatments.

✳ **MORE INFO**
on osteopaths, chiropractors
& physiotherapists

Osteopaths, chiropractors and physiotherapists should be registered with the Medical Board of Australia at medicalboard.gov.au.

**osteopathic.com.au** The Australian Osteopathic Association's site.

**physiotherapy.asn.au** The Australian Physiotherapy Association site keeps abreast of which massage methods have studies to back a therapeutic effect; choose 'Quality Practice', then 'Clinical Justification & Outcome Measures', or 'Evidence Based Clinical Statements' or 'Evidence Data Bases'.

- **'Kinesiologists'** – Kinesiology is the study of movement, but the term has been adopted by a branch of alternative chiropractic and involves an 'analysis' of muscle strength and 'nutrient testing'. Scientific evidence for its use is not independently accepted.

- **Masseurs** – Most masseurs are trained only for relaxation massage rather than the 'therapeutic' kind. Some massage therapists have had only a couple of hours of 'training'; the value of courses and study varies greatly. Shiatsu massage is a common kind of relaxation massage using the same principle of 'meridians' and pressure points as acupuncture. Another version of this involves massaging the feet, called acupressure. Reiki and Bowen massage are considered more akin to faith healing than therapeutic massage based on known aspects of physiology and anatomy, and on clinical results of treatment. Myotherapy is a massage method claimed to treat pain and injuries, and is used to treat some overuse or sports injuries. A myotherapist should have successfully completed tertiary scientific study. If you're experiencing pain, check 'Who's Who in Exercise Specialists', in Chapter 11, 'Move'. For the physiotherapy industry association, see 'More Info on Osteopaths, Chiropractors & Physiotherapists'.

Some visits to physiotherapists and osteopaths, when referred by a GP, are covered by Medicare. For sports-related masseurs and physios, see 'Who's Who in Exercise Specialists' in Chapter 11, 'Move'.

- **Aromatherapists** – They use concentrated natural oils and herbal essences in massage oils or in room scenting to invoke relaxation or other feelings or, it's claimed, for pain relief or to create some healing or other health effect. Some aromatherapy preparations are not considered safe for use during pregnancy. Some herbal extracts applied to the skin can have a dangerous effect, although the risk of miscarriage is usually extremely low if they're not ingested. Essential oils safe to use in pregnancy include rose, ylang ylang, grapefruit, orange, lemon, sandalwood, bergamot, ginger, jasmine and lavender. Of course, any of these could irritate your skin if you have an allergy or sensitivity. There's no evidence that aromatherapy affects healing or pain relief. Smells lovely, though.

- **Homeopaths** – They dispense homeopathic 'remedies', which don't work better than a placebo. (See 'Why Homeopathy Doesn't Work', coming up, or look up 'placebo' in the index.) Various courses provide 'qualifications'.

- **Iridologists** – They claim to be able to diagnose any illnesses (from kidney disease to ovarian problems) simply by studying marks on a person's iris (in the eye). They dispense dietary and other advice, or even herbal preparations. Iridology, which started in the 1600s, often costs hundreds of dollars and is a waste of time according to eye specialists and medical diagnosticians.

See also 'Who's Who in Diet & Nutrition Practitioners' in Chapter 10, 'Eat', for the difference between dietitians and 'nutritionists'; and 'Who's Who in Mental Health Treatment' in Chapter 21, 'Mental Health', for info on counsellors.

## 🍎 Really annoying New-Age health people

There's a certain brand of New Ager these days who, with no evidence whatsoever, feels quite happy to say that people bring on physical illnesses because of their mental attitude. These fervent fringe-dwelling New-Age chakra-botherers seem determinedly ignorant of germs, bacteria, viruses, genetics, hormonal imbalance, random luck, logic and, in some cases, any common sense or decency.

These people often bring no medical, scientific or compassionate views to bear, using information that's assumed to be true because it fits their world view, or is an 'ancient tradition'. Well, animal cruelty is an ancient tradition, too, and that doesn't make it a smart, modern way to behave. Pooing on the Siberian tundra at midnight in winter because there isn't any plumbing is an ancient tradition, but I think I'll pass.

Wrapped in an air of superior spiritual enlightenment, these celebrity health advisors take advantage of some people's need and desire for a guru or for one simple message that echoes their distrust of scientific medicine. Some of what they say is just sensible – it's good to have a positive attitude, avoid stress and eat healthy foods – but proclaiming 'You can heal yourself' with just those things and without medical help is smug and dangerous.

A couple of squillionaire celebrity faffers are the most prominent: celebridoc Dr Christiane Northrup claims, among other things, that women get thyroid disease because of an emotional blockage about not speaking out; and New-Age empire controller Louise Hay says that women get cysts and tumours in the uterus because of emotional hurt in relationships and that 'many women with breast cancer can't say *no*. They nourish everybody except themselves. One of the things I recommend to a woman with breast cancer is that she must learn to say, "No, I don't want to do it. No!" '

Referring to a baby with a severe heart problem, Ms Hay recounts how she told the baby's distraught mother not to blame herself because the baby had *chosen* to be ill, making a 'soul choice' that was a lesson for the baby and the mother. One more quote from her (all are from her book *The Power Is Within You*): 'If I say anything that you disagree with, just ignore it.' Thank you, Louise, I will. Please take your ill-informed, pompous, presumptuous, vile, mean-spirited, furtively self-promoting, waffling windbaggery and go extremely away.

## 🍎 Herbal treatments

Chinese and European herbal traditions (some herbalists choose either or both traditions) are based on many centuries of use, but only recently have any double-blind studies been done on their effectiveness. Herbs can have very powerful effects on the body – depending on what they are, how they're administered and in what concentrations – some of them healing, and some poisonous or dangerous. Pregnant women should be especially wary of herbal treatments – many can damage a fetus. Any herbal treatment should be prescribed by a reputable mainstream herbal specialist (see 'Who's Who in Natural Healthcare', earlier).

## 🍎 Ayurvedic & traditional Chinese medicines

A few traditional Chinese treatments are well known, such as acupuncture and other treatments related to 'acupressure'. Acupuncture has had mixed results in trials against a placebo in controlled double-blind studies. So far there's no evidence for its effectiveness in helping to quit smoking, or induce labour, or relieve shoulder pain, but reliable studies show some success in reducing tension headaches and chronic (but not acute) lower back pain. Either ask for evidence, or be prepared to take treatments on trust. Some people believe that acupuncture, as with other alternative treatments, may have a placebo effect (see Chapter 38, 'Science & Nature', for more).

Ayurvedic principles, which have been applied to the traditional medicine of India, are based on old techniques thousands of years old, similar to those used in many European and Chinese herbal traditions, involving elements of heat and cold, fire and earth. It may be a nice basis on which to have a relaxing massage, but it's usually no substitute for modern medicine.

## 🍎 Faith healing

There's no evidence for the effective medical use of prayer, reiki 'massage', 'cupping' (making bruises with hot vacuum cups and saying that it draws out toxins), homeopathy (see below), aromatherapy, candles, baths, wishing or hoping: except that if people believe, it probably makes them feel better. So if you fancy these things, it's best that you use them as well as medical help – not instead of. (See also 'Detoxing' in Chapter 10, 'Eat'.)

## 🍎 Vitamin, mineral & other supplements

Ask for evidence that you need a supplement, and pay attention to where it's from and whether it's regulated. Also question the reason for the recommended dosage. There's mounting evidence that some vitamin and mineral supplements can cause harm if they're overused, or used when not necessary. Now that the supplement industry is so huge and profitable, it's worth researching the quality and source of any you take.

So far, all experts who don't make money from vitamin sales agree that you probably don't need vitamin and mineral supplements if you shop in health food shops or decent supermarkets, eat a healthy diet, use sunscreen and moisturiser, are quite well off in global terms, live in a well-ventilated house or flat with decent hygiene, are immunised, don't smoke, don't drink to excess, tackle any stress issues and have frequent health checks at the doctor. A reasonably healthy and well-fed person in the developed world who takes a vitamin supplement is usually just paying to store the unneeded vitamins for a short while in their digestive system before weeing them out again.

For more on important 'women's' vitamins and minerals, see Chapter 10, 'Eat'.

## 🍎 Why homeopathy doesn't work

Homeopathic 'remedies' can't and don't have any effect on the body. Over and over, in all known proper, reliable, independent scientific testing, there's no evidence at all that homeopathy has ever worked.

Homeopathy was dreamed up almost 300 years ago and the principles haven't changed since. Homeopathic 'remedies' are made by getting a bit of ground-up plant or other active ingredient, then diluting it so many tens and hundreds of thousands of times that, eventually, there's no trace of it in the product sold. Homeopaths claim that the water (or pill) retains the 'memory' of the active ingredient and that this changes the 'energy' in a person's body.

The other thing that homeopathic manufacturers do to the liquid is to 'succuss it vigorously'. This means they whack the container against a hard surface a few times. (Seriously.) It's just whacked water. (Possibly with added sugar for taste and alcohol to 'preserve' it.) Sometimes instead of a liquid, a 'pill' is produced, which also carries no trace of any active ingredient. 'Bush' or flower essences are made in a similar way but often without the whacking, or as much dilution as that deemed necessary by homeopathic tradition.

Many homeopaths and naturopaths advise parents to use homeopathy instead of immunising their children, although the British Homeopathic Association says, 'There is no evidence to show that homeopathic medicines can be used instead of vaccination.' The Australian Homœopathic Association shamefully hedges, saying that homeopathy creates 'homœoprophylaxis', which 'helps' to protect against infectious diseases. The truth is that no 'homeopathic' substance can or will stop potentially fatal diseases like measles, polio, whooping cough or pneumococcal disease: immunisation does.

Homeopaths say that their product is better because it's not made by evil, profiteering 'Big Pharma' companies, but the American Association of Homeopathic Pharmacists says the US market in homeopathy products alone is more than US$200 million a year.

Some advocates of homeopathic remedies concede they have no real effect, but say it's okay to sell them because people believe in them and they can have a 'placebo effect'. But to be ethical, you must tell a patient that the thing you're selling them can't work, except as a placebo effect. And if the patient knows that, then the placebo effect can't work, because it's dependent on an unfounded belief. (See 'Scientifically Proven' in Chapter 38, 'Science & Nature'.)

Maybe some people believe that homeopathic 'rescue remedies' and similar products help them because they're pausing to acknowledge and do something about the problem or feeling. Rituals can be comforting and calming, and therefore legitimate and helpful, whether it's two drops of something under your tongue or having a lovely cup of tea and a sit-down, or deep breathing and focusing on a calm view or picture on a screen, or offering a scraped knee to dad to 'kiss it better'. It's part of a transaction of caring and reflection that in itself can improve your mood or ability to cope.

Taking true homeopathic essences won't do you any harm, apart from wasting money and not curing your problem, unless you're allergic to brandy. But some preparations marketed as homeopathy can cause problems. A 'homeopathic remedy' inhaler for cold symptoms sold in the US (it was neither) contained high concentrations of zinc, which indefinitely 'removed' some people's sense of smell.

In Australia, homeopathic remedies aren't regulated by the government in the way proper medicines are, precisely because they don't work. If they're properly 'homeopathic' they don't have any active ingredients, so the Therapeutic Goods Administration (TGA) doesn't really want to know about them. They're exempt from the advertising code as long as fine print on the packaging says it's not approved by the TGA for the therapeutic effect claimed, and they don't contain animal or human products. So the manufacturer can claim that it treats anything. Even some pharmacies now profit from homeopathic-style substances, which can make the 'remedies' seem more legitimate than they are.

So if the government isn't fussed because homeopathics and essences can't hurt anyone, and if people think homeopathy works for them and they have a free choice, where's the harm? I believe the harm is in allowing people to pay for and believe in a lie. And because a woman who's told to take such a 'remedy' for postnatal depression instead deserves proper, actual treatment. And people who've been given homeopathic malaria 'treatments' before travelling have, of course, contracted malaria. And because a child who has homeopathy instead of proper immunisation could die as a result. And because governments shouldn't – even by default – endorse wishful thinking, kissing it better or homeopathy.

## 'Rescue remedies', 'bush' & flower essences

Common homeopathic-style remedies sold in Australia include Rescue Remedy and its sister products, Bach Flower Essences, which are based on the 'inventions' of an entrepreneurial homeopath in the late 1800s and claimed to treat negative thoughts and, my favourite, 'interfering with other people'. Dr Bach's method was to decide to feel cross, or envious, or anxious and then 'intuitively' choose a flower that he thought should cure those feelings. In other words, he made it all up.

Dr Bach, who worked in World War I field hospitals, did not believe in germs and believed all illnesses were caused by personality. Was it simply a failure of imagination that he chose impatiens flower to cure 'impatience'? Somebody has updated the claims for Bach 'remedies', claiming they can treat jet lag or 'emotional eating'.

A local version is called Australian Bush Flower Essences. Its website has an explanation splurting sciencey nonsense claiming that electromagnetic currents in the body created by 'polarity' halfway between the circulatory and nervous systems end in 'meridians' and 'chakras'. You have to be a bit suspicious when a 'medicine' has exactly the same dose for an adult, a child, a wallaby or a walrus. The maker's website says the essences are not drugs but work on the subconscious mind, due to 'beautiful vibrations', and are 'quick acting'. If that's the case, you may as well recite a spell or, like me, have a cup of tea.

## MORE INFO
### on why homeopathy doesn't work

**badscience.net** Science journalist Ben Goldacre debunks the claims. Choose 'Homeopathy' (it's under 'Alternative Medicine').

**homeowatch.org** The sister site of quackwatch. org has a round-up of all things homeopathic.

### COLON CLEANSING

Leave your back passage alone, madam, I implore you. Don't have enemas and don't fall for the weird 'colon cleansing' claims of 'detox' diets, which make it sound like if you don't do a special diet and take their product you'll never get rid of the stuff that's been in your colon since 2001, including a chair, a tarpaulin and a small Honda Accord. Stuff in your colon is probably meant to be there and will find its own way out.

## BE SCEPTICAL, NOT CYNICAL ABOUT YOUR MEDICAL TREATMENTS

Ask your natural practitioner which double-blind independent studies have shown a supplement is likely to help you. Do your own research. Ask your doctor if the medicine prescribed for you was tested on women as well as men. Ask if the reported results were written by independent doctors, or ones paid by a drug company. Ask whether your problem is more likely to be solved by a drug or a lifestyle change. Don't assume that claims made on the packet or in ads are true; the government doesn't protect you from everything.

## Body Maintenance

Here's a general list of checks to have if you're a woman with no extra risks, but have a chat about it with your GP. Extra or different tests may be a good idea, depending on your genes, personal medical history and other factors.

Yearly GP check-ups: some doctors will include a BMI (body mass index) calculation in general yearly check-ups. There may be no useful reason for this unless you're being prescribed medication and the dose needs to be calculated by weight. See Chapter 2, 'The Body Image Struggle', for why BMI isn't always a helpful indicator of health or risks. If you don't need to know the number, ask the doctor not to tell you.

## ❧ General check-ups & screening tests

It's normal for a doctor to check your breasts for lumps and suggest you have a regular smear test. If you'd prefer to see a woman doctor, ask to when you're making an appointment. It's also okay to ask if you can have somebody with you, or a female nurse from the doctor's clinic, in the room with you for the examination.

You should tell your doctor:

- the truth when answering any questions about sex, contraception, or alcohol and drug use. Your doctor needs this information and is legally required to keep it confidential.
- if you could possibly be pregnant.
- if you've taken or are taking any medications, including herbal ones and over-the-counter potions.
- if you're worried about anything, or have a question, no matter how trivial it seems.

If you've ever had sex, ask your GP or Family Planning clinic to check for sexually transmitted infections (STIs), many of which have no noticeable symptoms but could be causing damage inside (see Chapter 32, 'Sex', for more).

## DIY & screening checks for all women

- Do a breast check every month (see Chapter 17, 'Breast Health', for how).
- Keep an eye on any moles and other changes (see Chapter 6, 'Skin', for details).
- As a birthday present to yourself each year, book in your yearly check-ups: one with your dentist, one with your GP.
- Have a dentist check-up.
- Have a general GP check-up for the usual stuff: skin marks, blood pressure, breast check, smear test (may be once every two years).

## Add screening check from age 35+

- As above and add: an eye test at the optometrist.

## Add screening check from age 40+

- As for 35+ and add: breast screens (mammograms), which are now free every two years (see Chapter 17, 'Breast Health', for details).

## Add screening checks from age 45+

- As for 40+ and add: comprehensive full 'service' check and tests at the GP, including cholesterol test.

## Add screening checks from age 50+

- As for 45+ and add: possibly a vitamin D and calcium level test; colonoscopy (could be every five years) or relevant bowel cancer blood test (could be every two years); possible flu and pneumococcal vaccines; STI testing if relevant (worth checking – menopause doesn't protect you from STIs).

## Add screening check from age 65+

- As for 50+ and add: bone density test.

## 🍎 Pap smear screening tests

A smear test is also known as a pap smear (named after the Dr Papanicolaou who devised it). It's a quick and simple way to gather a small sample of cells from your cervix that is then sent to a lab for checking. The cervix is the disc-shaped bit at the top of your vagina, through which is the opening to your uterus – see Chapter 15, ' Hormones & Downstairs Geography', for a quick anatomy lesson).

A smear test looks for unusual or 'changed' cells on your cervix that, if left untreated, could develop into cervical cancer. Cell changes on your cervix can be caused by some strains of the human papilloma virus (HPV), which is a very, very common sexually transmitted disease. When these cervix changes are detected early enough by a smear test, vigilance or treatment can make sure that cancer doesn't develop. (HPV is also associated with throat cancer.)

Most people who've ever had sex will have come into contact with one or more strains of HPV. It can also be passed on though oral and anal sex and touching. (A condom will prevent most cases of transmission but not all.) In most cases, the immune system fights off HPV, and there are no effects on your body. Some strains can produce visible warts, which can be treated and removed. Other strains have 'silent' symptoms, so you don't even know you have them, and these more dangerous ones can lead to cancer. If not treated, some changed cells can progress to become cervical cancer over time. Depending on the strain of the virus and the immune system, this can take two to 15 years or so.

Even if you and your partner have been totally faithful to each other, either of you could unknowingly have been 'carrying' a dangerous HPV virus for up to 15 years or more. So you should have a smear test every two years, starting from after you've first had sex up to the age of 70. Australia has a relatively low rate of cervical cancer because of our free smear test program. The shameful exception to this is among our Indigenous women, especially in remote communities, who are let down by the health system. Any GP will do a smear test, and the test is also available at community and women's health centres and Family Planning clinics. Book in for one every two years as a birthday present to yourself.

### How to protect yourself against cervical cancer

- Always use a condom during sex. In a monogamous relationship, both partners need a medical all-clear for STIs before stopping condom use.
- Have regular smear tests every two years, or more often if a doctor recommends it.
- Ask your doctor for the HPV vaccine, which will best protect you. Any HPV vaccine will take three separate jabs over a six-month period. Because no vaccination can cover every possible strain of the virus, you'll still need to have regular smear tests.
- All pre-teen girls should have their free immunisations against HPV (age 12 is optimum). Boys between nine and 15 should also have the jabs, but until this becomes part of the Australian immunisation schedule you'll have to pay. (HPV is also associated with rarer penis and anal cancers.)

### What happens during a smear test?

It's less messy to do the smear test when you don't have your period, although if this is the only time you can go to the doctor or clinic nurse, it's better to do it then than to cancel. The procedure is simple and should take less than 5 minutes. Doctors are very experienced at doing the test and trained to make it as quick and easy as possible. If you haven't seen the instruments used before, ask to have a look at them beforehand, and for the doctor to explain what they'll do. The doctor or nurse will:

- give you some privacy to take off the clothes on your lower half, including your undies, and lie on your back on the 'examination table' (that's the high padded bench in the clinic); they'll also give you a folded sheet to drape over your lower half
- ask you to lie with your knees bent and your legs spread apart, but your feet together
- put a little lubricating jelly on a sterilised instrument called a speculum, which they will carefully push into the very start of your vagina and then gently open it to hold the walls of the vagina apart a little; because your vagina is very stretchy, this shouldn't hurt, but it may feel odd and uncomfortable

- carefully push up inside you a long, thin plastic stick (with no sharp ends), and use it to gently swipe off a couple of cervix cells, then remove it and transfer the cells to a slide, which will be sent off to be analysed by a laboratory.

Very occasionally afterwards there is a tiny amount of spotting or bleeding, which is normal.

## Smear test result

When you have the test done, ask the doctor if you're supposed to ring to get the result or whether they'll just contact you if they want to see you again. There's an automatic 'register' of results, and you'll probably be sent a reminder when your next test is due. Your details will stay confidential.

If the result shows you need treatment or another check-up, the doctor or clinic will let you know.

## Repeating the test

Sometimes you need to have the test again because the result was unclear, but this doesn't mean that there's a problem. If you're told that the test was 'unsatisfactory', it usually just means the lab is having trouble reading the test sample and you need to do the test again. Rarely, the pathologist will have detected changed cells and want to confirm the finding to make sure.

## What do the results mean?

You may be told your test is 'clear', 'negative' or 'everything's fine', or that if you don't hear anything, that means there's no need for any further action until your next scheduled smear test in a couple of years.

You may be told that the test is 'positive', that there are some changed cells, or you need to come in for further examination. It's so important not to panic or jump to the wrong conclusion (I know, because I've done that, and it doesn't help!). Having 'changed cells' *doesn't* mean you have cancer. Having a 'positive' result on a pap smear *doesn't* mean you have cervical cancer. Even having 'pre-cancerous cells' *doesn't* mean you'll get cervical cancer. Nothing seems to freeze the mind more in a doctor's office that the word 'cancer', no matter what other words they pack around it. Almost always, it means nothing more than doing another smear test in a few months' time, just to make sure you're fine.

A diagnosis of 'abnormal' or 'dysplasia' usually means only that there have been some cell changes caused by a strain of HPV, but these are probably nothing to worry about, and you'll just have another smear test within a year rather than the usual two. In a smaller number of cases it can mean the cell changes have progressed to one of

## **MORE INFO** on pap smears & related tests

Some sites on smear tests and cervical cancer are linked to manufacturers of an HPV vaccine.

**papscreen.org.au**
**13 11 20** Cancer Council site with lots of great info. Choose 'For Women' for info, including 'Abnormal Pap Test Results and Treatment', 'Cervical Cancer', 'The Cervical Cancer Vaccine', 'Who Should Have Pap Tests or Pap Smears' and 'About Pap Test or Pap Smears'. You can ring the number to discuss an 'abnormal' smear test result, or any other cancer issue.

**shfpa.org.au** Sexual Health and Family Planning clinics nationwide. Click on your state or territory to find a clinic near you for smear tests or STI checks.

**cancerscreening.gov.au**
**13 15 56** Choose 'National Cervical Screening Program', then 'Frequently Asked Questions' for general info. Make a test appointment with your GP, community or women's health centre, family planning clinic, sexual health clinic or nearest clinic. A Medicare rebate is available. Ask your doctor or nurse to confirm the cost.

**thewomens.org.au/**
**gynaecologyandwomenshealthfactsheets**
If you're told you need a colposcopy (the procedure where they look through a microscope at your cervix) or cone biopsy (the procedure in which they take a sample of your cervix for further analysis), get a fact sheet under 'C' on this Women's Hospital site's A–Z list.

several known stages and need treatment to prevent it progressing to cervical cancer.

In a much smaller number of cases, along with 'dysplasia' or 'abnormal' you may hear 'high-grade abnormalities'. This still does not mean you've been diagnosed with cancer. You'll be referred to a specialist, who will look into your vagina with a special microscope called a colposcope. If you need a biopsy, in which a small sample of cells is removed from the cervix, you'll have a 'day procedure', under local or general anaesthetic. You'll be advised on what treatment you'll need.

Because the words used can sound so scary, it's really, really important to ask questions and fully understand what the doctor is telling you – take a friend or take notes to make it easier to remember afterwards. Ask for best and worst case scenarios. The doctor may have fact sheets or a pamphlet for you to take away. It's normal to be frightened, but don't let that stop you from finding out whether you really need to be so frightened. The vast majority of women with 'changed cells' do not get cancer. (See 'Cervical Cancer' in Chapter 14, 'Illnesses & Conditions'.)

## 🍎 Eyes

A good, varied diet helps to maintain good eye health and vision (no, a bag of carrots won't help, but steady vitamin A will. You shouldn't take vitamin A supplements if you could be pregnant, are pregnant or you're breastfeeding – ask your doctor about it).

To look after your eyes:

- Have your eyes tested if you have any problems.
- Don't smoke – cigarette smoke can cause eye disease.
- Wear sunglasses in the sun and snow, and whenever the UV index is 3 or above (see 'More Info on the UV Index & Vitamin D' in Chapter 6, 'Skin'). Your eyes can be damaged by 'sunburn' caused by UV rays. Your sunglasses should cut glare and also UVA and UVB light. They should be certified Australian/NZ Standard 1067 and marked EPF 10 (eye protection factor).
- Wear proper eye-protection glasses or goggles during any renovation, trade, craft and relevant art work, pruning spiky or sappy branches, or working with wire, fire, whipper snippers or lawnmowers. Be immensely careful using occy straps, spray cans or chemicals, or dealing with sport balls and other projectiles.
- Have your eyes tested each year after 35 and wear reading glasses if you need them. Don't get sucked into expensive frames and prescription lenses if you only need the cheaper +1, +1.5 or +2 specs from the pharmacy, discount store or bookshop.

### WHO'S WHO IN EYE SPECIALISTS

- **Ophthalmologists** – Medical eye specialists. Five years of general medical training plus up to five years' ophthalmology study and experience.

- **Optometrists** – 'Diagnose' vision requirements and 'prescribe' lenses. A five-year uni degree.

- **Opticians** – Trained to create the spectacles (glasses) or contact lenses recommended by an optometrist.

 **MORE INFO** on eye specialists

**ranzco.edu** On the Royal Australian and New Zealand College of Ophthalmologists site, choose 'About Us', then 'Public Information on Eye Health' for fact sheets on vision, cataracts, glaucoma and more. You can get a referral from either a GP or an optometrist.

**optometrists.asn.au** Optometrists Association Australia is a non-medical professional body for people who assess your vision and identify whether you need glasses or other eye assistance. Choose 'Eyes & Vision' for general info on common eye disorders.

**mdfoundation.com.au**
**1800 111 709** The Macular Degeneration Foundation is a non-profit organisation with lots of info on what can go wrong with eyes, how to get help, and how to maintain work and lifestyle with reduced vision.

**sunsmart.com.au** On this independent Cancer Council site, search 'sunglasses' for a fact sheet on how to protect your eyes properly.

## 🍎 Teeth

Oh my giddy aunt, if you ask a professional teeth-wrangler what to do about your teeth, you get bamboozled by a cast of thousands, including oral health professional, dental specialist and dental hygienist. Start with going to a 'dentist' and then see what they suggest.

### How to look after your teeth
- Brush twice a day using a soft toothbrush with a small head, and floss once a day, preferably at night. Spit, don't rinse. This keeps more fluoride in the mouth.
- Drink tap water (even filtered tap water still has fluoride in it). If there's no fluoride in your water supply, ask your dentists' advice.
- Ask your dentist if you should chew sugar-free gum or use mouthwash during the day.

### How to protect your teeth
- Get your teeth checked once or twice a year by a dentist.
- Don't drink straight fruit juice, as the acid can eat away your enamel.
- Stay away from sugary and sticky stuff like toffee and chewy lollies: they cause holes in your teeth.
- Don't drink sugary fizzy drinks or 'vitamin' and other flavoured, 'enhanced' or coloured waters: they're a huuuge cause of tooth decay.
- Don't bite on hard lollies and foods and hard-crust bread and rolls: they chip and break teeth.

### 'Bad breath'

For at least a hundred years the companies that make breath-freshening mints, mouthwashes, toothpastes and chewing gums have paid for ads designed to make us squirmy and scared of having bad breath, or halitosis.

Bad breath can be caused by:

- bacteria in your mouth – the bad breath is basically the smell it gives off
- not brushing your teeth (and tongue) regularly – the stinkeroo bacteria tend to grow on little bits of food left in your mouth
- some foods – garlic and onion, for instance, can make your breath smell of them for a little while
- not eating for long periods – your saliva isn't being stimulated to wash bacteria and plaque away

- smoking
- low-carb and other diets.

If bad breath isn't kept away by cleaning your teeth regularly, see your dentist.

 **MORE INFO**
**on bad breath**

**ada.org** The American Dental Association's site: choose 'Public Resources', then 'Oral Health Topics', then 'Bad Breath (Halitosis)'.

### WHO'S WHO IN DENTISTRY

- **Dentists** – Medical teeth specialists who've done a five-year university degree of study and training, and passed the required exams (or passed the Australian entry exam for foreign-trained dentists) and are registered by the Dental Board of Australia.

- **Orthodontists** – Dentists who've then done an extra three years of study to specialise in the repositioning of teeth and jaws. Some of their work is medical, some is cosmetic. Some have a subspecialty in children, or specific injuries or conditions.

- **Teeth whiteners** – Some non-dentists apply teeth-whitening preparations in non-clinical settings, such as shopfronts or shopping centres.

For more on cosmetic dentistry, see Chapter 8, 'Cosmetic Surgery & Procedures'.

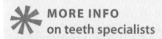 **MORE INFO**
**on teeth specialists**

**dentalboard.gov.au** On the site of this government regulation and registration body, choose 'Register of Practitioners' to see if your dentist is registered and up to date with training and knowledge, and whether there are any restrictions on their practice.

## 🍎 Ears

You can lose hearing without warning or any pain, either because of cumulative damage or getting older. Your ears don't warn you about failing.

To protect your hearing:

- Don't be the drummer in Metallica.
- Use earplugs as soon as you notice a place (concert, gig, workplace, airstrip) is too noisy, and keep them in until you get out of there.
- Watch your headphone volume – anything above about two-thirds of maximum can cause hearing damage.
- Don't listen to a personal music device for more than an hour a day.
- Keep any volume levels at no more than 90 decibels – even one hour at maximum volume can cause permanent damage.
- Don't turn music up louder if you can't hear it over traffic or public transport noise – upping the volume, apart from being dangerous if you're walking, will cause hearing loss over time.

## Tinnitus

Tinnitus is a type of hearing loss with characteristic constant or unpredictable background noise, which may manifest as humming, droning or 'ringing'. It can be made worse by imposing silence with earplugs or quiet places, which make people 'notice' their background noise even more. 'Masking it' with other low-level noise, such as music, street sounds or nearby conversation can help. There's a psychological element to learning to live with it, and letting it 'fade' rather than drive you bonkers.

 **MORE INFO**
**on hearing**

An ear, nose and throat medical specialist may also be called an otolaryngologist.

**hearing.com.au** The government-run Australian Hearing explains different kinds of hearing loss, suggests when to get tested and has lots of info on hearing devices. Choose 'Your Hearing', then 'About Hearing Loss', then 'Tinnitus' for a fact sheet.

**hearnet.com** Links to music videos and info on how to protect your ears, aimed at people in the amplified music industry, as well as concert- and club-goers.

**tinnitus.asn.au** This independent self-help group has some contacts for support groups in NSW and other areas, too.

## 🍎 Feet

I've always wondered about the sort of women who have time to moisturise their feet, let alone paint their toenails. I used to cut my toenails with a Stanley knife. In recent years I've started to pay for a pedicure or two in summer, and now I feel I'm just like a movie star, at least from the toenails down. In January.

### Bunions

Because some women wear stupid shoes (see Chapter 4, 'Clothes') they're much more prone to getting bunions, those red inflamed bumps that stick out, usually at the base of the big toe on the side, but sometimes on the other side of the foot too. It may horrify you to know that once this has happened, because it's caused by calcium deposits leaking from the bone and associated inflammation, it's permanent. You can seek help to combat the inflammation and redness, but the bump will stay, unless you have it surgically removed. So if you see inflammation or a bump forming, stop wearing the shoes that seem to be causing it straightaway – these can be flat or even hiking shoes that rub, not just silly high heels – and see a podiatrist.

### 'Fallen arches' & orthotics

Pregnancy, weight gain and ageing (the glamour trifecta) can cause your feet to change shape, structure and size. You may need 'orthotics', an insert in your shoe to readjust the way your foot sits, to prevent related back or knee problems or sore feet. For some reason, orthotics cost a ridiculous amount of money; you'd think they were made of emeralds.

### High-heel injuries

Some cosmetic doctors – and I'm going to cut to the chase and call them unscrupulous – are injecting women's feet with Botox so that the muscles don't cramp and they don't feel as much pain when they wear high heels.

If your feet are hurting so much you think you need painkilling or paralysing injections, that means you need to remove the thing caus-ing the pain – in this case ludicrously high heels. Pain is a warning: your feet are hurting because they're being slowly deformed, or you're creating inflammation, muscle strain, ligament damage and possibly related spinal problems.

We look back and brand as barbaric the cultural practice of tight 'foot binding' to deform and stunt the size of women's feet, which ended in China only a hundred years or so ago. And yet we see women doing exactly – exactly – the same thing voluntarily now: wearing very expensive shoes that are so high the foot becomes almost vertical instead of horizontal. Women find it difficult to walk in these shoes (and sometimes out of them, because their calf and foot ligaments are stretched to allow the grotesque foot position) and their feet become stunted and misshapen through the repeated wear. Even the toe and foot bones can be deformed by shoes over time.

If you try to look at it objectively, it's ridiculous. On stage, the women performers have to dance with high heels on and the men get to dance in proper dance shoes. The idea of it 'looking better' is just culturally implanted, it's not real. 'What to wear' people like Gok Wan are always insisting on high heels because they 'make your legs look better'. In the end, is someone going to be standing there looking at your legs all afternoon? Isn't it better not to be in pain or uncomfortable?

If you have a pain in your feet, see a GP or physiotherapist.

## MORE INFO
### on feet

**apma.org** The American Podiatric Medical Association site has fact sheets. Choose 'Foot Health Tip Sheets' for stuff on bunions, hammer toes, the effects of pregnancy on feet, the need for 'friendly footwear' if your work is mainly done standing up, and great hints on buying sandals, 'flip flops', boots, school shoes, and more. Choose 'Ask the Expert', then 'Ask the Expert Archives' for FAQs.

**findapodiatrist.org** The Australasian Podiatry Council can help you find a local podiatrist in Australia or NZ.

**aopa.org.au** The Australian Orthotic Prosthetic Association has an FAQ section explaining what an orthotist does.

### WHO'S WHO IN FEET SPECIALISTS

- **Podiatrists** – Formerly known as chiropodists, they're not medical doctors but are registered practitioners regulated by law. They've done a university degree specialising in feet and related matters, such as bunions, ingrown toenails, fungal infections, cracked heels, and injuries caused by shoes or walking problems. Many local medical clinics have them.

## Getting Better: Convalescing

We're so hard on ourselves. In the 'old days' they were quite used to women 'taking to their beds' (ooh, that sounds tempting) or even going to special seaside resorts (yes, please) to recover from operations, illnesses and even shocks. (Although I don't suppose ordinary women like maids were allowed to pop orf to a Jamaican resort for some reggae and restorative pudding.) Anyway, what was my point?

If we've had bad or unexpected news, or been told something we need to think about and process, or we need to deal with a temporary or chronic health problem, we need to be kind to ourselves and marshal our friends and family for the support we need.

These days we do too much and expect too much from mind and body. 'Minor' surgery is only minor in comparison to a transplant. It's not, in itself, 'minor' if it requires a general anaesthetic – it's going to need a 'careful how you go' approach for at least a day or so. We get whooshed out of hospitals after 'day surgery' so they can rotate a few more souls through the beds and save money. Attending nurses are always angels, of course, but then we have to go home from a confronting screening, test or other procedure, sometimes without even so much as a Salada or a fact sheet.

And if we do get advice, it can vastly underestimate the mental or physical recovery times. I remember coming home after a gynaecological operation and being given a 'fact sheet' suggesting

I should be able to go 'back to the gym' within four days. Within four days I still couldn't quite straighten without considerable pain. I'd been given a fact sheet supposed to cover 'keyhole surgery' even though my operation became much more extensive as it went on. My fact sheet was for a best case scenario, when my operation had turned into a whoopsie-that-was-a-bit-more-than-we-bargained-for situation. The fact sheet wasn't based on my individual fitness, age, job or the number of stairs up to my flat. So do keep that in mind when you read stuff on the internet and elsewhere about recovery expectations.

## 🍎 Recovering

If you've been through a confronting or acute illness, or an operation, or had an injury, or you need to take 'time out' to deal with some confronting health-related news or a grieving period, here are some thoughts.

Grant yourself:

- time to recover mentally and physically
- that there's no 'should' about how to feel or how quickly to get better
- healthy comfort foods that are okayed for your recovery
- calm and unhurried time to do the exercises they tell you to do for movement and physio
- the right to make a little physical progress each day, not try to take big 'strides' that will set you back. Build up your strength and fitness gradually.

And remember:

- Look out for any redness or fever, which can be signs of infection, and get yourself back to the doctor quick smart if you see or feel any.
- Sleeping is not being lazy. Sleep is part of mental and physical recovery.
- When people ask what they can do to help, tell them something practical. This can range from folding a load of washing to delivering a cooked chicken, amusing children elsewhere, doing some shopping or keeping somebody away by distracting them.
- Treat yourself as you would your best friend in the same situation.
- It's okay to lay off the real world for a while. If it makes you feel better, ignore 'the news' for a bit, and avoid people who make you cross or upset. If necessary, get a friend, partner or relative to be your gatekeeper, or hide a water pistol under the blankets.
- See your GP for help if things seem overwhelming or you continually feel drab, uninterested or depressed.
- Do things that make you laugh (even if it hurts a bit!). Watch comedy DVDs, read favourite books that make you laugh, listen to comedy podcasts.
- Maintain contact with the outside world – fresh air and connections with the neighbourhood and friends are important mental health boosters, so don't let yourself turn into a hermit.
- See Chapter 20, 'Feelings & Moods', or Chapter 21, 'Mental Health', if you feel you need help avoiding the blues or treating depression or anxiety.

### RESTARTING THE POO DEPARTMENT

'Women's' operations in particular can be right next door to the bowel, which gets a bit affronted and can respond with constipation. You'll want to restart things slowly and without cramping. Drink water and eat lots of fibre and fruit, but don't take laxatives, or at least be careful of their ingredients and possible results. Many herbal and medical 'stimulant' laxatives work by being bowel irritants.

### MORE INFO
### on convalescing

**lotsahelpinghands.com** This non-profit US-based website provides a service where carers and helpers can divide up meal deliveries, helpful tasks or physical therapy assistance. It can be used to coordinate a community of carers for the elderly, ill, recovering, grieving, parents with a multiple birth or other challenge, or anybody going through a hospitalisation or hard time. Use the templates to make timetables or post updates of progress to avoid a person being bombarded with or having to make too many calls.

### WEIGHT & HEALTH

Weight and health isn't an easy equation. It's not lose weight = healthier. See Chapter 2, 'The Body Image Struggle', Chapter 3, 'How to Make Friends With Your Body', and Chapter 10, 'Eat', for more.

# CHAPTER 13

# Sleep

Here's what we now understand about sleep: if you don't get plenty of it you get scatty, crabby and sick. Sleep deprivation, as any new parent or secret agent knows, is torture. Severe lack of sleep can lead to psychosis (hallucinations and other breaks with reality). Not enough sleep means you're vulnerable to colds and other infections. It contributes to workplace and car accidents, memory problems, an inability to concentrate or study, and going to the school gate with your nightie on under an overcoat. Okay, maybe that was just me.

# Sleeping . . . or not

## Owls & larks

I tend to fall asleep early in the evening, so I do get into trouble for always being asleep early. This tends to make me unable to sleep from about 3 a.m. CATHY, 49, OATLEY

I go to bed late and wake up late. I prefer it that way, but my husband and the rest of the world seem to think my hours are somewhat indulgent. SAZ, 49, BENALLA

Left to my own devices I'd go to bed at about 1 a.m. and get up about 9 a.m. If only the world agreed. Lots of musicians and artists, and people without children, are like that. LIZ, NIGHTCLIFF

I used to sleep in a lot, but now I go to bed early and rise early and I feel so much better. And I appreciate sleep a lot more. EMILY, 24, GRIFFITH

## Lost sleep

I don't sleep, so some days I'm so tired I don't feel as though I'm as capable as I should be. JENNY, 49, KERANG

I require at least eight hours per night otherwise I become emotional and cry at the drop of a hat. NATALIE, 45, MELTON WEST

If I don't have at least six hours' sleep I'm flat, tired and cranky all day. CAT, 32, REVESBY

### '10.30 p.m. is sleep time no matter where I am.'
BARBARA, 56, HOSKINSTOWN

I don't get enough sleep and consequently I'm always falling asleep in social situations, like watching movies or TV with other people. SAM, 21, HAWTHORN

I need sleep and often a nanna nap in the arvo. MARY, 40, CANBERRA

I tend to stay up late to get time to myself and then I'm still tired in the morning. JULIE, 49, WODONGA

I'm not sure if I don't sleep because I'm stressed or if I'm stressed because I don't sleep. Chicken/egg. LYNETTE, 41, OURIMBAH

### 'It's 15 years since my last full night's sleep.'
CAT, 35, WAGGA WAGGA

I'm running on coffee all day. LOUISE, 22, WOLLONGONG

Any nicotine or caffeine after 2 p.m. or alcohol within three hours of bedtime will disrupt your sleep. PROFESSOR JAMES MAAS, AUTHOR OF POWER SLEEP AND INVENTOR OF THE TERM 'POWER NAP'

I have no trouble getting to sleep but frequently wake up in the early hours of the morning, unable to get back to a sound sleep. I've tried a number of techniques to no avail, but refuse to take drugs. GILLIAN, 46, MELBOURNE

My counsellor has taught me a relaxation technique for when I wake up in the middle of the night and can't get back to sleep because I'm thinking too much. PAMELA, 45, CANBERRA

I'm an insomniac. MONIQUE, 34, CANBERRA

I suffer from night terrors so I continually have disturbed sleep. By the end of the week I'm absolutely exhausted and end up sleeping most of my weekend away. KATY, 28, GREENBANK

## Shifts

I'm more of a nocturnal person. Night shift suits me down to the ground. CHANTELLE, 26, KINGS PARK

I work night shift. I can sleep anywhere. JULIE, 56, QUEANBEYAN

I'm a shift worker. I don't have a sleep habit. I usually get sick when I've lost too much sleep. AMANDA, 22, GOLD COAST

I do night shifts, which messes me up. I often argue with my husband before bed, which messes my sleep up. SUSA, 43, SOUTH FREMANTLE

I work shift work so my sleep is all over the place. I don't sleep well – I wake many times a night. I grind my teeth in my sleep, and I rarely feel all that rested when I wake up. JANE, 41, SYDNEY

## Kids & sleep

No sleep = bad mummy. CLARE, 40, SYDNEY

I have an 11-month-old. I just don't remember what it's like to not feel tired. LILY, 27, BURNIE

### 'I have a toddler who still wakes up between five and 10 times a night. I miss sleep.'
MELANIE, 25, GIPPSLAND

Before I had my daughter I had to get 10 hours sleep a night or I was really grumpy. Now I'm happy if I get six hours of broken sleep. ABIGAIL, 24, ROXBY DOWNS

Don't let the baby sleep in your bed. It's cute when they're small but it wears off when you have a 2-year-old kicking you in the back all night. LEARA, 35, HORSHAM

The 'control crying' method is three days of hell but years of bliss. SKYE, 33, BATHURST

## Sex & sleep

We don't have enough sex because I go to bed 90 minutes after hubbie and he's asleep. I need about 10 hours and never get it (sleep, not sex!). GINNY, 46, WAHROONGA

## How Much Sleep Do You Need?

Deep, long sleep helps repair any damage in the body and rests the mind. Shakespeare said it 'knits up the ravelled sleeve of care', which just goes to show he liked a nice crafting metaphor. Totally 'unbroken' sleep, though, is a bit of a myth. Even people who feel they sleep 'right through' will wake up two or three times a night, but they just go back to sleep and don't remember the wakeful moments by morning.

No matter what your problems are, getting better quality sleep for long enough will make everything in your life easier. If you don't have enough time to sleep, you need to change your life.

We've all heard of politicians who get by on four hours a night. No wonder they make such dumb decisions, is all I can say. Although 'eight hours' is often referred to as the ideal, the rumour is that's just based on a decades-old survey of 18-year-old US Army recruits. Others say it comes from breaking up the 24-hour day into three parts – working, resting and sleeping. (It's a mystery how our 'resting hours' got taken up with getting to work, doing the dishes and cooking the dinner – feel free to complain to management.)

Children and teenagers, it's agreed, need about 10 hours each night. Some adults need a little less than eight hours, some need more. For many, the world seems divided into 'larks', who like a routine that's early to bed and early to rise, and 'owls', who come alive at night, go to bed late and prefer to get up later. There's no moral judgement that can be made here – it's biology. It makes the most sense to try to go with your individual flow, subject to work and family requirements, but some people can retrain themselves and change their sleeping habits. It may be, though, that their body never feels quite right about it.

## Why Aren't We Getting Enough Sleep?

For tens of thousands of years people had to go to sleep when it got dark, because otherwise they might accidentally walk over cliffs or get separated from the tribe (although they got good at navigating by the stars). People woke up when the sun rose, then started trying not to be eaten by giant Tasmanian tigers and waiting for somebody to invent the Frisbee. It was pretty easy for them to fall asleep after a long day on their feet hunting or gathering or chasing children around an unfenced area approximately the size of a continent.

### ❱ Light & sleep

With the industrial age came artificial light, which meant the bosses could run their factories night and day. Even before then, people such as seamstresses or net menders would work by fire, candle or lantern light. But the literally brilliant invention of electric light was used to extend people's working hours as well as leisure hours: in a way, that's happened to all of us.

Light is closely linked to sleeping patterns and mental health. Our bodies produce the hormone melatonin at night in response to darkness. Melatonin has a slight effect of causing sleepiness, but its main job seems to be lowering core body temperature, which we all need to do so that we can sleep and make more melatonin. Daylight suppresses the melatonin levels and helps to wake us up.

Fresh air and being outside help to regulate our sleeping pattern, perhaps partly because our body 'recognises' where the sun is and adjusts its 'clock'. (No, I don't have any evidence, so pipe down.)

Lack of natural daylight and vitamin D deficiency (see Chapter 6, 'Skin', for more) is blamed for some sleep problems and mood disorders, including seasonal affective disorder (SAD), which is perhaps better understood as the winter blues. Some sleep disorders and moods are actually treated with 'light therapy', which can be as simple as a 'prescription' for a daily outside walk or a spot of tai chi in the park after dawn.

After dark our bodies can 'read' any light as daytime and a dim light as a coming dawn. Lots of eye–brain activity (like computer use or watching TV) before bed confuses our system, as do any lights left on in the night, from electronic clocks to appliance standby lights. Red lights are easier to ignore than green ones on things like clock faces.

For many of us, sleep now has nothing to do with light. It's what we do when we can't stay awake any more, or when we've finished everything we 'have'

# Getting to sleep & sleep problems

If you can't get to sleep after 45 minutes, get out of bed.
OLIVIA, 27, LONDON, UK

I lie in bed and think of a blank wall. This does work. Try it.
ANNABELLE, 60, RIXMAN, US

When I can't sleep I start counting backwards from 1000. I've never got past 987 that I can remember.
JOANIE, 52

'The more I count down how many hours' sleep I'll get if I go to sleep now, the more I panic and the harder it is for me to sleep.'
CHIARA, 20, MELBOURNE

Make sure you go to sleep at the same time every night (11 p.m. at the latest), don't have heavy dinners, eat a healthy diet and don't have more than three caffeine drinks a day. TATJANA, FRANKSTON

If I can't turn off my brain, I make my mind walk from my parents' house, through the golf course and along the beach to Blue Lagoon. I'm always asleep before I get to Blue Lagoon. CURLY, 50, DUBBO

Keep the room cold and dark and remove the TV. JAYNE, 44, COTTESLOE

If I can't sleep (which is most of the time) I often do my times tables. If I miss my spot, I start again.
KATE, 30, BALLARAT

Don't go to the computer right before bed. JENNY, 38, HOBART

I have a radio and earphones by my bed. If I'm not sleeping, I enjoy the late-night discussions and quizzes. PAULINE, 64, DONCASTER EAST

Exercise and knock off the alcohol. That'll get you to sleep.
RAQUEL, 36, BRISBANE

Earplugs are my saviour.
ANN, 52, ORMOND

Don't eat dinner too late, avoid alcohol. Don't stay up until your spouse goes to bed. Go to bed and wake up at roughly the same time each day, regardless of whether it's a weekday or the weekend.
SALLY ANNE, 45, CAMBERWELL

Exercising in the afternoon/early evening always helps me sleep better. JESS, 24, BRISBANE

Have a sleep routine. Don't eat or drink in bed. Have nice clean sheets and an uncluttered room.
PATTY, 37, COBURG

'Meditation.'
MARIA, 53, SOUTH YARRA

'Medication.'
TIFFANY, 40, BRONTE

Horlicks has been good for inducing sleep. Same bedtime and routine. Listening to relaxation music on my iPod. LYNNIE, 34, NORTHAM

I've found valerian works for me and relaxes me.
PATRICIA, 59, BRISBANE

I write down anything on my mind, no matter how trivial.
TONYA, 33, NORTH BALGOWLAH

I try to have some quiet time each night before I go to bed so that my mind can wind down.
ROBYN, 58, LINDFIELD

Don't stay up watching a crappy show on TV. Have a shower and go to bed with a good book.
JOSIE, 27, GEELONG

I do 'yoga breathing' to get to sleep and it works every time.
NAT, 35, PORT MACQUARIE

Sleep when you're tired.
ARI, 42, CANBERRA

Don't get talked into staying up when you're really tired.
ELLIE, 27, SPRINGWOOD

I put socks on.
BETH, 23, PORT MELBOURNE

## Snoring

My husband's snoring is responsible for my wrinkles. I don't get much sleep!
MISH, 47, CARLINGFORD

I snore and annoy my husband.
NOLA, 64, SOUTH MELBOURNE

Don't sleep in the same room as someone who's had a few drinks and is known as the *Snoreasaurus*.
KERRY, 51, BRISBANE

My husband snores, so I get up and read or knit. MAUZA, 55, BELMONT

## Sleep apnoea

My obstructive sleep apnoea is being treated. I'm still tired every minute of every day and have been for years. Being deprived of oxygen every night has affected my brain. I see a sleep specialist and, after trying a CPAP machine [explained in 'Sleep Apnoea', coming up], I now use a mandibular device.
DEBORAH, 53, GILMORE

'If you suffer from sleep apnoea, get help earlier rather than later. I *love* my breathing machine. It means I get a good night's sleep. I suffered for years without it.'
MYRA, 35, NORTH DANDENONG

As long as I'm receiving CPAP therapy while I'm asleep, it's good. LINDY, 38, GIPPSLAND

I suffer from sleep apnoea; I'm always tired. There are days I'll just lie on the bed and before I know it I've been asleep for an hour or two. KIM, 39, THORNLIE

My man has sleep apnoea, so he snores very loudly. He wakes me a lot during the night when he sneaks his mask off. CANDICE, 40, ADELAIDE

to do, or when a particular TV show ends. It's the default position. For many people, sleep is just simply what happens when you go to bed (unless there's some rumpy-pumpy involvement, which some people says helps them sleep and others say makes them stay awake afterwards).

## MORE INFO
### on general sleep problems

Many 'sleep' websites look independent but are set up by pharmaceutical companies to lead you down the garden path to prescribed drugs. Maybe that's the path you need to go down – but only as a last resort, and only a little way.

**sleep.org.au** The non-profit Australasian Sleep Association has fact sheets on various sleep disorders and their causes, links to support groups, and info for GPs and people having trouble sleeping. It has reports on world research, common treatments and a list of sleep specialists.

**healthysleep.med.harvard.edu** This Harvard Uni project rounds up explanations and suggested solutions for sleeping problems.

**shuti.net** Sleep Healthy Using The Internet is a credible online sleep program based on cognitive behaviour therapy (changing habits and thought patterns), developed by University of Virginia psychologists after collating 20 years of research. It takes at least six weeks of guided instructions to help you retrain yourself to get to sleep and stay asleep until wake-up time. Go to your GP first to rule out any physical cause.

## Insomnia

Insomnia's a fancy word for a serious ongoing problem with getting to sleep, or waking up and being unable to get back to sleep, or waking up too early in the morning. Insomnia can be classified as transient (a couple of days) and short-term (up to a couple of weeks), when there's an obvious outside cause that you can 'cure' or get used to, like getting over jet lag, or adjusting to daylight saving.

'Primary insomnia' is caused by a psychological issue or chemicals (caffeine, alcohol, sleeping tablets used for too long) or disruption from noise or lights, or can be an ingrained problem that's been going on for years, perhaps since childhood.

'Secondary insomnia' is more complex, usually caused by physical problems such as an illness or psychological or psychiatric problems ranging from severe anxiety or stress through depression to the effects of mania or psychosis.

## ❱ Some common causes of sleeplessness

- Drinking alcohol in the evening (you get to sleep but wake up after a few hours or very early and can't get back to sleep).
- Caffeine from drinks or chocolate (you can't get to sleep in the first place).
- Depression, anxiety or stress.
- Hormonal changes with menopause (see Chapter 19, 'Menopause', for more).
- Uncomfortable body changes in pregnancy. Some researchers believe the memory problems common in late pregnancy are caused by lack of restful sleep in the third trimester.
- Babies or children needing attention.
- Noise from outside (Iron Maiden fans next door).
- Jerky legs waking you up suddenly, sometimes called periodic limb movement disorder. (More common in older folk. Some people think magnesium supplements help. Can be worsened by antidepressants, or tamed by medication that is also used for Parkinson's disease. Worth seeing your GP.)
- Restless legs syndrome. (Jerky or itchy legs, usually between the knee and ankle. Again, some people have reported success with iron and magnesium tablets, and with reducing their caffeine and alcohol intake, although there's no evidence they help. Also worth seeing your GP. A genetic cause is strongly suspected.)

## MORE INFO
### on restless legs & periodic limb movement disorder

**sleep.org.au** The non-profit Australasian Sleep Association's site has a fact sheet on wayward lower limbs and disturbed sleep. Choose 'Information on Sleep Disorders', then 'Restless Legs & Periodic Limb Movements of Sleep'.

## ❯ Tips to fix most sleep problems

- Do some physical exercise each day, but finish two hours before bed.
- Keep lighting low after dark to mimic the day's natural rhythm.
- Have no coffee, tea, cola or energy drinks, or only one a day, and none after, say, 3 p.m. (for some it's 11 a.m., or whatever suits them).
- A hot bod makes for a shallow sleep. Doonas have a lot to answer for: try layered blankets you can adjust to the right temperature.
- Have no alcohol, or stop at one. Most people find that any more than one or two standard serves (see Chapter 22, 'Drinking'), which is probably about a glass of wine or one beer, affects their sleep. Alcohol is usually the most likely cause of night-time waking and early waking. Red wine or other histamines can block your nose and cause snoring, which disturbs your partner or you. See also 'Sleep Apnoea', coming up.
- Change night-time chocolate habits (chocolate contains caffeine).
- Some people have disturbing dreams or trouble sleeping if they eat certain things or eat close to bedtime. Experiment and see what you come up with.
- Everyone says don't smoke within four hours of bedtime because it's a stimulant, but really what they mean is don't smoke at all.
- Drink water earlier in the day and only sip after 9 p.m. Go to the loo before you go to bed, to minimise going during the night.
- Do something windsy-downsy before sleep, like get a warm wheat bag for your feet, but don't insist on a set-in-concrete ritual. Vary it and have alternatives or you'll just get more anxious if you can't do it or you're away from home.
- Unless you're on call for an emergency services job, switch off your mobile an hour before bed and turn it back on when you wake up. Put it in another room, turn it off, charge it up.
- Keep the same wake-up time every work day, and even for the weekends if you can. A fixed wake-up time is more useful than a precise bedtime.
- Aim to go to bed at the same time every night, a habit that 'trains' your body to go to sleep at roughly the same time each night.
- Record any later night TV and watch it earlier the next night.

## ❯ Tips for turning off your mind

- Learn to meditate or do yoga, but don't do either just before bed, as they can make you feel energised.
- Download a guided relaxation program or sleepy music to your personal player.
- Earlier in the evening, write down any problems or thoughts to be dealt with the next day and put the list in another room.
- If you have anxieties, dreams or flashbacks related to a trauma, see 'Post-traumatic Stress Disorder (PTSD)' in Chapter 21, 'Mental Health'.

## ❯ Tips for when you can't get to sleep or back to sleep

- Most sleep doctors say to get up instead of lying there for hours tossing and turning, otherwise you'll 'train' yourself to stay awake in bed.
- Get up and do some quiet activity, such as reading or something else to take your mind off any worries. Try again. If not asleep in half an hour, you can repeat.
- Or you could try telling yourself it doesn't matter if you don't sleep, but your body needs to lie down and rest, so you need to gently close your eyes and try to clear your mind. If you don't sleep, that's okay, you're helping your body relax and refresh anyway. This can take the pressure off.
- Turn the clock to face the wall.
- Try deep, regular breathing exercises – they've helped many people overcome insomnia.
- Have a raging orgasm (this keeps some people awake but is worth the experiment).
- Finish with screens (computers, TV, phone) two hours before bed. Don't have a TV in the bedroom.

## ❯ To nap or not to nap?

Some people refer to the 'nanna nap', which some older people can indulge in to help them get through the day, but this isn't a macho enough concept for some, hence the manly embrace of 'power downtime' to restore energy for work and driving.

Some people swear by the restorative qualities of the 'nap', others say napping makes them hideously groggy for too long afterwards (although this could just mean they need lots more sleep) and ruins their chance of sleeping properly at night. A true nap is not longer than 10 to 20 minutes: after that you're into deeper sleep, which is why you can wake up disoriented.

If you're looking after babies and littlies, take a nap, or sleep when you can. For others, it's whichever floats your boat.

## SLEEPING PILLS

Prescribed sleeping pills can help you re-establish a sleep pattern after, say, jet lag or having a one-off change from night shift to day shift. But they're addictive, and no good for you long-term, so try to get a packet for only a week or 10 days max. You may only need to use them for a night or two.

It's very dangerous to take more than the prescribed dose, even if the first one didn't work, or if you wake up during the night. It's also a very bad idea to use alcohol or other drugs (check with your doctor about which other prescribed medicine is okay) at the same time. The same sleeping pills can have very different effects on different people, including strange behaviour and weird dreams.

Never take somebody else's or give yours to a friend or relative. Read the warnings and side effects labels: if you're concerned, stop taking them immediately and report anything to your doctor. Sleeping tablets can make the effects of snoring and sleep apnoea worse (see 'Snoring' and 'Sleep Apnoea', later in this chapter).

Herbal sleeping pills and liquids can help: many natural preparations are known to be mild sedatives. Ask your naturopath or herbalist to tell you what meta-studies (large inclusive analysis of all available smaller studies) have been done to prove that the preparation contains active ingredients.

'Natural' doesn't mean you can safely exceed the recommended dose. True homeopathy preparations without additives or active ingredients don't work and can only have a 'placebo' effect (for more look up 'homeopathy' and 'placebo' in the index). If the placebo effect works for you, fine.

Magician and sceptic James Randi takes a whole month's worth of homeopathic sleeping pills on stage before each speech he gives, and they have no effect.

Except it's hilarious.

## Bedding for a Better Sleep

### ❯ Mattress

'Experts' say 'get the best bed you can afford', which they might as well say about everything, from apples to helicopters, but in the case of beds (and helicopters), it's true. Forget the fancy headboard and base, and 'invest' in a good, supportive mattress. If you're over 23.4 years old, or ever intend to be, do not buy a futon, because as time goes on you may as well be sleeping on a collection of assorted wood. Go to a specialist bed joint (not a furniture shop with only two or three beds). Talk to a non-pushy and experienced salesperson about your needs (any injuries or sore spots) before you buy. If you share your bed with a partner and/or marauding morning kids, go for the biggest bed you can; sadly, the bigger sheets and blankets are also more expensive. If you sleep with somebody else, the less you wake each other up the better: my friend Jeanne calls her king-sized bed 'the marriage saver'. It's easier when moving to have two 'king singles' that 'unzip'. Unless you have a helicopter.

### ❯ Pillow

If you need to punch your pillow, it's not a good one. Old pillows can get squished down and not support your head properly. Beauty magazines suggest a silk pillowcase will keep hair less tangled and put fewer creases in your ageing cheeks, but they might be making it up. Others have found that a silk or satin pillowcase repels their head like a magnet and charges up their hair with static electricity. There are special pillows for various back and head problems, pregnant people, breastfeeders, aromatherapy devotees, snorers and the idle rich. It's a much better 'investment' than a handbag: mattress shops usually have the best specialist pillows.

### ❯ Sheets

Get cotton, or at least 50 per cent cotton. Not to be indefensibly judgemental or anything, but silk or satin sheets are for people with a dispiriting fondness for ironing and dodgy porn.

## ❯ Doona

Doonas were invented by woolly-hatted Scandinavians who have to stay indoors in winter for months on end and design furniture, or go outside and knock the snow off an elk. A winter doona can be the equivalent of four or five woollen blankets. In Australia, unless you're up a Taswegian mountain, it's probably too much. Lots of people find they sleep much better after switching to actual blankets or a summer-weight cotton quilt.

## Sleeping Habits

## ❯ Shiftwork & sleep

None of the usual suggestions work because you're a shiftworker? Even worse, maybe you're in a house with other people and noise is inevitable? Try these shifty tricks:

- Use earplugs, industrial strength.
- Fit block-out blinds to make your brain think day is night.
- Keep the room cool.
- Keep your individual habits, bedtimes and wake-up times.
- Turn the clock to the wall so you can't see it.
- Put a sign on the front door saying 'Don't knock or ring, shiftworker asleep'.
- Pull the landline out of the wall and turn off your mobile.
- If you're on call, have a separate mobile that only takes calls from work and leave that one on, or get an old-fashioned pager that's independent of your phone. It's worth the extra expense and hassle to get the unbroken sleep.

## ❯ Sleeping too much

Possible causes of sleeping too much include:

- depression
- a bipolar disorder 'down' phase (see Chapter 21, 'Mental Health', for more on this)
- an underlying health problem, such as malaria, glandular fever or viral syndrome
- a side effect of prescription drugs, including some of those for pain and mental illness
- a rare brain disorder called narcolepsy, which can induce too much or sudden sleeping.

## MORE INFO
### on sleeping too much

**nodss.org.au** The Narcolepsy and Overwhelming Daytime Sleep Society of Australia's non-profit site explains symptoms, and how to find medical help and support groups. Info on sleep apnoea, narcolepsy, and 'sleep studies' that you can participate in.

**beyondblue.org.au**
**Infoline 1300 224 636** The Aussie mental health hub has a helpline and heaps of online resources. Choose 'Get Information', then 'Download Information Materials', then 'Sleeping Well'.

### HOT MEN, COOL WOMEN

Women can often feel colder at night than men do, and have colder feet, but may have a warmer core temperature due to hormone levels. Our all-important fat layer (hooray) keeps our central bits warmer, so our hands, feet and head can feel colder by contrast.

As the fashionistas say, the answer is 'clever layering'. You can solve the problem of being colder than a partner at night by putting extra blankets or cotton quilts on one side of the bed. Women can wear pyjamas and bed socks (not to be found in the lingerie section), or get one of those 'partner' doonas that's warmer on one side.

You can also try going to bed with a wheat bag (warmed, not hot, in the microwave) on your feet. Regular activity during the day will encourage blood flow to the 'extremities' and can help your hands and feet stay warmer. Smoking stuffs up this circulation. Caffeine and alcohol tend to make your body send warmth out through the skin instead of helping you retain it.

In Australia the more common problem is overheating. 'Layers' are still the solution: you may need to add a layer or two as the temperature drops overnight.

Make sure all bedclothes are 100 per cent cotton or wool to combat sweat, and see if you can get a cross breeze in the bedroom through screened windows (which keep out the mozzies) if weather permits.

For more on the hot flushes and night sweats of menopause, see Chapter 19, 'Menopause'.

## Families & Sleep

### ❯ Sleep & young kids

Babies and toddlers in the house mean less sleep for the adults. This will get better with time, but any children older than 6 months may need some routines. My book *Kidwrangling* has lots of stuff on how to get more sleep when the family has littlies.

Babies and kids aren't born knowing how to get to sleep and stay in bed. Children need to learn how to have long sleeps, or they'll have trouble behaving, concentrating, learning and staying healthy. When they're no longer little babies, it's okay to gently and firmly set boundaries and routines.

Teaching your older baby, toddler or preschooler good sleeping habits and a happy routine could take a few days (usually a couple of nights), but will benefit the whole family. The choice is not between chaos and cruelty; there's plenty of room in between. Get help if you need it. (See 'More Info on Babies & Sleep', coming up).

Children who snore or have a lot of broken sleep should be checked by their GP in case they have sleep apnoea (see 'Sleep Apnoea', later in this chapter). These kids won't be getting the deep sleep they need.

Here are some more hints for parents desperately seeking slumber:

- The latest safety advice is to have baby asleep in the same room as you for the first 6 months, but not in the same bed (see 'More Info on Babies & Sleep', below).
- Do what you need to do for a more restful sleep, as long as it's safe; this can be different for everyone in terms of routine, sharing responsibilities and other factors.
- Lots of toddlers end up in the parental bed to sleep – I mean wriggle. If this is making your sleep worse rather than better, you can set rules about what time they can come in. Most toddlers can be taught to recognise a six or seven on a digital clock as the time they're allowed to come in – make sure they understand it's when the *first* number is seven, i.e. not 5.07 a.m.
- Wear earplugs – you'll still hear a baby crying in your room or the next room if they need you.

- Dim night-lights that sit in a power point and automatically go on when it's dark can help soothe a toddler who's afraid of the dark.
- Ask for help if you need it. Severe sleep deprivation can trigger the blues and feelings of not coping. (Ask your GP or maternal child health nurse about 'sleep schools'.)
- Yes, everyone feels like they're going mental sometimes. You're not imagining it. You're not a bad parent or more hopeless than everyone else, I promise.

**MORE INFO** .
**on babies & sleep**

**sidsandkids.org** Check the latest sleeping advice, which has done so much to reduce the incidence of sudden infant death syndrome.

**kidwranglingbook.com.au** The site of my book on looking after babies, toddlers and preschoolers has a downloadable sign for the door warning off noisy visitors or bell-ringers at naptimes, and there's also a list of local parent services.

**Sleep Tight, Sleep Right: A Practical, Proven Guide to Solving Your Baby's Sleep Problems by Tweddle Child & Family Health Service** Written by the staff of this tippety-top parenting centre, this book covers sleeping, crying, routines and 'troubleshooting' ideas.

### ❯ Teenagers & sleep

Teenagers need lots of sleep – 10 hours a night if they can get it. If they don't, they're more vulnerable to illness and bad moods, and don't learn as much at school. You can help them by confiscating their mobile phones and other screens at bedtime and keeping the phones in your room turned off and charging (Yes. I *can* hear them screaming from here, but teenagers with access to phones, computers and TVs in their rooms all night don't go to sleep when they say they do, and can be victims of 24-hour bullying.) Help your kids work out a homework schedule so they're not burning the midnight oil. Don't let them sleep all weekend – they're not 'catching up' really, they need enough sleep every night.

Don't be cross with them, as their inescapable teenage hormone and brain chemical levels do turn them into 'owls': they'll want to go to sleep later and get up later. Because they have to go to school, you need to help them by setting an earlier bedtime. If you have a choice, put sport or other activities at the end of the school day, not the start.

### MORE INFO
### on teenagers & sleep

There's more for teens on sleep in my book *Girl Stuff*, for teenaged girls.

**vu.edu.au/teenagesleep** Download *Teenage Sleep: Understanding and Helping the Sleep of 12–20 Year Olds*, an e-book by Victoria University researcher Professor Dorothy Bruck.

## ❯ Getting older & sleep

Many older folk report needing fewer hours of sleep a night and, defying the stereotype, they're not in the least interested in nanna naps. But some older people sleep a lot. Others report increasing trouble getting to sleep or getting back to sleep in the night. Insomnia doesn't increase just because of age itself, but older people can have more contributing factors, such as medication side effects.

The best advice is to treat your sleep problems as an individual, not assume they're due to age or menopause until you've had 'em checked out. Waking up to sweats and hot flushes or hormonal temperature fluctuations lacks glamour, but you're likely to get back to sleep faster if you're matter-of-fact about it and don't fly into a fury (see Chapter 19, 'Menopause', for more).

### MORE INFO
### on menopause & sleep

**jeanhailes.org.au** On this women's health site specialising in menopause, choose 'Resources', then 'Fact Sheets', then 'Sleep' – you have the choice of a written or audio file.

## Dreams

Having 'realistic' or vivid dreams with disturbing situations or images doesn't mean they're going to come true, or that you want them to. Which is a relief, because I once had a dream about having sex with Prince Charles, and he was wearing paisley stockings and a hairnet. Some sleeping pills and other drugs like antidepressants, as well as alcohol, can cause nightmares. Don't stop antidepressants suddenly, though – you need to plan this with your doctor.

Dreams may be just the brain's rubbish bin, a confused compost of crazy unconnected thoughts. Some analysts think dreams are your subconscious mind trying to learn and make sense of things, and that they can reflect worries. Recurrent dreams, such as anxiety dreams, can include you dreaming about yourself (or a version of yourself) public speaking, appearing in the nude or sitting exams again, even when you finished school years ago.

If your dreams are bothering you, or you have 'night terrors', aka bad dreams and nightmares, ask your GP for a referral to a psychologist to help you work out what's literally 'on your mind'. Pop-psychology dream analysts on the radio and online, as well as in 'dream dictionaries', can be fun, but they're not much chop with troubling or distressing dreams.

A psychologist who specialises in dreams will need to know a bit about you and look at the individual meanings of the symbols in your dreams and the relevance to you of their scenarios.

Some patients in counselling have had success being able to 'change' their recurrent nightmares by writing down everything they can remember from their dream when they wake up, then going through the story and images when awake and 'rewriting' the course of the dream with positive changes and a 'happy ending'. This is called imagery rehearsal therapy and is a brilliant idea. If only it worked for bad movies.

### MORE INFO
### on dreams

**Sex Sleep Eat Drink Dream: A Day in the Life of Your Body by Jennifer Ackerman** This fascinating book takes you through what your body, including your brain, gets up to in a 24-hour period.

**radiolab.org** Search 'dreams' and/or 'sleep' to download podcasts of this clever US science program's relevant episodes.

## LONG DARK NIGHTS OF THE SOUL

Never make a scary or big decision at night when you haven't slept well or at all. Things never look right on no sleep and in the quiet of the deep dark. Always wait until the light of the next day and give yourself time to reconsider things after at least a couple of good sleeps. Most importantly, talk with somebody helpful ASAP. If you're overwhelmed or beset by dark thoughts in the wee hours, call the 24-hour anonymous counselling service Lifeline on 13 11 14.

## Snoring

Despite the comic potential, ongoing snoring is actually quite horrible – it can be embarrassing for the snorer, and make nights hell for a snoree. Long-term snoring is almost always caused by an underlying health or lifestyle problem, and it will take effort to deal with it. Luckily, the results are worth it: oblivious slumber at last.

Most of us snore sometimes. Always or often is much more of a problem. Snoring is one of the major signs of sleep apnoea, a condition in which the person, unknowingly, stops breathing while asleep (see 'Sleep Apnoea', coming up). This is why a snorer must get the cause of snoring checked by a doctor before starting any 'treatment'.

### ❯ Causes of snoring
- Narrow airways due to genetics, being above your healthy weight or a temporary health condition such as a cold blocking the nose and throat.
- Drinking alcohol. This relaxes the soft tissue at the back of the throat, and so it wobbles more (and vibrates noisily). Histamines in wine can 'block' the nose, causing more air and vibration in the throat department.
- Sleep apnoea (coming up).
- An individual's bits in the throat area (such as tonsils and uvula) may just be arranged in a way that causes a noisy vibration.

### ❯ Treatments for snoring
Snoring 'solutions' range from kicking the snorer to surgery on the throat bits known as tonsils and adenoids. Some 'remedies' are batty (wearing magnets on your nose and an acupressure ring on your finger) and some are sensible, such as inhaling a eucalyptus infusion, but they only work on a temporary reason for snoring, such as a blocked nose.

I did laugh when I looked at one 'snoring cure' page and the first item was earplugs – for the person who doesn't snore. That's not a cure, that's just trying to make it somebody else's problem. Snoring shouldn't be ignored, it's not just a funny noise. Snoring can indicate a big health problem.

If your snoring problem (or your partner's) is ongoing, you need to talk to your GP then think about a longer term solution, probably starting with lifestyle and then looking at intervention, such as a treatment for sleep apnoea.

The most common snoring treatments include:

- No alcohol three hours before bed.
- Gradual sensible lifestyle change to get within a healthy weight range.
- Herbal and homeopathic 'remedies'. Some herbal treatments may temporarily make the airways wider. Sprays are less likely to work. Homeopathic remedies cannot work at all so don't bother with them (look up 'homeopathy' in the index to find out why).
- 'Anti-snore pillows' designed to encourage side sleeping, which may mean body weight doesn't squish the airways as much.
- A mouthguard to keep the mouth closed so you breathe through the nose.
- Devices to keep the nostrils closed, such as nose plugs, or open, such as small plastic spring devices or sprays. Or Lego. No, not Lego.
- Surgery to rearrange, remove or scar bits in the throat – not a permanent or guaranteed solution, and these methods are now dismissed by most surgeons as unhelpful. Be very careful what you choose and who you choose to do it.

### ❯ If your partner snores
- See the info on sleep apnoea, coming up.
- Make sure they have it checked medically and follow through with treatment.
- Try the hints in the list above.
- Make the person sleep on their side. Prop them up with pillows or sew a tennis or squash ball into the back of their T-shirt or jarmies – when

they roll onto it they'll roll back onto their side and 'train' themselves to be a side-sleeper.

- Get the person to sleep in another room if necessary – at least then one of you will sleep properly.
- The snorer should be the one to modify their life – sleeping in another bed may be more of an incentive to fix the problem.

### MORE INFO
### on snoring

Look out – almost all snoring-related websites are trying to sell you something – from plastic nostril doodads to surgery.

**betterhealth.vic.gov.au** This government health website has independent info – search 'snoring'.

## Sleep Apnoea

Sleep apnoea, sometimes known as 'sleep-disordered breathing', is a condition that causes people to miss out on sleep without realising. It mostly affects men, and the main symptoms are snoring and signs of fatigue, such as falling asleep in the daytime.

Sleep-disordered breathing happens when someone snores, then stops breathing for a few moments, and is caused by the airways collapsing a bit. In sleep apnoea the result is more dramatic, as the airway totally closes before the person automatically rouses enough to start breathing again. This – incredibly – can happen from 200 to 600 times a night, and is a big risk factor in developing heart disease, strokes, diabetes and immune system problems. The restricted airways of sleep apnoea are most often caused by extra body weight.

The characteristic snoring sound of sleep apnoea is a half snore now and then, or a big gap in the rhythm of snoring followed by a big snonky snore or a gasp for breath.

A person with sleep apnoea may not know why they're so tired during the day. The sufferer can often fall asleep without realising and this can cause accidents. They can look like they're in a trance, but they're really just asleep while sitting or standing.

### ❱ Treatments for sleep apnoea

Sleep apnoea is often treated during the sleeping hours with a little mask or nasal tube attached to a small generator, which keeps the airways open for regular breathing. 'Continuous positive airway pressure' (CPAP) devices are usually the most successful. Milder cases of sleep apnoea can be treated with a mandibular advancement splint (MAS), which goes in the mouth and keeps the airway more open. As the names suggest, they're not sexually alluring items.

There's a new theory that training the breath in yoga-like ways will help combat symptoms.

### MORE INFO
### on sleep apnoea

Snoring always needs investigation, as it's often a symptom of an underlying health problem. Your GP can refer you to a sleep specialist, who can tell you if you need treatment. (Note: US websites use the spelling 'apnea'.)

**sleepfoundation.org** This US website has a National Public Radio report with an audio file of the snoring sound of sleep apnoea, and lots of info on the condition. Search 'NPR' or, for lots of other links and reports, 'apnea'.

**med.monash.edu.au** On this Australian uni research site, search 'sleep apnoea' or 'snoring' for fact sheets.

# CHAPTER 14

# Illnesses
# & conditions

This isn't the most cheerful part of the book, but if you, a loved one or a friend gets sick, it may be the most useful.

Here's an 'unlucky dip' of a few health problems we might encounter in our lives, warning signals to look out for and some comforting news about available treatments.

# An unlucky dip of health problems

I'm overweight and was diagnosed with type 2 diabetes. I lost 7 per cent of my body weight within three months and the diabetes is totally under control without medication.  TANYA, 34, GRASSMERE

I had a heart attack about a year ago. I now take lots of medications, which makes me feel like an old lady. I take care with strenuous exercise, but continued my previous exercise regime.
CAROLINE, 60, CRONULLA

I have scleroderma (an auto-immune disease), Reynaud's disease, breast cancer, osteoporosis, osteo- and rheumatoid arthritis, and mouth ulcers. I can't drive, and walking is very uncomfortable. I was lucky to have an extraordinary GP who wouldn't stop until she'd solved every problem, alleviated every symptom.
ANN, 78, PORT MELBOURNE

I was diagnosed with cervical cancer while eight weeks pregnant. I became even more grounded and focused on what's important. Connect with people in similar situations so you don't feel you're suffering alone.  KAREN, 36, PALMYRA

Cervical cancer is not a death sentence!
NANNY, 60, FERNTREE GULLY

'I have back pain and aching muscles associated with ageing. I spend more time at the gym now.'
JANNE, 62, MILWAUKEE, US

I have a blood cancer that's rare and chronic (i.e. it's not terribly likely to kill me in the next few years). I have extreme fatigue, severe muscle pains, stomach problems, tinnitus, etc. I take vitamins and minerals. There's no cure. I'm considering trying a type of chemo.  LIBBY, 49, HOBART

Leukaemia has completely changed every aspect of my existence. There's not much you can do to improve your situation when you're having cancer treatment, other than follow doctors' orders and try to be sensible with your lifestyle. Don't listen to people's bizarre suggestions or crazy things you read on the internet. Your specialists know what they're talking about, but always feel free to ask questions.  LILLY, 29, THORNBURY

I've had surgery and I'm currently undergoing six months' chemotherapy for bowel cancer. It's slowed my life down and given me a big health shock, but I feel I'll come out of it a stronger person.
KATHY, 47, FLEMINGTON

'I'm a type 1 diabetic. The diabetes has a big impact on my feelings about my health and my body. I see various specialists and maintain a very healthy lifestyle.'
KATE, 27, HAWTHORN

I have Hodgkin's lymphoma. I had chemotherapy and radiotherapy and didn't know whether I'd still be fertile after the treatment. I now have a higher risk of developing breast cancer and my veins are very hard to get blood from. I wrote a diary throughout my treatment and used humour. I never use the word 'cancer', and do fundraising for the Cancer Council.
SUZIE, 46, BENTLEIGH

I have broncheictasis with chronic pseudomonas i.e. bung lungs. They only work at 35 per cent capacity. (Not all lung disease is smoking-related.) I can't work, can't even do housework (and can't get home help). Forget men. I live in virtual isolation. I've set up two internet support groups.
KAREN, 56, ELMHURST

HIV affects my life every day. To manage it I live a healthier lifestyle. I've kept on going as before with my career and life expectations, normalised it, made friends and family aware of my situation. Don't become a victim. Make your life better and more purposeful.
SAM, 37, MOORABBIN

'I have rheumatoid arthritis. I take a lot of medication and have trouble turning off a tap tightly or opening things. It helps to exercise more.'
JAYNE, 28, ABERFOYLE PARK

I have congenital dislocated hips, osteoarthritis and fibromyalgia. I had a lot of surgery as a very young child and I've lived with post-traumatic stress disorder since then. I've used a walking stick since I was 35. I'm having hip replacement surgery soon. An online support group has been really helpful.
SARAH, 43, CANBERRA

I have kidney disease. I need a transplant or to go on dialysis. I don't drink or eat salt and I take medication.
ANNABELLE, 30, ABBOTSFORD

I have achondroplasia (short stature). People react when they first see me and can judge me before they get to know me. I can't change my situation, I can just be happy with who and what I am and get on with life.
HELEN, 29, HUGHESDALE

I've had three major strokes, the first when I was 34, and I've had two lots of neurosurgery. It's affected every aspect of my life. I try to enjoy every day, love my life and tell people I love them. Counselling has helped, and a really good GP.
JULIE, 48, MITTAGONG

## MORE PLEASE: OTHER CHAPTERS RELEVANT TO ILLNESS

For info on breast cancer, see Chapter 17, 'Breast Health'; for polycystic ovary syndrome and endometriosis see Chapter 16, 'Periods'; for downstairs problems unrelated to sex, like thrush and other itchy annoyances, see Chapter 15, 'Hormones & Downstairs Geography'; and for most sex-related infections, see Chapter 32, 'Sex'.

## Incontinence

We've all seen the ads for wee-pads with women throwing their heads back and laughing while sneezing, doing the splits and riding a bike. On a horse. The main reason we women get some wee leakage is that, as we get older, or during and after any pregnancies, our pelvic floor (which is the bit that our abdominal organs rest on inside our bodies) gets more like a saggy hammock than taut bedsprings. The best way to keep control of weeing is to tighten up the pelvic floor.

### ✚ Pelvic-floor exercises

Different midwives and obstetricians have varying guidelines, but here's what a US obstetrics department that studied techniques for improving bladder control found worked best:

**1** Lie down if possible – the muscles don't work as hard if you're standing up.

**2** Squeeze your pelvic-floor muscles for a count of four, then relax them for a count of four.

**3** Build up to doing this for five minutes twice a day – but keep breathing!

**4** And keep at it – it can take up to three months to build better bladder control, but exercise does make a difference.

To check that you're exercising the right muscles – *only* your vaginal muscles should be working: you shouldn't be also tensing your buttocks or your abdominal or thigh muscles. You can identify the muscles by weeing and then trying to stop halfway through. A better way to check is to put a finger in your vagina and squeeze: if you're exercising correctly you should feel the muscles tightening

around your finger. You can imagine you're holding something in your vagina, like a tampon, or perhaps a passing sailor's tackle. Do lock the bedroom door first, or be ready to wave with insouciance – and your other hand – if interrupted.

### ✳ MORE INFO
### on pelvic-floor exercises

**thewomens.org.au/pelvicfloorexercises** Diagrams and instructions.

### PROLAPSE

This is most common in mums after menopause and often blamed on a legacy of childbirth, but also happens in women who haven't had kids, and women who've had caesarean sections. It happens when the pelvic floor is no longer properly holding up some internal organs, including uterus, bladder and rectum, and one or more of these droop downwards to protrude into the vagina or push around it. The more kids you've had the more likely it is. This happens in many women who've had more than one child, but is often not noticed, or isn't a problem. There's a range of treatments, from pelvic-floor exercises (see above) to surgery. There have been improvements in prolapse surgery to make it less invasive, so it's worth checking with a specialist.

## Disabilities

Many women live with disabilities, and many more are carers for others with disabilities. It's a specialist area with shifting news about blogs and support groups, but here are some perennial contacts.

### ✳ MORE INFO
### on disabilities

**wwda.org.au** No-frills site from Women with Disabilities Australia, a non-profit group. Go to 'WWDA Online Information & Referral Directory'.

**vwdn.org.au** Women With Disabilities Victoria also has a good links page.

**abc.net.au/rampup** Hub site from the national broadcaster for people with disabilities.

# Diabetes

Our bodies usually take in any sugars from food and convert them into energy, while any left over is converted into fat. A hormone called insulin does the converting. If you have diabetes, your body isn't making enough, or any, insulin, so the sugars just tool around in your bloodstream and you have high blood sugar levels, aka 'hyperglycaemia'. Untreated and unchecked, or if it progresses, diabetes can and does cause many complications and deaths in Australia.

## ✚ Symptoms of diabetes

These symptoms may occur suddenly. See a doctor straightaway if you experience any of them:

- being intensely thirsty
- being thirsty often
- weeing a lot
- feeling tired and listless
- being hungry all the time
- slow healing of cuts or scrapes
- itching, skin infections
- blurred sight
- unexplained weight loss
- mood swings
- headaches
- dizziness
- leg cramps.

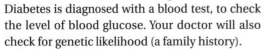

## ✚ How is diabetes diagnosed?

Diabetes is diagnosed with a blood test, to check the level of blood glucose. Your doctor will also check for genetic likelihood (a family history).

There are three main forms of diabetes:

- **Type 1 diabetes** – Usually hereditary, it means your pancreas just doesn't produce any insulin at all. It's not caused by lifestyle choices, although a healthy living plan can help control and manage it. There's no 'cure'. People with type 1 diabetes need to have insulin injections each day to maintain blood glucose levels as close to 'normal' as possible and stay alive. They need to test their blood glucose levels several times daily. Healthy and regular eating, and an activity or exercise program also helps.

- **Type 2 diabetes** – This is by far the most common sort of diabetes (about 90 per cent of cases), although more than half the cases could be prevented. People with type 2 diabetes don't make enough insulin, or it doesn't do its job properly. It's usually caused by a combination of genetic factors and lifestyle choices or behaviour. Risk factors include high blood pressure, being above your healthy weight range, not doing enough activity or exercise, an inadequate diet for proper health and a genetic tendency to the 'apple-shaped' body with extra weight carried around the waist. It's a very difficult problem in many remote Indigenous communities, and there are increasing numbers of cases in children.

- **Gestational diabetes** – Pregnant women can develop gestational diabetes. If you're pregnant you'll be routinely screened for it at around the 28th week. It can usually be managed during pregnancy just with careful eating choices. If you have gestational diabetes, your blood sugar levels usually go back to normal after the pregnancy, but you now have a one in two chance of developing type 2 diabetes later, and your baby may also have a higher risk of developing type 2 diabetes as a child or adult. You have an increased risk of gestational diabetes if there's a family history of type 2 diabetes, if you're over 40, weigh more than 100 kilos or are otherwise above your healthy weight range, or you have any of the risk factors for type 2 diabetes listed below, including having had gestational diabetes before.

## ✚ Risk factors for type 2 diabetes

These factors add to the risk:

- a family history of diabetes
- being older than 55
- being older than 45 and above your healthy weight range or with high blood pressure
- being older than 35 with Aboriginal, Torres Strait Islander, Pacific Islander, Indian, Sri Lankan or Chinese heritage
- having given birth to a big baby (4.5 kilos/ 10 pounds or more)
- a history of polycystic ovary syndrome (PCOS; see Chapter 16, 'Periods')

- having had gestational diabetes (while pregnant). If you've had gestational diabetes, make sure you get follow-up checks from your GP in the months and years afterwards.

## ✚ Possible treatments for type 2 diabetes

There's no cure for type 2 diabetes. Once you have it, ways to help manage blood sugar levels can include:

- eating a healthy diet
- doing more exercise or activity
- prescribed pills
- daily insulin injections
- regular blood glucose monitoring.

### **MORE INFO**
on diabetes

A specialist in hormones and hormone-related conditions is called an endocrinologist.

**diabetesaustralia.com.au** The non-profit Diabetes Australia provided much of the info above. To assess your risk of type 2 diabetes, choose 'Are You at Risk?'. For support groups and local help, click the map. Choose 'Diabetes Information' or 'Recipes'.

## Chronic Fatigue Syndrome

Chronic fatigue syndrome (CFS) can cause exhaustion and weakness after even the mildest physical activity. The syndrome usually comes on after a big challenge or shock to the immune system, possibly a virus or other stress.

Doctors can mistake it for depression, as the symptoms can be puzzling, but there are many physical problems related to the immune, nervous, adrenal and digestive systems. A diagnosis of CFS is often given when doctors accept that the mix of symptoms don't respond to usual treatments, including significant lifestyle changes, and don't gradually improve over an extended period, say six months.

CFS is not 'all in the mind', although its long-term effects can be very testing on anyone's natural optimism. Some people with CFS can also develop insomnia because they have to spend a lot of time lying down but not sleeping, which mucks up the 'triggers' for sleep, or because of hormone or central nervous system issues (see Chapter 13, 'Sleep', for more on insomnia).

### **MORE INFO**
on chronic fatigue syndrome

**mecfs.org.au** The National Association for Myalgic Encephalomyelitis/Chronic Fatigue Syndrome site has lots on possible causes, treatments, information for doctors about management plans, and support groups.

**cdc.gov/cfs** The site of the US Government's Centers for Disease Control and Prevention has some comprehensive info and advice on CFS.

## Osteoporosis

The definition of osteoporosis as a medical problem or 'disease' caused by bones being more fragile is kind of controversial. Some people believe it shouldn't be identified as a disorder or health problem because it's just a natural part of ageing for women. Osteoporosis means the body's bones have become more fragile and brittle, leading to a higher risk of fractures (breaks or cracks) than in 'normal' bone. It happens because the bones don't hold and use calcium the way they used to.

This can happen because of low calcium intake or absorption, the effect on the body of having less oestrogen (after menopause), and a history of being below a healthy weight range. Most people with osteoporosis are women.

## ✚ Risk factors for osteoporosis

- Smoking, and habitual or heavy alcohol use.
- Low calcium intake or absorption.
- Dieting.
- Not enough safe sunlight exposure (vitamin D is the other important component, aside from calcium, in bone strength: see 'Vitamin D & Skin' in Chapter 6, 'Skin').

- A history of no periods, or intermittent periods.
- Having been through menopause.
- A history of being below your healthy weight range because of elite sport, ballet or gymnastics, dieting or eating disorders.
- Not enough weight-bearing exercise (weight-bearing means your skeleton supports your body while you're doing it. Swimming and bike-riding are not weight-bearing).
- A history of rheumatoid arthritis, thyroid problems, diagnosed coeliac disease, liver or kidney disease.
- A history of using high or sustained doses of corticosteroid medicines (such as asthma puffers or tablets).
- A family history of osteoporosis and fractures.

## ✚ Symptoms of osteoporosis

Osteoporosis may not be noticeable until there's an unexpected fracture caused by a minor bump, accident or fall.

## ✚ How is osteoporosis diagnosed?

Osteoporosis is diagnosed with a bone density scan (it doesn't hurt). You lie on a table that has an overhanging cover, like a tanning bed, while a radiologist or X-ray technician moves the scanner over your spine, hip and/or wrist. It takes 10 to 20 minutes.

## ✚ Management of osteoporosis

Steps to minimise the risks and problems of osteoporosis can include:

- prescribed pills, often with strong side effects, to boost bone strength
- increasing your calcium and vitamin D intake through food, supplements and safe sun exposure (see Chapter 6, 'Skin')
- more weight-bearing activity or lifting appropriate weights (see Chapter 11, 'Move')
- quitting smoking (see Chapter 23, 'Drugs')
- cutting down on or quitting alcohol, which-ever does the trick for you (see Chapter 22, 'Drinking').

Older women can 'train' themselves to have stronger balance, and use sensible weight training to build up strength, to minimise the risk of falls and accidents. Handy non-slip and hand-grip products can minimise danger from uneven paths and slippery rugs.

**MORE INFO**
on osteoporosis

**osteoporosis.org.au** Osteoporosis Australia is a non-profit mob with info on awareness, prevention, management, recovery and research that informed this book. Choose 'About Osteoporosis', then 'Information to Download' for DVDs and fact sheets.

## High Blood Pressure

High blood pressure (alias 'hypertension') means the heart is having to work harder to push blood around the body. It's a problem because it can cause heart disease, heart attack and stroke (details coming up).

High blood pressure can happen if you're stressed, have a kidney or drinking problem, are above a healthy weight, or your arteries have narrowed. This can be caused simply by getting older, or by smoking, and/or eating too much salty or fatty foods.

Some prescribed and illegal drugs can also cause higher blood pressure. Your GP should check your blood pressure at each visit, using a 'blow-up' arm cuff and measuring your pulse, and you may even check it yourself if you're managing high blood pressure.

Lifestyle changes and medication can lower blood pressure. (If there's not enough blood pressure, you faint.)

**MORE INFO**
on high blood pressure

**cdc.gov/bloodpressure/faqs.htm** The US Government's Centers for Disease Control and Prevention site has high blood pressure FAQs.

## High Cholesterol

High blood cholesterol levels can narrow your blood vessels and cause high blood pressure, which can lead to a higher risk of serious health problems. Cholesterol testing should include analysis of other risk factors for heart problems. High levels can be caused by genes; eating certain types of foods, including animals fats, saturated fats (see 'We Need "Good" Fats & Oils' in Chapter 10, 'Eat'), and salty and sweet snack foods; and drinking more than recommended levels of alcohol. Smoking is another risk factor. Eggs have been on and off the risk-factor list, and are now off (see 'Eggs' in Chapter 10, 'Eat').

While most people can lower cholesterol levels with lifestyle changes, medication is usually needed by people with a related genetic condition.

### ✳ MORE INFO
**on cholesterol levels**

**csiro.au/resources/cholesterolfacts.html**
The premier Australian science and research body's info on managing your cholesterol levels.

## Heart Disease

The kind of heart disease caused by narrowing and blocked blood vessels is the biggest cause of death in Australian women, but it does happen in more men, and more men die from it. This is called ischaemic heart disease (pronounced *iss-kee-mick*) and if it's not treated or reversed, usually results in a heart attack.

### ✚ Risk factors for heart disease

Most people who develop heart disease have known risk factors. These include:

- smoking
- high blood cholesterol levels
- not doing much activity
- unhealthy eating
- being above a healthy weight
- high blood pressure
- diabetes
- a family history of heart disease

- being past menopause
- having had a heart attack.

Some people who have heart attacks have normal cholesterol levels, normal blood pressure and have never smoked. Research continues into risk factors and reasons.

### ✚ Symptoms of heart failure

Symptoms of declining heart function can include:

- breathlessness and red face during even mild activity
- aches and pains
- feeling tired
- swelling of ankles or legs
- bloated stomach
- unexplained coughing and wheezing.

### ✚ Symptoms of a heart attack

If a heart attack is suspected, call 000 for an ambulance (111 in New Zealand). These are the warning signs:

- mild pain or the feeling that something 'isn't right' – many heart attacks start without drama
- the most common symptoms for women – these are a feeling in the chest of pain, discomfort, squeezing, ultra-awareness or pressure, or other warning-type feelings in the chest (not necessarily on one side, could be in the middle) that comes and goes or stays for a while
- shortness of breath
- nausea, vomiting
- other pain or discomfort in the upper half of the body: the jaw, back, neck, stomach or one or both arms
- spreading pain or a heavy or weird feeling through the neck, throat, jaw, shoulders, back, either or both arms, and into the wrist and hands
- a sudden sweat, or dizziness.

Immediate action for cardiac arrest (a heart that's stopped) may include:

- a defibrillator, which passes an electric shock through the heart to try to get it to start beating again
- immediate resuscitation and heart massage (CPR – see 'More Info on First Aid' in Chapter 12,

'Health Maintenance'; no kidding, the recommended rhythm for compression is the same as 'Staying Alive' by the Bee Gees: check it out on youtube.com)

While well worth trying, these methods do not always work. Immediate other treatment for heart attack can include:

- pain relief
- oxygen
- blood-thinning drugs or drugs that act on heart rhythm or muscle
- a device inserted ASAP into the heart in a hospital, to remove or hold open the blockage.

## ✚ Possible treatments for heart disease

If your doctor diagnoses an ischaemic heart problem (caused by narrowing or blocking of arteries and blood vessels) they will recommend treatment, which may include:

- blood-thinning drugs
- angioplasty, a simple operation to open up a blocked heart artery
- a long-term mix of drugs to combat clotting, high blood pressure and other risk factors
- a pacemaker device inserted into the heart, which will automatically stimulate the right heart rate
- surgery to replace or repair heart valves and veins
- bypass surgery: they take a vein from somewhere else in the body to bypass the 'bad' arteries
- a heart transplant (rarely needed).

## ✚ Management & prevention of heart disease

A mixture of these suggestions should help you stay or get back on track, under a doctor's supervision. They can help you avoid heart problems, or a repeat of one:

- healthy eating specifically to reduce cholesterol and blood pressure (low in saturated fats, high in vegies, grains and fruit)
- regular activity for the same reasons
- giving up smoking
- aiming to get within a healthier weight range.

## MORE INFO
### on heart problems

**heartresearchcentre.org**  The Heart Research Centre, run by Melbourne universities, covers the 'social, psychological and behavioural aspects of heart disease'. Choose 'Heart Information' for fact sheets.

**heartfoundation.org.au**  Australia's non-profit source for healthy heart recommendations and info on heart disease, which informed this chapter. Choose 'Heart Information' and then 'Warning Signs of Heart Attack', or 'Heart Conditions' for more on blood pressure, heart disease, blood clots (called DVT), palpitations and more.

When deciding on healthy foods, think about general eating principles (see Chapter 10, 'Eat') and *don't* rely on the Heart Foundation 'tick of approval' on supermarket packaging. Fresh and less processed food is generally better for you than packaged stuff. There are ticks on high-sugar and otherwise unwise choices.

## Headaches & Migraines

Headaches with a fever can be a symptom of a virus or bacteria. Other severe headaches seem unrelated to illnesses, and can recur, causing great distress and interfering with life and work. Up to a third of women will get migraines – the incidence in men is much lower.

If normal painkillers don't work, see your GP. Keep a diary of when the headaches come, and any other symptoms, such as aversion to light, seeing coloured patches, dizziness and nausea. This can help the doctor decide on the most likely medication to help.

## ✚ What causes headaches?

Headaches can be caused by:

- overuse of medication
- an underlying allergy or illness that needs diagnosing
- hormone fluctuations (see 'Hormonal Migraines' in Chapter 16, 'Periods')
- genetic blood vessel constriction
- referred neck or other pain from, say, a bent head position when reading

- stress
- high blood pressure
- certain foods and drinks.

Some people say they get warning signs of a migraine, such as uncontrollable yawning, or that they get them if they drink coffee or are weaning themselves off coffee. Others can be triggered by bright or flickering lights, and strong smells, including perfume. Australian research has shown that a gene is a direct cause of some migraines, especially the sort that cause somebody to 'see' black spots or other 'visions'.

### MORE INFO
### on headaches & migraines

For mental health, see Chapter 21, 'Mental Health'.

**headacheaustralia.org.au**
**Advice Line 1300 886 660**  The non-profit Brain Foundation provides good info and support, on different sorts of pain, reasons for headaches, possible treatments and migraine prevention. The site declares any relevant pharmaceutical sponsorship. If you suffer from headaches and migraines, you can register here to (possibly) participate in future research projects.

## Stroke

A stroke happens when enough blood suddenly stops getting to the brain. This can be because of a blocked, kinked or damaged artery causing a sudden 'leak' or stoppage of blood inside the head.

If you have a stroke, it can damage a small or big part of the brain and, depending on which bit, you may recover well, or be paralysed on one side, or go into a coma and possibly die. 'Mini-strokes' are otherwise known as transient ischaemic attacks (TIA), which produce stroke symptoms that go away after a few minutes or hours. Even one of these means a high risk of major stroke in the next few days. Symptoms of mini-stroke or stroke always mean an emergency, as a mini-stroke may be immediately followed by a major one: call 000 for an ambulance (111 in New Zealand) and describe the symptoms.

### ✚ Risk factors for a stroke
The risk factors can include:

- high blood pressure
- smoking
- being above a healthy weight
- high blood cholesterol levels
- diabetes
- a history of irregular heartbeat
- a history of migraines and vision disturbance
- a history of migraines and high blood pressure
- being a smoker on the Pill.

### ✚ How is a stroke diagnosed?
Anyone can run a quick checklist to 'diagnose' a possible stroke, based on the initials FAST:

- **Face** – Has their eye or mouth drooped on one or both sides? Are they unable to smile properly?
- **Arms** – Is one or both arms too 'weak' for them to raise themselves?
- **Speech** – Is their speech slurred, or do they seem to not understand what you're saying?
- **Time** – To call the ambulance.

Recognising these symptoms picks up around 90 per cent of strokes. Other classic stroke symptoms include:

- numbness or tingling in the arms and legs
- headache – sudden onset or more often
- dizziness
- blurred vision.

Some studies suggest that women are not diagnosed with stroke as quickly as men, so they don't tend to get to the emergency room or to treatment at hospital as quickly. It's also been suggested that women are more likely to have other symptoms at the time they have a stroke, which could confuse the issue. If you have the following symptoms *as well as* the classic stroke symptoms or around the same time, they don't rule out stroke and could in fact make it more likely. Extra women's symptoms include:

- sudden arm and leg pain
- hiccups
- nausea
- chest pain
- shortness of breath
- strange heartbeat.

## MORE INFO
### on strokes

**strokefoundation.com.au**
**StrokeLine 1800 787 653** Info from Australia's non-profit National Stroke Foundation was used in this chapter. The site explains the FAST test, the risk factors, how to reduce your risk of stroke, recovery ideas and programs, and links to help and support for patients, friends and family.

**My Stroke of Insight: A Brain Scientist's Personal Journey by Jill Bolte Taylor** A serious stroke from which she made a full recovery led this neurologist to combine her personal feelings and her knowledge of the brain.

## Bowel Cancer

Bowel cancer usually has hardly any symptoms until it's too late to do much about it, so it's very important to have screening tests after the age of 50, whether or not there's a family history of the disease. There are several private companies aggressively marketing their services, and some have been accused of doing unnecessary or overpriced screening. Ask your doctor about bowel screening if you're over 50 (the tests are free).

Risk factors for bowel cancer include a diet high in animal fats and meat, and low in fibre, vegies and fruits; being above your healthy weight range; smoking; and not exercising.

### ✚ Bowel cancer screening
The screening involves a simple test called a faecal occult blood test (FOBT), which can detect teensy amounts of blood in poo – an early warning sign of bowel cancer. Every two years, using the kit provided from your doctor, in the privacy of your own home, you get some of your poo into a jar (try not to juggle) and mail it to a pathology laboratory for analysis. (They must be thrilled when they get a Christmas card instead.)

For people with a higher risk of bowel cancer, screening tests will have to be discussed with your doctor and are likely to also include regular colonoscopies where – it's getting technical

now – they have a look-see up your jacksy with a scope-on-a-rope. It's actually a tiny camera on the end of a precision instrument, thank you very much.

### ✚ Possible symptoms of bowel cancer
In the early stages, bowel cancer often causes no symptoms. The most common symptoms of more advanced bowel cancer are:

• blood or mucus in poo
• unexpected diarrhoea or constipation
• bloating, cramps, 'tummy trouble'
• constant tiredness
• feeling weak and looking pale.

### ✚ How is bowel cancer diagnosed?
Several tests can be used to diagnose bowel cancer, including:

• physical examination
• inserting a thin tube camera into the bowel to have a look at the sides of the colon – this is called an endoscopy, sigmoidoscopy or colonoscopy
• an enema with a dye that shows up on an X-ray and will show any tumours
• X-ray, ultrasound, rectal ultrasound, and other forms of medical scanning
• blood tests to see if the immune system seems to be producing antigens to fight what could be bowel cancer.

### ✚ Treatment of bowel cancer
Surgery is the main treatment for bowel cancer. The surgeon removes the section of the bowel affected by cancer and then joins the two ends. Chemotherapy or radiotherapy is nearly always used in addition to surgery.

## MORE INFO
### on bowel cancer

**cancerscreening.gov.au** On this general cancer screening site (from the Federal Department of Health), search 'bowel cancer' for the latest info on screening, treatment and more.

## Lung Cancer

Lung cancer is by far more common in Australian women who smoke, but it can happen in people who never smoked. Lung cancer is the name given to cancerous cells or a tumour in the lungs caused by damage to genes in lung cells. Tobacco smoke is the biggest cause of lung cancer, with additional cancer-causing agents including but not limited to asbestos, radiation and smoking other drugs.

There are two different types of lung cancer: the most common and easier to fight is non-small-cell lung cancer (NSCLC). Fewer people have small-cell lung cancer (SCLC), but it's usually nastier and more aggressive.

### ✚ Symptoms of lung cancer

In its early stages, lung cancer usually has 'silent' or unnoticeable symptoms. As tumours grow or spread, noticeable symptoms can include:

- coughing
- coughing blood
- breathlessness
- chest pain
- reduced appetite
- unexplained weight loss
- tiredness.

Smokers and ex-smokers who notice these symptoms should see their doctor straightaway. Lung cancer is usually identified using a form of imaging diagnosis (such as an X-ray).

### ✚ Possible treatments for lung cancer

Depending on how advanced cancer is and how the patient wants to play it, treatments can include:

- surgery to remove the cancer, depending on its size and location
- radiotherapy – targeted X-rays used to kill cancer cells
- chemotherapy – anticancer drugs usually infused into the bloodstream through an intravenous drip
- pain management and symptom-based medication, for example for shortness of breath
- strategies for emotional health.

### MORE INFO
### on lung cancer

See Chapter 23, 'Drugs', for more info on giving up smoking and why you should.

**lungfoundation.com.au** The non-profit Australian Lung Foundation provided info used in this chapter. Choose 'Lung Information', then 'Lung and Respiratory Conditions' or 'Patient Educational Material' or 'Patient Support'. This section also has links for carers and an online forum.

## Cervical Cancer

In very rare cases, a pap smear screening test (see Chapter 12, 'Health Maintenance', for details) will detect cervical cancer – most often in women who haven't been having regular smear tests, which has allowed the sneaky cells to do the wrong thing undetected. Treatments for cervical cancer can include the removal of the cervix, a full hysterectomy, and radiation and chemotherapy treatments. It must be treated by a specialist in gynaecological oncology (women's cancer), not a general cancer specialist.

### MORE INFO
### on cervical cancer

See the papscreen.org website, reviewed in 'More Info on Pap Smears & Related Tests', in Chapter 12, 'Health Maintenance'.

**cancercouncil.com.au** The Cancer Council of NSW has a booklet you can download, with everything from anatomy to treatment and recovery. Search 'understanding cervical cancer'.

**The Gynaecological Cancer Guide: Sex, Sanity & Survival by Margaret Heffernen & Michael Quinn** Covering cervical, ovarian and other cancers. (For a full review, see 'More Info on Ovarian Cancer', coming up.)

## Ovarian Cancer

Because ovarian cancer has the sort of symptoms easily mistaken for period or PMS symptoms, or just vague womanly palaver, it's often not detected until the cancer has advanced, which makes it harder to remove or treat successfully. But almost all of the women who 'catch it early' can survive. So: talk to friends about it, discuss the symptoms, and don't be afraid to ask for an ultrasound or other possible diagnostic test. There's a blood test that may be helpful, too, but as yet there's no screening test.

Doctors don't know why some people develop the cancer and others don't. Factors that slightly reduce the statistical chance include having children and being on the Pill. It's more common in women over 40. Researchers now believe a certain gene profile in about 10 per cent of women makes ovarian cancer more likely. If you have one of three common gene mutations, you're more likely (but not destined) to get ovarian cancer. If you have a family history of ovarian cancer, it would be worth having a test for the presence of these genes, and then, if you do fit the profile, being very vigilant and having regular ultrasound checks for ovarian tumours. Some women who fit the profile decide to have preventative surgery: after age 40 or so they have their ovaries and fallopian tubes removed through keyhole surgery.

## ✚ Possible symptoms of ovarian cancer

Symptoms are maddeningly vague. Or, as one of Australia's most brilliant comedians, the late Lynda Gibson, pointed out in her one-woman comedy show after being diagnosed: 'Yeah, they're all symptoms of being a woman!' Here's the thing – if it feels wrong, new, odd or worrying, don't be fobbed off by a doctor. Get second opinions or insist on a referral for a diagnostic test. Symptoms can include:

- pain in the middle
- a feeling of bloating, fullness or bigger tummy
- needing to wee often or suddenly.

Also, let your doctor know if you have any other symptoms in the area that are unusual for you. These may include:

- constipation and/or diarrhoea
- unexplained weight gain or loss
- unusual vaginal bleeding

- back pain
- indigestion or nausea
- being really tired.

## ✚ Diagnostic tests for ovarian cancer

No test is guaranteed to detect any cancer that's there. One common method of diagnosis is the ultra-not-glamorous pelvic exam, in which a doctor needs to insert a finger or two in your vagina. They do this, along with a hand on your tummy, to feel whether there seem to be any lumps or bumps that shouldn't be there. If this sounds too invasive, just skip it and go straight to the ultrasound, which is what many doctors suggest anyway (see the explanation of ultrasound in Chapter 15, 'Hormones & Downstairs Geography').

The best view of ovaries on ultrasound is made not by bouncing the ultrasound waves in through the stomach skin, but by using a device like a large pen, which is placed in the vagina and moved around slightly to point upwards. This way they can get a lot closer to the action, and much clearer pictures. It's not my idea of a party game, but it's not terrible, either. It's quite distracting looking at the image on the screen, which the ultrasound operator can explain. Ask for a specialist gynaecological or women's ultrasound operator: you may have to go to a city or town centre. You don't want Barry who usually does footballer's knees.

A good gynaecological ultrasound specialist will be able to tell on screen whether some lumps and bumps are benign. Don't freak out if they say there's a lump or cyst, even if they call it a tumour: most of them are benign and don't cause any problems. You may need exploratory surgery to be sure.

## ✚ Possible treatments for ovarian cancer

Anybody with ovarian cancer should be treated by a specialist gynaecological oncologist at a major hospital. Treatment can include:

- surgery to remove tumours
- chemotherapy, usually in the form of a very powerful 'poison' intravenous drug, which is aimed at killing cancer cells but has the side effect of making you temporarily very sick, too

- radiotherapy (radiation waves trained onto the area, to shrink or damage or eradicate cancer cells); this can also damage other organs and cells
- a combination of chemotherapy and radio-therapy
- all sorts of self-help and naturopathic treatments to help the immune system and recovery after cancer treatments
- meditation, yoga and anything else to help with the rigours of treatment, soothing the soul and providing coping mechanisms in times of grief or hardship.

## PUT DOWN THE TALCUM POWDER

Sprinkling or shaking talc near the vagina is associated with ovarian cancer, and vaginal and endometrial cancers. It's believed that the talc powder can phoof up the vagina and can create inflammation, which allows cancer cells to grow more easily. Stop using talc on yourself, and warn friends and relatives not to use it on kids, especially baby girls during nappy changes. Although the problem is not associated with using powder anywhere else on the body, talc can also cause lung problems if breathed in – so even if it smells like lily of the valley and Aunty Pat gave it to you for Christmas with a packet of scary mauve hairnets, ditch the talc.

## MORE INFO
### on ovarian cancer

**ovariancancer.net.au** Non-profit Ovarian Cancer Australia is all about education, advice and support as well as fact sheets. Choose 'Treatment & Support' for info and a 'Resilience Kit', or check out forums for family and friends.

**The Gynaecological Cancer Guide: Sex, Sanity & Survival by Margaret Heffernen & Michael Quinn** An Australian surgeon and a cancer survivor join to explain 'women's' cancers, including cancers of the uterus, ovaries, cervix, vagina and related parts. It covers sex life, emotional responses, mental health, medical and complementary therapies, finding the right medical team, questions to ask and communicating with your doctor(s).

## MORE INFO
### on cancer in general

For info on breast cancer, see Chapter 17, 'Breast Health'.

**cancer.org.au**
**Advice Line 13 11 20** The Cancer Council in each state and territory has nurses on call who can discuss risk factors and prevention, or, if you've had a diagnosis, support, advise or refer you to support groups, and explain medical jargon or treatments. They'll help patients, friends and family. The site has info on specific conditions: use the search box.

**cancernz.org.nz**
**Helpline 0800 226 237** The non-profit Cancer Society of New Zealand has lots of info on prevention, screening, support and treatment. Use the 'Find Your Local Cancer Society' search box.

# HORMONES & HEALTH

# How hormones can affect your life

I think hormones affect every part of a woman's life. They're so underestimated as the cause and reason for unhappiness, crankiness – men really have no idea. JULES, 37, RYE

I get moody from hormones and I eat because of them. MEL, 28, KELMSCOTT

When I started to go through menopause, I realised I could blame the hormones, but when I was an adolescent I thought it was just me. SOPHIE, 58, SOUTH COAST

Postnatal hormones had a lot to do with the PND I suffered after my first child. SHAE, 32, EMU PLAINS

I love pregnancy and breastfeeding hormones. I felt invincible. SALLY, 44, MELBOURNE

I have major problems with my hormones – weight gain, mood swings and also problems conceiving my children. MANDI, 30, CLEVELAND

My hormones have affected my skin more than anything else. BRIDGET, 34, RICHMOND

As insulin is a hormone, diabetes is about hormones. I was diagnosed when I went into puberty, so hormones have had a huge impact on my life. SUZIE, 27, ST KILDA

My mum can be a bit overbearing; she likes to be in control. She's better now she's managing her hormones. DANIELLE, 26, BIBRA LAKE

I was sooooo skinny until age 45, when my thyroid packed up. PAT, 59, DARWIN

I was difficult to live with when the hormones were raging. CHRIS, 66, NORTH RYDE

There are days I don't remember what I did the entire week! Usually when I'm getting my period, or my hormones are going haywire! JEMIMA, 28, PARALOWIE

In the last five years my hormones have really got me down – skin, weight, mood issues. I'm learning to live with it, having spent an absolute fortune investigating medical and alternative approaches. ANGELIQUE, 40, SOUTH MELBOURNE

'I get anxious (or romantic!) at certain times of my cycle. I get pimples and flatulence . . . My hormones run my life. I find it really interesting (not the flatulence).'

ANITA, 43, INNISFAIL

Since I've had my baby, my hormones have been nuts and it's frustrating. My skin wasn't this bad when I was an adolescent. ARKI, 35, WILLIAMSTOWN

Three pregnancies over four years, combined with breastfeeding, made my hormones completely crazy. My hair fell out and grew everywhere else on my body, and I was a moody cow for at least five years. SALLY, 32, PERTH

At times I feel hormones *are* my life. EMILY, 33, FAIRFIELD

I wish my hormones would regulate themselves without me having to take medication. It greatly affects my moods, my skin, my periods and, quite frankly, they've been a great nuisance. NIKITA, 20, ADELAIDE

Due to a thyroid problem I tend to gain weight easily and have difficulty taking it off. EMILY, 44, WAGGA WAGGA

I had autoimmune hypothyroidism – I had no energy and was almost asleep by lunchtime. I also had trouble losing the baby weight. Medication has been a godsend. Get treatment! VICKI, 37, MARONG

I have an underactive thyroid. I work four days a week. Some days I'm that tired I can barely work. Take care of yourself but don't turn into an invalid and feel sorry for yourself. Research your health problems. Talk to your doctor and ask questions. ROBYN, 59, BANGHOLME

It took eight years of doctor visits complaining of fatigue and other things before I was diagnosed with thyroid disease. CATHERINE, 51, GEELONG

I have a small growth on my pituitary gland that tricks my body into thinking it's always breastfeeding! I try not to let it affect my life. I took hormone tablets for three years, blew up to the size of a house, then gave up on that and just cope with it the best I can. It really only bothers me when the hormone is high and my breasts leak a tiny bit. JOANNE, 36, SILVERDALE

I had hyperactive thyroid, probably Graves' disease. I've taken advice, changed doctors, joined a support group, corresponded with other patients. In my experience, you need the empathy of a support group. No doctor seemed to be aware of the full range of symptoms or helpful reading. ANON.

# CHAPTER 15

# Hormones & downstairs geography

Cranky? You know it's your hormones, don't you? Feeling all over the place like a madwoman's washhouse, as my nanna used to say? It's your hormones. Nauseated? Probably hormones. Trouble at the United Nations General Assembly agreeing on a policy for the Congo? Ooh, that'd be your hormones, I reckon. Ah, the unfathomable female reproductive system. Let's see if we can understand some of the mystery. Otherwise we may as well pop back to the Middle Ages, when they declared that the uterus was an organ that wandered about the body, which made women flighty and neurotic (*hyster* – womb; hysterical – person with a womb, apparently).

## OTHER HORMONEY BITS

For breast cancer, see Chapter 17, 'Breast Health'; for pap smear tests, see Chapter 12, 'Health Maintenance'; for cervical and ovarian cancers, see Chapter 14, 'Illnesses & Conditions'; for periods, see Chapter 16, 'Periods'; and for all the hormonal palaver related to menopause, see . . . you guessed it, Chapter 19, 'Menopause'. See? Your hormones haven't taken over your brain yet.

# How Your Girly Bits Work

Our bits and bobs have all evolved so we can churn out babies and propagate the species, but that doesn't mean it's compulsory to have kids (especially the churning out part). Whether you become a mum or not, it's worth understanding how your hormone system works – to help you to realise when a part of it is misbehaving.

We are more than the sum of our parts, but let's check out the parts anyway. If you know all this, feel free to skip ahead, but a surprising number of people were away the day they talked about your clitoris at school.

## ✿ Ovaries

These are two little glands that start off the size of a raisin (or an almond, depending on the snack habits of the doctor you ask) and grow to their adult size, about the size of a walnut shell, by your teens. Or, if you prefer, about the size of the plastic container inside a Kinder Surprise or a small plum. They get bigger depending on how many eggs are developing in them, which one's about to release an egg and whether there are any cysts in them (benign ovarian cysts are quite common); and they get smaller again after menopause, down to peanut size (yes, I am trying to make you crave fruit 'n' nut chocolate). There's no 'perfect' measurement they're supposed to be: between 2 and 5 centimetres across (often measured on ultrasound) is pretty normal.

Ovaries make the oestrogen and progesterone and, on instructions from your brain, send them around your body. Each ovary contains hundreds of thousands of eggs smaller than this full stop.

You've had them in there since you were born. Each egg is called an ovum (the plural is ova). The ovaries' job is to ovulate: one of them releases an egg each month into a fallopian tube (they usually take it in turns). Your ovaries will release about 450 eggs in total (225 each) during your ovulating years. The rest are just reabsorbed into your body. In your mid- to late 30s there's a dramatic drop in the number of 'good' eggs still available. By menopause, there are none left that could develop into a baby, the ovaries stop releasing them and any leftover eggs are reabsorbed. Oestrogen and progesterone then fall to very low levels because all the eggs have gone.

## ✿ Fallopian tubes

These two tiny, narrow tubes lead down from the ovaries to the uterus. They're usually 7 to 12 centimetres long, and as thick as a drinking straw on their outside but as narrow as a sewing pin on the inside. If an egg is fertilised by a sperm on its way along one of the tubes, and then it implants in the uterus, you'll be pregnant.

## ✿ Uterus

Also known as the womb, the uterus grows during your teens from the size of a thumb to about the size of a (hollow) upside-down small pear. During a pregnancy the uterus will grow along with the fetus and baby so that it always fits, and then shrink back to pear size (about 6 to 8 centimetres long) after the birth.

## ✿ Cervix

This firm, sponge-like disk at the bottom of your uterus has a small opening leading into the vagina. The opening stretches to about 10 centimetres wide during childbirth, to allow the baby to pass from the uterus into the vagina and out into the world.

## ✿ Vagina

(Pronounced *vaj-eye-nar*, or *var-jay-jay* if you're on *Oprah*.) Okay, quick recap: this is where your period blood comes out, it's where a penis will go during vaginal sex, and it's where a baby could come out if that's the way life goes and you don't need a caesarean delivery.

## DON'T HARASS YOUR VAGINA

In the 1950s, women were told in ads to scrub their genitals in diluted Lysol disinfectant. Oh, they were such amateurs back then. Only one product to sell women by convincing them their lady garden needs weed-whacking, pesticide spraying and some lanterns strung up for a party? The cosmetic vagina industry is now almost self-perpetuating. Once you convince women that their genitals are ugly, or especially unclean, or need to be enhanced in some way, it's a short step from shaping to shaving to waxing. Once you shave or wax, you get a lot more infections and itches and problems, so that leads to the alleged necessity of 'vagacials' – facials for the vagina – in which salon staff pluck out the resulting ingrown hairs and put on and take off alleged 'toners' and 'moisturisers'.

And once they slather on this expensive (to you, but probably not the salon) and utterly unnecessary goop, including – pause for shrieking – deodorisers and 'lighteners', then this of course creates more infections and skin reactions, and on it goes. Women are subjecting their vulvas to exfoliators, labia dyes, make-up, even stuck-on 'crystals' and sequins: they're literally buying themselves a problem. I'm thinking of getting a cowbell surgically attached, for the novelty value.

Ladies, despite occasional evidence to the contrary, men are not baboons. They don't need you to display to the world a visible, reddened or otherwise fluffed and refolded genital region in order for them to find you sexually desirable. Thank heavens, because that would play merry hell with the line of my cocktail frock, I can tell you.

We've all heard the urban myth about a mum who accidentally washed herself with a flannel covered in toddler glitter and later in the day put on a display of festive and sparkly lady parts when consulting her bemused gynaecologist. Okay, that was an accident, and by a fictional woman, what's more. I'm over this fever for vulva palaver. Let's all move on – at a run if necessary.

## ✿ Vulva

The name for the whole area between your legs. Your labia majora (pronounced *lay-bee-ah ma-jor-rah*), or outer labia, are the large 'lips' that surround and protect the vagina's entrance (and the front opening, where wee comes out). Pubic hair grows here too. Some women are worried their 'lips' are too big, or too small, or too uneven – but a wide variation is absolutely normal. (There's more on this in Chapter 8, 'Cosmetic Surgery & Procedures' and I warn you, I do go off like a box of fireworks about the sort of people who want normal women to feel freaky.)

If you pull your outer labia lips open you'll see (you may need a mirror unless you have exceptional circus skills) that inside there are two smaller lips that don't have hair on them. These are your labia minora (pronounced *lay-bee-ah my-nor-rah*), or smaller labia. They look a bit like two teeny tongues. They may be barely visible or long and thick, they can range from light pink to purplish or dark brown, and one lip can be bigger than the other. The labia are like curtains that can be parted, and make a nice spongy covering over your vagina opening. (Lots of artists have portrayed the entrance to the vagina as a beautiful, delicate flower.)

The hymen is a stretchy piece of skin, with a few blood vessels, that surrounds and perhaps covers some of the vagina opening, found between your labia. Your hymen has one hole or a few holes in it so that period blood can come out, and over the years it stretches or 'tears' painlessly.

After that's happened – usually when you're dancing or playing sport of some kind as a child or in your teens – it can look sort of like a little scrunchie, or a donut with a hole in the middle, or just like your vagina has little frilly edges.

Most girls don't even feel it when their hymen stretches or breaks. (Some girls and women don't have a visible hymen at all, which is not a problem – so don't worry if you can't see yours.)

## ✿ Clitoris

Hooray! At the front where the inner labia meet there's a skin fold called the clitoral hood, which connects to your clitoris, a little bump just chock-full of delicious nerve endings. If you pull the hood up with your fingers you can get a better look at the little bump. Its only purpose is to make you feel good when it's touched in the right way. This is the most sensitive part of your body. If you touch your clitoris with your finger you'll probably feel a slight tingle (oh stop pretending you haven't done that before). If you gently rub it (I just know you have) you'll probably feel a harder bit underneath, which is its shaft.

## ⚙ Other girly bits

While you're down there with your hand-mirror you may also see your urethra (or, if you prefer the classier title, wee-hole): between the clitoris and the vagina opening is another hood-like shape housing the teeny urinary opening (so teeny that you may not be able to see it easily), where your wee comes out.

Furthest towards your back you'll be able to see your anus, where your poo comes out (getting very technical now). Your anus is separated from the vulva by a little area of flat skin called the perineum (pronounced *perry-nee-um*).

If you want to see real ladies' clackers, do not look at pictures of them on the net or in magazines. Those have usually been digitally altered to look strange and too neat, re-coloured and often have had all the hair removed. Lordy.

Most diagrams and photos of girly bits are a bit over the top – they're either medical-textbooky or show extremely unusual, diseased or digitally altered girly bits.

If you're worried about whether yours look normal, a good place to get them checked out is your local GP or your nearest Family Planning clinic; by crikey, they've seen millions of 'em.

It's not easy to find non-pornographic but revealing pics of a range of free-range vulvas, with their varying degrees of labia size, lopsidedness, pubic hairedness and other variations. Even the non-digitally altered, more candid pictures are often of lady gardens that have had the attention of an 'edge clipper' before their photographic airing.

### ULTRASOUNDS

Ultrasound 'examinations' are the easiest ways for trained doctors to get a view of what's going on in the ovaries and uterus department, and are routinely used as scans at about 12 weeks and again at around 18 to 20 weeks pregnant, or as a diagnostic tool for some conditions, including ovarian cysts and endometriosis (see Chapter 16, 'Periods'). They don't hurt and have no known side effects.

You lie or sit tilted back, and gel is put on your tummy. A device like a barcode reader or computer mouse, which is attached by a cord to an ultrasound machine, is put on your stomach. The device bounces high-frequency sound waves into you (that we can't hear), and the way they bounce back makes a blurry picture on a screen that can look a bit like a hurricane in Norway, but makes more sense to a gynaecologist, obstetrician or specialist ultrasound technician. (US websites and books call an ultrasound a sonogram.)

A less common variation is the vaginal ultrasound, in which a probe about the size of a pen is placed in the vagina to 'bounce' the waves upwards.

### ✳ MORE INFO
### on your girly bits

**myvag.net/images**  A diverse range of vulva pics.

**the-clitoris.com**  Choose 'Anatomy and Bodily Functions', then 'Locating Your Vagina' for photos.

**The Heart of the Flower: The Book of Yonis by Andrew Barnes & Yvonne Lumsden**
A hippyesque Australian–US photo book.

**shfpa.org.au**  From the Family Planning Australia main page choose your state or territory to find your nearest clinic, or call your local number.

**ACT** (02) 6247 3077

**NSW** 1300 658 886

**NT** (08) 8948 0144 (*Darwin*) or (08) 8953 0288 (*Alice Springs*)

**Qld** (07) 3250 0240

**SA** 1300 883 793 (*Adelaide*) or 1800 188 171 (*country*)

**Tas.** (03) 6273 9117

**Vic.** (03) 9257 0116

**WA** (08) 9227 6178 or 1800 198 205 (*country*)

**ourbodiesourselves.org/book/default.asp**
Choose 'Sexual Anatomy, Reproduction, and the Menstrual Cycle' for a guided tour of girly bits.

🐦 **familyplanning.org.nz**  Family Planning New Zealand. From the main page choose 'Our Clinics', then 'Find a Clinic'.

# Downstairs Problems Unrelated to Sex

Many infections that affect your vaginal area can give you a yucky discharge or make you itchy but are not sexually transmitted at all: they're just things that any girls or women get from time to time and need a bit of treatment for. For details see 'Common Infections of the You Know Where', below.

Tests for these infections (and for sexually transmitted infections and diseases, aka STIs) can be done at the same time as a smear test, using a separate swipe-stick. You don't have to get a smear test as well if you just want a test for one of these, but it saves coming in again for the same sort of deal. All the stuff you need to know about STIs is in Chapter 32, 'Sex'. Anyone can get an STI even if they've only had sex with one person, so take off that hat with a flag on it that says 'Slutty' and get down to the GP. (And give me back my hat.)

### CLEAR OR WHITE STUFF

Almost all girls and women have normal vaginal secretions. These secretions are always a small amount, like a dab of clear jam – nothing that anyone else would ever notice – but they're why companies try to sell you 'everyday pads' or 'panty pads' so you can feel 'fresh'. The pads just soak up the little bit of stuff.

Around the time of ovulation, when there's an egg ready to be fertilised, the stuff is usually clearer and thinner (easier for sperm to swim through). When it dries on your underpants it can look yellowy and dusty. Some women get cross because they say it's messy and their doctor should do something to stop it happening. But that's a bit like saying you find rain annoying and the government should do something about it. You only need to worry if there's something out of the ordinary with this normal function, which brings us to . . .

#### 'Discharge'

Oh, what a romantic word. If you have a very thick, lumpy secretion (sometimes called a discharge) or one that smells kind of 'off', and your vulva feels itchy or as if it's burning when you wee, these could be signs of an infection that needs treatment to make it go away. (See below for a list of non-sex-related downstairs problems and solutions, and 'Sexually

Transmitted Infections (STIs)' in Chapter 32, 'Sex'.) Some STIs cause nasty symptoms you can't detect. Any secretion that's unusual for you should be checked and diagnosed by your GP.

### SHOCKING ATTITUDE

Treatments for leuchorrhea (now known to be normal white fluid from the vagina common to most women and triggered by normal hormone levels), as recommended by *The Practical Guide to Health* by Dr Frederick M Rossiter, published by the Seventh Day Adventist Church in the US and Australia in 1910: 'Use daily a hot douche, 115 degrees [Fahrenheit] or as hot as can be borne, taking one or two gallons of water, with little pressure. Ichthyol [an extract of shale oil, like bitumen] and glycerin tampons . . . left in place overnight . . . proper rest . . . cold sponge bath . . . fomentations [herb packs] to the spine and liver, salt glows [skin exfoliation with salt], galvanism [the application of electrical current to cause violent muscle contractions]. The positive pole [a metal rod to conduct the electricity] should be applied in the vagina using a current of about 25 milliamperes [this is enough to kill you in some circumstances, particularly if you were holding onto a metal bedpost that was 'earthed' to the ground] . . . three times a week . . . if leucorrhea is persistent after taking the treatments outlined above for a few months, the uterus should be curetted.'

I guess that's where the phrase 'galvanised into action' comes from. As in: 'I was galvanised into action and decided to purchase a blunderbuss with which to shoot my doctor.'

## ⚙ Common infections of the You Know Where

You can get these infections of the vagina and vulva area without ever having sex, but sex can be one of the ways of making them worse or of passing some of them on. They're all easily treated, and early treatment is always best. Vaginal infections are made worse by lack of air around your girly bits, so avoid G-strings, tight jeans and nylon undies. To help prevent infections and irritations, wash the vulva area with a mild soap substitute, and never use perfumes or talc in the area. Always wipe toilet paper back towards the anus, not from there towards the vagina.

## Candida, or thrush

**WHAT IS IT?** A common infection of the vagina caused by unusually high levels of a natural organism (yeast) in the vagina.

**HOW YOU GET IT** The organism can get out of balance in the vagina with antibiotic use, low immunity or yeast from the bowel entering the vaginal area.

**SIGNS & SYMPTOMS** Vaginal itch, a thick and clumpy discharge, and stinging when you wee.

**HOW YOU KNOW YOU HAVE IT** A lab analysis of a swab from your vagina taken by a doctor, or guessing if it's a pattern for you (i.e. after a course of antibiotics).

**EFFECTS** No long-term health risks or side effects, just annoying.

**TREATMENT** Antifungal cream or pessaries (dissolving pills or creams you pop up your vagina). Sometimes it goes away without treatment.

**PREVENTION** Keep your girly bits dry and airy – no lycra hotpants for you – and go pants-free when you can (no, not getting out of your limousine in front of the paparazzi). Some girls say putting yoghurt with *Lactobacillus acidophilus* ('live' cultures) in their vaginas can help, others say eating yoghurt is the go. So far, there are no scientific studies that prove either theory, but doctors do say if you're taking antibiotic medication to cure an infection, it'll also be killing your good gut flora, so it wouldn't hurt to eat live-culture yoghurt for a week or so afterward, to help replace it.

## Bacterial vaginosis (BV), aka gardnerella infection

**WHAT IS IT?** An inflammation of the vagina caused by natural bacteria in the vagina.

**HOW YOU GET IT** The bacteria get out of balance.

**SIGNS & SYMPTOMS** Fishy smell, white or grey and watery discharge, and mild irritation.

**HOW YOU KNOW YOU HAVE IT** As with thrush, a doctor can probably tell by looking, or a lab analyses a swab taken by the doctor from high in the vagina.

**EFFECTS** Must be treated before any uterus surgery in case of cross-infection.

**TREATMENT** Antibiotic pills, but it sometimes goes away by itself.

## Urinary infections, including cystitis

**WHAT ARE THEY?** Infections of the weeing system, sometimes the kidneys but usually the bladder.

**HOW YOU GET ONE** By microorganisms getting into your bladder, usually through the friction of vigorous sex or masturbation, horse riding, etc. Kidney infections are more serious and more likely to be caused by a blood-borne infection.

**SIGNS & SYMPTOMS** Wanting to wee all the time (even if only a few drops come out), a burning sensation when weeing, blood in your wee, and pain above the pubic bone.

**HOW YOU KNOW YOU HAVE ONE** A lab analysis of a wee sample, organised by a doctor or a nurse, to find out which infection you have.

**EFFECTS** If it spreads to the bladder or kidneys, it can cause permanent damage.

**TREATMENT** Usually antibiotic pills as soon as possible. Early treatment can stop it spreading to the bladder or kidneys. Alkaliser powders from a pharmacist can stop the wee stinging, but don't cure the infection.

**PREVENTION** Wee after you have sex, wipe your bottom from the front towards the back. An analysis of reports on cranberry juice and cystitis by the study wranglers Cochrane Group suggests that drinking it may prevent more outbreaks in women with recurrent cystitis, by helping to prevent bacterial build-up in the bladder. This may not be of use to others, or older women, it can get expensive, and the 'dose' to get a clear effect isn't obvious. It's not a 'cure'.

## Vulva problems

**WHAT ARE THEY?** Inflamed or itchy skin around your girly bits.

**HOW YOU GET THEM** They can be due to many things, including allergies and reactions to soaps, powders, sprays, lubricants; dermatitis (or eczema); shaving or waxing rashes and problems; Brazilian habits; piercing infections; tinea; psoriasis; and vulvodynia (a painful condition of the vulva). The most likely condition is a common skin rash, but it could be more serious, so always check with a doctor. Leave your private parts alone aside from washing the outside with a gentle soap or non-soap product. Trying to 'value-add' with stick-on knick-knacks, dyes, sequins, colours, scents, 'deodorants' (a marketing gimmick) and heaven knows what else is asking for trouble. Your vagina is not a fancy cocktail. It doesn't need decorations and a paper umbrella.

**SIGNS & SYMPTOMS** Can include itchiness, broken skin, stinging, swelling, redness, lumps, scaly bits, pain, or an abnormal discharge.

**HOW YOU KNOW YOU HAVE ONE** A doctor can often tell by looking, or a lab analyses a sample of a discharge or outer skin cells gently collected by a doctor or nurse.

**EFFECTS** Most skin conditions will have no long-term effects, but some can be symptoms of a more serious illness.

**TREATMENT** Usually ointments or creams, either prescribed by a doctor or bought over the counter from a chemist, and giving up the substance or practice that caused the rash or problem.

**✳ MORE INFO**
**on vaginal infections**

See your GP or Family Planning clinic staff.

**shfpa.org.au** Click on your state to find your nearest Family Planning Australia clinic or see the local phone numbers at the start of this chapter.

## Hello, Hormones

'It's your hormones' is probably the least specific sentence ever uttered, not to mention the most unhelpful. Which hormones? And why? Let's start with which.

## ✿ Oestrogen

(Pronounced *east-rojen*.) Or, as they spell it in America, estrogen. We in fact have three different kinds of oestrogen, all steroid hormones made in and released from the ovaries into the blood: oestradiol (the usual main one), oestriol (the dominant one if you're pregnant) and oestrone (the main one still left after menopause). Together we just refer to them as oestrogen because otherwise we shall lose our minds and get a biochemistry degree by the end of the chapter.

This main female hormone is responsible for our body shape – it's a controller of fat, sending it to bosoms, hips, arms and thighs. Oestrogen is stored in fat, and is made in fat and by the ovaries.

Oestrogen levels vary over a usual menstrual cycle (28 days or so). The levels of oestrogen in the Pill tell your ovaries to only make and release lower levels of oestradiol, to stop it from triggering ovulation.

Way too much oestrogen (which could theoretically only happen with too-high doses of some kinds of medication) combined with other factors can put you at greater risk of developing breast cancer, or blood clots and stroke. Too little oestrogen and you may stop having periods, or develop fragile bones.

## ✿ Progesterone

Progesterone is the main progestogen, the other female hormone, made and dispatched into the bloodstream by your ovaries. Progesterone peaks in the middle of a 'classic' 28-day cycle. If an egg isn't fertilised, the progesterone drops again towards the end of the cycle, and triggers the next period to start. Progesterone levels rise after ovulation; it's released from the egg sac when the egg is also released. Having a lower level of progesterone can be a sign you didn't ovulate. Progesterone is known as the pregnancy hormone, because if the egg is fertilised and implants, progesterone levels should stay high to help to keep the pregnancy going.

Part of the job of this higher level of progesterone is to block the cervix with a mucus plug during a pregnancy, which would keep the amniotic fluid in. Because this creates an effective seal, it also keeps sperm from coming in from the other direction, so a useful dose of progesterone is used in contraceptive medicine. Many areas of medicine are developing quickly – we know more about hormones from the last 20 years than anything learned in all the years before then. Doctors are sure progesterone has many more secrets to tell us: it's a bit of a soother, and is used in some anaesthetics because it 'suppresses brain function' – maybe that's a contributor to 'pregnancy brain'.

Oestrogen builds up the thickness of the endometrium, the layer on the inside wall of the uterus, then progesterone takes over after ovulation to stop this growth and add lots of blood vessels, to create the right environment for receiving and nurturing the egg if it implants. This is why a low level of progesterone is put into hormone replacement therapy (HRT) drugs – to stop the endometrium growing strongly, which can lead to heavier periods and other problems (see 'Hormone Replacement Therapy Drugs (HRT)' in Chapter 19, 'Menopause').

Oestrogen and progesterone have a complicated relationship with each other, and both also interact with two other hormones that are always around in the ovulating years, FSH and LH.

## 🌼 Follicle stimulating hormone (FSH)

Your body makes FSH all the time (after puberty). It's made and released by your pituitary gland at the base of your brain (in the middle of your head). This hormone's levels rise and fall during a normal cycle, and its rise and peak, along with that of luteinising hormone (see below), tells one of the ovaries to get ready to ovulate and when to release an egg.

## 🌼 Luteinising hormone (LH)

LH is the fellow traveller with FSH, also made in and released from the pituitary gland, peaking or 'surging' along with FSH to tell the ovary to release an egg. The rise of LH in the first half of the cycle tells the ovary to release more oestradiol, to make the endometrium lining thicken up and be welcoming for an egg. After ovulation, LH falls to trigger progesterone to take over and start putting in the blood vessels and sticking around being useful until the baby is born.

## 🌼 Prolactin

Your body makes prolactin so you can breastfeed: it tells your body to make the milk. It's 'opposed' by progesterone: when the higher progesterone

levels of pregnancy stop at birth, prolactin takes over and delivers the milk.

## 🌼 Relaxin

This hormone is released during pregnancy to allow ligaments and other parts to stretch: to accommodate the growth of the baby; to help support the weight of all the extra blood you'll need – an extra third more than usual – by the time a baby is born; and, you hope, to allow the pelvic area to stretch enough, as the baby's fontanelle skull plates compress, to allow its head and body down the vagina to the outside world. (On average, baby heads and bodies have grown bigger over the last 100 years, but women's pelvis bones haven't. That's one reason there are more caesareans these days. Sometimes relaxin just isn't enough.)

## 🌼 Testosterone

This is the main male hormone in the group called androgens – women have constant low levels of it throughout our cycle, but it's believed the body releases a bit more testosterone during the daytime, dropping again at night. (All men have a bit of oestrogen, too.) If androgen levels are too high, we get 'male' sort of hair growth and a deeper voice that may be permanent, even after hormone levels are adjusted.

## 🌼 Cortisol

Your adrenal glands – one on top of each kidney – make steroid hormones including cortisol. If you get a big fright or are suddenly very stressed, you get a surge of cortisol, the 'stress hormone', and usually also a surge of 'adrenaline', aka epinephrine, to make you super-alert. Your body will then assume you're being threatened by a tiger or something else and give you a surge of energy and slow your metabolism. Cortisol can suppress progesterone.

## 🌼 Oxytocin

This is what they mean when they say 'happy hormones'. Oxytocin is calming, and is released to dull the pain of childbirth. It's involved in starting breastfeeding and seems to have something to do with feeling loved, loving and bonded, although research is continuing.

## WHERE DO THE HORMONES COME FROM?

Various hormones are made and dispatched or regulated from various places in your body: the pituitary gland (FSH and LH) and the next door hypothalamus (oxytocin), both at the base of your brain; the ovaries (oestrogen and progesterone); the adrenal glands on top of your kidneys (steroid hormones); and the thyroid gland in your throat (thyroid details coming up). Medical drugs can now mimic the molecular structure and effects of many body-made hormones. The complex interplay of levels and effects of hormones is a specialty known as endocrinology.

### WHO'S WHO IN HORMONAL HEALTH SPECIALISTS

- **Endocrinologist** – A medical specialist in hormones. Among many endocrine disorders, including thyroid problems, they treat diabetes and its complications. They will have completed five or six years of general medical training plus three years of advanced training, including at least one year in clinical or lab research. They'll be a fellow of the Royal Australasian College of Physicians (FRACP).

- **Gynaecologist** – A medical specialist in women's health, usually with a five-year standard university medical degree, two years of practical training in a hospital, then another six years of government-approved specialist study and training. They may have a subspecialty in a related area, such as gynaecological cancers or women's weeing.

- **Gynaecologist/obstetrician** – A gynaecologist with an extra qualification and experience in pregnancy and birth. They may have a subspecialty, in, say, ultrasound scans or IVF.

## ✿ Thyroid hormones

A wrong diagnosis of depression or postnatal depression in particular, can sometimes be made when the problem is really a misbehaving thyroid gland.

The gland is below that bump in your throat (the 'Adam's apple') and it works with the pituitary and hypothalamus glands in your brain. The thyroid department handles the hormones that control body temperature and metabolism, which are tied up with energy levels and weight loss and gain. To make the thyroid hormones, the body needs iodine, which many people are deficient in. Iodine occurs naturally in seafood, eggs and now, in Australia and NZ, all mass-produced bread, some milks, most women's vitamin and mineral supplements, and some ordinary table salt (not usually the gourmet stuff). Breads from most bakeries and organic bread may not have iodine – ask if in doubt. Pregnant women (at least half of whom are likely to have an iodine deficiency), babies and kids need a sufficient iodine level for child brains to develop and work properly. Way too much iodine can cause problems, but it's much less common.

### Underactive thyroid, 'hypothyroidism'

This means the thyroid isn't making enough of the hormones required to run things properly, and a common symptom is feeling tired and flat. Other symptoms can include mysterious weight gain, hot and cold feelings, and heavy periods. The symptoms can vary a lot between people, and are often mistaken for other things, especially some kind of depression or chronic fatigue syndrome. It can be controlled with medication and regular checks.

## WHICH IS WHICH?

To remember the difference between the two thyroid problems: hype-oh rhymes with slow. Hypothyroidism is the more common thyroid misbehaviour. Hyp-er-thyroidism makes you 'hyper'.

### Overactive thyroid, 'hyperthyroidism'

If your thyroid is in overdrive, symptoms can include heart palpitations, trembling hands, weight loss, increased appetite, breathlessness, loss of periods, mood swings and insomnia. You can feel really tired, but compelled to be active. It can be mistaken for mental illness, anxiety or a heart problem. Treatments can include medication and surgery. Be careful with yourself, as the symptoms can be very challenging mentally.

## MORE INFO
### on thyroid hormones

**thyroid.org.au** Thyroid Australia is a non-profit info and support group for people with any kind of thyroid problem. Impressive fact sheets (click 'Starters'), FAQ answers, links, and volunteer phone and meetings support (choose 'Contact Us').

**thyroid.org** The main US thyroid hub with stand-out fact sheets. Choose 'Public & Patients', then 'Patient Brochures', then choose by condition.

**thyroidfoundation.com.au** The Australian Thyroid Foundation is a fundraising, education and awareness group. Choose 'Thyroid Information', or 'Links'.

## ⚙ Brain chemicals

Brain chemicals are another form of hormones. Serotonin is calming, dopamine gives a sense of euphoria, melatonin affects sleeping patterns, and oxytocin, introduced above, can among other things create a high that means you later can't really recall the pain of childbirth. It makes sense that brain chemicals are somehow interlocked with sex hormones, but doctors are still learning about the exquisitely complicated interplay. They don't know how it works yet. (I think if somebody reads this book in another 100 years they'll find this paragraph hilarious, in the way that we look back on leeches and witch-exorcism and have a bit of a snork.)

There's a theory that PMS may have something to do with serotonin levels dropping in parts of the brain as progesterone levels rise, then drop away sharply during the pre-period days. But it's going to be a while before we know exactly what's going on and why, so in the meantime it's worth doing things that we know boost serotonin, like getting fresh air and exercise, and dopamine, like eating a great deal of chocolate. I may have made that up a bit. Okay, I made it up a lot.

# CHAPTER 16

# Periods

If we deftly arranged six assorted women around a table (it's easier than getting them in a vase), we'd probably get at least 8.5 attitudes to their periods: 'Argghh! I hate getting my period', 'Argghh! I get scared when I don't get my period', 'I prefer to take the Pill all the time so I never get one', 'I worship mine, and welcome each moon-woman bleeding hour, which I honour with forest tambourine ceremonies at which I wear tie-dyed culottes', 'I don't know if mine are normal', 'My periods hurt. A lot. And just before I get one I want to lie down and bite somebody and if I can't decide which I'll just fall over and cry', 'Periods are perfectly normal and I can't see what all the fuss is about', 'Shut up or I'll bite you quite a lot.'

In this chapter we'll look at 'normal' periods, period pain and other problems, premenstrual symptoms, endometriosis and polycystic ovary syndrome (PCOS), and try to minimise the biting. And the culottes.

## Your Menstrual Cycle

Before we begin, scoot back to Chapter 15, 'Hormones & Downstairs Geography', before this one, and read the 'Hello, Hormones' section so you've been politely introduced to oestrogen, progesterone, and the FSH and LH hormones.

Between the ages of about 12 and, say, 50, without factoring in any pregnancies, you could be looking at having more than 450 periods. So it's worth knowing what they're about, what can go wrong and how to fix it.

The pattern of hormonal changes, egg release and periods is called your menstrual cycle, and each cycle lasts about 28 days. Let's say a period's just finished. So, another follicular (egg-making) phase begins.

### The follicular phase

Your levels of oestrogen, progesterone, FSH and LH start to rise. The endometrium starts to build up on the walls of your uterus (this is sometimes called the proliferative phase).

### Ovulation

A big spiky surge of oestrogen, progesterone, FSH and LH, but especially oestrogen and LH, sends out the call – 'Release the egg!' – one of your ovaries pops out a teeny egg, and the egg tootles off, heading for the uterus.

Although it only has 10 or so centimetres to travel down the nearest fallopian tube, the egg can take about two or three days to get there – your eggs may be potentially miraculous but they're not speedy, proceeding in a controlled and stately way, like a barrel-chested elderly countess. The egg hangs around in the fallopian tube in case a sperm turns up to fertilise it. (Don't assume you can't get pregnant if you avoid sex on the day of ovulation and a few days after. Sperm, the sneaky blighters, can stay alive for several days, so even if you have sex a few days before you ovulate, the sperm can be in the tubes *lying in wait*.) (And, most women can't tell, even by tricky temperature-taking methods, when exactly they ovulate anyway.) (No they cannot, despite what those Catholic 'contraception' folk say.)

### The luteal (egg-implanting) phase

While it's been waiting for the egg, your uterus has grown a lovely soft lining of endometrium, made of spongy blood cells. A fertilised egg can implant itself in the endometrium and start to grow. If the egg implants, your body continues to pump around progesterone, which works to sustain a pregnancy, and a complex interplay of other hormones and body changes begins.

If the egg isn't fertilised, or if it is but your body decides it isn't a good egg to proceed with, the egg dissolves, and most of the endometrium cells start to come away from the uterus wall. These cells are now what we call period blood ready to come out – uterus contractions (cramps) and gravity send it down through the cervix and out through the vagina as a period.

## Period Basics

### How often should my period come?

Each cycle has a period about every 28 days, but some women naturally have longer cycles, a few unlucky souls have shorter cycles, and others have cycles that vary a bit from month to month. The time between ovulation and the next period is usually the same for most women, about two weeks. But the first half of the cycle, the build-up to ovulation, can vary a lot between women. This varying first-half length can also happen to individual women, giving them irregular and unpredictable cycles (much more on this coming up).

### How long after my period will I ovulate?

Five to nine days after your period finishes, another egg is released from an ovary and the whole palaver starts all over again (of course, this varies between women and you may not ovulate at all: see your doctor to be sure).

### How long does a period go for?

It usually lasts four to six days.

## How many periods will I have in my life?

Women evolved to have short lives and, after puberty, to be almost constantly pregnant or breastfeeding, which in many women suppresses ovulation for a year or so. The 'natural' state therefore is not to have nearly as many periods as modern women tend to (as mentioned, around 450 in a lifetime). Some women are choosing to reimpose this natural regime by using the Pill, without stopping for a monthly 'period'. Check with your doctor: having one or more periods a year may be advisable. You don't 'need' to ovulate or have a period if you don't want to get pregnant. Others interpret 'natural' to mean no imposed hormones.

## How much blood comes out during a period?

Although it may seem as if a lot of blood is coming out, it's not. Your whole period is about 2 tablespoons of liquid – very diluted blood mixed with watery fluids to help it 'flow'.

Some women will bleed only a little; others will bleed more, or will have some clots (which look a bit like dark red jam) – this is just because some of the endometrium cells are clumped together.

The amount of blood is usually heaviest at the start, then becomes less and less and finally fades to nothing. More than two-thirds of a period's total blood usually slides out in the first two or three days.

If it seems to you like the bleeding is too much or going on for too long, or there's a lot more than usual, see your doctor.

## What colour should it be?

Often on the first day of your period the blood is bright red, then it can become rust-coloured or browner, even blackish towards the end as it gets 'older'. The slower the flow, or the smaller the amount coming out, the darker the blood. As blood dries on a pad it also goes browner, which is normal.

### ATTITUDES TO PERIODS

There are two extremes when it comes to the image of periods and menstruation. One is the ludicrous superstition and medieval ignorance and misunderstanding that says menstruation is unclean and dirty, even evil or impure. These attitudes persist today in many churches and temples throughout the world, which women cannot enter during their period. Some chefs even forbid menstruating women from entering their kitchens, claiming this will spoil the food. Welcome to 1426.

It's important to help young girls overcome these outdated cultural notions, as advertising has joined the fray and until girls are used to their periods and taught to develop positive thoughts about their bodies behaving naturally, many think their period is 'yuck' and 'dirty'.

The other extreme is a deeply hippy, goddess-based nature worship that says everything about periods is natural and divine, the menstrual cycle is an airy-fairy oobly-doobly mystery that doesn't bear tampering with under any circumstances, and anything that interferes with that 'natural' process is wrong and bad, even if you're in pain. (And if you were more in touch with your 'natural womanliness' you wouldn't feel the pain or have a problem.) These people hate the Pill or any other ways of altering the menstrual cycle.

God knows I'm all in favour of vulvas, and heartily approve of any menstrual cycles that are untroubling, and I believe women should be entirely comfortable with their menstrual blood, but I just don't have time to go on a campfire retreat and celebrate while playing the recorder.

Somewhere between witch and goddess are a couple of billion women just having their periods.

### OTHER NAMES FOR PERIODS

Menses (doctor-speak), the monthly (very old-fashioned nanna word), Fred, a little visitor, having the painters in, women's troubles, the curse. (I've even heard 'rebooting the ovarian operating system'.)

## How to count your cycle

Day One of your menstrual cycle is Day One of your period.

## A period calendar

Using your diary, a calendar or a personal organiser, you can keep a record so you know when to expect your next period. Count 28 days on from the first day of your last period, then record 'period due' (or you can mark the due date with a half moon or another secret symbol). Obviously if you find your period tends to come on Day 29, or follows some other pattern, count and mark accordingly.

You can use a photocopy of the period calendar here, and maybe keep it in your diary. Phone apps have period calculators but usually don't allow you to record premenstrual or pain symptoms, for example. You can record different symptoms on this one, using a code (which is helpful for a doctor or specialist natural therapist if you have period pain, PMS or fertility queries).*

Circle each day you have your period and you'll soon see if it's 'regular' and how long it usually goes for. You can also invent your own code for other symptoms and add whatever else you want to factor in.

## PERIOD DIARY FOR A YEAR

| Jan 1 | 29 | 26 | 25 | 22 | 20 | 17 | 15 | 12 | 9 | 7 | 4 | 2 | 30 |
|---|---|---|---|---|---|---|---|---|---|---|---|---|---|
| 2 | 30 | 27 | 26 | 23 | 21 | 18 | 16 | 13 | 10 | 8 | 5 | 3 | 31 |
| 3 | 31 | 28 | 27 | 24 | 22 | 19 | 17 | 14 | 11 | 9 | 6 | 4 | Jan 1 |
| 4 | Feb 1 | [29] | 28 | 25 | 23 | 20 | 18 | 15 | 12 | 10 | 7 | 5 | 2 |
| 5 | 2 | Mar 1 | 29 | 26 | 24 | 21 | 19 | 16 | 13 | 11 | 8 | 6 | 3 |
| 6 | 3 | 2 | 30 | 27 | 25 | 22 | 20 | 17 | 14 | 12 | 9 | 7 | 4 |
| 7 | 4 | 3 | 31 | 28 | 26 | 23 | 21 | 18 | 15 | 13 | 10 | 8 | 5 |
| 8 | 5 | 4 | Apr 1 | 29 | 27 | 24 | 22 | 19 | 16 | 14 | 11 | 9 | 6 |
| 9 | 6 | 5 | 2 | 30 | 28 | 25 | 23 | 20 | 17 | 15 | 12 | 10 | 7 |
| 10 | 7 | 6 | 3 | May 1 | 29 | 26 | 24 | 21 | 18 | 16 | 13 | 11 | 8 |
| 11 | 8 | 7 | 4 | 2 | 30 | 27 | 25 | 22 | 19 | 17 | 14 | 12 | 9 |
| 12 | 9 | 8 | 5 | 3 | 31 | 28 | 26 | 23 | 20 | 18 | 15 | 13 | 10 |
| 13 | 10 | 9 | 6 | 4 | Jun 1 | 29 | 27 | 24 | 21 | 19 | 16 | 14 | 11 |
| 14 | 11 | 10 | 7 | 5 | 2 | 30 | 28 | 25 | 22 | 20 | 17 | 15 | 12 |
| 15 | 12 | 11 | 8 | 6 | 3 | Jul 1 | 29 | 26 | 23 | 21 | 18 | 16 | 13 |
| 16 | 13 | 12 | 9 | 7 | 4 | 2 | 30 | 27 | 24 | 22 | 19 | 17 | 14 |
| 17 | 14 | 13 | 10 | 8 | 5 | 3 | 31 | 28 | 25 | 23 | 20 | 18 | 15 |
| 18 | 15 | 14 | 11 | 9 | 6 | 4 | Aug 1 | 29 | 26 | 24 | 21 | 19 | 16 |
| 19 | 16 | 15 | 12 | 10 | 7 | 5 | 2 | 30 | 27 | 25 | 22 | 20 | 17 |
| 20 | 17 | 16 | 13 | 11 | 8 | 6 | 3 | 31 | 28 | 26 | 23 | 21 | 18 |
| 21 | 18 | 17 | 14 | 12 | 9 | 7 | 4 | Sep 1 | 29 | 27 | 24 | 22 | 19 |
| 22 | 19 | 18 | 15 | 13 | 10 | 8 | 5 | 2 | 30 | 28 | 25 | 23 | 20 |
| 23 | 20 | 19 | 16 | 14 | 11 | 9 | 6 | 3 | Oct 1 | 29 | 26 | 24 | 21 |
| 24 | 21 | 20 | 17 | 15 | 12 | 10 | 7 | 4 | 2 | 30 | 27 | 25 | 22 |
| 25 | 22 | 21 | 18 | 16 | 13 | 11 | 8 | 5 | 3 | 31 | 28 | 26 | 23 |
| 26 | 23 | 22 | 19 | 17 | 14 | 12 | 9 | 6 | 4 | Nov 1 | 29 | 27 | 24 |
| 27 | 24 | 23 | 20 | 18 | 15 | 13 | 10 | 7 | 5 | 2 | 30 | 28 | 25 |
| 28 | 25 | 24 | 21 | 19 | 16 | 14 | 11 | 8 | 6 | 3 | Dec 1 | 29 | 26 |

*Code S: spotting B: bleeding HB: heavy bleeding DP: dull pain C: cramps BC: bad cramps T: tearful G: grumpy SB: sore bosoms

## Period Accoutrements

Sometimes a pad or tampon will take in all the blood it can absorb within a couple of hours during those first days when most of the blood comes out (often called 'heavy' days), so you should change it every few hours.

Before pads and tampons were commercially produced, women used to use wadded-up rags, which were then washed out and reused. Some women in the environment movement are going back to methods that don't involve tampons and disposable pads, of which more in a mo.

### Pads

Before ways to make them more absorbent were invented, pads of yesteryear were up to 4 centimetres thick: wearing one felt like having a futon in your undies. There are now approximately 67 gerzillion different kinds of pad, including ones with wraparound bits called wings and some superabsorbent slimline ones. Most of them are really absorbent.

#### When to change a pad

Obviously as needed, but as a guide, in the heavier days of your period you'll need to change the pad up to every two hours, then later every four hours (whether there's much blood or not, to avoid the blood oxidising and beginning to have a very faint odour). If you regularly need to change a pad or tampon more than once an hour, check with your doctor that this isn't making you anaemic (deficient in iron).

Bigger, 'overnighter' pads are an option, but it's best not to wear any kind of pad for longer than four hours during the day.

### 'Panty pads/liners'

Largely a marketing invention, these are just to keep your pants 'fresh' and protected from unexpected spotting or non-period vaginal shenanigans (see 'Clear or White Stuff' in Chapter 15, 'Hormones & Downstairs Geography') and are definitely not absorbent enough to deal with the period flow.

### Tampons

A tampon is a super-compressed roll of absorbent material.

Only one tampon should be used at a time. Despite scare tactics by New-Age devotees and anti-tampon folk, using tampons doesn't make you bleed more heavily, or cause endometriosis by making period blood 'back up' or go backwards. Tampons are not recommended for normal post-baby bleeding, and some people have a cultural aversion to them. Using tampons has no effect on virginity.

#### When to change a tampon

Like pads, tampons need to be changed every couple of hours on heavy days, and no kind of tampon should be worn for more than four hours or all night because of the very rare chance of the dangerous infection toxic shock syndrome (see 'Toxic Shock Syndrome', coming up).

You're supposed to wash your hands before you touch a tampon that you're about to use, but I doubt many people do.

### Alternative products

Alternative period products include:

- **Cotton tampons & pads** – These are way less absorbent than the synthetic material of the usual tampons and may need to be changed a lot more often. The organic claims about some cotton tampons have been disputed. Organic cotton is relatively rare, as most cotton 'needs' to be sprayed to combat insects. Women with rare allergies to normal tampon and pad material may fare better with cotton.

- **Cup** – A small cup shaped like a funnel, made of silicone, latex or rubber, is designed to sit high up in the vagina and catch the blood. It's pulled out every two hours or so and emptied into the toilet.

- **Reusable pads** – Some women also use home-made or purchased reusable pads made from cloth such as terry towelling, fleecy cotton or 'undyed cotton'. It's usually recommended that they're soaked overnight, like nappies, before washing, and they're available in bright colours or gothy (and non-stainy) black. Women

# Period problems

## Premenstrual syndrome (PMS)

I get emotional, have mood swings, lack of patience. I lose it quickly, from tears to wanting to commit murder. I usually try to escape to a nice quiet place and drink a cup of tea and go to bed early. I'm writing a diary so I'm more aware of the symptoms. I use vitamin B, St John's wort, a hot-water bottle and an early night.
PATSY, 37, ALICE SPRINGS

Moodiness, irritability. Sometimes I look at my partner and want to scratch his eyes out but I do manage to control that urge. I end up with severe cramps. At night I use a hot-water bottle; during the day I take a painkiller.
KATY, 28, GREENBANK

'I get miserable for no apparent reason. I get very bloated and grow enormous zits on my neck and chin.'
SIMONE, 38, PORT MELBOURNE

For three days before my period I have my angry/impatient pants on. Ask my husband – poor lamb!
JANE, 33, BARDON

Very grumpy. I crave a lot of salt before menstruation but then chocolate during. I get into arguments a lot. I also eat a lot. I'm taking natural remedies to curb the PMS and regulate my periods.
KRISTIE, 28, LOXTON

Headache, dizziness, bloating terrible mood swings, sore breasts, sugar cravings, thrush. I get very tired and find it difficult to concentrate. I feel out of control, extremely emotional. I get angry very quickly and I cry at the slightest thing. I use the Pill and dietary changes. I try to listen to my body and not push myself at these times.
ANON.

## Endometriosis

For years I was tortured by endometriosis and then by infertility. I couldn't perform to my capacity and I think I was difficult to be with. I had to spend lots of time and money on seeking diagnosis and treatment.
MAIREAD, 49, FAIRY MEADOW

I've tried medical options, i.e. the Pill and surgery. Most recently I've begun changing my diet, massage, reiki and hypnotherapy. My next appointment is with a naturopath.
CARLY, 28, GEELONG

I spent a decade in agony with endometriosis before doctors took me seriously. I had a laparoscopy that changed my life. I'm no longer in pain and I've had a baby.
HELEN, 35, WESTERN SYDNEY

I was in pain monthly for 10 years till I had a hysterectomy. Not being able to have children was an awful feeling, even though I wasn't so sure I wanted to any more. 'No choice' was bad.
SUE, 51, KILKIVAN

Sometimes the pain can be unbearable.
TRACEY, 39, PATTERSON LAKES

I had lots of pain before I had kids, and had an operation to try to fix it. This didn't work but seeing a naturopath was the best thing, and I managed to get pain-free.
ALI, 38, KILLARA

Getting diagnosed was the hardest part for me. Being able to work towards getting better was a turning point!
NICKI, 23, BRIGHTON

## Fibroids

I've had a few fibroids. They get bigger and smaller and don't cause any problems. My gynaecologist keeps an eye on them with yearly ultrasounds.
GINA, 45, ST KILDA

I had to have a hysterectomy 13 years ago due to fibroids. At the time it was *huge*. Once I got over the op, it was wonderful – I never had to bleed again! I'd recommend the operation to others in the same situation.
LEE, 60, NUNDAH

'I have a big fibroid that might need a hysterectomy. This will mean future fertility issues, which will affect my sense of femininity and self.'
ANDREE, 39, FITZROY NORTH

## Polycystic ovary syndrome (PCOS)

PCOS affects so many women but it's not well known. I didn't know about it till I couldn't get pregnant, then my GP didn't know anything about it. I begged for a referral to a specialist!
CAS, 30, ENGADINE

I have PCOS. It affects my hormones and moods, and it's severely lowered my libido. It also makes me gain a lot of weight. Various versions of the Pill, regular checks, diet and exercise have improved my condition.
ERIN, 29, MITCHAM

The biggest effect is on my fertility. I used IVF to conceive my current pregnancy. Seek advice and support from your GP.
JANE, 30, WOLLONGONG

PCOS means I still have the horrible skin of a teenager, painful cystic acne :( weight problems, irregular and painful periods, painful ovarian cysts, hormone imbalances that cause mood swings and loss of libido – just to name a few! Find a medical practitioner who actually understands the condition; there aren't that many when it comes to PCOS.
JANELLE, 25, AUSTRALIND

changing pads when away from home would presumably need to take some sort of very reliable leak-proof plastic container or bag to put them in, and bring them home for washing.

- **Sea sponges** – Sea sponges are placed inside the vagina and then washed, hopefully in very hot water or strong washing powder chemicals to avoid bacterial growth. It's important to understand that sea sponges are far, far more likely to harbour bacteria than commercially produced tampons. I wouldn't recommend sea sponges. Most sea sponges are made of synthetic material. The 'real' or 'natural' ones are dead, endangered sea creatures, not plants. I'm not making this up.

### DO PERIODS RUIN THE ENVIRONMENT?

The rubbish volume of pads or tampons is very small (less than 1 per cent) in the context of most people's garbage output. Environmentalists can try to cut down on other garbage, and choose period products that come with less packaging, applicators or individual wrapping. Government health authorities say women don't need to worry about 'toxins' in their period products. Most scare campaigns about these things aim to promote other products claiming to be safer or more natural. But if you're trying to recycle everything possible, then reusable pads are the go.

### TOXIC SHOCK SYNDROME

If you have the symptoms of toxic shock syndrome it's a medical emergency, so go straight to a doctor or hospital emergency department and say you need immediate help.

Toxic shock, an extremely rare infection, is caused by bacteria that can build up if you leave a tampon in for a long time. It has nothing to do with whether a tampon is 'organic'.

Even if you don't use tampons, having some or most of these symptoms together with the high fever means you need medical help absolutely immediately. Symptoms include:

- a sudden, very high fever
- a rash similar to sunburn
- vomiting
- watery diarrhoea
- confusion

- muscular pain
- headache
- bloodshot eyes.

### ✳ MORE INFO
### on 'normal' periods

Your doctor or community health centre nurse can answer any questions about your period, and so can your nearest Family Planning Australia clinic. (See contacts in Chapter 15, 'Hormones & Downstairs Geography', before this one.)

For info on qualified herbalists and natural therapists see 'Who's Who in Natural Healthcare' in Chapter 12, 'Health Maintenance'.

**itsmybody.com.au** This is a commercial website, so dodge the ads and choose 'Teachers', then 'About Your Period'.

**mum.org** A wacky online museum of historical period products, names and attitudes.

## Period Problems

### ✐ Get a proper diagnosis

With all period problems, whether it's a PMS symptom, an odd cycle or some sort of pain, the reason for the problem should be diagnosed by a doctor before you treat it with natural therapies or a medical approach. Just 'going on the Pill' or 'taking herbs' is not a good idea unless you know why. Otherwise you could just be ignoring and suppressing symptoms telling you about an underlying problem that needs attending to. Self-care tips are always worth trying, such as a healthy lifestyle, good food, exercise and stress reduction. If the dodgy period or PMS symptoms continue, get medical help.

Some people recommend the 'deer massage' or alleged deer yoga exercise for period problems – this is really just a bit of nipple twiddling and vulva fluffing. If an orgasm helps with your period pain or PMS symptoms, by all means twiddle and fluff away, but this or having even the shriekiest orgasm is unlikely to help with any underlying hormonal imbalance or other health problem.

## Reasons to see the doctor about your period

- You think there's too much blood or there's more than usual (you have to change a pad or tampon more than every two or three hours).
- Your period lasts for more than seven days or less than three. This could be normal for you or could be a sign of an underlying problem.
- You get pain that interferes with your life.
- You have little bleeds or 'spotting' between periods. It's very common but can also be a symptom of something you need treatment for.
- Your periods, after becoming regular, stop for more than two months.
- There's a sudden or worrying change in your own usual pattern.

Always tell the doctor about any pills or medicines you've been taking, including herbal treatments and vitamin supplements. Many can affect hormones.

## Premenstrual syndrome (PMS)

After a while you may start to recognise the symptoms of your period being on the way. If these symptoms have a severe effect they'll be known as premenstrual syndrome (PMS). The symptoms in the few days before a period can include:

- feeling tearful
- being clumsy
- getting grumpy
- fuller breasts
- a bloated tum, constipation or slower bowel activity
- sugar cravings, due to low energy.

Symptoms can vary wildly between people and some never get premenstrual symptoms at all. In the (unscientific) Women's Stuff Survey, just over 1200 women answered a question about PMS, and about two-thirds of them said they had experienced PMS symptoms.

### What causes PMS?

Somewhat infuriatingly (although anything can be infuriating two days before your period), this continues to be a bit of a mystery. Doctors think it has something to do with the amount or rate of the fall in levels of progesterone, which is triggered by ovulating. (No ovulation = no PMS, meaning if you don't ovulate the PMS-like symptoms are probably caused by something else.) There's a theory that happy brain chemicals like serotonin may dip before the period in some women, somehow affected by progesterone levels, or maybe oestrogen has a lie down . . . you can see that they need to crack on and do a lot more research on this.

### How to fight PMS

- To help reduce fluid retention, wee a lot. Drink plenty of water and cut down on dehydrating salty foods (check the ingredients on a packet and if salt, or sodium, is high on the list give the food a miss), caffeine (it's in coffee, chocolate, colas, and energy and guarana drinks) and alcohol. Diuretic drugs are not recommended as a habit or each month, because they strip the body of magnesium and potassium.
- To stop fuller, tender breasts feeling sore, try a firm crop-top or bra. Keep a period diary (see 'A Period Calendar', earlier) for a while so you can see your pattern. 'Red flag' your period with partners and family – and yourself – so you can predict when you're likely to be cranky, teary or pessimistic. Be aware of when this is likely so you can try to adjust your thinking.
- To keep your energy on the level, never skip breakfast, and eat healthy snacks between meals (that doesn't mean a Snickers bar the size of your head, sadly – it means a few almonds and some vegies or fruit). Natural therapists and herbalists may prescribe a range of herbal, vitamin and mineral supplements to deal with the general symptoms, often with an emphasis on vitamin B6, calcium, magnesium, vitamin E and evening primrose oil. These may or may not help. (Make sure your herbalist belongs to the National Herbalists Association of Australia; natural therapists should belong to the Australian Natural Therapists Association – see 'Who's Who in Natural Healthcare' in Chapter 12, 'Health Maintenance'.)
- Forms of hormonal contraception that suppress ovulation should do the trick. Doctors sometimes suggest going on the Pill (which suppresses your own hormone levels and ovulation), but this usually has more effect on the length and heaviness of the period than on the PMS symptoms. Even the drop in the level of

Pill hormones (which happens when you stop taking active pills to have a 'period') can trigger PMS symptoms in some women, who may prefer not to take a break to mimic the natural cycle each month. More on the Pill and its side effects coming up (and also under 'Contraception' in Chapter 32, 'Sex').

## Period pain

A lot of women see their period pain as 'normal', but if it's interfering with your life rather than a trifling distraction, then you'll need it looked into. Period pain is usually treated by doctors with hormonal medication or, one hopes, further investigation. In the case of a diagnosed problem, a specialist herbalist may also be able to help you. (See info under 'How to Fight PMS' about natural alternatives.)

Most girls don't have any pain for the first year of periods but cramps are common in the mid- to late teens. Many grown-up women come to expect period pain, but you shouldn't put up with it.

### Cramps

Most period pain is caused by the full-on 'cramping' of the uterus constricting to help expel the period blood. The intensity of the cramping is related to the action of hormone-like substances called prostaglandins, which the body uses to control bleeding, clotting, anti-inflammatory actions and muscle contractions. Some doctors recommend prostaglandin-inhibiting drugs to be taken before the period starts and through the first couple of days. Natural therapists are more likely to prescribe something herbal or a top-up in the diet of essential fatty acids with a similar aim. A very crampy uterus can affect the bowel (it's just next door) and cause constipation or diarrhoea as well. It is most arsingly elegant all round.

### Dragging, heavy pain

This is often associated with heavy periods, sometimes an indication of fibroids (coming up later) or endometriosis (coming up next) and always worth a medical diagnosis (and reason for).

### Top 10 ways to fight period pain

1 Never put up with actual pain, or sudden pain, or something that seems very different from your usual pattern. If your cramps or other period symptoms are affecting your life and plans in any way, see your GP.

2 Do some exercise – walking and swimming are good because they won't stress the body or bounce sore breasts too much. Exercising before your period's due is the best, and can stop some pain.

3 Find some relaxing activities (cramps can be worse if you're stressed) – these can include taking a warm (not really hot) bath, and meditation or gentle yoga over the month, but ask your yoga teacher which are the exercises not to do when you have a period, because some make the pain worse.

4 Put a warm (not boiling) hot-water bottle or wheat bag on your tum. Warmth can be psychologically soothing and physically relaxing. It's a universal reaction to pain to hold that area or warm it (although we now know it's ice you need for immediate injuries like a sprain or bruise, instead).

5 Take medicines that have an effect on the prostaglandin hormones causing cramps. Ask your doctor or chemist which one could be good for you: prostaglandin inhibitors are available over the counter but you usually need to start taking them before the cramps start: ask about dosage and when to use them.

6 If the pain is bad enough for you to feel you need painkillers each month, see a doctor to get a diagnosis.

7 Many doctors prescribe the Pill because it usually makes periods less painful and less heavy.

8 Take herbal remedies prescribed by a qualified specialist herbalist – some herbs make the uterus cramp less, some are 'warming' and some regulate hormones.

9 Natural therapists may suggest supplements with omega-3 fatty acids, calcium and magnesium. Medical doctors usually say this can't hurt at safe doses but is unproven as a period pain treatment.

🔟 Don't waste time taking homeopathic 'remedies': they don't work any better than a placebo. (See Chapter 12, 'Health Maintenance', for details on why and 'Scientifically Proven' in Chapter 38, 'Science & Nature', for an explanation.)

## MORE, PLEASE, ABOUT PERIOD PAIN TREATMENTS

• See 'The Contraceptive Pill' in Chapter 32, 'Sex', for info on how the Pill works and its possible side effects.
• See 'Who's Who in Natural Healthcare', in Chapter 12, 'Health Maintenance', for info on herbalists and natural therapists.

## Endometriosis

Endometriosis (or endo for short) happens when some of your endometrium (the cells lining the uterus, which mostly 'bleed away' with each period) manages to go the other way – up – escape out the top of the uterus along the fallopian tubes and go walkabout in nearby areas. (Doctors can call this 'retrograde menstruation'.) The cells, programmed to bleed at each period, bleed into areas where they're not supposed to be, like cavities around the ovaries, the fallopian tubes and in the ludicrously named pouch of Douglas, the area between the uterus and the bowel, which I have decided to rename the clutch purse of Mavis because it sounds more feminine.

Endo is thought to happen in up to one in 10 women – some don't get any symptoms they notice, others have terrible pain and complications requiring surgical removal of the deposits in the wrong places. The tough thing about endo is that, for many women, it's very hard to get under control – it just keeps happening with more bleeding every month. In some cases, the only available solution is to try to stop periods happening so the bleeding doesn't happen in any of the wrong places as well. And of course that usually requires medication and has implications for fertility, because if you stop ovulation and periods you don't get pregnant during that time. On the other hand, if you don't stop it, the endo can get worse and damage fallopian tubes and ovaries, making it harder or impossible to conceive. But having severe endo doesn't automatically mean you can't get pregnant. Many women with severe endo have had children.

It often takes years for endo to be diagnosed, so if you suspect it, get a referral from your GP to a gynaecologist (see 'Who's Who in Hormonal Health Specialists' in Chapter 15, 'Hormones & Downstairs Geography') and mention your suspicions, don't just keep 'treating' painful periods without knowing the cause. A definite diagnosis can be made by ultrasound, if the deposits are large enough and in the right spots to show up, or during a laparoscopy operation where they make a small incision or two below your tummy button and stick in a teensy camera on the end of a probe to have a look about. Doctors aren't sure why endo happens, and research continues.

### Possible symptoms of endometriosis

Symptoms are basically summed up by feral period symptoms with a special pain feature, and can include:

• period pain
• heavy or irregular periods
• general middle area or pelvic pains
• constipation and/or diarrhoea
• post- or premenstrual spotting
• back pain
• irritable bladder
• bad PMS
• moods caused by hormones or pain
• bloating
• tiredness
• trouble getting pregnant.

### Possible treatments for endometriosis

• Hormonal medication to suppress ovulation and regrowth of endometrial cells.
• Specialist herbal treatments to try to do the same and stimulate blood flow.
• Surgical removal of endo deposits, usually by cutting out or burning off with a laser, usually during a laparoscopy operation, which doesn't need a big incision.
• Painkillers.
• Planning strategies for pain management, meditation, appropriate specialised yoga or other methods for stress and pain management.
• Naturopaths often prescribe general vitamins,

minerals and other supplements to boost the immune system. Homeopathy works no better than a placebo (see 'Why Homeopathy Doesn't Work' in Chapter 12, 'Health Maintenance').

## MORE INFO
### on endometriosis

Doctors, herbalists and natural therapists should all be aware of the treatments each of the others has prescribed. Endo is a complex and difficult medical problem. There's no one simple solution. Some private endometriosis clinics may suggest surgery as a first option; it's best to get a second opinion from an independent gynaecologist before undergoing surgery.

**endometriosis.org.au** This site from the respected Jean Hailes Foundation includes personal stories of women with endometriosis, pregnancy and infertility info, and resources.

**endometriosisassn.org** The US non-profit endo support society has plenty of fact sheets, theories on causes and other info – but no local contacts.

## Heavy periods

It's often not known why heavy period flow happens. Doctors used to call this, most inelegantly, 'menorrhagia', which is now out of favour and likely to be replaced with HMB (heavy menstrual bleeding). Generally, when doctors don't know what's causing something, they say it's 'idiopathic', and don't be alarmed if you hear any odd period business simply called 'abnormal uterine bleeding'. The old term 'dysfunctional uterine bleeding' is also in the process of being replaced, as doctors learn more about causes, some to do with the misbehaviour of blood-making and blood-clotting mechanisms in the body.

Possible factors in the flow being too heavy:

- being above a healthy weight
- not ovulating
- overgrowth of the endometrium
- polyps in the uterus
- endometriosis (see above)
- underactive thyroid gland
- fibroids (see below)
- approaching menopause (see Chapter 19, 'Menopause').

## FIBROIDS

Fibroids are totally benign – non-cancerous – lumps in the wall of the uterus: they can bulge out either way – on the outside wall or into the space of the uterus. They're usually roundish in shape and can be the size of, say, a sultana, and grow to be as large as a grapefruit, or even larger if you're unlucky and don't treat them. A combination of oestrogen and progesterone makes them grow. Sometimes when a doctor talks about them they sound scary. If you hear the word 'tumour', remember that to a doctor 'tumour' just means lump (fibroids are 'benign tumours'). Ask for clarification. And having '-oma' on the end, such as 'fibromyoma' or a similar words, doesn't mean it's cancer. It's just doctor-speak.

Fibroids are really common, especially after 35. Most of us have at least one by age 50 and they often cause no trouble at all. Sometimes they poke into or put pressure on other organs, and can be uncomfortable during the jiggery-pokery of sex. They can cause bleeding by either bleeding themselves, or more likely by interfering with endometrial cells. They can be seen clearly on an ultrasound. Treatments include doing nothing and keeping an eye on things; medication to regulate hormones such as the Pill; strong hormonal drugs of the anti-oestrogen and anti-progesterone kind to shrink the fibroid down before laser surgery to remove it; 'bombarding' it with special ultrasound waves in an MRI (magnetic resonance imaging) machine; and, in difficult cases of last resort, removal of the lump or a hysterectomy (removal of the uterus). Fibroids will usually shrink after menopause unless you're on high levels of hormone replacement therapy (HRT).

## Irregular & unusual cycles

A normal regular cycle for you could be usually three weeks, or the more textbooky four, or even up to eight weeks. But if, say, you have some that are three and some that are six, or you never know when to expect it, that's erratic. It's normal to have an erratic cycle for the first couple of years of periods in your teens: after that it usually indicates something else, such as polycystic ovary syndrome (PCOS; see below) or menopause (see Chapter 19, 'Menopause').

Erratic periods are always caused by some difference, misbehaviour or change in hormone levels. If a cycle that's a bit shorter or longer than 28 days is normal for you, there may be no problem at all with that – but much shorter or much longer and it could mean you'd have trouble conceiving because you don't ovulate often enough, or ever, or be an indication of a problem that needs medical attention. Best to have it checked out by your GP and maybe get a referral to a gynaecologist.

Never assume you can't get pregnant because your period isn't 'normal'.

## Spotting between periods

Spotting between periods must always be investigated. It's probably nothing at all to worry about, and is very common if you're on hormonal sorts of contraception, either just while you settle in, or indefinitely while on it. But more rarely spotting can be a symptom of cervical problems, ovarian cysts or endometriosis, especially if the spotting goes for more than two days after a period 'ends' and is combined with heavy or painful periods (see 'Endometriosis', earlier). In very rare cases, spotting can be a sign of other serious nasty business such as cancer. It should always be reported to your doctor.

## Period flow seems too light

This is rarely a problem in itself, but can be a symptom of an underlying problem. It can be caused by:

- low oestrogen levels
- any of the causes of periods disappearing (see below).

## Period has disappeared

Common causes include:

- pregnancy (do a test)
- breastfeeding (high prolactin levels)
- polycystic ovary syndrome (see below)
- overexercising
- dropping below a healthy weight
- stress
- physical illness
- 'detoxing', fasting or diets
- some prescribed medications.

## Polycystic ovary syndrome (PCOS)

Polycystic ovary syndrome (PCOS) is caused by misbehaving hormones: specifically, too many 'male' ones. Most people with PCOS start noticing symptoms in their teens but mistake it for their period 'settling in'. Typically it takes ages (years in some cases) to get a proper diagnosis, even though it's believed it happens to just under one in five women.

It's more common and more severe in women who are above their healthy weight. There's no clear cause of PCOS, but generally you need two of these three symptoms for a diagnosis:

**1** High levels of androgen hormones diagnosed by blood test or assumed from facial and body hair growth (this is probably genetic)

**2** Irregular and unpredictable periods

**3** Eggs on strike, observed in the ovary using ultrasound: these are partly developed eggs that have been released in the ovary but then sit around without properly ovulating.

Despite the name, people with PCOS don't have the usual 'ovarian cysts' we understand by that name – cysts that grow bigger and may require surgical removal or hormonal treatment to 'shrink' them or stop growth. On ultrasound, small ovarian cysts and eggs on strike look very similar.

### Possible symptoms of PCOS

These can include:

- misbehaving periods: irregular, gone or heavy
- trouble getting pregnant
- increased risk of pregnancy-related diabetes
- extra facial and body hair
- thinning head hair
- adult pimples
- anxiety and mood swings
- no ovulation
- developing type 2 diabetes, high cholesterol and high blood pressure, and heart disease later in life.

### PCOS & WEIGHT: THE FACTS

Carrying extra weight makes it more likely that you'll get PCOS, and it makes the symptoms worse. Getting weight off can seem really hard, especially when you first start, so you'll need to combine increased activity, some more careful food choices, and perhaps medication. But it can be done, and even a modest weight loss can make a big difference to PCOS symptoms. (Thin women can also have PCOS.)

### If you have PCOS

PCOS doesn't stop fertility in all women, so if you have PCOS don't assume it will protect you from pregnancy – use contraception.

Women with PCOS can have a higher statistical risk of endometrial cancer. Because they often don't ovulate during a cycle but have normal oestrogen levels, the endometrium can keep growing, and the cells may go into a kind of overdrive. If untreated, in a small number of cases this could possibly progress to cancer, so it's important to get medical help to aim to have about four periods a year to protect against it. You should be able to do this with a combo of a few lifestyle tweaks and hormonal medication such as the Pill.

### Possible treatments for PCOS

It's important to fight PCOS on a few fronts. Learn as much as you can about it from reputable sources (see 'More Info on PCOS' below) and ask for help if you're struggling with stress, irritability, mood swings or feeling down so you can win a bit of a wrestle (hopefully a short scuffle) with the condition. Most women with PCOS can get their periods and life back to normal with two changes: a relatively small amount of weight loss (5–10 per cent of body weight usually does the trick), and a bit more activity. There's no need for crash diets or sudden athletic careers.

For many women it can be a bigger battle getting the hormones more balanced with prescribed medication. They may also be prescribed medications for getting the pimples under control (these can be temporary, for a few months). Medical help with conceiving may also be an option. A lot of women also want some cosmetic removal of facial and body hair (see Chapter 5, 'Hair', for more).

While complementary therapies may fit your philosophy, you prefer them and they may help with some aspects of stress, your best chance of recovery and management from this stubborn hormonal condition will include medical treatment. Try a cluey GP who's familiar with PCOS, or a women's health GP to start with.

Any further or more complex needs can be taken to a specialist – a gynaecologist for fertility-related stuff, or an endocrinologist for non-pregnancy queries.

## MORE INFO
### on PCOS

**managingpcos.org.au** This Jean Hailes Foundation for Women's Health page has info for women and health professionals on symptoms and treatments. Includes links to fact sheets, books and online info.

**posaa.asn.au** The non-profit support and advice group for women with PCOS. Forum chats, and lots on the syndrome and possible treatments.

## Hormonal migraines

Doctors believe that hormonal migraines are triggered by the speed of the fall in oestrogen during a cycle – this can happen just after ovulation in the 'middle' of a cycle, or just before a period. It's believed that a rapid fall in oestrogen can cause veins to temporarily constrict. Prescribed treatment can include a Pill with the same levels of hormones every day – rarely or not stopping for a period – to keep a steady level of oestrogen, or an oestrogen patch to boost levels for a day or so, if the danger period for a steep fall can be accurately predicted in a regular cycle. (For more on migraines, see 'Headaches & Migraines' in Chapter 14, 'Illnesses & Conditions'.)

## The Pill

About 50 years ago, more than a lifetime for most women, the contraceptive Pill revolutionised the lives of women. A very conservative estimate (considering how many women live in China and India) is that more than 100 million women are now 'on the Pill'. Before the Pill, women routinely had between six and 12 kids. Since then, women have 'voted' very clearly: when given the opportunity to control their own fertility, most women 'choose' to have only one to three children.

The Pill is prescribed for many hormonal disorders and symptoms. It should not be an 'automatic' prescription. You need a diagnosis

# Loving the Pill

I've always found the Pill to be reliable and I'm grateful to have it. ALISON, 35, BAULKHAM HILLS

I was on the Pill for about 16 years with no ill effects. It made my periods very regular. GEORGIE, 38, MELBOURNE

I think it's great. I took it for about 20 years, only stopping to have babies. GEORGINA, 45, MOULAMEIN

Once you find the right Pill, stick to it – it really does help. Especially if you have painful periods, certain pills can help to take some of the burden. N, 25, SOUTH YARRA

The Pill worked wonders for me. I even lost weight due to the fact that it balanced out my hormones. JOANNE, 33, HOPPERS CROSSING

Thank heaven for the Pill! KEZIA, 70, SUNSHINE COAST

The Pill is the only thing that helps clear my acne. JO, 37, LEICHHARDT

It's been great and has worked, apart from the champagne incident (forgot to take it) – which resulted in our lovely daughter! KIRSTY, 33, PERTH

'I think the Pill is the greatest invention of modern times. It's singlehandedly changed the lives of women all over the world. They're no longer bound by unwanted pregnancy.' LOUISE, 43, CAIRNS

The Pill is excellent! You can avoid the whole 'disintegrated bits of my body are coming out of my crotch and it's *mighty* unpleasant' thing altogether. CAITLIN, 18, WODEN

I was on the Pill from age 12 to 34, stopped and was pregnant within 10 days. KAREN, 46, ST KILDA

I loved the Pill. I could skip a period if I had something on and I like to be able to do that. FLOSS, 32, WAGGA WAGGA

The Pill is the best invention since sliced bread. Women of today have no concept of what it was like before the advent of the Pill. CHRIS, 66, NORTH RYDE

It's *not* true that you put on weight. I was at my thinnest when I was on the Pill. I'd recommend it to anyone with crippling period pain or irregular periods. PENNY, 28, CANBERRA

The Pill was a saving grace when I was a young mother. We all thought it beat any other method we could think of. EFFIE, 70, FINLEY

I've been taking the Pill for 27 years – no problems. KRISSY, 43, SPRINGVALE

# Negative feelings about the Pill

I've tried to take it to avoid periods but it adds weight and also flattens my mood to a depression. MADGE, 35, PORT DOUGLAS

The Pill is evil and has reduced the population. MRS CLARKE, 23, BRISBANE

I'm not a fan of the Pill, really. It makes me more moody and irritable and I gain weight, which then makes me more depressed. MELANIE, 34, WOLLONGONG

I tried the Pill. One made me fat. One made me cry. One gave me spotting. One gave me worse period pain. I haven't felt good on any of them. EMMA, 21, WARRNAMBOOL

I don't take the Pill. I don't think it's good for women. Having said that, I'm no medical expert! I dunno why I feel this way, I just do. SUSAN, 32, CASTLE HILL

I hate the Pill – thrush! And the cost . . . HELENA, 40, SYDNEY

I was prescribed the Pill for PMS but it only made the PMS worse. GINA, 31, MANLY

'The Pill is evil. I get a whole raft of side effects (loss of libido, headaches, bad skin, hair, vascular changes, weight gain, thrush). I've gone completely troppo on some pills.' CLEO, 34, VAUCLUSE

The Pill has harmful side effects and doesn't prevent pregnancies. It's an abortive method, which chemically forces the uterus to shed its lining as a period. RHONDA, 54, MT DRUITT

I recently went off the Pill after being on it for 15 years and found that the extra weight I was carrying disappeared. I've always been naturally slim and I feel back to normal now. JANE, 30, APOLLO BAY

I had migraines the whole time I took the Pill. ANNE, 55, MT GAMBIER

No one told me the Pill wouldn't work if I vomited or had diarrhoea, and I got pregnant and had an abortion. JANE, 51, LOGAN

I had a deep vein thrombosis while I was on the Pill and didn't know to look out for such things. JULIANNE, 32, ARMIDALE

I took the Pill out of necessity. I didn't want to have to trust someone else with something as important as contraception. I didn't like the side effects. LISA, 47, ROWVILLE

from a doctor, or at least an explanation of what he or she expects the Pill may do to help you. You should also discuss side effects, as even though the Pill has been used safely by many millions of women, it's not for everybody and can have side effects that range from annoying to very dangerous. It will not make you infertile or make it harder for you to get pregnant straight afterwards. It's not always better to be 'natural' when it comes to your hormones and, in any case, the 'natural way' could be damaging you or making your life miserable.

Some people criticise the Pill because it 'lets men off the hook' when it comes to contraception. Well, der. Only a preposterous fool would argue that men have a harder time than women when it comes to hormones and contraception. If you can't cop the side effects of the Pill, that's perfectly understandable. Activists say it's not fair that men don't have to take hormonal contraception – and that's undeniable. On the other hand, the Pill is used for a lot of things other than contraception, and would you trust a man to take a Pill every day to stop you getting pregnant? It seems to me he just doesn't have quite the same incentive to take it 'religiously'. For more info on the Pill see 'Contraception' in Chapter 32, 'Sex'.

## Scare campaigns about the Pill

Critics of the Pill imply that while it regulates hormones and periods, it causes mood swings, weight gain, brittle bones and migraines (which are indeed known side effects in a small percentage of Pill takers, but it's not a simple equation of 'If you take the Pill this will happen to you'). Opponents also claim the Pill adversely affects later fertility (there's no evidence for this, and women who've assumed their fertility would be stopped for a while have come off the Pill and immediately become pregnant). Anti-Pill activists also say that other 'natural' forms of contraception (such as observing moon schedules or guessing when you ovulate) are always better and as accurate as the Pill (which is poppycock).

In many women the Pill is believed to suppress the libido (desire for sex) but presumably not as much as having 12 children does, or having a partner who's unskilled or unimaginative in that department. For women who don't 'tolerate' the Pill well, condoms may be the answer. The Pill isn't perfect, but it's the best hormonal contraception and medication we have, and is used by millions of happy women worldwide.

Some anti-Pill propagandists go so far as to say women on the Pill are less attractive to men. These claims are usually based on unpublished, unchecked experiments done at a Vienna university and publicised on a cheesy Discovery Channel 'documentary' about sex, in which lots of ludicrous experiments were conducted that claim to 'prove' things about women sniffing male scents and men sniffing imaginary female scents. One of the researchers wears a waisted white coat. Stylish. But not very sciencey.

Sometimes people refer to a trace-report of a totally discredited, 1970s study on monkeys that is said to 'prove' there are vaginal smells in humans that attract men and are suppressed in women on the Pill. A quick noodle around the web shows that these smells, dubbed 'copulins' (or 'copulants' or 'copulance' by some commentators who never even bothered to look it up), have never been proven to exist in monkeys OR humans. This has not stopped psychology researchers going on *Oprah* to talk about them. For this book, I contacted the original journal that published the report, which says it now has no record of it. Any study that claims to draw conclusions about these so-far mythical and mysterious undetectable smells has to be filed under 'D' for dodgy or 'P' for publicity seeker, or G for get . . . well, you get the idea.

### YOU CAN'T BELIEVE EVERYTHING YOU READ ABOUT THE PILL

One Australian book about the Pill repeats many of the myths and opinions about it and presents them as medical fact. Because websites then quote books like this in their attacks on the Pill, it's worth taking a closer look. There are claims that men can tell when women are on the Pill because of their 'pasty skin', 'tight' body movements and an irritable, touchy disposition; that if you fall in love on the Pill you'll pick the 'wrong' partners because your natural sense of smell and libido are hampered; that women being on the Pill encourages men to be lazy lovers; and that women on the Pill don't emit the right smells from their vagina (the mythical 'copulins' mentioned above) and this may be why a woman on the Pill 'is struggling to attract a boyfriend'. Argghhh.

Authors include a social worker and hypnotist who advises people on natural fertility treatments and a psychotherapist who runs menstrual health workshops. One of the related websites links to many others that lean decidedly towards goddess and moon-related imagery and beliefs involving the sacredness of menstruation and 'women's mysteries'. One linked-to site run by a 'shamanistic midwife' claims that a homeopathic 'remedy' made from a piece of a child's placenta shortly after birth can cure 'breast cancer and febrile convulsions, creates sexual energy' and cured a baby's chest infection.

In countering the decision of many women to take the Pill to combat PMS symptoms and acne caused by hormonal imbalance, authors make a number of unsupported claims, including that symptoms of PMT were controlled in one woman by 'changing to non-toxic house cleaning and body products, eating lots of organic vegetables and fruit, having Epsom salts baths and resting when she bleeds'.

Books also advise women with fibroid cysts to stop eating junk food and drink lemon water, as if this will fix the problem. There's an outrageous claim that although a woman had surgery for endometriosis, her ability to conceive afterwards was due to 'kinesiology and an acupuncturist'. There's simply no way you could know this. It's just an assumption based on beliefs.

People with the serious hormonal condition PCOS are urged: 'look at any negative childhood messages you may have taken on about being a fertile woman. Bring these internal messages to consciousness so that they don't control your body or your ovaries.' I'm sorry, we just have to pause so my blood can stop its rolling boil.

In following up some of these claims, which was annoying because it took days and I almost disappeared down the frighty rabbit hole of Google, I found that many 'studies' relied on for their claims had been discredited, or were presented selectively to support the anti-Pill line.

Here are the thrilled comments of a woman who came off the Pill: 'I feel great! My sex drive has increased heaps! . . . How do I feel coming off the Pill? FREE! Orgasmic, sensual, sexual, lusty, confident, wonderful!'

'Need we say more?' say the authors, using the quote to conclude a chapter. Yeah. Tell us why your research consists of only using anything that supports your theory, however dodgy, and while we're at it, where did you find the nymphomaniac?

## Sensible criticism of the Pill

It's true that the Pill can have troubling side effects for many women, that it doesn't stop STIs and that much of the positive medical literature on it is funded by medical companies: but at least this is about peer-reviewed medical studies and information based on decades of use, not guessing games by social anthropology students with good PR skills.

Most women don't have any problems on the Pill, but if it creates side effects in you that you don't like, from headaches to moods to lower sex drive, your doctor may suggest trying it for one or more months to see if the symptoms 'settle down'. But if they continue, it makes sense to stop and look for alternatives. It's up to you to make decisions for your health that are best for you. Just be careful where your advice comes from, e.g. Mars.

### 'BIO-IDENTICAL' HORMONES & THE PILL

A very small number of GPs and chemists are advocating 'bio-identical hormone' medications. The idea behind this sounds sensible – to make tailored hormonal preparations for individual needs. But regulatory authorities and women's health specialists strongly recommend against it, saying the idea is undeveloped and not yet effective or safe enough. See ' "Bio-identical" Hormones' in Chapter 19, 'Menopause', for the full info.

 MORE INFO
on the Pill

**annesummers.com.au**  Search 'the Pill' from this Australian feminist's site for a personal view of its introduction and history. (annesummers.com, on the other hand, sells 'marital aids' called the Vibrotingle and the Thunderpod Egg. Teehee.)

**womhealth.org.au**  Search 'the pill' for a fact sheet from the non-profit Women's Health Queensland Wide.

# CHAPTER 17

# Breast health

There isn't much I can write about the history of breasts without waggling a few confronting, perky but firm clichés at you while we both pause for an imaginary blatting soundtrack of stripper-act trombone music with appropriate salacious barps of the trumpet to punctuate the tassel twirling. Barrrp!

Here's how to look after them, what to expect from a mammogram and other bosomry procedures, what to do if you find a lump, and what you need to know about breast cancer, including the fact that most women survive it. Now grab a tassel and read on.

# Breast checks, screening & benign lumps

Examine your breasts every month. If you don't know how, get someone to show you.
TAMMY, 27, KOONGAMIA

I'm lazy and don't do breast checks even though I know I should. I do have a mammogram every two years and my GP checks me in between. MARY, 55, CURTIN

Nil breast exams – I avoid them. I believe I'm invincible – not a good way to be.
HELEN, 29, HUGHESDALE

It's important to have regular breast screens – the peace of mind is fantastic and one does forget the brief 'yerk' of the procedure.
BARBARA, 61, MELBOURNE

Please, please, please get your breasts checked regularly. My mother-in-law ignored a lump in her breast for too long and now she's no longer with us.
TRACY, 34, SUMNER

When I was having a breast exam once my doctor said, 'Put your hand on your head.' I misheard and put my hand on *his* head!
MONICA, 47, WHYALLA

I don't examine my own breasts. I wouldn't know what to look for. The doctor has done it once for me.
KARLENE, 30, GREENSBOROUGH

A well-thought-of female doctor said, 'That's not a lump. If it feels like a pea you should be worried.' Four months later and a second opinion had me in surgery with a 5 centimetre tumour.
MAGGIE, 52, MT MACEDON

The surgery isn't that bad. Recovery from surgery can be swift. There are many women out there who live long and fulfilled lives after a quite terrible diagnosis. Things improve all the time.
LISA, 46, WOLLONGONG

## Mammograms

I'm in a high-risk category so I have a mammogram every year. Three members of my family have had a breast removed due to cancer.
MARIE, 68, BOYANUP

Mammograms hurt like hell. My last mammogram was suspect so I had to go for a second and that was even more painful. But I think it's a small price to pay for peace of mind.
KAY, 48½, MT PLEASANT

I was relieved that it was women staff helping with mammograms! It was quite a personal, awkward experience. It turned out to be nothing . . . thank goodness.
ISABELLE, 42, SOUTH MELBOURNE

'I lost my best friend to breast cancer so I have a mammogram religiously every two years.'
LEE, 60, NUNDAH

I just go and have my 'game of squash' (mammogram) every two years.
PAULINE, 64, DONCASTER EAST

Mammograms . . . I *refuse* to have one ever again, so my GP refers me for an ultrasound – which is the next step anyway, if a mammogram is a bit suss.
SANDY, 60, COFFS HARBOUR

I have a mammogram every two years. At the last one I was called back – 'Oh no!' I thought – but it was just for another picture.
DEEJAY, 59, GLENWOOD

I think we're exposed to too many X-rays (mammograms) that are not always necessary. Medical authorities should be looking at better alternatives, e.g. thermography.
CECILIA, 48, SYDNEY

## Breast biopsies

I had a biopsy taken years ago in my left boob. The doctor forced a long needle into the side of my left breast to take a sample of the core tissue. I reacted by punching him. I was so embarrassed.
PIP, 42, MELBOURNE

I've had two lumpectomies and been treated beautifully each time, although my norks were completely technicolor for a long while afterwards – they don't tell you that!
BETH, 42, HEATHMONT

## Benign breast lumps

I had two lumps at 18. They were non-cancerous and I got them removed. I lived with the scars. Scars are cool anyway!
VANESSA, 23, MELBOURNE

I had a benign lump, and needed a biopsy, etc. It had an amazing effect on my partner – he thought I was incredibly brave.
PRISCILLA, 45, MELBOURNE

I discovered a lump at Christmas. I was terrified! It turned out to be nothing, thank god, but for a couple of weeks I was scared shitless.
ELIZABETH, 39, CEDAR GROVE

I have multiple breast cysts, so don't find it easy to detect new lumps, but go for screening every year. I have a family history of breast cancer. SUE, 43, THE GAP

I want to know how you can tell you have a lump. To me, they feel extremely lumpy anyway. My husband says the same, so he feels them daily to make sure – he says he's helping.
TARYN, 31, BALLARAT

I have lumpy breasts. It's how they are. MONICA, 32, RINGWOOD NORTH

## OTHER BOSOMY BITS

See Chapter 2, 'The Body Image Struggle', for more on breast size and how women (and men) feel about it; Chapter 8, 'Cosmetic Surgery & Procedures', for more on breast enlargement; and Chapter 4, 'Clothes', for info on bras, but stick around here for some fun facts.

# Breast Appearance

From size 8AAA to 48J (repeating) or thereabouts, there's an incredible range of bosomry. Size and shape vary but the evolved 'purpose' remains the same, to be able to feed a baby.

Breasts are largely made from 'breast tissue', meaning a combination of fat cells fed by oestrogen, blood vessels and milk ducts on standby. Aside from oestrogen, relevant bosom hormones include prolactin, which runs the milk business if necessary. Breasts can feel fuller and tender before your period (Do see Chapter 15, 'Hormones & Downstairs Geography', and Chapter 16, 'Periods', for more on all of this kind of business, if you fancy.)

## ⊙ Nipples: innies & outies

Some women have nipples that always stick out. Others have turned-in ones, called inverted nipples (which are also normal). Inverted nipples usually pop out and say hello if they're cold or you're having sexy thoughts.

## ⊙ Areolae colour

The coloured area around each nipple is called the areola (pronounced *arry-ole-ah*); the plural is areolae (pronounced *arry-ole-eye*). Each areola forms a slightly mounded or flat shape, which can be round, oval or almost oblong. Some areolae (often on fair skin) are a very light pink or apricoty colour; others are dark plum or deep brown.

### BREASTFEEDING

This is what bosoms are really for, if you have a baby. Breastmilk provides babies with immunity and nutrients. If you find it difficult, it's worth persevering and getting as much help as possible. But if you find it impossible, it's okay to bottlefeed. Despite the claims of some vulture-like cosmetic surgeons, breastfeeding does not 'deform' breasts. They use

words like that to make you think you need fixing. It's pregnancy that stretches the skin of the breasts.

If you've never done it, here are some breastfeeding facts I didn't know before I did it:

- Babies can want to feed every two hours or every four hours. You don't get to choose the time. And babies cry most piercingly and loudly when they're hungry. They need to be fed sometimes suddenly and urgently. You can't 'wait until you get home'.
- You don't get exactly the same nipple sensations with breastfeeding as you might during a steamy session with Johnny Depp (yes, of *course* I know what it's like), so don't worry, you won't be going all moany in the food court feeding your bub.
- Nipples have tiny hidden holes like a sprinkler system so the milk can come out. (I used to think it was just one hole, like a garden hose.)
- Nipples and areolae become darker during pregnancy and stay darker (this makes them easier for a hungry baby to see and latch onto).

 **MORE INFO** on breastfeeding

*Kidwrangling*, my book for parents of babies, toddlers and preschoolers, has all the info on breastfeeding, as does my book on pregnancy and birth, *Up the Duff*.

Lactation consultants, professionally qualified breastfeeding specialists, can be found at maternity hospitals, or check your local phone listings.

**breastfeeding.asn.au**
**Helpline 1800 686 2 686** The Australian Breastfeeding Association has volunteer mums who help support breastfeeding. The site has plenty of fact sheets and info.

# Know Your Bosoms

So you can detect any changes, you need to know what your breasts normally feel like.

## ⊙ DIY breast checks

### Looking at your breasts

- Check your breasts after each period, standing in front of a mirror in good light.

- Inspect them with your arms in the air, palms together like a yoga 'salute to the sun', and again with your hands on your hips.
- Look for anything unusual in the way of puckering, dimpling, pulling, thickening or coarsening of texture, or flattening, pulling or inversion of nipples that haven't looked like that before, or a nipple going inwards or outwards more than usual.

### Feeling your breasts

Again, good to do after each period, anywhere – at the traffic lights, during ad breaks, in the shower, lying down at home, but possibly not in a meeting or at the table during Christmas lunch with the rels.

Give each breast a thorough going over with the pads of your fingers. (Check your left breast with your right hand; check your right breast with your left hand.) It helps to have the other arm in the air while you're feeling each breast, because it flattens them out a bit and makes it easier to feel more deeply. Some websites suggest you imagine your breasts like a pie made up of slices, and do each 'slice' one by one; others just say make sure you cover the whole area.

However you do it, take your time and concentrate, and press deeply up towards your underarm on each side. Once you do this every month or so for a while, you'll be familiar with your breasts and more able to notice changes. You're looking and feeling for any new or noticed:

- lumps, bumps or thicker area
- coarsening or thickening of texture
- depressions or swellings
- itchiness or skin problem on the breasts
- nipple leak when you gently squeeze, unless you're breastfeeding.

## ⊙ Finding a breast lump or something unusual

If you find something, or think you may have, or something seems different, or you just have a feeling or inkling you'd like to have them checked out, off you go in the next day or so to a GP. If you can't get an appointment, tell the receptionist you've found a breast lump. If that doesn't speed things up to the next 24 hours, try another doctor.

If you don't have health insurance and the GP wants someone else to check your breasts, ask whether you can go to a clinic and be examined on Medicare. (Don't accept a referral to a private doctor and then not go because of the expense.) Also ask if there's a suitable doctor or clinic near your work or home. Make the appointment to the referred doctor immediately, and turn up.

## ⊙ What if you have naturally lumpy breasts?

Breast self-examination used to concentrate on 'if you find a lump, go straight to the doctor'. While that's still true for most people, if you have naturally lumpy breasts – which is pretty common – you need to know which lumps have been checked out and cleared, and which may be new or feel different. It's really noticing and reporting any *changes* that's important – odd or unusual lumpiness, or a feeling of different texture, perhaps thicker or coarser. Talk to your GP, get a referral to a breast specialist, and keep records of any breast examination, mammograms and ultrasounds, so you can establish what's normal for you.

## ⊙ Understanding what your doctor says about breasts

Most of the lumps, bumps and differences in breast tissue found by self-examination and even in a mammogram turn out to be benign, meaning fine. But most doctors will refer you to a specialist just to make sure.

By trying to be non-medical, or non-scary, or by not thinking outside of normal medical language, doctor-speak can often be confusing. Doctors quite often think they've told a patient one thing but the patient has absorbed something completely different, even the opposite. Warning words can include 'unusual' or 'atypical' or 'surprising', and the scariest is probably 'malignant', which is often a not-very-disguised codeword for 'cancer'. You may need to ask very specifically what your doctor is telling you. 'Does that mean there's a problem?' 'Is it likely to be cancer?' 'Should I take further action?' Or even, 'I have no idea what you're telling me. What are you saying?'

If you feel your breast concerns or inklings are dismissed by a doctor, or you can't understand what they're saying, you must trust your instincts and be 'safe' rather than 'sorry'. You can simply say, 'I'd like a referral to a breast specialist, please.'

## ⊙ What if I'm too scared to do anything when I find a breast lump?

The first thing to do is start telling people. No, not the greengrocer and that guy you met online last night. Somebody who loves you – your partner or mum or sister or friend, on the phone, or online if necessary. Because these people will make you go. They'll be there for you when you go through the investigation and get the results – and, honestly, the chances are very good that you haven't got a problem. A large majority of breast 'abnormalities' are of no concern. Many women walk around with benign breast lumps all the time as part of their normal body.

But that doesn't mean you should ignore the lump because you think you're too young, or it's too scary, or there's no family history, or you're busy. Imagine finding out in three months' time that if you'd come in the week you found the lump, you would have been fine, and now you have a bigger fight on your hands. Do it for your children, do it for your partner, do it for your future children, do it for your friends, do it for your parents, do it for yourself, but just do it.

## ⊙ Doctor's breast check

It's a doctor's job to examine and feel your breasts once a year as a check-up; your GP or gynaecologist will often do this on the same day as a smear test (see Chapter 12, 'Health Maintenance'). It shouldn't feel wrong or creepy, it should feel matter-of-fact and respectful. If it does feel wrong to you, find another doctor. A woman doctor or women's health clinic might be a better choice for you.

## Mammograms

A mammogram is an X-ray of the breast. It's uncomfortable and imperfect, but so far the best view doctors can get. Ultrasound is often used for more difficult-to-see breast problems, so sometimes after a mammogram you'll be sent for an ultrasound. Some people are opposed to mammograms because they use low-level radiation (that's what X-rays are) and others because they believe that for the small number of cancers or problems found, mammograms cause too much anxiety and lead to the removal of tissue that turns out to be benign. But most doctors, and women who have survived breast cancer or have seen someone die from it are grateful for all the diagnostic tools we can get our hands on.

## ⊙ Screening mammograms

Screening mammograms are offered free (on Medicare) to every Australian woman over the age of 50 to check for possible signs of cancer. Cancer caught in the earlier stages is usually much easier to treat and beat. Women considered at higher risk than average should start mammograms in their 40s – these are also free.

It's recommended we should all have a mammogram every two years between the ages of 50 and 69. (About three-quarters of breast cancers detected are in this age group, although breast lumps and cancer can happen at any age.)

## ⊙ Diagnostic mammograms

If you or your doctor have detected something odd or unusual in a breast you may go for a diagnostic mammogram, in which the radiographer will have instructions to concentrate extra attention onto the suspicious area, and see whether they can tell if it's benign (okay) or needs more investigation (just in case).

Diagnostic or more complicated mammograms are often also done for women with breast implants, because the implants and their resultant scar tissue can obscure a proper view of breast tissue.

### BREAST IMPLANTS & MAMMOGRAMS

Tell the referring doctor and the radiographer before they do any squishing if you have implants. It's possible that a mammogram could put pressure on your implants and cause leakage, although this is unlikely. It's crucial for you to have mammograms or ultrasounds if you have implants, because the implant could be obscuring a problem that you and a doctor can't feel.

## ⊙ Booking & preparing for a mammogram

It's best to make an appointment for a mammogram so it's 14 days after the first day in your cycle (in other words, 14 days after Day One of your last period). If you don't have periods, just make an appointment for any day. This will mean your breasts will not have premenstrual extra fluid and tenderness. Don't wear deodorant or any fake tan, body powder, body sparkles or anything else that could show up as tiny dots or a strange area on the X-ray. Take deodorant to put on afterwards, if you like.

If you've had a mammogram before, you should have the X-ray photos filed at home. When you make the appointment, ask if they'd like you to bring them, for comparison.

According to official government health statistics, less than 1 per cent of women screened at a mammogram will need a referral to investigate something that looks dodgy. See 'Investigating a Breast Lump', opposite.

### MORE INFO
on booking a mammogram

Ask your GP, or call BreastScreen Australia on 13 20 50 to find your nearest clinic or visiting accredited clinic to your local area.

### PREGNANCY & MAMMOGRAMS

It's best not to have any X-rays when you're pregnant, so if you are, and you need a breast exam, ultrasound is the go.

## ⊙ What happens at a mammogram?

Allow half an hour for the actual procedure, but of course most clinics and doctors run late. At many clinics, you're asked to remove the top half of your clothes and are given a clean robe or smock to wear.

You'll go into a room where a big machine stands, a bit like a complex gym machine. The machine has several square or rectangular metal plates on arms. A nurse or technician will help to place each breast in turn onto one of these plates, then a higher plate will be moved down into position to squash your breast as flat as possible between the plates, making a kind of bosom sandwich.

The assistant will then make a final, tighter adjustment (this ranges from feeling just firm and comfortably snug for some people, to temporarily uncomfortable or painful for others). The operator then steps briskly behind a ray-proof screen or into another room, where they trigger the X-ray shot to be taken, returning to release the pressure on your breast as soon as possible.

In a standard mammogram they'll take two shots of each breast from different angles. (So expect each breast to be squashed once vertically and once horizontally). I'm guessing the machines were designed by a twitty engineer – why you would have a hard-edged rectangle rather than a rounded plate-shaped one that's . . . well, don't get me started.

Most mammogram assistants are professional but kind. They know that it's a confronting experience, especially if there's any suspicion of trouble, and they'll try to minimise the discomfort for you. Rest assured they're not trying to torture you, but to get the best possible view for the doctor who'll examine your X-rays.

It's very common for people to be called back for a repeat mammogram. It doesn't mean something awful has been discovered. It means the doctors want another view or angle to make very sure of their opinion. It's an imperfect science.

## ⊙ Getting the results of a mammogram

Sometimes there'll be two doctors on site who will have a quick squiz at the large picture, or X-ray, on a light box, and let you know straightaway if they need another X-ray for a better look or there's any cause for concern. Or your X-rays may be sent to two doctors elsewhere for examination. One of the doctors should be a radiologist, an X-ray specialist. You may not be informed of the results for a month, but if you've been referred for something already suspicious, such as a lump, rather than a routine screening scan, there'll be a greater sense of urgency. Check while you're there how long it will take, and don't be afraid to get your referring doctor to request a fast-track result.

Before you leave the clinic, make sure you have any old X-rays as well as the new ones to take away and file at home. You may need to come back and pick up the new ones later.

### ⊙ Non-Medicare breast screening

You may have seen ads for 'digital infrared thermal imaging' or other breast screening methods used in a private clinic. Some ads imply their test 'offers the opportunity of earlier detection of breast disease than has been possible through breast self-examination, doctor exam, or mammography alone'. The ads seek to cast their net wide, saying things like: 'Have you got a family history of breast cancer? Early detection saves lives!' According to the specialist breast doctors I consulted for this book, this sort of private, expensive testing is not necessary if you're doing the usual Medicare-covered mammograms by recognised specialists.

**MORE INFO**
on breast screening & mammograms

**cancerscreening.gov.au** Choose 'BreastScreen Australia' for details of the Federal Health Department's program. You can book a mammogram or learn more.

**nsu.govt.nz** The NZ Government's national screening program. If you're between 45 and 69, register online for free breast screening.

## Investigating a Breast Lump

Sometimes doctors can't tell on a mammogram whether a lump is a 'problem' or 'suspicious' or not. Lumps that are no problem are usually smooth in outline and look less dense or intense on the screen. Most of the lumps that are investigated further also turn out to be benign (no problem). But to make sure, a doctor has to take a small sample of the lump and get it to an experienced pathologist, who looks at it under a microscope.

If they can, doctors will use the least confronting way to get the sample. The bad news is, they're all a bit invasive, they all hurt and they're all guaranteed not to make your day. If you need any of these biopsy procedures, you need to allow yourself to

be brave, then allow yourself to be looked after. Get somebody to take you home and put you on the couch with Anzac biccies and tea. If you have to go home to family, make sure somebody else is organising dinner and everything else for the evening. You'll be a bit sore and feeling vulnerable, and that's perfectly understandable.

Here are the main ways doctors get a sample of a breast lump (which they may call a cyst):

- **Needle biopsy** – After a local anaesthetic takes effect, the doctor pushes a thin needle into your breast. The doctor will use their fingers to find the lump, or if that isn't possible, use a mammogram picture to aim the needle, insert it, then tape the needle into position and take another mammogram to see if it's into the lump where it needs to be. The needle will withdraw some fluid from the lump or cyst. Or, the needle will have a special tool attached to cut out a tiny 'core' of tissue and extract it.

- **Scalpel biopsy** – After a local anaesthetic has taken effect, a part of the lump is removed using a scalpel instead of a needle.

- **Lumpectomy** – A surgeon will remove the lump, usually under a general anaesthetic. Usually you can go home the same day. You may have a few stitches and a small scar, often under the curve of the breast or along the line of the areola if possible.

All biopsies and small day surgeries will cause some pain afterwards. Once home, you can apply an ice pack to reduce bruising. While normal sports injury advice for ice packs is 20 minutes on, two hours off, you may want to try five to 10 minutes on breasts, which are more sensitive. Always cover the pack with a tea towel or pillowcase and see how you go.

Most biopsy results show that the lump is *not* cancerous.

## Breast Cancer

Breast cancer can be in just one lump in one breast. But in some cases the cancerous cells spread outside the breast ducts into other breast tissue, and become 'invasive'. A 'secondary' cancer

# Breast cancer

I was diagnosed with breast cancer recently. I'm currently undergoing radiotherapy. It's very intrusive on my privacy, but there are plenty of others worse off than me. I've spoken to family members and a colleague who also had breast cancer, and read lots of literature.
ANON.

'I have metastatic breast cancer. I've followed medical advice and had radiotherapy and chemotherapy. I make the most of life when I can. Draw on the support around you – friends and family *do* want to help and are there to talk to and laugh or cry with.'
LISA, 46, WOLLONGONG

I have breast cancer with complications. It caused a massive interruption for 12 months, prevented me bushwalking, made me even more aware of how precious life is. I've managed with great doctors and worked hard at maintaining a good balance. Avoid negative people, avoid the internet and do-it-yourself doctoring, get the best advice and follow it, trust your medicos and pray to whatever god you have. Be honest about your condition but don't make it dinner-table conversation.
VAL, 62, MYALLA

I've recently been diagnosed with breast cancer. I had a lumpectomy and then a mastectomy five weeks later. I haven't worked full-time since. The pain has been quite hard to bear, but I'm on the home stretch now. My friendships have been affected: I find it difficult to meet new people and don't like telling people.
TERRI, 49, CANBERRA

My mother died of breast cancer. Now I have regular ultrasounds. I found a lump once, which was benign. Occasionally I worry.
FLORENCE, 35, MAYLANDS

I had breast cancer in my 20s. It made me concerned for many years about having children – if it was right to have kids if my life expectancy wasn't long or if I could have them at all. Looking back I suspect I was depressed for some time. I had a lumpectomy plus chemo and radiotherapy. Get counselling. Make sure you have a GP coordinating your care.
VICTORIA, 47, SYDNEY

My sister died from breast cancer – she was diagnosed at 21 and lived for 13 years. It was all-consuming for her, her family and the rest of my family.
CAMILLE, 48, SYDNEY

'My aunt died at age 58 of breast cancer – she thought that with alternative remedies she could cure herself. *She died.*'
LESLEY, 49, OLD TOONGABBIE

Just stay positive if you've been diagnosed. When I had radiotherapy I always said the bright light (the radiation lamp) was healing me, not hurting me.
SALLY, 56, BUSSELTON

'Breast cancer is horrid and a few of my friends have gone through it. I think they're wonderfully brave girls.'
GEORGINA, 45, MOULAMEIN

As I was diagnosed with cancer at 32, I encourage women to be more in tune with their breasts – shape, feel, etc. FREYA, 34, WINDSOR

## Breast reconstruction after mastectomy

I had a breast reconstruction after mastectomy for cancer. It was such a difficult decision and I can't imagine anyone volunteering to be cut open for cosmetic reasons. Having a breast removed is heartbreaking for a woman of any age. Breasts are a key signifier of our sense of femaleness.
ANGELIQUE, 34, PRAHRAN

'I did at first think I couldn't bear to lose my breast, then asked if I could have a reconstruction at the same time. Now, I don't think I'm interested.'
TERRI, 49, CANBERRA

My sister had a breast reconstruction that wasn't great. It was the best they could do but they didn't prepare us for realistic expectations of the result.
JEMIMA, 36, MELBOURNE

I had an implant procedure not long after my mastectomy but it became infected and had to be removed. I haven't tried again, as it was a hard experience to go through. VICKI, 56, CANBERRA

A good friend has had breast implants following a double mastectomy. I'd probably do the same thing in her place and I'm proud of her for having the courage to openly admit to this.
CHERRY, 26, WOLLONGONG

I had a mastectomy for breast cancer on the left side. I was really pleased when the doctor said he couldn't make a reconstruction as large as before. I had the other breast reduced.
TOPSY-TIFFANY, DONCASTER EAST

means cancer cells have gone outside the breast to another area or organ. If the cancer is not caught early, or is moving very quickly, it can 'metastatise' into a secondary cancer, meaning it hitches a ride through the bloodstream or through other means and can turn up in the lungs, bones or liver.

## BREAST CANCER & YOUNGER WOMEN

Although breast cancer is much more common in women over 50, it also happens to young women. 'Rare' doesn't matter if it's you. Jane McGrath was 31 when she was diagnosed, Belinda Emmett was 24 and Kylie Minogue was 36. No matter what your age, if something changes in one of your breasts or you find a lump, get to a doctor within the week. Breast cancer has been found in teenagers.

## ⊙ Your breast cancer risk

There are statistical risk factors for getting breast cancer, such as being a woman, or if several of your relatives have had it. This family-related risk increases if there's also a history of ovarian cancer, and you may be able to have a gene test to help assess your individual risk. But to put things into perspective, it's pretty common to have a female relative who's had breast cancer, because it affects about one in nine Australian women up to the age of 85. So if you have a mum or a sister who was diagnosed with breast cancer when they were over 50, without any other factors, that doesn't increase your own statistical risk.

If you have breast cancer, you didn't 'bring it on yourself' by your behaviour. It's not 'caused' by being a social drinker, or having someone in the family who has it, or choosing not to have kids, or being on the Pill, or breastfeeding or not breastfeeding, or being plump or being thin. It's true you can lower your risk if you drink less than three drinks a day, and do two hours or more of brisk walking a week. There's no evidence at all for any link between breast cancer risk and deodorant use, wearing underwire bras or being stressed. Anti-abortion campaigners often claim that having a pregnancy termination increases your statistical risk of breast cancer. That's a lie.

There may be a small increase in statistical risk of breast cancer if you take the Pill (which disappears after you've been off it for 10 years), but being on the Pill can reduce your risk of ovarian cancer.

About 90 per cent of women have an 'average' risk of getting breast cancer: but 100 per cent of us need to do monthly self-checks, have a yearly check at the GP and a mammogram every two years after the age of 50. Early detection and treatment very significantly raises the likelihood of beating breast cancer.

## ⊙ HRT & breast cancer

You may have heard about a link between breast cancer and hormone replacement therapy (HRT) drugs for women who have been through menopause. Breast cancer researcher Professor Geoff Lindeman from Melbourne's Walter and Eliza Hall Institute of Medical Research points out that the risk is often misreported or overstated. Say a study shows that:

- in a group of 1000 women in their 50s who *don't* take HRT, over five years, 11 of those women may be expected to develop breast cancer, and
- in a group of 1000 women in their 50s who *do* take HRT, over the same five years, 15 of them may be expected to develop breast cancer.

This is often reported as a 35 per cent increased risk of breast cancer (because 15–11 = 4 and 4 is 35 per cent of 11), which sounds very frighty indeed, but in fact the increase in cancer cases (four additional cases out of the 1000 women) is actually a very small 0.4 per cent.

Of course it makes sense to discuss any individual prescription for HRT with your doctor: it's now generally considered okay to take HRT short-term if you need it to help with specific menopausal symptoms during the first five years of menopause. You'll need to assess your risk and decide for yourself: see Chapter 19, 'Menopause', for more.

**MORE INFO**
**on your risk of getting breast cancer**

**nbocc.org.au** The National Breast and Ovarian Cancer Centre website, funded by the Federal Health Department, has a 'risk calculator' with explanations. Choose 'Assess Your Risk of Breast Cancer'.

## NEW-AGE CRAP ABOUT BREAST CANCER

A few New-Age-style spokesfaffers and authors claim that people with breast cancer have somehow brought it on themselves by stress, or some sort of ambivalent attitude to their femininity or breasts. But cancers are not caused by attitudes. Bad things happen to good people. Beware of author and 'self-help' squillionaire Louise Hay, who has said, 'The breasts represent the mothering principle. When there are problems with the breasts, it usually means we are "over-mothering" either a person, a place, a thing, or an experience . . . If cancer is involved, then there is also deep resentment.' (Ms Hay, you'll be thrilled to know, has talked about taking years to 'manifest' a Rolls Royce, and reckons uterine cancer is caused by a woman's resentment.

New-Age gurette Dr Christiane Northrup, a bestseller who publishes with Louise Hay's company, is a self-described 'visionary' (there's a warning bell if ever I heard one clanging in the breeze). She has cottoned onto the popular idea of 'women's wisdom' (you have to sign up to get it) and has linked illnesses including cancer with misbehaving 'chakras' and doing too much for other people. I'm all for women having more 'me' time, but looking after a family doesn't give you cancer.

Some New Agers and 'I'm special-ists', as I like to call them, say that you should abandon medicine and only use natural methods to treat cancer. While doctors have always known that a very small minority of cases of advanced cancer resolve themselves for reasons unknown, they never know which patients this will happen to.

Patients who reject all medical help are thousands of times more likely to die quicker and in more pain.

An organic diet won't hurt you, but there's no evidence it can beat cancer once you have it. Natural therapies can help support your body and mind during medical treatment. A professional herbalist can work with your doctor to help adjust hormone levels. Relaxation techniques and a strong sense of spirituality or intellectual comfort can be a bonus for anybody. All doctors should be made aware of any natural therapies you're taking, as some can interfere with medical treatment or even be harmful.

## ⊙ A breast cancer diagnosis

Most people who get breast cancer will survive it. That's because most people with breast cancer catch it early and are able to get treatment that removes the known cancer. If you've had breast cancer once, you're at greater risk of it coming back, so you'll need more regular checks and vigilance afterwards.

## ⊙ Treatments for breast cancer

Depending on your individual case and your doctor or doctors' opinions, treatment could include any or several of the following:

- a lumpectomy, to remove a cancerous lump
- a mastectomy, which is surgical removal of all of the breast
- surgical removal of one or more lymph nodes (part of the immune system) from under an arm
- a course of chemotherapy, a very strong drug in an intravenous drip that aims to kill cancer cells. It makes you very nauseous during the treatment phase, and your hair falls out. It grows back afterwards. (See Chapter 5, 'Hair', for hints on dealing with this.)
- radiotherapy: radiation rays directed at the specific target area to kill cancer cells. This can also destroy other nearby tissue, and cause burns.
- hormonal medicines to reduce the risk of breast cancer coming back, or to slow or stop the growth of secondary breast cancers.

Research is continuing into possible new treatments, including the use of stem cells.

### MORE INFO
on breast cancer

**nbocc.org.au** The National Breast and Ovarian Cancer Centre is Federal Health Department funded and run by health professionals with the latest on screening, diagnosis and treatment. Choose 'Breast Cancer' for detailed info.

**ywcaencore.org.au**
**1800 305 150** A free, national YWCA exercise program for women who've had breast cancer. Go to the website or ring for enrolment details.

**bcna.org.au** Breast Cancer Network Australia is a collaboration of women and their supporters founded to help those who are given a diagnosis of breast cancer. Links to support groups, personal stories, info packs and online explanations.

## BREAST CANCER FACTS

- Nine out of 10 Australian women who get breast cancer have no family history of it.
- One in 11 Australian women will develop breast cancer before the age of 75.
- Most women who have breast cancer will survive it.

## ⊙ Breast reconstruction

Some women aren't keen to have any more surgery or body trauma, and are content to live with a scar and a 'flat' chest after a mastectomy – some wear a bra with special custom padding in one side (you can buy special swimsuits, too). Others prefer to have a 'new' breast constructed (or two, in the case of a double mastectomy).

Breast reconstruction should be done by a plastic surgeon with a specialty in breast reconstruction, or by a breast surgeon who has recognised qualifications in reconstructive surgery.

Ask to see photos of different sorts of possible results (the surgeon will have them), not just his or her 'best work' or most pleasing results. You won't look the same as you did before – it's not an 'invisible' job, there'll be some scars and there may also be some changes caused by radiation that leave scarring. Sometimes doctors want to change the shape of a healthy remaining breast so that you have more of a 'matching pair'.

You may have to use some form of device to stretch your skin over time to make room for an implant. Depending on individual cases, you may have a breast reconstruction in the same operation as the breast tissue removal, or, more likely, it'll be scheduled for a few weeks or months in the future. In cases where a nipple is also removed, a 'new' one can be made for a reconstruction using skin from your stomach or thigh, or your remaining nipple. The darker colour of nipples and areolea can be applied by specialist tattooists later (bonus fact: grafted skin doesn't have the same nerve endings so it usually doesn't hurt at all).

You won't have the same sensations in your 'new' breast. Some people are quite thrilled with their new bazoombas, while others are a bit 'meh' about them. It's worth talking to a few people who've had it done to discuss your philosophy, expectations and results. (You could search online for threads and forums on breast reconstruction.)

Don't assume that your partner thinks a reconstruction is important or necessary: really talking and really listening are the only way to work that one out. Give yourself time to think it through.

**MORE INFO** on mastectomy swimsuits

Mastectomy bathers have removable cup padding on each side so you can customise them. These online stores have a realistic range of sizes.

**landsend.com** and **swimweargalore.com.au**
If you buy, make sure you measure yourself and use the size charts.

## Breast Enlargements & Reductions

## ⊙ Cosmetic implant surgery

For reconstruction surgery after mastectomy, see above.

In an attempt to fit the unusual so-called ideal body shape, now more influenced than ever by porn and crazy-chimp bonkers fashion designers, some women continue to punish themselves by denying food and getting surgically implanted fake breasts (also known as 'augmentation' in the ads).

For info on implants and other cosmetic breast procedures, including injecting nipples with substances so they look permanently hard (oh yes, sadly) as well as important info on what could go wrong, specifically with implants and generally with any surgery, see Chapter 8, 'Cosmetic Surgery & Procedures'.

## ⊙ Breast reduction surgery

Breast reductions are almost always considered a medical operation, not a cosmetic one. Many women need a breast reduction as their breasts are causing shoulder and back pain and genuine difficulty in daily life. Others, however, have it because they're sick of their breasts physically getting in the way and becoming a constant issue in social situations. There may be a long waiting list to get the op done on Medicare.

Many women find that a careful and gradual program to get them down to a more comfortable weight is a cheaper and less risky way to bring their bosoms down to a manageable size. Some are surprised to find that their breasts only weigh a kilo or so each, and that reducing their overall body weight will be surprisingly helpful in the bosom department. Also, being above a healthy weight adds risk to any surgery. Breast reduction, like any surgery, has significant risks, both with general anaesthetic and possible infections or complications. Having a good surgeon will reduce but not eliminate risk. After a breast reduction you probably won't be able to breastfeed, or you'll manage a reduced milk supply you can supplement with formula. Breast reductions can make it harder to detect breast lumps and other medical problems.

If you're considering a breast reduction, please choose your surgeon very carefully and make sure they're a member of the Australian Society of Plastic Surgeons – there's more on how to do this in Chapter 8, 'Cosmetic Surgery & Procedures', along with info on 'Cosmetic Surgery: What Can Go Wrong?'.

# CHAPTER 18

# Pregnancy thoughts & decisions

For every woman who has her fingers crossed and can't wait to feel thrilled by the news she's pregnant, there are others dreading the possibility and willing their next period to appear. This chapter is for both kinds of women, not least because most of us will feel both of those things at different times in our life. Should you try to get pregnant, and if so, when is a good time? What if you want to be and you're not, or you are and you don't? See, it can be complicated. Let's sort it out.

# Deciding whether or not to have a child

If you wait until everything's perfect you'll never have a child.
SUSAN, 55, CHICAGO, US

'My son was unexpected and it was the best (and worst at the time) thing that happened. There's never a right time. Is anyone apart from the rich ever financially ready for a child?'
KELLY, 32, BERWICK

Let's face it, a baby's always going to interrupt something! Sometimes they're just the catalyst you need to push you into making decisions about your life.  SALLY, 32, PERTH

You just need to decide if and when you can make room for them in your life, and if you're ready to relinquish freedom and replace it with joy and frustration.
MELANIE, 29, BENDIGO

Do what's right for you. Babies are hard work – you need lots of support – and they don't 'love you back' for a long time! There's no right time – just dive in if you think you might want to start.
KATE, 39, MELBOURNE

'You don't need a lot of money to have a baby, you need a lot of love.'
LYNETTE, 50, YARRAGON

If you really want a baby, go ahead and try for one. Babies don't really need all that money spent on them, they just don't care.
BARBARA, 57, DUNLOP

Work to a budget if you're thinking about having a child. If you can stick to it, then you can do it for real.  PATINA, 28, MT PLEASANT

If you're in a stable loving relationship, you can find a way to make it work financially.
KAT, 26, PERTH

Don't think that a baby's going to make your relationship with your partner better if the relationship sucks already. It's a selfish thing to make a child grow up with two parents who don't like each other.
ALETHEA, 27, COLLAROY

Make sure you know how to look after yourself before you try to look after a child.
SAMANTHA, 46, BLACK ROCK

Don't listen to anyone who tells you that everything's always wonderful. Be prepared to have everything you do double in time and dirtiness and then see if you'd like it.  TARYN, 31, BALLARAT

'There's never a right time, unless you make it right.'
CASEY, 29, NARRE WARREN

Bringing up a baby can be hard work, and can put a huge strain on a relationship.  MEG, 19, BUNBURY

Never have a baby to hang onto a man.  PAMELA, 45, CANBERRA

There's no point telling women to have babies when they're most fertile if they can't find a man who's willing to settle down and grow up!
MEGAN, 35, HIGGINS

If you're unsure about being a parent, remember that it's really hard and the responsibility is 24/7 for many years. It's not a decision to take lightly.
KATE, 37, PARKDALE

'If you're in a violent situation, don't do it.'
ROBYN, 43, OAKLANDS PARK

It's not the baby that changes your life, it's the toddler, the preschooler, the schoolchild. The baby is just a drop in the ocean compared to how hard it is to raise kids.  ALI, 38, KILLARA

'I had my daughter at 18. Very stupid. I missed out on so much that my girlfriends enjoyed.'
ANON., 62, NEUTRAL BAY

I plan never to have children, ever!
ALAINE, 34, SYDNEY

Don't bother. Life's so much better without screaming shitty bratty kids.  DEBS, 40, CAMPSIE

Why does everyone expect me to want to have kids?
KRISTY, 30, MELBOURNE

I was never going to have kids but at 35 the hormones kicked in and off we went.
WENDY, 55, WANGARATTA

'I don't know what I'd do if I got pregnant. I don't want to have children.'
JANE, 34, CANBERRA

We were 44 when the last of our kids turned 18 and now we can do what we like when we like. We love it.  JENNY, 51, CAMBERWELL

'If you have kids, you'll have brilliant times and bad times. If you don't have kids, you'll have brilliant times and bad times. Those times will be different. So, in a way, you can't lose.'
ALISON, 38, LONDON, UK

Why didn't they tell us being a parent was so good? I would have started earlier!  MILLE, 39, TORQUAY

Regardless of age, you just have to be mentally geared up for it.
HILDA, 40, GREENSBOROUGH

It's okay to be selfish in your decision, and even the best decision can make you feel sad.
LEAH, 46, OLINDA

## Planning a Family

Save yourself time and abandon any plans you have for a magic number of kids, or what sex they're going to be. I once heard a woman explain that she wanted four kids, in order, a girl, a boy, a boy and then another girl. She had also decided which star signs to aim for in order, that the girls would have long hair, that they would all eat only organic food until they were 18, and that one of them was going to build a boat. It was hard to decide whether to say 'Good luck with that' or 'I think your brain might be on fire'.

Life has a way of evolving contrary to plans, especially when it comes to kids. It's a great sorrow to many people that they never conceive a child or struggle for years to try to have a family, while others get pregnant easily but don't want a child. Few people get to choose how many kids to have. We've only had really reliable contraception for about 50 years – the Pill – and readily available and reliable condoms for the last 30 years or so. This has produced a radical and transforming change in family size. The vast majority of women, given the option, choose to have one or two children, whereas their great-grandmothers often had six to 12 surviving kids, with a few likely losses in childbirth, or in childhood, often to diseases we can now vaccinate against. It was common for women – and babies – to die in childbirth. I'm sure that their tragic losses were no less hard to bear because they had more children. These days we're lucky to be able to choose almost anything at all when it comes to fertility.

### O Deciding whether or when to get pregnant

Not everyone has the 'luxury' of deciding when to get pregnant. Whether and when you get pregnant can have more to do with luck, 'accidents' and individual circumstances, but here are a few thoughts to ponder if you have the luxury of deciding when to try to get pregnant.

Before you decide whether to have kids, it's best if you have some idea of what you're in for – spend some time with family or friends who have a newborn, a couple of kids under 5, teens, grown-up kids. Think yourself into the role of mum.

### O A checklist for deciding whether to try to get pregnant

- Would you want yourself as a parent?
- Will your child thank you for the choice you've made in their other parent? Many people regret not having children, but many also regret who they had a child with, or the timing of the pregnancy. If your partner has a volatile temper, or is unlikely to bring in any income or want to look after children and do some housework, then second thoughts are a very good idea.
- Do you and your partner agree on important issues such as who is expected to keep working after the birth, protecting your child with vaccinations, and any religious or educational assumptions? How about manners and methods of discipline?
- Is this a good time for you to become a parent? It's natural to want to have a baby, but it's smart to think about the best time, if you can. (It's also natural to decide you don't want a child, and that's okay too.) You don't have to be in a 'perfect' life to start a family. You don't have to own a house or be rich. You just have to be grown up enough to make it work.
- Is your most likely safe fertile period running out (i.e. are you nearly 35?)?
- Have you thought about any lifestyle changes you'll have to make, from finding out about preconception vitamins you'll need, to giving up smoking and drugs – not just for the pregnancy, but throughout breastfeeding and when you're looking after your child or children?
- Have you had a full medical check-up?
- Do you want to have a baby to try to make a relationship better or keep a partner? (This never works.)
- As well as loving a child, do you have the resources and character, and maybe the time, to be able to stand up for yourself, and for them, and to fight for what you need, in case of special medical, educational or other needs?
- Can you be flexible and kind to yourself if things aren't perfect?
- Do you feel like you have lots of love to give?
- How do you feel about putting your needs second or so for the next 18 years?
- If you're not financially 'set', how much knowledge or research have you amassed about how

# Infertility & miscarriage

Losing a baby in the second trimester has been the worst thing that's ever happened to me. I've tried to be proactive about finding out information – both general and specific to me. I have a wonderful online support group as well. You need to get support from wherever you can.
HANNAH, 30, WELLINGTON

My husband and I attempted to start a family when I was 30. It didn't happen naturally. Our daughter was conceived by IVF when I was 38. Sometimes it takes time to get pregnant.
MAREE, 45, MELBOURNE

Infertility has affected everything about my life. Doing IVF rules your life at times and it's stressful.
FLOSS, 32, WAGGA WAGGA

I had six miscarriages before being diagnosed with a bicornate uterus. It was fixed and my two kids came along.  RACHEL, 38, QUAKERS HILL

I'm trying to get pregnant again at the moment and it takes over every thought and feeling.
EDWINA, 30, YARRAVILLE

Pregnancy loss is devastating if the baby is wanted. I couldn't believe the level of grief I felt.
ARTEMIS, 48, MELBOURNE

I'm young, the exact BMI doctors recommend, I have a healthy lifestyle and eating habits, good blood test results, etc. They've found no problems and yet we're still having trouble falling pregnant. Don't assume you can pick when it happens and just be thankful when it does!
JAELE, 26, WINMALEE

Don't assume it will happen when *you* want it to. When the time comes, it might not happen and you can end up like me – 39 and on IVF.
LORRAINE, 43, ROWVILLE

# Feelings on pregnancy & parenting

I've had to put my career on hold while I'm at home with children. I watch as my peers gain jobs that I no longer have the time to give to.
CARRIE, 35, WARRANDYTE

You don't get taken seriously when you're an at-home mama. I don't want it all: I want to be home to share the precious early years in my kids' lives, and I shouldn't be made to feel bad or that I'm missing out for doing so.  EMMA, 31, BRADBURY

I hated being pregnant. I hate the expectation from hubby that I'm the cook, cleaner and child raiser. I'm a full-time worker too!
STACEY, 38, SEACLIFF PARK

'I love and adore being pregnant – it's the most amazing experience any person could ever go through.'
KYLIE, 38, LAMBTON

It's not as straightforward as society would have one believe. It's fraught with risk and anxiety every step of the way, at least in my experience.
FLORENCE, 35, MAYLANDS

Babies are much better out than in!  LEAH, 46, OLINDA

I was pregnant and breastfeeding for nearly 20 years and don't regret a moment of it.
BERNADETTE, 53, MILDURA

My baby was a surprise and I cried for three weeks when I found out I was pregnant, but if anyone tried to take her off me I'd beat them to death with their own limb!
KATE, 30, BALLARAT

The birth is the short bit. The big bit is once they come out and need a mum.  BEATRICE, 38, PRESTON

'It's an incredible process, but many people underestimate how ambivalent a woman can feel about it all.'
CAITLIN, 38, NEW YORK, US

I think parcel post would have been a more efficient method of child delivery.  LOUISE, 61, WINSTON HILLS

It changes you. You become more emotional, your thoughts on life change, your priorities change.
HEIDI, 28, PARRAMATTA

For many of us it's shitty – you get fat, swollen and irritable. It's okay to hate being pregnant – it doesn't mean you hate your baby.
SCHELLE, 37, OAKLEIGH

'What's the myth that pregnancy is great? I *hated* it!'
ELISSA, 39, COBURG

I vomited from week 5 to week 41½, had cardiac arrhythmia, bloody noses. In delivery, I had a haemorrhage, cord around her neck, retained placenta. It's taken six years for me to think about having another.
LISA, 32, HEATHERTON

It's such a wonderful time of anticipation! And it really causes you to think about your priorities – you suddenly need to really look after yourself.
CATH, 33, PERTH

I didn't find pregnancy the wonderful experience a lot of women do. I felt like a beached whale most of the time, and childbirth is excruciatingly painful.
MAY, 56 CANBERRA

to cope, in terms of housing, transport, child-care, retraining or job opportunities?

- Can you find out how to get help from Centre-link and other local, state and federal agencies?
- In the worst case scenario (you're a single mum with no job and no house), what would you do?
- Given that most people in history have had the help of an extended family, a village or tribe, or at least a partner, if you're on your own, do you have friends or relatives you can live close to, who can help with the unrelenting 24/7 (not to mention 52/365) nature of parenthood? Do you have friends or family who might be very involved rather than just available sometimes to 'help'?

## UP THE DUFF

My book *Up the Duff: The Real Guide to Pregnancy* is a week-by-week guide covering all the medical and emotional info. If you DO plan to try to get pregnant, it has much more for you than we can fit in this chapter.

## ◯ Reality check

In anonymous 'happiness surveys' in developed countries, again and again, women say they're less happy after having kids. They don't say this in front of their children, of course, and they don't say they don't want their children any more. But there is an oft-unacknowledged truth for both men and women, particularly with very young children, and it's this – if we knew how hard it was going to be before we became parents, some of us would have been too daunted to go ahead.

After children come along, most of the extra burden of housework, family organisation and worry falls on women, and women are most likely to be the ones to also lose their economic independence and their place in the job and career market, at least temporarily, and most likely to become isolated. It's as if, when they give you a baby, they also hand out a show bag with wet wipes, guilt and a coupon saying, 'Your choices in life have just been slashed by 81.67 per cent.' Most parents don't regret having their kids – but they acknowledge that life is much, much harder for them once they have.

Having a baby (which is then a toddler, and a schoolkid, and a teenager, and a grown-up), is a huge upheaval in a relationship and a life. Your life will never be the same again. You'll have worries like you never believed. You'll feel more tired than you thought was possible without losing consciousness. A parent has had experience of two kinds of life – the freedoms of pre-parenthood, and the earnest love and tethered servitude of parenthood. Most parents say that if you haven't been a parent, then you simply cannot imagine it.

If you've never been a parent, you can't say things like 'I know what it's like to be a parent because I've had a puppy' or 'I've been a bit tired lately too' and expect to be taken seriously. The sleep deprivation of breastfeeding in the early weeks of a baby's life is exactly what interrogators do to suspects – except the suspects don't have to worry about keeping their baby alive.

If you decide to have a child, be prepared to miss what you had before. That doesn't make you a bad parent. It makes you honest and grown up. Feminism doesn't mean we can do everything. It means, if we're lucky, we get to make more choices.

It's such a strongly held view that once somebody has had children, they never regret it. This is not true. Some people regret it bitterly, or feel completely unable to be a good parent. It's just that the taboo on saying you wish you didn't have children is, if anything, even stronger than the taboo of being an obviously 'bad' parent. And you can adore your kids while wishing that your life turned out differently, or love your kids and not want to hurt their feelings by saying 'I should never have had a baby with that guy' or 'It was the wrong time in my life to have kids'. In this way, regretful feelings about being a parent are 'edited out' of discussions.

Under the cover of 'problem pages' on websites and in magazines, people do sometimes confess, anonymously, that they don't feel they can cope, or they have no feelings for their baby or kids, or that they want to give them away but are scared of what other people will say. In most cases, such feelings are symptoms of postnatal depression (in mums or dads), and with treatment, or more sleep, a person can become a happy and loving parent. But in very sad cases, it's clear that some people should never have become parents.

# Advantages of being a younger mum

You don't get so tired. You can have more kids if you want to. You're less set in your ways. You have less money so you don't waste it on poncy expensive prams, etc. that babies don't need. You can grow up with your children.
MAVIS SPIDER, 44, FAIRFIELD

Physically you're better able to keep up with the demands of being a parent. You're also less likely to intellectualise the raising of children, which I think is a very real problem these days.
TAMARA, 35, LEICHHARDT

I was 22 when I was pregnant and I now enjoy a lovely relationship with my girls. Although financially it was a little tough to begin with, the joys of having them grow up with us now and being able to do things as a family are lovely!
CANDY, 38, MELBOURNE

I don't think there are any.
VANESSA, 38, TEMPLESTOWE

I was 18 when I had my first baby, and by my 21st birthday I had two. I had an enormous amount of energy. I spent so much time on the floor, interacting with them. My body bounced back quickly.
ALLIKAT, 38, APOLLO BAY

You have more energy and younger grandparents to help.
SALLY ANNE, 45, CAMBERWELL

> **'You don't feel like a grandmother at the tuckshop.'**
> LIZ, 52, BRIGHTON

I think you could probably do without the sleep a little easier. I barely slept in my early 20s by choice! CASEY, 29, NARRE WARREN

You're fitter, more flexible, not so tied to work that it kills you to leave it for a bit.
RACHEL, 30, YARRAVILLE

I don't see any. I wouldn't want to have a child under the age of 29.
GEORGINA, 27, DARLINGHURST

At 17 I knew nothing. There were no advantages. CHERYL, 59, BLACKWARRY

The most important thing is having a baby when you feel ready, and for some people that's when they're young, and for others it's when they're older.
KARLY, 32, SURREY HILLS

I've known great young mums with lots of energy and patience and some really bad ones who are basically hopeless.
LINDA, 45, HIGHBURY

I sometimes don't have the energy to do things they want me to do.
JOANNE, 50, GORDON

Having had my child at 36, I realise it's just too late for me. I really struggled, being an older mum. DEE, 39, OAKLEIGH

# Advantages of being an older mum

I've done a lot of what I wanted to achieve so I don't feel like I'm missing out on anything.
KATE, 39, PRESTON

Career establishment, money, spending time making sure the father of your children is really a good guy. ELISSA, 29, MELBOURNE

I think older parents have more patience and more life skills to cope with the behaviour of little children. BARBARA, 57, DUNLOP

You're more relaxed about many things – you've probably seen close friends/siblings have many children and know there's no one right or wrong way.
ELEANOR, 42, RICHMOND

You know who you are.
GILLIAN, 35, CAIRNS

I think I'd have resented the sacrifices of parenthood if I'd had children earlier.
ALISON, 35, BAULKHAM HILLS

Having waited so long to be a parent you really value how precious it is. CATHERINE, 36, PRESTON

> **'Being old and wise enough to tell other people to stuff their parenting opinions.'**
> JULIE, 32, PERTH

I don't know if I would've coped in my 20s. I feel wiser and more mature as an older mum, though I do feel so much older than the other mums at the school gate.
VICTORIA, 47, SYDNEY

You've hopefully got your emotional shit together by then.
ALICE, 33, RESERVOIR

You're wiser, know where to access help, and are committed to the task at hand.
LISA, 47, BLACKBURN

We have our house paid off, so when we decided to get pregnant, we had the luxury of knowing that I could stay home with our son.
GINA, 39, ALTONA MEADOWS

Financial, educational, emotional. I couldn't have had kids in my 20s, mainly because I still was one.
CHARLOTTE, 35, WHANGAREI, NZ

You can have a well-established career and contacts, so it's easy to make the transition back into the workforce. FIFI, 34, LOGANHOLME

More than anything, kids deserve and need loving attention and guidance. If you don't think you can manage that, whatever the reason, then choosing not to become a parent is responsible and kind. If you doubt you can be a loving and attentive parent, but you *want* to be one – that's at least half the battle. Do yourself a gigantic favour and have counselling. You're a good candidate to be a great parent. You don't have to repeat the patterns of your own family: lots of resources are available to help you with parenting skills. Every good parent worries about being a 'bad' one, or not up to scratch. That's part of being a good parent, too – caring enough to think about it, and accepting that we'll make mistakes. Becoming a parent is too important for it to be compulsory, or taken on because of societal pressure.

## ⃝ Deciding when to get pregnant

Some women want to have babies young while others want to establish their career before thinking about a family – or simply haven't met the right partner yet. There are advantages both ways, and what you choose will depend on your individual circumstances.

### Some advantages of being a young mum

- Unless you're a teenager (a risk time for complications), your body is likely to be much more resilient and flexible, and you won't be as tired as often.
- You'll have your kids off your hands when you're still relatively young, with time to suit yourself, and maybe even help your kid with their own baby and enjoy being an active grandparent.
- You're less likely to strike fertility problems before you're 35.

### Some advantages of being an older mum

- You've had time to work out what a healthy relationship is for you, so you may be in a more stable one.
- You may be more financially secure, with some plans for future security, or some qualifications and experience that will help your career.
- You may feel like you're more mature, having dealt with emotional baggage, and more 'ready' to be a parent.

**MORE INFO**
on deciding whether & when to get pregnant

My book *Up the Duff* has lists of things to sort out before you get pregnant, if you can, and some ideas for maximising your chances of getting pregnant.

**childrenbychoice.org.au** This independent Australian organisation has useful quiz-based fact sheets on working out how you feel about being pregnant. Choose 'If You Are Pregnant', then 'Making a Decision: A Woman Centred Approach to Looking at Pregnancy Options'.

## ⃝ Choosing to be a single mum

While the vast majority of single mothers ('sole parents') say, once they have a child, that they couldn't love the child more and don't want to turn back the clock, many also say they would never have chosen to be a single mother if they'd known how hard it was going to be. The financial and emotional challenges, and the loss of independence and choices are far bigger than they ever realised. It's worth talking to some mums who've brought kids up alone, to get a practical perspective, to know what you're in for and to share ideas and feelings about single motherhood. You can't rely on meeting a partner soon, just as a pregnant woman in a partnership must factor in a knowledge that if she were to be left alone for any reason, she could still bring her child up (with help from family and friends, ideally, of course).

**MORE INFO**
on choosing to be a single mum

See Chapter 25, 'The Family You Make', for more on single mothers, blended families and related issues.

**singlemothersbychoice.com**
**Single Mothers by Choice by Jane Mattes**
A book with practical but US-centric advice.

### BEESWAX SITUATIONS

See Chapter 1, 'How to Be Confident', for handy retorts to impertinent questions about your pregnancy intentions, progress or marital status.

## O Deciding not to get pregnant

Not having children is a legitimate choice, and isn't about being 'selfish'. Some common reasons for deciding not to have children (there's no judgement here on whether they're good reasons in each case) include:

- not feeling a strong want or need to have kids
- not finding the right partner and feeling single parenthood would be too hard
- having had a bad experience as a child and wanting to protect children from a toxic legacy
- being with a partner who's sure they don't want to have any children, or no more than they have already from a previous relationship
- believing that having children is not good for the environment
- being scared or panicked at the idea of being a parent.

## Trying to Get Pregnant

My book *Up the Duff* has more info on this, but you need to think about:

- a medical check-up for both of you
- reasonably healthy living for both partners, including no smoking for both, and no grog for you, lady, and not too much for him
- taking a pre-pregnancy vitamin
- knowing about your bodies and menstrual cycle
- checking out assisted conception, if you don't have, or want, a bloke to hand.

Don't rely just on luck and 'natural pre-conception' changes. You can eat organic and do yoga until the cows come home, but if you're not getting pregnant it could be a medical reason that needs checking. The later you start trying, the more likely that you're running out of 'good' eggs. Don't listen to naturopaths who say you have to wait until you have a perfect lifestyle and are eating all-organic food, for example.

### WHEN TO HAVE SEX TO MAXIMISE PREGNANCY CHANCES

You can maximise your chances of getting pregnant by having sex two days or so before ovulation and the week after. If you have a regular cycle, your GP can help estimate when your ovulation will be (usually about 14 days after Day One of your last period). If your cycle is unpredictable or very long, you may need a few simple tests to make sure you're ovulating. If you're not pregnant within six months of trying, back to the GP with you. If you're over, say, 33, get checked out before trying.

## O Common signs of pregnancy

Some people have no idea they're pregnant; others have a feeling there's something different. There are some early signs but not everyone has these, and some women might get certain ones and not others. The visible pregnant 'stomach' happens much, much later in a pregnancy, and you'll need to know a long time before that if you can: either to be able to consider all your options or to prepare yourself for the change in your life.

Pregnancy symptoms can include:

- A period doesn't arrive (it's very rare to have periods while you're pregnant).
- Instead of your period you get a light spotting of blood, which could be a signal that an egg is implanting itself in your uterus.
- You've missed a couple of periods (but don't wait this long to do a pregnancy test – missing one period is enough to suggest you're pregnant).
- Your breasts are sore – they might be slightly swollen and tender, and the nipples or areolae (areas around the nipples) could get larger or darker.
- You start to feel nauseous or actually throw up ('morning sickness' can affect you at any time of the day).
- You have 'stomach' cramps – many women say that the early days of pregnancy feel a lot like getting a period, which can make it hard to tell the difference.
- You need to wee a lot – some women feel the need to wee much more when they're pregnant.
- You're more tired than usual.

## O How to find out if you're pregnant

Even when you have irregular periods and you're usually not worried about a missed one, do a test as soon as possible after a missed period, or as soon as possible after you've had unprotected sex.

You can get tests from the pharmacy or supermarket for between $10 and $20. These are very accurate and can sometimes show within a couple of days of having sex whether you're pregnant. If you get a 'negative' result after a missed period, do another test in 10 days to be sure. Most people find it hard to trust just the one test, so do another to confirm the result – it's usually cheaper to buy two tests in the one packet than two separate tests.

These tests usually involve weeing on a plastic stick. Follow the instructions. If there's a pregnancy hormone in your urine you'll get a 'positive' result: usually a little window or line on the stick changes colour. You can also do a pregnancy test at a local GP, community health centre or Family Planning clinic.

## O If the test shows you're pregnant

You may have been trying to get pregnant, in which case, congratulations! Off you go to your doctor. Get yourself some giant underpants and I hope you enjoy the ride.

If your feelings are more mixed, get to a doctor, community health centre or Family Planning clinic in the next day or so. (Anything you tell them is in confidence.) Don't delay, no matter how confused or worried you feel.

Going to a doctor, community health centre or a Family Planning clinic means you can have important questions answered. And you must go straightaway, to be able to choose from the full range of options. You can also anonymously call one of the counselling services listed under 'More Info on Unbiased Counselling & Pregnancy Termination', coming up.

Many girls and women who don't realise at first that they're pregnant, who are pregnant as a result of sexual assault or who are too frightened to tell their family, can end up far along in a pregnancy before they get help, and won't have as many options available to them.

## Being Happy to Be Pregnant

## O Telling people you're pregnant

If you're happy about being pregnant, the convention is you wait until 12 weeks to tell people.

The counter-argument is to tell people close to you earlier and then, if anything does go wrong, you'll have their support. If you tell friends or relatives, understand that they may not be able to keep that secret from friends and family, even if you ask them to. That can be another reason for waiting until 12 weeks. Be sensitive with your baby news around people who've had difficulties or sadness in their attempts to become parents, but on no account leave them out either.

Find out your rights from a union or department of employment before you tell your boss – but tell before you start to 'show'. Also bear in mind that you have to give work a reasonable amount of notice to receive your maternity leave entitlements.

**MORE INFO**
on being pregnant

**upthedulfbook.com.au**
**Up the Duff: The Real Guide to Pregnancy by Kaz Cooke**  My book on trying to get pregnant; being pregnant week by week; medical, emotional and practical info; reassuring advice; and info about birth and the newborn weeks. All the fun parts as well as dealing with any worries or unexpected developments, work and body image issues. Regularly checked so all the info on tests and medical procedures is up to date. With Australian and Kiwi contact details.

## O Miscarriage risks in early pregnancy

Many pregnancies naturally end in a miscarriage in the early weeks, or simply don't implant or continue – perhaps as many as one in five or six. In the past, women never knew they were pregnant, only thinking that they had another or a late period. Now, because women who are 'trying to get pregnant' do a pregnancy test regularly, they can know within even a couple of days. This means that many more women feel sad or conflicted if a pregnancy doesn't go on after a few weeks.

It may be better for women to do a pregnancy test only after their first missed period, rather than within a couple of days of having sex. In this way they'd let their body get on with doing the natural thing and they wouldn't classify themselves as 'pregnant' or 'had a miscarriage' because they wouldn't know about it. Of course, there may be an argument for knowing a repeated reason that a pregnancy doesn't continue, so it's worth discussing with your GP or specialist. The good news is, if your pregnancy makes it to 10 or 12 weeks, the chances are then extremely good that it will go on to a healthy 'full term'.

## MORE INFO
### on miscarriage

Contact your local women's or public hospital, women's health information service or a grief counselling service and ask to be put in touch with a support group.

**sandsvic.org.au** On the Stillbirth and Neonatal Death Support organisation site, choose 'Literature and Resources' for pamphlets and booklets. A counselling service can direct you to support groups in your area (choose 'Contact Us' or 'Links'). Where SANDS doesn't exist, SIDS and Kids can help (see below).

**sidsandkids.org**
**Support Line 1300 308 307 (*24 hours*)**
Australia's SIDS organisation helps with any grief and loss involving pregnancy or babies.

**Coming to Term: Uncovering the Truth About Miscarriage by Jon Cohen** A US science writer investigated miscarriage after his wife's fourth. He talks to medical experts and women who've been through it, covers the truths and myths, and has encouraging news for the future.

## *O* **Having trouble getting pregnant**
Again, my pregnancy book *Up the Duff* has info on assisted conception such as IVF, donated eggs and surrogacy. All methods are affected by chance and luck, and there's no guarantee of getting pregnant. IVF can cost many thousands of dollars. The longer you leave it over the age of 35, the more diminished are your chances of a healthy pregnancy, either as a 'natural' event or using the assistance of technology. It's important to remember that a "problem" isn't always with the woman's chance of conceiving, and a man's reproductive health should also be checked out.

## MORE INFO
### on fertility troubles & infertility

**The Infertility Handbook by Jacqueline Tomlins**
This user-friendly Australian book has lots on infertility in women and men, and medical treatments. Quotes from real people and a resources section.

## Being Unable to Get Pregnant or Have a Baby

Some people try every option but never manage to have children. This can be a source of great sorrow in their lives. If you don't know why someone is childless, don't tell them how lucky they are not to have kids or say something fatuous like 'You never truly understand real love until you're a parent' or assume they 'left it too late'.

This is what I wrote in *Up the Duff* about accepting that you're unable to get pregnant, or to have a baby.

Only you can decide whether you've exhausted all the avenues you want to go down. You can agree to say 'Enough now' or 'It wasn't meant to be for us' at any time. Some people can decide quite suddenly that they've had enough, feel they've given it their best shot, and realise they want their life back and for it not to revolve around fertility any more. Others may recognise that their relationship is under strain. And some look to adopt, if they can (for more, see 'Adopting a Child' in Chapter 25, 'The Family You Make', later in this book).

Most people will come to the decision to stop trying after thinking everything through thoroughly. The really important thing is for both partners to have those conversations together, as well as in their own head. If you've tried IVF, your IVF clinic should have counselling services you can use and be able to recommend further resources. There are many website forums and books available on the difficulty and grief of finding yourself in this position.

Reasons can be complex and involve personal and financial difficulties with IVF, as well as varying biological difficulties for both or either partner. Most people who've been through it use the word 'rollercoaster' and need time to come to terms with grief, their emotional and physical selves, decisions that must be made, relationships that need to find a new equilibrium, and to find ways to deal with the rest of the world and the happy pregnancy news and kid complaints from others.

It may not be what you want to hear or accept at the time of acknowledging feelings of tremendous loss or perhaps at any time, and it will never be the same as having your own children, but you can still have children in your life in some way. After absorbing the reality, lots of generous and giving couples become involved at some point in the lives of other people's children. So many mothers and fathers need help with their children, and so many children need – not just want – special non-parents in their lives. There's something unique and precious about fun uncles and aunties (whether or not you're related by blood), and about those who have 'special godparent' status, with or without the god part.

## MORE INFO
### on infertility blogs

For the best blogs on accepting or making peace with infertility, you could try coming2terms. com, lifewithoutbaby.wordpress.com or meredithwheeler.org. Beware the ones that conclude with a 'miracle baby': not a universal outcome. As there are so many different reasons and decisions involved, there are lots of varying opinions, approaches and suggestions.

## MORE INFO
### on being an aunty, godmother or special someone to a kid

**savvyauntie.com**  A non-profit website for 'PANKs' (professional aunts, no kids).

### A WORD TO LEAVE BEHIND

The word 'barren' has been used to describe childless women, sometimes cruelly, sometimes thoughtlessly. If it's a word you use as a 'joke' or in self-describing irony, please stop. It hurts feelings and belongs to the 12th century.

# Being Ambivalent or Unhappy About Being Pregnant

Motherhood can be wonderful, but it isn't for everybody at every time of their life. As mentioned, being a mum is too difficult, emotional, full-on and complicated a job to be compulsory. Some women choose a pregnancy termination when they already have as many children as they feel able to look after well, or because there's a medical problem. It's never a decision for others to criticise, as they can never know the full details or situation.

You have the right to choose when or if you have children, and how many to have. Nobody should ever be forced or pressured to continue a pregnancy they don't want – and nobody should ever be forced or pressured to terminate a pregnancy they do want. Once you're pregnant, your options are limited.

## Pregnancy options

If you're pregnant you have three options: to have the baby and be its mother; to have the baby and give it up for adoption; or to end the pregnancy by having a termination (also called an abortion) in a safe, professional medical way. You'll have to make a decision fairly quickly, because after a few weeks a pregnancy termination (abortion) is more difficult or no longer possible.

There isn't one option out of the three that you 'must' choose. The important thing is to decide for yourself. None of the available decisions is likely to make you totally happy, and each option needs a lot of thought and talking through. To help you, the three options are fully explained, coming up.

## Pregnancy counselling services

Pregnancy counsellors will help you explore your options: you can get a referral to one from your doctor or find them in 'More Info on Unbiased Counselling & Pregnancy Termination', coming up. You do need to be very careful, because many pregnancy-counselling agencies deliberately don't tell you about all your options because of their affiliation with anti-abortion and church organisations. Their main aim is to stop you having a pregnancy termination even if that's what you've decided to do.

A few GPs and many Christian counselling services will try to persuade you that termination is not an option. These biased services can have neutral-sounding names, posters in doctors' waiting rooms and other public places, and in some cases even have 24-hour helplines partly funded by the Federal Government. They don't declare their opposition to termination of pregnancy when you visit or call them.

Doctors and counsellors who believe in a woman's right to have an abortion do not insist on or recommend one to anybody who doesn't want it. 'Pro-choice' people want abortion to be just one of the options.

## *O* Termination truths

In their crusading zeal, anti-abortion counsellors and activists can tell lies and perpetuate myths. Here's the truth:

- A safe, professional medical termination will not make it hard or impossible for you to have a baby in the future.
- Abortion is legal in Australia and New Zealand, subject to certain conditions.
- Statistically, carrying a baby to full term is a much bigger physical health risk to the pregnant person than having a safe medical termination.
- Termination does not increase your risk of getting breast cancer or any other major health problem.
- You can't get a sexually transmitted infection from a termination.
- You will not automatically develop a mental illness or problem because you've had an abortion, although any stressful time or event can contribute to underlying mental health problems or bring them on.
- Statistically, having a baby is more likely to trigger a mental health problem – postnatal depression.

Although some women and girls can later feel a deep sense of regret (often linked to having felt powerless to make their own decision), most girls and women who have a pregnancy termination don't suffer from terrible regret and grief afterwards. Most think it was the right decision at that time, even though they were saddened that they had to make it (see 'Termination Regrets', coming up).

Biased pregnancy counselling services may try to get you to see gruesome pictures (often of fetuses or babies much older than the minute cluster of cells or tiny fetal tissue removed during an average termination) or films to frighten you into not considering a pregnancy termination.

Always seek or check information with a non-biased counselling service or doctor. You need to decide, not be forced into a termination or into having a child by your parents, church, friends, boyfriend, husband or anybody else. Talking to people who care for you often helps, as does talking to professional and independent people who won't give you an opinion based on their own life's experience and wishes, whatever they are.

## Pregnancy Termination (Abortion)

A pregnancy can be terminated using hormonal medication (in the first seven weeks), or in a surgical operation (usually between seven and 12 weeks). Timing is important. 'How many weeks pregnant you are' dates from the first day of the last period you had, not the day you 'got pregnant'.

## *O* Surgical termination

Although a surgical termination is usually done before 12 weeks of pregnancy, states and territories have different laws about the outer time limit and in certain ones it can be done later. Some Catholic hospitals refuse to do terminations for any reason. Other hospitals will do them only if there's a serious abnormality in the fetus or the mother's life is threatened by the pregnancy.

Surgical termination is usually a safe, simple, low-risk procedure for the pregnant person, but the longer you've been pregnant, the trickier and more confronting it can be, and most surgeons very much prefer to do it in the first 12 weeks. Pregnancy terminations later than 14 weeks are sometimes done, but are more complicated, much harder to get and more expensive.

## ✳ MORE INFO on unbiased counselling & pregnancy termination

**National Pregnancy Support Helpline**
**1800 422 213**  The Federal Government provides a pregnancy support advice line.

**mariestopes.org.au**
**Helpline 1800 003 707**  The independent Marie Stopes International has info on decision-counselling and pregnancy termination services nearest to you if you live in the ACT, NSW, Qld or WA. Choose 'Our Australian Services', then 'Surgical Abortion', 'Medical Abortion' or 'Abortion & Pregnancy Termination FAQs'.

**shfpa.org.au**  Family Planning Australia: choose your state or territory to find your nearest clinic or call your local number.

**ACT** (02) 6247 3077

**NSW** 1300 658 886

**NT** (08) 8948 0144 (*Darwin*) or (08) 8953 0288 (*Alice Springs*)

**Qld** (07) 3250 0240

**SA** 1300 883 793 (*Adelaide*) or
1800 188 171 (*country*)

**Tas.** (03) 6273 9117

**Vic.** (03) 9257 0116

**WA** (08) 9227 6178 (*Perth*) or 1800 198 205 (*country*)

**childrenbychoice.org.au**
**Helpline 1800 177 725 (*Qld*) or (07) 3357 5377 (*outside Qld*)**  The site of Children by Choice can help you consider all angles and give advice on your decision. Choose 'Fact Sheets' for info on unplanned pregnancy, adoption, abortion and parenting. Choose 'If You Are Pregnant', then 'Making a Decision' for a handy guide to working out how you feel.

**Bessie Smyth Foundation Helpline**
**(02) 9649 9744**  If you're in NSW, the Bessie Smyth Foundation can give advice and refer you for a termination.

**rwh.org.au**  If you're in Victoria, or Tasmania and can come to the mainland, the Royal Women's Hospital Pregnancy Advisory Service in Melbourne can help you.

Some other public women's hospitals also offer unbiased pregnancy counselling services. Call your phone service provider's directory and ask for your nearest public women's hospital.

🥝 Most referrals for terminations in New Zealand are made by GPs.

🥝 **abortion.gen.nz**  A step-by-step guide if you've decided you want a termination, plus info on termination.

🥝 **familyplanning.org.nz**  Family Planning NZ has fact sheets and can refer you for a termination if you decide to have one.

**Lost: Illegal Abortion Stories edited by Jo Wainer**  Stories of women who had terminations in Australia from the 1930s to the 1980s and were forced to use 'backyard' or DIY methods due to church and state laws.

**The Racket: How Abortion Became Legal in Australia by Gideon Haigh**  A journalist's history of abortion in Australia before it was legalised.

**Giving Sorrow Words: Women's Stories of Grief After Abortion by Melinda Tankard Reist**
Not an impartial book; an anti-abortion campaigner has collected stories of women who regret their terminations.

## DIY TERMINATION: NOT AN OPTION

Trying a do-it-yourself termination can cause terrible pain and damage to you, doesn't stay secret, and very often doesn't end the pregnancy. Until legal abortion was available in Australia, whole floors of women's hospitals were dedicated to trying to look after women who tried to terminate their pregnancy. Thousands of women died. At one stage, at the Royal Women's Hospital in Melbourne, 10 women a week died of infections caused by illegal abortions. Many more didn't even make it to the hospital. It's important for you to know that you can now end a pregnancy without harming yourself.

# Feelings about pregnancy termination

It's distressing, and you may regret it, but it happens, and it may be the best option you had at the time. BRONWYN, 47, BOTANY

I've had two terminations. I regret them every day, but I'd do the same again in those situations. SAL, 30, ROBINA

I've had pregnancies terminated and I haven't regretted that decision. I was in a bad relationship and I just couldn't afford a baby. BECCA, 45, BLUE HAVEN

I've done it once when I was in no place or time to have a baby. I'll never do it again. I don't regret what I did, but I feel sad for what I had to do. KELLIE, 33, BRISBANE

I've had five terminations, one miscarriage and three kids. If you want a termination, have a termination. BARBARA, 66, HURLSTONE PARK

It's not something to take lightly and it's no one else's business. Do what you need to do. LOU, 29, GEELONG

'I had two before I had my first child. Would I do it again? No. But that's a decision based on now, not then.'
SUZANNE, 41, BRIGHTON

A woman shouldn't be forced to have an unwanted child and a child shouldn't be subjected to a parent who doesn't want them. LEE, 26, EPPING

I had an abortion a few years ago – there's no way I could've had the baby in the circumstances I was in at the time. I think it's every woman's right to choose. MARIA, 28, CAIRNS

If someone needs an abortion there's always a good reason. CANDY, 43

For most women it's the hardest and most emotional decision of their life. CATHERINE, 33, SHEPPARTON

It isn't something for me, but I feel grateful that women have the opportunity to make this choice. SARAH, 38, MELBOURNE

It's a personal decision and no one has the right to tell you what to do. NANNY, 60, FERNTREE GULLY

Having to think about this myself, I decided to keep my baby, and I'm very glad I did. She's turned out really well and makes me very proud every day. NADINE, 43, BEGA

'I had a termination when I was 25, because my partner and I simply weren't ready to have a baby. It was a really hard decision, but it was right for us.'
EMMA, 29, QUEANBEYAN

I had an abortion when I was 17. Not a difficult thing to decide at the time – there was no way I could cope with a baby then. TANYA, 52, LANCEFIELD

No one can begin to understand what an individual woman is feeling or how she'd deal with a baby, so it's best for them not to stick their nose in. MANDY, 33, VIEW BANK

It's very traumatic, but sometimes it just has to be done. ANN, 78, PORT MELBOURNE

It should be legal. Everyone else should butt out. FAYE, 70, GYMEA

Very sad, but it's between the woman and God, not legislators or well-meaning advisors. MAY, 58, CANBERRA

All life is precious, and I believe life begins at conception. LUCY, 33, MELBOURNE

Don't let the ideology of an old guy (the Pope, for example) decide what you're going to do with your body and your life. RENEE, 31, BRISBANE

I had a termination when I was 24. I lived with my mum, worked in a supermarket and wasn't in a meaningful relationship – all wrong. I'm now 38 weeks pregnant, happily married and very content. CALLIE, 34, SHEFFIELD

Who are we to judge such a personal choice? JANICE, 34, SYDNEY

I wish now that I'd had the chance for termination when I was first pregnant at 16. LILIAN, 71, TAYLORS HILL

Be very, very careful regarding advice about terminations. Most people have agendas. LIZA, 45, MT WAVERLEY

I believe that a baby is a baby from conception, so terminating a pregnancy is the same as killing a born baby because they don't fit in with your lifestyle or plans. MARISSA, 30, KARRATHA

'What you do about it is your choice – a choice that it's safe to make in Australia.'
COURTENAY, 36, MT ELLIOT

What's your first thought? If it's not good, don't do it or you'll be plagued for 20 years. BARNI, 48

If it's unexpected you should get rid of it and wait until it's planned, when you can look after your child well and have a happy and loving environment for it. NICOLE, 19

Really think strongly about how a baby would affect you, your work, your partner and your family, then decide if you really are ready. If not, there's no shame. CAROLINE, 19, MATRAVILLE

I don't agree with it, unless the person was raped. TARNIA, 38, WOONGARRAH

Do what's best for you, and if *you* want to keep the baby keep it, don't let anyone force you into anything you don't want to do. It's your baby and your body. CHRISTIE, 20, BURTON

## The termination operation

A surgical abortion is done at a clinic or a hospital. You lie on an operating table for the procedure, with your knees apart, and are given either a light general anaesthetic, so that you're asleep, or some tablets to make you more relaxed and then a local anaesthetic so you don't feel any pain.

The most common type of surgical pregnancy termination, called a suction curette, 'vacuums' out the contents of your uterus through the vagina using a special tube. It only takes about 15 minutes, but you'll probably need to be there for four hours in total.

## Support before & after a termination

Some clinics that do terminations are often plagued by the appearance of anti-abortion protesters, who may shout at and harass patients. It helps to have someone to walk in with you and stay in the waiting room to support you on the day, and to help you get home afterwards (even if you have a licence, you're not allowed to drive).

Before the procedure a health worker will talk you through the process and the risks – make sure you ask any questions you have then. If you're worried that you'll forget the questions, write them down beforehand and bring them along, or take a trusted friend in with you. This could also be a good time to talk about what method of contraception to use when having sex in the future.

After the op you'll be given some antibiotic pills to take for a couple of weeks, to prevent infection in your uterus, and be advised to come back in two weeks for a check-up.

Although you'll probably feel a big sense of relief, other emotions after an abortion can include guilt, anger, confusion, sadness and wondering 'what might have been', or a mixture of all these, even if you're still sure you made the right decision. A hormonal 'crash' can be very unsettling for a week or two after a termination, which doesn't help. You may want to keep your termination a secret, or within your family. It's probably not a good idea to tell anyone who might not keep your confidence, or who'll characterise your decision as immoral or criminal. If you need help sorting out your feelings, go to a community health centre or Family Planning clinic or get a referral from your doctor to a non-judgemental counsellor.

## The cost of a surgical termination

Usually you have to pay some of the cost and the rest is covered by Medicare. It could cost several hundred dollars (more in regional areas) and then claim about half back through Medicare. Costs will rise much higher for an abortion performed any later than about 14 weeks. The operation is free at some public women's hospitals.

### THE 'ABORTION PILL'

This is not the 'Morning-after Pill', which has to be taken within three days of unprotected sex (see 'Contraception' in Chapter 32, 'Sex'). A non-surgical way to end a pregnancy is to take the pill called RU486 (Mifepristone). It has been available in many countries, including New Zealand, France, England and the US, for a while, but not in Australia until recently because religious members of the Federal Parliament blocked its use. Now it is formally approved as safe for use in Australia and may be available as an option, from your doctor, or a Marie Stopes or Family Planning clinic.

RU486 is successful 95 per cent of the time, but needs to be taken in the first seven weeks of pregnancy. The pill works by stopping the action of the hormone progesterone, which is needed to continue a pregnancy. It's used with another drug, which causes the uterus to contract and helps the fetal tissue come out (it's like having a crampy period).

## O Termination regrets

Some women regret having a termination, but it's more common to feel regret that they felt they 'had to', even though it was the right decision. They felt it was the wrong time for them to become mothers, or they were protecting the possible child against a difficult life or a dangerous father. Women must live with the consequences of their decisions, and after a termination some may feel wistful, sad or even deeply grieving later in life, especially if they find themselves childless.

But there are consequences to deciding to have an unwanted child too, ones that may hurt other human beings and cause hardship. This is why such decisions must be made by the woman herself and not imposed, and why some women will inevitably regret their decision, whichever one they made.

## Deciding to Have a Baby Adopted

If you don't want to end a pregnancy, but know that you can't be a mother at this time, your best choice may be adoption. This is very rare now in Australia, and was more common in the days when girls especially were shamed or pressured into 'giving up' their babies. Although you may have decided to have your baby adopted, you'll still find pregnancy and birth very big experiences physically and emotionally, and you'll need help and support throughout both.

For more on adopting a child yourself, see Chapter 25, 'The Family You Make'. For more info if you were adopted as a child, see Chapter 24, 'The Family You Come From'.

### ○ How adoption is organised

A hospital social worker, your doctor or a family member or friend, can contact your state or territory government adoption agency, which will be part of a community services or families department. A counsellor will work with you and a government-approved agency to arrange the adoption.

The counsellor will discuss with you the sort of family you want your child to grow up in and will tell you a bit about the family when one is chosen. (In New Zealand you can choose the family from a list of people that gives some of their details.)

You can talk to the counsellor about meeting the family if you'd like to, as well as whether you think you'll want to contact your child in the future. Most adoptions now are 'open', which means you can see your baby as it's growing up. Some girls and women allow their baby to be adopted by relatives or family friends. This must still be done in a legal, official way.

### ○ After the adoption

You can change your mind and keep the baby when it's born, but if you've made the other decision and the baby has been with its new family for a certain length of time, you could have no further legal rights or responsibilities.

A temporary option is fostering: another family looks after your child for a time, but you keep your legal right to be the child's guardian, in the hope that you'll soon be able to take your baby back and be the responsible parent.

**MORE INFO**
**on having a baby adopted**

For info on adopting, contact the relevant state or territory authority. For details, see 'More Info on Adopting a Child' in Chapter 25, 'The Family You Make'.

**cyf.govt.nz** On the NZ Ministry of Social Development site, choose 'Adoption', then 'Placing Your Child for Adoption'.

# CHAPTER 19

# Menopause

A lot of women have told me they can't wait to read this chapter. I'm very much afraid they think it's going to have a magic answer in it that will make menopause symptoms vanish in a gigantic pouffe. Listen, I love a big pouffe as much as the next person, but I'm afraid that for some people, going through menopause is a pain in the neck. The extent of the pain-in-the-neckity will have to do not just with personal philosophy but luck: some of us just have rougher symptoms than others when the oestrogen-dispatch department decides it's time to retire.

In this chapter we'll take a tour of what happens before, during and after menopause, and examine its implications for everything from comfort and acceptance, natural and medical help with symptoms, knowing when to stop contraception, and what to wear when hot flushes give you the whim-whams.

# Attitudes to menopause

I think you turn into a grumpy old woman like on the telly. I have no patience for the incompetence and arrogance of the young. Maybe that's not menopause, maybe that's just getting older and not putting up with it! JENNY, 51, CAMBERWELL

**'I was surprised how quickly it came about – menstruating one month and then whammo.'**
JAN, 58, MOSMAN

Don't give oxygen to the thought that it's an illness. I was lucky and can't really comment much. My mother was out of her tree!
SIMONETTA, 74, ALBURY

If or when you experience problems during perimenopause or menopause itself, do *not* accept the advice of the first specialist you see unless you buy into it 100 per cent. Do your *own* research!
GAIL, 57, ST MORRIS

I'd always listen to 'old women' complain about menopause and I'd think yeah, yeah, whatever, but it's a real issue that affects your whole life and way of being in the world.
BETH, 42, HEATHMONT

Don't think it's natural to feel so bad. Get professional help.
SUSIE, 58, GOLD COAST

**'This has been happening to women since the beginning of time. It's no big deal. Don't talk yourself into feeling sick, you're not sick.'**
MARY, 58, LAKES ENTRANCE

I was lucky – it didn't seem to affect me as much as others. It's disruptive, but not a disaster.
ANN, 49, NEUTRAL BAY

I've found it very liberating – no more pads or contraception. I don't feel so driven by my hormones.
FIONA, 52, KAMBAH

The crappiness of menopause is the second big secret in life I've discovered. Nobody fully discloses the horror of it. The first was how horrible having babies was (the care and maintenance of).
JULIE, 52, ESSENDON

Hot flushes, mood swings, very irregular periods. I keep thinking the last one will be the last one but then four, five or six months go by and I have another one.
CAROLINE, 50, MONTMORENCY

I haven't got the courage up to ask the GP about the whole thing of having sex without protection. When is it okay to dispense with all that getting-pregnant fear business?
LIBRARYLINDA, 51, MELBOURNE

## Talking about menopause

**'More and more people talk about it – I'm open about it with my daughters and wish my mother had said something to me.'**
CAROLINE, 55, KENSINGTON

Don't assume every woman wants to talk about it out loud in public. Personally, I think it's a private thing. CRAIGETTE, 50, MELBOURNE

I didn't feel it necessary to explain anything. BARBARA, 61, MELBOURNE

In this day and age I think everyone's aware of menopause, so just be honest and open about it.
FLO, 60, SYDNEY

I say to my partner, 'I think I might be a bit menopausal.' He responds with, 'Golly, is that the time?'
KERYN, 52, ELTHAM

I told my kids years ago and they covered their ears and made loud humming noises until it was over.
MANDY, 52, MITCHAM

**'Don't bother. Menopause is a no-go topic. People are embarrassed by it.'**
YVONNE, 46, BUNDOORA

Most colleagues, especially men, aren't interested and don't care. They don't need you to explain what they don't get.
MAXINE, 58, SHEPPARTON

I do think it's a good idea if someone explains to teenagers why their previously even-tempered mother has turned into a harridan, and asks them to be patient with her.
PAULINE, 64, DONCASTER EAST

Be honest – most people, including kids, are understanding.
TRACEY, 49, WOMBAT

It's none of their business. It's like telling people when you have your period. You don't, so why tell them when you're going through menopause? JENNY, 51, CAMBERWELL

Wave your arms about, while crying hysterically and shouting, 'It's just the damn menopause!' Works for me. KYM, 46, COFFS HARBOUR

**'I'm going to look like a red, sweaty tomato for some time. Please get used to it. Thank you.'**
TRACEY, 50, BELGRAVE

There was no explaining needed. I was a madwoman. I'd cry about making a ham sandwich.
ANN, 64, ALTONA NORTH

All my friends are going through the same thing, so it's the topic of interest at most dinner parties, husbands included. It's no secret.
TALLULAH, 52, COFFS HARBOUR

MORE, PLEASE: OTHER MENOPAUSE INFO

Chapter 13, 'Sleep', has help for sleeping difficulties; Chapter 14, 'Illnesses & Conditions', has info on osteoporosis; Chapter 5, 'Hair', has info on body hair removal; and Chapter 9, 'Looking Older', has info on grey hair and other chronological challenges.

## Our Attitudes to Menopause

Some people say menopause is all natural and wonderful, and that any negative thoughts about it are caused by commercial industries trying to sell us stuff like 'anti-ageing' creams and 'hormone replacement'. Others say it's a total nightmare. This is partly because people assume their experience is universal, whereas menopause is easy for some and awful for others, and your experience of periods throughout life is no indicator of how things will go when you get there.

But even before they find out the extent of their 'symptoms', some women get very angry at the very idea of menopause. These women tend to resent the symptoms almost as an insult to how they want to see themselves. It's an affront to be reminded of ageing, an impertinent sign that their body is not always under their control. They're furious or frightened that their body doesn't match their self-image. And this isn't confined to women who spend a lot of time and money on 'anti-ageing' products and tricks, and who refuse to be called 'Grandma' even when they are one.

So, one woman's power-surging goddess-affirming blessed-relief graduation from her reproductive years to wise-woman status is another woman's nasty hormonal nightmare hot-flushy forgetty faff-about, complete with mad spotty periods, and another's jarring and unwelcome testament to the fact that she's getting older, which she refuses to accept. It can be further complicated when somebody with a philosophy to match the gentle goddess path has a body that matches the horrible hormonal hell theory. Or vice versa. When it comes to menopause, it's not all in the mind.

Be careful when reading or listening to the advice of other women about menopause – it may be completely irrelevant to your experience of it.

(And have a squiz at Chapter 9, 'Looking Older', earlier in this book.)

### 🔍 Menopause as a 'problem'

Menopause's relatively sudden appearance as a 'problem' is partly due to women being more bolshie now about *saying* it can be a problem for them, and using different media to talk about it, whereas before it was all rather hush-hush about the hot flush. At some times in the past, medicine was almost exclusively a male preserve, in which the male body was seen as 'normal' and the female one completely crazy (this is because they didn't understand it, of course, and were arrogant fools siphoning blood out of people and wearing velvet bubble pants, but that's another story).

The history of medicine is one in which anything not understood, or affecting only women, was dismissed as 'myth' or ignored. (Doctors used to be sternly firm about saying pregnancy nausea 'didn't exist' and was psychological. Now they know it's real, partly because they know more, and partly because in some countries women are more respected and listened to.) Almost all the knowledge in the world about hormones has been learned in the last couple of decades (see Chapter 15, 'Hormones & Downstairs Geography', for more).

The 'medicalisation' of menopause has made many people cross at the idea that menopause is an illness, or that natural hormone changes create a 'deficiency' that needs to be treated with profit-making drugs. The pharmaceutical and medical professions also recently took a massive hit when it became clear that some formulations of hormone replacement therapies they said were safe were increasing the risk of breast cancer and heart disease in women (there's more on HRT and the risks coming up).

Others say it's about time the medical profession and the drugs industries took menopause symptoms seriously and responded to the need women have for relief from the symptoms, and that suffering in silence is no longer a 'feminine' option.

Your approach to any treatment for menopause symptoms will depend on how annoying they are for you, and whether your philosophy is to always choose alternative therapies, medical help or to bite down on the handle of an old plough and stare stoically at the horizon. Thankfully, doctors these days are far less likely to suggest we pop off to a nunnery to quell our hysterical wandering uterus as they did in the Middle Ages, or, as they did 150 years ago or so, prevent us from drinking tea stronger than Earl Grey lest it inflame our carnal desires ('Phwoaaar, pass the yoyo biscuits, Lady Cynthia, I feel like a sailor').

Mind you, some modern doctors don't help with their insensitive insistence on referring to normal menopause as 'ovarian failure' when the poor old ovaries have frankly been doing a magnificent job for decades, and are looking for a well-earned and perfectly natural retirement.

Getting through to the 'other side' of the 'reproductive years' can be seen as a triumph and an achievement. Is it a tragedy not to be considered young and sexy by people you don't know? Or wonderful that you don't have to worry about contraception any more and can be a wiser woman?

If you're happy having sex or not having sex, what business is it of anybody else's with their talk of lower libido as if it's a dreadful inevitability that needs to be 'fixed' with some sort of 'female Viagra'? (No, please, don't send me any emails.)

In some cultures and friendship groups, where menopause is mostly ignored as just another life stage with some temporary annoying symptoms, they seem to get through it with less drama: except, of course, for the women with horrid symptoms. If menopause is getting in the way of your normal life, you're entitled to some relief. Start with your GP or a sensible natural therapist or herbalist. This chapter lays out the usual suspects when it comes to menopause symptoms.

One problem is the lingering preposterous notion that menopausal women have outlived their use. As one reviewer of a menopause book pointed out, if some old coot with 'the allure of a gibbon' says elderly women are of no use to anybody, then I think we can safely jettison both that attitude and the gentleman himself, over the side of the good ship *Rest of Our Lives*. What a satisfying splash it will make.

Now, do bring me a before-dinner Earl Grey and a midshipman.

## The Definition of Menopause

Menopause is, according to doctors, the rest of your life after your ovaries have finally stopped producing and releasing eggs and oestrogen. You're officially in menopause from one year after your last period. But most of us use the word 'menopausal' or 'menopause' to explain the time from when that starts happening, and hormonal symptoms go a bit haywire, to when it stops – anything from a few months to a few years.

Things like hot flushes and unpredictable periods, which we know as 'menopause symptoms' are, more accurately, the symptoms of what's called perimenopause. When the ovaries stop being erratic and have retired properly, the symptoms will stop.

### 'Perimenopause': getting there

This is the technical term for when your ovaries are slowing down and you start getting irregular periods or other common menopause symptoms, heading towards the magic one-year-after-your-last-period official menopause. Perimenopause can start a year to four years before the official 'last period', for which the average age is about 51.

### Wacky ovulation & periods

While this is an area of medicine that still has a long way to go, doctors in the field acknowledge what women have been saying: during their years of being 'perimenopausal' their cycles do tend to go a bit haywire. Perimenopausal women can experience long then shorter cycles, heavy bleeding, and erratic rollercoaster hormone levels, including spikes and crashes in oestrogen levels (accounting for changes in temperature and mood). When the ovaries are winding down, the hormone levels can be erratic, and cause symptoms ranging from inconvenient to barely tolerable. The ovaries can also start doing strange things with any remaining eggs, almost a last-ditch attempt, ovulating twice in a cycle, or releasing more than one egg at a time until there are no more functional eggs to release (kind of like an 'Everything must go!' closing-down sale). So you might ovulate twice in a cycle – once at 'ovulation' and then again during your period. This may account for the irregularity and heavier bleeding for some women – a double lot of build-up and a double lot of 'shedding' of the endometrium.

## The lucky dip of menopause symptoms

The upsy-downsy rollercoaster of hormones during this time, particularly the unpredictable steep rises and falls in oestrogen, can cause classic hormonal headaches and hot flushes (sudden bursts of feeling boiling hot and sweating that last for a few minutes or longer) as well as symptoms of tiredness (what's new?), insomnia, bloating, sore breasts, moodiness, brain fade and facial hair – all the usual hormonal symptoms or PMS sorts of symptoms. These are explored under 'Menopause', below.

### KEEP USING CONTRACEPTION IN 'PERIMENOPAUSE'

To avoid a surprise 'late-life pregnancy' (which is 'surprisingly' common), you need to keep using reliable contraception until you're reeeeally sure the perimenopause is all over and you're definitely in full-on menopause. That means not stopping just because your periods are irregular or seem so much smaller. You need to keep using contraception for that full year after your very last period. That means that if you have no period for four months and then you get one, you have to start counting another year from then.

### SAILING THROUGH MENOPAUSE

It may not seem necessary to say it, but many women who responded to the Women's Stuff Survey said that they took alternative 'hormone' or other supplements for menopause symptoms, *even if they didn't have any symptoms*, usually by grabbing them from a health food shop or pharmacy. This isn't a good idea. Unless you have annoying menopause symptoms, you don't need treatment. You should discuss any preparation you're taking with your GP and, if you choose, an experienced natural health practitioner (see below). A healthy diet, an active lifestyle involving some resistance or weights for muscles and bones, and maybe an extra boost with a general women's vitamin and mineral supplement, if recommended, may be all you need to stay jaunty and well.

## Menopause

It's when your ovaries finally have given up producing the levels of oestrogen and progesterone needed to run a menstrual cycle. (See Chapter 15, 'Hormones & Downstairs Geography', and Chapter 16, 'Periods', for a refresher on hormones if you fancy.) Your levels of follicle stimulating hormone (FSH) and luteinising hormone (LH) will continue to rise constantly for two or three years after menopause; they're trying to get the ovaries to respond, but the ovaries have retired. So FSH and LH reach a point and stay there. There's no longer a cycle, no answering call or 'feedback loop' from the ovary, no more eggs are released and there are no more periods.

### When will menopause happen?

Technically, remember, you've entered menopause when it's more than a year since your last period (see ' "Perimenopause": Getting There', opposite). While the 'average age' to have your last period is 51, of course that means about half of women will start experiencing it before, from about 45, and about half will experience it after, up to about 55.

### How long does menopause last?

The average time between the last period and the last of the menopausal symptoms is four to six years. 'Symptoms' may not appear, may last only a few weeks or months, or might stick around for longer.

### EARLY MENOPAUSE

Some women have an 'early menopause', because their ovaries stop working, or are damaged by, say, chemotherapy, or need to be surgically removed for some reason. Technically 'premature menopause' is defined as before the age of 40. The recommendation is often to go on hormone replacement therapy until the age most people go through menopause, about 50. Of course, going into early menopause can be very confronting and shocking, and cause great emotional upheaval. Not least it can mean an end to your fertility hopes (although you can explore other options for having children: see Chapter 18, 'Pregnancy Thoughts & Decisions'). If early menopause happens to you, make sure you get help and support (see the contacts below). Ignore the insensitive language sometimes used by doctors and info sites, such as 'ovarian failure'.

## MORE INFO
### on early menopause

**earlymenopause.com.au** A subsite of the Jean Hailes women's health organisation. Choose from the side menu for info on surgical menopause, or premature ovarian failure, or a fact sheet on early menopause.

**menopause.org.au** From the independent Australasian Menopause Society, choose 'Consumers', then 'Information Sheets', then 'Early Menopause Due to Premature and Unexpected Ovarian Failure' or 'Early Menopause Due to Chemotherapy'.

## Symptoms of menopause

Unpredictable hormone fluctuations can cause:

- headaches
- irregular periods
- sudden heavy periods
- spotting between 'periods'
- hot flushes and night sweats
- sleeping difficulties (it can be a problem of body temperature related to hormones)
- needing to wee more often or suddenly
- mood swings
- more facial hair, and thinning of head and pubic hair (the glamour never ends).

### KEEP USING SAFE-SEX PRECAUTIONS

Many women who are post-menopausal stop using condoms with partners because they think they don't have to worry about using contraception – but you do still need to protect yourself against sexually transmitted infections. New partners, or unchecked partners, are bringing their whole sexual history to you. Many sexually transmitted problems have no visible symptoms (a partner probably won't know they carry them) but can lead to cervical cancer and other problems. See Chapter 32, 'Sex', for details.

## What causes the changes?

Well, it couldn't just be simple, could it? Moods could be hormonal, or because you have too much to deal with. Weight gain could be related to metabolism changes, or drinking alcohol at night, which can also disrupt sleep. As for the hormonal changes, it's not just oestrogen that causes them.

A menopausal drop in oestrogen production means:

- bones may become more brittle
- the vagina is drier
- possibly less interest in sex
- possible joint and muscle aches and pains.

A menopausal drop in progesterone production means:

- if your oestrogen levels stay up or go higher but there's no ovulation, the conditions could be created for endometrium to overgrow, causing cell changes that increase the risk of endometrial cancer
- more brittle bones.

Testosterone levels don't drop suddenly. They decline gradually from the age of 30, and stabilise at a lower level around menopause. A drop in testosterone means:

- less muscle strength
- less bone strength
- less energy
- possibly less interest in sex.

## Vaginal dryness

Oh what a bore. Remedies include medically prescribed suppositories that you pop up there (which kind of 'melt') – when you feel like it, or before sex. (Don't be embarrassed to ask your GP . . . you won't be the first by a long shot.) Lubrication for sex can include anything edible (not so much in case you need a snack, but so you're not allergic), such as olive oil, or massage oil. Avoid using an oil-based lubricant if you're using condoms – in that case, go for a water-based lubricant such as KY Jelly or Sylk (it's made from kiwifruit and they've thoughtfully left out the seeds).

## 🌿 Who to tell about menopause

Don't feel you have to prepare your family, friends or workmates for any changes (especially not by solemnly carrying a placard that says 'Be afraid, be very afraid'). You may not even notice any symptoms, and certainly nothing that would affect or be noticed by somebody else.

You may not have the same symptoms as friends or even family, and you will not, as many women assume, automatically go through menopause in the same way and at the same time as your mother.

If people need to know that you're having sudden moods, lapses in memory or hot flushes related to menopause, just be matter-of-fact about it, and don't whinge.

Apply the same propriety and businesslike manner as you would for any other medical procedure or condition: it's a need-to-know basis. You don't have to give any details. If you turn bright red and start sweating in a meeting, it's fine and sensible to say, 'I'm fine, just having a hot flush/hitting a high temperature because of hormone changes,' just as you'd say, 'I can't walk as quickly as you to the lift because of this back surgery I just had,' and, 'I can't lift that box because I'm pregnant, but I'll go and get Butch Barry.'

### WEIGHT, FITNESS & MENOPAUSE

Your metabolism may slow down and you may feel weight seems to stick around your middle more. You may need to adjust your food intake slightly, making sure you still get enough healthy food and nutrients. Dieting is unhelpful at any age and can be dangerous now, especially for bones: see Chapter 10, 'Eat', for details and strategies.

Exercise, or activity, is even more important now. Lifting hand weights, doing resistance muscle training and doing weight-bearing exercise (not just swimming or cycling) during and after menopause will help relieve your symptoms and help maintain health and strength as you get older. If it feels like exercise is getting harder, book a couple of sessions with a specialist experienced older women's personal trainer, not some young bloke or scary lady who'll suggest 'boot camp' nonsense and ignore injuries or tell you to 'push through pain'. At this age, injuries take longer to recover from, so don't take ill-informed risks, and stand your ground if pushed. Better to check elsewhere first than do damage and take longer to recover.

See Chapter 11, 'Move', for more on suitable physical activity and 'Who's Who in Exercise Specialists', there, for info on qualifications. Many local councils and community centres have cheaper yoga and fitness classes suitable for older people. Local gyms may also have suitable trainers and programs, although some prefer the image created by younger, fitter customers. As the population ages, there'll be more exercise opportunities 'packaged' for older folk.

### MORE INFO
#### on post-menopause fitness

See Chapter 11, 'Move'. And get a GP check-up and all-clear before starting.

**8 Weeks to a Younger Body by Joan Pagano**
For various levels of fitness and experience, and age groups from 25 to 65; photos show a sensible, step-by-step series of exercise 'workouts' with basic equipment.

## 🌿 DIY menopause help

- An attitude that accepts ageing as part of your normal life.
- Physical activity (see Chapter 11, 'Move').
- Healthy food to maintain general health (see Chapter 10, 'Eat') and maybe a women's multivitamin to make sure you get the extra minerals and vitamins you may need.
- Resistance weight exercises that contract and release your muscles, which helps maintain bone strength.
- Plants that contain weak oestrogens (much weaker than body-made hormones), called phytoestrogens, which may help to replace a little bit of your oestrogen, but are no substitute for the levels in hormone replacement therapy. These include soy milk and tofu, linseeds, most sprouty beans, sesame seeds, oats, barley, peas, potatoes and real licorice from the plant (no, not the Darrell Lea stuff). Many breads and breakfast cereals now contain a combo of these. (More on these coming up under 'Alternatives to HRT'.)

# Menopause symptoms

I've had the lot – weight gain, hot flushes, weak bladder, sleeplessness, unstable periods, moodiness and tears (lots of tears).
LYN, 60, CROMER

No period – what a gem. Bloating – not such a gem. Hot flushes. Night sweats. Neither one of these comes highly recommended.
JANECE, 50, LEICHHARDT

'I'm perimenopausal or might be menopausal – I have very heavy periods then none for six months. I've been staggering along like this for several years now.'
JUNE, 51, MALVERN

Hot flushes at night, increase in cystitis, declining interest in sex (interested when I'm involved in it, but beforehand it's a little difficult to work up the enthusiasm).
FRAN, 51, CLIFTON HILL

No symptoms – does middle-aged spread on my waistline count?
CURLY, 50, DUBBO

None, really.  SUSAN, 62, WOLLONGONG

Mood turbulence, tears, weight fluctuations – mainly in an upwards direction – murderous thoughts, confused family.
CHRISSY, 47, WICKEPIN

Flushes, sweats, feeling dizzy, palpitations, heavy bleeding, emotional moments, getting up to go to the loo through the night.
ROBYNNE, 56, GEELONG

Anxiety, skin dryness, vaginal dryness, chin hairs by the dozen.
CHRIS, 66, NORTH RYDE

Hot flushes, crawly skin, night sweats, memory loss, sleep deprivation, paranoia, extreme intolerance mood swings.
SUZANNE, 50, JOONDALUP

## Hot flushes

Hot flushes! Not embarrassing, just inconvenient and mildly amusing to be fanning oneself all the time. I complain that I'm 'hot' and my husband and son tell me to stop boasting.  SOOZ, 48, BRIGHT

One 'night sweat' and that was it, I was into the gynae yelling, 'Drugs, give me drugs!'  LEE, 60, NUNDAH

'Always wear clothes in layers that can be gracefully peeled off when necessary.'
TESS, 70, DONCASTER

Keep cool! Wear lighter clothing, avoid heat, especially just before bedtime – if I'm hot before bed I find it much harder to sleep.
DEBBIE, 53, NORTH GOSFORD

I always carry an old-fashioned fan with me, and a wet washcloth in a plastic bag to mop up.
JAN, 58, MOSMAN

I have a small fan at my desk. Disturbed sleep is a big problem!
SOFIA, CAMBERWELL

I didn't own a cardigan for five years. I didn't need heating, but I hated summer.
MAXINE, 58, SHEPPARTON

Throw the sheets off, push boiling-hot husband away. I try to visualise something cool.
TRISH, 50, EUNGELLA

## Vaginal dryness

Use topical oestrogen cream for the vagina.  JACKIE, 49, WILLIAMSTOWN

Love more slowly. Use a lubricant – I have a copha/olive oil blend that works well. My hubby understands the dryness issue and spends more time ensuring I'm ready.
WENDY, 52, KAMBAH

## Weight gain

I don't like my post-menopause weight gain because it slows me down.  SUSAN, 56, BULAHDELAH

Menopause hasn't been very kind to me. I've put on a lot of weight and I feel very uncomfortable and sweaty all the time, even while I'm taking hormone replacement.
JENNI, 50, WEST PENNANT HILLS

I've become quite shocked at how quickly I'm losing my fitness. As well as being overweight, I've sustained a knee injury. A short walk up an incline has me puffing and panting. SOPHIE, 52, SUNBURY

'Thanks to perimenopause, I can't shift that extra weight and it's driving me witless.'
LESLEY, 50, FERNTREE GULLY

## Early menopause

I had a surgical menopause at 43. I experienced hot flushes, dryness, loss of libido and slight depression.
KATHY, 50, MERRYLANDS

I had a hysterectomy when I was in my 40s and was on HRT until just a few weeks ago. Now, at the age of 71, I'm getting hot flushes.
HUNGRYFORLOVE, 71, NEWCASTLE

I went into early menopause at 45 due to a previous hysterectomy. I've had hot flushes (incredibly embarrassing during office meetings), night sweats, the usual stuff.
ANON., 62, NEUTRAL BAY

I had a lovely GP who referred me to the Jean Hailes Foundation and gave me information on the Early Menopause Association.
ALI, 33, CARNEGIE

- Massages or heat packs to help aches and pains: if the pain is caused by inflammation, an ice pack might be called for instead. Always know the reason for the symptom you're treating.
- Screening for breast cancer, pap tests and other age-appropriate vigilance (see Chapter 12, 'Health Maintenance', for screening details).

## DIY HORMONE 'REMEDIES' TO AVOID

### Saliva tests for hormones
You can buy saliva tests for hormone levels online and elsewhere. Doctors say they're unreliable and no help in determining treatment options.

### Menopause sprays
Don't laugh. Some companies sell spray-on 'treatments' containing oestrogens. Health departments have warned that contact with a carer using the spray can cause kids and animals to develop hormonal symptoms.

### Progesterone creams
Almost all of the mainstream medical and trustworthy menopause specialty organisations dominated by women practitioners are highly sceptical about these. Many alternative practitioners sell so-called 'natural' (based on yam extract) or lab-made progesterone creams, but mainstream doctors believe the creams need to be more regulated. The consensus is that despite marketing claims, there's no evidence to support their use, and that prescribed medical progesterone is therefore safer, with evidence of effects. See also ' "Bio-identical" Hormones', coming up.

## 🍸 Hot flushes

Australians and the English tend to say hot 'flushes', but as this reminds me of toilets, I'd rather go with the American 'hot flashes', which sounds more like having a brilliant and tropical idea. I've realised, though, that I'm outnumbered. A hot flush is a 'short period' (must you?) of feeling boiling hot: anything from a few minutes to half an hour or more. They're caused by the lower oestrogen level, or the rapid drop in oestrogen as your hormone levels go up and down like a cliché. I mean a rollercoaster.

Some people try to lend a positive note by calling them 'power surges', but this does tend to cause eye-rolling in other people. Now we know why those older women in Regency dramas used to fan themselves all the time ('Fie, Count von Flirtenheimer, why, my vagina's like an old husk these days').

To help with hot flushes you can:

- dress in layers so you can throw them off and on
- layer blankets and quilts on the bed for the same reason
- carry a paper or fabric fan
- negotiate with workmates about the air-con level
- ride it out by making jokes
- lay off the curries for a while
- do long slow exercise, like walks in the fresh air, to reduce stress, which can aggravate the temperature changes.

Many of the remedies for hot flushes that women in the Women's Stuff Survey said worked for them (grapefruit juice, acupuncture, homeopathy and bush essences) will be having a placebo effect, not one that actually affects hormone levels or other physiological factors (see Chapter 38, 'Science & Nature', and 'Why Homeopathy Doesn't Work' in Chapter 12, 'Health Maintenance').

## HOW TO PROTECT & MAINTAIN YOUR BONES

- Eat high-calcium foods, like sesame seeds and low-fat (not 'no-fat', which can equal no-flavour), no-added-sugar dairy products.
- Do weight training to strengthen bones.
- Do balance and core exercises as you get older to help prevent falls.
- Ask your GP about bone-density tests and whether you need them.
- See 'Osteoporosis' in Chapter 14, 'Illnesses & Conditions', for more.

## POST-MENOPAUSE INTEREST IN SEX

It's debated hotly (because somebody will be having a hot flush) whether women 'need' help with their libido (interest in sex) after menopause. Some drug companies and others say women should take testosterone supplements or other drugs to keep wanting sex, but these don't always work. Many women say that after menopause their interest in

# Treatment for menopause symptoms

## Hormone replacement therapy (HRT)

HRT is wonderful stuff – it made me normal again. I stopped when all the fuss came out about its dangers, but I think the benefits are worth the dangers. In fact, I've only had health problems (two operations) since stopping HRT. LYN, 60, CROMER

> 'I used HRT for five years – it was good. Now I'm just putting up with the changes.'
> MARY, 55, CURTIN

I tried HRT and it helped, but I was taken off it when my family history of breast cancer came out.
MAEV, 63, SYDNEY

I'm taking HRT. It gave me my life back. MIRIAM, 49, LONDON, UK

HRT was the only thing that worked. I had eight hot flushes on the way to work – that was the final straw, the sign-off for me to get to the doctor and demand the drugs. If he'd refused I'd have punched him. I couldn't stand it.
CATHERINE, 53, BERWICK

The doctor put me on HRT and I ended up with embolisms in my legs. HELEN, 61, SOUTHERN HIGHLANDS

I tried everything – natural creams, tablets – but nothing worked until I started taking hormones. ANON.

When I was perimenopausal it had a huge effect on my life. I was put on a low dosage of HRT, which I've been on for three years and find to be very effective. Always go to a doctor for a check-up, because it's not normal to live like this.
SUZANNE, 50, JOONDALUP

Drugs! Go for the HRT.
CATHERINE, 53, BERWICK

I won't go on HRT. I don't feel it's natural. WENDY, 64, BALLARAT

## 'Natural' therapies

I used natural therapies with the help and advice of my naturopath.
FLO, 60, SYDNEY

I take herbal tablets.
SANDY, 46, MELBOURNE

I've tried a naturopathic mixture but it tastes foul and makes me feel sick, so, although it worked, I preferred the hot flushes. VIVIEN, 53, NORTHCOTE

I've had some really good assistance from traditional Chinese medicine, especially herbs. That doesn't help with the sex, though.
FRAN, 51, CLIFTON HILL

> 'A naturopath was very helpful with the heavy periods and hot flushes. As for my mood swings – well, everyone just had to put up with them.'
> ROSLYN, 64, SUTHERLAND

I'm an aromatherapist, so I find essential oils very helpful. Regular exercise, a sensible diet and reading a few sensible books on the subject have been all I've needed so far. ALISON, 50, WEST MIDLANDS

I have a lovely doctor and a good naturopath. I was always treated with respect and given advice on natural products and supplements. What was prescribed helped a lot.
ROBYNNE, 56, GEELONG

Red clover has helped my hot flushes. KATH, 50, PERTH

A few drops of Bush Rescue Remedy works wonders for me.
JET, 56, BENTLEIGH

It's helped to take natural alternative medicines, drink lots of water, use cotton nightwear and sheets, and have a bedroom ceiling fan installed. I also read lots of books on menopause, to educate and help myself. GLENDA, 59, MELTON SOUTH

## 'Bio-identical' hormones

I use natural progesterone cream. Amazing stuff. Unfortunately it's only available in Oz by prescription. It took me months to find a doctor who'd prescribe it for me.
GAIL, 57, ST MORRIS

I've been using HRT for six years and recently came off it. I'm now using progesterone cream, which seems to be working.
KATE, 57, NORTH RYDE

Progesterone cream did nothing.
SAL, 53, CLIFTON HILL

## Other ideas

Keep ageing until it passes.
MARGARET, 50, MURRUMBEENA

Swimming, dancing, meditating, lots of family and friends to talk to and just hang out with, and of course see a good naturopath.
VICTORIA, 59, SOUTH FREMANTLE

Drink lots of water, get some silk chemises for bed.
BARBARA, 61, MELBOURNE

I've increased soy products in my diet. VICKI, 47, MT WAVERLEY

White wine and a partner who sees the warning signs and heads to the shed. JANECE, 50, LEICHHARDT

> 'Good diet, medication if necessary, a positive outlook – it will settle down!'
> PETAL, 61, RINGWOOD NORTH

Seek advice from a doctor about any heavy bleeding. Eat soy products. CATE, 59, KEW

Get control of air-conditioner from husband! ELIZABETH, 48, TULLY

Hard physical work seemed to lessen the severity of power surges.
LOUISE, 56, WANDELLA

sex stays the same. Some say women would still be interested in sex if their partner made an effort. Others say it's a relief not to have to think about it or do it any more and if that's not a problem in their life or a relationship, then it's nobody else's beeswax. If you do feel like you want a hand with feeling friskier, see 'Natural Libido Levels' in Chapter 32, 'Sex', where you'll also find info on women-friendly sexy literature and products.

### 'MENOPAUSAL' MOODS

Don't assume that being crabby, forgetful, less interested in sex or depressed is because of menopause. Those feelings may be caused by lack of sleep, a thyroid problem (see Chapter 15, 'Hormones & Downstairs Geography'), people being really annoying and disrespectful, having too much to do and being frazzled, having a partner who's not very generous in the sex department, or being one of the generation of women squeezed by responsibilities for children and increasingly needy and elderly parents. If you front up to your doctor with any of these concerns, always make sure they do the same sort of checks they would on somebody aged 36.

## Hormone Replacement Therapy Drugs (HRT)

HRT is a drug of combined oestrogen, progesterone and, in some cases, testosterone (although testosterone is most often given separately, often in an ointment, and is usually considered a short-term treatment). HRT can be 'supplied' to your bloodstream by a pill, slow-release skin patches, gels that are absorbed through the skin, implants, vaginal pessaries and, more rarely, injections. Non-pill versions are good if you have liver problems that interfere with processing drugs.

Sometimes oestrogen creams or pessaries are prescribed separately for vaginal lubrication. (This isn't only for people who want to have sex; a very dry vagina can be itchy and uncomfortable).

Oestrogen-only (no progesterone) HRT is not recommended unless you've had a hysterectomy (a surgical op to remove your uterus). Otherwise you need the progesterone to 'protect' your endometrium and stop it from 'overgrowing'. If you had a hysterectomy for endometriosis, then you may need progesterone too, to keep in check any endometrial deposits left outside the uterus.

### Should you take HRT?

For some women, 'self-help' methods simply don't make a dent in their menopausal symptoms, which are interfering with their lives. Others are prescribed HRT because their bone density is considered in need of help, to avoid fractures.

Check with your doctor, but you should *not* take HRT if you:

- have a history of breast cancer or endometrial cancer
- have a history of or higher risk of blood clots, stroke or heart disease
- spend long periods not moving around, such as bed rest or long-distance plane travel (because of the blood-clot risk)
- have no difficult menopausal symptoms but hope HRT will make you feel younger
- are over 60.

### How long to take HRT

Some people take it 'short-term' (less than five years), others go longer. You can 'come off it' for a while, and see if all the annoying symptoms have stopped. If they have, there's no point being on HRT. Some women may stay on it longer if it's considered necessary to maintain bone strength, but the current wisdom is that it's best used to control menopause symptoms during the first five years. A conservative approach would be to use the lowest dose of HRT that seems to control the symptoms, and come off it as soon as the symptoms seem to have tapered off within five years. If you're on HRT, it's really important to be on the lookout for any dodgy symptoms and stay in touch with your doctor twice a year in any case.

### Possible side effects of HRT

Not surprisingly, they're similar to possible side effects of the Pill:

- spotting between periods
- tender breasts
- nausea
- increased risk of blood clots and stroke.

## DOES HRT CAUSE BREAST CANCER & HEART DISEASE?

No. But it can increase the risk of both, depending on the combination of medications and how long you're on it. Only a very small increased risk of breast cancer has been identified, and this was recorded mostly in older women whose menopause symptoms had already passed, so they shouldn't have been taking HRT anyway, ideally. If you've already had breast cancer most doctors wouldn't recommend HRT, to be safest.

Pharmaceutical companies have been correctly accused of trying to make the HRT data look better than it is, but on current reliable, available evidence, there's no increased risk if you're on an oestrogen-only HRT for up to 15 years (according to a couple of major long-term studies) and a slightly higher risk only if you're on combined oestrogen and progesterone for more than five years. There's no increased risk of heart disease in women aged 50 to 60 on HRT who are otherwise healthy.

Evidence suggests that women who take HRT should start taking it as early as possible after troublesome symptoms begin – not years after the menopause.

If you have a history of cardiovascular disease, such as high blood pressure, being quite overweight or having high cholesterol requiring treatment, HRT may increase your risk of heart disease.

You need to make your own decision, weighing up how much risk you want to take for what perceived benefit. Speak to a doctor you trust and respect, and identify any other risk factors you may have due to age and family history.

## When to see your doctor

Whether you're on HRT, an alternative treatment or nothing, get in to see your GP straightaway if you develop any:

- shortness of breath
- spotting or other unexpected bleeding
- suspected blood clot (swelling, lump, pain and aching in leg, maybe foot)
- breast lump.

Stroke or heart symptoms can mean an emergency requiring an ambulance (see Chapter 14, 'Illnesses & Conditions', for these symptoms).

## MORE INFO on HRT

Please see all the recommended resources in 'More Info on Menopause', near the end of this chapter, and always take the most recent and informed advice from your doctor.

## 'Alternatives' to HRT

Many companies sell products called 'natural hormones' or 'the natural alternative to HRT'. Be careful. Most natural products have too weak an effect or their effects are largely untested, or the 'natural' claim is not really true.

Many 'natural' menopause supplements are straight herbs or foods like soy products, called phytoestrogens because they have a weak oestrogenic effect, but they're not much chop against severe menopausal symptoms. Some supplements in pill or powder form have added vitamin supplements such as vitamin D and calcium for bone health. Devotees of alternatives to medication who are dead against HRT may have to 'ride it out' if an alternative product doesn't help their symptoms.

Just telling to you to 'take black cohosh' for menopause symptoms is as scattergun as saying 'take a painkiller' when you have a broken leg but neglecting to work out which kind and at what dose. Your natural therapist or herbalist and your doctor both need to be aware of what the other has prescribed. Some drugs and herbs do not 'mix'. Do not 'self-prescribe' menopause treatments.

Many branded preparations with black cohosh as the active ingredient are available. Some can, in rare cases, cause liver damage, so liver tests are recommended. There are mixed study results for black cohosh: if it works it's a mild suppressant of hot flushes. Red clover phytoestrogen studies so far have shown no benefit on hot flushes.

Another preparation often suggested to menopausal women in health food shops as a 'natural alternative' to HRT is ground-up maca root, also marketed as a high-nutrient 'super food', and claimed to cure infertility in women and erectile problems in men. Be immediately suspicious of any food or supplement claimed to be 'super' or to possess miraculous properties that are stronger or superior to carefully developed and tested medications. So far no reliable scientific studies have come up with any evidence for the claims for maca root, despite guff on various websites. It's sometimes claimed that it's 'approved' or 'registered' by the Australian Government's regulatory body the Therapeutic Goods Agency. It is not regulated or approved for any medical use or likely effect in Australia by the TGA, but can be legally imported and eaten as a food supplement. It's not regulated precisely because it's *not* considered a medicine.

## Natural therapies for menopause symptoms

A specialist naturopath or herbalist can help you with preparations to help combat menopause symptoms. Herbs are not necessarily safer than medical drugs – they can have powerful effects, or no effect, depending on what is used. Make sure you use locally made or regulated preparations – some imported herbal and other mixes from places like China have been found to contain toxins or ingredients that can damage your liver. Also, some preparations from China contain unknown ingredients or odd bits of endangered species or substances obtained by cruel methods (such as bear bile) because they're traditionally believed to 'work' on some symptoms. There's no evidence for the use of many of these packaged preparations against menopause symptoms. Others are safe, and there's some evidence they're effective. Ask your naturopath or herbalist for clinical trial results in double-blind studies that support their use (see 'Scientifically Proven' in Chapter 38, 'Science & Nature', for more).

Many doctors believe that most 'natural remedies' for menopause have a placebo effect or women stop having their symptoms naturally but credit the 'natural remedies'.

**MORE INFO**
on natural therapies for
menopause symptoms

See 'Who's Who in Natural Healthcare' in Chapter 12, 'Health Maintenance'.

**jeanhailes.org.au** This independent women's health site has up-to-date info on medical and natural therapies.

## 'BIO-IDENTICAL' HORMONES

Most treatments like the Pill and HRT use synthesised hormones, made in a lab, which impose hormone levels to alleviate the menopausal symptoms caused by a drop in oestrogen and progesterone. As an 'alternative' to these medications, a handful of GPs and others have started marketing and selling 'bio-identical hormones'. These are also synthesised lab hormones, but are claimed to have exactly the same molecular structure as the hormones made by your body, and be 'tailored' to an individual's hormone levels. Despite the name, there's no evidence that they're 'identical'.

It's impossible to know, day to day, what a woman's hormone levels are, unless you did complex and expensive blood tests on the hour. Certain hormone levels or percentages don't match up neatly to predictable symptoms or severity of symptoms, and are not a neat predictor of treatment being successful. No recognised double-blind studies have established a protocol for calculating or recommending dosage (see 'Scientifically Proven' in Chapter 38, 'Science & Nature', for more about studies).

The Australian Government, a large majority of gynaecologists and all relevant specialist independent menopause-related organisations such as the Jean Hailes Foundation, the Australasian Menopause Society and the North American Menopause Society, are united in recommending against the use of 'bio-identical' hormone treatments, saying there's not enough reliable data to make a judgement on their usefulness or, more importantly, whether they're safe.

While most doctors believe there'll be more reliable and accurate tailored hormone treatments in the future, they say it's too early for women to trust the versions now available, and too expensive for little proven value, no matter how sincere their advocates.

Claims made for 'bio-identical' hormones can include that they're 'natural' and will prevent cancers, and that if they're in a cream they're necessarily 'safer'. They're not more 'natural' than the Pill or HRT and there's no evidence they prevent anything, and certainly not that they're safer than standard prescribed hormone treatments.

'Bio-identical' hormones are sometimes sold as a progesterone supplement, and sometimes as a combined oestrogen and progesterone lozenge to be melted against the cheek, or in an ointment or 'cream' made to a 'recipe' by a pharmacist.

'Bio-identical' hormones have not been approved for use by either the Therapeutic Goods Agency (TGA) in Australia or the Food and Drug Administration in the US: that means they're not allowed to be advertised here as having a beneficial effect, but can still be legally prescribed and sold, and marketed to GPs. It also means they're 'unregulated'. The TGA is reviewing the regulations that govern medicines made by pharmacists, including hormone preparations. So far only a few GPs and pharmacists in Australia are embracing the idea: it's expensive and not covered by public or private health insurance.

## MORE INFO
### on 'bio-identical' hormones

See the resources in the general 'More Info on Menopause' section, below.

**jeanhailes.org.au** Choose 'Resources', then 'Fact Sheets', then 'Bioidentical Hormones'.

**fda.gov** The US Food and Drug Administration refutes the claims made in marketing by the manufacturers of some 'bio-identical' hormones. Choose 'Consumers', then 'Women's Health', then 'Menopause', then 'Bio-identicals'.

**menopause.org.au** and **menopause.org** The Australasian Menopause Society and the North American Menopause Society will have up-to-date info. Search 'bio-identical' on both.

## MORE INFO on menopause

All the resources below have info on HRT. There are many private clinics and websites with 'menopause' in their title; the ones below are independent of commercial interests – or declare them.

### MENOPAUSE WEBSITES

**managingmenopause.org.au**
**1800 151 441** The Jean Hailes Foundation, an independent non-profit women's health centre with info from medical doctors and alternative health practitioners. Lots of info and advice, fact sheets and the latest research, some of which informed the info in this book.

**menopause.org.au** The non-profit Australasian Menopause Society was founded by doctors and others. Choose 'Consumers' for book reviews and info sheets, and to download a 'book' of FAQs. You can also choose 'Find an AMS Doctor' (Australia and New Zealand).

### MENOPAUSE BLOGS

Get ready to duck, as the ads start jumping off the page for all sorts of 'bio-identical' hormones, progesterone cream and other money-makers, illustrated with pictures of women who look like they're 26, or like their face is made of polystyrene. You have been warned. Try menopausetheblog.com.

### BOOKS ABOUT MENOPAUSE

'Old' books, which may have out-of-date medical info but other useful insights, include *The Change* by Germaine Greer, which has some scholarly info on myths about crones and witches, and some sharp words about medical hijacking of a normal life event. Other menopause books you may come across include the ones about 'how not to look old' (fully and rudely reviewed in Chapter 9, 'Looking Older').

### Hot Flushes, Cold Science: A History of the Modern Menopause by Louise Foxcroft

An easy read that challenges assumptions, myths and notions about depression or less interest in sex. Some appalling history about doctors who failed, or were cruel to, menopausal women. Recommends a positive attitude.

### Dr Susan Love's Menopause and Hormone Book: Making Informed Choices by Susan Love with Karen Lindsey
By a medical doctor who has experienced menopause and who balances assessment of medical and alternative advice. Get the newest edition, while making sure you take individual advice from your own cluey, up-to-date doctor, as things change.

 **MORE INFO** about menopause to avoid (I reckon)

Anything from former US TV actor Suzanne Somers, whose menopause and hormone books and advice doctors have described as wrong and dangerous.

**The Secret Pleasures of Menopause** and **The Wisdom of Menopause: Creating Physical and Emotional Health During the Change, both by Christiane Northrup**

Dr Northrup is a US doctor, author and celebrity speaker, but her medical training takes a backseat to her New-Age approach. She believes in chakras, that illness is caused by feelings, and that hormonal symptoms are due to feelings of shame or anger. She supports 'bio-identical' hormone treatments and the 'natural approach'. How this fits with her face is a mystery. Watch the video on her website to see her remarkably smooth forehead and tight jawline for a woman over 60. I'd never suggest she's

had a bucket of Botox, so it must be all that organic food. On the upside, she talks about empowering women to take charge of their own health and see it in a holistic way.

On the downside, her claims are outlandish – her book will help 'millions of women' see menopause as 'full of pleasure beyond your wildest dreams' (settle). The idea that women bring health problems upon themselves is double crap and, strike three, she's published by the Hay House Group started by Louise Hay, who also believes that people cause their own illnesses.

**mymenopauseblog.com**  This blog from Canada is too top-heavy with ads for 'bio-identical' hormones.

**The Menopause Makeover by Staness Jonekos**
Heavy on the weight-loss angle, using before (normal) and after (bikini!) photos. Good for kindling.

MIND

# Feelings

Feelings need to be felt, no matter how strong or painful. The important thing is to hold them, contain them and pay gentle attention. Be a wise and fair witness. Feelings can be a great teacher. ROSIE, 46, MELBOURNE

A lot of women spend too much time being caught up in the feeling of something. Sometimes a little rational thought will make feelings much better. KAZ, 46, HOBART

## Anger

It builds up and I get a migraine or eventually explode at someone who probably doesn't deserve it. NINA, 37, RICHMOND

I storm about the place cleaning. KRISTEN, 32, ST KILDA

I cry – it has to come out somehow. CLAIRE, 52, MELBOURNE

I eat. CORINNE, 47, NORTH DANDENONG

I drink. ANON.

3 a.m. sleeplessness. JACQ, 43, MELBOURNE

I go rather dizzy. LIZ, 24, COOLOONGUP

I can sometimes find myself shaking. KATE, 50, WARRNAMBOOL

I end up punching a door and having bruised knuckles. LOUISE, 21

If your anger is out of control get help. Shame comes from knowing you have a problem that affects others and being too complacent to do anything about it. TRACIE, 36, ROSANNA

Think carefully about how you react when angry. Are you being mature, intelligent and responsible? The kids are watching and learning. JAYNE, 44, COTTESLOE

Recognise and accept anger as normal. It's not a problem to feel anger. It's only a problem if you don't learn how to express it in a constructive way. EDI, 37, WARAKURNA

I don't know – I feel like I'm always yelling. MICHELLE, 37, UPPER COOMERA

## Triggers for stress or fear

When I don't have enough to pay bills. When my ex-husband wants the children more often. When my mother visits and casts her critical eye. When my husband's depressed. MEG, 39, FOOTSCRAY

> 'I always ask myself "What's the absolute worst that could happen?" and then I figure out what I'd do under those circumstances. That helps a little bit.'
> TAMARA, 35, LEICHHARDT

Feeling like I might let someone down or give them cause to doubt me. Knowing that I've made a mistake. SAL, 33, MELBOURNE

Exams! RISH, 28, PLYMPTON

In-laws. ANDREA, 31, SYDNEY

Baby crying, deadlines, not knowing. YVONNE, 30, SUBIACO

I worry about losing my job and about how I'm going to pay the bills. JESSICA, 23, BALLARAT

My partner's gambling problems. RINA, 28, GOLD COAST

Public speaking. ANDY, 32, MELBOURNE

Everything. LOU, 52, PARAP.

## Hints for cheering up

I sit in my chicken coop for a quarter of an hour and watch them scratch around. ANON., 33, MELBOURNE

Go outside and do something very active. Chop wood, for example. See some comedy or a very involving film. BUNNY, 52, LONDON, UK

I spend 10 minutes with my 4-year-old. Everything seems pretty simple in his little pretend world. KELLY, 32, BERWICK

Shouting into the wind. Eating chocolate. Singing goofy songs. CLARE, 40, SYDNEY

New underwear, coffee and cake with a good girlfriend. MELODY, 30, MELBOURNE

Slap yourself in the face a few times or open the world pages in the newspaper. Cheer up, baby, things could hurt a lot, lot more. You got it good! JACQ, 43, MELBOURNE

A good bonk usually does it. SALLIE, 53, COBARGO

Exercise always puts you in a better frame of mind. NIKI, 35, COCKATOO

Keep a book and write down one good thing that's happened to you each day. I find this makes me look for good things rather than focusing on the bad. JACKIE, 46, FAULCONBRIDGE

Real sadness is a hard thing to pull out of. It's not really a matter of 'cheering up' by distracting yourself from it. It's about learning to deal with the thing that's making you sad, or doing something to change it. ANGELA, 34, MELBOURNE

Cuddling the dog. BELLE, 32, GEELONG

# CHAPTER 20

# Feelings & moods

'Moody' can sound like an insult – but hey, who doesn't have moods? And anyway shut up, I love you. You give me the irrits; don't go. It's normal to sometimes feel down, overwhelmed or sad: most people have the skills to bounce back after a 'low'. We'll look at how to identify problem moods, and ways to help others or deal with your own feelings such as anger, sadness, grief, low-level stress and anxiety, and how to develop a sense of optimism and aim for happiness or at least an even keel.

- For info on premenstrual tension and other hormone-related moods, see Chapter 15, 'Hormones & Downstairs Geography', and Chapter 16, 'Periods'.
- For info on personality and eating disorders, postnatal problems and mental illness, see Chapter 21, 'Mental Health', next. Also in that chapter, 'Who's Who in Mental Health Treatment' has info on various personnel who can help you with pressing mental health issues, from family and friends to doctors in the field.

## Individual Reactions

We all get moody (especially supermodels and socialites, who throw shoes at their assistants even when they're not premenstrual). Being cranky or up and down, or feeling stressed and anxious can be an understandable response to unreasonable outside pressure, or a predictable cycle that seems hormone-related (see Chapter 15, 'Hormones & Downstairs Geography', and Chapter 16, 'Periods').

Some people have a natural tendency or a genetically related brain chemistry that's more likely to favour good moods or bad moods. Other factors include environment – both while you were little, when you were growing up and right now. Outside as well as inside forces can have an effect on mood and feelings, and on whether you find it easier or more difficult to cope. The good news is, you can, in most cases of mood and responses, learn how to react in a less stressed or worried way. There are ways to accept and move through grief and other challenges while acknowledging their significance. You don't have to stay indefinitely lost in a maze. You're not 'trapped' by your brain chemistry or your past.

## Negative Emotions

### ☁ Dissatisfaction

Why are so many of us dissatisfied? Will it help to remind ourselves that if we have shelter and food and a few nice things, we have enough? Or is it important not to settle? Do we now have to stay dissatisfied so we keep buying things, so the economy keeps 'growing'? Or would it be a neat trick to stop, think, really clear our minds, decide what we need and whether or not we can settle for less than giddy euphoria, and be happy with a kind of low-level 'enough' to make us feel okay? Aren't I supposed to be answering, not asking questions in this book?

### ☁ Anger

Women can get the idea that they're not allowed to be angry, that it's not ladylike or it's too disruptive. Not admitting you feel angry, and bottling it all inside, can lead to more stress and random outbursts that don't seem related to what you're really cross about. If you don't acknowledge and talk about your anger, it's still there. Sometimes, if the taboo is really strong, we might not realise that what we're experiencing is anger. We might experience it as a feeling that nothing goes right or perceive it as the failings of others. If we repress our anger at one thing (the way we're treated at work), it can be expressed as anger at something or somebody else (friends, a partner or kids). Writing down your thoughts and feelings can help you recognise your anger. Talking to someone is also a good way to work out what's going on inside you.

It really is okay to be angry, and to find a safe way of expressing and managing it.

### Top 10 useful ways to handle anger

1. Work out the feeling behind the anger – is it a sense of being unfairly treated or ignored, or is it a reaction to seeing a general injustice such as racism?

2. Admit when you're not sure why you're so angry, and talk about how a situation has affected you ('I feel . . .' or 'I had trouble understanding why . . .') rather than blaming or accusing ('You did this to me' or 'It was your fault').

3. Understand that in a discussion everyone needs to be able to put their case. Allow somebody the dignity of an apology, or their point of view, and move on.

4. Allow yourself to 'come down' from the brain-chemical high that anger causes, before you

make any important decisions or confront someone.

**5** Do something really physical – sometimes running, dancing or playing sport can help dissolve or dissipate angry feelings (see Chapter 11, 'Move').

**6** Think and talk about ways to avoid the situation that caused the anger, and about a more positive response to the situation.

**7** Ask a calm, sensible friend or relative for advice about how to handle a problem, or consult your GP and a counsellor about an ongoing problem with anger management – don't feel you have to tackle everything on your own.

**8** Admit your own mistakes or say sorry – this makes it easier for others to do the same with you.

**9** Follow the old saying that 'Living well is the best revenge', which means that when somebody does the wrong thing by you, get on with enjoying your life instead of brooding or plotting against them.

**10** Try to find other ways of expressing anger instead of these unhelpful ones: refusing to speak, shouting or swearing at somebody, ignoring or snubbing somebody, being mean to or bullying somebody, being constantly sarcastic, damaging yourself physically or mentally, being violent, focusing on 'punishing' whoever you're angry with.

## Stress & Low-level Anxiety

Stress is the feeling that you can't cope with or control everything you have to do, or live up to expectations. Stress is more about feeling under pressure, while anxiety is more about being worried. Sometimes they feel kind of the same. As well as these feelings, you can experience physical symptoms with anxiety and stress, which can include a faster than normal heartbeat, sweating, trouble sleeping, and colds and infections because your body's too busy with the anxiety or stress to maintain a healthy immune system. Some people get headaches, pains in the stomach or nausea.

In severe cases, stress and anxiety can lead to panic attacks, in which you feel terrified or 'frozen'. You need professional help to deal with panic attacks or severe anxiety (see 'Anxiety Disorders & Panic Attacks' in Chapter 21, 'Mental Health').

People often go to great lengths to avoid anxiety-making or stressful events, such as facing a bully or public speaking. If you can't avoid stressful situations, though, it's better to tackle the stressful feeling itself. An important caveat: there are ideas here for 'dealing' with stress but of course some of

**※ MORE INFO** on anger

If you're confronted with somebody else's anger, see Chapter 31, 'How to Escape Control & Abuse'.

**Lifeline 13 11 14** This 24-hour helpline can refer you to somebody who can assist with anger management, or just help you talk things through.

**relationships.com.au**
**1300 364 277** Relationships Australia lists anger-management courses and groups.

**Destructive Emotions: How Can We Overcome Them? A Scientific Dialogue With the Dalai Lama narrated by Daniel Goleman** A series of conversations between the Buddhist leader and psychologists and other scientists.

**Honor Your Anger: How Transforming Your Anger Style Can Change Your Life by Beverly Engel** A US therapist specialising in emotional abuse and relationships, Ms Engel asks you to look at what sort of anger you feel, what you're really angry about, the ways you express it, and how to do it in non-abusive and helpful ways.

**Letting Go of Anger: The Eleven Most Common Anger Styles & What to Do About Them by Ronald & Patricia Potter-Efron** A practical and thought-provoking US guide to how to recognise and understand anger and what to do with it. Also includes info on how to deal with somebody else's anger.

it is out of your control, i.e. minimum wage, bloke who won't help around house, sick kids. Make sure you don't berate yourself for 'not coping'. No amount of aromatherapy is going to cure a scheduling problem.

## Beating stress & anxiety

Here are some good ways to tackle anxiety or stress:

- Talk about your feelings with someone you're comfortable with.
- Try to do some physical activity each day or at least more often – it can help you become a calmer person (see Chapter 11, 'Move').
- Drop something (not a priceless vase) – a committee, a shift on canteen duty, or a mean 'friend' (see Chapter 26, 'Friends').
- Get outside into some air and light.
- Do some gardening.
- Distract yourself – find an hour or two to do something you know absorbs you (quilting, yoga, watching a movie).
- Analyse how you can get out of the stressful or anxious situation, and try to avoid it happening again. (What's the worst thing that could happen? Who can help you with that?)
- Break the problem down into small tasks that can be done one step at a time. If the house looks like a tip, do the desk this afternoon, the rest another time. Make a list and tick things off – to feel the achievement and know you'll get to them all eventually.
- Read Chapter 1, 'How to Be Confident'.
- Avoid caffeine (in coffee, cola and 'energy' drinks) – it tends to make you hyper.
- Don't 'self-medicate' with drugs or alcohol (see Chapter 22, 'Drinking', and Chapter 23, 'Drugs').
- Get more sleep, which will help you cope better with everything (see Chapter 13, 'Sleep'). Don't do work just before you go to bed or you won't sleep well.
- Breathe slowly – this is a quick, simple way of heading back towards calmness. Breathe in for a count of six (or four or whatever you can manage). Pause, then breathe out for a count of six, if you can. Repeat for a minute or so. Learn yoga to find out more about the deep relaxation possibilities of breathing techniques.

It's not compulsory to like any particular technique: you might find watching a comedy movie with girlfriends is much more relaxing than a massage. Find what works for you and don't get hung up on what 'should' work.

Various ideas are advertised or promoted online as stress-relieving courses or methods. Some of them are based on 'meridian' points, which are identified in ancient Chinese medicine as points for inserting needles (acupuncture), for pressing on or for massaging (acupressure), or for tapping on ('tapping' or 'emotional acupuncture'). Some of these methods can be combined with hypnosis, meditation or herbal preparations. There are no double-blind studies showing any scientific evidence for meridian or acupressure-based therapies.

But it is true that some people feel very strongly that these techniques work for them. Scientists would say this is a 'placebo' effect, but if it's a placebo effect and it works for you in making you less anxious, then that's a plus, as long as you don't spend money on dodgy treatments or take herbs that are dangerous or prescribed by somebody who isn't qualified. (See ' "Natural" Healthcare' in Chapter 12, 'Health Maintenance', for more.) If you're considering Rescue Remedy please understand that if it 'works', it's a placebo effect and a cup of tea is cheaper (look up 'homeopathy' and 'placebo' in the index for more).

**MORE INFO**
on stress & anxiety

See also Chapter 10, 'Eat', and Chapter 11, 'Move', for info on healthy eating and activity, and see 'Top 10 Mental Health Boosters' in Chapter 21, 'Mental Health'.

Your GP can refer you to a counsellor experienced in techniques for avoiding anxiety and stress. Many psychological services are now available on Medicare. See 'Anxiety Disorders & Panic Attacks', in Chapter 21, 'Mental Health', if the problem escalates or you have panic attacks.

**Don't Sweat the Small Stuff by Richard Carlson**
Bite-sized advice on simple ways to keep your cool in stressful times.

## General Sadness & the Blues

Sadness is a perfectly sensible response to a sad event, situation or news. Grief is an extreme emotional experience, not an everyday one (there's a section on 'Grief' coming up in this chapter). Sadness can be a less intense feeling that you might have quite often.

'Being a bit depressed' is usually a temporary mood: feeling rather flat after a big excitement has ended, being 'blue' for a couple of days or acknowledging that something rather sad happened. It's part of everyday life.

Clinical, or major, depression is different: it's a constant crushing feeling of blankness, nothingness and hopelessness that seems as if it will never, ever lift. Many women have so many expectations – many self-imposed – about 'perfection' or about looking good and doing well – at work, in love, as a daughter, as a friend, as a partner and homemaker, perhaps as a mother – that in many ways being 'a bit depressed' is simply a very sane response. It requires a bit of a long hard look at your life, and you might need to jettison some of your responsibilities and expectations.

The 'low-level depression' of feeling overwhelmed, often sad or ground down, can develop into the much more serious kind, so don't ignore any sad or not-coping feelings. Talk to friends, your partner, a doctor, and give yourself time to think it through and about what could improve things. If you're too busy to take a couple of hours off to think or read a book about it, or you realise you've been trying to squish the feeling with wine or TV or staying too busy, sit yourself down and ask yourself the questions you'd ask a best friend going through the same thing.

See Chapter 39, 'Beliefs', for recommendations of books on philosophy and happiness, and Chapter 1, 'How to Be Confident', for some handy help in sorting out what you really want. The whole deal on depression is in Chapter 21, 'Mental Health', next.

Having a good cry can be a great release when you're feeling sad. Some people can turn on the waterworks automatically or at will, or you can sometimes coax the tears out with a darkened room and a weepy movie. Let yourself have a sad day or feel sad for a while when a sad memory floats into your head. But if the sad or low feelings seem to drift on and there's no obvious grief trigger (see the 'Grief' section coming up), then reach out. It can get a whole lot better than this, I promise.

## 10 things to avoid when you feel down

**1** Thrash-trash-death-puke metal or country music.

**2** Eating 56 Tim Tams.

**3** Too-tragic movies that aren't cathartic but just make you cry so much that snot comes out.

**4** The news.

**5** Staring at yourself in the mirror.

**6** Wearing clothes that are too big or small.

**7** Deliberately avoiding sleep.

**8** Documentaries where animals eat each other's head off.

**9** Asking someone if your bum looks big in this.

**10** Cutting or dyeing your own hair.

## Sadness is normal

Periods of sadness make sense. But endless melancholy doesn't (even for goths). Sadness and heartbreak (see Chapter 30, 'When Love Goes Wrong') have inspired some of the best poetry, songs and other art.

### ✳ MORE INFO
on sadness

**Standing Without Shoes: Creating Happiness, Relieving Depression, Enhancing Life by George Burns & Helen Street** Two Aussie psychologists on how to prevent depression, with a kind of he-said she-said approach. A foreword by the ubiquitous Dalai Lama.

## Grief

Grief is the word used for the intense feelings caused by a severe emotional loss, such as a death; a family or relationship break-up; a shocking discovery; the upheaval and separation resulting from war or another trauma such as a natural disaster, especially when a home is lost; loss of reputation due to legal or other reasons; a sudden change of fortune; the departure of somebody; or a life-changing illness.

Different people grieve in different ways – even those in the same family or a group who have lost someone they all love. Just because they don't do it the same way as you doesn't mean they feel it less, or more. The swirling feelings of grief can include any or all of these responses:

- **Crying** – 'Every time I think about our old life I start crying', 'I don't seem to be able to stop crying since he left.'

- **Denial** – 'She didn't really die. She'll walk in the door tonight.'

- **Questioning** (to make sense of the loss) – 'Why did this happen?', 'Why us?'

- **Anxiety** – 'How will I cope?', 'I don't know what to do', 'What's the best way to behave?'

- **Self-blame** – 'If only I'd realised she was thinking that way, I could have saved her.'

- **Anger & frustration** – 'How could you leave me to cope by myself?', 'You've never lost anyone so how could you possibly understand what it's like?'

- **Loneliness** – 'I'm the only one who really understands how this feels to me.'

- **Depression & loss of interest in life** – 'I'm not getting up and going to work today', 'Whatever. I don't care what we do.'

- **Sadness** – 'I wish my mum was here to see what I've achieved', 'I don't think I'll ever see my homeland again.'

As well as these reactions, many grieving people experience physical symptoms, including headaches, short-term memory loss, an upset stomach, tiredness, trouble sleeping or sleeping too much.

### ☁ Bereavement

In the early stages of bereavement, it's totally okay just to think about what to do in the next hour or the next day. You don't have to sort out everything right away (except the funeral), or even soon.

Everyone who grieves needs some help and other people to talk to. Taking each day as it comes, one step at a time, and getting help is a good way to move forward.

Nobody should expect you to just 'get over it'. You need time to grieve properly and then find a way to take your sadness with you into the next phase of your life, where you can feel more positive without having to forget someone or pretend an important event never happened.

### ☁ Your grief

After a time, you don't simply 'get over it' or not feel the grief any more, but you can learn how to manage and live with it. In a way, you can wrap your grief up and take it with you as you go through life, so that the spiky bits don't stab you quite so often or quite so sharply. Moving on doesn't mean you dishonour somebody who died, or that what happened doesn't matter. You're not 'forgetting'. It's always there. You hold it carefully as you go, and time wraps it up a little more. You can learn how to have a new life that includes the grief you bring with you.

### ☁ Somebody else's grief

You can't really understand somebody else's grief, but you can feel for them. Because everyone grieves differently, the best thing to do is ask what you can do, or do some sensible and practical things without asking and without being intrusive. People who are grieving are in a kind of fog and it can be impossible for them to think about anything else or think straight at all. One thing you can do is drive people who are grieving to where they need to go, or otherwise help them do anything that requires a perception of danger – they don't realise it, but their powers of observation and reflex can be way down during this time.

### ☁ Kids who are grieving

If you can, get someone in to help look after children so they can have breaks from your grief. Kids will grieve too, but it's also okay for them to 'forget' momentarily, or to have times in the day when they play as normal. Their brains are not the same as ours. Be on hand or have a trusted friend or relative to answer any questions. In the early stages, you may find their questions too confronting or upsetting.

It's okay to say you don't know where Grandad's spirit has gone or whether he's gone to heaven. The most important thing for kids is that their questions are answered honestly, that they're encouraged and included in rituals if they want to be, and that somebody helps prepare them for what to expect.

Families and people differ on whether they think children should go to funerals. Children shouldn't be forced to see a dead body and should be able to decide without criticism whether or not to go to a funeral, or whether to speak or perform another ritual as part of the ceremony.

Any smaller child at a funeral needs to be assigned a sensible older relative or friend who can be with them or take them home later if necessary while you attend to other things.

## MORE INFO
### on kids who are grieving

**bereavementcare.com.au**
**The Grief of Our Children by Dianne McKissock**
A founder of the Bereavement Care Centre in NSW advises parents on how to help and understand bereaved children of various ages, and has info for adults whose parents have died. Choose 'Resources', then 'Articles' for a useful sheet called 'Understanding Bereaved Children'.

**childhoodgrief.org.au** The National Centre for Childhood Grief (A Friend's Place). Choose 'Articles'.

**grief.org.au** The Australian Centre for Grief and Bereavement has useful fact sheets: choose 'Grief & Bereavement Support', then 'Supporting Grieving Children' or 'Supporting Grieving Adolescents'.

**nowwhat.org.au** The charity Canteen, which focuses on kids with cancer, has info on different types of the illness, coping with practical stuff and feelings, and experiencing grief.

**What's Dead Mean? by Doris Zagdanski**
An activity book to help small children understand death.

**Something I've Never Felt Before: How Teenagers Cope with Grief by Doris Zagdanski**
A book for teenagers and for their friends, parents and teachers who want to help.

## 'New' partners for the bereaved

For some people, particularly those who've been with a partner for many, many years, the loss of a long-time companion is so great that they almost cannot function without one. It's quite common for older people, especially men, to start a new relationship at a time the rest of his family thinks is 'too soon'. For many of these men, his wife or partner almost ran his life, including the home and what he ate, bought and wore. Many men like this who introduce a new companion to their family have no idea they might see it as insulting to his former wife's memory or as a 'replacement'. That may not be at all how he feels about it.

Another factor is the different experience of time that older people have. A widow of, say, 70 may think she only has about 10 more fully mobile and very healthy years left, and she may want to make the most of that time. Having suffered a bereavement, many people are hyper-aware of trying to 'live for the moment'.

While your family is thinking something like 'Is she after the money?' or 'How could he?', the family of the new partner could be equally concerned and horrified. At the very least, be polite and welcoming, and get your kids to be the same. Of course nobody has to think of or address this person as a 'new mum', 'new dad', 'new grandma' or 'new grandad'. It's important to tell kids 'This is Grandad's new friend (or girlfriend)', not their new grandparent. That sort of change only comes naturally, over time.

Other bereaved partners can spend the next 30 years single and even turn homes into shrines. People are just . . . different. But sometimes grief counselling sessions can help. (Older male relatives especially can assume that going 'once' has cured them, like a visit to the dentist.)

Men in particular can see counselling in terms of getting 'fixed' rather than an opportunity to share and process feelings in an ongoing way (and of course for some people this is their idea of torture). You may want to encourage a weekly visit for a few weeks or months as the 'normal way' this is done, or just 'see how it goes' for a month or so.

# What's your experience of grief?

I had two friends suicide at a very young age. There's not a day that goes by that I don't feel sad for them.  HOLLY, 23, REDFERN

I lost my sister when she was a week away from turning 11 and I lost my dad when he was 54. There was lots of crying in the short term, and while their memory will sometimes bring a tear to my eye, I mostly have happy memories of them.
PAM, 33, QUAKERS HILL

A major loss was my 17-year-old brother to leukaemia when I was 13. For a long time I pretended that he was on a holiday that he couldn't return from, which was probably not helpful.
NORA, 31, NOBLE PARK

My mum died two months ago. I'm still in the short term. There's been shock, disbelief, numbness. Now I'm sad a lot of the time and I can't concentrate on anything.
GERTIE, 34, MELBOURNE

I left Hungary at the age of 5 just as I was getting the hang of interacting with people. After we left, I felt ungrounded and not a valid human being.
ELEONORA, 32, SOUTH HEDLAND

> ‘My father left when I was 10. I've grieved all my life.’
> CATE, 47, COOK

Childhood abuse; death of first-born baby; loss of home in bushfire; work redundancy; loss of 'good' health; death of parents and sibling. The cushioning of shock helped to get me through. I discovered that each grief/loss event raised issues relating to the previous events.  JUDE, 63, MT BARKER

Less than two years ago, my soul mate passed away suddenly. It was the worst time of my life. I was in a fog for a few weeks, in disbelief. Gradually the fog lifted, but it took quite a while. JAN, 58, SYDNEY

I've had a lot of family friends die of AIDS. It's affected me a lot. It's taken me a long time to get over the death of one friend, only recently being able to look at the hospital where he died 17 years ago.  GEORGIA-MAE, 26, BIRCHGROVE

> ‘With my mother, it was a bit of a relief, because she'd been so sick. I hope I don't sound cold-hearted – I was definitely upset for a long time, but she wasn't sick any more!’
> NARELLE, 30, CAMDEN PARK

38 years ago I was with my sister when she died in a car accident. I was 16, she was 21. I was in hospital and wasn't allowed to go to her funeral. Since then her name has only been mentioned if I raise it.  THERESE, 54, MELBOURNE

My mother died 12 months ago of cancer after suffering for 20 years. I feel free of the burden she was to me. I can take up opportunities that arise and not miss out.
SUE, 45, CARRUM

My two children passed away in a motor vehicle accident, then, over time, my grandparents. My life fell apart. It was a black pit. I didn't want to wake up and deal with the world. Time taught me to live with and accept that life goes on, and I had to decide how I was going to live that life.  TERRY, 44, PROSTON

I've had five miscarriages. It was desperately sad. I didn't know if I'd ever be happy again. I'm still deeply sad at times. In fact, I could cry now, writing this.  LINDY, 51, SPENCE

I lost my beautiful granddaughter at the birth. It's the worst loss I've had to bear. I was heartbroken and my husband and I grieved so differently it made it very difficult.
NOLA, 64, SOUTH MELBOURNE

My daughter was diagnosed with autism at two. I felt a great loss of what I had planned for my life, and for hers. Both I and my husband had a period of grieving and anxiety. Our lives have changed, it has its ups and downs, but you learn how to cope.
MANDY, 41, SALT LAKE CITY, US

My husband was killed in Iraq. I withdrew from family and friends and suffered depression. After four years I still struggle.
AMANDA, 35, LANCEFIELD

My cousin's funeral showed me that you should do whatever you want with your outward appearance because people respond to what you are inside. I've carried his example ever since and gave my son his name.
ANON., 33, MELBOURNE

I felt guilty that I wasn't as sad as other people.  MEGAN, 30

We all deal with grief and other emotions differently. Don't judge people as being uncaring if they don't show their feelings the way you think they should.
JACKIE, 46, CENTRAL COAST

Everyone's different and experiences loss in different ways. That doesn't mean they don't feel the loss, since it's not always as painful as people think, just sad.
CARMEN, 44, CAMBERWELL

## Kids & grief

Parents need to share their grief with their children, but not use their children as an emotional crutch. This is inappropriate and can badly affect the children in the future.  ALLIE, 28

I was young, but my mother made sure our house wasn't turned into a silent and morbid place. She encouraged people to come over all the time.  AURORA, 26, ST KILDA

# MORE INFO
## on grief

There's a bit of a grab bag of grief sites and support, usually staffed by volunteers at a local level.

### Lifeline 13 11 14
24-hour anonymous counselling.

### thecompassionatefriends.org.au
The NSW site of this charity and counselling service has links to sites in other states and territories.

### grief.org.au
Non-profit counselling and education hub.

### nalag.org.au, nalagvic.org.au and nalag.org.nz
These National Association for Loss and Grief sites can direct you to a grief counsellor in NSW, Victoria or New Zealand.

### bereavementcare.com.au
**Coping With Grief by Mal & Dianne McKissock**
The non-profit Bereavement Care Centre in NSW, run by a couple who are specialist counsellors, offers counselling and counselling courses in NSW, the book, links and recommended resources.

### lotsahelpinghands.com
This non-profit US-based website provides a service where carers and helpers can divide up meal deliveries, helpful tasks or physical therapy assistance. It can be used to coordinate a community of carers.

**Stuck for Words: What to Say to Someone Who Is Grieving by Doris Zagdanski**
Advice for anyone who wonders what to say to somebody who's grieving, and other ways to help.

**Motherless Daughters by Hope Edelman** (and the sequel, **Letters from Motherless Daughters**)
A book about living without your mum: the feelings and practical things.

### GRIEF AFTER SUICIDE
See also Chapter 21, 'Mental Health', next, for info on self-harm and suicide prevention.

### After Suicide: Help for the Bereaved by Sheila Clark
A GP and grief counsellor helps chart a practical and compassionate course for those dealing with the aftermath of a suicide.

### suicidepreventionaust.org
A non-profit organisation that works to raise awareness and prevent suicide, but also has help for the bereaved. From 'Getting Help', choose 'Bereavement Support'.

### MISCARRIAGE OR LOSING A BABY
These non-profit nationwide organisations have counselling, resources, articles, personal stories and other help when there has been a death of a baby, either before or after the birth, whatever the cause.

### sidsandkids.org
**Helpline 1300 308 307 (*24 hours*)**

### sands.org.au
**Our Babies Have Died: Stories of Miscarriage, Stillbirth and Neonatal Death edited by the SANDS Association**
Personal stories of miscarriage and the death of babies before and after birth.

# MORE INFO
## on death & practicalities

### What to Do When Someone Dies: A Guide to the Practical Arrangements that Have to Be Made After a Death by Stella Tarakson
A commonsense guide that will show the way at a time when you may not be thinking logically or may be vulnerable to rip-offs. Includes checklists of things that need to be done and clear explanations of legal requirements. Also has info on how to 'get your affairs in order'. Can be ordered from choice.com.au.

### afda.org.au
The Australian Funeral Directors Association. Find an accredited funeral director by postcode, or click 'Plan a Funeral' to download a form to give to a funeral director.

### The Public Trustee
A legal government appointee in each state and territory can advise on where to check for wills, what to do if there isn't one, and how to be an executor.

# Living with grief

I didn't want anything from anyone. ANON., 33, MELBOURNE

### 'I needed them to cook for me, ring me, go out with me, hug me.'
CATE, 47, COOK

I didn't want anyone near me at all – except my children. I didn't tell friends until after the funeral. KERRY, 54, CHERRYBROOK

People are very supportive through death, but then a few weeks pass and they tend to forget – whereas you don't! CANDY, 38, MELBOURNE

They sat with me as I drunkenly sobbed for a couple of hours. They might not think I remember, but I do. It was ugly, messy and snotty, but they were there for me. ADELE, 27, UNDERDALE

Deal with it in your own time. You don't have to get over it in any time frame. Everyone's different. My mum wanted me to go to the pub after the funeral as 'that's what you do', and didn't respect my feelings and the way I cope. RACH, 27, REDLAND BAY

I was at a complete loss and couldn't get out of bed for weeks. My family looked after my business and my sisters cared for me. Friends avoided me at first and said it was for the best. People find it hard to deal with loss. I understand. AMANDA, 49, SYDNEY

I wanted everyone to leave me alone and I resented that they left me alone. MARGARET, 39, MELBOURNE

### 'One friend delivered food and sent her house cleaner around. It was the most practical help I received. Truly amazing.'
SHELL, 35, SALE

I needed my sisters to hug me, but they stayed away. I'd do it differently now – I'd tell them I needed them. MAXINE, 58, SHEPPARTON

I wanted them to stop asking how I felt and saying that time heals – it doesn't. CRISTIE, 25, BRISBANE

Celebrate the person. Bring them up in conversation. JOY, 50, MACLEOD

I didn't want to stop talking about her, even when the talking made me cry. I didn't want to hear ideas for feeling better about it all – I didn't want to feel better. BELLA, 41, MELBOURNE

### 'Initially I wanted them there, then I wanted to be left alone.'
LIZ, 38, COTTESLOE

I needed them to acknowledge our loss of a much-wanted baby. Some friends were fantastic, while others didn't come near us or talk to us because they didn't know what to say. FLOSS, 32, WAGGA WAGGA

You'll always miss them. At different times things will remind you of the loved and lost, but that searing, stabbing pain will slowly become an ache. CATE, 32, BUXTON

Don't ever assume that people will 'get over' the loss of a child. They just get better at managing life without them. If you're going through grief, celebrate little successes and be very, very kind to yourself. ROXY, 51, CANBERRA

## What helps when grieving?

Here's what some Women's Stuff Survey respondents said:

● Reading about spirituality ● Prayer ● Swimming every day ● Cards and letters ● My husband's wonderful devoted support ● Starting a private blog that no one could read but me ● When her murderer was sentenced to jail ● Really good counselling ● Treating it as an illness and taking time to convalesce ● Being around family and speaking at the funeral ● Putting on my mum's favourite classical music and crying a lot ● Thinking of all the happy moments we had together and everything he achieved in his life ● My memories and mentioning her every day ● Yelling at him for dying without my permission ● Time ● Joining a support group and now helping to run it ● Being alone with a photo and *howling* and *howling*, for a couple of days if necessary, and not having anyone try to cheer me up ● Driving on my own to a nice spot with a view of the ocean ● People checking on me ● When people said 'That's so sad', because it *was* so fucking sad.

## ☁ Immediately after a death

One way to cope with grief is to know the practical things you need to get sorted or can ask for help with. For some people, there's time to make some preparations for a death – this doesn't make the sadness any less, just allows for some planning. For others, it happens suddenly with no time to prepare.

Here are some of the things that may need to be done. Many can be delegated.

- Give the go-ahead for organ donation, in cases where that's possible (you'll need to be the official 'next of kin').
- Call a funeral company: you may wish to compare prices from two or three.
- Book the funeral and the place for a wake, 'celebration of life' or immediate post-funeral get-together.
- Place death and memorial notices in the newspaper (the funeral company may do this for you). This is the sort of job you can give to somebody who says, 'What can I do to help?'
- Call any friends, family or workplaces who should be informed of the death.
- Organise the funeral – the funeral company will organise the nuts and bolts, but somebody might have to order the flowers, talk to the person you want to run it (priest, rabbi, etc.), organise the music and put together the order of service for the funeral (usually a printed booklet for mourners to read from).
- Choose somebody to help look after small children: either elsewhere overnight or to come in during the day to distract and care for them while you deal with grief and practicalities. It's best not to send children away unless there's a very good reason, as they'll usually be better off feeling they're close to their usual loved ones, home and life.
- Find time to answer the questions of small or even teenaged children.
- Deputise somebody to make sure the family has simple, easy food available for meals. Encourage them to eat, even if they don't feel like it, as they need to keep up their strength. Most importantly, get them to drink water to stay hydrated.
- Arrange accommodation for friends and family coming in for a funeral.

- In some cases, notify banks, insurers or other financial bodies to release needed funds.
- Check with Centrelink for any available one-off bereavement payments: when a partner or parent of small children dies you may be eligible for a hardship payment. There may also be relevant carer payments to be transferred or instigated.

## Optimism

Some have the ability to 'bounce back' quickly from moods or feeling down. They're optimistic: they expect that things will, or are likely to, turn out well. If that's not you, you'll be relieved to hear that you don't have to be born with optimism – you can learn it. You can also learn resilience: the buzzword that means you're strong, a survivor who can face hard times and come through it all okay, the sort of person who can take a disappointment, absorb it and recover, instead of going off to brood for days or weeks.

It can take real courage to develop optimism. It means you're more likely to try at something and succeed, rather than not try or fail and then say, 'See? I told you I couldn't do it.' You may try and fail, but then you can try again or try something else. Or, do you have any ice-cream?

You can learn not to let the pain of a rejection stop you from making new friends or applying for a new job. You can aim to be a woman who doesn't take crap from anyone, who when one door closes in their face will kick down a few more. Or at least think about knocking politely.

### ☁ How to be optimistic

Here are some ways to get stronger:

- Like yourself. If you try to be a good person who isn't mean and nasty, then you can feel good about yourself. When a bad thing happens you know it's not your fault or deserved. (See Chapter 1, 'How to Be Confident', for practical suggestions.)
- Have a support team – family or friends or both. Being in a team, club or community helps.
- Make a list of people, activities, DVDs, books and music that cheer you up.
- Think about great times you've had. Think about bad times you went through that got better.

- Recognise that sometimes things don't get better by themselves – you may have to take action or ask for help – or that sometimes you have to persevere before things improve.
- Face fears and hard times because they do have a positive side. You'll be more experienced at solving problems, feel braver, maybe get to know yourself and your limits, and be better prepared for obstacles in life.
- Try to be realistic. Instead of saying 'Nothing will ever change', set an achievable goal.
- Don't be a catastrophiser – someone who turns the smallest problem into a disaster by flapping, panicking, shouting, being a drama queen or complaining to everyone. Save your energy to deal with real problems.
- Stand your ground on fixing the big things, even if they're not big to someone else.
- Even while you're dealing with a problem, make sure you have breakfast and two other good meals a day, and that you keep up your general grooming (your earrings don't have to match your shoes, but you do need to keep showering).
- Check just in case there's a funny side to the problem you're dealing with.
- If one strategy isn't working, give it a red-hot go, then try another. Blame the strategy, not yourself.

## 10 things to help you cheer up

**1** **Laugh** – With friends, family, at a movie or show. If necessary, get into a water or pillow fight.

**2** **Get outside** – Fresh air and daylight are proven mood lifters.

**3** **Affirm** – Use a diary, sticky notes, posters or your own thoughts to remind yourself of your good points and things you enjoy or want to achieve.

**4** **Explore your creative side** – Express your feelings in writing, drawing, music, gardening, performance, cooking, crafts, jewellery-making, sculpture.

**5** **Plan things to look forward to** – Check your diary for this week: is there any time for fun? If not, start to schedule it for coming weeks.

**6** **Take time out** – Try to get some time all to yourself. Just lie there in silence or listen to soft music.

**7** **Do 'good works'** – This could include helping to look after an animal or volunteering some time or money to a charity (see Chapter 40, 'Community & Caring').

**8** **Tell someone you love them** – And do them a small favour.

**9** **Have a big clean-out** – Of your bedroom or office or one drawer. Chuck out stuff you don't want that's cluttering your space, rearrange things the way you want them and start afresh. If it's too big to tackle all at once, do one shelf at a time.

**10** **Choose** – Some people want to spend every spare moment with other people, liking to be 'kept company', but others prefer to have some time on their own.

## Happiness

Happiness is a big buzzword in the psychology world and the blogosphere, and a whole new section in bookshops. Many people are trying to find happiness. Others say you don't have to be happy all the time, just feel vaguely contented. Or at least not wildly disgruntled all the time. Happy-ish or happiesque rather than happiest. Others say looking for happiness makes you unhappy and being busy is better.

**TOP 10 UPLIFTING MOVIES**

**1** *The Princess Bride*

**2** *Malcolm*

**3** *Happy Go Lucky*

**4** *Billy Elliott*

**5** *Bend it Like Beckham*

**6** *Little Miss Sunshine*

**7** *It's a Wonderful Life*

**8** *Clueless*

**9** *Fried Green Tomatoes*

**10** *Happy Feet*

## MORE INFO on happiness, optimism & feeling strong

**authentichappiness.sas.upenn.edu**
**Learned Optimism: How to Change Your Mind and Your Life by Martin Seligman** Dr Martin Seligman, from the Positive Psychology Center at the University of Pennsylvania, has questionnaires to test your happiness level, and ways to analyse other things such as gratitude, grit and quality-of-life levels. His book explains how to retain or rebuild confidence for men and women.

**thehappinessinstitute.com.au**
**100 Ways to Happiness by Timothy Sharp**
An accessible point-form read with sensible ideas on how to move towards a happier life. Dr Sharp is a Sydney psychologist who runs a private site featuring lessons, products and a hub for 'positive psychology'.

**Happiness: A Guide to Developing Life's Most Important Skill by Matthieu Ricard**
Mr Ricard is a Buddhist monk who used to be a scientist. A solid philosophical read.

**bevaisbett.com**
**Letting It Go: Attaining Awareness Out of Adversity by Bev Aisbett** An Australian counsellor and cartoonist's site and book on self-esteem, positive thinking and mood strategies, as well as how to beat depression.

**I Could Do Anything if Only I Knew What It Was by Barbara Sher with Barbara Smith** This self-help classic has been reprinted steadily since 1995. Lots on how to make better luck, decide on priorities and dreams, change direction, and get motivated.

**aforattitude.com.au**
**A For Attitude** and **Attitude in Action by Julie Davey** The first book has bite-sized mottos and encouragement; the second is an easy-read guide to planning a more balanced life and redefining 'successful'.

**livereal.com** A hub site for psychology, self-help and 'spirituality'. It might be good. I have no idea because I didn't want to log in by giving any private details, and then I became insensible with boredom during its introductory video.

### SELF-HELP BOOKS

**50 Self-help Classics, an anthology edited by Tom Butler-Bowdon** A buffet of all the big self-help gurus, philosophers and theories in one book.

Lots of women say their lives have been improved, even revolutionised, by reading a self-help book. Meanwhile, others are practically allergic to the idea of a self-help book, or at least very grumpypants about the bad ones written in a self-righteous rush or peddling somebody's pet theory or rehashing something blindingly obvious in a series of tedious dot points that could have been written by any computer or a marmoset kept well supplied with rambutans. In this book I've tried to recommend self-help books in each section that I thought were proper jobs and not just faddish celebrity-driven bestsellers, or I've mentioned the ones that lots of other people said helped them – even if, personally, I felt their best use involves kindling.

But if you really go off like a catherine-wheel at the very thought of a pop-psychology or 12-step DIY life-coaching book, you might enjoy one of the 'anti-self-help' books. Here are three:

**The Last Self-help Book You'll Ever Need by Paul Pearsall** Dr Paul, a US neuropsychology professor, cracks it and tells us all to pull ourselves together. Guilt, anxiety and blame are all normal human reactions. Grow up, take responsibility and enjoy yourself when you can. Okay, then.

**SHAM: How the Self-help Movement Made America Helpless by Steve Salerno** A US journalist takes on the multibillion-dollar profit-driven life-advice industry and most of its famous entrepreneurs, accusing them of doing more harm than good. He's cross and articulate.

**Self-help Nation: The Long Overdue, Entirely Justified, Delightfully Hostile Guide to the Snake-oil Peddlers Who Are Sapping Our Nation's Soul by Tom Tiede** A US columnist gets on his high horse and starts waving his lance at the celebrity rehashers of the bleeding obvious. The title is the best thing about it.

# Thoughts on mental health

I think everyone's experienced a moment when they wonder if they have a mental health issue. I think this is totally normal, as life is constantly changing, with both good and bad things happening to us all. ACE, 26, KILKENNY

You think you're the only one going through it, but as soon as you talk to someone about it you realise that it's so much more common, and that if other people can get through it, so can you. You don't have to deal with it on your own. See a doctor. TALIA, 28, KEILOR

It can happen to anyone. They're still the same person, and it's just another form of being sick. It's hard to deal with, but you and they can move on, with advice and medication. JODIE, 30, NEWCASTLE

I have friends who, because I have a mental illness, treat me like I have an intellectual disability and as if any decision I make must be flawed. CATE, 51, LOGAN

I've still only told a few people because of the stigma. If it got out at work there'd be all sorts of trouble. MELINDA, 31, TOWNSVILLE

Don't beat yourself up if you've inherited genes that let you down. You deserve gentle care. AMY, 55, PORT MELBOURNE

Mental illnesses are just like physical illnesses. People should be cared for the best way possible for their illness and supported. There's no reason for stigma in mental illness. HILARY, 41, CREMORNE

Persevere. Don't expect your partner, friends, family to understand. No, you don't just need 'a good kick up the arse' or to 'just get over it'. MICHELLE, 52, MELBOURNE

## Family support

Support and tissues from loved ones worked best. They'd keep telling me that with every day that passes I was another day closer to feeling better again. It helped me get through it. MELANIE, 34, NEWTOWN

Talking to my mother and aunt about depression was really helpful, since they both suffered and I didn't know. I'd felt quite alone, but knowing they felt it too made me feel less bad about it. SOPHIE, 29, KALEEN

'I thought I was losing my mind, and I was unable to cope with just about everything. It was very frightening. My GP is worth her weight in gold.' DEBI, 50, BALLARAT

I had depression. Without my family's unwavering support I wouldn't have got through those few months. I found depths in my husband I never believed possible. SERAYA, 30, BRUNSWICK

I don't know what would have become of me if not for my family. ROS, 32, BRINKIN

## Getting help

Keep pushing doctors to refer you for specialised help. Our GP was slow to agree that my daughter needed help. I had to push for a referral. SUE, 45, CARRUM

Get help early, no matter how silly you feel. LINDY, 38, GIPPSLAND

Don't wait 10 years to get help like I did. CLAIRE, 29, SMITHTON

I saw a counsellor at school. She was amazing, saved part of my life I think. DOM, 21, CAMDEN

I was very depressed from 12 to 18. I would dearly have loved to get some help with it, but my parents said that I was just being a drama queen. AIMEE, 35, MELBOURNE

Seeking help for depression is *not* a sign of weakness, it's a sign of strength. MARIA, 39, WOODEND

My GP got me free sessions with a psychologist under a government-run program. You don't know unless you ask. KATE, 35, WOODCROFT

Before I sought help, I spent 10 years drinking myself stupid. Medication and a great doctor have helped. KATE, 32, SYDNEY

Therapy with a psychiatrist helped me understand some of my anger and sadness about family issues, but the only treatment that's worked to alleviate my postnatal depression and depression is medication. ALISON, 57, COOK

I went to a shrink for a year to understand the underlying reasons for my depression. KAREN, 38, MELBOURNE

I saw a counsellor and they turned my life around. They recommended I do a sailing course, where I met my new partner. SUSAN, 42, MANLY

It's impossible to understand how dark the world can get, how time goes on and on but you can't do anything with it – and the terror of it returning is unspeakable. What helped was cognitive behaviour therapy (CBT), Chinese herbs, and friends who love you even though you're no fun. BELINDA, 46, BONDI

# CHAPTER 21

# Mental health

Good mental health means you're feeling optimistic, capable, confident and pretty happy about life, and that you can deal with most problems and keep things in perspective – not feel utterly furious or burst into tears because you broke a fingernail. It means you can cope pretty well with stress, avoid making decisions that would complicate your life unnecessarily, and have fairly stable emotions rather than wild mood swings or a tendency to plunge into gloom or go off like a box of fireworks.

There's lots of positive info here on mental health problems, how to get help, or how to help somebody you know, or in your family. There's heaps on treatments and recovery, and positive plans for the future.

## OTHER INFO ON MENTAL HEALTH

See Chapter 20, 'Feelings & Moods', before this one, for dealing with more 'ordinary' feelings, from sadness, grief and anger to cheery optimism.

# Looking After Your Mental Health

Here we take a look at the heavier hitters in the feelings department, common mental illnesses including depression, postnatal depression and psychosis, anxiety disorders and panic attacks, bipolar disorder, obsessive-compulsive problems, self-harm, eating disorders including anorexia, bulimia, overeating and other eating behaviour worries, and schizophrenia.

## Top 10 mental health boosters

**1** **Sunshine & fresh air** – Regularly getting out into the light and air is a proven mood enhancer (see Chapter 6, 'Skin', for how to safely get vitamin D from sunshine).

**2** **Activity** – Walking has been shown to have good effects on mental health, as do team sports and other physical activity: do them outside and you also get the benefits of point 1.

**3** **Eating well** – The brain needs good supplies of vitamins and minerals. Dieting can wreck your ability to cope and maintain a good mood (see Chapter 10, 'Eat', for more).

**4** **Sleeping** – Getting enough quality sleep is vital (see Chapter 13, 'Sleep'). Lack of sleep is not good and severe lack of sleep can lead to manic behaviour and a psychotic breakdown.

**5** **Love & respect** – Having someone or something to love, and being loved, needed or respected, by family, friends and even pets, is important.

**6** **Belonging** – Feeling part of a group can make you feel connected, respected and welcomed. This can apply to family, friends, hobby groups, reading groups, churches, neighbourhood politics and volunteer work.

**7** **Being useful** – As part of belonging, when you contribute to a family, group or the community, you feel worthy and your self-esteem rises (see Chapter 40, 'Community & Caring', for more on how to make a contribution). If you can't

volunteer time you can donate money, and if you can't do either you can perhaps help raise the next generation of caring folk.

**8** **Clearing your mind** – Yoga, meditation, strategic games, puzzles and sports can all give your brain a bit of a 'rest'.

**9** **Assertiveness & self-esteem** – Part of being confident is being able to choose your own path even in the face of criticism from others. You need to be able to say no to things to keep yourself from being overwhelmed by business and responsibilities (see Chapter 1, 'How to Be Confident', for more).

**10** **Mind your brain** – And be brainy about your mind, by protecting and looking after it. Don't let difficult lower level feelings build up to become big mental health problems – address them early (see Chapter 20, 'Feelings & Moods', before this one).

 **MORE INFO**
on mental health

Website info about mental health may be wrong, simply ill-informed opinion or out of date. So find a big, reputable, local mental health site that's updated often, such as sane.org or beyondblue. org.au. Some other mental health sites are owned by pharmaceutical companies selling medication. That doesn't make them evil, but it gives them a narrower focus than most people will need when researching. See also 'More Info on Happiness, Optimism & Feeling Strong' in Chapter 20, 'Feelings & Moods', previously.

**Feeling Good: The New Mood Therapy** and **The Feeling Good Handbook by David Burns** An experienced US psychiatrist lays out a practical path to recovery from worries, with a wrap-up of antidepressant drugs. Drug doses and brand names may differ in Australia and New Zealand.

**50 Psychology Classics edited by Tom Butler-Bowdon** Samplers from psychological theories and writers, including the Myers-Briggs analysis, 'empower-er' Susan Forward, self-esteem classic *I'm OK You're OK*, Gail Sheehy on getting older, Jean Piaget on the mind of a child, William Styron on depression, and the famous studies on people given power who become cruel.

## Getting Help With a Mental Health Problem

Have a professional assessment so you know what you're dealing with. You need a fresh look at what's going on. Are you going through an understandable reaction to an outside influence that will resolve itself, do you have a mental health issue that can be fairly easily reversed with short-term counselling, or do you have a mental illness that needs sustained treatment for you to get back on the rails?

If you'd like, a GP can refer you to a counsellor (therapist) or a psychologist trained in talking about mental health problems and helping people work out strategies to overcome them.

There's a range of options for treating mental health problems, but they all take time. There'll be good days and bad days and some steps backwards, but you'll know you're heading in the right direction. Or your doctor can refer you to a psychiatrist as well, or instead, one who is a specialist in the sort of symptoms that you're experiencing, and will be able to prescribe medication if necessary. (You mustn't take anybody else's pills, or suddenly start or stop pills you've been prescribed before. 'Self-medication' with drugs or alcohol won't do for a mental illness; it just makes things worse.)

### Your mental health support team

Working on a mental health issue with professionals involves trust, understanding and a kind of compatibility governed by strict professional protocols. If you feel uncomfortable in any way, or don't feel that you're likely to make progress, find someone else. Beware of theory-based practitioners who have a lot of patients diagnosed with the same thing – for example, something vague such as a 'liver problem' or 'heavy metal levels' in the blood or a 'vitamin deficiency'. Any diagnosis of mental health issues needs to be made by a psychiatrist or specialist GP (see 'Who's Who in Mental Health Treatment', coming up).

Friends and family can't diagnose your problem, but it's worth listening if they gently suggest that you need some help. A natural therapist can't diagnose a mental illness, but they can suggest complementary therapies that can help you with nutrition. All practitioners you consult should be aware of what others have prescribed you, and what else you're taking, as some drugs, herbs or other therapies can be a dangerous mix or cancel each other out.

### Family & friends

Family and friends can be kept in the loop if you tell them about your problem and can rely on their support during your management and recovery. Talk to your professional 'team' about who you'd like to involve. Friends and family may not always have insight into or understanding of a mental illness, but many will be prepared to learn and be helpful. They can be your closest allies. See later in this chapter for more on when, who and whether to tell about your mental health issues.

### ONLINE THERAPY & HELP

Several online therapy projects have had success with depression and anxiety, especially when the problem isn't acute. Ask your doctor or counsellor to recommend one.

### ✳ MORE INFO
on online therapy

**swinburne.edu.au/lss/swinpsyche/etherapy** and **anxietyonline.org.au** Swinburne University of Technology's eTherapy Unit provides treatment over the internet. Click on 'Participate in Research'. Anxiety Online is one of their programs: click on 'About Us', then 'Step 1. Start'.

## Mental Illness

Mental illnesses range from severe anxiety, major depression, bipolar disorder (huge ups and downs), obsessions (with eating, body image or other things) and self-harm, through to the rarer psychosis (not being able to tell what's real from what isn't). All these are explained later in this chapter.

There's an oft-repeated, misreported estimate that about one in five people will experience a mental illness in their lives. The Australian

## WHO'S WHO IN MENTAL HEALTH TREATMENT

The qualifications and registration status of any GP, psychiatrist or psychologist (and some others) as well as any restrictions on them, or upheld complaints, can be checked at medicalboard.gov.au.

### GP

Your local doctor can help by ruling out a physical reason for a mental health problem (for example, the side effects of a medicine prescribed for something else), and refer you to a psychologist, psychiatrist or other specialist. If the doctor suggests medication, always ask what the aim is, and when and how you should come off the drugs.

 **MORE INFO** on GPs

**racgp.org.au** The Royal Australian College of General Practitioners site.

### NATURAL THERAPIST

A natural therapist cannot diagnose a mental health condition. They should advise you to go to a doctor when necessary and work in tandem with your medical doctor, so make sure each knows what the other is prescribing. A natural therapist can help with lifestyle advice and vitamin and mineral supplements if necessary. 'Alternative' treatments cannot take the place of prescribed psychiatric medication needed by people with a serious mental illness.

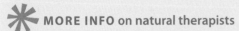 **MORE INFO** on natural therapists

See 'Who's Who in Natural Healthcare' in Chapter 12, 'Health Maintenance', earlier, for details.

### COUNSELLOR

Anyone can call themselves a counsellor, from a psychologist with several years' study and experience, to somebody who has watched a video or been appointed by a church. Make sure you understand the credentials of your counsellor. Look for reputable training and qualifications, experience in your special area (say, eating disorders, or anxiety) and an open mind about treatment rather than reliance on being a 'guru' with a special theory.

 **MORE INFO** on counsellors

**theaca.net.au** The Australian Counselling Association is a membership body with a voluntary code of ethics, info on approved courses, and a complaints procedure.

### PSYCHOLOGIST

Psychologists must have done a four-year university course, then two years of monitored experience with patients or a Masters degree that includes supervised time with clients. Most are bound by a code of ethics. Psychologists can't prescribe medication. Medicare will cover several visits to a qualified and registered psychologist if you're referred by your GP, but there may be a long waiting list. You don't have to have a referral from a GP to go to a psychologist, but a GP is likely to have useful contacts and inside knowledge, and can get you the Medicare rebate.

 **MORE INFO** on psychologists

**psychology.org.au** The Australian Psychological Society, a member organisation, has info on qualifications and lots of fact sheets on mental health issues – choose 'Community Information'. The advice line (1800 333 497) can help you find a qualified psychologist.

**psychologyboard.gov.au** The Psychology Board of Australia site will tell you if your psychologist is registered. Choose 'Register of Practitioners'. See 'Notifications & Outcomes' for complaint hearings.

### COGNITIVE BEHAVIOUR THERAPIST

Cognitive behaviour therapy (CBT) is an increasingly popular technique used by many psychiatrists, psychologists, psychotherapists and counsellors. CBT focuses on our thoughts and ways of reacting to events rather than the events themselves: in other words, we may not be able to change the past, but we can change the way we feel about it and how we'll feel and react in the future. We can identify triggers for certain feelings and new ways to respond to them. We can 'train' ourselves to have more positive feelings and thoughts.

## WHO'S WHO IN MENTAL HEALTH TREATMENT (continued)

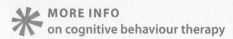

**MORE INFO**
on cognitive behaviour therapy

**Change Your Thinking: Overcome Stress, Anxiety & Depression, and Improve Your Life with CBT by Sarah Edelman** A DIY guide to recognising and changing your ways of thinking and reacting.

### PSYCHIATRIST

A psychiatrist is a medical doctor who has specialised in the brain and mental health. They have done at least 13 years of basic medical and surgical training, followed by special training and experience in psychiatry. As well as skills in anatomy, drug knowledge and diagnosis, a psychiatrist will have extensive experience in psychotherapy, talking with and listening to patients.

Many psychiatrists have subspecialties, say in postnatal problems, or anxiety or post-traumatic cases, or psychoses. Other medical doctors, such as GPs, obstetricians and even paediatricians, can also diagnose or suspect a mental illness, and will refer patients to a psychiatrist. Psychiatrists can be involved in ongoing care and prescribing medication,

and often work in tandem with psychologists. Most people who see a psychiatrist will see the same one regularly, just as they would visit another doctor – say, every week, every month or every six months. If a psychiatrist doesn't suit you, ask to be referred to another one.

**MORE INFO** on psychiatrists

**ranzcp.org** The Royal Australian & New Zealand College of Psychiatrists; choose 'About Us', then 'About Psychiatry', then 'How Psychiatrists Train'.

### PSYCHOTHERAPIST

A trained psychotherapist will use different therapies and talk with you about the problem or feelings you need help with, maybe about things like your childhood, and help you with your hopes and plans for the future. Anyone can call themselves a psychotherapist, so check qualifications.

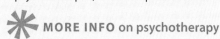

**MORE INFO** on psychotherapy

**pacfa.org.au** The Psychotherapy & Counselling Federation of Australia has a register of approved counsellors, a code of ethics.

---

Bureau of Statistics 2007 National Survey of Mental Health and Wellbeing (of about 8000 people) instead found that one in five people has experienced a mental disorder in the past year – and almost half had experienced one in their lifetime. The survey only covered likely cases of affective disorders, including depression, anxiety disorders, and alcohol and substance abuse. It didn't look for or include cases of psychosis, schizophrenia, dementia, eating disorders or other mental health disorders.

Many other people experience a 'mental health issue' that they may be able to tackle before it becomes a mental illness. The Australian Bureau of Statistics data shows that women are more likely to have anxiety disorders or depression and men are more likely to have a substance abuse problem. Women are more like to reach out to

a GP for help (one in three women compared with one in six men with a mental health disorder in the past year as defined by the survey).

For most people it can be just a stage in their life that they overcome with time and good support. There are lots of ways available now to recover from or manage a mental health problem, and the earlier you get onto it the better. You can start by talking to your partner, if you have one, a reliable friend, a relative, your doctor, or perhaps a confidential helpline counsellor.

## The facts about mental illness

Don't assume you have, or self-diagnose, one of the mental illnesses explored in this chapter. Make sure you see a professional who specialises in the area, and prepare yourself to step on a bit of a merry-go-round of reactions and maybe second

# An unlucky dip of mental illness

I've been diagnosed with borderline personality disorder, schizoaffective disorder, bipolar disorder and thyroid dysfunction. I've lived with illness and raised a son as a single mother for 15 years. I'm not out of the woods yet. Get help, even if you think you can do it on your own. Cognitive behaviour therapy, psychotropic drugs and the hugest amount of resilience have been the cornerstone of my management. I'm still going with it and it gets me down all the time. M, 35, BRISBANE

> '**My brother has schizophrenia. If anything, since his diagnosis, we've become a lot closer. We're all fallible.**'
> KATIE, 24, MELBOURNE

I have a needle phobia, I nearly didn't have children because of it, and had to fight it hard to have my son. I manage it with psychologist sessions and my own self-help. ROBYN, 32, CANBERRA

I lost my father to a sudden heart attack at 65 and had two pregnancy losses – one termination at 17 weeks due to a fatal chromosome disorder. I thought I was okay, but I developed post-traumatic stress disorder. KATE, 35, TAMWORTH

I've attempted suicide a number of times, and it still feels like a real solution sometimes. Time and new people around me helped. I held tight to a dream, which eventually I made come true – to have a horse and a farm. SARAH, 32, GOULBURN

I suffer from bipolar disorder and borderline personality disorder and take medication for them. For me, finding the right psychiatrist and the right combination of medications has been essential. ANNIE, HAWTHORN EAST

I've had depression and anorexia, both of which have actually made me a stronger person in the long term. Support from family was always good, and a good psychologist and GP were a necessity. KERRI, 25, HIGHTON

## Trying to help others with a mental illness

Having a friend 'committed' (admitted as an involuntary or voluntary patient) was one of the hardest things I've ever had to do, but it saved not only her life but her son's, too, and she's so much healthier now. Counselling and medication have worked wonders for her. HARMONY, 36, WARNBRO

> '**When my husband decided he didn't want to take the meds any more I told him that wasn't an option, that he was an arsehole when he was off them and if he wanted to stay living here he'd go back on them!**'
> ALLISON, 27, BUNDABERG

In dealing with people with mental health issues, know your limits and don't let them suck you into their hell. VIOLETTE, 37, COFFS HARBOUR

People need to know that they can make a huge difference by being there for a friend who is suffering depression. Don't just ignore them. JEN, 40, SOUTHERN HIGHLANDS

I did not get any help: I was told to get on with life and it wasn't as bad as it seemed. If you suspect a friend or someone you know might be struggling, all they may need is someone to reach out and make sure they're okay. They need to know there are many types of help they can get. ALEXIS, 36, IVANHOE

I've grown up with a mother with chronic depression, anxiety and borderline personality disorder. Not until my 30s did I truly know how to deal with her. MEESHA, 35, ADELAIDE

> '**I didn't realise how badly depression affects some people. Researching the disease helped me understand what my girlfriend's experiences were like.**'
> DANA, 28, NORTH RYDE

There's a fine line between supporting people with a personality disorder and being dragged into their world and being manipulated by them. You have to have clear boundaries. It's very hard, but if you don't set boundaries you could spend your whole life giving to them and have no time left to nurture yourself or your own family. ESTHER, 44, MARRICKVILLE

> '**It's very scary to watch your husband struggle with mental illness and not know what to do. Get help from professionals as soon as it seems there's a problem. Don't wait like we did to see if it fixes itself.**'
> LORELLE, 43, CANBERRA

I don't think you can 'fix' another person. They need professional help. All you can do is listen and support, but it's *their* journey not yours. I've learned this the hard way. CAROLINE, 43, WILLIAMSTOWN

You can get better care if there's no support network. Some nurses have advised us to disown a family member so they can get access to a bed in a hospital. KAZ, 30, ST KILDA

opinions, and to be patient (no pun intended) when trying to find the right match of doctor and treatment for you.

Most mental illnesses cause a person to stop seeing things in perspective. One symptom of mental illness can be that they firmly believe they can't possibly be mentally ill, and so they refuse to seek help or take prescribed medication. This can be frustrating for the person with the mental illness, and devastating for families and friends.

A person who is mentally ill can't 'pull themselves together', although if they have an insight into their illness, many people can and do work hard and valiantly to maintain their mental health. People with a mental illness have an imbalance in their brain chemistry – in a way, it's a physical disorder in the brain that causes the mental illness. A depressed person will think nothing is ever going to be fun or interesting again; a person with anorexia may think they're 'fat' when they're dangerously thin; and a person with psychosis may believe they can hear voices. To the person with the mental illness, these things are absolutely real. They're not pretending, or just trying to be special or different.

With help, most people can find ways to control and live with, or recover from, a mental illness. Part of the solution is the right balance of medication, which can be tricky to get right, even when somebody wants to take it, and can have unavoidable side effects that need to be managed. Some people may need temporary medication; very severe mental illnesses will require ongoing medication, which can be altered as new treatments become available or their needs change.

## MENTAL ILLNESS & WOMEN

Women are twice as likely as men to have anxiety or depression, according to the Australian Longitudinal Study on Women's Health. It found that the most common prescription for women aged 30 to 35 (claimed on the Pharmaceutical Benefits Scheme) is for antidepressants (which are also sometimes prescribed for anxiety). And of course women are most at risk of postnatal depression (see 'Postnatal Problems', later in this chapter).

You don't 'go mental' when you go through menopause, but some people believe it's a higher risk time for developing a mental health issue. That's because some women have extra stress on them at this time – often still caring for their own children, and their older parents or in-laws, and often also with paid work commitments. High stress can be a trigger for depression, anxiety and even schizophrenia. See Chapter 19, 'Menopause', for how to deal with any hormonal symptoms, keep an eye on yourself, be your own best friend and jettison responsibilities where possible.

## What causes a mental illness?

Mental illness is frequently associated with an imbalance in brain chemicals or misbehaviour of brain messages and circuits, or it can be an escalation of a habitual way of thinking – for example, an ingrained pessimism that flips into depression after a crisis. Often the trigger for the first episode of mental illness is some kind of stress: family trouble, severe illness or other worries, perhaps social or financial.

It's now known that alcohol and illegal drugs can also trigger a mental illness in somebody with a predisposition (see Chapter 22, 'Drinking', and Chapter 23, 'Drugs'). Some people may have the predisposition but it's never set off, perhaps because they avoid drugs or other triggers, have a personality that minimises stress or are just lucky.

## REJECTING THE STIGMA

These days we know that having a mental illness is common and nothing to be ashamed of. Almost everybody knows somebody in their family or a friend's family who has been touched by mental illness. Mental illness has happened throughout history, in all countries, to all sorts of people.

In the Women's Stuff Survey, of the more than 1300 women who said they or a friend or relative had some experience with a mental illness, just over a third said it was depression, about 11 per cent bipolar disorder, about 14 per cent an eating disorder, about 16 per cent an anxiety disorder, about 13 per cent postnatal depression, 3 per cent personality disorder, and 5 per cent schizophrenia.

Others nominated post-traumatic stress disorder, Asperger's syndrome, social anxiety disorder, and many more. (The percentages don't add up because some picked more than one experience as having touched their life.)

## Who to tell about mental illness

There's such a high level of ignorance in the community about mental health that you may want to keep a mental illness to yourself – not because it's shameful, but just because you don't want yourself or perhaps your children to be 'labelled' or have to answer questions about it. But you may be surprised, once you're more open, how many people are kind and understanding, and how it will help them in their dealings with you.

Your doctor and immediate family will have to know so they can help and support you. You can then decide together about who to tell, and who can help share your worries. When deciding who to tell about a relative's or friend's illness, take their wishes into account but encourage openness and, where possible, answer questions and be open about it. This is how we break down the stigma.

## Genes & mental illness

Does mental illness 'run in the family'? Yes and no. Most people with mentally ill relatives never develop the illness themselves. And you may be able to avoid a mental illness because it's already 'in the family'.

Your chances of developing a mental illness are higher if you have a parent who had a mental illness, but it's not a foregone conclusion. You may not have inherited the relevant 'genes'. And even if you did inherit, say, a gene giving you a predisposition to schizophrenia, you may never develop it, or only develop it if there's a trigger such as severe stress or drug use. There's an element of luck involved.

Many people with a family history of mental illness have been handed a big advantage: a 'heads up' in the game of life. They're more informed, they see avoiding mental illness as a big incentive, and can avoid known triggers, such as alcohol and marijuana, or tackle possible triggers early, such as stress, before it becomes severe. Having said that, of course, having a mental illness is not something people bring upon themselves or should be blamed for.

I have no doubt that in the future scientists and doctors will be able to map our brains precisely and will know who's inherited a gene for mental and physical illnesses, who'd probably be a good netball wing attack, who'd be a patient parent, and who'd have the sort of temperament to be a naval pilot. But that doesn't mean there's a sense of inevitability about any of it – you still need training and perseverance to be an athlete, and you still need self-respect and an incentive to maintain mental health. And some people will still be unlucky enough to develop a mental illness. Let's hope treatments and 'cures' come along by leaps and bounds, too.

## How is a mental illness diagnosed?

Although a GP or other doctor can suspect and even be fairly sure what your problem is, only a psychiatrist or a specialist psychologist can diagnose a serious mental illness. Don't be afraid to try another specialist if the first one doesn't work out for you. Go back to your GP and ask for another recommendation.

Your GP, and the psychiatrist you're referred to, will discuss what you're thinking and feeling, your medical or psychological symptoms, and things such as your relationship with your family and how you're going with studies or at work.

A 'label' of 'what you have' may not be simple. It may take a while to unravel the different strands of what's ailing you. It can be more helpful to look at the symptoms instead of 'finding a name for it'. (Sometimes the exact name for the diagnosis varies depending on the doctor.)

At first, for some people, it's a little scary getting a diagnosis, because it means you have a recognised problem. But it's also a huge relief: 'I have recognised symptoms, and now I can get help to manage my problem.'

## Possible treatments for mental illness

See 'Who's Who in Mental Health Treatment', earlier in this chapter, which also sets out the main treatment options.

## Being with someone who has a mental illness

Living with (or being friends or family of) someone who has a mental health problem can be hard, disruptive, heartbreaking and even very frightening at times. It can also be very inspiring when somebody close to you with a mental illness is doing well with their life.

When they're struggling it can be very difficult for you to know what to do or say, especially if they can't acknowledge the problem or don't want to seek help. It's really important to get professional treatment, and there are many support organisations that can help you.

One of the symptoms of many mental disorders is to feel grandiose and brilliant and deny there's a problem. Others may totally believe that they're in danger or that people are trying to hurt them through the drugs, which can be distressing for everybody.

Some mentally ill people will be angry at relatives who've encouraged or forced treatment. This doesn't mean treatment was a bad idea, or that you've done the wrong thing. Trying to have a rational discussion with a person who's experiencing mental illness symptoms can be very frustrating. They may believe with all their heart that they're being rational when they're saying or doing things that you know are symptoms of their illness. And because they have lucid periods, others may believe them if they say their family and friends aren't helping or there's a conspiracy to hospitalise them.

If you have an ongoing relationship with somebody who has a mental illness, keep handy the numbers of relevant people, such as their other family members, doctor and local crisis team. It's a sorrowful fact that mental health services in this country are not up to the task – make sure you contact one of the mental health groups in 'More Info on Helping Someone With a Mental Illness', coming up, for practical advice and info on how to find a support group.

It can be frustrating and even frightening when medical staff won't share medical details with you: they're often prevented from doing so even with close relatives because of privacy laws. Also, sometimes people are released from hospital or not admitted when you know they're 'not themselves'. The criteria for hospital admission and continuing treatment may only be based on whether the person is seen to be a danger to themselves or others. But a calm and commonsense approach in some cases can lead to a great deal of information sharing and 'reading between the lines'.

Sadly, if a person who's very ill doesn't take medication, or they're misdiagnosed, they can appear to be quite disturbed or threatening. In most cases, people with a mental illness are not a danger to anybody but themselves, but statistics aren't useful in all individual situations. Follow your instincts, and always make sure of your own safety and that of any children involved. When in doubt, reach out for help.

## How to help somebody with a mental health problem

- Don't think you have to solve it.
- Take them seriously and talk with them.
- Be matter-of-fact about the illness and medical help: don't treat it as weird or shameful.
- Call in help when you think it's necessary. This can range from calling somebody's relatives and alerting them to a possible problem, to calling one of the mental health organisations to ask for advice (they're listed below in 'More Info on Mental Illness').
- Encourage someone with a mental health problem to keep seeking medical help and taking their medication.
- Don't make suggestions for cures or ways to 'snap out of it'; this is beyond your understanding and that's okay. You don't have to be an expert, just a friend or supporter.
- Don't assume that a problem that comes and goes will never boil over into a big problem.
- Talk to other people about it. This helps break down the stigma and can also result in support and understanding for you as well.
- Don't say, 'Oh, that happened to me once.' Everyone's experiences and their reactions to them are different – and this is about them, not you.
- Be kind to yourself – this can be a very complicated and difficult problem. Seek support for yourself – your mental health and stress levels are important too!

**MORE INFO** on helping someone with a mental illness

**carersaustralia.com.au**
**Helpline 1800 242 636** Emotional, legal, financial and other advice for carers.

## MORE INFO
### on mental illness

**sane.org**
**Helpline 1800 187 263**  SANE Australia is the premier non-profit mental illness group. From the main page choose 'Information', then 'Factsheets & Podcasts'. Click 'Recovering from Mental Illness' for info on support groups and more. Fact sheets on each major condition, with symptoms, causes and treatments, and for carers.

**justlook.org.au**
**Lifeline 24-hour Advice Line 13 11 14**
Lifeline has a 'Mental Health Resource Centre' with downloadable 'toolkits' available on stress, family and partner violence, drought and natural disaster effects on adults and kids, panic attacks, grief, being a carer and more.

**beyondblue.org.au**
**Infoline 1300 224 636**  Beyond Blue is an independent, non-profit Australian organisation focusing on the awareness and treatment of depression, anxiety and related disorders. Choose a condition for info on symptoms, management and recovery, and personal stories.

**mmha.org.au**  The Federal Government's Multicultural Mental Health Australia has fact sheets in lots of languages, including Braille, and in large print and audio.

**ranzcp.org**  The Royal Australian & New Zealand College of Psychiatrists has booklets (for teenagers, families and doctors) with the latest info and treatments. Choose 'Publications', then 'Clinical Practice Guidelines', then choose the relevant illness, for either Australia or New Zealand.

**Head Case: Treat Yourself to Better Mental Health by Pamela Stephenson Connolly**
A US-based clinical psychologist lists problems, with self-help suggestions and case studies. Not intended to be used instead of professional advice and diagnosis; the contacts aren't local.

**mentalhealth.org.nz**  The Mental Health Foundation of New Zealand: the general Kiwi site for mental health issues.

**mhc.govt.nz**  The NZ Mental Health Commission site has links to resources and services.

## MORE INFO
### for kids about mental illness

**youngcarers.net.au**
**Advice Line 1800 242 636**  For young people who care for, or help care for, relatives with mental or physical challenges and other health issues.

**copmi.net.au**  The Children of Parents with a Mental Illness site has a tips page and other info.

**Joe's Diary: A Sane Guide for Young People by SANE Australia**  A story about a boy whose mum has schizophrenia. You can order the booklet from sane.org.

## MORE INFO
### for teens about mental illness

**headspace.org.au**  The National Youth Mental Health Foundation has links and info for teens, and tells how to get easier and cheaper medical and psychiatric help.

**itsallright.org**  A site for teens who need help with their own, or someone else's, mental illness.

**headroom.net.au**  Choose 'Young People', then 'Get the Skill' for positive mental health for teenagers.

## Recovering From & Managing Mental Illness

Some people think severe mental illness can be 'cured' by vitamins, a healthy lifestyle, 'willpower' or religious exorcism. It cannot. It must be treated by a psychiatrist.

Mind health is like health in general – there are lots of things that you can do to maintain or improve it, such as:

- Talk about a problem and ask for help.
- Be around other people – keep communicating.
- Try to remember that bad thoughts are not necessarily true, but part of the problem or illness.
- Perhaps make a poster or a list or a diary page to remind yourself of the good things about you and life.
- Have a routine so you don't have to think about some things, such as what time to eat and go to bed.

- Keep a diary – it will help you see how your moods change over time.
- Above all, always be kind to yourself. How would you treat a best friend going through a difficult time?

### ⊙ Five affirmations for recovering from or managing a mental illness

❶ 'Like thousands of people who live with their mental illness successfully, I can control and manage my mental health.'

❷ 'If one theory or possible solution doesn't help, it's not me that's failed, it's the theory or so-called solution that's failed me. I can try another one.'

❸ 'New research, medication and other treatments are being developed all the time.'

❹ 'For most people a mental health problem is only temporary.'

❺ 'By acknowledging a problem I've already started work on fixing it.'

## Personality Disorders

Some people have very difficult personalities that can be very confronting or draining to deal with. They're now increasingly being characterised as having personality disorders. Treatment for these disorders involves counselling (on referral from a GP), but people often don't seek treatment because they don't acknowledge they have a difficult personality or they don't care. See Chapter 31, 'How to Escape Control & Abuse', as well, if you're involved in a relationship with somebody who sounds like they could have either narcissistic personality disorder or borderline personality disorder, each of which is described below.

### ⊙ Narcissistic personality disorder

People with narcissistic personality disorder are very difficult to live with or be close to – whether as a partner or a parent (see Chapter 24, 'The Family You Come From'). It's characterised by:

**✳ MORE INFO on personality disorders**

Because most people with a personality disorder don't believe it or don't care if they have one, information is more likely to be sought by partners and family members who have to 'deal with them'.

See Chapter 24, 'The Family You Come From', for more.

**mayoclinic.com** On this mainstream US private hospital health site, search the name of the disorder, or just 'personality disorders' for some definitions and other info.

**bpdcentral.com** A US hub for info on borderline personality disorder set up by BPD author Randi Kreger, who, with Paul Mason, is the co-author of *Stop Walking on Eggshells: Taking Your Life Back When Someone You Care About Has Borderline Personality Disorder.*

Ms Kreger's book *The Essential Family Guide to Borderline Personality Disorder: New Tools and Techniques to Stop Walking on Eggshells* is for when a relative has BPD.

**samvak.tripod.com**
**Malignant Self Love: Narcissism Revisited by Sam Vaknin** A book by a narcissist. The site is covered in exclamation marks and exhortations to buy his books, and lists of disparate and unexpected achievements. It has really helpful links and articles on the subject.

**Toxic Parents: Overcoming Their Hurtful Legacy and Reclaiming Your Life by Susan Forward with Craig Buck** Groundbreaking author Susan Forward's classic self-help book.

**fightforward.blogspot.com** A blog collecting the stories of adults whose parents have toxic and controlling personalities.

**Tricky People by Andrew Fuller** How to deal with some difficult folk or your own off-putting behaviour – whether or not there's technically a personality disorder involved. Especially useful for work situations featuring 'backstabbers, white-anters, blamers, whingers, bullies, tyrants, controllers, charmers, narcissists . . .' and more.

# Depression

I recently felt so depressed and awful that I stayed in bed all day and did nothing. I'm usually very positive, but sometimes it all gets too much. You sometimes feel you're becoming invisible.
KATE, 57, NORTH RYDE

I'm not confident about my ability to adapt, to find what I want to do for a living. I have social anxiety that's very well disguised, and a terror of depression returning.
LAURA, 46, BONDI

Dealing with depression has been helped by years of seeing the right therapist, learning not to care so much, and having a supportive partner and friends.
MICHELLE, 52, MELBOURNE

I get exhausted mentally, then tend to start feeling depressed and negative. Fear makes me feel sick and is debilitating, then leads to anxiety. Talking to my partner and telling him how I'm feeling helps. Don't bottle stuff up and think you can cope with everything on your own. Ask for help if you need it.
BELINDA 29, ROXBURGH PARK

The best advice I ever got about depression was this: it's good to have something to look forward to, so find or plan something. If you had a broken bone you'd go and get help for it – do the same for mental issues. ALI, 38, KILLARA

'Dealing with self-hatred and self-harm for many years, it's been difficult to really like anything.'
LUCY, 53, ASHGROVE

If you suffer from depression, please don't keep it to yourself. Get help from a doctor or counsellor and try to take it one day at a time. Don't be ashamed if you need to use antidepressants.
SARA, 31, MOSMAN

My parents have depression; my mother has had it since my brother's birth in 1973. It affects you because you have to play the parent. CAITLYN, 38, WOONGARRAH

Once I was out of a bad relationship, I felt a lot happier and at ease. It sometimes comes back, but I find talking about it helps a lot. STACEY, 19, BUNBURY

'My ex-partner had chronic depression. I tried to help for four years, but he wasn't helping himself so I got out. Medication was good, as it stabilised him, but he should have had counselling and didn't.'
LOU, 36, FITZROY NORTH

Depression's a bitch. You often don't know you've got it, and when you do, you don't get help because what's the point?
MONICA, 32, RINGWOOD NORTH

Find a professional to help you deal with it. I didn't and I cycled between anger and depression for years. MS HELLE, 42, BRUNSWICK EAST

For me, antidepressants have worked wonders. I did consult a psychiatrist for a couple of years, but he left the state and I've found that between medication and my GP, life is good.
MEG, 43, CARRUM DOWNS

Depression drugs put me into fairyland. I drove through a red light (luckily didn't hit anyone) and refused to take them any more. I suppose willpower and sheer bloody-minded refusal to be beaten got me through it.
JULIE, 46, AVOCA

I found Lifeline's six free crisis counselling sessions extremely useful. They helped me find my 'triggers' so I could better control my depression. TALI, 29, LISMORE

I suffer depression and have done for the past 15 years. With the help of doctors, friends and time, I've been able to work through it, accept myself and even love myself a little bit. It will always be a work in progress. Be aware of your family and friends – depression can hit anyone. LYNNIE, 37, HECTORVILLE

I had depression 10 years ago. It was hard and I had to challenge myself not to give in to it. It took time to get over. I took antidepressants and took up a hobby. Get help and do whatever it takes not to surrender to it.
LESLEY, 49, OLD TOONGABBIE

My depression is under control now, but I'm fearful of going off medication. When I was at my worst I couldn't function and was briefly suicidal. Get professional help. CATHY, 51, PARRAMATTA

I used to have episodes of not being able to get out of bed or talk to anyone or answer the phone. My boss called the police and sent them to my house when I didn't turn up for work and didn't answer his calls. Tell your doctor you're depressed. ANON.

'I went into my "cave" and wrote every thought I had in my head, and very soon I could feel the black cloud lifting. I also had lots of chats with Lifeline.'
SHANI, 45, BLUE HAVEN

My teenaged daughter suffered depression, which led to self-harm and not eating. It was the worst two years of our lives, a terrifying experience for her and us. All the so-called professionals we saw insisted there must have been some horrific trauma that had caused her behaviour, but there was none, only a confused teen.
HELEN, 50, WHYALLA

- arrogance and an inflated sense of importance, status or intelligence
- an insistence on being admired, respected and obeyed
- a lack of interest in or regard for anyone else's feelings
- fury and rages at being criticised or defied
- a tendency towards emotional blackmail and other controlling behaviour
- a secret sense of inadequacy.

## Borderline personality disorder

Women particularly are more at risk of developing borderline personality disorder, which is believed to arise from a difficult childhood full of conflict, abuse, neglect or cruelty. It's now known that when a very small child's brain is developing, severe emotional trauma can lead to faulty 'wiring' of the brain when it comes to relationships.

Some possible signs of borderline personality disorder include:

- flashes of extreme anger
- yoyo-ing self-esteem
- terror of abandonment, leading to clinging or angry demands
- feelings of blank emptiness
- self-harm (see 'Self-harm', later in this chapter).

Borderline personality disorder can occur in combination with other disorders, including eating behaviour problems, depression, post-traumatic stress disorder and severe anxiety (all expanded on below).

## Depression

Almost everybody will know somebody who goes through periods of depression. First let's bust some myths.

## The facts about depression

Top five important truths about depression

1. It's treatable. You can manage and/or recover from it.

2. It's common. It's estimated that one in five people experience depression at some point.

3. Women are twice as likely as men to experience depression or anxiety. According to the Australian Longitudinal Study on Women's Health from the Department of Health and Ageing, almost one in five Aussie women between the ages of 28 and 33 have sought help from their GP for depression.

4. Depression is a mental illness, not just feeling sad. It's much more overwhelming.

5. Depression can be a reaction to a difficult event, a troubled life, an ingrained way of responding to setbacks, a symptom of another physical or mental illness, a side effect of medication or, some doctors believe, caused by a chemical imbalance in the brain.

### Common symptoms of depression
These include:

- feeling sad, down, blank or miserable most of the time
- having no enthusiasm for things you used to enjoy
- overeating or losing interest in food
- losing or gaining a lot of weight
- crying a lot for no understandable reason
- having trouble sleeping or sleeping many more hours than usual
- feeling tired or having no energy
- having really low self-esteem and dwelling on the past or unchangeable things
- being scatty and absent-minded, unable to concentrate or focus
- experiencing bad feelings almost all the time instead of sometimes
- feeling lots of aches and pains
- thinking about awful things, or death, a lot.

### How is depression diagnosed?
Depression is usually diagnosed by a GP or psychiatrist based on personal and medical history, after factoring in (or out) any possibly medical causes.

### Possible treatments for depression
Management and recovery from depression may include:

- lifestyle changes – see the 'Top 10 Mental Health Boosters' at the start of this chapter, which can help in cases of depression

- cognitive behaviour or other counselling therapy and strategies
- temporary medication aimed at evening out the levels of brain chemicals and messages, and helping to return to good sleeping patterns.

## ◉ Depression needs treatment

It can seem as if people with depression should just 'pull themselves together'. They can't, without help, although lifestyle changes, and the support of family, friends and work, can make a big difference. People with real depression are not being self-indulgent or *choosing* to have depression. They need understanding and treatment.

## ◉ 'Antidepressant' medication

There's some disagreement in the medical profession about which patients will be helped by antidepressant medication. Some people are convinced that antidepressants literally saved their life. Others are sure there have been individual suicidal reactions to it. Probably both are true.

Antidepressants cause unwanted side effects in some people, usually a 'flattening out' effect that shaves off the highs as well as the lows. In some studies, a placebo has proved just as effective, suggesting that there's a psychological rather than chemical reason for depression in many people. In some people, a placebo can even cause a physiological effect in the brain. (See Chapter 38, 'Science & Nature', for an explanation of their effect.) This doesn't mean that 'psychological' is not as serious, or less real than 'chemical' – and in any case, it could involve a complex mix of both elements.

It's not for bystanders to make the call on whether medication is necessary in individual cases. For some people, medication will be the thing that sets them on the road to recovery. Others will start to improve with lifestyle changes. No matter what the problem is, taking medication alone and not doing anything else to tackle depression is probably not the best approach. As with any illness, you need look at the cause and get to the heart of it, and see what else could aid

## ✳ MORE INFO on depression

See also 'Bipolar Disorder', later in this chapter, and 'Postnatal Problems', coming up.

**Lifeline 24-hour Advice Line 13 11 14**

**depressionet.com.au** A non-profit organisation funded by the Federal Government, DepressioNet is for people with mild to moderate depression and offers managed online discussions.

**beyondblue.org.au**
**Infoline 1300 224 636** Beyond Blue is an independent organisation specialising in depression and anxiety problems. It provides info and referral.

**blackdoginstitute.org.au** The non-profit Black Dog Institute funded by the NSW Government at the Prince of Wales Hospital. Choose 'Depression', 'Bipolar Disorder' or 'Getting Help'.

**sane.org**
**Helpline 1800 187 263** Fact sheets and other help.

**Depression: The Way Out of Your Prison by Dorothy Rowe** This book is often recommended by people who've experienced depression.

**Taming the Black Dog: A Guide to Overcoming Depression by Bev Aisbett** A simple, useful book by an Australian counsellor, with options for treatment and strategies for recovery.

**mbct.co.uk**
**The Mindful Way Through Depression by Mark Williams, John Teasdale, Zindel Segal & Jon Kabat-Zinn** Well-respected book and CD of guided meditation, and a practical program. A collaboration between a psychiatrist, psychologist and psychiatric research scientist, melding Eastern philosophies and 'mindful cognitive behaviour therapy'.

🐦 **outoftheblue.org.nz** The Mental Health Foundation of New Zealand's depression site.

🐦 **depression.org.nz**
**Depression Helpline 0800 111 757** The NZ Ministry of Health's website for depression. Choose 'Find a Way Through', 'Helping Others' or 'What Can Cause It?'. Choose 'Is This Depression?' for an online diagnostic-aid questionnaire, which should be supplemented by professional advice.

recovery. When it comes to taking or stopping anti-depressant drugs, please talk to a medical mental health professional who shares your philosophy and will supervise your dose and when and how to stop taking the drug. A good doctor will discuss combining medication with therapy and lifestyle changes, and a plan to manage any side effects or danger signs caused by the medication.

## PRESCRIBED MEDICATION IS NOT EVIL

While it's okay to get second or more opinions, and okay to ask questions about treatments for yourself or relatives, or to ask about ways to alleviate side effects or change doses safely, don't assume that all 'drugs' are bad or that you must try other things before properly prescribed medication designed to help your condition. The idea that medications are all generally bad is outdated and simply wrong. For some people, it's a necessity – they need to change the levels of their brain chemicals just as a diabetic needs to change their blood sugar levels. The idea that all psychiatrists are dreadful because they sometimes prescribe 'drugs' is . . . I was going to say crazy. But I shan't.

## Postnatal Problems

Postnatal depression (PND) is different from both the 'baby blues', which is milder, and postnatal psychosis, which is much more immediately scary. Comfortingly, they can all be successfully treated.

## THE 'BABY BLUES'

These can hit you like a wave between three and 10 days after giving birth, as your body dials down the 'happy hormones' that allowed you to endure childbirth more easily (did somebody say EASILY?!). This is really common and affects most new mums. In the days and weeks afterwards, a natural sense of grief about the independent life you've lost, plus sleeplessness, plus unrealistic expectations can cause 'baby blues'.

Newborn babies really aren't 'ready' to be individuals in the world – the only reason they come out that early is that, in the evolutionary scheme of things, a baby's head needs to fit through the pelvis. So for the first few months, they're certainly not ready for singing 'Kookaburra Sits On the Old Gum Tree' or to

feed themselves. They're not like the smiley, engaged babies you may expect from the nappy ads on TV, and they need a level of constant care that's simply shocking. The expectations of calm, well-groomed motherhood just don't match with the experience in the first few weeks for many of us, and our extreme fatigue makes it impossible to see our way clear to the easier time coming. Or have a shower.

Women with the 'baby blues' may feel tearful and overwhelmed, no matter how much they wanted a baby or love their new arrival. (Nobody actually warns you: 'Hello, we're going to give you a major operation or get something out of your vagina that's the size of a shoebox. You'll be exhausted and then you'll have to start performing tricks with your bosoms – and by the way, you have to take that baby home with you.')

## Postnatal depression (PND)

This is different from the 'baby blues', although it probably also has something to do with a complex mix of hormone levels, brain chemistry, expectations, self-esteem and the amount of support and experience you have, as well as individual life challenges, such as physical health and economic factors. PND is depression that develops (either suddenly or at a slow creep) during the bub's first year, and it does revisit some women the next time they give birth. Estimates vary but suggest that from 10 per cent to a quarter of new mums have PND symptoms. Sometimes women are misdiagnosed with PND when they really have a thyroid problem. Ask your doctor to check. (See Chapter 15, 'Hormones & Downstairs Geography', for info on thyroid conditions.)

You need some help to recover from PND and you need to ask for it. The sooner you ask for help, the sooner you'll be sorted and able to spend more happy time with your bub, adjust to your new life and find pleasure and pride in it.

### Symptoms of postnatal depression

These are all the same ones as for depression (see 'Depression', earlier in this chapter). Women with PND may feel:

• blank
• unable to laugh or get enthusiastic, pleased or happy about anything
• constantly teary

# Postnatal problems

I lost any sense of self when I had my son. I suddenly felt like a hopeless partner and a worse mother, no matter what people told me. JANETTE, 36, BRIAR HILL

Having a baby led to postnatal psychosis and breakdown, where I forgot how to talk properly and read. It took over 12 months to learn again. It nearly killed me and my baby, and nearly destroyed my marriage and family relationships. I lost friends, made new friends. It stopped me from going out in public. I managed with psychologists, medication, my case manager, psychiatrist and child maternal healthcare nurse, informed friends and family, and self-education. KATHY, 29

PND is something you don't have control over, but you're not alone and it's not your fault. You will get 100 per cent better. Promise. NICOLA, 31, APOLLO BAY

I had PND. I saw a counsellor after I broke down in front of the families at Christmas. She was fantastic – she said what others had said, but hearing it from a stranger who only had my interests at heart was, to me, validation. ALISON, 42, ARNCLIFFE

'I felt so alone and isolated with my new baby. I loved her so much but felt there was no longer a world or anyone who could see me outside the front door.' ALLI, RESERVOIR

I had PND after my last two babies. I felt very isolated, like it was me and them against the world. I was never diagnosed, never went to a doctor. I had no family support and I think that's what caused most of it. JULIE, 47, MELBOURNE

I suffered mild PND after the birth of my second child. I went to a naturopath. She was *amazing* and I've felt like a new person ever since. Never underestimate the power of talking. LIZ, 26, MANTUNG

I was misdiagnosed and untreated until my second child two years later. My doctor put me on medication and referred me to a psychologist. It's amazing what you think is normal and what actually is. TANIA, 37, VERMONT

I've just been told I have PND, which is kind of weird, as my youngest child is a year old already. I've got medication now and it feels like it's helping already. I'll be seeing a psychologist, too. LUCIA, 31, GEELONG

I took too long to seek help. I didn't know what PND was and so thought of it as a weakness. Medication was useful. SONYA, 47, MT BARKER

# Anxiety & panic

I've been prescribed valium to take if I start to suffer a panic attack. My partner praising me when I'm on the verge of an attack also helps. PIXIE, 23, DECEPTION BAY

I get panic attacks, anxiety attacks, and am stressed easily. I fall into a dark gloom where I hate everyone and everything. It comes and goes, but usually money is a trigger. I'm pretty sure it makes me fat. KELLY, 21, TASMANIA

I suffer from generalised anxiety disorder, so anything can set me off, but it's usually before my period. I get anxious, churned-up in the stomach, sometimes have heart palpitations and feel very low. What helps is relaxation techniques, lavender oil at bedtime, chamomile tea before bed and trying to focus on the good. TANYA, 43, SOUTH CARINGBAH

My mum had obsessive compulsive disorder. It was very hard on me and my sister. I monitor my own behaviour for signs of the same patterns so I don't repeat this with my child. SUZANNE, 36, MANDURAH

'The more tired and stressed I am, the more likely I am to have panic attacks in lifts, confined spaces, theatres, concerts, etc.' TRACY, 36, ROSANNA

I hyperventilate, my hands go all tingly and I just start to freak out. I need to concentrate on my breathing and slow it down. I also need to question any unrealistic thoughts. KELLIE, 35, REGENT, NZ

My anxiety gets worse with confrontation or stresses, particularly family-related. What helped was a combination of ongoing medication and learning management techniques. ALWYN, 32, THORNBURY

I had one panic attack after my mum died and I remember thinking, 'I'm completely losing the plot.' Deep breathing seemed to help, and the ability to convince myself that everything was going to be okay. OLIVIA, 31, NORTHCOTE

You can spend a lifetime living with extreme anxiety, then discover that a small dose of antidepressant alters a wonky brain chemistry and suddenly, for the first time in decades, you can feel normal and better able to handle your life. PATRICIA, 61, BEECROFT

- sad and down
- hopelessly incompetent
- utterly exhausted
- plagued by uncontrollable thoughts or fears of illness, injury and death
- convinced they're a 'bad mother'
- scared to see people socially
- acutely anxious about their baby's health.

Well, hello, I reckon I had all of them. All these feelings are part of the normal adjustment period for many women when they bring a new baby home, but if they're constant and relentless, you have many of them at once, you feel 'wrong' or bad most of the time, and there's no let-up as the days or weeks go by, or if you're scaring yourself and/or worried you might hurt the baby or yourself, then you need help. Please don't be afraid to ask for help: up to four mums in every 10 has been through it, and 10 in 10 sympathise and want you to reach out.

### Treatments for postnatal depression

The treatment for postnatal depression is similar to that for other forms of depression: probably a mixture of talking therapies and perhaps medication. Most medication will mean you'll have to stop breastfeeding, but getting you mentally healthy is the most important priority for you – and your bub. If you're determined to keep breastfeeding, you need to say so, so you can discuss other treatment strategies and drugs that are thought to have no worrying effects on the baby.

**MORE INFO**
**on postnatal depression**

**panda.org.au**
**Support Line 1300 726 306** The Post and Antenatal Depression Association is a non-profit, self-help organisation that provides support and referral for anyone affected by mood disorders while pregnant or after the birth, and help for men. From the home page choose 'Practical Info', then 'About Postnatal Depression' or 'Recovery from PND'.

If the PANDA support line (see above) is offline overnight, you can call **Lifeline** instead, on 13 11 14.

## Postnatal psychosis

This is a very serious mental illness because it means you've lost your grip on reality. This can happen when the stress of birth or becoming a parent, perhaps combined with PND symptoms or another event around the time of the birth, creates overload and triggers a psychotic episode or psychotic thinking, usually within a few days to a month of the birth. Symptoms can include thinking it would be logical or a solution to harm yourself or the baby, having delusions about things happening or being said when they didn't really happen, having bizarre thoughts and explanations for things, and doing very odd things or saying disturbing things that may seem logical to you.

Postnatal psychosis needs *immediate* emergency treatment. Don't wait for an appointment – go straight to a hospital or doctor's clinic. Call somebody to go with you. If you can see that a friend is in this situation, take her to get help.

A short hospital stay including some medication will usually 'cure' postnatal psychosis. They will not take your baby away from you indefinitely or give it to anybody else, but they may help your partner or a friend or relative look after your bub full- or part-time until you're recovered and ready. The aim is to get you together safely.

## Anxiety Disorders & Panic Attacks

Anxiety disorders are the most common mental health issue in Australia, and yet so many people suffer alone, thinking they're abnormal or that nobody else will understand or take them seriously. We'll look at several kinds of anxiety disorder here, including panic attacks and, separately, obsessive compulsive disorder (OCD) and post-traumatic stress disorder (PTSD).

## The facts about anxiety disorders

As usual, the cause of an anxiety disorder is probably a mixed bag of genetic factors, brain chemistry, response to a stressful event or situation, and possibly a physical illness or the side effects of some drugs.

The results of the Australian Longitudinal Study on Women's Health identify anxiety as one of the two biggest problems (along with depression) for Australian women's mental health. Anxiety disorders are estimated generally to affect up to one in 10 people in any year, while one in four will struggle with severe anxiety at some point in their life.

## Possible symptoms of anxiety

A person with an anxiety disorder will feel distressed a lot of the time. An episode or panic attack can be so severe they cannot move. Their worries may relate to:

- their social situation
- just generally everything
- fears for their family
- a specific phobia or fear of an ordinary or unusual object or situation
- uncontrollable or inexplicable urges to repeat or ritualise words or actions.

Other symptoms of anxiety disorders may include:

- feeling terrified
- a pounding heart
- difficulty breathing or breathing too rapidly
- needing to wee all the time
- loss of appetite
- stomach pains, nausea, diarrhoea
- muscle tension
- sweating
- a dry mouth
- feeling faint or shaky.

### PANIC ATTACKS

If anxious feelings get worse they can turn into panic attacks – sudden feelings of terror or complete weirdness. Sometimes a place or situation will cause one: for example, going over a bridge, being caught up in a crowd, public speaking, seeing an ex. Sometimes it's unclear what the trigger is.

During a panic attack a person may feel the symptoms listed above, as well as a sense of unreality or 'out of body' disconnectedness, as if they're not in control and are observing. A person 'panicking' may appear to be 'frozen' or gasping, or anyone observing may notice nothing at all.

### How to get through a panic attack

- Breathe – as long, slowly, deeply and regularly as you can. Forget everything else (well, pull the car over first, for example) and concentrate on your breathing until you feel you have more of a grip on things.
- Tell yourself it's a normal stress response that just went into overdrive.
- Tell yourself this panic attack is temporary, it can't kill you, and you'll just keep up the breathing until it's over, soon.
- When you start to feel a bit better, draw your attention to your surroundings and start coming back into the world.

Make an appointment to see your GP to talk about how to start managing and recovering from the feelings of panic.

### HYPERVENTILATING & PAPER BAGS

If you're hyperventilating (taking short little breaths), or your lips and fingertips feel tingly during a panic attack, you need to regulate your breath so oxygen circulates properly again, which will help calm you. You think you're not getting enough, but actually the short rapid breaths mean you're getting too much too quickly. If you feel you can – for example, you're alone or with a trusted friend or can nick into a loo – breathe into and out of a paper bag for a few moments (say eight to 10 breaths) to re-regulate the balance of carbon dioxide and oxygen. (Keep a paper bag in the glove box or your handbag; it inflates better than plastic, is likely to be a better size, and can't be 'breathed in' and stick to your mouth.)

This method is only for people who've had panic attacks before and/or recognise them very clearly. If there's any chance it could be a stroke or heart attack, forget the paper bag, which can stop you getting enough oxygen, and call an ambulance (000 in Australia, 111 in New Zealand).

### How are anxiety disorders diagnosed?

Diagnosis of an anxiety disorder is generally made by a psychiatrist, on referral from a GP. Specialist psychologists, social workers or counsellors can all be part of management and recovery.

## Possible treatments for anxiety disorders

Treatments may consist of or combine:

- cognitive behaviour therapy and other counselling to create strategies
- gradual treatment with specific goals, exposing the person to agreed-upon and tightly managed means of getting 'used to' situations and objects of phobia or concern
- medication to help with brain chemistry and reintroduce helpful sleep patterns
- mood boosters
- relaxation techniques.

### MORE INFO
### on anxiety disorders

See also 'More Info on Shyness & Embarrassment' in Chapter 1, 'How to Be Confident'.

**reconnexion.org.au** Reconnexion, formerly the Panic Anxiety Disorder Association, is an Australian non-profit consumer group with info on a wide range of anxiety disorders, treatment and self-help options.

**adavic.org** Anxiety Disorders Association of Victoria is a non-profit organisation with a 'discussion forum', and info on anxiety disorders.

**sane.org**
**Helpline 1800 187 263** Visit the website for fact sheets and other help.

**ranzcp.org** From the home page of the Royal Australian & New Zealand College of Psychiatrists, choose 'Publications', then 'Clinical Practice Guidelines', then 'Panic Disorder and Agoraphobia'.

**panicattacks.com.au**
**Power Over Panic by Bronwyn Fox** A 'hub' and book by an Australian counsellor.

**algy.com/anxiety** Practical US anxiety and panic internet resource.

**Don't Bite the Hook: Finding Freedom from Anger, Resentment, and Other Destructive Emotions by Pema Chödrön** A US Buddhist nun who used to be called Deirdre says you can learn to say hi to the bad feeling rather than give in and scream the house down. She counsels acceptance, patience, kindness and courage.

## Obsessive Compulsive Disorder (OCD)

With OCD, anxiety appears as repeated thoughts or actions that you can't stop, no matter how much you want to. A lot of these are harmless and don't interfere with life, such as touching wood for luck, or always buying an even (or uneven) number of apples, or having to have things set out a certain way in the home. Other rituals can get a bit weirder, like licking the light switch before you leave the room, or always tapping your shoes on the windscreen before you start driving, or continual hair or eyelash plucking (trichotillomania), or, say, always wiping down the doorhandle before touching it when you arrive home.

OCD rituals are often based on fear of germs, worries about whether you've checked an appliance is turned off, an obsession with counting, repeating actions, rearranging or sorting, or distractions to try to stop sexual or horrible images that pop into your brain or to try to 'ward off' bad situations. People with OCD are usually aware that their symptoms are quirky or even pretty nutty, but they can't stop.

### What we know about OCD

Causes for OCD will be discovered one day, but right now the best guess is that it's a mix of brain chemistry, genetics, childhood patterns, and habit-forming reactions to stressful situations.

### How is obsessive compulsive disorder diagnosed?

Diagnosis is generally made by a psychiatrist, sometimes by referral from a GP. Specialist psychologists, social workers or counsellors may be part of the treatment team.

### Possible treatments for obsessive compulsive disorder

Management and recovery can include:

- medication to restore the chemical balance and dial down the urges and compulsions
- cognitive behaviour therapy and other counselling to 'reprogram' your brain to be able to choose other responses.

# Eating disorders

I suffered from bulimia for a decade and nipped it in the bud three years ago. I'm the 'heaviest' I've ever been, yet I've fallen in love with myself and couldn't be happier! SARAH, 27, GLEN WAVERLEY

It started to become pretty serious when I was only having a can of Coke a day. Get help, ask a friend for help and support. Sometimes people don't realise how serious things are. ALLIRA, 25, ADELAIDE

Self-esteem is the most important thing with anorexia and depression. You need to feel good about yourself and be around people who don't bring you down. LYNNE, 44, BRISBANE

A few family members commented on my weight, saying I was looking fat. That led to anorexia and I still struggle with eating properly. SOPHIA, 20, EVANDALE

I'm pretty sure I have an eating disorder. I have a tricky relationship with food and it's to do with fear of deprivation, and secretive eating. HELENA, 39, MARRICKVILLE

'Eating disorders are like a drug addiction. You might think you've got rid of it, but it's always around the corner. Specialised eating disorder treatment and talking about it helps.' SARAH, 31, BENTLEIGH EAST

I have an eating disorder and it affects me every day. I think about it all the time. I like being thin more than I like being healthy. Don't let it take over your life – get help early. AB, 29, MELBOURNE

Don't ever joke that you wish you could get anorexia so that you can lose weight. I had anorexia and it was a nightmare experience. I had years of psychotherapy plus visiting a dietitian to learn how to eat all over again. CAROLINE, 50, MONTMORENCY

When I was about 17 I felt like I was putting on weight. When I told my mother she said, 'Well, you eat twice as much food as I do. When I want to lose weight, I don't eat.' I became bulimic for a year. LILLY, 29, THORNBURY

When I was 12 my father told me that my weight meant I was an embarrassment to our family, and I wasn't even overweight. A couple of years later that comment sunk in and I became anorexic, which I battled for years after. LYNNE, 44, BRISBANE

# Bipolar disorder

I suffer from depression and bipolar disorder. I like everything to be neat and tidy. Work can set me off. I take medication. LYN, 30, HOPE ISLAND

Parenting a bipolar teen is a lonely, difficult nightmare. You can't tell anyone due to the stigma and, based on past experience, even if I could no one would/could care less anyway. Professional support is useful for the person. EMMY, 38, CANBERRA

Medication and a really good GP were the most important tools for me. I had a lot of insight into and awareness of my behaviour, which helped. Almost everyone I know is aware of my bipolar status and some people struggled with really understanding it. MELISSA, 33, GOLD COAST

'I have bipolar disorder. I've been trying to get my medication right for years. It's a very lonely illness. People find it very hard to really understand what you're going through.' RUTH, 35, PORT DOUGLAS

I've been diagnosed with bipolar disorder and take an anti-epileptic drug that works as a mood stabiliser. I have no side effects. DEBBIE, 49, NORTH RYDE

'My bipolar has exhausted me. I've been on more than 50 different pills for depression, including lithium.' KATIE, 36, METFORD

I had restlessness that turned into bipolar mania. I think it caused my children great anger. I try to live a more balanced lifestyle and recognise the warning signs and slow down. Seek help as soon as the restlessness starts. MARIA, 50, WARRNAMBOOL

I have bipolar affective disorder. I need a lot more sleep, as my medications make me tired. I need to see my psychiatrist once a week. It's almost impossible to work at the moment. Even a small amount of stress can cause panic attacks and severe anxiety. NIKKI, 43, MONTROSE

My husband has it, and it's taken us to hell and back. He's good now, but he had to admit the problem, which took quite a few years. KATE, 41, YOUNG

**MORE INFO**
**on obsessive compulsive disorder**

See your GP for a referral to a specialist counsellor in this area, and to discuss other treatment options.

**sane.org**
**Helpline 1800 187 263** Choose 'Information', then 'Fact Sheets & Podcasts', then 'Obsessive Compulsive Disorder' for a fact sheet and downloadable MP3 podcast all about OCD and what you can do to manage and recover from it.

## Post-traumatic Stress Disorder (PTSD)

An emergency or accident, or a chaotic and frightening or sad event, can cause the anxiety-related symptoms of post-traumatic stress disorder, including 'flashbacks' (sudden interrupting memories of the event), nightmares and fear of the event happening again.

The traumatic event or events can include childhood sexual abuse, other abuse or neglect, rape, assault, war experiences, torture, a near-death experience, witnessing a crime, and repeated exposure to trauma when working in a high-stress emergency profession.

**MORE INFO**
**on post-traumatic stress disorder**

Your GP should be able to refer you to a specialist or counsellor who can help with cognitive behaviour therapy, which has some proven results in this area, and perhaps discuss medication and other strategies.

**sane.org** From the main page search 'PTSD' for a fact sheet and downloadable MP3 podcast on managing and recovering from PTSD.

## Eating Disorders

An eating disorder is a dangerous mental illness, not a whim, a diet or a fad. Going on diets is, however, a risk factor for developing an eating disorder.

When someone has an eating disorder, their eating behaviour becomes 'out of control' or very controlled, restrictive and ritualised, and an obsession that takes over their life. It has many physical side effects, and can last a lifetime or be life-threatening. An eating disorder raises the statistical risk of suicide.

There are many different eating disorders and disordered ideas about eating; some people have more than one at the same time. The official classifications include anorexia nervosa, bulimia nervosa, binge-eating disorder (overeating) and 'eating disorder not otherwise specified' (which pretty much means all other serious weirdness about food, including constant yoyo dieting). Specific disorders are covered separately below. For info on body dysmorphic disorder, see Chapter 2, 'The Body Image Struggle'.

As with other mental health issues, it's believed that a combination of factors is at work, including genetic predisposition, brain chemicals (which may even be altered by dieting and thus create more of a risk), stressful situations, life events (such as going through puberty) and others.

## The facts about eating disorders

It's estimated that up to 3 per cent of teenaged girls and women will experience some sort of eating disorder, a greater percentage of them in their teenage years, but many more women will have many symptoms of odd diet behaviour and disordered feelings about eating. It's probably fair to say most women will have disordered eating patterns at some time in their life.

Disordered eating can start with a confidence problem and be triggered by harsh self-criticism or unkind comments from somebody else – often a family member – about body shape or size. Girls don't usually choose to develop an eating disorder, but choosing to go on diets, restricting food, making rules about eating or rigidly controlling food intake does make a disorder much more likely to develop.

### Risk factors for eating disorders

Those most at risk of developing an eating disorder include:

- girls and women who go on diets
- people who are hard on themselves and expect 'perfection'

- teenagers and women in their 20s
- people who grew up in a family with disordered eating or other mental health issues
- girls and women in professions where normal weight is discouraged, including ballet, gymnastics, modelling and elite sports.

## Warning signs of an eating disorder

These can include:

- dieting
- binge eating
- vomiting or laxative abuse
- overexercising
- bogus 'health' reasons for not eating
- going on 'detoxes'
- a sense of shame about the body or eating
- making and/or keeping a lot of rules about food and eating
- obsessive checking of food labels
- having strict concepts of 'good' and 'bad' foods
- drinking water before every meal, or instead of eating, to try to 'fill up'
- only eating some meals
- talking about food all the time
- looking at recipes all the time
- watching TV cooking shows obsessively
- cooking but not eating
- obsessive or ritual habits around food and eating
- some obsessive-compulsive-related activities, such as measuring and weighing (your food or yourself), pinching flesh, self-examination
- ignoring hunger
- anxiety about food
- hiding or throwing away food
- depression, anxiety
- being crabby
- lying about meals and when you last ate
- sudden or rapid weight loss and many weight fluctuations
- wearing baggy clothes to cover yourself
- irregular or no periods
- bloodshot eyes
- damage to teeth from vomiting
- fainting, dizziness
- physical exhaustion.

### EATING DISORDERS & SHAME

Eating disorders are associated with a sense of shame and secretiveness, and with feeling that you're out of control and can't handle your life or work out how to eat in a healthy way. People with an eating disorder also feel battered about by the relentlessness of it – they feel exhausted, that it will never end. But you can get hold of your life, with help. You can get help anonymously. See the 'More Info' sections below.

### How are eating disorders diagnosed?

Your first port of call is your GP, who should refer you to an eating disorders specialist. A psychiatrist, counsellor and dietitian can also have roles to play in management and recovery.

### PEOPLE WHO ENCOURAGE YOUR DISORDERED EATING

You may need to break away from the influence of a group of friends, or even a relative such as a parent, that consciously or unconsciously encourages disordered thoughts about eating, or urges you to diet. Some partners try to control your eating, too, perhaps as a result of their own disordered thinking or eating behaviour. You can take steps, such as banning others from commenting on your weight or food choices, and not hiding food or apologising for eating. For example, stop going to lunch with people who are freaked out about what to order and eat, or not eat. Eating disorders, strange food obsessions and rituals, or controlling what other people eat are all, in a way, 'contagious' like that. Being around it can make it seem 'normal' when it isn't. It may be common, but that doesn't make it a good idea.

### Treatments for eating disorders

People with an eating disorder need to be treated by a specialist doctor with experience in the area. The ones with the best chance of recovery are those who ask for help or are given help as early as possible – but part of the mental illness is that the sick person may not want treatment. Women with anorexia are less likely to seek help on their own, and intervention can be made by family and doctors.

The first step is to ask your local doctor for referral to a specialist in eating disorders, if that's possible. You may have combined help from a psychiatrist or a psychologist, a dietitian, and a specialist eating behaviours counsellor. The help will usually be regular and ongoing, and may include attending special programs such as group therapy.

You could also contact an eating disorders support group or foundation for help. It's a great place to start to talk with people who are going through the same thing (or have already been through it), so they can understand and support you while you decide what you're going to do, and afterwards.

While it depends on the individual disorder and the needs of the person with the problem, management and treatment can include:

- counselling and therapy to change responses to triggers, such as cognitive behaviour therapy and other methods
- medication to deal with brain chemistry and sleep pattern issues
- support groups
- dietary advice and monitoring strategies to follow
- a hospital stay to stabilise and monitor the physical damage when somebody is dangerously underweight
- day programs, including scheduled eating sessions and therapy, aimed at gradual independence.

## MORE INFO on eating disorders

For info on healthy food and what's required, see Chapter 10, 'Eat'. See also specific help throughout this chapter, under each eating disorder.

**eatingdisorders.org.au**
**Helpline (03) 9885 0318 or 1300 550 236**
**(*country*)** The Eating Disorders Foundation of Victoria is a non-profit independent organisation with general info, referral and support.

**thebutterflyfoundation.org.au** The Butterfly Foundation is a non-profit organisation with corporate and product sponsorship. It provides early intervention, education and prevention programs for schools, and support research.

### LOCAL EATING DISORDERS GROUPS

**Qld** Eating Disorders Association (07) 3394 3661 eda.org.au

**NSW** The Butterfly Foundation (02) 9412 4499

**NT** Top End Mental Health Services (08) 8999 4988 or Central Australian Mental Health Services (08) 8951 7710

**SA** Aceda (08) 8297 4011 aceda.org.au

**Tas.** Tasmanian Eating Disorder Helpline 1800 675 028

**Vic.** See eatingdisorders.org.au above

**WA** Women's Healthworks (08) 9300 1566

**NZ** Eating Disorders Association (09) 5222 679 ed.org.nz

**eden.org.nz** The Eating Difficulties Education Network (EDEN) is a non-profit, corporate-sponsored community agency offering info and support, also for families, friends and health professionals. Choose 'Seeking Help', then one of the options.

**gainingthetruth.com**
**Gaining: The Truth About Life After Eating Disorders by Aimee Liu** Ms Liu's site has info about her book, and links to resources. Her book combines a personal account with questions about how to maintain a recovery from anorexia and/or bulimia.

**The Body Betrayed** and **Integrated Treatment of Eating Disorders: Beyond the Body Betrayed by Kathryn Zerbe** A couple of books on treatment from a professor of psychiatry at the Oregon Health and Science University.

**Appetites: Why Women Want by Caroline Knapp** A personal account of anorexia, but also an examination of compulsions, needs, denials and cultural cruelty.

**Intuitive Eating: A Revolutionary Program That Works by Evelyn Tribole & Elyse Resch** One of the pioneering books about learning how to separate feelings and food.

## RECOVERY FROM AN EATING DISORDER

If you have an eating disorder, the most important thing to understand is that you can recover – but not by yourself. Reach out.

## EATING DISORDERS IN LATER LIFE

While most of us associate anorexia with teens and perhaps bulimia with women up to the age of about 30, these and overeating disorders can in fact bubble along for years, and they can develop in your 40s or at the time of menopause, seemingly out of nowhere, often coupled with anxiety disorders.

### ✳ MORE INFO
on eating disorders in later life

**Change Your Mind, Change Your Body: Feeling Good About Your Body and Self After 40 by Ann Kearney-Cooke** A self-help book from a US psychologist specialising in eating behaviours.

##  'Eating disorder not otherwise specified' (EDNOS)

This is the most common 'catch-all' disorder of eating behaviour – it can include some or many of the signs of eating disorders, although it might include a milder form of one of them, or doing it intermittently, such as repeated dieting, making strict rules and obsessing about food and eating, with elements of overeating, anorexia, bulimia or binge eating.

These dieting and food obsessions can be seen by some friendship groups and families as normal, but they're not normal and not healthy. They can include:

- chewing food and spitting it out (not swallowing)
- not eating food of a certain colour
- pretending to have allergies.

## Anorexia nervosa

Anorexia nervosa is self-starvation. This can be one of the most visible eating disorders because the person with anorexia eats as little as possible and often becomes very thin, haggard and bony, although they'll often try to hide their body in baggy, all-encompassing clothes. Eventually they look and are very, very sick.

Anorexia often begins in the early to mid-teens. People with the disorder usually have a very disturbed body image, seeing themselves as 'fat' even when dangerously underweight. At any weight, anorexia causes severe sadness, self-loathing and an obsession with food and sometimes overexercise.

### Possible symptoms of anorexia

Signs of anorexia, apart from weight loss, are usually not obvious, but can include:

- intense fear of getting fat or putting on weight
- an inability to judge body shape or weight
- tiredness
- dizziness when the person stands up
- stomach pain and headaches
- stopped or irregular periods
- head hair falling out from body stress
- more noticeable body hair on arms and back as the body tries to keep warm
- online 'research' into anorexia.

Long-term effects can include:

- stunted growth
- infertility
- osteoporosis
- heart or other organ failure.

Few people with anorexia actually die from it, and the majority can recover when they get help. But most people with anorexia won't seek help themselves – it takes intervention from family and friends to move somebody towards treatment and recovery. Parents and friends will need to guard against online sites (and 'friends') that encourage the illness.

### ✳ MORE INFO
on anorexia

See 'More Info on Eating Disorders', earlier.

**ranzcp.org** For a Royal Australian & New Zealand College of Psychiatrists booklet, choose 'Publications', then 'Clinical Practice Guidelines', then 'Anorexia Nervosa'.

**This Mean Disease: Growing Up in the Shadow of My Mother's Anorexia Nervosa by Daniel Becker** This book focuses on the effects of a mother's eating disorder on the rest of the family.

## Binge-eating disorder or overeating

Binge-eating disorder is similar to bulimia, except that people with binge-eating disorder don't try to purge the food and often end up above a healthy weight. Bingeing becomes a way of trying to deal with negative or difficult emotions. People with binge-eating disorder often eat alone, and then feel ashamed of the amount they've had and of feeling out of control.

Side effects can include reflux, stomach and bowel problems and strain on the heart.

### MORE INFO
on binge eating or overeating

See your GP about finding a good therapist who can help you with cognitive behaviour therapy or other strategies.

**oa.org.au** Overeaters Anonymous is a non-profit self-help group offering acceptance and support through meetings for all types of eating behaviours. Choose 'Meetings', then 'Interstate Contacts' to find a meeting in your state.

**overcomingovereating.com**
**Overcoming Overeating by Jane Hirschmann & Carol Munter** The US website of the book (and its sister volume, *When Women Stop Hating Their Bodies*) has an online support group and personal stories. Links to therapists and US-only support groups.

**Fed Up! The Breakthrough, Ten-step, No-diet Fitness Plan by Wendy Oliver-Pyatt** A US psychiatrist and eating behaviours specialist (and former dieter) denounces dieting and talks about how to reapply commonsense strategies to everyday life, including restaurant meals.

## Bulimia nervosa

Bulimia nervosa is characterised by secrets and shame, bingeing on food and then trying to 'purge' it through vomiting or other self-abuse, including laxatives or frantic overexercise. (Neither of these methods stops some calories and nutrients making it into the body and staying there.)

Sometimes bulimia is also accompanied by periods of self-starvation or restrictive dieting. Bulimia nervosa is more common than anorexia nervosa, and also more hidden. Often it begins in the late teens or early 20s.

Bulimia is a cycle of binge eating, guilt and purging. Women who develop it often have a history of dieting or restricting their food. Eventually they give in to cravings and eat what they think of as 'bad' food – usually lots of it. They then feel ashamed of 'losing control' and worried about gaining weight, so they try to get rid of the food by purging. Fasting as self-punishment just means the hunger will eventually tip into another binge.

### MORE INFO
on bulimia

See 'More Info on Eating Disorders', earlier. Eating disorders organisations have specific info on bulimia.

**Overcoming Bulimia Nervosa and Binge-eating by Peter Cooper** A practical handbook using cognitive behaviour ideas to help you.

## Self-harm

Sometimes people deliberately hurt themselves, usually in secret, and try to hide any marks with their clothes. Examples of self-harm include cutting, burning, hitting, scratching or biting parts of the body, or using drugs or alcohol to put themselves in danger. This is a form of mental illness and needs to be treated.

## The facts about self-harm

Self-harm is usually a way of trying to cope with painful or difficult feelings – often because the person finds it hard to put their feelings into words or to ask for help. It's most common in young women.

### Treatment for self-harm

If you harm yourself, it's very important that you see your GP for a referral to a psychiatrist or a psychologist who specialises in this problem. Talking therapy can help you to change the way you think and to find strategies so that self-harm does not continue as a habit or the usual way you deal with something. Many girls and women have great success with cognitive behaviour therapy.

## MORE INFO
### on self-harm

See your GP and ask for help.

**Lifeline 24-hour Advice Line 13 11 14**

**sane.org**
**Helpline 1800 187 263** Fact sheets and other help. Search 'self-harm'.

**ranzcp.org** From the home page of the Royal Australian & New Zealand College of Psychiatrists choose 'Publications', then 'Clinical Practice Guidelines', then 'Deliberate Self Harm' for an info booklet.

**selfharm.org.uk** Contacts are for the UK but the other info is helpful.

## Suicide

Lots of people think about what it might be like if they were dead, but most of them won't try to kill themselves. Some young people are particularly at risk of thinking seriously about suicide, because they may not yet fully understand that life has its ups and downs and that 'the darkest hour' is often 'before the dawn'. They may not yet have had the experience of knowing that you do get over heartbreak, or humiliation, or feeling that there's no other answer. Some adults can be more vulnerable to thoughts of suicide because they have a mental health issue that's causing distorted thinking.

It's never the best solution, and for those left behind it can mean lifelong guilt, self-blame (because they didn't stop it, or predict it) and grief. Also, suicides tend to produce a psychological phenomenon known as a 'copycat' reaction in vulnerable adults and teens who know the person or hear about it. While suicide isn't a 'crime', it creates many victims other than the person who decides to do it.

Most people who suicide believe, always wrongly, that they're doing the best thing. But those who do choose to take their own life never find out how great the future could have been, or how devastated their family and friends are by their death – how it can affect them for the rest of their lives.

Lots of people think about suiciding but don't carry it out, and are happy later that they didn't. But when you're in the depths of despair, it's so hard to be able to see that. That's why it's a good idea to promise yourself you'll never try it without telling somebody about what you're thinking and making sure you get some help. If suicide is looking like a logical option, that's proof that it isn't, and that your mind is so stressed you're not thinking right. Considering suicide, by definition, means it's not a good idea, and that you need help.

## Suicide is never the answer

If you're having suicidal thoughts, you need to know that the thoughts:

- are a sign that your mind is not quite right at the moment
- might seem logical to you, but are just thoughts – you don't have to act on them
- won't be fixed either by illegal drugs or alcohol – these usually make them worse
- can be changed and won't always be there, even if you have them again, or a few times, or for a while.

It might not seem that way, but you can be happy again.

## Important facts about suicide

- Suicidal thoughts are temporary. If you have them, you can get help to make them stop.
- There's no 'type' of person who will or won't kill themselves.
- If somebody talks to you about suicide, always take it seriously. It's not true that people who talk about it never do it.
- A suicidal person doesn't want to die. They want their problem solved and it only seems like dying is a solution.
- It's okay to talk about suicide: it can be important for a confused person to know how terrible it would be for those left behind, or about people who changed their minds and became happy again. But be careful – talking about it can also be a danger sign.
- If somebody has tried before, they're more likely to try again, but it's not inevitable.
- Don't dismiss the heartbreaks, troubles, self-loathing or humiliations of a young person as

'trivial'. It's not trivial to them. Sympathise and discuss how, even though it takes time, they will recover and feel differently one day.

• People who think seriously about suicide may not recognise that they're going through a mental health problem that can be treated.

### WORRIED A FRIEND OR FAMILY MEMBER MIGHT HARM THEMSELVES?

If you're worried that a friend or family member might try to hurt themselves or suicide because of depression, tell the person that they need to get help if they've had any thoughts about harming themselves. Any suicide talk or threats from a young person requires immediate action. Your friend or family member may insist you don't tell anybody, but it's more important to help save their life. You can also ring a helpline or service for advice (see 'More Info on Suicide', below). This advice may be different in cases of using emotional blackmail or threats of suicide as a deliberate controlling strategy (see Chapter 31, 'How to Escape Control & Abuse').

## Getting help

You have lots of options:

• Talk about your thoughts with someone.

• Promise yourself you'll never do anything at night to harm yourself, but instead will wait for the next day and talk it over with somebody: problems always seem harder during a lonely night.

• To get you through a bad night, call a friend, listen to music that's optimistic, or ring a 24-hour helpline (see 'More Info on Suicide', below).

• Talk to your GP or community health centre staff, who will know how to help you find ways to get to a happier place in your mind. Your GP can refer you to a psychologist or psychiatrist.

• Try coping strategies, which can include: making a list of things to distract yourself with when you have suicidal thoughts; writing your thoughts and feelings down; setting small day-to-day goals that you can manage; and removing access to any dangerous items such as weapons or drugs.

### MORE INFO on suicide

See also 'Grief' in Chapter 20, 'Feelings & Moods'.

**Lifeline 24-hour Advice Line 13 11 14**
Lifeline is a national, free, anonymous, 24/7 generalist counselling service staffed by trained volunteers. They are part-funded by government grants, donations and corporate sponsorship.

**Suicide Call Back Service**
**1300 659 467 (24 hours)** This free Australian service is run by Crisis Support Services, a non-profit, non-government organisation funded by governments and donations. You can call if you're thinking about suicide, if you're worried about somebody, or if you've been bereaved by suicide. It offers six free sessions of 50-minute telephone counselling over six months (or you can use it all up in three weeks or less: up to you).

**After Suicide: Help for the Bereaved by Sheila Clark** This book explores the feelings and questions of the family and friends.

**suicidepreventionaust.org** Suicide Prevention Australia is not a crisis service. It's a non-profit community group that promotes awareness and education. To download a booklet called *Toughin' It Out: Dealing with Suicidal Thoughts*, choose 'Getting Help', then 'If You Are Feeling Suicidal', then 'Information and Resources', then 'Toughin' It Out'.

**suicidediscussionboard.com** To chat with people who've experienced grief caused by a suicide.

**Lifeline New Zealand 0800 543 354**
Lifeline NZ is a national non-profit non-government organisation funded by donations. Free 24/7 telephone counselling service.

**spinz.org.nz** Suicide Prevention Information New Zealand, a national non-government organisation and part of the Mental Health Foundation, provides info for family, friends and health practitioners. If you need help, choose 'In Crisis?'

## IF A FRIEND OR RELATIVE HAS SUICIDED

This can be a real double whammy, because as well as all the grief from the death, you may be feeling that you 'should have known' and 'could have prevented it'. This is never the case – it's important to know that people who take their own lives are mentally ill at that time, that it seemed logical to them, that often they are at peace and happy with their decision, and that they therefore were good at hiding it. It's usually only in retrospect, in many cases, that you can 'see' things that may have been warning signs.

You mustn't blame yourself. And you mustn't get stuck wondering why. It's terribly devastating and you'll always wonder why, but there can never be a really definite answer, because the only person who could explain it is gone – and even then their 'explanation' might make no sense. See 'More Info on Suicide', earlier, for help dealing with grief or confusion.

## Bipolar Disorder

Bipolar disorder (formerly called manic depression) is a kind of mental illness known as a mood disorder. It's made worse by drug and alcohol use.

## ◎ The facts of bipolar disorder

It's estimated that two in any 100 Australians will experience bipolar disorder at some stage in their life. It's now often divided into two types. People with 'bipolar disorder 1' are more likely to experience highs for longer periods of time and have psychotic symptoms; it's equally common in men and women. People with 'bipolar disorder 2' don't progress to psychotic symptoms and their highs last only a few hours or days; it's twice as common in women.

It's understood that some people have a genetic predisposition to bipolar disorder. This can lay dormant forever, or can be triggered by a stressful episode, major life event, physical illness, unprescribed drug use or something not yet understood.

### Possible symptoms of bipolar disorder

A person with bipolar disorder has wild, seemingly random mood swings, with very down and listless periods and high, or 'manic', madly busy ones.

The swings can happen within a period of days, or one phase (high or low) can last for weeks or even months.

During a manic or 'high' period a person may:

- not sleep much or at all
- have grand ideas and schemes and a sense of superiority
- give 'lectures' to anyone who'll listen
- get furious, impatient and irritable with everybody and everything else
- make risky or dangerous decisions, from driving to financial
- claim special knowledge, understanding or powers
- rush into wild projects or schemes
- spend recklessly on credit or with cash, or on gambling
- have increased sex drive or risk-taking, or intense flirting
- show a sudden upswing in drug and/or alcohol use
- behave 'out of character'
- experience psychosis so that they're not able to tell what's real and what's a delusion.

During a low phase, the symptoms mirror those listed for depression, such as withdrawal and sleeping all the time (see 'Depression', earlier).

### How is bipolar disorder diagnosed?

Because bipolar disorder can sometimes look like a personality disorder, or 'plain' depression, diagnosis needs to be carefully handled, usually by a psychiatrist, with access to a full medical history.

### Possible treatments for bipolar disorder

Any or all of these options might be used:

- medications to sort out the brain chemistry
- counselling on how to manage or recover from the condition and how to react to triggers or symptomatic thoughts
- community support programs to help with housing, jobs or other relevant factors.

Mental health boosters, like those at the start of this chapter, will help improve anyone's life, but they cannot treat a serious mental illness such as depression, bipolar disorder or psychosis.

## MORE INFO
### on bipolar disorder

See also the resources under 'More Info on Depression', earlier.

**Lifeline 24-hour Advice Line 13 11 14**

**sane.org**
**Helpline 1800 187 263** Fact sheets, and other help from the Aussie mental health organisation. Search 'bipolar'.

**beyondblue.org.au**
**Infoline 1300 224 636** Australian organisation Beyond Blue has fact sheets on various problems and info on help. Choose 'Bipolar Disorder'.

**bipolar.com.au** This site is owned by a pharmaceutical company. However, there's a lot of useful and positive info that's not drug-related.

**ranzcp.org** The Royal Australian & New Zealand College of Psychiatrists: choose 'Publications', then 'Clinical Practice Guidelines', then the 'Bipolar Disorder' or 'Depression' info booklet.

# Psychosis & Schizophrenia

Some people experience psychosis associated with a longer term illness, such as schizophrenia or bipolar disorder. It can also appear as a result of drug use, or be a symptom of an especially severe postnatal mental illness. About three in 100 people will experience psychosis at some time in their life. Most of these will be first affected in their late teens and early 20s, but there's another 'spike' in risk in women after menopause.

Psychosis is a severe form of mental illness caused by an imbalance in brain chemicals, which mucks up a person's thoughts and makes them unable to tell reality from what's only happening in their mind. Schizophrenia is the most common psychotic illness. (Schizophrenic *doesn't* mean 'split personality', and shouldn't be used as a euphemism for being 'in two minds' about something.)

## The facts about psychosis

The most common time for the first 'psychotic episode' is in the late teens or early 20s, most often after a period of severe stress or using drugs, including cannabis (weed), speed, ice or ecstasy.

### Causes of psychosis
It's believed that there's a predisposition or genetic element, which is often triggered by a life-changing event, stress or drugs, including cannabis (weed), hallucinogens, speed or ecstasy.

### Warning signs of psychosis
Psychotic symptoms can appear slowly and usually build up to a psychotic episode. One psychiatrist describes it as if somebody were secretly adding a hallucinogenic drug to your breakfast cereal at gradually increasing doses so you don't know it's happening. Unless people who are mentally ill have an illegal drug-taking episode that causes almost immediate psychosis, they don't suddenly go from being 'normal' to thinking there are voices coming in through the air-conditioning – it's a slow build-up that their brain tries to make sense of – they're not faking it; it's real to them.

The person's ideas and conversations become stranger as time goes by. During a psychotic episode a person with schizophrenia can see or hear things that aren't really there. They might try to make sense of it by thinking the voices are coming from a TV, or that another person is projecting or intercepting their thoughts. Other hallucinations can involve smell or visions.

Many people with schizophrenia also have delusions of being very important or having secret knowledge or special insight. Or they're afraid that someone or unseen forces are trying to hurt them. The delusions seem utterly real to them.

Other signs can include:

- a habit of pacing (walking back and forth)
- complete withdrawal from family and friends
- chatting with a person or people who aren't there
- neglecting to wash or clean themselves
- unusual sleeping patterns, such as sleeping in the day and being awake at night
- incredibly messy houses or work areas that indicate a disordered mind or look as if a desperate search has taken place.

Most people recover from their psychotic episodes with treatment, and can manage their ongoing mental health.

## Possible treatments for psychosis

- A medication 'cocktail' to balance brain chemicals and dial down the symptoms.
- Psychological counselling and therapy to help a person change their thought patterns and the way they react to certain situations.
- Community support programs to assist a person find and maintain work and accommodation if needed and provide ongoing emotional support.

Somebody with symptoms of psychosis needs professional help quickly. Treatments are much better now than they used to be, and most people can recover well when they find the right treatment.

Many people with schizophrenia manage their condition by recognising their need to take the right medication, and to take advantage of community services and rehabilitation programs. (Sadly, a common symptom of the illness can be rejecting the need for medication.) They can learn to prevent psychotic episodes by avoiding their likely triggers (these include most illegal drugs, alcohol, stress and going off their medication). Many people with schizophrenia have family and work lives like anybody else. Statistically, someone with schizophrenia is far less likely to hurt someone else than to hurt themselves.

Sometimes a hospital stay is needed while the right drug combination is tested. There's no 'magic' pill or pills for everyone.

## MORE INFO
### on psychosis & schizophrenia

If you urgently need help, ring your GP or call the SANE Australia Helpline 1800 187 263. You can also call your local community mental health team or the psychiatric unit at your nearest hospital, or go straight there.

**Lifeline 24-hour Advice Line 13 11 14**

**sane.org**
**Helpline 1800 187 263**  Fact sheets and other help.

**schizophreniaresearch.org.au**  The Schizophrenia Research Institute is a non-profit organisation funded by government grants and donations to research prevention and possible cures. Choose 'Latest Newsletter', then 'Keep Informed' and subscribe to the free newsletter *HeadLines*.

**reachout.com.au**  On this youth site choose 'Mental Health Difficulties', then 'Schizophrenia & Psychotic Disorders' for a fact sheet.

**ranzcp.org**  From the home page of the Royal Australian & New Zealand College of Psychiatrists choose 'Publications', then 'Clinical Practice Guidelines', then 'Schizophrenia' for an info booklet.

**Lifeline New Zealand 0800 543 354**

**mentalhealth.org.nz**  General Kiwi site for mental health issues. Search 'schizophrenia' for info and resources.

# CHAPTER 22

# Drinking

Drinking's legal if you're over 18, and it's socially acceptable – right up to the point where you throw up in your handbag while wearing somebody else's knickers on your head, and belt out a football anthem, before pausing to say, 'Everybody, shoosh.' For several thousand years, most cultures have made a feature of alcohol. Presumably a cavewoman ate some fermented fruit, declared, 'No, yeah, no, but I loooove yewwwwww,' danced alarmingly around the campfire to the Neanderthal version of 'I Will Survive' then woke up alone in the wrong cave and decided to invent Panadol.

This chapter concentrates on healthy drinking, and on drinking problems, whether they involve a small installation of empty beer cans appearing nightly, a secret flagon of 'cooking sherry' in the sideboard, or too many of those cocktails the colour of jam served in a vase with a twisty straw in clubs where the music goes ernst ernst ernst.

# Drinking habits & attitudes

I drink a lot of beer. When I go out I'll often have four to five schooners and get quite drunk. I also drink a fair amount of wine at dinners. RUBY, 22, BONDI BEACH

'I drink wine. I think it's a good disinfectant and keeps the bugs at bay.'
MOIRA, 63, MELBOURNE

Sometimes I can drink a bottle of wine a night, but at the moment I'm having two glasses on a Friday night and am abstaining for the rest of the week. BRIDGET, 43, TUNBRIDGE

I haven't been drunk for 10 years. It's much harder as you get older to recover for the next day. ANNIE, 53, STRATHFIELD

I love, love, love alcohol, always have. But now as an older person (eek, only 41) I just can't handle it as I used to. DANELLA, 41, BARDON

I'm still breastfeeding my 14-month-old, and haven't had a drink since I found out I was pregnant. Before that, I was drinking most nights, and binge drinking (often more than 15 drinks) on the weekends. AMELIA, 27, NEWTOWN

I try not to get drunk now, as I have small children who like to get up *very* early! LEE, 39, CANNING VALE

People don't like you not drinking and question you. I've had lots of comments/sneers/laughs over the years. NAOMI, 30, PERTH

'Drinking has made life more enjoyable.'
SANDRA, 63, MT GAMBIER

If I go out I can have anywhere between eight and 12 drinks, but I'll only do that every couple of months. LOUISE, 22, WOLLONGONG

---

With three boys, I need a drink every night. SALLY, 35, BRIGHT

I used to get drunk regularly on weekends. Now I only have maybe two glasses of wine a week. JACKIE, 46, FAULCONBRIDGE

I drink a bottle of wine a day. It's become a dangerous habit and I hate it. Now that I've retired I get bored with TV so I drink. ANN, 55, BRISBANE

I have a thimbleful of port as I prepare dinner each evening, and boy do I get cranky if I don't get it! FAYE, 70, GYMEA

'Sometimes I feel like alcohol is the glue holding a lot of my friendships together.'
VICTORIA, 23, SYDNEY

I've drunk less since retirement because even a $10 bottle a week is $520 a year! JANE, 60, MARGATE

Three drinks per day. My drug of choice. Relaxing, rewarding. Mainly wine and bubbles. ALEX, 39, BENTLEIGH EAST

I usually drink three to five nights a week. I'd rather drink every night but know I need to limit myself. I only drink beer and wine. I get drunk probably two nights a week. LOLA, 34, PRAHRAN

I'm a uni student, so I binge drink at parties, etc. I don't drink the rest of the the time. KATH, 20, AUCKLAND, NZ

Drinking's a socially acceptable hobby these days, and we certainly take advantage of that. I hate to think of adding up the cost, though. JENNI, 44, BROADBEACH

I don't drink much, but when I do it has to be the good stuff. GLORIA, 22, RICHMOND

---

My husband insists on always having beer in the house, whether we can afford it or not. We argue about it. BRONWYN, 28, DIMBOOLA

I love a glass of wine or three to get me through the 5 to 7 p.m. period with two kids under three. SALLY, 30, BRISBANE

'My friends think it's really strange how I don't drink, and I can be unintentionally left out of social situations.'
HANNAH, 19, NORTHERN BEACHES

I don't drink alcohol. I don't like it. AMANDA, 40, HEALESVILLE

I stopped drinking six months before trying to have our baby. I haven't drunk now for 15 months and I don't miss it. CARMEL, 24, FOREST GARDENS

I've just completed a month of no alcohol and found it quite eye-opening: it was more difficult than I'd imagined. HILARY, 26, BOX HILL

I never want to lose control of myself and end up in a situation I can't do anything about. I only drink on special occasions and I probably only drink half a glass. DANNI, 19, BUDERIM

'I drank quite heavily on and off from my late teens until I was about 40. After that I decided it was just too undignified for words, and it was starting to make me feel really terrible.'
LUCY, 55, ADELAIDE

I don't drink. It makes my rosacea worse and interferes with some of the meds I'm on, and I get palpitations. SARAH, 43, CANBERRA

## Why Do We Drink?

We drink because it makes us a little looser and more relaxed, and makes it easier to talk to strangers. We drink because things seem funnier when you've had one or two. We drink because it's a habit, or because we can't seem to stop. Some of us get drunk in order to embrace oblivion, however brief and even if followed by a hideous headache and sense of morbid non-specific shame. Getting drunk a lot, or getting regularly absolutely smashed, pissed, shickered, sozzled, hammered, legless (need I go on? All right, I will), squiffy, sloshed or shitfaced is another kettle of brandied fish.

Drinking too much is how you get to hear sentences like this: 'Well, officer, it was all lovely before the crying, shouting, weeing and smashing chairs, and then the bride alighted from the best man.' Even though the word 'moderation' makes me want to throw myself on the bed and cry hot tears of total boredom, the truth is there's a reason why gin was called 'mother's ruin'. Immoderate alcohol use means a greater chance of poverty and violence, and a greater risk of getting certain types of cancer. A little bit is fine, and too much buys a river of tears.

### ALCOHOL IS NOT MAGIC MEDICINE

If you like drinking, then drink, but don't pretend that alcohol has magic powers or is medicinal. It doesn't 'kill germs', it doesn't make you healthier, and whether or not it's combined with dark chocolate it doesn't protect your heart. Some studies have shown that a glass of red wine a night may be associated with a longer life, and lower a risk of cancer and heart problems – but other studies haven't been able to replicate this. It's believed that any health benefits are more likely to be in red rather than white wine because the leaves, stems and grape skins included in red wine have more antioxidants and flavonoids (it isn't the alcohol that's 'good for you'). Even if the benefit is proven in the future, it would be limited to that small amount a day and you could get it without alcohol.

### 🍷 Why do you drink?

Some people find it illuminating (not as illuminating as Cate Blanchett, obviously, who is always described as 'luminous' and is practically a human lighthouse) to think about why they drink.

Common reasons for drinking include:

- to relax
- everyone else is
- I've had a hard day
- it's just a ritual
- they always serve it there and that's where we go
- I need cheering up
- it was there
- it's a celebration
- it's a disaster
- I don't have to be anywhere
- I'm not driving
- I'm off work
- any of the above and a few more.

## What We Drink

### 🍷 How strong is the alcohol?

The average percentage of alcohol in different drinks is:

- **beer** (made from fermented grain) – 5 per cent
- **light beer** – up to 3.5 per cent
- **wine** (red, white and sparkling, made from fermented grapes) – 12 per cent
- **fortified wine** (heavy, more concentrated wine, like port and sherry) – 18 per cent
- **spirits** (concentrated, distilled alcohol such as whisky, vodka, gin and bourbon) – 40 per cent
- **liqueurs** (highly flavoured, extra-concentrated spirits; whisky and cream mixes; or brandy and coconut) – about 15 to 60 per cent or more
- **cocktails** (a mix of one or more spirits with flavourings, liqueurs and sometimes fruit juice) – about 40 per cent.

### 🍷 How much alcohol is in a standard drink?

A 'standard' drink is surprisingly small: it contains 10 grams of pure alcohol. Almost all glasses of wine or champagne poured at home or in a pub, almost all ready mixes in a can or bottle, and all average cans of full-strength beer have more than a standard drink in them. All alcoholic drinks sold in Australia must be labelled with the number of standard drinks they contain. Check the fine print on the bottle label or the can.

I know it seems weird, but do this experiment and I promise you'll be surprised: get out a measuring cup, a jug of water and a wine glass. Pour 100 millilitres of water from the jug into the measuring cup to get a 'standard drink', then pour that into the wine glass. It's amazing how small the serves are.

A standard drink in Australia is:

- 100 millilitres of wine (red or white): about half to two-thirds of a usual glass of wine poured by someone at home (red wine is slightly less 'strong' than white)
- 30 millilitres (6 teaspoons) of vodka, scotch or another spirit
- from one-third to three-quarters of a small bottle or can of ready-mixed alcohol and fizzy drink such as rum and coke, or vodka and orange (depending on the packaging size and the percentage of alcohol)
- 250 millilitres of ordinary-strength wine spritzer or wine mix, which is usually about three-quarters of a bottle or can (some are sold at higher strength, so the serve would be half a can or bottle, or even less)
- 470 millilitres of low-strength beer, or about one and a half schooners
- 375 millilitres of mid-strength beer (a standard can)
- 285 millilitres of normal beer, or one pub glass, middy or pot, which is about three-quarters of a stubby
- 190 millilitres of extra-strong beer (depending on percentage; about half a can)
- 60 millilitres of sherry or port (this is 12 teaspoons or a tiny 'glass')
- one-sixth of a mixed cocktail, depending on the ingredients.

### How many drinks to a bottle?
- A typical 750 ml red wine bottle contains 8 standard drinks.
- A typical 750 ml bottle of white wine or champagne contains 7.5 standard drinks.

### How many drinks in a glass?
An average poured restaurant or pub glass of white wine or champagne is almost 1.5 standard drinks. An average poured restaurant or pub glass of red is just over 1.5 standard drinks.

## 🍷 Do we drink too much?
Lately there's been a lot more talk about dreadful girly binge drinking and the terrible damage women can do to themselves with a lifetime of heavy drinking. The problem is, even when the government and medical 'authorities' set things out clearly, a lot of people think 'party pooper' and refuse to believe the recommendations for how much alcohol you can drink safely. Or, perhaps, more to the point, most people get the irrits when 'authorities' tell them what to do (or not do) on a Friday night.

So, are we are bunch of suddenly sloshed slags? Or are we, as the ad says, 'drinking responsibly' (which conjures an image of a woman in a brown tweed suit and school shoes sipping a teensy sherry)? And should we care? (See 'Binge Drinking' and 'A Drinking Problem', later in this chapter, if you want to skip straight to there.)

### 'TOLERANCE'
Having a 'high tolerance' for drinking alcohol, or thinking 'I can hold my alcohol' doesn't mean you can handle it better than other people, it just means your body has had to try so hard to adjust to the high levels of alcohol that you've probably already done some significant harm to your organs. Recovery can mean these organs get better, but if you keep drinking there's an invisible point, beyond which some damage is irreversible.

## 🍷 The safe amount to drink
National Health and Medical Research Council guidelines on safe drinking levels are misleading because they have the same recommendations for women as for men. They used to be different, but people thought they were sexist. Actually, they were based on physiology (see 'Why You Can't Take it Like a Man', coming up in a bit).

The 'new' guidelines say men or women should have no more than 2 standard drinks a day, and nobody should drink alcohol every day. They say teenagers should delay starting to drink as long as possible, definitely not before the age of 15 and preferably not before 18. The guidelines warn that pregnant and breastfeeding women shouldn't drink at all (see 'Not Drinking', coming up). Actually, they don't use the word 'shouldn't' because they know that people take offence at being told what to do. They don't call them rules, but call these the 'safest options'.

Because a lot of men don't believe that 2 standard drinks a day could be a problem, and many are insulted by the idea that four beers a night could be called abnormal or 'binge drinking' or an 'unsafe level', they think the guidelines are crap. Women, too, tend to dismiss them. Anybody who drinks more than the recommended safe amount is going to be cross at being 'labelled' as some kind of problem drinker who's doing something 'unsafe'. Partly this is because they can't see the damage they might be causing themselves, and partly because they don't want to believe it. Having the recommendations the same for males and females creates another problem, leading some women to wrongly assume that they can match men drink for drink and not be more affected.

You can be cross about the guidelines because they conflict with how much you drink or would like to drink. You're free to ignore them and think they're not realistic. But they're based on solid evidence of harm. They weren't made up in 1929 by some wowsers with cat's-bum mouths who wished you'd do more needlework.

### MORE INFO
on safe drinking

**nhmrc.gov.au** The National Health and Medical Research Council has downloads of its guidelines on drink sizes. Search 'alcohol guidelines' from the main page, then choose 'Alcohol: Frequently Asked Questions'.

## What alcohol does in our bodies

Alcohol is quickly absorbed into your bloodstream from your stomach. That's why you'll still be drunk even if you throw up and why drinking coffee doesn't 'un-drunk' you.

Alcohol travels all around the body, but a lot of it hangs about in the brain, liver and kidneys. The liver and kidneys try to process it and get the waste elements out of the body. The body may sweat more, and heat is dissipated more quickly from the skin.

Even though it's liquid, alcohol causes your body to dehydrate. This can become a life-threatening problem in extreme cases.

Alcohol is a depressant, not a stimulant – it's a 'downer', not an 'upper' – but it does affect sleep patterns, often keeping people awake in the middle of the night after an initial sleep, or making them wake up too early (see Chapter 13, 'Sleep', for more). It affects people differently: it's impossible to say exactly how much will be a danger to an individual. Some people have an allergy or intolerance to alcohol, or trouble processing it.

## Why isn't alcohol illegal?

Alcohol is a legal drug – but not because it's necessarily safer than other kinds of drugs. The companies that make alcohol are immensely rich and very powerful, and can influence governments on the rules. The alcohol industry got in first, at least as far as establishing big businesses, paying taxes and employing lobbyists. Where there's money to be made, usually the profiteers will ignore, bend or influence the law to their advantage. (In the 1800s the Chinese Government tried to stop the British from importing vast quantities of opium into its country, losing two wars and Hong Kong in the process: Queen Victoria's ministers were literally drug warlords.)

The alcohol industry in Australia is worth tens of billions (yes, with a 'b') of dollars a year, so the government makes multimillions from alcohol taxes. These days, alcohol companies are very sophisticated, so their products generally taste better than rancid turnips mixed with paint. (Good marketing move.)

Alcohol is a widely acceptable drug in Australian culture. Most people turn up to most social functions at somebody else's house with a bottle of wine or some beer, and if they're at a business of some kind like a restaurant, they expect to be able to buy alcohol. The only places where you'll find no alcohol in Australia tend to be 'dry' Aboriginal communities, where for decades often women-led community groups have battled to stop the devastating effects of alcohol.

### ALCOHOL & TEENAGERS

In researching the little sister to this book, for teenagers, called *Girl Stuff*, it became clear that many parents who gave teenagers alcohol weren't aware of recent research that now shows the brain doesn't

# Drinking & relationships

## Family

I learned from a young age the 'glass in hand' mentality. My parents are closet alcoholics. One too many family functions has turned into an all-in brawl.
BROOKE, 30, PADDINGTON

My dad works at a winery. We've always had access to wine, so we've always had a positive approach.
SAMANTHA, 22, CARLTON

My mum's so old-fashioned that I've heard her call it the demon drink! MARIE, 26, HAWTHORN EAST

In my father's family if you didn't drink there was something wrong with you. LISA, 34, BLACK ROCK

I came from a non-alcohol-drinking family and that's why I think I went nuts as soon as I got to uni. ARKI, 35, WILLIAMSTOWN

In my family it's the old school – the bloke can get blind while his missus drives him home.
LEAH, 29, NEWPORT

'My family's attitude to alcohol was "Whose shout?"'
MAREE, 45, MELBOURNE

I grew up in what would now be regarded as a mildly brutal drinking culture in the country. My dad and everyone else's would work hard as farmers all week and then drink themselves senseless on the weekends. LUCY, 55, ADELAIDE

Because alcohol has never been a big part of our family's culture, none of us drink at home.
ANDIE, 36, PARKWOOD

My father bought a hotel once and my mother refused to live there. She gave most of her housekeeping money to the Women's Christian Temperance Union!
JUDITH, 82, COROWA

My partner's Anglo family seems to think it's funny to get completely intoxicated. ROMY, 35, ST KILDA

My parents seem to think that drinking wine, champagne, good-quality scotch and gin and tonic is civilised, while drinking beer, bourbon and coke and vodka is very uncouth.
LOUISE, 29, ESSENDON

## Partners

It's very destructive. I never want to be involved again with a man who drinks too much. Never.
JENNY, TOP END

My husband's a very moderate drinker and I simply wouldn't stay with anyone who wasn't.
MICHELE, 43, INNISFAIL

'My fiancé drinks too much, but I don't want to tell him to stop because he's not violent or anything, just oversensitive.'
LAUREN, 22, SHELLHARBOUR

My husband used to drink a lot. He wasn't very nice drunk. He had an accident when he was drunk and nearly died. After that accident we both agreed never to drink again.
CAROL, 36, PICNIC POINT

My partner's gone out and not come back for 24 hours, spent all his money, broken windows, pissed in his pants, etc.
BETTE, 31, ESSENDON

My first marriage was affected by his (and my) alcohol consumption. It also became an accepted way for our three sons. One has learned to manage it and two are now in recovery using AA. LIZ, 65, GOODWOOD

My ex-partner was an alcoholic and belted me up regularly.
HELEN, 61, SOUTHERN HIGHLANDS

My partner's sometimes heavy drinking has had a detrimental effect on our relationship at times. He's not violent, more moody, withdrawn.
CALLI, 61, BENDIGO

My husband died from an alcohol-related stroke in his early 30s. It's so insidious.
GRISELDA, 38, PORT LINCOLN

'He was gorgeous and sweet, but three beers later he was an arsehole. I tried to fix him but broke up with him after six months of Dr Jekyll and Mr Hyde.'
GERTIE, 34, MELBOURNE

My husband's a heavy drinker. I have my own room and it suits me. After 20 years I no longer nag him about it. I'm not going to win this, so I've found my own life.
MARGARET, 62, MORNINGTON

## Young people drinking

My husband and I try to model responsible drinking and serving of alcohol, and our children have never seen us intoxicated. We won't allow them to drink until they're eighteen. MAVIS, 44, FAIRFIELD

My parents always let us drink and expected us to drink responsibly and know when we'd had enough. Unfortunately, I never felt that I'd ever had enough.
SOPHIE, 42, ASHBURTON

Growing up in an Italian family, alcohol was neither frowned upon nor encouraged. It was just a natural part of meals.
CARA, 31, BRUNSWICK

My parents gave me sips of alcohol from a young age. From 15 and up, my mum kept getting me drunk. I think it was because she was lonely. CORGAN, 27, ROCKY

finish developing until we're in our early 20s; that binge drinking can cause brain damage in teens; that alcohol is the major factor in unwanted sexual activity among teens; and that alcohol counsellors now firmly believe that the earlier a kid starts drinking, the more likely they are to develop alcohol-related behaviour problems and addiction.

Because their brains haven't fully developed, teenagers can't properly understand and analyse risks. It's not just a matter of what you tell them or teach them, it's about the connections in the brain that aren't being made properly yet. Add alcohol into the mix and too much unchecked testosterone in the vicinity, and the line on the graph for the risk of accident, injury and violence starts getting fairly vertical.

I got thousands of letters from teenaged girls as part of my research. Lots of them volunteered (I didn't ask a question about it) that the first time they, or their friends, ever had sex, they were too drunk to know what was happening, or consent, or take any safety measures in terms of contraception or sexually transmitted infections. And then they didn't talk to anyone about it, or go to a clinic, because they were too embarrassed or scared of a parent's reaction.

People who advocate the so-called European or Italian/French tradition of allowing some alcohol in the teen years may not realise that in such traditions, late teens are given very diluted table wine always in a family meal setting, where they'd be given a splash, certainly nothing like a standard drink's worth of alcohol. Also, they're referring to a traditional culture, where the teens come home for lunch and dinner and aren't out drinking in large groups trying to get pissed, unsupervised.

It's illegal to buy, serve or provide alcohol for young people in most places. In some states and territories, it may be illegal for you to serve alcohol to somebody under 18 unless you have their parents' permission.

### MORE INFO
#### on drinking, drugs & kids

**druginfo.adf.org.au** The independent and non-profit Australian Drug and Alcohol Foundation has lots of info about drinking and teen brains. Choose 'Alcohol and Drug Info', then 'Free Resources' or 'Fact Sheets'.

## Not Drinking

Many people don't drink alcohol at all, because they don't like it or what it does to them, or they've had a problem with dependence or addiction or have seen it in family or friends, or they're saving money or cutting calories or trying to make more healthy choices, or they're trying to get pregnant or are pregnant or breastfeeding, or they're on medication that may cause a bad mix with alcohol. 'FebFast' time has become a popular month not to drink, but lots of people are giving up for longer, or indefinitely. Don't ask why somebody isn't drinking, or try to persuade them to have an alcoholic drink, or demand a reason or ask if they're pregnant. Just get them a non-alcoholic drink, and let them have their privacy.

### ☟ Times you shouldn't drink at all

- When you're trying, might be, or are pregnant or breastfeeding.
- When you're responsible for any children, especially somebody else's.
- If you're a learner or P-plater driver.
- If you're on any prescribed medication. Drinking can either stop the effect of medication or react with it, causing unexpected or dangerous effects such as fainting. Check with your doctor.
- If you're a designated driver or you need to be sober enough to assess whether your designated driver is sober enough.

#### DRINKING & PREGNANCY

I say in my book about pregnancy, *Up the Duff*, that there's no known safe level of alcohol during pregnancy so it's best to give up grog for the duration just in case. Women look at me with their biggest eyes and say, 'Pleeeease tell me it's okay to have a drink, just one, now and then, when I'm pregnant or breastfeeding. My sister did and her kid's fine.' Sure. On the other hand, maybe your nephew could have been smarter. We don't know. I do know that too many people blame themselves for things they have no control over, such as miscarriages and kids' intelligence potential. No alcohol = no effect and you'll never have to second guess or worry that it caused a problem. Fetal alcohol syndrome isn't yet fully understood in terms of when and how much alcohol causes characteristic face deformities and other physical and mental damage. Researchers believe the first three months are the most risky, and heavy use is the most dangerous. Not drinking during pregnancy and breastfeeding should be a reasonable sacrifice for extra insurance. If it feels like a huge sacrifice, or too hard, maybe that's what needs attention.

## ♀ What to say when you're not drinking or you never drink

Some non-drinkers and pregnant folk want to avoid the common interrogation prompted by 'I don't drink alcohol', so they just politely refuse each drink offered. Any impertinent questions can be answered with 'It's no big deal' and a change of subject. You don't owe anyone an explanation. Here are some other things you can say when you're not drinking (even if you're fibbing):

- 'I'm off the grog at the moment.'
- 'Not for me, thanks.'
- 'No more for me, thanks.'
- 'Health kick'.
- 'I'm on a bet with a friend – no grog for a month.'
- 'I'm off the grog tonight.'
- 'I've got a meeting/sport thing tomorrow/kids who wake up at 5 a.m.'
- 'I'm on call to babysit for my cousin tonight.'
- 'I've got a bit of a tummy thing.'
- 'I've been dying for a lime and soda all day.'
- 'I've had enough.'
- 'I'm on antibiotics.'
- 'I'm off it at the moment.'
- 'Get away from me, you're dribbling.'

## Being Drunk

Roughly speaking, drunkenness follows certain stages, although not everyone gets drunk in the same order after the same number of drinks. Nor, obviously, do many people keep going until they pass out and die.

## ♀ The 10 stages of drunkenness

If you keep drinking, the stages go more or less in this order:

**1** **Relaxed & less inhibited** – Up to and past the legal driving limit of .05 per cent blood alcohol

you feel good – warm, relaxed, confident, friendly, and chattier and less inhibited than normal. You have less judgement and control, and your mental and physical reflexes are slower – you're clumsier. You may not be noticing any of these changes.

**2** **Very relaxed & uninhibited** – All of the above only more so. You have emotional swings, possibly becoming affectionate or aggressive: 'I love you', 'Shut up'. Possibly quite amusing, briefly, on your way to boring.

**3** **Losing judgement** – You don't remember or notice the difference between acceptable behaviour or a dumb idea ('Why don't I photograph my breasts and email the picture to my ex! Wheee!'). You're excitable and loud. You don't listen and you keep repeating yourself. You are boring.

**4** **Body & brain really not coordinating properly** – You're having a real problem with balance. You're confused and sleepy. You're dizzy and staggering, and your speech is slurred.

**5** **Seriously impaired** – You've stopped listening to reason, or indeed anything else much. You're having very big emotional swings or extremes – you're sloppily affectionate or more aggressive. You're not seeing straight – your sight is blurred, double or more.

**6** **In danger** – You can hurt yourself and not notice the pain. You can't manage the simplest physical tasks, such as getting a key in the door or walking. You're unable to defend yourself physically or get to a safer place.

**7** **Body no longer working properly** – You don't respond to prodding or voices. You could be vomiting, weeing or pooing without being able to stop yourself. You fall asleep or have periods of unconsciousness.

**8** **Unconsciousness** – Your body temperature and blood circulation are lowered and your breathing is repressed. You could vomit, wee and poo without knowing it.

**9** **Coma**.

**10** **Death from severe alcohol poisoning**.

## ♀ Why too much alcohol makes you throw up

Your body recognises an excess of alcohol as poison. It tries to protect itself by throwing up, weeing a lot, sweating, having diarrhoea, or all four (for an extra-classy bonus). See also 'Hangovers', coming up.

### DRINK SPIKING

Some women at pubs, clubs or parties have had drugs added to their drinks, which make them woozy or even unconscious, and they've then been assaulted or raped. Although this is very rare, it's a good idea never to let your drink out of your sight. Medical experts believe that most women who think their drink was spiked have instead underestimated how quickly and severely they got completely 'out of it' on the alcohol alone.

## ♀ Drinking traps

Bad things can happen if you drink:

- to get drunk
- on an empty stomach
- quickly
- without having a glass of water in between your alcoholic drinks
- while losing track of how much you've had
- while matching someone else or a group drink for drink (buying 'rounds')
- three in a row, because now you're probably pissed and will just keep going
- one more for the road
- until you're so drunk that you tell friends to call you a cat ski.

And yes, thank you, I have done all of those. And the cat ski had whiskers on it.

### Choice of drinks

In some groups or couples women tend to drink wine and spirits, while guys tend to drink beer. If you're drinking a stronger ready-mixed vodka and fizzy drink, you could be having the equivalent of two or three drinks to his every one – which means that, because you're female, you're going to be four or five times drunker than he is.

### Uncountable refills

Women drinking bottled or cask wine at a barbecue, party or with dinner are likely to drink more than they meant to because their glass keeps getting 'topped up', and they can't count individual 'serves'.

### Bubbles

Bubbly alcoholic drinks affect people more quickly than 'flat' ones because the high oxygen content takes the alcohol to the brain faster. This is risky for women, who often choose 'bubbly', which is heavily marketed in billboard ads as a feminine celebration drink and something likely to cause you to wear a gold sparkly mini and throw back your head laughing to show gleaming white choppers to a slightly stubbly and profoundly gay male model in an expensive suit. For all the good it will do you, madam.

### Serving size

Most wine and champagne glasses hold much more than a standard drink. A 'glass' of wine poured at home or by a non-professional is usually 2 or more standard drinks in a glass, not one. As mentioned, in a restaurant or pub, it's usually 1.5 or 2, with price adjusted to match.

### Lolly tastes

Because many pre-mixed drinks ('alcopops') and cocktails favoured by women are sweet, unlike the naturally sour and bitter taste of alcohol, women tend to drink them faster.

### Unsafe drinks

Cocktails can look pretty, but just one cocktail served over the bar can have up to 5 or even 6 standard drinks in the one glass. 'Shots' can sometimes be 1 standard drink, sometimes more, and go down too quickly for each one's effect to be noted.

### Drinking maths: flash + rude = stupid

Avoid flashy drinks in huge glasses or coconut shells, with odd colours, twisty straws and umbrellas, and stupid names. On a scale of one to 10, how stupid and rude is the drink's name? White wine is a one, a Long Slow Thing Against a Whatever is 10. On a scale of one to 10, how tricked-up does the drink look? (A blue drink in a coconut with an umbrella is 10 and a beer is one.) Add those two numbers together. For example: An orgasm (10) in a tall glass with a glacé cherry impaled on a lemon slice (4) is a 14. On a scale of one to 20, one being a good idea to drink it and 20 being not a good idea to drink it, the drink just scored a very stupid 786. (I'm not good at maths.)

### ALCOHOL & ENERGY DRINKS OR DRUGS

- Mixing 'energy' drinks with alcohol can cause you to become far drunker than you intended, with dangerous and risky behaviour thrown in.
- Mixing alcohol with prescription or non-prescription drugs carries a high risk of respiratory suppression (not breathing properly), and a higher risk of accidental death.

## ♆ Why you can't take it like a man

One of the first Australian equal rights protests that made it onto TV in the 1960s shows a bunch of gorgeous stridey ladies on the road with neat skirts and the odd beehive 'do', holding polite placards and saying women should be able to amble into a pub and get a drink without being banned from all areas except the 'Ladies Lounge' and offered a shandy. And so the right to a drink like a bloke became part of the folklore of feminism.

A few decades on, the problem is that while we now have the right to drink 'like a man', it's actually not such a great idea. I mean, yes, good, the right to be able to order a drink without being called an invasive harridan (I mean a sheila who should know her place) was indeed a step forward. The belief that we can and should match men in the bar, beer for beer? Not so much. Here's why.

### Women are more affected by alcohol than men

Women tend to have significantly smaller livers than men (even if you're a woman of substance and he's a bit of a slender item) and relatively more fat cells because of natural oestrogen levels. This means we get drunker, faster, on the same amount of alcohol and process it more slowly than men. You may only need to drink half as much alcohol as a man for it to have the same effect. Even matching a woman drink for drink is a bad idea if they don't have the same metabolism as you, the same sized organs, the same amount of oestrogen, and the same amount of the same sort of food inside them. There's no pride in matching the drinking of a bloke. It just means you're probably damaging yourself.

## ♆ How to avoid accidental, embarrassing drunkity

- Don't drink alcohol with bubbles on an empty stomach, or quickly.
- Finish each glass before putting more in it, especially at a dinner or lunch table – that's the only way you can count glasses and know how much you've had. Don't let anyone 'top you up' from a jug or bottle.
- Stop when you get to the limit you've set yourself.
- Ask yourself why someone would want you to drink more, and resist their pressure.
- Take your own water or preferred non-alcoholic drink if appropriate. To cut costs, refill water bottles from the tap at home.
- Don't touch the party 'punch' – who knows what's in there? (There's a reason it's called 'punch'.)
- If you're at a club or party (dancing or playing Twister), you don't have to hold a glass in your hand. Or you could hold a water glass.
- Dilute your drinks with water, melting ice, soda water or juice.
- Have a non-alcoholic drink in between alcoholic drinks.
- Drink light or low-alcohol drinks.
- Stick to one kind of alcohol: beer *or* wine *or* the same spirit with the same mixer. Otherwise it's impossible to keep track of how many actual standard alcohol units you've had. 'Number of drinks' isn't the same thing. One cocktail can put you in the danger area, depending on contents.
- Don't get involved in 'shouts' or buying rounds of drinks.
- Don't match anyone else 'drink-for-drink', especially a bloke.
- Don't hang out with people who hassle you to drink more.
- Graduate to adulthood: don't 'skol' drinks, play drinking games, order shots or drink as a contest or bet. These are a very high risk for alcohol damage.
- Avoid daytime alcohol.

- Don't gulp down alcoholic drinks. If you're thirsty, have a glass of water first.
- If you're given a drink you don't want, don't drink it to be 'polite'. Leave it sitting there, get yourself a glass of water and drink that. At a party or barbecue you can put it down somewhere and 'lose' it, or pour it into the garden or on an annoying man's trousers.

In his book *Mindless Eating*, which is about understanding the psychology of consumption, Brian Wansink suggests pouring a new glass of wine or beer into an actual new glass each time, instead of 'topping up'. When you see the empty glasses start to line up at a dinner party, or on the table, you realise how much has been drunk. An interesting experiment, especially if Mr Wansink will come around and do the washing up.

### STICK A CORK IN IT

You don't have to 'finish the bottle or the wine will go off'. Liquor stores now sell special devices to remove oxygen from the bottle or protect wine from oxygen. This way wine should store for at least a week.

## Binge Drinking

Official Australian statistics change, but it's clear that we have a big drinking culture in this country, and that there has been a definite rise in binge-drinking rates among younger women. It means that perhaps a quarter to a third of women in their late teens and 20s are binge drinking at least once a week. There's a bit of a dip for women in their possible Mummy or peak career-establishing years, and then later is another danger period.

### 🍷 Getting totally smashed

Binge drinking isn't a classy term and most of us don't like to think it could apply to our own lives. We think 'binge drinking' means you end up out-of-control drunk, with hair all over the shop, screeching with one shoe off. Unfortunately, binge drinking isn't about how much we embarrass ourselves, it's simply a matter of how much alcohol we've had.

The effects of hazardous-level one-off binge drinking (more than 4 standard drinks – or

roughly two and a half restaurant glasses of wine – in a session) are:

- unsafe situations
- 'blackouts' and memory loss
- sex with people you wouldn't choose sober
- sexually transmitted infections
- unwanted pregnancy
- injuries and accidents
- liver damage
- stomach damage
- brain damage
- shame
- self-esteem problems.

Habitual binge drinking increases your statistical risk of:

- breast, stomach, liver and other cancers
- stroke
- high blood pressure and heart attack
- mental illness, depression, anxiety
- being sexually assaulted
- being in a car accident
- other drug abuse
- accidents to or neglect of children.

The effects of long-term heavy drinking (more than 2 standard drinks a day and not many days without alcohol) include all those listed above for habitual binge drinking, plus:

- loss of enjoyment of life
- broken blood vessels (red face)
- liver damage
- brain damage
- severe depression
- accidents and injury
- other health problems.

## Hangovers

A hangover is the after-effect of alcohol use or alcohol poisoning, from mild to severe. You get a headache because you're dehydrated. Even if you threw up before, or throw up once you have the hangover, almost all of the alcohol has already been absorbed by your system and your liver is trying to process it. A hangover is not the same as being still drunk, but if you were drinking heavily

# Positive experiences with alcohol

Funny, madcap nights where everyone lets go of their inhibitions – these are the times when we tell the story over and over afterwards. MARYANN, 37, BRISBANE

Happy, floaty . . . la la la. RACHEL, 30, YARRAVILLE

Perhaps it made the dancing sillier and the laughter louder, but I can't pinpoint anything that was positive solely because of alcohol. JANE, 26, MANTUNG

We were out dancing and Jacqui split her pants! ERIN, 27, HOBART

Long dinners with friends and great wine are fantastic. No one gets too drunk but we have great conversation. FRAN, 29, CANBERRA

I like the way it helps you loosen up and have a dance. MEG, 27, ASHFIELD

When I'm drunk, everything's so cool :) KATERINA, 20, BRISBANE

My dad used to do some funny things when he was drunk. I have many hilarious stories to look back on. SANDY, 38, GIRALANG

> ‘Some of my most fun nights and days out have been when drinking. That's the plain truth.’
> SOPHIE, 32, MELBOURNE

I love wine. I love hearing about it, and I love the whole vineyard experience. ZOE, 33, GRANGE

I met my husband when I was drunk and it gave me the confidence to give him my phone number, which I wouldn't have done sober. ELOISE, 33, FERNTREE GULLY

I used to feel I had heaps of fun on my nights out drinking. I probably did. ALICE, 33, RESERVOIR

It's relaxing. It's usually accompanied by great conversations. It's a great social tool. SORSHA, 34, NORTHCOTE

I met my husband at a pub! Alcohol is a way of ‘bonding’ in my extended family. MJ, 32, LITTLE RIVER

One of my favourite memories involving alcohol was the time I spent about three to four hours in a pub and only drank a quarter of my pint because I was so busy chatting to different people. It brought it home that I don't need alcohol to have a good time. TERESA, 31, LONDON, UK

Krug at my wedding: delicious! ALEXANDRA, 53, PRAHRAN

# Negative experiences with alcohol

Hospitalisation wasn't so much fun, although I don't actually remember much. ELISA, 28, WINDSOR

I woke up at 1 p.m. in the clothes from the night before with dirt all over me. I didn't remember anything. GILLIAN, 35, CAIRNS

> ‘I knew I was drinking too much when my 4-year-old son greeted me after work with a glass of sherry.’
> AMANDA, 50, STEIGLITZ

I think I had my drink spiked once. I had to go the hospital and have my stomach pumped. Now I only drink out of bottles when I'm out. JESSICA, 23, BALLARAT

Having my stomach pumped, blackouts. JAN, 21, MELBOURNE

Putting myself into dangerous situations as a teenager. Lots of ridiculous drunken arguments. JULES, 37, RYE

It sometimes flips my brain like a switch and can send me into weeks of depression or hypomania. Throwing up and feeling disgusting the next day. NINA, 37, RICHMOND

I cheated on my partner because I was really drunk. I regretted it as soon as I was sober. RADIO GIRL, 34, MELBOURNE

I end up *very* flirty, which sometimes gives the wrong impression. LAUREN, 22, SHELLHARBOUR

I broke three bones in my foot and didn't realise until the next day. KAREN, 56, ELMHURST

Sleeping with married men, kissing strangers, etc. LOU, 29, GEELONG

Not remembering the night. My husband telling me I have a drinking problem. Feeling like I had to apologise to everyone. TRACEY-LEE, 44, PRESTON

Passing out, forgetting a whole night, vomiting all over my boyfriend and telling him that I hate him. KARA, 18, CHELTENHAM

> ‘The definition of hell is looking after toddlers while hungover.’
> KRISTEN, 34, RINGWOOD

I told my secrets. SAR, 27, CURRUMBIN

Once in my early 20s, I woke up to find a highly unattractive man in my bed, and later that day found he'd removed my tampon and thrown it into a shoe in my wardrobe. ANNE, 42, TAREE

the day before, you may well still be above the legal limit for driving the next morning. Hangovers seem to get worse as you get older because you don't bounce back as quickly, have more physical aches and pains, and are more likely to have a toddler sitting on your head at 6.30 a.m. or somewhere to be shortly thereafter. You're just less tolerant of feeling uncomfortable or doing things the difficult way.

## Hangover cures

Don't work. A painkiller will help a headache, but you shouldn't take certain painkillers if you're a habitual drinker and have liver damage. Drinking a lot of water will help rehydrate you. Nothing you do can make your liver process the alcohol any faster, and nothing else you can do from outside helps get it out of your bloodstream faster. Sugar and caffeine may help you to seem more alert, and carbohydrates or a fry-up can make you feel less nauseous, but you're still drunk or still have the hangover.

### MORE INFO
**on hangovers**

**druginfo.adf.org.au** The independent Australian Drug Foundation's Drug Info Clearinghouse has fact sheets on lots of aspects of alcohol. Choose 'Alcohol & Drug Info', then 'Fact Sheets'.

**alcohol.gov.au** The Australian Government's site for info on alcohol.

**caan.adf.org.au** The Australian Drug Foundation's Community Alcohol Action Network (CAAN) on 'changing the drinking culture'.

**alcohol.org.nz** The government's Alcohol Advisory Council of New Zealand, funded by alcohol taxes, has info on standard drinks, and surprising facts on alcohol and the law relating to advertising or serving drinks. Choose 'Alcohol' for facts or 'Help' for yourself or somebody else.

## A Drinking Problem

### Signs that you might have a drinking problem
These include:

- feeling that it's a problem
- being told it's a problem
- getting angry at the suggestion
- drinking every day
- thinking about drinking all day
- looking forward to a drink all day
- going without things to buy alcohol
- occasional drinking to unsafe levels
- drinking alone to disguise the amount
- drinking 'disguised' alcohol
- having hidden bottles
- only going out where there's alcohol
- not being able to give up for a week or two
- being drunk in charge of children
- your drinking scares children
- driving when over .05
- getting drunk once a week or more
- your drinking causes mean behaviour
- your drinking has resulted in violence
- drinking to forget
- drinking to pass out
- drinking at every social gathering
- drinking more to get the same effect
- drinking to celebrate or to commiserate or when bored – in other words, every occasion is an occasion to drink.

## How to avoid a drinking problem
- Set a general limit for you. This could mean no more than two glasses ever, or one glass every second or third night, or a glass of wine with Sunday lunch. That's up to you.
- Work out how many standard drinks are in your glass, or read the label on the bottle or can you're drinking.
- If you lose count, assume that you've had more than 2 standard drinks and stop.
- Don't drink every day.
- Don't aim to get drunk when you drink.
- Get help if you think there's a problem or your drinking is affecting somebody else.

### WHAT'S THE DIFFERENCE BETWEEN ADDICTION & DEPENDENCE?

There's no difference. People have stopped saying 'addiction' because they think it will hurt feelings or sound worse and that might make it harder for people to admit to a problem or talk about it or seek help.

# Binge drinking, hangovers & other problems

I enjoy social drinking, vodka mostly – about 20 standard drinks once a month. AMY, 21, MONTROSE

Once or twice a fortnight. I'd have 15 standard drinks in one night. I mostly drink to get drunk before I go out on the town. CHRISTINA, 22, BELMONT

I binge drank in my first year at uni and then backed off completely. I didn't like being out of control but enjoyed the buzz. ADELE, 27, UNDERDALE

I get drunk once a week. I drink about 10 glasses on a binge. SARAH, 30, KENSINGTON

> **'I'm scared I'm a bigger binge drinker than most 15-year-olds, but when I'm drinking with other mums on a Friday night they tell me there's nothing wrong with it.'**
> SONIA, 36, GEELONG

I love my husband but he knows that if he binge drinks any more, I'm outta here with my son. MELANIE, 34, NEWTOWN

I grew up in a small country town, so binge drinking was the norm. LOUISE, 36, BALLARAT

I've been involved in three serious car accidents due to alcohol – one necessitating 29 stitches in my scalp. SOFIA, 51, ADELAIDE

I knew many young men who died from road accidents returning home after bachelors and spinsters balls. JUNE, 51, MALVERN

I can't bear hangovers any more and need my brain too much work-wise these days to cope with the queasiness. SOPHIE, 32, MELBOURNE

Since hitting 40 the pain of a hangover just isn't worth it. MAREE, 45, MELBOURNE

I had liver disease and a subdural haematoma that nearly killed me. It changed my life quite significantly. I gave up alcohol after years of heavy drinking. If you can face it, do it in your own time, which will come. Don't punish yourself or others. LIZA, 45, MT WAVERLEY

There's *nothing* you can do about anyone else's drinking problem. N-O-T-H-I-N-G. MA NEATER, 39, BRISBANE

I don't believe alcoholism is an illness or a disease. I think it's a choice. CAROLYN, 32, THORNBURY

I've lost one friend through telling her the truth about her drinking. JO, 36, OCEAN GROVE

My husband recently expressed concern over the amount I was drinking and is very pleased that I've made massive reductions. FELICITY, 28, ORANGE

> **'I used to drink way too much and crave alcohol first thing when I woke up. I stopped drinking for a while and went through withdrawal symptoms.'**
> JESSICA, 24, RESERVOIR

I was an alcoholic until I found out I was pregnant with my second son. I used to drink daily. AMANDA, 32, GOONDIWINDI

I used alcohol to blur the last years of my first marriage. That affected my work and my ability to be present for my children. Six lost years. BRONWYN, 47, BOTANY

I stayed with my dad to try to curb his drinking. He became verbally and emotionally abusive and it was almost a relief when he died. JAN, 59, KILKIVAN

My sister is an alcoholic – she really did some psychological damage to her own kids. I've never really forgiven her. SALLY, 44, MELBOURNE

I get drunk every weekend and sometimes drink a bottle of spirits to myself. My family has a long line of alcohol abusers and it's been accepted for a long time. I drink to get off my face and to have a good time. NELLY, 25, CAIRNS

I think I didn't marry because I wouldn't have been able to drink how and when I liked. ELLEN, 56, EAST BRISBANE

Alcohol nearly tore apart my life until I realised what was happening and went to rehab. ALEX, 23, LILYFIELD

> **'I drink too much and it's holding me back. I plan to stop but never quite work up the courage.'**
> GAILE, 40, CLIFTON HILL

I'm an alcoholic who hasn't had a drink for more than 11 years. ELLEN, 56, EAST BRISBANE

My father drank every night during my childhood and could fall asleep with a beer can in his hand and not spill it – he'd wake up when you moved it. I now don't like drinking much. CARLA, 28, ROXBURGH PARK

My mother was an alcoholic, so basically my entire childhood was a negative experience. TANIA, 27, STANMORE

I had 15 years of alcoholism starting when my marriage broke up in my early 30s. I had many days of waking up with a hangover. I'd drink up to two bottles of wine every night. JULIE, 47, MELBOURNE

I was always so mad with Mum for being too drunk at family gatherings. KATE, 19, BALLARAT

### MORE INFO
### on addiction & dependence

**Addiction: A Disorder of Choice by Gene M. Heyman** This US psychologist's book says that physical addiction, changes in the brain, 'addictive personalities' and a definition of disease aren't the whole story. Choice is involved, however complex, and that means there's hope for recovery for everyone who's determined, motivated and gets help.

## ♀ What kind of women have a drinking problem?

Young women, women in midlife, mothers, single women, women who are loved and cherished, women who are abused, women who had parents who were alcoholics, women who had parents who never drank, grandmothers, women approaching menopause, women with jobs, stay-at-home mums, women who are 'squeezed' by the demands of their own children and of their ageing parents, women with problems, poor women, rich women: it can and does happen to all sorts of people.

There are tens of thousands of women with a drinking problem in Australia and many of them have no idea about the others. They can feel alone, desperate, without hope of change and invisible. But there is always help within reach: for contacts, support and advice, see 'More Info on Help for a Drinking Problem', coming up.

## ♀ When somebody else has the drinking problem

Whether or not the person with the problem will acknowledge it or agree to try to get help, you may need some support and advice yourself. Start with any of the contacts in 'More Info on Help for a Drinking Problem', coming up, and tell them you need support. You can't 'get help' for someone else if they don't want it, but you can get help and advice for yourself, or on how to support somebody else's recovery if they'd like you to help.

## ♀ Your own drinking problem

It's a hard thing to admit, let alone say out loud. The good news is that literally millions of people have recovered from a drinking problem. Admitting the problem is a huge step towards a better life, and can start with having an anonymous chat to a helpline (see 'More Info on Help for a Drinking Problem', coming up).

### 'IT RUNS IN THE FAMILY'

Many people with a drinking problem believe they have a genetic predisposition, or a 'learned' habitual response from their family or culture that makes them vulnerable to alcohol problems. For these people, complete abstinence, at least for a while, is usually more realistic than being able to 'cut down' or 'just have one'.

## ♀ Help for a drinking problem

Most women who have an alcohol problem feel ashamed and don't want to ask for help. With a dependency or an addiction, giving up alcohol or even cutting down is not really possible alone – everybody needs help with the 'how', even if they truly want to change.

Changing a drinking problem requires effort and determination, because if you're abusing alcohol then you have an illness with complex psychological and physical causes and effects. It's okay that you need help. Reaching out is the strong and brave thing to do.

If it were as simple as 'Just stop' or even 'Why don't you cut down a little?' then nobody would have a problem. And if you have a drinking problem, don't fool yourself that nobody has noticed your behaviour or other problems, or that other people noticing is the most important thing.

There are special programs available with non-judgemental staff to help you. You can call them anonymously, and all their advice and your treatment can be in confidence. They can also help you tell anybody you want to tell, and give you info on how to talk about it and on what sort of help and support you could request from friends and family, if you want to.

## ♀ Possible treatments for a drinking problem

One of the major triggers for drinking is feeling that 'it's all too much'. Make a list of the things that feel too much, and then take things from it to make another list of things you could stop doing or get help with.

It's important to sit down with your GP or counsellor (see 'More Info on Help for a Drinking Problem', coming up) and talk about what you want to gain from treatment. You don't have to know how you're going to get there, or how long it will take – that's what health professionals can advise you on. You just have to know what you'd like to happen, and to ask for help in working out how to get there.

Because we often use alcohol to try to 'self-medicate' problems of feeling overwhelmed, stress, sadness and anxiety, those problems need to be tackled with other treatments and solutions, as well as looking at stopping or slowing the drinking itself.

Treatment options can include counselling, strategies to avoid alcohol or make different decisions about it, a withdrawal program, support groups (some are women-only) and, in some cases, medication prescribed by a doctor to help you crave alcohol less, or for it to taste bad or make you feel sick. Also available are:

- online programs
- Alcoholics Anonymous meetings and advice
- discussing progress with your GP or a community health nurse
- counsellors on helplines
- rehabilitation programs, either live-in or to attend during the day
- therapy and advice on how to deal with underlying feelings, reasons for drinking, and usual triggers for drinking.

## WITHDRAWING FROM ALCOHOL

A person who has built up a high tolerance for alcohol and who drinks every day may experience physical withdrawal symptoms that last anywhere from a few hours to a couple of days. These can include being pale, sweaty, having a racing heart, difficulty in sleeping, headaches and feeling sick, like having a bad cold for a day or so. A very heavy habit that stops suddenly may produce some heftier symptoms, including fever, loss of consciousness, the shakes and even hallucinations. You can make a plan for the best way to get to the other side of these with your doctor or counsellor.

## MORE INFO
### on help for a drinking problem

The following 24-hour confidential telephone counselling services are for people with alcohol and drug problems. These services are funded by the state and territory health department and staffed by professional counsellors.

**ACT** (02) 6207 9977

**NSW** (02) 9361 8000 or 1800 422 599 (*country*)

**NT** 1800 131 350

**Qld** 1800 177 833

**SA** 1300 131 340

**Tas.** 1800 811 994

**Vic.** 1800 888 236

**WA** (08) 9442 5000 or 1800 198 024 (*country*)

**alcoholicsanonymous.org.au** Alcoholics Anonymous (AA) is a free non-profit service that helps anyone with a drinking problem, and provides info for family, friends and health professionals.

**al-anon.alateen.org/australia**
**Advice Line 1300 252 666** Groups for family and friends of people with an alcohol problem. This service is an offshoot of AA (above) and provides free help and support. Choose 'Meetings'. Alateen is for teenagers.

**druginfo.adf.org.au** The Australian Drug Foundation is an independent non-profit group funded by governments, corporate sponsors and the public. Choose 'Our Publications', then 'Fact Sheets' for alcohol-related info.

**adanz.org.nz**
**Alcohol Drug Helpline 0800 787 797**
The Alcohol Drug Association New Zealand is a non-profit organisation part-funded by the NZ Government. The helpline provides confidential info to anyone. Click 'Links' from the home page.

**alcohol.org.nz** This NZ Government site, funded by a levy on alcohol, provides general info about alcohol and access to help.

# CHAPTER 23

# Drugs

A century or so ago, rich and fainty women would be revived with a strong
whiff of chemicals, or dose themselves up with laudanum (an early form
of opium liquid) to sleep or lie about in a stupor all afternoon, in order to
avoid the boredom of being strapped into a corset and left in the drawing
room while the maids swept out a few hundred fireplaces by teatime (no
opium for you, Flossie). Now we have heroin, weed (dope), prescription
drugs, cigarettes, antidepressants and cappuccinos. All are explained here,
with info on how to tell the difference between addiction and dependence,
and where to get help for you or a friend.

# Thoughts on drugs

## Legal drugs

In an effort to reduce my weight, I took up smoking as a substitute for between-meal eating. Worst decision I ever made! Now, 10 years later, I'm still smoking. DANA, 29, NORTH RYDE

I took a legal amphetamine in college. Everyone was taking it all the time. It was speedy, like cocaine. EMILY, 31, CLAYFIELD

I used to pop anti-anxiety pills like lollies, a handful at a time. The ridiculous thing is that taking them just made my anxiety *worse*, not better. AMELIA, 27, NEWTOWN

### 'When I was 16 my friend used to sell his ADHD medication to me.'
NINA, 22, MELTON

I'm currently addicted to a strong painkiller. I've been taking six a day for a couple of years now. I get withdrawal symptoms if I try to go a day without. JULIE, 38, FRANKSTON SOUTH

From nursing I saw tooooo many people addicted to tablets. I only take a paracetamol when absolutely necessary, nothing else. CURLY, 50, DUBBO

I was addicted to diet pills, i.e. prescription speed. Why this is legal is beyond me. I was abusing it like a street drug. NINA, 39, ST KILDA

I overmedicated with migraine tablets years ago because I didn't want to miss work. The tablets set up a cycle of more migraines and more migraines. It was an awful time. TESS, 70, DONCASTER

I became a bit dependent on sleeping pills. When you take them regularly for too long they make you feel like you can't sleep without them and they cause nightmares. POLLY, 26, ANNANDALE

Drugs are big business. Drug companies are ruthless in their quest for profit. ZELDA, 52, MT MARTHA

Antidepressants saved me from the pit of gloom. Anti-anxiety medication saved me from constant fight/flight/freeze. DEBI, 50, BALLARAT

## Illegal drugs

Drugs are a part of life! Don't be such a killjoy. ERIN, 18, LENNOX HEAD

Many people take drugs because they're fun, not because something is missing from their lives. KATE, 32, SYDNEY

I don't need to experiment to know it's not for me. BESSIE, 29, GEELONG

Never have, never would. I've always had a healthy respect for the delicate and superb way our bodies work. Why throw a spanner in the works? JACKIE, 46, CENTRAL COAST

I work in an emergency department. I hate drugs. PENNY, 38, BALDIVIS

### 'I get horrible anxiety from smoking pot. Awful.'
RACHEL, 30, YARRAVILLE

I still smoke pot most days to unwind. CANDY, 43

When I was smoking pot regularly I arranged my social life around whether I could do it stoned. BELLE, 34, WINDSOR

My husband smokes dope almost daily. It doesn't send a good message to the children. And what's he trying to escape? KAREN, 37, NOBLE PARK

Marijuana spurred on my husband's bipolar disorder. He used it all the time, believing there were no side effects. I can tell you there are. MARIA, 41, YOUNG

Speed was fantastic. We talked all night and everything was so interesting. GEORGIE, 38, MELBOURNE

I used to take speed to lose weight. It turned into a nasty little habit. LISA, 28, PLYMPTON

I was into the rave scene for a while. I loved the feelings from ecstasy and speed. I stopped when the come-down outweighed the fun. KATE, 31, MELBOURNE

I took ecstasy once and almost died: I was in intensive care for three days and hospital for two weeks. I never touched any drug after that. KATE, 27, HAWTHORN

### 'I used heroin between the ages of 25 and 35. I got into recovery 15 years ago via Narcotics Anonymous.'
ANN MAREE, 51, FORESTVILLE

To escape my heroin addiction I've now been on methadone for seven years. BROOKE, 27, WARILLA

My best friend turned heroin addict and ended up killing herself. The sheer senseless waste of her life has made me avoid drugs. LEAH, 29, NEWPORT

I've used marijuana, E, acid, coke, speed, K, but mainly amphetamines and pot, on a casual basis over the past 12 years. It's been part of my social network. JACINTA, 32, FITZROY

I *loved* magic mushrooms! Everything was fucking hilarious. MIM, 22, ALICE SPRINGS

Magic mushies made me very sad, depressed and alienated. TRACEY, 39, DRYSDALE

I've taken pretty much everything and been an addict of pretty much anything at some stage. TALYA, 33, BRIGHTON

For alcohol, see Chapter 22, 'Drinking', previously. You can find caffeine in Chapter 10, 'Eat'.

## Women & Drugs

Women have a surprisingly long history with drugs. Traditionally, women were the gatherers and the healers, the keepers of the herbal knowledge. For their trouble, of course, the older midwives and other women with herbal knowledge were accused of being witches, but that's another story and involves far too much unseemly chat about marauding villagers, torchlight assembly, no teeth, brandished pitchforks and orders from the church for some pond-related or toasty-bonfire justice. And a bit later, the barbers of merrye ye olde England took it upon themselves to start branching out into surgery and dispensing, telling women to do what they were told and take what they were given in the medicine department.

In the last 50 years or so, the term 'recreational drugs' was invented, which makes it all sound as much fun as shuttlecock on the lawn, if you don't count the fact that that one person's 'recreation' can be another person's problem addiction or trigger for full-on mental illness. While the medical profession keeps inventing fabulous medicines like antibiotics and anti-seizure pills, nobody's yet invented a drug that works but doesn't have side effects.

Most women in jail now are there directly or indirectly because of illegal drug use (through stealing, prostitution, violence or other crime to get money for drugs). There's also a long history of women becoming dependent on painkillers or antidepressants (from laudanum to the modern kind). Women are more likely to misuse prescription drugs and to try to 'self-medicate' their feelings with illegal ones.

### What are women taking?

The most common illegal drug is cannabis (known as weed or dope, depending on your generation or peer group), and then come amphetamines (including ice and speed), ecstasy, cocaine and heroin in varying levels of popularity, which are often due to availability. Injecting drugs is much less common.

Most women who have a 'drug problem' have it with legal, over-the-counter or prescription drugs.

### WHY DO PEOPLE TAKE DRUGS?

The Drug Info Clearing House, a Victorian Government service, has suggested five main reasons people take illegal drugs. Roughly speaking, these are:

**1** Curiosity.

**2** Trying to get 'high' (feel a euphoric rush).

**3** To fit a specific desire, say, to stay awake, or relieve stress.

**4** Going on a binge.

**5** Dependence (aka addiction).

Of course, there may be a mix of these reasons, or they may not apply to you. They're not 'stages'. Here are some more reasons people use drugs:

- They're vulnerable to peer-group pressure.
- They want to temporarily wipe out their feelings or trauma.
- They're not aware of possible side effects or bad results. They don't believe addiction can happen to them, or don't care.
- They're trying to 'self-medicate' sadness, anxiety or a mental illness.

### Special risks for women

- Drug and alcohol use can make women much more vulnerable to sexual assault or unwanted or unagreed-to sex.
- Drug and alcohol use can make unsafe sex more likely, creating a high risk of sexually transmitted infections or unwanted pregnancy.
- Women involved in drug misuse can put their children at risk through neglect or accident, learned behaviour or ingesting the drug by mistake.

### ADDICTION VERSUS DEPENDENCE: WHAT'S THE DIFFERENCE?

There's no difference. People avoid saying 'addiction' or 'drug addict' because they feel it's mean and might deter people from seeking help because the 'label' bears a stigma. Both words really just mean the person can't stop themselves. A person physically 'addicted' to heroin or alcohol may go through a 'detox', meaning their bloodstream is free of heroin or alcohol, but they may still crave it as part of their automatic psychological response to stress or sadness. It doesn't really matter whether you call a drug habit an addiction or a dependence, the most important thing is the reason behind the drug use and how this can change.

Some drug users refuse to acknowledge their problem, often by saying they're 'not addicted' (even when they have a clear dependence), or that it's causing no harm to them or no harm to others. Or they may say they have a 'disease' that it's pointless to strive against. A book on addiction is reviewed in 'More Info on Addiction & Dependence' in Chapter 22, 'Drinking'.

### DRUG USE DURING PREGNANCY

All drugs and alcohol used by a pregnant or breastfeeding woman will pass through the placenta or be transmitted during breastfeeding, and can damage a fetus or baby. A doctor will know if the type of drug or dose is dangerous – all drugs have that potential, depending on the dose. Some drugs are unsafe at any dose. The same goes for herbal medicines (see 'Herbal Treatments' in Chapter 12, 'Health Maintenance').

If you're pregnant, stopping an illegal or prescription drug habit sharply may also cause a big problem for the fetus – a GP can help you do the safest thing for the pregnancy, including manage your drug use. They will not talk to the police if you have an illegal drug problem.

## Cigarettes

Cigarettes are so incredibly damaging and stupid and make you stink and will probably kill you – so of course I smoked for yeeeeeeears. And every time I have a cough now I think . . . Is this it? Lung cancer? Well, serves me right. Is scary. Am idiot. Anyway, shall we press on so I can freak myself out further? If we must.

People who smoke get very cross when they're told it's so dangerous for them. They're addicted, and their addiction is legal, so they often feel they should be left alone and not 'hassled'. The trouble is, smoking causes so much health havoc and premature death and stroke among women that it's no use pretending it's okay.

Most women smokers are in their 20s, just starting the lip and eye wrinkles they're going to get from smoking, still too young to imagine themselves frightened of dying before their children grow up, or before their grandchildren are born.

The essential ingredient of cigarettes is nicotine, one of the most addictive substances ever discovered. Even more addictive than mobile phones and chocolate.

### What cigarettes do to you

Straightaway:

- Your hair, clothes and breath smell of smoke.
- Your senses of taste and smell are reduced.
- Your brain and nervous system are stimulated for a short time.
- You feel a temporary calm if already addicted, as the nicotine feeds the craving.
- You feel a possible head spin, nausea, watery eyes, increased acid in the stomach, and a sudden urge to poo (because the body wants to get the poisons out of your system).
- Your lung cells are damaged with every cigarette you smoke.
- If you're pregnant, your unborn baby 'smokes' too with every cigarette (through the bloodstream) and its health is damaged.

After you've been smoking a little while:

- You're addicted.
- Your skin, hair, breath and clothes smell strongly of smoke, but you can't tell.
- Your senses of taste and smell are suppressed.
- You develop yellow or orangey stains on your fingers and teeth, and dryer skin.
- You can be short of breath and have a cough. If you smoke regularly or heavily you'll be sustaining lung damage.
- You find it a bit or a lot harder to walk, run, play sport, walk upstairs or dance without feeling unfit.
- You get more colds, coughs and chest infections, and take longer than non-smokers to recover.

If you're a long-term smoker:

- Your hair, breath, hands and clothes constantly stink of smoke. Others can smell you when you walk into a room.

- Your senses of smell and taste are very impaired (these come back when you stop).
- Your skin develops permanent 'smoking' wrinkles.
- You may suffer from a disease called emphysema (pronounced *em-fis-eema*), which starts as shortness of breath and progressively makes breathing harder until you need an oxygen mask or you can't get enough air to survive.
- You may develop cancer: smoking is a proven cause of, or contributing factor in, many cancers, including those of the lungs, throat, mouth, bladder, kidneys, pancreas, cervix and stomach.
- You may have a stroke or a heart attack, or have to have your toes, feet or legs amputated: smoking narrows the arteries and veins, restricting blood flow.

## WHAT'S IN CIGARETTES?

As well as the nicotine, they contain more than 40 cancer-causing chemicals and burning agents.

## Cigarette truths

- Smoking causes more damage to women than men. Researchers aren't sure why, yet.
- There's no 'safe' number of cigarettes or kind of smoking materials to use.
- Low-tar cigarettes are not better for you – they still contain as many damaging chemicals. 'Light' or 'mild' cigarettes contain as many damaging chemicals, too.
- Menthol cigarettes are not better for you.
- Roll-your-owns are not better for you – in fact they may be worse.
- Cigars and herbal fags are not better or worse for you than cigarettes.
- You can get all the ill effects of smoking by breathing in the smoke from other people's cigarettes when you're in a house, car or public place with them (this is called passive smoking).
- Cigarette companies make huuuuuge profits – in the billions of dollars – even though most of each packet's price goes to the government in taxes. Cigarette companies hid information about the cancer-causing effects of cigarettes for years.

## SMOKING & WEIGHT

Some women keep smoking because it temporarily suppresses their appetite, but it also just means they're likely to eat more at another stage. Stopping smoking means you should have more energy and be able to get fitter. Also, it's believed that if you replace the smoking with something oral that isn't eating (such as sugarless chewing gum), then weight gain after giving up smoking isn't inevitable after all.

## WHY AREN'T CIGARETTES ILLEGAL?

**1** Governments earn billions in cigarette taxes.

**2** Governments say citizens can make their own informed choice.

**3** They were legal for a long time before the dangers were known – so the industry became very powerful.

## Giving up smoking

The best way is never to start. Because it's way addictive, it's really hard for some people to give up 'on their own'. So you'll be needing:

- advice and support from a GP or a helpline (see 'More Info on Giving Up Smoking', coming up)
- friends and family who help and encourage you
- goals, such as saving the 'cigarette money' for a big treat or trip instead
- hypnotherapy if you're the suggestible sort
- nicotine gum or patches to get you over the initial withdrawal
- a smoke-free environment (stay away from people who smoke and other triggers like the pub until you've broken the habit)
- determination and mental strength
- something to do with your mouth (like gum) or hands (like twiddling with a rubber band or pen, or shuffling packs of cards – this has the added advantage of making you look like you've just flown in from Las Vegas)
- a reason to stop, like having a partner who doesn't like smoking, needing to be fit for a sport or goal, fighting an illness, being pregnant or breastfeeding or not wanting smoke to damage your baby or children, setting a better example, being around as your kids grow up, wanting to be a grandparent, being frightened of getting cancer.

## MORE INFO
### on giving up smoking

**quitnow.info.au**
**Quitline 131 848 or 137 848**  The Australian Government's site for info and resources to help in giving up the fags.

**quit.org.nz**
**Quitline 0800 778 778**  The Quit Group is non-profit and independent, with programs funded by the NZ Health Ministry. The Quitline has phone support, advice and low-cost nicotine products.

**oxygen.org.au**  A non-profit anti-smoking website aimed at teens, funded by the Federal Health Department.

**plan.org.au**  On aid agency Plan International's site, search 'hard work' for a report showing how tobacco is harvested by more than 70 000 African children who work up to 12 hours a day for 2 cents an hour, poisoned by nicotine.

# Over-the-counter & Prescription Drugs

Medicines and legal drugs save lives, make life bearable and are generally pretty marvellous. Hurrah! But just because a drug is legal doesn't mean it's safe for you – in fact it probably won't be unless it was prescribed specifically for you by a doctor or suggested by the pharmacist (not a shop assistant). Some over-the-counter drugs (meaning you don't need a prescription) can only be sold to you after a pharmacist ('chemist') has explained them to you, so try not to roll your eyes when they ask if you've ever taken a painkiller before. (Many herbal and 'natural' products carry the same risks and dangers as drugs – see Chapter 12, 'Health Maintenance', for more.)

## Problems with legal drugs

You should never take more of a drug than the dose prescribed by your doctor for your age or weight and written on the chemist's label on the packet. And always read the manufacturer's information given in the leaflet inside. Medications prescribed for one patient could have a bad effect on somebody else, even if they have the same symptoms or condition as you. Don't accept any prescription pill not prescribed for you, even if it's offered by a family member.

If not used strictly to instructions, many common supermarket-bought painkillers can cause irreversible damage to internal organs, such as lungs, heart, liver and kidneys. The results of taking more legal drugs than you're supposed to include brain damage, incontinence and major organ failure.

## Tranquillisers & painkillers

The most commonly misused prescription drugs are painkillers, calmatives (also known as sedatives), tranquillisers (or benzodiazepines) and sleeping pills. There can be good reasons for short-term use of these drugs, including air travel, sudden grief, medically diagnosed anxiety or insomnia. But all these drugs are reeeeally addictive, can cause severe liver damage with habitual use and have an overdose risk, especially if combined with other drugs or alcohol, and have varying effects on individuals. All of them can damage a baby during a pregnancy, so if you are or might get pregnant, talk to your doctor.

## MORE INFO
### on tranquillisers

**betterhealth.vic.gov.au**  From the main page of this Victorian Government site, search 'tranquillisers' for a fact sheet.

**The Age of Anxiety: A History of America's Turbulent Affair With Tranquilizers by Andrea Tone**  This book asks, 'Does our society allow drug companies to heavily market drugs to mask normal feelings and sane responses to stressful situations?'

## How to minimise the harm of prescription drug misuse
• Don't mix drugs or add alcohol.
• Don't give drugs to anybody else.
• Don't drive, or operate machinery.
• Don't be in charge of children.

### MIXING DRUGS OR ADDING ALCOHOL

Mixing alcohol with either prescription or over-the-counter drugs, or mixing different drugs, makes them much more dangerous. Combinations can predictably or unpredictably cause seizures, organ damage or suppressed breathing, which can lead to unconsciousness, coma or death. (Mixing doesn't necessarily mean swallowing things at the same time or whizzing them together in a dastardly smoothie – you can 'mix' by taking things within a day or more of each other.)

### MORE INFO
### on legal drugs

'More Info on Dealing With Drug Problems' at the end of this chapter lists helplines that also deal with legal drugs.

**nps.org.au**
**Medicines Line 1300 633 424** The Federal Government's National Prescribing Service has info on the safety and use of prescription drugs, and over-the-counter and herbal preparations.

**chf.org.au** Consumers Health Forum is an independent, non-profit, lobby and consumer group funded by Federal Government grants. Choose 'Publications', then 'Fact Sheets' for info on generic medicines, your medicines, how to judge health info on websites, and lots more.

## Illegal Drugs

The most common illegal drugs include cannabis, methamphetaminc, ecstasy and heroin (see 'Which Illegal Drug Is Which?', coming up, for more info). Statistically, people in their 20s and 30s are the most likely to be offered and to use illegal drugs.

### The effects of illegal drugs

People take illegal drugs for a reason – they want the effect. As I say in Chapter 22, 'Drinking', all cultures have some kind of mind-altering drug. In many indigenous and other cultures, the drug that produced hallucinations was said to be a doorway to the gods or another dimension, and was jealously 'prescribed' only to the select few.

If a 'good time' could be guaranteed by all, and illegal drugs weren't closely linked to unhappiness, depression, side effects and the more tragic

end of the legal system, and if all drugs had known doses and the same effect on everyone, then maybe we wouldn't have to know so much about them. Some people looove drugs and I won't argue with how they say they feel. But risk-free, or always a good idea in the short- or long-term? No such thing.

Despite scarypants stories and hysterical 1950s warning documentaries, taking a drug once isn't going to make you addicted, and smoking a joint won't lead you immediately to harder drugs and a heroin 'habit'. But it is true that things can go very badly wrong and cause damage even the first time, and you might not see the danger you're in, or are about to be in.

The upside of taking illegal drugs is that they can cause you to forget any troubles for an hour or two, feel high and happy, or floaty and out of it, and experience a different way of thinking.

Individual brain chemistry produces different reactions. Some people who smoke cannabis (weed) get terrified and worried instead of giggly; some people who take heroin throw up instead of feeling floaty; some people who take cocaine don't feel high and chatty and smart – they feel paranoid or terrified. Other short-term or immediate problems can include being very vulnerable to sexual assault or an unwanted sexual experience and therefore pregnancy or sexually transmitted infections, feeling down the day after a high, the risk of triggering sudden depression or psychosis, or a medical emergency such as an accidental overdose or exposure of an underlying heart problem, running out of money because you're spending it on drugs, and alienating friends.

Longer term downsides to being a regular, repeated or heavy illegal-drug user, include:

• not being able to keep up with work, study or family care
• the development or sudden onset of a severe mental illness
• several serious physical illnesses
• 'ruining your looks' because of the side effects of many drugs
• dependence and addiction
• losing friends or partners
• legal difficulties (such as being arrested).

## 💊 Health risks of illegal drugs

The only way to avoid any risk with illegal drugs is not to take any. While some people believe they're 'fine' on their 'drug of choice', others may have a very different reaction. Because everyone's brain and body are different, even the same batch of a drug will affect people in different ways. While your friend may have a good time on a drug and encourage you to use it, that doesn't mean you'll have the same result, even if it's the same dose. Illegal drugs never come in precise doses or mixes of ingredients, so you'll have no idea how much you're getting. When you're deciding whether or not to take or smoke something, you won't be able to factor in what's in it, its strength or its likely effects on you as an individual.

If you have any predisposition to mental illness, including depression and psychosis, illegal drugs or misuse of legal drugs can trigger episodes of the illness. Having a relative (especially a parent) who has or has had a mental illness makes a predisposition more likely, but it's *not* inevitable that you'll develop the problem. Even if you have a genetic predisposition, this may never be activated, but taking drugs is a huge risk factor. For most people who have mental health problems, their first experience of mental illness was triggered by drug use or very severe stress. Some mental illnesses will only manifest themselves as a one-off episode, and many can be managed and treated successfully. See Chapter 21, 'Mental Health', for more.

Possible immediate results of taking illegal drugs include vomiting, stomach cramps, sweating and diarrhoea – all symptoms of the body trying to get rid of the drug as soon as it can. Much rarer, more severe reactions can include convulsions (jerking and foaming at the mouth), unconsciousness, coma and death.

## 💊 The legal risks of illegal drugs

Penalties vary, but generally the lowest are for using or growing a small amount of cannabis (I know nobody says they're just popping outside for some 'cannabis' but that's the word the police prosecutor will use), and get more serious for possession and trafficking (buying and selling drugs, taking them from one place to another) or being in possession of or selling 'harder drugs'. Penalties range from a warning, to a fine, to a short or very long jail sentence. What gets you a warning or fine in one state or country might mean jail, or even death, in another.

### TRAVEL & DRUGS

Prescription drugs legally prescribed in Australia can be illegal in some countries, and vice versa. (I'll never forget backing out of a pharmacy in central Turkey many years ago with my hands in the air after I mimed having a headache and a beamingly helpful shop assistant tried to sell me a syringe and a packet of white powder. I stuck with the headache.)

Many countries have mandatory (automatic) life sentences or death sentences for using or possessing the tiniest amount of a drug that's locally illegal; for having any amount on your body or in your pockets, handbag or a room where you are or have been; and for selling or trafficking. Never travel with illegal drugs on a plane, whether locally or overseas. Carry the prescription or copy of the prescription for any prescribed drugs, and keep the packet with the pills or liquid. Some prescribed drugs are illegal in other countries. The Australian Government can't get any citizen off a drugs charge in another country; it can only give you the names of local lawyers and it won't pay for them.

## 💊 Which illegal drug is which?

The known facts about the drugs listed here could change, and some drugs aren't included, so check out 'More Info on Dealing With Drug Problems' at the end of this chapter for websites that can keep you up to date. There are no details below on how to take a drug and in what dose, because there's no one-size-fits-all safe dose of any illegal or unregulated drug. All illegal drugs listed here can damage an unborn or breastfed baby. All the drugs listed can cause dependence/addiction. When people say they've 'researched' a drug, they can only research the pharmaceutical information about the pure form. They can't research what's in what they're taking or they've bought. This isn't a complete list of illegal drugs, just some of the most common.

### Marijuana/cannabis

**ALSO KNOWN AS** Weed, dope, grass, pot, skunk, reefer, joint, mull, cone, hash, spliff, ganja and Buddha.

**WHAT IS IT?** Cannabis is a very common depressant drug with possible hallucinogenic effects. It comes in various forms, all from the cannabis plant. It's usually smoked or eaten.

**WHY DO PEOPLE TAKE IT?** It can make them feel calmer, floaty, temporarily less shy and like laughing.

**SIDE EFFECTS & PROBLEMS** It depends on how much you take and how strong the plant part is, but common side effects are red eyes, enlarged pupils, hunger, sleepiness and being really boring. Regular use is firmly linked to disordered thinking, memory problems and depression. Heavy use (or one-off use in some people) can cause panic attacks, severe depression, paranoia and psychotic episodes. Marijuana is not 'better' than alcohol during pregnancy – like all illegal drugs it can damage a fetus – nor is it a safer version of sleeping tablets.

## Speed & ice (methamphetamines)

**ALSO KNOWN AS** Whiz and goey. Ice is also known as P (for pure), crystal meth, meth, base, glass and shabu.

**WHAT ARE THEY?** Speed, as it sounds, is a stimulant, which speeds up the activity of the central nervous system. In powdered or little crystal form it usually has other chemicals added as filler. Ice is a much, much purer kind of speed in crystal form (ice is 80–90 per cent pure and speed is 10–20 per cent). It's snorted, heated and inhaled in various ways, or injected.

**WHY DO PEOPLE TAKE THEM?** To try to block feelings of hunger or tiredness, or to feel a sudden 'rush' or high.

**SIDE EFFECTS & PROBLEMS** Side effects for both include jittery feelings, aggression, exhaustion, feeling invincible, blurred vision, dry mouth, fast breathing, enlarged pupils, headache, nausea, anxiety, 'high' mood, talkativeness and repetitiveness. Regular or heavy users tend to become paranoid and confused, which can lead to mood swings, depression, extreme anxiety and psychosis. Ice has especially nasty side effects. It's more physically damaging than speed and has more extreme effects on behaviour, health and lifestyle.

It badly damages the skin and hair, and causes teeth to rot and fall out.

Injecting puts you at greater risk of diseases such as HIV/AIDS, as well as vein damage, severe infection and overdose. Some users end up turning to crime or sex work to pay for the drug, which also puts them at risk of violence, exploitation and jail. Ice is especially addictive because of its purity. More Australians are addicted to ice than to heroin. Inhaling, rather than injecting, is associated with faster addiction.

## Ecstasy (methylenedioxy-methamphetamine – MDMA)

**ALSO KNOWN AS** E, XTC, eccy or even just 'pills'.

**WHAT IS IT?** Ecstasy belongs to both the stimulant family (like speed) and the hallucinogen family (like LSD). It comes in tablet or capsule form: most tablets sold as E are probably filler, mixes or other drugs. Some users poke the tablet up their anus, which is called 'shafting' or 'shelving'.

**WHY DO PEOPLE TAKE IT?** It can temporarily heighten the senses, boost energy and create feelings of belonging, social confidence, closeness and a 'happy high'. It's often taken at clubs or dance parties, where it can intensify music and light effects.

**SIDE EFFECTS & PROBLEMS** Faster heart rate, raised body heat, possible jaw clenching, shaking, nausea, anxiety and sweating. In the days afterwards: feeling down, cranky, listless and unable to concentrate. Ecstasy is associated with anxiety and panic attacks, and with depression. Ecstasy can change and harm your brain. Accidental overdose or mixing it with other drugs or alcohol can cause convulsions, hallucinations, brain damage and heart failure (death).

Ecstasy shouldn't be taken by anyone who has a history (or family history) of brain problems, heart disease, blood pressure or mental illness, or by anyone taking prescribed drugs.

## GHB (gamma-hydroxybutyrate)

**ALSO KNOWN AS** GBH (grievous bodily harm), fantasy and liquid ecstasy or liquid E (although in fact it isn't like ecstasy, which is a stimulant).

# How have drugs affected your life & relationships?

Drugs completely took over my life from the age of 13 to now. I've begun to get my life back together. It started as casual use and moved into an everyday, all-consuming addiction. JAN, 21, MELBOURNE

I don't regret taking the drugs I did. Even if I had a bad experience, it's made me the person I am today. I was very stubborn and wouldn't be talked out of doing anything I wanted. SALLY, 32, PERTH

> **'I regret having the addiction I did and feel I wasted many years in my 20s.'**
> KELLIE, 35, REGENT, NZ

I was really lucky that I had a lot of people who really cared about me and gave me a second chance and had faith in me. Otherwise, I could have got a lot more involved in drugs. KATE, 27, HAWTHORN

They've given me many good times with friends and more of an insight into life. MICHELLE, 35, JINDABYNE

I ended up with hepatitis C from sharing needles. I received treatment and beat it. SAL, 28, YULARA

I have a long drug history. I've conquered my use of benzodiazepines, heroin and methadone. They totally devoured my life and relationships for many years. I'm fine now. SARAH, 48, BRIAR HILL

I ended up in financial trouble and am still renting whereas I should've paid off a house already. COLLEEN, 45, SYDNEY

My friends have all done 'stuff', which has made me feel uncomfortable and has meant that I don't socialise with them at parties. We meet up at times when drugs aren't 'required'! ZOE, 33, GRANGE

They helped with great sex – experimentation! SIMONE, 42, ALLAMBIE

Drugs opened my mind to the world and let me see love and difference together. Fantastic. CLARE, 40, SYDNEY

My sister's a drug addict and I have nothing to do with her. MEGAN, 21, CRANBOURNE EAST

They helped me hide from myself for a long time, and prevented me from taking charge of my life in a healthy and positive way. JO, 43, COTTESLOE

> **'They completely stuffed up my life, my friendships, my ethics, my balance, everything, but they also taught me some valuable life lessons. No regrets.'**
> ANDIE, 44, COLDSTREAM

Please try to avoid drugs. They've killed many of my friends over the years and they all died young. SUSAN, 62, WOLLONGONG

My sister has hep C and will probably now die fairly soon from youthful experiments with her drug-addicted husband. Don't think it can't happen to you, you aren't bulletproof. LYNDA, 63, WARRANWOOD

I watched my cousin lose custody of her children and disappear into someone I no longer recognised because she couldn't stop using. JANE, 26, MANTUNG

It made me more determined to achieve my goals once I got off the shite! DEB, 31, ANNERLEY

My ex-husband smoked dope on a daily basis. I hated it. Hated the smell and the dumb look on his face when he'd been smoking. Just hated it. KARINA, 52, BLACK ROCK

My friend is addicted to speed and denying it. She takes a huge amount and looks like a skeleton. We're trying to help her. SARAH, 35, MANDURAH

My illegal drug use resulted in increased depression and paranoia for a couple of years. My intention had been to escape from these feelings, not exacerbate them. NINA, 39, ST KILDA

I have a nephew who has drug-induced schizophrenia. It's brought great sadness to his life, and the lives of his family. DEBBIE, 53, NORTH GOSFORD

When you're in a relationship with someone who has a substance abuse problem, you become the only one making any effort to keep the relationship together, and your life is riddled with worry about that person. CLAIRE, 27, DULWICH HILL

My ex-partner was a user of a range of illegal drugs, and he became abusive towards me and hit me a few times. That's why I'm now a single mum. CHRISTINE, 23, HENTY

I've had two people I was close to go psychotic after long periods of marijuana use, and I've ended contact with them. It's sad to see such lovely people become so horrid. CORRINA, 47, WODONGA

> **'My father died due to drugs so I'm very anti-drugs. I honestly think less of people who take drugs.'**
> KAREN, 38, MONTEREY

My youngest brother was a drug addict. He died when he was 27 because of the physical damage he did to himself (brain damage, enlarged heart, etc.). It had a dreadful impact on the whole family. SARAH, 43, CANBERRA

**WHAT IS IT?** A depressant. GHB comes as a liquid, which is swallowed or, rarely, injected.

**WHY DO PEOPLE TAKE IT?** It can cause a 'rush', then calm.

**SIDE EFFECTS & PROBLEMS** Has a reputation as a drink-spiking drug. Side effects can include sleepiness, calm, nausea, headache, intense sense of touch, dizziness and memory loss. Heavy use can cause extreme vomiting, worry and confusion, muscle stiffness, breathing problems, coma, convulsions and death. The difference between taking enough to get an effect and enough to kill you is *very* small, so the window for a 'safe dose' is hard to calculate, and overdoses are common, sometimes causing death. If someone you know takes a liquid and cannot be roused, you should call an ambulance.

## Cocaine

**ALSO KNOWN AS** Coke, snow, nose candy, Charlie, blow, dust, white and toot.

**WHAT IS IT?** Cocaine, derived from the coca plant, is a stimulant, usually powdered and 'snorted' up the nose. It can also be smoked, but this is rarer and known to cause faster and more dangerous dependence. 'Crack' cocaine, also known as rock or freebase, is usually smoked in a pipe, but is rare in Australia.

**WHY DO PEOPLE TAKE IT?** To try to get a fast high, and to feel buzzy, super-alert and confident. Cocaine also makes them talkative.

**SIDE EFFECTS & PROBLEMS** Can include fast heartbeat, raised body heat, enlarged pupils, anxiety, wild behaviour, aggression, sleep problems, paranoia, severe mental illness (psychosis), and heart attack or failure. Long-term use is linked to depression, eventual permanent destruction of nose tissue, panic attacks, possible heart problems and brain damage. It's dangerous for people with a history (or family history) of heart or mental problems. You can't tell by looking how pure the cocaine is, or whether it's been 'cut' with other white substances (such as baking soda or talcum powder) to make it go further. This can mean an increased risk of accidental overdose. Known to cause heavy dependence/addiction.

## Heroin

**ALSO KNOWN AS** Smack, skag, dope, H, harry, horse, hammer and gear.

**WHAT IS IT?** A depressant and painkiller, chemically derived from the opium poppy. Most commonly it's injected into a vein. It's also smoked ('chasing the dragon') or snorted.

**WHY DO PEOPLE TAKE IT?** Because it can give them a floaty feeling that temporarily wipes out bad feelings, then because they're physically addicted to it.

**SIDE EFFECTS & PROBLEMS** Can include feeling sick and vomiting, sweating, itching and weeing a lot. Heroin slows the breathing system and heartbeat and reduces blood pressure: users often doze off. As with ice, some users end up turning to crime or sex work to pay for the drug, which also puts them at risk of violence, exploitation and jail.

Medical problems include self-neglect, malnutrition and needle infections (including hepatitis C and HIV/AIDS). The overdose risk is high because the dosage is hard to estimate. Most heroin overdoses are linked to using pills or alcohol at the same time. Almost all drug deaths involve heroin. Hugely addictive.

### DRUGS & DRINKING WATER

All party- and club-goers need to drink about 250 millilitres of plain water (not a sports drink) an hour if chatting, and about 500 millilitres (half a litre) an hour if dancing – not less and not lots more. Too little or too much water combined with some drugs can cause serious damage to your body or (rarely) death. Take rest breaks and don't dance nonstop for hours.

## Ways to minimise the harm with illegal drugs

If you've decided to take a drug, these suggestions may help mitigate dangers, but there's no recommended dosage for or ways to take illegal drugs:

- Never take it when you're alone.
- Take too little rather than too much – this is always better because you can never know exactly what's in the drug.
- Never take anything without telling a friend what you're taking, and how much or how many

(also, always find out exactly what your friend is taking, and how much or how many).

- Always have at least one designated sober person (no drugs and no alcohol). This is really important – you need someone on watch who's completely together. Talk to your friends about what they should do if things go wrong.

### Reaction & overdose

If someone has an adverse reaction or overdoses, it's really important that they receive professional help as soon as possible. A quick response can save their life. See 'When to Call an Ambulance', below, for the signs and symptoms that mean someone needs emergency help, and info on what to do after calling 000 (111 in New Zealand).

#### WHEN TO CALL AN AMBULANCE

If someone has an adverse reaction or overdoses on drugs or alcohol, it's really important that they receive professional help as soon as possible. A quick response can save their life. If a person isn't able to be roused by voice or poking, if their breathing seems very slow, far too quick, or otherwise worrying, or if they're turning blue/mauve or foaming at the mouth, call 000 (111 in NZ) to request an ambulance, then follow the instructions given to you by the dispatcher.

## How to Help Someone With a Drug Problem

Many people with unlimited access to a drug they like will develop health problems and an overuse or dependency problem (although they'll often deny it). Friends (and relatives) can be angry, even mean, if you raise the subject of a possible drug problem. Have some information (such as fact sheets on drugs from one of the websites listed opposite in 'More Info on Dealing With Drug Problems') and helpline numbers, so that in a crisis, or when the person is ready to seek help, you've got something useful on hand. Unless and until they want help, there's nothing more you can do.

Their drug problem is not your responsibility and you can't fix it. If it starts to affect your own enjoyment of life, step back (if necessary, move out or ask them to leave, or seek help from one of the agencies opposite) and distance yourself (while assuring them you'll be there when they need you to help them tackle their drug problem).

Encourage a friend with any medical problem caused by past drug use to seek help. Many people have been 'cured' by treatment for hepatitis C, for example, that wasn't available until relatively recently. (Not all hep C cases are related to former drug use.)

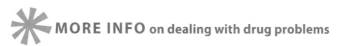 

## MORE INFO on dealing with drug problems

**fds.org.au**
**1300 368 186 (*24 hours*)** Family Drug Support.

**aodservices.net.au** A national directory and hub for state government funded alcohol and drug treatment. Use the search box or call your state's 24-hour hotline, below.

**ACT** Community Health – Alcohol and Other Drugs (02) 6207 9977

**NSW** Alcohol and Drug Information Service (ADIS) (02) 9361 8000 or 1800 422 599 (*country*)

**NT** Alcohol and Drug Information Service 1800 131 350

**Qld** Alcohol and Drug Information Service 1800 177 833

**SA** Alcohol and Drug Information Service 1300 131 340

**Tas.** Alcohol and Drug Information Service 1800 811 994

**Vic.** Turning Point Alcohol & Drug Centre 1800 888 236

**WA** Alcohol and Drug Information Service (08) 9442 5000 or 1800 198 024 (*country*) Parent Drug Information Service (08) 9442 5050 or 1800 653 203 (*country*)

**druginfo.adf.org.au** The government-funded independent Australian Drug Foundation's Drug Info Clearinghouse has heaps of info, articles and fact sheets. Choose 'Our Publications', then 'Fact Sheets'; drugsdriving.adf.org.au is the dedicated page on drugs and driving.

**positivestories.org.au** The Australian National Council on Drugs, funded by the Federal Government, has real-life stories about people who've beaten drug or alcohol problems.

**drugs.health.gov.au** The National Drugs Campaign offers real-life stories, facts and help.

**ncpic.org.au**
**Cannabis Information Helpline 1800 304 050**
The National Cannabis Prevention and Information Centre is a Federal Government funded service that can help with counselling, information and referrals, and advice for family or friends.

**na.org.au**
**1300 652 820** Narcotics Anonymous is for recovering addicts who meet to support and encourage each other. Call for details of meetings in your state/area or click on the map.

**adanz.org.nz**
**Alcohol Drugs Helpline 0800 787 797**
The Alcohol Drug Association New Zealand is funded by the Ministry of Health. Choose 'Addictions Treatment Directory' to search for a service that suits you.

# FAMILY & FRIENDS

# All sorts of families

I love my granny. She's the best. She's a real trick and very wise. You can't bullshit her at all because she knows. I take more notice of her than anyone and am closest to her.
GEORGIE, 38, MELBOURNE

I had grandparents who lived into their 90s. They knew so much interesting stuff.
TALLULAH, 52, COFFS HARBOUR

Even though my poppy's gone and my nanna has dementia, I'll never ever stop loving and knowing how bloody wonderful they are – truly amazing! LOU, 29, NARRABEEN

I have a rather large and close family, even though we don't see each other or really get in touch that often. JUDE, 42, PORT NOARLUNGA

My mum always makes my children feel special. I love the fact that they have a great connection with her.
GENEVIEVE, 36, PENGUIN

I like having my mum around and appreciate her more and more each year.
LEE, 35, TANUNDA

My mother's still an articulate, thinking, independent 84-year-old and has recently taken a 65-year-old lover. JANETTE, 61, ROZELLE

I was blessed to have incredible female role models in my mum and grandma, who taught me to stick up for what I believed in and the importance of education. Most of all, they gave me unconditional love. ALLISON, 38, LONDON, UK

I love my parents because they're relaxed and happy and a bit crazy. Their chook pen is bigger than their house! My sisters and brother and I all get along brilliantly.
KIM, 26, GERRARDS CROSS, UK

We're very close with our parents. We see them one to four times a week. LINDY, 33, ST KILDA EAST

They're always there, they never judge, they're very supportive. I love the big family get-togethers.
HARMONY, 36, WARNBRO

There's always a party atmosphere when we get together; he's from a family of six kids, me 11, so with partners and cousins it's loads of fun. JACQ, 43, MELBOURNE

If my parents think I need them, they're willing to travel 1000 kilometres to come and help me.
NICOLE, 32, YARRAMUNDI

It wasn't until I was in my 20s that I realised many people grew up in dysfunctional families where people really hated each other and held grudges and resentments.
EMBI, 38, MELBOURNE

> 'Unconditional love goes a long way. I don't remember any negative comments from my family.'
> NATALIE, 27, SYDNEY

My parents were my parents first and now they're my friends.
LUCY, 31, ARMADALE

My sister's my best friend. No one knows me the way my brother and sister do. ERIN, 25, CANBERRA

My mum even went to my dad's wedding. LEANNE, 37, COCKATOO

Some of them are darlings who make me feel like I'm important to them. Others are nasty, horrible, mean-minded people, so I avoid them. GEORGINA, 42, NIDDRIE

I adore my mum, her husband (my stepdad) and my husband's parents. The rest I try to forget.
EDWINA, 38, QUAKERS HILL

Just because someone's family doesn't mean they're nice and should be trusted. SALLY, 32, PERTH

I don't have a huge amount of contact with my family because I'm the black sheep. I have a good relationship with my dad, though.
KATE, 32, SYDNEY

I dislike every living member of my birth family, and they dislike me. I tolerate my nieces and nephews, I like my children and adore my grandchildren.
ROSEMARY, 54, ADELAIDE

My parents don't speak to my brother or me.
MAEVE, 50, WEST PENNANT HILLS

They're evil, pure and simple. Hateful people, to me and each other. PAULA, 28, MERMAID BEACH

They're in another country. Best place for them. I'm serious.
JULIE, 47, MELBOURNE

They're all fucked up.
ALICE, 33, MANLY

I didn't know my natural parents and I've wiped my hands of my foster family.
ROBYN, 53, POTTS POINT

I don't speak to my parents or my sister. It makes life easier.
HELEN, 39, CARLTON

I don't have any family other than a really horrid, unloving father.
JESSICA, 45, CLONTARF

They're lazy slobs with their hands out all the time.
THERESE, 48, MT BARKER

One side of the family are religious: they've stopped talking to me for listening to 'terrible music' and not going to church.
PEGGY, 20, SCONE

It's hard explaining to regular families that not all families are perfect and sometimes it's better to not deal with them. I wouldn't cop this treatment from a friend, so why must I from family?
SALLY, 39, CARLTON

# CHAPTER 24

# The family you come from

If you're the sort of person with a universally wildly happy family, no troubled or strained relationships with your perfect siblings, you have wise and loving parents who strike the perfect balance between kindness and concern without interference and won't ever need any help as they get older, and you always know what to do in any circumstance, then you won't see the need for this chapter at all. You can skip reading it and just get on with life, soaking like a tea bag in a happy cup of convivial relations and enjoying life with your pet unicorn called Barbara.

This chapter looks at the family you come from: how to navigate difficult relationships with them, care for elderly relatives, and deal with in-laws.

## OTHER CHAPTERS RELEVANT TO FAMILY

Chapter 25, 'The Family You Make', next, deals with your partner and kids, deciding when to have kids, stay-at-home versus working mums, parenting teens, adult kids living at home, family conflict, separation and divorce, and blended and stepfamilies.

## Happy Families

If you come from a happy family, seriously, good on you. What a fantastic basis to start life from, and what a sustaining and lovely legacy to take with you through life, giving you ready-made role models and traditions if you go on to make your own new family.

Happy families seem to share some of the same elements. Not every family can achieve these, but working towards them can make family life happier. In a happy family people tend to:

- love each other and show it
- like and respect each other
- communicate honestly and openly with each other
- spend time together (and apart)
- solve problems together (and protect smaller family members from those problems, where possible)
- get through bad times together
- not have serious stresses such as mental or physical illness, physical and emotional abuse, drug or alcohol abuse
- have an okay financial situation so that they're not worrying about money all the time – this is not necessarily about how much money a family has, but its attitude to money
- be willing to find ways to get on better together.

### ♟ What makes a good parent?

These things help:

- Being happy to spend time with children and to know them well.
- Putting kids first but not losing your sense of self or own interests.
- Knowing that it's okay to make mistakes, and that different parents (and kids) require different approaches.

- Having clear and fair rules with a consistent and predictable approach to discipline.
- Recognising the efforts and achievements of kids.
- Maintaining parental moods that don't include violence, rages, punishing silence, emotional blackmail, indifference, cruelty or sarcasm.

 **MORE INFO**
**on happy families**

**myparentswereawesome.com** Post pics or look at other people's photos recalling happy family times.

**Beautiful People by Simon Doonan, book & TV series** Celebrated window dresser and style stirrer looks back at his unlikely 'ordinary' upbringing with pride and dollops of fun.

**The Castle, DVD** This classic satire of an Aussie family makes for an unexpectedly happy 'vibe', around a point of principle.

**Little Miss Sunshine, DVD** A dysfunctional but loving three-generation family takes a road trip; a paradoxically feel-good movie.

## If You Come From an Unhappy Family

For every person who automatically answers 'What did your dad do?' by saying what he did for a living – say, bus driver – others will immediately think instead, 'He hit me and my sister' or 'He was always at the pub and cheated on mum a lot.' For some people Mother's Day is a reminder of a cold or hypercritical mum. For every person who remembers their parents kissing, others remember fighting, or conflict.

Some family members are cruel, some have narcissistic personality disorders, some demand loyalty despite years of neglect, some just were never that interested. Many parents who neglect or are cruel to children have a veneer of respectability. A façade of money, status, 'moral' superiority or religiosity is no guarantee of kindness and love behind closed doors.

Some people who had and still have happy home lives find it hard to understand the damaging effects of indifference, nasty criticism, a suffocating kind of expectation or perpetual gloom on a kid growing up, even if they grasp the damage done by violence and the constant fear of it. Before you judge grown children for 'neglecting' their parents or for not wanting to see members of their extended family, consider that they must have a reason. The Center for Disease Control and Prevention in the US reports that the results of a large study (of about 17 000 people) show that having survived a stressful childhood with neglectful, unpredictable or controlling and selfish parents is an indicator of long-term physical as well as mental health problems in adulthood.

If you're still struggling with the lasting effects of an unhappy childhood imposed on you, there are ways to escape the experience overshadowing the rest of your life.

## ♣ Coming to terms with an unhappy childhood

Phrases such as 'finding your inner child' or 'the carefree nature of childhood' make some people want to shriek, because for them, childhood was about as much fun as a gift-wrapped house brick under the Christmas tree. You're allowed to feel upset about the way your parents treated you, even

## MORE INFO on not-so-happy families

**Kids Helpline 1800 551 800** A free counselling service for kids.

**Lifeline 13 11 14** A free 24-hour counselling and advice line for adults.

**relationships.com.au** Relationships Australia runs courses on parenting, relationships and conflict for kids and parents, and can refer the family or the adults for counselling.

**frsa.org.au** The Family Relationship Services Australia site has links to communication courses and counselling.

**theinsite.org** Relationships Unlimited US has practical ideas for better family dynamics. Choose 'Relationships Unlimited', then 'Parents', or 'Sibs', or whatever else you're interested in.

**Tricky People: How to Deal With Horrible Types Before They Ruin Your Life by Andrew Fuller**
An Australian psychologist and workplace counsellor gives practical hints. You may well spot a few rellos and their tactics in these pages.

**The Essential Family Guide to Borderline Personality Disorder by Randi Kreger**
See 'More Info on Personalty Disorders' in Chapter 21, 'Mental Health'.

**The Lucy Family Alphabet by Judith Lucy**
Australia's best stand-up comedian and my pal, Judith tells some home truths about her adoptive family and makes peace with her past.

Some people from abusive backgrounds move away geographically and psychologically and make very different lives. Others can be shocked to realise they're repeating similar patterns, either as an abuser or as a person putting up with abuse; if this applies to you, please see Chapter 31, 'How to Escape Control & Abuse'.

**Domestic Violence and Sexual Assault Helpline 1800 200 526** The Federal Government's confidential national 24-hour helpline for advice and referral in cases of family violence or abuse.

**lovegoodbadugly.com** A great site for women about abusive or controlling relationships. Has good checklists and a warning signs quiz, help and support, and lots of info on how to plan a safe 'escape'. Or choose 'Get Help', then 'Help a Friend or Family Member'.

**stopchildabusenow.com.au** The Australian Childhood Foundation has many resources to help, even if the abuse occurred in the past.

🥝 **2shine.org.nz**
**Helpline 0508 744 633 (24 hours)** New Zealand's premier family violence organisation can refer you for counselling or provide other help and advice. The helpline is available 24 hours.

🥝 **cyf.govt.nz**
**Helpline 0508 326 459** The NZ Government's Child, Youth and Family site. Choose 'Keeping Kids Safe'.

# Difficult families & advice on how to cope

Misplaced loyalty to family has undone us financially (to the point of bankruptcy). IRENE, 66, MANJIMUP

My own family's extremely dysfunctional and we don't have anything to do with each other. KAZ, 50, REDBANK

I finally stood up to one relative who I realised had been bullying me in subtle ways for 40 years. It worked. I wish I'd done it 40 years ago. PINKY, 59, BLUE MOUNTAINS

I made my husband visit his family for 20 years and he hated it. They haven't made the effort back, so I gave up and apologised to my husband. KAREN, 37, NOBLE PARK

Sometimes people love and need their families even if they're dysfunctional. No one can really judge a family unless they're part of it. REBECCA, 29, PITTSWORTH

## Mothers

My mum wants to call me every day for an hour-long chat (arggh!). RACHEL, 28, PETERSHAM

I live with my mum at the moment, which is getting hard. She thinks everything should be done her way. KATE, 37, PARKDALE

> 'My mother drives me nuts. She makes me feel useless.'
>
> TAMMY, 33, HURLSTONE PARK

My mother still wants to control and know everything. JEANNETTE, 49, LEGANA

I don't cope well with my elderly mother, as she's still domineering and, being her only offspring, I battle alone. TESS, 70, DONCASTER

I find it difficult that my mother would give me a present for my August birthday of a calendar for that year. SALLY, 41, WARRNAMBOOL

My mother is overbearing, so I try to avoid seeing her too much. JANET, 62, BANORA POINT

My mother can be difficult with her use of emotional blackmail. SAMANTHA, 46, BLACK ROCK

## Siblings

> 'I have great difficulty understanding and liking my older sister, which is not helped by her having an absolute fruit loop for a husband.'
>
> DIANNE, 64, CANBERRA

I find it hard when my brothers get married. In comes that terrible jealousy again. KATIE, 31, ARMADALE

It's slightly annoying how a brother and sister of mine, who've lived in the city and gone 'upmarket', seem to be a bit ashamed of us in front of their friends. SUE, 56, BRUTHEN

I have vastly different views from my brothers and can't cope with their sexist manner. I love my sisters dearly and enjoy their company in short doses. BETTY, 49, HAZELBROOK

## Grandparents

I find my grandparents hard to please and I can't meet their desires for time and attention. SUSANNAH, 26, KALEEN

My daughter's estranged from us so I don't see my grandsons. PENNY, 57, HOXTON PARK

I have never nor will I ever allow our daughters to sleep over at any of their grandparents' homes. It's a very screwed-up family with issues of abuse and incest. CORINNE, 37, MOORABBIN

## Dealing with a difficult family

Minimise your time stuck together with no escape. For holidays, always have a car you can take out to the shops or for a drive, and keep visits short if that's all you can handle. PENNY, 28, CANBERRA

Try to focus on the intention rather than the comment or behaviour, and react according to the intention. So if it was kindly meant – even if it felt terribly offensive – it's important to focus on the intention, so that feedback can be given calmly. JO, 30, BRISBANE

Don't let childhood habits shape your adult life/relationships. Evolution is the key. LOU, 36, FITZROY NORTH

> 'Use charm, tact and patience, and realise that if they've been this way for 78½ years, they won't be changing any time soon.'
>
> JULIA, 38, TARADALE

Let go of your 'perfect family picture'. It's pure Hollywood. Real families are frustrating, messy and unpredictable. DEBBIE, 49, NORTH RYDE

Accept people for what they are. I often invite my brother and his wife for a meal but the invite is rarely returned. That doesn't mean anything – they're just not entertainers. LYNDAL, 53, ULVERSTONE

Avoid them! And put the relationship in a space you're more comfortable with: don't say yes to a weekly dinner if it doesn't suit you, make it a cup of coffee or a three-weekly catch-up instead. JACINTA, 37, SCARBOROUGH

Move to another country, but make sure you get a house without a spare room. JUSTINE, 34, KINGSGROVE

if they didn't sexually abuse you or beat you. 'It could have been worse' doesn't help what has happened, and there are many forms of a lasting legacy from an unhappy childhood. 'Just get over it' doesn't help either, as almost everybody needs help, and there's no shame in needing and getting that help.

It's never too late to learn how to live with, or modify, your feelings about the past. You can understand, accept, neutralise and move beyond the old, learned feelings of worthlessness, shame or sadness. Anger can be transformed into a strong, positive feeling of not only surviving, but thriving. Lots of progress can be made by acknowledging how bad it was, identifying any positives, assessing the damage and resolving to learn how to incorporate the past without it dictating your future. Many people who escape unhappy families make new ones with their groups of friends, and/or build their own, new families. But sometimes you need help to come to terms with it all

and learn better ways of relating to people so that patterns are not repeated.

Find a professional trained in this area, and don't be afraid to try a few before you find a good 'fit'. The right person will believe you, will understand that the effect of your childhood on your life is profound, and will help you. Your GP can recommend family or individual counselling. Some psychology services are available with a Medicare rebate, but there can be a long waiting list and choice of therapists can be limited. If you have private health insurance, check for any benefits. (You may also be interested in reading Chapter 31, 'How to Escape Control & Abuse'.)

## Having Difficult Parents

Some people as grown-up adults are still struggling with upsetting or draining relationships

 **MORE INFO** on difficult parents

Some family members may just need a little retraining to treat you with more respect or to see you, finally, as a grown-up with a right to your own privacy and preferences (see 'Changing Your Family Dynamic', coming up).

**Toxic Parents: Overcoming Their Hurtful Legacy and Reclaiming Your Life by Susan Forward** Popular self-help book for 20 years. Help for adults with neglectful or abusive parents who kept it hidden from outsiders. Lots on healing, combatting emotional blackmail and breaking patterns. In some cases therapists dispute the recommendation to confront a toxic parent.

**The Drama of the Gifted Child: The Search for the True Self by Alice Miller** A classic self-help book from a psychotherapist on healing the damage caused by a neglectful, abusive, sarcastic and scornful parent.

**willieverbegoodenough.com Will I Ever Be Good Enough by Karyl McBride** A US psychologist's book and site draw on her life, the experiences of her patients and research on the damage caused by perfectionist or narcissistic

mothers of daughters. Practical ideas for better relationships or breaking away.

**Children of the Self-Absorbed: A Grown-up's Guide to Getting Over Narcissistic Parents by Nina Brown** On parents who demand total attention and indulgence even from grown-up children. How to cope with abusive, manipulative, needy, controlling and otherwise unreasonable parents, build boundaries or escape.

**bpdfamily.com** US site with info and resources for adults dealing with a parent who has borderline personality disorder, or working with children who have such a parent.

**nytimes.com** From the main page, search 'when parents are too toxic to tolerate' for an article with comments archived at the *New York Times* Health pages.

**Divorcing a Parent: Free Yourself From the Past and Live the Life You've Always Wanted by Beverly Engel** Ms Engel gives permission to limit or stop all contact with a parent, with hints on how to explain it to others and a way back if you change your mind.

because a parent, even when elderly, can continue to perpetuate controlling, emotionally blackmailing or other abusive behaviours. Some parents only ever see their children as people who are there to fulfil the parent's needs. Some parents have a mental illness such as a personality disorder manifesting in selfish and mean behaviour, or bipolar disorder, which, untreated, can lead to reckless and illogical sexual, social and financial behaviour.

If talking to a parent always makes you feel bad and seeing them is an ordeal, you can use some strategies to protect yourself. If your parents make you feel furious, guilty, picked-to-pieces, disrespected, ashamed, suffocated, not good enough or not attractive enough, then your parent is . . . (pick one, they've all been fashionable descriptions at different times): neglectful, dysfunctional, over-involved or a gigantic pain in the arse. If it goes further than this, and you're dealing with a parent or parents who've been abusive, allowed abuse to happen, denied abuse by others, have been violent or threatening towards you, or almost always ignore your needs and don't respect you, then your parents may be abusive, toxic and/ or intolerable. Even if all this is in the past, you may still need help to deal with it and stop it from ruling and ruining your life, and affecting anyone in the new family you may have made.

## The Grandparents

Many people finally decide to do something about abusive family dynamics when they want to protect their own children from abuse by grandparents. This decision can be made by the parent who was abused or their spouse, or both. See 'Changing Your Family Dynamic', coming up, for hints on setting the new agenda.

In some extreme cases, supervised or no contact is the only way, because the physical and emotional welfare of the child is the most important thing.

Grandparental abuse can include physical punishment, sarcasm, neglect, the effects of their drug or alcohol problem on the children, favouritism towards one grandchild or one gender of grandchild or biological grandchildren, scapegoating a grandchild, involving the child in adult dramas, criticism of parents, and grandparents ignoring the safety rules or other requirements of the parents.

## Having Difficult Siblings

Many families talk about the perceived favourite child of a parent ('golden boy' or 'golden girl'), the perceived 'black sheep' or scapegoat among the kids, and the perception that older children conform more and youngest ones are indulged but under more obligations. I don't go in for theories that the birth order of siblings determines personality (maybe because I'm the eldest), but some people are convinced of it.

 **MORE INFO**
on difficult relationships
with siblings

**My Dearest Enemy, My Dangerous Friend: Making and Breaking Sibling Bonds by Dorothy Rowe** This psychotherapist's book uses theories of brain-wiring and psychology to explain family and sibling dynamics, attitudes 'stuck' in the past, and how they can change.

**You Were Always Mom's Favorite! Sisters in Conversation Throughout Their Lives by Deborah Tannen** A professor of linguistics continues her fascination with the clear and hidden messages in how adults talk to each other. Ideas for a better relationship with a sister.

## The In-laws

As you'll see from the quotes, plenty of people love their in-laws. Hurray! For everyone else, here's the other side of the story. Sometimes it's difficult with in-laws because they're, well, difficult, or there are so many of them. In these days of common divorce and serial living together, if both partners in a marriage have divorced parents, you may even have four sets of in-laws (two mothers-in-law and two fathers-in-law) or more, plus some who are not married so they're sort of in-law outlaws, possibly all living separately, either alone, with different partners, or one partner each, bringing all sorts of new complications or expectations, a cast of thousands, Christmas and birthday geography puzzles ('We have a two-hour drive in that direction to see them, but the other in-laws will fly to meet us the next day, and won't come if Uncle Frank is there, and . . .').

The interfering mother-in-law is a cheap sitcom cliché, but that doesn't make it any easier for the real women with a partner who indulges their frightful parent. Nobody wants a man who'll do everything his mother wants or won't defend his partner against his father's unreasonable attacks, or stand firm against manipulative or abusive behaviour.

You shouldn't have to ask your partner to choose between you and his mother. (If your partner is a woman, excuse the 'he' and 'him's throughout.) If you've decided to be life partners, and especially have your own kids, then he needs to decide for himself that the family he has made comes first. Some men can't do this – and that means you need to pay careful attention to the relationship of a boyfriend and his mother (or, more rarely, father) before you get further involved. If you're already involved, you'll have to set your own boundaries. And if you're the one with the horrendous relative, you'll need to step up and be the first line of defence and strength against their possible poisonous effect on your life.

You can't allow personality disorders, mental illness or just plain meanness to inflict pain or confusion on yet another generation. In extreme cases of relative nuttiness, your job is to protect your kids, even if the danger is not physical. Dangers can include sarcastic, neglectful, hypercritical or violent grandparents (in-laws), or those who play favourites. (See 'Grandparents', opposite.)

In an ideal situation, you (as a couple) can set your boundaries, then calmly keep stating them and, if they're not respected, consistently remove yourself or your family (see 'Changing Your Family Dynamic', coming up). Strong couples will acknowledge that the situation is difficult and complex but present a united front. It's always better if the child of the difficult person is the main point of contact – no hiding and leaving it all to your 'spouse'.

**MORE INFO**
**on difficulty with in-laws**

Some internet forums where people 'vent' about in-laws can be fun reading – but although a visit can make you feel vindicated ('It really does happen') or relieved that your in-laws aren't as bad, too much of it feels like you've been slimed. Most sites offer only corralled vitriol, not practical advice.

**What Do You Want From Me? Learning to Get Along With In-laws by Terri Apter** A book on how to try to mend and build relationships with in-laws. This doesn't solve the problem if they're bonkers or have personality disorders, however.

**Toxic In-Laws: Loving Strategies for Protecting Your Marriage by Susan Forward**
The author of *Toxic Parents* and *Emotional Blackmail* identifies several 'types' of toxic in-law – the critic, the controller, the needy engulfer, the rejecter and the creator of chaos. She explains how to set boundaries, how to deal with liars, and how to get your spouse to understand and support you.

## Changing Your Family Dynamic

Family members can learn how to turn fights and arguments between generations, or between siblings, into (reasonably!) calm discussions: if they want to. You can ask for a reasonable response, but if this is repeatedly refused, you may have no choice but to retreat and protect yourself from the family, choosing for yourself how much and what kind of contact you'll agree to, including none.

Some people find it very unsettling and get cross when a family dynamic is challenged – but if you want to change it because it affects you badly, you can change it by yourself, just by refusing to play along any more.

You may not be able to change a family dynamic that's been operating for as long as some people in it have been alive, but you can change how you react to it, whether you accept it, how it makes you feel – and in many cases, you can 'train' relatives to change their actions and behaviour, and the way they treat you, even if you can't change the way they think.

# Difficult relationship with in-laws

I told my partner I just can't love his parents and he said that was all right just as long as I could pretend. LOU, 27, GLADSTONE

My in-laws are a bunch of judgemental, arrogant, rude, ignorant, selfish twits, and it was the happiest day of my life moving across the country away from them. EMMA, 32, PERTH

I still feel that I'm not accepted into my long-term partner's family. I never get a birthday phone call, card or present – only my husband and son. I'm never included in any of their family photos. JUDITH, 46, PENRITH SOUTH

My in-laws are a bit snobby. JILL, 46, EVATT

They're a bunch of freeloaders who always want money from us! KAREN, 39, ROWVILLE

I avoid the mother-in-law but send the grandchildren there with her son on Sundays so she can have a relationship with the children and I don't have to be there. CLAIRE, 35, HORSHAM

His father's a chauvinist and thinks I'm doing my law degree to become a secretary! KATE, 35, GEELONG

They'd like us to visit all the time and live in their pockets like my sister-in-law does, but I'd rather eat my own liver. LYN, 39, LEICHHARDT

> 'My in-laws are shite. Big-noting roosters who value money most of all.'
> DOTTIE, 52, MT MARTHA

My in-laws despised me and told me so. When I married my husband, his mother always called me 'that girl' or Mrs (his surname). ALISON, 46, LOGANHOLME

I now leave my husband to deal with his mother. She's been so awful that our kids will have little to do with her either. JOAN, 59, KEW

The mother-in-law from hell lives across the road and doesn't respect boundaries. She can walk in anytime and abuse me when her son's not watching. JO, 40, SINGLETON

My mother-in-law's been dead for three years but I still feel her exerting a great deal of influence over my 64-year-old husband. JULIE, 56, BULAHDELAH

My family is the 'wait to be asked/invited' type. His will walk through unannounced, go the fridge and drink your beer without asking! It's very difficult sometimes, because we're so different. ALISON, 42, ARNCLIFFE

My partner's family are alcoholics and I just can't deal with them. They're irrational and rude, and cannot even conduct a conversation most of the time. They lie and won't keep their word or plan anything. MELISSA, 29, BENDIGO

My husband rarely talks to his family, as they upset him every time he does. TORI, 28, SOUTH YARRA

The greatest solution is to divorce their son, but another method is to imagine them either as monkeys or without clothes on. LIZ, 56, COWES

# Good relationship with in-laws

My mother-in-law was like the mother I never had, but sadly she's died. MARION, 53, POTTS POINT

I have a beautiful sister-in-law who's loving and fun to be around. She especially loves my children. VICKI, 47, MT WAVERLEY

> 'My in-laws were heaven-sent.'
> MARINA, 50, MATRAVILLE

I love my in-laws. They're absolutely wonderful. They'll help my partner and me in any way. MEG, 19, BUNBURY

They're wonderful people with great hearts. Sometimes I think they're better than my own family! LISA, 25, PERTH

My in-laws didn't approve of me at first, but the turnaround in their attitudes when my kids were born was amazing. ROBYN, 41

My in-laws help with my son so much and consider him like their own. NICHOLA, 35, KIRRAWEE

I love my husband's family. They're warm, traditional Italians, and very different from my own experience. ANON., 33, MELBOURNE

I love my husband's extended family. They're very supportive and giving, and a very close family. KAREN, 34, WYOMING

> 'They don't think of me as their daughter-in-law, they think of me as their daughter.'
> KASSI, 38, DIMBOOLA

They're all so lovely. Although we have different opinions and ideas about the world and personal beliefs, we all get along great! SAMANTHA, 19, SYDNEY

Many people are trapped in family roles 'assigned' to them in their childhood – as the 'smart one' or the 'pretty one' or the 'one who never gets anything right', regardless of who they've become or what they've achieved as an adult. This can be hurtful or just plain frustrating. It's okay to resign from your assigned position in the family.

Common problem family dynamics include:

- ugly arguments
- insulting each other with hurtful comments as a 'joke' or because of a perceived right as a family member
- some family members demanding 'loyalty' and for you to shun or keep secrets from others
- emotional blackmail such as threats or implied threats of self-harm
- controlling family members whose patterns of hot-and-cold love and approval contrast with rages or silences to coerce others into doing what they want
- designating a 'golden boy' or 'golden girl' who can do no wrong and is seen by all the other siblings as a parents' clear favourite
- the opposite – a child who always does the wrong thing but is indulged and given money and support
- resistance to the idea of a family member changing or not conforming to their designated 'role'
- a requirement for a family 'secret' to be kept.

Sometimes there are clear family scapegoats who are blamed for everything. Sometimes a father insists that his opinions and decisions rule the family or he'll be angry (Dad decides what sort of engagement ring his son should get his fiancée), or a mother insists on being obeyed (Mum says everyone has to come to her house each Christmas or she'll be devastated, sobbing and not speaking to her children).

Another family dynamic is to keep a big family secret (for example, dad's violence, or the perceived stigma of mum's mental illness) from outsiders.

## ♣ How to change your family dynamic

**1** **Make a plan** – Decide what the problem is for you, and how you'd like it to change. Resolve to stay calm while the retraining of relatives is going on.

**2** **Be specific about the problem** – Don't say 'Stop being mean to me', which they can counter with 'I'm not, I'm just telling you the truth' or 'I'm just kidding, you're too sensitive'. Don't accuse them of being mean, but put it in terms of their behaviour and its effect. Say, 'When you do that thing (criticise my parenting/use that old nickname I hate/say I'm looking fat/cry when I say I can't visit) it hurts my feelings and makes me feel miserable. I need for you to stop.' That should be enough for a reasonable person to stop, even if they need a couple of reminders to break the pattern. But you may not be dealing with a reasonable or kind person. To overcome the stubborn resistance common in families, because of an entrenched pattern or just plain bad behaviour, you may need to go to step 3 and beyond.

**3** **Listen to their response, but stick to your path** – A relative may resist your request: 'I can criticise you if I want because I'm your father'/'You're too sensitive'/'But I've always introduced you to my friends as Giant Bubblebutt'/'You can't control me, I'll say what I like.' You may have to train them, a bit like you would a puppy. You probably can't whack your brother lightly on the nose with a rolled-up newspaper or squirt him with a water pistol, although I'd like to see you try.

**4** **Explain what the consequences will be if they disrespect your boundaries or requests** – Agree with them that they can choose to keep doing what they do, even though you've asked them not to, but explain calmly that this will have certain consequences. Do not threaten, beg or plead. Never get drawn into an argument about it. Explain what will happen each time they do what you've asked them not to: 'If you say that stuff, I'll have to hang up or leave.'

**5** **Be calm & resolute about the consequences** – You need to be utterly consistent. If the bad behaviour continues, issue a polite warning: 'Remember, I don't answer to that old nickname any more' or 'I've asked you to stop teasing me about that.' If they call your bluff and continue, calmly make good on your statement: 'Okay, I said I'm not going to listen to that stuff/I've let you know that I can't respond to threats any more. So I'm hanging up now. Talk to you soon.' Then hang up. Or say, 'Okay, then, that's my cue to leave, as promised. See you next time.' Say goodbye calmly, collect your belongings at a sensible speed, walk out the door and go home. Try to meet on neutral territory or away from your house while this retraining period is going on, otherwise you'll have to get them to leave your house: 'Mum, you need to leave now. I'll see you another time.' If you both live in the same house, go and stay somewhere else or go to your room.

**6** **Repeat as necessary**.

It may take a bit of training, but a polite, firm zero-tolerance approach should win the day. Either they'll stop or you'll distance yourself. Sadly, you may find they prefer to deliberately hurt you, despite your reasonable requests. It will be good that you've already begun to detach. The more you do it, the easier it is.

## MORE INFO
### on changing family dynamics

**I Only Say This Because I Love You: Talking to Your Parents, Partner, Sibs and Kids When You're All Adults by Deborah Tannen**
Professor of Linguistics Dr Tannen analyses what grown-up people mean when they talk to relatives and shows how to change the 'script'.

**You're Wearing That? Understanding Mothers and Daughters in Conversation by Deborah Tannen** Dr Tannen (see previous item) examines the pattern of mothers who criticise daughters and identifies a more positive way forward.

**Learned Optimism: How to Change Your Mind and Your Life by Martin Seligman**
A psychologist and researcher into behaviour explores old patterns of thinking, reacting or putting up with stuff. Also a great resource for helping kids who create self-fulfilling failure.

### ADULTS WHO WERE ADOPTED AS KIDS

While it's much rarer now for Australian mums to arrange an adoption for their babies, there has been a rise in adoption of kids from overseas, in the number of adults who were adopted as children trying to find their birth mother and father, and in the number of relinquishing parents looking for the children they gave up.

For more on adopting children out, see Chapter 18, 'Pregnancy Thoughts & Decisions'. For more on adopting a child into your family, see Chapter 25, 'The Family You Make', which follows.

## MORE INFO
### on adoption

**adoptionawarenessweek.com.au** This independent Australian website has useful links and resources, including international adoption support groups.

**bensoc.org.au** This service helps adopted people try to find their biological relatives. On the Benevolent Society site, choose 'What We Do', then 'Post Adoption' for helpful fact sheets on emotional and other considerations, adoption registries and government help with your search.

**cyf.govt.nz** From the Child, Youth and Family site of the NZ Ministry of Social Development, choose 'Adoption', then 'Finding Your Birth Family'.

## Helping or Living With Ageing Relatives

It's not as simple as 'having a granny flat' in the backyard any more. Sometimes it seems we're going to need a whole village out the back. People often care for, or coordinate the care for, elderly relatives for many years as, on average, they now live to much greater ages.

The caring task often falls mostly to women, who can find themselves in the stressful situation of being responsible for small children or teenagers at the same time.

In many families, because of divorce and remarriage, things can get even more complicated. Take, for example, the case of a modern family, a couple with one child. The dad, Nick, has two parents who divorced and now each has a new partner and lives a long way from the other. The mum, Nora, also has two parents, a father who has remarried three times, a stepmother who she still cares for but is her father's ex-wife, and her biological mother, who lives with a boyfriend whose family wants him to move into assisted living, but Nora's mother doesn't want to go with him and wants him to stay in her house, despite increasing frailty. That means Nick and Nora are collectively dealing with at least five separate locations featuring five separate 'seniors' and their complex wishes and needs.

The idea of responsibility for the older generation is complicated by dysfunctional families in which relationships have broken down between adult children and their parents, or in which the grown-up children find it hard to care for relatives who abused or neglected them in the past.

Older relatives can be subject to 'elder abuse' or less than optimum care, or be prey to once-distant relatives or even strangers circling for a bit of an inheritance – although these days most people don't expect any inheritance from relatives, as care fees eat up any remaining savings and superannuation, and family homes are sold to raise money for assisted care.

Even with the best of intentions and plenty of love, there's room for sibling resentment, torn loyalties between caring for your children and your parents, the testing of long-held family assumptions and the shattering or reinforcing of assumed roles such as a favoured 'golden child' who in the end doesn't help much, or a dutiful youngest daughter expected to take on all the burdens no matter what her other obligations are. Adult children without their own children can be expected to disrupt their lives and exhaust their accrued leave as carers. It can be a very tangled web, especially as society and services scramble to keep pace with growing needs.

This section can't hope to iron out all the wrangles and tangles you may face, but it contains some helpful starting points for relatives, friends and neighbours of elderly people.

## ♟ Talk early about aged care
Ask about an elderly relative or friend's intentions, if you can, well before they're too sick to be able to explain how they want things to be. Does the

older person have the capacity to make all decisions for themselves? If so, who would they like to make decisions for them when that situation has changed? They'll need to let you know the most important things in their homes that they'll want to go with them if they have to move to a smaller place. Medical and legal documents will need to be signed and kept in a safe place that you know about, or copies given to you (details coming up).

Elderly people can have 'capacity' for some things, such as doing a weekly shop for themselves, but may not be able to oversee their investments. A person could be fit enough to go for a walk with a friend, but not on their own or with a dog any more. What about personnel? Who can help modify their home to make it safer? Who at the local council can help recommend services so they can stay at home for as long as possible? Which doctor understands their history best?

## ♟ Putting together a care team for an older person
Most older people want to stay in their home as long as they can, with available support. A 'care team' can include, as well as friends and rellies, the obvious professional people, such as doctors, visiting council or community carers or trained and experienced nurses or dementia-team staff, relatives on call, neighbours who can be given keys in case of needing to check or help in an emergency, a once-a-week cleaner, and phone services that will ring an elderly person each day and alert a visiting helper if the phone isn't answered.

There's a confusing array of federal and state government and local council organisations and services (all with their own acronyms and demarcation lines, and probably waiting lists). This is a good reason to start keeping a folder or file of who you've contacted and what you've been told, as well as any confirmations that you're on a waiting list or are entitled to help, such as some hours of cleaning. Most services are subsidised, but extra payment is assessed according to need and ability to pay.

## ♟ Arranging an enduring medical power of attorney
Doctors and other medical staff, including those in the mental health area, are often precluded

# Ageing relatives

My parents have passed away and I miss them. The extended family changes once the parents die.
BERNADETTE, 53, SOUTH YARRA

I have a very old dad. He's a beautiful man who lives in a hostel and I visit him as often as I can.
DENISE, 60, WOODVILLE

'My mum and dad are 94 and 96 respectively. They're fully independent and have every intention of staying that way.'
ANNE, 53, GOORAMBAT

I worry that they'll become sick and maybe even die before I resolve my issues with them, and that this will be something I'll regret. I don't want them to suffer or be in any pain, I just want to live my own life for me.
ALICE, 33, MANLY

Although my husband and I have the least space, I know there'll be pressure for me to take in my mum coz I'm the female sibling.
SAM, 37, OAKLEIGH SOUTH

I live on the opposite side of the world from my parents. I worry about them growing old and not being there for them.
NEETS, 35, PURNIM

My husband and I are the ageing relatives now, so we'll have to make things easier for the young ones.
LEONIE, 64, CANBERRA

My sister cares for my mother, which is very difficult for her. I think she has some resentment about this and I feel guilty, but I know I couldn't look after or live with my mother. DEBORAH, 41

Don't let this become burdensome. Look on caring for the oldies as an opportunity to partly repay their kindness to you. ALLEGRA, 70, TRIGG

Ask for help. Don't believe all the bad coverage about aged-care facilities. Many are outstanding and improve quality of life. Caring for ageing relatives is very stressful.
ANNE, 41, HAWTHORN

It's so important and so obvious but so easy to forget: the aged are usually at least a bit deaf, and a lot of the confusion and irritation they generate is to do with the fact that they didn't hear something you're assuming they did hear.
LUCY, 55, ADELAIDE

My elderly mother is a very independent lady and there are times when I wish she'd seek help from the many services that exist to help the elderly.
BETTY, 64, SEACOMBE GARDENS

'I hope my mother just goes out with a bang (and that could happen quite literally, as she's having sex four times a week).'
GLENDA, 61, ROZELLE

If they're in hospital or in care, be diligent and aware of all aspects of their care and don't be afraid to be their advocate and speak up if you're unhappy with the care being given. BERNADETTE, 50, BOX HILL

My worries about my old dad have been alleviated now that he's living in a hostel. He's happy and I know he's being cared for 24 hours a day when I can't be with him.
SANDRA, 60, SEATON

It's difficult being an only child when you have an elderly parent with dementia. It takes time, organisation and lots of patience.
RUTH, 53, FORRESTERS BEACH

As an only child I looked after my awful mother for the last 10 years of her life and I hated it.
ANON., 62, NEUTRAL BAY

We both discussed early in our marriage that we won't be caring for our parents at home.
JANETTE, 33, RIPPLEBROOK

My mother-in-law will come to live with us. We have a room for her already. It will be hard when it happens, but I have to honour my husband and his relationship with her. LESLEY, 49, OLD TOONGABBIE

I'm very concerned about my mother-in-law dying, as she has full-time care of my husband's disabled brother.
ANGE, 39, PATTERSON LAKES

I feel very responsible for my parents and feel that I must always be close by. Overseas travel is out of the question, and even mainland holidays are risky.
ELIZABETH, 60, MARGATE

Mum's not worried. She has four kids, so that's three months a year each. We love her, so that's the plan. I hope I can afford some of those cruises she's hankering after.
PRUE, 47, BYRON BAY

'Do the best you can. It's amazing what services are out there if you need them.'
SANDRA, 63, MT GAMBIER

My in-laws have just moved into a retirement village so they won't be a burden when they get too old. My parents haven't done that yet. I kind of wish they would, for their own safety and peace of mind.
LYN, 43, MONTROSE

As their minds go, it's extremely sad and distressing. Join an internet forum. Sharing with others going through a similar experience is very helpful.
KATHLEEN, 55, HAZELBROOK

It's sad to see a parent go downhill. You become the parent and they become the child. BARB, 56

from sharing patient information even with close family members. When possible, have a medical power of attorney (in some states or territories called something else, such as appointment of guardian) signed by the elderly person, giving the right and responsibility to a trusted relative or friend. A doctor usually has to ask a patient if they can share medical details with family. If that's not possible, doctors will inform, or seek permission for further treatment from the person who is the legal next of kin, or who holds the medical power of attorney. 'Next of kin' could be a married partner, then parents, then siblings. A person who has lived in a de facto or gay relationship for several years can find themselves shut out of medical decision-making or having to seek legal advice or orders. Get it sorted before you need it. See 'More Info on & for Older Folk', coming up.

## ♣ Arranging an enduring financial power of attorney

Financial power of attorney can be given to one or more friends or family members so that bank accounts can be accessed and bills paid in the event of the patient being unable to do it themselves. This responsibility can be assumed by the Public Trustee if it's inappropriate for a family member to hold the power, but that needs to be organised by someone. Again, get it sorted before you need it. See 'More Info on & for Older Folk', coming up.

## ♣ Making a valid will

Everybody needs to have a valid will, or things can go in very unexpected and expensive directions. When there's no will, laws differ between states and territories about where and how money and assets are kept and who they should go to. The only way to make sure they go to who you want them to, and without being subject to difficult rules and taxes, is to consult a lawyer and make sure your will is up to date and legal. DIY wills made without legal advice may not be valid or convey what was intended. See 'More Info on & for Older Folk', coming up.

## ♣ Wrangling an older person's medicine

There comes a time in many people's lives when they can start to make jokes about 'rattling' from the number of pills they have to take. And this can happen at a time when it's harder to remember everything. Pharmacies and chemists have pill storage boxes marked for days of the week, and even divided into morning, noon and night. They can pack these for you with prescription medication.

Another handy thing is the home medicines review, a free service performed by a local pharmacist. You take along all the pills and devices that have been prescribed for the patient, and any complementary or natural therapies such as herbal tablets or vitamins they're also taking, and the pharmacist does a review of them and comes up with a simplified plan of what to take and when – sometimes two different medicines can be combined in the one pill, for example. The pharmacist will also check that the medicines won't cancel each other out or cause problems if taken at the same time. The plan will include the best way to store the medicines, the best way to remember to take them, and the best combinations to take them in. This is usually something that really reassures patients.

This service is particularly good for elderly patients who see more than one doctor – say a GP and a specialist and a naturopath, or for anyone who takes more than five medicines or isn't sure whether to stay on 'old pills' or only take 'new ones', and for anyone who forgets to take medicines sometimes or is confused or worried about them.

## MORE INFO
### on medicine wrangling

Ask your pharmacist or GP for a home medicines review.

**nps.org.au**
**1300 633 424** The National Prescribing Service, an independent, non-profit government-funded group, will advise you or your doctor about the medicines you take, including dosages, side effects and combination warnings.

## * MORE INFO on & for older folk

**seniors.gov.au** Seniors is an Australian Government site with info and services for all Australians over 50. It covers health, finances, work and lifestyle.

**healthinsite.gov.au** The main Australian Government health info site. Choose 'Life Stages and Events', then 'Ageing'. A range of topics includes eating well, having sex and falling down (hopefully not all at the same time).

**ageconcern.org.nz** Age Concern is a non-profit, corporate-sponsored NZ group with info on services, health, money and safety. Choose 'Contact Age Concern' to find a local contact.

### CARING FOR AN AGEING RELATIVE, FRIEND OR PARTNER

If you care full-time for a partner or relative, you may be eligible for some financial and other help. Contact Centrelink, your local council, your relative or friend's GP, and a carers' support group to find out more. If the person was ever in the defence forces, or their partner was, there should be extra help available from the Federal Department of Veterans' Affairs. Ask your local member of parliament for help.

**agedcareaustralia.gov.au** The Federal Health and Ageing Department site has lots to help. Choose 'Need to Know Where to Start?' or 'Need Help Staying at Home?'. Lots of good info here.

**carersaustralia.com.au**
**1800 242 636** This independent lobby and representational group has practical and emotional support, and links to local carer groups.

**redcross.org.au** Contact your local office for details of Telecross, the daily phone check on elderly people, or volunteer to be a caller.

### ASSESSMENT FOR OLDER PEOPLE
**agedcareaustralia.gov.au**
**1800 052 222** A relative, friend or GP can call to find out what help is available, and how to get an Aged Care Assessment Team, funded by the Federal Department of Health and Ageing, to come and analyse an older person's needs and capabilities. Team members are health professionals expert in speaking with older people in various circumstances and can help sort out what's needed and how to get help. The site also has info on respite for carers.

### STAYING AT HOME & AVAILABLE CARE
Your local council and churches will have details of other help available for older people who want to stay in their own home for as long as possible.

**agedcareaustralia.gov.au** The Federal Government's site on helping older people stay in their home, find visiting care or move to a 'care facility'. 'My Page' can link family members or medical and other helpers. Search for a fact sheet called 'Personal and Medical Alarms'. Choose 'Help With Aged Care Homes' to do a search of your area. Other major sections include 'Help With Health', and info 'For Carers & Family'.

**mealsonwheels.org.au** Meals on Wheels Australia. Volunteers deliver cheap meals to frail or elderly folk. Details for each state office can be found by choosing 'Find Us', then clicking your state on the map of Australia here.

**rdns.com.au**
**Inquiry Line 1300 334 455 (24 hours)**
The Royal District Nursing Service is a non-profit organisation that can provide healthcare to people at home or at work. The service is free for some; others will need to pay hourly fees.

**ilcaustralia.org** Non-profit Independent Living Centres Australia is mostly government-funded. Info on strategies, devices, home modifications and technology to help people live at home with a disability or as they get older. Each local centre has an advice line: see links on home page.

**When Your Parent Moves In: Every Adult Child's Guide to Living with an Aging Parent by David Horgan & Shira Block** A very US book, but with good general points about emotional, practical and economic issues to sort out before and after the move.

**accreditation.org.au** The Aged Care Standards and Accreditation Agency is an independent agency that assesses and reports on individual aged-care homes. It's funded by government. Choose 'Search for Reports on Homes'.

**nursinghomebook.com.au**
**Aged Care Homes: The Complete Australian Guide by Val Nigol & Anthea Wynn**  A book and matching site assessing rates of decline, sorting legal and financial issues, finding a home, organising the move, preserving dignity, and tackling dementia and care.

### DEMENTIA & ALZHEIMER'S DISEASE
**alzheimers.org.au**
**National Dementia Helpline 1800 100 500**
Alzheimer's Australia is the national, non-profit independent mob supporting people with dementia and their carers and families. Choose your state to find your local association. Click 'Understanding Dementia and Memory Loss' for fact sheets.

**dementiacareaustralia.com**  Dementia Care Australia is a private organisation with an online shop set up by an aged-care staff trainer and public speaker. Choose 'Memory' to buy online resources, such as activity kits, and an information CDs for carers. Info and forums for carers.

### POWERS OF ATTORNEY
A medical or financial power of attorney needs to be witnessed in a particular way to be legal: forms are available from post offices or online from state or territory Justice Departments or Attorneys-General. If there's any anticipation of trouble, call in a lawyer to check, and not one who wears a party hat to the meeting.

### MAKING A WILL
A private lawyer or the Public Trustee in your state or territory can help you make a proper legal will and ensure it's what you need. Search 'wills', or choose it from the menu at the relevant trustee websites below.

**ACT** publictrustee.act.gov.au

**NSW** tag.nsw.gov.au

**NT** nt.gov.au/justice/pubtrust

**Tas.** publictrustee.tas.gov.au

**Vic.** statetrustees.com.au

**Qld** pt.qld.gov.au

**SA** publictrustee.sa.on.net

**WA** dotag.wa.gov.au

**NZ** publictrust.co.nz

# Thoughts on the family you make

For me, family is what you make it. We have close friends who we've made our family, and we have blood relatives who we don't count as family. Technicalities shouldn't matter. HEIDI, 28, PARRAMATTA

I have lots of great friends that are my extended family, because my real family sucks. LISA, 42, NEWPORT

Guess what? Not everyone wants 'one boy and one girl', and those of us with kids all the same gender don't feel 'disappointed'! KATE, 39, MELBOURNE

Find out early if you can get pregnant. I couldn't, despite there being no problem with my reproductive history or my family history. IVF failed andwe're now trying to adopt. JENNESS, 37, SCARBOROUGH

If I had my time again, I wouldn't get married, but I'd find a way to have children. MAUDIE, 56, LOGAN RESERVE

I would have dearly loved for my daughter to have a sibling. MAREE, 45, MELBOURNE

I love my little family, but I admit there are days when I fantasise about being on holiday all by myself right next to the sea with a good book, the sun's rays and an ice-cold beer in hand – just me, no husband, kids, house to clean. Is that wrong? DANIELLE, 37, BRISBANE

Women who choose not to have children don't know what they're missing. I was one of them. LOUISE, 40, SINGLETON

I 'only' managed one child but prefer to dwell on the fun in that. It's interesting how people assume it was a choice, as in 'Why don't you have another one?' Um, because my magic wand is in the wash? LIZZIE, 45, NIGHTCLIFF

I can't imagine not having my son, but I desperately wish the situation were different. Think very carefully before committing to bringing a child into the world. KATE, 37, PARKDALE

I'd like to share the sadness I still feel that we'll never meet our children, as we were unable to have any, and that we'll never be grandparents. DEE, 53, WARRANDYTE

I have no regrets. If you don't really want to have kids, don't get talked into it by others. LEE, 60, NUNDAH

Don't regret what you don't have. Make the most of what you do have. MARIA, 39, WOODEND

> ## 'Not having children was and is tough, but we've learned to manage.'
> NERIDA, 47, ADELAIDE

Most of the time it's fun, and it certainly extends your horizons and makes you grow as a person. It makes you less selfish – I think that's a good thing. GILLIAN, 51, DOUGLAS

We became pregnant unexpectedly, so we were a little unprepared for parenting. While we're doing very well, we're not as financially prepared as we'd like to have been. LIZ, 26, MYRTLE BEACH, US

Adopting has been truly wonderful, yet strangers can feel as if they can ask you very personal questions. KATE, 34, THORNBURY

## Parenting worries

I'm not confident about raising children. It's hard to know if you're doing the right thing. I worry about doing the wrong thing and the consequences. EMMA, 36, GLEBE

I'm never quite sure if I'm doing the right thing raising my daughter, even though everyone says I am! PAM, 33, QUAKERS HILL

I worry that I'll somehow damage my kids by saying or doing the wrong thing. I remind myself that I must put away that $75 a week for future therapy for them. It's always the mother's fault! :) KERRY, 37, HOUSTON, US

I'm not confident that I'm getting everything right with my new baby. YVONNE, 30, SUBIACO

My mother loves me and means well, but undermines my confidence in bringing up my son. KARA, 34, HOLLAND PARK

People don't understand how a kid can have two mums. My daughter sometimes hides our sexuality because it's too hard to come out about us. LULU, 53, NORTHCOTE

Being a single mum is exciting, rewarding, interesting and stimulating, but quite relentless and exhausting. It's very hard if I'm sick. SALLY, 44, MELBOURNE

Having a child with a disability is hard. JULIE, 54, MALVERN EAST

My son is autistic, and his need for sameness and lack of change can be hard to manage. FRANCINE, 39, GOLD COAST

It's hard dealing with my lack of finances, and the fact I have to do shift work with two small children, leaving my babies in a childcare centre once a week. SAM, 30, HOBART

I have an ongoing custody battle with my son's father. He's spent no time with him, is a violent alcoholic and now feels that he has some God-given right to take custody. ELIZABETH, 39, CEDAR GROVE

# The family you make

The definition of family can include a big extended family with all available second cousins and great-grandpappies on deck, or a streamlined unit of one parent, a kid and a budgerigar called Gail. Some people go through life meandering through a rambling series of blended families with all sorts of curious cupboards for hidden relatives and long-lost half-aunties. Families can be joyous and dysfunctional, our greatest sanctuary or the mess we have to recover from to make our own way in life.

In this chapter we'll call a truce in the false wars between stay-at-home mums and those in paid work, take a brief squiz at parenting littlies and teens, and give a helping hand in matters of separation, divorce, blended and stepfamilies. So, as my nanna used to say, 'RINSO!', which stands for: 'Right. Inside. No showing off.'

## OTHER STUFF RELEVANT TO FAMILY

See Chapter 28, 'Getting Love Right', for more on living together and marriage.

## Being a Parent

### 🔒 Deciding whether or when to get pregnant

See Chapter 18, 'Pregnancy Thoughts & Decisions', for lots on deciding whether and when to get pregnant, checklists that will help you decide, pros and cons of being a younger or older mum, what to do about fertility problems, termination, adoption and deciding to have a baby. (All the week-by-week info on pregnancy and birth and detailed info on assisted conception such as IVF is in my book *Up the Duff: The Real Guide to Pregnancy*.)

### 🔒 Adopting a child

When every other avenue has been exhausted for having a child of their own, some couples decide to adopt. These days babies born in Australia and available for adoption are rare, and as a consequence there has been a rise in adoption of babies from overseas. The process can be long, expensive, trying and confronting – you will need to meet eligibility criteria and undergo in-depth assessment – so you and your partner should discuss the idea thoroughly before you set the wheels in motion. Another alternative is to foster an older child who needs a caring family – if things go well, you may be able to adopt later.

Each state and territory has its own adoption authority that is responsible for arranging Australian adoption. Australia has signed agreements with numerous countries to ensure that each adoption is in the best interests of the child and that no children are exploited.

For more info if you were adopted as a child, see Chapter 24, 'The Family You Come From'. For more on adopting out a child, see Chapter 18, 'Pregnancy Thoughts & Decisions'.

### 🔒 Parenting confidence

With so much conflicting advice and judgement flying around, it's hard to know whether you're 'doing the right thing'. Have a look at 'More Info on Parenting', opposite, for some reliable extra

## ✳ MORE INFO on adopting a child

You can research the options and apply directly to the relevant government agency yourself or you can employ a commercial adoption agency to do the legwork for you (to find one, use your search engine). Here are some starting points for government information.

**ag.gov.au** The Federal Attorney-General's Department has extensive info on the overseas adoption process. Under 'Families and Marriage', choose 'Intercountry Adoption'. Also has a good contacts lists of local support organisations – choose 'Contact Information'.

**State & territory adoption authorities**
Contact your local authority for information on the application process. Most of these authorities also deal with fostering.

**ACT** Adoptions and Permanent Care Unit (02) 6207 1335

**NSW** Adoption and Permanent Care Services (02) 9716 3000

**NT** Family and Children's Services (08) 8922 7077

**Qld** Adoption Services Queensland (07) 3224 7415 or 1800 647 983

**SA** Adoption and Family Information Service (08) 8207 0060

**Tas.** Adoption and Information Service (03) 6233 2273

**Vic.** Children, Youth and Families (03) 8608 5700

**WA** Adoption Service (08) 9222 2555 or 1800 622 258

🥝 **cyf.govt.nz** From the Child, Youth and Family site of the NZ Ministry of Social Development, choose 'Adoption', then 'Adopting a Child'.

resources. But if you care whether you're a good parent, you're more than halfway there. See also Chapter 1, 'How to Be Confident', for thoughts on feeling strong about your parenting choices.

If you're experiencing difficulties after the birth of a child and you fear you might have postnatal depression, see Chapter 21, 'Mental Health'.

## MORE INFO
### on parenting

**kidwranglingbook.com.au**
**Kidwrangling by Kaz Cooke**  My book for the parents of newborns to kids aged 5. Lots of hints from real parents and medical and other experts, and the latest info on everything from sleeping, crying and nipple attachment, to medical worries, expected development and immunisation. There's stuff for dads, info on discipline and fun things too.

**raisingchildren.net.au**  The best independent, non-profit, government-assisted parenting site, with info on everything emotional as well as physical, from 'special-needs' kids to newborns, primary school, pre-teens and teenagers.

**parentingideas.com.au**  The website of parenting advisor and author Michael Grose has lots of info for parents of school-aged kids, with an emphasis on behaviour, 'resilience' and sibling rivalry.

Good NZ parenting sites include plunket.org.nz, nzfamilies.org.nz and kidshealth.org.nz.

**kiwifamilies.co.nz**  A sponsored site with parenting advice. Beware: at the time of writing it linked to the 'Immunisation Awareness Society of NZ' site, which carries disreputable information, dangerous advice and links to similar websites.

## 'Stay-at-home mums' versus 'working mums'

Okay, everyone, put down the weapons. And the frying pans. Unpurse those lips of string. Let's get to the bottom of this phoney war. First, let's get one thing clear: all mums work, but the SAHMs (stay-at-home mums) usually don't get a pay cheque. I would like to very humbly apologise to the woman I met 20 years ago who said she had a new baby and was also looking after somebody else's toddler during the day. 'What do you do all day?' I asked, 'Watch TV?' To her credit, she laughed instead of trying to stab me to death with a rusk. Wow, did I have a lot to learn! I've been waiting 20 years to say sorry but I never saw her again. Anyway, wherever you are, I'm so, so, sooooo fawningly sorry. Please let me make a 15-course meal and run a bath for you. Would you also like to stab me a bit with a rusk? Please do.

I have no particular fervent barrow to push. I'd rather be *in* the barrow, frankly – this parenting bizzo is rather tiring. At different times I've been a SAHM, we had a nanny for a while when I was working from home trying to finish writing *Up the Duff*, we used some part-time local childcare nearby, then full-time 3-year-old kinder, and I've also worked full-time here and there, or not, and now I work from home again on my own, so I'd like to say: I have the attention span of a grass-hopper. No, that's not it, I mean: let's not argue amongst ourselves about other people's choices. We each have different circumstances, different needs and different opinions.

In some ways, even when you balance paid work and home, you're constantly trying to avoid the guilt about being a mum or pulling your weight at work (and often overcompensating). Some people go back to paid work because they need the money, but some also need the intellectual stimulation, or independence, or social contact, or they just love it. Some women stay home without a paid job because they need to, or they want to, or a partner works long hours and earns more, or they can afford to, or they make sacrifices to live on one income, or it's too stressful to try to fit their particular career or job around a baby, a toddler or school hours.

Whether you stay at home or not, there does need to be some serious discussion to make sure that you and your partner agree that the financial situation is acceptable and fair to each, that both partners are happy in their role, and that you're both flexible enough to consider swapping if necessary. More and more couples are trying to each do a bit of both, rather than one person doing all the home business and one playing the away game every day.

There are pros and cons for each. One way is not better for everybody. When it's different from ours that doesn't need to mean we 'disagree'. Another

# Mums with paid work & mums at home

I love working full-time. I couldn't stay at home with the kids.
JULIANNA, 34, CHATSWOOD

Instead of always singing nursery rhymes and hanging out at the park, which I love, it's nice to go to work and have a break!
DONNA, 26, BRAY PARK

It's good to get out of the house, spend time with adults, have a title, and work with interesting and nice people. CHRISTINE, 28, CANBERRA

I like work for the intellectual stimulation and my contribution being valued beyond my role as a mother. SARAID

> **'I struggle between wanting to be at home with the kids and wanting time away from them.'**
>
> CARRIE, 35, WARRANDYTE

I love being at home with my baby, but I have moments where I really look forward to going back to work.
KRISTINE, 41, ADELAIDE

I'm trying not to beat myself up about being a working mum, but it's so difficult not to feel constantly guilty. I'm not off at a resort every day and I'm supporting my family by working, but I still feel that I'm not necessarily a good mother. KEISHA, 37, CASTLE HILL

I was very bored before returning to work. I also needed it for my own self-esteem.
LEANNE, 42, WODONGA

It's hard some days to achieve a balance, but I couldn't be a mum without working as well.
LEEANN, 33, GOONDIWINDI

I have a real thing about being asked if I work. I work 25/7, but I only do paid employment outside the home on two days a week.
ALI, 38, KILLARA

I like to do a little bit of work for my sanity, but mostly raise our kids and be there for my husband.
KERRY, 28, BUNBURY

Being a stay-at-home mum is the hardest thing I've ever done.
SIMONE, 39, HAMPTON

I love being an at-home mum.
KELLIE, 35, REGENT, NZ

I like that I don't have to drive to work. The kids are lovely, funny, cute. CAROLYN, 37

I can have a nap when she does.
SIMONE, 25, CRANBOURNE

I get to see my boy grow up and change every day.
NAOMI, 29, BALLARAT

I work half-time and so does my husband. This means we can spend half the week at home with our daughter.
HANNAH, 30, WELLINGTON

I enjoy making my own money three days a week. It makes me a better mum the other four days, I believe. SHANNAN, 36, SYDNEY

I can do my work from home while looking after our 3-year-old.
MAZZA, 36, CROYDON

> **'I'd rather be at home with my kids thinking I could get a job than at work wishing I was at home with my kids.'**
>
> JOANNE, 25, TANAH MERAH

I love my children, but there are times when I want them all to *shut the hell up* and leave me alone for five minutes.
KIM, 39, WAGGA WAGGA

Since I had my daughter I've found that women can be your closest support and also the most judgemental, especially in relation to the breast versus bottle debate.
SUSAN, 27, MELBOURNE

## Parenting thoughts & advice

I think more love and less expectation are needed these days.
KARINA, 47, MANDURAH

Don't expect your kids to live out your aspirations. It's much more interesting and rewarding to follow their lead and see how their interests unfold into career choices. It's an amazing adventure.
JILL, 53, PRESTON

Always praise your child and never put them down, but have strict boundaries. Spend lots of time together. SALLY, 46, SUNSHINE COAST

> **'Do what feels right for you, and *don't* compare yourself with all those self-appointed earth mothers out there!'**
>
> SAFFY, 45, NEWCASTLE

I try to help my husband understand teenaged girls and all the emotions associated with them. He grew up with brothers, went to an all-boys school and did engineering at university.
SUE, 43, DIAMOND CREEK

Remember what happened when you were a teenager and how it felt. That way, you'll usually understand what's going on with your own children.
ROSLYN, 64, SUTHERLAND

The Positive Parenting Program has been amazing for us. Always praise your child and never put them down, but maintain strict boundaries and spend lots of time together. SALLY, 46, SUNSHINE COAST

It was nice when they left home (though I miss them heaps), because it showed they could look after themselves and that they had real lives of their own.
ROSA, 59, BLUE MOUNTAINS

mum's decision can be right for her, just as yours is right for you. We all have enough to be getting on with, without taking time out to secretly snipe that other mothers are neglectful and selfish if they have a paid job, or that if they're at home they're stifling, dull 'helicopters' hovering over their kids all the time and have too much time to do their hair. It's not a superheroes fight between The Neglector and Super-Martyr. OMG, imagine the costumes.

Women at home, if they're honest, will say that sometimes it would be nice to have the extra independent income. And damned excellent to sometimes be able to escape the occasional drudgery and predictability and *Groundhog Day*-ness of it all. Women who are in paid work, if they're honest, occasionally wistfully resent always rushing around, wondering which one of their balls they've dropped in the juggling act and feeling regular stabs of guilt right up there under the ribs about whether they've made the right decision, or are missing out or making their kids miss out on something they need.

Mums who work outside the home need to respect the intelligence of SAHMs and the volunteer work they do in tuckshops and in classrooms and everywhere else, and the decision they've made to stay at home. And SAHMs need to hold back from tut-tutting at the inferior costumes at Book Week parades provided by the 'working mums', and refrain from making assumptions about why a mum works outside the home, or whether she's a 'good mother'.

Truce, okay?

See also Chapter 34, 'Making a Home', and Chapter 33, 'Study & Paid Work'. For more on parenting and confidence, and some deflections and retorts you can use when people criticise your parenting decisions, see 'Say What?' in Chapter 1, 'How to Be Confident'.

## 🔒 Hints for busy mums

- Make chores lists that you've agreed on – a lot of men, and older kids, much prefer working their way down a list than 'being nagged' (see Chapter 34, 'Making a Home', for more on sharing the chores and making lists).
- If necessary, 'schedule' dates with your kids and partner so you set aside the time in your diary instead of accidentally filling it with work.

- Shop online for the kids' clothes if you can. If you find a brand you like and get to know the sizes, pick a retailer you can send stuff back to if it's wrong. Look out for sales time: pick clothes one size up for the next year or so and your kids will grow into them. (Exception: shoes always need to be fitted.)
- Do whatever you need to do to be organised – have lists by the door for each family member, have a rule that each kid packs their school bag and leaves it by the door for the morning (don't forget to inspect).
- Have a roster for who's doing the lunches.
- Make lunches the night before and freeze or chill them in the fridge overnight if necessary.
- Make rules about turning off the mobile phone and computer at home a couple of hours before the kids' bedtime. It's known to help them sleep better.
- Remember to 'pay back' babysitting and other help by returning the favour somehow.
- Buy a one-pot cookbook or compile a folder of one-pot or easy meals.
- Cook a couple of things on Sunday afternoon, when the kids can help and it's not frantic, and freeze them for later in the week (the meals, not the children, however tempted you are).
- On the weekend you could also cook some savoury muffins or banana bread for lunch boxes in the coming week.
- Get the kids to do their share of housework. Big kids can learn how to use the washing machine, and even if they can't reach the line to peg out the clothes, they can fold them and put them away. Little kids can dust the skirting boards or go round collecting the sheets and towels you throw on the floor for them as part of a 'game' and deliver them to the laundry.
- Have your handbag and car boot kitted up with everything you might need so that you're never caught short.
- Use a family calendar in a central part of the house so everybody knows what everybody else is doing. Once a week, synchronise this with everybody's diaries and mobile phones.
- Employ a personal assistant called Sven who can clean out the guttering, redesign the kitchen and do your hair (all at the same time).

## ✳ MORE INFO
### on kids & safe technology

Most parents, unless they're wireless whizzes, admit that they're unsure about how to protect kids when it comes to web chat rooms and messaging, phones and other techno gizmos. Here are a couple of starting points for getting informed and helping kids stay safe. Your child's school should have an internet safety policy, a bullying policy and a go-to staff member who can help.

**Girl Stuff: Your Full-on Guide to the Teen Years by Kaz Cooke**  My book for teen girls has lots on bullying, friends and online safety.

**cybersmart.gov.au**  An Australian Federal Government site with info for parents and kids about online safety. Choose 'Parents', then from a list including 'Guide to Online Safety', 'About the Technology' and 'Cybersafety Issues'.

**iia.net.au**  The Internet Industry Association website has a list of family-friendly filters: choose 'Initiatives', then 'Family Friendly Filters!'.

## 👤 Being a parent of teenagers

After researching and writing my book for teen-aged girls, *Girl Stuff*, getting comments from thousands of teens and talking to and listening to parents at public events, I've ended up with a few ideas that may help the parents of teens. Or, like, not. What. Ever. You have ruined my life.

## 👤 Staying in touch with your teen

- Don't freak out when they confide in you about sex, drugs or drinking, or they won't want to tell you anything again.
- Tell your teen when you're proud of them, and praise them so you're not always saying something negative.
- Instead of nagging and saying the same stuff 10 000 times a day, post a rules or chores notice in their bedroom or on the kitchen wall, or store it on their phone. Impose a standard penalty for not doing the chores – docked pocket money or lost privileges – and be utterly consistent in enforcing it.
- Ask your teen what they want from you, or what they think makes a good parent.
- Make your house a go-to house for their friends,

where it's comfortable for them to hang out but there's interaction between the generations. A parent's 'retreat' can mean you lose contact just when they need you most.
- Offer to team up with them for a walk or other exercise some days, before or after work. It will give you a chance to chat. Or have a regular 'date' once a week to do something together.
- If they're going through a taciturn stage, going to a movie or playing some sort of sport (even throwing a ball) can mean that contact is maintained while you're waiting for the conversation to pick up.
- 'Talking' face to face (with eye contact) can often be too intense for teens, especially boys, who feel it's challenging and a chore, or, in the case of 'delicate' subjects like alcohol, drugs or sex, an accusation or interrogation. 'Incidental' chat, while walking together or in the car, feels safer and more encouraging. They can talk when they want to.
- Prepare the evening meal together, and sit down together to eat it.
- Go on family outings and holidays (you can trade these off for other occasions when they want to do something else).
- Show support by offering to help them when they're going through a rough time. Acknowledge their feelings instead of insisting a situation is 'trivial'. A humiliation or heartbreak can trigger depression or even suicidal thoughts in a teen.
- Go to their sporting events if they want you to: this makes it more likely they'll return the favour when you need it.
- Keep in touch with other parents, as teens are very good at vague or misleading arrangements. It's your right to know if they're really where they say they are or were going to be. Being in touch by phone isn't the same thing.
- Let them know that you appreciate what they do for the family and that you're proud of them.
- Be honest with your teen about mistakes you've made, and apologise if you fly off the handle.
- Accept apologies from them as you would want them to accept yours.
- There's an exception to the 'mistakes you've made' honesty policy. Don't fall into the trap of telling your teen about your own drug or sexual history. It's irrelevant to today's drugs and your

teen's situation, and it's private. And believe me, telling a cautionary tale to a teen about a past sexual encounter will only fill their heads with the horror image of a parent having sex. They won't remember what the actual 'takeaway' message was supposed to be. (Just imagine one of your parents going into detail about a sexual encounter – euwww, right?) Tread very carefully if you tell a teen that you took drugs, even if it's a cautionary tale: they may still see that as a reason to do it themselves, since you seem to have survived largely intact.

## Teens & drinking

Delay your teenager drinking for as long as possible. It's now accepted that the earlier they start drinking the more likely they are to binge drink or develop an alcohol addiction. See Chapter 22, 'Drinking', for more on what drinking does to a teen brain, the likelihood of it leading to unwanted sex, and your legal position if giving alcohol to minors.

## Teens & money

Use the net and do some research to show your teen what the average weekly wage and expenses are. Show how many hours it takes to earn how much, and then explain how much of that automatically goes to things like tax, car and house payments or rent, and so on. Explain to an older teen how much money you earn an hour and where that money has to go. Explain how many years it took you to get any financial assets you have. Get them to draw up a budget and come grocery shopping with you to see how far the money goes. Most teens have no idea how many hours you have to work to make how much money and where it has to go. It will make them much more understanding about why you can't buy them a car with an optional yacht.

## MORE INFO on parenting teenagers

**Girl Stuff: Your Full-on Guide to the Teen Years by Kaz Cooke**  My book for girls is this book's little sister. It has lots of info on body image, sex, alcohol, money and study. With quotes from hundreds of girls chosen from thousands who responded to a survey, it's an eye-opener for parents to read before they hand it over and run.

**Queen Bees and Wannabes by Rosalind Wiseman**  The classic self-help book (which inspired the movie *Mean Girls*) about how to recognise when your girl is being bullied – or is the bully – and how to help her 'survive cliques, gossip, boyfriends and other realities of adolescence'.

**What's Happening to Our Boys? by Maggie Hamilton**  The author of *What's Happening to Our Girls* also has a book for the parents of boy children, on the way boys are targeted by bullies and advertisers of junk food, porn, technology, alcohol and drugs.

**He'll be OK: Growing Gorgeous Boys into Good Men by Celia Lashlie**  This book is the result of research in 25 Kiwi boys' schools about the definition of a good man. Practical advice for parents on raising boys.

**andrewfuller.com.au**
**Raising Real People: Creating a Resilient Family by Andrew Fuller**  The site of psychologist and family counsellor Andrew Fuller features download info and articles on the teenage brain, resilience for kids, differences between boys and girls, and parenting styles.

**Get Out Of My Life . . . But First Take Me and Alex Into Town by Tony Wolf & Suzanne Franks**  An American psychologist and a British journalist's conversational how-to book on issues of communication, control, conflict and safety.

**childdevelopmentinfo.com**  From the main page of this non-profit US site of the Child Development Institute, choose 'Parenting', then 'Parenting Teens' for info on bullying, 'dating', when you don't like their friends, danger signs they're in a controlling relationship, and more.

**theline.gov.au**  Government website for parents and teens who need help talking or dealing with sex, consent and power issues.

## IMPORTANT FACTS ABOUT TEENS

**1** The child brain keeps developing until at least the age of 20 – so drugs and alcohol can cause more damage and entrench addiction.

**2** Nobody has to put up with a face full of pimples any more. Dermatologists or a clued-up GP can stop pimples. See Chapter 6, 'Skin', for more.

**3** Any public parent dancing is excruciatingly embarrassing for a teenager, and is therefore a useful threat.

### What to tell your teenaged boy

That sex isn't like it appears in porn. A teen boy today is likely to see thousands of images of hard-core porn. He needs to know this is not normal 'sex', and that the depictions of girls being raped, humiliated or otherwise dominated (and seeming to like it) are not how it should be in the real world. We need to talk to boys about respecting girls even if they think a girl doesn't seem 'respectable'. (See Chapter 32, 'Sex', for more.)

### What to tell your teenaged girl

That she is beautiful. Girls do not need you to tell them they 'need to lose weight'. EVERY other source in the world tells them that. From you they need unconditional love. (See Chapter 3, 'How to Make Friends With Your Body', for more.) Girls need to know they shouldn't accept disrespect from guys.

### 🔒 Adult kids living with their parents (boomerang kids)

A lot of 'kids' are choosing to live with their parents longer – sometimes for what seems like forever. Reasons can include a rental-housing shortage and other economic challenges, more friendly family relationships, convenience and laziness (why leave home and pay for your own whitegoods when your parents don't mind if a sexual partner stays over?), and parents are often pleased to have the company. The dictionary now acknowledges 'boomerang kids' (or 'baby boomerangs') as the ones who leave home but then come back for cheaper facilities.

### Conventional advice for parents with adult kids living with them

- Set a time limit for their stay.
- Collect rent from them.
- Don't do their washing or all their cooking.
- Don't finance their lifestyle: they have to buy their own food and pay for their own entertainment and holidays.

 **MORE INFO**
**on adults from different generations sharing a house**

**Mom, Can I Move Back in With You? A Survival Guide for Parents of Twentysomethings by Linda Perlman Gordon & Susan Morris Shaffer** One for the parents.

**Boomerang Nation: How to Survive Living With Your Parents . . . the Second Time Around by Elina Furman** One for the 'kids'.

## Family Conflict

All partners have arguments (even if they try to keep them from the kids). It's a natural part of a relationship and doesn't necessarily mean you're going to break up: but fighting a lot or all of the time means staying together and being miserable is a bad option.

See Chapter 28, 'Getting Love Right', and later in this chapter, for more on good relationships; and Chapter 30, 'When Love Goes Wrong' (plus this one), for info on counselling, separation and divorce (that's not an inevitably escalating list, by the way). In the case of a controlling or abusive partner, counselling may not help and you may need help to plan to get away. See Chapter 31, 'How to Escape Control & Abuse', for more.

### 🔒 Useful things to say in a family argument

Rather than flouncing about and slamming doors, try these:

- 'I disagree, but I don't think it's worth fighting over so we'll do it your way.' (Save your energy for an argument you really want to win.)
- 'I want to understand what you're saying. Do you mean (insert attempt here)?'

- 'What are you feeling?'
- 'Are you angry, or worried, or both?'
- 'I didn't know that's how you felt.'
- 'I hear you.'
- 'I never thought about it that way.'
- 'Can we talk about this later, after I've thought about what you've said?'
- 'Could we please sit down and talk about this, because I need to think it through?'
- 'Let's talk later when we have more time and we're not upset. Maybe after school?'
- 'I've had my say, now tell me what you think.'
- 'I'm sorry. Let me start again.'
- 'Give me half an hour alone and I'll stop being such a cow.'
- 'Moo.'

## FAMILY TENSION BREAKERS

To break the tension for yourself (and other family members), try:

- screaming into a pillow
- having a pillow-fight (therapists say this isn't a good idea but it works at our house)
- doing something that makes you all laugh
- having a bath
- going for a walk
- dancing madly in the lounge room for 15 minutes (with or without pretend microphone)
- having a time out from each other.

### ✳ MORE INFO
on couples & family counselling

**relationships.com.au**
**1300 364 277** Relationships Australia offers couples and family counselling. Call or from the website choose 'Relationship Advice', then 'Publications' for some fact sheets and info, or 'What We Do', then 'Courses' to see what's available that could suit you.

**relatewell.org.au** An independent (part government-funded) non-profit organisation, the Family Relationships Institute offers counselling and courses for singles, couples and families, including communication courses for married, de facto and engaged couples, separated people and singles. Check the site's menu.

## Separation & Divorce

See Chapter 30, 'When Love Goes Wrong', for stuff about partners. Here we'll focus on the family issues raised by break-ups. Sometimes former partners stay friends, even taking holidays together as a family. Sometimes the parents don't love each other any more but, because they respect each other and their kids, are always polite and never criticise each other in front of their children. But sometimes the conflict, hurt or anger between them is so strong that they say hurtful things about each other and continue to fight, or refuse to communicate.

If parents can't work out how to share the parenting, their case may go to the Family Court to decide on the custody arrangement, as it's called. Before it gets to that point, mediation is available to see if both parties can reach a mutual agreement. Because the court's main aim is to do what's right for the kids, children will be asked to see a court worker, usually a trained counsellor, to talk about how the conflict is affecting them and what they'd like to happen. Parents can help by vowing to put the kids first, not to badmouth each other and to cooperate, even if through a mediator, in the best interests of the kids, to see how they can divide their time between the two parents.

Of course this can be hellish if one party doesn't behave well.

### 🔒 Talking with kids about separation & divorce

Any discussion with kids will need to be age-appropriate, and there are books and fact sheets available from the Family Court (see 'More Info for Families on Separation & Divorce', coming up) to guide you.

- If possible, tell the kids the simple truth – mum and dad won't be living together any more, but both mum and dad still love the kids. Explain that it's nothing the kids did that caused you to make this decision.
- Tell the kids the different ways they can keep in touch with the parent who won't be living with them all the time. Set up new phone or email accounts if necessary.
- Don't go into any details of the break-up. Don't

criticise the other parent. Tell the kids they don't have to pick a side.

- Never ask your kids to pass on messages to the other parent. You need to be a grown-up and make those arrangements yourself. Don't ask them for information about the ex-partner's life

or their new partner, if any. None of this is easy, it's just the right thing to do.

- Acknowledge that it's sad and it's okay to be sad.
- Tell the kids they can ask any questions, now or at any other time (they will process the news gradually and have ongoing questions).

 **MORE INFO** for families on separation & divorce

**familylawcourts.gov.au**
**1300 352 000**  Even if you want no involvement from lawyers or the courts, the Family Court of Australia has useful brochures and info on children and separation, and a referral service for counselling or other advice. Choose 'Publications', 'Children's Matters', 'Separation and Divorce' or anything else of interest.

**relationships.com.au**  The Relationships Australia site: for handy hints, a checklist and more, choose 'Relationship Advice', then 'Managing Separation and Divorce', then 'Children and Separation'.

**csa.gov.au**
**13 12 72**  The Federal Government's Child Support Agency collects and distributes responsibility payments (child maintenance) so you don't have to. On its infuriating website, choose 'Factsheets', or go to csa.gov.au/services/separation_resources.

**Shared Parenting: Raising Your Children Cooperatively After Separation by Jill Burrett & Michael Green**  Info on how to communicate, make shared-care plans and timetables, negotiate

pick-ups and special events, and avoid court if both parties agree.

**Surviving Separation: How to Protect Your Children, Your Finances, and Your Sanity by Celia Conlan**  An Aussie lawyer has practical advice for parents on what do about talking to kids, arranging access and custody, financial and other legal rights, requirements and responsibilities.

**What About the Kids? Raising Your Children Before, During, and After Divorce by Judith Wallerstein & Sandra Blakeslee**  US-focused but with important info about how to prepare kids, if you can. Practical suggestions for exactly what to say to kids and how to answer questions, from babies to teens, with info on co-parenting, and other relatives.

**justice.govt.nz/courts/family-court**
The Kiwi Family Court site: choose 'What the Family Court Does', then 'Counselling', 'Mediation', 'Parenting Through Separation' or anything else that looks useful – for info, advice and some downloads.

 **MORE INFO** for single & sole parents

**raisingchildren.net.au**
Independent parenting site with good info. Choose 'Grown-ups', then 'Parenting After Separation' for sections on successful sole parenting or single mums.

**ncsmc.org.au**  The National Council for Single Mothers & Their Children has info on government benefits and policy, child support and other relevant issues. Also has links.

**pwpaustralia.net**  Parents Without Partners is a social, lobby and support group for single parents.

**singlewithchildren.com.au**
**1300 300 496**  The Single Parent Family Association has a good site with great links.

**singlemum.com.au**  Set up by a single mum, with a smart blog, chat forum and links page. Has a comprehensive list of help contacts.

**singleparentbible.com.au**  An online magazine for sole and sharing parents.

 **singleparents.org.nz**  News and links hub.

- Be prepared for kids to 'act out'. They'll have very confused and upset feelings that may manifest in bad behaviour at home or school, regressive (immature) behaviour, or anger at one or both parents. They didn't ask for this huge, confusing change in their life. Tell them it's okay to be upset and angry but not to hurt other people by their behaviour.

## 👤 Introducing new partners to kids

It's best to avoid the 'partner parade'. If you're dating a succession of people, there's no need for the kids to meet every single one of them. A new partner can be very hard for kids to accept, especially if they keep blowing on the embers of any hope of their parents getting back together some day.

Here are some golden rules for being a parent who dates, or has a new relationship:

- Your kid can be required to be polite and to behave well towards new partners.
- Keep the details of your love life to yourself, particularly your sex life.
- Make it clear who is responsible for discipline. A visiting adult, especially one with no family status as a step-parent, should be able to require basic manners and reasonable behaviour, but will need to accept that they have no role in setting or enforcing the rules.
- Allow your children, especially teens, privacy, some space and the assurance that they won't have to deal with your boyfriend or girlfriend in their bedroom, or a shared bathroom that doesn't have a lock on the door.

## 'Blended' or 'Step-' Families

Most people live in, have lived in, will live in or have some sort of involvement with a stepfamily or blended family, made when a parent's 'new' partner lives either part-time or full-time in the same house as the kids.

Most parents who separate will make new families straightaway or within a few years by taking up with a new partner. Sometimes that partner has their own kids or there'll be a new baby or more kids from the new relationship.

Getting their head around the idea of a new family is a pretty big project for kids, especially if it happens before they've absorbed the shock of their original family coming apart. Sometimes it's the upsetting point at which they really understand that their own parents will never get back together.

## 👤 Successful step-parenting

- Do lots of talking and listening, and decide who'll be responsible for what when it comes to discipline, treats and spending time with children.
- A wise step-parent will require from the children and display towards them basic courtesy and kindness, but try to stay out of big discipline and rules issues, and be pleased to absent themselves from 'punishment'.
- Never criticise or badmouth another adult in the equation, but keep asking yourself what the best interests of the child are.
- A step-parent should not expect to be called Mum or Dad, and may not even want to be regarded as a parent. It's best to let kids decide what to call you (I mean by your first name, or a nickname, but certainly not Poo-head, even in the initial adjustment stages).
- You can control your own decisions and behaviour, but you can't compel somebody else to love you or appreciate you – although you can expect support from your partner.
- Try to roll with the situation and go easy on everyone, as time and good intentions can smooth difficulties or at least give you the satisfaction of not behaving badly.
- If you see yourself in competition with or opposition to children, especially little ones, you should run, run, run away as if your skirt hem is on fire – I mean, you should reconsider becoming the partner of somebody with children.
- Consider any possibilities of choosing to live apart from your partner while children are little or adjusting. Easy does it is usually a good policy.
- Each situation can be tricky, and requires patience – whether joining kids of different ages or of the same age.

The essential ingredient is time. A well-functioning stepfamily doesn't happen in an instant just

# Blended families

When you're bringing two different backgrounds and sets of rules into one household, it's hard finding a common ground for discipline and what behaviour is and isn't allowed. Our first month of living together was hell and we almost didn't make it!
SOPHIE, 39, PENNANT HILLS

I didn't like my stepfather, and I disliked mother for not recognising my distress.
KAFFEE, 71, TAYLORS HILL

I'm estranged from my father and step-monster.
MICHELLE, 39, LEICHHARDT

My stepdad calls me names or says, 'You'd better watch that, it'll go straight to your thighs.'
ELDA, 18, GAWLER

'Who knew my father would marry the Antichrist? I rarely see them nowadays.'
JESSICA, 23, BALLARAT

I have a stepmother. My father never married her but they were together for 10 years before he died. I hated her when I was a teenager but I've now formed a wonderful relationship with her.
BRIDGET, 34, RICHMOND

I grew up in a blended family. It was an awful experience. Thank god my kids didn't have to endure such an upbringing.
THERESE, 48, MT BARKER

I adore my stepfather.
TAMMY, 42, REDCLIFFE

I was part of a divorced family and would never want to put my kids through what I experienced.
ANNIE, 42, SEAFORTH

My father remarried twice after my parents divorced. These women were not interested in 'mothering' me.  DEBBIE, 49, NORTH RYDE

It's hard playing stepmum, as I really don't like being the wicked stepmother. Also, my partner and his wife play stupid emotional games with the kids that make me quite mad.  JANELLE, 45, BLUE HAVEN

'My stepmother and I get along very well. She makes my father happy and helped bring up my siblings, so I'm grateful to her for that. My stepsister's a darling.'
GEORGINA, 42, NIDDRIE

Our blended family is very dynamic and rewarding. I'm blessed to have such wonderful stepchildren.  LOLA, 34, PRAHRAN

Developing a positive relationship with my stepchildren is the hardest thing I've ever faced. I'm glad to say we're there now!
CAROLINE, 43, MOSMAN

My partner has two children. Never attempt to treat them as your own; don't ever slag off their mother; be practical and avoid confrontation regarding kids; and don't get jealous.  LIZA, 45, MT WAVERLEY

If you meet someone with children and it doesn't go too well, nip it in the bud before it gets out of hand. I didn't and it hasn't been pretty.
JENNY, 51, CAMBERWELL

Put the children first.
FELICITY, 42, CEDUNA

It's good if all involved can feel part of a wider, affectionate family.
ANN, 78, PORT MELBOURNE

I'd never again get involved with someone who had a child under the age of 30.  VICTORIA, 48, SYDNEY

I was lucky with the stepchildren I inherited after their mother died. They bonded with my two and used to gang up on both of us!
FAYE, 70, GYMEA

I have two children from my marriage and my partner has none. We're now expecting our first together. Try to ensure you do fun things for everyone. I handle discipline so the girls don't resent my partner.  TONI-ANNE, 33, COCKATOO

My husband has two adult children. They're pigs and I don't see them!  SUSAN, 64, GLEN ALVIE

I raised my hubby's two boys from his first marriage and also had my own to contend with. Take one day at a time. Don't sweat the small stuff and choose your battles.
ROBYN, 59, BANGHOLME

'I tried it for five years and found it unrelenting. It was hard for my kids and unpleasant for me. Different parenting styles are too hard for kids to handle.'
HELENA, 44, NORTH FITZROY

Stand your ground. Don't give in to stepchildren in order to keep the peace. They should respect your decisions and involvement, and if they don't then too bad.
JENNY, 51, CAMBERWELL

I used to be a stepmother but I didn't have the maturity or compassion to deal with my stepsons. I didn't understand the strength of the bond between children and their parents.  MARY, 40

My partner's kids are almost as old as me. It's hard at their schools: I'm afraid someone will think I'm their sister. I don't have much life experience and I'm helping raise two children.  CLAIRE, 21, CANBERRA

It's really hard trying to meld two families into one, and I've now given up. The kids are all civil to each other when they see one another, but they don't mix if they don't have to.  BABS, 53, KYNETON

because two adults fall in love and decide to live together. Stepfamilies evolve as kids become familiar with a new parent, and possibly new siblings, and as everyone gets to know all those people who are now sharing their life. Feelings of jealousy, sadness, loss, resentment and anger are common and understandable for both parents and children in the early stages, particularly if some members of the family have been through a difficult break-up.

Stepfamilies can be really happy families. Kids can get the benefit of warm, close relationships with lots of adults and other children (half-siblings or stepsiblings) with different interests, backgrounds and ways of looking at the world, and many step-parents and their partners enjoy the challenge of making it all work. The social stigma that was once attached to living in a stepfamily has more or less evaporated as the numbers have increased, so everyone is now free to get on with the job. If things do get tricky, there's help available (coming up).

## 👻 Being a stepmum

It can be a very difficult adjustment to become a stepmother, even without the 'wicked stepmother' stereotype. There may be tension with the kids' mother, with the kids, even an attempt at moving two different sets of kids into the same house. Kids may be resentful of you, or even just confused about what their relationship is to you, and how they should treat you. You're going to need luck, patience, flexibility and a sense of humour.

## 👻 Things to sort out before you become a stepfamily

You need to discuss with your partner the issues outlined in 'Introducing New Partners to Your Kids', earlier. You should also talk about:

- what your partner expects the new 'family' to be like. How will house rules be set? Who is responsible for maintaining the rules and discipline? How will you guard against favouritism?
- an agreement not to make the kids messengers between families.
- the patience you may require if a former partner is unreasonable and wants to make things difficult.

- what will happen if it isn't going well or it doesn't work out.
- if the kids will have to change school or house. How will you help them manage the stress and grief this may cause?
- if anybody will have to share a room with anybody else. If so, has this been explained to the kids?
- logistics. For example, a teenaged girl may be mortified at having to share a bathroom or other proximity with a new stepfather or stepbrothers (and vice versa). How will this be managed?
- if the kids have had enough time to get to know the new person and get used to the idea.
- if living together is what's required or what's best for everyone, or if you could keep dating without any housing upheaval.
- the expected responsibilities of everyone in terms of their new 'step-relatives'. What will they call each other? Will grandparents be confused about which are 'their grandchildren', and vice versa? Is everyone on the same page about what will happen at Christmas, on birthdays and during holidays?

## 👻 Discussing upsides & downsides of blended families with kids

- Explain if possible that you respect and support their other parent.
- Explain that nobody is trying to replace their mother or father.
- Assure them that they can contact their other parent at any time.
- Pledge never to ask your kid to act as a go-between.
- Say you understand it will take some time to adjust to a new family and/or a new house.
- Explain how bathrooms and bedrooms will work and how kids will still have their own stuff and clothes.
- Explain the house rules and expected behaviour.
- Talk about how there are now more people on their side who'll look out for them.
- Explain that it's okay to say how you feel, but not to be rude or mean.
- Mention that it means more birthday and Christmas presents! And any other bonuses for them.

## MORE INFO on stepfamilies

**stepfamily.org.au** Stepfamilies Australia is a national non-profit mob with links, courses, otherwise hard-to-find resources and books, and 'tip sheets' covering stepmums, stepdads, biological parents, teens, grandparents and more.

**relationships.com.au** The Relationships Australia site has info on stepfamilies. Choose 'Relationship Advice', then 'Second Chances – Remarriage and Repartnering', then 'Stepfamilies Are Different'. For info on communication and family courses, choose 'What We Do', then 'Courses'.

**raisingchildren.net.au** On this useful independent, government-funded site, choose 'Grown-ups', then 'Parenting After Separation' for lots of good info.

**thestepstop.com** The StepmotherMatters site offers resources, education and support for all stepfamily members. Edited by a Sydney author and stepmum.

**Making Molehills Out of Mountains: A Practical Guide for Stepfamilies by Margaret Howden** A psychologist, family counsellor and step-parent gives practical advice on logistics, expectations, money and legal stuff, routines and timetables.

**Stepmotherhood: How to Survive Without Feeling Frustrated, Left Out, or Wicked by Cherie Burns** A realistic and kindly look at the inevitable issues of jealousy, exclusion, grief, judgement, awkwardness, expectations, the developing understanding and needs of kids as they get older, and who sits where at family weddings.

**Hell . . . p! I'm a Stepmother by Sonja Ridden** A counsellor and stepmum looks at the emotional and practical issues.

# CHAPTER 26

# Friends

Some of us are still in the same 'clique' with the same people we knew at primary school, complete with decades-old dynamics and a photographic history of hilarious hairstyles. Some of us choose instead on the last ever day of school to run, without a backward glance, full-stretch and directly at the nearest horizon like a joyous whippet.

Lots of us are sustained by being close to other women, but at the same time many of us are perplexed by friendships that seem all one-way (she complains, you listen; she's always late, you wait) or has run its course (you've run out of things to talk about or you don't agree with any of her decisions any more) or is even poisonous (she behaves like a taunted taipan in a bag).

In this chapter we explore what makes a good friend, meanness and bullying, getting out of good friendships gone bad and how to make new friends.

# Good friendships & best friends

I've had the same group of close girlfriends since school, with a few new ones. LINDY, 33, ST KILDA EAST

I don't see anyone from high school. RUBY, 22, BONDI BEACH

**'My best friend from school is still my best friend. We live in different cities, but still talk every few months. Even if we don't speak for ages, it never matters.'**
ANNIE, 42, SOUTH PERTH

My best friend's from kindergarten! SARA, 29, ST KILDA EAST

I have lots of wonderful friends from school days nearly 30 years ago, and a fantastic support network of neighbours who are truly best friends. FIONA, 40, FAIRFIELD

We have a great group of old and new friends. We're now starting to lose them because of age and sickness. LIZZIE, 68, KADINA

There are people who'll always be in your life and others who come and go. It's the intensity of a friendship, not the length. LOLA, 32, ASCOT

Friends are for a reason and a season – very few are there forever. JULIE, 56, QUEANBEYAN

I still do things for a friend who's dead. (I take her mother out for lunch.) JOAN, 65, NEWCASTLE

I love my girlfriends, and if I couldn't have my Friday-night wines with them I think I could go a little crazy! ALICIA, 30, WUDINNA

I have a lot of close female friends – a hangover from attending an all-girls school.
EMMA, 21, TOWNSVILLE

I love her to pieces. If she were male I'd probably end up marrying her. CASSANDRA, 22, CASTLE HILL

I have a hundred acquaintances and a few good friends as well. JULIE-ANNE, 36, DEVON MEADOWS

One girlfriend I've known since I was 9 was my bridesmaid and is godmother to our first child. IRENE, 53, CROYDON NORTH

My best friend is a new friend I met when my second son started school. HEIDI, 40, MT COLAH

I had a best friend for years. We're not friends any more because I didn't like her other friends. I have a new friend, my boyfriend's best friend's girlfriend. MARIE, 18, WEST LAKES

The woman I consider my best friend is someone I work with. She's a year older than my mother but we get along so well. I adore her. MICHELLE, 27, CRANBOURNE

**'I have lots of friends – sometimes I think too many.'**
MICHELLE, 33, GLENROY

We have best friend couples who we can go a year without seeing and take up where we left off. LOUISE, 61, WINSTON HILLS

**'I have a mix of friends and don't have enough time to see any of them.'**
SHARON, 44, GLEN HUNTLY

I'd love to have a *best* friend. I'd love to even have close friends. Life just seems too busy for people these days. BETTY, 34, SYDNEY

I had a best friend for 25 years, and suddenly she thought I'd been 'rude to her' and won't talk to me. It's been over 12 months. I feel totally abused by her lack of contact. MARIA, 47, ADELAIDE HILLS

I have a big mix of friends: women, straight and gay, and straight and gay male friends. I have a big group of email friends I met on overseas holidays. LYN, 60, CROMER

I've had my best friend since we were 3 years old. I live in Oz and she lives in Argentina but that's irrelevant. We know each other inside out, and when we talk it's like time and distances don't exist. LUZ, 32, PORT MELBOURNE

I moved interstate 12 years ago and didn't keep in touch with anyone, which I kind of regret now. My sister's my best friend. ASH, 32, PERTH

**'I have three best friends: first best, second best and third best. They're ranked.'**
ERIN, 27, HOBART

My dearest friend of all died five years ago and there's not a day I don't miss her. JAN, 59, KILKIVAN

I have one best friend who I see every second day. The best thing is we're able to sit with each other comfortably in silence. ROSE, 20, KATOOMBA

My best friend is hard work. She has very high expectations of what a friend should be and do. It's hard to live up to that. ALEX, 33, SUNSHINE

My best best friend I've had for nearly 30 years and we've never argued. I have three best friends, then five next-best friends. LEE BEE, 43, NORTH ROCKS

I want to hear honesty from my friends, even if it's not what I want to hear. HILARY, 41, CREMORNE

**'I try to maintain relationships with people who "fill me up" rather than suck the happiness out of me.'**
LINDY, 51, SPENCE

The real friends are people you want to spend time with when life gets really busy and you don't have time to scratch your arse.
ISABELLA, 39, CLAYTON

## Women Friends

Friendships with other women can be fraught and difficult, or the greatest source of comfort in our lives, or both. Most of us are sustained by a feeling of belonging, and of being loved and well regarded and needed. And that means we need friends and we mourn the dissolving of friendships. There's no template for a 'real friend', or a rule that says you have to be friends forever, or for a long time, or tell each other everything, or do everything together.

High on the list of 'good friend' attributes are the characteristics of loyalty, trustworthiness and not gossiping – well, not about you, anyway. Most people have a very close friend or two, or are in a close-knit small group, and have a moveable feast of an outer circle of friends and acquaintances. Some of us have friendships that have proved more enduring and precious than boyfriends, girlfriends and marriages. Some people feel their mother, sister or partner is their best friend, while others have started conducting all their social contact through websites.

Friendship groups and relationships with friends can be fairly fluid, being more intimate for a time, then drifting, then perhaps returning to being close, or becoming redefined over time. Sometimes friendships change when you leave a workplace or study or move to another place, or when your time is so taken up with work or family that you inevitably drift away from some of the fixtures in your former life, including people.

## Why Do We 'Choose' Our Friends?

An extended group of friends can be the 'family you chose'. Some of us seem to 'pick and stick' with friends from high school, even primary school, and stay with them throughout our lives; some mainly spend their time with family; others have a 'golden period' after they leave school and fall in with studying or professional mates; others merrily roll along picking up pals from various ventures. Some of us pick friends who mirror personalities or dynamics in the family we grew up in, perhaps nurturing, or dominant and demanding. One theory holds that we're more likely to copy the sort of friendships our mother had. Anthropologists have even suggested there may be a genetic factor linked to people having more friends as teens, and some psychologists say that when women are with friends, 'happy' brain chemicals are released. Especially if there's also cake.

## Men friends

Yes, of course you can be friends with a man. Good lord, are we all gibbons?

Some good things about men friends:

- They can be just as much fun and as loyal as girlfriends.
- They're like secret agents – they can tell you how men think and what they're saying, although that can be quite dull, such as, 'Mostly we're not thinking about very much at all, and then we don't want to talk about it.'
- They can be better at just hanging out when you don't feel like talking or thinking very much.
- Gay or straight, they're off your plate: you can't kiss one in a sexual way or come on to a male friend. Like a girlfriend's crush or partner, they're OOBer (out of bounds). If that changes, so does their status as a friend. To make sure everything is always okay, imagine your correspondence is going to be read by their girlfriend or wife. Still feel okay? If not, you're not doing it right.

### THE DIFFERENCE BETWEEN MALE & FEMALE FRIENDSHIPS

Men and their men friends tend to have relationships that are less intimate, and based more on doing things together and having fun than on talking, analysing, sharing thoughts, looking at each other or openly providing emotional support. This is rather baffling to us but doesn't mean that male friendships aren't strong and loyal. If he's going to discuss any deep or complex feelings, a straight man is much more likely to do that with his partner or a female pal, especially if she insists, or threatens him with a fork.

### PARTNERS & FRIENDS

A new partner who's jealous of your male or female friends is going to be trouble – and it can be a big

# Friendship problems

## Having few or no friends

I have a few long-term friends but I tend to neglect them because I don't have time to see them. CANDY, 43

I'm not good at keeping friendships going. SUE-ANNE, 42, HAMPTON PARK

I have mainly acquaintances. We live a long way away from anybody else and we're both pretty private people. KAZ, 50, REDBANK

I was raised on a farm and was quite a bit younger than my siblings. I don't need a lot of company. ANNE, 56, NORWOOD

I'm friend-poor. I'm one of those people who doesn't go visiting, so no one visits me. Plus I work weekends. KATHY, 45, BUSSELTON

I don't have any friends. I'm not sure why. I don't really like to share my life with other people. CHARLOTTE, 27, HAY

I find it easier to love my pets than human beings. ROBYN, 40, FELIXSTOW

**'I find it difficult to make new friends as an older single person with an introverted personality.'**
ELIZABETH, 40, MAROUBRA

I've recently moved to Australia and have no friends here. JANICE, 28, MERMAID BEACH

## Problems with friends

My friend went to hit my child. I told her it wasn't acceptable and that was the end of our friendship. CHRISTINE, 44, IVANHOE

I have a friend who sometimes seems to smirk when my values or behaviour are different from hers – as though mine are a bit silly. ALICE, 33, RESERVOIR

I have a friend who calls me too often (every second night), which puts me off. I run out of things to talk to her about. When I told her, she didn't talk to me for three weeks. PIP, 42, MELBOURNE

I have a girlfriend with borderline personality disorder. It's tough, especially as she refuses treatment. I've stuck by her, but I'm beginning to move away emotionally. I can't be trampled on forever. JEMMA, 22

**'These days I don't have the patience for those primary-school games. I want honest, grown-up women as my friends.'**
TERRI, 40, MERREDIN

It's hard to address a problem without seeming like you're attacking someone, so problems go unaddressed and fester. I wish I was better at it, and I wish my friends were, too.
MADELAINE, 29, BRUNSWICK

I told a close friend that her boyfriend was cheating on her and she hasn't spoken to me since. I don't regret it because I'd expect her to tell me. FRAN, 29, CANBERRA

I think my best friend slept with my ex-hubby when I was married to him. I'll never know, but if she did I understand why and I've forgiven her. TRACY, 38, CARLTON

I told my best friend that her married father-in-law was a total sleaze-bag who repeatedly tried to crack onto me. She hasn't spoken to me since and I still don't understand why.
KIMBERLEE, 25, MT ISA

In school I always wanted to be part of the cool group, who were only interested in looking good and being popular with the boys. Eventually I realised it was much more fun to spend time with people who liked me for who I am.
JAYE, 30, CLOVERDALE

## How would you describe a bad friend?

Somebody who doesn't contact you when you're sick for months and you've been in hospital – no get-well card, no flowers, no phone call, only one text message.
NELL, 46, MT ELIZA

Someone who borrowed my Emmaljunga pram and, when I went to get it back, said I'd given it to her. We then had a tug of war over it with me calling her a *freak*. We patched it up, though.
TATIANNA, 37, WOLLONGONG

Someone who snogs your boyfriend at a party, then steals your favourite dress and spills wine on it.
CHARLOTTE, 35, WHANGAREI, NZ

Someone who makes you choose between someone you love and them. KIARA, 20, CAIRNS

A drama queen who can't be there when you're the one needing support. KATH, 42, SYDNEY

**'Someone who never listens, who wants you to validate their life, who sponges endlessly.'**
ANN, 43, ROSANNA

Someone who can't be happy for me and the changes I've been through in the past three years (having two children and living in the burbs). BROOKE, 35, SUNBURY

One who doesn't invite me to things with couples or families because, being single and without children, 'I won't fit in'.
KAREN, 45, MELBOURNE

One who deserts you when you have a baby! CHARLOTTE, 44, NEWPORT

The one I never heard from again after I told her my mum had cancer. BELLE, 32, GEELONG

red-flag warning that they may be a danger to you (see Chapter 31, 'How to Escape Control & Abuse'). A partner should be happy that you have friends, but shouldn't be forced to hang out with them or demand to be included at all times.

You don't have to be friends with your partner's friends, or vice versa, but civility is important. If your new partner is universally held in suspicion or disliked by your friends and family, get some distance and have a think. They might have a point.

## Maintaining Friendships

Some friendships are kept long distance through email or websites, or you can 'pick up where you left off'. Others require a bit more nurturing, depending on the personnel. Here are some ideas for keeping in touch:

- Send a text, email or even a mailed card – they can let somebody know you're thinking of them even when you're both busy.
- Take into account changed or busy circumstances in a friend's life. It's not always personal if they can't see you a lot.
- Have dates with your mates when you can, without partners or kids. Keep in touch with email and phone, and be sympathetic to the requirements of their life, whether it's paid work or family stuff.
- Don't be concerned by what unconnected people think a friendship should look like or how often you should see each other.
- Keep a note in your phone or organiser calendar (and a hard copy at home somewhere) of all your friends' contact numbers. Record their birthdays and names of significant others, in case of brain fade.

### ONLINE FRIENDS, CHATS & COMMENTS

Make sure your social website is working for you and not gathering marketing and other information, or invading your privacy in ways you're not happy with. Remember that everything on your site should be considered potentially public, even 'private' sections. Feel free to restrict access to your page or info. It's a breach of privacy laws in some places, and certainly of etiquette, to post photos of children without

their parents' permission. If a site's comments are unmoderated or dominated by nastiness, feel free to give it a miss and email the manager of the site with your reason. And if visitors to your own page, blog or site are insulting or horrible, block them. Life's too short to have any truck with trolls.

### 'Friends for life'

If a friendship is to last for life, then the participants will have to have compatibility, a reasonably similar view of what to expect from each other, luck and the will to keep it up, as well as a shared history. Some people want variety in their friendships, some want familiarity. There's no rule that says one way is better. Some long friendships have been tested over time, and others are just unchallenged. New friends can become 'old' friends eventually, too.

## Problem Friendships

Some friendships are good for a little while, or even a long time, but then it's best to move on. Sometimes you need to decide if a good friendship has gone bad, gone rogue or just gone. You'll need to work out if it's best to 'break up' with as little argy-bargy as possible, or whether a damaged friendship can be repaired.

### When a friendship is no good

The 'friend':

- makes you feel used
- treats you differently depending on who else is around
- doesn't keep your confidences
- dumps you when they get a boyfriend or a 'better offer'
- makes you feel uncomfortable or nervous
- makes life decisions or has strong opinions about important things like race or parenting that you can't agree with
- shows contempt for you, perhaps by always being late, never apologising or ridiculing your views
- is possessive, jealous or clingy
- is controlling or manipulative
- makes promises but rarely comes through

# Friendship issues

## Men friends

I have mostly male friends. Boys are nicer and more honest.
GLORIA, 28, SEVILLA, SPAIN

Since I have kids I mostly I have female friends, but I'm also friends with my husband's male friends.
ALINA, 26, MANNING

> **'I find that I get along better with men. I feel that women are oversensitive!'**
> KAREN, 24, KELLYVILLE

I have a gay male friend who I'd call my soul mate. LIZ, 26, GEELONG

It would cause trouble with my husband if I had male friends.
SYLVIA, 52, FRANKSTON

I used to have many male friends, but since having my daughter I have none. ALLI, 22, PORT FAIRY

When I was younger I found women competitive and bitchy. My best friends are male and gay.
MARINA, 50, MATRAVILLE

I find female friends a bit nasty and cliquey. With males there's no pretence and friendships are less complex. MICHELE, 47, BALMAIN

I've had some great male friends over the years, but the sex thing always seems to get in the way. NINA, 37, RICHMOND

Most of my friendships are with men, but they often fall through when I refuse to have sex with them. CHANTELLE, 26, KINGS PARK

## Online friends

Facebook helps me pretend to keep in touch with many people.
ELEONORA, 32, SOUTH HEDLAND

I have a lot of online friends I can talk to. TRACY, 24, BATHURST

Most of my 'friends' are online. I do have a couple of closer friends in real life. SALLY, 22, NORTHAM

## Friendships after kids

I've lost friends since having kids because I didn't have time for those who lived too far away or whose lifestyle or interests were too different from mine.
DAWN, 42, BALGOWLAH

A lot of my friends are the parents of my children's friends.
COLLEEN, 46, EVATT

Since having kids, the close friendships have waned due to my lack of time. Now the kids have started school and kinder, I'm starting to have new friends.
FIONA, 35, GLEN IRIS

> **'I don't have many friends. I lost them all when I had a child. They're still all into partying and studying and stuff, but I'm ready to settle down. I have a few mummy friends I see occasionally.'**
> MEG, 19, BUNBURY

Before, nearly all my friends were blokes I rode motorbikes with. Post-baby, all my friends are other new mums. I've simply not heard from a few of my 'friends' since having a child and being diagnosed with postnatal depression.
ALANA, 27, MITCHELL PARK

I try not to keep lots of people in my life. It gets too confusing and busy now I've got kids.
EMMA, 35, HIGHETT

My world shrank after my daughter was born. It's hard to keep up with old friends now that we operate on such different timetables.
JACQUI, 35, SUTHERLAND

Friends are particularly important when you're single, and I think women who have babies don't put enough time into their friendships any more. ANON., 34, WINDSOR

I have some friends with kids and some friends without. They tend to be quite different friendships.
MABEL, 40, RAINBOW

## Helping a friend through a crisis

Finding out I was infertile and going through an adoption really crystallised who my friends were. Many got compassion fatigue.
KATE, 34, THORNBURY

My friends saved my life when my marriage broke up: endlessly patiently listening, organising little treats, helping me move house and just being on my side.
ANDREA, 60, SUMMER HILL

Tea and sympathy is corny but essential. VICKI, 47, MARRICKVILLE

## Saying sorry or making up with a friend

I fell out with one of my best friends for three years. We needed the time apart to appreciate each other and also to accept what happened. We're better friends now than before. MEGAN, 32, ADELAIDE

> **'It's okay to make a mistake. It's brave to come out and say, "I was wrong and I'm sorry," and *mean* it.'**
> DEBI, 50, BALLARAT

I sent her a card telling her I was ashamed of my behaviour and didn't want to lose her as a friend. We're working on repairing the relationship. DIANNE, 40, NARRABEEN

- gossips and judges, creating a negative atmosphere
- thinks only of herself
- seems to compete with you
- doesn't respond to most messages or contact
- makes your life so much more difficult.

## 🏆 Fixing a friendship

A friendship is worth saving, even after a distressing incident, if you:

- both really want to be friends again
- can both say sorry, 'forgive' and go on together
- understand that your expectations of your friend were unrealistic
- accept that you were blaming your friend for everything but perhaps should share some responsibility for what happened
- believe that 'clearing the air' would mean an improvement in the friendship.

### How to fix a friendship

Make a few attempts to talk it through. Sometimes it's just time that hammers out the dents left on a friendship by a misunderstanding, a bad mood or a mad moment of meanness. Sometimes if you've 'done the drift' you can drift back together again over time.

### Saying sorry to a friend

Saying sorry is an art: genuine apologies have two parts. First, you acknowledge your words or actions and the damage they caused, and secondly, you sincerely apologise: 'I did the wrong thing and I can't take it back. I know I really hurt you and caused you a big problem. I'm so sorry. I hope you can forgive me or at least give me another chance.' The phrase 'Well, if you were offended then I'm sorry' and its variations are cowardly and imply a failure in the other person.

One solid apology should be enough. You don't have to grovel, but you do have to accept that if you let your friend down again (or a third time) they'd be wise to move on.

If you're on the receiving end, you can accept a genuine apology gracefully by saying something like 'Okay, then. Thanks for saying sorry'. You can either patch up the friendship or choose not to. You don't have to 'forgive' someone immediately, or take them

back as a friend, but if you accept the apology with dignity and grace you probably won't regret it, no matter how tempting it is to use the word 'poo-head'.

### SAY IT, SISTER

If you have something important to say to a friend, like a complaint or an apology, say it out loud, not in writing (or by text), which can add a legalistic formality to something that needs to be, well, more friendly (and it can be sent to others). If face-to-face confrontations are hard for you, write a list of the things you want to say, make a phone call and cross off points on the list as you go.

### ✳ MORE INFO
### on problem friendships

**whenfriendshiphurts.com**
**When Friendship Hurts: How to Deal With Friends Who Betray, Abandon, or Wound You by Jan Yager** A US sociologist writes on how to avoid or disentangle yourself from a motley collection of possible not-friends – thoughtless, disloyal, competitive, way needy, controlling or otherwise vampirical (draining you of energy, joy or possessions).

**slate.com** Choose 'Life', then any posts of the 'Friend or Foe' column answering questions about frenemies.

**wikihow.com/category:handling-friendship-problems** Simple point-form ideas for fixing or mitigating problems in friendships contributed by the public. As you can imagine, advice is patchy.

## Ending a Friendship

Leaving a friendship or being 'left' by a friend is never going to be easy, or make you feel happy – although you may feel relieved. The whole thing can be messy, stressy and upsetting. Many women say they were more affected long-term by breaking up with a friend than with a lover. The loss of a close friend for whatever reason is very significant: expect to go through a period of grieving, during which you'll think about them a lot and even dream about them (this will fade).

# Friendships: endings & beginnings

I find as I get older that I make new friends and cull others.
ELISSA, 31, RICHMOND

## 'I think it's harder than breaking up with a boyfriend.'
AMY, 27, MELBOURNE

I don't think it's ever 'forever'. I let go of some of my friends when they get too competitive or bitchy. Friendship has to be rewarding for both parties.
KATHRYN, 38, MORDIALLOC

She told me she no longer considered me a 'close friend'. I was gutted.
FIONA, 39, ADELAIDE

One friend 'dumped' me for no apparent reason, which was very hurtful. ERINN, 28, CANBERRA

Soooooooooo hard. I had to end my friendship with a bridesmaid just before my wedding when she was being such a bitch.
EMMA, 25, ADELAIDE

When my 'oldest and best' friend and I broke up it was surprisingly easy to let go. Our lives were different and we were different. I was sad but not devastated.
LOLA, 37, MELBOURNE

I've found it easiest just to drift away. Communicate less and less with the person until you no longer share the same inner circle.
ALEXA, 28, BRISBANE

Tell them outright the friendship isn't working for you. I did that once and although it was hard, it was better than pretending I still liked them.
DIJ, 42, EAST DONCASTER

Being upfront can upset that friend, and there's nothing worse than a loose-lipped scorned woman. Best way is to slowly, slowly stop returning her calls.
RACHAEL, 35, MARIBYRNONG

I've done it badly myself, by casting a friend adrift and not saying anything. Maybe we could have salvaged our relationship.
MARISSA, 30, KEW

I've written nice letters to end a friendship and at the other extreme had stand-up rows – both were tough.
ANGELIQUE, 40, SOUTH MELBOURNE

I've had one bad break-up with a friend since childhood. She cut me out of her life due to her jealousy. It hurt like hell. HILARY, 41, CREMORNE

I have a friend I want to break up with. I've tried so many ways and it hasn't worked. WENDY, 43, BLACKTOWN

I'm currently on 'long service leave' from a very selfish, egocentric friend. KATE, 39, EAST ST KILDA

## 'I don't believe in keeping friends just because they're old friends. If the relationship has run its course, then let it go.'
BETSY, 30, HAMPTON

Most friendships come and go, wax and wane. GEORGIA, 35, ESSENDON

## How to make new friends

Going back to study can be good.
EMMA, 36, GLEBE

Surf clubs! Even if you're nervous, try to step outside your comfort zone. You'll be surprised how many people will take your arm instantly and help you on your way.
LOZ, 25, MIAMI

Work out your interest – writing, walking, etc. – and commit to it.
BLYTHE, 51, STRATHBOGIE

Sporting teams are great because they're like-minded people already! Never say no to an invitation.
NINA, 31, BOSTON, US

Try new things alone. If you're with another friend, you're unlikely to talk to strangers. ALEXA, 28, BRISBANE

Go swing dancing! People who get off their bum to do a dance class like trying new things. Perfect friend material!
AUDREY, 32, MARRICKVILLE

Move interstate and throw yourself in at the deep end!
CARLEY, 32, ALDERLEY

Internet forums.
SARAH, 35, MANDURAH

I met two of my closest friends on the train, just striking up conversations. MARIA, 43, RESERVOIR

I've just moved to a new town so I'm planning to take up yoga and take the kids to a local playgroup.
NICOLE, 33, GYMPIE

You meet cool people if you're open-minded and talk to strangers.
GEORGIA MAE, 26, BIRCHGROVE

Church works, but it can be a bit intense. NIC, 35, ALLAMBIE

Travel. CARRIE, 22, THORNLIE

It's still worth talking to 10 folk even if nine are a waste of time in the end. DIANA, 37, FREMANTLE

As I have a child with a disability, I've started making new friends through some of my support groups. CHERYL, 35, HACKHAM

Seven years ago I made a dear friend in the local park, due to our dogs sniffing each other's butts.
LA LA LA, 37, BONDI

## 'Don't discount people older or younger than your usual friends.'
VIC, 50, PORTSEA

I started volunteering at Riding for the Disabled and have met some awesome new friends with the same interest as me – horses!
LEE BEE, 43, NORTH ROCKS

Regret doesn't mean a decision was a mistake. You can feel sad about something even when you know it's the right decision.

## 🍵 Deciding to break up with a friend

It's time to let a friendship go instead of trying to patch it up when:

- you can't trust them again
- you're only friends because of history or habit
- you care about her but don't like her any more
- she doesn't want to stay friends
- you can forgive, but you don't want to be close again
- it's only other people who want you to be friends again
- you're still 'friends' just to avoid confrontation
- you've clearly grown too far apart
- you really can't find time for her, or vice versa.

## 🍵 How to leave a bad friendship

Rather than a nasty 'event', you may want to avoid confrontation by 'doing the drift': gradually spending more time on other things and with other people.

Some ways to do the drift include:

- saying, 'I'm just so frantic these days – I'll call you when I get time'
- saying, 'Let's catch up in a few weeks'
- saying, 'I'm not going to be around much because of work/study/a family situation I don't want to talk about/a new relationship, but have a great summer'
- returning one in three messages with noncommittal responses, then spacing your responses further apart.

If you're challenged on doing the drift or she demands a position statement, try to use 'I' rather than 'you' in your responses: 'I feel this way', 'I'm going to do this now', not 'You're very boring' or 'You're a cheap lousy lying fool'. If there's a really big problem that you don't want to 'let go' without saying something, try this:

- 'I really respect your right to make your own decisions/have your own opinions, but the decisions you've been making/the way you talk about things doesn't sit well with me. I realise you don't want to hear my criticism, so I'm going to butt out for a while. I wish you all the best with it.'

If you need to get it off your chest, try something like:

- 'I can't be close friends with you any more. I don't like the way you talk to me.'
- 'I was really hurt when you told people my secret. I can't trust you again.'
- 'I feel sick when people yell at me. I don't want a friend who yells at me.'
- 'I honestly think we want/believe different things. I wish you all the best for the future.'
- 'I just don't have it in me to make any more arrangements with you, because I don't feel valued all those times when you cancel with no notice or are always hours late.'
- 'It's come to my notice that you slept with my husband. This was somewhat of a deal-breaker. Good day to you, madam.'

## 🍵 Being civil after a friendship break-up

Breaking up with a friend doesn't mean you have to participate in some sort of bizarre feud. The grown-up and dignified thing to do is refuse to participate in any 'she said, she said' gossip-feeding rumour-spreading conversation with other people. While both of you may be certain you're in the right, or heartbroken but aware the friendship is irretrievable, manners still count. Say hello and smile if you have to meet.

## 🍵 Being rejected as a friend

Few things are more hurtful in life than an out-and-out rejection, whether in romance or friendship. It's always better to have an unspoken and mutual break, without a showdown or announcement, but sometimes you don't get that option, or you can feel somebody drifting away by choice. Sometimes a big fight ends a friendship and neither party contacts the other – that saves the trouble of saying anything but can leave bitter feelings.

## 🍵 How to dodge the freelance friendship-patchers

Sometimes other friends give you advice on how to patch things up, even 'matchmaking' to get ex-friends back together. Have a neutral phrase

# Mean girls grown up

## Bitchiness

I went to a girls' school and it was a festival of bitches. I was one of them but you've got to be in it to win it – you're too immature to know you don't have to be a bitch to survive.
LEAH, 29, NEWPORT

There's often bitchiness among mothers – whether it's school mums, dance school mums or football mums. Wherever women are involved there'll always be bitchiness.
QUEENIE, 37, FERNTREE GULLY

**'We had a girls' group in lower high school and we were so horrible to each other we decided that's it, no more, and started hangin' with the boys.'**
LEANNE, 25, SOUTH PERTH

I had a friend in school I adored and I wanted to be just like her. But as I got older I realised she was controlling and manipulating. If I didn't do what she wanted, she wouldn't talk to me and would stop others from talking to me.
LOU, 25, ALBURY

We bitch light-heartedly about the behaviour of others in our social circle, and I'm sure they do the same to me, but we all love each other dearly.
KATE, 35, WOODCROFT

In our craft group there have been a lot of problems with cattiness and cliques. It's been terribly upsetting.  SARAH, 43, CANBERRA

Mothers' group was almost like a return to Year 9; I don't want to live through that again.  ALEX, 33, SUNSHINE

I once worked with a bunch of women who presented me with a 'wooden shelf' on my 29th birthday after they were all married in that same year.  MILLE, 39, TORQUAY

An ex-friend would often make cutting, snide comments then pass them off as a joke. They were hurtful and untrue, and signs of her insecurities.
LARA, 24, KILMORE

When I was 20 one 'friend' used to call me 'jugs' in front of guys because of my large breasts. I stopped hanging out with her very quickly.  GINNY, 46, WAHROONGA

## Gossip

If they gossip *to* you, they'll gossip *about* you.  VIOLET, 27, ADELAIDE

A bad friend is a gossip and knife-twister, unable to keep a confidence.  KAREN, 37, WAGGA WAGGA

## Bullying

Stay away from bullies. Say sorry if you've hurt a friend and give them a big hug and kiss when you make up.  CATHRYN, 51, HAMPTON

**'Bullies are total shits, and should *always* be stood up to. If you see anyone being picked on, you should *always* get involved.'**
TORTY, 27, LONDON, UK

I've never forgotten the bullies at high school. They damaged my confidence for a long time.
FELIX, 50, BLACK ROCK

I was bullied so badly at high school that I had to repeat Year 11. It made me more determined to succeed and do something with my life.  NINA, 37, RICHMOND

As I've got older I've told bullies I'm not putting up with their shit any more, and in every instance they've stopped bullying and have become submissive.
ANNE, 52, SEYMOUR

My two best friends started off bullying me at school. They gave me a chance, and I gave them a chance, and we've been besties ever since!
CORGAN, 27, ROCKHAMPTON

**'I remember realising in Grade 5 that I didn't have to follow the cool girls around. They were horrible to me and I didn't even like them. That was a great revelation and stood me in excellent stead!'**
MIRIAM, 39, FLEMINGTON

It took me some time to realise that as an adult I absolutely do *not* have to put up with anyone else's shit. I can walk away.  JILL, 27, WARRAGUL

I was bullied at school. I've been contacted by four people this week through an online site who've said how sorry they were that I was treated so badly.
LORNA, 39, MT WAVERLEY

For almost a year I was scared when I went to the shops that I'd meet the bullies from mothers' group. I still get angry when I think about them. They were so insecure and they took it out on me.
HELEN, 35, WESTERN SYDNEY

**'I was bullied and then became a bully. I try to be a nice person now, but I still feel like a bitch – not sure why.'**
JACKIE, 27, BALLARAT

Some of the people who used to bully me aren't doing so well in life now. That's my sweet revenge on them.  ASHER, 24, LAKES ENTRANCE

There's always a bully among the women at a golf club.
HELEN, 62, IVANHOE

handy to repeat, forever if necessary, such as: 'We're not in touch, but I wish her all the best' or 'There's no drama, and nothing to report.' Sometimes a freelance friendship-patcher is really just angling for gossip.

## Making New Friends

Making new friends can be hard, especially if you're shy. (And who isn't a bit shy and slow to warm up around someone new?)

### 🏆 Getting started with new friends

If it's getting a conversation started that's hard for you, read Chapter 1, 'How to Be Confident', then scamper back here. Every connection with another person, while not a friendship in itself, can improve your life and lead in circuitous ways to a friendship with somebody else.

### 🏆 Where to look for new friends

- Is there someone you see around but have never got to know? Say hi – mention a book they're holding or even start with the weather or admire their shoes or hairdo.
- Volunteer as an usher at a film festival, or as a community environment cleaner-upper or re-planter.
- Join a sport team, walking group, choir, dance exercise class, band, or bushwalking, circus-skills, art or karate group (they have proven mood-lifting benefits, too).
- Start your own book group or DVD-a-month discussion group.
- Take a class in something that interests you, in person or online. This could be anything from languages to film-making, sewing and other crafts, and skills such as first aid.
- Join a mothers' group or school committee.
- Visit websites for craft or other hobbies you're interested in.
- Join a neighbourhood political group (see your local paper or local council lists for details).
- Join a church (not if you don't believe, obviously) or charity organisation. (See Chapter 40, 'Community & Caring', for heaps more ideas on volunteer and other groups.)
- Look for a part-time job or some training you could undertake that would mean meeting new people as well as gaining new skills.
- Look up old friends on a social website, even if only for a temporary reconnection.

## How to Help a Friend

Things to say about a friend's problem:

- 'How do you feel?'
- 'What do you want to happen?'
- 'What do you need from me?'
- 'Should I just be here for you and listen, or do you want me to make suggestions?'
- 'Wow, this is exactly what you were saying last year, remember? What do you think it will take to change things?'

Sometimes a person's world kind of stops, or they're shocked and in a fog, unable to make small or big decisions: after a baby is born, when somebody dies, after some horrible health news, or in any sort of crisis. If your friend is in a crisis, or confined to bed, or dealing with a difficult decision, or her husband just ran off with a rodeo clown, or she could otherwise do with a hand, here's what to do:

① Ask: 'What do you need today?'

② Ask: 'Who can I call for you?' (To let them know what's happened, or ask them to do something.) 'Who or what do you need delivered or picked up?'

③ Say: 'I'll get you something to eat, even if you don't feel like it. Here it is. Drink this glass of water.'

④ Ask: 'What needs to be done in the house? Can I do this specific thing: take home a load of washing and bring it back folded tomorrow/do it here/quickly clean the bathroom/clean up the kitchen?' Then just do it. (Some people will prefer you just to do things or deliver food without asking. But ask if that's how they'd like it to happen.)

⑤ Ask: 'Do you want me to just go away? You can ring me any time, and I'll come back or get something done for you.'

⑥ If relevant, see 'Grief' in Chapter 20, 'Feelings & Moods', earlier.

# Meanness

Meanness is the flip side of friendship and can even come from someone who claims to be your friend (the term for this has become 'frenemy': a friend who's really an enemy). Being mean is something that can be done carelessly or deliberately. Habitual gossipy behind-the-back or to-your-face snarkiness is often known as bitchiness.

The poisonous and mean-spirited people who say mean things almost as easily as breathing are best regarded as poo-covered dervishes who are flinging it in all directions. Best just to keep away, or pop on The Invisible Cloak of Wipe-Down Dignity.

Ignoring meanness is hard: it doesn't always make it go away, and it doesn't stop it hurting. Even if you walk away or don't show a reaction, of course you can still feel crushed or furious. Check out Chapter 1, 'How to Be Confident', for some hints on what to say in difficult situations.

## Dodgy excuses for being mean
- 'I was just telling the truth.'
- 'I didn't mean it.'
- 'I was just joking.'
- 'Everyone does it.'
- 'They were mean to me so I was mean back.'
- 'It's what women do. We're bitches.'

That last one's the biggest baddest crappest excuse evah. Lots of girls and women support each other, as friends and in the workplace, and it's not fair or true to say that all girls and women are mean to each other.

The main reasons women are mean to each other are:

- Some people never grow out of their teenaged, gossipy meanness. Nobody ever made them stop or think about it; it's a habit.
- It makes some people feel powerful to be able to affect how someone else feels.
- It's the dynamic of the friendship group.
- By gossiping about or accusing someone, they hope to seem superior. This can go for criticising frock choice as well as mothering skills.
- Some people aren't busy enough and stir up drama for entertainment.

- They're not very smart and don't realise their life would improve if they stopped being poisonous.

## How to stop being mean
- Stop and think before you speak. Is there any point, apart from being mean, to what you're about to say?
- Make a pact with friends not to do it and to remind each other.
- Get busier.
- Get happier. Mean people are often unhappy. See what you can do about your life to improve your mood (see Chapter 20, 'Feelings & Moods').
- Get out of the mean group. You're not in high school any more.

## MORE INFO
### on meanness

**Queen Bees and Wannabes by Rosalind Wiseman**  The original classic, about girls at school and how parents can help them deal with bullies, or stop being the bully themselves. Surprisingly useful for adults, who can recognise their own patterns and friendship history.

**Mean Girls, DVD**  Writer and comedian Tina Fey's movie adaptation of the book above.

## Gossip

Gossip can be the glue that holds society together – it's the way people can learn to trust each other with secrets, gain and shift power, stay informed, protect themselves and be entertained. It can range from whispered rumours in the Parliament House corridors that snowball to a leadership challenge, to a magazine article claiming to report the innermost thoughts of a celebrity on her latest yoghurt and seagrass-matting diet. Some of our history lessons are based on pure gossip. It's mothers at the school gate, and old men sitting outside a Mediterranean café with tiny espressos. It's in the Bible, and it's in all the magazines at the petrol station or in the doctor's waiting room. It can make us feel better to gossip about the misfortunes of a person we don't like, more favoured, cluey and powerful to be 'in the know'. It can be a way of shaming or intimidating people into line. It can be impossible to stop, even when it's not true. In the Salem witch trials it sent women to their deaths. It convicted Lindy Chamberlain.

Psychologists and evolutionary anthropologists doing modern studies on gossip theorise that gossip can be more believed than the observable truth, help impose the group's morals on an individual, bond societies together, help people to be more powerful in business and friendship groups, and keep people safer by warning them about personal and other dangers. But on a personal level gossip can be devastating. It's nasty to say something cruel to somebody's face, and it's cruel to say something nasty behind their back.

I always wonder about the motives of people who pass on mean comments. At best it's thoughtless, and at worst it's done for effect. Passing on gossip, especially in writing (even in a text), can backfire if it's wrong, mean or discovered. Rumours are the nastiest kind of gossip, whether based on clever observance, mean-spirited invention or the twisted mishearings of 'Chinese whispers' (where a true story has morphed into something else in the retelling).

## Grown-up bullies

Sustained cruelty from 'friends' is bullying. What a horrible moment it is when you realise that although you've left school, sadly the people in the 'cool group' are still bullies out there in the grown-up world. They might be in your friendship or acquaintance circles, your boss, or a mum at the school gate. They might even be your best friend. The good news is you're grown up now and you don't have to take it any more. No, you really don't.

A flexible approach to bullies is required because they do it for different reasons. Some do it because they're insecure and putting others down makes them feel 'better'; others do it because people don't stand up for themselves; some do it out of habit; and some do it out of a sense of narcissistic entitlement.

The current policy in many schools of 'telling the bully they're hurting someone else's feelings' can be laughably ineffective. Most bullies don't stop because they realise they hurt someone's feelings: that's what they were trying to do. Most bullies need to know there are unpleasant consequences of their unkind behaviour. One of the most powerful of these is disapproval. If you see someone else being bullied, you can say, out loud, something like 'What a horrible thing to say' or 'What's the matter with you?' to the bully. Or you can say to the person being bullied, 'I disagree completely. I think you look lovely.' Bullies thrive on the mean laughter and approval of others, or their nervous silence. They take silence as support.

## An anti-bullying plan for grown-ups

1 Tell the bully to knock it off (be specific, give examples) because it hurts your feelings or you don't like it, but don't appear vulnerable. This may work or have no effect at all.

2 (Optional) Ask them to take a long hard look at themselves: 'Why do you do that?' This may work or have no effect at all.

3 Tell the bully you're going to stop putting up with it, and what will happen if the bullying continues. Follow the steps in 'How to Change Your Family Dynamic' in Chapter 24, 'The Family You Come From', earlier. This may work or have no effect at all.

4 If necessary, go public and say in front of others, 'I've already asked you, Philomena, to stop making cruel remarks to me.' This may work or have no effect at all.

5 If necessary, end the friendship (see hints earlier in this chapter). This will work.

6 Feel relieved. Make new friends (see hints earlier in this chapter). This will also work.

See Chapter 1, 'How to Be Confident', for more hints. For what to do about bullying at work, see Chapter 33, 'Study & Paid Work'.

# Dating, friends with benefits & finding someone

On dating sites men want much younger women. ALICE, 58, NEWTOWN

I found my husband at 51 after being alone for a decade. I met him on a computer dating site within a week of signing up. We still can't believe our luck. CAROL, 53, COLORADO SPRINGS, US

There seems to be a lot more cheating since the internet and mobile phones became more popular. Social network pages have caused our relationship nothing but trouble. BETTE, 31, ESSENDON

I think a bonk buddy is a must for any single woman over 30. MEGAN, 33, SUNSHINE COAST

I've had a f@#k buddy. It was great. I was single, he was single – we weren't hurting anyone. It was fun sneaking around! RUTH, 35, MARIBYRNONG

A friend who did this fell badly for the sex buddy and it wasn't reciprocated, so it's a dangerous game. KELSEY, 22, ELWOOD

It was weird and creepy, like sleeping with your brother. Never again. NORA, 38, MELBOURNE

He took it too seriously and I wasn't interested in anything further and I really hurt him. It took us two years to fix the friendship. MARTINE, 21, WARRNAMBOOL

Don't let love walk away. Grab it with both hands and hang on. Take a chance, it may very well be worth it. SALLYANN, 55, BRISBANE

After my last break-up and heartbreak, I ended up sleeping around quite a bit, I think to ease the pain and feel wanted. SASKIA, 22, BULLEEN

People shouldn't be in love in the mornings or on public transport. It makes me want to puke. SAL, 29, MANLY

The 'bad boy' is bad! When someone shows you who they really are, believe them the first time! CHARLEY, 26, MORNINGTON

The main thing I've learned is you can't change people. If you don't like something, decide whether you *can* live with it. If not, move on. SALLY, 51, HOBART

My mum just fell in love. She's 70 and giddy-happy. SELINA, 48, PORT MELBOURNE

> 'You need to kiss a few toads before you find your prince – that way you'll actually know it's the prince you're kissing.'
> CATH, 32, DARWIN

I wasted three years of my life waiting for a married man. PAMELA, 45, CANBERRA

I wish I'd realised when I was younger that the giddy feeling you get with a new crush is such a small part of what makes a good long-term partner. I'd have had criteria for them to meet before I fell for the wrong guy and wasted years of my life. SAR, 27, CURRUMBIN

I didn't expect to be single at this age, but I'd rather be single than 'settle' for any bloke who comes my way. I've seen many of my friends do so. DANIELA, 36, CHADSTONE

I'm too old to start again and I'm happy to settle now. SIMONE, 29, SUNBURY

If you go out with a commitmentphobe-ladies'-man, don't be surprised when he won't commit. JACQUI, 31, PERTH

He ticks most of the boxes. I can't expect too much at my age. BETTY, 57, KILKIVAN

It shouldn't feel like work all the time! TANIA, 27, STANMORE

I had a boyfriend in my late teens when I couldn't face my sexuality. I had lots of fun between 18 and 22 discovering my sexuality, then two five-year relationships and now my current 15-year relationship. I'm definitely a lesbian. PIP, MELBOURNE

I'm uncomfortable with men, partly due to poor self-image, partly due to having been raped. I was celibate through most of my 20s, which I regret a little. KATY, 39

I had a lovely boyfriend from 16 to 18, but then nothing for the past 25 years. I spent years wondering what was wrong with me, but now I just don't care. TRACY, 43, METUNG

Better to have loved and lost than to have lived with a psycho for the rest of your life. SUSAN, 57, CALOUNDRA

I was still a virgin at 32! Christian belief was not a good way to go. ANNE, 54, PENRITH

My past is littered with broken hearts. I've had lots of boyfriends, but broke it off with every single one. CHRIS, 33, BRISBANE

Don't hang around with emotionally stunted idiots just because you're worried you won't find anyone else. It will only delay your finding the right person. ALISON, 38, LONDON, UK

# CHAPTER 27

# Flirting, dating & choosing

Crush: I think I'm going to throw up. In a good way. No, not good. Oh my God. Oh my God, I just said 'Oh my God'. I'm so happy I could SING it from the rooftops. But that would be weird. But I don't CARE. Maybe we can have babies on our third date, that would be good.

Lust: 'How do you do? Would you care to do me, for instance?'

We'll look at all aspects of dating, falling in love, deciding whether to commit and who to. This chapter is for all of us, so bear with me if you're a bit of a giant lesbian and I say 'he' now and then. It's not a personal insult, I promise there's plenty for you here as well. Now put down that lady and read on.

In case you think I'm a relationships expert with a brilliant theory that will help you find 'The One' – nuh-uh. In fact, of all the good advice you're about to read, I've ignored 100 per cent of it at one time or another. My own love life features much cluelessness on my part: I've had a full set of disasters (one man brought his girl-friend, previously unmentioned, along on our first date); many other relationships were at best inad-visable, at worst horrifying and at regular intervals ludicrous (one got into bed wearing a previously unmentioned frock – possibly a pattern develop-ing, and I don't mean paisley). And I'm not telling you 'I'm now in a wonderful relationship with a man so here's how you do it', because I did it by accident and, no word of a lie, we met while I was wearing stretch white size-16 knickerbockers and had a bowl haircut with bad orange dye-job and, really, is that going to work for everybody?

## Flirting

As far as I can work out, most men think flirting is trying to 'pick up', and most women think flirting is . . . well, flirting. 'How do I flirt?' is a reasonable question. I wish I'd known more about it when I started flirting (my version was 'Hello', then if they seemed interested I would think I'd better sleep with them) so here goes. Flirting is really just enjoying somebody's company and having a frisson of attraction. It's what you do with friends, without the frisson.

Flirting is fun and you don't have to be single to do it. The way to know if it's crossed the line is to always imagine your partner is in the room. How's it lookin'? Would they be cross? (If you have a crazy-jealous partner with unreasonable 'stand-ards' of social behaviour who thinks you can't smile at another man without being accused of sluttery, this is not a good test, so be off with you to Chapter 31, 'How to Escape Control & Abuse').

If you're single, flirting is *not* showing extra cleavage or having a sudden awkward pash. It's amusing talk and exciting proximity. It cannot be done when you're shickered or very, very tired, because it's about being sparkly and quick, and having fun with words and ideas.

## ♡ Flirting dos

- Body-language flirting includes being attentive, making lots of eye contact, playing with your hair and touching somebody lightly on the arm.
- Enjoy yourself. And be yourself. You can pre-tend to be a slightly more confident version of yourself, but not somebody else entirely – it's too much effort and you'll never keep it up in the long run.
- Keep it light and smile when you say something that might otherwise be seen as sarcasm or deadpan criticism.

## ♡ Flirting don'ts

- Don't assume you're being wooed. A good flirter makes you feel special but it may be their default mode to flirt with everyone. Charming men and con men do this well, and do it auto-matically. They have a twinkle they can turn on like a light switch.
- Avoid silly and obvious porn-influenced moves like licking your lips, pinching their bottom, falling on them 'accidentally' or tying knots in cherry stalks with your tongue while staring into their eyes.
- Flirting is not a weapon. Don't use it to try to make somebody else jealous or to 'toy' with somebody else. And beware of others using you in that way.

## ♡ Flirting at work

Having fun with workmates, enjoying a joke and some bonding is not flirting, and it's important not to get it mixed up. Getting on well together doesn't mean there's a sexual element, and despite the premise of the old film *When Harry Met Sally*, men and women can be friends and colleagues without 'complications'. Having a drink with work colleagues is one thing – get-ting drunk with them or flirting maniacally with them is different. (If you're going to flirt at work, at least, for your own sake, don't do it to gain pro-fessional advantage. Pick somebody single who isn't your boss and who you can get away from if you break up, and be prepared for all the women in the office to think you're an offensive idiot.) It's always good to have friends away from work so you don't have all your social eggs in one basket. Euww, social eggs.

It's easier, safer and more comfortable to be just friends or colleagues with men at work. Good ones:

- Treat you professionally the same way as they do male colleagues.
- Steer clear of sexual innuendo (see Chapter 33, 'Study & Paid Work', for info on sexual harassment, the definition of which is unwanted attention).
- Don't complain about their wife or partner or make her seem like a burden.
- Wear a wedding ring or are otherwise open about being in a relationship, talking happily of their weekend time with family or things they enjoyed with their partner.
- Don't bring you into any discussions about troubles in their relationship.

## ♡ Flirting online

Fine. But don't forget, Tarquin, 29, hot and single may well be Wayne, 52, liar and married with children out the wazoo. And don't waste *all* your Flirting Powers online. The real world awaits.

**MORE INFO**
on flirting

Get some DVDs of old 'screwball' romantic comedies with excellent banter: Cary Grant and Rosalind Russell in *His Girl Friday*, Katharine Hepburn and Cary Grant in *Holiday*. Okay, Cary Grant in anything.

**Dating**

Because many websites and magazine articles originate in the US, a lot of info on dating is slanted towards their cultural notion of going on lots of dates with different people, whereas in Australia and New Zealand you're more likely to go out in groups as well as on 'dates', and more likely to date one person at a time rather than be running several 'auditions' at once.

## ♡ Asking someone out on a 'date'

You can keep it general and ask, 'Would you like to go out some time?' Always have something in mind in case they say, 'Sure. What and when?' Make it clear that you're not inviting them along on a group thing. If they say, 'You mean, like a date?' then you can say, 'Sure. Just the two of us, anyway.'

Or you can be very specific: 'I've got two tickets to a steel band concert on Saturday. Do you want to come with me?' If they say, 'Oh, I can't, I have to work, but another time would be great,' that can lead to another arrangement, whereas, 'Oh, I can't on Saturday. I have to wash my dog,' will give you a pretty clear picture of his lack of interest.

If the Object Of Your Interest says no in a rude or mean way, be assured they're a first-class arse and it's lucky you found out now. If they say no nicely, smile and move on. You can always nick into the nearest ladies' loo and bite your handbag until you feel better.

## ♡ When someone asks you out

- Only say yes if you really want to. Otherwise you're just giving false hope.
- If you can't go to a specific event but you're interested in the person, make that clear: 'I have a family thing on Saturday. How about Sunday?'
- Only ever say no in a genuinely nice way.

## ♡ How to refuse a date kindly

Smile, and do it with straightforward manners and kindness, but not pity or condescension. Allow them a dignified end to the conversation, if possible by moving away after you've said no. (If you're in a hot-air balloon, you don't have to hurl yourself over the side.) Here are some ideas for what to say:

- 'Actually, I'm seeing somebody, but thanks.'
- 'Thanks so much for asking, but I don't go out with anyone from work.'
- 'I'm flattered, but no thanks.'
- 'I'm concentrating on work and family for the next few months, but thanks anyway.'

From then on, when you run into them, say hi and don't ignore them.

If you've been asked out by text and you say no, keep your answer short and simple but direct. Don't sign off with 'love' or kisses or smiley faces. Or, god help us all, a winky, saddy face.

If you get a rude text back showing they feel insulted or are being childish about it, ignore it.

If their 'charming' persistence is overwhelming, or they really won't take no for an answer, or you otherwise feel pressured or stalked, see Chapter 31, 'How to Escape Control & Abuse'.

## ♡ Going on a first date

First dates, or internet-arranged dates when you haven't met before, can be a bit nerve-racking, but here are some hints to help things go more smoothly. Cut everyone some slack: nerves can manifest as arrogance, fussiness, too much drinking or fumbliness. It's kind not to write somebody off for any of these 'transgressions', but also can be a good chance to see how somebody behaves under pressure. Dropping a fork on the floor twice is infinitely preferable to being a corporate criminal. A first date that doesn't go well due to accident and circumstance can one day be a funny story you both tell. But a first date ruined by somebody being horrible to a waiter is a sign that a second date is not a good idea.

Here are some other factors to consider:

- Work out beforehand if one of you is paying or you're going halves. If the other person's paying for what you eat, or you're splitting the bill, don't order the most expensive things.
- If it's an online-arranged or 'blind' date, be safe: tell a friend where you're going and when you'll be back, and carry enough money for a taxi. Don't go anywhere that feels dodgy or dangerous. Stay in crowded places.
- Don't do stuff you wouldn't normally do, such as drinking something really unfamiliar or wearing sky-high heels.
- Think of some things you could talk about if the conversation dies. Have a few conversation starters, such as a mutual friend's amazing latest news, or a TV show or movie. Ask them about something you know they're into.
- When you ask them questions about themselves, listen to the answers. Seems obvious, but people can get caught up with nerves and end up not listening to what the other person has said.
- It's sometimes a good idea to admit that you're nervous, because they'll be nervous too. Always make light of it if things go wrong (like spilling a drink).

- Turn off your phone while you're together.
- Don't talk endlessly about your ex, don't bitch, don't put yourself down and don't pretend you're not hungry.
- If it's not working out to the extent that you need to escape, say you need to go, thank them for their company and make your own way home, safely. Try not to say, 'You great hulking moron, that's the stupidest thing I ever heard.'
- If you've had a good time, say so at the end of the date. If you haven't, just say thank you. Have a few casual backup lines in case they try to kiss you and you don't feel like it: 'I think I'm coming down with a cold and I'd hate to give it to you.' He'll get the message.

### Date deal-breakers

These problems are either unlikely to get better or they fall into the category of Force 10 alarm bells:

- He didn't ask you anything about yourself or listen to your answers.
- He talked about his ex the whole time.
- He used the word 'whore' or 'bitch' in any context.
- He was racist or homophobic.

## ♡ Going on a second date

You shouldn't have to beg for attention from somebody else. If it's 'right', then you and your date will both want to see each other again and feel okay about expressing it. It's when there's an imbalance (phone calls not answered) that things get erky. If you haven't heard from them within three days, send them a message or ring and say, 'Hey, I had a great time the other night,' without actually asking them out.

If they don't respond, or sound uncomfortable or not very interested, back off and move on.

## ♡ Refusing a second date

Don't give false hope. Say thanks, but no thanks: 'Thanks for asking, but no, I'm going to be pretty busy for a while. Maybe we'll bump into each other some time.' Don't be drawn into answering 'What's wrong with me?' or 'Why?'. Just say you've decided and it's a no, but thanks and good luck.

## ♡ Dating & money

The conventional etiquette is that whoever extended the invitation should pay for the dinner, tickets, whatever. After a couple of dates, a discussion about paying can ensue, and it's okay to have an arrangement to 'go Dutch' (halves) from the start. If a person wants to pay for you, accept graciously. If it transpires that they expect sexual favours in return, express horror and flee. Pay attention to somebody's attitude to money. Incompatibility when it comes to money can sink even long-term relationships. People who say 'money's not important' usually have too much to worry about it, or will be happy just to take yours. Money isn't everything, but it's never unimportant. We work too hard for it to mean nothing.

## ♡ Online dating

Many married people or happily unmarried-but-together people met online. Here's a list of some things to think about if you're considering meeting up with someone you 'met' online:

- Be careful about who and how you meet in person. Have a few exchanges of emails first, as this will help you sort out if you really want to meet them. You've been deprived of old-fashioned 'recommendations' or being introduced by somebody who can fill you in on their background or quirks, so be careful.
- Always be honest in your postings and with your photo. There's no point pretending you think rugby is brilliant or that you look like Angelina Jolie (nobody does). It just wastes everybody's time.
- Be aware that most men online say they're looking for women who are up to 10 years younger than them. Pause, roll eyes, next paragraph.
- If you're dating, don't lie about whether your profile is still active on dating sites or what your 'status' is on your social network page.

**MORE INFO**
**on traditional dating**

Try reading *Pride and Prejudice* and *Sense and Sensibility*, both by Jane Austen, or *A Suitable Boy* by Vikram Seth.

### WHEN TO HAVE SEX

Do you have to have sex on the first date? Or is it the third date?

No, and no, and there's no rule to say that you mustn't, either. There's a convention that sex happens on the third date because the expectation might have been for the first or second date, so if he's still interested he's passed a sort of test. But if he expects sex on the third date then it's the same thing. The only rule is: don't have sex unless you really want to. Don't assume it will 'mean' the same thing to the man, or that you're now 'involved' or 'going steady'. Some people don't have sex for weeks. Others won't have sex at all until they're married.

## ♡ The Dating Unrules

There are a bersquillion books (see some below) that claim to have the tippety-top-secret rules of dating. Behold, instead, I offer you the Unrules. They're suggestions, not requirements. You can ignore them and still have a good time or even meet the person of your dreams. Some ladies swear by booty calls (the opportunistic 'Can I come over now, or a bit later?' call that means he didn't get lucky elsewhere) and it's none of my beeswax. If, on reflection, you're happy with your own standards and policies, then apply away. But if dating hasn't been going well for you lately and you feel all vulnerable like you have no skin, or you're feeling desperate and ready to 'settle' for something that makes you feel a bit sick . . . try this for a while:

- Stop dating for a month. Enjoy your own company and organise some things to do with friends or family.
- Don't have sex until after the third, fifth or later date. There's no deadline.
- If he doesn't return your text or call, leave it at that. Don't leave multiple messages.
- If he says he'll do something and doesn't, but then calls way past that time, like in three weeks, that's an opportunistic call. Say you're busy right now and hang up, or send a non-committal text. 'Hi. Busy day. Gotta fly, maybe see you sometime.'
- Don't put anything in a text or email you wouldn't want read out to a table of strangers while you sit there.

- Don't accept visits from chaps who call after 9 p.m. and want to 'come over' that night. That's a booty call. By definition, he's using you for sex. I know some women say it's okay, they're using him, too – but he made the call.
- Do stuff you wouldn't normally do, go to new places with groups of friends, widen your circle. Change your pattern. I'm not saying it's easy. But an interesting man isn't going to walk past your couch while you're watching reruns of *Glee*. Unless you want to date a burglar.

## ♡ Bad romance gifts

Don't give or accept very expensive gifts or presents that are breathing (such as a yacht or a pet lizard).

### HOW TO SCORE YOUR DATE

Give the guy (or woman) 10 points to start. You agreed to see them, after all.

- Deduct 10 points if late.
- Deduct 200 points if quite late and no apology.
- Add 10 points if late but sincere apology is accompanied by a decent reason (not an excuse).
- Add 1 point if reason for lateness not expressed in tones of anger, bitterness or 'Typical, this always happens to me' attitude.
- Deduct 1 point for each text read or sent, unless they ask your permission first and it's directly related to your date (i.e. the address for the restaurant).
- Deduct 10 points for any phone conversation irrelevant to your date that doesn't involve a medical emergency.
- Deduct 1 point for every mention of an ex not resulting from a question from you.
- Add 3 points for every question asked about you.
- Asks no questions about you at all in the course of the evening: deduct 10 000 points.
- Says something disparaging about a racial group, women in general or gay folk: deduct 15 000 points.
- Wears a jumper like your dad's: deduct 40 points.
- Wears a jumper like your mum's: deduct 40 points.
- Is funny without being mean: add 10 000 points.
- Orders your food or drink without consulting you: deduct 20 zillion points.
- Likes their mother: add 10 000 points.
- Hates their mother: make an excuse and go home.

- Hated their mother but has other loved female figures in life and has worked through it and isn't bitter: add 10 000 points.
- Makes sure you get home safely or checks that you're getting self home safely: add 10 000 points.

 **MORE INFO**
**on dating manuals**

While they may have some interesting or relevant insights, most datey books are generalised and written to try to appeal to everyone, not dear old you. Occasionally, they're big sellers with lots of publicity because they have a simple message: a variation on how to catch a husband by 'playing hard to get', and how if he hasn't called it's not because his phone was eaten by a marmoset but because he isn't interested enough. Which is true. But not worth a book contract.

**Textbook Romance: A Step-by-step Guide to Getting the Guy by Zoë Foster & Hamish Blake**
Ms Foster's amusingly revamped traditional advice for getting a wedding (aka your Day of Days) with Mr Blake's quipping in the margins. Boiled down: be happy single; play hard to get, he'll chase you if he wants you; don't have casual sex unless you want to, and if you do then it probably won't get serious; plus get engaged before you agree to move in.

**He's Just Not That Into You by Greg Behrendt & Liz Tuccillo** Boiled down: play hard to get, he'll chase you if he wants you; don't waste time analysing his words and actions, or accept excuses about being 'busy' or 'confused' or 'intimidated' or 'fill in blank here', just move on – this will save you time and heartache. Hard to believe it ran longer than a paragraph and then became a movie.

**The Rules by Ellen Fein & Sherrie Schneider**
Boiled down: play hard to get; be special; only accept a date for the weekend if he asks before Wednesday (because you're busy and intriguing); keep contact from you minimal; don't have sex on the first few dates; no 'booty calls'; and he'll chase you if he wants you. This book feels like it's 1956. In a bad way, without the great frocks and a bouffant.

# Rebounding & Getting Back Together

A rebound relationship is usually taken to be the one that isn't 'serious' but is just a way of 'getting back on the horse'. Before you say giddy up, have a chat with yourself about what you want out of it, and make sure the other person knows your thoughts. If you're thinking 'One-night stand to break the drought' and they're thinking 'Hey, this could be the Real Thing', someone's going to fall off the horse and hurt their metaphor.

## ♡ Hooking up with the ex

Try not to get drunk or otherwise brain-fazed with an ex in a situation where you could have sex again. The chances of you both feeling exactly the same way about this, when you're both sober or sensible again, are: nil. In most cases this is just a faux-rebound move – in other words, it's a rebound re-hook-up with the ex. Best avoided.

## ♡ On-again-off-again romances

Repeat after me: 'I solemnly swear not to force my friends to agree that he's a hopeless bastard and then make up and bring him back into the social circle then break up again. It's tedious and confusing for everyone. Especially me.'

# Hooking Up for Just Sex

It's fine if:

- everyone's on the same page, the one where it reads 'This is just sex and neither of us will ever secretly want more from each other', 'One of us is not drunker or otherwise more drug-affected than the other', and 'We're taking any and all precautions to avoid pregnancy and more than 10 sexually transmitted infections'
- you're not in a rotunda in the park (you can roll off the edge and do yourself an injury, not to mention catch your death of cold, and don't forget to take a clean hanky).

## ♡ 'Friends with benefits'

Also known by the truly inelegant term 'fuck buddies', this is what people call it when they have sex with someone they like but don't love, when it's convenient for one or both of them. Some women feel safer and find it easier to do the 'hooking up' with people they already know or through a 'booty call'.

Some say this just favours the bloke, who gets sex without any responsibility or commitment, and is more likely to hurt the woman, who is more likely to want more from the relationship, or could be spending her time dating real prospects rather than 'wasting' time with somebody else. But it can work the other way, too: the guy gets hurt, or it's just what the woman wants – getting physical with somebody 'safe'. In any case, make sure you have contraception fully covered. And use a condom – if you're on the Pill or have another device working for you, you still need the condom. An unwanted pregnancy with somebody you've decided isn't partner material and who's decided the same thing about you makes for a mess.

# Falling in Love

In our romantic life we'll get dumped, do some dumping, have some so-so relationships, make some bad choices, break hearts, have our heart broken, think we've found The One, be betrayed, betray, get over it, make mistakes and then fall in love again. If this all happens in the same week, seek professional help.

## ♡ Attraction

What makes us feel attracted to certain people? Nobody really knows. Different theories say it's all about:

- **Sexuality** – Depending on how you're wired, you'll want a man, or a woman, or anybody (bi-unfussy).

- **Evolutionary anthropology** – Genes program us to choose people we think will make healthier children or improve our comfort. This theory covers picking a rich partner, or a pretty one.

- **Patterns & types** – Your brain was wired by your experiences before the age of 5, so you unconsciously pick a partner who somehow behaves like your dad or mum did, or you pick a dynamic that repeats a relationship from your original family. This means you might try to fix people, or put up with abuse, or pick someone jolly but hopeless, or you're addicted to excitement, or you choose somebody who says all the right things but never follows through, or you wait for someone who feels like an old security blanky.

- **Settling** – Picking the next one because you want to get on with a family and time is ticking . . . or you think you won't find somebody more compatible, or that you're not worthy of somebody nicer.

## ♡ Physical messages

Mysterious hormones and scents called pheromones supposedly attract you to a guy (or him to you) without you knowing why – it's almost a subconscious decision. Be assured there's no evidence of this at all, despite the manly deodorant commercials.

## ♡ The symptoms of falling in love

Symptoms can include: a racing heartbeat; sweaty palms; flushed cheeks; tingly bits; nausea; enlarged eye pupils; not being hungry; wild feelings of happiness and crushing disappointment; utter self-consciousness; knowing exactly where the person is, even if you're pretending not to notice; not being able to think about very much else; an inability to concentrate.

Of course, these symptoms also apply to a fleeting attraction, a crush, gastro and several tropical diseases.

## ♡ Identifying a crush

Getting a crush on someone means you're attracted to them but don't necessarily ever do anything about it: you just admire them from afar, blush when they come anywhere near you – and then get a crush on someone else one day. (If you're rolling your eyes because you already knew this, and you also know that crushes don't always skip straight to Happily Ever After, just jump to the next section relevant to you. I still need to crunch some crush facts here.)

Signs of a crush:

- Butterflies or 'turning over' in your stomach.
- You always know when your crush is in the room, and are super aware of them.
- Brain space gets filled up with thoughts of them.

If you're in need of some perspective, remember that this is nature's way of getting you pregnant. Nature doesn't care if there's any future in it. Usually it's best to ignore a crush for as long as you can to see if it goes away, and to allow your nerve symptoms to subside. Crushes, by definition, don't last forever – they either fade or otherwise develop into something less likely to give us a heart attack.

### CLASSIC ROMANCE MOVIES

- *An Affair to Remember* – Oldie but goldie, the inspiration for *Sleepless in Seattle*.
- *Bridget Jones's Diary* – Jane Austen, big undies and stupid jumpers.
- *Pride and Prejudice* – Jane Austen and no stupid jumpers.
- *Casablanca* – The black-and-white classic.
- *Eternal Sunshine of the Spotless Mind* – Forgetting and wondering.
- *The Adjustment Bureau* – Destiny.
- *Four Weddings and a Funeral* – True love, Brit-style.
- *Love, Actually* – Love, everywhere. Half the people who see it adore it and the other half get furious and throw up a lot.
- *Much Ado about Nothing* – Shakespeare rides again.
- *The Princess Bride* – Silly, romantic fab fairytale.
- *Sleepless in Seattle* – Finding The One.

## ♡ Is it the real thing?

The butterflies and sexual frenzy subside but you're still having fun. You like each other as well as love each other. You've been together long enough to have your first ho-hum sexual experience and/or period of not doing it much, and then catching an upswing again. You can see their flaws but they're ones you can live with.

Knowing whether somebody is 'The One', or 'one of the ones' or 'one that's good for one period of time', is only possible in retrospect – in other words, you won't know until you've done it.

How can you tell if the 'real thing' – i.e. you're both in love – will translate into a healthy relationship? For that you need mutual effort, plus luck, plus time.

## Choosing a Partner

There's not only one perfect person for you, no Mr or Ms Right. There are lots of Mr No Way, plenty of Mr Approximate, quite a bunch of Mr Okay For Now, a small gang of Mr Nearly Right and a handful of Mr You'll Do Me, Sunshine. Or, if you're that way inclined, Hello There, Mrs Fancypants, I'll Be Right With You for the Foreseeable Future.

The first thing to know about choosing a partner is that you have to work on your confidence and self-esteem so you can actively choose, not just wait to be chosen. In my 20s I believe I often behaved like a passive library book, waiting to be chosen and taken down from the shelf, and being grateful for it. What a whinnying nincompoop!

The second thing to say about choosing is that it's folly to choose somebody and then twist your beliefs and hobbies and lifestyle into their life. Be yourself and let the other person choose the real you. If you've always worn frilly dresses, then you choose a guy and start to mimic his wardrobe of flanny shirts and ripped-off jean shorts, take a moment to wonder where you've gone. If you're not yourself, then your partner has chosen, instead of you, a performance or construction of what you thought they wanted that you'll try to keep up. Too exhausting, and doomed to fail.

### ♡ Partners to avoid

- **Racist, homophobic, rude, stingy, cruel, bombastic, pants man, selfish, arrogant, stupid, nobody else likes him** – You can't fix him. Life's too short.

- **The charmer** – All twinkle, no substance.

- **The cool guy** – You'll never feel cool enough, or warm enough.

- **The stud** – You won't be the last trophy he awards himself.

- **The queen bee** – She needs followers, not a partner.

- **The emotionally damaged** – You don't have to be nursie.

- **The risk-taker** – They'll always love the risk/drink/drug more than you.

- **Compleeeletely unpredictable** – Fun, then scary and exhausting.

- **The kidult** – Danger signs include furniture made of boxes, 30+ with a skateboard, 'My mum is my business manager/does my washing' and 'I'll have to ask my dad'.

- **The controller** – Emotional or physical abuse can emerge suddenly or over time. See Chapter 31, 'How to Escape Control & Abuse'.

- **The no-hoper** – Friend to the bucket bong, internet bookmarks and games console. Does no job seeking or work around the house. Run away now, there's a clever girl.

- **The limited edition** – Pulls in a wage but otherwise a passive couch-dweller.

- **The vampire** – A tragic soul who'll drain your energy.

- **The trophy** – Your new acquisition is gorgeous and used to go out with that slightly famous person, but now what?

- **The wounded woman-hater** – No, thanks all the same, squire.

- **The rescuer** – Your damsel-in-distress routine may wear thin. Could you rescue him if he needed it?

- **The absent stranger** – Emotionally or physically unavailable due to personality, some sort of addiction or obsession, or workaholism. Think back: are you repeating a family trait?

- **The flatmate or friend** – You get on fine, but there's no spark.

- **The friend's boyfriend** – He's an OOBer: out of bounds.

### ♡ Love addict/stalker/suffocators

Within days of the first date it's all totally OTT and this person is *crazy* for you, wants to spend all your time together. They make inappropriate and extravagant gestures such as huge flowers delivered to work, or 'surprises' that you don't welcome, or appearing on your doorstep after you've said you want a night off, or a huge gesture of proposing a short time after you've met. This is

## What makes a good partner?

● He's the first person you think of when you have something exciting to share ● Someone who brings out the best in you ● Someone who lets you do your own thing, but is there when you need them ● Independent, accepting, respectful, who never criticises me in company ● Humour, **kindness** and a genuine interest in my emotional and physical wellbeing ● A good listener, considerate, clean, someone you want to shag ● **Someone who listens** ● Sexy, smart, good at looking after the kids and household ● Someone who's happy with who they are ● Someone who takes one look at your face and either puts the kettle on or goes to the drinks cabinet ● Someone who takes an interest and joy in people around them ● Thoughtful, happy and generous, not just with money but with time ● One who works on an oil rig and only comes home for a week or two every six months ● Tall, dark, handsome, lives in a castle and is adept in sword skills! ● **A mate who thinks you're the best thing that ever happened to him** ● Someone who doesn't smother you ● A woman with patience and a bad memory ● Someone who calls you beautiful, not hot, and is happy enough to say I love you in front of his friends ● Someone with their own teeth ● You can't have a 'ticklist', otherwise no one will ever measure up ● Someone you choose for your own soul, not to please your parents or family.

## Is there a pattern to your choice of partner?

● Whoops – generally they were married to someone else ● They all liked me ● Depressed latent alcoholics ● They're all looking to be saved ● The men who pursued me the most ● Passive intellectuals who then drive me crazy ● Tortured artistic types ● Redheads, devoted to their family and kind ● Aloof and a little bit damaged ● Needy men with self-esteem issues ● Lame ducks ● Country blokes ● Stable, reserved and intelligent men ● Working class ● Men I think I can change ● Lefthanders ● 'Abusive' or controlling types ● Someone who'll take the lead ● 'Nice guys' who don't really know what they want ● **Eccentric weirdos** ● Difficult men who like it when I do what they say ● Mummy's boys ● Three Davids, three Johns, three Peters, two Richards ● Typical 'bad boys' who are into drugs, don't get along with my family and have no proper manners ● I'm an arsehole magnet ● Emotionally unavailable closet gay men ● I put up with whatever I get ● **Men who can fix things** ● Funny men with lots of interests ● Wrong choices until I decided I was gay ● I like nerdy boys ● Losers who look to me for financial support ● Guys who didn't trust me (even though I've never cheated) ● Men I'm friends with ● To avoid marrying my father, I married my mother and became my father ● They've mostly been **wankers**.

a big fat flapping flag for a controlling relationship, and if it's accompanied by sulking or being cross when you don't respond with 'gratitude' for it all, that flag's on fire and sending warning smoke signals as well. Be very careful and announce a policy of not making any big decisions (like accepting a proposal) for, say, the first year. An enthusiastic lover is one thing, a pushy one is entirely another. Beware of men who take normal caution as 'playing hard to get' and who want to seal the deal with some sort of commitment they see as binding. And remember, you can always back out – even in the seconds before you're due to say 'I will' at the altar, on the honeymoon and after that.

## ♡ Good signs about partners

- When you think of them you smile, mostly.
- They don't change their behaviour towards you depending on who's around.
- They make you laugh.
- They talk, they listen, they ask.
- You feel fine about going through bad times and challenges, always assuming you'll go through together instead of asking yourself 'Will we break up?'.
- To some extent you can take them for granted because in the important ways they're reliable – that is, you don't treat them with contempt, but you know they'll be there for you. I once broke up with a man because I suddenly realised that if I was lost in Africa, he probably wouldn't even bother to ring the Department of Foreign Affairs to see if anyone could help. The one I found next would try to build a rescue helicopter – with his teeth, if necessary.

## ♡ Bad signs about partners

- You love them, they only like you.
- They're crazy about you and pushing marriage after three dates, but you don't even know if you want to go out with them again.
- They drift, you decide.
- They insist, you run.
- He's scornful or sarcastic about women, or you in particular.
- They're actively cold or cruel (not indifferent) to children and animals.
- They have a fixed and accepted 'role' in the family – she always bails out a younger brother

or lends money to parents; he works in the family business but isn't respected.
- They have no manners, and no inclination to learn any (for example, never saying please or thank you).
- They still make decisions based on what their mother or father says.
- They take obvious joy in other people's downfalls or problems.
- They show obvious sullenness, indifference or contempt for your achievements or enthusiasms.
- They expect an exemption from reasonable behaviour requirements because they're honest about admitting them ('I just can't keep it in my pants, I'm afraid'). They want repeated forgiveness just for confessing. My Catholic friends tell me this only works if you're a priest and the Press doesn't get hold of the story.

See also Chapter 31, 'How to Escape Control & Abuse'.

## ♡ Danger signs in yourself

- Forgiving repeated lying, cheating or other horrid or distressing behaviour, or repeating those things yourself without seeking counselling.
- Only being excited by the 'bad boys'.
- Going after exactly the same kind of person every time and breaking up with each of them for similar reasons.
- Being secretly angry with him for not being perfect.
- Always interpreting his silences as 'sulking' or being 'unhappy' whereas he's just doing the guy zone-out thing.
- Wanting her to want all the same things and like all the same things as you.

## ♡ 'Settling' versus being 'picky'

A lot of books and websites are advising women that their standards are too high, with dire warnings that a discerning woman will end up 'alone', as if that's a terrible fate. There's not an equal number of articles warning men to lift their game or women won't choose them. In a way, some women are making their choice clear – they'd rather be alone than with somebody who makes them feel bad about themselves or their life. Women being somewhat picky about who they spend time with just makes good sense, and is one of the privileges of not being an inanimate object.

It's not like everyone gets to go to the Partner Restaurant and choose whoever they want. There may be only a certain menu available on that day, offering steamed bitter older man on a bed of scornful miso (short for misogyny), or a novel but cheesy option you know is bad for your health, or a perfectly fine pudding with a hint of vanilla that you'd get bored with for lunch every day. Faced with that sort of choice, who can blame a girl for going home, locking the door and making herself a Vegemite foldy-over sandwich? Being 'alone', surrounded by good friends and a decent life is better than being trapped, as women were in the past, in an unhappy or damaging relationship sanctioned by society and the church. Feminism doesn't make our life perfect, or order us in a smorgasbord of everything we ever wanted at any given time, it just allows us to choose between the available options.

I'm not suggesting women 'lower their standards', but I reckon there's a middle road between 'too picky' and 'hurl yourself on the next passing bloke'. I've been surprised at women I know who've rejected a man's invitation for dinner or a movie because 'there was no spark' or 'I wasn't attracted to him'. Maybe it might be better policy to accept dates with those men. Worst case scenario, you get a good story – best case scenario, somebody 'grows on you' and you gradually find him more attractive.

Being more open to friendships and possible developing feelings isn't the same as 'settling' for a partnership you don't wholeheartedly want. We all want someone who brings out the best in us (and someone who feels we bring out the best in them), who's easy to love, who doesn't see love as 'pain' or 'hard work', even though sometimes a relationship will need maintenance and attention. Partners should be allies, not a difficult project.

Making a pro and con list can be interesting, especially if you have 15 things on the con list and only two things on the pro list. (But, hey, if the two things are 'We love each other' and 'He's kind', maybe it outweighs the three hobbies to do with model trains, computer Patience and dressing up as a wizard.)

## ♡ Recognising nobody's perfect

Pick somebody with flaws that annoy you but that don't make you think less of them.

I wouldn't have pursued a relationship with the man I'm with now if I'd judged him on his sheets (polyester navy blue), his weirdness (an engagement ring his ex-fiancée had returned to him was gaffer-taped under the wardrobe for safekeeping), his keenness (he called me by the wrong name for the first three weeks we were acquainted, before our first date), or the ludicrous facial hair stage he was going through (let's just say Colonel Sanders). And I dare say the Colonel would not have gone for me if he'd focused on the fact that I had a truly frighty, mad hairdo, I was a snob who assumed I'd be smarter than him (wrong, we were just smarter at different things), and I hated his favourite music, which is both dirge-like and insufferable.

The Colonel is honest and patient and smart, but he can't make salad, has an inexplicable enthusiasm for discussing the weather and aviation, and isn't a great handyman. Don't get me wrong, the salad thing makes me want to smash light bulbs with a spatula, but it doesn't make me want to leave him. The conversations about cold fronts can be dull (I can tell because I say, 'You have to stop boring me now'), but they don't make me feel humiliated. I've done 17 years with the Colonel so far and, although I knew from the start that he, like me, was nowhere near perfect, I don't feel I 'settled'. I feel lucky. But if he'd turned out to be an arseholic, I would rather be single than stay. (Now that I've written that paragraph he'll probably run off with a cloud-fancying pilot.)

## ♡ Take a good hard look

You don't have to make them fill out a questionnaire, but you need to pay attention to see what their characteristics might be. You need to note carefully what they do and how they behave, not just what they say. When you tell them (calmly) that something they did bothered you, or upset you (like being late all the time), how do they react? Are they defensive, angry, thoughtful, sulky? Or do they say straight out that they're sorry, or explain respectfully why they think they do that, and how they'll try to change?

# ♡ The importance of character

First, last and anywhere in between, character is everything: common decency, honesty, or at least compatibility. You can put up with timid, if there's a rock-solid loyalty. You can put up with forgetful if you can trust them to be kind to children. In a fight, would your partner be on the same side you'd choose? If you were all drowning, would your partner save you before themselves (but save the children before either of you)? You want somebody who'll do the right thing rather than the easy thing. Someone who doesn't have a fatal weakness, like an addiction they'll never address or fight. Everyone's scared of something, but are they courageous in the face of it? A person who stuffs up but says sorry and means it can be much more fun than one who never stuffs up but bores you to death or never does anything so they'll never look silly or fail. Character is an old-fashioned idea. But it's a crucial one.

## WATCH WHAT HE'S DOING

You have to 'listen' to his actions even if his words are saying sorry. Sometimes actions are the things that tell you he's really saying, 'I don't respect you enough to treat you with care.'

## WHEN FRIENDS DON'T LIKE YOUR PARTNER

Keep talking to them. Really think about why. It's possible that they're seeing warning signs you're missing, what with wearing your blurry lerv goggles and all. Or, maybe your friends are particularly immature and they don't want you to have a boyfriend and be happy. But they're not like that, are they? Maybe Boyfriend (or Girlfriend) needs to try harder with them, or is, indeed, a dodgy bet.

## DITCH THE ROMANTIC FANTASY

- He's not there to rescue you.
- He doesn't have to shower you with presents.
- He doesn't have to look like Colin Firth.
- He probably won't leave because you farted.
- You don't need him to do everything practical or financial.
- He does not 'complete you'. You're a whole person on your own. He's a partner, not a carburettor.
- He's not perfect.
- You're not perfect.

## ✳ MORE INFO
### on choosing a partner

See also the 'More Info' sections in Chapter 31, 'How to Escape Control & Abuse'.

**How to Love: Who Best to Love – and How Best to Love by Gordon Livingston**  Mega-selling US author of bite-sized wisdom-packin' self-help books, Dr Livingston tells us what to avoid in relationships and how to make better choices.

**Men Are From Mars, Women Are From Venus by John Gray**  Mr Gray says: men and women are different. Bonus fact: Mr Gray's PhD is from an early 1980s correspondence course from a disreputable 'university' now closed by court order.

**Marry Him: The Case for Settling for Mr Good Enough by Lori Gottlieb**  Ms Gottlieb tells us off for having decent standards, and urges commitment, quicker.

**conneddownunder.blogspot.com**  Australian women share advice and stories of being conned by thieving charmers.

# Being satisfied with a partner & getting it right

We're expecting our first bub. My husband's as excited as me and is very supportive in every aspect of my life. PENNY, 32, WILSON

My new partner's sweet and considerate 60 per cent of the time, snaky and selfish 20 per cent and a complete messy duffer the rest. So far this is satisfactory. NICOLE, 52, ELTHAM

I'm satisfied. I've stopped looking for the handsome stranger to carry me away. ROXY, 51, CANBERRA

He loves me fat, thin, happy, depressed. AGGY, 36, BRIAR HILL

He treats me like a princess, even when I act like a toad. CASSANDRA, 35, BANKSTOWN

I just have to train him out of that domestic blindness and he'll be perfect ;) KIM, 36, BENTLEIGH

He listens to me, is gentle with me, loves me, is excited by me, proud of me. He gives me confidence in who I am. He makes me feel like a real woman. HEIDI, 28, PARRAMATTA

My husband's the most fantastic bloke ever. JULIE, 52, ESSENDON

I love that I still love my husband of 36 years. We still laugh and cry and share our life. ROBYNNE, 56, GEELONG

My husband drives me nuts. He's untidy and self-centred, and the sex is pitiful. But I love him. MARY, 47, NORTHCOTE

I feel very lucky to have her. ANNA, 27, HABERFIELD

I love the way he makes me feel and that I'm still a giggling schoolgirl thinking about going home to him. TAM, 27, MELBOURNE

My husband's the world's best father. It gives me space to go out into the world and do what I do without feeling the children are missing out. WENDY, 53, COLLAROY

He does all the cooking, cleaning, ironing, etc. and dotes on me. How could I not be happy? DONNA, 53, BRISBANE

I know he thinks he's lucky, too, which makes it twice as nice. KATE, 35, ADELAIDE

He's a good man. He works hard, doesn't waste money, sets goals and achieves them. He loves his kids and does things with them. He loves me and says I'm still as attractive as I was when I was 16. I think it's a lie, but who cares? JANELL, 39, DRUMMOND COVE

'Most of my complaints are pretty inconsequential – he doesn't fold my T-shirts the way I like them to be folded.'
ROBIN, 35, NORTH MELBOURNE

I love him dearly. He drives me nuts with his eccentricities, but I'll never be bored by him. KAREN, 38, MELBOURNE

It's so satisfying to talk with him about issues, current affairs and family life. HILARY, 41, CREMORNE

We laugh a lot. We have similar interests, yet don't live in each other's pockets. We're the best of friends. SANDI, 24, MELBOURNE

He makes me want to be a good person for him, to give that back to him. LOZ, 25, MIAMI

I like the trust and relaxed nature of my marriage. I also love the sex. LUCIA, 41, FRESHWATER

My husband's my best friend always. ANNIE, 53, STRATHFIELD

He lets me always be on top during sex and buys me stuff. SUZE, 21, SYDNEY

I love the companionship, the fact that I can be honest, have a rant at times, show my wobbly bits and just be myself and know I'm not being judged. KELLY, 32, BERWICK

We get along; she's not hard work; she's gorgeous inside and out; we love doing new things together, cooking for each other, playing sport. D, 32, PERTH

We're dependent but individual, we work as a unit when it comes to parenting and life, but we don't need to be in each other's face all the time to survive. MEL, 28, KELMSCOTT

He's my friend, he does most of the cooking, he adores me and the children. SARAH, 35, IPSWICH

I like the equality and balance in my relationship. NATALIE, 31, BUNGENDORE

I love my husband but I always wonder if I'd be happier single. KAREN, 51, AVALON

Men don't think the same way we do. They don't get innuendo or subtleties, so you have to tell them in simple language what's wrong. LIZZIE, 50, MORDIALLOC

Don't focus on looks or 'that feeling'. What will he be like as a dad, or as an old man on the patio with you? NIC, 35, ALLAMBIE HEIGHTS

Living with someone else is very hard, no matter how much you're in love. NETTY, 36, CHERMSIDE

I'm a better person because of him. KATHY, 42, ABBOTSBURY

# CHAPTER 28

# Getting love right

You think you've found the man or woman you want to settle down with, but are you sure? How can you make sure that your fights aren't terminal? Should you move in together? How can you discuss things without getting shouty? How do you get him to propose? And how can you be sure you're getting married for the right reasons?

It's easy to 'drift' into something that looks like a partnership or commitment because you've been together or lived together for ages. What does a really good relationship look and feel like? (Hint: There are no glass slippers involved.)

## Commitment

### ♥ A checklist for commitment

Make sure you're on the 'same page' about some important things:

- You've discussed basic philosophies of life.
- You have similar plans for the future.
- Without wishing to sound like a Jane Austen novel – well, that's a falsehood of the first order, it is in fact my most fervent hope that promises or undertakings are made to the satisfaction of both parties about proper conduct – one trusts that both of you are of the understanding that what you now have is a monogamous relationship of the most unbreachable discretion.
- You've thought of worst case and best case scenarios.
- The first flush of crazy-in-love has faded but you still like each other.
- You can say intimate and lovey-dovey things to each other.
- You've seen each other drunk (unless of course you don't drink), under pressure, with each other's families, when one of you is nervous, when one of you is angry, and you've seen how each other handles money, and a significant life event or setback. (It doesn't mean you've each behaved impeccably every time, but maybe you know what the patterns are and are both interested in improving the way you react to things.)
- You're both ready and willing to put each other first in petty family squabbles or power plays.
- He behaves well around kids, animals and elderly relatives, and can tell the difference between them.
- When the going is tough, he can seem nervous or under pressure, but he doesn't turn nasty.
- You've discussed if and when you'd like to have kids together and your ideas don't conflict.

### ♥ If you want children

If you're sure of what you want and that's children, soon, depending on your age, you'll need to get a move on. Otherwise you'll end up with a boyfriend and no eggs left. (See Chapter 18, 'Pregnancy Thoughts & Decisions', in this book, or *Up the Duff*, my pregnancy book, for more on fertility and deciding if and when to get pregnant.) If he says not yet, say you'll need to reassess in, say, six months? A year? Whatever works for you. Explain that if he still feels the same way, you'll need to move on, even though you'd like to stay with him. Make good on your plans to honour your needs rather than thinking of it as a 'threat', and explain the difference to him. It's not an ultimatum, it's just giving him a chance to come round. Otherwise you'll need to find somebody who wants what you do. It's probably worth having a discussion along the lines of 'There's never a perfect time', 'Everyone has doubts' and 'The people who worry they won't be good parents have taken the first step towards making sure they can be, by thinking about it'.

## A Good Relationship

When you're in a healthy relationship you:

- really like and enjoy each other
- trust and respect each other
- are honest with each other
- can be 'yourself' and don't have to put on an act
- keep communicating and listening to each other
- can argue or disagree without fighting all the time
- can both say sorry
- are not jealous of friends of either gender
- don't have to spend all your time together and can have holidays and days off separately or together
- are not sarcastic about each other
- don't make jokes that are disguised digs or criticisms
- each behave as if the other was in the room, even if you're at separate parties
- each keep outside interests and friends
- put each other first in family disputes or negotiations with in-laws
- don't read each other's private phone logs, computer history, mail or financial statements (although finances can be different when they're intertwined; more on this coming up)
- have some, not all, things in common
- understand that there'll be some bad times, but you won't automatically feel like breaking up whenever there's a disagreement or a 'bad patch'.

## 💜 Being patient & careful with partners

The author of *Eat Pray Love*, Elizabeth Gilbert, shares some advice in her sequel, *Commitment*, from her fiancé, Felipe, who says, when they're stranded somewhere in a strange country, 'These are the times, when people get tired like this, that fights happen. Let's just choose our words very carefully until we find a place to rest.'

None of us is likely to be travelling in Tuscany with a movie-star-style boyfriend who dispenses such pearls of delightful wisdom, but the advice to be extra careful holds true for other stressful situations, such as 'normal' daily exhaustion when you have babies and toddlers, hot weather, family functions coming up, Christmas and New Year, when someone is hungry, and when work or family demands make you feel overtaxed, as well as the more recognisable one-off stresses in times of grief, unusual great worry or illness.

## 💜 Compromises in relationships

Relationships shouldn't ALWAYS be hard work, and it shouldn't be only one partner who does the work – or makes all the 'compromises'.

A compromise doesn't mean a guy has to give up his love of playing sport on the weekends forever. It means he'll cheerfully miss a couple or a few games for important family things, and arrange some childcare cover for the odd Sunday so his partner, too, can have some child-free hours to play with her friends. It means he then doesn't whinge when his partner wants to do a Sunday-morning course in making handbags over winter.

## How to Argue

### 💜 Use reflective listening

'Reflective listening' hints include saying things such as:

- 'I see what you're saying.'
- 'I can understand that.'
- 'I can see where you're coming from.'
- 'I hear you.'
- 'So you're saying . . . (repeat their point)'.

Conciliatory statements can also help:

- 'I didn't realise you felt that way.'
- 'I'm sorry, I didn't understand what you meant before.'
- 'Can you tell me how you'd like it to be?'
- 'I want that, too. How can we work out how to get there?'

## 💜 Watch your body language

Be aware of body language that can be rejecting or frightening, such as:

- crossed arms
- turning your body away
- an angry face
- accusing, pointed fingers
- dismissive sweeps of the arm
- threatening raised arms
- hands bunched into fists for any reason.

Some men who are not violent don't realise that because they're unfamiliar, or because of past family or other experiences, expansive hand or arm gestures during an argument can be seen as aggressive or cause fear and flashbacks for women. Once this is explained, a good bloke will understand and work to change his behaviour.

## 💜 Identify the disagreement

Step back, look at the argument and see what the important part is – and which parts can be 'let go'. Is the argument really about him leaving things in the sink (which he thinks is trivial) or is it about the cumulative effect, the fact that you don't want to 'nag' him about it any more and feel disrespected when you've asked him politely so many times? In which case, you need to say, 'I feel ignored and disrespected when I've asked you so many times. Every time I see all your dishes in the sink instead of in the dishwasher, it feels like you're saying, "I don't care what you want, I'm going to deliberately put this here instead." '

## 💜 Acknowledge your faults

Try these:

- 'I'm sorry I didn't say anything about this before.'
- 'I was wrong to shout at you.'
- 'I wish I'd explained myself better the first time.'

## ♥ Be clear on the suggested solution

Be specific. Instead of expressing a vague anger about 'not pulling your weight' or 'being lazy', identify the problem exactly and say how you'd like it fixed, with a please. See Chapter 34, 'Making a Home', for hints on more harmonious housework.

### MORE INFO
### on building a good relationship

**relationships.com.au**
**Advice Line 1300 364 277** From the main page of this non-profit organisation part-funded by the Federal Government, search 'managing conflict' for info on healthy ways to express anger or resolve issues. Couples counselling is also available: choose 'What We Do', then 'Courses'.

**Family Relationship Advice Line 1800 050 321**
The Federal Government hotline for referral to counselling to improve a relationship, or for people considering separation, or who have separated.

**menslineaus.org.au**
**MensLine 1300 789 978 (*24 hours*)** Non-profit confidential helpline for men with family and relationship concerns.

**relate.org.nz** Relationship Services Whakawhanaungatanga is a non-government, non-profit agency giving counselling and support to any Kiwis. Choose 'Contact Us' for details of local offices.

**Why Marriages Succeed or Fail: And How to Make Yours Last by John Gottman** Marriage researcher and psychologist Professor Gottman claims to predict which relationships will last. He says criticism, contempt, defensiveness and withdrawal are the key warning signals. Happy moments should outnumber unhappy five or more to one.

**Penguin's Poems for Love edited by Laura Barber**
Love poetry, from Shakespeare to Dickinson.

## ♥ How to say sorry

No matter how compatible you are, sometimes, somebody's going to have to say sorry – and it shouldn't always be the same person for the same thing. Each partner should be able to say sorry and mean it – not the sullen, stone-kicking 'sorry' of a kid made to say it by a parent, who doesn't mean it and will do the same thing again in a minute. Not the petulant non-apology 'sorry' of the thug footballer who says, 'I'm sorry if hitting my girl-friend offended anybody.' Love the 'if', dude. When there's an 'if', it's code for 'I'm apologising, but you're being unreasonable, or at the very least a bit unpredictable and maybe too sensitive'.

There can be a big difference between apologies. While 'I'm sorry, I didn't mean to hurt your feelings' and 'I'm sorry that hurt your feelings' both acknowledge and apologise for a hurt, even if it was not intended, 'I'm sorry if you were offended' suggests some astonishment that this is even possible. 'I'm so traumatised by what I did and feel so terrible about it' is also a bit too 'This hurt me more than it hurt you'. 'Sorry about that, but let's put it behind us, let's be friends from now on and forget all about it' doesn't leave much for the apologisee to do. The apologiser may as well have apologised to thin air.

Men, it's said, find it harder to apologise, especially for something they didn't mean to cause offence or create a problem. In other words, they feel that apologising can be a way of admitting that they were a fool or saying they deliberately did something wrong. Many blokes will find it easier if you negotiate the ground rules of saying sorry and explain what's expected: 'I'd like you to apologise sincerely for what happened and how it made me feel, even if you thought you were just being funny. Whether or not you meant it to humiliate me, that's how I felt. I'll accept your apology in good faith. I won't keep bringing it up as proof or a confession to use against you. I don't see it as winning. I see it as you making a sincere gesture to me.' A guy who can't pony up an apology under those circumstances is a dick, and you'd best start detaching.

An apology sent by text or email is only acceptable if there's no way of saying it in person or over the phone, with a human voice (as opposed to sucking on some helium beforehand).

A person who has hurt somebody else's feelings or made them feel humiliated should show genuine remorse. And their apology should be accepted gracefully.

### 💜 How to accept sorry

A well-meant apology, even for something very hurtful, should be accepted with grace and finality, unless you don't wish to accept it at all. There's no need for a continuing festival or avalanche of apologies. But if the attitude of the apologiser turns out to be 'I'll just keep doing that same thing over and over then apologising', then you may need to extricate yourself.

## Living Together

The problem with deciding to live together is that it can mean you drift into a 'de facto' relationship (the legal Latin term for living together, also known as 'common-law marriage') without having sorted some stuff out first. See 'A Checklist for Moving In or Getting Married', coming up.

### 💜 Living together & the law

You can't assume that if you've been living together for two years then you own everything equally. The law varies in each state, and depends on individual circumstances, inheritance laws, whether possessions were 'brought' to the relationship, whose name is on which documents, and other factors. (Federal law now requires gay partners to be covered by most inheritance and superannuation beneficiary rules. But as gay people are still discriminated against and unable to legally marry, other financial matters may be complicated.)

You need to ask each other:

- Who owns what?
- Who's contributing to what?
- How do we want things distributed if one or both of us dies (you both need wills)?

Otherwise, there could be an unseemly struggle with your partner's other relatives or a lot of confusion.

If you intend to stay together 'forever' or have been together for two years or more, you'll need:

- a valid will for each partner
- medical power of attorney for each other
- financial power of attorney for each other
- joint names on jointly held assets, subject to legal advice.

It isn't always the same legally and it isn't the same emotionally unless you've both made promises to each other, so it's important to know where you stand in both realms.

### 💜 A checklist for moving in or getting married

Some organisations run sessions to help couples iron out any difficulties before they're married or living together. These include Relationships Australia, private local relationships counsellors (see your GP for a referral), and some ministers who officiate at weddings, who do religion-based sessions. You may want to pick your counsellor, or clergy, carefully, to make sure your ideas coincide.

Here's a DIY checklist to see how both partners feel about some important things. It's not a quiz or a compatibility exam or a list of things you have to agree on, just a basis for discussion and checking whether you really know how the other one feels.

#### Philosophy

- Which are the most important political issues for you? How do you feel about immigration? Women's rights? Religion?
- Can you respect each other's views even if you don't share them?
- Do you want to be married? Why, and when?
- What promises should you make to each other?
- How do you feel about children?

#### Caring

Look at your partner, and into your heart.

- Would you look after them if they were sick or injured? Would they look after you?
- Would you put each other first in disagreements with outside influences?
- Do you both see your relationship as a team rather than two people who connect in bed?
- If you went to a party full of handsome and interesting people, would you still want to come home with your partner?
- Have you been through a bad or boring patch and come through feeling stronger together rather than just cross or worried?
- When you argue, do you think about it in terms of winning or losing?

## Consultation

- Which decisions will be made individually and which together?
- Will you always holiday together?
- What will you save or spend together, with what aim? (See 'Finances', below.)

## Family

- Which family patterns might you be repeating?
- Are you marrying your mother? Are you marrying your father?
- Will you be expected for Sunday lunch at the in-laws forever? What about Christmas?
- Will in-laws be given a key to your house?
- Does your 'mother-in-law' expect to still do your partner's washing?
- Does your partner put their parents before you? Will this change over time or after marriage?

## Children

- Do you both envisage having children? When? How many? ('One day', 'soon' or 'not many' can mean different things to different people.)
- Would one parent stay home for most of the first few years or would you try sharing the roles?
- Would the children be sent to predestined special religious, cultural or educational institutions?
- How would kids be 'disciplined'?

## Sexual compatibility

- Are there any niggling squeaks that are likely to become roars, including whether you enjoy kissing? Can they bring you to orgasm (and do they want to)? Is it all wham bam and not a lot of thank you, ma'am? If you're too embarrassed to talk about it by gently suggesting some alternatives, you shouldn't be signing up for years of the same.
- How does each of you define monogamy and your expectations of the other's behaviour?

## Finances

How will it work? Here are some ways I know some couples sort out their finances:

- Man pays for everything.
- Woman pays for everything.
- Man gives woman a credit card.
- Woman pays for everything and gives man a debit card on her account.
- Woman uses calculator to work out the percentage of each person's wage that should be spent on entertainment or rent and deducts exact amounts from partner (who earns less than she does).
- Two women keep all finances separate and even do separate food shopping, with name labels on the butter in the fridge.
- Man insists that wife pays for any childcare or a cleaner out of her own money because it's her 'job'.
- The couple has joint accounts, or separate accounts and no knowledge of how much the other has.
- Woman checks every purchase her husband makes.
- Man insists on paying household bills and 'paying wife' by putting cash in hand.

See also the checklist of 'Financial Things to Sort Out Before Living Together or Merging Money' in Chapter 36, 'Managing Your Money'.

## Alcohol & drugs

Ask specifically:

- How many drinks do they have in an average session?
- How many times do they get drunk in an average week?
- Which drugs do they take?
- How many times do they get stoned in an average week?

In other words, specifics. One chap I know who describes himself as a 'light drinker' has eight stubbies a night. It's 'light' because it's beer, not spirits, apparently.

## Housework

- How much housework would your partner do?
- Do they see it as offering to 'help' you around the house, rather than an equal responsibility? Is that okay with you?
- Do you need to teach them how to wash delicates and hang clothes on the line?
- Who'll cook? Who'll clean? Who'll do all the scheduling and planning and send the birthday presents and cards to both sides of the extended family? (See Chapter 34, 'Making a Home', for info on live-in partners and chores.)

## Decorating

- Are you going to 'combine' furniture?
- Does he want to keep his hideous couch, which is covered in dog hair?
- Will he have to hide the footy trophy cabinet?
- Will he be happy with a frou-frou bedroom?
- Talk about it now, not after.

## Marriage

More than 230 000 people get married each year in Australia, and on average a little over half of them are married by religious ministers, the rest by civil celebrants. Up to three-quarters of the couples will have lived together before the marriage. And roughly a quarter have been married before. Overall, not as many people are getting married as in the past. The average age to get married is about 31 for blokes and 29 for women – this average age is on a slight rising trend, but most people are married, especially for the first time, in their 20s. Spring weddings are most popular, followed by autumn, followed by giant horse-drawn pumpkins.

## ♥ 'How do I get him to propose?'

If you're wondering 'How do I get him to propose?', get yourself a toasting fork for prodding. Or simply ask him what he reckons. Or ask him to marry you. Or tell him you want him to ask you to marry him. Some blokes are scared to ask in case you'll say no. Others don't want to get married. You'll never know which yours is until he tells you, unless you have your own psychic detective program on TV, a brain scanner and a . . . no wait, that doesn't work either.

### SAME-SEX WEDDINGS

Gay couples are unfairly prevented from legally marrying in Australia, but that won't stop you from marrying overseas or having a lavish commitment ceremony here. Some governments will recognise a 'civil union'.

**MORE INFO**
**on gay marriage**

**australianmarriageequality.com**
Lend your support.

## ♥ Do you want to get married?

Before you plan the wedding, ask yourself this question and supply the answer you think your partner would honestly give: if there was suddenly a law that said you couldn't get married, would you still stay together? In other words, is it the wedding you want, or do you want to live with this person for the rest of your life, and maybe have children, or survive together the grief of wanting to have children and not being able to? Are you committed to always considering this person's needs as well as your own until you die? Do you want all of that more than you want to have a wedding? Or do you want a kick-arse wedding more than anything because you've spent years planning it in your head?

## ♥ Wedding etiquette

Break the wedding etiquette rules by all means, but here are some to be aware of:

- Don't ask for specific gifts, money (or 'unboxed gifts', which means money) or contributions to the honeymoon or include a registry list in a wedding invitation. Such a preference can be passed on verbally or put on a website if anybody asks.
- Don't require people in your wedding party to buy expensive clothes they won't ever be able to wear again or to host expensive pre-wedding functions.
- If you have a 'destination wedding', don't be churlish if people can't come, especially if you invite children (extra expense) or don't (difficult childcare arrangements).

### Wedding guest etiquette

- Wedding invitation recipients cannot bring a date or a friend unless their invitation expressly asks them to bring a 'plus one', or their date received their own invitation.
- If the wedding couple haven't invited children or other people you think should be there, don't complain. If it means you can't go, then send your regrets and sincere best wishes.
- Don't get fally-over drunk.
- Don't wear anything that could be construed as a wedding gown or something that would upstage the bride. Or black.

- Never say you won't go if somebody else will or otherwise complain about invitees or seating arrangements. If you're not the bride or groom, then it's not about you.
- Don't pash the groom.

## 🖤 Bridezillity

Your wedding should be more about the long-term success of a healthy, happy relationship than the colour of something on one day of your life.

Horrible Bridezilla behaviour includes:

- insisting you make all final decisions
- using guilt, anger or tears to get what you want
- whingeing
- caring what size your bridesmaids are
- telling people what gifts to give you.

Men tend to be less interested in wedding planning than women but some are, and the groom's mother may be very interested in helping to plan his wedding. Full, frank and respectful conversations from the start are a must. If a groom sides with his mother and against you on everything, seriously, call off the wedding.

If a relative believes they have the right to make decisions about the wedding because they're paying, you can say thank you very much but you've decided to cancel that version of the wedding and pay for your own. Have a party in the park.

## 🖤 Cold feet & wedding nerves

Most people feel nervous about weddings, partly because they want everything to be 'perfect', which can be a recipe for certain disappointment (nothing is ever perfect). Another reason is most people are scared of public speaking and being the centre of attention, even for a good reason, and also, well, it's a huge commitment and life-change. Big change is almost always stressful in some way.

Very good reasons for postponing or cancelling a wedding include:

- Your partner has suddenly or cumulatively shown signs of controlling, abusive or violent behaviour.
- You don't mind the idea of the wedding but you don't like the idea of being married to them forever.

- Getting married is an idea that's being pushed from outside the partnership.
- Your wedding plans are being hijacked by a relative or in-law and your partner won't support you in the conflict.
- Other people think it's 'time' you got married but you're not fussed.
- You love him but you don't like him.
- You like him but you don't love him.
- You love him but you've never been in love with him.

Bad reasons for going ahead with a wedding include:

- It would be embarrassing to cancel.
- You'd lose the deposit.
- You'd have to give the ring back and you want to keep it.
- You don't want to hurt his feelings.

## 🖤 Beware of post-wedding slump

The more extravagant the wedding, the more likely you were focused on that instead of what married life might be like. The inevitable exhaustion and post-stress let-down straight after the wedding can cast a pall over even the honeymoon. The higher your expectations for a 'perfect wedding', the more likely you are to see a tiny niggle (your garter belt didn't match the ring-bearer's cummerbund) as a 'disaster'. Financial reality and debt worries can also set in after an expensive wedding. After being a princess for a day, make sure you don't feel like the scullery maid forever after.

### MARRIAGE: BAD FOR WOMEN?

'Surveys' consistently find that men are happier and healthier when they're married, but that women tend to be more dissatisfied and do more work when they're married. Possible explanations include that women tend to make their husbands go to the doctor for check-ups and make them eat better. And that women whose husbands don't share their feelings or the housework can get resentful, simmering away doing the 'double shift' of paid work and running-the-home work, asking for things to change, getting fed up and then one day saying, 'I'm leaving', whereupon the husband replies, 'Huh?'

The only antidote to this scenario is to talk, and explain, and agree on rights and responsibilities.

## ♥ Sexual compatibility in partnerships

One of the contributors to a happy partnership is that both partners have a similar sex drive and are happy with how often they have sex. See Chapter 32, 'Sex', for more, including info on mismatched sex drives and how to spark things up.

## ♥ 'Maiden' versus married names

See Chapter 35, 'A Fair Go for Women: Are We There Yet?', for this, including quotes from women saying why they did or didn't change their name.

## ♥ Wedding anniversaries

The original anniversary 'present list' (with first year paper, 50th gold) and the contemporary one (first year clocks, 50th gold) were both compiled by public librarians based on retailer suggestions and traditions.

### MORE INFO
on anniversary gifts

**en.wikipedia.org** Search 'wedding anniversary' on Wikipedia for various present lists.

**theromantic.com** Cheesy and cute anniversary ideas.

# Enjoying single life

I've only just now, at age 36, found *me*! Before it was always about relationships or the man, and I never had time for me. I love cooking what I want when I feel like it, and never having to explain where I'm going or where I've been and when I'll be home.
NIKKI, 36, METFORD

I like being single, with its focus on independence and freedom, but that's not to say that I won't enjoy being in a relationship whenever it happens.
RACHAEL, 36, HAWTHORN

I can't imagine being in a relationship. I generally feel stifled and prefer to be on my own.
CHERRY, 26, WOLLONGONG

I'm single by choice. I don't really want to be tied to a place or commitment. I'd like the company from time to time, but not all the rest that comes with it.
JESS, 29, RICHMOND

I think I always knew I'd stay single, even in high school, when other girls were buying bride magazines and planning their wedding day. ANNE, 38

I'm very happy being single. I love relying on myself to achieve my own goals and I'm very independent. SARA, 31, MOSMAN

I want to live my own life, but it'd be a lot easier if relatives/friends stopped looking at me with pitying faces. SKY, 19, WARRNAMBOOL

I *love* my independence. And if any power freak tries to take it away, I get very angry. AMELIA, 83, MILDURA

No mess, no cleaning up after someone else, no watching footy, no need to cook every night, no arguing about who should be doing what around the place, no putting the toilet seat back down!
KRISSY, 43, SPRINGVALE

It's nice not to be bossed, to be able to do what you like. Dogs are nice.
CAROLINE, 61, KEW

I love living on my own, but I think you need to have a full and busy life. NELL, 46, MT ELIZA

I love living alone. I find that I've become more social with my old friends and new acquaintances. My home's my sanctuary, so when I'm out and about I can always be happy and chatty.
EMMA, 25, DARLINGHURST

I love my home and I think it's important to celebrate your success at providing this for yourself if you're on your own. I'm proud of my resourcefulness.
ELIZABETH, 46, LEICHHARDT

> 'I love living alone. I have no idea how I tolerated housemates or family.'
> CHANTELLE, 26, KINGS PARK

I love being single. I was in a relationship but was seriously unhappy. We broke up and I've never been happier.
NOELLE, 18, LEONGATHA

I assumed I'd marry and have kids, but as the years went by I started to enjoy my independence more and more. Now here I am, blissfully content. Be involved in activities other than work. Enjoy your friends. Enjoy your realm.
ANON., 52, PERTH

It's great being single. You get to do whatever you want, whenever you want. Enjoy the peace and quiet.
LEXI, 29, PAKENHAM

I live alone and I *love* it, but financially it's very, very tough.
BELLA, 40, GLENHUNTLY

Freedom to please myself is an indulgence never before experienced, after 50 years of living in my family of origin and then 'our' family of seven. VIRGINIA, 74, ALBURY

I'm not single, but I used to be. I enjoyed it. I felt independent and sassy, like the star of my own movie. I love my partner, but I miss suiting myself. GINGER, 40, CLIFTON HILL

There are far too many idiots out there and I want nothing to do with them. BRON, 39, ELLIMINYT

I love the freedom I have. I love being able to eat what I like, dress how I like, watch what I like, go where I like, sleep in the whole bed, decorate my home how I like, etc. It's the best thing I've ever done. I relish my independence every day and love, love, love living alone. JILL, 52, SYDNEY

You dress, eat, act and go anyway you want. I used to think living alone meant I'd be lonely. But I have a huge array of friends on the internet I talk to all the time.
MOZETTE, 35, LOGAN CITY

The only thing I don't like about being single is package holidays are designed for two people, and you can't get a 'small' pizza delivered. Don't give in to farting willy-nilly.
KELLY, 37, RICHMOND

If you're single and enjoying life, then don't feel the need to have a man around just because society or peer pressure says so – just be happy with yourself. JEAN, 56, JACANA

Sometimes married friends can ask too many questions about why you haven't found anyone or wonder how you can be so happily single.
HELENA, 40, FREMANTLE

Being alone is a delight. I'm probably happier and saner than most people I know. SOPHIE, 58

# CHAPTER 29

# Happily single

There's nothing more tempting to a member of the Annoying Association of Unsolicited Advisors (AAUA) than the presence of a single woman. The Single Woman is a beacon. Clearly her very existence means she must want public attention brought to her situation, she must be peppered with questions and advised on what she's doing 'wrong' and how to end the frightful tyranny of singledom through modifying her behaviour, standards, grooming, attitude, personal philosophy, priorities, wardrobe, eating habits and anything else they can get a hook into. In fact, for lots of women, being single is an enjoyable interlude or a lifestyle choice. Others struggle. Here's why.

See Chapter 25, 'The Family You Make', for info on being a single mum.

## What a Single Woman Needs

A woman without a partner needs:

- for people to stop giving her unsolicited advice
- a few 'comebacks' or 'squashing remarks'
- to define how she feels about herself and her life so that if she has a partner in the future that's good, and if she doesn't that's okay too
- to decide for herself whether being single is a better alternative to what she sees out there
- as much in the way of insurance, retirement plans, financial security and knowledge as she can get together (see Chapter 36, 'Managing Your Money') and a financial institution with staff who don't discriminate against single women.

### 🐦 Assumptions about single women

There are some brainless attitudes towards single women, including the assumption that they're single by choice; they've been 'left on the shelf'; they're too 'picky'; they're 'selfish' because they've 'chosen not to have children' or pitiable because they 'missed out' on the chance to have kids through timing or fertility problems; they're sad; they're desperate for a partner; and they'll die alone and be eaten by their cats, most of whom will be shaking maracas. Piffle. (See '"Settling" versus Being "Picky"' in Chapter 27, 'Flirting, Dating & Choosing', earlier.) Assuming that a single person is unhappy or happy or has deliberately chosen to be single or hasn't is just as silly as assuming that every married person is unhappy or happy or predatory or was 'pursued' or is a cat-hater.

### POSSIBLE RESPONSES TO 'WHY ARE YOU STILL SINGLE?'

#### Amusing
- 'My net is broken.'
- 'I'm working for a secret Federal Government department called the Ministry of Picky.'

### Gently warning
- 'Let's agree not to offer advice about each other's love life, or I might fall under this banquette and die of boredom.'

### Conversation-ending
- 'I'm having a break from romance, and from talking about it.'
- 'Tell you what, you'll be the first to know if there's any news.'
- 'That question's out of bounds. There'll be a throw-in from the boundary line. And the new topic of conversation is . . . ?'

### Confusing
- 'Ask Jasmine, she had it last.'
- 'About half past three, I think.'
- 'That is *so* true, and I love what you've done with your hair.'
- 'The Deputy Prime Minister and a fish casserole, apparently.'

These are good if you're able to wave gaily with a smile and slip out the door, leaving them mystified. (Even more mystified than they are usually.)

### Deflecting
- 'Oh, we'll get to me in a minute. Howyrrryorrrr?'
- 'That reminds me, how are Grunter and the kids?'
- 'Wait, before we get to that, have you SEEN that new movie/my boss's nostril-hair plait/Leticia lately?'
- 'Wow! Where did you get those SHOES?'
- 'You know, I'm asked that so often and it really got me thinking – why did you get married/start living together/decide Pooky was the one for you?'

### 🐦 Good things about being single

Being single allows you a few luxuries that include, but aren't restricted to:

- You can literally please yourself.
- You have time to think and plan.
- You can flirt with who you want when you want, and go on as many dates as you want.
- You can focus on other things.
- You can plan great girls' nights in (or out).
- You can be dedicated to and recognised for your work and mentor others.
- You can help children whose parents are not

always there for them, or who need other people to relate to and talk to.

- You can explore creative and spiritual pursuits.
- You have more time to enrich your life with performance, literature and other art.
- You can conduct a thoughtful life, lived in terms of what is right and good for you rather than having duties that may conflict.

## Are You Lonely?

Single women are often assumed to be lonely. Everybody gets lonely sometimes. Being lonely a lot, or most or all of the time, needs action, but being lonely sometimes is a normal part of life for a single person, just as sometimes craving solitude or peace is part of a family person's life. Nobody has a perfect life. For every single person who craves sexual contact, there's a married one who hasn't had sex for two years. And the loneliest person of all is lying next to somebody every night in a bad relationship.

If you sense that a query about loneliness implies you are to be pitied, it's worth saying straight out, 'Don't feel sorry for me. I have a great life. I do feel lonely occasionally, just as I imagine most marriages don't mean full-time ecstasy.' It can be useful to turn the question around and ask married or involved people (politely), 'Do you ever feel trapped?' or 'Do you ever feel that you can't do anything really well because you're torn between work and family responsibilities?' or 'Do you ever just want to get away by yourself?' or 'Do you ever wish you could just decide something on a whim and walk out the front door without needing to inform or ask somebody else?' These conversations should be gentle and illuminating for everyone, not a sniping war about who gets the rawest deal.

### 🐦 Missing sex when you're single

Some singles are relieved not to have to negotiate sex any more. A lot of people don't mind being single but really miss sex. There's no way to tell if they miss it more than women whose partners have gone off sex, or more than women who have a family miss solitude and carefree independence. Anyway, it's not a competition. It's a cliché, but it's

true about the doughnut: you can focus on the hole, or you can focus on what you've got.

If you're single but want a child, see also Chapter 18, 'Pregnancy Thoughts & Decisions'.

## When Being Single Sucks

Yes, there's no getting around it. Sometimes, for some people, being single feels horrible, and against nature, and kind of pointless. I'm not saying that you should snap out of it by joining a canasta club or putting on a 'happy face', but sometimes aspects of life do, actually, suck. You might want to punch me in the face after this sentence – because who wants to hear that some people have it worse when you're feeling miserable, or some Pollyanna saying 'Count your blessings'? – but you're not a Third World coalminer or a woman living in a Congolese war zone. (You'd rather compare yourself with a supermodel who has a holiday house on the coast of Portugal? Me too.) But being single *in itself* is not a tragedy.

If being single is making you feel horrible, try tackling the symptom first – is it being at a loose end too much? Is it finding the weekends hard? Not feeling important in other people's lives? Being bereft of children? Could you try issuing a couple of social invitations, doing a class, starting a ritual on Sundays, or volunteering as a mentor or otherwise hanging out with kids?

### 🐦 The 'you complete me' lie

Nobody is incomplete, waiting for another person to provide the last piece of the puzzle. Nobody is an empty vessel waiting to be 'filled' by one perfect other person. We all get different things from different people – laughs, comfort, sex (or not), companionship, shared jokes about the past. Think of your family and friends as part of your vivid and still-growing life. You're not one person looking for one person. You're one person sustained by and important to a lot of other people.

### 🐦 Worries about the future

'Who'll look after me when I get old?' isn't a worry confined to single or childless people. The situation is much more complicated, for everyone. Having children is no guarantee of them

# Possible drawbacks of being single

## Missing sex

I've been single for a year. Sometimes I miss sex and intimacy, but I'm enjoying the lack of complications and my regained sense of self.  LORI, 29, EAST BRISBANE

I *hate* being single! It's soul-destroying. I'm a second-class citizen, not included in dinner parties, etc. And no sex!
JILL, 50, MARGARET RIVER

'I can live without sex.
What I sometimes wish
I had, though, is a life
partner, somebody to
share with and to be
by my side.'
JANE, 41, MELBOURNE

## Unhappy singles

I don't like being alone. There are, however, worse things in life, like living with a selfish, abusive husband.  LIZ, 34, LEIGH CREEK

Talk to your girlfriends who are struggling to find time for themselves when they have husbands and children to cater for. Go out and do things.
PAMELA, 45, CANBERRA

Being single wouldn't be so bad if I wasn't living with my ex.
TERI, 27, ROCKHAMPTON

It's hard. I haven't got that someone to share my baby with and I find it hard to go out, so I don't get much adult time.  JUSTINE, 30, ECHUCA

I don't like it. I miss someone to hug up to and talk to, but there are other benefits, such as not answering to someone and being able to feel comfortable in my own home.  AMANDA, 32, GOONDIWINDI

It's fucking hard to be single with two little kids.
SALLY-MAY, 38, MONT ALBERT

---

I can't believe this is where I am. This wasn't my plan. I was supposed to be happily married, staying at home looking after my gorgeous children.
CINDERS, 31, MT MARTHA

'I feel like
a nobody.'
KAREN, 45, ST CLAIR

I'm not enjoying my singledom as much as I did in my teens. I guess when your biological clock starts ticking it's harder to feel comfortable about being single. When you're happy alone, good things come.  FIONA, 30, US

I live alone with my 4-year-old child. It's hard not having someone in the house to share adult conversation with. Actually, just the whole alone thing is really hard!
ASHA, 38, NEWCASTLE

'I can't give good advice
on being single, as
I hate my situation.'
KAREN, 38, MELBOURNE

I hate it, but I never meet anyone and it's too scary anyway.
PENNY, 47, JANNALI

## Being single & growing old

I don't mind being single, as I have a wonderful family and a great circle of friends. I think I'd like to have a partner when I get older and I'm retired.  JULIE, 45, BRUNSWICK

Having been a widow for 15 years, I don't like the idea of losing my independence.
ANNABELLE, 60, RIXMAN, US

Financially it's hard, as the whole economy seems to be designed for a double income. Have lots of good girlfriends – it certainly helps.
SHANI, 45, BLUE HAVEN

---

## Loneliness

It's very lonely. It's tough work doing everything on your own.
SHELLY, 32, HOBART

I've been single for three and a half years. I actually like it and only feel lonely occasionally.
BECK, 40, SOUTH COOGEE

'I'm lonely. I look
forward to extending
my network and
friendships, getting
around to dating – and,
most of all, having fun.'
TALULAH, 54, DULWICH HILL

I'm sad. I really want to find someone. I know if I try too hard I'll never meet 'the right one'. I just want someone to cuddle with. I'm afraid I may never get to experience this.  PAULA, 24, MALVERN

It gets lonely sometimes.
MARGARET, 76, ARROWTOWN, NZ

I left my husband after 30 years. It was hard but I'm better off. It's lonely at night. You need a big circle of friends.
BARBARA, 66, RINGWOOD EAST

I'd love to have someone to go to the movies, camping, walking, dining with, just to hang out with. I get very lonely and depressed. I don't like to intrude on friends.
ANNE, 52, SEYMOUR

'Sometimes I feel
liberated in that I only
have to account to
myself. Other times I'm
desperately lonely and
depressed.'
SUSAN, 65, BATEHAVEN

I'd like a partner now, please.
AMY, 27, MELBOURNE

I'm a nurse. I choose to do evening shifts because I'm too lonely at home on my own now that my husband's died.  SHARON, 56, BRISBANE

surviving, looking after you or even living nearby when you're old. Some elderly people are adamant they don't want their children caring for them. Because families can be complicated, and there can be many remarryings (or re-partnerings), one adult 'child' may end up with their responsibilities (if they see it that way) stretched between several parents, step-parents, mum's ex and a posse of grandparents.

And as for all those married couples – there's no guarantee one of them won't end up alone, either. In being 'alone' and old, you won't be alone at all. They're going to have to build a giant canoe for all the people in the same boat.

Maintaining healthy family relationships and friendships and a sense of neighbourliness, as well as luck, can have much more to do with whether you're 'alone' in old age than how married you were or whether your grown-up children live nearby. As 'the population ages' – meaning there'll be more old people around – there'll be new ways of dealing with it.

The best investment for your future is knowing your area or social group, saying hello and making connections with neighbours and friends, at local cafés, hairdressers and shops, and with a local doctor, as well as keeping up connections with younger relatives and friends you have a good relationship with. Some single people would enjoy moving in with friends, others would want to stay on their own as long as possible because they like it that way. Many people have an online network they rely on.

Many older women who are widowed, or have broken up with partners after the age of 60, choose not to live with somebody again, often even not to 'look for' a boyfriend or partner. While acknowledging the pain or necessity of their loss, they enjoy their independence and find it easier and liberating to be responsible only for themselves and for making decisions about their lives. They often have vibrant interests and sustaining friendships, and they're happy looking after their own finances, even if they have to learn how it all works. In general, older men may find it harder to be content with staying 'single' because they're more used to being 'looked after' and having all their emotional needs met by only one person.

## Protecting Your Finances When You're Single

In worst case scenarios, older single people can be seen as 'soft touches' for financial help. As you get older, talk to an advisor about setting up a system where you're paid a certain amount each week from your superannuation contributions or government benefit, while any other money is 'tied up'. That way you can honestly say, 'I don't have any spare.'

Don't forget, a single person may have extra need of spare money later in life. Financial achievement is easier for couples because there's more of a chance of two incomes, and of one person supporting the other in decision-making and planning. You can 'give' to the community and relatives with care, time spent together and volunteering. It's okay not to donate or lend money. Make sure you get independent financial advice and you understand it. See Chapter 36, 'Managing Your Money', for more.

## Legal aspects of being single

You should have:

- a current and valid will, or the state will decide who your money goes to (usually but not always, depending on local laws, this means everything goes to anyone you're legally married to, or is equally divided among any children or, if there are no children, equally divided between your parents or, if there are no living parents, equally divided among your siblings)
- an enduring medical power of attorney to a relative or friend you trust to make decisions about medical treatment and end-of-life decisions
- an enduring financial power of attorney to a trusted long-term friend or relative who can step in if you can't make decisions for yourself.

There's more on wills and powers of attorney in Chapter 24, 'The Family You Come From'.

## Singles Advice

Be careful of books and websites with articles about being single: most of them are really variations on the mostly rather tiresome 'how to find a husband' books reviewed in Chapter 27, 'Flirting, Dating & Choosing'. Many of these focus on looking for 'flaws' in yourself that might 'scare someone off': are you too bossy, too nice, too clingy, too flaky, too loud, too timid, too positive, too negative, too hung up on your ex, too picky, not picky enough, too focused on work, not taking care of your appearance? Do you have annoying parents or ex-boyfriends or mean friends who are off-putting? All those things may be worth looking at for anyone – so we can feel happier and mentally healthy for our own sake, but not so we can 'get a man'. I wonder how many blokes would examine, accuse or change themselves so critically in an effort to find 'The One' (a dangerous concept to have in mind anyway and something that only ever becomes clear in hindsight).

The author of *Marry Him: The Case For Settling For Somebody Good Enough*, Lori Gottlieb, points out that women shouldn't expect perfection and that she ended up single because she was too picky about looks and attraction. Even more bizarrely, she blames 'feminism' for this because it taught girls they could survive without a husband. Life isn't over yet, Lori. See what turns up on the book tour. I can't help seeing this as a grass-is-always-greener book. Yes, being single sometimes sucks, but it sure beats being trapped.

# CHAPTER 30

# When love goes wrong

What would the pop song industry be without the 'He Done Me Wrong' song? Not to mention the 'Whoops, I Picked the Wrong One' ditty; the instrumental version (with strings) of 'My Heart Is Like Your Baggage Carousel'; the reggae-tinged dance-floor staple 'The Cheatin' Lyin' Bastardy Bastard Head, the Bastard'; the 'How Do I Get Through the Heartbreak Without Doing Snotty Sobbing in Public' tune; the worldwide radio hit 'I Cheated on You Because I Was Drunk on Cough Medicine'; the kd lang influenced 'She Left Me at a Truck Stop on a Bicycle With No Bell'; and the award-winning country classic 'I'm Not Sure What Happened and It's Not His Fault or Anything, but It Just Didn't Seem It Was Going to Work Out, but I Couldn't Quite Decide What to Do About It, if Anything'? This chapter tells you how to recognise a bad relationship, what to do about it, and how to deal with break-ups and get over heartbreak.

# Relationship blues

Men are too hard to train, behave like children most of the time and want me to care for them like their mother. I get tired of picking up after him and asking for things to be done over and over.
BARBARA, 62, MARGARET RIVER

It makes me angry when someone says I'm nagging but I'm only trying to help!
GINA, 39, ALTONA MEADOWS

### 'My husband makes me angry every day.'
SUSA, 43, SOUTH FREMANTLE

My husband tries to copy his mother and be a control freak.
GEMMA, 42, YOUNG

My partner keeps telling me everything I'm bad at.
LOU, 25, ALBURY

My husband flippantly mentions my weight.   LINNY, 32, ST KILDA

My husband never says I look nice without me having to ask.
LORRAINE, 43, ROWVILLE

The 'hero' father of my children makes me feel like I don't have as much to offer my kids as he does.   SUE, 39

Too many people stay in bad relationships because they don't have the confidence to believe they can find someone better.
FIONA, 36, CHELTENHAM

### 'I broke up with the love of my life because he's hopeless and doesn't want kids. I don't mind being single now, but I'm terrified of being single in five years and not having kids.'
ELIZABETH, 29, MELBOURNE

I'm the one who's had to compromise on my life and career.
KATE, 40, MT STUART

I broke up with my last partner because he didn't want children. It felt like a huge sacrifice because I really loved him.
NUALA, 37, MIRBOO NORTH

I feel I've embraced family life whereas he's still holding onto his bachelor lifestyle at 48.
LINDA, 46, YARRAVILLE

I become a cricket widow, looking after the kids while he hangs out with his mates all day.
EDWINA, 33, MALVERN EAST

My husband has more or less always been the boss, which makes me unhappy.
NOLA, 64, SOUTH MELBOURNE

### 'If you're in a bad relationship and you know it, get out and live your life instead of living a lie.'
KAREN, 45, SALISBURY

Never in 17 years did he apologise to me for anything! It was very hard to take.   FRAN, 50, MENTONE

### 'I knew he was gay and I ignored it.'
LUCY, 31, ARMADALE

I stayed in my marriage a lot longer than I should have, but I was more concerned with being thought of poorly than with escaping and minimising the damage to me and my children.
SUSIE, 33, SUNSHINE COAST

My husband's reluctant to say thank you or sorry, and prefers to read the paper and do the crossword when he's at home to giving me and kids attention.
TRISH, 50, LOCH

My current relationship is terribly difficult because my partner is extremely difficult to live with but I'm trapped financially.
JULIE, 49, BAYVIEW

He worships me but I don't reciprocate. I don't have the same depth of passion that he has and it makes me sad.
LYNDAL, 50, WARBURTON

### 'It was very emotionally abusive. It became very difficult and I began to lose my sense of self trying to make someone else happy. I sought counselling, broke off the relationship and have since been on the road to recovery.'
GINA, 20, BERKELEY VALE

We're not on the same intellectual level – it's my compromise.
ISABELLA, 40

I hate having to always think of another person and discuss everything, even deciding which direction to walk – sometimes I just want to wander about.
AMANDA, 40, BRISBANE

I'm deeply unsatisfied. Although he's a wonderful 'provider' materially, he has a complete inability to communicate, and I've never felt more alone.
SANDRA, 29, BUDERIM

I wish he'd notice and appreciate me. After 10 years of marriage, I still want to be adored. At the moment we're just co-parents.
BELLA, 30, PERTH

### 'I just wish I didn't have to be his mother, his friend, his sex toy and his counsellor. Other than that, he's a great bloke.'
MARLENE, 50, BRIGHT

Never put up with an unequal, shitty relationship. Life's too short and you're too precious!
ANGELA, 40, PORT MACQUARIE

## MORE, PLEASE

Chapter 31, next, is 'How to Escape Control & Abuse'.

## A Bad Relationship

Everyone has their own version of hell, but there are some generally accepted unacceptable or distressing relationship characteristics.

Some possible signs of a bad relationship:

1. An unhealthy dynamic, including abuse, control, contemptuous attitudes, sarcasm, unkindness, sulking, 'punishing' behaviour, indifference.
2. One partner drops their friends.
3. Your friends and family universally agree your partner is 'bad for you' or they're worried.
4. Your partner is critical of you or doesn't seem to really like or respect you (or vice versa).
5. Your partner says they can't live without you, is too possessive and always wants to be with you (or vice versa).
6. One or both of you is very jealous.
7. One or both of you is making the other 'prove' their love by doing things they don't want to.
8. You bring out bad things in each other.
9. You fight a lot, disagreeing on nearly everything.
10. One of you expects the other to do all the earning or housework.

### TRUE STORY

A woman started dating a guy who never paid for anything. He lived with his parents, was unemployed, but spent money on his car, in which he'd sit outside her house and hit the horn when he wanted to see her. After three months he turned up drunk to her birthday party at a pub, with no present or card, and later hit another guest with a chair. He was arrested. She bailed him out of jail and he said it was all her fault. She told her friends, and I quote, 'The poor guy.'

### ❦ What do you want? When do you want it? (Hint: Now)

Everyone needs to identify what they want and not settle for less. If you're in a relationship that's 'wrong' but you stay in it because you hope it will get better, you're just wasting time. Being in a relationship in which change can happen is one thing, but 'wishin' and hopin'' won't even get you a couple of 'g's. If you ask nicely, and don't get what you want, go shopping somewhere else.

### ❦ Being accused of nagging

Many men (and no doubt lots of women) say the biggest annoyance in their relationship is being nagged. If you're cast as the nagger, it means something isn't working. Is there another way to conduct these negotiations? Ask the naggee how they want to be reminded. Ask them what they take responsibility for in terms of housework and handyman stuff. Would a list be better? (Chore lists for children can include gold stars for rewards. You may have to offer different incentives to a man. Or possibly not. See Chapter 34, 'Making a Home', for a detailed plan of chore sharing.) Ask yourself whether the thing you want will be achieved by nagging. If not, you have three options: stop nagging and put up with it; suggest and try other tactics; or get out of the relationship that isn't meeting your needs.

### RELATIONSHIP CRIMES

- Wearing matching clothes.
- Kissy-kissy baby talk and public icky nicknames.
- Bringing your partner to a guys' night/girls' night.
- Telling your partner your friends' secrets.
- Telling your friends your partner's secrets.

### ❦ Getting bored

Are you really bored with your partner or just bored with your life? What if they're bored with you? What if it's just a phase? What if they think 'boring' is good? Why not try separate holidays, parties and hobbies: then you'll have stuff to tell each other and you're not expecting them to fulfil all your 'needs'. Or, of course, your partner could be hideously tedious. I can't tell from here.

### ❦ Waiting too long to break up

We've all waited too long to get out of a bad relationship, or we've been cross because we wanted to say it first and the other person got in and did the 'dumping'. The real crime against yourself is to know you've been in it too long but let things drift along. Sometimes we don't leave because if we did we'd have to admit we've been wasting our time . . . but it's better to do that, cut your losses and start again than to keep wasting it.

If the relationship didn't ever feel good to be in, it isn't good now, and you or your partner have no motivation to improve, then it's not about to get much better. This is not the same as weathering the usual ups and downs of a relationship, or feeling that you need help to get back on the right track. It's when you know, deep in your heart, that it's no good.

And it can be hard to admit you were 'wrong' about a relationship or a person – but wait, you're not wrong. When you started, maybe it was right. It just got wrong later.

## Whoops, wrong sexuality

Lots of people are bisexual and that's tickety-boo. But some poor women accidentally end up with a gay man who is in denial about or hiding his sexuality. One prolific author on the subject, a counsellor and the ex-wife of a gay man, Bonnie Kaye, runs the websites gayhusband.com and straightwives.com. Her book *The Gay Husband Checklist* was originally published under the title *Is He Straight?* If you're thinking of buying a book with that title, there's a fair chance he isn't.

### MORE INFO
### on 'wrong' sexuality

**straightspouse.org** The US-based Straight Spouse Network has online and contact support groups, info on talking to kids, links and suggested books, and info for straight partners, ex-partners or kids of people who are gay, bisexual or transgender. FAQs have advice for a future together or apart.

## Liars, cads & heels

Some men behave badly on purpose because it's exciting. Others do it because they can. Others do it because they want to. A few do it and regret it, and then change. Being with somebody who fibs as a habit all the time or lies about important things can be confusing, exhausting and make you think you're losing your own sense of reality. As you move on, try not to be bitter. They're not all liars, cads or heels – hooray! That wasn't very helpful, was it? Try this . . .

### MORE INFO
### on liars, cads & heels

**When Your Lover Is a Liar by Susan Forward with Donna Frazier** This book describes the ones who lie to control or avoid consequences or simply to keep behaving badly ('It's just the way I am'). Why and how you have to get out.

## Abusive relationships

Even if you love your partner, if they treat you badly they need to change or you need to leave the relationship. You must escape from a partner who has unpredictable rages, is hypercritical, tries to control you, constantly puts you down, is sometimes cold and contemptuous, frightens you, insults you, shouts angrily or wildly, or threatens, hits or otherwise hurts you, mentally or physically, or behaves this way to your children.

Read Chapter 31, 'How to Escape Control & Abuse', coming up, for more on different kinds of abusive relationships, how to recognise when you're in one, and the practical info you'll need to get out of one.

### MORE INFO
### on bad relationships

For ideas on relationship improvement, see 'More Info on Building a Good Relationship' in Chapter 28, 'Getting Love Right'. You might also want to consult 'More info on Improving Your Sex Life' in Chapter 32, 'Sex'.

**Too Good to Leave, Too Bad to Stay by Mira Kirshenbaum** A US therapist and relationships counsellor lays out the pros and cons and excuses for staying together, and how to work out whether you'd be happier to stay or break-up.

**Relationship Rescue Workbook by 'Dr Phil' McGraw** A self-help book with *Oprah*'s Dr Phil.

### LOVE ISN'T ALWAYS ENOUGH

You can love someone or want someone but not be able to be with them because of their behaviour. You can love someone but know you can't be together and that you don't want them to be a parent of your children (in which case, two forms of contraception at all times, please, ladies).

## How to Respond to Difficult Relationship Situations

### ❦ Emotional blackmail

Emotional blackmailers use guilt, shame or fear to coerce and control. Phrases you could find useful to fight against it include:

- 'I'm so sorry you feel bad about yourself, but I know you can choose to get help.'
- 'I can't stay with you if you use tactics like this against me.'
- 'I'm sorry if I've given you the idea that you could control me with threats like that. That isn't going to happen any more.'
- 'You can choose to get help. You are responsible for yourself.'

### MORE INFO
#### on emotional blackmail

**Emotional Blackmail by Susan Forward with Donna Frazier** Explains how blackmailers use confusion, terror, imposed obligation or stimulated guilt to try to control you, and what you can do about it.

### ❦ Being given the silent treatment

When you're being ignored, don't beg your partner to speak to you. You can say something like, 'If you refuse to speak to me, I'm going to assume that you've decided you have a right to "punish" me to try to control my behaviour. That's not going to work. If you can't discuss this calmly, in an adult way, then there's no point continuing the relationship and we should make plans to separate.' Being given the silent treatment is a form of emotional abuse.

Bear in mind that some partners are bad communicators and might not be refusing to speak to you. They might just be in their own world. In this case, counselling might help, either for each of you separately, or both of you together.

#### ARGUING & APOLOGISING

It's normal to have disagreements, even the odd argument. But a pattern of constant bickering, or shouting, or upsetting fights, needs to be addressed.

See Chapter 28, 'Getting Love Right', earlier, for hints on how to avoid conflict, 'How to Argue' and 'How to Say Sorry'.

### ❦ Deciding if you should stay together or break up

You can't 'save' a relationship by trying to change your fundamental nature or putting up with something that goes against a core belief. You can't pretend to like or agree with something forever, because it eats away at you. The change isn't real. You can't change 'for somebody else' if that's the only reason – you're better off apart.

Just being together isn't a triumph. It has to be fun, or satisfying, or sustaining in some way. If you're together and dysfunctional or unhappy or resentful about compromise or you bring out the worst instead of the best in each other, then you're probably better apart.

Counselling can help many people, but staying together shouldn't ever be the only goal. Beware of psychologists or therapists who want to keep relationships together at any cost. Sometimes counselling for you is a route to dignified closure. And abusive relationships should not be perpetuated. Sometimes there's no logical answer but separation.

These simple questions can help you focus on what you want:

- If you met your partner now, knowing what you know, would you fall in love with them?
- If you spend a few days apart, do you look forward to seeing them again or dread it?
- Leaving aside love for a moment, do you really *like* your partner?
- What would you advise a friend in your position?

## Straying & Cheating

Infidelity can be:

- a one-off bad judgement encouraged by alcohol or drugs, or being away from home
- revenge for a perceived wrongdoing or cheating by your spouse
- a romantic ideal as the result of having a crush or falling in love
- accepted by both partners as 'allowed', as long as it doesn't threaten the primary partnership

# Affairs

My ex-husband had an emotional affair. It wasn't sexual, but he treated her better than me. I was devastated, still am, think I always will be.  LORRAINE, 57, WANTIRNA SOUTH

**'I'm in the middle of an internet affair but I want to break it off. Yet again I'm with someone and no sex!'**
BELLA, 38, ALBURY

I was a mistress for two years. It was the lowest point – you really feel like a second-rate person. Only 3 per cent of affairs become relationships – I couldn't believe that applied to me, fool that I was!
TALYA, 33, BRIGHTON

If you're the other woman, just remember, he's done it to someone else, so why not you?
LORETTA, 49, FOOTSCRAY

## She had an affair

I'll never forgive myself and always feel guilty.  REBECCA, 33, TAYLORS LAKES

I'd never do it again. I'm sure I wouldn't. With kids involved now it's not just about yourself, it's about them and the whole family. It's too hurtful, too devastating.
ZELDA, 39, FOOTSCRAY

It's been ongoing for 26 years, quite discreetly. That's how I know that I'm capable of further heights in bed, with the right stimulation.
LEANNE, 58, PERTH

**'The guilt is overwhelming and it's not worth it.'**
BELLA, 40, GLEN HUNTLY

I had an affair in my first marriage. It was exciting and made me feel 'seen' and worth it and loved, but also bad and dishonest and low. I'd never do it again and I wish I never had.  KYLIE, 39, SYDNEY

I admit I did it to pay him back for one he had. How childish is that? It's so nerve-racking and I'm not a good liar and, really, it's so tiring!  LAUREN, 66, BATEMANS BAY

I'm bisexual and all the men I'm with know before we date that I need to be able to sleep with women on and off, and so it's never been 'cheating'.
CAROLINE, 19, GLEBE

I believed I loved the other man, but I think in hindsight I loved the newness of it all, the being desired, the excitement, the risk, the chance to 'be' someone else.
MILLA, 51, WEST MELBOURNE

I've cheated on *all* my partners, but I know with complete certainty this time that I'll never do it again.
FIFI, 28, MANCHESTER, UK

## Partner had an affair

My husband had an affair when our youngest was 6 weeks old (I know – what a bastard) and it made me feel like shit. I'm now very, very happy that we split up.
SARAH, 37, NEWCASTLE

**'All three ex-boyfriends cheated on me.'**
SARAH, 31, BENTLEIGH EAST

I was shattered, embarrassed, infuriated. I felt unloved, unwanted and thought there must be something wrong with me.  LORETTA, 20, TOWNSVILLE

**'The hurt didn't come from the fact that he'd slept with other women. It was the disloyalty and the lying.'**
TRISH, 49, FOOTSCRAY

My husband had an affair with his best friend's wife. I guess I'm second best. I wish I'd walked out and started a new life.  MEL, 45, HOBART

The worst part was asking him if he'd at least used a condom.
GRACE, 35, ELWOOD

**'My husband had an affair with the person I thought was my best friend. I felt worthless and invisible. And incredibly alone.'**
JANELLE, 45, OCEAN GROVE

My husband cheated on his buck's night.  SALLY-ANN, 34, GREYSTANES

## Could you forgive & forget?

I felt all the usual betrayal and pain, and stayed 'for the children', but I'm so happy to have done so now. We both worked very hard to repair the damage.  MARY, 60, HORNSBY

The first time I did forgive, but I became more independent, so when it happened again I was very confident to say that's it.
JOANNE, 45, ST IVES

I tried forgiving him once but he kept doing it.  DEB, 40, PRESTON

I didn't forgive and I won't forget.
KYLIE, 37

It was almost immediately forgiven. I was too scared of being alone, and I was pregnant.
CATE, 35, NAREMBURN

**'It was with a hooker, so it wasn't a threat to our relationship. I'm not bothered by extramarital sex.'**
DI, 55, TOONGABBIE

I've invested 25 years in our relationship. It'd take something pretty bad to make me throw it away.  SHARON, 45, PERTH

How can you know they won't go and do it again? JENI, 32, EUDUNDA

- a habit or 'addiction' in somebody who sees no reason or enough incentive to change their character or behaviour
- a longstanding arrangement of 'a bit on the side' that lasts for many years, even decades, as a 'mistress'.

### MISTRESS & MASTER

'Mistress' is a word used to describe a woman with pretend power (a paid 'dominatrix') or lack of power in a relationship, as a hidden or 'second best' 'bit on the side', whereas 'master' is usually an expression of leadership. How depressing.

## 🌱 'Emotional' & online affairs

Make sure you and your partner know how the other regards 'emotional affairs' (becoming intimate with somebody else but not having physical or sexual contact) and pretend or online relationships or 'virtual' sex with avatars or in chat rooms. You may be surprised at a difference of opinion about what's 'okay' or 'allowed'. That difference can lead to trouble.

## 🌱 Open relationships & swinging

Some people say that 'swinging' or sexual relationships are allowed in their partnership. Apart from the fact that I doubt any person feels exactly the same way about this as their partner does, and that 'swingers' clubs' tend to struggle mightily for women members, the only time I tend to hear about these clubs is in relation to a horrible crime. Sometimes things that look harmless and exciting can actually be far more banal, tacky and sordid – or even more repellent and scary – than you'd expect.

## 🌱 When you're the 'other woman'

If you're having an affair with a man whose partner doesn't know about it, he's cheating on you, too. It's just that you know he's cheating on you. That makes it twice as bad, not half as bad.

Imagine if he worded it differently: 'Hi, I've decided to have sex with another woman, but I won't tell her about you, because I'm lying to her. You and I meet in secret and you'll always be alone at Christmas and if you really need me. I'll stay with my wife/girlfriend and family and use you for sex. Hey, I like you. Just not, you know, enough. If you tell my wife I'll deny it. Drink?'

Get yourself a sticky note saying 'second best' and stick it on your forehead. Any man who expects you to be his 'second-best wife' literally does not deserve you. Back off. If he wants out of his marriage, he can do it. Then you can get together. He probably won't, though, or he'd be doing it by now. He'll look for someone else who isn't so discerning.

### ✳ MORE INFO
#### on 'being the other woman'

Self-help books for 'the other woman' are usually from the US and include *Will He Really Leave Her for Me? Understanding Your Situation, Making Decisions for Your Happiness* by Rona Subotnik, a marriage counsellor and author of *Surviving Infidelity*; *Being the Other Woman: The Complete Handbook for Every Woman in Love with a Married Man* by Petra Falk, who now lives with her Jack Russell terrier in Germany; *Having an Affair?: A Handbook for the 'Other Woman'* by Sarah Symonds, who wants to save women from what she went through with a married man; and *Dating a Married Man: Memoirs From 'the Other Woman'* by J. Mathews, first-hand accounts of how women got in and how to get out.

## 🌱 Considering an affair

Social networking websites mean it's a lot easier to find a boy you went out with in high school, or connect with that guy you met at a conference. If you're bored or niggly in your relationship and want to pursue other romantic possibilities, stuff can happen that can throw a hand grenade into your relationship.

If you're unhappy in your relationship, a new person won't solve that. You need to get 'out from under' before you can start with somebody new. If you really think the new person is going to be important, and not a passing crush or infatuation, you need to stop, think it through, get free, and then start again. And ask yourself, 'Would I want my partner to treat me this way?'

## 🌱 If you cheated

- If you had unprotected sex, make sure you're tested for sexually transmitted infections (STIs) and pregnancy, and that you don't have unprotected sex with your partner until you've had the all-clear on everything. HIV has a three-month incubation period, and many other STIs, some of which can cause infertility, may have no visible symptoms.

- Give yourself time to think things through. Don't make any major decisions in the next few days.
- Think about whether you want to tell your partner. Realise you may not get the choice: they may find out anyway.
- Sort it out with the person you had the indiscretion with: make sure they're not expecting something you can't deliver, and that they'll keep the incident confidential. Of course, you can't guarantee this.
- Decide what you want to happen next, even if that's 'I want things to be like they were before'. What actions do you need to take to make that happen?
- Consider counselling if that might help.

## 🐾 If your partner cheated

- Get tested for STIs and use protection for any sex with your partner for at least three months (the incubation period for some STIs). This is no time to get pregnant. Depending on circumstances, not every STI is prevented by condoms (including herpes and the HPV genital wart viruses, which show no symptoms but can lead to cervical cancer).
- Allow yourself some initial time out to think, and be angry. If necessary, tell the offending partner to leave for a couple of days so you don't spend them shouting and crying. Exhaustion can make you do, say or think irrational things.
- If there are children involved, be careful of what they see and hear. No matter who's 'at fault', the kids mustn't be subjected to raw and unedited reactions.

## 🐾 Don't blame the 'home-wrecker'

Yeah, you get to be angry at the person you see as having lured away your partner, maybe a gold-digger, maybe a bitch-faced moll (don't feel the need to be mature just yet, at least not in private), but do keep all your abuse in your own head until you regain enough sanity from the shock or humiliation or grief or all three to realise – the slutty jezebel home-wrecker (settle down) – owes you nothing.

Your partner did this to you. There are a number of possible exit points before 'pants off' time. Decisions were made. A person who 'strays' is not a ship's captain in an old myth, lured onto the rocks by an irresistible coven of evil mermaids singing a siren song. A person who strays, at some point chose to have sex with somebody else. 'Too drunk' means they decided to be too drunk to stay faithful – another decision. (And drinking doesn't inevitably lead to sex, it leads to being drunk.)

In the truly hideous situation where you were betrayed by a partner AND you know the other woman or worse she was your 'friend', you're going to need to be very patient and loving of yourself. Seek grief counselling and wear The Invisible Cloak of Dignity, at least in public. No shrieking at her in the street. At home, you get to do that snonky snotty sobbing for as long as you like; see 'Heartbreak', coming up, for more.

## 🐾 Repair work after infidelity

There's a swag of books about 'mending' a partnership after an affair, but for some people that's not an option, because the person having the affair wants out, or the other partner does. There's not much info for when you're the one who had the affair (rather than your 'husband'), so if you want to examine your own behaviour and make a change, a specialised counsellor is your best bet for 'self-help'. Some people who 'stray' do feel genuine remorse, never do it again and want desperately to be 'forgiven'.

Many women who work on repairing a relationship after having an affair, or after a partner's affair, say they learn to forgive but not forget. Others can't seem to do either, the relationship never recovers and the affair is brought up repeatedly in fights or disagreements. Rebuilding trust is the tricky bit, but many couples say they've achieved it. Counselling with a relationships specialist (see 'More Info on Building a Good Relationship' in Chapter 28, 'Getting Love Right') can help if both partners genuinely want to move on with a stronger partnership, not just paper over the cracks and keep behaving the same way but not get caught.

## MORE INFO
### on repairing a relationship after an affair

See the book *When Your Lover Is a Liar*, under 'More Info on Liars, Cads & Heels', earlier in this chapter.

**Monogamy by Adam Phillips**  Thoughts on fidelity and infidelity from a British psychoanalyst-author.

**Getting Past the Affair: A Program to Help You Cope, Heal, and Move On – Together or Apart by Douglas Snyder, Donald Baucom & Kristina Coop Gordon**  A well-regarded book by experienced psychologists and therapists that looks at responsibilities, rights and options for each partner in how to mend the relationship.

## Breaking Up

Oh, misery. Even when there's relief mixed in there as well. Rejection is horrible. Telling somebody it's over is horrible.

If you see it coming, stock the house. You'll need tissues, comfort food and DVDs. Cancel this week's social engagements but make a couple for next week that aren't just a note to get pissed.

Breaking up doesn't mean you're a failure or that the relationship was a failure. It was good for a while, even a long while, or it taught you something about yourself and what you really need and want.

### 🖤 If you're the dumper

- Do it face to face. Never send a text or a letter: it's disrespectful, and could be made public. If you absolutely can't face them, call. But make sure they're alone and can talk.
- Explain why you're breaking up with them.
- Talk about how you feel, rather than blaming the other person: 'I want to be single again' not 'You turned out to be pretty boring.'
- Make it a clean break, no matter how upset your partner is. If you're sure you've made the right decision, don't get back together. This just prolongs everyone's agony.
- Don't be drawn into an argument. You're not negotiating, you're delivering bad news.

- Leave or hang up if things get aggressive or accusatory.
- Pick your time and place. One woman I know dumped her boyfriend as they were strapped into their plane seats on the way to a supposedly romantic holiday in America. They sat next to each other for the next 14 hours.
- Do it on neutral ground or their place so you can leave and give them their privacy. Nobody wants to be crying in the café.
- Don't gossip, spread rumours or talk about private moments you had with your ex.
- If you 'cheated', think about how not to get into that situation again. (Note to self: break up first, then get together with somebody else.)
- If your ex engages in emotional blackmail to keep you in the relationship or threatens self-harm if you leave, you must stay strong. See Chapter 31, 'How to Escape Control & Abuse', next, for more.

### WAYS TO BREAK UP

This applies to shorter term relationships. Separation and divorce info is coming up a bit later.

- **The schoolgirl** – Run away crying and texting your friends, call him a bastard, and make prank calls to his phone. Make things seem far more dramatic than they really were and try to crack onto his best friend down the oval. (Not recommended.)
- **The Margaret Dumont** – 'I confess I find this whole situation baffling, but will accept what you say without question and sweep out in a stately manner, stage left. Goodbye, goodbye.' (Quite satisfying.)
- **The High Court judge** – Make a short, dignified summation from the bench: 'I told you many times that you being really late all the time makes me feel humiliated and inconveniences me. I know you don't think it's important, and that it's the way you are. Fair enough. And so unfortunately this means we're incompatible. Case closed.' (Nice.)
- **The dodge** – Tell them work and family life are demanding a lot of you and you've realised you have to give them your full attention for as long as it takes to feel right about your life. No hard feelings, and you wish them well. This works for short relationships. They'll know you're fibbing if your social network page still lists you as 'single' or your profile is still up on the dating website. (Use sparingly.)

# How do you break up in a 'good way'?

I bought my ex an Xbox when I broke up with him. Just cut all ties, don't get dragged back into it. Quick and fast, like pulling off a bandaid. LOU, 25, ALBURY

Lordy – flee the country? CAROLINE, 43, MOSMAN

> ### 'In person, no faffing – just say it.'
> SOPHIE, 29, KALEEN

Be as honest as possible and keep communication open for as long as it's productive. Never use blame. CATHERINE, 29, ELWOOD

Just don't sleep with his brother, best friend, boss or enemy. GEORGINA, 40, NORTHCOTE

Quickly! Don't drag it on. GERRY, 40, BOURKE

Never leave it until you're both bruised and battered, or try to make them break up with you by being mean. ALISON, 42, ARNCLIFFE

When I was 17 I dumped a guy via email. Bad form. I still feel kinda bad about it. VANESSA, 23, MELBOURNE

Don't bring up past misdemeanours or just blame them. Take the high road and wish him well. GAIL, 57, TORQUAY

> ### 'Don't cheat, don't try to be friends straightaway, give them their space, don't tell others before you tell them, be honest, don't give false hope, say how much you appreciated the time you had, don't badmouth.'
> MADELINE, 25, TOORAK

In high school I used to get people to tell my boyfriend I'd cheated on him just so he'd break up with me. I hate doing it. KAYLEE, 21, SYDNEY

When you know the relationship's over as far as you're concerned, don't drag it on any longer. It's not fair on either of you. CRISTINA, 21, OCEAN REEF

Be clear about what it is you want. Essentially, you're breaking up because it's what you need and/or want to do. ELEONORA, 32, SOUTH HEDLAND

Be real. State what isn't working for you. State the needs you recognise as not being met for you. Move on, apologise, but don't explain yourself. CARLS, 34, GUILDFORD

> ### 'It's the lowest of the low to do it via SMS.'
> KATHERINE, 28, BROOKDALE

Don't mess around with their head and give them mixed messages. A clean break is always an easy one. MANDI, 30, CLEVELAND

Definitely not during a fight! MAEGA, 22, VERMONT

Leave the country. And if it's him doing the breaking up, he must sign a contract to live in misery for the rest of his life, pining for the good old days when you were the sunshine in his otherwise dark and stormy night. ANNA, 29, MELBOURNE

I think the main thing is to respect how the other person will be feeling afterwards, and be resolute yet gentle with them. ANGELA, 24, MELBOURNE

Be as honest as you can and remember there are two of you involved. LEAH, 29, NEWPORT

No affairs or abuse, just a civil 'I don't want to be here any more', face to face, complete honesty. KYLIE, 39, MACKAY

In person in an alcohol-free environment. Let your friends know. ROSE, 48, TOWNSVILLE

There were a few times when I just never called that person again and they finally got the picture. MICHELLE, 31, DEVON MEADOWS

I was once broken up with while I was working, in a bar. That wasn't a good way to break up. MARIAN, 21

> ### 'Quickly, face to face and no break-up sex. *Ever*!'
> ROSIE, 31, BENDIGO

Allow the injured party as much dignity as possible. JAN, 50, ADELAIDE

Not the way I did with my first high-school boyfriend. I panicked and just stopped getting on the same bus or even talking to him, even though he lived next door. JILL, 53, PRESTON

> ### 'The phone's okay. A guy broke up on the phone and I was glad. When he hung up he was in his world and I was in my world to mourn. I didn't have to watch him leave.'
> LISA, 42, NEWPORT

None of that 'It's not you, it's me' crap. If it wasn't 'them' you wouldn't be breaking up with them. EMMA, 25, ST KILDA

Break up as soon as you realise, not 11 years later. HELEN, 35, WESTERN SYDNEY

I just avoid them long enough that they raise the issue and we end it. Terrible. It took six weeks once. I don't like confrontation. GRACE, 20, MELBOURNE

Don't leave doors partly open – it's very cruel. BEC, 27, POINT COOK

I realise now I should've been more honest and direct, instead of trying to be nice. VICTORIA, 46, NURIOOTPA

- **The top diamond geezeress** – Say you don't want to waste their time, that you like them, but don't feel you want to take the relationship to another level. Say that chemistry is a complicated and unpredictable thing and you're just not feeling it with them, and it's nobody's fault or there's nothing 'wrong' with anyone. 'I know there's the right girl for you out there, I just know it isn't me.' Don't expect to be thanked, but just shelve the satisfaction that you've done the decent thing and will be able to face them, or their friends and relatives. (Well done. You have a small deposit in the Karma Bank.)
- **The waverer** – You're on, you're off, you're hot, you're cold. (Knock it off.)
- **The giant coward** – Cut off all contact, don't return any calls, refuse to discuss it. (Drastic and in rare cases appropriate – after abuse or betrayal.)

## 🐾 If you're the dumpee

Nearly everybody gets rejected at some point in their life, no matter how smart, gorgeous or popular they are. Sometimes rejection, like attraction, doesn't really make sense – it's not about how likeable, attractive, funny or adorable we are.

- No biting.
- Don't argue, don't beg, don't disagree with their decision, but feel free to say, 'Of course I accept your decision that it's over, but I don't agree with those things you say.'
- Don't assume there's something wrong with you. You just weren't right for each other.
- Try a handy therapy trick. Write a furious letter, then ritually burn it, or say everything you want to say to your ex to an empty chair.
- Don't drink and dial, don't tantrum and text, and don't elucidate by email. Phone messages can be kept and played again. Text messages and emails can be forwarded and posted on websites.
- It's all right to cry, get mad and feel humiliated – these are normal feelings. But do it in private, or with family and friends, rather than while clinging to the bonnet of your ex's car, or at their work.
- Even if they've behaved badly, don't gossip too much about it or badmouth them or tell their secrets. That just makes you look bitter.
- If your ex says nasty things or spreads rumours about you, be dignified and don't get into public or private fights. Tell a few close friends the truth and send them out to counterbalance the gossip. Pop on The Invisible Cloak of Dignity.
- Give yourself a few weeks to get over it. Take it one day at a time and don't feel bad if you have an overly emotional day (especially before a period).
- Don't try too hard to figure out why, because you don't have all the pieces of the jigsaw puzzle – you don't know what else is going on in their life or their head. The main thing is, don't assume it's something about you that has to be fixed.
- Don't rush into a new relationship just so that you can feel that 'somebody' wants you.
- Get on with something else to take your mind off it.
- Give it time: after a while you'll probably be glad it's over.
- Don't see your ex at all for a few weeks, if that's possible. If they're at your work, just avoid them as much as you can.
- After that, see if you want to be friends. Not being 'friends' is okay, too. It doesn't mean you have to be enemies.
- Prepare yourself for seeing your ex with somebody else.
- Sometimes a guy will break up, saying he isn't ready for a serious relationship or that he doesn't want kids. The next thing you know he's engaged, or has twins. Try not to take it personally. Most people fudge the truth when they break up with someone because they think it's less hurtful to say, 'I don't think we're right for each other.' (Which is better than 'You're not what I'm looking for' or 'I don't love you any more'.)
- Some relationships are only good for a little while; others break up because one of the partners wants to move on. Sometimes it takes time to recover, even if you made the decision yourself or you made the decision together.

## 🐾 The clean break

Obviously a clean break can be hideously difficult if you work with the person – but still, you can say hello without having coffee, texts, long phone conversations or emails. Don't meet in date-type situations, i.e. a 'drink' or 'going to a movie'. Give yourselves time to adjust, grieve, get cross, get dismissive and eventually, months later, if you're lucky, you can have a civilised chat. I once broke up with somebody who within the week was asking me to advise where his new girlfriend should go with her sexually transmitted infection. How about Bolivia?

## POST BREAK-UP WEBSITE ETIQUETTE

Whatever the circumstances of the break-up, so as not to cause any more ill will, explain in a grown-up and friendly way that you're going to reset your status to 'single' and 'de-friend' them on any social websites (you can do this via a short email), just as part of getting over it and moving on. Say it doesn't mean that you don't want to be friends eventually, or unfriendly, but that a clean break for a while is good for both of you. Ask them to do the same for you.

Don't feel bad about ignoring any overtures from them to get back on board your page until you're ready. You may have to do the same to in-laws – again, explain that you wish them nothing but good but you need some distance to move on. And resist the urge to see what they're up to, either by asking mutual friends or logging on to their page. Do ask mutual friends to let you know if your ex has a new partner, but not for details, just so you're forewarned if you run into them.

## CHECKLIST FOR GETTING OUT OF A LONG-TERM RELATIONSHIP OR MARRIAGE

You might find this helpful if your head's exploding:

- Make a plan before you go that covers kids, pets and accommodation.
- Find a place to stay, if necessary.
- Don't make any major decisions about where to live, etc. for a while if you can help it. You may still be in shock.
- Redirect mail.
- Change names on or configuration of bank accounts.
- Change all electronic and financial passwords and PIN numbers, social website account-setting passwords, email and phone passwords. Even if you trust each other, starting fresh is a good psychological punctuation point and will also help you avoid any future entanglements with your ex if there's a security breach.
- Change all superannuation, other financial, work or medical records that list the person as your next

of kin. Get a lawyer to change your will or revoke any financial or medical powers of attorney. Get independent financial and/or legal advice on any joint property, other holdings or loans.

- Tell people on a need-to-know basis, briefly.
- If you were a long-term de facto or married partner, see 'Break-ups, Separation & the Law', below, for info on financial and other issues, and Chapter 25, 'The Family You Make', earlier, for things such as telling children.
- Give yourself time to cry and grieve if you can. House-sitting in an empty flat while somebody is away is good.
- Sadly, you can't put your grief on fast forward, but try to face it and not to repress it with alcohol, drugs or crazy work or social busy-ness.
- See 'Heartbreak' and 'Getting Over Someone', coming up.

## 🖤 Break-ups, separation & the law

About four in 10 first marriages end in divorce, and the rate rises for later marriages. There are emotional, legal and financial ramifications of de facto and marriage relationships. 'Prenuptial' (pre-wedding financial) agreements are not a recognised feature of Australian law. Free counselling is available so couples can sort out if they really want to separate and, if so, how to do so in a reasonable and fair way (see 'More Info on Building a Good Relationship' in Chapter 28, 'Getting Love Right', for counselling info).

Most Australian de facto (living together) relationships of more than two years, or in which there's a child, are usually (but not always) considered legally the same as a marriage when dividing up any assets after a separation. This includes gay de facto relationships. Some couples who break up choose to bypass the law and make their own arrangements, but this is legally binding only if both parties have proof of receiving independent legal advice. Make sure you have your own legal and financial advisors.

## 🖤 Separation & divorce

To get a divorce, you need to have declared that you've been separated (you can be legally 'separated' and living in the same house) for more than a year, have an Application of Divorce witnessed by a qualified person, and register it with the Family

Law Courts. A simple, uncontested divorce costs a few hundred dollars. You can apply for a divorce with your ex-partner, or on your own, in which case you must 'serve' (have delivered) the correct papers to your ex if possible. Other complications will need to be sorted, including property settlements and arrangements for children. If there are no kids under 18, you don't have to be in court: you'll be sent a certificate of divorce. American notions of 'alimony' and 'suing for divorce' are not relevant in Australia. You don't have to prove that somebody was 'at fault' to get a divorce in Australia.

## MORE INFO
### on separation & divorce

For info on kids during separation and divorce, see 'Separation & Divorce', '"Blended" or "Step-" Families', and 'More Info for Single & Sole Parents' in Chapter 25, 'The Family You Make'. If you're living in WA and want a divorce, see the fourth item, below. WA has a separate Family Court because its government didn't agree to take part in the national system.

**relationships.com.au**
**1300 364 277** Relationships Australia has some helpful booklets, as well as family dispute resolution and counselling services. Search 'managing separation'.

**familylawcourts.gov.au**
**1300 352 000** Choose 'Separation and Divorce', for lots of legal info, or choose 'Forms' and request a 'Divorce Kit'.

**divorce.gov.au** Official government site on how to apply for a divorce online.

**familycourt.wa.gov.au**
**(08) 9224 8222 (*Perth*), 1800 199 228 (*country*)**
On the WA Court site, choose 'Kits', then 'Divorce Kit'.

## Heartbreak

Breaking up happens to EVERYBODY – even the rich and famous – that's why so many songs are about broken hearts. If you feel it's really making you depressed, talk to a counsellor – your GP can help you find one (and see 'More Info on Heartbreak', coming up).

Otherwise listen to those songs, watch some sad movies, have a bit of a wallow and talk it out with friends. Then, when you're ready, switch to up, optimistic, girls-are-strong, kick-arse songs (see the list coming up) and movies and get back into life. It takes time to recover from a broken heart, and the breakier the heart, the longer it can take, but you absolutely will be okay after grieving. Go easy on yourself. Treat yourself as you'd treat a best friend going through the same thing.

The concept of 'love of your life' can be unhelpful here. After all, your life is far from finished. Who knows what opportunities and experiences await you, as long as you're not fixated on the past? Of course, the situation is very different if your heartbreak is part of a bereavement: while break-ups can cause real grief, the death of a partner is another thing entirely: please see 'Grief' in Chapter 20, 'Feelings & Moods'.

Heartbreak is bad enough, but it can be compounded by self-loathing ('Why am I not good enough?'), self-recrimination ('How could I not see? I've wasted so much time. I didn't value myself enough'), anger ('I can't believe he lied to me, the bastard'), depression ('I could never go through that again, better not to feel anything'), or revenge fantasies ('I'm going to ring his mother and tell her he has herpes').

The only sensible response to heartbreak is to allow yourself a period of grief – mourning and yearning for what's lost, but moving towards acceptance that it's gone. Allow yourself to be vulnerable (in private or with friends) so that you can move through it to recovery. If you act like everything is fine, you're just tamping down dry leaves onto a flame to put it out, and pretending it isn't there. Eventually it will burst into a conflagration that devours everything in its path, especially lazy metaphors, and be far more destructive.

Incidentally, do be gentle with any young people in your life who are experiencing heartbreak, perhaps for the first time. Acknowledge to them how bad it feels but let them know they'll get through it. This can be a danger time for depression or other mental health issues. 'You're too young to know about real love' or 'There are other fish in the sea' isn't helpful right now. Not much help to adults, either.

# How do you get over heartbreak?

Lots of crying and talking. Therapy and reading books. MARY, 53, PRAHRAN

> **'Time, good friends and family, and no booty calls.'**
> CHRISTIE, 37, MELBOURNE

I love my heartbreaks. I keep them in a little place that I access when I'm being self-indulgent. When it's fresh, I sleep and read and date and date and have new sex. DANNA, 36

I cut off all contact, pack my diary full and don't listen to any music for weeks – especially not before bed. When I wake up I get up straightaway. VANESSA, 26, LONDON, UK

Eat Tim Tams, cry, cry some more, call friends, go out and get on with life, keep busy at work. IMOGEN, 40, DONCASTER EAST

I get my girlfriends to take me out. Then I usually throw myself into physical exercise. MEG, 39, FOOTSCRAY

I practically drank myself to death. JULIE, 47, MELBOURNE

Time and doing things for others, like volunteer work. It makes you realise your problems are *nothing*! JOY, 23, COTTESLOE

Share the grief with good friends. Go on a fantastic holiday. Enrol at university and study physics (I did this at 42). Buy some new music. See a counsellor. Time. JUSTINE, 45, FOOTSCRAY

Be a lady about it. Don't swear. Don't get angry. Be calm, smart, classy. And very, *very* articulate. It's the best advice my mum gave me. AMANDA, 29, HAMERSLEY

I imagine my heart with connections to the other's heart, and envisage myself cutting those connections with scissors. LIZ, 26, MELBOURNE

I play my violin and eat lots of chocolate. FRAN, 29, CANBERRA

I make myself cry by listening to love songs or watching sad movies, then I pack up everything that has memories for that relationship and either box it away or throw it out. AMY, 30, BORONIA

I handle it badly. One-night stands. And some form of voodoo. JESS, 22, ULTIMO

Go out and pash and dash. LI, 30, BULLEEN

I read somewhere once that living well is the best revenge. I tell my children that, especially my daughters. It's worked for me! DI, 52, OLINDA

> **'By soldiering on and learning from the experience. Also a dartboard with his face on it helps.'**
> CHRIS, 33, BRISBANE

When my marriage broke down, all my girlfriends came over, we drank, and then we washed all his $1000 suits in a hot wash, cut the ends of his ties off, and chucked all of his clothes over the balcony! MRS C, 33, SYDNEY

Time, therapy, writing letters you later burn. A sexual rampage is also helpful, but reacquaint yourself with safer sex. KATH, 42, SYDNEY

A vow of celibacy for three months is a good idea. MEGAN, 35, HIGGINS

Go away and try something new and difficult (e.g. hang gliding). ANN, 43, ROSANNA

Look on the bright side – you're freeeeeeeeeeeeeeeee! JULIE, 57, MELBOURNE

Relationships Australia counselling helped me. CAROLYN, 30, MELBOURNE

My mum said the only way to get over a man was to get under another one. I'm not sure she was right. RHONDA, 39, CRONULLA

> **'You need to get *through* it, not get *over* it.'**
> KATY, 17, FRANKSTON

Cry, cry, cry. Buy yourself an axe and chop up a heap of firewood. VICKY, 50, SOUTH GIPPSLAND

## Getting on with life

Get out of the house. Don't mope. PHILLIPA, 54

Staying positive in the face of bad dating experiences is definitely a challenge! Make sure your home is your sanctuary. SARA, 29, ST KILDA

Enjoy the time to get to know yourself. GENEVIEVE, 40, MELBOURNE

I live in a share house, which can be good for company or just having other people around. Don't sit at home alone with the TV. See art and music, invite the girls around for lunch. SAM, 33, FAIRFIELD

> **'Make yourself happy. Do the things you want to do and fill up your life with interests and activities.'**
> SALLY, 32, PERTH

Why was I so intent upon having all those blokes in my life once? And why am I so content to have them all gone? This is a mystery. MARTHA, 66, HURLSTONE PARK

Have pets, establish a book group, volunteer, invite people to go out or come to your home for meals, weekends, watching favourite TV shows, Scrabble, anything. Get to know some neighbours, even if it's just a chat out in the street. THERESA, 52, WINDSOR

Do stuff that usually makes the time fly for you, or play strategy games (chess, netball, etc.) where you can't think of anything else while you're doing it. This will give your brain a chance to 'rewire' instead of always returning to its default position – thinking about The Heartbreak. Do stuff you enjoy with other people. Don't 'drown' thoughts with drugs and alcohol. And yes, every song and every movie will seem to be about them. I once took a friend to a movie to distract her from breaking up with a guy called Frank. There were two (2) guys called Frank in the film. Unfrankingbelievable.

Time makes the feeling of heartbreak less sharp. See 'Getting Over Someone', coming up, for lots of hints on how to make the time go a little faster, or at least make more progress during that time. If there's no softening of the edges of your sense of loss over time, and you've actively tried some of those hints, see your GP about grief or relationship counselling – relationship counselling can be really useful when you're single.

### CLASSIC BREAK-UP WALLOWING SONGS

- 'Always Something There to Remind Me' – Rebecca's Empire
- 'Cry Me a River' – Julie London
- 'Crying' – Roy Orbison and/or kd lang
- 'Go Your Own Way' – Fleetwood Mac
- 'I Don't Feel Like Dancin'' – Scissor Sisters
- 'I Will Always Love You' – Dolly Parton and/or Whitney Houston
- 'Poor Me' – Coldplay
- 'Poor Poor Pitiful Me' – Linda Ronstadt
- 'Somebody's Crying' – Chris Isaak

### CLASSIC WEEPY MOVIES FOR A GOOD CRY

- *Bambi* – Deer, dear.
- *Beaches* – Lifelong friendship, terminal illness.
- *Breakfast at Tiffany's* – Iconic Audrey Hepburn, sunglasses, lost cat.
- *Edward Scissorhands* – Trying to fit and find love.
- *E.T.* – Phone home, for god's sake.
- *Ghost* – Nice husband, but dead.
- *Moulin Rouge* – Boy sings, villain twirls moustache, girl dies.
- *Rabbit Proof Fence* – Two little girls try to get back to their mum.

- *Romeo and Juliet* – Classic Shakespeare in modern gangster setting.
- *Steel Magnolias* – Great cast, terminal illness.
- *Titanic* – Love floats, ship sinks.

**MORE INFO**
on heartbreak

**Life Lessons by Lesley Garner**  A former UK relationships columnist has a book collecting her thoughtful, compassionate and positive responses to heartbreak, self-questioning and loneliness.

## Getting Over Someone

### When are you 'over it'?

It's when:

- The idea of getting back together makes you recoil.
- You can imagine them kissing someone else without feeling anger or jealousy.
- You can identify what the relationship taught you about your ex, but also what you learned about yourself and what you'd do differently in the future.
- You've passed through stages of grief, regret, anger and self-criticism, and imagined revenge, but now feel more calm indifference than anything else.
- You know that getting 'over it' has nothing to do with whether you've had sex or gone on dates, and that the 'getting over it' isn't about your actions, but what's in your own head.

### Getting through heartbreak

- Have a ceremony to burn, delete, reject or otherwise obliterate nasty letters, emails or texts, and acknowledge and dispatch to history bad memories and historical mean comments. They weren't useful, sincere or real criticisms, they were tools to control you.
- Nurture yourself with snappy-fresh and comfort foods, sunshine, walking, dark glasses and lots of time. Choose nummy fabrics to wear and lie on – get out quilts from the blanket box and a satin dressing gown. Get a paper fan if

you're in the tropics and a hot-water bottle in cold climes. Be careful with yourself. You're On The Mend. This is very much a compulsory step before being On The Prowl.

- Uncouple. At least for the moment, remove them from your direct dial list and phone contacts, delete pics on your phone and social network pages, and remove them from your online friends. Later, when there's no emotion, you can reinstate them if you want to.
- No, you can *not* be friends. First you have to be exes. Then maybe one day you'll be friends. But it will take longer to get over it if you keep seeing each other now. If you *have* to see each other for, say, work, here are some rules: 1. Try not to be alone with your ex; 2. Don't be drawn into personal discussion; and 3. Clothes on, hands off.
- Don't expect the two of you to be best friends straightaway. That's unrealistic. It might take a long time for your ex to get over you, or you may take a while to gather yourself even if it was your decision, and they might never want to be friends.
- If somebody has mistreated you, you can't ask your friends to refuse to see him, but you can watch their actions to see if they're honouring your friendship. On-call support and a complete gag on gossip is what you're looking for.

## ❦ Finding break-up positives

Yes, you're doing snotty sobs now, but actually, there are good things to acknowledge. Okay, even if you're breaking up because of some horrendous relationship crime of his – it's better that you know now, and go through the grief, than waste a few more years, months or minutes in denial or ignorance, yes? Have another tissue, lovey. I know.

## ❦ Give yourself time

Getting over it isn't a moment or a destination, it's a process and a 'journey' (ooh, I've gorn all Oprahetic). It takes time. Gradually your brain space formerly rented out by this person will be colonised by other things, and one day you'll wake up and realise you didn't think of your ex or the break-up all day yesterday. Then it will be a week, and so on. Women generally get over break-ups better than men because they actually process and analyse and think and feel it all through, and

grieve, often with the help of talking with friends and/or family or a counsellor.

## ❦ Learning from heartbreak

If you're kicking yourself for 'picking another loser', well, here's your chance to really sit down and think about how not to do it again. Write down a list of your exes. Ask yourself:

- What did they have in common? Ask your friends what they had in common. (Sometimes you can't see it yourself so clearly.)
- What didn't you like about each relationship or what did you believe that wasn't true? Or what did you like so much that you overlooked things you know you shouldn't have?
- In what ways did the relationship mirror ones in your family that you grew up with? (Did your partner insist on doing everything their way, like your mother did? Did your partner seem fairly indifferent to you, like your dad was?)

Make a shopping list of what you want in your next partner, then make a short list from that. Which requirements are 'musts' and which are 'would be nice's? Which things aren't you keen on and which ones are deal-breakers?

One important life lesson is not to blame yourself if somebody else betrayed you or hurt you very badly and you 'didn't see it coming'. That doesn't mean you were stupid. It means you were unlucky and nobody could have seen it coming, or your previous life experiences and brain wiring blinded you to something. The proper response is to allow yourself to proceed carefully, but refuse to let the experience make you bitter and distrustful.

### CLASSIC GETTING-OVER-IT SONGS

Play 'em loud.

- 'Don't Need You to (Tell Me I'm Pretty)' – Samantha Mumba
- 'Don't Tell Me' – Avril Lavigne
- '(I Could) Wipe the Floor (With You)' – Lisa Miller
- 'I Will Survive' – Gloria Gaynor
- 'It's Raining Men' – The Weathergirls
- 'Let Him Fly' – Dixie Chicks
- 'No Man's Woman' – Sinead O'Connor
- 'R.E.S.P.E.C.T.' – Aretha Franklin
- 'These Boots Were Made for Walking' – Nancy Sinatra

- 'Since You've Been Gone' – Kelly Clarkson
- 'Strong Enough' – Cher
- 'You're So Vain' – Carly Simon

##  Five things to make you feel more calm

Think of five things that help you relax. Write them down. Put them in your diary and do at least one of them this week, three of them within the next few weeks. Some suggestions: watch chooks, have a bath (if there are no water restrictions!), look at waves, play chess, follow origami instructions, help a kid with a jigsaw, see a funny movie with friends.

### TOP 10 SIGNS YOU HAVEN'T MOVED ON

**1** Their photo's still in your wallet.

**2** You spend Christmas and other important events together even though you don't have kids.

**3** You're both still single and you're still best friends with each other.

**4** You've bought clothes for him or her since the break-up.

**5** You feel cross, upset or sick when you think of them.

**6** You still live in the same house.

**7** You're still furious.

**8** You keep going over everything that happened.

**9** Every song on the radio reminds you of him or her.

**10** You slept with him or her last night.

## Acceptance & moving on

Part of getting over heartbreak is accepting that knocks and obstacles make you stronger, teach you things, and give you time to appreciate what you do have and to understand that bad things can happen to good people. We all have to learn to live with knowing that things aren't always the way we want them.

## Post-relationship Plans for the Future

Make a new list under the heading 'What I want now'. It should be a little broader than 'A man with a pulse'. What do you like about your life? Make a list of 'life positives'. Ask yourself:

- What kind of life do I want?
- What have I always been interested in?
- What have I always wanted to do if I had extra time? (Some women have shared their secret wishes and what they'd do in Chapter 39, 'Beliefs', later.)
- What's one thing I'd like to achieve this week, this month, this year, within five years and in 10 years? For each one, write down three things that will help you achieve that – they have to be things that you can do or work on: not stuff like 'Win Tattslotto', but things like 'Start researching a trip to Portugal' or 'Cook two great things every weekend'.

## Verbal & emotional abuse

My ex-husband was mentally abusive. He'd go for three months at a time without speaking. I felt helpless.  MARY, 58, ALTONA MEADOWS

My ex-partner would yell at me for no reason, not speak to me for days at a time, run up to me yelling and stop right in front of me, threaten to hit me. I was scared. LINDA, 58, PARA HILLS WEST

There's aggressive behaviour, yelling, controlling phone calls and outings, screaming at me on an aeroplane, turning up to my work (teaching) uninvited, an obsessive need for affirmations. I want him to die. He's the only person on the planet I hate. SARAH, 39, RICHMOND

He was emotionally cruel and cold, with constant put-downs. He was judgemental and critical of everything I did and said, and of my physical appearance. I didn't realise until later how much damage it had done.  JILL, 52, SYDNEY

He suggested suicide as an answer to splitting up.  SHE, 48, BRISBANE

My 17-year-old son uses emotional abuse as he battles with depression and adolescence. I feel absolutely desperate. I'd have walked away from my husband if he treated me like this. There's no escape. ELIZABETH, 47, NEWCASTLE

I thought he'd follow me if I left. I never antagonised him for fear of retribution.  TERI, 58, GULFVIEW HEIGHTS

My partner was always telling me he was going to kill himself and couldn't live without me. I felt awful and trapped. KIMBERLEY, 27, BROADVIEW

Suicide was threatened if I left. I did. They suicided. It doesn't bother me any more. GEORGINA, 41, BRISBANE

My ex-boyfriend threatened to kill himself if I left. He'd emotionally abuse me – he told me he was dying of cancer, and told me many lies about his family. It made me feel like I couldn't trust my own judgement. KRISTA, 35, NORTH QUEENSLAND

My ex-boyfriend used to yell and scream and he'd occasionally shake me when he was really frustrated. I felt childlike. KIM, 19, SCARBOROUGH

My ex-boyfriend used emotional and physical abuse. It made me feel worthless and I started to believe the things he'd say about me. I also put up with being hit, which made me feel like a fool. ERIN, 27, MELBOURNE

> 'I switched off from his behaviour so often that eventually there was no feeling left.'
> MANDY, 61, ROZELLE

My father, brothers, husband and various partners abused me financially, emotionally, physically, psychologically, verbally and sexually. I feel like a piece of crap and very, very scared. CATHIE, 49, OUTER MELBOURNE

He was emotionally abusive and withheld affection. I tried waiting on him hand and foot, tried losing weight, tried dope because his friends did it. I ended up depressed, tired, very skinny, hungry and single!  STEFI, 25, ROMA

My ex-boyfriend slowly isolated me from my friends. I felt terrible, very unhappy.  LISA, 25, MELBOURNE

I was locked in cupboards! I was also mentally and physically abused. I felt terrified, helpless and hopeless.  LYN, 42, POTTS POINT

My first husband would make belittling comments in front of people and wake me up in the middle of the night to tell me how easy it would have been to kill me. It frightened the life out of me, not only for myself but for my children. JANET, 51, WARBURTON

My husband's verbal, emotional and financial abuse was my dirty little secret for many years until, while being treated for postnatal depression, I came clean to my psychologist. She said, 'That's abuse.' Suddenly, I didn't feel dirty any more.  MELISSA, 41, MELBOURNE

He took all my money off me, made me take part in humiliating sex acts, and made me drop out of college (I returned after I dumped him).  TABITHA, 31, CANBERRA

My ex-boyfriend forced me to take drugs and have sex with his friends. I wasn't allowed to talk to any of my old friends. I was convinced that was what a relationship was, but I met somebody who started to show me what it was really about. LOUISE, 22, WOLLONGONG

I tried to leave many times but he always told me he'd kill himself if I left, and when he sobered up he always told me how sorry he was and that he'd never do it again. CLARE, 52, GLADSTONE

Get counselling. I know I can be a verbal bully and manipulative. I have to be mindful of this all the time.  GLENYS, 43, NORTHCOTE

I found out I have borderline personality disorder, which explained a lot, and I began to understand some of the things I'd been doing to people, using anger, yelling, threats. EVE, 30, BRUNSWICK WEST

# How to escape control & abuse

This chapter will help you recognise when you're heading towards a controlling relationship, or, whoops, you're already in an abusive or otherwise dangerous and unhealthy relationship; how to manage your situation; how to make a plan to get out; why you need to protect your children even if they're 'only' witnessing it or you think they don't know something's wrong (they do), and info on how to build a new life and get your self-esteem back. There's also stuff here on where to get help if you've been abused, attacked or stalked by an acquaintance, relative, partner, boyfriend or stranger.

## Controlling or Abusive Relationships

Nobody puts an ad on a dating website saying: 'Independent woman seeks initially charming man who descends into volatile, baffling, abusive behaviour to control and manipulate. Looking to be isolated from friends and family and become resigned to fear and low self-esteem. Prefer non-smoker.' And nobody asks to be intimidated or frightened or attacked. And yet, it can happen to any of us.

Being in a controlling or abusive relationship often happens by increments. Your little rowboat of self has drifted far, far from its moorings. He wouldn't do this unless there was a proper reason, would he? Or she's a woman, so that doesn't count, does it? You're embarrassed and confused, and beaten down – emotionally or physically or both – so that you're ashamed of yourself, you think you deserve it, and you don't know how to find your way home. It can happen to smart women, gullible women, happy women, rich and poor, famous and isolated, beautiful and plain. It's not because you deserve it. It's because somebody is choosing to be cruel to you. And you can get out. But let's start at the beginning.

A surprising number of relationships involve meanness, sarcasm, cruelty, contempt, control and abuse. This isn't normal or okay, or the way families are or should be. It can drift that way or be constructed that way, it can happen because people fall into patterns set in their own families when they were small, or because a nice person believes that if they're constantly being berated it must be their fault.

These relationships can be physically abusive, emotionally abusive, or both. They can involve threats, dysfunctional roles and an environment in which kids grow up witnessing control and abuse that will either make them so appalled they resist relationships and having their own children when they're older, or cause them to repeat the pattern, perpetuating a family heritage of abuse and sadness. Many of them will make a heroic effort to break the cycle and begin a new tradition of healthy relationships, but that's easier said than done.

The first controlling and abusive behaviours can be a shock, and interspersed with loving behaviour or apology; the abuser keeps you off-balance with this unpredictable behaviour. After a while it seems normal, and it seems it's up to you to stay in line so that he doesn't need to say those awful things again, or fly into a rage, or raise his hand. After a while, you can feel cut off from friends and family, convinced there's no alternative. The initial shock and confusion give way to alternating blankness and depression, feeling trapped and, perhaps, fear of retaliation against you or others (even your pets). It's the abusers who should feel shame and who should have to leave the home, but the most important thing is to get you free, even if it takes a secret plan you hug to yourself and secret 'baby steps' to get there.

### ❤ The different kinds of abuse

Abuse by partners or family members can be emotional and mental control, or physical assault; it can be obvious or subtle, out in the open or hidden and kept secret. Abusers can be men or women, but because most people reading this book are women, and women are much more likely to be abused by men, the words 'he' and 'him' are used a lot in this chapter. If your abuser is a woman, the info here, and the books, websites and helplines in the 'More Info' sections, will still be useful.

### ❤ Verbal & emotional abuse

An abuser can create an atmosphere of fear, shame and low self-esteem by scoffing, being sarcastic or hurtful, putting down, criticising, demeaning, insulting or threatening.

Emotional abusers often use these kinds of phrases, or imply them:

- 'You're stupid.'
- 'You can't get anything right.'
- 'You're an embarrassment.'
- 'You're hopeless.'
- 'What would *you* know?'
- 'Nobody cares about your opinion.'
- 'Nobody else would want you.'
- 'You're a bad mother'.
- 'I can say what I like, it's not like I hit you.'

An emotional abuser might be thoughtlessly mean, repeating behaviour they grew up with, or deliberately creating an atmosphere in which you're easier to control. Emotional abusers often insult or humiliate their partner or children, either in private or in front of others, and then claim 'It was a joke' instead of saying sorry and not doing it again.

Sometimes a partner can be clueless about your needs, but that's different from being cruel and abusive. You need to make your needs clear by saying things like 'I asked you not to come round on Friday night because I was having a night by myself, but you did – that was weird', 'Don't ever call me Fatty in front of other people, or when we're alone – it's horrible and hurts my feelings', 'I get really frightened when you shout and push your face close to mine – if you do it again, I'll break up with you for good'. The only grown-up and healthy response to requests and statements like these, made calmly, is for the other person to apologise, be genuinely sorry and – this is the crucial part – *change their behaviour* so it doesn't happen again.

The following alternative responses are giant warning flares: denying or ridiculing your feelings; saying 'That was just a joke' or 'That's just the way I am'; displaying anger or resentment at your bringing it up; swapping between verbal abuse and sulking or refusing to speak. Also useless is the repeated apology followed by similar unacceptable behaviour. In this scenario, words are cheap. About now, you need to start shifting uncomfortably in your seat and checking where the exit signs are.

If you accept excuses from him or make excuses for him, you're telling him: 'Yep, if you want someone to control/be cruel to/abuse, I'm the one you want.' You're signing up for more humiliation and fear. Statistically, a person who has been abusive is almost certain to continue. If they've done it once, they're most likely to do it again, and again.

Hundreds upon hundreds of women who've suffered abuse and control answered questions about this in the Women's Stuff Survey. Not one of them said they were glad they stuck it out. If they mentioned it, they all said they wish they'd got out when the behaviour first started. They all said the behaviour only got worse, never better, over time. They all said the advice they'd give others is a variation on 'Get out as early as you can, and stay out'. Many of these women said they didn't have the emotional strength to get out for months, or even years, but every one of those said she wished she had.

Whether or not the abusive partner wants to go to counselling, please go on your own. This isn't about 'saving a relationship', it's about saving yourself first. You need to tell the counsellor about any verbal or physical abuse so they can help you. The object isn't 'understanding' or finding a way not to provoke your partner. The provocation may simply be your existence. It's not appropriate for a counsellor to 'make' you leave a relationship – but counsellors shouldn't assume that every relationship must be 'saved' or maintained, either.

## MORE INFO
### on verbally abusive relationships

Other book reviews throughout this chapter will also be useful to you.

**The Verbally Abusive Relationship: How to Recognize It and How to Respond by Patricia Evans** Does your partner find fault and blame you for everything including their anger, say you're stupid and always wrong, or deny being angry? How to explain abuse to children and how to handle it when children pick up abusive behaviours and words.

**relationships.com.au**
**1300 364 277** A non-profit organisation part funded by the Federal Government. Search 'managing conflict'. Couples counselling is also available (or one of you can go alone). For a description of services available, choose 'Locations', then your state or 'What We Do', then 'Courses'. Be aware that some controllers and abusers won't go to relationship counselling or will go, but only as a 'front'. Whether you stay or go, ask your GP to refer you to a counsellor for yourself.

### BAFFLING BEHAVIOUR

A sudden change in a person's conduct that's completely out of character, or unprecedented abuse or inexplicable anger and agitation after many years together, can be caused by the onset of dementia or another mental illness, or a physical

# The effects of violence & abuse

It makes me feel like an idiot, really, to have stayed with him for so long in the hope of making things better. I also feel angry at myself.
TRACY, 24, STRADBROKE ISLAND

I feel like a moron. I kept saying to myself, 'If he keeps doing this I'll leave!' One and a half kids later and I'm still here!
LIZA, 31, EAST MAITLAND

It took years of therapy to remember the person I was before him.  SAR, 27, CURRUMBIN

I felt totally worthless, guilty and the biggest waste of space taking up oxygen on the planet.
STACEY, 32, DARWIN

I only really woke up to it towards the end.  SARAH, 36, MELBOURNE

I still get very scared if someone gets angry or if there's confrontation. I have flashbacks sometimes. Sometimes I don't like to be touched.  CLAIRE, 21, CANBERRA

## 'I lost all sense of self and hope.'
JULIA, 34, MELBOURNE

I was suicidal at one point. You just can't see a way out sometimes.
JEM, 40, LAUNCESTON

I'm a smart, educated person. How could I let that happen?
KATE, 32

It made me very cold. I became indifferent and very unemotional.
MEGAN, 30

I'm still being treated for depression and nightmares.
RUBY, 26, BELFIELD

It was terrible! I was so helpless. People say 'Why didn't you leave?', but where do you go with four little kids, no car and no money?
AMELIA, 60, SUMMER HILL

He broke my jaw. I felt very scared and belittled.  KIM, 39, QUEANBEYAN

My fiancé used physical abuse, harassment, stalking, controlling. He needed to know where I was every moment of the day, called me 20 to 30 times a day, broke into my house. I was scared for my life.
TARA, 34, CANBERRA

## 'He "loved" me way too much. I felt like I couldn't breathe.'
RAELENE, 39, NOWRA

You end up putting up with it to avoid drama and conflict.
LILLITH, 27, ST KILDA

My husband said I needed to ask permission to go to the bathroom, to bed, outdoors, even to the doctor. It makes me feel bad that I let it go on for so long.  DAWN, 38

My partner beat me so badly I miscarried. The police were called. I was angry and suicidal. I decided then and there, after 20-odd years of abuse, that it was the *last* time.  JOEY, 36, METFORD

He held me up against the wall by the throat and threatened to kill me and our child (who was in my arms) and then he punched a hole in the wall right next to my head. My husband felt awful but was angry that I 'made him do it'. The little piece of me that died that night will never come back.
JESS, 27, MITCHELL PARK

He used intimidation through temper, throwing things, damaging our property, insulting me ('stupid, fat, useless'), occasional slaps. I was furious with myself for putting up with it for so long. I was foolish.  DONNA, 40

He'd sulk and often cry if he wasn't getting his way. It made me feel guilty that I wanted to see my friends and family.
LAUREN, 22, CARINA

My ex-boyfriend used mental abuse, verbal abuse, belittling, pushing, 'accidental' hitting, violence, making me feel worthless and mind games. I wanted to die. I still struggle to talk about it.
BELLE, 34, ASCOT VALE

Whenever he got drunk he was very abusive. He used to rape me and hit me. If he didn't like what I cooked for a meal, he used to throw it at me. I lost all confidence in myself and thought I was the bad person and must have done wrong.  CLARE, 52, GLADSTONE

They always wanted to know where I was, never trusted me, hit me. Being a strong-minded person, it was quite shameful, allowing myself to be treated that way. I've since learned that people who are controlling start off with small things and it grows from there. You don't really know that it's happening.
CASSIE, 27, GLEN WAVERLEY

Both of my past relationships were physically and mentally abusive. One ex was jailed for nearly killing me. I felt numb.  NIKKI, 36, METFORD

I lost all my male friends and would feel almost sick in my stomach if a male friend stopped us to talk to me on the street.  MELISSA, 35, ST KILDA

## 'I wanted to get out, but I just didn't know how. It wasn't until I saw him bullying my cat that I got the courage to do anything.'
VALERIE, 28, PARALOWIE

Sometimes victims of violence and assault are portrayed as weak. I totally disagree – it takes so much strength and hard work to survive or leave an abusive relationship, especially when there are children involved.  EMILY, 33, FAIRFIELD

problem in the brain such as a tumour. Get support to have your partner undergo a psychiatric evaluation, the sooner the better. One way to do this is to make an appointment yourself with a GP, explain the situation, then get your partner to that doctor for a routine full health check-up. An informed GP can make a helpful referral. Reach out to relatives and friends for help.

Sudden accusations of infidelity, fault-finding and fight-picking can indicate a partner's guilty conscience.

### QUOTES ABOUT ABUSE

I humbly thank, with all my heart, the thousands of brave, generous and inspiring women who responded to the Women's Stuff survey, gave advice and support, and related their experiences of controlling relationships, abuse and sexual assault. I couldn't use all your quotes, but I read and considered each and every one, and they all played a part in the advice and information given here. Many of the names have been changed in the quotes that appear throughout this chapter.

## ❤ Emotional blackmail from a partner or ex

This is often self-pity or wallowing, or a way to try to control you and keep you trapped. Some partners, when there's a break-up, threaten to or imply they'll commit some form of self-harm, or say they 'can't live without you'. This is not your responsibility, and there are ways to be compassionate but detached. Deal with them on the phone and not in person. Don't be drawn into extended melodramas.

**1** Say you're sorry they feel that way and suggest they talk to somebody (not you) about it. Give them the Lifeline number (13 11 14).

**2** If you're worried about them, tell somebody in their family or their friend, who can go and see them or check on them – this often makes the person angry, as they were bluffing or trying to make you feel guilty and they don't want to be seen that way by anyone else.

**3** Offer to ask a relative or friend (not you) to drive them immediately to a doctor or a mental health facility, or to call an ambulance. If this is rejected, hang up.

**4** Repeat, repeat, repeat as necessary.

## ❤ If an ex refuses to acknowledge a break-up or makes threats

Make notes or keep a copy of any threats or hints. Talk to friends, family and work colleagues where necessary. Talk to the police if a specific threat is made or if actions make you worried. Tell their friends and family about any specific threats. Get it out in the open. Sinister threats can seem a lot less sinister the more they're revealed, and you have some protection when they're known and others can intervene or are on their guard. See 'Stalking', later in this chapter, for more.

### IS ABUSE COMMON?

As part of the Women's Stuff Survey, almost 1500 women answered the question 'Have you ever been in, or are you now in a relationship you think was or is controlling or abusive? About 42 per cent said yes.

Of more than 2300 women who answered the question in the Women's Stuff Survey 'Have you ever been coerced or forced into sex?', almost one-third said yes, while about 28 per cent also said they'd been assaulted. Official statistics vary, but it's understood that most sexual assaults are never reported.

### IF YOU'RE THE ABUSER

Seek help and counselling immediately. Call a crisis number from later in this chapter, contact Relationships Australia, or see your GP and ask to be referred to a counsellor.

## Controlling or Abusive Behaviour

Verbal or emotional abuse often comes before, or with, physical abuse. A controlling relationship can start with over-the-top romantic gestures and gifts, and great protestations of you 'being the only one' and their love being a special kind of 'you and me against the world', often disconcertingly early in a relationship. There may be a charm campaign aimed at you and even friends and family, your other potential allies and 'protectors'.

Suddenly or gradually there are rules, or flashes of mystifying rage or sulking designed to modify your behaviour to what they want you to do. Then

CHAPTER 31 – HOW TO ESCAPE CONTROL & ABUSE

the 'nice' person reappears, and all is well, he's romantic and doting again, before the next flash-points of anger or rage or sullen tension. This is not a 'return to the good times'. It's the classic cycle of abuse, recognised by women who've been through it and by specialist psychologists.

You hope the good times prove that he loves you and that things can be better if you behave better and don't 'provoke' the bad reactions. A controlling person 'trains' you, keeping you off-balance and unable to see when or why they're going to fly into a fury. They thrive on your low self-esteem and confusion. They may stop you from seeing friends or family, and work to fool your potential allies that you're the unstable one. Often the controlling behaviour escalates after some sort of commitment, including declarations of love, moving in together, getting engaged or getting married, when they see you as 'theirs'. If you are first abused or hit after an engagement or in the weeks before a wedding, cancel it. *All* available anecdotal evidence is that the abuse will escalate after the wedding. Most abusers and violent men don't stop until the woman leaves or the law gets involved, or both; not only does the abuse not stop, it gets worse – more severe and/or more frequent.

Sometimes women recognise the controlling behaviour but think 'I'm strong enough to with-stand it' and 'I won't let him control me'. They've already lost sight of the fact that this is not what they need or want in a relationship. Already they've moved from 'That's awful and I'm break-ing up with him' to 'He can treat me that way but I won't give in'.

## 💚 Signs of control & abuse

Excuses given for these warning behaviours can range from religious or cultural reasons to 'The man's the boss' or 'I'm doing this for your own good'. There's no excuse. Watch out for:

- signs of obsession with you: over-the-top gestures, getting too serious too quickly, wanting you to spend all your time with him
- cultivating an 'us against the world' idea
- not asking what you want, ordering food for you, planning events and then being 'hurt' or sulking if you say you want to do something else

- doing 'favours' you asked him not to do, attending a family gathering or party he wasn't invited to, turning up at your house when you said you had other plans
- explosive behaviour
- being frightening when angry
- not letting you wear make-up or dress up or have your hair done, or insisting that you do
- being jealous without reasonable foundation (talking to another man is not reasonable foundation)
- unpredictable behaviour or attitude changes – loving then contemptuous, or tender then raging or cold
- wanting to know how many men you've slept with or other details and then not letting it go
- using threats, sulking or silences, or other 'punishments'; using iciness, sarcasm and calm cruelty instead of heated shouting and anger
- putting down or undermining or not acknowledging any of your successes or achievements, including your parenting skills
- banning male friends or other friends, or social websites, or you going out without him
- using technology to monitor your whereabouts and activities; demanding instant responses to emails, texts, etc.
- not asking you about yourself or your feelings, or denying the ones you say you have
- speaking with contempt about his mother or exes, or women in general; using words like 'bitch' and 'whore'
- making put-downs of you that he says are jokes
- making a lot of rules you 'have' to follow and that are all created or enforced by him
- being different in private and telling you friends and family won't believe your version of events
- running a campaign to charm your friends and relatives, and trying to convince them that you're mentally unbalanced or lying, or telling you he has (in fact, your friends may be waiting for a sign from you to help)
- manipulating you into routinely asking permission rather than just telling him your plans
- exerting control over your social life and the TV remote and your clothes; forbidding you from attending events or seeing friends or relatives
- strict control of what you (and other family members) eat, and when

- economic abuse – putting all money under his name, taking control of your pay and expenses, doling it out or 'paying' you and demanding you account for every cent
- not letting you sleep or leave the house or get out of a car until you agree or otherwise give in; against your protests and requests restraining you, sitting or lying on you, taking your clothes off or pulling down your pants, refusing to stop tickling you (sounds ridiculous but can be very upsetting), picking you up, locking doors, hiding or taking keys to keep you confined
- using physical or verbal 'threats' of violence, pulling his arm back as if to hit or clenching fists, hitting other things (like the wall) or saying 'I want to hit you but I won't if you . . .'
- labelling any anger or resistance from you as unacceptable or irrational
- violence first, followed by him being upset and apologising, but giving your behaviour as the reason
- violence or abuse happening or escalating after commitment, moving in, engagement, marriage or during pregnancy
- you accepting treatment of you or behaviour towards you or your children that you never would have before you met him and that you don't think a friend should have to put up with
- an atmosphere that is often tense because you fear their response or behaviour
- you working out how to avoid 'provoking' him when in fact any excuse will do
- using religion or cultural reasons to control you and enforce strict rules and requirements
- frightening behaviour, including driving dangerously, throwing and destroying things
- emotional blackmail escalating to threats of self-harm or suicide
- verbal or gesturing threats of violence
- keeping and displaying weapons
- physical violence, including pressure holds, bruising, pinching, slapping, punching, kicking
- verbal or gesturing sexual threats
- sexual assault, including unwanted touching, or twisting, poking or otherwise hurting private parts
- sexual assault involving any penetration: this is legally rape, no matter who he is.

## ♥ Abuser tactics

He tells you:

- 'You're crazy.'
- 'People think you're crazy.'
- 'Nobody will believe you.'
- 'You're worthless.'
- 'You're stupid.'
- 'You're ugly.'
- 'I do it because I love you.'
- 'If you loved me you'd obey me.'
- 'I'm sorry, I won't do it again.'
- 'I'm doing this because I care.'
- 'Nobody else loves you like I do.'
- 'My love for you is special.'
- 'Nobody else would ever want you.'

## ♥ It doesn't really matter why

It doesn't really matter why they're doing it, aside from this: it's never your fault. People who abuse can use the excuse of being under pressure at work because he's rich and powerful; or frustrated because he's unemployed, poor and disadvantaged; or having had a horrible home life or a cruel mother; or because she had a difficult ex-girlfriend. But these things have all happened to other people who never intimidate or hit their partners. Some people believe that abusive men have been 'hardwired' by their previous experiences and/or that they're classic bullies who deep down are insecure and so use abuse and violence to feel powerful. But in a way it's irrelevant. There's no good reason or excuse for their chosen behaviour.

### SECOND CHANCES

If you want to give it another chance, tell your partner you don't like certain aspects of their behaviour – that it makes you feel upset and disrespected. Tell them that they need to change. If they agree or get counselling, that's a good sign. (Most men in this situation will say they'll go to counselling, but they don't, or they only go once.)

The behaviour needs to change straightaway. If it doesn't, then break up. Break up at the *very next instance of the behaviour*. Anything else is telling them you're going to put up with it. Make sure you stick to your resolve. Don't keep giving them another chance. It's not enough that the person feels bad and says they love you – their behaviour must change, and *stay changed*.

## MORE INFO
### on men who are determined to change their abusive behaviours

Any of the domestic violence helplines (see 'More Info on Leaving an Abusive Partner', coming up) will be able to offer help or referral, as will any GP.

**Lifeline 13 11 14**

**relationships.com.au**
**Helpline 1300 364 277**  Independent organisation Relationships Australia has individual, couples and family counselling, and help with anger management and conflict, online, on the phone or in person. On the website choose 'What We Do', then 'Courses', then 'Relationships Courses'. There's 'Taking Responsibility' (for men who've been abusive and/or violent to their partner) or 'Managing Anger', 'Managing Conflict', or perhaps a positive parenting course.

**ntv.org.au** and **mrs.org.au**  The Male Family Violence Prevention Association and the Men's Referral Service have info about men's behaviour change programs, and also invites volunteers to help run them.

**Learning to Live Without Violence: A Handbook for Men by Daniel Sonkin & Michael Durphy**
A standard self-help anger-management text used by men on their own or with counsellors.

**Building a Better Bloke: Become a Man Women Want by Sam de Brito**  This thoughtful, blokey and amusing blueprint tells men how to earn and give respect, how to build self-esteem and do the right thing (and what to wear, and how to be good in bed). Be careful if you give it to a man who is likely to take the title (and anything else) as an insult.

### WHEN COUNSELLING WON'T HELP

For some abusive and controlling people, counselling is a total waste of time. They're not bothered by 'how they make you feel', as their main concern is to stay in control. They may be even more angry that their 'cover has been blown' and an outsider is being told of their behaviour. Misogynists who feel the need to control women are terrified of being or looking like they're alone. They need the trophy, they need the imagined kudos of being in control. Instead of building a healthier relationship with you, they'd rather find another candidate who looks like she can be dominated or intimidated, even if they're unable to articulate this or perhaps even recognise it. Women may find themselves punished for raising a controlling partner's behaviour in joint counselling sessions. Controllers have lots of ways of 'testing' to see if a woman has the 'right' sort of personality to be dominated and manipulated, quickly or over time. Insisting on counselling means you fail the test. It's a good one to fail. Now you know he's not sincere about changing (judge by his actions and behaviour, not just his words), you can make a plan to leave (but take care – see 'How to Get Out of an Abusive, Controlling or Violent Relationship', opposite).

## The most dangerous times in an abusive relationship

Controllers cannot stand the thought of you not being under their control. Abusers are maddened by rejection. It's not love or loss, it's the blow to their self-esteem and public vanity. This is all heightened if he has a history of violence and criminal behaviour. Women are most at risk of injury and death from an abusive man at these times:

- when he discovers that she intends to leave
- when she tells him she's leaving
- when she leaves him
- in the first weeks after leaving.

It can be best to make an escape plan, implement it when you're ready, and inform him by phone (see 'How to Get Out of an Abusive, Controlling or Violent Relationship', opposite). Do not agree to see him and do not go back to a shared house alone to get belongings. That time is over. You may be able to do so in some months' time, but now is not safe. Make sure your escape plan means you can stay at a safe place, that you've smuggled out anything you'll need, and that you've made pets and children safe (see 'More Info on Leaving an Abusive Partner', coming up in a few pages).

Statistically, the other most dangerous times with an abusive and/or violent partner are:

- when you're pregnant
- when there's been a commitment or change in the status of the relationship, such as moving in together, and getting engaged or married
- when there have been terror tactics, such as threats of violence or damage to possessions or pets, displaying weapons or telling you how he'll harm you or others.
- when he has a criminal past involving such behaviours.

## How to Get Out of an Abusive, Controlling or Violent Relationship

Whether it's been going on for weeks or decades:

- **Name the problem** – You're being abused and it's not okay. Write down the abusive behaviour so you have a diary list to remind yourself of

what's really happening. This can be useful to you, even if you never show it to anybody else. Keep it safe, or do it in your head, or hide it.

- **Reach out for help** – Tell someone you trust (an anonymous advice line, your GP, a friend, colleague or relative) what you're going through, and ask them for help, whether it's advice or just being there to support you and help protect you.

- **Make a plan** – Work out exactly what's going to happen before you leave. There are things you can secretly sort out before you go. See 'What to Have Ready so You Can Leave', coming up.

- **Keep it secret if you need to** – Don't break up face to face and alone if you're scared the reaction will be violent or threatening. You can do it on the phone or have somebody with you.

- **Recruit allies** – If you're threatened, tell the threatener that you've told many people about their abusive behaviour, and that they'll be protecting you. Get male and female friends or relatives to warn the person not to threaten or harm you, and to say they'll be watching.

 **MORE INFO** on controlling & abusive relationships

**beverlyengel.com**
**The Nice Girl Syndrome: Stop Being Manipulated and Abused – and Start Standing Up for Yourself by Beverly Engel** Simple, good book by a therapist, about how to recognise false beliefs, stop being a target of men who look for victims, and practical step-by-step ideas on how to get free and become a strong woman. Extra info on the website.

**Why Does He Do That? Inside the Minds of Angry and Controlling Men by Lundy Bancroft** This book by an expert on abusive male behaviour identifies early warnings, cofactors such as drugs and alcohol, and tells women how to escape safely. He lists typical excuses, and the ways some men tell women they're worthless and not believable. Explains how kids can grow up and repeat the patterns, either as abusers or victims.

**lovegoodbadugly.com** A great site for young women and also useful for others, about abusive

or controlling relationships with boyfriends or girlfriends. Has good checklists, a warning signs quiz, help and support.

**Men Who Hate Women & the Women Who Love Them by Susan Forward & Joan Torres** Are you with one of those men who seems perfectly charming to everyone else but makes your life a misery with abusive and controlling behaviour? This book explains why the focus has to come off 'fixing him' or 'making him understand' or 'being loyal', and onto your needs. You can love him – but leave him.

**The Gift of Fear and Other Survival Signals that Protect Us from Violence by Gavin de Becker** A security consultant from an abusive family tells how to recognise and protect yourself from stalking or violence, how to let your instincts kick in, and how to recognise men who 'test' your reactions to see if you can be manipulated and controlled in a relationship.

- **Consider legal help** – A private or community lawyer can advise you, as can police. If necessary, contact the police and get an order banning an ex from contacting you, but see 'Stalking', later in this chapter, for when that may not be helpful.

- **Debrief** – Acknowledge what's happened. Talk to friends and family about how convincing and charming the person can seem. Tell them what really happened behind closed doors. Show them your diary. Tell your stories.

- **Look after yourself** – Be kind to yourself and give yourself time to heal. Work on how to be stronger in future. Don't be ashamed of yourself, even if you feel you stayed with them too long. Get help to stand up for yourself, and have support around you. You're not alone.

## ❤ When leaving is difficult

- **'He says he'll hurt the children/me/the pets'** – Make a plan that involves informing the police, having an order in place if necessary, informing others of his threats in case pressure on him from family or friends will help, taking pets to the RSPCA or another shelter (details coming up) for temporary boarding, and going somewhere he can't get to or doesn't know about. Women's refuges are in secret locations.

- **'I have nowhere to go'** – In the short term, if you have to leave quickly, there are women's refuges and other community help available. Or, plan to stay with a trusted friend or relative. It may be a bit of a squeeze for a while, but it's worth it. Or, if you have time to get a plan together, you can have rental or other accommodation lined up that you can keep secret from your ex.

- **'I might lose the house'** – A community legal service or private lawyer can help you understand and enforce your legal rights.

- **'I'm not strong enough to make it on my own'** – That's part of the abuser's bag of tricks. It's not true, and you'll learn to feel good about yourself again when the relationship is over. And you're not alone. You can get help and support.

- **'He's the children's father & he doesn't abuse them'** – Leaving won't change that. It's your job to protect the children from growing up thinking it's okay to do this to somebody else or for someone to do it to them. He'll still be their father if you're not his partner. He's hurting them by hurting their mum.

- **'I'm broke'** – There is financial help available. You can slowly start making that part of the plan, or apply for emergency funds from Centrelink. It's not going to be easy, but it's going to be better.

- **'I don't have a job'** – You don't have to fix everything all at once. Baby steps is fine. You can turn it all around in time and get your confidence back. When you make a plan for the future, use all available government, church and community help.

- **'I'm ashamed, I don't want people to know what's been happening'** – Another part of the abuser's bag of tricks is making you feel responsible for or ashamed of what's happening to you. They're the ones who bear the shame, whether or not they admit it. You can choose who you want to tell or not tell.

- **'He can change'** – So far he's chosen not to change or can't change. Maybe there's a chance for the future, but not if things go on the way they are. Promises mean nothing – only long-term actions prove his intentions.

- **'I feel sorry for him'** – You might feel that it's not his fault, that he's had a horrible childhood, that you can see he's vulnerable underneath the meanness and/or violence. All of those things may be true, but you still have to get away.

- **'It's my house'** – And why should you have to leave, when he's the one doing the wrong thing? Is there a way to make him leave without endangering your safety? Make sure you have independent legal advice, but be guided by what you know and common sense. Your safety is the most important issue. If you have time for a plan, see a lawyer and work out your legal options. Your legal property rights will not be extinguished if you leave.

- **'I love him'** – You still need to leave him. Love is not enough.

The truth is, it's always hard to leave, even if he hasn't threatened you with violence or he's said he'll suicide if you go. It's gone on too long, you're not sure what to do, you're so confused and your self-esteem is shot to hell. He's got you believing that you can't make it on your own, he has a right to treat you this way, everything is your fault and nobody else will believe or want you. None of that's true. Your recovery can start soon. But first you need to leave and, in time, everything will be so much better. It's hard to leave, and you'll need determination and help – but you can do it.

## WHAT TO HAVE READY SO YOU CAN LEAVE

Have an escape bag hidden in a friend or relative's house. Carry a key to their house on your key ring or, if safe, have it hidden in your house or bag, or give it to another friend. If your ex knows Friend A is likely to help, pick Friend B, or have the bag waiting at Friend A's, but go to Friend C's overnight, or for longer.

Over time, stock the escape bag with:

- copies of any legal or financial documents (bank statements, passports, birth certificates, etc.)
- spare keys for car, house, relatives' or friends' houses
- diary, photos and/or police reports documenting the violence
- some spare cash in a wallet
- a change of clothes for you and kids
- any prescription repeats or medicines the family needs.

You should also:

- Smuggle out or have ready to go anything precious, such as jewellery or photos, from where you're living, if he's likely to destroy them when you go.
- Get another phone with a number your partner doesn't know about and a charger for it. You can put your SIM card into it or have a pre-paid version with friends' and emergency numbers in it.
- If you can, open a bank account in your name only and try to get any spare money in there over time. Make sure the documentation from it is sent to a friend or relative's address and that the bank has their phone number.

- Use a library or friend's computer to visit useful websites, or their phone to make calls to crisis lines or women's refuges for advice and support about where you can go when you leave.
- Decide which friend you can take a pet to, so they can get the RSPCA or a local vet to look after it until you can take it back (see 'More Info on Leaving an Abusive Partner', coming up).
- If possible, prepare the ground by telling a trusted friend or relatives what's happening so they understand the history and are supportive. If they're not supportive, look for other allies: the people who answer crisis lines (above/below) have been through everything you're dealing with. You can tell other people once you've gone or only a couple of days before, if necessary.
- If your family doesn't understand or won't support you or believe you, stay somewhere else. You may have to explain to them that he wasn't the man they thought. Help them to understand by showing them any of the books on controlling or abusive behaviour recommended in this chapter.

## DON'T BLAME YOURSELF FOR STAYING

Don't blame yourself for being in an abusive relationship and for failing to get out at the first sign of trouble. Your abuser has probably practised how to keep his 'victim' off-guard and unable to see her way out. They've learned how best to 'press your buttons' and manipulate you. This process may have developed unconsciously or on purpose while growing up in an abusive home or during previous relationships – all the while they've been honing their skills in how to keep a woman's self-esteem low.

Most women are used to being the peacemakers, the apologisers, the compromisers, the negotiators and the listeners. Abusers take advantage of this, whether they're being calculated or just opportunistic. There's even a term for it: 'being gaslighted'. In the 1944 film *Gaslight*, a husband convinces his wife she's going mad by isolating her from friends and family, manipulating her and lying. (In the movie the wife, played by Ingrid Bergman, gets her revenge.)

See every new day as an opportunity for you to start placing the blame where it belongs, build your confidence, ask for help and make a plan to get to a better life – the one you deserve.

# ✳ MORE INFO on leaving an abusive partner

If you're severely controlled, take the children to the doctor or say you need to go for a 'women's problem' and tell the GP what's happening. They can make a call from their clinic to a women's refuge, the police or somewhere else for you. Women's refuges can advise on plans that involve protecting your children and informing or finding schools. Call directory enquiries and ask for a women's refuge near you.

**lifeline.org.au** Lifeline has a 'Domestic Violence Tool Kit' you can download, a booklet to help a friend, family member or anyone in a controlling, abusive or violent relationship, and lots of practical advice and help to leave or work out what to do. Choose 'Find Help' then 'Mental Health Resource Centre' then, under 'Tool Kits', 'Domestic Violence'.

**ndvh.org/get-help/safety-planning** The US National Domestic Violence Hotline isn't available for us to call, but has a great web page here on planning to escape and keeping safe afterwards.

## PETS AT RISK
Local vets and the groups below can help with temporary shelter and care for pets. If you have a counsellor, or are in touch with a crisis line or women's refuge, mention it to them, as they may know of local volunteer pet-care networks.

**rspca.org.au** Most local RSPCA shelters have official or unofficial ways to help. Choose 'How Do I Contact the RSPCA?'.

**animalaid.org.au** This Victorian charity can help while you get settled somewhere safer. Choose 'About Us', then 'Pets in Peril'.

## EMERGENCIES & ADVICE
If you're scared that you're in immediate danger, call the police on 000 (or 111 in New Zealand).
There are ways of anonymously getting help for all kinds of family abuse, including these crisis lines.

**Domestic Violence and Sexual Assault Helpline 1800 200 526** This 24-hour, seven-days-a-week service provides confidential info and advice, and referrals to local help. Shamefully, at the time of writing, there's no national website. The Federal Government says it's 'reviewing its services'.

**Crisis lines** Trained counsellors at these 24-hour state-based family violence crisis lines can talk with you about your situation and provide advice and referral. You can call anonymously. Most are funded directly or indirectly by state/territory governments.

**ACT** Domestic Violence Crisis Service (02) 6280 0900

**NSW** Domestic Violence Line 1800 656 463

**NT** Domestic Violence Crisis Line 1800 019 116

**Qld** DV Women's Helpline 1800 811 811

**SA** Domestic Violence Crisis Service 1300 782 200

**Tas.** Family Violence Counselling and Support 1800 608 122

**Vic.** Women's Domestic Violence Crisis Service of Victoria (03) 9322 3555 or 1800 015 188

**WA** Women's Domestic Violence Helpline (08) 9223 1188 or 1800 007 339

**whiteribbonday.org.au** White Ribbon Day, International Day for the Elimination of Violence Against Women, is 25 November. Affiliated with myoath.com.au, where Australian men pledge to support the campaign opposing violence against women.

**burstingthebubble.com** For teens and young people: info, advice and links on what to do about violence and abuse in your family, or how to help a friend.

🥝 **womensrefuge.org.nz** National Collective of Independent Women's Refuges has a great site full of advice on how to find your nearest women's and children's refuge, leave safely, help a friend, and plan for the future.

🥝 **2shine.org.nz**
**National Domestic Violence Helpline 0508 744 633** Preventing Violence in the Home is a national non-profit organisation part-funded by government and donations. They provide help, support and education.

## ❦ Things to sort out after you leave

- Sort out any remaining financial things and phones and other paperwork jobs. Change all PIN numbers and computer and other passwords. Change all addresses and get a post office box, or use a relative's address for the interim if necessary. Privacy laws should protect you in most cases.
- If there's legal stuff to sort out, or wedding plans to cancel, or paperwork to get fixed, ask a friend or family member to help you with the logistics. Don't do this with your ex-partner, or discuss it with them directly. Don't meet with them.
- Don't feel you have to go into long explanations. 'It didn't work out' is enough for some people, as long as close friends and family know the truth. Your ex-partner will probably never admit to family and friends that he was abusive or violent, and they may never want to believe it. Being free from it will have to be enough for you – you don't have to get everyone to believe it. If he tells lies about you, you can deny them quietly if they're put to you. Keep your dignity. You can choose who to talk to about it, or simply say, 'It was a very bad situation. It's over now, and I don't want to talk about it any more.'
- If necessary, get a friend and service providers to help you protect your phone, email and social network website pages from being hacked or accessed by your ex-partner. Change all numbers and passwords.

## ❦ Emergency plan if you have to leave quickly

If you have no plan but you feel you're in imminent danger, grab the kids and call the police, or go to a police station. If you have time, take the pets. You should then:

- Get to a safe place where you have protection. If you're caught short, a police station or your GP's surgery or a relative or friend's place he wouldn't think of could be the go until you work out where to go next. Don't reveal the location to your ex or his friends or relatives. If you had an escape bag (see 'What to Have Ready so You Can Leave', earlier) stashed somewhere, ask for help to retrieve it.
- Call the free, confidential 24-hour Domestic Violence and Sexual Assault National Helpline on 1800 200 526, or ask your GP, the police or directory enquiries to help you call a women's crisis centre or refuge – see the numbers opposite.
- Drop pets at a friend's or the local vet. You can sort it out later.

## ❦ How to tell an abusive partner that you've left

If you're frightened of your partner, don't warn or tell them that you want to leave or are planning to go. You owe them nothing. You don't have to see them face to face, or even speak to them. You can get a male relative or friend to tell them. You could text, but then you might need to change your phone number.

Once you've left:

- Contact your partner and tell him you've left, or get somebody to do it for you, and that you won't accept contact with him. Tell him your decision is final, that nothing he can do or say will change your mind, and that you'll contact the police if he makes life difficult in any way. Don't listen to any abuse or tears, or accept any apologies or promises. Understand that if you weaken, you're telling the abuser that he can keep abusing you as long as he apologises or makes empty promises.
- Be prepared for him to demand to know 'why', but don't be fooled: he knows why. Be prepared for him to lie convincingly to friends, family and work colleagues. Be prepared for him to question your sanity but express it as concern for you and say things like he's 'prepared to take you back'. Warn friends and family that he may deny it all and pretend you're unbalanced or lying.

Your ex may promise to change, to get help. You still need to move on – remember, they could have done this at any other time but chose not to. Even if they're getting counselling or attending a course, stay away for a few months.

## ❦ Protecting yourself from an abusive ex

- Don't call or contact your ex and don't accept calls from him. You don't owe him an explanation. He knows you've gone. You owe him nothing else at this time.
- If your ex conveys threats of violence to you,

call the police and make a formal complaint. If he makes threats of self-harm or suicide, tell his friends or family. He'll probably deny it. (See 'Emotional Blackmail From a Partner or Ex', earlier, and 'Stalking', coming up, if necessary.)

- It's worth saying again – this is the most dangerous time for you. Do not agree to see your partner.
- Do not trust your ex-partner to stick to an arrangement where you go to the house or flat you shared and he agrees not to be there. Controllers and abusers very rarely let that happen and are most likely to turn up and become abusive. Also be prepared to have your belongings trashed if you didn't get them out in time.
- If you need to retrieve things from the house and you think it's safe, send two male friends with your key, telling them what to get. You can be on the phone while they walk around and ask you what to put in a box or suitcase.
- If necessary, tell some friends and the relevant people at work that you need to be protected.
- If your ex turns up somewhere to see you, tell him to go or get somebody else to tell him to go. Call the police if you're in immediate danger.

You can't go from an abusive relationship to being friends, no matter how much you'd like to. What happened is not your fault. You weren't 'too stupid' to see it. Abusers are clever and often gradual in their 'grooming'. Read some of the books suggested in this chapter and get some counselling so you don't fall for the same sort of guy again, or blame yourself.

## 💚 Building a new life after control, abuse & violence

You'll feel bad – about the situation, about yourself, about how you got here. But you can have a positive future – you deserve some good luck and to be treated well. Start by treating yourself well, and give yourself time to heal and thrive again. What you're doing isn't easy, but it's the right thing. There are some hard days ahead, some grief to go through, some work to do. But one way lies healing and a happier future and the other way is going back to more of the same, and subjecting your future children, or the children you have, to a miserable life dominated by dysfunction. You are choosing life, and a positive future. When things have settled down, see Chapter 1, 'How to Be Confident', and Chapter 39, 'Beliefs', for some ways forward. Welcome back.

## MORE INFO
### on building a new life after control, abuse or violence

**relationships.com.au**

**1300 364 277** Independent counselling service Relationships Australia has free courses for women who've been in an abusive relationship ('Women: Choice and Change'), or who want to become stronger and less likely to go into another abusive relationship ('Self-esteem and Assertiveness for Women'). Choose 'What We Do', then 'Courses' and check out what's on offer.

**It's My Life Now: Starting Over After an Abusive Relationship or Domestic Violence by Meg Kennedy Dugan & Roger Hock** A US advocate and helper of abused women and a professor of psychology tell how to put your life and self-esteem back together, and plan a secure future, step by step. This book has lists and advice on practical stuff, and how to move past blaming yourself or feeling guilty.

**Crazy Love: A Memoir by Leslie Morgan Steiner** How an educated, middle-class American woman with a good job nearly lost her way and her life. ('As a young woman I fell in love with and married a man who beat me regularly and nearly killed me.') She's now in a happy marriage with another man and their kids.

### HELPING A FRIEND WHO'S ABUSED

Tell your friend:

- 'I believe you. I know what he's doing and it's wrong.'
- 'This isn't your fault: you don't deserve it.'
- 'You can start making a plan and *you* get to decide when and how to leave.'
- 'I'll help you.'
- 'You can decide when the time is right.'
- 'You don't have to tell him you're leaving.'
- 'It will be hard but then everything will get better.'
- 'You can't find a new life while you're with him.'

- 'You can stay at my place (or I'll help find you somewhere else safe).'
- 'Here's where I hide a key to my house/here's a key to my flat. You can come any time.'
- See the resources under 'More Info on Leaving an Abusive Partner', a few pages earlier, to find out what needs to be done.

### MEN WHO ARE ABUSED

Many men are subject to emotional abuse. Fewer are in relationships with very controlling women and fewer still are subject to violence from their partner, but it does happen and it's hidden. If you know a man who is being abused, you can encourage him to reach out for help. Many men are afraid of being laughed at, or feel they have to put up with it, but there is non-judgemental help available.

**MORE INFO**
**for men who are abused**

**menslineaus.org.au**
**1300 789 978** Advice and support.

**relationships.com.au**
**1300 364 277** Relationships Australia has relationships and parenting courses, and anger management classes for men and women.

## Children in Abusive Homes

Children can tell when their mother is frightened or being controlled or abused, even if they can't articulate what's happening. You can't hide this from children, and it's not okay because 'He doesn't hit the kids, only me'. Children are damaged by control and violence, even if the violence happens where they can't see it, just as they're damaged by unhappy family situations. It significantly raises the chances they'll become abused by their own partners later in life, perpetuating the cycle with their own children. It also raises the likelihood that children will develop cruelty to animals, which is itself a predictor for committing violent crimes later in life.

The good news is that kids can be resilient and recover from emotional damage, but not if you let it go on and don't address it.

## Abuse of their mother is a form of child abuse

One parent abusing, controlling or being violent towards the other is also a form of child abuse, because they're not making the child's home a safe or happy place to be. Kids know when there's something wrong. It's not your job to conceal it. It's your job to get you all somewhere safer.

Children can react to violence and abusive control in the home, against their mother or themselves, with:

- being very quiet and trying to 'disappear'
- copying the behaviour
- acting up to deflect attention, to try to protect you
- sleeping problems
- bedwetting
- depression and anxiety symptoms
- learning problems
- unpredictable rages
- inability to form healthy friendships or relationships
- feeling they deserve unhappiness or violence
- inability to understand and sympathise with others
- unexplained illnesses and pain
- learned disrespect for the abused partner
- learned verbal and physical abuse of women and girls, or siblings
- reactive hatred towards the abuser
- taking drugs or drinking alcohol
- biting fingernails, pulling hair out, self-harm.

**MORE INFO**
**on family abuse or violence**

**Kids Helpline 1800 551 800** Any of the crisis lines listed in this chapter can help you make a plan.

**When Dad Hurts Mom: Helping Your Children Heal the Wounds of Witnessing Abuse by Lundy Bancroft** Abuse specialist Mr Bancroft's book, despite its American title and some US legal details, is helpful for anybody who wants to protect or help their children. Useful info on how to explain what's really happening, if it comes to custody disputes.

# Abuse in childhood or teen years

In childhood my father hit me. I colluded with my family to keep the violence secret so my family appeared respectable in the wider community. I feel it every day. MAISY, 43, CARNEGIE

My adoptive father, who died some years ago, used emotional manipulation and control. I'm in therapy for the nth time about it. It very nearly caused me to kill myself, and caused low self-confidence, feelings of failure, depression, anxiety, etc. SUE, 43, THE GAP

My father was extremely controlling. I'm over it now (he died 10 years ago) but I'm never having children. I learned too much from him. MAY, 26, CHATSWOOD

> **'My brother uses intimidation, physical abuse and emotional blackmail. It makes me feel scared, alone, embarrassed, anxious, depressed.'**
> BEC, 29, CHELSEA

My father assaulted me. I went to a doctor and asked for help. My mother resented me telling family secrets. She did leave and she was much happier, but it was a very ugly process. My parents are no longer in my life. MILLE, 39, TORQUAY

I was sexually abused by my foster father and other unrelated males. I was also physically, mentally and emotionally abused by my foster mother. I thought it was 'normal'. I didn't like or value myself, and had low self-esteem. I tried to 'hide' myself with loose, plain clothes. I worked through all this on my own, but it's taken some time for me to be proud of myself and confident. It made me ensure that this would never happen to my children. CANDACE, 53, POTTS POINT

As a child I had an abusive grandfather who touched my sister and me in a sexual way. As a teenager I was scared of boys. My partner knew everything. I told him at the start of our relationship and he was very supportive and caring. MARION, 40, ADELAIDE

23 years ago I was abused by a male relative. I felt confused, disgusted and very upset. When I was in my mid-20s I had a mini-nervous breakdown and the story came out. My parents helped me access counselling and I eventually saw a psychiatrist regularly. Before that I drank a lot, had casual sex and no self-respect. RUTH, 34, SYDNEY

My father used physical and verbal abuse and was often violent. I felt angry, worthless and frightened. CAROL, 63, BONDI

My father used emotional abuse, some physical abuse and definitely verbal abuse. I felt frightened and unhappy. I dreaded him coming home. SALLY, 58, THE HAWKESBURY

I was assaulted when I was a child, a teenager, a young adult and an adult. I became an oppressed woman with no self-esteem, and searched for acceptance and love by using sex. I became co-dependent and searched for people to save. CINDY

In high school I was assaulted by a teacher. At first it made me feel special, then like a right royal idiot for falling into such an obvious trap of flattery and lies. NATALIE, 27, SYDNEY

My brother used sexual abuse. I feel dirty, guilty, invaded. RACHEL, 26, UPWEY

My dad was very violent towards my mum. When I was in early primary school I called the police many times. I don't think I'll ever forget it. HOLLY, 21, WARRNAMBOOL

When I was 15, a 26-year-old guy tried to feel me up on a four-hour bus trip and whispered things in my ear. I was young and scared and didn't know how to handle it. KELLY, 18, BYRON BAY

I was 16. I was at a friend's place asleep after a big night and when I woke up a guy I was good friends with at high school had taken my pants off and was inside me. I was embarrassed. I was also scared he'd say it was consensual and that I was lying. EMMA, 24, GOLD COAST

My stepfather denied all knowledge/action. Nothing ever happened to him. I think what the assault taught me was that my body/sex was the only thing about me that I should expect men to be interested in. KATE, 52, ST KILDA

> **'I was molested as a child. It made me scared, and now ashamed and full of self-hatred. It's made me have very little faith in men, and though I know it was never my fault, I still carry the shame of it daily.'**
> WENDY, 34, BLACKTOWN

I was sexually abused at 10 by dad's best friend. There were other assaults during my teenage years. It affects the way I deal with men, means I don't like sex and causes me to feel the world's a horrible place. LILA, 29, MELBOURNE

I was sexually abused as a child by my stepfather. I felt like it was my fault, but he was actually a bad person – I'm not. MAYA, 42, SEAFORTH

My neighbour repeatedly sexually abused me. I felt I couldn't tell my parents or his, as they were like a second family to us and it would've ruined everything we shared. JAYNE, 35, SYDNEY

## ❦ Sexual abuse of children

Sexual abuse of children and teenagers also occurs within some families or extended families, groups of 'friends' or, for example, church or sporting communities, when a person is in a position of trust.

## ❦ Helping to protect your kids

Tell your kids that anything that makes them feel uncomfortable and icky is a warning sign. Tell them that adults should never make sexual contact with them or make sexual jokes or show them sexual pictures, and to tell you if this happens. Tell them that no adult should ever ask them to keep secrets. Tell them that you'll never be angry with them about something that happens, you'll always believe them and help them instead (and make good on that promise – kids won't confide in you if they think they'll get into trouble).

Answer sexual questions honestly or help kids find out age-appropriate answers. This will encourage them to be open with you, and to find out about healthy, not abusive sexual relationships. Knowing about sex doesn't mean teens will automatically start doing it – in fact, it may delay the start, as they'll have higher self-esteem and be equipped with knowledge.

### MORE INFO
### on sensible sex advice for teens

**likeitis.org.au** Info on sex for teens from the Marie Stopes family planning organisation.

**scarleteen.com** US site for young people with an email question service.

🥝 **urge.co.nz** For teens – choose 'Sex'.

**Girl Stuff: Your Full-on Guide to the Teen Years by Kaz Cooke** My book with info on sex and contraception for girls, how to say no, how to avoid some dangerous situations and disrespectful relationships, and why 'porn' isn't about healthy sexual relationships.

## ❦ Childhood abuse by a family member

In some families the abuse continues even as the child grows into adulthood. It's never too late to get help either to make it stop, or to start dealing with the damage caused by past abuse. All sexual assault advice lines deal with the results of past abuse, helping people to find counselling, sometimes decades later. You can gain control by getting help. You don't have to forgive or forget what happened, you don't have to accept the person in your life or the lives of your children, and you don't have to make the abuse public or institute legal action. The most important thing is to help yourself heal. It's possible to find some peace in understanding that it was never your fault and that, with help, you can move on with a new sense of freedom and health. The abuser doesn't have to admit what happened or apologise for you to successfully deal with it. Your triumph will be in 'un-ruining' your life.

### MORE INFO
### on past abuse

**stopchildabusenow.com.au** The Australian Childhood Foundation site provides lots of info on family and child abuse, and support, even if the abuse happened in the past.

## Stalking

Stalking is harassment and repeated contact, surveillance or attention from somebody who has been asked to stop. It's a crime, covered by varying laws around Australia. The most 'common' reason for stalking is perceived rejection, a male ex-partner with obsessive and narcissistic tendencies refusing to accept a break-up with a woman, or someone who has a delusional belief that they're in, or could be in, a relationship with the person receiving the unwanted attention. Another common type is a 'resentful' stalker, who targets somebody they feel insulted them in some way, say a boss who didn't promote them.

Stalkers are likely to have a personality disorder or another form of mental illness. The object of a stalker's focus could be someone they've met, or seen, or been professionally involved with (such as a doctor or teacher), or a 'celebrity'. There can be a high risk of aggression if the stalker has feelings of anger and makes threats or displays an intention to do harm. This makes it really difficult and inadvisable for the targeted person to try to be logical and reason with a stalker – but intervention and an approach from a professional may help.

## IF YOU'RE THE STALKER

We've all felt a little obsessed, say after a break-up, when our brain was still full of thoughts of the other person and maybe we wanted to know what they were doing and to let them know we were angry. For most people that subsides, common sense takes over and it's not acted upon in a sustained way. But if you see yourself displaying stalking behaviours and you want to get help to stop, see your GP for a referral to a counsellor or psychiatrist specialising in obsessive disorders. They've had great success with therapy and perhaps medication, depending on the individual case.

## ♥ How to deal with stalking

Most people who are being stalked need help in assessing and analysing what sort of stalker they have: a stalker with a history of violence and contact with the criminal system, who has a sense of ownership of a family or relationship and who is narcissistic and antisocial, is likely to be undeterred and in fact inflamed and enraged by a legal order (variously called a restraining, apprehended violence or intervention order or something else). It can be better in these cases if the stalker is arrested for breaking a law related to stalking, rather than for violating a legal order.

Good places to go for advice include 'domestic' violence workers and women's refuges, victims-of-crime groups in your state or territory and, in some instances, police who specialise in these cases. Before your first visit to police, if you can, get hold of or download a copy of the relevant anti-stalking law in your state or territory. A private or community lawyer or state government Attorney-General's Department should be able to help. This way you'll know what your rights are.

When reporting a stalker, don't try to put on a brave face. Front up to the local police station with all the evidence you can pull together (see below) and show them how worried and distressed you are. Ask for a female police officer or the senior

sergeant or a specialist officer if you feel your concerns aren't being taken seriously enough. Explain that you know that 'domestic' stalking cases, far from being 'trivial', can be the most likely to escalate to criminal violence.

Trying to appeal to a stalker's sense of logic or kindness is usually not helpful but may be worth a try, if you can enlist a go-between to do it in a safe way. Cutting off one method of contact (changing phone numbers) can just cause the contact to escalate in another way. Any contact can be seen as encouragement or feeds the disordered thinking. But 'doing nothing' is not an option – make sure you reach out for help.

Here's some basic protection that may help against harassment or a stalker:

- Call 000 if you think you're in immediate danger (111 in New Zealand).
- Get caller ID and block the numbers of problem callers, or get a new number and give it only to trusted friends, and block your caller ID.
- Contact your phone service provider and ask for advice on handling or blocking harassment calls.
- Keep your old phone active but don't answer it – record and save any messages from the stalker.
- Keep a log of any harassment or threats; keep any voice messages, texts or emails as evidence.
- Get a computer expert to make your emails and other info secure, and to show you how to regularly clear your computer of any possible infiltration.
- Change the locks on your house and all security passwords on your computer, financial and other information.
- Find out where the nearest police stations to work and home are, and drive there if you're followed. Make yourself known to your local police near home, be polite and tell them how concerned you are. They'll get to know you and your case.
- Have mail held at the post office that only you can pick up.
- Tell your friends, family and workmates, and show them a picture of the stalker.
- Get friends to escort you to your car – and home if necessary.

- Tell the stalker's parents, friends and workmates to increase pressure on them to stop, but be aware that threats against a stalker can enrage them. Stalkers can be good at pretending to others that they love you and haven't threatened you, so keep any evidence.
- Get police to officially warn the stalker to stop contacting you. Continue to document and inform police of any breaches.
- Talk to a victims' support group and any experienced community police officers about whether a legal order would help.

## MORE INFO
### on stalking

**protectionagainststalking.org** A UK site with some good stuff on assessing your risk and protecting yourself.

**nss.org.uk** Another UK-based non-profit hub for people who have been or are being stalked. Ignore the law section and helpline. There's a stalker risk checklist – choose 'Advice', then 'How Can I Tell if My Stalker Is Dangerous?'.

**Surviving Stalking by Michele Pathé** In this useful book, Australian specialist psychiatrist Dr Michele Pathé lays out the different types of stalker, and gives practical advice on how to manage the situation and deal with legal and other authorities.

**The Gift of Fear and Other Survival Signals that Protect Us from Violence by Gavin de Becker** Reviewed earlier in the chapter. A stalking and threats expert's classic self-help book, which shows the tactics of stalkers and what you can do to protect yourself.

## Sexual Assault & Rape

Any sex without consent is a crime called sexual assault, whether by a stranger, somebody you've met or you know, or a partner. More than three-quarters of sexual assaults are perpetrated by somebody known to the person who was assaulted. These days, the crime is often referred to as sexual assault to emphasise that, although it's sexual, it's also a physical assault on another person. The term 'sexual assault' can cover many different things.

A guy commits sexual assault and rape if, against your will, there's some kind of penetrative sex (the penetration can be with a penis, fingers or objects, and in the vagina, the anus or the mouth). Other terms used are 'forced sex', 'non-consensual sex' or 'sex with coercion'.

Legally, sexual assault and rape are about something that happened without your consent – either you refused, you were coerced or forced and unable to prevent it, you were frightened into it by threats or intimidation, or you were unable to consent due to impairment (including alcohol or drugs) or because you're below the age of legal consent (usually 16). The level of violence is not an issue, although it can lead to other criminal charges or harsher legal sentences.

Rape is usually, but not always, a very brutal crime, accompanied by threats or violence and injuries. Gang rape means rape by more than one man. If the rape is by someone the raped person is going out with, some people call it 'date rape' (see 'Sex Without Consent', below). This is also the name some people use when a rapist gives a person drugs that make them partly or completely unconscious. (Most rapes don't require a drug slipped into somebody's drink, as sadly many girls and women drink enough voluntarily or accidentally to put themselves into a vulnerable state.)

## Sex without consent

Sometimes sexual assault happens when a guy won't take 'No' or 'Stop' for an answer and keeps trying to pressure you, push you, take your clothes off, stop you from getting up – things like that.

- Even if there's no hitting, it's still sexual assault if you're forced into sex by verbal threats, name-calling, nastiness, emotional blackmail, claims that it's his 'right' to do this to you, threats that otherwise he'll punish you somehow, or claims such as 'I know you want it'.
- Someone who has sex with you after you've said no has assaulted you. You may have found yourself in a scary, controlling and abusive relationship (see earlier in this chapter).
- It's okay to have agreed to do something and

# Sexual assault

An older boy I was dating decided it was time to have sex, even without my consent. He did his business, physically hurting me, and left. I felt confused, dirty, guilty, and I didn't tell anyone for a long time. JILL, 42, DONCASTER EAST

My ex-partner would force me to have very rough sex. He'd been in jail for rape, but I didn't know this until I left him. He treated me like his trash. I felt like I had no right to my own body, dirty, violated. One night a neighbour called the police and they took him away, which gave me time to go to a refuge. When I'm having a bad day I still feel dirty. I think it affects my sex life even now. LAINE, 44, BRISBANE

## 'I still can't talk about it.'
HEATHER, 61, SOUTHERN HIGHLANDS

I've had years of counselling, but my post-traumatic stress disorder is still pretty bad. I'm still struggling, but managing. LOU, WARRAGUL

My ex-husband would force me into sex, usually by threatening to hit me, and would choke me until I blacked out. I felt degraded, like I had no one to trust. I've had depression, nightmares and panic attacks, which I'm still being treated for. PATRICE, 26, BELFIELD

He'd hit me and say, 'Keep still, bitch, until I'm finished.' I didn't get help until a few years ago. I didn't realise what he was doing was wrong. FELICITY, 35, ASPLEY

I was groped on public transport. I should've said something very loud, something embarrassing, so he wouldn't do it again. NICOLE, 32, ROWVILLE

There were scores of rape-in-marriage events. I took self-defence classes and threw my husband into a wall at speed. He stopped it then. ESTELLE, 56, CANBERRA

My ex-husband never left me alone. Not for a day, including the day I came home after a horror labour and emergency caesarean. I felt like a thing, a piece of meat, like he owned me. I left him as soon as I could. MEL, 45, TECOMA

I was 17, just. I was underage and drunk in a small country-town pub. A much older guy decided it'd be a good idea to 'help me home'. I was in no fit state to consent to anything. It was my first time. I didn't deal with the emotional effects for a long time. JANCEE, 25, BOWRAL

A friend's brother was hurt that I'd 'rejected' him, and asked me over to 'say sorry'. No one was home so he raped me. I felt stupid, angry, violated, emotionally raw, *embarrassed*. I didn't get help because I didn't want anyone to know. CATIE, 35, ALLAMBIE HEIGHTS

## 'About three years ago I was raped by a friend after I passed out in his room at a party. I felt confused, embarrassed and guilty.'
MIMI, 30, BRUNSWICK

About 40 years ago I was raped by two men. Nothing happened to them. I never reported it. I lost trust, and felt that I probably deserved it. MAUREEN, 56, MELBOURNE

34 years ago I was pack-raped by strangers. I can't put the experience into words here – the police, the courts. Later I visited a psychologist several times. I'm sure it screwed me up in some way (just look at my choices in men). STEPHANIE, 52, MT MACEDON

40 years ago I was gang-raped by 10 to 12 boys. I'm still in therapy. ELAINE, 53

I was raped twice. I felt self-destructive. Both times I was drunk, over the legal limit and/or on drugs, so I didn't imagine I'd get a sympathetic ear. I got contraceptive help from a women's health clinic the second time. It left me distrusting of men and (very belatedly) reflecting on my alcohol use. SHARON, 32, MELBOURNE

I felt like trash. I didn't get help. In fact I tried laughing it off. I just drank heaps and became slightly promiscuous. JULIE, 36, BAROSSA VALLEY

I never felt like I deserved help, because I'd been drinking and therefore it was my fault. I became very skilled at blocking such experiences. I think it prevented me from ever having a functional and close relationship. KATE, 41, FRANKSTON

16 years ago a man took advantage of me. I didn't get help until I found I was pregnant. At that point my family supported me and I had a termination. I don't regret my decision. It made me a stronger person and made me realise the love of my family. JANE, 33, BLACK HILL

## Not accepting the blame

It's not your fault and you should tell people so you don't have to carry the secret as a burden, and get help so they no longer have control over your life. ASH, 25, GOLD COAST

## 'You never, ever "ask for it". I don't care how short your skirt is or how drunk you are, it isn't your fault.'
LUISA, 22, MELBOURNE

I don't like my mother calling me a slut when it wasn't my fault. SARAH, 35, MANDURAH

then have second thoughts and say no. Legally and morally, a guy must stop when you say no.

- It's legally sexual assault whether or not the perpetrator is married to you, living with you or related to you in any other way.
- 'Statutory' rape is sex with a person defined as underage by state or territory law, and therefore unable to provide legal consent.
- The law says that rape occurs if a woman couldn't or didn't consent because she was too drunk, drugged or asleep.

### NOBODY EVER 'ASKS FOR IT'

Whether or not you've already had sex with them or they're your boyfriend or husband, or you were wearing 'revealing' clothes, drunk or sober, nobody has the 'right' to rape or assault you. Rape or assault is never acceptable and never your fault.

## Getting help after an assault

Call the police on 000 (or 111 in New Zealand) if you're in immediate danger or to report an assault straightaway.

Tell someone you trust about the assault so they can help you with the following steps:

**1** Get medical help and counselling – every state and territory has a sexual assault service staffed by women who can help you, whether you were assaulted by somebody you know or by a stranger, and whether or not you want to involve the police (see 'More Info on Sexual Assault & Rape', coming up). They can recommend kind doctors to help you.

**2** If there's any chance of pregnancy arising from the assault, or if you're not sure whether this is the case, as soon as possible, but definitely within 72 hours (three days), go to a pharmacy and ask for the Morning-after Pill, which should prevent any embryo implanting and beginning a pregnancy (see 'Emergency Contraception: The Morning-after Pill' in Chapter 32, 'Sex', next, for details). Do a pregnancy test three weeks later to make doubly sure.

**3** Also see a doctor to check for any sexually transmitted infection that could cause health problems in the future. (Oral and other forms of sex can also transmit infections.) You can go to your GP or a Family Planning clinic, ask for a

female doctor or nurse, or ask a sexual assault counsellor to recommend a doctor.

**4** Think about having ongoing counselling – many people find it helps them work through their feelings after an assault. Counselling can be free on Medicare: ask your GP about it.

### HELPING A FRIEND WHO'S BEEN SEXUALLY ASSAULTED

Ask her what she needs from you: practical support, listening, advice, whatever. Be guided by her and follow through. See all the contacts in 'More Info on Sexual Assault & Rape', coming up.

## Sexual assault in your past

Women with abuse and assault in their history, whether by a stranger or someone they know, can have very different reactions, including promiscuity, fear of sex or intimacy, anger, depression, 'self-medication' with alcohol or drugs, and many more. There's no 'right' response, and all these feelings are 'normal' but obviously may not be helping you. Specialist counsellors have heard it all and can help you. Sexual assault centres routinely help women whose assault experience is years in the past and has been kept a secret. See the help contacts, earlier.

### SEXUAL ASSAULT HISTORY & MEDICAL & DENTAL TREATMENT

Women who've been sexually assaulted can find it difficult to lie back in a dentist's chair, or have smear tests or anaesthetic because of their anxieties, memories or fear of losing control and feeling vulnerable, or flashbacks. Please keep up with any medical or dental checks, but take a friend with you, choose a female practitioner, and/or ask a sexual assault centre for a referral to an 'approved' doctor or dentist who understands. It can also help to ask how long the procedure will take and what will happen, to allay some worries. You can choose to tell or not tell the medical professional involved that you've had a bad experience and need some support – no need to go into details.

### Sexual assault in your childhood

Those who've been subject to abuse as children, including during their teen years, can have a very bad time through keeping a 'secret'. Others

# MORE INFO on sexual assault & rape

**Domestic Violence and Sexual Assault Helpline**
**1800 200 526** Counsellors at this Federal
Government 24-hour confidential number for
victims of sexual assault or violence will put you in
touch with other medical or local help.

Sexual assault services and rape crisis centres
are staffed by committed women who'll support,
believe and help you. They offer you confidential
help and support after you've been assaulted.
They won't contact police unless you want them
to. Many centres have individual counselling
or groups, where people can discuss their
experiences or feelings in a safe and confidential
setting.

### ACT
Canberra Rape Crisis Centre (02) 6247 2525

### NSW
NSW Rape Crisis Centre (02) 9819 6565 or
1800 424 017
Eastern & Central Sexual Assault Service
(02) 9515 9040 or (02) 9515 6111 (*after hours*)
Southern Sydney Sexual Assault Service
(02) 9350 2494/2495 or (02) 9350 1111 (*after hours*)
Northern Sydney Sexual Assault Service
(02) 9926 7580 or (02) 9926 7111 (*after hours*)

### NT
Sexual Assault Referral Centre (*Darwin*)
(08) 8922 6472
Ruby Gaea Centre against Rape (*Darwin*)
(08) 8945 0155
Sexual Assault Referral Centre (*Alice Springs*)
(08) 8955 4500
Sexual Assault Referral Centre (*Tennant Creek*)
(08) 8962 4100

### Qld
Statewide Sexual Assault Helpline 1800 010 120
Brisbane Sexual Assault Service (07) 3636 5207 or
(07) 3636 5206 (*after hours*)

### SA
Yarrow Place (08) 8226 8777, (08) 8226 8787
(*after hours*) or 1800 817 421

### Tas.
Sexual Assault Support Service (*southern*)
(03) 6231 1817
Sexual Assault Support Service (*northern*)
(03) 6334 2740
Sexual Assault Support Service (*north-west*)
(03) 6431 9711

### Vic.
CASA (Centre Against Sexual Assault) Counselling
and Support Line 1800 806 292

### WA
Sexual Assault Resource Centre Crisis Line
(08) 9340 1828 or 1800 199 888 (*country*)

**Lifeline 13 11 14**

**nswrapecrisis.com.au** The NSW Rape Crisis
Centre is a non-profit community group funded
by the NSW Department of Health. For good
fact sheets, choose 'Information about Sexual
Violence'.

**aboutdaterape.nsw.gov.au** A site with help
and info on an assault or rape committed by
somebody you know or have met. Lots of helpful
advice and understanding here.

**secasa.com.au** On the home page of this
Australian service for adults, children and
counsellors, choose 'Info Sheets'.

**justlook.org.au** To find a service that can help
you, use Lifeline's 'Just Look' home page. Choose
'Lifeline Service Finder', then fill in a 'Keyword' (for
example, rape, assault or violence) and 'Location'
(your suburb, town, state or postcode). You can
call the Lifeline number above just to talk or to be
referred for more help.

**rapecrisis.org.nz** Rape Prevention Education
is not an emergency service but an information,
support and referral service. For a list of crisis
centres across NZ, choose 'Get Help' then 'Find
a Sexual Assault Support Center Near You'.

have told family only to find they're disbelieved or advised to 'get over it', even to attend family functions to 'keep the peace'. Please reach out to a counsellor for help – see 'More Info on Sexual Assault & Rape', opposite. Confronting the perpetrator is very unlikely to result in them admitting their crimes or apologising, and it's important to know that you can feel much better about things, and deal with your memories and knowledge, without the 'closure' of somebody admitting their guilt or acknowledging the damage they caused. You don't need them to help you recover. Counsellors and rape crisis centres are very used to helping people deal with past abuse.

## If the assault from your childhood or teens is ongoing

If you continue to be assaulted by a person in your family, a boyfriend or someone else, there are many services that will help you choose how you want to handle the situation, and help you through it. You can also call the police or take out a court order to make the person leave you alone and stay away from you. Call one of the services in 'More Info on Sexual Assault & Rape', opposite.

# Sexy talk

I'm 18 and don't feel ready, mainly because I'm single. People need to stop seeing loss of virginity at a young age as an achievement.
TASSIE COUNTRY GIRL, 18

It will be only with my husband. I'm a Christian and this is a core belief. I can't wait for sex, it's going to be great. My boyfriend and I often talk about it in an exciting, looking-forward-to way.
BIANCA, 20, CHINCHILLA

When I first made love with my boyfriend I thought to myself, 'I've waited my whole life to feel like this.' I realised what people meant about being 'one flesh'. The intimacy was incredible.
BEVERLEY, 53, WINDSOR

Foreplay is not taking your pants down. Please don't treat my nipples like you're adjusting the television.
ALLIE, 42, YOUNG

I enjoy foreplay, not so much the sex.
LINDA, 35, SYDNEY

I'm all for a good long build-up to the main event, but some guys hold out and then it just feels forced and laboured.
RACHEL, 28, SYDNEY

I wish people would talk about it more, because I find it very interesting. MAVIS, 44, FAIRFIELD

It was weird spending so much of my life being told sex is evil, and now it's just fine, now I'm older and a mum. BETTE, 48, SORRENTO

I'm very much in control of my orgasms. My partner doesn't 'give' them to me, I 'take' them for myself. TESSA, 30, MELBOURNE

I adore sex.
FIN, 21, SYDNEY

Foreplay, foreplay, foreplay.
GRACIE, 27, BROADVIEW

Be vocal about what you want. If you don't want to do something, say so. If they get upset, it's their problem, not yours.
CATE, 22, SINGLETON

A skilled lover makes such a difference. WENDI, 35, WILLIAMSTOWN

I often associate sex with love. When I have sex I feel wanted and loved. I also think that the more you know and love someone, the better the sex.
JJ, 53, BACK OF BEYOND

My biggest – but very modest – fantasy right now would be the thrill of holding hands in the dark. Is that strange?
TALULAH, 54, DULWICH HILL

> 'I'm embarrassed to admit I've never had an orgasm in my life. I faked it the whole time just so they'd hurry up and finish.'
> SALLY, 32, PERTH

Masturbation is so underrated. Now I realise I can bring myself to ecstasy, I'm a lot more assured in my life overall, and less lonely.
ANGELA, 24, MELBOURNE

I like sex for masturbation but not with a partner.
LORETTA, 44, BRIGHTON

I have a close relationship with my vibrator. ROZ, 51, PARRAMATTA

I hate receiving oral sex! I've talked about this with friends and many of us agree. My partner's often offended when I ask him not to, as he thinks that means he's rubbish at it.
ALEXA, 28, BRISBANE

I'm still (and at this rate probably will be forever) a virgin.
DI, 18, DAYBORO

The only sex I've truly enjoyed is oral sex (me receiving it, that is). It's the only time I've ever felt close to achieving orgasm.
MELISSA, 41, MELBOURNE

I'm not too happy giving blow jobs. I gag very easily and it makes me uncomfortable.
STEPHANIE, 36, ADELAIDE HILLS

I enjoy it. I'd like more oral sex.
SALLY ANNE, 45, CAMBERWELL

I wish men would realise that most women don't have an orgasm through intercourse. It puts too much pressure on. Do they think we do because many women fake orgasms? HEATHER, 47, ADELAIDE

I had my first orgasm at 40 after having thought for years I'd been having them and wondering what all the fuss was about! I'm not alone. BETTY, 50

I find it incredibly hard to orgasm and I have to concentrate *really* hard. It's often too much work to even bother.
NICKY, 26, MELBOURNE

I don't achieve orgasm through intercourse and find it too complicated in my head.
SUZIE, 40, BRUNSWICK

It took me some time to find the perfect partner who cares if I orgasm or not. ANITA, 49, LEGANA

Orgasm every time would be nice, but I'll settle for once every few times. LISA, 32, NORTH NARRABEEN

You should discuss sex more frequently and openly with your children so that they understand all the implications and make sound judgements.
VIVIEN, 48, KEILOR EAST

I don't enjoy sex. I need to spend more time in bed, on the build-up.
GEMMA, 32, NORTHCOTE

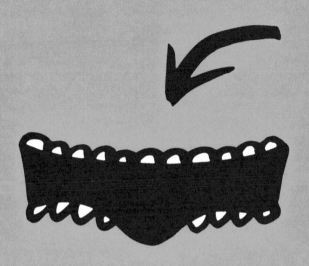

# CHAPTER 32

# Sex

Phwooooaarr, vicar. Ooh la la, French ticklers, show us yer knickers and how about a bit of slap and tickle, leg-over, rumpy pumpy, funky chicken, do come in, I wasn't expecting you, that's quite a moustache, do you like my welcome mat, I've come over all hot and bothered, you give me fever, I'm feeling hot hot hot, who let the dogs out, would you care to entertain the back-door man, little red rooster, assume the position of honeydripper, chat with Mrs Slocombe, facilitate a frolic with Fanny, endeavour to obscure the geographical whereabouts of the sausage, nookiewise? How about a ride, a right seeing to, never seen one as big as that before, meet your good rockin' Daddy, Long John, boffity bonk, manufacturing a degree of whoopee, shagadelic, do you do me, you trouser-rummaging, horizontal folk-dancing, muffin-tasting fool around the boom boom, *voulez-vous coucher avec* whoever turns up *ce soir* or indeed alternatively you could come over rather jiggy-jiggy?

Or not. Entirely up to you.

The main reason people have sex is because that's how we've evolved. It feels good, especially with somebody we're attracted to or in love with. It does stuff to our body and our brain. Dame Mother Nature, the crazy old missy, has equipped us to enjoy having sex so that we do it a lot and that way have lots of children and keep populating the earth. At least we're not fish who lay about 67 000 eggs, which are fertilised by a male fish squirting out a miasma of sperm on his way past. We get to wait until we're ready, decide on the right person, use contraception if we don't want to get pregnant, and protect ourselves against sexually transmitted diseases or infections.

See? Easy. It's not like sex ever gets emotional, or complicated, or some people aren't enjoying it, or it can have side effects such as children or making us sick, or anything. Or as if some women are confused about whether they're supposed to enjoy it, or agree to do stuff their partner has seen in porn videos that makes them feel degraded. Then I'd have to write a whole chapter about it. Which, now that I come to think about it, follows.

## Is There Anything Left to Say About Sex?

Well, yeah. Because if we don't say it, it gets left to repulsive men on football shows, the porn purveyors on the internet, and kids at school who tell your kids they won't get pregnant if they do it standing up and put cling wrap on their head sprinkled with Coke and hundreds and thousands.

There are new issues about sex: the way the explosion of pornography has led girls and women to settle for the role of sexual servants or try to look and act like strippers or sex workers and confuse it with 'empowerment'; and the fact that so many couples have mismatched sex drives. (This is almost always publicised as 'Women should stop saying no to sex' but the Women's Stuff Survey showed that, in hundreds of cases, it's the men who are ducking sex.) Little girls and teenagers are finding that unlike 50 years ago, when a girl who seemed interested in sex or dressed to appear 'sexy' was scorned and stamped 'slutty', these days that image is

an aspiration: you should aim to look 'hot' in a sexual way, as long as you don't enjoy the sex, heavens no.

Meanwhile, the old issues are all still swirling for all of us: we still have high rates of unwanted pregnancy and sexually transmitted infections (STIs), many of which can threaten our health and later ability to have children. Few methods of contraception are without side effects and, as usual, women are the ones who have to put up with them. There's lots of info on STIs and on contraception coming up in this chapter. And lesbians and the bi-curious may be interested in the 'Sexuality' section, last in the chapter.

## Sex With Yourself

Yes, everybody does it (pretty much). No, it can't damage you. Yes, it's healthy. No, don't do it on the bus. 'Masturbation' is a good way to find out what sort of touching and sensations you like and, for the many women who haven't had an orgasm, a way to find out what that feels like, too.

For those who haven't yet had the singular pleasure, here's a short tutorial. When it comes to DIY, most women usually touch and rub the area around the clitoris with their fingers or one finger. If they continue, the good feeling increases (they become 'sexually aroused') and the clitoris enlarges slightly. To help with lubrication, women use their own vaginal secretions or a little bit of any oil that's safe for the body (vegetable or nut-based oils – anything safe for you to eat is usually a good indication, not that you'll be snacking on it). Massage or body oil can be good, although some can include ingredients that sting.

Avoid nutty religious websites telling you that masturbation can harm you physically or mentally – it can't, unless there's something else already wrong. In fact, any research in the area has shown that masturbation can have positive benefits, reducing stress and helping some recovery from illness, and doesn't adversely affect trying to get pregnant or sporting ability.

See the sections below on sex toys and accoutrements, which you can buy anonymously, that may be fun to try.

## MORE INFO
### on masturbation

**the-clitoris.com** Some handy home hints about your magic button and instructions for use.

**sexuality.about.com** This sponsored site has some tips about getting in the mood, and techniques to try. Search 'masturbation'.

**scarleteen.com** This site for teenagers is great for grown-ups, too. It has articles on all things sexual, including anatomy. Search 'masturbation'.

## Orgasm

Again, at the risk of making a lot of women say 'Well, der', it's clear that a lot of young women in particular can have sex for years with men (or one man) and never have an orgasm. So for those who asked about it, here goes. An orgasm is a big rush of sexual pleasure – the climax to sexual arousal. It's often known as 'coming'. It's followed by an intense feeling of release. Not everyone makes panting or breathy noises and then yelps, grunts, squeals or screams during orgasm. But because it's such a great feeling, many people do 'let themselves go' and make a noise. It's okay either way. Afterwards you'll feel relaxed.

Usually masturbating, or being stroked or licked around or on the clitoris by a partner, is the easiest way for girls and women to orgasm. It's rarer for them to orgasm during penis-in-vagina, anal or other forms of sex because the clitoris isn't necessarily stimulated while that's going on.

### THE G SPOT

Some people reckon there's a place high up on the 'back' wall of the vagina that causes spurty intense orgasm when stimulated, others say it doesn't exist. If you have one, good for you. If you don't have orgasms during penetrative sex, join the majority club. Most women need some sort of clitoral stimulation to have an orgasm.

### Male orgasm

When a guy reaches orgasm he ejaculates. From the time he is erect there are small 'leaks' or beads of ejaculate at the tip of the penis that contain sperm, but the ejaculation, or 'coming', is when he feels an intense feeling of pleasure and release and the penis spurts out about a teaspoon of semen, a runny white fluid that contains sperm. The individual sperm in the semen are too tiny to be seen except under a microscope, but there are hundreds of millions of them in each ejaculation, and a few hundred thousand in the 'pre-come' that can also get you pregnant. That's why you can get pregnant even if he 'pulls out' before his 'real' ejaculation. That's why a condom must go on before the penis gets anywhere near your lady parts.

### Why do blokes have more orgasms than women?

It's generally accepted that the most usual definition of 'sex' is a man and a woman having penetrative sex and the man 'climaxing' or having an orgasm. And anecdotal evidence and surveys show that men are likely to orgasm more often than their partners in most casual-sex encounters and, over their lifetime, when having sex with partners. (In other words, I'm not counting sex with themselves.) But it isn't 'easier' for men to have orgasms than it is for women. It's just that, generally, women don't take it as their due as much as men do, or they're too embarrassed to ask for or guide a man to do what they need to get there.

### Please don't fake it

Faking orgasms, which women do either to end a boring session, because they don't want to say what they need, or to make a guy feel better or 'get it over with', does nothing to advance your relationship, his skills, intimacy or feeling good physically or mentally within yourself. Faking orgasms sets a poor man up to feel he's been doing the right thing, and sets you up for a relationship full of frustration and ceiling-gazing. It's so much better for you to either say, 'Ah, it's just not going to happen for me tonight' or 'Can you try a little something else for me?' (see 'When Your Partner Isn't Very Good at Sex', coming up).

Take the pressure off both of you if you're trying to find an orgasm in a relationship. Explain that despite the ridiculous carry-on in porn, most women can't 'climax' during vaginal intercourse unless their clitoris is stimulated at the same time. And that having one before or after that part of sex is fine by you, or working out a way to do it all at once could be fun . . .

Another common tactic to improve a sex life is to agree that it doesn't matter if you don't come for the next two or three weeks, but you'll do some experimenting to see what feels good. And a bit of DIY never goes astray when you're learning more about your body. (See 'Sex With Yourself', earlier).

##  Oral sex

If you want to shock a room of teenaged girls into utter silence and thoughtful expressions, tell them they can get a minimum of 10 different sexually transmitted infections from oral sex. They often think it's a 'risk-free' alternative to 'sex that can get you pregnant', that it doesn't mean as much as 'real sex', and that it can be traded when saying no to penetrative sex. Protect yourself – and make sure you're not always the 'giver' and never a 'taker'.

### ✳ MORE INFO
### on orgasm

**The Elusive Orgasm: A Woman's Guide to Why She Can't and How She Can Orgasm by Vivienne Cass** Aussie book by a psychologist who specialises in sexuality explores the reasons it might be difficult for you to 'come' and helpful solutions. If you're embarrassed about ordering it, tell the bookshop it's what your mother wants for Christmas.

## When You're a Virgin

Technically, you're a 'virgin' if you've never had a penis inside your vagina. It's nothing to do with 'breaking your hymen'. Your hymen is that bit of skin surrounding the entrance to the vagina described in the explanation of various lady equipment in Chapter 15, 'Hormones & Downstairs Geography'.

Over the years, most girls have probably done things, not related to penises, that have widened the opening of their hymen: played sport, used tampons or had a medical examination. So nobody can tell (or claim) that a girl has had penetrative vaginal sex, or isn't a virgin, just because her hymen is stretched, torn or can't be seen.

The first time you have sex it may hurt if the hymen is stretched or broken. This should only happen the first time or the first couple of times. A lot of the pain can come from being tense or concerned about it being the first time, or there not being enough lubrication. You may bleed a little the first time you have penetrative sex (from the hymen being stretched or pushed aside), but lots of women don't. If you don't bleed, it doesn't mean you've had sex before.

Whether or not you're a virgin isn't important – unless you want it to be. Since nobody can ever tell, even by looking at your vagina opening and hymen, whether you're a virgin or not, if you need to say you're one, say you're one. But don't fool yourself – if you and your partner do other sexual things then you're a sexual person.

Virginity is not a 'precious gift' given away to a boy or a man, or a special, holy or more moral state. A girl who doesn't get to decide or regrets having sex the first time or doesn't have a good time, is not sullied, ruined or otherwise anything less than she was before.

Girls may feel ashamed if their first sexual experience wasn't somehow spiritual and amazing. Many young women stop being a virgin in circumstances they can't remember because they were drunk, or because, for any other reason, it wasn't the 'beautiful', mystical experience they might have expected. Most people's reaction to their first experience is, first, 'Ow' and second, 'Is that all there is?' Nope, there's much more. You have a lifetime to improve upon the experience.

Most people don't forget their first time, but that doesn't mean it defines the rest of their life, or they have to keep having sex because they've defiled themselves or are somehow 'second-hand goods'. Sex is not a sin and virginity is not a holy state contrasted with the sluttiness of everybody else. Attitudes that discriminate against women still exist in some religions and cultures, but luckily we now know them to be unfair and wrong.

How we 'lost' our virginity (or gained our first full-on sexual experience) doesn't define us as people. It's a moment that means as much or as little as we decide it should. The most important thing is to feel safe and respected, not to think about virginity as a precious gift to bestow.

## MORE INFO
on virginity

**virginityproject.typepad.com** A British writer collects stories about when people 'lose' their virginity.

### MEET THE PENIS

You may not believe it, but guys can be just as sensitive and insecure about what their penis looks like, and how big it is, as you are about your body or girly bits.

The male genitals are a package deal of one sausage-shaped penis and two testicles (nicknamed 'balls'), which store the sperm. The testicles hang side by side behind the penis and are held away from the body by the scrotum, which looks more or less like a wrinkly, hairy sock with a pair of golf balls in it (one of the two usually hangs slightly lower than the other). Next time you're a little worried about your body image, think what it would be like to have a wrinkly, hairy, dangly uneven ball sack hanging off you and calm down.

Most guys are uncircumcised. This means their penis head is naturally covered by a little skivvy neck called the foreskin, which is pulled back when the guy wants to wee. When the penis is erect, its head pokes out of the skivvy neck. When a penis is circumcised – a surgical procedure done for religious ritual or cultural reasons when the guy is a baby – the foreskin is cut away, so there's no skivvy neck for the penis head.

Both uncircumcised and circumcised penises can be properly cleaned. There's a higher risk of passing on sexually transmitted infections with an uncovered uncircumcised penis – but both kinds must be covered with a condom anyway, which makes the risk the same (i.e. much, much less).

Wee and sperm never come out of a penis at the same time, as the male body is programmed to do one or the other.

Don't forget that men and women have evolved to fit together, so it's very, very rare for someone to have a penis too large for a vagina. When a penis becomes erect, it gets bigger and harder, almost as if it had a bone in it, but it's just all the extra blood rushing to the area. An erect penis sticks out from a guy's body, angled upwards. Sometimes it naturally bends a little to the left or right. But if you try to actually bend it, there will be screaming.

Don't get your idea of what a penis looks like from porn. Because, you know how there are those strange women with breasts bigger than their heads? Well, enormous penises are not exactly your everyday item either. Tiny or 'micro' penises exist as well as bigger ones. Cosmetic surgery is not a useful solution, but a more inventive sex life can be.

## Safe Sex

If you have sex of any kind – vaginal, oral or anal – with a guy, even once, then it needs to be 'safe sex'. This means finding ways to cut the risk of getting a sexually transmitted infection (STI, formerly called a sexually transmitted disease – STD).

### DOUBLE DOWN

The contraceptive Pill doesn't prevent STIs. Even if you are on the Pill, your partner will still need to always use a condom, with a lubricant, so that you enormously reduce the risk of getting an STI. Unless you're 110 per cent sure that both partners are STI-free and haven't had sex with anybody else, no matter what contraception you're on, use a condom as well.

## ☛ How to discuss safe sex before having sex

It seems incongruous, but some women are not too embarrassed to meet a new man, drink three cocktails and then ride him like a pony, screaming 'Do me again, baby', but they're too shy to discuss contraception and protection from diseases before they get to the pony stage.

Here are some script lines that can save you raising a child with a guy who shouldn't be a dad – or not your kid's dad – or help you to avoid heartache and difficult decisions about an unwanted pregnancy. You need to use condoms, and not to judge anyone having condoms ready or nearby as 'expecting' sex. It's just a fact of modern life.

You need to get a condom on as soon as a penis is erect and before it goes anywhere near your lady business, because erect penises 'leak' little beads of semen right up until the actual ejaculation, and any of those dear little innocent-looking clear droplets can have millions of sperm in them.

Even if you're on the Pill, you need to protect yourself and him from any unknown or unnoticed sexual infections, but hey, who wants to say 'syphilis' during foreplay? So if the mood overtakes you and you haven't had time to discuss it beforehand, the easiest thing to do is say: 'Do you have any condoms?' or 'I have some condoms in my bedside drawer that my sister/girlfriend gave me in case' and 'Do you want to put this on, or shall I?'

If a man says he doesn't want to use a condom, then stop what you're doing straightaway and say very seriously that you can't/won't have sex without a condom. Don't listen to any nonsense about how he isn't very fertile or has a low sperm count or can't get women pregnant or 'is shooting blanks' or 'don't you trust me?' or 'we trust each other, don't we?' or 'I want to get close to you' or 'it ruins it for me'. All irrelevant. All deal-breakers.

### HOW TO USE A CONDOM

- Use the condom within its use-by date.
- Don't use one that's been left in extreme heat (for example, in a car glove box on a warm day).
- Use a fresh one out of the packet.
- Make sure the packet and the condom are not damaged in any way.
- Don't damage the condom with fingernails or teeth when opening the packet (this is a common way to create holes or cuts in a condom).
- Never put one condom over another one. This is not safer – in fact, it makes them both more likely to break.
- Put the condom on before the penis gets anywhere near the vagina.
- Hold the condom in one hand while squeezing the condom's tip with the other hand. The space left by the air being squeezed out will be taken up by semen when the guy ejaculates.
- While the tip is still squeezed, roll the condom down onto the erect penis – before any little drops of semen leak out of it, which can happen long before the guy ejaculates.
- Throw the condom away if it's accidentally put on inside out – use a fresh one.
- Put some water-based personal lubricant over it, like KY or Sylk bought from a pharmacy or supermarket. Oil-based lubricants such as

moisturisers and Vaseline can damage the surface of the condom, making it not as safe.
- Make sure that as soon as the guy has come, and while the penis is still hard, he holds the condom around the base of the penis and pulls out (otherwise the condom could get left behind in there). He then needs to move away so that the condom doesn't accidentally spill near the vagina.
- Tie a knot in the used condom so the semen doesn't come out, then dispose of it in the bin, not the toilet.
- Use that condom (and all others) only once.

 **MORE INFO**
**on how to use a condom properly**

**sexualityandu.ca** Has diagrams showing how to put on a condom. Search 'condoms', then choose 'How to Put a Condom On'. Condom packets also have instructions and diagrams.

### GETTING THE ALL-CLEAR

If you're in a committed relationship in which both partners have pledged monogamy, keep using protection until you've both had the all-clear for any STIs. Go to the specialists – a Family Planning or sexual health clinic. They've seen it all and know all the advice you need. Or go to a GP (separate consultations) and say you want the works. (Even after you know all this, you may decide condoms are still the best choice for contraception, anyway.)

## ☛ Contraception isn't foolproof or guaranteed

You need to use the Pill and/or condoms properly and absolutely according to instructions (see 'How to Take the Pill for Safe Contraception', later in this chapter). If pregnancy must be prevented at all costs (for example, if you're on medication that would cause birth defects), then use at least two methods of contraception. Mother Nature reeeeally wants to get you pregnant. If you give her a tiny eyelash of a margin of error, she'll do you. Marie Stopes International clinics report that most women who have an unwanted pregnancy and seek advice from them, were using the Pill or condoms when they became pregnant.

# Sexually Transmitted Infections (STIs)

STIs are 'sexually transmitted infections' – they're not always technically 'diseases' – passed from one person to another during sexual contact. In any given contact you could theoretically contract about 10 different diseases and infections (see Sexually Transmitted Infections: The Facts, coming up), although you'd have to be spectacularly unlucky to get all 10 or more at the same time. STIs are caused by a variety of bacteria, viruses and parasites, and can infect many parts of the body after being 'caught'. They can be passed on in blood, semen and vaginal fluids, and by skin contact. You can get any of them giving oral sex.

The long-term effects of some STIs can severely affect your life, or even end it. But most people with an STI don't know they have one.

In most cases using a condom during sex will hugely reduce your risk of catching an STI (see 'How to Use a Condom', opposite). Condoms are most effective if used with a water-based personal lubricant.

## Safe sex & trust

Carrying and using condoms doesn't mean you don't trust a guy to be faithful. He, or you, could have caught an STI before you met, and could now pass it on without knowing.

In the Women's Stuff Survey I asked women about safe-sex practices – it was fascinating to see that almost all of them interpreted 'safe sex' only to mean 'no pregnancy'. I worry about the women who said they 'trusted husband' or were 'monogamous'. Not because husbands are untrustworthy, but because so many STIs have no symptoms and any faithful partner could already have given his wife something (or vice versa) without knowing.

Some diseases can remain active but without visible symptoms in men and women for years, so a faithful husband can pass it on without knowing, and it can create really serious problems years later: these include chlamydia, which can cause infertility in women, or a strain of the wart virus, which can cause cervical cancer.

## Symptoms of STIs

Many of the common STIs are 'invisible' – they don't have any symptoms, such as pain or outside body changes – so you can't tell who has one (or more than one) by looking.

Not all infections of the girly bits are STIs, but all symptoms need to be investigated by a doctor, because the longer any infection goes on, the more damage it can do (see 'Common Infections of the You Know Where' in Chapter 15, 'Hormones & Downstairs Geography', as well as 'Sexually Transmitted Infections: The Facts', coming up, for details of symptoms and effects on the body).

Most sexually transmitted diseases cause worse, or more complicated, problems for women than guys (including, in some cases, not being able to have a baby later on), so please be careful and don't be afraid or too embarrassed to see a doctor. They see this stuff every day.

If you've ever had oral, vaginal or anal sex without a condom or had one break, or you show any of the following symptoms in the next days, weeks or months after sex, or you haven't had a full check-up for a while, off you pop to your doctor or community health centre, a Family Planning clinic, or an STIs clinic (see 'More Info on Sexually Transmitted Infections', coming up):

- pain during sex
- pain when weeing
- redness, soreness, warts, bumps, swelling, blisters, scabby bits, itchy bits or sores on or near the vagina or anal area
- any abnormal discharge from the vagina, such as pus (yellowy or stinky) or a 'weeping' fluid (the usual, clear, egg-whitey sort of discharge is fine; see Chapter 15, 'Hormones & Downstairs Geography')
- lower 'tummy' pain, with or without a fever, which comes and goes or doesn't go away
- swelling or lumps under the skin in the groin area
- 'no symptoms', which is also common.

If one partner is diagnosed with an STI, the other partner also needs to be checked. Common symptoms for a guy include lumps, bumps, warts, red spots, sores, blisters, scabby bits or rashes on his penis (or around the area). If you see any of these, don't have sex with him, don't touch his penis and tell him to get it checked by a doctor. The same applies if there's any fluid coming from his penis when it's not erect, or he says he has a pain in the testicles or groin (unrelated to football or jazz dancing).

## STIs & self-image

Finding out you have a sexually transmitted infection, and having to tell somebody you had sex with to get checked, can be shocking, and invoke feelings of shame and humiliation. It may help to know that within a couple of years of first having sex, most adults come into contact with at least one sexually transmitted infection. They're incredibly common and incredibly 'catching' – that's why having safe sex is so important. Having an STI isn't a big deal because it's shameful, it's a big deal because they can be so damaging – to your health and sex life, your future fertility, even your life. You don't have to shout it from the rooftops and, sure, it can be embarrassing – but please don't be ashamed. It doesn't say anything about you as a person. Most of us have been there, too.

## Sexually transmitted infections: the facts

### Chlamydia

**WHAT IS IT?** Chlamydia (pronounced *clam-mid-ee-yar*) is caused by a bacterium and is one of the most common infections in Australia. In guys it's called non-specific urethritis (NSU).

**HOW YOU GET IT** Having vaginal, oral or anal sex with someone who has it.

**SIGNS & SYMPTOMS** None, or an unusual vaginal fluid, a burning sensation when weeing, and bleeding after sex. You (and he) usually can't tell if a man has it.

**HOW YOU KNOW YOU HAVE IT** A lab analysis of a wee sample or a swab of your cervix (like a smear test – see 'Pap Smear Screening Tests' in Chapter 12, 'Health Maintenance') taken by a doctor.

**EFFECTS** If not treated, it can cause pelvic inflammatory disease (PID), which can lead to infertility. PID symptoms include tummy pain, pain during sex, heavy periods and fever.

**TREATMENT** Usually a single dose of an antibiotic pill.

**HOW TO PREVENT IT** Always use a condom during vaginal, oral or anal sex.

### Human papilloma virus (HPV), or genital warts

**WHAT IS IT?** A virus that causes visible or invisible warts on your girly bits. There are about 60 kinds of sexually transmitted wart virus. It's very common. About 50 per cent of people have contracted at least one kind of sexually transmitted wart virus within only three years of first having sex.

**HOW YOU GET IT** Spread by skin contact during vaginal, oral or anal sex, whether or not warts are visible. Most people carry the virus without knowing they have it, and pass it on.

**SIGNS & SYMPTOMS** None, or painless warts around your vulva, vagina and anus (or guy's penis and anus). They can be different shapes and sizes. Some kinds of HPV cause changes to cells on the cervix and, if untreated, can progress to cervical cancer.

**HOW YOU KNOW YOU HAVE IT** A doctor can sometimes tell by looking. If there are no visible warts, a lab can analyse a swab of the cervix taken by the doctor.

**EFFECTS** After treatment, warts may reappear but will eventually disappear. It's important to have a regular smear test to detect any changes to your cervix cells – every girl or woman who's had sex, even if she's vaccinated against HPV, still needs to have a smear test every two years (see 'Pap Smear Screening Tests' in Chapter 12, 'Health Maintenance').

**TREATMENT** Freezing or ointments usually remove any visible warts. Severe cases will need heat therapy under general anaesthetic. If diagnosed with HPV, you'll probably have follow-up checks to make sure nothing nasty develops.

**HOW TO PREVENT IT** Use a condom during sex. The HPV, or cervical cancer, vaccination will protect against several common and dangerous kinds of HPV. It's best to have it when you're about 10 to 12, well before you ever have sex, but if you don't then, you'll need it when you're older: ask your doctor about it.

## Genital herpes

**WHAT IS IT?** A similar virus to the one that causes cold sores, called herpes simplex type 1 or 2, also causes sores on and in your girly bits. Once you've caught it, you always carry the virus and will almost certainly have recurring outbreaks of the sores, although they usually become less severe over time. It's very common.

**HOW YOU GET IT** Spread by skin contact during vaginal, oral or anal sex, even when there are no visible sores. Cold sores around the mouth are not all caused by an STI, and people with cold sores don't necessarily have genital herpes, but it can be transferred to sexual areas. Some people may not even notice an outbreak, but they can still pass it on. If you're pregnant and have herpes, tell your doctor, so you can avoid passing it on to the baby.

**SIGNS & SYMPTOMS** None, or the first outbreak may cause flu-like symptoms and small blisters around the vaginal area, which break open as painful sores, taking one or two weeks to heal.

**HOW YOU KNOW YOU HAVE IT** A lab analysis of a swab taken from a sore by a doctor, or a blood test.

**EFFECTS** The first episode of herpes can cause pain and itching. Each outbreak can be less severe than the last.

**TREATMENT** You can't 'cure' herpes, but ointments and drugs can be really effective in minimising outbreaks and relieving the symptoms of pain and itching. (A vaccine to prevent herpes is being developed, but this won't help if you already have it.)

**HOW TO PREVENT IT** Always use a condom during sex, although this won't stop transmission from lesions outside the condom area. Don't have vaginal, oral or anal sex (even with a condom) if a partner has sores anywhere. You need to tell prospective sex partners that you have herpes, and how you can prevent its transmission. See 'More Info on Herpes', coming up, for good sources of info you can get to help the discussions, and info you can download for them so they're fully informed.

## HIV & AIDS

**WHAT IS IT?** The virus known as HIV (human immunodeficiency virus) causes AIDS (acquired immune deficiency syndrome), weakening the body's immune system until it's destroyed.

**HOW YOU GET IT** It's transmitted through bodily fluids: semen, blood, vaginal fluid and breastmilk. There's no known case of HIV being transmitted through saliva. It can be passed on during vaginal, oral or anal sex or by sharing drug needles. New HIV cases are happening in Australia all the time. Many women have caught it during sex: it's not a disease that affects only gay men. If a person has HIV they can pass it on, even if they're having treatment.

**SIGNS & SYMPTOMS** Common ones are flu, tiredness and fever.

**HOW YOU KNOW YOU HAVE IT** Blood tests.

**EFFECTS** Someone who has HIV may not have AIDS: the progression to AIDS may take years. If untreated, HIV destroys the immune system, leaving it vulnerable to a series of infections and malignancies known as 'AIDS defining events', which are potentially fatal. With modern treatments and careful management, a person with HIV will live for decades.

**TREATMENT** Although drugs can now slow the progression and some people can live with HIV/AIDS for a long time, their health can be severely compromised by the condition and the side effects of treatment; there's no vaccine or cure.

**HOW TO PREVENT IT** Always use a condom during any penetrative sex and never share drug needles.

## Gonorrhoea

**WHAT IS IT?** Gonorrhoea (pronounced *gon-ar-rear*) is a bacterium that gets into the throat, vagina or anus.

**HOW YOU GET IT** Can be caught during vaginal, oral or anal sex.

**SIGNS & SYMPTOMS** None, or an unusual (or heavier than usual) discharge from the vagina and pain or burning when weeing.

**HOW YOU KNOW YOU HAVE IT** A lab analysis of a swab from the cervix taken by a doctor.

**EFFECTS** Untreated, it can lead to pelvic inflammatory disease (see 'Chlamydia', earlier), which can lead to infertility.

**TREATMENT** Usually an antibiotic pill.

**HOW TO PREVENT IT** Always use a condom during sex.

## Hepatitis B & C (also known as hep B & C)

**WHAT IS IT?** Two of the hepatitis viruses, which damage the liver.

**HOW YOU GET IT** Passed on in bodily fluids (same as HIV and AIDS, see earlier). There's no known case of hepatitis B transmission through saliva. Most people who catch it don't realise they have it, but can still pass it on, and severe health problems may arise later in life. Hep C is much more easily passed on in direct blood-to-blood situations, such as shared needles, but it's possible to get it through sex, more likely during anal sex.

**SIGNS & SYMPTOMS** Symptoms can include lack of energy and hunger, nausea and vomiting, jaundice (yellow skin and eyes), and a sore, enlarged liver. People with hep B or C may not know they have it as they can be 'asymptomatic'.

**HOW YOU KNOW YOU HAVE IT** Blood test.

**EFFECTS** Untreated, it can become chronic hepatitis, which can lead to liver cancer later in life.

**TREATMENT** There's no treatment for hepatitis B. Extreme cases may need hospitalisation. There's been a great deal of success in curing hep C in many people, however, so if you know or suspect you may have it, see your doctor straightaway.

**HOW TO PREVENT IT** Make sure you're vaccinated against hep B (there's no vaccination for hep C). Always use a condom during sex and don't share drug needles.

## Syphilis

**WHAT IS IT?** Syphilis (pronounced *sif-il-is*) is an infection caused by a bacterium.

**HOW YOU GET IT** Caught through skin contact during vaginal, oral or anal sex. It's very easy to catch. Untreated, you stay contagious and will develop worse symptoms later in life.

**SIGNS & SYMPTOMS** Stage 1: often unnoticed, or briefly visible sores in or around girly bits. Stage 2: a red rash and possibly lumps in the groin and under the arms, patchy hair loss and tiredness.

**HOW YOU KNOW YOU HAVE IT** A lab analysis of a swab taken from a sore by a doctor, or a blood test.

**EFFECTS** If untreated it can progress to Stage 3, causing heart problems and brain damage.

**TREATMENT** Usually one injection of an antibiotic, often penicillin (so tell the doctor if you're allergic).

**HOW TO PREVENT IT** Always use a condom during sex.

## Trichomoniasis (aka trick or trike)

**WHAT IS IT?** Trichomoniasis (pronounced *trick-oh* forget it) is a common vaginal infection caused by a microscopic parasite.

**HOW YOU GET IT** Mainly from sexual contact, especially vaginal sex. In rare cases it can be caught by sharing wet towels or swimwear.

**SIGNS & SYMPTOMS** None, or itching and a stinky, yellowy green, frothy, irritating discharge from the vagina. Can cause stinging when you wee.

**HOW YOU KNOW YOU HAVE IT** A doctor can often tell by looking, or a lab analysis of a discharge sample taken by the doctor.

**EFFECTS** Untreated, it can progress to pelvic inflammatory disease (see 'Chlamydia', earlier).

**TREATMENT** Antibiotic pills.

**HOW TO PREVENT IT** Always use a condom during sex.

## Pubic lice ('crabs')

**WHAT ARE THEY?** An infestation of tiny creatures called crab lice: yes, very like the primary school head-hair ones. They live in your pubic or underarm hair and lay eggs (nits).

**HOW YOU GET THEM** Sexual or close body contact, or by sharing sheets, towels or clothes. Unlike head lice, these critters can live for many hours away from a body.

**SIGNS & SYMPTOMS** Itching.

**HOW YOU KNOW YOU HAVE THEM** You or a doctor can tell by looking.

**EFFECTS** If not treated, itching becomes unbearable and scratching can cause infection.

**TREATMENT** As for head lice – killed with lice shampoo. Careful of sensitive bits. Dead lice and nits need to be combed out. Repeat the treatment in a week. Glamour!

**HOW TO PREVENT THEM** Condoms won't help much to prevent the spread of pubic lice.

## MORE INFO
### on sexually transmitted infections

**shfpa.org.au** Sexual Health & Family Planning Australia has clinics in all states and territories (in SA it's called SHine). The organisation is independent and non-profit and the website was part-funded by a condom company. Find a local clinic.

**mariestopes.org.au**
**Advice Line 1800 003 707 (*24 hours*)** This non-profit contraception specialist organisation in the ACT, Queensland, NSW, Victoria and WA has a pamphlet called *Love Bugs* about various STIs (choose 'Library', then 'STIs', then 'Love Bugs Chart').

**healthinsite.gov.au** Fact sheets on STIs from the Federal Health Department. Search 'STIs'.

**ashastd.org** The non-profit, up-to-date American Social Health Association has info on all the main STIs. Choose the name of the infection you want to know about. Especially useful for the latest on treatments.

**plannedparenthood.org** This is a US site with fact sheets. Choose 'Health Info & Services', then 'STDs'.

**lgf.org.uk/women-safer-sex** UK gay folk site has safe sex info for lesbians.

**familyplanning.org.nz** Will refer you to a local clinic. For info, choose 'The Word', then 'Sexual Safety', then 'Sexually Transmissable Infections (STIs)'.

**everybody.co.nz** Choose 'Sexual Health', then the topic you need.

## MORE INFO
### on herpes

**thefacts.com.au** and **herpes.com.au** Both sites are run by pharmaceutical companies but have good general info on herpes and treatments.

**herpes.org.nz** Info on herpes and a list of sexual health clinics in NZ (usually at public hospitals).

## Good Sex

Like most things, it takes practice to know what you're doing and to be able to work out what you like. And you need to be able to talk about it comfortably with your partner.

### Foreplay

For sex to feel good, there generally needs to be 'foreplay': an odd word for foolin' around and getting aroused. Most women get pretty bored with 'slam-bam-thank-you-ma'am', in-and-out penetrative sex. Without wishing to state the obvious, many women have been conditioned to think they're just supposed to have sex to 'service' the man. It's for both partners to do to each other, to make them feel good on the way to having sex. You can experiment together and talk about what you like. The most important body parts in sex might be the tongue and the ear – because it's all about communication.

### APHRODISIACS

Aphrodisiacs – substances said to boost sexual desire – are generally just 'old wives' tales – traditional folk 'remedies' with no basis in fact – or some version of speed that makes the heart beat faster. Steer well clear of any herbal preparation claiming to be an aphrodisiac. It's unlikely to have any effect on libido, and can interact badly with other medications and some underlying conditions, damaging kidneys or interfering with blood pressure and hormone levels. They should never be taken without consulting a doctor. Herbal 'aphrodisiac' preparations from overseas can contain endangered animals' scrotums and other bits, rhino horn, and heavy metals and other liver-damaging and even cumulatively fatal poisons.

# Good sex

It's never been just a physical thing for me. Sex is powerful: it's beautiful, raw and primal, but it's also about vulnerability and being completely naked – on every level of your being – with another.
MELANIE, 38, IVANHOE

I miss it, even though he's been gone for 20 years. MARY, 59, BENALLA

Sex is so much better when you find someone who's compatible and you can give yourself to it completely. KAREN, 45, SALISBURY

My husband and I go out every two weeks and make a date with ourselves, and sex is very much part of that, catching up with 'just the two of us' time.
MADELAINE, 40, KURRALTA PARK

I absolutely love it. I think it's incredible in all forms – masturbation, couples, threesomes! I'm fussy about partners, but when I get it right it's one of those things worth living for. Sex in love is close to a spiritual experience for me. ANGELA, 24, MELBOURNE

> ‘I love it – it's the best headache cure, relationship-strengthener and all-round cheap and fun entertainment ever invented.’
> NATALIE, 27, SYDNEY

I love it! More of it, and a more open-minded, less inhibited husband would improve it!
JILL, 44, MURRUMBATEMAN

I love it! It could be improved by every man learning where the clitoris is situated!
FLIP, 22, ULTIMO

I really enjoy sex. It would improve heaps if there was a bloke about, especially if he could also string three sentences together!
MAGGIE, 50, BALLARAT

When I first started having sex with my husband it wasn't that good, but he's learned what I like and what feels good for me, and so now it's awesome and I wish he didn't have to go to work for so many hours in the day! ANNIE, 20, GUTHIE

I think I'd enjoy it, if I could remember what it was like.
TAMMY, 42, REDCLIFFE

He always makes sure I'm enjoying it, which makes it all the better. It's nice when the guy doesn't just think about himself.
SALLY, 27, BALLARAT

I totally enjoy it – as long as the guy knows what he's doing and listens to what I want. VICKI, 25, LONDON, UK

> ‘I love sex. Having an interested husband would improve my sex life immensely.’
> BETSY, 49, CANNON HILL

It's improved by having a partner who knows that change can be good and who wants to experiment but not dominate.
ESTELLE, 56, CANBERRA

When we have sex it's wonderful, though experimenting is a bit difficult with children, who always seem to come to the door at the wrong time, no matter what time of night. CHRISTINA, 38, CURRAMBINE

I've had one partner only. Boring? I don't believe so.
JEANNIE, 65, GLEN WAVERLEY

Our sex life is spontaneous and satisfying, and although we don't experiment so much now, I'm happy with the way we are, and my husband seems pretty happy too.
RHADA, 64, SUTHERLAND

We usually use a vibrator, and this has made a big difference, as I'm guaranteed an orgasm.
ROBYN, 34, PETERSHAM

Now the kids are older we're starting to get a bit more experimental. He bought me a vibrator.
PHILLY, 49, HAZELBROOK

I'm the queen of one-night stands – all gain, no pain. ZOE, 41

Our sex is experimental and very exciting. We discuss our thoughts and fantasies openly.
LILY, 29, ROXBURGH PARK

I was very promiscuous in my late teens and 20s. I loved every minute of it! VERONICA, 57, KILKIVAN

Why can't we have brothels too?
RUTH, 40, BRUNSWICK

I have a great sex life with my new husband. I don't feel ashamed of my overweight body. He's very experimental, which I like.
LISA, 45, BATHURST

I love sex with my husband. We use porn, things that vibrate, and raspberry flavours sometimes. All good. CARLA, WARRAGUL

I've learned to be selfish as I've got older. More romance means more sex.
ESTELLE, 37, BURWOOD

> ‘Using different positions might improve it, but it's very difficult to do when you need a vibrator to climax.’
> KERRYN, 38, MILDURA

I have sex with one partner and it's experimental – using toys and DVDs. I even bought an outfit to spice things up a bit.
FRANCIE, 23, MT GAMBIER

Until I came out I had *no idea* sex could do such amazing things and give me such pleasure. I love the way my partner loves me physically even though I'm bigger than average.
LISSY, 45, BELLARINE PENINSULA

### Anti-aphrodisiacs

Some hormones and other drugs prescribed by a medical doctor, herbs and many illegal drugs, can have a dispiriting effect on sex drive, and they don't always warn you.

## 🔻 Sex & love

A lot of people believe you should only have sex with people you love. Others think you should only have sex with somebody who respects you and is kind and considerate, even if you're not in love. Others are quite happy to have sex with some celery.

One of the hardest things for us to learn is that sex does not equal love for everybody. You may be in love, and feel that the sex makes it even more romantic, but for the other person it can be all about sex, not about love.

## 🔻 Love & safe sex

Because having sex does not necessarily equal love, it's a good idea to be cautious about your feelings at first. Having sex with someone is such an intimate experience that it can make you feel very close to that person emotionally, can be overwhelming, and can give you some kooky, if temporary, thoughts, such as:

- 'We're going to be together forever.'
- 'I could never love anybody else.'
- 'We belong together.'
- 'It doesn't matter if I get pregnant because we love each other.'
- 'I'd do anything for him.'
- 'We're in a long-term relationship.' (Even though you've only known each other for six days.)

No matter what you're feeling, keep using condoms and sticking to the 'essentials' of safe sex. Planned sex, where you have everything ready, is just as romantic as unplanned sex – and in fact is usually better because you're not terrified of getting pregnant or getting an STI (which is really unromantic).

Having condoms at home or in your bag doesn't mean that you're expecting to have sex. It means they're just there if you need them. You don't have to use them. (Unless you have sex. Then you really do have to use them!)

## ✳ MORE INFO
### on good sex

**pleasurespot.com.au**
**Self Sexual Healing: Finding Pleasure Within by Jo-Anne Baker** By an Australian sexual products purveyor and therapist, this rather New-Agey self-help book is focused on getting as well as giving pleasure.

**The Rough Guide to Sex: The Facts, the Myths, the Taboos and the Toys by James McConnachie** Useful info for men and women, plus different methods depending on the gender of your partner and the circumcision status of a willy, varied positions and DIY ideas.

## Problems With Sex

Many women, especially those who are relatively new to sex, get worried and think there's something wrong with them if they don't enjoy it. There isn't anything wrong with them. It's not surprising we don't enjoy it if we're involved in a quick, fumbling meeting of bodies that ends as soon as a selfish or young inexperienced guy has come. But some guys don't get much better as they grow up, at least not without kind encouragement.

In this case you have three main options: stop having sex with the guy, talk with him about how things might change, or find another partner who'll help you make sex something good for you too.

## 🔻 When your partner isn't very good at sex

It's much easier to 'teach' a nice guy to have good sex than it is to stay with a guy who's good at sex but is a bastard. Some phrases like 'Yes', 'Right there', 'Faster', 'Slower', 'Careful', 'That feels really good' or 'Yes, like that, don't stop' will let him know your preferences. Put any requests in the positive – 'I really like it when you . . .', 'Could you try . . .' – as requests or praise. Avoid negatives such as 'I'm bored' or 'You're terrible at this'. Sometimes you'll have to be precise – 'Please take off the French maid's uniform, Trevor' – or succinct – 'Ow!' Be specific about what you want – whisper in his ear, guide his hand, or DIY

# Sex problems

I've pretty much resigned myself to a life of not much sex that isn't very good. NAOMI, 35, MAUNU, NZ

I wish my husband could last longer. I wish we could fantasise together – he's offended by this idea. KERRY, 30, PERTH

Endometriosis has caused a lot of damage, making sex painful some of the time. SAZ, 38, GENEVA, SWITZERLAND

## 'Is it common for women to always find sex uncomfortable?'
SUSAN, 25, GIPPSLAND

My PCOS means that I sometimes have low to no sex drive, but my partner's very understanding about this. VIV, 28, WARILLA

I love sex. It'd be improved if I didn't get so sore afterwards. MELANIE, 29, ESSENDON

I went through a period of not enjoying it because I was sore. We talked openly about it so I relaxed and it's getting better. BERNADETTE, 23, BAYSWATER

When we were first married we had sex every day. Now it's once every three months, partly because of the pain I experience with intercourse and my unwillingness to visit a GP. SARAH, 56, WOODFORD

## 'I always think too much about other stuff during sex.'
SOPHIE, 28, PARRAMATTA

I do enjoy it, but I have to stop thinking of other things, like 'Did I turn the iron off?', 'Should I buy Huggies or Safeway-brand nappies tomorrow?', 'I wonder when that DVD's due back'. HEIDI, 29, ROXBURGH PARK

I got into bed and my boyfriend was wearing one of my dresses. I was furious. KRISTE, 27, DARWIN

It's hard to really enjoy when the kids are down the hall and the bed's squeaking like nobody's business. CATHY, 39, MENTONE

## 'After working a long day, coming home to our toddler, fixing dinner, cleaning the house and getting everything ready for the next day, sex is the last thing on my mind.'
PATRICE, 33, QUAKERS HILL

I do find myself worrying about my kids coming into the room when we're at it. I need to let myself 'lose myself' more often. PAM, 35, NEWCASTLE

If you're in tandem with a person emotionally, it's amazing, but I've done a bit of 'whatever' kinda sex, too. MILLY, 34, MELBOURNE

When I try to tell him if it feels good or not (mostly not), he gets offended. EMILY, 24, BALLINA

Don't stay in a relationship if you're unhappy with the sex. It's far too important to compromise. AUDREY, 32, MARRICKVILLE

How can I get in the mood if he hasn't done any housework or has spent my money on himself without asking or thanking me. Men can separate love and sex, why can't we? JOSE, 27, CURRUMBIN

I always enjoyed it, but more interest in technique from a partner has often been a problem. How do you tell a man he's not very good at it? HELEN, 62, IVANHOE

## 'Men will just never stop to ask for directions, will they?'
MARY LOUISE, 34, ASCOT VALE

My partner has trouble lasting and I get bored. I've never had an orgasm, so that's affected my enjoyment of sex. LAURA, 21, HOBART

Since menopause it can be uncomfortable physically. More relaxed time available would improve the frequency. PAM, 54, OLD BEACH

I like it but I'm always self-conscious. I still can't believe that after 23 years my husband still wants me and finds me attractive. VIV, 44, COFFS HARBOUR

I'm too embarrassed to come in front of my partner, which is terrible because I've been with him for 10 years. SOPHIE, 31, EAST MAITLAND

I'm not confident about saying what I want sexually with my partner. SUZANNE, 45, COBRAM

If my hubby's breath was nicer, if I didn't feel fat, if my vagina wasn't so floppy, if I felt like it, if my hubby wasn't so judgemental. Actually, I'd be happy never to do it again. FRANKIE, 49, WILLIAMSTOWN

Even after 24 years he's always just a little embarrassed. Perhaps if he responded to my efforts to be a bit more open it would be better. VICKI, 49, FERNTREE GULLY

## 'I don't know enough about what I want, and feel conscious of my flabby bits.'
ANON., 34, WINDSOR

Sex is non-existent with my husband, so I have a long-term 'friend' who I see every so often. I love sex and miss it. SAMBA, 47, NORTHCOTE

He wasn't interested in sex with me because he was as gay as a tune. COCO, 42, BULLI

I enjoy it on occasion but generally don't care for it. If I'm honest I married someone I'm not really sexually attracted to. BARBARA, 58, ROCKHAMPTON

while he's watching; 99 per cent of men will love that – it will make them feel rather studly to be able to satisfy you properly next time – and the 1 per cent who might be threatened or insulted, have a lot to learn. And if he doesn't want to learn, he's not a dude, he's a dud. If you want porn involvement, take an active part and veto the degrading or violent stuff. (Info on women-friendly erotica coming up.)

## Dryness during sex

When you're sexually aroused, your vagina becomes slippery with a sexual lubrication your body makes so that it's easier for the penis to go inside you. If there's no natural lubricant, it probably means you're too nervous or not aroused enough to have penetrative sex, and should have more foreplay before trying again.

If you're dry during sex, there'll be too much friction and you'll be sore and get a rash, abrasion or even a bruise. Dryness can also cause a condom to break, so if you feel dry, stop. A water-based lubricant from a pharmacy or supermarket (they're sold near the condoms) is good to use around your vagina opening, and on the outside of a condom, to make things easier.

### LUBRICATION DURING SEX

Many hormonal conditions (including menopause and breastfeeding) and drugs taken for unrelated conditions (including some sniffles treatments and antidepressants) can 'dry up' natural vaginal lubrication. Talk to your doctor about what's right for you, which can include hormone creams applied in the vagina, supermarket- or pharmacy-sold water-based lubricants (a must with condom use, as they don't have oils that could weaken the condom), massage and nut or vegetable oils (taking allergies into account).

## Never mind how you look during sex

A good sex partner won't be concerned with your possible (or imaginary) 'flaws'; they're concentrating on the important thing – how you both feel. Men are sexually aroused by all sorts of shapes and sizes. But many women are avoiding sex, turning off lights or covering up or refusing to let their partner look at them, and feeling self-conscious all the way through because they feel they don't measure up to some sort of porn or body image standard of perfection. They spend the whole time worrying whether they're looking 'hot' and their stomach is hidden and their breasts look big enough. When it stops being about what it feels like and only about what you look like, you'll never relax enough to have a good time or lose yourself in the moment. Almost all men find this baffling: he couldn't be more thrilled to be having sex with a real woman in the first place, and he finds you ravishingly desirable. Of the men not in this category, many are very keen Barbra Streisand fans.

## Willy problems

Men can have trouble getting or maintaining an erection, or coming 'too quickly', which can upset them and make them feel they're underperforming. If this is not a one-off (ahem) and becomes a continuing drag for everyone, you can suggest some technique changes.

For premature ejaculation: try one orgasm (either by himself or with help from you) to start things off, and then you can build up again slowly. He's likely to last longer the second time. Also, pinching the top of his penis when he wants to come can delay things a bit. (He may want to do that, although it's a 7.8 degree of difficulty if the penis is in a vagina at the time, and if too 'rough' can result in manly shrieking.)

Any erection changes or difficulties must be checked out by a GP. Ignore billboards and other marketing for erection treatments, which lead only to companies that want to sell their 'remedy'. It's crucial to get a proper medical diagnosis of the underlying cause. Anxiety or another mental health issue can affect the ability to get or maintain erections, and these problems will need to be tackled, perhaps with counselling.

## Pain during sex

This is a common problem, but many women suffer through sex, not realising they're not alone and can get help. Pain during sex or pelvic pain afterwards can be really disruptive to your sex life. It's not normal, and it's not something you should put up with for a partner's sake. It's a sign that something small, or big, is wrong. Any painful sex

# Varying interest in sex

I'm truly unsure of its purpose after children. I hadn't realised this until now. SUSAN, 56, BALLARAT

Sometimes it's easier to just put up with it than cause a fight. CHANTELLE, 43, OAKLANDS PARK

Why are they prolonging crusty old men's erections with Viagra? Is it really what women want? (I doubt it.) MARGARET, 50, MELBOURNE

I absolutely hate those 'lasting longer in the bedroom' ads on the radio. Longer isn't better. I think it will give a whole generation of men the wrong idea. ANNIE, 32, BRISBANE

How many women actually enjoy sex, really? MARGARET, 51, BLAKEVIEW

He doesn't make any effort to satisfy me at all. SUSAN, 33, ADELAIDE

### 'I'm indifferent, take it or leave it. I've no idea what would improve it.'
SAM, 23, BRISBANE

An improvement would be men learning not to 'cut and thrust' or be obsessed with their penis size and to be comfortable within themselves. *And* to use condoms without a fuss. WENDY, 42, BRUNSWICK EAST

I'm 13½ weeks pregnant and just can't be bothered. HELENA, 37, BOX HILL

### 'I don't enjoy sex. Nothing would really improve it.'
DOMINIQUE, 33, BRISBANE

I hate it. I don't know what would improve it. I find it a humiliating experience. CHRIS, 26, KINGS PARK

What would improve it is me being able to accept that I deserve pleasure, and learning to relax and accept that pleasure. And to have a man who's really into me and wants to give me pleasure. (That'd be a nice change!) REBECCA, 39, SYDNEY

My husband was a virgin when I got him. I gave him lots of instruction. It was fun at first, but it's very one-sided. He doesn't go on to help me out, and I get very frustrated. I won't talk about it any more. KITTY, 47, BLACKBURN

### 'I'm often more "in the mood" if my husband's done something nice for me, like a little housework.'
HELEN, 28, ADELAIDE

I'd like it more often, with more intimacy and attention from husband. KC, 39, VICTORIA PARK

I suspect he carries his mother's belief of sex being 'not nice' in his subconscious! DEB, 43, PARK ORCHARDS

When you've shared a lot of years together, sex isn't a huge priority. Paying off the mortgage, renovating the house, travelling, etc. are just as bonding and are probably more memorable. PENNY, 51, FORESTVILLE

I sleep with one male only, my current partner. I occasionally have casual sex with women. MAGGIE, 29, DULWICH HILL

It used to be that I couldn't get enough of multiple partners, multiple genders, strap-ons, weird positions, and bizarre (and demeaning) pornography. Now, my sex life is completely monogamous and unkinky but satisfying for the first time. LIZ, 26, LONDON, UK

I think men 'need' it more than women. It seems like a vitamin or happy pill to my husband, and not worth letting him go without. TESS, 47, NEWCASTLE

My libido packed up and left four years ago. Maybe a visit to the doctor might help. LILLY, 53, EUROA

I don't really think about it much, unless I'm ovulating. Then I really notice all and any men around me, phwoar! DONNA, 38, QUAKERS HILL

I had zero desire when I was on the Pill. KAREN, 27, POINT COOK

So many couples don't want the same amount of sex. Where are the resources to help people negotiate? Counselling was *useless*, including specific sexual counsellors. It's such a difficult area and I lost a great husband because of it. KYLIE, 39¾, HIGHGATE HILL

It's my husband who's not interested. And not being the strongest in communication, he can't tell me why. How can you not take it personally? CAMILLE, 38, SHEIDOW PARK

### 'I've always loved sex. I've never met a man who matched my libido.'
ANNA, 31, ELTHAM

I thought that nearing 50 I'd be losing interest in sex, not discovering that sometimes I can't get enough of it. JANE, 48

I do enjoy sex. As we age, sex is becoming less satisfying, but there are always ways to spice it up. SUZANNE, 65, GLEN IRIS

I enjoy sex more, especially as I get older. I think it's having body confidence and being able to communicate more effectively. I just relax and have fun with it. VANESSA, 45, MELBOURNE

### 'It's great considering he's going on 83.'
KAY, 70, CASINO

Due to age, my libido has plummeted, but I'm undergoing treatment to help, and then look out! HANNA, 62, BRISBANE

should be stopped straightaway. Don't lie there thinking 'It'll be over in a minute'. The first thing to do is discuss it with your partner so they realise what's going on and can support you through investigating the problem. Deep or jarring penetrative sex can be put on hold while you do this.

Pain during sex can be due to stress or anticipation of pain, causing an involuntarily tightening of muscles, or can be a sign of pelvic inflammatory disease or a benign (not cancerous) cyst or growth near the uterus or vagina. Uncomfortable feelings and pain caused by friction can be fixed by a change of technique, so you're more aroused and lubricated before you start. Try a water-based lubricant such as KY Jelly or Sylk if you're using condoms, or otherwise an edible oil (check for allergies first). Hormone changes in menopause and at other times can also contribute to a 'dry vagina' (see 'Lubrication During Sex', earlier). Rashes and infections, sexually transmitted or not, can also cause discomfort and pain.

### MORE INFO
### on pain during sex

See your GP to get a referral to a gynaecologist or dermatologist for further investigation, or start with a sexual health specialist doctor at a Family Planning clinic.

**shfpa.org.au** Sexual Health and Family Planning Australia has clinics in all states and territories (annoyingly, in SA it's called SHINE). From the main page, find a clinic near you. The organisation is independent and non-profit, with some government funding, and the site is sponsored by a condom company.

**anzvs.org** The Australian and New Zealand Vulvovaginal Society is a non-profit coalition of medical specialists in the area of vulval and vaginal problems. Choose 'Patient Information' for fact sheets, including one on painful sex, and some on specific conditions.

## Dwindling sex

In most long-term relationships and marriages, the sex does tend to become less frequent after a few years, and for a time after the birth of any children, and when both are busy with work and

home commitments, or energy is wiped out by being unhealthy and above a comfortable weight. And on Tuesdays. Also, ever. If couples are lucky, they can work on rebooting their sex life, or they both feel happy about their sex life, however often they do or don't do it, without an imbalance in their sexual desires and needs. But in many cases one partner (or even both) finds it very frustrating, or feels rejected or sad about their 'sex drought'.

Despite the cliché of women not wanting sex and men being mad for it, hundreds of women answering the Women's Stuff Survey told me they wanted more sex than their partners seemed to.

## The two-year sex hurdle

A lot of counsellors agree that two years tends to be the turning point in relationships, marking the end of the crazed in-love sexual festival. That doesn't mean it's 'all over'. It means your relationship (whether this happens at two years or not) will move into a different phase, maybe becoming something that you know will be loving and sustaining for a long time. Or maybe the magic is 'gone' and it was good for a while, but it's time to move on. If you fancy staying together, you should be aware that the frequency of having sex can go in stages, and that you don't have to be a passive player in this.

## When sex is not good

Some partners really like each other, but there are no sexual sparks, or the sex is a bit 'meh' for one of you. Is it worth trying a few new things, or gently guiding a partner to do things another way? It's a shame to break up with someone just because he needs a bit of kiss training ('I like it like this'), or he needs a kind talking to about how quick and shouty isn't what does it for you and how about trying it another way? (Don't present it as doing something 'wrong' but always stop and say if something hurts – see 'Pain During Sex', earlier). If your partner is defensive or aggressive about this, instead of eager to please you, or you just simply don't want to have sex with them, move on.

## When you've lost interest in sex

You're tired, neither of you have tried anything new in bed since you don't know when and all you want to do is read, or sleep. Your body is pulled every which way all day by work, and kids, and home, your brain is racing and you'll only run through lists of chores in your head while he's ferreting about down there. You're kind of terrified he'll get his sex elsewhere, but you wriggle out of hugs and kisses in case they turn into what feels like his need for sex. Or you actively wish he'd get sex somewhere else.

You say you're tired, have an unexpected period, or a headache, or you have to get up early. Last time you had sex you actually liked it, but you really can't be bothered. Almost every woman in a long-term relationship goes through these times. If you notice these patterns, there are some things you can do about it to rekindle something with the one you have, rather than looking for it elsewhere or feeling that you're pushing him away.

Be reassured though: the Big Bore is normal, it doesn't have to be permanent, and it makes the rekindling more fun. Don't forget the upside – you have a partner who knows how to arouse you and vice versa. Check out the ideas in 'Improving Your Sex Life', coming up.

## MORE INFO
### on sex drive

**Where Did My Libido Go? by Rosie King**
A psychologist presents compassionate advice if you want to rev up your sex life.

**Sex, Lies and Pharmaceuticals by Ray Moynihan** Medical journalist on the drug industry's idea that declining interest in sex requires 'treatment' with drugs, and how it paid for the 'research' and distorted the figures on how many women 'suffered' from such a 'disorder'.

### NATURAL LIBIDO LEVELS

Women are sometimes prescribed testosterone or hormonal herbs, or told to try being off the Pill. None of these may be relevant. Proceed carefully in this area and only 'treat' a 'low' sex drive if you yourself think it's a problem, not just because of somebody else's expectations. See Chapter 12, 'Health Maintenance', for more on informed medical treatment.

The Pill creates a hormonal state much like the 'natural' one, in which a woman in her reproductive

years would be otherwise almost constantly breastfeeding or pregnant. Women have not evolved to have years of periods and ovulation. So in one way, it could be argued that if the Pill suppresses sex drive because hormones do indeed control libido, then a woman's natural state is to have a suppressed libido for most of her life. Funny how it's never suggested that men take pills to lower *their* libido. I'm not saying that's the solution, I'm just saying it's worth thinking about it from a couple of angles.

## When he's lost interest in sex

Judging by the responses volunteered to the Women's Stuff Survey (and I didn't even ask a specific question about this), there are hundreds of women trying to get blokes interested in sex again. If you're in this situation, take a 'Let's work this out and make it better together' not a 'There's something wrong with you' approach. First, get him to the GP (let him go in on his own) for a thorough physical check-up to see if there's an underlying health problem. Some health problems, some prescribed medication, alcohol and illegal drugs can all be culprits, as can stress or a problem in the relationship.

If your partner doesn't want to alter the frequency or kind of sex you're having, and you're bored or frustrated, you may want to suggest a GP check-up to rule out a physical reason for falling libido, or couples or individual counselling. Some men are prescribed testosterone supplements, herbal treatments or Viagra to stimulate an erection. But it's believed that many of these cases can also be due to sexual incompatibility or, how shall I put it . . . undisclosed gaiety. As with your own libido, proceed carefully in this area and only 'treat' a sex drive if you yourself think it's a problem, not just because of somebody else's expectations.

## Sex without strings

There may not be strings, but your brain chemicals may start generating lovey-dovey or even maybe-I-should-get-pregnant feelings. See 'Straying & Cheating' and 'Open Relationships & Swinging' in Chapter 30, 'When Love Goes Wrong', for more on feelings and the emotional effects of sexual affairs, and see 'Hooking Up for Just Sex' in Chapter 27, 'Flirting, Dating & Choosing', for pros and cons.

## Improving Your Sex Life

If you fancy a change, tell your partner you'd like to spice things up a bit. If they agree, you can explore some new ideas in the bedroom (or lounge room, depending on your privacy level!).

Ideas to spark up your sex life can include:

- you reading erotic stories before you get together
- reading erotic stories to each other
- sharing fantasy ideas (you don't have to re-enact them, you can just talk about them and see how that goes)
- woman wearing lingerie, man wearing – well, for a start, not baggy old Y-fronts or a comic barbecue apron
- atmosphere – warm the bedroom, light a scented candle, hire an orchestra
- going to a hotel and meeting, pretending you don't know each other
- setting a 'sex date' of one or two nights each week (e.g. every Saturday and every second Wednesday in a month with an 'a' in it).

There are some commercial 'sex surrogate' services that offer therapy to single people, almost exclusively men, including 'lessons' at very high prices. There's no independent evidence that this is helpful, and it's regarded by the majority of the psychological and sexual health professions as very dodgy and, well, simply 'paying for sex'. Use your own judgement and, if you go down this path, about 56 condoms.

Lots of people now use sex 'toys', such as vibrators and costumes, in their sex life – alone or with somebody (see 'More Info on Women-friendly Erotica', coming up later). But ultimately, I'm sure nearly everybody would prefer some tenderness from a real person.

There are already sex 'robots' for men, a fancy name for what are really just large plastic dolls with a mouth hole and a genitally placed hole, and a computer chip in them that means a voice can say 'I love holding hands with you' when their hand is pressed. That's not so much erotic as almost unspeakably sad. A victory perhaps for the enduring power of human connection, however manufactured.

### ✳ MORE INFO
#### on improving your sex life

**Better Sex video series** Billed as handy hints from US psychologists and actors. These and many other 'how to' DVDS for both men and women are available from mainstream online shops such as Amazon, or through online women-friendly erotica shops (coming up later in this chapter). Good for women who'd like to boost their partner's skills and give him ideas while telling him they're just watching a sexy video together.

**thesite.org** For kissing lessons called a 'snogging masterclass', search 'snogging'.

**Sex Play by Anne Hooper** An illustrated beginner's guide to spicing up sex, including dress-ups, a bit of light bondage, eating off each other, tantric sex, dancing and stripping, games, toys and accessories.

**Kama Sutra by Tracey Cox** The ancient Indian guide to different sexual positions is given an update and lots of how-to photos. Their fitness and appearance is hardly representative of most of the rest of us – if I'm not mistaken, one comely miss's nipples point firmly ceilingwards.

**Passionate Marriage: Keeping Love and Intimacy Alive in Committed Relationships by David Schnarch** This book is big enough to have sex on. A psychologist and sex therapist's presentation of therapy with various couples. The self-help classic in the field.

**Women On Top: How Real Life Has Changed Women's Sexual Fantasies by Nancy Friday** Another in her series about what's really going on in women's heads: a collection of women's sexual fantasies.

**Bonk: The Curious Coupling of Science and Sex by Mary Roach** A US science writer delves into the often hilarious world of science and orgasm research: find out more about the clitoris, the history of vibrators and eyebrow-raising lab tests.

**thestranger.com/seattle/savagelove** Dan Savage's no-taboo-left-unturned sex problem page. Not for the squeamish or easily shocked.

## Celibacy & Asexuality

Some people aren't interested in sex (asexuality) and are happy with that; others have decided to give up sex for cultural or religious reasons (celibacy). This isn't a problem if you're happy with it – but it becomes a problem in a relationship if the other partner is unaware of these feelings or they're imposed without warning. People who are genuinely asexual will have ruled out other possible reasons for disinterest – a physical illness, or side effects of medication or illegal drugs, for example. While asexual people are entitled to have loving relationships with other people in a couple, and have their emotional needs met, it would be extremely unfair for them not to declare their asexuality very early on in any possible partnership.

According to US surveys, teens who advocate and proclaim their celibacy before marriage are statistically just as likely to have sex within two years of their commitment to celibacy as anybody who hasn't made the commitment, but far less likely to protect themselves from pregnancy or sexually transmitted infections.

### ✳ MORE INFO
**on asexuality & celibacy**

**asexuality.org** and **celibrate.org** Two non-profit hub organisations that enthusiastically advocate and provide support for their, oh dear, positions.

## Sex & Special Needs

### ◗ Ageing & sex

Despite the shock and awe of their children, or even grandchildren, people don't stop having sex just because they turn 55 – or 65 – or even, for many, 75. But please speak about your intimate needs to your GP rather than your children or grandchildren, otherwise you'll create disturbing mental images they cannot even rid themselves of by yelling into a pillow. Post-menopause dry-vagina issues can be addressed by following the lubrication advice in this chapter (check the index). Older ladies need to protect themselves against STIs, whether they're in new relationships or in continuing relationships without a recent full check-up and all-clear. As mentioned, this has nothing to do with trust. The older a chap is, the more likely he's picked up some invisible infections without knowing. Don't assume you can or you can't have sex in a chandelier-swinging way – have a check-up with your GP so you know where you stand (or lie down). The same goes for your boyfriend or husband. If a chap is having trouble with erections, see that section in this chapter. If erections are a thing of the past, don't let that stop you doing other sexual things.

### ◗ Disability, illness & sex

When somebody has a physical disability, or chronic illness, or is undergoing certain medical treatment, many other factors can suddenly get in the way of sex or a happy sex life. These elements can range from worries about body image, to practical difficulties involving supporting the body physically during sex, or the loss of some physical feeling, concerns about stress on the physical body or the heart, or the imperative of fail-safe contraception.

### ✳ MORE INFO
**on sex & special needs**

Always speak to the relevant doctor, who knows the patient. Many have fact sheets on various medical conditions or surgery and sex.

**cancerwa.asn.au** The Cancer Council of WA has an audio-CD set called *Life Now: Cancer and Sexuality* about having sex when you or your partner is or has been a cancer patient. Choose 'About Cancer', then 'Cancer Publications', then 'Patients, Families and Friends'.

**thesite.org** Search 'sex and disability' from the main page of this sensible UK site.

**sexualhealth.com** Choose 'Disability & Chronic Condition' on this non-profit US site for an amazing array of links and forum chats.

#### PELVIC-FLOOR EXERCISES

Many pelvic fitness devices sold by retail sex outlets purport to help you tighten up and tone your pelvic-floor muscles so you can do sexy squeezy things with your vagina during sex, and also avoid sneezy wee and laughy leaks. You can exercise your pelvic-floor muscles properly without plastic doodly bits up inside you – look up 'pelvic-floor exercises' in the index to find out how.

## Pornography & Erotica

The debate about what's pornography and what's erotica is often portrayed as exploitative or violent and hardcore images (porn) as opposed to softcore or female-friendly images and material (erotica). Others say it's just a matter of taste, although that's an odd word for wanting to see images of rape or degradation of women. The vast majority of sex depicted in DVDs and on websites is based on male-centric fantasies, which is why there's a predominance of anal sex, 'doggy style', women having sperm shot onto their breasts or face, men coming, women as props and sex toys, and women pretending to enjoy or orgasm from doing stuff that women don't usually enjoy or fantasise about.

It's a recognised phenomenon that many heavy porn users get desensitised to 'ordinary' sex, and can get 'hooked' on searching for new stimulation, choosing a succession of more extreme acts.

If a man wants to watch porn with you, talk with him about what sort you'd feel comfortable with (see 'More Info on Women-friendly Erotica', coming up). Explain how seeing blow-up-doll type 'perfect' images of centrefold-shaped and . . . erm . . . unusually proportioned and surgically bothered women might make you feel. (Ask how he'd feel if you wanted to watch films exclusively featuring divinely handsome slim muscly men with penises the size of prize cucumbers.)

Young women, and older women too, are now facing the first generation of men who've learned what they know about sexual technique from watching the result of male-only fantasies, based on the concept that a woman is there to be used for a man's pleasure and stimulation. In this imaginary land, sex ends when the man ejaculates, and everything else leads to that rather than being part of a mutual, respectful, give-and-take relationship.

## PORN & TEENAGERS

The fantasy of teenaged boys used to be that one day they'd get to momentarily touch a breast through a girl's clothes if they were lucky. The idea of a girl walking past was enough to give them an erection. Now, bombarded with hundreds of images of rough porn before they get to have sex, boys' fantasies are being fed by ideas of bondage, rape, anal sex, shooting sperm all over a woman's face and other ideas that, to say the least, don't fall into the romantic fantasies of a young girl's dreams. She's still reading Jane Austen.

The most common unsolicited question from the hundreds of teenaged girls who responded to the survey for my book *Girl Stuff* was what to do during sex. They weren't worried about diseases, or getting pleasure, or not getting pregnant as much as how to do it 'right' – 'Should I move, or what?', 'Do you just lie there while it's happening?', 'What noises are you supposed to make?' – so the guy would like them. We need to tell girls that it's *their* sex life too, and carry our own higher expectations into our adult sex lives.

Girls learn from porn what they're supposed to look like . . . while boys learn how to treat women during sex. And there ain't many DVDs in the catalogues under 'C' for clitoris.

Most women leave talking to their sons about sex to the 'man of the house', or just talk about 'not getting a girl pregnant'. Parents who won't face up to the responsibility and insist on not talking about it condemn their sons to learning most or all of what they know about sex from hardcore porn on the net.

Yes, your boy will squirm and be horrified that you're talking about sex. But the alternative – ignorance – is much worse. Tell your boys that porn is not all normal or real. Teach your sons that sex isn't all visual and getting to his orgasm. It's about how he feels and his partner feels. It's about finding out what girls like, and meeting their needs, too. Talk about consent and the law. Tell him he has to be 100 per cent sure a girl says yes because she wants to, not because she's scared or drunk or otherwise out of it. See Chapter 25, 'The Family You Make', for more on what to tell your teenaged boy and/or girl, and on parenting teenagers.

WHERE'S THE CLITORIS? DVD SPECIAL

# Pornography

I like porn. My partner doesn't and thinks it's morally unsound!
ALEX, 28, BRISBANE

It's great because when I'm too tired to have sex, my husband watches it. SALLY, 34, GISBORNE

It's allowed me to learn to masturbate to orgasm, and I use it regularly to achieve orgasm.
RUTH, 41, FRESHWATER

I tried it once and my partner turned it off because I was too distracted. SARAH, 36, MELBOURNE

I find pornography has the interesting effect of turning me on without me actually liking it.
AMELIA, 29, MELBOURNE

It actually turns me off having sex.
KIM, 39, QUEANBEYAN

> 'I hate porn. I'm always aware of the politics of male-produced pornography, so I can't enjoy it.'
> DAPHNE, 27, LONDON, UK

I think guys think that all girls act like that in bed, unfortunately.
NARELLE, 28, HAWTHORN

I love erotic fiction; my husband loves doing things to me while I'm reading it. JESS, 29, MELBOURNE

My first boyfriend not only read a lot of porn but believed what it said about women – good lord, but he was a dreadful lover. ROBYN, 41

I'd never consider a relationship with a man who used pornography.
JULIETTE, 36, MELBOURNE

I know my husband looks at it. It's what he needs. It doesn't mean he loves me less.
MARLA, 47, PERTH

My partner watches it. I find it so revolting – male-dominated, almost 'rape', no intimacy or fun.
PRISCILLA, 45, MELBOURNE

I privately watched some porn the other day. I learned some new techniques, which I tried, and they worked very well.
RACHEL, 23, BRUNSWICK

> 'I love porn, oh goodness, isn't it great? I watch porn more than he does.'
> OLIVIA, 21, SYDNEY

I can't stand porn. I found a few of my partner's DVDs, so I damaged them and they went into the bin. Same applied to the magazine I found in his work bag.
FIONA, 22, WOLLONGONG

The ex loved watching it. I didn't, because I felt he then expected me to behave like a porn star in the bedroom. SUE, 55, BRISBANE

I have a bigger porn collection than my boyfriend. NATASHA, 22, PERTH

It added to our pleasure in the beginning, but then destroyed it when my husband preferred it to me. LISA, 47, HOMEBUSH

I caught my husband using it, which I found devastating, especially as I'd been so sexually frustrated. It felt like he'd had an affair.
RACHEL, 37, CAULFIELD SOUTH

My partner hates it. He joined an anti-porn website. ANON.

I like it but the hubby doesn't, so it's not a tool we use.
LISSA, 30, GOLD COAST

I feel rather shattered and very inadequate after watching any porn. Does my husband get *any* satisfaction with me – because I physically can't do some of the things those girls do, and my boobs certainly don't look like theirs!
JACQUI, 38, NEWCASTLE

My ex-husband was addicted to pornography. It wrecked our marriage. JANET, 34, MELBOURNE

Just Friday-night SBS porn, which usually results in sex – so it obviously turns us both on.
SALLY, 34, THORNBURY

You can usually tell during sex if a guy's watched too much porn – you're an object.
EMILY, 33, FAIRFIELD

There's some very good-quality erotica out there (and in the toy box at home) but there's also cruddy-quality male-oriented 'porn'. ALICIA, 32, GEELONG

I don't agree with the exploitation of women, and won't have porn in the house. ROSE, 40, ELWOOD

We watch very light porn – where the woman actually enjoys herself – from time to time.
FIONA, 37, TELOPEA

I think women have been degraded by the recent sexualisation in the media, and I wonder if that will impact upon how the next generation of men see women and treat them. I feel that women are being portrayed as sexual things rather than sexual beings.
KRISTIE, 28, LOXTON

All teenagers think they have to be sexy – look horny and slutty – and don't realise that being sexy comes from feeling comfortable with their body. ANGELA, 27, MELBOURNE

> 'I'm pretty sure he's going to ask me to marry him now, because I let him do anal.'
> ANON.

My last partner wanted anal sex with big-busted porn stars, as this is what he watched frequently. SUE, 51

So many men think women will enjoy anal sex, and I'm sure that it's pornography that propagates this theory. CHLOE, 25, MELBOURNE

## 🐚 Porn problems

If you love porn and feel sorted in that department, good-oh, move along. This is about possible problems.

For some men, looking at porn becomes an obsession, and one that damages their relationships with women. Therapists believe that some men 'addicted' to porn end up seeing women as objects to be manipulated. Men who are 'bored' with sex can then start wanting to view or do things that become more and more 'out there' to keep the novelty level up. They can become unable to sustain a real sex life rather than a passive, 'online' habit.

In other cases, many young girls and women feel they should say yes to the requests or coercions of men who've seen things in porn they want to try, some of which women can find painful, degrading or just plain no fun at all. It's important to explain this to a man, and suggest doing something else that you'd both like. If he continues to want to treat you as a sex doll just for his own pleasure, that's an alarm going off.

If he doesn't get that films showing degradation and violence are not 'victimless' because they're acting, tell him it's an accepted fact that most women in the industry have been sexually abused. And regardless, who wants to watch that sort of stuff? Read the warning signs, and protect your heart and your mind.

### Porn's influence

Porn has changed the landscape of sex and popular culture. Because it's men who control the images of music videos and computer games, that's what teenaged girls and boys are growing up thinking is cool, attractive and sexy, or at least what's required. There used to be a line between porn and modelling, porn and music videos. It's not there any more, there are just various degrees on a spectrum. Women who are supposedly 'powerful' are depicted as toys and trophies, and the paradox of a woman with literally crippling high-heeled shoes wearing a sex costume (say, leather bikini, wet-look lips) is that her power comes only from being 'sexy'. So much has changed – not the unchangeable fact that people will want to have sex – but the sort of sex they're having. Girls learn from boys who watch hours of porn that they should enjoy or pretend to enjoy anal sex, and perform endless oral sex on the guy with no reciprocation. (More on anal sex later.)

### How creepy porn makes women feel

Even without knowing that most women porn actors and sex workers have sexual abuse or neglect issues in their past, women can have a very big, very understandable problem with a lot of pornography. The implied claim that women with implausible bosoms, wet-look lipstick and moronic expressions get their partner most excited can be a little, well, dispiriting. And that's before you even consider the vast quantities of porn that are about exploiting or degrading women, or men who wonder why we run for the hills when he says, 'But she just *looks* like a schoolgirl on the site. I'm sure she's really 18.'

The concept of an ideal used to be – neat, pretty and useful. Now . . . it's become cartoony porn 'star', a term that falsely affords a kind of status and glamour that real porn actors, poor loves, simply don't have.

The concept of a trophy wife is not new – once upon a time she had to be virtuous and loyal and a good mother (in the fantasy, maybe her husband would stray, but he'd always return to the good wife). But now the trophy wife is supposed to 'look like a porn star' while being a mumburger with the lot – grace, forbearance, good organisational and mothering skills, along with shriekingly sexy and 'hot' 'yummy mummy' looks. The 'good girl' and 'bad girl' have merged, making a mega-impossibility from two unattainable clichés rolled into one.

### Fantasies that aren't so good in real life

Sexual fantasies – yours or your partner's – don't have to be acted out. You can just think about them, or tell each other about them. Fantasising about something doesn't mean you want it to happen or would enjoy it in 'real life' or without the control you have in your own mind.

Other common porn scenarios and fantasies that may be less than fun outside an imagination include being coerced, sex on the beach (sand), in the aeroplane toilets (or any toilet, frankly), in public (everyone has a phone and every phone is a camera, and also you can be arrested and charged), anal sex (it hurts), rough sex, endless acrobatic blow job positions, more than one man and other typical images and positions in porn, sex with a stranger, swapping partners, sex with a wildly handsome man or famous chappie (often more interested in the mirror than you) or romantic floppy-fringed poet (WIMP alert), sex with a wildly feral tattooed leather-clad biker (ooh, pong), in a hot tub (depending on the temperature, it's just a bath of bacteria and it can be hard to keep a condom on properly without it breaking), and melted chocolate being licked off (liquid chocolate sold for this purpose can taste nasty – and who's buying the new sheets?).

## MORE INFO
### on porn problems

**no-porn.com** Support and info on recovering from porn addiction. Download the booklet *10 Keys to Breaking Pornography Addiction*.

**antipornmen.org** As one blogger says, 'Dudes, take a stand against porn.'

**Pornland: How Porn Has Hijacked Our Sexuality by Gail Dines** A book cataloguing the billion-dollar industry's damaging effect on modern culture, girls, women and men.

## 🡆 Vibrators & other 'sex toys'

A few 'rules' about accessories:

- Follow washing instructions. Make sure they're clean and washed in soap and hot water between 'goes'. Most sex toy retailers also sell antiseptic washes for them. Remove batteries before putting water on an appliance, never immerse a plug-in appliance, and never wash one while it's plugged in.
- Always ask a partner if they'd like to play with one, don't just suddenly pop a buzzing plastic rocket somewhere.
- Some chaps, while wildly excited, may think you're slutty or making a criticism of their adequacy ('What do you need that for?') and could need a spot of re-education. All items should be new for each new partner, or you should pretend they are.
- Shopping for items together might be fun.

## 🡆 Women-friendly erotica

Women-friendly books, DVDs and sex toys (such as vibrators) are available from several specialist online shops for women and specific websites. You can avoid anti-female stereotypes and degrading images by being careful with search engines and targeting what you're more likely to be interested in. It's generally understood that true women's erotica is not about degradation or violence, and that all sex is consensual, but not all sites will 'comply'. Be warned: most of these sites carry images of explicit sex, sometimes on the first page. On some sites you pay to view or get a paid membership. Below are just some examples of stuff aimed at women, not my recommendations. Honestly, I usually pleasure myself with a Kit Kat and Volume 8 of the *Complete Oxford Dictionary*, so what would I know?

## MORE INFO
### on women-friendly erotica

**bliss4women.com** Established Aussie company calling itself a 'sensuality boutique' for women and selling books, DVDs, 'toys', oils and lingerie. Everything from a hot pink plastic thing called a 'Butty', which goes somewhere unknown to sunshine, to discreet carry-bags for your vibrator, and books on explaining sex to children (but not explaining the Butty).

**forthegirls.com** Oh my goodness. Stories, an advice column and lots of photos and videos. Extremely explicit. I watched a couple of videos but found myself appalled at the bedspreads. Porn is one thing, offensive homewares are insufferable.

**femplay.com.au** A large sex toy and accoutrement online shop. Mail-order deliveries are discreet – packages don't say 'giant sex toy enclosed'.

**pornmoviesforwomen.com** This site helps you find movies for every, erm, taste (who knew there was a genre called facesitting?), and has a list of popular sex scenes from mainstream movies.

## THE NUMBERS GAME

Sometimes new partners ask how many exes you have, or how many people you've had sex with. It doesn't matter whether the answer is two, 20 or 200, don't tell. In most cases it just makes people crazy – they can't help imagining you with each and every one of them – maybe even at the same time.

You should say that you've had previous relationships, but that you don't care to see it in terms of numbers or to disclose any details. You can say you'd never tell anyone about your sex life with them, either. Not telling doesn't mean you have anything to 'hide'. It's just private.

## PORN ON THE WORK COMPUTER

You can be fired for accessing pornography of any kind on a work computer. If you have an internet filter at home, it may block any websites about sex (which is not always a good idea, as even tweens and teens should be able to look for good info on their sexuality and how to protect against diseases, etc.). If you accidentally come across any website that purports to be of child pornography, you should immediately write down the website address and report it to police.

## ◥ Possible porn-inspired acts

### Anal sex

Anal sex, where the penis is put into the anus, has been around since long before modern porn, but has become a very problematic proposition. In the last few years there's been a phenomenal rise in the number of men asking for anal sex, following its common depiction in porn. These men have been led to believe that anal sex is always exciting for women, and they want to try what they've seen. Men get pleasure from anal sex because it stimulates the prostate gland, so they assume that women would like it too. In porn, the woman is depicted as writhing in pleasure and even – pretty much a physical impossibility – having an orgasm during anal sex.

Don't feel you have to say yes, even if you've said yes before. It's okay not to like it, and not to do it. Most, in fact nearly all, women don't like or want anal sex. There just isn't much in the way of sexual pleasure for women in anal sex – it doesn't stimulate any concentrated areas of sexual feeling (despite the man who told my friend that women go crazy for it because 'I know just how to stimulate their prostate gland' – yeah, genie-arse, except women don't have a prostate gland). This man was veeeery miffed at the idea that a woman might just be faking fun to get it all over with faster. The bottom line is, as the unironic saying goes, for most women, it hurts like a bugger.

So your partner may benefit from knowing that most women can't get any sexual pleasure from anal sex, and that in most cases it's very painful. Also, especially if followed by vaginal sex, it's a fast and efficient way to transmit ordinary and some other scary infections. For most women, anal sex is a lose-lose proposition. In porn, anal sex is often done without any lubrication, or just spit and a fair bit of pounding away. This is *not* a good idea, and can lead to anal fissures or other damage. The male partner can make it a lot better for a woman by using communication and care.

The book *Ultimate Guide to Anal Sex for Women*, written by a self-described lesbian who's a porn actor/director and opposes monogamy, is not a big seller, but it does recommend hygiene and other things worth knowing if you want to go down this path. While some sex websites that sell sex-toy 'merch' say anal sex won't hurt if it's done 'properly', and even claim that stimulating the anus can cause an orgasm, they're usually talking about men.

If you want to try it once, or engage in anal sex regularly, you must use a condom, with a water-based lubricant (it makes the condom less likely to break, and there's no natural lubricant in the rectum), to protect against sexually transmitted infections, including HIV/AIDS. A penis that's been in an anus, even in a condom, needs a thorough wash in very warm water and soap and an antiseptic, as do hands that have come into contact with it. A new condom should be applied before any vaginal action.

An alternative to anal sex may be the man entering your vagina from behind – as long as he docks at the right space station. Most men are pretty keen on this position, which can be known – but doesn't have to be referred to – by the inelegant phrase 'doggy style'.

Some people get very cross about this and say things like 'Lots of women like anal sex'. If that's true, that's okay, and it doesn't change anything written here. But I suspect it's not true at all and that very few women are actively keen on it. I've been asking everyone I know to ask every woman they know whether they like anal sex, and so far it's all nos, one 'I'm trying to get him to ask me to marry him so I'm letting him do it', and one 'No, but he wants to so I do', and a lot of anecdotal evidence on blogs that women use anal sex with their partners to trade something in return – more attentive sex, presents, or just 'keeping him happy'.

## 'Rough' sex

Rough sex (as opposed to just intense sex) is another problem area for some people. Although porn often portrays it as something women enjoy, the reality of being pushed around, mock 'choked', forced or slapped is not fun for women. If this is part of a safe 'game' you play with a partner ('pretending' to be forced, doing a bit of pushing or wrestling but *always* in a safe way), and you can make sure you trust him completely and you have what's known as a 'safe' word – that is, if you say 'banana' or, perhaps more usefully, 'no', he'll stop immediately – which gives you some control. Although sex is very much 'each to their own', this is an area that calls for great care. Being with a man who wants to hurt you, or hit you, or even pretend to, whether during sex or not, is something that's inevitably going to raise questions of self-esteem for you, as well as emotional hurt. Real violence, pain, sexual assault and rape are not sexy, and not healthy. The idea of a man being turned on by this is very distressing.

## Tied up right now

Bondage, 'sadomasochism', whips and other erotic palaver require caution. Nobody should actually get hurt, or be humiliated against their will, or become frightened by being restrained or powerless. It's supposed to be fun, remember?

### MANIPULATION & COERCION

Some men want to try something that you're not keen on. Whether it's a sex act or an idea like having a 'threesome', make the decision with your own needs in mind, and stand your ground about what you want and about your safety. Don't give in to a man who uses whining ('Pleeease, pleeeease, go on, please'), manipulation ('Other girls would jump at the chance'), emotional blackmail ('You'd do it if you really loved me'), accusations ('You're boring'), threats ('I'll have to get sex somewhere else, then') or physical intimidation or coercion, including holding you down or otherwise pinning you when you don't want to be, or forcing your hands or head (mouth) somewhere you don't want to go. See Chapter 31, 'How to Escape Control & Abuse', for more.

## Removing pubic hair

Like pole-dancing, the idea of shaved pubic areas comes from the sex industry. Women in porn films and magazine pornography were told to shave so that the viewer could concentrate on the part of her considered to be the most important. For a great many women, and men, a bald pubic area on a grown woman presents a disturbingly child-like image that is incompatible with sex. Other drawbacks include a much greater likelihood of rashes and infections. If you wash often, having no pubic hair is *not* cleaner or more hygienic.

A dud lover is a dud lover, regardless of how much pubic hair anybody has. The claim that it 'makes sex better' is made regularly in 'news stories', which are just lazy rewrites of 'surveys' conducted by . . . you guessed it, cosmetic surgery or salon firms that offer pubic waxing and shaping 'services' or the very scary process of 'laser removal' in that area. Many salons do the 'hard sell' on expensive removal treatments, to convince people a 'Brazilian' is mandatory. In fact, most women don't do it. On the off-chance that you're considering letting a person with a laser near your girly bits, check out the risks and options (see Chapter 8, 'Cosmetic Surgery & Procedures'). There's more on this in Chapter 5, 'Hair'.

## Photos & video

Some people are very excited at the idea of a DIY centrefold picture or DIY porn movie. Before you allow this, ask if you want your family watching it on the net, or your boss receiving it as an email attachment or phone photo. Seriously. A bloke can't help but boast, or his cousin goes through the photos on his phone, or he loses his phone, or things turn bad and he wants revenge. Pictures are forever.

## 'SEX ADDICTION'

It used to be called being a serial philanderer, or a Casanova, or a rootrat, or a bastard, while women were called sluts or 'promiscuous'. These days, they're more likely to be termed 'sexually active', 'highly sexed', 'having a high sex drive' or 'a sex addict'. Is sex addiction real, requiring a stint in rehab? Are multiple affairs and an inability to be honest just symptoms of a psychological problem that affects individuals, their partners and even families? Whatever the answers, 'sex addiction' is not an excuse for anyone to keep making others miserable or put them in danger of contracting an STI, but it could be a reason to sincerely seek help and change. Women 'sex addicts' tend not to be philanderers, but women desperate for affection and approval, who put their hearts and health at risk. It's often a 'symptom' of trying to deal with feelings caused by abuse or assault.

### Sexual assault & rape

See Chapter 31, 'How to Escape Control & Abuse', or look it up in the index.

## Contraception

Contraception is a device, medical drug, procedure or practice used to try to stop pregnancy happening. It's also called birth control. And a damned good idea. Below is a round-up of available contraception for those who don't want to be pregnant.

### When it's safe to have sex without contraception

Never, never, never.

### What *never* works

- Cling wrap.
- Hope.
- 'Coitus interruptus'.

### The 'safe time' of the month

No such thing. There are safer times than others, but you'd only be guessing. Many women believe they can only get pregnant while ovulating. Sit down for this news, then: sperm can live several days inside a woman, lurking around waiting for an egg to arrive – that means you can get pregnant *before* or *after* you think you're ovulating. And some women ovulate twice in a month, without knowing it. What this means is, even though it's less likely at some times, you can get pregnant pretty much at any time in your cycle, including while you have your period. If you don't want to get pregnant, you need to use contraception every single time you have sex.

Doing tests and calculations and estimations can be helpful when you're *trying* to get pregnant, to maximise your chances. But in order to *minimise* your chances – if you don't want to be a parent (or a parent again) – take the guesswork right out of it.

### WHEN AM I 'TOO OLD' TO GET PREGNANT?

It may be up to 55 or later. See Chapter 19, 'Menopause', and keep using contraception for at least one year after your last ever period. Get your hormone levels checked too, just to be sure.

## Condoms

A condom protects against pregnancy as well as STIs – but is only very reliable when used properly. See the 'Safe Sex' section, earlier, for all the palaver about how to use condoms. They're 99 per cent effective when used properly.

## The contraceptive Pill

The contraceptive Pill is the most common reliable form of contraception that women use. The Pill uses a combination of girly hormones (oestrogen and progesterone) in certain doses to tell the body not to ovulate (release an egg), so that even if a hopeful sperm arrives in a fallopian tube there's no egg waiting to be fertilised by it. The Pill is bought from a pharmacy, with a prescription from a GP or gynaecologist.

The Pill is not for everyone, and can cause side effects in some women (statistically, women on the Pill have a higher risk of developing blood clots). As with taking any drugs, the likely benefits must be weighed against possible risks.

The Pill is a brilliant invention that has revolutionised the lives of women so much. Most people now can't remember the days when the average family had six to 12 children.

## Good points about the Pill

- It's the most reliable method of contraception if taken properly.
- It can help reduce period pain, heavy periods and other problems because it causes periods to be shorter and lighter, as well as more regular.
- It's very safe for most women, despite myths and scare campaigns.
- It means we can do away with the need for monthly periods.

## Bad points about the Pill

- It can cause side effects for some women (details coming up). The percentage of women who experience side effects is statistically very low, but it does happen, because millions of women take the Pill.
- Combined with smoking, the Pill raises the chance of serious side effects such as blood clots. If you're on the Pill, don't smoke, and tell your doctor if you have a family history of strokes or blood clots.
- It may decrease libido. (So does having 11 children.) It can make you put on a bit of weight, but usually only a little.
- You have to pay for it. Ask for the cheapest version of the Pill that would suit you best.

## What's in the Pill

The Pill is usually a one-size-fits-all drug. It isn't perfectly individually calibrated, and that's because our own hormones can be unpredictable and vary from person to person, or even from day to day in individuals. To make sure there's enough of the right levels of hormones, a minimum requirement is included in the Pill.

Most Pills are called 'combined' – they contain a combination of oestrogen and progesterone. There's enough oestrogen maintained to prevent an egg being released (ovulation) that could be fertilised. And enough progesterone to keep the endometrium thinner and cause a thick plug of mucus to form at your cervix. The cervical mucus is always there, caused by oestrogen, but the higher level of progesterone hardens it up, like a wax seal. This higher level of progesterone and resulting plug is naturally used by the body during pregnancy to keep the uterus all tightly sealed and stop amniotic fluid from coming out, or infection getting in. Doctors realised this also creates a kind of contraception: the plug creates a barrier to sperm entry, too.

These days, oestrogen in the Pill is a synthesised version called ethynol oestradiol, made in a laboratory to be exactly the same as the one made in the body. They used to make most oestrogen for the Pill out of pregnant horse urine – called Premarin – but not any more.

Neither form of oestrogen causes a toxic overload in the liver as some websites claim. 'Imposed' oestrogen in the Pill is much more powerful than the oestrogen that's made naturally in your ovaries, but it's the same stuff – you just wee out what your body doesn't use each day.

The progesterone in the Pill is derived in the laboratory from members of the yam family, but synthesised into what's called a progestin, so it's waaay more powerful than the natural levels in, say, a sweet potato (which are too weak to have any effect on your body's levels).

## What's in the 'Mini-Pill'?

The Mini-Pill is progesterone only, no oestrogen. It just makes the cervical mucus plug, so it blocks sperm but doesn't stop ovulation – that's why it's a little less effective than the combined Pill and why it goes wrong if you don't take it at the same time every day (there's a three-hour window) – it needs the constant top-up to keep the plug all hardened. Without the right level of natural or imposed progesterone, the 'plug' will melt and have a more jam-like consistency.

## Possible side effects of the Pill

Some women have none of these, some may have more than one. The higher oestrogen level is thought to be responsible for many of the symptoms. Smoking on the Pill increases several of these risks:

- 'retaining fluid', causing bloating and breast tenderness
- depression or moodiness
- headaches
- nausea
- weight gain
- lower libido
- blood clots
- stroke.

Some side effects, like bloating and nausea, may disappear after one cycle or the first few weeks; if not, another brand of the Pill can sometimes stop them.

## Things that stop the Pill working
- Not taking it strictly as instructed.
- Vomiting.
- Diarrhoea.
- Many antibiotics, which can interfere with the combined Pill's effect.

People who have a tummy upset or are taking some antibiotics should stay the course with the Pill but use condoms for the time they're sick or taking antibiotics and for a week afterwards. Use condoms even if you have a period.

## HOW TO TAKE THE PILL FOR SAFE CONTRACEPTION

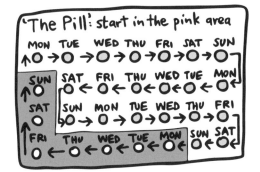

Most women who have an unwanted pregnancy were unlucky, or using a condom that failed (which is rare), or on the Pill but somehow didn't take it properly so it remained 99 per cent effective. If you're taking the Pill, this is how to do it properly:

- Get the doctor who prescribes you the Pill to show you a packet and explain how to take it.
- The pills are in 'blister sheets', each containing 28 days' worth.
- There are usually three sheets, meaning three months' worth, in a packet. You must take one pill every day, whether or not you have any sex.
- Each blister sheet has 21 hormone, or 'active', pills, followed by a clearly marked section containing seven pills made from sugar. The lack of active hormones in the sugar pills will trigger your body to have a period, usually two or three days after

you've started them. The sugar pills also ensure you don't get out of the habit of taking a pill every day.

- Start the pills on the first day of a period. You'll see that the back of the blister sheet has a clearly coloured area showing you where to start. If the first day of your period is a Wednesday, for example, take the first Wednesday (Wed) pill in this coloured start section.
- The following day take the Thursday pill next to it. There are arrows on the sheet to show which way to go. They can be small and confusing, often changing direction, so be careful.
- Follow the blister-sheet arrows for the 28 days. You should take all 21 active pills, then the seven sugar pills.
- Take a pill each day at about the same time – say, just before bed or at breakfast time. (To remember a pill each day, you could put your pills with your toothbrush or set a daily message or alarm on your phone.) You won't be protected against pregnancy until you've taken an active hormone pill each day for at least 14 days in a row.
- Keep using condoms whenever you have sex, to protect against STIs.
- If you forget to take an active hormone pill and it's still within 12 hours of your regular time, take it as soon as you remember, and then take another one at the usual time the next day and continue as normal.
- If you don't remember until 12 or more hours after your usual time it's called a 'missed pill', and you need to take the next active one at the usual time *plus* the one you missed: that means you take two at the same time. Use condoms or don't have sex until two weeks have gone by with you taking an active hormone pill each day at the right time.
- If you're near the end of the active pills when you miss a pill, don't take the sugar pills: move on to a new sheet, beginning as usual at the start section marked on it. This means you skip a period, which won't harm you.
- If you have gastro (vomiting or diarrhoea), a pill may not be properly absorbed into your system before coming out again. Keep taking one each day and use condoms or don't have sex for the next seven days of taking the active hormone pills.
- Always tell a doctor you're 'on the Pill', because anything else they prescribe could interfere with it doing its work properly.

- Make sure that when you're getting near the end of a packet you get the prescription filled again or go back to the doctor for a new prescription, so you don't have a break in taking the Pill, leaving you unprotected against pregnancy.
- If, when you've finished the active hormone pills in a blister sheet and started its sugar pills, you don't get a period, or there's something unusual about the period, get a pregnancy test (see Chapter 18, 'Pregnancy Thoughts & Decisions').

## Why the Pill isn't perfect

The Pill is a strong drug. It has to be, because some women have wacky hormones. Left to their own devices (and regardless of yoga, organic or non-organic food and philosophical attitudes to femininity and embracing your inner goddess) some people will need help to settle or regulate their hormones. It's just plain wrong, mean and smug to suggest to these women that their hormonal health problem is caused by an attitude or not eating the right thing.

The Pill has some serious side effects, and its formulation of hormones will not be perfect for everybody – as we each have our own hormone levels and cycle lengths – of course, it's a 'blunt instrument' for solving or managing some varying and individual problems. It's always worth exploring alternatives to the Pill, but it's not fair to rule it out when it may be exactly the thing to help you with a problem.

'Natural' isn't always good for us, and ignoring a feral period problem isn't a good idea. Hormonal medications are not the devil, and 'big pharmaceutical companies' are not trying to kill you. Yes, they're trying to make a profit – but so is the naturopathic supplements industry (see Chapter 38, 'Science & Nature', for more).

## The scare campaign against the Pill

As already made clear, the Pill is not for everybody or without the risk of side effects. But a great deal of misleading and untrue stuff is written about the Pill by people who have a distrust of medicine and a reverence for menstruation that seems to override common sense, and who misrepresent the 'evidence' and spout silly studies. As usual with extreme positions, the ends of the spectrum bend around to almost meet: there's an odd alliance between the fringe New Agers who say the Pill is a 'dangerous chemical' and 'unnatural', and far-right Christians who claim that taking the Pill is against God and 'murdering unborn children'. For more on the Pill's odd critics see Chapter 16, 'Periods', where I do go on about it.

### TAKING THE PILL 'CONTINUALLY'

- It's okay to take the active Pill without a break (i.e. no sugar pills) for a three-month span or for some women even longer. Ask your doctor or gynaecologist what's safe for you.
- Historically, the truly 'natural' state of womanhood and hormones was to be pregnant or breastfeeding almost constantly for more than 20 years, so not having periods or ovulating each month.

 **MORE INFO**
on the Pill

**The Pill and Other Forms of Hormonal Contraception: The Facts by John Guillebaud**
An English Professor of Family Planning and Reproductive Health, a gynaecologist who specialises in contraception, gives straightforward, evidence-based, dull but reliable info – he explains how it works, what can go wrong, who shouldn't take it, and which one is best for women with all sort of specific needs and conditions.

### EMERGENCY CONTRACEPTION: THE MORNING-AFTER PILL

This is a special big dose of the hormone progesterone, taken in pill form, to prevent pregnancy after unprotected sex. It works by preventing that month's ovulation or, if that's already happened, by stopping the microscopic egg from implanting itself in the uterus if it's been fertilised. The fertilised egg, so tiny you can't see it, comes out in your next period or is just absorbed back into the body. (This often happens to fertilised eggs naturally.)

Although it's called the Morning-after Pill, it's best taken as soon as possible after the unprotected sex, and within 24 hours if possible, to have a 95 per cent chance of success. It must be taken within three days. And despite being called 'a' pill, it's usually two, taken together, or one taken as soon as you can, and the other exactly 12 hours later.

There can be a bit of bleeding a couple of days afterwards, as the body decides to clean house with a period. You may experience hormonal PMS-like symptoms, emotional swings and nausea, as it's a big spike in the level of progesterone.

The Morning-after Pill is not 100 per cent guaranteed. Take a pregnancy test about three weeks later, in case it didn't work. If the test is positive, go straight to a doctor. Don't delay for any reason. If you do get pregnant, the Morning-after Pill will cause no harm to the fetus.

The Morning-after Pill is available without a prescription at the pharmacy. Just ask for it at the desk where the prescriptions are taken, and answer any questions the pharmacist asks you, so they can calculate the dose properly. You can also get it from a Family Planning clinic or a women's health clinic. It may be expensive.

If you live in a remote area, or are using condoms as contraception, you can keep a Morning-after Pill at home for emergencies, in case a condom breaks. (Keep it in a cool, dry place.)

Don't have unprotected sex because you think you can just get the Morning-after Pill the next day. It's much better for your body if you make sure you have safer sex using condoms properly, which protects you against pregnancy *and* STIs.

**Note**: The Morning-after Pill is not RU486, the 'abortion pill' (which is explained in Chapter 18, 'Pregnancy Thoughts & Decisions'), and does not cause an abortion. It prevents a pregnancy from beginning.

## PREGNANCY

See Chapter 18, 'Pregnancy Thoughts & Decisions', which covers deciding when and if to get pregnant, unwanted pregnancy, the advantages of being an older or younger mum, and much more.

## Contraceptive implant

This is a flexible white plastic rod, slightly smaller than a matchstick, which contains progesterone and provides protection against pregnancy for three years, usually sold under the brand name Implanon. (Progesterone causes thick mucus to form at the cervix, blocking sperm from getting through.) The rod is inserted by a doctor just under the skin of the upper arm, after a local anaesthetic. It can be felt but not seen in the arm. A doctor can take it out if there's ever a problem.

Ask your local doctor or community health centre if they're experienced in placing an implant, or go to a Family Planning clinic.

### Good points about an implant

- It's cheap, effective and can make periods less heavy and painful.
- It's 'set and forget'.
- If you don't like it, you can have it removed immediately.

### Other considerations with an implant

- It doesn't protect against STIs: condoms must still be used.
- It often causes irregular period behaviour, such as spotting – light bleeding showing up as spots on your pants (sometimes every day) – which is so annoying that up to a third of users get their implant removed after three months or so, if the spotting doesn't go away. Most women either have no problems or really hate it.
- Some people find their period comes more often, or less often.

## Contraceptive injection

A doctor injects a slow-release progesterone called Depo Provera (or 'Depo') into the upper arm or a buttock or thigh. Protection lasts for about three months, after which you can get another injection. Depo Provera can stop periods, and often stops ovulation.

The body can take quite a while to start ovulating and menstruating normally again, once protection from an injection has stopped.

### Good points about the injection

- It's 'set and forget' for three months.
- It's very reliable as contraception.

### Other points about the injection

- It doesn't protect against STIs: condoms must still be used.
- Side effects include retained fluid, moodiness and spotting. It can also cause thinning of the bones, which usually stops after the injection wears off.
- It can't be stopped for three months if there are nasty side effects.
- You need to remember to have an injection every three months.

## IUS & IUD contraception

An IUS (intra-uterine system) is put into the uterus, under general or local anaesthetic, and can stop an egg implanting for at least five years. The most common, with brand name Mirena, is often prescribed to regulate periods and stop heavy ones; it's now extremely popular. It's a T-shape made of plastic with two slender nylon 'strings' that come down so the end tips dangle through the cervix plug that forms in response to the progesterone and stops sperm going up through the uterus. The device works by releasing progesterone, localised into the uterus directly, so it doesn't dicker much with your blood or natural hormone levels but does prevent pregnancy.

An IUD (intra-uterine device) made of copper is also available. Old versions of these (more than 30 years ago) caused infections and put people off them. The copper IUD can cause heavier bleeding, while the IUS can cause annoying spotting, but in most women produces no side effects. Neither protects against STIs. Get individual advice from a gynaecologist on these.

## Diaphragm (or cap) & ring

A diaphragm is a little plastic doover that looks like a tiny flexible bowl. It goes into the vagina before sex to fit over the cervix, stopping sperm from getting into the uterus. The newer invention is the 'ring', which fits around the cervix and releases progesterone; it can be left in for three weeks, but is expensive and has to be replaced each month. Diaphragms and rings of the past and present tend to be fiddly to insert and remove, not highly reliable and don't protect against STIs.

## Spermicide

This is a chemical put into the vagina before sex and designed to kill sperm. It can come in the form of a jelly or ointment, a foam or a dissolving pill. It's messy, unreliable and useless against STIs. Spermicide is often recommended for use with a diaphragm.

## Douching

'Washing' or squirting anything into the vagina after sex will not kill sperm and doesn't protect against pregnancy or STIs. Hopeless.

## Sterilisation operations

The available op for men is vasectomy, and for women, 'tubal ligation' – otherwise known as 'having your tubes tied' – in which the fallopian tubes are blocked, as a permanent contraception. Vasectomy takes about 15 minutes and is very safe. Compared to pregnancy and childbirth, it's like winking. According to the sexual health and reproduction organisation Marie Stopes International, one in three men in their 40s and 50s has 'had the snip'. Top work, chaps.

**MORE INFO**
on vasectomy

**vasectomyinfo.com.au** Non-profit Marie Stopes Australia explains the vasectomy op and recovery, has some video and downloadable FAQs, and will answer questions online.

**MORE INFO**
on female sterilisation

**betterhealth.vic.gov.au** On this Victorian Government health site, choose 'Relationships and Family', then 'Sexual Health', then 'Contraception', then 'Contraception – Female Sterilisation' or 'Contraception – Vasectomy' for fact sheets.

## 'Natural' methods

Grouped under the description 'natural' are a variety of methods not involving a device, medication or procedure. What they have in common is, generally, they don't work. If you really don't want to be pregnant, don't try 'natural contraception'. Use condoms, because 'natural contraception' is really just another way of saying 'guesswork'. You can make it an 'educated' guess, but you're still probably going to get pregnant.

### Trying to avoid fertile days

The term 'natural contraception' usually refers to women avoiding sex at a time when they think there's an egg waiting to be fertilised. (Various forms are known as the 'rhythm method', 'Vatican roulette' and the 'Billings method'.) Girls and women are most likely to get pregnant (are at their most fertile) when they ovulate – usually about halfway between two periods. But a menstrual cycle can be irregular, so women can never really know if or when they've ovulated, and sperm can survive for days inside your body. Even women with established cycles who measure vaginal secretions and vaginal temperatures, so they can choose the 'safe' days for sex, can be caught out. This is a totally unreliable form of contraception, and doesn't protect against STIs. Even *if* you have an exactly precise and predictable menstrual cycle every month of your life, which is unlikely, you still can't rely on it.

### Is sex safe during a period?

Although getting pregnant is far less likely during a period than halfway between periods, it has happened, especially to young girls whose cycle hasn't sorted itself out yet and women with wacky cycles. And as mentioned, sperm, the sneaky stuff, can stay alive for up to seven days inside the body, so having sex at a time presumed to be safe might end up as a pregnancy anyway.

### Not having regular periods

Don't assume it means you can't get pregnant. You may well still be ovulating and can get pregnant even if you haven't had a period for some time or you're 'irregular', due to being below a healthy weight or heading towards menopause or any other reason. Keep using contraception and get

a medical diagnosis of why you're not having regular periods.

### Withdrawal or 'coitus interruptus'

The guy tries to pull out before he ejaculates inside the vagina. This doesn't prevent pregnancy, because every man has a bit of semen leak out before he ejaculates and even if he doesn't ejaculate, and because sometimes he may not withdraw in time or may 'get carried away' and forget. It's not a form of contraception at all, and doesn't protect against STIs.

### Having non-vaginal sex

This includes oral sex, hands-only sex, anal sex and 'dry sex', a term used to describe a guy with his clothes on having an orgasm against a clothed girl. Pregnancy is unlikely – as long as leaked or ejaculated semen doesn't accidentally go anywhere near the vagina. But STIs can be passed on. A condom absolutely must be used for anal sex, which isn't a simple or good contraceptive solution (see 'Anal Sex', earlier).

### Abstinence

The problem with abstinence (deciding not to have sex at all) is that, for almost every person who chooses it, a situation will arise where they find themselves going ahead anyway. Often they have no condoms because they weren't expecting sex, and end up pregnant or dealing with an STI.

 **MORE INFO** on contraception

**contraceptioninfo.com.au** and **mariestopes.org.au**
**Advice Line 1800 003 707 (*24 hours*)**
The reliable non-profit reproductive health organisation Marie Stopes International has great up-to-date info on its contraception site on all methods available in Australia. The organisation has centres in the ACT, NSW, Queensland, Victoria and WA.

**sextxt.org.au** This Australian site of Marie Stopes International for young women will answer your questions about sex, contraception and STIs, and what to do in various situations. You can text 'sexinfo' to 19SEXTXT (19 739 898) to receive a menu of options and choose which info you

want sent to your phone (there's a call cost for the service). You can access the same stuff and extra info on the website or you can call an advisor on 1300 739 898.

**shfpa.org.au** Non-profit Sexual Health and Family Planning clinics across Australia are mostly funded by governments. Choose your state to find your local clinic, which will help you with contraception.

**familyplanning.org.nz** Family Planning NZ is a non-profit organisation funded by membership fees and donations. Choose 'Our Clinics' to find a clinic and an outline of services offered, including contraception.

# How often do you have sex?

- Not often enough, maybe once a fortnight ● **Every day – and some days twice**
- Three times a day when I'm ovulating ● Not for six years ● I've had about 20 partners in the last year ● Over the last six years, three or four times ● Lots in January and February, but now back studying ● Casual sex about once a month ● Five times a week ● Less than once a year
- Never – I don't find my husband sexually attractive ● Once a month (if that) ● Not often enough for my husband, and too often for me ● **Once a week – is that really terrible?**
- Annually – it dwindled down to nothing as I took on more household chores ● Non-existent – he went off me ● Not for three years – since he developed a phobia of me falling pregnant
- Used to be more often, but we have five kids ● Age and illness have reduced my partner's desires
- **Celibate since I was 26 (I'm now over 60) due to my husband refusing**
- On weekends twice a day ● Not for 11 years – I've been raising four children on my own
- My libido seems to have disappeared ● About once a week if I make myself – it's been difficult since childbirth ● Once every six months with my husband; at least once a week with my lover
- Weekly masturbation ● We believe that sex is wrong before marriage, so we're trying not to but still slip up sometimes – this has been made easier due to my pregnancy ● Never – my husband has erection problems ● A lot more when on holiday and my husband relaxes ● One to four times a week with my girlfriend ● Twice a week unless the grandchildren come ● The last time was eight years ago ● I can't get enough ● It's been 11 months, 2 weeks and 4 days . . . and counting.

# What are ya?

- Sort of almost asexual but bisexual, if that's possible ● I'd consider a threesome with another female ● **Straight** but have had sexual encounters with women, too ● Pretty open to anything – have been with women before ● I hate the word bisexual, but have no alternative
- About 85 per cent straight with some wondering about bi ● Bisexual in the past ● Given the right opportunity, I may have turned ● Straight, but curious ● Straight with a slight bend
- 80 per cent straight, 20 per cent lesbian ● Self-imposed celibate ● **Hasbian** – straight but had a lesbian phase ● Asexual but occasionally attracted to people ● Bi-curious a long time ago
- Flexual – attracted to people, not to their gender ● Have had casual hook-ups with girls
- Hetero-flexible ● Really not sure ● I like sex – gender irrelevant ● Pansexual ● Queer – not necessarily bisexual, lesbian or straight ● **Trysexual** – I'll try anything sexual ● In a relationship with a woman, but could never get involved with another woman ● Not quite ready for a label yet.

## Sexuality

### 👉 Your sexuality is your business

Your sexuality is up to you to decide, not for other people to 'diagnose'. Despite what some extreme religions believe, or even what people you know and love might say, being gay or bisexual is not wrong or bad, nor a disease or illness that needs to be 'cured'. It's just how some people are. Sexual orientation is in-built and not something that can, or should, be changed.

### 👉 Attitudes to sexuality

There's not much to say here except point you in the right direction if you have a gay-related conundrum. Most people don't bat a false eyelash at 'gayness' any more. Sometimes the idea of a friend or relative being gay can take some getting used to – but once you're used to it, you wonder why it was ever strange to you: it's a bit like eating capers.

It can sometimes be a struggle for mums and dads to understand and accept that their teen-aged or growing son or daughter is gay, even if they're mostly just worried about discrimination or whether they'll have grandchildren. It can be confusing for grown women in a straight relationship to fall in love with another woman, or even just have a 'crush' on one.

In every major city and regional centre there are now gay support groups and gay-related events and festivals, and a community of people ready to say hi. It's not a ghetto, it's more like belonging to the wider community but then having a hobby like quilting or making billycarts. There are also now a lot of gay parents and civil unions (recognised de facto relationships).

It's entirely legal to be homosexual, and gay people have the same responsibilities and most of the rights of other people, although weirdly – because of prejudice and because gays are a minority (usually estimated at 10 per cent) – Australian law still prevents same-sex marriages, but the government recognises gay partnerships for tax, government benefit entitlements and other financial palaver when it suits them.

Brace yourself: in every society throughout history there have been homosexual women (lesbians) and men (gays) attracted to same-sex partners, and bisexual men and women attracted to both sexes.

There are other words for gay, such as 'queer' and 'poofter' for men, and 'dyke' and 'lezzo' for women. These were originally derogatory words, but have been 'reclaimed' by gay people, who can be quite happy to describe themselves that way – but not happy when a straight person uses the terms as insults.

#### WHAT ARE YA?

Asked 'How would you define your sexuality?', this is how 3730 Women's Stuff Survey respondents replied:

• Straight: 86.3%
• Lesbian: 2.5%
• Bisexual: 4.5%
• Asexual: 1.0%
• Celibate: 2.0%
• Transgender: 0.1%
• Other: 2.7%.

### 👉 Being a lesbian

If you're just starting to want to explore a lesbian sexuality or identity, there are a few things to consider. How will you 'come out' (if that's what you want to do) to friends and relatives, and be prepared to answer their questions? What if people think you've been dishonest not telling them before?

Lesbian relationships can be made more difficult because of the ignorance and prejudice experienced (not to mention the lack of opportunities if you're living in a small town and think you're either 'the only gay in the village' or there are only 1.5 people you could date). Could you kiss your girlfriend goodbye on the lips without being shouted at in the street? And it can be difficult to tell parents, because they may have trouble sorting out their feelings and their fears that a lesbian daughter will face a lot of prejudice and may not later have children.

You might have to reassure some women friends that you don't want to be their 'girlfriend' girlfriend (if you know what I mean), and give them a little time to realise it's still the same old you.

If you're a beginner in this area, be reassured that lesbians don't have to act like men or pretend they're men, and I don't know *any* who do. You don't have to dress outlandishly as a lesbian or have really short hair. You can be any sort of lesbian you like: you can wear lipstick and dresses and be interested in cooking and flower arranging, or motorcycles or rainfall averages. Don't be frightened by some images of lesbian life you might see on the web, in magazines or in porn (I tell you, some of those strap-on devices make me – and many lesbian ladies – shriek with terror or amusement) – none of it's compulsory, and there's no one way to be a lesbian, or bisexual.

## Coming out

Coming out usually means to declare your sexuality. Don't feel you have to make a big announcement, especially at Christmas, someone else's wedding, or at the local rodeo. (Some people have done this and then changed their mind about their sexuality.) For others, though, it's a huge relief to 'get it out there'. You may just want to tell family and one or two close friends. Some women feel they don't want to identify as a lesbian, especially if they've had past relationships with men, or they may feel they've 'jumped the fence' and are in the Lezzo Okay Corral forever. Many gay organisations run workshops on coming out, and most states have gay and lesbian counselling services, so you can talk to people who've been through it and get useful hints.

## If a young person tells you they're gay

Be matter-of-fact and accepting. Listen to what they have to say, and explain they can come to you any time just to talk or with specific problems. You can direct them to supportive services for gay young people like the ones in 'More Info on Gay & Transgender Issues', below. Being young, gay

## ✳ MORE INFO on gay & transgender issues

**glccs.org.au** The corporate-sponsored website of Gay and Lesbian Counselling and Community Services of Australia provides links to info and telephone counselling for gays and lesbians across Australia. Click on the map for local information. If you're outside your state or territory capital cities, call 1800 184 527 between 7.30 p.m. and 10 p.m.

**gendercentre.org.au** Aussie info and services related to gender.

**lemonkind.com** Australian lesbiana.

**pinksofa.com.au** Online lesbian dating services.

**hares-hyenas.com.au** From the main page of this gay bookshop in Victoria, have a noodle about to see what books are available. You can order them here or at your local bookshop.

**pflagaustralia.org.au** Parents and Friends of Lesbians and Gays site; can advise on how to come out to your parents, and gives support to them.

🥝 **lesbian.co.nz** and **gayline.gen.nz** Two NZ sites for a starting point.

### YOUNG PEOPLE BEING GAY

**opendoors.net.au** This youth service in Queensland has a booklet to download called *The Only Way Out Is In*, for young people exploring their sexuality.

**twenty10.org.au**
**Helpline (02) 8594 9555 or 1800 652 010 (*outside Sydney*)** Info and support for all young gays and lesbians from this non-profit NSW group.

**safeschoolscoalitionvictoria.org.au** A non-profit project to identify and encourage gay-friendly schools.

**scarleteen.com/article/gaydar** Q & A about coming out, having same-sex crushes, gay parents and transgender matters, at this great independent US site on teen sexuality.

🥝 **rainbowyouth.org.nz** Info, advice, meeting groups and events from this non-profit site.

### TRANSGENDER FOLK

**gendercentre.org.au** A comprehensive hub for transgender info, with links to support and groups in most states.

and unaccepted in a community or family means a high risk for self-harm.

## 🔊 Being transgender

Transgender is the word people use to explain that their bodies don't match the way they feel. A person may have female parts but feel male, or the other way around. Being transgender or transexual is recognised by doctors as a legitimate condition in which a person's genuine gender identity is out of sync with their physical body. It isn't a 'choice' made by people on a whim or because of their innate sexual preference. And it's not the same or as simple as wanting to dress in clothes traditionally worn by the other sex, which is known as cross-dressing or transvestism.

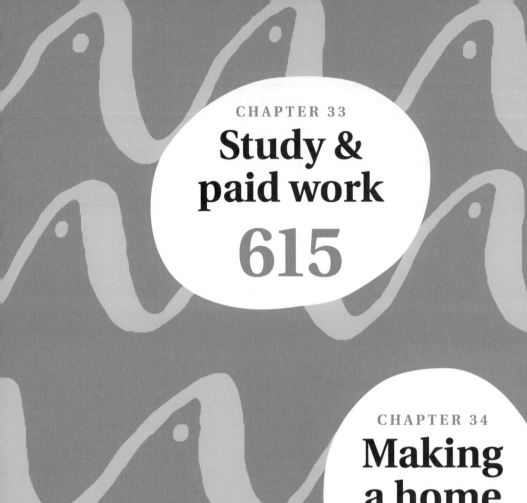

WORK & HOME

# Positives about study

I made the decision not to start putting off our dreams, so now I'm at uni and we own eight horses.
CHRISTIE, 27, GLADSTONE

I changed my life's direction after the birth of my third child. I undertook a university course, which enabled me to get a job and have financial independence within our marriage.
DAISY, 65, KALAMUNDA

I've returned to study to complete my year 12 and I'm thinking about studying law at uni.
CATHY, 26, CRAIGMORE

I did my masters while running a busy shop six days a week and looking after three young children. It was hectic but still one of my proudest achievements. It inspired me to do my PhD, which I completed in my mid-60s. I'm still learning and finding courses I want to embark on.
ROBIN, 69, BEECROFT

I've gone back to uni to do a Masters of Social Work. I have way more experience than all the students and I'm getting high distinctions. That feels good.
VIVIEN, 53, NORTHCOTE

Higher education has given me the opportunity to network with people from the industry I wish to work in, which is as important as education itself, if not more so.
CARLA, 25, REDFERN

I didn't finish Form 5 (Year 11). We lived on a farm and I worked there and then in a bank, got married, had kids. I read the Germaine Greer book, got into uni as a mature-aged student the same year my daughter did Year 12, and went on to become an art teacher. It's never too late.  LINDA, 69, KYNETON

I didn't get to go to uni first time around. I might go when I'm old.
LAUREL, 42, KATHERINE

University was perfect for me because it filled that gap between adolescence and maturity; it gave me the time to figure out what on earth I wanted to do with my life while discovering and studying things I was passionate about.
CLIO, 23, NEWTOWN

I made a mid-life decision to change careers from law to publishing. I did a six-month vocational course and was fortunate enough to find a position with a publishing company straightaway. I apply what I learned during the course every day.
NICOLE, 44, WOOLLAHRA

'My daughter is set to become the first child on her father's side to finish high school.'
EMMA, 37, ROCKDALE

My bachelor degree and graduate certificate have made no difference to my income, but they have enabled me to meet amazing people and be exposed to all sorts of wonderful ideas. I love my education; it gives me leverage. It's my greatest asset.
ELISABETH, 24, PETERSHAM

I did a year of one course feeling really miserable because I'd made a mistake and was too scared to tell my parents. But I switched courses and now I'm feeling really positive about the future and getting much better marks. EMMA, 20, PERTH

I trained in a creative field at a tertiary level. Sometimes I wish I'd done the hard yards with a formal degree, such as law. But I also think this creative training gave me a perspective on the world that's fairly rare in corporate life.
STEPHANIE, 41, DOVER HEIGHTS

I went back to art school at the age of 38. I left a successful career to do so and it changed my life for the better. I found my niche and found people with similar interests – soulmates.  GABRIELLE, 50, BRUNSWICK

I see higher education as a lifelong option. I like the idea of being about to reinvest time in tertiary studies when the kids are older – maybe for mid-life retraining, maybe to enhance my current career, or maybe just for pleasure and to keep the brain cells firing.
JOSEPHINE, 37, DULWICH HILL

In my family there was no tradition of going to uni. My dad said he wouldn't pay – I didn't know you could apply for loans or assistance. I've always wondered how different my life might have been.
SASCHA, 46, BRISBANE

I undertook a creative degree. It was a chance to connect with like-minded people and enhance my skills, but may not have been worth the stress. But I wouldn't have obtained a job in my ideal industry. ELLEN, 21, FIG TREE POCKET

My friend's father tried to stop her going to teachers' college. He said that the typing pool had been good enough for her mother.
SARAH, 44, DOUBLE BAY

I got my Diploma of Education early and spent my whole career teaching, but in later years I jumped from the high school system to teaching English to newly arrived refugees. I love it, and they're all so eager to learn and happy to turn up to class. What a revelation. Now I'm supposed to retire and I don't want to. HAYSEED, 65, GLEBE

People always tell me I've done too much study, but I don't think that's actually possible.
JANE, 43, TARAGO

# CHAPTER 33

# Study & paid work

Do you have the qualifications you need to start or change a career? Could you do with a short course in extra computer skills or belly dancing? As for work, should you go full-time or part-time? Go for a career or take anything that pays well? How do you apply for it? How do you get paid as much as a man for the same job without using a revolver? What if you get sacked? What if the boss keeps making creepy remarks? How do you move jobs or retrain?

If you work hard but nobody pays you, and there's banana in your hair, you may find you're a homemaker for a while with a child or two (or more), or maybe doing part-time work, or schemozzly full-on everything. Chapter 34, 'Making a Home', has some . . . stuff . . . but I can't remember *what* because, like most women, I'm trying to do too much at the same time. In fact, if you wouldn't mind, can you please just finish this paragraph yourse . . .

# Study

Study and continuing education don't have to mean a list of university degrees as long as your arm after your name (although it can if you want it to). They could mean a first aid course that will help you look after your family – or a stranger – if you ever need to. Or they could mean a cooking class or anything from Latin to lathe work, flower arranging to forestry, and art appreciation to articulated water system design. Whatever you do doesn't only expand your mind, but your circle of friends and your engagement with folk in the wider world.

If you've always wanted to learn a particular thing, take the plunge. If you're short of money – because unfortunately most education costs these days (it's cheaper if you're in New Zealand) – there might be something your work would pay for you to do, you might be able to get a place as an apprentice, or there might be the possibility of a scholarship to help you out or a cheap community course you could start with. Don't give up without investigating all your options, and then start working on creating some new ones.

There are heaps of ways to learn things these days – at universities, TAFEs, private colleges, community colleges, face-to-face, online, by distance or even just by reading books or watching documentaries or news programs. You can learn for fun or to further your career, but whatever you choose, make sure it's something that really interests you, because learning shouldn't be a chore – it shouldn't be like last period maths in a demountable on a 40 degree day with a gaggle of farting boys in the back row.

See 'Choosing a Career', coming up, if you need help thinking about what direction to take.

 **MORE INFO** on vocational training

**centrelink.gov.au** On the Federal Government's Centrelink site, choose 'Individuals', then 'Studying or Training' to find out about financial assistance for study and whether you qualify.

**australianapprenticeships.gov.au** The Australian Government site with all the info on apprenticeships and how to get one.

**ntis.gov.au** The National Training Information Service has info on vocational courses offered by public and private institutions throughout the country. Choose 'Search' or one of the other options to find what you're looking for.

**acpet.edu.au** The Australian Council for Private Education is the member body for private colleges running accredited courses. Use the 'Student Course Finder'.

**seeklearning.com.au** Commercial job search site offshoot on vocational courses. Choose 'Courses by Occupation' or 'Short Training Courses'.

**ato.gov.au** Search 'self-education expenses' on the Tax Office site for info on what education expenses you can claim on your tax.

**TAFEs** There are TAFEs (or their equivalent) in all capital cities and most regional centres. You can do courses face to face at your local college, or online (see below).

**NSW** TAFE NSW tafensw.edu.au

**Qld** TAFE Queensland tafe.qld.edu.au

**WA** Training WA trainingwa.wa.edu.au

**Vic.** Skills Victoria skills.vic.gov.au (see tafe.vic.gov.au for course lists)

**SA** TAFE SA tafesa.edu.au

**Tas.** Tasmanian Polytechnic polytechnic.tas.edu.au Skills Institute skillsinstitute.com.au

**NT** Charles Darwin University cdu.edu.au/cduvet

**ACT** Canberra Institute of Technology cit.edu.au

**Online** Open Training and Education Network (OTEN) oten.edu.au

**careers.govt.nz** Choose 'Education & Training', then 'Workplace Training and Apprenticeships' or 'Choose a Training Provider by Region' for info on local courses and colleges.

# 🕐 Vocational training

Vocational training is anything that will help you learn new skills, do your job better or move up. It ranges from apprenticeships to short courses, and most institutions that offer vocational training also offer leisure courses.

# 🕐 University

Many university courses are vocational, while others are more abstract. You can study full-time, part-time or one or more subjects a year. You can start from scratch or, if you already have a degree, do postgraduate study in an area that interests you and/or to further your career. If you're employed, check with your human resources department about whether they might pay for you to do the course or at least pay a part of your costs. Courses that contribute to your employment skills can also be tax-deductible. If you're unemployed, check out any possible financial assistance from Centrelink.

If you didn't complete high school, that doesn't mean you can't go to university. Most unis have adult entry schemes that either allow you straight in or involve qualifying subjects, some of which can count towards a degree later. If you're worried about making the commitment to complete a degree course, you can stick a toe in the water first – many unis offer what they call 'non-award' study, which allows you to do one subject at a time. This lets you pick and choose to see what you're interested in doing, and if you later decide to take on a degree, whatever non-award subjects you've completed can count towards it. There are lots of mature-age (over 21!) students in most university courses.

Still daunted? Go to a university open day and see how you like it. In many places you can also attend university lectures if you're not enrolled, if you know when and where they're on – and as long as you don't start heckling the lecturer. First-year lectures are good because there are hundreds of students and you can blend in without being noticed (if that bothers you). You can also visit the university library to browse the collection, and some universities allow public borrowing for an annual fee (which is reduced for former students).

Some universities, especially the smaller regional ones, also offer the option of studying online and/or by distance. These can involve short visits to the campus (a weekend or a week) to complete the subject, so check before you enrol if this might be a problem for you.

## ✳ MORE INFO
### on universities

**goingtouni.gov.au** This Federal Government site has info on university courses, providers, application procedures and financial assistance, including scholarships.

**universitiesaustralia.edu.au** The central body for all Australian unis has info on financial support. Choose 'Member Universities' to find your nearest university and its website. Use the 'Future Students' option on uni websites for info on open days, courses offered, entry requirements and study options (on campus, 'distance' or online).

**open.edu.au** and 🥝 **openpolytechnic.ac.nz** Open Universities Australia offers online and distance education provided by several leading Australian universities. It also offers preparatory courses that will allow you to qualify for university entry. The New Zealand equivalent is the Open Polytechnic.

**gooduniguide.com**
**Good Universities Guide** This commercial site and annual publication (available in newsagencies) has info on tertiary institutions, courses offered, entry requirements, application procedures and uni lifestyle.

**ato.gov.au** Search 'self-education expenses' on the Tax Office site for info on what you can claim.

🥝 **nzvcc.ac.nz** The Universities New Zealand site. Choose 'NZ University System' for links to uni websites or 'Studying in NZ'.

🥝 **studylink.govt.nz** Lots of government info on uni study in NZ, including financial assistance.

# 🕐 Non-career courses

Most councils and libraries, some private organisations and many universities run what they call community colleges or continuing education courses. These offer courses in a wide range of subjects and usually have something that would appeal to everyone. They also usually run a number of certificate courses in everything from IT to management skills, and also English and numeracy classes. The beauty of them is they're close to home (often run in schools or community centres), they only take up a couple of hours a week, they're relatively cheap and you can do them one at a time, without committing to a whole course.

Closer to retirement age, you might like to try your local U3A (University of the Third Age), which offers lots of courses in a relaxed atmosphere.

For info on getting involved in local art and music activities or courses, see 'Creativity' and 'More Info on Getting Creative', below.

### MORE INFO
#### on non-career courses

Visit your local public library to see what classes and events they're running. Some run computer courses. Or you might just want to join the library so that you can access books from all over the country (ask about interlibrary loans). Many TAFE colleges run all sorts of short courses. See contacts under 'More Info on Vocational Training', earlier. See Chapter 34, 'Making a Home', for crafting contacts.

**cca.edu.au** Use the Community Colleges Australia site to find a community college near you (including CAE in Melbourne and WEA in Sydney). Choose 'Colleges', then your state or territory. In SA try wea-sa.com.au and in Tassie try adulteducation.tas.gov.au.

**asauthors.org** Use the Australian Society of Authors site to find a writers' centre near you. They run courses in writing and offer computer and photocopying facilities to members. Choose 'Links', then 'Writers' Centres'.

**aceaotearoa.org.nz** The Adult and Community Education Aotearoa site. Choose 'Our Sector', then 'Organisations' to find local providers and courses.

### ❶ Creativity

Many people feel compelled to make art, or respond to the world around them by creating art or craft, or by writing about it, or making music or otherwise performing. Others come to it when they make space in their life to think about what they'd like to do. Some prefer to enjoy and encourage other people's art and performance. It could be as simple as just making your own birthday cards for friends from now on, resolving with a pal to do something artistic the first Sunday of each month, or deciding to change your life's path completely.

Most local councils, nearest major city councils, community colleges and arts centres, membership groups for different art disciplines, small and big galleries and local artists will conduct or know about theory and practical courses in everything from beadwork to oil painting, and millinery to heavy metal (music or sculpture).

### MORE INFO
#### on getting creative

See Chapter 34, 'Making a Home', for some starting points for other crafty behaviour.

**observationdeck.com**
**The Observation Deck: A Tool Kit for Writers by Naomi Epel** A hardcover box contains a small book and a series of large cards to stimulate thinking and writing.

**musicplayforlife.org** and **musicincommunities.org.au** These sites, run by the member organisation the Music Council of Australia and funded by the Australia Council and the Federal Government, help connect like-minded musicians.

**acms-australia.org** The Amateur Chamber Music Society operates in NSW, Victoria, SA, Queensland, Tasmania and the ACT, uniting musicians of all ages and abilities to play in chamber music groups.

## Choosing a Career

Most people in the world don't get the chance to have a 'career' (from the Latin *careering*, driving all over the place like a mad person) (or not). They just take the work they can get to try to have as much money as they can. And a lot of younger people now think the idea of a career is hopelessly antiquated and would rather flit from job to job having a good time and trying all sorts of new things. Which to choose (perhaps both) will be up to your character, family choices and what's available to you. It's okay to be content to work just for money. But it's also okay to want more, to plan, to have goals and to go for it. Ambition isn't a dirty word. But 'I missed my chances because I couldn't be arsed' is a sad sentence to utter at any age.

The first thing you need to do is work out what you want to do. This is not as easy as it sounds. The best advice I can give is to choose jobs or a career that allow you to do what you really enjoy. There are lots of ways to get help in making your decision. For some of them, see 'More Info on Choosing a Career', coming up. You might also find Chapter 1, 'How to Be Confident', useful.

While you're trying to decide on the right job or career, speak to as many people as possible. Once you've narrowed it down to a few possibilities, speak to people who work in those fields. If you don't know any yourself, use your networks – talk to friends and relatives, and see if any of them can provide an introduction to someone in the industry. Most people are only too happy to speak to others who are enthusiastic and considering a career in their field.

A great way to get a feel for an industry, and to see if it's the right fit for you, is to do work experience (unpaid) or an internship or volunteer work (see 'Volunteering' in Chapter 40, 'Community & Caring'). It's a sure-fire way of finding out if it's what you really want to do.

## Moving on or changing careers

You're never limited by what's come before. You can retrain, re-imagine and reboot your life. Get as much advice and help as you can to chase an idea. Unless you believe you'll be reincarnated, you're only getting one go at this life. See 'Choosing a Career', above, and also 'Study', earlier in this chapter. See also 'Getting Back into the Workplace', later in this chapter; some of the ideas there also apply to changing careers.

## Looking for a Job

There are some things you need to consider when you're deciding which jobs (part-time or full-time) to apply for:

- What do you want to do? Not what did your parents want, or what does your partner think, or what pays best? What do *you* want to do?
- What kinds of jobs are you suited to? What are you qualified for, or most likely to get?
- What training or qualifications do you need if you want to try something different? Could you do that part-time?
- How many hours can you work, and on which days?
- How far can you safely travel, and at what times of the day or night?
- Will it cost too much to get there and back?
- How much will you accept as an hourly rate of pay?

### ✳ MORE INFO on choosing a career

**jobguide.deewr.gov.au** and **year12whatnext. gov.au** The Australian Government publishes these job guides for Year 10 and Year 12 students, but they're good info for anyone on a wide range of occupations.

**graduatecareers.com.au** Info for graduates who aren't sure what they want to do, with detailed career profiles and helpful advice on choosing the right career and getting a job.

**myfuture.edu.au** Info on training, education, qualifications and jobs. 'My Guide' will help you decide which areas to pursue.

**careers.govt.nz/secondary_students.html** This NZ Government site for school leavers gives tips on which subjects to choose and possible careers.

**Career Advice You Wish Your Mum Had Told You by Karen & Heather Miles** Aussie corporate advisor on working out your goal and how to go for it, joining an industry, starting your own business and balancing your work life and other commitments.

# The jobs women do

Here's what some of the women aged 17–78 who responded to the Women's Stuff Survey said they did for work:

● Executive manager ● Midwife ● Senior customs officer ● Secretary ● Solicitor, freelance music & business advice, dog walker ● Homemaker, bookkeeper for farm, part-time in gift shop ● Part-time manager of private trusts ● Part-time academic at uni ● Ecologist ● Full-time for a magazine, part-time in bar ● Full-time nurse educator, part-time student, homemaker, run business from home ● Stay-at-home mum, craft for online shop ● Field support officer for mining company ● Author & museum administrative assistant ● Part-time palliative care nurse, catering company manager ● Part-time honours student, part-time in dental surgery ● Senior nurse manager ● Part-time accountant ● Run own business with partner from home ● Unpaid work on farm ● Domestic goddess, marriage celebrant ● Interior design, architectural specification ● Children's photographer ● Retired after 44 years in insurance ● Full-time student, casual in childcare ● Full-time student, part-time at law firm ● Part-time in supermarket, part-time for party-plan business ● Teacher ● Personal assistant to mining CEO, casual furniture sales assistant ● Petroleum engineer ● Mother & slave ● Executive assistant to financial ombudsman ● Prison officer in male maximum-security prison ● Run own importing company ● Stay-at-home mum & direct sales ● Welding supervisor & inspector ● Telephone triage nurse, full-time mum ● Writer & book reviewer ● Occupational therapist ● Professional sports photographer ● Accountant ● Full-time editorial assistant, part-time paid blogger ● Doctor ● Farmer ● Self-employed trapeze artist ● Machinery operator ● Full-time corporate counsel, casual radio sports presenter ● Personal carer for frail aged & disabled ● Part-time waitress ● Full-time student, nanny for five boys, dance teacher ● Part-time in café, sewing machinist at home ● Unpaid homemaker, ironing, baking biscuits for café ● Teach reading to children ● Hotel receptionist ● Casual aerobics instructor ● Volunteer work ● Cakes, chocolates & flowers for weddings ● Kept woman ● Freelance actress, part-time in costume shop ● Musician for musicals ● CEO with eight employees ● Union officer ● Part-time in finance industry ● Veterinary nurse ● Homemaker & homeschooler ● Florist ● Receptionist in emergency department ● PhD student on scholarship, tutor at uni ● Part-time teacher for hearing-impaired children ● Freelance pianist & piano teacher ● Stay-at-home mum, part-time public servant ● Full-time student, casual sex worker ● Journalist, mother ● Flight attendant ● Hairdresser ● Software developer ● Psychologist ● Business analyst ● Graphic designer ● Paramedic ● Full-time mum & casual kitchen hand ● Freelance event manager/designer ● Contractor in IT, own internet marketing business, massage therapist, exercise instructor ● Dietitian ● Librarian, part-time dancing teacher ● Artist on single-parent pension ● Psychiatric nurse in eating disorder unit ● Dairy farmer ● Primary school teacher ● Marketing assistant ● Teacher in boys' high school ● Optometrist ● Visual effects & computer graphics for film & TV ● Nurse in drug & alcohol detox centre ● Part-time medical practice manager, homemaker ● Cook, waiter & manager of small café ● Mum, public servant in emergency services ● Part-time casino worker ● Police officer ● Part-time travel agent ● Relief teacher ● Receptionist for real estate company ● Stay-at-home mum, part-time house cleaner ● Bank teller ● Laboratory technician ● Butler ● Part-time community organisation coordinator ● Physiotherapist ● Full-time in call centre, direct sales ● Freelance opera singer ● Part-time millinery student, casual costume maker, dressmaker ● Web developer, blogger ● Women's health nurse in community health centre ● Clinical nurse in spinal rehabilitation ● Mental health social worker ● Osteopath, medical scientist.

- Are there any benefits or requirements that would be handy (a free meal or uniform)?
- Are there other perks that make it more attractive: flexible hours, free food at the end of the day, real discounts that trump what you could get by shopping the sales carefully?

### Get in the know & in the job loop

- 'Word of mouth' is how most jobs are filled. It's the best way to learn of positions coming up, especially if you get the jump on it before it's advertised – or in many cases isn't advertised. Friends or family may hear of vacancies, and bosses are often pleased to interview or try someone out on a recommendation.

- Get on industry websites, identify the hirers in firms you like the look of, send them your CV and a covering letter and then call them a week later: ask what sort of person they're usually looking for in what sort of area and how you can find out about the company or their industry so you can be better prepared when they are hiring. If it seems appropriate, ask contacts what a typical day's work is like, what skills a person in that position might need most, what gives people an edge or advantage, and what you should do while you're waiting for a job to come up. Is there an unexpected upside or downside to the job? Can they suggest a website or book for you to read? Somebody else to speak with?

## MORE INFO on advancing or changing your career

**cdaa.org.au**
**Advice Line 1800 222 390** The Career Development Association of Australia represents careers practitioners who can help match your hopes, skills and plans with choosing, changing or extending a career, and finding a work–life balance.

**See Jane Lead: 99 Ways for Women to Take Charge at Work by Lois Frankel** A US psychologist gives bite-sized tips on leadership and influence styles, entrepreneurial success, strategy and tactics to get ahead at work. Frankel is also the author of many other books for women.

**Between Trapezes: Flying Into a New Life With the Greatest of Ease by Gail Blanke** By a 'life coach' and motivational speaker from the US.

**what-next.com.au**
**What Next? Your Career-change Companion by Kaye Fallick** Practical and inspirational book from former Aussie fashion designer about rearranging priorities and careers or changing your life midway.

**cdanz.org.nz** The Career Development Association of New Zealand. Choose 'Help With My Career' to find an advisor.

## MORE INFO on career networking

**engineersaustralia.org.au**

**awise.org.au** Australian Women in IT, Science and Engineering.

**women.apesma.org** Women's Network of the Association of Professional Engineers, Scientists and Managers.

**cwaa.org.au** The Country Women's Association.

**nawic.com.au** National Association of Women in Construction.

**womeninmining.com** Dig those women.

**awia.org.au** and **faaw.org.au**
For women in agriculture.

**abn.org.au**
Australian Businesswomen's Network.

**australianwomenlawyers.com.au**

**afmw.org.au**
The Australian Federation of Medical Women.

**BOSS LADIES**

**cew.org.au** An organisation for female chief executive officers. Download a CEO kit about how to change entrenched attitudes.

**womenonboards.org.au** WomenOnBoards is a corporate-sponsored organisation that aims to get more women onto company boards.

- Even if you're not in the industry yet, join the relevant professional association, or union, and start looking at websites, newsletters, blogs, etc. and attending meetings and talks if you can.
- Start 'networking'. Make time for friends in the area. Invite them for a barbecue, tell them you'd love some advice. Don't hassle them, or expect them to find you a job, but appreciate their inside knowledge and soak it in.
- Check employment websites, many of which will keep track of job ads in your chosen areas (search 'career' and 'job' and the job description in your Australian search engine). Monitor employment ads in local and city newspapers.
- Visit Centrelink (the Federal Government's one-stop shop for benefits and job searching). It will refer some, but not all, people to a job agency to help them find work. Centrelink offices often let people use their facilities, such as a computer, photocopier or printer.
- Look on community noticeboards at bookshops, backpacker hostels, shops and supermarkets.
- Note job ads in restaurant and shop windows.

## 🕐 'Advertising' yourself

- Some companies will accept emailed or hard-copy one-page résumés from people looking for work. Some hirers keep a computer folder of résumés and may phone you when they need somebody (see 'Your Résumé or CV', coming up). You could put a CV on your social network page (preferably not next to a picture of you with no pants, standing on a bar table; see 'Spring-clean Your Online Image', below).
- Call a company to find out if it would be better to email, mail or deliver a copy of your résumé. If you do email it, send a hard copy in the mail as well.
- If you deliver a résumé to, say, a shop or restaurant, choose a quiet time in the day's trade and never interrupt when someone is talking to a customer or client. Ask to speak to the manager. Smile when the manager sees you and say you'd like to leave your résumé in case there's a job in the future, adding, 'I don't want to hold you up, but please call me if you need any more details.' Thank them, smile again and leave.
- You can practise your 'spiel' with friends and family beforehand. It will get less scary, and you'll get better at it every time you approach someone.

## MORE INFO
### on looking for a job

**Job Seeker Hotline 13 62 68**  A government program to help people find jobs.

**jobsearch.gov.au**  An Australian Government site to provide info and assistance to mature-age job seekers and workers.

**centrelink.gov.au**
**Employment Services 13 28 50 (*5 days*)**
Centrelink is an Australian Government Agency with a range of services and programs for job seekers. Choose 'Individuals', then 'Looking for Work' for links to resources to assist you in finding work, a free online jobs board to look for jobs across Australia. One day they may even get enough staff for somebody to answer their Employment Services number.

**mycareer.com.au**, **seek.com.au** and **careerone.com.au**  These Australian job-seeking sites all offer free email alerts, and résumé, job application and interviewing advice and tips.

🥝 **seek.co.nz**, **myjobspace.co.nz** and **jobsearch.co.nz**  Kiwi job search sites.

### SPRING-CLEAN YOUR ONLINE IMAGE

Adjust your social networking pages and profile, and any online posting or messaging you do that's seen by the public. Assume your prospective employers are reading all of it, even stuff from years ago, because if they're good at their job they will be. That means remove photos of yourself looking pissed labelled 'Tuesday night', the night before your job interview, or the interesting snippet: 'Karen is now trolling the footpath to see if she can coax some eye candy into her car', not to mention, 'I'm taking another sickie because of my massive hangover: I hate work ROFL.'

Make sure you have a sensible message on your home and mobile answering machines. 'Hello, you've called Kelli. Please leave a message and I'll get back to you as soon as I can' is good. 'Heeyyyy, wassup? It's Kel Kel, dudes. Wanna PARRRRRTY?' is really not.

Make sure you have your own email address with your name, not a shared one with your boyfriend's,

husband's or anybody else's name. Otherwise you're saying you don't have your own professional identity, and your correspondents must assume your partner is reading all their work mail.

Likewise, lose the cutesy email address. Get a simple email address that uses your first and last name, adding a middle initial or extra number if you need to. Trust me, bosses are less likely to hire someone with an email address like horny-pantz@bigpond.com.au, slapme@yahoo, leathergirl@crazyarse or poutygurl@hotmail.

## Applying for a Job

Sometimes you're just expected to call a number given in a job advertisement to have a chat, perhaps followed by an interview, but often you're required to apply for the job in writing, supplying a résumé. This doesn't mean you can't ring if you have queries about the job: companies and organisations often expect and respect that people will phone them for more information before applying. This can also help you prepare better for an interview or realise you don't want to apply.

### Your résumé or CV

A résumé (pronounced *ray-zoo-may* because it's French, but usually as *rez-you-may* by Australians) or CV (short for the Latin term 'curriculum vitae') is a summary of who you are, your relevant job qualifications and your contact details. If sent online, your covering letter (see below) can be your email. It should not be confused with a rendezvous, for which you should wear a nice hat, an expectant expression and gloves the colour of a winter cloud.

Obviously if you're young, or you've only ever had one job, or been out of the job market for a while, you won't have a huge résumé, and it probably won't include the Nobel Peace Prize, but in this case, brief is better. And even a one-pager helps a potential boss to remember who you are and what you might be good at (in fact, some employers insist on only one page, no matter how much you've done). Job centres and many websites can help you to put together a résumé.

A résumé needs to be:

- tailored to each separate position you apply for, showing that you've done some research
- set out well so that your qualifications and employment history are listed in reverse chronological order (starting with the most recent)
- brief – employers may look at hundreds of them
- adaptable – so that you can make small changes to it to fit a specific job application
- typed (not handwritten) and ready to be sent as a digital document or printed out
- clearly designed with bullet points, so the reader can find relevant information quickly and you look like an organised person
- checked by someone else before you send it, as it's hard to pick up your own errors. Avoid spelling or typographical slips such as 'Ive alway's Wanted too work hear' (there's a mistake in all but one word there, three of which won't be picked up by an automatic spellchecker).

### Education & qualifications

- List your main educational achievements, with their dates, working down from the highest or most recent one: for example, your degree or diploma, then your Year 12 results; or your results in whichever was your last school year. Also give details of any extra training you've done, even a two-day computer course, but only if it's relevant to the job.
- Add any other specifics that could be useful, such as relevant subjects (business studies, first aid qualifications and so on). As well as adding to your skills and qualifications, these show you're practical, versatile and someone who likes to keep busy.
- Always put a brief summary of relevant skills and experience on the front page, up high, so they don't have to wade through the years.

### Work experience

List any previous jobs, starting with your most recent one and working backwards in time if you've had a few. Give details of the employers or companies, their location, the period of time you worked with them, the hours worked each week, and your job titles and a brief description of your duties. If a job title was vague, such as 'assistant' or 'office duties', add a couple of sentences to explain what you did.

Many employers have cottoned on to the special skills of mums. If you've been a stay-at-home mum, or part-time worker because of family commitments for a while or even years, put down those years. As a job. Include any administration or experience you had during that time – doing the family budget, doing the accounting for a family business, being treasurer of the school canteen, part of a charity committee to raise money for the school playground, part-time receptionist, volunteer work, whatever it is that might add to your 'skill set'.

## Skills & interests

Employment people often talk about 'hard skills' and 'soft skills' – you don't need to use these terms in your CV, but it's valuable to give examples of both.

'Hard skills' are things like being familiar with various computer programs, an ability to use particular office equipment, cash register expertise, a truck-driving licence, a certificate or qualification in a trade or skill, knowledge of another language, and experience handling customer service at the front desk of a local business during school hours. If you do the family's or the family company's financial 'books' or worked out the tax returns, always mention it, to show skills and experience, as well as responsibility.

'Soft skills' are things like hobbies and interests, which give employers hints about your personality. But only list those relevant to the job. You're not posting a profile on a social website, so you need to say more than 'I like reading, flower arranging and making up funny stories'.

They can teach you the till in a day, but not how to get along with people properly. Anything that shows good communication skills or experience with teamwork is handy. These might include being a mediator at school, helping with bullying problems, being the coach or manager of a local netball team, or working on a community service project that involves you sitting and talking with older people.

## References

- Provide the names and contact details of two or three people who can give you a reference – speak on your behalf about your work and personal abilities. This makes them a 'referee', but not the sort with a whistle around their neck. A referee could be a previous boss (not your current boss, who doesn't know you're applying elsewhere, goodness no), a mentor, a teacher from a vocational course or a colleague.
- Let your referees know that they may get a phone call from a possible employer. Give them a copy of your résumé, and make sure you keep their contact details (as well as your own) updated.

## MORE INFO
### on your résumé or CV

**jobguide.thegoodguides.com.au** Info on training, careers, résumés and interviews. Choose 'Looking for Work'.

**mycareer.com.au** On this commercial site choose 'Advice & Research' for lots on résumés and covering letters.

**careerone.com.au** This commercial site also gives tips on preparing a résumé and covering letter. Choose 'Resume'.

## Your covering letter

An application letter, included with your résumé, is essential because it lets an employer know you've really thought about the advertised job and why you'd be suitable for it. Job agencies, friends, family and career websites can help you with this covering letter.

The letter should:

- be as short as possible
- be set out as a business letter and include at the top, in separate blocks, the employer's name and address, your own address and the date (have a look at one to see how this is done; see the websites in 'More Info on Your Résumé or CV', above)
- include details that relate specifically to the particular job, such as why you think you'd be good at it
- answer any specific questions or supply any information requested in the ad itself – an easy way to do this is to repeat back the question in your answer (for example, if the ad asks for 'details of any relevant skills' start your sentence with 'Relevant skills that I have for this position include . . .')

- be triple-checked by somebody else for errors and sentences that don't read well. Don't rely on spellcheckers.

# 🕐 The job interview

Yay for you – getting a job interview is an achievement in itself, even if you don't get the job. It means that your résumé and application letter, or a recommendation from somebody, got you in the door.

## Preparing for a job interview

You'll need to start preparing a few days before the interview:

- Do your research so you can seem clued-up at the interview. Find out a bit about the place where you've applied to work: check out its website and annual report; maybe, if it's a shop, spend some time looking at the layout and how the staff behave (but try not to look like a lurking shoplifter); and perhaps even talk to someone who already works there. Also research, if possible, the person (or people) who'll be interviewing you. Call to get their names. What's their position within the company? What does it say about them in the annual report, recent news stories, anywhere else online?
- Practise! Do fake interviews with family, friends or colleagues. Politeness (see below) is something to practise, as well as answers to possible questions.
- Practise talking about yourself in a confident way: 'I really enjoy . . .', 'In previous jobs I've focused on', 'I found it rewarding but I want more of a challenge and it's time to step up'. Use confident phrases and avoid any wishy-washy words like 'sorry', 'maybe' and 'who knows?' Practise saying sentences as statements, rather than with a questioning tone, when your voice rises at the end of the sentence? Like this?
- Practise shaking hands firmly (but not crushingly) while making eye contact and saying hello and the person's name – it will help you remember how to pronounce it: 'Hello, Brian/ Davina/Stanislavia de Tocqueville the Third.'

### JOB INTERVIEW APPEARANCE

Body language is more important than you think. Remind yourself to sit up straight (not out loud,

they'll think you're a baboon), have an open expression, smile a few times, keep an enthusiastic tone. Don't cross your arms or point at them. If talking about something unfortunate, like the last company you worked for going bust, just be matter-of-fact, not self-pitying. Let your hands rest loosely in your lap or the table, or use them to gesture a little bit. Not like an orangutan. If you're worried that your hands might shake, clasp them together lightly. Sit up straight or lean slightly forward, rather than slumping back, which can look arrogant and uninterested. Look at everyone on the panel, not just the one who asked the last question or the oldest man there who you assume is the boss, as if he's the alpha gorilla.

Plan your wardrobe and check it the night before for banana stains. Take a spare pair of tights in case of snags on the way. Remember bits that may show when you sit, such as the top of socks and bare leg. If, god forbid, you're interviewed in a low chair, very high heels and a miniskirt may have you folding up like a Swiss army knife with visible knickers. See 'Clothes for Work', coming up, for hints.

## Job interview musts

Before the interview:

- Be on time. They won't care that your train was late. Get the earlier one. If you're running late call and explain why, with a sincere apology. If you're early, kill time elsewhere until five minutes before the interview.
- Take some deep breaths while you wait. A couple of times, remind yourself in your head to speak slowly. Turn off your phone.
- Read through your application letter and résumé again, in case an interviewer asks you something about them – always take copies with you.

During the interview itself, make sure you 'do yourself justice':

- Greet your interviewers (and any office staff) with a smile, make eye contact and say 'Hello', using their name.
- Present a cheery, positive attitude and look interested.
- Act confident. Take your time to answer questions, and think about what you're going to say before it comes out of your mouth. If you don't

# Positives about work

I really love work, but it can feel like a mad scramble to get a good and satisfying job. KATH, 26, BRISBANE

Work where you're happy and being encouraged and honoured; quit working where there's anything less than this. Money won't buy happiness. MEREDITH, 63, MT BARKER

Make sure you're interested in your job. There's nothing worse than waking up every day hating what you do. FRAN, 29, CANBERRA

> ‘Try to find a career
> you're passionate
> about, because then
> it's not work!’
> JULIE, 48, MITTAGONG

Do what you love and it might make things a bit easier.
TIBBY, 41, MELBOURNE

I don't think you have to love your job, but you do have to get some sense of fulfilment and satisfaction from it. MARTINE, 33, PERTH

If you really like a job/career, don't be afraid to go for it. It took me 15 years to get into this job after leaving high school, but it's worth it – no stress, great fun and staff travel! GILLIAN, 35, CAIRNS

I like feeling that I contribute and am listened to – my opinion counts. JOANNE, 45, ST IVES

I love running a busy clinic and keeping everything in order. The responsibility and challenges I face daily stimulate my mind and keep me sharp.
SANDY, 39, SANTA MONICA, US

I have a passion for the product, which is essential for me, and the people are lovely. I also respect my boss, which is important.
JULIA, 31, WANTIRNA SOUTH

When I'm at work I'm in control! (When I'm at home it's a different story.) TANYA, 39, MELBOURNE

I like people I work with, and the fact that the organisation I work for changes the lives of millions of people overseas.
NATALIE, 29, MT EVELYN

I'm the only female and I look after 10 men.
MARGARET-ANNE, 46, PENRITH

I enjoy nursing people back to good health and being a patient advocate. LEANNE, 28, SHEIDOW PARK

I love that I'm the first person ever to touch another human being's head as they're born. I love that I have such a privileged job and get to help people at a very special time in their lives. FLOSS, 32, WAGGA WAGGA

> ‘I'm judged solely on
> what I can do, not how
> I look. I have the
> freedom to explore
> and am encouraged to
> broaden my knowledge
> and skills.’
> ROBYN, 41

I like being the boss and having responsibility for the successes or failures of the organisation. I like that I'm comfortable being an unconventional boss and that my staff like me. PAMELA, 45, CANBERRA

I love teaching, love the conditions, like my workmates, like the challenges – every day's different.
JULIE, 48, MITTAGONG

I like that I'm helping a child with a disability. ZOE, 26, SOUTH MELBOURNE

I like that I can take my daughter with me. KYM, 28, KELMSCOTT

I love that mine is the only full-time job where I can sit in the pool at 3 p.m. on a Tuesday and still be at ‘work’. JACQUI, 25, BRISBANE

I love my hands-on work and I get plenty of opportunities to travel. I'd go mad stuck behind a desk all day.
KATHY, 36, NEWCASTLE

I'm the boss, and committed to going to work because people rely on me. LYNNIE, 34, NORTHAM

I work in school admin so I get school holidays off – yay!
KATE, 35, WOODCROFT

It's a government job, so very secure. I get decent training and opportunities. SARAH, 25, CANBERRA

It's my dream job. I love working in academia. I love that it's not 9 to 5. I love the type of work I do. I respect and enjoy working with most of my colleagues.
MYRA, 35, DANDENONG NORTH

It's amazing to be paid to do what I've always wanted to do. In fact, I'd pay people to let me do this.
POLLY, 26, ANNANDALE

I can influence outcomes and watch my staff learn and grow. I have access to learning and development opportunities. It's family-friendly.
MARIA, 39, WOODEND

> ‘I like the intellectual
> demands and the
> social interaction of the
> working environment.’
> MICHELE, 47, BALMAIN

My boss is fantastic, very supportive. If the kids are sick, if I can't make it, she just says ‘go do it’. SARAH, 36, NORTH BALWYN

My boss is awesome, and I don't mind the extra workload because I get respect and appreciation for it.
M, 26, IPSWICH

It's a great place to work. My employers are constantly letting me know they appreciate my effort and notice when I go above and beyond. DENISE, 52, BANNOCKBURN

Love what you do, or do it for the money. IMOGEN, 43, WEST FOOTSCRAY

I love to be busy. I work two jobs and thrive on it. The extra money's great, too. LUCY, 26, MANLY

understand a question, ask them to repeat it. If you don't know the answer, say, 'I don't know, but I'd hope that either your training would prepare me or that I could ask a supervisor, to make sure I was representing company policy.'

- Try not to swear. (I know you probably won't, but it's surprising what nerves will cause people to do!)
- Don't freak out. Some employers might deliberately ask you difficult or frustrating questions to see how you handle pressure. Sometimes at an interview one person will be nice and another one a bit stern or rude, to see how you react. Always stay calm and polite.
- Use your common sense if you're asked a 'hypothetical' (a 'What if' question). This could be something like 'What if the office catches on fire?', 'What if a customer starts shouting at you?' or 'What if somebody demands a refund?' You're not expected to know the rules of the workplace but to think up a reasonable response. You might say you'd be guided by whatever the company policy was, or that you'd inform the appropriate manager. Talk about how you'd try to keep a customer happy by, say, promising a follow-up phone call to check they were satisfied.
- Ask for a business card from the interviewer or interview panel as you leave. You can use this to make contact if you don't hear from them.
- On saying goodbye, make eye contact again and say, 'Thanks for the opportunity. I hope to hear from you soon.'

## Possible job interview questions
You may be asked:

- 'Tell us a bit about yourself.'
- 'Why do you think you'd be suitable for this job?'
- 'Why do you want this job?'
- 'What experience do you have?'
- 'What would you do if a customer pushed in ahead of others in the queue and was very rude about the service?'
- 'Do you think you can handle the responsibility? Why?'
- 'What are your strengths?'
- 'What would you do if a project suddenly had to be finished a week early?'
- 'What if you didn't know how to do what was asked of you?'

- 'What was the biggest problem you had at your last job and how did you solve it? What did you learn from it?'
- 'What if two bosses suggested two different ways of doing something?'
- 'What scares you most about this job?'
- 'What are your weaknesses?'
- 'What do you want to get out of this job?'
- 'Where do you see yourself as being in five years' time?'
- 'Why did you leave your last job?'

They're looking for your ability to show how you'd ask for clarification, develop team skills and encourage input from others, manage dissent, think about innovative solutions, and change your assumptions when necessary.

## Questions for you to ask
Use strategies to reduce nervousness: things like focusing on the fact that you don't HAVE to get this job, this is interview practice, and you have to get some info from them, too – think about how they want to learn from you what you can offer.

Check newspapers and websites for any recent stories about the company. Ask something that shows you're interested and have done some homework:

- 'I noticed on your website you have a new product in development: when will that go ahead, and will staff get a formal briefing about it?'
- 'I see from your annual report that you're expanding into Botswana: is that set to continue?'

Ask about the nuts and bolts of the position:

- 'What would my duties be on a typical day?'
- 'Are there any other duties that could come up?'
- 'What's the company's policy on flexible working hours?
- 'Is there any opportunity for study or further training through the company?'
- 'Why is the position vacant?' (You may think this is too upfront, but it's one way to find out the company's approach to its workers *before* you get the job.)
- 'Will the hours be fixed, or will I know my hours a week in advance or a day?'
- 'Are there opportunities for advancement?'
- 'When am I likely to hear back from you?' (Don't ask this first.)

# Negatives about work

I don't like the workload, the male-focused senior management, that most admin roles are filled by women, and the assumption that you can work longer hours if you're single. CHELLA, 27, SYDNEY

> 'Some men are still old-boys'-club-chauvinists in the workplace.'
> ELISSA, 29, MELBOURNE

I didn't like the young managers who thought they knew everything and I knew nothing as I was older than them. BARBARA, 66, RINGWOOD EAST

I felt diminished in the workforce by the general opinion that only men can make important decisions. The public like to see and hear men in charge. People would ask to see the manager. I was the manager. JILL, 70, CHATSWORTH ISLAND

A client wanted dinner and a strip-club visit. I was expected to join them, as a junior. I told my bosses that I'd attend the work meeting but not the 'client entertaining'. They were unhappy but I didn't get fired. Now, 20 years later, I know I made the right call, even if I had been fired. HELENA, CEO, 43, SYDNEY

> 'Why are there so many bad managers out there, when we've had management courses for 50 years?'
> DIANA, 49, BALLARAT

I don't like the office politics and the old bags who've been there for over 10 years and think they run the place. LIZZY, 51, MORPHETT VALE

I've had a few difficult moments with the younger fry. I tend to find my opinions undervalued by some of the younger workers. HELEN, 62, IVANHOE

I'm just totally over the petty squabbling, back-stabbing and office politics. I need a break. ERIN, 27, ARNCLIFFE

Men tend to want to be the first to speak, to speak in absolutes and then to speak again. No matter how much you want to jump in with your point of view, wait and wait and then wait a little more. Then, as they wear themselves out, it's time to speak up. I always find it handy to start with a question, such as 'Has anyone thought about . . . ?' 'Don't you think we should . . . ?' Believe me, it works a treat. ANONYMOUS BOARD MEMBER

I don't like the fact that as a woman you have to work twice as hard for half the credit. TAMARA, 35, LEICHHARDT

> 'As I've moved up the ladder, it's revealed a ruthlessness and greediness I can't stand. Suddenly people don't matter.'
> REBECCA, 28, PORT MELBOURNE

I work in a male-dominated industry and it's definitely harder to get a promotion if you're not a man. SHONA, 47, KARRATHA

Women need to be heaps more confident than men and need to have the piece of paper to prove they're qualified for the job. Men talk themselves up far more successfully than women. DI, 51, MELBOURNE

Where I work, most of the women are far better at the same job performed by men but their salary and job security are inferior. MAGGIE, 52, MT MACEDON

Work used to be fabulous for social interaction. Now it's purely about earning. REBECCA, 28, PORT MELBOURNE

There are too many dramas (I used to work in the theatre – that place is filled with drama queens). MYFANWY, 35, OSLO, NORWAY

> 'I'm a bit over it now – I'm just waiting for my long service leave.'
> HANIFE, 37, MURRUMBEENA

My boss doesn't handle stress well and ends up abusing people. We have to say to her, 'You need to calm down. You're affecting staff morale.' WANDA, 55, BUNBURY

Even though five other employees have complained about the manager, the employer hasn't acted. I've started legal proceedings against my employer, and so have two other employees. SALLY, 41, GERALDTON

In one old job there was a really horrible lady who was always stirring up trouble. I didn't want to lose my job for dobbing on her. She was really chummy with the boss. ASHER, 24, LAKES ENTRANCE

Men of a certain age don't take well to women in a position of authority. Younger men think they can flirt with you to get around you. LYNN, 51, WARBURTON

> 'Some bosses can only be described as toxic and never change.'
> JENNIFER, 60, MCKELLAR

Some people keep a high-school queen bee attitude into their 30s. JULIE, 32, PERTH

I don't like the men bitching and carrying on. ANNIE, 53, STRATHFIELD

The boss will help some staff and not others. They also had an affair with another staff member and this has caused major issues. ZOE, 26, SOUTH MELBOURNE

Don't ask at the interview:

- 'Will I get a discount?'
- 'Do I have to wear that dumb uniform?' (Ask instead, 'What are the uniform requirements?', 'Would I need to supply a uniform?' or 'What's the dress code at work here?')
- 'What will the pay be?' (Wait for the interviewer to tell you what the rates of pay are, although they're more likely to do this later, when they offer you the job.)
- 'When I get the job, will I be your boss? Because you're kind of shitting me.' (Just checking you're awake.)

## Contracts

Never sign a contract at a job interview. Say you'll take it away for proper consideration. Get a lawyer or union rep to look at it for you (see 'Workers' Rights & Responsibilities', coming up).

## After the interview

If you haven't heard anything in a week, call to ask when there might be some news about the position.

If the boss rings to say you've got the job, be ready to discuss the wage they offer. You'll need to know what rate of pay is standard for that job. Sometimes the ad will have said what the pay range is, or a friend who works for the company may have told you already. Contact one of the government or union websites given in 'More Info on Worker Rights' and 'More Info on Pay Rises', later in the chapter, if you want to know what pay is fair for the job.

## If you don't get the job

If appropriate, ring and politely ask:

- 'Is there anything I could have done to be a better candidate?' (They're more likely to tell you on the phone than in writing.)
- 'Could you please keep my details on file in case something else comes up?'
- 'What's the best way to know when another job comes up there?'

Getting knock-backs can make you feel lousy. It happens to everyone. It's hard, but stay positive and don't give up. Keep reminding yourself of your good points and why you're outrageously employable – and that every 'failed' job interview is good training for that great interview you're going to do in the future for the job you really want.

## MORE INFO
### on looking for work

**fairwork.gov.au**
**Fair Work Infoline 13 13 94** The Australian Government's site for workplace relations and information on federal workplace legislation, including looking for work, starting work, starting a business and workplace issues.

**deewr.gov.au** The Federal Department of Education, Employment and Workplace relations runs Job Services Australia (JSA); choose 'Employment', then 'Job Services Australia'. You may be able to access help, such as with making a plan, a face-to-face interview, advice on the local job market, training opportunities and job search assistance.

## Workplace Realities

Young women are often gobsmacked to find that the workplace isn't like school, or uni, or TAFE. They've been told that men and women are equal now, and here they are, all arrived in the big grown-up world only to find that in some workplaces, women's work is undermined and undervalued and women are under-promoted, while in other workplaces, a bullying culture that's even worse than high school prevails. Make sure you know your rights (more on that coming up) – you can talk to other women about it, perhaps network online, and find out what your options are. Sometimes, there's nowt to do but bide your time, learn from the experience, make a note of what NOT to do if you ever become the boss, and get a new job somewhere else as soon as you can. (See also 'Sexual Harassment', coming up.)

### THE GLASS CEILING

The 'glass ceiling' is the phrase used to describe the 'invisible' barrier to women rising to the top in their work. Part of the problem is women being clustered in lower wage, lower skilled work because of the time out they take to look after their family, or the perception that they're not as ambitious or shouldn't be. There's also a blokey 'mates' culture operating in many workplaces that can discriminate against and exclude women, or regard them only as decorative, from factory floors to television and radio management through to posh legal firms. On average, a full-time Australian woman worker is paid between 15 and 20 per cent less than a man. Fewer than 2 per cent of major Australian companies have a woman chief executive, and about one in 12 company directors is a woman.

## 🕐 Being a good employee

Getting the job may seem like the biggest hurdle, but once you're in you have to show you're serious about it and deserve to be kept on past the probationary period, or in line for advancement or pay rises. There's a bunch of skills that all bosses like and want to see displayed on the job.

### Character 'attributes'

Bosses look for what the employment industry calls 'attributes', or 'employability skills', in workers – good characteristics such as being likeable, honest, loyal and a trier.

### Good attitude

- Be positive and enthusiastic. Smile genuinely at clients and customers. Instead of saying, 'I don't know how to do that, so I can't', try, 'Can you show me how so I know how to do it properly?'
- Demonstrate that you're efficient and hardworking. If you think you might forget one of your tasks, make a list and put them in order of priority. If they're urgent, set up a reminder on your phone or computer.

### Communication skills

- Try to listen, and let people know when you understand. Speak and write clearly.
- Negotiate instead of reacting against something. If someone complains, you should say, 'Thanks for letting us know. Let me write down the details and your phone number. Someone will get back to you', or 'I don't know the answer to that, but let me find someone who does straightaway.'

- Practise some useful phrases so you don't end up standing there with your mouth open. If you work with the public you'll have to deal with rude and slightly nutty people. Ask in advance about the company's policy on what to do. See Chapter 1, 'How to Be Confident', too.

### Teamwork

You'll need to get on with other people and try to reach solutions together. You need to have enough sensitivity and brains to understand that you can't make sexist or racist comments or 'jokes' that will upset co-workers.

### Independence

Try to handle situations and solve problems yourself, but ask for help when you need it so that time isn't wasted. If you don't have enough work to keep you busy, or you have so much you feel like crying, talk to your boss – they won't know if you don't tell them.

### Flexibility

Whether it's a part-time or a full-time job, employers are looking for people who will stay five minutes or half an hour later to get a job finished, rather than leaving five minutes early each day. Bosses are more likely to cut you some slack (say, let you go early one day) if you've been flexible.

But if your half-hour of overtime starts happening regularly you should be getting paid for it. And be wary of bosses who get you to do hours of work for free before they'll consider employing you. Unless you're on a formal work experience program, you have a right to be paid a minimum wage for any work you do.

### Dedication & focus

Tell friends not to call at all during work hours, and family or your kids' school to call only in an emergency. Don't use a company phone to call friends or family unless it's a quick local call that you can't avoid, it's in your break time and you've asked permission. All companies keep track of their phone calls, so you will be caught.

They can also keep track of what a work computer has been used for, so make sure you're allowed to use it for browsing sites or personal emails (in your own time, not work's). Looking at porn is usually grounds for instant dismissal (the sack), and many workplaces also ban: social network pages; personal online fiddling about; generating or forwarding racist, sexist or offensive messages or emails; and any instant messaging that's not work-related. If you're working on your computer and a porn site pops up through no fault of your own, always let a boss know.

Larger organisations will probably have their own policy documents on what's considered acceptable use of company phones, computers and other equipment – make sure you stick to them.

## Suitability

The key to doing your job well is enjoying what you do. Demonstrating all the attributes above is a tough call if you hate your work. But when you swap jobs, you'll need a good reference from your present boss, so think of developing a positive attitude as an investment.

If it gets really hard, scream into a pillow when you get home, write a film script about it, or make notes on 'How Not to Run a Business' for when you have your own. Treat every situation as one you can get something out of, even if it's 'only' experience.

If you're not happy in your current job, this is a good time to start thinking about what you'd like to do instead. Always have a Plan B, a Plan C and a Wacky Plan in case you win the lottery. Always play a game with yourself – what would I do if this job ended tomorrow? Or if the workplace has a bad atmosphere, use free time to plot your escape.

See 'Moving on or Changing Careers', earlier in this chapter, for more on changing careers.

## Check in with the boss

Every now and then, without waiting for a yearly review, ask your boss, 'I was wondering if you could give me some feedback – are you happy with the way I've been working, or is there anything you'd like me to focus on, or do differently?' or 'Can I ask you about a hypothetical situation? What's the company policy on . . .' or 'Something came up the other day I'd really like your advice on' or even, 'I think I'd like to work towards being a team leader/manager. Is there anything specific I can do to help me get there?' If they know you're interested in advancement, they'll think of you the next time something comes up.

## 🕐 Pay rises & flexible hours: don't ask, don't get

Pay rises don't come to those who wait. That doesn't mean you should ask every week, or say you deserve it, and a car, and a tiara. Your workplace may have regular or annual salary reviews, separate from performance reviews. In this case, find out when it will be and ask for an assessment meeting before that where you can put your case, then prepare for it carefully. You should talk about your work performance, pay and benefits. Go online and do some reading up about being assertive, or read some of the books recommended in this chapter.

### What are you worth?

Women are less likely to ask for a pay rise or more benefits than men. Somewhat depressingly, it's believed that if both a man and a woman ask for a raise in exactly the same way, the man may be seen as efficient and in control and the woman as overly aggressive. Also, some women tend to trade off asking for more money if they're happy with having more flexible work hours or conditions allowing them more space to be a mother or do other things. Studies tend to show that when you factor out family responsibilities, the fact that men are in more of the higher paid manager positions and higher paid industries (mining versus nursing, for example), women still earn 10 to 20 per cent less than a man for the same job.

Australian business consultants Simmons and Naughton estimate that women in information technology management earn 50 to 70 per cent less for the same jobs held by men. In financial services, they pegged women's salaries at about two-thirds of men's for the same positions.

There are several ways you can research what you're worth. Network (talk to the men as well as the women), go online and check ads and info on career websites. Call a recruiting agency to ask for going rates (factor in the difference between an employee and a short-term consultant or temp). Studies suggest that women overwhelmingly tend to ask for less than men do. Check out the sites coming up in 'More Info on Pay Rises' or do some research closer to home by talking to staff, and don't just find out how much the women are paid.

## How to ask for a pay rise

Career advisors say:

- Agree to a salary you're happy with to start the job.
- Don't ever assume your good deeds and dedication will be noticed and rewarded with extra. That's not how business works. If you don't ask, you won't get it.
- Pick a time to talk about a raise – some advisors say to do it after a good performance review, or being singled out for praise from others at work, after a big project or other achievement. But bosses may be annoyed by this rather obvious tactic or think you're asking for extra just for doing your job well, and it's better to talk about good work over a longer period under different sets of circumstances. This will frame it as deserved rather than an incentive. Do it face to face, and don't blindside them. Say you'd like an appointment to talk about a performance review, or a meeting about a salary negotiation. If they say it's not a good time, ask when would be.
- If you're given more responsibilities or a new title, ask whether the position comes with any salary 'changes' or 'extra benefits', or a travel allowance, or shares in the company, or Christmas and performance bonuses. If you know there's a freeze on salaries, ask what the procedure is for getting a company car space, travel and training, an office to yourself, or some other 'perk' that would make a difference to you financially or otherwise.
- Be careful how you speak when asking for a raise. Think about the psychology of who you'll be speaking to. What is known to be a good approach with that person, or those people? Make it sound like you're asking for guidance on what to expect rather than any sort of complaint or demand.
- If you've had another offer, don't say 'I've been offered $10 000 more to go to another company so can you match it?' Say, 'I want you to know I'm committed to the company and to staying here and seeing through all the projects I've been working on. I've been approached by another company, and I didn't want you to hear that from somebody else. Would this be an appropriate time for me to ask management for an adjustment in salary to reflect this? (List some recent achievements or recognition due.)

- Or ask a boss, rather than demand: 'Can you advise me on what to expect, salary-wise, within the next six months or so? I'd appreciate some guidance so I can plan. Is there likely to be an adjustment after June, especially if the new clients are still happy?'
- Be ready to answer the question 'What were you thinking of?' or 'What do you think you're worth?' by showing that you know what's expected outside and inside the company, if possible, and mentioning any special circumstances.

## MORE INFO
### on pay rises

**livesalary.com.au**, **mycareer.com.au/salary-centre** and **career-advice.careerone.com.au/salary-employee-benefits/careers.aspx**
Use these sites to research what other people, and especially men, are paid to do your job.

**How to Get a Pay Rise: Everything You Need to Know to Get More by Medine Simmons & Merryl Naughton** A slim and local book with useful bite-sized tips on what to do to make yourself more pay-worthy, how to ask, and how to know what to ask for.

## If they say no to a pay rise

Don't take it personally or as a judgement on your worth or work if it's a no. Most men don't. Remember what Clint Eastwood once said in a western: 'Deserves got nothing to do with it.' If you're a freelancer, don't be talked into lowering your price if you know you offer a good service. Put it where you think it should be and pitch your business elsewhere. Don't start doing that apologetic thing where you make the other person's argument for them: 'I understand, times are tough, etc.' That's not your job. Your job is to know your worth. Be ready to counter any of their arguments such as 'Things are tough right now' or 'That's what that position has always been paid' with a conversational 'That's true' or 'I understand' and then have some relevant facts ready, such as, generally, salaries in this area have risen an average of 5 per cent a year, or you do a lot more overtime than the job traditionally required.

You can say, 'If a salary adjustment isn't possible right now, what do I need to do for the company that would create a path for me here?' Or offer to trade off the lack of salary movement with finishing at 3 p.m. on Fridays. Or being able to get the kids from school twice a week if you come in early on Thursdays. And a tiara.

See Chapter 1, 'How to Be Confident', for hints on how not to apologise all the time. See Chapter 35, 'A Fair Go for Women: Are We There Yet?', for more on discrimination against women.

## 🕐 Clothes for work

Some jobs come with a complete uniform. Others have bits: you may have to wear their shirt but supply your own trousers. Being a waiter often involves wearing a white shirt and black skirt or pants. Before your first day, ask the boss or a co-worker what's expected of you.

It's illegal for a boss to try to force you to wear clothes that make you feel uncomfortable or exposed, such as a low-cut top or something see-through (see 'Workers' Rights & Responsibilities', coming up, to find out what you can do about it).

If it's up to you to decide what to wear, you can put together your own 'uniform' so you know it's always clean and ready for work. Something that doesn't show the dirt and looks professional may be appropriate, depending on the job. Sports shoes are not acceptable at most jobs, but required for others. One knee-length dark skirt or dark pants (not jeans) with two shirts might get you through.

If you want to be taken seriously as a professional, bad looks (in most cases) for work – and job interviews – include:

- grubby hair, fingernails or clothes
- pigtails (too little-girl)
- heavy, obvious make-up and very dark lipstick
- visible underwear – this means a dark or patterned bra visible through a pale top, bra straps, the back of a G-string, etc.
- a miniskirt or very short dress
- exposed cleavage or other bosomy parts
- exposed tummy
- thongs or thong-shaped sandals
- very high heels.

## Mums & Paid Work

Some work hints for mums in paid work (or anyone who values their time):

- Avoid meetings with people who love meetings.
- Try to arrange it so your work is judged by your effectiveness and results, not whether you're at your desk all the time (obviously this is hard if you're serving customers!).
- If you need coverage, try to arrange it with sympathetic workmates who can swap shifts or cover you for family reasons. This may be another parent who understands, or somebody else who wants to study for exams, or look after an elderly relative, or get away early next weekend.
- Have quick lunches at your desk instead of taking the full hour or half-hour. If possible, try to arrange this with your boss so that you can leave earlier.
- See if it's possible for you to do some of your work from home.

## 🕐 Getting back into the workplace

After time out having kids and being at home or working part-time, perhaps even for years, the idea of rejoining the workforce can be very daunting. Try these ideas:

- Give yourself time to think about what you want to do and how you'd like to work.
- Explore the possibilities of re-skilling, retraining or new education.
- Familiarise yourself with new technology in your area if possible.
- Volunteer (short-term) or offer to cover shifts for somebody else or job share to ease back in.
- Update and rewrite your résumé and have digital and hard copies available. Get somebody who's good at spelling and grammar to check it for you – don't rely on spellcheckers.
- Check out websites and industry magazines to reacquaint yourself with any new developments and personnel changes within your industry.
- Research any jobs you go for and the company involved to check out their policy on workplace flexibility or other needs you have.

# Work–life balance, working mums & flexibility

There's so much more to life than work. I've chosen my current work situation so I can be involved in my kids' early years. RUTH, 35

Everyone strives for it and will never achieve it unless they stop and say, 'I'm happy with the way it is at the moment.' CHRISTINE, 33, SYDNEY

If you make work your priority, your home life suffers and vice versa. I envy anyone who can find that balance. TALIA, 28, KEILOR

For four years I worked stupid hours, got no thanks for it and my home life suffered. I said no more and I haven't looked back. JENNY, 51, CAMBERWELL

Happiness is the most important thing in life, but you've still gotta pay those bills. Sometimes you just have to suck it up and get on with it. BETHWYN, 25, BRAY PARK

I recently got very ill and continued to work through until nearly collapsing. It was at that point that I realised the work would go on even if I dropped dead, so I've had to take a more serious look at better work–life balance! CANDY, 38, MELBOURNE

> 'I prefer working shorter hours. I want to live more, babysit my nieces and go out to dinner and movies, otherwise it becomes a rut.'
> ELANA, 33, SYDNEY

I worked in middle management and it's unwritten that we're paid for eight hours a day but are expected to work 10 to 12 hours. GINGER MINGE, 39, RUTHERGLEN

I work a nine-day fortnight from about 8.30 a.m. to 5.50 p.m. I can never understand what the fuss is about. NICOLA, 43, SYDNEY

People shouldn't be expected to put work first. Family should come first. EMMA, 26, CARINA HEIGHTS

Balance is a great concept, but totally unworkable. ROSEMARY, 54, WEST ADELAIDE

We're both low-income earners, so to pay the mortgage and set our girls up for a better future, we both need to work. It sucks that this doesn't leave enough time for family, but it's just the way it is. VICTORIA, 30, CARLTON

> 'I have my hair done on company time and answer emails in bed at 11 p.m. on my Blackberry and I'm fine with that.'
> K, 37, KEW

My life is consumed by work – to escape my emotional pains. It's not healthy – I really need to find a social life outside work. JENNY, 43, HORNSBY

I tend to over-commit myself at work, so I'm very fortunate to have a workplace that doesn't tolerate overtime. ANDY, 32, MELBOURNE

It took me 23 years and a near breakdown to realise I didn't have to do it all. Now I happily delegate and feel like I do have a life outside of work. LYNNE, 54, ADELAIDE

Even though I work part-time, I still feel like work dominates my life and I don't get enough time for other things. CAROLINE, 50, MONTMORENCY

The cemetery's full of indispensable people. MAGGIE, 52, MT MACEDON

I'm not confident about my future. I'd like to go back to work when my children are at school, but don't know what I'd like to do. AMY, 22, NEWCASTLE

You can't have it all. People say you can, but you can't. If you love working or want to work, don't have kids. I wish I hadn't tried to do both – it's terrible. If I didn't work I'd probably like being a mother. GRACE, 49, GYMEA

It's really hard. I feel guilty about working, especially when the kids are upset or ill. LIZ, 38, COTTESLOE

It's very hard. The balance is very difficult. The burden rests on the mother to earn 'some' money yet be a perfect housewife and be around for the kids when she's needed. SANDRA, 38, LOWER PLENTY

Too often as a single person my work–life balance is seen as secondary in importance to someone who's married and/or has kids. LEAH, 29, NEWPORT

Work–life balance is good if you can get it. In my position it's assumed that I'll be there at all times. I don't have family to go home to, so perhaps they presume that I won't care. JENNY, 49, KERANG

> 'Workplaces say they're family-friendly, but as I'm the only one with children, you should have heard the sighs when I needed to leave because one of my kids had nits.'
> GERI, 42, NORTH FITZROY

It's difficult to limit the work to my paid hours – I often work unpaid overtime. I feel that I suffer career-wise because I'm working part-time. CATH, 33, PERTH

I've always loved the flexibility of being a casual worker. MELISSA, 33, GOLD COAST

I love working with my dad and spending more time with him. I learn a lot and my hours are very flexible. ALEX, 23, LILYFIELD

## Flexible Work Options

### 🕐 Part-time work

Part-time and casual work can seem the only option for parents, people who want to do other things like artwork or another job or hobby, or those who are having trouble finding full-time work. The drawbacks are of course less pay, more limited opportunities for promotion, less challenging work and often less protection in terms of worker rights – a lack of union representation, or colleagues to compare notes with, or to trade with for flexibility and child- or carer-friendly hours. Sales and commission-based jobs can be flexible but notoriously low-paid. Even part-time or family-related work agreements should be formalised in writing (this can be an email), in case any misunderstanding arises.

### MORE INFO
on part-time work

**parttimeonline.com.au** Choose 'Candidates', then 'About Part Time Work', then 'Federal and State Links' to get access to info about your rights as a part-time worker.

**ways2work.business.vic.gov.au** Government site: choose 'Parents and Carers', then 'Negotiating Flexibility at Work', then 'Part-time Work'.

### 🕐 Working from home

Working from home or for yourself can be a good solution to the flexible-hours debate with the boss

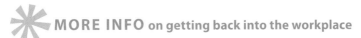

### MORE INFO on getting back into the workplace

**centrelink.gov.au**
**Looking For Work Advice Line 13 28 50**
**Parents and Guardians/Family Assistance 13 61 50**

**ways2work.business.vic.gov.au** Victorian Government site: emotional and practical advice for employers or anyone considering returning to work after being at home with the kids.

**mumsatwork.com.au** A private firm with hints, checklists, kits and seminars about finding your way back into the workforce and building a flexible, kid-friendly career. Start with 'Resources'.

**careermums.com.au** Click on 'HR Toolkits' at this commercial consultant's site for info on parental leave, flexible work proposals and more.

### MORE INFO on work–life balance & choices

Many of the sites for mums in paid work are very heavy with advertising and links to 'services' that are really ads for things like insurance, telemarketing jobs and the like. Most mums use social media, and some contribute to forums on mainstream mum websites.

**The Working Mother's Survival Guide: Your Complete Guide to Managing Life and Work With a New Baby by Melissa Doyle & Jo Scard** Aussie book covering everything from being pregnant at work to restarting work and what everyone calls 'balancing' or 'juggling'. Has checklists and hints for looking after yourself.

**Working Parents: How to Work, Raise Great Kids and Have a Life by Michael Grose** Looks at childcare, guilt, when your child is sick, working from home, family disapproval, being organised, employer attitudes, the questions you get asked, and preschool and school-age kids. An Australian parenting specialist, Grose says working families need 'hang around' time, focused time and family rituals.

**dol.govt.nz** On this NZ Department of Labour site, choose 'Key Projects', then 'Work-Life Balance' for some options, an overview of NZ opportunities and some case studies.

**workingmother.com** An American magazine site; choose 'Balance Work & Career' for hints and tips.

**The Divided Heart: Art and Motherhood by Rachel Power** Interviews 26 creative women about the conflicts between their work and motherhood, and how they resolved them or learned to live with them.

# When things go seriously wrong at work

## Discrimination

I was the only female out of about 12 sergeants and five inspectors, and for the first time ever, I experienced discrimination. I was treated differently, not given the same opportunities, etc. One of the inspectors stood up for me, and brought out the antidiscrimination policy. JANE, 41, SYDNEY

'I got made redundant because I'm pregnant, so now I work part-time on the weekend.'
KIM, 30, SYDNEY

I had a nasty boss who tried a lot of ways to get me to leave when I was pregnant. I got the union involved, she was moved away and I was given the days I wanted when I returned from maternity leave.
BRIDGET, 34, RICHMOND

I had a supervisor who tried at very short notice to cancel my part-time hours and my regular day off without a reason. I went over her head and pointed out that under the collective agreement she couldn't do it.
MICHELLE, 38, ALBURY

They don't give 'old' women jobs in this country. Australia's one of the most sexist societies (I've worked all over the world). SARAH, 52, SYDNEY

As a teacher, I've had to hide or protect the fact that I am a lesbian. I'm not trying to leave the profession. MARIE, 29, BRUNSWICK

There's sexism in the media industry. There won't be family-friendly hours until women, or perhaps sole fathers, take over the management roles.
FIONA, 35, DARWIN

I complained about gender balance in the department but the worst offender is the one I complained to. SALLY, 44

## Sexual harassment & abuse

An old boss of mine was a sexist misogynistic pig who only hired pretty young things and then would stare at our boobs all day and occasionally brush up against us when we went past. I quit after being told I was a bitch when I got really angry at him for treating me like a sexual object.
GENEVIEVE, 22, MILE END

I've been harassed by a work colleague in the past, which was a terrible experience. I asked to be moved and I was, which made things much better.
ANNABELLE, 59, CANBERRA

My bosses abused me. I was so grateful to get a job that got me out of the house and away from my depression that I felt like I was obliged to do whatever they wanted me to do – including sleep with them. They took advantage of me. It ruined me for quite a while, and I wish I could make them feel the way I felt.
HILARY, 22, SHELLHARBOUR

'I was sexually harassed at one job and had a total witch for a boss at another. In both cases I approached the owners, who listened and were very supportive.'
GERTIE, 34, MELBOURNE

I had a boss who used a lot of sexual references, which got a little bit creepy! HOLLY, 18, SWANBOURNE

45 years ago I was violently sexually assaulted by an older man I worked for. It made me feel shattered, awful, unspeakably revolted. I had terrible injuries, and was later depressed and suicidal.
JILL, 64, BERWICK

My first-ever boss made a play for me. I was so stupid and naïve I fell for it and had a relationship with him. It led to all the clichéd outcomes – I lost my job and no one had any respect for me. I just had to rise above it and rebuild my career from scratch when it was all over. GWYN, 42, POTTS POINT

## Workplace bullying

I've been bullied, harassed, undermined, undervalued, gossiped about, the lot. It's what happens when you start succeeding. The best way to overcome these problems is to continue to succeed.
DAVINA, 45, MACQUARIE PARK

'My last boss was such a bully that I got referred to a shrink. I took a demotion to get away from her.'
MICHELLE, 39, LEICHHARDT

A bully was tormenting many of the staff and profoundly affecting morale. Fortunately, the boss wasn't afraid to terminate her contract. ALICIA, 32, GEELONG

The main bully was eventually asked to leave and things got better from there. I wasn't the only one being picked on.
ANGELA, 26, LYNBROOK

I've been the victim of bullying and sexual harassment. It was resolved legally and the person was sacked, but it was a gruelling process that knocked my self-confidence. It was worth it, though. KIRSTY, 33, PERTH

Bullying is common in nursing.
GRACE, 49, GYMEA

I was bullied only a few years ago by a work 'colleague'. I finally stood up to her and it worked. I felt very good about it. VICKI, 54, MELBOURNE (that would be you). You do have to be organised, disciplined, pro-active in finding work, and not a fan of daytime drinking and 1 p.m. TV soap operas.

Many workplaces now are considering having some employees working from home as a bonus: they don't have to worry about office politics or providing you with a desk. Make sure, though, that you're provided with all the benefits and equipment you're entitled to and that you claim what you can on tax (some years I can claim up to $2.75 on electricity in the home office). Also make regular appearances at the office for meetings with colleagues so they don't 'forget' you or stop treating you like a proper, valued employee. I sometimes take myself out for coffee just to touch base.

### MORE INFO
### on working from home

**scamwatch.gov.au**
**Hotline 1300 795 995** The Australian Consumer and Competition Commission site. Choose 'Job & Employment Scams', then 'Work From Home Scams'.

**ato.gov.au** The Australian Government's tax site. Choose 'Businesses' for help.

**workfromhomemums-blog.com** Lots of hints about starting and maintaining a business.

**laurenandemira.com**
**The Boss of You by Emira Mears & Lauren Bacon** These Canadian women have a website with blogs and a book on working from home.

## Problems at Work

In some workplaces the atmosphere is friendly, professional and cheerful. The opposite sometimes happens, too, when surly managers hire their evil twins to work for them and the whole atmosphere turns poisonous. You can feel the difference when you walk into a workplace: it has to do with the smile ratio, how relaxed people are, whether people speak easily with each other and can have a bit of a joke, and whether you hear people genuinely complimenting others on their work (or their shoes).

### MORE INFO
### on dealing with difficult
### workmates

**andrewfuller.com.au**
**Tricky People: How to Deal With Horrible Types Before They Ruin Your Life by Andrew Fuller**
Psychologist Andrew Fuller's book on using checklists, and psychological and practical suggestions for dealing with difficult colleagues observed in many Australian workplaces (you'll never see the wondrous phrase 'burnt chop syndrome' in a US book).

**Am I the Only Sane One Working Here? 101 Solutions for Surviving Office Insanity by Albert Bernstein** A US psychologist with a specialty in the workplace applies some lateral thinking to solving problems, side-stepping sleazes or neutralising nutbags and ning-nongs.

**How to Tell Anyone Anything: Breakthrough Techniques for Handling Difficult Conversations at Work by Richard Gallagher**
Basic ways to take the heat out of work conversations, ask the right questions, avoid assumptions and focus on the outcome, whether you're the boss or the 'bossed'.

## Bad job atmospheres

These can include:

- **The patriarchy or pervocracy** – Never, ever take a job where you have to wear high heels with swimwear or lingerie, or anywhere there's an otherwise weird male/female vibe.

- **The horrible boss** – Just plain mean, or unreasonable, or completely incompetent.

- **The re-created high school vibe** – There are favourites, cliques and even bullies, and the 'teachers' seem oblivious, or know but don't care.

- **The family business** – Your work isn't respected and there are no boundaries with extended family or in-laws.

Sometimes problems at work can be solved by speaking to the 'human resources' (what a stupid name) department, or other supervisor, or making a plan and taking it to a manager, or asking for an office visit from a workplace consultancy or psychologist. Sometimes the nastiness is too entrenched and the hierarchy is toxic from the top down. In those cases, you just have to lie low and plotty-plot-plot to get yourself out of there, preferably with another job lined up, as soon as you can. And try not to burn any bridges (or set fire to your boss's hair) on the way out.

## MORE INFO
### on problem work atmospheres

**reachout.com.au** Independent site for young people. From the main page search 'harassment'.

**hreoc.gov.au**
**Complaints Infoline 1300 656 419** To contact your state or territory's antidiscrimination organisation, find contacts on the Australian Human Rights Commission site. Choose 'About', then 'Links', then scroll down to 'State and Territory Anti-discrimination and Equal Opportunity Agencies'. Or make a complaint to this national body, or ask for advice about how to stop discrimination on the basis of gender, age, religion, or explore your options. The Commission provides information and educational DVDs and runs courses for workplaces about creating a good work environment for all.

## Harassment & bullying

There are laws that protect you from being hurt or harassed, or being made to feel embarrassed or uncomfortable at work and in some other situations (such as customer service). You don't have to wear revealing outfits or other humiliating clothes, or put up with bullying. The laws protect you against discrimination based on your religion, race, skin colour, disability, gender, age, sexuality, whether you're married (married women used to have to quit their jobs as it was presumed their husbands would have one) and pregnancy. Laws also protect you against workplace bullying and sexual harassment (including intimidating stares or comments, pervy pictures and pornography in the workplace), and against work that's unsuitable when you're pregnant.

### Sexual harassment at work

Please don't stay silent because you're embarrassed. Sexual harassment isn't your fault, no matter what the harasser says. It can take the form of leering, staring at body parts, brushing against you, suggestive remarks, 'invitations' to have sex, intrusive questioning about your private or sex life, the showing, displaying or sending of pornography or unprofessional portrayals of women, right up to sexual assault and rape. This happens to young women at work – as well as older women – and the horrible perpetrators rely on a veil of shamed silence to be able to keep doing it. Keep a diary of exactly what happened – the time, the action, the comments. Keep any email or phone messages that are 'inappropriate'. In the case of assault, go to the police. If you have a trusted work colleague, talk to them, or the human resources manager, or a senior boss. If the person you'd report it to is the person doing it – perhaps you're in a small workplace with one boss – there are still steps you can take that may involve mediation, or fines, or compensation being paid if you leave the job. You're not alone and you can get free advice and support.

To fix a work problem you can try:

- your boss (unless the boss is the problem)
- your union or a union helpline (call the Council of Trade Unions in your nearest capital city)
- the equal employment officer or human resources manager if your workplace has one
- the Equal Opportunity Commission, or Anti-Discrimination Commission or Board, in your state or territory
- the Australian Human Rights Commission (AHRC), a national organisation that covers national laws (details coming up)
- a community legal centre or the Law Society to ask for a referral to an experienced workplace lawyer.

According to the Human Rights Commission, around a quarter of working women have been harassed at work, compared with about 5 per cent of men. It's clear from the Women's Stuff Survey answers that many of the women who said they *hadn't* been sexually harassed also reported they'd experienced unwanted touching, cornering, and kissing, assault and rape, as well as offensive sexual questioning, SMS messages or comments.

So sexual harassment still continues, even if people aren't sure what to call it.

## MORE INFO
### on sexual harassment

**hreoc.gov.au/sexualharassment** The Federal Government's Australian Human Rights Commission site explains sexual harassment, how common it is, and how it can be stopped. There's a code of practice for employers. Download 'Know Your Rights'.

## Assault at work

Many women have been sexually and/or violently assaulted at work, sometimes by employees or bosses. You can bring criminal charges, and seek compensation from the company if it's in some way liable.

## Bullying at work

These behaviours should be outlawed by the company itself, and are also illegal. If it seems hopeless to expect any improvement from the company, call the work safety authority of your state or territory government (see 'More Info on Workplace Bullying & Assault', below).

It's important to remember that bullying can take many forms. In some cases it's there for all to see – these are the bullies who shout, bang on tables, criticise you immoderately in front of others, swear, use their height and/or bulk to stand over you in an intimidating way and generally carry on like pork chops. But there are many bullies who fly below the radar. Their behaviour is insidious and sneaky. The effect on the victim can be just as severe as the more shouty bullying, precisely because the behaviour is hard to describe or report. This kind of grown-up *Mean Girl* style bullying occurs when:

- you're excluded from certain meetings
- you're left out of office social events
- you're undermined in public – this could be a slightly disparaging remark about the way you look or how you performed at a certain task
- you're not allowed to present your ideas or take credit for your work
- you're given more than your fair share of the dud tasks
- you're the victim of gossip
- you're kept out of the information loop
- if you complain about any of the above, you're told you're imagining it.

With all types of bullying, document the occasions when you think you're being bullied. Without starting a campaign, try to find out if there's a history

 **MORE INFO** on workplace bullying & assault

Contact your union, community legal advice centre or private lawyer, or relevant Workcover insurance regulator in your state or territory.

**ato.gov.au**
**Tax Info Helpline 13 28 61** The Australian Taxation Office has info and a calculator to work out how much tax you need to pay.

**beyondblue.org.au**
**1300 224 636** The national depression organisation runs workplace seminars and info sessions about dealing with mental health issues at work.

**Work Safety** These state and territory government workplace safety organisations will take complaints or advise you on what to do, or arrange a visit to explain how to make your

workplace safer and avoid physical accidents and injuries or a bullying or otherwise unsatisfactory work dynamic that could be detrimental to mental health. You can call anonymously.

**ACT** (02) 6205 3465 or (02) 6205 0210 actsafe.act.gov.au

**NSW** 13 10 50 workcover.nsw.gov.au

**NT** 1800 019 115 worksafe.nt.gov.au

**Qld** 1300 362 128 workcoverqld.com.au

**SA** 1300 365 255 safework.sa.gov.au

**Tas.** 1300 776 572 workcover.tas.gov.au

**Vic.** 1800 136 089 workcover.vic.gov.au

**WA** 1300 794 744 workcover.wa.gov.au

of this sort of behaviour in the company – if it's happening to you, it's happened to others. Talk to others outside the workplace to get their opinion on what's reasonable adult behaviour and what's not. If necessary, talk to a counsellor. Look for opportunities to draw attention to the behaviour without being nasty. See Chapter 1, 'How to Be Confident', for good comebacks to insults or impertinent questions. Bullies often back down when confronted.

If you've been excluded from a meeting by a bully boss, ask for a time to see them, then calmly explain why, for the benefit of your work, you need to be there. If you can, arrange for someone else to be in the room with you. It might not work in the first instance, but the bully will reconsider before they do the same again. Bullies thrive on discord, conflict, unpleasantness and other people's fear – it's your job to stay calm, polite and reasonable. Unfortunately, some bullies get worse if they sense resistance. If the situation doesn't improve,

go to human resources or the bully's boss. Or you may need to leave, for your own quality of life.

## Workers' Rights & Responsibilities

In a part-time or full-time job you have some general rights protected by law, and others that are negotiated when you take the job. The legal rights cover things such as how long a shift can be, the possibility of holiday and sick pay, whether you can be suddenly sacked, whether your boss is required to make a superannuation contribution for you or take the government tax from your wage, the safety of the workplace and your tasks, and how a boss is allowed to treat you.

Depending on how your job is classified, you'll have different rights. 'Permanent' part-time or full-time employees usually have more rights

**MORE INFO** on worker rights

There are both federal laws and state and territory laws that cover workers in Australia. Some of the many places to seek advice on workplace-related issues are listed here. Or get help from your union or a workplace lawyer.

**actu.org.au**
**Worker's Hotline 1300 362 223** The Australian Council of Trade Unions (ACTU) gives advice to all workers. They're independent and funded by membership.

**rightsatwork.com.au** This ACTU site details your rights. You can email anonymous questions and the answers will be posted online.

**women.apesma.org/work-and-family**
The website of the Women's Network of the Association of Professional Engineers, Scientists and Managers, Australia, is a useful tool for other women too. See this page for details on maternity leave entitlements, parental leave options and other relevant work issues.

**fairwork.gov.au**
**Infoline 13 13 94** The Federal Government's Fair Work Ombudsman site has info on pay (choose

'Pay', then 'PayCheck' to calculate hours and what you should get), negotiating awards and agreements, what to do when something is unfair, and much more. Choose 'Employment' then 'Employees'. Check your rights on parental leave, carers' leave, and other entitlements.

**familyassist.gov.au** Choose 'Paid Parental Leave Scheme' for more info on whether you qualify.

**jobwatch.org.au** This Victorian community legal centre has advice on employment rights.

**ato.gov.au/super** Superannuation explained (a lot) by the Tax Office. (There's more on this in Chapter 36, 'Managing Your Money'.)

🐦 **ers.govt.nz** Government info line and advice about parental leave from the Department of Labour (they mean employment, not childbirth). Choose 'Holidays and Leave', then 'Parental Leave'.

🐦 **workingforfamilies.govt.nz** Find out about financial support entitlements and assistance for childcare or housing.

and benefits than a casual worker employed on an hourly or daily basis or as the work becomes available.

## PREGNANCY RIGHTS AT WORK

It's taken a very long time for women to earn the legal right not to be asked about their family plans at a job interview, and to be able to get maternity leave and return to an equivalent position. In practice, these may be more complicated. Talk to your union or human resources department, or a lawyer, if you need to.

## PARENTAL LEAVE

In many workplaces women and men have access to paid or unpaid parental leave for the birth of a child and the following weeks or months. You'll need to check your own award, agreement or situation. Find out if you're eligible for any Australian Government paid parental leave schemes, or any other relevant entitlements (see 'More Info on Worker Rights', opposite).

### MORE INFO
**on tax responsibilities**

**ato.gov.au**
**Tax Info Helpline 13 28 61**  The Australian Taxation Office has info and a calculator to work out how much tax you need to pay.

## Your worker responsibilities

- As an employee, you're legally bound to contribute to a safe workplace, and may be held liable for physical or emotional dangers caused by contributing to or ignoring dangerous work practices, and by your personal behaviour.
- Depending on your work contract or agreement, you may have to be warned before being dismissed, or you can expect to be fired without warning for specific offences, including: dangerous work practices; abuse of colleagues, customers or clients; dishonesty or a criminal act; and somehow divulging commercial secrets or breaching any other conditions of employment.
- You're legally required to pay tax on your income, and should check that your employer is paying into your superannuation fund as required. You

can also contribute to your super account, and there are tax incentives to encourage you (see Chapter 36, 'Managing Your Money', for more).

## Leaving Your Job

### Resigning

Keeping a good employment reputation is important for future jobs. Stay professional, hardworking and polite right up to when you leave your present job: you'll have a better chance of getting a good reference and of looking back and knowing you kept your cool.

Usually it's best to resign after you've found another job so you're not left without an income. And it's always easier to get a job if you already have one: you seem more employable.

- Never resign when you're angry. Don't tell the boss what you think of them, especially not in sentences that contain the words 'hole' or 'head'. Don't shout, slam doors or use aggressive gestures.
- Don't walk out in the middle of a bad scene (unless it involves a safety or harassment issue) or just leave one day and never go back, without an explanation.
- Tell your immediate boss you're resigning before you inform the big boss or the employment officer, unless there's a pressing need not to.
- Put your resignation in writing, with the date you're leaving, and keep it short. Don't give detailed reasons: just say it's time to move on, or another opportunity has come up that you feel you need to take. Many job-search websites have sample resignation letters and advice on how to resign with dignity.
- If you agreed when you took the job that you'd stay for, say, two weeks after resigning, you'll need to do that (it's called 'working out your notice' – usually your notice period will be the same length as your pay period). Even if it's not part of your contract, it can create goodwill to stay on for at least a few days so that the company can try to fill your position.
- Talk to the pay office or boss to make sure you have the right superannuation records and other paperwork when you leave.

- Ask for a written reference to be ready when you leave.
- Return anything of the company's you still have, such as a uniform or equipment.
- Be careful how you speak in your new job or even socially about your former bosses, colleagues and the company. You'll gain more respect by being discreet and fair.

## 🕐 Losing your job

Funny phrase, innit, 'losing' your job? Like it might have fallen down the back of the couch, or you've been a bit careless. Maybe your position was 'made redundant', you've been 'let go' or the place you work for has gone broke or restructured after being bought by a bigger fish. Getting fired can be shocking and sudden, or just confirm a squirgly feeling you've had in your tummy for a while. It can feel liberating, but it can also feel scary ('How am I going to pay the rent?') or humiliating ('Everyone will think I've failed') or baffling ('I thought everything was going fine') or like it's time to take stock ('Maybe I shouldn't have tried to drink vodka out of the boss's ear at the sales conference' or 'I don't want to work in a horrible work environment ever again').

It can be hard not to take it personally, even when it's not your fault. When I've been fired (three times), it created very mixed feelings: shock, professional humiliation, relief, worry about money, uncertainty about the future, a sense of self-righteous affront and, oddly, on one occasion, kind of peeved that I hadn't got in first and resigned. It was a bit like being indignant that a feckless boyfriend dropped me before I got a chance to give him a devastatingly dignified piece of my mind, and two, three, flounce and TURN. Still, when you get fired you can usually expect at least a small amount of cash in a bag on your way out the door, which is much more than you can say for feckless boyfriends.

### Important checklist after being fired

- If you're escorted from the building, go with your head held up and cry later.
- Return any uniform, equipment or other company-owned property. Make sure you're able to collect or have delivered anything of yours from an office, your locker or elsewhere.
- Do NOT immediately send messages, tweets, texts or posts on websites or to friends saying what happened. Really. Resist. Tell who you absolutely have to tell but do it in person, over the phone if necessary. You don't want this zipping around repeated everywhere, either in your professional or personal life. Keep your initial shock and opinions to yourself. You don't want them seen by your ex-employer or future employer.
- Give yourself time to get used to the shock. Don't make any sudden big financial or romantic decisions, or say anything public.
- If you don't have one already, set up a sober-sounding new email address, pronto, with your name or a variation.
- If necessary, call clients or colleagues to let them know you've left. Write down a 'script' and tell them you're just letting them know and you wanted to say it was a pleasure working with them and you wish them all the best for the future. They'll probably be wondering what to say and be rather taken aback, so keep it brief. Ask them to let you know if they hear about any jobs or projects that might be good for you and, if appropriate, say you'll email them a brief note with your new contact details. Say all this without detailed reference to the circumstances leading to your departure. Don't try to 'poach' their business or badmouth your former employer. Don't feed any gossip. Be dignified. If rumours are being spread or a false version of events is in circulation, you may say, 'That's not what happened, but I don't want to get into "They say, she says". I'm looking to the future now.'
- Check with an independent person, such as a government or union helpline advisor, about whether your entitlements have been met in terms of back pay and other pay owing, as well as acceptable notice.
- Check with the ATO that your superannuation payments were correctly made by the employer (see 'More Info on Worker Rights', earlier).
- If it's appropriate, ask for a reference and/or to be kept in mind for future positions.

## MORE INFO on losing your job

For other help on sudden financial problems, see the 'More Info' sections in Chapter 36, 'Managing Your Money'.

**moneyhelp.org.au** The Victorian Government site to help people who've lost work hours or a whole job. Although state laws may differ, there's excellent info here on immediate things to get sorted, handling debts and bills, making a new budget and the future. If you're in Victoria, the free advice line is 1800 149 689.

**centrelink.gov.au** Find out not just about unemployment benefits but opportunities for retraining or skills programs and assisted part-time education prospects.

**laidoffcentral.com, meetup.com/layoffs-cafe** and **squidoo.com/groups/laidoffandmiddleaged** US websites for commiseration and ideas.

**Rebound: A Proven Plan for Starting Over After Job Loss by Martha Finney** US job journalist covers office politics, getting references, protecting your finances, common mistakes, good first moves, what to tell people, and a plan for the future.

# Attitudes to housework, gardening & the homely arts

I like doing the dishes. It's weird, but it's time out from the baby.
CATHERINE, 36, PRESTON

I enjoy having a home that's clean, tidy and in order, which is obviously a difficult task with two young'uns. I like it to reflect our family and make us and others feel welcome. TAIMI, 29, STRATHALBYN

My home's my nest – quiet, private and a place to get away from the hurly burly of life. I enjoy that. I love my green gardens, the wild birds, and my chooks and fruit trees. BEE, 42, LOGAN

Having a home is better than being homeless, which I've experienced once or twice.
ROBIN, 60, SYDNEY

Enjoy? Homemaking? Bleurgh.
SANDY, 60, COFFS HARBOUR

I hate that it's always my responsibility. SHARI, 29, WATSONIA

I still live in a share house and get so sick of cleaning up after people.
KELLIE, 33, PADDINGTON

Of course I don't clean – dirt is healthy. ANDREA, 39, MELBOURNE

I hate cleaning. I try and try and try – books, systems, products etc. – but nothing really works. I'm easily distracted. My husband finally 'sacked' me and got a housecleaner. Now we're all happy!
JOSIE, 37, LANCEFIELD

Don't worry about cleaning because of what someone might think. Choose to read your child a book rather than wash the floors again. JAYNE, 44, COTTESLOE

No one's going to note on your headstone that you had a spotless house. LIS, 29, SYDNEY

'Homely arts', are you kidding?
ISABEL, 34, WARRNAMBOOL

Fill your house with love, not possessions. Don't sweat the little stuff. Cuddling a child is much more important than dusting.
KATHY, 47, COOPERS PLAINS

Ignore the notions of perfection peddled by the homemaker TV shows and magazines. No one really lives like that and has healthy, stable relationships.
MEGAN, 45, CASTLEMAINE

I find home magazines very, very creepy. ELISA, 28, WINDSOR

> 'Your children won't remember how clean the house is, but they will remember how much time you spent with them.'
> BRONWYN, 28, DIMBOOLA

I always think I like gardening but it turns out I don't. I can't sew, knit, crochet, scrapbook or quilt for shit. I'm an excellent shopper and a first-rate organiser.
FRANCES, 27, MITCHELL PARK

I hope the new generation can work out how to keep the old-woman things going – how to sew, cook, be feminine, be great mums – as well as having what they want for themselves. I hope they can resurrect the traits of respect and hard work.
ALI, 38, KILLARA

I tried to teach myself knitting. It's good meditation, but I'm pretty crap. I managed to cast on but not cast off. TONYA, 33, NORTH BALGOWLAH

I hate all of those things. There's nothing I could sew that I couldn't *buy*. They all sound like crap.
LEARA, 35, HORSHAM

I'm tired of it all now. I don't enjoy much of it any more.
JENNIFER, 56, BALLARAT

I think it's useful to know how to sew a bit – buttons, hems and tears. Otherwise you're at the mercy of the professional seamstresses and their overcharging.
ROXANNE, 28, FITZROY NORTH

I love to cook, garden, sew and knit, and Mum's getting me into scrapbooking – I guess because it's very satisfying to create beautiful things.
EMILY, 21, SYDNEY

I like quilting. It relaxes me and I get a good feeling when the quilt's finished because I donate most of them to a women's group for fundraising.
JET, 56, BENTLEIGH

Sewing, making cards, redesigning vintage clothing. I relax totally doing these and can earn money from it. FAY, 55, TORQUAY

I enjoy gardening. To be more specific, weeding. I don't have the patience to plant new seedlings or nurture plants. I love destroying the little weeds that pop up all over the place! I'd make a great logger.
ISABELLA, 39, CLAYTON

My grandma once said to me, 'Gardening's good because it involves digging a hole in which you can bury the sorrows and woes of your day,' and that's how I've used it ever since.
ANNA, 54, MACARTHUR

I like gardening because it's not messed up again five minutes after I've finished. Pruning's very therapeutic.
EMMA, 32, BLUE MOUNTAINS

I like being outdoors and the quick result you get from gardening.
CORRINA, 47, WODONGA

I like dusting, vacuuming, laundry and tidying up.
SERENA, 42, HAMILTON HILL

# CHAPTER 34

# Making a home

You don't have to be as lusciously cardie-clad as Nigella Lawson, or as obsessed about matching your wall paint colour to the exact shade of the eggs laid by your rare chickens as Martha Stewart, to care about and enjoy making a home.

Nor is it compulsory. If dusting the skirting boards and pottering about putting things to rights gladdens your heart, lovely. If the very thought of it makes you want to chew on teaspoons and kick the front door off its hinges to get away, well, it's good to know your own mind. Problems arise, of course, when you consider it ghastly drudgery and you have to do it anyway.

This chapter is for those of us who work full- or part-time but still keep an interest in homey things, or those of us who'd like to know more. There's handy info on cooking, sewing, organising, gardening, home maintenance, cleaning, traditional crafts and skills, and how to divide up the household chores: if necessary, with a chainsaw.

## Homemaking: Point of Pride or Ghastly Drudgery?

Housework can be horribly dull and oppressive, especially the repeat kind rather than the creative sort. But according to lots of women, whether they work inside or away from their home, it can also be immensely satisfying, as the results are so obvious. (It can be more temporarily satisfying for those who clean the house only to have it laid waste again moments later by marauding family and a toddler with a slingshot, I mean cheese stick.)

There's honour and dignity in making a home for yourself, or for yourself and your family, and lots to celebrate in the traditional arts and skills of women in the home. I suspect that people who sing while they do the housework and enjoy the sense of achievement have sunny personalities, or feel they've chosen to do it – they don't feel trapped or oppressed.

At a recent fundraiser I went to, a young man at the microphone thanked the organisation's volunteers, including 'lawyers and businessmen', and then he stepped right in it by continuing, 'even some housewives'. He was oblivious to the spine-stiffening and eye-narrowing of most of the women in the room. While many women have chosen to be at home, doing unpaid work caring for their family or part-time work, for some or all of their lives, I don't know anybody who still cares for the term 'housewife', with its odd implication either that you're married to the house or that your main job is to be a 'wife'. Or that you're 'just' a housewife as if being a homemaker is easy. Nor do we care for the nonsensical phrase 'just a mum'. (For more on the pointless 'war' between working and stay-at-home mums, see Chapter 25, 'The Family You Make', earlier.)

One problem with trying to get people to respect 'women's work' is that much of it is invisible to most men, and to many women who didn't notice what their mother did and haven't yet had to deal with children and/or being 'at home' with no independent income. Until you do it, you literally cannot imagine how hard and thankless it can be. So much home-work just disappears: the food is eaten, the clean floors are dirtied, the folded clothes are shaken out and worn.

Homes are important. I once sat on a Sydney ferry next to a woman who saw a beautiful harbourside mansion and wanted it so much she started to cry. What's the moral of the story? Sometimes, when you're on a ferry, somebody could be quite unbalanced and you should pat them and then move away quickly. Oh, and millions of dollars don't make the home happy or welcoming. It's what you do with it that counts.

### MORE INFO
### on homemaking

**Home Comforts: The Art and Science of Keeping House by Cheryl Mendelson** Comprehensive and comforting, this well-written encyclopaedia includes the correct order for doing the dishes, how to handwash delicates and hang out clothes, do grouting, understand household chemical labels and more.

**The Experts' Guide to Life at Home by Samantha Ettus** A US book with instructions from various experts, including how to clean gutters, discipline kids and host a barbecue. A handy list of expert websites.

**marthastewart.com** Martha's amazing and frightening breadth of knowledge and exactitude of purpose has inspired a publishing, online and TV empire on cooking, cleaning, making, crafts, pets, and how to wax a catboat (I've no idea). She even has her own line of glitter. Her website has everything apart from instructions on how to fold a husband.

**askmumnow.com** This earthy NZ site, which lets you 'ask a mum' something via email, concentrates on lost skills and arts as well as work–life balance.

## Organising

One of the most common answers to the Women's Stuff Survey question, 'What are you good at?' was 'organising'. Usually it's a woman who's the home organiser. I know at our house the man-person finds categories of things like 'good towels' and 'old towels' completely baffling. Most women will have their own system, but here are a few extra hints. (I've ignored the one I read in a magazine that said, 'Fill a drawer with petty cash, get husband, housekeeper, babysitter to leave receipts.' Yes, and why not get the housekeeper to pop out and buy you a yacht? Drawer full of petty cash, indeed. That's where I keep my gold ingots.)

Of course, it's also important to point out that some people may have a few madly chaotic rooms because they need to get on with other things, like being a great painter – not mentioning anyone in particular, Aunty Glenda. Make your own priorities. Some people agree with the fridge magnet: 'Boring women have tidy houses.' Whereas my nanna agreed with: 'Pull yourself together. It looks like a madwoman's washhouse in here.'

One of the results of mass consumerism and cheap goods produced by people on unfairly low wages in the developing world is that many of us now have too much stuff. Kids used to have one or two toys and a teddy. Now they have baskets full of stuffed toys, games and devices. This gave rise to a new verb in the late 20th century: to declutter. People in developed countries with full attics, curtain tassels akimbo and rotatable knick-knacks look at 'styled' homewares magazines and books full of simplified white rooms with white furniture, a stick in the corner and a $70 000 lampshade, and sigh at the delicious simplicity of it all. Some poor Berber person in the Atlas Mountains with bare walls, three cups and a sleeping mat is probably trying to bar the door to a marauding photographer from *Elle Decoration* at this very moment.

The decluttering movement has adherents in the green movement and among practitioners of feng shui (clap twice in your relationship corner and put a goldfish facing west), which is really just another way of creating 'rules' for a harmonious, comfortable and practical home.

There's a psychological aspect to 'decluttering'. Some people find it cathartic to chuck stuff out or give it away to charity shops and live more simply. Others find it hard to jettison anything, holding onto possessions, memories and feelings. 'Going through' boxes and deciding what to do with things can be very emotional, because it's tied up with grieving and memories, and with deciding how your priorities and needs have changed.

Here are some tips for general organising that might tempt the non-organised:

- Have a separate household address book or computer file (keep a hard-copy backup) that contains the contact details for doctors, tradies, close relatives and sleepover friends' parents, along with work numbers for adults and anything the family or a house- or babysitter might need. Include emergency contacts to call if something goes wrong with electricity, gas, phone or water supply.
- When decluttering cupboards or the pantry, get kids to help, even if you have to borrow them. Depending on what's being tidied (nothing potentially dangerous like medicines or sharp kitchen objects), it's great training for the kid brain to 'sort' things into categories – say, plastic containers with lids, or all saucepans stacked together.
- Put all the kids' toys away except a few. Every now and then, put out another box and store the ones that have been in circulation. Kids love it. (All kids need to keep their 'attachment toys', like teddies, blankies and anything else they love and demand . . . it's the 'floating' toys that can go away and come back to great delight.)

There's a whole shelf in American bookshops devoted to 'decluttering' and 'organizing'. There are websites and personal consultants who'll come to your house and help. But if you can't afford one, here, I'll do it for you. Get three boxes. Mark them 'keep', 'throw away' and 'op shop'. Ready, set, go. Only do one shelf or one room at a time, or put aside a couple of hours a week and do it gradually.

Garage-sale sites on the web will have hints on how to hold one, including where to advertise (and how to take down your signs afterwards!). Many women are organising swap nights, where up to 20 friends and acquaintances bring 10 or 20 items of clothing (to somebody's lounge room where some portable clothes racks are set up) and agree to swap item for item. One person's unflattering muu-muu affliction is another woman's dream frock.

Sometimes crunch time for decluttering comes when you're moving house and it makes no sense to pay someone to move all the junk you don't need from one house to another.

## Kitchen Business

It's good to have a couple of emergency meals in the freezer or pantry that can be whipped up as needed. See Chapter 10, 'Eat', for info on food and cooking.

### 🏠 Basic kitchen hygiene

- Have a separate cutting board for cutting all meat and fish. Wash it with boiling water or in a dishwasher.
- If you do reheat something, only do it once and make it piping hot to kill as many germs as possible.
- Never reheat takeaway. You don't know how many times it's already been reheated.
- Defrost frozen food in the fridge, not on the bench.
- Never eat food that's been sitting on the bench for more than a few minutes, especially if it has meat in it (this also goes for food on deli and café counters, which people breathe at and sneeze on all day, and your relatives' kitchen on Christmas Day).

### 🏠 Microwaves are not the devil

Microwaves disappear as soon as a microwave is turned off or the door is opened. They don't 'linger'. Radiation leaks could happen if the microwave oven is damaged or the door isn't sealed properly, which is exceedingly rare in a modern microwave. Microwaving vegetables can mean they retain more nutrients than steaming or boiling. I've also found that if you microwave a boiled egg it is cause for profound regret.

## Cleaning

Nothing divides women more than this subject. Unless it's the definition of sluttiness. Or what to have for tea. Or whether to have coffee or tea. But there's a definite division. Some would rather work an extra day a week to pay a cleaner, if possible. Others like a bit of a spring-clean with the music up loud, delight in sticking their nose into a pile of washing fresh off the line in the sunshine,

---

**MORE INFO** on kitchen business

**betterhealth.vic.gov.au** This government site has fact sheets on milk benefits and marketing, food safety and bacteria risks, home garden pesticide use, hygiene and cleaning products, food labelling and additives, and use-by dates.

**nzhistory.net.nz** Hear Aunt Daisy's 1950s chat about homemaking, beetroot chutney and a bit of philosophy about the United Nations, followed by a speedy cornflour blancmange. Choose 'Media Library', then 'Sound', then search 'Daisy'. High-larious.

**MORE INFO** on cooking

**The Cook's Companion by Stephanie Alexander** The one true must-have. Not just recipes for every kind of cuisine and ingredient, not just everything from boiling an egg to doing a complicated tagine, but Stephanie also tells you how to equip your kitchen and how to store things (tomatoes and bananas go weird in the fridge).

**The Thrifty Kitchen by Suzanne & Kate Gibbs** How to be frugal but not stingy, with breakfasts, family meals, kid and adult packed lunches, clever ways with leftovers and surpluses, stuff to cook and freeze on the weekends, baking, and cooking for crowds.

**Jams and Preserves by Syd Pemberton** I got scone envy just flipping through Syd's one-recipe-per-page little book – marmalades, chutneys, jellies, curds, jams, and some savoury things.

Foodie blogs and sites are everywhere, but here are some starting points.

**allrecipes.com.au** Aussie and NZ recipe swapsies.

**deliciousdays.com** International food blog with recipes and gorgeous pics.

**australianfoodblogs.wordpress.com** A local round-up.

and find folding the washing to be soothing and meditative.

And everyone has their pet hate, though they differ. Some regard the iron as a friend, others won't have one in the house.

If you can afford a cleaner, may I put in a word for them? Find one who's good at it and pay them at least a minimum wage and tip when you can. Your cleaner is doing dignified and respectable work for you. They are cleaning your toilet. You should treat them as politely and with the same amount of respect as you would the Prime Minister. (If the Prime Minister is actually cleaning your toilet I should like to hear about it.)

There's a recognised psychological stage of 'nesting' for some women as the birth of their baby gets closer. I never believed a word of it until in the last week before my daughter was born I insisted that my common-law husband clean not only the top of the fridge, but also underneath it.

### MORE INFO
#### on microwaves

**betterhealth.vic.gov.au** From the main page of this government health site search 'microwave ovens safety issues' for info on how microwaves work and how to use them safely.

### MORE INFO
#### on cleaning

**Spotless**; **Speedcleaning**; and **How to Be Comfy by Shannon Lush & Jennifer Fleming**
*Spotless* is about treating stains and cleaning things. *Speedcleaning* is about how to joosh your whole house. *How to Be Comfy* has home-decorating and budget-based advice, from useful stuff to bonkers suggestions like making a loo strainer our of flywire (don't ask) and putting Vicks VapoRub on car bonnets to deter cats.

**How to Clean Practically Anything by Sydney Pemberton** Syd can help you clean anything without buying expensive chemicals. Includes a stain troubleshooting list, how to clean all sorts of fabrics, and items as diverse as binoculars, flyscreens and teapots.

## Sharing the Housework

You may encounter housemates or partners who come from homes where poor Mum, or a cleaner, did everything. Or they seem oblivious to filth and disorder. As soon as you get an inkling that somebody thinks fairies wipe down the kitchen bench, hang up towels and do the dishes, have a discussion with them, asking, 'Which of the weekly housework chores do you want to do, or shall we take turns, one week on, one week off?'

A list will help everyone understand what's on the agenda. Some people hate cooking, but don't mind vacuuming, or enjoy cleaning surfaces but hate washing clothes. If the breakdown isn't simple or people aren't doing what they said they would, make a list together of collective chores that need to be done (including weekly tasks such as mopping and vacuuming floors, cleaning the bath, shower walls and toilet, and wiping out the fridge, as well as a general expectation of cleaning up after yourself).

Set up reminders on people's phones or put a list on the fridge. Lists and rosters can work best in most situations unless you can afford a cleaner (see the 'Sample Basic Chores List', coming up soon).

The (often unspoken) refusal of a housemate or partner to 'pull their weight' causes escalating resentment. Remember that such behaviour can be like somebody saying out loud: 'I expect you to serve me.' Don't get sucked into doing everything because your 'standards' are 'too high'. Seething while scrubbing is bad for your blood pressure. I once had a friend curl her lip at my list of tasks on the fridge for a boyfriend. She thought I was being a domineering harpy. He'd actually asked for a list, because otherwise he forgot what he'd agreed to do, and he was happy to work his way through it. Ten years later, after living with a man who'd once lifted a finger but only to dial for pizza delivery, my friend apologised: 'Now I get it.'

One way to 'train' a slob, aside from having an agreed list, is to just buy a cheap hamper with a lid and throw their clothes, mess, clutter, etc. into it. This can include dishes in difficult cases. The only way to deal with a defiant repeat-offender who has no shame, and no clean underpants, is to move out – or get them to.

This is one of the things on 'A Checklist for Moving in or Getting Married' in Chapter 28, 'Getting Love Right'. But if you're already in a house with somebody who isn't pulling their weight, you need to have the discussion – better late than never, as the cliché goes.

## 🏠 Who does which chores?

Over and over again, surveys and anecdotal evidence show that women who work outside the home still do much more housework and home-related chores than men, even when the men are just their flatmates, and that women aren't happy about it. It's one of the major causes of resentment in relationships and, therefore, eventually, on the list of reasons why women decide they want out of a relationship or shared house or flat. If you're happy with the 'division of labour' at your place, you don't need to read this section. But if it's really giving you the irrits, the following may help.

At heart, the problem can be one of oblivious thoughtlessness, or it could be laziness and self-centredness, or it could be lack of respect for how much work it takes to make a house run smoothly, especially when you have another job (such as childcare or a paid position). The most indefensible position of all is 'It's woman's work' or 'My mother does it, why can't you?' or 'I do the outside work, you do the inside work', when clearly the work in the home can be 24/7, not just once-a-month mowing and once-a-week putting the garbage out.

Many men who work outside the home don't 'see' mess or the grindy stuff, or notice that you're still folding washing, doing dishes, etc. Sit down and explain what you do all day, the hours it takes, and compare that with their hours at work. Not in a snarky way, just explain how you're feeling. Ask if they understand where you're coming from and if they could take on some responsibilities so it feels fairer.

A thankyou for somebody's work or praise for a particularly good job never goes astray. If you give a bloke some kind instruction, he'll feel a sense of accomplishment – if he says he can't cook or make a salad, teach him a few simple meals. Or you might love to cook and he prefers cleaning up afterwards. If he thinks cleaning the shower means pointing the handheld hose at it every month, teach him the right way to do it. Explain how white towel fluff gets onto black clothes in the same wash load. Explain how you need to check labels so silk gets hand-washed, etc. Explain how to peg clothes from the hems and on the seams so you don't get peg tents in your clothes. Bras hang over the middle so the cups are on each side of the line. Even if he doesn't do it exactly the way you like it the first time, praise him if you ever want him to try again.

To avoid having to have a zillion conversations when you live together – who's taking out garbage this week, who unpacked the dishwasher – have some agreed allocations. Make a list of what has to be done – every day and each week. If possible, estimate next to each chore how long it takes. One person picks one, then another until all chores are allocated. Use the sample list coming up and modify it for your own situation. It's also a good way to get a 'housework-blind' partner to see what's actually done. If you have small children, one of the quickest ways to 'explain' to an oblivious partner what has to be done is to leave them alone all day – preferably two or three days – with the kids. Use the list as a basis for negotiation, not a rule book. It can be modified any time one partner wants to revisit the list.

You may also like to mention that some studies 'prove' that men who do more housework make their partners happier and leave them more time and inclination for hanky-panky. Be careful of the shift that can happen when two adults who are earning a disposable wage and can afford a cleaner have a baby and then the woman (or bloke) stays home and they can't afford a cleaner any more. The full-time home person shouldn't have to do *all* the housework because they're not earning money.

You want things to be fair and equal, not turn the house into an army camp where you have to nag other people to do stuff, or you argue about who's done what and whether it's fair and who works 'harder' or longer outside the home. It's not a competition: it's about genuinely wanting to give and take, and finding a solution that all of you are happy with. Making a list is also a way to find out whether your standards of housekeeping match up. For example, if he doesn't understand why the toilet has to be cleaned once a week instead of 'when it's dirty', explain that it's a preventative against stink and disease.

#  How to make a chores list

You can each choose the things you're 'happy' to do first, then negotiate any you'd both rather avoid. Tell him he gets to choose when he does the weekly stuff on his list (within reason) – he can put on loud music and do it each Saturday, or after he's had a rest from work each night he can do a couple of things then. He can fluff, fold and iron in front of sport on the telly. Explain that if he doesn't want to do his share, he'll need to pay a cleaner to do his half, but of course there isn't a cleaner to come in every night to clear the kitchen: so a man who doesn't do ANY housework will have to pay for almost all the weekly things to be done to balance the daily stuff a woman does.

## SAMPLE BASIC CHORES LIST

### Daily chores

- Put away washed dishes from last night
- Make school lunches
- Put morning dishes in machine or wash up in sink
- Make dinner
- Wash up evening dishes and clean kitchen benches
- Do a load of washing
- Fold the clean, dry washing

### Weekly chores

- Moist-dust most horizontal surfaces
- Sweep and mop hard floors
- Vacuum all carpeting
- Clean bath and shower stall
- Clean toilet
- Wash bedding
- Do other washing
- Fold or iron clean washing
- Do the shopping
- Take out the garbage
- Bring the bins in

### Monthly chores

- Clean out and wipe down the fridge
- Vacuum bottom of wardrobes
- Do garden jobs such as weeding and mowing

### One-off handy jobs that need doing

- Fix gate latch
- Hang three pictures.

## Laundry Business

You know those articles in homewares magazines, where somebody has a laundry room, with washing machine and industrial-sized dryer run by solar energy, and neat drying racks, and a one-touch foldaway ironing board, and special cupboards for everything, and it's about the size of the deck on an aircraft carrier? Doesn't it just make you want to spit?

Still, even for the rest of us, knowing how to do the laundry can save time, money and shouty fights up and down the corridor, as any man knows who has ever popped a woman's silk lingerie or cashmere jumper on a hot cycle.

### ✳ MORE INFO
### on laundry business

**miele.com.au/au/domestic/service/ garmentcare.htm** An appliances company has good info on how to interpret international label instructions for washing, drying and ironing, or choose 'Tips for Stain Removal' or 'Fabric Care'.

## 🏠 Ironing

If you love ironing (some people do, finding it rhythmic and warming – probably not in the tropics, though!), you may be heartened to know there's a bunch of Brits who hold competitions in 'extreme ironing', including taking an ironing board down a river on a raft.

Either don't do it at all, or make it easier on yourself:

1. Use the time to listen to music or a podcast through your computer.
2. Pad the ironing board.
3. Wait until the iron heats up before ironing so the water turns to steam.
4. Get an iron that doesn't spit rusty bits onto your clothes.
5. There was going to be a fifth point, but I fell asleep.

## Green Priorities in the Home

Lots of us want to help save the planet and encourage kids to do the right thing – and even if you don't give a rat's pants about the environment, you can save money by going greener. It would be helpful if you can go just a little bit green, a nice sort of pale chartreuse. Even unplugging a phone charger when not using it saves energy.

## MORE INFO
### on green households

**The Australian Green Consumer Guide: Choosing Products for a Healthier Home, Planet and Bank Balance by Tanya Ha**
This is SBS presenter and eco-activist Ms Ha's local guide on how to shop green, recycle and avoid packaging. Quick-change bite-sized and 'who knew?' facts: like electric 'zappers' don't kill mozzies but do kill 'good' insects.

**Organic Home: The Australian Guide to Clean, Green Living by Rosamond Richardson**
Hints on energy use, recycling, laundry, food, cleaning, decorating materials, pets and cosmetics. Not sufficiently adapted from the UK.

**Green website & magazine warning**  Some environment activists and websites can be a little 'out there', like the one that thinks caesareans cause peanut allergies and sunscreen causes cancer. Some 'green' magazines and websites have wrong and alarmist information on the subject of immunisations (which do not cause autism and cannot be replaced by 'homeopathic remedies'). By all means get a compost recipe from a green source, but make sure you get medical advice from a doctor.

**greenpower.gov.au**  The Federal Government's website on alternative energy, from wind to solar power. If only they'd put their money where their website is and fund the development of these industries properly. End of speech.

**goodwoodguide.org.au**  Greenpeace help for those renovating or building; make sure you're not using wood from rainforests or with some other enviro-dodginess.

**livinggreener.gov.au**  This Federal Government site has lots of suggestions for individuals, families and businesses, and info on rebates and other incentives.

## Home Decorating

Yes, thank you for asking, I *am* addicted to homewares magazines. In fact, with the money I've spent on home mags I could probably have bought half an actual house. I love them, even as I wonder where those architects and their husbands keep their children. Certainly not in their all-white bedrooms with no storage.

Homewares mags and decorator websites can be so closely aligned to the ad industry that you feel like you're getting the hard sell. Most of them are just fun to look at, with inspirational and cheering photos of small rustic vases sporting artful posies.

## MORE INFO
### on decorating

Most websites and blogs have some commercial aspect, but here are a few with links to others.

**homelife.com.au**  Commercial Australian homewares mag site.

**feffakookan.blogspot.com**  Aussie blog with a ceramic, art and gardening bent.

**decor8blog.com**  An American-German with a wide-ranging, beautifully illustrated home design and homewares blog.

**housetohome.co.uk**  British home mag site with set-ups of some 'albums' of 'real' rooms decorated in all sorts of ways.

**shannonfricke.com**
**Sense of Style: Colour** and **Sense of Style: Space by Shannon Fricke**  One of Australia's most prolific home stylists provides plenty of inspiration.

**Home Love by Megan Morton**  Gorgeous book of good ideas for different rooms by an Aussie interiortrix.

**Private Lives: Australians at Home Since Federation by Peter Timms**  Mr Timms examines the history of the Aussie house: the verandah, the lounge room, lino on the floor, an inside loo. A big coffee-table book, with good pics and great words.

**Grandiflora**, **Grandiflora Arrangements** and **Grandiflora Celebrations by Saskia Havekes**
Beautiful large-format photographic books from the virtuosa Sydney florist.

 **Shopping for the home**

Furniture, white goods, housework gizmos, cleaning products and gourmet cooking equipment can cost a very lot of money. Are you paying more for a designer label, a vacuum cleaner that looks like a sculpture, or a blender that's been featured on a celebrity cooking show? Don't.

※ **MORE INFO**
**on shopping for the home**

**choice.com.au** The Australian Consumers' Association has comparison tests of everything from kids' lunch box items to fridges, and lots on how not to get ripped off. Members pay a fee and get premium access, but there's plenty here for the casual snootler.

## Home Maintenance Skills

In case something goes 'fzzt', 'whoosh', or 'bang!' one day, you need some handywoman and home-safety skills. Ask somebody handy to teach you so you're ready. There'll be times when there'll be nobody nearby who can do it for you, no matter how much you toss your pretty hair, flutter your eyelashes and stamp your tiny foot like a disgruntled pony.

 **Important handy home skills**

You should know how to:

- change a light bulb without electrocuting yourself
- change an electrical fuse or (more likely these days) reset the safety switch without electrocuting yourself (when all the lights go out)
- turn off the home supply of gas, electricity or water, if there's a leak, flood or other emergency
- light the pilot light on the gas hot-water supply without blowing yourself up
- install, deactivate and reactivate a smoke alarm (basically, this usually means putting in new batteries)
- change the batteries in the TV remotes.

You should also:

- Have a list of tradies to call for emergency repairs.

- Hide a spare house key you never tell anyone about (NOT under the mat or the pot plant or an obvious fake rock).
- Stock a small emergency kit containing torch, fuse wire, all necessary batteries, strong electrical tape (useful for many things) and emergency-repair phone numbers for gas, electricity and water supplies.
- Avoid things you must never try to fix or install yourself (electrical goods, any wiring or anything else electrically related, gas appliances, anything in or on the roof, other people's relationships).

※ **MORE INFO**
**on home maintenance**

**DIY: Know-how with Show-how by Julian Cassell & Peter Parham** A huge book full of pics and step-by-step instructions on how to do basic home maintenance, renovation and building, adapted from the UK for Australia.

## Traditional Arts & Crafts

A lot of womanly arts are being re-embraced, but thankfully not too many of the ones that seemed to suggest major brain fade, such as spray-painted pine cone animals, or baffled-looking macramé owls (but I suppose they might be next). Instead, women are enjoying the idea of using love and skill to make things for the home or family that are both beautiful and practical.

Some traditional arts, updated, include:

- knitting
- quilting
- sewing
- crochet
- felting
- jam making
- preserving
- cake decorating
- eating all the cakes
- crafts
- photograph album wrangling
- scrapbooking.

# Men & housework

You get a balance that works for both of you – he does jobs you hate, you do jobs he hates. The more active person does more work, but as long as no one feels put-upon, it's working.
ANON., 33, MELBOURNE

### 'He does most of the housework.'
KATIE, 18, BRISBANE

I recognise he works his guts out six days a week and doesn't need to come home and start ironing. It's more important he spend time with the kids. MICKY, 33, TOORAK

We have an agreement: I do all the housework and my husband (who's a fabulous cook) does all the cooking – perfect! LUCY, 28, CAIRNS

### 'My husband does most of the cooking, plus all the outdoor stuff, gardening, vegies, pool and sex.'
SHANGHAI, 40, BELLINGEN

Dad never does anything, but my brother helps out where he can – Mum's taught him well.
EMILY, 21, SYDNEY

He expects me to do the majority of the work, which pisses me off.
ANNA, 31, ELTHAM

My husband's a stay-at-home dad to our sons. He has the occasional spurt of cleaning energy but usually leaves it to the weekend when I can help, which defeats the purpose of me working full-time.
KELLY, 32, BERWICK

My husband does so much around the house that sometimes I feel slack. He's such a great husband.
ANDREA, 25, GYMPIE

I live with my younger brother and he does *nothing*! SOPHIE, 22, ADELAIDE

### 'He vacuums and I dust; he does dishes and I sweep floors; he kills the spiders and I deal with the childbirth.'
LOUISE, 21

He redoes everything I've said I've done, only better, bless him.
KIRSTEN, 33, BELLBOWRIE

He'll do anything I ask, but he has a hard time remembering to do the three chores I've asked him to do on a regular basis. He needs encouragement. But then again, so do I. ZOE, 33, GRANGE

The two men living in the apartment clean the kitchen area and lounge area. The two girls do everything else. ELIZA, 25, OXFORD, UK

He works hard so I don't have to work, so I'm happy to do the majority of the housework and cooking. He does all the gardening and handyman stuff. He'd willingly help out with cleaning/washing/cooking if I asked.
CAROLYN, 32, THORNBURY

My husband was the middle of five boys, and their mother taught them to do everything about the house. He even taught me how to change nappies.
DAWN, 76, WANGARATTA

My husband does things *if* I tell him to at least 10 times verbally and twice on paper, then perhaps send an email and an SMS or two – and one job might get half done.
MEGAN, 36, ENCOUNTER BAY

### 'If you don't like how your partner does the washing, do it yourself or shut up.'
MELODY, 30, MELBOURNE

My husband will do anything I ask him to. LEE, 55, MALLEE

All three of my sons did their fair share and we enjoyed our life together. They all now have partners who appreciate their expertise in cooking and general housework. JEN, 61, BOAT HARBOUR

# Handywomen

I've lived alone and never relied on a man. BERNIE, 53, ALBANY

I'm the handyman of the house (I live with two men) and pretty much ready to try anything. If I don't know how to do something I'll ask my parents or find out on the internet.
VERONICA, 28, CLIFTON HILL

I brought the toolbox to the relationship.
LILIAN, 23, SOUTH YARRA

### 'I'm the daughter of a builder and a liberated mother. There's nothing I can't do.'
LYNETTE, 41, OURIMBAH

I can change a tyre; use a drill, hammer, saw or paintbrush; put up a picture; lay a brick path or edge. My husband wouldn't know to start the mower. ANNE, 58, ESSENDON

I end up doing the 'man' jobs in our house because my fiancé won't try and has extremely soft hands.
LEE, 26, EPPING

I can do most handyman things. I can even install an exhaust fan and fix or install a gearbox in an F100.
THUMPER, 19, PERTH

I can lay a tiled floor, lay outdoor paving, build a brick wall, build a pizza oven or a fishpond.
SUE, 55, BRISBANE

I detest the phrase 'stitch and bitch' because I'm allergic to the B-word, but I love the idea of craft groups where women can get together and fiddle about with their arts and have a chinwag.

#  Sewing

Knowing how to sew in a straight line can make you a quilter, or, with a bit more practice, into somebody who can make their own homewares and, if they love it and are dedicated, their own clothes. A few sewing skills can mean your clothes look better (almost everybody could do with a bit of tailoring and alteration, as nobody is a perfectly standard height with the same-sized top, bottom, arm length, thigh length, calf length and that bit between your shoulder and your bosoms).

While I'm not suggesting you darn your socks instead of making them into window cleaners, being able to sew on buttons, take up hems, replace a zip and even make a wee dart can mean you've more cash spare for other things, and your clothes will fit better, transforming you into a well-groomed and tailored film star and making you look at least a metre taller, or not.

You can find a dressmaker or tailor in your local listings or online. Give them one thing to do first to check their competency and work up from there. Always get a quote before you start. Discuss important things like whether you want it done by hand or by machine sewing. Try it on so they can make the adjustments with pins and measure if they need to. Taking up hems can vary from $20 to $60. Don't get stung.

## ✳ MORE INFO
### on sewing

**selvedge.org** *Selvedge* magazine, named after the non-fraying edge on a bolt of cloth, is a sewing- and textile-lover's dream.

**The Sewing Book by Alison Smith** This ginormous book tells and shows you how to sew, with brilliant step-by-step photos of everything from taking up a hem, making homewares, mending, replacing a zip, fitting pockets and tailoring clothes. ('I'll be out the back boning a bodice, Janice.')

## ✳ MORE INFO on traditional crafts

Get on the blogs and keep your eye open for meeting groups and classes in your area. There are lots of lady bloggers who link to each other.

**meetmeatmikes.blogspot.com**
**Meet Me at Mike's: 26 Crafty Projects and Things to Make** and **Sew La Tea Do by Pip Lincolne**
Crafts maven Pip Lincolne has a blog and books of projects, from wallets made out of the pages of *The Magic Faraway Tree* to buttons, bows and other handmade bizzo. Oh, the crocheted panda.

**kootoyoo.com** Another lovely local craft blog, with cool crochet and links to like-minded crafters.

**cwaa.org.au** The splendid Country Women's Association is preserving the art of things like, well, preserving. These women hold the history and the knowledge of much of Australia's tradition of cooking and making. The Association is also involved with global and pressing issues such as drought, land care and mental health.

**Country shows** If you ever get the chance to go to an agricultural show, or a country or farmers' produce market, check out the amazing things they do. Keep your eye on agricultural websites for some shows to get along to. Here are some:

**NSW** agshowsnsw.org.au

**Qld** qcas.net.au

**SA** sacountryshows.com

**Tas.** ascti.com.au

**Vic.** vicagshows.com.au

**WA** perthroyalshow.com.au

**yarnbombing.com**
**Yarn Bombing: The Art of Crochet and Knit Graffiti by Mandy Moore & Leanne Prain**
Guerrilla knitters place unauthorised and wacky art installations in public places. They call it 'crochet and knit graffiti' or 'adornments for street furniture'. The book includes patterns.

## CALLING ALL KNITTERS & QUILTERS

The Addis Ababa Fistula Hospital in Ethiopia, founded by Australian doctor Catherine Hamlin, needs blankets for women patients with vaginal injuries, caused by births with no medical help, that have resulted in uncontrollable incontinence. It's a cold winter there. They need bright, multicoloured blankets made from knitted squares that the ladies can take home after their operation as a gift (about 1.4 metres square in total is good, or 2 × 1 metres if you're ambitious, preferably made from 25 centimetre squares). A group can do a few squares each, or kids can do a square each at school. The hospital also asks for sewn patchwork quilts for women who can't be cured, who live on a nearby farm. Single-bed quilts with warm batting are needed. See the 'How to Help' page at hamlinfistula. org.au for details of how to mail your gift.

## Gardening

Even the teensiest apartment with a Juliet balcony can have a few pots, even some herbs on the windowsill. Lots of people derive spiritual comfort from their garden. And speaking of spiritual comfort, chooks!

## MORE INFO
### on gardening

Many gardening books are written for the northern hemisphere – make sure yours is written by a local, about local conditions and plants.

**Stephanie Alexander's Kitchen Garden Companion**  This wonderful book shows how to make a school or home kitchen garden for growing fruit and veg, how to use natural pesticides and what to cook up, how. (Stephanie and I share a publisher. I once served her lavender cupcakes with burnt bottoms and she didn't mind a bit.)

**Kitchen Gardens of Australia by Kate Herd**  The inspirational kitchen gardens of chefs and other interesting folk.

**Keeping Chickens: An Australian Guide**  A no-nonsense book with no foofy 'lifestyle' photographs. Breeds, breeding, turning cubbies into coops, what to do with annoying cocks, contemplating eggs and the horrible truth of a 'pecking order'. Checklists, local clubs and suppliers.

**Composting: A Down-to-earth, Water-wise Guide**  A book on how to make and use compost.

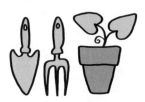

# CHAPTER 35

# A fair go for women: are we there yet?

Although more than 98 per cent of the Women's Stuff Survey respondents said they believed in equal rights for women, less than 44 per cent said they regarded themselves as feminists. Which is a bit like saying you're not a professional musician but you play the guitar for money. Or you run the Catholic Church and wear a purple frock and carry a smoking handbag, but you'd rather not be called the Pope.

'I'm a feminist' is not a signal for everyone to start muttering about involuntary penis removal, get shouty and wave pitchforks if they see a man in the distance. But the fight for equality isn't over – in some ways we seem to be 'going backwards'. This chapter explains why, and the easy and non-pitchforky ways to support the idea of equality and fight discrimination against women, whatever you call yourself.

# Thoughts on women

We haven't done it all – and the younger generation of women needs to know that equality and rights are never handed to you on a platter. Those we have were fought for and may need to be fought for again.
JENNIFER, 60, MCKELLAR

'We need to remain vigilant and extend the bounty of our position to Indigenous women and women in developing nations.'
MAIREAD, 49, FAIRY MEADOW

We've been oppressed for thousands of years, and now that we've got the chance to change that, we oppress ourselves.
KITTY, 29, DULWICH HILL

Powerful working women, when they find out you don't work, basically disregard you. One of the classic comments is, 'What do you do all day?' I usually don't justify that with an answer.
KATE, 40, MURRUMBEENA

Don't abuse what others have fought hard to achieve.
LEE, 60, NUNDAH

I think we should focus on human rights, not just women's rights.
ALICE, 58, NEWTOWN

Let's stop fighting with each other, ladies. It just gives the men a bit of sport and justification about why women can't do things. We need to support each other and each other's decisions.
RADIO GIRL, 34, MELBOURNE

I get annoyed with certain religious groups that say women aren't equal. Arragggggh! MARIA, 41, YOUNG

Stand up for yourself.
KAFFEE, 71, TAYLORS HILL

Don't let any man tell you how to look, think or behave.
DENISE, 57, HOXTON PARK

I'd tell women you can't 'have it all'. Or, as my mum told me, 'No one gets a full deck.' You do make choices and you live by them.
DEBBIE, 49, NORTH RYDE

## Women doing double the work

I don't like working at my job and then doing more work when I come home. I don't like the fact that men think they're sharing the housework by doing the dishes at night!
MARIA, 45, BLACKBURN

'I want to see the overwhelming majority of men take responsibility for their 50 per cent of the work, not just "helping out".'
TAMSIN, 44, BUNDOORA

Women are always going to have to work harder than men.
ANGELA, 63, EVERTON HILLS

## Girls & raunch culture

I never understand why women rationalize *Hooters*-type feminism with 'Well, she chose to be a titty model, good for her'. No. Bad for us. I would hope there would be outrage in the black community if someone chose to be a white person's indentured servant. Thus, I think women have a responsibility to call each other out.
'REDWING', BLOG COMMENTER, DOUBLEX.COM

Girls are being manipulated by male-dominated media into being 'raunchy'. I see some schoolgirls who look like $2 hookers, going to school with their tiny skirts and thigh-length socks. They don't realise it's not for them, it's for the men. LEE BEE, 43, NORTH ROCKS

Currently, raunch culture is misinterpreted as a version of feminism. I feel very strongly about this. ANNE, 51, SYDNEY

'I fear women won't be presidents and premiers in the future. They'll still be dancing in video clips next to rap singers.'
EVE, 30, BRUNSWICK WEST

Current pop culture debases women. A lot of young women look increasingly plasticised and manufactured. There's danger in confusing sexual choice with the need to look sexual in most situations. JILL, 50, FOOTSCRAY

Who are the women teaching their daughters that it's okay to pop out their boobs for money?
KERI, 42, BRISBANE

## Educating our sons & partners

I really love the boys I teach and feel sorry for them. It's hard for boys to grow up human when they're surrounded by such a media. ELIZABETH, 29, MELBOURNE

We've confused our menfolk, who rarely know what's the right thing for them to do or feel.
CHRISTINE, 69, MUNSTER

It's in our hands to make life better for women through our sons.
IRENE, 52, SINGAPORE

Wild, aggressive young men are a danger to our young women. Drinking, bad-behaviour types are to be avoided at all costs.
PATRICIA, 60, YARRA GLEN

I like it when mothers teach their sons to cook and iron and sew on buttons. It makes life much more equal for their sons' partners.
TJ, 35, CARLTON

## Why We Still Need Women's Rights

Feminism, women's rights, equal rights, freedom: there are lots of different ways to describe the idea that girls and women should have as many opportunities and as much respect as boys and men. Many women reject the term 'feminism' because they think that women now enjoy the same opportunities and advantages as men and so nobody needs to be an advocate for women's rights any more.

Some of us don't even notice that the gains made for some girls and women are being worn away or ignored – until we come up against discrimination at work, or we notice that the politicians always pomp on about how important motherhood is but don't fund maternity services properly. In some countries, the idea of women's equality is illegal, and girls are stoned to death as a perverse 'punishment' for being raped. Every day in Australia without trying you can see evidence of entrenched discrimination against or exploitation of girls and women. But even when we do have a moment to recognise that things are still unfair, most of us are up to pussy's bow just trying to organise our lives, without having to find the time to protest in the streets with a homemade sign and a proper beehive, like they did in the 1970s – thank you, ladies.

We're not 'there' yet, because we need new generations of women to know what we've gained, what we could lose and what still needs to be done. Here's why we still need you to help fight for our rights, whether you call yourself a feminist, an 'equalist' or Lady Beryl 'Boom-Boom' Fassbinder.

### Equal rights & opportunities

These include:

- the right to an equal education
- equality of opportunity in all spheres of public and private life
- equal legal rights as a citizen, including an equal vote
- equal pay for equal work
- control over one's own fertility, including deciding when and if to become a mother
- freedom from intimidation and violence from strangers or people known to us.

Believing in feminism doesn't mean thinking you can 'have it all'. It means you want women to be able to make a few choices from the buffet table of life rather than being allowed a small gravel sandwich by a husband or male relatives. Feminism also advocates for:

- freedom from imposed body image pressures
- rejection of the use of women as sexual or decorative objects, rather than as people worthy of respect
- women to share with men responsibility for children, organisation and housework
- affordable childcare.

### What women have won

You're allowed to vote because women who called themselves suffragettes fought for you ('suffrage' means the right to vote). There are laws to prevent bosses forcing you to have sex, because women fought for change. There are women who set up women's refuges, got women into parliament to pass laws about standards for childcare centres, and gave women the right to co-own or own property with husbands or anyone else. These women fought long and hard so that you are not considered the legal property either of your father, who has the right to control everything in your life including what to spend money on and where to go and what to wear, *or* your husband, who as well as all those rights can also force you to have sex and strike you when you 'disobey'.

Women had no independence – they could not legally own or inherit property, so even if their husband died they had to be somehow dependent on their grown-up children (if any) or another male relative. All this was changed by women's liberationists, or feminists.

It's because feminists fought hard, against strong opposition each time, in the last few decades, that we women in Australia and New Zealand are now 'allowed' to:

- study at primary school, secondary school, college and university
- vote and be politicians
- be on a jury, or be made a judge
- choose our own career and be awarded qualifications we've earned
- earn, keep and spend our own money

- be paid at least a minimum wage
- get as much money as a man for doing exactly the same job (until 1972 Australian law required that women earn only 75 per cent of a man's wage)
- be legally protected from sexual harassment or discrimination because we're female
- own and sell property
- as adults, ignore what our father – or our partner or husband – tells us to do
- participate in the Olympics
- keep working if we're pregnant, and get our job back later, instead of being sacked
- have legal access to safe contraception and termination of pregnancy
- be a single parent and keep our children if we're not married or paid by a man, and get some government financial assistance
- choose medical treatment without the permission of our father or husband
- earn our own money if we're married
- legally stop our partner or husband assaulting us
- go to a women's refuge
- not be accused of past 'sluttish' behaviour during a rape trial.

## A DAY IN THE LIFE OF WOMEN'S RIGHTS

If we estimate that recognisable humans have been on the earth for about 200000 years or so, and if we express those 200000 years as a 24-hour day, and right now, it's midnight at the end of the 24 hours, that means:

- Neanderthals became extinct at about 3.07 this afternoon.
- Aboriginal people arrived in Australia about 20 minutes later.
- Greeks invented democracy (only for men who weren't slaves) about quarter of an hour ago.
- Most New Zealand women got the vote about 50 seconds ago.
- Non-indigenous Australian women were given the vote 44 seconds ago.
- Women got the vote in Greece about 25 seconds ago.
- Indigenous women got the vote in Australia about 20 seconds ago.
- Swiss women got the vote about 5 seconds ago.

(Still not allowing women to participate: Saudi Arabia and Vatican City.)

## ARE YOU A FEMINIST?

In answers to the Women's Stuff Survey:

- 1855 women answered the question 'Do you believe in equal rights and opportunities for women?' 98.7 per cent said yes.
- 1767 women answered the question 'Do you call yourself a feminist?' 43.6 per cent said yes, 56.4 per cent said no.

## 🐘 Rejecting the word 'feminist'

It's baffling. I guess it's because the propagandists have been successful in literally giving feminism a bad name. Unfortunately, no matter what women call themselves to show they care about women's rights, they'll be ridiculed. When 'feminists' are written about in the media, it can be a stereotype or the craziest example, like the one person among millions who thinks all penetrative sex is rape.

If you don't believe in feminism, why are you holding onto any rights that feminists of the past won for you? If you're paid a fair wage for your work, if you can vote, if you use contraception, if you don't want a male boss to be able to put his hand up your skirt at work whenever he feels like it, if you make any financial decisions, then how can you say you're not a feminist?

Not liking the word is one thing, but if you truly say you're not a feminist AND you don't believe in feminism, then you'll need to stop voting, stop deciding what any money you earn is to be spent on – give it straight to your father or your husband – stop taking contraception, stop expressing any opinion, and do only your duties as a child rearer or a decoration. Wear what you're told, do what you're told and stay hidden or be a sex object.

Or, you could take advantage of all that feminists have won for you, and then make a face and say you don't like the sound of 'feminist'. Fine. All we ask is that when you say 'I'm not a feminist', you please add, 'I don't like the word, but I think there's still a long way to go in the world for equality.' Because otherwise you're not being really truthful. And you're not helping.

## 🐾 Why we're still fighting

In some countries, women are beaten to death as a 'punishment' for being raped, because they're no longer 'pure'. In some countries, women are murdered if they don't marry who their male relatives tell them to. In Afghanistan, girls and their teachers are threatened with disfiguration with acid, or bombs, for their commitment to education. In Africa there are no prospects for some girls or any hope of financial independence. All around the world, millions of girls and women live in constant fear of rape and violence.

In these countries where women are brutally oppressed, their human rights are prevented by law or convention. Where women do have these legal and enforced rights, they've only been 'granted' after long fights, and in the last 120 or so years (in some places in the last couple of years). In some places where these rights have been acknowledged, they've then been taken away. The reason they're spoken of as *women*'s rights, rather than everyone's, is that in many places and for the overwhelming majority of human history, 'human' rights were accorded only or first to men.

In the last 50 years or so, women in some parts of the world have been able to get some control over their fertility. Previously, many of the babies, and many of the women, died in childbirth, as they still do in their millions in countries without proper medical services or immunisation. Choice brings its own problems, of course – whether to have children, what happens if you can't, or find it difficult, when to have them, with whom, and how many to have. But choice is a basic human right.

Women still bear the brunt of world poverty, have the worst of it when it comes to health conditions, and are generally less educated. In parts of China, India and elsewhere, girl babies are routinely aborted or killed in favour of sons. In many countries there's no penalty for rape, and girls are forced to marry, and behave and dress a certain way, by their families – from the Amish to the Pakistani areas controlled by Muslim warlords, and into the suburbs of Australia, the UK and the US. The penalty is being cast out of the family and community, or violence, even death, in misnamed 'honour' killings.

Even in places where laws have been passed to allow women to vote and stand for parliament and people ought to know better, old dinosaur attitudes still prevail. The Italian Prime Minister Silvio Berlusconi once referred to the difficulty of stopping the rape of 'pretty girls' unless there were soldiers on the street. In Tony Abbott's first reference to his deputy, Julie Bishop, after being elected leader of the Australian Liberal Party and Opposition, he referred to her as a loyal 'girl', then to his adversarial relationship with the female deputy Prime Minister as 'flirting', and when talking about policy, he referred to 'housewives' doing the ironing. WA politician Troy Buswell kept his job after publicly sniffing the seat of a woman who'd left a meeting room. It's said to be common practice that male politicians from both sides of politics go to strip clubs when on overseas trips.

In no country do women earn, on average, as much as or more than men for the same work. In some countries, women do not have access to healthcare. We're still fighting for them.

Some issues of feminism can seem more trivial, like asking why the phrase 'When man first roamed the earth' seems to exclude half the population, or how a supposedly comprehensive horror fiction anthology could have been published in 2009 by the British Fantasy Society without a single woman author, and the editor could say truthfully that he was very sorry but he simply hadn't noticed. In one recent year, Triple J radio's 'Hottest 100' songs contained none by a female artist. The vast majority of films are narrated by or have lead male characters. Twenty years ago, women were told they couldn't be football reporters because they had to get stories from naked men in change rooms. There was collective fury then about men being 'forced' to have press conferences outside the change rooms. Now that's no longer an issue, some people still say women can't commentate or report on sport because their voices are too high.

We still need you to help fight for the next generation of girls not to be seen as sex objects, for your sister to have a safe place if her husband beats her, for all of us to have an education and a self-decided future, for equal rights in the workplace regardless of what we look like, and for the right to be judged on who we are, what we believe and what we do. Not just whether we're 'hot'.

Here are some things that still aren't fixed, or at least questions to be asked:

- How come girls do much better on average than boys at school and uni, yet women are more likely to be in the lower paid part-time or casual jobs with fewer benefits and worse conditions?
- Why are most managers, bosses and politicians men?
- How come the average full-time wage for women is still less than the average weekly earnings for men? (In most cases, less than or around 80 per cent of the man's wage.)
- Is the 'glass ceiling', an invisible barrier to women rising to the top in companies, caused only by women deciding to have children or take a 'break' from work to stay home with kids, or is it also about discrimination and attitudes?
- Why should a girl's virginity be more relevant than a guy's?
- Why is 'slut' still an insult only for women?
- Why is it that in many countries women who have been raped or leave their husband are arrested and punished?
- Why is it that in some cultures girls' genitals are mutilated? And why are girls in some countries forced to cover themselves entirely with fabric or risk being insulted, assaulted in public or legally punished?
- Why are women in headscarves assumed to have been forced into it (one of them is the Queen)?
- How is it that in many cultures girls as young as 9 who've been 'promised' to older men are forced from school into marriage?
- How come so many guys in our own society don't respect girls and women or their achievements?
- Why is the incidence of sexual assault and rape rising among young people?
- Why do some people persist in behaving as if girls and women are just toys for guys?
- Why do so many schoolgirls not have the option of wearing trousers to school?
- Why do some girls feel they need to know 'What guys want' and 'Will guys like it if I . . .'? Wouldn't it be nice if girls more often thought 'What would a guy have to do to impress *me*'?
- Why would a style writer faff on about how it's okay to wear flat heels as long as men don't mind and the shoes are in fashion?
- Why should we have to draw the attention of supermarket and shop managers to the radio station going through the public address system with violent and sexist lyrics? 'I just came in for broccoli, I'd rather not be told to smack my bitch up,' I've explained politely.
- How come female singers are expected to look as if they're in a porn video?
- Why do some religious leaders say that women who have their period can't enter a place of worship and should otherwise restrict their activities?
- How come women are forbidden or discouraged from being leaders in some churches?
- Why is a teenaged girl who has a baby sometimes asked or pressured to leave school, but the father of the baby isn't?
- How come most of the sports reports (and sponsorships) are for men's sports?
- Why do so many radio and TV shows have lots of men but only one woman, never the other way round?
- How come male newsreaders and actors are allowed to get old and look 'distinguished', but the women have to try to 'look younger' by using cosmetic procedures?
- How come the mostly male politicians in the Federal Government haven't fixed the childcare problem?
- How come the mostly male politicians, many of them with a religious bias, make the rules about abortion when they'll never be pregnant?
- How come even the women who work full-time outside the house usually do a lot more of the housework than their partners?
- Why do such a large majority of children's TV shows and movies have male heroes, rather than female ones?
- How come women writers often write dramas and comedies with equal roles for guys and women, while most male writers tend to write interesting roles for guys but not so many good roles or lines for women?

## DOUBLE THE WORK FOR WOMEN

Arlie Hochschild, an American sociologist, invented the term 'second shift' in 1989 to explain how 'liberated women' now worked outside the home, but came back from work and did all the housework as well.

In the 1970s, feminists demanded liberation from being forced to stay at home without financial independence. But now women also need to know how to apply their freedoms and balance their choices. They can end up exhausted at work and at home, and feeling guilty about both. Women who want flexible work hours can end up in casual jobs without proper health and leave benefits, or unskilled, low-paid jobs with not much prospect of improvement. *Nation* magazine journalist Patricia Cohen put it this way: ' "Choice feminism" doesn't provide any formula or model for happily balancing family, work, love, chores, play, sleep and more. Nothing does any more.'

For more on sharing the housework load, see Chapter 34, 'Making a Home', before this one.

## 🐘 Equality FAQs

### What's the difference between feminist & feminine?

**Feminine:** Something obviously girly or frilly, flouncy, associated with being a woman and unmanly.

**Feminism:** The belief in equal rights and opportunities for girls and women, and opposition to disadvantages on the basis of being female.

### Are feminists those crazy women who burnt their bras at protests?

No, it's a myth. It was just after the 1950s, when huge constraining bra and girdle contraptions were seen as a symbol of restriction and confinement, but no footage or pictures exist of it really happening. I'm not sure why the idea upsets people so much unless they're lingerie fetishists. And if it did happen? It's the sort of 'stunt' any pressure group resorts to in order to get media attention.

### Are feminists all man-hating hairy lesbians?

No. Just as not all men are Neanderthal women-hating creeps with disconcerting goatees and a love of disco.

### Are feminists just a bunch of strident Feminazis?

Ahem. Do you know what the real Nazis did? Please reserve this word for them. There *are* some extremist feminists who would prefer a world without men – but there are far, far fewer nutty edge-of-the-world feminists than there are conservative, religious and bonkers extremists who believe women are good only for child rearing and as sexual objects. Most of the rest of us are huddled in the middle, nervously eating our sandwiches and keeping an eye on the lunatic fringe in both directions, thank you very much.

### Did feminism lie to us by promising everything?

It isn't feminism that lied to you, it's advertising. Feminism doesn't mean having it all. It means freedom to choose which things to *try* to have. You can't do it, or have it, all. There isn't enough time. But you have freedom to choose whether to concentrate on family or career, or somehow try to manage both. It's up to us to try to work out how we do that. It's the people who put obstacles in our path who are the problem.

### Can't I just call myself an 'equalist' or humanist instead of a feminist?

Yes. And if you're an 'equalist', get ready to debate these issues: In what areas do you believe men generally don't have as many rights as women? Are they outweighed by areas in which they're equal? You can be an advocate for other people's rights as well as women's rights. You can like peanut butter AND Vegemite. One moment please, I have a pressing urge to make some toast.

### Shouldn't we acknowledge that men & women aren't the same?

Sure. And we do. It's not about wanting all-identical rights – there's not much point passing a law to enshrine the right of men to breastfeed in a public place.

### Can't I just stay at home? I don't want to be a feminist

Holly, 21, of Burnie, said in the Women's Stuff Survey: 'I don't like the term and I would have preferred life if the feminists had not got their way. I'd be happy to stay home and be expected to do nothing but look pretty. I hate working. I hate my job. I'd rather be useless at home.'

I don't know who's doing Holly's vacuuming, but here are a few other things she may not have thought of. Feminism doesn't say you can't stay at home – it says you should have the choice. It says you shouldn't be forced to stay at home. Feminists fought for the right for women to legally be allowed to use contraception (that's right), which means we can choose how many kids to try to have. They fought for maternity sections of hospitals to be fully equipped, and for women's health centres.

They fought so that if your husband was injured and couldn't work, you'd get a carer's pension. They fought so that if your husband died, you'd inherit his superannuation, property and any other assets, instead of it being distributed among his male relatives. They fought so you get to choose whether you want to have sex, whether you're married or not.

They fought so that if and when you have children, you get decent medical care. They fought to change the laws that said if a woman was divorced or needed to get away from a violent husband, she had to leave her children with him and never see them again. Feminists insisted on a woman's right to wear trousers, which were still banned in many workplaces up to 20 or 30 years ago – and of course in other countries women still can't wear trousers, or anything but a burqua, without fear of violence.

What about when you're not 'pretty' any more? And what if the world is bigger than your needs? Don't you care about the rights of any other women in the world? What if your daughters or nieces want some rights? Or women in Nigeria? Or the lady next door? Anyway, Holly, good luck with your life and please check back in 20 years and let us know how you got on. Because I don't think you want to be a 'housewife' who doesn't get any choices in life – you want to be one of the idle rich. There's a big difference.

### How to support women

Here are some simple, cheap and easy ways to help support equal rights and opportunities for women:

**1 Speak up** – When appropriate, calmly say that you support equality for women and are against discrimination. If anyone asks for an example, pick one from this chapter. You don't have to 'win' an argument with a chauvinist or misogynist. Use reflective listening or ways to handle insults from Chapter 1, 'How to Be Confident'. A simple, dignified smile and 'Wow' or 'We'll have to agree to disagree' will be very powerful.

**2 Use your vote** – Pressure your local politicians and councillors with quick emails or phone calls to support a woman's right to control her own fertility, the fairer distribution of sport funds to women's clubs as well as men's, maternity and breastfeeding services, that sort of thing. Make a short complaint about a sexist ad to the company selling the product, saying you'll never buy it.

**3 Talk** – When you have the opportunity, talk with kids and teens about how some men and the media treat women and what it was like in the past; point out some current inequities, and ask them what they'd do about it.

**4 Stay informed** – Check out the websites in 'More Info on Women's Issues', later in this chapter. Find out what's going on and lend your support to various campaigns with just a couple of mouse clicks.

**5 Give** – When you decide what you can afford to give to charity (time or money), and where to direct it, consider helping women and girls who can't get healthcare, an education, or a skills-based job. See the non-profit charities and projects in Chapter 40, 'Community & Caring'.

## The Tyranny of 'Hot'

### Women as sex objects

Which woman will get the most attention when she walks into the room, the Nobel Prize-winning scientist or the woman with bosoms on display, wearing a skin-tight miniskirt with high heels she can hardly walk in? Girls have absorbed this message. It's all still about male approval, when the only freedom girls can see is the 'freedom' to look 'hot' and even pose naked, or get a famous boyfriend as the pinnacle of achievement. Everyone knows the cliché of what the rich man's trophy wife looks like – and we're surprised when we see an elderly director or actor at the Oscars with a wife who looks as old as he does.

Women are again settling for being sexual servants: back to the 1950s, when women didn't know how to enjoy sex or that they could. So many young women say they don't have an orgasm, seeing sex as not much more than their duty servicing the man, a situation reinforced by dominant mainstream porn. Some people argue that the only lasting benefit we got out of the so-called 'sexual revolution' was reliable contraception and the right to use it. It certainly didn't end the objectification of women. It freed us from uncontrolled fertility, but in some ways replaced it with the tyranny of perceived 'hotness'. (See Chapter 32, 'Sex', for more.)

As a result, women spend far more time on their appearance than their counterparts 20 years ago, chasing the impossible and increasingly sexual 'ideal'. Maureen Dowd, a US newspaper columnist, reckons: 'Feminism has been replaced by narcissism.' Women have been pressured – by increasing commercialism and relentless imposed definitions of what they should look like, and how sexy (defined by others) and young they should appear – into spending all their energies and income on their appearance, not their achievements and inner selves, or their future financial security or independence.

The überglam celebrity mag *Vanity Fair* insists on portraying female celebrities in their bra and pants, or topless, while men get to wear suits (sometimes they have their shirt off, but they don't show any scrotal cleavage). One of the favourite photo clichés is to have the woman in only her underpants and an oversized man's business shirt, as if she's just had sex with someone and is borrowing his hastily discarded shirt to pad to the kitchen for an orange juice. The modern cliché has another popular element, the wide-open legs with the 'tails' of the shirt covering the pubic area.

I once read a so-called feminist 'analysis' of an old *Vanity Fair* cover photo of Nicole Kidman with a dead stare and glossy, parted lips in a yacht captain's hat pulling a white shirt open to show almost all of her bare torso (and bra). It said that this picture showed that Ms Kidman was a genius, illustrating the Jungian integration (don't ask me) and perfect balance of playful and serious.

I don't think people are going to look at Nicole's boozies and say, 'What a perfect illustration of Jungian integration.' I think you'll find they say, 'Phwoaaarrr.' It's not a powerful metaphor for the

vulnerabilities of women in the modern zeitgeist, it's getting your girls out for the camera because that's what sells. All it shows is that even one of the most famous and respected actresses in the world is photographed like a lingerie model. I have nothing against bosoms, or getting them out, or Ms Kidman. She's just a girl. Standing in front of a photographer. Asking for some publicity.

In any case, it's a safety issue. One day I'm going to throw something at the TV screen and break it because there are only two women in the movie I'm watching – and one's a long-suffering wife and the other is advancing the plot by accidentally falling out of her pants.

## ✳ MORE INFO
### on porn culture

**Female Chauvinist Pigs: Women and the Rise of Raunch Culture by Ariel Levy** How girls can mistake looking sexy for equality and power.

**Living Dolls: The Return of Sexism by Natasha Walter** An author who used to think 'feminism has gorn too far' changes her mind.

**Getting Real: Challenging the Sexualisation of Girls edited by Melinda Tankard Reist** This collection, edited by campaigner and founder of the Christian-based Australian Women's Forum, explores the pressures on girls.

## 🐘 Pop-porn
The music video channels now have the sort of bump and grind, simulated oral sex, pole-dancing moves and gestures that come straight from sex workers and strippers. Any young girl interested in pop music is forced to swallow a load of exploitative and disrespectful imagery with almost every video. The seedy world of sex workers, in reality associated with past and present sexual abuse, drug use and critically low self-esteem, has been made glamorous. It means little girls need other role models in music (see 'More Info on Women in Music', coming up). You can also record the videos and then make an edited version where women singers are doing something interesting and talented without the sex-slave image.

Young women with 'clean' reputations think 'dirtying it up' means they seem 'grown up' or will

# Hopes & fears for the next generation of women

I just hope the next generation will keep going with feminism rather than being scared off. There's still a long way to go. LEAH, 29, NEWPORT

I'm worried they'll forget about feminism because they think the previous generation won the battle, and that it will end up going backwards. KITTY, 29, DULWICH HILL

'I fear that my baby girl be will pressured into looking a certain way, being thin and beautiful to be "liked". I want her to know that she's beautiful no matter what.' ERICA, 25, BENTLEIGH EAST

I want them not to feel pressured to do everything and to know it's okay to do what they want. They don't have to do it all. MEL, 30, ACACIA GARDENS

I hope my daughter will be freed from the supermum syndrome and not feel any guilt or stigma should she choose to stay home with her children after completing her education. ELLEN, 51, MACKAY

I hope my three daughters end up with a man who's not a player, who's a doer not a gunna, who treats them like ladies and cherishes their versatility, and who's a fantastic father to their children. CURLY, 50, DUBBO

Will my daughter be strong enough to cope with the personal criticism, bitching, and eventual sexual propositioning as she grows up in our society? ESTELLE, 37, BURWOOD

I hope girls can reach their full potential in their chosen field without having to relinquish their place in the workforce to take on the old 'female responsibilities'. VERONICA, 70, JAMESTOWN

I hope they don't become too obsessed with being equal and work their tails off, neglecting themselves and any babies they choose to have. LIZ, 31, EAST MAITLAND

I worry that with this 'ladette' phenomenon we might be losing our ladylike qualities. LAUREN, 22, SHELLHARBOUR

I hope they give themselves a break. You don't have to be perfect. BEC, 38, ADELAIDE

I hope they learn to love who they are and that they stop enabling men to be so lazy around the house. SUE, 29, ARMADALE

I hope they're stronger than us. I hope my daughter isn't as big a sap as I was with men throughout my life. MERCEDES, 47, MAWSON LAKES

'I hope my daughters don't buy into the whole Cinderella story and wait for their knight in shining armour to come along. I want them to conquer the world first and maybe invite him along for the ride.' LYNETTE, 41, OURIMBAH

I hope they stop being treated as sex objects or acting like it. DEIDI, 50, ELWOOD

I hope they don't get trapped by a new wave of pseudo-freedom that means they have even more to do! ERISKAY, 47, LISMORE

I hope they get their act together and reject this horrible cosmetic surgery deal. Botox and boob jobs are just another form of oppression. GIDGET, 39, BALACLAVA

I fear that the media's version of what it is to be female will continue to undermine girls' true self-worth and confidence. SARAH, 32, WODONGA

Girls are becoming more fashion-conscious and sexually active a lot younger. I'm only 22 and to notice this much is quite astounding. I worry that they'll suffer for it. ASHLEE, 22, ADELAIDE

I have a degree in physics and aerospace engineering. Bring on more women in science and engineering, I say! JAELE, 26, WINMALEE

'I hope the next generation of Australian women can achieve a balance between family and work without the guilt. I also hope the next generation of women achieves equality worldwide.' LOUISE, 29, ESSENDON

I hope they grow to understand the struggle women used to have in society and acknowledge how lucky they are to have equal rights. I also hope they grow to understand that there are still women in other countries who don't have these rights. ANNA, 18, ROSNY

I hope that it won't be career-limiting to take maternity leave and that there'll be no stigma with breastfeeding. I hope there'll be less emphasis on a woman's looks and more emphasis on her skills and abilities. SOPHIE, 22, ADELAIDE

I fear that my daughter will be part of a generation that revolves far too much around a woman's sexual power rather than her intellectual and physical abilities. EMOKE, 18, CHELTENHAM

I hope there's a way for women and men to share child raising and work in a balanced way that doesn't disadvantage either. JO, 43, COTTESLOE

relaunch their career. Former child performers and children's entertainers wobble down a well-worn path in spike heels and little else to 'pose' for 'men's magazines' and websites. Singers who start as teens always have their crossover first 'adult' video in which they cavort like overworked strippers. It's tawdry and depressing. It's not a stepping stone to anything except C-grade celebrity-land, and more shots where the photographer asks you to 'Just lean forward a bit more, love'.

### MORE INFO
#### on women in music

**bbc.co.uk/later** The UK talent showcase *Later . . . with Jools Holland* features men and women musical artistes of all ages and sizes, chosen for their writing, playing and vocal talent, and not for any porn-style antics. It's available on some TV repeats, pay-TV services and DVD.

**sbs.com.au/rockwiz** Choose 'Past Performances' for a video cornucopia of local and visiting artistes.

### THE REAL MISS UNIVERSE

- **August 2009** – Asked during the competition what women can do to prevent discrimination in the workplace, winning Miss Universe contestant Stefania Fernandez said, 'I feel we have reached the level that men are at.' (This was right after being judged in her bikini.)

- **November 2009** – Former Miss Argentina contestant in Miss Universe, Solange Magnano, 38, died as a result of buttock implant surgery.

## A Lucky Dip of Women's Issues

### 🐘 Discrimination at work

On average, girls get better results in school, concentrate better and earlier and cooperate more. But on average, a young woman can expect to earn about 80 per cent of what a young man earns in a similar job: even before she gets to the age where she may choose between having children and taking time out from the workforce. Another reality is that women tend to be clustered in jobs where a great deal is expected for less or no pay – nursing, stay-at-home parenting. To get flexibility when they have a family, women are more likely to do casual work and forgo benefits, or find it hard to 'get back in' after having kids.

Girls leave school or uni thinking they're about to enter a world of equality, and many of them get a terrible shock. Even in the areas where great strides have been made, it looks nothing like equality. There are very few women CEOs, fewer than half of politicians are women, and every newspaper editorial page has many more male opinions and reporter points of view than female.

Women are far less likely than men to ask for more money or to tell men what to do at work, for fear of being seen as pushy, bossy, mean or bitchy. Men doing the same thing are perceived as manly, strong, matter-of-fact and just getting on with it. Women in the office are seen as gossips or in the grip of trivial website addiction, whereas if the men are on a social website or going out for a drink together they're 'networking'.

In some workplaces, a horrid atmosphere prevails in which women are repressed by teasing or public judgement of their appearance in some way. Or women's contributions are not appreciated, and women are clustered down at the lower end of the pay and benefits scale.

I didn't ask a specific question about it, but unsolicited, hundreds of respondents to the Women's Stuff Survey referred to sexism at work. It's sobering and fascinating to know that anecdotal evidence from people who were born male but decided to 'transition' to being female report that they're immediately treated in their professional life with less respect and deference, less recognition of their achievements and in some cases even a drop in pay. The opposite has been reported from those transitioning from male to female, including a larger pay rise.

My favourite story is about US Professor of Neurobiology at Stanford, Dr Ben Barres. One of his colleagues said they thought his work was much better than his sister's. In fact, that was Dr Barres' work, too, from when he was called Barbara. Dr Barres, who now speaks out against sexism in science, reports some other professional perks of being a bloke: 'I can even complete a whole sentence without being interrupted by a man.'

## 🐘 Childcare

Why is it always the mother whose motives and choices are examined suspiciously when it comes to choosing how much or how little childcare the family needs? In some families, the childcare fees automatically come out of the woman's wage. Childcare centres are staffed by women, who are paid less than their responsibility should demand. Governments are now happy to accept that economies are based on the need for two parents to earn money – yet available, affordable childcare is still not a universal policy and still seen only as a 'women's issue', as if fathers had no responsibility at all for their loinfruit. Meanwhile, politicians tend to ponce about saying, 'Motherhood is the most important job of all' – leaving unsaid the next part of that sentence: 'so yer on yer own, lady.' Tossers, if you don't mind me saying. (There's more on childcare in my book *Kidwrangling*.)

### MORE WORK ISSUES FOR WOMEN

See Chapter 33, 'Study & Paid Work', for info on sexual harassment, asking for a pay rise or better conditions, pregnancy and parental rights, bad work vibes and other issues.

## 🐘 Violence against women

Feminists have fought for centuries for the right of women to be free from violence and intimidation, and to have somewhere to go when they need to get away from it and plan their new life. See Chapter 31, 'How to Escape Control & Abuse', for more. Violence, and the increasingly detailed brutal torture of women, is now considered an ordinary plot device and *entertainment* in a deluge of crime novels, TV crime shows and hideous 'slasher' and horror movies, much of it portrayed as somehow brave, glamorous or arty and indie. Just as repulsively, much of it is portrayed as sexual. We don't have to shrug and say this is just the way it is. Such things are marketed so clearly that it's relatively easy for us to refuse to see it and read it, and to say why. Others may choose to desensitise themselves, but we don't have to.

## 🐘 Sexism in medicine

In the past, women were tortured and experimented on by doctors wanting to find out things about medicines and the reproductive system. Real complaints, such as pregnancy nausea and menopausal symptoms, were denied because doctors didn't know what was causing them. Neurosis was said to be a by-product of being a woman. Doctors have been ready to prescribe all manner of dangerous and addictive drugs to calm women rather than taking the time to work out what they were worried about and whether that could be addressed. (On the upside, one of these prescriptions used to be the first vibrator – to induce orgasm as a 'cure'.)

Of course there were and are many doctors, men and women dedicated to the care of women, who've worked hard to understand hormones and built their careers on compassion. But there's a shameful history based on the disrespect of women and the assumption that their differences were malfunctions, dirtiness and subject to the will of men – either doctors or fathers or husbands.

In many countries with religious governments, women are denied normal obstetric services because all or almost all the doctors are men, and there's a cultural or religious taboo for them to see women's private parts. This means poor women are forced to give birth without medical help, and even the rich women are forced to have caesareans for no medical reason.

**MORE INFO** on sexism in medicine

See also Chapter 19, 'Menopause'.

**Birth: The Surprising History of How We Are Born by Tina Cassidy** Top US journalist examines the history and current state of birthing, through attitudes and approaches to pain relief, midwives versus doctors, the home birth movement, advances in surgery, the influence of insurance, and how women's pelvises have stayed the same size while babies are getting bigger.

## 🐘 The invisibility of older women

Our society is increasingly dismissive and brutal towards older women. Even some feminists have declared they'd rather have Botox than accept their wrinkles because people don't listen to or notice older women.

Women agree that after a certain age they detect a change in the collective attitude towards them. They're 'invisible' – and unless they're rich and powerful in some way, are relegated to being not heard and not seen, because they've outlived their decorative and reproductive use. Without wishing to be in any way unladylike, I say arse-farty bollocks to that. (See Chapter 9, 'Looking Older', for how not to be invisible.)

## 🐘 Helping girls

At the same time as the declining influence of elder women's wisdom, parents are wanting to be their kids' friends, losing all influence as teachers and all authority. So girls are 'learning' how to be girls and women from commercial interests that decide what goes on TV, onto websites, and into movies and magazines. And it's in the interests of these giant companies to tell girls they have to be prettier, hotter, with expensive clothes and make-up, with the latest techno gadgets, games and communication devices. While the heavy repression of girls in the past wasn't flash, one newer version involves teenaged girls spending hours unsupervised and often supplied with alcohol, which means that now they're more likely to be subject to sexual assault and coercion.

We think we don't need to tell girls anything because they 'know it all'. They don't. They're learning that they have to be decorative and please men. Most of the stories they see are romantic ones, unbalanced any more by the humdrum expectations of family and ordinary life. They're presented with a really weird picture of what they should be, often unopposed or not supplemented by being able to see what their mothers, aunties and grandmothers did or do.

More than ever, girls crave the approval and input of older, wiser significant adult women in their lives. Girls can get contemptuous of their mother's experiences and advice for a couple of those mid-teen years, but underneath, they still need guidance and will come back around at some point. We need to be there when they do.

Girls are expected to look sexual and be 'hot' in a peer group as young as 11. Grown men judging a TV singing contest feel they can comment on the sexual attractiveness of a teenager young enough to be their daughter or even granddaughter.

Most teenaged girls are used to, but can't interpret, the smorgasbord effect of online info and images, giant billboards everywhere they look, TV and commercial information, and to being subject to a generation of boys who've learned about sex from porn (see Chapter 32, 'Sex'). They can't differentiate between an ad and biased information. These are all things we can help them with. Show girls the blogs and sites in 'More Info on Women's Issues', coming up.

## 🐘 Helping boys

Many boys, also left to fend for themselves in the moral universe, are seeing girls in porn and video games as sexual objects and toys to be dominated and controlled, and in most other media as decorative objects. Many are growing up contemptuous of girls and women. There's increasing anecdotal evidence in blogs and magazines that boys and men are telling girlfriends and wives they 'need to go to the gym' or should 'get back in shape' after having a baby, like celebrities seem to. Some guys aren't being educated about girls and women in the real world. Most of them are astonished at the notion that the images they see have been digitally manipulated or are unreal, or that celebrities have fake bits or face lifts and hours of grooming. They just don't think about it. They're being taught that some girls are 'sluts' who don't deserve respect. Many boys believe that some girls and women deserve to be hit.

All this means we need to help develop the attitudes of our partners, and our sons and daughters, and teach them not to be brainwashed into commercial, sexed-up, hypercritical and uncompassionate attitudes. It's what 'old-fashioned' feminists used to call 'consciousness raising'. Maybe now we can just call it 'keeping it real'. See Chapter 25, 'The Family You Make', for more on talking to teens about important issues.

## Heroines

### 🐘 Esteemed women

Here are some of the women who respondents to the Women's Stuff Survey, aged 18 to 74, nominated as their role model, heroine or much-admired lady person.

 **MORE INFO** on women's issues

**thedawnchorus.wordpress.com** Aussie feminist blog with a rock'n'roll edge.

**hoydenabouttown.com** Smart and fun Aussie site run by and for women.

**annesummers.com.au** One of Australia's pioneering feminists keeps an updated page on women's issues.

**thefword.org.uk** Up-to-the-minute feminism from England.

**feminist.com** US site with ideas, info and links.

**finallyfeminism101.wordpress.com** The founding editor of this blog, a great info resource, is an Aussie. Choose 'FAQ' for answers to feminism queries.

**feministing.com** American blog and online community for 'feminists and their allies'.

**doublex.com** Affiliated with online magazine *Slate*. 'Women's issues' meet politics and culture, with special pages for parenting, health and science.

**nfaw.org** The National Foundation for Australian Women is an independent group run by volunteers that supports women's organisations and lobbies for fairer laws, equal pay and childcare.

**wel.org.au** The Women's Electoral Lobby, founded in 1972, is a national non-profit, non-party-political, self-funded volunteer lobby group.

**ywca.org.au** YWCA Australia (originally the Young Women's Christian Association) now runs many social and other programs to help women and girls.

**ywca.org.nz** The YWCA in New Zealand has programs aimed at girls and women.

**cwaa.org.au** The Country Women's Association is an independent lobby group, scholarship source and support network for women and their families on the land and in remote areas of Australia.

**now.org** The US National Organization for Women has info on all current women's issues, and provides ideas for action.

**bitchmagazine.org** A feminist quarterly magazine. Grown-up girly fun and pop culture.

**about-face.org** This independent US media awareness site points the rude finger at sexist ads and ideas. Good for teens, too.

**pinkstinks.co.uk** Unfortunate name for a cool idea; a UK website that presents ideas for good role models in all sorts of areas for girls.

**womensforumaustralia.org** The Australian Women's Forum is a lobby group and self-described women's 'think tank' formed by committed anti-abortion activists. Its agenda now includes 'work–life balance', and opposition to stem cell research, surrogate parenting and the sexualisation of young girls.

### WOMEN'S NEWS

Check out local community radio stations for programs on women's issues.

**nytimes.com** Search 'women' for a great round-up of articles on varied subjects, regularly updated.

**womensenews.org** A US-based global round-up of stories interesting to women, from finance and politics to sport and home issues.

**iwmf.org** The International Women's Media Foundation provides a network and access to the work of women journalists worldwide.

**womennewsnetwork.net** Important independent news, from the US, with global staff.

**bbc.co.uk/radio4/womanshour** Podcasts on a huge range of issues from the British Broadcasting Commission's excellent women's program.

### MUSLIM WOMEN

**wluml.org** What's happening around the world to women living under Muslim law.

**muslimahmediawatch.org** Muslim women's forum, with links to blogs.

### FOR BLOKES

**xyonline.net** Aussie pro-women men's website on bloke issues.

• Quentin Bryce • Vivian Bullwinkle • Rosa Parkes • Meryl Streep • Hillary Clinton • Nancy Bird Walton • Marcia Langton • One of the girls I work with; she's a geologist & has no fear of being in the middle of nowhere alone • My great-grandmother • My mother • Mae West • Queens Elizabeth I & II • Stella Rimington • Zali Steggall • Miles Franklin • Jane McGrath • Jennifer Aniston • Katie Holmes • Shirley Bassey • Germaine Greer • Lillian Hellman • Virginia Bell • Aung San Suu Kyi • Eleanor of Aquitaine • Women I've known & worked with • Edna Ryan • Beryl Beaurepaire • Emma Goldman • My cousin Sandra • Paris Hilton (!) • Maggie Beer • Joan of Arc • An engineer where I work • Nina Simone • Bessy Smith • PJ Harvey • Fiona Apple • Lucinda Smith • Evonne Goolagong Cawley • My grandmother – she gave birth to 14 children • Helen Clark • Sue Fear • Katharine Hepburn • Naomi Wolf • Susan Sarandon • Temple Grandin • Kay Cottee • Those thousands of pioneer women 200 years ago • Miss Piggy • Elizabeth Bennet • Julia Gillard • My aunty Felicity • Pink • Jo Rowling • Nigella Lawson • Dr Catherine Hamlin • Zoe Bell • Stevie Smith • Dr Fiona Wood • Rell Sunn • Dame Mary Herring • Oprah Winfrey • All my female friends • The Pankhurst sisters • Virginia Woolf • Jane Austen • Patti Smith • Lady Gaga • Christine Nixon • Carmel Lawrence • My sister • Dame Elisabeth Murdoch • Marie Curie • Maggie Tabberer • Ita Buttrose • My great-aunt Vera • Benazir Bhutto • Björk • Eleanor Roosevelt • Feminist bloggers • Cate Blanchett • Kim Deal • Sabine Schmitz • The Topp Twins • Phoolan Devi • Katharine Hepburn • Ayaan Hirsi Ali • Dame Whina Cooper • Women who foster children • Other mothers like me who struggle to keep the ball rollin' every day • My daughter, who dropped out of school at 15 but later went back to uni • Ellen Degeneres.

## 🐾 Germaine

Professor Germaine Greer is an entertaining and thoughtful Australian scholar based in the UK, known as one of the mothers of Australian feminism because she wrote a book called *The Female Eunuch* in the 1970s and has spoken her mind since. She wrote that women were not appreciated for their brains or their potential, that they were oppressed and confined, excluded from public life and their own ambitions and opinions beyond motherhood and wifely duties. This was all true, and in many ways for many women is still true, and yet at the time it marked her as a dangerous radical. She was abused, shouted at and called ugly.

Even now, 'commentators' who oppose Professor Greer's ideas seem to be ineluctably compelled to make rude remarks about her appearance and age, something they wouldn't dream of doing to a man. When I did a web search on her, the third item that came up was officially titled 'Germaine Greer is a C***'. It's on a website with a baldly misogynist title that also had a posting saying 'Every Woman Is a Cheating Whore'. Because I think you'll find feminism has gorn too far. Yes, that must be it.

Anyway, Germaine Greer doesn't represent us all, and you don't have to agree with everything she says, but we owe her our respect. She's rather like an outspoken elderly aunt who used to give you fantastic advice when you needed it, who now shoots out streetlights with a blunderbuss when she's cross, and who makes rather waspish remarks about the height of your heels, but is very entertaining company and makes you consider things from another angle and realise something you never thought about before.

Professor Greer, who has a doctorate in literature, is as brainy as hell, with a truly admirable strength of character: she seems not in the least intimidated by the vitriolic hatred displayed towards her by the mainstream Australian media and a whole past generation of men. She may not be right about everything else, but she keeps saying, and it's still worth saying, that girls should be able to be judged on their brains and contribution, and not be treated as domestic slaves and support robots for men.

## Women & Names

### 🐾 'Maiden' & married names

Women traditionally took their husband's name when getting married because they were being legally passed on – as a possession – from their father's control to their husband's. Their pre-marriage or 'maiden name', referred to their required status as 'virgin'. Until a couple of

# Women & names

## Women who took a man's name

I didn't actually put much thought into it. I just did it.
NATALIE, 30, HIGHTON

It feels like more of a family unit if we all have the same name. I do usually prefer the title Ms rather than Mrs, however.
ANNE, 42, TAREE

My maiden name reminded me of my violent father, so I was happy to get rid of it. KERRI, 48, KEW

I wanted to become part of him.
NATALIE, 33, TAYLORS LAKES

I took his name in a romantic moment! HEATHER, 50, GEMBROOK

### 'I've been looking forward to being a Mrs since I was 12.'
PENNY, 28, REDCLIFFE

Every time my mother divorced and remarried, I had to change my name. When I got married, somehow I had an identity by choice. EICHELLE, 36, BANNOCKBURN

I didn't realise I had a choice.
ADRIENNE, 48, BALLARAT

I wanted to make a name for myself, separate from my well-known father. ALLIE, 28

If I'd realised what a hassle it was I wouldn't have bothered.
CLARE, 35, BOYA

There was no option back then.
MARIE, 61, BOX HILL

It was a trade-off. If I changed my name, we could call our kids what we wanted, rather than follow Greek tradition and name them after his parents.
NICHOLA, 35, KIRRAWEE

I use my married name if it suits me, but it's not on any documents or cards. BARB, 42, GOLDEN SQUARE

## Women who kept their name

My husband and children have a different name and I'm stuck with the crappy first husband's name. *Grrr!* WENDY, 53, COLLAROY

I use his name everywhere but work. BESSIE, 29, GEELONG

My husband demanded that I change my name, but I'll change it back soon, and he isn't worried any more. JULIE, 52, ESSENDON

I'm not married, but I changed my name anyway. I changed it to my great-great-grandmother's name because I liked her story.
JEMIMAH, 59, EMERALD

Women are lost in family history because they change their name and it's harder to trace them.
MARIA, 56, COFFS HARBOUR

### 'When I proposed to my now husband, I offered him my name but he gracefully declined.'
ALISON, 47, JAN JUC

I'm of Italian background and my husband's 100 per cent Australian. I felt I was losing my identity taking on an English surname.
SOPHIA, 28, EAST BRUNSWICK

I've not changed my name out of sheer laziness. LISA, 25, PRESTON

If men had to change every last administrative document when they got married, we'd never even hear the subject raised.
LAUREN, 40, MELBOURNE

He's been married before and I refuse to be Mrs So and So the second – absolutely not.
ELLEN, 28, TAMARAMA

I have a degree hanging on the wall in my name. If I changed my name, where would the woman who did all that study go? TERRI, 40, MERREDIN

Taking the man's last name like some sort of chattel is just outdated and ridiculous, frankly.
LIZ, 26, MYRTLE BEACH, US

Traditionally, Muslim women don't change their names.
MYRA, 35, DANDENONG NORTH

I think changing your name on marriage is a barbaric custom!
ELIZABETH, 42, COLLINGWOOD

## Husbands' & kids' names

Both my husband and I changed our names. We merged his last name with my last name and came up with something entirely new, entirely 'us'!
PAIGE, 26, BRISBANE

### 'My husband changed his name to my name (it was his idea too).'
MELISSA, 34, GORDON

My kids only have my surname as a middle name, which totally goes against everything I stand for. Love blinded me.
GABRIEL, 32, PORT MELBOURNE

This is my second marriage and I wanted my daughter and me to have the same name (my maiden name). KIM, 43, MT ELIZA

I like children to have the same name as both their parents.
KATHLEEN, 55, HAZELBROOK

I wanted my kids to know who their dads were, so I gave the kids their dads' names.
MEG, 41, BLACKBURN

I like to have the same surname as my husband and kids – there's something tribal about it.
ANNE, 40, MELBOURNE

We honoured my maiden name by giving it to my daughter.
KATE, 35, WOODCROFT

decades or so ago, married women were officially referred to without any part of their original name. After marriage, Miss Leonie Brown would be known by all government, medical and Christmas card envelopes as Mrs Graham Smith.

A large majority of women change their last names to their husband's even now, although the reasons are usually very different. In the Women's Stuff Survey, of those who answered the question (just over 2500 women), 78 per cent took their husband's name. Their reasons included because it was exciting and novel, it made them feel more like something momentous had taken place, it was part of the ritual and change of being married, they felt it was more of a 'commitment', they wanted everyone in the family to have the same last name, and they thought it was more romantic and bonding. Hardly any of them believe they're their husband's possession. But many don't know the history of the tradition, or even that they have a choice.

Of the other married women, some keep their original birth name (usually their father's), or hyphenate their name with their husband's. Some take their husband's last name on financial things, but keep their own name at work or in professional situations where they've built up a track record. Some couples choose an amalgamation of both names, or come up with an invented one. Many women take their former last name as a new middle name, just adding their husband's to the end.

This is another area (like contraception or sending family Christmas cards) in which a woman usually finds herself with all the inconvenience and problems. The man doesn't have to do anything, while the woman has to front up to banks, change signatures and get new ID documents. And because about half of all marriages end in separation and divorce, a lot of women have to change everything back again, or are stuck with a name they don't want any more.

It's harder to keep a good professional reputation if you change your name. Adding to the confusion of options and reasons, some women who say 'I'm not a feminist' don't change their name because they don't want the hassle, some husbands feel strongly that a woman should or shouldn't change her name, and others don't care.

###  Ms

To avoid saying Miss or Mrs, Ms was born, pronounced like a cross between Muz and Miz, or Mzz. It didn't really catch on until the 1960s, when 'women's liberationists' took it up again. They pushed hard for Ms to be included as a category on official forms, and as the usual form of address, like Mr, which doesn't reveal marital status.

The honorific 'Ms' was taken up by women who didn't want to continue being referred to as 'Mrs' or 'Miss' in professional or other situations. This was because women wanted to be seen as independent people in their own right, with their own name, and also because 'Misses' were expected to cheerfully endure sexual harassment at work, while those called 'Mrs' were often sacked or forced to resign as soon as they were married.

Since the 1970s, the more common use of first names at work generally means we're now addressed formally far less often – even in some business and legal transactions. If you don't know somebody's marital status, or think it's irrelevant to the task at hand and nobody else's business (and it almost always is), the default position is always 'Ms'. Some doctors and hotel and travel organisations tend to use a default of 'Mrs' as if to convey some kind of outdated respectability.

###  Kids' names

This isn't about why increasing numbers of people call their kids things like T'niqua Brillo Fnarrina, but about family last names. In mainstream Australian culture, most kids have their dad's name, but many people and different cultures have other ideas – in some families the girls take Mum's last name and the boys take Dad's, or the kids have Mum's last name as their middle name, or some have hyphenated or smooshed-together names. In the end, I suspect nobody really cares, least of all the kids, who just think everything in their life is normal, even if Daddy is a leprechaun and Mummy eats badger-whisker sandwiches in the nude.

# Who makes the financial decisions at your place?

I'm a single mum who works full-time. That means I pay for everything. CATHIE, 49, OUTER MELBOURNE

I live alone so I deal with my finances. JO, 73, WEST PERTH

We have separate bank accounts. I generally put everything on my credit card and he pays it off on payday. If I need cash I ask and he gives it to me. He handles the majority of the bills and the mortgage. VANESSA, 38, TEMPLESTOWE

My husband pays the bills and I get an allowance of cash. If I need more cash, my hubby gives me however much I want. TORI, 28, SOUTH YARRA

He gives me an amount of money each week for food, household bills and kids' stuff, and he pays mortgages, insurances and does all the saving. LEE, 35, TANUNDA

He pays me monthly. ANNABELLE, 30, ABBOTSFORD

My husband cares much more about money than I do and is better with it, so he manages it and tracks it daily and will talk about it with me whenever. I have a monthly budget and handle all the household expenses. JULIE, 33, BRISBANE

I tell my fiancé when I get paid and he helps me budget. I'm shocking with money. LOUISE, 22, WOLLONGONG

Grrrrr – a sore point! Everything's in my husband's name except my investment property. We have a joint account that I use for groceries, etc. but he controls what goes in there and when – I have no access to our savings. NINA, 39, ST KILDA

I make the money, and my partner tells me what I can and can't spend it on. KATY, 28, GREENBANK

I arrange our finances and investments. My husband says, 'Yes, dear.' FIFI, 34, LOGANHOLME

His money goes into an account and I handle the money. HELEN, 61, HAPPY VALLEY

I'm a financial planner, so it's left to me. TARNIA, 38, WOONGARRAH

I consult my husband out of respect for him but he has no idea with money. JENNY, 43, KYABRAM

I manage the money, but with guidance from a financial advisor and my parents. ELIZABETH, 37, GEILSTON BAY

> 'When I was married my husband did it, despite me running a million-dollar budget at work.'
> PAMELA, 45, CANBERRA

I don't want to, but my husband just leaves it to me because it's easier for him to ignore our financial situation than face the fact that he needs to go out and earn real money. MARIANNE, 40, MELBOURNE

It's shared absolutely, but my husband has more interest in it, so comes up with the ideas. PIP, 40, MELBOURNE

We make decisions together. Two strong-minded women – *look out*! POPPE, 34, PERTH

We're about to start to move towards a joint budget for after we're married. We'll make the decisions together after discussion. MICHELLE, 36, BERWICK

We all take some part in decisions, and even though I'm young, I still help my parents with their finances. KARA, 17, MILLICENT

I live with housemates and we split bills and rent. LAURA-JANE, 22, MELBOURNE

Me mostly, because in our shared house I'm the only one who bothers to check when everything's due and gather the money to pay the damn bills. NIKITA, 20, ADELAIDE

I do it all, but everything's together – there's no his or hers. MARGARET, 50, MURRUMBEENA

I have an ATM card and withdraw money when I need it. I refused to give up work and have a child unless I had unchecked access to money. JULIETTE, 36, MELBOURNE

Most of our money goes into our joint home loan account, then we have $100 each a week to play with. KATE, 30, BALLARAT

I get paid in the middle of the month and he gets paid at the beginning. We live off him for the first two weeks of the month and me for the last two. KALLIOPI, 24, NEWTOWN

As our finances are separate, my boyfriend and I both make our own financial decisions. LUCIA, 22, CARINA

We have separate bank accounts, but we have no hesitation in giving money to one another. If we buy a house, the mortgage will be joint. ROBYN, 41

We keep our finances separate and have each agreed which bills we'll pay. BARBARA, 57, DUNLOP

My mother does my finances for me, and she does an excellent job. DIANA, 33, TYABB

My daughter makes the financial decisions for me now. I signed power of attorney to her after being ripped off by the Dread Flatmate. ROBIN, 60, SYDNEY

# CHAPTER 36

# Managing your money

Money can't buy you love. Well, actually, it can if you're a filthy-rich old rock star who looks like a cross between an octogenarian aunt and a goanna in leopard-skin leggings and you want to marry a supermodel. Then it can buy you love. Other than that, it can buy you dinner and school shoes and necklaces and secateurs and pomegranates and a vacuum cleaner. If you're a 'kept woman' married to a filthy-rich old rock star, read this chapter anyway, in case he's about to leave you for a new model who looks like a Bratz doll and you need to get a job.

Don't speak to me of money. In fact, I will pay you not to speak to me of money. Oh all right. If we must (and we must). What must we know about it? We must know how to save it, spend it, be wise with it, stretch it, have some when we're old and most especially how not to get sucked into stereotypes about spending it all on shoes or dodgy schemes.

# Thoughts on financial independence

I love being retired, but I'd like to be more financially independent of my husband. He loves managing the finances, and does it well, but I hate depending on him for handouts! RACHEL, 65, WANDILIGONG

My great-grandmother was passionate that no female descendant of hers was going to be entirely financially dependent on a man. We've always been taught to have some of our own money put to one side that we have sole control over. FELICITY, 42, CEDUNA

It's very important to be self-reliant. Don't expect anyone else to bail you out, even the government. By the time we're old there may be no pension. Maintain the ability to be financially independent. MARY, 55, CURTIN

Women need to take control of their financial future. Too many chicks think they'll meet a rich Prince Charming who'll be the main breadwinner. They might meet Prince Charming, but he could be unemployed! LEAH, 29, NEWPORT

'Don't always assume that a man's going to have financial security and support you. You'd be surprised how often this isn't the case.' TRACEY, 39, ROWVILLE

Always have a running-away-from-home fund and your own superannuation. Never be solely reliant on someone else for your future. SAM, 36, MELBOURNE

I quite like independence. I wouldn't mind meeting a wealthy man who'd like me to be independently dependent upon him, either. LEONIE, 39, BALMAIN

Don't allow your partner to wear the financial pants. Be aware of your financial situation – even if you don't contribute financially, you still need to know what the situation is. LYNN, 51, WARBURTON

Never let a male partner be solely in charge of the money, and always put a little away each payday for yourself, secretly if you have to. SUZANNE, 50, JOONDALUP

I'd never like to share a bank account again. I like to know that I won't get to the checkout and find that there isn't money in the account. HARRIET, 38, RICHMOND

# Family influence on attitudes to money

Mum's constant complaints about never spending money on herself have made me vow to always be in control of my own money. KATE, 39, PRESTON

My father's very well off, but worries about money more than anyone I know. I think this is true of most rich people. HOLLY, 23, REDFERN

My parents are both terrible with money – they've never earned much and haven't managed it well – and I've unfortunately picked up these habits. I'm trying to break them, though. CHLOE, 25, MELBOURNE

Mum wasn't good with money. Dad used to get angry over paying bills. I used to hate talking about money and tune out if I could. I associated it with anger and control. DI, 52, OLINDA

My mother was a gambler and gambled all of my dad's money as well as her own, so it's made me a lot more careful about how I spend my money. JANE, 28, SOUTH YARRA

'My mother and I had no money and we lived on pasta and eggs. We lost our house and my mother went bankrupt. I never want to live like that again.' MILLE, 39, TORQUAY

My partner comes from a developing country, and the lack of finances there has made me more aware of how I behave with money. NICOLE, 35, HAWTHORN EAST

We've led a simple life and saved for tomorrow. Now we're reaping the rewards. KAY, 50, BARDWELL VALLEY

I grew up on a farm so it was feast or famine. I now still have that attitude towards money – it could all be gone tomorrow, so tuck some under the pillow. JANET, 42, NORTH FITZROY

My father left my mother with five children under the age of 11. I was never under the impression that a white knight would save me. I bought my first apartment at 25 and contributed more to the marriage than my husband did. ANNETTE, 47, BRIGHTON

I feel guilty every time I spend money because, as I don't have a job, it doesn't feel like my money to spend. ROSE, 18, LENAH VALLEY

I had a privileged upbringing and money has really never been an issue before. Maybe that's why I'm struggling to cope with it right now. JENNI, 44, BROADBEACH

## Women & Money

Generally, we have less money than men for a lot of reasons. Even women who stay in the workforce full-time tend to earn less than men for the same work (see Chapter 33, 'Study & Paid Work', for how to avoid this). At some point in their lives most women work in different ways – full-time, part-time and/or casual – and many mums share the income of a partner during the years they choose to stay home when their children are young. This means more women than men need and want flexible part-time or casual jobs. And it means that we women tend to miss out on the lifelong benefits of full-time jobs, such as sick pay, holiday pay and superannuation contributions by employers. We're not as bolshie about asking for pay rises and seeing our worth. Women are told by advertisers that they have to spend their money, not save it, and that shopping is a perfectly fine hobby. And we're told by fairy stories that we'll need to find a rich prince. No pressure.

First, let's start with your money personality. Are you stingy or spendthrift? Where does that attitude come from? Do you prefer spreadsheets or putting your fingers in your ears and saying 'la la la'? If someone asks about your financial strategy, do you burst into tears and wet your pants?

## Your Attitude to Money

There's a fine line between being thrifty – meaning being careful with money – and being stingy. And I tell you this as a person born into a family in which these things have been presented as an appropriate Christmas gift: a plastic flyswat, a second-hand Welsh primary school entrance exam preparation booklet (given in Australia), and a homemade moth-deterrent swatch made from a piece of cardboard painted with pepper glue. When I was a child our bath soap was laundry soap the colour of margarine cut from a giant economy slab, and all the leftover small slivers were collected and put into a wire-basket shaker to make suds for washing the dishes. There are only two possible responses to that – become a frightfully thrifty person, or strew your own money about like rose petals at a wedding. I have an emergency drawer full of perfumed soap in case of unexpected financial hardship. To me, posh soap in a package is more luxurious than a yacht, and I really mean that. We're all individually wired about money.

Common money attitudes include:

- 'Money isn't important.' (Often said by rich people.)
- 'Money's not the most important thing in life.'
- 'I don't know anything about money.'
- 'If you've got it, spend it.'
- 'If you've got it, sit on it.'
- 'I love money.'
- 'I want more money.'
- 'I don't know where it goes.'
- 'I really literally don't know where it goes.'
- 'I don't understand it so I'm going to pretend it isn't happening.'
- 'Money gives power and status.'
- 'Money gives independence.'
- 'Money makes hard times easier.'
- 'Money is a way to do things and get things.'
- 'I want to give some away.'

### YOU CAN'T IGNORE MONEY

Like science, managing money is something some of us tend to avoid because we don't really understand it. But if you ignore the laws of natural science, they still apply. And if you ignore a debt problem, it's still there. (At least gravity doesn't tend to get worse when you ignore it and eventually involve the police.)

## Getting a Grip on Your Finances

### 🐷 'Deserve' has zero to do with it

'I work hard. I deserve to have nice things.' Of course you do, darling. But you may have to wait until you can afford them. Because you don't deserve to be ripped off, you don't deserve to get emotion tangled up with money, and you don't deserve to be in debt. We have to divorce ourselves from the idea, harped on by advertising slogans, that we're 'worth it' and 'we deserve it' and so we must have it now. That's marketing speak for 'We don't care if you go into debt, we just want your money'.

## 🐷 Taking control of your finances

- Know your own financial position and get informed.
- Don't follow one 'guru', whether it's your husband or a celebrity advisor.
- Don't have all your savings and investments in one spot or one thing.
- Sort out some superannuation in your own name.
- If an investment idea seems too good to be true or promises way better returns than anything else or is presented to you as a 'secret', avoid it.
- Investing is gambling: you can set the risk level but not the return.
- Don't have a credit card.
- Save some pillow money: a little nest egg for emergencies.

Here's what you'll need (details on how coming up):

- **A position statement** – What have you got? What do you owe? What are you owed?

- **A budget** – Unless you're phenomenally wealthy and money pours in through your roof most nights, you'll need a budget.

- **A financial plan** – What do you pay off first, the house or the business loan? Or the credit card bill? Your priority will probably be the one with the highest interest rates and fees.

- **A review of your financial 'products'** – Is there another bank that would charge you lower fees? Is it time to ditch the credit card and get a debit card? Do you need another savings account so you have your emergency money in a separate 'pot'? Is your superannuation account earning what you need it to? Are you being charged too much in management or other fees?

- **A superannuation plan** – Calculate when you'd like to retire and how much money you'll need to live on for how many years after that. If you don't earn money for your work, is there a partner whose 'super' you're also entitled to? Have you checked whether you're owed any super for past jobs? (See 'More Info on Superannuation', later in this chapter.)

- **A mortgage or savings plan** – If you're paying off a house or flat, exceed the minimum payments if you can, even for a while, to get ahead.

If you're not using a mortgage as a forced way of 'saving', what are you doing to save?

- **A legal will** – If you have any money in the bank, or superannuation, if you own anything at all, or have children, or care what happens to any of your assets when you die, you need a will. Let's hope you don't need it for a long time. Straight or gay, find a way. Make sure you get proper legal advice or your intentions can be thwarted by taxes or legal wrangles.

- **A financial goal** – This doesn't have to be a big one like 'owning your own house and a fleet of purple taxis'. It could be being debt-free within five years or balancing the budget every month and having a week's holiday interstate at Christmas time.

## 🐷 Getting money organised

Collect all the bits of paper. Start a file, even if your 'file' is actually a shoe box stuffed full of paper, a ring binder or some cardboard folders. Sprauncey stationery shops sometimes have pretty systems that might be more encouraging.

Have a manila folder or file for:

- income
- tax
- insurance
- utilities
- mortgage or rent
- debts
- bank accounts
- credit cards.

If you do all your banking and spreadsheetery online, make sure you back it up somehow and have a printed out 'hard copy' of crucial documents. Make sure your home and work computers are safe from unauthorised wireless visitors and other curious cybersnoops.

## 🐷 Important questions to ask about your finances

Check your bank and credit card records.

- Do you understand everything that's going in and out and why?
- Is there anything suspicious or unexplained?
- What fees are you being charged for things like

ATM withdrawals, other hidden reasons or even just for having your money?

- What kind of interest are you earning? Could you do better?

## Ways to Save Money

- Take a certain amount of cash out each week from an ATM machine affiliated with your bank, or at the supermarket 'cash-out' facility and spend that only. This cuts down fees.
- Don't put anything on a 'card'.
- Get all your insurance with one company if they offer you a discount.
- Clear out your cupboards and shed so you know what you could recycle.

- Is there stuff you don't need that you can sell? Have a garage sale, sell stuff online, ask around to see if anyone wants to buy your old fridge and take it away.
- Don't take out enough cash for four weeks. It'll be gone in two. Sometimes I think there are pixies at the bottom of my wallet who eat bank-notes and silently fart them into thin air. It's the only logical explanation.
- Check out your phone, internet and pay-TV bills. Can they be combined, put on a better plan, cancelled, shared?
- See Chapter 4, 'Clothes', for hints on getting the most out of your wardrobe.
- See also the hints in Chapter 37, 'Shopping & Spending', coming up.

 **MORE INFO** on understanding your finances

**moneysmart.gov.au**
**Advice Line 1300 300 630** Clear info from the Federal Government's Australian Securities and Investment Commission (ASIC), the financial services regulator. Search 'women', then choose the quiz to see how much you understand about money and cheaper options. From the main page, choose 'Tools & Resources', then 'Life Events' for help and advice for various stages, from living on a low income to self-employment or retirement; or 'Calculators & Tools' for heaps of handy automatic or template budget planners, tax and interest calculators, info on super expectations, investing, saving and debt; or 'Publications' to download a shipload of fact sheets. Choose 'Managing My Money' for saving, budgeting, banking, debt and insurance info. 'Borrowing & Credit' has lots of help if you're new to the game or still operating on old assumptions. Search 'kids' for info on teaching children about money. Choose 'Scams' for up-to-date info on what to avoid. Remember for later that there's 'crisis' info here, too.

**sorted.org.nz** Run by the Retirement Commission, an independent non-profit group; calculators, online budgets, and info on debt, insurance and superannuation.

**nomumbojumbo.com.au**
**Halve Your Debt and Double Your Freedom by Nicole Pedersen-McKinnon** An Australian financial columnist and advisor promises to tell how to halve your debt and use the rest to work for you as an asset, and how to keep your head when 'the market' does bad things you don't understand.

**spiritualbusiness.com.au**
**Spiritual Business by Kate Forster** For those who might not know how to mix their spiritual beliefs and goals with planning for finance and business success, here's a practical Australian plan with money advice and aromatherapy oils to match your philosophy.

**Nice Girls Don't Get Rich: 75 Avoidable Mistakes Women Make With Money by Lois Frankel** This book covers risk, trust, fear, emotional blocks, shopping problems, bad record keeping, not making the most of your potential at work, and lending and giving away money.

**Where's My Money by Jason Cunningham** Aussie advisor mixes accounting and communication skills. A starter guide to shares, property, mortgages and tax.

##  Budgets

I *know*. Horrors. What a word. But it is good to work out how much you have coming in, and where it goes. That way you can see where you can tweak things to save more or spend more where you need it.

### ✳ MORE INFO
on budgets

**moneysmart.gov.au**
**Advice Line 1300 300 630** On this government site, choose 'Managing My Money', then 'Budgeting', then 'How to Do a Budget'. Or choose 'Budget Planner'.

**moneyminded.com.au** This combined banking and government site has courses in budgeting and other financial skills.

## 🐷 Top 10 money rules

That is, rules about money. So that money doesn't rule you.

1. Get rid of debt before anything else, in order of highest interest rates.

2. Don't borrow to invest or lend. Borrowing at reasonable rates to buy a home or a car is standard practice, but borrowing to buy shares or to lend money to somebody else is much riskier, and far more likely to end in the rending of garments and the wailing of the innocents.

3. All investments have risk. Choose a level of risk you feel okay about given the worst case scenario. The higher the risk doesn't equal the higher the return.

4. Make sure you and a partner agree on an approach to money.

5. Never risk your house.

6. Don't guarantee somebody else's loan. They may fail to pay it back though no fault of their own.

7. Don't sign anything without independent advice.

8. Pay your fair share of tax.

9. If it sounds too good to be true, it isn't true.

10. Don't put all your fun in the future. Use some money to make your life better now.

## 🐷 Saving on your car

- Get someone to teach you how to wash and maintain the car.
- Keep the tyres pumped to the pressure recommended in the car's manual: this uses less fuel.
- Clean bird poo and other acidic things off the duco to keep its resale value up.

### ✳ MORE INFO
on saving money with cars

Most of the state or territory driver organisations provide info and courses for drivers and car owners on maintenance and other aspects of car ownership. They've been going for so long they still often have 'Royal' in their name and speak delightfully of 'motoring', but there's lots of up-to-date info and insurance offers here.

**ACT & NSW** National Roads and Motorists' Association mynrma.com.au

**NT** Automobile Association of the Northern Territory aant.com.au

**Qld** Royal Automobile Club of Queensland racq.com.au

**SA** Royal Automobile Association of South Australia raa.com.au

**Vic.** Royal Automobile Club of Victoria racv.com.au

**WA** Royal Automobile Club of Western Australia rac.com.au

**Tas.** Royal Automobile Club of Tasmania ract.com.au

🐦 **NZ** Automobile Association aa.co.nz

**autochic.com.au** This ad-supported site by women for women has info on everything from driving lessons to car reviews and handy forums with threads such as 'Does the Motor Show Suck?' Why yes, I believe it does, unless you simply adore unfeasibly shaped women draped over V8 engines.

**hercar.com.au** This commercial site for lady motorists (if only we could still wear a picture hat and goggles when driving) has a smart car-buying checklist and info on family cars. Choose 'Owning a Car', then 'Consumer Advice'.

## 🐷 Saving on food

- Write a shopping list and stick to it.
- Shop at markets.
- Buy what's in season, it's always cheaper.
- 'Shop' your pantry. What's in the cupboard? Can you use it up? Chuck out the stuff that's past its use-by date (including boyfriends).
- Learn to cook.
- Sleep with a cook.
- Shop the bottom shelves of the supermarket – cheaper items often lurk here.

### YOUR BANKING DETAILS

No respectable bank or other financial institution will ever ring you or email you and ask you to supply your account numbers, PIN numbers, passwords, dates of birth, addresses, names of accounts or any other personal details, or your nanna's scone recipe. Don't ever reveal them or you'll be poor, and a nincompoop. There's more on scams in Chapter 37, 'Shopping & Spending', which follows.

## Shopping for Financial Products

Financial products are things like bank accounts, loans, credit cards, investments, insurance and superannuation. There's a bewildering array of companies and 'financial institutions' that offer them. Don't let this make you give up, close your eyes and jump. Do some comparison shopping: it can save you hundreds, even thousands of dollars, or knock years off repaying a loan.

## 🐷 Borrowing money

Here's a checklist of things to consider before you borrow money.

- Ponder, research and consult trusted family and friends about what you want to borrow the money for.
- Work out a budget for repayments you could afford.
- Check out other options such as getting a second-hand car or renting.
- Have an emergency plan in case you lose your job, for example.
- Compare interest rates, fees and other bits and bobs (see 'More Info on Choosing Financial Products', below).
- Choose a reputable company.
- Consider seeing a financial advisor or counsellor (coming up later) to discuss whether this is the best way to get money, and whether you can afford it.
- Don't sign anything you can't understand.
- Avoid borrowing money from family and friends if you can help it, and always have a written, signed agreement if you do.
- Think about whether you need to borrow money for a deposit. If so, you're probably not ready to borrow the rest.
- Find out if the loan could be restructured to provide you with an offset account or redraw facility, or some other function that will save you money.
- See the 'More Info' sections earlier in this chapter for websites with independent advice on borrowing and interest rates.

 **MORE INFO** on choosing financial products

**choice.com.au** On the independent Australian Consumers' Association site, go to the lower menu and choose 'Money' for all sorts of comparisons and clever info on financial palaver.

**canstar.com.au** Free, independent info on the best and worst financial and insurance services and products (loans, credit cards, bank accounts and insurance policies), funded by organisations who want access to its data.

**infochoice.com.au** Independent public company compares different bank accounts, loans, credit cards, investments and insurance, with a glossary of financial jargon, and online calculators to work out your term-deposit rates, savings, tax, stamp duty and repayments.

**consumer.org.nz** An independent, non-profit organisation advising Kiwis on how not to get scammed, sucked in or scarified.

# Budgets, saving & superannuation

I've been on a pension for some years. It's not hard to make ends meet if you plan and make sure you set money aside for bills.
JAN, 59, KILKIVAN

If you can add and subtract, then you can budget. *Never* buy things that you can't pay for outright.
ALEXANDRA, 53, PRAHRAN

I receive a pension from Centrelink and I budget by having them pay bills such as for utilities from Centrepay.  EDITH, 82, WODONGA

I budget each payday and put money aside for rent, food, car payment, credit card payment, electricity, phone, petrol, etc.
DANA, 28, NORTH RYDE

I should plan more and budget more. I hate it that I'm 30 and still living week by week.
ALICIA, 30, WUDINNA

I have a fortnightly budget that I (usually) stick to, as well as a long-term plan with my financial planner. JESSICA, 23, BALLARAT

Money causes so many arguments. Get it sorted before you get into a partnership.
JEN, 50, WEST PENNANT HILLS

My mum always told us, 'Just because those people down the road might have a big flash house and nice things doesn't mean they're any happier in that house when they close the door.' I think she was right. JODIE, 37, COLAC

'Only rich people or Buddhists ever really say that money's not important.'
JULIETTE, 36, MELBOURNE

People say that we're lucky because we own everything, but we say it's not luck, it's hard work!
FLOSS, 32, WAGGA WAGGA

I struggle when I see others who have it easier than me, who are given money by their families.
CAT, 32, NORTH NARRABEEN

Money makes people so greedy. The more they have the more they want. ANNIE, 42, SEAFORTH

Treat money with respect – it's hard to earn and you may not always have a regular income.
VIV, 44, EMERALD BEACH

My mother told me a long time ago that if I saved 10 per cent of everything I earned I'd be a very rich woman one day. I wish I'd listened to her.  THERESE, 48, MT BARKER

Start saving when you're young. It's amazing how much you'll have saved up by the time you're 30.
CARA, 31, BRUNSWICK

'There's nothing more satisfying than buying something I've saved for weeks for.'
JENN, 28, EDITHVALE

I love a bargain, but it's not a bargain if you weren't going to buy one anyway.  CLAIRE, 43, MILL PARK

I think being self-employed for much of my working life has put my retirement savings at about 50 cents.  MELODY, 30, MELBOURNE

I recently found out that an employer I'd worked for for five years hadn't been paying anyone's super, so now I don't have super.
HOLLY, 23, REDFERN

Later life? Whoa. I'm 25. I've got lots of years to be planning for my financial future. I've already started, though. I buy at least one Tattslotto ticket a week.
ZOE, 25, BELGRAVE

I have a little bit of super. My husband's got a bit more, but not enough to keep us off the pension, I think.  ROBYN, 41

I think I have some superannuation. I always had super in my previous workplaces, but I don't know where it went when I left.
REBECCA, 25, ADELAIDE

Don't ask me about it. I stuff all of that information in the file when it comes through the post.
RUTH, 34, SYDNEY

'My super's not at the same level as my husband's. He earns heaps more, and hasn't worked part-time for 10 years with two years out of the workforce.'
KATE, 45, HAWTHORN

I was amazed when my long-term partner said I could live off his superannuation, too. I was so used to being an independent woman and not factoring in anybody else, I hadn't even considered he would see it as 'ours'.
PHOEBE, 47, JERILDERIE

I worry about my super, being out of the workforce for so long. We have a few shares but nothing major.  AGGY, 36, BRIAR HILL

I only have compulsory super. There's no point in saving for old age if we're still paying the mortgage then.  SHARI, 29, WATSONIA

We have basic superannuation and have started to increase our contributions. We've had financial advice for the future.
DIANNE, 40, NARRABEEN

I know it's important, but when I hear people talk about super, all I hear is 'blah blah blah'.
KATE, 35, WOODCROFT

I do have super, but there's only $100 in it. My later years may not be as joyful as I'd first hoped.
ANYA, 20, BRISBANE

# 🐷 Superannuation

Superannuation is from the Latin word 'old people's money that's hard to understand'. Whoops, no, it isn't. It's the money that you're supposed to save for your retirement (just in case there isn't a pension, otherwise known as an age pension, by then, as there may be eight squillion pensioners and only 37 taxpayers to support them).

The way it works is forced savings that you can't get until you're old enough. Everyone who earns money has a percentage of their pay put by their employer into a superannuation account, which is invested and managed by a special privately run or industry-based super fund. You can make your own 'employee contributions' as well, and there are usually tax advantages for doing this. You can also set up and 'manage' your own super fund if you're self-employed.

Even when employed, in many cases you can choose which super fund or company you want to be in: most of them invest largely in stocks and shares. Fund managers decide the detail on how to invest it for your future. You can choose a fund 'setting' to focus on high or low risk, local or offshore investments, and other preferences for property or cash. A wide range of investments is usually considered the safest. The higher the possible return, the higher the risk of losing or reducing the money, usually. When you retire, you can get all the money as a 'lump sum' (this may be subject to tax), or have it paid out to you each month like a wage (at this stage, tax-free).

Most people can't get access to their super until they're 65, or they make a formal 'transition to retirement' by going part-time after age 55. You'll need to check your individual responsibilities and entitlements to payments and tax breaks here, as the rules can make your head go a bit whirlpooly.

It's against the law for an employer not to make the super contributions, but as some have broken the law, keep checking to make sure this is happening. If, like most people, you've worked at different places over the years, you may have bits of 'unclaimed' or 'lost' super. This is especially the case if you've changed your name. See 'More Info on Superannuation', coming up, for an easy way to check. Always make sure when you finish or leave a job that you 'consolidate' all your super into one account. Don't leave any behind.

Because many women work in casual or more flexible work when they want to stay home with kids, or because those are the jobs more traditionally available to women, women tend to fall way behind in the amount of super contributions an employer has to make, or that they can make themselves. Partners who are getting super in a full-time job can 'split' the super and put half in their partner's name, to reduce tax and make things a bit fairer. Women should have independent financial advice about this.

Many women have been left without access to a partner's superannuation paid during the years when she stayed home to look after their family. Talk to a financial planner who can help you sort out family finance to be fair and to make sure you're making the most of entitlements and tax discounts to build super.

## ✳ MORE INFO
## on superannuation

**moneysmart.gov.au**
**Advice Line 1300 300 630** To find out if you have any super lying about from previous jobs you didn't know were paying you super, use this government site to search for 'unclaimed money'. Make sure you check under any previous names.

**ifsa.com.au** The Financial Services Council has a booklet called *Smarter Super*, co-produced with the Financial Planning Association of Australia and the Australian Bankers' Association. Choose 'Resource Centre', then 'Consumer Info & Fact Sheets', then 'Superannuation Essentials'.

**ato.gov.au/super**
**Hotline 13 10 20** The Australian Taxation Office super website has clear, simple explanations of what super is, how to invest it, how it affects how much tax you owe or can save, and what to do with pay-outs from a job. Or call with queries.

## CAN YOU AFFORD TO BUY PROPERTY?

Rent or mortgage repayments that are more than a third of your income are likely to create financial stress for you unless your life is always the 'best case scenario'. It's certainly easier if you have no responsibilities for other people, so buying a flat or house can be a good thing to do when you're younger, but like any investment, profit on reselling is never guaranteed.

## MORE INFO
### on buying real estate

**choice.com.au** On the premier consumer site, search 'buying a house', 'real estate', 'real estate agents' or 'home loans', 'no deposit home loans', 'selling house', 'mortgage', 'home equity loans', 'guarantees', etc.

**australia.gov.au/life-events/buying-or-renting-a-property** This government hub page links to local legal and consumer info. Most state or territory government consumer affairs departments or equivalent should have a guide to buying and selling property.

## Insurance

I have a friend called Louise who gets antsy and shouty whenever insurance is mentioned. She says insurance is the work of devilish money-snatching fear-mongers. I have another friend called Lauren who sells insurance to people. She says that we all know somebody who's been too sick to work for a while or has lost a loved one and when it does happen with one of her clients, she can see how having the life insurance makes a huge difference to their family. 'When you're diagnosed with a life-threatening illness or suffering from grief, the last thing you want to worry about is money,' she says.

They both have a point, and I must remember never to ask them to the same party in case one finds out what the other thinks and then there's a bread-roll fight.

If you decide to insure your car and house (a very good idea) or even yourself, shop around and see if you can get a discount by getting one insurance company to do them all or to match another company's quote – say, house, contents, car, your income. Ask to pay monthly if that suits, or once a year – but make sure all of it doesn't fall due in the same month of the year or you'll be eating sardines on a piece of plywood for dinner that month.

See 'More Info on Choosing Financial Products', a few pages back, for independent websites that compare insurance products. Here's a breakdown of the different types of insurance that are available, to help you decide whether you need it yourself:

- **Private health insurance** – Expensive. And don't expect to get lots of money back for things like future orthodontic work on your kids – check which items have lifetime (rather than yearly) caps and waiting periods. Why would you need it when everyone has Medicare health insurance, you ask? Mostly to get yourself off waiting lists for certain surgery and to be able to choose your doctors.

- **Life insurance** – Useful in case one or both people earning the family income die. This means you can pay off a mortgage or at least be financially comfortable while you're sorting out grief and practicalities.

- **House & contents insurance** – Whether you own or rent, you can insure your possessions, including clothes.

- **Car insurance** – Most drivers are automatically insured for 'third-party' injury, but if you want your car fixed or replaced if it's stolen or damaged (or 'written off'), you'll need what's called 'comprehensive insurance'.

- **Income insurance** – This is one of those things that's expensive, but you can get a tax deduction on paying the premium. Can be very useful if you're self-employed or a one-income family, as your ability to work can be the best financial asset you have. Check out what your employer would pay and for how long if you became sick or incapacitated.

- **Funeral insurance or pre-paid funeral** – This means your relatives won't be 'out of pocket' for your funeral while they wait for your will to be sorted out, which can take months. Be careful – it might be cheaper to just have some money put aside or left in the will.

- **Travel insurance** – You're mad if you don't. The least of it is replacing suitcases or equipment or getting an expensive airfare refunded if you get sick. You need insurance so if you get sick or injured overseas you get the best healthcare available and don't have to worry about being left in a Third World country where there's no hospital or paying $50 000 for a broken leg in the insane American health system.

## Debt

### 🐷 Credit cards

Credit cards are an expensive way of borrowing money. Every time you hand over your credit card and the assistant says 'On credit?', instead of 'Yes', force yourself to reply, out loud, 'I'm borrowing money at a high rate of interest to pay for this' or 'That's not a credit card. It's a borrowing card from a loan shark in a very nice suit.'

Places to put your credit card so you can't use it much:

- in your underpants drawer
- in your freezer
- in your cousin's freezer (further away from your computer)
- Norway.

Don't memorise your credit card number so you can use it to buy things online. Always check your credit card statement against your receipts – many people are ripped off when their credit card account is 'raided' and don't notice because they don't check. Crooks sometimes do two small purchases using your credit card number over a few months, decide it's 'safe' and suddenly buy something big right up to your limit. (My friend G was alerted to this sort of caper when her credit card froze because somebody used the number to buy $15 000 worth of camping equipment. The closest she's ever been to camping is wearing khaki-coloured high heels.)

#### HOW MANY CREDIT CARDS DO YOU NEED?

a) One.
b) Several.
c) How many can I get?
d) This is a trick question. You probably don't need a credit card at all, at all.

### Credit card limits

For many people a $1000 limit is plenty to cover emergencies. If you borrow money, your credit card limit is counted as a debt.

Do NOT agree to increase your credit limit, no matter what the bank is offering you. It doesn't matter if they say it's 'Pre-approved' or 'All set to go' or 'Reward yourself' or 'You've earned a roolly rooolly sparkly card' or 'Just because you're arrestingly beautiful'. Banks offer to increase limits because experience tells them that most people will then spend more – and then owe them more.

Alternatives to using credit cards include:

- debit cards
- saving up
- restraint
- lay-by
- low-interest personal loan
- swearing and sulking.

### Loyalty cards & store credit cards

Loyalty or store cards usually make you buy so much stuff before you get a 'reward' that they're not worth having – unless you're always going to shop there anyway. There's no point having a pharmacy loyalty card if you only ever buy toiletries there that are cheaper at the supermarket. Department store cards are just another credit card, often charging the sort of interest that makes your hair stand on end and do the watusi.

### Points earned by shopping

Some credit cards give you frequent flyer points or 'fly buys'. They're rarely worth the hassle of paying fees for the credit card. The same applies for points as for shop 'loyalty' cards – if you don't have to borrow money (i.e. it's not a credit card) and you would have shopped there anyway, okay. Otherwise, pass.

### 🐷 Getting out of debt

Get help sooner rather than later for any debt problem. It will only get worse. Don't ignore it, and don't feel that it's hopeless and a disaster. Millions of people have got out of debt and you can too.

Find out the 'worst case scenario' by talking with a financial counsellor. A sensible plan can help head this off and the counsellor will be able to tell you the pros and cons of each option. Your car or house could be repossessed, or you may be taken to court, or have to declare yourself legally bankrupt. This will mean you're publicly declared bankrupt and you may be put onto a plan for repayments, or income and assets relevant to the business can be taken, or the debt can be marked down as not recoverable. It can make

# Debt, credit cards & money problems

## Debt

If you get into financial trouble, it's really important to get good advice, not avoid the problem. When I was a banking lawyer, I saw people in terrible trouble. KATY, 33, DONVALE

My father was a bank manager and a volunteer financial aide for St Vincent de Paul. Because he's seen many people in overwhelming debt, he taught us the importance of money and that we should only buy what we can afford. SOPHIE, 20, NGUNNAWAL

I like not owing anything.
JOAN, 77, MELBOURNE

Don't be bullied or bamboozled. If it sounds too good to be true, it probably is.
MELINDA, 37, PORT MELBOURNE

'Never go into debt for non-essential things.'
ANDREA, 37, MELBOURNE

If you can't afford it then don't buy it – wait until you can.
JILL, 36, GLEN WAVERLEY

## Credit cards

My mum's a credit card junkie.
ALICIA, 30, WUDINNA

'I have none – they were all cut up by my mum :('
ASHLEE, 22, ABERFOYLE PARK

My parents never got into debt with their credit cards, always paying them off each month rather than letting the debt build. I'll also do this when I get a credit card of my own. EVE, 21, PARRAMATTA

Never, never get a credit card. It's debt and it's not your money to spend. It's so much better to spend your own folding stuff and say it's yours. ARIELLE, 35, FREMANTLE

I don't have a credit card or any debt except for student loans.
BRON, 26, KALEEN

We were never taught about credit, so for a long time we didn't have any credit cards. We got them in our late 20s. I became ill, we lived off them and it almost ruined us.
MELISSA, 33, GOLD COAST

I always pay my credit card off at the end of the month (even if it means taking it off my mortgage). I don't want to pay credit card interest. JOANNE, 50, GORDON

Never take a cash advance on your credit card. ROBYNNE, 56, GEELONG

'Credit's been too easy to come by and we've relied on it too heavily for too long. How does someone end up with 20 different credit cards?'
CHRISTIE, 27, GLADSTONE

How many credit cards do I have? Too many! I dunno, six or seven?
SIMONE, 38, PORT MELBOURNE

We have debit cards instead, so we only spend money we actually have. LIZ, 26, MELBOURNE

I have five credit cards: three in my husband's name and two in my name. CHRISTIE, 33, MORAYFIELD

## Managing money

How the hell am I going to support myself financially as a single mum?
SALLY-MAY, 38, MONT ALBERT

'I'm not confident about having no savings for my later non-working years.'
VIVIENNE, 53, POTTS POINT

I can survive for the rest of my life on the pension.
SUSAN, 65, BATEHAVEN

I had a successful career and earned very good money before I fell ill. I wish I'd taken out income protection insurance.
MARINA, 50, MATRAVILLE

'A lot of women (including myself) have no idea about money and finances, and suffer badly because of it.'
BETH, 42, HEATHMONT

Widows who are self-funded retirees and under the aged-pension age have been badly done by. Who's going to employ me at age 62 when much younger people are being laid off?
AGNES, 61, ADELAIDE

'I should have thought about saving money for our grandchildren.'
CATH, 63, BENDIGO

## Financial personalities

I get angry when my husband spends money without telling me.
TARA, 27, PETERBOROUGH

'Because he has the ATM card to the account, he does spend a lot of money on things he knows I wouldn't approve of.'
NAOMI, 25, SHEPPARTON

I don't involve my husband when it comes to my decision to spend money on shoes :-)
JENNIFER, 39, LEONGATHA

My husband thought he'd married his mother (she managed the money); I thought I'd married my father (he managed the money) – both of us were wrong! It really needs to be sorted out before you live together.
SUE, 56, PENRITH

it extremely hard to get finance in the future, and other restrictions may be put on how you can work and whether you can travel overseas, for example.

Be wary of 'debt management companies' that recommend you sign a 'debt agreement', a form of bankruptcy that also requires you to keep paying off the debt. The company may also take a cut of the money you pay back as fees, which can make them favour this option even if it may not be the best one for you.

See also 'Relationship Debt', later in this chapter.

See the websites in 'More Info on Understanding Your Finances', earlier. Most have info to help you through these steps:

1 Identify your financial situation, with help from a counsellor if necessary.

2 Cut up the credit card and any store cards.

3 Make a budget.

4 Have a repayment plan and pay the debts with the biggest interest rate first.

5 Consider consolidating your debt. This means taking out one personal loan at a reasonable rate, and using the loan to pay off all your multiple, confusing loans in one go, preferably in set automatic amounts each week or month. Then you only have one loan to pay off, which you can do steadily while feeling in control and making progress. Avoid big and small loan 'sharks' and debt companies that will give you One Big Loan but at a nasty interest rate.

### MORE INFO
on debt

Any of the websites in 'More Info on Understanding Your Finances', near the start of this chapter, will have special links to info on solving your debt problem. See also 'More Info on Financial Counsellors', coming up. You can get free advice and help with making a cunning plan if you're in debt.

## Financial Advice

One of the biggest problems with financial advice is knowing who to trust. Many websites, magazines, newspapers, radio shows, and free-to-air and pay-TV shows now have 'gurus' who give advice – some by writing articles or having a website where they dispense tips and recommendations, others by answering specific questions from the public.

While the radio info is often immediate, very specific advice given in a website or a book can be out of date very quickly. But up-to-the-minute doesn't always get you inside knowledge either. When the stock market collapsed suddenly, all the jabbering experts on the 24-hour pay-TV financial channels tended to look as if somebody had hit them in the face with a shovel. They didn't see it coming.

What you need is somebody who can help you understand general principles and give you independent advice. They may be two or more different sources – in other words, you may have to educate yourself with a website and books, then, armed with your new knowledge, go see an advisor. Beware the charmer who says you don't need to understand it, it's simple, it's foolproof, it's guaranteed and it's nothing you need to know about. At that point, put on your hat and run like a stocking in a barbed-wire factory.

### Financial gurus

Be very careful of people who've built a career on financial advice to the public. Some have commercial ties with certain companies and will recommend the financial 'products' (loans, investment accounts, insurance policies, etc.) of only those companies.

It goes without saying that financial advice is never 'one size fits all'. And if even the wealthiest CEOs and most strident 'Follow me!' financial advisors can't predict things with accuracy, that goes to show there's always a risk.

When people spend all their time *in* the financial world, especially when things are on the up and up, it can be hard for them to look at things objectively. A guru might have the gift of the gab and be able to be commanding, charismatic, enthused and firm, but that doesn't mean they're right. Or right for you. Or understand your needs. US finance 'guru' Suze Orman once said, 'I have a million dollars in the stock market, because if I lose a million dollars, I don't personally care.' Lucky old her.

# 🐷 Financial advisors

Ideally you need an advisor you have immediate access to by email or phone. If they're not returning your calls, not explaining things in a way you understand, not acting on your wishes, being rude or dismissive, or you don't feel you 'click', there's no harm in finding another financial advisor. You'd do it if your hairdresser was making you look odd, so don't feel you're 'married' to your financial advisor.

## How to find a good financial advisor

When looking for a financial advisor, you should:

- Ask for references from friends and family.
- Ask them what affiliations they have or commissions they get.
- Check if they've grasped your philosophy and goals.
- Make sure you can understand when they explain stuff to you.
- Check their credentials. Your financial advisor should be a member of the FPA (see 'More Info on Financial Advisors' below).

Bear in mind that your advisor will give you advice in their area. If you go to a naturopath, they'll probably recommend something herbal. A surgeon will explain what they can operate on. A stockbroker will advise you to buy shares. A financial advisor in a bank will offer you the bank's term deposit or other 'products'. Be wary of any product your advisor gets a commission on – is it the best product for you, or the best one for them to get a cut?

Before you see a financial advisor, collect all your relevant bits of paper, digital spreadsheets and print outs, and organise them in useful files or envelopes (see the start of this chapter for more on how). And think about possible priorities: to own your house outright as quickly as possible, or to have a big holiday once a year? Does being in debt give you the whim-whams, or are you comfortable with the idea of 'paying things off' forever if necessary? Do you want to take big risks for possible big advantage or possible ruin, or little risks for little gain and not much excitement? Do you want to work hard and go without some things now to get security, or live it up while you're young and worry about the future later?

Websites can be set up to look like independent financial advice, but actually be a front for a particular bank, other financial institution or even a scam. The ones recommended below are government-based or independent. Be careful of how advertising or commissions might bias a website. As always in the financial world, the principle that applies is 'Buyer beware'. Also, 'Look out!' and 'Duck!'

## ✳ MORE INFO
### on financial advisors

You'll need to pay to access reports from independent Australian journalists on a site such as eurekareport.com.au. Most newspapers have respected financial website archives, including the *Australian Financial Review*'s afr.com.au.

Be careful of US or British magazines and websites, which may have financial advice totally irrelevant or dangerous to you in Australia. Regulations, legal entitlements, prevailing government policies and financial products can be very different and have varying implications. Things can also change quickly.

**fpa.asn.au**
**1300 626 393**  On the Financial Planning Association's site, from 'Consumers', choose 'Find a Planner'. Call to get an idea of fees. Choose the other options for more on what certified financial planners do and how to work with them.

**fos.org.au**
**1300 780 808**  If you're unhappy with a bank or financial planner, and your complaints to management get nowhere, try the Financial Ombudsman Service. Independent, covering banking and insurance, investments and superannuation, it's funded by financial service providers, who don't get to influence cases.

🥝 **ifa.org.nz**
**Infoline 0800 404 422**  The New Zealand Institute of Financial Advisers. There's a 'Find an Adviser' page and some FAQs.

# 🐷 Your financial horoscope
Stop it.

## 🐷 Financial counsellors

Financial counsellors are not financial advisors. In a nutshell, financial advisors help you when you *do* have some money, and financial counsellors help you when you *don't*. Counsellors advise on how to avoid financial trouble, how to get out of it, and try to help you with a plan for going straight.

Beware of private companies that make money by 'consolidating your debt'. You're better off going to a financial counsellor provided by a non-profit organisation, whose services are free, independent and confidential.

## Money & Relationships

If you're not earning 'your own' money in a job and you're at home with kids or just don't have paid work or are perhaps looking for a job, you still have a right to money (and need to understand it) and to have some say in, and control of, joint or family finances. In fact, in Australia, many women do all the budgeting and money management in a relationship, or for the family, and do it very well.

 **MORE INFO** on financial counsellors

You can call your local council, nearest community legal service or church group for referral to a financial counsellor.

**centrelink.gov.au** Centrelink has a Financial Information Service that runs free general financial seminars: you don't need to be a Centrelink client to attend a seminar or get an appointment. Choose 'Individuals', then 'Services', then 'Financial Information Service'.

**afccra.org** On the Australian Financial Counselling and Credit Reform Association site, choose 'Financial Counselling' for a full list of links to counsellors and financial services in your area.

**ACT**
Care Financial Counselling Service (02) 6257 1788 carefcs.org

**NSW**
Credit and Debt Hotline 1800 808 488 cclcnsw.org.au
Financial Counsellors' Association of NSW 1300 914 408 fcan.com.au

**NT**
Anglicare NT Financial Counselling (08) 8985 0000 (*Darwin*) or (08) 8972 1571 (*Katherine*) or (08) 8951 8000 (*Alice Springs*) anglicare-nt.org.au

**Qld**
Financial Counselling Queensland Network (07) 3321 3192 fcqn.asn.au

**SA**
UnitingCare Wesley Adelaide (08) 8202 5111 ucwesleyadelaide.org.au
South Australian Community Legal Centres (08) 8342 1800 saccls.org.au
South Australian Financial Counsellors Association safca.info

**Tas.**
Anglicare Financial Counselling Service 1800 243 232 anglicare-tas.org.au
Consumer Credit Helpline, Hobart Community Legal Service (03) 6223 2500 hobartlegal.org.au

**Vic.**
Consumer Affairs Victoria 1300 558 181 consumer.vic.gov.au
Consumer Action Law Centre (03) 9629 6300 consumeraction.org.au
MoneyHelp 1800 149 689 moneyhelp.org.au (government-funded free financial advice for Victorians who've lost their job or had work hours reduced)

**WA**
Financial Counsellors Resource Project (08) 9221 9411 fcrp.org.au
Consumer Credit Legal Service (08) 9221 7066 cclswa.org.au
Financial Counsellors' Association of Western Australia 1800 007 007 financialcounsellors.org

Money can be a big control issue with some partners who don't want you to have any financial say or power. See Chapter 31, 'How to Escape Control & Abuse'. See also the financial info in 'Helping or Living With Ageing Relatives' in Chapter 25, 'The Family You Make', if relevant.

##  The sugar daddy myth

Partners who will pay for everything can be:

- fictitious
- controlling
- hopeless in other areas
- secretly in debt
- about to dump you
- dead, leaving you nothing.

### ✳ MORE INFO
#### on the sugar daddy myth

**A Man Is Not a Financial Plan: Investing for Wealth & Independence by Joan Baker**
A financial advisor suggests strategies for your future. For all women, single or with a partner.

## 🐷 His & hers or hers & hers

Before moving in together or getting married, you need to talk about whether any property and inheritances either of you own will become joint property or not. A financial advisor can help you understand what the law says about these issues. If you've lived together for more than two years, you may be considered legally married for the purposes of financial arrangements, triggering automatic legal rights over joint property and income. Or you may have no rights at all.

### Mismatched financial personalities
Some partners are spendthrifts (meaning they spend a lot), others are thrifty (meaning they don't). People with mental illnesses such as bipolar disorder can go on spending sprees or run up debts. Some people gamble, some invest funds without telling their partner, and some partners can use control of money in an abusive or unequal way (see Chapter 31, 'How to Escape Control & Abuse', for more). Unless you're on the same financial page, 'money' can cause enormous strain and even break-ups. Talk about your partner's and their family's attitude to money before you join finances or live together. Here's a checklist that will help you cover all bases.

### FINANCIAL THINGS TO SORT OUT BEFORE LIVING TOGETHER OR MERGING MONEY

1. Which family attitudes about money did each partner grow up with? How has this affected them?
2. Do either of you owe any money or own any assets? What's your plan for paying off any debt?
3. Does either of you have a bad credit record, wages put aside as the result of a court order, or a bankruptcy in your history?
4. Will you have totally separate accounts?
5. Will you both do the accounts or will one partner manage the money? What if both want to do it? What if both would rather not?
6. If one person earns more, do they get more of a vote in spending decisions? Do they have to do less housework?
7. If one person has inherited or will inherit any assets, does the other partner now own half?
8. Is your big priority saving for the future or are you more interested in finding fun ways to spend?
9. What if there was a financial crisis or one partner was sick or even died? Do you need insurance? Who would inherit what?
10. Could both partners immediately get a grip on the financial situation by looking at the latest statements? Where would they be and whose job will it be to keep financial records?
11. Who will pay which bills? Do you know how much they're likely to be?
12. Will contributions to joint needs (mortgage, food bills) be based on a straight half-half split or according to income?
13. Do you agree to have a private section of your income for each person to spend as they wish?
14. If you have a child or for any other reason decide to live on one wage, will that wage be considered 'joint' money?
15. Will the partner staying at home have their own account, to control their own spending on clothes, gifts, etc.?
16. What will you do about the career path of the person who stays home with a baby, and how long do you think that person would be out of the paid workforce? What if that had to change, for example if you had a child with special needs?

17 Could you each work reduced paid hours and share more of the home duties?

18 How many hours a week does each partner want to work?

19 What does each partner believe is a minimum amount of household earnings each week to be comfortable?

20 Do you have a minimum emergency savings account? How much would each of you need in the bank to feel safe or happy?

## Separate or joint accounts

One thing to discuss and sort out is how each partner feels about separate or joint bank accounts. Whose name will be on the debts, and whose name on the ownership documents?

Sharing finances is fine, but women need to have some money in their own name and their own credit history. Not because she doesn't trust her husband or partner but because – touch wood and let's hope not – if the partner dies, the bank may cancel an account or reduce a credit limit, especially if the surviving partner is not currently employed. Make sure a joint account is just that, not one partner having a 'primary' signature and one a 'secondary' signature. Make sure that your finances are set up so that the joint finances can still function if one partner gets sick or isn't there for some reason.

Anything that involves changing names – taking on a husband's name or 'un-taking' it after separation and divorce – can make financial matters complicated. Make sure you know what you need to do with all banks, super and other financial matters if you change your name, or want to operate with two names.

## 🐷 Family money

Sometimes the biggest shock is when one partner stops earning so they can be at home, usually with small kids. Suddenly partners may find out they have differing answers to questions like: 'Whose money is it?' Is all money that comes in family money? What about investments or property that were owned by one partner before the marriage? Most women who are at home and not earning money want to have their own account, or at least a joint account with their partner, just so they retain some independence and control. Do you need a joint account now? If both partners

are working, who will pay for childcare? It's really important to discuss this stuff before it happens – preferably before a baby arrives.

In a relationship where you're at home, ideally it should be seen that the money your partner earns is the money you're *both* earning. You should have some money that's yours to dispose of as you will – you shouldn't have to ask for money to buy your friend a birthday present.

Whatever happens, you need to understand how the money works and where it's being spent or invested.

## 🐷 Wills & partners

If you're living together or married, you'll each need a valid will. You can get forms from the post office and do it yourself, but it's a good idea to talk to a lawyer about whether money should be left in trusts or handed straight over, and to whom. If there are no wills, money, assets and superannuation can go to parents, siblings, even cousins in some jurisdictions, or somebody else, not your partner, and any money left can be taxed in ways that disadvantage them. Responsibility for children and any money left to them in trust should also be included in any will. For more on making a legal will, see 'More Info on & for Older Folk' in Chapter 24, 'The Family You Come From'.

## 🐷 Superannuation & partners

Should one partner's superannuation be shared between both of you? This can create a tax advantage (see 'Superannuation', earlier in this chapter). Australian law recognises equal rights for same-sex partners to superannuation savings. See also 'Wills & Partners', above.

## 🐷 Adult kids & finances

Many adult kids give over their financial independence to a parent. Even if you're living in your parents' home, you need to keep some separate finances and know what's going on with your savings, super and spending. If you're living at home but have control of your finances, you should still be paying some sort of board or rent to your parents.

For the opposite situation, where the adult child takes over the control of a parent's finances through an enduring financial power of attorney, see Chapter 24, 'The Family You Come From'.

## MORE INFO
### on money in relationships

**moneysmart.gov.au**
**Advice Line 1300 300 630** For all sorts of financial info relating to being single or with a partner, on the main page of this government site, choose 'Relationships and Money'; or choose 'Tools & Resources', then 'Life Events', then 'Divorce or Separation', 'Losing Your Partner' or 'Wills' for fact sheets and advice.

**How to Afford a Husband or any Other Live-in Lover: Financial Harmony with the One You Love** and **How to Afford a Baby by Justine Davies** An Aussie financial planner, Ms Davies gives clear and simple modern info and advice on sorting out finances, whether you're a couple or planning or managing a larger family. The first book covers budgeting, dealing with debts, how to save, protecting what you do have and planning for what you don't have yet. The second book puts a baby in the mix and comes up with some new and relevant info.

## Relationship debt

Relationship debt used to be called 'sexually transmitted debt' because it happened between partners – now it also happens between generations, as older parents help with their adult kids' home loans. A lot of women (and some men) are left holding the baby – and the debt – when a partner shoots through or simply can't make payments on a loan that their partner has signed as a guarantor. That means the partner becomes responsible, alone, for repaying the debt, unless they can prove that they didn't understand what they were signing – and you can't just *say* you didn't understand it.

Many people do 'go guarantor' for their grown-up children's loans with no problems – but the no-risk advice is never to sign as a guarantor to anybody else's loan. It has nothing to do with how much you 'trust' or love somebody. Being a guarantor for anyone involves risk (the lender wouldn't ask for a guarantor unless they perceived a risk), so you need to understand that you will be liable for the loan in unforeseen circumstances such as illness. Never sign anything you haven't read and completely understood: most documents say you'll become solely responsible for the debt if the other person

doesn't pay. Always take independent legal advice before you go guarantor.

## MORE INFO
### on relationship debt

**moneysmart.gov.au**
**Advice Line 1300 300 630** Search 'love and loans' on this government site for a fact sheet. See also its 'Relationships and Money' info.

## Lending money

If you lend money to a friend or relative, don't expect to have it paid back. It may be paid back, perhaps even with a little interest, which is great. But they may not be able to, perhaps through no fault of their own. The only reason they need you to lend the money is that they're already a bad risk, otherwise they'd get it from a bank or other financial institution. So if a friend or relative asks you to lend them money, it's already a riskier loan than a financial institution wants to make, and most financial institutions would lend money to a badger. (If they haven't even approached a financial institution, because they're hoping you'll lend them the money interest-free, say no and send them off to apply for a loan.)

A useful answer to a request for a loan is, 'I'm sorry, but all my money is tied up. Is there another way I can help you?' (You're not telling a lie if your money is in savings – that's 'tied up' because you need it.) Or you can say, 'I owe money myself' if you have a mortgage or any other debt such as car payments or credit cards.

If you do want to make the loan, have it in writing, with details of any interest agreement, signed by both of you – say you need it for your accountant (because you do). Don't think of it as a loan, think of it as a gift, and don't expect to see the money again. Otherwise you won't just lose the money when they can't pay you back (maybe through no fault of their own), but you'll lose some of your relationship with this person.

If a friend or relative is in distress or financial worry, there are other ways you can help – go with them to a community legal or financial advice centre, or help them sort out their paperwork. If you 'take over' and fix it, there's no incentive for them to gain control for themselves.

## Your Financial Obligations

###  Paying tax

Yes, you do have to. All people who earn enough pay tax to support our government, and the public health and education systems. Also we apparently need to have roads, an air force and media campaigns about how grouse the government is.

You are legally responsible for what's in your tax return, so you need to choose somebody reputable to do it, not tell any fibs at all, and be able to back up all your claims with documentary evidence such as receipts. Keep all your work-related receipts and income records for six years, in case you're 'investigated' by the Tax Office. The Tax Office has a lot of powers to make you pay up if you don't do the right thing, including popping you in the pokey.

#### Finding an accountant

If you haven't done your tax for many years, or you feel clueless even after checking out the Tax Office website, go to an accountant or 'tax consultant' and get it done for you. Two main reasons – you'll probably get a refund and, if you don't do anything, when they do come looking for you, things will be worse and you may be fined buckets of cash (that's a technical term). An accountant might also be able to tell you if your tax return could be a do-it-yourself job.

Ask around for a referral. Check for an accountant with a relevant specialty – do they have a lot of women clients, or mainly do tradies, or nurses, or small family businesses? Check to see if they're a member of the relevant professional body. As with a financial advisor, you need to feel comfortable and understand what they're telling you. Ask upfront what the fees are likely to be and if they'll be offset by tax refunds or be tax-deductible next year.

Some companies specialise in preparing tax returns – most of them employ people who are trained by the firm as 'tax preparers'. Their work is supposed to be checked by a registered tax agent at the firm. These people may or may not officially be 'accountants'.

It's a bit confusing that various bodies represent accountants, and some accountants belong to more than one. Your accountant should have a tertiary qualification as an accountant and will probably belong to one of the big two professional accounting bodies, which have requirements for educational level and a complaints policy.

## Retiring

The amount of age pension paid to you by the Federal Government will depend on your age and a few other factors. Men can get it from age 65 and women used to get it at 60, but the

---

✳ **MORE INFO** on paying tax & finding an accountant

**ato.gov.au**
**Personal tax enquiries 13 28 61**
**Business tax enquiries 13 28 66**
The Australian Taxation Office's official site explains tax for individuals and businesses, with info on superannuation and rates, and calculators and tools for managing your tax affairs. Especially useful if you don't have an accountant.

**tpb.gov.au**
**1300 362 829**  Only a registered tax agent should 'do your tax' if you don't do it yourself. You can check if yours is registered on the site of the Federal Government's Tax Practitioners Board. To be registered, a person must prove

a certain level of qualifications and be considered a 'fit and proper person', and – this is awfully comforting – 'not be under sentence of imprisonment, including being released on parole or good behaviour for a serious taxation offence'. Also, they should not wear a hat saying 'Burglar'.

**charteredaccountants.com.au**
**1300 137 322**  The Institute of Chartered Accountants. Choose 'Chartered Accountants', then 'Find a Chartered Accountant'.

**cpaaustralia.com.au**  To find a Certified Practising Accountant, choose 'About Us', then 'Find a CPA or Financial Planner'.

government is phasing in 65 for women born after 1 January 1949. (And by the time some of us are eligible there may not be a pension at all.) You can't get 'back pay' of the pension, so make sure you apply with time up your sleeve, so you get payments as soon as you're eligible. If you're planning to rely completely or partly on your super for your retirement income, see 'Superannuation', earlier in this chapter, for more.

**MORE INFO**
**on retiring**

**centrelink.gov.au**
**Seniors Line 13 23 00** On this Federal Government site choose 'Individuals', then 'Planning for or Needing Help in Retirement' for info on the aged pension, healthcare and other discount cards, and other entitlements.

**nicri.org.au**
**Infoline 1800 020 110** This free, independent, non-profit National Information Centre on Retirement Investments has 'risk meters' and calculators showing the effects of varying things like interest rates and share prices. Choose 'Life Events' for rights and responsibilities, divorce, inheritance, redundancy, grandchildren, retirement and bereavement. Fact sheets on superannuation, all sorts of investments, annuities, powers of attorney, 'reverse mortgages', freeing up cash and avoiding scams and traps set for older folk.

**moneysmart.gov.au** Choose 'Superannuation & Retirement'; or 'Information for Over 55s'; or 'Tools & Resources', then 'Calculators & Tools' for a retirement planner and a super adder-upperer. There's info on pensions and earnings in later life.

**seniorscard.com.au** If you're over the age of 60, it's worth getting a Seniors Card. Issued by all state and territory governments, it can get you discounts on all sorts of goods and services, from transport to insurance.

## Government Benefits

Government benefits are paid to people who are unemployed, or supporting parents without employment or who are unable to work due to mental or physical illness, or have reached retirement age (see 'Retiring', earlier, for more). Various other tax breaks, payments and entitlements come into play at various times for various reasons, depending on changing government policy. It's always worth checking.

**MORE INFO**
**on government benefits**

**centrelink.gov.au** Choose 'Individuals' for info on the various benefits and services available. Click on 'Contact Us' for a list of phone numbers to call for different services.

**familyassist.gov.au**
**13 61 50** The Federal Government's Family Assistance Office site lists services, info and eligibility requirements for payments and benefits relating to childcare, maternity and tax.

## Problems With Money

 ### Scams

Scams can happen at your front door, at the pub, on the phone, online, anywhere. Many involve payment in advance for stuff that doesn't happen, money transfers, 'confirming' account names, numbers, passwords or PIN numbers, giving personal details to somebody, 'missed calls' or texts, SMS competitions, 'work from home' and other 'business opportunities' with the alleged chance of big profits. Details on social network websites have been used to 'steal identities', set up new bank accounts and get credit in an innocent person's name, ruining their reputation and credit rating, and in some cases stealing money from their own bank accounts. Callers pretend to be from Centrelink, Medicare, banks, you name it.

It's estimated that hundreds of millions of dollars are lost to scams each year in Australia, which seems almost incredible. What changes is the name of the scam and, sometimes, the type of scam. Old scams are revived now and then and find a new bunch of victims. 'Ponzi' or 'pyramid' schemes have been around for more than 100 years, but a new variation uses celebrity names to sweeten a scam. What doesn't change is that there'll always be thieves with elaborate and plausible plans.

What's the one thing linking the people who were ripped off? Is it greed? Were they all stupid? No – it's much more likely that they all thought they'd be able to tell when they were being scammed.

Never give your personal or bank details online or in reply to an email, send them in an email or reveal them over the phone. Never reply to an unsolicited email: that just confirms your email address. Only give credit card details on a secure online 'locked' page. Even something on your site such as 'It was my birthday on Friday, I turned 26' gives them your date of birth. Then they just need your full name and address and they're on their way. Any other details are a bonus.

## MORE INFO
### on avoiding scams & rip-offs

**scamwatch.gov.au**
**1300 795 995**  This watchdog site of the Australian Government regulator (and unregulator), the Australian Competition and Consumer Commission (ACCC), lists current scams, con men, cads, rapscallions, cutpurses and charming but cold-hearted women roaming the internet, modern pirates all.

**protectfinancialid.org.au**  The Australian Bankers' Association, the Australian High Tech Crime Centre and the Australian Securities and Investments Commission (ASIC) site on identity theft.

**ag.gov.au**  For a Federal Attorney-General's Department  choose 'Crime Prevention and Enforcement', then 'Identity Security', then a relevant download..

## Gambling

In a way, all investment is gambling, at higher and lower risk. The share market (including super-annuation funds) and the property market are speculative. When it comes to investment, any-thing that can go up can also go down. But when it comes to what we more commonly understand as 'gambling', the odds can be weighted against you so heavily that you may as well play happy bonfires with your cash.

Most people who develop a problem with gambling cannot stop without help. There's no shame in asking for help, and you can call a hot-line anonymously if you want to.

### When someone in your family gambles

To protect your family's assets and know what sort of sneakiness you may need to combat, or support you can offer, contact Gamblers Anonymous (see below).

## MORE INFO on help with
### gambling problems

**gansw.org.au**  Gamblers Anonymous is a free service with support groups.

**nrgs.org.au**  The regional Northern Rivers Gambling Service has a quiz to see if your gambling is a problem: choose 'Self Diagnosis'. Also has helpful info on why 'cutting back' doesn't work, and how to get help.

**gamblingproblem.co.nz**
**Gambling Helpline 0800 654 655**  Funded by a compulsory levy on the gambling industry and administered by the NZ Ministry of Health, this helpline provides support and referral.

These lines offering advice and help for problem gamblers are usually funded by state and territory governments using revenue from the gambling industry.

**ACT** Gambling Care (02) 6247 0655

**NSW** Gambling Help 1800 858 858

**NT** Amity Community Services 1800 858 858

**Qld** Gambling Helpline 1800 858 858

**SA** Gambling Helpline 1800 060 757

**Tas.** Gambling Helpline 1800 858 858

**Vic.** Gambler's Help 1800 858 858

**WA** Gambling Help 1800 858 858

# Thoughts on shopping

I hate shopping – can't stand it, unless it's for someone else, with someone else's money. HOLLY, 23, REDFERN

Dragging three children around a shopping centre isn't my idea of fun. When I have free time now I tend to read, sleep or catch up with friends. JODIE, 37, COLAC

Stay home and watch the goldfish. MARIA, 56, COFFS HARBOUR

When I'm feeling miserable I shop. SIMONE, 38, PORT MELBOURNE

I shop for fun. KAREN, 37, LOCKRIDGE

Sometimes feel I should have or deserve a particular item, no matter what it costs. GAYLE, 43, TOONGABBIE

I'm such a compulsive buyer, often buying because it was a 'great bargain'. Where will I ever wear that white linen trench coat I bought last week when I have a 4-year-old who constantly has Nutella on her hands? GERI, 42, NORTH FITZROY

I was brought up with a shopping habit that I now recognise was a substitute for real hobbies and social interactions. I'm very careful now not to over-shop. MICHELE, 43, INNISFAIL

We're in debt because instead of putting money on bills we tend to spend money on things we don't need. JOANNE, 20, SHAILER PARK

My darling husband doesn't understand the need for new clothes without wearing out the old ones first! So I have the shop wrap the new item quite tightly in a tissue paper bundle and carry the contraband purchase inside in my handbag. I throw it deep into the wardrobe and hang it later . . . JOOLS, 41, BLACKHEATH

Sometimes find myself feeling like I have to buy something to make myself feel better. SAR, 27, CURRUMBIN

I buy too much for my daughter and end up with clothes and toys she never wears or plays with. LORRAINE, 43, ROWVILLE

During a period of extreme anxiety after my brother died, I picked up a $90-a-week iTunes habit using my credit card. JANE, 46, SINGLETON

I've seen a workmate ruin her life through compulsive shopping. Her house was filled with stuff she couldn't possibly use. Don't let the retailers and advertisers run your life. BARBARA, 57, DUNLOP

'I get a high from spending money. I love walking around the shops carrying shopping bags. It makes me feel rich.' SOPHIE, 20, NGUNNAWAL

I only shop for groceries late at night, when all the other retail shops are closed. This means fewer temptations. ALICE, 64, LIVERPOOL

I try not to shop with friends, otherwise I get into a 'herd mentality' and want to keep up with everyone else. I'm better by myself. ELIZABETH, 37, GEILSTON BAY

That sinking feeling means take it back. CHRISTY, 32, MILWAUKEE, US

Never shop while jetlagged, hungry, thirsty or needing a pee. LUCY, 51, SURRY HILLS

Don't browse. Don't impulse-buy. Think about how you'll feel about the purchase in a week. Find something else to do on a Saturday morning, or when it's really hot. KATH, 26, BRISBANE

Don't let shopping become a hobby if you can help it. Buying things to compensate for unhappiness or frustration will not cure the ill. NOLA, 64, SOUTH MELBOURNE

Kids don't need new everything. Toy libraries are great! JILL, 27, WARRAGUL

Don't go shopping when you're emotional. DENISE, 57, HOXTON PARK

Don't go on bus shopping trips with other women – it's a free-for-all on who can spend the most, and you end up with rubbish. ALISON, 42, DUNGOG

Think about it, and if you're still thinking about it a few days later, then it must be for you. KATE, 39, PRESTON

Ask yourself three questions: Do I really need this? Is there something else at home I can substitute? Will I use this again and how often? SHELLBYANNE, 27, SPRINGWOOD

Just be sensible – $180 for a singlet top is outrageous. LOU, 40, HIGHGATE HILL

Retail therapy is a real issue for a lot of women I know. It causes relationship and financial issues. BETH, 42, HEATHMONT

I shop to get out of the house – we're currently living with my in-laws. CLAIRE, 29, ROSEHILL

Don't go to big shopping centres for your groceries, because you'll always see something you don't need but must have. ROSE, 48, TOWNSVILLE

Just take cash. Write down all your purchases so you notice how much you spend on crap. MORENA, 36, SHOALWATER

# Shopping & spending

Everybody wants you. Every clothes company, shoe company, fast-food chain, drink company, TV network, major electronics company. The companies pay advisors, organise 'focus groups' and brainstorming sessions, and then proceed to spend billions and billions of dollars on marketing hype, trying to get you to buy their stuff. They want you to mix up the ideas of 'want' and 'need' so that you feel you must must must have something new now now now. And I'm so sorry, but they don't care about you, really. They just want your money, and to get it they'll lie and cheat and put giant women in lingerie on billboards next to your bus stop.

So: how can you recognise when you're being conned? What's the best way to work out what to buy? And how do you avoid shopping regret (buying stuff you don't want, or never wear)?

## Marketing

The big companies spend heaps finding new ways to fool you. After surveys and focus groups to find out what you want, they frame ads claiming that's what they have for you. We see hundreds more ads a day than our parents or grandparents did. You know, we're soaking in it. Pages of 'must-have' buys in magazines and newspapers and on websites are not there because the journalists on staff have been out scouring the land for intriguing things, either. In many cases they just 'copy and paste' stuff from press releases.

Here are some other ways that ads come at us, even when they don't look like ads.

### 🔒 Advertising

Ads are on TV, radio, billboards, websites, emails and your phone. If they could work out how to get a receiver chip into our brain, they'd probably use that, too. Here are some of the subliminal to brutally obvious messages they use:

- 'You deserve it, you're special, you've earned it. We get how special you are and how hard you work. We want to reward you.'
- 'Having this product will make you look more attractive. And your life will be transformed, somewhat like Cinderella's.'
- 'We have cool-seeming people in our ad so this product is cool, and because you like it you're cool too.'
- 'We have a nerdy person in our ad who isn't using our cool product, so let's all laugh at them. Ha ha! We're mean, but cool.'
- 'Check out this really cool song/amazing image/ piece of animation. Now we have your attention, here's what we want you to buy.'
- 'Having this product will make you happy, oh so happy, ha ha, with laughing, very white teeth.'
- 'In the world where people use this product, everything is sunny and fun.'
- 'You're one of a select group getting this text/ email/notice of a sale.'
- 'We care about you so buy our stuff.'
- 'We, too, care deeply about animals/the environment/poor people/organics, so buy our stuff.'
- 'This is such a funny ad you'll remember our brand name. (You don't? That's $15 million down the drain then.)'
- 'Nobody finds you attractive any more and you've lost your self-image, but if you buy this you'll be a yummy mummy.'
- 'This is such a weird ad it will intrigue you and get you talking about it.'
- 'If you buy our product you'll have an edge over your competitors (either at work or the other mums at the school gate). In fact, they'll be CRUSHED.'
- 'Buy this because it's really exclusive and glamorous.'
- This will transform you, and make you thinner very very quickly with no effort.'
- 'Buy this because it's really cheap.'
- 'If you have this takeaway your family will sit down together to eat and be happy.'
- 'Use our product so you seem like a brilliant homemaker who serves her family.'
- 'If you really cared about your kids' health you would choose only this brand.'
- 'Ohmigod, if you get this thing it will be so exciting. Lots of music and zoomy, colourful things will happen. And your life now is dull. And you, madam, are a frump who bores the pants off everyone.'
- 'This celebrity says they use our stuff. If you want to be like them, buy our stuff.'
- 'Everyone likes our stuff – don't be a left-out, sad, lonely loser.'
- 'We know you're too smart to fall for advertising and marketing. Smart people like you buy our stuff.'
- 'We've paid a lot of money for the rights to this really catchy song, so when you hear it you'll feel good and sing it, and that'll remind you to buy our stuff. And the ad is louder than the TV show, so don't try to ignore it.'
- 'Get a load of this scientific statistical stuff that makes it seem as if our product is proven to be the best. We paid someone to do the research and come up with those results.' (And don't you love an ad where cartoon arrows bounce off the skin, because that proves . . . um . . . wait . . . yes, that proves that cartoon arrows bounce.)
- 'This ad is on high rotation. It's on TV, on radio, on public transport, on billboards and at the movies, so you can't get away from our message. You can't hide from us.'

##  Brand loyalty

Companies want your brand loyalty, which means that:

- Instead of just saying, 'I feel like a hamburger,' you say, 'I feel like going to (you can't make me say it, but you know the one I mean).'
- Instead of going into a shop and saying, 'I want some sticking plasters' (Huh?), you say, 'Can I have some Band-Aids, please' (Band-Aid is really a registered trademark).
- Instead of wanting any old pair of jeans, you only want the ones from the hot label. (Jeans from the American label that's hot in Australia at the moment are selling in the US for more than US$800 a pair.)

##  Getting you early & keeping you

Global corporations, local businesses and the advertising and marketing industry want to:

- grab your kids' loyalty before they even turn nine (in fact, many companies aim to have kids telling their parents what to buy as soon as they can speak)
- get you as a teenaged consumer or a buyer in your 20s, so they can keep you for life as a 'L'Oréal lipstick girl' or a 'Target undies buyer' – someone who always buys one brand rather than any other
- if they missed indoctrinating you early, get you to switch brands by appealing to your vanity as a more knowledgeable and 'mature' consumer.

##  'Aspirational appeal'

This is a term used by marketers and advertisers for the feeling they wish to create in you – the feeling that you want the same kind of life/face/body/boyfriend/hairstyle/acting career as the person in their ad – so that you'll buy their product. The theory is that you aspire to the image, so the product appeals to you. It's all about creating low self-esteem and envy.

## Brand recognition

Sometimes mere association is enough to create a reminder of a product. A big, curvy yellow M makes you think 'hamburgers'. The colour purple is supposed to make you think 'chocolate'. (Cadbury has even taken court action, saying that no other company should be allowed to use purple packaging on cakes, lollies or chocolates.)

##  Ads that aren't ads

Ads are always ads, it's just that sometimes they come in the form of a 'marketing campaign' that doesn't use the ad spaces you'd expect, such as in magazines or on websites, billboards, bus stop shelters, TV and radio. Here are some ads that don't always look like ads:

- **'Reports'** – An article in a magazine can look as if it's written by a reporter, and be printed in the same style as the other articles, but can actually be a paid ad. Often an article – especially in free (giveaway) magazines, but also in some of the glossy expensive ones – will mention products from companies that regularly advertise in the magazine. It works on TV shows, too. Did that travel reporter get a free trip? Then she's not likely to say the pool smelled like cheese, is she?

- **'Trend watchers'** – Magazine pages called things like 'What's In', 'What's Cool' or 'New Products' are almost always really unpaid ads cobbled together by a reporter whose job it is to copy the 'trends' set by companies and go through all the press releases of the magazine's advertisers to keep them happy.

- **'Direct marketing'** – Companies make contact with you via mail, pamphlets, emails, texts and phone calls you never asked for.

- **Videos, pics, messages & emails** – You can sign up for stuff to be sent to your phone, which is obviously sponsored or which eventually turns out to be pushing a product.

- **'Viral marketing'** – Companies try to spread their message like a virus. It looks like 'word of mouth' – people telling each other about it – but it's really company employees using phone messages, websites, meeting sites, blogs, fake blogs ('flogs') and short films. The ads can look like an animation, a joke, inside info, a cute picture, a recommendation from a friend, a filmed romance story – anything but an ad.

- **Product placements** – It's no accident that in the latest blockbuster movie, Mr Hollywood Hotsy Totsy-Trousers (okay, it's George Clooney) is flashing that watch/phone/computer/car/ suit/pair of designer shoes/pair of sunglasses/ braided G-string. That's product placement. This partly involves getting the brand name seen, and partly involves associating it with something cool, such as a TV star or a hit film.

Companies pay (sometimes several million dollars) for their drink to be the one poured at the table, or their cars to be the ones in the chase scene. Some singers have even been paid to mention brand names in their songs. Luckily, most singers, writers and other artists, and a few movie makers, reject being bribed to compromise their artistic vision. Just for fun, next time you watch a movie or TV show, see how many product placements you can spot. And if you have kids, teach them how. Sit together watching the ads and get the kids to pick the strategy being used to 'fool' them.

- **Freebies** – Companies often give you a free sample of a product: you'll find it in your letterbox, stuck to the front of a magazine, in a 'show bag' from a launch, or at a conference or trade show. It feels like a gift, but actually it's a small, cheap sample to persuade you to buy a (much bigger) packet or bottle. Companies also send heaps of free products to people with 'influence' – writers for newspapers and magazines, radio show hosts, celebrities – to get free mentions here and there.

- **Endorsements** – These range from celebrities paid to be in ads pretending they use the products, to commercial radio hosts who are influenced by freebies faffing on about how yummy the pastries are from the bakery that just delivered them a boxful. I know because I used to get in trouble for refusing to talk about the pastries on the radio.

- **Magazines (& their websites)** – Magazines are expensive to produce. The price every reader pays for a copy isn't enough to pay for the printing and distribution, so their profits come from advertising (and other clever ideas such as phone-in competitions). Editors don't have total control over what goes in their magazine.

The money to produce a mag comes from advertisers, so an editor who writes a story criticising an advertiser's product, or any other aspect of the business, won't last long. Magazines have some fantastic stories and some great things to look at, but ask yourself why they want you to read what you're reading. Is the beauty editor influenced by all her freebies? Would the fashion editor recommend a look if an advertiser didn't stock it?

I saw an astrology column once that managed to squeeze in twelve ads: it recommended jewellery for each horoscope sign, complete with prices and brand names. I don't think that was written in the stars.

- **'Push marketing'** – Young women with not a lot of clothes on, except high heels, hand out samples, or even pretend to be bar customers ordering a new drink, to get people talking about a product to create a buzz.

- **Merchandising** – A company gets people to be walking ads by putting their name or logo on T-shirts, hats, matchbooks, lighters, stickers, pens, food or even cute toys.

- **Sponsorships** – Companies can get their brand name everywhere by sponsoring an event such as a concert, sporting contest, festival or even a charity fundraiser. The not-so-sneaky idea is that the more you see a product associated with something you like, the more you'll like the product. Many websites that look like independent sources of info are actually set up by a drug company or other vested interest. Any website that is sponsored or takes ads may not be able to give completely independent advice or reviews of sponsors' products or activities.

- **Competition prizes** – A contest says, 'To win a pack of Twang cosmetics worth $200, write down in 25 words or less why you need our stuff, and send it to . . .' So 10 000 women write down how great the product is (and think about buying Twang), and the company has only had to pay $200 for stuff that they get out of the back room. And then the competition entries can be used as unpaid 'endorsements' of their products.

- **Social conscience donations** – Many companies say they're helping good causes and charities by donating a percentage of their profits. And they may be. It's just that the percentage of profit may be less than 1 per cent, while the percentage they marked up on the price of their item was 5 per cent. You'd be better off donating money directly to the charity and buying a cheaper product. Be cautious when companies claim to be doing something out of the goodness of their hearts.

- **'Natural' & 'organic'** – For the last few years companies have been well aware that 'organic' and 'natural' is what people want. They've geared up to launch massive marketing campaigns based around these values, which may or may not reflect the product, the way it's made, the amount of carbon or waste produced in making it, and so on. There are vast profits to be made by claiming something is 'natural', 'organic' or even, impossibly, 'chemical-free' (for more, see Chapter 38, 'Science & Nature', and Chapter 7, 'Cosmetics & Make-up').

## MORE INFO
### on ads & claims

**adbusters.org**  Choose 'Videos' for some hilarious and clever send-ups of real ads.

**choice.com.au**  The Australian Consumers' Association has info on dodgy ads. Search 'ads'.

**stopgreenwash.org**  Environmental group Greenpeace's site is one of many with info on dodgy enviro-claims.

## 🛍 Misleading advertising

Although there are laws that are supposed to protect us against fibbing ads, they're not always enforced. And ads can also be legal but misleading. Models in ads are not legally required to have used the stuff being advertised. That's right: Glossy Hair Model doesn't even use that shampoo – she just has nice hair. The picture of a body used in an ad for cosmetic surgery usually belongs to a person who's never been in the same room as a surgeon. And here's a 'shocking secret' (der): the person in the white coat isn't really a doctor/scientist/researcher – they're an actor. There's lots more on this in Chapter 7, 'Cosmetics & Make-up', and Chapter 5, 'Hair'.

## MORE INFO
### on not getting ripped off

The law usually requires that you need to be careful of what you're buying and inspect the goods yourself. But in cases where this isn't possible, or where promises were made that didn't hold true, or something is faulty or not fit for the purpose it was sold for, you may have a case for getting your money back or a replacement. Always start politely by explaining the problem to store management. If you 'cain't get no satisfaction', try one of the following government consumer affairs or fair trading departments:

**ACT** ors.act.gov.au

**NSW** fairtrading.nsw.gov.au

**NT** consumeraffairs.nt.gov.au

**Qld** fairtrading.qld.gov.au

**SA** ocba.sa.gov.au

**Tas.** consumer.tas.gov.au

**Vic.** consumer.vic.gov.au

**WA** docep.wa.gov.au

🥝 **NZ** consumeraffairs.govt.nz

**scamwatch.gov.au**  A Federal Government site to help you recognise, report and protect yourself from scams.

## Going Shopping

Have you ever had that sinking feeling of arriving home with something in a shopping bag, knowing you shouldn't have bought it, you'll never use it, it's a waste of money, it doesn't look like it did in the shop, and now you can't even afford to buy a lolly snake? That's because shopping lures in the 21st century are very clever and hard to resist (or even see).

## 🛍 Sales techniques

Assistants who sell in shops and over the phone have often been trained in sales techniques. Somebody I know who used to sell gym memberships says,

'I asked them what it was about their body they would change if they could, and then in different words I told them the gym could do that for them.'

Here are some common sales techniques. The salesperson:

- is friendly, asks how you are, chats about something other than the product (actually they're finding out things about you so they can work out the best way to persuade you to buy)
- compliments you on your hair or something you're already wearing, to establish the idea that you have good taste they share and they're a reliable judge of what you should buy
- gets you to test, feel, try on or handle the product so you picture yourself having it and using it
- tells you stories about 'real' people, including 'other customers', who are so happy with their product ('I have one and it's great', 'My friend has one of these and she's never had so many handsome, rich chappies wanting to take her to Hollywood', 'That's so popular this season')
- informs you that the price or the great bonus is only available for another day or while the boss is out to lunch (they're trying to get you to hand over money or a signature in a hurry)
- makes you feel in charge, but pushes you by saying things such as, 'It's up to you, of course, but this is the last model available at this price.'

Don't ask me why some shops seem to have such snobby sales assistants that they can't bring themselves to talk to you and just look you up and down with a barely perceptible sneer. They're either bad at their job and the shop owner doesn't send in spies to check, or they think they're creating an excluuuuuuuusive atmosphere instead of being a couple of rude cows.

Always remember that a salesperson wants to sell you something, no matter how nice they seem. So if you want an honest opinion, don't ask Flossy behind the counter – take a friend shopping with you or check an outfit from every angle.

In the case of non-clothes purchases like appliances, do your research online for price and quality comparison before you enter the shop.

## 🔒 Shop atmosphere

Malls, department stores and smaller shops (sometimes called boutiques) spend thousands of dollars on consultants to create the right vibe to get customers in and keep them there (yes, that's why half the time you can't find your way out).

- Music is picked carefully, decor is artfully arranged, little things are temptingly left on counters, the assistants are wearing clothes that are on sale. Some shops even have perfumed candles. Others look like bargain basements, with stuff seemingly chucked into cardboard boxes with hand-lettered signs so that the items look more like a bargain than perhaps they really are.
- Lighting is kept low in change rooms and near mirrors so you can't see any faults in the clothes.
- Mirrors may be angled to make you look thinner.
- A big, attractive display in a shop suggests the products shown are the best or the cheapest, but in reality it could mean the owner wants to get rid of the stuff quickly or a manufacturer paid for that spot in the store. (Drinks companies supply fridges to shops and don't let other companies put their drinks in them.)
- Some shops are designed to feel like lounge rooms or micro-environments where you can stay longer and feel relaxed, or they're confusing, with lots of obstacles, so it's harder to leave quickly.

## 🔒 Online shopping

Buying online from overseas avoids GST, but drawbacks can outweigh this if the online retailer is dodgy, slow, has high shipping costs, won't deliver to your home, or sells or uses your personal details and history for marketing. Buying the right clothes size is notoriously difficult. The retailer should have a good returns policy, a solid reputation with customers and a customer service department or person and, essentially, a 'secure server' for you to send your credit card or debit card details.

Online prices can vary for the same item in different countries, as taxes are deducted or added at the 'checkout' point, and exchange, currency and delivery fees change. If a seller doesn't ship to Australia or New Zealand, delivery to a company that provides you with an 'American address' then sends on to you can add high shipping costs or another level of unreliability. Buying an item overseas makes it much harder to verify or know the ethical considerations of its manufacture or production, and it isn't immediately subject to Australian health and safety regulations. No purchase is ever 'risk-free', but some are dodgier than others.

Consumer complaint sources in Australia don't have much power over foreign companies operating without a physical local presence (and are shriekingly overworked already), but many online companies guard their customer reputations tenderly, to maintain or build reputation. After you've done your research, always check whether a local supplier or producer can match a price, as this can keep jobs in your community, and make sure local consumer regulations apply or are easier to enforce. Buying 'cheap' medication online, with or without an Australian prescription, is always too perilous: don't.

### ✳ MORE INFO
#### on shopping online

**choice.com.au** The Australian Consumers' Association details the advantages and traps of shopping, and how to research purchases online. Search 'shopping online buying guide', 'online shopping', 'shopping comparison site guide' or 'grocery shopping online'.

**accc.gov.au**
**Infoline 1300 302 502** On the government's Australian Competition and Consumer Commission site, choose 'Online Shopping' for a safety checklist and more; see also the sister site scamwatch.gov.au.

🥝 **consumeraffairs.govt.nz** On this Kiwi ministry site, choose 'Shopping', then 'Where You Buy', then 'Internet Shopping' for the basics.

#### SHOPPING: WOMEN VERSUS MEN

There's a theory that women love to shop because they've evolved to gather nuts and berries and small animals to eat. Could this be why women like to find new things? That inside the lizard brain that handbag really represents a new edible bark? Or is it just part of the increasing popularity at university psychology departments of fitting a theory to anything? Have we evolved to search further and wider and find and try

new things to ensure the survival of the tribe? But if you believe this theory, why do men want gadgets and things that plug into each other? Why don't they prefer clubbing them with sticks and grunting?

## Spending

Your grandma would hardly recognise the way we go shopping now. She would always have gone out with a list of what she needed, and that's all she would have bought. She would have taken a purse full of cash to buy the things on that list, or to pay off a short-term debt at the local store. She probably had an everyday handbag, and if she was very lucky another one for 'best'. Most people had one or two work outfits and a pair of work shoes, plus one 'good' outfit including shoes. Back then most shops were almost all full of things you needed, not wanted. Everything would have been behind the counter and you would have had to ask for what you wanted, one thing at a time. Only the super-rich could afford pretty but non-essential things, or extra clothes.

These days a handbag shop in a mall has more beautiful things in it than some major museums had a hundred years ago. We now have a huge choice of things to look at and buy – in one department store there's probably more pretty stuff than your nanna saw in her whole lifetime.

Shopping centres today are places where we can choose from lots of shops, hang out with friends, eat, go to the loo, go to the movies, and stay dry, cool or warm. It's entertainment just to walk around and look at nice things, even if you can't afford them.

### 👜 Shopping as therapy
Armed with a bunch of research about how girls and women use shopping as a social event and a kind of compensation for having a tough week at school, home or work, companies like the idea of 'retail therapy': shopping as a feel-good activity. They've come up with advertising slogans and shop-assistant chat along the lines of 'Because you're worth it', 'Treat yourself', 'You've earned it' and 'Reward yourself'. The rise of salons, spas and home-grooming treatments is part of this self-pampering idea.

##  'You deserve it'

'Do I deserve this?' is the wrong question. Of course you do. You deserve an emerald tiara and a holiday house in the Caribbean, but they're probably not going to happen. Instead, ask yourself:

- 'Can I afford it?'
- 'Can I do without it?'
- 'Is there a cheaper option?'
- 'Would a laugh with a friend cheer me up just as much?'
- 'Should I think about it for a couple of days?'
- 'Do I want lots of small things now, or can I wait and save up for one really big, wonderful thing?'

##  Staying in control of spending

Whether you 'deserve it' or not, you may not be able to afford it. Be careful not to get giddy with wanting, and instead be happy with looking. Buying what you want can be a great way to celebrate, but it can be easy to blow all your money if you let yourself be manipulated by marketing.

Don't get hypnotised by the shiny-shiny and forget the part about needing money for necessities. See Chapter 36, 'Managing Your Money', before this one, for hints on how not to get yourself into trouble with cash and, even worse, credit cards.

### JUST LOOKING

Next time you want to 'go shopping', think of it as 'window shopping' and leave all your cards at home. Just take a minimum amount of cash, like $20. Treat big stores like contemporary museums – things to look at that you don't necessarily need to take home. Or better still, replace the shopping trip with a visit to your nearest real museum or art gallery to see the best of the best. Retrain yourself to feel instinctively that you don't have to own something to admire it and have a good time. Change the habit so that 'bored', 'need a treat' and 'where to meet friends' don't automatically mean 'go shopping'.

##  Does everyone like shopping?

From the Women's Stuff Survey, it's clear that a lot of women don't like shopping, or find it stressful, and that younger women in general find it harder to control their shopping: possibly because they're more likely to be independent without children. It seems to me that a bit of a myth has grown up that all women love shopping, and that this myth is perpetuated by marketing and ads. In fact, women only like shopping when they can afford it. Otherwise it makes us feel bored or dissatisfied. In fact, it could be said that it's not really the shopping that women like. What they would like, thank you very much, is to be rich and have heaps of disposable income. But I suppose it wouldn't quite work for shops to tell us to be rich. It's a bit like those weird seasonal card messages that say, 'Have a prosperous New Year.' Yes, all right, that's a good idea, I'll just pop out and find some bags of cash I otherwise wouldn't have bothered about, shall I?

### 'SHOP' AS A VERB

The *Oxford English Dictionary* has the first known use of the word 'shop' as a verb in 1764 London: 'Ladies are said to go a Shoping, when, in the Forenoon, sick of themselves, they order their Coach, and driving from Shop to Shop . . .' This comes from something called *Seasonable Alarm* by Zachary Zeal.

## Shopping hints to save money

- Shop from a list, don't 'browse' the store.
- If you can't pay in cash, don't buy it.
- If you're shopping as a 'cheer-up', set a $15 limit for the day. You may get just as much of a lift from buying some fancy soap as a dress.
- Don't use credit cards.
- If in any doubt, don't buy. Or ask them to keep it for 24 hours. If you can walk away, you probably don't want it enough.
- When in a supermarket or chain store, check the lower shelves for bargains. Big companies 'buy' the shelf spaces at 'eye height' and fill them with the products they're pushing in advertising. Products and brands lower down may be perfectly fine but cheaper because they're 'end of the line', have outdated packaging or are on special to clear. It's worth a look.
- Forget brand loyalty – buy what's okay but on special or packaged as a 'two for one' offer.

## 'Shopaholics'

Shopping for some people has become a compulsion. If this sounds like you, have a think about your shopping habits. Are you going shopping every week, or more, and spending more than you should? Do you think it's become a habit or an addiction that you need to break? What else could you use the time for that you might enjoy? Could you do a course or learn a language or join a hobby group? Would a Saturday afternoon be better spent at a gallery? On a bushwalk or picnic with friends? Could you meet your pal for coffee somewhere other than a shopping centre? Join with a friend to see how long you can go not buying anything except absolute necessities, such as public transport fares.

Shopping addiction, 'over-shopping', compulsive shopping and 'compulsive buying disorder' are all recognised psychological problems with possible disastrous results, including massive debt, guilt and shame, and a feeling of being totally out of control. It's believed that such disorders happen in people who are struggling with emotional feelings about not having enough, or are frightened of having nothing, or want to show a higher status through possessions. Uninhibited and 'crazy' shopping is a well-known symptom of the high or manic phase of bipolar disorder (see Chapter 21, 'Mental Health', for more). Despite the female stereotype of a 'compulsive shopper', many men suffer from it too, although they're more likely to buy electronic equipment than high heels.

Some people shop and hoard. If you know you have a problem with hoarding, see a psychologist with a specialty in obsessive-compulsive behaviours and anxiety (see Chapter 21, 'Mental Health', for how to find a psychologist). Nobody will make you jettison your possessions, but they can help you get to a place where you're ready to decide when to stop 'collecting' and 'buying' and 'keeping', and what to let go of.

If you had to start again with no material possessions, but you had somewhere to live, say a small flat or shack, what would you really need to start again? Just to get by? How many changes of clothes, how much cutlery and kitchen stuff? Make a list and ponder it. Make a list of the people you love and the things you like doing. Ponder that one, too. Can you simplify the way you live now?

### Shopping danger times

- When you're hungry or light-headed.
- When you're premenstrual.
- When you've just been paid.
- On holidays and in airports.
- When you're bored.
- When you're unhappy and looking for a 'cure'.
- At Christmas: have a gift list and stick to it.

### MORE INFO
on shopping too much

Many people seek help for compulsive shopping. Ask your GP for referral to a counsellor specialising in cognitive behaviour therapy (see Chapter 21, 'Mental Health', for more).

**shopaholicnomore.com** and **psychologytoday.com/blog/buy-or-not-buy To Buy or Not to Buy: Why We Overshop and How to Stop by April Benson**
US psychologist Dr Benson has a book and website about how to understand and stop an out-of-control shopping habit. She also has a blog on 'overshopping' at *Psychology Today*.

**theshulmancenter.com** An entrepreneurial US counsellor and lawyer has info on compulsive shopping, shoplifting and workplace theft.

# Being True To Yourself

# Science versus nature

I went and did a few units of undergraduate psychology when my youngest child started school. I absolutely loved it. I'd done no science past Year 10, so it opened the door on a whole new world. From that point on, I became a champion of the scientific method. I stopped using alternative therapies, saving myself around $1500 a year on treatments that hadn't been scientifically proven, such as acupuncture. My health has never been better.
NATASHA, 44, SURRY HILLS

I'd rather my kids got diseases than inject poisons into them.
CLARE, 41, GLEN WAVERLEY

I'm so grateful I can protect my kids against horrors like polio and diphtheria – in the past so many kids died.
KAREN, 48, FITZROY

I don't know what's in echinacea but I'm sure it works.
TEAGAN, 37, ALBERT PARK

Give me science over supposition any day. KATE, 43, METUNG

I've been taking echinacea and olive leaf extract for minor colds for years and it definitely helps me. If I'm really sick I see a doctor.
MARGARET, 55, BOWRAL

I have a respect for nature and the ability of the body to rebound from minor illness by itself. I gave birth once with medical intervention (which I hated) and a second time naturally (which I loved). But geez I'm glad to live in a country where medical interventions are available when you need them and where my kids don't have to die from measles thanks to immunisations.
JENNY, 36, NEWTOWN

I'm a big believer in natural therapies – naturopathy and acupuncture. EMMA, 40, BRISBANE

It makes me cross that a couple of my friends refuse to immunise their kids – wanting them to be all 'natural'. Well, now we have whooping cough in the community again and I have to worry about my new baby getting it from these families. KELLY, 37, RANDWICK

I prefer all-natural ingredients to chemicals.
SARAH, 25, COBURG

I think medications to treat depression are terrifying. The thought of my brain being changed by chemicals is enough to stop me thinking about seeing a doctor. CLAIRE, 19, WARATAH

'Oh for heaven's sake! We need both "natural" *and* scientific solutions. It's not an either/or situation.'
FRANCINE, 37, BROOME

Everything in my life is best with the natural options, fewer chemicals or altering what Mother Nature intended. GEORGIA, 33, ESSENDON

Most doctors prescribe antibiotics and more antibiotics when I get sick. I'm looking for a more natural approach.
BRIDGET, 34, RICHMOND

I use a natural shampoo – I really disagree with the chemicals used in shampoos. I try to avoid using anything unnatural as much as possible. I go to a hairdresser every 6 to 8 weeks for foils – it's costly but it makes me feel good about my appearance. TANIA, 28, LOWER PLENTY

Watch the chemicals. Don't buy products with big words on the packaging you've never heard of. Avoid anything made in China.
GABRIEL, 32, PORT MELBOURNE

I don't like the idea of ingesting chemicals to alter hormones.
LILY, 27, BURNIE

I ensure that I only use natural products with no chemicals in them. SANDRA, 36, SUNBURY

I have a lovely doctor and a good naturopath. Both have helped me a lot in dealing with menopausal symptoms. The natural products and supplements prescribed for me have helped a lot.
SHARON, 56, GEELONG

Buy natural products! All those chemicals have a dark history of pain and misery behind them – animal torture. Buying animal-tested products is buying torture. And natural products are the gentlest, kindest things you can put on your skin.
HOLLY, 38, NORTH FITZROY

When will people stop spending money on things like homeopathy that simply have not been proven to work? I'm a GP and this whole thing does my head in. NICKY, 36, NEWCASTLE

Less than a year ago, I lost a dear friend to breast cancer. She completely rejected traditional medicine in favour of some quack who moved 'energy' around in her body and prescribed her 'chemical-free' herbal teas. These quacks are dangerous – if not criminal. CADDIE, CONTRIBUTOR ON *NEW YORK TIMES* HEALTH WEBSITE

I avoid chemicals.
KARIN, 34, GOLD COAST

I'm a big believer in less is more. I won't use harmful chemicals on my body, so most sprays and gels are out. I wash my hair very rarely (fortnightly?) and it's the healthiest it's ever been.
NICOLE, 32, GAWLER SOUTH

# CHAPTER 38

# Science & nature

There's a phony war on called 'nature versus science'. Nature IS science. Chemicals are in every natural thing (including us). Which are the 'good' ones, and what easy science info do we need to know so we can make good health decisions, live greener and recognise advertising and media faff about statistics and 'scientific proof'? I promise it will be easy to understand – I'm so ignorant about science I wonder why radio waves aren't wet. But here goes.

## FIVE REASONS TO LOVE SCIENCE

Knowing a few simple things about science will help you feel smart and:

**1** Understand your body and your moods.

**2** Make the right healthcare decisions.

**3** Avoid getting ripped off by false cosmetics claims.

**4** Do the right the thing by the environment.

**5** Avoid nylon underpants.

## Don't Be Scared of all Chemicals

There's a rising awareness of the superiority of natural foods, and the dangers posed to the world by pollution and chemical waste. Unfortunately, some people have come to believe that everything natural is good and everything 'chemical' is bad. Advertisers are taking advantage of this with their claims of 'chemical-free' products.

Our bodies are naturally a seething mass of chemicals. Yes! Millions of them! Squerzillions of them. Wait, I'd better ask a scientist how many. At least 20 000, says our own Dr Keith Watson, who works with a gigantic laser-y microscopey thing as big as a sports stadium (called a synchrotron), so I believe him, especially when he goes on about the proteins coded for on each of our 15 000 genes, even though I lost consciousness.

There are brain chemicals that regulate our moods and transmit signals to move our dancing feet, hormone chemicals that dictate whether we get pregnant and when we want to bite our boyfriend's arm off (before a period), and there are chemicals that rally around when we have a skin scrape to help make a scab. There are chemicals called enzymes that break down food and turn it into other chemicals that go scooting around the bloodstream to staff our immune system or go scurrying over to the liver to break down any dodgy substances that might otherwise get a bit poisonous. Genetic chemicals (genes) combine to decide whether you're a guy or a girl and whether you have curly hair and long arms.

'Steroids' sounds scary when you know it's gunk that athletes use to cheat or body builders inject themselves with to boost muscle (which also stuffs up their liver and makes their willy the size of an acorn), but it's not so scary when you know that some of our hormones are also steroids, and hundreds of them are naturally pootling around in your body right now as you're reading this, including oestrogen, progesterone, androgens and quite a bit of testosterone – yes, I'm talking to you, lady (who knew?).

## 🐱 Chemicals are everywhere

Everything is made of atoms, including humans and the basic elements like oxygen, carbon and nitrogen, and all that other stuff on that big chart called the periodic table of the elements where each one has its own little square and a nickname: sodium is Na, iron is Fe. When atoms join together they can make molecules and when molecules stick together they can make new molecules – and all of these things are chemicals.

Chemicals can be liquids, solids or gases. Most of them, or the elements they're made from, exist somehow in nature, made by the earth when it formed, or since, or within plants and the bodies of animals including humans. We can combine molecules to make new chemicals and products – some are the same as the ones that occur naturally in our bodies (such as hormone drugs), others are a different or stronger version than that found in nature (such as a painkilling drug), still others are not found at all in nature (such as hairspray and fake cheese).

Pure water from a mountain stream is both natural and a chemical-heavy substance. Chemicals in it include hydrogen and oxygen (as $H_2O$ – two hydrogens + oxygen, hold the mayo), plus some minerals such as sodium chloride (salt), magnesium sulfate and calcium carbonate.

Everybody who cooks is doing tricks with chemical reactions – performing chemistry – even if they're doing it with organic food. When you add liquid to oats and heat them to a certain temperature, it makes the chemicals in the oats (complex carbohydrates and proteins) break down and rearrange in a gloopier form and start binding together – and abracadabra, it's porridge.

The more adventurous chefs around the world are now fascinated by chemical reactions and properties, using science to turn vegetables and meats into foams to taste or gases to sniff, and cooking things in plastic bags or snap-freezing them at previously unheard-of precise and low temperatures to get certain properties (such as 'foam' or crystals). It's called 'molecular gastronomy'.

Heavy-metal poisoning (with lead, for example) can be a dire health problem, but the body naturally produces or needs some 'heavy metals', also known as minerals. These include copper, iron, selenium and manganese. If these elements weren't hanging about in your cells in proper quantities you'd be feeling dreadful and in need of some chemical help. Our bodies can't 'make' the minerals we need, but if we eat well, we get enough of them in our food and water. If not, we can take supplements (all the minerals we need are included in most vitamin and mineral tablets from the supermarket). Now that we can measure the levels of these metals in blood – although single tests can be unreliable – some 'natural health' practitioners and a tiny group of GPs tell people they have heavy metal poisoning. In fact, this is *very* rare, and is usually associated with industrial pollution or a work-related overload of some kind. Any such diagnosis should always be confirmed by a blood specialist.

The sensible thing to do is to reduce unnecessary or dangerous chemicals, such as pesticides or cigarette smoke, where you can – but not get sucked in by bogus claims of 'chemical-free' cosmetics or warnings about 'dangerous chemicals' that aren't.

## 'Good' versus 'bad' chemicals

We can't divide chemicals into automatically 'natural and good' (tree bark) and automatically lab-made and bad (rubber tyres). It's vexing, but they're more complicated than that. We can't even say 'natural' is always good. Fish farms, where special pens or parts of lakes are set up for 'growing' oysters or breeding salmon, are not 'natural' but they're better than overfishing to extinction in the wild. An overgrowth of blue-green algae (caused by a combination of climate and natural chemistry) can create deadly poisonous compounds.

It all depends how chemicals are combined, how carefully they're treated, what doses of them you take, and what they're used for. Combining some chemicals can literally blow up in your face. Or cure some forms of cancer. Or make an immunisation to stop a baby dying of whooping cough. Or make a clever fabric that draws away sweat and prevents hypothermia in the snow. Chemicals can balance the brain chemicals to stop somebody having hallucinations. They can cause somebody to think they're a chook. Or make a cream to stop you getting sunburnt. Or create a cocktail that will make you throw up until you cry.

Sometimes something 'natural' is far more dangerous than a 'synthetic chemical'. An overdose of vitamin A (thought of as a 'natural' substance by most of us) can be much more dangerous (causing birth defects) than, say, the harmless over-slathering of a chemically made sunscreen. Quite often, the danger of chemicals is down to their concentration, or strength: in other words, it depends on the 'dose' or whether it's applied to the skin or swallowed. Two painkilling tablets taken as prescribed stop something hurting, too many more and they'll make your kidneys and liver pack up.

## Is natural better than synthetic?

Some chemicals made in the lab are more effective, and better for humans and the environment, than 'natural' ones. Natural medicines such as herbal mixtures are also made of chemicals, because plants are made of chemicals. When a medicine can't be made strong enough simply by boiling up some of the plant it comes from, for example, the chemicals have to be made and processed in a laboratory.

This may be because the world market wants large quantities of a medicine or cosmetic, or because it's easier and cheaper to make a chemical version with a controlled dose than extracting and measuring a 'natural' chemical, or because using synthetic chemicals will be better for the environment (a Chilean sandalwood tree became extinct about a 100 years ago because it was all used for perfume).

One way of making rose or jasmine perfume is to crush up several tonnes of petals and stems – expensive, time-consuming and not environmentally friendly. Some flowers don't give up their perfume no matter how much you threaten and crush them. You'd need unobtainably massive amounts of violets to make a tiny bit of perfume and it would theoretically cost more than $20 000 a kilo. If you have a violet perfume, it's been made in a lab by creating the same mixture of molecules as appears naturally in the plant. Here's the recipe: 2,6-nonadienal + beta-ionone + dihydro-beta-ionone + alpha-ionone + a few tippety-top-secret extras. I dare you.

I pinched the info in the previous paragraph from the delightful Chandler Burr, the chemistry-loving scent reviewer for the *New York Times* and the author of the book *The Emperor of Scent*. Mr Burr points out that lily-of-the-valley perfume is almost never made with crushed flowers, but constructed using molecules like hydroxycitronellal, geraniol and phenyl ethyl alcohol. No wonder all those perfume ads are full of blank-eyed dancers running around in the nuddy playing in a life-styley way with the net curtains, all in arty black and white. Otherwise they'd have to use words like phenyl ethyl alcohol.

## How did chemicals get a bad name?

Chemical and pharmaceutical companies are not altruistic angels – they're part of a massive global system of profit – but they're not all necessarily the devil, either. 'Big Pharma' is a powerful lobby group that deserves a good slapping on some issues, such as overpricing and trying to bribe doctors, patent genes or pay people to write spurious documents praising their products for medical journals. They shouldn't be able to escape responsibility for any of that. But we need them. Without their expertise we wouldn't have the sorts of vaccines and medicines we need to keep the people we love alive. So how did we get to the point where we think anything that's chemical is bad?

## Some chemicals *are* scary

Industrial pollution, chemical poisoning, pesticide contamination, oil spills and other disasters, workers harmed by waste products and heavy metals, the unfair advantage of Big Money over communities fighting for clean air, land and water . . . all these things have rightly made people angry and sad at the devastation wrought. All future generations will look to us to see where we stood and what we tried to do, but it would be fatuous to let right-eous anger at Big Polluters and weak regulators blind us to the benefits of other chemicals.

**MORE INFO**
on bad chemicals

**acfonline.org.au** The Australian Conservation Foundation has articles on pollution. Search specifics or choose 'Campaigns'.

**foe.org.au** Search 'chemicals' for news on Friends of the Earth warnings and campaigns.

**plasticsinfo.org** Beware of hoax emails about dioxins in plastic food containers. This industry body in the US lays out safety testing and regulatory requirements. Search 'BPA' or 'microwave containers' for info on plastic bottles and other food containers. (Of course, don't rely on industry sources for all your info.)

**Silent Spring by Rachel Carson** Classic trailblazing environmental exposé detailing poisoning and pollution in the US, which ignited public concern for the environment.

## How do they make chemicals?

Clever scienceypants people use very strictly controlled conditions to create fresh chemicals by making atoms clump together in specific ways. They can make sure that the chemicals are pure and in exactly the right doses. The drug makers and research scientists of the world are like ultra-tidy chefs with ultra-clean bench tops, in shiny big kitchen-like laboratories. They order their raw ingredients – elements and compounds – from chemical companies.

Most chemicals are made from oil, the same finite-resource raw material used for making petrol. After oil is refined and broken down into chemical components, the individual bits can be converted into all manner of molecules to be reconfigured by scientists. The chemicals are shipped under controlled conditions, usually in liquid or powder form. Scientists then mix them together, following strict recipes ranging from the very simple (putting two molecules together) to the equivalent of coq au vin, with 39 ingredients, a complicated set of steps and a precise 'cooking' temperature for a prescribed length of time.

I did wonder whether they fit one molecule to another one at a time, like tiny Lego bricks you can only see with an electron microscope, but no. That would be like making one crumb of one cupcake. They make a big batch, by following the recipe.

Each molecule has a special shape. Some, for example, will be sort of like a three-dimensional hexagon, and other molecules will dock onto one of the sides to create a new compound. Depending on which sides are joined together by which molecules, the newly created molecule could smell like roses, or be explosive. All molecules have preferences for which side of themselves will naturally bond to a certain side on another molecule. Put them in a bowl together and they all just get busy sticking to each other in ways that are predictable if scientists have been taking notice – and they have.

This is where the concept of romantic 'chemistry' comes from – when invisible forces cause objects to be attracted to each other and stick together. And then get drunk and have crazy molecule sex and then wake up and realise that bloody arsehole carbon atom was already attached to some floozy hydrogen. Actually, I'm not sure if the metaphor holds up.

## Why Do We Assume Science Is Bad?

### 🦪 Overcoming a crappy science education

Part of the reason we're scared of all 'chemicals' and think of them as bad is that in most schools in this country, science education is appalling. I myself can remember three things from science education. One: the penis gets erect if the man is excited or very cold (yes, that's what Miss Cousins said). Two: it's not as much fun as you might have anticipated to set your hair on fire with a Bunsen burner. Three: here's a disgusting frozen dead frog in a bag that will put you off science forever. No wonder I thought the sun revolved around the earth.

Most of us leave school thinking nature is nice, science is scary, physics is baffling and chemistry is a shop where you buy cotton buds. And in my case, thinking that Inuit chaps have permanent stiffies.

If you're a science teacher now, though, I salute you. I wish there were more of you and you were given more resources. Instead of taking on the challenge to find the right people to teach kids about science, many school authorities, when it's pointed out they're responsible for getting the next generation of brainy folk fascinated by science, just give up.

Girls can be particularly short-changed. At some schools they may as well herd all the girls into the school hall and break the news that nobody will ever bother telling them stuff about science they might find exciting and wonderful or beautiful. Almost all the 'popular science' projects and shows now tend to be generally boy-friendly and girl-repellent – with much snonking about how hilarious farts are and exploding *Mythbuster*y bluster, and not enough on fractal patterns or photosynthesis or how colours happen or why the stars twinkle twinkle or jellyfish poison or making supercool ice-cream with liquid nitrogen, which many girls – and guys – might also like to know about. A lot of girls leave school without any idea of how their own hormones work, let alone why furniture doesn't hurl itself up into the air (gravity, apparently).

Some religious schools of various denominations only teach science because they have to in order to get state funding, and prevent their students from respecting established facts, such as the proven theory of evolution, because it conflicts with their beliefs or ancient texts.

### 🦪 The idea that nature is perfect

'Messing with nature' has allowed us to have cooked food and chocolate cake, to protect kids from deadly diseases, and to make a gorgeous fabric dye that means we can have purple clothes (originally, a lot of cochineal beetles or sea snails had to die to make a dull, unreliable mauve).

Nature goes wrong, in everybody, to a greater or lesser degree. For most people it's just simple bad luck. They didn't bring illness upon themselves by not thinking positively. It's germs, or chance. Unfortunately, bad things can and do happen to good people, whether or not they're eating organic food or doing yoga. Most of us living today would be dead, and a lot of us would never have been born, if we never interfered with nature.

## 🦋 The idea that nature is real & chemicals are fake

It's better for you to eat a real orange than a biscuit with the chemical flavour of an orange in it. Cotton underpants are more comfortable than ones made of scratchy nylon. For a while there last century, the newness of science was thrilling, and the idea of a product, even food, being 'untouched by human hands' was exciting. We'd come all the way from pounding bark to make cloth, through weaving spun animal fur, to a shiny, impervious stretch spangly 'man-made' fabric that made us sweat like a shearer. So then 'unnatural fibres' got a bad name and 'synthetic' became a dirty word.

Many shoppers will pay a premium for something 'authentic', either because of fashion and marketing – an officially labelled Chanel handbag – or because of common sense – choosing a nice-smelling woollen carpet instead of one made of unnatural materials that throws off a stinking invisible plume of 'outgassing'.

Because of these experiences with fibres and food especially, we've learned to distrust the chemical version of something as substandard, second rate and not real. 'Chemical' has become associated with unconvincing, ill-fitting attempted replicas. Science is catching up in some areas – soft and 'breathable' unnatural fabrics now include microfiber (fabric invented in a lab) and some made from bamboo fibre (natural chemicals). Clever new fibres are as warm as wool but don't get heavy and cold when wet.

Fake can be clearly better – constructed diamonds, for example, can fool an expert and eliminate the need for mining, which can be environmentally disastrous and in some cases exploit workers to the point of misery and death. But that of course means less profit for somebody powerful with a big ad budget.

Sometimes fake is a mixed blessing. Fake, plastic grass can provide a softer surface for drought-denuded playgrounds and ovals, stopping erosion and wind-driven dust, but it doesn't provide a home for other plants, insects and worms, or smell good, or feel good. It employs people to make it, but it causes pollution when they do.

In other areas, scientists just can't match nature no matter how hard they try – from ghastly-tasting 'banana' flavouring compared with the taste of a real banana, to those (so far) freaky-lookin' robots.

## 🦋 The idea that nature always knows best

It would be nice if nature always knew best, but the truth is that sometimes nature behaves like a footballer who's just had 16 beers or a toddler who needs a nap.

Some people just have crazy hormones, or get sick, or try to deliver a baby with a head that's too big to fit through their pelvis. Without chemical help such as anaesthetics, antibiotics, supplemental hormone drugs and drugs such as insulin, many more people would be miserable, unhealthy or dead. There's no shame in needing a little chemical help now and then.

Some chemicals have hefty side effects – pethidine's a really effective painkiller, but it's addictive and over time or in big doses can cause liver failure. But without making it a midmorning habit for the rest of my life, if it's right after some abdominal surgery and administered by a trained nurse and not somebody called Bazza wearing a party hat, I'll take the pethidine over a cup of tea, thanks.

## Science's Bad Reputation

Another reason why we're scared of chemicals is that some of them have been misused, or manipulated to evil ends, including, der, the whole bomb thing, air pollution, addiction to tranquillisers and testing cigarettes on beagles. Chemical pollution of the air and rivers is bad. Harsh cleaning chemicals get slooshed down sinks and harm fish. And the immoral, mad scientist or dunderhead in the white coat who accidentally unleashes something terrible (such as Frankenstein's monster, a deadly virus, or Paris Hilton in an acting role) has been so overused it's a cliché. But at least since 1945, scientists probably don't all deserve to be portrayed as people in white coats who stride around laboratories going brouhahahahaha and making killer zombies out of radioactive plankton.

Scientists are not always brilliant conversationalists wearing bikinis and having sex with Brad Pitt on their own TV show. Scientists deal with complex, often teeeedious stuff that can take years and end up in a dead end instead of a brilliant medical breakthrough. They're usually not good at selling themselves or their work. While many scientists are very good at being meticulous and clever with dosages and maths, a lot of them are correspondingly crap at marketing and communicating and hiring PR agents. And many of them are too busy inventing drugs to be used against leukaemia and trying not to get bitten by rats to be able to explain why what they're doing is important and how it works.

If you can find a scientist with a twinkle in their eye, they can tell you about the romance and mysteries of science and not sound like a pompous geek who secretly just wants to play World of Warcraft and dissolve Cheezels in beer 24/7. There are more science journalists now, and more women in the field, and public relations staffs at unis and other research institutions. Fingers crossed that we'll all have more understanding and respect for what they do in the future.

## 🦋 Liar, liar, pants on fire (marketing)

A lot of cosmetics companies spend millions telling us their 'natural' or 'organic' products are better, and that products with certain chemicals in them will cause cancer or other health problems. See Chapter 5, 'Hair', and Chapter 7, 'Cosmetics & Make-up', for more on scare tactics and groundless fears. I buy organic or relatively natural cosmetics (if they feel good on my skin or smell nice) because I hope I'm helping to reduce unnecessary chemical pollution, but I know they're not necessarily more effective or 'better' for my skin and hair. And I know now that saying cosmetics are 'chemical-free' is piffle.

An 'organic shampoo' has to have some chemical detergents in it or it won't wash your hair any better than plain water. The claim 'natural' can mean anything the manufacturer wants it to. A green label or picture of a plant or herbal ingredient doesn't necessarily mean the product will be any healthier or work better for you. (See Chapter 10, 'Eat', Chapter 5, 'Hair', and Chapter 7, 'Cosmetics & Make-up', for info on proper organic certification.)

Of course, commercialism doesn't stop at fibs being told about 'natural'. There are fibs about

'scientifically backed' as well (see 'Scientifically Proven', coming up).

Advertisers are the sort of people who want us to believe that the mythical Ponds Institute of TV-ad fame, where blow-dried models faff about in white coats and stilettos (you can tell they're professional because they have clipboards), is somehow on a par with Australia's premier medical research organisation, the Walter and Eliza Hall Institute of Medical Research. (I've been there and was somewhat shocked to see there's a fairly bare minimum of hair tossing, not to mention arrows bouncing off skin.)

### PREPOSTEROUS PIFFLE AWARD

From the Qantas in-flight shopping catalogue: 'Germanium and Titanium Negative Ion Magnetic Necklace: Super lightweight 47 cm titanium necklace set with germanium and magnet [sic] to release negative ions. Designed to improve metabolism, encourage blood circulation, expel toxins, reduce stress, and improve sleep. $180.'

## 🦋 Stories versus science

People are hardwired to trust their friends, relatives and stories they've heard. Unless doctors and scientists put on their caring hat, they'll lose every time to somebody who's desperate for publicity, gets a gig on *Oprah* because they're an ex-*Playboy* model or spins a horror scare-story even if what they're saying isn't true. A lot of people will take a heartfelt anecdote over a cold set of evidence from a stranger every time. It isn't logical, but that's the way it is. We just need more of a combo: logical anecdotes plus scientific evidence presented in a way we can relate to.

Advocates of exclusively natural remedies or people who don't believe in medicines tend to tell stories we can relate to, such as 'My cousin knows a guy whose wife cured his cancer with a new herbal treatment' rather than sciencey talk like 'The larger cohort displayed successful coverage as expected (insert freaky-looking equation here)'. That's why unscrupulous companies often use 'testimonials' of 'real people' saying, 'I used Whizzo Hair Balm and it made my leg grow back.'

Some people believe, to a greater or lesser extent, that evil, profit-driven folk are engaged in a giant medical/media conspiracy to make money and hurt us using chemicals. While I'm fully prepared to hiss at evil polluters and financial villains such as bonus-chomping bonkers CEOs, I must say that a worldwide conspiracy of all the above that also involves your GP and the guy who does the sports results at the local paper is a little unlikely.

Nevertheless, in the conspiracy world view, evil polluting chemical companies, rampant capitalist bastards who run the filthy stock market, research scientists, vaccine inventors, drug companies, hospitals, doctors, nurses and 'the media' are all lumped together (like a giant molecule of nastiness) as wanting to do us harm. Sometimes this is simply expressed as 'They'.

This means that anything 'They' say must be wrong and evil and exploitative. Which means we should get our information from 'independent sources'. Which unfortunately often means barking-bonkers extremists or well-meaning burblers, which brings us to . . .

## The internet: partly barking bonkers

The web is a brilliant invention that unfortunately can make fringe organisations look reputable because they have a pretty website and an official-sounding name. The web is studded with sites and forums recommending ludicrous 'diets' and bizarre New-Age theories, or claiming that aliens abducted their Yorkshire terrier, Mr Jingles, who now rules a small planet near Bendigo. And there are plenty of commercial websites that either pose as independent, or make ludicrous claims about things like homeopathic 'vaccines' or that creams will 'melt fat' and dieting will 'eliminate toxins'.

 **MORE INFO** on science & chemicals

**radiolab.org** Clever podcasts on science and psychology from a US National Public Radio show.

**nature.com** The website of the US scientific *Nature* magazine. Pretty and smart, from birdsong to brainwaves.

**guardian.co.uk** Search 'lay scientist' for a blog about science for non-scientists. Lots of fun, forgotten scientists and inventions, and a stand taken against unscientific marketing claims.

**scientificamerican.com** *Scientific American*, the major US science news and feature mag.

**wired.com** The website of the magazine *Wired* on all things computery and beyond – the blog pages at blog.wired.com/wiredscience have everything from gadgets to digital arts.

**badscience.net**
**Bad Science by Ben Goldacre** Website and book from the entertaining and feisty UK science journalist who enjoys a spot of investigation and debunking.

**drkarl.com** Dr Karl, Aussie medical doctor and super-enthusiastic science raver, answers questions on the radio, writes on sleep, gravity or treating cholera, and offers quizzes, games and podcasts.

**rigb.org** The Royal Institution of Great Britain and its Faraday Museum site has info on great scientific discoveries and principles, and a history of explaining science. Choose 'Heritage' or 'Christmas Lectures'.

**wisenet-australia.org** The Women in Science Enquiry Network has a site featuring how to get into science, awards and an archive of previous articles.

**50 Physics Ideas You Really Need to Know by Joanne Baker** Ever wondered what chaos theory is, aside from 5.30 p.m. on a weeknight with kids in the house? The laws of thermodynamics? Why we see colours the way we do? Here's your book, then.

**50 Genetics Ideas You Really Need to Know by Mark Henderson** Some potted science to explain why you have Grandma's eyebrows and how to make twins.

**What Einstein Told His Cook: Kitchen Science Explained by Robert Wolke** This chemistry professor's companion volumes include *What Einstein Didn't Know: Scientific Answers to Everyday Questions*.

Anti-vaccination websites claim that immunisation of children causes autism (proven not to be true), mercury poisoning (impossible; there's no mercury in Australian childhood vaccines) and criminal tendencies (oh, for heaven's sake). But there they are, passing on the same discredited and wrong, often decades-old or deliberately twisted information that parents read, thinking they've 'researched' the situation. Even now, many sites refer to a 'vaccination expert', meaning a UK digestion doctor whose claims in the early 2000s linking autism and the measles mumps rubella (MMR) vaccine were totally disproven, around the same time that his funding and methods were shown to be both secret and fraudulent.

The anti-vaccination movement is not 'the other side of the debate'. It represents a tiny, discredited minority who won't be swayed by facts and evidence. They'd rather believe that every children's hospital, every doctor in the world and every research scientist in the field is part of a giant conspiracy to harm children, for which there's no evidence. Unfortunately, because parents want to protect their children and often lean towards the idea that natural is good, they can be led astray by these 'official-looking' lies and beliefs dressed up as facts. (See also 'Why Homeopathy Doesn't Work' in Chapter 12, 'Health Maintenance'.)

Unfortunately, for many parents 'research' means an internet search with the word 'vaccination' (the word they use more often overseas) or 'immunisation' and coming up with a whole bunch of fringe and fanatic, outdated and/or misinformed activist websites with sensible-sounding names, which seem reliable and respectable on the surface. Many of these sites are run by people who genuinely believe what they say – but what they say is wrong and, in some cases, simply bizarre. Otherwise reputable environmental and 'natural' magazines and general journalists get led astray and provide links that send people to these sites.

It's only when you really follow up everything that's said and doggedly trace things back that you find out how bonkers it really can be: people who believe thoughts can cure or move objects, people who describe others as 'vaccine experts' when they're just people who vehemently distrust medical science.

Even when their theories are disproven, over and over, they never acknowledge it. Even when it's clear that the introduction of immunisation immediately and dramatically reduced the number of deaths from millions to hundreds of thousands each year worldwide, they deny that's the reason, pointing to something that couldn't possibly have an effect on measles rates, like 'hygiene'. Many people who oppose immunisation have no idea that until relatively recently, literally millions of children worldwide used to die each year from diseases such as measles.

I wish we could accept something just because someone else passionately believes it. Mainly because for a while there my daughter said every night in her dreams she went to a place called Panda Land where she was the Prime Minister. I still want to go there.

See also Chapter 12, 'Health Maintenance', for how and why to question claims from both the 'natural'-remedy and pharmaceutical worlds.

## 'Scientifically Proven'

A lot of headlines start with 'Study proves . . .' ('Study proves marmosets can run railway system', 'Study proves women prefer men with sideburns'). Chances are the 'study' might not prove anything of the sort. For a start, the claim has probably been made in a press release from the university department or marketing firm that conducted the study, with an eye to getting the researchers' names out there and creating more buzz for funding and status purposes, or for selling a product.

### Bad science reporting

General reporting on science is often just Slightly Sciencey Press Release Regurgitation. If you do an internet search of the news reports of one study's results, you'll almost certainly find that the story hardly varies from the original press release and has often been run word for word by various unrelated TV news and newspaper sites. Usually, not a single journalist has done any questioning or testing of the claims. These days, most publicists supply quotes, 'answers' to 'questions' and even in some cases footage of the researcher being 'interviewed' in a pre-packaged form that's easy for media to use. 'Sexed-up research-lite' was what one *Age* journalist called a 'study' from the University of Texas purporting to show that 'good-looking women' have higher oestrogen levels and this gets them 'higher status' boyfriends.

The main offenders are university psychology and anthropology departments and companies pushing their own products with 'survey results' designed to get publicity. Quite often the research method is totally dodgy, the size of the sample is tiny, the testing of the theory by others is non-existent, the relevance to society is nil, and the point of it is . . . missing in action.

Let's look at a typical magazine ad for 'anti-wrinkle' or 'anti-ageing' cream. Oh god, must we? Next to the face of a model, who may be pushing 17 years old and has definitely been digitally made over, is the headline 'Scientifically proven: makes wrinkles 12 per cent less deep!*' See the asterisk? Get a magnifying glass and search the page – down low, on the left in the tiniest writing, it says something like: '*Results from in vitro testing.'

This means the 'results' happened in a test tube or petri dish. The company's employees may have put a small piece of elephant skin in a dish and covered it with a kilo of moisturiser for a week, and then made an estimate of how deep one wrinkle was afterwards.

Who knows what they did? They're not telling. What they didn't do was test it on thousands of real women to see what really happens on a face. They proved 'something' 'scientifically' – but not what they want you to believe. They didn't prove it will make your wrinkles look smaller, or make you or anyone else look younger.

Nor do they point out that the naked eye cannot see a percentage of wrinkle depth. So unless people are looking at your face with binoculars in a magic universe at the top of the Magic Cosmetics Faraway Tree, you may as well stick to the supermarket moisturiser. Almost all the anti-ageing claims and implied benefits for anti-ageing creams are nonsense (there's more on this in Chapter 7, 'Cosmetics & Make-up').

## ◢ How to recognise bad studies

The sad state of news journalism means that very often science stories get completely misunderstood and are presented as startling breakthroughs

or cures or amazing findings or 'proof' of something when they're nothing of the sort. After a while, the public starts to disbelieve everything it hears, or worse, becomes too trusting, believing that if it's in the news and the government doesn't stop it, it must be true.

It doesn't help that many researchers like to 'extrapolate' their results, or reporters do it for them. For example, if they find half their study group likes potato chips, they'll claim this means 'half of Australian women like potato chips'. A classic example is the oft-repeated figure that $414 million is spent by Australian women on weight loss. This comes from a 2002 Deakin University study that asked 445 women aged 18 to 32 what they spent on controlling their weight, and added up what they spent on gym membership, equipment and 'slimming products'. (It didn't say whether that included 'low-fat' foods.) Anyway, they found that the 61 per cent who'd 'used a weight loss method' in the last year spent an average of $441 each. (If all the women in the study were included, the average was $251 in the last year.) I quote the study's authors: 'Extrapolating these results to the population of women in this age group, this equates to almost $414 million per annum spent by young women to manage their weight.' This is usually just reported, even years and years later, as a fact relating to all Australian women, regardless of age, inflation or the explosion in such spending.

Let me just dip into my endless bag of crappy reporting of dodgy results:

- A UK study said the 'average woman has 515 chemicals on her skin and hair each day'. It was a 'survey' by an organic toiletries company that claimed perfume had up to 400 chemicals – with other dodgy counting, and nothing about whether the chemicals were dangerous or not.
- A national newspaper said 'pregnant women who ensure they have adequate vitamin D can also help ward off the later development of schizophrenia in their kids'. Utter, utter bollocks. For a start the link is unproven. We do know that a gene or a combination of genetic factors is the main element in increasing the risk of developing schizophrenia, but we don't know what it is yet. Environmental factors such as drug use and severe stress can be relevant, too.

## How to recognise good studies

Proper studies that really 'prove' things, or even show a strong likelihood of cause and effect, need to follow all sorts of strict rules about who is chosen to participate, how they're informed of this and protected from psychological or physical harm, who can work on the results, and who can have contact with participants. There must be clear information on what other factors could have affected the results and how the researchers tried to eliminate them. And a clinical study would have to be 'double-blind' and published in a peer-reviewed journal (see the explanations coming up).

## What's a 'double-blind' test?

In a 'double-blind' test the participants in a study, and the people running the study who have contact with the participants, don't know who's been given the real drug for testing and who's been given what's called a 'placebo', which is just a pill made of sugar or something else with no relevant effect.

This is done to eliminate any psychological effect that could confuse the results (see below). The 'double-blind' trial or study also prevents an excited researcher from accidentally or on-purpose tipping the wink to a participant that they're on the 'real stuff' or the placebo. Careful secret records are kept so the researchers know who got what, and the results are worked out after the study period finishes.

Researchers can't afford to just hope they're right or believe something because it seems logical or because everybody else thinks so. If they do their job right, they design studies that 'test' theories, not just ones that are likely to give them greater credibility.

## What does 'peer-reviewed' mean?

Any proper-job scientific study has to be peer-reviewed and repeated with the same results many times by independent researchers before it's considered a 'safe' result. That means that other scientists study the paper for any flaws in the research methods or mistakes in interpreting the results. Then other teams of scientists, with no vested interest in the results, try to 'disprove' the study by conducting the same or similar experiments and comparing data. This is done to rule out mistakes, misinterpretation, bias or commercial interest,

downright fibbing and incidences of flaming laboratory trousers.

## What are 'placebos'?

It's now well known that some of the people who are given a placebo, say in a medical drug trial, often improve a bit or quite a lot or imagine they do. This is probably partly due to positive thinking, coincidence, imagination and the nice feeling that someone cares – if you think something is helping, you'll feel like it is. The trick is that there are some things a placebo won't work on: things where psychology and attitude don't help (like bleeding to death or a flu pandemic). Sadly, if you know it's a placebo then it can't have the placebo effect. And doctors can't prescribe you a placebo and pretend it's real because that would be unethical. All Rescue Remedy and other homeopathic 'medicines' work no better than placebos in proper double-blind studies. See 'Why Homeopathy Doesn't Work' in Chapter 12, 'Health Maintenance', for more.

### MORE INFO
### on studies & evidence

**quackwatch.org** Choose from the list on this independent debunking website run by a US doctor for exposés on everything from 'cellulite cures' to dodgy guru-types and quack claims.

**exploratorium.edu/evidence** How Do We Know What We Know is a web program funded by science institutes. Choose 'Can You Believe It' for seven questions to ask of any scientific 'research results'. 'Map' your own beliefs according to where they come from. Hear podcasts about theories from past scientists and Native American beliefs that have been scientifically proven.

## Risks that look scarier than they are

Because journalists sometimes get the wrong end of the statistical stick, and because a scarier looking statistic is a bigger news story, the estimations of risks are often very misleading. For example (this isn't true, but come with me for the sake of explanation), if a study shows that eating buffalo grass increases your risk of going mad by 40 per cent, that doesn't mean you have a 40 per cent chance of going mad, or even that your risk has increased dramatically. If 1 per cent of women usually go mad, that means 10 in 1000. The study shows that eating buffalo grass increases the risk by 40 per cent *in the original 1 per cent*. That means that instead of 10 people in 1000 going mad, it will be 14 people in 1000. The risk for everyone has changed from 1 per cent to 1.4 per cent.

 **MORE INFO**
**on how to understand statistics**

**bbc.co.uk/h2g2** On this BBC DIY website, search 'how to understand statistics' for an amusing explanation by a sassy citizen.

**robertniles.com** Journalism instructor Mr Niles explains means, 'averages', medians, sample sizes, 'proof', margin of error, percentages and more.

**craighospital.org** Sick of patients being scared by stats, the Craig Hospital in Denver, Colorado, has a handy explanation of statistical terms and claims such as 'proof'. Search 'those scary statistics'.

# CHAPTER 39

# Beliefs

'Why am I here?', 'What's the meaning of life?', 'What should I believe in?', 'What's the right way to live?', 'What's the secret to true happiness?', 'Should I try to change the world or myself?' and 'Why did George Clooney do ads for a coffee machine?' There are so many questions.

People believe all sorts of things depending on where they were born and what they were taught, but most of us believe in some form of spirituality or the pursuit of love and happiness. Unless we get severely depressed, existence isn't just about breathing, eating and sleeping. We're the sum of our experiences, our beliefs, our ideas, the way we look at the world and our hopes for the future. This chapter looks at our values, what we believe and how we apply that to our lives. It also talks about happiness and shares mottoes for life.

# What's your religion, motto or guiding principle?

I was raised as a Muslim but I'm not strict at all.
HANIFE, 37, MURRUMBEENA

I take bits and pieces I like out of each religion to make up my own.
NIKKI, 36, METFORD

I no longer believe in God. I don't believe God would allow the atrocities that occur, particularly the horrible things that happen to innocent children.
PAMELA, 45, CANBERRA

I'm a non-conforming Buddhist who grew up in a family of staunch Lutherans. KIM, 34, HOBART

If I were to categorise myself I'd have to say Wiccan, although I don't practise, which is a lot like Christians who only go to church on Easter and Christmas.
ELDA, 18, GAWLER

I believe in Mother Nature if anything.
MADGE, 35, PORT DOUGLAS

Once a Catholic, always a Catholic.
LEA, 56, COBURG

I was born a Christian but I live by Buddhist beliefs.
SHANI, 45, BLUE HAVEN

> ### 'I believe in a god, but I don't believe in religion.'
> FIONA, 43, TRARALGON SOUTH

I'm Orthodox Christian, but I don't agree with everything 'they' say.
KATERINA, 20, BRISBANE

I'm a Baha'i. CATH, 63, BENDIGO

I've completely changed in the past nine years, from being superstitious, fearful, ruled by irrational beliefs and pressure from the cult, to thinking critically and scientifically, being sceptical, being self-reliant and rational. It's much better! SARAH, 43, CANBERRA

I believe in science. JESS, 22, ULTIMO

I'm an atheist humanist. I'll take common sense and logic over stuff someone just made up.
NATASHA, 34, THORNBURY

I don't have any religious or spiritual belief, but I'm a big believer in karma.
HAYLEY, 32, POINT COOK

> ### 'I'm not religious, but I believe there's a lot of good in people and we all have to work to make the best of ourselves.'
> BARBARA, 61, MELBOURNE

I feel that all religions are one. I admire nature and her spiritual elements, and know we're surrounded by energy.
SAMANTHA, 19, SYDNEY

I believe that we're all connected. I believe in love. I don't believe God was a man and I don't believe in doctrine and the scriptures. I believe in the universe as our teacher. I believe I have guides – spirits leading me and supporting me. ALICE, 33, MANLY

## Personal mottos & guiding principles

Life's not a dress rehearsal. Live by example, teach with understanding. AMANDA, 41, BRIGHTON

> ### 'Always consider the path of others before offering criticism.'
> BRONWYN, 47, BOTANY

*Carpe diem* – 'seize the day'! Treat others as you want to be treated. Life's short! KIMBERLEE, 25, LOXTON

*Veritas in caritas* – 'truth in charity'.
GLORIA, 22, RICHMOND

You must do the things you think you cannot do. ELEANOR ROOSEVELT

Gawd. No idea. ROBYN, 42, SEDDON

*Memento mori* – 'remember that you must die'. It's a good way to live life – it's like the morbid brother of *carpe diem*. ZOE, 25, BELGRAVE

You have to make things happen for yourself. Expect nothing from others and then anything else is a bonus. LEIGH, 22, SYDNEY

You only get one shot at life – make the most of it. Get amongst it, have a go and don't focus on the past.
CLEO, 34, VAUCLUSE

Bite off more than you can chew and then chew like crazy.
MAGGIE, 60, KANGAROO VALLEY

Make as little impact on the earth as possible. Reuse, recycle.
DIANE, 56, HEIDELBERG

Be good, do good, don't do harm, live and let live.
LOUISE, 61, WINSTON HILLS

> ### 'Be rational, ethical and question everything.'
> CLAIRE, 43, MILL PARK

Most people are actually good people.
SOPHIE, 58, SOUTH COAST

I love my dad's: 'You're not here for a long time, you're here for a good time.' VANESSA, 29, MOORE CREEK

Be kind to everyone. Speak as you'd like to be spoken to. Don't be frightened to ask – that's how you learn. GAY, 45, BLI BLI

'There's no character in perfection.' This works on all fronts, from home renovations to rearing children! AUDREY, 37, MELBOURNE

Don't get your knickers in a knot – it never solves anything and it makes you walk funny.
GENEVIEVE, 22, MILE END

Regret nothing, learn from everything. JODIE, 36, ALBURY

Deeds, not words.
MOTTO OF THE SUFFRAGETTE MOVEMENT

## Different Women, Different Beliefs

It's no wonder it's easy for us to adopt large ready-made philosophies and religions, many of which have a built-in 'instruction manual', or to take little bits from here and there that catch our eye, as if we're spiritual magpies. Everyone needs to have a personal set of beliefs, and to decide what's important and what's the right way to live: some keep using the one they grew up with, others develop their ideas over time or adopt a new set by 'converting' later in life.

Most people have been taught a certain religious faith or set of values from birth because it's the religion or philosophy of their family. It's not like you turn 18 and get to tick the box for 'Zoroastrian', 'Greek Orthodox Christian' or 'Huh? I'll get back to you'. There's something arresting in the Women's Stuff Survey results about how many women who say they don't go to church or don't believe in god still describe themselves as Catholic, or Catholic 'against their will' or 'not by choice' and plan to send their children to a Catholic school. Those early indoctrinations hold fast.

Religions often don't make a lot of sense to others who haven't been soaking in their tenets from an early age. Most outsiders find religious beliefs and practices baffling, from a Christian 'eating the body of Christ' ritual to not having a religion at all and the Buddhist practice of removing a 4-year-old child from the love and comfort of his parents and training him as a religious figurehead and ubiquitous philosophy book writer (aka the Dalai Lama).

## MORE INFO on different beliefs & religions

**beliefnet.com** This independent site, unaffiliated with any spiritual movement and funded mostly through advertising, has daily horoscopes and prayers, info on different faiths and links to loads of blogs.

**Religions by Philip Wilkinson** Short, clever explanations of most of the main religions, with great photos, divided into primal religions, monotheistic (one god) religions, the Indian religions, the Eastern religions, newcomers to the scene, gurus, leaders, prophets and gods. Extra stuff on rituals, history, subgroups and sects.

**abc.net.au/religion** and **bbc.co.uk/religion** The Australian and British Broadcasting Corporations both have web pages with a round-up of religious activities, interviews, beliefs and links.

**fecca.org.au/Interfaith/index.html** Website of the Women's Interfaith Network, uniting women from different religious traditions.

**fecca.org.au** The Federation of Ethnic Communities' Councils of Australia represents Australians from different cultural and language backgrounds. Choose 'Resources' then 'Fact Sheets' for related issues, including religion.

**icv.org.au** The Islamic Council of Victoria has info on Islam and Australian Muslims.

**muslimahmediawatch.org** A US blog where Muslim women are given a forum, with links to the blogs of others. Women monitor and comment on how they're portrayed in the media, and on current events and pop culture. They criticise both Muslim clerics and feminists when they identify disrespect.

**Buddhism for Busy People: Finding Happiness in an Uncertain World by David Michie** A spiritually bereft rich guy asks 'What else is there?' and turns to Buddhism.

**Grace (Eventually): Thoughts on Faith by Anne Lamott** A US liberal Christian whose writing many people find moving and funny.

**theresponsibilityproject.com** A non-profit US site 'exploring what it means to do the right thing' for anyone, regardless of beliefs, with little films and blogs, and stuff for individuals and families.

**religioustolerance.org** A Canadian website that explains the beliefs of different religions without making judgements.

**cla.asn.au** Civil Liberties Australia fights for freedom of speech.

Most religions have some basic things in common. Their central tenets usually involve issues fundamental to spiritual FAQs and a pre-emptive strike in religious turf wars.

These tenets include:

- a creation explanation
- an explanation for what happens when we die
- a central belief in doing good to others
- a set of rules and rituals for living and worshipping the religion
- a ban on believing any other religion
- a hierarchy with a supreme being at the top, followed by clergy or prophets, then men, then women, then children, then animals.

## Humanism or Moral Atheism

Humanists and atheists reject religion on the grounds of logic and evidence. They disagree with the way that some churches resist change and often discourage or even punish questioning. They place their faith in the laws of science, reasonable behaviour, social rules and independence of mind, believing that you don't have to be religious to have rules about kindness and not hurting others, or to do good in the world. Humanists and atheists advocate the separation of government (state) and religion, and like most religious people they oppose wars and terrorism carried out in the name of religion. Most people just get on with it quietly, but there's a quite strident offshoot of humanists/atheists who get rather cross and annoyingly 'superior' about it all.

## Meditation, Reflection & Prayer

Most religious and many non-religious people set aside time each day for something they might call prayer, meditation, reflection, 'having some space', 'communing with nature' or thinking. Taking 20 (or even a few) minutes in the day to walk or sit in a peaceful way and think, without your phone, music, the TV or another distraction, can help you:

- become a calmer person
- come up with useful ideas and solutions
- work out your priorities and how you could make things happen.

**MORE INFO** on atheism

**atheistfoundation.org.au** The Atheist Foundation of Australia campaigns to keep religion out of politics, and to encourage the questioning and rejection of all religions. The site has anti-religion articles and scientific explanations for religious visions and assumptions.

**The God Delusion** and **The Greatest Show on Earth: The Evidence for Evolution by Richard Dawkins** Brilliant scientist muddies his excellent points with his ludicrous proposition that atheists be called 'brights' because they're 'smarter'.

**The Portable Atheist: Essential Readings for the Nonbeliever edited by Christopher Hitchens** One of the cleverest and most persuasive of the godless presents and explains a wide range of thoughtful writing, from hundreds of years ago to recent bestsellers, on the beliefs Mr Hitchens considers 'humanity's oldest enemy'.

**The Australian Book of Atheism edited by Warren Bonnet** An anthology of the local godless.

**infidels.org** If you don't believe in gods, angels, demons, ghosts or other spirits and you're a bit sciencey and into nature, try this non-profit site.

**Life on Earth: The Story of Evolution by Steve Jenkins** Simple and beautifully illustrated children's book about why the theory of evolution makes sense.

**secularhumanism.org** A hub site for those who believe in exploring meaning and ethics without religion.

### DAYDREAMING IS GOOD FOR YOU

The brain needs downtime. Let it wander (as long as it usually comes home). Daydreamers are some of the world's best inventors, creators, artists and writers. You need space in your head to imagine things, solve things and ponder things. Adults need this as well as kids. If somebody objects to you 'doing nothing', tell them you're working on your synapses.

Life would be a lot duller and society a lot less advanced without imagination, without people who can take time to think 'what if', without the sort of people who think differently, who look at problems from an angle nobody has thought of before. Most inventors of the past were men who had servants and wives to do everything else for them so they had time to tinker and think.

### MORE INFO
### on meditation & prayer

**worldprayers.org** From the Lord's Prayer to an Iroquois Native American prayer – 'spin' the 'prayer wheel' for a random result, pick one for a special event or join a prayer for peace.

**Meditation: Exercises and Inspirations for Well-being by Bill Anderton** A sweet little book with some ideas for calming and clearing the mind and focusing on the tree of life, chakras, repetitive sounds and walking, and natural images.

## Cults & Gurus

A cult is the name given to a secretive organisation that tends to recruit members and then use psychological tricks to try to control the way members think – including lack of sleep, granting and withdrawal of affection and approval, and isolation from friends and family. They teach that those outside the cult are bad people and that the only world needed is the church or organisation. Many cults are based on interpretations of the Christian Bible; some are presented as New-Age studies or as 'personal development' courses about how to be more 'successful'; and others are commercial ventures teaching recruits how to sell or market products or ideas. Most cults somehow involve asking members to donate lots of money.

'Guru' is a term generally used to describe a 'teacher' (or friend, leader or coach), religious or otherwise, who passes on their 'wisdom' to followers. However strict, certain or charismatic, beware of guru types: nobody has *all* the answers.

### MORE INFO
### on cults & dodgy groups

**caic.org.au** The Cult Awareness and Information Library presents information about different cults, including Bible-based, New-Age, Eastern and political cults. Examples include the Exclusive Brethren, the Jehovah's Witnesses, Scientology (one of the many based on ideas about aliens), and Landmark Forum and Enterprises. There's a personal stories section and info on leaving a cult.

**cultwatch.com** A global site with well-informed warnings and explanations of cultish tactics.

**cults.co.nz** A list of cults operating in NZ and elsewhere, analysed with reference to the Bible. This is *very* hardline Christian stuff: yoga is 'evil', as is Harry Potter. Harry Potter actually doing yoga? Don't even go there.

### NEW-AGE GURU ALERT

Some New-Age 'gurus' spout just as much dangerous nonsense as other religious extremists (I'm looking at you, the Pope). On YouTube you can see chakra-believing squillionaire Dr Christiane Northrup congratulating New-Age squillionaire guru Louise Hay for enjoying having a Rolls Royce. 'It took me six years to manifest it', replies Ms Hay, who believes that if you say something enough and believe it, it will come true. Let's give 'manifestation' a go: 'I'm a penguin, I'm a penguin, I'm a penguin'. Nothing yet. I'll get back to you when it works. (I'll send a signal by flapping an anchovy.)

Another New-Age guru, the splendidly named Doreen Virtue, doesn't just see angels, she gets lifestyle and medical advice from them; and the squillionaire author of *The Secret* and *The Power*, a former Channel 9 *Midday Show* producer called Rhonda Byrne, says you just have to think about what you want and it will be attracted to you (money, good health, a partner and so on). Cleverly, they make sure their message is excruciatingly simple and doesn't overtly contradict any religion: this maximises their appeal.

An interviewer once asked Ms Byrne if people who met tragic ends, such as Jewish families in the Holocaust, had brought it on themselves by not being positive enough. Ms Byrne said it was a bit more complicated than that, but essentially agreed: 'If their dominant thoughts and feelings were in alignment with the energy of fear, separation, powerlessness and having no control over outside circumstances, then that is what they attracted.'

Ms Byrne was sued by several former collaborators on a film version of *The Secret*, who said they were not paid their agreed share, which she disputes. Bummer about the whole no-legal-shemozzle manifestation thing.

## New-Age Beliefs

'New Age' is a rather airy-fairy extension of many beliefs about science from the Middle Ages or medieval times, without the Christianity attached. New Agers tend to reject science as an explanation or solution to anything and adopt bits of indigenous and ancient religions. In a way, it's disorganised religion. It incorporates Chinese and natural medicines, astrology and crystal healing, along with such disparate ideas as homeopathy, reincarnation, yoga, karma, reiki and other faith healing. 'New Age' doesn't mean the ideas are new, it refers to a new astrological age, the precise dimensions of which, like those of my bottom, are disputed.

### ⚓ Astrology

Astrologers continue to say, as they have done for thousands of years, that stars determine a person's personality and future. Constellations (combinations) of stars are said to resemble, say, a bull (Taurus) or an archer (Sagittarius), and people are sorted into one of twelve 'star signs', which are believed to have certain characteristics. Astrologers draw up individual 'horoscopes', using charts that 'connect the dots' of the stars visible in a certain part of the sky when a particular person was born, to decide the person's star sign and predict what they'll feel and do.

For generations, indigenous peoples have looked at the same stars in the same sky and imagined different pictures, and scientific advances in astronomy since then have proved that stars are really giant gaseous balls in space, and that stars that might look like they're near each other can actually be light years apart. So it might help to think of your horoscope as one-size-fits-all advice that could apply to just about anybody.

### ⚓ Clairvoyants, psychics, fortune tellers & mediums

Clairvoyants and psychics claim to be able to see hidden things – sometimes in the 'spirit world'. They can have good intuition when 'reading' people's reactions and can be clever and accurate at guessing, or knowing, what's important to somebody; others have lots of stage tricks to make them seem as if they know stuff. Mediums claim they can recognise 'messages' from the dead, and usually benefit in two ways: by seeming to be very special and by charging money for their 'services'. Many magicians now do performances showing how it's done.

### ⚓ 'Karma'

Karma is the Buddhist, Hindu and Jain religious belief that a good person will be rewarded with a better status when they're reincarnated, while bad behaviour will be punished by being reborn as, say, an insect. It's often misappropriated by non-members of these religions as a warning that 'What goes around, comes around': 'Don't do that, you'll have bad karma.'

### ⚓ Alternative medicine

Sometimes the tenets of Chinese and European herbal and traditional medicine are co-opted by companies for marketing and to align themselves with popular 'New-Age' beliefs – for example the Chinese medicine belief in qi (pronounced *chi*) as the essential life force, or the old idea of the liver being central to health, or the belief that people are earth, water, fire or air types.

The Dermalogica cosmetics company uses a 'face mapping' chart for salon staff that, according to official company documents, 'outlines the face mapping (copyright) skin analysis basics plus a special section for those times when you want to convey the Chinese Diagnosis benefits to your clients'. This is used to suggest to clients that blocked pores in their ear may mean: shampoo not rinsed away, headphones have been used, there's a nickel or metal allergy on the earlobe or there's a kidney problem of some kind. 'Flakiness, redness, vertical lines and blocked pores between the eyes' could mean excess oil production, poor hygiene when removing hair or 'liver wine and dine area, heavy intake of rich foods, possible lactose intolerance' and – my favourite – 'late-night eating'.

See Chapter 12, 'Health Maintenance', for more on the proper uses of traditional Chinese medicine, naturopathy and complementary therapies (and why homeopathy can't and doesn't work).

### MORE INFO
#### on New-Age beliefs

**The Red Book: A Deliciously Unorthodox Approach to Igniting Your Divine Spark by Sera Beak** A common favourite for the 'spiritually curious' woman, with a comprehensive resource section at the back of other New-Age possibilities.

**The Secret** and sequel **The Power by Rhonda Byrne** Solid poop.

**Bright-Sided: How the Relentless Promotion of Positive Thinking Has Undermined America by Barbara Ehrenreich** Prominent journalist, breast cancer survivor and humanist Ms Ehrenreich is cross with people who say 'staying positive' alone can solve everything. She advocates realism and acting to influence our own lives instead of staying passive.

## Positive Values

### ⚜ Seeking knowledge

Many people find purpose and peace in extending their knowledge, particularly through reading. Many find great solace in the classics of literature (perhaps discussing them at a reading group) or in adult or further education. For some people, their sacred object is their library card. Extending knowledge also taps into having fun, keeping the brain busy and working at optimum levels, and feelings of belonging. Personally I draw the line at filthy filthy filthy Sudoku, but I realise this is a personal view – although the rest of you are clearly bonkers. For more see Chapter 33, 'Study & Paid Work'.

## ⚜ Acknowledging achievement

Any completed task can make you feel good – from a clean house to academic and trade qualifications, pride when a child displays good manners or an insightful thought, work or other awards or accolades, or recognition and compliments from friends and colleagues. Shared achievements also count, of course. If you hate your job or feel trapped in your lifestyle, think of it as temporary and identify the positives – it provides a paycheque, it's a stepping stone, it's laying the foundations for something else. Tick off the achievements you've already made and acknowledge what the next one might be. You can count off small increments or keep pushing for the one big goal. Smaller and multiple aims can give you more landmark achievements, though, and a Plan B is always a good idea so you're not pinning all your chances for happiness on something possibly elusive, like a gold medal or some sort of perceived perfection.

## ⚜ Feeling gratitude

A lot of religions and spiritual programs build in 'thankyous' and gratefulness as prayers or meditations. Whether or not you're religious, try sitting down for half an hour (turn off the TV and make sure everyone else is in bed or in another postcode) and make a list of what you're grateful for. You may be surprised at what you come up with. If you're stuck, start with some you take for granted, perhaps: I have running water. I had the chance to go to school. My legs work. I can feed my family. Obviously you don't have to be grateful for everything or deny hardships and setbacks, but perspective is a lovely accoutrement, and cheaper than jewellery.

Count your blessings, send thankyou notes, tell somebody what their generosity of spirit did for you, pay a compliment. Before every complaint, ask yourself, 'Really?' And gently detach yourself from whingers. See Chapter 26, 'Friends', for how.

## ⚜ Avoiding burnout

Almost everyone has a time (or times) in their life when they find it hard to see meaning, to get enthused, to feel free and joyous. If it isn't a normal down followed by an up in life's road, it might be burnout. Burnout means you need some spiritual and brain rest and recuperation: it's time to jettison

## If money didn't matter & you could steal a full year without responsibilities, what would you do?

Something to help others – maybe help new immigrants find work or help women entering the workforce after having kids, that sort of thing. ALISON, 42, ARNCLIFFE

Be with my family on the farm because it's what we love. BUNZIE, 33, MINJAH

Volunteer work for the Red Cross. AISHA, 39, BENTLEIGH

Travel back to Cambodia and work in an orphanage. ANTHEA, 40, OSLO, NORWAY

Open an animal shelter and look after abandoned dogs and three-legged goats. LOU, 40, HIGHGATE HILL

Create art. I'd sculpt and paint and draw and collage and dream and experience beauty and nature. DONNA, 46, CASTLECRAG

Work in an orphanage in Africa or Romania. GRACE, 30, CANBERRA

Advocate for children's rights across the world. Focus on the corruption that stops change occurring in Third World countries. BETH, 42, HEATHMONT

> 'Part of me would want to act like a dickhead and live a life of luxury; the other part would like to do something constructive like teach in a remote Aboriginal community.'
> LEAH, 29, NEWPORT

I've always wanted to ride a horse from Cape York to Melbourne. MELISSA, 35, TEMPLESTOWE

Get my pilot's licence, buy a plane and fly around the world. MARIE, 55, ROYSTON PARK

Take my mum on holiday. DAVINA, 45, MACQUARIE PARK

Grow a giant pumpkin, keep chickens and ducks, paint portraits of us all, write an amusing revenge novel, take a yoga teaching course, study transcendental meditation. MARY-ELLEN, 45, TOWNSVILLE

Find a cause I believe in passionately and devote myself to serving there – at the Hamlin Fistula Hospital in Ethiopia maybe. And I'd sing! BRON, 26, KALEEN

Power the world through wave and tidal energy. I'd set up a water turbine, prove its brilliance and save the environment. MELISSA, 30, BURNLEY

Continue working on an education program for Indigenous Australians. GRACE, 20, MELBOURNE

Set up a theatre company to perform a variety of new and established works. RACHEL, 38, WEST PRESTON

## How have you changed/could you change your life?

I decided to take the reins and started my own business six years ago. I haven't looked back since. LOU, 36, FITZROY NORTH

Since being diagnosed with cancer I'm trying to holiday more often and generally have more fun. I have to grab every day I have and run with it. CAROL, 36, PICNIC POINT

I stopped being angry at everything and realised there are a lot of things you can't change. I also learned to accept and like myself. SUE, 37, MARDI

Since my husband was in intensive care and then rehab for five months, I've learned to make more of each day and opportunity. EM, 65, ADELAIDE

I'd like to get off the farm and back into civilisation! I'd probably live near the sea, in a much warmer climate. JENNY, 56, BRUTHEN

> 'I decided that being successful at everything was going to make me crazy. I opted out of the race for promotion and money, and decided to concentrate on the quality of my life with friends and family.'
> SALLY, 44, MELBOURNE

I moved to Tassie four years ago and slowed everything down – I haven't looked back. JEANNETTE, 49, LEGANA

I left an abusive marriage, grieved for 18 months and now I'm ready to launch again! ZOE, 37, SURRY HILLS

I made a decision to get my children away from a violent father and showed them a better way of living. BEV, 63, FLOWERDALE

Adopting a child from a Third World country changed my priorities dramatically. KATE, 34, THORNBURY

Today I bought two books on growing my own fruit, vegies and herbs. I plan to develop a garden at a friend's farm, and teach my kids about good healthy food while feeding my family (and probably my friends)! ELISSA, 31, RICHMOND

some worries, have a holiday and throw some responsibilities over the side of your metaphorical boat (make it a nice imaginary yacht with a timber deck and jaunty chappies in striped shirts).

Sit down and write a list of the things you can STOP doing. They have to be responsibilities that weigh on you or things you feel obliged to do. Resign from the committee. Give up the competitive thing you were aiming for that you weren't sure you could fit in. Stop shaving your legs every day. Put a ban on overtime. Start shopping at a cut-price place. Go through your wardrobe and make do with what you have. Turn the TV off for two weeks and use the night-times to really wind down and sort out your priorities. Make the kids do the dishes and wash and put away their own clothes (okay, not if they're 2). Remind yourself

who you are and what you like doing, then elbow yourself some space to be that and do that.

## MORE INFO
### on redefining your priorities

**How to Get Things Done: The Art of Stress-free Productivity by David Allen** How to organise your desk, your filing, your communications, your unfinished projects, your home. How to let go of stuff that's driving you crazy, prioritise what you have to do, and identify what you can stop doing or manage better.

 **Gaining grit**

Even the most talented world-beating sports champion has to have more than talent. They

 **MORE INFO** on philosophy, ethics & meaning

**Ideas that Changed the World by Felipe Fernández-Armesto** A fab, easy, illustrated guide to the ideas that shaped the times we live in – from communism and capitalism to the idea of holy scriptures, stupidity, nobility, kindness, the savagery beneath our civilised veneer, slavery, and the concept of time. If there's nothing to interest you in this book then you're an anteater, or a chair.

**askphilosophers.org** Email questions on moral issues to a panel of philosophers at this US site and have them answered, or explore its archives.

**50 Philosophy Ideas You Really Need to Know by Ben Dupré** A round-up of disparate ideas: why gamblers can't win but believe they can, ethics, science, animal rights, logic and argument, religions, understanding, perception, justice, and more.

**The Happiness Hypothesis: Finding Modern Truth in Ancient Wisdom by Jonathan Haidt** An American psychologist draws from ancient and modern beliefs to explore belonging and love, a moral compass, and pinching bits of philosophy from anywhere you fancy.

**thisibelieve.org**
**This I Believe: The Personal Philosophies of Remarkable Men and Women edited by Jay Allison & Dan Gediman** Responses to the US

National Public Radio series broadcasting the philosophies of famous and 'ordinary' people.

**lesleygarner.com**
**Life Lessons**, **Everything I've Ever Done that Worked** and **Everything I've Ever Learned about Change by Lesley Garner** In these three books, a UK advice columnist and self-help author examines change and personal development. She calls self-help books 'the literature of consolation' and offers common sense and compassion.

**Being Good: A Short Introduction to Ethics by Simon Blackburn** This professor of philosophy's slim volume covers birth, death, the meaning of life, rights and freedoms, and the roadblocks on the way to ethics.

**Steering by Starlight: Find Your Right Life No Matter What by Martha Beck** *Oprah* magazine columnist with a fun and thought-provoking style that challenges without confrontation or judgement.

**happiness-project.com/happiness_project**
**The Happiness Project by Gretchen Rubin** A blog and book about the findings from a year-long reconnaissance mission into happiness philosophies and theories.

BIG THOUGHTS

need to be able to knuckle down and work really really hard, for a long time. They need to be able to take setbacks and keep going. They need to be able to allow themselves to 'fail', and keep striving and practising and changing their habits and their brain patterns by sheer will, day after day. Perseverance and resilience are not often mentioned in a world where it's more fashionable to talk about 'gifts' or 'talents' as if success falls from the sky or springs, fully formed, from a genetic recipe.

Part of the skill of grit, tenacity and perseverance is knowing when to quit, cut your losses and move on. Life's too short to stay in a miserable relationship or a soul-sucking job (unless you have a plan to get you to the end of the tunnel and the destiny is worth it). And life's too short to finish a book you hate or a TV show that's stupid or boring. Or to live out somebody else's idea of who you should be or what kind of work you should do. It's so much easier to work hard at your own dreams than somebody else's.

## ⛵ Standing up for what's right

It's harder to stand up and be counted when you're busy. It can be nerve-racking to speak your mind. It's hard enough getting out the door with your underpants not showing, let alone popping along to a street march before lunch. But if you join an environmental or pressure group and put your name to petitions, they can lobby on your behalf and be your 'voice' on things you feel strongly about, as well as help you stay informed so you can be more confident about speaking out yourself, even in small ways. It's not just your federal election vote that counts. See the next chapter, 'Community & Caring', for info on how to volunteer or support various causes with little or no effort. This makes you feel good and can add to your sense of purpose and self-esteem.

## Personal Philosophy

We all have a personal philosophy even if it's 'I try to avoid having a personal philosophy', 'I follow my holy book' or 'I don't know what to believe'. See 'Optimism' in Chapter 20, 'Feelings & Moods', for how-to hints on contentment and a positive outlook.

# CHAPTER 40

# Community & caring

Lots of ancient religions, modern philosophies and 'happiness' survey results suggest that people who contribute to their community (or a more global version) do themselves a favour. Life seems to have more purpose, they experience an important sense of belonging and being needed, and so they're happier. Others just have a sneaking suspicion that if you don't care about other people and never ever do even something little to help them in some way then you're an arseholic. In any case, here's how to get involved, stay informed or volunteer, in little and big ways. If you're put off by this idea and want to skip off back to the 'Make-up' section, I must warn you: changing the world is sooo much easier than drawing on realistic eyebrows.

# Thoughts on charity, volunteering & helping others

Everyone complains and whines about society, but what's society made of? People like you and me. We're a part of this society we blame for our selfishness.
SARAH, 36, MELBOURNE

'Everyone needs to make the time to give. Giving will always give you so much in return.'
SALLY, 35, BRIGHT

Our family found helping at a community lunch on Christmas Day really rewarding – much better than sitting at home eating.
FRAN, 58, PULLENVALE

I'm disturbed by the general acceptance in our society of the necessity for charity.
ELIZABETH, 29, MELBOURNE

Charity runs the world. Our government, religions, schools, hospitals all run on charity and volunteering. Most work in this world is done without pay.
BETH, 42, HEATHMONT

I think we'll see the end of volunteers, sadly. Our daughters are working, grandma cares for the children, so the children grow up in a family that doesn't have time to volunteer. I hope I'm wrong.
LINDA, 65, GLEN WAVERLEY

I've done volunteer work for 30 years, even when working 60 hour weeks, and it's a great stress-reliever. SUSAN, 56, BULAHDELAH

At the risk of sounding cynical, one of the most challenging things about working with volunteers is that you *can't sack them*.
SALLY, 48, REDFERN

I truly believe that you get much, much more from giving than receiving. That's been proved to me many times.
TAMARA, 35, LEICHHARDT

Caring can be exhausting. You have to realise that you still have to care for yourself, otherwise you'll be no good to anyone. You have to have fun, too.
ALEXANDRA, 53, PRAHRAN

At the end of a hard day in a law firm, the last thing I feel like doing is going to my volunteer job. But once I get there and start talking to the clients, that all changes and I feel good about helping.
HELEN, 39, BRUNSWICK

I'm too old now, but I do think that volunteering is a very good way of establishing friendships, self-esteem and self-satisfaction.
VERA, 82, ECHUCA

'Volunteering is a way of keeping socially and mentally active. It makes me feel needed and valued.'
BARBARA, 57, DUNLOP

Getting to know people and their stories is such a privilege. Being a good neighbour is so important.
JOY, 50, MACLEOD

Thank God for those people who are passionate about their causes. They prick the consciences of the rest of us. Have a cause, be involved.
BRONWYN, 47, BOTANY

Like physical activity, everyone should do it. Just find your own area of interest or contribution. It's better for your world, it connects you, and it's better for your personally.
LEONIE, 50, MELBOURNE

I don't understand why more people don't do Telecross. It's simply a matter of ringing someone between 8 and 9 a.m. each day for a month for a quick chat. I've 'met' some lovely people through Telecross.
GAIL, 38, CLARENCE TOWN

Until I started volunteer work I never realised how fulfilling it could be just to help someone get back on track. I'll never be rich but I am paid in smiles!
SALLY, 32, PERTH

I'm tired of hearing everyone being 'too busy' to help in their community. Nonsense. Everyone can make time for the important things. Why not be truthful and say 'It's not as important as buying a new pool'?
MICHELE, 43, INNISFAIL

I'd like to volunteer but I'm not sure how to go about it or whether I'd have as much time as is needed.
GWEN, 30, RUTHERFORD

It really does give you the 'warm and fuzzies'!
SUE, 55, BRISBANE

'It's very fulfilling and stops me worrying about the little problems I have in my life.'
KIM, 45, BRISBANE

I have huge admiration for people who volunteer and are carers, but I'm afraid I'm too selfish to sacrifice so much of my time.
ALEX, 30, BRISBANE

It's not going to change on its own, so complaining about it won't help. You're just going to have to muck in and do it yourself!
NATASHA, 34, THORNBURY

Do it. It's good for you. It's good for your community. And it really frigging helps people who need it.
SONYA, 30, IVANHOE

It's like *The Matrix*. Once you've swallowed that pill and opened your eyes to the real world – what's really going on – you can't turn back and you *have to* act on what you see. CAT, 32, NORTH NARRABEEN

## Doing Your Bit

According to a most unscientific ferret through the things that make women happy (their answers to the Women's Stuff Survey), here are some surefire ways to make somebody else happy:

- Give cut flowers (garden, not florist, is preferred by many).
- Buy or lend somebody a book.
- Organise a picnic or bring-a-plate lunch with friends or family.
- Send a postcard or short letter by snail mail.
- Arrive somewhere with homemade baked goods.
- Sit outside with somebody when it's sunny.
- Keep somebody company when they're watching chooks.
- Ring or visit an older relative.
- Drop a sincere compliment.

### MAKING A DIFFERENCE WITH KIDS

Read to a kid or listen to them read, teach a bunch of kids some team spirit or how to make something with their hands, or play a game outside with them and teach them the rules and the principle of fair play. Shamefully, many state primary schools lack specially trained librarians, sports teachers and art teachers. You can ask your local school if they need volunteers or do it informally with relatives or friends.

### ✹ Changing the world

Being active in politics, protests, social-justice causes and charities can make you feel you're involved in something important and doing a good thing. And getting involved is just a phone call or a click away. It's as easy as voting or as hard as identifying useful skills and volunteering to help an aid project in another country.

### ✹ 'Think global, act local'

This means that, thinking about the effects of our actions on the wider world, we make small changes in our own lives – and that if everyone else does the same, all the little changes will add up to a great big change. Actions that are good for the environment include cycling, buying a car that uses less petrol, taking a shopping bag instead of getting plastic bags, conserving water, and recycling or composting your rubbish. Actions that are good for the community include making an extra portion of a meal to drop off to an elderly neighbour, or mowing their lawn.

Also set aside a little time each month to write an email to a local paper or ring your state or federal member of parliament. You can ask for better maternity services (state), the preservation of wild habitats (state and federal) or focus on a local issue ('Leave that gorgeous old building alone, you stuffed-suited vandals').

## Political Activism & Staying Informed

### ✹ Voting

In this country nobody tries to kill you at the polling station, or drives off with your vote in a jeep only to return it looking like a vote for somebody else, so there are a few encouraging reasons to give it a go. Make sure you register to vote before you turn 18 and re-register whenever you move house.

### ✳ MORE INFO
### on voting

**aec.gov.au** The Australian Electoral Commission site. Choose 'Enrol to Vote' to register as a voter or change your address details.

**elections.org.nz** The Elections New Zealand site. Choose 'Enrol' to register or change details.

### ✹ Activism

Activism is about wanting more of a say in the issues that affect your life and the lives of others. Here are 10 ways to become an activist:

**❶** Join a charity, a church or a local heritage-issue-focused group.

**❷** Make phone calls and send emails to your local member of parliament or a minister heading a department to ask the government (state or federal) to change or make a law.

**❸** Contact the media, from local papers to radio and TV shows, to express your view.

**❹** Engage kids and others in discussions about local and global events.

**5** Keep informed of all sides of arguments so you can put your own case more effectively.

**6** Protest peacefully by attending meetings, rallies and marches about an issue that matters to you. Help organise or go to fundraising events and concerts.

**7** Collect money for special projects (such as building a school in another country).

**8** Participate in a boycott (a campaign convincing people not to buy a product, such as animal fur, or products made by a company that you feel exploits workers or the environment).

**9** Invent publicity stunts (legal ones that don't harm you or anyone else).

**10** Get involved in global campaigns (for instance, against ocean pollution) or choose a small, local volunteer program (such as visiting elderly people).

### What activism has given us

Successful activism has led in many places to the vote for women, women's hospitals, contraception being available to unmarried women, equal rights for people with dark skin, workers having the weekend or a day off each week, children not being forced to work, above-starvation wages, democratic governments in countries where there were once dictators, large fines for polluters, and governments signing global agreements on human rights and environmental issues. It's all the little voices getting together that make a voice so loud it can't be ignored. The world may be in bad shape – but it would be in much worse shape, or no shape at all, were it not for activists.

## Choosing a Cause

Don't be bamboozled by the range of possibilities. The important thing is to pick just one cause and start to do something. Just something, however weeny. The beauty of this cunning plan is that once you've chosen something, you get to say to everyone who's bugging you or shaking a bucket in your face, 'I would, but this year I'm supporting (insert name of chosen charity here, with quiet dignity).'

### ❧ Giving money & fundraising

Teenagers and backpackers tend to have lots of enthusiasm and energy, and they often like to help others, so it tends to be young people, commonly students and backpackers, shaking the cans and doorknocking to collect money for charities. And I know we all want to help them keep their cheerful little faces to the wind, but only donate if most or all of the money is going directly to the charity. Some of these hired hands or agencies take 70 per cent or more of the money in the first year after signing up for monthly deductions, or of any cash you pony up. Do your research and find out the best way to get your money straight to the charity or to those in need. Many charities have their own shops and websites, and give all the profit to the good cause, not just a tiny percentage.

Be careful about who asks for money. Make sure you either know personally where the money's going (say, the school cake-stall money goes straight to art room supplies, or the local cricket

---

## MORE INFO on staying informed

National, city and local newspapers, and community groups, may have more info than the official line from councils and state governments. Pay for newspaper delivery to fund journalism or check the newspaper websites.

There are local chapters of all the major political parties you can join.

**abc.net.au** and **bbc.co.uk** The ABC has an Australia-wide radio station called News Radio, and another called Radio National, which have programs about news, sport, science, music, world events, philosophy and religion, rural and regional issues, politics and other areas. You can download podcasts from the website. The British version, the BBC, has great world programs and podcasts. ABCTV also has a 24-hour news channel, ABC News 24.

**hoydenabouttown.com** Some clever Aussie women blog about all sorts of stuff, including politics, science, crazy claims, hobbies, kids and family. News snippets and interesting musings.

club membership fees go to the equipment fund) or donate directly to the major mainstream charity in the area that concerns you.

There are lots of ways you can be involved in fundraising, even if you're not cashed up. Here are some of them:

- Think about having a small monthly contribution automatically paid from a bank account to a major charity, or call a family meeting to discuss where you might regularly send a little money.
- Think about what can you donate (in addition to old clothes) if you can't give money. Maybe blankets or toys.
- Try to use services or buy products that donate a percentage of their proceeds to charity, but don't be sucked in: ask for the details. It may be better to buy elsewhere, cheaper, and donate money directly to the charity, as 'a percentage of profits' is usually rather weeny.
- At Christmas and birthday times remember the charities that sell cards and donation presents (such as a certificate saying a goat has been bought for a village).
- Shake a can for your local children's hospital.
- Join in readathons, walkathons and other fundraising campaigns (except ones that mean you can't eat for a time – donate money instead and keep eating to have energy for the cause).

### DODGIER CHARITIES

While many charities may give money to cancer research and other good causes, and have legitimate-sounding names, don't give any donations without checking first who runs the charity and what percentage of the charity income is paid in salaries or dividends to board members and others. It's legal for a charity to spend a large proportion of donations, sometimes hundreds of thousands or millions, on staff and board members, for example, if the amounts are reported to a state or territory licensing body. It's also common for some charities to give money collectors up to 90 per cent of the donation. It's always best to donate directly to a mainstream and rock-solid charity, not through a call centre or person at the door or shaking a can on the street. You can check in the charity's home state or territory if it's ever been investigated by the appropriate authority, usually the state Licensing and Gaming Board.

## MORE INFO
### on breast cancer charities

Here are some recommended legitimate breast cancer charities. A name that sounds right and a pretty website are not enough.

**nbcf.org.au**
**1300 708 763**  The National Breast Cancer Foundation is the major non-profit fundraising charity for breast cancer awareness and research in Australia, the one behind the pink ribbon campaign. There's a nationally representative medical research advisory committee. The site warns of products and people claiming to raise money under the pink ribbon campaign that are not affiliated.

**bcia.org.au**  The sponsored site of the non-profit Breast Cancer Institute, which raises money for research by the Australian New Zealand Breast Cancer Trials Group, which is approved by the Federal Government's National Health and Medical Research Council.

**mcgrathfoundation.com.au**  Set up by Jane McGrath and her husband Glenn. Her friends and family and the supporters of the foundation continue the work to raise funds for breast cancer patient support and special care nurses. You can run or attend a fundraiser.

## Volunteering

If you don't have lots of money (let's face it, if you do you're probably off playing polo in a tiara, not reading this), you can volunteer your time. Volunteering means you're performing a service but not getting paid in money. Nearly 5 million Australians do some sort of volunteer work, just using the time they can spare, even if they're busy. As well as making you feel good about yourself, volunteering may also allow you to learn new job skills, meet new people and be exposed to new experiences that might open up paid work opportunities for you. It can also be a regular meeting of friends. Some common volunteering ideas include:

- tree planting for conservation projects
- activities to raise money and awareness
- visiting older folk

# What other women do to help

Here are some of the volunteer, charity & activism pursuits of women responding to the Women's Stuff Survey:

● Greenpeace ● Smith Family ● Mothers' group ● Make Poverty History ● **Mentoring** uni student from disadvantaged background ● Australian Breastfeeding Association counsellor ● Play group, daycare, kindergarten, childcare & school committee ● Scouts, Girl Guides, Girls' Brigade ● World Vision ● Volunteering at botanic garden ● Volunteering at school tuckshop ● Helping in child's classroom ● Contributing to Cancer Society ● Parents & Friends Association ● Amnesty International ● ChildFund Australia ● WSPA (World Society for the Protection of Animals) ● Oxfam ● Running support group for rare genetic condition ● Riding for the Disabled ● Teaching basic computer skills to senior citizens ● **Volunteering** as radio presenter ● Red Cross collection appeal ● Sunday school teacher ● Biggest Morning Tea for cancer research ● **Fundraising** for Guide Dogs ● Literacy tutor at TAFE ● Volunteering as ambulance officer ● Petitioning politicians about issues ● Giving blood regularly ● Donating to SIDS and Kids ● Volunteering with Living Beyond Suicide ● Donating to birthing clinic in Bali ● Sporting club, school community, church community ● Full-time carer for relative with dementia ● Rural fire service ● School garden team ● Op shop ● Looking after children whose mothers need a break ● Lifeline phone counsellor ● Volunteer solicitor at community legal centre for people with mental illnesses ● **Surf lifesaving** ● Volunteering at crisis intervention centre ● Volunteering at museums & galleries ● Soroptimist International (women's service organisation) ● Telecross ● Make a Wish Foundation ● Registered organ donor ● Working for RSL ● Home care as a volunteer ● Helping young first-time mums ● State Emergency Service ● Mother's Day Classic ● Caring for injured animals ● Voluntary work at Adelaide Zoo ● Rotary Club ● Mentoring young professional women ● Secretary of Special Olympics group ● Making quilts for charity ● Managing football team ● Teaching English to refugees ● Meals on Wheels ● Wesley Central Mission ● Supporting girls' home in India ● Caring for grandchildren ● Elderly hospital visits & youth group ● Reading for the blind ● Old school's annual fete ● **Tree planting** ● Polycystic Ovary Syndrome Association of Australia committee ● Local political party branch ● Singing in a choir that often performs for older folk ● Country Women's Association ● HIV activism, lesbian & gay activism ● **Shaving head** for the Leukaemia Foundation ● Helping out at women's health centre ● Salvation Army appeal ● Telephone counselling ● Soup kitchen at St Vincent de Paul ● Antinuclear activism ● Advocate for a sexual assault & domestic violence resource centre ● Breast cancer centre ● 'Big sister' to a troubled teen ● Homicide Victims' Support Group.

- teaching computer skills to older people
- mentoring young people
- helping people who left school without proper reading and writing skills
- helping refugees and migrants to learn English
- working in a charity shop or a charity organisation's office
- working for a political group
- serving on school committees
- walking dogs at your local animal shelter
- lifesaving on beaches.

It's best to do your volunteer work through an accredited organisation. Although you don't get paid for volunteering, there are other benefits, such as:

- work experience and other skills (they look great on your résumé too)
- useful social and organisational skills
- you're not bored
- increased confidence and optimism
- new friends and contacts.

Being active in the world gives you a new perspective on life and makes you realise you can get things done.

**MORE INFO**
**on giving blood**

**donateblood.com.au**
**13 14 95** The Australian Red Cross Blood Service has an 'Online Quiz' to find out if you're eligible to give blood.

**nzblood.co.nz**
**0800 448 325** The New Zealand Blood Service. Choose 'Where to Donate'.

**MORE INFO**
**on donating organs**

**medicareaustralia.gov.au** Medicare Australia administers the national organ donor program; choose 'Australian Organ Donor Registration' to find out more. Some states and territories have legislation enabling you to register as an organ and/or tissue donor on your driver's licence.

**donor.co.nz** Reasons to donate your organs after you've died, FAQs and how to register your intention.

**MORE INFO**
**on volunteering**

**everydayhero.com.au** You can set up your own individual page or one with friends and workmates here to publicise your efforts to raise money for a chosen charity. They'll even help you choose the charity and events if you need it.

**govolunteer.com.au** Go Volunteer, a national volunteer recruitment site funded by the Federal Government, has ideas on where to start, and for using your skills and powers for good (not evil).

**australianvolunteers.com** Australian Volunteers International matches skills and experience to situations and sends people overseas to work in local communities.

**redcross.org.au** Telecross is a national volunteer service run by the Red Cross where you call an elderly or housebound person once a day. If there's no response, the Red Cross will get somebody to check on them. From the main page, search 'Telecross'.

**seekvolunteer.com.au** Search this commercial recruitment website for volunteer work by postcode and organisation type, including the arts, health, community services, youth, the environment, education, animal welfare, sport and human rights.

**volunteernow.org.nz** For Kiwi volunteers.

 **MORE INFO** on organisations to join or help

Here are some starting points for helping people overseas and closer to home. Let the smorgasbord begin.

**causecast.org** Find a global cause here.

**gatesfoundation.org** Billionaires Bill and Melinda Gates realised they could only have so many bathrooms, so they started this foundation to immunise the world's most vulnerable kids, and contribute to agricultural projects and AIDS education and treatment.

**amnesty.org.au** Amnesty International campaigns for human rights in every country. You can become a member, donate or provide direct help. Choose 'Get Involved', then 'Take Action Locally' to find your local branch.

**bushheritage.org.au** Bush Heritage Australia raises money to buy habitats and preserve them from private or government destruction. The land is then managed to host native animal and plant populations, including threatened and endangered species. So far they have a million hectares, and the aim is for 7 million, 1 per cent of Australia. Choose 'Get Involved'.

**wwf.org.au** The World Wide Fund for Nature focuses on animals and their habitats worldwide.

**acfonline.org.au** The Australian Conservation Foundation is the premier green group in Australia.

**greenpeace.org/australia** Greenpeace is in the direct-activist end of the pool.

**greenpeace.org.nz** The Kiwi mob.

**wilderness.org.au** The Wilderness Society, with a focus on preserving our natural heritage.

**greenfutures.com.au** Volunteer environment projects, including training and work experience, run by the Federal Government.

**conservationvolunteers.com.au** Conservation Volunteers Australia runs environmental projects.

**forestandbird.org.nz** Members work on all sorts of conservation and environment programs. Choose 'Get Involved'.

**What Can I Do? A Guide to Eco-friendly Internet Sites, Ideas and Information in Australia by Lisa Harrow** Everything from laundry products and shopping bags to whales and worms.

**Change the World for Ten Bucks by We Are What We Do** The book is also available online from wearewhatwedo.com. It lists 50 simple actions to improve your life and the world.

**365 Ways to Change the World by Michael Norton** Lots of ideas on how to help others and make a difference locally and globally.

**ourcommunity.com.au** Fundraising ideas and guidelines for charities and community groups.

**hollows.org.au** The Fred Hollows Foundation helps cure blindness, improve health and raise literacy rates in poor communities in Australia and the world.

**careaustralia.org.au** An Australian aid organisation that fights poverty and creates practical development projects.

**oxfam.org.au** Has similar aims to Care Australia (above). Check out their Christmas catalogue and shops.

 **MORE INFO** on Indigenous projects

**indigenousliteracyproject.org.au** The Indigenous Literacy Project (ILP) is a non-profit group supported by the Australian book industry. It gets specially chosen books to remote Indigenous communities where the children may have English as a fourth or fifth language. Choose 'How to Help'. I'm an 'ambassador' for this project and can vouch for the integrity of those who run it.

**antar.org.au** Australians for Native Title and Reconciliation (ANTaR) is a non-profit, non-government, community-based organisation. They advocate for the rights – and overcoming the disadvantages – of Aboriginal and Torres Strait Islander people through lobbying, public campaigns and advocacy. Choose 'Get involved/ Events'.

**MORE INFO** on helping women, mums & girls

**projectrespect.org.au** and **catwinternational.org** Project Respect is a non-government charity and activist organisation fighting the 'trafficking' (transport and sale) of women to Australia and their exploitation as 'slave' workers in the sex industry. Coalition Against Trafficking in Women is the global version.

**globalfundforwomen.org** Lots of positive ideas, books and inspiration here on how to improve the lives of girls and women everywhere. You can join a project, host a fundraising party, or just shop online with companies that donate to the fund.

**unifem.org.au** The site of the Australian division of the United Nations Development Fund for Women covers subjects as diverse as the cultural genital assault of girls, the poverty and HIV burdens on women, and lots more. Choose 'Get Active' for news on internships, local events and volunteering.

**equalitynow.org** A hub for working towards solutions for worldwide problems of rape, genital mutilation and violence against women for cultural and religious reasons (so-called 'honour killings'), against the sale of video and computer games featuring rape and violence against women, and for the provision of education to girls where it is denied them.

**un.org/en/women/endviolence** The United Nations campaign to end violence against women. Choose 'Take Action' for suggestions for local communities, schools and businesses.

**Disposable People: New Slavery in the Global Economy by Kevin Bales** A book on the continuing slave-worker trade, which mainly hurts women and children.

**halftheskymovement.org**
**Half the Sky: Turning Oppression into Opportunity for Women Worldwide, Nicholas Kristof & Sheryl WuDunn** US journalists show how to take positive action to make the world safer and provide more education and self-help business opportunities to girls and women in the developing world. Choose 'Get Involved' for heaps of little things you can do to help a lot.

**birthingkitfoundation.org.au** The Birthing Kit Foundation is a charity funded by the Australian Government, Zonta Clubs and corporate sponsors that helps save hundreds of lives of mums and babies each year by providing a cheap, clean birthing kit with plastic sheeting, soap, gloves, cords, scalpel blade and gauze. More than 500 000 kits have been sent to 30 countries. Make a donation or volunteer to help assemble the kits.

**pace.org.ug** A Ugandan non-government non-profit organisation that runs women's clinics and distributes lifesaving birth equipment kits and simple medicines for post-partum haemorrhage, which accounts for one-third of maternal deaths in most parts of sub-Saharan Africa.

**hamlinfistula.org.au** Australian doctor Catherine Hamlin founded the Addis Ababa Fistula Hospital in the capital of Ethiopia to help thousands of girls and women who live with constant incontinence from their bladder or bowels because of damage caused by childbirth. Many have lived with their condition for years and are shunned by their community. You can donate a large amount or a surprisingly small sum for hospital sheets and a new dress for a patient going home. Donate on the website or write a cheque to the Hamlin Fistula Relief and Aid Fund and send it to PO Box 965, Wahroonga NSW 2076, Australia. Crafters should choose 'How to Help' for how to donate knitted blankets or sewn quilts.

**worldvision.com.au** Sponsor a child or donate to the campaign against child slavery and exploitation. Check out their gift catalogue for Christmas.

**unicef.org.au** The United Nations Children's Fund. Choose 'Get Involved' or 'Donate'.

**thesmithfamily.com.au** Among other things, the Smith Family helps poor kids stay in school.

**salvos.org.au** The Salvation Army is a religious organisation that helps disadvantaged Australians.

**childfund.org.nz** Child sponsorship mob.

**barnardos.org.nz** Local charity that helps Kiwi families in need.

the
end

# Acknowledgements

## AT PENGUIN AUSTRALIA

Commissioning publisher, steadying hand, dear professional companion and spooky visionary (still trying to find something to violently disagree about after more than 20 years, Jewels): Julie Gibbs.

Editorial manager and advisor, constant consultant, logistical navigation and flotation of spirits: Ingrid Ohlsson.

Editor, structural engineer, exuder of balletic exactitude, exhibitor of noble patience and ineluctable good sense, she who is fallen upon with gladdened cries (etc.): Nicola Young. (This is secretly her book, too.)

Website designer and development manager, survey management and collation, quote retrieval and survey searches, manuscript back-ups: Brendan Barlow.

Researcher on the fly, coordinator of experts, manuscript logistics, advisor, the Red Adair of quotes wrangling: Jane Morrow.

Quotes manager, chosen quotes spreadsheet control and logistics: Bethan Waterhouse.

Designer, human Steadicam and font of all fonts: Daniel New, with able assistance from Arielle Gamble and Emily O'Neill.

Indexer: The indispensable Fay Donlevy.

Quotes wranglers: although I read all the quotes and selected the ones to use, the huge job of extracting them from a huge database was done by Bethan Waterhouse, Melissa Day and Stephanie The. Further classification of the chosen quotes was done with the help of Gail Davidson and Nicole Abadee.

Publicity manager: Anyez Lindop.

Typesetters: the amazing Ron and Lisa Eady, Post Pre-press Group.

Production controller: Tracey Jarrett.

Preliminary researchers: Terry Priest, Felicity Costigan and Gail Davidson.

Editorial spreadsheet control: Clio Kempster.

Penguin Sydney administration: Erin Langlands and Ellen Harvey (website checker).

Proofreaders: Saskia Adams, Vicki Fisher and Nicole Abadee.

Penguin Sydney IT chapter search and rescue: John Makhoul.

Historical editrix eminence and blueprinter: Lesley Dunt.

Rights: Peg McColl and Louise McCall.

Legal advice: Nicholas Pullen, HWL Ebsworth.

## EXPERTS & SOURCES

Many professional medical and other experts gave truly generous assistance for this book. That so many of these consultants are world and/or national authorities in their chosen field makes their generosity of spirit even more impressive. If there are any errors in the book, or matters of judgement and conclusion that can be brought into question, it is my dispiriting duty to tell you they are mine. I would like to thank sincerely, and in awe-struck and hushed tones, all the experts for their dedication and help. I'm so lucky to have had all this assistance. A list of them follows:

**Chapter 2, 'The Body Image Struggle', & Chapter 3, 'How to Make Friends With Your Body'** – An article by John Naish in *The Times Online* UK edition, 12 July 2008, about weight-loss surgery provided some material on critics and advocates; eating behaviours expert and author Dr Rick Kausman is always a good ally and sounding board on this subject.

**Chapter 4, 'Clothes'** – Wardrobe mistress and textile maven Kitty Stuckey inserted some clever darts.

**Chapter 5, 'Hair'** – Dermatologist Dr Belinda Welsh read the head hair sections and made suggestions; dermatologist Dr Robert McDonald kindly took a comb to the body hair sections; Zubeda Raihman from the Muslim Women's National Network of Australia set us straight on pre-Islamic and religious hair-removing traditions; Dr Amanda Hayes, then a visiting fellow at the Chemical Safety and Applied Toxicology Laboratories, University of New South Wales, reviewed the sections on allegedly dangerous chemicals; the physics question from the apprentice hairdresser was supplied by William J. Spence, Professor of Theoretical Physics and Head of the Physics Department, Queen Mary University of London.

**Chapter 6, 'Skin'** – Jane Thomas, Media and Communications Adviser at the Cancer Council of Victoria, coordinated her colleagues and medical advisors to answer an unbelievably large number of detailed queries about sunscreens, skin cancers, vitamin D and many related issues; Ros Wagstaff, then spokeswoman for the Australasian College of Dermatologists, answered many queries, as did Caroline Daly; dermatologists Dr Cathy Reid, Dr Greg Goodman and Dr Josie Yeatman read the chapter at different stages and made useful suggestions; paediatric dermatologist and acne specialist Dr Rod Phillips reviewed the pimples info and made some annoyingly good points I'd overlooked; skin salon manager Elaine Theodore read the chapter; Dr Thomas Faunce, Associate Professor, College of Medicine and Health Sciences, and Board of the National Biosecurity Centre, Australian National University, read over the section on nanoparticles in sunscreens; Dr Rye Senjen, PhD, Friends of the Earth spokesperson on nanotechnology, and other Friends of the Earth staff contributed info regarding their position on nanotechnology issues; Dr Jill Cargnello, a dermatologist, contributed info about vitamin D depletion and dosage.

**Chapter 7, 'Cosmetics & Make-up'** – Professor Mike Roberts, Therapeutic Research Centre, School of Medicine, University of Queensland, read and advised on this chapter; Dr Amanda Hayes, then a visiting fellow at the Chemical Safety and Applied Toxicology Laboratories, University of New South Wales, reviewed the sections regarding specific ingredients; other consultants on specific cosmetic ingredients and claims made for them included dermatologist Dr Greg Goodman, and research chemists Dr Victoria Dungan and Dr Kelly Fairweather, both postdoctoral fellows in the School of Chemistry, University of New South Wales; dermatologist Dr Rosemary Nixon, helped with researcher Felicity Costigan's preliminary research on some key cosmetic ingredients; Akiko Nicholls, Managing Director of Australian Certified Organics, a subsidiary of Biological Farmers of Australia and the largest organic certification body in Australia, and convenor of the Biological Farmers of Australia Cosmetics Advisory Group, provided info on the Australian Organics Standard in relation to skin and body products; Paula Begoun's websites beautypedia.com and cosmeticscop.com were both good sources for basic cosmetics ingredient info; John Sawkins from the Federal Government's National Industrial Chemicals Notification and Assessment Scheme (NICNAS) fielded queries on the safety of cosmetics ingredients; Dr Ken Harvey, Adjunct Senior Research Fellow, School of Public Health, La Trobe University, helped with info on making complaints about the claims made for certain cosmetic procedures and products – his complaints to the Therapeutic Goods Authority (TGA) about FatZap and other companies are inspirational; figures on the cosmetics retail trade come from the Ibisworld industry report on *Cosmetic and Toiletry Retailing in Australia*; figures for average Australian spending per capita on personal care were observed by the Australian Bureau of Statistics in 2005–6 and are now presumably higher. (Note: The affiliations of Australian dermatologists, and their professional or commercial associations with companies, clinical trials, etc. can be checked on the website dermcoll.asn.au. I'm not aware of any potential conflicts of interest arising from the sections checked by or advice given by the experts and contained herein.)

**Chapter 8, 'Cosmetic Surgery & Procedures'** – Gaye Phillips, spokeswoman for the Australian Society of Plastic Surgeons, answered many questions on qualifications and procedures, and ponied up expertise in the form of experienced plastic surgeons; the stern but fair Peter Callan and the insightful and irrepressible Howard

Webster both read the entire draft chapter and made helpful comments – Mr Webster bore the brunt of the most tedious follow-up questions; Roberta Honigman, author, researcher and counsellor/social worker in cosmetic surgery, and clinician with the St Vincent's Hospital Body Image Disorders Service in Melbourne, read an early draft, offering good advice on what to consider before any cosmetic procedure or surgery, and on the procedures themselves; Victorian Health Services Commissioner Beth Wilson supplied general information on complaints about cosmetic procedures and surgery; Dr Neil Hewson, President of the Australian Dental Association, had a chat about department-store teeth-bleaching kiosks; the mighty Dr Michael Koller, brilliant fang-wrangler, coordinated a whole bunch of other Australian dentists who do and don't do teeth-bleaching, to get a broad picture of the treatment and its effects; other information came from the website of Dr Van Haywood, who pioneered the tray teeth-bleaching method and provides Christian guitar lessons.

### Chapter 9, 'Looking Older' – 'Shall I compare thee to a summer's day' is from Sonnet 18 by William Shakespeare.

### Chapter 10, 'Eat' – As always on the subject of eating behaviours, I'm indebted to the work and help of Dr Rick Kausman, author of *If Not Dieting, Then What?* and other books, who read an early draft; the indefatigable Dr Sue Shepherd, specialist dietitian and Senior Lecturer in Medicine, Nursing and Health Sciences, Monash University, who specialises in gastroenterology, gave valuable assistance on food allergies and intolerances, and the good oil on all other aspects of eating; Lyndal Thorne provided informed and independent reviews of Dr Shepherd's cookbooks for people with food allergies and intolerances; Dr Samantha Thomas, sociologist and Head of the Consumer Health Research Group, Monash University, helped with info on gastric-band surgery complaints, and the attitudes of people who are considered overweight; Maree Garside, spokeswoman for the Dietitians Association of Australia, helped with info on dietitians and nutritionists; Natalie Larkins, Communications Manager,

Federal Department of Agriculture, Fisheries and Forestry, provided info on sustainable fishing and the right species to buy; *Age* journalist Rachel Browne shared where to find statistics on obesity and weight loss, and reports of the National Preventative Health Strategy.

### Chapter 11, 'Move' – Dr Xanne Janse de Jonge, an exercise physiologist at the University of Newcastle, read the chapter and made welcome contributions, as did physiotherapist Steve Sandor; Jonathan Kruger, Manager of Policy and Professional Standards at the Australian Physiotherapy Association, told me who's who and what's what in his area; further research on recommended amounts of activity, ideas for becoming more active and suggested forms of exercise were provided by Gail Davidson (from her couch).

### Chapter 12, 'Health Maintenance', & Chapter 14, 'Illnesses & Conditions' – The most excellent Dr Melissa Kang, Senior Lecturer at the University of Sydney at Westmead Hospital and Associate of the Royal Australian College of GPs, helped with a later draft; Janet Steicke, Heart Health Professional, Heart Foundation, provided helpful info; Dr Elizabeth Farrell's useful and clear info on women's health check-ups and specific age-related risks, originally written for the impressive but now defunct 9 a.m. *David and Kim* show website, was useful when compiling info; Margaret Heffernan and the ever-reliable Professor Susan Sawyer brought to bear much-needed assistance on the pap smear test and cervical cancer sections; Neil Branch, Federal Health Department, patiently provided much info and answered many queries; Kay McNeice was an able bench player; discrete physical health conditions were further researched by Gail Davidson, with help from specific national-body sites recommended throughout the text, with supplementary reference to the Victorian Health Department's betterhealthchannel.vic.gov.au and info on various Federal Health Department sites; Kirsten Braun, Women's Health Queensland Wide Inc., provided research and articles to assist me with gaining a wider view of the main issues concerning women's health; Laura Ryan in the office of the Federal Minister for Health and Ageing pointed

in a useful direction; Victorian Medical Board spokeswoman Kath Kelsey advised on details for the National Medical Board; info on first aid procedures and contacts came from Peta Rice, Media Manager, and Danni Meredith, National Training Manager, First Aid Health & Safety, Australian Red Cross; specialist oncologist Professor Michael Quinn, whose nude suit I once decorated with felt-pen illustrations of the female reproductive system just before he went on stage (ah, show business . . .) made great suggestions on the ovarian cancer section; Dr Ben Goldacre, creator of the 'Bad Science' website and book, answered my questions on homeopathy.

**Chapter 13, 'Sleep'** – Dr Delwyn Bartlett, consultant psychologist and sleep specialist at Royal Prince Alfred Hospital, St Vincent's Clinic and Hornsby Sleep Centres, and Secretary of the Australasian Sleep Association, whose PhD from the University of Sydney was in the neurobehavioural and neurobiological effects of sleep apnoea, stayed up to help; the Beyond Blue organisation's fact sheets were helpful sources of info; Dr Michael Clarence, Respiratory and Sleep Consulting Physician at the Respiratory Services Unit, Box Hill Hospital, provided info to Felicity Costigan at the preliminary research stage.

**Chapter 15, 'Hormones & Downstairs Geography', & Chapter 16, 'Periods'** – For answering all sorts of questions on hormonal health, I thank Dr Ian Fraser, Professor of Reproductive Medicine, Department of Obstetrics and Gynaecology, Queen Elizabeth II Research Institute for Mothers and Babies, University of Sydney; I'm very grateful indeed to Dr Elizabeth Farrell, consulting gynaecologist, women's health expert and advisor with the Jean Hailes Foundation, for her considerable assistance on many hormonal health issues; consultant endocrinologist Dr Constance Yap helped with the thyroid section; Professor Helena Teede, Director of Research at the Jean Hailes Foundation and Monash Site Director for the School of Public Health and Preventative Medicine, Monash University, proved to be the go-to person on polycystic ovary syndrome; Dr Philippa Sawyer, Chair of the Australian Dental Association's Oral Health Committee, helped with general recommendations for teeth care.

**Chapter 17, 'Breast Health'** – Dr Cindy Mak, breast surgeon at Royal Prince Alfred Hospital, Sydney, read a later version of the chapter and answered extra questions with lots of helpful points and detail; Professor Geoffrey Lindeman, Co-head, Breast Cancer Laboratory, Stem Cells and Cancer Division, the Walter and Eliza Hall Institute, and Medical Oncologist and Head, Familial Cancer Centre, Royal Melbourne Hospital, provided some slides and facts from a lecture on the future of breast cancer treatments, answered questions and was all-round Mr Helpful; Michelle Lauder, Media Officer at the National Breast and Ovarian Cancer Centre, and the Centre's CEO, Dr Helen Zorbas, explained breast cancer survival statistics.

**Chapter 19, 'Menopause'** – Gynaecologist Dr Elizabeth Farrell read a later draft and provided great feedback; some info was taken from the fact sheets of the marvellous Jean Hailes Foundation.

**Chapter 20, 'Feelings & Moods'** – Dianne McKissock, Co-director of the Bereavement Care Centre, read a version of the 'Grief' section and made heartfelt contributions.

**Chapter 21, 'Mental Health'** – Professor Jayashri Kulkarni, Director of the Monash Alfred Psychiatry Research Centre, Alfred Hospital, Melbourne, read the chapter and made many useful suggestions; Barbara Hocking, Executive Director, Sane Australia, provided info on specific mental health issues for women; Kirrily Johns, Communications Coordinator, Corporate Development, the Royal Australian and New Zealand College of Psychiatrists, helped with info about psychiatry; Robin Balfour from Lifeline verified details on the range of services provided by Lifeline nationally; Frank Tinney from the Professional Advisory Service of the Australian Psychological Society helped with info on psychologists' qualifications and training; Charmaine Dillon-Smith at the Australian Health Practitioner Regulation Agency also helped with details of psychologist qualifications; Michelle Ducat, Assistant Director, Health and Disability Section, Australian Bureau of Statistics, explained the methodology of the 2007 National Survey of Mental Health and Wellbeing, and provided info on related statistics; Dr Kathryn Zerbe, eating disorders specialist psychiatrist and Professor at the Oregon Health and Science University, answered questions online from readers of the *New York Times* in July 2009, and suggested several books on various aspects of disordered eating behaviour, which provided many leads.

**Chapter 22, 'Drinking', & Chapter 23, 'Drugs'** – Sarah Jaggard, Community Mobilisation Policy Officer at the Australian Drug Foundation, read early versions and contributed corrections and suggestions; Janice Withnall, University of Western Sydney, provided some details of her research on women and drinking; Rebecca Yeats, Health Promotions Officer, Women's Health Victoria, gave some useful analysis of women and drug-use statistics and trends; the National Drug and Alcohol Research Centre booklet *On Thin Ice: A User's Guide* yielded info.

**Chapter 24, 'The Family You Come From'** – Geriatrician Dr Robyn McCarthy was full bottle on ageing relatives and pitched in to great effect; I'm indebted to the problem pages 'Ask Amy' and 'Carolyn Hax' (*Washington Post*), 'Dear Prudence' (slate.com), 'Ask Bossy' by Kate de Brito (news.com.au), Lesley Garner's now-discontinued 'Lifeclass' (*Daily Telegraph*) and 'Social Qs' (*New York Times*), all of whose archives I ferreted about in for solutions to family problems.

**Chapter 31, 'How to Escape Control & Abuse'** – Karen Willis, manager of the NSW Rape Crisis Centre, read an early version of some sections and shared her wealth of professional knowledge on sexual assault and rape; Dr Michele Pathé, Senior Forensic Psychiatrist at the Queensland Health Department, Adjunct Professor at Griffith University and Senior Lecturer at the University of Queensland, helped with the section on stalking; Kristina Vesk, CEO of the Cat Protection Society of New South Wales, and Karen Thorne, Development Manager for RSPCA NSW, provided information about safe pet programs for women in violent family situations.

**Chapter 32, 'Sex'** – Dr Lynne Wray, Clinical Services Manager, Sydney Sexual Health Centre, Sydney Hospital, read a draft and didn't snigger once; Dr Basil Donovan, sexual and public health specialist at the University of New South Wales

National Centre in HIV Epidemiology and Clinical Research, helped with preliminary research; Colin Batrouney, Manager of the Health Promotions Program of the Victorian AIDS Council, helped by providing HIV facts and manifested a diverting charm.

**Chapter 33, 'Study & Paid Work'** – Carole Brown, National President of the Career Development Association of Australia, helped fact-check the chapter; Nicola Young, Clio Kempster, Nicole Abadee and Ingrid Ohlsson provided extra info and suggestions; Ian Zakon of the Department of Education, Employment and Workplace Relations provided details of government programs, policies and assistance, and websites relating to work and returning to work.

**Chapter 35, 'A Fair Go for Women: Are We There Yet?'** – Eva Cox shared her thoughts on top feminist reads and influential women's groups with preliminary researcher Terry Priest; the *New York Times* collection of articles archived under 'feminism' provided a wealth of ideas and useful names, as did that paper's article on Dr Ben Barres, neuroscientist, which was supplemented by another article from the *Boston Globe*; for help with calculating hypothetical statistical effects and for making a very cool spreadsheet showing the timeline of human existence expressed as 24 hours so we could calculate how long women have had the vote and more, a big thanks squared to James Schreuder.

**Chapter 36, 'Managing Your Money'** – Lauren Topp, financial planner at Topp Tunbridge in Melbourne, read the chapter and made many helpful suggestions, including that she's always right when it comes to insurance – I can scarcely doubt it, although she's reputed to keep llamas; Delia Rickard, Australian Securities and Investment Commission Senior Executive for Financial Literacy, Consumers and Retail Investors, and her colleague Gregory Mowle had a squiz at a draft and made helpful suggestions; Susan Allen, then at the NSW Benevolent Society, provided info on women and money management, and recommended links to helpful resources; Treasury official Jerry Hearn, original writer of the old 'Understanding

Money' website, shared some views; Richard Foster, CEO of the Financial and Consumer Rights Council, the non-profit peak body for financial counsellors and consumer advocates in Victoria, helped with fact-checking.

**Chapter 37, 'Shopping & Spending'** – info came from the 'Shopping' chapter in my book for teenagers, *Girl Stuff*, which has its own acknowledgements, notably of Dr Teresa Davis, Senior Lecturer, Discipline of Marketing, School of Business, University of Sydney, and Dr Michael Beverland, then of the Department of Management, Faculty of Economics and Commerce, University of Melbourne; financial journalist Kate de Brito very generously ponied up lots of suggestions for the 'More Info' sections.

**Chapter 38, 'Science & Nature'** – Dr Keith Watson, Medicinal Chemistry Group, Biotechnology Centre, La Trobe University, and Giant Telescopey Microscopey Thing Department (possibly not the technical title), while clearly baffled by my deep sense of ignorance, kindly read an early version of the information about science and chemicals and did not send me a Molotov cocktail in the mail, but instead made corrections and suggestions that were a big help; and Professor Douglas Hilton, Director of the Walter and Eliza Hall Institute of scientificky research gave me afternoon tea, at which Professor Peter Colman, the Institute's Head of Structural Biology and inventor of a flu drug, refrained from snorting while he explained over a lamington what molecules were.

## MISCELLANEOUS

Ann Atkinson, encyclopaedic senior editor at Macmillan Publishing's *Macquarie Dictionary*, was kind enough to identify the earliest known citation of 'shopping' as a verb in the *Oxford English Dictionary*; Megan Howitt, NT Government, provided details on services available to women in the Northern Territory; Alex Shehadie, Office for Women's Policy, NSW Government, gave good leads on services and general brain-pickery.

Research file subsections wrangler: Zoe Wood.

Supplementary typesetters: Adele Grono and the splendid Ving Lac, Become Sydney.

Book query answerers: The Avenue Bookstore, Albert Park, especially but not confined to the good works of Kristin Otto and Bec Hutcheson, both of whom double as attractive sounding boards.

For training me as a journalist, either on purpose, accidentally or because I was terrified of them or admired them, I'd like to thank former colleagues at *The Age* – Sally Wilkins, Deborah Forster, John Larkin, Pam Bone, David Clemson, Mike Smith, Bob Millington, Mal Shmidtke, Alan Kohler, Mark Davis, Brian Courtis, Michael Barnard, Frank Prain of the Library, Richard Guilliatt, Steve Waldon, and all the *Age* cartoonists – at the *Sydney Morning Herald* – David Dale and Matthew Martin – and at RMIT – Les Carlyon.

## ONE'S PEEPS

Generally best on ground: the way and the woo, Hon G. Leonard, and the Prime Minister of Pandaland, VMCL.

My friend and colleague Ms Judith Lucy, as is her wont, provided some special insights, encouragement and some very amusing remarks, many of which were entirely uncalled for.

On-speakers wrangling and general running interference athleticism, and delicious emailery: Helen 'Henderson' Townshend.

Lurking where necessary: Kevin Whyte, and Zoe Pyke, Token Artists.

Thanks are due to Gail Davidson, Minnie Marjorie Haystack Nankers, Lily Brett, G. Riley, L'Ellwood, Annie Maver, Suze, Lyndal Thorne, Ian Creber, Dianne Wickham and Nedzada Ibrahimović.

Distraction extraction engineer: J. Morrison d'Ayer Tehar-Rower.

Reading group: Philippa Hawker, Fiona Wood, Louise Laverack, Penny Hueston, Meredith Jelbart and Wendy Kozica.

# Index

# G

# H

→

## Index to quotes from the Women's Stuff Survey

Kaz Cooke is an Australian author, cartoonist and broadcaster whose books have tickled, informed and sustained two generations of Australian women. She's the author of *Up the Duff: The Real Guide to Pregnancy, Kidwrangling: Looking After Babies, Toddlers and Preschoolers, Girl Stuff: Your Full-on Guide to the Teen Years* and now *Women's Stuff.* A former news and features journalist, and columnist, for *The Age,* the *Sydney Morning Herald* and *The Australian,* she now lives with her family in Melbourne.

You can see more of Kaz's work at these websites:

kazcooke.com.au
uptheduffbook.com.au
kidwranglingbook.com.au
girlstuffbook.com.au
womensstuffbook.com.au

For details of the Women's Stuff Survey, go to

womensstuffbook.com.au